DICTIONNAIRE
DE GÉOGRAPHIE

ANCIENNE ET MODERNE

A L'USAGE

DU LIBRAIRE

ET DE L'AMATEUR DE LIVRES

CONTÉNANT

1º Les noms anciens, grecs et latins, de la décadence latine et de la renaissance, des principales divisions de l'Europe, provinces, villes, bourgs, abbayes, etc., avec leur signification actuelle en langues vulgaires ;

2º Les recherches les plus étendues et les plus consciencieuses sur les origines de la typographie dans toutes les villes, bourgs, abbayes d'Europe, jusqu'au XIXe siècle exclusivement ;

3º Un dictionnaire français-latin des noms de lieux, destiné à servir de table.

PAR UN BIBLIOPHILE

Indulgentia dignus est labor arduus.

PARIS

LIBRAIRIE FIRMIN DIDOT FRÈRES, FILS ET Cie

RUE JACOB, 56

1870

SUPPLÉMENT

AU

MANUEL

DU LIBRAIRE

ET

DE L'AMATEUR DE LIVRES.

Homère ; combien plus dans notre jeune Europe prétendent à l'éter-
nel honneur d'avoir produit la typographie en caractères mobiles !

Le dernier mot sera-t-il dit un jour, qui mettra fin à ces discussions
envenimées, qui dissipera ces ténèbres épaisses? Nous n'osons l'espérer ;
mais, loin de nous laisser aller au découragement, nous nous ferons
un honneur de persévérer dans ces rudes travaux, et peut-être, à force
de recherches passionnées, et surtout grâce au concours persistant de
tant d'amis érudits et dévoués, parviendrons-nous à jeter quelque lu-
mière au travers de ce nuage réputé impénétrable qui enveloppe de
son ombre le berceau de l'art divin.

Que notre vénérable et savant éditeur daigne agréer, comme un
hommage respectueux, le témoignage de la reconnaissance empressée
que nous sommes heureux de pouvoir lui offrir ; c'est à lui qu'appar-
tient l'idée première de ce livre, c'est à lui qu'il aurait dû être
dédié ; mais il nous pardonnera, nous l'espérons, d'avoir songé tout
d'abord à la commune patrie des amis des livres, à l'illustre ville
de Mayence, la mère de Gutenberg et le berceau de la typographie.

UN BIBLIOPHILE.

AVANT-PROPOS.

Les plus courtes préfaces sont les meilleures. En vertu de cet axiome, que nous considérons comme indiscutable, nous nous bornerons à exprimer un vœu modeste, c'est que ce travail ardu puisse rendre quelques services à nos confrères les bibliophiles.

Mais il est un devoir, impérieusement imposé, auquel il nous est doux d'obéir : c'est celui d'assurer de notre cordiale reconnaissance les nombreux correspondants qui ont bien voulu nous honorer de leurs utiles communications ; qu'ils reçoivent encore une fois ici le témoignage de notre gratitude sincère.

En dépit de nos efforts assidus, et bien que la conscience avec laquelle nos recherches ont été faites soit, croyons-nous, surabondamment démontrée, bien des inexactitudes seront certainement relevées dans ce livre ; mais les travailleurs sérieux auront pour nous quelque indulgence. Ils sauront apprécier à quelle suite d'investigations persistantes et pénibles il a fallu nous condamner pendant des années, pour obtenir ce résultat, encore imparfait, que nous leur soumettons aujourd'hui.

Sept villes de l'Orient se disputent la gloire d'avoir vu naître le vieil

A. M.

MOGONTIAC. CIVIT.

ILLUSTRISSIMI JOHANNIS GENSFLEISCH

ALIAS GUTENBERG PATRIÆ

Ad laudem et majorem gloriam artis typographicæ,
hunc librum humilissime dedicavit

Auctor

P. D.

Paris. — Typ. Firmin Didot frères, fils et Cie.

DICTIONNAIRE
DE GÉOGRAPHIE
ANCIENNE ET MODERNE
A L'USAGE
DU LIBRAIRE ET DE L'AMATEUR DE LIVRES.

AAHUSIUM, *Aahus,* ville de Westphalie. [Chaudon.]

AALBURGUM, *Aalborg,* ville et port du Danemark (Jutland).

AARA, voy. ABRINCÆ.

AARHUSUM, ARHUSIA, *Aarhuus* ou *Aarhus,* ville et évêché du Danemark (Jutland).

Panzer mentionne un *Breviarium juxta lecturam ordinariam chori Archusziensis (sic),* imprimé dans cette ville en 1519, par Melchior Blumme, *impensis capituli Arhusiensis elaboratum et impressum,* Arhusziæ, 1519, *pontificatus Rev. Dni Clauszen anno 20,* in-8. Un exemplaire de ce rare volume est conservé dans la bibliothèque de l'Université d'Abö.

AASONA, voy. AUSA NOVA.

AAZIACUM, *Aazy,* près Chézy, bourg de France (Aisne).

ABA, ABÆ, anc. ville de la Phocide sept., dont les habitants, *Abantes,* colonisèrent l'île d'Eubée (*Négrepont*).

ABA-VYVARIENSIS COMITATUS, *Aba-Vyvar,* comitat de Hongrie.

ABACÆNA, *Bigénis,* bourg de l'île de Sicile.

ABACUM, ABUZANUM [Itin. Ant.], ABUDIACUM DANUBIANUM, *Abach,* sur le Danube, bourg de Bavière, près Ratisbonne.

ABALLABA, *Appleby* (?), ville d'Angleterre, chef-lieu du West-Moreland.

ABALLENSIS PAGUS, ABALLONENSIS AGER, *l'Avallonais,* anc. pet. prov. de France (Yonne).

ABALLO, ABULLO, ABALLUM, ABALLONE, AVALLONEC [monn. mérov.], anc. ville des Éduens; auj. *Avallon,* ville de Fr. (Yonne).

Imprimerie en 1787.

ABANTIAS, ABANTIS, île d'*Eubée,* auj. *Négrepont,* sur la côte E. de la Grèce; s'appelait primitivement CHALCIS, et prit le nom d'ABANTIS quand les *Abantes* s'y réfugièrent.

ABANTONIA, ALBANTONIUM, *Aubenton,* pet. ville de l'anc. Picardie (Aisne).

ABARIMON, voy. SEBIRIA.

ABBATIA.

Nous avons réuni, sous forme d'appendice à ce volume, la suite des abbayes appartenant aux ordres lettrés, que nous avons pu réunir.

ABBATIA BINTENSIS, *Baindt,* ville de Souabe (anc. abb.).

ABBATIS CELLA, *Appenzell,* ville et canton de Suisse.

ABBATIS VILLA, *Abbans la Ville,* bourg de Franche-Comté, près Besançon (Doubs).

ABBATIS VILLA, ABBAVILLA, ABBAMICO VILLA, *Abbeville,* ville de France (Somme), anc. cap. du comté de Ponthieu; abb. de Saint-Riquier.

L'imprimerie est exercée dans cette ville dès l'année 1486. Jehan Dupré, l'illustre typographe parisien, qui imprimait le *Missale* de 1481, le *Trésor des humains* en 1482, le *Boccace des nobles malheureux* en 1483, et pour la Normandie, le fameux *Coutumier* de cette même année 1483, confie à un artisan d'Abbeville, nommé Pierre Gérard, les caractères et le matériel nécessaires à l'établissement d'une imprimerie considérable, et dès l'année 1486 cette association produit : la *Somme rurale,* compilée par *Jehan Boutillier,* in-fol. goth. de 253 ff. à 2 col. de 47.lig. avec signat. : *la Cité de Dieu de saint Augustin, mise en franç. par Raoul de Praesles,* achevée le 7 avril, 2 vol. in-fol. de 340 et 320 ff., et sur laquelle Jehan Dupré associe son nom à celui plus modeste de Pierre Gérard. Nous plaçons la *Cité de Dieu* en seconde ligne, parce qu'il est possible que la *Somme rurale,* qui n'a pas de date de mois, l'ait précédée. M. F. Pouy pense au contraire que le premier livre imprimé à Abbeville est la *Cité de Dieu,* et il se fonde sur ce que c'est le seul des trois ouvrages qui porte les noms des deux associés : il suppose que Jehan Dupré abandonna la direction de l'établissement typographique à Pierre Gérard, aussitôt après l'impression de cet ouvrage. Cette supposition paraît assez plausible. La biblioth. d'Amiens conserve de cet important ouvrage un splendide exemplaire, impr. sur vélin.

Le troisième ouvrage sur lequel on rencontre le nom de Pierre Gérard n'est pas moins important : c'est le roman des *Neuf Preux : — Cy fine le livre intitule le Triumphe des Neuf Preux... et a este imprime dans la ville d'Abbeville par Pierre Gérard, et finy le penultieme jour de may l'an* M. CCCC. LXXX et VII, — in-fol. goth. à 2 col. de 34 lignes.

Il est probable qu'à la suite de l'exécution de ces trois ouvrages l'association fut rompue entre Pierre Gérard et Jehan Dupré, car nous ne trouvons plus de traces d'établissement typographique à Abbeville pendant le XVe siècle.

Au XVIIe s., après un intervalle de près de deux cents ans, la ville d'Abbeville appelle dans ses murs un imprimeur d'Amiens, Jean Musnier, qui y transporte son matériel, et, fortement appuyé par la municipalité, y fait fortune.

ABBATIS VILLA SANCTI LUCIANI, *Abbeville-St-Lucien,* commune de Picardie, près Beauvais (Oise).

ABBEFORTIA, *Abbotsford,* village et château d'Écosse (sur la Tweed).

Le catal. de la volumineuse et importante biblio-

thèque de ce château, résidence de sir Walter Scott, fut rédigé en 1838; il forme un très-fort vol. in-4, recherché aujourd'hui des bibliophiles.

ABBENTONIA, voy. ABINTONIA.

ABCUDIA, *Abcuden, Abcoude,* pet. ville de Hollande. [Chaudon.]

ABDARA, ABDRA, *Adra,* bourg d'Espagne, dans l'anc. Bétique (roy. de Grenade).

ABDERA, *Abdère,* ville maritime de Thrace (Roumélie).

ABDIACUM, FAUCENÆ, *Füssen,* ville de Bavière.

ABDUA, ADDUA, l'*Adda,* riv. d'Italie (Lombardie).

ABELLA VETUS, *Abella Vecchia,* ville d'Italie (Camp. de Rome).

ABELLÆ, *Avella,* ville d'Italie (Terre de Labour).

ABELLINUM, *Avellino,* ville de l'anc. Samnium, chez les Hirpins, auj. roy. de Naples.

Voici un volume imprimé à Avellino en 1657, que nous rencontrons au catal. Baluze et dans Haym : *Caroli Poggii et Leonardi Chiensis de Vera Nobilitate tractatus, cum eorum vita, et annot. Michaelis Justiniani.* Abellini, 1657, in-4.

ABELLINUM MARSICUM, *Marsico Vecchio,* ville de l'anc. Lucanie, auj. Basilicate.

ABENSPERGA, AVENTINUM, AVENTINIUM, ABUSINA [Itin. Anton.], *Abensberg,* ville de Bavière, sur l'Abens.

ABERAVONIUM, *Aberavon,* ville d'Angleterre (Pays de Galles).

ABERDONIA, ABERDONA, -UM, voy. ABREDONIA.

ABERGONIUM, *Abergavenny,* ville d'Angleterre (Monmouthshire), voy. GOBANIUM.

ABIA, *Abrust,* riv. de Bavière.

ABIACUM, *Abiat de Nontron,* bourg de Fr. (Dordogne).

ABILIACUM, *Abilly,* commune près Chinon (Indre-et-Loire).

ABINIO [monn. mérov.], *Avigneau,* village dépendant d'*Escamps,* bourg de France (Yonne).

ABINTONIA, ABBENTONIA, ABINDONIA, *Abingdon,* ville d'Angleterre, dans le Berkshire.

Le *Missale Abingdonense,* in-4, fut *impr. en 1528,* en cette ville, par les soins de Johannes Scholaris, et, selon toute probabilité, ce fut le premier et peut-être l'unique produit de ses presses. Ce John Scholar dirigeait une imprimerie à Oxford, de 1512 à 1518.

ABIOLICA, *le Bullet,* pet. ville de Suisse, près Yverdon (cant. de Vaud).

ABLESIA, *Ableiges,* village de Fr. (Seine-et-Oise); anc. château et comté du Vexin .français.

ABLONIUM, *Ablon,* commune près Ville-neuve-St-Georges (Seine-et-Oise).

ABNOBA, Ἀὐνόβα [Ptol.], *Randen,* montagne de Souabe, près de laquelle le Danube prend sa source.

ABNOBIUS, ISTER, DANUBIUS, le *Danube* (en all. *Donau*), le plus grand fleuve de l'Europe.

ABOA, *Abö, Aboe,* ville de Russie (Finlande); se dit en finnois : *Turusa* ou *Tourkou.*

Imprim. en 1642. 1er imprimeur, Petrus Waldius. Un *Missale Aboense,* que l'évêque Conrad Bystz fit corriger par Dan. de Egher, professeur de théologie à la Faculté de Paris, fut imprimé à Lubeck, par Barth. Gothan, dès l'année 1488. Nous pouvons citer comme imprimé à Abö : *Wexionius. Epitome descriptionis Suecia, Gothia,* etc., Aboœ, P. Wald, 1650, pet. in-8, volume fort rare, parce que certains détails indiscrets donnés sur ces pays le firent supprimer lors de son apparition.

ABODIACUM, voy. ABUDIACUM.

ABRANTIUM, *Abrantès,* ville de Portugal, sur le Tage.

ABREDONIA, ABERDONA, ABERDONIA VETUS, AC NOVA, ABERDEA, *Aberdeen,* ville importante d'Écosse, où se trouve l'illustre collége Marischal (voy. DEVONA).

Imprim. en 1622. Le 1er imprimeur cité est Edwardus Rabanus, et voici le titre d'un livre qui se trouve à Dublin, *in Archbishop Marsh's Library,* et qui doit être le 1er livre imprimé dans cette ville : « *De Disciplina Ecclesidstica.* — Abredoniæ excudebat Edvardus Rabanus, impensis Davidis Melvill, 1622, cum privilegio. » — Ce livre anonyme (l'auteur se qualifie avec modestie de *Gallicus divinus*) est un in-12 de 143 p.

ABRENOTIUM, ABRINCA, ABERNETHÆUM, *Abernethy,* pet. ville d'Écosse, dans le comté de Perth; ancienne résidence des rois Pictes. = Autre ville d'Écosse, dans le comté d'Elgin, près des monts Grampians.

ABRIA, le *Lochaber,* contrée montagneuse de l'Écosse, dans le comté d'Inverness.

ABRINCA, voy. ABRENOTIUM.

ABRINCÆ, ABRINCATUI, ABRUNCA, CIVITAS ABRICANTUM, CIV. ABRINCENTENSIS [Itin. Anton.], AVENTICUM, INGENA, Ἰνγένα [Ptol.], ABRINKTAS, ABRENCTAS, ABRINCATAS [monn. mérov.], AVRENCES [Chron. de S.-Denis]; *Avranches,* ville de Fr. (Manche), anc. évêché.

Imprimerie en 1545, suiv. le *Typographical Gazetteer* du Dr Cotton; mais nous ignorons sur quelle donnée repose cette assertion. Le plus ancien livre impr. à Avranches que nous connaissions est un *bréviaire d'Avranches,* publié par Jehan le Cartel, en 1591, et qui porte à la fin la date de 1592. M. Ed. Frère cite 1590 comme date de l'établissement de la typographie. Ce Jehan le Cartel fonda quelques années après une imprimerie à Coutances (1597).

La bibliothèque d'Avranches est importante; on y remarque les mss. de l'ancienne abb. du mont Saint-Michel, dont M. Ravaisson a donné une description exacte.

ABRINCATUI, ABRINCATES, Ἀβριγκατοῦοι [Ptol.], peuple de la Lyonnaise IIe, qui habitait l'*Avranchin* ou pays d'*Avranches* (ABRINCENSIS PAGUS).

ABRUTIUM, *Abruzzi, les Abruzzes,* forment auj. trois provinces du roy. d'Italie, habitées au temps des Romains par les Bruttiens, les Prétutiens, etc.

ABSORUS, AUSORIENSIS CIVITAS, APSORUS [Itin. marit.], *Osero,* île et ville de la Dalmatie.

ABSYRTIDES INSULÆ, groupe d'îles de l'Adriatique, sur la côte illyrienne; la principale était CREPSA, auj. *Cherso.*

ABUCINA, voy. ABUSINA.

ABUCINUS, voy. PORTUS ABUCINI.

ABUDIACUM, ABODIACUM [Tab. Peut.], ABDIACUM, *Füssen,* ville de Bavière, dans l'anc. Vindélicie.

ABULA, Ἀβούλα [Ptol.], ALBULA, ALBICELLA, *Avila,* ville d'Espagne, dans la Vieille-Castille.

ABUS, *Humber,* fl. d'Angleterre; se jette dans la mer du Nord.

ABUSINA, ABUCINA, AVENTINUM, CASTRUM RAURACENSE, ARUSENA [Tab. Peut.], ABENSPERGA, *Abensberg,* ville de Bavière, sur l'Abens, près Ratisbonne.

ABYDOS, ABYDUS, ABYDUM [Plin.], *Nagara Bouroun,* ville de l'Hellespont, sur le détroit des Dardanelles (auj. pach. d'Anatolie).

ABYDOS, *Mand founeh* (ville enterrée), ville d'Égypte.

Ce fut là que M. Bankes trouva, en 1818, la fameuse table d'Abydos. — N'est-ce pas l'*Aviduvicus* de Peutinger ?

ABYLA, ABYLA COLUMNA [Plin.], *sierra de las Monas,* mont aux singes, sur la côte d'Afrique, vis-à-vis Gibraltar. On a donné ce nom également à la ville de Ceuta (Septa), où sont les presidios espagnols.

ABYSTRUM, *Orsimarso* (?), bourg de Calabre, anc. ville importante des Bruttiens.

ACA, voy. ACCO.

ACADEMIA JULIA, voy. HELMESTADIUM.

ACALANDRA, anc. ville de la Lucanie, auj. *Salandra.*

ACALANDRUA, la *Salandrella,* rivière qui passe à *Salandra,* roy. de Naples.

ACAMANTHIS, voy. CYPRUS.

ACANTHOPOLIS, *Dornstett*, ville du Würtemberg.

ACANTHUS, Ἄκανθος [Strab.], ou APOLLONIA, *Erizzo*, ville de Grèce (Macédoine), près du mont Athos. = *Cheriasa* ou *Hierisos*, autre ville de Macédoine, près Chalcis.

ACARNANIA, l'*Acarnanie*, province de Grèce dont un diocèse porte encore le nom; auj. *la Carnia* et *il Despotato*, cap. *Argos Amphilochium*.

ACAUNUM, voy. AGAUNUM.

ACCATUCCIS, anc. ville de la Bétique, auj. *Huelma*, bourg de l'Andalousie.

ACCI, ACCITANA CIVITAS, GADES, *Cadix*, ville d'Espagne (Andalousie). Voy. *Gades*.

ACCIPITRUM INSULA, *île San Pietro*, au S. de la Sardaigne.

ACCIPITRUM INSULÆ, *îles Açores* (d'*açor*, milan, en portugais).

ACCITODUNUM, *Ahun*, dans la Marche (Creuse), bourg et anc. abb. de Bénédict. qu'on appelait *le Moustier d'Ahun*.

ACCITUM, *Finiana*, pet. ville d'Espagne (roy. de Grenade).

ACCO, ACA, AKKA, ou *St-Jean-d'Acre*, ville de l'emp. ottoman (Syrie); anc. *Ptolémais* et *Ptolémaïde*.

ACCUSIARUM COLONIA, voy. GRATIANOPOLIS.

ACEDES, ACEDUM, *Ceneda*, ville et évêché d'Italie (Lombardie).

ACELLUM, ACILIUM, voy. ASULA.

ACERIS, *Acri*, riv. de Calabre.

ACERNUM, *Acerno* ou *Acierno*, ville et évêché de la Princip. cit. (roy. de Naples).

ACERRÆ, Ἀχέρραι [Strab.], *Acerra*, ville de la Campanie (Terre de Labour), dans le roy. de Naples, sur l'*Agno*, détruite par Hannibal et rebâtie par les Romains. = *Acere*, ville de la Lombardie, près Pavie.

ACESINES, Ἀκησίνης [Arrian.], ACHATOS, *Cantara* ou *Cantera*, riv. de Sicile.

ACESTA, EGESTA, *Aceste* et *Segeste*, auj. *Calatatinni*, ville de Sicile; ou, suiv. Mommsen, *Alcamo*.

ACHAIA, ACHÆA, ÆGIALEA, l'*Achaïe*, auj. *Livadie*, province grecque; ses douze États constituent la ligue Achéenne, détruite l'an 146 av. J. C.; au moyen âge, une principauté est formée sous ce nom (1205-1387). L'*Akhaïa* actuelle forme un diocèse dont Patras est le chef-lieu.

ACHASSIA, *Achasse* ou *Achasses*, riv. du bas Languedoc; se jette dans le Rhône.

ACHATES, riv. de Sicile, auj. le *Drillo*.

ACHATIUS, l'*Echitz*, riv. de Würtemberg; se jette dans le Neckar.

ACHATOS, voy. ACESINES.

ACHELOUS, Ἀχελῶος [Thucyd.], *Sionaspro* ou *Aspropotamo*, riv. de Grèce (Livadie). = L'*Epidone*, autre riv. de Grèce, en *Étolie*, auj. gouv. de *Missolonghi*.

ACHERHUSIA, *Ackerhuus*, ville de Norvége. [Chaudon.]

ACHERON, *Delichi* (en turc : *Fanar*), rivière d'Epire (auj. pachalik de *Janina*). = Petite riv. d'Italie, dans le *Bruttium* (Calabre). On trouve aussi AQUA ACHERUSIA. = Pet. riv. de l'*Elide* (Péloponnèse); app. auj. *Savuto*.

ACHERONTIA, AGERENTIA [Paul. Diacon.], ville de la Lucanie orient., auj. *Acerenza*, roy. de Naples, dans la *Basilicate* (archevêché).

ACHERONTIA ou ACHERONTINA PROVINCIA, la *Basilicate*, partie de l'anc. Lucanie, prov. du roy. de Naples.

ACHERSUNDA, *Akersondt*, île de Norvége.

ACHERUSIA PALUS, lac *Fusaro*, entre Cumes et Misène, dans l'anc. Campanie (Terre de Labour). = Marais de la Thesprotie, en Epire, près de Dodone, auj. *Castritza*.

ACHETUS, riv. de Sicile, auj. *Fiume di Nato*.

ACHILLEA NOVA, *Kilia*, pet. ville de la Turquie d'Europe.

ACHRIDIA, ACHRYS, auj. *Ocrida*, ville de la Bulgarie macédonienne (pach. de Silistrie). L'empereur Justinien, qui y était né, l'avait relevée et appelée *Justiniana Prima*.

ACHYRUM, *Achtyrskoj*, ville de Russie, sur le fl. *Vorsklo*, dans l'Ukraine.

ACIACUM, *Acy*, bourg de Normandie (Seine-Inférieure).
Guillelmus de Aciaco, 1265.

ACIDULÆ ANTONIANÆ, *Tillerbronn*, eaux minérales, près Cologne (Prusse).

ACILIA AUGUSTA, *Straubingen*, ville de Bavière, dans l'anc. Vindélicie.

ACILIO, ACILIONIS, URBS AIGUILLIONUM, *Aiguillon*, ville de Fr. Voy. AIGUILLIONUM.

ACIMINCUM, Ἀκούμινκον [Ptol.], ACUNUM [Tab. Peut.], *Peterwardein*, ville forte de Hongrie, sur le Danube ; dans l'anc. Pannonie inférieure.

ACINCUM, ACINCUM SICAMBRIÆ, AQUINCUM, *Alt-Ofen*, ville de Hongrie (voy. *Aquincum*).

ACINIPUM, ACINIPPO, anc. ville de la Bétique, que l'on croit retrouver dans les ruines de *Ronda la Vieja* (Andalousie).

ACIRIS, *Agri*, riv. de la Grande Grèce, auj. Calabre citér.

ACIS, Σέριφος [Strab.], MEROPIA ou SYPHNUS, île de *Siphanto*, dans l'Archipel, l'une des Cyclades.

ACIS, *Aci-Reale*, ville de Sicile, au N. de Catane.

ACIS, *Jaci* ou *Aci*, riv. de Sicile, près du mont Etna.

ACITA, *Melos* ou *Milo*, île de la Grèce (Cyclades).

ACITHENIS, ACITHIUS, *Birgi*, pet. riv. de la Sicile, dans le val di Mazara.

ACLEA, Æ, *Acle*, pet. ville d'Angleterre, en Gloucestershire et en Norfolk.

ACOMINIUM, ACUMINCUM, *Salankemen*, ville de l'anc. Pannonie, auj. en Autriche, dans la Slavonie.

ACONA, AQUÆ SAXONICÆ, *Acken*, pet. ville sur l'Elbe, près Magdebourg.

ACRA, HYDRUS, puis HYDRUNTUM, ville de la Grande Grèce, près du cap Iapyge, auj. *Otrante*, *Otranto*, dans la Calabre citérieure.

ACRA, *Arcia*, anc. ville de Sicile, à l'O. de Syracuse, auj. monastère de Santa Maria d'Arcia.

ACRA IAPYGIA, *cap Santa Maria* ou *cap Iapyge*, près d'Otrante, dans la Calabre citér.

ACRÆ, auj. *Palazzolo* ou *Palazzuolo*, ville de Sicile, au S.-O. de Syracuse.

ACRAGAS, AGRIGENTUM, auj. *Girgenti*, ville de Sicile, sur la pet. riv. qui porte son nom, *Fiume di Girgenti* ou *Fiume di Naro*.

ACRICONIUM [Itin. Anton.], *Hereford sur la Wye*, ville d'Anglet., chef-lieu du Herefordshire.

ACROATHOS, Ἀκρόθοον [Hérod.], anc. ville de Thrace, sur le mont Athos, auj. *Cima di Monte Santo*, abb. de l'ordre de S.-Basile.

ACROCERAUNIA, *Kimaria* ou *Khimarola*, ville d'Épire, dans le pachalik de Janina.

ACROCERAUNII MONTES, chaîne de montagnes en Épire, qu'on appelle auj. *Monti della Chimera* ou *Chimiaroli*.

ACRONIUS LACUS, en all. *Bodensee* ou *Bodmer*, le lac de Constance, en Suisse.

ACROPOLIS, *Agropoli*, pet. ville du roy. de Naples (Princip. citér.).

ACROVENTUM, auj. *Governolo* (?), pet. ville d'Italie, près de Mantoue.

ACTANIA, *Schelling*, île du N. de l'Allemagne, dans la mer du Nord.

ACTE, anc. nom de l'*Attique*.

ACTIUM, FANUM APOLLINIS ACTII, *Azio*, ville et promontoire de la Grèce, dans l'anc. Acarnanie, près du golfe d'Ambracie (bataille, 31 av. J. C.). = La ville construite sur les ruines d'Actium s'appelle *Preveza* [suiv. Chaudon]. = Le promontoire porte auj. le nom de *Cabo Figalo* ou *Figolo*, ou encore *Punta de la Civola*.

ACULA, AQUÆ TARINÆ, *Acqua-pendente*, ville d'Italie, au N. de Viterbe (Romagne).

ACUMINCUM, voy. ACUMINIUM.

ACUMUM, MANSIO ACUNO [Itin. Anton.], ÆMARORUM MONS, MONTILIUM ADEMARI, MONS ADHEMARDI, *Montélimart*, ville de Fr. (Drôme).

Le premier livre imprimé à Montélimart, dont nous ayons connaissance, est intit. : *le Magnificat du Pape et de Sainte Mère Église romaine* (*par Charles Léopard*), à Montélimas (*sic*) par J. Joyeux, 1586, pet. in-8. Il nous serait cependant impossible de prouver que ce livre satirique ait été réellement imprimé dans cette ville.

ACUS, *Mont-Aiguille*, dans le Dauphiné (Isère). = *Aiguilles*, bourg de France (Hautes-Alpes).

ACUSIO COLONIA, ACUSIO SEGALAUNORUM, *Ancone*, bourg du Dauphiné (Isère).

ACUTI MONASTERIUM, ANTIMONASTERIUM, *Eymoutiers*, auj. *Émoutier*, pet. ville du Limousin (Haute-Vienne).

ACUTUS, AGUSTUS, AUGUSTIUS, AGOTIUS, l'*Agoust*, pet. riv. du haut Languedoc; se jette dans le Tarn.

ACYTHUS, ACYTHIOS, MELOS, voy. ACITA.

ADAMANTIA, UM, AMANTIA, AMANTEA, ville d'Italie (Calabre citér.).

AD ANSAM, localité d'Angleterre que Cambden croit être *Itham-Cester* (comté d'Essex).

AD AQUAS, *Zarmi-Zegethusa,* cap. de la Bessarabie (anc. Dacie).

AD AQUAS GRADATAS, *S. Cantiano,* bourg maritime de la Vénétie.

AD AQUAS LABODAS, THERMÆ SELINUNTLÆ, *Sciacca,* bourg de Sicile, près Girgenti.

AD AQUILAS, voy. AQUILA.

AD AQUILAS, *Aigle* (en all. *Eigell*), petite ville de Suisse, cant. de Vaud.

ADAX, ATAX, ADICE FLUVIUS [Frédég.], l'*Aude,* fl. du Languedoc.

AD CABALLOS, BAGNACABALLUM, *Bagna-Cavallo,* bourg d'Italie, dans la légation de Ferrare.

AD CALEM [Tab. Peut.], AD CALLEM [Itin. Ant.], *Cagli,* ville du duché d'Urbino, dans l'anc. Ombrie, sur la voie Flaminienne.

AD CAPRAS, CAPRÆ, auj. *Capraja,* bourg des États du Pape, dans l'anc. Ombrie.

AD CARCERES, *Kersers,* bourg de Suisse.

AD CASAS CÆSARIANAS, *S. Cassano,* pet. ville de Toscane, près Florence.

AD CENTURIONES, AD CENTENARIUM [Tab. Peut.], CERETUM, *Céret,* ville de France (Pyrénées-Orientales), dans l'ancienne Gaule Narbon., chez les Volsques Tectosages.

AD CETIUM MONTEM, *Cilli,* bourg d'Autriche.

AD DECIMUM, *Borghetto,* bourg d'Italie, sur le Tibre, à 10 milles de Rome.

ADDUA, l'*Adda,* riv. d'Italie, dans l'anc. Gaule cisalpine, auj. Lombardie; se jette dans le Pô.

ADDUA GLAREA, *Ghierra d'Adda,* pet. prov. de Lombardie. [Ptol.]

AD DUODECIMUM, *Delme,* bourg de Lorraine (Moselle).

ADELLUM, *Elda,* ville et riv. d'Espagne, roy. de Valence.

ADERA, ville d'Espagne. auj. *Amposta* (?) (Catalogne).

ADERBORNA, *Aderborn,* pet. ville de Poméranie, sur l'Oder.

ADETTAUNA, *Echternach,* ville de Belgique (Luxembourg).

AD FINES, BIBRAX, FIMÆ, *Fismes,* pet. ville de Champagne (Marne). (Conc. prov. a. 881, 935.)

AD FINES [Itin. Ant.], FINES [Tab. Theodos.], *Pfin,* bourg de Suisse (Thurgovie).

AD FINES, *la Strettura,* bourg d'Italie, près Spolète. = *Thuin,* ville de Belgique (Hainaut). = *Torre di Sarracone,* pet. ville de Toscane. = *Veillane,* bourg du Piémont. = *Samaguar,* ville de Hongrie.

AD FLEXUM, Φλέξον [Ptol.], OVARIA, OVARIUM, dans la Pannonie supérieure, auj. *Altenburg* (en hong. *Obar*), ville de Hongrie, sur la Leitha.

AD FLEXUM, *Bidizzoli,* pet. bourg d'Italie, entre Bergame et Vérone. = *Rivoltella,* suiv. Bischoff et Möller.

AD FONTICULOS ou FUNTULOS, *alla Fontana,* village près Fiorenzola (Toscane).

AD GRADUS RHODANI, les *Bouches du Rhône :* le vocable *Gradus* s'est conservé dans le nom de *Gras* que portent les divers bras du fleuve à son embouchure.

ADHELAIDIS PALATIUM, depuis VILLANOVA S. GERMANI, auj. *Franqueville,* village près Compiègne (Oise), anc. palais mérovingien.

AD HERCULEM [Itin. Ant.], PORTUS HERCULIS LABRONIS, LIBURNUM, Λίθυρνον [Zosim.], *Livorno, Livourne,* ville de Toscane.

Deux imprimeries, l'une hébraïque, l'autre catholique, furent établies dans cette ville l'an 1650. Le 1er imprimeur catholique s'appelait Antonio Santini. M. Haym cite un vol. in-8, *Origine de Livorno,* di Niccolò Magri, imprimé en 1647.

AD HERCULEM, CARPIS, Κάρπις [Ptol.], CARPORUM VICUS [Amm. Marcel.], SIRPI [Itin. Ant.], *Gran,* ville de Hongrie, sur le Danube; en hongr. *Esztergom.*

Imprimerie en 1586.

AD HERCULEM CASTRA, voy. AQUINCUM.

AD HORREA, à 12 milles d'Antibes. [Itin. Ant.], *Cannes,* ville de France (Var).

AD INCISA SAXA, *Incisa,* pet. ville du Piémont, sur le Belbo.

ADJACII SINUS, *golfe d'Ajaccio.*

ADJACIUM, URSINUM, *Ajaccio,* ville de Corse.

AD JOVEM, *la Sauvetat* ou *la Salvetat,* pet. ville de Fr. (Haute-Garonne).

AD LACUM, *Lachen,* ville de Suisse (canton de Schwytz).

AD LAPIDEM, *Stronchan,* pet. ville d'Angl. [Cambden.]

AD LEUCAS VII. GEMINAS, voy. LEGIO.

AD MALUM, *Oulx,* pet. ville du Dauphiné (Hautes-Alpes).

AD MAUREIM, AD MURES, *Maukirchen,* pet. ville d'Autriche.

AD MEDIAS, *la Grangia,* pet. ville de Toscane, au confluent de la Sesia et du Pô.

AD MONILIA [Tab. Peut.], *Moneglia,* bourg d'Italie, près Gênes.

AD MONTEM, AMŒNUS MONS, *Ammen* ou *Ambden,* bourg de Suisse.

AD MUROS, MUROCINCTA [Amm. Marcel.], *Sumerzim,* pet. ville de Hongrie, dans l'anc. Pannonie infér.

AD NONUM, *Melegnano* ou *Marignan,* pet. ville du Milanais. = *Mestre,* bourg de la Vénétie.

AD NOVAS, *Porto Cesenatico,* pet. port sur l'Adriatique (Italie).

AD OCTAVUM, RIPULA, *Rivoli,* ville du Piémont. = *Saltara,* village de la Lombardie, au N.-O. de Vérone.

ADONUM SOLINUM, *Adon,* château de Hongrie, sur le Danube.

AD PALATIUM, *Palazzo,* ville du Tyrol, près Trente, sur l'Adige.

AD PERTICAS, village près Pavie, auj. *Santa-Maria delle Pertiche,* avec une basilique bâtie par la reine Roselinde.

AD PONTEM, *Paunton,* ville d'Angleterre (Lincolnshire).

AD PONTEM ou PONS MURI, *Murau,* ville de Styrie.

AD PONTEM ISIS, IBISSA [Tab. Peut.], *Ips,* bourg de la basse Autriche, sur le Danube.

AD PORTUM [Itin. Aq. Apollin.], à XXIII m. de Gadès, auj. *Chiclana* (?) bourg près Cadix (Andalousie).

AD PORTUM DUBRIS [Itin. Anton.], voy. DOROBERNIA.

AD QUATUOR ROTAS, *Vierraden,* ville près de Brandebourg, dans l'Uckermark (Marche de l'Ucker).

ADRABÆ CAMPI, anc. district de la Germanie, auj. *Dat-Marchfeld,* en Autriche.

ADRANA [Tacit. Ann.], ADRANUS, l'*Edder* ou l'*Eder,* riv. d'Allemagne; traverse la Westphalie et la Hesse.

ADRANTE, *St-Oswald,* bourg de l'Autriche, dans l'anc. Norique.

ADRANUM, Ἀδρανόν [Diod. Sic.], HADRANUM [Silius], *Aderno,* ville de Sicile au pied de l'Etna.

ADRIA, *Altri,* ville du roy. de Naples, fondée par Adrien (Abruzze ultér.).

ADRIA, Ἀδρία [Strab.], ATRIA [Plin.], *Adria,* ville de la Vénétie, dans l'Est de Rovigo.

ADRIÆ SCOPULUS, *Pelagosa,* pet. île de l'Adriatique, près Venise.

ADRIANOPOLIS [Amm. Marcel.], Ἀδριανούπολις [Zosim.], ORESTIAS [Zonar.], ÆLIA, anc. ville de Thrace, chef-lieu de la prov. appelée *Hœmimons;* auj. *Andrinople* (en Thrace, *Uscudama;* en turc, *Ederneh;* en allem., *Adrianopel*); cap. de la Roumanie, sur la riv. de Maritza (l'anc. *Hebrus*).

Les Juifs introduisirent l'imprimerie dans cette ville au milieu du XVIᵉ siècle. Le Dʳ Cotton cite un livre imprimé à Andrinople, en 1554, qui se trouve dans la biblioth. Oppenheim. (*Typogr. Gaz.,* p. 5.)

ADRIATICUS SINUS, Ἀδριατικὸς μυχός [Strab., IV], HADRIA, MARE ADRIANUM [Cicér.], MARE SUPERUM [Lucan.], *Golfo di Venezia,* la *mer Adriatique.*

AD RUBRAS, *Cabecas Rubias,* village d'Espagne, en Andalousie.

ADRUMETUM (anc. ADRYMÉ, Ἀδρύμη, HADRITO), sous Trajan, CONCORDIA, et sous Justinien JUSTINIANA SECUNDA, *Suse,* auj. *Hamamet,* ville de la côte Nord d'Afrique (Tunisie). = On trouve également au moyen âge SOUSAH, *Sassa Nigra* et *Herkla.*

AD SALINAS, SALINÆ, *Spotana,* pet. ville d'Italie (Abruzzes).

AD SEPTEM ARAS [Itin. Ant.], *Azumar,* ville de Portugal, près Elvas.

AD SEXTIAS, SESTIÆ, *Rocca di Fiumesino,* bourg de la Marche d'Ancône (Italie).

AD SILANUM, *Albrac,* village de Rouergue (Lot), qui s'est appelé aussi *Pradès d'Aubrac.*

AD STABULUM, le *Boulou* ou *Elbolo,* village de France (Pyrénées-Orient.), dans l'anc. Gaule Narbonnaise.

AD STATUAS, *Oliva,* pet. ville d'Andalousie, au N. d'Alicante.

AD STATUAS COLOSSAS, *Coloez,* ville de Hongrie, sur le Danube.

AD SUMMUM ARNAM, *Somme-Arne* ou *Sommeranie,* village de France, à la source de l'Arne (Marne).

AD SUMMUM AXONAM, *Somme-Aisne* ou *Sommaisne,* village du Barrois, à la source de l'Aisne (Marne).

AD SUMMUM BIONAM, *Somme-Bione,* pet. village de Champagne, à la source de la Bione, rivière qui se jette dans l'Aisne.

AD SUMMUM PIDUM, *Somme-Py,* bourgade de Champagne, anc. baronnie (Marne).

AD SUMMUM SARTHAM, *Somme-Sarthe,* village du Perche, à la source de la Sarthe (Orne).

AD SUMMUM SUPPIAM, *Somme-Suippe,* village de Champagne, à la source de la Suippe, pet. riv. qui se jette dans l'Aisne (Marne).

AD SUMMUM TURBAM, *Somme-Tourbe,* village de Champagne, à la source de la Tourbe, affl. de l'Aisne (Marne).

AD SUMMUM VIDULAM, *Somme-Vesle,* village de Champagne, à la source de la Vesle (Marne).

AD TRES LARES, MEDIOLARIUM [Ptol.], auj. *Midlaren,* pet. ville de la Frise.

AD TRICESIMUM [Itin. Anton.], *Tricesimo,* ville d'Italie (Frioul).

AD TROPÆA, ville des Bruttiens dans la Grande-Grèce, auj. *Tropia,* dans le roy. de Naples.

AD TURREM LIBISSONIS, *Porto Torre,* bourg de l'île de Sardaigne.

AD TURRES, TAURIACUM, TAURYACUS, TAURIACUM VILLA IN FINIBUS CARNUTUM [Charta reg. Bosonis, a. 881], *Toury,* bourg de la Beauce (Eure-et-Loir).

ADUA, ADDUAS, INDUS, l'*Ain,* riv. de Fr.; se jette dans le Rhône.

ADUACA, voy. ADUATICA TUNGRORUM.

ADUALLAS, ALPES SUMMÆ, voy. ALPES.

ADUATICA, voy. ANTÙERPIA.

ADUATICA TUNGRORUM, voy. ATTUATUCA.

ADUATICI, ATUACI, CATUATICI [Cæs. Comm.], peuple de la Gaule Belgique, habitant ce qui forme auj. le territ. de *Namur,* et partie du dép. du Nord.

ADUATICORUM OPPIDUM, ATUATICA, NAMURCUM, NAMURUM, *Namur,* ville de Belgique. — « *Egregie natura munitum oppi-* « *dum... altissima rupes,* » dit Cæsar. Cette description des *Commentaires* s'applique beaucoup mieux à Namur qu'à Douai ou à Anvers, comme l'ont pensé quelques géographes.

Suivant MM. Ternaux et Cotton, le 1er livre imprimé à Namur serait intit. : *Synodi diœcesani namurcensis.* Namurci, 1639, in-4. Un livre publié au XVIe siècle dans cette ville, sans date, figure dans plusieurs anciens catalogues; c'est le recueil des *Coutumes et ordonnances du pays et comté de Namur,* in-4, mais nous ignorons son lieu d'impression.

L'introduction de l'imprimerie eut lieu à Namur en 1616, nous écrit M. Gothier, libraire érudit de Liége; le nom du premier imprimeur est Henri Furlet, et voici le titre d'une de ses premières impressions : la *Vie du glorieux S. Gérard, abbé de*

Broigne, tirée des escrits du R. P. Ribadeneyra, prestre de la Compagnie de Jésus, par Fr. Gouris, prieur de l'abb. de S. Gérard. — Namur, H. Furlet, s. d. in-12, de 32 p. avec approb. du 1er sept. 1618.

ADULA, ADUALLA, ADYLA, μέρος τῶν Ἄλπεων [Ptol.], groupe de montagnes alpestres qui renferme le *Saint-Gothard,* le *Vogelsberg,* le *Grimsel,* etc. Voy. ALPES.

ADULLIA, ADLULLIA, *Douriers,* village de Picardie (Somme).

ADUNCUM, ADONCUM, *Adonco,* village sur le lac de Côme.

ADURA, voy. AERIA.

ADURA, ADURUS, ATURIS, Ἄτουρις [Ptol.], ATURRUS [Auson.], l'*Adour,* fl. de Fr. (Basses-Pyrénées).

ADURNI PORTUS [Notit. imper.], *Edrington,* pet. ville d'Angleterre.

ADURUS, voy. ADURA.

ADUS, voy. ADDUA.

ADVERSA, *Averso,* pet. ville du roy. de Naples, près Capoue.

AD VICENAS, voy. VINCENNÆ.

AD VICESIMUM [Itin. Anton.], *Mendolata,* bourg de la Terre d'Otrante, au fond du golfe de Tarente.

AD VICESINUM [Tab. Peut.], *Arignano,* bourg des États Pontificaux, à 20 m. de Rome.

ADVOCATORUM TERRA, le *Voigtland,* prov. de Saxe (?).

ÆA, île du Pont-Euxin, auj. *Satabella,* dans la mer Noire.

ÆAS, voy. AOUS.

ÆBUDÆ, EBUDES, HEBRIDES INSULÆ, *îles Hébrides,* sur la côte N.-O. d'Écosse.

ÆBURA, Αἴβουρα [Strab.], ville de la Tarraconaise, auj. *Talavera de la Reyna* (Espagne). — Sans doute la LIBORA de Ptolémée?

ÆCAE [Tab. Peut.], ECAE [Itin. Anton.], ville des Hirpins, en Italie, auj. *Troja,* dans la Capitanate.

ÆCLANUM [Itin. Anton.], ÆCULANUM, Αἰκούλανον [Ptol.], ville des Hirpins, ruinée par Sylla. Les géographes sont divisés au sujet de l'emplacement qu'occupent ses ruines : suiv. les uns c'est à *Fricenti,* dans la Princip. ultér.; suiv. d'autres à *Mirabello,* près de Bénévent, qu'on retrouve ces débris.

ÆDUI, peuple qui tenait le premier rang parmi les nations gauloises (*Ædui quorum in omni Gallia summa est authori-*

tas, dit César); Plutarque les appelle Ἀδελφοὶ Ῥωμαίων : ils habitaient une partie de la Bourgogne et du Lyonnais, le Forez, le Beaujolais, la Bresse, le Nivernais, etc. Parmi eux on trouve : ÆDUI ALEXIENSES, habitant l'*Auxois* (environs de *Semur*); — ÆDUI AMBARRI, territ. de *Chalon-sur-Saône*; — ÆDUI LINGONES, territ. de *Langres*; — ÆDUI LUGDUNENSES, le *Lyonnais*; — ÆDUI MATISCONENSES, le *Mâconnais*; — ÆDUI MORVINNI, le *Morvan*; — ÆDUI NIVERNENSES, le *Nivernais*, etc.

ÆDUNUM, voy. NIVERNUM.

ÆDUORUM CIVITAS, voy. BIBRACTUM.

ÆETA, voy. CAJETA.

ÆGEÆ MACEDONIÆ, Αἴγεαί [Diod. Sic.], Αἰγαία [Ptol.], *Edesse,* capit. de l'Emathie, auj. *Moglena,* dans le pachalik de Saloniki. = Pendant les croisades elle s'appelait *Roches.*

ÆGATES, ÆGADES, ÆGUSÆ, Αἴγουσαι [Polyb.], INSULÆ, *Favillana, Levenza, Maretamo,* groupe d'îles à l'E. de la Sicile.

ÆGETA [Itin. Anton.], EGETA [Tab. Peut.], Ἔγητα [Ptol.], *Viteslaw,* ville de Servie, dans l'anc. Mœsie supérieure.

ÆGEUM, voy. MARE ÆGEUM.

ÆGIALEA, anc. ville de l'île d'Amorgos, dans l'Archipel, auj. *Hyali.* = L'*Achaïe* propre, auj. *Morée.*

ÆGIDA [Plin.], ÆGIDIA, ÆGIDIS INSULA [Inscr. Gruter.], JUSTINOPOLIS, auj. *Capo d'Istria,* anc. capit. de l'Istrie vénitienne, auj. Illyrie autrichienne.

ÆGIDORA, l'*Eider,* riv. du Holstein.

ÆGILA, ÆGILIUM, ÆGILON [Plin.], Αἴγιλον, CAPRARIA [Plin., P. Mela], CAPRASIA [Varro], *Capraja, Caprée,* île de la côte d'Italie, au N.-O. de l'île d'Elbe.

ÆGILIA, Αἴγυλα, *Cérigotto,* l'une des îles Ioniennes.

ÆGILIUM, CAPRARIA, *Cabrera,* île faisant partie du groupe des Baléares.

ÆGILIUM [Itin. Anton.], IGILIUM [Cæsar], *Giglio,* île de la Méditerranée, sur les côtes de Toscane, à l'E. de l'île d'Elbe.

ÆGINA, Αἰγίνη, ŒNONE [Plin.], ŒNOPIA [Ovid. Métam.], MYRMIDONIA, auj. *Egina* ou *Engia,* île de la Grèce, dans le golfe d'Egine (*sinus Saronicus*), près de la côte de Morée.

En 1830, les *Actes du Gouvernement et de l'Assemblée du pays,* τὰ Πρακτικὰ τῆς ἐν Ἀργεῖ συνελεύ-

σεως, et les *Devoirs du capitaine de navire,* τὰ χρέη τοῦ πλοιάρχου, in-8°, y furent imprimés avec les caractères envoyés par A. F. Didot, sur la demande de Capo d'Istrias.

Avant de s'établir à Athènes, André Koromélas installa à Ægine l'imprimerie-que M. A. Firmin Didot lui avait envoyée en 1834. Néophytos Ducas y fit imprimer une collection de classiques grecs, avec traduction et commentaires de lui, en l'année 1834, Ὅμηρος, l'*Iliade* et l'*Odyssée,* avec commentaires, 6 vol. in-8°. La dédicace, en vers grecs, est adressée à Canaris. — Εὐριπίδης avec commentaires, 6 vol. in-8° et la dédicace en vers à Eynard. En l'année 1835, Σοφιστής, ou *Recueil de discours, opinions,* etc., *émis en diverses occasions,* par Néophytos Ducas, 2 vol. in-8°. — Πανηγυριστής, *Mélanges et traductions,* par Néoph. Ducas, 2 vol. in-8°.

ÆGINIUM, *Armiro,* ville de Thessalie (pachal. de Janina).

ÆGIRA, Αἴγειρα [Polyb.], XYLOCASTRUM, auj. *Xylocastro,* ville de Morée.

ÆGIROS ou ÆGIRUM, Αἴγιρος, anc. ville de l'île de Lesbos (Mételin), auj. *Gernia.*

ÆGIRTIUS, ÆGYRCIUS, le *Gers* (Giers), riv. de France; se jette dans la Garonne.

ÆGISSUS, Αἴγισσος, *Tatza* ou *Saczi,* ville de la Bulgarie, sur le Danube, dans l'anc. Mœsie supér.

ÆGITUA ou ĊANOÆ, *Cannes,* ville de France (Var).

Imprimerie en 1785.

ÆGIUM, anc. ville de la ligue Achéenne, dont on voit les ruines près de Vostitza (Morée).

ÆGLESBURGUS, *Aylesbury,* bourg d'Anglet., sur la Thame.

Le suppl. au *Typogr. Gazetteer* donne l'année 1778, comme date de l'introduction de l'imprimerie dans cette ville.

ÆGOS POTAMOS, *Indjé Limen,* fl. de Thrace (Roumélie).

ÆGUANA JUGA, les *montagnes de Sorrente,* dans la Terre de Labour.

ÆGUSA, CAPRARIA, *Favignana, Favillana,* l'une des îles Ægates (Sicile).

ÆGYPTUS, AERIA, NESAMBOBOLOS, MYARA, MAZOR, OGYGIA, Ποταμία, l'*Égypte* (Misraïm).

ÆLBURGUM, voy. ALBURGUM.

ÆLIA RICCINA, HELVIA RICCINA, anc. ville du Latium, dont les ruines subsistent encore sous le nom de *Recina Rovinata,* non loin de *Recanati,* dans la Sabine.

ÆMARORUM MONS, voy. ACUMUM.

ÆMATHIA, voy. MACEDONIA.

ÆMILIANI (S.) ECCLESIA, *Saint-Émilion,* bourg de France (Gironde).

ÆMILIANUM RUTHENORUM, AMILHANUM, MIL-
LIADUM, *Milhau*, ville de Fr. (Aveyron).

Suiv. M. Ternaux, l'Imprimerie, dans cette ville,
ne date que de l'an XIII. — *OEuvres patoises de
Claude Peyrot*, Millau, Pierre Chanson, an XIII°,
(1805) in-8.

ÆMINES PORTUS, *Rade de Brusc*, en Provence (Var).

ÆMINIUM, *Agueda*, bourg d'Espagne, dans
l'Estramadure, près Talabriga.

ÆMODÆ INSULÆ, *îles Shetland* (Écosse).

ÆMODÆ OCCIDUÆ INSULÆ, *îles Hébrides*
(Écosse).

ÆMONA, ÆMONA PANNONIORUM, COLONIA
TAURISCORUM, LABACUM, *Laybach* (en
ital., *Lubiana*), ville de la Carniole:

Imprimerie en 1578 [Dr Cotton] , mais nous connaissons un livre qui, selon toute apparence, est le
premier réellement imprimé dans cette ville ; en
voici le titre exact : *Auspergy (Herbardi Baronis)
Vita et mors, ad salutem et commodum Patriæ
transacta et in Corvatia extremis finibus ad Bu-
datshkum X. Kal. oct. in prælio adv. Turcas...
gloriosissime appetita, a G. Khisl de Kaltenprun
descripta*. Labaci, 1575, in-4.

ÆMONIA, voy. TRESSALIA.

ÆMONIA NOVA, *Città Nuova*, ville de l'Istrie
(roy. d'Illyrie). — Les ruines s'appellent
encore *Emonia Rovinata*.

ÆNARIA, INARIME [Virg.], PITHECUSA [Plin.],
Πιθηκοῦσαι [Ptol.], l'île d'*Ischia*, sur la
côte napolitaine.

AENHOLMIA, *Aenholm*, ville de Danemark
(île de Laland).

ÆNIA, *Moncastro*, ville du pachalik de Saloniki.

ÆNIPONS, voy. OENIPONS.

ÆNIPONS INFERIOR, voy. OENIPONS INFERIOR.

ÆNONA [Plin.], Αἰνῶνα [Ptol.], *Nona*, ville
de Dalmatie.

ÆNOS, Αἶνος [Herodot.], ville de la Thrace
(Roumélie), que les Grecs appellent
Enos et les Turcs *Ygnos*.

ÆNOSTADIUM, *Instadt*, pet. ville de Bavière.

ÆNUS, OENUS, Αἶνος [Ptol.], l'*Inn*, riv. du
Tyrol, affluent du Danube.

ÆOLIÆ INSULÆ, αἱ Αἰόλου νῆσαι [Strab.], HE-
PHÆSTIADES [Plin.], LIPARÆORUM INSULÆ
[Plin.], *îles de Lipari*, au N. de la Si-
cile.

ÆFEA, SOLI, Σόλοι [Ptol., Strab.], auj. *Solia*,
pet. bourg de l'île de Candie. Le langage barbare des habitants de cette ville
a donné lieu à la locution de *solécisme*,
Σολοικισμός; et sans doute le mot *créti-
nisme* est puisé à la même source; il
signifierait *esprit crétois*.

ÆQUA, VICUS ACQUENSIS, *Vico Equense* ou
Vico di Sorrento, pet. ville du roy. de
Naples (Terre de Labour).

Nous connaissons plusieurs livres imprimés à Vico
Equense en 1585 : c'est d'abord un rare in-8, intit.: *Replica di Camillo Pellegrino alla Risposta degli Ac-
cademici della Crusca, fatta contra il dialogo dell'
Epica Poesia in difesa, come e' dicono, dell' Orlando Furioso dell' Ariosto*.
Puis un second intit. : *Rime et versi in lode della
Ill. Giovanna Castriota Carrafa duchessa di No-
tera.... scritte in lingua toscana, latina et spa-
gnuola da diversi et racc. da D. S. de Monti*. In-4.
Et enfin : *le Lagrime di San Pietro, di Luigi Tan-
sillo*, in-4. avec l'ancre Aldine à la fin.

ÆQUA BONA, *Couna*, bourg de Portugal
(Estramadure).

ÆQUINOCTIUM [Itin. Anton.], *Fischamend*
ou *Vischmund*, ville de l'anc. Pannonie
supér. (Autriche), au confluent de la
Fischa et du Danube.

ÆQUOLESIMA, voy. ENGOLISMA.

ÆQUUM, colonie romaine dans la Dalmatie
Mérid., auj. *Cluzzi*, bourg d'Illyrie.

ÆQUUM FALISCUM, COLONIA JUNONIA, FALE-
RIUM, Φαλέριον [Strab.], FALISCA [Solin.],
auj. *Castellana* ou *Civita Castellana*,
ville d'Italie, dans la Légat. de Viterbe.

ÆQUUS TUTICUS, anc. ville des Hirpins, auj.
Ariano (?) dans les Abruzzes.

AERA, AEREA, *Ayr*, ville d'Écosse (voy.
ERCOJENA).

AEREUS, l'*Ayr*, riv. d'Écosse.

AERIA, ARIA, ATREBATUM, HERIA, ATURA,
AENA, *Aire*, ville de France, sur la Lys
(Pas-de-Calais).

Imprimerie en 1684. — *Sommaire ou abrégé des
indulgences accordées par les Souverains Pontifes
à la Confrérie de la l'ordre de la très-saincte Trinité
et rédemption des captifs*. — Aire, Claude-François
Tulliet, 1684. In-18 de 68 p.
M. Morand cite un autre livre sorti des presses de
Tulliet, cette même année 1684 ; c'est un in-4,
intit.: « *B. Bomard's Christian Duty*.»
En 1764 [Rapp. Sartines], un seul libraire existe
à Aire, François Gheradi, natif de Nantes ; mais il
n'y a plus d'imprimeur. L'arrêt du conseil du 12 mai
1759, qui avait réduit à quatre le nombre des imprimeurs pour l'Artois, deux à Arras et deux à Saint-
Omer, avait supprimé toutes les autres typographies.

AERIA, voy. CRETA.

AERIA VOCONTIORUM, voy. VASIO.

AERWILRA, VILLA, AERWILRE, *Aerweiler*,
bourg sur la riv. l'Ahr, dans la Prusse
Rhénane.

ÆSAR, ÆSARUS, Αἴσαρος [Strab.], l'*Esaro*,
riv. du roy. de Naples (Calabres).

ÆSAR [Ovid.], le *Serchio*, riv. de Toscane ;
se jette dans l'Arno.

ÆSERNIA [Sil. Ital. — Itin. Ant.], Αἰσερνία

[Strab.], ville des Samnites, auj. *Isernia*, au pied des Apennins, dans le roy. de Naples.

L'imprimerie existe dans cette ville en 1644, et le premier typographe se nomme Camillo Cavallo ; voici le titre du livre : *Memorie istoriche del Sannio, chiamato oggi Principato ultra e parte di terra di Lavoro, in v libri*, da Giov. Vincenzo Ciarlanti. — Isernia, 1644, in-fol.

ÆSICA, *Netherby*, ville d'Angleterre (Cumberlandshire).

ÆSIS, l'*Esino*, riv. d'Italie ; séparait le Picenum de l'Ombrie.

ÆSIS, AESIUM, AEXIUM, ESSIUM, *Iesi*, ville de la Marche d'Ancône (Italie).

Imprimerie en 1472. — *La Comedia di Dante Alleghieri di Firenze*..... à la fin :

Explicit. liber. Dantis. im
pressvs. a. magistro. Fede
rico. veronensi. M. cccc.
LXXII. Qvintodecimo. A
lendas. avgvsti.

In-4 (et non pas pet. in-fol., comme le dit Volpi dans son catal. des éditions du poëte), de 210 ff. à 33 lig., impr. en car. rom. très-élégants, sans ch., récl. ni signatures.

Cette édition, d'une rareté insigne (nous n'en connaissons que trois exempl.), est sans nom de lieu, mais tous les bibliographes s'accordent à la reconnaître comme le premier livre imprimé à Iesi.

Frédéric de Vérone, ou Federicus de Comitibus de Verona, titre qu'il s'attribue dans la souscription d'un opusc. de Nic. de Auximo, intit. *Spiritualis quadriga*, imprime en 1475 et date de cette ville un livre important : *Ægid. Alvarez Carillo de Albonoz, Episc. Sabiensis, liber Constitutionum*, in-4.

ÆSTHONIA, AESTIA, l'*Esthonie* (en allem. *Esthland*), prov. de l'empire russe.

ÆSTICAMPIUM, *Sommerfeldt*, ville de la Neumark (Autriche).

ÆSTIVALIUM IN CARNIA, *Estival en Charnie*, village près de Chémiré (Sarthe).

ÆSTUARIUM ABUM, voy. ABUS.

ÆSTUARIUM S. GEORGII, SINUS SABRINÆ, Σαϐρίανα [Ptol.], MANICA BRISTOLIENSIS, *Canal de Bristol*, entre l'Angleterre et l'Irlande.

ÆSTUARIUM VARÆ, *Murray-Fyrth*, golfe de Murray (Écosse). — *Fyrth* vient de *fretum*.

ÆTHALIA [Plin.], Αἰθαλία [Strab.], ILOA, ILVA [Tit. Liv.], Ἰλόνα [Ptol.], l'*île d'Elbe* (en ital. *Elva*), île de Toscane, au milieu du canal de Piombino.

Résidence impériale du 4 mai 1814 au 26 février 1815 ; Napoléon y fit imprimer les proclamations qui précédèrent les Cent jours.

ÆTHRIA, voy. HADRIA.

ÆTILIA, ALTEIA, l'*Aulthie*, pet. riv. de Picardie.

ÆTNA, Αἴτνα [Théocr.], Αἴτνη [Diod. Sic.],

le *mont Etna* ou *monte Gibello*, dans le val di Demona (Sicile).

ÆTNA [Anton. Itin.], ÆTNENSE OPPIDUM [Diod. Sic.], INNESA, Ἴννασα [Strab.], ville de Sicile, au N.-O. de Catane, auj. *San Nicolo de Arenis* (?).

ÆTNA TELLUS, la *Sicile*.

ÆTONIA, ÆTHONIA, ETONA, *Eton*, ville d'Angleterre (Buckinghamshire). Célèbre collége fondé par Henri VI.

Par les soins de sir Henry Saville, une imprimerie fut établie en ce collége, et l'an 1607, sous la direction de John Norton, l'imprimeur, il y publia plusieurs ouvrages grecs ; les charmants caractères dont il fit usage, caractères qui leur extrême élégance fit appeler *the Silver Letter*, devinrent, à la mort de sir H. Saville, la propriété d'un imprimeur d'Oxford, nommé Turner.

La publication la plus importante de John Norton fut la première édit. collective des œuvres de saint Jean Chrysostome, 8 vol. in-fol., qui fut donnée en 1612 ; l'impression en avait été commencée deux ans auparavant. [Beloë, *Anecd. of Litter.*]

ÆTUATICUS VICUS, *Tavetsch*, bourg de Suisse.

AGABRA, pet. ville de la Bétique, auj. *Carba*, en Andalousie.

AGARA, voy. EGRA.

AGASUS, anc. port de mer d'Apulie, auj. *Porto Græco*, dans la Capitanate.

AGATHA [Plin.], nommée par les Massiliens Ἀγαθὴ τύχη, AGATHA MASSILIENSIUM IN TECTOSAGIBUS, S. AGATHI URBS [Aimon], AGATE, au VIIIe s., anc. ville des Atacins, auj. *Agde*, ville de France (Hérault).

Imprimerie en 1510 : *Breviarium ad vsum beatissimi protomartyris Agathi diœcesis patroni*. — Impressum cura ; industria magistri Johañis Belo ciuitatis valentineñ. impressoris. Anno dñi M.V.C.X. ; die. xv. mensis Julii. Pet. in-8 goth. car. rouges et noirs. VIII-491 ff.

Ce Jean Belon avait également des presses à Valence en Dauphiné, sa patrie.— Voy. VALENTIA.

AGATHA, BLASCON, ONIS [Plin. III], île de la Méditerranée, sur les côtes de la Gaule Narbonnaise, auj. *Brescon*.

AGATHOPOLIS, FANUM SANCTÆ AGATHÆ, auj. *S. Agata di Goti*, pet. ville du roy. de Naples, dans la Princip. ultér.

AGATHYRIUM, anc. ville de la Sicile, auj. *Capo d'Orlando*.

AGATHYRSA, AGATHYRNA [Itin. Anton.], Ἀγάθυρνον [Strab.], *San Marco*, pet. ville de Sicile, sur la côte N.

AGAUNUM, ACAUNUM, ACAVNO, ACAVNENSIS [monn. mérov.], SAINT-MORISSE DE GAUNES EN CHABLIES [Chron.], *Saint-Maurice en Chablais*, ville de Suisse (Valais) ; abb. de Bénéd., fondée au IVe s. (vers 375), en mémoire du massacre de la légion Thébaine, en 286.

AGEDUNUM, ACITODUNUM, *Ahun*, pet. ville de France (Creuse).

AGEIUM, *Ay* ou *Aî*, bourg de Champagne (Marne).

AGELLI, *Clinchamps*, village de Normandie (Calvados).

AGELOCUM [Anton. Itin.], SEGELOCUM, *Littleborough*, ville d'Angleterre, dans le Nottinghamshire.

AGENDICUM [Cæsar], AGEDINCUM SENONUM, Ἀγήδικον [Ptol.], AGREDICUM [Itin. Anton.], METROPOLIS SENONIÆ, ou LUGDUNENSIS QUARTÆ [Notit.], SENONI [Eutrop.], SENONES [Amm. Marcel.], SENONICA URBS [Greg. Tur.], SENONAS CIVITAS [Frédég.], *Sens*, anc. cap. des *Senones*, archevêché (Yonne).

M. Brunet cite : *la Complainte de monsieur le Cul contre les inventeurs des Vertugalles.* — A Sens, par François Girault, demeurant à l'enseigne du Bœuf Couronné, 1552, pet. in-8.
Le second livre imprimé dans cette ville serait : *Antiphonarius ad ritum et consuetudinem Senonensis Ecclesiæ.* — Venale reperitur Señ. in ædibus Joañis de la Mare, ad insigne Aquile Auree, in Vico Maiori commorantis. 1554. — A la fin : Imprime à Sens par Françoys Girault, imprimeur, pour Jehan de la Mare, marchant, demeurant audit Sens, en la grand Rue, à l'enseigne de Laigle d'or. 1554; gr. in-fol. (sur vélin, à la Bibl. impér.).
Le troisième livre imprimé dans cette ville est : COUSTUMES *du Bailliage de Sens et anciês ressorts d'icelluy...* — A Sens, de l'imprimerie de Gilles Richeboys, pet. in-4, 1556 (sur vélin, à la Bibl. impér.). On a cru à tort à une édition de 1553.
Et le quatrième : *Evangeliorum Liber, quæ in Ecclesia Senonensi et tota diœcesi, singulis totius anni diebus, inter missarum solennia decantari solent.* — Excudebat Senonib. Ægidius Richebois, anno Dom. MDLX. — In-fol. (sur vélin, à la Bibl. impér.)
Les imprimeurs sénonais qui méritent une mention sont Jean Savine au XVIᵉ siècle et Prussurot et Niverd au XVIIᵉ.
L'AGENDICUM des *Commentaires* de César est-il *Sens* ou *Provins?* Nous ne gardons bien de toucher à cette question controversée, et nous renvoyons aux nombreux mémoires publiés à ce sujet.

AGENNAPIUM, *Genappes*, pet. ville de Belgique (Brabant méridional).

AGENNENSIS, AGINNENSIS PAGUS, l'*Agénois*, district et anc. comté de la Guienne (France).

AGENNO, AGENNUM [Auson.], AGINNUM [Itin. Anton.], AGESINATIUM, CIVITAS AGINNENSIUM, URBS NITIOBRIGUM, AGINUM [Greg. Tur.], *Agen*, ville de France (Lot-et-Garonne).

Nous ne pouvons affirmer que l'introduction de l'imprimerie dans cette ville ne remonte pas plus haut que l'année 1545; généralement, dans les villes de France, l'exercice de l'art typographique est provoqué par les municipalités et plus souvent par l'influence cléricale. Il nous paraît donc assez difficile d'admettre que le premier livre sorti des presses d'Antoine Reboul, à Agen, soit un poëme italien; il faut ajouter cependant que l'auteur de ce poëme, qui s'était réfugié dans cette ville avec les membres de la famille du célèbre César Frégose,

dont il avait été le serviteur et l'ami, devint, malgré quelques peccadilles de jeunesse, entre autres la publication antérieure de poésies passablement obscènes, devint, disons-nous, évêque d'Agen en 1550, et qu'il avait pu certainement présider, quelques années auparavant, à l'organisation d'un établissement typographique dans la résidence qu'il avait choisie. Quoi qu'il en soit, voici le titre exact du livre qu'il fit imprimer en cette année 1545 :
— *Canti XI de le Lodi de la S. Lucretia Gonzaga di Gazuolo, e del vero Amore, col Tempio di Pudicitia, e con altre Cose per Deutro poeticamente descritte* (in Ottava Rima). — *Le III Parche da esso Bandello cantate ne la Natività del S. Giano primogenito del S. Cesare Fregoso e de la S. Costanza Rangona sua consorte.* — Si stampauano in Guienna ne la città di Agen per Antonio Reboglio, 1545, pet. in-4ᵒ de 203 ff.
Le catal. de S. Richard Heber, dont nous sommes bien loin de vouloir garantir l'infaillibilité, nous annonce une édition des poésies d'un certain Michel Vérin : *Michaelis Verini disticha de Moribus, Agennii*, 1542, pet. in-8, qui serait le plus ancien livre imprimé à Agen, signalé jusqu'à présent, si l'on admet l'exactitude du renseignement.
Nous trouvons en 1547 le nom d'un imprimeur nommé Villote, mais peut-être n'était-il que libraire : *Statuta (Aginensia) et constitutiones synodales... edita et promulgata*, anno 1547. — Aginni, Villote, 1547, in-4 (P. Le Long, 1. 6311). Dans sa dédicace au cardinal de Lorraine, évêque d'Agen, le rédacteur de ces constitutions nous dit qu'elles avaient déjà été imprimées.
L'état de la librairie dressé en 1764 par ordre de M. de Sartines nous apprend qu'à cette époque il existait à Agen trois libraires, Raymond Cayau, Jean Boë et Jean Noubel, mais que celui-ci était seul imprimeur, conformément aux ordonnances de 1739 et de 1759.
Parmi les imprimeurs d'Agen, dont nous pourrions donner les noms, nous ne citerons, comme dignes de mémoire, que Pomaret, qui figure à la fin du XVIᵉ s., Jean Fumadères et surtout Thomas Gayau (1638, 1696).

AGENOA, voy. HAGENOA.

AGERANA VALLIS, *Agerenthal*, auj. *Gerenthal* (en fr. Val Geren), vallée de Suisse (canton de Vaud).

AGER ANTUATUM, le *Chablais*, prov. de Savoie, au S. du lac Léman. Voy. CABALLICA PROVINCIA.

AGERENTIA, ACHERONTIA [Procop.], *Acerenza*, ville du royaume de Naples, sur le golfe de Tarente (Basilicate).
Imprimerie en 1688. [Haym.]

AGER FONTANENSIS, *Saint-Martin de Fontaine*, bourg de Fr. (Rhône).═*Fontaine*, village de France (Saône-et-Loire).

AGER MACIACENSIS, *Massy*, bourg de Fr. (Saône-et-Loire). Voy. MACIACUM.

AGER MARIANUS, AGER MARLÆ, *Mariager*, ville du Jutland, sur le Mariagerfiort.

AGER SEGUSIANUS, le *Forez*, prov. de Fr.

AGER VUOLNACENSIS ou VULNIACUS, *Vonnas* ou *Vonnaz*, village de la Bresse (Ain).

AGESINA, voy. ENGOLISMA.

AGESINATES, peuple d'Aquitaine, voisin des *Pictones*, occupait l'*Angoumois*, auj.

dép. de la Charente et partie de la Dordogne.

AGGER GANDAVENSIS, CATARACTA GANDAVEN-SIS, *Sas van Gendt*, bourg de l'île de Tholen, dans la Zélande(?)

AGGERHUSIA PRÆFECTURA, AGGERHUSIUS CO-MITATUS, AGGERHUSIUM, AGGERHUUS, ville de Norvége, au fond de la baie de Christiania.

AGGERIPONTUM, *Thomasbrück, Thamesbrück, Thingsbrück*, bourg de l'anc. Thuringe, auj. dans la Prusse Rhénane.

AGGRENA, *San Filippo d'Argirone*, ville de Sicile. Voy. AGURIUM.

AGILARA, AGUILLARIA CAMPESTRIS, *Aguilar del Campo*, ville d'Espagne (Vieille-Castille).

AGILDUM, *Aglieri*, bourg du roy. de Naples.

AGILLA, *Cervetri*, bourg de Toscane.

AGINNENSIS MANSUS, le *Mas d'Agénois*, village de France (Lot-et-Garonne).

AGINNUM, voy. AGENNO.

AGINO, AGNIUS, l'*Aa*, pet. riv. de l'Artois. Il y a en Europe plusieurs riv. du même nom.

AGNIADELLUM, *Agnadel* (*Agnadello*), bourg de la Vénétie, près de Cassano.

AGNICURTUM, *Agnicourt*, village de la Picardie, près Saint-Pol (Pas-de-Calais).

AGORUM, *Agora*, bourg de la Vénétie, près Bellune.

AGOTIUS, voy. ACUTUS.

AGRAGAS, voy. ACRAGAS.

AGRAMONTIUM, *Agramonte*, pet. ville de Catalogne, près de Lérida. = *Aigremont-le-Duc*, commune et anc. château de France, près Dijon (Côte-d'Or). Plusieurs localités du même nom existent en France.

AGRANUM, ZAGRAVIA, ZAGRABIA, *Agram* (*Zagrab*), ville de la Croatie, près de la Save; chef-lieu du comitat du même nom; évêché, académie.

Imprimerie en 1696. — *Pauli Ritter Dalmatæ Chronica*, Zagrabiæ, 1696, in-8°, cité par Szörenyi (*Vindiciæ Sirmienses*, p. 35). — Nous trouvons, dans un catal. italien fort ancien, un livre d'une date antérieure; mais, comme nous n'avons pu trouver ce rare volume et vérifier l'authenticité du renseignement, nous ne le donnons que pour mémoire; il est intitulé :

Ragioni, per le quali si dimostra la temerità e ingiustizia dell' armi Venete contro gli Uscocchi. — Zagrabiæ, 1638, in-4. — Sans nom d'auteur ni d'imprimeur.

AGRIA, *Erlau* (*Eger*), ville des États autri-chiens (roy. de Hongrie), chef-lieu du comitat de Hevesch, sur la riv. du même nom; archevêché.

L'imprimerie, d'après le nouveau *Typogr. Gaz.* du Dr Cotton, fut exercée dans cette ville à partir de l'année 1687.

AGRIA, l'*Erlau*, riv. de Hongrie, affl. de la Theiss.

AGRIGENTUM, voy. ACRAGAS.

AGRIMUM, AGHRIMA, *Agrim*, ville d'Irlande, dans le Connaught.

AGRIPANI VICUS, *Saint-Agrève*, pet. ville du Vivarais (Haute-Loire).

AGRIPPINA, voy. COLONIA.

AGRIUS, l'*Agri*, pet. riv. du roy. de Naples.

AGROPOLIS, NOVOMARCHIA, *Neumarkt* (en transylv. *Maros-Vasarhély*), ville importante de la Transylvanie, sur le Maros ou Marosch, affl. de la Theiss.

Palais de Tékéli et biblioth. nationale extrêmement importante.

AGUCIACUM, *Aguisy*, village de Fr. (Oise).

AGUILARIA, *Aguilar*, ville d'Espagne, dans la Navarre.

AGUILLARIA CAMPESTRIS, voy. AGILARA.

AGUNTUM, Ἄγουντον [Ptol.], AGUNTUS [P. Diac.], INDIA, INTICA (au moy. âge), pet. ville de la Norique, auj. *Innichen* (quelquefois *Innekem* ou *Iniching*), bourg du Tyrol, sur le Drau.

AGURIUM [Itin. Anton.], AGYRIUM [Cic.], Ἀγούριον [Ptol.], Ἀργύριον [Diod. Sic.], AR-GIRONE [monn. Sic.], *San Filippo d'Argiro* ou *d'Argirone*, pet. ville de Sicile, dans l'intend. de Catane.

AGYLLA, AGYLLINA URBS [Virg.], *Cære*, ville de l'Etrurie, à l'O. de Veïes, voy. AGILLA.

AHUNUM, *Ahun*, pet. ville de la Marche. (Creuse.) = *Le Moustier d'Ahun*, monast. de Cluny.

AHUSIA, AHUSA, *Ahus, Ahuis*, pet. ville du Danemark.

AHUSIUM, *Ahaus*, ville des États prussiens, dans la Westphalie; résidence du prince Salm-Kybourg.

AIAMONTIUM, *Ayamonte*, ville d'Espagne sur la Guadiana (Andalousie).

AICHSTADIUM, AREATUM, ALCIMOENUM, ALA NARISCA, EUSTADIUM, DRYOPOLIS, *Aichstädt* où *Eichstädt*, ville de Bavière, sur l'Altmühl, évêché fondé en 741.

Le premier livre imprimé dans cette ville avec une date certaine est de 1478; il est intitulé : *Henrici de Segusio F. de S. Bartholomæo vulgo Hostiensis, summa super Titulis Decretalium.* (A la fin :)

— Desideratum huius summe hostiensis finem aduexit mensis februarii dies decimus octauus quo post virginee prolis vagitus dulcissimos mille quadringenti septuaginta novem anni transiere.

2 vol. in-fol. dont le 1er est daté de 1478, sans ch., récl. ni sign., sans nom de lieu ni d'imprimeur, mais certainement exécuté à Aichstädt avec le gros caract. goth. de Michel Reyser qui, de concert avec son frère George, avait concurremment une imprimerie à Augsbourg.

Parmi les livres que ces deux frères imprimèrent à Aichstädt, nous citerons :

Liber moralitatum, in-fol., 1479 (Panzer, I, 386).

Breviarium Eystettense, in-fol., 1482 (Hain, I, 531).

Statuta synodalia Eustettensis diœcesis, in-4, 1484.

Un très-beau *Missale* de 1486, in-fol. — Ces trois derniers ouvrages portent le nom du lieu d'impression et celui de l'imprimeur.

Panzer indique un grand nombre d'ouvrages imprimés sans date, et dont très-probablement plusieurs sont antérieurs à 1478. Nous en avons vu un à la Bibliothèque impériale qui provient de la vente La Vallière (n° 556), c'est : — *Johañis de tambaco de consolatione theologie libri XIV*, in-fol. de 294 ff. à 44 lig. en lettres de somme, sans ch., récl. ni sig., avec blancs à la place des lettres tourneures. Ce beau livre offre tous les signes d'une haute antiquité et doit certainement être antérieur de plusieurs années à la *Somme* de l'archevêque d'Embrun.

AIGUILLIONUM, AQUILONIA, AGUILLIONUM [Baudrand], *Aiguillon*, pet. ville de la Guyenne, près Nérac (Lot-et-Garonne); elle fut érigée en duché-pairie en 1599. Voy. ACILIO.

AILIUM, ALIACUM, ELIACUM, *Ailly*, village de Fr., près Louviers (Eure). Il y a plusieurs autres localités de ce nom en France.

Un village d'Allemagne porte également ce nom; le célèbre cardinal Pierre d'Ailly (Petrus de Alliaco), archev. de Cambrai, serait Allemand, si l'on en croit Thevet et Raph. de Volterra; mais P. Bayle le dit né à Compiègne en 1350.

La maison d'Ailly tirait son nom d'un château sis en Picardie; auj. *Ailly le Haut-Clocher*.

AILLANTII VICUS, *Aillant*, bourg du Gâtinais, près Montargis (Loiret). = *Aillant-sur-Thonon*, bourg de France, près Joigny (Yonne).

AINEDA, *Ainöd* (en illyrien, *Kreise*), bourg d'Illyrie.

AIRDRIA, *Airdrée*, ville d'Écosse, dans le comté de Lanark.

AIRIACUM, *Airy*, bourg près Auxerre (Yonne).

Concile en 1020.

AISTADIUM, voy. AICHSTADIUM.

AKIERMANA, *Bialogrod*, pet. ville de Pologne.

AKRAGAS, voy. ACRAGAS.

ALA, ALENA, AQUILEGIA, *Aalen*, bourg du Würtemberg.

ALA, OLA, *Aelen*, bourg de Suisse (cant. de Vaud).

ALABA, bourg d'Espagne, chez les Celtibères, auj. *Alava*, pet. ville de l'Aragon.

ALABON, ALABONA, ALAVONA [Ptol.], *Alagon*, bourg et riv. du roy. d'Aragon; la riv. se jette dans le Tage.

ALABUNS, ALAPUNTIS, *Ventavon*, village et anc. château du Dauphiné (Hautes-Alpes).

ALA FLAVIA, voy. VIENNA AUSTRIÆ.

ALALIA, voy. ALERIA.

ALAMONTE, ALABONTE, le *Monestier d'Alamont*, à 18 m. de Gap [Itin. Anton.], village sur la Durance, à la limite des dép. des Hautes et Basses-Alpes.

ALANDIA, *île d'Aland*, dans la Baltique.

ALA NARISCA, voy. AICHSTADIUM.

ALANENSIS PAGUS, ALAITENSIS, ALUNENSIS TRACTUS, ALNISIUM, l'*Aulnis*, auj. l'*Aunis*, anc. prov. de Fr.; auj. partie de la Charente-Inférieure et des Deux-Sèvres.

ALANGUERA, ALANGUERUM, ALANORUM FANUM, *Alanguer*, ville de Portugal, sur le Tage, dans l'Estramadure.

ALANOVA, ville de l'anc. Pannonie supér., auj. *Ebernessdorff*, château impérial, dans la basse Autriche.

ALANTIA, ALENCUM, *Allanche*, pet. ville de Fr. (Cantal).

ALANUS, *Alan*, riv. de Cornouailles (Angleterre), se jette dans le canal de Bristol.

ALAONA, ALAVNAVI [monn. mérov.], *Allonne*, village de Fr. (Manche). = *Allonnes*, village de Fr. (Maine-et-Loire).

ALARA, ALLERA, ALARAIN [Chron. Eginh.], l'*Aller*, riv. de la Basse-Saxe, affl. du Wéser.

ALARANTES, *Tallard*, bourg du Dauphiné (Hautes-Alpes).

ALARINUM, LARINUM [Cic.], Λάρινον [Ptol.], *Larino*, pet. ville du roy. de Naples, dans la Capitanate.

ALATA CASTRA, Πτερωτὸν στρατόπεδον [Ptol.], CASTRA PUELLARUM, EDINUM, ANEDA, BURGUS ALATUS, EDENBURGUM [Cellar.], ville de l'anc. Calédonie, sur les ruines de laquelle on a élevé *Edimbourg*, la cap. de l'Écosse (en gaélique : *Dun Eudain, Edin-Bruaich*, etc.).

« A printing press, dit Chalmers (*Life of Ruddi-« man*, p. 80), was first established at Edinburgh « during the year 1507, under the protection of « James IV; the first printers were Walter Chepman,

« a merchant, and Andrew Myllar, a mere work-
« man. » — Herbert donne de curieux détails sur un
précieux volume de poésies exécuté par ces deux
typographes en 1508, et il fait observer, à cette occasion, qu'à cette époque les caractères grecs étaient
inconnus à Edimbourg ; on remplit à la main, dans
chaque exempl. du *Hay's book*, les passages grecs
que les imprimeurs avaient été obligés de laisser en
blanc, et cet usage se perpétua presque jusqu'à la fin
du xvie s. Le Dr Lee, dans son *Mémorial*, affirme
que les premiers caractères grecs dont on fit usage
en Écosse furent les lettres qui se présentent
présentent dans une annotation de la Bible imprimée par Arbuthnot et Bassendine, en 1576-9.

Le *Breviarium aberdonense* fut imprimé en
1509-10, par Walter Chepman, à Edimbourg ; il
forme 2 vol. in-8. On n'en connaît que quatre exempl.
fort imparfaits. Le bibliographe américain Is. Thomas prétend même que c'est là le premier livre imprimé en Écosse, mais son autorité n'est pas considérable.

Il nous faut aussi mentionner le premier livre
impr. en gaélique. Lowndes en donne le titre exact :
*John Knox. Liturgy in gaëlic; foirm nornui-
dhadh ;* Edimbourg, Lekpreuck, 1567, in-8.

« N'oublions pas, » dit le Dr Cotton, auquel nous
empruntons une partie de ces détails, « de mention-
« ner le *Salluste* stéréotype de 1736, in-12, exécuté
« par Will. Ged, livre bien connu aujourd'hui et
« fort recherché des curieux, comme l'un des pre-
« miers échantillons de cet art nouveau. »

Ce Will. Ged, qui s'intitule *Aurifaber Edinensis*,
dans la souscription du vol., a imprimé ce livre avec
des formes solides, *non typis mobilibus, ut vulgo
solet, sed tabellis seu laminibus fusis ;* seulement
ce n'est pas en 1736, comme le dit M. Cotton, mais
bien en 1739 que cette impression eut lieu, avec un
second tirage, mieux exécuté, qui porte la date de
1744.

ALATEUM VILLARE, IN PAGO PARIENSI, *Pierrelaye*, village près Pontoise (Seine-et-
Oise), suiv. l'abbé Lebeuf. = *Auviller*,
village de Picardie (Oise), suiv. Féli-
bien.

ALATRIUM, Ἀλέτριον [Strab.], anc. ville des
Herniques, auj. *Alatri*, ville et évêché
de la Campagne de Rome (États Pontificaux).

ALAUNA [Tab. Peut.], ALAUNIUM [Itin. Anton.], bourg de la Lyonnaise IIe ; auj.
Moustier d'Alonne, village de Fr. (Eure-
et-Loir).

ALAUNA, voy. CORIOSOPITUM.

ALAUNA, voy. VALONIÆ.

ALAUNIUM, l'*Hospitalet*, village des Basses-
Alpes, près Sisteron.

ALAUNUM, localité dans la Gaule Narbon-
bonnaise, auj. *Manosque*.

ALAUNUM, voy. LONGOVICUM.

ALAUNUS [Cell.], Ἄλαινος [Ptol.], l'*Alne*, riv.
du Northumberland, qui se jette dans
la mer du Nord.

ALAVONA, voy. ALABON.

ALBA, ALBULA, l'*Aube*, riv. de Fr., affl. de
la Seine. = L'*Auve*, pet. riv. affl. de
l'Aisne.

ALBA, *Alba de Tormes*, bourg d'Espagne,
dans le roy. de Léon.

ALBA, HELVÆ, *Elvas*, pet. ville du Portugal, évêché dans la prov. d'Alem-
Tejo.

ALBA, ALBIA, Ἄλβιος [Ptol.], ALBIS [Plin.,
Tacit.], l'*Elbe*, grand fleuve d'Allemagne, qui se jette dans la mer du Nord,
dans le N.-O. de Hambourg.

ALBA, *Avezzano*, ville du roy. de Naples
(Abruzzes).

ALBA, dans la Tarraconaise, auj. *Estella*,
bourg d'Espagne, dans la Navarre.

ALBA, voy. ALBA HELVIORUM.

ALBA, voy. AQUÆ STATIELLÆ.

ALBA, voy. VIVARIUM.

ALBA AD SARAVUM, *Sarralbe*, bourg de Lorraine (Moselle), au confluent de la Sarre
et de l'Allée.

ALBA ANTONIA ou ALBANTONIUM, *Aubenton*,
pet. ville de la Picardie (Aisne).

ALBA AUGIA NAVISCORUM, ALBAUGIA, *Weissenau (Veissennohe)*, bourg près Würtz-
bourg (Bavière), anc. abb. de S. Benoît.

ALBA AUGUSTA, voy. ALBA HELVIORUM.

ALBA BULGARICA, ALBA GRACCA [Cellar.],
ALBA GRÆCA, anc. SINGIDUNUM [Itin. Anton.], ou SIGINDUNUM, Σίγγηδὸν [Procop.],
auj. *Griechisch-Weissenburg* ou *Belgrade
(Belgrad — ville blanche)*, ville capit.
de la Servie, sur le Danube.

Archevêché grec ; évêché catholique ; imprimerie
en 1552 : Henderson (*Biblical researches in Russia*)
fait mention d'une traduction slave du *Nouveau
Testament* imprimée et publiée à Belgrade en cette
année 1552, un vol. in-fol. Nous n'avons vu citer ce
rarissime ouvrage dans aucun des catalogues spéciaux, ce qui nous autorise à révoquer en doute l'assertion de Henderson. M. Cotton cite encore, d'après
le catal. de la *Bodleiana*, une traduction du *Nouveau
Testament* en langue valaque, imprimée en 1648,
in-fol.

ALBA CAROLINA, ALBA JULIA, APULUM, AU-
GUSTA COLONIA APULENSIS [Grut. Inscr.],
WEISSENBURGUM [Cellar.], ville de l'anc.
Dacie, auj. *Albe Julie, Carlsberg, Karlsburg* ou *Weissenburg*, ville de Transylvanie (Autriche), chef-lieu du comitat
du Weissenburg inférieur, sur le Maros
ou Marosch.

L'introduction de l'imprimerie dans cette ville a
été traitée avec quelques détails par M. Ternaux,
auquel nous empruntons quelques-unes des notes
qui suivent : le prince Jean Sigismond (Zapoly)
appela vers l'an 1566, à Carlsberg, Raphaël Hofhalter,
auquel il donna le titre et les privilèges de chef de
son imprimerie particulière ; mais ce typographe
mourut l'année suivante : sa veuve et ses enfants
continuèrent à imprimer jusqu'à la mort de Jean
Sigismond, époque à laquelle ils furent contraints

d'abandonner le pays. Le premier livre imprimé par Ilofhalter est daté de 1567 ; il est intitulé : *Refutatio scripti Petri Melii, quo nomine synodi Debrecinæ docet, Jehovahlitatem et Trinitatem Deum patriarchis, prophetis et apostolis incognitum.* Albæ Juliæ excudebat typogr. regius Raphael Ilofhalter. 1567, in-4.

En 1620, Gabriel Beklen fait venir de nouveaux imprimeurs d'Allemagne, qui publient à ses frais un livre intit. : *Exequiæ principales.* — Albæ Juliæ, 1624, in-4.

En 1637, George Rakotzky établit une imprimerie particulière : vingt ans après, en 1657, nous trouvons comme imprimeur du prince (*celsissimi Transylvaniæ principis ac scholæ typographum*) un certain Martinus Major Coronensis (de Kronstadt, en Transylvanie) : il y imprime un livre aujourd'hui rare et recherché en Allemagne intit. : « *Schema primum generale, sive forma studiorum albensium, pro hoc anno Dñi* 1657. » Le fils de ce George Rakotzky, qui succéda à son père sur le trône de Transylvanie, est l'auteur du célèbre *Officium Ragotzianum*, dont il fit imprimer sous ses yeux la première édition à Carlsberg, et qui est encore aujourd'hui d'un usage presque universel dans une grande partie de la Hongrie et dans toute la province de Transylvanie.

ALBA CORONA, *Blanche-Couronne*, village de Fr., près Nantes (Seine-Inférieure), anc. abb. de S. Benoît.

ALBA DOCILIA, village de Ligurie, auj. *Albizola*, près Savone (Piémont).

ALBA FUCENTIA [Itin. Ant.], **ALBA FUCENTIS**, [Grut. Inscr.], **ALBA AD FUCINUM LACUM** [Plin. III.], **ALBA MARSORUM**, anc. ville des Marses, au N. du *Lacus Fucinus*, auj. *Alba*, ville du roy. de Naples, dans l'Abruzze ultérieure IIe.

ALBA GRÆCA, voy. **ALBA BULGARICA**.

ALBA HELVIORUM [Plin.], **ALBA ELVIORUM**, **CIVITAS ALBENSIUM** [Not. Gall.], **ALBA AUGUSTA**, anc. cap. des Helviens, détruite par les Vandales au Ve siècle, auj. *Aps* ou *Alps en Vivarais*, bourg de Fr. (Ardèche).

ALBA INGAUNORUM, voy. **ALBINGAUNUM**.

ALBA JULIA, **CIVITAS ALBA**, *Ackerman* ou *Akkerman* (*Bielgorodok* en russe), ville de l'emp. russe, dans la prov. de Bessarabie.

ALBA JULIA, voy. **ALBA CAROLINA**.

ALBA LEUCORUM, **ALBUS MONS**, *Blammont* ou *Blamont*, village de Franche-Comté (Doubs).

ALBA LONGA [T. Liv.], **ALBA** [Varro], **ALBONA** [Itin. Hieros.], ville du Latium, au S.-E. de Rome, auj. *Palazzolo*.

ALBA MALA, **ALBA MARLÆ**, **AMBMALE** [Froissart], *Aumale*, ville de France dans la Seine-Inférieure ; comté au XIe siècle, duché-pairie au XVIe.

ALBA MARIS, **ALBA MARITIMA**, **BLANDONA**, **IADERA**, anc. capit. de la Liburnie sous

les Romains, auj. *Zara Vecchia* ou *Biograd*, bourg et port de la Dalmatie vénitienne, au S.-E. de *Zara*.

ALBA MARSORUM, voy. **ALBA FUCENTIA**.

ALBANA, voy. **ALEXANDRIA ALBANIÆ**.

ALBANI (S.) VILLA, **VERULAMIUM**, [Tac., Itin. Ant.], *Saint-Albans*, bourg d'Angleterre, dans le Hertfordshire ; illustre abb. fondée par Offa, roi de Mercie, sur les ruines de l'anc. Verulam.

C'est la troisième ville d'Angleterre qui ait joui des bénéfices de l'imprimerie, et cela grâce au zèle éclairé des moines de Cîteaux.

1° *Rhetorica nova Laurencii Guilelmi de Saona*, — *impressum fuit presens opus rhetorice facultatis apud villâ Sancti Albani.* Anno Domini M CCCC LXXX, in-4. goth. avec sign. de A à Z. La souscription de ce rare volume commence par ces mots : *Compilatum autem fuit hoc opus in alma universitate Cantabrigie*, anno Domini M CCCC LXXVIII, die VI julii ; ce qui a donné lieu à quelques bibliographes d'annoncer une édition de *Cambridge*, 1478, qui n'a jamais existé que dans leur imagination.

2° *Albertus* (*Sigandus*). *Liber Modorum significandi.* S. Albano, 1480, pet. in-4. de 40 ff. sign. A-F à L-L, 32 l. à la p. ent. petits car. goth. A la fin :

Explicit liber Modou sigñdi
Alberti Ipss' apo villam
Sancti Albani aº Mº CCCCº LXXXº.

Ce livre, bien décrit au *Manuel* et dans Dibdin, existe à la Bibliothèque impériale et manque au British Museum.

3° *Exempla sacræ Scripturæ.* 1481, pet. in-4.

4° *In Aristotelis Physica.* 1481, in-fol.

5° *The St-Alban's chronicle.* 1483, in-fol.

6° *The book of St-Albans, by Juliana Berners* ou *Barnes.* 1486, in-fol. de 88 ff.

Le nouveau *Typogr. Gazetteer* nous donne le titre d'un volume non décrit que possède la Bodléienne ; c'est un in-4 de 18 p. et 32 l. à la p., sans ch. ni sign. intit. : *Aug. Dathi Scribe Super Tullianis eloganciis* (sic)... *incipit Libellus ;* à la fin : *Impressum fuit opus hoc apud Scm Albanū.*

Après 1486 on ne trouve plus trace d'imprimerie à St-Albans, pendant un laps de temps considérable. Vers 1534, John Hertford fonde un nouvel établissement typographique, qui ne fonctionne que quatre années, les persécutions religieuses du roi Henri VIII ayant provoqué la dispersion et la ruine des maisons conventuelles en Angleterre.

ALBANIA, l'*Albegna*, riv. d'Italie, dans la Toscane.

ALBANIA, voy. **ALBANUM**.

ALBANIA, *Braid Albin* (*Allibawn*), anc. prov. montagneuse d'Ecosse : on trouve souvent aussi **ALBANIA** pour l'Ecosse elle-même.

ALBANIA, prov. de l'emp. turc, en Europe : comprenait l'anc. *Epire* et partie de l'Illyrie méridionale ; forme auj. cinq pachaliks, parmi lesquels nous citerons celui d'*Iskanderièh* (*Scutari*) et celui de *Yanla* (Janina).

ALBANIUM, **ALBA REGALIS**, **ALBA REGIA**, **CIMBRIANÆ** [Itin. Anton.], **CIMBRIANUM**, *Stuhlweissenburg* (*Szekes-Fejesvar* en hongr.), ville de la Hongrie, chef-lieu

ALBANOPOLIS. — ALBIA.

du comitat de ce nom, anc. résidence des rois de Hongrie.

Nous trouvons dans un des catalogues des foires de Francfort, impr. au commencement du XVII° s., un livre qui dénote l'existence d'un établissement typographique à Stuhlweissenburg à cette époque : *Regni Hungariæ occupatio. Summarische relation wie der fürst in Siebenbürgen Bethlehem Gabor wider aller menschen Gedancken desz Königreichs hungarn sich bemächtiget und die Königliche cron zu Presburg...* Stuhlweissenburg, ben Lorentz Emmerich, anno 1614, in-4.

Ce Laurent Emmerich avait à la même époque un établissement typographique à Prague.

ALBANOPOLIS, ville de l'Illyrie grecque, auj. *Albanopoli*, sur le Drina.

ALBANUM, ALBANUM POMPEII [Cic. pro Mil.], ville du Latium, près de l'anc. *Alba Longa*, auj. *Albano*, dans la campagne Romaine.

ALBANUM, *Monte Albano*, bourg du roy. de Naples.

ALBANUS, Ἀλβανος [Ptol.], ALBIUS MONS, τὸ Ἀλβιον ὄρος [Strab.], auj. *Alben* ou *Monte del Carso*, bourg de la Carinthie (Kärnthen), anc. prov. des Etats autrichiens.

ALBANUS LACUS, *Lago Castello* ou *Lago di Castel Gandolfo* (Italie).

ALBA PETRA, *Aubepierre*, bourg de France, près Saint-Flour (Cantal). = *Aubepierre*, village de France, près Guéret (Creuse).

ALBA POMPEIA [Plin. III ; Tab. Peut.], ALBA POMPEIANORUM [Insc. ap. Grut.], anc. ville des Statiellates en Ligurie ; auj. *Alba*, sur le Tanaro, pet. ville du Montferrat (Piémont).

ALBAQUERCUS, ALBUQUERCUM, *Albuquerque*, bourg du Portugal (Estramadure) ; anc. duché.

ALBARACINUM, LUBETUM, TURIA, *Albarazin*, ou *Albarracin*, ville d'Espagne, sur le Guadalaviar (Aragon).

ALBA REGALIS, ALBA REGIA, voy. ALBANIUM.

ALBARIÆ, les *Aubiers*, village de France (Indre-et-Loire).

ALBA RIPA, *Auberive*, bourg de Champagne (Haute-Marne), anc. abb. de Cîteaux, du diocèse de Langres.

ALBA SEBUSIANA, ALBA SELUSIANA, SELUSIUM, *Kronweissenburg*, pet. ville d'Alsace (Bas-Rhin).

ALBA TERRA, *Aubeterre*, pet. ville de Fr. (Charente), anc. marquisat.

ALBA VIRGANENSIS, *Ardona*, bourg d'Espagne (Galice).

ALBAUGIA, voy. ALBA AUGIA.

ALBECE, CIVITAS REJENSIUM [Notit. Gall.], CIVITAS REJENSIS [Cell.], ALEBECE REJORUM APOLLINARIUM [Plin., III.], REGIUM SEGOREIORUM, *Riez*, ville de France (Basses-Alpes). Conciles en 439 et 1285.

ALBEMALE, voy. ALBA MALA.

ALBENACIUM, ALBENACUM, ALBIATINUM, ALBENAS, *Aubenas*, ville de France (Ardèche).

ALBENCUM, *Albenque*, bourg du Quercy, près Montauban (Tarn-et-Garonne).

ALBENNO, ALBINNO [monn. mérov.], *Albon* (?), village de France (Drôme), ou *Aubonne* (?), village de France (Doubs).

ALBENSIS COMITATUS, *Comitat du Weissenburg inférieur*, en Transylvanie ; chef-lieu *Karlsburg*, ou *Carlsberg*.

ALBENSIUM CIVITAS, ALBA, VIVARIUM, *Viviers*, ville de France (Ardèche).

L'établissement de l'imprimerie dans cette ville ne date que du XVIII° siècle, bien que son évêché soit un des plus anciens de France, puisqu'il remonte au V° siècle. Un médecin de Viviers, nommé Barthélemy de Sollioule, fait imprimer en 1516 son livre des *Problèmes, in civitate divi Pontii Thomeriarum*, c'est-à-dire dans la petite ville languedocienne de Saint-Paul de Thomiers.

ALBERTONIA, *Alverton*, pet. ville d'Angleterre (Yorkshire).

ALBERTUM, voy. ANCORA.

ALBETA AMNIS, l'*Aubétain*, pet. rivière de France, dans la Brie.

ALBIA, ALBIGA, CIVITAS ALBIGENSIUM [Notit. Gall.], URBS ALBIGENSIS [Greg. Tur.], *Alby* ou *Albi*, ville de France (Tarn).

Anc. cap. des *Ruteni*, la quatrième des huit cités de l'anc. Aquitaine. Concile en 1176 ; imprim. en 1529. « — *Sensuyt la vie et legende de madame saincte Febronie, glorieuse vierge et martyre, de laquelle la feste est la vigille de sainct Jehan Baptiste.* » A la fin : A l'honneur et reverence de madame saincte Febronie, a faict imprimer le present livre sire Pierres Rossignol marchât et bourgioys Dalby, et a la louëge des devotes religieuses du devot monastere de Nostre Dame de Fargues Dalby. — In-4 de 18 ff. goth.

Un autre opuscule, qui fait ordinairement suite au rare petit vol. que nous venons de citer, est imprimé avec les mêmes caract. et porte la même date : c'est la *Declaration de la regle des seurs de la Vierge Marie*, c'est-à-dire du couvent précité de N.-D. de Fargues.

Le rapport fait à M. de Sartines en 1764 nous apprend qu'il n'existait à cette époque qu'un seul imprimeur-libraire à Alby ; il s'appelait Jean-Baptiste Baurens, s'était établi en 1737 et avait été reçu imprimeur par arrêt du conseil du 7 sept. 1739.

ALBIA, *Albi*, *Albie*, pet. ville de Savoie.

L'imprim. date, en cette ville, de 1481. Le premier livre avec date est intit. : *Contemplaciones MΓ Ioh. de Turrecremata*. — Impr. Albie, anno M° CCCC°, octuagesimo primo et die xij. mensis nouembris, — in-4 de 80 ff., dont le dernier blanc, avec. fig. s. bois. — Un livre qui a certainement précédé celui-ci, mais qui est sans date, c'est : *Epistola Æneæ Sylvii de amoris remedio.* — Albie impr. s. d. in-4, sans récl. ni sign. 7 ff. à 24 lign. en car. romains.

ALBIA, voy. ALBURGUM.

ALBIANA, *San Bonifacio,* pet. ville de l'île de Corse.

ALBIANENSE FRETUM, *détroit de San Bonifacio,* entre la Corse et la Sardaigne.

ALBIANUM, *Kufstein,* pet. ville du Tyrol.

ALBIATE, ALBIATUM GRASSUM, *Biagrassa, Abiagrasso,* bourg du Milanais.

ALBICASTRUM, CASTROBRACENSE OPPIDUM, CASTROBRACUM, *Castel Branco,* ville de Portugal, prov. de Beira.

ALBICELLA, voy. ALBULA.

ALBICORUM REIUM APOLLINARIUM, voy. ALBECE.

ALBIENSIS AGER, ALBIGIENSIS PAGUS, ALBIGINSE, ALBIVIINSE [monn. mérov.], l'*Albigeois,* prov. de France.

ALBIGA, voy. ALBIA et ALBINGAUNUM.

ALBIGI (monn. mérov.], *Aube,* village de Lorraine (Moselle).

ALBIMONTIUM, *Blamont,* pet. ville de France (Meurthe). = *Blamont,* bourg de Fr. (Doubs). = *Blankenburg,* ville de Saxe, dans l'anc. Forêt Noire.

ALBINGAUNUM, ALBA INGAUNORUM, ALBIGA, ALBIUM INGAUNORUM, *Albenga,* ville de l'anc. Ligurie, auj. Piémont.

ALBINIA, AUBANIA, *Aubagne,* pet. ville de Provence (Bouches-du-Rhône).

ALBINIACUM, ALBINIACUS [Gesta Dagob.], AUBIGNIE, au XIᵉ s., *Aubigné* ou *Aubigny.* Diverses localités de France portent ce nom : *Aubigny,* bourg du Pas-de-Calais; = *Aubigny,* pet. ville du Cher, anc. comté, érigé en duché-pairie par Louis XIV ; = *Aubigné,* bourg de Bretagne; = *Aubigny,* bourg et anc. abb. de la Marche (Cher).

ALBINIANÆ, ALBINIANA CASTRA, première station indiquée par l'Itinér. d'Antonin entre Leyde et Trèves, à 10 m. de la première de ces villes; auj. *Alphen,* bourg de Hollande, sur le Rhin.

ALBINIMIUM, ALBINTEMELIUM, ALBINTIMILIUM [Tab. Peut.], ABINTIMILLIA, ALBIUM INTEMELIUM [Plin. III], MUNICIPIUM INTEMELIUM [Tacit. Hist. II], *Vintimiglia, Vintimille,* ville d'Italie, dans la prov. de Gênes.

ALBINOVUM, ALVANIUM, ALVUM NOVUM, *Alvenau,* pet. district de la Suisse.

ALBINUM, *Niedervintel,* en Autriche.

ALBIO, l'*Aujon,* pet. riv. de France (Haute-Marne).

ALBION [Plin.], Ἀλουίων [Ptol.], Νῆσος βριταννική [Strab.], BRITANNIA [Plin., Cæs., Tac.], *England, Angleterre* : se divisait en Ultérieure et Citérieure; la première était appelée *Barbare* par les Romains, contre qui les habitants défendirent avec une énergie indomptable leur autonomie.

ALBIORIUM, ALBIBURGUM, LEUCOREA, VITEMBERGA, WITTEBERGA [Cluv., Cell.], WITTENBERGA, *Wittenberg,* ville de Saxe, à 9 milles de Leipzig.

Ville à jamais illustre dans l'histoire de la Réforme en Allemagne. Un protestant n'oubliera pas que ce fut dans cette ville que, le 30 sept. 1517, Martin Luther commença les hostilités contre la cour de Rome.

Falkenstein affirme que le premier livre imprimé dans cette ville est un *Recueil des Sermons de Pierre de Ravenne,* daté de 1505 : il confond le titre du livre avec un autre et se trompe sur la date. Maittaire remonte bien autrement haut et donne la date de 1488 comme celle de l'introduction de l'imprimerie à Wittenberg. Mais Panzer prouve l'erreur dans laquelle est tombé Maittaire, et prend l'année qui suit la fondation de l'Université à Wittenberg comme celle où l'on y installa le premier établissement typographique, c'est-à-dire 1503. Le premier livre, suivant Panzer, serait : *Oratio habita a Nicolao Marscalco thurio Albiori academia in Alemania.* Impress. Albiori in Saxonia, 1503, xv kal. febr. in-4.

Mais M. Brunet prouve que ce livre n'est que le second, et que le premier serait : *Petri Ravennatis compendium juris civilis,* précédé d'une introduction de Pierre Mareschal ou Marscal précité, et dont la souscription porte : *Impressum Albiburgi pridie nonas septembris anno a Natali Christiano MDIII.* L'année commençant à Pâques, le mois de février est évidemment postérieur à celui de septembre.

Ce Nicolas Marscal avait établi à Rostoch, qu'il habitait, une imprimerie particulière dans sa maison, et ce fut là que travailla Guntherus Hyems, *aliàs* Gunther Winter, d'Erfurth.

Les premiers imprimeurs connus seraient, toujours au dire de Falkenstein, Johann Grunenberg (1509-1522), Melchior Lotter der Jüngere (1519-1525), et Georg Rhau (1518-1548).

A partir de la réforme, l'imprimerie prit une extension énorme dans cette ville, même après que l'Université eut été supprimée et réunie à celle de Halle.

ALBIS [Plin.], Ἄλβιος [Ptol.], ALBA, l'*Elbe,* un des grands fleuves d'Allemagne.

ALBISTRUM, *Orsimarso,* ville de la Grande Grèce (Calabres).

ALBIUM INGAUNUM, voy. ALBINGAUNUM.

ALBIUM INTEMELIUM, voy. ALBINIMIUM.

ALBIUS, voy. ALBIS.

ALBOCALA [Tit. Liv.], ALBUCELLA [Itin. Anton.], ALBUCOLE [Steph. Byz.], ville des Vacéens, dans la Tarraconaise, auj. *Toro,* dans la Vieille-Castille.

Antonio cite un volume imprimé dans cette petite ville en 1630, mais M. Cotton fait remonter à 1505 la date de l'introd. de la typogr. à Toro ; malheureusement il ne cite aucun titre à l'appui de cette assertion, qui nous paraît gratuite.

ALBONA, ALBUNEA, l'*Agogna*, pet. riv. du Piémont, se perd dans le lac Majeur.

ALBONA [Plin.], Ἀλούωνα [Ptol.], ALVUM, *Albona*, bourg de l'Istrie.

ALBORIUM, l'*Albon*, pic élevé des montagnes des Algarves, en Portugal.

ALBRETUM, ALEBRETUM, LEPORETUM, VICUS LEBRETI, *Albret*, ville de France (Landes).

Érigé en duché-pairie en 1556 : la maison d'Albret remonte à l'an 1050. [P. Anselme.]

ALBUCIO, ALBUCIUM, ALBUCUM, ALBULA, AL-BUSSONIUM, ABBUTIO, *Aubusson*, pet. ville de France (Creuse).

ALBULA, voy. TIBERIS.

ALBULA, l'*Aube*, riv. de France. = Riv. de *Vibrato*, dans les Abruzzes ; = la *Solforata*, riv. d'Italie. = *Weisseritz*, riv. de Bohème, affl. de l'Elbe.

ALBULFI VILLA, *in pago Wormacensi palatium*, villa carlovingienne, près Worms. [D. Martène.]

ALBUM ÆSTUARIUM, golfe formé par l'*Humber* à son embouchure (Angleterre).

ALBUM SUTUM, SEUCOPELUS, VIBRAIA, *Guibray*, faubourg de Falaise, ville de Normandie.

ALBUNEA SYLVA, forêt qui entourait l'anc. *Tibur*.

ALBUNEÆ AQUÆ, voy. TIBUR.

ALBUQUERCUM, voy. ALBAQUERCUS.

ALBURACIS, AREGIA, l'*Ariége*, riv. de France (voy. AURIGERA).

ALBURGUM, AELBURGUM, ALBIA, *Aalborg*, ville et évêché du Danemark (Jutland).

M. Ternaux cite un livre imprimé dans cette ville en 1611, et nous n'avons rien pu trouver d'antérieur. Voici le titre de ce livre : *B. de pygmeis problematum philosophicorum et medicorum miscellaneæ ;* Albiæ, *Raben*, 1611, in-4.

ALBURNUS MONS, anc. montagne de la Lucanie, auj. *Alborno*, ou *Monte di Postiglione*, Princip. citér., anc. royaume de Naples.

ALBUZACUM, *Albuzac*, bourg du Limousin, près Tulle (Corrèze).

ALCALA REGALIS, *Alcala la Real*, ville d'Espagne (Andalousie).

ALCANITIUM, *Alcañiz*, bourg de l'Aragon, sur le Guadalope. = *Alcañices*, pet. ville du roy. de Léon.

ALCANTARA, NORBA CÆSAREA, *Alcantara*

(en arabe : le *Pont*), v. d'Espagne en Estramadure, sur le Tage.

ALCARATIUM [Itin. Anton.], ALCE [T. Liv. XL], ville des Celtibères, dans la Tarraconaise, auj. *Alcaraz*, dans la Nouvelle-Castille.

ALCASARIUM SALINARUM, SALACIA IMPERATORIA, *Alcaçar do sal*, pet. ville de l'Estramadure (Portugal).

ALCASARIUM S. JOANNIS, *Alcazar de S. Juan*, bourg de la prov. de Ciudad-Real.

ALCATHOE [Ovid.], Ἀλκαθόη [Apollod.], *Mégare*, ville d'Achaïe, sur l'isthme de Corinthe.

ALCE, voy. ALCARATIUM.

ALCEJA, ALTALIA, *Alzey*, ville de la Hesse rhénane.

ALCIACUM, AXIMAIONIO [monn. mérov.], *Auxy-le-Château*, bourg de Fr. (Loiret). = *Auxy-aux-Moines*, village de l'Artois, près Hesdin (Pas-de-Calais).

ALCIATUM, *Alzato*, bourg du Milanais, prov. de Côme.

ALCIMOENNIS, voy. ULMA.

ALCIMOENUM, voy. AICHTADIUM.

ALCIRA, voy. SUCRO.

ALCIRA, SETABICULA, *Alcira*, pet. ville d'Espagne, prov. de Valence.

ALCMARIA, ALCMARIUM, *Alcmaër*, ville de Hollande, entre Harlem et Amsterdam.

Nous ne connaissons, non plus que M. Ternaux, qui ne fait que copier la note du docteur Cotton, de livre impr. dans cette ville avant 1605 : DICTIONA-RIUM *Belgico-Latinum, per Cornelium Kilianum*, Alcmariæ, 1605, in-8. Le premier imprimeur s'appelle Jacques Meister. — Voici un autre livre impr. en 1606 : *Gomes von Trier : Van den heuschen Bürgerlycken Ommegangh, een seer Sinrcke liefflycke und noetteghetsamen spreckinghe.* — Alckmar, by Jacob de Meester, 1606, in-4.

Une *Chronijcke van Alcmaer*, in-8, fut imprimée dans cette ville en 1645.

ALCMONA, ALCMANA, ALCMONIA, ALEMO, AL-MONUS, l'*Altmühl*, riv. de Bavière ; se jette dans le Danube, près de Ratisbonne ; est appelée *Halomore* dans les Chron. de St-Denis.

ALCOBATIA, EBUROBRITIUM [Plin.], *Alcobaza* ou *Alcobaça*, ville de Portugal, dans l'Estramadure.

Célèbre abb. de Bénédictins, dans laquelle une imprimerie fut établie au XVIᵉ siècle. Les archives de ce monastère réunissaient les plus précieux trésors littéraires et historiques, imprimés et manuscrits, qui fussent en Portugal. Voici le titre d'un important ouvrage imprimé et publié dans ce monastère : *Monarchia Lusytana composta por frey Bernardo de Brito, chronista general, professo*

no real mosteiro de Alcobaça ; parte primeira...
impresso no insigne mosteiro de Alcobaça, anno de
1597, in-fol.

La seconde partie fut imprimée à Lisbonne en
1609, et les autres successivement jusqu'à la huitième et dernière qui ne parut qu'en 1729 : les 3e et
4e parties sont d'Antonio Brandaõ, les deux suivantes de son frère Fr. Brandaõ, la 7e de Rafael de Jesus,
enfin la dernière partie fut composée et publiée par
Manoel dos Santos. Bernardo de Brito, l'auteur des
deux premières parties de cet ouvrage capital, était
né à Almeida ; il devint moine d'Alcobaça, de la réforme de Citeaux, en 1584, et mourut en 1617. [Bibl.
Lusitana, t. 1, p. 275 et suiv.]

ALCOCERUM, Alcocer, pet. ville d'Espagne,
dans le roy. de Valence.

ALCOLA, ARVA [Plin.], FLAVIUM ARVENSE,
dans la Bétique, auj. Alcole, bourg
d'Andalousie, sur le Guadalquivir.

ALDEA RIVI, Aldea el Rivo, bourg d'Andalousie, sur le Guadalquivir.

ALDENARDA [Cell.], ALDENARDUM, Oude-
narde, Audenaerde, Audenarde, ville de
la Flandre occid. (Belgique).

L'imprimerie date en cette ville de 1480 : le premier imprimeur est le célèbre Arend ou Arnold de
Keysere ou Keiser, Arnaud l'Empereur ou Arnoldus Cæsaris, suivant la fantaisie qui l'inspire de
franciser ou de latiniser son nom : nous citerons
deux ouvrages, l'un avec date et l'autre sans date,
qui passent pour être les premiers produits de ses
presses.

Dijstorie von Sultan Saladine. (A la fin :) Taude-
naerde gheprendt, in-4, sans indic. de date et
sans nom d'imprimeur, mais évidemment exécuté par
Arnold de Keyser. Il n'existe de ce précieux incunable
qu'un exemplaire qui, de la biblioth. de M. J. Koning,
a passé dans celle de Harlem.

Hermanni de Petra de Scutdorpe sermones L
super orationem Dominicam. (A la fin :) —Pressum
Aldernardi per me Arnoldum Cæsaris meosque sodales dominice incarnationis supra M. CCCC. anno
LXXX.

       Vnde ferant laudes cũcta creata Deo.

In-fol. goth. de 136 ff. à 2 col., y compris 7 ff. de
tables en tête du vol.

Il nous faut aussi mentionner un autre ouvrage
tout aussi précieux et qui, de plus, est orné de quatre
planches sur bois grossièrement exécutées, mais qui
présentent un singulier caractère de grandeur :

De quatuor novissimis, ou les quatre choses dernières auxquelles la nature humaine doit toujours
penser ; trad. du latin de Denys de Rickel, le
chartreux, par Th. le Roy, bened. de St-Martin de
Tournay ; — s. l. ni d., mais imprimé également avec
les caract. d'Arnold de Keyser vers 1480. In-4. A la
fin cette deux vers :

   Priiez pour l'impresseur de ce livre tres excellent
   A audenaerde impresse pour instruire toute gent.

M. Brunet a donné de ce livre une description minutieuse et excellente.

Arnold de Keyser quitte Audenaerde à cette époque
pour transporter et établir ses presses à Gand, où
nous le retrouvons en 1483.

ALDENBURGUM, ALDEBURGUM, PALÆOPYRGUM,
Altenburg, ville principale de la Saxe-
Altenburg, sur la Pleisse, abb. de
bénéd. [Urbs Misniæ clarissima, Isr.
Clauderi Laudat.]

Ni Maittaire ni Panzer ne mentionnent cette ville
parmi celles qui ont joui du bénéfice de l'imprimerie

au commencement du XVIe s. : M. Cotton dit que la
Bodléienne d'Oxford, qui renferme un certain nombre
de traités allemands relatifs à la Réforme, en possède
un daté de 1523 et imprimé à Altenburg, mais il ne
donne le titre du livre, ni le nom du typographe.
Dans son nouveau Typogr. Gazetteer, il dit qu'il
doit ce renseignement à Feverlin (Bibl. Symb. Luth.,
tom. II, p. 42). M. Ternaux est plus précis et cite
cet opuscule daté de 1524, avec le nom de l'imprimeur,
Gabriel Kantz : Eine Christliche Vermahnung aus
dem Evangelio. Aldemburgk, in-4. Nous avons découvert dans les précieux catalogues des foires de
Francfort une édition que nous croyons aujour-
d'hui inconnue et peut-être disparue, d'un célèbre
pamphlet du grand réformateur : De abroganda
missa privata Martini Lutheri sententia. Leo
rugiet, quis non timebit (Amos) ? — A la fin :
Impressum Aldemburgi VIII kalendas martii, M DXXII,
in-4.

Ce serait là une réimpression pure et simple de la
première édition de Wittemberg, donnée au mois
de janvier de cette même année, et exécutée probablement par cet imprimeur de Zwickau, que
nous avons nommé Gabr. Kantz.

ALDERGEMUM, Auweghem, bourg de la Flandre orient. (Belgique).

ALDERSHOTT, village d'Angleterre (Hampshire).

Un ouvrage de droit fort connu, Viner's abridg-
ment, en dix vol. in-fol., fut imprimé par l'auteur,
dans sa propre maison, en dix ans (1742-1753), nous
nous dit le nouveau Typogr. Gazetteer.

ALDORFIA, voy. ALTORFIA.

ALDUABIS, voy. DUBIS.

ALEBECE REIORUM, voy. ALRECE.

ALEBIUM, DALEBIUM, Delebio, bourg de
Suisse.

ALECTA, ELECTA, Aleth, pet. ville et anc.
évêché, près Limoux (Aude).

ALECTUM, voy. ALLECTUM.

ALEMANNIA, Deutschland, Allemagne (de
all, tout, man, homme : l'homme par
excellence !).

ALEMANUS, ALEMANNI MONASTERIUM, Altmühl-Münster, en Bavière.

ALEMANUS, ALEMO, ALMONUS, l'Altmühl,
riv. de Bavière ; se perd dans le Danube, près de Kellheim.

ALENA, ALA, Aalen, ville de Souabe (Bavière).

ALENCONIUM, ALENTIO, ALENCIO, Alençon,
ville de France (Orne).

Comté érigé au XIIIe s. par S. Louis, puis duché-
pairie. Imprimerie en 1530. Le premier livre que
nous connaissons sous la rubrique d'Alençon,
c'est : Le sommaire de toute médecine et chirurgie contenant les remèdes les plus spéciaux et ex-
perimentez de toutes maladies, par Jean Gouevrot,
vicomte du Perche, médecin du Roy. A Alençon,
chez maistre Simon du Bois, 1530, in-16 goth., de
88 ff. (Cité par M. Frère, Bibl. normand, II, p. 34.)

Puis vient : Le Miroir de l'âme pecheresse, ouquel
elle recognoist ses faultes et pechez. Aussi ses
graces et benefices a elle faitez par Jesuchrist son es-
poux. La Marguerite très noble et precieuse sest
preposee a ceulx qui de bon cueur la cerchoient.

— A Alençon, chez maistre Simon du Bois, M D XXXI, pet. in-4. goth. de 35 ff. sans ch. avec sign.

Ce vol. infiniment rare et précieux a été réimpr. deux ans après avec d'amples additions sous le titre de : *Dialogue en forme de vision nocturne entre tres noble et excellente princesse madame Marguarite de France, sœur unique du roy notre sire... le Miroir de l'âme pecheresse... Discord estant en l'homme par la contrariété de l'esprit et de la chair.* — A Alençon, chez maistre Simon du Bois, mil cinq cens trente et trois, pet. in-4. goth. de 61 ff.

A la fin du XVIIe s. et pendant tout le XVIIIe, une famille que nous retrouvons exerçant la typographie dans plusieurs villes de l'Ouest de la France, les Malassis, fournit de nombreux imprimeurs à Alençon.

En 1764 (rapp. Sartines), nous trouvons établis deux membres de cette famille : la veuve de Fr.-Augustin Malassis, pourvu en 1726, et Louis Malassis, le jeune, beau-frère de la précédente, établi en 1732 ; les arrêts de 1739 et de 1759 conservèrent ces deux imprimeries.

ALENCUM, ALANTIA,. *Alanche* ou *Alenche*. pet. ville d'Auvergne (Cantal).

ALENGONIS PORTUS, *Langon*, village de France (Gironde).

ALENUS, l'*Alne*, riv. d'Anglet. [Cambden.]

ALEPUM, ALEPPUM, BERŒA [Strab.], BEROA [Itin. Anton.], Βέρροια [Appian.], CHALEP [Nicéph.], HALAPE [Joinville], *Alep* (en turc *Haleb*), ville de Syrie (Turquie d'Asie).

Imprimerie en 1706. *Kitâb el endjil el cherif.* (*Livre de l'Evangile saint et pur du flambeau resplendissant.*) — Impr. à Alep, aux frais d'Anastase, patriarche des Grecs d'Antioche, en 1706, in-fol. 283 ff. non ch., avec portr. (Cat. S. de Sacy, I, no 1337.)

ALERA, voy. INGERIS.

ALERA, l'*Aller*, riv. de Saxe; se jette dans le Weser.

ALERIA, anc. ALALIA, colonie romaine, dans l'île de Corse, évêché au moyen âge, auj. *Aleria*, village au S.-E. de Corte.

Anc. évêché du moyen âge, dont fut titulaire l'illustre philologue et savant Joannes Andreas, auquel nous sommes redevables de la reproduction, aux débuts de l'imprimerie en Italie, de la plupart des chefs-d'œuvre de l'antiquité latine.

ALESA, ALÆSA, anc. ville épiscopale de Sicile, auj. ruinée, dont on trouve des vestiges intéressants au bourg de *Tosa*, dans la vallée de Demona.

ALESIA [Cæs. Bell. Gall. VII, T. Liv.], 'Αλησία [Strab.], ALEXIA [Flor. II.; Plin.], ALISIA, URBIUM MATER, ville des *Mandubiens*, dans la Gaule Lyonnaise première, au N. de BIBRACTUM, sur l'emplacement de laquelle on est à peu près tombé d'accord : ce serait auj. *Alise-Sainte-Reine*, dans l'anc. *Duesmois* (dont on veut que le nom vienne de *Mandubii*), bourg situé près de Semur, dans le dép. de la Côte-d'Or.

ALESIA, ALESIUM, ville de la Gaule Narbon-

naise première, sur le territoire des *Arecomici*; ALISIACAS [monn. mérov.], auj. *Alais*, sur le Gardon, pet. ville du départ. du Gard.

Anc. comté et évêché établi par Louis XIV, à la suite de la révocation de l'édit de Nantes. En 1764 (rapp. Sartines), il n'existait qu'un seul libraire à Alais, qui s'appelait Pierre Bascou. L'imprimerie ne fut introduite dans cette ville que beaucoup plus tard.

ALESIA, ALESSIUM, *Alessio*, pet. ville d'Albanie, dans le pachalik de Janina.

ALESIENSIS AGER, l'*Auxois*, anc. prov. faisant partie de la Bourgogne, avec Semur comme chef-lieu ; occupait une portion du territoire des *Mandubii*.

ALESUS, fleuve d'Étrurie, auj. la *Sanguinaria*.

ALETÆ, ALETHA, ALETUM VETUS RHEDONUM, VICUS ALETI, ALESTUM [monn. mérov.], MACLOVIA, MACLOPOLIS, *Aleth*, *Guich-Alet*, *Quidaleth*, *Saint-Malo*, ville de Bretagne (Ille-et-Vilaine).

Imprimerie en 1552: *Vita sancti Marchutis, Britan. auctore Bilio, Macloviensi episcopo.* Maclovii, 1552, in-12. «Du vieux temps, dit d'Argentré, fut Bilius « Armoricanus qui escrivit disertement la vie de « saint Malo, comme disent ceux qui l'ont vue. »

Nous pouvons citer encore un ouvrage important de Thomas de Quercy, Malouin : *Antiquitez de la cité d'Aleth ou Guidaleth, ensemble de la ville de Saint-Malo.* — Saint-Malo, Labiche, 1628, in-12.

ALETIUM, ALITIUM, *Lecce*, pet. ville de l'anc. roy. de Naples, dans la Terre d'Otrante.

Imprimerie en 1634 [Haym]. *Giulio Cesare infantino, memorie di Lecce.* — (Sans nom d'imprimeur.) Lecce, 1634, in-4. Citons encore : *Andrea della Monaca, memoria istorica della città di Brindisi*; Lecce, 1674, in 4. — Le premier imprimeur de Lecce dont le nom nous soit connu s'appelait Mazzei.

ALETRUM, voy. ALATRIUM.

ALETUM, ELECTA [Notit. Imper.], ALETHA, voy. ALESIA.

ALETUM NOVUM, S. SERVANI OPPIDUM ou PORTUS, S.-*Servan*, ville et port de France, à l'embouchure de la Rance (Ille-et-Vilaine).

ALEXANDRIA, 'Αλεξανδρέων πόλις, *Alexandrie*, *Iskanderiêh* (anc. RAKOTIS des Pharaons), cap. de l'Égypte.

Nous ne connaissons pas d'établissement typographique dans cette ville avant l'occupation française à la fin du siècle dernier; mais, à partir de 1798, les ordres du jour, les bulletins de l'armée d'envahissement, les livres de religion et d'éducation élémentaire en arabe, turc et français sont publiés en assez grand nombre à Alexandrie jusqu'à la mort de Kléber. (Voy. *Cat. Langlès, S. de Sacy, Marsden*, etc.)

En 1833 le pacha d'Égypte fit demander à MM. Didot, par l'entremise de MM. Pastré, une imprimerie dont M. Adolphe Lainé fut le titulaire pendant quatre ans. Il y imprima le *Moniteur Égyptien.*

ALEXANDRIA A PALEA, ALEXANDRIA STATIEL-

LORUM OU STALICELLORUM, PALEA, *Alessandria della Paglia,* ville forte du Piémont, sur le Tanaro.

Anc. évêché; fondée en 1178, elle prit son nom du pape Alexandre III, et ses premiers murs bâtis de boue et de paille lui firent donner le nom de *Civita della Paglia.* M. Ternaux fait remonter l'imprimerie dans cette ville à 1549 : *Ursinus,' Elegia de Peste.* — Alexandriæ, apud Franciscum et Simonem Meschinum, 1549, in-4. — Nous ne connaissons pas le livre et ne le trouvons pas cité par Haym dans son chap. des *Libri che trattan di Peste.*

Nous sommes forcé de reporter seulement à 1598 l'introduction de la typographie à Alexandrie : *Joannis Marii Mattii opinionum libri tres.* — Alexandriæ Statiellæ, Hercules Quintranus, 1598, in-4. (Cat. Baluze, n° 5027, et cat. de Tournes, p. 329.)

ALEXANDROVIUM, *Alexandrow,* pet. ville de Pologne, dans le palat. de Braclaw.

ALEXANI CIVITAS, ALEXANUM, *Alessano,* pet. ville de l'anc. roy. de Naples, dans la Terre d'Otrante.

ALEXIA, voy. ALESIA.

ALEXIANUM, *Alissan* ou *Alixan,* bourg du Dauphiné, près Valence (Drôme).

ALEXODUNUM, *Hexham,* ville d'Angleterre, célèbre par la bataille de ce nom en 1463 (Northumberland).

ALFELDA, *Alfelden,* bourg du Hanovre, près Hildesheim.

ALFICUM, ALPICA, PORTUS ALPICENSIS, ALFECUM [monn. mérov.], *le Pecq,* bourg de France (Seine-et-Oise).

ALFIDENA, voy. AUFIDENA.

ALFORDIA, *Alford,* ville d'Angleterre (Lincolnshire).

ALGARBIA, *Algarves* (en arabe : *el Garb*), une des sept provinces du Portugal, appelée aussi par les chroniqueurs ALGABRIÆ, AGABILÆ, et par les romanciers : le *Royaume de Garbè.*

ALGARIA, CORAX [Cell.], PORTUS CARACODES, *Algher,* pet. ville de Sardaigne, sur la côte O.

ALGEA, ALGOIA, ALGOVIA, *der Algau,* partie de la Souabe (Bavière).

ALGERIUM, ALGARIA, *Algier, Argier* [anc. chron.], *Alger,* ville française d'Afrique; en arabe : *al Djezayr* (les Iles); on rapporte cette ville à l'ancien *Icosium* des Romains.

ALGIA, voy. AUGA.

ALGIA, ALGIÆ SALTUS, ALGIENSIS AGER, LEXOVICI PRATENSES, l'*Auge,* le *Pays d'Auge,* en Normandie.

ALGIDUM, ALDUM, *Rocca del Papa,* ville et montagne des États du Pape, jadis ville des Eques, dans le Latium.

ALIACMON; HALIACMON [Cæs. Civ.], riv. de Macédoine, auj. le *Platomone* ou *Platamone,* dans le pach. de Saloniki.

ALIACUM, voy. AILIUM.

ALIARTUS, Ἀλίαρτος, anc. ville de la Messénie, auj. *Néocastro,* en Morée.

ALICANTIUM, ALICANTA, LUCENTUM [Plin.], Λουκέντοι [Ptol.], ville de l'Espagne Tarraconaise, auj. *Alicante,* ville et port d'Espagne, dans le roy. de Valence.

M. Ternaux, qui connaissait bien la bibliographie espagnole, nous donne comme premier livre imprimé dans cette ville : *Oracion funebre a la reyna de España, doña Maria Luisa de Borbon, por Isidro Sota.* Alicante, Jayme Mesnier, 1689, in-4.

ALICIÆ, ALICICÆ, *Salemi,* pet. ville et riv. de Sicile.

ALIETUM, *Isola,* pet. ville d'Illyrie.

ALIFA, Ἄλλιφα [Ptol.], ALLIFÆ [Liv. VIII.], ville de l'anc. Samnium occid., auj. *Alifi,* pet. ville de l'anc. roy. de Naples, dans la Terre de Labour.

ALIMANIA, LIMANIA, la *Limagne d'Auvergne,* part. N. du dép. du Puy-de-Dôme.

ALINGAVIA IN TURONIBUS, ALINGAVIAS [monn. mérov.], *Langeais?* pet. ville de France (Indre-et-Loire).

ALINGO, ALINGONIS PORTUS [Sid. Apollin.], *Langon,* ville de France (Gironde).

ALINIACUM, *Alligny,* bourg et anc. baronnie du Nivernais.

ALIONE, ALONE BRIGANTUM [Itin. Anton.], LONGOVICUM, LANCASTRIA, *Lancaster,* ville d'Angleterre, sur le Loyne. On croit que cette ville est l'anc. ALAUNUM des *Damnii.*

Imprimerie en 1755 : *Bill for repairing and widening the road from Rochdale to Burnley.* Lancaster, 1755, in-fol.

ALISCA, ALMAZA, dans la Pannonie inférieure, auj. *Almas,* sur le Danube (Servie).

ALISIA, voy. ALESIA.

ALISIACAS [monn. mérov.], voy. ALESIA.

ALISINCUM [Itin. Anton.], chez les *Ædui,* auj. *Anisi,* village de France (Nièvre).

ALISIUM, ALSIUM, *Palo,* pet. ville d'Italie (Etats pontificaux).

Descrizione della Terra di Palo del P. F. Gio. Bat. di Palo. — Napoli, 1681, in-4.

ALISIUM, voy. HEILBRONNA.

ALISLA, anc. ville de l'île de Corse, qu'on croit être *Porto-Vecchio.*

ALISNI, *Liebenau,* dans le comté de Hoya. [Graësse.]

ALISO [Tac. Ann.], ὁ Ἐλισών [Dio Cass.], l'*Alme*, riv. de Westphalie.

ALISO [Tacit.], ALISO ROMANORUM, *Lisborn*, bourg de Westphalie, au confluent de l'Alme et de la Lippe.

ALISO, voy. VESALIA INFERIOR.

ALISUNTIA, ALIZONTA, ELZA [Auson.], l'*Elze* ou l'*Alsitz*, riv. du Luxembourg.

ALITA, voy. ALETUM.

ALLABA [Itin. Anton.], *Allava*, riv. de Sicile.

ALLADA, *Killaloe*, ville d'Irlande.

ALLÆ CASTRUM, voy. ALDENBURGUM.

ALLA NARISCA, voy. AICHSTADIUM.

ALLATA, ALETA [Ptol.], *Mosh*, pet. ville de la Dalmatie.

ALLECTUM, DONUM DEI, TOADUNUM, *Dundee*, ville d'Écosse, dans le comté de Forfar.

Nous ne connaissons pas de livre imprimé dans cette ville antérieurement à 1792. *Small's (Rev. D. R.) Statistical account of Dundee.* Dundee, 1792, in-8. Le Dr Cotton (Suppl.) donne l'année 1763 comme date de l'introduction de l'imprimerie à Dundee, mais sans désignation de livre à l'appui.

ALLEMANIA, *Allemagne*, bourg de Provence et anc. baronnie, près Riez (Basses-Alpes).

ALLENDORFIUM, *Allendorf*, bourg de la Hesse, près Cassel.

ALLENSTÉNIUM, *Allenstein*, ville de Prusse, près Königsberg.

ALLEVARDUM, ALLEVARDI VILLA, *Allevard*, pet. ville et anc. comté du Dauphiné (Isère).

ALLIA, riv. de la Sabine, auj. l'*Aja*, qui se jette dans le Tibre. Elle est célèbre par la grande bataille à la suite de laquelle les Gaulois s'emparèrent de Rome.

ALLIACUM, *Ely*, ville d'Angleterre, dans le Cambridgeshire.

ALLIENI FORUM, voy. FERRARA.

ALLOBROGÆ, ALLOBROGES [Cæs. Bell. Gall.], Ἀλλόβριγες [Dio Cass., Strab.], GESSATES, Γεσσάτες [Plut., Ptol.], peuple de la Gaule compris d'abord dans la Province romaine, puis dans la Viennaise; au IVe s., leur territoire s'appela SABAUDIA, puis *Savoye*.

ALLOBROGUM COLONIA, voy. GENEVA.

ALLODII, *les Alleux*, village du Poitou, près Saint-Maixent (Deux-Sèvres); = village de Champagne, près Rethel (Ardennes).

ALLODIUM, *Allois*, village près Limoges (Haute-Vienne).

ALMA [Itin. Anton.], l'*Arbia*, riv. de Toscane; = l'ALMA, riv. de Crimée; = l'*Alme*, riv. de Westphalie, se jette dans la Lippe.

ALMAGRUM, *Almagro*, pet. ville d'Espagne (Manche).

ALMANDRALEGIUM, *Almandralejo*, bourg d'Espagne (Estramadure).

ALMANGOVIA, ALEMANNIA PROPRIA, l'*Algau*, prov. d'Allemagne.

ALMANISCÆ, ALMONACHÆ, *Almenesches*, bourg de Normandie (Orne).

ALMANTICA, *Almenza*, ville d'Espagne dans la Nouvelle-Castille.

ALMARAZUM, *Almarez*, pet. ville d'Espagne.

ALMARIA, voy. MONS FORTIS.

ALMARIMUM, ALMERINUM, *Almeirim*, ville de Portugal, sur le Tage (Estramadure).

Imprimerie en 1516. *Regra e estatutos da Ordem de Avis*, Almeirim, 1516, por Germão de Campos, in-fol. Ce fut là aussi que fut commencée par le même Herman de Campos l'impression du fameux *Cancioneiro general* de Garcia de Resende [irmão (frère) do mestre André de Rezende, N. de Evora], qui fut terminée à Lisbonne cette même année 1516, par cet imprimeur, et ce Germão de Campos n'est autre que le Français Germain Gaillard, dont nous retrouverons le nom à l'histoire de la typographie de Lisbonne.

ALMAZANUM, *Almazan*, pet. ville de Castille, sur le Douro.

ALMELOA, *Almelo*, pet. ville des Pays-Bas, dans l'Ober-Yssel.

ALMENTIA, l'*Amance*, pet. riv. de Champagne, se jette dans l'Aube.

ALMERIA, PORTUS MAGNUS, ville de l'Espagne bétique, porte aujourd'hui ce même nom d'*Almeria* : c'est un évêché du royaume de Grenade, capitale d'un royaume au XIe s.; prise par les Arabes; on trouve dans les chroniques *Almarie* et *Almerie*.

Le docteur Cotton donne l'année 1640 comme date de l'introduction de l'imprimerie dans cette ville, sans autre détail : voici cependant un livre que nous trouvons dans un catal. des foires de Francfort (a. 1602) : *La explicacion de la Santissima Cruzada*, por Manoel Rodriguez, Jesuita (n. de Covilham), — en Almeria, 1599, in-8.

ALMIANA, *Albegna*, pet. ville d'Italie.

ALMINIUM, PEGUNTIUM [Ptol.], PIGUNTIÆ [Plin. III.], ALMISSUM, DALMASIUM, auj. *Almissa*, ville de Dalmatie, sur l'Adriatique, dans l'O. de Spalatro.

ALMODAVARIA CAMPESTRIS, *Almodovar del Campo*, bourg d'Espagne, près Ciudad Real, dans la Nouvelle-Castille.

ALMONDBURIUM, *Almondbury*, pet. ville d'Angleterre (Yorkshire).

ALMUNECARA, *Almuñecar*, pet. ville d'Espagne (roy. de Grenade).

ALMYDISSUS, *Salmydisse*, pet. ville de Russie (Crimée).

ALNEALDUM, AUNUS, *Auneau*, bourg de France (Eure-et-Loir).

ALNEALDUM, AUNEDONNACUM [Itin. Anton.], *Aulnay*, bourg de France (Charente-Inférieure).

ALNENSIS PAGUS, ALAITENSIS TRACTUS, ALNETENSIS AGER, ALNISIUM, l'*Aulnis*, auj. l'*Aunis*, pet. prov. de France, comprend partie des dép. des Deux-Sèvres et de la Charente-Inférieure.

ALNETUM, ALNIUM, *Aulnay-sur-Odon*, bourg de France (Calvados).

ALNETUM, LANNOJUM, *Lannoy*, bourg de France (Nord).

ALNETUM, voy. VERNETUM.

ALNIACUM, *Aulnoy*, bourg de Picardie (Pas-de-Calais).

ALNISIUM, voy. ALNENSIS PAGUS.

ALNOVIA, *Jölswa*, *Jelsawa*, pet. ville de Hongrie.

ALODIA, *Alluye*, bourg de France (Eure-et-Loir).

ALOMPUS, *Alainp* (au XIIIᵉ s.), auj. *Alain*, village près de Toul (Meurthe).

ALONÆ, voy. ALICANTIUM.

ALOSTUM, *Aalst*, *Aëlst*, *Alost*, ville de la Flandre belge, fondée par les Goths au vᵉ siècle.

Thierry Martens, né à Alost vers 1450, alla étudier l'art typographique à Venise, ainsi qu'il nous l'apprend lui-même, par deux vers dans la souscription d'un traité, de frère Baptiste de Mantoue, sur *la Vie éternelle*, imprimé à Alost en 1474 :

Hoc opus impressi Martïns Theodoricus Alosti, Qui Venetum scita flandrensibus affero cuncta ;

et les premiers caractères qu'il emploie ont une ressemblance indiscutable avec la lettre gothique des premiers imprimeurs vénitiens.

Il prit, en Italie, la résolution de doter son pays des bienfaits inappréciables de la découverte de Gutenberg, et, de retour à Alost, établit une imprimerie dans cette ville, imprimerie qui prit tout d'abord une importance telle, que Jean de Westphalie, l'habile artiste allemand, que l'université de Louvain venait d'appeler, s'empressa d'acheter à l'imprimeur d'Alost une partie de ses publications, puis une portion de ses caractères qui lui servirent de types.

Voici les premiers ouvrages sortis des presses de Thierry Martens :

Speculum conuersionis peccatorum magistri dyonisii de leuuuis alias rikel ordinis Cartusiensis. In-4 de deux cah. de 10 ff., et d'un de 8. Au milieu du rᵒ du dernier f., on lit cette souscription : Impressum. Alosti. in Flandria. Anno. Mᵒ CCCCᵒ LXXiiiᵒ.

Beati Augustini de salute siue aspiratione anime ad deum Incipit feliciter. — In-4 de 3 cahiers, dont le premier et le dernier ont 8 ff. et celui du milieu seulement 6.

Libellus de duobus amantibus Enee Siluii de eurialo et Lucretia. — In-4, même caractère que les précédents. — A la fin : Explicit opusculum Enee Siluii de duobus amantibus impressum Alosti anno Domini Mᵒ quadringentesimoseptuagesimo 3ᵒ.

Thierry Martens ne meurt qu'en 1534, après avoir établi des succursales de son imprimerie à Anvers et à Louvain, où nous le retrouverons.

M. Van Iseghem a consacré à cet illustre imprimeur une excellente monographie (Malines, 1852, in-8), à laquelle nous renvoyons le lecteur.

ALPES, ALPIUM URBS, *Aulps*, *Aups*, pet. ville de Provence (Var).

ALPES (du mot celt. *Alp*, haut), ALPINA JUGA [Cicér.], ALPIS [Juven.], AGGERES ALPINI [Virg.], *les Alpes*, vaste système de montagnes qui embrasse une partie de l'Europe. En voici le détail :

ALPES CARNICÆ [Plin. III.], ALPES VENETÆ, prolongement sud des ALPES NORICÆ, montagnes couvertes de poiriers (*Birnbaumer*), qui s'étendent au N. de la Vénétie et bornent la Carniole.

ALPES COTTIÆ [Tacit.; Amm. Marcel.], ALPES COTTIANÆ, réseau situé entre le *Mont-Viso*, ALPIS VESULA, et le *Mont-Cenis*, ALPIS COTTIA ou COTTICA.

ALPES DINARICÆ, prolongement des *Alpes Juliæ*, qui va se rattacher à la chaîne des Balkans, en Turquie.

ALPES EUGANEÆ, partie des *Alpes Carniques*, qui se prolonge au sud jusqu'à Vicence et Vérone.

ALPES GRAIÆ ou GREJÆ, SALTUS GRAJUS, les *Alpes Graies*, chaîne comprise entre l'ALPIS COTTIA (*Mont-Cenis*) et la DURIA MAJOR (*la Doire*); là se trouve le *Petit-St-Bernard* (GRAIUS MONS). On trouve dans les chroniques carlov. MONS CANISIUS et MONS CINISIUS, *Mont-Cenis*.

ALPES JULIÆ, *Alpes Juliennes*. Ce nom fut donné au prolongement sud des ALPES CARNICÆ, quand Jules César s'y fraya un chemin pour passer en Pannonie : on les appelle aussi ALPES PANNONICÆ.

ALPES LEPONTIÆ ou HELVETICÆ, montagnes qui séparent le Valais de l'Italie : on y trouve le mont Saint-Gothard.

ALPES MARITIMÆ, ALPES LITTOREÆ [Tacit.],

partie S.-O. du réseau alpestre qui vient aboutir à la Méditerranée et sépare la Provence de l'État de Gênes (anc. *Ligurie*).

ALPES NORICÆ, les *Alpes Froides*, séparent la Bavière du Tyrol et de la Carniole et se rattachent aux ALPES CARNICÆ; elles vont des sources de l'Adige à la Drave.

ALPES PENNINÆ ou PÆNINÆ (Sprüner), Πωναῖ [Ptol.], les *Alpes Pennines*, partie culminante du système : partent de la vallée de la Doire et rejoignent le mont Adule, séparant le Valais et la Savoie du Piémont : on y trouve le *Mont-Blanc*, le *Mont-Rosa*, le *Mont-Cervin* et le *Grand-Saint-Bernard*, PENNINUS MONS ou SUMMUM PENNINUM.

ALPES RHETICÆ, RÆTIÆ, JUGA RHÆTICA, [Tacit.], chaîne du Tyrol allant du lac Majeur aux sources de l'Adige.

ALPES SUMMÆ, ADUALLAS, móntagnes qui séparent le Milanais du Tyrol.

ALPES TRIDENTINÆ, JUGA TRIDENTINA, partie sud des montagnes du Tyrol.

La disposition géographique du réseau alpestre est celle-ci, en allant de l'ouest à l'est : *Alpes Maritimes*; — *Alpes Cottiennes*; — *Alpes Grecques* ou *Grées*; — *Alpes Pennines*; — *Alpes Lépontiennes*; — *Alpes Rhétiques*; — *Alpes Noriques*, avec prolongement des *Alpes Carniques, Juliennes et Dinariques.* [Atlas de Sprüner.]

ALPHA, l'*Aa*, riv. de Suisse ; traverse le canton d'Unterwald et se jette dans le lac de Lucerne; — l'*Aa* ou l'*Aduassa*, riv.; passe à Munster en Argaw. (Ortelius pense que l'ALPHA était la riv. *Ausa*, ou *Alsa* du Frioul.)

ALPHANUM, FRAXINUM, *Alphano*, bourg de Portugal, dans l'Alemtejo.

ALPHEUS, ὁ Ἀλφειός, l'*Alphée*, auj. *Roufia*, riv. de Morée.

ALPICA, voy. ALFICUM.

ALPIS [Hérodot.], l'*Alben*, riv. qui se jette dans le golfe de Venise, près de Capo-d'Istria.

ALPUXARI MONTES, les *Alpujarras*, montagnes du roy. de Grenade.

ALRA, l'*Itching*, pet. riv. d'Angleterre.

ALSA, *Ausa*, riv. du Frioul. = *Ile d'Alsen* ou *Alsoë*, dans la mer Baltique.

ALSÆ FRENUM, l'*Alsen-Sund* ou détroit de l'île d'*Alsen*.

ALSATIA [Cell.], ELISATIA, ELISSE [Chron. Carl.], *Elsass*, l'*Alsace*, prov. réunie à la France en 1648 : on trouve ALSACIONES, ALSACII, pour *Alsaciens*.

ALSAUGIENSIS COMITATUS, l'*Elsgau*, district du comté de Montbelliard (Mümpelgardt) (Doubs).

ALSENA, *Almada*, ville de Portugal, sur le Tage, dans l'Estramadure.

ALSFELDA, *Alsfeld* ou *Asfeld*, pet. ville de la Hesse-Cassel.

ALSIUM [Tab. Peut.], ALSIENSIS COLONIA [Cell.], Ἄλσιον [Strab. Ptol.], colonie romaine en Étrurie, sur l'Arno ; auj. *Palo* (?) (Toscane).

ALSO, ALSO SCLAVONIA BAN, *Also-Sebes*, ville de Transylvanie, ou *Also Lindua*, en Hongrie (?).

Le premier imprimeur que nous connaissions dans cette petite ville s'appelait Rudolph Hofhalter, et le livre le plus ancien que nous puissions citer est daté de 1574. Ce Rudolph Hofhalter était, suivant toute apparence, le fils de Raphaël Hofhalter, qui fut, après la mort de son père et celle du prince Jean Sigismond de Transylvanie, obligé de quitter Wesseimburg avec sa famille (voy. ALBA CAROLINA); il se retira à *Lindua* ou *Also-Lindua*, où il fut accueilli par Nicolas Banfi, qui le retint quelque temps, et lui permit d'exercer son art, à l'abri de sa puissante protection. Plus tard, Rudolph Hofhalter alla porter son industrie errante à Debreczin et à Waradin, où nous le retrouverons. Le volume imprimé par lui à *Lindua*, en 1574, et que cite M. Ternaux, est un *recueil de Sermons sur les Evangiles, en langue hongroise*. Also-Linduæ, 1574, in-4.

ALSONA, *Alzone*, bourg du bas Languedoc, près Carcassonne (Aude).

ALSTADIUM, ALSTEDTUM, *Alstadt*, ville de Thuringe. [Urbs olim Palatinatus Saxonici, *B. G. Struvii Bibl. Saxon.*]

ALSTETTUM, voy. ALTERPRETUM.

ALTA CUMBA, *Haute Combe*, bourg et anc. abbaye de Savoie, près du lac du Bourget.

ALTÆ RIPÆ CIVITAS, BREGA, *Brieg*, ville de Prusse (Silésie).

ALTALIA, voy. ALCEJA.

ALTA MAUTA, *Hohemauth*, pet. ville de Bohème, sur la riv. Mayla.

ALTANUM [Itin. Anton.], ville du Bruttium, auj. *Calegnano*, bourg de l'anc. roy. de Naples (Calabre).

ALTA RIPA [Itin. Anton.], ALTRIPE [Anon. Raven.], *Altrip*, ville du Palatinat, entre Mayence et Spire.

ALTA RIPA, *Altenreif*, village et anc. abb. de Suisse (canton de Fribourg).

ALTA RIPA [Tab. Peut.], dans la Pannonie inférieure, auj. *Tolna*, ville de Hongrie.

ALTA RIPA, *Hauterive* ou *Auterive*, pet. ville du Languedoc (Haute-Garonne). = Plusieurs localités portent ce nom en· France.

ALTA SPECULA, SUMMONTORIUM, *Hohenwarth*, bourg de Bavière.

ALTA VILLA, *Eltville*, *Eltvil* ou *Elfeld*, bourg près de Mayence (Palatinat).

Imprim. en 1467. Cette localité, à quatre lieues de Mayence, est l'une des six premières villes qui aient joui des bénéfices de l'imprimerie. Nicolas et Henry Bechtermuncze furent les chefs d'un établissement typographique, dont les produits peuvent rivaliser avec ceux des imprimeries plus illustres de Mayence, de Bamberg et de Cologne.

Vocabularium Latino-Teutonicum, dictum : EX QUO. In Altavilla, per H. Bechtermuncze, 1467, pet. in-4. goth.— A la fin on lit cette souscription : *Presens hoc opusculū nō stili aut penne suffragio... per Henricum Bechtermuncze... in Altavilla est incohatum et demū sub anno Dñi* M. CCCC. LXVII, *...quarta die mensis nouembris per nycolaum bechtermūcze fratrem dicti Henrici et wygandū spyesz de orthenberg ē consummatū...*

Ce livre célèbre fut appelé *Vocabularium* EX QUO, parce qu'il commence par deux mots : il eut un succès tel, qu'il fut réimprimé en 1469, 1472 et 1477, par les mêmes typographes.

La première édit. est devenue si rare, qu'il nous serait impossible d'en citer d'autre exempl. que celui de la *Bibl. imp. de Paris.*

Les caractères du *Vocabularium* rappellent ceux du *Catholicon* de 1460, à un tel point, qu'il est à croire qu'une partie du matériel de Gutenberg, mort vers 1466, fut cédée, à Henry Bechtermuncze probablement, par le docteur Conrad Homery, auquel un décret du prince archevêque de Mayence avait attribué l'établissement et le matériel ayant appartenu au célèbre inventeur. Mais M. Aug. Bernard répond à cela que Bechtermuncze imprimait en 1466, et que Homery était encore détenteur de l'atelier typographique de Gutenberg en 1468. — On ne peut donc expliquer l'emploi des caractères du *Catholicon* de 1460 par Bechtermuncze en 1467, qu'en attribuant à celui-ci également l'impression de ce célèbre *Catholicon* de 1460, et c'est ce que fait M. Bernard sans hésiter. Mais M. A. F. Didot, dans son article *Gutenberg* de la *Biographie générale*, suppose que Homery, détenteur et possesseur du matériel abandonné par Gutenberg, alors qu'en 1465, le prince Adolphe, archevêque de Mayence, le nomma gentilhomme de sa cour, céda à Bechtermuncze, élève et parent de Gutenberg, soit les caractères eux-mêmes du *Catholicon*, soit une fonte de ces caractères, ou les matrices elles-mêmes ; d'où il résulte, selon lui, que tout en voyant ces types attribués à Gutenberg reparaître dans des ouvrages d'une date postérieure à son exercice, on n'a pas le droit d'en conclure qu'il ne soit pas l'imprimeur des ouvrages exécutés antérieurement avec ces mêmes types. (Voy. t. XXII, p. 900 de la *Biogr. gén.* de Didot.)

ALTA VILLA, *Altavilla*, pet. ville de l'anc. roy. de Naples (Princip. citérieure).

ALTA VILLA, *Alteviller*, village près Metz (Moselle).

ALTDORFIUM AD VINEAS, *Weingarten*, ville du grand-duché de Bade, anc. abb. de Bénéd.

M. Cotton (suppl. au *Typogr. Gaz.*) dit qu'un vol. composé par un moine, nommé P. Cretz, fut imprimé dans cette abbaye en 1696.

ALTEMBERGA, *Altenberg*, ville de Bohème, dans le cercle de Czaslau.

Imprimerie en 1589. — *Stolshagius*, *Daphnis sive Ecloga parentalis*, Altenbergæ, 1589, in-16.

ALTENACHIUM, *Altena*, bourg de Prusse, près d'Arensberg.

Un Allemand, Abercon, imprima dans cette ville, en 1773, un journal qui fut supprimé peu après. [Timperley, p. 728.]

ALTENAVIA, ALTONAVIA, *Altona*, ville et port du Danemark, sur l'Elbe, près Hambourg (Holstein).

Nous ne connaissons pas de livre imprimé dans cette ville avant 1713, non plus que M. Ternaux : le docteur Cotton fixe, il est vrai, à 1673 la date de l'introd. de la typogr. à Altona, mais il ne donne pas le titre du livre qui pourrait déterminer la question, bien qu'il cite l'imprimeur, Cornelius Van der Meulen. Le vol. que cite M. Ternaux est intit.: *Copie des privilèges que S. M. Danoise a accordés de nouveau à la ville d'Altona, brûlée par les Suédois.* Altona, le 18 mars 1713, in-4 ; on les a imprimés en même temps en allemand et en hollandais.

ALTENAVIUM, *Altenau*, pet. ville d'Allemagne, près Goslar.

ALTENBURGUM, voy. ALDENBURGUM.

ALTENHOVIA, CURIA VETUS, *Altenhofen*, pet. ville d'Autriche, sur le Danube.

ALTERPRETUM, *Alstaetten*, ville de Suisse, canton de Saint-Gall.

Nous rapportons, d'après M. Ternaux, le titre d'un vol. qu'il prétend imprimé dans cette ville en 1596 : *Herlicius. Tractatus theologico-gastronomo-historicus von dem turckischen Reichsuntergang* : Alstetten, 1596, in-4.

Le docteur David Herlitz a publié effectivement plusieurs ouvrages à cette époque, et celui-ci particulièrement, dont nous allons rétablir le titre, d'après l'édition de Francfort, 1597: *Davidis Herlitzii* M. D. pars 1, 2, 3, 4 et 5 der *astronomischen Schreiben von dess Türcken Undergang*. Franckfurt, Paul Brachfeld, 1597, — in-4 ; mais comme nous retrouvons encore une édition du même livre, impr. à Lich, la même année, avec un titre tout différent de celui donné par M. Ternaux et de celui-ci, il nous faut admettre que l'assertion de M. Ternaux est exacte, et que le livre du docteur Herlitz eut assez de succès pour être réimprimé deux fois, à Francfort et à Lich, dans l'année qui suivit la première édition. Freytag consacre au docteur Herlitz un long art. dans ses *Analecta litter.*, p. 442.

ALTHÆA [Polyb.], CARTEIA [T. Liv.], ville de l'Espagne Tarraconaise, auj. *Orgaz*, dans la Nouvelle-Castille.

ALTHEIA, ALTILIA, l'*Authie*, pet. fleuve de Picardie. ; se jette dans l'Océan, près Montreuil.

ALTIMURIUM, *Muriel*, village de France (Hérault).

ALTINÆ, ELTENUM, *Elten*, pet. ville de Westphalie.

ALTINSTADIUM, *Altinstadt*, village d'Alsace (Bas-Rhin).

ALTINUM .[Plin., Itin. Ant.], τὸ Ἀλτῖνον [Strab.], *Altino,* pet. port d'Italie, sur l'Adriatique.

ALTISIA, l'*Autise,* pet. riv. du Poitou ; se jette dans la Sèvre Niortaise.

ALTISIODURUM, voy. AUTISIODURUM.

ALTISOLIUM, SOLIUM VETUS, *Altsohl,* pet. ville de la basse Hongrie.

ALTKIRCUM, *Altkirch,* ville d'Alsace (Haut-Rhin).

ALTOBRACUM, *Aubrac,* bourg et abb. de France (Aveyron).

ALTOGILUM, ALTOLIUM, AUTOLIUM PARISIO-RUM, *Auteuil lez Paris;* plusieurs localités portent ce nom en France.

ALTORFIUM, ALTORFIA, VICUS VETUS, *Altorff,* ville de Suisse, dans le canton d'Uri.

ALTORFIUM, · *Altorf,* ville de Hongrie, à 18 m. de Leutschau.

Imprimerie en 1736. [Cotton, Suppl.]

ALTORFIUM, ALTUM CŒNOBIUM, *Altorfen,* village et anc. abb. de Bén., près Molsheim (Bas-Rhin).

ALTORPHIUM , ALTORFIA , ALDORFIUM PA-LÆOCOME, *Altorf* ou *Altdorf,* pet. ville de Franconie, près Nuremberg.

Université fondée en 1579. Deux ans après nous trouvons l'imprimerie établie dans cette ville : *Æschinis et Demosthenis Orationes II contrariæ et Sturmii commentariolum in easdem Hecatomeres. Denuo expressa in usum Altorfianæ Norinbergensium Academiæ cum præfatione Edonis Hildærici.* — Altorfiæ, 1581, imprimebantur typis Gerlachianis. Græce. Pet. in-8. (Hoffman, p. 21, et cat. J. et S. de Tournes, p. 337.)

ALTOVADUM , VADUM ALTUM , *Hohenfurt ,* bourg de Bohème , sur la Moldau.

ALTRIACUM , *Autry.* bourgade et anc. comté de Champagne (Haute-Marne).

ALTUM; *le bourg d'Ault,* village de Picardie (Somme).

ALTUM CASTRUM, ALTA ARX, VICEGRADUM, *Plintenburg* (en hongr. *Wischegrad*), bourg de Hongrie, près Ofen.

ALUATA, ALUTA, l'*Alt,* riv. de Hongrie ; se jette dans le Danube, près de Nicopoli.

ALUCA, *Alota,* pet. port de la Corse.

ALVANGA, *Alswangen,* ville de Russie (Courlande).

ALVANIUM, voy. ALBINOVUM.

ALVERNI VELOCASSIUM, *Auvers,* village de France (Seine-et-Oise).

ALVERNIA, ARVERNIA, ALVERNII [Anc. Chron.], *Alvernie, Auvernie* [Chron.],

l'*Auvergne,* prov. de France ; comprend auj. le Cantal et le Puy-de-Dôme.

ALVERNIA INFERIOR, la *Limagne d'Auvergne.*

ALVERNIA SUPERIOR, le *Velay.*

ALVINCIUM, *Winza, Winzendorf,* bourg de Transylvanie.

ALVUM, voy. ALBA LONGA.

ALVUM NOVUM, voy. ALBINOVUM.

AMACI, Ἀμακοί [Ptol.] , peuple de l'Espagne Tarraconaise , dans les Asturies.

AMADES, AMISIUM, *Embs* ou *Hohenembs,* bourg du Tyrol.

Nous donnons, sans garantie, ce laconique renseignement emprunté au *Suppl.* du Dr Cotton : *A press was in use here in the years* 1640, 1649, etc.

AMÆA, voy. PORTUS ALACER.

AMAGER, AMAGRIA, *île d'Amack,* en Danemark, dans le Sund ; dépend de l'île de Seeland.

AMAGETOBRICA, AMAGETOBRIA [Cæs. I, 31], ville des Sequani, dans la Gaule Lyonnaise; est-ce· *Amage,* village près de Luxeuil (Haute-Saône)? Est-ce *Broye-lez-Pesmes ,* village de Franche-Comté, près Gray? Les géographes ont chacun leur opinion hypothétique qu'ils soutiennent avec énergie. Les uns pensent que cette ville, célèbre par la victoire que César y remporta sur Arioviste et les Germains,·pourrait bien être Montbéliard ; d'autres, Cluvier et Sanson entre autres , croient qu'il faut lire dans les *Commentaires, Nagetobrica,* qui serait sans doute, en allemand, *Nahebruck* ou *Naumburg.*

AMAGUSTA, voy. FAMAGUSTA.

AMALCHIUM MARE,· voy- MARE BALTICUM.

AMALIA, *Amal,* bourg de Suède.

AMALPHIA, AMALPHIS, *Amelfi, Amalfi,* ville · du royaume de Naples (Principauté citér.).

Archev. en 1135 ; on y trouva le célèbre ms. des *Pandectes,* connu sous le nom de *Tables d'Amalfi.* L'histoire de l'antique république d'Amalfi , par Francesco Panza, fut imprimée à Naples en 1724, 2 vol. in-4.

AMANA, l'*Hohm,* pet. riv. d'Allemagne (Hesse).

AMANDOPOLIS, AMANDI BURGUS, *Saint-Amand,* sur la Scarpe, pet. ville de France (Nord), anc. abb. de Bén. = *Saint-Amand,* sur l'Escaut, pet. ville de Belgique, près Anvers. = *Saint-Amand,* village de France (Loir-et-Cher).

AMANDOPOLIS, voy. MONS ROTUNDUS.

AMANES PORTUS, voy. FLAVIOBRIGA.

AMANTIA, AAMANTIA [Cic., Phil.], Ἀμαντία [Ptol.], *Amantea*, pet. ville de l'anc. roy. de Naples (Calabre citér.). = Anc. ville maritime de l'Illyrie, auj. *Porto Ragusco*. [Ferrarius.]

AMARANTHUS, *Amarante*, pet. ville de Portugal.

AMARINUM, *Saint-Amarin*, pet. ville de France, dans l'anc. Sundgau (Haut-Rhin).

AMASENUS [Virgil.], BAUDINUS, *Amaseno*, pet. riv. d'Italie (Etats Pontificaux).

AMASIA, Ἀμάσεια [Strab.], AMASIUS, Ἀμάσιος [Ptol.], AMISIUS [Plin.], AMASIS, l'*Ems*, fleuve d'Allemagne; prend sa source en Westphalie et se jette dans la mer du Nord.

AMASIA CATTORUM, voy. MARPURGUM.

AMASTRA [Silius, XIV.], Ἀμάστρατος [Steph.], Μυτίστρατος [Polyb.], auj. *Mistretta*, bourg de Sicile, dans le val di Demona.

AMATHUS [Plin.], Ἀμαθοῦς [Strab.], *Amathonte*, ville de l'île de Chypre, sur la côte sud, auj. *Limisso*.

AMATRICA, AMATRICUM, *Amatrice*, bourg de l'anc. roy. de Naples (Abruzze ultér.).

AMAVILLA, *Ameville*, bourg du Piémont, sur la Doria.

AMBACIA, AMBASIA, AMBACEA, AMBACIAVICUS, ANBACE [monn. mérov.], *Ambaide* (au XIIIᵉ s.), *Amboise*, ville de la Gaule Lyonnaise IIIᵉ, auj. départ. d'Indre-et-Loire.

Nous ne pouvons trouver, pour l'introduction de la typographie dans cette ville, de date antérieure à celle de 1744. Par suite d'une délibération, en date du 3 février 1740, des corps et communauté de la ville d'Amboise, il fut décidé que les *titres et privilèges* de ladite ville seraient imprimés à cinquante exemplaires aux frais de la ville.

Le P. Le Long cite ce volume sans en donner la date; mais une note, figurant dans un des dossiers de la riche collection tourangelle de M. Taschereau, porte la date de 1744 comme celle de l'impression; le format est in-4°. Devenu introuvable, ce volume fut réimprimé en 1822, également de format in-4.

M. Taschereau possède encore un volume impr. à Amboise en 1745 : *La civilité qui se pratique en France parmi les honnêtes gens... les quatrains de Pibrac*. A Amboise, chez Jérosme Légier, in-8. (Privil. du 28 octobre 1745.) — Ce Jérosme Légier serait donc, suiv. toute probabilité, l'imprimeur des *titres et privilèges de la ville*; nous le retrouvons à la Rochelle.

Nous voyons figurer au *Catal. de l'Hist. de France de la Bibl. impér.* une pièce dont nous donnons le titre, bien que le lieu de l'impression soit évidemment supposé, et que cette citation n'offre d'intérêt que celui de la curiosité : *Responce au livre inscrit, pour la majorité du roy François second. Ensemble ledit liure.* Amboise, 1560, in-8 (sans nom d'imprimeur). Cette réponse était dirigée par les réformés contre un ouvrage bien connu de Jean du Tillet, impr. à Tours, cette même année 1560, l'année même du *tumulte d'Amboise*.

L'arrêt de 1759 a probablement supprimé l'établissement typographique d'Amboise, car nous ne voyons pas figurer cette ville au rapport sur l'état de l'imprimerie en France adressé à M. de Sartines en 1764.

AMBACIACUM, *Ambazat-la-Marche*, *Ambazac*, bourg de France (Haute-Vienne).

AMBARRI, peuple de la Gaule Lyonnaise, qui occupait le pays qui s'appela depuis la *Bresse*, auj. dép. de Saône-et-Loire.

AMBERGA, *Amberg*, anc. capit. du haut Palatinat; appartient auj. à la Bavière.

Imprimerie en 1591. Orlandi, le carme de Bologne, dans son *Origine della Stampa*, a commis à propos de cette ville une singulière méprise : il parle de l'introduction de l'imprimerie à Amberg de 1471, et le livre qu'il cite à l'appui de cette assertion (*Mar. Tul. Cicer. orationes omnes*, in-fol. sine typographi nomine; Ambergæ, 1471), n'est autre que la célèbre édition des *Orationes* de Cicéron, impr. par Adam *Ambergau*, en 1472, s. l. et jugée avec raison par Van-Praet comme une production allemande.

Nous trouvons dans le *Catal. des foires de Francfort* (éd. 1625) un livre imprimé à Amberg en 1571, mais nous pensons qu'il faut lire 1591, car c'est seulement à partir de cette année que nous trouvons fréquemment dans les catal. contemporains les traces laissées par un grand établissement typographique à Amberg; voici le titre du vol. : *Georg. Spindlers Ausslegung uber das 17 cap. S. Johannis:* Amberg. — 1571, in-8. Nous citerons encore, à la date de 1591, un autre ouvrage qui nous donne le nom du premier imprimeur : *Die lautere Warheit, wie ein jeder Christ auss den fünff hauptstrücken dess catechismi Lutheri die Evangelische religion... gepredigt durch Evodium theophilum.* — Amberg, durch Michael Forster, 1591. Nous trouvons dans l'*Index generalis* des livres imprimés en Allemagne à la fin du XVIᵉ s. et dans les Catal. des foires de Francfort l'indication d'un très-grand nombre de livres imprimés à Amberg à cette époque, que nous nous dispenserons de citer.

AMBERGENSIS AGER, l'*Ambergau*, territ. d'Amberg.

AMBERIACUM, *Ambérieu*, *Ambérieux*, dans l'anc. princip. de Dombes, pet. ville de France, près Trévoux (Ain).

Les ruines du château de Gondebauld, roi de Bourgogne (fin du vᵉ siècle), couronnent la colline au pied de laquelle est bâtie la ville.

AMBERTUM, *Ambert*, ville de France (Puy-de-Dôme).

AMBIALETUM, *Ambialet*, bourg du Languedoc (Tarn).

AMBIANI-PONTIVI, le *Ponthieu*, anc. prov. de France; comté indépendant au xᵉ s., ce fief passa dans la maison d'Alençon au xiiiᵉ, et fut réuni à la Couronne en 1370.

AMBIANUM, AMBIANI [Itin. Anton.], SAMAROBRIVA [Cæs. B. G.], Σαμαρόβριγα [Ptol.],

AMBIANIS, AMBEANIS [monn. mérov.], *Amiens*, ville de France (Somme).

L'imprimerie ne date en cette ville que de 1611, suivant le R. docteur Cotton, et M. Ternaux oublie d'en parler ; nous citerons : *Coustumes generalles du Balliage damiens avec celles des puostez de Monstroeul, Beauquesne, Foulloy, Saint-Ricquier, Doullès, ? Beauuoisis. Nouellemét publiees et decretees en la ville Damiens..... Imprimees par Nicolas le Caron, imprimeur ? libraire demourá en lad' ville Damiés en la rue des Lombards.* (A la fin :) *Imprimé à Amiens, par Nicolas le Caron, demourant en la rue des Lombards,* in-8, goth. de 95 ff. chiff., sans date, mais, suivant M. Ferdinand Pouy, qui consacre à ce livre important une notice intéressante, imprimé vers l'an 1507, ou dans les premières années qui suivirent la promulgation de ces *Coutumes* qui date de cette même année 1507.

Réimprimé en 1535, à Paris, et en 1546, à *Amyens, chez Jehan Caron,* in-8.

Parmi les imprimeurs d'Amiens, postérieurs à la famille des Caron, nous ne croyons devoir citer que les Hubault et Musnier, au XVIIᵉ siècle.

En 1647 paraît le premier almanach impr. dans le dép. de la Somme ; il est intit. : l'*Amanach spirituel pour la ville d'Amiens* et sort des presses de Guislain Lebel.

Le rapport fait à M. de Sartines établit l'état de la librairie à Amiens en 1764 : quatre libraires et deux imprimeurs.

AMBIATINUM, AMBIATINUS VICUS [Sueton.], *Königstuhl,* bourg et anc. abb. de la Prusse rhénane.

AMBIVARETI, AMBIVARITI [Cæs. B. G.], AMBIBARETI, peuple de la Gaule Lyonnaise, occupant la prov. du Vivarais, auj. dép. de l'Ardèche.

AMBIVARITUM, voy. ANTUÉRPIA.

AMBLAVA, AMBLAVIA, AMBLAVES [Sigeb. Chr.], la *riv. d'Amblève,* dans le Luxembourg ; se jette dans l'Ourte, près de Liége.

AMBLAVA, *Amblef,* sur la rive droite de l'Amblève, bourg de la Prusse rhénane, près de Malmédy.

AMBLETOSA, AMBLETOLIUM [Cell.], *Ambleteuse,* pet. ville de France (Pas-de-Calais).

AMBLIDUM, *Ambly-sur-Aisne* et *Ambly-sur-Marne,* deux villages de France (Marne).

AMBOGLANA, ville de l'anc. Bretagne romaine, que Camden croit être *Amblesinde.*

AMBRA, *Ammer, Amber,* riv. de Bavière, affl. de l'Iser. = *Bruck-sur-Amber,* bourg de Bavière.

AMBRA, EMMERA, *Emmer,* riv. de Westphalie.

AMBRACIA, 'Αμβρακία [Ptol., Strab.], anc. ville d'Épire (Thesprotic), colonie de Corinthe ; auj. *Arta,* ville d'Albanie (pachalik de Janina). Auguste, après la victoire d'Actium, lui donna le nom de *Nicopolis,* qu'elle ne conserva pas.

AMBRACIUS SINUS, *Golfo di Arta,* formé par la mer Ionienne, entre l'Épire et l'Acarnanie.

AMBRATIA, ville d'Espagne, qu'on croit être *Vera de Plasencia,* dans l'Estramadure.

AMBRESBURIA, AMBROSII VICUS, *Amersbury,* pet. ville d'Angleterre, dans le Wiltshire.

AMBRIA, l'*Ammerland,* district de la Westphalie.

AMBRICOCURTE, *Abbécourt,* village de Fr., près Beauvais (Oise).

AMBRISNA, *Ambrines,* village de France, près Arras (Pas-de-Calais).

AMBRISSUS (anc. CYPARISSUS, Κυπάρισσος), ville de Grèce ; ce n'est auj., suiv. Spon, qu'un village nommé *Arachora.*

AMBROICUS PAGUS, *Plasencia,* pet. ville d'Espagne, dans le roy. de Léon.

AMBRONES, *les Ambrons,* peuple de l'Helvétie, qui occupait, suiv. Cluvier, les cantons de Zurich, Berne, Lucerne et Fribourg. Sprüner n'en indique pas la situation.

AMBRONIACUM, *Ambournay,* pet. ville de France, dans le Bugey (Ain).

AMBROSIOPOLIS, anc. ville de la Dacie Trajane ; auj. *Brosz* ou *Broos,* en Transylvanie.

AMBROSIUM [Itin. Anton.], à XV m. de Nismes ; *Ambres* (?), sur la limite du dép. du Tarn.

AMBROVVICUS [monn. mérov.], *Embrau,* bourg et château sur la Garonne (Charente). = *Lumbres* (?) ; pet. ville de l'Artois (Nord).

AMBRUSSUM [Itin. Anton.], *Pont-Ambruis,* à l'E. de Lunel, sur la Vidourle (Hérault).

AMBSTELODANUM, voy. AMSTELODAMUM.

AMBULETUM, AMBULEIUS AGER, auj. *Governolo,* pet. ville de l'Italie du nord, aux environs de Peschiera. Ce fut là, dit Jornandès, que le pape saint Léon eut une entrevue avec Attila.

AMBURGUM, voy. HAMBURGUM.

AMEDES, voy. AMADES.

AMELANDIA, *île d'Ameland,* sur la côte de Frise.

AMELIACUM, *Amblis en Berry,* village de France (Cher). = *Amilly,* village de Saintonge (Charente-Inférieure).

AMELLANA, *Waterford*, ville d'Irlande (prov. de Munster).

L'introduction de l'imprimerie dans cette ville date, suivant le docteur Cotton, de 1555. Voici, d'après les catal. de Sr Masterman Sykes et Rich. Heber, les titres des deux vol. qui ont été exécutés dans cette ville sous cette date : *Olde's Acquital or Purgation of the moost Catholyke Christen Prince Edwarde the VI, King of Englande, Fraunce, and Irelande... and of the Churche of Englande refourmed and gouverned under hym.....* Emprinted at Waterford, the 7 daye of novembre 1555, in-8.

Et le second : *Epistle written by John Scory, the late Bishope of Chichester unto all the faythful that be in pryson in Englande, or in any other truble for the defence of Goddes truthe.* Anno 1555. in-8, sans lieu ni date, mais exécuté avec les mêmes caractères que le précédent.

Mais M. Cotton prétend que le lieu d'impression de ces deux rares volumes est supposé, et qu'ils ont été exécutés à Southwark, bourg du Surrey, par Christopher Truthal, et une note du catal. Rich. Heber (part. II, n° 4213) semble confirmer cette opinion. Il ne se prononce pas, il est vrai, sur un 3e vol. imprimé cette même année 1555, à Waterford, dont le catal. du *Trinity College*, de Dublin, nous révèle l'existence : *Archbishop Cranmer's confutation of unwritten verities*, Waterford, 1555, in-8; il se contente de nous apprendre que ce livre précieux a depuis longtemps été soustrait *with several other choice morceaux*, par un employé de la Bibliothèque. trop ardent bibliophile; et la conclusion adoptée par le savant docteur est qu'il ne faut pas faire remonter plus haut qu'à l'année 1641 la date de l'introduction de la typographie à Waterford. En 1644, un imprimeur du nom de Thom. Bourkes imprima *the Propositions of the Roman Catholics of Ireland*, 80 pp. in-4.

AMERIA, *Amelia*, ville de l'Ombrie méridionale (États du Pape). Anc. ville des Amerini.

AMERIA, AMERIÆ, *Aymeries*, pet. ville du Hainaut français (dép. du Nord).

AMERSFORTUM, voy. AMORFORTIA.

AMESIS, voy. EMBDA.

AMESTRATUS, AMASTRA, *Mistretta*, bourg de Sicile.

AMFREDIVILLA, AMFREVILLA, *Amfreville* ou *Anfreville*; plusieurs localités en France portent ce nom.

AMILIANUM, AMILIAVUM, EMILII CIVITAS, *Milhau*, bourg de France (Gard).

AMITERNUM [T.Liv.], Ἀμίτερνον [Ptol.,Strab.], patrie de Salluste; auj. *San Vittorino*, ville et anc. évêché des Abruzzes, au roy. de Naples.

L'imprimerie existe dans cette ville en 1623 : *Franciscus Guillimannus de rebus Helveticis*, Amiterni, 1623, in-4.

AMIVADUM, voy. AMORFORTIA.

AMMA, EMMANA, l'*Emme* (*Gross et Klein Emmen*), rivières de Suisse; la première se jette dans l'Aar, l'autre dans la Reuss.

AMMOCHOSTOS, AMNIOCHOSTOS, FAMA AU-GUSTA, *Famagusta* ou *Famagouste*, ville de l'île de Chypre (Kibris).

AMŒNUM STAGNUM, *lac d'Albufera*, près Valence (Espagne).

AMŒNUS MONS, voy. AD MONTEM.

AMONDI VILLA, *Mondeville*, village de Fr. (Calvados).

AMORFORTIA, AMURSFORTUM, AMIVADUM, AMERSFORDIA, *Amersfoordt*, ville de Hollande (prov. d'Utrecht).

Nous trouvons dans le catal. d'Heinsius un livre impr. dans cette ville en 1544 : *Ordonnantie der stadt Amersfoort*. Amersf., 1544, in-4; mais peut-être devons-nous admettre l'opinion qui veut que l'imprimerie n'ait existé dans cette ville qu'en 1626 ; car rien ne prouve que ce livre des *Ordonnances d'Amersfoordt*, dont nous ne connaissons pas d'exemplaire, ait été exécuté par une imprimerie locale.

AMORGOS, l'une des îles Sporades, auj. *Amorgo* (Archipel).

AMPELUS, Ἄμπελος [Ptol.], AMPELUSIA, cap de l'île de Crète, auj. *Capo Sacro*.

AMPELUSIA PROMONTORIUM, *cap Spartel*, à l'O. de Tanger, à l'entrée du détroit de Gibraltar.

AMPHIMALA, *Sade*, pet. port de l'île de Candie.

AMPHIOCHIA, AUBIA, AQUÆ CALIDÆ CILINORUM, AQUÆ CILINÆ [Itin. Ant.], ville des Cileni; dans l'Espagne Tarraconaise, auj. *Orense, Caldas d'Orense*, dans la Galice.

Voici un livre bien connu, imprimé dans cette ville en 1547 : *Vasco diaz Tanco. Libro intitolado Palinodia, de la nephanda y fiera nacion de los Turcos, y de su engañoso arte y cruel modo de guerrear, y de su iperios, reynos, y prouincias q̃ han subjetato.... Relacion de las guerras del Gran Turco Solimano...recopilado por Vasco Diaz Tanco, alias Clavedan.* — Este libro llamado Palinodia fue ympresso en la ciudad de Orense, que es in Galizia en la ympression del proprio actor, que lo hizo e recopilo e onde al presente haze su residencia.... acabose de imprimir a quinze dias de setiembre M. D. XXXXvij. pet. in-fol. goth. (catal. Thorpe, 1834, R. Héber, Gohier, Salva, etc.)

AMPHIPOLIS (anc. Ἀνάδραμος), ville de la Macédoine, sur le Strymon ; auj. *Iamboli* ou *Emboli*, dans le pachalik de Saloniki.

AMPHISSA [Plin.], Ἄμφισσα [Pausan.], *Salona, Salone*, ville de Grèce, près du golfe de Lépante (Livadie).

AMPHISSIA, ville maritime de la Grande Grèce, auj. *la Rocella*, dans la Calabre ultérieure.

AMPLA, l'*Abenst*, affl. du Danube, riv. de Bavière.

AMPLIACUM [monn. mérov.], *Ampilly*, village de France (Côte-d'Or); il y a *Ampilly-le-Sec* et *Ampilly-les-Bordes*.

AMPLIPUTEUM, *Amplepuis*, bourg du Beaujolais, près Villefranche (Rhône).

AMPSAGAS, *Oued el Kebir*, *Suffegmar*, le *Rummel*, fleuve d'Afrique, passe à Constantine.

AMPUNIANA, *Ampugnani*, bourg de l'île de Corse.

AMSARA, AMSARIS, l'*Emscher*, riv. de Westphalie.

AMSTELA, l'*Amstel*, riv. de Hollande.

AMSTELODAMUM, AMSTELÆDAMUM, AMSTELREDAMUM, AMSTERODAMUM [Cluv.], OPPIDUM AMSTELREDAMENSE, *Amsteldam*, *Astelredam*, auj. *Amsterdam*, ville de Hollande.

L'imprimerie passe généralement pour n'exister dans cette ville illustre que depuis l'année 1523; cependant il nous faut citer un livre dont certainement la date d'impression doit être reportée aux premières années du XVIᵉ siècle :

Hollandiæ Gueldriæque Bellum a Wilhelmo Hermanno Olando, Amsterdamis. s. a. in-4. — Ce volume, extrêmement intéressant pour l'histoire de la Hollande, est d'une grande rareté. L'auteur, né à Gouda, poëte et théologien, avait publié en 1497, à Paris, un volume de poésies, célèbre parce qu'il contient la première pièce d'Érasme qui ait été imprimée.

Mais un livre plus ancien encore, et qui porte tous les caractères d'une édition du XVᵉ siècle, nous est indiqué par La Serna-Santander, qui le possédait : c'est un pet. vol. in-8, imprimé à longues lignes, au nombre de 20 sur les pages entières, sans ch. ni récl. avec sign.; il est intit.: *Tractatus fratris Dionysii de Conuersione peccatoris*; à la fin on lit cette souscription, dont le caractère et les nombreuses abréviations annoncent une assez haute antiquité :
Jhesus.
Ad Laudem ⁊ gl'am dei ōïpotētis ‖ Sueqz scīssime genitricis Marie. ad ‖ profectūⱥ deuoto⁊ cordiū cordiaĩ ‖ ter ad deꝇ se cōuerti volentiū Im ‖ pressus ? splet' est pꝰs deuot' dya ‖ log' ꝓ Mercuriali oppido Amstel ‖ redāmēsi Instāciis ac dignis expē ‖ sis deuotissimi viri dñi Johīs Pas ‖ toris in Leyderdorp extra muros ‖ oppidi Leydēs'. tractās de ꝛuersioē ‖ pecōris edit' a multū deuoto viro· ‖ necnō religioso frē Dionisio ordīs Carthusiensiū, p vndecim ar ‖ ticulos ornate diuisus, vt patebit deuote Legenti.
Maria.

Cet opuscule, on le voit, est de Denis Rickel, plus connu sous le nom de Denis le Chartreux.

La Serna-Santander cite encore un pet. vol. in-24, qui serait la plus ancienne impression connue, portant le nom de Doen Pieterzoen, le premier typographe d'Amsterdam dont le nom soit parvenu jusqu'à nous : *Hier begint dye corte doornen crone ons liefs heeren Jhesu Christi*; à la fin : *Gheprent tot Amsterdam audie oude zyde in die Kerckstraet. By my Doen Pieterzoen in Enghelenburch.*

Nous recevons d'un correspondant de Hollande l'indication d'un livre considéré par les Hollandais comme l'un des premiers produits de la typogr. d'Amsterdam : *Dit is een nieuwe Suverlike boemgaert, die noyt Gheprent is. Gheprent binnen Amstelredam opdie oude Burchwal.* 1508, pet. in-8, avec deux fig, s. bois. (Vᵗᵉ Schinkel, 60 fl.)

Panzer ne cite comme 1ᵉʳ livre impr. à Amsterdam que l'édition des Épîtres et Évangiles en hollandais (trad. de Martin Luther) : *Die Evangelien ous Heeren Jesu Christi, in der Duytscher Sprach Getranslateert*, in-8, impr. avec le nom de Doen Pieterz, en 1523. Voici un vol. imprimé la même année, plus rare encore, et qui offre cette particularité d'être enrichi de deux planches gravées et d'un beau portrait :

Alardi Amstelredami ritus edendi paschalis agni decem item plagæ sive Clades, quibus olim ob Pharaonis impietatem misere divexata est Ægyptus. — On lit à la fin cette souscription : *Apud sacrosanctum, religiosumque Amstelredamum, nobile totius Hollandiæ emporium, ad Christianæ pietatis et decus et augmentum Dodo Petrus typographus ad Castrum Angelicum pridie parasceues christianæ excudebat anno* 1523, in-4.

Il est inutile de parler des imprimeurs sans nombre qui suivirent Doen Pieterzoen. La plus brillante époque de l'imprimerie à Amsterdam est la fin du XVIIᵉ siècle; les Elzevirs y avaient alors un établissement tout aussi considérable que celui de Leyde. Puis, la révocation de l'édit de Nantes amena dans cette ville un grand nombre de Français proscrits et irrités, et la guerre des États avec la France leur facilita les moyens d'épancher en pamphlets, en virulentes satires, le trop-plein de leur juste haine contre leurs persécuteurs.

AMSTRUTTERA, ANSTRUTTERA, *Anstrutter*, bourg d'Écosse, sur le Firth of Forth.

AMUNDIVILLA, *Amonville*, village de Fr. (Calvados).

AMURSFORTUM, voy. AMORFORTIA.

AMYCLÆ, AMYCLÉES, αἱ Ἀμύκλαι [Homer.], AMYCLEÆ APOLLINÆ [Stat. Théb.], ville de Grèce, dans le Péloponnèse, auj. *Sklavochori.*

AMYCLÆ, ville du Latium méridional, fondée par les Lacédémoniens d'Amyclée, auj. *Sperlonga*, dans le roy. de Naples.

AMYCLÆUS MONS, voy. TAYGETUS.

ANABIS, ville de l'Espagne Tarraconaise, auj. *Igualada* (?) en Catalogne.

ANACTORIUM [Plaut.], Ἀνακτόριον [Strab.], ville de l'Acarnanie, auj. *Vonitza*, en Albanie.

ANADRÆMOS, voy. AMPHIPOLIS.

ANAGELUM, ANAGHELONE (?), ville d'Irlande, dans l'Ulster. [Möller.]

ANAGNIA, ville du Latium, cap. des Herniques, auj. *Anagni*, ville et évêché d'Italie, dans les États Pontificaux.

ANALIACUM [monn. mérov.], *Naillac*, bourg du Périgord (Dordogne). = Il y a aussi *Anlhiac* ou *Anliat*, village du même départ. [Cartier.]

ANANIA, ANAUNIA, *la vallée du Nonsberg*, au Tyrol, près Trente.

ANAPHE, pet. île de la mer Égée, auj. *Namphio*, l'une des Cyclades (Archipel).

ANAPIUM, *Anappe*, village et château de

Flandre, près Lille (Nord). Ancien comté.

ANAPUS, Ἄναπος [Théocr.], *Anapo*, riv. de Sicile.

ANARASUM, *Anras*, bourg du Tyrol.

ANAS [Cæs., Plin.], *Guadiana*, fleuve d'Espagne et de Portugal.

ANASSIANENSIS AGER, *Land unter der Ens* (le pays au-dessous de l'Ens), district autrichien.

ANASSIANUM, ANASUM, ANISIA, ENSIUM CIVITAS, *Ens*, ville de la haute Autriche, sur la rivière du même nom (cercle de Traun).

ANASUS, ANESUS, ANISUS, l'*Ens*, riv. d'Autriche.

ANATHILIA, ÆGIDIOPOLIS, *Saint-Gilles*, bourg du Languedoc (Haute-Garonne).

ANATILIORUM URBS, Ἀνατιλῶν πόλις [Ptol.], MARITIMA AVATICORUM [Mela], MASTRAMELA, MARTIGIUM, *Martigues*, ville de France formée par la réunion de trois villes, *Saint-Geniez, Ferrières* et *Jonquières*, en 1581 (Bouches-du-Rhône).

ANAUNIA, voy. ANANIA.

ANAXIPOLIS, *Königstadt*, pet. ville de Bohême.

ANCELLI BURBO, voy. BURBO.

ANCELLI VILLA, *Ancerville*, village de Champagne, qui appartenait, au XIIIᵉ siècle, au sire de Joinville (Haute-Marne).

ANCENESIUM, ANGENISIUM, ANGENIUM, *Ancenis*, ville de France et anc. marquisat (Loire-Inférieure).

ANCIACUM, ANSIACUM, *Ancy-le-Franc*, bourg et château de France (Yonne).

ANCLAMIUM, *Anclam*, pet. ville de Poméranie, près-Stettin.

ANCONE [Juvén.], Ἀγκών [Strab.], ANCONA [Cic.], ville de l'anc. *Picenum*, sur la mer Adriatique, colonie de Syracuse, auj. *Ancône* (*Ancona*), ville forte et grand port du roy. d'Italie.

Le premier livre imprimé dans cette ville, que citent Maittaire et Panzer, est intit. : *Opera il perche utilissima ad intendere la cagione de molte Cose, et massimamente alla conservacione della sanita ; et physionomia ; et virtu delle herbe.* — Stampata in Ancona per Bernardino Guerralda Vercellese ad instantia de Maestro Hieronymo Sonzino, M. D. xiiii. di VIII de Zugno nel pontificato del Leone papa Xᵒ, in-4.

M. Brunet nous donne le nom de l'auteur de ce rare volume ; c'est Hieronymo Manfredi, de Soncino, qui se trouve cité dans la souscription; notre illustre bibliographe est également d'avis que c'est là le premier livre connu imprimé à Ancône.

ANCONE, ANCUNUM, *Ancone*, bourg de Fr., sur le Rhône (Drôme).

ANCONITANUS AGER, *Marche* puis *Délégation d'Ancône* (anc. *Picenum*); cette province, réunie aux États du Pape en 1532, fait auj. partie du royaume d'Italie.

ANCORA, *Ancre*, pet. riv. de Picardie.

ANCORA, ANCHORA, ALBERTUM, *Ancre*, puis *Albert*, pet. ville de Picardie (Somme), avec titre de marquisat, a pris le nom d'Albert au XVIIᵉ s.

ANCUS, *Rio do Soure*, riv. de Portugal.

ANDAÏA, ANDAJA, *Andaye* ou *Hendaye*, bourg de France (Basses-Pyrénées).

ANDANCIA, *Andance*, bourg de France (Ardèche).

ANDANI VILLA, *Andainville*, village de Picardie (Somme).

ANDECAMULUM, RAÑCO, *Rancon*, bourg de Fr. (Haute-Vienne).

ANDECRIUM, voy. ANDRETIUM.

ANDEGAVA, ANDEGAVUM [Greg. Tur.], ANDECAVUM [Not. Lugd.], JULIOMAGUS [Tab. Peut.], ANDICAVORUM CIVITAS [Itin. Ant.], ANDEGABUM [Fredeg.], JULIOMAGUS ANDIUM [Cellar.], ANGIERS, auj. *Angers*, anc. cap. des *Andecavi*, dans la Lyonnaise IIIᵉ, ville de France (Maine-et-Loire).

C'est la cinquième ville de France dans laquelle ait pénétré l'imprimerie : Strasbourg, Paris et Lyon, seules, l'ont précédée, et Toulouse occupe le même rang ; mais le premier livre imprimé à Angers n'étant daté que du 5 février, et l'année commençant à Pâques, nous devons croire que le livre imprimé à Toulouse cette même année 1476 est antérieur.

Incipit Rhetorica Nova Marci Tullii Ciceronis ; à la fin : *Anno Incarnacionis Domini* M. CCCC. LXXVI *die quĩta mensis febroarii fuit hoc opus completum Andegaui, per Iohañem de turre atqᵶ morelli impressores.* in-4, en lettres rondes, sans ch., récl. ni sign.

Ce livre précieux est tellement rare, qu'il ne nous serait possible d'en citer que deux exemplaires.

Le second volume imprimé à Angers, avec date, est un *Manuel des Curés, Manipulus Curatorum*, de 1477, également in-4.

Mais un livre qui dispute la priorité à la *Rhétorique* de Cicéron, est le précieux *Coustumier d'Anjou : Cy commencent les coustumes des pays daniou ᵶ du ‖ mayne constenans seize parties.* — Pet. in-8 de 155 ff. en lett. rondes, 19 lig. par p., sans ch. ni récl. avec sign. a — v.

Ce précieux volume est exécuté avec les caractères de la *Rhetorica nova ;* il est décrit avec soin dans le *Manuel*, d'après l'exempl. de la Bibliothèque impér.

M. Brunet le déclare antérieur à l'année 1480 et peut-être même à 1476 ; « car, dit-il, il est assez naturel de croire que l'imprimerie établie à Angers à cette époque se sera occupée de la coutume du pays, avant de reproduire la rhétorique du consul romain.» Nous admettrions volontiers cette opinion du vénérable bibliographe, si les signatures du *Coutumier* ne venaient pas établir un progrès typographique sur la *Rhétorique,* qui n'en a pas. Dans tous les cas, c'est le plus ancien coutumier français que l'on connaisse.

À la fin du XV⁰ siècle l'imprimerie d'Angers est moins florissante, car les libraires de la ville et de l'université, Charles de Bongne et Jehan Alexandre, font imprimer plusieurs ouvrages à Paris et à Rouen, chez Pierre Levet et Martin Morin.

Au XVI⁰ siècle, elle reprend une extension considérable, et les principaux imprimeurs, Richard Piquenot et Antoine Hernault, entre autres, mettent au jour un certain nombre de livres à l'usage de Nantes, de Rennes et de Bourges.

ANDEGAVENSIS AGER, ANDEGAVORUM, puis AN-GOVINORUM COMITATUS, l'*Anjou,* province française, habitée primitivement par les *Andecavi ;* comté en l'an 870 ; prov. anglaise jusqu'en 1203 ; duché en 1360, enfin réunie à la couronne en 1482.

ANDELAGUS, ANDELIUM, ANDELEIUM, ANDE-LIACUM, *les Andelys,* ville de France (Eure). On trouve au moyen âge *Andeli sous Gaillart,* à cause de la proximité du *Château-Gaillard,* dont les ruines existent sur les bords de la Seine.

Nous ne trouvons trace d'imprimerie dans cette ville qu'à dater de 1790 : *Vie et office de sainte Clotilde, reine de France et seconde patronne de la ville d'Andely,* Andely (Saillot), 1790, in-12.

ANDELAUS, ANDELAUM IN PAGO LINGONICO, ANDELAON [Frédég.], **ANDELAOVICUS** (villa mérov.), **ANDELOCIUM,** *Andelot,* bourg et château de Champagne, dans la Haute-Marne. Congrès des rois francs en 587.

ANDELEJUM, *Landelles,* village de France (Calvados).

ANDELEJUS FLUVIUS, ANDELLA, l'*Andelle,* pet. riv. de Fr. (Calvados).

ANDELIACUM, *Andilly,* village de l'Ile-de-France (Seine-et-Oise). Plusieurs autres localités en France portent ce nom.

ANDELLA, voy. **ANDELEJUS.**

ANDELUS, voy. **POMPEIOPOLIS.**

ANDEMANTUNUM, ANDEMATUNUM, ANDOMATU-NUM, Ἀνδομάτουνον [Ptol.], **LINGONÆ** [Ann. Hincm. ; Ann. Bert.], **LINGONES** [Plin. ; Tac.], **CIVITAS LINGONUM** [Tac. Hist. I], **URBS LANGONUM** [Eutrop.], *Langres,* ville de France (Haute-Marne).

Brûlée en 407 par les Vandales ; en 451 par Attila ; comté au moyen âge.

Les Langrois célèbres qui ont écrit avant 1582 ont fait imprimer leurs ouvrages, les uns à Paris, les autres à Troyes, à Reims ou à Lyon : ainsi un évêque de Langres fait exécuter à Troyes, chez J. le Cocq, vers 1517, un livre de liturgie à l'usage de son diocèse ; le chanoine Roussat publie à Lyon, chez Rouillé, en 1550, son livre de la *Mutation des temps* ; enfin Jehan Duvet, le *Maître à la Licorne,* l'illustre orfévre du roi François Ier, qui grava à Langres les planches de son admirable *Apocalypse,* les fit imprimer à Lyon en 1561.

Le premier imprimeur langrois dont le nom puisse être cité est Jehan des Preyz, et le livre le plus ancien sur lequel nous rencontrons son nom n'est daté que de 1582. Sans doute quelque coutumier, quelque livre de liturgie aura précédé celui dont nous allons donner le titre exact, mais tout cela est perdu pour nous :

Compot et manuel kalendrier : par lequel toutes personnes peuuent facilemēt apprēdre et sçauoir les cours du soleil et de la lune... en suyuant la correction ordonnee par nostre sainct pere Gregoire XIIIᵉ, compose par T... imprimé à Lengres par Jehan des Preyz, le 19ᵉ jour de décembre, l'an de la correction du kalendrier, 1582. — In-4 de 32 ff. non ch., titre en lettres rondes, texte en goth., épistre dédic. en ital.

Ce petit volume fort rare est de Thoinot Arbeau, c'est-à-dire de Jean Tabourot, qui fit imprimer dans cette même ville, en 1589, sa célèbre *Orchésographie* et une pièce satirique sous la rubrique : *de l'imprimerie de Jean Tabourot.* (Voy. Cat. de la Bibl. impér., *Hist. de France,* tom. Ier, p. 333.)

Les riches archives de la ville de Langres ne nous fournissent aucun détail relatif à Jean des Preyz : nous trouvons seulement dans un extrait du VIᵉ compte de Claude Pigney, receveur des deniers communs, dons et octrois de la ville de Langres, 1590-95 : *« à Mᵉ Jehan Despreys imprimeur la somme de deux escus pour avoir imprimé le catholicon par mandement et quittance du dixiesme janvier (mille) cinq cent quatre-vingtz-quinze, cy. . . . . ij esc.*

Ce document, qui n'a sans doute qu'une faible importance, pourra nous servir à éclaircir un mystère bibliographique. « Il ne peut être ici question que du *Catholicon* d'Espagne, nous écrit M. Amédée Brocard, bibliophile langrois fort perspicace ; la date l'indique ; de plus la municipalité langroise était ennemie déclarée du parti de la Ligue et fort avant dans les bonnes grâces du roi. Quelques chanoines liigueurs, chez lesquels on avait découvert des dépôts d'armes, venaient d'être arrêtés : Jean Roussat, le maire de Langres, était en correspondance directe et suivie avec Henri IV. De plus Jacques Gillot, l'un des cinq auteurs de la satire Ménippée, était de Langres. A la même époque (1594) paraît sous la rubrique : *Turin, par T. Carabiaco* (lieu et nom supposés), une édition du *Catholicon d'Espagne,* que M. Brunet indique sans donner son lieu d'impression. N'est-ce pas la même édition publiée par Jacques Gillot, et sa ville natale, éminemment royaliste, n'aurait-elle pas voulu contribuer, selon ses moyens, à l'impression de ce livre qui a plus fait pour Henri IV, dit le président Hénault, que la bataille d'Ivry? »

Voilà un fait bibliographique que nous soumettons, avec M. Brocard, à l'attention du lecteur curieux, qui parviendra sans doute à l'élucider.

Il est un nom langrois du XVIᵉ siècle que nous croyons devoir citer : c'est celui de Simon Girault, le descendant du grand saint Hubert, le patron vénéré des chasseurs. Ce Simon Girault fait imprimer en 1590, in-4, chez J. des Preyz, un *Dialogue pour apprendre la langue latine,* auquel Ch. Nodier a daigné consacrer un des plus étincelants articles des *Mélanges tirés d'une petite bibliothèque,* et cet article, dit M. Brunet, a fait la fortune de Simon Girault, qui, sans cela, risquait fort d'être oublié par l'ingrate postérité.

Des imprimeurs langrois postérieurs, nous ne citerons, au XVIᵉ siècle, que Joseph Boillot et George Lambert, et au XVIIᵉ, Jean Boudrot ou Bouderot et Sécart.

N'oublions pas de mentionner que le premier imprimeur langrois, Jean Lefèvre, *Johannes Faber* ou *Fabri* (en ital.), était de Langres.

En 1764, un seul imprimeur est établi à Langres : c'est Etienne Bonnin, pourvu le 20 février 1741 et maintenu par l'ordon. de 1759. Le *rapport* à M. de Sartines ajoute : « L'imprimeur a une bonne réputation, il est à son aise ; on se plaint seulement que, comme il est seul, il fait payer ses impressions un peu cher. »

ANDENNÆ, *Andenne*, pet. ville de Belgique, sur la Meuse.

ANDEOLI BURGUS ou FANUM, *Bourg-Saint-Andéol*, pet. ville de Fr. (Ardèche).

ANDERIDUM, ANDERITUM [Tab. Théod.], Ἀνδέριδον [Ptol.], ANDEREDON* [Scaliger], GABALI [Cæs. VII], CIVITAS GABALITANA, ville de la Gaule Aquitaine, chez les Gabali, depuis capit. du Gévaudan, auj. *Javols* ou *Javoulx*, ville de France (Lozère).

ANDERLACUM, *Anderlech*, bourg de Belgique (Brabant).

ANDERNACUM, ANTONACUM [Not. Imper.], ANTUNNACUM [Amm. Marc., Itin. Ant.], CASTELLUM ANTONACENSE [Fortun. x], ANDREI VILLA IN PAGO MEGENENSI (dans le *Meiengau*), anc. ville des *Treveri*, dans la Gaule Belgique, puis villa carlovingienne, auj. *Andernach*, ville de la Prusse rhénane.

ANDERPUS, VOY. ANTUERPIA.

ANDES, VOY. ANDEGAVUM.

ANDETHANNA [Itin. Anton.], EPTERNACUM [Ann. Hincmar. a. 870], *Epternach*, ou *Echternach*, pet. ville du Luxembourg belge.

ANDIACUM, *Angeac-Champagne*, village de l'Angoumois (Charente), anc. villa carlovingienne.

ANDLAVIA, *Andlaw*, bourg d'Alsace (Bas-Rhin).

ANDOMATUNUM, VOY. ANDEMANTUNUM.

ANDOVERA, *Andover*, bourg d'Angleterre (Hampshire).

ANDRACIUM, *Büchenstein*, bourg d'Autriche.

ANDREÆ BURGUS, *Andréansberg*, pet. ville de Hanovre.

ANDREÆ FANUM ou VICUS, *Saint-André*. — Un grand nombre de localités en France portent ce nom.

ANDREI VILLA, PALATIUM, VOY. ANDERNACUM.

ANDREOPOLIS, ANDRÉÆ CŒNOBIUM, *Saint-Andrews*, ville de l'Ecosse, dans le comté de Fife.

Anc. université célèbre, fondée par l'évêque Wardlaw, en 1412 ; archevêché. L'imprimerie date en cette ville de 1546 [Herbert]. Le plus ancien livre imprimé dans cette ville, dit notre autorité, qui emprunte ce renseignement au docteur Mackensie, est un opuscule célèbre intitulé *The complaint of Scotland ;* mais comme on ne connaît pas un seul exemplaire de cette pièce avec un titre ancien, si bien que, lors de la réimpression de 1801, l'éminent éditeur, le dr John Leyden fut obligé d'en forger un

dans le goût des anciennes impressions écossaises ; comme par conséquent l'assertion de Mackensie et de Herbert ne repose que sur une hypothèse, on est forcé, avec le dr Cotton, de revenir au *Catéchisme de l'archevêque Hamilton,* bien réellement imprimé à Saint-Andrews, mais en 1551 seulement, ce qui nous paraît devoir être la date exacte de l'introduction de l'imprimerie dans cette ville.

ANDRESELLUM, *Andrezelles*, village de France (Seine-et-Marne).

ANDRESIACUM, *Andrezy*, village de France (Seine-et-Oise).

ANDRETIUM [Tab. Peut.], ANDECRIUM, Ἀνδέκριον [Ptol.], ANDETRIUM [Plin. III], Ἀνδήτριον [Strab.], anc. ville et forteresse de la Dalmatie, auj. *Clissa*.

ANDRIA, VOY. INGER.

ANDRIA, *Andro*, ville et évêché de l'anc. roy. de Naples.

ANDRIACA, ville de Thrace, sur le Pont-Euxin, auj. *Gotopoli*, dans le pach. de Saloniki.

ANDRINOPOLIS, VOY. ADRIANOPOLIS.

ANDROS [Ovid.], Ἀντανδρος [Strab.], ANDRUS [Plin. IV], HYDRUSSA, *Andro*, île de l'Archipel (Cyclades).

ANDROS [Plin.], *Bardsey*, île anglaise, sur la côte d'Irlande.

ANDURNUM, *Andorno*, ville d'Italie (Piémont).

ANDUSARA, ANDUJARA, *Andujar*, ville d'Andalousie, construite sur les ruines d'Illiturgis.

ANDUSIA, *Andusa*, ville de la Narbonnaise première, auj. *Anduze*, ville du Languedoc, au pied des Cévennes (Gard).

ANECIUM, VOY. ANNECIUM.

ANEDA, VOY. EDIMBURGUM.

ANEIANUM, *Monte Agnano* (?), ville d'Italie, près Padoue.

ANETUM, ALNETUM, ANETUM PALATIUM [Chart. Phil. Aug. a. 1204], *Anet*, village de France (Eure-et-Loir). La Renaissance y construisit un château qui fut l'une des plus charmantes œuvres de Philibert de l'Orme, mais dont il ne reste plus que bien peu de chose ; et ce peu de chose est assez important cependant, pour avoir été rangé dans la classe des *monuments historiques* dont la conservation intéresse la France.

Tout près du château d'Anet sont les importants moulins à papier de Sorel et Sausaye, qui appartiennent à la maison Didot : là fut établie la première machine à papier dit *sans fin.*

ANETUM, *Anet*, bourg du canton de Berne (Suisse).

ANGARIA [Cellar.], ANGRIA, ANGRIVARIA, *Enger*, ville de Westphalie, près Minden.

ANGARII, voy. ANGRIVARII.

ANGELIACUM, voy. ANGERIACUM.

ANGELOPOLIS, AD ANGELOS, *S. Angelo*, pet. ville de l'anc. roy. de Naples (Capitanate).

ANGELOPOLIS AD LOMBARDUM, *S. Angelo de' Lombardi*, ville et évêché de la Princip. ultér.

ANGELOPOLIS AD METAURUM, TIPHERNUM METAURUM, *S. Angelo di Vado*, pet. ville des États Pontificaux.

ANGELOSTADIUM, voy. INGOLSTADIUM.

ANGENISIUM, voy. ANCENESIUM.

ANGER, ANGERIS, INGER, AINDRE (au moy. âge), l'*Indre*, riv. de France; se jette dans la Loire.

ANGERIACUM, ANGELIACUM, ANGELIA (?), *Saint-Jean-d'Angély*, ville de France (Charente-Inférieure).

Nous ne connaissons pas de livre imprimé dans cette petite ville avant 1621 : *Discours sur ce que ceux de la religion réformée ne sont cause de la guerre, combien qu'elle leur soit plus utile en ce temps que la paix feinte et simulée dont on veut les abuser.* — Saint-Jean-d'Angely, par Nicolas Crespon, 1621, in-8.
Nicolas Crespon est certainement de la famille du premier imprimeur de Saintes, S. Crespon.
Mais si le nom d'ANGELIA peut être traduit par Saint-Jean-d'Angély, la bibliothèque de la cour de cassation possède un livre de jurisprudence qui nous permettrait de faire remonter beaucoup plus haut la date de l'imprimerie dans cette ville.
Armandi Maichini Summa juris civilis, Angeliæ, 1555, in-8. Malheureusement la date que nous fournit le catalogue de cette bibliothèque est inexacte, car Armand Maichin est un avocat saintongeois bien connu, qui vivait encore à la fin du XVIIᵉ siècle. Ce fut lui qui publia, en 1671, chez Henri Boisset, imprimeur-libraire de Saint-Jean-d'Angély, l'*Histoire de Saintonge, Poitou, Aunis et Angoumois.* 2 part. en 1 vol. in-fol. Il nous faut donc lire 1655, et nous contenter de 1621 comme date de l'introduction de la typographie dans cette ville.

ANGERMANNIA [Cellar.], en all. *Angermanland, Angermanie*, anc. prov. de Suède, forme auj. la préfecture de *Wester-Norrland*.

ANGERMANNUS FLUVIUS, *Angermanflodt*, riv. de Suède; se jette dans le golfe de Bothnie.

ANGIA, ANGIANUM, *Enghien*, ville de Belgique, prov. du Hainaut.

ANGIANUM, *Enghien (Enguien* au moy. âge), bourg et établissement thermal en France (Seine-et-Oise).

ANGLA, *Angle*, pet. ville de France (Vendée), anc. abb. d'Augustins.

ANGLA MONTANA, *Angle*, bourg de France (Hérault).

ANGLARIA, *Angliers*, près Nouaillé, village de France (Charente-Inférieure). = *Anglars*, bourg d'Auvergne (Puy-de-Dôme).

ANGLARIÆ, *Angliers*, anc. villa mérov. [Gesta Dagob.], auj. bourgade du Poitou (Vienne).

ANGLEDURA, *Anglure*, bourg de France (Marne), anc. baronnie champenoise.

ANGLERIA, ANGLERIÆ COMITATUS, *Anghiera*, ville et anc. comté de la haute Italie. [Graësse.]

ANGLESAGA, MONA INSULA, *Anglesey*, île d'Anglet., dans la mer d'Irlande.

ANGLI, peuple dont la situation géographique correspondait, d'après M. Sprüner, à l'extrémité septentrionale du Schleswig, et que Tacite et Ptolémée placent parmi les Suèves de la basse Saxe; les *Angles* ont émigré dans la *Britannia*, et lui ont donné leur nom.

ANGLIA, *England, Angleterre*; c'est l'anc. BRITANNIA MAJOR des Romains. Voy. BRITANNIA et HEPTARCHIA.

ANGLIA MEDIA, *Mercie*, l'un des royaumes de l'Heptarchie saxonne, fondé par les Angles.

ANGLIA MINOR, *Angeln*, district du Schleswig.

ANGLIA ORIENTALIS, *Estanglie*, l'un des roy. de l'Heptarchie saxonne, fondé par les Angles.

ANGOLISMENSIS PAGUS, voy. ENGOLISMENSIS.

ANGOLMONASTERIUM, *Ingelmünster*, bourg de la Flandre wallonne.

ANGRIA, voy. ANGARIA.

ANGRIA, *Angri*, ville de l'anc. roy. de Naples (Princip. citér.).

ANGRIVARII [Tac. Ann. II], ANGARII, ENGARIENS [Eginh. Chron.], peuple de la Germanie, que Sprüner place au S. des *Ingævones* et au N. des *Chérusques*. Ils occupaient, sur les rives du Weser, le territoire correspondant à la Westphalie, à Brème, Oldenburg, la Lippe, Münster, etc. Ce pays s'est appelé *Angria* pendant les premiers siècles de l'ère chrétienne.

ANGULUM, ANGULUS [Itin. Anton.], Ἀγγόλος [Ptol.], ANGELOPOLIS AD MARE, ville des *Vestini*, dans le Samnium, auj. *S. Angelo*, dans l'Abruzze citérieure.

ANGULUS ALPIUM, *Albek,* bourg de Souabe, près Ulm.

ANGUSIA, *Angus,* comté d'Écosse, entre ceux de Perth et d'Aberdeen, chef-lieu *Forfar.*

ANHALTINUM, ANHALTINUS PRINCIPATUS (ASCANIA), princip. d'Anhalt (Allemagne).

ANHALTINUM VETUS, *château d'Anhalt, Alt-Anhalt,* dans le duché d'Anhalt-Bernburg.

L'imprimerie existait dans cette petite ville en 1590, car voici le titre d'un vol. que nous trouvons dans le *Catal. des foires de Francfort* de 1610 : Ad. *Cratonis Rettung dess Tauffbüchleins D. Martini Lutheri und der Augspurgischen confession verwandten Kirchen...* Anhalt, 1590, in-4.

ANHOLTA, *Anout,* île et ville de Danemark (Jutland).

ANHOLTIUM, *Anholt,* pet. ville de Westphalie.

ANIACUM, *Agny,* village de France (Pas-de-Calais).

ANIACUM, ATANACUM, *Aignay-le-Duc,* bourg de France (Côte-d'Or).

ANIANÆ THERMÆ, anc. bains de la Campanie, auj. *Bagni del Lago,* dans l'anc. roy. de Naples (Terre de Labour).

ANIANI VICUS OU FANUM, *S. Aignan,* pet. ville de France (Loir-et-Cher); construite par Eudes Ier, comte de Blois ; anc. duché-pairie. = *S. Aignan,* bourg de France (Charente-Inférieure). = *S. Aignan* ou *S. Chignan,* bourg et anc. abb. de Bénéd. en Languedoc (Hérault). = Un grand nombre de localités en France portent encore ce nom.

ANIANUS LACUS, *lac d'Agnano,* dans l'anc. roy. de Naples.

ANICIUM, *Babinecz,* ville de Croatie.

ANICIUM [Greg. Tur.], ANICIUM VELAVORUM, VELLAVA URBS [Not. Civit. Gall.], CANICIUM, ANICIO [monn. mérov.], PODIUM, PODIUM ANICIENSE IN VALLAVIA le *Puy en Vélay,* ville de France (Haute-Loire), anc. chef-lieu de la province du Vélay.

La date la plus ancienne à laquelle nous puissions faire remonter l'introduction de l'imprimerie dans cette ville est 1617. La bibliothèque de l'Arsenal possède un rare volume, intit. : *Stances contenant l'histoire de la défaite des troupes du sieur d'Ondredieu, au lieu du buisson en Gévaudan, et reddition de la place et montagne de Grèze par lui saisie, par P. de Rodes Castain.* — Au Puy, André, 1617, in-8.

Antérieurement à cette date, les écrivains de la localité faisaient imprimer à Lyon ou à Avignon leurs ouvrages ; nous avons une *Historia dedicationis ecclesiæ Podii aniciensis in Vallavia,* par Jacques David, imprimée à Avignon, en 1516, in-4.

En 1620 même l'imprimerie ne devait avoir que

bien peu d'importance au Puy, car le père Oddo de Gissey fait imprimer à Lyon son *Discours historique de la très-ancienne dévotion à N.-D. du Puy,* réimprimé depuis au Puy en 1644 et 1646, in-8, par F. Varoles.

Parmi les autres imprimeurs du XVIIe siècle exerçant au Puy, nous croyons devoir citer Guynaud et de la Garde (1650-1678).

En 1764, il n'existe qu'un imprimeur au Puy, Ant. Clet, établi depuis 1751.

ANIEN [Virg.], ANIO [Eutrop.], ANIENUS, le *Teverone,* riv. d'Italie, dans l'anc. Latium septent., affl. du Tibre.

ANISIA, voy. ANASSIANUM.

ANISIACOVICVS [monn. mérov.], *Anisy-le-Château,* village de France (Aisne).

ANISUS, voy. ANASUS.

ANNABERGA, ANNÆBURGUM, ANNÆMONTIUM, *Annaberg,* ville du roy. de Saxe.

Biblioth. importante. Il nous a été impossible de trouver trace d'imprimerie dans cette ville, antérieure à la date fixée par M. Ternaux, qui prétend qu'une traduction allemande de la *Paraphrase de Théodore de Bèze sur l'Ecclésiaste de Salomon* a été imprimée en 1599, in-12, à Annaberg : le Dr Cotton donne la date de 1597, mais il ne cite aucun livre à l'appui de son assertion. Au XVIIe et au XVIIIe s., l'imprimerie fonctionne d'une manière régulière dans cette ville : parmi les nombreux ouvrages dont Struvius reproduit les titres dans la *Biblioth. Saxonica* (pp. 118 et suiv.) nous citerons seulement : *Incunabulorum scholæ Annæbergensis tres recensiones fr. Wilischii,* Annæbergæ, 1714, in-4, et *Arcana Bibliothecæ Annabergensis,* Lipsiæ, 1730, in-8. Ces deux ouvrages sont justement recherchés des bibliographes.

ANNANDI CIVITAS, ANNANDUM, *Annan,* ville du sud de l'Ecosse, sur la riv. du même nom.

ANNANDI VALLIS, ANNANDIA, *Annandale,* district d'Écosse, dans le comté de Dumfries.

ANNEBALTUM, *Annebaut,* bourg et château de Normandie, anc. marquisat (Seine-Infér.).

ANNECIUM, ANNESIACUM, ANNESIUM, ANNEIANUM [Itin. Anton.], ANNISSY (XIVe s.), *Annecy,* ville et évêché de l'anc. Savoie, ch.-lieu de l'anc. comté du Génevois, auj. ch.-l. du dép. franç. de la Haute-Savoie.

Nous connaissons un grand nombre de livres imprimés au XVIe siècle à Annecy; nous n'en citerons que deux :
Elégies de Baptiste Mantouan contre les folles et impudiques amours vénériennes, ensemble un chant juvénile dudit Mantouan, de la nature d'amour, le tout traduit par François de Myozingen. — Annissy, par Gabriel Pomar, 1536, in-4. (Cité par Du Verdier à l'art. *François Myozingen.*)
La Savoye, de *Jacques Pelletier du Mans.* — Annecy, Jacques Bertrand, 1572, pet. in-8.

Au moment de mettre sous presse, nous trouvons dans le catal. des livres à gravures sur bois de la biblioth. de M. Ambr. Firmin Didot, une indication précieuse qu'il ne nous est pas permis de négliger. Cet illustre bibliophile possède un petit livre d'*heures de N. D.* imprimé : *Annesiaci per Francis-*

um Pomardum, in-16, s. d., mais avec un calendrier commençant en 1543. Ce François Pomar
est évidemment de la famille de l'imprimeur Gabriel Pomar, que cite Du Verdier.

Du même François Pomar le Suppl. au *Typogr.
Gazetteer* donne un *Breviarium Ecclesiæ Gebennensis*, imprimé à Annecy en 1556, in-12.

Au XVIIe siècle nous n'avons guère à mentionner
dans cette ville d'autre imprimeur que Jacques le
Cler.

ANNECIUM VETUS, *Annecy le Vieux*, bourg
de Savoie, proche Annecy.

ANNECIUS LACUS, *lac d'Annecy*.

ANNIBALIS CASTRI, *Gli Castelli*, localité ·de
l'anc. roy. de Naples, dans la Calabre
ultérieure.

ANNIBALIS PORTUS, dans la Lusitanie ; on
croit que c'est un village de Portugal
appelé *Villa Nova do Portimaon*.

ANNINSULA, voy. S. CARILEI OPPIDUM.

ANNONÆUM, ·ANNONIACUM, *Annonay*, ville
de France (Ardèche).

Cette ville est célèbre dans l'Europe entière par
ses importantes papeteries.

ANONIUM, voy. ANANIA.

ANONIUS, *Nons*, riv. du Tyrol.

ANOPOLIS, *Araden*, pet. ville de l'île de
Candie. [Chaudon.]

ANOSTUM, *Anost*, village de Bourgogne
(Saône-et-Loire).

ANOTHIA, *Annot*, bourg du Dauphiné
(Basses-Alpes).

ANSA, ANSA VILLA [Chr. Radulfi], ASA ou
ASSA PAULINI [Itin. Anton.], ANTIUM,
Ance ou *Ansé*, pet. ville du Beaujolais,
à xv m. de Lyon ; anc. villa royale ; baronnie ; palais d'Auguste ; plusieurs
conciles provinciaux (Rhône).

ANSER, SERCULUS, *le Serchio*, riv. d'Italie,
qui prend sa source dans l'Apennin et
passe à Lucques, affl. de l'Arno.

ANSERIA, *Oye*, bourg de Picardie (Pas-de-
Calais), anc. comté.

ANSGODI VICUS, *Ingouville*, pet. ville, faubourg du Havre (Seine-Infér.).

ANSGODI VILLA, *Ansgod*, bourg du Danemark.

ANSIACUM, voy. ANCIACUM.

ANSIBARIUM [Tac. XIII], HASÆPONS, OSNA-
BURGUM, auj. *Osnabrück*, ville de Hanovre, dans l'anc. pays des *Ansibarii*,
traversé par le Weser.

M. Cotton date l'imprimerie à Osnabrück de 1631,
sans autre indication. Voici deux volumes imprimés
antérieurement :

*M. Wolffgangi Helvici baculus brevis et nodosus
pro Johannis à Munster Senioris cane latrante,*

das ist, etc. Osnabrück, bey Martin Mann, 1621 —
in-4.

*Danielis Crameri, neun Fasten und Passions-
predigten.* — Osnabrugi, 1628, in-8.

La première édition de ce livre avait été donnée à
Hambourg en 1611, par les Froben, établis en cette
ville.

ANSLOA, ANSLOGA, ASLOA, anc. *Opsloe* ou
Ansloe, brûlée en 1624 et rebâtie par
Christian IV, qui lui donna son nom ;
auj. *Christiania*, capit. de la Norvége.

Un collége y fut fondé en 1636, et l'introduction
de l'imprimerie doit avoir suivi de près cet établissement. M. Ternaux cite un *Recueil des articles de
guerre du roi Christian IV* (Danice) publié en
cette ville par Tyge Nielsson en 1644. Nous trouvons
dans la *Biblioth. Septentr.* le livre suivant : *Michael
Petri Echolt, Past. Aggershusanus in Norwegia
Stephanologia Danica, vel brevis delineatio qua
demonstratur, qua virtute et fortuna avita et
antiqua Danorum corona supra annos 2500 gesta
fuit.* Christianiæ, 1648, in-4.

Et du même auteur : *Geologia Norvagica.* Christianæ, 1657, in-4.

Nous trouvons également dans cet excellent ouvrage : *Nicolai Svenonis, Lect. Christ. in Norva-
gia, cogitationes piæ, quibus occupari debemus
festo Nativitatis Christi;* Christianæ, 1644, in-8.

ANSPACUM, voy. ONOLDINIUM.

ANSUS, voy. ANESUS.

ANTANDRUS, voy. ANDROS.

ANTARADUS, ORTHOSIA, CARCHUSA [J. de Vi-
try], TOURTOUSE [sire de Joinville], auj.
Tarthousiah, dans l'Eyalet de Tripoli
de Syrie.

ANTEA, ANTEIS, *Ampuis*, bourg du Forez,
sur le Rhône (Rhône).

ANTEBRIMACUM, ANTEBRENNACUM [monn.
mérov.], *Ambernac* ou *Ambernat*, ville
de l'Angoumois (Charente).

ANTECARIA, voy. ANTIQUARIA.

ANTENNACUM, ANTENACUM AD MATRONAM,
PROPE ALTAVILLARENSE MONASTERIUM, *Antenay*, villa carlovingienne, auj. village
de France (Marne).

ANTERNACHA, voy. ANDERNACUM.

ANTHUSÆ, voy. CONSTANTINOPOLIS.

ANTIANA, ville de l'anc. Pannonie, auj.
Zamko, sur la Drave (Hongrie).

ANTIBARUM, *Antivari*, pet. ville de Dalmatie (pach. de Scutari).

ANTICYRA, ANTICIRRHA [Plin.], Ἀντίκιρρα
[Strab.], ville de l'anc. Phocide, sur le
golfe de Corinthe, auj. *Asprospitia*; elle
s'est appelée *Suola* au moy. âge.

ANTIGONA PSAPHARA, ANTIGONEA, ville de
l'anc. Macédoine, auj. *Argyro-Castro* en
Épire (pach. de Janina).

ANTILIA, *Anthill*, bourg d'Angleterre
(Bedfordshire).

ANTIMELOS, *Antimilo*, l'une des Cyclades méridionales.

ANTIMONASTERIUM, *Eymoutiers*, bourg du Limousin (Haute-Vienne).

ANTINACUM, ANTIGNIACUM, *Antogny le Tillac*, village du dép. d'Indre-et-Loire, sur la rive gauche de la Vienne.

ANTINIACUM, *Antigny le Château*, anc. marquisat, village de la Bourgogne (Côte-d'Or).

ANTINIACUM AD VARTIMPAM, *Antigny-sur-la-Gartempe*, village du Poitou (Vienne).

ANTIPAROS, île de l'Archipel, auj. *Olaïros*.

ANTIPOLIS [Plin., Ptol.], ANTOPOLIS [Itin. Marit.], ville de l'anc. Narbonnaise IIe, chez les Déciates, auj. *Antibes*, ville de France (Var).

Nous ne connaissons pas en cette ville d'impression antérieure à l'année 1618; à cette date nous trouvons un livre espagnol : *Aviso de Parnaso, sobre el estado de la Republica de Venecia, y del duque de Savoia, con las annotaciones de Valerio Fulvio Savoiano*. Antopoli, 1618, in-4.
· Ce petit livre fut traduit en italien et publié trois ans après dans la même ville et dans le même format.
Nous trouvons, au catal. Baluze et dans Haym, l'indication d'un grand nombre de volumes publiés à Antibes à cette époque ; mais nous ne citerons que la *Statera Politica ne' Giorni di Giugno* 1628, *da Ant. Vicoperti*, Antopoli, 1630, in-4; ces livres, d'ailleurs, portent *Antipoli* au bas du titre, mais pour un grand nombre c'est un lieu d'impression imaginaire.

ANTIQUA CIVITAS, voy. HALBERSTADIUM.

ANTIQUARIA, ANTICARIA, ANTEQUARIA, ville des Bastuli, dans la Bétique, auj. *Antequera*, ville du roy. de Grenade (Espagne).

Imprimerie en 1516; le premier imprimeur fut Antonius Nebrissensis, le grammairien (*vulgo* Antonio de Lebrija) ; et le premier livre que l'on cite est intit. : *Elegancias Romançadas por el mº Antonio de Nebrixa*. Antiquariæ, in ædibus Nebrissensis, 1516, in-4.

ANTISSIODORUM, voy. AUTISSIODORUM.

ANTISTIANA, ville de la Tarraconaise (à XXIX m. de Tarragone), citée dans l'Itinér. des *Aquæ Apollinares*.

ANTIUM, anc. cap. des Volsques, dans le Latium, auj. *Anzio* ou *Nettuno*, bourg des États Pontificaux.

ANTIUM, *Ilanz*, bourg de Suisse, dans le canton des Grisons.

ANTIVESTÆUM PROMONTORIUM, *Cap Saint-Yves*, à la pointe de Cornouailles (Angleterre).

ANTOLIUM, *Anteuil*, village de Bourgogne (Saône-et-Loire).

ANTONA, AUTONA, *Lower Avon*, riv. d'Angleterre; se jette dans la Severn. = *Upper Avon*, autre riv. qui se jette aussi dans la Severn. = L'*Avon*, fleuve du même pays ; se jette dans la Manche.

ANTONA MERIDIONALIS, CLAUSENTUM [Itin. Anton.], HANTONIA, SOUTHANTONIA, TRISANTONIS PORTUS, HANTON, auj. *Southampton*, ville d'Angleterre (Hampshire).

Le premier livre imprimé dans cette grande ville qui soit arrivé à notre connaissance n'est daté que de 1775 : à Southampton, comme dans les grandes métropoles du commerce anglais, Liverpool, Manchester, etc., l'imprimerie ne s'établit qu'excessivement tard. Le volume que nous trouvons porté au catal. de sir Walter Scott, à cette date de 1775, est tout simplement un *Guide of Southampton*, in-12, et tout nous porte à croire que c'est là le début de l'imprimerie dans la patrie du noble sir Bevis de Southampton, autrement dit *Buovo d'Antona*. Cependant il nous faut ajouter que le Dr Cotton (*Suppl.*) donne 1768 comme date de l'introduction de l'imprimerie.

ANTONA SEPTENTRIONALIS, *Northampton* (en saxon : *Nordhamtun*), ville et comté d'Angleterre.

Nous ne connaissons pas de livre imprimé dans cette ville avant 1720 : Le *Suppl.* du Dr Cotton nous apprend qu'en cette année, le 2 mai, parut le premier numéro d'un journal : *The Northampton Mercury*, imprimé par W. Raikes et W. Dicey.
Nous connaissons encore : *Tract of H. de Veil, on the Horizontal moon*.— Northampton, 1725, in-8.

ANTONACENSE CASTELLUM, ANTONIACUM, ANTERNACHA [Anon. Raven.], ANTONNACUM [Frédég.], voy. ANDERNACUM.

ANTONAVIS, *Antonaves*, village de France (Hautes-Alpes).

ANTONIA, voy. ULTRAJECTUM.

ANTONIA, *Antoing*, bourg de Belgique (Hainaut).

ANTONIACUM, voy. ANDERNACUM.

ANTONIANÆ ACIDULÆ, *Toenestein*, eaux minérales près Andernach (Prusse rhénane).

ANTONINA CIVITAS, voy. ULTRAJECTUM.

ANTONINI FANUM, *Saint-Antonin*, pet. ville de France (Tarn-et-Garonne).

ANTONNACUM, *Antogné*, village de France (Vienne). [B. Fillon.]

ANTOPOLIS, voy. ANTIPOLIS.

ANTORICUM, voy. CARNUTUM.

ANTRA, anc. ville des Séquanais, dont on a découvert les ruines à la fin du XVIIe s., en Franche-Comté.

ANTRINUM, *Antrim*, *Antrym*, ville et comté d'Irlande; anc. évêché (prov. d'Ulster).

ANTROS [Mela, III, 2], île de la Gaule Aquitaine, auj. *Cordouan*, dans la Gironde.

ANTUATUM AGER, voy. CABALLICA PROVINCIA.

ANTUNNACUM, voy. ANDERNACUM.

ANTVERPIA, HANDOVERPIA, AMBIVARITÚM, ANDEVORPUM, ANDERPVS [monn. mér.], *Antorf* (sur les vieux livres allemands), *Ambwarten, Antwerpen* (en flam.), *Amberes* (en espag.), *Anvers*, ville de Belgique, sur l'Escaut, anc. chef-lieu du dép. français des *Deux-Nèthes*. Quelques auteurs ont voulu voir dans cette ville l'ATTUATUCA TONGRORUM.

Anvers dispute à Alost et à Louvain l'honneur d'avoir été la première ville de la Belgique qui ait joui des bénéfices de l'imprimerie. Elle base cette prétention sur l'existence d'un livre imprimé en 1472! Ce livre, dont nous possédons un exemplaire à la Bibliothèque, est intitulé : *Het boeck van Tondalus visioen*, imprimé par Mathis van der Goes, anno M.CCCC.LXXij, pet. in-4, goth. de 33 ff. non chif. mais avec des signat. de A — Eiij. Mais comme il est prouvé que Mathieu van der Goes n'a commencé à imprimer à Anvers qu'en 1482, et que l'emploi des signatures n'a commencé à se répandre en Belgique que plusieurs années après la date prétendue de ce livre, il est certain que l'imprimeur a omis un X et peut-être deux dans la souscription, et que les prétentions d'Anvers à déposséder Th. Martens d'Alost de la gloire d'avoir été le premier imprimeur de la Belgique se réduisent à bien peu de chose.

Arrivons à 1476. Nous trouvons imprimé à cette date un ouvrage de *Petrus Hispanus* (Joannes Papa XXI), intit. : *Summa experimentorum, sive Thesaurus pauperum magistri Petri Yspani*. A la fin : *Practica medicine que Thesaurus pauperum nuncupatur... studiose correctus exaratus Antwerpie per me Theodoricum Martini*. Anno domini 1476, die 22 maj, in-fol., goth., à 2 col., sans ch. mais avec sign.

Mais ici nous retombons encore dans une polémique. M. W. Holtrop, dans son *Catal. des incunables de la biblioth. de la Haye*, décrivant l'exemplaire de la Serna Santander, qui est conservé à la biblioth. académique d'Utrecht, déclare que ce livre n'a pu être imprimé à Anvers en 1476, « surtout, ajoute-t-il, parce qu'il a été exécuté avec des caractères absolument différents de ceux dont se servait Thierry Martens en cette même année. » Il prétend donc qu'il y a erreur de date et qu'il faut lire 1497 au lieu de 1476.

Très-bien : mais M. Van Iseghem, dans sa curieuse histoire du grand imprimeur d'Alost et de Louvain, est d'un avis absolument opposé : « Martens n'avait pas mal employé son temps depuis qu'il s'était séparé de Jean de Westphalie, puisqu'au bout de dix-huit mois non-seulement il s'était fabriqué trois sortes de lettres neuves, mais il les avait fait servir à l'impression des deux volumes qui parurent à Anvers au mois de mai 1476. »

Ce second volume dont parle M. Van Iseghem est intit. : *Rodulphi agricole opuscula; Antuerpie, 2 mai 1476, per Theod. Martini*, in-4. — David Clément cite ce très-rare volume dont nous ne connaissons pas d'exemplaire, mais qui est certainement exécuté avec les caractères du *Thesaurus Pauperum*, et qui serait, par cette date du 2 mai, le plus ancien livre imprimé à Anvers qui soit cité par les bibliographes. Le livre eut assez de succès pour qu'on ait cru devoir en donner une seconde édition l'année suivante à Deventer, mais nous ne croyons pas que malheureusement il existe aujourd'hui de la première édition d'Anvers un seul exemplaire connu, du moins dans les bibliothèques publiques.

Comme M. Gottfried Reichhart et quelques autres savants bibliographes sont de l'opinion de M. Van Iseghem, nous ne craignons pas de nous ranger à leur suite (il est prudent, en fait de discussions bibliographiques, d'être du côté des gros bataillons), et nous concluons : Le premier imprimeur d'Anvers est Thierry Martens, et les deux premiers volumes imprimés dans cette grande ville datent du mois de mai 1476.

Mathijs van der Goes serait alors le second imprimeur d'Anvers : il débute en 1482, puis vient le célèbre Gérard de Leeu ou *Gerardus Leonis*, l'imprimeur de Gouda en 1477, et son frère Nicolas ou *Claes*, qu'il associe à son établissement d'Anvers en 1487; puis viennent encore, au XVe siècle, Godfrid Back, Adriaen Van Liesveldt, W. Vorsterman, qui fonde au XVe siècle un établissement qui devient très-important au XVIe; Henri Eckert, van Homberch, Nicolas de Graeve, etc.

Bien qu'il nous soit interdit de suivre les développements de la typographie à Anvers pendant les siècles suivants, nous ne pouvons cependant pas nous abstenir de mentionner l'illustre famille des Plantin, qui jeta un si vif éclat sur l'imprimerie d'Anvers au XVIe siècle. Christophe Plantin était Français; il naquit près de Tours, en 1514, et mourut en 1589 : le premier livre imprimé par lui est daté de 1555, il est intit. : *La institutione di una fanciulla nata nobilmente* (par J. M. Bruto), trad. de langue toscane en françoise. — Anvers, Chr. Plantin, 1555, in-12 de 60 ff. La même année il publie *les Observations et plusieurs singularitez des choses mémorables trouvez en Grèce, Asie, Judée*, etc., *par Pierre Belon du Mans*, pet. in-8, fig. en b. avec une planche pliée gr. in b. qui doit se trouver entre les p. 224 et 225.

Ce livre serait peut-être le premier publié par Plantin. (Voy. *Ann. Plantin.*, p. 8 et 9.)

Qu'on nous permette encore de citer, au nombre des imprimeurs d'ouvrages français, au XVIe s., Martin l'Empereur (Martinus Cæsaris), et Jehan Steels.

Nous avons passé sous silence l'étrange mémoire lu à l'Académie de Bruxelles en 1777 par un savant du nom de Jean des Roches, qui prétend faire remonter à 1442 l'introduction de la typographie à Anvers; l'abbé J. Ghesquière en fit bonne et prompte justice. (Voy. *Esprit des journaux*, 1779-1780, sur la singulière polémique qui s'engagea à ce sujet.)

ANXA, CALLIPOLIS [Sil. Ital.], Καλλίπολις [Steph.], *Gallipoli*, ville de l'anc. Grande Grèce, auj. dans le roy. d'Italie (Terre d'Otrante).

ANXANUM, *Lanciano*, ville d'Italie (Abruzze citér.).

ANXELLODUNUM, OSSOLDUNUM, EXOLDUNUM, YSOLDUNUM, *Issoudun*, ville de France (Indre).

Nous ne connaissons pas de livre imprimé dans cette ville avant le commencement de ce siècle.

ANXIA, ville de Lucanie, auj. *Anzi*, dans la Basilicate.

ANXUR [Plin. III], TARRACINÆ, Ταρραχίναι [Ptol.], TARRACINA [Cic. Epist. ad Att.], Ταρραχίνη [Strab.], ville des Volsques, dans le Latium, auj. *Terracina*, dans les États Pontificaux, pr. de Frosinone.

ANYDROS, île des côtes d'Ionie, auj. *Sycussa*.

AOUS [T. Liv. XXXII], ÆAS [Plin.], Αἴας [Strab.], la *Vyossa* ou *Vojuzza*, fleuve d'Albanie, passe au N.-E. de Janina.

APAMIA, APAMIÆ, APANNES [Itin. Anton.],

APAMICENSIS SUB TOLOSATE, *Pamiers*, ville de France (Ariége).

Nous connaissons une pièce imprimée dans cette ville en 1668, ou tout au moins portant *Pamiers* comme lieu d'impression :
Sentence d'excommunication contre trois Jésuistes du collége de Pamiés. A Pamiés, de l'imprimerie épiscopale, février 1668, 4 p. in-4.
Le Rapport Sartines (1764) cite un imprimeur de Pamiers, Jean-Florent Baour, pourvu par arrêt du 12 mai 1759.

APANUM, voy. APONUM.

APENESTÆ, ville de l'Apulie Daunienne, auj. *Viesti*, dans l'anc. roy. de Naples (Capitanate).

APENNINUS, APENNINI JUGA, Ἀπέννινον ὄρος, les *Apennins*, montagnes d'Italie.

APENROA, *Apenrade*, ville du Danemark, sur le Petit Belt (Sleswig).

APERIASCIO, EPERLÆ, EPERIESINUM, *Eperies*, pet. ville de Hongrie, sur la Theiss.

APHRODISIUM, PYRENÆ PROMONTORIUM, τὸ τῆς Πυρήνης ἄκρον [Strab.], PROMONTORIUM CRUCIS, *Cap de Creus, Cabo de Cruz*, promontoire de Catalogne.

APIA TELLUS, nom primitif du *Péloponnèse*.

APIARIUM, *Bejar*, bourg d'Espagne (roy. de Murcie).

APIDANUS, Ἀπιδανός [Thucyd.], l'*Epideno*, riv. de Thessalie, affl. du Pénée, auj. *Salabrias.*

APOLLINARES AQUÆ [Tab. Peut.], établissement d'eaux minérales en Étrurie, au N.-O. de Cære, dont il existe des *Itinéraires*, fort importants au point de vue géographique.

APOLLONIA AVLONA, voy. VALONA.

APOLLONIA AD MARE HADRIATICUM [Tit. Liv., Cic.], Ἀπολλωνία [Plut. in Sylla.], ville de l'Illyrie grecque, auj. *Pirgo*, en Albanie.

APOLLONIA CRETÆ [Steph.], ELEUTHERA [Dio Cass.], AOROS, ville de l'île de Crète, auj. *Gortyna*(?).

APOLLONIA SOZOPOLIS, anc. ville de Thrace, auj. *Sizeboli*, dans la Roumélie.

APONUM, APONUS, APANUM, *Abano*, ville de la Vénétie, près Padoue : ses eaux minérales étaient connues des anciens sous les noms d'APONI FONS, AQUÆ PATAVINÆ ; c'est la patrie de Tite-Live.

APOSTOLORUM PORTA, APOSTOLORUM MONS, *Postelberg*, bourg de Bohème.

APPIANUM, *Albiano*, bourg du Tyrol.

APRARICIA [monn. mér.], *Aprey* (?) village de Bourgogne (Haute-Marne).

APRIANCUM, ABRIANECUM [monn. mér.], *Chevry*, village de France (Seine-et-Marne), suiv. Valois et Lelewel. = *Chabrignac*, village de la Corrèze, suiv. Deloche. = Plusieurs autres localités en France portent le nom de Chevry.

APRILIANUM, *Aprigliano*, pet. ville de l'anc. roy. de Naples.

APRIMONASTERIUM, NOVIENTIUM, *Ebersheimmünster*, village et anc. abb. en Alsace, près Schélestadt (Bas-Rhin).

APRUSA, riv. de l'Ombrie, auj. l'*Avesa*, dans la Romagne.

APRUTIUM [Plin.], APRUNTUM, *Abruzzo*, province de l'anc. roy. de Naples ; forme l'*Abruzze ultérieure* et *citérieure.*

APSORUS [Itin. Anton.], Ἄψορρος [Ptol.], *Ausara, Osero*, île de l'Adriatique, sur la côte d'Illyrie.

APSUS [Cæs.], Ἄψος [Plut.], *Chrevasta*, riv. de l'Illyrie grecque (Albanie).

APTA JULIA [Plin.], APTA [Sidon. Ep.], CIVITAS APTENSIUM [Not. Provinc.], APTA VULGIENTIUM, ville des Vulgientes dans la Gaule Narbonnaise, auj. *Apt*, ville de France (Vaucluse).

Impr. en 1682, suiv. M. Ternaux : *La vie de saint Castor, évêque d'Apt, par M. de Saint-Quentin.* Apt, 1682, in-12.

APTERA, Ἄπτερα [Strab.], APTERON [Plin.], Ἀπτερία [Ptol.], ville de l'ouest de l'île de Crète, auj. *Palæocastro*, fort de l'île de Candie.

APUA, ville des Apuani Ligures, sur la Macra ; depuis PONS TREMULUS, auj. *Pontremoli*, dans le N. de la Toscane.

APUD INDAGINEM MARCHIONIS, *Grossenhayn*, ville de Saxe [Graësse].

APULIA [Cæs., Cic., Liv., etc.], Ἀπουλία [Strab.], au moy. àge, la *Pouille*, prov. de l'anc. roy. de Naples, qui se subdivise ainsi : APULIA DAUNIORUM [Plin.], ou DAUNIAS [Horat.], *la Capitanate* avec un canton de la *Basilicate*. = APULIA MESSAPIA, la *Terre d'Otrante*. = APULIA PENCETIA, la *Terre de Bari*, avec une portion de la *Basilicate.*

APULUM, voy. ALBA CAROLINA.

AQUA BELLA, AQUA PULCHRA, *Aiguebelle*, pet. ville de Savoie, auj. dép. de la Haute-Savoie.

AQUABURGUM, AQUÆBURGUM, *Wasserburg*, pet. ville de Bavière.

AQUA CALIDA, voy. AQUA SPARSA.

AQUA PUTA, *in pago Parisiaco, Puteaux,* bourg de France (Seine).

AQUA SPARSA, AQUA CALIDA, AQUÆ SPARSÆ, *Aigue-Perse,* pet. ville de France (Puy-de-Dôme). = Bourg du Beaujolais, près Mâcon (Saône-et-Loire).

AQUA VIVA, *Aigue-Vive,* bourg du Languedoc, près Nîmes (Gard). Il y a en France plusieurs localités du même nom.

AQUÆ, *Ax,* pet. ville du pays de Foix (Ariége).

AQUÆ, BADENA, CIVITAS AURELIA AQUENSIS, *Baden,* ville du grand-duché de Baden.

L'imprimeur René Beck, fuyant la peste de Strasbourg, se réfugia dans cette ville en 1510, et y transporta son matériel ; il y imprima sous la date de 1511 : DER MARGGRAFFSCHAFFT *Baden Statuten und Ordenungen in testamenten, Erbfellen und vormundschafften.* A la fin : *Gedrückt und volendet in der Loblichen statt Baden durch Reinharten Becken Burger zu Strassburg, off unser Lieben frawen abent presentatiöis... Anno Dñi. M. CCCCC. xj.* in-fol. de 18 ff. écrit en allemand, par Udalric Zazius.

La même année il imprima une pièce de Jean de Motis, intit. : *Apologia mulierum in viros probrosos,* in-4 de 18 ff., en lettres rondes, dont la souscription est à noter : *Excussum iu Thermis Anthoninis oppidi Badensis per Renatum Beck civem argentineñ. Anno M. D. XI. Nono kal. januarii, quäto pestis preter solitam crudelitatem Argentorati incrudescebat.*

On ne sait trop pourquoi le judicieux Panzer a donné Strasbourg comme lieu d'impression à cet ouvrage.

AQUÆ, voy. AQUISGRANUM.

AQUÆ ALLOBROGUM, voy. AQUÆ GRATIANÆ.

AQUÆ APOLLINIS, voy. APOLLINARES AQUÆ.

AQUÆ APONI, voy. APONUM.

AQUÆ AUGUSTÆ, Ύδατα Αὐγούστα [Ptol.], AQUÆ TARBELLICÆ [Ant. Itin.], AQUENSIS CIVITAS [Not. Gall.], anc. cap. des Tarbelli, dans la Novempopulanie, auj. *Dax,* ville de France (Landes). Quelques auteurs voient dans ce nom d'*Aquæ Tarbellicæ, Bayonne* ; Sanson d'Abbeville, entre autres, qui donne à Dax le nom de *Tasta Datiorum.*

Imprimerie en 1747, suiv. M. Ternaux : *Dufau. Observations sur la nature des eaux thermales de Tersis.* Dax, 1747, in-12. Mais l'imprimerie remonte certainement plus haut, car le rapport fait à M. de Sartines en 1764, en donnant le nom de l'unique imprimeur de la ville, Roger Le Clercq, qui possédait trois presses, dit que la famille des Le Clercq exerçait la typographie dans la ville de Dax depuis un temps reculé.

AQUÆ BALISSÆ [Itin. Anton.], localité de la Pannonie supérieure, auj. *Selle,* pet. ville de Hongrie, entre la Drave et la Save.

AQUÆ BELLÆ, voy. AQUA BELLA.

AQUÆ BELLICUS, *Wasserbillich,* bourg de Belgique (Luxembourg).

AQUÆ BIGERRONUM, VICUS AQUENSIS, *Bagnères de Bigorre,* sur l'Adour, ville de France (Hautes-Pyrénées).

AQUÆ BILBITANORUM [Itin. Anton.], AQUÆ BILBILITANÆ, ville de l'Espagne Tarraconaise, auj. *Alhama* ou *los Baños de Alhama,* pet. ville d'Aragon.

AQUÆ BONÆ, *Bonn,* lieu de bains, en Suisse, dans le canton de Fribourg. = Les *Eaux-Bonnes,* bourg de France (Basses-Pyrénées). = *Aigues-Bonnes,* village de France (Landes). = *Eaubonne,* village de l'Ile-de-France (Seine-et-Oise).

AQUÆ BORBONIÆ, AQUÆ BORBONICÆ, BURBO ARCHEMBALDI, BURBONIUM ARCIMBALDI, ville des *Bituriges Cubi,* dans l'Aquitaine première, auj. *Bourbon-l'Archambault,* ville de France (Allier).

La ville est dominée par l'anc. château des sires de Bourbon.

AQUÆ BORVONIS, AQUÆ BORMONIS, ville des *Sequani,* dans la Gaule Belgique, auj. *Bourbonne-les-Bains,* ville de France (Haute-Marne).

AQUÆ CALENTES, *Chaudes-Aigues,* ville et lieu de bains de France (Cantal).

AQUÆ CALIDÆ, *Aigues-Chaudes,* bourg de France (Basses-Pyrénées).

AQUÆ CALIDÆ, *Archessa,* bourg et sources thermales d'Espagne, dans le roy. de Valence.

AQUÆ CALIDÆ, *Bagni di Ballicano,* bourg des États Pontificaux, près Viterbe.

AQUÆ CALIDÆ, *Bagnols,* village du Languedoc (Gard).

AQUÆ CALIDÆ, AQUÆ SOLIS [Itin. Anton.], AQUÆ CALIDÆ BELGARUM TRANSDUCTORUM, BATHONIA [Cellar.], *Bath,* ville de bains, en Angleterre (Somersetshire).

Nous ne connaissons pas de livre imprimé dans cette ville avant l'année 1702 : M. Cotton (Suppl.) cite : *Jardine's Discourses.* sans indication de format ni d'imprimeur. Voici un rare volume imprimé dans cette ville un peu plus tard : *Merryland described, containing a topographical, geographical and natural History of that country.* Bath, 1741, in-8.

AQUÆ CALIDÆ, VICHIUM, ville des *Arverni,* dans l'Aquitaine, auj. *Vichy,* ville de France (Allier).

AQUÆ CALIDÆ, Ύδατα θερμά [Ptol.], AQUÆ VOCONIÆ [Itin. Anton.], BANNOLIA, ville de l'Espagne Tarraconaise, auj. *Bannolas,* en Catalogne.

AQUÆ CAROLINÆ, *Carlsbaden,* ville de Bohème, sur la Töppel.

AQUÆ CILINORUM, AURIA, AQUÆ CELENIÆ [Itin. Anton.], ville des Cileni dans l'Espagne Tarraconaise, auj. *Caldas de Rey,* ville et sources thermales de Galice.

AQUÆ CONSORANNORUM, voy. CONSERANUM.

AQUÆ CONVENARUM [Anton. Itin.], THERMÆ ONESIÆ, τὰ τῶν Ὀνησίων θερμά [Strab.], ville des *Convenæ,* dans la Gaule Aquitaine, auj., *Bagnères de Luchon,* ville de France (Haute-Garonne).

AQUÆ DURÆ, ITALICA, *Alcala del Rio,* bourg d'Espagne (Andalousie).

AQUÆ FLAVIÆ [Inscr. ap. Grut.], CHAVÆ, *Chiaves,* ville et évêché de Portugal (Tras os Montes).

AQUÆ FONDUS, *Aigue-Fonde,* bourg du haut Languedoc, près Castres. (Tarn).

AQUÆ GRADATÆ, *Laguna di Grao,* ville du Frioul.

AQUÆ GRANI, voy. AQUIS GRANUM.

AQUÆ GRATIANÆ, SABAUDICÆ, ALLOBROGUM, *Aix, Aix-les-Bains,* ville de l'anc. Savoie, près de Chambéry (dép. de la Savoie).

AQUÆ HELVETICÆ, AQUÆ VERBIGENÆ, AD AQUAS HELVETIAS, VICUS THERMARUM, THERMÆ HELVETIORUM, THERMOPOLIS, BADA HELVETIORUM, BADENA, BADENIA, *Baden,* ville et sources thermales de Suisse, dans le canton d'Argovie, sur la Limmat.

AQUÆ JUNCTÆ, *Ayguejuntes,* village du Languedoc (Haute-Garonne).

AQUÆ LABODÆ, AD AQUAS LABODES, *Sacca,* pet. ville de Sicile.

AQUÆ LENTINATÆ, Ὕδατα Λιαιτάνα [Ptol.], *Sardara,* pet. ville de l'île de Sardaigne.

AQUÆ LUPIÆ, AQUÆLUPÆ, *Guadalupe,* bourg d'Espagne, dans la Nouvelle-Castille, célèbre par son église dédiée à Notre-Dame.

AQUÆ LUVIENSES TUNGRORUM, AQUÆ SPADANÆ, *Spa,* ville de Belgique, dans la prov. de Liége.

M. Cotton (Suppl.) prétend que l'imprimerie rémonte en cette ville à l'année 1689, et M. Gothier, libraire de Liége, nous écrit qu'elle ne date que de 1841. Il a sans doute voulu dire 1741, car nous connaissons et M. Ternaux cite : *Dissertation inaugurale sur les eaux de Spa, par de Presseux* Spa, 1749, in-4.

AQUÆ MATTIACÆ [Am. Marc.], MATTIACI FONTES [Plin.], THERMÆ WISBADENSES [Cellar.], VISBADA, ville des *Mattiaci,* en Germanie, auj. *Wiesbaden,* dans le grand-duché de Nassau.

AQUÆ MORTUÆ, *Aigues-Mortes,* ville de France (Gard).

M. Ternaux cite un livre imprimé dans cette ville en 1608 : *L'Idolâtrie papistique en réponse à l'idolâtrie huguenote, par Jean Bansilion.* Aigues-Mortes, 1608, in-8. Mais il y a tout lieu de croire que le nom du lieu d'impression est supposé aussi bien que le nom de l'auteur.

AQUÆ NERÆ, NEREENSES, *Néris,* pet. ville de France (Allier).

AQUÆ NISINEII, voy. BORBONIUM ANSELMIUM.

AQUÆ ORIGINES, ORENSES, *Caldas d'Orense,* ville et eaux thermales d'Espagne (Galice).

AQUÆ PANNONICÆ, THERMÆ AUSTRIACÆ, ville de la Pannonie supérieure, auj. *Baden,* sur le Schwöchat, en Autriche.

AQUÆ PARISIORUM, voy. BALNEOLETUM.

AQUÆ PATAVINÆ, voy. APONUM.

AQUÆ PLUMBARIÆ, *Plombières,* ville de Fr. (Vosges).

AQUÆ QUINTIANÆ, ville de la Tarraconaise, auj. *Saria,* ville d'Espagne, près Oviedo.

AQUÆ REGIÆ, *Egere,* pet. ville de Suisse (Canton de Zug).

AQUÆ RUBEÆ, RUBEACUM, ROUFFACUM, *Ruffach* ou *Rouffach,* pet. ville de Fr. (Haut-Rhin).

AQUÆ SABAUDICÆ, voy. AQUÆ GRATIANÆ.

AQUÆ SAXONICÆ, voy. ACONA.

AQUÆ SEGESTÆ, voy. FERRARIÆ.

AQUÆ SENTIANÆ, voy. LUCUS AUGUSTI.

AQUÆ SEXTIÆ [Flor. III, Liv., Plin., XXXI], Ὕδατα τὰ Σέξτια [Strab.], COLONIA AQUENSIS, COL. JUL. AUG. AQUIS SEXTIIS [Inscr. Grut.], *Aix,* ville de France, anc. capit. de la Province romaine, ce qui lui a valu aussi le nom de METROPOLIS CIVITAS AQUENSIS, archevêché ; conciles (Bouches-du-Rhône).

L'imprimerie remonte en cette ville au milieu du XVIe s. : le plus ancien livre que nous connaissons est intitulé *Reiglement des advocats, procureurs et greffiers et des troubles de cour : avec deux arrests et autres ordonnances,* par François Guérin; à Aix, *Vas Cavallis,* 1552, in-8, sans nom d'imprimeur, mais probablement exécuté par Pierre Rest ou Roux, pour le libraire Vas Cavallis ou plutôt Cavallier.

Il peut cependant exister quelques ouvrages imprimés dans cette ville antérieurement à cette date de 1552; car des privilèges sont accordés en 1539 et 1545 aux libraires d'Aix, par François Ier qui, quelques années auparavant, avait donné à Antoine Vincent, imprimeur à Lyon, la permission pour trois ans (1536-1539) d'imprimer les ordonnances du pays de Provence.

Ce serait donc à cette date de 1539 qu'il faudrait faire remonter l'introduction de la typographie à Aix, si quelques faits ne venaient malencontreusement s'opposer à cette conjecture : en 1547, le chapitre d'Arles, par acte notarié, autorise le libraire Vas Cavallier, d'Aix, à publier une nouvelle édition du *Bréviaire* de son église, ce qui est d'autant plus remarquable que la première édition de *ce Bréviaire* avait été imprimée à Arles même en 1501. Mais le libraire d'Aix charge de l'impression un imprimeur de Lyon, Thibaud Payen, qui publie l'ouvrage en 1549, avec cette souscription : *Lugduni excudebat Th. Paganus, venundantur Aquis, in Palatio regali per Vas Cavallis, bibliopolam.*

Ainsi Vas Cavallier n'avait pas encore à cette époque monté d'établissement typographique; et très-probablement le livre que nous citons, à la date de 1552, n'a point été imprimé par lui, bien que sa souscription puisse le laisser croire.

M. Henricy, dans son livre sur l'imprimerie en Provence, n'admet pas que l'introduction de la typographie à Aix puisse remonter plus haut que 1574, et il soutient qu'en cette année seulement les magistrats de la ville, ayant voté les fonds nécessaires à l'établissement d'une imprimerie, firent venir d'Avignon, pour la diriger, Pierre Rest, qui déjà exerçait cet art dans cette dernière ville.

Les imprimeurs du XVIᵉ siècle que l'on peut citer à la suite de Vas Cavallier et de Pierre Rest ou Roux, d'Avignon, sont Jean Tholozan, Nicolas Pillehotte et Jean-Baptiste et Estienne Roize, qui prennent le titre de *Regiæ Universitatis ordinarii typographi*.

Au XVIIᵉ siècle, Estienne David s'intitule : *Imprimeur du Roy et de la ville.*

AQUÆ SICCÆ, dans la Gaule Narbonnaise, auj. *Seyches*, bourg de France (Lot-et-Garonne).

AQUÆ SOLIS, voy. AQUÆ CALIDÆ.

AQUÆ SPADANÆ, voy. AQUÆ LUVIENSES.

AQUÆ SPARSÆ, voy. AQUA SPARSA.

AQUÆ SPARSÆ PETROCORIORUM, *Aigues-Perses*, village de France (Haute-Vienne).

AQUÆ STATIELLÆ [Plin. XXXI], **AQUÆ STATIELLORUM** [Plin. III], **AQUÆ STELLATÆ,** ville des *Statielli*, dans la Ligurie, auj. *Acqui*, ville du roy. d'Italie, sur la Bormia, au S.-O. d'Alexandrie.

Panzer cite comme imprimée à Acqui, en 1493, une édition rare de la grammaire d'Alexandre de Villedieu, intitulée : *Opus Alexandri grammatici pro eruditione puerorum.* A la fin : *Doctrinale Alexandri Galli, vulgo de Villa Dei, grammatici, feliciter explicit... Anno Domini, 1493*, sans indication de lieu ni de nom d'imprimeur, 30 ff.; imprimé à *Acqui* ou à *Alba*, dit Hain, qui décrit, sans avoir vu la seconde, deux éditions à peu près identiques, mais dont la première est sans date. La souscription de la première édition est assez curieuse pour mériter d'être reproduite : *Impressum sat incommode, cum aliquarum rerum, quæ ad hanc artem pertinent, impressori copia fieri non potuerit, in hujus artis initio: poste Genuae, Ast, alibique militante. Emendavit autem hoc ipsum opus Venturinus prior, grammaticus eximius, ita diligenter, ut cum antea doctrinale parum emendatum in plerisque locis librariorum vitio esse videretur, nunc illius cura et diligentia adhibita in manus hominum quam emendatissimum veniat. Imprimentur autem posthac libri alterius generis litteris, et eleganter arbitror, nam et fabri et aliarum rerum, quarum hactenus promptor indigus fuit, illi*

nunc Dei munere copia est, qui cuncta disponit pro sue voluntatis arbitrio. Amen.

La Serna Santander donne ce livre comme imprimé à Alba, et nous, comme Gottfried Reichhart, nous disons seulement : *il a dû être imprimé à Acqui ou à Alba*, mais plus probablement dans la première de ces villes.

AQUÆ SUESANÆ ou **MONS DRACONIS,** *Mondragone*, bourg d'Italie (anc. roy. de Naples).

AQUÆ TARBELLICÆ, voy. AQUÆ AUGUSTÆ.

AQUÆ TARINÆ, ACULA, *Acquapendente*, pet. ville d'Italie (Etats du Pape).

AQUÆ VERBIGENÆ, voy. AQUÆ HELVETICÆ.

AQUÆ VETERES, *Oudewater*, sur l'Yssel, ville de Hollande (prov. d'Utrecht).

AQUÆ VIVÆ, *Aigues-Vives*, bourg de Fr. (Var).

AQUÆ VOCONIÆ, VOCONIS ou **VOCONTIS** (AUSONA?), station des *Itin. des Aquæ Apollinares*, *Vich*, pet. ville et eaux thermales, en Espagne (Catalogne). Quelques géographes croient que *Vich* n'est autre chose que l'anc ville d'AUSONA.

AQUÆ VOCONIÆ INDIGETUM, *Caldus de Malavella*, pet. ville d'Espagne (Catalogne).

AQUÆ VOLATERNÆ, voy. VOLATERRÆ.

AQUALATUM, *Ygualada*, bourg d'Espagne (Catalogne).

AQUARIA, *Yvoire*, bourg de Savoie (Chablais).

AQUENSIS VICUS, voy. AQUÆ BIGERRONUM.

AQUIANUM, *Evian*, bourg de Savoie, près du lac de Genève.

AQUIFLAVIA, voy. AQUÆ FLAVIÆ.

AQUIFOLIETUM, *la Houssaye*, village de Fr. (Oise).

AQUILA, AD AQUILAS, l'*Aigle*, pet. ville de France (Eure).

AQUILA, ALA, *Aelen*, pet. ville de Suisse (canton de Berne).

AQUILA IN VESTINIS [Martyr. Rom.], **AQUILIA, AVELLA, AVIA** [Cluv.], *Aquila*, ville de l'anc. roy. de Naples, ch.-lieu de l'Abruzze ultérieure IIᵉ, fondée en 1240. (*Fu fabbricata dalle rovine delle città d'Amiterno, e di Forconio.*)

L'imprimerie fut importée dans cette ville par l'Allemand Adam de Rotwil, qui venait de Venise, où il avait imprimé depuis 1474 jusqu'en 1480. Il imprima à Aquila en 1482 plusieurs ouvrages :

1. *Plutarco : vite degl' imperatori traducte de lat. in volgare, per Bapt. Aless. Jaconello de Riete.* Stamp. per Maestro Adam de Rotuvil, Alamano stampatore excellente. XVI de septemb. M. CCCC. LXXXII, in-fol.

2. *Jacobi de Rangio. Tractat. de censuris et pœnis ecclesiasticis.* In-fol.

3. *Jacobi de Rangio : lo Septenario.* In-4.

4. *Chronica di San Isidoro Menore.* In-4, etc.

Un fait à noter, c'est que quelques-uns des rares exemplaires qui sont arrivés jusqu'à nous de cette première partie des *Vies de Plutarque*, impr. à Aquila en 1482, portent par erreur le chiffre de 1472, qui fut évidemment corrigé pendant le tirage de l'édition.

AQUILANA PROVINCIA, l'*Abruzze ultér.*, pr. de l'anc. roy. de Naples.

AQUILARIA, *Aguilar de la Frontera*, pet. ville d'Espagne (Andalousie).

AQUILARIA CAMPESTRIS, *Aguilar del Campo,* pet. ville d'Espagne (Haute-Castille).

AQUILEGIA, voy. ALA.

AQUILEJA [Plin., Amm. Marc., etc.], AQUILEJA COLONIA LATINA [Liv.], ἡ Ἀκυληία [Strab.], anc. cap. des *Carni,* puis des *Veneti,* dans la Gaule transpadane, auj. *Aglar* ou *Aquileja,* dans le Frioul (gouvern. de Trieste).

Nic. Catherinot et Prosper Marchand ont prétendu que l'imprimerie avait existé dans cette ville au XVᵉ siècle ; mais le comte Bartolini (*Tipogr. del Friuli,* p. 58 et suiv.) a vertement relevé ces allégations téméraires, Catherinot, qui composait ses élucubrations sans preuves ni documents, mais « *de seule mémoire,* » a pris le célèbre *Missale Aquilejensis Ecclesie* impr. à Augsbourg en 1494 par Erh. Ratdolt, pour un produit des presses imaginaires d'Aquilée ; et le second a tout simplement confondu *Aquila,* ville du pays napolitain, avec *Aquileja,* ville du Frioul. Mercier de Saint-Léger avait déjà relevé cette seconde erreur dans son *Supplément* à l'*Hist. de l'Imprimerie.*

AQUILONIA [Liv. x], Ἀκουλωνία [Ptol.], ville des Hirpins, auj. la *Cedogna,* bourg de l'anc. roy. de Naples (Princip. ultér.).

AQUINCUM [Tab. Peut.], ACINCUM [Anton. Itin.], ACINCUS [Sid. Apollin.], Ἀκούγγκον [Ptol.], AD HERCULEM CASTRA, CASTRA HERCULIS, BUDA VETUS, ville de la Pannonic inférieure, sur le Danube, auj. *Bude* en allem. *Ofen,* en hongr. *Budin*), capitale du royaume de Hongrie, séparée de Pesth par le Danube.

L'imprimerie parait dater dans cette grande ville de 1473 ; le roi Mathias Corvin, qui « *volea della Pannonia formare una Italia novella,* » à la requête d'un savant italien, Taddeo Ugoleto, qu'il s'était attaché, fit venir (probablement de Parme) l'imprimeur Andrea Hess, qui enrichit du produit de ses presses l'admirable bibliothèque que le grand roi avait déjà réunie à Bude.

Le premier livre imprimé par lui est probablement CHRONICA *Hungarorum ab origine ad coronationem Regis Mathiæ.* A la fin : *Finita Bude anno. Dni* M. CCCC. LXXIII, *in vigilia Penthecostes per Andream Hess,* in-fol.

Ce livre est d'une excessive rareté.

Un autre ouvrage, sans date, mais qui parait être aussi ancien que cette chronique, est celui-ci :

Libellus Basilii magni de legendis poetis, cum præfatione Leonardi Aretini. A la fin : *Sic finis Libelli Basilii est,* p. A. H. *Bude ;* et à la suite de cet opuscule : *Apologia Socratis incipit.* — Sans date, pet. in-4, sans ch., récl. ni sig. 20 ff. à 24 longues lignes à la page.

Nous ne connaissons pas d'autres livres portant le nom de cet imprimeur, André Hess, qu'il faut peut-être lire *Andreas de Hassia.*

AQUINIACUM, *Aquigny,* bourg de Normandie (Eure).

AQUINUM [Plin., Cic.], AQUINIUM, *Aquino,* village de l'anc. roy. de Naples, dans la Terre de Labour, près du mont Cassin ; c'est la patrie de saint Thomas. = Un autre bourg du même nom dans le pays des Volsques, au Latium ; c'est la patrie de Juvénal.

AQUISCINCTUM, *Anchin,* village du Hainaut français, près de Douai (Nord), anc. abb. de Bénéd. établie dans une île de la Scarpe.

AQUISGRANUM [Itin. Anton.], URBS AQUENSIS, VETERRA [Ptol.], AQUÆ GRANI IN TUNGRIS [Chr. carlov.], GRANIA VILLA [Charta Car. Calvi, a. 886], AQUIS GRANUM PALATIUM [Capit. Car. C.], AQUÆ, AQUIS [Præcept. Car. III], en all. *Aachen,* en franç. *Aix-la-Chapelle,* ville· des Etats prussiens, sur le Rhin, fondée par le Romain Granus, l'an 123 de J.-C. ; relevée par Charlemagne, dont la cathédrale, le *Munster,* renferme le tombeau.

C'est à l'année 1591 que nous croyons pouvoir faire remonter la date de l'introduction de la typographie dans cette ville ; et nous pourrions citer trois ouvrages imprimés à cette date ; en voici un : *Jacobus Houthusius Antverpianus : Exemplaria sive formulæ scripturæ ornatioris* XXXV. *In quibus, præter diversa litterarum genera, varii earumdem ductus, structuræ et connexiones traduntur.* Aquisgrani, 1591, in-4.

L'un des premiers imprimeurs d'Aix-la-Chapelle s'appelait Johann Schwuartzenbach.

AQUITANIA [Cæs., Mela, III], AQUITANICA PROVINCIA [Notit. Gall., Frédég.], GALLIA AQUITANIA [Plin.], l'une des quatre grandes divisions territoriales de la Gaule ; divisée en trois provinces, *Aquitania prima, secunda* et *tertia* ou *Novempopulania* (César désigne cette dernière comme formant de son temps toute l'Aquitaine). Une partie de ces trois provinces a formé depuis le duché de Guienne ; elles comprenaient, après César, toute la partie du S.-O. de la France, depuis l'Auvergne et la Saintonge au N., jusqu'aux Pyrénées au S.

AQUITANICUS OCEANUS, le *Golfe de Gascogne.*

AQUULA, voy. AQUILA.

ARA BACCHI, ARÆ BACCHI, BACCHARACUM, *Bacharach,* pet. ville sur le Rhin, près Coblentz.

ARA CÆSARIS, dans la Gaule cisalpine, auj. *Arsago,* pet. ville du Milanais.

ARA CŒLI, ARACILLUM, *Araquil*, pet. ville d'Espagne (Aragon).

ARA LAPIDEA, *Pechlar*, pet. ville d'Autriche.

ARA UBIORUM, voy. BONNA AD RHENUM.

ARABO [Ptol.], RABUS [Cell.], AQUA NIGRA [Jornand.], RHABA, la *Raab*; riv. de Hongrie, affl. du Danube.

ARABONENSIS OU JAURIENSIS COMITATUS, le *Comitat de Raab*, en Hongrie.

ARABONIA, ARRABO, ARABONE [Eginh. chron.], JAURINUM, RHABA, *Raab* (en hongr. *Nagy-gior*, *Györ-ben* ou *Javarin*), ville de Hongrie, située au confluent de la Raab et du Danube.

Le Dr Cotton date l'introd. de l'imprimerie dans cette ville de 1805, mais M. Cotton (Suppl.) nous donne 1728 comme l'année à laquelle il peut faire remonter l'imprimerie.

ARABRICA, ville de l'anc. Lusitanie, auj. *Aravida*, dans le Portugal, au S. de Coïmbre.

ARACHTHUS, Ἀράχθος [Ptol., Strab.], fleuve d'Épire, auj. *Vouropotami*.

ARACILLUM, voy. ARA CŒLI.

ARACOSIA, ARCUS, *Arcos*, pet. ville d'Andalousie, sur le Guadalete.

ARADIENSIS, ORODIENSIS COMITATUS (en all. *Die 'arader Gespannschaft*), le *Comitat d'Arad*, en Hongrie, chef-lieu *Alt-Arad*.

ARADUCTA, *Amarante*, bourg du Portugal (entre Minho et Duero).

ARÆ FLAVIÆ [Tab. Théod.], Βωμοί Φλαούϊαι [Ptol.], ville de Germanie. Plusieurs villes sont désignées par les géographes comme occupant cette localité; *Rottweill*, sur le Neckar; *Aurach* [Cell.], près de Ulm, ou *Nordlingen*, en Bavière.

ARÆGENUS, voy. ARGENTONIUM.

ARÆGENUS, AREGENUS, *Argences*, village de France (Manche).

ARÆ JOVIS, voy. ARANGUESIA.

ARÆ SOLIS, *Cabo de Mongia*, bourg d'Espagne, près du cap Finistère.

ARAGNUM, *Aernen*, bourg de Suisse (Valais).

ARAGONIA, CELTIBERIA, TERRA IBERIA, l'*Aragon*, prov. d'Espagne.

ARAGUS, l'*Arga*, riv. d'Espagne, affl. de l'Èbre.

ARAMONŒUM, ARAMONS, *Aramont*, pet. ville du Languedoc (Gard).

L'imprimerie existe dans cette petite ville en 1634,

ainsi que nous le prouve un livre d'une certaine importance, que le *Manuel* a dédaigné cependant de signaler : *Io. D. Plantavit de la Pause; chronicon Præsulum Lodovensium*. Aramonæi, 1634, in-4.

ARANDA DURII, *Aranda de Duero*, pet. ville d'Espagne (Haute-Castille).

ARANDA IBERI, *Aranda de Ebro*, bourg d'Aragon.

ARANDIS, TURRES VETERES, *Torres Vedras*, bourg de Portugal (Estramadure).

ARANGUESIA, ARÆ JOVIS, *Aranjuez*, ville d'Espagne (Nouv.-Castille).

- Imprimerie en 1793 (Suppl. au *Typogr. Gazetteer*).

ARANIA, l'*Île d'Aran*, sur la côte O. de l'Écosse.

ARANIA VALLIS, le *val d'Arran*, dans les Pyrénées (Haute-Garonne).

ARANUM, ARUNCI, *Aronches*, bourg du Portugal (Alentejo).

ARANYENSIS SEDES, le *Siége d'Aranyas* (*Stuhl*), enclave du pays des Szeklers, prov. de Transylvanie.

ARAR [Plin., Cæs., etc.], ὁ Ἄραρ [Strab.], ARARIS [Virgil. Claud.], SAGONA [Amm. Marc.], SAUGONNA [Greg. Tur.], la *Saône*, riv. de France; prend sa source au pied du MONS VOGESUS (les Vosges), et se perd dans le Rhône à Lyon.

ARASSIUM, *Arassi*, bourg d'Italie (Prov. de Gênes).

ARAUGIA, ARAVIA, AROVIA, AROVIUM, *Aarau* ou *Arau*, ville de la Confédération suisse, chef-lieu du canton d'Argovie, sur l'*Aar* (*Arula*).

Aarau, dans le canton d'Argovie, dit M. Ternaux, possède une imprimerie depuis 1796. On trouve indiqué dans la *Biblioth. suisse* de Haller : *Memoriale exhibitum a D. Malapert, residente hollandico* : Aarau, 1672. Il me paraît que c'est une désignation fictive, car on ne trouve dans les registres de la ville aucune trace de l'existence de cette imprimerie.

ARAURA [Itin. Anton.], ou plutôt CESSERO [Plin. III.], Κεσσερώ [Ptol.], STI THIBERII OPPIDUM, *S. Thiberi*, pet. ville du Languedoc (Hérault), anc. abb. de Saint-Benoît.

ARAURIS [Mela II, Plin.], Ἀραυρίος [Ptol.], RAURARIS [Strab.], ARAURARIS, l'*Hérault*, fleuve de France; des Cévennes à la Méditerranée.

ARAUSIO [Tab. Peut.], Ἀραυσίων [Ptol.], ARAUSIO SECUNDANORUM COLONIA [Plin. III], CIVITAS ARAUSICORUM [Notit. Gall.], ARAUSICA, ARAUSICANUM, ORAGNIA, ORANGIA, ville des Cavares, dans la Gaule

Narbonnaise, auj. *Orange* (dép. des Bouches-du-Rhône).

Nous ne connaissons pas de livre imprimé dans
cette ville qui remonte plus haut que 1573 : *Dialogus quo multa exponuntur quæ Lutheranis et Hu-
gonotis Gallis acciderunt ; nonnulla item scitu
digna et salutaria consilia adjecta sunt.* Oragniæ,
excudebat Adamus de Monte, 1573, pet. in-8.

Ce petit vol. est de Nicolas Barnaud ou Bernaud,
suiv. Prosper Marchand et Allard, de Hugues Don-
neau, suiv. Cujas ; enfin il est donné à Théod. de
Bèze, par Adr. Baillet. Il fut traduit en français et
imprimé à Basle, la même année, avec cette souscription : *Achevé d'imprimer le douziesme iour du
sixiesme mois d'après la iournée de la trahison.*
C'est-à-dire le 12 février, *le mois de la trahison* correspondant à août 1572.

Au XVIIe siècle nous ne connaissons guère d'imprimeur à Orange méritant une mention, si ce n'est
Edouard Raban.

ARAUSIONIS CASTRUM, ARAUSIONENSIS BURGUS,
Oranenburg, ville de Prusse.

ARAVIA, voy. ARAUGIA.

ARAXOS, *Cap Papa* ou *Palogria*, en Grèce,
vis-à-vis Céfalonia.

ARBA [Plin.], *Arbe*, île de l'Adriatique, sur
la côte dalmate.

ARBACALA, *Villena*, bourg d'Espagne
(Murcie).

ARBERGA, ARLABURGUM, *Arberg*, pet. ville
de Suisse (Canton de Berne).

ARBOGIA, *Arboga*, ville et port suédois,
sur la pet. riv. du même nom.

ARBONA, ARBOR FELIX [Itin. Ant.], *Arbon*,
ville de Suisse (Thurgovie), sur le lac
de Constance.

ARBOREA, ORISTANA [Cluv.], *Oristagni*, pet.
ville de l'île de Sardaigne, sur la côte O.

ARBORELLA, l'*Arbresle*, bourg de France
(Rhône).

ARBOSIA, ARBOSIUM, ARBOROSA, *Arbois*, pet.
ville de France (Jura).

ARBUDA, TININIUM, *Knin* ou *Tinen*, ville
forte de Dalmatie.

ARBURGUM, AROLÆBURGUM, AROLÆ MONS,
Aarburg, ville de la Confédération
suisse (Argovie).

ARCA, ARCUA, ARCÆ CALETENSES, ARQUÆ,
CASTRUM ARCHARUM, *Arques*, village et
anc. chât. de France (Seine-Infér.).
C'est l'anc. capit. du *Talou*, suiv. l'abbé
Cochet.

ARCA, la rivière d'*Arques* ; se jette dans
la Manche, à Dieppe.

ARCADIA, ARCADES, ARCADE [Tab. Peut.],
Arcadion, bourg de l'île de Candie ;
anc. abb.

ARCADIA [Virg., Plin., etc.], Ἀρκαδία [Strab.,
Ptol.], l'*Arcadie*, prov. du Péloponnèse,

auj. *Morée*, comprenant les diocèses de
Kynéthe et dë *Mantinée*.

ARCADIUS, riv. de Grèce, auj. *la Spirnazza.*

ARCÆ CASTRENSES, *Arches*, village de Champagne (Marne).

ARCÆ EBUROVICUM, voy. PONS ARCUATUS.

ARCÆ PALATIUM, *Arques*, anc. villa carlov.,
auj. village sur la Meuse, près Mézières (Ardennes).

ARCÆ REMENSES, voy. CAROLOPOLIS.

ARCEGOVINA, l'*Herzegowine* (*Herzek*), partie
de la Bosnie mérid. formant le pachalik de Mostar, nominativement soumis
à la Porte.

ARCELLÆ, *Archelles*, village de Normandie
(Seine-Infér.).

ARCENNUM, ARCENUM, BRECENNUM, BRACCIA-
NUM, *Bracciano*, ville et anc. duché des
États Pontificaux.

Andreas Phæus (Andréa Fei), qui se donne la qualification de *typographus ducalis*, exerça l'imprimerie dans cette ville de 1621 à 1648. Il venait de
Rome, où son établissement continua à être floris-
sant, pendant qu'une partie de son matériel
fonctionnait à Bracciano. Nous pensons que le
premier ouvrage sorti de ses presses est celui-ci :
*Alexander Ambrosinus de immunitate et libertate
ecclesiastica.* Braccioni, per Andream Phæum, 1621,
in-4. (Catal. Baluze.)

A la même date nous connaissons encore : *Scudo
di Christo overo di David...* Bracciano, 1621, in-4.
(Cat. Dubois, II, p. 35.) Et au catal. Floncel (n°
5698), nous trouvons : *Il martirologio Romano,
sec. la nuova forma del calendario*, trad. del R.
D. Bern. Rocca. — Bracciano, Fei, 1621, in-4.

Un autre ouvrage, dont le titre, donné par Fr.
Zambrini, p. 348, est rectifié par Haym, I, p. 173,
est celui-ci : *Vita di Cola di Rienzo tribuno del
Popolo romano, scritta in lingua volgare Romana
di quella età da Tommaso Fortifiocca scribascnato.*
—Bracciano, per Andr. Fei, Stampatorem Ducalem,
1624, in-12. Réimp. par le même en 1631.

Un ouvrage plus important est donné par le même
impr. quelques années après : *Scheineri (Chr.)
Rosa Ursina sive sol ex admirando facularum et
macularum suarum phænomeno varius.* Bracciani,
1626-30, in-fol. orné d'un très-beau portrait du duc
de Bracciano, Paolo Jordano Ursino.

ARCES AD ANGUSTIAS HELLESPONTI (*Sestos* et
Abydos), les Dardanelles.

ARCHA, *Herck*, bourg de Belgique (prov.
de Liége).

ARCHANGELOPOLIS, FANUM S. MICHAELIS AR-
CHANGELI, *Arkhangel*, ville de Russie
(prov. Dwina).

ARCHIACUM, *Archiac*, bourg de France
(Charente-Inférieure).

ARCHIÆ, voy. ARCA.

ARCHINIACO VILLA, *Archignat sur la Ma-
gieure*, village près Huriel (Allier).

ARCHIPELAGUS, voy. MARE ÆGEUM.

ARCIA, ARCIA AD FLUMEN ICAUNAM, *Arcey...*

sur-Yonne, village de France (Côte-d'Or); plusieurs localités portent ce nom en France.

ARCIACA, ARCIACAS [monn. mérov.], ARTIACUM VILLA SUPER FLUVIUM ALBAM, ARCHIACUM [Aimon. Chr.], ARCHI [Chr. de S. Den.], ARCIACENSIS CAMPANIA, ARCEES, *Arcie-sur-Aube* [Chr. des XIIᵉ et XIIIᵉ s.]. *Arcis-sur-Aube,* ville de Champagne (Aube).

ARCIACA DE BOSCO, *Bois d'Arcy,* village de Bourgogne, anc. abb. d'Aug (Yonne).

ARCICA OU ARCISA AD ALBIONEM, *Arc en Barrois,* sur l'Aujon, pet. ville de France (Haute-Marne).

ARCICA AD TILAM, *Arc-sur-Tille,* bourg de France (Côte-d'Or).

ARCIUS, l'*Arche,* riv. de Savoie, affl. de l'Isère.

ARCOBRIGA [Itin. Anton.], ARACOSIA, *Arcos de la Frontera,* ville d'Espagne (Andalousie). = *Ariza,* pet. ville d'Espagne (Aragon).

ARCOLIUM, ARCUS JULIANI, *Arcueil,* bourg de l'Ile-de-France, près Paris.

Une imprimerie clandestine a existé dans cette localité au XVIIIᵉ siècle. En 1756 elle fut découverte et saisie, les imprimeurs arrêtés et condamnés. [Lottin, II, p. 92.]

ARCONUM, *Arcon,* bourg de Franche-Comté (Doubs).

ARCTAUNUM FRANCORUM, *Ortenburg?* pet. ville d'Allemagne (Hesse-Darmstadt).

C'est au Dr Cotton que nous empruntons le renseignement qui suit : Une traduction en vers latins du petit poëme écossais du capit. Alexander Montgomery, *the Plum and the Cherry (la Prune et la Cerise),* fut imprimée dans cette ville en 1631, « *typis Fleischmannianis.* » Un exemplaire de ce rare volume existerait à Dublin dans la bibl. de lord Charlemont.

ARCTOPOLIS, voy. BERNA.

ARCTOPOLIS, URSORUM CASTRUM, *Bjorneborg,* ville de Russie (Finlande).

ARCTOPOLIS AD SALAM, BERNBURGUM, URSOPOLIS, *Bernburg,* ville du duché d'Anhalt-Bernburg, sur la *Saale.*

ARCUA, voy. ARCA.

ARCUM, *Arco* (en all. *Boden*), sur la riv. Sarca, pet. ville du Tyrol, près de Trente et du lac de Constance.

Van Praët cite un livre imprimé dans cette petite localité en 1584, dont un exemplaire sur vélin existait de son temps à la Bibliothèque impériale de Paris ; il avait été acquis à la vente Maccarthy : *Privilegia et diplomata et quas investituras vocant. Olim comitibus De Arce irrogata, Opera Ambrosii Franci et tenebris propemodum eruta et Arci excussa* (1584), pet. in-fol. de 25 ff.

ARCUS, voy. ARACOSIA.

ARCUS, l'*Arc,* riv. de Provence ; se perd dans l'étang de Martigues.

ARCUS IN BRIAGE, *Archambray,* bourg de Saintonge (Charente-Inférieure).

ARCUS JULIANI, voy. ARCOLIUM.

ARDA MORINORUM, voy. ARDRA.

ARDACA, ARDACHA, *Ardagh,* pet. ville d'Irlande.

ARDARTUM, *Ardfeart* ou *Artfeart,* ville d'Irlande.

ARDEA, CIVITAS ARDEATIUM, *Ardée,* ville du Latium, anc. capit. des Rutules, avec des eaux minérales, *Fontes sulphurati* [Vitruv.]. Ce n'est aujourd'hui qu'un village de la Campagne de Rome.

ARDEA, *Ardee,* bourg d'Irlande, sur la Dee.

ARDEA, *Ardes,* bourg d'Auvergne (Puy-de-Dôme).

ARDEA ou ARDURUS, l'*Ardée,* riv. de Normandie ; se perd dans les sables du mont Saint-Michel.

ARDELICA, voy. PESCARIA.

ARDENA, l'*Ardeine,* village de Normandie (Calvados).

ARDESCA, l'*Ardèche,* riv. de France, qui se jette dans le Rhône.

ARDEVICUM, HARDEROVICUM, HARDERVICUM [Cluv.], *Harderwyck,* ville de Hollande (Gueldre).

L'imprimerie paraît avoir existé dans cette ville en 1613. MM. Ternaux et Cotton citent une traduction des *Lambeth's articles* imprimée sous la date de 1513 (pour 1613); par Thomas Henricus. Nous trouvons au Catal. des Livres qui *in Bibliopolio Danielis Elzevirii venales extant* (Amst., 1674), un volume in-4, de J. Isaac Pontanus, intit. : *Originum Francicarum lib.* VI, imprimé dans cette même ville en 1616 par Th. Heinrick ; mais le catal. dressé après la mort de Daniel Elzevir, arrivée le 4 août 1681, donne le même livre avec la date de 1656. La première nous paraît devoir être acceptée pour bonne, car la plupart des ouvrages d'Isaac Pontanus sont de ce temps, 1614-1634. Dans ce même catal. de D. Elzevir de 1681, nous avons encore *Joan. Urbani Tapeinophrosines.* Hardervici, 1616, in-8.

ARDIENSIUM BURGUS, *Ardon,* bourg de Suisse (Valais).

ARDIMACHA, ARDMACHA, ARMACHA, ARMACANUM, *Armagh,* ville, évêché et comté d'Irlande (Ulster).

Le Suppl. au *Typogr. Gazetteer* nous donne comme imprimeur dans cette ville William Dickie en 1751, et T. Walsh en 1786.

ARDONEÆ [Liv. XXIV], ERDONIÆ [Tab. Peut., Itin. Anton.], Κερδωνία [Strab.], HERDONIA [Liv. XXV], Ἐρδωνία [Ptol.], ville des Hirpins, dans l'*Apulia Daunia,* auj. *la Cedogna,* dans la Principauté ultér., suiv. Cluvier, et *Ardona,* bourg de la Basilicate, suiv. Cellarius.

ARDRA, ARDRÆ, ARDA MORINORUM, ARDRESIUM, ARDRETIUM, ARDRAT (XIIᵉ s.), *Ardres,* ville de France (Pas-de-Calais).

ARDROSA, *Ardrosen,* bourg d'Écosse (comté d'Ayr).

ARDUENNA, *Ardenne,* pet. ville et anc. abb. de Belgique, sur la Meuse.

ARDUENNA SYLVA [Cæs., Tac.], ARDUENDUNUM, ARDOENNENSIS SILVA [Grég. Tur.], ARDENNA [Frédég.], la *forest des Ardannes,* la *forest d'Ardane* [Grég. Chron.], la *forêt des Ardennes,* qui s'étend des défilés de l'Argonne à la Forêt Noire.

AREÆ, OBIA, OLBIA, *Hyères,* ville de Fr. (Var), anc. abb. de femmes (les Nonnains d'Hyères).

AREBURGIUM, AREBURIUM, AREMONTIUM, *Aremberg,* bourg et château de la Prusse rhénane, sur l'Aar, entre Coblentz et Cologne.

ARECANUM, voy. ARENACUM.

ARECONIUM, ARICONIUM, HARFORDIA, *Hereford,* ville d'Angleterre, sur la Wye, chef-lieu du comté d'Hereford.

Thomas Davies y imprimait en 1722. Un journal, *the Hereford Times,* y fut fondé en 1739. Simon Thomas y imprima son *History of the Cimbri* en 1746 : *the author set up the types himself, and distributed a few copies as presents.* (Lowndes'Bibl. Manual.)

AREDATA, AREDATUM, GESODUNUM, LENTIA, LENTIUM, LINCIA, LINCIUM, *Linz* ou *Lintz,* ville forte de la basse Autriche, sur le Danube.

Nous pouvons citer d'après le catal. de M. Libri (juillet 1861, n° 7059), un livre imprimé dans cette ville dès l'année 1529. C'est un in-8 goth. intit.: *J. Bünderlin, Gemeyne Berechnung über der Heyligen Schrifft Innhalt.* Lyntz, 1529.
L'illustre astronome J. Keppler publia dans cette ville la plupart de ses immortels ouvrages : *Nova Stereometria doliorum vinariorum imprimis Austriaci...* Lintiis, Plancus, 1615, in-fol., avec une traduction allemande publiée l'année suivante dans la même ville.
Epitome astronomiæ Copernicanæ. Lintiis ad Danubium, Plancus, 1618, in-8.
Harmonices mundi Lib. V. — Lincii Austr., 1619, in-fol.
Ephemerides motuum cœlestium. — Ibid., 1630, in-4, etc.
Keppler nous apprend que vers 1627 l'établissement typographique de Lyntz ayant été détruit à la suite d'une commotion politique, il fut obligé de se retirer à Sagan, en Silésie : mais le dernier ouvrage que nous venons de citer, *Ephemerides motuum cœlestium,* imprimé en 1630, prouve que cette interruption ne fut que momentanée. Cependant, à dater de cette époque, les publications du grand astronome se font un peu partout, à Ulm, à Francfort et à Augsbourg.

AREDVNOVICVS [monn. mérov.], *Ardin,* bourg du dép. des Deux-Sèvres, suiv. M. de Barthélemy.

AREFLUCTUS, HARFLEVIUM, HARFLORIUM, *Harfleur,* ville et port de France (Seine-Inférieure).

AREGALIACOI, AREGALIVICVS [monn. mér.], *Aurillac* (Cantal), suiv. Cartier. Voy. AURELIACUM.

AREGIA, voy. AURIGERA.

ARELAS [Auson.], ARELAS, GALLULA ROMA, ARELATE [Cæs. Civ. 1], ARELATE SEXTANORUM [Plin.], Ἀρελᾶτον Κολώνια [Ptol.], ARELATE SALYUM, ARELATENSIS COLONIA, ALERATO CIVIT [monn. mérov.], *Arlait, Arle-le-Blanc* [Anc. Chron.], *Arles,* ville de la Narbonnaise IIᵉ, sur le Rhône, auj. dép. des Bouches-du-Rhône ; sous Constantin fut appelée CONSTANTINA et IVLIA MATERNA ; capitale du comté de Provence, puis de la Bourgogne cisjurane sous les Mérovingiens.

L'imprimerie remonte en cette ville à l'année 1501 : *Breviarium secundum consuetudinem ecclesie arelatensis.* A la fin : *Explicit Breviarium s'd usus sacratissime arelatesis ecclesie, accuratissime correctu ac emendatum in cade arelatensi urbe impensis Capituli impressum. Anno Domini milesimo quingentesimo primo.* Pet. in-8 goth., à 2 col., car. rouge et noir. Le nom de l'imprimeur n'est pas désigné, et probablement c'est un artiste lyonnais que le chapitre aura fait venir en Provence pour exécuter ce livre. Ce rare volume est bien décrit dans le *Manuel* de M. Brunet, d'après l'exempl. de la Biblioth. impér. Hain n'en parle pas.
Parmi les imprimeurs arlésiens des XVIᵉ et XVIIᵉ s., nous ne citerons qu'une seule famille, celle des Mesnier, que nous voyons, après plusieurs générations d'imprimeurs, figurer encore dans cette ville au milieu du XVIIIᵉ siècle.

ARELATENSE REGNUM [Chron. mérov.], le royaume de Bourgogne au VIIᵉ siècle.

ARELAUNUS, ARELAUNUM [*Jocundum Palatium,* Mabillon], ARELENCO [monn. mérov.], *Arlanc* ou *Arlant,* suiv. Cartier, pet. ville d'Auvergne (Puy-de-Dôme).

AREMONIA NOVA, *Citta Nuova,* ville d'Istrie.

AREMORICA, voy ARMORICA.

ARENACUM [Tac. Hist. v], ARENACIO, ARENATIUM [Tab. Peut.], HARENATIUM [Itin. Anton.], ARNHEMIA, ARNHEMIUM, ARNHEMUM GELDRORUM, *Arnheim,* ville forte de Hollande, dans la prov. de Gueldre ; anc. résidence des ducs de Gueldre ; on lui donne aussi dans les chron. le nom d'*Arnoldi Villa.*

Nous trouvons au *Catal. des foires de Francfort,* de 1625 (page 662), une indication qu'il nous faut enregistrer, bien qu'il nous soit impossible d'en

arantir l'exactitude. C'est le titre d'un ouvrage
impr. dans cette ville en 1565 : *Jacob Kaltenbrun-*
ers Rechenbüchlein, darinnen alle jetzt Gebrauch-
iche Kauffmanns und anderer Rechnungen be-
riffen. Arnheim, 1565, in-8. Ce serait là certainement
le plus ancien livre connu imprimé dans cette ville,
et il nous faudrait sauter jusqu'aux premières années du XVIIe s. pour trouver la trace d'un vaste
établissement typographique fonctionnant à Arnheim.
Un imprimeur flamand, appelé Jan Janssens ou Jan
Janoz ou plus souvent Jan Jansson, et ce Jan Jansson
doit être le Jansson d'Amsterdam, l'un des plus grands
imprimeurs de ce temps en Hollande, établit une
succursale à Arnheim vers l'an 1600. Nous pourrions citer un grand nombre d'ouvrages imprimés à
cette époque par le Jansson d'Arnheim ; en voici
quelques-uns : *Olivier von Hordt : Nye schiffart*
der hollander umbher den Gantzen Kreysz der
Erden. Arnheim, ben Jan Jansson, 1602, in-4.

Alberti Dvreri institvtionvm Geometricarvm
libri quatuor. — Harnhmiæ in dvcatv Geldriæ, in
officina Joannis Jansonii bibliopolæ, 1605, in-fol. fig.

La plupart des ouvrages du grand artiste de Nuremberg ont été réimpr. à Arnheim, même les trad.
françaises, telles que : *les Quatre livres d'Albert*
Dürer de la proportion des parties et pourtraits
des corps humains, trad. par Loys Meygret. —
Réimp. sur l'édit. de Paris, 1557, à Arnheim, chez
Jean Jeansz, 1613, in-fol.

ARENÆ, *Airennes*, village près d'Abbeville
(Somme).

ARENÆ OLONENSES, les *Sables d'Olonnes*,
ville de France (Vendée). On trouve
aussi PICTONUM PROMONTORIUM.

ARENSBERGA, *Arensberg*, ville de Westphalie, près Cologne.

ARENSBOCA, *Arensbock*, bourg du Holstein.

ARENSIUM, *Arleux*, bourg de France, dans
le Cambrésis (Nord).

ARESCHOTTUM, *Arschot*, ville de Belgique,
sur le Demer (Brabant).

ARESDORFIUM, *Arensdorf* (?), village du
Brandebourg (Prusse).

M. Cotton cite un volume que possède la
Bodléienne, imprimé dans cette localité au XVIe siècle : *Sebast. Castalionis dialogi.* Aresdorfiii, per
Theophilum Philadelphum, 1578. Les noms de lieu
et d'imprimeur nous paraissent supposés.

ARESTALIUM, voy. HERISTALLUM.

ARETHUSA [Itin. Anton.], Ἀρέθουσα [Strab.],
Fodino, pet. ville de la Macédoine (pachalik de Saloniki).

ARETHUSA, = un grand nombre de fontaines ont porté ce nom en Sicile, dans
les îles d'Eubée, d'Ithaque, etc.

ARETIUM (Plin. xv, Martial 1], ARRETIUM
[Cic. Epist. xvi], Ἀρρήτιον πόλις [Polyb.],
ARETIUM FIDENS, MUNICIPIUM ARETINUM
[Inscr. Grut.], CASTIGLIONE FIORENTINO,
Arezzo, ville de Toscane, sur l'Arno ;
a donné naissance à Pétrarque, à Gui
d'Arezzo, etc.

Nous trouvons, dans la *Bibliotheca Aprosiana*
(p. 429), un livre imprimé *in Arezzo per Hercole*
Gori, 1616, in-12 et intit. *Cicilia* (sic) *sacra, in dra-*
matica poesia, di Annibale Lomeri sanese.

AREVACORUM URBS, voy. SEGUBIA.

AREVALUM, *Arevalo*, ville d'Espagne, dans
la Vieille-Castille.

Antonio date de 1551 l'introduction de l'imprim.
dans cette ville.

ARGADIA, ARGATHELIA, *Argyle*, anc. marquisat, puis duché d'Écosse, chef-lieu
Inverary.

ARGAJONENSE, AUGUSTO ALBENSE, URGAO,
VIRGAO, *Arjona*, bourg d'Espagne (Andalousie).

ARGEA, Ἀργεία [Polyb.], ARGOLIS, Ἀργολίς
[Hérod.], partie du Péloponnèse; forme
auj. un diocèse de la Grèce, chef-lieu
Nauplie.

ARGELIA Ἀργελία [Ptol.], TORGAVIA, *Torgau*,
sur l'Elbe, ville de Prusse.

ARGENSOLIÆ, *Argensoles*, village près Soissons (Aisne).

ARGENSONIUM, *Argenson*, village de Touraine (Indre-et-Loire).

ARGENTACUM, ARGENTAVI [monn. mérov.],
Argentat, pet. ville du Limousin (Corrèze).

ARGENTANUM [Liv.], MARCOPOLIS, ville des
Bruttiens, dans le roy. de Naples, auj.
S. Marco in Lamis (Calabre citér.).

ARGENTANUM, voy. ARGENTONUM.

ARGENTARIA [Amm. Marc.], CASTRUM AR-
GENTARIENSE, ARGENTUARIA [Tab. Théod.],
Ἀργεντουαρία [Ptol.], ARGENTOVARIA [Itin.
Anton.], *Horburg* ? ville des *Rauraci*,
dans la Gaule Belgique, détruite lors
des invasions des barbares et dont on
voit les ruines au village de *Horburg*,
près Colmar (Haut-Rhin).

ARGENTARIA, ARGENTERIA, *Argentières*,
bourg de France (Hautes-Alpes). =
Village d'Auvergne, près Montluçon
(Allier).

ARGENTEIS, *Lorgues* (?) bourg de France
(Var).

ARGENTEOLA, anc. ville d'Espagne, auj.
le bourg d'*Avilés*, dans les Asturies.

ARGENTEUS [Plin.], ARGENTUM FLUMEN [Cic.
Epist.], Ἀργεντίον [Ptol.], l'*Argenz*, pet.
fl. de Fr. ; se jette dans la Méditerranée.

ARGENTIGERA, l'*Arget*, pet. riv. de France
se jette dans l'Ariége.

ARGENTINA, *Zwornick* ou *Iswornik*, ville de
Turquie, sur la Drinna (Bosnie).

ARGENTINA, voy. ARGENTORATUM.

ARGENTINÆ, *Argentine*, bourg du Périgord
(Dordogne).

4

ARGENTO, ARGENTOMAGUS PICTONUM, *Argenton-le-Château*, pet. ville et anc. comté de Poitou (Deux-Sèvres).

ARGENTO, *Argenton*, bourg de l'Anjou (Maine-et-Loire).

ARGENTOLIUM, *Argenteuil*, bourg de Bourgogne, près Tonnerre (Yonne).

ARGENTOLIUM AD SEQUANAM, *Argenteuil-sur-Seine*, bourg de l'Ile-de-France, anc. abb. de S.-Benoît.

ARGENTOMAGUS CUBORUM, ARGANTOMAGUM [Itin. Anton.], *Argenton-sur-Creuse*, ville de France (Indre).

ARGENTOMUM, ARGENTANUM, ARÆGENUS [Tab. Peut.], Ἀργένους [Ptol.], ARÆ GENUÆ, ARGENTOEN (au XIᵉ s.), *Argentan*, ville de France et anc. comté (Orne).

ARGENTORATUM [Tab. Theod.], ARGENTINA CIVITAS [Not. Prov.], ARGENTINA RENI, Ἀργέντορα [Julian. Ep.], Ἀργεντόρατον [Ptol.], ARGENTORATUS [Itin. Anton.], ARGENTORACUM PALATIUM [Charta Lothar. reg.], AUGUSTA TREBOCORUM ou TRIBOCCORUM, STRATEBURGUM [Not. Prov.], STRATISBURGUM [Géogr. Raven.], STATEBURGUS, STRATBURGUM, enfin *Strazbourg* [Cartul.], *Strahasbourg* [Chron. Carlov.] et *Strasbourg* (en all. *Strassburg*), anc. capit. des Triboques, dans la Gaule Belgique, auj. chef-lieu du départ. du Bas-Rhin.

Cette ville revendique l'honneur de la découverte de l'imprimerie. C'est avec Mayence et Harlem la seule qui puisse présenter à l'appui d'une prétention aussi grave des titres assez sérieux pour mériter l'honneur d'une discussion approfondie.

M. Léon de Laborde (*Débuts de l'imprimerie à Strasbourg*) a publié avec une exactitude scrupuleuse et un grand bonheur de traduction les pièces des différents procès que soutint en cette ville de 1434 à 1439 Jean Gensfleisch (en latin *Ansicaro*), ou Zum Gutenberg, né à Küttenberg en Bohême, suiv. l'opinion la plus généralement accréditée. Les pièces et dépositions de ces procès sont présentées et analysées avec une telle netteté, les recherches sur les mystérieux travaux par lesquels l'illustre père de la typographie préludait à son immortelle découverte de la mobilisation des caractères, sont présentées avec tant de clarté, enfin les conséquences qu'a su tirer M. de Laborde de l'ensemble des faits sont déduites avec une logique si puissante, qu'il nous paraît inutile de rentrer dans une discussion qui ne se rattache qu'indirectement au plan que nous nous sommes imposé. Le livre de M. de Laborde est d'ailleurs dans les mains de tous les bibliophiles, et nous lui demanderons la permission d'y renvoyer le lecteur.

Strasbourg, à l'époque de Gutenberg, était ville impériale, depuis l'année 1205. Lors de la réforme elle se rallia tout d'abord au protestantisme et obtint en récompense, des empereurs d'Allemagne, la création d'une université protestante (1621). A la fin du XVIIᵉ siècle, Louis XIV la réunit à la France (1681).

Si l'on peut ajouter foi à la *Chronique contemporaine* de Phil. de Lignamine (Rome, 1474), Jean Mentelin imprime dans cette ville dès l'année 1458 : il est à croire que cet imprimeur, lors même qu'il n'eût pas été appelé à Mayence, ainsi que le veut Meerman, eut connaissance des procédés nouveaux employés par Gutenberg, procédés sur lesquels le retentissement des nombreux procès, soutenus par celui-ci à Strasbourg même, avait forcément attiré l'attention des hommes spéciaux.

Mais même en admettant l'authenticité du renseignement de Philippe de Lignamine, il ne nous serait pas possible de préciser auquel des nombreux ouvrages exécutés sans indication de lieu ni de date par J. Mentelin pourrait s'appliquer cette assertion.

L'un des livres incontestablement les plus importants qui soient sortis de ses presses, l'un de ceux qui révèlent une antiquité reculée, est certainement la Bible sacra Germanica) en un seul volume in-fol. de 405 ff. à 2 col. et de 61 lignes à la colonne entière : ce livre précieux à tous égards est reporté par tous les bibliographes (voy. *Ædes Althorp.; P. G. Reichhart, etc.*) au moins à l'année 1466.

La Bible latine, dite de 56 *lignes*, plus importante encore (2 vol. in-fol. de 213 et 212 ff. à 2 col. de 56 lignes), est peut-être tout aussi ancienne. Les caractères ronds dont s'est servi Mentelin pour son exécution sont les mêmes que ceux avec lesquels il a imprimé en 1473 le *Speculum historiale* de Vincent de Beauvais.

Henry Eggesteyn fonde à peu près simultanément un établissement rival de celui de Mentelin. Sa Bible allemande (in-fol. de 404 ff. à 2 col. de 60 lign.) est tout aussi ancienne que celle de son rival, et peut également être reportée à l'année 1466.

Le premier livre strasbourgeois publié avec une date certaine est sorti de ses presses : c'est le *Gratiani decretum, cum apparatu Bartholomæi Brixiensis... artificiosa adinuꞔonis imprimendi absꝗ vlla calami exaratione sic effigiatū et ad laudem o͞ipoetis dei est cōsūmatū Per venerabilem virū Henricū Eggesteyn. Artiū liberaliū magistrum civem inclite civitatis Argentiꞗ. Anno D͞ni. M. CCCC. LXXJ°*, in-fol. à 2 col. Texte entouré par la glose, 459 ff.

La même année il publie d'Adrien le Chartreux le *Liber de remediis vtriusque fortunæ*, in-4, imprimé avec son plus petit caractère.

Les principaux imprimeurs strasbourgeois qui suivent J. Mentelin et H. Eggesteyn sont : Adolphe Rusch de Inguilen, qui prend la suite de l'établissement de Mentelin, Martin Flach et Jean Grüninger.

En 1764 le rapport fait à M. de Sartines signale à Strasbourg dix libraires et cinq imprimeurs.

ARGENTOVARIA, voy. ARGENTARIA.

ARGENTUM, *Argent*, bourg et anc. château du Berri (Cher).

ARGENUS, *Arguenon*, riv. de Fr. ; se jette dans la Manche, près de Saint-Malo.

ARGIA, ARGOLIS, auj. la *Saccania*, district de la Morée.

ARGIVERNUM, *Argenxière*, bourg du Nivernais (Nièvre).

ARGOJA, ARGONIA, ARGOVIA, ARAHIS PAGUS, l'*Argovie* (en all. *Argau* ou *Aargau*), canton suisse.

ARGOLIS, voy. ARGIA.

ARGONNA, ARGONNENSIS SILVA, l'*Argonne*, partie montagneuse et boisée des dép. de la Meuse et des Ardennes.

ARGOS, ARGOLICA URBS [Ovid.], ville du Péloponnèse, sur l'emplacement de laquelle existe auj. une ville qui porte encore ce grand nom d'*Argos,* au N.-O. de Nauplie.

ARGOS HIPPIUM [Plin.], ARGYRIPA [Virg. Æn.], ARGYRIPPA [Plin. III], ’Αργυρίππα Δαυνίων, Ἄρποι [Ptol.], *Arpi,* ville de l'*Apulia Daunia,* dont les ruines se voient dans la Capitanate et sur l'emplacement de laquelle on a bâti un village nommé *Foggia.*

ARGOUS PORTUS [Diod. Sio.], *Porto Ferrajo,* capit. de l'île d'Elbe.

ARGOVIA, voy. ARGOJA.

ARHUSIA, ARHUSIUM, voy. AARHUSIA.

ARIA, voy. AERIA.

ARIA; *Arr* ou *Arroë,* île du Jutland (Danemark). [Kinneir.]

ARIALBINUM [Tab. Theod.], ARTALBINUM [Itin. Anton.], MULHUSIUM, *Mühlhausen, Mulhouse,* anc. ville des *Rauraci,* dans la Gaule Belgique, auj. ville de France (Haut-Rhin).

On confond assez fréquemment cette ville avec la ville saxonne du même nom, dans laquelle l'imprimerie exista à partir du XVIᵉ siècle. Il nous paraît cependant que nous pouvons faire remonter l'établissement de la typographie dans la *Mulhouse* alsacienne à l'année 1561. Voici un livre à cette date que nous trouvons fréquemment cité : *De Arbore scientiæ boni et mali, Augustino Eleutherio* (Séb. Frank) *authore.* — A la fin : Mülhusii superioris Elsatiæ, per Petrum Fabrum, anno 1561, in-8. Parmi les imprimeurs du XVIᵉ siècle que nous connaissons dans cette ville, nous ne trouvons pas de noms importants à mentionner ; mais nous recommandons de ne pas confondre George et André Hantzsch, les premiers imprimeurs de Mühlhausen en Saxe, avec les typographes de *Mulhouse d'Alsace.* Nous les retrouverons à MULHUSIUM TURINGORUM.

ARIANUM, *Ariano,* sur le Pô, bourg d'Italie.

ARIARICA, voy. ARIORICA.

ARICA [Itin. Anton.], EBODIA, EVODIA, ORINIACUM, AURINIACA [Anc. Chr.], *Aurigny* (en angl. *Alderney*), île de la Manche, sur la côte O. de France.

ARICIA, ARICIA NEMORALIS [Martial. XIII], ville du Latium, au pied du Monte Albano, auj. *Lariccia,* dans la campagne de Rome.

ARICONIUM, voy. ARECONIUM.

ARIMINUM [Itin. Anton.], ’Αρίμινον [Strab.], ARIMINIUM, ville de l'Ombrie sur l'Adriatique, auj. *Rimini,* dans la délégation de Forli.

Un livre imprimé en 1486 a passé longtemps pour être le premier produit des presses de Rimini ; c'était un livre hébreu : *Sepher Ekkarim,* du rabbi Joseph Albo, an. v. CCXVI (Christi 1486), in-fol. de 107 p. Il est aujourd'hui avéré que ce livre précieux et recherché est sorti de l'imprimerie de Soncino,

dans le Crémonais (voy. Rossi, *de Hebr. typ. orig.*). Il fut réimprimé à Rimini, en 1522 ; mais cette édition tronquée n'a aucune valeur ; elle n'a même pas le mérite d'être le premier livre imprimé à Rimini, puisque les bibliographes en citent un de l'année précédente : *Publii Francisci Modesti Venetiados libri* XII *et alia poemata. Item ejusdem Sylvarum liber unus.* — Arimini, cura et impensa Sebastiani Modesti, per Bernardinum Venetum de Vitalibus, 1521. 2 tom. en 1 vol. in-fol. (Catal. La Vallière, nº 2624, 119 livr. 10 s.)

ARIMINUS, *Marecchia,* riv. d'Italie, qui prend sa source dans les Apennins.

ARINIANUM, *Arignano,* ville de Toscane, sur l'Arno.

ARIO, ARIONIUS, ARNONA, l'*Arnon,* riv. du Berri, affl. du Cher.

ARIODUNUM, *Aerding* ou *Erding,* pet. ville de Bavière.

ARIOLA [Itin. Anton.], AYROLUM, ORIENS, *Orienz* (en ital. *Airolo*), bourg de Suisse (canton du Tessin).

ARIOLA, *Ureuil,* village près Toul (Meurthe). Quelques géographes voient dans cette station de l'Itinér. d'Antonin le village de *Rocourt* (Marne).

ARIOLICA [Tab. Peut.], *Nizeroles,* village du dép. de la Nièvre, suiv. Baudrand.

ARIOLICA, *Aurilly.* Plusieurs localités en France portent ce nom.

ARIONA, ARJONA, l'*Ombla,* riv. de Dalmatie.

ARIORICA [Itin. Anton.], à XVI m. de *Besançon,* ARIARICA, PONS AELII, PONS DUBIS, PONS ARLIÆ [Chr. Virdun. a. 1095], AELIUM [Vales. Not. Gall.], PONS ELAVERIS, PONTARLUM, *Pontarlier,* sur le Doubs, ville de Franche-Comté (Doubs).

Nous ne trouvons pas trace d'impression dans cette ville antérieure au XIXᵉ siècle.

ARIPOLIS, voy. INGOLSTADIUM.

ARISA, l'*Arise,* riv. du Languedoc; se jette dans la Garonne.

ARISCOTIUM, voy. ARESCHOTTUM.

ARISITENSIS PAGUS, l'*Arzat,* canton du Rouergue (Aveyron).

ARISITUM, ville épiscopale, suiv. Grégoire de Tours, mais dont il ne subsiste que de faibles ruines auprès de la petite ville d'*Arzat,* en Rouergue (Aveyron).

ARISTADIUM, voy. ARNSTADIUM.

ARITIUM PRÆTORIUM, voy. BENEVENTUM.

ARLANTUM, ARLATEVICUS [monn. mérov.], *Arlant* ou *Arlanc,* bourg d'Auvergne (Puy-de-Dôme).

ARLAPE, ARX LAPIDEA, ARA LAPIDEA, *Pechlarn* ou *Pöchlarn,* ville d'Autriche.

ARLAUNUM, ARLUNUM, AROLAUNUM, OROLAUNUM, *Arlon*, ville de Belgique (Luxembourg).

ARLEGIA PALATIUM, *Arleux*, village de l'Artois, entre Cambrai et Douai. [Spicileg. Acher., p. 187.]

ARMANIÆ, ARMASANICÆ, *Aymargues*, pet. ville de France, près Lunel (Hérault).

ARMEIUM, *Armieu*, bourg du Dauphiné (Isère).

ARMENIACENSIS COMITATUS, ARMENIACUM, ARMINACENSIS TRACTUS [Chron. Carlov.], l'*Armeniac*, *Liermignac* (XIIIe et XIVe s.), l'*Armagnac*, province française, représentée auj. par les dép. du Gers, des Hautes-Pyrénées et partie du Tarn-et-Garonne.

ARMENITA [Tab. Theod.], ARNINA [Itin. Marit.], *Fiore*, riv. de Toscane.

ARMENOPOLIS, *Armenienstadt*, ville de Transylvanie.

ARMENTARIÆ, ARMENTERIA, *Armentières*, pet. ville de France, sur la Lys (Nord).

ARMENTIO, l'*Armançon*, riv. de Bourgogne; se jette dans l'Yonne.

ARMORICA (du celte AR MOR, *près la mer*), ARMORICANUS TRACTUS [Not. Imper.], ARMORICÆ CIVITATES [Cæs. v, 51], BRITANNIA MINOR, BRITANNIA CISMARINA, la *Bretagne*, prov. de France, la patrie des hommes de mer.

ARNA, l'*Arne*, pet. riv. de Champagne.

ARNA [Sil. Ital.], *Civitella d'Arno*, pet. ville de Toscane, au pied des Apennins.

ARNÆUM DUCIUM, ARNEJUM DUCIS, ARNETIUM DUCUM, *Arnay-le-Duc*, ville de France (Côte-d'Or).

ARNAPHA, *Ervates*, *Erft*, riv. de Westphalie, affl. du Rhin.

ARNASIA, *Mätsch*, château et baronnie en Tyrol.

ARNAVIA, *Arnau*, *Arnaw*, sur l'Elbe, pet. ville de Bohême.

Nous connaissons un livre imprimé dans cette ville à l'époque de la réforme :
Eyn Wegsprech gen Regenspurg zu ynss concilium zwischen eynem Byschoff hürenwirt und Kuntzen seinem knecht.
A la fin : *Gedruckt zu Arnaw an der Elbe in Böhem durch Hans Hoss von Brawn.* Anno M DXXV.
In-4 de 20 ff. fig. s. b.; très-curieux opuscule que nous communique le libraire L. Liepmannsohn.

ARNBURGUM, ARNOLDI BURGUM, *Arnbürg* ou *Arnbourg*, pet. ville de Prusse, sur l'Elbe (Brandebourg).

Nous ne pouvons rien ajouter au renseignement fourni par M. Ternaux. Premier livre imprimé : *Icones et historica descriptio præcipuorum hæresiarcharum*, etc., Arnburgi, 1609, in-fol. Nous pensons seulement qu'il y aurait lieu peut-être de lire : *Hamburgi*, car cette localité n'est citée que par M. Ternaux.

ARNEMIUM, voy. ARENACUM.

ARNEMUDA, ARNEMUNDA, *Armuyden*, ville de Hollande, dans l'île de Walcheren.

ARNETUM, voy. ARNÆUM.

ARNHEMIUM, voy. ARENACUM.

ARNOLDI VILLA, ARNOVILLA, *Arnouville*. — Plusieurs villages de France portent ce nom.

ARNONA, voy. ARIO.

ARNSBURGUM, *Arnsborg*, ville et château de Danemark (Gothland).

ARNSTADIUM, ARISTADIUM, ARNSTETUM, ARNOSTADIUM, *Arnstadt*, ville de Thuringe, près Erfurt (princip. de Schwartzburg-Sondershausen).

Premier livre imprimé : *Eckardus Leichnerus; Comment. de Magis qui Christum adorare venerunt in Bethlenem.* Arnsteti, 1625, in-16. Réimpr. à Iéna, en 1655, sous le titre de : *De Tempore Magorum*, in-12. Le catal. des Elzevirs de 1681 nous fournit un titre d'ouvrage imprimé dans cette ville en 1641 : *Jos. Grossgebaur, Jesus staurologia Parabolico-paradigmatica.* Arnstad, 1641, in-4, et la *Bibliotheca saxonica* G. Struvii nous donne un grand nombre de livres relatifs à l'histoire de cette ville et de la province de Schwartzburg, entre autres tous les ouvrages de Jean Christ. Olearius, le célèbre pasteur de cette ville, à la fin du XVIIe siècle, *Arnstædische feuer-historie;* Arnstadt, 1700, in-8, *Epitome historiæ Arnstadiensis*, cum fig. æneis. *Ibid.*, 1704, in-fol., etc.

ARNULPHII OPPIDUM, *S. Arnoul*, *S. Arnould*, pet. ville de France (Eure-et-Loir). Plusieurs localités en France portent ce nom.

ARNUS [Plin., III.; Tacit. Ann., I], l'*Arno*, fleuve de Toscane.

AROANNA FLUVIUS, l'*Orvanne*, riv. de Fr., affl. du Loing.

AROASIA, *Aroaise*, bourg de l'Artois, près Bapaume (Pas-de-Calais).

AROE, voy. PATRÆ.

AROLA, ARULA, voy. AARA.

AROLÆ BURGUM, voy. ARBURGUM.

AROLÆ MONS, *Mont Saint-Gothard.*

AROLAUNUM, voy. ARLAUNUM.

ARONA, l'*Aronde*, riv. de Picardie, affl. de l'Oise.

AROSIA, *Arosen*, *Westeras*, ville de Suède, sur le lac de Maelar.

Le catalogue de la *Bibl. Telleriana* (p. 187), Panzer (tom. VI, 130), Jean Hallervort (*Bibl. curiosa*, Regiomonti, 1676, in-4, p. 39), enfin J. Scheffer.

(*Suecia litterata*, p. 17), donnent comme premier livre imprimé dans cette ville : *Breviarium secundum ritum almæ ecclesiæ Arosiensis*. Arosiæ, 1504, in-8. Ce bréviaire, publié par Otto, évêque de Westeras, existe-t-il réellement? Le fait est très-contesté : Panzer indique le livre comme étant in-fol. ; le catal. Le Tellier parle d'un in-4, et Scheffer, qui ne le cite que d'après Hallervort, le dit in-8. Le D' Cotton prétend que, selon toutes les probabilités, ce bréviaire n'est autre que celui qu'imprimait à Bâle, en 1513, Jacques de Pforzheim, dont Panzer aurait vu un exemplaire incomplet du dernier f., et que la préface étant datée d'*Arosiæ* VI *Id. octobr.* 1504, le bibliographe de Nuremberg aurait été induit en erreur et aurait improvisé ce titre : *Breviarium secundum ritum Eccl. Arosiensis*. Ceci est très-possible sans doute, mais comment admettre que Panzer, 'exactitude faite homme, qui décrit ce bréviaire de Bâle sous le format in-4 (Ann. VI, p. 190), se soit ainsi trompé deux fois? En effet, quelques pages auparavant, il désigne le Bréviaire de Westeras sous le format in-fol.

M. Schröder d'Upsal (*Incunabula artis typographicæ in Suecia*) ne fait aucune mention de ce Bréviaire de Westeras, et son silence est une forte preuve à l'appui de la non-existence du livre.

M. Brunet esquive la difficulté en ne citant ni l'un ni l'autre de ces deux bréviaires, et, nos efforts pour nous les procurer étant restés vains, il nous est impossible de trancher la question, bien que nous penchions fortement pour l'opinion du docteur Cotton.

Si l'appel que nous faisons aux bibliographes étrangers est entendu, et si, comme nous l'espérons, nous obtenons de leur complaisance quelques documents nouveaux, nous reviendrons sur cette question, ainsi que sur tous les points laissés dans l'obscurité, que nous ne serons pas parvenus à élucider.

C'est seulement à l'année 1621 que le D' Cotton fait remonter l'établissement d'une imprimerie à Westeras sous la direction d'Olaus Olai, d'Elseneur, et sous le patronage du grand roi Gustave-Adolphe. Mais la *Biblioth. Septentrionalis* nous fournit quelques indications antérieures, entre autres : *Concio funebris in obitum Joh. Trotzig*. Arosiæ, per Eucharium, 1617, in-8. Cette oraison funèbre est d'un pasteur de Stockholm, nommé Simon Benedicti.

Un psautier en suédois, dont il existe un exemplaire sur vélin à l'université d'Upsal, fut imprimé à Westeras en 1625, et nous citerons encore une traduction du célèbre ouvrage de Philippe de Mornay, *Consideratio vitæ ac mortis humanæ*, impr. *Arosiæ*, per Petrum Wald, an. 1639, in-8.

AROSIUS, ARROSIUS, l'*Aroux* ou l'*Arroux*, riv. de Bourgogne, affl. de la Loire.

AROTHIA, *Arolsen*, ville de la princip. de Waldeck, près Paderborn.

AROVIA, voy. ARAUGIA.

ARPAJONUM, CASTRUM ARPAJONI, ARPACONA [monn. mérov.], *Arpajon*, ville de Fr. (Seine-et-Oise).

ARPINUM [Cic., Sallust.], anc. ville des Volsques, dans la haute Apulie, auj. *Arpino*, ville de l'anc. roy. de Naples (Terre de Labour).

Patrie de Cicéron : Haym cite plusieurs ouvrages consacrés à la description de cette ville antique, appelée par A. Ricchi da Cora la *Regina de' Volsci*.

ARPONIUM, *Quarcano*, bourg d'Italie (Calabre citér.).

ARQUATA, ARQUATUM, *Arqua*, bourg de la Vénétie, près Padoue. = *Arqua*, bourg près de Rovigo.

ARRABONA, voy. ARABO.

ARREIUM, ARREIO VILLA, *Arreau*, pet. ville de France (Hautes-Pyrénées).

ARRIACA, ville des *Carpetani*, dans la Tarraconaise, auj. *Guadalajara*, dans la Nouvelle-Castille. On trouve dans les Chroniqueurs : *Godelfare*.

Nous connaissons un livre imprimé dans cette ville en 1564 : *Memorial de cosas notables, por Iñigo Lopez de Mendoza*. Guadalajara, S. de Cormellas, 1564, pet. in-fol.

ARRIANÆ, ville de la Pannonie, qu'on croit être auj. *Altenhoven*, en Autriche, sur le Danube.

ARROA, *Arroë*, île de la Baltique.

ARROSA, l'*Ayr*, pet. riv. de Champagne, affl. de l'Aisne.

ARSACI ABBATIA, *Arsac l'Abbaye*, bourg de France (Gironde).

ARSACUM, *Arzac*, pet. ville de Gascogne (Gers).

ARSEMBLACUM, *Arsembouy*, village du Nivernais.

ARSICUA, Ἀρσικούα [Ptol.], *Hadrisch*, pet. ville de Moravie (Autriche).

ARSIGNANUM, ARX LANÆ, *Arzignano*, bourg de la Vénétie, près Vicence.

ARSINOE [Plin. v], Κλεόπατρις [Strab.], HAHIROTH [Num. XXXIII], *Suez*, sur la mer Rouge.

ARSINOE, voy. FAMA AUGUSTA.

ARTABRUM PROMONTORIUM [Plin.], Νέριον [Strab.], CAPUT FINISTERRÆ, *Cap Finisterre*, en Galice.

ARTAIUM, *Artas*, bourg du Dauphiné (Isère).

ARTALBINUM, voy. ARIALBINUM.

ARTAUNUM, voy. HERBIPOLIS.

ARTEGIA, *Arthies*, village et anc. château du Vexin français (Seine-et-Oise).

ARTELICA, voy. PISCARIA.

ARTEMISIA [Plin. III], Ἀρτέμιτα [Steph.], *Gianuti, Januti*, île d'Italie, sur la côte de Toscane.

ARTEMISIUM, *Santa Agata*, bourg d'Italie (Calabre citér.).

ARTEMISIUM [Strab.], Διάνιον [Ptol.], DIANIUM [Cic., Plin.], HEMOROSCOPIUM CONTESTANORUM [Fest.], anc. ville de la Tarraconaise, auj. *Denia*, ville maritime d'Espagne (roy. de Valence).

ARTEMISIUM PROMONTORIUM, *cap S. Martin*, en Espagne.

ARTESIA [Cell.], ATREBATENSIS COMITATUS, pays des anc. *Atrebates*, l'*Artois*, prov. française qui comprend partie des départements du Pas-de-Calais et de la Somme.

ARTHENÆUM, *Arthenay, Artenay*, pet. ville de France (Loiret).

ARTHONA, voy. ARTONA.

ARTIACA, voy. ARCIACA.

ARTIACUM VILLA, SUPRA FLUVIUM ARARIM [Charta Rodulfi reg. a. 925], *Arcey*, anc. villa royale, auj. village de la Haute-Saône.

ARTIGI, ARTIGIS [Itin. Anton.], *Alhama*, ville d'Espagne (roy. de Grenade).

ARTIVIA, *Artel*, bourg du Nivernais.

ARTOBRIGA [Tab. Peut.], *Laufen*, bourg de Suisse, près Schaffouse. = *Artzburg*, ville de l'anc. Vindélicie (Wurtemberg).

ARTOLICA, *Tuglia*, bourg de Savoie, près d'Aoste.

ARTONA, ARTHONA, HORTANA, *Artonne*, pet. ville d'Auvergne (Puy-de-Dôme).

ARTONUM, *Arton*, ou *Arthon*. Plusieurs villages de France portent ce nom.

ARUCCI, ARUCÆ [Itin. Ant.], auj. *Moura*, ville de Portugal (Alentejo).

ARULA, l'Arlberg, chaîne secondaire du Voralberg, montagnes du Tyrol.

ARULA, voy. AROLA.

ARULA, l'*Aigre*, pet. riv. de la Beauce, affl. du Loir.

ARULÆ, *Arles-sur-Tech*, bourg de France (Pyrénées-Orient.).

ARUNDA [Plin.], *Ronda*, ville d'Espagne, dans le roy. de Grenade.

Nous empruntons à l'admirable travail de Don J. Gallardo le titre d'un livre imprimé à Ronda au XVIIe s. : *Relacion verdadera de || la grande tormenta y diluvio que sucedio en la ciudad || de Ronda, Lunes 28 de setiembre deste presente || año de 1637, y del grande estrago que hizo en hom || bres, animales, edificios y campos. || Dase cuenta de algunos milagros que la Virgen nuestra señora || obró en ella.* In-4.

ARUNTINA, *Arundel*, ville d'Angleterre (comté de Sussex).

Imprimerie en 1756. [Cotton, *Suppl.*]

ARUPINUM [Strab.], ARUPIUM [Itin. Anton.], ARYPIUM [Tab. Peut.], le *château d'Auesberg*, dans la Carniole, près Laybach.

ARUR, voy. AROLA.

ARVA, ORAWA, *Also-Kubin*, pet. ville de Hongrie, dans le comitat d'Arva.

ARVA, l'*Avre*, pet. riv. de France, affl. de l'Eure. C'est sur cette rivière, dans la papeterie du Mesnil, près l'abbaye de l'Estrées, appartenant alors à M. Guillot et maintenant à MM. Didot, que furent continués par Robert, avec aussi peu de succès qu'à Essonnes, les essais de son idée première sur la *machine à papier continu.* = l'*Arve*, riv. de Savoie, affl. du Rhône.

ARVENSIS COMITATUS, *die Arvaer Gespannschaft*, le *comitat d'Arva*, en Hongrie.

ARVERNA [Sidon. III, Epist.], ARVERNORUM CIVITAS [Not. Civ. Gal.], AUGUSTA ARVERNORUM, Αὐγουστονέμετον [Ptol., Tab. Peut.], GERGOVIA ARVERNORUM (voy. GERGOVIA), AREVERNO, ARROVERNO [monn. mérov.], CLAROMONTIUM [Cell.], NEMOSSUS, Νεμωσσός [Strab.], CLARUS MONS, *Clairmont* (moy. âge), *Clermont-Ferrand*, anc. capit. des *Arverni*, puis du comté d'Auvergne, auj. chef-lieu du dép. du Puy-de-Dôme.

Sept conciles; abb. de Bénéd., abb. de Cluny, abb. de Prémontré. Impr. en 1538.

M. Ternaux donne comme premier livre imprimé dans cette ville l'ouvrage de Savaron sur *les Origines de Clermont*, impr. en 1607, in-8, et M. Cotton fait remonter jusqu'à 1594 la date de l'introduction de l'imprimerie dans la capitale de l'Auvergne. Nous pourrions facilement citer un grand nombre de volumes antérieurs; le plus ancien et le plus important, à notre avis, est la seconde édition des *Coutumes du hault et bas pays d'Auvergne*, Clermont, Nicolas Petit, 1538, in-8, dont la première est datée de Paris, 1511, imprimée par Jehan Petit et déposée à Clermont *en l'hostel de Loys Maritain libraire dud' lieu*, in-8, goth. (Bibl. Impér., F. 3433).

La même année nous avons un autre livre imprimé à Clermont, dont un bel exempl. est aussi conservé à la Bibl. imp. (B. 1505) : *Statuta Synodalia diœc. Claromontensis a Guillermo de Prato, episcopo Claromontensi, de novo ordinata, anno* MDXXXVII. Clermont, Nicolas Petit, 1538, in-4. Ces statuts synodaux avaient été imprimés antérieurement, ainsi qu'il résulte d'un fragment que nous avons eu entre les mains, et dont le titre était conservé : *Statuta synodalia Claromoñ. De novo ordinata cum privilegio regis.* M.D.XXVI. Venundatur in ciuitate claromoñ. A magistro Anthonio Chalvet bibliopola comorâti ante ecclesiam diue Marie de Gratia, in-4, avec une marque formée d'un A entre deux CC. — *Ce de novo ordinata* semble même indiquer une édition antérieure.

Parmi les imprimeurs postérieurs à Nicolas Petit, qui ont quelque importance, nous citerons Jean Durand, qui donne, en 1587, une nouvelle et belle édition des *Coustumes d'Auvergne*, in-8; Nicolas Jacquard et Boujon, au XVIIe siècle.

Le rapport fait à M. de Sartines donne les noms de deux imprimeurs conservés à Clermont par l'édit de 1759 et exerçant en 1764 : Pierre Viallanes, pourvu en 1736, possédant trois presses, et Louis-P. Boutandon, établi dep. 1735 (4 presses). Les ancêtres de ce dernier avaient exercé la charge d'imprimeur du roi depuis 1697.

ARVII, peuple de la Gaule; occupait le dép. actuel de la Sarthe.

ARVONIA, ARVONIENSIS COMITATUS, SNAUDONIA, la *province de Caernarvon*, en Angleterre (Pays de Galles).

ARX ALTA, voy. ALTUM CASTRUM.

ARX ARMINII, *Hermannsburg*, dans la princip. de Waldeck.

ARX AUSTRINA, *Zuyd-Schans*, forteresse du Brabant, près Berg-op-Zoom.

ARX BATAVORUM, *Batemburg*, pet. ville de Hollande (Gueldre).

ARX BRITANNICA [Sueton.], *Brittenburg*, bourg de Hollande, près Leyde.

ARX BUCCINÆ, le *château Trompette*, fort près Bordeaux. [Graesse.]

ARX DRUSIANA, *Doesburg*, ville forte de Hollande (Gueldre).

ARX FONTANA, *Fuentes*, place forte du Milanais.

ARX GANDULFI, *Castel-Gandolfo*, bourg et résidence d'été de la cour papale.

ARX IPHIA, ARX TAXIANA, CASTELLUM IPHIUM, *château d'If*, île et forteresse dans la rade de Marseille.

ARX KELLINA, *Eniskilling*, ville d'Irlande (Ulster).

ARX LANÆ, voy. ARSIGNANUM.

ARX LAPIDEA, voy. ARLAPE.

ARX LUDOVICI AD SAARAM, SARAVUS LUDOVICI, *Saarlouis, Sarrelouis*, ville forte de la Prusse rhénane, près de Trèves.

ARX LUDOVICIA, *Fort-Louis*, pet. ville d'Alsace (Bas-Rhin).

ARX MEDIA, MEDIUS VICUS, *Moyenvic*, bourg de Lorraine (Meurthe).

ARX MINERVÆ [Virg.], Ἀθήναιον [Dion. Halyc.], PORTUS VENERIS, auj. *Castro*, bourg d'Italie (Calabre).

ARX NOVA, *Nysslot, Sawollina*, ville de Russie (Finlande).

ARX NOVA, NEOSELIUM, *Neuhüasel*, bourg de Hongrie.

ARX RUBRA, *Rother Thurm*, défilé des montagnes de Transylvanie.

ARX S. HOSPITII, *Ospitio*, bourg de France (Alpes-Marit.).

ARX S. JULIANI, fort *San Juliano*, sur le Tage (Portugal).

ARX SCEPUSIENSIS, SCEPUSIUM, *Szepervar*, bourg de Hongrie.

ARX SCHENKIANA, *Schenkenschans*, bourg dans l'île de Grafenwoord, sur le Rhin.

ARX SEPTENILIA, *Settenil*, bourg d'Espagne (roy. de Grenade).

ASA PAULINI, voy. ANSA.

ASCALINGIUM, Ἀσκαλίγγιον [Ptol.], BENNOPOLIS [Tab. Peut.], HILDESIA, HILDESHEMIUM, *Hildesheim*, ville du roy. de Hanovre.

L'imprimerie remonte dans cette ville à l'année 1605, et le premier imprimeur est Andreas Hantzsch. Voici le titre d'un livre publié par lui cette première année : *M. Christoph. Rodtbarti extremum judicium, die gantze Lehr vom jüngsten Tag ;* — Hildesheim zu Hannober, 1605, in-8.
André Hantzsch n'avait établi à Hildesheim qu'une succursale, son imprim. princip. étant à Mühlhausen.
Le Dr Cotton fait aussi remonter à cette même année 1605 l'établissement d'une imprimerie à Hildesheim.

ASCANIA, ASCHARIA, l'ancien château des princes d'Anhalt, sur les ruines duquel s'est élevée la petite ville d'*Aschersleben*, près Halberstadt.

Peignot mentionne un ouvrage de J.-Fr. Reinman, imprimé dans cette petite ville en 1702, et Ternaux cite : *Heberi, fiducia magistratus*, Ascaniæ, 1715, in-4. Il est vrai que trois lignes plus bas cet excellent bibliographe cite, sous la rubrique *Aschersleben : Lutheri Catechismus*, 1705, in-12. Pour l'imprimerie à Anhalt, en 1590, voy. *Anhaltinum Vetus*.

ASCANIA, TUSCANIA, *Toscanella*, pet. ville fortifiée d'Italie (délég. de Viterbe).

ASCHAVIA, *Aschach*, ville de Bavière, près Würtzburg.

ASCIBURGII MONTES [Cell.], GIGANTEI MONTES, *das Riesengebirge*, chaîne de montagnes qui sépare la Silésie de la Pologne.

ASCIBURGIUM [Tab. Theod.], ville des *Gugerni* dans la Gaule Belgique, auj. *Asburg*, bourg du roy. de Wurtemberg.

ASCIBURGUM, voy. EMBRICA.

ASCIBURGUM, voy. DISPARGUM.

ASCIBURGUM, ASCHIBURGUM, COLONIA TRAJANA, ASCHAFFENBURGUM, *Aschaffenburg*, ville de Bavière (cercle de Franconie), entre Francfort et Mayence.

L'introduction de l'imprimerie dans cette ville date de 1620, suiv. le docteur Cotton, qui désigne Balthasar Lippius comme le premier imprimeur. Nous ne connaissons pas les livres sur lesquels s'appuie le bibliographe anglais pour déterminer cette date, et ce n'est qu'en 1629 que nous trouvons des livres imprimés dans cette ville : *Vorburg (Wolfg. Sigism.) Testimonialis commissarius Latino-Germanicus.* Aschaffenburgi, 1630, in-12. — *Vorburg (Jo. Phil.) Paratitla Juris canonici.* Aschaff., 1629, in-8. (Cat. de Tournes, p. 200.) — *Jo. Althusii Aphorismi Juris civilis.* Aschaffenburg, 1630, in-12.

ASCRIVIUM [Plin. III], Ἀσκρούϊον [Ptol.], CATTARA, CATARÆ, ville de Dalmatie, auj. *Cattaro (Kottor*, en slave), avec un grand port sur l'Adriatique.

ASCULUM APULUM [Cell.], ASCULUM [Flor.], Ἄσκλον [Plut. in Pyrrh.], ville de l'*Apulia Daunia*, auj. *Ascoli di Satriano*, ville de l'anc. roy. de Naples (Capitanate).

Nous avions cru retrouver les traces d'un établissement typographique dans cette petite ville au XVII° siècle, mais nous avons acquis la preuve que c'est à l'*Ascoli* du *Picenum* que s'appliquent les notes que nous avions recueillies.

ASCULUM PICENUM, Ἄσκλον τὸ Πίκηνον [Strab. Plutarch.], Ἄσκουλον [Ptol.], ASCULUM [Plin. III, Cæs.], *Ascoli*, ville forte de la Marche d'Ancône, sur le Tronto.

Tous les bibliographes citent deux ouvrages imprimés dans cette ville au XV° siècle ; aussi n'en donnerons-nous que les titres succincts : *La Cronica de Sancto Isidero Menore, con alchune additioni caciate del texto et Istoria della Bibbia e del libro de Paulo Orosio.* A la fin : Impresso in Ascoli in casa del Rev. Plebano de sancto Venantio Miser Pascale : per mano del degno impressore Mag. Golielmo de Linis de Alamania, M. CCCC. LXXVII, in-4. Char. rom. 157 ff.

Et *Statuta civitatis Asculanæ*... Gli sopradicti statuti sono stampati per il venerab. frate Joanni da Theramo... d° la città d'Ascolo, in l'anno M. CCCC. LXXXXVI. In-fol. à 2 col., 30 lig.

ASCUM, ASCA, *Assche*, bourg et château de Belgique, près d'Alost.

Le célèbre Josse Bade était né dans ce château, ce qui lui fit donner le surnom d'*Ascensius*. On a prétendu que Thierry Martens d'Alost était originaire de ce bourg ; mais le contraire est démontré par M. Van-Iseghein, dans la remarquable étude qu'il a consacrée au prince des imprimeurs belges.

ASENA, ville de Bétique, auj. *Alamuz*, bourg du Portugal, sur le Tage.

ASIA, voy. AQUÆ TARBELLICÆ.

ASILUM ou MANSUS ASILI, le *Maz d'Azil*, bourg du Languedoc (Ariége).

ASINARIUM, ASINERIÆ, ASNERIÆ PALATIUM, *Asnières*, anc. villa royale, *in agro Parisiaco* [Charta S. Ludov. a. 1261], auj. bourg de la banlieue parisienne. Un grand nombre de localités en France portent ce même nom.

ASINARUS, Ἀσίναρος [Plutarch.], le *Freddo*, riv. de Sicile, dans le Val di Demona.

ASINDO, voy. ASSIDONIA.

ASINI, *Asnes*, village de la Flandre française (Nord).

ASINIACUM, *Aisenay*, village près Luçon (Vendée).

ASINOVILLARE, *Anseauvillars en Chaussée*, village près de Breteuil (Oise).

ASISIUM, Ἀσίσιον [Ptol.], ASISINATIUM MUNICIPIUM [Grut.], ville de l'Ombrie, auj. *Assisi, Assise*, ville de l'Italie centrale, dans la délég. de Pérouse.

Armellini a publié dans cette ville en 1731 et 1732 les deux premières parties de sa *Bibliotheca Benedicto-Casinensis, sive scriptorum Casinensis con-* *gregationis Sanctæ Justinæ Patavinæ cum addit. et append.* In-fol. La 1re partie a 238 pp.; la 2e 262, et l'*Appendice* qui forme 15 pp. fut imprimé cette même année 1732, mais à Foligno. La biblioth. de l'abbaye de Sainte-Justine de Padoue, auj. dispersée, était fort importante et renfermait un grand nombre de traités inédits des savants Bénédictins.

ASIUS, *Chiascio*, riv. d'Italie, affl. du Tibre.

ASLOA, voy. ANSLOA.

ASNESUM, *Assens*, ville de l'île de Fionie (Danemark).

ASNIDIA, ASSINDIA [Cellar.], ESSENDIA, *Essen*, ville de la Prusse rhénane.

ASOLVEROTH, voy. MONS S. GEORGII.

ASOPUS [Ovid.], Ἀσωπός [Strab.], l'*Asspo* ou l'*Asopo*, fl. de Grèce, dans l'anc. Béotie.

ASPALATOS, SALONA NOVA, SPALATRUM, *Spalatro*, ville des États autrichiens (Dalmatie).

ASPALUCA, *Acous*, village du Béarn, près Orthez (Basses-Pyrénées). Quelques géographes désignent sous ce nom la *vallée d'Aspe*, dans le même département, et le *Gave d'Aspe*, torrent qui traverse cette vallée.

ASPAVIA [Cæs.], *Espejo*, village d'Espagne (Andalousie).

ASPERA, *Asperen*, bourg de Hollande, sur le Linge. = *Aspres*, bourg du Dauphiné (Hautes-Alpes).

ASPEROSA, ASTRIZZA, *Polystilo*, ville de la Turquie d'Europe, dans la Roumélie.

ASPIS, *Aspe* ou *Aspa Vieja*, bourg d'Espagne, au roy. de Valence (c'est une station de l'Itin. d'Antonin, située entre Tarragone et Carthagène).

ASPIS, l'*Aspido*, pet. riv. de l'Italie centrale.

ASPRENCIA, voy. SPARNACUM.

ASPRICOLLIS, MONS ACUTUS, *Scherpenheuvel* (*Mont-Aigu*), pet. ville de Belgique (Brabant).

ASPRIMONTIUM, ASPRIMONS, *Aspremont* ou *Apremont;* la plus illustre baronnie d'Austrasie, dit le père Anselme. Un grand nombre de localités en France portent ce nom.

ASSA PAULINI, voy. ANSA.

ASSIDONIA, ASINDO, METHYMNA SIDONIA, ville de la Bétique, à l'O. de Cadix, auj. *Medina Sidonia* (prov. de Séville).

ASSINDIA, voy. ASNIDIA.

ASSINIUM, ASSINUM, *Assimshire*, comté d'Écosse.

Assisium, voy. Asisium.

Assorus ·[Cic. Ver.], ᾿Ασσωρος [Steph.], Assorium, *Azaro*, bourg de Sicile.

Assovium, Asovia, Tanais [Plin.], *Azow* ou *Azof*,· ville de la Russie d'Europe, dans une île du Don (prov. d'Iekaterinoslaw).

Asta [Plin. III, · 5], ῎Αστα κολώνια [Ptol.], Astensis Civitas [Paul. Diac.], Asta Pompeja, Hatia [Tab. Peut.], ville de l'anc. Ligurie, sur le Tanaro, auj. *Asti*, ville et évêché de Piémont.

Panzer et les bibliographes modernes citent deux livres imprimés à Asti en 1518 et 1519 : *Alberti Bruni de Constitutionibus, decretis, statutis et consuetudinibus*. Astæ, MDXVIII, in-fol. — *Benevenuti Sangeorgii Series Montisferrati marchionum et principum*, Astæ, per Franciscum de Silva, MDXIX, in-4. (Cat. Pinelli, II, p. 164.)

Il ne nous est pas permis de passer sous silence le livre le plus précieux imprimé à Asti, dont un exemplaire est conservé dans l'admirable bibliothèque du respectable doyen des bibliographes, M. J.-C. Brunet, qui l'a, *de visu*, décrit aussi exactement que possible dans la dernière édition du *Manuel du Libraire*. — *Alioni Astensis (J.-G.) opera Jocunda metro Macharronico materno : et.Gallico composita*. A la fin : Impressum Ast per magistrum Franc. de Silva, anno dñi, Milesimo quingentesimo vigesimo primo, die xij. mensis Marcij., pet. in-8, demi-goth. fig. s. bois ; 200 ff. non chiffrés. Le bel exemplaire de M. Brunet a figuré dans les ventes Hanrott et Rich. Heber. ; il fut acquis à cette dernière vente par le libraire Crozet, qui le céda à M. Brunet : il est incomplet de 2 ff., mais il a le frontispice original que n'avait pas celui de M. Libri (vente de 1847). Voyez, à cette occasion, *Acte d'accusation contre Libri-Carucci*, art. Grenoble.

Asta Regia [Plin., Mela., Itin. Ant.], Xeresium, ville de l'anc. Bétique, auj. *Xérés de la Frontera*, sur le Guadalete (Andalousie).

« L'imprimerie doit exister dans cette ville depuis l'an 1626, » dit le Dr Cotton, qui ne cite aucun livre à l'appui de son assertion. Voici un vol. imprimé l'année précédente, qui se trouve à la biblioth. de l'Arsenal : *Disqorso en que se prueva, que el habito, introducido por la nueva Pragmatica, es el mas natural y mas conforme al antiguo destos Reynos, por el licenciado Fernando Manojo de la Corte*. Xérès, 1625, in-4. Une édition de ce petit traité a été publiée à Barcelone cette même année 1625 : nous ignorons laquelle est la première.

Astapa [Liv.], *Estepa la Vieja*, ville d'Espagne, près du Xenil (Andalousie).

Astaracensis Ager, Astaracum, *pays d'Astarac* ou *d'Estarrac*, en Gascogne, près Comminges (Haute-Garonne).

Astigis [Itin. Ant.], Astigitana Colonia [Plin. III], Colonia Augusta Firma [Insc. ap. Grut.], *Ecija'* ou *Exija*, ville d'Espagne, sur le Xenil (Andalousie).

Nous ne connaissons pas de livre imprimé à Ecija, antérieurement à celui-ci : *Soledad entretenida en que se da noticia de la storia de Ambrosio Calisandao, compuesto por Joan de Barrio nuevo y Moya clerigo*. — En Ecija, por Juan de Malpartida de las Alas, 1638, in-4. Mais D. J. Gallardo nous en indique un plus ancien : *Relacion de la solemnitad con que celebró la octaba del Santissimo Sacramento en la yglesia mayor de Santa Cruz su patrono Don Diego de Mendoza, regidor de la dicha ciudad este año de* 1633. — Con licencia, impresa en Ecija, en la oficina de Luis Estupiñan, año 1633. In-4. 36 ff. sans pagin.

(Biblioth. española, tom. I, 729.)

Astigis Vetus, Astygis, *Alahameda (Alameda)*, bourg d'Espagne, près Ecija (Andalousie).

Astipalæa, ᾿Αστυπαλαία [Ptol.], *île de Stampali*, dans l'Archipel, entre Naxos · et Rhodes, sur la côte de Carie.

Astræus, fleuve de Macédoine, auj. la *Vistrizza*, dans le pach. de Saloniki.

Astrasia, Westrachia, *Westergoë*, l'un des quatre districts de la Flandre wallonne.

Astrizza, voy. Asperosa.

Astura [Plin. III], ὁ Στόρας [Strab.], *Stura*, pet. riv. des États du Pape.

Astures, peuple de l'Espagne Tarraconaise, divisé en *Astures Augustani* (roy. de Léon) et *Astures Transmontani* (les *Asturies*).

Asturica Augusta, Colonia Asturica, Austurga, Asturgia, anc. cap. des *Astures*, auj. *Astorga*, ville d'Espagne, dans le roy. de Léon.

Le Dr Cotton rapporte que la bibliothèque du *Trinity College* de Dublin contient un volume imprimé dans cette ville en 1624 par Hieronymo Murillo, mais il n'en donne pas le titre.

Pedro Cosin imprima dans cette ville en 1577 un traité de D. Franc. Carmiento de Mendoza, intit. : *Defensio libelli de reditibus ecclesiasticis ab impugnationibus doctoris Martini Navarri*. — Astoricæ, 1577, in-fol.

Asula, Acelum [Plin. III.], Acedum, ῎Ακεδον [Ptol.], *Asola*, pet. ville de la Vénétie, sur la Chiese.

C'est la patrie d'Andreas Asulanus, qui prit la direction de l'imprimerie des Aldes, à la mort d'Alde l'ancien, qui arriva le 8 février 1515 (1516, n. style).

Ataciacus Vicus [monn. .mérov.], voy. Narbo Martius.

Atacini, peuple de la Gaule Narbonnaise première, habitait sur les bords de l'Atax (Aude).

Atacinorum Civitas, voy. Narbo Martius.

Atacinus Vicus, *Aussiére*, bourg de Fr. (Aude).

Ataginos [monn. mérov.], voy. Narbo Martius.

Atagis [Strab.], Eisacus [Cell.], Hisarcus, Itargus, l'*Eysach*, riv. du Tyrol.

Atalantæ Nesium, ᾿Αταλάντης Νησίον, île de

Nesos, *Talandi* ou *Thalandonis*, dans le N.-O. de Négrepont.

ATANACUM, *Aignai-le-Duc,* bourg de Fr. (Haute-Marne).

ATANUS, voy: ATHANATUM.

ATAX, ADAX, *Aude*, fleuve du Languedoc.

ATEGUA, ATTEGUA [Dio. Cass.], ATTEGOVA, ville de la Bétique, dont César fit le siége, et sur les ruines de laquelle s'est élevée *Alcala Reale* ou *Alcala la Real,* près Jaen (Andalousie).

ATELÆ VEROMANDUNORUM, ATELÆ VILLA IN PAGO VIROMANDENSI [Grég. Turon.], AT- TELÆ, *Athies*, bourg de France, dans l'anc. Vermandois (Aisne).

ATELLA [Liv., Cic., Tab. Peut.], Ἀτέλλα [Ptol.·], Ἀτέλα [Strab.], ville des *Osci,* dans la Campanie, auj. *Aversa,* près Capoue, ou *San Arpino,* dans la Terre de Labour (d'où *Atellanes*).

ATERNUM, Ἀτέρνον [Strab.], *Pescara,* bourg du roy. de Naples (Abruzze citér.).

ATERNUS [Plin.], *Piscarius* [Paul Diac.], l'*Aterno,* riv. d'Italie; se jette dans l'Adriatique.

ATESTE [Tac. Hist. III], ATESTE COLONIA [Plin.], ADESTUM, *Este,* ville de la Véné- tie, au S.-O. de Padoue.

Nous ne connaissons pas de livre imprimé dans cette ville avant 1743 : *Brevi notizie intorno alla terra di Este, si per quello, che riguarda l'anti- chità della sua origine, che le sue varie mutazioni, ecc., di Antonio Angelieri.* Este, per l'Orlandini, 1743, in-8. Haym prétend que ce livre est l'œuvre de D. Paolo Vagenti.

ATHA, ATHUM, *Ath,* pet. ville de Belgique (Hainaut). ·

L'auteur du *Très-dévot voyage à Jérusalem,* Jean Zuallart, a fait imprimer dans cette petite ville un livre tout spécial : *Description de la ville d'Ath.* Ath, J. Maës, 1610, in-8.

Nous ne trouvons aucune trace d'imprimerie anté- rieure. En 1637, nous pouvons encore signaler : *Chronique de Grandmont, par Benoît Rutcau.* Ath, J. Maës, in-12, et : *Vie de S. Adrien, patron de Grand-Mont,* par le P. Martin le Brun, Ath, 1637, in-8.

ATHA-CLYATH, voy. DUBLINUM.

ATHANAGIA [Liv. XXI], *Cardona,* sur le Cardonero, ville d'Espagne (Catalogne).

ATHANATUM, ATANVS, ATANENCE MONASTERIUM, S. AREDIVS, *St-Yrier-de-la-Perche* ou *St- Yrieix,* village et anc. abb. de Bénédic- tins, près Limoges (Haute-Vienne).

Nous citons ici cette abbaye, parce qu'au XVIᵉ siè- cle les moines y montèrent un établissement typo- graphique dont le plus ancien produit fut un *Breviarium* cité par P. de Colonia, dans son *His- toire littéraire* de la ville de Lyon, *impressum in monasterio Athanatensi,* anno 1520, et un *Mis- sale Athanatense,* impr. *Athanati,. in eodem mo- nasterio,* anno 1531, in-fol., dont un bel exemplaire ne fut vendu que 5 fr. 1 s. à la vente Colbert.

ATHENÆ [Liv. etc.], Ἀθήνη, CECROPIA [Ca- tul.], THESEA [Thucyd.] ; au moy. âge : ASTINES, SETINES, ATHINA, *Athènes (Athi- niäh* en turc), capitale de la Grèce.

Le 3 août 1823, dès le commencement de l'insur- rection grecque, M. Ambroise-Firmin Didot, promo- teur du célèbre Comité philhellénique de Paris, s'empressait de faire don à la Grèce d'une imprimerie qu'il aurait voulu diriger sur Athènes; mais elle fut expédiée d'abord à Hydra, où elle servit à faire paraître le Φίλος τοῦ Νόμου, journal politique.

En 1824 le comité de Londres envoya trois petites imprimeries qui furent ainsi réparties : l'une à Mis- solonghi, l'autre à Nauplie, la troisième à Athènes, d'où les Turcs avaient été chassés. Le 24 avril, le *Journal d'Athènes,* Ἐφημερὶς τῶν Ἀθηνῶν, parut, imprimé dans Athènes. Mais cette imprimerie fut complétement détruite le 24 mai 1827, quand les Turcs reprirent Athènes.

En janvier 1834, sur la demande et la recomman- dation du prince Soutzo, M. Ambroise-Firmin Didot confia à M. Koromélas d'Athènes, qui vint s'ins- truire des procédés de la typographie chez MM. Firmin Didot, une imprimerie qui devint par la suite très-considérable. Les premiers livres qui sor- tirent de ses presses, à Athènes, sont : en 1834, l'*Histoire d'Athènes,* par Denys Sourmélis, in-8°; en 1835, Ἀνθολογία ἢ συλλογή ᾀσμάτων ἡροϊκῶν καὶ ἐρωτικῶν, 2 pet. vol. in-16; en 1836, les *Mé- moires militaires du général Christophe Perraïbos* (Ἀπομνημονεύματα πολεμικὰ συγγραφέντα παρὰ τοῦ συνταγματάρχου Χριστ. Περραιβοῦ), 2 vol. in-8°, André Koromélas, rue. d'Othon, n° 215.

Dans une autre imprimerie parurent, en 1836, les *Souvenirs de la régénération grecque, de 1820 à 1823,* par Germanos, métropolitain de Patras, Ὑπομνήματα περὶ τῆς ἐπαναστάσεως τῆς Ἑλλά- δος παρὰ τοῦ μετροπολίτου Πατρῶν Γερμάνου, publiés par Callimaque Kastorchès, à Athènes, ty- pographie de Pierre Mantzarakès, rue Nteka, n° 45.

Koromélas a imprimé plusieurs dictionnaires. Le premier, publié en 1837, est le *Dictionnaire fran- çais-grec,* de Bentotis et Zalik, un fort volume in-8°, Athènes, 1837, typographie de Koromélas, et le der- nier est le grand dictionnaire d'après le *Thesaurus græcæ linguæ* de Henri Estienne, par Skarlatos, 2 vol. in-4°, Athènes, 1852, imprimé et stéréotypé par A. Koromélas. Cet ouvrage est fort bien exécuté. Dans les prolégomènes l'auteur, Skarlatos de Byzance, et l'éditeur disent qu'ils ont été encouragés à préférer l'ordre étymologique adopté par H. Estienne, et qui fut suivi à tort par les éditeurs de Londres, l'or- dre alphabétique, selon l'exemple donné par Ambroise- Firmin Didot, et ils s'expriment ainsi : Ἀνεθάρ- ρυναν τὸν ἀληθῶς ἥρωα τῆς τυπογραφίας Ἀμ- βρόσιον Φιρμῖνον Διδῶτον, ἢ καθὼς τὸν ἐβάπτισεν, εὖ ποιῶν, ὁ ἡμέτερος Ἀσώπιος, Διόδοτον, νὰ ἀναλάβῃ τρίτην τοῦ Θησαυροῦ ἔκδοσιν κατ' ἀλ-. φάβητον (p. 2).

D'autres imprimeries s'établirent à Athènes avec les caractères de Didot : celle d'Apostolidès, de Gkar- boulas, etc.

Koromélas mourut à Athènes en 1860.

ATHENÆ AD EHNUM, ACADEMIA JULIA, HEL- MESTADIUM, HELMSTADIUM, *Helmstœdt,* ville du duché de Brunswick.

L'imprimerie précède de quelques années en cette ville la fondation de l'Université, qui n'eut lieu qu'en 1576. Nous connaissons un livre imprimé en 1572 : *D. Nic. Selneckers Bekandtnuss vnd testament vom h. abendmal dess Herren, was es sen, und was darinnen aussgehalst und genommen werde.* Helmstatt, 1572, in-8. Le nom du premier imprimeur est Jacobus Lucius Transylvanus.

ATHENÆ AD SALAM, ATHENÆ SALANÆ, IHENA, *Iena,* ville du grand-duché de Saxe-Weymar (anc. Thuringe).

Université célèbre fondée en 1548. Suivant le Dr Cotton, qui s'appuie de l'autorité de Lelong, l'imprimerie date en cette ville de 1545 et le premier livre imprimé serait : *Christophori Hammeri introductio in lectionem Armenicam.* Ienæ, 1545, in-4. Comme nous sommes forcé d'avouer en toute humilité ne connaître ni les ouvrages ni même le nom de Christophe Hammer, nous déclarons manquer des éléments nécessaires pour vérifier l'authenticité de cette assertion. Un théologien luthérien du nom de Martin Hammer a publié plusieurs ouvrages à Iéna à peu près à la même époque, mais l'impression du plus ancien ne remonte qu'à 1565. Voici, imprimé à Iéna, un livre intéressant que nous croyons devoir citer; il nous est fourni par Struvius (*De Thuringiæ scriptoribus*) : *Joh. Strigelii oratio de causis, quare constituantur Academiæ, habita Ienæ, in celeberrimo consessu illustrissimorum ducum Saxoniæ, principum, comitum, nobilitatis et cœtus scholastici, cum publice recitarentur privilegia et statuta Academiæ Ienensis, 2 die Februarii anno salutis* M D LVIII. Ienæ, 1558, in-4.

ATHENÆ ANGLORUM, voy. OXONIA.

ATHENÆ RAURACÆ, voy. BASILEA.

ATHENÆ REMORUM, voy. REMI.

ATHENOPOLIS [Mela], ATHENOPOLIS MASSILIENSIUM [Plin. III], SAMBRACIA, ville de la Gaule Narbonnaise, colonie de Marseille, auj. *Grimaud,* pet. ville de Fr. (Var).

ATHENRIA, *Athenrey,* ville d'Irlande.

ATHERDA, *Atherdee,* bourg d'Irlande.

ATHESIA, ATHESINUS AGER, *Etschland,* district du Tyrol.

ATHESIS [Virg. Æn., Plin.], Ἀθέσις [Ptol.], ATESIA [Tab. Peut.], Ἄτισον [Plut.], l'*Adige* (Etsch en all.), fleuve d'Italie; se jette dans l'Adriatique.

ATHISO, voy. ATISIS.

ATHLONA, *Athlone,* ville d'Irlande (comté de Roscommon).

M. Cotton (*Suppl.*) croit qu'un certain Denys Daly fut le premier imprimeur de cette ville, vers 1785; en 1789 il y fonda un journal, intit. : *the Athlone Herald.*

ATHO, ATHOS [Plin. IV, Ovid.], ὁ Ἄθως [Hérod.], ATHON [Cic., Liv.], le *mont Athos, Monte Santo, Hagion Oros,* montagne de Macédoine, auj. dans la Roumélie : 22 couvents de l'ordre de S.-Basile.

ATHOLIA, *Athol,* comté d'Écosse.

ATHUM, voy. ATHA.

ATHURNUS, VULTURNUS [Liv., Plin.], VOLTURNUS [Dion. Halic.], fl. de la Campanie, auj. le *Volturno,* dans le Napolitain.

ATIA, voy. ATINA.

ATILIA, voy. ALDENBURGUM.

ATILIACUM, *Tilly,* village de France, près des Andelys (Eure); ou, suiv. l'abbé Cochet, *Antigny,* village près Fontaine-le-Dun, arrondiss. d'Yvetot (Seine-Infér.).

ATINA [T. Liv., IX], ATIA, ATINUM [Plin. III], *Atino,* bourg du pays napolitain (Terre de Labour).

ATISIS, ATHISO, riv. de la Gaule Transpadane, chez les Insubres, auj. la *Tosa*; se jette dans le lac Majeur.

ATLANTICUM MARE, Ἀτλαντικὴ θάλασσα, OCEANUS OCCIDENTALIS, l'*Atlantique.*

ATORFIUM, ADORFIUM, *Adorf,* pet. ville du roy. de Saxe, sur l'Elster.

ATREBATÆ [Not. Imp.], ATREBATES [moy. âge], ATREBATIUM [Cluv.], ATREBATUM [Cell.], RIGIACUM, REGIACUM ATREBATUM, Ὀριγιακόν [Ptol.], NEMETACUM [Itin. Ant.], NEMETOCENNA [Hirt. VIII], CIVITAS ATRAVATUM [Itin..Anton.], ATREBETIS [monn. mérov.], *Arras,* ville de France, sur la Scarpe (Pas-de-Calais).

Ruinée par les Vandales et par les Normands. Appartient définitivement à la France depuis le traité de Nimègue.

L'imprimerie ne fut introduite dans cette ville qu'en 1528, et le premier imprimeur est Jehan de Buyens.

En 1508 paraît un *Missale ad usum insignis Ecclesie Atrebatensis... finit hoc insigne sacri missalis opus. Anno a Natali Domini* M D VIII, *impensa et ære Johannis Lagache* (en lat. *Joh. Pica*), *librarii manentis domum familiamque habentis Atrebati ad intersignium S. Joh. Evangelisti... ibidemque venale reperietur.* In-4, lettres rouges et noires.

Ce beau livre fut imprimé à Rouen par le célèbre Martin Morin, qui mit son nom en toutes lettres sur le jambage intermédiaire de l'M majuscule qui commence l'ouvrage.

En 1517 une seconde édition-in-fol. du même Missel fut imprimée à Rouen par Martin Morin et éditée par Jean Lagache, qui s'était associé son fils Anthoine, et six mois après un Bréviaire portatif in-8 sort encore des presses rouennaises, mais cette fois avec la marque et le nom entier de « *Magister Martinus Morius.* »

Mais les années suivantes voient une imprimerie nationale s'établir à Arras et l'an 1528 paraît le premier livre réellement artésien : « *Ordonnances, vsages et stilz de la gouvernance d'Arras, faictes et décrétées par l'empereur comte d'Artois.* — On les vend en la cité d'Arras par Jean de Buyens, deuant le portail de Nôstre Dame. (A la fin :) Imprime nouuellement en la cité d'Arras par Jehan de Buyens l'an M D XXVIII, pet. in-4, goth., avec les armes impériales sur le titre, gravées sur bois.

Jehan de Buyens imprime encore en 1531 les nouvelles ordonnances du même empereur, in-4, goth. (à la Bibl. impér.).

La première édition des *Coustumes generalles du conte d'Arthois,* connue et décrite, est donnée en 1535, par Jehan Bourgeois, libraire, *demourant près du petit marché devant Saint-Géri,* in-8, goth. M. Brunet fait remarquer que la dernière ordonnance est datée de 1531, ce qui permet de supposer une édition antérieure à celle de 1535. Nous ignorons si ce Jehan Bourgeois avait, à la date de 1535, un matériel d'imprimerie suffisant pour produire un livre de cette importance, et il nous est permis d'en douter, puisque nous voyons cette coutume réimprimée en 1547, avec cette souscription : « On les vend en Arras par Jehan Bourgeois, » et à la fin : « Imprimé à Anvers par moy Jehan Grapheus. »

Ce n'est qu'en 1553 que nous trouvons sur une nouvelle édition des *Coustumes* la mention d'imprimeur accolée au nom de Jehan Bourgeois.

Voici, pendant les XVIᵉ et XVIIᵉ siècles, la suite des imprimeurs artésiens que nous fournit une curieuse monographie de MM. d'Héricourt et Caron :

Jehan de Buyens, dont le frère Pierre ne fut que libraire.

Jehan Bourgeois ; il y en eut deux probablement du même nom qui imprimèrent de 1535 à 1596.

Claude de Buyens et Gilles Bauduyn (1589), libraires, pour lesquels imprimait d'abord Joachim Trognesius, mais que l'on trouve plus tard figurer comme imprimeurs.

Robert Maudhuy (1592-1630).

Guillaume de la Rivière (1591-1634), qui imprimait aussi quelquefois pour Gilles Baudouin. Ce G. de la Rivière est le typographe dont se glorifient à juste titre les bibliophiles artésiens ; il fait revenir de Cambrai, en 1629, son fils Jean-Baptiste, dont nous voyons pendant quelques années le nom associé au sien.

Arras fournit aux imprimeries étrangères Pierre Touros, surnommé le *Tondeur d'Arras*, prote de l'illustre Thierry Martens d'Alost, et le savant Crispinus, Jean Crespin, que l'intolérance religieuse force à quitter la France, et qui va porter à Genève, la libre patrie des réformés, son savoir et son génie.

Nous trouvons la mention d'un imprimeur d'Arras, nommé Ralet, qui exerçait au commencement du XVIIᵉ siècle ; mais, comme MM. d'Héricourt et Caron n'en parlent pas, nous ne le citons que sous toutes réserves.

En 1764 (Rapp. Sartines), il n'existait à Arras que deux imprimeurs, Charles Lemaître de la Sablonnière, pourvu en 1747, et Michel Nicolas, reçu imprimeur en 1752.

Martin Franc, l'auteur du *Champion des Dames*, était d'Arras, ainsi que l'auteur de la *Mélusine*, Jehan d'Arras.

ATREBATENSIS PAGUS ou COMITATUS, l'*Artois*, anc. province française réunie à la couronne par Philippe-Auguste, en 1180 ; passe à la maison d'Autriche par le mariage de Maximilien avec Marie de Bourgogne, et revient définitivement à la France par le traité de Nimègue (1678).

ATREBATES, peuple de la Gaule Belgique IIᵉ; occupait l'emplacement de l'anc. diocèse d'Arras, auj. partie du départ. du Pas-de-Calais.

ATREBATII, peuple de la Bretagne romaine ; occupait une partie du comté de Middlesex, sur la Tamise, et de l'Oxfordshire.

ATRIANUS, TARTARUS [Plin.], le *Tartaro*, pet. riv. de la Vénétie.

ATTACUM, Ἄτταχον [Ptol.], station de l'Espagne Tarraconaise, chez les *Celtiberi*, auj. *Darocca*.

ATTEIÆ, voy. ATELÆ.

ATTERUS LACUS, *die Schwartzee*, ou le *Lac Noir*, en Bavière.

ATTINIACUM, ATTINIACUM PALATIUM *in agro Remensi ad Axonam* [Capit. Car. C. ; Baluz.], *Attigny*, pet. ville de France (Ardennes), résidence royale pendant les deux premières races et siège de plusieurs conciles.

ATTIPIACUM, *Attichy*, bourg de Fr. (Oise).

ATTIUM PROMONTORIUM, cap de la Corse, sur la côte O. ; auj. *Puenta di Laccivolo*.

ATTOBRIGA, MONAST. VELTENBURGICUM, *Weltenburg*, bourg de Bavière, sur le Danube, anc. abb.

ATTUATUCA, ADUATUCA [Itin. Anton.], ADUACA TUNGRORUM, Ἀτουάκουτον [Ptol.], ATUACA [Tab. Peut.], TUNGRI, *Tongres* (*Tongern* en flam.), ville de Belgique, dans le Limbourg, anc. cap. des *Tongri*, peuple de la Gaule, dans la Germanie IIᵉ, au S.-O. des Ubiens, qui vinrent occuper le pays des *Eburones* quand ceux-ci eurent été détruits par César. — On croit aussi que cette ville correspond à la PALÆOPOLIS ADUATICORUM, dont on rencontre souvent le nom.

Nous ignorons où M. Ternaux a pris l'indication d'un vol. impr. à Tongres en 1605 : *Bonarseus, amphitheatrum honoris. Paleopolis Aduaticorum*, 1605, in-4.

Nous trouvons dans plusieurs anc. catal. la mention d'une édition de ce livre imprimée à Anvers en 1606, in-4, avec le nom véritable de l'auteur, *Oliv. Bonarsius* (Bonars), comme on traduisait Bongars par *Bongarsius*. Nous trouvons dans un des catalogues des Elzevirs une édition de la *Cité de Dieu* de saint Augustin, trad. en flamand et imprimée à Tongres en 1618, in-4. Mais ces indications sont l'une et l'autre inexactes, si, comme le prétend le *Bibliophile belge*, la ville de Tongres n'a eu sa première imprimerie qu'en 1829.

Un imprimeur d'Anvers, au commencement du XVIIᵉ siècle, était de Tongres et en portait le nom : *Willem van Tongeren*.

ATTUBI, voy. COLONIA CLARITAS JULIA.

ATUR, ATOURIS, Ἀτούριος [Ptol.], ATURUS [Lucan.], TARBELLICUS ATURUS [Auson.], ARUS SILVENSIS [Auson.], l'*Adour*, fleuve de France ; se jette dans le golfe de Gascogne.

ATURA, ATURUM, ATURRE, CIVITAS ATURENSIUM [Itin. Anton.], *Aire*, pet. ville et anc. évêché de Gascogne, sur l'Adour (Landes).

AUBANIA, voy. ALBINIA.

AUBIGNIUM, voy. ALBINIACUM.

AUCENSIS FLUVIUS, *Oka*, riv. de Russie.

AUCIACUM, *Auxy-le-Château* (*Auchy*), bourg de Picardie (Pas-de-Calais).

AUDENARDA, voy. ALDENARDA.

AUDIERNUM, *Audierne*, bourg de France (Finistère).

AUDOENI VILLA, S. AUDOENI NOBILIS DOMUS, S. OUYN [Ordin. reg. fr.], anc. résidence royale, *Saint-Ouen*, près Paris ; pendant la Révolution s'appela *Bains-sur-Seine*. On trouve dans les chron. : *Saint-Oain, Saint-Oians* : les *Gesta Reg. Fr.* portent B. ODOENUS. Aimoin dit : AUDOENUS ALIAS DADO.

AUDOMAROPOLIS, AUDOMARUM, FANUM DIVI AUDOMARI [Cluv.], S. AUDOMARI PALATIUM [Chron. Ludov. VIII, a. 1211], appelée autrefois *Sithieu*, suiv. Malbrancq, auj. *Saint-Omer*, ville de France (Pas-de-Calais).

En 1594, un collège de jésuites y fut installé par le R. P. Parsons, et devint bientôt la maison d'éducation privilégiée des jeunes catholiques de la noblesse d'Irlande, d'Angleterre et des Pays-Bas. Vers l'an 1600 les RR. PP. y montèrent une petite imprimerie A. M. D. G., dont les premiers produits sont rares et recherchés.

Le Dr Cotton, dans son *Suppl.*, dit que les jésuites imprimèrent dès l'année 1591 *the Life and Death of M. Edmund Genings, priest*, in-4. Les jésuites, en 1591, ne pensaient pas encore à leur collège de Saint-Omer ; et comment les aventures du prêtre Genings, « crowned with martyrdome at London the 10 day of november, » auraient-elles été imprimées à Saint-Omer dans le courant de cette année? Cette assertion, empruntée au 3e volume de J, Ames et au *Maunsell's cat.*, p. 53, est donc inexacte : le Martyre de Genings ne fut imprimé à Saint-Omer qu'en 1614, et le volume est un mince in-4° de 110 pp. qui s'est vendu on ne sait pourquoi 310 fr. à la vente Dinaux.

Le premier livre imprimé par les jésuites, dans leur couvent de Saint-Omer, est probablement : *A briefe Apologie or defence of the catholike ecclesiastical hierarchie and subordination in England* (by R. Parsons), Saint-Omer, 1601, in-12. — Lowndes nous donne un ouvrage plus important : *Discussions of the answere of Wm. Barlow to the booke intit. the Judgment of a Cathol. English man*, Saint-Omer, 1603, *with a suppl.*, 1612. — 2 vol. in-4.

Mais, pendant que les jésuites prenaient l'avance, la municipalité de la ville, piquée d'honneur, attirait un imprimeur laïque, François Bellet, qui, dans l'épître dédicatoire du premier volume sorti de ses presses, se fait un devoir de remercier ces dignes échevins de la *munificence libérale* dont ils ont fait preuve à son égard, et ce premier ouvrage est intit. : *Epistres dorées de saint Hierosme, traduites de latin en françois, avec une table très-ample*. Saint-Omer, François Bellet, 1602, pet. in-12 de 299 p.

Charles Boscard, que M. Brunet appelle *Bascari*, nous ignorons pourquoi, ne vint s'établir à Saint-Omer que quelques années après François Bellet.

L'arrêt de 1759 fixa le nombre des imprimeurs de Saint-Omer à deux, et le rapport fait à M. de Sartines nous donne le nom de ces deux imprimeurs : François-Dominique Festel, pourvu en 1743, possédant 4 presses, et Henri-François Boubers, établi en 1753, ayant aussi 4 presses.

Nous devons une partie de ces renseignements à un bibliophile artésien distingué, M. le baron Dard.

AUDRIACA VILLA, ODREIA VILLA, *Audrieu* [Chron. Carlov.], anc. villa royale, auj. *Orreville*, village de France, près Doullens (Oise).

AUDURA, AUTURA, EBURA, l'*Eure*, riv. de Normandie, afll. de la Seine.

AUFIDENA, Αὐφιδήνα [Ptol.], *Al Feneda* (en arabe), *Alfidena*, ville du roy. de Naples (Abruzze citér.).

AUFIDUS [Horat., Liv.], AUFIDA-STAGNA [Sil. Ital.], auj. l'*Ofanto*, fleuve du roy. de Naples ; passe à Cannes et se jette dans l'Adriatique.

AUFINA, AUFINUM, auj. *Ofena*, bourg du roy. de Naples.

AUFONA, voy. ANTONA.

AUGA, AUGÆ, AUCA, AUGIUM, ALGIA, AUGUM, AUSTA, *Eu*, ville de France ; anc. comté ; résidence et château royal ; anc. abb. d'Augustins (Seine-Inférieure).

AUGIA (*campus pascuus amni adjacens, vel amne circumfusus*, Duc.), voy. ALGIA.

AUGIA, AUGIA LACUS TIGURINI, l'*île de Ufnau*, dans le lac de Zurich.

AUGIA ALBA, WISSENAVIA, *Weissenau*, bourg et anc. abb., en Bavière.

AUGIA DIVES, RICHENAVIA, *Reichenau*, île du lac de Constance.

AUGIA DOMINI, *Herisau*, bourg de Suisse (C. d'Appenzel).

AUGIA MAJOR, AUGIA RHENI, *Rheinau*, ville de Suisse (pr. Schaffhausen).

AUGIA SACRA, *Elgg*, bourg de Suisse (C. de Zurich).

AUGIA VIRGINUM, *Magdenau*, village et abb. de Suisse (canton de St-Gall).

AUGIÆ SALTUS, *Saut-d'Auge*, bourg de Normandie (Calvados).

AUGMINIONA, *Aumignon*, pet. riv. de Picardie, afll. de la Somme.

AUGUBIUM, voy. EUGUBIUM.

AUGUM, voy. AUGA.

AUGUSTA, AUGUSTA LEONTINORUM, *Agosta*, ville et port de Sicile, au N. de Syracuse, sur la mer Ionienne.

AUGUSTA, *Aouste sur la Bresle*, village de Normandie (Seine-Inférieure).

AUGUSTA, AUGUSTUS, *Augst*, village de Picardie (Pas-de-Calais).

AUGUSTA [Itin. Anton. ; Tab. Peut.], NEOMAGUS, Νεόμαγος [Ptol.], NOVIOMAGUS, NEODUNUM, NIVIODUNUM, ville des Tricastini, dans la Gaule Narbon., auj. *Nyons*, ville de Suisse, sur le lac de Genève (Vaud).

L'imprimerie fut introduite dans cette petite ville à la fin du XVIIIe siècle : *le Tableau de Paris critiqué*. Nyon, 1783, 3 vol. in-8.

AUGUSTA, voy. TUBINGA.

AUGUSTA ACILIA, CASTRA AUGUSTANA, SERVIO-DURUM [Tab. Peut.], STRAUBINGA, *Straubingen*, ville de Bavière, súr le Danube.

Imprimerie en 1585 : *Jacob Rabi Christlich manual oder handbüchlein, von rechtem Nutz dess wallfahrtens, und mit was Christlicher andacht...* Straubingen, 1585, in-8. (Catal. des foires de Francfort, a. 1625, p. 431, 2e partie.)

Du même auteur, nous trouvons encore : *Jac. Rabi Christliche instruction und unterweisung, wess sich Vatter und Mutter, Gevatter und Priester.* Straubingen, 1585, in-4. Mais nous n'avons pas le nom du premier imprimeur.

AUGUSTA ALLOBROGUM, voy. GENEVA.

AUGUSTA ANTONINI, GASTINUM, *Gastein*, ville de bains, en Autriche, près Saltzburg.

AUGUSTA ARVERNORUM, voy. ARVERNA.

AUGUSTA ASTURICA, voy. ASTURICA.

AUGUSTA AUSCIORUM [Itin. Anton.], AUXO-RUM, AUXITANA CIVITAS,-anc. CLIMBERRIS ou CLIMBERRUM-[Mela, III], AUSCI [Amm. Marc.], anc. cap. des *Auscii* et de la *Novempopulanie*, auj. *Auch*, ville et archev. de France (Gers).

Le *Breviarium Auxitanum*, imprimé à Auch, en 1533, in-8, goth., est le plus ancien livre que nous puissions citer comme imprimé dans cette ville archiépiscopale. Ce livre doit être fort rare, car nous ne le trouvons décrit nulle part et nous ne le voyons figurer qu'une fois dans un catalogue de vente (Cat. Baluze, II, no 9524).

En 1764 (Rap. Sartines), nous ne trouvons à Auch qu'un seul imprimeur, Etienne Duprat, reçu en 1742 et possédant deux presses.

AUGUSTA BADACUM, *Birckhausen*, pet. ville de Bavière.

AUGUSTA BASILEA, voy. LONDINUM.

AUGUSTA BATIENNORUM, Αὐγούστα Βατιενῶν [Ptol.], ville de la Gaule Cisalpine, auj. *Bassignana*, bourg d'Italie, près Coni.

AUGUSTA BILBILIS, BILBILIS [Martial. x Epig.], ville des *Celtiberi*, dans la Tarrac., auj. *Catalayud*, ou suiv. Bischoff et Möller *Bambola*, près Catalayud.

AUGUSTA BRACARA [Inscr. Grut.], AUGUSTA BRACARUM [Plin.], BRACARA, Βράκαρ Αὐγούστα [Ptol.], BRACARAUGUSTA, ville des Callaici Bracarii, auj. *Braga*, ville du Portugal (prov. entre Duero et Minho).

L'imprimerie fut introduite dans cette ville archiépiscopale au XVe siècle par un typographe allemand nommé Jean Gherling ou Gherlinc : le premier livre que nous connaissions est un *Bréviaire: Breviarum Bracharense*, impressum in Augusta Bracharensi civitate, per magistrum Joannem Gherlinc alemanum, anno salutis Christianae M CCCC XCIV, in-fol., et non-pas in-4, comme le dit le P. Gottf. Reichhart, et non pas in-8, comme le dit Née de la Rochelle.

AUGUSTA CÆSAREA, voy. SALDUBA.

AUGUSTA CASTRA [Itin. Anton.], AUGUSTANA CASTRA [Notit. Imper.], dans la Vindélicie, auj. *Azelburg*, en Bavière.

AUGUSTA COLONIA, voy. NEMAUSUS.

AUGUSTA COLONIA APULENSIS, voy. ALBA CAROLINA.

AUGUSTA DACICA, COLONIA SARMIZEGETHUSA [Inscr. Grut.], Σαρμιγέθουσα βασίλειον [Ptol.], ville de Dacie, auj. *Varhély*, en Valachie.

AUGUSTA DEA, voy. DIA.

AUGUSTA DRUSI, voy. CAMPIDOSA.

AUGUSTA EMERITA, Αὐγούστα Ἡμέριτα [Dion Cass.], COLONIA EMERITENSIS [Inscr. Grut.], EMERITA [Prud., Plin.], *Merida*, ville du Portugal (Estramadure).

L'imprimerie, suivant Antonio, existe dans cette ville depuis 1545, et voici le titre du livre qu'il cite à l'appui : *Diego de Cabranes. Armadura espiritual del hombre interior;* Merida, 1545, in-fol. Cet auteur et son livre ne sont pas cités dans la *Biblith. Luzitana* (Lisboa, 1786, 4 vol. in-12). Mais Gallardo (p. 409) en fait mention; il nous apprend aussi que Diego de Cabranes, vicaire de Mérida, devint le chapelain honoraire de l'empereur Charles-Quint.

AUGUSTA FIRMA, voy. ASTIGIS.

AUGUSTA FRANCORUM, voy. AUGUSTODUNUM.

AUGUSTA GEMELLA [Plin.], Γέμελλα [Appian.], *Martos*, pet. ville d'Espagne (prov. de Jaen).

AUGUSTA JULIA GADITANA, voy. GADES.

AUGUSTA LEONTINORUM, voy. AUGUSTA.

AUGUSTA LONDINIUM, voy. LONDINUM.

AUGUSTA MISNENSIUM, AUGUSTOBURGUM, *Augustusburg*, ville de Saxe. [Graesse.]

Ernestus Hermann, pasteur d'Iéna, a fait l'*Historia Augustoburgi*, et Phil. Wagner a publié à Dresde en 1572 : *Einweihung des Schlosses Augustusburg*, in-4.

AUGUSTA NEMETUM [Cluv.], CIVITAS NEMETUM [Not. Prov.], SPIRA NEMETUM [Notit. recens.], NOVIOMAGUS [Tab. Theod.], Νοιόμαγος [Ptol.], SPHIRA [Geogr. Rav.], NEMETENSE PALATIUM [Præcep. Carol. a. 789], anc. capit. des Némètes, dans la Gaule Belgique; auj. *Spire* (en allem. *Speyer* ou *Speier*), ville de Bavière, anc. ville impér.; évêché; jadis la capitale de l'une des plus illustres principautés ecclésiastiques de l'Europe.

Nous faisons remonter jusqu'en 1471 la date de l'introduction de l'imprimerie dans cette ville : *Postilla scholastica super Apocalypsin et super Cantica canticorum.* A la fin : *Explicit Postilla stolastica* (sic) *super Apocalypsin et super Cantica canticoru²⁴ impssa Spire anno* LXXIo. — 15 ff. in-4. sans ch., récl. ni sign., car. ronds, à l'exception du V qui est gothique. Ce rare volume est considéré par tous les bibliographes comme le premier livre imprimé à Spire; il ne nous donne malheureusement pas le nom de l'imprimeur, et le caractère n'a aucun rapport, dit M. Brunet, avec celui qu'emploie en 1477 Peter Drach, que l'on considère généralement comme l'introducteur de la typographie à Spire.

Le P. Gottfried Reichhart et Hain attribuent cependant à Peter Drach l'impression d'un traité de S. Augustin, *Famosus Beati Augustini Libellus de Vita Xpiana*. A la fin : *hic Beati Augustini Libellus parentilis et famosus in civitate Spirensi est impressus*. S. a. in-4, 1 flf. à 31 l., sans ch., récl. ni sign., et Hain fait remarquer que le V gothique du précédent volume se retrouve dans celui-ci. L'autorité de ces deux bibliographes est assez considérable pour nous permettre d'attribuer à Peter Drach l'impression du livre intit. : *Postilla scholastica*, aussi bien que celle d'un autre recueil de traités du même Père de l'Église latine : *De Fuga mulierum, de continentia, de contemptu mundi*, etc., in-4, s. l. n. d., 28 ff. à 26 lig., même caractère que les précédents et imprimé à peu près à la même époque.

Ainsi donc : Date de l'introduction de l'imprimerie à Spire, 1471 : premier imprimeur, Peter Drach.

Augusta Nova, voy. Porta Augusta.

Augusta Nova [Plin. iii], Νουδαυγούστα [Ptol.], Turris Cremata, *Torquemada,* ville d'Espagne.

Augusta Prætoria [Plin. iii, Tab. Peut.], Augusta Prætoria Salassorum [Strab.], Augustum, *Aoste (Aosta)*, ville de Piémont, sur la Doire, dans l'anc. Tarentaise.

Nous ne connaissons pas dans cette ville de livre plus ancien que celui cité par M. Ternaux : *le Héros des Alpes, ou la vie du grand saint Bernard de Menthon, fondateur des hôpitaux de Montjoux et Comiomnejoux, par F. Bernard*. Aoste, 1683, in-12.

Augusta Quintana, Augusta Quintanorum, *Kyntzen*, bourg de Bavière sur le Danube.

Augusta Rauracorum, Αὐγούστα Ῥαυρικῶν [Ptol.], Augusta Rauracum [Tab. Peut.], Raurica (Inscr. Grut.), Colonia Raurica [Plin. iv], ville des Rauraci, dans la Gaule Belgique, auj. *Augst,* bourg de Suisse, sur le Rhin (cant. de Bâle).

Siége primitif de l'évêché de Bâle. Le Dr Cotton prétend que l'imprimerie exista dans ce bourg en 1606, sans citer aucun ouvrage à l'appui de cette assertion ; mais, comme il traduit la souscription *Augusta Munatiana* par *Augst*, tandis que de tout temps le terme *Augusta Munatiana, Colonia Augusta Munatiana*, a été appliqué à Bâle, il est à supposer que le livre sur lequel il base sa prétention est réellement le produit d'une typographie bâloise. Le catal. des frères de Tournes (Genève, 1670, in-12), qui est d'une grande importance pour l'histoire de la typographie en Suisse, ne cite pas un seul volume imprimé à Augst. L'erreur de M. Cotton serait d'autant plus excusable, que ce bourg est en quelque sorte un faubourg de Bâle, et que l'on a dû bien des fois confondre ces deux localités, *Augusta Rauracorum* et *Augusta Munatiana*.

Augusta Romanduorum, voy. Luciliburgum.

Augusta Salassorum, voy. Augusta Prætoria.

Augusta Suessonum [Itin. Anton.], Αὐγούστα Οὐεσσόνων [Ptol.], Augusta Suessorum [Tab. Peut.], Noviodunum Suessonum [Cæs. B. Gall. ii], Suessonæ, Suessionæ [Greg. Tur.], Sexonas [Frédég.], Sexsionas, Suessionas [Frédég. contin.], ville importante de la Belgique IIe, auj. *Soissons*, ville de Fr. (Aisne).

M. Ternaux date de 1617 l'introduction de la typographie dans cette ville : *Chronicon abbatiæ S. Joannis apud Vineas, a Petro Crisio*. Suessione, 1617, in-8 (Cat. Secousse, n° 4731).

Cette histoire de l'abbaye de Saint-Jean des Vignes fut traduite en français par de Louen et publiée en 1710. L'un des ouvrages les plus importants publiés à Soissons au xviie siècle, c'est l'*Histoire de la ville de Soissons et de ses rois, ducs, comtes et gouverneurs, avec une suite des évêques, etc., par Claude Dormay*. Soissons, N. Asseline, 1663-64, 2 vol. in-4.

En 1764 (Rapp. Sartines), on trouve à Soissons deux imprimeurs, quoique l'arrêt de 1759 n'en eût permis qu'un seul ; mais ces deux imprimeurs avaient tous deux succédé à leur père, le premier en 1748, le second en 1752, et l'on passa par-dessus l'irrégularité ; le premier, Pierre-Nic. Waroquier, avait deux presses, et le second, Pierre Courtois, en employait trois.

Augusta Taurinorum [Plin. iii, Tac. Hist. ii], Colonia Taurina [Tac. i], Αὐγούστα Ταυρινῶν [Ptol.], Taurasia [Appian.], Taurinum [Itin. Anton.], Turi (au moy. âge), auj. *Torino, Turin,* ville forte d'Italie ; anc. cap. des États sardes.

Université ; bibliothèque riche et importante. L'imprimerie existe dans cette ville depuis l'an 1474. Dans une excellente monographie du baron Vernazza (Bassano, 1827, in-8) intit. : *Osservazioni su' libri stampati in Piemonte nel secolo xv*, l'auteur, après avoir rappelé que l'introducteur de la typographie dans le Piémont fut un Allemand nommé Hans ou Johannes Glim, que nous retrouverons à l'art. *Savigliano*, nous rappelle qu'après lui Ant. Mathias d'Anvers et Balthazar Cordero de *Mondovi* imprimèrent en 1472 à Mondovi, et qu'alors seulement apparut le premier imprimeur turinois, Joannes Faber Lingonensis (Jean Lefebvre, de Langres), appelé en cette ville par un médecin, Pantaleone di Confluenza, et par Pietro Cara ; ce Jean Lefebvre s'étant associé à un autre Français, Giovannino di Pietro (ce que nous pouvons traduire par Jouannin ou Janin de Pierre, ou fils de Pierre), ces deux typographes mirent au jour, en 1474, le livre suivant :

Breviarium Romanum. A la fin : *Præclarissimi et medici et philosophi Domini Magistri Panthaleonis volumina Iohannes Fabri et Iohanninus de Petro Galici* (sic) *egregii quidem artifices Taurini feliciter impressere* m. cccc. lxxiiii. *Deo gratias*. Amen. In-8, ou, dit Amati, pet. in-4. 503 ff. à 2 col. de 28 l., sans ch., récl. ni sign.

Cette erreur est excusable, Amati n'ayant vu que l'exempl. sur vélin, conservé à la biblioth. de Turin.

L'associé de Jean Lefèvre ne reparaît plus et, presque immédiatement après l'impression du bréviaire, l'imprimeur Langrois établit une succursale à Casale, près Turin, bourg renommé pour ses *cartiere*, c'est-à-dire ses moulins à papier ; nous l'y retrouverons ; mais il conserve néanmoins son établissement principal, car l'année même (1477) où nous le voyons imprimer au mois de mai les *Disticha Catonis* à Casale, parait à Turin, *die ix Julii*, un ouvrage de son protecteur et ami le médecin Pantaléon de Confluentia (Coblentz ou Conflans) : *Pantaleonis de Confluentia summa Lacticiniorum, sive tractatus varii de Butyro, de caseorum variarum gentium differentia et facultate*. Taurini per Johannem Fabri, m ccccLxxvii. In-fol. Livre savant, livre recherché par les *caséophiles*, c'est-à-dire par les amateurs de fromage.

Jean Lefèvre imprime encore en cette même année 1477, à Turin, la *Chronica Martini Poloni, in-4°* ; puis les *Decreta Sabaudiæ ducalia, in-fol.* ; enfin l'année suivante une édition célèbre de *Térence*, in-fol.

En 1479, il est appelé à Saluzzes par le marquis Louis II ; il y imprime un seul volume et retourne à Turin. En 1481 il va faire une petite excursion à Casal, dans le Montferrat, et y établit une imprimerie. Jusqu'en 1485 nous le voyons seul typographe à Turin ; mais cette année voit l'art de l'imprimerie prendre une extension considérable dans toute la province, et à Turin nous voyons arriver Jacobus Suigus (Jacopo Suigo da San Germano), Nicolaus de Benedictis (Espagnol), Francisco de Silva, etc.

Jean Lefèvre cède son établissement vers 1491, et cet infatigable typographe meurt vers l'an 1500, car nous trouvons à cette époque plusieurs livres « impr. *Taurini cum characteribus Johannis Fabri.* »

AUGUSTA TIBERII, COLONIA TIBERIA AUGUSTA, REGINUM [Itin. Anton.], CASTRA REGINA [Not. Imper.], RATISBONA, RANASBONA, REGINOBURGUM, HIEROPOLIS, IMBRIPOLIS [Acta Pub.], TIBURNIA [Diploma Leonis III], REGENSBURGUM PALATIUM PUBLICUM [Charta Carol. Magni, a. 792], RAGANESBURG PALATIUM [Charta Ludov. p. a. 821], RENEBOURC [Gr. Chron.], REGINUM CIVITAS QUÆ NUNC REGANESBURG VOCATUR [Ann. Eginh.], *Ratisbonne* (*Regensburg* en all.), ville importante de Bavière, au confluent du Danube et du Regen.

Tous les bibliographes s'accordent à reconnaître que l'imprimerie fut introduite en 1485 dans cette ville par les typographes de Bamberg, Joh. Sensenschmidt et Joh. Beckenhaub de Mayence, aux frais et dépens de l'évêque Henry de Ratisbonne. Le premier livre imprimé est : *Liber Missalis secundum breviarium chori Ecclesiæ Ratisponensis.* Après le calendrier vient le décret de l'évêque de Ratisbonne, qui se termine ainsi : *Hunc Librum per viros industrios Johannem Sensenschmidt et Johannem Beckenhaub dictum Moguntinum opifices : Jussimus et fecimus impressione decorari. Datum Ratispone die quinta mensis Marcii. Anno Domini* M. CCCC. *octogesimo quinto.* In-fol. de 360 ff. à 2 col.

Ce missel fut réimprimé par ordre dudit évêque et du chapitre de Ratisbonne en 1492, par de nouveaux typographes de Bamberg, Henry Petzensteiner et Jean Pfeyl ; mais très-probablement cette réimpression fut exécutée dans leur établissement de Bamberg, et ils ne se transportèrent point à Ratisbonne.

AUGUSTA TREBA, voy. TREBIA.

AUGUSTA TRECARUM, voy. TRECÆ.

AUGUSTA TREVIRORUM [Tab. Theod.], Αὐγούστα Τρηβιρῶν [Ptol.], AUGUSTA IN TREVERIS (Mela, III], COLONIA TREVERORUM [Tacit. Hist. IV.], TREVERIS, TREVIRI [Amm. Marc.], TREVERICA URBS [Auson.], TREVIRENSIA PALATIA [Mabillon], anc. capit. de la Belgique Ire, puis du diocèse des Gaules ; son importance la faisait surnommer la *métropole des Gaules* ; auj. *Trèves* (*Trier, Triers* en all.), ville de la Prusse rhénane, sur la Moselle.

Bibliothèque importante, qui possède un *Evangéliaire* du VIe siècle, l'un des plus anciens connus.

L'imprimerie (suiv. Panzer, *Ann.*, t. VIII) remonte en cette ville à l'année 1517 ; mais le Dr Cotton ne paraît pas accepter cette donnée du bibliographe de Nuremberg, puisqu'il ne fait dater l'introduction de la typographie à Trèves que de l'année 1583.

Il nous est heureusement possible d'assigner une date infiniment plus respectable à l'imprimerie de Trèves, puisque Hain, le P. Reichhart et M. Brunet nous donnent le titre d'un opuscule publié en 1481 : *Incipit speculum Clarum nobile et pciosum ipso⁊ sacerdotū in quo refulgēt et rep̄sentantur aliqz valde vtilia speculāda circa tria pncipalia : Baptismi Eukaristie et Penitēcie sacramēta... per fratrē Hermānū dictz de Schildis ordīs Heremitarū... — Impressū Treveris. Anno Dñi millesimo quadringentesimo octuagesimo primo.* In-4, 16 ff. à 30 l. sans ch. récl. ni sign.

M. Edw. Tross nous fait remarquer que ce livre, dont on ne connaît pas l'imprimeur, est exécuté principalement avec les caractères de Guldenschaff de Cologne, mais qu'il s'y trouve mêlé toutes sortes de caractères différents, même des caractères romains, comme s'il avait été imprimé par un ouvrier ayant couru le monde, et qui se serait approprié une partie des caractères dans chacune des typographies où il aurait été employé.

AUGUSTA TRICASTINORUM [Plin., Itin. Anton.], FANUM SANCTI PAULI TRICASTINI [Cell.], CIVITAS TRICASTINORUM [Not. Prov.], *Saint-Paul-trois-Châteaux*, bourg de Fr. (Drôme).

Pierre Chevillot, « *typographus regius*, » exerçait l'imprimerie dans cette petite ville dès l'année 1615. M. Ternaux est tombé ici dans une bizarre erreur ; il a pris *Troyes* (*Augustobona-Tricassium*) pour St-Paul-trois-Châteaux, et a donné comme premier livre imprimé dans cette ville la célèbre édition princeps de *Phèdre*, publiée en 1596 par P. Pithou, édition dont nous reparlons à l'art. *Luyera.*

AUGUSTA TRINOBANTUM, voy. LONDINUM.

AUGUSTA TURONUM, voy. TURONES.

AUGUSTA VAGIENNORUM [Plin.], AUGUSTA BAGIENNORUM, SALUTIÆ, SALUTIARUM CIVITAS, ville des *Bagitenni* [Tab. Peut.] ou *Vagienni*, dans la Ligurie, auj. *Saluces* (Saluzzo en ital.), ville des États sardes, anc. marquisat. — Quelques géographes voient dans l'AUGUSTA VAGIENNORUM *Bassignana*, bourg des États sardes, près *Coni* (voy. AUGUSTA BATIENNORUM).

Saluces est la patrie de Bodoni. L'imprimerie remonte dans cette ville à l'année 1479 : le marquis Louis II de Saluces décida le célèbre Jean Lefèvre de Langres à quitter Turin pour quelques mois et à venir fonder un établissement typographique dans sa ville capitale. Hain nous donne le titre exact du vol. qu'y imprima le célèbre Langrois, et la souscription est assez curieuse pour nous la reproduisions in extenso : *Facinus Tiberga. In Alexandrum interpretatio ex Prisciano : ad illustrem Ludovicum marchionem Salutiarum.* A la fin : Marchio me jussit generosus Salutiarum Edere, quod quintus protulit annus opus. Quo viso dixit prudens hic verba Facine Adducens artis, non tua, nempe sapis. Erras si forsan, tuus et velut error honestus ; Quem semper magnus dux fovet atque regit. Quique fidem testis vel iudicis obtinet, illa te memorem, quæ me non despicis, alto Imperii quanquam sanguine ducta domus, et Germano tuo. Generoso Galliæ regi affinis ducibus *principibusque simul.* — Impressum per Iohannem Fabri millesimo quadringentesimo septuagesimo nono die ultima Iulii, in-4.

Jean Lefèvre, au bout d'une année de séjour à Saluzzes, s'en retourna à Turin assez peu satisfait des procédés du marquis (*non avendo, come si deve supporre, ritrovaie in Saluzzo quelle convenienze che si sarebbe aspettato,* Amati, p. 569), et son successeur fut Martin de la Valle ; celui-ci donna en 1481 une édition des satires de Perse, avec cette souscription : *Impressus Salutiis, arte et impensis Martini de la Valle, correctusqz ac emendatz diligèti opa Egreqii viri Johanis Gauterii rectoris scholariuz Salutièsiũ anno Dñi* MCCCCLXXXI, in-fol. goth. de 12 ff. sign. A-B.

M. Brunet fait remarquer que les caractères gothiques de Martin de la Valle ressemblent beaucoup à ceux d'une édition de Boèce, donnée à Pignerol en 1479 par Giacomo de Rossi, autrement dit Jacobus de Rubeis, Français que nous trouverons à l'article *Pignerol.* Cela n'a rien d'impossible, et Martin de la Valle peut avoir acheté son matériel de Jacques le Rouge, ou bien celui-ci avoir fait fondre des caractères identiques à ceux de celui-là, sans que du fait on puisse tirer une conclusion bien intéressante.

AUGUSTA VALERIA, voy. SÆTABIS.

AUGUSTA VANGIONUM, voy. VORMATIA.

AUGUSTA VEROMANDUORUM, voy. QUINTINOPOLIS.

AUGUSTA VESUNNA, voy. PETRICORDIUM.

AUGUSTA VINDELICORUM [Ant. Itin., Tab. Peut., Tac.], Αὐγούστα Οὐενδελικῶν [Ptol.], COLONIA AUGUSTA RAETORUM [Grut.], VINDELICA ÆLIA AUGUSTA (sur beaucoup de livres anciens on trouve seulement : AUGUSTA ; sur quelques autres, TRAGOPOLIS), ville des *Licates,* dans la Vindélicie, auj. *Augsburg, Augsbourg,* ville de Bavière. On l'appela aussi quelquefois LICAUTIORUM DAMASIA, parce que, avant d'avoir reçu une colonie romaine, elle était la ville principale de ce peuple.

Ville impériale de 1276 à 1806 ; elle fut illustrée par la protestation ou plutôt la *confession de foi* que les réformés opposèrent, en 1530, aux décrets impériaux, ce qui lui a fait donner le nom à jamais célèbre de Confession d'Augsbourg.

Un libraire de Paris, fort instruit et excellent bibliographe, M. Edwin Tross, a bien voulu nous donner, au sujet de l'imprimerie à Augsbourg, quelques notes que nous sommes heureux de présenter à nos lecteurs.

Augsbourg est, d'après l'ordre chronologique établi par tous les bibliographes, la cinquième ville de l'Allemagne qui ait produit des impressions avec date certaine. Son premier typographe fut Günther Zainer ou Zeyner de Reutlingen qui, vraisemblablement, sortait des ateliers de Fust et Schoiffer ; ses impressions sont fort belles et ses caractères bien gravés. Le premier livre sorti de ses presses est intit. : *Meditationes Bonaventuræ* : il porte la date IIII° ydas Marcii, anno LX° octavo (1468), in-fol. goth.

C'est à Zainer que l'on doit l'introduction et l'emploi en Allemagne des caractères ronds dits romains : le premier livre imprimé avec ces caractères est daté de 1472 ; ce sont les *Etymologiæ Isidori hispalensis.*

Jusqu'en 1500 on compte 23 imprimeries à Augsbourg, dont celle du monastère de St-Ulric et St-Afre, de l'ordre de S. Benoît, est une des plus importantes. Quelques-uns des volumes sortis des presses monacales, entre autres le *Speculum historiale* de Vincent de Beauvais, de 1474, 3 vol. in-fol., sont exécutés avec les caractères d'Ant. Sorg.

Un exemplaire de ce beau livre qui a figuré à la vente Bearzi contenait la note manuscrite suivante : Melchior de Stamhain abbas SS. Udalrici et Auffræ,... incipit opus illud impressoriæ artis perficere...

Augsbourg est la ville qui a produit au XVe siècle le plus grand nombre de livres illustrés avec figures en bois, et le plus grand nombre d'ouvrages en langue allemande : les belles-lettres et les sciences y marchaient d'un pas égal avec la théologie ascétique et dogmatique.

Augsbourg a aussi produit la première impression musicale exécutée en caractères mobiles en Allemagne. Ce premier ouvrage est intitulé : *Melopoiæ seu Harmoniæ Tetracenticæ super XXII. Genera carminum heroicorum, elegiacorum, lyricorum et ecclesiasticorum hymnorum per Petrum Trinitonium,*... etc. Impressum Augustæ Vindelicorum ingenio et industria Erhardi Oglin, 1507, pet. in-fol.

Les principaux bibliographes qui se sont occupés de la typographie à Augsbourg sont :

Zapf (G. W.) *Augsburg's Buchdruckergeschichte.* Augsbourg, 1788-91, 2 part., in-4, fig.

Megger (C.G.) *Augsburg's älteste Druckdenkmale.* Augsburg, 1840, in-4, fig.

Nous demanderons la permission d'ajouter quelques mots à cet exposé.

M. Tross est de l'avis de Panzer ; il dit : Premier livre impr. à Augsbourg, 1468 : *Bonaventuræ meditationes.* Mais pourquoi ne dit-il pas un mot de Joh. Bamler, Bemler comme l'appelle Maittaire, ou Baemler, suiv. Lichtenberger, qui cite de cet imprimeur une *Bible latine* de 1466 ? Bien des bibliographes ont admis cette assertion comme certaine : il est vrai qu'il paraît prouvé aujourd'hui que cette *Bible* de Bamler fut impr. par H. Eggesteyn de Strasbourg, et que le fait qui donna lieu à cette hérésie bibliographique une inscription manuscr. qui se trouve sur l'exempl. de cette Bible que l'on conserve à Wolfenbüttel : *explicit Psalterium.* BAMLER. 1466.

Ce Bamler n'était alors qu'un enlumineur de talent, et il lui plaisait de signer sa peinture sans qu'il pût se douter que ce fait dût mettre dans l'embarras les bibliographes de l'avenir, Maittaire, Zapf et M. Didot compris ; comme en définitive ce Jean Bamler se laissa emporter par le courant et se fit imprimeur à son tour, vers 1470 et certainement en 1472, il méritait l'honneur d'une mention.

Mentionnons aussi Io. Schüssler, qui «*elegantissimo charactere chartaque nitidissima excudit an.* 1470, *Josephi de Bello Judaico latinam editionem principem.*» (Lichtenberger, p. 191.)

Ehrard Ratdolt, l'imprimeur de Venise, qui revient dans sa patrie, et y imprime en 1488 l'*almanach* de Jean de Kœnigsberg, dont il avait déjà donné une édition à Venise en 1476.

Et surtout donnons-nous garde d'oublier Jean Schœnsperger, senior (l'aîné), «qui ab anno circiter 1481-1524 typis elegantibus libros excudit» (Lichtenb. p. 193), et auquel nous sommes redevables des livres les plus richement ornés qui peut-être aient jamais été mis sous la presse : une *Bible allemande* de 1487 et 1490, avec figures sur bois ; — un *Novum Testamentum,* allemand, de 1523, avec des gravures sur bois de Jo. Scheufelain, d'une exécution charmante et avec le caractère réduit du fameux *Thewerdank ;* enfin ce *Tewrdannckh* ou *Thewrdanck,* lui-même, dont il avait donné la première édition, à Nuremberg en 1517, et dont il publia deux réimpressions à Augsbourg en 1519 (Lichtenb. 193), mais déjà, dit M. Didot, il avait imprimé à Augsbourg en 1514 le livre de prières de l'empereur Maximilien, pet. in-4, en gros caractères, dont l'exécution typographique est peut-être supérieure à celle du *Thewrdanck* lui même.

AUGUSTA VOCONTIORUM, AUGUSTUM [Géo.

Rav.], Forum Augustum[Itin. Anton.], Avsta Civita, Agvsta [monn. mérov.], *Aouste*, bourgade du Dauphiné (Drôme).

Augustana Prætoria Daciæ, *Roman*, pet. ville de la Moldavie.

Augusti Lucus, ville des *Calaici*, dans la Tarraconaise, auj. *Lugo*, ville de Galice.

Augusti Muri, voy. Pons Saravi.

Augusti Tropæa, Σεβαστοῦ Τρόπαια [Ptol.], Turbia, auj. *Torbia*, bourgade du comté de Nice (Alpes-Maritimes).

Augustius, Acutus, l'*Agoust*, l'*Agoût*, riv. du Languedoc.

Augustobona Tricassium, voy. Trecæ.

Augustobrica [Itin. Anton.], Augustobriga [Inscr. Grut.], ville de la Lusitanie, auj. *Puente del Arçobispo*, dans la Nouv.-Castille.

Augustobriga, Αὐγουστόβριγα [Ptol.], ville des *Pelentones*, dans la Tarraconaise, auj. *Agreda*, pet. ville de la haute Castille.

Augustodunensis Tractus (pays des *Ædui*), l'*Autunois*, anc. prov. de France ; correspondait au dép. de Saône-et-Loire, réuni à un arrondiss. de la Côte-d'Or.

Augustodunum [Tacit. Ann. iii.], Αὐγουστόδουνον [Ptol.], Civitas Æduorum ou Eduorum, Ædua [Itin. Anton.], Hedua, Avgvstedvno, Avgvstedvnvm, Avgvstidvno, Avgvsotedvno [monn. mérov.], Eduense. Palatium [Charta. Lug. Jun.], Augusta Francorum (sur quelques vieux livres), Ostvn [Chr. de S. Den.], anc. Bibractum? dont l'étymologie serait, selon J. Lempereur, *Mons Bifractus, Autun*, ville de France, sur L'Arroux (Saône-et-Loire).

Quelques géographes pensent que l'antique *Bibractum* des Gaulois n'est autre qu'un bourg de l'Autunois nommé Beurect ; mais, comme les autorités les plus importantes ont consacré la ville d'Autun comme représentant le *Bibractum* de César, nous ne faisons mention de l'opinion contraire que comme d'un renseignement de quelque intérêt : un dictionnaire de géographie, connu sous le nom de *dictionnaire de Lacombe*, n'écrit pas Beurect, mais *Beuvray* ou *Beuveray*, autre village de l'Autunois.

L'imprimerie ne fut pratiquée dans cette ville, au dire de M. Ternaux, qu'en 1655, et le Dr Cotton l'a fait remonter en 1596. Nous pouvons la reporter à une date antérieure. Le livre intit. : *Statuta Eduæ, statuta curiæ Eduensis, auct. Joan. Blondel*, 1534, in-8, bien que publié sans nom de lieu ni d'imprimeur, est très-probablement sorti des presses autunoises. Le catal. Colbert nous fournit l'indication d'un *Missale ecclesiæ Heduensis*. Heduæ, 1556, in-fol.

Enfin nous trouvons dans le catal. des sciences médicales de la Biblioth. impér. un livre imprimé en 1578 ; c'est une édition de Galien, trad. en latin, corrigée et augmentée par Jean Lallemand et imprimée sans nom d'éditeur ni de typographe, *Heduæ*, 1578, in-8.

Il nous faut citer plusieurs imprimeurs autunois au xviie s.: Blasius Simonnot, Pierre Laymeré, Bernard Lamothe et Tort à la fin du siècle.

Cette ville ne figure pas en 1764 au *Rapport* fait à M. de Sartines.

Augustodurum, Arægenus, Vedeocæ, anc. ville des *Viducasses*, dont le village de *Vieux* (Calvados) marque auj. l'emplacement ; suiv. Reichard, ce serait *Aulnay*, et, d'après d'Anville et Valloy, *St-Fromond*, local. du même dép.

Augustomagus. [Itin. Anton.; Tab. Peut.], Civitas Silvanectum [Not. Prov.], Silvanectæ [Notit. Imper.], Silvanectensis Urbs [Greg. Tur.], Silvanectum, Silvanectæ Palatium, Senlenses [Chr.], ville des *Silvanectes*, dans la Gaule Belgique, station de l'Itin. d'Antonin, à xxii m. de Soissons, auj. *Senlis*, ville de France (Oise) ; suiv. d'Anville ce serait le Ῥατόμαγος de Ptolémée.

Nous ne connaissons pas de livre imprimé dans cette ville avant l'année 1698 : *Critique d'un docteur de Sorbonne sur les deux lettres de MM. Deslyons, ancien, et de Bragelongne, nouveau doyen de la cathédrale de Senlis, touchant la symphonie et les instruments que l'on a voulu introduire dans leur église aux leçons des ténèbres.* Senlis, impr. de R. Caron, 1698, in-4. (Bibl. impér. Hist. de Fr., t. VIII.)

En 1764 (Rapp. Sartines), il n'y avait à Senlis qu'un seul imprimeur, Nicolas Desroques, né à Paris, établi en 1751 ; il était à la tête de trois presses.

Augustomana, voy. Trecæ.

Augustonemetum, voy. Arverna.

Augustopolis, voy. Augusta.

Augustoritum Lemovicum, voy. Lemovicum.

Augustoritum Pictonum, voy. Pictavia.

Augustum, voy. Augusta Vocontiorum.

Aula Bona, *Aubonne*, pet. ville de Suisse (canton de Vaud).

Aula magni magistri ordinis Teutonici, Mariæ domus, Mergethum, *Mergentheim* ou *Mergenthal*, ville du roy. de Wurtemberg ; ruines de l'anc. château des grands maîtres de l'ordre Teutonique.

M. Cotton (suppl.), mais sans citer aucun titre de livre à l'appui de son assertion, prétend que cette ville possédait une imprimerie en 1698.

Aula Nova, *Ebersdorf*, sur le Danube, bourg d'Autriche.

Est-ce dans cet Ebersdorf ou dans la petite ville du même nom située dans la haute Saxe, dans le cercle de Zwickau, que fut imprimée, en 1727, la *Biblia Saxonica*, in-8, dont parle le père Lelong ? La *Bibliotheca Saxonica* de Struvius ne mentionnant même pas cette localité, il est à croire que c'est à l'Ebersdorf autrichien qu'il nous faut attribuer cette imprimerie.

Aula Quiriaca, Quiriacum, Gueranda, *Guérande*, ville de France (Loire-Inférieure).

AULA REGIA, *Königssaal, Zbraslaw*, abb. en Bohême, sur la Moldau.

L'imprimerie a peut-être été exercée dans ce monastère au XVᵉ s. En effet nous trouvons : *Dyalogus dictus Malogranatum, compilatus a quodam venerabili abbate monasterii Aule regie in Bohemia*. An. Dni M CCCCL XXXVIIᵒ. in-fol., sans aucune autre indication, ce qui ne nous permet pas d'affirmer d'une manière précise que le monastère de Königssaal ait possédé une imprimerie au XVᵉ siècle.

AULA REGIA AD LYNUM, voy. AULICA.

AULERCI, peuple de la Gaule lyonnaise, divisé en : *Aulerci Brannovices*, sur les bords de la Loire ; *Aulerci Cenomani* [Cæs. VII], Κενομανοί [Ptol.], *le Maine; Aulerci Diablintes* ou *Diablindi* [Plin., IV], Διαυλίται [Ptol.], *le Perche* (?) et *Aulerci Eburovices* [Plin., III], ou *Euburones* [Cæs., VII], Αὐλίρκιοι Ἐβουραϊκοί [Ptol.], le dép. de l'*Eure*.

AULICA, AULA REGIA AD LYNUM, *Elze*, sur la Leine, pet. ville du Hanovre.

AULIS, Αὖλις, *Microvathi*, ville de Grèce, dans l'anc. Béotie.

AULON [Itin. Ant.], Αὐλών [Strab.], ville de l'Illyrie grecque, auj. *Valona*, sur l'Adriatique, en Albanie.

AUMIGNONA, l'*Aumignon*, riv. de Picardie, affl. de la Somme.

AUNEDONNACUM, voy. ALNEALDUM.

AUNUS, ALNEALDUM, *Auneau* ou *Auneaux*, bourg de France (Eure-et-Loir).

AURA, voy. AUTURA.

AURA, l'*Aure*, pet. riv. de Normandie, affl. de l'Eure.

AURACIUM, AURAICUM, AURASCUM, *Auray*, ville de Bretagne (Morbihan).

AURACUM, URACUM, *Aurach*, *Urach*, ville de Würtemberg, sur l'Erms.

L'imprimerie existait en cette ville dès l'année 1481, si nous en croyons l'indication suivante négligée par Panzer et Maittaire, mais que nous donne Hain (III, 248) : *Leben der Heiligen* (la Vie des Saints) ; à la fin : *Hye endet sich der Heiligen leben das Wintterteyl. Dass hatt Getruckt fin volendet Cunradus Feyner zu Urach. An Montag nach sant Martins tag...* M. CCCC. LXXXI..... 2 vol. in-fol., le premier de 240 ff., chiff. à 43 lig., plus un premier f. non chiffré ; le second vol. commence par un f. non chiffré, suivi de 208 ff. chiffr. avec fig. xylographiques.

Conrad Fyner était à cette époque établi à Essling, où nous le retrouverons ; il fut sans doute appelé à Aurach par les congrégations religieuses.

AURACUM DUCIS, AURIACUM, *Aurach-le-Duc* (*Herzogen Aurach*), pet. ville de Bavière, près Nüremberg.

Imprimerie en 1707, d'après le *suppl.* du Dr Cotton.

AURAICUM, voy. AURACIUM.

AURARIA MAGNA, AURARIACUM, *Abrud-Banya* (*Gross Schlatten*), bourg de Transylvanie.

AURARIA PARVA, *Zalathna* (*Klein Schlatten*), bourg voisin du précédent.

AURASIUM, *Auras*, ville de la Silésie prussienne, sur l'Oder.

AUREA TEMPE, AUREUM ARVUM, *die goldene Ane*, *Rosenane*, district de la basse Saxe.

AUREA VALLIS, *Airvault*, bourg de France (Deux-Sèvres). = *Orval*, bourg et abb. près Trèves (Luxembourg).

AUREATA, *Aurée*, village de Fr. (Nièvre). = l'*Aurée*, pet. riv. de Champagne, affl. de la Seine.

AUREATUM, voy. AICHSTADIUM.

AURELIA [Cell.], AURELIANORUM CIVITAS [Sid. Apoll.], AURELIANUM, AURELIANENSE PALATIUM, AURILIANA CIVITAS, CENABUM [Itin. Ant.], Κήναβον [Ptol.], GENABUM [Cæs.], Κήναβον [Strab.], GENABUM CARNUTUM [Cæs.], AVRELIANIS CIVITATE, AVRILIANIS [monn. mérov.], ORLIENS, aux XIIᵉ et XIIIᵉ s., *Orléans*, ville de France (Loiret).

Panzer et après lui tous les bibliographes s'accordent à reconnaître comme premier ouvrage imprimé à Orléans la traduction française du *Manipulus Curatorum, Guidonis de Monte-Rocherii*. M. Brunet joint à la description exacte qu'il fait de ce rare volume la reproduction de la marque de Mathieu Vivian, le premier imprimeur d'Orléans. Voici le titre du volume : *Manipulus Curatorū, trāslate de latī en frācoys*. Au vᵒ de l'avant-dernier f. — *Cy finist le liure dit Manipulus Curatorum translate de latin en francoys par venerable et discrete psonne Maistre Guis du Mont Rocher docteur en théologie. Imprime à Orleans par Maistre Mathieu Vivian. Quecquez la ayde de Nostre Signeur iħūxpt lan mille quatre cens quatre vings et X. le dernier iour de mars.* In-4. goth. sans ch. ni récl., avec sign., 244 ff. à 24 et 25 longues lignes par page.

Les principaux imprimeurs de la ville d'Orléans au XVIᵉ siècle sont : Jacobus Hoys, que nous rencontrons en 1518, Jac. Martinet en 1528, Fr. Gueiardus en 1536, Louys Rabier, Pierre Treperel (*sic*), Saturnin Hotel, Olivier Boynard et Eloy Gibier ; au XVIIᵉ s. nous ne citerons que Gilles Hotot, Maria Paris et les frères Borde.

Le rapport fait à M. de Sartines en 1764 nous donne les indications suivantes : il y a à Orléans quatre imprimeurs : Charles Jacob, syndic, descendant de plusieurs générations d'imprimeurs, pourvu en 1720, possède 3 presses. — Martin Couret de Villeneuve, natif d'Orléans, âgé de 47 ans, fils d'imprimeur, établi en 1747, a succédé à son père ; 4 presses. — Jean Rouzeau Montault, adjoint, établi en 1752 ; 4 presses. — Pierre Rousseau Liger, établi en 1750 ; 5 presses. Ce dernier ayant imprimé un livre pour démontrer l'inutilité de la confession, son imprimerie fut interdite pendant trois mois ; il a donné sa démission, qui n'est pas encore acceptée.

Nota. Le commerce des livres se fait par des gens qui ne sont pas autorisés ; il y a entre autres un nommé Pierre Chevillon, frère du libraire de ce nom, qui tient boutique de revendeur.

AURELIA ALLOBROGUM, voy. GENEVA.

AURELIACUM, AURILACUM, AURILIACUM, *Aurillac*, ville de Fr. (Cantal).

Nous ne connaissons pas de livre imprimé avant 1685 dans cette ville : l'*Entéléchie des Eaux de Vic-le-Comte en Auvergne, par Jean Manté.* — Aurillac, 1685, in-12.

En 1764 (*Rapp.* Sartines), il y a un imprimeur-libraire établi dans cette ville depuis 1761 ; il se nomme Antoine Viallanes.

AURELIANENSIS AGER, l'*Orléanais.*

AURELIANUM, ORIGANUM, *Origano,* pet. ville de la Vénétie.

AUREOLUS PONS, PONS AURELIANI, PONS AUREOLI [Aur. Vict.], ville des Insubres, dans la Gaule Transpadane, auj. *Pontirolo,* bourg du Milanais, sur la route de Bergame à Milan.

AURGI, voy. FLAVIUM.

AURIA, voy. AMPHIOCHIA.

AURIA, voy. AQUÆ CALIDÆ.

AURIACUM, *Auriac,* bourg du Périgord (Dordogne). Plusieurs localités en France portent ce nom.

AURIACUM, AURICUM, *Aurich,* ville de l'Ost-Frise (Hanovre).

Est-ce à cette ville que s'applique la désignation que nous fournissent Herbert et Lowndes d'un livre imprimé en 1541 ? « *James Sawtrey, Defence of the mariage of Presistes agents Steven Gardiner, Bishop of Wynchester. Will. Repse, Bishop of Norwiche,* etc. Awryk, by John Froost, 1541, in-16. 28 pag. Goth. »

AURIACUM, voy. AURACUM DUCIS.

AURIGERA, ALBURACIS, AREGIA, l'*Ariége,* riv. de Fr., affl. de la Garonne.

AURILIACUM, *Aurillé* et *Aurilly;* plusieurs villages de France portent ce nom.

AURIMONTANUM, URSIMONTANUM, *Ormonts,* bourg de Suisse (canton de Berne).

AURIMONTIUM, *Goldberg,* ville de la Silésie prussienne, au pied des monts Géants (*Riesengebirge*).

AURINIACUM, *Origny en Thiérache,* village de France (Aisne).

AURIO, *Evron,* bourg de France, anc. abb. de bénéd. (Sarthe).

AURISIUM, *Roth,* ville de Bavière (margr. d'Anspach).

AURISTADIUM, voy. AVERSTADIUM.

AURIVALLIS, voy. AUREAVALLIS.

AURUNCA [Liv. VIII], SUESSA [Cic. Phil.], SUESSA AURUNCORUM [Liv. IX], SUESSA AURUNCA [Vell. Pat.], ville des *Aurunci,* dans la Campanie, auj. *Sessa* ou *Sezza,* ville de la *Terra di Lavoro,* prov. napolitaine du roy. d'Italie, qu'il faut se garder de confondre avec SUESSA POMETIA.

Nous pensons que la grande famille des imprimeurs de ce nom, qui florissaient à Venise au XVIᵉ siècle, était originaire de cette ville : le premier, dont les essais comme typographe datent de 1505, s'appelait Giov. Bapt. da Sessa ou Sessa ; puis viennent le célèbre Melchior ou Marchio Sessa, et Giov. Baptista Marchio Sessa et ses fils. Sept différentes marques (*le chat et la souris*) de cette famille illustre ont été recueillies et publiées par Dibdin dans son *Decameron.* Un célèbre bibliophile du commencement de ce siècle, l'évêque d'Ely, disait à propos des livres sortis des presses de ces imprimeurs : « Whenever you see a book with a cat and mouse in the frontispice, seize upon it : for the chances are as three to four that it will be found both curious and valuable. »

AUSA, AUSA NOVA, VICUS AUSONENSIS [Cell.], AUSONA (au moy. âge), AASONA, *Vich, Vich d'Osona,* ville d'Espagne (Catalogne).

AUSARA, voy. APSORUS.

AUSARIENSIS CIVITAS, le bourg d'*Osero,* dans l'île du même nom. Voy. APSORUS.

AUSCI, voy. AUGUSTA AUSCIORUM.

AUSCIA, la *Bresle,* pet. riv. de Normandie, séparait le *Vimeu* du *Tellau.*

AUSER [Plin. III], AUSUR [Rutil. Itin.], Αὔσαρ [Strab. V], fleuve d'Etrurie, auj. le *Serchio,* affl. de l'Arno.

AUSIACA VILLA, *Anseauville,* village de Lorraine.

AUSIMUM, voy. AUXIMUM.

AUSOBA, Αὐσόβα [Ptol.], *le Logh,* riv. d'Irlande, dans le Connaught.

AUSONA, voy. AUSA.

AUSONIA, l'*Ausonie,* nom poétique de l'Italie.

AUSSONA, AUSSONICA, AUXONIA, *Aussonne, Auxonne,* ville de Fr. (Côte-d'Or).

Auxonne fut fondée l'an 406 de J. C., suivant l'historien Claude Jurain; ses armoiries lui furent données par Philippe le Hardi, duc de Bourgogne. L'imprimerie n'existe dans cette ville qu'à partir de 1787, suivant M. Ternaux, qui cite un *Manuel* destiné à la célèbre école d'artillerie : *Lombard, Table du tir des canons.* Auxonne, 1787, in-8.

AUSTA, AUSTIA, USTIA, USTIE, *Aussig,* ville de Bohème, sur l'Elbe.

AUSTERAVIA, voy. AMELANDIA.

AUSTERBATIUM, voy. AUSTREBATIUM.

AUSTRACHIA, EMSTRACHIE, l'*OEstergoë,* partie orientale de la Frise.

AUSTRASIA, AUSTRACHIA, AUSTER [Frédég.], *Westerreich, Westreich,* l'*Austrasie,* prov. N.-E. de la France et O. de l'Allemagne; comprenant la Lorraine, le Brabant, la Thuringe, le Luxembourg et pays de Liége, etc. ; a formé, du VIᵉ au VIIIᵉ s., un des principaux royaumes francs.

AUSTRAVIA, CASTRA PRÆTENTIA, *Osterhova, Osterhofen*, ville de Bavière, près. du Danube [B. et Möller].

AUSTREBATIUM, AUSTERBATIUM, AVSTREBANTO [monn. mérov.], *Ostrevand*, district du Hainaut belge (territ. de Bouchain).

AUSTRIA [Cluv. Cell.], AUSTRI FRANCIA, OSTER-RIKE, REGNUM ORIENTALE, *Œster-reich, Œstreich, l'empire d'Autriche*, l'une des grandes puissances européennes (?).

AUSTRIA, voy. LICERIUM.

AUSTRIÆ CIVITAS, voy. BEDRIACUM.

AUSUGIUM, AUSUGUM [Itin. Ant.], ville de l'anc. Norique; auj. *Borgo di val Sugana* (d'après Forbiger), pet. ville du Tyrol autrichien.

L'imprimerie exista dans cette localité en 1750, dit M. Cotton, dans son supplément.

AUTISSIODORUM [Tab. Peut.], AUTESIODO-RUM [Itin. Anton.], ALTISIODORUM [Cell.], AUTOSIDORUM [Amm. Marcel.], ANTISIO-DORUM, URBS ALCEDRONENSIS, AVTIZIODERO, AVTIXIODERO [monn. mérov.], AVTISSIO-DERVM [Frédég.], AVAUCERRE [Joinv.], AUSEURRE (Guy d'Auseurre, Guy, évêque d'Auxerre, Ducange], la CITÉ D'AUÇOIRE [Chron. de St-Denis], *Auxerre*, ville et évêché de Fr. (Yonne).

M. Ternaux porte à 1650 et le Dr Cotton à 1560 la date de l'introduction de la typographie dans cette ville, mais sans indication de livre imprimé. Voici le volume que M. Cotton a dû vouloir désigner: c'est un Bréviaire à l'usage d'Auxerre, *Brevia-rium Ecclesiæ Antissiodorensis*, Antissiodori, 1580, in-8, que nous trouvons dans plusieurs catologues, entre autres sous le n° 5521 du cat. Dubois. Mais la Bibliothèque impériale possède une pièce publiée sous une date antérieure: *Sauvegarde donnée par l'Empereur* (Maximilien II) *à M. le cardinal de Lorraine, euesque de Metz*. Ausserre, par M. Bour-don, 1566, in-8.
Parmi les imprimeurs d'Auxerre que nous jugeons dignes de faire mention honorable, nous citerons: Pierre Vatard, au commencement du XVIIᵉ siècle, et. C. de Villers.
En 1754 [*Rapp.* Sartines], il n'y a qu'un seul imprimeur à Auxerre; c'est François Fournier, éta-bli en 1742.

AUTOMATE [Plin. II], HIERA [Oros.], l'une des îles Lipari, auj. *Megali Cameni*, dans l'Archipel.

AUTOSIDORUM, voy. AUTISSIODORUM.

AUTREUM, *Autrai* ou *Autrey*, bourg et anc. comté de France (Doubs).

AUTRICUM, voy. CARNUTUM.

AUTUMNACUM, voy. ANDERNACUM.

AUTURA, AUDURA, EBURA, l'*Eure*, riv. de Fr., affl. de la Seine (non citée par Forbiger).

AUVERTIUM, *Auvers*; plusieurs localités en France portent ce nom.

AUXANUM, ANXANUM [Tab. Peut.], *Lanciano*, bourg d'Italie (Abruzze citér.).

AUXELLODUNUM, voy. EXELODUNUM.

AUXENNA [Tab. Peut.], MUENNA [Itin. An-ton.], AVALLES, *Avaulx, Avaux*, sur l'Aisne, bourg et château de France (Marne), construit sur les ruines d'*Er-chery* ou *Ecry* [Chron. carl.].

AUXIMUM [Cæs. B. G. I], AUSIMUM [Tab. Theod.], Αὔξιμον [Plutar.], AUXIMON [Itin. Anton.], ville des Picentins, auj. *Osimo*, ville de la délég. d'Ancône (Italie).

Voici un livre imprimé dans cette ville à une date assez reculée: c'est une traduction latine du premier chant de l'Arioste: *Ariosto Lud.* — *Rolandi Furiosi Liber primus et Cantus cujusque Principia, lati-nitate donati a Visilo Mauritio de Monte florum.* Auximi, per Astulfum de Grandis, 1570, in-8.

AUXONIA, voy. AUSSONNA.

AUXUENNA, voy. FANUM S. MENEHILDIS.

AVALLO, voy. ABALLO.

AVALLOCIUM [Greg. Tur., Frédég.], *Alluye*, bourg de Fr. (Eure-et-Loir).

AVANTICI, peuple de la Gaule Narbon.; auj. occuperait partie des dép. des Alpes-Maritimes et des Basses-Alpes.

AVANTICORUM OPPIDUM, voy. ICTODURUM.

AVANTICUM, Αὐάντικον [Ptol.], AVENTICUM [Tacit. Hist. I], AVENTICUM HELVETIORUM [Itin. Anton.], ville de la Gaule Lyon-naise], auj. *Avanche, Avenches*, ville de Suisse, près du lac de Morat (cant. de Vaud).

AVARA MAJOR, l'*Yèvre*, l'*Ièvre*, pet. riv. du Berry.

AVARICUM [Cæs., Itin. Anton., Tab. Peut.], Αὐάρικον [Ptol.], BITURICÆ [Geog. Raven.], BITURIGÆ [Sid. Apoll.], BITURICUM [Lu-can.], BITURIGA, BITURIX, OPPIDUM AVA-RICUM IN FINIBUS BITURIGUM [Cæs.], BE-TORICA [Greg. Tur.], BETURIGAS URBS [Frédég.], BETOREGASCI, BEOREGAS, BE-TORGAS, BETOREX [monn. mérov.], cap. des *Bituriges Cubi*, dans la Gaule Aqui-taine, auj. *Bourges*, ville et archevêché de Fr. (Cher).

Catherinot, le compilateur berrichon, porte à l'an 1500 la date de l'introduction de l'imprimerie à Bourges, et la Thaumassière, dans son *Hist. du Berry*, cite un *Bréviaire* en deux volumes imprimé à Bour-ges en 1513, pour l'abbaye de S. Satur: mais aucun fait, aucune preuve, ne sont apportés à l'appui de ces assertions purement gratuites.
M. Cotton, de son côté, dit que l'imprimerie fut introduite à Bourges par Barthélemy Bartault, et M. Ternaux, suivant sa coutume, reproduit, sans même en varier les termes, cette assertion erronée: B. Bartault fut l'un des premiers libraires de Bourges, mais n'imprima jamais. *Le Coustumier général des Pays et Duché de Berry* (Man., tom. II, col. 353

fut, suivant Cotton, le premier livre imprimé à Bourges; il se vendait dans cette ville *en l'ostel de Barth*. Bartault, et avait été imprimé à Paris par Michel Fezandat, mais aux frais de trois libraires associés, B. Bartault et Jean Garnier de Bourges, et Ponce Roffet, dit le Faulcheur, de Paris.

Quel fut donc le premier imprimeur de cette grande cité de Bourges, si célèbre à cette époque par son université et son école de droit, où brillaient d'un renom sans égal les Culas et les Alciat?

Nous emprunterons à une curieuse brochure de M. Boyer, bibliothécaire de Bourges, quelques détails consciencieux et fort intéressants à ce sujet. On ne reconnaît, dit-il, de fondation certaine d'un établissement d'imprimerie à Bourges qu'en 1530. A cette époque, sous la bienfaisante protection de Marguerite, duchesse de Berri, qui portait à cette province une affection particulière, les cours de l'École de droit avaient commencé à prendre un lustre inaccoutumé; le renom européen du professeur Alciat, qui venait d'y faire son entrée, appelait autour de sa chaire une foule d'hommes d'étude à qui les livres devenaient plus que jamais nécessaires. La ville crut devoir répondre à ce besoin, et appela de Paris un imprimeur du nom de Jean Garnier, qui apporta avec lui ses presses et s'engagea à rester six ans au moins dans le pays. De plus, pour l'attacher davantage et prévenir les mauvaises chances d'un nouvel établissement, le maire et échevins lui assurèrent une rétribution annuelle de 100 livres tournois. On y ajouta 10 livres une fois données pour l'aider à faire le voyage de Bourges à Paris, où il allait chercher sa femme qu'il y avait laissée avec tout son ménage et son matériel. (Compte de la ville, 1529-1530.)

Les premiers spécimens des presses de Garnier ont disparu. C'étaient sans doute de simples ordonnances ou des pièces administratives des maire et échevins; mais bientôt il fut adopté par le clergé et devint à la fois l'imprimeur de l'autorité séculière, celui de l'Université, et en même temps, ce qui valait mieux à cette époque, le typographe agréé par le parti clérical.

Malgré ces trois cordes à son arc, Garnier ne fit pas fortune, puisqu'on lit dans un dénombrement des officiers de l'Université : « *L'imprimeur c'est Jehan Garnier, homme paouvre qui n'imprima de sa vye livre fors des Almanacs et ut l'hoffice nouuellement érigé et ni eust iamays imprimeur que luy.* » Cette pièce, dit M. Boyer, doit être de 1556 environ; or Garnier avait certainement imprimé lui-même le *Missel* de 1547, dont nous avons parlé; ce qui contredit l'assertion précitée: *qu'il n'imprima de sa vye liure fors des Almanacs.*

Garnier exerçait encore en 1562; la biblioth. du chapitre de Saint-Étienne, ayant été saccagée par les Huguenots qui envahirent la ville cette année 1562, fut reconstituée, tant bien que mal, par les bourgeois bien intentionnés, qui recueillirent çà et là les épaves du naufrage; parmi ceux qui achetèrent des livres aux pillards, dans ce but, figure ce brave Jehan Garnier, faisant, comme l'on voit, contre fortune bon cœur.

La marque parlante de ce libraire était un vaisseau battu par la tempête, avec trois moutons paissant sur le rivage, et cette devise biblique :

Discerne causam meam de gente non sancta.

L'homme dont Bourges a le droit de se glorifier, c'est Geoffroy Tory, bien que nous n'admettions pas comme suffisamment authentiques les attributions qu'on voudrait faire à son burin de toutes les pièces, sans exception, marquées d'une ‡ : mais un bibliographe éminent, M. Auguste Bernard, ayant consacré à cet artiste une monographie fort importante (éd. Tross, 1866, 1 vol. in-8.), nous n'avons pas à nous en occuper.

La Coutume du Berry fut publiée en latin bien avant d'être imprimée en français : le *Manuel* de M. Brunet indique comme étant la première édition de ces *Coustumes générales*, annotées par Nicolas Bœrier ou Boyer, imprimée en 1512; la bibliothèque de la ville de Rennes en possède une plus ancienne, dont un éminent professeur à la faculté

des lettres de cette ville, M. Delaunay, nous communique la description :

Le volume est in-8, et se compose de 156 ff., sign. A-V, impr. en car. goth; après le titre en rouge et noir, semblable à celui de l'édit. de 1512, on lit : *Earumdem ac nonullis cō ‖ siliis et addiz p ipm̄ ‖ Boerier novi ‖ ter edi ‖ tis;* ce mot *noviter* indique-t-il une édition plus ancienne? Le livre est dédié à Jehan de Gannay, chancelier du roy. A la fin on lit : *Expliciunt Consuetud. inclite Civitatis et septem Byturigum, impresse anno Dn̄i M° CCCCCIX, die vero XXV, mensis octobris,* sans aucune indication de lieu ni d'imprimeur; mais au v° du dernier f. la marque d'Enguilbert de Marnef, ce qui nous donne Paris comme lieu de l'impression.

Nous ne connaissons pas de *Coustumier Berrichon* imprimé à Bourges, avant celui de 1579, que cite aussi M. Brunet.

Quant aux livres de liturgie spéciale, nous citerons le *Missel de Bourges,* impr. à Paris par l'Allemand J. Hygman, en 1493, in-fol. goth. sous l'épiscopat de Guil. de Cambray. (bibl. de Bourges.)

Un autre *Missel,* impr. à Paris, impensis J. Parvi, Englеb. de Marnef, Petri Sartier et Jac. Ferot, pendant l'épiscopat de François de Bueil, en 1522, in-fol., dont un splendide ex. sur vélin fut vendu 1315 fr. en 1860.

Catherinot cite un autre *Missel* de Bourges, impr. également à Paris en 1527.

Le premier qui soit sorti des presses locales est un in-fol. à 2 col., en car. goth., avec cette souscription : *Excudebat Joanes Garnerius Biturigibus ad scholas utriusqz iuris ubi venale reperies.* M. D. XLVII.

Le *Manuel* fournit encore cette indication : En même temps que l'archevêque de Bourges confiait aux presses parisiennes l'impression du *Missel* de son église, il faisait imprimer un *Bréviaire* à Limoges en un vol. in-8, avec cette souscription à l'avant-dernier f. : *Impressum in Lemovicæ civitate per Paulum Berton,* 1522; mais les frais de cette publication furent faits par les quatre libraires de Paris et de Bourges, que nous venons de citer; aussi voit-on au v° du dernier f. la marque et le nom de Pierre de Sartières (ou Sartier), et lit-on cette souscription : *Venundatur Bituris et Parisii.*

Nous citerons, parmi les imprimeurs qui ont succédé à J. Garnier, Jean Hantet (1558), Pierre Bouchier (1576-1587), Nicolas Levez, chef d'une dynastie qui imprime jusqu'au XVIII° siècle, et qui le premier prend le titre d'*imprimeur juré* de la ville ; les Cristo, Chaudière et Toubeau, qui portèrent la typographie berruyère à un degré de perfection assez remarquable.

Le *Rapport* Sartines signale deux imprimeurs : Solange Toubeau, veuve de Jacq. Boyer, impr. depuis 1717 ; la famille des Boyer est originaire d'Orléans, où elle imprimait depuis deux siècles. Puis Barthélemy Cristo, d'une vieille famille d'imprimeurs du Berry.

AVARIO, VERONIUS, l'*Aveiro, Aveyrou, Aveyron,* riv. de Fr., affl. du Tarn.

AVATICORUM STAGNUM, MASTRAMELUM STAGNUM [Cell.], l'*Étang de Martigues* (Bouches-du-Rhône).

AVEDONACUM, *Aunai,* bourg de Fr. (Charente-Inférieure).

AVEIRUM, AVERIUM, ERCOBRIGA [Polyb.], TALABRICA [Itin. Anton.], *Aveira,* ville et duché de Portugal, au N.-O. de Coïmbre, suiv. Ukert.

AVELDA, AVELDIA, *Aveld,* pet. ville de la Hesse.

D'après M. Ternaux, mais sans aucune garantie d'authenticité, nous citerons : *Augustinus Aveldensis, Pia Collatio cum Martino Luthero super Bibliotheca nova.* Aveldiæ, 1528, in-4. Nous ne connaissons ni le livre ni son auteur, que nous ne trouvons cités par aucun bibliographe.

AVELLA, voy. AQUILA IN VESTINIS.

AVELLA, AVIA VACCÆORUM, *Villalon*, ville d'Espagne (roy. de Léon).

AVELLANA, AVELLANUM, *Haslach*, pet. ville du cercle de Franconie, près de Nüremberg.

AVENACUM, AVENAIUM, AVENIACUM, *Avenay*, pet. ville et anc. abb. de Champagne (Marne).

AVENDI CASTRUM, voy. ROMARICI MONS.

AVENIO [Mela, Plin.], Αὐενίων πόλις [Steph.], AVENIO CAVARUM [Tab. Peut.], CIVITAS AVENNICORUM [Notit. Prov. Vien.], AVINIONI CIV. [monn. mérov.], ville des Cavares, dans la Gaule Narbon., auj. *Avignon*, ville de Fr. (Vaucluse).

L'imprimerie date à Avignon de 1497 : *Luciani Palinurus, Scipio Romanus, Carmina heroica in Amôrem, Asinus Aureus, Bruti et Diogenis Cynici epistolæ* (omnia latine). Hec opuscula castigatissima emendata impressa sunt Auinione impensa Nicolai Tepe ciuis Auinionensis, M. CCC. XCVII, idibus octobris, pet. in-4, goth. de 37 ff. à 29 lig. par page, plus un f. blanc.

M. Brunet a écrit *Nic. Cepe*, Panzer, Hain et les autres bibliogr. *Lepe* ; mais un libraire de Paris, curieux et instruit, M. Claudin, fait observer qu'à cause de la forme singulière de la lettre *T*, qui offre une grande analogie avec l'*L* et le *C*, les bibliographes ont écrit tantôt *Lepe*, tantôt *Cepe*, mais qu'il faut lire *Tepe*; et en cela, après vérification, nous sommes d'autant plus de son avis, que nous trouvons sur le second livre avignonais le même nom écrit *Tepe*, et par M. Brunet lui-même (*Man.*4, col. 159). L'*Asinus Aureus* annoncé sur le titre n'est pas compris dans le volume; non plus que dans l'édition de 1505 (Paris, Gaspard Philippe), qui reproduit celle d'Avignon, 1497; la censure ecclésiastique a passé par là.

Le second livre imprimé à Avignon, cité par les bibliographes, est intitulé : *Roff edi Tractatus Libellorum super utraque censura. — Tractatus Libellorum super utraque censura cum questionibus sabbatinis, castigatus a Petro Miloti, Petro Tepe et Joanne Pabeyrani dicto Gandarre scholastico. — Impressit Dominicus Anselmus Auenionensis,* Auenione altera Roma ultima Kal. Marcius, A. M. CCCCC, in-fol.

Le *Lucien* de 1497 ne nous avait pas donné de nom d'imprimeur; mais celui-ci nous révèle très-probablement comme premier typographe avignonais Dominique Anselme : nous disons très-probablement, parce que, n'ayant pu trouver le livre du légiste Odofredus ou Roffredus, que nous citons, nous n'avons pu comparer le caractère dont s'est servi Dom. Anselme avec celui du *Lucien*.

Mais le nom le plus glorieux de la typographie avignonaise est évidemment celui du célèbre Jehan de Channey, dont les produits sont encore aujourd'hui si recherchés des amateurs; la marque de cet habile imprimeur rappelle exactement celle des Aldes.

Parmi les nombreux imprimeurs d'Avignon au XVIe siècle, nous citerons : Ant. Bonhomme, qui exerçait en 1532, et Barth. Bonhomme, en 1555; Gr. Tachet, en 1549, et à la même époque Hymbert Parmentier; Pierre Roux, en 1555, et Math. Vincent.

AVENIONETUM, *Avignonet*, bourg de France (Aude).

AVENIONIS CASTRUM, *Napoule*, village de Fr. (Var). Quelques géographes donnent à ce village l'emplacement de l'anc. *Athenopolis.*

AVENLIFNIUS, LIBNIUS, *the Liffey*, riv. d'Irlande.

AVENNÆ, AVESNÆ, AVISNA [ch. et dipl.], *Avesnes*, ville de Fr. (Nord). Quelques villages de Picardie et d'Artois portent aussi ce nom.

Nous ne connaissons pas de livre imprimé à Avesnes avant 1678; à cette date nous trouvons au Catal. Dubois, no 2416 : *Traité de la retraite.* Avesnes, 1678, in-16.

AVENNÆ COMITIS. *Avesnes-le-Comte,* bourg de Fr. (Pas-de-Calais).

AVENTACUM, voy. AVENACUM.

AVENTICENSIS LACUS, *der Murtnersee*, le lac de Morat, en Suisse (canton de Fribourg).

AVENTICENSIS PAGUS, voy. ULTRAJURANUS.

AVENTICUM, voy. ABRINCÆ.

AVENTICUM, voy. AVANTICUM.

AVENTINUM, voy. ABUSINA.

AVENTINUS MONS, le *mont Aventin, monte di Santa Sabina,* une des sept collines romaines; il y en a huit aujourd'hui.

AVENUM, l'*Aven,* pet. riv. de basse Bretagne.

AVERCIACO VILLA [monn. mérov.], *Avrechy,* ville de Fr. (Oise).

AVERDERA, *Aveurdre,* bourg de France (Allier).

AVERIUM, voy. AVEIRUM.

AVERNUM, *Avernes.* Plusieurs villages de France portent ce nom, partic. en Normandie et dans le Vexin.

AVERNUS [Plin. Stat.], AVERNI LACUS [T. Liv., Cic.], ή Ἄορνος λίμνη [Strab., Diod. Sic.], *lago Averno,* dans l'anc. Campanie, auj. *lago Tripergola,* au roy. de Naples.

AVERSÆ, *Aversa,* ville de la *Terra di Lavoro,* prov. nap. du roy. d'Italie.

Comté normand au moyen âge : l'imprimerie date dans cette petite ville de l'an 1520 : *D. Luce Prassicii Confutationes in Commentationes Augusti Niphi pro defensione Catholicæ ac peripatheticæ veritatis. — Impressæ Averse per A. de Fritiis,* A. D. 1520, in-fol.

C'est M. Ternaux qui nous donne cette indication, et nous manquons de moyens de contrôle; le livre est inconnu à Panzer et à Maittaire; Amati non plu qu'Haym ne le citent. Giustiniani seul (p. 125) nous fournit le titre d'un livre du même D. Lucas Prassicius, imprimé à Naples l'année suiv. 1521, où nous voyons qu'il était qualifié de *Patricius Aversanus*, ce qui semble donner quelque apparence d'authenticité au renseignement de M. Ternaux.

AVERSBERGA, AUERSBERGA, *Aversberg*, bourg de Carinthie, près Laybach.

AVERSTADIUM, AURISTADIUM, *Auerstædt*, pet. ville des États prussiens, prov. de Saxe.

AVIA, voy. AQUILA (IN VESTINIS).

AVIARIUM (*Locus aptus nutriendis avibus villaticis*. Duc.), PLUVERIUM, PLUVIERS [Chron.], *Pithiviers*, ville de Fr. (Loiret).

AVICULA, *der Vogelberg* (en ital. *Monte-Uccello*), montagnes de Suisse (*Alpes Rhæticæ*).

AVILIACUM, *Avilly*, village près Chantilly (Oise).

Le père Houbigant (Ch. Fr.), célèbre hébraïsant, y établit une petite imprimerie à son usage en 1745, et cette imprimerie fonctionna pendant un laps d'années assez considérable : il en sortit un *Psalterium hebraïcum*, en 1748, sous la rubrique : *Lugduni Batavorum*, tiré à cent exemplaires ; les *Proverbia* en 1763 et plusieurs ouvrages en français.

AVILIANA, VILLIANA, *Avigliana* ou *Avigliano*, pet. ville du Piémont, dans la prov. de Susa.

AVILLA, *Aviles*, pet. port d'Espagne, dans les Asturies, sur le golfe de Biscaye.

AVIMONS, *Oisemont*, bourg de Picardie (Somme).

AVINCIUM VILLA SUPER FLUVIUM TARNI [Ch. Car. C. a. 843], AVIZIACUM, *Aveins*, sur le Tarn, village de France (Tarn-et-Garonne), anc. villa royale.

AVISIUM, *Avis* ou *Aviz*, pet. ville de Portugal, dans l'Alentejo.

AVISIUM, *Evas* ou *Effas*, pet. ville d'Autriche, près Brixen.

AVITACUM, *Aubières*, bourg de Fr. (Puy-de-Dôme).

AVOLOTIUM, AVOLODIA [Frédég.], AVALLOCIUM [Greg. Tur.], *Allonne*, village et anc. seigneurie de Fr. (Eure-et-Loir).

AVUS, riv. de l'Espagne Tarraconaise, auj. le *Rio d'Avés*, en Portugal.

AXA, *Axbridge*, bourg d'Angleterre (Sommersetshire).

AXA, AXIACUM, AXIUM, *Essay* ou *Essex*, bourg de Normandie (Orne), anc. abb. d'A. = *Essey*, anc. abb. de B., dioc. d'Agen (Lot-et-Garonne). = *Essay*, village de Fr. (Côte-d'Or). = Un village du même nom dans la Haute-Marne.

AXALITA, FANUM AXALITANUM, AXATI [Plin.], *Lora*, bourg d'Espagne, près de Séville.

AXANTA, voy. UXANTIS.

AXATI, voy. AXALITA.

AXELLA, *Axel*, pet. ville de Hollande, dans l'île du même nom (prov. *Zeeland*).

AXELLODUNUM, *Cadenac* (?), ville du Quercy (dép. du Lot).

AXELODUNUM, AXELLODUNUM, *Exham*, ville d'Angleterre (Northumberland).

AXIACÆ [Plin. IV], AXIACE [Mela], ville de l'anc. Sarmatie, sur l'*Axiaces* (le *Teligoul*), auj. *Oczakow*, *Otschakow*, ville de Russie, prise aux Turcs en 1739 (prov. de Cherson).

AXIACES [Mela., Plin.], ὁ Ἀξιάκης [Ptol.], le *Teligoul*, riv. de Russie ; se jette dans la mer Noire.

AXIACUM, voy. AXA.

AXIMA [Tab. Peut.], AXUNA [Geog. Rav.], ville de la Gaule Narbon., auj. *Aymé*, bourg de Savoie. = *Jacquemont*, dans l'anc. Tarentaise, pet. ville de Savoie.

AXIOPOLIS [Itin. Anton], Ἀξιούπολις [Ptol.], ville de la Mœsie infér., auj. *Galatsch*, *Galatz*, ville et port franc de la Moldavie, sur le Danube. Forbiger voit dans AXIOPOLIS *Rassova*.

AXIIUS [Liv., Plin.], Ἀξιός [Hom. II], Ἀξειός [Ptol.], Ἄξιος [Strab., Thucyd.], BARDARIUS, VARDARIUS, fleuve de Macédoine (*Makdonia*), auj. le *Vardar* ou *Vardhari* ; se jette dans le golfe de Saloniki.

AXONA [Cæs., Auson.], AXONIA, Αὔξουννος [Dio. Cass.], l'*Aisne*, riv. de Fr. affl. de l'Oise.

AXUENA [Itin. Anton.], à 17 m. de Verdun. Est-ce *Ste-Menehould*, comme l'ont dit qq. géographes, ou plutôt *Neuville-au-Pont*, bourg de Champagne, reconstruit en 1203 par Blanche, comtesse de Champagne (?)

AYENNUM, *Ayen*, pet. ville de Fr. (Haute-Vienne), anc. duché-pairie.

AYGARUS, l'*Eygues*, pet. riv. du Dauphiné, affl. du Rhône.

AYMONTIUM, AJAMONTIUM, *Ayamonte*, ville forte d'Espagne, sur le Guadiana (Andalousie).

AYROLUM, voy. ARIOLA.

AZACUM, ASACUM, *Azay*, plusieurs local. de ce nom dans les dép. d'Indre-et-Loire, du Cher et de la Vienne.

AZAUM [Itin. Anton.], ville de Pannonie,

sur l'emplacement actuel de laquelle les géographes sont divisés : suiv. Mu-char il faudrait le voir près d'un bourg de Hongrie nommé *Tata*; Mannert y voit *Neudorf*, sur le Danube, et Reichard *Acs* [Forbiger].

AZELUM, ville des *Veneti*, dans la Gaule Transpadane, auj. *Asolo*, bourg d'Italie, près Trévise.

AZERACUM, *Azerat*, bourg du Périgord (Dordogne).

AZINCURTUM, AZINCARTUM, *Azincourt*, bourg de l'Artois, près Hesdin (Pas-de-Calais). On disait au XVe s. *Agincourt*.

BABARDIA, BAUDOBRICA [Itin. Anton.], BO-DOBRIA [Not. Imp.], BODABRICUM, BOPPARDIA, BONTOBRICA [Tab. Peut.], BONTOBRICE [monn. mérov.], *Boppard*, ville d'Allemagne, sur le Rhin, près Coblentz.

BABEBERGA, voy. BAMBERGA.

BABECILLUM, voy. BARBECILLUM.

BABIA [Plin.], BALBIA, ALTOMONTIUM, MONS ALTUS, *Montalto*, pet. ville de la Calabre citér., au pied des Apennins.

Le célèbre Joannes de Janua, l'auteur de la première de toutes les encyclopédies, était né dans cette ville.

BABINA, *Babassek*, bourg de Hongrie.

BACACUM, voy. BAGACUM.

BACASIS, voy. BAGANUM.

BACCÆ, BACCIUM, BACTIACUM, BACCIS VILLA IN TERRITORIO SIDONENSE (de *Sion*) [Frédég.], *Bex*, bourg de la Conféd. suisse (Vaud).

Imprimerie en 1807.

BACCANÆ [Itin. Anton.], ville d'Étrurie, auj. *Baccano*, sur le lac du même nom.

BACCHARACUM, voy. ARA BACCHI.

BACCHILIO, MEDOACUS MINOR [Plin., Liv.], *Bacchiglione*, riv. de la Vénétie.

BACENÆ, AD BACENAS, *Binasco*, forteresse entre Milan et Pavie.

BACHIA, *Bach*, pet. ville de la basse Hongrie, sur le Danube.

BACIUM, BACIVUM, BASIA, BAISIUM, BACIVUS VILLA, BACIVILE [Chron. Sigeb.], *Baisieux*, village près Corbie (Somme), anc. villa roy. [Chr. Fontan., a. 847).

BACIVUM SUBTERIUS, *Bésu S. Éloi* (?), village près Gisors (Eure).

BACIVUM SUPERIUS, *Bésu le Long*, village près Gisors (Eure), [Aug. le Prévost].

BACODURUM, BATAVA CASTRA [Not. Imper.], CASTELLUM BATAVINUM [Tab. Peut.], PASSAVIA, PASSAVIUM, PATAVIA, PASSOUVUM [Chron.], dans l'anc. Vindélicie, auj. *Passau*, ville forte de Bavière, au confluent de l'Inn et du Danube.

L'introduction de la typographie remonte en cette ville à une époque reculée : Panzer et les autres bibliographes citent au moins 30 ouvrages exécutés à Passau au XVe siècle; le plus ancien serait un *Missale Pataviense*, dont on ne connaît que la *Pars æstivalis*, qui forme un vol. in-8 de 208 ff. ; à la fin on lit : *Finis Libri horarum iuxta rubricam Ecclesie Patavieñ. Impressi in inclita ciuitate predicta sub Anno domini*(sic) *Millesimo quaaringentesimo octuagesimo primo, sexta die aigusti*.

L'année suivante, nous trouvons les noms de deux imprimeurs : Conrad Stahel et Benoît Mayr, associés : le premier des ouvrages exécutés par ces typographes est intitulé : *Epistola Beati Evsebii S. Hieronimi discipuli de morte gloriosi Hieronimi*, in-4, 69 ff. à 2 col. avec sign. — Ce Conrad Stahel, qui exerce le premier l'art typographique à Passau, en société de Ben. Mair (ou Mayr), alla postérieurement s'établir à Venise, puis enfin à Brunn en Moravie; il est à remarquer que les caractères qu'il employa à Passau sont identiquement semblables à ceux dont se servait à la même époque Conrad Zeninger, l'imprimeur de Nuremberg, à ce point que plusieurs ouvrages, publiés sans indication de lieu ni de typographe, mais exécutés avec ce caractère, sont indifféremment attribués par les bibliographes aux presses de Nüremberg ou à celles de Passau.

Puis vient un imprimeur que nous retrouverons à Witteberg en Bohême, Jean Alacraw, et dont le premier ouvrage exécuté à Passau est intit. : *Herm. Schilditz Ord. herem. S. August. Speculum manuale sacerdotum. — Impr. in inclita ciuitate patauiensi per Joh. Alakraw et Benedictum Mair. Sub anno dñi M. CCCC. LXXXII, decima quarta die nouembris*, in-4.

BACOVILLA, *Bacqueville*, bourg de Normandie (Seine-Inférieure).

BACTIACUM, voy. BACCÆ.

BACUNTIUS [Plin.], riv. de la Pannonie infér., auj. le *Bosset*, affl. de la Save.

BADA, voy. AQUÆ HELVETICÆ.

BADENA, voy. AQUÆ BADENÆ.

BADENACHA, *Badenoch*, bourg et district du comté d'Inverness (Écosse).

BADENVILLA, `Badenweiler`, pet. ville du grand-duché de Bade.

BADERA, BADINUM, BADUM, *Basiége, Bazié-ges*, pet. ville du Languedoc (Aude).

BADERA, voy. ALTA RIPA.

BADIA, voy. PAX AUGUSTA.

BADONICUS MONS, voy. AQUÆ CALIDÆ.

BADRINUS, VATRENUS [Plin.], auj. le *Santerno*, riv. de la Romagne, affl. du Pô.

BADUHENNA SYLVA, BADUHENNÆ LUCUS [Tac.], *der Sevenwald*. Cette forêt, qui couvrait une partie de la Frise, n'existe plus.

BADUM, voy. BADERA.

BÆCULA, Βακούλα [Ptol.], Βαίκυλα [Polyb. 10], ville des Ausetani, dans la Tarraconaise, auj. *Roda* (Catalogne).

BAELA CLAUDIA [Itin. Anton.], BAELON [Plin. III], Βαίλων [Ptol.], BELO [Strab., Anon. Rav.], ville des Turdetani, en Bétique, sur le fl. *Baelon* (*laguna de la Janda*), auj. *Barbate* (?) en Andalousie, ou suiv. Ukert, quelques ruines sans nom, à 3 m. de Tarifa.

BÆSIPPO, Βαισίππω [Ptol.], BESIPPO [Plin. III, 1], ville maritime des Turditani, dans la Bétique, auj. *Porto Barbato*, bourg d'Andalousie, entre Cadix et Algésiras [Forbiger].

BÆTERRA SEPTIMANORUM, voy. BITERRÆ.

BÆTES [Sil. Ital.], BÆTIS [Plin., Martial.], ὁ Βαῖτις [Strab.], CERTIS, Ταρτησσός [Strab.], QUADARQUIVIR (au XVᵉ s.), le *Guadalquivir*, fl. de l'Andalousie (de l'arabe : *Oued-el-Kebir*, le grand fleuve).

BÆTICA PROVINCIA [Plin.], ἡ Βαιτική [Polyb.], BETICA [Insc. ap. Grut.], TURDETANIA [Strab.], prov. de l'Espagne ultérieure, auj. l'*Andalousie*.

BÆTULO [Plin.], BETULO, ville des Lacetani, dans la Tarraconaise, auj. *Badelona*, en Catalogne [Marca Hisp. II].

BAGACUM, BAJACUM NERVIORUM [Itin. Anton.], BAVACUM [Tab. Peut.], Βάγανον [Ptol.], BACACUM, BAVAEUM, ville des Nervii, dans la Gaule Belgique, auj. *Bavay*, ville de France (Nord).

BAGANUM, Βακκαῖς [Ptol.], ville des Lacetani, dans la Tarraconaise, auj. *Mansera* suiv. Cell., mais plutôt *Baga*, bourg de Catalogne, suiv. Reichard.

BAGAUDARUM CASTRUM, MONASTERIUM FOSSATENSE, S. MAURI FOSSATENSIS ABB., *St-Maur-des-Fossés*, anc. monastère de Bénédictins (chef d'ordre), auj. bourg près Paris (Seine).

BAGENNÆ, BENNA, *Bena*, bourg d'Italie, près Mondovi (Piémont).

BAGISINUS, voy. BAJOCENSIS AGER.

BAGNACABALLUM, voy. AD CABALLOS.

BAGNERIÆ, ONESIÆ THERMÆ, τὰ τῶν Ὀνησίων Θερμά [Strab.], ville de la Gaule Aquitaine, au pied des Pyrénées, auj. *Bagnères-de-Luchon*, dans la Haute-Garonne.

BAGYONA, BAJONIUM, *Bajon*, bourg de Fr., sur la Moselle (Meurthe).

BAHUSIA, BAHUSIUM, *Bahus*, forteresse de Suède, dans l'île de Gœthœlf.

BAÏMOCIUM, BAIMOZA, *Boïnitz*, ville de la haute Hongrie, chef-lieu du district du même nom (*Baimotzensis-processus*).

BAJÆ [Mela, Flor., Sen., etc.], Βάϊαι [Strab.], ville de la Campanie, entre Misène et Pouzzoles, auj. *Baia* dans le Napolitain.

BAJANUM, voy. TORNACUM.

BAJOARIA, BOJARIA, BAJWARIA, BAVARIA, la *Bavière* (*Baiern*), roy. de l'Allemagne du Sud.

BAJOCÆ [Not. Imper.], CIVITAS BAJOCASSIUM, ARÆGENUS (?) [Tab. Peut.], AUGUSTODURUS [Graësse], CIVITAS BIDUCASSIUM, BAGASSINUM [Greg. Tur.], BAIGASSINUM SAXONUM [Frédég.], BAGIAS (sur la *tapisserie de Bayeux*), BAIEUES (au XIᵉ s.), ville des Biducasses, dans la Gaule Lyonnaise, auj. *Bayeux*, évêché (Calvados).

M. Frère (*Man. du Bibliogr. normand*) nous donne quelques indications sur l'introduction de la typographie dans la ville de Bayeux. Le premier imprimeur de Bayeux aurait été Pierre le Roux, qui serait venu s'établir vers 1628, et dont le premier livre imprimé daterait de 1631 seulement. M. Fréd. Pluquet (*Essai hist. sur Bayeux*) fixe à 1630 la date de l'introduction de l'imprimerie, en prenant également 1628 comme date de l'arrivée et de l'établissement de Pierre le Roux : *Arrest de la cour de Parlement de Rouen pour l'hôpital et Maison-Dieu de Bayeux*, contenant le *Prieur de ladite Maison et les bourgeois et habitants dudit Bayeux*, le 11 avril 1631; Bayeux, P. le Roux, in-4, de 26 p. A la suite se trouve un extrait des *grands jours* tenus à Bayeux en 1540 ; cette pièce est d'une excessive rareté. Et encore : *Récit de la vie et des miracles du bienheureux Thomas-Elie de Biville*, Bayeux, P. le Roux, 1632, in-12. Cité par MM. Frère et Pluquet, comme l'un des premiers livres imprimés dans la ville.

Le *Catalogue de la Bibl. impériale* nous fournit une indication antérieure; malheureusement les noms de la ville et de l'imprimeur paraissent être supposés, ce qui ne laisse au renseignement d'autre intérêt que celui de la curiosité : l'*Anti-Roussel*, au *nom du peuple de Bretheuil*(sic).*par T. D. C.S.D.P.* (23 avril 1622), Bayeux, N. l'Ermite, 1622, in-8.

La famille des Briard vient après Pierre le Roux : au XVIIe siècle nous trouvons Jean Briard, et l'État de la librairie en 1764 nous signale à Bayeux un seul imprimeur, Gabriel Briard, petit-fils de Jean, exerçant depuis le 1er février 1721 et possédant deux presses.

BAJOCENSIS AGER, BAJOCASSINUS, BELLOCASSINUS, BAGISINUS TRACTUS, le *Bessin*, anc. district de Normandie ; forme auj. l'arrond. de Bayeux.

BAJONA [Cell.], (BAYA ONA, *bonne baie* en *basque*), LAPURDUM [Sid. Apoll.], (d'où *Terre de Labour*), BOJATUM, BAYONNA, *Bayonan, Bayonne*, ville et port de Fr., sur l'Adour (Basses-Pyrénées).

Nous trouvons cité un vol. de poésies imprimé à Bayonne, en 1630 : Etchberry (Etcheverry), *Cantiques spirituels en basque*. Bayonne, 1630, in-24.

M. Cotton donne 1693 comme date de l'introduction de l'imprimerie.

Voici la note qui nous est obligeamment fournie par M. Ed. Dulaurens, bibliothécaire-archiviste de la ville :

Baylac, auteur d'une *Nouvelle Chronique de la ville de Bayonne*, imprimée par Dubart-Fauvet en 1827, mentionnant la *Relation des priviléges, droits et réglements de la ville*, imprimée à Bayonne en 1681, ajoute en note :

« Ce livre, imprimé chez Antoine Fauvet, qui y « prend le titre d'imprimeur du Roy et de la Ville, « est du reste fort postérieur à l'époque de l'existence d'une imprimerie à Bayonne. D'après un « mémoire de la ville, il y en avait une dès l'an 1540, « établie par un Fauvet, d'où descendent, ainsi que « l'imprimeur du livre cité, ceux du même nom «'actuellement existant. »

« Voilà les renseignements que nous fournit notre pauvre bibliothèque, ajoute M. Dulaurens, et nos archives communales n'en disent pas davantage. »

Dans son *Pays Basque*, M. Francisque Michel indique l'année 1616 pour date de l'impression à Bayonne d'une *doctrine chrétienne* en·basque labourdin.

En 1764, le rapport fait à M. de Sartines établit l'état de l'imprimerie à Bayonne : trois libraires, dont deux imprimeurs : Pierre et Paul Fauvet, imprimeurs de père en fils ; ils tirent pour le commerce avec l'Espagne leurs livres de Paris, Lyon et Toulouse. Pierre Fauvet est imprimeur de l'Évêché et de l'Hôtel-de-Ville ; Paul Fauvet celui de la Marine.

BAJONIUM, *Bayon*, commune et chât. sur la Moselle (Meurthe).

BAJONNA, *Bayone*, bourg d'Espagne (Nouv.-Castille).

BAJONNA AD MINIUM, *Bajonne*, ville de la Galice, sur le Mincio.

BAJOXUS, voy. PAX AUGUSTA.

BALAGNIA, *Algajola*, pet. port de la Corse.

BALAGURRIA, voy. BALLEGARIUM.

BALBASTRUM, voy. BARBASTRUM.

BALBIA, voy. BABIA.

BALCIUM BRETOLII, les *Baux de Breteuil*, village de France (Eure).

BALDOMERI VILLA, *St-Galmier*, village de France, près Lyon (Rhône).

BALEARES INSULÆ [Liv.], Βαλεαρίδες νῆσοι [Strab., Ptol.], Βαλιαρεῖς [Diod. Sic.], GYMNESIÆ [Liv.], Γυμνησίαι [Diod. Sic.], *îles Baltaires* (au moy. âge), *îles Baléares*, dans la Méditerranée, appartenant à l'Espagne.

Voy. pour l'imprimerie *Insula Majorica*.

BALGENTIACUM, BELGENTIACUM, BAVGENCIACUM, *Beaugency*, ville de Fr. (Loiret). Deux conciles.

BALGIACUM, *Bagé-le-Châtel*, bourg de Fr., dans la Bresse (Aisne) ; anc. marquisat.

BALGIUM, BAUGIUM, *Beaugé, Baugé*, ville de France (Maine-et-Loire).

BALINA, Οὐάλεινα [Ptol.], VALINA, ville de la haute Pannonie, auj. *Valbach* (Hongrie).

BALISTELLA, *Balstal*, bourg de Suisse (canton de Soleure).

BALLEGARIUM, BELLEGARIUM, BALAGURIA, VALAGUARIA, *Balesguer*, auj. *Balaguer*, ville d'Espagne (Catalogne).

BALLIOLUM, BALLIOLA, BELGIOLUM, *Bailleul*, ville de Fr. (Nord). Plusieurs localités du même nom en France.

BALMA, PALMA, *Baulme, Baulme-les-Dames* ou *Baume-les-Nonnains*, ville de Fr. (Doubs), avec deux abb. de bénéd.

BALMA, *la Balme*, village de Fr. (Isère).

BALMA, voy. BAPALMA.

BALMA AUGUSTODUNI, la *Baume d'Autun*, bourg du Dauphiné (Drôme).

BALMA RUPIS, *Baume-la-Roche*, village de Bourgogne (Côte-d'Or).

BALNEA, BALNEOLIS, *Bagnols*, ville de Fr. (Gard).

BALNEA REGIA, BALNEUM REGIS [Geo. Rav.], *Bagnarea*, ville des États du Pape (délég. de Viterbo). = *Bagnara*, ville d'Italie (Calabre ultér.).

BALNEOLUM, *Bagnols-les-Bains*, ville de Fr. (Lozère).

BALNEOLUM, BALNEA, *Bagnoles*, village de Fr. (Orne).

BALNEOLUM, BALNEOLETUM, AQUÆ PARISIORUM, *Bagnolet*, village de Fr. (Seine).

En 1630, le cardinal Duperron y avait établi une imprimerie particulière ; il y faisait imprimer ses ouvrages, dit M. Peignot, et était lui-même son correcteur ; il faisait toujours deux éditions de ses écrits, la première pour quelques amis éclairés, dont il recueillait les avis (ainsi Bossuet pour la première édition de l'*Exposition de la doctrine de l'Eglise catholique*, dite *des amis*), et la seconde qu'il livrait au public.

BALNEUM MARIÆ, *Marienbad*, village de Bohême, près Pilsen ; eaux minérales.

BALSA [Mela, III], Βάλσα [Ptol.], *Tavira*, ville de Portugal (Algarves).

BALSACUM, *Balsac* ou *Balzac*, pet. ville de France, près Brioude (Haute-Loire).

BALSIO [Itin. Anton.], Βέλσιον [Ptol.], ville de l'Espagne Tarraconaise, auj. *Borgia*, en Aragon ; suiv. Reichard, *Fuente de Xalon*.

BALTIA [Plin.], BASILIA [Plin.], SCANDIA, SCANIA, SCANDINAVIA, la *Scandinavie* ; au N. de l'Europe, forme auj. la *Suède*, *Norvége, Laponie* et *Finmark* : ce nom se retrouve dans *Belt* et *mer Baltique*.

BALTICUM FRETUM MAJUS et MINUS, *Grand* et *Petit Belt* ; détroits qui réunissent la Baltique à la mer du Nord.

BALTICUM MARE, voy. CODANUS SINUS.

BALTIONA, BELENIZONA, BERINZONA, BELLIN-ZONIUM, BILITIO [Greg. Tur.], BILITIONA, BILLIZONA, *Bellinzona* (en all. *Bellenz*), ville de Suisse (c. du Tessin).

BALTIUM, voy. BAUCIUM.

BALUCLAVIA, *Balaclava*, en Crimée, sur la mer Noire.

BAMBERGA, BABEBERGA, Βέργιον [Ptol.], PAPE-BERGA, PAEMBERT [Gesta Ludov. Jun.], *Bamberg*, ville de Bavière (cercle de la Haute-Franconie), archevêché catholique ; biblioth. fort importante.

Bamberg a l'honneur d'être le second berceau de l'imprimerie, *incunabulum typographiæ* ; quatre années seulement la séparent de Mayence, si l'on prend comme point de départ la date de 1457, année du *Psalterium*.

Il nous serait bien difficile de dire quelque chose de nouveau sur un sujet qui a servi de thème aux dissertations les plus approfondies, aux déductions les plus ingénieuses des meilleurs esprits de la bibliographie ; il serait même imprudent à nous d'en avoir la pensée, quand nous n'avons pas les *monuments* sous les yeux, et quand il y a si longtemps qu'il nous a été donné d'admirer les *fables de Boner* et les trésors bibliographiques de la célèbre collection de Wolfenbüttel. Nous ne nous permettrons donc point d'excursion sur un terrain semé d'obstacles et d'obscurités, en renvoyant aux nombreux travaux que les bibliographes de tous les pays ont depuis environ un siècle consacrés à l'histoire des débuts de l'imprimerie à Bamberg, nous nous permettrons seulement d'emprunter à l'un de ces bibliographes les plus autorisés, M. Auguste Bernard, quelques notes essentielles.

Le premier imprimeur de Bamberg, sur le passé, la vie et la postérité duquel tout n'est que ténèbres, est Albrecht Pfister, et ses impressions datées remontent à l'année 1461. Des seize ouvrages que les partisans de ce typographe lui attribuent, M. Bernard en écarte sept, et ceux qu'il conserve sont par lui classés dans l'ordre suivant :

Le premier, comme antiquité et comme importance, est la *Bible de 36 lignes*, appelée aussi quelquefois Bible de Schelhorn, parce qu'elle fut décrite la première fois par ce bibliographe ; c'est un in-fol. de 882 ff. à 2 col. ; le seul exemplaire connu, à peu près complet, est conservé à la Bibliothèque

impériale de Paris. M. Bernard pense que cette Bible fut imprimée avant 1460, et avec des caractères achetés par Pfister au typographe inconnu auquel on doit le Calendrier de 1457, dont le seul fragment existant fut cédé par G. Fischer à cette même bibliothèque de Paris. Ce qui fait croire à M. Bernard, avec toute apparence de raison, que cette Bible est antérieure à 1461, c'est que la Bibliothèque impériale de Paris possède un second exemplaire du dernier feuillet portant une souscription manuscrite datée de 1460 ; c'est encore qu'on a trouvé depuis un autre feuillet détaché, dans l'épaisseur de la couverture d'un registre de dépenses de l'abbaye de Saint-Michel de Bamberg, commencé le 21 mars 1460.

Les *Fables de Boner* en allemand, *liber similitudinis*, qu'Heinecken appelle aussi le *livre des singes*, parce que les planches gravées sur bois représentent ces animaux au milieu d'hommes, dessinés avec un art assez naïf pour qu'on ait peine à les distinguer les uns des autres. Ces *Fables* portent la date de 1461, et ce serait à la fois le premier livre avec date imprimé par Pfister, et le premier livre imprimé en caractères mobiles illustré de figures gravées sur bois. Le seul exemplaire connu de ce très-précieux incunable a passé quelques années à Paris, à l'époque des splendeurs du premier empire ; lors des misères de 1815, il est retourné à Wolfenbüttel. M. Brunet signale une seconde édition de ces *Fables* imprimée avec les mêmes gros caractères de la *Bible de 36 lignes*, sans aucune souscription ni indication, ayant 77 ff. à 28 longues lignes, tandis que la précédente a 88 ff. à 25 lignes seulement ; le seul exemplaire de cette édition que l'on connaisse est à la Bibliothèque royale de Berlin.

Le *Livre des Quatre Histoires* (c'est à savoir : *Joseph, Daniel, Esther et Judith*), pet. in-fol. de 68 ff. à 28 lignes, même caractère que les précédents ; la souscription porte le nom d'Albrecht Pfister, à Bamberg, et la date de 1462. Trois exemplaires connus, l'un relié avec les *Fables de Boner* à Wolfenbüttel, l'autre à la Bibl. impériale de Paris, et le troisième en Angleterre, à la Spenceriana.

Belial ou *la Consolation des Pécheurs*, en allemand, in-fol. de 95 ff. à 28 lignes ; le seul exemplaire connu est décrit par Dibdin comme faisant partie de la Spenceriana.

Biblia Pauperum, en allemand, 18 ff. pet. in-fol., dont le dernier blanc : trois exemplaires connus, décrits par Sotheby, Ottley, etc.

La même en latin ; le seul exemplaire connu est conservé à la Spenceriana.

Plaintes contre la Mort, en allemand ; 24 ff. pet. in-fol. ; trois exemplaires connus.

Rechtstreit des Menschen mit dem Tode, 23 ff. pet. in-fol. ; Falkenstein (p. 139) croit ce livre une seconde édition du précédent.

Nous avons dit que l'on ne possédait aucun détail biographique sur Pfister ; on croit cependant qu'il fut le père de Sébastien Pfister, qui publia vers 1470 un ouvrage assez remarquable sous le rapport typographique (voy. Falkenstein, p. 141).

En 1481, après une lacune de plus de quinze années, nous voyons deux nouveaux imprimeurs s'établir à Bamberg : Jean Sensenschmidt et Henry Petzensteiner ; puis viennent J. Pfeyl, Joh. Schoners et George Erlinger.

Parmi les nombreux bibliographes qui ont consacré à l'imprimerie de Pfister, soit des monographies spéciales, soit des articles importants au milieu de travaux généraux, nous citerons : G. Fischer, Camus, Heinecken, Falkenstein, Schelhorn, Lichtemberger, Steiner, Wetter, Van-Praët, Dibdin, M. de Laborde, M. Aug. Bernard, M. Ambroise-Firmin Didot, etc., etc.

Outre les nombreux *fac-simile* donnés par presque tous ces auteurs, nous croyons devoir indiquer comme fort intéressante pour l'histoire de la typographie à Bamberg, la précieuse suite de spécimens provenant de la bibliothèque du baron Kloss, publiée à Francfort en 1835, à un nombre restreint d'exemplaires.

Au moment de mettre sous presse, nous recevons

de notre savant éditeur, M. Ambroise-Firmin Didot une lettre d'un intérêt tout particulier, que nous croyons devoir publier *in extenso* :

« Mon cher monsieur Deschamps,

« Je lis votre article sur Bamberg et vois avec peine, mais sans étonnement, que plus on veut approfondir et éclaircir les origines de l'imprimerie, plus elles semblent s'obscurcir. Dans mon *Essai sur la Typographie*, j'avais élevé des doutes sur ce nouveau système qui voudrait attribuer à Pfister et à la ville de Bamberg la plus grande part dans l'invention de l'Imprimerie, bien qu'il n'ait été fait presque aucune mention de Pfister dans les écrits même les plus rapprochés de l'origine de l'Imprimerie.

« Possesseur de plusieurs feuillets de la *Bible de 36 lignes* et aussi d'un exemplaire de la *Lettre d'Indulgence de 1454*, j'ai pu signaler l'identité du caractère de la *Bible de 36 lignes* avec le gros caractère de cette *Lettre d'Indulgence*. Ce qui me faisait dire (col. 615) de mon Essai en 1852 que si l'on attribue à Pfister l'impression de cette Bible parce que les caractères s'y reproduisent les mêmes que dans le *Livre les Quatre Histoires*, il faudrait par la même raison faire imprimer aussi par Pfister la *Lettre d'Indulgence de 1454*, laquelle contient, en outre des lignes où figure ce gros caractère, un texte de 29 lignes d'un petit caractère, qui est un véritable chef-d'œuvre de gravure, de fonte, et même d'impression ; or, on sait que les quelques opuscules attribués à Pfister, et dont deux seulement portent son nom, le *Joyau de Boner*, 1461, et le *Livre des Quatre Histoires*, 1462, sont d'une grossière exécution.

« A ces impressions de Pfister on voudrait ajouter encore la feuille du *Calendrier* de 1457, déposé à notre bibliothèque par Fischer, lequel en attribuait l'impression à Gutenberg, et un *Almanach* ou *Appel contre les Turcs*, dont l'unique exemplaire est à Munich, et même le *Donat*, dont la Bibliothèque impériale possède deux feuillets, et dont j'ai aussi deux autres feuillets, puisque ce même caractère sert à toutes ces impressions (1).

« Que restera-t-il donc à Gutenberg, proclamé universellement de tout temps l'inventeur de l'Imprimerie, tandis qu'on accorderait à Pfister, jadis si peu connu, la presque totalité de ce qu'on attribuait à Gutenberg ?

« Je maintiendrai donc mon opinion (col. 613) : « Il « est probable que le démembrement d'une partie « de l'imprimerie de Gutenberg précéda sa mort. « C'est ce qui expliquerait comment le caractère qui « lui avait servi pour l'impression de la Bible de « trente-six lignes aurait paru subitement à Bam- « berg. »

Les opuscules de Pfister semblent plutôt l'œuvre d'un typographe où le texte semble n'être qu'un accessoire à ses gravures sur bois, que celle d'un habile typographe.

« Pfister, qui deux fois s'est adressé au lecteur pour lui apprendre, avec des détails particuliers, qu'il a imprimé à Bamberg le *Joyau de Boner*, en 1461, et le *Livre des Quatre Histoires* en 1462, aurait très-probablement fait mention de l'impression d'un ouvrage aussi important que la Bible de 36 lignes s'il en eût été l'imprimeur.

« A. F. DIDOT. »

« *Adhuc sub judice lis est.* »

BAMBURIA, *Banbury*, bourg d'Angleterre (Oxfordshire).

Un libraire du nom de George Thorpe résidait dans cette ville en 1706, mais l'imprimerie n'y fut introduite que beaucoup plus tard : en 1789 un typographe du nom de William Russher s'y établit ; en 1804 une édition de *Rasselas* de Johnson y fut donnée « with patent types. »

(1) Je possède aussi deux pages du *Bélial*, autre livre imprimé par Pfister, mais dont il n'existe qu'un seul exemplaire dans la bibliothèque de lord Spencer. Ces deux feuillets me permettent d'attester l'authenticité des caractères avec celui de la Bible de 36 lignes.

BANACIA, *Banatia*, Βαναγία [Ptol.], dans la *Britannia Barbara*, auj. *Bannockburn* (?), bourg d'Écosse (comté de Stirling), célèbre par la victoire de Robert Bruce sur les Anglais.

BANAVENNA, *Vedon*, bourg d'Angleterre (Northamptonshire).

BANCONA, OPPENHEMIUM, *Oppenheim*, ville de la Hesse-Darmstadt, sur le Rhin.

Maittaire et Panzer nous donnent les titres de deux ouvrages, parus au XVe siècle dans cette petite ville : *Wigandi Wirt* (*Cauponis*) Dyalogus apologeticus *adversus Trithemium de Conceptione Virginis Mariæ*. Oppenhemii, 1494, in-4.

Schelhorn (*Amœnit. litter.*) cite du même auteur : *Dyalog. apolog. Fr. Wigandi Wirt contra Wesalianicam perfidiam atque ordinis Fr. Prædicatorum persecutores*, in-4, s. d. Ce volume est curieux à cause d'une pièce de vers que le correcteur, Pierre Gunther, *ludi litterarii Oppenheimensis magister*, publie à la suite des pièces liminaires ; cette pièce de vers est une apologie de la découverte de l'imprimerie et des premiers typographes allemands.

Le second volume imprimé à Oppenheim au XVe s. est daté de 1498 ; c'est un in-4, intitulé : *de Vita et Morte Aristotelis liber versu et metro, item de salute Aristotelis, liber.* Malheureusement aucun de ces volumes ne nous donne le nom du premier typographe d'Oppenheim ; ce n'est qu'au XVIe siècle que nous trouvons le nom d'un imprimeur dont l'établissement eut certainement de l'importance, si l'on en juge par le nombre des spécimens qui nous sont conservés. Jacques Köbel (*Jacobus Koebelius et Chobellius*), qui s'intitule : *Prothonotarius et Calcographus Oppenheimensis*, imprima de 1510 à 1530 environ ; Panzer (tom. VII et IX) nous donne les titres d'un très-grand nombre d'ouvrages exécutés par lui, avec ou sans date.

BANDRITUM [Tab. Peut.], PONTIVIACUM [Greg. Tur.], PONTINIACUM [Ann. franc.], *Pontigny*, bourg de Champagne (Yonne), anc. abb. de Cîteaux.

BANEA VALLIS, la *vallée de Banienthal*, en Suisse (Valais).

BANFIA, *comté de Banff*, en Écosse, dans le Murray.

BANGERTIUM, *Bangor*, ville d'Angl. (Pays de Galles).

BANIASCUM, *Bagnasco*, sur le Tanaro, bourg d'Italie (Piémont).

BANNAVANTUM, voy. BENNAVENNA.

BANNOLIA, voy. AQUÆ CALIDÆ.

BANONUM, *Banon*, village de Fr. (Basses-Alpes).

BANTIA [Liv. 27], ville d'Apulie, auj. *S. Maria di Vanze* [Forbiger].

BAPALMA, BALMA, *Bapaume*, ville de Fr. (Pas-de-Calais).

Bapaume n'a commencé à imprimer qu'à l'époque de la Révolution. [B. Dard.]

BARA, île d'Italie, sur la côte de l'anc. Messapie, auj. terre de Bari.

BARAFLETUM, BAROFLUCTUM, *Barfleur*, ville de Fr. (Manche).

BARANIVARIUM, *Baranya, Baraniwar*, ville de la basse Hongrie.

BARANOVIA, *Baranow*, ville de Pologne, dans le palatinat de Sendomir.

L'Église réformée y établit une imprimerie en 1628 : *Sendomiriensis Consensus*, Latine et Polonice. Baranoviæ, in typographia Andreæ Petricovii, 1628, in-8, réimpr. en 1632. (Hoffmann, *Typóg. Poloniæ, p.* 52).

BARANYENSIS COMITATUS, le *comitat de Baranya,* en Hongrie, s'étend le long de la Drave au S., et est borné par le Danube à l'E.

BARBANA, la *Bojana,* riv. de l'anc. Illyrie grecque, auj. la Dalmatie.

BARBANSONIUM, *Barbançon,* bourg de Fr. (Nord).

BARBARIUM PROMONTORIUM, *cabo do Espichel* (Portugal).

BARBASTRUM, *Balbastro,* anc. ville épiscop. d'Espagne (Aragon).

M. Cotton dit avoir vu dans la bibliothèque de Trinity College, à Dublin, un recueil d'*homélies espagnoles* pour les jours de carême, publiées par ordre de Philibert Grand, prieur de Castille et de Léon, avec cette souscription : *Impressas en la Ciudad de Barbastro, por Sebastian Matevad.* Año 1622, in-fol. Antonio n'en parle point.

BARBECILLUM, BARBICELLUM, BARBEZILUS, *Barbezieux,* ville de Fr. (Charente).

BARBESOLA, Βαρβησόλα [Ptol.], BARBESULA [Plin.], *Guadiaro,* riv. d'Espagne.

BARBIUM, *Barby,* bourg et comté de Saxe, sur l'Elbe.

Un grand collège et une imprimerie furent établis dans cette petite ville, au milieu du XVIIIe siècle.

BARCELUM, CŒLIOBRIGA (?), ville de Lusitanie, fondée, dit-on, par Hamilcar Barca, auj. *Barcelos,* bourg de Portugal (entre Minho et Douro).

BARCHERIA, BERCHERIA, *Berkshire,* comté d'Angleterre.

BARCHONIUM, *Barchon,* bourg d'Espagne (N.-Castille).

BARCINO, Βαρχινών [Ptol.], BARCHINO, BARCINON [Auson.], COLONIA BARCINO FAVENTIA [Plin. III], ville des Lacetani, dans la Tarraconaise, auj. *Barcelona, Barcelone,* capit. de la Catalogne.

M. Aug. Bernard a consacré à cette ville un chapitre fort intéressant de son *Hist. de l'Imprimerie* (t. II, p. 439 et suiv.) ; nous donnerons quelques extraits de cet excellent livre, corroborés par l'autorité incontestable de la dernière édition de la Typographie espagnole de Mendez.

Des assertions contradictoires de vingt bibliographes, il résulte malheureusement que les origines de la typographie espagnole sont enveloppées d'une ombre épaisse. Valence passe pour la première ville qui ait joui des bienfaits de l'imprimerie, et cependant Barcelone, par sa position géographique, par ses vastes relations commerciales et par son grand port devait se trouver, de toutes les cités de la Péninsule,

la première en contact avec ces imprimeurs allemands, qui, missionnaires ardents d'une sorte de religion nouvellement révélée, s'expatriaient à l'envi pour aller porter aux autres peuples les bienfaits de leur industrie et les merveilles de la sublime découverte de Gutenberg.

Laissant de côté les assertions trop glorieuses d'une foule de bibliographes espagnols qui font remonter l'imprimerie de Barcelone à des dates un peu ambitieuses, tels que : D. Antonio Campany qui cite une prétendue *Cathena aurea* de saint Thomas, imprimée en 1471 ; de Seiz, qui relate avec autorité des *Commentaires sur la Métaphysique* d'Aristote, par Fr.-Nicolas Boneti, imprimés en 1473 (lisez 1493), édition donnée sous la forme dubitative par Maittaire, mais contestée ou niée par tous les autres, nous arrivons à un livre qui a donné lieu à de longues dissertations et à une polémique ardente, à laquelle M. Bernard a porté le dernier coup ; ce livre, in-8 ou pet. in-4 de 50 pages, est une prétendue grammaire de Barthélemy de Mates, qui porte cette souscription : *Libellus pro efficiendis orationibus ut grammatice artis leges expostulant e docto viro Bartholomeo Mates conditus... et mira arte impressa* (sic) *per Johannem Gherlint alamanum : finitur Barcinone nonis octobris anni a Nativitate Christi* M. CCCC. LXVIII. M. Bernard, qui a eu entre les mains un *fac-simile* envoyé de Barcelone, prouve, avec son autorité et sa véritable science typographique, que cette date ne peut être exacte, que rien dans la disposition ni dans les caractères employés ne permet d'attribuer à ce livre une antiquité aussi reculée ; que de plus l'imprimeur allemand Jean Gherlint ou Gherlinc imprime à Braga seulement en 1494, et propose en conséquence de lire M. CCCC. XCVIII au lieu de M. CCCC. LXVIII.

Nous sommes d'autant plus fondé à reconnaître la justesse de ce raisonnement, que nous retrouvons ce Jean Gherlint en France près de vingt ans après ; à Saint-Paul de Torniers, petite ville de Languedoc, en 1516, enfin à Toulouse en 1519, toutefois avec une légère variation de nom, car en France il s'appelle Jean Guerlins, Allemand ; mais c'est bien là le fait de ces artisans nomades qui vont, à ces débuts de l'imprimerie, porter de ville en ville, de pays en pays, leur industrie et leur matériel, fait dont nous retrouvons de si fréquents exemples, même à une époque bien plus rapprochée de nous.

Il est fâcheux qu'un bibliographe aussi exact que le P. Reichhart ait cru devoir admettre cette date fabuleuse de 1468 et les conclusions de M. G. Heine, de Berlin, dans le *Serapeum.*

Antonio, la Serna et Panzer citent comme premier livre imprimé à Barcelone, *J. Valesci Tarentini* (maestro Valasco de Taranta) *opus de Epidemia et Peste,* trad. en catalan par Juan Villar, et imprimé en 1475 ; ils ne donnent ni la désignation du format ni le nom de l'imprimeur. Ce livre étant également cité par Mendez dans l'édition de 1861, nous avons cru devoir en faire mention, par respect pour l'autorité de ces quatre bibliographes, mais nous ne pouvons y ajouter une foi considérable.

Les deux premiers imprimeurs authentiques de Barcelone sont deux étrangers : Nicolas Spindeler, un Allemand, et Pierre Bru ou Bruno, un Savoyard. Ces deux compagnons établissent en association une typographie d'une certaine importance dès l'an 1478, et le premier ouvrage qui soit sorti de leurs presses est intitulé : *Egregii Docto⁊ Sancti Thome de Aquino in libris Ethicorum Cômentum incipit ;* à la fin se trouve la souscription que rapporte Mendez, et de laquelle il résulte que le XV juin 1478 ce livre fut imprimé par *Pere Bruno y Nicolau Spindeler, Alemanijs.*

La même année les deux associés publient du même saint Thomas un commentaire *in Libros Polithicorum* Aꝛ (sic) ; cette abréviation bizarre de l'ꝛ renversé se retrouve souvent dans ces premiers volumes : ici Aꝛ veut dire *Aristotelis ;* plus loin on trouve *phicoꝛ* pour *phisicorum.*

Puis ces deux imprimeurs se séparent : Pierre Bru

s'associe à un Espagnol, Pedro Posa, en 1481; on voit à Séville en 1492 un autre Pedro Bruno qui pourrait bien être notre Savoyard.

Nicolas Spindeler continua seul à diriger son imprimerie de Barcelone.

Pedro Posa apprend son métier avec Pierre Bru, mais de 1482 à 1504 il figure seul à la souscription des livres qu'il imprime.

En 1493 nous trouvons Pedro Miguel ou Pere Miquel Condam qui donne la fameuse édition de la *Metaphysica Fr. Nicolai Boneti*, datée par erreur de 1473; en 1497 la seconde édition du célèbre roman de *Tirant lo Blancho*, in-fol. goth. à 2 col., presque aussi rare que la célèbre édition de Valence, et que nous voyons encore imprimer en 1498 pour le monastère de Monserrate.

En cette même année 1493 Juan de Rosembach de Haydellerch (pour Heydelberg), qui imprime les célèbres *Constitucions de Cathalunya*. En 1499 il s'en va imprimer à Tarragona un Missel; en 1500 nous le voyons à Perpignan; en 1518 il est de retour en Espagne et devient l'imprimeur des PP. de Monserrate; enfin en 1526 il imprime à Barcelone *los Officios* de Cicéron.

Nous avons encore au XVᵉ siècle à Barcelone : Diego de Gumiel (1494 à 1502); à cette époque il imprime à Valladolid, et en 1513 et 1515 nous le retrouvons à Valence.

Enfin l'Allemand Jean Luschner, de 1495 à 1503, qui devient aussi l'un des typographes du couvent de Monserrate.

Nous attendons avec impatience la suite du beau travail de D. Jose Gallardo « *Ensayo de una Bibl. Española,* » dont les deux premiers volumes seuls ont paru. Nul n'est plus apte à élucider les points restés obscurs des origines de la typographie espagnole, et à la dégager des ténèbres que se sont complu à épaissir autour de son berceau les autres bibliographes nationaux.

BARCINO VASCONIÆ, *Barcelone*, bourg de Fr. (Gers).

BARCINONA, BARCINO NOVA, BARCILONA, *Barcelonette*, pet. ville de France (Basses-Alpes).

BARCOVICUM, BAROVICUM, BARVICUM, *Berwick on Tweed*, ville d'Angleterre, sur les frontières d'Écosse (Northumberland).

Nous ne connaissons pas de livre imprimé à Berwick remontant plus haut que 1774 : « *Description exact and circumstantial of Battle of Flodden, in verse, written about time of Queen Elisabeth, with notes, by Rev. R. Lambe, vicar of Norham.* Berwick, 1774, in-12. » Mais le *Suppl.* du Dʳ Cotton fait remonter à 1759 l'introduction de la typographie en cette ville.

BARCUM, *Barco*, pet. ville d'Italie, près Orsinovi, dans la prov. de Brescia.

L'une des premières typographies hébraïques a fonctionné à Barco à la fin du XVᵉ siècle ; elle a produit un assez grand nombre d'ouvrages dont le plus ancien est intitulé : *Selicoth : seu preces pro remissione peccatorum*, in-fol. litt. quadr., les plus grands car. avec points, les plus petits sans points. La souscription est curieuse : *Hodie feria V. die VIII, mensis Tisri* (octobre et novembre), *anni* CCLVII. *Sexti millenarii* (Chr. 1497), *absolvimus, Deo dante, Selicoth juxta ordinem... fuit autem finis earum hic Barci quod est in provincia Brixiana per manum minimi typographorum Gersom filii sapientis R. Mosis fel. mem. qui appellatur germanice Mentzlen Sontzin, quem Deus custodiat. Ita adjuvet eum Dominus pro clementia sua, ut incipiat tractatum Sanhedrin eumque absolvat cum reliquis libris sanctis...*

Ce Rabbi Gerson était le fils du juif Moïse de Son-

cino, le premier imprimeur hébreu de l'Italie, et la souscription, que nous venons de citer, nous apprend son origine allemande; après avoir pendant un assez grand nombre d'années imprimé à Barco et à Brescia, ce R. Gerson s'en alla avec tout son matériel à Constantinople, où il mourut en 1530.

BARDENUVICUM, BARDOVICUM, BARDINCUM, BARDEVICUM, HARDENGOANT [Chron.], *Bardewick*, bourg de Hanovre, près de Lunéburg, sur l'Ilmenau.

BARDERATE [Plin.], BRAIDA, ville de Ligurie, auj. *Bardi*, sur le Tanaro, pet. ville du Piémont [Forbiger].

BARDIA, *Bartke*, riv. de Poméranie.

BARDIUM, voy. BARTHUM.

BARDUM, voy. BARTHUM.

BARDUM, *Bardo*, pet. ville du Piémont, dans le val d'Aoste.

BAREA, Βαρεία [Ptol.], BARIA, ville de Bétique, auj. *Vera*, dans le roy. de Grenade.

BAREFLECTUM, voy. BARAFLECTUM.

BARENTONIUM, *Barenton*, bourg de France (Seine-Inférieure).

BARETIUM, voy. VARESIUM.

BARGEMONTIUM, BARGEMONUM, *Bargemont*, bourg de Fr. (Var).

BARIANUS, BARITANUS, BARIENSIS AGER, *terra di Bari*, prov. napolitaine du roy. d'Italie.

BARIUM, Βάριον [Strab., Ptol.], BARRIUM, *Bari*, ville d'Italie, ch.-l. de la prov. du même nom.

Le premier volume imprimé dans cette ville est daté de 1516 : *Petri Galatini opus de arcanis catholicæ veritatis, contra obstinatissimam Judæorum nostræ tempestatis perfidiam.* Barii, M. D. XVI, in-fol. On trouve dans ce rare volume une *épitre* de l'empereur Maximilien à l'auteur, datée de 1515, avec la réponse de Galatinus, et un privilége du pape Léon X. Le livre de Galatinus fut réimprimé deux ans après. (Voy. *Orthona-Maris.*)

Panzer et le catal. La Vallière-Nyon nous donnent un second ouvrage imprimé à Bari quelques années plus tard; celui-ci a un nom d'imprimeur : *Operette del Parthenopeo Suavio, in varii tempi et per diversi subjetti composte.* Bari, Gilliberto Nehou, Francese, 1535, in-4, fig. s. b. — Ce rare volume est aujourd'hui à la bibliothèque de l'Arsenal.

BARIUM, *Bar*, ville de Podolie, sur le Kow.

BARIUM AD ALBULAM, BARRUM AD ALBULAM, BARCASTRUM, *Bar-sur-Aube*, ville de Fr. (Aube).

Le premier imprimeur de Bar-sur-Aube s'appelle Fèvre, auquel succèdent Blanchard, puis Bastien; le 15 août 1760 Jean Vitalis prend la suite des affaires de Bastien et meurt en 1763: son fils Germain Vitalis succède à la librairie du père, mais cesse d'imprimer et se défait du matériel.

BARIUM, BARUM AD SEQUANAM, *Bar-sur-Seine*, ville de Fr. (Aube).

BARIUM DUCIS, BARRO-DUCUM, BARRUM DUcis, *Bar-le-Duc*, ville de Fr. (Meuse) ; on dit aussi *Bar-sur-Ornain.*

M. Beaupré ne comprend pas cette ville dans son *Hist. de l'imprimerie* en Lorraine ; M. Sabourin de Nanton ne la mentionne pas dans sa brochure sur les *Commencements de l'imprimerie* dans les Vosges. Il faudrait pourtant bien la placer quelque part. L'imprimerie n'a fonctionné que fort tard dans cette ville ; M. Ternaux désigne un ouvrage de Maillet imprimé à Bar-le-Duc en 1759, in-12, et un peu plus loin il cite un *Abrégé de la Nouvelle Héloïse*, imprimé en l'an VIII, à Bar-sur-Ornain, comme si c'était une autre ville.

Nous trouvons dans le curieux catal. d'un avocat au Parlement, nommé Gacon, dont la vente se fit en 1737, une indication intéressante : dans la nombreuse collection de coutumes qu'avait réunie cet homme de loi, se trouve au n° 259 : *Commentaire sur la coutume de Bar le Duc et de S. Mihiel par Jean le Paige.* Bar-le-Duc, Lochet, 1711, in-8. Ce renseignement nous donne en même temps, le nom du premier imprimeur de la ville.

Le *Catal. de la Bibl. impériale* (tom. VIII) nous donne le nom d'un autre imprimeur de Bar-le-Duc, qui se nommait R. Briflot, et le titre d'une pièce sans date, mais selon toute apparence imprimée dans cette ville en 1757 : *Relation d'une fête donnée à Bar-le-Duc le 25 août 1757, en l'honneur du Roy. — Cantate pour le jour de la Saint-Louis*, s. d. in-4. L'imprimerie fut étouffée dès son début dans cette ville par l'arrêt de 1759, aussi ne figure-t-elle pas sur l'état présenté en 1764 à M. de Sartines, et ce n'est qu'à partir de la Révolution qu'on la voit fonctionner de nouveau.

Les *Coustumes du Bailliage de Bar*, imprimées en 1580, par le commandement du duc Charles III de Lorraine, avec une Épître audit duc, signée par Martin le Marlorat, datée de Bar, le 20 janvier 1580, furent imprimées, suivant M. Beaupré, à Pont-à-Mousson, par Etienne ou Martin Marchant, et réimprimées en 1599, à Nancy.

BARJOLIUM, BERIOLUM, *Barjols*, pet. ville de Provence (Var).

BARNUS, Βαρνοῦς [Polyb.], BORA [Tit. Liv.], ville de Macédoine, auj. *Nitje* ou *Vitzi*, dans le pachal. de Saloniki, suiv. Pouqueville.

BAROCCA, *Baroche*, bourg de Fr. (Orne).

BAROFLUCTUM, voy. **BARAFLUCTUM.**

BAROLOCUS, GANNES (au IX° s.), *Barlieu*, bourg du Berri (Cher).

BAROLUM, BARULUM, BARMIA, *Bormio*, bourg de la Lombardie.

BAROMACUS, voy. **CÆSAROMAGUS.**

BARPANA, HARPONA [Plin.], CARBANIA [P. Mela], *île Cerboli*, dans la Méditerranée, près de l'île d'Elbe.

BARRA, la *Barre* ; plusieurs localités portent ce nom en France, entre autres une anc. abb. d'Augustins.

BARRANA ARX, *Barraux*, bourg de Fr., dans le Grésivaudan (Isère).

BARRENSIS DUCATUS, BARUM, BARIUM, le *Barrois*, le *duché de Bar*, anc. comté, puis duché, forme auj. partie du dép. de la Meuse.

BARRODUCUM, voy. **BARIUM DUCIS.**

BARROJUS, *Barrow*, fl. d'Irlande (Leinster).

BARSA INSULA [Itin. Anton.], l'*île de Cers* dans la Manche, entre Jersey et Guernesey [Forbiger].

BARSACUM, *Barsac*, bourg de Guyenne (Gironde).

BARSCHIENSIS COMITATUS, *comitat de Barscher*, en Hongrie.

BARTHA, BARISSUS, *Bautsch*, riv. de Silésie.

BARTHUM, BARDUM, BARDIUM, *Barth*, pet. ville de Poméranie, sur la Baltique ; on trouve aussi **BARDA, BARDENSIS PRINCIPATUS.**

En 1582 le duc Boguslaw XIII établit dans cette ville une imprimerie particulière ; le plus ancien livre sorti de ces presses, que nous connaissons, est : *Balthasar Russow. Cronica der provintz Lyfflandt darinne vermeldet werdt... mit velen Historien vermehret dorch den autoren Sülvest.* Gedrücket to Bart, in der Förstlichen Drückerge dorch Andream Seitnern, 1584, in-4. Livre précieux et recherché.

On croit que les quelques volumes sortis de ces presses ducales n'étaient pas mis en vente, mais distribués par le duc à ses amis.

Les *Juvenilia* d'Ant. Muret, que nous trouvons imprimés dans cette ville en 1590 (cat. Maittaire, II, p. 175), y furent réimprimés l'année suivante 1591. (Foires de Francfort, 1592, p. 590.) Les deux éditions portent : *ex officina principis*, et sont fort remarquablement exécutées.

BARTONIA, BARTEN, pet. ville de Russie (Brandebourg).

BARTPHA, *Bartfeld*, ville de Hongrie, dans le comitat de Saros, sur la Tepla.

Une imprimerie fut établie dans cette ville vers 1579, et plusieurs ouvrages importants y furent exécutés par David Guigesel et Jacques Klös, à partir de 1590 ; plusieurs spécimens de 1643 et de 1650 sont conservés à la Bodléienne. De 1668 à 1672 la typographie de Bartfeld fut dirigée par George Sambuch « Civitatis Senator ; » mais, de 1672 à 1701, les troubles du royaume de Hongrie ruinèrent cet établissement, qui eut encore quelque importance jusqu'en 1715, époque à laquelle le matériel fut transporté au Collège des Jésuites de Kaschau [Nemeth, *typogr. Hungriæ*].

BARULUM, BAROLUM, BARULITA, *Barletta*, ville d'Italie, fondée par les Normands au XI° siècle, dans la *Terra di Bari*.

BARUM, voy. **BARIUM.**

BARUTHUM, BYRUTHUM, *Bayreuth*, *Baireuth*, ville et anc. margraviat de Bavière.

M. Ternaux date de 1666 l'imprimerie de Baireuth. Le livre qu'il cite : *Lilien. Summa Theologiæ Christianæ* ; Baruthi, 1666, in-4, nous est inconnu ; mais nous le trouvons, heureusement pour M. Ternaux, cité au catal. des Elzevirs (Amst. 1681, p. 261) sous le titre : *Caspar Lilien. Summa Theologiæ.* Baruthi, 1666, in-4.

L'indication d'un livre imprimé à Baireuth en 1669 nous est donnée par M. Brunet, et elle est exacte : *Th. Reinesii Epistolæ ad Nesteros patrem et filium.* Baruthi, 1669, in-4, réimprimé l'année suivante à Leipzig.

Nous n'avons malheureusement pas le nom du premier imprimeur de Baireuth, à moins que nous n'acceptions pour authentique le renseignement sommaire donné par M. Cotton (*Suppl.*) : « Printing was carried on here, by John Gerard, in 1660. »

Nous aurions été heureux de voir le titre d'un ouvrage cité à l'appui.

BASATENSIS AGER, VASATENSIS AGER (BASA-BOCATES), le *Bazadois*, anc. prov. franç.; fait auj. partie des dép. de Lot-et-Garonne et de la Gironde.

BASATUM, voy. VASATUM.

BASENTINUS, *Basiento*, fl. du roy. de Naples, trav. la *Basilicate*.

BASIANA, dans la Pannonie inf., auj. *Posséga*, dans l'Esclavonie, ou, suiv. d'autres géographes, *Sabatz*, sur le Sau.

BASILEA [Itin. Anton.], BASILIA [Amm. Marcel.], BASILEA RAURACORUM, COLONIA MUNATIANA (de Munatius Plancus, que l'on prétend avoir fondé la ville), ATHENÆ RAURACÆ, BAZELA, [Geo. Rav.], BÆSULA, BA'SULA, BAILLE, BAALLE [Chron. Carlov.], auj. *Basle*, *Bâle* (en all. *Basel*), ville de Suisse, sur le Rhin.

Conciles; université fondée en 1459, par Æneas-Sylvius Piccolomini (P. Pio II°); bibliothèque d'une haute importance.

D'innombrables recherches bibliographiques ont été consacrées aux origines de la typographie dans cette ville célèbre. Voici le résumé des faits désormais acquis au domaine de l'histoire.

En 1455 on voit figurer comme témoin dans le procès intenté par Faust à Gutenberg à Mayence, et que celui-ci perdit le 6 novembre, un certain Berthold Rot, natif de Hánau, appelé aussi quelquefois Bechtold ou Berthoud de Hanau, ouvrier de l'atelier de Gutenberg.

Vers l'an 1460 une sorte de fièvre de propagande s'empare des ouvriers typographes de Mayence; comme après la mort du Christ, ses apôtres se partagent le monde, ainsi les missionnaires de l'imprimerie se répandent en Europe et portent les bienfaits de la sublime découverte jusqu'à ses extrémités.

Berthold Rot fut un de ces émigrants, mais lui n'alla pas si loin; de Mayence il remonta les bords du Rhin jusqu'à Strasbourg où il résida quelque temps, dit-on, puis arriva à Bâle, alors ville d'Allemagne, où il se fixa.

De 1462 à 1474 il dut imprimer un assez grand nombre de livres, mais, comme son illustre et modeste maître, il les publie sans y mettre son nom et même sans date; heureusement il fit une seule fois exception à la règle, et le volume au bas duquel il apposa son nom, sert à faire reconnaître ses caractères. Ce volume est intitulé : *Repertorium vocabulo-4 Equisitorum* (sic) *Oratorie poesz et historia* || *rum cum fideli narracóe... Editum a doctissimo* l*Farum ama* || *tore Magistro Conrado (de Murc) Turicensz ecclesie cantore. Et ?pletus au* || *no domini* M° CCCC. LXX. III°. — Puis on lit ces vers :

Unde liber venerit presens si forte requiras ·
Quid ve novi referat perlege quod sequitur
Bertoldus nitide hûc impresserat in Basilea... etc.

(Absq. anno), in-fol. goth. 147 ff., sans ch., récl. ni sign., 36 et 38 ll. à la page entière.

Les caractères dont Berthold se servit pour l'impression de ce livre se retrouvant dans un assez grand nombre des premiers produits de la typographie bâloise, par exemple dans le livre de saint Grégoire le Grand, intitulé : *Moralia in Job*, on est assez légitimement fondé à les attribuer tous aux presses de cet imprimeur. Un exempl. du livre de saint Grégoire, ci-dessus cité, porte cette note manuscrite et bien authentique : « *Hunc solvi anno* M. CCCC. LXVII. *Joseph de Vergers, presbiter Ecclesiæ S. Hyllarii Moguntini,* » d'où l'on a tiré cette conclusion fort naturelle que Berthold Rot imprimait en 1467, puis-

que cet énorme in-folio de 421 ff. à 2 col. de 48 lig. a demandé plus d'un an de travail.

Vers 1473 il commença l'impression d'une Bible en deux volumes, in-fol., mais probablement la mort l'empêcha de terminer ce grand ouvrage; le premier volume seul est imprimé avec ses caractères (*tom. prim. Bibliorum Latinorum*, in-fol., *sine a., l. et typ. indic., qui finitur Psalterio et lineas 50 in quavis columna gerit, excepta prima quæ 48 lin. est. Initiales singulorum librorum et cap. literæ non impressæ sed manu appictæ sunt*. Lichtenberger, p. 218.)'

Bernard Richel, bourgeois de Bâle, qui probablement avait prêté à Berthold Rot les premiers fonds nécessaires à l'établissement de son imprimerie (et nous verrons dans un grand nombre de villes le même fait se reproduire), prit goût lui-même au métier, et s'établit aussi typographe; ce fut lui qui termina la Bible que nous venons de décrire, et imprima le second volume avec ses propres caractères, en 1475. Le nom de ce B. Richel cesse de figurer sur les impressions bâloises à partir de 1486.

Les deux premiers volumes imprimés avec date à Bâle sont de l'année précédente, le premier, daté du 13 décembre, est : *Repertorium juris Joannis Calderini*, in-fol.; il est exécuté par un troisième imprimeur, Michel Wensler ou Wensel, c'est-à-dire avec les caractères dont ce dernier se servit pour l'impression des *Epîtres de Gasparin*, auxquelles il mit son nom; le second, imprimé par Bernard Richel, est un in-fol. intitulé : *Der Sachsenspiegel*.

Michel Wensler et B. Richel impriment ensemble le *Quadragesimale Roberti de Licio... pressit manibus nec tersis in Basilea, Bernardus Richel, cum Michaele Wensel,* 1475.

Nous ne pouvons suivre dans tous ses détails le développement rapide de l'art typographique à Bâle; nous devons seulement noter encore quelques faits et signaler de grands noms.

Un livre publié sous la fausse date de 1444 donne occasion à quelques rêveurs de revendiquer pour cette ville l'honneur de la découverte de l'imprimerie; il est intitulé : *Reformatorium vitæ morumque et honestati saluberrimum.* Basileæ. M. CCCC. XLIIII, in-8 (pour XCIIII).

Parmi les grands imprimeurs bâlois, que Zwinger appelle *typographici Heroes*, nous devons citer : Jean de Amerbach, chef d'une famille illustre, qui porte presque à la perfection l'art de la typographie; son premier livre est de 1481, c'est le *Præceptorium divinæ legis* de J. de Nyder, des frères Prêcheurs, in-fol. de 221 ff. à 44 l.; son *Saint Ambroise* de 1492 est resté célèbre.

Ses trois fils succèdent à son imprimerie et soutiennent dignement l'héritage paternel.

L'un de ses correcteurs fut Jean Froben, de Hammelbruck (1460-1527), qui devint à son tour *Princeps typographiæ Basiliensis;* il fut le protecteur et l'ami de trois grands hommes : Erasme, Œcolampade et Holbein, qui pendant de longues années lui prêtèrent leur concours. Erasme pleure la mort de Froben d'une façon touchante : *Nunquam antehac expertus sum,* dit-il, *quantam vim haberet sincera amicitia ac mutuus animorum nexus. Fratris Germani mortem moderatissime tuli, Frobenii desiderium ferre non possum.*

M. A.-F. Didot a consacré à ces deux grands hommes, Amerbach et Froben, une des plus intéressantes notices de son *Hist. de la typographie.*

Il nous faut encore nommer Jo. Hervagius, auquel nous sommes redevables du *Polybe* de 1529, Jo. Bebelius, qui donne l'*Aristote* grec de 1531, Andreas Cratander, Jean Oporin, dont le vrai nom est Jean Herbst, qui mourut en 1568, et qui publia le *Vesale* de 1555, in-fol., un admirable livre; enfin Thomas Guarin, l'imprimeur de la *Bible de l'Ours.*

Au XVIII° siècle Jean Buxtorf, le père, fait fondre des caractères hébreux, et pendant plusieurs années publie des ouvrages imprimés en cette langue : « *Nostra typographia hebraica sopita est,* dit P. Burmann, *quam tamen resuscitare typographus ad æstatem cogitat.* »

Au XVIIIe siècle on doit à un imprimeur de Bâle, M. Haas, les premiers essais de cartes exécutées par la typographie.

Nous terminerons cette notice par un emprunt fait à un curieux voyage que publiait en 1713 un certain M. de Rouvière, conseiller du roi et apothicaire ordin. de S. M.

« Maintenant, dit-il, la librairie de Bâle est peu de chose, elle est fort tombée; elle ne roule quasi plus que sur les Kœnig, dont les ancêtres, depuis 1580 jusqu'en 1660, nous ont donné plusieurs ouvrages considérables : le grand *Lexicon chaldaicum*, *Talmudicum*, *et Rabinicum*, ouvrage de trente années de M. Jean Buxtorfe, que Louis Kœnig a imprimé en 1639, sous les yeux de M. Jean Buxtorfe le fils, est un immense volume, qui fera toujours honneur à l'imprimerie des Kœnig. Il est vrai qu'ils s'accommodent aujourd'hui au goût de leur patrie, où les livres ne sont pas fort recherchés, et qu'ils ne donnent pas beaucoup de livres nouveaux au public, contents avec raison des fonds qu'ils tiennent de leurs pères. »

BASILEENSIS PAGUS, le *canton de Bâle*, réuni à la Suisse en 1501.

BASILICA S. VINCENTII [Aimoin], *St-Vincent*, commune de Fr. (Lot-et-Garonne).

BASINIUM, BASINGA, *Poesing*, ville de la basse Hongrie.

BASIVUS, *Baisieux*, village près Corbie (Somme).

BASSACUM, *Bassac*, bourg de Fr. (Charente), anc. abb. de Bén.

BASSAVILLA, *Basville*, village de l'Ile-de-France, anc. marquisat.

BASSEA, *la Bassée*, pet. ville de la Flandre Wallonne (Nord).

BASSINIA, BASSINIACUS AGER, le *Bassigny*, anc. district de la prov. de Champagne.

BASSUS FONS, *Basse-Fontaine*, village de Champagne (Aube), anc. abb. de Prém.

BASTA (Plin.], ville de l'Apulie, entre *Hydruntum* et le cap Japyge, auj. *Vaste* [Forbiger].

BASTARNORUM REGIO, voy. RUSSIA RUBRA.

BASTI [Itin. Anton.], BACCA, ville de la Tarraconaise, auj. *Baza*, dans le roy. de Grenade.

M. Cotton donne la date de 1614 pour l'introduction de l'imprimerie dans cette ville; voici le livre sur lequel il a basé cette assertion : *Peregrinos pensamientos de Mysterios divinos en varios versos y glosas dificultosas*, par *Alph. de Bonilla*, en Bacca, 1614, in-4 (cat. Dubois, II, p. 624); mais les bibliographes espagnols citent plusieurs ouvrages du même auteur imprimés à la même époque à Baeza, sa ville natale, et particulièrement celui-ci dont Antonio nomme l'imprimeur Pedro Cuesta, ce qui nous permet de considérer comme une erreur l'assertion du catal. Dubois et du Dr Cotton.

BASTIA, voy. MANTINUM.

BASTIDA, *la Bastide*; plusieurs localités portent ce nom en France.

BASTONACUM, BASTONIA, BELSONACUM, *Bas-*

tognack, pet. ville des Pays-Bas (Luxembourg).

BATAVA CASTRA, voy. BACODURUM.

BATAVI [*civ. fratres et amici P. R.*, Inscr. ap. Grut.], les *Hollandais*.

BATAVIA, Βαταονία [D. Cass.], PATAVIA [Tab. Peut.], BATAVORUM AGER [Tacit. Ann.], HOLLANDIA, *la Hollande* (*Pays-Bas* ou *roy. Néerlandais*), État de l'Europe centrale, divisé en onze prov.

BATAVOBURGIUM, BATAVORUM OPPIDUM, BATHENIS ARX, BATENBURGUM, *Batenburg*, ville des Pays-Bas, sur la Meuse.

BATAVODURUM [Tac.], DUROSTADIUM, DUERSTADIUM [Cell.], DOROSTATE [Geo. Rav.], *Wyck Duurstede*, ville de Hollande, (prov. d'Utrecht).

BATAVORUM INSULA [Cæs. B. G., Plin., Tac.], ἡ τῶν Βαταύων Νῆσος [D. Cass.], BATAVIE, patrie primitive des Bataves; on pense que c'est auj. l'île appelée *Bommeler Waard*, entre le Wahal et la Meuse, dans la prov. de Gueldre.

BATENBURGUM, voy. BATAVOBURGIUM.

BATHA, INSULA BATHENSIS, *île de Batz*, sur la côte N. de la Bretagne (Finistère).

BATHASECA, *Bathasac*, pet. ville de la basse Hongrie.

BATHENIS COMITATUS, le *comitat de Batha* (*der Bathische district*), en Hongrie.

BATHIA, BATHONIA, voy. AQUÆ CALIDÆ.

BATHMONASTERIUM, *Batmunster*, bourg de la haute Hongrie, sur le Danube; anc. abb. de S. Ben.

BATHYS, Βαθύς [Ptol.], riv. de Sicile, auj. *Iati*, dans le val di Mazara.

BATIA, BEATIA, BIATIA, *Baeza*, ville d'Espagne, sur le Guadalquivir (Andalousie).

Suivant Antonio, l'imprimerie remonte en cette ville à l'année 1551, et voici le titre du volume qu'il indique, mais sans donner le nom de l'imprimeur : *Traslado de la Capitulacion entre el poderoso Rey de Tunes Muley-Hassan y el illustre Señor D. Alonso de la Cueva y Benavides, Capitan General, Alcaide y Gobernador de la Goleta de Tunes.* — Baeça, 1551, in-4.

Cet ouvrage fut probablement imprimé par Andres Fanega ou tout au moins il en fut l'éditeur. Gallardo (tom. II, nos 1498 et 2264) nous indique plusieurs autres livres imprimés en cette même année 1551. *Doctrina cordis del serafico dotor Sant Buenaventura en romance.* E impresso en Baeza à costa de Andres Fanega, mercader de libros, vecino de Granada, en el mes de Julio, año 1551. — A la fin: Acabóse á catorce dias del mes de Agosto de 1551, in-4, s. récl. ni chiff.

Fuensalida (*Franc. de*), *Breve summa, llamada sosiego y descanso del Anima.* — Impreso en Baeza, á 8 dias del mes de Enero 1551, in-8.

En 1590 Juan Batista de Montoya était imprimeur dans cette ville.

BATIANA, ville des Helviens, sur le Rhône, dans la Gaule Narbonn., auj. *Bais, Baix aux Montagnes* (Drôme).

BATINUM [Plin.], riv. d'Italie, auj. le *Salinello*.

BATTICA (?) *Battice*, village près de Herve (prov. de Liége).

M. J. Gothier, libraire à Liége, auquel nous sommes redevable de nombreux et consciencieux renseignements, nous communique la note suivante : Selon Ferd. Hénaux, une imprimerie fut établie dans ce village en 1780, et M. L. Capitaine ne date cet établissement que de 1789 ; voici le titre du seul livre daté que l'on sache provenir de cette localité : *Ode à leurs Altesses Royales Marie-Christine, Archiduchesse d'Autriche, et le duc Albert-Casimir de Saxe-Tesschen, Gouverneurs généraux des Pays-Bas autrichiens, au sujet de leur passage par le Limbourg.* — Battice, F.-J. Vieillewye, 1791, in-12, de 12 p.

BATUA [Plin.], Βουλούα [Ptol.], BULUA, *Budoa*, ville de Dalmatie, sur le Cattaro.

BATULA, *Besos*, fl. de Catalogne ; se jette dans la Méditerranée, près de Barcelone.

BAUCIUM, BALTIUM, *les Baux*, bourg de Provence, anc. marquisat (Bouches-du-Rhône).

BAUCONICA [Itin. Anton.], BONCONICA, ville de la Gaule Belgique, auj. *Bockenheim*, en Hainaut, suiv. Cruse, et *Oppenheim*, dans la Hesse Rhénane, suiv. Cluvier.

BAUDOBRICA, voy. BABARDIA.

BAUDRIA, *Boudry*, bourg de Suisse (c. de Neufchâtel).

BAUDRINO VILLA, *Boran-sur-Oise*, village près Beaumont (Oise).

BAUGEIUM, *Baugé-le-Vieux*, bourg et chât. d'Anjou (Maine-et-Loire).

BAUGERIACUM, BAUGESIUM, *Beaugerais*, bourg de Touraine (Indre-et-Loire) ; abb. de Cîteaux.

BAUGIACUM, *Baugy*, bourg du Berry (Cher).

BAUGIUM, *Baugé*, pet. ville d'Anjou, sur le Couesne (Maine-et-Loire).

BAUJOVIUM, voy. BELLOJOCUM.

BAUTÆ, voy. BONAVILLA.

BAUZANUM [P. Diac.], BOLZANUM, BULSANUM, BAUXARE [Cod. Theod. Lex 3], ville de Rhætie, auj. *Botzen, Bolzano*, ville du Tyrol.

L'imprimerie existait dans cette petite ville au XVIIe siècle ; voici le titre d'un rare volume non cité par Lowndes, que nous avons vu chez M. Tross, libraire de Paris : *O' Conor. Lumen orthodoxum, spargens duodecim radios illustrioris præ cæteris lucis et ignis fidei catholicæ, emicantes enthei viri. Joan. Duns Scoti... probat Fr. Bonav. O' Conorus Kieriæ* (alias *a S. Patritio*) *Hybernus.* — Bulsani, in typographia Archiducali, 1661, pet. in-8, de 24 et 390 p. plus un f. d'errata.

BAVACUM, voy. BAGACUM.

BAVARIA, voy. BAJOARIA.

BAVO [Plin. III], BOÆ. [Amm. Marcel.], île de la mer Adriatique, sur la côte Illyrienne, auj. *Babua*.

BAYONNA, voy. BAJONA.

BAZINGA, voy. BASINIUM.

BAZOCHIA, *Bazoche*, bourg et anc. vicomté du Perche (Orne).

BEALTA, BULLACUM, *Bealt*, bourg d'Angl., dans le Brecknockshire [B. et M.].

BEARNIA [Cluv.], BENEHARNIA, BENEEHARNUM, *Bierne* (au XIIIe s., *Nostre-Dame Biérne*, cri de guerre des comtes de Foix), *le Béarn*, prov. franç., réunie à la couronne en 1594 ; auj. dép. des Basses-Pyrénées.

BEATIA, voy. BATIA.

BEBIANA, *Babenhausen*, bourg de Bavière.

BEBRIACUM [Juven. Sat.], BEDRIACUM [Tac.], BETRIACUM [Suéton.], Βητριακόν [Ptol.], VETRIACUM [Chron.], CANEDUM [Cluv.], ville de la Gaule Transpadane, auj. *Canedo*, bourg de la prov. de Mantoue, ou *S.-Lorenzo Guazzone* [Forbiger].

BECCUM, BECCUM HERLUINI, le *Bec-Hellouin*, commune de Normandie (Seine-Infér.), anc. abb. de S. Benoît.

BECCUM ARIOSI, *Bédarrieux*, pet. ville de France (Hérault).

BECIA, *Biecz*, ville de Pologne (palat. de Cracovie).

BECILLUM [Geo. Rav.], auj. *Benecello*, localité entre Parme et Modène [Forbiger].

BECOISELLUM, *Becoisel, Becoyseau*, anc. villa roy. et château dans la forêt de Crécy (Oise) ; *in Sylva Crisciacensi in pago Briegio* [P. Anselme, t. III].

BECKENA, *Becken, Beckum*, ville de Westphalie au S.-O. de Munster.

BEDA [Tab. Peut.], anc. ville des Treviri, dans la Gaule Belgique, auj. *Bidburg*, bourg près de Trèves.

BEDESIS, le *Ronco*, fl. d'Italie ; se jette dans l'Adriatique, ou la *Bevana*, suiv. Reichard.

BEDFORDIA, voy. LACTODURUM.

BEDFORDIENSIS COMITATUS, *the Bedfordshire* (Angleterre).

BEDOVINUM, *Bedovin*, bourg d'Angleterre (Wiltshire).

BEDRIACUM, voy. BEBRIACUM.

BEFORTIUM, BELFORTIA, *Béfort, Belfort,* ville de la haute Alsace, réunie à la France en 1648 (Haut-Rhin).

Le rapport Sartines nous apprend que l'imprimerie date à Belfort de l'année 1756 ; Jean-François Comte, natif de Besançon, y fonde un établissement typographique avec deux presses ; on était, avant cette époque, obligé de faire imprimer à Bâle ou à Montbelliard.

BEGARDUM, BIGARDIA, *Begars,* commune de France, anc. abb. de bénéd. (Côtes-du-Nord).

BEGIA, BEJARA, PAX JULIA, Πὰξ Ἰουλία [Ptol.], COLONIA PACENSIS [Plin.], ville des Turdetani, dans la Lusitanie, auj. *Beja,* en Portugal (Alentejo).

BEICHLINGA ARX, BEICHLINGIUM, *Beichlingen,* ville de la Saxe-Weimar.

BEINHEMIUM, *Beinheim,* pet. ville d'Alsace (Bas-Rhin).

BEJARA MELENÆ, *St-Bejar-de-Melena,* bourg d'Espagne (Andalousie).

BELACUM, *Bellac,* pet. ville de France (Haute-Vienne).

BELCA [Itin. Anton.], prem. station sur la Loire après Briare, à XXII m. d'Orléans ; anc. ville romaine dont on voit les ruines à Montboux, village du Gâtinais (Loiret) ; ou à Bougy, village du même département, suiv. Forbiger.

BELCASTRUM, BELLICASTRUM, GENEOCASTRUM, *Belcastro,* ville d'Italie (Calabre ultér. IIᵉ).

BELDEA, voy. BELICA.

BELEGRA, Βέρετρα [Ptol.], BEREGRA [Plin.], ville du Picenum, auj. *Celmo* ou *Civitella,* dans le roy. de Naples (Abruzze ultér.).

BELEMUM, *Belem,* château sur le Tage, qu'il commande, en avant de Lisbonne.

BELENI VILLA, *Blainville,* bourg de France (Seine-Inférieure).

BELENIZONA, voy. BALTIONA.

BELERIDÆ INSULÆ, les *îles Sanguinarie,* sur la côte de Sardaigne.

BELERIUM PROMONTORIUM, Βολέριον [Ptol.], ANTIVESTACUM PROM., *the cap of Cornwall, the Land's end, cap Finisterre,* à la pointe de Cornouailles.

BELESMUM, BELISMUM, *Bellème, Belesme,* pet. ville du Perche (Orne).

BELFASTUM (?), dans le pays des anciéns *Autiri,* Αὐτεινοί [Ptol.], auj. *Belfast,* ville d'Irlande, dans le comté d'Antrim.

Nous ne pouvions faire remonter l'imprimerie à Belfast qu'à 1714 (Lowndes, part. V, p. 1421), mais le *suppl.* du Dʳ Cotton nous reporte à l'année 1696. James Blow, imprimeur de Glascow, vint se fixer à cette époque en cette ville avec Patrick Neill, son beau-frère. L'archevêque de Dublin, King, cite des éditions du « *Scottish Catechism, with the solemn League and Covenant,* » aux dates de 1694 et 1700, qu'il assure avoir été imprimées à Belfast en 1704. Le même James Blow donna une édition de la *Bible,* qui fut la première publiée en Irlande ; il faut ajouter, avec le respect dû à la mémoire du vénérable prélat, que cette Bible est parfaitement inconnue de tous les bibliographes.

BELFORTIUM, *Belforte,* pet. ville d'Italie (prov. de Parme).

BELGENTIACUM, voy. BALGENTIACUM.

BELGICA, voy. GALLIA.

BELGICA [Itin. Anton.], ville des Ubiens, dans la Gaule Belgique, auj. *Balckhausen,* pet. ville de la Prusse, rhénane, suiv. Cluvier.

BELGINUM [Tab. Peut.], ville des Treviri, dans la Germanie infér., auj. *Baldenau,* près Coblenz, ou *Belch,* au N.-O. de Kirchberg, suiv. Forbiger.

BELGIOLUM, voy. BALLIOLUM.

BELGIUM, pays de la Gaule placé au centre de la Belgique IIᵉ, occupé par les *Bellovaci,* les *Ambiani,* les *Atrebates,* etc.

BELGIUM, BELGICA [Cluv.], GERMANIA INFERIOR [id.], partie de la Gaule Belgique comprenant :

1. BELGIUM AUSTRIACUM, formé de la *Flandre,* le *Hainaut,* le *comté de Namur,* le *Gueldre,* le *Luxembourg, Anvers* et *Malines.*

2. BELGIUM CONFŒDERATUM, formé de la *Hollande,* la *Zélande,* le *Gueldre infér., Groningue, Utrecht,* la *Frise occid.*

3. BELGIUM GALLICUM, l'*Artois* et partie de la *Flandre,* du *Hainaut,* du *Luxembourg Belge* et du *comté de Namur.*

BELGRADUM, voy. ALBA GRÆCA.

BELIA, Βέλεια [Ptol.], ville des Edetani, dans la Tarraconaise, auj. *Belchite,* pet. ville d'Aragon.

BELICA, BELLICUM, BELLICIUM, BELDEA, *Belley, Bellay,* ville de Fr. (Ain), anc. cap. du Bugey.

Nous ne connaissons pas de livre imprimé dans cette ville avant le XIXᵉ siècle ; le célèbre Camus, écrivain disert mais quelque peu trop fécond, fut évêque de cette ville au XVIIᵉ siècle : ses innombrables élucubrations sont pour la plupart éditées et imprimées à Paris.

BELISIA, *Bilsen,* ville des Pays-Bas (prov. de Limbourg).

BELITIONUM, voy. BALTIONA.

BELLA CUMBA, *Belle-Combe,* bourg et anc. abb. de France (Haute-Loire).

BELLA REPARIA, *Beaurepaire*, bourg du Dauphiné (Isère).

BELLA VILLA AD SAGONAM, *Belleville-sur-Saône*, bourg de France (Rhône).

BELLA VILLA IN PAGO PARISIACO, *Belleville*; dépend auj. de Paris.

BELLEFORDIA, *Beaufort*; un grand nombre de localités en France portent ce nom, entre autres *Beaufort-en-Vallée*, pet. ville et anc. château d'Anjou (Maine-et-Loire).

BELLEGARDIA, BELLIGARDUM, *Bellegarde*, pet. ville de France (Côte-d'Or); anc. duché-pairie.

BELLICADRUM, BELLOCARUM, BELLOQUARDA, UGERNUM [Tab. Peut.], Οὐγερνον [Strab.], CASTRUM ARELATENSE [Greg. Tur.], ville de la Gaule Narbonaise, auj. *Beaucaire*, sur le Rhône, vis-à-vis Tarascon (Gard).

BELLICASTRUM, voy. BELCASTRUM.

BELLICETUM, *le Beausset*, pet. ville de Fr. (Var).

BELLIGARDUM, voy. BELLEGARDIA.

BELLIJOCENSIS AGER, BELLI JOCI CAMPUS, le *Beaujolais*, anc. prov. de France, divisée auj. entre les dép. du Rhône et de la Loire.

BELLIJOCUM, BELLOJOCUM, BAUJOVIUM, BE-LIEU (au XIIIe s.). *Beaujeu*, anc. cap. du Beaujolais, ville de Fr. (Rhône).

Voici, d'après M. S. de la Roche la Carelle, la note des deux premiers livres, peut-être même des deux seuls livres imprimés à Beaujeu : le *Blason des Danses où se voyent les malheurs et ruines venant des danses dont jamais homme ne revint plus sage ni femme plus pudique, par Guillaume Paradin*, à Beau-Jeu, pour Justinian et Philippes Garils, 1556, pet. in-8, réimprimé en 1560 audit lieu par les mêmes typographes, pet. in-8 de 111-87 pp. Cet ouvrage est dédié par Paradin à sa nièce Prudence, femme de l'un des Garils. Le second volume imprimé à Beaujeu au même Paradin : *De la Concorde publique*, à Beau-Jeu, pour Justinian et Philippe Garils, 1565, in-8, de 68 pp. et 2 ff.
Quelques exemplaires des *Annales de Bourgogne*, que Paradin fit imprimer à Lyon chez Gryphe en 1556, in-fol., portent *Beaujeu*, au lieu de *Lyon*; la bibliothèque de Rennes possède un de ces rares exemplaires (cat. n° 10824).
Cet établissement typographique de Beaujeu, qu'on peut appeler l'imprimerie particulière de Guil. Paradin, doyen de Beaujeu, cessa d'exister à sa mort, arrivée vers 1568; son frère le chanoine Jean Paradin, qui fit imprimer divers ouvrages à Lyon, n'en usa jamais. Les frères Garils, après la mort de leur oncle, retournèrent à Lyon avec le matériel de la typographie.

BELLILOCUS, *Bewdley*, sur la Severn, pet. ville du comté de Worcester (Angleterre).

BELLINSULA, voy. CALONESUS.

BELLINTUM [Itin. Hierosol.], station entre S. Gabriel et Avignon, auj. *Lauzac* ou *Barbantane* [Papon, *Hist. de Provence*].

BELLIPRATUM, BELLOPRATUM, *Beaupré*; plusieurs localités, dont deux abbayes, en France, portent ou ont porté ce nom.

BELLITAS PROPE VICENAS AD MATRONAM, *Beauté-sur-Marne*, près Vincennes, anc. villa roy. (Seine); on trouve DOMUS PULCHRITUDINIS et DOMUS DECORIS.

BELLOCASSINUS AGER, voy. BAJOCENSIS AGER.

BELLOFONTANUM, voy. FONS BLIAUDI.

BELLOGRADUM, voy. ALBA GRÆCA.

BELLOJOCUM, voy. BELLIJOCUM.

BELLOMARISCUS, *Beaumaris*, chef-lieu de l'île d'Anglesey, dans la mer d'Irlande.

BELLOMONTIUM, BELLUS MONS, *Beaumont*; plusieurs localités en France portent ce nom.

BELLOMONTIUM AD ISARAM, *Beaumont-sur-Oise*, bourg de Fr. (Seine-et-Oise).

BELLOMONTIUM IN ALGIA, *Beaumont-en-Auge*, anc. vicomté et prieuré de bénéd. (Eure).

BELLOMONTIUM IN ARGONA, *Beaumont en Argone*, ville de Fr. (Ardennes).

BELLOMONTIUM ROGERII, *Belmons* (au XIIIe s.), *Beaumont-le-Roger*, bourg de France (Eure).

BELLOMONTIUM VICECOMITIS, *Beaumont-le-Vicomte* ou *Beaumont-sur-Sarthe*, ville de Fr. (Sarthe) [Rabel., liv. II, chap. XXI].

BELLOPRATUM, *Beaupréau*, pet. ville de l'Anjou, anc. marquisat (Maine-et-Loire).

BELLOVACENSIS AGER, le *Biauvoisin*, *Beauvoisin*, dép., le *Beauvoisis*, anc. prov. de Fr. (dép. de l'Oise).

BELLOVACUM, BRATUSPANTIUM [Cæs. Bell. Gall.], CÆSAROMAGUS [Tab. Theod.], Καισαρόμαγος [Ptol.], BELLOVACORUM CIVITAS [Notit. Imper.], BELVACUM (XIIe s.), *Biauvais*, [anc. chron.], anc. chef-lieu des Bellovaci, dans la Gaule Belgique, auj. *Beauvais*, ville de Fr. (Oise).

La date la plus ancienne à laquelle nous puissions faire remonter l'imprimerie dans cette ville est 1602, et nous trouvons cette indication dans le Père Lelong et dans le tom. VI du catal. La Vallière-Nyon : *Histoire des saintes Princesses Maure et Brigide, martyrisées à Balagny et transportées à Nogentles-Vierges en Beauvoisis*. Beauvais, Courtois, 1602, in-12. Si le renseignement est exact, Courtois serait donc le premier imprimeur de Beauvais, et ce ne serait que quelques années après que nous verrions G. Valet établir ses presses; celui-ci imprime des livres plus importants, parmi lesquels nous citerons les *Poësies latines* de Michel Vérin en 1617 ; l'année suivante : *Anthodosis pro felici Belvacensis Episcopi adventu, authore Jacobo de Nully*, 1618, in-4, les *Coutumes de Senlis, Amiens, Clermont et Mondidier*, la même année ; enfin : *Discours du siège de Beauvais par Charles, duc de Bourgogne*, en 1472. — Beauvais, 1622, in-8.

Sa veuve lui succède vers 1630.

Au XVIIIe siècle nous trouvons établie dans cette ville la famille Desjardins, qui imprime à la fois pour l'évêque et pour la municipalité; en 1748 Pierre-Nicolas Desjardins succède à son père, et le rapport fait à M. de Sartines le signale en 1764 comme le seul imprimeur exerçant à Beauvais.

BELLOVIUM, *Bellou*, bourg de Normandie (Calvados).

BELLUM CASTELLUM, *Belcastel*, bourg de Fr. (Aveyron).

BELLUM FAGETUM, *Beaufay*, bourg du Maine (Sarthe).

BELLUM FORTE, *Beaufort en Vallée*, pet. ville et anc. château de l'Anjou (Maine-et-Loire).

BELLUM PRATUM, *Beaupré*; plusieurs localités et anc. abbayes portent ce nom en France.

BELLUM VADUM, voy. FLAVIOBRIGA.

BELLUNUM [Cluv., P. Diac.], BELUNUM [Plin. III], Βελοῦνον et Βελλοῦνον [Ptol.], BERUNUM [Cellar.], ville des Veneti, dans la Gaule Transpadane, auj. *Belluno, Bellune*, sur la Piave, dans l'Etat de Venise.

L'imprimerie fut exercée dans cette ville en 1629 par Franciscus Viecerus; le catal. du *Trinity College* de Dublin fournit cette indication à M. Cotton. En 1640 nous trouvons dans Haym : *Gio. Battista Barpo. Descrizione di Cividal di Belluno e suo territorio*. Belluno, 1640, in-4. Giovanni Niccolo Doglioni, que la *Bibliotheca Aprosiana* appelle *Nobile Bellunese, e chiaro Lume de' nostri incogniti*, a publié à la fin du XVIe siècle un grand nombre d'ouvrages dont *le Origine di Cividal di Belluno*, imprimé à Venise, en 1588, in-4.

BELLUS LOCUS, *Beaulieu*; un grand nombre de localités en France portent ce nom : BELLUS LOCUS AD DURANIUM, *Beaulieu*, pet. ville de Fr. (Corrèze). = BELLUS LOCUS AD INGERIM, *Beaulieu-sur-Indre*, bourg de Fr. (Indre-et-Loire). = BELLUS LOCUS AD LIGERIM, *Beaulieu-sur-Loire*, bourg du Loiret, etc.

BELLUS MONS, voy. BELLOMONTIUM.

BELLUS PORTUS, *Beauport*, près St-Brieuc, bourg et anc. abb. de Prém. (Côtes-du-Nord).

BELLUS RIPARIUS, *Beaurepaire*, bourg de Bourgogne (Saône-et-Loire).

BELLUS VISUS, *Beauvoir*, bourg de France (Seine-Inférieure); anc. abb. de chanoinesses régulières. Plusieurs autres localités en France portent ce nom.

BELNA [Cluv.], BELNUM, *Biaune* (au XIIIe s.), *Beaune*, ville de Fr. (Côte-d'Or).

Le premier livre imprimé dans cette ville remonterait à 1659, au dire de M. Ant. Voisin, qui nous communique quelques notes relatives à la Bourgogne; ce livre, que nous trouvons également cité par le P. le Long, est intit. : *les Reglemens et Coustumes de la Chambre des pauvres de la ville de Beaune*; à Beaune, chez François Simonnot, imprimeur du roy et de la ville, 1659, pet. in-12.

Les archives de la ville de Beaune renferment une pétition adressée à la municipalité par ce François Simonnot, quelques mois seulement avant l'impression de ces *Reiglemens des Pauvres*; il expose que la ville de Beaune n'ayant jamais possédé d'établissement typographique, il y a urgence, pour les besoins de la ville, d'y établir une imprimerie dont il demande le brevet.

Un autre livre sorti des mêmes presses s. d., mais très-probablement imprimé cette même année 1659, c'est : *Fondation et reigles de l'hôpital de la ville de Beaune, fondé par Nicolas Rollin*, in-4 (cat. Secousse, no 5290).

La famille Simonnot a fourni une longue suite d'imprimeurs à la ville de Beaune, ainsi qu'à celle d'Autun.

Les arrêts de 1739 et de 1759 retirent à cette ville le droit de faire imprimer; nous n'y trouvons plus, en 1764, que trois libraires qui font venir de Paris et de Lyon les livres nécessaires à leur commerce.

BELNA, BELNA ROLANDI, VELLAUNODUNUM [Cæs. B. G.], *Beaune-la-Rolande* ou *Beaune en Gatinais*, bourg de France (Loiret), suiv. d'Anville et l'abb. Belley; ce serait, suiv. Reichard, *Château-Landon*.

BELŒIL., château de Belgique (Hainaut).

Le maréchal Prince de Ligne avait fondé, vers 1780, dans cette magnifique résidence une imprimerie, dont le premier produit est bien connu : *Coup d'œil sur Belœil*, à Belœil, de l'imprimerie du prince Charles, de 1781, in-8, de 150 p.; réimprimé en 1786, in-8, de 204. M. Aug. Voisin, biblioth. de l'Université de Gand, a consacré une notice curieuse aux imprimeries particulières de Belgique, et il compte ses ouvrages, formant neuf volumes, imprimés *de main de prince* à Belœil.

BELOGRADUM, *Bielgorod*, ville de Russie, dans le gouvernement de Kursk.

BELSIA, la *Beauce*, anc. district de l'Orléanais, fait auj. partie du dép. d'Eure-et-Loir.

BELSINUM, voy. BALSIO.

BELZA, BELZIUM, *Belz*, ch.-lieu du palatinat du même nom, dans la Gallicie.

BENACUS LACUS [Plin. II], ἡ Βήνακος λίμνη [Strab.], *lago di Garda*, en Italie.

BENEARNIA, voy. BEARNIA.

BENEHARNUM [Itin. Anton.], ville des Convenæ, dans la Novempopulanie, auj. *Ortez* suiv. d'Anville, *Pau* suiv. Andern, ou *Navarreins* suiv. Reichard; mais la plupart des géographes, Marca, Valois, etc., voient dans cette localité la ville de *Lescar* ou *Lescars*, dans le dép. des Basses-Pyrénées. On trouve aussi sur quelques livres LESCURIA et LASCURIA.

Nous croyons qu'à la requête de l'évêque de Lescar, l'imprimeur de Pau, Jehan de Vingles, envoya dans cette ville une partie de son matériel typographique, en l'année même où il imprimait à Pau les *Fors et Costumas de Bearn*; en effet nous trouvons à cette date de 1552 les *Constitutiones Diœcesis Lascurien-*

sis, per Jacobum de Fuxo editæ... sans lieu, typis Joannis de Vingles, in-4. Cette expression *typis J. de Vingles* ne se retrouve sur aucun des livres exécutés par cet imprimeur à Pau, et nous croyons pouvoir affirmer que ce livre liturgique, édité par Jean de Foix, l'évêque de Lescar, fut exécuté sous ses yeux.

Les *Fors et Costumas de Bearn* furent réimprimés à Lescar en 1602, par Louis Rabier. Quelques années après nous trouvons de nouveaux imprimeurs : Ioan de Saride et G. de la Place.

La ville de Lescar ne possédait plus d'imprimerie en 1739.

BENESCHOVIUM, *Bemschau,* ville de Bohème.

L'imprimerie date en cette ville de 1749 (Dr Cotton's *Suppl.).*

BENEVENTUM, BENAVENTUM, *Benavente,* bourg de Portugal (Estramadure).

Antonio (t. II, p. 264) et le *Summario da Bibliotheca Lusitana* nous donnent le titre d'un livre imprimé dans cette ville au commencement du XVIIe siècle : *Sanctissimi D. N. Papæ Pauli V. statuto nuper emisso in confessionario fœminas sollicitantes in confessione notæ solutæ quæstiones aliquot auctore Roderico à Cunha.* — Benaventi in Hispania, apud Matheum Donatum, 1611, in-4.

D. Rodrigo da Cunha, né à Lisbonne, fut d'abord inquisiteur, puis évêque de Portalegre et de Porto, devint archevêque de Braga et de Lisbonne, et mourut en 1643 ; son livre *de Confessariis sollicitantibus* fut réimprimé avec de notables additions à Valladolid en 1620 et en 1632.

BENEVENTUM [Liv. IX, Hor., Plin.], anc. MALEVENTUM [Liv. IX], Βενεούεντος [Ptol.], Βενεούεντον [Strab.], COLONIA BENEVENTANA, BONIVENT [Chron.], anc. ville du Samnium, auj. *Benevento,* ch.-l. de la délég. du même nom, enclave de la Princip. ultér.

Le Dr Cotton donne l'année 1646 comme date de l'introduction de la typographie à Bénévent, et il emprunte cette date au catal. Pinelli (vente de Londres, n° 1753) : *Beltrano, Descrizione del regno di Napoli,* Benevento, 1646, in-4. Mais Haym, qui cite plusieurs ouvrages d'Ottavio Beltrano, et entre autres celui-ci avec un titre plus ample : *Breve Descrizione del regno di Napoli divisa in dodici provincie,* Napoli, per lo stesso Beltrano, 1640, in-4, et una seconde édition du même ouvrage également imprimée à Naples en 1673, ne dit pas un mot de l'édition de Bénévent, que nous considérons comme apocryphe. Cette expression *per lo stesso Beltrano* nous indique en même temps que Beltrano était lui-même un imprimeur napolitain ; en effet Haym nous donne la liste de plusieurs ouvrages sortis de ses presses à partir de l'année 1602. Nous pensons qu'il faut reporter à l'année 1703 seulement la date du premier établissement typographique de cette ville : *Catalogo universale di tutti gli obblighi di Messe perpetue nella città, e diocesi di Benevento di Vincenzo Maria Cardinale Orsini.* — Benevento, 1703, in-4. (Haym, p. 66.)

BENFICA, *Bemfica,* abb. de dominicains, en Portugal.

En 1623, Emmanuel de Sousa Coutinho, en religion Fr. Luiz de Sousa, fit venir de Lisbonne l'imprimeur Gérard de Vinha, ou tout au moins un matériel provenant de son établissement typographique, et fit imprimer sous ses yeux au couvent de Bemfica la 1re partie de l'*Historia de S. Domingos particolar do Reino et Conquistas de Portugal,* in fol. La seconde partie ne fut imprimée à Lisbonne que trente ans après la mort de Luiz de Sousa, en 1662; et la troisième au même lieu, en 1678.

BENIUM, *Bény, le Bény,* village et château près Bayeux (Calvados).

BENNAVENNA, BANNAVENTUM [Itin. Ant.], ISANNAVATIA, ville des Coritani, dans la Bretagne romaine, auj. *Daventry,* ville d'Angleterre (Northamptonshire).

M. Cotton [*Suppl.*] donne l'année 1755 comme date de l'introduction de la typographie à Daventry.

BENNOPOLIS, voy. ASCALINGIUM.

BENOFELDIA, *Benfeld,* pet. ville d'Alsace (Bas-Rhin).

BENTHEMIUM, BENTHIMIA, *Bentheim,* ville de Hanovre; anc. ch.-l. du comté du même nom.

BERANCURTUM, *Brécourt,* village de Normandie (Eure).

BERAUNA, BERAUNIUM, *Beraun,* ville de Bohème.

BERCETUM [P. Diac.], *Berzetto, Berceto,* bourg d'Italie près de Parme.

BERCHEMIUM, BERGHEMIUM, *Berckheim,* pet. ville d'Alsace (Haut-Rhin).

BERCIZOMA, BERCOMUM, BERGA AD ZOMAM, *Bergen op Zoom,* ville de Hollande (Brabant sept.).

L'imprimerie date en cette ville des premières années du XVIIe s. ; voici le titre du livre le plus ancien que nous connaissions, et que le trouvons porté au catal. de Tournes, p. 234 : *Personæ (Joh. Bapt.) in Galenum, quod animi mores corporis tempora sequuntur.* Bercomi, 1602, in-4.

Le *Bibliophile belge* nous donne comme nom du premier imprimeur J. Canin, et cite un ouvrage de J. Badelius, *de Oppugnatione Bergopzomii,* imprimé par lui en 1603, ouvrage dont on ne connait plus que deux exemplaires. En 1605 le P. le Long (I, p. 380), le catal. Dubois (III, p. 321), le catal. de Tournes (p. 148), nous donnent un nouveau livre imprimé dans cette ville : *Jean Tassin, l'Etat de l'Eglise avec le discours des temps, depuis les apôtres jusqu'à présent.* Berg op Zoom, 1605, in-4.

BERCKESSELLA (?) BERGASELLA, *Berckkessel,* pet. ville d'Allemagne, près Mayence.

Le catal. Cigongne, si parfaitement rédigé par M. Potier, notre excellent libraire, nous fournit l'indication suivante : *Admirable discours d'un brigand, nommé Christeman, exécuté à mort en la ville de Berckessel, près de Mayence, le 14 juin 1590, lequel a confessé entre autres crimes avoir tué en sa vie 964 personnes.* Berckessel, imprimé par Jehan Ghebon ou Gheben, anno 1590, in-4, de 2 ff. fig. s. b.

BERCORIUM, BRESSUIRA, *Bressuire,* ville de Fr. (Deux-Sèvres).

BERECHIA, *Beregh Ozasz,* ville de Hongrie.

BERENNA, *Berens,* bourg du Languedoc, près Alby (Tarn).

BERETRA, voy. BELEGRA.

BERGA, *Berg,* village de Suisse (St-Gall).

Un habitant de ce village, nommé Hietemberger, nous apprend M. Ternaux, y imprima, dans la seconde moitié du XVIIIᵉ siècle, plusieurs ouvrages ornés de figures sur bois qu'il gravait lui-même.

BERGA, BERGÆ, *Bergen*, ville de Norvége.

Cette ville fut fondée en 1070 par Olaf Kyrre et fut la résidence des rois de Norvége jusqu'en 1397. Nous ne connaissons pas de date d'impression plus ancienne que celle que nous fournit M. Ternaux : *Parentation over Maria Elisabeth Tuxen;* Bergen, 1722, in-fol.

BERGA AD ZOMAM, voy. BERCIZOMA.

BERGÆ DIVÆ GERTRUDIS, GERTRUDEBERGA, *Gertruydenberg,* ville de Hollande (Brabant septent.).

Imprimerie en 1802.

BERGÆ STI VINOCI, *Berg St-Vinox,* anc. abb. et vicomté, auj. bourg de France (Nord).

BERGAMENSIS AGER, la *province de Bergame, il Bergamasco,* en Italie.

BERGERACUM, BRAGERACUM, *Bergerac (Bragerac* au XVIᵉ s.), ville de France (Dordogne).

Le livre le plus ancien que nous trouvons à Bergerac, est une pièce de poésie, d'André Ducros : *Discours sur les misères de ce temps, en vers,* à Bergerac, 1569, in-4; il se trouve quelques exemplaires de ce rare volume dont la souscription porte : *Angoulesme,* et d'autres : *La Rochelle, par Barthélemy Berton* (*Bibl. exotica,* Francfort, 1610, p. 148).

Le catal. de la Bibliothèque impériale (tom. I, p. 308) nous donne une pièce imprimée en 1585 : *Déclaration et protestation du roy de Navarre, de monsieur le prince de Condé, et de monsieur le duc de Montmorenci, sur la paix faicte avec ceux de la maison de Lorraine.* — Imprimé à Bergerac, 1585, in-8.

Nous connaissons encore (cat. Secousse, P. le Long, etc.) un assez grand nombre de volumes imprimés dans cette ville au XVIᵉ siècle, mais nous ne citerons que *les Statuts et les Coustumes de la ville de Bragerac, en latin et en françois, par E. Trelier,* Bragerac, 1593, in-4; réimprimés cinq ans après dans la même ville par Gabr. de Courtanève, également in-4.

Au XVIIᵉ siècle nous ne citerons que Gilbert Vernoy (1609-1634), qui fit souche d'imprimeurs. La typographie n'existait plus dans cette ville en 1764 (*Rapp. Sartines*).

BERGHEMIUM, voy. BERCHEMIUM.

BERGIDIUM FLAVIUM, Βέργιδον Φλαούιον [Ptol.], ville des Astures, dans l'Espagne Tarraconaise, auj. *Villafranca,* dans le roy. de Léon.

BERGINIUM, BERGIUM CASTRUM [Liv. 34], *Berga,* pet. ville d'Espagne (Catalogne).

BERGOMUM [Plin. III, Justin. XX], Βέργομον [Ptol.], **PERGAMUS** [P. Diac.], **PERGAMUM** [Geog. Rav.], **BERGAMUM, VERGAMUM** [Justin.], ville des Orobii dans la Gaule Transpadane, auj. *Bergamo,* ville d'Italie, dans le Milanais.

Les anciens bibliographes citent tous comme date de l'introduction de l'imprimerie à Bergamo l'année 1477; mais il est reconnu, depuis longtemps, que le livre qui a donné lieu à cette assertion est imprimé

à Vicence; en voici le titre exact : *Gulielmi Paielli Equitis Vicentini Laudatio in funere illustris Bartholomei Colei exercitus Venetorum imperatoris.* — A la fin : *Oratio funebris.... habita Bergomi... atqz impressa-Vicentiæ : quà diligentissime.... Bergomi in foro ante ædem divæ virginis* M. CCCC. LXXVII. *Finis.* On ne comprend pas que Mercier et Tiraboschi aient pu tirer d'une souscription aussi claire l'induction que ce livre soit sorti des presses bergamasques; il est de plus à remarquer que les caractères qui ont servi à son impression sont identiquement semblables à ceux qu'employait à cette époque l'imprimeur de Vicenza, Messer Pre. Zuanlunardo longo, Piovano di sancto Paulo de Vicenza, et avec lesquels, cette même année 1477, il imprimait le livre de Giacomo Camfora *de Animæ immortalitate.*

Un autre volume imprimé en 1498 : *Tractatus Chirurgie Guidonis, Bruni Theodorici Rolandi et Lanfranchi,* Bergomi, 1498, in-fol., sans nom d'imprimeur, cité par Panzer sous la fausse date de 1497, fut imprimé à Venise *cura et arte Boneti Locatelli Bergomensis.*

Dans la savante dissertation, publiée en 1786 par le comte Giovambattista Galizioli sur l'imprimerie bergamasque, nous trouvons la preuve qu'en 1517 la typographie n'existait pas encore dans cette ville : « *Appare bensi da una scrittura che si conserva nella copiosa libreria di questi Padri Eremitani di sant' Agostino, che la città nostra nell'anno 1517 fosse sprovveduta di stampatori.* Mais bien avant cette année un grand nombre d'artisans avaient quitté Bergame et avaient exercé l'imprimerie avec un certain éclat dans les villes voisines; ainsi à Venise Pietro et Giovanni son frère, qui se fait appeler Pietro Bergamasco, imprime vers 1480; dix ans après nous trouvons Vincenzo Benaglio, puis Simone da Lovere, etc.

Il nous faut de toute nécessité arriver à la seconde moitié du XVIᵉ siècle pour trouver une typographie locale établie à Bergame, et nous sommes forcé de n'accueillir que sous toutes réserves le renseignement fourni par le cat. Pinelli : *Bellafino, origine della città di Bergamo, tradotto da Licinio.* Bergamo, 1556, in-8. Non-seulement nous ne connaissons ni le livre ni son auteur, mais nous ne le trouvons signalé dans aucun catalogue ni livre de bibliographie; de plus nous connaissons plusieurs volumes relatifs à l'histoire de Bergame, imprimés à cette même époque dans les villes avoisinantes. Bref, ce n'est qu'à l'année 1587 que nous pouvons reporter avec certitude l'établissement de la typographie dans cette ville, avec le nom de Comin Ventura comme premier imprimeur. Haym, les catal. des Volpi, Pinelli, Floncel, etc., nous fournissent un grand nombre de livres imprimés à cette date; nous n'en citerons que deux : une tragédie de Torquato Tasso, il *Torrismondo,* in-4, et *Rime di celebri Poeti raccolte da Giambatista Licinio,* in-8.

BERGUA, *Bergues,* bourg de Fr. (Pas-de-Calais).

BERGULÆ [Geo. Rav.], Βεργούλη [Ptol.], Βεργούλιον [Cedren., p. 266], Ἀρκαδιούπολις [Hierocl.], ville de Thrace, auj. *Dsjatal-Borgas,* en Roumélie.

BERGUSIUM [Tab. Peut.], **BERGUSIA** [Itin. Anton.], **BIRGUSIA** [Geogr. Rav.], *Bourgoin,* ville de Fr. (Isère).

BERIGONIUM, *Bargeny* pet. ville d'Écosse (comté d'Ayr).

BERINZONA, voy. BALTIONA.

BERIOLUM, voy. BARJOLIUM.

BERLENGA, BERLANGA [chron. carlov.], *Bar-*

langa, pet. ville de la Vieille-Castille, sur le Duero, conquise par Charlemagne.

BERLINUM, voy. BEROLINUM.

BERNA [Cluv.], BERNA HELVETIORUM, ARCTOPOLIS, *Bern, Berne*, sur l'Aar, ville et ch.-l. d'un canton suisse.

Berne fut fondée en 1191 par le duc Berthold de Zœhringen; déclarée en 1218 ville impériale et reçue dans la Confédération en 1352.

Avec la réforme vient s'établir à Berne un imprimeur du nom de Mathias Bienenvater ou Apiarius, qui fut l'un des agents de la propagande protestante, et l'introducteur de la typographie dans cette ville. Falkenstein (p. 273) dit qu'il y imprima dès l'année 1525 une Danse des morts (*Todtentanz*) de Nicolas Manuel, mais sans donner l'indication du lieu d'impression ; ce lieu est désigné, mais sans le nom du typographe, sur un édit de réformation daté du 7 février 1528 ; enfin ce n'est qu'en 1530, toujours au dire de Falkenstein, qu'on trouve à la fois et le lieu de l'impression et le nom de Mathias Apiarius sur les rares volumes sortis de ses presses.

Ce Mathias Apiarius se fixa-t-il à Berne, et n'établit-il qu'une succursale à Strasbourg, pour prevenir définitivement à Berne ? Voilà ce qu'il ne nous est pas possible de préciser : mais nous le voyons à Strasbourg en 1533, et nous voyons son nom figurer sur les livres jusqu'en 1537 ; puis nous le retrouvons à Berne en 1539 : *Joan. Boccatii de Certaldo insigne opus de claris mulieribus.* Bernæ Helvetiorum, excudebat Mathias Apiarius, 1539, in-fol., fig. s. b. Volume rare, édité par un maître d'école bernois, nommé Télorus.

BERNACUM, BERNAYUM, *Bernay*, ville de Fr. (Eure) ; anc. abb. de hénéd.

BERNBURGUM, voy ARCTOPOLIS AD SALAM.

BERNENSIS PAGUS, *canton de Berne* (Suisse).

BERNIACUM, *Berny* ; plusieurs localités portent ce nom en France.

BERŒA, Βέροια [Thucyd.], Βέρροια [Polyb.], depuis IRENOPOLIS, ville de Macédoine, au S.-O. de *Pella*, auj. *Veria* ou *Beria*, dans la Roumélie (pachal. de Saloniki).

BEROLINUM, BERLINUM [Cluv.], *Berlin*, cap. de la Prusse, sur la Sprée.

Cette ville fut fondée en 1163 par le margrave Albert de Brandenburg ; elle portait le nom de *Cöln an der Spree*; en 1657 elle fut appelée *Friedrichswerder* du nom de l'électeur Frédéric-Guillaume ; *Friedrichsstadt* en 1688, de Frédéric Ier ; enfin *Berlin*. Le Dr Cotton (*Suppl.*) dit que l'imprimerie date à Berlin de 1539, et que le premier livre imprimé fut un ouvrage de George Wicelius ; nous trouvons un grand nombre d'ouvrages de ce théologien catholique imprimés de 1564 à 1577 ; et plusieurs même le furent à Paris en 1565, mais nous ne croyons pas pouvoir faire remonter à une date aussi ancienne l'impression de ses traités dogmatiques ou polémiques. Ce n'est que l'année suivante, 1540, que nous trouvons trace à peu près certaine d'une typographie fonctionnant à Berlin : *Kirchen Ordnung im Churfurstenthum der Marcken zu Brandemburg, wie man sich beide mit der Leer und Ceremonien halten sol.* Berlin, Johan Weis, 1540, trois parties en un volume, pet. in-4, avec musique notée. Le Privilége, daté de « *Cöln an der Spree Dinstag nach Jubilate*, 1540, » donne à « *Hans Weiss unser Buchdrucker* » le droit d'imprimer et de vendre des

livres dans la ville de Berlin. Ce rare volume fut vendu chez M. Libri, en 1859, 5 guinées ; la note, rédigée par ce célèbre *ami des livres*, à la suite des titres que nous venons de rapporter, est fort curieuse.

Pendant le XVIe siècle nous trouvons plusieurs noms de libraires et un assez grand nombre de volumes imprimés à Berlin dans Vogt, dans le catal. Heinsius, des Elzevirs, etc.

Pour l'imprimerie établie à Berlin dans un couvent de Franciscains, dont les produits portent tantôt : « *in Graven Kloster*, » tantôt « *in monasterio Leucophœo*, » voy. *Friedländer, Beiträge zur Buchdruckerge-Schichte Berlins*, 1834, in-8.

BEROLSTADIA LUSATIÆ, *Bernstadt*, sur la Pliesnitz, pet. ville de la prov. de Lausitz (Lusace).

BEROLSTADIUM, BERNSTADIUM, *Bernstadt*, sur la Weida, ville de Silésie.

BERONA IN ERGOVIA, MONASTERIUM BERONENSE, ECCLESIA BERONENSIS, l'*Abbaye de Berone* ou *Beromunster* ; ce monastère illustre a donné naissance au bourg lucernois du même nom, *Münster in Aergau*, près du lac de Sempach.

En 1469, ce monastère avait pour prévôt du chapitre Joost de Sillinen, administrateur de l'évêché de Grenoble, et plus tard évêque de Lyon, l'agent stipendié du roi Louis XI de France ; et parmi les chanoines de ce chapitre figurait Elie de Lauffen, qui signe Helyas Helye, ou Helyas de Louffen. C'est le personnage qui figure comme fondateur de l'imprimerie de Beromunster, comme l'introducteur de la typographie en Suisse, dans une série d'ouvrages datés de 1470 à 1474.

Ce digne chanoine, déjà septuagénaire à cette époque, ne fut, suivant toutes les probabilités, que le propulseur moral de l'atelier typographique établi sous ses auspices par quelques-uns des réfugiés de Mayence.

On cite parmi ces ouvriers typographes qui trouvèrent asile et protection à l'ombre des murs de l'abbaye, un certain Pierre Krantz, qui figure comme témoin de Fust dans le procès de 1455, et qui fut peut-être le père de Martin Krantz ; on cite encore Dorfling de Winterthur, et M. Ambroise-Firmin Didot y ajoute Ulrich Gering, mais sans rien apporter à l'appui d'une assertion aussi importante, de laquelle on devrait conclure que certainement l'atelier de Berone a fourni à Paris ses premiers typographes, et que l'imprimerie a existé à Berone avant 1470, puisqu'en cette même année Gering et ses deux associés publient plusieurs volumes à Paris.

Quoi qu'il en soit, chef de la typographie ou seulement correcteur et éditeur, le chanoine Hélic de Lauffen publie en 1470 le fameux *Mamotrectus* de Jean Marchesini, destiné par l'auteur aux clercs encore novices dans la langue latine (*Veluti* MAMMAM *sugendam et infantibus manibus* TRACTANDAM, *instar piæ nutricis exhibuerat*) : *Mammotrectus seu expositio vocabulorum quæ in Bibliis occurrunt* ; on lit à la fin : *Explicit Mamotrectus siue pri* || *micerius arte inprimendi seu ca* || *ractari-zandi (sic) per me Helijam* IIe || *lije alias de Llouffen canonicum* || *Ecclesie ville Beronensis in* || *pa* || *go Ergowie site absq: calami* || *exaracione Vigilia sancti Mar* || *tini Episcopi sub Anno ab in* || *carnacione Domini Millesimo* || *Quadringentesimo Septuage* || *simo. Deo laus et gloria per in* || *finita secula seculorum. Amê.*.

In-fol. de 299 ff. et non pas 297 ff. comme l'ont dit MM. Van Praet et Brunet, à 2 col. de 32 lignes.

La Serna Santander, M. de Marolles et d'autres bibliographes n'ont voulu voir dans ce livre qu'une réimpression textuelle ou même un second tirage le l'édition du même livre donnée par Scheffer à Mayence, le même jour de la même année, et ils basent cette opinion sur ce que le *Mamotrectus* de Berone a des signatures, ce qui est incompatible avec sa date ; mais M. Auguste Bernard prouve que l'édition de Bérone est incontestablement différente ; que cette coïncidence de date est accidentelle ; que ce que l'on a pris pour des signatures n'est qu'une lettre de l'alphabet placée en bas de chaque colonne en guise de signe de renvoi ou de point de repère, qui se combine avec un chiffre arabe placé en haut de la colonne suivante.

C'est dans ce livre que l'on trouve employés typographiquement pour la première fois les chiffres arabes.

Martin-George Christgau a consacré un mémoire fort intéressant à ce *Mamotrectus ; Commentatio histor. litteraria de Mammotrecto, statum rei litterariæ circa inventæ typographiæ tempora illustrante. — Francof. ad Viadram,* 1740, in-4.

Un livre que M. Van Praet (catal. in-fol. p. 164) estimait antérieur au *Mamotrectus,* c'est un *Psalterium* de 68 ff. in-fol., à 31 lignes à la page entière, imprimé avec le même caractère que le précédent, mais sans aucune indication de lieu d'impression, ni de libraire, ni de date ; on en conserve un exemplaire à la Biblioth. impér. de Paris.

Le total des impressions attribuées au chanoine Helyas de Lauffen monte à huit ; il mourut en 1475.

Nous verrons combien il y a de fortes présomptions pour croire que l'atelier de Berone fournit à Louis XI les premiers typographes de Paris : en effet du prévôt du chapitre de Berone, Joost de Sillinen, agent et créature du roi de France, à Jean Heynlein de Stein, ou *de la Pierre,* originaire de la petite ville schaffhousoise de Stein am Rhein, et à Guillaume Fichet, né sur les bords du lac Léman, l'un prêteur et l'autre recteur de la Sorbonne à Paris, il existe un rapport direct, un trait d'union si évident, qu'il ne faut pas un grand effort d'imagination pour se représenter ces deux savants s'adressant par ordre du roi à leur compatriote le prévôt de l'abbaye de Berone, qui leur envoie aussitôt trois de ses meilleurs ouvriers imprimeurs, et de là l'établissement de l'atelier typographique de la Sorbonne.

BEROSTONUM, *Bernstein,* ville de Prusse, dans la marche de Brandenburg.

BEROVICUM, voy. BAROVICUM.

BERRA, *Berre,* bourg et anc. baronnie de Provence (Bouches-du-Rhône).

BERSINUM, LOMBARIA, LOMBATIA, *Lombez,* bourg de Fr. (Gers).

BERSULA [Tab. Peut.], riv. d'Italie, auj., suiv. Reichard, la *Bardinezza.*

BERSURIA, voy. BERCORIUM.

BERTINI ABBATIA, *St-Bertin* ou *Sithiu,* abb. de l'Artois, dans le dioc. de St-Omer.

Charlemagne accorde aux religieux de cette abb. un diplôme par lequel il les autorisait à se procurer, par la chasse, les peaux nécessaires à la reliure des manuscrits du monastère.

BERTRANOPOLIS, voy. LUGDUNUM CONVENARUM.

BERUNUM, voy. BELLUNUM.

BESARRA, voy. BITERRÆ.

BESCIA, VESCIA, VESCIANUM, *Vesciano,* bourg napolitain, dans la Terra di Lavoro.

BESEDA, Βέσηδα [Ptol.], BASI, ville des Castellani, dans la Tarraconaise, auj. *San-Juan de las Badesas* (Catalogne).

BESELDUNUM, voy. BISALDUNUM.

BESIDIÆ [T. Liv.], BESIDIANUM, BESIGNANUM, BESINIANUM, ville des Brutii, dans la Grande Grèce, auj. *Bisignano,* dans la Calabre citérieure.

BÉSIPPO, voy. BÆSIPPO.

BESONTIUM, voy. VESONTIO.

BESSAPARA [Itin. Anton.], Βόσπαρα [Procop.], ville de Thrace, auj. *Tatur-Bazardsjik,* dans la Roumélie [Forbiger].

BESTISIACUM, BISTISIACUM PALATIUM [Edict. Phil. Aug. a° 1200], *Betisi, Bethisy,* anc. villa royale, auj. bourg de Picardie, près Compiègne (Oise).

BETEORICÆ, voy. ÆBUDÆ.

BETERRÆ, voy. BITERRÆ.

BETHÁNIA, BYTHONIA, *Béuthen,* ville de la Silésie prussienne, sur l'Oder.

Le *Suppl.* du docteur Cotton nous dit que la Bodléienne possède deux ouvrages de Gaspar Dornavius imprimés « *Bethaniæ ad Oderam* » en 1617. Nous ne connaissons pas ces volumes ; les deux livres de ce savant sont imprimés, le premier : « *Menenius Agrippa,* » à Hanovre, en 1615, *typis Wecchelianis,* in-4, et le second : « *Amphitheatrum sapientiæ socraticæ joco-seriæ,* in-fol., » dans la même ville en 1619.

M. Ternaux nous donne le titre d'un vol. du même auteur imprimé dans cette ville en 1619 : *Evergetes christianus, Hoc est de vita et morte G. a Schonaich baronis Bethaniæ.* Bethaniæ, 1619, in-4.

BETHARRAM ou BETH-ARAM.

Nous citons ce lieu dont nous ignorons le radical latin et même la situation actuelle, mais que nous soupçonnons n'avoir été qu'une église dépendant de l'archevêché de Toulouse et ainsi appelée de la Βαίθαραν de l'Ecriture, parce que nous trouvons au XVIIe s. un livre dont la souscription porte ce nom : « *Traité des merveilles opérées en la chapelle N.-D. du Calvaire de Beth-Aram, par P. de Marca.* — Beth-Aram, R. Lavoir, 1646, in-12 et seconde édition : audit lieu, 1648, in-8.

BETHLEHEMUM, voy. BELEMUM.

BETHUNIA, *Béthune,* ville de Fr. (Pas-de-Calais).

L'imprimerie n'existe en cette ville qu'à partir de la période révolutionnaire.

BETONIA, EXTREMADURA LEGIONENSIS [Bisch. et Möll.], l'*Estramadure,* prov. d'Espagne.

BETULA, voy. BÆCULA.

BETULUS, BATULO, *Beses, Besos,* fleuve de Catalogne ; tombe dans la Méditerranée, entre Barcelone et Tarragone (Bisch. et Möll.).

BEUCINUM, voy. BUXONIUM.

BEUGESIA, BUGIA, le *Bugey,* pet. province de Fr., avec *Belley* pour chef-lieu, auj. dép. de l'Ain.

BEUXUM, *Bœuf,* bourg du Forez (Loire).

BEVELANDIA AUSTRALIS [Cluv.], *Zuid-Beveland, Land van der Goes,* île de Hollande, dans la prov. Zeeland.

BEVELANDIA SEPTENTRIONALIS, *Nord-Beveland,* île de la même province.

BEVERLACUM, *Beverley,* ville d'Angleterre (Yorkshire).

Un Hollandais nommé Hugh Goes (*al.* Van der Goës) y séjourna vers l'année 1510 ; une ballade imprimée par lui à cette époque est le seul produit de cette presse qui soit parvenu jusqu'à nous.

BEVERNENSE CASTELLUM, *Bevern,* château de Silésie.

Résidence du duc Ferdinand de Brunswick-Bevern, où il fit imprimer son ouvrage intitulé : *Des wunderlichen wunderliche Begebnisse.* Auf dem fürstlichen Residenz-schloss BEVERN gedruckt von Johann Hechtmüller ; part. Ire, 1678, in-4 ; part. IIe, 1680, in-4. On ne connaît pas d'autre livre imprimé dans ce château [Ternaux].

BEVEROVICUM, *Beverwyck,* pet. ville de Hollande, entre Alkmaër et Harlem.

Un imprimeur hollandais, du nom de Franz Pels, y fonda en 1638 un établissement typographique.

BEYSSACUM, *Beyssac,* bourg du Limousin (Haute-Vienne).

BEZELINGA, *Basselingen,* ville de Suisse.

BEZUA DE BOSCO, *Bézu-la-Forêt,* bourg de Normandie (Seine-Inférieure).

BIALA, la *Biala,* riv. de Gallicie, affl. de la Vistule.

BIALIKAMIA, *Bialykamen,* ville de la Gallicie, au N.-O. de Lemberg, sur le Bug.

BIALOQUERCA, *Bialocerkiew,* ville de Russie, dans le gouv. de Kiew.

BIATIA, voy. BATIA.

BIBACUM, Βίϐαχον [Ptol.], *Viechtach,* bourg de Bavière.

BIBE [Tab. Peut.], localité de la Gaule Belgique, auj. *Bazoches,* bourg entre Fismes et Soissons [Forbiger].

BIBERACUM, BRAGODUNUM, *Biberach,* ville du Würtemberg, sur la Riss, au S.-O. d'Ulm.

BIBERAHA, *Bibra,* pet. ville de la Saxe prussienne, près Naumburg.

Le *Suppl.* du docteur Cotton nous apprend que la souscription de certains livres imprimés dans cette ville porte : *Bialynice,* et que dès l'année 1650 un établissement typographique fonctionnait dans ses murs ; nous n'avons pas malheureusement de titre de livre à citer à l'appui de cette assertion, et nous ignorons sur quelles données s'appuie le bibliographe d'Oxford pour émettre cette opinion, que *Bibra* et *Bialynice* ne font qu'un.

BIBIENA, BIBIUM, dans la Germanie supér., à l'O. du Rhin, auj. *Iffizheim* [Bisch. et Möll.], *Iffigheim* [Forbiger], bourg du Nassau.

BIBISCUM, voy. VIVIACUM.

BIBOLA [Geogr. Rav.], sur la Macra, à l'O. de la *Via Clodia,* auj. *Bibola,* bourg près Carrare (Italie).

BIRONIUM [Tacit.], *Böblingen,* ville du Würtemberg, dans le cercle du Neckar.

BIBRA, BIRRA, la *Berre,* pet. riv. du Languedoc, qui coule dans la vallée Corbière, *vallis Corbaria ;* se jette dans l'étang de Bages (Aude), et sur les bords de laquelle se livra une bataille en 737 [Frédég.].

BIBRACTUM ; le nouvel historien de César place cette localité importante sur le mont *Beuvray,* MONS BIFRACTUS, près Autun. (Voy. AUGUSTODUNUM.)

BIBRAX [Cæs. B. G. II, 6], OPPIDUM RHEMORUM.

Le père Lempereur place cette localité à trois lieues de *Neufchâtel ;* l'avocat Jacq. Robbe croit que c'est *Laon ;* une lettre publiée au *journal de Verdun* en 1750 dit que c'est *Bruyères,* village à une lieue de Laon ; Samson et Du Cange opinent pour Fismes (voy. AD FINES) ; enfin Lebeuf, d'Anville et Forbiger penchent pour *Bièvres,* village aux environs de Laon (Aisne).

BIBROCI, peuple de la *Britannia Major,* occupait le territoire qui correspond en partie aux comtés de Surrey, de Sussex et de Berk.

BICESTRIA, VICESTRIA, *Bicestre, Bicêtre,* près Paris.

Ce nom vient de Jean, évêque de Winchester, possesseur du château au XIVe siècle.

BICINA, BITTÆ, BIDISCUM, *Bitche,* ville. de Fr. au pied des Vosges (Moselle).

BICOCA, la *Bicoque,* bourg du Milanais.

BICORNIS, FURCA, FURCELLA, *Gabelberg* (en ital. *Furca*), bourg de Suisse (cant. de Vaud).

BICURDIUM, Βικούρδιον ou Βικούργιον [Ptol.], *Bickenriede,* bourg près Mülhausen, en Saxe, suiv. Reichard et Forbiger.

Le *Suppl.* du Dr Cotton nous apprend qu'on imprima dans cette ville, qu'il appelle *Bicurgicorum metropolis,* un ouvrage de B. Carpzovius daté de 1622. Nous ne connaissons pas cet auteur, et le catal. des Elzevirs de 1674 cite jusqu'à 27 ouvrages, mais imprimés pour la plupart à Leipzig, et tous de 1650 à 1671 : nous doutons de l'exactitude du renseignement.

BIDGOSTIA, BROMBERGA [Cluv.], *Bromberg, Bydgosz,* ville de Prusse, dans la prov. de Posen.

BIDINUM, BYDENA, Βιμινάκιον [Procop.], VIMINACIUM [Luen.], WIDDINUM [Luen.], *Widdin,* ville de Hongrie, sur le Danube (?) mais plutôt suiv. Reichard *Kostolacz.*

BIDIS [Cic. *Verr.,*], Βίδις [Steph.], *S. Giovanni di Bidini,* ville de Sicile, dans le val di Noto.

BIDISCUM, voy. **BICINA.**

BIDOLIUM, BEDOLITUM [Mabill.], *vicus publicus,* auj. *Belloy,* village et chât. de Picardie (Somme).

BIDOSSA, VIDASSUS, la *Bidassoa,* riv. qui sert de ligne de démarcation entre la France et l'Espagne à l'O.

BIDRUNTUM, BITUNTUM, *Bitonto,* ville d'Italie, dans la Terra di Bari.

BIDUCASSES, voy. **VIDUCASSES.**

BIELA, EBELLINUM, *Biel,* bourg d'Espagne, dans le roy. d'Aragon.

BIELCA, *Bielsk, Bielsko,* ville de Russie, dans la prov. de Bialystock, du roy. de Pologne.

BIELCENSIS PALATINATUS, la *Podlachie,* prov. de la Pologne russe.

BIELLA, BIPENNIS, BIENNA, *Biella,* ville d'Italie, sur le Cervo (Piémont).

Nous ne connaissons pas de livre imprimé dans cette ville avant 1778 : *Memorie cronologiche e corografiche della città di Biella, da G. T. Mullatera.* Biella, 1778.

BIENNA, *Biel, Bienne,* ville de la Confédération suisse (canton de Berne), sur le lac du même nom, **BIENNENSIS LACUS.**

L'imprimerie existe dans cette ville depuis l'an 1667, dit le *Suppl.* du Dr Cotton, et M. Ternaux prétend qu'un typographe du nom de Daniel Beck y exerçait l'imprimerie dès 1611 ; nous ne pouvons la faire remonter avec certitude qu'à 1713 : *Panégyrique de saint Florent,* Bienne, 1713, in-12. [P. Le Long, 1, 605.]

BIENTINUM, *Bientina,* bourg de Toscane, au S.-O. de Lucca.

BIERNEBURGUM, voy. **ARETOPOLIS.**

BIGARGIUM PALATIUM, BIGAUCHE [Gesta Dagob.], *Garges,* village entre St-Denis et Gonesse, suiv. Lebeuf [IV, p. 398], ou *Garches,* près St-Cloud, village du dép. de Seine-et-Oise.

BIGASTRUM, voy. **ORIOLA.**

BIGAUGIA, *Pegau,* ville de Saxe [Graesse].

BIGERRA, Βίγερρα [Ptol.], ville des Bastitani, dans l'Espagne Tarrac., auj. *Villena,* dans le roy. de Murcie.

BIGERRENSIS COMITATUS, BIGURIA, BIGORRA, *Baigorry,* la *Bigorre,* le *Bigorre,* anc. prov. et comté de France ; comprenait le dép. des Hautes-Pyrénées.

BIGERRI [Paul. Not.], **BEGERRI** [Plin.], **BI-**

GERIONES [Caes.], peuple de la Gaule Aquitaine (Novempopulanie).

BIGERRONUM AQUÆ, voy. **AQUÆ.**

BIGORRA, BEGORRA, *Bigorre,* anc. villa mérovingienne ; n'existe plus aujourd'hui.

BIHACIUM, *Bihacs* ou *Wihitz,* ville de Bosnie, dans une île de l'Unna [Bisch. et Möll.].

BIHARIUM, BIHARIENSIS COMITATUS, *Bihar,* ville et comitat de Hongrie.

BILBILIS [Plin.], Βίλβιλις [Strab.], **SALO** [Martial.], fleuve de la Tarraconaise, auj. le *Xalon,* dans le roy. d'Aragon.

BILBILIS, voy. **AUGUSTA BILBILIS.**

BILBILIS NOVA, *Catalayud,* ville d'Aragon, sur le Xalon.

BILEFELDIA, BILIVELDA, *Bielefeld,* ville de Westphalie, entre Osnabrück et Minden.

Nous pouvons faire remonter à 1675 l'imprimerie dans cette ville : le *Catal. librorum novissime impressorum* publié tous les six mois, à Amsterdam, de 1678 à 1684 (part. 1, p. 12), nous fournit cette indication : *C. Mentzelii lapis Bononiensis in obscuro lucens collatus cum Phosphoro hermetico C. A. Balduini,* Bilefeldiæ, 1675, in-12, avec pl. et front. gr. Ce livre a été vendu en 1861, à Londres, dans un catal. de M. Libri (n° 1104). — Le catal. des Elzevirs de 1681 (p. 470) nous indique aussi : *Volkmar (Henningii) Filum Ariadnes logicum,* Bilefeld, 1675, in-8.

BILESTINUM, *Beilstein,* ville de la Prusse rhénane, sur la Moselle.

BILHOMUM, BILLEMUM, BILIOMAGUS, *Billom,* pet. ville d'Auvergne (Puy-de-Dôme).

BILINA, *Bilin,* ville de la Bohème, sur la Bila.

BILITIO [Greg. Tur.], voy **BALTIONA.**

BILIVELDA, voy. **BILEFELDIA.**

BILLEMUM, voy. **BILHOMUM.**

BILLENA, *Bille,* fl. du Lauenburg.

BILLIACUM, *Billy* ; plusieurs localités de ce nom en France, dont une pet. ville de l'Allier.

BILLIZONA, voy. **BALTIONA.**

BIMONIUM, *Binchester,* bourg d'Angleterre [Bisch. et Möll.].

BINARUSIA, *Binaros,* pet. ville d'Espagne, dans le roy. de Valence.

BINCHIUM, *Binch, Binche,* ville de Belgique dans la prov. du Hainaut.

L'imprimerie remonte en cette petite ville à 1545 : *La vie e legēde de madame saincte Luthgarde, iadis tressaincte moniale au monastère de Euuierc ou pays de Brabant.* Imprime en Binch pour Monsieur Labbe Daulne, Lan M. v. c. XLV. par Me Guillaume Cordier, in-4 goth. de 46 ff. à 31 lign. La marque gravée en b. qui est figurée sur le titre et

BINDRIUM. — BISUNTIUM.

que reproduit le *Manuel* (v. col. 1201), est entourée de ce nom : *D. Joannes de Lanoy abbas Alneñ*, que l'on croit être le nom de l'auteur de cet opuscule.

M. Brunet ajoute : *Livre très-rare, le seul connu qui ait été impr. à cette époque et peut-être pendant fort longtemps après, à Binch...* et au tom. II, col. 673, nous trouvons cette note empruntée aux catal. La Vallière et de Soleinne : *Dialogue nouveau à trois personnages c'est à sçavoir l'embassadeur de l'empereur dame Paix et Bellone la déesse de la guerre...* En Binch, Imprimes par Guillaume Cordier, Lan M.D.XLVIII, pet. in-4, de 8 ff. en ital. et en vers de 10 syllabes.

BINDRIUM, voy. **BUSCUM DUCIS**.

BINGIUM [Tac. Hist.], ville des Vangiones, dans la Gaule Belgique, auj. *Bingen*, ville de Hesse-Darmstadt, à l'O. de Mayence.

BIOLINDUM, **DIOLINDUM** [Tab. Peut.], *Belvez*, bourg du Périgord, au S.-O. de Périgueux (Dordogne).

BIPENNIS, voy. **BIELLA**.

BIPONTIUM, **BIPONTUM** [Cell.], **GEMINUS PONS**, *Zweybrücken* (en fr. *Deux-Ponts*), ville de Bavière, sur l'Erlbach.

Nous connaissons un grand nombre de livres imprimés dans cette ville en 1596, et c'est là la date la plus ancienne que nous puissions assigner à la typographie de Deux-Ponts. Nous citerons, d'après l'*Elenchus* ou catal. des livres imprimés de l'an 1593 à 1600 dans l'étendue du saint Empire : *Johan Schwebelii erster Theil aller deutscher Bücher und schrifften welche er im hochlöblichen fürstenthumb-Zweibruck von anno christi 1522, biss auff 1540, geschrieben.* Zweibrück, bey Ludwig König, 1596, in-8. (Cité également par le *Catal. des foires de Francfort* de 1625.)

Citons encore, d'après ce Catal. (p. 420) : *Christliche Gebettin gegenwertiger allgemeiner Noth, sonderlich wider den feindt der christenheit und geschwinde sterbens seuche der schädlichen Pestilantz.* — Zweibrück, 1596, in-4.

Nous trouvons ce premier imprimeur, Ludwig König, établi à la même époque, ou à quelques années de distance, à Strasbourg, à Constance et à Bâle ; encore un de ces imprimeurs nomades comme on en rencontre si souvent à cette époque ; et son fils Peter König fut imprimeur à Munich au commencement du siècle suivant.

Il nous faut aussi signaler, au XVIIIe siècle, la célèbre imprimerie qui produisit cette admirable collection de classiques latins, si connue sous le nom de *Collection de Deux-Ponts*.

BIRCOFELDA, *Birkenfeld*, ville du Palatinat, dans le S.-O. de Trèves.

BIRICIANA [Tab. Peut.], *Wernitz*, riv. de Bavière, affl. du Danube.

BIRICIANA [Tab. Peut.], ville de Vindélicie, auj. *Burkheim*, bourg de Bavière.

BIRMINGHAMIUM (?) *Birmingham*, ville d'Angleterre (Warwickshire).

Le *Suppl.* du Dr Cotton nous apprend que la typographie fut introduite dans cette grande ville en 1716. Le premier livre cité est *A sermon by Rev. J. Southall*. Le second fut : *A loyal oration by J. Parkinson, Head-Master of the Free school*, imprimé par Matthew Unwin en 1717, in-4. En 1741 un journal : *Aris' Birmingham Gazette*, fut publié dans cette ville, et le premier numéro est daté du 16 novembre. Bientôt après fut établie la célèbre typographie de John Baskerville, dont la belle collection de classiques latins est si justement recherchée ; il débuta par le *Virgile* de 1757, in-4, et son dernier volume imprimé paraît être le *Salluste* de 1774, in-8. Cet imprimeur employa pour la première fois le papier vélin en 1756 ; en France ce furent les Johannot qui s'en servirent les premiers en 1780. Tout le monde sait que Beaumarchais se rendit acquéreur des caractères de Baskerville, et les fit transporter à Kehl, où de 1784 à 1789 il publia en 70 vol. in-8 l'édition complète des œuvres de Voltaire.

BIRTHALBINUM, *Berethalom*, bourg de Transylvanie.

BISALDUNUM, **BISILDUNA**, **BESELDUNUM**, ville des Ausetani, dans la Tarraconaise, auj. *Besalu*, ville et anc. comté de Catalogne.

BISAMNIS, le *Bisagno*, fl. d'Italie, des Apennins au golfe de Gênes.

BISANTHE [Plin.], Βισάνθη [Hérod.], **RHŒDESTUM**, Ῥαιδεστόν [Ptol.], Ῥαιδεστός [Procop.], **RESISTUS**, **REGISTUS** [Itin. Anton.], ville de la Thrace, auj. *Rodosto*, *Rodostschig*, *Tejur-Daghi*, ville de la Roumélie.

BISCAJA [Cluv. Cell.], **CANTABRIA** [Plin., Cic.], partie de la Tarraconaise, auj. la *Biscaye*, prov. d'Espagne.

BISCARGIS [Plin.], Βισκαργίς [Ptol.], ville des Ilercaones, dans la Tarraconaise, auj. *Flix*, en Catalogne, suiv. Bisch. et Möll., ou *Berrus* suiv. Forbiger.

BISINIANUM, voy. **BESIDIÆ**.

BISONTIUM, voy. **VESONTIO**.

BISSONUM, *Bessan*, bourg du Languedoc (Aude).

BISTONIS LACUS, **BISTONUM STAGNUM** [Plin.], lac de Thrace, dans le pays des *Bistones*, auj. *Lagos Buru*, près Kumulschina, en Roumélie.

BISTRICIA [Cluv.], **BISTRICIUM**, *Bistritz (Besztercze)*, *Noesen*, ville de Transylvanie, sur la riv. du même nom.

Christian Lehman, typographe de Kronstadt, en Transylvanie, transporta son établissement à Bistricz, vers 1778 ; et le premier livre qu'il y imprime est intit. : *Bericht (Kurzgefaster) von der Belagerung der Stadt Bisztricz... Bistritz druckts Chr. Lehman*, 1779, in-8, de 8 ff.

BISTROVSTIUM (?), localité dont nous ignorons la position. M. Cotton croit qu'il faut traduire ce nom par *Bistritz*. (Voy. **BISTRICIA**.)

La *Bibliotheca Lusitana* nous donne le titre d'un ouvrage imprimé dans cette localité en 1593 : *Isaac Abarbanel, sacrificium Paschalis* (en hébr.), Bistrovitsii, 1593, in-fol.; Wolfius mentionne également cette imprimerie hébraïque. Cet Isaac Abarbanel ou Abarbinel, était né à Lisbonne. Antonio l'appelle *celeberrimus inter suæ gentis homines Rabbinus*.

BISUNTIUM, voy. **VESONTIO**.

BISURGIS, voy. VISURGIS.

BITECTUM, *Bitetto*, pet. ville de la province napolitaine, Terra di Bari.

BITERRÆ, BÆTERRÆ SEPTIMANNORUM [Mela, Plin.], Βοίτερα [Ptol.], Βαίταρρα [Steph.], Βητάρρα, BETERRÆ [Itin. Anton.], BLITERA, BLITERRÆ [Cluv.], BEDIERS [gr. chr.], ville des Volcæ Tectosages, dans la Gaule Narbonaise, auj. *Béziers*, ville de Fr. (Hérault).

Nous ne pouvons faire remonter l'introduction de la typographie dans cette ville qu'à l'année 1612; à cette époque le chap. de Béziers fait venir de Toulouse l'imprimeur Pech et lui fait imprimer : *Concilium provinciale Narbonense, habitum anno 1609*. Biterris, Joan. Pech, 1612, in-8.

Dès l'année 1615 nous trouvons un nouvel imprimeur, C. Moret, dont nous connaissons les *Plaisantes nouvelles apportées sur tout ce qui se passe en la guerre du Piedmont, avec la harangue du capitaine Picotin*, Béziers, C. Moret, 1615, in-8., si toutefois ce n'est point un nom de lieu supposé. En 1617 nous retrouvons le nom de Jean Pech au bas de l'ouvrage bien connu de Jacques Cassan sur l'*antiquité et l'excellence du Languedoc*.

Nous citerons parmi les imprimeurs subséquents Jean Martel, qui imprime en 1628 l'*Antiquité du triomphe de Béziers*, Arn. Estradier et Claverie.

Les Barbut de Toulouse viennent s'y établir au milieu du XVIIᵉ siècle et y font souche d'imprimeurs ; c'est un membre de cette famille que le rapport fait à M. de Sartines signale comme seul imprimeur exerçant à Béziers en 1764 ; il avait été pourvu le 18 Janvier 1740.

BITHERVIUM, voy. VITERBIUM.

BITORICA, voy. AVARICUM.

BITTÆ, voy. BICINA.

BITTÆVILLA, *Bichwiller*, pet. ville d'Alsace (Haut-Rhin).

BITUNTUM, voy. BIDRUNTUM.

BITURGIA, *Borgo-di-San-Sepolcro*, pet. ville de Toscane.

BITURICÆ, BITURICUM, BITURIX, voy. AVARICUM.

BITURICENSIS DUCATUS, BITORINUS PAGUS, le *Berry* ou *Berri*, grande province de France ; comprend auj. le dép. du Cher et de l'Indre.

BITURIGES [Cæs. VII, Liv. v], peuple de la Gaule Aquitaine, qui se divisait en : BITURIGES CUBI, Βιτούριγες οἱ Κοῦβοι [Ptol.], et BITURIGES VIBISCI ou UBISCI, Βιτούριγες Ὀΐσκοι [Strab.], ou οἱ Οὐΐβίσκοι [Ptol.] ; les premiers, dans l'Aquitaine Iʳᵉ, occupaient le pays du Berri, chef-lieu AVARICUM, Bourges ; les seconds, dans l'Aquitaine IIᵉ, au S. des Santones, occupaient le *Bordelais*.

BITURITÆ, *Bedarides*, ville de Fr. (Vaucluse).

BIZIACUM, *Bizy*, bourg et chât. de Normandie (Eure), anc. prieuré de bénédictins.

BIZYA, *Viza* ou *Vyzia*, ville de Roumélie, dans le pachal. d'Andrinople.

BLABIA [Notit. Imp.], BLAVETUM, *Port-Louis* (pend. la République *Port-Libre*), petit port de Bretagne (Morbihan), suiv. d'Anville. La Sauvagère voit dans BLABIA *Blaye*, en *Saintonge* (Gironde) ; voy. BLAVIA.

BLABIRA, BLABYRIA, BLAUBURNIUM, BURRHONIUM, *Blaubeuern, Blaubeuren*, ou *Rottwill*, ville du roy. de Würtemberg.

On connaît un livre imprimé dans cette ville au XVᵉ siècle, très-probablement par une imprimerie ambulante, qui se transporta ailleurs après cet essai ; en voici le titre exact : *Albertus de Eyb, Ob ein mā sey zu nemen ein elich wib oder nit*. A la fin : M. CCCC. LXXV. Conradus Mancz zu Blauburren, gr. in-8, 144 ff.

Le célèbre imprimeur Adam de Rottwill, l'un des missionnaires de la typographie en Italie, était de Blaubeuern.

BLABIUS, le *Blavet*, riv. de Bretagne.

BLANCOBERGA, *Blankenberg*, port de la Flandre occid., entre Ostende et Sluys.

BLANCOBURGUM, ALBIMONTIUM, *Blankenburg*, ville du grand-duché de Brunswick, au pied du Hartz.

BLANCONIS FANUM, *Blankenhayn*, pet. ville de Saxe-Weimar.

BLANDA, Βλάνδα [Ptol.], *Blaños*, port de la Catalogne [Forbiger].

BLANDA [Liv., Plin., Tab. Peut.], *S. Biasio*, bourg du pays napolitain, suiv. Forbiger, ou *Lagonegro*, dans la Basilicate, suiv. Bisch. et Möller.

BLANDONA [Itin. Anton.], Βλανῶνα [Ptol.], auj. *Torre Biline*, sur la côte illyrienne, suiv. Reichard.

BLANGIACUM, BLANGEIUM, *Blangy-en-Ternois*, bourg de Fr. (Calvados). = Village de l'Artois, avec une anc. abb. de Saint-Benoît, près Hesdin (Pas-de-Calais).

BLANZIACUM, *Blanzac*, pet. ville de France, près Barbezieux (Charente). = *Blanzy*, paroisse de Bourgogne, avec 16 hameaux (Saône-et-Loire).

BLARA, *Blair*, pet. ville d'Écosse, dans le comté d'Athol.

BLASCON [Plin.], Βλασκών [Strab., Ptol.], *île Brescou*, dans la Méditerranée, près Cette.

BLASENDORFIUM, *Blasendorf* (*Balasfalva*), ville de Transylvanie, dans le comitat de Weissemberg résidence de l'évêque des Grecs unis.

L'évêque Petrus Aaron de Bisztra y fonda en 1761 une imprimerie de laquelle sont sortis plusieurs ouvrages en langue grecque et valaque. Joseph

Benkő (*Transsilvania*, t. II, p. 236) écrit : « Habetur et insigne typographæum (Balásfalvæ) a Stephano Páldi typographo Claudiopolitano reformatæ religionis, adstructum, quo latini quoque, sed Valachici imprimis libri imprimuntur. »

BLASII IN HYRCINIA CŒNOBIUM, monastère de St-Blaise, dans la forêt Noire, de l'ord. de Saint-Benoît, dioc. de Constance.

L'imprimerie exista dans ce monastère au milieu du XVIIIe siècle ; on peut la faire remonter à 1758. Nous citerons : *Mart. Gerberti de cantu et musica sacra, a prima Ecclesiæ ætate usque ad presens tempus.* Typis San-Blasianis, 1774, 2 vol. in-4, fig. M. Ternaux cite du même auteur : *Iter Alamanicum, Italicum et Gallicum.* Typ. San-Blasianis, 1765, in-8. Le même Gerbert a publié en 3 vol. in-4, l'histoire de son monastère. Typ. S.-Blas., 1783-88.

BLASILIA, *Blesle*, bourg et anc. abb. de Bénéd., en Auvergne (Cantal).

BLATOBULGIUM, BLATUM BULGIUM [Itin. Anton.], localité des Brigantes dans la Bretagne romaine, à XII m. p. de LUGUVALLUM (*Carlisle*), auj. *Bulness*, à la pointe S.-O. du Firth of Solway, mais plutôt *Middleby*, suiv. Reichard et Camden.

BLAUBURNIUM, voy. BLABIRA.

BLAVIA [Tab. Peut., Auson.] (BLAVIO), BLAVATUM, BLAVIENSE CASTRUM [Greg. Tur.], BLAVIUM [Itin. Ant.], *Blaie, Blaye,* ville de Fr., sur la Gironde ; abb. de Bénédictins et abb. d'Augustins.

BLENAVIUM, *Bleneau,* bourg du Gâtinais (Loiret).

BLEONIS VILLA, BELENI VILLA, *Blainville,* bourg de Fr. (Manche).

BLEONIS VILLA AD MOSAM, *Blainville,* bourg de Fr. (Meuse).

BLENODIUM, *Blenod,* bourg de France (Moselle).

BLESÆ [Luen.], BLÆSÆ, BLESUM, BLESENSE PALATIUM AD LIGERIM, *Blois,* ville de Fr. (Loir-et-Cher).

Nous ne pouvons faire remonter plus haut que 1554 l'imprimerie à Blois : le premier livre imprimé dans cette ville, nous écrit M. A. Dupré, bibliothécaire, serait : *les Grandes et fantastiques Batailles des grands roys Rodilardus et Croacus...* (trad. du latin d'Elisius Calentius), impr. à Bloys, chez Julian Angelier, 1556, in-16.

Julien et Jean Angelier ou les *Angeliers,* comme ils avaient l'habitude de s'appeler, dans cette grande famille de typographes, étaient, croyons-nous, les fils de Charles Angelier, établi à Paris avec son frère Arnoul, en 1535 ; le fils d'Arnoul, qui s'appelait Abel, succédait à son père en 1584.

En 1556 nous trouvons (Le Long, *Bibl. hist.* n° 35628) un ouvrage considérable imprimé cette fois avec le nom de Jean Angelier ; c'est la première partie du commentaire latin de Denys Dupont (Dionysius Pontanus, Blesensis advocatus) sur la coutume de Bloys. Blesis, apud Joannem Langelier, 1556, in-fol. Cette importante publication ne vit le jour qu'un an après la mort de l'auteur, arrivée à Blois l'année précédente, 1555.

La *Bibl. sacra* du P. Le Long (I, p. 351) nous donne : *Nouveau Testament en françois* (version de Genève). Bloys, Jean Langellier (*sic*), 1559, in-16. Et enfin nous trouvons dans les mémoires du P. Nicéron (t. XIV, p. 211) : *Traité des devoirs, par du Haillant* (imitation du *Livre de Officiis* de Cicéron), imprimé à Bloys chez Jean Langelier, 1560, in-16.

Ce du Haillant doit être l'illustre Bernard de Girard, seigneur du Haillant.

Il est à regretter, nous dit M. Dupré, que la bibliothèque de la ville de Blois ne possède aucun de ces premiers monuments de la typographie, et il serait à souhaiter que dans chacune des villes de France une municipalité intelligente prît soin de réunir et de conserver avec orgueil les *incunables* de la typographie locale.

Parmi les imprimeurs blésois postérieurs aux Angeliers, citons Jamet Mettayer qui, obligé de quitter Paris et d'accompagner le parlement à Tours en 1589, fonda en passant un établissement typographique à Orléans, et à Blois. Au XVIe siècle, nous ne connaissons que la veuve Gomet, qui imprime en 1593 un poëme fort rare de Sébastien Garnier : *Les trois premiers livres de la Loyssée, contenant le voyage de S. Loys, roy de France,* in-4 (bibl. de l'Arsenal).

Au XVIIe siècle, Alexis Moëtte, Ph. Cotterau, Collas, de la Saugère, Hottot, etc.

En 1764, le rapp. Sartines nous donne les noms de deux imprimeurs, Philibert-Joseph Masson, né à Tours, établi à Blois en 1720 ; et Pierre-Paul Charles, né à Châteaudun, pourvu en 1735.

BLESENSIS AGER, le *Blaisois,* prov. de Fr., correspond au dép. de Loir-et-Cher.

BLETERUM, *Bletterans,* bourg de Fr., sur la Seille (Jura).

BLETISA [Inscr. Grut., Mariana], ville de Lusitanie. auj. *Ledesma,* près Salamanque (roy. de Leon).

BLIRIACUM, *Bléré,* bourg et chât. de Touraine (Indre-et-Loire).

BLITABRUM, *Buitrago,* ville de la Nouvelle-Castille, prov. de Guadalajara.

BLITERRÆ, voy. BITERRÆ.

BOA [cod. Theod.], BOÆ [Amm. Marc.], Bovo [Plin.], *Bua,* île de la mer Adriatique, sur la côte de la Dalmatie.

BOACEÆ [Itin. Anton.], ville de Ligurie, sur le fl. *Vara,* auj. *Bozzolo,* en Piémont, suiv. Reichard.

BOACTES, Βοάκτης [Ptol.], le *Vara,* pet. fl. du Piémont.

BOANDUS, BOINA, *la Boyne,* riv. d'Irlande, dans la prov. de Leinster.

BOARRIA, voy. BAJOARIA.

BOBACUM, *Beuvoux,* village et abb. du dioc. de Sisteron (Basses-Alpes).

BOBIANUM, Βοϊανόν [Strab.], BOVIANUM [T. Liv.], Ἰτάλιν [Diod. Sic.], ville du Samnium, auj. *Bojano,* sur le Biferno, ville de la prov. napolitaine de Molise.

BOBIUM [P. Diac.], BOBBIUM, S. COLUMBANI CŒNOBIUM, *Bobbio,* sur la Trebbia, ville de la prov. de Gênes. Célèbre abbaye.

BOBIUM UMBRIÆ, SARSINA [Sil. Ital.], Σάρ-
σινα [Strab.], SASSINA [Inscr. ap. Grut.],
ville de l'Ombrie, auj. *Sarsina*, dans la
déjég. de Forli (Romagne).

Haym (p. 61) nous donne le titre d'un vol. imprimé
dans cette ville en 1607, mais sans nom d'imprimeur:
*Filippo Antonini, discorsi dell' antiquità di Sar-
zina e de' costumi de' Romani*. Sarzina, 1607, in-4.

BOCARDI INSULA, l'*Isle-Bouchard*, bourg de
Touraine, dans une île de la Vienne
(Indre-et-Loire).

BOCCHOLTIA, *Bocholt*, ville de Westphalie,
sur l'Aa, dans la prov. de Munster.

BOCHANIUM, BUCHANIUM, *Bouchain*, ville de
Fr. (Nord).

BOCHBARDUM, voy. BABARDIA.

BOCKINGA (?) *Bocking*, bourg d'Angleterre
(comté d'Essex).

Le *Suppl.* du docteur Cotton nous apprend que
deux imprimeurs du nom de Fenno et de Shearcroft
fondèrent en 1785, dans cette petite localité, un établissement typographique qui ne fonctionna que
jusqu'en 1790.

BOCONICA, *Bockenheim*, bourg de Fr. (Bas-
Rhin).

BODALCHA, *Bouafiles*, village de Normandie
(Eure). = Autre du même nom, près
Meulan (Seine-et-Oise).

BODAMICUS LACUS [Cell.], BRIGANTINUS LACUS
[Plin.], LACUS BRIGANTIÆ [Amm. Marcell.], CONSTANCIENSIS LACUS [Cell.], lac
de la Germanie, auj. *der Bodensee,
Constanzer See*, le *lac de Constance*, séparant la Suisse de l'Allemagne (Bade,
Wurtemberg, Bavière).

BODANENSIS VALLIS, le *val de Bannés*, près
Sisteron (Basses-Alpes).

BODEDEYRN, village de l'île d'Anglesey (N.
Wales).

Le *Suppl.* du Dr Cotton nous apprend qu'en 1734,
une imprimerie fut installée temporairement dans
ce village ; avant cette époque il n'en avait existé
aucune autre dans toute l'étendue de la princip. de
Galles.

BODETIA [Itin. Anton.], localité de la Ligurie, auj. *Bonaciola*, bourg de la prov.
de Gênes (Italie), suiv. Reichard.

BODOBRICA, BODOBRIGA, voy. BABARDIA.

BODOTRIA [Tacit. *Agric.*], BODERIA ÆSTUA-
RIUM [Mannert], golfe formé par la mer
du Nord, dans la *Britannia romana*,
auj. *the firth of Forth*, sur la côte S.-E.
d'Écosse. (*Firth* comme *fiort* viennent
de *fretum*.)

BODOXIA, *Bodok*, château de Hongrie.

BODROGIENSIS COMITATUS, le *comitat de Bo-
drog*, dans la haute Hongrie, entre le
Danube et la Theiss.

BŒA, Βοία [Strab.], BOÆ [Plin.], Βοιαί
[Pausan.], *Vatka* ou *Vatika* [Forbiger],
pet. ville de Morée.

BŒBEIS LACUS [Plin.], ἡ Βοιβηίς λίμνη [Ptol.,
Strab.], Βοιβιὰς λίμνη [Steph.], le *lac Karla*
en Albanie.

BOEMIA, BOJEMUM [Tac. *Germ.*], BOJOHE-
MUM [Vell. Pat.], BOHEMIA, BEHAIGNE
(au XIVᵉ s.), BEHAIGNE [Froissart], la
Bohême, Boehmen, roy. de l'Europe
centrale, partie de l'empire d'Autriche.

BOENIUM, *Boen*, sur le Lignon, bourg du Forez, près Montbrison (Loire).

BŒOTIA, ἡ Βοιωτία [Hom., Strab., Ptol.],
BŒOTIS [Mela], province de Grèce, en-
tre la Phocide, l'Attique et le golfe de
Corinthe ; forme auj.. un district de la
Livadie, nommé *Stramulipa*, et un dio-
cèse nommé *Voiotia*.

BŒROSIA, *Boras*, ville de Suède (Gothland).

BOGADIUM, Βογάδιον, suiv. Reichard, *Bocholt*;
suiv. Ledebur, *Bockum an der Lippe*
[Forbiger].

BOILLANUM, *la Bouille*, bourg de Normandie
(Seine-Inférieure).

BOIUM, Βοίον [Strab.], ville de la Doride,
auj. *Astaco*, suiv. Bisch. et Möller.

BOJANOVA, *Bojanowa*, pet. ville de Prusse,
dans le gouv. de Posen.

M. Cotton a vu à la Bodléienne une grammaire
allemanno-polonaise, imprimée dans cette localité
en 1770.

BOJANUM, voy. BOBIANUM.

BOJARIA, voy. BAJOARIA.

BOJATUM, voy. BAJONA.

BOJATUM, BUCHSIUM, BUXIUM, *Buch*, la *Tête
de Buch*, ville de Fr. (Gironde).

BOII [Cæs., Liv., Tac.], Βόιοι [Strab.], peuple divisé en plusieurs nations, dont
deux étaient établies dans la Gaule,
l'autre en Germanie et la quatrième en
Italie, sans compter des colonies en Asie
Mineure : les Boïens gaulois furent
confinés par César dans la Lyonnaise Iʳᵉ,
entre la Loire et l'Allier ; la seconde
peuplade habitait le dép. actuel des
Landes. Les Boïens de la Germanie habitaient d'abord la *Boio-Hemum* ou
Bohême, puis furent refoulés par les
Marcomans dans la *Boio-Aria* ou *Bavière*. Enfin les Boïens d'Italie occupaient, dans la Gaule Cispadane, le
territoire de *Bononia, Bologne*.

BOJOBINUM, voy. PRAGA.

BOJODURUM [Itin. Ant.], Βοιόδουρον [Ptol.], BOIODORUM, BOJORUM CIVITAS, ville de la Norique, sur l'*Ænus* (l'*Inn*), auj. *Innstadt*, faubourg de Passau, en Tyrol.

BOJORUM AGER, BURBONENSIS PROVINCIA [Cellar.], le *Bourbonnais*, anc. province française, auj. dép. de l'Allier.

BOLENA, *Bollène*, pet. ville du comtat Venaissin (Vaucluse).

BOLEONIS FANUM, *Bolkenhayn*, pet. ville de la Silésie prussienne.

BOLERIUM PROMONTORIUM, Βολέριον ἄκρον [Ptol.], *the Land's end*, *cap Finisterre*, en Angleterre (Cornouailles).

BOLESLAI FANUM NOVUM, *Jung-Bunzlau*, pet. ville de Bohème, sur l'Isar.

BOLESLAI FANUM VETUS, *Alt-Bunzlau*, ville de la Bohème, au confluent de l'Isar et de l'Elbe.

BOLESLAVIA [Luen.], BOLESLAVIA SILESIÆ, *Bunzlau*, ville de la Silésie prussienne, sur le Bober.

BOLEUM, *Boglio*, bourg de Fr. (Alpes-Maritimes).

BOLONIA, voy. GESSORIACUM.

BOLONIA, voy. BONONIA.

BOLONIA, BONONIA VASCONIÆ, *Boulogne*, sur le Gers, bourg de Fr. (Haute-Garonne).

BOLONDUARIUM, *Bolandwar*, forteresse de Hongrie.

BOLOVERDA, *Bouloire*, bourg de France (Sarthe).

BOLOVERDA, *Bolswaert*, ville de la Frise (Hollande).

M. Cotton (*Suppl.*) prétend que l'imprimerie exista dans cette ville en 1660 ; nous ignorons sur quoi repose cette assertion ; Falkenstein, non plus que les autres bibliographes, ne mentionne cette ville parmi celles qui ont joui du bénéfice de l'imprimerie.

BOLTONIUM (?), *Bolton*, ville d'Angleterre (Lancashire).

L'imprimerie existe dans cette ville depuis 1761, dit le *Suppl.* du Dr Cotton. M. Jackson y imprima en 1787, et John Gardner de 1786 à 1835.

BOLZANUM, voy. BAUZANUM.

BOMELIA, BOMLO, *Zalt-Bommel*, ville de Hollande, sur le Wahal (Gueldre).

BOMIUM, localité des Ordovices, dans la Britannia Romana, auj. *Cowbridge*, ville du Glamorganshire.

Imprimerie en 1771.

BONADUTZ, village de Suisse, dans le canton des Grisons, dont nous ignorons le radical latin.

P. Moron avait fondé dans cette localité une imprimerie qui subsista une trentaine d'années. Son plus ancien produit est : *J. Bawier, Beschreibung des Sauerbrunn zu Fideris in Prettigaw*. Bonadutz, P. Moron, 1707 [Ternaux].

BONA SPES, *Bonne-Espérance*, anc. abb. de Prémontré, dans le diocèse de Cambrai (Nord).

Une petite imprimerie fonctionna dans cette abb. au commencement du XVIIIe s. : *Chronicon ecclesiæ B. Mariæ virginis Bonæ Spei, ordinis Præmonstratensis, ex archivis ejusdem et quibusdam auctoribus compositum ; per R. D. F. Engelbertum Maghe, quadragesimum secundum abbatem* : Bonæ Spei, sacræ majestatis catholicæ permissu, 1704, in-4.

BONA VALLIS, BONEVALLIS, *Bonneval*, pet. ville de Fr. (Eure-et-Loir). Plusieurs localités et anc. abb. portent ce nom.

BONAVILLA, voy. BAUTÆ.

BONAZIDA, *Bonzieden*, château de Transylvanie.

BONCONICA, voy. OPPENHEMIUM.

BONDELIA, *Bagnone*, bourg de Toscane.

BONDORFIUM, *Bondorff*, pet. ville du grand-duché de Bade.

Dans cette localité, qui dépendait jadis de l'abb. de Saint-Blaise, dans la Forêt-Noire, exista une imprimerie qui donna en 1728 une histoire de l'Université de Saltzburg.

BONECCIA, *Guteneck*, chât. d'Illyrie.

BONEFA, *Boneffe*, bourg et anc. abb. de Belgique (prov. de Namur).

BONIFACII CIVITAS, *Bonifacio*, ville de Corse.

BONIFACII SINUS, FRETUM HETRUSCUM, *détroit de Bonifacio*, entre la Corse et la Sardaigne.

BONNA [Tac., Itin. Anton., etc.], Βόννα [Ptol.], BONNA AD RHENUM [Cell.], CASTRA BONNENSIA [Tac. *Hist.*], ARA UBIORUM, ville de la Gaule Belgique, auj. *Bonn*, ville de la Prusse rhénane, sur le Rhin.

Université, biblioth. importante. Nous ne pouvons faire remonter plus haut qu'à l'année 1543 l'exercice de la typographie dans cette ville ; c'est du moins cette année que Falkenstein, et après lui tous les bibliographes, assignent comme date du premier livre imprimé à Bonn par une presse locale. Voici le titre que cite M. Ternaux : *Hermann Erzbischoff zu Cöln. Einfaltiges Bedencken, worauf eine christliche reformation an lehr... in der churfürstlichen statt Bonn durch Laurentium von der Müllen*, 1543, in-4. Ce livre est cité par J.-J. Bauer (*Bibl. lib. rariorum*, II, p. 101), mais seulement à la date de 1545 et imprimé à Marburg ; voici du même auteur et imprimé en 1545 un vol. que cite Bauer à la suite : *Bestaendige Verantwortung des Bedenckens von christlicher reformation contra des Thum. capitels daselbst*, etc. Bonn, 1545, in-fol. Il qualifie ces livres de *minus cogniti, rarissimi et maxime quæsiti*. Ce Laurent von der Müllen signait en latin *Laurentius Mylius*, et c'est sous ce nom que le cite M. Cotton.

BONNÆ, *Bonnes*, bourg de Fr. (Vienne). =

Autre commune du même nom (Charente).

BONNOPOLIS, voy. BAULE.

BONOGILUM, BONOGELO [monn. mérov.], BONOGELUM, BONOILUM VILLA,' ad Matronam, in agro Parisiaco, Bonœuil-sur-Marne, village de l'Ile-de-France, anc. villa mérovingienne (Lebeuf).

BONONIA [Liv., Plin., Suet., etc.], Βονωνία [Strab., Ptol.], appelé par erreur Βεβώνεια par Steph. Byz., anc. FELSINA [Plin., Sil.], BONONIA PINGUIS [Cluv.], ville de la Gaule Cisalpine, auj. *Bologna, Bologne*, chef-lieu de l'anc. délég. du même nom; appartient au roy. d'Italie, après avoir longtemps dépendu du domaine de Saint-Pierre.

Université fondée en 1119; bibliothèque, musées, monuments, collections scientifiques d'une haute importance. L'imprimerie remonte dans cette ville illustre à l'année 1471; bien que nous ne possédions pas d'ouvrage spécial consacré à l'histoire de la typographie bolonaise, les matériaux extraits des ouvrages généraux sont abondants, il n'y a là ni doute ni point contesté. Le premier imprimeur de l'antique *Felsina* est un Bolonais, Balthazar Azzoguidi, et le premier livre sorti de ses presses est d'autant plus précieux qu'il peut être regardé en même temps comme l'édition *princeps* d'un de nos grands classiques : PUBLIUS OVIDIUS NASO. *Poemata et ejusdem uita. P. O. Nasonis Epistolaȝ Liber. Sapphos. Amoȝ libri tres. ad iuuentutem rhomanam d arte amădi libri tres. De remedio amoris liber. Metamorphoseos libri* XV. *Ad Germanicum Cesarem fastorum libri sex. De Tristibus libri quinque. De Ponto libri* IV. *De Pulice. De Philomela. De Medicamine facici. De Nuce.* Le livre commence par l'épître dédicatoire de Franciscus Puteolanus au cardinal de Gonzague, puis vient la vie d'Ovide par le même Puteolanus, à la suite de laquelle est la souscription suivante : *Huius opera omnia Medea excepta et triumpho Cesaris; et libello illo pontica lingua cõposito : que incuria tempoȝ pericrunt : Balthesar Azoguidus ciuis bononiensis honestissimo loco natus primus in sua ciuitate artis impressore tuentor et sũma necessitate mihi cõiunctissimus ad utilitatẽ humani generis impressit.* M. CCCC. LXXI. Le 4e feuillet contient la table que nous avons analysée au commencement de la description du livre.

Ce vol., in-fol., doit avoir 447 ff. à 39 lignes, si la dernière partie qui manque à l'exempl. de la Biblioth. impér. est composée, comme dans la seconde édition de Bologne (1480), de 48 ff.; un fait à signaler, c'est que Balth. Azzoguidi n'emploie pas de diphthongues: ainsi il remplace Æ, Œ, par Ē.

Balth. Azzoguidi cesse d'imprimer en 1480, suiv. Falkenstein, et son dernier livre est la seconde édit. d'Ovide, que nous venons de citer.

Le second imprimeur de Bologne est Scipio Malpigli, si l'assertion d'Apostolo Zeno et de Mazzuchelli est exacte. En effet, nous avons : *Justi de comitibus romani utriusque iuris interpretis poetæ clarissimi libellus Fœliciter incipit intitulatus :* LA BELLA MANO. — Per me Scipionem Malpiglium, Bononiensem, M. CCCC. LXXII, in-4. Cette édition serait imprimée à Vérone, au dire de Pietro Valvasense; quoi qu'il en soit, c'est le seul livre où l'on trouve le nom de ce typographe.

André Portilia, le célèbre imprimeur parmesan, essaye, en 1473, de fonder un établissement à Bologne; il y publie le commentaire sur le *Digeste* d'Alessandro d'Imola, dit le *Tartagni*, mais *doppo questa ediz. fatta in Bologna ripatriò, non trovandoui quello scopo che forse si cra prefisso* (Amati).

Puis viennent Ugone Rugerio, Bertocho de Reggio et Giov. Vurster de Kampidonia.

L'édition du *Ptolémée* impr. à Bologne par Domenico Lapi ou de Lapis, en 1482, porte par erreur 1462. Ce Domenico Lapi imprima de 1476 à 1482.

Une autre édition bolonaise est imprimée sous la date de 1465, c'est le *Petri Brixiensis repertorium utriusque Iuris.* Panzer dit qu'il faut lire 1475.

La liste des imprimeurs bolonais au XVe s. est considérable et nous nous en tiendrons là; mais nous mentionnerons en finissant un rare et charmant petit volume de M. Panizzi, féminent ex-conservateur du British Museum, intitulé : *Chi era Francesco da Bologna?* M. Panizzi prouve jusqu'à l'évidence que ce Francesco da Bologna, qui grava les charmants caractères italiques et romains des Aldes; ceux de Jérôme Soncino, qui imprima lui-même cinq rares et précieux volumes en 1516 à Bologne : le *Pétrarque*, in-32, l'*Arcadia* de Sannazar, les *Azolani* de Bembo, le *Corbaccio* de Boccace, et quelques jours seulement avant sa mort les *Epistolæ ad familiares* avec un petit caractère bizarre, mais d'une grande netteté, qui ressemble à celui de Paganino, et peut-être même a-t-il gravé celui même de cet imprimeur; M. Panizzi prouve, disons-nous, que ce graveur, ce typographe bolonais, n'est autre que le très-universel artiste, le grand Francesco Raibolini, que nous connaissons et admirons tous sous le nom à jamais illustre de *Francia*.

BONONIA [Tab. Theod.], Βονωνία [Zosim.], BONONIA IN FRANCIA [Luen.], GESSORIACUM [Mela], Γησσοριακὸν ἐπίνειον [Ptol.], GESSORIACUS [Plin.], GESSORIACUM QUOD NUNC BONONIA [Ant. Bertius], MORINORUM PORTUS BRITANNICUS [Plin.], BOLONIA, port des Morini dans la Gaule Belgique, auj. *Boulogne-sur-Mer*, ville de France [Pas-de-Calais].

Les archives de l'ancienne cathédrale de Boulogne constatent que Pierre Battut était établi imprimeur dans cette ville en 1665 : mais le premier livre sorti de ses presses porte la date de 1673; il est intitulé : *Officia propria sanctorum ecclesiæ cathedralis et diœcesis Morino-Boloniensis*, etc., vol. in-8, de 18-158 pp. En 1694, le même imprimeur publiait le *Martyrologe des fondations de l'église cathédrale de Boulogne*, pet. in-fol. de 40 pp., aussi intéressant par les renseignements qu'il contient que par son excessive rareté. Un exemplaire de ce volume se trouve à la Biblioth. impériale. L'imprimerie de Pierre Battut passa successivement à ses deux fils, et le dernier, Charles Battut, eut pour successeur, en 1781, François Dolet, qui imprima les nombreuses instructions pastorales de M. de Pressy, puis, dans un ordre d'idées bien différent, les opuscules politiques de Daunou, de Leuliotte et de la société des amis de la Constitution. (Voir l'essai de M. Morand sur les principales impressions boulonnaises, vol. in-8, 1841.)   [Baron C. Dard.]

Nous n'ajouterons que peu de mots à cette note substantielle. Peignot, indiquant une traduction de *Daphnis et Chloé*, s'est évidemment trompé. Rectifions également l'erreur de M. Brunet qui donne aux *Coustumes de la ville de Calais et pays reconquis*, imprimées à Boulogne par P. Battut, la date de 1583 au lieu de 1683; enfin mentionnons l'affirmation du Dr Cotton (*Suppl.*) qui signale comme existant à la Bodléienne un vol. imprimé par P. Battut en 1670; ce vol., dont il a le tort de donner le titre en anglais, serait un : *Véritable Portrait de l'Église du Christ*, par Theodulus Philadelphus, et il dit : *I have seen* (?).

Le rapport Sartines donne la note suivante : « En 1764, à Boulogne, Charles Battut, reçu en 1752, a succédé à son père et ayeul, qui ont été les premiers imprimeurs établis dans cette ville ; il possède et il emploie deux presses. »

BONONIA [Amm. Marc., Itin. Anton.], *Bonownia* [Procop.], MALATÆ [Tab. Peut.], localité de la Pannonie infér., sur le Danube, auj. *Illok, Ujlak*, bourg à l'O. de Peterwardein (Hongrie).

BONONIA, *Bonownia* [Ptol.], anc. ville de l'Illyrie, dont on voit les ruines auprès de *Bunich*, dans le gouv. de Trieste.

BONONIENSIS AGER, le *Boulonnais*, anc. prov. de Fr., occupant le pays des anc. Morini ; fait auj. partie du Pas-de-Calais.

BONOPPIDUM, *Gutstadt*, pet. ville prussienne, dans la prov. de Königsberg.

BONSIDELIA, *Wunsiedel*, pet. ville de Bavière, dans la princ. de Bayreuth.

Imprimerie en 1677 : *Pertschii origines Voitlandiæ, et celebris in hâc urbis Bonsideliæ.* — Bonsideliæ, 1677, in-4. (Bibl. Bruhl., II, p. 292.)

BONTOBRICA, BAUDOBRICA [Itin. Anton.], localité de la Gaule Belgique, auj. *Büdelich*, suiv. Ukert, ou *Boppard* suiv. Cluvier, Bisch. et Möll. (Voy. BABARDIA.)

BONUS FONS IN TERASCIA, *Bonne-Fontaine en Tierasche*, anc. abb. de Cîteaux, dans le dioc. de Reims (Marne).

Une imprimerie fut installée dans ce monastère au milieu du XVIIe s. et produisit un assez grand nombre de volumes. Nous citerons : *Bertrandi Tissier Bibliotheca Patrum Cisterccnsium.* Bono-fonte, typis Cœnobii, per Ant. Renesson, 1660 et ann. suiv., 8 vol. in-fol. — *Le Valois Royal, extrait des mémoires de Nic. Bergeron, amplifié et enrichi de plusieurs pièces curieuses, par Fr.-A. Mauldrac.* — Bonnefontaine, 1662, in-8. — *Joan. de Lancy, historia Fusniacensis Cœnobii, ordinis cisterciensis.* Bono-fonte, 1670, in-4, Ce vol. du prieur de l'abbaye de Foigny, Jean de Lancy, est à la Biblioth. impér. (Cat. de l'hist. de Fr. VIII, 312.)

BOPPARDIA, voy. BABARDIA.

BORBETOMAGUS, voy. VORMATIA.

BORBONIUM ANSELMIUM, voy. BURBO ANCELLI.

BORBONIUM ARCIMBALDI, voy. AQUÆ BORMONIS.

BORBURGUM, BROBURGUS, *Bourbourg*, pet. ville de Flandre, près Saint-Omer (Nord).

BORCOVICUS, localité de la Bretagne romaine, où séjourna la prem. cohorte ; auj. doit être, suiv. Camden, *Prudhow-Castle*.

BORDONELLUS, BODERNELLUS, *Bornel*, village près Chambly (Oise).

BOREUM PROMONTORIUM, *Bópeιov ἄκρον* [Ptol.], auj. *North Cap*, ou, selon Camden, *S. Helen's head*, en Irlande.

BORGUS ACUARDI, *Bourgachard*, bourg de Normandie, anc. abb. d'Augustins (Seine-Inférieure).

BORGUS NOVUS, BURGUS NOVUS, *Borgo novo*, bourg de la Lombardie, dans le marquisat de Rocca-forte.

On imprimait dans cette pet. localité en 1718 : *Trattato della Povertà de' cavalieri di Malta raccolto dal fu Ven. Priore di Lombardia Garavita con varie Grazie fatte da SS. Pontefici a' cavalieri dell' Ordine Gerosolimitano.* Borgo Novo, 1718, in-4.

BORINGIA, BORNHOLMIA, *île Bornholm*, dans la mer Baltique, à la Suède.

BORMA, *Bormes*, bourg de France (Var), anc. baronnie et anc. couvent de Minimes.

BORMANUM, voy. CASCHOVIA.

BORMIUM THERMÆ, BORMIANÆ, *Bormio*, ville d'Italie, dans la Lombardie.

BORNHOLMIA, voy. BORINGIA.

BORSODIENSIS COMITATUS, *Borschoder*, comitat de la haute Hongrie.

BORTINA [Itin. Anton.], BURTINA, ville des Ilergetes, dans la Tarraconaise, auj. *Zunra*, sur le Gallejo, ou, suiv. Reichard, *Villa Nueva de Gallejo*, entre Huesca et Saragosse.

BORUSSIA, *la Prusse*, l'une des cinq grandes puissances de l'Europe.

BORYSTHENES, *Bορυσθένης* [Herod., Strab.], *Δάναπρις*, le *Dniepr, Dnieper*, fleuve de Russie.

BOSA [Itin. Anton.], *Βῶσα, Βόσσα* [Ptol.], sur la côte O. de l'île de Sardaigne, auj. *Bosa*.

BOSCHETUM, le *Bouchet*, pet. ville du Gâtinais, anc. marquisat (Loiret).

BOSCOBELLUM, *Bois-belle*, anc. petite souveraineté enclavée dans le Berry, exempte de tailles et de droits, avec *Henrichemont* (HENRICOMONTIUM) pour capitale ; elle a appartenu aux ducs de Sully. *Henrichemont* est auj. un ch.-lieu de canton du dép. du Cher.

BOSCODUCUM, voy. BUSCODUCA.

BOSCODUNUM, voy. BUSCODUNUM.

BOSCUS, le *Bois* ou le *Bosc*; plusieurs localités en France et en Belgique portent ce nom : BOSCUS ALBERICI, le *Bois Aubry*; BOSCUS ALZERACI, le *Bois Auzeroi*; BOSCUS DAGOBERTI, le *Bois Dabert* ; BOSCUS MORETI, le *Bosc Moret*; BOSCUS ROBERTI, le *Bosc Robert*, etc.

BOSNA [Cluv.], la *Bosna*, riv. de Bosnie, affl. de la Save (*die Sau*).

BOSNIA [Cell., Cluv.], BOSINA, la *Bosnie*

(*Bosnien*), prov. turque, ch.-lieu *Bosna-Seraj*.

BOSPHORUS, *Ochsenfurt*, ville et bailliage de Bavière, dans la prov. de Würzburg.

Un vol. in-12 intitulé : *De naturæ aliquot arcanis medicamentis*, porte comme souscription : Bosphori, apud Christophorum Justinum, 1622; il est à la Bodléienne.

BOSPORUS, Βόσπορος [Procop.], *Kertsch*, ville de Crimée, suiv. Forbiger.

BOSPORUS CIMMERIÆ [Plin.], Βόσπορος Κιμμέριος [Strab.]. FRETUM BOSPORANUM [Steph.], dans la Chersonèse Taurique, auj. détroit de Caffa, dans la mer Noire.

BOSPORUS THRACIÆ [Ovid.], BOSPORUS THRACIUS [Plin., Amm. Marcel.], Βόσπορος ὁ Θράκιος [Ptol.], τὸ Βυζαντιακὸν στόμα [Strab.], le *Bosphore* ou *canal de Boghaz*, entre la mer Noire et la mer de Marmara.

BOSTADIUM, *Bostadt*, pet. ville de Danemark (Halland).

BOSTAMPIUM, BOSTANIUM, POSTAMPIUM [Luen.], POTESTAMPIUM, *Potsdam*, ville de Prusse (Brandenburg).

Imprimerie en 1760, suiv. Falkenstein.

BOSWORTH, ville d'Angleterre dans le Leicestershire.

Le *Suppl.* du Dr Cotton nous apprend qu'un imprimeur du nom de Robert Grimley y était établi en 1775.

BOTHNIA, BOTNIA [Cluv., Cell.], la *Bothnie*, prov. de Suède.

BOTHNICUS SINUS, le *golfe de Bothnie*.

BOTHRUNTUM, voy. BUTROTUM.

BOTOBRIGA, voy. BABARDIA.

BOVIANUM, voy. BOBIANUM.

BOVILLÆ [Tac., Plin.], Βοῦλλαι [Steph.], BOBELLÆ [Tab. Theod.], pet. ville du Latium, auj. *Marino*, bourg des États pontificaux.

BOVINÆ, *Bovine*, *Bouvines*, village de Fr. (Nord).

BOVINDA, voy. BOANDUS.

BOVINIACUM, *Bouvignies*, bourg de la Flandre wallonne (Nord).

BOVINUM, île de *Bouin*, en Bretagne (Loire-Inférieure).

BOVIUM, ville des Silures, dans la Bretagne romaine, auj., suiv. Camden et Reichard, *Bangor*, ville du pays de Galles (comté de Caernarvon).

BOYNUM, POYNUM CASTRUM, *Peina*, pet. ville de Hanovre, au N.-O. de Brunswig.

BOXUM, ville de la Gaule Lyonnaise Ire, auj. *Bussière*, bourg près Autun (Saône-et-Loire), suiv. d'Anville.

BOZOKIENSIS COMITATUS, le *district de Bozok*, en Hongrie.

BOZOLUM, *Bozolo*, sur l'Oglio, ville du Crémonais (Italie).

BRABANTIA, BRACOBANTUS PAGUS (au VIIIe s.), le *Brabant*, prov. de Belgique.

BRACARA AUGUSTA, voy. AUGUSTA BRACARA.

BRACCHIA, BRACTIA, BRATTIA [Plin. III], *Brazza*, île de la mer Adriatique, sur la côte de Dalmatie.

BRACCHIUM [Notit. imper.], suiv. Andrews, auj. *Brough*, bourg au S.-O. de Richmond, en Angleterre (comté de Surrey).

BRACCIANUM, voy. ARCENNUM.

BRACCUM SACCUM, voy. BRISACUM.

BRACLAVIA AD HYPANIM, *Braclaw*, sur le Bug, ville de Russie (Podolie).

BRACLEIUM, *Brackley*, pet. ville d'Angleterre (Northamptonshire).

BRADANUS [Itin. Anton.], fl. de la Lucanie, auj. le *Bradano*, dans la Basilicate.

BRÆA, *Bree*, bourg de Belgique, dans la prov. de Liége.

BRAGANTIA, BRIGANTIA LUSITANIÆ, *Braganza*, ville de Portugal (Tras-os-Montes).

BRAGERACUM, voy. BERGERACUM.

BRAGODURUM, Βραγόδουρον, ville de la Rhætie, auj. *Altheim*, près Moskirch, en Bavière.

BRAIA, BRIA COMITIS ROBERTI *Brie-Comte-Robert* (pendant la Révolution : *Brie-sur-Hyères*), ville de France (Seine-et-Marne).

BRAINA, voy. BRENNACUM.

BRAJACUM, *Brageac*, pet. bourg d'Auvergne (Cantal).

BRAJUM, voy. BIBRAX.

BRAMENIUM, BREMENIUM [Itin. Anton.], Βρεμένιον]Ptol.], ville de la Britannia Major, auj. *Rochester*, ville du comté de Kent suiv. Camden, et *Brampton*, dans le Cumberland, suiv. Bisch. et Möll. (voy. DUROBRIVIS).

BRAMMOVICUM, *Bramant*, bourg de la Savoie, dans la Maurienne.

BRAMOSAUTUM, *Bramasant*, bourg de Suisse, (cant. de Berne).

BRANA, voy. BRAINA.

BRANA ALLODIENSIS, *Braine-la-Leud*, bourg

de Belgique, dans le Brabant méridional.

BRANCASTRUM, voy. BRANNODUNUM.

BRANCIDUNUM, *Brancion*, bourg et château de Bourgogne (Saône-et-Loire).

BRANDEBURGIUM [Cluv.], BRANDENBURGUM AD HAVELAM, BRENNOBURGUM, *Brandenburg*, ville de Prusse, dans la prov. du même nom.

Cette ville est omise par Falkenstein et tous les autres bibliographes; cependant nous trouvons dans les catalogues des foires de Francfort l'indication de plusieurs ouvrages publiés dans cette ville au commencement du XVII⁰ s. Le plus ancien est celui-ci : *Gebeth und Gesang auff alle tag in der wochen, auff Anordnung margraff Johannes Georgen.* — Zu Brandenburg, bei Henning Tross, 1602, in-4. Cet imprimeur Henning Tross avait son établissement principal à Leipzig.

BRANDENBURGUM NOVUM, *Neu-Brandenburg*, ville du duché de Mecklenburg-Strelitz.

L'imprimerie existait dans cette petite ville à la fin du XVIe siècle ; voici un livre imprimé en 1594 dont la *Bibliotheca exotica* (Francfort, 1625) nous donne le titre : *D. Eras. Albert verlehrte. Lehr der Carlstader und aller vornembsten Laupter der Sacramentirer widertauffer, sacramentlasterer... und verwuster aller guten Ordnung.* Newen Brandenburg, 1594, in-8.

BRANDINOS, *Arran*, île d'Écosse, dépendant du comté de Bute.

BRANECIUM, BRUNECCA, BRUNOPOLIS, *Brunegg*, *Bruneck*, ville du Tyrol, dans le cercle de Pusterthal.

BRANGONIA, BRANONIUM [Itin. Anton.], Βραννογένιον [Ptol.], VIGORNIA [Cell.], ville des Cornavii, dans la Bretagne romaine, auj. *Worcester*, ch.-lieu du comté de ce nom, sur la Severn. Forbiger croit que ces indications se rapportent au BRAVINIUM de l'Itin. d'Ant., qu'il traduit, avec Camden, par *Bromfield*.

L'imprimerie fleurit à Worcester, comme à Canterbury, à Ipswich, etc., à une époque assez reculée, mais elle disparaît pendant le règne et par suite de l'influence *desséchante* de la reine Marie (*withering influence*, dit le Dʳ Cotton). Ce n'est qu'au milieu du XVIIIe siècle qu'on voit refleurir la plupart de ces typographies provinciales. M. Cotton cite Sampson Evans qu'il qualifie de libraire, peut-être même imprimeur à Worcester en 1658. Un journal, le *Worcester Postman*, fut fondé en 1778 par Samuel Bryan, et il fut suivi, l'année suivante, d'une seconde feuille publique : *the Worcester journal.*

BRANNODUNUM [Itin. Ant.], BRANCASTRUM, *Brancaster*, ville d'Angleterre (Norfolkshire).

BRANNOVIUM, voy. BRANGONIA.

BRANSBERGA, voy. BRUNSBERGA.

BRANTOSOMUM, BRANTOLMUM, *Brantôme*, bourg de Fr. (Dordogne).

BRASLÆ, voy. PRASIA.

BRASLAVIA, BRATISLAVIA, *Braslow*, ville de

Russie, sur la Dwina, dans le gouv. de Wilna.

BRASSOVIA [Luen.], CORONA [Cluv.], STEPHANOPOLIS [Cluv., Cell.], *Kronstadt*, *Brassow, Brassó*, ville forte de Transylvanie (Land der Sachsen), au S.-O. d'Hermanstadt.

J. Nemeth (*Hist. typogr. Hungariæ et Transsilvaniæ*, Pesthini, 1818) et Falkenstein, nous fournissent les éléments nécessaires à l'histoire de la typographie dans cette ville : Jean Honterus, né en 1495, à Kronstadt, alla étudier aux universités de Cracovie, de Wurtemberg et de Bâle. Il revint en 1533 dans sa ville natale, avec un matériel typographique, et fonda une imprimerie qu'il dirigea lui-même ; zélé protestant, il fit, à l'aide de ses presses, une propagande énergique en faveur de la religion nouvelle, propagande que combattit du reste avec un zèle tout aussi virulent le Dʳ Georg. Martinusius. Honter mourut le 23 janv. 1549. Le premier livre qu'il ait imprimé est intitulé : *J. Honteri compendium grammatices latinæ.* Coronæ, 1535, in-12. réimpr, en 1577, in-8.

Ses successeurs à Kronstadt furent : Valentin Wagner, écrivain et typographe, dont le premier volume : Κατήχησις Οὐαλεντίνου τοῦ Οὐανιέρου Κορώνεος, est imprimé par lui-même en 1550, in-8 ; Johann Nitreus, Georg Greus, Michael Hermann, Lucas Seüler, Stephan Müller et Christian Lehmann ; ce dernier imprimeur, établi à Kronstadt au milieu du XVIIIe siècle, avait aussi un atelier typographique à Lintz.

BRATANANIUM, ville de la Rhætie, *Brandstetten*, sur l'Ebrach, bourg de Bavière, suiv. Reichard.

BRATTIA [Plin., Itin. Ant.], BRAZIA [Geog. Rav.], grande île de la mer Illyrienne, auj. *Brazza.*

BRATUSPANTIUM, *Breteuil*, village du dioc. de Beauvais, suiv. le P. Menestrier, Mabillon et d'Anville ; le P. Daire veut qu'Amiens ait été bâtie sur les ruines de BRATUSPANTIUM ; suivant Bisch. et Möll. ce serait *Flers*, bourg du dép. de l'Oise.

BRAUNATUM, BRAUNATE IN BRIEGIO, *Brunoysur-Yères*, commune de Fr. (Seine-et-Oise).

BRAUNODUNUM, BRUNODUNUM, *Braunau*, ville de Bavière, dans l'Unterdonaukreis (le cercle au-dessous du Danube).

BRAUNSBERGA, [Cluv.], voy. BRUNSBERGA.

BRAURON, Βραύρων [Strab., Steph.], ville de l'Epire, auj. *Vraona, Vrana*, dans la Roumélie.

BRAVIARUM AD SAMARAM, voy. BRAYUM.

BRAVINIUM [Itin. Anton.], *Bromfield*, ville d'Angleterre (Shropshire).

BRAVUM, voy. BURGI.

BRAYUM AD SAMARAM, BRAVIARUM, *Bray-sur-Somme*, ville de Fr. (Somme).

BRAYUM, BRAIACUM AD SEQUANAM, *Bray-sur-*

Seine, bourg de Fr. (Seine-et-Marne), anc. abb. de Cîteaux.

BRECASI (?).

Probablement un lieu d'impression supposé, comme BENGODI, que Melzy croit être MILANO; nous croyons que BRECASI signifie ROMA.
Manuale de' Frati Min. conv. del P. da Bagnacavallo. Brecasi, 1618, in-12.

BRECENNUM, voy. ARCENNUM.

BRECHINIA, BRECONIUM, *Brecknock,* comté du pays de Galles, dont le chef-lieu est *Brecon.*

Jones' history of the county was printed here in 1805. (Dr C. *Suppl.*)

BRECHINIUM, *Brechin,* bourg d'Ecosse (comté de Forfar).

BRECISLABURGUM, voy. PRESBURGUM.

BREDANA BAROCHIA, *Breda,* ville forte de Hollande, dans le Brabant septentrional.

Imprimerie en 1615, suiv. Falkenstein. Nous trouvons dans le *Florigerium Librorum rariorum* (Groningæ, 1747, in-12, p. 294) une traduction hollandaise du livre suivant : *Jacques de Wesenbeec. La description de l'Estat, succès et occurrence, advenues au Pais Bas au faict de la religion, tot* Breda gedrukt by Isaac Schilders, 1616, in-4. Jacques de Wesenbeec d'Anvers, conseiller, puis syndic de sa ville natale, fut député des Provinces-Unies auprès du roi d'Espagne en 1563 (de Thou, liv. 40, f. 520).

BREDEFORTIA, BREFORTIUM, *Breedevoort, Brefort,* sur l'Aa, pet. ville de Hollande (Gueldre).

BREDO, *Bron,* village du Dauphiné (Isère).

BREGA [Luen.], BRIGA [id.], *Brieg,* ville de la Silésie prussienne.

Nous ne pouvons faire remonter plus haut que 1615 l'imprimerie dans cette ville : *Johann Gabrielis andächtige Gebet und Seufftzen auff den sontäglichen vnnd fürnembsten fest evangelien.* Brieg, bei Gaspard Siegfried, 1615, in-8. (F. de Francf., a. 1625, p. 141.)

BREGÆTIUM, Βρεγαίτιον [Ptol.], BREGETIO [Itin. Anton.], BRIGITIO [Aur. Vict.], BERGENTIO [Tab. Peut.], ville de Pannonie, sur le Danube, auj. *Trümmer,* près de Szöny, à l'O. de Komorn (Hongrie).

BREGENSES THERMÆ, BREGALIA, *Brieg,* bourg de Suisse (cant. de Vaud).

M. Ternaux cite un vol. imprimé dans cette localité : *Claudii Philomusi exclamatio in acerrimam hostium invasionem in vallem Turrenam.* Bregaliæ, 1620.

BREGENTIA, BRIGANTIA, *Bregenz,* riv. qui se perd dans le lac de Constance.

BREGENTIUM, voy. BRIGANTIUM.

BREGETIO, voy. BREGÆTIUM.

BREMA [Cluv. Cell.], FABIRANUM, FABIRANA SAXONUM, la ville libre de *Brême,* sur le Weser.

Falkenstein ne fait remonter qu'à l'année 1585 l'introduction de la typographie dans cette ville ; nous pouvons la reporter à 1562.
La première édition d'un des plus rares volumes du célèbre dissident Francowitz fut donnée dans cette ville ; Bauer nous en donne le titre exact : *Disputatio de originali peccato et libero arbitrio, inter M. Flacium Illyricum et Victorin. Strigelium publice Vinariæ* (Weymar) *per integram hebdomadam præsentibus Illustriss. Saxoniæ Principibus a.* 1560. *Init. M. Aug. habita, cum præfatione...* Bræme, 1562, in-4. (Cat. de la bibl. des *soi-disant jésuites du coll. de Clermont,* no 881, vendu 18 livres). La *Bibl. saxon.* de Struvius (p. 1005) cite aussi ce volume sous le titre de *Acta Colloquii Vinariensis de Peccato originis...*
Le cat. des frères de Tournes, de 1670, nous donne un grand nombre d'indications antérieures à celle que fournit Falkenstein ; citons *Ambr. Wolfii Fundamenta Lutheran. de ubiquitate expensa.* Bremæ, 1579, in-4.
Les premiers imprimeurs de Brême sont Arnoldus Wessel et Bernhardus Petri.

BREMACUM, BERNEGIUM, BRINNACUM [Cart. IX sæc.], *Bargny,* auj. *Barny-Rivière,* village près de Soissons (Aisne), anc. villa royale, dans le dioc. de Senlis (ab. Lebeuf).

BREMBATUM INFERIUS, *Brembato di Sotto,* bourg du Milanais, dans la délég. de Bergame.

BREMBUS, le *Brembo,* riv. du pays Bergamasque.

BREMENIUM, voy. BRAMENIUM.

BREMENTONACUM [Itin. Ant.], BREMETENRACUM [Geo. Rav.], ville des Brigantes, dans la Britannia Romana, auj. *Oberburrow,* dans le Yorkshire, suiv. Mannert et Forbiger.

BREMETUM, *Brema,* bourg du Piémont, au confluent de la Sesia et du Pô.

BREMOGARTUM, *Bremgarten,* bourg de Suisse, sur la Reuss (cant. d'Argovie).

BRENA, BREONA, BRIONA VILLA, BRIENNIUM, *Brienne,* ville de Fr. (Aube) ; anc. villa royale [Præc. Car. C.].

BRENDULUM, BRENTULA, *Brentola,* bourg d'Italie, près Vicence.

BRENIANUM, *Bregnano,* bourg du Piémont sur la Sesia.

BRENNACUM, BRINNACUM, BRANA AD VIDULAM, BRAINA, BRINAGUM [Greg. Tur.], BRINNAICUM [id.], BRAUNADE [Gesta Dag.], *Braine-sur-la-Vesle,* bourg de Fr., près Soissons (Aisne) ; anc. villa roy. ; concile en 580 ; abb. de Prémontré.

BRENNENSIS CIRCULUS, le *cercle de Brünn,* en Moravie.

BRENNIA COMITIS, BRONIUM, *Braine-le-Comte,* ville de Belgique (Hainaut).

BRENNOBURGUM, voy. BRANDEBURGIUM,

BRENNOVICUM, FANUM SANCTI JOANNIS IN VALLE MAURIANA, S.-*Jean de Maurienne*, ville de Fr. (Savoie).

BRENNUM, *Breno*, bourg vénitien, sur l'Ogno.

BRENTA, riv. de la Rhætie, auj. le *Brenz*, affl. du Danube.

BRENTA, BRENTIA, *Brenz*, bourg de Wurtemberg, sur la riv. du même nom.

BRENTESIA, MEDOACUS MAJOR [Plin., Cell.], la *Brenta*, fl. d'Italie; se jette dans l'Adriatique.

BRENTONICUM [P. Diac., Cluv.], *Brentonico*, bourg du pays vénitien.

BREONA, voy. BRENA.

BRESCIA, BRESSICIA, BRESICA, BRESTIA IN LITHUANIA, *Brzesc* (Brzésciu), ville et palatinat de Lithuanie.

Masch, dans son édition de la *Bibliotheca sacra* de Lelong, et Falkenstein, dans sa *Table chronologique*, donnent 1546 comme date de l'introduction de la typographie dans cette ville. Masch cite un *Pentateuque* imprimé par les Juifs à cette époque, ce qui prouverait que la première imprimerie aurait été établie par eux; mais de Rossi n'en parle pas, et le fait doit paraître au moins douteux, car le livre est resté inconnu. C'est à 1559 seulement que tous les bibliographes et Falkenstein lui-même, se rectifiant (p. 305), font remonter le premier établissement d'une imprimerie dans cette ville.

Nicolas Radziwil, palatin de Vilna, zélé protecteur des dissidents, dépensa plus de 10000 florins d'or, dit Regenvolscius (*Hist. Eccles. Slavonicæ*, l. I), pour la création d'un établissement typographique à Brzesć, et l'imprimeur qu'il mit à la tête de cet établissement s'appelait Bernhard Woiewodka. Le livre par lequel il débuta est, selon toutes probabilités, *Simonis Zaici confessio fidei ecclesiæ Velnensis contra exsurgentes Anabaptistas*. Brestiæ, 1559, in-4. Mais la célèbre Bible polonaise de 1563 est la publication la plus importante; en voici le titre exact :

Biblia Swięta, tho iest Ksiegi starego y Nowego Zakonu własnie z Zydowskiego, Greckiego y Lacinskiego, nowo na Polski iezyk z pilnoscia y wiernie wylozone. — Drukowano w Brzesciu Litewskim z roskazania a nakladem Oswieconego Pana, Pana Mikolaia Radziwila Ksiazecia na Olyce y na Nieswiezu, etc. 1563, in-fol., fig. s. b., 579 et 143 ff.

Cette traduction avait été faite sous les yeux du prince Radziwil à Pinczow, petite ville près de Cracovie, par un grand nombre de savants protestants, parmi lesquels on peut citer Simon Zacius, Bernard Ochin, André Trzecieski, Mart. Krowicki, etc.

Une seconde traduction, faite par Simona Budnego (Simon Budneus), fut imprimée en 1572, non pas à Brzesc, comme le dit M. Ternaux, mais à Zaslaw (w Zeslawin); c'est un vol. in-4, qui n'est pas moins recherché et est peut-être encore plus rare que le précédent.

BRESSIA, SEGUSIANUS AGER, BREXIA, la *Bresse*, anc. prov. de France; forme auj. le dép. de l'Ain.

BRESSUIRA, voy. BERCORIUMa

BRESTIA, voy. BRESCA.

BRESTIA, BRESTUM OPPIDUM, *Brest*, ville et port militaire de Fr. [Finistère].

Le nom de cette ville apparaît pour la première fois dans une chronique du IXe siècle.

Le savant bibliothécaire de la ville de Brest, M. P. Levot, nous adresse au sujet de l'imprimerie brestoise la communication suivante :

L'état de barbarie dans lequel Brest resta plongé jusque vers 1681 donne tout lieu de croire qu'aucun imprimeur n'exista dans cette ville avant Olivier Drillet, qui prenait en 1681 le titre *d'imprimeur du Roy et de la marine*, et imprimait sur placard de format petit in-fol. les *Lettres patentes de Louis XIV*, données à Versailles au mois de juillet 1681, lettres constitutives de la nouvelle marine.

La famille des Drillet semble avoir été une famille d'imprimeurs, car Nicolas du Brayet, imprimeur à Morlaix en 1647, avait épousé une Drillet, parente vraisemblablement de l'imprimeur brestois.

Un peu après Drillet, nous trouvons la mention d'un Guillaume Camarec, qui prend le titre d'imprimeur et libraire de la marine : il imprima en 1699, sur parchemin in-plano, les *Statuts réformés de la corporation des cordonniers de Brest*. En tête est un fleuron fort bien gravé représentant les armes de France supportées par des anges. La première ligne commence par un L où se voit un personnage nimbé placé sur un fond parsemé de fleurs de lis.

Ce G. Camarec a dû imprimer le *Traité d'hydrographie* de Couhait, premier professeur d'hydrographie à Brest. Colbert en avait autorisé l'impression au mois de mars 1684, et une lettre de ce ministre, datée du 12 janvier 1685, et adressée à M. Desclouzeaux, intendant de la marine à Brest, lui prescrit d'envoyer à Rochefort 150 exemplaires du *Traité de navigation* que le sieur Couhait a fait imprimer.

Un autre imprimeur, Jean-Louis Camarec, demeurant *vis-à-vis la maison de l'intendant*, au XVIIIe s., est probablement le fils de Guillaume.

Un imprimeur, Romain Malassis, de la famille des imprimeurs d'Alençon, prend le titre d'*imprimeur de la marine et des armées navales de Sa Majesté*: il imprima vers 1696 une *tragédie sacrée* de dom Jean Cadec, prêtre du diocèse de Léon, Brest, in-8; et vers 1698, les *priviléges accordés* par Louis XIV, très chrestien, aux maire, eschevins et habitans de la ville de Brest, pet. in-8.

Citons pour mémoire deux numéros du catal. Dubois : *an Imitation Jésus-Christ*, hon *Salver Biniquet*, E Brest, 1689, in-8, et : *an Templ consacret der Passion Jesus-Christ*, E Brest, 1695, in-8.

M. Frère (*Bibl. norm.*, II, p. 569) nous donne aussi le titre d'un ouvrage imprimé à Brest en 1693; c'est un *Exercice en général de toutes les manœuvres qui se font à la mer*, par l'amiral de Tourville, in-8.

L'arrêt du conseil du 21 juillet 1704, qui fixe le nombre des imprimeurs tant à Paris que dans les villes de province, en autorise un seul pour la ville de Brest.

Le *Rapport* fait à M. de Sartines signale deux imprimeries existant à Brest en 1764, celle de la veuve Camaret, et celle de Romain-Nicolas Malassis, qui possède 4 presses.

BRESTIENSIS PALATINATUS, *Woiewodat de Brzesc*, en Lithuanie.

BRESTUM, voy. BRESTIA.

BRETELIUM, voy. BRETOLIUM.

BRETINIACUM, *Bretigny*; plusieurs localités en France portent ce nom, mais le traité de 1360 fut conclu dans un hameau de la Beauce, au dioc. de Chartres, auj. dép. d'Eure-et-Loir.

BRETOLIUM, BRETELIUM, BRITOLIUM PALATIUM [Charta Ph. Aug. a. 1204], BRITULIUM [Charta Ludov. VIII, a. 1223], *Breteuil*-

sur-Iton, ville de Fr. (Eure), anc. villa royale. = *Breteuil-sur-Noye*, ville de Fr. (Oise).

BREUCOMAGUS, voy. BROCOMAGUS.

BREUNIA VALLIS, le *val de Bollenza, Bolenzer Thal,* en Suisse.

BREUTHE, ville d'Arcadie, au N.-O. de Mégalopolis, auj. *Karithene,* en Morée.

BREVALLIS, *Breval;* plusieurs localités en France portent ce nom.

BREVIODURUM [Itin. Anton.], AUDEMARI PONS, ville des Lexovii, dans la Lyonnaise IIe, auj. *Pont-Audemer,* ville de Fr. (Eure).

Nous pensons que c'est par suite d'une erreur de nom ou d'année que M. Frère (*Bibl. norm.*) donne 1533 comme date de l'introduction de la typographie dans la ville de Pont-Audemer, et le nom de Guillaume Duval comme premier libraire-imprimeur : nous ignorons sur quels livres peut s'étayer cette assertion, et nous désirons vivement être édifié à ce sujet.

BREXIA, voy. BRIXIA.

BREZEUM, *Brézé,* bourg, chât. et marquisat d'Anjou (Maine-et-Loire). On trouve dans le *Voyage des rel. Bénéd.,* PETRUS BREZEUS, FRANCISCA BREZEA, etc.

BRIA, voy. BRAIA.

BRIANZONIA ARX, *Briançonnet,* sur l'Isère, pet. ville de France (Isère).

BRIARIA, voy. BRIVODURUM.

BRICEJUM, BRICESUM, *Briey,* bourg de Fr. (Moselle).

BRICIACUS, BRUCTIAGUS, *Brécé,* commune de Fr. (Mayenne).

BRIELA, *Briel,* pet. ville de la Hollande du Sud.

Le *Cat.* de Daniel Elzevir de 1681 nous fournit une indication qui nous permet de faire remonter à 1643 la date de l'imprimerie dans cette ville : *Jacobi Revii Thekel contra Carthesium.* Briel, 1643, in-4.

BRIENSIS PAGUS, BRIGENSIS AGER, BRIEGIUS SALTUS, *la Brie,* anc. prov. de France.

BRIEZA FIDA, *Treuen-Briezen,* ville de Prusse, dans le gouv. de Potsdam.

BRIGA, *le Breg,* riv. du gr.-duché de Bade.

BRIGA, voy. BREGA.

BRIGABANNIS, BRIGOBANNA, ville de la Vindélicie, sur le Danube, auj. *Breunlingen,* bourg du gr.-duché de Bade.

BRIGANCONIA, *Bregançon,* village et chât. de Provence, érigé en marquisat en 1574 (Var).

BRIGANTES, anc. peuple d'Irlande; occupait la province de Leinster.

BRIGANTES, peuple de la Bretagne romaine; occupait les comtés de Cumberland, Westmoreland, Lancaster, York et Durham.

BRIGANTIA, voy. BRAGANTIA et BRIGANTIUM.

BRIGANTINUS AGER, le *Briançonnais,* district de Fr., autour de la ville de Briançon.

BRIGANTINUS LACUS, voy. BODAMICUS LACUS.

BRIGANTIUM, Βριγάντιον [Dio Cass.], FLAVIUM BRIGANTIUM, Φλαούϊον Βριγάντιον [Ptol.], BRIGANTIA [Oros.], ville des Callaici Lucenses, dans la Tarraconaise, sur l'emplacement actuel de laquelle on est peu d'accord; mais les principales autorités penchent pour *Coruña, la Corogne,* ville forte et port de Galice; Mannert penche pour le *Ferrol* et Reichard pour *Betanzos,* près de *la Corogne.*

BRIGANTIUM [Itin. Anton., Tab. Peut.; etc.], Βριγάντιον [Ptol., Strab.], BYRIGANTIUM, Βριγαντία [Julian. Ep.], BRINCATIO [Geo. Rav.], BREGETIO, ville des Caturiges, dans la Gaule Narbonaise, auj. *Briançon,* ville de Fr. (Hautes-Alpes).

BRIGANTIUM [Tab. Peut.], Βριγάντιον [Strab., Ptol.], BRIGANTIA [Amm. Marc., Itin. Anton.], *Bregenz,* ville du Tyrol autrichien; chef-lieu du Voralberg, sur le lac de Constance.

Imprimerie en 1711 [Dr Cotton's, *Suppl.*]; mais M. Ternaux cite : *Flascher Badwasser durch* P. N. N. P. Bregentz, 1669, in-8.

BRIGE [Itin. Anton.], ville de la Bretagne romaine; auj. *Brougton,* ville du Hampshire [Camden].

BRIGENSIS, voy. BRIENSIS PAGUS.

BRIGETUM, voy. OVETUM.

BRIGIANA, *Barriana,* ville d'Espagne [Graesse].

BRIGOLIUM, *Brigueil,* bourg de Fr. (Charente).

BRINNACUM, voy. BRENNACUM.

BRINNIUM, voy. BRUNA.

BRINOLIUM, BRINONIA, *Brignoles,* ville de Fr. (Var).

BRIOCENSE OPPIDUM, S. BRIOCI FANUM, BRIOCÆ, BRIOCI CASTRUM, *Castel de Brioc* [Guill. Gemet.], *St-Brieuc,* ville de Fr. (Côtes-du-Nord).

Le premier imprimeur de Saint-Brieuc s'appelait Guillaume Doublet. Voici le premier livre que nous connaissons de lui : *Les hymnes ou cantiques sacrez à la gloire de Dieu, tirez de plusieurs sainctz pères et docteurs anciens, traduicts en vers françois sur les plus beaux airs de ce temps, par le sieur Auffray Pleduno, chanoine de l'église cathedrale de Sainct-Brieuc.* A Sainct-Brieuc, par Guillaume Doublet, 1623, in-8. Colletet dit de ce brave chanoinc, qu'il s'exprime si rustiquement et avec un style si contraint et si barbare, qu'il semble tenir un peu plus de l'air de l'antique langage des Goths et des Vandales que de l'air de notre langue française.

En 1627, le même Guillaume Doublet imprima : *Vie et miracles de S. Brieuc et de S. Guillaume, ensemble la translation des reliques · dudit S. Brieuc... avec des remarques et des observations, par L. G. de la Devison, chanoine de l'église de S. Brieuc.* Saint-Brieuc, Doublet, 1627, in-8.

En 1640, le même imprimeur donne une nouvelle édition des *Colloques bretons*, de J. Quiquier le Roscovite.

Les arrêts du conseil du 21 juillet 1704 et du 31 mars 1739 autorisent un seul imprimeur dans la ville de Saint-Brieuc, et cet imprimeur privilégié est Jean-Louis Mahé, établi en 1751.

L'arrêt du 12 mai 1759 confirme les précédents.

BRIONNA, **BRIONIA**, *Brionne*, pet. ville de Normandie (Eure) ; concile en 1050.

BRIOVERA, OPPIDUM SANCTI LAUDI, SANLAUDUM, *Saint-Lô*, ville de Fr. (Manche).

Suivant M. Frère, l'imprimerie date en cette ville de l'année 1656 et le premier typographe s'appelle Jean Pien. Le *Catal. Offor*, cité par M. Cotton, donne un *kalendrier historial et almanach perpetuel*, in-16 (n° 437), et les *Pseaumes mis en rime* par C. Marot et T. de Beze, avec la prose correspondante, verset pour verset, in-16 (n° 452), portant *St-Lô*, comme lieu, et 1567 comme date d'impression; nous-même pourrions citer un volume publié sous la rubrique *St-Lô*, en 1565, mais imprimé à Rouen. C'est seulement à la date fixée par M. Frère que nous pouvons, avec certitude, faire remonter l'introduction de la typographie dans cette ville. Parmi les livres sortis des presses de J. Pien, qui prend le titre d'*imprimeur et libraire du collège*, nous citerons une pièce assez rare : *Lettre héroïque sur le retour de M. le Prince à madame la duchesse de Longueville, par le sieur Jacques de Caillières*. St-Lô, J. Pien, 1660, in-4.

L'arrêt du conseil du 31 mars 1739 supprime l'imprimerie dans la ville de Saint-Lô.

BRIPIUM, *Brivio*, bourg de Lombardie, sur l'Adda.

BRISACUM, BRISIACUS MONS [Itin. Anton.], BRESCIA [Geo. Rav.], BRACCUM SACCUM, *Breisach, Brisach*, anc. cap. du Brisgaw, ville du gr.-duché de Bade.

BRISACUM ANDEGAVIÆ, *Brissac*, bourg et chât. de Fr. (Maine-et-Loire).

BRISACUM NOVUM, *Neu-Breisach*, ville de Fr. (Haut-Rhin).

BRISGAVIA, BRIGOVIA [Cell., Cluv.], BRISIGAVIA [Cluv.], *der Breisgau*, le *Brisgaw*, anc. prov. du gr.-duché de Bade.

BRISTOLIA, BRISTOLIUM, BRICTZSTOWENSIS CIVITAS (XIIIe s.), *Bristol*, ville et comté d'Angleterre.

C'est à 1642 que le Dr Cotton fait remonter l'introduction de la typographie à Bristol ; il cite : *A sermon by Richard Towgood*, 1643, in-8 (inconnu à Lowndes). — *Certain observations on the new league or covenant*, etc., *with a copy of said covenant*, in-4, Bristol, printed for Richard Harsell, and are to be sold by him in Bristol, 1643.

Citons encore : *Howell's Mercurius Hibernicus; or a discourse of the insurrection in Ireland.* Bristol, 1644, in-4.

BRITANNIA [Cæs., Tac., etc.], ἡ Βρεττανικὴ νῆσος [Strab.], ἡ Βρεττανία [D. Cass.], ἡ Βρεταυία [Ptol.], ALBION [Plin.], Ἀλουίων νῆσος [Ptol.] , ANGLIA, l'*Angleterre* [*England*), ou *la Grande-Bretagne* (en saxon : *Prydain*).

BRITANNIA BARBARA, voy. CALEDONIA.

BRITANNIA INFERIOR SEPTENTRIONALIS [Cell.], au nord de la Bretagne romaine, formant auj. les comtés du Cumberland, West-Moreland , Lancaster, York et Durham.

BRITANNIA MINOR, voy. ARMORICA.

BRITANNIA ROMANA, BRITANNIA MAJOR [Cluv.], BRITANNIA PROPRIA [Cell.], l'*Angleterre* propre, séparée de la BRITANNIA indépendante par le mur d'Adrien, de Newcastle au firth of Solway.

BRITANNIA SECUNDA, CAMBRIA [Cluv., Cell.], CAMBRO-BRITANNIA, KIMRU, WALLIA, le *Pays de Galles*, en Angleterre.

BRITANNICÆ INSULÆ, les *Iles Britanniques*.

BRITANNODUNUM, CASTRUM BRITONUM, DUMBRITONIUM , *Dumbarton* , ville et chât. d'Écosse, ch.-lieu du comté du même nom.

BRITOLIUM, voy. BRETOLIUM.

BRITTENEVALLIS, BRITENEVALLE, *Berneval-le-Grand*, bourg près Dieppe (Seine-Inférieure).

BRIVA CURRETIA, BRIVATENSIS VICUS, *Brives-la-Gaillarde*, ville de Fr. (Corrèze).

Nous trouvons au catal. Baluze (n° 8261) un vol. que cite aussi M. Ternaux : *Histoire de S. Martin de Brive, par Jean Conte.* Brive, 1635, in-12 ; nous trouvons encore au t. IIIe du catal. Dubois (n° 1988), *le Siècle illuminé, ou exercice de piété pour vivre spirituellement dans le monde, par le P. M. de B. C.* Brive, 1649, in-12.

BRIVA ISARÆ [Itin. Anton., Tab. Peut.], BRIVISARÆ, PONS ISARÆ, ŒSIENSIS PONS, PONTESIA , PONTESIA IN VELIOCASSIBUS [Ch. Lud. VIII, a. 1179], *Pontoise*, ville de Fr. (Seine-et-Oise).

Nous ne pouvons assigner de date certaine à l'introduction de l'imprimerie dans cette localité. Le P. Lelong et le catal. de la Bibl. imp. nous donnent le titre d'un vol. imprimé en 1637 : *Histoire véritable de l'antiquité et prééminence du vicariat de Pontoise et du Vexin françois* (par le curé de St-Nicolas du Chardonnet, Hipp. Ferret de Pontoise), dont la première édition fut donnée à Paris en 1637, chez la veuve Chevalier, mais dont la réimpression de la même année porte : *Paris et Pontoise, J. de la Varenne*, in-4. Mais très-probablement ce Jean de la Varenne, imprimeur à Pontoise, mais non dans Lottin ni dans la Caille, était un simple libraire de Pontoise qui obtint, en se rendant acquéreur d'une partie de l'édition, l'autorisation de faire imprimer son nom sur le frontispice.

En 1652, le parlement étant à Pontoise se fait suivre, comme à Tours en 1589, d'un imprimeur et d'un matériel suffisant, et plusieurs pièces, datées de cette époque, sont imprimées sous la rubrique : *Pontoise*. (Voy. catal. de l'hist. de France, Biblioth. impér., tom. VIII, n°⁵ 3099, 3109, 3110, 3147, etc.) Toutes ces pièces sont imprimées par Jean Courant. Cette ville ne figurant ni à l'arrêt du conseil de 1704, ni à celui de 1739, ni au *rapport* fait à M. de Sartines en 1764, il est clair que l'établissement de Jean Courant ne continua pas à fonctionner après le rappel du Parlement.

BRIVAS [Sidon. Apoll.], BRIVATUM IN ARVERNIA, BRIVATA, ville des Arverni, dans la Gaule Aquitaine, auj. *Brioude*, ville de Fr. (Haute-Loire).

BRIVAS VETUS, *Brioude-la-Vieille*, sur l'Allier, bourg de Fr. (Haute-Loire).

BRIVATES PORTUS, Βριουάτης λιμήν [Ptol.], dans la BRITANNIA MINOR, auj. le *Croisic*, ville de la Loire-Inférieure, suiv. d'Anville ; le bourg de *Batz*, dans le même dép., suiv. Gosselin ; et une localité entre Guérande et le Croisic, du nom de *Brivain* ou *Brévin*, suiv. Reichard.

BRIVODURUM [Itin. Anton., Tab. Peut.], *Briare*, ville de Fr. (Loiret).

BRIXELLUM [Tacit., Plin.], Βρίξελλον [Ptol.], BREXILLUM [P. Diac.], sur le Pô, et station de la voie qui conduisait de Reggio à Crémone, auj. *Bregella* ou *Brescella*.

BRIXIA [Liv., Plin., etc.], Βηξία [Strab.], Βρίξία [Ptol.], BREXIA, ville des Cenomanni, dans la Gaule Transpadane, auj. *Brescia*, ville d'Italie, chef-lieu de la délég. du même nom, dans le Milanais.

Le cardinal Quirini (*de Litterat. Brixiana*, in-4. Brixia, 1749), Amati (p. 420 et suiv.), Mauro Boni (*Primi libri a stampa dell' Italia super*. — Venezia, 1794, pet. in-fol. p. 73 et suiv.), se sont occupés spécialement de l'histoire de la typographie à Brescia. Voici ce que nous croyons devoir extraire de ces volumineux documents : L'imprimerie fut introduite à Brescia vers 1472 ; on trouve à cette date un vol. imprimé en caract. ronds, sans nom de lieu ni d'imprimeur, mais que l'on s'accorde à considérer comme le premier produit de la typographie bressane. C'est un in-fol. de 79 ff. à 37 l., sans ch., récl. ni sign., intitulé : *Leonardi Arretini* (sic) *Epistolarum || familiarium liber primus felici || ter incipit*. M CCCC LXXII.

Par qui fut imprimé ce volume rare et précieux ? est-ce par Thomas Ferrando, le premier imprimeur bressan ? est-ce par l'imprimeur également anonyme du Virgile de 1473 ? voilà ce qu'il nous est impossible de déterminer. Le caract. rond avec lequel il est exécuté n'a aucun rapport avec celui de Thomas Ferrando. Le vol. commence par deux épîtres adressées à l'évêque de Padoue, J. Zeno, par Ant. Moreto de Brescia, l'éditeur, et Jérôme Alessandrino ; mais, parce que l'éditeur d'un livre est de Brescia, on ne peut affirmer que ce livre soit imprimé à Brescia.

Le second volume imprimé dans cette ville serait, au dire de Mauro Boni, le célèbre poëme de Francesco de Stabili, plus connu sous le nom de Francesco de Cecco d'Ascoli, l'*Acerba*, in-fol. s. d. (154 *pagine impresse all' altezza di 9 pollici e tre di larghezza*), 26 lignes à la page entière ; à la fin :

F   I   N   I   S

BIXIETHOMAFERNDO AUTORE (*sic*).

Parmi les autres productions de cet imprimeur, non datées, mais révélant une grande antiquité, par les caractères et par l'absence de ch., récl. et sign., nous citerons : la 1re édition de *Lucrèce*, in-fol., 104 ff., rarissime vol. dont Dibdin croyait posséder le seul exemplaire, et qui depuis a été décrit dans le catal. de la bibl. d'Elci (p. 64) ;

La première édit. de Properce, in-4, sans aucune désignation, mais toujours exécutée avec le même caractère ;

Un *Térence*, un *Aulu-Gelle*, les *Epîtres de Phalaris*, les *Orationes Ciceronis* et une pièce de 4 ff., petit in-4, dont on ne connaît qu'un seul exemplaire : *Illustris Mantuani Marchionis in Nuptiis || Thomasi Ferandi Brixiani oratio*.

Les éditions de l'année 1473, datées, sortant des presses de cet imprimeur, sont : *Statuta communia Brixiæ*, publiées *XII kl' Junii*, dont Amati (p. 423) donne un titre minutieusement détaillé. C'est dans ce livre que Th. Ferrando se plaint de la ladrerie de ses concitoyens, qui le payent « *per adulterinam modo, modo per tonsam monetam*, » et le réduisent à mourir de faim.

Puis : *Statuta Merchancie merchatorum Brixie et districtus*, in-fol. ; et la même année : *Obligationes et ordines contra daciarius et debitores Cam. ducalis siue côis Brixie cujus capita sunt XII* ; tirées à 100 exemplaires seulement.

Une nouvelle édition de *D. I. Iuuenalis et A. Persii Satyræ*, in-fol., datée de XIII kl' Augusti M CCCC LXXIII, et publiées : *Iubente presbytero Petro Villa*, 60 ff. Cette édition fut découverte par le cardinal Quirini et passa longtemps pour le premier livre imprimé à Brescia (voy. Mercier et Tiraboschi).

Il nous faut parler aussi d'une édition plus précieuse que tout ce qui précède ; c'est du célèbre *Virgile* de 1473, exécuté avec des caractères que Dibdin et Brunet croient être ceux du *Mercure Trismégiste*, imprimé à Trévise par Gérard de Flandre en 1471, ce qui permet de supposer que cet imprimeur fonda un établissement à Brescia, comme il en eut à peu près à la même époque à Venise et à Udine ; ce livre serait le premier volume à la date de 1473, car il fut publié par le prêtre Pietro Villa le 21 avril de cette année, et par conséquent le troisième jour de l'année, puisque Pasques tombe, en 1473, le 18 avril.

Les autres imprimeurs de Brescia au XVe siècle sont : l'Allemand Henricus de Colonia, le Français Eustache, qui donnent ensemble l'*Homère* de 1474, latinisé par Laurent Valle, puis Boninus de Boninis de Ragusia, Gabriel Petri de Trévise et son fils Paul, Barthélemy de Vercelli, etc.

BRIXIANUS AGER, *il Bresciano*, la *province de Brescia*.

BRIXINA [Luen.], BRIXIA, [Cluv.], BRIXINUM, *Brixen*, ville du Tyrol, dans le cercle de Pusterthale.

Voici un livre imprimé dans cette localité : *Br. Joh. Nasen concordia alter und neuuer, guter unnd böser Glaubens streitiger Lehren verglichen, Beschreibung*. Brixen, 1583, in-4 (*Biblioth. Exotica*, part. allem. p. 45).

BROAGIUM, BRUAGIUM, *Brouage*, ville de Fr. (Charente-Infér.).

BROBURGUM MORINORUM, *Bourbourg*, ville de Fr. (Nord) ; voy. BORBURGUM.

BROCARIACUM PALATIUM, BRUCARIACUM VILLA, BRUCHERIACUM, BURCHARIACUM [Aimon.], BROCARIACA [Bolland.], BRUGUELE [Chr. S. Dion.], anc. villa mérov., résidence de la reine Brunehaut, auj. *Boucherasse, Bourcheresse*, village près d'Avalon (Yonne), suiv. Valois.

BROCAVUM [Itin. Anton.], *Brougham*, ville d'Angleterre (Westmoreland).

BROCMERIA, *Brockmerland*, district de la Frise orientale (Hanovre).

BROCOMAGUS [Itin. Anton., Tab. Peut.], Βρευχόμαγος [Ptol.], BROCMAGAD PALATIUM, BROUMAT [Valois], anc. cap. des Triboques, auj. *Brumpt, Brumath*, bourg d'Alsace (Bas-Rhin).

BRODA BOHEMICA, *Bohmisch-Brod*, ville de Bohème.

BRODA TEUTONICA, Βροδεντία [Ptol.], *Brod-Nemotzki* ou *Deutschbrod*, ville de Bohème, dans le cercle de Czaslau [Forbiger].

BRODNICA, STRATIOBURGUM, *Brodnitz* ou *Strassburg*, ville de la Prusse occidentale, dans la prov. de Marienwerder.

BROIACUM, *Brou*, ville de Fr. (Eure-et-Loir).

BROILUM, *Broglio*, bourg de Suisse [Forbiger].

BROLIUM, le *Breuil*; plusieurs localités en France portent ce nom.

BROMPTONUM, *Brompton*, bourg d'Angleterre (Middlesex).

· BRONDULUM, BRUNDULUM [Plin.], *Brondolo*, bourg du pays vénitien.

BRONIUM, voy. BRENNIA COMITIS.

BROSSA, AMBROSIOPOLIS, *Brosz*, ville de Transylvanie.

BROVONACUM [Itin. Anton.], BROVONACÆ, localité des Brigantes, dans la Britannia Romana, auj. *Whelpcastle*, dans le Cumberland.

BRUBACUM, *Braubach* sur le Rhin, ville du Nassau.

BRUCARIACUM VILLA, voy. BROCARIACUM.

BRUCSALIUM, *Bruchsal*, ville du gr.-duché de Bade.

L'imprimerie existe dans cette ville au commencement du XVIIe siècle, et le premier imprimeur est un Français du nom de Gilles Vivet : *Joh. Val. Pistorii begierer oder Schatz der Seelen, wie man Gott erkennen, fürchten und lieben solle.* Bruchsal, durch Egidium Vivet. 1603, in-8 (*Bibl. exotica*, part. allem., p. 200).

BRUCTERI [Tac.], Βρούκτεροι [Ptol.], peuple de la Germanie, habitant sur les bords de l'Ems et du Rhin, entre Osnabrück et Munster.

BRUERIÆ, *Bruyères*; plusieurs localités de ce nom en France, dont un bourg du dép. des Vosges.

Nous ignorons sur quoi se fonde le Dr Cotton pour

prétendre qu'il a existé une imprimerie dans ce bourg en 1783.

BRUGA, ARULÆ PONS, *Bruck, Brugg*, bourg de Suisse, sur l'Aar (canton d'Argovie).

BRUGA AD EDERUM, *Armorder Brug*, ville du Nassau [Graësse].

BRUGÆ, *Brugge, Bruges*, ville de Belgique (Flandre occid.).

Tous ceux qu'intéresse l'histoire de l'imprimerie ont entre les mains le monument que Van Praet consacra à l'illustre introducteur de la typographie dans la ville de Bruges; il est donc inutile de nous appesantir sur des faits universellement connus.

Le premier livre imprimé par Colard Mansion est sans date; c'est le *Jardin de dévotion*, imprimé vers 1475, in-fol. de 29 ff. à 23 lign., sans ch., récl., sign. ni init., en anc. grosse bâtarde. Au dernier f. on lit :

> Primum opus impressum per Colardum
> Mansion, Brugis, Laudetur omnipotens.

Le premier livre avec date est : *Boccace du dechiet des nobles hommes et cleres femmes traduit du latin en françois.* Bruges; Colard Mansion, 1476, gr. in-fol., en anc. gros caractère goth. sans ch., récl. ni sign., avec minuscules pour indiquer la place des initiales qui doivent être miniaturées ; 289 ff. à 2 col. de 33 lignes. A la fin : *A la gloire et loenge de Di‖eu et à l'instruction de tous‖a este cestui euure de boca‖ce du dechiet des nobles hommes et femmes. Im‖prime a Bruges par Co‖lard Mansion. Anno M‖CCCC LXXVJ.*

Parmi les volumes sortis incontestablement des presses de Colard Mansion qui ont été découverts depuis la mort de Van Praet, nous citerons la première édition de l'*Estrif de Fortune*, de Martin Franc, in-fol., sans l. n. d., mais imprimé avec le caractère goth. du *Boece* de 1477. La Bibliothèque impériale, qui, grâce au zèle ardent de son ancien administrateur, possède une suite superbe des livres sortis des presses de Colard Mansion, n'a pas ce rarissime volume; mais, comme il est à la biblioth. Sainte-Geneviève, il faut espérer qu'un jour ou l'autre, par voie d'échange, il viendra compléter une collection des plus importantes au point de vue de la typographie française.

Le registre de la confrérie des libraires de Bruges renferme deux noms d'imprimeurs antérieurs à Colard Mansion, Dieric de Prentere (*Didier l'imprimeur*), en 1457, et l'année suivante, Dieric F. Ian de Prentere (*Didier, fils de Jean l'imprimeur*); en second lieu un libraire nommé Jean Briton (1454-1494). Le premier (car ces deux Dieric à la date de 1457 et 1458 ne nous paraissent faire qu'un seul et même artiste), le premier était un imprimeur xylographe qui découpait des caractères ou des images en relief sur des planches de bois; il ne reste malheureusement rien que l'on puisse lui attribuer avec certitude.

Le second exécuta « *par un art nouveau et des instruments de son invention, un écrit composé à la prière de l'évêque de Térouanne par Jean Gerson, et que ce prélat avait fait transcrire dans deux tableaux pour qu'ils fussent exposés en dehors de son église.* » (Voy. Man. du Libr., à l'art. GERSON.)

« Cette nouvelle manière d'écrire, dit M. Van Praet, consistait probablement à mouler des caractères avec des lettres de laiton à jour, semblables à celles qu'on a longtemps employées pour exécuter des livres de liturgie et de chœur. »

Ces deux tableaux furent imprimés par Jean Veldener pendant son séjour à Utrecht, vers 1480; le seul exemplaire que l'on en connaisse est à la Bibliothèque impériale.

On ne connaît pas d'autre imprimeur à Bruges au XVe siècle; mais, tout au commencement du XVIe, i faut citer Heynderic van den Dale, dont on connaît en 1503 un rare petit volume in-8, intit. : *Rosarium virginis Mariæ*, 24 ff. ornés de 23 fig. gravées sur cuivre. A la fin : *Impressum Brugis per me Heynricum || de Valle*. Anno Dñi ᴍ ᴄᴄᴄᴄ || *Tertio decimo die mensis Martij*.

Ce petit volume, fort rare, passe pour être le premier ouvrage orné de planches sur cuivre qui ait paru en Belgique.

Pour le long séjour qu'a fait Guill. Caxton à Bruges, voyez une longue et intéressante dissertation de M. Aug. Bernard (*Hist. de l'impr.*, t. II, p. 364 à 385).

Vers le milieu du XVIᵉ siècle, Hubertus Goltzius, l'un des plus savants archéologues et numismates de son époque, fondait à Bruges, dans sa propre maison, une imprimerie d'une certaine importance, à son retour d'Italie, d'où il rapportait et d'admirables souvenirs artistiques et le titre de citoyen romain. Ses commanditaires, ses protecteurs, ses amis les plus dévoués, étaient ces frères Lauwerin ou Laurin, les *Grotiers* de la Belgique, dont la bibliothèque est restée célèbre. Goltzius *composait* lui-même, *corrigeait* et *mettait en pages* ses propres ouvrages ; il alla jusqu'à en graver lui-même toutes les planches. Le *Manuel* (tom. II, col. 1653) donne le détail des principaux ouvrages émanant des presses particulières d'Huber Goltz [Foppens, *Bibl. Belgica*].

Brugæ Bearniæ, *Bruges*, bourg de Fr. (Basses-Pyrénées).

Brugga (?), *Brugg*, en Suisse (cant. des Grisons).

M. Ternaux cite un livre imprimé dans cette localité : *B. Anhorn Heylige wie dergebuet der evangelischen kirchen in Rhætia*. Brugg, 1680, in-8.

Brugnatum, **Bruniacum**, **Brunetum**, *Brugnato*, ville d'Italie, sur le fl. Vara (prov. de Gênes).

Brumia, voy. **Prumia**.

Brunna, **Brinnium**, **Brinnum**, **Civitas Brunensis**, **Brunna**, *Brünn*, *Brno*, ville de Moravie (Autriche).

Le premier livre connu et cité par tous les bibliographes comme imprimé dans cette ville est un *Agenda secundum chorum Olomucensem*. Brunæ, 1486, in-4 (Hain, nᵒ 371). Le second est : *Johannes de Thwrocz, chronica Hungariæ. In || inclita terra Moraviæ Brunesi Lucu || bratissime impressa finit Felicius*. Anno sa || lutis ᴍ ᴄᴄᴄᴄ ʟʏʏʏᴠiij. die xx Martii. In-fol. goth., fig. s. b.

Ce n'est qu'en 1491 que nous trouvons les noms de deux imprimeurs : ᴍɪssᴀʟᴇ sᴛʀɪɢᴏɴɪᴇɴsᴇ impressum Brunnæ... per ingeniosos ac magnarum industriarum viros Conradum Stahel et Matheum Preinlein, impressores venetos, 1491, in-4.

Conrad Stahel était imprimeur à Passau vers 1480 ; il s'associa probablement avec un Allemand arrivant de Venise pour fonder le premier établissement typographique de Brunn.

Brundulum, voy. **Brondolum**.

Brundusium [Cæs., Cic., Tac., etc.], **Brundysium** [P. Diac.], Βρεντέσιον [Polyb., Strab.], Βρενδέσιον [Ptol.], ville des Japygii, auj. *Brindisi* (Brindes), ville forte d'Italie (terra d'Otranto).

Brunetum, voy. **Brugnatum**.

Brunodunum, voy. **Braunodunum**.

Brunonis mons, *Bourmont*, ville de France (Haute-Marne).

Brunonis vicus, voy. **Brunsviga**.

Brunopolis, voy. **Branecium**.

Brunsberga, **Braunsberga** [Cluv.], **Bransberga**, **Brunsburgum**, **Brunorum** (?), **Bruneber** [Chr. Eginh.], *Brunsberg*, ville de Prusse, dans la prov. de Königsberg, sur le Weser.

Le Dʳ Cotton nous apprend que le cardinal Hosius, à son retour du concile de Trente, établit dans le collège de jésuites de cette ville une imprimerie qui fonctionna à partir de l'année 1601. On trouve sur ces livres Bʀᴜɴᴏʀɪ, ce qui peut s'appliquer à *Brunsberg*, mais pourrait également signifier *Bruneck* en Tyrol. Le catal. de la Bibl. *Hielmstierna* (p. 278) nous donne : *Gulielmi Corvini assertiones ex universa philosophia, preside Stanislao Radzincki*. Brunori, G. Schönfels, 1604, in-8.

Brunsbutta, *Brunsbüttel*, bourg du Holstein.

Brunsviga [Luen.], **Brunsvicum** [Cluv., Cell.], **Brunonis vicus**, **Brunopolis**, *Braunschweig*, *Brunswig*, ville d'Allemagne, capit. du duché du même nom.

C'est à l'année 1509 que Falkenstein fait remonter l'imprimerie dans cette ville, et Panzer nous donne le titre du livre : *Regimen sanitatis Anglorum Regi ex Parisiensi gymnasio missum*. A la fin : *Expressa sunt hæc in florentissima urbe* Brunsvigo, per Joannem Dorn, imposita suprema manu quinto Iduum Iunii, anno Christi 1509, in-4.

Le second volume cité par lui est : *Probæ Falconiæ virgilio-centones*, Brunsvici, 1516, in-4 ; et la même année parut un commentaire de Henr. Hauer sur ce livre.

Bruntutum, **Bruntrutum**, **Brundusia**, **Brundisia**, *Porentruy* (Bruntrut), ville de Suisse (cant. de Berne).

Quelques géographes croient cette ville bâtie sur l'emplacement de l'*Amagetobria* de César. C'est à 1594 que Falkenstein fait remonter l'imprimerie dans cette ville : nous ne connaissons pas le livre qui lui fournit cette date, mais dès l'année suivante nous trouvons : *Sacerdotale Basiliense jussu Jacobi Christophori Episcopi Basiliensis editum*. Bruntuti, 1595, in-4 (Catal. d'Estrées, nᵒ 710.). On sait qu'après la réforme cette ville devint le siège de l'évêché de Bâle.

Brusca, **Bruscha**, *Breusch*, bourg d'Alsace (Bas-Rhin).

Bruttium [Plin., Liv.], **Brutiorum regio** [Jornand.], Βρεττιανὴ χώρα [Polyb.], Βρεττία [Strab.], prov. du Sud de l'Italie, habitée par les *Bruttii*, comprise dans les *Calabres*.

Bruxella [Cluv.], **Bruxelæ** [Cell.], **Brucellæ**, *Bruxelles* (Brüssel), cap. de la Belgique. On trouve *Brucelas* et *Bruselas* sur les livres espagnols, et *Bruesel* sur les flamands.

Les frères de la vie commune, de l'ordre des Hiéronymites, étaient établis en Belgique depuis l'an 1376 environ ; ils avaient pour fondateur Gérard Groot ou Gérard le Grand, né à Devender en 1340 ; leur maison, chef-d'ordre, était à Gand : elle existait déjà en 1433, rue basse de l'Escaut (Neder-schelde-straet), dans le bâtiment qu'occupe aujourd'hui l'hos-

pice des *Kulders*; ils furent supprimés en 1744
[A. Voisin, *impr. partic. aux Pays-Bas*]. L'historien inédit de la ville de Louvain, J. Molanus, nous
donne dans son intéressant ouvrage, dont M. Van-
Hulthem possédait une fort bonne copie, plusieurs
détails fort curieux sur la règle et les actes de ces
religieux lettrés : *Walranus, prior primus Vallis
S. Martini, auxit structuras, fratres conscribere
libros octo horis jussit quolibet ipse die.... Cum typographia adinventa esset, conati sunt etiam Mar-
tinenses, exemplo aliorum quorumdam regularium, quædam typis exprimere. Sed cum inde
dispendium facerent, ab impressione mox cessa-
runt, contenti fere describere libros officii eccle-
siastici, eo quod alii libri per typographos passim
ederentur.* Comme on le voit, ce furent des religieux
du couvent du Val Saint-Martin dans le diocèse de
Liège, qu'il faut se garder de confondre avec le couvent du même nom du diocèse de Tournai, appartenant aux Bénédictins ; ce furent les Hiéronymites
du Val Saint-Martin qui les premiers se livrèrent à la
typographie, aussitôt après l'introduction en Belgique, par Thierry Martens d'Alost, de cet art qui, selon l'expression de Laurent Valle,

> Quod vix iħ toto quisquam præscripserat anno
> *Munere Germanico* conficit una dies.

(Encore une pierre jetée par le poëte aux partisans
de L. Coster.)
Les frères de la vie commune se livraient à l'éducation et à l'enseignement; ils avaient plusieurs éco-
les à Deventer, à Bruxelles, à Cambrai, etc. ; à Gand,
ils formèrent plusieurs élèves célèbres, entre autres
Josse Bade (Ascensius) ; à Deventer, ils eurent l'honneur d'instruire Erasme de Rotterdam, dont le professeur s'appela Alexander Hegius. Nous les retrouverons ailleurs, particulièrement à Marienthal, où
ils impriment avant même le retour en Belgique de
Thierry Martens ; à Nuremberg, à Rostock, à Schoonhoven, etc.
Leur première impression bruxelloise qui porte
une date certaine est imprimée avec un caractère extrêmement irrégulier et barbare, sans ch., récl. ni
sign., et avec un luxe d'abréviations qui en rend
la lecture aussi difficile que celle des manuscrits du
même temps ; elle fut exécutée dans leur couvent ;
la maison qu'ils occupaient alors fut cédée par eux
aux religieuses de Sainte-Claire quand ils quittèrent
la ville au XVIᵉ siècle, par suite des troubles politiques
des Pays-Bas. En voici, d'après Hain, le titre exact :
Arnoldus Geilhoven ou *Gheyloven de Hollandia de
Rotterdam. Ordin. S. Augustini. Gnotosolitos sive
speculum conscientiæ... Presens hoc speculum...
Arte ipsso∥ria multiplicatû. ở ᵭtû hudna suffecit
ïdustria∥satis solleri elaboratû. Bruxelle opido
brabäci∥e finitû feliciter anno dñi Mᵒ. ccccᵒ. LX.
XVIᵒ. XXV∥ mensis maij.* Sur quelques exempl. la souscription est différente. 2 parties en un vol. in-fol.
à 2 col. de 50 ll.
Un grand nombre de bibliographes font remonter
à 1472 la date de l'introduction de la typographie
dans la ville de Bruxelles : voici, mais imprimé sans
nom de lieu ni de typographie, sans ch., sign. ni
récl., le vol. qui a donné lieu à cette revendication :
Incipit sũma collacionû ad ōe genus hominũ. — finitû est hoc opus. Anno domini 1. 4. 72. die 14 mensis julii, in-fol. de 111 ff. à 2 col. de 40 lignes. Ce
volume passe pour avoir été imprimé à Bruxelles chez
les frères de la vie commune ; il est du moins exécuté avec les caractères du *Gnotosolitos;* et cette date
de 1472 paraît être exacte, car à l'exemplaire de la
vente La Serna Santander-était écrit sur une f. de
vélin, en tête du vol., cette note : *Hunc libellum ego
Anthonius Estournel emi bruxelle anno Xp̄i.
M. iiiic. LXXiij.*
M. Didot, lui, donne comme premier livre imprimé
à Bruxelles une édition de 1474 : *Epistola Beati Gregori Pape de expositione Ezechielis ad Marianum
episcopum. — expliciunt omelie Gregori Pape...*
in-4, 1474 (voy. Amati, p. 139, qui ajoute : *Char.
coth. eod. quod impressi sunt 1481 in hac civitate
Sermones D. Bernardi*).

Un assez grand nombre d'ouvrages de liturgie ou
de théologie ascétique et sermonnaire furent encore
imprimés par les frères de la vie commune à Bruxelles : nous ne pouvons ici en donner le détail, et
croyons devoir nous en tenir aux trois volumes que
nous avons cités, en maintenant, avec MM. de Reiffemberg, Gotff. Reichhart et autres bibliographes
modernes, 1476 comme date certaine de l'introduction
de la typographie dans la capitale actuelle de la Belgique et jadis de la contrefaçon.

BRUYJERIÆ AD VELOGERAM, *Bruyères-sur-
la-Véloyne*, village de Franche-Comté
(Haute-Saône). [Ann. Fr. a. 803].

BRYGIANUM, voy. ARCENNUM.

Le catal. Baluze (n° 6454) nous donne un titre de
livre imprimé à Bracciano en 1620 : *Julii Cæsaris
Ilainerii catalogus censurarum et irregularitatum.*

BRYSEÆ, Βρύσειαί [Hom., *Iliad.*], Βρυσεαί
[Pausan.], localité de la Laconie, au
pied du Taygète, auj. *Potrini*.

BRYSTACIA, UMBRIATICUM, *Umbriatico*, bourg
d'Italie (Calabre citér.).

BUBULÆ, *Bulles*, bourg de l'Ile-de-France,
à 4 lieues de Beauvais (Oise).

BUCA [Plin.], Βούκα [Strab.], ville des
Frentani, dans le Samnium, auj. probablement *Termoli*, ville d'Italie, dans
la Capitanate.

BUCARESTA, BUCHURESTUM, THYANUS (?), *Bou-
kharest, Boukouresti*, ville des provinces
danubiennes (Valachie).

C'est aux efforts multipliés de l'hospodar Jean-
Constantin Bassarabas que l'on doit l'introduction de
l'imprimerie à Bucharest, à la fin du XVIIᵉ siècle.
Weller (Altes a. allen Theilen d. Gesch., vol. II, p.
820) nous donne, comme premier livre imprimé
dans cette ville, *Biblia Wallachica;* Bukarest, 1688,
in-fol. Pour l'histoire de l'imprimerie qui a produit
cette bible, on peut consulter *Helladii status Eccles.
Græcæ,* p. 13-17. Cette bible est citée par Henderson
dans ses « *Biblical researches in Russia* »; mais il
lui donne à tort la date de 1668.

BUCCINA, PHORRANTIA INSULA, *île Levenzo*,
sur la côte de Sicile.

BUCCINIUM, voy. BOCHANIUM.

BUCCONIS VILLA, *Bouzonville*, bourg de Fr.
(Loiret).

BUCELLÆ, *Bucellas*, localité de Portugal.

M. Ternaux cite : *Antonio Carvalho de Parada,
Arte de reynar.* Bucellas, Pedro Craesbeck, 1644,
in-fol. — Antonio cite le livre sans en désigner le lieu
d'impression ; mais la *Biblioth. Lusitana* (I, p. 107)
confirme l'assertion de M. Ternaux. Ce Pedro Craesbeck était établi à Lisbonne depuis le commencement du XVIIᵉ siècle.

BUCELLUM, *Civita Borella*, bourg napolitain, dans l'Abruzze citér.

BUCEPHALEA, voy. BEUCINUM.

BUCFELDUM, *Bocfeld*, bourg d'Angleterre
(*Adamus de Bocfeld*, ord. fr. Minor.
sæc. XIV).

BUCHANIA, *Buchan*, district écossais du

comté d'Aberdeen, sur la mer du Nord.

BUCHAVIA, BUCHUM (*pagus qui Buqui vocatur*, Æginh. chr.), sans doute *Buckau*, pet. ville de Souabe (Bavière).

BUCHINGHAMIA, NEOMAGUS, *Buckingham*, ville et comté d'Angleterre.

J. Seeley possédait un établissement typographique en cette ville en 1752 : un important ouvrage fut publié par ce même Seeley, si nous en croyons le *Suppl.* du Dr Cotton, soixante ans après la création de son imprimerie : ce fut le livre du savant Dr Charles O'Connor, intitulé : *Rerum Hibernicarum scriptores*, « an admirably edited work, printed at the expense of his Grace the Duke of Buckingham. » Lowndes cite cet ouvrage sous la date de 1814-26.

BUCIACUM, *Bucy*; plusieurs localités portent ce nom en France.

BUCINUM, voy. VULCEJA.

BUDA [Cluv., Cell.], voy. AQUINCUM.

Nous ajouterons quelques mots à l'article que nous avons consacré à l'imprimerie de Bude : le grand Mathias Corvin, désirant faire de sa capitale l'*Emporium scientiarum*, chargea son parent Ladislas Gereb, vice-chancelier de Hongrie, depuis évêque de Transylvanie et enfin archevêque de Colocza, du soin d'un établissement typographique à Bude : celui-ci fit venir, comme nous l'avons dit, André Hesse, qui lui dédia sa *Cronique de Hongrie* : « Laborem, dit-il éloquemment, quem omnibus Hungaris gratum atque jucundum fore putavi, quandoquidem : ut quisque natale solum unice diligit : reliquisque orbis terrarum partibus longe anteponit : ita ut suorum, qualem vitam egerint quisque vernaticus scire plurimum exoptat : ut si quæ præclara : non memoratuque digna conspexerit imitari debeat : si qua vero minus feliciter gesta compererit doctus præcavere possit. » On ne peut expliquer qu'André Hesse n'ait imprimé que cette chronique, et peut-être un second ouvrage, que nous avons cité, que par la supposition d'une mort prématurée ; mais dans ce dernier cas pourquoi Ladislas Gereb, qui vécut jusqu'en 1503, pourquoi Mathias Corvin, laissèrent-ils tomber un établissement qu'ils avaient eu tant à cœur de fonder ? Qu'est-ce que ce Laurentius Paep, librarius Budensis, qui fait imprimer en 1498 les *Legende sanctorum regni Hungarie* (Hain, 9998) ? Voilà des questions que nous ne saurions résoudre et que nous laissons sans réponse. Quoi qu'il en soit, en 1541 Soliman, vainqueur des chrétiens, arbora le croissant sur la cathédrale de Bude, et le pillage et la dévastation de l'admirable bibliothèque de Mathias Corvin furent la conséquence de la ruine de la Hongrie.

En 1686, après 145 ans de misères, les armes victorieuses de Léopold arrachèrent la ville de Bude à la servitude ottomane, et l'année suivante l'archevêque de Gran, George Széchényi, y fonda une académie ; mais l'imprimerie n'y reparut qu'en 1725, et le premier typographe de cette ère nouvelle s'appelle Jean Landerer.

BUDINA, *Budin*, pet. ville de Bohême, dans le cercle de Raconitz.

BUDINGA, *Budingen*, ville de Hesse, entre Francfort et Hanau.

Le *Suppl.* du Dr Cotton dit qu'un *Nouveau Testament* en allemand fut imprimé dans cette localité en 1717, et M. Ternaux cite : *Büdingisch Gesangbuch*. Büdingen, 1725, in-8. ▼

BUDISSINA, BUDISSA [Cell.], BUDISSINA LUSA-

TORUM, *Bautzen*, *Budissin*, ville du roy. de Saxe, sur la Sprée, ch.-l. de district, dans l'anc. Lusace Supérieure.

Le premier imprimeur de Bautzen est Nicolas Wolrub (et non pas *Wolrab*, comme l'écrit M. Cotton), et le titre du premier livre qu'il ait peut-être imprimé, ou tout au moins que nous connaissions, nous est fourni par la *Biblioth. Saxon.* de Struvius : *Chronica und antiquitates der alten Kayserlichen stiffts, der Ræm. Burg Chronica und stadt Märsburg am der Sala im obern Sachsen.* Budissin, 1556, in-4. Ce livre est de Ernestus Brotuffius, l'aîné, de Merseburg, qui fut d'abord préfet des études à l'école de Pforta, puis syndic et bourgmestre de Märseburg. Le fils de l'imprimeur Wolrub, qui succéda à son père vers 1580, imprimait encore à Bautzen en 1603, et s'appelait Michael.

BUDORIGUM, Βουδόριγον, BUDORGIS, *Brieg-sur-l'Oder*, ville de Silésie, suiv. Reichard et Forbiger. (Voy. BREGA.)

BUDORIS, Βουδόρις [Ptol.], sur le Rhin, auj. *Monheim*, suiv. Wilhelm, et *Büderich*, pet. ville près Cologne, suiv. Reichard ; une foule d'autres localités sont encore désignées par les géographes.

BUDOVICIUM, BUDOVISIA, BUDUISSA, *Budweiss*, ville de Bohême, sur la Moldau.

BUDRICHIUM, voy. BURICHIUM.

BUDRUNTUM, BUTUNTUM, ville de l'APULIA PEUCETIA, auj. *Bitonte*, au N.-O. de Brindes, dans la prov. d'Otrante.

BUDUA [Itin. Anton.], probablement la Βούβουα de Ptolémée, ville de Lusitanie, auj. *S. Maria de Botna*, suiv. Forbiger.

BUEZZOVIUM, BUNITIUM, BUXONIUM, *Butzow*, pet. ville du gr.-duché de Mecklembourg-Schwerin.

Le catal. de la Biblioth. *Speculæ Pulcovensis* (de l'observat. de Poulkova) nous révèle l'existence d'une imprimerie à Butzow au siècle dernier : *Jensenii Kraftii Mechanica latine reddita et aucta a J. N. Tetens.* Buezzovii, 1773, in-4.

BUGELLA, voy. BIELLA.

BULBONIUM, *Boulbon*, village et anc. comté de Provence (Vaucluse).

BULCIACUM, *Bulcy*, bourg du Berri (Cher).

BULGARES [Gest. Longob.], Βουλγάραι [Suid.], BULGARI [Jornand.], *Boulgares*, *Boulgres*, peuple de la Mœsie inférieure, qui venait de la Sarmatie asiatique.

BULGARIA [Cluv., Cell.], la *Bulgarie*, *Bulghar-illi*, prov. de l'empire turc, en Europe, entre les Balkans, le Danube et la mer Noire, cap. *Sophia*.

BULIUM, *Bull*, bourg de Suisse (cant. de Fribourg). = *Le Bœuf*, village et anc. abb. de Citeaux, près Limoges (Haute-Vienne).

BULLIO, BULLONIUM, BULLIUM, *Bouillon*, ville de Belgique (Luxembourg).

Pierre Rousseau, imprimeur de Toulouse, se lit, en 1760, l'éditeur du *Journal encyclopédique*, qu'il alla imprimer à Bouillon, ville essentiellement tolérante, et dont les anciens ducs de Bouillon avaient fait un lieu de refuge pour les protestants et les néo-philosophes. Pierre Rousseau imprima vers cette époque un assez grand nombre de livres de polémique religieuse; nous citerons seulement: *Justini Febronii, Jurisconsulti, de Statu Ecclesiæ et legitima potestate Romani Pontificis, liber singularis, ad reuniendos dissidentes in religione Christianos compositus ;* Bullioni, 1763, in-4 ; ouvrage qui, bien qu'écrit en latin presque macaronique, eut un grand retentissement; il était d'un nommé Lefèvre, du diocèse de Trèves, et fait à la requête des princes dissidents d'Allemagne.

Il fut réimprimé deux ans après dans la même ville.

BULLIUM, *Beuil,* pet. ville de Touraine (Indre-et-Loire).

BUNGEIA, BUNGIACUM, *Bondy,* bourg de Fr. (Seine-et-Oise).

.**BUNGIACENSIS SILVA,** la *Forêt de Bondy;* s'est appelée aussi **LIBERIACENSIS SILVA,** la *forêt de Livry,* et peut-être aussi **LAUCHONIA SILVA,** sous les Mérovingiens.

BUNITIUM, Βουνίτιον [Ptol.], voy. **BUEZZOVIUM.**

BUNOMIA, voy. **PELLA.**

BUQUOJUM, *Buquoi,* bourg de Fr. (Pas-de-Calais).

BURA, *Büren,* ville de Prusse, dans le cercle de Minden.

BURBO ANCELLI, BURBO ANSELII, voy. **BORBONICUM ANSELMIUM.**

Nous trouvons dans le P. Lelong: *Lettre sur les vertus des eaux minérales de Bourbon-Lancy, par Isaac Cattier, médecin.* Bourbon, 1655, in-4.

BURBO ARCIMBALDI, voy. **AQUÆ BORBONIÆ.**

BURBONENSIS AGER, BORBONENSIS PROVINCIA, le *Bourbonnais,* anc. prov. de France; forme auj. le dép. de l'Allier.

BURBURGUM, voy. **BROBURGUS.**

BURCHANA INSULA [Plin.], **Βουρχανίς** [Strab.], **FABARIA** [Plin. IV], *île de Borkum,* dans la Frise, au N.-O. de Emden.

BURCHARIACUM, voy. **BROCARIACUM.** ·

BURCHOLMIUM, *Burcholm,* ville forte de Suède (Gothie).

BURCHUSA, BURCHUSIUM, *Burghausen,* pet. ville de Bavière, dans le cercle du bas Danube.

Le *Suppl.* Cotton, sans aucun détail à l'appui de son assertion, dit que l'imprimerie exista dans cette localité en 1738.

BURCINALIUM, *Cranenburg,* ville de Prusse, dans la prov. de Clève.

BURDIGALA [Itin. Anton., Sid. Apoll.], **Βουρδίγαλα** [Strab., Ptol.], **BURDEGALA** [Anim. Marc., Cluv.], **CIVITAS BITURIGUM VIVIS-**

CORUM [Inscr. Grut.], **BORDIAUS** [Chron. S. Dion.], *Bourdeaulx, Bordeaux,* ville de Fr. (Gironde).

M. Gustave Brunet, l'éminent bibliographe bordelais, nous adresse quelques notes au sujet de la proto-typographie bordelaise, que nous insérons presque sans additions ni commentaires. Le premier volume avec date imprimé à Bordeaux est un in-folio de 200 f. divisé en trois parties (la dernière, sur le frontispice de laquelle sont les armes de la ville, est imprimée en 1524) ; il est intitulé : *Suma diuersarum questionum medicinaliū per ordinē alphabeti : collecturū Per Mgr. Gabrielem de Taregua, doctorem regentem Burdegale.* — Impressus est hoc opusc completuc Burdegale decima octaua die mēsis decembris anno cristi millesimo quingētesimo vicesimo Per Gaspardū philippum calcographum prope sanctam columbam morantem.

Ce volume fut réimprimé en 1524 par Jehan Guyart, et l'auteur, dans cette seconde édition, est nommé de *Tarrega.* (Voir, au sujet de ce médecin, un article du Dr Cailleau dans l'*Almanach de la Soc. de médec.* de Bordeaux, et une autre de M. Jules Delpit, dans les Actes de l'Académie de Bordeaux, année 1848, pag. 117-132.)

M. J.-Ch. Brunet, qui décrit consciencieusement les deux volumes, fait observer avec raison qu'il paraît peu probable que l'imprimerie bordelaise ait débuté par un ouvrage aussi considérable.

Gaspard Philippe était imprimeur à Paris dès l'année 1499 ; en 1508 il y avait exécuté pour Martin Alexandre et consorts « la *Pragmatique Sanction,* » in-4, de 88 et 47 ff. Mais on ignore à l'intercession de qui sa typographie fut établie à Bordeaux. Il semble avoir cédé au bout de quelques années son établissement à Guyart, qui s'annonce également comme habitant devant l'église Sainte-Colombe : sa marque est, sauf le changement de nom, exactement la même que celle de Gaspard Philippe (voy. Silvestre, *Marques typographiques).*

Sans doute Gaspard Philippe fut mandé à Bordeaux par la municipalité, jalouse de mettre la métropole de la Guyenne au niveau des grandes villes avoisinantes; il y installa une typographie et la dirigea jusqu'à ce qu'il eût formé des élèves en état de le remplacer, puis retourna à Paris.

Jehan Guyart imprime depuis l'année 1524; à cette date nous connaissons de lui la 2e édit. du livre de Taregua, et les *Constitutiones Johannis de Fuxo,* in-4. En 1528, nous trouvons les *Coustumes générales de la ville de Bordeaux,* in-4, dont un exempl. sur vélin est conservé dans la bibliothèque de la ville; en 1529, les *Gestes des solliciteurs d'Eustorg de Beaulieu;* ces deux rares volumes sont les deux premières impressions françaises exécutées à Bordeaux que nous connaissons.

Il faut également ranger parmi les productions de l'ancienne typographie bordelaise la *Complainte du trop tard marié,* in-8, de 8 ff., publiée avec la marque de Guyart, et la *Complainte du trop tost marié,* exécutée avec les mêmes caractères.

En 1545, un nouvel imprimeur bordelais, François Morpain, publie un rare et curieux volume : *Linguæ Vasconum primitiæ per Bernardum Dechepare, rectorem sancti Michaelis veteris.* Burdigalæ, Franc. Morpain, 1545, pet. in-8 de 28 ff. Ce volume, malgré son titre latin, ne renferme que des pièces de poésie en langue basque; c'est, croyons-nous, le premier volume imprimé en cette langue : il a si complétement disparu, qu'on ne connaît que l'exemplaire de la Biblioth. impér. de Paris, exemplaire dont M. G. Brunet a donné une minutieuse et intéressante description dans les *Actes de l'Académie royale de Bordeaux,* ann. 1847, p. 79-162.

Le plus grand nom de la typographie bordelaise est incontestablement celui des Millange; plusieurs générations d'imprimeurs de ce nom portèrent à un assez haut point de perfection l'art typographique dans la patrie de Montaigne. Mais leur plus beau titre de gloire est d'avoir été les premiers éditeurs des immortels Essais de l'homme de génie dont la ville de Bordeaux est à juste titre si fière. Simon Millanges, le chef de la famille, donna en 1580 et 1582 les deux premières éditions des deux premiers livres de Michel de Montaigne.

La première édition de 1580, bien moins complète que les suivantes, est devenue depuis quelques années un joyau bibliographique du premier ordre ; un exempl. en maroquin, qui n'avait été payé que 18 livres à la vente d'Haugard, en 1786, est monté à 2060 fr. à celle du prince Radziwil en 1865 (n° 320).

' Jacques Mongeron-Millanges succède à Simon Millanges, son beau-père, et après lui nous citerons, parmi les typographes bordelais au XVIIᵉ siècle, Budier, Vernoy, Pierre de la Cour et Simon Boé.

Un arrêt du conseil du mois de juillet 1688 avait fixé à 12 le nombre des imprimeurs qui pouvaient exercer dans la ville de Bordeaux ; ce chiffre fut réduit à 10 par l'arrêt du 31 mars 1739 et ne fut plus dépassé.

En 1764, le rapport fait à M. de Sartines signale à Bordeaux 13 libraires et 10 imprimeurs, employant ensemble 28 presses.

BURDIGALA IN DELPHINATU, *Bourdeaux*, bourg du Dauphiné (Drôme).

BURGASIA, voy. BERGUSIUM.

BURGAVIA, *Burgau*, ville de Bavière, dans le cercle du bas Danube.

BURGDORFIUM, BURGVILLA, BURGIVILLA, BERTHOLDIUM, *Burgdorf* ou *Berthoud*, ville de Suisse (cant. de Berne).

BURGDORFIUM OPPIDUM, *Burgdorf*, ville de la Confédération germanique, roy. de Hanovre, préfecture de Luneburg, sur l'Aa.

L'imprimerie existe dans l'une ou l'autre de ces deux villes au xvᵉ siècle : plusieurs bibliographes ont prétendu que c'était à la ville helvétique que s'appliquait la souscription des ouvrages que nous allons citer ; mais depuis un certain nombre d'années l'opinion contraire paraît prévaloir : *Tractatus de apparitionibus animarum post exitum‖eaᵤ a corporib⁹ Edit'‖in erdfordia ab excellentissimo viro Jacobo de Clusa‖ord. Carth.* —Impressus in opido Burgdorf, anno‖dñi 1475, in-fol. de 26 ff. à 33 lig.

L'exempl. de ce livre rare, qui figurait à la vente Bearzi, contenait une note manuscrite qui en attribuait l'exécution typographique à Lucas Brandis, l'imprimeur contemporain de Lubeck et de Merseburg, qui aurait également imprimé à Burgdorf le vol. que nous citons plus bas ; M. Gaullieur, qui le revendique naturellement pour la Suisse, prétend que l'impression en doit être attribuée à l'imprimeur anonyme de Strasbourg dont les produits sont reconnaissables à la forme particulière de la lettre S.

Ebert, Tross et bien d'autres experts sont les champions du Hanovre. Qui tranchera la question ? comment parviendra-t-on à éclaircir tant d'autres points qui restent obscurs dans l'origine de l'imprimerie ? par la création d'un musée typographique dans les vastes galeries de la Bibliothèque impériale, dont les riches collections d'incunables, disposées avec méthode, classées par années et par pays et communiquées avec complaisance, permettraient aux bibliographes l'étude comparée des premiers monuments de l'art.

Le second volume imprimé à Burgdorf est intitulé : *Incipit Legenda Sanct. Wolfgangi episcopi Ratisponensis cum officio vesperarum matutinarum et misse de eodem.* Impressum in opido Burgdorf, anno dñi 1475, in-folio de 26 ff. S. Wolfgang (pourquoi M. Brunet estropie-t-il le nom de ce saint évêque ?) était fils du comte de Pfulingen ; il mourut en 994 et fut canonisé par Léon VIII. (Freytag, p. 1103.)

BURGELLA, *Bürgel*, pet. ville de Saxe, au N.-O. d'Iéna.

BURGETUM, le *Bourget*, pet. ville de Fr. (Savoie).

BURGETUM AD MINCIUM, *Borghetto*, dans la prov. de Vérone, sur le Mincio.

BURGI, BURGUM, BRAVUM (?), Βραΰον [Ptol.], **CIVITAS BURGITANA,** *Burgos*, ville d'Espagne, cap. de la Vieille-Castille.

C'est à l'année 1485 que nous pouvons, d'accord avec tous les bibliographes espagnols, reporter la date de l'introduction de la typographie dans cette ville célèbre, et c'est encore un Allemand, sans doute un élève de Berthold Rot, Frédéric de Bâle, que les Espagnols appellent Fadrique Aleman, que nous avons à citer comme le premier imprimeur connu : voici le titre et la description du premier vol. qui passe pour être sorti de ses presses :

Arte de Gramatica de Fray Andres de Cerezo. (en lettr. rouges) *Andreas Guterrius Cerasianus humanissimo Domino Ludovico Acuña : Reverendissimoque patri in Xpto Episcopo burgensi bene merito et viro gravissimo salutem plurimam dicit.* A la fin : *Mense martio duodecima die anno salutis domini 1485 quo tempore clarissimi reges Fredinandus et Helisabella infideles ingentibus copiis desolare ceperunt superstite illustrissimo principe Joanne......* in-fol. lettr. goth.

Frédéric de Bâle demeura longtemps à Burgos, car nous le voyons encore, à la fin de l'année 1512, imprimer (*por arte ε industria de Fadrique aleman de Basilea*) la première édition de la célèbre chronique du Cid (*Cronica del famoso Caua‖llero Cid Ruydiez‖Campeador*).

Le premier imprimeur dont nous trouvons le nom au xvᵉ siècle, après Frédéric de Bâle, est Jean de Burgos ; il imprime en 1491 un *César* in-fol.; en 1495, le livre appelé : *Compendio de la humana Salud;* et ce qui est assez bizarre, c'est qu'il est chargé, en 1497, de réimprimer le premier ouvrage sorti des presses de Frédéric de Bâle, l'*Arte de Gramatica de F. Andres de Cerezo.*

En 1498, il publie le célèbre roman de Merlin (*el Baladro del Sabio Merlin Cõ sus profecias*), la même année que l'édition française, qui, suivant nous, doit avoir précédé le livre espagnol : l'édition française de 1498 est imprimée par Vérard sans date de mois, et l'édition espagnole est datée du 10 février, c'est-à-dire tout à fait à la fin de l'année 1498.

Parmi les imprimeurs de Burgos au xvᵉ siècle, qu'il nous paraît intéressant de citer, nous avons deux membres de l'illustre famille florentine des Juntes : Juan de Junta (1528-1554) et Felippe de Junta, qui lui succède et que nous trouvons encore en 1563. Le premier possède un second établissement à Salamanque (1534-1550) ; le second n'est pas cité par A.-A. Renouard.

BURGIDOLUM, voy. BURGUS DOLENSIS.

BURGOLIUM, *Bourgueil*, ville de Fr. (Indre-et-Loire).

BURGONIUM, BURGONNO, *Bourgon*, village du canton de Loiron (Mayenne).

BURGOMANERUM, *Borgomanero*, bourg de Piémont (prov. de Novara).

BURGUM, *Burg*, pet. ville de Prusse, sur l'Ihle.

BURGUM, *Burgo*, bourg du Tyrol.

BURGUM AURACENSE, voy. AURACUM.

BURGUM NOVUM, *Bourgneuf,* bourg de Fr. (Charente-Inférieure).

BURGUM NOVUM AD LIGERIM, *Bourgneuf-en-Retz,* ville de Fr. (Loire-Inférieure).

BURGUNDIA [Cell., Luen.], la *Bourgogne,* anc. roy., puis duché, puis prov. française, divisée en BURGUNDIA INFERIOR, BURGUNDIÆ DUCATUS, auj. dép. de la Côte-d'Or, de l'Yonne, de Saône-et-Loire et de l'Ain ; et en BURGUNDIA SUPERIOR, BURGUNDIÆ COMITATUS, la *Franche-Comté,* auj. dép. du Doubs, de la Haute-Saône et du Jura.

BURGUNDIONES [Jorn., Isid. Hisp., Plin.], BURGUNDII [Amm. Marc.], Βουργόνδοι [Zosim.], Βουγοῦντες [Ptol.], peuple de la Germanie septentrionale qui, chassé de son territoire par les Gépides, vint, après de longues pérégrinations, se fixer sur les confins de la Germanie IIe et de la Grande-Séquanaise.

BURGUS, *Bourg-sur-Mer,* pet. ville de France (Gironde) ; anc. abb. d'Augustins.

BURGUS ABBATIS, *Bourg-l'Abbé,* village de Fr., près Pithiviers (Loiret).

Nous connaissons un petit vol. qui porte ce nom de lieu, au 17me siècle, ce qui ne prouve pas qu'une imprimerie y ait existé, mais permet de supposer qu'une typographie nomade ou particulière y a fonctionné quelque temps ; il est intitulé : *Pseaumes pour le jour de la Sainte-Cène, en vers.* Bourg-l'Abbé, Le Bourgeois, 1676, in-24.

BURGUS AICADRI, *Bourgachart,* bourg et abb. de Normandie (Seine-Inférieure) ; *Aicadrus,* saint Achard, fut abbé de Jumièges.

BURGUS ALATUS, voy. ALATA CASTRA.

BURGUS ANDEOLI, *Bourg-St-Andéol,* ville de France (Ardèche). Voy. ANDEOLI BURGUS.

L'imprimerie existe dans cette ville depuis 1775 ; un nommé Guillier fut autorisé à y exercer la profession d'imprimeur, par arrêt du Conseil du 17 décembre de cette année. Nous connaissons de ce typographe : *Procès-verbal des séances de l'assemblée provinciale des états du pays de Vivarais.* Bourg-St.-Andéol, Guillier, 1781, in-4.

BURGUS ARGENTALIS, *Bourg-Argental,* pet. ville du Forez (Loire).

BURGUS BALDUINI, *Bourg-Baudouin,* comm. de Normandie (Seine-Infér.).

BURGUS BRESSLÆ, BURGUS SEBUSIANORUM, *Bourg-en-Bresse,* ville de Fr. (Ain).

Nous ne pouvons faire remonter plus haut que 1626 l'imprimerie dans cette ville : *Les epistres d'Ovide, trad. en vers françois, avec des commentaires fort curieux, par Cl. Gaspar Bachet sr de Méziriac ;* 1re partie ; à Bourg en Bresse, chez Tainturier, 1626, in-8. (Unica pars ista hactenus prodiit. *Cat.* Bulteau, 8738.) Ce Méziriac, l'une des gloires littéraires de la Bresse, fut l'un des 40 premiers de l'Académie française.

En 1630 nous avons (Cat. Baluze, n° 3034) : *Stylus regius Galliarum juridicus, olim Salucianis præscriptus, auctore Petro Granctio.* Burgi Sebusianorum, 1630, in-4.

Enfin, en 1633 (Cat. Secousse, n° 5335) : *L'arc-en-Ciel de la ville de Macon, ou entrée d'Henry de Bourbon dans la ville de Macon, par le P. Gasp. Maconnay.* Bourg-en-Bresse, 1633, in-4.

Le Catal. Bulteau (5721, bis) nous donne le nom du second imprimeur de Bourg, qui s'appelait Bristot.

Les arrêts du conseil de 1704 et de 1739 laissent à cette ville un seul imprimeur, et, lors du *Rapport* fait à M. de Sartines (1764), cet imprimeur se nomme Jean-Baptiste Besson, établi par arrêt du Conseil du 7 mai 1742.

BURGUS DOLENSIS, BURGIDOLUM, *Bourgdieu, Bourdieu,* village du Berri (Cher) ; anc. abb. de Bénédictins.

BURGUS FORTIS, *Borgoforte,* pet. ville de l'Etat vénitien, près de Mantoue.

BURGUS LAURENTII, *Borgo-San-Lorenzo,* ville d'Italie, près de Florence ; patrie de Giotto.

BURGUS NOVUS, *Borgo-Novo,* bourg d'Italie (Toscane).

Imprimerie au commencement du xviiie siècle : *Gli statuti della sacra religione Gerosolimitana ; le ordinazioni, privilegi, etc., per il Baglivo Fr. Gio. Batista Spinola.* Borgonovo, Scionico, 1719, in-fol. (Cat. Floncel et Pinelli).

BURGUS NOVUS, *Bourganeuf,* pet. ville de la Marche (Creuse).

BURGUS REGINÆ, *Bourg-la-Reine,* commune de Fr. (Seine).

BURGUS STI-ANGELI, *Borgo di San Angelo,* dans l'île de Malte.

BURGUS STI-DONNINI, *Borgo di San Donnino,* ville d'Italie, dans le Parmesan.

M. Ternaux cite : *Dizionario Parmigiano-Italiano di Ilario Peschieri.* Borgo di San Donnino, 1736, in-8.

BURGUS STI-EDMUNDI, *Bury-St-Edmunds,* ville d'Angleterre, dans le comté de Suffolk.

Anc. abb. de Cîteaux. L'imprimerie, dit le *Suppl.* Cotton, fut exercée dans cette ville en 1720. Le plus ancien journal, *The Bury and Norwich Post,* commença à paraître le 11 juillet 1782, avec Peter Gedge, comme éditeur.

BURGUS STI-SEPULCHRI, *Borgo di Santo Sepolcro,* pet. ville de Toscane entre Urbino et Florence.

BURGUS SESSITES, *Borgo di Sessia,* bourg de Lombardie, sur la Sessia.

BURGUS THEROALDI, *Bourgtheroulde,* commune et anc. baronnie de Normandie (Seine-Inférieure).

BURGUS VALLIS TARI, *Borgo di val de Taro,* bourg de Toscane, près Plaisance, sur le Taro.

BURICIANA, BURCHEMIUM, *Burkheim*, bourg de Bavière [Graësse].

BURLATUM, *Burlats*, bourg du Haut-Languedoc (Tarn).

BURNIQUELLUM, *Bourniquel*, bourg de Fr. (Aveyron).

BURNONIS MONS, *Bourmont*, pet. ville de Fr. (Haute-Marne).

BURRHONIUM, voy. BLABIRA.

BURRIANA, *Borriano*, bourg d'Espagne, prov. de Tolède.

BURRIDAVA [Tab. Peut.], TABA (?) [Jornand.], lieu de la Dacie, auj. *Rother Thurm* en Transylvanie [Forbiger].

BURSFELDA, *Bursfeld*, abb. de Bénédictins, du dioc. de Mayence, dans la Hesse rhénane.

Un *Missale Bursfeldense, secundum consuetudi- cm ordinis S. Benedicti, de observantia Bursfel- lensi*, fut imprimé dans ce monastère, en 1498, n-fol., par l'imprimeur de Spire, Peter Drach, qui int installer une presse dans l'enceinte du couvent, la requête du célèbre Jean Trithème, abbé de panheim, du même ordre ; ce rare volume est cité ar Hain.

BURTANGA, *Burtanger Fort*, *Bourtang*, chât. de Hollande, dans la prov. de Groningue. (Bisch. et Möll.)

BURTONA, *Burton-on-Trent*, ville d'Angleterre, sur les confins du Straffordshire et du Derbyshire.

BUSCODUCA, BUSCUM DUCIS, BOSCODUCUM, SYLVA DUCIS, BINDRIUM, *Locus Imperatri- cis*, BUSCIODUCA, *Bois-le-Duc* (en holl. *Herzogenbusch*), ville de Hollande, chef- lieu du Brabant sept. On trouve sur les livres : *Herzogbusch* et *Hertogenbosch*.

Gerard Lœmpt, de Nimègue, paraît avoir intro- duit la typographie dans cette ville, et c'est à l'année 484 qu'on doit la faire remonter : le premier livre mprimé avec ses caractères ne porte pas son nom : *Dat Bœck van Tondalus Vysioen*. T'Hertogenbosch, 484, in-4 ; en 1487, nous trouvons deux ouvrages ui portent le nom de l'imprimeur : *Proverbia se- riosa theutonice et latine*, Buscoducæ, per Ger. cempt de Novimagio, 1487, in-4, et *Vigenti Præ- cepta elegantiarum grammaticalium*, Buscoducis, 487, in-4.

A la même époque à peu près, on connaît encore, le cet imprimeur, des *Lettres d'indulgence* du pape ixte IV, in-4, s. d.

On sait que Gerard Leempt fut, avec Nicolas Kete- ner, le premier imprimeur d'Utrecht.

BUSENTIACUM, *Buzençois*, *Buzançais*, ville du Berri (Indre), anc. comté.

BUSSIACUM, *Bussy* ; plusieurs localités de France portent ce nom, entre autres *Bussy-le-Châtel* (Marne), anc. marqui- sat ; et *Bussy-le-Grand* (Haute-Marne), anc. comté.

BUSTUM MAGNUM, *Busto-Grande*, bourg du Milanais.

BUTAVIA, *Büton*, ville de Prusse.

BUTHROTUM, Βουθρωτόν [Strab., Ptol.], *Bu- trinto*, ville d'Épire (pach. de Janina).

BUTRIUM UMBRIORUM [Plin.], Βούτριον [Strab., Ptol.], PUTRIUM [Tab. Peut.], ville de la Gaule Cispadane, auj. *Palazzuolo*, bourg près Ravenna, suiv. Mannert et For- biger.

BUTROTUS [Liv.], fleuve du Brutium, auj. le *Bruciano*, suiv. Forbiger ; le *Buçorta*, suiv. Bisch. et Möller.

BUTUA, voy. BATUA.

BUTUNTUM, voy. BIDRUNTUM.

BUVINDA, voy. BOANDUS.

BUVINDUM, CARLINGFORDIA, *Carlingford*, ville d'Irlande (prov. Leinster).

BUXENTUM [Liv., Plin.], Βούξεντον [Ptol.], PYXUS [Plin.], Πυξοῦς [Strab.], ville de la Lucanie, auj. *Policastro*, dans la princi- pauté citér. (Italie).

BUXERIUM PICTONUM, *Bussière*, bourg de Fr. (Haute-Vienne).

BUXETA [P. Diac.], BUSSETUM, *Busseto*, pet. ville de la prov. de Parme, sur l'On- gina.

BUXHEMIUM, BUXHEMII MONASTERIUM, *Bux- heim*, bourg et anc. abb. de Bén., en Saxe.

BUXIUM, le *Buis*, bourg de Fr. (Drôme).

BUXIUM, *St-Amand de Boisse*, bourg de l'Angoumois, anc. abb. de Bénéd. (Cha- rente) ; concile en 1170.

BUXOLIUM, *Buxeuil*, bourg du Berri (Cher).

BUXONIUM, BEUCINUM, BUCEPHALIA, BUEZZO- VIUM, *Butzow* ; ville du Mecklemburg.

BUXOVILLA, *Buchsweiler*, bourg de Fr. (Bas-Rhin).

BUXUDIS, *Bossu*, *Bossut*, bourg et anc. ba- ronnie du Hainaut.

BUXUM, voy. BOJATUM.

BUXUM, *Buix-lez-Aurillac*, bourg de Fr. (Cantal) ; anc. abb. de Bénéd.

BUZEYUM, *Buzay*, village de Bretagne (Loire-Infér.) ; anc. abb. de Cîteaux.

BYRCHANIS, *île et bourg de Borkum*, à la Hollande, dans la mer du Nord.

BYRRHA, BYRRHUS, le *Ryenz*, rivière du Ty- rol (Mannert croit que c'est l'Inn).

BYRRHA, la *Bera*, pet. riv. du haut Lan- guedoc, qui se perd dans l'étang de Sigean.

BYRUTHUM, voy. BARUTHUM.

BYSTRICIUM, *Bystrzyca*, ville de Russie, dans le gouvernement de Grodno.

BYTHONIA, voy. BETHANIA.

BYZANTIUM [Plin., Ovid., etc.], Βυζάντιον [Hérod., Thucyd., etc.], LYGOS [Plin.], LYGOS BYZANTINA [Auson.], CONSTANTINOPOLIS [Jornand., Cluv.], ἡ Κωνσταντινούπολις [Sozom.], ROMA NOVA [P. Diac.], *Constantinople (Stambul, Istambol)*, sur le Bosphore, capitale de l'empire turc.

Un quart de siècle à peine après la prise et le sac de Constantinople par Mahomet II, quand la chrétienté, épouvantée du désastre, courait aux armes contre les infidèles, quand la papauté poussait à la guerre sainte à coups d'indulgences, ce qui nous a valu toujours quelques-uns des premiers monuments typographiques, l'imprimerie se glissait à petit bruit dans la capitale de l'Islamisme, et des presses dirigées par des juifs insidieux et tenaces y fonctionnaient clandestinement malgré les terribles arrêts de Bajazet II en 1483, et de son fils Sélim en 1515, qui punissaient de mort les insensés qui osaient vulgariser cette invention révolutionnaire. En 1488, nous apprend Toderini (*Letteratura Turchesca*), le premier ouvrage imprimé à Constantinople fut un *Lexique hébraïque;* nous n'en connaissons point d'exemplaire ; deux ans après, en 1490, nous voyons une *Histoire du Peuple de Dieu* du R. Joseph Ben Gorion (Falkenstein) ; de 1492 à 1598, on connaît un nombre considérable de livres publiés dans cette ville, et le plus important peut-être, tout au moins le plus rare, est le célèbre *Pentateuchus*, de 1505 : *Pentateuchus, cum Targum, Haphtaroth, Megilloth ac variorum commentariis.* — Absolutum universum opus (per Dav. et Sam. filios Nachmias), mense nisan, anno orbis conditi 5265 (Christi 1505), in urbe magna Constantinopolis. Gr. in-4.

Parmi les premiers imprimeurs de cette ville, n'oublions pas de mentionner un juif d'Italie, que nous avons déjà cité (voy. BARCUM), Rabbi Gersom, fils de Rabbi Moïse de Soncino, le premier imprimeur hébreu de l'Italie, qui alla avec tout son matériel s'établir à Constantinople, dans les premières années du XVIe siècle, et y mourut en 1530.

Au commencement du XVIIe siècle, nous dit M. F. Didot, le moine Nicodème Metaxas, de Céphalonie, secondé par le patriarche Cyrille Luckaris, essaya d'établir une imprimerie grecque avec des caractères qui provenaient probablement d'Angleterre ; le premier livre qui sortit de cette imprimerie est un recueil cont. : 1° le traité contre les juifs du patriarche Cyrille ; 2° les homélies de l'évêque de Cythère ; il est imprimé en 1627, in-4, et dans sa préface Nicolas Metaxas nous apprend que c'est bien là le premier livre sorti de cette imprimerie établie par ses soins sous la protection du patriarche de Constantinople ; mais les jésuites reconnurent bientôt que, protégé par les Anglais, Cyrille cherchait à propager les idées protestantes; ils usèrent donc de toute leur influence pour paralyser ses efforts et y réussirent.

Après avoir eu à subir les persécutions de Bajazet et de Sélim, avoir encore affaire aux jésuites, c'en était trop : l'imprimerie disparaît pour un siècle.

En 1698 (Falkenstein), une presse arménienne, expédiée de Venise, est introduite à Constantinople, mais est immédiatement brisée par les janissaires ; fait qui ne nous paraît pas du reste d'une authenticité rigoureuse. Cependant, malgré les janissaires et les jésuites, l'imprimerie a subsisté quelque part à Constantinople, car nous trouvons des livres à toutes les dates : la Biblioth. impér. de Paris possède un vol. de 1705 : « à Constantinople, de la nouvelle imprimerie du sous-diacre Grégoire de Marsouan ; » un autre en 1712, « de l'imprim. du Sr. Karobiet, fils d'Asrouad-Sater. »

Ce n'est qu'au XVIIIe siècle que nous voyons le gouvernement turc non pas prendre l'initiative, mais au moins permettre l'établissement d'une imprimerie arabe, persane et turque dont il favorisa les développements. Nous emprunterons quelques détails à ce sujet au 7e volume de l'*Histoire ottomane* du baron de Hammer.

Le fils de Méhémet-Effendi, qui avait accompagné son père en France lors de son ambassade auprès du régent, avait été vivement frappé des merveilles de la civilisation occidentale et de son principal instrument, l'imprimerie. De retour à Constantinople, Saïd-Effendi obtint du sultan l'autorisation, jusqu'alors si obstinément refusée, s'associa avec un renégat hongrois, qui s'appelait Ibrahim, fit graver des caractères, organiser un matériel, forma des compositeurs, et une imprimerie fonctionna à Constantinople à la lumière éclatante du soleil d'Orient.

La liste complète des ouvrages qui sont sortis de cette imprimerie pendant le siècle dernier est donnée par M. de Hammer. Un grand nombre est consacré à la grammaire et à la lexicologie des langues orientales; quelques-uns à l'histoire, d'autres à la métaphysique et aux sciences exactes ; jamais le Koran ne fut imprimé à Constantinople : le Koran est la parole divine révélée aux hommes, et la parole de Dieu ne peut être soumise à un travail mécanique ; telle est la foi des vrais croyants.

Depuis le commencement du XVIIIe siècle, il s'était formé une imprimerie française à Constantinople, à laquelle on doit la *Grammaire turque* du jésuite Holderman.

En 1787, le comte de Choiseul-Gouffier, ambassadeur de France, installait une imprimerie particulière au palais même de l'ambassade ; ce fut là que furent publiés les *Éléments de la langue turque*, par le père Viguier, et en 1795 l'ambassadeur Verninac y fonda une *Gazette française*, qui eut quelques numéros seulement.

Nous avons vu des livres français imprimés avant l'établissement des presses officiellement reconnues; on en trouve jusqu'à nos jours : la langue française a toujours été prédominante à Constantinople, et le premier journal établi dans cette capitale fut imprimé en français et en turc : le *Moniteur Ottoman; il devait être reproduit en grec et en arménien et paraître une fois par semaine : *un journal chez les Turcs!* c'était la *révolution au sérail!* la Turquie devenait puissance européenne.

CABALLICUS DUCATUS, CABALLIACENSIS AGER, *le Chablais (Ciablese)*, prov. des États sardes, chef-lieu : *Thonon.*

CABALLINUM, voy. CABILLONUM.

CABANESIUM, CABANASIUM, CHABANESIUM, *Chabanoys, Chabanais*, bourg de Fr., anc. princip. (Charente). Jacques de Vendosme, prince de Chabanais, au XVIe S.

CABARNIS INSULA, *île de Paros* (Cyclades).

CABELIA, CABELIACUM, CABLIACUM, *Chablis*, ville de Fr. (Yonne).

Un imprimeur nomade passe par une petite ville ; il s'y plaît, y fait séjour, y est retenu quelques années par une municipalité intelligente ou quelque congrégation zélée ; il y publie à de longs intervalles deux ou trois ouvrages peut-être ; en part, y revient, enfin la quitte pour n'y plus revenir, emportant avec lui son matériel, sans laisser d'élèves, sans former de succursales, et avec lui disparaît à tout jamais l'art dont il s'était fait le promoteur : telle est l'histoire de l'imprimerie à Chablis, et dans une foule de localités de cette importance.

Pierre Lerouge, sur la biographie duquel on ne sait absolument rien, imprime à Chablis, en 1478, un vol. intitulé : *Le liure des bonnes meurs faict et composé par frère Jacques Legrant, religieux de l'ordre des Augustins.* A la fin : *A Chablis Par moy Pierre Lerouge, le premier iour dauril lan de grace mil CCCCLXXViij*, in-fol. goth. de 51 ff. non chiffrés, à 2 col. de 39 l., sign. a — giiii (à la Biblioth. impér.).

C'est, dit le *Manuel*, l'ouvrage d'un imprimeur peu exercé, car les signatures sont tantôt au bas et parfois au haut des feuillets, et la justification des colonnes est si imparfaite qu'au premier coup d'œil les lignes inégales paraissent être des vers ; les titres des chapitres sont imprimés en lettres rouges : Le livre devait être orné de pl. gr. sur b. qui n'ont pas été faites et la place est restée en blanc.

La Biblioth. impér. possède encore, imprimé sur vélin, le second ouvrage connu sorti des presses de Pierre Lerouge ; c'est un *Breviarium Antissiodorense — completum xxiiij. die Aprilis. Anno Dñi mille CCCC° Lxxxiij. Impressũqz Chableys in domo Petri Lerouge*, pet. in-8, goth.

L'exempl. de la Biblioth. impér., qui vient des jésuites de Clermont, est divisé en deux volumes. Il en existe également un exempl. à la bibliothèque d'Auxerre.

Cette même année 1483, paraît à Troyes, imprimé avec les caractères du même imprimeur, mais ne portant pas son nom, le *Missale Trecense*, qui est le premier livre imprimé dans cette ville.

En 1487 (et non pas en 1486 comme le dit M. Corrard de Bréban) Pierre Lerouge s'établit à Paris, et en 1488 il y donne la première édition de *la Mer des Histoires*, où il prend le titre de libraire et d'imprimeur du roy.

En 1489, et non pas en 1490 comme le dit M. Corrard de Bréban, les sermons de Maurice (de Sully), évêque de Paris, sont publiés à Chablis, mais par Guillaume Lerouge et sous le titre suivant : *Les Expositions des euangilles en françoys*. A la fin du r° du dernier f. : *Cy finist les expositions des* || *euãgilles en frãçois imprimees a* || *Chablis p Guillaume Le Rouge Im* || *primeur lan mil. cccc. quat* || *tre vingz et neuf. le XVIII iour* || *doctobre*. Puis la marque de l'imprimeur ; in-fol. goth. de 60 ff. à 2 col. de 36 lig. non ch., sign. a -- h.

Cette description, communiquée par M. Potier à M. Brunet, est d'une grande exactitude.

En 1491 Pierre Lerouge est encore à Paris, où nous le voyons donner : *Hore beate Ma* || *rie Virginis ad* || *vsum ecclesie* || *Roma* || *ne.*

> Qui en veult auoir on en treuue
> A tres grant marche et bon pris
> A la Rose en la rue neuue
> De Nostre dame de Paris.

Au v° du dern. f., avec la marque de Pierre Lerouge, on lit la souscription, de laquelle il résulte que ce typographe imprimait le volume pour Vincent Commin.

Voilà les seuls documents que nous ayons pu réunir sur Pierre Lerouge. Quels liens de parenté l'attachaient à Guillaume Lerouge, qui imprime en même temps à Troyes et à Chablis ? à Nicolas Lerouge, qui reste dans la première de ces villes ? Où et quand est-il mort ? Qu'est devenu son atelier typographique de Chablis ? voilà ce que nous déclarons ignorer.

CABELLIO [Tab. Peut., Plin.], Καβελλίων [Ptol.], Καβαλλίων [Strab.], GABELONA [Geo. Rav.], CIVITAS CABELLICORUM [Not. Gall.], ville des Cavares, dans la Narbonaise, auj. *Cavaillon*, ville de France (Vaucluse) ; abb. de Bénéd.

CABENNÆ, voy. CEBENNA.

CABILLONUM [Cæs., Itin. Anton., Tab. Peut.], CABILLONUS [Amm. Marc.], Καβύλλινον [Ptol.], Καβαλλίνον [Strab.], CAVILLONUM, CAVELONE [Gesta reg. Fr.],

CABALAUNUM PALATIUM [Diplom. Lud. Pii], anc. ORBANDALE, ville des Ædui, dans la Gaule Lyonn., auj. *Châlon-sur-Saône*, ville de Fr. (Saône-et-Loire).

Nous ne pouvons, malgré de consciencieuses recherches, faire remonter plus haut qu'à l'année 1604 la date de l'introduction de la typographie dans la ville de Châlon. Voici le titre du premier volume imprimé à cette date : *Priviléges octroyés aux maires, échevins, bourgeois et habitants de la ville et cité de Châlon-sur-Saône, par les anciens roys de France et ducs de Bourgongne... enrichis de notes et remarques... (par B. Durand)*. — Châlon, par J. Des-Prez, 1604, in-4.

Parmi les imprimeurs suivants nous ne citerons que Léonard Berthault, Philippe Tan et Antoine Lespinasse, qui imprime la *Petite Varlope en vers burlesques;* Pierre Cusset, dont le nom figure fréquemment au bas des livres, n'était, croyons-nous, que libraire-éditeur.

Les arrêts du conseil du 21 juillet 1704 et du 31 mars 1739, qui fixent le nombre des imprimeurs dans toutes les villes du royaume, n'en autorisent qu'un seul dans la ville de Châlon-sur-Saône ; aussi en 1764 le rapport fait à M. de Sartines ne signale que Claude Dessaint, né à Mâcon, établi libraire depuis 1719, imprimeur depuis 1722.

CABILONENSIS PAGUS, GABILONENSIS AGER [Frédég.], le territoire de Châlon-sur-Saône.

CABIOMAGUM, *Cabaignac*, bourg du Languedoc (Aude).

CABRERIA, *Cabrières*, bourg du bas Languedoc (Hérault), dont les habitants, soi-disant hérétiques, furent massacrés en 1540.

CABYLE [Eutrop., Amm. Marc.], Καβύλη [Polyb.], Καλύβη [Strab.], CALYBE [Sext. Ruf.], ville du N.-O. de la Thrace, auj. *Galowitza (Chalil-Ovasi)* sur le Tundscha, en Roumélie [Forbiger].

CACHENTUM PALATIUM, CATICANTUM [Mand. Phil. Pulchri, a. 1305), CACHAMP [Ordin. Joh. reg. a. 1356], *Cachan, Cachant*, pet. village de l'Ile-de-France (Seine).

CACYRUM, Κάκυρον [Ptol.], *Cassaro*, bourg de l'O. de la Sicile, dans le val di Noto.

CADACHERIUM, *Cadagnes*, bourg de Catalogne.

CADANUM, *Kaaden, Kaden*, ville de Bohême.

CADAVUS, *Cadavo*, bourg d'Espagne (Galice).

CADBURGUM, *Cabourg*, sur la côte de Normandie (Calvados).

CADENACUM, *Cadenac*, bourg de Fr. (Lot).

CADENETUM, *Cadenet*, bourg de Provence, anc. vicomté (Vaucluse).

CADEROSSIUM, *Caderousse*, ville de France (Vaucluse); anc. abb. de filles Bénédictines et titre de duché.

CADIANUM [Itin. Hier.], *Caldiero*, bourg de la Vénétie [Forbiger].

CADILLACUM, CATELLIACUM, *Cadillac*, bourg de Fr. (Gironde).

Le duc d'Épernon, à l'époque de sa toute-puissance en Guyenne, avait son château à Cadillac, et ce fut là qu'il établit une imprimerie particulière. Voici le titre d'une pièce qui sortit de cet atelier typographique fort peu connu : *Réponse de Mgr le duc d'Épernon à la lettre du parlement de Bordeaux, du second d'avril* MDCXLIX. — Cadillac, par l'imprimerie de Mgr le duc d'Espernon, 1649, in-4.

CADMEA, voy. THEBÆ.

CADOCUM, *Cayeux*, ville maritime de Fr. (Somme).

CADOLAICUM, CADULIACUM, *Chaalis, Châlis*, village de Fr. (Oise); anc. abb. de Cît., fondée en 1136.

CADOMUM [Cluv.], CADOMUS, *Caen*, ville de Fr. (Calvados).

Jacques Durandas et Gilles Quijoue, artistes passagers et ambulants (c'est ainsi que les appelle l'abbé de La Rue, dans ses *Nouv. Essais hist. sur la ville de Caen*, tom. II, p. 340), imprimèrent en cette ville en 1480. L'université fondée en 1436 par le roi Henri VI d'Angleterre était alors en pleine prospérité ; ses régents, poussés par un mobile, trop rare à cette époque, l'amour des saines études et le culte des monuments les plus purs de la haute littérature classique, attirèrent dans leurs murs ces deux imprimeurs qui peut-être sortaient de l'atelier typographique fondé à Rouen à peu près à la même époque par les frères Lallemand, et dirigé par le célèbre Martin Morin ; ils lui demandèrent une édition du plus grand des poëtes latins, Horace, monument précieux, qui reste un des titres de gloire de la ville de Caen, puisque cette édition est la première que l'on ait faite en France du poëte d'Auguste : *Incipiunt Epistole Horatii ‖ Epistola ad Mecenatem*. (Au recto du dernier f.) : *Finis. Impressum Cadomi per magistros Jacobum ‖ Durandas et Egidii qui ioue Anno Domini ‖ Millesimo quadringentesimo octogesimo ‖ mense Junio die vero sexta ejusdem mensis*. Pet. in-4, goth., 40 ff. à 20 lign. par page; sign. A. E.

Les lignes sont bien espacées, le caractère grand, élégant et fort net, l'encre très-noire.

L'exemplaire de la Bibliothèque impériale, sur papier, vient de la collection Hibbert; celui de lord Spencer est sur vélin; malheureusement il a été réduit à la grandeur d'un in-8 par le couteau sacrilége d'un relieur; il provient de la collection Farmer; un troisième exemplaire existe en Angleterre dans la bibliothèque du comte de Pembroke.

Ce livre est le premier livre imprimé en Normandie avec une date certaine. Que devinrent ses imprimeurs? voilà ce que les recherches les plus minutieuses n'ont pu faire découvrir à M. Frère, qui ne peut même signaler aucun autre ouvrage portant leur nom.

Maittaire et Panzer citent un certain nombre d'ouvrages imprimés à Caen au commencement du XVIe siècle. Nous signalerons un traité de Gerson que M. Brunet a omis : *Joannis Gersonii Tractatus de virtutibus et vitiis.* A la fin : *A Caen, par Michel Angier pour Jean Macé, libraire, demourant à Rennes, et pour Richard Macé, libraire en l'Université de Caen, demourant à Rouen.* MDII, in-fol. — « Michel Angier demeurait à Caen, dit M. Frère, *ad intersignium montis sancti Michaelis archangeli juxta Cordigeros.* » Était-il imprimeur ou seulement libraire? la souscription du traité de Gerson semble indiquer qu'il imprimait lui-même ; mais sur quelques autres volumes le contraire paraît plus probable.

Le volume que nous citons est le premier que l'on connaisse portant son nom, et le dernier est daté de 1545; il mourut vers 1566, après avoir rempli, deux ans auparavant, les fonctions d'échevin.

Le volume suivant est intéressant à cause de sa souscription., C'est le *Grät Coustumier du pays et duché de Normandie...* A la fin : *Nouuellement imprime à Caen par Laurens Hostingue demourant audit lieu deuant la tour aux Landoys. Pour Michel Angier libraire et relieur de luniuersité dud' Caen demourât aud' lieu près le põt Sainct Pierre... et ont este acheuez. Lan de grace mil cinq cens et dix. le xxviii iour dapuril.* — In-fol. goth. 216 ff. à 1. lign.

Comme spécimen de l'imprimerie de Mich. Angier associé à Jean Macé, nous citerons : *Baptiste Mantuani poete Xtianissimi parthenice Mariana... — Impensis Mich. Angier et Joannis Mace librar. univers. Cadomensis... Impressum Cadomi s. d. et s. n.*, in-4.

Parmi les typographes postérieurs nous ne voulons citer que les Mangeant, au xviiᵉ s., bien connus des bibliophiles, et Jean Cavelier, l'imprimeur de Moysant de Brieux.

Les arrêts du conseil de 1704 et de 1739, qui fixent le nombre des imprimeurs autorisés dans chacune des villes du royaume, en accordant quatre à la ville de Caen, et en 1764, le *Rapp.* Sartines signale sept libraires et, conformément aux arrêts précités, quatre imprimeurs : Jean Poisson, Pierre-Jacques Yvon, Jean-Claude Pyron et Pierre Chalopin.

CADORINUS AGER, *Il Cadorino*, territoire de Cadore, dans le pays vénitien.

CADRIUS MONS, PALATIUM IN AGRO LEMOVICINO, *Les Cars*, village près Limoges (Haute-Vienne), d'après Mabillon.

CADROTIUM, *Caudrot*, bourg de France (Gironde).

CADUBRIUM, CADUBRUM, CASTRUM PLEBIS, *Cadore, Pieve di Cadore*, ville du pays vénitien, sur la Piave.

L'illustre famille des Vecelli était originaire de cette ville ; sans compter le grand Tiziano, son frère Cesare, et leur parent, Titien Vecelli de Cadore, le poëte et l'orateur, plusieurs imprimeurs de ce nom ont acquis une certaine notoriété ; nous citerons Andreas Vecellius Cadubriensis et Johannes Vecellius Cadorinus, qui imprimaient à Venise au xviiᵉ siècle, de 1672 à 1706; nous avons encore à Padoue il Cadorino, l'un des bons imprimeurs de cette époque de décadence typographique.

CADUINUM, *Cadouin*, bourg du Périgord (Dordogne); anc. abb. de Cît.

CADUPPA VILLA [Ch. Lud. pii], CATUSIACUM [It. Ant.], CADUSSA, *Chaource*, bourg près Troyes (Aube); villa donnée par Charles le Chauve à l'abb. de S.-Denis par une charte de 867 [Félibien].

CADURCENSIS PAGUS, CATORCINUS PAGUS [Frédég.], le *Kiersi* (au ixᵉ s.), le *Cahorcin*, le *Quercy*, anc. prov. de France; forme auj. presque entièrement les dép. du Lot et de Tarn-et-Garonne.

CADURCI [Cæs.], Καδοῦρκοι [Strab., Ptol.], peuple de la Gaule Aquitaine.

CADURCUM [Cell.], DIVONA [Auson.], Δουίωνα Δούκουα [Ptol.], BIBONA [Tab. Peut.], CIVITAS CADURCORUM [Not. Prov.], *Caours*

[anc. chron.], *Caors, Cahors*, ville de Fr. (Lot).

Le premier imprimeur de cette ville s'appelle Jacques Rousseau, et le premier livre sorti de ses presses que nous puissions citer est daté de 1585 ; il est intitulé : *Discours de M. Antoyne Depeyrusse, juge et lieutenant général en la séneschaucée de Quercy, sur l'Edict du Roy, contenant la réunion de ses subjects à la Religion catholique, apostolique et romaine.* — Caors, par J. Rousseau, 1585, in-8. (A la Bibl. impér.)

Le même Ant. Depeyrusse fait imprimer en 1587, toujours par Jacques Rousseau, une *Apologie contre les réformés.*

En 1586 nous avons : *Discours des choses mémorables aduenues à Caors et pais de Qercy en l'an M CCCC XXVIII. Extraict des Annales consulaires dudit Caors.* In-4.

Ce Jacques Rousseau eut un fils qui lui succéda et que nous trouvons imprimer concurremment avec Jean d'Alvy, 1613-1644.

Au *Rapp.* Sartines, conformément aux arrêts du conseil du 21 juillet 1704 et du 31 mars 1739, nous trouvons en 1764 un seul imprimeur à Cahors, François Richard, pourvu par arrêt du conseil du 29 octobre 1746, à la tête de trois presses.

CÆCILIA CASTRA [Plin.], Καικιλία Γεμέλλινον [Ptol.], CASTRA CELICA [Itin. Anton.], *Caceres*, ville d'Espagne (Estramadure), fondée par le consul Q. Cæcilius Metellus.

CÆLANUM, CELANUM. *Celano*, ville du pays napolitain, dans l'Abruzze ultér. IIᵉ.

CÆLIANUM [Itin. Anton.], *Ceglie*, bourg d'Italie, dans la Basilicate.

CÆLIUS [Tab. Peut.], CÆLIUS MONS [Itin. Anton.], localité de Vindélicie, auj. *Kelhmünz*, bourg de Bavière, dans le cercle du haut Danube; ou, suiv. d'autres géogr., *Türkheim*, bourg du même cercle.

CÆNE, Καινή [Ptol.], CÆNEPOLIS, Καινήπολις [Procop.], Ταίναρον [Hérod., Ptol.], TÆNARUM [Plin.], ville de la Laconie, auj. *Kaihwares*, suiv. Bisch. et Möller.

CÆNOMANI, voy. CENOMANI.

CÆNUS, Καινός [Ptol.], riv. de la Gaule Narbon., près d'Aix, auj. l'*Arc*, qui se perd dans l'étang de Berre.

CÆNYS PROM., Καῖνυς [Strab.], cap. du Bruttium, auj. *Capo di Cavallo*, suiv. Mannert; et *Coda di Volpe*, suiv. d'autres géographes.

CÆPIANA, Καιπίανα [Ptol.], ville de Lusitanie, chez les Celtici, auj. *Cezimbra* [Forbiger].

CÆRE [Plin.], Καῖρε [Ptol.], Καιρέα [Strab.], AGYLLA [Plin.], AGYLLINA URBS [Virg.], ville d'Etrurie, auj. *Cervetere* ou *Cervetri*, pet. ville de l'Italie (Toscane). Voy. CANINA, *Descr. di Cere antica.* Rome, 1838, in-4.

CÆRETANUS AMNIS [Plin.], CÆRITIS AMNIS, pet. fl. d'Etrurie, auj. l'*Eri*; se jette dans la Méditerranée.

CÆSARAUGUSTA [Plin., Itin. Anton.], Καισάρεια Αὐγούστα [Strab., Ptol.], anc. SALDUBA [Plin.], ville des Edetani, dans l'Espagne Tarrac., auj. *Zaragoza*, *Saragosse*, cap. de l'Aragon.

Les bibliographes sont tous, ou peu s'en faut, d'accord sur l'histoire de la typographie à Saragosse. C'est en 1475, le 15 octobre, qu'un imprimeur flamand, du nom de Mathieu, mit au jour un pet. infol., considéré jusqu'à présent comme le début de la typographie dans la capitale de l'Aragon : « *Es una de las rarisimas ediciones de España*, » dit Mendez. Voici le titre exact de cet incunable : MANIPULUS CURATORUM. *Incipit Manipulus curatorum compositus a Guidone de Monteroteri* (Guy de Montrocher) *sacre theologie professore*. Suit une dédicace de l'auteur à D. Raymond, évêque de Valence, datée de *Turolti* (Teruel), l'an 1333.

A la fin : *Explicit Manipulus curatorum*.

Ihus... Marie... Filius...

Clero et populo impressio perutilis utriusque ope seu Matthei Fland' industria felici termino clausa est Aragonensium regia in urbe Cesaraugusta XV octobris anno salutis millesimo quadrigentesimo septuagesimo quinto.

Le vol. forme un pet. in-fol. ou un grand in-4 (Mendez), à longues lignes, en lettres de forme (*letra de tortis*) très-nettes, les capit. et tourneures (*calderillas*) laissées en blanc et rubriquées à la main.

On ne connaît rien autre chose de ce typographe Mathieu le Flamand, à moins que l'on n'accepte la suggestion de Née de la Rochelle (*Rech. sur la typ. en Espagne*, p. 18) : « Ce *Mathæus Flander*, dit-il, est peut-être le même que Mathieu Vendrell; que l'on regarde comme un honnête marchand et des plus anciens libraires d'Espagne, ayant fait faire des éditions à ses frais à Gironne en 1480, à Barcelone en 1484. » Née de la Rochelle veut dire : *à Girone*, 1483, mais sa supposition n'est pas inadmissible, et la première syllabe *ven* ou *van* du nom de cet honnête marchand indique volontiers une origine flamande ou hollandaise.

Le second imprimeur de Saragosse est Paul Hurus de Constance ; mais nous trouvons à la même époque Jean Hurus, ce qui peut nous faire supposer deux frères établis simultanément à Saragosse. Cependant le premier livre sur lequel nous relevions le nom de Pablo Hurus de Constancia n'est daté que de 1485 ; c'est un recueil des *Epîtres et Evangiles* en portugais ; et dans l'intervalle nous trouvons dans Mendez la description de cinq volumes imprimés sans porter de nom de typographe, dont le plus important est : *el Libro de la declaracion de la misa*, daté du 16 juin 1478.

En 1494 Paul Hurus donne un *Johan Bocacio de || las mugeres illus || tres en romãce*.

En 1496 nous trouvons un nouveau nom d'imprimeur, mais peut-être n'est-il qu'éditeur et libraire, car nous lisons seulement au bas des *Epistolas de Seneca* publiées à cette date à Saragosse : *Expremidas... à instancia y expensas de Juan Thomas Favario de Lumelo del contado de Pavia*.

Enfin, en 1500, trois ouvriers allemands associés établissent une nouvelle typographie ; ils signent : *George Coci, Leonardo Buiz, y Lupo Appentegger, Alemanes*.

Un livre spécial a été consacré à l'histoire de l'imprimerie dans cette ville ; *la imprenta en Zaragoza, con noticias preliminares sobre la imprenta en general. Su autor D. Jerónimo Borao*. Zaragoza, impr. y lib. de V. Andrés. 1860, in-8.

CÆSAREA BOJORUM, ÆLIA FLAVIA CÆSAREA, *Kösching*, *Kötzing*, bourg de Bavière, dans le cercle du bas Danube.

CÆSAREA INSULA [Itin. marit.], *Jersey* (*Giersé*, au Xe s.), île anglaise, sur la côte O. de France.

CÆSAREA LUTRA [Cell.], CÆSARO-LUTHERA, *Kaisers-Lautern*, ville forte de la Bavière Rhénane, au N.-O. de Spire.

CÆSAREANUM, *St-Céré*, bourg de Fr. (Lot).

CÆSAREOPOLIS, *Kaisersmark*, *Kaismark*, ville de la haute Hongrie.

CÆSARIANA [Itin. Anton.], CESERINA [Tab. Peut.], *Casalnuova*, sur le Negro, dans la Basilicate.

CÆSARIS BURGUS, CÆSAROBURGUS, CAROBURGUM, *Cherbourg*, ville et port maritime de Fr. (Manche). Suiv. Sanson et Reich. ce serait l'anc. CORIALLUM des Tab. de Peutinger, d'où CORIOVALLENSIS PAGUS; on trouve au XIIIe s. *Chiere-bourc*.

C'est à l'année 1684 que nous faisons remonter l'imprimerie dans cette ville ; nous trouvons à cette date un *Processionale Constanciense* (à l'usage de Coutances) imprimé par Guillaume Cossin, in-4.

L'imprimerie fut supprimée presque aussitôt après son introduction à Cherbourg, car nous ne trouvons plus de nom de typographe après 1739, et cette ville ne figure ni aux arrêts du conseil de 1704 et de 1739, ni au *Rapp.* Sartines.

CÆSARIS INSULA [Luen.], KAYSERSWERTHA, *Kaiserswerth*, ville de Prusse, dans la prov. de Düsseldorff.

CÆSARIS MONS, CAISSERVERS (au XIIIe s.), *Kaisersberg*, ville d'Alsace (Haut-Rhin).

CÆSARIS PRÆTORIUM, voy. FORUM TIBERII.

CÆSARODUNUM, voy. TURONES.

CÆSAROMAGUS, voy. BELLOVACUM.

CÆSAROMAGUS [Geo. Rav.], BAROMAGUS [Tab. Peut.], ville des Trinobantes dans la BRITANNIA ROMANA, auj. *Chelmsford*, ville d'Angleterre (comté d'Essex), suiv. Burton et Camden.

Un journal, the *Chelmsford Chronicle*, parut dans cette ville en 1730 ; the *Elegiac tears* du Rév. Dr Cotton y furent imprimés en 1766, et une *Histoire d'Essex* y parut en 6 vol. in-8, en 1769-72. (*Cotton's Suppl.*)

CÆSAROTIUM, voy. GISORTIUM.

CÆSENA [Cic., Plin.], CESENA [It. Hier.], Καισήνα [Strab.], Καίσανα [Ptol.], CESINA, SESENA [Geo. Rav.], ville de la Gaule Cispadane, auj. *Cesena*, dans la délég. de Ravenne.

Imprimerie en 1525, suiv. Falkenstein : Voici le volume cité par Panzer : *de Contractibus summatim versibus elegis editus libellus, opus fere divinum non solum notariis, sed etiam cupidis legum tyrunculis pernecessarium, quum brevi periodi periodo institutionum terminos complectatur : In-*

-prete d. *Polydamante Tiberto sacrarum legum
ctore, et cum indice totius operis examussim
stigato. Carmen ad scribam.*

*Que te scire decet referente Scriba libellum
Hunc eme : qui paruo uenditur ere tibi.*

A la fin : Impressum Cesene per Amadeum et ejus
cios anno Dñi MDXXV. Quarto kalē decembris :
icissimo Clemente summo pontifice septimo im-
rante, in-4.

ÆTOBRIX, Καιτόβριξ [Ptol.], CATOBRIGA [Itin.
Anton.], CETOBRIGA [Anon. Rav.], ville
de la côte O. de la Lusitanie, auj. *Sé-
tuval* ou *Sétubal*, ville et port de Portugal (Estramadure).

Ni Panzer, ni Falkenstein, aucun bibliographe
pagnol ni portugais, ne citent cette ville parmi
elles qui ont joui des bénéfices de la typographie à
ne époque reculée : M. Ternaux seul a la gloire
avoir trouvé un livre imprimé à Sétubal en 1509 :
egra e cstatutos da militar ordem de S. Iago. —
tubal, 1509, in-fol. M. Ternaux ne cite malheureu-
ment pas la source où il a puisé ce renseignement :
eut-être provient-il de M. Ribeiro dos Santos, qui
publié un mémoire sur la typographie portugaise,
ue M. Brunet a omis dans sa table et que nous n'a-
ons pu nous procurer.

AH MARII AGER, CAMARIA, *la Camargue*,
grande île située dans le Delta du
Rhône.

AINO, voy. CHINONIUM.

AJARCUM, *Cajarc*, bourg du Quercy (Lot).

AJETA [Virg., Sil., Jornand.], Καιάτα
[Strab.], Καιάτα [Diod.], *Gaietta, Gaëta*,
ville de la Terra di Lavoro, prov. napolit. du roy. d'Italie.

Imprimerie en 1487, suiv. Falkenstein. Maittaire
i Panzer, non plus qu'Haym, ne citent de livre im-
rimé en cette année à Gaëte. Voici le titre du vo-
ıme tel que nous le donnent Haym et Brunet : *For-
ulario di epistole uulgarc missiue et responsiue...
omposto per Cristophoro Landini citadino di Fi-
enze...* A la fin, après le registre : *Explicit Formu-
ario de Epistole missive e responsive et altri fiori
e ornati parlamenti. Impresso nella alma et in-
lyta cità de Gayeta per mi. A. F.* MCCCCLXXXVII,
et. in-4. Ces lettres initiales A. F. désignent l'Alle-
and André Fritag qui, après avoir essayé de l'im-
rimerie dans cette ville, où il n'exécuta peut-être
ue ce volume, alla s'établir à Rome vers 1491.
L'année suivante, 1488, un nouvel imprimeur,
robablement initié aux secrets de l'art nouveau
ar Fritag, publie un volume que citent tous les
ibliographes, c'est : *El Dialogo de S. Gregorio
apa tratto del latino in vulgar per maistro Lu-
urdo da Udene... con la vita de S. Gregorio...
ıpresso in Gajeta per maistro Justo.* MCCCC octanto
cto. XXIIII de marzo, in-fol.

AJETANUS SINUS, κόλπος Καιάτας [Strab.],
Golfo di Gaëta.

AJODUNUM, *Kieidani, Keidani*, ville russe
du gouv. de Wilna.

ALA [Greg. Tur.], VILLA CALENSIS [Id.],
KALA [Præcepta Rob. Reg.], CELLÆ AD
MATRONAM, *Chelles, Chelles-Ste-Beau-
thour*, bourg de Fr. (Seine-et-Marne);
anc. et célèbre abb. de Bénéd.; concile en 1008.

CALABONA [Plin.], *Tribugena*, ville de la
Bétique (Andalousie).

CALABRI [Hor.], Καλαβροί [Strab.], SALENTINI
[Jornand.], Σαλεντίνοι [Strab., Ptol.],
peuple de l'Italie méridionale.

CALABRIA [Tac., Plin., Horat., etc.], Καλαβρία [Strab., Ptol.], anc. MESSAPIA, Μεσσαπία [Polyb., Strab.], Μεσσαπία [Steph.],
prov. de l'Italie méridionale, faisant
partie de l'anc. IAPYGIA; forme auj.
trois provinces napolit. du roy. d'Italie,
la *Calabria citra*, la *Calabria ultra*, I
et II.

CALACTA [Cic.], Καλάκτα [Ptol.], CALACTE
[Sil. Ital.], Καλὴ Ἀκτή [Diod.], *Caronia*,
bourg de Sicile, dans le val di Demona.

CALADUNUM [Itin. Anton.], Καλάδουνον
[Ptol.], ville de l'Espagne Tarrac., auj.
Mirandella(Traz-os-Montes), suiv. Bisch.
et Möll., ou *Fuente Carcada*, suiv. Forbiger.

CALÆGIA, voy. HALA.

CALAGORRIS, *Cazères*, pet. ville de France
(Haute-Garonne).

Imprimerie en 1703, si l'on en croit le Dr Cotton,
qui ne cite aucun fait à l'appui de cette assertion,
dont nous contestons l'exactitude jusqu'à preuve
contraire ; peut-être a-t-il voulu parler de la ville
espagnole de *Caceres*. (Voy. CÆCILIA CASTRA.)

CALAGUM [Tab. Peut.], localité de la Gaule
Lyonnaise IVe, auj. *Chailli, Chailly*,
bourg du Gâtinais (Seine-et-Marne).

CALAGURIS FIBULARENSIS [Plin., Cæs.], ville
des Ilergetes dans l'Espagne Tarrac.,
auj. *Loharre*, en Aragon, au N.-O.
d'Huesca (*a Fibularum opificio*, P. de
Marca).

CALAGURRIS [Cæs., Liv.], Καλάγουρις [Strab.],
Καλαγορίνα [Ptol.], CALAGURRA [Itin. An-
ton.], MUNICIPIUM CALAGURIS JULIA [Insc.],
CALAHORRA [Cell.], ville de l'Hispania
Tarrac., auj. *Calahorra*, ville de la
Vieille-Castille, dans la prov. de Soria.

CALAMÆ, Καλάμαι [Polyb.], bourg de la
Thessalie, auj. *Kalami* [Pouqueville].

CALAMI, *Chaumes*, bourg de Fr. (Yonne);
anc. abb. de Bénéd. du dioc. de Sens.

CALANCORUM, voy. GORLITIUM.

CALARIS, CARALIS [Itin. Anton., Tab.
Peut.], CARALA [Jornand.], Κάραλις
[Strab.], Κάραλλις [Ptol.], Κάρναλις [Pau-
san.], CARALES [Liv.], *Cagliari* (*Caller*
en esp.), cap. de l'île de Sardaigne.

Nous pouvons faire remonter à 1557 la date de
l'imprimerie à Cagliari, et cette date nous est fournie par Melzi (*Dict. des Anon. et Pseud.* III, 200) :
*La vitta et la morte et passione de sanctu Gavinu,
Prothu et Januariu*, s. l., mais impr. à Cagliari,

l'anu de sa incarnatione M DLVII, in-12. Pietro Martini, dans sa *Biogr. sarda*, prouve que ce livre est d'Antonio Cano, archev. de Sassari, et qu'il fut imprimé à Cagliari.

En 1574, le *Manuel* (voy. au mot FORTUNATUS) nous fournit le nom du premier imprimeur de Cagliari; il s'appelle : Sembeninus Salodiensis.

En 1576 nous trouvons du même imprimeur : *Decada de la Passion de nvestro Redemptor Iesu Christo; con otra obra... compvesta por el illustrissimo señor Don Juan Coloma... Visorrey y capitan general por su Magestad en este reyno de Cardeña.* — En Caller, M DLXXVI, por Vincensio Sembenino, Impressor der Reuerendo doctor Nicolas Cañyellas, canonigo y vicario general de la iglesia de Caller, in-8 de 172 ff. Comme état de l'imprimerie dans les provinces espagnoles au XVIe siècle, ce livre fournit un document intéressant; c'est la série des autorisations nécessaires à l'impression :

1o *Licencia* donnée par D. Juan Coloma lui-même au Dr Nic. Cañyellas, au nom du roi, du 7 avril 1576; 2o *Lic.* de l'archevêque de Cagliari du 3 avril; 3o *Lic.* à l'imprim. Vinc. Sembenino, pour l'impression et la vente du livre, par Nic. Cañyellas, vicaire général (sede vacante) du 6 avril 1574; 4o *Lic.* du St-Office, du 26 nov. 1573.

Un livre intitulé : *Jo. F. Fara de rebus sardois* est porté au catal. du marquis de San-Philippe (part. 1, p. 206), sous la date de 1510; cette erreur est rectifiée par Fabricius; nous ajouterons que ce livre est porté sous sa date véritable, qui est 1580, au catal. Heinsius (p. 306).

CALAROGA, *Calaruega*, bourg de la Haute-Castille, près Soria.

CALABONA, la *Chalarone*, pet. riv. affl. de la Saône.

CALATA, CALATA HIERONIS, *Calatagirone*, bourg de Sicile, dans le val di Demona.

CALATAJUBA, voy. BILBILIS NOVA.

CALATIA [Liv., Cic.], Καλατία [Strab.], CALATIÆ [Plin.], sur la via Appia, entre Capoue et Bénévent, auj. *Cajazzo*, ville d'Italie (Terra di Lavoro), etsuiv. Mommsen, *il Gallazo, le Gallaze*, localité de la voie Appienne, non loin de Caserte.

CALATONUM, *Chalonnes*, village de l'Anjou, près Beaugé (Maine-et-Loire).

CALATUM [Itin. Anton.], Κάλατον [Ptol.], ville de la Britannia Major, auj. *Kendall* (Westmoreland).

CALBA AD SALAM, *Calbe*, sur la Saale, ville prussienne, de la rég. de Magdebourg.

CALCARIA [Itin. Anton., Tab. Peut.], suiv. Reichard, *Callissane*, bourg de France (Bouches-du-Rhône).

CALCARIA [Itin. Anton.], ville de la Britannia Major, auj. *Newbury*, sur le Warf (Yorkshire), suiv. Camden.

CALCARIA CLIVORUM, CALCARIUM, *Calcar*, pet. ville prussienne, dans le duché de Clèves, près Francfort.

Ternaux cite : *Lackstein. Descriptio urbis Jerusalem. Calcariæ Clivorum*, 1570, in-fol., livre qui nous est inconnu.

CALCIATA, *Caussade*, bourg de Fr. (Tarn-et-Garonne).

CALCIATA, CALZIATA, *Calzada*, S. *Domingo de la Calzada*, bourg d'Espagne (prov. de Burgos).

Mendez donne cette localité comme ayant possédé une imprimerie; mais sans citer aucun fait à l'appui. M. Cotton, dans son *Supplément*, signale un volume imprimé en 1601, qui se trouve à la Bodléienne : *Francisci Onnezii Pancorvini observationes*, in-fol. de 856 p. bien imprimées.

CALDARIUM, *Caltern, Caldera*, bourg du Tyrol.

CALDEBECCUM, voy. CALIDO BECUM.

CALE [Itin. Anton.], PORTUS CALENSIS, PORTUS-CALLE, ville des Callaici Bracarii, en Lusitanie, auj. *Porto, Oporto*, ville du Portugal, chef-lieu de la prov. de Minho; on trouve aussi PORTUS LUSITANIÆ ou CIVITAS PORTUGALENSIS.

La *Biblioth. Lusitana*, ainsi que Ribeiro et Antonio, font remonter à 1540 la date de l'introduction de la typographie dans cette ville : *João de Barros escrivão da camara del rey D. João III. Espelho de Casados* (*Spelho de Casados*, dit Antonio). In urbe Portuensi apud Vascum Diaz Tanco de Fregenal, 1540, in-4. L'année suivante les mêmes auteurs citent : D. Fr. Balthezar Limpo (év. de Porto en 1537, dép., archev. de Braga). *Constituiçoens sinodaes do Bispado do Porto*. Porto, 1541, in-fol. Antonio latinise ainsi le titre portugais : *Fr. B. Limpo*, dit-il, *coegit formavitque Diœcesanam synodum episcopatus sui Portuensis celebratum anno* M DXL. *Quæ typis edita fuit in eadem Portuensi urbe anno* 1541.

CALE, voy. CALES.

CALEBACHUS, *Kilbegs*, bourg d'Irlande (prov. d'Ulster).

CALEDONIA [Tac. Agric.], Καληδονία [Dio Cass.], BRITANNIA BARBARA, CALYDDON (*pays de forêts*, en gaëlique), *Scotland, Schottland*, l'Écosse, réunie à la Grande-Bretagne en 1707.

CALEDONIUM CASTRUM, DUNCHELDINUM, ville des Caledonii, auj. *Dunkeld*, ville d'Écosse, dans le comté de Perth.

CALEDIA, voy. WITTEBERGA.

CALEM (AD), voy. CALIUM.

CALENTUM, ville des Celtiberi, dans la Tarraconaise, auj. *Caxalla*, bourg de l'Aragon [Reichard].

CALENUM, *Carinola*, bourg du Napolitain (Terra di Lavoro).

CALES [Cicér., Liv.], Κάλης [Ptol.], ἡ τῶν Καληνῶν πόλις [Steph.], MUNICIPIUM CALENUM [Cicér.], THREICIA [Sil. Ital.], ville de la Campanie, auj. *Calvi*, ville du Napolitain (Terra di Lavoro).

CALESCUM, *Chalais*, bourg de France (Charente).

CALETENSIS AGER, pays des anc. *Caletes*, Καλεῖται [Ptol.], dans la Gaule Lyonnaise IIe, auj. le *Pays de Caux*, dans la haute Normandie.

CALETUM [Cluv., Cell.], CALESIUM, PORTUS SUPERIOR, CALLESIS, KALAYS [Chron.], CALEYS (XIIIe s.), *Calais*, ville de France (Pas-de-Calais). Quelques géographes ont vu dans ce port l'emplacement du *Portus Iccius* de César, mais les présomptions les plus fortes sont pour *Wissant*.

Le plus ancien livre imprimé à Calais qui soit connu de nous est daté de 1582. C'est un pet. in-4 dont voici le titre : *Entrée, estat ou répertoire des deniers et marchandises estrangères. — Sortie, Estat... des marchandises qui se peuvent tirer et transporter hors le royaume.* Calais, Abraham Le Maire, 1582, 2 part. en un vol.

Le Dr Cotton cite un *English manual of Prayers*, imprimé à Calais en 1599.

L'année suiv. nous avons encore à citer un vol. rare et curieux : *Luc Iansz Pilote : Thresorerie ou cabinet de la toute marinesque : imprimé aux despens et pour Bonaventure d'Aseuille, marchand libraire, demourant à Calais.* — Calais, 1600, in-4.

Les *Coustumes de la ville de Calais et pais reconquis* ne furent imprimées dans cette ville qu'en 1630, in-4.

L'arrêt du conseil du 31 mars 1739 qui règle l'état des imprimeries du royaume, supprime celle de Calais, et nous voyons en 1764, au *Rapport* Sartines, un imprimeur octogénaire conservé dans cette ville, mais qui n'exerçait que par suite d'une faveur spéciale ; c'est Joseph Maury, né en 1684, qui succède en 1705 à son père, et dirige trois presses.

Guillaume et Jean Morel, célèbres imprimeurs établis à Paris au XVIe s., étaient nés à Calais.

CALEVA [Itin. Anton.], Καλης̔ούα [Ptol.], CALLEVA [Geogr. Rav.], CALEBA ATREBATIUM, ville des Atrebates, dans la Britannia Romana, auj. *Silchester*, ville du Hampshire.

CALIDAQUÆ, *Chaudesaigues*, ville de France (Cantal).

CALIDAVA, voy. CAPIDAVA.

CALIDI COLLES, *Caudecoste*, pet. ville du bas Armagnac (Gers).

CALIDO BECUM, CALDEBECCUM [Cell.], CALIDUM BECCUM, *Caudebec*, ville de France (Seine-Inférieure).

CALIDUM, *Chaud*, bourg de Savoie, sur le lac d'Annecy (Haute-Savoie).

CALIDUS MONS, *Caumont*. Un grand nombre de localités en France et en Belgique portent ce nom, entre autres un bourg du Gers et un autre du Calvados, chef-lieu de canton.

CALINULA, CARINULA, *Carinola*, bourg du pays napolitain (Terra di Lavoro).

CALISIA [Itin. Anton.], Καλισία [Ptol.], CALISSIUM, ville des Suevi, en Germanie, auj. *Kalisch*, chef-lieu du palatinat du même nom, en Pologne.

Un magnifique collége fut fondé dans cette ville par l'archev. de Gnesen, Stanislas Carncovius au XVIe s. ; et la typographie ne tarda point à être exercée dans ses murs ; mais il n'existe point de livre imprimé au XVIe s., et le plus ancien incunable de Kalisch connu ne remonte qu'à l'année 1606 : *Hieronimus Platus de bono statu religiosi, polonice transl. et editus a Simone Wysocki.* Calissii, 1606, in-4. — Ce Simon Wysocki, éditeur et imprimeur à la fois, prend un agneau comme marque en l'honneur du fondateur du collége de Kalisch, qui le portait dans ses armes.

En 1615 Albertus Gedelius, *typographus archiepiscopalis Gnesnensis*, publie à Kalisch : *Caroli Malapertii Miscellanea*, in-4, et en 1619 un livre polonais d'une exécution typograph. remarquable : *o Exorbytancyach Stanu duchowneqo, ktore so tym wieku niektorzy Ich Mosc. PP. Swieccy Stanowi duchownemu zadaia*, également in-4.

CALIUM, AD CALEM [Tab. Peut.], AD CALLEM [Itin. Anton.], CALLIS, *Cagli*, ville d'Italie, a otto leghe da Urbino (Etats du Pape).

L'imprimerie remonte en cette petite ville à l'année 1475, suiv. Falkenstein : *Maphœi Vegii de morte Astianactis opus Iocundum et Miserabile.* — A la fin : *Anno gratiae.* M CCCC LXXV, *tertio kalendas Iulii. Hoc opusculum Callii impressum est Tempore Domini.* FEDERICI *illustrissimi Vrbinatium ducis. Ac sacrosanctæ Romanæ Ecclesiæ Gonfalonerii ;* || *Laurentii Abstemii Maceratensis carmen.* || *Ingenium ne forte putes non esse Latinis :* || *Qui tantum Gallos Teutonas atque probas* || *Hoc media Italia geniti impressere Robertus* || *cum Bernardino quod breve cernis opus*, in-4 de 6 ff. chiffrés, s. récl. ni sign. (Robertus de Fano et Bernardinus de Bergamo).

Nous avons un second volume imprimé l'année suivante, dont nous donnerons sommairement le titre : *Servii honorati libellus de ultimis Syllabis, et Centimetrum, ex rec. Laur. Abstemii.* — Robertus de Fano et Bernardinus de Bergomo, plura opera cum hoc impressere. Calii, anno salutis, M CCCC LXXVI xv octobris in-4.

La même année : *Jo. Ant. Campani funebris oratio pro Baptista Sphortia Urbini comitissa.* — Callii, Kal. Martii, 1476, in-4, livre que sa date reporte à la troisième place, et auquel M. Brunet, qui cite les deux autres, donne par inadvertance la première (*Man.*, V, col. 315).

CALLAICI [Sil. Ital.], Καλλαϊκοί [Strab.], CALLAICI BRACARII [Plin.], οἱ Βραικάριοι [Ptol.], peuple de l'Espagne Tarrac., dont la capitale était *Braga* (Traz-os-Montes).

CALLENBURGUM, voy. CALLUNDA.

CALLESIS, voy. CALETIUM.

CALLEVA, voy. CALEVA.

CALLICULA MONS [Liv.], mont. de la Campanie, auj. *Monte Cajanello*, dans la Terra di Lavoro.

CALLIFÆ [Liv.], ville des Hirpini, dans le Samnium, auj. *Carife*, bourg de la Terra di Lavoro.

CALLIPOLIS, voy. ANXA.

CALLIPOLIS [Sil. Ital.], Καλλίπολις [Herod.], ville des Siculi, entre Messana et Tauromenium, auj. *Gallodoro*, en Sicile.

CALLIPOLIS [Liv., Plin.], Καλλίπολις [Strab., Ptol.], ville de Thrace, auj. *Gallipoli*, dans la Roumélie (pachal. d'Andrinople).

CALLISTE, Καλλίστη [Hérod.[, THERA [Plin.], Θήρα]Hérod.], THERE [Sen.], île de la mer de Crète, auj. *Santorin*, dans l'archipel.

CALLIUM, voy. CALIUM.

CALLOELLUM, CALLOGELLUM, *Chaillot*, anc. village à l'O. de Paris, auquel il est ◦ auj. réuni.

CALLONIANA [Itin. Anton.], sur la *voie* d'Agrigente à Catane, auj. *Caltanisetta*, ville forte de Sicile, chef-lieu de la prov. du même nom [Forbiger].

CALLOSCOPIUM, voy. ELIS.

CALLUM [Itin. Hier.], ville de Thrace, auj. *Comburgos*, dans la Roumélie.

CALLUNDA, CALLENBURGUM, *Kallundborg*, ville du Danemark (île Seeland).

CALMARIA, CALMARNIA, *Calmar*, ville de Suède, chef-lieu de la préfecture du même nom.

Voici la note du Dr Cotton relative à l'introduction de l'imprimerie dans cette ville : « Vers l'an 1620 l'évêque Jonas Rothovius fonda un établissement typographique, ainsi que l'attestent quelques livres publiés cette année même : le premier imprimeur s'appelait Christophe Gunther, et en 1635 il alla avec son matériel se fixer à Linköping. »

Nous ne connaissons pas ces premiers volumes impr. en 1620, et ce n'est qu'en 1627 que nous trouvons dans la *Bibliographie suédoise* de J. Scheffer la trace d'une imprimerie fonctionnant à Calmar. Voici quelques titres : *Concio sacra in funere M. Jonæ Rothovii* (c'est l'évêque ci-dessus cité), *superintendentis Calmarensis* (en anglais *superintendens* se traduit-il par *évêque ?*) *ex Matth. xxv. 14. ad 31. excusa Calmariæ per Christ. Gunther, an. 1627, in-4.*

Harmonia evangeliorum, Joh. Baazio auct., — edita Calmariæ, per Guntherum, anno 1627, in-4.

CALMERACUM, *Chaumerac*, bourg de France (Ardèche).

CALMONTIUM BASSINIÆ, CALVUS MONS, CALVIMONTIUM BASSINIÆ, *Chaumont-en-Bassigny*, ville de Fr., chef-lieu du dép. de la Haute-Marne.

Il est assez extraordinaire que nous soyons forcé de signaler, comme premier ouvrage sorti des presses locales, un livre d'une spécialité assez bizarre ; mais la liturgie du diocèse, non plus que l'administration municipale, ne nous fournissent aucun titre antérieur à celui-ci : *Joseph Boillot, modelles artifices de feu et diuers instrumens de guerre auec les moyens de s'en préualoir pour assiéger, battre, surprendre et défendre toutes les places.* Chaumont-en-Bassigny, Quentin Maréchal, 1598, in-4, fig. et titre gravé ; presque toutes les planches sont gravées par Joseph Boillot lui-même.

Ce livre de pyrotechnie, si rare et si curieux, est bien le livre de ces temps de troubles et de tumultes ; c'était après la Ligue, et l'auteur s'était trouvé mêlé d'une façon active aux désordres de la province ; il était Langrois, et dans la préface du rare volume publié à Langres en 1592, intit. : *Nouveaux Pourtraicts et figures de termes pour user en l'ar-*

chitecture, il nous donne quelques détails sur sa vie qui nous expliquent la direction toute spéciale que ce savant, cet artiste avait été forcé de donner à ses travaux ; il nous apprend que son livre fut fort interrompu lors des guerres de la Ligue, « ayant voulu, dit-il, résister de force à mon possible aux maquereaux et paillards qui voulaient desbaucher nostre ville... »

Le second volume que nous pouvons citer comme imprimé à Chaumont, nous est donné par M. Brunet : *Nicolas de Hault. Voyage de Hierusalem faict en 1593.* — Chaumont-en-Bassigny, 1601, in-16.

La *Coutume de Chaumont-en-Bassigny*, rédigée par Jean Gousset, ne fut imprimée qu'en 1722.

L'arrêt du conseil du 31 mars 1739, qui fixe le nombre des imprimeurs dans toutes les villes du royaume, en conserve un dans celle de Chaumont, et en 1764 (*Rapp*. Sartines), cet imprimeur s'appelle : Claude-Antoine Bouchard, établi en 1759, possédant deux presses.

CALNÆ, *Caunes*, pet. ville du Languedoc (Aude).

CALNERIA, *Chaulnes*, *Chaunes*, bourg de Fr. (Somme); anc. duché-pairie.

CALNIACUM, *Chauny*, pet. ville de Picardie (Aisne).

CALONESUS, Καλώνησος [Ptol.], INSULA BELLA, au moy. âge ; PULCHRA INSULA nomine Britannico GUEDEL, *Belle-Isle*, *Belle-Ile-en-Mer*, île de Bretagne (Morbihan).

CALONNA, *Chalonnes*, pet. ville d'Anjou (Maine-et-Loire).

CALOR [Liv., Tab. Peut.], fl. du Samnium, auj. *Il Calore*, dans la prov. napolitaine, Princ. ultér.

CALOSSIA, *la Chalosse*, anc. pet. prov. de France ; dépend. auj. du départ. des Landes.

CALPE [Itin. Anton.], Κάλπη [Strab.], Καλπία [Steph. Byz.], GILBATHAR [Anc. Chron.], *Gibraltar*, ville et promontoire formant l'extrémité Sud de l'Espagne, sur le détroit du même nom.

CALPURNIANA [Itin. Anton.], Καλπουρνίανα [Ptol.], ville de la Bétique, auj. *Bujalance*, suiv. M. de Laborde, ou *Carpio*, ville de la prov. de Cordoue, suiv. Reichard.

CALUNIA, voy. PRÆSIDIUM.

CALVENCIACUM, *Chavancy*, bourg de Belgique (Luxembourg).

CALVENZANUM, *Calvenzana*, bourg du Milanais, sur l'Adda.

CALVIMONTIUM, voy. CALMONTIUM.

CALVINIACUM, *Chauvigny*, pet. ville du Poitou (Vienne). = Bourg du dép. de Loir-et-Cher.

CALVISSONIUM, *Calvisson*, *Cauvisson*, bourg de Fr. (Gard).

CALVIUM *Calvi*, ville de l'île de Corse.

CALVUS MONS, CALVOMONS, *Caumont, Chau-mont*; un grand nombre de localités en France portent ce nom. Nous citerons : CALVUS MONS NORMANNLE, *Caumont*, bourg du dép. du Calvados; = CALVUS MONS PROVINCIÆ, *Caumont*, bourg du départ. de Vaucluse ; = CALVUS MONS VASCONLE, *Caumont*, bourg du départ. de la Gironde;=CALVUS MONS IN PAGO VILCASSINO, *Chaumont-en-Vexin*, pet. ville du dép. de l'Oise ; anc. abb. de Bénéd.

CALYDRIA, voy. TENEDOS.

CALYPSUS, voy. OGYGIA INS.

CAMALDULUM, *Camaldoli*, bourg de Toscane ; anc. abb. de Bénéd.

CAMALODUNUM [Tac.], CAMULODUNUM [Itin. Anton.], Καμουλόδουνον [Dio. Cass.], CAMALDUNUM [Plin.], Καμουδόλανον [Ptol.], CAMULODULUM COLONIA [Geo. Rav.], ville des Trinobantes, dans la Britannia Romana, auj. *Maldon*, bourg du comté d'Essex, suiv. Camden, ou *Colchester*, ville du même comté (voy. COLCESTRIA).

CAMARACUM, voy. CAMERACUM.

CAMARIA, voy. CAII MARII AGER.

CAMARICA, Καμάρικα [Ptol.], ville des Cantabri, dans la Tarrac., auj. *Vittoria*, ville d'Espagne, dans la prov. de Alava.

Falkenstein ne mentionne pas cette ville ; Mendez la cite parmi *las ciudades que han tenido o tienen imprenta*, mais sans lui consacrer de notice spéciale. Nous n'avons rencontré de livre imprimé à Vittoria qu'à une époque très-rapprochée de nous, et il doit certainement en exister d'antérieurs. Voici ce que nous donne le catal. Salva de 1826 : *Provincia de Alava. Quaderno de las leyes y ordenanzas con que se gobierna*. Vitoria, 1776, pet. in-fol., tit. gr., pas même de nom d'imprimeur.

CAMARINA [Plin.], Καμαρίνη [Herod.], Καμαρίνα [Thuc.], ville de la côte S. de Sicile, auj. *Torre di Camarana*, dans le val di Noto.

CAMARINA PALUS [Sil. Ital.], Καμαρίνα λίμνη [Luc., Steph.], auj. *Lago di Camarana*.

CAMBÆTUM, Κάμβαιτον, *Cambudos*, bourg d'Espagne (Asturies), suiv. Reichard.

CAMBARIACUM, *Chemiré*, commune de Fr. (Sarthe).

CAMBERIACUM, CAMBERINUM, CAMBERIUM, CHAMBARIACUM, *Chambéry*, ville de Fr. ch.-l. du dép. de la Savoie.

C'est à l'année 1483 environ que nous pouvons faire remonter l'introduction de l'imprimerie dans l'anc. cap. de la Savoie. Le premier livre portant une date étant de 1484, avec un titre et des signatures, nous devons signaler un volume que nous avons eu longtemps entre les mains et qui dénote incontestablement une impression antérieure : *Jehan Gerson*, LE LIURE DE TROYS PARTIES. A la fin : *Cy finist le liure de maistre Jehan Gerson, docteur en theologie et chancellier de Nôre Dame de Paris || ap-*

pelle en latin Opus triplitū || en frāçoys ung liure de troys pties. Cest assauoir des cōmādemēs d ̄nre Seigneur, de confession et d la sciense de bien morir. Deo gratias, s. l. n. d., in-4, goth. de 40 ff. dont le premier est blanc, 21 long. lig. à la p. entière, s. ch., récl. ni sign.

Ce très-rare vol. est impr. avec les caractères dont Neyret s'est servi en 1484 pour imprimer l'*Exposition des évangiles* et le *Baudoyn de Flandres* ; mais il est certainement antérieur à ces deux livres, puisqu'ils ont des titres et des signatures.

Exposition des Euangiles. Au vᵒ du dernier f. : *Cy finist lexposition des enūagilles et des epistres de tout lan translatees de nouueau de latin en françoys. Imprimees A chambery Par Anthoine neyret. lan de grace* M.CCCC.LXXXIIIJ, *le vi. iour du moys de iuillet. Deo gratias*, in-fol. goth.

Ce livre contient une traduction des sermons de Maurice de Sully, évêque de Paris, mort à la fin du XIIᵉ s.

Le *Baudoyn de Flandre*, la seconde édition de cet important roman de chevalerie, est un livre trop connu pour que nous en donnions le titre détaillé ; nous dirons seulement qu'étant achevé d'imprimer le XXIXᵉ *iour de novembre*, il est postérieur de quatre mois à l'*Exposition des évangiles*.

Ce roman de chevalerie eut un succès tel que Neyret fut obligé de le réimprimer l'année suivante ; cette édition, plus rare encore que la première, est bien décrite par M. Brunet.

CAMBERONA, *Cambron*, bourg de France (Nord); anc. abb. de Cit.

CAMBES [Itin. Anton., Tab. Peut.], localité des Rauraci, dans la Germanie supér., auj. *Kembs, Grass-Kembs*, bourg de Fr. (Haut-Rhin).

CAMBISONUM [Charta Car. reg. 857], *Chamesson*, anc. villa carlov., village de l'anc. Duesmois, près Châtillon-sur-Seine (Côte-d'Or).

CAMBODUNUM [Itin. Anton.], Καμουνλόδουνον [Ptol.], ville des Brigantes, dans la Britannia Rom., auj. *Almondbury*, ville du comté d'York, ou, suiv. Mannert et Camden, *Gretlan*, près Almondbury.

CAMBODUNUM, voy. CAMPODUNUM.

CAMBONIUM, *Chambon*, pet. ville de France (Creuse).

CAMBONUM [It. Hier.], dans la Gaule Narb., auj. la *Baume des Arnauds*, commune de Fr. (Hautes-Alpes).

CAMBORICUM [Itin. Anton.], CAMBORITUM [Id.], CAMI VADUM [Cell.], CANTABRIGA, CANTABRIGIA, *Cambridge*, ville d'Anglet., chef-lieu de comté (en saxon : *Granta-brycg, Granta-Brydge*; en gallois : *Caer-Graunt*).

Université illustre, fondée en 1229. L'imprimerie semble dater en cette ville de l'année 1521. Voici le premier volume imprimé dont le catalogue de la Grenvilliana (tom. II, p. 417) nous donne le titre exact : *Lucianus. Lepidissimum opusculum* περὶ δυψάδων *: Henrico Bulloco interprete: oratio ejusdem cum annotationibus marginalibus : ex præclara academia Cantabrigiensi. Anno* M.DXXI. — Impressum est hoc opusculum Cantabrigiæ per Johannem Siberch, anno 1521, in-4. L'exempl. de ce rare volume, qui est aujourd'hui conservé avec les trésors bibliographiques du Right hon. Thomas Grenville au British Museum, porte cette note ms. d'une écriture anc. : « *The first Book printed at Cambridge.* » Mais comme Herbert signale sept ouvrages imprimés par Siberch en cette même année 1521, sans désignation de mois, il est.bien difficile de décider de l'antériorité de l'un d'eux.

M. Brunet et M. Cotton penchent pour le volume suivant : *Calent (sic) pergamensis de temperamentis et de inæquali intemperie libri tres*, Th. Linacro anglo interprete, opus... nunc primum prodit in lucem. — Impressum apud præclaram Cantabrigiam, per Joann. Siberch, 1521, pet. in-4, imprimé en car. rom. Un magnifique exempl. imprimé sur vélin, de ce livre rare, est conservé à la Bodléienne.

Cet imprimeur fut le premier en Angleterre qui employa les caract. grecs fondus ; en 1519 Wynkyn de Worde avait fait usage de caract. grecs en bois dans l'ouvrage de Whittinton, *de Concinnitate grammatices* (Dibdin, *library's Compan*).

Au XVIIIe s. l'université de Cambrige eut une imprimerie particulière à la tête de laquelle elle plaça J. Archdeacon.

CAMBORIUM, CAMBORTIUM, CAMBORINUS, *Chambord,* commune et chât. célèbre de Fr. (Loir-et-Cher).

CAMBRETONIUM [Itin. Anton.], ville des Iceni, dans la Brit. Rom., auj. *Bretenham,* bourg du Suffolkshire.

CAMBRIA, voy. BRITANNIA SECUNDA.

CAMBRILIACUM VILLA [Charta Car. C. a. 850], *Chambry,* village de Fr. (Aisne).

CAMBUS, CAMBONE [Eginh. Chr.], *le Camb* ou *Kamb,* riv. d'Autriche, affl. du Danube.

CAMELIACUM, *Chambly l'Auberger* [Mabill.], *Chambly,* pet. ville de Fr. (Oise); on trouve dans les *Ch. et Dipl.* (tome I, p. 227) OPPIDUM CAMLIACENSE.

CAMELIUM (?) lieu d'impression supposé.

Le catal. publié après la mort de Daniel Elzevir, arrivée le 4 août 1681, nous donne (p. 285), *Joh. Meursii meditationes Christianæ.* — Camelii, 1654, in-24. Ce livre fut probablement imprimé à Leyde.

CAMELODUNUM, voy. DANUM.

CAMENECIA, CAMENECUM PODOLIÆ, *Kaminiez-Podolcki,* ville de Russie (Podolie).

CAMENTIA, *Camenz,* ville de Saxe (Lusace).

CAMENTIA AD NISSAM, *Camenz,* bourg de Prusse, sur la Neisse, anc. abb. de Cit.

CAMERACENSIS AGER, *le Cambraisis,* anc. prov. de Fr. (Nord).

CAMERACUM, CAMBEIRACUM, *Chameyrac,* anc. villa roy. en Limousin (Corrèze).

CAMERACUM [Cluv.], CAMARACUM [Itin. Anton., Tab. Peut.], ville des Nervii, dans la Gaule Belgique, auj. *Cambrai* (en all. *Camerik*), ville de Fr. (Nord).

La plus ancienne production connue des presses de Cambrai est un in-4 de 6 ff. non chiffrés, car. goth., intitulé : *Rudimenta grammatices ad instituendos juvenes non parum conducentia.* Impressum Came-

raci, anno Domini M CCCC XVIII. C'est en même temps l'un des premiers ouvrages imprimés en France, dans lesquels on ait fait usage de caract. grecs.

Un volume français, peut-être encore plus rare, fut publié à la même époque, et celui-ci nous donne le nom du plus ancien imprimeur de Cambrai connu : *Chy sensuyuent les gistres (sic) repaistres et despens : que moy Jasque le Saige marchant de draps de soye demourant a Douay ay faict de Douay a Hierusalem, Venise, Rhodes, Rome... et aultres passaiges, que moy... ay faict lan mil chincq cens xviii auec mon retour.* Imprime nouuellement a Cambray par Bonaventure Brassart, au depens dudit Jasques, pet. in-4 goth., de 108 ff., sign. A. FF.

Ce très-précieux volume fut certainement imprimé vers l'an 1520, ou du moins avant 1523, car une seconde édition du voyage de J. Le Sage fut donnée à Cambrai en cette même année 1523, et on lit au vo du 77e f. et au 78e : *Aujourdhui XIe de juillet quinze cens vingt trois ayans acheves se second liure.*

Bonav. Brassart exerçait encore à Cambrai en 1539, car à cette date il imprime l'*Entrée de Charles-Quint à Cambrai,* dont nous avons vu pendant bien des années le seul exempl. connu chez un bibliophile, M. Farrenc, à la vente duquel il fut payé 625 fr. par un amateur distingué, M. Ruggieri.

Au XVIe s. nous devons encore citer à Cambrai Nicolas Lombard, et, au commencement du XVIIIe, Jean de la Rivière. Cet imprimeur descendait d'une célèbre famille d'imprimeurs établie à Arras ; nous avons vu le chef de cette famille, Guillaume de la Rivière, rappeler auprès de lui, en 1629, son fils Jean-Baptiste, qu'il associe à sa maison d'Arras ; ce Jean-Baptiste était alors établi à Cambrai, et c'est l'ayeul de l'imprimeur Jean que nous citons.

Les arrêts du conseil de 1704 et de 1739 n'accordent à Cambrai qu'un seul imprimeur, et en 1764 le *Rapp.* Sartines signale cet imprimeur unique, qui était alors : Samuel Berthoud, Suisse d'origine, établi en 1756 et possédant 4 presses.

CAMERACUM AD ALBIM, *Kemberg,* ville prussienne, de la prov. de Merseburg.

CAMERATA, localité du Picenum, porte auj. le même nom ; dans la délég. d'Ancône.

CAMERIACUM, voy. CAMBERIACUM.

CAMERINUM [Cæs., Cic.], CAMARINUM, Καμαρῖνον [Strab., Ptol.], ville de l'Ombrie, auj. *Camerino,* chef-lieu de la délég. du même nom, au N.-E. de Rome.

Cette ville n'est citée ni par Panzer, ni par Falkenstein. Le premier livre sorti des presses locales est, à notre connaissance, un rare volume que nous avons possédé : *Pacifici Maximi poete Avculani (sic) elegie nõ nulle iocose et festiue. Lavdes summorum uirorum, urbitum et loco⅔... A la fin : Ioannes Iacobus de Benedictis Bononiensis. Camerini excudebat : suis et Iodouici Placidi Camertis socii sumptib'... Quintili mense medio huius anni Christiani ritus* M DXXIII, pet. in-4 de 96 ff. non chiff. à 27 lig. par p., sign. a — m, lett. rondes.

Dans la dédicace, les imprimeurs présentent ce livre comme le premier produit de leurs presses, « *officinæ nostræ primitias.* » Le dernier feuillet ne contient que la souscription que nous venons de rapporter avec la marque des imprimeurs.

Quoique infiniment moins précieuse que la première de l'*Hecatelegium,* celle-ci est encore extrêmement rare ; elle fut vendue 101 fr., à Paris, en 1860.

Parmi les livres imprimés à Camerino au XVIe s. que nous fournissent Haym, Pinelli, le catal. des Volpi, etc., nous ne citerons que *Due dialoghi di*

*. *And. Gilio da Fabiano*. Camerino, pel Giojoso, 564, in-4. Le second de ces dialogues est consacré à la critique du célèbre *Jugement dernier* de Michel-Ange.

CAMICUS, Κάμικος [Herod., Diod.], ville de Sicile, près d'Agrigente, auj. *Siculiana*, dans le val di Mazara.

CAMICUS FL., la *Canna*; se jette dans la Méditerranée, près de Siculiana.

CAMILIACUM, voy. CAMELIACUM.

CAMILLIACUM, *Chemillé*, ville de Fr. (Maine-et-Loire); anc. comté.

CAMINA, *Kains*, bourg du Tyrol.

CAMINIUM, *Camin, Cammin*, pet. ville de Prusse, rég. de Marienwerder.

CAMINUM, *Camin*, ville de Prusse près Stettin (Poméranie).

CAMIROS [Mela], CAMIRUS [Plin.], Κάμιρος [Steph.], ville sur la côte O. de l'île de Rhodes, auj. *Ferachio*.

CAMISSANUM, *Camisano*, bourg de la Vénétie.

CAMPANA, *Campagne*, bourg de l'Armagnac (Ariége).

CAMPANIA [Cic., Liv.], ἡ Καμπανία [Strab., Polyb.], ἡ τῶν Καμπανῶν γῆ [Ptol.], CAMPANUS AGER [Plin., Liv.], CAMPANIA FELIX [Cluv.], LABORINUS AGER, prov. italienne, au S. du Latium, au N.-E. du Samnium, auj. *Terra di Lavoro*, grande prov. napolitaine du roy. d'Italie.

CAMPANIA, *Campagna*, bourg du Napolitain (Princip. citér.).

CAMPANIA AD ISALAM, CAMPI [Bert.], *Campen*, ville de Hollande (Ober-Yssel).

CAMPANIA FRANCICA [Luen.], la *Champaigne, Champagne*, grande prov. de Fr.; forme auj. partie des dép. des Ardennes, de l'Aube, de la Marne et de la Haute-Marne.

CAMPANIA IN PAGO CAMLIACENSE, *Champagne-sur-Oise*, près Chambly (Oise).

CAMPANIA ROMANA, la *Campagne Romaine*, anc. prov. des Etats de l'Eglise; forme auj. la délég. de Frosinone, et la partie S. de la Comarque de Rome.

CAMPANIACUS, voy. CIVITAS CAMPANIÆ.

CAMPERIUM, *Champiers*, village du Dauphiné (Isère).

CAMPI, *Champs*, village de Fr., arrond. de Saint-Dié (Vosges).

L'abbé J.-C. Sommier, curé de cette paroisse, établit dans sa cure une petite imprimerie, que l'on sait avoir fonctionné vers 1705 [Peignot].

CAMPI, voy. CAMPANIA AD ISALAM.

CAMPI CANINI [Greg. Tur.], district de la Rhétie, auj. *le Graubünden*, chez les Grisons (Suisse).

CAMPI LAPIDEI [Plin., III], CAMPUS LAPIDEUS [Mela], *la Crau*, vaste plaine du dép. des Bouches-du-Rhône.

CAMPI MACRI [Liv., Varro], Μακροὶ Κάμποι [Strab.], localité de la Gaule Cispadane, auj. *val di Montirone* [Bisch. et Möll.], ou *Magreda* [Reichard], bourg entre Parme et Modène.

CAMPIANUM, *Campiano*, sur le Taro, bourg de Sicile, dans le val di Taro.

CAMPIDONA, CAMPIDUNUM, CAMBODUNUM [Itin. Anton.], *Kempten*, ville de Bavière, dans le cercle de Souabe, au S.-O. d'Augsbourg; anc. abb. de Bénéd.; concile de 1238; l'abb. s'est appelée aussi CAMPUS VETUS et CAMPINACUS.

CAMPIDONUM, CAMBODUNUM [Tab. Peut.], *Weilheim*, bourg de Bavière, dans le cercle de l'Isar, sur l'Ammer.

CAMPIMONTIUM, *Chamounix, Chamouny*, bourg de l'anc. Savoie, auj. dép. de la Haute-Savoie; anc. prieuré de Bénéd., ce qui l'a fait appeler longtemps *le Prieuré*.

CAMPINIA, *Campigne, Luyksche-Kempem*, bourg de Belgique, dans la prov. de Liége.

CAMPINIACUM, *Champigny-sur-Vende*, pet. ville de Touraine (Indre-et-Loire); un grand nombre de localités portent en France le nom de Champigny.

CAMPI SAURUM, *Champsaur*, pet. district du Dauphiné, qui portait le titre de duché (Hautes-Alpes).

CAMPIVERIA, CAMPOVERIA, VERA [Cluv.], *Veere, Ter Veere*, ville de Hollande, dans la prov. de Zeeland.

CAMPLUM, *Campoli*, bourg du Napolitain (Abruzze ultér.).

CAMPODUNUM, voy. CAMPIDONA.

CAMPONA [Itin. Anton.], localité de la Pannonie infér., auj. *Zsamlek*, bourg d'Autriche, suiv. Reichard.

CAMPONI, peuple de la Gaule Aquitaine, habitait la vallée de Campan.

CAMPSUM, CAMSO, *Gams*, bourg de Suisse (c. de St-Gall).

CAMPUS, *Campo*, bourg d'Italie (prov. de Gênes).

CAMPUS ALBERTI, *Champaubert*, comm. de Fr. (Marne).

CAMPUS CAROLINUS, *Carlo payo*, ville forte des États autrichiens, sur l'Adriatique (Croatie).

CAMPUS DOMINORUM, *Ur-Mezö*, bourg de Hongrie.

CAMPUS LONGUS, *Hoszkzu-Mezö*, bourg de Hongrie.

CAMPUS PALUDIS, *Chambalud*, bourg du Dauphiné (Isère)..

CAMPUS POMPTINUS, PALUS PONTINA, les *Marais Pontins*, dans les États Pontificaux (Délég. de Frosinone).

CAMPUS ROTUNDUS [Cell.], EGOSA, Ἔγωσα [Ptol.], ville des Castellani, dans la Tarrac., auj. *Campredon*, ville de Catalogne, au pied des Pyrénées.

CAMPUS VETUS, voy. CAMPIDONA.

CAMPYLUS, Καμπύλος [Diod.], riv. d'Ætolie, auj. la *Megdhova*, en Grèce.

CAMUNLODUNUM, voy. CAMALODUNUM.

CANA [Inscr.], CANSTADIUM, *Canstadt*, bourg du Wurtemberg, sur le Neckar.

CANA, ἡ Κάνη [Strab.], promontoire de la côte sud de l'Æolide, auj. *cap Coloni*, en Grèce.

CANADIUM, CENADIUM, GENADIUM [Cluv.], *Chanad*, ville et comitat de Hongrie, sur la riv. Marosch, au-delà de la Theiss.

CANALICUM [Itin. Anton.], ville de la Ligurie, auj. *Cairo*, en Piémont (prov. de Savone), ou *Culizona*, suiv. Reichard.

CANAMA [Plin.], ville de la Bétique, auj. *Villanova del Rio*, sur le Guadalquivir, bourg d'Andalousie.

CANASTRÆUM PROMONTORIUM [Mela], Καναστραῖον Ἄκρον [Hérod.], *cap Canistro*, dans le pachal. de Saloniki.

CANCALLIUM, *Cancale*, bourg de Fr. (Ille-et-Vilaine).

CANCELLATA, *Chancelade*, bourg du Périgord (Dordogne).

CANCIUS, QUENTIA, CANTIA, la *Canche*, pet. fl. de France, près d'Étaples; se jette dans le Pas-de-Calais.

CANDANUM, Κάνδανον [Ptol.], ville des Jazyges, en Dacie, auj. *Czanad*, en Hongrie.

CANDATE, CANDÆUM, CANEDA VICUS, *Cande*, bourg de Touraine (Indre-et-Loire); *Vicus ubi S. Martinus obiit*.

CANDAVIA [Plin., Cic., Cæs.], contrée montagneuse de l'Illyrie grecque, auj. la *Canavia*.

CANDEA, CANDEUM, *Candé*, pet. ville de l'Anjou (Maine-et-Loire).

CANDIDA CASA, *Whitehorn*, bourg d'Irlande (comté de Gallway).

CANDIDIANA [Itin. Anton.], Κανδιδιανά [Procop.], localité de la Mœsie infér., auj. *Kiliman*, sur le Danube, dans la Boulgarie ottomane.

CANEDUM, voy. BEBRIACUM.

CANELATA, Κανελάτη [Ptol.], FANUM S. FLORENTIÆ [Cell.], *S. Fiorenza*, sur la Méditerranée, bourg de l'île de Corse.

CANETUM, *Canet*, bourg du Roussillon (Pyrénées-Orientales); anc. vicomté.

CANGIACUM, VILLA PUBLICA IN PAGO AUGUSTODUNENSI [Charta Caroli Simpl. an. 911], *Changy*, village et anc. villa carlov., près Autun (Saône-et-Loire).

CANINA, localité de l'Illyrie grecque, auj. *Kanina*, bourg de l'Albanie.

CANISIA, voy. CALISSIUM.

CANISIA AD BRAVUM [Cluv., Cell.], *Canischa*, bourg de la Basse-Hongrie, sur la Drave.

CANISIUM, *Canisy*, bourg et anc. marquisat de Normandie (Calvados).

CANIUM, *Cany*, bourg de Normandie (Seine-Infér.).

CANNÆ [Liv., etc.], Κάνναι [Polyb.], *Cannes*, village de la Terre de Bari, dans le Napolitain : la plaine d'Annibal s'appelle encore auj. *Campo di Sangue*.

CANNINEFATES [Tac., *Ann*.], CANNENUFATES [Plin.], peuple habitant l'*Insula Batavorum*, auj. la Frise Orientale.

CANOÆ, voy. ÆGITNA.

CANOBIUM, *Canobio*, bourg du Piémont, sur le lac Majeur.

CANONIUM, CAUNONIUM [Tab. Peut.], dans la Bretagne Romaine, auj. *Kelvedon*, bourg d'Anglet., au N.-E. de Witham.

CANORGA, la *Canourge*, ville de Fr. (Lozère).

CANORICUM, CHANORICUM, *Channery*, bourg d'Écosse, dans le comté de Ross.

CANTABRI [Liv.], Καντάβροι [Ptol.], peuple de l'Espagne Tarrac.; leur territoire forme auj. partie de la Biscaye et des Asturies.

CANTABRIA, *Biscaya*, prov. d'Espagne.

CANTABRICUM MARE, *golfe de Biscaye*.

CANTABRIGIA, voy. CAMBORICUM.

CANTACIUM, *Cantazaro*, bourg du Napolitain (Calabre ultér.).

CANTANUS, Κάντανος [Steph.], CANTANUM [Tab. Peut.], Καντανία [Hier.], ville de l'Épire, au S.-E. de Dulopolis, auj. *Khadros*, ville de l'Albanie infér.

CANTAROPOLIS, voy. CANA.

CANTECRUCIUM, *Cantecroix*, bourg de Belgique (Brabant Mérid.).

CANTELLUPUM, CANTALUPUS, CAMPUS LUPI [Ad. Valois], *Chanteloup*; plusieurs localités en France portent ce nom. Nous citerons particulièrement le célèbre château des Choiseul, dans l'Ile-de-France (Seine-et-Marne).

Le célèbre ministre de Louis XV, Étienne-François duc de Choiseul-Stainville, mit à profit les loisirs forcés que lui avait faits son maître, en composant et faisant imprimer sous ses yeux, dans son château, par un prote d'imprimerie nommé Lebrun, une série de pièces détachées qui furent livrées au public par Soulavie quelques années après, en 1790, sous le titre de *Mémoires du duc de Choiseul*. Le détail de ces élucubrations, qui n'étaient point destinées à la publicité, est donné par M. Brunet; les éditions originales furent achevées d'imprimer en 1778 et forment un rare volume in-4.

CANTHURIUM (?), peut-être un lieu d'impression supposé.

Rerum in Gallia gestarum, abusque (sic) *promulgato pacis edicto, mense maio* 1576, *ad hunc diem, insignis atque succincta narratio,* etc., *authore Georgio Ebouff.* Canthurii, ex officina A. Menalcæ, 1577, in-8.

CANTIA, voy. CANCIUS.

CANTIA, voy. CANTIUM.

CANTIERA, *Cantyre*, presqu'île d'Écosse, formant la partie Sud du comté d'Argyle.

CANTIERÆ ROSTRUM, EPIDIUM PROMONTORIUM, *cap Cantyre*, en Écosse.

CANTILIA, *Chantelle*, *Chantelle-le-Château* bourg de Fr. (Allier).

C'était dans cette anc. et magnifique résidence que le connétable de Bourbon avait réuni une incomparable collection de trésors artistiques, qui furent, à la suite de la catastrophe de 1527, confisqués par arrêt du Parlement. La bibliothèque, les riches et précieux manuscrits, dont la plupart étaient à la marque du connétable, un cerf ailé et le mot ESPÉRANCE, furent réunis à la bibliothèque de Fontainebleau.

CANTŒBIS, Καντιοιβίς [Ptol.], localité de Vindélicie, auj. *Hambach*, bourg de Bavière, près Nuremberg.

• CANTIUM [Cæs.], CANTIA [Beda], comté de *Kent*, chef-lieu : Canterbury; c'était l'un des sept royaumes de l'Heptarchie saxonne, en saxon : *Cent-wara-rice*.

CANTIUM, Κάντιον Ἄκρον [Strab., Ptol.], *cap Ramsgate*, sur la côte Sud d'Angleterre.

CANTUARIA [Beda], DARVERNUM, Δαρούερνον, [Ptol.], DUROVERNUM [Itin. Anton.], DUROAVERUS [Tab. Peut.], DUROR VERNO, CANTERBIRS (au XI° s.), GRENTEBRIGE (au XIII° s.), *Canterbury*, ville d'Angleterre, chef-lieu du comté de Kent (en franc. du XIV° s. : *Cantorbière*; en saxon : *Cantwaraburtd*; en allem. : *Cantelberg*); archevêché célèbre, fondé dès la fin du VI° s. par le roi saxon Ethelred.

Herbert et le Dr Cotton font remonter l'introduction de la typographie dans cette ville à l'année 1549; mais Lowndes cite certains volumes sans date qu'il reporte à quelques années plus haut : *A Goodly narration how S. Augustine, the Apostle of England, raysed two dead Bodies at Longcomptö Warwickshire, collected out of divers autors, translated by John Lidgate, monke of Bury.* Printed at S. Austens at Canterburie, in-4, s. d. mais vers 1525. (*Maunsell's catal.,* p. 6).

Le premier imprimeur de Canterbury connu est John Mitchell. Voici une pièce imprimée par ce typographe que ne mentionnent ni Herbert, ni Dibdin; c'est un petit traité du même John Lydgate, moine de Bury, intit. : *the Chorle and the Byrde.* Canterbury, by John Mychell, in-4 de 8 p., s. d., vers 1540.

L'imprimerie ne paraît point avoir été jamais en grand honneur à Canterbury, car on ne connaît que dix à douze volumes sortis des presses locales pendant près d'un siècle et demi.

CANTUS JULII AD ELAVERIM, *Chanteuse-sur-l'Allier*, village de Fr. (Allier).

CANTUS MERULÆ, *Chantemerle*; plusieurs localités en France portent ce nom.

CANUSIUM [Plin., Liv., etc.], Κανούσιον [Strab., Ptol.], Κανύσιον [Proc.], ville de l'Apulia Daunia, sur l'Aufidus, auj. *Canosa*, ville de la Terra di Bari, sur l'Ofanto.

CAPARA [Itin. Anton.], Κάπαρα [Ptol.], ville des Vettones, dans la Lusitanie, sur le Durius, auj. *las Ventas de Caparra*, sur le Duero, ville de Portugal (Estramadure).

CAPEDUNUM, ville des Scordisci, dans la Pannonie infér., auj. *Kapfenstein*, bourg de Hongrie.

CAPELLA, *Capelle*, pet. ville de Picardie (Aisne).

CAPELLA, CAPULA [P. Diac.], anc. localité de la Carinthie, auj. *Capella*, pet. ville de la Carniole (*Krain*).

CAPELLA, *la Chapelle*; un très-grand nombre de localités portent ce nom en France; plusieurs se distinguent par le nom de leur saint patron : CAPELLA S. DYONISII, *la Chapelle-St-Denis*, auj. réunie à Paris; CAPELLA DNI GILONIS, *la Chapelle d'Angillon*, pet. ville du Berri (Cher), etc.

CAPENA [Liv. v], CAPENATIUM MUNICIPIUM [Inscr. ap. Grut.], ville d'Étrurie, auj. *Civitella*, ville des États Pontificaux.

CAPHA, voy. THEODOSIA.

CAPHAREUS [Plin., Ovid., etc.], CAPHEREUS PROMONT., Καφηρεύς [Hérod., Ptol.], Καφηρηΐς [Dio Cass.], promont. de l'île d'Eubée, auj. *Cavo d'Oro* ou *Xylofago*, cap de l'île de Négrepont.

CAPIACUM, *Chépoix*, village de Picardie (Somme).

CAPIDAVA [Itin. Anton.], CAPPIDAVA [Geo. Rav.], Καπίδαβα [Hier.], localité de la Mœsie infér., sur le Danube, auj. *Tschernawode* (?), dans la Boulgarie [Forbiger].

CAPIONIS TURRIS, voy. CÆPIONIS.

CAPITABRIGA (*tête de pont*), localité dont nous trouvons le nom sur quelques livres, probablement *Cambridge* (?)

Platonis de rebus divinis dialogi selecti græce et latine, in commodas sectiones dispertiti; annexo ipsarum indice. Editio secunda, auctior et emendatior. Capitabrigæ, 1683, in-8. (*Catal. libr. novissime impress.* Amstel. ap. Janssonio-Waesbergios, 1683, p. 6.)

CAPITINA CIVITAS [Cic.], CAPYTIUM, Καπύτιον [Ptol.], *Capizzi*, ville de Sicile, dans le val di Demona.

CAPITIS BUCCII PAGUS, *pays de Buch*, district de Guyenne.

CAPITONIANA [Itin. Anton.], sur le fl. Eryx, *Ramacco*, bourg du S.-E. de la Sicile.

CAPOSVARIUM, *Caposvar*, bourg de Hongrie.

CAPRÆ DORSUM, *Ziegenrück*, ville de Prusse (Reg. d'Erfurt).

CAPRÆ MONS, VILLA REGIA [Mabillon], *Chevremont*, village de la haute Alsace, sur la Meuse, à l'extrémité du dioc. de Liége.

CAPRARIA, ville des Cavares, dans la Gaule Narbon., auj. *Cabrières*, village de Fr. (Vaucluse).

CAPRARIA INSULA, voy. ÆGILIUM.

CAPRASIA [Plin.]; sur la mer Adriatique, auj. *Capre*, bourg de Calabre.

CAPRASIUM, CAPUA STAGNI, *Capestang*, bourg de Fr. (Hérault).

CAPREOLUM, *Chabrol*, bourg et anc. château du XIIᵉ s., en Limousin (Haute-Vienne).

CAPRIA [Dio Cass.], CAPREÆ [Plin., Tac., etc.], αἱ Καπρίαι [Steph.], Καπρέα [Ptol.], *Capri*, île de la Méditerranée, au Sud de Naples.

CAPRIACUM, *Chevry*; plusieurs localités portent ce nom en France.

CAPRONIENSIS PROCESSUS, *der Kapronozische district*, en Croatie.

CAPRULÆ, *Caborle*, pet. île de l'Adriatique, dans les eaux de Venise.

CAPRUS, Κάπρος [Strab.], ville maritime de la Macédoine, auj. *Lybjadha* ou *Lybtzadha* [Forbiger].

CAPRUSIUM, *Chevreuse*, bourg de Fr. (Seine-et-Oise); duché-pairie; château.

CAPTONACUM PALATIUM [Greg. Tur.], anc. villa mérovingienne, auj. *Captonnay* ou *Capnay*, en Lorraine, suiv. Du Cange. On trouve dans les *Præcepta Childeberti* OPATINACUM, qui doit être le même mot, mal écrit ou mal lu.

CAPUA [Liv., Cic., Plin., etc.], Καπύα [Steph.], Καπύη [Strab., Ptol., etc.], anc. VULTURNUM, la capit. de l'Apulie, sur le Volturno, *Capua*, *Capoue*, ville de la *Terra di Lavoro*, prov. napolit. du roy. d'Italie. Quelques ruines qui se voient encore à *Santa Maria delle Grazie*, indiquent seules l'emplacement de l'antique cité que le nom d'Annibal a rendu si célèbre. La Capoue d'aujourd'hui, *Capua Nova*, est sur l'emplacement de l'anc. CASILINUM.

Prosper Marchand, Fabricius et quelques autres bibliographes après lui ont fait remonter à 1489 l'imprimerie à Capoue. Le premier livre imprimé aurait été un *Breviarium Capuanum*, publié par ordre de l'archevêque de Capoue, Jordano Cajetan, qui mourut en 1496; vol. in-4 et non in-8, comme le dit Prosper Marchand. Cette date d'impression est fort exacte, et Ughelli, dans son *Italia sacra*, la confirme; mais le lieu d'impression n'est point Capoue, et Giustiniani prouve que ce bréviaire fut exécuté à Naples avec les caractères de Mathias Morave : il serait effectivement difficile d'admettre que cet imprimeur ait eu un établissement typographique, même temporairement, à Capoue, au XVᵉ siècle, sans qu'il en fût fait mention dans quelques-uns des auteurs contemporains, ou sans qu'il en restât quelques traces.

Ce n'est qu'en 1547 que nous pouvons, avec M. Ternaux, faire remonter l'introduction de la typographie à Capoue, et encore nous serait-il impossible de dire où M. Ternaux a puisé son renseignement, que nous transmettons sous toute réserve : *Successo dello combatimento delli tredici Italiani e tredici Franciosi, fatto in Puglia, na disfida, cartelli, et la virile essortatione que fece lo capitaneo Fieramosca a gli compagni et la gloriosa vittoria ottenuta di gli Italiani, nel anno 1503. Stampato nella fedelissima citta di Capua, per Giovanne Sultzbach, 1547, in-8.*

Cette grande ville était trop rapprochée de Naples pour que l'imprimerie pût y prendre jamais une grande extension ; aussi voyons-nous presque tous les ouvrages consacrés à l'histoire ecclésiastique et municipale exécutés au XVIᵉ et au XVIIᵉ siècle par des typographes napolitains.

CAPUNGUM, CONFUGIUM, *Kaufungen*, village et abb. de la basse Hesse (Cassel).

CAPUT AQUEUM, *Capaccio*, pet. ville de la Principauté citér. (anc. roy. de Naples).

CAPUT BOVIS, Καπύδβεας [Procop.], PONS TRAJANI, tête de pont sur le Danube, dans la Mœsie supér., dont les ruines subsistent entre Zernigrad et Tscher-netz.

CAPUT BUCCII, *Capt de Buch, la Teste de Buch,* pet. port sur le bassin d'Arcachon (Gironde).

CAPUT CORSUM, PROMONT. SACRUM, *Capo Corso, cap Corse,* dans l'île de ce nom.

CAPUT DENACI, UXELLODUNUM (?) [Cæs.], ville des Cadurci, dans la Gaule Aquitaine, auj. *Capdenac,* bourg de Fr. (Lot). (Voy. Champollion-Figeac, *Nouv. Recherches sur la ville gauloise d'*UXELLODUNUM.) D'Anville place cette localité à Puech-d'Usselou, village du Quercy, près Cahors, et d'autres bibliographes à Cahors même ; *Usselou* rappelle certainement UXELLODUNUM : nous avons par erreur porté cette localité au mot AXELLODUNUM.

CAPUT FINIS-TERRÆ, voy. ARTABRUM PROMONT.

CAPUT HISTRIÆ, voy. ÆGIDA.

CAPUT ŒNI, *l'Engadine,* vallée suisse du canton des Grisons.

CAPUT RISUM, *cap Carpasso,* dans l'île de Chypre.

CAPUT STAGNI, voy. CAPRASIUM.

CAPUT THYRSI, *Thyrso,* bourg de l'île de Sardaigne, ou *Buduso,* localité voisine, suiv. Forbiger.

CAPYTIUM, voy. CAPITANA CIVITAS.

CARA [Plin., Inscr., Grut.], *Cares,* près de Puente la Reyna, en Navarre, suiv. Reichard.

CARACA [Geo. Rav.], Κάραχχα [Ptol.], serait, suiv. Forbiger, la ville de *Guadalajara,* dans la Nouvelle-Castille, que l'on trouve aussi désignée sous le nom d'ARRIACA. Voy. ce nom.

CARACIACUS, voy. CARICIACUS.

CARACOTIÑUM [Itin. Anton.], *Graville,* près Harfleur, bourg de Fr. (Seine-Infér.). Quelques géographes ont vu dans cette station de l'*Itin. d'Antonin,* les uns *Carentan,* les autres *le Havre.*

CARACTONUM, *Allerton,* ville d'Angleterre [Graësse].

CARADOCUS, *Keradec,* village de Bretagne (Finistère).

CARADRINA, le *Drino,* fl. d'Albanie ; se jette dans l'Adriatique.

CARALES, CARALIS, voy. CALARIS.

CARALITANUM PROMONT.; *capo S. Elia,* en Sardaigne.

CARALITANUS SINUS, Καραλλιτανὸς κόλπος, *golfo di Cagliari.*

CARALIUM (?) *Caraglio,* ville du Piémont, à l'O. et près de Coni.

Imprimerie en 1773, dit M. Cotton, qui, même lorsqu'il emprunte une date à Falkenstein, devrait bien fournir un titre à l'appui de son assertion.

CARAMENTUM, CASTRUM REGINALDI, *Château-Regnauld, Château-Renault,* ville de Fr. (Indre-et-Loire).

CARANTOMAGUS [Tab. Peut.], *Carenton,* bourg de France, près Rodez (Aveyron).

CARANTONUM, PONS CHARENTONIUS, *Charenton-le-Pont,* bourg de Fr. (Seine).

Un très-grand nombre de livres protestants, au XVIIe siècle, portent ce nom de lieu. Les réformés avaient à Charenton un de leurs temples les plus renommés ; mais il est à croire que l'établissement typographique qu'ils y avaient fondé n'avait pas une importance aussi considérable que semble l'indiquer l'énorme quantité de livres publiés sous ce nom de ville et qu'un certain nombre de ceux qui sont désignés sous la rubrique : *Charenton,* sortent des imprimeries protestantes de la Rochelle, de Saumur et de Montpellier. Cependant, comme il paraît certain qu'une imprimerie a existé dans cette localité, sous Louis XIII, nous dirons que le plus ancien livre que nous connaissions avec cette souscription est daté de 1615 : *Andreæ Schioppii elixir Calvinisticum, seu lapis Philosophiæ reformatæ.* Ponte Charentonio, 1615, in-8.

Plusieurs imprimeurs établis à Paris, L. Vendosme, J. Berjon, etc., mettent leurs noms au bas de livres imprimés à Charenton, ce qui prouve ou une sorte d'accord tacite d'adopter un nom de guerre pour ces livres de combat religieux, ou l'existence réelle d'un établissement typographique dans la localité, et cette existence paraît démontrée par une *Sentence du 24 janvier 1620, rendue contre Jean Berjon et Samuel Petit, pour un libelle diffamatoire, par laquelle il fut dit que la presse à imprimer que ledit Berjon avoit fait porter à Charenton, seroit ostée dans les vingt-quatre heures, et les livres brûlez.*

CARANTONUS [Auson.], Κανέντελος [Ptol.], CARENTONIUS, *la Charente,* fl. de Fr. ; se jette dans l'Océan.

CARANUSCA [Tab. Peut.], SAXANUSCA [Cluv.], *Elzing,* village de Lorraine, près Thionville (Moselle); suiv. d'Anville *Garsch,* et suiv. Cluv. *Saarburg.*

CARARA, CARIARA [Itin. Anton.], ville d'Étrurie, auj. *Carrara,* ville forte d'Italie, près Modène ; près de là sont les célèbres marbrières, *Lunenses Lapidicinæ.*

CARASA [Itin. Anton.], *Garis, Garris,* bourg du Béarn (Basses-Pyrénées).

CARAVACIUM, *Caravaggio,* bourg du Milanais, dans la Délég. de Bergame.

CARBANTORIGUM, Καρβαντόριγον]Ptol.], CARBANTIUM [Geo. Raven.], localité de la Britannia Barbara, auj. *Caerlaverok,* en Écosse suiv. Camden, ou *Kirkcudbright,* suiv. Reichard, chef-lieu du comté de ce nom.

CARBONACUM, voy. CORBEIA NOVA.

CARBONARIA, AQUA BELLA, *Aiguebelle*, pet. ville de France (Haute-Savoie).

CARBONARIA [Plin.], *Porto di Goro*, ville dè la haute Italie, à l'embouchure du Pô.

CARBULA [Plin.], ville de la Bétique, auj. *Corbul*, en Andalousie, suiv. Reichard.

CARCASO [Cæs. B. Gall.], Καρκασώ [Ptol.], CARCASSO TECTOSAGUM [Itin. Hier.], CARCASSIO [Tab. Peut.], CARCASUM [Plin.], ville des Volcæ Tectosages, dans la Narbon., détruite par les Burgundes au ve s., et rebâtie au xe; auj. *Carcassonne*, ch.-l. du dép. de l'Aude.

Un livre cité par Panzer à la date de 1517 est certainement le plus ancien spécimen de l'imprimerie locale, si tant est qu'il faille accepter comme authentique le renseignement fourni par la souscription : *Ordinarium, siue Baptisterium ecclesiæ et diæcesis Carcassone.* — Au ve du dernier f. : *Ympressum fuit hoc opus ordinariū siue* || *Baptisteriū ecclesie et diæcesis Carcassone* || *de mandato venerabiliū viro𝔶 dñо𝔶 ca* ||*nonico𝔶 capituli sede vacāte eccl'ie cathe* || *drális Carcassone. Die VII mēsis februa-*||*rii Anno dñice icarnatōis.* M CCCC XVIj, in-4, goth , sign. a — e par 8, f — g par 8, en rouge et noir ; les notes de plain-chant sont en blanc et substituées à la plume.

Ce rare volume, provenant du cardinal Le Tellier, archevêque de Reims, est à la bibl. Sainte-Geneviève; malheureusement rien dans la souscription précitée ne prouve le lieu d'impression, et pour notre part nous doutons fort que ce lieu soit Carcassonne.

L'arrêt du 31 mars 1739, qui fixe le nombre des imprimeurs dans les villes du royaume, supprime celle qui existait à Carcassonne ; il est présumable que par suite d'une tolérance spéciale on ne donna pas suite à cette mesure, car voici la note que nous trouvons au *Rapport fait à M. de Sartines* en 1764 : *Carcassonne*, un seul imprimeur, Jean-Baptiste Coignet, reçu en 1760, fils et petit-fils d'imprimeurs; son aïeul établit la première imprimerie qui ait fonctionné dans cette ville.

CARCICIS PORTUS, *Cassis*, bourg de France (Bouches-du-Rhône).

CARCINA [Plin.], Κάρκινα [Ptol.], Καρκινῖτις [Hérod.], localité de la Sarmatie europ., auj. *Kiesselev* (?), bourg de la prov. de Goeslewe (Russie).

CARCINITES FLUVIUS, Καρκινίτης [Strab., Ptol.], PACYRIS [Plin.], fl. de la Sarmatie europ., auj. le *Kanilschak*; se perd dans la mer Noire.

CARCINITES SINUS, *golfe de Akhmeschid* ou de *Kanilschak*, dans la mer Noire.

CARCINUS [Mela], sur le fleuve CARCINES (*le Corace*), ville de la Grande-Grèce (le Brutium), auj., suiv. Reichard, *Catanzaro*, ch.-l. de la prov. de la Calabre ultér. IIe.

CARCOVIACA, *Kirkwal*, bourg de l'île de Mainland, l'une des Orcades.

CARCUVIUM, *Carajuel*, *Caracuël*, pet. ville d'Espagne.

CARDABLANCA, voy. FRIBURGUM.

CARDALIACUM, *Cardaillac*, pet. ville du Quercy (Lot).

CARDANIA, CERETANIA, CERRITANIA, *la Cerdagne (Cerdaña)*, anc. pays des Ceretani; se divise auj. en Cerdagnes espagnole et française ; l'une formant partie du dép. des Pyrénées-Orientales, l'autre en Catalogne, intend. de Girone et de Lérida.

CARDANUM, *Cardano*, bourg du Milanais, sur l'Arno [Bisch. et Möll.].

CARDIA [Plin., Mela], Καρδία [Hérod., Ptol.], Καρδιανῶν πόλις [Pausan.], ville de la Chersonèse de Thrace, auj. *Karidia*, ville de Turquie, dans la presqu'île de Gallipoli.

CARDONIA, *Carden*, bourg de la Prusse Rhénane, près de Trèves.

CARDONUM [It. Hier.], CARRHODUNUM, Καρρόδουνον [Ptol.], auj:, suiv. Reichard, *Sandrovecz*, bourg de Hongrie.

CAREA, CARIUM, CHIERIUM, *Chieri*, *Chiers*, ville du Piémont; était, au moy. âge, ville libre.

Nous trouvons dans Haym : *Cesare Molegnano. Descrizione dell' origine, sito, e famiglie antiche della città di Sorrento.* — Chieri, 1607, in-4, nous croyons qu'il y a faute d'impression et qu'il faut lire : *Chieti.*

CAREGIUS AGER, *Careggi* ou *Carreggio*, villa près de Florence (Italie).

Cette magnifique résidence qui faisait avec celle de Fiesole, aux portes de Florence, partie du domaine privé des Médicis, n'était point, comme on pourrait le supposer d'après les titres de quelques ouvrages de philosophie de Marsile Ficin, le lieu d'impression, mais seulement celui de la composition des traités de ce philosophe : Hain (n° 7,063) nous donne la souscription exacte d'un de ces volumes publiés sans indication de lieu, ni d'année d'impression, qui pourrait jeter quelque trouble dans les idées du bibliophile inexpérimenté : *Marsilius Ficinus, de Triplici Vita.... data est XV. Sept.* 1489, *in Agro Caregio.* — in-4 de 100 f. Ficin faisait imprimer ses nombreux ouvrages à Venise et à Florence (voy. Hain, 7065 et suiv.).

Ce fut dans cette magnifique villa des Médicis que le grand Cosme et Laurent, le Magnifique, moururent; c'est de là qu'ils écrivaient à Marsile Ficin : « Viens donc à Careggio, ami, et, si possible, apporte avec toi le souverain bien de Platon. » Ficin lui-même y mourut le 1er octobre 1499.

Cette villa existe encore; elle appartient à un Anglais, M. Sloane, qui en a fait un véritable musée médicéen, composé avec le goût le plus sévère et le soin le plus religieux; la bibliothèque où se réunissait la célèbre Académie Platonicienne est conservée, ainsi que cette chambre où l'incomparable Laurent le Magnifique, expirant, disait à Pic de la Mirandole et à Politien, pieusement inclinés à son chevet : « Ce que je regrette, mes amis, c'est de mourir avant d'avoir mis la dernière main à votre collection de livres à St-Marc! » (St-Marc de Florence, l'ancien couvent de Savonarole.)

CARELÆ [Itin. Anton., Tab. Peut.], ville d'Etrurie, auj. *Galera*, en Toscane.

CARENTO, *Carentan*, ville de Fr. (Manche).

CARENTONIUM, voy. CARANTONUM.

CARGAPOLIS, *Kargapol*, sur l'Onega, ville de Russie (gouv. Olonez).

CARIARA, voy. CARARA.

CARICIACUM, CARISIACUM, KARISIACUM PALATIUM [Capit. Car. C.], CARICIACUS LOCUS IN PAGO SUESSIONICO, VILLA PALATII SUPER ISARAM [Fredeg.], CARICI [Chron. D. Dion.], *Kiersy, Quierzy-sur-Oise*, village de France, près Chauny (Aisne); anc. villa roy.; Charles-Martel y meurt en 742; concile en 849 [Mabill. *Dipl.* l. IV].

CARICTA, CARRICTA, *Carrick-on-Suir*, ville d'Irlande (comté de Tipperary).

L'imprimerie date en cette ville de la fin du siècle dernier.

M. Cotton ne connaît pas de livre plus ancien que celui-ci : *The Polyglot preceptor, or elementary institutes of the english, latin, greek, hebreu and irish languages. Vol. I , containing a complet grammar of the english tongue for the use of schools... by Patrick Lynch.*
Carrick, printed by John Stacy, MDCCXCVI, in-8 de 122 p.

CARILOCUS, CAROLOCUS, *Charlieu*, ville de Fr. (Loire); concile en 926.

CARINIACUM, *Carignan*, bourg de Fr. (Ardennes).

CARINIANUM, *Carignano, Carignan*, ville de Piémont (prov. de Torino).

CARINTHIA, *la Carinthie, Kärnthen*, partie orientale du Tyrol.

CARIO COMITUM, *Carrion de los Condes*, ville d'Espagne [Graesse].

CARIS [Cell.], CARUS [Greg. Tur.], CHARES [Fortunat], *le Cher*, riv. de Fr., affl. de la Loire.

CARISIACUM, voy. CRECIACUM.

CARISSA [Plin.], Κάρισσα [Ptol.], CARISSA REGIA AURELIA, ville de la Bétique, auj. *Cariza*, ville d'Andalousie.

CARISTUM [Liv.], ville des Statiellates, dans la Ligurie, auj., suiv. Cell., *Carso*, bourg de la prov. de Gênes.

CARITÆUM, CARITAS, OPPIDUM CHARITATIS, *la Charité-sur-Loire*, ville de Fr. (Nièvre).
Cette ville ne prit son nom qu'au XIe s., lors de la fondation d'un prieuré de Cluny, que l'ordre appelait la première fille de Cluny; la ville s'appelait antérieurement *Syr*.

Plusieurs bibliographes, et particulièrement Ternaux, n'ont pas manqué de faire remonter l'imprimerie dans cette petite ville à l'année 1535, à l'occasion d'un volume de *Coutumes* que nous allons décrire : *Coustumes du pays ɀ conte de || Nyuernoys || enclaues ɀ exem || ptions dicelluy... par Loys Roillard ɀ Guillaume Bourgoïg*. A la fin : *Cy fine le coustumier et stille du pays et conte de Niuer || noys diligemment veu ɀ corrige au vray, selon loriginal. Et fut || acheue dimprimer le dernier iour du moys daoûst mil || cinq cens trente cinq par Nicolas hieman im || primeur, pour honeste psonne Jehan [] le Noir, marchāt libraire de || mourant à la Chari || le pres la halle || a lensei || gne || sainct Jacques ou ilz se vendent ɀ à Neuers || a lenseigne saint Roc, rue de la Saueterie*, pet. in-4 goth.
Nicolas Hieman était établi à Paris.
La Bibl. impér. possède de ce rare *Coutumier* un exempl. sur vélin, provenant de la Vallière; il avait été offert par les auteurs à la comtesse de Nevers, Marie d'Albret, dont il porte les armes miniaturées sur le titre.
Falkenstein, moins ambitieux que Ternaux, ne fait remonter l'imprimerie à la Charité qu'à l'année 1711, sans citer aucun titre à l'appui de cette allégation; pour notre part nous confessons ne pouvoir la reporter qu'aux premières années du siècle actuel.

CARIUM, voy. CAREA.

CARLATUM, *Carlat*, pet. ville d'Auvergne (Cantal).

CARLEOLUM, voy. LUGUVALLIUM.

CARLINGFORDIA, voy. BUVINDUM.

CARLOSTADIUM, BIBIUM [Itin. Anton.], *Carlstadt*, ville des Etats autrichiens (Croatie).

Le catal. Baluze nous donne une indication que nous devons relever, bien que le vol. dont il relate le titre soit sans date : *Preces Christianæ collectæ a Mathæo Silinski, lingua russica et slavonica.* — Carlostadii, s. d., in-4.

CARMANIOLA, CARMANOLA, *Carmagnola*, ville du Piémont, près du Pô.

Un typographe ambulant imprima dans cette petite ville, au XVe siècle, un ouvrage qui par les bibliographes, mais dont nous n'avons pu nous procurer d'exemplaire : *Facini Tibergæ in Alexandrum de villa dei interpretatio.* Carmagnolæ, 1497. Tiraboschi, Panzer, Vernazza, Hain, Amati, etc., citent ce livre; aucun ne le décrit, aucun n'en donne même le format. Tiraboschi (*Storia della litt. ital.* VI) est l'éditeur responsable de l'assertion, puisque, le premier, il l'a signalée : la première édition de ce commentaire avait été donnée à Turin en 1479 par Lefebvre de Langres, sous les auspices du marquis de Saluzzes; quant à celle de Carmagnola, *personne ne l'a vue.*
Haym (p. 614) nous donne un second produit de la typographie dans cette ville; mais encore sans nom d'imprimeur : *Il Fortalizio della Fede contro gli Ebrei, li Saraceni... del Padre Alf. Spina dell' ord. de' Minori*, trad. dalla lat. nell' Ital. da un religioso del medes. Ord'ne. Carmagnola, 1522, in-4.

CARMANUM, *Carming, Carmaing*, bourg du Languedoc (Haute-Garonne).

CARMATHENA, voy. MARIDUNUM.

CARMENTUADIS VILLA [Præc. Caroli Simpl.], CARMEN TRADI, *Carmentray*, village près Meaux, sur la Marne [Mabillon, ann. Bén. 315).

CARMINIANENSIS SALTUS [Not. imper.], *la Calabre.*

CARMO [Cæs.], Κάρμων [Strab.], Καρεώνη

[App.], ville de la Bétique, auj. *Carmona*, ville de la prov. de Séville, suiv. l'*Itin.* de M. de Laborde.

CARMOVIUM, *Carmoux-les-Cordes,* bourg du Languedoc (Tarn).

CARNACUM, *Carnac*, bourg de Bretagne (Morbihan).

CARNARIUS SINUS, *Carnero*, partie du golfe de Venise.

CARNIA [Luen.], CARNIOLA [Cluv., Cell., etc.], CRANIA, *Krain,* la *Carniole,* prov. illyrienne de l'empire d'Autriche.

CARNIA, *Charnie,* anc. district du Maine; dépend auj. du dép. de la Sarthe.

CARNICUM JULIUM, *Villach,* ville de Carinthie [Graesse].

CARNIOBURGUM, *Krainburg,* ville illyrienne de la Carniole, près Laybach.

CARNOETUM, *Karnoët,* village et anc. abb. de Bretagne (Finistère).

CARNOTENA URBS, voy. CARNUTUM.

CARNOVIA [Cellar.], CARNUVIA, *Jägerndorf,* ville de la haute Silésie, près Troppau.

CARNUNTUM [Plin., Itin. Ant., etc.], Καρνοῦς [Ptol.], CARNUS [Liv.], ville de la Pann. supér., au S. du Danube; suiv. Cellar. c'est auj. *Hainburg* (HAMBURGUM AUSTRIÆ); suiv. Kruse, le bourg de *Petronell,* à 1 m. de *Hainburg,* dans le comitat hongrois de Wieselburg.

CARNUTENSIS AGER, le *Pays Chartrain,* auj. dép. d'Eure-et-Loir.

CARNUTES [Cæs.], Καρνοῦται [Ptol.], CARNUTI [Plin.], peuple de la Lyonnaise IVe, entre la Loire et la Seine.

CARNUTUM [Notit. Imper.], AUTRICUM, Αὔτρικον [Ptol.], CARNOTENA URBS [Frédég.], CARNOTUM [Greg. Tur.], CARNOTAS CIV., CARNOTES [monn. mérov.], AUTRICUM IN CARNUTIBUS, *Chartres,* ville de Fr. (Eure-et-Loir).

La biblioth. Mazarine possède un volume fort rare qui nous permet de faire remonter au xve s. l'établissement de l'imprimerie dans la ville de Chartres : *Breviarium ad usum ecclesiæ Carnotensis.* On lit au vo du 84e f. : *Consūmatū adsolutūāq̅∥(sic) est hoc psalterium carnoti∥anno dñi* M CCCC *octauo∥ gesimo tertio quarto de∥cima die mensis aprilis∥ ī domo venerabili cano∥nici ñgri Petri Plume∥ orate pro eo.* In-4 goth. de 356 ff. à 2 col. de 28 lig. — Au recto du dernier f. est répétée cette indication : *Anno ab ĩcarnatioē dñi* M CCCC *octogesimo tercio. Die* XVII *iulii ꝑsūmatū ē.* Selon toutes les probabilités, ce bréviaire aurait été exécuté à Chartres dans la propre maison du chanoine P. Plume par un imprimeur nomade ou peut-être à l'aide d'un matériel expédié de Paris ou de Rouen. Nous ignorons si les archives de la ville ou de la cathédrale renferment quelques détails concernant ce fait assez intéressant.

Au xvie siècle nous trouvons de distance en distance trace d'une imprimerie chartraine ; ainsi en 1526 : *Constitutiones synodales diœcesis Carnotensis.* Carnoti, 1526, in-4, réimpr. par Phil. Hotot, en 1550, également in-4.
Mais nous croyons que le premier imprimeur établi d'une façon véritablement régulière et stable dans la ville de Chartres est ce même Philippe Hotot qui demeurait en *la Grand Rue près la Roze.* On lui doit les *Coustumes de Chasteauneuf en Thimerays,* pet. in-8 goth., sign A.—L, ff. sans chiffres, portant la date du 8 mai 1553.
Un grand nombre de livres portant le nom de cet habile imprimeur nous sont donnés par le P. Le Long, par le catal. de l'hist. de France de la Bibl. impér., par les catal. Baluze, d'Estrées, etc.
En 1558 nous trouvons un nouvel imprimeur, S. Picquot, dont nous connaissons une pièce in-8 contenant un *Petit traicté, extrait par monsieur maistre Estienne Prevost, official de Chartres, contenant description de plusieurs matières et hystoires dignes de mémoire : touchant le noble royaume de France,* etc.
La même année 1558 le même Estienne Prévost publie un autre petit traité sur l'église de Chartres auquel la veuve J. Pisson met son nom, nous croyons seulement comme libraire et non pas comme imprimeur.
Puis vient la famille des Cottereau, dont le chef, Richard Cottereau, était établi libraire à Chartres, en même temps que Phil. Hotot ; c'est pour lui que Nicolas Chrétien de Paris imprime en 1557 une édition du *Coustumier de Chateauneuf.* De son fils Claude l'imprimeur, nous connaissons un très-grand nombre d'ouvrages publiés jusqu'en 1597.
En 1764, trois imprimeurs-jurés étaient établis à Chartres : Nicolas Bernard, depuis 1724 ; Francois Letellier, depuis 1726, et Michel-Charles Hannerville, pourvu en 1752. Ce nombre de trois imprimeurs indique une tolérance de la part de l'autorité, car l'arrêt du 21 juillet 1704 avait fixé à deux le nombre des imprimeurs de Chartres.

CAROBRIÆ, *Chabris,* bourg du Blésois, près Romorantin (Loir-et-Cher).

CAROBURGUM, voy. CÆSARIS BURGUS.

CAROCELIS VALLIS, MAURIANENSIS VALLIS, *la Vallée de Maurienne,* en Savoie.

CAROCOTINUM [Itin. Anton.], ville des Caletes, dans la Gaule Lyonnaise, auj., suiv. Valois et Cluvier, *Crotoy, le Crotoy,* pet. ville de Picardie (Somme) ; mais cette attribution est contestée.

CARODUNUM, voy. CRACOVIA.

🗲 CAROLESIUM, QUADRELLENSIS, QUADRIGELLENSIS PAGUS, le *Charolois,* le *Charollais,* anc. prov. française dépend. de la Bourgogne ; est auj. comprise dans le dép. de Saône-et-Loire.

CAROLI CORONA, CARLSCRONA, *Karlskrona,* ville de Suède, bâtie sur plusieurs petites îles de la Baltique, dont la principale s'appelle Trottsoe.

Le *Suppl.* du Dr Cotton nous apprend que l'imprimerie exista à Carlscrona dès l'année 1656, et qu'en 1687 Vitus Haberger, imprimeur à Malmoë, transporta dans cette ville ses presses et son matériel. J. Scheffer non plus que Hallervordt ne nous fournissent aucun renseignement à l'appui de cette assertion.

CAROLI HESYCHIUM, CAROLINA HESYCHIA, CA-

ROLSRUHA [Bisch. et Möll.], *Carlsruhe*, cap. du grand-duché de Bade.

Bibliothèque d'une grande importance. L'imprimerie n'exista dans cette ville qu'à la fin du XVIIIᵉ s. Le fameux ouvrage de Claude Dupin, *les OEconomiques* (3 vol. in-4), imprimé sous la rubrique *Carlsruhe*, qui ne fut tiré qu'à une douzaine d'exemplaires, fut exécuté à Paris. Claude Dupin, fermier général, fut également l'auteur de deux ouvrages : *Reflexions et observations sur un livre intitulé : De l'esprit des loix*. Paris 1745 et *ibid.* 1757-58, qu'il fit également tirer à un nombre infiniment restreint d'exemplaires. Ce bibliomane philosophe fut l'aïeul de George Sand ; c'est un titre littéraire qui en vaut bien un autre.

CAROLI PORTUS, *Carlshamm*, ville de Suède (Sud-Gothland).

CAROLI PORTUS AD VISURGIM, *Carlshafen*, ville de la Hesse-Electorale, près Cassel, sur le Wéser.

CAROLI VILLA, voy. CAROLOPOLIS.

CAROLLÆ, *Charolles*, ville de Fr. (Saône-et-Loire).

CAROLINA ANTIQUA, *Alt-Carleby*, ville de Finlande [Bisch. et Möller].

CAROLINA NOVA, CAROLOPOLIS, *Neu-Carleby*, ville de Finlande [Id.].

CAROLINÆ THERMÆ, *Carlsbad*, ville et établissement de bains en Bohème, sur le Tœppel.

CAROLIUM, *Karoly, Gross-Karoly*, bourg de la haute Hongrie.

CAROLOLESIUM, CAROLOREGIUM, *Charleroi*, ville forte de Belgique (Hainaut).

CAROLOMONTIUM, *Charlemont*, forteresse de l'empire français, qui domine Givet (Ardennes).

CAROLOMONTIUM HIBERNICUM, *Charlemount*, sur le Blackwater, bourg d'Irlande (Armagh).

CAROLOPOLIS, voy. CAROLINA NOVA.

CAROLOPOLIS CAMPANIÆ, CAROLI VILLA, ARCÆ REMENSES, *Charleville*, ville de Fr. (Ardennes) ; elle n'est séparée de Mézières que par la Meuse.

L'imprimerie existe dans cette ville depuis 1613, dit Falkenstein ; mais sur quel fait repose cette assertion, le bibliographe allemand ne nous le dit pas. Ce n'est qu'à l'année 1628 que nous pouvons la faire remonter. Parmi les nombreux ouvrages que nous rencontrons à cette date, nous citerons : *Epitome chronicon monasterii B. Mariæ Moscomensis* (Mouzon), *ord. S. Benedicti, in diœc. Rhemensi... collecta opera et industria Nic. Haberti, ejusd. monast. prioris claustralis.* Carolopoli, typis Huberti Raoult, 1628, in-8o.
Sepulchre de la princesse madame Claude de Muy, comtesse de Chaligny, fondatrice et religieuse professe de l'ordre du S. Sépulchre de Jérusalem. Charleville, Raoult, 1628, in-8
Le nom de cette dame illustre est estropié par le P. Le Long, qui l'appelle *Claude de May ;* elle fut ensevelie dans l'église de ce monastère le 27 novembre 1627.

Des deux volumes que nous venons de citer, le premier est à la Biblioth. impér., le second à la bibl. de l'Arsenal.
Parmi les imprimeurs de Charleville que nous rencontrons postérieurement, nous citerons Gédéon Poncelet au milieu et Louis François vers la fin du XVIIe siècle.
L'imprimerie était déjà supprimée de fait dans cette ville à la fin du XVIIe siècle, car l'arrêt du 21 juillet 1704, qui détermine le nombre des imprimeurs autorisés à exercer dans chacune des villes de France, ne mentionne pas Charleville.

CAROLOREGIUM, voy. CAROLOLESIUM.

CAROLOSTADIUM [Luen.], CAROLINA CIVITAS, KARELBURG FISCUS REGALIS [*Vita S. Burch.* sæc. 3], *Carlstadt*, sur le Mein, ville de Bavière, cercle de la Basse-Franconie.

CAROLOSTADIUM, *Karlstadt*, ville de l'empire d'Autriche, au S.-O. d'Agram (Croatie).

CAROLOSTADIUM SUEVICUM, anc. TINGVALLA, *Carlstad, Carlstadt*, ville de Suède, ch.-l. de la préfecture de ce nom.
L'imprimerie n'existe dans cette ville que depuis le commencement du siècle.

CAROLOVICIA, CAROLOVITIUM, *Carlowitz, Carlovacze*, ville de Hongrie, sur le Danube, au S.-É. de Peterwardein (Slavonie].

CARONIUM, voy. BRIGANTIUM.

CAROPHIUM, *Charost, Charrost*, pet. ville du Berri (Cher) ; anc. titre de duché-pairie.

CARPASIA, Καρπασία [Strab., Ptol.], Καρπάσιον [Hierocl.], CARPASIUM [Plin.], ville du Nord de l'île de Chypre, dont les ruines forment encore un village nommé *Carpasso*.

CARPATES MONTES, ὁ Καρπάτης ὄρος [Ptol.], ALPES BASTARNICÆ [Tab. Peut.], CARPATICI MONTES [Cluv.], *Monts Karpathes, Carpathen, Krapacks*, chaîne de montagnes qui traverse l'Autriche, séparant la Gallicie de la Hongrie, la Transylvanie de la Moldavie et de la Valachie ; leur direction est du S.-O. au N.-E.

CARPATHUS INS. [Plin.], Κάρπαθος [Herod., Strab.], Κράπαθος [Hom.], *Scarpanto* (en turc : *Koje*), île de l'Archipel, app. à la Turquie.

CARPENTORACTE [Plin.], CARPENTORACTUM, πόλις Καουάρων Καρπέντορον [Strab.], ville des Cavares, dans la Narbonnaise, auj. *Carpentras*, ville de Fr. (Vaucluse).

Mercier de Saint-Léger a, dit-on, prouvé l'erreur des bibliographes qui faisaient remonter l'imprimerie à Carpentras jusqu'au XVᵉ s. ; la date de 1494 serait, non point celle de l'impression, mais celle de la rédaction du livre que l'on citerait ; et Panzer, ajoute M. Cotton, par son silence, confirme l'assertion de l'abbé de Saint-Léger. Très-bien, mais quels sont ces bibliographes qui ont commis cette bévue ? voilà ce qu'il faudrait savoir. En effet, Prosper Marchand cite, p. 89, *de Indagatione celestium motuum sine cal-*

culo. Carpen, 1494, in-4, et il ajoute : « mais que veut dire *Carpen?*... peut-être faudrait-il *Campen.* « Et voilà le crime que relève le docte abbé. Il est vrai que Freytag (*Apparat. Litt.* t. II) donne la souscription du livre : *Ex Carpen. per Guil. Ægidii de Wissekerc ex Zelandia,* 1494. Et comme il ajoute que dans un autre titre l'auteur est appelé *civis Carpentoratensis,* il en conclut que *Carpen* veut dire *Carpentoratum,* et que 1494 est la date non pas de l'impression, mais de l'exécution du livre ; déduction qui nous paraît moins logiquement amenée. Nous consentons cependant à acclamer le triomphe de l'abbé de Saint-Léger, bien que ses ennemis nous paraissent quelque peu imaginaires.

D'autre part, voici le *Suppl.* du Dr Cotton qui nous dit que l'imprimerie date à Carpentras de l'année 1538, et qu'à cette date il existe deux traités du cardinal Sadolet, mentionnés par les bibliographes ; ceci est encore pour nous une inconnue. Nous connaissons cependant deux ouvrages du célèbre cardinal, portant cette date, mais l'un est imprimé à Lyon, l'autre à Genève.

Nous sommes forcé de retomber à Dominique La Barre, qui nous paraît être le premier imprimeur de Carpentras et dont le plus ancien volume que nous connaissons est le *Portefeuille de M. de la Faille,* in-12, publié en 1694 et qui pourrait bien être réellement imprimé dans cette ville ; mais un volume infiniment plus authentique est celui-ci : *Decreta synodi Carpentoractensis, anno* 1697, *a Laur. Butio.* — Capentoracti, 1698, in-4.

En 1702, nous trouvons un nouvel imprimeur, Claude Touzet.

Carpentras dépendait du comtat Venaissin, qui ne fut définitivement réuni à la France que le 14 septembre 1791 : c'est ce qui explique pourquoi cette ville ne figure ni aux règlements concernant la librairie, édictés pendant le XVIIIe s., ni au *Rapp.* fait à M. de Sartines en 1764.

CARPESII [Liv.], CARPETANI [Plin.], peuple de l'Espagne Tarrac., à l'O. des Celtiberi ; occupait les deux rives du Tage, dans le roy. de Tolède.

CARPI [Amm. Marcel.], Καρπιανοί [Ptol.], Καρποί [Zozim.], CARPIANI, peuple de la Sarmatie europ. ; occupait la *Podolie* actuelle.

CARPIS, voy. DRAVUS.

CARPIUM, *Carpi,* ville forte d'Italie (prov. de Modène).

Maittaire et Panzer nous donnent le titre de deux volumes imprimés dans cette ville au commencement du XVIe siècle : *Lectura fratris Pauli scriptoris ord. minor. de Observantia super quæstiones Scoti in primo libro sententiarum per artium et theologiæ doctorem Joannem Montesdocca Hispanum emendata.* Impressa Carpi per Benedictum Dulcibellum Carpensem impressorem elegantissimum, anno dñi M D VI die IX aprilis, in-fol.

Le second ouvrage sort des mêmes presses ; il est daté de 1508 ; c'est : *Gratiani doctoris Brixiensis ord. min. in secundo libro sententiarum Scoti,* in-fol.

Nous ne trouvons plus trace d'imprimerie à Carpi pendant la fin du XVIe siècle, et ce n'est qu'en 1619 qu'Haym et Melzi (*Dict. des Anon.*) nous donnent comme imprimés dans cette ville les *Capitoli e Privilegi del consiglio dei signori Venti di Correggio.* Carpi, 1619, in-4.

CARPIUM AD ATHESIM, *Carpi,* bourg de la Vénétie. -

CARPONA, *Karpfen,* ville de Hongrie.

CARRACA, voy. ARRIACA.

CARREA POTENTIA [Plin. III, 5], ville placée entre POLLENTIA (*Polenza*) et AUGUSTA VAGIENNORUM (*Saluzzo*), sur le Tanaro, auj. *Carru,* bourg du Piémont [Forbiger].

CARRECTANUM, *Carretto,* bourg et chât. du Montferrat (Italie).

CARRHODUNUM, Καρρόδουνον [Ptol.], ville des Lygii, dans la Germanie orient., à l'O. de la Vistule, auj. *Zarnowitz,* pet. ville de la prov. de Cracovie.

CARRHODUNUM, voy. CARDONUM.

CARRIO COMITUM, voy. CARIO.

CARRODUNUM, Καρρόδουνον [Ptol.], ville de la Pannonie supér., auj. *Czakotorn,* bourg près Warasdin (Hongrie).

CARROFUM, KAROFA, *Charroux,* pet. ville de Fr. (Vienne) ; 4 conciles ; anc. abb. de St-Benoît.

CARROSTUM, voy. CAROSTUM.

CARSEOLI [Liv., Ovid.], Καρσίολοι [Ptol.], ville des Æqui, dans le Latium, auj. *Civita Carentia,* bourg de la Princip. ultér. (Naples).

CARSICI, CARSICUM, *la Ciotat,* ville de Fr. (Bouches-du-Rhône) ; quelques géographes ont vu dans cette ville l'anc. CITHARISTA.

CARSIDAVA, Καρσίδαυα [Ptol.], ville de Dacie, auj. *Choczim,* sur le Pruth, en Valachie.

CARSULÆ [Tac.], Κάρσουλοι [Strab.], ville de l'Ombrie, auj. *Casigliano,* bourg de Toscane, suiv. Bisch. et Möll., ou *Tondino,* suiv. Mannert.

CARSUS [Itin. Anton., Tab. Peut.], Καρσούμ [Ptol.], Καρσώ [Procop.], CARSION [Geo. Rav.], ville de la Mœsie Infér., auj. *Kersova, Kerschowa* ou *Hirszova,* ville de Boulgarie, sur le Danube.

CARTEJA [Liv., Cæs., etc.], Καρτηία [Strab., Ptol.], Καρθαία [Appian.], Καρπηία [Pausan.], Κραντία [Dio. Cass.], CARTEGIA [Geo. Rav.], ville des *Bastuli,* dans la Bétique, auj. *Rocadillo,* pet. ville d'Andalousie, ou suiv. quelques géographes, *Algesiras* (en arabe : *Al Djezyreh*), dans les chron. *Gésir,* ville d'Espagne, à l'O. de Gibraltar.

CARTEJA, voy. ALTHÆA.

CARTEMUNDA, *Kierteminde,* bourg du Danemark, dans l'île de Fionie.

CARTHAGINIENSES [Liv., Cic., etc.], Καρχηδόνιοι [Strab., Polyb.], PŒNI [Virg., Cic.], PUNI [Plaut.], les Carthaginois.

CARTHAGO [Plin., Mela, etc.], CARTHAGO VETUS [Cic., Itin. Anton.], ἡ Καρχηδών [Strab., Ptol.], TYRIA URBS [Virg.], (en phénicien : *Cartha-Hadath, Nova Civitas*, Solin.), *Carthage*, dont les ruines se retrouvent à l'endroit où s'élèvent auj. les villages de *Mersa*, de *Malga* et de *Douar-el-Schat*, au N.-E. de Tunis.

CARTHAGO NOVA, [Cic., Plin., Liv.,], CARTHAGO PŒNORUM [Plin.], CARTHAGO SPARTARIA [Itin. Anton.], ville des Contestani, dans l'Espagne Tarrac., anc. colonie des Carthaginois, établie par Asdrubal, auj. *Cartagena*, *Carthagène*, ville forte et grand port d'Espagne, dans le roy. de Valence.

Nous ne trouvons pas trace d'imprimerie dans cette ville avant le XIX⁰ s.

CARTHAGO VETUS, Καρχηδὼν παλαιά [Ptol.], ville des Ilercaones, dans la Tarrac., auj., suiv. Marca, *Carta Vieja*, dans le district d'Alcanniz (Aragon).

CARTIUS, le *Cert*, riv. d'Écosse.

CARTHUSIA, la *Chartrouse* ou *Chartreuse*, montagne du Grésivaudan, qui prend son nom du village de *Chartroux* (Isère) ; c'est de cette montagne que saint Bruno, à la fin du XI⁰ siècle, a donné le nom à l'ordre qu'il fonda.

CARTHUSIA ; il existait une abb. de Chartreux en Belgique, dioc. de Namur.

Le catal. Delbecque, de Gand, nous fournit l'indication de deux opuscules imprimés dans cette abbaye au XV⁰ s. : *Een devote meditatie of ouerdyncke aengaende de ceremonien ende thediet van der misse.* Gheprent Chartreusen theerne, pet. in-8 goth., sans ch., mais avec sign. et récl.
Le second : *Een zoete daghelixghe oufenynghe om deuote meynschen te ouerdynckene.* Gheprent om deuote theerne, pet. in-8, sans ch.
Ces deux impressions peuvent remonter à l'année 1485 ; elles ne sont citées ni par Panzer, ni par Hain.

CARTHUSIA MAGNA, la *Grande Chartreuse*, abb. chef-d'ordre des Chartreux, fondée par saint Bruno, à 24 kil. de Grenoble (Isère).

Pour l'imprimerie, voy. CORRERIA.

CARTRIS, CIMBRORUM PROMUNTORIUM, JUTIA [Cluv.], JUTLANDIA [Cell.], le *Jutland*.

CARUMBA, CARUMBUS, *Caromb*, bourg de Fr. (Vaucluse), anc. couv. de frères Mineurs.

CARUO, CARVO [Itin. Anton.], ville de l'île des Bataves, auj. *Kuilenburg*, sur le Leck, ville de la Hollande méridionale, ou *Leersum*, suiv. Reichard, ou *Grave* sur la Meuse, etc.

CARUS, voy. CARIS.

CARUSATES, peuple de la Gaule Aquitaine ; occupait partie du dép. du Gers.

CARUSSA, *Charousse*, bourg du Faucigny, sur l'Arve (Savoie).

CARYÆ, Καρύαι [Xenoph., Paus., etc.], ville de Laconie, auj. *Arakhova* (Boblaye, p. 72).

CARYÆ, Καρύαι [Pausan.], CARYA [Vitruv.], ville d'Arcadie, auj. *Gioza*, ou plutôt *Krevata*, localité du dioc. de Mantinée. C'est de là que vient le mot *Caryatide* (*Caryas* et *Caryatis*, Vitruv.).

CARYSTUS [Liv., Plin.], Κάρυστος [Ptol.], ville des Statielli, dans la Ligurie, auj. *Carosio*, en Piémont (suiv. Mannert).

CARYSTUS [Plin., Ovid.], Κάρυστος [Hom., Str., Ptol.], ville de l'Eubée, auj. *Castel-Rosso* (Negro-Ponte).

CASA, *Gaiss*, bourg de Suisse (Bisch. et Möll.).

CASA CÆSARIS, voy. CÆCILIA CASTRA.

CASA CANDIDA, *Whithern*, bourg du Galloway (Écosse).

CASA DEI, la *Chaise-Dieu*, ville de France (Haute-Loire) ; anc. abb. de Bénéd.

CASÆ CÆSARIANANÆ, AD FINES [Itin. Ant.], S. *Giovanni*, près l'Arno, bourg de Toscane.

CASALAQUEUM, *Gazalegas*, bourg d'Espagne, sur le Tajo (Nouv.-Castille).

CASALE MAJUS, *Casal Maggiore*, ville du Milanais, dans la délég. de Crémone.

Une imprimerie hébraïque fut installée dans cette ville au XV⁰ siècle par les imprimeurs de Soncino, Josué et Moïse, fils du rabbi Israël Nathan, originaire de Spire, qui, les premiers, avaient importé en Italie l'imprimerie hébraïque. Le seul produit connu de cette imprimerie est celui ci : *Machasor seu compendium precum pro synagogis Italicis, cui Cantic. cantic., Ruth, Threni et Ecclesiastes miscentur.* Commence par *Benedictum sit Creatoris nomen.* L'ouvrage est composé de deux parties dont la première a 165 et la seconde 154 ff. A la fin : *Fuit autem initium œdificii hujus libri per nos soninatos* (sic) *in urbe soncini mense Tisri anno* CCXLVI *sexti millenarii* (sept. 1485) *cumque absoluimus hic casale majori feria* II, *hebdomadæ, die* XX *mensis Elul anno quinquies millesimo ducentesimo quadragesimo sexto a creatione mundi,* etc. (août 1480). In-fol. impr. en caract. hébreux de trois corps avec sign. et titre gr. sur bois, à longues lignes.
La Bibliothèque impériale ne possède de ce livre que la seconde partie imprimée sur vélin ; Hain a par erreur donné 354 ff. à cette seconde partie.

CASALE SANCTI EVASII OU S. EVAXII, BODINCOMAGUS [Plin.], BONDICOMAGUS [Grut.], INDUSTRIA [Plin.], CASALE, CASALIUM, ville de la Ligurie, auj. *Casal, Casal di San-Vaso*, sur le Pô, *Casale di Monferrato*, dans la division d'Alexandrie, anc. cap. du Montferrat.

C'est à 1481 que nous faisons remonter l'imprimerie dans cette ville avec Panzer et Falkenstein. Des deux ouvrages que citent les bibliographes comme exécutés en cette ville au xv⁵ s., un seul étant daté, c'est à celui-ci que nous donnerons la priorité : *Epistolæ Heroides* (P. Ovidii N.), *cum Comment. Ant. Volsci et Hubertini Clerici Crescentinatis.* A la fin : *Hæc interpretatio epistolaⁿ Heroidum Ouidii... ab Ubertino cognom. clerico Crescentinate edita, et impressa est in loco Casalis sancti Evaxii, anno salutis humane* M CCCC LXXXI *octauo idus septembris... Impressit Gulielmus de Canepa-Nova, de campanilibus de Sancto-Salvatore, impensa prædicti Hubertini, venerabilisque et integerrimi sacerdotis presbyteri Stephani de Ulmo, de loco Sessani, præpositi Bubbii, et canonici in æde dicti S. Evaxii,* pet. in-fol., suiv. Panzer, Falkenstein, Hain, Reichhart, etc.; Amati dit in-4.

M. Brunet dit avec la Serna-Santander : « Première édition de ces deux commentaires et en même temps le seul livre connu imprimé à *Casale, S. Evasi,* dans le xv⁵ s.; » et quelques pages plus loin il cite d'après Amati : *Il clarissimo poeta Ovidio de Arte Amandi.* A la fin :

Quem lector legis hic arte Nasonis amandi
   Impressus libros urbe Casalis habes
Urbe suo nimium Guglielmo principe magno
   Felice, insigni cujus honore nitet.
Vercellis ortus sacer Augustinus, et una
   Cantonus pressum Gaspar obruit opus, etc.

In-4, s. d. Edition fort rare, qu'Amati, nous ignorons pour quel motif, place avant les *Héroïdes.*

Des trois villes de Montferrat nous avons vu déjà Alba et Acqui. Casal était la résidence du marquis. L'imprimeur de Venise, Manfredo de Monteferrato, auquel nous devons deux édit. du voyage de Mandeville, en italien, était de Casal.

CASANA [Cell.], CASANUM, *Casan, Kazan,* ville de la Russie orient., à l'E. de Moscou.

Une université fut fondée à Kazan en 1803, et l'imprimerie y fut introduite la même année; elle débuta par deux éditions du *Koran,* l'une in-4, et l'autre in-8.

CASANDRIA, *Cassand, Cadzand,* bourg hollandais de l'île du même nom (Zeeland).

CASANUM AD ADDUAM, CASSANUM, CASA, CÆSARIANA (?), *Cassano,* bourg du Milanais, sur l'Adda.

CASANUM, CASSIANUM [P. Warnef., Gesta Longob.], CASSANUM, COSANUM, *Cassano,* ville du Napolitain (Princip. citérieure).

C'était de cette ville que le duc de Cassano Serra portait le titre. On sait que ce bibliophile célèbre proposa en 1819 à lord Spencer, qui voyageait en Italie, l'acquisition de sa précieuse bibliothèque et que sa Seigneurie accepta cette proposition. Les livres étaient expédiés en Angleterre l'année suivante. Dibdin nous apprend que ce qui détermina lord Spencer à cette coûteuse affaire, fut la découverte de la très-précieuse édition d'*Horace,* imprimée par Arnoldus de Bruxella, à Naples, en 1474, dont le seul exemplaire connu se trouvait chez le duc de Cassano.

CASANUM, CASSANUM, *Cassano;* il y a encore deux villes de ce nom en Italie; l'une dans la Terra di Bari, l'autre dans la Princip. ultér.

CASA RUBRA, *Carouge,* pet. ville de Suisse, sur les bords du lac de Genève.

Voici l'indication d'un ouvrage publié dans cette localité au xviii⁵ s., indication que nous empruntons à Ternaux et dont nous ne garantissons pas l'infaillibilité : *Description du Pou vu au microscope, en fr. et en russe, par Pheodore Carjavine.* Carouge, Jean Thomas, 1789, in-4.

CASCALE, *Cascaes,* bourg du Portugal, à l'E. de Lisbonne (Estramadure).

CASCANTUM [Itin. Ant.], Κάσκαντον [Ptol.], ville des Celtiberi, dans la Tarrac., auj. *Cascante,* ville de Navarre.

CASCHOVIA, voy. CASSOVIA.

CASELLA, CASELLARUM OPPIDUM, *Casale* ou *Caselle,* ville du Piémont, divis. et au N. de Turin, près de la Stura.

Nous avons parlé de cette ville à l'article AUGUSTA TAURINORUM; c'était là que les *Cartiere* du nord de l'Italie avaient, au xv⁵ siècle, établi leurs moulins à papier, attiré par les relations journalières qu'il était forcé d'avoir avec ces industriels, le grand imprimeur de Turin, Jean Lefebvre, y installa à la fin de 1474 ou au commencement de l'année suivante un atelier typographique, et, assisté du docte médecin et philosophe Pantaleone da Confluenza (que nous retrouverons encore à Pavie), il publia : *Divi Hieronymi vitæ sanctorum Patrum.* A la fin : *Per clarissimum medicum et philosophum dominum magistrum Pantalionem Perque Johañem Fabri Galicum egregium artificem. De vitis sanctorum patrum volumina in Casellarum oppido feliciter Impressa sunt. Anno domini* M CCCC LXXV, *heroys calidoney luce penultima mensis Augusti. Amen.* In-4 goth., sans récl. ni sign., mais avec chiff.

Deux ans après et quelque temps avant de retourner à Turin, Jean Lefebvre publia encore à Caselle : *Catonis Distica de moribus.* A la fin :

Hoc opus exiguum perfecit rite Iohannes
   Fabri : cui servat lingonis alta Lares
ac voluit formis ipsum fecisse Casellis
M CCCC LXXVII *de mense maii.*

In-4 goth.

Un autre volume publié sans aucune indication, mais imprimé avec le même caractère que *les Vies des Pères* de St Jérôme, avait été publié à Caselle par Lefebvre, probablement dans l'intervalle qui sépare les deux ouvrages précédents; c'est une édition du *Sophologium Jacobi magni,* in-fol. sign. A-T à deux col. de 40 lign. (Hain 10474).

CASELLIUM, *Chazelle,* bourg de France, près Montbrison (Loire).

CASEOLUM, *Choiseul, Choiseuil,* bourg de Champagne, près Chaumont (Haute-Marne).

CASERTA, *Caserta Nuova, Caserte,* ville d'Italie, chef-lieu de la prov. napolitaine de la *Terra di Lavoro.*

Melzi (*Dict. des Anon.,* 1, 424) nous donne le titre d'un livre imprimé en 1778, et nos recherches n'ont pu nous donner lieu de faire rémonter la typographie dans cette ville à une date antérieure : *Le Forche Caudine illustrate* (Da *Franc. Daniele*). Caserta, per Giuseppe Campo, 1778, in-fol.

CASHILIA, CASSILIA, *Cashel,* bourg d'Irlande (comté de Tipperary).

L'imprimerie fut introduite dans cette ville par un certain Thomas Lord, qui vint d'Youghal, où il était établi, fonder un nouvel établissement typographique en 1786; les imprimeurs qui lui succédèrent s'appelaient Reeves et William Price.

CASIACUM, CAZIACUM, CAZIEI (VIIIe s.), *Chézy*, bourg de la Brie, du dioc. de Soissons, sur la Marne ; anc. abb. de Bénéd. = Il y a un autre *Chésy-en-Auxois*, village du dép. de l'Oise.

CASILINUM [Liv., Plin.], Κασίλινον [Ptol., Strab.], sur le Vulturnus (*Volturno*), à l'embranchement de la *Via Latina* et de la *Via Appia*, à 19 st. dans le N.-O. de Capua, auj. *Capoa Nova*, ou *Capua*, dans la prov. napolitaine de la Terra di Lavoro. (Voy. CAPUA.)

CASIMANCI VILLA, *Chaisemais*, village près d'Huriel (Allier).

CASIMIRIA, *Kasimir*, ville prussienne du grand-duché de Posen.

CASIMIRIA AD VISTULAM, *Kazimierz*, ville de Pologne, dans le palatinat de Lublin. Il y a deux autres villes de ce nom en Pologne dans les palat. de Kalisch et de Masovien.

CASINOMAGUS, localité de la Gaule Aquitaine, dans le S. d'Auch, auj. suiv. Bisch. et Möll. *Coulogne*, bourg du Languedoc (Haute-Garonne).

CASINUM [Cic., Liv., Plin.], Κάσινον [Strab.], station de la *Via Prænestina* [Itin. Anton.], chez les Volsci, auj. *San Germano*, ville de la prov. napolitaine de la Terra di Lavoro.

CASINUS, fl. du Latium, auj. *il Sacco*.

CASINUS, CASINUM, auj. *Casino*, bourg napolitain de la Terra di Lavoro.

CASINUS MONS, CASSINENSIS MONS, le *Mont Cassin*, *Monte-Cassino*, montagne de la Terra di Lavoro, sur laquelle est construit le CASINENSE CŒNOBIUM, le *monastère du mont Cassin*.

C'est la plus illustre abbaye du monde entier ; ce fut là qu'en 529 saint Benoît fonda la congrégation à laquelle il légua son nom glorieux. L'ordre des Bénédictins est à la fois le plus ancien et le plus érudit des ordres lettrés ; il couvrit de ses monastères la vieille terre d'Europe, et c'est à ses incessants efforts, à ses infatigables recherches, à ses pénibles et constants travaux, que nous sommes en grande partie redevables de la conservation et de la transcription des plus beaux monuments littéraires de l'antiquité. La Bibliothèque actuelle du Mont-Cassin est justement célèbre. Un établissement typographique fut installé dans le monastère au XVIIe siècle, et le plus ancien produit de ses presses est daté de 1740 : *Numismata* (in) *ærea selectiora maximi moduli, e museo pisano olim Corrario animadversiones* (ab *Alberto Mazzoleno*). In Benedicto-Casinate, 1740-41, 4 tom. en 2 vol., in-fol. fig. Notez que la souscription de quelques exemplaires varie, et porte : *in monasterio Pontidæ Agri Bergomatis*.

CASLETUM, voy. CASSELETUM.

CASLEVO, *Calavon*, riv. de Provence, qui se perd dans la Durance.

CASMENA, Κασμένη [Hérod.], CASMENE, localité de Sicile, auj. *Cacciola*, suiv. Reichard.

CASPERIA[1] [Virg.], CASPERULA [Sil. Ital.], ville des Sabini, dans le Latium, auj. *Aspra*, bourg entre Terni et Tivoli.

CASPINGIUM [Tab. Peut.], ville de l'île des Bataves, auj., suiv. Cellar., *Asperen*, *Aspern*, bourg de la Hollande mérid., près Gorkum ; suiv. Cluver., *Giessenburg*, et suiv. Reichard, *Kapellen*.

CASSANDREA [Liv.], CASSANDRIA [Plin.], Κασσάνδρεια [Strab.], anc. POTIDÆA [Plin.], Ποτίδαια [Hérod.], ville de Macédoine, sur la presqu'île de Pallène, auj. *Kassandhra*, ville de la Roumélie (pach. de Saloniki).

CASSANUM, CASSIANUM, voy. CASANUM.

CASSELETUM, CASLETUM, CASTELLUM MORINORUM [Itin. Anton.], CASSELLUM [G. Brito], ville de la Gaule Belgique, auj. *Cassel*, ville de Fr. (Nord).

CASSELETUM, CASTELETUM, *Châtelet*, pet. ville de la prov. du Hainaut (Belgique).

CASSELLA [Cluv.], CASSELLÆ [Luen.], CASSELIA [Bert.], CASSELIUM, CASSELLUM CATTORUM [Cluv.], CASSELLUM AD FULDAM, *Cassel*, cap. du grand-duché de Hesse-Cassel, sur la Fulde.

Suivant de très-fortes probabilités, le volume que cite Panzer : « Ambr. Catharini *Dialogus contra Lutherum super his verbis : tu es Petrus* ; Cassellæ MDXXIV, in-4, » fut imprimé à Casal et non point à Cassel. Ce champion de la foi catholique était Florentin, et les premières éditions de ses écrits sont toutes données dans sa ville natale : Falkenstein partage notre opinion, car il ne mentionne pas Cassel parmi les villes d'imprimerie, à moins que pour *Caselle*, qu'il cite à l'année 1599, il n'ait voulu indiquer Cassel. M. Cotton fait également remonter l'imprimerie à cette année 1599 seulement, Ternaux à 1559. Voici un volume plus ancien que nous trouvons décrit au catal. de la Biblioth. des chanoines de Rebdorf (part. II, p. 161) : *Won den judē ob, vñ wie die under den Christē zu halten sind, ein Rathschlag, durch die Gelertē am ende dis büchlins verzeichnet, zugericht.* — Item : *Ein weitere erklerung und beschirmung des selbigen rathschlags. Durch Martin Bucer.* Au bas du titre gravé : *zu Cassel*, anno domini MDXXXIX, in-4.
Au XVIIe siècle nous pouvons citer à Cassel une typographie d'une certaine importance, dont le chef s'appelait Schadewicz.

CASSELLÆ, voy. CASALE.

CASSENATICUM, ville des anc. Cassenates, *Sassenage*, pet. ville du Dauphiné (Isère).

CASSI [Cæs.], peuple de la Bretagne romaine ; habitaient le Berkshire.

CASSIANUM, voy. CASSANUM.

CASSILIACUM [Not. Imper.], ville de la Vindélicie, auj. *Kisslegg*, bourg près Wangen (Bavière).

CASSINOGILUM PALATIUM (in quo natus Ludov. pius), CASSINOLLE [Chron. Eginh.], *Chasseneuil,* bourg de l'Angoumois (Charente).

CASSINOILUM, même localité que le précédent, mais pourrait désigner *Chassignoles,* village près La Châtre (Indre).

CASSINOMAGUS [Tab. Peut.], *Chassenon,* bourg de Fr. (Haute-Vienne) ; suiv. Ukert, *Gimont;* suiv. Reichard, *Chabannais;* enfin suiv. d'Anville, *Lombez ;* ces trois localités dans le dép. de la Charente.

CASSINUM, CASSINUS, voy. CASINUM.

CASSIO, voy. VASATUM.

CASSIOPE [Plin., Cic.], Κασσιόπη [Ptol.], *Cassopo,* bourg de l'île de Corfou (Ioniennes), sur le cap du même nom.

CASSIOPE, CASSOPE [Plin.], Κασσώπη [Steph.], Κασσιόπη [Ptol.], ville des Cassopæi, dans la Thesprotide, dont on voit les ruines auj. près du couvent de Zalongo, dans le pach. de Janina.

CASSITERIDES INSULÆ [Plin., Mela], Κασσιτερίδες [Diod. Sic.], Καττιτερίδες [Hérod.], SILURUM INSULÆ [Solin.], SYLINA INSULA [Sulp. Sev.], *les Sorlingues, Scilly,* groupe d'îles au S.-O. du comté de Cornwall (Angleterre).

CASSOPIA, Κασσωπία [Steph.], district de l'Epire, anc. Thesprotide, compris auj. dans le pach. de Janina.

CASSOVIA, CASCHOVIA [Cell.], BORMANUM, ville des Jaziges, dans la Dacie, auj. *Kaschau,* ville de la haute Hongrie, sur l'*Hernath,* chef-lieu du comitat d'Abaujvar.

Si l'indication fournie par le catal. de la *Biblioth. Cornidesiana* (p. 227) est exacte, c'est à l'an 1600 que nous pouvons faire remonter l'imprimerie à Caschau : *Heinzelir (Mathiæ rectoris Brixnensis) Modus prædicandi synonymus.* Cassoviæ, 1600, in-8. Mais nous pouvons avec certitude la fixer à 1608. Voici la liste des imprimeurs, au XVIIe siècle, que nous fournit J. Németh (*Typogr. Hungar.*) : Joannes Fischer, 1610-1618 ; Daniel Schultz, 1623-1626 ; sa veuve de 1633 à 1636; Severini Marcus, 1658-1663 ; Suzanna Severini, 1664 ; J. David Türsch, 1666-1668, etc. Parmi les volumes imprimés dans ces divers ateliers, nous citerons : *Apologia synodi Solnensis.* Cassoviæ, an. 1610, typis Joh. Fischer. — *Idea christianorum Hungarorum in et sub Turcismo, Epistola quondam a Paulo Thurio rectore scholæ Tholnensis ad amicos perscripta ; nunc opera Joannis Bocatii, consularis R. P. et gymnasiarchæ Cassov. in lucem edita et impressa Cassoviæ calcographo Joanne Fischero.* Anno FIDE SED CVI VIDE (1613).

CASSUBIA [Cluv.], *Cassuben,* district et duché de la petite Poméranie.

CASSULA, voy. CASSELLA.

CASTANA, CASTANÆA [Mela], Κασθαναίη [Hé-rod.], ville sur la côte de la Thessalie, au pied du Pélion, auj. *Kastania,* suiv. Kruse.

CASTANEDOLUM, *Castagnedolo,* bourg du Milanais.

CASTANERA, bourg du même nom, sur le Tage, en Portugal (Estramadure).

CASTANIA, ville de l'Apulia Peucetia, auj. *Castellaneta,* dans la prov. napolitaine de la Terra d'Otranto.

CASTANOVITIUM, *Castanowitz, Kostanitza,* ville de Croatie, dans l'île d'Unna.

CASTELAVIUM AURAVIUM, CASTELLUM NOVUM ARIANORUM, CASTRUM DE ARIO, SOSTOMAGUS (?) [Itin. Anton.], *Castelnaudary,* ville de Fr. (Aude).

Le P. Le Long et le catal. Secousse (n° 5657) nous donnent l'indication d'un ouvrage imprimé dans cette ville en 1682, malheureusement sans le nom du typographe : *Les règles du jeu du canal roïal du Languedoc* (par François Andreossy) *avec l'explication de tous les travaux qui composent ce grand ouvrage.* Castelnaudary, 1682, in-12. L'imprimerie fut supprimée dans cette ville par l'arrêt du conseil du 31 mars 1739.

CASTELETUM, *le Châtelet,* ville de Fr. (Cher).

CASTELETUM, voy. CASSELETUM.

CASTELLA, CASTILIA [Cell.], *Castilla,* la Castille, anc. roy. d'Espagne ; forme auj. deux capit. générales : *Castilla la Vieja* et *Castilla la Nueva.*

CASTELLANI [Plin.], Καστελλανοί [Ptol.], peuple de la Tarraconaise ; habitait le pays compris entre l'Ebre et les Pyrénées.

CASTELLARUM, *Chastelar,* bourg de France (Savoie).

CASTELLETUM, le *Cutelet,* bourg de France (Aisne). = Le *Oastelet,* plusieurs villages de ce nom en Provence.

CASTELLIO, *Châtillon,* bourg de France (Drôme).

CASTELLIO AD CARIM, *Châtillon-sur-Cher,* bourg de Fr. (Loir-et-Cher).

CASTELLIO AD INGERIM, *Châtillon-sur-Indre,* ville de Fr. (Indre).

CASTELLIO AD LIGERIM, *Châtillon-sur-Loire,* ville de Fr. (Loiret).

CASTELLIO AD LUPPIAM, *Châtillon-sur-Loing,* pet. ville du Gâtinais (Loiret); titre de duché; patrie de Coligny.

CASTELLIO AD MATRONAM, CASTELLIONUM, *Châtillon-sur-Marne,* village de France (Marne); patrie du pape Urbain II.

CASTELLIO AD SEQUANAM, CASTELLIONUM, *Châtillon-sur-Seine*, ville de Fr. (Côte-d'Or).

Nous ferons remonter l'imprimerie dans cette ville, avec le P. Le Long, à l'année 1651 : *Histoire et vie de sainte Reine ; l'élévation et translation de ses reliques ; une authentique approbation de celle qui est présentement dans la chapelle d'Alise, avec un petit office, par un religieux observantin de la province de S. Bonaventure.* Châtillon-sur-Seine, Laymeré, 1651, in-12 de 95 p. ; l'épître dédicatoire, dit le P. Le Long, est signée F. P. G., lisez Fr.-Pierre Goujon, Dijonnais, cordelier, mort en 1673.

A la fin du XVIIe s., nous trouvons un imprimeur qui probablement succède à Laymeré ; il se nomme J. Bonnet (1678-1697). Laymeré alla de son côté s'établir à Autun, où nous le trouvons encore en 1690.

L'imprimerie est supprimée à Châtillon par l'arrêt du 31 mars 1739, et les caractères sont fondus en 1764, ainsi que le constate le Rapport fait à M. de Sartines.

Jean Chouet, l'imprimeur genevois, était de Châtillon-sur-Seine ; il fut reçu citoyen de Genève en 1585.

Un autre imprimeur genevois était également de Châtillon ; c'est Jean Durant, qui, comme Crespin d'Arras, Estienne et tant d'autres, avait quitté la France, par suite de l'intolérance religieuse de son pays : Jean Durant mourut en 1589, et sa veuve imprima jusqu'en 1614.

CASTELLIO AD SEPARAM, CASTELLIO PICTAVIÆ, *Châtillon-sur-Sèvre*, ville de Fr. (Deux-Sèvres).

CASTELLIO BURGUNDIÆ, *Châtillon-les-Dombes*, ville de Fr., sur la Charlaronne (Ain).

CASTELLIO INFERIOR, *Nieder-Gestelen*, bourg de Suisse (cant. de Vaud).

CASTELLIO MEDULCI, CASTILIO, *Castillon*, ville de Fr. (Gironde).

CASTELLIO NIVERNENSIS TRACTUS, *Châtillon en Bazois*, bourg de Fr. (Nièvre).

CASTELLIO PEDEMONTII, *Châtillon*, bourg du Piémont, sur la Doria (pr. d'Aosta).

CASTELLIO PISCARIA, CASTILIO, *Castiglione*, bourg de Toscane, sur le lac du même nom.

CASTELLIO SUPERIOR, *Ober Gestelen*, bourg de Suisse (cant. de Vaud).

CASTELLIONUM, *Castiglione delle Stiviere*, ville du Milanais, au N.-O. de Mantoue. = *Castiglione*, ville du Milanais, sur l'Adda, au S.-E. de Lodi.

CASTELLODUNUM, RUPES CLARA (au IIIe et au IVe s.), CASTRODUNUM, DUNUM, pendant la Révolution : *Dun-sur-Loir*, *Château-dun*, *Primaria urbs Dunensis comitatus*, ville de Fr. (Eure-et-Loir).

Toutes les recherches que nous avons faites pour trouver trace d'imprimerie dans cette ville, antérieure à 1789, sont restées infructueuses. Cependant M. Ternaux cite un livre imprimé en 1710 : « *L'office et la vie de saint Roch.* Chasteaudun, Charles, 1710, in-12. » Mais son autorité n'est pas bien considérable et l'exactitude n'est point son fort. Le *Supplément* du Dr Cotton, publié il y a quelques mois, s'est aidé de recherches nouvelles, bonnes ou mauvaises, de Ternaux ; il profite donc de cette découverte d'un volume publié en 1710 à Châteaudun, le vieillit de cent ans, ce qui le rend plus respectable, et dit : *Châteaudun*, imprim. 1610 (*Bodleian*) ! Ainsi donc ce livre imprimé à Châteaudun, en 1610 ! l'année de la mort d'Henri IV ! existe à la Bodléienne. Voilà qui est bon à savoir.

Nous ne connaissons pas ce Charles, imprimeur en 1710 des livres liturgiques de l'église de Châteaudun ; mais ce que nous savons, c'est que l'arrêt du conseil du 21 juillet 1704, celui du 31 mars 1739, ne font pas mention de cette ville et qu'enfin le *Rapp.* Sartines, en 1764, dit textuellement : « Châteaudun, deux libraires ; il n'y a pas d'imprimeur. »

CASTELLONA, voy. CIVITAS SALINARUM.

CASTELLUM, *Castelberg*, bourg du cercle de Kinsig (gr.-duché de Bade).

CASTELLUM AD AXONAM, *Pontavère*, *Pontavesle*, bourg de Picardie (Aisne).

CASTELLUM AD FULDAM, voy. CASSELLA.

CASTELLUM ALBUM, voy. ALBICASTRUM.

CASTELLUM ANGELI, MOLES HADRIANI, *Château St-Ange (Engelsburg)*, à Rome.

CASTELLUM ARIANORUM, voy. CASTELAVIUM.

CASTELLUM ASENSE, *Castel d'Asens*, bourg et château d'Espagne (Catalogne).

CASTELLUM BALDUM, *Castel Baldo*, bourg de la Vénétie, sur l'Adige (prov. de Padua).

CASTELLUM BATAVINUM, voy. BACODURUM.

CASTELLUM CAMERACESII, *le Câteau-Cambresis*, ville de Fr., sur la Selle (Nord). Traité entre la France et l'Espagne, signé en 1559.

CASTELLUM CARNONIS [Chron. carlov.], *Chastel-Challon*, *Chatel-Châlons*, bourg de Franche-Comté (Doubs) ; anc. abb. de Bénéd.

CASTELLUM CATTORUM, voy. CASSELLA.

CASTELLUM DURANTIUM, CASTRUM DURANTIS, *Castel Durante*, ville des Etats pontificaux, dans la délég. d'Urbino.

CASTELLUM EPISCOPI, *Bischoffs-Castel*, bourg d'Angleterre, dans le Shropshire, suiv. Bisch. et Möll.

CASTELLUM FIRMANUM [Mela, Vell.], FIRMANORUM [Plin.], Κάστελλον ἐπίνειον Φίρμου [Strab.], *Porto di Fermo*, bourg de la Marche d'Ancône (Italie).

CASTELLUM GUBERNIUM, *Governolo*, sur le Mincio, pet. ville du Mantouan (Italie).

CASTELLUM HERALDI, CASTRUM AIRAUDI, CASTRUM ERALDIUM, *Châtellerault*, ville de Fr. (Vienne) ; titre de duché-pairie. On trouve au XIIIe s. *Chastiau-Léraut*.

C'est en 1622 que nous trouvons pour la première fois le titre d'un livre imprimé à Châtellerault : *Conversion de M. de Brassac, capitaine de cent hommes d'armes, et gouverneur de Chastellerault, par de Chabans*. Chastellerault, Quentin Mareschal, 1622, in-8 (à la bibl. de l'Arsenal). Au XVIIe siècle, cette ville ne figure pas à l'arrêt du conseil du 21 juillet 1704 : mais celui du 31 mars 1739 la mentionne pour la comprendre parmi les villes du royaume dans lesquelles l'imprimerie existante est et demeure supprimée, et malgré cela nous la trouvons portée au *Rapp.* Sartines. En 1759, quand on avait eu le temps d'oublier l'arrêt de 1739, la veuve Guimbert s'établit imprimeur à Châtellerault et reçoit son brevet ; en 1764, elle exerçait encore et possédait deux presses.

CASTELLUM HOLMIUM, *Castelholm*, bourg de Suède.

CASTELLUM HUNNORUM, *Castellaun*, bourg de la rég. de Coblentz, (Prusse rhénane).

CASTELLUM ICTIUM, *l'Isle-en-Jourdain*, sur la Save, ville de Fr. (Gers).

CASTELLUM LEONENSE, voy. PAULI LEONENSIS FANUM.

CASTELLUM MAJUS, *Castel-Maggiore*, bourg d'Italie (princip. de Lucques). = *Castelmagno*, bourg du Piémont (prov. de Coni).

CASTELLUM MARIS, voy. STABLÆ.

CASTELLUM MENAPIORUM [Tab. Peut.], Κάστελλον Μεναπίων [Ptol.], ville des Menapii, dans la Gaule belgique, auj. *Kessel*, bourg sur la Meuse (Limbourg). « *Castellum oppidum, quod Mosa fluvius præterlambit.* »

CASTELLUM MORINORUM, voy. CASLETUM.

CASTELLUM MORONIS, *Castel-Moron*, bourg de Fr., sur le Lot (Lot-et-Garonne).

CASTELLUM MOSELLANUM, TABERNÆ MOSELLANICÆ, *Berncastel*, ville de la Prusse rhénane, entre Trèves et Coblentz, sur la Moselle.

CASTELLUM NOVUM, *Castel Nuovo*, ville dalmate, dans le cercle de Cattaro, sur la mer Adriatique. = *Castelnau* ; plusieurs localités en France portent ce nom.

CASTELLUM NOVUM, *Neufchâteau*, sur le Mouzon, ville de Fr. (Meuse).

L'imprimerie exista dans cette petite ville à la fin du siècle dernier. Nous citerons : *Dissertation sur la manière dont on doit prononcer le Canon et quelques autres parties de la messe; par M. Robbe*. Neufchâteau, 1770, in-12.

CASTELLUM NOVUM, *Neufchâteau*, pet. ville du Luxembourg belge, près d'Arlon.

CASTELLUM NOVUM ARII, ARIANORUM, voy. CASTELAVIUM.

CASTELLUM NOVUM GARFINIANUM, voy. GARFINIANUM.

CASTELLUM ORIENTIS, *Levanta*, petit port sur la Méditerranée, dans la prov. de Gênes.

CASTELLUM PETRÆ, *Castello della Pietra*, bourg du Tyrol.

CASTELLUM RAINALDI, REGINALDI, voy. CARAMENTUM.

CASTELLUM SARRACENORUM, CASTRUM SARRACENI, *Castel-Sarrazin*, ville de Fr. (Tarn-et-Garonne).

CASTELLUM TRAJANI, voy. CASSELLA.

CASTELLUM TRUENTINUM, voy. TRUENTUM.

CASTELROTTUM, voy. CASTRUM RUPTUM.

CASTESERTUM, *Castel-Sagrat*, village de Fr., près de Valence (Drôme).

CASTHANÆA [Plin.], Κασθαναίη [Herod.], Κασταναία [Steph.], localité de l'Epire, auj. *Tanukhari*.

CASTILIO, voy. CASTELLIO MEDULCI.

CASTILIO, voy. CASTELLIO PISCARIA.

CASTILIO CALABRIÆ, *Castiglione maritimo*, ville de la Calabre citér., prov. napol. du roy. d'Italie.

CASTILIO CONSENTINA, *Castiglione di Cosenza*, ville de la Calabre citér., prov. napolitaine du roy. d'Italie.

CASTILIO MANTUANA, *Castiglione*, bourg lombard du Mantouan.

CASTILIO STIVERORUM, *Castiglione delle Stiviere*, bourg du Milanais.

CASTINACUM, *Châtenois*, bourg et eaux minérales, près Schelestadt (Bas-Rhin).

J. Mich. Kurschner, de fonte medicato Castinacensi. Argentorati, 1760, in-4.

CASTINETUM, *Kestenholz*, village de France (Bas-Rhin).

CASTIO, CASTRUM STILICONIS, *Castione*, bourg du Milanais.

CASTIODUM, CASTIODUNUM, *Œsch, Œschenbach*, bourg de Suisse (cant. de Berne).

CASTORUM [Tacit.], AD CASTORES [Suet.], CASTORES [Oros.], *Cansero*, bourg d'Italie, près Crémone.

CASTRA, CASTRA AD GARUMNAM, CASTRUM ALBIENSIUM, *Castres*, sur l'Agoût, ville de Fr. (Tarn).

Le catal. des frères de Tournes (Genève, 1670, in-12) nous fournit l'indication d'un livre imprimé à Castres, en 1616, malheureusement sans nom d'imprimeur : *Portrait de l'église militante, par Jean Gary*. Castres, 1616, in-8. Ce n'est que dix ans plus tard, en 1626, que nous voyons un impr. de Toulouse, Jean Viala, établir une succursale typographique dans cette ville ; puis Arnaud Colomiez, également grand imprimeur toulousain, vient quelques années plus tard diriger un établissement typographique à Castres. C'est à lui qu'on doit l'exécution d'un livre bien connu : *Pierre Borel, les antiquités, raretés... et autres choses considérables de la ville et comté de Castres, d'Albigeois et des lieux qui sont à ses environs, avec l'histoire de ses comtes, évêques*, etc. Castres, Arn. Colomiez, 1649, in-8.

En 1664 nous trouvons un nouvel imprimeur nommé Barcouda, qui imprime un *Traité de la mesure des eaux courantes*, trad. de l'ital. de Castelli par le sieur Saporta, in-4.

Les arrêts du conseil de 1704 et de 1739 autorisent l'un et l'autre un maître imprimeur à exercer dans la ville de Castres. Lors du dernier arrêt cet imprimeur s'appelait J. d'Esclassan ; il mourut en 1750, et P.-Guillaume-Dominique Robert, qui lui succéda, imprimait encore lors du *Rapport* Sartines, en 1764.

CASTRA, la *Châtre*, pet. ville du Berri (Indre).

CASTRA, voy. SCYLACEUM.

CASTRA ARPAJONI, voy. ARPAJONUM.

CASTRA AUGUSTANA, voy. AUGUSTA ACILIA.

CASTRA BATAVA, voy. BACODURUM.

CASTRA CÆCILII METELLI, voy. CÆCILIA CASTRA.

CASTRA CATULINA, *Tuln*, bourg d'Autriche, près Vienne, dans le district au-dessous de l'Ens.

CASTRA CONSTANTINA, voy. CONSTANTIA.

CASTRA EXPLORATORUM, dans la Britannia Romana, auj. *Netherby*, ville d'Angleterre, dans le Cumberland.

CASTRA HANNIBALIS [Plin.], dans le Brutium, auj. *Castellete*, dans la Calabre ultér., ou *Torre di Cantazaro*, suiv. Reichard.

CASTRA HERCULIS [Tab. Peut.], localité de l'Insula Batavorum, auj. *Kesteren*, près Arnheim, suiv. Kruse.

CASTRA HORDEANI, ORDINGA, *Œrdingen*, bourg de la Prusse rhénane, près Dusseldorf.

CASTRA JULIA [Plin.], TROGILIUM, TURCALION [Geo. Rav.], ville de la Lusitanie, auj. *Truxillo*, ville de l'Estremadure espagnole.

CASTRA METELLINA, METELLINUM, *Medelin*, ville de l'Estremadure espagnole, sur la Guadiana.

CASTRA MORINORUM, voy. CASLETUM.

CASTRA NOVA [Tab. Peut.], ville de Dacie, dont subsistent les ruines près de *Farkas*, sur le Teglui, en Valachie.

CASTRA POSTUMIANA [Cæs.], *Castro del Rio*, bourg d'Espagne (prov. de Cordoue).

CASTRA PUELLARUM, voy. ALATA CASTRA.

CASTRA REGINA, voy. AUGUSTA TIBERII.

CASTRA TRAJANA [Tab. Peut.], localité de Dacie, dont les ruines se voient auj. près de la forteresse de *Heltaut*, en Valachie ; suiv. quelques géographes, ce serait la ville de *Ribnik*.

CASTRA ULPIA, COLONIA TRAJANA [Itin. Anton.], LEGIO XXX, ULPIA [Id.], OBTRINCENSE OPPIDUM [Amm. Marc.], ville des Gugerni, dans la Germania inferior, auj. *Kellen*, dans le duché de Clèves (Prusse rhénane).

CASTRA VARIA, VARIANA, *Velika*, bourg de Slavonie, dans le comitat de Poschega.

CASTRA VETERA [Tac., Itin. Anton.], Οὐέτερα [Ptol.], ville des Gugerni, dans la Germanie infer., auj. *Santen, Xanten*, ville de la Prusse rhénane (duché de Clèves).

CASTRA VIGILIÆ, *Vizilles*, bourg du Dauphiné (Isère).

CASTRA ZARBA, Καστράζαρβα [Procop.], CASTRA ZOBRA [Itin. Hier.], CASTRA RUBRA [Tab. Peut.], ville de Thrace, auj. *Castro Zarvi*, en Roumélie (pachal. d'Andrinople).

CASTRENSIS DUCATUS, *duché de Castro*, dans la délég. de Viterbo (Etats pontif.), avec CASTRICOMIUM [Plin.], *Castro*, comme chef-lieu.

CASTRI BURGUS, CASTROBURGUM, *Château-bourg*, bourg de Fr., près St-Malo (Ille-et-Vilaine).

CASTRIFERRENSE OPPIDUM, *Sarvar* (en all. : *Kothburg*), bourg de Hongrie, sur le Raab.

CASTROBRACUM, voy. ALBICASTRUM.

CASTRODUNUM, voy. CASTELLODUNUM.

CASTROMENUM, *Cahons*, village de Picardie (Somme).

CASTRUM, *Castro*, bourg et anc. évêché du Parmesan.

CASTRUM, voy. CESTRIA.

CASTRUM AD LÆDUM, *Château-du-Loir*, ville de Fr. (Sarthe).

CASTRUM AIRAUDI, voy. CASTELLUM HERALDI.

CASTRUM ALARICI, *Alayrac*, bourg de Fr. (Aude).

CASTRUM ALATUM, voy. ALATA CASTRA.

CASTRUM ALBIENSIUM, voy. CASTRA.

CASTRUM ALBONIS, *Albon*, bourg de France (Drôme).

CASTRUM ALBUM, dans l'Espagne Tarrac.; auj. *Castralla*; suiv. Bisch. et Möll.; ou *Segura de la Sierra*; suiv. Graësse.

CASTRUM ARAGONENSE, *Castello Aragonese*, pet. ville de la côte N. de l'île de Sardaigne.

CASTRUM ARIANI, voy. ARIANUM.

CASTRUM BADENVILLENSE, voy. BADENVILLA.

CASTRUM BELLUM, *Castel Bell*, bourg et château du Tyrol.

CASTRUM BERNARDI, *Château-Bernard*, bourg de Fr. (Charente). = *Barnard Castle*, bourg d'Angleterre (Durhamshire).

CASTRUM BIGORRENSE, TARBÆ, TURBA CUM CASTRO BIGORRA [Not. Prov.], *Tarbes*, ville de Fr., chef-lieu du dép. des Hautes-Pyrénées, sur l'Adour.

Nous ne connaissons pas à Tarbes de livre plus anciennement imprimé que celui-ci : *La Recherche des eaux minérales de Cauterez, avec la manière d'en user, par le sieur Jean-François de Boric, docteur en médecine.* A Tarbes, chez Mathieu Roquemaurel, imprimeur et marchand libraire, M DCCXIV, in-8 de 176 p., chiffr., non compris 8 ff. prélim.

Titre, 1 f.
Table des chapitres, 2 ff., avec l'*errata* au verso du second f.
1 feuillet blanc.
Avis au lecteur, 4 f. avec cette réclame *Chapitre*, au bas du verso du 4e f.
L'ouvrage commence par le titre du volume : La *Recherche des eaux*, etc. 20 lig. à la page, gros caractère un peu empâté, mauvais tirage, papier jaunâtre sans marque.
Le P. Le Long appelle cet imprimeur *Loquemaurrey*, par erreur. C'est bien *Roquemaurel*; l'exempl. de la bibliothèque de l'Arsenal, qui nous a été obligeamment communiqué par M. Paul Lacroix, en fait foi.
L'imprimerie a dû n'avoir qu'une existence éphémère à Tarbes, car les arrêts du conseil de 1704 et 1739, le *Rapport* fait à M. de Sartines en 1764, ne la mentionnent point parmi les villes du royaume qui jouissent des bénéfices de l'imprimerie.

CASTRUM CORTESIUM (?)

Panzer, Tiraboschi, les catal. La Vallière-Nyon, Pinelli, etc., nous donnent l'indication d'un livre fort rare imprimé in *Castro Cortesio* en 1510. En voici le titre exact : *Pauli Cortesii, protonotarii apostolici, de Cardinalatu libri III.* A la fin : Finis trium librorum de Cardinalatu, ad Julium secundum, Pont. Max., per Paulum Cortesium protonotarium apostolicum, quos Simeon Nicolai Nardi, Senensis, alias Rufus, chalcographus imprimebat in castro Cortesio, die decima quinta novembris M CCCCC X pontificatus eiusdem S. D. N. papæ Julii anno octavo, in-fol. à long. lig., lett. rondes, sans titre, avec reg., chif. et sign., sans réclames ni lettres initiales.
M. Cotton, qui signale ce livre, dit qu'il a dû être imprimé dans quelque château en Italie : « *ou en Espagne!* » Sur un exempl. qui figurait au catal. du libraire Thorpe, à Londres, en 1837, était une note ms. du temps, qui vaut la peine d'être reproduite : « L'auteur de ce curieux volume, qui sort d'une imprimerie particulière, se déroba aux vicissitudes et aux troubles de la vie publique et vint se retirer *in montana villa*, à deux milles de Saint-Germain en France (sans doute *Montainville*) et se détermina à consacrer le reste de ses jours à l'étude des lettres. Dans cette retraite, il est avéré que quelque temps avant sa mort il établit chez lui une presse particulière, de laquelle sortit le présent volume, qui paraît être le seul et unique produit de cette imprimerie. » Il va de soi que nous produisons cette historiette sans aucune espèce de garantie d'authenticité.

CASTRUM BRAIUM, BRACIUM, *Bray-sur-Seine*, bourg de Fr. (Seine-et-Marne).

CASTRUM BRIENNENSE, voy. BRENA.

CASTRUM BRIENTII, *Châteaubriand*, ville de Fr. (Loire-Infér.).

CASTRUM CÆSARIS, CASTRUM SIGERICI, *Castro Geriz*, bourg de la haute Castille (prov. de Burgos).

CASTRUM CANINUM, *Château-Chinon*, pet. ville du Nivernais, anc. cap. du Morvan (Nièvre).

CASTRUM CELSUM, *Champtoceaux*, bourg de l'Anjou (Maine-et-Loire).

CASTRUM CORNU, *Castelcorn*, seigneurie en Tyrol [Bisch. et Möll.].

CASTRUM DE AGUINA, *Aiguines*, village de Provence, près Riez (Basses-Alpes).

CASTRUM DE ARCUBUS, *les Arcs*, bourg de Provence (Var).

CASTRUM DE ARIO, voy. CASTELAVIUM.

CASTRUM DOLENSE, *Déols*, bourg de Fr. (Indre).

CASTRUM DUNENSE, voy. CASTELLODUNUM.

CASTRUM DUNI, REGIODUNUM, *Dun-le-Roi*, ville de Fr. (Cher).

CASTRUM DUNI AD MOSAM, *Dun-sur-Meuse*, bourg de Fr. (Meuse).

CASTRUM DURANTIS, voy. CASTELLUM DURANTIUM.

CASTRUM EBREDUNENSE, voy. EBURODUNUM.

CASTRUM ERALDIUM, voy. CASTELLUM HERALDI.

CASTRUM FERREUM, CASTRUM FERRI, *Eisenburg*, bourg de la basse Hongrie, sur le Raab.

CASTRUM FONTARABLÆ, *Andaya, Hendaye*, bourg de Fr. (Basses-Pyrénées).

CASTRUM FOROJULIENSE [Paul Warnefr. de *Gest. Longob.*], CASTRUM FOROJULIANUM [Id.], FOROJULIENSIS CIVITAS [Plin.], Φόρος Ἰούλιος [Ptol.], FOROJULIUM [Geo. Rav.], colonie romaine, chez les Carni, dans la Gallia Transp., au N.-O. d'Aquileja, auj. *Cividale del Friuli, Civdad di Friuli*, ville de la Vénétie (Frioul). On trouve aussi sur les livres CIVITAS AUSTRIÆ, CIVITAS FRIULI et *Cividal d'Austria*.

Gérard le Flamand, qu'on appelle quelquefois Girardus de Lysa ou Lysæ, parce qu'il était né sur les bords de la Lys, fut le premier imprimeur de cette ville :

Gloria debetur Girardo maxima Lisæ
Quem genuit campis Flandria picta suis.

C'était un de ces missionnaires de l'imprimerie qu'une humeur vagabonde, ou plutôt l'ardent désir de propager le grand art auquel ils avaient voué leur vie entière, poussaient à des déplacements continuels. Suivant de fortes présomptions il faisait partie des ateliers typographiques de Mayence, et, quand en 1462 Adolphe de Nassau saccagea cette ville, quand les arts de la paix durent se réfugier dans les pays paisibles, il passa les Alpes comme Sweynheim et Pannartz, Jean de Spire, Jenson le Français, et bien d'autres, et alla s'établir en Italie : il semble avoir été l'élève de Nicolas Jenson, car il adopta les beaux caractères romains de ce maître et surtout ces élégantes majuscules carrées qui décorent la plupart des éditions du célèbre imprimeur français. En 1471, nous le voyons introduire l'imprimerie à Trévise ; cinq ans après nous le retrouvons à Vicence, puis à Venise ; puis au Frioul, à Udine, à Cividale...

Bartolini, dans son *Saggio epistolare sopra la tipografia del Friuli*, entre dans de longs développements sur les débuts de l'imprimerie dans cette ville ; nous allons les analyser. Deux ouvrages furent imprimés par Gérard de Flandre, dès l'année 1480, à Cividale di Friuli : *Platyne de honesta Voluptate‖ Valitudie. ad Amplissimū ‖ ac Doctissimum. D. B.‖ Rouerellam. S. Clemētis presbiterū ‖ Cardinalem.* A la fin : *Viri doctissimi Platyne opusculum ‖* (et non pas *opuscullum*, comme l'écrit Audiffredi) *de Obsoniis : ac de honesta voluptate ‖ ? valitudine : impressuz in ciuitate ‖ austrie : impensis ? expensis Gerardi ‖ de Flandria. Venetiaruz Duce ‖ Inclito Johanne Mocēco. ‖ nono kalendas nouembris. ‖ M CCCC LXXX ‖ laus omnipotenti Deo.* In-4, avec ch. et reg. mais sans sign. ni pag. 93 ff. à 32 longues lignes.

Le second : *Comenza La Cronica De Sancto Isidero Me ‖ nore : Con Alchune additione Cauate Del Texto ‖ Et Istorie De La Bibia : E Del Libro De Paulo ‖ Orosio : E de Le Passione De Li Sancti.* A la fin, au rº du 49e f. : *Finita La Cronica De santo Isidoro Meno ‖ re. In Ciuidad De Friuli. Nel Anno del ‖ nostro signore Iesu Cristo.* 1480. *Adi 24 de Nouembre ‖ Laudato Sia sempre el nostro signor Dio.* In-4, 49 ff à 32 lignes, sans chif. ni récl., mais avec sign. A.-F.

Ces deux ouvrages furent seuls imprimés à Cividale di Friuli au XVe siècle ; sur l'exempl. de la *Chronique d'Isidore*, conservé à la biblioth. municipale de Cividale, on lit cependant d'une écriture du XVe siècle la mention suivante : « S'altro va stampato qui in Cividale, ch'io ocularmente ho viso, l'*Epistole famigliari di Cicerone*, in altro libro, che mi ritrovo haver pure in casa intitolato : *Platyne de honesta voluptate*, quale dice nel fine, avanti la tavola di esso : *Impressum in ciuitate Austrie impensis et expensis Gherardi de Flandria* : 1480. » La mention d'une édition cicéronienne imprimée dans cette ville au XVe siècle piqua vivement la curiosité de l'abbé Morelli et du comte Bartolini ; mais leurs ardentes recherches restèrent vaines, et ce dernier le confesse franchement. Audiffredi, lui, cite bravement cette édition des *Epistole famigliari* comme le troisième livre imprimé à Cividale, et il conclut : « De ista editione nihil aliud novimus, quam quod in supra citatis memoriis legitur ; nimirum in hac Civitate impressas etiam fuisse, l'*Epistole di Cicerone*. »

CASTRUM FRANCORUM, *Castel-Franco*, ville lombarde de la délég. de Trévise ; plusieurs villes et bourgs du même nom en Italie.

Nous croyons que c'est au Castel-Franco de Lombardie qu'il faut attribuer l'établissement typographique fondé au XVIIIe siècle par Giulio Trento. Nous citerons de cet imprimeur : *Riflessioni e pratiche, per le differenti feste e tempi dell' anno, nuova traduz. dal Francese* (de l'abbé Séb. Marcuzzi), Castel-Franco, stamperia di Giulio Trento, 1762, in-8, et Ternaux cite un ouvrage d'Apost. Zeno imprimé dans cette ville en 1761.

CASTRUM GALLIONIS, voy. GALLIO.

CASTRUM GELAUSUM, *Casteljaloux*, ville de Fr. (Lot-et-Garonne).

CASTRUM GONTERII, CASTRUM GONTHERI, *Château-Gontier*, ville de Fr. (Mayenne).

Une imprimerie fut installée et fonctionna à Château-Gontier pendant vingt-cinq ans environ. J. Gentil en fut le premier directeur. Nous connaissons de lui : *Entretiens sur la rage et ses remèdes, par Hunaud.* Château-Gontier, Gentil, 1714, in-8, et du même auteur : *Projet d'un nouveau cours général de médecine.* Château-Gontier, 1718, in-12. — *Dissertation apologétique sur l'apparition miraculeuse de N. S. J. C., arrivée au Saint-Sacrement en la paroisse des Ulmes de St-Florent, près de Saumur* (signé J. Grandet). Château-Gontier, J. Gentil, 1715, in-8 (à la Bibl. impér.).

Une édition des *Coutumes du duché d'Anjou réduites en 12 parties, par Balth. Durson,* fut donnée encore à Château-Gontier en 1733, in-12 ; mais l'arrêt du conseil du 31 mars 1739 vint brusquement arrêter l'essor de cet établissement typographique, en mettant Château-Gontier au nombre des villes où, à partir de l'arrêt, l'imprimerie demeurera supprimée ; en conséquence, elle ne figure pas au *Rapport* Sartines, en 1764 ; le fait vaut la peine d'être enregistré, puisque sur les quarante-six villes du royaume dont l'arrêt de 1739 supprime les établissements typographiques, près de la moitié trouva le moyen de maintenir ses presses en exercice, grâce à l'excessive indulgence avec laquelle cet arrêt fut exécuté.

CASTRUM IPHIUM, voy. ARX IPHIA.

CASTRUM LAUDONIS, CASTRUM NANTONIS *in pago Vastinensi* [Chart. Lud. Jun. a. 1160], *Château-Landon,* ville de France (Seine-et-Marne) ; Reichard voit dans cette ville l'anc. VELLAUNODUNUM de César.

CASTRUM LEONENSE, voy. PAULI LEONENSIS FANUM.

CASTRUM LEONIS, *Castel Leone,* bourg du Milanais (délég. de Cremona). = *Castel Leone,* ville d'Italie (Terra di Lavoro).

CASTRUM LINUM, CASTROLINUM, *Castellin, Châteaulin,* ville de Bretagne (Finistère).

CASTRUM LUCII, *Chauluz* (au XIIe s.), *Chalus,* ville de Fr. (Haute-Vienne).

CASTRUM LURIÆ, PALATIUM EURIACUM AD SEQUANAM [Charta Lud. VI a. 1120.], *Euri, Evri,* village près Corbeil (Seine-et-Oise), suiv. DuCange.

CASTRUM LYDI, CASTELLUM LIDI, *Château-du-Loir,* ville de Fr. (Sarthe).

CASTRUM MELLIANI, CASTRUM MELLIANDI, MEDIOLENS [Chron. S. Dion.], MEDIOLANENSE CASTRUM, *Chasteau-Méliand, Châteaumeillant,* pet. ville et anc. comté du Berri (Cher).

CASTRUM MEROLIACENSE, *Chastel-Marlhiac,* bourg d'Auvergne (Cantal).

CASTRUM MINERVÆ, voy. ARX MINERVÆ.

CASTRUM MONTIS CALERII, *Montecalvo, Moncalvo,* sur le Pô, bourg et comté du Montferrat.

CASTRUM NOVUM [Liv., Plin., etc.], colonie romaine; en Etrurie, auj. *San Marinello,* bourg près Civita-Vecchia.

CASTRUM NOVUM, *Château-Neuf,* pet. ville et anc. baronnie du Berri (Indre). = Bourg de Bretagne et anc. marquisat (Ille-et-Vilaine), etc. Un grand nombre de localités portent ce nom en France.

CASTRUM NOVUM [Plin., Itin. Anton., Tab. Peut.], JULIA NOVA [Vell. Pat.], colonie romaine, dans le Picenum, auj. *Giulia Nova,* sur le Salinello, bourg de l'Abruzze citér.

CASTRUM NOVUM AD ADDUAM, *Castel Nuovo,* bourg du Milanais, au confl. de l'Adda et du Pô.

CASTRUM NOVUM AD LIGERIM, PALATIUM [Chart. Phil. Aug. a. 1182], *Chasteauneuf,* bourg de l'Orléanais (Loiret).

CASTRUM NOVUM AD MARTAM, CORNETUM, *Corneto,* ville des États pontif. (déclég. de Viterbe).

CASTRUM NOVUM AD SARTAM, CENOMANNENSE, *Châteauneuf,* bourg du dép. de Maine-et-Loire, sur la Sarthe.

CASTRUM NOVUM ARIANI, voy. CASTELAVIUM.

CASTRUM NOVUM DALMATIÆ, *Castel Nuovo,* ville et forteresse de Dalmatie, conquise en 1687 par le célèbre proveditore vénitien Girolamo Corner.

CASTRUM NOVUM DERTONENSE, *Castel nuovo Tortonense,* bourg d'Italie (prov. sarde de Tortona).

CASTRUM NOVUM INCULISMENSE, *Châteauneuf-sur-Charente,* ville de Fr. (Charente).

CASTRUM OCTAVIANUM, *Locat,* pet. ville d'Espagne (Catalogne).

'CASTRUM OSCÆ, *Usk,* bourg d'Angleterre, dans le comté de Monmouth, suiv. Bisch. et Möll.

CASTRUM PIPINI, *Bipp,* bourg et château de Suisse (cant. de Berne).

CASTRUM PONZONIS, *Castel Ponzone,* château près Crémone, dans le Milanais.

CASTRUM PORCIANUM, PORTIANUM, *Château-Porcien,* ville de Fr. (Ardennes).

CASTRUM PUELLARUM, voy. ALATA CASTRA.

CASTRUM RADULPHI, CASTRUM RUFUM, CASTELLUM RUDOLPHINUM, *Chastel-Raoul* [Gr. Chr.], *Chasteau-Roux, Châteauroux,* ville de Fr. (Indre); anc. duché-pairie.;

château bâti en 950 par Raoul de Pédis.

L'imprimerie ne date à Châteauroux que des premières années de la Révolution ; on faisait avant cette époque venir tous les livres de Bourges ou de Tours.

CASTRUM RAURACENSE, voy. ABUSINA.

CASTRUM REGALE, *Castro Reale,* ville de Sicile (val di Demona).

CASTRUM REGINALDI, CASTELLUM RAINAUDI, *Château-Regnauld, Château-Renault,* ville de Fr. (Indre-et-Loire). = Un autre bourg du même nom, en Champagne.

CASTRUM ROMERICUM, voy. ROMARICI MONS.

CASTRUM RUPTUM, *Kastelruth,* comté en Tyrol [Graësse].

CASTRUM SALINARUM, *Château-Salins,* ville de Fr. (Meurthe).

CASTRUM SARRACENI, voy. CASTELLUM SARRACENORUM.

CASTRUM S. ANEMUNDI, FANUM S. CHANEMUNDI, *St-Chamond,* ville de Fr. (Loire).

CASTRUM S. ANGELI, *S. Angelo,* bourg du Milanais, sur le Lambro.

CASTRUM S. GUELPHI, *Guelfo,* ville du Parmesan, sur le Taro.

CASTRUM S. MACARII, *St-Macaire,* bourg de Fr., sur la Garonne (Gironde).

CASTRUM S. SEVERI, *S. Severo,* ville du Napolitain, dans la Capitanate.

CASTRUM SEDUNUM [Cell.], CIVITAS SEDUNORUM [Inscr.], SEDUNUM [Martyr. Rom., Cluv.], *Sion, Sitten,* ville et évêché de Suisse (c. du Valais).

Falkenstein, d'après Alb. van Haller, fixe à l'année 1617 la date de l'introduction de la typographie dans le chef-lieu du Valais ; le *Supplém.* du Dr Cotton dit seulement : dans le courant du XVIIe siècle.

CASTRUM SINEMURUM BRIENNENSE, SEMURIUM BRIENNENSE, SALMOVINGUM (?), *Semur,* ville de Fr. (Côte-d'Or).

CASTRUM TAXIANUM, voy. ARX IPHIA.

CASTRUM THEODORICI, *Château-Thierry,* ville de Fr. (Aisne); pendant la Révolution s'est appelée *Égalité-sur-Marne.*

CASTRUM TRUENTINUM, voy. TRUENTUM.

CASTRUM UCECENSE [Notit. Civ. Narb. prim.], UCECIA [Cell.], UCETIA [Id.], ville des Volcæ Arecomici, dans la Narbon., auj. *Uzès,* ville et château de Fr., anc. duché-pairie (Gard).

CASTRUM VALERIANUM, *Bringenheim,* bourg du landgraviat de Hesse-Hombourg.

CASTRUM VETRIUM, voy. CAULONIA.

CASTRUM VICECOMITUM, *Castel-Visconte,* château de Lombardie, sur l'Oglio (prov. de Cremona).

CASTRUM VILLANUM, *Château-Villain*, bourg de Fr., sur l'Aujon (Haute-Marne).

CASTRUM VINDONICUM, voy. VENDOCINUM.

CASTRUM VULPENSE, CASTELLUM VULPINUM, *Château-Renard*, ville de Fr. (Loiret).

CASTUA, *Kastua*, *Kastau*, pet. ville autrichienne du roy. d'Illyrie, sur la mer Adriatique.

CASTULO [Liv., Sil. Ital.], Κασταλών [Polyb., Strab.], Κάστλων [Plut.], Καστουλών [Ptol.], MUNICIPIUM CASTULONENSE [Inscr.], ville des Oretani, dans la Tarrac., auj. *Cazlona*, bourg d'Andalousie, et suiv. d'autres géographes, Florez, Reichard, etc., *Cazorla*, ville de la même prov., au N.-E. de Jaen.

CASTULONENSIS SALTUS [Liv., Cæs.], *Sierra de Cazorla*, près de la vallée et de la ville du même nom.

CASUARIA [Itin. Anton.], près du lac d'Annecy, dans les Alpes Grajæ, auj. *Ceserieux*, bourg de Fr. (Haute-Savoie).

CASUENTUS fl. [Plin.], le *Basiento*, suiv. Mannert, mais plutôt le *Cavone*, qui se jette dans le golfe de Tarente.

CASULÆ, *Casoli*, bourg napolitain de l'Abruzze citér.

CASURGIS, Κασουργίς [Ptol.], localité de la Germanie, chez les Lygii, auj. *Karzen*, bourg entre Brieg et Schweidnitz, suiv. Reichard. On a quelquefois donné à *Prague* cette dénomination.

CATACIUM, CATANCIUM [Cluv.], *Catanzaro*, ville napolitaine, chef-lieu de la Calabre ultér.

CATALAUNI [Cell.], CATELAUNI, peuple de la Gaule Belgique, qui habitait une partie du dép. actuel de la Marne.

CATALAUNI CAMPI, CATALAUNICI CAMPI, CATALAUNENSIS TERRITORII CAMPANIA [Frédég.], plaines qui entourent Châlons-sur-Marne, et dans lesquelles les hordes d'Attila furent anéanties en 451.

CATALAUNIA, CATALONIA [Cluv., Cell.], GOTHALAUNIA, partie orientale de l'Espagne Tarraconaise, auj. *Cataluña* (la *Catalogne*, *Catalonien* en all.), l'une des douze cap. génér. d'Espagne.

CATALAUNUM [Cell.], CATALAUNI [Eutrop., Jornand.], CATELAUNI [Ammian.], DUROCATELAUNI [Itin. Anton.], CIVITAS CATELAUNORUM [Not. Prov. et Civ. Gall.], ville des Catelauni, dans la Gaule Belgique,

auj. *Chaalons*, *Châlons-sur-Marne*, ville de Fr. (Marne).

Deux indications précieuses relatives à l'anc. typographie châlonnaise nous sont fournies, l'une par M. Brunet, l'autre par le *Suppl.* du Dr Cotton : *Les dictz des oyseaulx* (sic) : || *Et des bestes par hystores* (au recto du dernier f.) : *Imprime à Chaalons par Estienne* || *bally Imprimeur demourant deuant* || *nre dame en vaulx pres la grosse teste*, pet. in-4 goth. ff. non chif. — M. Brunet nous raconte comme quoi les précieux fragments de cet incunable champenois furent trouvés dans la couverture d'un vieux livre appartenant au duc d'Arenberg, qui les lui fit offrir par M. Ch. de Brau. Toutes les pages de ce livret sont entourées de bordures sur bois représentant, comme celles des anciennes heures, des fleurs et des animaux. Le ro du premier f. donne le titre ci-dessus en deux lignes, au-dessous desquelles a été gravé un aigle ; le verso ne contient qu'une bordure sans texte. Au ro du dernier f. se lit la souscription en 3 lignes, et au-dessous, en haut d'une seconde bordure goth., les lettres A et B, qui semblent être des signatures ; au vo du même feuillet se trouve la devise en rébus *Sola Fides suffecit*, quel'on rencontre sur plusieurs impressions du typog. parisien Guy Marchand.

Le livre châlonnais paraît être l'essai d'un imprimeur inexpérimenté, et pourrait remonter aux premières années du XVIe siècle.

Voici maintenant l'indication du bibliographe oxonien : Une découverte récente que M. Cotton a faite à la Bodléienne lui permet de faire remonter l'imprimerie à Châlons au commencement du XVIe, peutêtre même au XVe siècle. C'est un pet. volume in-16, intitulé : *Diurnale ad usum ecclesiæ Cathalaunensis*, qui porte à son dernier f. cette souscription : *Hoc presens diurnale impressum fuit Cathalauni per Arnulphum Bocquillon : impressorem. Anno Domini millesimo quadrigtesimo tercio* (sic) *Vicesima quarta mēsis julii*. Que signifie cette date fautive ? certainement 1483 ou 1493. Le caractère est gothique, se rapprochant beaucoup de celui qu'emploie Germain Hardouyn pour ses heures du commencement du XVIe siècle : les signatures sont par 8, mais le premier cahier, cont. le titre et le calendrier, est de 10 ; les cahiers ne sont signés qu'au premier feuillet.

Les capitales sont rubriquées à la main. La page signée A1 est remplie tout entière par une planche gravée sur bois, *la Salutation angélique* ; il y a trois autres sujets gravés, formant la bordure des pages sign. L. 2, Q. 1, et R. 7. Au vo du titre est une oraison à saint Geraldus et une autre à saint Quentin.

Cet Arn. Bocquillon, dont le nom se présente ici pour la première fois, est sans doute encore un de ces imprimeurs nomades qui ont parcouru les villes de province, laissant çà et là quelques traces de leur passage, destinées un jour à rendre pénibles les recherches des bibliographes et souvent à les dérouter complètement : ce nom, que nous ne connaissions point, devra servir de point de départ à de nouvelles recherches de la part des bibliphiles champenois.

Il nous faut arriver à la fin du XVIe siècle pour retrouver une trace nouvelle d'imprimerie à Châlons-sur-Marne. Nous citerons Pierre Dubois et C. Guyot, comme les principaux imprimeurs de ce siècle ; au commencement du suivant nous trouvons Baussan, Germain Nobily, et surtout les Seneuze, qui restent les principaux typographes de la ville pendant près de deux siècles.

L'arrêt du conseil du 21 juillet 1704 fixe à deux le nombre des imprimeurs de la ville de Châlons-sur-Marne, et ce nombre est confirmé par celui du 31 mars 1739. Le *Rapport* fait à M. de Sartines en 1764 en signale cependant trois exerçant dans cette ville : Nicolas Seneuze, établi en 1760, d'une famille d'imprimeurs qui exerce depuis de longues années, emploie 4 presses ; — la veuve Claude Bouchard et François Ménier. « Les imprimeurs de la ville avaient été réduits à deux, dit le *Rapport*, par suite de l'arrèt de 1739, mais on les a laissés subsister par tolérance ; le même arrêt a supprimé les deux imprimeurs de Ste-Menehould et réduit de quatre à deux ceux de Rheims. »

CATANA [Liv.], Κατάνη [Thuc., Strab., Ptol.], CATINA [Cic. *Verr.*, Juven.], CATINA COLONIA [Plin., Cic.], ville de la côte E. de Sicile, au pied de l'Ætna, auj. *Catania, Catane*, chef-lieu de la prov. du même nom, en Sicile.

Tous les bibliographes s'accordent à ne faire remonter qu'à l'année 1636 l'introduction de l'imprimerie à Catane : *Il Mongibello, descritto da D. Pietro Carrera, in tre Libri, nel quale, oltra diverse notitie, si spiega l'historia degl' Incendi e le Cagioni di quelli*. Catania, appr. Rosso, 1636, in-4 (Haym, Gamba, Catal. Pinelli, Floncel, etc.). Mais Melzi (*Anon.* et *Pseud.*, tom. II, p. 465) nous donne le titre d'un volume publié par le même imprimeur l'année précédente : *Risposta di Valentino Vespai* (Pietro Carrera) *in difesa di Pietro Carrera contro l'Apologia di Alessandro Salvio*. Catania, appresso Giovanni Rosso, 1635, in-4. « Le Salvio, dit Melzi, avait critiqué un ouvrage de Carrera, sur le jeu d'échecs ; traité bien connu et fort recherché, publié en 1617, à Militello (voy. *Bibl. Aprosiana*, p. 644), et dédié à l'évêque Branciforte. En 1639 le même imprimeur publie un ouvrage plus important du même auteur : *Memorie Istoriche della città di Catania, dell' Antica origine, e sito di essa, ec. da D. P. Carrera ; con le dichiarazioni e descrizioni sopra le Medaglie di Catania di Filippo Paruta, descritte con figure*. Catania, 1639, 2 vol. in-fol.

En 1642, l'évêque de Catane Brancifortius (Branciforte) établit une imprimerie dans son palais : un des rares volumes sortis de cette typographie particulière est à la Bodléienne, et cité par M. Cotton ; la souscription est ainsi conçue : « *In nostro Catanæ Palatio, per A. Disagnam, typographum Cameralem.* »

CATARACTONUM [Itin. Anton.], Κατουραχτόνιον [Ptol.] CATHARACTONIUM [Géo. Rav.], ville des Brigantes dans la Britannia Romana, auj. *Thornborough*, bourg du Yorkshire ; ou, suiv. Reichard, *Cataract-Bridge*, sur le Swale (Yorkshire).

CATELLIACUM, voy. CADILLACUM.

CATERLOGUM, *Carlow*, ville d'Irlande, chef-lieu du comté du même nom, dans le Leinster.

L'Imprimerie exista dans cette ville au siècle dernier ; un journal, imprimé par Will. Kinnear, *the Carlow Chronicle*, y parut pendant quelques années ; il cessa d'exister à la mort de Kinnear en 1786, et fut remplacé par *the Carlow Mercury*, imprimé par Eustace, à partir de 1789.

CATHANASIA, CATHENESIA, comté de *Caithness*, en Écosse.

CATHARUM, voy. CATTARUS.

CATIGOS, fleuve de Lusitanie, auj. le *Sado;* se jette dans l'Océan près de Sétubal.

CATOBRIGA, voy. CŒTOBRIX.

CATOBRIGIUS PAGUS, le *Klettgau*, district de Souabe.

CATOLACUM, CATOLOCUM, *Vicus Cutolocensis* [Acta S. Genov.], CATULLIACUM, FANUM

S. DIONYSII, *St-Denys, St-Denis*, ville de Fr. (Seine) ; anc. et célèbre abbaye de St-Ben., dont l'église renferme les tombeaux des rois de Fr.

CATONACUM AD SEQUANAM, (Mabill.) *Chàtou*, bourg de l'Ile de France (Seine-et-Oise).

CATONEUM, *Codogno*, bourg de la Vénétie.

CATORISSIUM, [Géo. Rav.] CANTOURISA, anc. loc. des Uceni, auj. *La Garde*, bourg du Dauphiné (Isère) ; ou *Vizille*, suiv. Valois.

CATTARUS, Κάτταρο; [Procop.], CATHARUM, DECADARON (?), *Cattaro* (Kottor, en slave), ville forte de la Dalmatie, chef-lieu du cercle de ce nom. Nous avions cité cette ville au mot: ASCRIVIUM, mais Reichard et Forbiger traduisent ASCRIVIUM par *Andriez* (?), et d'un autre côté ils voient *Cattaro* dans le DECADARON du Géo. de Ravenne.

Cette ville faisait venir tous ses livres de Venise et d'Udine ; et ce n'est qu'à la fin du dix-huitième siècle que nous trouvons une imprimerie locale. Voici le titre du seul livre que nous donne la *Bibliogr. dalmate* de Valentinelli : *Dott. Marco Ivanovich Canon., della dedizione delle Bocche di Cattaro à S. M. Imper. Francesco 1°, e della antica origine di detta Città.* Cattaro, 1799, dalle Stampe di Franc. Andreola Veneto, stampatore regio, in-8.

Mais qu'est-ce que Andrea Paltasich stampat., di Cattaro (1460-1490) ? et encore Jerolim Zagurovich (Girolamo Zagurovich), stampat. da Cattaro (1550-1580), auxquels les archives Zapovjestnicu Ingoslavensku consacrent leurs articles (ann. 1851, 1, p. 122-148) ?

Un des premiers imprimeurs de Venise, Jacobi Andreas, était de Cattaro ; la souscription du *Pline* de 1477 porte :

     Qui cupis in paruo compendia prisca libello
       Me lege : succinctæ sum pater historiæ.
     Si petis artificem : quis sit : patriamque requiris.
       Jacobi Andreas : et Catharum patria.

CATTI [Tac. *Ann.* et *Hist.*], CHATTI [Plin.], Χάτται [Strab.], Χάτται [Ptol.], HASSI [Cell.], peuple de la Germanie, occupait le pays des *Hessois* (Hessen).

CATTIMELIBOCUM, *Katzenelnbogen*, bourg du Nassau.

CATTORUM VICUS, *Cattwyk*, ville de la Hollande méridionale.

CATTUS, *Katzbach*, riv. prussienne, affl. de l'Oder.

CATUACUM, CATUAPOLIS, voy. DUACUM.

CATUIACA [Itin. Anton., Tab. Peut.], à la limite occid. du dép. des Basses-Alpes, auj. *Reillanne*, bourg de ce dép., suiv. Papon (*Hist de Prov.*) ; ou *Oppedette*, village de l'arrondiss. de Forcalquier.

CATULI ARA, *Gattinara*, pet. ville de la prov. de Vercelli (Italie).

CATULLIACUM, voy. CATOLACUM.

CATURIGÆ [Itin. Anton.], CATORIMAGUS, [Tab. Peut.], localité des CATURIGES, Κατόριγες [Str.], près des Alpes maritimæ, auj. *Chorges*, bourg de Fr. entre Gap et Embrun (Hautes-Alpes).

CATUSIACUM [Itin. Anton.], CADUPPA VILLA, *Chaource*, sur la Serre, bourg de Fr. (Aube); patrie d'Amadis Jamyn (voy. CADUPPA).

CAUCA [Plin.], Καῦκα Ptol.], ville des Vaccæi, dans la Tarrac., auj. *Coca*, ville de la Haute-Castille (prov. de Segovia).

CAUCIACUM, CAUCIACUS [Contin. de Frédég.], CAUCI [Sigeb. Chr.], CHAUSIACUM IN NOVIO-MENSI PAGO, villa mérov. au confluent de l'Oise et de l'Aisne, *Choisy-au-Bacq*, village près Compiègne (Oise).

CAUCIACUM REGIUM AD SEQUANAM, CAUCIACUM PALATIUM, CAULIACUM, *Choisy-le-Roy*, bourg de Fr. (Seine).

CAUCOLIBERUM, CAUCOLIBERIS [P. de Marca], *Collioure*, ville de Fr. [Pyrénées-Orientales).

CAUDA VULPIS, *Coda di Volpe*, cap de la Calabre ultér.

CAUDERÆ, *Caudiez*, pet. ville du haut Languedoc (Pyrénées-Orientales).

CAUDIUM, [Cic., Liv., Itin. Ant.], Καύδιον [Strab. Ptol.], CAUDINORUM CIVITAS, [Orelli], ville du Samnium, sur la voie Appienne, auj. *Casale di Forchia*, dans la Princip. ultér.; non loin du défilé appelé CAUDINÆ FURCULÆ, *les Fourches Caudines.*

CAUFUNGA, voy. CAPUNGUM.

CAULIACUM, voy. CAUCIACUM.

CAULON [Liv., Virg.], Καυλωνία [Strab.], voy. CASTRUM VETRIUM.

CAUNÆ, COBIOMACHUS, *Caunes*, bourg du Languedoc (Aude), anc. abb. de Bén.

CAUNUS, localité des Celtiberi dans la Tarrac., auj. *Moncajo*, ville d'Aragon.

CAURA, [Plin.], CAURA SIARUM, *Coria*, bourg d'Andalousie, près de Séville.

CAURIUM, Καύριον [Ptol.], CAURIA, ville des Vettones dans la Lusitanie, auj. *Coria*, ville d'Espagne, sur le Duero (roy. de Léon).

Le Père Ménestrier, dans le *Véritable Art du Blason* (Lyon, Benoist Coral, 1671, in-12, p. 30), prétend que Gracia Dei, Roi d'Armes d'Espagne, composa en vers espagnols, appelés *Redondillas*, un « *Blason General de todas las insignias del Universo*, » in-4, et que ce précieux volume fut imprimé à Coria « *por Maestre Bartolome de Lilla, Flamenco*, » en l'année 1469! Hain accepte et repro-

duit cette date. Or Gracia Dei fut Roi d'Armes de Ferdinand et d'Isabelle-la-Catholique, qui ne montèrent sur le trône qu'en 1474. M. Brunet cite ce vol. qu'il date de 1489, et qu'il dit imprimé avec des caractères grossiers et d'une forme singulière. Mais Mendez (édit. de 1861) fait justice de toutes ces allégations ; il soutient purement et simplement que tout ceci est de pure invention (*añada*, un canard!); qu'il n'exista jamais d'imprimerie à Coria, et qu'à cette prétendue date de 1469, selon toute probabilité, Gracia Dei n'était point né.

Cependant ce volume a figuré à la vente Hanrott où il a été adjugé au prix de 6 £ 12 sch. 6 d. ; c'est donc probablement à *Soria*, dans la Vieille-Castille, qu'il faut reporter l'impression de ce livre.

M. Gallardo, dans le troisième volume de sa *Bibliotheca Española*, élucidera probablement ce mystère.

Au moment de mettre sous presse je reçois cette note de M. A. F. Didot :

« Tout ce mystère résulte ou d'une erreur de plume commise par le Père Ménestrier, ou d'impression de son imprimeur, ou d'un renseignement inexact fourni au Père Ménestrier qui peut-être n'avait pas vu ce volume très-rare, puisqu'on assure que hors celui de la vente de Hanriott (c'est celui très-probablement que je possède), il n'en existe qu'un autre dans la bibliothèque des Hiéronymites de Lisbonne. En voici le titre : *Blason general de todas las insignias del universo. Dedicado al Serenissimo principe alto y muy poderoso rey de Portogal (Jean II, qui monta sur le trône en 1481). Hecho en la universidad de Salamanca Por un gallego hijo del dicho estudio* renombre Gracia dey. A la fin on lit : *impresso y entallado an la cibdab de coria por maestro Bartolome de lila flaméco año de mil cccc L xxxix* (1489).

« Cette date et ce colophon mettent fin à toutes les discussions. Ce livre est des plus curieux, particulièrement par les quatorze grandes gravures sur bois qui occupent toute la page, et par un grand nombre de blasons. Il donne un spécimen de la gravure sur bois en Portugal à cette époque reculée.

« A la suite de mon exemplaire est imprimé dans le même format, à deux colonnes, et en même caractère, un ouvrage sans gravure, ayant plus particulièrement en vue la chevalerie. Il contient 24 feuillets chiffrés. »

CAURON, Καῦρον, voy. ANDROS INS.

CAURZIMENSIS PROVINCIA, le *cercle de Kaurzim*, en Bohême, entre la Moldau et l'Elbe.

CAUSENNÆ [Itin. Anton.], localité de la Britannia Romana, auj. *Keswick*, sur le Non, bourg du Cumberland.

CAUTERIÆ, *Cauterets*, bourg et sources thermales (Hautes-Pyrénées).

CAVA JULIANI, *Cabilhana*, pet. ville du Portugal (Graësse).

CAVANENSIS COMITATUS, *le comté de Cavàn*, en Irlande (Ulster).

CAVANUM, voy. BREANIA.

CAVARI, CAVARES [Plin., Mela], Καούαροι [Strab.], Κάυαροι [Ptol.], peuple de la Gaule Narbon. IIe, habitant les bords du Rhône ; son territoire forme auj. le dép. de Vaucluse.

CAVARUM OPPIDUM, voy. AVENIO.

CAVEA, *Cava*, *la Cava*, bourg d'Italie, dans la Principauté citérieure ; tout auprès est le célèbre monastère bénédictin du même nom.

CAVICLUM [Itin. Anton.], local. de la Bætique, auj., suiv. Reichard, *Torre de Calahonda*, bourg de l'Andalousie.

CAVORTIUM, *Caours, Cavour*, bourg du Piémont, au N.-O. de Saluzzo.

CAZALIA, *Cazals*, bourg du Quercy (Gers).

CAZECA, Καζίκα [Arrian.], ville de la Sarmatie européenne, dans la Chersonèse Taurique, auj. *Tasch-Katschik*, en Crimée.

CAZIACUM, CHECIACUM, *Chezy-l'Abbaye*, comm. de Fr. (Aisne), anc. abb. de Bén.

CEA [Plin. Ovid., etc.], CEOS, Κέως [Strab., Steph.], Καρθαία, Κία [Ptol.], île des Cyclades, auj. *Zea*, dans l'Archipel.

CEBA [Plin.], ville de Ligurie, sur le Tanaro, auj. *Ceva*, ville du Piémont (prov. de Mondovi).

CEBANUM, voy. GENEVA.

CEBENNA MONS [Cæs. VII], GEBENNA [Plin. Cell.], GEBENNICI MONTES [Mela], CEMMENUS MONS, Τὸ Κέμμενον ὄρος [Strab.], Τὰ Κέμμενα ὄρη [Ptol.], *les Cévennes*, chaîne de montagnes qui rattache les Vosges aux Pyrénées, du N.-E. au S.-O.

CEBENNICA REGIO [Luen.], GEBENNARUM TRACTUS, *les Cévennes*, anc. prov. française, faisant partie du Languedoc, et comprenant le Gévaudan, le Vivarais et le Velay.

CEBRUS FL., CIABRUS, Κίαμβρος [Ptol.], fleuve de la Mœsie, affl. du Danube, auj. le *Zibru* [Forbiger].

CECERRÆ, voy. CERVARIA.

CECILIONICUM [Itin. Ant.], ville de la Bætique, auj. *Baños* en Andalousie, suiv. M. de Laborde.

CECINA [Mela], ville d'Étrurie, auj. *Cesina*, bourg de Toscane.

CECINNA FL. [Plin.], le *Cecina*, rivière de Toscane.

CECROPIA, voy. ATHENÆ.

CEDENS, *Cens*, comm. de Fr. près Rochecorbon (Indre-et-Loire).

CEDONIE [Tab. Peut.], en Dacie, auj. *Szerdahely*, ville des prov. danubiennes.

CELA [Cluv.], fl. de Sicile, auj. *Fiume di Terra Nuova*.

CELADUS FL. [Mela], fl. de la Tarracon., auj. le *Celado* ou *Rio de Gefrones*.

CELEJA [Plin., Itin. Anton.], Κέλεια [Ptol.], dans le S.-E. de la Norique, auj. *Cilly*, ville de la haute Autriche (Steyermark), chef-lieu d'un cercle du même nom, CELEJENSIS COMITATUS.

CELEMANTIA, ville des Quadi, dans la Germanie, auj. *Kalminz*, près Comorn, en Hongrie [Cluv.].

CELENA [Itin. Hier.], CANSILENA [Tab. Peut.], ville de la Pannonie, auj., suiv. Reichard, *Czelletovcze*, en Hongrie.

CELETRUM [Liv. 32], ville de l'Illyrie grecque, auj. *Kastoria*, ville de Dalmatie, suiv. Pouqueville.

CELEUSUM [Tab. Theod.], localité de la Vindélicie, sur la rive droite du Danube, auj. *Œtling*, ou *Ettling*, bourg de Bavière.

CELIA, Κελία [Strab., Ptol.], CŒLIANUM [Tab. Peut.], CŒLINUS AGER [Front.], ville de l'Apulia Peucetia, auj. *Cegli*, *Ceglie*, ville de la Terra di Bari, prov. napol. du roy. d'Italie.

CELLA, CELLÆ, *la Celle*; plusieurs localités en Fr. portent ce nom : CELLA CLODOALDI, la *Celle St-Cloud*, etc.

CELLA [Cluv., Cell.], CELLÆ, CESLA [Cod. Gothan.], SHAESLA [Cod. Guelferb.], ZELLA, *Celle*, ville de Hanovre, dans la préf. de Luneburg.

M. Ternaux cite un volume imprimé dans cette ville en 1680 : *Heldebrandus* (sic), *de Immortalitate animæ* ; Cellis, 1680, in-4. Nous ignorons où ce bibliographe a puisé cette indication. Les Catal. d'Amsterdam (ap. Janss. Waesberg.) qui contiennent la liste des ouvrages imprimés en Allemagne, France, Belgique, etc., de 1673 à 1683, n'en disent pas un mot ; le Père Le Long, Bauer, Freytag, etc., imitent ce silence significatif.

D'un autre côté, Feverlin (*Bibl. Symb. Luth.* I, p. 370) fait remonter à 1541 la date de l'imprimerie dans cette ville, citant un *Catéchisme* par Urbanus Regius, portant : « *Cellæ Saxonum*, 1541. » Est-ce la date de la composition, est-ce celle de l'impression ? Ce livre lui-même existe-t-il ? le fait paraît douteux ; nous connaissons un très-grand nombre d'ouvrages théologiques d'Urbanus Regius ; tous sont imprimés à des dates postérieures, et aucun n'est exécuté à Celle ou Zell, et nous ne trouvons dans aucun bibliographe trace de ce *Catechismus* dont parle Feverlin.

CELLA AD MOSELLAM, *Zell im Hamm*, ville de la Prusse Rhénane (rég. de Coblentz).

CELLA FRANCONICA, *Zell*, bourg de Bavière, dans le cercle du Haut-Mein.

CELLA RUDOLPHI, CELLA SUEVLÆ, *Zell am Harmersbach*, bourg du gr.-duché de Bade (Kinzigkreise).

CELLA S. CANICI, voy. KILKENIA.

CELLA SOLA, CELLA SOLONIS, *Sohlenhofen*, bourg de Bavière, sur l'Altmühl.

CELLA TIROLENSIS, *Zell im Zillerthale*, bourg du Tyrol, dans le cercle d'Inspruck.

CELLÆ, CALA, CALLA, KALA, CHIELLE [Præc. Roberti Reg.], [Anc. Chr.], *Chelles*, bourg de Fr. sur la Marne (Seine-et-Marne) ; abb. célèbre de filles de St-Benoît, fondée par la reine Bathilde au VIIᵉ s. Concile en 1008.

CELLÆ [Itin. Anton.], Κέλλη [Hierocl.], ville de Macédoine, auj. *Ostrova*, dans le pachal. d'Andrinople.

CELLÆ, *Celles, Selles*; plusieurs localités, et anc. abb. de ce nom en Fr. Nous citerons *Selles-sur-Cher*, ville de Fr. (Loir-et-Cher), avec une antique abbaye de Feuillants, fondée par Childebert.

M. Cotton, dans son premier ouvrage, dit avec autorité : *Selles*, sur la rivière le Cher : imprimeur 1618. Nous déclarons avec confusion ignorer absolument ce qu'il veut dire.

CELLERINA, localité de la Haute-Engadine, dans le canton des Grisons (Suisse).

M. Ternaux emprunte à l'auteur anon. de l'*Histoire de l'Imprimerie en Suisse* (Saint-Gall, 1836 in-8) une anecdote que nous mentionnerons : pour exécuter le recueil de cantiques nécessaires au service divin, le clergé fit venir de Bergame un imprimeur qui chargea sur son dos et sur son âne le matériel nécessaire à cette impression : dans une écurie, sans autre aide que celle d'un petit vacher, il parvint à terminer ce *recueil de Cantiques*, qui forma un gros in-8, assez bien exécuté. On ne nous dit pas en quelle année s'accomplit ce tour de force; on ne nous donne pas non plus malheureusement de preuve à l'appui d'une assertion qui nous paraît un peu risquée.

M. Cotton, en disant que G. N. Gadina y établit une imprimerie en 1765, trancherait-il la question et nous donnerait-il à la fois le nom et la date qui nous manquent? Cela ne serait pas impossible ; mais il ajoute que ce Gadina avait en même temps une presse à Scuol, bourg du même canton; ceci ne nous rapproche pas de Bergame; de plus il y a entre ce nom *G. N. Gadina* et l'*Engadina*, vallée célèbre de ce canton des Grisons, une certaine similitude, une sorte d'onomatopée qui nous inquiètent.

CELNIUS FL., Κέλνιος, dans la Britannia Barbara, auj. le *Spey*, riv. d'Écosse.

CELSA [Plin.] Κέλσα [Strab., Ptol.], COLONIA VICTRIX JULIA, ville des Edetani, sur la rive gauche de l'Èbre, dont on voit les ruines, suiv. Marca et Florez, à Velilla près Xelsa (Aragon).

CELSONA, *Solsona*, ville d'Espagne (Catalogne).

CELTÆ, Κέλται, Κελτοί [Polyb., Strab., etc.], nom primitif d'un peuple qui couvrait la plus grande partie de l'Europe ; ce nom, à l'époque des guerres de César, n'était conservé qu'aux habitants de la Gaule Celtique.

CELTIBERES [Lucan.], Κελτίβηρες [Polyb., Strab.], CELTIBERI [Plin., Liv.], peuple de l'Espagne Tarrac. formé de la réunion des Celtes et des Ibères.

CELTIBERIA [Plin., Liv., Cæs.], Κελτιβηρία [Polyb., Strab.], prov. de la Tarraconaise ; forme auj. la partie S.-O. de l'Aragon, le S. de la Navarre, la prov. de Soria dans la Haute-Castille, et le N.-E. de la Nouvelle-Castille (prov. de Cuença).

CELTICA, voy. GALLIA.

CELTICI, Κελτικοί [Strab.], peuple de la Lusitanie; occupait la prov. actuelle de l'Alemtejo.

CELTICOFLAVIA, *Torrecilla de Aldea Tejada*, ville d'Espagne, près Salamanca.

CELTICUM PROMONTORIUM, voy. ARTABRUM.

CELTORUM MONS, *le Cantal*, montagne d'Auvergne qui donne son nom à un département.

CELURCA, MONS ROSARUM, *Montrose, Montross*, ville d'Écosse (comté de Forfar).

L'imprimerie remonte en cette ville à l'année 1784, nous dit le *Suppl.* du Dʳ Cotton, et le nom du premier typographe est : George Johnston.

CELYDNUS, Κέλυδνος [Plot.], fl. d'Épire, des monts Acrocérauniens à l'Adriatique, auj. *le Salnich*.

CEMBUM, GENNEPUM, *Gennep*, bourg de Belgique (Limbourg).

CEMENELIUM [Plin.], CEMENELUM [Tab. Peut.], Κεμενέλιον [Ptol.], localité des Vediantii dans les Alpes Maritimæ ; auj. *les Cimiez, Notre-Dame des Cimiez*, vill. et anc. abb. qui dominent la ville de Nice (Alpes-Maritimes).

CEMMENUS MONS, voy. CEBENNA.

CENA [Itin. Anton.], localité de Sicile, suiv. Forbiger et Mannert, *Monte-Allegro*, près Agrigente; suiv. Reichard, *Cianciana*; mais Bisch. et Möll. prennent CENA pour un fleuve, et le traduisent par *Fiume della Cane ;* l'*Itinéraire* d'Antonin donne certainement CENA comme une station, à XVIII m. p. d'Agrigente et XII m. p. d'Allava.

CENABUM, voy. AURELIA.

CENADIUM, voy. CANADIUM.

CENÆUM PROM., Κήναιον [Strab., Ptol.], cap de l'île d'Eubée, auj. *Cap Litar* ou *Canaias* (Negroponte).

CENCHREÆ [Plin., Liv.]. Κεγχρέαι [Thucyd.], Κεγχρεαί [Strab., Ptol.], Κεγχρίς [Callim.], ville et port de *Corinthe*, du côté du golfe Corinthiaque; s'appelle auj. *Kekhries* (Pococke).

CENESTUM, *Santa-Lucia*, bourgade de l'île de Corse.

CENETA [Grut.], CENITENSE CASTRUM [Gesta

Longob.], ville de la Gaule Transpadane, auj. Ceneda, dans la Vénétie, près de la Carniole.

Falkenstein n'enregistre pas cette ville parmi celles qui ont joui des bénéfices de l'imprimerie, mais M. Cotton dit que Marcus Claserius imprimait à Cinéda en 1609.

Cenetum, *Cerreto*, bourg de la Terra di Lavoro, prov. napol. du roy. d'Italie.

Ceni Magni, peuple de la Britannia Romana ; habit. les comtés actuels de Suffolk, Norfolk, Cambridge et Huntingdon.

Cenisius Mons, *le Mont-Cenis*.

Cenna, Cinna, *Langenzenn*, bourg de Bavière, près Nuremberg.

Cenni, Κέννοι [Dio C.], peuple de la Vindélicie, au N.-E. du lac du Garde.

Cenomani [Plin.], Κενομανοί [Polyb., Str. Ptol.], vulgò Cœnomani, peuple de la Gaule Lyonnaise IIIe, faisant partie de la nation des Aulerci, Αὐλέρκιοι οἱ Κενομανοί [Ptol.].

Cenomani, Κενομανοί, peuple de la Gaule Cisalpine, au N. du Pô ; c'était une fraction des Aulerci de la Lyonnaise IIIe, qui vinrent s'établir sur le territ. des Euganéens au IVe s., et en chassèrent les habitants.

Cenomanum, Cenomani [Cell.], Cenomania (Civitas) [Greg. Tur.], Civitas Cenomanorum [Notit. Gall.], Cenomannum [Cell.], Subdinnum [Tab. Peut.], Οὐίνδινον [Ptol.], Vindinum, ou plutôt Suindinum [d'Anville], capitale des Aulerci Cenomani, auj. *le Mans*, chef-lieu du dép. de la Sarthe ; anc. cap. de la prov. du *Maine*.

En tête d'un manuscrit de la Bibliothèque impériale (Fonds latin, n° 13, 303) se trouvait une petite pièce gothique de 4 feuillets, que nous a communiquée obligeamment M. Guérin, secrétaire de l'administration ; en voici le titre et la souscription : Abécédaire : *L'Oraison dominicale. La Salutation Angélique. Les douze articles de la foy. La benediction de la table. La confession generale. Quant on monstre nostre Seigneur. Quant on monstre le calice. Quant on monstre nostre Seigneur deuant le Paler nosler. Oraison a son bon ange. Les respons de la Messe. Les dix commandemens de la loy. Les commandemens de l'eglise.* A la fin : « Au Mans, par Mathurin le Roux, demeurant en la grand rue. 15.I, pièce de 4 ff. pet. in-8, goth.

Malheureusement le troisième chiffre de la date est gratté et a complétement disparu ; mais tout nous porte à croire qu'il faut lire 1541, ou tout au moins 1551 : dans la première hypothèse, ce serait le premier livre avec date qu'il nous serait possible de citer ; avec la seconde, il ne passerait qu'en seconde ligue, car nous avons en 1546 un admirable livre à mentionner :

Missale ad usum preclare ec‖clesie Cenomanêsis nuper adminiculo et auxilio Do‖ctissimorū virorū a nonnullis mendis purgatum ‖ ac‖pristine integri-

tati restitutū : Sacre quoq₂ biblie con‖cordantijs passim adornatum : et adauctum. — Venundātur Cenom apud‖Dionysiū Gaignot : Franciscum Cocheri : Alexandrū‖Chouen : et Stephanum Brindeau : commorañ. in ma°gno vico diui Iuliani ‖pressum anno dñi. M.D.XLVI.

Au vo du dernier f. est cette souscription avec la marque de Gaignot :

Impressum Cenomanis.‖Per Dionysium Gaignot Calcographū.‖Commorañ prope Ecclesiam‖Diui Juliani ‖M. D. XLVj.

In fol. goth. avec fig. en bois, sur 2 col. de 43 lig. Le bel exempl. de la Biblioth. impériale a dix feuillets du Canon de la messe imprimés sur vélin.

Ce nom de Mathurin le Roux que nous avons cité à l'art. *Abécédaire* pourrait n'être que le nom d'un libraire ; mais dans le cas contraire ce ne serait qu'un de ces typographes passagers qui colportaient de ville en ville leur matériel et leur industrie, car nous ne connaissons aucun autre livre qui porte son nom, tandis que Denis Gaignot semble être le véritable et sérieux premier imprimeur de la ville, travaillant à la fois pour le clergé, la municipalité et les particuliers. Nous citerons encore le *Coustumier* de 1554, in-8, sur lequel son nom figure comme libraire et comme imprimeur avec celui de Macé Vaucelles et d'autres libraires.

A la même date les *Noels nouueaulx , sus le chant de plusieurs belles chansons nouuelles de ceste presente année mil cinq cens L. IIII.* Imprime au Mans, par Denys Gaignot, imprimeur et libraire demourant en la grand rue près Saint-Julian.

Nous avons au XVIe siècle un grand nombre de recueils de Noëls et Cantiques imprimés en cette ville, et jusqu'à la fin de ce siècle les différents imprimeurs qui les exécutent emploient le caractère gothique, fait qui se représente dans plusieurs villes de province, quand à Paris, Lyon, Rouen, etc., ce caractère était abandonné depuis longtemps comme suranné.

La famille des Olivier fournit une nombreuse suite d'imprimeurs à la ville du Mans ; le premier, Hiérosme Olivier (1565-1604), puis sa veuve, qui débute en 1605 ; François Olivier, à la fin du XVIe siècle ; Gervais Olivier, que nous croyons le fils de Jérôme, au XVIIe siècle ; enfin un second Hiérosme Olivier, au milieu de ce même XVIIe siècle : on doit à celui-ci plusieurs livres importants : les *Mémoires des Comtes du Maine*, par *Pierre Trouillart*, 1643, in-12, et les *Prémices de la Poësie du Sr de Bouille.* 1647, in-8, etc.

Les arrêts de 1704 et de 1739 fixent à deux le nombre des imprimeurs autorisés de la ville du Mans, et le *Rapport* fait à M. de Sartines en 1764 omet cette ville, fait que nous ne pouvons expliquer.

Centrones [Cæs.], peuple de la Gaule Belgique ; habitait une partie du Hainaut.

Centrones [Cæs.], Κέντρωνες [Ptol.], peuple de la Gaule Narbonnaise ; habitait la Savoie orientale, partie de la Tarantaise et du Faucigny.

Centronum Civitas, S. Trudonis oppidum, *Saint-Truyen*, Saint-Trond, ville de Belgique (Limbourg).

Centronum Civitas [Not. Prov.], Darantasia [Itin. Anton.], Monasterium in Tarantasia, Monsterium, local. des Centrones, auj. *Moutiers, Moutiers-en-Tarantaise*, ville de France (Savoie).

Centulum, Centula, S. Richarii ou Richerii Monast., *S. Ricquier, S. Riquier*, bourg et anc. abb. de Picardie (Somme).

M. F. Pouy signale un fait intéressant à propos de cette célèbre abbaye : le moine Héric, chargé par Louis le Débonnaire de l'économat du monastère, rapporte, dans un état daté de 831, que la rue des fabricants de boucliers, à St-Ricquier, était chargée de fournir la couverture des livres qui faisaient partie de la bibliothèque conventuelle, et dont le catalogue a été conservé par le moine Hariulfe. Ces livres étaient reliés et cousus dans cette même rue, et cette double opération coûtait annuellement à l'abbaye la somme de 30 sous d'or.

Centum, *Cento*, ville d'Italie (délég. de Ferrare).

C'est à l'année 1543 que Falkenstein fait remonter l'imprimerie dans cette ville, que nous ne connaissons guère que comme la patrie du Guerchin, et voici, à cette date, le livre que cite Haym (p. 467, 1) : *Vocabulario, Gramatica, ed Ortografia della Lingua volgare di Alberto Acarisio* (o Accarisi). Cento, 1543, in-4. Edition *ristampata per il Valgrisio*, à Venise, en 1550 : c'est-à-dire que cet imprimeur acheta en bloc ce qui restait de l'édition de Cento et renouvela le titre et le dernier feuillet. Doni dit de cet ouvrage, « *che appresso dell'Acarisio eran le parole dello scriver bene, ma in fatti lo scriver bene era appresso agli altri.* »

Centum Cellæ [Plin., Itin. Anton., Tab. Peut.], Κεντουμκέλλαι [Procop.], **Cellæ** [Frag. Itin. Anton.], **Traianum** [Fr. Itin. Anton.], Τραϊανὸς λιμήν [Ptol.], **Civitas vetus** [Cell.], **Cencelle**, **Centocelle** [anc. chro.], ville d'Étrurie, auj. *Civita Vecchia*, *Civita Vieja* (en Esp.), ville et port des États pontificaux, dans la délégat. de Viterbe.

Si le lieu d'impression n'est pas supposé, Melzi (*Anon. et Pseud.*) nous donne deux indications qui nous permettent de faire remonter l'imprimerie en cette ville aux années 1621 et 1631 : *Il Pantalone impazito, Commedia in prosa* (di Francesco Righetti, Mantovano). Civita Vecchia, 1621, in-12, seconde édition ; la première, de 1694, est de Viterbe. — *Gli Amanti Schiavi, Commedia di Francesco Miedel* (Miedelchini). Civita Vecchia, 1631, in-12. Ce Miedelchini publia d'autres ouvrages sous le nom d' *il Academico Ritirato*.

Centum Colles, *Hundertsbuel, Zashalon*, bourg de Transylvanie, près Hermanstadt.

Centuripa [Itin. Anton., Tab. Peut.], **Centuripa** [Plin., Sil.], **Centuripinum** [Mela], **Centuripina Civitas** [Cic.], Τὰ Κεντόριπα [Thucyd., Polyb.], Κεντούριπαι [Ptol.], ville des Siculi, au pied de l'Ætna, auj. *Centorbi*, dans le val di Demona (Sicile).

Centurium, Κεντύριον, Κεντύρινον [Ptol.], local. de l'île de Corse, auj. *Porto di Centuri*.

Ceos Ins., voy. **Cea**.

Cepelia, *Csepel, St-Margaretheninsel*, île du Danube, en Hongrie.

Ceperanum, *Ceprani*, bourgade du Napolitain (Italie).

Cephallenia [Liv., Plin.], Κεφαλληνία [Herod., Thucyd.], Κεφαλληνία [Polyb., Ptol.], **Samus**, **Same** [Virg.], Σάμη [Hom., Strab.], île de la mer Ionienne, sur la côte d'Achaïe, auj. *Cefalonia, Kephalenia*, île de la Méditerranée, la plus grande des îles Ioniennes (Grèce); elle fut appelée parfois *Samos* du nom de sa ville principale, et il faut se garder de la confondre avec l'île de ce nom sur la côte de l'Asie-Mineure, auj. *Sousam-Adassi*, à la Turquie.

Cephalœdis [Plin.], Κεφαλοίδιον [Strab.], Cephalœdis, Κεφαλοιδίς [Ptol.], **Cephalodum** [Itin. Anton.], **Cephaledum** [Tab. Peut.], ville de la côte N. de la Sicile, auj. *Cefalu*, dans le val di Demona.

Si l'on devait croire sur parole Falkenstein, Haym, Cotton, etc., dont l'opinion est corroborée par les Catal. Baluze, Floncel, Bulteau, etc., on ferait remonter l'imprimerie dans cette petite ville à l'année 1641 : *Lo Scudo e l'asta del soldato Monferrino impugnati, alla difesa del suo politico sistema contro l'Istorico politico indifferente, da ec., con un discorso politico soprai correnti affari dell' Italia da Colenuccio Nicoleonte* (Vittorio Siri abbate Casinese). Cefalù, appresso Altabalipa Leontino, 1641, in-4. Malheureusement Melzi (*Anon. et Pseud.*) nous apprend que ce pamphet du célèbre Vitt. Siri fut imprimé à Venise : il forme un pet. vol. de 202 p., dont la dernière est, par erreur, chiffrée 294. Depuis la publication du roman satirique d'Adr. Banchieri, *la Nobiltà dell' Asino di Attabalipa del Peru*, ce nom d'Attabalipa était peut-être entré dans le calendrier des Grotesques, mais à coup sûr il n'avait pas été admis au nombre des saints de l'Église romaine, et ce fait seul aurait dû inspirer quelque défiance aux bibliographes précités.

Cephissia, Κηφισσία [Strab.], Κηφισσεύς [Philostr.], **Cephisia** [A. Gell.], local. de l'Attique, auj. *Kivisia*.

Cephissus [Stat.], ὁ Κηφισσός [Hom., Pind., Strab.], fl. de la Phocide, auj. le *Mavronero* [Forbiger].

Cephissus, Κηφισσός [Strab.], fl. de l'Attique, tombe entre le Pirée et les ruines d'Éleusis dans le golfe d'Égine, auj. le *Podhonista* [Bisch. et Möll.].

Cepiana, Καιπίανα [Ptol.], **Pinelum**, ville de Lusitanie, auj. *Pinhel*, bourg de Portugal dans la prov. de Beira.

Cepusiensis Comitatus, *Cercle de Zips*, en Hongrie, sur la Theiss.

Cepusium, voy. **Arx Scepusiensis**.

Ceramis, loc. de l'Attique, auj. **Sepolia**.

Cerasium, *Cerisy*, bourg de Normandie (Calvados); anc. abb. de Bénédictins.

Cerata, Τὰ Κέρατα [Strab.], promont. de l'Attique, auj. *cap Kandili*.

Ceraunii Montes, Κεραύνια ὄρη [Strab.], voy. **Acroceraunii**.

Cerausius Mons, τὸ Κεραύσιον ὄρος [Ptol.],

montagne de la Messénie, auj. *le Mont Tetrazi.*

CERBALUS [Plin.], fl. de l'Apulia Daunia, auj. *le Cervaro,* dans le Napolitain.

CERCIDIUS, fl. de l'île de Sardaigne, auj. *le Pianello.*

CERCIDIUS, fl. de l'île de Corse, auj. *le Liamone.*

CERCINITIS PALUS, Κερχινίτις λίμνη [Arrian.], lac de la Macédoine, auj. *lac de Takino, Takhyno,* dans le pachal. de Saloniki.

CERCUNUM, *Cerzun,* bourg de la Valteline (délég. de Sondrio).

CERDANIA, CERETANIA, *la Cerdagne, Cerdaña,* contrée Pyrénéenne divisée entre la France et l'Espagne.

CEREBELIACA [Itin. Hier.] , CHABELLIUM, *Chabueil, Chabeuil,* comm. du Dauphiné (Drôme).

CERENTHIA, GERUNTIA, *Cerenzia,* bourg du Napolitain (Calabre Citér.).

CERERA, *Cerea,* bourg de la Vénétie (prov. de Vérone).

CERESIUS LACUS, CORESIUM STAGNUM [Greg. Tur.], dans la Rhétie, auj. *Lago di Lugano,* en Tyrol.

CERESUS, Κιρέσος, ville des Jaccetani, dans la Tarrac., auj. *Columba de Keralto* [Forbiger], ou *Cervera,* suiv. Reichard (voy. CERVARIA).

CERET, Σηρά [Steph. Byz.], *Sera* ou *Cera,* bourg d'Espagne entre Xerez et Medina-Sidonia [Forbiger].

CERETANI [Cell.], CERRETANI [Plin.], Κερρητανοί [Strab.] , peuple de l'Espagne Tarrac. au pied des Pyrénées, habit. la *Cerdagne.*

CERETANIA, voy. CERDANIA.

CERETANORUM PODIUM, PODIUM CERETANUM [Marca], *Puigcerda, Puycerda,* ville de Catalogne (voy. JULIA LIBYCA).

CERETANUM, *Ceretana,* bourg de Sicile, dans le Val di Noto.

CERETICA, CERETICENSIS COMITATUS, *Cardigan,* ville et comté d'Angleterre (Pays de Galles).

CERETUM, voy. AD CENTURIONES.

CERFENNIA [Itin. Anton.], CIRFENNA, [Tab. Peut.], ville des Marses, auj. *Collarmeno,* dans l'Abruzze Citér., ou, suiv. Reichard, *Cerchio,* près Collarmeno.

CERGEIUM, CERGIACUM, *Cergy,* comm. près Pontoise (Seine-et-Oise).

CERILLI [Sil. Ital.], Κήριλλοι [Strab.]; CERELI [Tab. Peut.], ville du Brútium, auj. CIRELLA VECCHIA (Calabres).

CERINTHUS [Plin.], Κήρινθος [Hom., Strab.], ville de la côte E. de l'île d'Eubée, auj. *Zero,* petit port de Negroponte.

CERNAGORA, *il Monte Nero, le Montenegro* (*Karatag,* en turc); État nominativement soumis à la Porte, dans la partie N.-O. de l'Albanie sept.

Le Montenegro est divisé en quatre *Nahijé,* chacune desquelles se subdivise en *Knezine* et *Plemena; Cettigne,* dont nous ignorons le radical latin (CETIGNA?), en est la capitale.

L'imprimerie remonte dans cette petite ville à une haute antiquité : un typographe dalmate, du nom de Macarius ou Macario, y transporta un matériel en 1493, et jusqu'en 1513 y publia plusieurs volumes ; mais il serait intéressant de comparer ces rarissimes spécimens d'une typographie presque inconnue avec les caractères de Gabriel di Pietro, l'imprimeur d'Udine, ou avec ceux dont Gérard de Flandre se servit à la même époque dans plusieurs des villes voisines, Vicence, Udine, Friuli, etc. Voici les titres succincts des volumes que l'on sait avoir été imprimés par ce Macarius : *Okoih iliti osmoglasnik.* Cetigne, Macario, 1494, in-fol., de 270 pp. — *Psaltir* (en dalmate), 1495, in-4. — La même année 1495, il donne encore un ouvrage intitulé : *Mohtvenik ils Euchologion,* et en 1512, l'*Evangjelie.* La Bibliographie du Montenegro nous apprend qu'en 1834, une nouvelle imprimerie fut établie dans cette ville, et prit sur les livres le titre de *Stamperia di Montenero.*

CERRETANI, voy. CERETANI.

CERSILLA, voy. SARCELLA.

CERTALDUM, *Certaldo,* bourg de l'anc. gr.-d. de Toscane, auj. roy. d'Italie, sur l'Elsa.

Boccace mourut dans cette localité; nous trouvons dans Melzi (*Anon. et Pseud.* II, 87) trace d'une imprimerie locale au XVIIIᵉ siècle : *Lettera del C. F. M. G. G. P. A. H. A. O. F., filologo Etrusco ad Aristarco Scannabue.* Certaldo, 10 aprile 1764, in-12, « data finta, » dit Melzi, qui croit avec l'Aristarque, qui n'est autre que Giuseppe Baretti, que cette pièce fut imprimée en Toscane, mais sans affirmer le lieu désigné d'impression.

CERTERATÆ, CORTRACUM, *Contras,* ville de France (Gironde).

CERTIACUM [Luen.], FORUM TIBERII, Φόρος Τιβερίου [Ptol.], ZURZACUM, *Zurzach,* sur le Rhin, ville de Suisse (canton d'Argovie).

CERTIMA [Liv.], ville des Celtiberi, dans la Tarrac. anj. *Arlanzo,* dans le roy. d'Aragon.

CERVARIA [Mela], CERVARIA LACETANORUM , *Cervera,* ville d'Espagne (Catalogne).

En 1746, dit M. Ternaux, qui cite un livre qui nous est inconnu : *Relacion que hace el Claustro de la real y pontificia universidad de Cervera a la real magestad del Rey N. S. D. Fernando VI, de las reales exequias del rey Felipe V, por D. Blas Harraz;* Cervera, 1746, in-4.
Imprimerie en 1750, dit Falkenstein; nous connaissons seulement : *Sylloge inscriptionum Romanarum quæ in principatu Catalauniæ extant, authore Josepho Finestres.* Cervariæ, 1762; in-4.

CERVIA, *Chièvres*, bourg de Belgique (Hainaut).

CERVIDUNUM, *Cervon*, bourg de Fr. (Nièvre).

CERVIMONTIUM AD SALAM, HIRSCHBERGA, *Hirschberg*, ville de la Silésie Prussienne, dans la rég. de Liegnitz.

CERVIMONTIUM WESTPHALIÆ, *Hirschberg*, ville de Westphalie (Prusse).

CERYNITES FL., Κερυνίτης [Pausan.], fl. d'Achaïe, qui passe à CERYNIA, en Arcadie, auj. *Bokhusia* ou *Buphusia* [Boblaye].

CESADA [Itin. Anton.], Κέσαδα [Ptol.], loc. des Celtiberi dans la Tarrac., auj. *Hita*, près Espinosa, suiv. Florez, dans la prov. de Guadalajara.

CESANUM, *Cesano*, bourg du Milanais.

CESARISTA, voy. CITHARISTA.

CESIANA, Κεσίανα [Procop.], loc. de la Mœsie, auj. *Kaczanik*, ville de la Boulgarie (Turquie).

CESSERO, CESSERONE, voy. ARAURA.

CESTE [Itin. Hier.], ville de Ligurie, suiv. Reichard, *Monte-Sestino*, en Piémont.

CESTRIA, DEVA, DEVANA [Itin. Anton.], Δηούανα, Δηούνα [Ptol.], ville des Cornavii, dans la Britannia Romana, auj. *Chester*, ville d'Angleterre sur la Dee.
Falkenstein et Cotton donnent 1656 comme date de l'introduction de la typographie dans l'antique capitale du Cheshire, mais sans aucun titre à l'appui de cette assertion : le *Supplément* du Dr Cotton est également muet à cet égard. Nous avons, à la date de 1688, un livre important que nous croyons devoir décrire : *Randle Holme, the Academy of Armory, or a Storehouse of Armory and Blazon.* Chester, 1688, in-fol. Ce vol., d'une extraordinaire rareté, se compose d'un titre gravé et d'un titre imprimé, daté de *Chester, for the Author*, 1688; divisé en quatre parties, mais trois seulement ont été imprimées à cette date; le troisième tome se termine au f. signé SS et coté 501, au verso duquel est une adresse au lecteur. A la date de 1701, on a ajouté une dédicace au roi Guillaume et à la reine Marie. Une partie du quatrième tome (environ 100 p.) fut imprimée à Chester, mais on ne connaît qu'un seul exempl. de ce fragment; enfin en 1821, on ajouta un *index*. Ormerod, l'auteur de l'*History of Cheshire*, dit de ce précieux volume : « It is considered to be one of the most scarce of heraldic books, and that not more than *fifty copies* are to be found in the Kingdom. »

CESTRIENSIS COMITATUS, *Cheshire*, le comté de *Chester* (en saxon, *Ceasterscyrĕ*), anc. territoire des Cornavii, dans la Flavia-

Cæsariana, érigé en comté par Guillaume le Conquérant.

CETARIA, *Scopello*, bourg de Sicile, dans le val di Mazara.

CETIGNA (?) *Cetigne*, voy. CERNAGORA.

CETIUM [Itin. Anton., Tab. Peut.], ÆLIA CETIENSIS, ville de la Norique, auj. *Mautern*, bourg près Krems, suiv. Kruse, ou *Poölten*, suiv. Reichard, pet. ville d'Autriche.

CETIUS MONS, Τὸ Κίτιον ὄρος [Ptol.], *Kahlenberg*, montagne d'Autriche.

CETOBRIGA, voy. CÆTOBRIX.

CHABELLIUM, voy. CEREBELLIACA.

CHÆDINI, Χαιδεινοί [Ptol.], peuple de la Scandinavie, habit. les environs de Linköping (Finmark).

CHÆRONEA [Plin., Tab. Peut.], Χαιρώνεια [Thuc., Plut.], ville de la Bœotie, dont les ruines subsistent encore auprès de *Kapraina*, ou *Caprena*, suiv. Kruse.

CHAINGIACUM [Charta Phil. Pulc. A. 1302], CYMGIACUM, *Chaingy*, anc. villa roy., bourg de l'Orléanais (Loiret).

CHALASTRA [Plin.], Χαλάστρα [Strab.], Χαλέστρη [Plut.], Χαλαίστρα, ville de Macédoine (Mygdonia), dont les ruines se trouvent dans le sud de *Kulakia*.

CHALCE [Plin.], Χαλκή [Thuc.], Χαλκία [Strab.], île de l'Archipel, auj. *Charki*, suiv. Kruse, à l'O. de Rhodes.

CHALCIS, Χαλκίς [Steph.], localité de l'Épire, auj. *Khaliki*, dans le pachal. de Janina.

CHALCIS, Χαλκίς [Hom., Strab., Ptol.], ville d'Ætolie, dont les ruines subsistent près de *Kakiskala*, dans le gouv. de Missolonghi.

CHALCIS [Plin., Vell.], Χαλκίς [Herod., Ptol., Str.], EUBŒÆ [Liv., Plin.], capitale de l'île d'Eubée, auj. *Egripo* ou *Negroponto*, sur la côte O. de l'île; elle est réunie au continent par un pont jeté sur l'Euripos, qui la sépare de l'Attique.

CHALIA, Χαλία [Steph. Byz.], ville de Bœotie, auj. *Akhalia*, sur le canal de Negroponte, suiv. Forbiger.

CHALIVEIUM, *Chalivoy-Milon*, village du Berry (dép. du Cher).

CHALLANDIUM, *Chalant*, bourg et comté de Piémont, entre Aoste et Bardo.

CHALUSUS FL., Χάλουσος [Ptol.], TRAVA [Cluv., Cell.], *Trave*, fl. du Holstein.

CHALYBON, Χαλύβων [Ptol.], BERŒA, HALAPE [Joinville], *Alep, Aleppo* (en arabe:

Haleb), ville de Syrie, chef-lieu de l'Eyalet du même nom.

CHALYBS [Justin.], fl. de l'Espagne Tarrac., auj. *Cabe* ou *Queiles*, affl. de l'Ebro.

CHAMAVI [Tac.], peuple du Nord de la Germanie, dont le territoire correspond aux environs d'*Eichsfeld*, dans le Hanovre.

CHAMBARIACUM, voy. CAMBERIACUM.

CHAMBLIACUM, *Chamblis*, village de France (Oise).

CHAMBORDIUM, voy. CAMBORITUM.

CHANTILIACUM, *Chantilly*, bourg et château de l'île de France (Oise).

CHAONIA [Cic., Lucan.], Χαονία [Ptol.], district de l'Epire, au pied des monts Acrocérauniens, auj. *Canina*, fait partie du Pachal. de Janina (Albanie).

CHARADRUS, Χάραδρος [Ptol.] ; plusieurs petits fleuves de Grèce portaient ce nom ; le plus important est en Epire, auj. le *Zalongos*, qui se perd dans le golfe d'Arta.

CHARAX, Χάραξ [Strab.], localité de l'île de Corse, que Forbiger dit auj. s'appeler *Carghese*, pet. port sur la côte O. de l'île.

CHARAX, Χάραξ [Ptol.] ville de la Chersonèse Taurique, auj. *Cara-Kaja*, en Crimée.

CHARIATUM, *Cariati*, bourg de la Calabre Citér., sur le golfe de Tarente.

CHARIDEMI PROM., Χαριδήμου ἀκρωτήριον [Ptol.], *Cabo de Gata*, entre Adra et Verga, dans le roy. de Grenade (Espagne).

CHARITAS, CHARITATIS OPPIDUM, voy. CARITOEUM.

CHARUDES, Χαροῦδες [Ptol.], HARUDES [Cæs.], peuple du N. de la Germanie, habitant le *Jutland*, suiv. Mannert ; ou le pays entre le Rhin et le Danube, suiv. Cellarius.

CHARUS, voy. CARIS.

CHARYBDIS, rochers sur la côte N.-E. de Sicile, dans le détroit, au S.-E. des récifs de Scylla.

CHASUARI [Tacit.], Χαττουάριοι [Strab.], Χασουάριοι [Ptol.], CATTUARII [Amm. Marc.], peuple de la Germanie, sur le Visurgis (*Weser*), habitant le territoire de Paderborn et Minden, en Westphalie.

CHAUCI [Tac.], CAUCHI [T. Peut.], Καῦκοι [Strab.], Καῦχοι [Ptol.], peuple de la Germanie septentr., à l'O. des Saxones ;

occupait le gr.-duché d'Oldenbourg et partie du Hanovre.

CHAUDENAYUM, *Chaudenai*, village de Fr. (Haute-Marne) ; [Guido Dominus de Chaudenayo, *l'art*.].

CHAVANCIACUM, *Chavancy*, bourg de Belgique (Luxembourg).

CHELMA, CHELMUM, *Chelm*, ville de Pologne, dans le Palat. du même nom, CHELMENSIS PALATINATUS.

CHELONATAS PR., Χελωνάτας [Strab.], Χελωνῖτις [Ptol.], en Elide, auj. *Capo Tornese*, ou, suiv. d'autres géogr., *Capo di Chiarenza*.

CHELONITES SINUS, Χελωνίτης κόλπος [Ptol.], entre l'Elide et Zante.

CHEMINIO, *Cheminon*, bourg de la Champagne (Marne) ; anc. abb. de Cît.

CHELSEA, ville du comté de Middlesex, auj. faubourg de Londres (*all-absorbing*), sur la rive gauche de la Tamise.

L'imprimerie exista dans cette localité en 1745, nous dit le *Suppl*. du Dr Cotton. Le premier *Gaelic New-Testament*, imprimé en Angleterre, le fut dans cette ville en 1807. Une importante fabrique de porcelaine, dont les produits sont recherchés aujourd'hui, exista à Chelsea à la fin du siècle dernier.

CHEMNITIUM, CHEMNICIUM, KEMNITIUM, *Chemnitz*, ville de Saxe.

Imprimerie en 1691 (Falkenstein). J. C. Wolfius, au tom. II, p. 404, de ses *Monumenta typographica*, nous donne le renseignement suivant, que nous ne transmettons que sous toutes réserves, ce bibliographe n'étant pas considéré comme une autorité considérable : J. G. Gutner y établit la première imprimerie en 1661, et son premier livre est intitulé : *Dr V Ckerey z V keMnitz erste bLatter : von der ioblichen und schatzbaren Buchdruckerey-Kunst Erfindung, Nutz und Beforderung. Mit gott Und gLVck* (sic) ; c'est une histoire de l'art typographique, mais, jusqu'à preuve contraire, nous nous permettrons de contester l'existence de ce livre ; de plus, les lettres capitales qui semblent donner la date en chiffres romains, sont celles-ci M.D.CLLVVV, ce qui ferait 1715 et non pas 1661. Voici un volume avec date certaine dont la *Bibliotheca Saxon.* (p. 106) nous fournit une indication exacte : *M. Io. Wincklferi, Archi-Diaconi Bornensis, oratio synodalis de urbe Borna, germanice versa et continuata a M. Sebastiano Kuhnio, archidiacono;* — Chemnicii, 1688, in-4. Cette même *Biblioth. Saxon.* contient à la p. 133 et suiv. une série d'ouvrages consacrés à l'histoire de cette ville et de ses abbayes; nous citerons : *de Bibliotheca Chemnicensi, M. Daniel Müllerus singulari egit programmate,* 1709, in-fol.

CHEPTOVIA, *Chepstow*, ville et port d'Angleterre, dans le comté de Montmouth, sur la riv. Wye.

Imprimerie en 1800 (Cotton's *Suppl*.).

CHERIUM, voy. CAREA.

CHERRONE [Mela], CHERSON, CHERSONESUS, Χερρόνησος [Ptol.], ville de la Chersonèse Taurique, dont les ruines subsistent près de *Schurschi*, en Crimée.

CHERSO [Jornand.], CHERSONIUM, *Kherson*, ville et gouvern. de la Russie mérid., sur le liman du Dniester.

CHERSONESUS CIMBRICA, Χερσόνησος Κιμβρική [Ptol.], presqu'île de la Germanie septentr., auj. le *Jutland*, ou peut-être la péninsule Danoise tout entière.

CHERSONESUS NOVANTUM, voy. GALLOVIDIA.

CHERSONESUS TAURICA [Cell.], ἡ Ταυρικὴ Χερσόνησος [Ptol.], ἡ Ταυρικὴ [Strab.], CHERSONESUS SCYTHICA, Χερρόνησος μεγάλη, CHERSONESUS CRIMÆA, la *Crimée*, presqu'île de l'empire Russe dans la mer Noire.

CHERSONESUS THRACICA [Cell.], THRACIÆ, ἡ Χερρόνησος Θρᾳκία [Her.], presqu'île de la Thrace maritime; auj. presqu'île de *Gallipoli, Kaliboli*, formant avec la côte de l'Asie, à l'O., le détroit des Dardanelles.

CHERTSEY, bourg d'Angleterre, dans le comté de Surrey; nous en ignorons le radical latin.

Une imprimerie fonctionna dans cette localité en 1792.

CHERUSCI [Cæs., Tac.], Χηροῦσκοι [Strab.], Χαιρουσκοί [Ptol.], CHEREPSTINI [T. Peut.], peuple de la Germanie sept. entre le Weser et l'Elbe; en l'an IX de J.-C., Arminius, l'un de ses chefs, détruisit les légions de Varus.

CHESINUS FL., Χέσινος [Ptol.], fl. de la Sarmatie européenne, auj. la *Dwina* du sud, ou, suiv. Wilhem, la *Narowa*, dans la Russie méridionale.

CHESTERFIELD, ville d'Angleterre, comté et au N. de Derby, sur le Rather. (Radical latin inconnu.)

Imprimerie en 1774 (Cotton's *Suppl.*). Nous connaissons : *Needham* (E.) *on the square of a circle*. Chesterfield, 1788, in-4.

CHIEMIUM, CHIEMUM, *Chiemsee*, village et château de Bavière, sur le lac de même nom, CHIEMENSIS LACUS [Cell.].

CHIERIUM, voy. CAREA.

CHILMORIA, KILMORA, *Kilmore*, ville d'Irlande (comté de Cavan).

CHILONIUM, voy. KILONIA.

CHILTJADIBA, *Nossa Donna* (?), près du village de Truns, dans le canton des Grisons (Suisse).

Suiv. Ternaux, qui emprunte ce renseignement à l'auteur de l'*Hist. de la Typogr.* en Suisse (Saint-Gall, 1836), l'imprimerie fondée par un nommé Barbisch à Cumbels, dans le même canton, aurait été transportée en 1689 dans cette localité, à l'occasion de troubles religieux; onze années après, en 1700, elle

aurait encore émigré et aurait été transférée à Disentis.

CHIMACUM, CHIMÆUM, SIMACUM, *Chimay*, ville de Belgique (Hainaut); on trouve : *Philippus de Croy, Comes Simacensis*.

CHIMÆRA, [Plin.], Χίμαιρα [Proc.], Χίμαρα [Ann. Comn.], ville d'Epire, auj. *Khimara*, bourg du pachal. de Janina, au pied des monts Acrocérauniens.

CHIMERIUM, Χειμέριον [Thuc., Strab.], ville d'Epire, auj. *Erimo Kastro*, près Arpitza, bourg du pachal. de Janina.

CHINEIUM, voy. CENNACUM.

CHINIACUM, *Chiny*, bourg du gr.-duché de Luxembourg.

CHINONIUM, CAINO, *Chinon*, ville de Fr. (Indre-et-Loire).

Patrie de Rabelais; l'imprimerie a existé dans cette ville au XVIIe siècle, jusqu'en 1739; elle fut supprimée par l'arrêt du conseil du 31 mars de cette année, qui fixe le nombre des imprimeurs dans toutes les villes du royaume.

Un célèbre collectionneur tourangeau, M. Taschereau, a bien voulu nous communiquer l'exemplaire qu'il possède d'un très-rare petit volume, qui, si l'on pouvait fournir la preuve de son lieu d'impression, serait le premier produit des presses chinonaises : *Arrests∥de reglement, en∥tre les officiers du∥siege Royal de Chinon*. — A CHINON, Par Jacques le Roy, marchand libraire∥M. D. C. XI, petit in-8, de 22 f., sign. A. Cii.

Dans le même volume se trouve une pièce séparée, imprimée la même année : EXTRAICT∥des registres ∥de parlement. — A CHINON,∥par Jacques le Roy, marchand libraire. M.D.C.XI, pet. in-8 de 8 p. — Ce Jacques le Roy était-il imprimeur ou seulement libraire? voilà ce que nous ignorons; nous ne connaissons aucun autre volume portant ce nom, et jusqu'à preuve contraire nous ne pouvons l'admettre que comme libraire.

En 1664 nous trouvons l'indication d'un nouvel établissement typographique, dont nous citerons : *Apologia Ecclesiæ Chinonensis ad supremam apostolicam et romanam sedem nullo medio pertinentis; in anonymi cujusdam opusculum, quo jura ipsius ecclesiæ contendit subvertere...* Chinonii, typis P. D'Ayrem, 1664, in-4. L'auteur de ce rare volume est, au dire du Père Le Long, Pierre Santerre, chanoine de l'église collégiale de Chinon.

Le même imprimeur donne en 1668 un livre bizarre, que nous ne trouvons cité qu'au IVe vol. du Catal. de la Vallière-Nyon : *Anatomie en vers, par René Brion, Sr de la Relandière*. Chinon, d'Ayrem, 1668, in-8 (à la bibl. de l'*Arsenal*).

CHIOS [Plin., Liv.], CHIUS [Horat., Cic.], Χίος [Hom., Strab.], PITYUSA [Plin.], île de la mer Ægée, sur la côte d'Ionie, auj. *Scio*, dans l'Archipel, sur la côte O. d'Anatolie; à la Turquie.

Le nom de Chio figure au bas de quelques livres ou pamphlets imprimés pour la plupart en Hollande; nous citerons : *Relation véritable de ce qui s'est passé à Constantinople entre le grand visir et M. de Guilleragues, ambassadeur de France*. Chio, Pierre de Touche, 1682, in-12.

Peu de temps avant l'insurrection grecque, l'administration du collège de Chios, qui possédait déjà une très-belle bibliothèque, enrichie des dons que M. Ambroise Firmin Didot lui avait faits en 1814, reçut de lui plus tard une imprimerie complète où de beaux livres furent exécutés; lors du massacre de Chios par les Turcs, en 1822, cette imprimerie fut anéantie ainsi que la bibliothèque.

Un de ces livres et des mieux imprimés fut la *Grammaire grecque*, écrite en langue vulgaire, par le professeur Bambas, in-8, typographie de l'école. Chios, 1821.

CHIOVIA, voy. KIOVIA.

CHIPPENHAMUM, *Chippenham*, bourg du Wiltshire, en Angleterre [Bisch. et Möll.].

Robert Warne imprima dans cette localité en 1721 : *Mr. Jonson's Sermon on King Charles* [Cotton's *Suppl.*].

CHISSINGA, voy. KISSINGA.

CHISWICK, village des environs de Londres (Middlesex).

Un imprimeur d'un talent remarquable, Charles Wittingham, y installa, au commencement du siècle, un établissement typographique, dont quelques produits sont justement recherchés des bibliophiles; nous citerons particulièrement la charmante réimpression des *Baliverneries* d'Eutrapel, exécutée en 1815, à 100 exemplaires, aux frais de trois bibliophiles anglais.

CHOINITIA, CONIZA, *Kaunitz*, pet. ville de Prusse, près Dantzig.

CHOISIACUM, *Choisy-le-Roy*, bourg de Fr. (Seine).

CHONE, Χώνη [Strab.], ville du Bruttium, auj. *Belcastro*, dans la Calabre Citér.

CHORA, CURA, *la Cure*, riv. de Bourgogne, affl. de l'Yonne.

CHORA [*Vita S. Columbani*, Vales.], localité de Bourgogne entre Saulieu et Auxerre; l'abbé Lebeuf prétend que c'est *Cravant* sur l'Yonne ; d'autres géogr. penchent pour *Querre*, village de l'Yonne, sur la Cure.

CHORIANI VILLA, *Köhren*, bourg de Saxe [Graësse].

CHOTIMIA, CHOTINUM, *Choczim*, place forte de Bessarabie, sur le Dniester [Bisch. et Möll.].

CHREMISSÆ MONASTERIUM, CREMISANUM, *Cremsmünster*, bourg d'Autriche, sur le Crems.

CHREPSA, CRESSA, *Cherso*, île de l'Adriatique, sur la côte Illyrienne.

CHRETINA, Χρητίνα [Ptol.], localité de la Lusitanie, auj. probablement *Cintra*, ville de Portugal (Estramadure).

CHRISTA, CRESTIDIUM, *Crest*, ville du Dauphiné (Drôme).

CHRISTIANIA, voy. ANSLOA.

CHRISTIANI MUNITIO, *Christiansand*, ville forte et port militaire de la Norvége, sur le Skager-Rack.

Imprimerie en 1781, suiv. Ternaux : *Gertsen*, traité sur la manière de faire sécher le tabac (en danois). — Christiansand, 1781. — Falkenstein date

seulement de l'année 1823 l'introduction de la typographie dans cette ville.

CHRISTIANOPOLIS [Cell.], CHRISTIANOSTADIUM, *Christianstadt*, ville forte de Suède, chef-lieu de préfecture.

Nous trouvons au catal. des frères de Tournes (Genève, 1670), et dans Bauer (Suppl., vol. 1, p. 91), l'indication d'un livre imprimé dans cette ville, en 1653 : *Apocalypsis reserata, d. i. Geösnete offenbarung Johannis darinnen, nach gemachter Eintheilung der Zeiten des N. T. das Reich des Drachens, die Stadthalterey des Antichrists, der ruhige Zustand der Kirchen im Reiche Christi durch erlauterung des XI, und XVI, cap. gezeigt wird*, etc. Christianstadt, 1653, in-8, qualifié de *Liber rarus*.

CHRISTIANOSTADIUM AB BOBERAM, *Christianstadt*, ville de Prusse, dans le cercle de Sorau.

CHRISTLINGA (?).

Nom de ville que nous croyons supposé, et que l'on rencontre, au XVIᵉ siècle, au bas d'un ouvrage de polémique religieuse bien connu, que M. Brunet ne daigne pas citer : *Mini Celsi Senensis disputatio, in hæreticis coercendis quatenus progredi liceat, vbi nominatim eos vltimo supplicio affici non debere, aperte demonstratur*, Christlingæ, 1577, in-8. Réimprimé en 1584, sans nom de lieu, mais avec les mêmes caractères, sous ce titre : *Mini Celsi Senensis, de Hæreticis capitali supplicio non afficiendis. Adjunctæ sunt ejusdem argumenti Theodori Bezæ et Andr. Dudithii Epistolæ duæ contrariæ*. Cum indice. S. l. in-8. Les avis sont partagés à l'endroit du véritable nom de l'auteur de ce livre : « *Sunt qui sub Mini Celsi nomine Sebast. Castalionem latere volunt*; alii, ut *Sandius, Placcius, Arnoldus, Bailletus* et *Heumannus*, hanc personam induisse *Lælium Socinum existimant*. » [Vogt.]. Schellhorn, au contraire, veut que ce nom de Minus Celsus soit bien réel : il dit que le livre fut d'abord écrit en italien, puis traduit en langue latine, et que l'auteur, qui professait la religion catholique, fut converti par Bern. Ochin et Aonius Palearius à la foi protestante; Melzi (*Anon. et Pseud.*), qui consacre un article assez développé à cet auteur, ne nous apprend absolument rien de nouveau à cet égard ; ce qui est certain, c'est que parmi les *Epistolæ Italicæ* recueillies par Claudio Tolomeo, également de Sienne, et impr. à Venise en 1566, in-8, les lettres de Fabio Bentivoglio (datées de Venise du 15 sept. 1548) sont adressées *ad Minum Celsum Senensem*; ce qui semble être une preuve sans réplique de l'existence de cet écrivain.

En 1572 parut à Bâle une édition du *Novum Testamentum*, publiée par Minus Celsus; tout porte à croire que son domicile d'élection était cette même ville de Bâle, et que c'est par *Basilea* qu'il nous faut traduire ce nom de lieu inconnu : CHRISTLINGA.

Quant au livre de Donatus Gotuisus, mentionné par Féverlin comme imprimé à *Christlinga*, à la date de 1573, nous déclarons n'avoir rien trouvé, après de minutieuses recherches, qui nous mette à même de contrôler cette assertion ; le livre et son auteur nous sont inconnus.

CHRISTOPOLIS [Niceph. Greg., Cantac.], ville de Macédoine, auj. *Kavalla, Cavala*, suiv. Forbiger, ou *Jeni-Keni*, dans le pachal. de Saloniki.

CHROBATIA, voy. CROATIA.

CHRONOPOLIS, TILSA, *Tilsit, Tilse*, ville de la Prusse-Orient. sur le Niémen.

CHRONUS FL., Χρόνος [Ptol.], vulgò Χρύνος,

CHRONUS [Ammian.], NEMENUS, MEMELA, [Cluv., Cell.], le *Niemen* (en russe *Memel*) fleuve de l'Empire russe, qui vient se jeter en Prusse dans le Curische-Haff.

CHRUDIMA, CHRUDIMUM, *Chrudim*, ville de Bavière, chef-lieu du cercle du même nom, CHRUDIMENSIS CIRCULUS.

CHRYSE, Χρύση [Pausan.], île de la mer Ægée, à l'E. de Lemnos, auj. *Strati*, dans l'Archipel.

CHRYSH AURARIA, *Altenburg* (en Hongr. *Körös-Banya*) bourg de Transylvanie.

CHRYSIUS, le *Körös*, riv. de Hongrie, affl. de la Theiss.

CHRYSOCERAS [Plin.], prom. sur le Pont-Euxin, auj. *Cap de Pera*, sur le Bosphore.

CHRYSOPOLIS [Amm. Marc., Plin]., Χρυσόπολις [Steph., Strab.], ville de la côte de Bithynie, auj. *Scutari* (en turc : *Ouskoudar*), ville de l'Anatolie, en face de Constantinople, sur le canal; elle est considérée comme un faubourg de Constantinople.

Une imprimerie fut installée à Scutari, à la fin du siècle dernier, par ordre du sultan Sélim III; le plus ancien monument, cité par le célèbre orientaliste M. de Hammer, comme provenant de cet établissement, est daté de 1793; les presses furent brisées et dispersées en 1807, lors de la révolution fatale qui enleva au sultan et le trône et la vie; une manufacture de papier, fondée à la même époque, eut probablement le même sort que la typographie.

CHUNI [Auson.], Χοῦνοι [Ptol.], HUNNI [Amm. Marc., Jornand.], peuple de la Sarmatie européenne, originaire de la Mandchourie, et de race mongole; sous le nom de Huns et conduits par Attila, ils dévastèrent l'Europe au ve siècle; on croit qu'après la mort de ce chef, ils se divisèrent, et qu'une partie vint habiter le pays entre le Danube et la Theiss, auquel ils donnèrent leur nom, la *Hongrie*.

CIABRUS, Κίαβρος, Κίαμβρος [Ptol.], rivière de la Mœsie, auj. le *Czibru* ou *Zibru*, dans la Boulgarie Ottom., affl. du Danube [Forbiger].

CIBALÆ [Eutrop.], Κιβάλαι [Sozom.], CIBALAS [It. Ant.], CIBALIS [Dio C.], localité de Pannonie, entre la Drave et la Save, auj. *Vinkoveze*, sur le Bosset, suiv. Kruse; et suiv. qq. autres, *Swilej*, bourg d'Ilfyrie.

CIBINIENSIS COMITATUS, ou SEDES, le *Comitat d'Hermannstadt* (Szeben-Szeke), en Tran-

sylvanie, dans la prov. appelée le Pays des Saxons.

CIBINIUM [Cluv., Cell.], HERMANNOPOLIS [Cluv.], VILLA HERMANNI, *Hermannstadt*, *Szeben*, ville de Transylvanie, sur le Zibin.

La réforme pénétra à Hermannstadt en 1529, et ses propagateurs appelèrent à l'aide de leurs doctrines un puissant auxiliaire, l'imprimerie; mais ce n'est qu'en 1575, qu'une typographie stable et importante fonctionna dans cette ville avec Martinus Heusler et Martinus Vintzler. L'excellent ouvrage de Jean Nemeth sur l'établ. de l'imprimerie en Hongrie et en Transylvanie nous fournit à cette occasion tous les détails les plus authentiques; le premier ouvrage sorti de leurs presses est intitulé : *Scheswi Christiani imago seu typus de lapsu et restitutione humani generis per Christum sine operibus Legis, et cultibus Leviticis : ex parabola evangelica, de homine saucio et Samaritano : additum est : Carmen de sanctorum angelorum officio, et custodia erga pios.*

Impressum Cibinii Transsylvaniæ, in officina Martini Heusler et Mart. Wintzler, 1575, in-4°.

Jean-Henri Crato, fils de l'imprimeur du même nom, qui avait ses presses à Witteberg, vint ensuite, et son établissement eut une importance considérable. Les typographes suivants furent : Joh. Fabricius, 1598; Jacobus Thilo, 1616-1619; Marcus Pistorius, 1634-1650, dont Frolich, dans sa *Medulla geogr.*, parle en ces termes : « *Typographiam hujus civitatis* (Cibiniensis) *superioribus annis turpiter prostituit alastor Marcus Pistorius, injuriosas quandoque chartas in ea imprimendo.* »

Nous ne donnerons pas la longue nomenclature des imprimeurs d'Hermannstadt; notons seulement la réimpression du célèbre ouvrage du comte de Bethlen (*Historia de rebus Transylvanicis*), qui fut exécuté dans cette ville à la fin du XVIIIe siècle, 1782-1795, en 6 vol., in-8°, par l'imprimeur Peter Barth, pour les premiers volumes, et son fils Jean Barth, pour les deux derniers.

CIBINIUM MINUS, *Kis-Szeben*, petite ville de Hongrie, sur la rivière Toriza, dans le com. de Sarosch.

CIBRUS [It. Ant.], Κίβρος [Procop.], CIAMBRON [G. Rav.], localité de la Mœsie infér., auj. *Arzer-Palanka*, ou *Zibru*, dans la Boulgarie ottomane [Bisch. et Möll.].

CICERES, ZIZARIA, *Zizers*, sur le Rhin, bourg de Suisse (cant. des Grisons, Graubündten).

CICESTRIA, *Chichester* (en saxon : *Cissanceaster*), ville d'Angleterre (comté de Sussex).

M. Cotton dit simplement que cette ville possédait une imprimerie dès l'année 1724. Nous citerons un petit vol, *Seeman's Friend*, impr. à Chichester en 1774; l'histoire de cette ville est admirablement faite par le Rév. James Dallaway, et forme le premier vol. du splendide ouvrage consacré au Sussexshire, et publié sous le patronage du duc de Norfolk (Lond. 1815-19-30).

CICILIANA, CILIANA [It. Ant.], ville de la Lusitanie, auj. *Seixola*, suiv. Ukert, près Merida, dans l'Estramadure espagnole.

CICONUM FLUMEN, voy. LISSUS.

CIERIUM, Κιέριον [St. Byz.], Κίερος [Strab.], ville de l'Épire, dont les ruines se trouvent près de Mataranga, dans le pach. de Janina (voy. *Transact. of the Roy. Soc. of Litt.*, 1, 1827).

CILENI, CILINI [Plin.], Κιλινοί, peuple de la Tarraconaise; hab. les environs d'*Aquæ Cilinæ*, *Caldas de Rey*, dans la Galice.

CILIANUM, *Cigliano*, bourg du Piémont, dans la prov. de Vercelli.

CILICIA, *Zulz*, *Zülch* ou *Biala*, ville de Silésie (Graësse).

CILLÆ [It. Ant.], CILLIUM [It. Hier.], localité de Thrace, auj. *Killion*, ou, suiv. Mannert, *Kayali*, dans le pach. d'Andrinople (Roumélie).

CILNIANA [It. Ant.], ville des Bastuli, dans la Bétique, auj. *Estepona*, dans le roy. de Grenade [Bisch. et Möll.].

CILURNUM [Not. Imper.], ville des Brigantes, dans la Britannia Romana, auj. *Collerton*, près Walwick (Northumberland).

CIMACULUM, COMACIUM, COMACHIUM, COMACULA, *Comachio*, ville forte d'Italie (délég. de Ferrare).

CIMARUM, Κιμάρου ὄρος [Strab.], prom. de l'île de Crète, auj. *Capo Spada*, dans l'île de Candie.

CIMBRI [Cæs., Liv.], Κίμβροι [Strab., Ptol.], peuple de la Germanie septentrionale; habitait le Jutland, et particulièrement les districts d'Aalborg et de Wiborg.

CIMBRIA PARVA, FIMBRIA, l'île de *Femern*, au Danemark (Sleswig).

CIMBRIANA, CIMBRIANUM, voy. ALBANIUM.

CIMBRORUM PORTUS, *Cimbrisham*, ville de Suède [Bisch. et Möll.].

CIMBRORUM PROM., *Skagen*, cap du Jutland.

CIMINIUS LACUS, Κιμινία λίμνη [Strab.], *Lago di Vico*, ou *Lago di Ronciglione*, près de Viterbe (Italie).

CIMINIUS MONS [Liv., T. Peut.], CIMINUS [Virg., Sil. Ital.], *Monte Cimino*, ou *Monte Fogliano*, dans la délég. de Viterbe (Italie).

CIMINIUS SALTUS [Liv.], SILVA CIMINIA [Liv.], la *Forêt Ciminienne*; s'étendait entre le Tibre et Viterbe.

CIMMERIUM, Κιμμέριον, localité de la Sarmatie europ., auj. *Eski-Krimm*, sur le fl. Salgir, en Crimée.

CIMOLOS, Κίμωλος [Scyl.], Σίδη [Steph.], CIMOLIS [Plin., Ovid.], Κιμωλίς [Ptol.], île de la mer Ægée, auj. *Kimoli*, dans l'Archipel.

CINARA INS. [Plin.], Κίναρος [Plut.], l'une des Sporades, auj. *Zinari*.

CINGA FL. [Cæs.], dans la Tarraconaise, auj. *Cinca*, riv. d'Aragon, affl. de l'Èbre.

CINGARI, ZINGARI [Chr. Bavariæ], les *Zingari*, *die Zigeuner*, *los Gitanos*, peuple nomade, originaire d'Égypte ou de l'Asie occidentale.

CINGIACUM, voy. CHAINGIACUM.

CINGILIA [Liv.], ville des Vestini dans le Samnium, auj., suiv. Reichard, S. *Cilia*, [Abruzze-Ultér.].

CINGULUM [Cæs.], ville du Picenum, auj. *Cingoli*, ville d'Italie (délég. d'Ancône).

CINIUM [Plin.], ville de l'île Balearis Major, auj. *Sineu*, ou *Calalonga*, bourg de l'île de Majorque.

CINNA, voy. CENNA.

CINNA [It. Ant.], Κίννα [Ptol.], en Illyrie, auj., suiv. Mannert, *Zetta* ou *Zenta*, sur le lac de Scutari, en Albanie.

CINNIANA [It. Ant.], dans la Tarraconaise, auj., suiv. Reichard, *Ciuraña*, bourg de Catalogne.

CINNIBANTUM [Not. Imper.], *Kimbolton*, bourg d'Angleterre (comté d'Huntingdon).

CINUM, SCINUM, *Cin*, bourg de Suisse (C. des Grisons).

CIRCÆUM PROM. Κιρκαῖον ἄκρον [Str., Pt.], CIRCÆUM JUGUM [Virg.], CIRCÆIA JUGA [Sil.], mont. du Latium, auj. *Monte Circello*, montagne de la Campagne de Rome, près San Felice.

CIRCEII [Cic., Hor.], Κιρκαῖοι, habitants d'une colonie romaine dans le Latium, auj. *Circello*, près de Civita-Vecchia.

CIRCESTRIA, voy. CORISIUM.

CIRCONIENSIS LACUS, *Lac Czirknitz*, en Illyrie, dans le cercle d'Adelsberg (Inner-Krain).

CIREOLA, *Zirl*, *Cirle*, bourg du Tirol, près Innspruck.

CIRICIUM, CIRNA, CZERCUM, CZERSCHIA, *Czerck*, ville de Pologne, sur le Weichsel (Woiew. de Mazovie).

CIRPHIS, Κίρφις [Strab.], mont. de la Phocide, au S.-E. de Delphes, auj. *Xerovuni*, ou, suiv. Kruse, *Zimeno*, près de l'isthme de Corinthe.

CIRRHA [Plin., Stat.], ἡ Κίρρα [Ptol., Strab.], ville de Phocide, sur le Sinus Crissæus, auj. *Asprospiti*, en Livadie, sur le golfe de Lépante ; suiv. d'autres géographes, *Salona*.

CIRTISA [It. Ant.], CERTISIA [Geo. Rav.], CERTIS [Tab. Peut.], Κέρτισσα [Ptol.], ville de la Pannonie, auj. *Diakovar*, ou, suiv. Reichard, *Kondries*, localités de Slavonie (Autriche).

CISAMUS, Κίσαμος [Ptol.], ville du N.-O. de l'île de Candie, auj. *Kisamo-Kasteli*.

CISONIUM, *Chisoing, Cisoing*, bourg de la Flandre Wallonne (Nord) ; anc. abbaye.

'CISSA, Κίσσα [Polyb.], CISSUM [Plin.], local. des Lacetani, dans la Tarraconaise, auj. *Guissona*.

CISSA, voy. CRESSA.

CISTERCIUM, *Citeaux*, hameau du dép. de la Côte-d'Or, dans l'arrond. de Beaune, célèbre par son abbaye prélatiale de Bénédictins, fondée en 1098 ; depuis chef-d'ordre duquel dépendaient 3600 abb. ou prieurés.

Les priviléges de l'ordre de Cîteaux ont été imprimés à Dijon en 1491. M. Cotton nous apprend qu'une imprimerie fut installée dans le monastère, au commencement du XVIIe siècle, en 1602, et que le typographe auquel l'abbé confia l'exploitation de son matériel s'appelait Jean Savine ; il s'appuie du nom de M. Brunet pour authentiquer ce fait : or Jean Savine (voy. CLARUS-LOCUS) fut appelé en 1606 à l'abbaye de Clairlieu, près Nancy ; il aurait pu exercer à Cîteaux en 1602 et, sur la demande de l'abbé de Clairlieu, être envoyé par le monastère chef-d'ordre, quatre ans après en Lorraine. Ce fait n'est point suffisamment éclairci, et nous regrettons de ne point avoir trouvé le vol. que M. Brunet cite comme imprimé à Cîteaux en 1602.
Quoi qu'il en soit, la proximité de Sens, où nous trouvons un imprimeur du nom de Jean Savine, plus de vingt ans auparavant (en 1569), nous fait supposer que l'abbé de Cîteaux le fit venir de cette ville pour lui confier la direction des presses de son ordre.

CITHÆRON MONS, Κιθαιρών, montagne de la Béotie, près Thèbes, auj. *Kithäron* ou *Elatia*.

CITHARISTA [Mela], CESARISTA, *Ceyreste*, bourg de Fr. (Bouches-du-Rhône).

CITHARISTES PROM., Κιθαριστής [Ptol.], le *Cap d'Aigle*, sur la Méditerranée, près de Ceyreste.

CITIUM [Plin.], Κίτιον [Strab.], ville de l'île de Chypre, sur la côte S., auj. *Chieti*, ou *Chiti*.

CITIUM, CIZA [Cell.], ZIZA [Luen.], CITIZUM, CITZA, *Zeitz*, ville de Prusse, dans la rég. de Merseburg.

Le premier livre imprimé dans cette ville que nous connaissons est celui-ci : *Christophorus Cellarius. Portæ Syriæ sive nova methodus grammatica.* Cizæ, 1677, in-4. (Cat. Elzev. 1681, p.107.) — *Cellarii (Christophori) Philologiæ sacræ sciographia.* Zizæ, 1678, in-4 ; et encore : *Cellarius, Eutropii Breviarium Historiæ Romanæ.* Cizæ, 1678, in-8.
Puis vient :
En 1680, *Nachricht über Herrn D. Nicolai Selnecceri vom 80 und etlichen nachfolgenden Jahren herumgetragene Deutung.* Zeitz, 1680, in-8. (Cat. Bibl. Pulcovensis, p. 242.)
Pour l'histoire de *Zeitz*, voy. la *Bibl. Saxon.*, de Struvius, p. 657 et suiv.

CITUATUM, CITUORUM INSULA, *Schütt*, île du Danube, dans la Basse-Hongrie (com. de Pressburg).

CIUS, CIUM [It. Ant.], localité de Mœsie, auj., suiv. Reichard, *Rosesti*, dans la Boulgarie ottomane.

CIVITAS, *Civeda*, bourg de la Vénétie (prov. de Brescia).

CIVITAS CARSICI, CARSICUM, *La Cieutat* (au XIVe s.), *La Cioudad* (en Prov.), *La Ciotat*, ville de France (Bouches-du-Rhône).

CIVITAS AURELIA AQUENSIS, voy. AQUÆ.

CIVITAS AUSTRIÆ, CIVITAS FOROJULIENSIS, voy. FORUM JULII.

CIVITAS CAMPANIÆ, CAMPANIA, *Campagna*, ville d'Italie (Princip. Citér.).

M. Ternaux cite un livre imprimé dans cette ville en 1545 : *Repertorium mirifici apparatus D. Ioannis Ant. de Nigris, civitatis Campaniæ, super extravaganti constitutione Clementis Papæ VII contra clericos non incidentes in habitu et tonsura...* Impressum in civitate Campaniæ...· per Franciscum de Fabris de Corinaldo...1545, in-folio.
Un écrivain du même nom, Nicolo de Nigris, publia en 1691, à Naples, l'*Istoria di Campagna*, in-4.
La *Libreria de' Volpi* nous fournit l'indication d'un second volume imprimé dans cette localité au XVIe siècle : *Io. Nicolaus Rogerius, in Galenum de sanguinis missione;* in civitate Campaniæ, 1570, in-4.

CIVITAS CASTELLANA, *Città di Castello*, sur le Tibre, bourg de la délég. de Pérouse.

CIVITAS CURIOSOPITUM, voy. CORIOSOPITUM.

CIVITAS DIVINI VULTUS (?). Ceci est un nom de lieu qui se trouve sur la souscription d'un livre imprimé en 1482, et signifie *Vérone*; cette dénomination viendrait du *sacrosanctum sudarium* de Ste Véronique, d'après M. Brunet.

CIVITAS DIVI PONTII THOMERIARUM, *St-Pons de Thomiers*, pet. ville du Languedoc (Hérault).

L'imprimerie remonte en cette petite ville à l'année 1516. M. Brunet consacre au livre rare qu'il décrit, à cette date, un article consciencieux, que nous ne pouvons mieux faire que d'analyser succinctement : *Problemata magistri Bartholomei de Solliolis vivariensis medici : ǫ bonarum artium magistri : nec non in facultate medicine ex alma motispesulani vniuersitate merito graduati : super sexagenarium astronomie a modä vtile et profecto admirabile instrumentum : subsequenter incipiunt.* Au bas du ve du dernier f. : Impressum fuit opus psens. 150 pblematū magistri Bartholomei de solliolis: sup sexagenariū : in ciuitate diui Pōtii thomeriaʒ : p Magtm Ioāñe de ǧuerlius inpssorie artis mirificū artifice. Anno Christi. 500 et. 16. sup: 1000 año aūt mundi. 6860. die ꝶo. 28. aprilis. sole 18. g̃dū tauri : luna ꝶo. 10. g̃dū ariet; pegrūte. In-4, de 32 ff., chiff. jusqu'à 31, sign. a-d., à 47 l. par page.

Ce livre est conservé à la biblioth. Mazarine: il est imprimé en très-petits car. goth., d'une grande nètteté et sur un excellent papier ; sur le titre une gravure sur bois, où figurent deux hommes occupés d'observations astronomiques.

Remarquons le nom de cet imprimeur, un de ces artistes nomades, comme nous en trouvons un si grand nombre à cette époque ; en 1519 nous le voyons à Toulouse ; mais plus de vingt ans auparavant il exerçait son art en Espagne, signant tantôt Jean de Gherlinc et tantôt Jean de Gherlins, à Braga en 1494 et à Barcelone en 1498.

CIVITAS DUCALIS, *Citta-Ducale*, ville d'Italie (Abruzze-Ultér. 11).

CIVITAS IMPERIALIS AD GOSAM, voy. GOSLARIA.

CIVITAS INDAGINIS, HAGA SCHAUENBURGI, STADTHAGA, *Stadthagen,* ville de la petite principauté de Schauenburg-Lippe, entre la Prusse et le Hanovre.

Feverlin nous dit que cette ville possédait une imprimerie en 1614, et voici le titre du premier volume exécuté : *Kirchen-Ordnung unser von Gottes Gnaden Ernsts, grafen zu Holstein-Schaumburg und sternberg, worin zu sehen, wie es mit Lehr und ceremonien in unsern Graffchaften und Landen hinfüro mit Göttlicher Hülfe gehalten werden soll.* 1. *cor. XIV. Lasset alles in der Gemeine ehrlich und odentlich zugehen.* Gedruckt zu Stadthagen in Jahr 1614, in-4, de 270 p.

Livre fort rare, même dans le comté de Schauenburg, nous dit Bunemann, in *Catal. Biblioth.* p. 101.

CIVITAS LAVINIA, voy. LANUVIUM.

CIVITAS MONTIS GRACCENSIS, voy. ZAGRABIA.

CIVITAS NAMNETUM, voy. NAMNETUS PORTUS.

CIVITAS NOVA, *Città Nuova*, pet. ville d'Illyrie (gouv. de Laibach).

CIVITAS PLEBIS, *Civita* ou *Città delle Pieve,* ville d'Italie (délég. de Pérouse).

CIVITAS REGALIS OU REGIA [Cluv.], *Ciudad-Real,* ville d'Espagne, dans la Nouv.-Castille, chef-lieu d'Intendance, anc. capitale de la Manche.

Cette ville ne figure pas dans la nomenclature, donnée par Mendez, des villes d'Espagne qui ont possédé ou possèdent aujourd'hui une imprimerie.

CIVITAS REMORUM, voy. REMI.

CIVITAS RODERICI, RODERICOPOLIS, *Ciudad-Rodrigo,* ville forte d'Espagne, dans le royaume de Léon : quelques géographes ont vu dans cette ville l'emplacement de l'anc. *Lancia Transcudana.*

Même observation que pour Ciudad-Real; ne figure pas au Catal. de Mendez.

CIVITAS SALINARUM, voy. SALINÆ.

CIVITAS SANCTI ANGELI, *Civita di S. Angelo,* bourg du Napolitain (Abruzze-Ultér. 1).

CIVITAS TUTA, CIVITATULA, *Cittadella,* ville de la Vénétie, sur la Brenta (prov. de Vicence).

CIVITAS VALLENSIUM, voy. OCTODURUS.

CIVITAS VASATICA, voy. VASATUM.

CIVITAS VENETORUM, voy. DARIORIGUM.

CIVITAS VETUS, voy. CENTUM-CELLÆ.

CIZA, voy. CITIUM.

CLAGENFURTUM, voy. CLAUDIA.

CLAMARDUM, *Clamart-sous-Meudon,* bourg de France (Seine).

CLAMECIACUM, CLAMIACUM, CLEMENTIACUM, CLIMICIACUM, *Clamecy,* ville de France (Nièvre).

CLAMORGANIA, GLAMORGANIENSIS COMITATUS, *Glamorgan,* comté d'Angleterre, dans le pays de Galles.

CLAMPETIA [Liv., Mela], CLAMPEIA [Tab. Peut.], Λαμπέτεια [Polyb.], ville du Bruttium, sur la côte O., auj. *Cetraro,* dans la Calabre Citér., ou, suiv. d'autres géogr., *San Lucilo.*

CLANIS FL. [Plin., Liv.], GLANIS, fl. d'Étrurie, auj. *le Sacco* ou *Fiume di Campagna,* et, suiv. quelques géogr., la *Chiana,* affl. de l'Arno.

CLANIS, CLANUS, le *Clain,* riv. de France, affl. de la Vienne.

CLANIUS FL. [Virg.], GLANIS, Γλάνι; [D. Halic.], fleuve de la Campanie, auj. le *Clanio,* dans la Terra di Lavoro.

CLANOVENTA [It. Ant.], GLANNIBANTA [Not. Imp.], localité de la Britannia Romana, que l'on croit retrouver dans l'anc. abbaye de *Holme,* sur le Firth of Solway, côte N.-O. du Northumberland.

CLANUM [It. Ant.], localité des Senones, dans laquelle Ukert voit *Villeneuve-sur-Vanne,* et Reichard, *Chailly* (Seine-et-Marne).

CLARA, REGIA MAGNA, *Kralowa-Welika,* bourg de Croatie.

CLARA, *Clare,* anc. ville d'Irlande, dans le comté du même nom, sur le Fergus (Munster) ; n'est plus auj. qu'un village.

CLARAMONTIUM, voy. CLAROMONTIUM, CLARUS MONS et ARVERNA.

CLARASCUM, *Quierasque, Cherasco,* pet. ville du Piémont (prov. et au N. de Mondovi).

Voici un livre imprimé dans cette ville en 1631 : *Aggiustamento per l'esscecutione del trattato del 6 di aprile 1631, fatto in Cherasco.* Cherasco et Pavia, per gli Heredi di G. B. de Rossi, 1631, in-4. La *Storia di Cherasco,* par Francesco Voersio, fut imprimée à Mondovi, en 1618, in-4.

CLARAVALLENSE CŒNOBIUM, CLARA VALLIS, *Clairvaux,* ville de France (Aube); anc. et illustre abbaye de S.-Benoît, fondée en 1115, et dont S. Bernard fut le premier abbé.

CLARA VALLIS, *Clairvaux*, bourg de France (Jura). = *Cleravaux*, bourg du dép. de la Haute-Vienne. = *Clerevaux*, bourg de Franche-Comté (Doubs).

CLARENNA [T. Peut.], localité de la Rhétie, sur l'emplacement de laquelle les géographes sont divisés : est-ce *Munderkingen*, ville du Wurtemberg [Kruse]; *Kirchheim*, ou *Rain*, pet. ville de Bavière, dans le cercle du haut Danube?

CLARENTIA, *Clarence*, ville d'Angleterre (C. de Suffolk).

CLARIACUM AD LIGERIM, CLERIACUM AURELIANENSE, *Cléry*, sur la Loire, ville de France (Loiret); Louis XI fut enterré dans son église de Notre-Dame.

CLARITAS JULIA, ESPEJO, bourg d'Espagne, dans le roy. de Cordoue.

CLARIUM, *Chiari*, bourg du Milanais (prov. de Brescia).

CLAROFONTANUM PALATIUM, *Hellebrunn*, château de plaisance, près Salzbach, en Autriche.

CLAROMONS, *Chiaramonte*, bourg de Sicile, dans le Val di Noto.

CLAROMONTII COLLEGIUM, *le Collége de Clermont*, à Paris, appartenant aux RR. PP. Jésuites.

Sentence du 6 octobre 1614, contre le P. François Loriot, jésuite, par laquelle défenses sont faites audit P. Loriot, et aux prêtres et aux écoliers du collége de Clermont, de tenir aucunes presses, caractères et ustensiles de librairie, imprimerie et reliure, ni d'entreprendre à l'avenir sur l'art et fonction desdits imprimeurs, libraires et relieurs de livres, à peine de confiscation et de 3000 livres d'amende.

Quand, au siècle dernier, les jésuites furent chassés de France, leur admirable bibliothèque, dans laquelle était venue se fondre celle de l'archevêque de Harlay, fut adjugée au collège de Louis-le-Grand, par arrêt du 24 février 1764, et la vente en fut faite dès le mois suivant; la police interdit la vente de l'*Encyclopédie*, c'est-à-dire des 7 premiers vol. qui étaient parus, et, ce qui est bizarre, des tableaux de Tortorel et Périssin.

CLAROMONTIUM, voy. ARVERNA.

Nous ajouterons à la notice que nous avons consacrée à l'imprimerie de Clermont : Les arrêts du conseil du 21 juillet 1704 et du 31 mars 1739 autorisent la ville de Clermont à conserver deux imprimeries.

Ces deux imprimeurs, en 1764, lors du *Rapport* Sartines, étaient Pierre Viallanes, pourvu depuis 1736, avec trois presses; et L.-Pierre Boutandon, reçu maître et imprimeur du roi en 1755, avec quatre presses ; la charge d'imprimeur du roi était dans la famille des Boutandon depuis 1693.

Une sentence du Châtelet du 2 juillet 1625, pour les syndics et adjoints de la communauté des libraires de Paris, fut prononcée contre Guillaume et Blaise Paschal frères, marchands papetiers, qui avaient fait imprimer par Métayer, maître imprimeur, *Apparatus in Ciceronem*, in-4, laquelle édition fut confisquée, et ledit Métayer condamné à l'amende, avec défense auxdits Paschal de plus contrevenir aux règlements, à peine de 400 liv. d'amende. Confirmé par autre sentence du 30 janvier 1626 ; et cette sen-

tence contradictoire porte que Blaise Paschal, marchand papetier d'Auvergne, sera condamné à remettre les exemplaires des livres saisis, etc. Arrêt du conseil du 22 août 1626, confirmant celui du 20 février, qui condamne les frères Paschal, marchands papetiers à Paris, en 200 livres d'amende, etc. Ce Guillaume et ce Blaise Paschal, papetiers d'Auvergne, et possédant un dépôt à Paris, étaient, croyons-nous, proches parents de leur illustre homonyme.

CLAROMONTIUM, CLAREMONTIUM LUTEVENSE, *Clermont de Lodève*, ville de France (Hérault).

CLAROMONTIUM, CLAROMONS, *Clermont*, bourg et château d'Anjou (Maine-et-Loire), qui donne son nom à l'illustre maison des Clermont-Gallerande.

CLAROMONTIUM, *Clermont*, bourg et château du Viennois (Isère), d'où viennent les Clermont-Tallard [P. Anselme].

CLARUS FONS, *Sherborne*, bourg d'Angleterre (C. de Dorset).

CLARUS LOCUS, CLAROLOCUS, *Clairlieu-lez-Nancy*, village de Lorraine (Meurthe), où les ducs de Lorraine avaient un château; anc. abb. de Cîteaux, fondée en 1159, par Mathieu, duc de Lorraine.

En 1606, dit M. Beaupré, une nouvelle imprimerie vient prendre place dans les annales de la typographie lorraine; c'est celle de l'abbaye de Clairlieu-lez-Nancy; un typographe du nom de Jean Savine (appelé peut-être de Sens, où nous voyons une imprimerie de ce nom en 1569) et certainement de Cîteaux, si la supposition que nous fait émettre une assertion de MM. Brunet et Cotton peut être admise (voy. CISTERCIUM), y établit, à l'instigation de l'abbé des Bernardins, une imprimerie dont les produits sont remarquables par la beauté des caractères et par une exécution presque elzévirienne; en 1609 les presses conventuelles cessent de fonctionner, et Jean Savine va s'établir à Nancy.

Pendant ces trois années huit ouvrages sont imprimés tant au monastère des Bernardins qu'à la maison qu'ils possédaient à Nancy, rue de la Monnaie.

Le premier est à la gloire de l'illustre fondateur de l'ordre : *Vita et miracula sancti Bernardi, primi Clarevallis abbatis et præcipui sacri Cisterxiensis ordinis illustratoris, a quodam ipsius ordinis monacho metrice edita.* Pet. in-8, de 36 ff. imprim. en ital. à l'exception des sommaires qui sont en car. rom.; à la fin, au v° du 36e f. *Clari-Loci ad Nanceium. Excudebat Joannes Savine typographus. Anno domini 1606, sign. A-Eii.*

Le plus important des huit ouvrages sortis de l'abbaye de Clairlieu est le : *Discours des ceremonies, honneurs et pompe funèbre faits à l'enterrement du très-haut, très-puissant et serenissime prince Charle III du nom, duc de Calabre, Lorraine, Bar, etc., par Claude de la Ruelle, secrétaire des commandements de feuë son altesse...* à Cler-lieu-lez-Nancy, par Jean Savine, 1609, in-8, de VIII-202 f., plus 3 f. non chiffrés.

A partir de 1609 les ouvrages dont la souscription est datée de Clairlieu sont imprimés à Nancy.

CLARUS MONS BELLOVACENSIS, CLERMONT EN BIAUVOISIN [Gr. Chron.], *Clermont en Beauvoisis*, ville de France (Oise); anc. comté.

CLARUS MONS LOTHARINGIÆ, *Clermont en Argonne*, bourg de France (Meuse).

CLARUS MONS, *Montechiaro*, ville de Sicile(?).

Falkenstein, et, d'après lui, M. Cotton signalent l'imprimerie comme existant dans cette localité en 1655. Le titre du livre dont veut parler le rév. docteur nous est fourni par Haym : *La vita di Cesare Borgia, detto poi il Duca Valentino, da Tomaso Tomasi*. Montechiaro, 1655, in-4, réimprimé audit lieu en 1671. Malheureusement tout nous porte à croire que le lieu d'impression est supposé, et nous pensons, avec Melzy, qu'il fut exécuté à Macerata.

CLASIS, riv. d'Ombrie, auj. la *Chiascia*, affl. du Tibre.

CLASTIDIUM [Liv.], Κλαστίδιον [Polyb., Str.], ville de la Gaule Cispadane, auj. *Casteggio*, ou *Schiateggio*, près du Pô, bourg entre Plaisance et Tortona, en Piémont.

CLATER (ERIS), *Cleder*, village près St-Pol-de-Léon (Finistère).

CLATERNA [Cic., Plin.], CLATERNUM [Geogr. Rav.], Κλιτέρνα [Ptol.], ville de la Gaule Cispadane, auj. *Varignano*, bourg d'Italie (délég. de Bologne).

CLAUDIA [Plin.], CLAUDIVIUM, Κλαυδιούϊον [Ptol.], Κλαυδόνιον, CLAGENFURTIUM, ville de la Norique, auj. *Klagenfurt*, sur le Danube, ville de la Haute-Carinthie (Autriche).

Falkenstein nous donne 1777, comme la date de l'introduction de la typographie dans cette ville.

CLAUDIA, CLAUDIA FOSSA, *Chioggia, Chiozzia*, ville forte de la Vénétie, au S. de Venise, à l'extrémité orient. des lagunes.

CLAUDIA CASTRA, CLAUDIOCESTRIA, voy. CLEVUM.

CLAUDIANOPOLIS, CLAUDIOPOLIS [Cluv., Cell.], COLOSVARIA, COLOSVARIUM, *Clausenburg* (en hongr. *Kolosvar*), ville forte d'Autriche, capitale de la Transylvanie, ch.-l. du pays des Hongrois, l'un des trois districts de la principauté. Patrie de Mathias Corvin.

Joannes Németh (*typogr. Hungariæ et Transsilv.*) ne fait remonter qu'à 1550 l'imprimerie à Kolosvar ; ce bibliographe nous inspire une confiance absolue, mais nous devons cependant noter un volume portant une date antérieure, dont Vogt (*Cat. lib. rar*:) nous fournit la description : *Jo. Decii syntagma institutionum juris imperialis Hungarici, quatuor perspicuis quæstionum ac responsionum libris comprehensum*. Claudiopoli, 1539, in-4.

Vers la même époque, mais ne portant pas de date, parait un livre célèbre, dont Schelhorn nous donne la description est : *Fulmen de Cœlo Delapsum Trinitariorum Deum Triunum Contundens*. Claudiopoli in Transylvania.

Ce livre, ou plutôt ce *Blasphème*, comme l'appelle Vogt, parut à peu près à la même époque que les célèbres ouvrages de l'Anti-Trinitaire Servet ; mais il n'est pas du tout prouvé qu'il ait existé ; ou, s'il fut réellement imprimé à Kolosvar, il fut saisi et supprimé avec un tel soin que Schelhorn raconte qu'un de ses amis, *vir eruditus, cujus relationi hoc debeo, se omni cura in ipsa Transylvania hunc librum sibi comparare haud potuisse, affirmavit ;* ce qui est parfaitement sûr, c'est qu'il a totalement disparu.

En 1545 Caspar Heltai ou Helti, après avoir terminé ses études à Wittemberg, revint à Kolosvar, sa patrie, en qualité de pasteur, et y fonda un établissement typographique qu'il dirigea lui-même de 1550 à 1577. Sa veuve lui succéda de 1578 à 1580 ; puis son fils, qui portait le même nom, Caspar Heltai, ce dernier étant encore sans enfants, sa sœur Anna, mariée au sénateur Mathias Raw, hérita des presses et du matériel de la famille.

En 1551 l'un des ouvriers de Caspar Heltai le père fonda lui-même une imprimerie ; il s'appelait George Hoffgreff (1551-1558).

Voici le premier livre imprimé par C. Heltai :

Ritus explorandæ veritatis, quo Hungarica Natio in dirimendis controversiis ante annos 340 usa est, et ejus testimonia plurima in sacrario summi templi Varadiensis reperta. Colosvarii, 1550, in-4 ; à la fin : *Impressum Colosvarii per G. H. (Gasparem Heltum)*.

George Hoffgreff a publié en 1551, de concert avec son maître C. Heltai :*Summa Christlicher Lehrer Auderst, der kurse Cathechismus durch Caspar Helth, Pfarrern zu Klausenburg ;* à la fin : *Zu Klausenburg in Siebenbürgen durch Kaspar Helth und Georg Hoffgreff*, 1551, in-8.

En 1555, nous le voyons signer seul les livres qui sortent de ses ateliers : *Dialysis scripti stancari...conscripta per Franc. Davidis...* Impressum Claudiopoli Transylv. per Georgium Hoffgrevium, ann. MDLV, in-8°.

CLAUDIOPOLIS, S. CLAUDII FANUM, *Saint-Claude*, ville et évêché de Fr. (Jura).

A la fin du XVIIIe siècle, dit M. Gaullieur, à l'occasion de la révolution française, on imprime dans cette petite ville un grand nombre de brochures.

CLAUDIUS MONS [Plin.], montagne de Croatie, près de Warasdin, dominant le cours de la Drave.

CLAUDIVIUM, voy. CLAUDIA.

CLAUSA, *Chiusa*, bourg de la Vénétie (délég. d'Udine).

CLAUSENTUM, voy. ANTONA MERIDIONALIS.

CLAUSINA, CLAUSIUM, *Clausen*, ville du Tyrol, entre Brixen et Botzen.

CLAUSTHAL, ville de la Basse-Saxe, dans le Brunswick, dont nous ignorons le radical latin.

Falkenstein dit que cette ville eut une imprimerie en 1727.

CLAUSTRIBURGUM, CLAUSTRUM NEOBURGENSE, *Klosterneuburg*, sur le Danube, ville d'Autr. (Cercle infér. du Wienerwald).

CLAUSTRUM, *Lencloistre*, village de France, près Châtellerault (Vienne).

CLAUSULA FL. [Liv.], fleuve de l'Illyrie grecque, auj. la *Morasca* ou la *Drinassa* [Forbiger].

CLAUSULÆ, CLUSÆ, *Sluys (écluse)*, ville de Hollande (pr. Zeeland).

CLAUSULÆ NIGRÆ, *Swarte-Sluys*, bourg de Hollande (Over-Yssel).

CLAVARUM, CLAVERIUM, *Chiavari*, ville d'Italie (prov. de Gênes).

CLAVASIUM, *Chiavasco (Chivas)*, ville d'Italie, au N.-E. de Turin, sur le Pô.

Un imprimeur nomade, Jacobinus de Suigo de Sancto Germano, qui exerçait à Venise en 1485, vint l'année suivante, sans doute avec un matériel roulant, essayer de Chivazzo, alors l'une des places les plus fortes du Piémont : il y publia un seul volume, et continua sa route jusqu'à Turin, où il se fixa de 1487 à 1496 ; puis il passe les Alpes et nous le voyons exercer à Lyon en 1496 et 1497 ; enfin l'amour de la patrie le ramène à Venise en 1498, et ce fut sans doute là qu'il termina sa vie tourmentée.

Les bibliographes ne citent de cet imprimeur qu'un seul ouvrage imprimé à Chivasso ; en voici le titre exact : *Angelus de Clavasio summa Angelica de Casibus Conscientiæ.*—A la fin : *Jacobinus de Suigo de sancto Germano huius impressionis auctor ad lectorem ;* puis viennent six distiques à la louange de l'auteur, et la souscription : *Impressum hoc opus Clavassii anno christiane salutis* MCCCC. *octuagesimo sexto, tertio idus maii, feliciter imperätibus Innocentio octavo Maximo et Karolo illustrissimo duce Sabaudie Pedemontaneque regionis,* in-4, imprimé en gros caractères goth.

Dans une réponse de l'auteur à une lettre de Jér. Tornielo, il s'exprime ainsi : « *Magistro Jacobino de sancto Germano in præfata arte peritissimo, ut vivis tuis votis morem geram, imprimendum* (librum) *transmitto.* »

CLAVENNA [Itin. Anton., T. Peut., P. Diac.], ville de la Rhætie, près du lacus Comacenus, auj. *Chiavenna* (en allem. *Clæven*), ville du Milanais, dans la Valteline (délég. de Sondrio).

Imprimerie en 1550 : *Franc. Nigri de Fanini Faventini et Dom. Bassanensis morte historia.* Clavennæ, 1550, in-8 (Haym).

CLAVERIUM, voy. CLAVARUM.

CLEMENTIACUM, voy. CLAMECIACUM.

CLEONÆ [Liv., Ovid., Plin.], Κλεωναί [Hom., Pind.], ville de l'Argolide, au S.-O. de Corinthe, dont les ruines se trouvent près de *Kurtesi*, dans le dioc. de Nauplie.

CLEPIACUM IN PAGO ALNETENSI, *Aulnoy-en-Brie* ou *Aunoy*, village du dép. de Seine-et-Marne, suiv. l'abbé Lebeuf.

CLEPIDAVA, Κλτπίδαυα [Ptol.], ville de la Sarmatie europ., auj., suiv. Cluvier, *Kaminiec, Kamenetz,* ville forte de Russie, chef-lieu du gouv. de Podolie.

CLEPSYDRA FONS, Κλεψύδρα [Pausan.], pet. riv. de la Messénie, près du mont Ithome, auj. le *Secreci* [Pouqueville].

CLERIACUM, voy. CLARIACUM.

CLESIUS, voy. CLUSIUS.

CLEVUM [Itin. Anton.], GLEVUM, GLEBON COLONIA [Geo. Rav.], CLAUDIA CASTRA, GLOCESTRIA (au XIIᵉ s., *Gleaweceaster*), *Gloucester, Glocester,* anc. ville des Dobuni, dans la Britannia Romana, auj. chef-lieu du comté du même nom, sur la Severn.

Le Dʳ Cotton cite comme premier livre imprimé dans cette ville : un *Sermon,* by Rev. John James, 1720, in-8ᵒ (inconnu à Lowndes). Un journal, *the Gloucester Journal* ou *Chronicle* (?), parut pour la première fois dans cette ville, le 9 avril 1722, imprimé par Richard Raikes, qui mourut en 1757 ; un vol. in-4ᵒ d'une certaine importance typographique y fut aussi publié en 1764 : *Grieve's (James) History of Kamtschatka and the Kurilscki Islands, with Maps and Plates ;* ouvrage curieux traduit du russe de Krasheninnicov.

CLICIACUM, voy. CLIPIACUM.

CLIMBERIS, CLIMBERRUM, voy. AUGUSTA AUSCIORUM.

CLINIACUM, CLUNACUM VILLA, CLUNIACUM, CLUNINIUM [Ann. Vedast.], *Clugny, Cluny,* ville de Fr. (Saône-et-Loire).

Anc. abbaye, chef d'ordre des Bénédictins, fondée en 910 par Bernon, sous la protection de Guillaume Iᵉʳ, comte d'Auvergne. L'abbaye de Cluny, à Paris, ne fut fondée qu'en 1269, par Yves de Vergy ; trois conciles.

Le *Missel* de Cluny, imprimé en 1483, porte une souscription qui indique le monastère lui-même comme lieu d'impression ; cette souscription nous paraît précise, et nous la rapportons :

Missale Cluniacense. A la fin, en car. rouges : *Reuerendissimus et Pater Dominus Dominus Jacobus de Amboysia abbas—præsens Missale ordinare fecit. Quod tandem industriosus ingeniosusque vir magister Michael Wensler, civis Basiliensis, plus affectu devotionis quam lucrandi causa, impressit in Cluniaco, anno Domini millesimo quadringentesimo tertio, die nona mensis julii, pet. in-fol.* Nous avons vu de Michel Wensler, à l'histoire typographique de Bâle ; il fut le troisième imprimeur de cette ville ; nous avons omis de rapporter là ce fait curieux de son excursion à l'abbaye de Cluny ; nous ne pouvons du reste expliquer cette bizarrerie de l'abbé qui a sous la main tous les imprimeurs de Lyon, et s'en va en chercher un en Suisse ; la Bourgogne était depuis six ans province française ; et peut-être que le monastère de Cluny était resté bourguignon dans l'âme, et n'avait pu pardonner au roi de France la rapacité avec laquelle il avait étendu sa main puissante sur la plus belle des dépouilles de Charles le Téméraire.

CLIPIACUM, CLIPPIACUS non procul Parisius [Frédég.], CLIPPI [Gesta Dagob.], CLEPIACUM PALATIUM [Ch. Chlod. II, et Childerici], CLICIACUM, *Clichy-la-Garenne,* bourg attenant à Paris ; anc. palais mérov. ; saint Vincent de Paul, qui en fut curé, a fait construire l'église paroissiale.

CLIPSTONE, village d'Angleterre, dans le Northamptonshire.

En 1799 et 1800 J. W. Morris imprima dans cette petite localité les *Annual accounts of the Baptist missionaries ;* l'année suivante il transporta son établissement à Dunstable, dans le Bedfordshire.

CLISIUS FL. [T. Peut.], le *Clusone,* affl. du Pô.

CLISSONIUM, *Clisson,* ville et anc. château de Bretagne (Loire-Infér.).

CLITERNIA [Plin., Mela], ville des Frentani, au N.-E. du Samnium, auj. *Campo Marino,* dans la Capitanate.

CLITIS [Sid. Apoll.], OLTIS (?), fl. de la Gaule Narbon., auj. *le Lot.*

CLITUMNUS FL. [Plin., Virg.], riv. de l'Umbrie, auj. le *Clitunno*, dans la délég. de Spoleto.

CLIVIA [Cluv.], *Clèves, Kleve*, ville de la Prusse rhénane; anc. ch.-l. du duché de Clèves.

Falkenstein et Cotton font remonter l'imprimerie dans cette ville à l'année 1625; voici le volume qu'ils avaient probablement en vue: *D. Joh. Peil, Tabula Processum seu ordinem ultimi divini et criminalis judicii exhibens*. Cliviæ, 1625, in-4. Le cat. d'une vente faite à Utrecht en 1776 (tom. 1er, no 1002), qui cite ce volume, ajoute : rare et curieux, orné de 12 estampes en taille-douce très-joliment gravées. M. Brunet le cite également, au tom. VI, no 2108.

CLIVIENSIS DUCATUS, le *duché de Clèves*.

CLIVUS S. ANDREÆ, la *Côte-St-André*, ville de France (Isère).

CLODIANA [Itin. Anton.], COLADIANA [Itin. Hier.], GLODITANA [Geo. Rav.], ville de l'Illyrie grecque, auj. suiv. Kruse, *Croja, Kroja*, dans le S.-E. de Durazzo.

CLODIANUS FL. Κλωδιανός [Ptol.], fl. de la Tarrac., auj. la *Muga*, en Catalogne; • se jette dans la Méditerranée.

CLODOALDI VICUS, voy. NOVIENTUM.

CLODOVA, ORSOVA, *Orsowa*, ville de la Servie, dans une île du Danube.

CLOIA [Chr. Phil. Pulc. a. 1302], anc. villa roy., auj. *Claye*, village de la Brie (Seine-et-Marne).

CLONA, *Clonmel*, ville d'Irlande, chef-lieu du comté de Tipperary (sur les livres irlandais : *Cluain Meala*).

M. Cotton ne connaît pas de livre exécuté dans cette ville antérieurement à l'année 1804; il cite un vol. de poésies par Samuel Fennell, imprimé par T. Gorman.

CLONFERTIA, *Clonfert*, bourg d'Irlande, sur le Shannon, dans le comté de Galway.

CLOTA ÆSTUARIUM, CLUIDÆ ÆST., *Firth of Clyde*, en Écosse.

CLOTA INS. [Itin. Anton.], GLOTA, l'*île d'Arran*, en Écosse, dans le comté de Bute, à l'embouchure de la Clyde [Camden].

CLUANA [Mela, Plin.], ville du Picenum, auj. *Sant' Elpidio*, dans la Marche d'Ancône.

L'histoire de cette antique cité fut publiée par Andrea Bacci, à Macerata, en 1692, in-4.

CLUANUM, *Cloyne*, bourg d'Irlande (c. de Cork).

CLUDANUS AMNIS, CLUDA [Cell.], GLOTA [Tac.], la *Clyde*, fl. d'Écosse.

CLUNIA [Plin.], Κλουνία [Ptol., Plut.], CLUNIENSE MUNICIPIUM, localité sur les confins de la Celtibérie, dans la Tarraconaise, auj. *Coruña del Conde*, ville de la Haute-Castille.

CLUNIA, localité de la Rhætie, auj. *Altstadt*, près Feldkirch, en Tyrol, suiv. Mannert, et *Schlins*, suiv. Reichard.

CLUNIACUM, voy. CLINIACUM.

CLUNIUM, Κλούνιον [Ptol.], FANUM S. CATHARINÆ, *S. Catarina*, bourg du N. de l'île de Corse.

CLUPEDA, voy. MEMELIA.

CLUSA, voy. CLAUSINA.

CLUSÆ VALLIS [Hincmar.], CLUSA, CLAUSA VALLIS, *Vaucluse*, vallée et départ. de France.

CLUSINI FONTES, en Étrurie, auj. *Bagni di San Cassiano*, établiss. thermal en Toscane.

CLUSINUS LACUS, ή περὶ Κλούσιον λίμνη [Strab.], *Lago di Chiana*, en Toscane, près de Chiusi.

CLUSIUM [Liv., Plin.], Κλούσιον [Polyb., Strab.], CAMARS [Liv.], ή Καμερτίων χώρα [Polyb.], sur la via Clodia, antique résidence du roi Porsenna, auj. *Chiusi*, ville de Toscane, près Arezzo.

CLUSIUS FL., Κλούσιος [Polyb.], CLESUS [Geo. Rav.], fl. de Toscane, auj. le *Chiese*.

CLUSONIUM, *Cluson*, bourg du Piémont, sur le Pô, dans la vallée du même nom, CLUSONIA VALLIS.

CLUVIA [Liv.], ville du Samnium, auj., suiv. Reichard, *Campo di Jiove*, dans l'Abruzze Citér.

CNAPDALIA, *Knapdale*, district du comté d'Argyle (Ecosse).

CNEMIDES [Mela], Κνημῖδες [Ptol., Strab.], localité de la Locride, au pied de la montagne du même nom, Κνημίς; on en voit les ruines à *Nikoraki*, dans la Phthiotide.

CNOSSUS [Flor.], GNOSSUS, Γνωσός, Κνωσός, Κνωσσός, [Hom., Pol., Plut.], ville de Crète, auj. *Makro Teikho*, et, suiv. Kruse, *Ginossa*.

COAGIA, COAGIUM, *Kiogia, Kioege, Koëge*, ville du Danemark (Seeland).

COBENA, *Kôben*, pet. ville de la Silésie (rég. de Breslau).

COBIOMACUS, voy. CAUNÆ.

COBURGENSIS, COBURGICUS DUCATUS, duché de *Saxe-Coburg*.

COBURGUM, COBURGIUM [Cluv.], *Coburg*,

Cobourg, ville d'Allemagne, capit. du duché de Saxe-Cobourg-Gotha.

Prosper Marchand (p. 77) cite une édition des *Pandectes* imprimée dans cette ville en 1482; il emprunte ce renseignement au *Spicil. vet. edit.* (*Bibl. Mallinkrot*, 74); mais cette édition n'est citée par aucun bibliographe, et tout porte à croire qu'elle n'existe pas; sans doute une édition imprimée par Anth. *Koburger*, le typographe de Nuremberg, aura, par la similitude du nom, induit le bibliographe en erreur; ce n'est pas la première fois (nous le savons par expérience) qu'on prend le Pirée pour un homme; Hain nous donne en effet le titre d'une édition des *Pandectes* donnée à Nuremberg par cet imprimeur sous cette date.

M. Cotton dit avoir vu à la Boldéienne un traité de Luther, imprimé à Coburg en 1530; ni Feverlin, ni Freytag (*Apparat. litt.*), ni Bauer, ne nous fournissent l'intitulé de ce traité, que nous déclarons ne pas connaître.

Nous sommes forcé d'assigner une date infiniment plus modeste à l'introduction de l'imprimerie dans cette ville : *Inauguratio illustris gymnasii Casimiriani, ab illustrissimo principe ac domino, Dn. Io. Casimiro, duce Saxoniæ, Landgravio Thuringiæ, Marchione Misniæ, etc., apud Coburgensis aperti, quæ feliciter cœpta et peracta, die 3 jul. anni currentis et in patriæ ac regionum vicinarum gratiam literis prodita fuit a designatis scholarchis, rectore et collegio gymnasii Casimiriani.* Coburgi, 1605, in-4. (*Bibl. sax.* Struvii, p. 913.)

COCCIUM [Itin. Anton.], localité de la Britannia Romana, chez les Brigantes, auj., suiv. Camden, *Ribchester*, bourg du Lancashire.

COCCYMUTIUM, COURMUTIUM, *Cockermouth*, ville d'Angleterre, dans le Cumberland, suiv. Bisch. et Möll.

COCHEMIUM, COCHIMA, *Kochheim, Cochem*, bourg de Prusse, sur la rive gauche de la Moselle (rég. de Coblentz).

COCIACUM, CODICIACUM, CUCIACUM, *Coucy-le-Château*, bourg de France et anc. château (Aisne).

COCINTIA [Ovid.], CONSILINUM [Plin.], ville du Bruttium, sur le COCINTHUM PROM., *Punta di Stilo*, auj. *Stilo*, pet. ville napolitaine de la Calabre ultér. I.

COCOSSATES, COCOSATES, peuple de la Gaule Aquitaine; habitait le territoire qui correspond au diocèse de Dax.

COCYNTHUM PROM., voy. COCINTIA.

CODANIA, voy. HAFNIA.

CODANONIA INS., l'*île de Seeland* (Danemark).

CODANUS SINUS [Mela, Plin.], CODANUM MARE [Cluv.], SUEVICUM MARE [Tac.], le *Cattegat, Kattegatt, Codanischer Meerbusen*, détroit qui s'étend entre la Suède et le Danemark, et unit la Baltique à la mer du Nord.

CODRIO [Liv.], ville de Macédoine, auj. *Zagora*, suiv. Reichard.

CŒLA, Κοῖλα [Ptol.], CŒLOS [Plin., Mela], Κοῖλος λιμήν [Ptol.], port sur la côte de la Chersonèse de Thrace, auj. *Kilidbahr*, le plus important des forts qui défendent le détroit des Dardanelles.

CŒLANUM, voy. CÆLANUM.

CŒLI CORONA, *Himmelskron*, château de Bavière, près de Baireuth.

CŒLIOBRIGA, Κοιλιόβριγα, ville des Cœlerini, dans la Tarraconaise, auj. *Guimaraēs, Guimaraens* (?), en Portugal (Minho).

CŒLIUM, voy. CELIA.

CŒNOBIUM, *Canobbio*, bourg du Piémont.

CŒNOBIUM EINSIDLENSE, voy. EINSIDLA.

CŒNOBIUM MARIÆVALLENSE, *Marienthal*, bourg de Hongrie (anc. grande abb. de Bénéd.).

CŒNOENUM, Κοινόννον, localité de la Germanie, chez les Carinï, que Wilhelm voit auj. près de *Ratzeburg*, et que Reichard place à *Gnoien*, dans le district mecklembourgeois de Rostock.

CŒSAO, CŒSÆONE, GESDAONE [Itin. Burdigal.], GAEONE [T. Peut.], GESABONE [Anon. Rav.], *Césanne*, pet. ville de Savoie.

CŒTNUM, le *Couesnon*, pet. fl. de Bretagne, se jette dans la mer, près de Pontorson; est appelé FLUMEN COSNONIS dans la tapisserie de Bayeux.

COGNACUM, CONACUM, voy. CONDATE.

COLA, *Coll*, l'une des Hébrides, sur la côte O. d'Écosse.

COLANCORUM, Κολάγκορον [Ptol.], ville des Marcomans, dans la Germanie, auj. *Collochau*, près Schlieben, dans la basse Lusace, suiv. Reichard.

COLANIA, Κολανία [Ptol.], Κολάνικα, *Lanark, Lanerk*, sur la Clyde, ville d'Écosse, ch.-l. du comté du même nom : Camden voit, dans COLANIA, *Coldingham*.

COLAPIS, Κόλαπις [Strab.], Κόλωψ [D. Cass.], CULPA [Cell.], riv. de la Pannonie sup., auj. *Kulpa*, riv. d'Illyrie.

COLARNUM [Plin.], Κόλαρνον, ville des Colarni, dans la Lusitanie, auj. *villa Cova a Coelheira*, suiv. Reichard.

COLATIO [T. Peut.], COLLATIO, LITHOPOLIS, ville de la Norique, auj. *Stain, Stein* (*Kamneck*), pet. ville illyrienne du cercle de Laybach, ou, suiv. Reichard, *Kotalach*.

COLBERGA, *Colberg*, ville et pet. forteresse de Prusse (Poméranie).

Falkenstein donne 1656 comme date de l'introduction de l'imprimerie dans cette ville, et M. Cotton nous donne le nom du premier typographe, Henricus Ilasius. « Senatûs typographus; » il nomme aussi Georgius Rothius, comme imprimant en 1684, sous la même dénomination.

COLCESTRIA, voy. CAMALODUNUM.

COLDANIA, COLUDI URBS, *Coldingham*, ville d'Écosse, dans le comté de Berwick.

COLDINGA [Cell.], *Colding, Koldingen*, pet. ville du Jutland.

COLDITIA, *Colditz*, pet. ville de Saxe, dans le cercle de Leipzig.

La *Biblioth. saxon.* de Struvius (part. V, p. 1016) nous donne le titre d'un vol. imprimé dans cette localité au XVIIe siècle ; *Georgii Weisii Superintendentis Coldicensis, Verzeichnis der Gespraechs mit D. Casp. Peucero in Schloss zu Leipzig* 1576 *gehalten* 1576 4. Colditz, 1683, in-4º.

COLDUI, voy. QUADI.

COLEDA, COLONIA AD WINDAM, WERTHERORUM OPPIDUM [Struv.], *Colleda, Cöln an der Losse, Kuhcöln*, ville de Prusse (rég. de Merseburg).

COLENDA, Κόλενδα [Appian.], ville des Ilercaones, dans la Tarrac., auj. *Covarrubios*, bourg de la Vieille-Castille (prov. de Burgos).

COLENTUM [Plin.], île de l'Adriatique, auj. *Mortara*, sur la côte dalmate.

COLICARIA [Itin. Anton.], localité dans la Gaule Cispadane, sur la voie de Modène à Vérone ; auj., suiv. Reichard, *Roncaglio di Sotto*, et suiv. Mannert, *Mirandola*, ville d'Italie (prov. de Modène). Voy., pour l'imprimerie dans cette ville, MIRANDULA.

COLINÆUM, COLLINÆUM, *Collinée, Collinec*, paroisse de Bretagne, près Saint-Brieuc (Côtes-du-Nord).

Bien que certains écrivains picards soutiennent que le célèbre Simon de Collines est un enfant de leur province, nous croyons devoir appuyer l'opinion plus généralement répandue, qui le fait naître au bourg de Collinec, en Bretagne, dont il aurait pris le nom, légèrement modifié: il avait travaillé pendant sa jeunesse à l'atelier des imprimeurs de Bréhant-Loudéac, Jehan Crez et Robin Foucquet; puis il alla à Paris, où il épousa la veuve de Henry Estienne Ier; on lui doit l'introduction du caractère italique, et la disposition du livre d'éducation interligné de blanc, pour laisser à l'élève la faculté de mettre le mot à mot au-dessous du texte latin : sa marque parlante était formée de trois lapins qu'on appelait *Conils* (*Conniffl* en breton).

Inter nos norunt libros qui cudere tres sunt
Insignes; languet cætera turba fame;
Castigat Stephanus, sculpsit Colinæus, utrumque
Gryphius edocta mente manuque fácit.

C'est bien là Henry Estienne, le savant correcteur, Simon de Collines, le prince des typographes, et *la pauvre foule des imprimeurs qui meurt de faim* est caractéristique.

COLINIACUM, COLINIUM, *Coligny, Colligny*, bourg de Fr. (Ain); a donné son nom à l'illustre famille des Coligny.

COLINUM, *Collin, Kolin*, pet. ville de Bohème, dans le cercle de Kaurzim.

COLLATIA, ville de l'Apulia, Daunia; serait auj., suiv. Reichard, *Coylionisi* (?) [Forbiger].

COLLATIA [Plin., Cic.], Κολλατία [Strab.], CONLATIA [Festus], ville des Sabini, près de l'Anio, auj. *Castellaccio*, sur la rive droite de l'Anio, d'après l'affirmation de Forbiger.

COLLATIO, voy. COLATIO.

COLLES VALLIS TRUMPIÆ : *Vallis Trumpia in finibus Brixianorum est*, dit Panzer (tom. XI, p. 391).

Plusieurs imprimeries existèrent au XVe siècle et au commencement du XVIe siècle, dans les environs de Brescia; celle-ci est certainement une des moins connues, puisque l'on ignore même son emplacement exact : *les collines du Val Trompia* peuvent et doivent être une désignation imaginaire, et nous avions cru d'abord pouvoir assigner aux presses bressanes les trois ouvrages que cite Panzer, mais le nom de l'imprimeur ne figure pas parmi les proto-typographes bressans, et force nous est de faire un article spécial à propos de cette localité indéterminée.
LIBER PONTIFICALIS, editus diligentia Augustini Patricii de Picolominibus; à la fin : Finit liber pontificalis emendatus diligentia ReDd'i in Xpo patris Dñi de Lutiis u. i. doctoris epi caiacensis et Dñi Joannis Burchardi Capellæ S. D. N. Papæ cerimoniarum magistri. Impressus collibus vallis Trompiæ per Mafeum de Fracazinis, sedente Alexandro VI. P. M., anno eius XI. M.CCCC.III. die XI. Augusti (litteris rubris et nigris) fol. (Cat. Colbert, nº 302).
2e livre imprimé : Forma instrumentorum, seu forma cartularii pro notariis ordinata per Magistrum Martinum de Buxiis Notarium, sub anno 1472, à la fin : Collibus vallis Trumpiæ per Maphæum de Fracazinis. M.D.X., in-8.
3e livre imprimé : Henrici de Hassia secreta sacerdotum, quæ in missa teneri debent, multum utilia. Impressa Collibus Vallistrumpiæ per Gabrielem de Fracazinis, 1516, in-4.

COLLIPPUS, COLLIPPO [Plin.], ville de Lusitanie dont les ruines, suiv. Florez, se voient auprès de S.-Sébastien; suiv. Reichard, ce serait *Covilho*, dans le Guipuscoa.

COLLIS, *Colle*, bourg de Toscane, près Volterra.

L'impression remonte dans cette petite ville à l'année 1478; d'importantes manufactures de papier, CARTERIE, qui existaient dans les faubourgs, avaient sans doute déterminé des ouvriers allemands à s'y fixer dès cette époque. Le premier livre, cité par les bibliographes comme imprimé à Colle, est celui-ci : DIOSCORIDES de materia medica libri V, etc., latine, curante Petro Paduano ; la souscription est au rº du f. signé F 6 : Explic Dyascorides (sic) quæ pertus (sic) ‖ paduanesis legendo correxit ʒ expo‖nendo q utiliora sût ì luceʒ deduxit. ‖ Impressus colle p magistruʒ Joh'em‖allemanum de Medemblick, anno ‖ Xpi millesimo. cccc°. LXXviijo. mense‖iulij, in-fol. de 103 ff., à 2 col. de 47, impr. en caract. goth. assez maigres, qui se rapprochent de ceux de Hailbrun et de Jenson, avec grandes capitales imprimées en marge. Le signat. sont très-irrégulières : a8, b8, c8, d4, e8, f6, g6, h8, A6, B6, c8, D8, E8 et F8; le dernier f. F8 a un registre au recto. On remarquera la qualification d'allemanus que se donne cet imprimeur, né à Medenblick, en Hollande; ce fait se représentera plusieurs fois.

L'édition princeps d'Oppien, de *Piscatu*, trad. en vers latins par Laurentius Lippus de Colle, et dédiée à Laurent le Magnifique, est le second livre imprimé dans cette ville. En voici la souscription :

Philippus Poscus ad lectorem.

Laurentius Lippus Collensis vir utraque lin‖gua apprime eruditus hoc diuinū Oppiani opus‖traduxit. Gallus cognomine Bonus *impressit*. ‖ ut esset studiosis litterarum utrisque industria‖quantulacunque accessio. Quapropter quod Op‖pianum o lector latinum legis utrisque gratias‖agas Impressum in Colle oppido municipio‖Florentino anno ab hūāltate Christi. M. CCCC. LXXVIII.‖die XII. septembris.

In-4, de 64 ff., à 32 l., avec registre et sign., en caract. goth. qui rappelle, avec plus de netteté et de régularité, celui de Nic. Ketelaer.

Le même imprimeur donna la même année, mais sans date de mois un livre *Illustr. philosophi et medici Apollinaris Offredi Cremonensis*, in-4, et l'année suivante : *Joannis Michaelis Savonarolæ Practica de ægritudinibus*, in-fol. goth. avec sign. et registre.

Comme le nom du premier imprimeur ne reparaît sur aucun livre, il est permis de supposer, qu'errant en Italie avec un matériel portatif, Jean de Medenblick ont retenu à Colle par la municipalité ou plus probablement par les fabricants de papier, qui lui demandèrent de former un typographe du pays, et que, dès que son élève Gallus Bonus fut initié aux secrets de l'art divin, le pauvre Hollandais fut congédié et obligé de reprendre sa pérégrination typographique.

COLLIS ANGELI, *Coulange-la-Vineuse*, pet. ville de Bourgogne (Yonne). Plusieurs autres localités en France portent le nom de Coulange.

COLLIS MARTIS, COLMARTIUM, *Colmars*, pet. ville de Fr. (Basses-Alpes).

COLLIS PEREGRINORUM, MARBACHIUM (?), localité de la Germanie, chez les Agri Decumates, que Bisch. et Möll. pensent être *Murbach*, ville du Wurtemberg, sur le Neckar ; c'est la patrie de Schiller.

COLMARIA [Cluv.], COLOBURGUM [Ann. Fuld.], COLUMBRÆ, CHOLUMBARE, CHOLONPURUM [Ch. et Dipl.], CØLUMBARIA [Schöpfl. Alsat.], COLMIR, COLMERE (au XIIᵉ s.), *Colmar*, ville de Fr. (Haut-Rhin).

Panzer, Falkenstein et les autres bibliographes datent de 1523 l'introduction de la typographie dans cette ville : *Herodiani, historici græci, libri VIII, Angelo Politiano interprete, curante Am. Farcallio*, à la fin : Colmariæ; ex ædibus Amandi Farcaltii mense decembri M.D.XXIII, in-8° (Cat. Crevenna, n° 6155 ; cat. Libri, 1861, n° 3650). Ce livre rare aurait mérité de la part de M. Brunet l'honneur d'une insertion au *Manuel*. Notons, en passant, que le cat. Maittaire (II, p. 71) désigne par erreur l'imprimeur sous le prénom d'*Armandus*.

Le second volume cité par Panzer est une édition du *Nouveau Testament*, et la souscription de ce livre nous donne le vulgaire de l'imprimeur *Amand Farckall*.

En 1540 la *Bibl. Ritualis* de Zaccaria (I, 13) nous donne le nom d'un nouvel imprimeur, d'un typographe strasbourgeois bien connu : *Liturgia Basiliana, ab Erasmo conversa, Colmariæ, typis Bartholomæi Gryeningeri edita*. M.D.XL, in-4.

Barthélemy Gryeninger ou Grüninger était le fils de Jean Grüninger de Strasbourg.

Les arrêts du conseil de 1704 et de 1739 conservent un seul imprimeur dans la ville de Colmar, et

le *Rapport* fait à M. de Sartines nous donne le nom de cet imprimeur en 1764 ; il s'appelait J.-Henry Decker, né à Basle, reçu maître imprimeur en 1760, et possédant 3 presses ; le *Rapport* ajoute qu'il est à regretter que cet imprimeur ne soit pas catholique.

COLMOGARA, *Colmogrod*, pet. ville de Russie, sur la Dwina, dans le gouv. de Wologda.

COLOBIANUM, *Colobiano*, bourg du Piémont, près Vercelli.

COLOBURGUM, voy. COLMARIA.

COLOCIA, COLOZZA [Cell.], *Colocza*, ville de Hongrie, sur le Danube, dans la prov. de Pesth.

Falkenstein et M. Cotton donnent 1749 comme première date de l'imprimerie à Colocza, mais J. Németh, le bibliographe spécial du royaume de Hongrie, dit formellement 1766. Franc.-Ant. Royer, imprimeur à Erlau (en hongr. *Jager*), transporta son matériel à Strigau (voy. STRIGONIUM) en 1762, sur l'invitation du comte Barkótzy, archevêque de cette ville, et après la mort de son protecteur alla s'établir à Colocza, le premier livre sorti de ces presses dans cette ville est intitulé : *Csödy Pál-Szombathelyi Prépost, Gróf, Batthyáni es Strattmann lajos Magyar Ország Palatinussának*, etc. Kalocsan, 1766, in-fol.

Au commencement de ce siècle l'imprimeur de l'archevêché s'appelait Joannes Tomentsek.

COLOMBARIÆ, COLUMBARIÆ, *Colombiers*, *Colombière*; plusieurs localités portent ce nom en France.

COLOMERIA, COLOMERIÆ, COLUMBARIA, *Coulommiers*, ville de France (Seine-et-Marne).

COLOMIA, *Kolomyja*, ville de Gallicie, sur le Pruth.

COLONESUS, voy. CALONESUS.

COLONIA, COLONIA AGRIPPINA [It. Ant., Tacit., *Ann.* et *Hist.*], Ἀγριππίνναις (Colonia) [Ptol.], COLONIA CLAUDIA AUGUSTA AGRIPPINENSIUM [Inscr. ap. Grut.], AGRIPPINA [T. Peut., Amm.], COLONIA AGRIPPINA UBIORUM, OPPIDUM UBIORUM [Tac. *Ann.*], COULOIGNE [Chron. B. Dion.], *Cuelen*, *Ceulen*, *Keulen* [Liv. Allem.], *Cœln*, *Cologne*, sur le Rhin, ville prussienne, chef-lieu de la régence du même nom ; université fondée en 1388.

Les origines de l'imprimerie à Cologne sont enveloppées de ténèbres ; à en croire certains bibliographes, on pourrait reporter à 1464, peut-être même à 1457, les prototypes des presses locales ; mais comme nous ne pouvons trouver de livre portant une date certaine antérieure à 1466, c'est à cette année seulement que nous croyons pouvoir faire remonter avec sécurité l'imprimerie dans cette grande et illustre ville.

Tout le monde sait (j'entends le monde des bibliophiles) qu'en 1462, la ville de Mayence ayant été prise et saccagée par les reîtres d'Adolphe de Nassau, les ouvriers typographiques qui travaillaient sous la direction de Gutenberg (?) et dans l'atelier de Pierre Shœffer ou Schoiffer, épouvantés de ces scènes d'horreur, et déliés de leur serment d'engagement, allèrent chercher des villes plus tranquilles, où ils pussent avec sécurité cultiver et propager le plus noble des arts de la paix : les uns, comme Ulrich Zell de Hanau, s'en allèrent dans les villes avoisinantes ; d'autres, plus aventureux, passèrent les monts et portèrent en Italie la sublime découverte qui faisait la gloire de leur patrie.

Ulrich Zell ou Zel était né à Hanau, petite ville de la Hesse Electorale, près de Francfort-sur-Mein ; il était probablement de l'atelier de Schœffer, et il imita toujours les caractères et les procédés typographiques (*nitore ad Moguntinos Fausti proxime accedunt*, dit Lichtenberger), bien que, plus tard, il ait eu l'occasion de rendre pleine et entière justice à la priorité des titres de Gutenberg, comme inventeur de l'imprimerie, et que dans le récit qu'il dicta de cette découverte, il ait omis jusqu'au nom de Schœffer.

Obligé de quitter Mayence en ruines, comme nous l'avons dit, il alla se fixer à Cologne, et le nouvel établissement typographique devait, suivant de fortes présomptions, fonctionner déjà dans le courant de 1464.

Maittaire, Panzer, Hain et bien d'autres bibliographes, citent un grand nombre des premiers produits de ces presses, exécutés sans aucune désignation d'année, de lieu ni de nom d'imprimeur, mais avec les caractères bien connus d'Ulrich Zell, et dont plusieurs, bien probablement, sont antérieurs à l'année 1466 ; nous y reviendrons.

Mais comme il nous est impossible de rien préciser à cet égard, et comme le point de départ de l'histoire d'une imprimerie doit être logiquement fixé au premier livre imprimé avec une date certaine, c'est à cette année 1466 seulement qu'il nous est permis de faire remonter l'histoire de l'atelier d'Ulrich Zell à Cologne.

JOHANNIS CHRYSOSTOMI *super psalmo quinquagesimo* liber primus : à la fin : *Deo et deifere refero gꝰas infinitas de fine‖primi libri johañis crisostomi sancti docto‖ris ꝗ episcopi sup psalmo qꝗquagesimo,‖per me Ulricū zel de hanau clericū diocesis‖ Mogūtineñ. Anno dñi millesimo quadrī‖getesimo* (sexagesimo) *sexto*. in-4, sans chiff., récl. ni sign. 10 ff. de 33 longues lignes à la page entière.

Réimprimé l'année suivante par le même typographe, avec l'adjonction du second livre, in-4, de 29 lignes par page.

La souscription de l'édition de 1466, et l'omission du mot *Sexagesimo* ont donné naissance à de nombreux commentaires ; la Serna Santander soutient qu'Ulrich Zell ayant imprimé au moins jusqu'en 1499, on peut tout aussi bien lire 1476, 1486 et même, à la rigueur, 1496, que 1466 ; mais d'abord l'absence de tout signe typographique indique une antiquité reculée, puis Zell se qualifie ici de Clerc du Diocèse de Mayence, et il ne conserve cette dénomination que jusqu'en 1473, époque à laquelle il prend le titre de *Artis impressoriæ magister* (Rob. de Licio *Quadragesimalis*, an. 1473, per U. Z. impr.), puis en 1492 il s'intitule *Coloniæ Protocharagmaticus*.

La Chronique de Cologne prouve que ce grand imprimeur exerçait encore en 1499.

Parmi les innombrables ouvrages sans date, et souvent sans aucune désignation, exécutés par Ulr. Zell, nous citerons une édition des *Offices* de Cicéron, que M. Brunet croit imprimée vers 1466, et que Panzer au contraire pense avoir précédé celle de Schœffer de 1465 ; elle est in-4, de 60 ff. à 34 lignes. « Ses fautes nombreuses, dit Panzer, prouvent son antériorité sur l'édition de Mayence ; elle fut exécutée probablement sur un manuscrit, et quand le typographe ou l'éditeur ne pouvaient lire le texte, ils laissaient des blancs, ce qui ne serait pas arrivé si l'édition de 1465 de Mayence avait été publiée, puisque « *Colonia nonnisi XXXV horis a Moguntia distet.* »

Nous citerons encore avec M. Bernard, mais pour rectifier une légère erreur que cet excellent bibliographe a commise, la célèbre *Bulla Retractationum* du Pape Pie II ; le catalog. La Vallière nous donne

l'histoire de cette bulle et du singulier revirement de cet illustre Italien, qui, devenu pape en 1458, brûla les faux dieux qu'il avait adorés, alors qu'il s'appelait Æneas Silvius Piccolomini.

Pij ꝑpe secūdi : Bulla retractationū. — On lit au rº du XIe f. *Pij ꝑpe secūdi. Bulla ꝶtractationū oīm dudū‖p eum in minoribus adhuc agētem pro. Con‖cilio Basilien. ꝗ coñ Eugenium summum Pontifi‖cem scriptorum finit feliciter.....*

Cette bulle est datée *VI Kal. Maias. Millesimo quīgētesimo sexagesimo tercio* (26 avril), et adressée aux recteurs et membres de l'illustre université de Cologne, in-4, goth. à longues lignes au nombre de 27 sur les pages entières, sans chif., récl. ni signat., contenant 11 ff.

Acheté 410 fr. à la vente La Vallière, pour la biblioth. du Roi.

MM. Brunet et Bernard disent : 36 *feuillets;* c'est que, dans le même vol., se trouve relié, dans l'exempl. de la Biblioth. impér., le traité d'Æneas Silvius, *de Curialium miseria*, imprimé avec les mêmes caractères et la même justification, sans chif., composé de 25 feuillets.

La Serna Santander dit que cette bulle a été imprimée en 1468 ; nous pensons, avec M. de Bure et M. Bernard, qu'elle a dû être imprimée avant la mort d'Æneas Silvius, *qui obiit anno M.CCCC.LXIIII, in Anchona, dū proficisci pposuerit contra Turcos*. Le Pape Pie II a dû exiger ou tout au moins presser la prompte publication de cette rétractation des erreurs de sa jeunesse, erreurs qui pouvaient porter atteinte à son caractère sacré.

Ulrich Zell eut la gloire d'imprimer pour le célèbre duc de Bourgogne Philippe le Bon, le plus grand et, avec Mathias Corvin, le plus magnifique collectionneur de riches manuscrits de son siècle : Cologne faisait alors partie de la maison de Bourgogne ; son chapelain, Raoul Lefebvre, qui venait, à son instigation, de composer un beau roman de chevalerie, le *Recueil des histoires de Troye*, lui fit part du bruit qui commençait à se répandre au loin de la nouvelle découverte de Mayence, et lui apprit qu'un des plus fervents adeptes de cet art divin était devenu son sujet. Le vieux duc donna aussitôt à son chapelain les ordres nécessaires ; un nouveau caractère fut fondu, imitant à s'y méprendre la belle écriture du temps, avec un nombre de ligatures et de lettres groupées qui donnent au livre l'aspect des xylographies, dit avec justesse M. Bernard : ce caractère fut confié à Ulrich Zell (quoi qu'en disent les Anglais, qui veulent leur compatriote W. Caxton ait été l'imprimeur du duc, mais leurs prétentions ne sont pas soutenables), et, suivant toutes les probabilités, Philippe le Bon put voir, avant sa mort arrivée le 15 juin 1467, le premier exemplaire imprimé du RECUEIL DES HISTOIRES DE TROYES. *Compose par venerable homme raoul le feure prestre chappellan de mon tres redoubte seigneur Monseigneur le Duc Phelippe de bourgoingne En lan de grace. mil. cccc. LXIIII.*

Pet. in-fol., goth., de 285 ff., à 31 longues lignes par page, sans ch., récl. ni sign. ; les capit. sont laissées en blanc pour être rubriquées à la main.

C'est le PREMIER LIVRE IMPRIMÉ EN FRANÇAIS.

Ce qui tend à prouver que le livre fut publié avant 1467, c'est que Caxton nous apprend, dans le prologue de la traduction anglaise qu'il en a publiée, que cette traduction avait été commencée par lui en 1467, abandonnée pendant deux ans, et reprise et menée à bonne fin en 1469.

Raoul le Febure avait encore composé son roman de *Jason*, avant la mort de Philippe le Bon ; il fut imprimé avec le même caractère, mais après le décès du bon duc, car dans le prologue l'auteur parle de la présentation du manuscrit : « *a Philippe pere et ameur d' vertus en son temps duc de Bourgoingne... lequel tout son viuant a este moult affecte et enclin de oyr et veoir lire les anciennes hystoures.* » Ce rare volume forme un petit in-folio, de 131 ff., à 31 lignes, divisé par cahiers de 4 feuillets.

Ulrich Zell fut le maître de William Caxton, et ce

n'est pas là le moindre de ses titres de gloire; nous aurons occasion de nous occuper individuellement du proto-typographe de l'Angleterre, aussi nous contenterons-nous de dire ici que sa traduction du *Recueil des hystoires de Troyes* étant parachevée à Cologne, le 19 septembre 1471, il obtient, par l'entremise de la duchesse Marguerite de Bourgogne, sœur du roi d'Angleterre et femme de Charles le Téméraire, l'autorisation de disposer des caractères spéciaux, gravés par l'ordre de Philippe le Bon, et l'imprima, probablement sous les yeux d'Ulrich Zell à Cologne, où les caractères étaient restés en dépôt, et peut-être avec l'aide de ce maître imprimeur, fait qui, pour nous, offre toutes sortes de bonnes raisons d'être : les apologistes de Caxton lui-même n'osent pas affirmer qu'il ait entrepris seul cette rude besogne de l'impression d'un in-folio qui n'a pas moins de 351 ff. suivant Brunet, de 389 suiv. Dibdin.

« *To say that Caxton printed his book is to describe, in few words, a work of great complexity and difficulty,* » dit un des historiens du grand typographe, qui cependant s'attribue formellement la gloire de l'exécution typographique du livre : « *I have practysed and lerned at my grete charge and dispense to ordeyne this said book in prynte after the maner and forme as ye may here see.* »

Ce livre est le PREMIER QUI AIT ÉTÉ IMPRIMÉ EN ANGLAIS.

M. Bernard a étudié avec un soin tout particulier et une grande puissance d'élucidation toute cette période intéressante du séjour de Caxton dans les Pays-Bas; nous aurons l'occasion d'y revenir.

N'oublions pas de citer le *Bartholomæus Anglicus (Glanvilla)*, dont Winkin de Worde imprima une traduction anglaise, à la fin de laquelle il dit formellement que cet auteur avait été primitivement imprimé en latin, par W. Caxton, à Cologne, vers 1470. (Voy. à ce sujet une note de M. Tross, dans son *catal.* de 1861, n° IV.)

En 1470 s'élèvent à Cologne de nouveaux ateliers rivaux de celui de Ulrich Zell : nous citerons Arnold Ther Hoernen : le premier livre sorti de ses presses est le : *Sermo ad populum predicabilis in festo psentationis Beatissime marie semper virginis noviter... per impressionē multiplicatus*, sub hoc currente annō Domini M°.cccc°. LXX°, pet. in-4, de 12 ff., à 27 lig. avec chiffres arabes.

Il y a deux éditions sous la même date ; l'une porte au v° du frontispice une préface de 27 l., à la fin de laquelle on lit: *In ciuitate Colōiēsi per discretū viū Arnoldū Therhoernē;* et cette préface n'existe pas dans l'autre tirage. Ce livre a de plus passé pour être le premier dans lequel on ait fait usage des chiffres arabes; mais nous avons déjà cité, à l'article BERONE, un volume offrant cette même particularité et imprimé à la même date.

Ce même Ther Hoernen imprime en 1471 le *liber Quodlibetorum* de saint Thomas, pet. in-fol., goth. ; c'est, dit M. Firmin Didot, le premier livre dans lequel on trouve des titres courants imprimés en haut des pages.

Citons encore Johannes Koelhoff de Lubeck, dont le premier volume est de 1470, mais duquel nous citerons seulement : *Joh. Nyder* ou *Nider, præceptorium divinæ legis,* — *Explicit præceptorium... impressū Colonie per magistrum Johannem Koelhof de Lubick* (sic) *anno Dñi* M.CCCC.LXXij, in-fol. goth., de 307 ff., à 2 col., de 39 lign., avec signat.

C'est le plus ancien livre connu, imprimé avec des signatures, au moins portant une date certaine.

Ce Jean Koelhof fut aussi l'imprimeur de la célèbre *Chronique de Cologne* en 1499.

Petrus de Olpe imprime également à Cologne dès l'année 1470.

Jean Veldener, célèbre imprimeur hollandais, débute aussi dans cette ville en 1470 ; nous le retrouverons à Louvain, à Utrecht et à Culemburg, dans la province de Gueldre.

Nous ne citerons plus, au XVe siècle, que Henricus Quentel, qui imprime avec les caractères d'Ulrich Zell, J. Guldenschaaf de Mayence et Conr. Winter de Homburg.

Enfin, et pour finir, nous dirons que Maittaire et Vogt ont parlé d'un *Donat* imprimé par ce Quentel en 1457, et Vogt cite un fragment d'une lettre de Le Duchat à l'appui de son assertion : « M. de la Croze et moi avons vu et manié ce livre, et il est actuellement à Dresde dans la Biblioth. du baron de Besser... Au bas du titre, tout entouré de figures en forme de vignettes, se lit bien distinctement : 1457, à Cologne, chez Quentel. Je ne doute pas qu'il n'y ait là de l'imposture... » Effectivement il faut lire 1487.

COLONIA ACCITANA, voy. GADES.

COLONIA AD SPREAM, COLONIA BRANDENBURGICA, COLONIA MARCHIÆ, *Cöln an der Spree,* faubourg de Berlin.

Quelques livres portent cette désignation ; nous citerons : *Marci Pauli Veneti de regionibus orientalibus libri tres, cum manuscripto collati et notis illustrati, accessit Haitonis historia,* etc.. Coloniæ Brandeburgicæ, 1671, in-4. (*Man.* t. III, c. 1406.)

M. Cotton cite un traité d'Elsholtius, sur la transfusion du sang, imprimé dans ce faubourg par George Schultz, imprimeur de l'Électeur en 1667.

COLONIA ALLOBROGUM, voy. GENEVA.

COLONIA ALPINA. Lieu d'impression supposé.

M. Cotton cite une édition italienne de l'*Histoire des bénéfices ecclésiastiques,* du célèbre Fr. P. Sarpi, imprimée sous cette rubrique, par Pietro Albertino, en 1675.

COLONIA APULENSIS, voy. ALBA CAROLINA.

COLONIA AUGUSTA BRACARA, voy. AUGUSTA BRACARA.

COLONIA AUGUSTA FIRMA, voy. ASTIGI.

COLONIA AUGUSTA PANORMITANORUM, voy. PANORMUS.

COLONIA AURELIA ANTONIANA, voy. OVILIA.

COLONIA BARCINO FAVENTIA, voy. BARCINO.

COLONIA CAMALODULENSIS, voy. CAMALODUNUM.

COLONIA CLARITAS JULIA, anc. ATTUBI, localité des Turdetani, auj. *Olivera,* bourg d'Andalousie.

COLONIA CLASSICA, voy. FORUM JULII.

COLONIA CLAUDIA AUGUSTA JADERA, voy. JADERA.

COLONIA DIENSIS, voy. DIA.

COLONIA EBORACENSIS, voy. EBORACUM.

COLONIA EQUESTRIS [Plin., Spon, *Hist. Genev.*], Ἐκουεστρὶς [Ptol.], CIVITAS EQUESTRIUM [Orelli], NOIODUNUM (de NOIA, NOVIA, *Eau,* et DUN, *lieu bas,* voc. celt.). CIVITAS EQUESTRIUM NOIODUNUM [Not. Prov.], sur le côté N. du lac Leman, *Nion, Nyon, Neuss,* ville de Suisse (cant. de Vaud).

L'imprimerie existe dans cette petite ville à la fin du XVIIIe siècle. Peignot cite une *Bibliographie de :*

Pays-Bas imprimée à Nyon en 1783. « A l'époque de la révolution française, dit M. Gaullieur, la guerre de brochures polémiques redouble de vivacité; on en imprime non-seulement à Genève, mais à Carouge, à Nyon et à Saint-Claude. »

COLONIA FERENTINENSIS, voy. FERENTINUM.

COLONIA ITALICENSIS [Inscr. ap. Grut.], ITALICA [Eutrop.], TRAJANI CIVITAS [Jornand.], localité de la Bétique, à VI M. P. d'Hispalis, auj. *Sevilla la Vieja,* sur le Guadalquivir, bourg d'Andalousie, près de Séville.

COLONIA JULIA, voy. BONNA.

COLONIA JULIA AUGUSTA DERTONA, voy. DERTONA.

COLONIA JULIA FANESTRIS, voy. FANUM.

COLONIA JULIA OCTAVIANORUM, voy. FORUM JULII.

COLONIA JULIA SALONA, voy. SALO.

COLONIA MARCHICA, voy. BEROLINUM.

COLONIA MARCIA, ville des Turdetani, dans la Bétique, auj. *Marchena,* bourg d'Andalousie, près de Séville.

COLONIA MORINORUM, voy. TARUANNA.

COLONIA MUNATIANA, voy. BASILEA.

COLONIA PACENSIS, voy. BEGIA.

COLONIA PACENSIS CLASSICA, voy. FORUM JULII.

COLONIA PATRICIA, voy. CORDUBA.

COLONIA RAURICA, voy. BASILEA.

COLONIA ROMULENSIS, voy. HISPALIS.

COLONIA SARMIZEGETHUSA, voy. AUGUSTA DACICA.

COLONIA SENENSIS, voy. SENA JULIA.

COLONIA SOLMONTINA, voy. SULMO.

COLONIA TOLOSA, voy. TOLOSA.

COLONIA TRAJANA [Itin. Anton., Tab. Peut.], Τραϊανὴ κολωνία [Ptol.], *Kelln,* bourg près de Clève, suiv. Cluvier.

COLONIA TREVERORUM, voy. AUGUSTA TREVIRORUM.

COLONIA UBIORUM, voy. COLONIA.

COLONIA VENETORUM, *Cologna,* ville de la Vénétie, près de Vicence.

Le catal. Pinelli (vente de Londres) cite un livre imprimé sous la rubrique : *Cologna,* en 1765(?).

COLONIA VILLA [Capit. Car. Calvi], *Coulaines,* comm. près du Mans (Sarthe); concile en 843; suiv. d'autres géogr. *Coulonges,* bourg du même département.

COLONIACUM, COLONIA, *Cologni, Cologny,*

village de Suisse, près du lac de Genève (cant. de Vaud).

En 1565 un libraire de Genève, Perrin, établit à Cologny une succursale qui fonctionna assez régulièrement pendant plusieurs années; on trouve, à partir de cette époque, un très-grand nombre de livres publiés à Genève ou ailleurs sous la rubrique de cette localité.

M. Gaullieur nous fournit d'excellents renseignements à ce sujet.

Les livres imprimés à Genève étant devenus un objet de réprobation dans tous les pays où le catholicisme avait triomphé à la suite des terribles luttes qui suivirent la réforme, les principaux imprimeurs et libraires genevois, en vue de faciliter l'écoulement de leurs marchandises, jugèrent prudent de dissimuler, et remplacèrent le nom trop célèbre de la ville de Calvin, par ceux de Cologny, et de Saint-Gervais, petite localité peu connue, située aux environs de Genève. C'était le fameux Simon Goulard, de Senlis, intéressé dans la question, qui avait imaginé cet expédient.

Mais les libraires français, particulièrement ceux de Lyon, réclamèrent énergiquement contre la concurrence des Genevois, qui ne se gênaient nullement, il faut l'avouer, pour contrefaire tout ce qu'ils jugeaient de bonne vente; ils dévoilèrent toutes les ruses des Genevois, et la douane française saisit, avec un redoublement de sévérité, toutes les provenances typographiques de Genève.

Pyramus de Candolle, que nous retrouverons à Yverdon et à Saint-Gervais, fut envoyé par le gouvernement de Genève auprès du roi Henri IV, pour tâcher d'obtenir du roi de mettre fin aux vexations sans nombre que les libraires français, disait-il, leur faisaient subir.

M. Gaullieur raconte, avec de longs détails que nous ne pourrions reproduire, toutes les phases de cet antagonisme des imprimeurs genevois et lyonnais; nous aurons du reste l'occasion d'en reparler.

Quant à Cologny, il paraît certain et prouvé que plusieurs établissements typographiques y furent réellement installés : d'abord celui de Perrin, que nous avons cité ; puis on trouve imprimés sous la rubrique *Cologni* ou *Cologny,* à la fin du XVIe siècle et pendant tout le XVIIe, des ouvrages sortis des presses de Jean Gymnicus, des Chouet, de Dixmier, de Lefebvre, et de plusieurs autres imprimeurs de Genève.

Parmi les innombrables ouvrages publiés sous ce nom de lieu, nous citerons le *Paradis* ou *Jardin de devotes oraisons;* à Colognie (sic) par Jean Gymnicus, 1593, in-24 ; la première édition du *Thrésor des langues* de Cl. Duret, publiée par les ouvriers de Pyramus de Candolle, à Cologny, en 1613, par Jean Berjon (reçu bourgeois de Genève en 1576), et avec un titre renouvelé, à Yverdon, par la société helvétiale Caldoresque, 1619 ; enfin les *Antiquités de la ville de Marseille,* par Raymond de Solier. — Cologny, par A. Pernet, 1615, in-8.

Et l'illustre famille des de Tournes, elle-même, emprunte cette souscription : LES EMBLEMES d'Alciat; Cologny, Jean de Tournes, 1615, in-8.

COLONIDES, Κολωνίδες [Pausan.], Κολώνη [Ptol.], localité de la Messénie, sur la côte O. du Sinus Messeniacus, auj. *Coron,* sur le golfe du même nom, ville du dioc. de Messénie.

COLOSIA, COLOSIUM, voy. CLAUDIOPOLIS.

COLOSVARIENSIS COMITATUS, COLOSENSIS COMITATUS, le *comitat de Kolosvar* (en all. *Klausenburg*), en Transylvanie (Land der Magyaren).

COLRANA, *Colrane,* bourg d'Irlande, dans

le comté de Londonderry (prov. d'Ulster).

COLUBRARIA [Plin.], probablement Co-LUMBA [Itin. Anton.], OPHIUSA, Ὀφιοῦσα, Ὀφιοῦσσα [Ptol.], l'une des îles Baléares, auj. *Formentera*.

COLUDA, *Coldingham*, bourg d'Écosse (comté de Berwick).

COLUMBARIA, voy. COLMARIA et COLOMERIA.

COLUMBARIUM PR. [Plin.], Κολυμβάριον [Ptol.], *Capo Figari*, en Sardaigne.

COLUMBUS FL., *Columbton*, pet. riv. d'Angleterre, suiv. Bisch. et Möll.

COLUMNA, *Cholm*, ville russe du gouv. de Pskow.

COLUMNA RHEGINA, ἡ Ῥηγίνων στυλίς [Strab.], voy. RHEGIUM.

COLUMNÆ HERCULIS. Ἡρακλέους Στῆλαι, les *Colonnes d'Hercule*; *Calpe*, dans la Bétique, *Abyla*, dans la *Maurétanie Tingitane*, auj. *Gibraltar*, au N. du détroit du même nom, en face de la *Sierra de las Monas*, au S.

COLUMNARUM CAPUT, *cap Colonna*, dans la Calabre ultér., sur la mer Ionienne.

COLUMNARUM FRETUM, FRETUM HERCULIS, *le détroit de Gibraltar*; réunit la Méditerranée à l'Atlantique.

COLVIUM, *Couy*, bourg du Berri (Cher).

COMACENUS LACUS [Itin. Anton.], voy. LARIUS LACUS.

COMACHIUM, COMACLIUM, voy. CIMACULUM.

COMAGENA [Tab. Peut.], COMAGENÆ [Itin. Anton.], ville de la Norique, sur la rive droite du Danube, auj. *Zeiselmaür*, suiv. Muchar, en Autriche (Land unter der Ens].

COMAGENUS, COMIANUS [Ann. Fuld.], auj. *Kaumberg*, bourg d'Autriche, près de Zeiselmaür.

COMARA [Cluv.], COMARONIUM, COMORRA [Cell.], COMMIA (moy. âge), *Komorn*, *Komarom*, ville forte de Hongrie, au confl. du Waag et du Danube, sur l'île de Schütt.

Nicolas-Jean Schmid, imprimeur à Oldenburg, transporta en 1740 son établissement à Komorn, mais il fut bientôt obligé de renoncer à son imprimerie; on ne connaît qu'un seul livre sorti de ses presses; en voici, d'après J. Németh, le titre exact : *Floriilegcium sponsalitium canonico morale Foro Fori et Poli accommodatum, essentiam, proprietates et effectus sponsalium, nec non decisiones L. cum fundamentis pro et contra discussis complectens juxta inconcussa tutissimaque dogmata Doctoris Angelici D. Thomæ Aquinatis, aliorumque probatorum authorum, concinnatum a Ludovico Paxy*

ord. *S. Pauli*. — Comaromii, typis Nic. Joannis Schmid, 1740, in-4, de 503 p.

Après de longues années d'intervalle, une nouvelle typographie fut installée à Comorn par Simon-Pierre Weber de Presburg, en 1789, et il la dirigea jusqu'en 1794; puis vint Joseph-Valentin Weinmüller de 1794 à 1800, et sa veuve, Clara Weinmüller, lui succéda.

COMAROMIENSIS COMITATUS, le *comitat de Komorn*, en Hongrie.

COMARUS PORTUS, Κόμαρος [Strab.], port de l'Épire, auj. *Gomaro*, au N. de *Prévéza* (pach. de Jannina).

COMBARISTUM [Tab. Peut.], *Combrées*, bourg de Fr. (Mayenne).

COMBELLI VILLA REGIA, *Combeaux*, village de la Brie (Seine-et-Marne).

COMBRALIA, *Combraille*, anc. district de l'Auvergne; dépend auj. du départ. de la Haute-Vienne.

COMBRETONIUM [Itin. Anton.], CONVETONI [Tab. Peut.], CAMBRETONIUM, *Brettenham*, bourg d'Angleterre (Suffolkshire).

COMBUSTA [It. Aquar. Apollin.], au S. de la Gaule Narbonn., auj. *St-Hippolyte* (?), au-delà de l'Aigly, dans les Pyrénées-Orientales.

COMENSIS LACUS, voy. LARIUS LACUS.

COMERANUM, BOSCUS COMMUNIS, *Bois-Commun*, pet. ville du Gatinais (Loiret).

COMESATIUM, *Comesazzo*, bourg du Milanais, sur l'Oglio.

COMESIANORUM CONVENTUS, *Gambs*, bourg et anc. abb. de Suisse (St-Gall).

COMIDAVA, Κομίδαυα [Ptol.], ville de la Dacie, auj. *Dees akka*, *Salzdorf*, bourg de Transylvanie [Bisch. et Möll.].

COMIDAVA AD SAMOSIUM, CONFLUENTES SA-MOSII, *Dees Dyesch*, bourg de Transylvanie, au confluent des grand et petit Szamosch.

COMILLOMAGUS [Itin. Anton.], COMELIOMA-GUS [Tab. Peut.], ville de la Gaule Cispadane, auj. *Cicognola*, suiv. Mannert et Forbiger.

COMINEUM, COMMINIUM, *Commines*, *Comines*, ville de Fr. (Nord); la Lys la sépare de la ville belge de *Commines*, dans la Flandre occidentale.

COMINIUM [Liv.], COMINI [Plin.], ville des Hirpins, auj., suiv. Reichard, *S. Gio in Galdo* (Princip. ultér.).

COMINUM, voy. HEPHÆSTIA.

COMITIS MOLA, COMITATIS MOLA, *Greifsmühlen*, ville du Mecklenburg-Schwerin.

COMITATUS REGIS, *Kings County*, comté d'Irlande (Leinster).

COMITATUS VENASCINUS, le *Comtat Venaissin*, en France, auj. dép. de Vaucluse.

COMMERCIACUM [Cell., ann. Einhard.], *Commercy*, ville de Fr. (Meuse).

Le Dictionnaire œconomique de J. Marret, avec supplément par Noël Chomel, fut imprimé ou tout au moins fut publié sous la rubrique *Commercy,* Henri Thomas, 1741, 4 vol. in-fol. M. Ternaux cite : *Leslie. Abrégé généalogique de l'histoire de la maison de Lorraine.* Commercy, H. Thomas, 1743, in-8. Nous manquons de détails sur cette imprimerie d'Henri Thomas.

COMOPOLIS.

Lieu d'impression supposé : un livre de Paulus Merula, porte : *Comopoli,* typis Lucæ Molinæi, 1620; ce livre fut imprimé à Amsterdam.

COMPENDIUM [Ann. Hincm. Rem., Ann. Vedast., Cell.], COMPENDIUM PALATIUM [Præc. Childeberti a. 536], *Compiègne,* anc. palais des rois mérov. et carlov., ville de Fr. (Oise); anc. abb. de S. B.; conciles.

Pendant les troubles de la minorité de Louis XIV, une imprimerie fut établie à Compiègne, à la tête de laquelle fut mis un typographe du nom de Jean Courant, que nous avons déjà vu figurer comme imprimeur à Pontoise, où nous avons dit qu'il avait suivi le parlement; on trouve à la date de 1652 un grand nombre de pièces imprimées par lui; la nature de ces pièces nous prouve que Jean Courant était au *Mazarin* et loyal royaliste, probablement aux appointements :
Réponse faite par le Roi à la dernière lettre de S. A. R. (12 septembre). Réimpression sous le titre : *la véritable réponse...;* et encore : *Lettres de S. A. R., écrite au Roy* (7 septembre), *avec la réponse,* (12 septembre)...
La véritable réponse du Roy, faite à la harangue de M. le cardinal de Retz et MM. du clergé.
Extrait de l'instruction envoyée par le Prince de Condé au sieur de S. Romain, étant de présent en Champagne.
Toutes ces pièces tirées in-4, et imprimées à Compiègne, par Jean Courant, 1652.
En 1674, nous trouvons un nouvel imprimeur du nom de Ravesson; il imprime en 1680 un *Catéchisme de S. Joseph,* in-12, qui figure au catal. du cardinal Dubois, sous le n° 3253.
L'imprimerie, à Compiègne, devait avoir une certaine importance au XVII° siècle, puisque les arrêts du conseil de 1704 et de 1739 crurent devoir autoriser un maître imprimeur à séjourner dans cette ville. Le rapport fait à M. de Sartines, en 1764, nous donne le nom de cet imprimeur à cette date; il s'appelait Louis Bertrand, avait été reçu imprimeur en 1751, et possédait deux presses.

COMPITUM [Itin. Anton.], COMPITUM ANAGNINUM [Tab. Peut.], *Savignano,* bourg de la délég. de Frosinone, près d'Anagni.

COMPLEGA, Κομπλέγα [Appian.], ville des Celtiberi, dans la Tarrac., auj. *Valera la Vieja,* sur le Xucar, suiv. Florez.

COMPLUTUM [Plin., Itin. Anton.], Κόμπλουτον [Ptol.], ville des Carpetani, dans l'Esp. Tarrac., auj. *Alcala de Henarès,* ville d'Espagne, dans la Nouv.-Castille, sur le Henarès : c'est la patrie de Miguel Cervantès.

Michel Maittaire (Ann. typ. 1741, t. II, p. 581) cite, d'après le cat. de la bibl. Rothean. (p. 32, n° 421), un livre, sans nom d'imprimeur, exécuté dans cette ville au XVe siècle : *Gabriel Vasques de cultu adorationis.* Compluti, 1494, in-4. C'est tout simplement une erreur d'un siècle; Gabriel Vasques, jésuite, mourut à Alcala en 1604, à l'âge de 55 ans; son livre *de Cultu adorationis,* imprimé à Alcala en 1594, fut réimprimé à Mayence en 1600 (Antonio, I, 511).
L'université d'Alcala n'ayant été fondée qu'en 1499 par l'illustre Ximenès de Cisneros, archevêque de Tolède, il y a tout lieu de croire que l'établissement d'une imprimerie, indispensable complément des études universitaires, suivit de très-près cette institution.
D. Melchior de Cabrera nous apprend (*en el discurso legal acerca de la imprenta,* fol. 10), que le licencié Varez de Castro introduisit le premier à Alcala cet art, dans lequel il était expert; et que le cardinal Ximenès, en sa qualité de *gobernador de España,* lui accorda de notables privilèges.
Mais nous ne connaissons pas de livres sortis des presses de cet habile licencié, et c'est le Polonais Stanislas, *Lanzalao Polono,* l'imprimeur de Séville, que nous voyons quitter son associé Meynard Ungut et venir s'établir à Alcala, en 1501 ; c'est lui que nous devons considérer comme le père de la typographie dans cette ville, qui eut une si grande importance littéraire en Espagne au XVIe siècle.
On connaît de lui en 1502 un placard contenant des *Ordenanzas reales,* au bas duquel il s'intitule : Impresor de libros, estante en la villa de Alcalá de Henares, avec son écusson formé d'un S, et POLONVS dans un double cercle surmonté d'une croix de Lorraine.
La même année : *Vita Xpti Cartuxano Romanzado por Fr. Ambrosio... fué emprentado por endustria e arte del muy ingenioso e honrado Stanislao de Polonia, varon precipuo del arte impresoria. E imprimiose a costa e espensas del virtuoso e muy noble varon Garcia de Rueda* en la muy noble villa de Alcalá de Henares, a XXII. dias del mes de Noviembre del año de nuestra reparacion de mill e quinientos et dos, 4 vol. in-fol.; reimp. à Séville, en 1537.
Cet Ambrosio Montolino, franciscain, est l'auteur du fameux *Cancionero* imprimé à Tolède en 1527.
Quelques années après, un célèbre imprimeur, qui possédait un établissement important à Pampelune, au XVe siècle; que nous retrouvons à Logrono en 1503 et 1506, vient s'établir à Alcala vers 1511 ; c'est Arnaud Guillen de Brocar, dont le moine Augustin Fr. Géronimo Roman dit « *que el impresor mas famoso que vino à Alcalá de Henares fué Arnao Guillen.* » (*Rep. Gentilica,* I. VII, c. III.)
Nous citerons de lui : FLORES Y BLANCA FLOR, *la historia de los dos enamorados Flores y Blancaflor, rey y reyna de España y emperadores, de Roma;* à la fin : *A loor y gloria de nuestro señor Jesu Christo, emprimiose este presente tratado por Arnao Guillen de Brocar. Acabose año de mil* cccc.y XII, in-4. goth., de 24 ff. non chiffrés. (Cat. de Bure, n° 947, vendu 150 fr.)
L'année suivante, la première édition du *Libro del Esforçado Cauallero Conde Partinuples que fue emperador de Constantinopla,* imprimé le 16 nov. 1513, in-4, goth. (même vente, n° 945, 145 fr.)
Conchu, dans la *Biblioth. des Romans,* cite, du *Partenoples,* une édition de Tarragone, 1488, in-8; il se trompe d'un siècle.
Le plus beau titre de gloire d'Arnaud-Guillaume de Brocar est d'avoir été l'imprimeur de la très-justement célèbre *Polyglotte* de Ximenès, imprimée à Alcala, en quatre années, 1514-1517, et formant six volumes in-fol. Ce noble livre est trop connu pour que nous en parlions en détail.
Les principaux imprimeurs d'Alcala au XVIe siècle sont : *Miguel de Eguia,* 1522-1536; nous le trouvons aussi à Logrono; le fils d'Arnaud de Brocar, Juan,

de 1550 à 1560; puis viennent Andrès de Angulo (1563); Sebastian Martinez (1558-1567); Juan Iñiguez de Lequerica (1572-1587); Juan Gracian (1574-1588) et sa veuve, à partir de 1589, etc.

COMPOSTELLA, voy. FLAVIONAVIA.

COMPSA [Liv., Vell.], Κώμψα [Ptol.], COMP-SANI [Plin.], ville des Hirpins, auj. *Conza*, ville de la prov. napolit., Princip. ultér.

COMPULTERIA [Liv.], sur le haut Volturno, auj. le *Biferno*, S. *Ferrante*, localité de la province de Molise (Italie); suiv. Mommsen.

COMUM [Plin., Itin. Anton., Tab. Peut.], Κῶμον [Strab., Ptol.], NOVOCOMUM [Sall., Cæs.], Νεόκωμον [Appian.], ville des Orobii, dans la Gaule Transpadane, auj. *Como*, *Come*, ville du Milanais, chef-lieu de délégation; patrie des deux Pline.

On ne connaît que trois ouvrages imprimés dans cette ville au XVᵉ siècle; le plus ancien est daté de 1474 : INCIPIVNT RVBRICE TRA‖CTATVS APPELLATIO-NVM‖QVI TRACTATVS CONGI‖ARIVM NVNCVPATVS EST‖ QVIA SCOLARIBVS SVIS‖AB IPSO AVCTORE PRO‖CONGIA-RIO ET REFECTI‖ONE LABORVM QVOS‖IN QVOTIDIANIS LEC‖TIONIBVS PATIEBAN‖TVR TRACTATVS EST. — Au dernier f. (192) : *Completa p Dominum Johanem Antoniuȝ‖de sancto Georgio dictū de placentia ῖpositū‖ecclesie Sācti Ambroxij Maioris Mediolani ‖iuris utriusȝ doctoreȝ z Comiteȝ ordinariaȝ‖iuris canonici legentem de mane infelici stu‖dio papiensi sub illustrissimo duce Galeaz‖Maria vice comite duce Mediolani...‖Comi impressa per magistros Ambroxium‖de orcho et Dycnisium de parauesino Quinto‖jdus augustas.‖MCCCC LXX IIII°‖. DEO GRATIAS. AMEN*, in-fol., de 192 ff., à 2 col. de 50 lig., sans chiffr. ni sign.

Le second volume est un in-fol. à 2 col. en caract. romains, imprimé *per M. Baldesarem de Fossato*, en 1477; il est intit. *Alberti de Rosate Bergomensis opus statutorum*.

Le troisième : *Teofilo vita di S. Giovanni Capistrano*, in-4, sans nom d'imprimeur; il est exécuté en 1479.

CONA, CONADA, voy. CONDATE.

CONACTIA, CONNACIA, le *Connaught*, l'une des quatre divisions territoriales de l'Irlande.

CONACUM, voy. COGNACUM.

CONATIA, *Tirconel*, bourg d'Irlande (Ulster).

CONCA, CONCHA, CONCIA, *Cuença*, ville d'Espagne, ch.-l. d'une intendance de la Nouvelle-Castille.

Falkenstein et Cotton portent à l'année 1589 la date de l'introduction de la typographie à Cuença. Le nouvel *Ensayo de typographia española* de Gallardo nous donne des dates antérieures; nous citerons : *Deuotissima‖exposicion so‖bre el psalmo d‖miscrcre mei‖dcus. Fecha‖por un deuo‖to religioso.‖Agora nueuamēte corre‖gido y emēdado. .Q.xxxij*, à la fin : *Imprimiosse la presente obra. En la muy noble y muy leal cibdad de Cuenca, en casa de Francisco de al Faro. Acabose a siete dias del mes de Março. de M. D. XXXIJ. Años*, in-8°, goth. sans pagin., mais avec sign. A. F. par 8.

Romance y glosa sobre la muerte de la empera-triz y reina nuestra señora, y el suntuoso enterramiento que se le hizo en la ciudad de Granada, con un villancico. Hecho por Anton Delgado; à la fin : *En Cuenca año 1539*, in-4, de 4 ff., avec une pl. gravée sur bois, comprenant 19 coplas.

Alonso de Cervantes. *Glosa famosissima sobre las coplas que‖hizo don Jorge Manrique a la muer‖te del maestre de Santiago‖su padre*; à la fin : *En Cuenca, por Juan de Canoua.* M. D. LIJ, in-4, de 16 ff., sign. A, B.

Quand on trouve sur un ouvrage du XVIᵉ ou XVIIᵉ siècle le nom de *Cuenca* latinisé, c'est toujours par CONCHA qu'il est traduit : *J. B. de Madrigal, tratado breve sobre los mysterios de la missa.* CONCHÆ, M. DC. in-8 (Antonio). — *Johannes de Bustamante de la Camara, de las ceremonias de la Missa. Conchæ*, 1622, in-8. (*Biblioth. Ritualis*, II, p. 151.)

Le livre qu'ont sans doute voulu désigner Falkenstein et Cotton est celui-ci : *Diego Nuñez Alva. Dialogo de la vida de soldado*. Cuenca, 1589, in-8.

CONCA, anc. local. de l'Ombrie, dont les ruines se voient auprès de Rimini.

CONCÆ, CONCHÆ, *Conques*, pet. ville de Fr. (Aveyron). = *Conches*, ville de Normandie; anc. marquisat; anc. abb. de Bén. (Eure).

CONCÆ, voy. CONQUESTUS.

CONCANA, Κόγκανα [Ptol.], ville des Concani, dans la Tarraconaise, auj. *Santillana*, ville de la Vieille-Castille, dans l'intendance de Santander, ou, suiv. Reichard, *Cangas de Onis*.

CONCANGIUM, *Kendal*, ville d'Angleterre (Westmoreland).

CONCARNEUM, *Concarneau*, ville de Bretagne (Finistère), que quelques géographes ont pris pour l'anc. VORGANIUM de Ptolémée.

CONCHÆ, voy. CONCÆ.

CONCHÆ.

On trouve sur quelques livres italiens cette dénomination, qui est fausse, et qui veut désigner MODENA, (Melzi, *Anon.* et *Pseud.*, 1. p. 210).

CONCIACUM, *Coincy*, bourg de la Brie (Aisne), anc. abb. de Bénéd.

CONCORDIA [Plin.], Κογκορδία [Ptol.], ville de Lusitanie, auj. *Thomar*, ou, suiv. Reichard, *la Guarda*, en Portugal (Estremadure).

CONCORDIA [Ammian.], ville des Nemetes, dans la Gaule Belgique, auj., suiv. Simler, *Köchersberg*, bourg de Fr. (Bas-Rhin); suiv. Reichard, il faudrait placer cette localité auprès de Lauterburg dans le même département.

CONCORDIA [Mela, Plin.], Κογκορδία [Strab., Ptol.], ville des Veneti, dans la Gaule Transpadane, auj. *Concordia*, pet. ville de la Vénétie, dans la délég. d'Udine.

CONCURCALLUM, CONCRESSANUM, *Concressant*, bourg du Berri (Cher).

CONDATE [Auson.], au N.-E. de Bordeaux, *Condat*, bourg du Périgord, dans une ile de la Dordogne.

En celtique, le mot signifie *confluent*, ce qui explique le grand nombre de localités qui portent ce nom.

CONDATE [Tab. Peut., Geo. Rav.], suiv. Ukert, *Chanteuges*, près Langeac (Haute-Loire); suiv. Reichard, *Langogne*, bourg de la Lozère.

CONDATE [Geo. Rav.], *Seissel*, au confluent du Rhône et du Sier (Haute-Savoie).

CONDATE [Itin. Anton., Tab. Peut.], MO-NASTERIOLUM AD ICAUNUM, anc. ville des Senones, dans la Gallia Lugdun., auj. *Montereau-fault-Yonne, Montereau*, ville de Fr. (Seine-et-Marne), au confl. de l'Yonne et de la Seine.

CONDATE [Itin. Anton.], CONA, CONADA, BRANNOVICUS AULERCORUM [Tab. Peut.], ville de la Gaule Lyonnaise, auj. *Cosne, Cosne-sur-Loire*, ville de Fr. (Nièvre).

CONDATE [Itin. Anton., T. Peut.], ville des Eburovices, auj. *Condé-sur-Iton*, bourg de Normandie, avec titre de comte (Eure).

CONDATE, CONDATE AD SCALDIM, *Condé, Condé-sur-l'Escaut*, ville forte de Fr. (Nord), entre l'Aisne et l'Escaut; anc. titre de prince, appartenant à la maison de Bourbon.

CONDATE, CONDATUM AD NERALLUM, *Condé-sur-Noireau*, ville de Fr. (Calvados).

CONDATE, voy. NORVICUM.

CONDATE RHEDONUM, voy. RHEDONES.

CONDIVINCUM, voy. NAMNETUS PORTUS.

CONDOMIUM, CONDOMIUM VASCONUM, CONDO-MUS, CONDUM [Gesta Dag.], *Condom*, ville de Fr. (Gers).

L'imprimerie existe à Condom au XVIIᵉ siècle, et les arrêts du conseil, en date du 21 juillet 1704 et du 31 mars 1739, autorisent cette ville à conserver un imprimeur, évidemment à cause de l'importance ecclésiastique que lui donnait son évêché. Le titre du premier livre imprimé à Condom que nous puissons citer nous est fourni par M. Ternaux : *La responce à S. Germain, ou les lumières de Mathieu de Morgues, pour l'histoire de France, esteintes par Scipion Dupleix*. Condom, Manes, 1645, in-4 (à l'Arsenal). Un livre de liturgie locale est imprimé en 1689 : *Proprium sanctorum ecclesiæ Condomiensis*. Condomii, 1689, in-12 (Cat. Dubois, III, nᵒ, 5397); M. Cotton, qui cite ce volume, dit qu'il a sans doute été fait sous la direction de Bossuet; il y avait longtemps que Bossuet était à Meaux, et il ne s'occupait guère en 1689 de son premier diocèse.

Le *Rapport* Sartines nous donne le nom de l'imprimeur de Condom en 1764 : Pierre-Jacques Larroire, libraire-imprimeur reçu en 1751, possédant 2 presses.

CONDRIACUM, CONDRIEVIUM, CONDRUSIUM, *Condrieu*, ville de Fr. (Rhône).

CONDRUSI [Cæs., Oros.], *qui sunt inter Eburones Trevirosque*, peuple de la Gaule Belgique, entre Trèves et Liége; occupait les environs de Cologne.

CONDURUM, *Condures*, bourg de Gascogne (Landes).

CONEDRACIUM, CONNARACUM, *Conneray*, bourg du Maine (Sarthe).

CONELIANUM, *Conegliano*, ville de la Vénétie, dans la délég. de Trévise.

Impr. en 1611, suivant Falkenstein; Haym (p. 173) nous donne une date antérieure : *La Battolea di monsig. Giorgio Tomasi protonotario apostolico*. Conegliano, pel Claseri, 1609, in-4. Ce livre figure au catal. Colbert, nᵒ 8337.

CONEMBRIA, voy. CONIMBRICA.

CONEUM, voy. CUNEUM.

CONFLUENTES [It. Anton., Tab. Peut., Cæs., Plin., etc.], CONFLUENS [Ann. Colon., Ann. Fuld., Fortunat.], CONFLUENTES RHENI ET MOSÆ [Cluv.], CONFLUENTIA, ville des Treviri, dans la Gaule Belgique, auj. *Coblenz, Coblentz*, ville de la Prusse rhénane, au confluent de la Moselle et du Rhin.

Il est extraordinaire que l'imprimerie ait fonctionné aussi tardivement dans une ville de cette importance; Falkenstein n'en fait même pas mention, et nous ne pouvons la faire remonter qu'au commencement du XVIIIᵉ siècle; voici le livre le plus ancien que nous connaissions : *C. A Betz. Fasciculus Myrrhæ in luctuosam mortis schenam J. Hugonis archiepiscopi Trevirensis*. Germanice, Confluentiæ, 1711, in-fol. On voit sur le frontispice le portrait de l'archevêque exposé sur un lit de parade et six figures emblématiques. (Catal.Libri,1861, nᵒ 1006.)

CONFLUENTES, CONFLUENTIA BURGUNDIÆ SUPERIORIS, *Conflans*, bourg de Fr. (Haute-Saône).

CONFLUENTES, CONFLUENTIA CENTRONUM, *Conflans*, bourg de la Haute-Savoie, au N.-E. de Chambéry.

CONFLUENTES, CONFLUENTIA INSULÆ FRANCIÆ, *Conflans-l'Archevêque*, hameau au confluent de la Seine et de la Marne.

On y voit le château des anc. archevêques de Paris; une imprimerie exista dans ce village à la fin du dernier siècle : *Du sommeil, par Chabert*. Conflans-Charentón, an IV, in-8.

CONFLUENTES, *Conflans-Ste-Honorine*, bourg de Fr. (Seine-et-Oise), au confluent de ces deux rivières.

CONFLUENTES, *Confoulans, Confolens*, ville de Fr. (Charente), au confl. du Goire et de la Vienne.

CONFLUENTES, CONFLUENTIA-LOTHARINGIÆ, *Conflans-en-Jarny*, bourg de Lorraine, près Verdun.

CONFLUENTIA WESTPHALICA, voy. BECKENA.

CONGAVATA, dans la Britannia Romana, au N.-E. de Luguvallum, auj. *Stanwick,* bourg du Cumberland.

CONGIA, *Koege,* ville du Danemark (Seeland).

CONGLETONIUM [Bisch. et Möll.], *Congleton,* ville d'Angleterre (Cheshire).

John Dean imprimait dans cette ville en 1800, nous dit M. Cotton.

CONIA, *Cogna,* bourg du Piémont, près d'Aosta.

CONICIA, voy. CHONITIA.

CONIMBRICA, CONEMBRIGA [Plin., It. Ant.], CONIMBRIA, COLIMBRIA, COLIMBRE [anc. chron.], ville de Lusitanie, auj. *Coimbra, Coïmbre,* ville forte du Portugal, prov. de Beira.

C'est la séule université du royaume ; elle fut fondée en 1516 ; évêché érigé au vie siècle; l'imprimerie, suivant Falkenstein et Cotton, ne remonte en cette ville qu'à 1536; mais nous croyons pouvoir la reporter plus haut ; nous avons d'abord une date qui nous est fournie par Panzer d'après Hennings, c'est l'année même de la fondation de l'université 1516 : *Joan. Brabi Chamici, de Capitis Vulneribus,* Conimbrigæ per Didac. Loureiro, M. D. XVI, in-fol. Ceci est une erreur du bibliographe de Nuremberg: D. João Bravo Chamisso, natif de Serpa, professeur de médecine à l'université de Coïmbre, n'était pas né à cette époque; tous ses ouvrages sont datés du commencement du XVIIe siècle; nous croyons donc qu'il faut lire M. DC. XVI. M. Ribeiro dos Santos, dans son mémoire sur les origines typographiques en Portugal, nous apprend qu'aussitôt après que l'université eut été fondée par le roi Joan III, elle fit venir de Lisbonne deux habiles imprimeurs, J. Barreira et J. Alvarez ; le premier livre exécuté par Barreira, dit M. Ribeiro dos Santos, est un *Reportorio dos tempos,* Conimbricæ, 1519, in-4, que nous ne connaissons pas, mais dont nous serions assez disposé à contester la légitimité; en effet nous trouvons, dans Antonio et dans la *Bibliotheca Lusitana,* II, p. 264, ce *Reportorio dos tempos,* avec *João Barreira* donné comme auteur, *Coimbra* comme lieu d'impression, et avec la date de 1579, réimpr. en 1582, in-4 ; l'exactitude habituelle de la *Bibl. Lusitana* nous ferait volontiers pencher la balance en sa faveur. Quoi qu'il en soit, nous pouvons citer avec certitude, sous la date de 1520, un livre célèbre dont parle la *Bibl. Lusitana,* Antonio Gallardo, et même Brunet : *Cronica do Imperador Clarimundo, tresladou do Ungaro, por João de Barros,* Coimbra, J. Barreira, in-fol., goth., à 2 col., livre d'une rareté telle que Gallardo n'a pu le trouver en Espagne et n'a pu le décrire *de visu.*

João de Barros, né à Vizeu, *Mestre da lingoa portugueza, e homem verdadeiramente sabio,* mourut en 1570 *(Bibl. Lusit.,* IV, p. 169).

J. Barreira introduisit en Portugal les caractères grecs, et le premier volume qu'il publia à l'usage des écoliers avec ce nouveau caractère est daté de 1534 *(Mém. de litt. port.,* II, 356, VIII, 79).

Barreira conserva fort longtemps son établissement typographique à Coïmbre ; en 1565 nous le voyons encore donner dans cette ville la seconde édition du voyage d'Antonio Tenreiro, *que da India velo por terra a este reino de Portugal,* pet. in-8, (in-12 suiv. Antonio et la *Bibl. Lusitana)* ; son fils lui succéda et imprima jusqu'aux premières années du siècle suivant.

Dans l'intervalle une imprimerie rivale de celle de l'université s'était établie à Coïmbre dans l'enceinte du couvent de Santa-Croce; ce fut de ces presses sacrées que sortit, en 1531, le *Livro da regia c perfeiçam de conversassam dos Monges,* por *Lourenzo Justiniano, traduzido por donna Catharina,* in-fol., et en 1536 : *P. Jorge Coelho, secretario do cardinal Rey ; elegia ad Virginem deiparam : de Christo moriente.* Coïmbricæ, in Cœnobio sanctæ Crucis, 1536, in-4.

Le grand imprimeur de Lisbonne Germão Galharde avait aussi établi à Coïmbre une succursale ; c'est de là qu'est sorti en 1531 un livre précieux et rare : *Duarte de Rezende. Tratado da navigação de Fernão da Magalhaens ás ilhas de Moluco.* Coimb., por G. Galharde, 1531, in-4. *(Bibl. Lusit.)*

CONIZA, voy. CHONITIA.

CONNACIA, voy. CONACTIA.

CONNOBURGUM [Chr. Moissiac.], *Conneburg,* bourg de Prusse, dans la régence de Potsdam.

CONNOVIUS, voy. TŒSOBIS.

CONOPA, Κωνώπη [Polyb.], ville de l'Ætolie, sur l'Achéloüs, dont les ruines subsistent près d'*Anghelokastro,* dans· le dioc. de Missolonghi.

CONQUESTUS, CONCÆ, le *Conquet,* ville de Bretagne (Finistère).

CONSABRUM [Plin., It. Ant.], CONSABURONENSE MUNIC. [Inscr. ap. Grut.], ville des Carpetani, dans la Tarrac., auj. *Consuegra,* dans le roy. de Tolède.

CONSENTIA [Liv., Plin., It. Ant.], Κωσεντία [Strab., Ptol.], COSENTIA [Jornand.], COTENTIA [Tab. Peut.], ville du Bruttium, auj. *Cosenza,* chef-lieu de la Calabre citérieure (Italie).

Tous les bibliogr. fixent à l'année 1478 la date de l'introduction de la typographie à Cosenza ; deux ouvrages sont cités par Panzer et Brunet à cette date; le second est omis par Hain : *Francesco Filelfo, dell' immortalità dell' anima in modo di dialogo,* in Cosenza, per Ottoviano Salamonio de Manfredonia, 1478, in-4.

C'est ainsi que le titre est donné par presque tous les bibliographes et par Panzer lui-même; mais celui-ci (tom. IV, p. 285), et, avec lui, Giustiniani et Amati, rectifient ce titre, et voici la nouvelle rédaction, d'après laquelle la paternité du livre passe à Fr. Philelphe à un nouvel auteur : *Jacobo Campharo de immortalitate animæ in modum dialogi vulgariter incipit prologus feliciter. Al venerabile e discreto suo maggiore Joh. de Marchanova citadino di Venetia, Frate Jacobo Campharo di Genoa dell' ordine de frati predicatori in sacra theologia licenciato in la università di Oxoufordi* (sic), *etc. Cusantiæ,* Octaviani Salomonii, 1478, in-4, sans chif., récl. ni sign.

Cette rectification est faite d'après l'exemplaire, que nous croyons unique, de la Biblioth. impériale de Paris.

Le second ouvrage est sans titre ; c'est un traité de la sphère en ottava rima de Gregorio Dati, portant : *Cusenciæ,* Octavianus Salomonius de Manfridonia, 1478, in-4 (décrit par Magné de Marolles).

Un troisième vol. sans date, mais imprimé par le même imprimeur, au XVe siècle, est décrit partout: *Qui si tractano le fabule del Exopo transmutate dal dicto latino in vulgare per Mº Facio Caffarello da Faenza...* Per lo egregio maestro Octauiano Salomonius de Manfridoni impressore in la cita de Cosenza; à la fin du registre CUSENTIÆ. Suivent : *Cantilenæ tres in obitum Henrici de Aragonia Calabriæ Gu-*

bernatoris, sans date, in-4 de 47 ff., impr. en gros car. goth., sans ch., récl. ni pagination (Hain, I, 40).

CONSENTINA PROVINCIA, *Calabria citeriore.*

CONSERANUM, CONSORANUM, AQUÆ CONSOR-RANORUM, ville des Consuarani [Plin.], dans la Gaule Narbonnaise, auj. *S. Lizier*, dans le Conserans, anc. comté de Gascogne, auj. compris dans le dép. de la Haute-Garonne.

CONSILINUM [Plin., Cassiod.], *Consignano*, bourg de la Calabre ultér.

CONSTANTIA [It. Ant., Geo. Rav., Cell.], CONSTANTIA ALEMANICA, GANODURUM (?), AUGUSTA TURGOIORUM, CONSTANCIA HELVE-TIORUM, ville des Helvètes, dans le Pagus Tigurinus (le canton de Zurich), auj. *Constance (Konstanz, Kostnitz)*, ville du grand-duché de Bade, sur le lac de Constance (Bodensee), anc. palais des rois de la seconde race, ch.-l. du cercle du lac; concile célèbre (1414-1418).

Une petite pièce de 8 ff. passe pour être la première production de la typographie, dans la ville célèbre où furent condamnés Jean Huss et Jérôme de Prague : *Epistola de morte Hieronymi Pragensis.* Cette épître est du Pogge; elle est adressée à Léonard Arétin, et datée : Constan‖cie tertio Kīas Iunij quo die Hieronim⁷ penas luit. Suit : *Liber Leonardi Aretini de duobus‖Amantibus Guiscardo scilicet Et‖Sigismunda feliciter finit*, in-4, de 8 ff., à 33 lignes par page, sans aucun signe typographique, ni désignation de lieu ni d'imprimeur.

Cette pièce, dont le caractère et l'absence de tous les signes typogr. révèlent une assez haute antiquité, est-elle imprimée à Constance même, ainsi que le soutient hardiment M. Libri (Cat. 1862, n° 468), qui même indique une édition qui paraît postérieure, de 9 ff. à 34 lignes (Hain, n° 13211)? Voilà ce qui nous paraît très-difficile à déterminer; une note ainsi conçue : « Premier livre imprimé à Constance, » fait bien sur un catalogue de vente; mais s'il fallait justifier cette assertion, nous croyons qu'il faudrait entrer dans un examen minutieux des types, du papier, des signes, en faire l'objet d'une comparaison avec les monuments typographiques de la même provenance et de la même époque, bref, se livrer à une série de petits travaux dont l'aridité est de nature à épouvanter le plus intrépide des catalographes.

Ainsi, malgré l'affirmation de M. Libri, nous croyons pouvoir passer outre, et rentrer dans la voie qui nous a été tracée par nos devanciers.

Laissant aussi de côté l'indication que donne Maittaire d'un opuscule de Florius, de *Duobus Amantibus, Camilli et Emilie*, imprimé à Constance en 1489, assertion dont Panzer a fait justice, nous arrivons à 1505, que la voix publique proclame comme l'année où la typographie a fait son apparition dans les murs de Constance: *C. Crispus Salustius. De conjuratione L. Ser. Catilinæ.* Constantiæ, par Joannem Schaeffeler. M. D. V. die XII. junii, in-4. Ce vol. rare a figuré à la première vente de Richard Heber, sous le n° 6139.

Panzer indique un second ouvrage exécuté à Constance en 1519, sans nom d'imprimeur.

Le principal imprimeur de Costnitz am Bodensee à la fin du XVIe siècle s'appelle Leonhard Straub.

CONSTANTIA, CONSTANTINA CASTRA [Ammian.], CIVITAS CONSTANTINA [Greg. Tur.], CONSTANTIA NORMANNORUM, anc. COSEDIÆ, COSEDICE, COSTANCA (?), *Cous-*

tances, Coutances, ville de Normandie (Manche) ; anc. abb. de S. Ben.

C'est à l'année 1597 que M. Frère (I, p. 91) fait remonter la typographie à Coutances : *Benedictionale ecclesiæ et diœcesis Constantiensis.* Constantiæ (Ioan. le Cartel impr.), 1597, in-4, imprimé en rouge et noir, musique notée. Ce Jean le Cartel était aussi imprimeur à Avranches.

En 1604, nous avons : *Histoire de la fondation de l'église et abbaye du Mont St-Michel*, par F. François Feu-Ardent, Constance (sic), par J. le Cartel, 1604, in-8.

En 1608, *les Antiquités des plus célèbres villes et châteaux de France*, par F. Des-Rues, *Constances*, par J. le Cartel, 1608, in-12.

Signalons encore un petit livre rare imprimé par Robert Coquerel, vers 1650 : Gilles de St-Joseph, solitaire de l'hermitage de St.-Gerbold, la *Trompette de l'Union*, in-4 de 21 ff. en vers alexandrins ; c'est une satire des vices du temps, divisée en 156 quatrains (à l'Arsenal).

CONSTANTIANA, Κωνσταντιανά [Procop.], ville de la Mœsie infér., auj. *Kostendsje*, en Boulgarie, sur la côte de la mer Noire.

CONSTANTIENSIS LACUS, BODAMICUS LACUS, *der Bodensee*, le *lac de Constance.*

CONSTANTINA, voy. ARELAS.

CONSTANTINOPOLIS, voy. BYZANTIUM.

CONSTANTINUS PAGUS, CONSTANTIENSE TERRITORIUM, territoire des anc. *Unelli*, depuis le *Cotentin*, district de la basse Normandie ; fait auj. partie du dép. de la Manche.

CONSUANTÆ, Κονσουάνται [Ptol.], CONSUANETES [Plin.], peuple de la Vindélicie ; occupait en Bavière partie de l'Isarkreise, aux environs de Landshut.

CONSUARANI [Plin.], CONSORANNI [Not. prov. Gall.], peuple de la Narbonnaise ; occupait l'anc. *Conserans*, comté de la haute Gascogne.

CONTESTANI [Plin.], Κοντεστανοί [Ptol.], peuple habitant le S.-E. de l'Espagne Tarraconaise, province de Carthagène.

CONTIACUM, CONTEIUM, *Conti, Conty*, bourg de France, sur la Seille (Somme) ; autrefois titre d'une princip. appartenant à la maison de Bourbon.

CONTILIANUM, *Contigliano*, bourg d'Italie, dans la délég. de Spoleto.

CONTINUM, CONCINUM, MIRANDA DURII, *Miranda do Duero*, ville de Portugal, sur le Duero (Traz os Montes).

CONTRA ACINCUM, voy. PESSIUM.

CONTRA AGINNUM [It. Ant., Tab. Peut.], ville des Veromandui, dans la Gaule Belgique, auj. *Chauny*, ville de France (Aisne) ; et suiv. Lebeuf, *Coudrain*, village de Picardie (Somme).

CONTREBIA [Liv., Aur. Vict., Geo. Rav.], ville des Celtiberi, dans la Tarraconaise, auj. *Santaver*, suiv. d'Anville ; *Cuerva*, d'après Reichard, près d'Alcala.

CONTRIBUTA [It. Ant.], Κοντριϐοῦτα [Ptol.], ville de la Bætique, auj. *Medina de las Torres*, pet. ville de l'Estramadura.

CONUS FL., la *Queugne*, pet. riv. du Berri, affluent du Cher.

CONVALLES, *Combrailles*, anc. district de la basse Auvergne ; fait auj. partie du dép. de la Creuse.

CONVENÆ [Plin., Itin. Anton.], Κωνουεναί [Str., Ptol.], peuple de la Novempopulanie, au pied des Pyrénées, auj. partie S. du dép. de la Haute-Garonne.

CONVENARUM LUGDUNUM [Itin. Anton.], CONVENÆ [Notit. Gall.], CONVENNÆ [Gr. Chr.], COMBANENSIS URBS, COMBANES [Frédég.], capit. des Convenæ, *St-Bertrand de Cominges*, anc. évêché, ville de Fr. (Haute-Garonne).

CONVENTRIA, COVENTRANUM, *Coventry*, ville d'Angleterre (Warwickshire).

Voici la note que M. Cotton, dans son *Suppl.*, consacre à l'imprimerie de cette ville : « On prétend que l'imprimerie fut exercée à Coventry pendant le XVII⁰ siècle ; un ouvrage est mentionné dans les *Notes and Queries*, du 13 avril 1861, *Flora nobilissima*, qui passe pour avoir été exécuté à Coventry, en 1690 ou 1692. » William Raffen imprimait là en 1730 (Upcott). *Dugdale's History of Warwickshire* fut imprimée à Coventry, en 1765, un vol. in-fol. ; un journal, *the Coventry Mercury*, y fut publié à partir du 16 novembre 1741.

CONVERSANUM, CUPERSANUM [Graësse], *Conversano*, bourg de la Terra di Bari, prov. napol. du roy. d'Italie.

COPAÏS LACUS [Liv.], Κωπαΐς λίμνη [Strab., Heród.], *Cephissis*, ἡ Κηφισσὶς λίμνη [Hom., Paus.], TOPOLIAS, lac de Grèce, au S.-E. d'Orchomène, auj. *Lago di Topogliu*, dans le dioc. de Béotie.

COPINGA, *Köping*, ville de Suède, dans l'anc. Westmanie, auj. préfecture de Westeras.

COPRANITIA, *Copranitz*, bourg de Slavonie, sur la Drave.

COPRINITIA, *Copreinitz, Kaproncza*, pet. ville de la Croatie, sur la riv. du même nom.

COPULATA VIA, *Coublevie*, bourg du Dauphiné (Isère).

CORA, anc. cité des Volsques, auj. *Cori*, bourg des États pontificaux, près de Velletri.

CORABILIUM (Tab. Peut.], CORBONIUM AD SEQUANAM, CORBOLIUM, CORBOILUM, CORBELLUM [Cell.], *Corbeil*, ville de France (Seine-et-Oise).

Le tome 1ᵉʳ du Catal. d'histoire de France de la Bibliothèque impériale nous donne le titre d'une pièce imprimée à la date de 1590, sous la rubrique CORBEIL ; mais cette pièce est exécutée par l'imprimeur parisien, qui avait suivi le parlement à Tours l'année précédente, Jamet Mettayer : *Discours de ce qui s'est passé en l'armée du Roy, depuis que le duc de Parme s'est ioinct à celle de ses ennemis, iusques au quinziesme de septembre 1590.* — Corbeil, s. d. (1590) in-8.

On ne peut faire remonter l'imprimerie à Corbeil plus haut que la révolution, et voici même une pièce sans date, mais imprimée au commencement de 1798, qui peut nous servir de point de départ : *Typographia Corbolii instituta, ex fastis corboliensibus, octava februarii* (1498); *latine, gallice et metrice* (auctore J. A. Guiot). Corbolii, typis C. J. Gelé, vergente seculo decimo octavo, in-12.

Joseph-André Guiot a publié un grand nombre de pièces relatives à la ville de Corbeil, chez ce même imprimeur, qui toutes sont à la Bibliothèque impériale.

CORACODES PORTUS, Κοραχώδης λιμήν [Ptol.], port de la côte N.-O. de l'île de Sardaigne, auj. *Alghero, Algher*, chef-lieu de la province de ce nom.

CORAX [Liv.], Κόραξ [Strab.], montagne d'Ætolie, auj. *Monte Coraka*, près du golfe de Lépante.

CORBACUM, CORBACHIUM, *Corbach*, ville de la Hesse-Cassel.

Imprimerie en 1678, suiv. Falkenstein ; le Catal. des Elzevirs de 1681 (p. 465) nous donne une indication antérieure : *Zachariæ Victoris dissertatio de exemptionibus imperii*, Corbachii, 1670, in-8.

Le livre qu'indique Falkenstein peut être : *Joh. Colneri chronologia et syncrotema papatus, hoc est ex avitis ipsissimis pontificiis aliisque veridicis autoribus solida demonstratio quod hodierna Romana ecclesia sit apostatica nova et hæretica, editio novo-iterata.* Corbachii, 1678, in-8. (*Cat. libr. novissime impr.*, Amst., 1679, in-4.)

CORBARIA PALATIUM, *Corbière, la Corbière*, village de Franche-Comté (Doubs); anc. résidence carlovingienne.

CORBARIA VALLIS, la *vallée de Corbières*, dans le Languedoc (Aude).

CORBEJA VETUS, CORBEIA, *Corbie*, ville de France (Somme); elle est célèbre par son antique abb. de Bénéd. fondée par le roi Clotaire III, en 660.

La bibliothèque de cette illustre abbaye était l'une des plus importantes parmi toutes celles que réunissait et conservait religieusement cet ordre lettré auquel nous devons de posséder encore quelquesuns des plus précieux monuments littéraires de l'antiquité ; elle ne le cédait en importance qu'à celles du Mont-Cassin et de Saint-Germain-des-Prés. Le plus ancien document relatif à cette librairie est un fragment de catalogue du XIᵉ siècle, conservé à la Vaticane (ms. 520, du fonds de la reine Christine); il fut transcrit et publié, mais avec quelques inexactitudes, par le cardinal Maï.

L'un des catalogues postérieurs mentionne, au XIIIᵉ s., environ 330 volumes, parmi lesquels figurent presque tous les grands classiques latins : Cicéron, Térence, Virgile, Tite-Live, Salluste, Lucrèce, Stace, Juvénal, Lucain, Martial, Perse, César, Quinte-Curce, Florus, Valère Maxime, le *Timée* de Platon, etc. ; parmi les nombreux mss. de Cicéron on en voyait trois du célèbre traité de *Consolatione*, dont la perte est à jamais regrettable.

À partir du XIIIᵉ siècle, des copistes séculiers sont

attachés au monastère pour s'occuper régulièrement de la transcription des anciens textes.

Après le pillage de cette abbaye au XVIIe siècle, ce qui restait de ces précieux monuments fut porté à Paris et réuni à la bibliothèque de Saint-Germain-des-Prés en 1636 ; il restait encore environ 400 volumes. Ces manuscrits furent compris sans annot. dans le catal. général des mss. de Saint-Germain-des-Prés. dressé en 1677 ; cat. dont Montfaucon a donné l'abrégé.

On pouvait croire enfin que ces trésors seraient là en sûreté, et que leurs pérégrinations étaient terminées ; mais, en 1791, un vol considérable est commis à Saint-Germain-des-Prés ; 25 des plus beaux mss. disparaissent, et presque tous provenaient de Corbie ; ils furent pour la plupart portés et vendus à l'étranger ; on peut encore les admirer aujourd'hui à la biblioth. impériale de l'Ermitage. En août 1794, un incendie dévore une partie du couvent, et quelques-uns des manuscrits sont brûlés, ou fortement endommagés ; ce qui restait des mss. de Corbie (375 environ) fut enfin transporté à la Bibl. nationale, en décembre 1795 et janvier 1796, et forment, avec les mss. de Saint-Germain-des-Prés, une des plus précieuses sections de l'incomparable collection des mss. de la Bibl. impériale. (Voy. le tome XXIV des *Mémoires de l'Acad. des inscriptions* et une excellente monographie que le savant Léopold Delisle a consacrée à l'abbaye de Corbie.)

Parmi les grands hommes qu'a produits Corbie, nous citerons Adalard, le conseiller de Charlemagne ; Wala, confident de Louis le Débonnaire ; Eudes, évêque de Beauvais ; le ministre de Charles le Chauve, l'archevêque Hincmar ; et le moine Jehan de Corbie, appelé par le roi Alfred en Angleterre, pour former les moines d'Abingdon à la lecture et diriger les études chorales.

CORBEJA NOVA, CORBEIA SAXONICA, *Corvey,* bourg et anc. abb. de Westphalie, de l'ordre de Saint Benoît, dans la régence de Minden.

C'est dans la librairie de cette abbaye que furent retrouvés les cinq premiers livres des Annales de Tacite ; on en doit la transcription et la publication au pape Léon X, qui s'empressa de faire l'acquisition du manuscrit, et en fit immédiatement commencer l'impression, sous la surveillance de Philippe Beroalde, à qui il adressa une bulle spéciale, datée de Rome, 1514 ; l'imprimeur fut un Lorrain : *Magister Stephanus Guilereti de Lotharingia.*

CORBELIUM, voy. CORABILIUM.

CORBENIACUM, CORBINIACUM, VICUS S. MARCULFI, *Corbeni* ou *St-Marcoulf,* bourg de Picardie, dans le dioc. de Rheims (Marne) ; célèbre prieuré de Bénédictins. N'est-ce pas là le CORBENACUM des Mérovingiens, que l'on trouve traduit dans les *Gr. Chron.* par *Curbonat,* terre de Carbone, et où les barons de France rendirent hommage à Charlemagne ?

CORBILO, Κορβιλών [Strab.], localité de la Gaule Lyonnaise, sur la Loire, auj. *Coueron,* bourg de la Loire-Inférieure.

CORBINIACUM NIVERNENSE, *Corbigny, St-Léonard,* pet. ville de Fr. (Nièvre) ; anc. abb. de Bénédictins.

CORBIO [Liv.], Κορβιών [Dion. Hal.], ville des Æqui, dans le Latium, auj. *Carboniano.*

CORBO, CORBONUM, *Corbon,* bourg du Perche (Orne). On trouve CORBONENSIS PAGUS, le *Corbonois.*

CORBOILIUM, voy. CORABILIUM.

CORBULONIS MONUMENTUM, voy. GRONINGA.

CORCAGIA, CORCAVIA, *Cork,* sur les livres irlandais et gaéliques *Corcuigh,* ville et comté d'Irlande (Munster).

M. Cotton avait mentionné dans son premier ouvrage un volume imprimé en 1649, mais dont il ne connaissait qu'une réimpression exécutée à Dublin : *Certain acts and declarations made by the ecclesiastical congregation of archbishops, bishops, and other prelates met at Clonmacnoise, on 4th Dec. 1649.* Printed at Cork 25th Feb. 1649 (1650), and reprinted in Dublin, by W. B., in-4° de 20 p. Dans son second volume, publié seulement à la fin de 1866, il donne de nouveaux renseignements. La librairie diocésaine de Cashel renferme un spécimen de la typographie de Cork, plus ancien que celui qu'il avait mentionné dans son premier ouvrage ; c'est un placard de l'année 1648, intit. : *A speech made by the lord lieut. gen. of the kingdom of Ireland to the generall assembly of the confederate catholique of the city of Kilkenny, at the conclusion of the peace.* = Printed ad Corcke, and are to be sold at Roche's building without South Gate, 1648.

Ware, dans ses : «*Writers of Ireland,*» mentionne un *Sermon by Dean Worth, preached at the funeral of Richard Boyle, archbishop of Tuam,* imprimé dans la ville de Cork en 1644.

Le cat. Stewart (Lond. 1863) contient : *A declaration of the lord lieut. gen. of Ireland for the settlement of the protestant religion...* imprimé à Cork en 1648.

Le premier nom d'imprimeur que l'on trouve dans cette ville est William Smith, mais seulement sur un livre à la date de 1679.

Le premier journal de Cork, que l'on connaisse, existait dans cette ville en 1716 : c'était une seule page, in-4°, publiée sous le titre de *the Freeholder ;* ce journal fut suivi d'une nouvelle feuille, in-fol., appelée *the Cork Newsletter,* en 1725.

M. Windele a consacré à la ville de Cork une monographie fort curieuse, publiée en 1848, sous le titre : *Notices of Cork and its vicinity,* in-12.

CORCELLÆ, *Courcelles, Corcelles* ; plusieurs localités de ce nom en France : nous ne citerons que *Courcelles-lez-Semur,* village de Bourgogne (Côte-d'Or).

Nous trouvons au catal. Secousse (n° 2009) une édition des *Mémoires de Guillaume de Saulx, seigneur de Tavannes,* désignée sous la rubrique : *Courcelles,* 1597, in-4. Ce serait là une édition inconnue et non citée de ces mémoires qui auraient été publiés pour la seconde fois avec ceux de Gaspar de Saulx, maréchal de France. (Voy. *Lugny.*)

CORCONIANA [Itin. Anton.], localité de Sicile, auj. *Naro,* sur la route de Girgenti à Catane (Forbiger].

CORCYRA [Plin., Mela], Κόρκυρα, Κέρκυρα [Hérod., Thuc., Xén., Ptol., etc.], SCHERIA, Σχερίη [Hom., Od.], DREPANE [Plin.], Δρεπάνη, PHÆACIA [Tibul.], Φαιήκων νῆσος [Hom.], ἡ νῆσος τῶν Φαιάκων, île de la mer Ionienne, sur la côte de l'Épire, auj. *Corfu, Corfou,* l'une des sept îles Ioniennes, la principale et la plus septentrionale ; fait partie du royaume de Grèce.

CORCYRA [Plin.], PHÆACUM URBS, Φαιήκων πόλις [Hom.], *Corfu,* capitale de l'île située au N.-E., évêché grec, archev. catholique; université.

Bien que l'île de Corfou ait appartenu à la Turquie, à la fin du siècle dernier, c'est cependant à cette époque que nous ferons remonter l'introduction de la typographie : *Epigrammi tradotti dal latino et dal francese da Antonio T. Pieri,* lat., gall. et ital. Corfu, 1799, in-8. (Haym.)

M. Ternaux cite un *Essai sur l'état de la civilisation des Phéaciens,* imprimé à Corcyre en 1811, in-4, en grec moderne, avec le français en regard.

En 1818, les premiers journaux grecs furent publiés à Corfou, imprimés par l'ordre du gouvernement anglais, et par les presses du gouverneur; ils étaient composés en italien et en grec moderne.

En 1822, sur la demande de M. Pétridès, de Corfou, un matériel de typographie complet fut expédié de Paris à Corfou, par la maison Didot.

Depuis cette époque un missionnaire anglais, M. Lowndes, y fit imprimer une traduction albanaise de la Bible, qu'il supposait (à tort) être le premier livre imprimé dans cette langue.

CORCYRA NIGRA [Plin., Mela], Κέρκυρα [Str.], Κέρκυρα ή. μέλαινα [Ptol.], CORCYRA ILLYRIÆ, île de l'Adriatique, sur la côte illyrienne, auj. *Cuzzola, Karkar* (en esclavon); dépend du cercle de Raguse.

CORDA, Κόρδα [Ptol.], localité du N. de la Britannia Romana, auj., suiv. Camden, *Old-Cumnock,* bourg d'Écosse (comté de Dumfries).

CORDONA [Cell.], ville des Lacetani, dans la Tarrac., auj. *Cordon,* en Catalogne.

CORDUÆ, *Cordes,* ville de Fr. (Tarn).

CORDUBA [Cic., Plin., Mela], Κορδύβη [Polyb., Strab., Ptol.], COLONIA PATRICIA CORDUBENSIS [Inscr. ap. Grut.], PATRICIA [Plin.], ville de l'Hispania Bætica, auj. *Cordova, Cordoba, Cordoue,* sur le Guadalquivir, ville d'Andalousie, capit. de l'intendance du même nom; patrie des deux Sénèque, de Lucain, d'Avicenne et d'Averrhoès.

L'imprimerie ne datait en cette ville que de l'année 1585, suiv. Falkenstein et Cotton; mais les nouveaux travaux de M. Gallardo nous permettent de la faire remonter au xve siècle : *Esté es el quaderno de las leyes nuevas d' la hermâdad*|| *del Rey 2 dela Reyna ñros señores : 2 por su mâdado he*|| *chas en la junta general en tordelaguna : notificadas el* a||*ño del nascimiêto del ñro saluador Jesu Christo de mill 2*||*quatrocientos 2 ochenta 2 seys años.*

A la fin : *Dada en la muy noble ciudad de Córdoua á siete dias del mes de Julio. Año del nascimiento del nuestro Señor Jesu Christo de mill e quatrocientos e ochenta e seys años. Yo el Rey. Yo la Reyna. Yo Diego de Santander, secretario del Rey y de la Reyna nuestros señores, la fize escreuir por su mandado. — Rodericus, Doctor.-Finis. Deo gratias.*

In-fol., goth., de 8 ff., à l. l., sans aucune autre indication, ce qui malheureusement ne nous permet pas d'affirmer que cette pièce rare et précieuse ait été réellement imprimée à Cordoue, mais nous autorise néanmoins à le supposer. Grenade, qui ne fut reconquise sur les Arabes qu'en 1492, eut une imprimerie presque aussitôt après la conquête; on doit admettre que Cordoue, qui depuis plus de deux siècles appartenait à la couronne d'Espagne, avait dû jouir plus tôt des bénéfices de la nouvelle découverte.

Si notre hypothèse n'est point admise, ce qui pourrait bien arriver, il nous faut de toute nécessité franchir un long intervalle, et ce n'est qu'en 1566 que nous pouvons, avec Antonio, faire remonter l'imprimerie : *Fr. Vicente Mexia, dell'orden de S. Domingo, saludable instruccion del estado del matrimonio y la obligacion que tienen los Casados,* Cordubæ, 1566, in-4; puis nous arrivons à l'année 1577, époque à laquelle nous trouvons à Cordoue le premier nom d'un imprimeur : *Verdadera relacion sobre un martirio que dieron los Turcos, enemigos de nuestra santa fee católica en Constantinopla á un devoto fraile de la orden de San Francisco llamado fray Gonzalo Lobo...* Impreso con licencia en Cordoba por Juan Baptista; año 1577, in-4, à l. lignes, avec fig. gravées sur bois.

En 1601 une imprimerie particulière existait à Cordoue, *en el convento de San Pablo, de la orden de santo Domingo,* et le chef de cette imprimerie, qui exerçait avec privilége du Roi, s'appelait Andres Barrera.

L'un des principaux imprimeurs de Valladolid au xvie s. était de Cordoue; il s'appelait Francisco Fernandez de Cordoba, *impresor junto á las Escuelas mayores.*

CORFINIUM [Cæs., Cic.], τὸ Κορφίνιον [Strab., Ptol.], CORFINIENSIS RESPUBLICA [Orelli], ITALICA, Ἰταλική [Strab.], ITALICUM [Vell. Pat.], ville de la Sabine, auj. *Pelino,* dans l'Abruzze citér.

CORIA.

Lieu d'impression supposé : voyez la note bibliographique que nous avons donnée à ce sujet au mot CAURIUM.

CORIACUM, *Coray,* commune de Bretagne, dans le canton de Rosporden (Finistère).

CORIALLUM, CORIALLO, voy. CÆSARIS BURGUS.

CORIDORGIS, Κοριδοργίς [Ptol.], ville du S. de la Germanie, auj., suiv. Reichard, *Chrudim,* ville du roy. de Bohème, ch.-lieu d'un cercle.

CORINIUM [Geo. Rav.], Κορίνιον [Ptol.], DUROCORNOVIUM [Itin. Anton.], ville des Dobunni, Δοδούννοί [Ptol.], dans la Bretagne romaine, depuis CIRCESTRIA, *Cicester, Circester, Cirencester,* ville d'Angleterre (Gloucestershire), anc. abb. de Cit., fondée par Henri Ier.

L'imprimerie fut exercée dans cette ville à partir de l'année 1720; un livre fort important y fut publié en 1779 :

Sam. Rudder's New History of Gloucestershire, comprising the Topography, Antiquities, Curiosities, Produce, Trade, and Manufactures of that County. Cirencester, 1779, in-fol., map and 17 plates.

Le *Supplément* du Dr Cotton nous apprend que Sam. Rudder fut lui-même l'imprimeur de cet ouvrage, ainsi probablement que du suivant : *History and antiquities of the city of Gloucester,* par le même; Cirencester, 1781, in-8, with a view of Gloucester infirmary, by T. Bonnor.

CORINIUM [Plin.], Κορίνιον [Ptol.], ville d'Illyrie, auj. *Carin,* bourg de Dalmatie.

CORINTHIACUS ISTHMUS [Plin., Liv., Ovid.],

Ἰσθμὸς Κορίνθου [Strab., Pind.], l'*Isthme de Corinthe*, langue de terre qui relie la Morée au reste de la Grèce, baignée dans l'O. par le golfe de Lépante, et dans l'E. par le golfe d'Athènes.

CORINTHIACUS SINUS [Plin., Liv.], Κορινθιακὸς κόλπος [Ptol.], le *golfe Corinthiaque*, auj. *golfo di Lepanto*.

CORINTHUS [Plin., Cic., etc.], Κόρινθος [Pind., Herod., Thuc., Ptol., etc.], ἡ πόλις τῶν Κορινθίων μεγάλη [Strab.], anc. EPHYRA [Plin.], COLONIA LAUS JULIA, CORINTHUS, *Corintho*, *Korinthos* (en grec), *Cordos* (en turc), *Corinthe*, ville de Grèce, chef-lieu du dioc. de ce nom.

En 1822, on publiait dans cette ville un journal imprimé en grec moderne, *la Trompette hellénique*.

CORIOLI [Liv., Plin., Flor.], Κορίολλα [Dion. Halyc.], ἡ τῶν Κοριολάνων πόλις [Plut.], ville des Volsci, l'une des trente villes fédérales latines, dont on voit les ruines sur le monte Giove, au S.-E. de Rome.

CORIOLANUM, CORIOLUM [Bisch. et Möll.], *Corigliano*, ville d'Italie (terra d'Otranto).

CORIOLANUM CALABRIÆ, *Corigliano*, ville d'Italie (Calabria citer.).

CORIONDI, Κοριόνδοι [Ptol.], peuple du N.-E. de l'Hibernia, au N. des Brigantes; occupait le *comté de Cork*, en Irlande.

CORIOSOPITI [Not. imper.], CURIOSOLITÆ [Cæs.], CORIOSOPITES [Not. Gall.], CURIOSUELITES [Plin.], peuple de la Gaule Lyon. III, entre les *Osismii* et les *Veneti*; occupait partie du dép. du Finistère.

CORIOSOPITUM [Not. civ. Gall.], CURIOSOLIMAGUS, ALAUNA [Itin. Anton.] (?), CRISOPITUM CORNU GALLIÆ, ville des Coriosopiti, auj. *Kemper*, *Quimper*, *Quimper-Corentin* (pend. la révolution *Montagne-sur-Odet*), ville de Fr. (Finistère).

Un libraire de Rouen, George Allienne, fonde un établissement typographique à Morlaix vers 1620, et presque aussitôt monte une succursale, ou tout au moins un dépôt de librairie, à Quimper; le premier livre, portant le nom de cette dernière ville sur le titre, est daté de 1633, et ce sont les *Notices chronologiques de la Bretagne*, de Miorcec de Kerdanet (Brest, 1818, in-8), qui nous donnent ce renseignement : *Nomenclator communium rerum propria nomina Gallico Idiomate indicans multo quàm anteà brevior et emendatior, auctore Hadriano Julio, medico, in usum studiosorum Soc. Jesu. In ceste edition a esté adioustée la langue bretonne, correspondante à la latine et françoise, par maistre Guillaume Quiquier, de Roscoff, en faveur de MM. les escoliers des colleges de Quimpercorentin et Vanes, à Morlaix, chez George Allienne, imprimeur et libraire juré à Rouen, au Palmier couronné; et à Quimpercorentin, en sa boutique, 1633, in-24.*

De ce même Guillaume Quiquier le Roscovite nous possédons un *Dictionnaire et Colloques François-Bretons*, également imprimé à Morlaix chez George Allienne et portant, ainsi que le précédent : *à Quimpercorentin en sa boutique*, 1633, in-16.

De ce petit livre rare, M. Brunet indique une première édition de 1626 que nous ne connaissons pas, mais la nôtre porte un privilège à George Allienne, qualifié *d'imprimeur et libraire demeurant à Morlaix*, daté du 20 janvier 1631, et au bas : achevé d'imprimer le 15 de mars 1633, *pour la première fois*.

En 1659 nous trouvons à Quimper un nouvel imprimeur du nom de Hardouyn : *Le sacré collége de Jésus, où l'on enseigne en langue armorique les leçons chrétiennes, avec trois clefs pour y entrer : un dictionnaire, une grammaire et une syntaxe en la mesme langue, par le P. Julien Maunoir*. Quimper-Corentin, Hardouyn; 1659, in-8.

A la fin du siècle, plusieurs imprimeries rivales s'établissent : Romain Malassis, de la famille des Malassis d'Alençon, fonde un établissement typographique simultané à Brest et à Quimper; un certain Gauthier Buitingh, qui se qualifie *d'imprimeur du Diocèse et Collége*; et enfin Jean Périer, mort seulement en 1733.

Les arrêts de 1704 et de 1739 n'autorisent qu'un imprimeur dans la ville de Quimper, et le rapport fait à M. de Sartines en 1764, dit : Quimper, Simon-Marie Périer ou Perrier, seul imprimeur et libraire, a succédé à son père Jean, le 31 août 1733; possède trois presses qui sont en bon état.

Ajoutons à cet article que des heures à l'usage de Quimper ont été trouvées par M. Tross, et par lui cédées à M. Didot : ces heures sont sans titre, mais au bas du 1er feuillet de chaque cahier on lit en guise de signature : *Corisop.* et au bas du LXVe f. des *Suffragia sanctorum* : *Festa immobilia in curia officialatus Corisopitensis observata*. Ce volume est bien décrit dans le nouveau *Manuel* de M. Brunet à la col. 1685 du tom. V.

CORIOVALLUM [Itin. Anton.], CORIOVALLIUM [Tab. Peut.], ville de la Gaule Belgique, que Cluvier croit être la même localité que FALCOBURGUM, FALCONIS MONS, *Falkemberg*, pet. ville du Limbourg belge; suiv. d'autres géographes *Faulquemont*, bourg de Fr. (Moselle).

CORITAVI, Κοριταυοί [Ptol.], peuple de la Britannia Romana; occupait presque entiers les comtés de Nottingham et de Lincoln [Forbiger].

CORITI ARX, voy. CORTONA.

CORIUM, Κόριον [Steph.], localité de l'île de Crète, auj. *Kurna*, *Korna*, bourg de Candie, sur un lac du même nom.

CORLINUM, *Cörlin*, ville de Prusse, dans la rég. de Cöslin.

CORMA, *Cormes*, bourg du Maine (Sarthe).

CORMARICUM [Ann. Prud. Trec.], CORMERIACUM, *Cormery*, pet. ville de Touraine, sur l'Indre (Indre-et-Loire); anc. abb. de Bénéd., fondée en 780.

CORMELIA, *Cormeilles*, bourg de Normandie (Eure); abb. de Bénéd. fondée en 1060.

CORMELIA IN PAGO PARISIACO, *Cormeilles-en-Parisis*, bourg de l'Ile-de-France (Seine-et-Oise).

CORMICIACUM, *Cormicy*, bourg de France (Marne).

CORMONES [Paul. Warnefr.], localité de la Gaule Transpadane, *Cormons,* bourg d'Illyrie, dans le cercle de Görz [Cellar.].

CORNABII, Κορνάβιοι [Ptol.], Κορνάβυοι, peuple de la Calédonie, occup. le comté de Caithness.

CORNACATES, peuple de la Pannonie infér., habitant les environs de CORNACUM.

CORNACUM [Itin. Anton., Tab. Peut.], Κόρναχον [Ptol.], ville de la Pannonie infér., entre la Drave et la Save, auj., suiv. Reichard, *Vukovar,* et suiv. Mannert, *Illok,* dans la basse Hongrie.

CORNAVII, Κορναύιοι [Ptol.], peuple de la Britannia Romana ; occupait le comté de Chester.

CORNELIA, WIMPINA [Luen.], *Wimpfen,* ville hessoise de la prov. de Starkenburg.

CORNELIANUM, *Corneillan,* bourg de l'Armagnac (Landes).

CORNICULUM [Plin., Liv.], Κορνίκολον [Dion.], Κορνίκλος [Steph.], ville des Sabini, dans le Latium, sur une montagne au N. de Tibur, auj. *Monticelli,* au pied du monte Gennaro (?).

CORNICUM, *Korom,* bourg de la basse Hongrie, au confluent du Danube et de la Theiss.

CORNILIANUM, *Cornigliano,* bourg de Sardaigne, prov. de Gênes.

CORNUBIA, CORNWALLIA [Cell.], CORNUALIS, DUMNONIORUM REGIO [Cell.], en saxon : *Cornweallas, Cornwall, Cornouailles,* cap et comté d'Angleterre, au S.-O.

CORNUBIUM, *la Cornouaille,* bourg de l'Anjou (Maine-et-Loire).

CORNUETUM, CORNETUM, CASTRUM NOVUM AD MARTAM, *Corneto,* ville du territoire pontifical, délég. de Viterbe.

CORNU GALLIÆ, QUERNOUAILLES (XIIIe s.), *la province de Cornouailles,* en basse Bretagne, territ. des anc. Curiosopiti ; depuis formait le dioc. de Quimper, qu'on appelait aussi l'évêché de Cornouailles.

CORNUS [Liv.], Κόρνος [Ptol.], *Corni,* [Itin. Anton.], anc. cap. de l'île de Sardaigne, auj. *Corneto,* dans la prov. de Sassari.

CORNUTIUS, suiv. le P. Dom. Magnan [Dict. géogr. de la France], c'est *St-Aubin-du-Cormier,* ville de Bretagne (Ille-et-Vilaine).

COROBILIUM, localité des Catalauni, dans la Gaule Lyonnaise, *S.-Ouen,* bourg de Champagne (Marne), suiv. Bisch. et Möller.

COROCOTINUM, voy. CAROCOTINUM.

CORONA, *Corone,* riv. du Milanais, affl. du Pô.

CORONA, *la Couronne,* bourg de l'Angoûmois (Charente) ; anc. abb. d'Augustins.

CORONA, voy. BRASSOVIA.

CORONÆBURGUM, *Kronenburg, Kronborg,* place forte de Danemarck (Seeland).

CORONE [Plin., Liv.], Κορώνη [Strab., Ptol.], ville de Messénie, auj. *Petalidhi,* suiv. Pouqueville et Boblaye.

CORONEA [Liv., Plin.], Κορώνεια [Hom., Strab., etc.], ville de la Béotie, dans l'O. du lac Copaïs, auj. *Conneria,* dans le dioc. de Livadia, suiv. Graësse.

CORONIA [Cell., Luen.], *Landskrona,* ville forte de Suède, sur le Sund, près de Malmoë.

CORRAGUS [Liv.], localité de l'Illyric grecque, auj. *Korina,* suiv. Reichard, chât. de la Dalmatie.

CORREGIUM, *Corregio,* ville du Modénat (Italie) ; patrie d'Antonio Allegri.

Nous pouvons faire remonter l'imprimerie dans cette petite ville à l'année 1554 : *Delle private rappacificazioni, trattato di Rinaldo Corso, dottor di Leggi, con le Allegazioni.* In Correggio, 1554, in-4, de 94 p.

Réimprimé l'année suivante au même lieu, et le catal. des frères Volpi qui indique cette seconde édition ajoute : « *Uno de' pochissimi esemplari fatti ristampare da un gran cavaliere italiano, per esser divenuto introvabile l'originale.* »

Du même auteur, nous avons encore : *Vita di Giberto Terzo di Correggio, detto il defensore, colla vita di Veronica Gambara ; e gli onori della casa di Correggio, recitati nel carnevale del* M. D. LIIII ; con due capitoli in lode delle donne Correggesi di *R. C.* (Rinaldo-Corso), Correggio, 1566, in-8 ; la seconde partie avait été d'abord imprimée à Ancône.

CORRERIA, *la Correrie,* imprimerie de la Grande Chartreuse, près de Grenoble (Isère).

L'imprimerie de la Grande Chartreuse, écrivent en 1779 D. Robinet, général de l'ordre, et en 1787, D. Nicolas, Chartreux de Paris, a été établie par le R. P. D. le Masson, un des généraux de l'ordre, vers l'an 1680, à l'occasion de quelques changements qu'il fit dans l'ordre et qui donnèrent lieu à quelques modifications liturgiques : il fit venir de Grenoble au couvent André Galle, imprimeur, qui fut chargé de fournir et d'organiser le matériel typographique, et dirigea l'impression des premiers produits ; mais les incendies successifs qui ont désolé ce monastère lui ont fait perdre presque tous ses titres et nombre de richesses littéraires ; il ne possède que des lettres patentes renouvelées de temps en temps jusqu'en 1757 ; ces lettres patentes permettent de faire imprimer tous les livres d'église à l'usage de l'ordre dans le lieu le plus commode et le plus proche de la maison des Chartreux ; depuis, s'étant aperçu qu'il leur en coûtait beaucoup plus de faire imprimer par eux-mêmes que de recourir aux imprimeurs ordinaires, et que leurs livres étaient moins satisfaisants sous le rapport de l'exécution, la maison renonça, vers 1760, à faire usage de ses propres caractères, et s'adressa aux presses de Faure, typographe de Grenoble.

Le plus ancien produit de l'imprimerie de la Correrie est daté de 1681 : *Nova Collectio statutorum ordinis Cartusiensis.* Correriæ, 1681, in-8. C'est un livre fort rare que possédait Baluze ; et la bibliothèque de Grenoble, qui s'est enrichie à la révolution des dépouilles de la Grande Chartreuse, conserve cet ouvrage, qui pourrait être rendu au couvent.

Nous citerons encore : *Explication de quelques endroits des anciens statuts de l'ordre des Chartreux, avec des éclaircissemens donnez sur le sujet d'un libelle qui a été composé contre l'ordre et qui s'est divulgué secrettement* (par Dom le Masson). La Correrie, par André Galle, imprimeur de Grenoble, 1683, in-4.

En 1687, un nouvel imprimeur, Fremon, préside à l'imprimerie de la Correrie ; c'est lui qui donne les *Annales de l'ordre,* publiées en latin par le même général, Dom Innocent le Masson, in-fol. ; un autre imprimeur de la Correrie, vers la fin du XVIIe siècle, s'appelait Laurent Gilbert.

Les anciens livres liturgiques de l'ordre des Chartreux avaient été imprimés : les *Statuta* et *Privilegia* à Bâle, en 1510, goth. ; jusque-là l'ordre ne s'était servi que de manuscrits ; un *Missel* à Paris, en 1520, réimpr. également à Paris en 1541; en 1582, à Paris, une nouvelle édition des *Statuts* ; en 1585, l'unique édition des *Homéliaires* de l'ordre, à Lyon ; en 1588, une édition des *Hymnes* à son usage, à Grenoble, etc.

CORSICA [Virg., Liv., Tac.], Κόρσικα [Strab.], Κορσική [Ptol.], Κυρσίς [Dion.], Κουρσική [Procop.], CYRNUS [Plin.], Κύρνος [Str.], *l'ile de Corse, Corsica,* dans la Méditerranée.

CORSILIANUM, CORSIANUM, PIENTIA, *Pienza,* ville d'Italie (prov. de Siena).

CORSOPITUM [Itin. Anton.], MORSTORPITUM [Cell.], *Corbridge upon the Tine,* ville du Northumberland, ou *Morpeth,* dans le même comté, suiv. Camden.

CORSORA, voy. CRUCISORA.

CORTENACUM, CORTINIACUM, COURTENAYUM (au XIIIe s.), *Courtenay,* bourg de Fr. (Loiret) ; célèbre par la famille de ce nom, dont la branche aînée monta sur le trône des Constantin.

CORTERIACUM, CORTRACUM [Cluv.], CORTORIACUM [Not. imper.], *Courtray, Cortryck,* ville forte de Belgique (Flandre occid.).

Falkenstein porte à 1026 la date de l'introduction de la typographie dans cette ville ; et M. de Reiffemberg, seulement à l'année suivante, 1627; mais il nous donne le nom du premier imprimeur, Jean Van Ghemmert.

CORTICATA, ville de la Bétique, auj. *Cortegana,* bourg d'Andalousie.

CORTONA [Liv., Virg., etc.], Κόρτωνα [Ptol.], Κρότων, Καθωρνία [Polyb.], CORITI ARX [Sil. Ital.], CORYTHUS [Virg.], ville d'Etrurie, près du lac de Trasimène, auj. *Cortona, Cortone,* ville de Toscane (prov. de Florence).

Haym cite plusieurs ouvrages de J. Lauro Romano, de Dom. Tartaglini et de Nic. Mannozzi, consacrés à la description de Cortona, mais aucun n'est imprimé dans cette ville ; nous ne trouvons trace d'une typographie locale dans aucun catalogue italien ; le nom de Cortona n'est signalé par aucun des bibliographes spéciaux, et toutes nos recherches pour découvrir une imprimerie antérieure au XIXe siècle sont demeurées infructueuses.

CORTYNA, voy. GORTYNA.

CORVANTIANA VALLIS, *Churwalden,* district du canton des Grisons (Suisse), dans lequel était un monastère de saint Benoît, CURIOVALLIS ou CORVANTIENSE MONASTERIUM, *abb. de Churwalden.*

CORYCUS, Κώρυκος [Ptol.], ville de Crète, près du cap du même nom, auj. *Cornico,* près du CAPO GRABUSA (Candie).

CORYTHUS, voy. CORTONA.

COSA [Tab. Peut.], localité de la Gaule Aquitaine, auj., suiv. d'Anville, *Cos,* sur l'Aveyron, et suiv. Ukert, *Caussade,* ville de Fr. (Tarn-et-Garonne).

COSA [Cic., Virg., Tac., etc.], Κόσσαι [Strab.], COSSA VOLSCIENTIUM [Plin.], COLONIA JULIA COSSA, ville des Volscientes sur la côte d'Etrurie, avec un port nommé PORTUS COSANUS [Liv.]; aurait existé, suiv. quelques géographes, entre autres Mommsen, au-dessus d'*Orbitello,* ville de Toscane, près de Sienne, à la place qu'occupe auj. *Ansedonia;* d'autres géographes voient dans COSA la ville d'*Orbitello* elle-même. (Voy. ORBITELLUM.)

COSA, voy. CASSANUM.

COSANUM [Cic. Att.], FANUM S. STEPHANI [Cell.], *San Stephano,* pet. ville sur la côte de Toscane.

COSDUNO VILLA, *Coudun,* village près Compiègne (Oise); anc. villa mérov.

COSEDIÆ [Itin. Anton.], COSEDIA [Tab. Peut.], ville de la Britannia minor, sur l'emplacement de laquelle on n'est pas d'accord ; les uns veulent que ce soit en Normandie; mais d'autres, et Sprüner dans son nouvel atlas est du nombre, placent cette localité en Bretagne, peut-être à *Carhaix* (Finistère), ce qui serait d'accord avec l'opinion d'Ukert.

COSELIA, *Kosel, Kozle,* bourg et chât. de Prusse, dans la rég. de Oppeln.

COSENTIA, voy. CONSENTIA.

COSETANI [Plin.], Κοσητανοί [Ptol.], COSITANI, peuple de l'Espagne Tarrac. ; occupait une partie de la Catalogne au N. de l'Ebre.

COSFELDIA, *Coesfeld, Kösfeld,* ville de Westphalie (rég. de Munster).

Imprimerie en 1712, suiv. Falkenstein; mais Vogt (Catal. libr. rar. p. 26) nous donne : *Johannis ab Alpen, ecclesiarum metropolitanæ Coloniensis archidiaconi majoris, de vita et rebus gestis Christophori Bernhardi, episcopi et principis monasteriensis, decus. Pars I.* Coesfeldiæ, typis Andr. Hermanni Wemmeyeri, 1694, in-8; la seconde partie fut imprimée à Munster, en 1703, également in-8.

Les *Acta eruditorum* de 1703 (p. 425), louant le mérite de ce livre, en déplorent l'êxtrème rareté : « *Illud dolendum, libri egregii exemplaria ita brevi tempore omnino disparuisse, ut difficulter et ne vix quidem comparari possint.* »

COSLINIENSIS COMITATUS, *régence de Köslin,* en Prusse.

COSLINUM, *Köslin,* ville de Prusse, chef-l. de la régence de ce nom, en Poméranie.

COSMINECUM, *Kozmin,* ville de Pologne, dans le palatinat de Kalisch (*oppidum majoris Poloniæ in Palat. Calissiensi*).

Wengierski ne fait pas mention de l'imprimerie à Kosmin, mais J. D. Hoffmann (typogr. Poloniæ) nous dit que les frères Confesseurs de Bohême eurent dans cette ville un établissement typographique au XVIᵉ siècle, et que là fut traduit du bohémien en polonais et imprimé le traité suivant : *De cultu divino christianorum,* id est : *Ksiazki te sa o prawdzivem nabozenstwie chrzescianskiem teraz zeskich na polskie przepisane a wydrukowane w Kozminku,* a. 1561, die XI sept. in-8. Peu d'années après, la ville ayant changé de maître, l'établissement des frères Confesseurs bohémiens cessa d'exister.

COSSIACUM, *Cossé-le-Vivien,* bourg de Fr. (Mayenne).

COSSIO, COSSIUM, voy. VASATUM.

COSTA ANDREÆ, *la côte St-André,* pet. ville de Fr. (Isère).

COSTA BALÆNÆ [Itin. Anton.], COSTA BELLENE [Tab. Peut.], COSTA BALLENIS [Geo. Rav.], localité de Ligurie, auj. *Torre di Larma,* près de Poggio, suiv. Reichard.

COSTNITSIUM, voy. CONSTANTIA.

COSTRINUM [Cluv.], CUSTRINUM, *Cüstrin, Küstrin,* place forte de la Prusse, dans la régence de Francfort, au confluent de la Wartha et de l'Oder.

Imprimerie en 1709, suiv. Falkenstein et Cotton; mais M. Ternaux cite un livre antérieur : *Wilh. Beckeri commentarius civilis de ostracismo.* Custrini, 1661, in-4.

COSYRA INS. [Plin., Mela], COSYRUS, Κόσυρος [Scyl., Strab.], COSSURA [Ovid.], Κόσουρα [Procop.], île de la Méditerranée, entre la Sardaigne et l'Afrique, auj. PANTELLARIA, PANTELARIA, groupe volcanique, dép. de l'Italie.

COTBUSIUM, *Cottbus, Cottwitz,* ville de Prusse (rég. de Francfort-sur-l'Oder), sur la rive droite de la Sprée.

Le catalogue de la *Library of the British and foreign Bible Society* nous apprend qu'un *Ancien Testament* en langue illyrienne ou windique y fut imprimé en 1796, sous la rubrique *Cottbus,* d'après l'anc. traduction de George le Dalmate ; le renseignement est reproduit par Falkenstein ; mais M. Ternaux nous donne une date antérieure : *Anweisung für die Jugend in Christenthum.* Cotbus, 1729, in-8, et M. Cotton dit qu'un *Nouveau Testament* en langue wendique y fut exécuté l'année précédente 1728, et réimprimé en 1759 et en 1775.

COTUA, COTHENA, COTHENUM ANHALTINORUM, *Cöthen, Koethen,* ch.-l. de la princip. d'Anhalt-Cöthen, au·S.-O. de Dessau.

Imprimerie en 1621, et nous avons à cette date un grand nombre de livres imprimés, parmi lesquels nous citerons en première ligne : *Ritterliche Thaten dess wunderseltzamen Abenthewers* DON KICHOTE DE LA MANTSCHIA, *zu Teutsch, Juncker Zwurckflachens auss Fleckenland, auss Spanischer sprach in die Teutsche ubersetzet.* Cothonis (sic) Anhaltinorum, 1621, in-8.

Une autre traduction, d'un poëte français cette fois : *La seconde Semaine de Guil. de Saluste seigneur du Bartas. Die andere Woche Wilhelms von Saluste Herrn zu Bartas,* etc. Cothenis Anhalt., 1621, in-4.

Un livre français : *Dialogues pour l'usage de ceux qui apprenent* (sic) *la langue françoise,* à Cothen, en principauté d'Anhalt, 1621, in-8.

Un rare volume en syriaque : *Novum Testamentum Syriacum,* Cothenis, 1621, in-4, publié par Martin Trost, qui deux ans après fait imprimer dans la même ville son *Lexicon Syriacum.*

COTIA SILVA, *forêt de Cuise,* qui couvrait une partie des dép. de l'Oise et de l'Aisne, et dont subsistent encore deux fragments, la *forêt de Compiègne,* et la *forêt de Villers-Cotterets.*

COTIGNACUM, *Cotignac,* bourg de Provence (Var); anc. baronnie.

COTINUSSA INS. [Fest. Avien.], ERYTHRÆA [Solin.], TARTESSUS [Plin.], APHRODISIAS [Mela], île de la côte O. de la Bétique, auj. *île de Léon,* sur la côte S.-O. de l'Espagne : la ville de Cadix est située à l'extrémité N. de l'île.

COTIRACUM, *Crouy-en-Thelle,* bourg de Fr. (Oise).

COTONEUM, voy. CATONEUM.

COTRACUM, voy. CERTERATÆ.

COTTIÆ [Itin. Anton.], CUTIAS [Tab. Peut.], localité dans l'O. de la Gaule Transpadane, auj. *Cozzo,* bourg du Piémont.

COTTI REGNUM [Plin., Cell.], Κόττιον [Strab.], CIVITATES COTTIANÆ [Plin.], la *province de Suza,* en Piémont.

COUCIACUM, voy. CODICIACUM.

COVARIA, *Koevar,* place forte de la Transylvanie, ch.-l. du district du même nom, COVARIENSIS DISTRICTUS.

COVELIACÆ [Tab. Peut.], localité de Vindélicie, auj. *Kochel,* bourg de Bavière, dans le cercle de l'Isar.

COVELIACUS FL.., *Kockel*, riv. de Transylvanie, affl. du Marosch.

COVENTRIA, voy. CONVENTRIA.

COVINUM, *Cuivin*, bourg de Belgique (prov. de Liége).

COVORDIA, *Cœvorden*, *Kœvœrden*, sur l'Aa, ville de Hollande (Drenthe).

CRACINA INS. PICTAVENSIS [Greg. Tur.], CROCINA INS., RHEA, REGIA, * île de Ré* ou *de Rhé*, sur la côte O. de France, dépendant du dép. de la Charente-Inférieure.

CRACOVIA [Cluv., Cell.], CARODUNUM [Luen.], CRACA, *Cracovie*, *Krakow* en polon., *Krakau*, en allem., sur la Vistule, anc. cap. de la petite Pologne, déclarée ville libre et placée, par les traités de 1815, sous la *protection* de l'Autriche, de la Prusse et de la Russie, et, depuis 1846, incorporée avec son territoire à l'empire autrichien avec le titre de grand-duché.

Son université célèbre fut fondée en 1400, par Vladislas Jagellon, et sa magnifique cathédrale renferme les tombeaux des rois et des héros polonais.

Il nous est impossible de faire avec précision et sécurité l'historique de l'établissement de la typographie dans cette ville ; les bibliographes polonais eux-mêmes sont loin d'être d'accord ; nous nous contenterons d'extraire de leurs nombreux ouvrages ce qui nous paraîtra le moins hypothétique, et notre unique prétention sera de fournir de bonnes sources et d'utiles documents à qui voudra s'occuper à nouveau de l'histoire typographique de la Pologne.

Michel Podczaszynski, dans le brillant tableau qu'il fait de l'état de la civilisation polonaise au XVe siècle (*Tableau de la Pologne*, par Malte-Brun, 1830, tom. II, p. 356), nous apprend que la première imprimerie polonaise fut fondée à Cracovie en 1474 ; et George-Samuel Bandtki, dans la Monographie spéciale qu'il consacre à l'imprimerie de cette ville (Cracovie, 1819, in-8), confirme cette opinion ; nous sommes assez disposé à adopter cette version, bien que Zapf et quelques bibliographes polonais aient voulu la faire remonter jusqu'à l'année 1465, que Panzer la fasse débuter seulement en 1496, et que l'histoire de la typographie polonaise et lithuanienne d'Hoffmann ne la reporte qu'aux premières années du siècle suivant.

Le livre que nous allons citer, bien que non daté, nous semble réunir assez de garanties d'antiquité, et se présente dans des conditions telles, que nous croyons pouvoir le placer avec sécurité au premier rang de la typographie cracovienne ; il est sans chiffres, réclames ni signatures ; les capitales sont laissées en blanc, et il est exécuté avec le gros caractère gothique du célèbre imprimeur d'Augsbourg, Günther Zainer, qui cesse d'imprimer en 1475 ; en voici le titre exact :

Ad sanctissimum ac beatissimum düm Pium Sēdm ‖ pontificem maximum editio in librum psalmoξ quē ‖ alij soliloquiū dicunt incipit feliciter a Johänne de turre ‖ cremata. Sabinensi ēpo ac sācte romane ecclē cardiäli ‖ sācti Sixti vulgariter nūcupato edita ‖ ( ) Eatissimo patri ac clemēttissimo domīo ‖ pio sēdo pōtifici maximo Iohannes de ‖ Turrecremata..... au vᵒ du 149ᵉ f. : Iohäis de turre cremata. Cardinalis sēti Sixti vulga ‖ riter nūcupati explanacio ī psalteriū finit. Cracis impssa, in-fol. à 37 longues lignes à la page, et de 149 ff. (L'exemplaire décrit par Panzer était incomplet de 2 ff.),

Ce livre aurait été imprimé à Cracovie en 1475, si, comme le veulent quelques bibliographes, Zainer, que l'on ne voit plus figurer parmi les imprimeurs d'Augsbourg à partir de cette année, eût été appelé par l'université pour y fonder un établissement typographique ; mais il est à croire qu'il se chargea seulement d'organiser et d'expédier un matériel, car il était parvenu au terme de sa carrière, et, peut-on supposer qu'il ait pu se déterminer à quitter sa patrie pour aller à l'autre extrémité de l'Allemagne créer une imprimerie, pour revenir presque aussitôt à Augsbourg, où il meurt effectivement. trois ans après, en 1478 ?

Un bibliographe, G.-G. Zapf, a consacré à ce livre précieux une dissertation spéciale, dans laquelle il soutient que cette publication a dû être exécutée en 1465, et que Günther Zainer avait quitté l'atelier de Mayence en 1462, pour venir s'établir à Cracovie, puis aller de là fonder la typographie d'Augsbourg. Cette opinion n'est point discutable et la contre-partie seule est admissible.

Il est incontestable que l'Allemagne a fourni à la Pologne, comme à presque toute l'Europe, ses premiers maîtres en fait de typographie ; mais ici nous avons à mentionner une opinion nouvelle, qu'Hoffmann et d'autres bibliographes ont soutenue avec conviction : « Les premiers typographes de Cracovie, disent-ils, n'ont pu venir que de Nuremberg ; cette ville était en relations de commerce si étroites avec Cracovie que tout porte à croire que c'est elle qui lui a fourni son premier imprimeur et son premier matériel typographique. *Cives enim et mercatores ejus civitatis frequentes tum Cracoviam commeabant, et ca, quæ ad elegantiam vitæ et necessitatem pertinent, importabant, itä, ut Casimirus rex, dato a. 1457 civibus Cracoviensibus privilegio, illorum libertatem aliquando præcidemit, qui merces suas vendere, nisi constituto nundinarum tempore, non possent.* »

Bern. Mallincrot, pour soutenir cette thèse, veut que le typographe qui expédia à Cracovie le premier matériel soit le célèbre Ant. Koburger, de Nuremberg, et Hoffmann, qui veut prouver que le premier imprimeur de cette ville est un Allemand du nom de Jean Haller, cherche à s'appuyer de la thèse de Mallincrot, en faisant remarquer une similitude complète entre les caractères de Koburger et ceux qu'employait J. Haller.

Toutes ces hypothèses peuvent heureusement se concilier, car Haller n'imprime que longtemps après la publication du livre du cardinal de Turrecremata, et, après avoir essayé des caractères d'Augsbourg apportés ou cédés par Zainer, la ville aura certainement pu s'adresser à Koburger ou à ses successeurs pour fonder un nouvel établissement.

Un *Missale Cracoviense*, sans date, imprimé avec les caractères d'Augsbourg et à peu près à la même époque que le *Soliloquium* ci-dessus décrit, est signalé par Panzer (IX, 230), et par Hain (III, 429) ; ce livre est cependant imprimé par un Nurembergeois, George Stuchs de Sultzbach, et aux frais et sous la direction de Jean Haller dont parle Hoffmann ; le dit Jean Haller, qualifié de *civis Cracoviensis* et de libraire, et ce fait seul peut prouver que longtemps, peut-être vingt années avant d'imprimer, Haller avait exercé la profession de libraire à Cracovie ; la souscription prouve de plus qu'il était lui-même de Nuremberg, car l'imprimeur et l'éditeur sont qualifiés de *concives Nurembergenses*.

On cite un livre d'*Heures* imprimé, sous la date de 1491, à Cracovie, en langue slave, qui serait à la fois le premier livre daté et le premier volume slave qui ait été imprimé ; le livre intit. : *Czasoslowiec*, est imprimé par Sweybold Veyl, aux frais de Haller, avec des caractères slaves gravés par Rodolph Borsdorf, de Brunswick.

Bandtki cite également sous la même date : Octoechos vener. P. Joan. Damasceni, avec cette souscription traduite du slave : *Finitus est iste liber in magna urbe Cracoviæ sub dominatu magni regis Poloniæ Casimiri et finitus est per civem Craço-*

viensem Szwantopeltum Fiol (Sweybold Vcyl ou Schweibold Feil) a Germania Stirpis Germanicæ Francon. et absolutus est divinio consilio 1491, infol. de 84 ff.. en caractères slaves cyrilliques.

Falkenstein indique sous cette même date de 1491 des Constitutiones et statuta provincialia inclyti regni Poloniæ, que décrit minutieusement Hoffmann, mais qu'il déclare être sans date : « Rarissimum hujus seculi monumentum, in quo quidem neque locus, neque annus, quò liber impressus sit, reperitur. »

Le premier livre avec date cité par Panzer ne remonte qu'à 1496 : Laurentii Corvini Novoforensis carminum structura, augustissimi gymnasii stutentibus (sic) dicata. Cracoviæ, anno M. CCCC. XCVI., Kal. octobribus, in-4. Cet ouvrage didactique du poëte polonais n'est pas cité par M. Brunet.

Le plus ancien livre polonais imprimé à Cracovie date de 1522.

Le plus ancien livre imprimé en hongrois fut également exécuté dans cette ville en 1539 ; c'est une traduction des Épistres de S. Paul, faite par Benoît Konjat (Magyar Koenyveshaz, Bibl. Hungar., Raab, 1805, in-8).

Pendant le xviᵉ siècle, le Roi, l'académie, l'archevêque, l'université, les Juifs eux-mêmes, eurent leurs imprimeurs ; voici les principaux :

Après Jean Haller, que nous voyons consul à Cracovie en 1508, puis sénateur, et dont nous voyons le nom figurer sur les livres jusqu'en 1521 (il nous faut encore citer un livre rare sorti de ses presses, c'est la Description de la Terre sainte, en latin, faite par un religieux des frères Mineurs, Anselme le Polonais, en 1514, in-4), après J. Haller, nous trouvons : Hieronymus Victor, ancien imprimeur de Vienne où il exerçait encore en 1515 ; nous le voyons à Cracovie en 1518 ; il y mourut en 1546, et sa veuve dirigea son établissement jusqu'en 1548.

Florianus Vnglerius, Joannes et Paulus Hælicz et Bernard Woiewodka, que nous avons déjà vu à Brzesc, sont les principaux typographes de Cracovie, jusqu'à l'avénement de la dynastie des Scharffenberg, dont nous pouvons citer cinq membres, imprimeurs de père en fils, de 1535 à 1609.

CRACOVIENSIS PALATINATUS, Palatinat, auj. grand-duché de Cracovie (Gallicie).

CRANÆ, île du Sinus Laconicus, habitée par les Cranai, Κράναοι [Hérod.], sur la côte E. de la Laconie, auj. Marathonisi, île de la Grèce, dans le golfe de Laconie.

CRANIA [Plin.], Κράνεια, montagne de l'Epire, dépendant de la chaîne des Acrocérauniens, auj. Kelberini [Leake].

CRANIA, voy. CARNIA.

CRANNON [Plin., Liv., Cic.], Κραννών, Κραών [Hérod., Thuc., Strab.], ville de la Pélasgiotide (Thessalie), auj., suiv. Leake, Palea Larissa, près d'Hadjilar.

CRANSACUM, Cransac, bourg du Rouergue (Aveyron).

CRASNOSLAVIA, CRASTNOSTAVIA, Krasnystaw, ville de Pologne (palat. de Lublin).

CRASTUS, Κραστός [Steph.], localité de Sicile, auj., suiv. Reichard, monte Strazzo (?).

CRATEÆ INS. [Plin.], Κρατειαί [Scyl.], groupe d'îles sur la côte d'Illyrie, dont la principale s'appelle Krato.

CRATHIS FL.. [Plin.], Κρᾶθις [Diod., Strab.], CRATER [Tab. Peut.], fl. de Lucanie, auj. Crati, fl. de la Calabre citér. ; se jette dans le golfe de Tarente.

CRATUMNUM, CREDONIUM, CREONIUM, Craon, ville de Fr. (Mayenne).

CRAVENNUM, CREVANTIUM, Cravant, bourg de Fr. (Yonne).

CREÆ ÆSTUARIUM, Creefyrth, golfe d'Ecosse, sur la mer d'Irlande (Galloway).

CREANCE, Creange, village et anc. baronnie du pays Messin (Moselle).

CRECIACUM, CARISIACUM, CRESCIACUM, CRISCECUS VILLA IN PONTIO [Frédég.], CRICIACUM AD RIVUM MAIAM IN PONTIVO [Charta Clotharii, a. 660], Cressy, Crécy en Ponthieu, anc. ville mérov., auj. pet. ville de Picardie (Somme) ; bataille en 1346 (PROELIUM CRESCIACUM, PUGNA CRESSIACA).

CREDELIUM, voy. CROLLEJUM.

CREDILIUM, CREDULIUM, CREOLIUM, Créel (au xiiiᵉ s.), Creil, ville de Fr. (Oise).

CREDITONUM (?), Crediton, ville d'Angleterre (Devonshire).

Cette ville possédait une imprimerie en 1775.

CREDONENSIS AGER, Craonais, district du dép. de la Mayenne (France).

CREDULIO, Crillon, bourg de Fr. (Vaucluse).

CREMA [Æn. Sylv. Hist. Frider. III], Crema, Crème, ville du Milanais, sur le Serio.

Haym (p. 76) nous donne le titre d'un livre imprimé dans cette ville en 1571 : Alemanio Fino. Storia di Crema dagli Annali di Pietro Terni raccolta ; con la giunta di due libri, ed altre cose. Crema, 1571, in-8 ; la première édition avait été publiée à Venise, en 1566, in-4.

CREMENECUM, Creminieck, Krzemieniec, ville de Russie (prov. de Volhynie).

CREMENSIS AGER, le Cremasco, la déleg. de Cremona.

CREMERA FL.. [Plin., Ovid.], riv. d'Etrurie, affl. du Tibre, auj. la Varca, suiv. Cluvier.

CREMESIA, CREMISIUM, CREMSA, Krems, ville de la basse Autriche, sur le Danube.

L'imprimerie remonte en cette ville à l'année 1713, suiv. Falkenstein.

CREMIACUM, STRAMIACUM [Mabil., Valois], Crémieu, bourg de Fr. (Isère).

CREMMYON, voy. CROMMYON.

CREMNICIUM, Kremnitz, Kœrmœtz-Banya, ville de la basse Hongrie (comitat de Bars).

CREMONA [Liv., Virg., Tac., etc.], Κρεμώνη [Strab.], Κρεμῶνα [Ptol.], ἡ Κρεμών [App.], anc. ville de la Gaule Transpadane, fondée par les Cenomanni; elle reçut une colonie romaine l'an 290 av. J.-C., auj. *Cremona, Crémone,* ville forte d'Italie (Milanais).

Le premier livre imprimé dans cette ville est, au dire presque unanime des bibliographes, daté de 1472 : *Lectura Angeli de Perusio super I. P. ff. novi* (*Super primam partem Digesti novi*). — *Impressa et completa fuit ꝑ doctissimos magistros Dionysium de Paravesino, et Stephanum de Merlinis de Leucho territorii Mediolanensis in Civitate Cremone sub anno dominice incarnationis,* M.CCCC. LXXII°, *die martii,* XXVI. *Januarii.* — In-fol. goth. sans ch., récl. ni sign. Ce rarissime volume est décrit par Audiffret, Panzer et Amati ; les deux imprimeurs sont Italiens, ce qui est, on le sait, un fait presque extraordinaire à signaler au XV° siècle, surtout en Italie, où presque toujours les premiers imprimeurs sont étrangers.

Ce Dionysius de Paravesino, c'est-à-dire natif d'un bourg des environs·de Milan, appelé *Paravesino,* alla s'établir à Milan presque aussitôt après l'impression du volume dont nous venons de citer ; ce fut là qu'il exécuta en 1475 (janvier 1476, anc. style) la *Grammaire grecque* de Lascaris, in-4 ; c'est le premier livre entièrement exécuté en caractères grecs.

« Il est très-remarquable, dit la Serna Santander, que pendant vingt ans, c'est-à-dire jusqu'en 1492, l'on n'ait fait aucune impression nouvelle à Crémone. » En voici au moins une qu'a signalée pour la première fois M. Melzi :

Comincia la tavola sopra la vita, el transito et gli Miracoli del Beatissimo Hieronimo doctore excellentissimo. On lit à la fin :

Quem legis impressus dum stabit ære caracter,
  Dum non longa dies vel fera fata prement,
Candida perpetuæ non deerit fama Cremonæ,
  Phidiacum hinc superat Bartholomeus ebur.
Cedite chalcographi ; millesima nostra figura est
  Archetypas fingit solus at iste notas.

M. CCCC. LXXIII. *Nicolao Trvno Dvce venetiarvm regnante impressvm fvit hoc opvs fœliciter.* Petit in-4.

Cette vie de saint Jérôme est de Jacques de Voragine; et d'après une note qui se trouvait sur un ms. de la bibliothèque Archinto de Milan, le traducteur est *Fr. Benignus Mediolanensis.*

Ainsi l'année qui suit l'essai de Denis de Paravesino un nouvel imprimeur s'établit à Crémone ; sans doute un imprimeur de passage, car nous ne retrouvons son nom sur aucune des impressions crémonaises du XV° siècle.

Amati signale un volume rarissime auquel il donne une antiquité fort reculée, et qu'il considère même comme antérieur au livre d'Angelo de Perusio; malheureusement il est sans date, et de plus Hain le croit imprimé beaucoup plus tard ; en voici le titre : *Dionysii Halycarnassei præcepta de oratione nuptiali, de oratione natalitia, et de oratione epithalamia, a Theodoro Gaza latine reddita. Oratio in nuptiis Hugotionis contrarii, et Camillæ Piæ. Claudiani carmen de Phœnice.* — Impressum Cremonæ, in-4, de 6 ff., sans chif., récl. ni signat. Cette pièce est décrite par Giac. Morelli dans la *Pinelliana,* t. III, p. 9.

Les autres imprimeurs de Crémona au XVI° siècle sont : *Bernardinus Misintis de Pavie,* qui imprime plusieurs ouvrages, en association avec *Cæsar le Parmesan* en 1492, puis va s'établir à Brescia. Cæsar le Parmesan, lui, venait de Brescia ; on le trouve à Crémone seulement pendant trois ans, de 1492 à 1494 ; il s'y associe, après le départ de Bernardino Misintis, avec un Hongrois nommé Basseyn ou Bassayn (*Bassaynus Ungarorum*).

Enfin nous trouvons *Carolus de Darleriis* de 1495 à 1500.

Rossi (Ann. Hebr.) nous parle de l'importante typographie hébraïque qui existait à Crémone au XVI° siècle.

CREMONENSIS AGER, la déllg. de *Cremona,* dans le Milanais.

CREMONIS JUGUM [Liv.], CREMO, montagne faisant partie des Alpes Cottiæ, auj. le *Cramont* [Forbiger].

CRENÆ, Κρῆναι [Thucyd.], localité de l'Acarnanie, auj. *Armyro,* bourg de Grèce (dioc. d'Acarnanie).

CREOLIUM, voy. CREDILIUM.

CREPIACUM, CRISPIACUM IN LAUDUNO, CRESPEIUM, *Crespy, Crépy-en-Laonnais,* bourg de Fr. (Aisne).

CREPICORDIUM, CREPICORIUM, au XI° s. *Cricvecoer, Crevecœur, Crevecoer,* pet. place forte de Hollande, dans le Brabant septentrional.

CREPICORDIUM, *Crevecœur,* bourg de France (Oise); plusieurs localités portent ce nom en France.

CREPREGHA, voy. TZEPREGINUM.

CREQUIUM, *Créquy,* village de l'Artois, près Hesdin (Pas-de-Calais).

CRESPIACUM, voy. CRISPIACUM.

CRESSA, voy. CHREPSA.

CRESSIACUM, voy. CRECIACUM.

CRESTONIA , Κρηστωνία [Thuc.], ἡ Κρηστωνική [Herod.), pet. district de la Macédoine, dont le ch.-l. était CRESTON, Κρεστώνη, Κρήστων [Hérod., Thuc.], GALLICUM [Tab. Peut.], auj. *Kilkitj,* suiv. Leake, ou *Galliko,* bourg d'Albanie (pach. de Saloniki).

CRETA INS. [Mela, Horat., Liv., etc.], ἡ Κρήτη [Hom.], AERIA, CRES [Cic.], CRESSA [Ovid.], île de la Méditerranée, au S.-E. du Péloponnèse ; s'appelait au moyen âge *Khandak,* auj. *île de Candie,* l'un des vingt-quatre pachaliks de l'empire ottoman, en Europe.

CRETELIUM , *Créteil,* bourg de l'Ile-de-France (Seine-et-Oise).

CRETENSE CASTRUM, voy. CARACOTINUM.

CREUSA [Liv.], Κρέουσα [Strab., Ptol.], Κρεύσαι [Xenoph.], port de la Béotie, sur le Sinus Corinthiacus, auj. *Creisa,* près Livadhostra, ou, suiv. quelques géogr., *S. Basilio,* dans le dioc. de Voiotia.

CREUTZBERGA, CRUCIBURGUM, *Kreuzburg,* ville de la Silésie, dans la rég. d'Oppeln (Prusse).

CREVANTIUM, *Crevant*, bourg de Fr. (Indre) ; c'est de là que la maison des Crevant, seigneurs de Baugé, tirait son nom.

CRIMÆA, voy. CHERSONESUS TAURICA.

CRIMISA, Κρίμισα [Strab.], ville du Bruttium, sur le cap du même nom, auj. *Ciro*, bourg d'Italie (Calabre citér.).

CRIMISUS, Κρίμισος [Dion], CRIMESSUS, Κρίμησός [Plut.], fl. de Sicile, auj. *Belice Destro*, dans le *val di Mazara*.

CRINACCO [Tab. Peut.], localité de l'Aquitaine, auj. *Sourzat*, bourg du Périgord (Dordogne).

CRISENARIA, la *Cressonnière*, commune près Dieppe (Seine-Infér.), ou, suiv. l'abbé Cochet, *Cressy*, comm. du canton de Bellencombre, dans le même départ. (Alias : CRISICIACUM ET CRESSENIUM).

CRISIUM, *Kreutz*, bourg de Croatie.

CRISPEIUM, CRISPIACUM, CRISPINIACUM, *Crespi* [Charta S. Ludov. a. 1247], *Crespy*, *Crespy-en-Valois*, dans le dioc. de Senlis, bourg de Fr. (Oise).

CRISPIANA, CRISPIANIS [Itin. Anton.], localité de la Pannonie infér., auj. *Sarkany*, suiv. Mannert, bourg de Hongrie, près du Raab.

CRISSA [Plin.], Κρίσσα [Hom., Strab., Ptol.], ville de Phocide, dans le S.-O. de Delphes, auj. *Krisso*, *Chryso*, dans le dioc. de Phocide, suiv. Leake.

CRISSÆUS SINUS [Plin.], Κρισσαῖος κόλπος [Strab.], *le golfe de Salona*, partie du golfe de Lépante.

CRISTA ARNAUDORUM, CHRISTA, CRESTUM, *Crest*, ville de Fr. (Drôme).

CRITHOTE [Plin.], Κριθώτη [Strab.], voy. CALLIPOLIS.

CRIUMETOPON PROM. [Plin.], Κριοῦ μέτωπον [Strab., Ptol.], prom. de l'île de Crète, auj. *Cap Crio*, sur la côte S.-O. de l'île de Candie.

CRIVA (?) *Crieff*, ville d'Écosse (comté de Perth).

Nous trouvons une imprimerie dans cette ville dans la seconde moitié du dernier siècle : *The life and Adventures of sir William Wallace*. — Crieff, 1774, in-12.

CRIXIA [Itin. Anton.], ville de la Ligurie, auj., suiv. Reichard, *Bocchetta del Cencio*, bourg du Piémont.

CROATIA [Cluv., Cell.], la *Croatie*, (en all.) *Kroatien, Croatien*, (en madgyar) *Horvath orszay*, roy. dépendant de l'empire d'Autriche ; faisait partie de l'anc. LIBURNIA. = La *Croatie turque*, prov. qui forme la région extrême N.-O. de l'empire ottoman en Europe.

CROCIATONUM [Cæs.], Κροχιάτονον [Ptol.], CROCIATONNUM [Cluv.], CRONCIACONNUM [T. Peut.], *Carento*, *Carentan*, ville de Fr. (Manche). D'Anville voit dans le CROCIATONUM de César, *Valogne*, ville du même départ., et M. de Gerville le traduit par *St-Côme*, village près Carentan.

Nous recevons de M. Frère la notule bibliographique ci-jointe : Carentan. J.-N. Agnès, temporairement imprimeur, en 1793 ; son établissement principal était à Coutances.

CROCILIACUM, CROCILLIACUM, *le Croisil*, auj. *le Croisic*, ville et port de Fr. (Loire-Inférieure).

CROCILLIACA, CRUCILLÆ, *Groizilles*, bourg de Fr. (Seine-Infér.) = *Croisille*, bourg de Suisse (cant. de Genève).

CROCIOTONORUM PORTUS, *Barneville*, bourg de Normandie (Manche), suiv. Graesse.

CRODUNUM, localité du S.-O. de la Gaule Narbonnaise, auj. *Gourdan*, bourg de Fr. (Haute-Garonne), suiv. Forbiger.

CROLDUS, CROVUS, *la Crou*, pet. riv. de l'Ile-de-France, affl. de la Seine.

CROLLEJUM, CURLEJUM, CREDELIUM, *Crevilly*, sur la Seule, bourg de Fr. (Calvados).

CROMARTINUS COMITATUS, le *comté de Cromarty*, en Ecosse, dont le ch.-lieu, qui porte le même nom, s'appelait CROMARTIUM [Bisch. et Möller].

CROMENA, *Krumau*, ville de Bohème, sur la Moldau.

CROSA, la *Creuse*, riv. de Fr., affl. de la Vienne.

CROSNA [Cell.], *Crossen*, ville de Prusse ; au confl. du Bober et de l'Oder.

CROSNA AD ELYSTRUM, *Crossen*, bourg de Prusse (rég. de Merseburg).

Imprimerie en 1714 : *Herberger, Arctischer Wegweiser*. Crossen, 1714, in-8.

CROSNA SARMATICA, *Crossen*, bourg de Galicie (cercle de Jaslo).

CROSSIACUM, *Croissy* ; plusieurs localités de ce nom en France.

CROTALUS FL. [Plin.], fl. du Bruttium, auj. l'*Alli* ; se perd dans le golfe de Squillace.

CROTON, CROTO [Cic., Plin., Tab. Peut., etc.], ἡ Κρότων [Hérod., Strab., Ptol.], CROTONA [Justin., Petron.], *Crotone*, ville grecque du Bruttium, sur le golfe de Tarente, auj. dans la Calabre ultér. II.

(Voy. *G. B. di Nola Molisi*, *cronica di Crotone*. Napoli, 1649, in-4.)

CROVIACUM, CROVIUM, *Croy*, bourg de Fr., près Soissons (Aisne), qu'il faut se garder de confondre avec CROVIA SUPER MOSELLAM, dit Mabillon.

CROVUS, voy. CROLDUS.

CROYDONA (?), *Croydon*, ville d'Angleterre dans le comté de Surrey ; anc. résidence des archev. de Cantorbéry.

M. Cotton, qui n'avait daté l'imprimerie dans cette ville que de l'année 1798, ajoute dans une dernière note : « *It appears that a printing office was conducted here by W. Glover so early as* 1704 (Hotten). »

CRUA', CROJA, *Croja*, (en turc) *Akhissar*, bourg de la Roumélie (Rum-ili).

CRUCENACUM [Luen.], CRUCINIACUM [Ann. Prudent. Trec.], CRUCONACUM, CRUZTIACUM VILLA [Ch. Caroli M. a. 809), anc. résidence carlov., auj. *Kreutznach*, ville de la Prusse Rhénane, dans la rég. de Coblenz.

Nous trouvons un vol. imprimé dans cette ville en 1633 : *Abscheuliche Erzählung wie die Kayserlichen in der Stadt Goldberg gehaust*. Creutzenach, 1633, in-4.

CRUCIBURGUM AD VIERRAM, *Creutzburg*, ville de Saxe-Weymar, sur le Werra (princ. d'Eisenach).

CRUCIBURGUM VENEDICUM, *Creutzburg*, ville de Prusse (rég. de Königsberg).

CRUCISORA, CORSORA, *Corsoer*, *Korsör*, ville de Danemark (Seeland).

CRUCIUM [Tab. Peut.], localité de la Pannonie, auj., suiv. Reichard, *Krassinize*, et suiv. d'autres géographes, *Grüsch*, bourg du pays des Grisons.

CRUDASIUM, *Cruas*, pet. bourg du Vivarais (Rhône), anc. abb. de Bénéd.

CRUMENUM, voy. COMARA.

CRUMLAVIA, CRUMLOVIUM, *Krumlau*, *Mahrisel-Kromau*, ville de Moravie (cercle de Znaim).

CRUNI [Plin.], Κρουνοί [Strab.], sur le fl. Ziras ; s'est appelée depuis Dionysopolis [Itin. Anton., Tab. Peut.], Διονυσούπολις [Arrian.], ville de la Mœsie, auj., suiv. Reichard, *Baldsjik*, dans la Boulgarie.

CRUPNA, *Kraupen*, *Krupka*, ville de Bohème, dans le cercle de Leutmeritz.

CRUPTUM (?).

Nous ignorons la situation de cette localité, à moins qu'on ne veuille y voir la CRUPTORICIS VILLA des *Ann. de*

Tacite, que Forbiger traduit par *Hem Ryck*, dans la Frise.

Voici un vol. que nous trouvons imprimé sous la rubrique CRUPTI, dans le catal. d'une vente importante, faite à Utrecht en 1776 (t. II, p. 687). — *S. C. Æminga de conviviis festivis ævi antiqui.* — Crupti, 1750, in-8.

CRUSÆA, Κρουσαίη [Hérod.], Κρουσσίς [Thucyd.], ville de la Macédoine, auj. *Kalamaria*, sur la côte O. (pach. de Saloniki).

CRUSINIA [Tab. Peut.], dans l'E. de la Gaule Lyonnaise, auj. *Chrissée*, village du Jura près de Dôle, suiv. Bisch et Möller.

CRUSTUMERIUM [Plin.], CRUSTUMERIA [Liv.], ville des Sabini, auj. *Marcigliano Vecchio*, bourg de la Campagne romaine, près du Tibre.

CRUSVICIA, CRUSVICUM, *Kruswica*, *Kruswich*, pet. ville de Pologne.

Voici une trace d'imprimerie dans cette localité que nous fournit le *Dict. des Anon. et Pseud.* de Melzi (t. I, p. 192) : *Celeberrimorum virorum apologia pro Carolo Musitano adversus Antonium de Martino*, etc. Kruswich, 1700, in-4, divisé en trois parties ; ce livre est de Sebastiano Bartoli.

CRUX ORATORIUM, *Croix*, commune du dép. du Nord, près de Landrecies (France).

CRUZTIACUM VILLA, voy. CRUCENACUM.

CRYBENSTENIUM, *Kriebenstein*, place forte, en Saxe, dans le cercle de Leipzig.

CRYPTA, *Grotta*, bourg lombard, au confl. de l'Adda et du Pô (prov. de Cremona).

CRYPTA AUREA, *Grottaglia*, bourg napol. de la terre d'Otranto.

CRYPTA ROSARIA, SAXA RUBRA, *Grotta Rossa*, pet. ville papale de la délég. de Viterbo.

CSANIENDIS COMITATUS, le *comitat de Tschanad*, dans la haute Hongrie.

CSICKIENSE MONAST., voy. TZICKIENSE.

CTENUS PORTUS, Κτενοῦς λιμήν [Strab.], dans la Chersonèse Taurique ; suiv. Clarke, Pallas, etc., ce serait le port de *Sébustopol* ou celui de *Kamiesch*, en Crimée.

CUBA, *Caub*, pet. ville rhénane du grand-duché de Nassau.

CUBI, voy. BITURIGES.

CUBIACUM, *S. André de Cubzac*, pet. ville de Fr. (Gironde).

CUBITUS, ELNBOGA, *Elnbogen*, ch.-l. du cercle de ce nom, en Bohème.

CUBRUNUM, *Covern*, bourg de la Prusse rhénane (rég. de Coblenz).

CUBURIA, CUBURIENSE CŒNOBIUM, *St-François Cuburien*, prieuré de cordeliers, situé au bas de la riv. de Morlaix, dans le dioc. de St-Pol-de-Léon (Finistère).

Christophe de Cheffontaine, général de l'ordre des Cordeliers, avait, par permission spéciale du Roi, obtenu l'autorisation d'établir une imprimerie dans son couvent de Cuburien ; cette imprimerie fonctionna à partir de l'année 1570, et dut être supprimée à la mort de son propriétaire, arrivée le 26 mai 1595. Parmi les rares ouvrages sortis de cette typographie conventuelle, nous citerons d'abord *Les quatre fins de l'homme*, en vers bretons, *par Penfeunteunyou* (*Pen*, chef, tête, et *Feunteunyou*, fontaines) imprimé au couvent de Cuburien près Morlaix, 1570.

Le *Miroer de la mort*, *d'Olivier de la Marche* ; ce poëme en quatre parties, dont le *Manuel* (t. III, col. 783) cite une édition gothique, fut réimprimé par les soins de Christophe de Cheffontaine, en son couvent de Cuburien, en 1573 ; il se conserve un exemplaire de ce rarissime vol. chez M. de Kerdanèt, à Lesneven (Finistère).

La vie de saint Efflam, patron de la paroisse de Plestin, au diocèse de Tréguier, avec hymnes et respons, par Léon, imprimée au couvent de Cuburien, près Morlaix, en 1575, in-12.

Albert le Grand, de Morlaix, l'auteur des *Vies des Saints de la Bretagne Armorique* (Nantes, 1637, et Rennes, 1659, in-4), donne quelques détails sur cette imprimerie ; nous en avons extrait ce qui précède.

CUCUFATI (S.) MONASTERIUM VALLIS ARETANE, *San Colgat del Valles, S. Cucufat*, monastère de Catalogne, près de Barcelone, de l'ordre de S. Benoît.

Panzer croit que le volume à la date de 1489 que nous allons citer n'a point été imprimé dans ce monastère, mais les bibliographes espagnols ne sont pas de cet avis : YSAAC DE RELIGIONE, à la fin : *Finitus hic Libell' apud sanctũ Cucu‖fatum vallis Aretane.* XXIX nouẽbris‖anni D. M. CCCC. LXXXIX, in-4, de 123 ff., en caract. goth., sans récl. ni chiff., mais avec signat. A. t.iiiij, dédié à Pedro Capata arcipreste de Daroca ; le prologue est de 8 ff. et la table de deux. Les mots *Finitus Libellus* signifient-ils la fin de la composition ou la fin de l'impression du livre ; voilà ce qu'il est bien difficile d'établir, et cependant Mendez penche pour la seconde alternative, s'appuyant de ces mots du prologue : *« No entonces quando se fizo, mas ahora que publicando se aprovecha. »*

Ce livre d'Isaac, que l'on dit avoir été abbé d'Estella, fut réimprimé à Séville en 1497, et non point à Barcelone, per *Jacobum Gumiel*, comme le dit l'abbé Caballero ; Mendez (p. 155 de l'édition de 1861) le déclare expressément.

Née de la Rochelle dit formellement : « Je me suis aperçu que le monastère, appelé *Saint-Cucufate*, est le même que celui de *Notre-Dame des montagnes de Monserrat en Catalogne* ; l'art de l'imprimerie y fut porté en effet par un Allemand très-habile, nommé Jean Luschner..... » Voilà qui aplanirait la difficulté ; par malheur il n'y a pas moyen de confondre ces deux monastères.

CUCIACUM, voy. COCIACUM.

CUCULLÆ [Tab. Peut.], CASTELLUM CUCULLUS, localité de la Norique, auj. *Kuchl*, sur le Salzach, bourg d'Autriche (cerc. de Salzburg).

CUCULUM, Κούκουλον [Strab.], station de la Via Valeria, dans le pays des Marsi, auj. *Cucullo* [Cell.], ville de la prov. napol. de l'Abruzze citér.

CUDA FL., en Lusitanie, auj. *Coa*, affl. du Duero.

CUFFINSTANIUM [Ann. Petavian.], CUFESTUM [Ann. Eginh.], *Cuffestein villa*, auj. *Kostheim*, bourg de Hesse-Darmstadt, au confl. du Mein et du Rhin.

CUGERNI, voy. GUGERNI.

CUGTINIACUM, *Quétigny*, commune près Dijon (Côte-d'Or).

CUISELLUS LINCASIORUM, *Cuiseaux*, bourg et ch.-l. de canton du dép. de Saône-et-Loire ; patrie de Guillaume Paradin.

CULARO, voy. GRATIANOPOLIS.

CULENBURGUM, *Culenburch, Culenborch, Kuilenburg*, pet. ville de Hollande, à 12 m. au S. d'Utrecht (Gueldre).

Jean Veldener, le célèbre imprimeur de Louvain et d'Utrecht, qu'Heinecken croit sorti des ateliers de Cologne, et probablement de celui de Ther Hœrnen (ce qui fait honneur à son patriotisme, sinon à sa perspicacité), imprime dans cette petite ville de Culenburg plusieurs volumes à partir de 1483. Voici le titre exact du premier, auquel Dibdin (*Bibl. Spencer.*, VII, 186) consacre une notice très-courte, mais curieuse ; il trouve à ce volume une apparence véritablement caxtonienne, « *the type has a strong Caxtonian aspect.* »

De Spieghel onser behoudenisse. — Culenburch, Johan Veldener. 1483 ; au rº du 134e f. on lit : *Dit boeck is volmaect in die goede stede von Cu‖lenburch bij mij iohan veldener Int iaer ons heren‖ M. cccc. en de LXXXIij, des saterdaghes post ma‖thei apostoli*, in-4, de 134 ff. goth. à 23 lig., sans ch., récl. ni sig., figures xylographiques ; le vº du 134e f. est blanc.

Les planches xylographiques qui décorent ce très-important et très-précieux volume sont les mêmes que celles des premières éditions du *Speculum humanæ salvationis* ; ce fait important a été fort bien démontré par Meerman et par M. Bernard, malgré l'affirmation du contraire, faite avec une légèreté impardonnable par Dibdin. Veldener, pour accommoder ces planches in-folio à son nouveau format, les scia en deux à l'endroit où un pilier gothique sépare les deux compartiments de la gravure.

Quant au caractère même de ces planches, il est essentiellement hollandais et non point allemand ; bien que le nombre des manuscrits néerlandais du xve siècle, enrichis de miniature, qui auraient pu servir de termes de comparaison, soit infiniment restreint, un savant collectionneur anglais S. Sam. Meyrick, en rapprochant les costumes, les armures, les types des personnages du *Speculum*, des types identiques retrouvés soit dans les mss. de la cour de Bourgogne, de l'école d'Alsace ou même du nord de la France, soit dans les monuments de la statuaire sépulcrale ou décorative du siècle, a prouvé ce fait jusqu'à l'évidence.

Ottley, dans son magnifique ouvrage sur les origines de l'imprimerie (London, 1863, pp. 305 et suiv.), a consacré aux différentes éditions du *Speculum* et à celle de Veldener, connue sous le nom du *Spiegel onzer Behoudeniss*, une dissertation extrêmement substantielle et déterminante, à laquelle nous ne pouvons que renvoyer le lecteur.

La même année Jean Veldener a publié à Culenbourg un autre volume, également enrichi de planches xylographiques ; c'est une histoire de la sainte Croix qui commence ainsi : *Seth, lieve sone, wilt my wel verstaen* ; à la fin : *dit is ghemaect in die gôede stede vãn Culen‖borch. Int iaer ons heren M. CCCC eñ L. XXXIij. ‖ opten sesten dach van Maerte by my Ian Veldener.* ‖

G. B.

In-4, goth., avec sig. A-D viij ; le premier cahier est de 10, les trois autres de 8 ; le recto de A 1 et le verso de D viij sont blancs ; le volume, dont Dibdin donne une très-copieuse description, comprend 64 quatrains.

M. Holtrop (*Cat. des livres impr. au xve siècle de la Bibl. de la Haye*) décrit, sous les nos 538 et 539, deux autres volumes exécutés sans nom de lieu ni d'imprimeur, mais évidemment avec les caractères dont Jean Veldener s'est servi pour l'impression des deux volumes précédemment décrits.

CULENTUM, *Culant*, bourg du Bourbonnais (Allier).

CULMA [Bert.], CULMIA [Cluv.], *Culm, Chelmno*, ville de Prusse, dans la rég. de Marienwerder.

CULMBACHIUM, CULMBACUM, CULMENBACHIUM, *Culmbach*, ville de Bavière, dans le cercle du haut Mein.

Cette ville est omise par Falkenstein : *Friedleben, Christfurstlich Bedencken*. Clumbach, 1706, in-12.

CULMEN S. BERNHARDINI, le *mont S.-Bernard*, en Suisse, dans le Valais.

CULMEN URSI, SPELUGA, URSULUS, *le Splugenberg*, le *Splugen*, montagne de Suisse (cant. des Grisons).

CULTURA, *la Couture*; plusieurs localités en France et d'anciens monastères portent ce nom.

CUMÆ [Cic., Tac., Plin.], Κύμη [Pind., Strab.], CYME [Sil.], Κοῦμαι [Ptol.], ville de la Campanie, anc. colonie de l'île d'Eubée, auj. *Cuma, Cumes*, ville du Napolitain.

CUMANIA MAJOR, *Gross-Cumanien*, district de la Hongrie.

CUMANIA MINOR, *Klein-Cumanien*, dist. de la Hongrie.

CUMANUS SINUS, voy. PUTEOLANUS SINUS.

CUMBELIA (?), *Cumbels*, localité du canton des Grisons (Suisse).

Une imprimerie dirigée par un nommé Barbisch, dit l'*Hist. anon. de la typographie en Suisse* (S. Gall. 1836), exista dans ce bourg de 1684 à 1689; mais les troubles religieux et les persécutions forcèrent cet imprimeur à transporter son matériel à Chiltjadira.

CUMBRIA [Cell.], CUMBERLANDIA [Cell.], le *Cumberland*, (en saxon) *Cumbraland*, comté du nord de l'Angleterre.

CUMEOBERGUM [Ann. Lauriss.], *Kaumberg*, ville du Tyrol autrichien, dans le pays au-dessous de l'Ens.

CUMERUM PROM. [Plin.], sur la côte du Picenum, auj. *Monte Comero*, proche de Ancône.

CUMETENSE TERRIT., COMENSIS PAGUS, la délégation de Como, dans le N. de l'Italie.

CUMILLUM MAGNUM, COMILLOMAGUS [Itin. Ant.], COMELIOMAGUS [Tab. Peut.], ville de la Gallia Transpadana, auj. *Cico-*

gnola, bourg près Pavie, suiv. Mannert.

CUNALDUM, *Cunauld, Cunaud*, bourg d'Anjou (Maine-et-Loire) ; anc. prieuré de Bénéd.

CUNCIANUM, *Gociano*, bourg de l'île de Sardaigne, sur le Tumyrso.

CUNETIO [Itin. Anton.], MARGABERGA, *Marlborough*, sur le Kennet, ville d'Angleterre (Wiltshire).

L'imprimerie fut exercée dans cette ville dès l'année 1736 ; en 1795, l'imprimeur s'appelait E. Harrold.

CUNEUM, CUNEIUM, CONEUM, *Cuneo, Coni*, ville forte d'Italie, ch.-l. de division, au S. de Torino.

Panzer cite trois volumes imprimés dans cette ville de 1507 à 1510 ; le premier se trouve décrit au *Catal. de la Bibl. Aprosiana*, p. 485 : *Albertani Causidici Brixiensis, ad institutionem Filiorum suorum liber ac doctrina dicendi et tacendi*. Cunei, per Mag. Viotum de Dulcis, anno 1507, de mense augusti, pet. in-fol.

Un *Missale sec. morem romanæ curiæ* est impr. en 1508 ; enfin en 1510 des *Commentaires sur Aristote par Samuel de Cassinis* sont exécutés par un nouvel imprimeur : *in oppido Cunei in Pedemontium opera Simonis Bevilaqua*, M. D. X, in-4, (Fabrit. Bibl. gr. III, 344.)

On trouve un imprimeur de ce nom à Lyon en 1506.

CUNEUM PROM., *Cabo S. Maria*, au S. du Portugal.

CUNEUS AGER [Mela], Κούνεος [Strab.], *Algarve*, prov. de Portugal.

CUNEUS AUREUS [Cluv.], CUNUS AUREUS, dans la Rhétie, *Splügen*, village du cant. des Grisons, au pied de la montagne.

CUNICI [Plin.], *Calafiguer*, bourg de l'île de Majorque, sur la côte S.-O.

CUNICULARIÆ INSULÆ, voy. BELERIDÆ.

CUNICULARIUM PROM., Κουνικουχάριον ἄκρον [Ptol.], *capo Carbonara*, dans l'île de Sardaigne, suiv. Reichard.

CUNIGAMIA, CUNINGHAMIA, CUNINCHAMIA, *Cuningham*, district du S. de l'Écosse.

CUNIGUST, CURTIS REGIA [Præc. Carlomanni, a. 879], *Königstein*, bourg à 5 lieues de Mayenne, dans la vallée du Taunus; anc. villa carlovingienne.

CUNONIS VILLA, *Kiensheim*, bourg d'Alsace (Bas-Rhin).

CUNORUM SEDES, *Kunselyseg*, bourg de Hongrie (Gross-Cumanien).

CUPERSANUM, voy. CONVERSANUM.

CUPPÆ [Itin. Anton., Tab. Peut.], Κούπους [Procop.], ville de la Mœsie, auj. *Golubatz*, ou, suiv. Mannert, *Poseschena*, dans la Bosnie près de Gradiska.

CUPRA [Plin.], CUPRA MARITIMA [Inscr. ap. Grut.], Κούπρα Μαριτίμα [Ptol.], ville du Picenum, au N.-E. d'Asculum, auj. S. Benedetto ou Ripa-Transone, dans la marche d'Ancône.

CUPRA MONTANA [Plin.], Κούπρα Μοντάνα [Ptol.], localité du Picenum, auj. Loretto, suiv. B. et M. ; c'est à cette localité que Forbiger applique le nom de Ripa Transone.

CUPRI FIFANORUM, CUPRUM, Cupar-Fife, ville d'Écosse, ch.-l. du comté de Fife.

Imprimerie en 1803 ; une édition de Virgile y fut donnée en 1810, sous la rubrique : « CUPRI FIFANORUM. »

CUPRIMONTIUM, Kupferberg, ville de Silésie, rég. de Reichenbach.

CUPRIMONTIUM GESTRICIÆ, Kupferberg, Maria-Kupfer, pet. ville de Suède (Norrland).

CURA, voy. CHORA.

CURACTICA INS. [Plin.], Κυραχτική [Strab.], CURICTA [Plin.], Κούρυχτα [Ptol.], CURICA [Tab. Peut.], Karek, Coridico, île d'Illyrie, dans le golfe de Quarnero, entre l'Istrie et la Dalmatie.

CURBA VIA, CURVÆ VIÆ, Courbevoie, bourg de Fr. (Seine).

CURBORIUS, CURBRIUS VICUS IN PAGO TELLAO, Cuverville-sur-Yères (?), commune de l'anc. Tellau, auj. dans le dép. de l'Eure, près Septmeules.

CURENSIS AMNIS [Cell.], CURRENTIA, Correse, riv. de la Sabine, affl. du Tibre.

CURES [Cic., Virg.], Κυρείς [Dion. H.], Κύρης]Strab.], ville des Sabins, à l'E. du Tibre, auj. Correse, Curese, bourg de la Sabine.

CURETIA, Corrèze, riv. de Fr., affl. de la Vézère.

CURIA, Κούρια, ville de la Britannia barbara, sur l'emplacement de laquelle certains géogr. voient Lanark ou Lanerk, ch.-l. du comté du même nom, en Écosse, et Reichard Kirkudbright.

CURIA [Itin. Anton., Tab. Peut.], CURIA RHÆTORUM CIVITAS [Warn. de Gest. Longob.], CURIA RHÆTORUM [Cell.], CURIA HELVETIORUM, ville de la Rhætie, auj. Coira, (en all.) Chur, (en franç.) Coire, ch.-l. du cant. des Grisons et de la ligue Caddée, évêché fondé au Ve s.

En 1607 nous rencontrons un volume imprimé à Coire, qui se trouve porté dans une foule de catalogues et dans Haym, p. 643 ; c'est un in-4, intitulé : Raccolta degli scritti usciti fuori in istampa, et scritti a mano, nella causa del Papa Paolo V, co' signori veneziani, secondo le stampe di Venetia,

di Roma, et altri luoghi. Coira, Paolo Marcello 1507 (sic), 2 tom. en 1 vol. in-4. C'est la troisième édition ; celles de Venise et de Rome sont de l'année précédente 1606.

Le premier livre imprimé en dialecte romansche de la Ligue Grise fut exécuté dans cette ville en 1611 ; ce sont les Psalmi Davidis en vers. Voyez, à propos des dialectes romansches et des livres exécutés dans ces différents dialectes, un intéressant travail de M. Planta, qui se trouve inséré dans le 66e vol. des Philosophical Transactions (of the Royal Society of London).

CURIA, CENESTUM (?), Corte, ville forte de Corse, sur le Tavignano.

La révolution de Corse et la malheureuse campagne du roi Théodore donnèrent lieu à l'établissement d'une imprimerie à Corte : Giustificazione della rivoluzione di Corsica, e della ferma risoluzione presa da' Corsi di non mai più sottomettersi al dominio di Genova. Corte, 1758, in-8. Ce mémoire est du chanoine Salvini, de Balagna, en Corse.

M. Ternaux cite un autre volume, qui nous donne un nom d'imprimeur : Istruzioni sopra la Coltora degli Celsi. Corte, Batini, 1765, in-8.

CURIA BAVARICA [Luen.], CURIA REGNITIANA, CURIA REGNITIORUM, CURIA VARISCORUM, Hof, Hoff, Stadt am Hof, ville de Bavière, sur la Saale (Obermainkreise).

La Biblioth. Saxonica de Struvius nous permet de faire remonter à 1604 l'imprimerie dans cette ville ; c'est une description poétique du terrible incendie qui détruisit la ville d'Annaberg le 27 avril 1604 : M. Andreæ Schisneri incendii Annabergæ descriptio, carminice. Curiæ Variscorum, 1604, in-4.

CURIA BEATA, CURIA PIETRA, Corbette, bourg du Milanais.

CURIA DEI, la Cour-Dieu, village de France (Loiret) ; anc. abb. de Cit. fondée en 1118.

CURIA MAJOR, Corte maggiore, sur l'Arda, bourg du Parmesan.

CURIA MORAVICA, Hof, bourg de Moravie, dans le cercle d'Olmütz.

CURIA NORICI, Am Hof, bourg d'Autriche, dans le cercle de Salzburg.

CURIA REGIA [Luen.], CURIA REGIS, CURIA REGIA IN ARVIS [Luen.], KŒNIGSHOFIA, Königshofen im Grabfelde, ville de Bavière sur la Saale (Untermainkreise).

CURIA REGIS AD ALBIM, REGINACCURIA, Königshof, ville de Bohème sur l'Elbe.

CURIA REGNITIANA, voy. CURIA.

CURIA VARISCORUM, voy. CURIA.

CURIA VETUS, voy. ALTENHOVIA.

CURIANUM PROM., dans la Gaule Aquitaine, auj. cap Ferret, dans le dép. de la Gironde, suiv. d'Anville, ou Pointe de Grave, suiv. Forbiger.

CURIAS PROM., Κουριάς [Strab., Ptol.], promontoire de l'île de Chypre, auj. Capo delle Gatte ou Capo Gavata, sur la côte S. de Candie.

CURICA [Plin., Itin. Anton.], Κούργια [Ptol.], ville des Celtici, auj. la *Calera*, bourg de l'Alemtejo, en Portugal.

CURICTA [Plin.], ἡ Κυρακτική [Strab.], île de l'Adriatique, sur la côte d'Illyrie, auj. *Veglia*, dans le golfe de Quarnaro, près Fiume, avec un bourg du même nom.

CURIONES, peuple de la Germanie ; occupait le cercle de Regen, en Bavière.

CURIOSOLITÆ, voy. CORIOSOPITI.

CURIUM, CURIAS [Plin.], Κούριον [Ptol., Strab.], anc. ville de l'île de Crète, près du promont. du même nom, dont les ruines se voient à *Piscopia*, bourg de la côte S. de Candie.

CURLANDIA [Bert., Cluv.], CURONIA, la *Courlande, Curland (Mittau),* gouvernement de la Russie, duché en 1561, réuni à la couronne en 1795.

CURMILIACA [Itin. Anton.], ville des Ambiani, dans la Gaule Belgique II, auj. *Cormeille,* bourg de Picardie (Somme).

CURONENSIS LACUS, CURLANDIÆ SINUS, *Curische Haff;* c'est le nom d'une baie profonde de la Prusse orientale.

CURRENTIA, voy. CURENSIS AMNIS.

CURSIACUM, ECCLESIA DE CURSIACO, *Coursais,* commune de France, près S. Désiré (Allier).

CURTA [Itin. Anton.], Κούρτα [Ptol.], localité de la haute Pannonie, auj., suiv. Reichard, *Körmond,* bourg entre Raab et Rakesburg, et, suiv. Muchar, *Tschakathurn,* en Hongrie.

CURTENACUM, voy. CORTENACUM.

CURTIPALATIUM, *Courpalais,* bourg de la Brie (Seine-et-Marne).

CURTIPETRA, *Cropière,* bourg d'Auvergne (Puy-de-Dôme).

CURTIS BOSONIS [Charta Caroli C.], *villa super amnem Ligerim, Courbouzon,* commune de l'Orléanais (Loiret).

CURTIS LATA, *Courlay,* commune de Bretagne (Finistère).

CURTIS MILIUM, *Cortemiglia,* bourg piémontais, de la prov. d'Alba.

CURTRIACUM, voy. CORTERIACUM.

CURZULA INS., CORCYRA NIGRA, *île de Curzola,* dans l'Adriatique, sur la côte de Dalmatie.

Statutan isulæ Curzulæ (lat.-ital.), Venetiis, 1614, in-8.

CUSACUM, *Cosnac,* bourg de Saintonge (Charente-Inférieure).

CUSÆUM, *Cursay,* bourg du Poitou (Vienne) ; anc. marquisat.

CUSDUNUM, *Coudun,* sur l'Aronde, comm. près Compiègne (Oise).

CUSENTIA, voy. CONSENTIA.

CUSIONUM, *Cugione,* bourg du Milanais.

CUSIUS LACUS [Tab. Peut.], *Lago di Lugano* (voy. CERESIUS LACUS).

CUSSANIUS, *la Cousson,* pet. riv. de la Sologne, afffl. de la Loire.

CUSSENACUM [Simler, Rép. Helv.], *Küfnsnacht,* bourg de Suisse (canton de Schwyz).

CUSSETUM, *Cusset,* pet. ville du Bourbonnais (Allier); anc. abb. de Bénéd. fondée en 886.

CUSSINGUM, KIZINGA, CHISSINGA, GYSSINGA, *Kissingen,* pet. ville de Bavière, sur la Salle (Untermainkreise).

Imprimerie 1584; premier typographe : Joan. Manlinus. Voici le titre d'un vol. sous cette date, que nous fournit le *Cat. des foires de Francfort,* de 1592 : *De ratione instituendi puerum ab anno ætatis* VI *et* VII *ad annum usque* XIV, *ita ut præter duas aut tres maternas linguas, etiam latinain discat recte loqui et scribere, græcam vero mediocriter intelligere, insuperque rudimenta dialecticæ et rhetoricæ ad usum scribendi conferre.* Gyssingæ excudebat Joannes Manlinus, 1584, in-8.

CUSTODIA DEI, HERRNHUTUM, *Herrnhut,* bourg de la haute Lusace, entre Loban et Zittau.

CUSTOS LAÏCUS, *Contrelay,* localité de Belgique (Brabant mérid.).

CUSTRINUM, *Custrin, Kustrin,* ville du Brandebourg (Prusse).

L'imprimerie existe dans cette localité au XVIIe siècle, quoique Falkenstein ne la fasse remonter qu'à l'année 1709. Nous trouvons au catal. de Daniel Elzevir, en 1681 (p. 295) : *Friderici Molleri observatio de partu* CLXXIII *dierum vivo.* Custrini, 1662, in-12; et quelques années ensuite nous trouvons encore trace d'imprimerie dans cette ville : *Märckischer Mercurius an den Pommerischen Atlas d. i. u. s. w. von Fr. Bergemanno.* Cüstrin, 1667 (*Catal. de la Biblioth. Speculæ Pulcovensis* [Observatoire de Poulkova], p. 241).

CUSUM [Itin. Ant., Tab. Peut.], CUSIS [Not. imper.], localité de la Pannonie infér., auj., suiv. Muchar, *Csuruk,* et, suiv. B. et M., *Gudelaf,* en Hongrie, près Carlowitz.

CUTIÆ [Tab. Peut.], CUTTIÆ, *Cozzo,* bourg près Vercelli (Italie).

CUTILIA LACUS [Plin.], CUTILIENSIS LACUS [Varro.], *lago Contigliano,* dans la Sabine (délég. de Spoleto).

CUTINA [Liv.], *Catignano*, bourg de l'Abruzze ultér. (Italie).

CUTNA, CUTNA-HORA [Cluv.], KUTTENBERGA, *Kuttenberg*, ville de Bohême (cercle de Czaslau).

CUTRACUM, voy. COTRACUM.

CUXHAVIA, *Cuxhaven*, bourg près Hambourg, entre l'Elbe et la mer du Nord.

CYCHRIA, voy. SALAMIS.

CYCLADES INS. [Cæs., Tac., Hor., etc.], Κυκλάδες [Herod., Strab., Ptol.], *les Cyclades*, auj. *îles de l'Archipel*, qui forment cinq diocèses (hypodioicesis) du roy. de Grèce.

CYDONIA [Plin.], Κυδωνία [Herod., Polyb., Strab., etc.], Κυδωνίς [Ptol.], Κύδωνες [Hom.], CYDON [Plin.], ville de la côte N.-O. de l'île de Crète, auj. *Khania, Canea, la Canée*, capit. et évêché de l'île de Candie.

Quand l'île de Candie fut cédée par la Turquie à Méhémet Ali, pacha d'Égypte, en 1830, ce prince se hâta d'introduire l'imprimerie dans sa nouvelle province, et établit un journal en turc et en grec, qui s'imprimait à la Canée, et dont le premier n° date de 1831 ; ce journal s'appelait : Ἐφημερὶς τῆς Κρήτης.

CYDONIA, Κυδωνία, *Cydonie*, ville récente de l'Asie Mineure, située sur le continent au bord de la mer, en face des îles Mosconnisi (Hecatonnesis). C'est sur une de ces îles que l'anc. ville de Κυδωνία est située.

En 1816 M. Ambr. Firmin Didot y séjourna dans le célèbre collége de Cydonie. Il en ramena un jeune Grec, Constantin Tompras, qui resta deux ans à Paris, pour être instruit par M. Didot des procédés de la gravure, de la fonte des caractères et de l'imprimerie. Tompras imprima lui-même chez Didot le livre in-8 sur l'Éducation : Ἐπιστολὴ πρὸς Ἐμμανουὴλ Σαλτέλη...τυπωθεῖσα παρὰ Κωνσταντίνου Τόμπρα Κυδωνιέως..... Παρισίοις, ἐν ἔτει 1818, ἐν ἑλληνικῇ τυπογραφίᾳ τοῦ Κ. Ἀμβροσίου Διδότου.

En 1819 il retourna à Cydonie pour y établir, aux frais de la Démogérontie de Cydonie, une imprimerie d'où sortirent des livres d'une exécution remarquable ; mais elle eut le sort de celle d'Athènes, et fut anéantie en 1827 par les Turcs, ainsi que la ville et son célèbre collége.

La première impression faite par Tompras fut une ode pour célébrer l'installation de l'imprimerie ; on y lit cette strophe :

Πρέπει κἀγὼ
Ἀξίως νὰ τιμήσω,
Μὲ δάφνας νὰ στολίσω
Ἀμβρόσιον ἐκεῖνον
Φιλέλληνα Φιρμῖνον.
Τοῦτο πολλὰ ποθῶ.
. . . .

L'auteur de cette ode était un ami et camarade de M. Didot au collége de Cydonie, et il l'a signée ainsi : Δημήτριος Μιλτιάδης ὁ σὸς φίλος Κυδωνιεύς.

L'un des premiers livres imprimés par Tompras est une traduction des *Conseils à ma fille*, par

Bouillé, Συμβουλαὶ πρὸς τὴν θυγατέρα μου, in-8, 1820 ; le traducteur fut Mlle Evanthie, sœur du célèbre professeur de Cydonie, le docte et vertueux Kaïris.

Tompras, échappé au massacre des Turcs, se réfugia à Nauplie, où, mettant à profit ses connaissances des diverses parties de l'imprimerie, il grava des caractères, les fondit, puis, s'associant avec Joannidès, imprima quelques ouvrages. M. Didot le retrouva à Nauplie en 1838, et en rapporta un livre intéressant imprimé par Tompras. Tompras envoya ensuite une partie de son imprimerie à Patras. [F. Didot.]

CYGNEA, *Schwaan*, pet. ville du Mecklenburg, près de Rostock.

CYGNEA [Cell., Luen.], CYNAVIA, ZWICCAVIA, *Zwickau*, ville du roy. de Saxe, sur la Mulde, ch.-lieu d'un district formé de l'anc. Voigtland.

Le premier livre imprimé dans cette ville, que cite Panzer, n'est daté que de 1529; mais Falkenstein et le Dr Cotton font remonter l'imprimerie à l'année 1523, et le dernier dit que la Bodléienne renferme plusieurs traités allemands, relatifs à la Réforme, imprimés à Zwickau, « *Some of the earliest of which bear date* 1523. » De ces traités nous n'en pouvons citer qu'un : *Ein Sermon von der evangelischen lehre*; Zwickau, durch Jorg Gastel, 1523, in-4 (Bibl. Feverlin).

Le livre cité par Panzer à la date de 1529 est intit.: *Bene loquendi scribendique institutio, Leonardo Kulmanno collectore*. Cygneæ, in ædibus Gabr. Kantz, M. D. XXIX, in-8.

À la fin du XVIe siècle, le principal imprimeur de Zwickau s'appelait Samuel Ebellus.

CYLLENE [Liv., Ovid.], Κυλλήνη [Hom., Strab.], ville de l'Elide, auj. *Kiarenza*, bourg du dioc. de l'Élide, en Morée.

CYME, voy. CUMÆ.

CYNÆTHA [Plin.], Κύναιθα [Paus., Strab.], ville du N. de l'Arcadie, auj. *Kalavryta*, en Morée, ou plutôt *Kynéthe*, ch.-lieu du dioc. de ce nom, en Grèce.

CYNOS [Mela, Plin.], Κυνός [Strab., Ptol.], ville des Locri Opuntii, dans la Locride, auj., suiv. Kruse, *Livanitis*, ville de Grèce.

CYNOS CEPHALÆ [Liv., Flor.], Κυνὸς Κεφαλαί [Strab., Plut.], colline de la Phthiotide, en Thessalie, où les Macédoniens furent détruits par Q. Flaminius ; auj. on y voit le bourg de *Karadagh* au N.-E. de *Scotussa*, dans la Thessalie ottomane.

CYNTIANUM, *Genzano*, bourg de la campagne de Rome, près Velletri.

CYNURIA, Κυνουρία [Thuc., Strab.], district méridional de l'Argolide ; est auj. compris dans le dioc. de ce nom.

CYPARISSIA [Plin., Liv.], Κυπαρισσία [Hom., Strab.], Κυπάρισσος [Ptol.], ville de la Messénie, dont les ruines existent à *Arkhadia*, suiv. Pouqueville et Boblaye.

CYPARISSIUM PROM., cap de la Messénie,

auj. *Capo Apidaglia*, sur la côte O. de Morée.

CYPARISSUS, Κυπάρισσος [Hom., Strab.], ville de la Phocide, près de Delphes, auj. *Castel Rampano*, dans le dioc. de Phocide, sur le *golfe de Ronchio*, anc. CYPARISSUS SINUS.

YPRESSATA [Itin. Anton.], dans la Gaule Narbonn., auj. *Port de la Traille*, entre Orange et Avignon (suiv. Papon, *Hist. de Provence*). ·

CYPRUS INS., Κύπρος, CYPRIA TELLUS, grande île de la Méditerranée, à l'E. de la Crète, sur la côte de la Cilicie, auj. *Chypre, Kebris, Kibris* (en turc), *Cipro* (en italien), *Cypern* (en all.), sur la côte du pach. d'Adana, à la Turquie.

CYPSELA [Liv. , Mela], Κύψελα [Strab. , Ptol.], GIPSILA [Itin. Hier.], ville de l'intérieur de la Thrace, auj. *Ipsala, Chapsylar*, près Keschan, dans le pach. d'Andrinople.

CYRISCUM, voy. CIRICIUM.

CYRNUS, voy. CORSICA.

CYRTA, fleuve de la Gaule Narbonn., qui serait l'*Hérault*, suiv. Valois. (Voy. ARAURIS.)

CYTÆUM [Plin.], Κύταιον [Ptol.], ville sur la côte N. de l'île de Crète, auj. *Sethia, Settia*, chât. près d'Armyro (Candie).

CYTHERA INS., Κύθηρα [Hom., Strab., etc.], Κυθηραία νῆσος [Xénoph.], Κυθήρια, île de la côte S.-O. de la Laconie, dans la Méditerranée, auj. *Cerigo, Tsérigo*, la plus méridionale des îles Ioniennes.

CYTHERIUM, dans la Lucanie, auj. *Cirisano*, bourg de la Calabre citér.

CYTHNUS [Tac., Plin.], Κύθνος [Herod., Str.], DRIOPIS, OPHIUSA [Steph. B.], île de la mer Ægée, l'une des Cyclades, auj. *Thermia*, au S. de Zea, dans l'Archipel.

CYZA, voy. CITIUM.

CZASLAVIA, *Czaslau*, ville de Bohême, chef-lieu du cercle du même nom, CZASLA-VIENSIS CIRCULUS.

CZEBRINUM, *Czebrin*, sur le Tasmin, ville de la basse Volhynie.

CZENSTOCHOVIA, *Czenstochau*, pet. ville de la république de Cracovie, sur les confins de la Silésie.

A une très-petite distance de cette ville était un couvent de l'ordre de S. Paul, ermite, appelé CLARUS MONS CZENSTOCHOVIENSIS, dans lequel l'imprimerie existì au XVIIe siècle; le plus ancien livre que nous connaissions est intitulé : *Barthol. Sotarevii ord. S. Pauli primi eremitæ presbyteri Byssus et purpura, seu vita et martyrium Stanislai episc. Cracoviensis.* In monte Czenstochoviensi, 1693 , in-4. *Augustini Kordecki Nova Gigantomachia contra imaginem Deiparæ Virginis in monte Czenstoch. per Suecos et alios hæreticos excitata.* 1694, in-8. L'imprimerie exista pendant un laps de temps assez considérable, car nous trouvons au Ier catal. Rich. Heber, nᵒ 6436 : *Ladislai Simandi Corvi Albi eremitici nova musa inconcinnata.* Typis Clari-Montis Czestochoviensis, 1712, in-4.

CZEPREGINUM, voy. TSEPREGINUM.

CZERDINUM, *Tscherdin*, ville de Russie (gouvern. de Perm).

CZERNICHOVIA, *Tschernigow*, ville et district de Russie, dans le gouv. de Smolensk.

CZERSCHIA, voy. CIRICIUM.

CZYRCASSIUM, *Czyrkassi*, sur le Dnieper, ville de Russie, dans le gouv. de Volhynie.

DABRONA, Δαβρώνα [Ptol.], fleuve d'Irlande, *the Lee*.

DACHANUM, *Dachau*, bourg de Bavière, sur l'Amber (Isarkreis).

DACHSBURGUM, *Dagsperg*, bourg et château d'Alsace ; anc. comté (Bas-Rhin).

DACHSTENIUM, *Dachstams*, bourg d'Alsace (Bas-Rhin).

DACIA [Tac. Agr., Flor., Jornand.), ἡ Δακία [Ptol.], vaste contrée de l'Europe entre le Danaster et le Danubius, habitée par les Daci [Tac., Cæs.], Δάκοι [Ptol.], Δακοί [Strab.], etparles GETÆ ; forme auj. la province russe de *Bessarabie*, les prov. ottomanes de *Moldavie* et de *Valachie*, la *Transylvanie* à l'Autriche, et la partie N.-E. de la *Hongrie*.

DACIA AURELIANI, la *Dacie aurélienne*, qui forma sous Constantin le *diocèse de Dacie*, divisé en 6 *provinces*.

DACIA TRAJANA, la *Dacie Trajane*, ou *Dacie propre*, au N. du Danube, dont la cap. était *Zarmizegethusa*.

DACTONIUM, Δακτόνιον [Ptol.], ville de l'Espagne Tarrac., auj. *Montforte de Lemos*, en Galice [Bisch. et Möll.].

DÆDALIUM [Itin. Anton.], Δαιδάλιον [Diod. S.], localité de Sicile, au pied de l'Ecnomos, auj. *Castelli di Palma*, sur la côte S. de l'île.

DAGLANIUM, *Dagland*, bourg du Périgord, près Sarlat (Dordogne).

DAGMINIACURÆ, *Damigny*, bourg de Normandie (Orne).

DAGOBERTI SAXUM, DAGSTENIUM, *Dagstein*, bourg d'Alsace (Bas-Rhin).

DAIRAGUM, *Dairago*, bourg du Milanais, sur l'Olana.

DALECARLIA, DALIA, la *Dalécarlie*, (en all.) *Dalekarlien, Delarne*, (en suéd.) *Thaland*, prov. de Norvége, comprise auj. dans la préf. de Stora-Kopparberg.

DALECARLIUS FL., *Dal-Elf*, fl. de Norvége, affl. du golfe de Bothnie.

DALHEMIUM, *Dalheim*, commune de Lorraine (Moselle).

DALKETHUM, *Dalkeith*, bourg d'Écosse (Mid-Lothian).

DALMANNIO, *Aumignon*, riv. de Fr., affl. de la Somme.

DALMATIA [Tac., Plin.], Δαλματία [Strab., Ptol.], ἡ Δαλματική [Procop.], DELMATIA [Vell. P.], la *Dalmatie, Dalmatien*, prov. de l'empire d'Autriche, divisée en quatre cercles.

DALMERIACUM, *Daumeray*, comm. de l'Anjou (Maine-et-Loire).

DALMINIUM, Δαλμίνιον [Strab.], Δελμίνιον [Ptol.], Δάλμιον [Steph.], DELMATARUM URBS [Aurel. Vict.], ville de la Dalmatie, auj. *Delmino*, ville de Turquie (prov. de Bosnie).

Nous croyons que cette ville s'appela aux xve et xvie siècles *Dalmanzago* ou *Dalmazagho* ; à ce nom nous trouvons trace d'imprimerie au commencement du XVIIᵉ siècle : *Ragioni della republica Veneziana contro Uscocchi.* Stampato in Dalmanzago, per Antonio Boron, 1617, in-4, de 20 p. (Cat. Floncel, II, n° 6565, et Valentinelli, n° 1139).

DAMASIA [Strab.], ville des Licatii, dans la Vindélicie, suiv. Cluv. ; auj. *Diessen,* bourg de Bavière (Isarkreis).

DAMMA, DAMMUM, *Damme,* bourg de Belgique (Flandre occid.).

DAMMARTINUM, DAMNUM MARTINUM, DOMINIUM MARTINI, DOMNO MARTINI, *Dant Martin en Govelle* (au XIIIᵉ s.), *Dammartin,* ville de Fr. (Seine-et-Marne) ; ancien comté.

DAMMONA, DAMUM, *Dam, Apingadam,* bourg de Hollande (prov. de Groningue).

DAMNII, Δάμνιοι [Ptol.], peuple du N.-O. de la Britannia Romana ; occupait le comté de Lanark, en Écosse.

DAMNONII, Δαμνόνιοι [Ptol.], DUMNONII [Itin. Anton.], peuple du S.-O. de la Britannia Romana ; occupait une partie du comté de Cornwall.

DAMNONIUM PROM., OCRINUM, Δαμνόνιον τὸ καὶ Ὄκρινον ἄκρον [Ptol.], promontoire de la Britannia Rom., sur la côte S.-O., auj. *cap Lizard, cap Dead man,* à l'extrémité de la Cornouaille.

DAMOVILLA, DAMVILLA, *Damville,* sur l'Iton, bourg de Fr. (Eure); anc. duché.

DAMPETRA, *Dampierre,* village et chât. (Seine-et-Oise).

Château des ducs de Luynes ; Mᵐᵉ la duchesse de Montmorency-Laval établit une petite imprimerie particulière dans cette belle résidence à la fin du siècle dernier ; les produits, tirés à très-petit nombre, de ces presses princières sont tout aussi recherchés que ceux de l'imprimerie du prince de Ligne, à Belœil ; nous citerons seulement : *the Life and most surprising adventures of Robinson Crusoë...* (par Dan. de Foë, avec la traduction française interlinéaire). — Imprimé à Dampierre, par G. E. J. M. A. L. (Mᵐᵉ de Montmorency-Laval, née Albert de Luynes), 1797, 2 vol. gr. in-8, tirés, dit-on, à 24 exemplaires. *Lettres de Mᵐᵉ Suard à son mari.* Dampierre, 1802, in-4. (Vend. 100 fr. 50 c. Aimé-Martin.)

DAMPETRA, DONNA PETRA, *Dampierre;* plusieurs localités de ce nom en France. = *Dampierre,* village et chât. de la Haute-Marne ; anc. marquisat. = *Dampierre-sur-Salon,* bourg de la Haute-Saône, etc.

DAMPOLIS, Διάμπολις [Ann. Comn.], Διόπολις [Hiérocl.], ville de Thrace, auj. *Iamboli,* dans le pach. d'Andrinople.

DAMPVILLERIUM, DAMVILLERIUM, *Damvillers, Damvilliers,* bourg de Fr. (Meuse).

DAMUM, voy. DAMMONA.

DANAI, voy. GRÆCI.

DANAPRIS, voy. BORYSTHENES.

DANASTRIS FL. [Ammian.], DANASTER [Jornand.], TYRAS [Mela], TYRA [Plin.], ὁ Τύρας [Ptol.], Τύρης [Hérod.], Τύρις [Steph., Suid.], fl. de la Sarmatie europ., auj. le *Dniester, Dniestr,* fl. d'Europe, des Karpathes à la mer Noire.

DANCIACUM, *Dancei,* commune du Perche (Orne).

DANDACA, Δανδάκη [Ptol.], localité de la Chersonèse Taurique, auj. *Eski-Foros,* en Crimée.

DANGELLUM, DANJOLIUM, *Dangeau,* bourg de Fr. (Orne).

DANGEUM, *Ecclesia B. Pauli et Petri de Dangeo, Dangé,* commune de Fr., sur la rive droite de la Vienne (Vienne).

DANGILONIUM, *Dangilon,* bourg de France (Cher).

DANHUSIUM, *Dannhausen,* bourg du Wurtemberg.

DANI [Ann. Eginh., Prudent., Hincmar Rem.], DANIGENÆ [Ann. Ruodolf. Fuld.], les *Danois, Dänen.*

DANIA [Cluv., Cell.], DŒNEN, DŒNA, DŒNISKE, le *royaume de Danemark (Danmark).*

DANICUM, SUNDICUM FRETUM, ORESUNDICUM FRETUM, le *Sund, Oresund,* entre l'île de Seeland et la Suède.

DANNEBERGA [Cluv.], *Danneberg,* ch.-lieu du cercle du même nom, dans le Hanovre.

DANORUM VALLUM, DANORUM OPUS, *Danewerk,* fortifications danoises, aux frontières du Schleswig.

DANTISCUM [Cluv., Fabri., Cell.], GEDANUM [Fabric.], *Danzig, Dantzick,* ville de Prusse, ch.-lieu de la rég. du même nom, l'une des villes les plus importantes de la ligue Hanséatique.

Sur les livres polonais cette ville est appelée *Gdansku;* Falkenstein ne porte l'imprimerie à Danzig qu'à 1595, Ternaux à 1582; nous pouvons la faire remonter jusqu'à l'année 1578, mais M. Cotton, dans son *Supplément,* nous donne la date de 1540, sans présenter aucun titre à l'appui de son assertion : de 1565 à 1582, le seul nom de typographe que l'on puisse relever est celui de Jacobus Rhodus. Voici le titre du volume que nous donne le *Catal. des foires de Francfort* de 1592, et qui est compris parmi les *Libri Musici : Valentini Schrechii hexasticorum et Hymnorum, præcipuas lectionum euangelicarum in ecclesia usitatarum doctrinas et vsum complectentium, libri tres. Cū annotatis in fine duobus supra vigenti carminum generibus.* Dantisci, 1578, in-8.

« Un ouvrage de Daniel Herman, dit M. Cotton, sur la défaite des Russes par les Polonais, daté de

1582, offre une beauté d'exécution très-remarquable ; l'exempl. de ce volume que renferme la Bodléienne contient une dédicace ms. à la reine Elisabeth, qui fait présumer que c'est l'exempl. présenté par l'auteur lui-même à la reine. »

DANUBII INSULA, voy. DONAVERDA.

DANUBIUS [Cæs., Mela, Tac., Plin.], ὁ Δα-νούβιος [Strab., Ptol., etc.], ISTER [Horat. Cic., Plin.], ὁ Ἴστρος [Strab., Ptol.], (Oriens prope Rauracos montes), le Danube, Donau, le plus grand fleuve de l'Europe centrale ; se perd dans la mer Noire après un cours de 2770 kilom.

DANUM [Itin. Anton.], DUNI CASTRUM, DON-CASTRIA, Duncaster, Doncaster, ville d'Angleterre, sur le Don (Yorkshire).

Cette ville jouit des avantages de l'imprimerie depuis l'année 1724, au dire de M. Cotton, qui à nos yeux est une autorité respectable pour l'histoire de l'anc. typographie anglaise. Nous regrettons que bien souvent, à l'exemple de Falkenstein, ce bibliographe ne cite brièvement qu'une date, sans entrer dans les détails relatifs aux débuts des premiers imprimeurs des villes qu'il signale.

DANUS, INDUS, IDANUS, l'Ain, riv. de Fr., affl. du Rhône.

DAOULASIUM, Daoulas, bourg et anc. abb. d'Augustins, en Bretagne (Finistère).

DAPHABÆ [Itin. Hier.], ville de la Thrace, auj. Hapsa, Hafsa, dans le pach. d'Andrinople.

DARANTASIA, voy. CENTRONUM CIVITAS.

DARDANELLARUM FRETUM, voy. HELLES-PONTUM.

DARDANIA [Ovid., Plin.], ἡ Δαρδανική [Str.], prov. de la Mœsie supérieure, auj. Skopia ou Urkub, district de la Servie.

DARDANIA, ville de la Tarrac., auj. Orduña, bourg de la Biscaye (Espagne).

DARDANIA, voy. SAMOTHRACE.

DARDANIS, DARDANIUM PROM., Capo Barbieri, Burun, sur le détroit des Dardanelles.

DARDANUS, montagne de la Tarrac., auj. Penna di Orduña, en Biscaye.

DARINI, Δαρίνοι, Δάρνιοι, peuple de l'Hibernia, sur la côte orient.; occupait une partie du comté d'Antrim, avec DARI-NUM, Estanfort, comme ville principale.

DARIORIGUM, Δαριόριγον [Ptol.], DARTORITUM [Tab. Peut.], VENETIA [Cæs.], CIVITAS VENETORUM [Not. Lugdun.], CIVITAS VE-NETICA [Greg. Tur.], ville des Veneti, sur la côte S. de la Britannia Minor, auj. Vannes, ch.-lieu du dép. du Morbihan (France) ; M. de Caylus soutient qu'il faut voir dans DARIORIGUM, le bourg de Lokmariaker, près Aurai (Morbihan).

Imprimerie en 1672, suiv. Ternaux, qui cite : Le Triomphe de l'amour divin dans la vie de la bonne Armelle Nicolas, pauvre villageoise, écrite par une religieuse Ursuline de Vannes ; en 1678, suiv. Falkenstein et M. Cotton, qui ne citent rien, mais ont, sans aucun doute, voulu désigner : La Retraite de Vannes, ou la façon dont la retraite des hommes se fait dans Vannes, sous la conduite des RR. PP. Jésuites. Vennes, J. Galles, 1678, in-12.

Nous connaissons un assez grand nombre d'ouvrages exécutés antérieurement dans la vieille cité armoricaine : si un renseignement fourni par le Catal. Colbert (n° 8696), appuyé par le Catal. Baluze (n° 4231), corroboré par le Catal. Secousse (n°ˢ 3366 et 3454), enfin confirmé par le P. Le Long (II, n° 27216), réunit des garanties suffisantes d'exactitude, c'est à l'année 1597 qu'il nous faut reporter l'introduction de l'imprimerie à Vannes : Observations sur diverses choses remarquables sur l'État, couronne, peuple de France, tant ancien que moderne, recueillies de divers auteurs, par Regnault d'Orléans, sieur de Lincé, conseiller au présidial de Vennes. — Vennes, Bourrelier, 1597, in-4. Le nom de ce Regnault d'Orléans, non plus que le titre de son livre, ne sont mentionnés par M. Miorcec de Kerdanet, dans son curieux travail biographique et bibliographique sur la Bretagne ancienne et moderne, publié à Brest en 1818, in-8.

Nous croirions volontiers que ce Bourrelier, qui imprima le livre de Regnault d'Orléans, n'était qu'un de ces ouvriers à matériel roulant, qui allaient de ville en ville colporter leur industrie, sans nulle part laisser de traces d'un établissement permanent, comme on en vit si longtemps dans l'Europe entière, car il nous faut sauter à l'année 1657, pour trouver un nouveau nom d'imprimeur à Vannes; mais à partir de cette date la succession des noms de typographes est régulière. La gloire de Ste Anne, ou l'origine et progrès admirable de la célèbre dévotion de la Chapelle miraculeuse, près Aurai (par le P. Fr. de Hernatoux, jésuite, né à Ploubannec, en Léon). Vannes, par V. Doriou, 1657, in-12. Ce rare petit volume est réimprimé en 1659, en 1664, par Jean-Nic. Galles, enfin en 1682, par la veuve de cet imprimeur.

L'arrêt du conseil en date du 21 juillet 1704 autorise deux imprimeurs à exercer dans la ville de Vannes ; ce nombre est réduit par l'arrêt du 31 mars 1739, qui n'en reconnait plus qu'un·seul ; enfin le nouvel arrêt du 12 mai 1759, qui réglemente la typographie de la province de Bretagne, réduit aux seules villes de Rennes, Quimper, St-Brieuc et Brest, la licence de posséder des imprimeries. Il est vrai que cet arrêt sévère fut mis à exécution avec une excessive indulgence, car dans presque toutes les villes l'imprimerie continua à fonctionner, presque partout sous l'influence directe du clergé, et à Vannes le rapport fait à M. de Sartines en 1764 dit :
VILLE DE VANNES. — Imprimeurs :

Nicolas Galles, âgé d'environ 57 ans, reçu par arrêt du conseil du 23 mars 1719, en la place du Sʳ Christophe Galles son père, sous la régie du Sʳ Vincent Galles, son oncle, jusqu'à ce qu'il eût l'âge requis (20 ans accomplis). Le défunt Jean-Nicolas Galles, frère cadet dudit Sʳ Nicolas ci-dessus, fut reçu par brevet de S. M. du 20 avril 1758, et est décédé depuis environ 18 mois. Sa veuve Jacquette-Françoise Bertain, âgée d'environ 34 ans, continue de tenir imprimerie en vertu dudit brevet ; elle est associée avec son beau-frère Nicolas, en sorte qu'ils ne représentent qu'un seul imprimeur.

DARLITONIA, DARLINTONIUM, Darlington, ville d'Angleterre, sur la Skerne (Ourhamshire).

Martin (Catal. of books privately printed, p. 317 et suiv.) nous signale l'existence d'une imprimerie particulière existant dans cette ville de 1768 à 1800. « George Allan; Esq. an attorney, resident at Darlington, commenced his typographical labours *about the year* 1768 ; *he died the* 18*th of may* 1800. » Cette imprimerie est plus communément citée sous le nom de *the Grange Press*, parce qu'elle fonctionnait à la résidence seigneuriale de George Allan, appelée *Blackwell Grange ;* mais un grand nombre des pièces qui en sont sorties portent : *Darlington.* Le nombre des productions typographiques de ces presses privées est extrêmement considérable, et Martin en donne le catalogue exact et détaillé, qui ne comporte pas moins de 30 pp. Les imprimeurs employés par le *Landlord* sont Messrs. Darnton et George Smith ; le premier ouvrage sorti de ces nobles presses est intit. : *Darlington School documents, containing the Charter granted by Queen Elizabeth for founding the Free grammar School at Darlington*, 1567, pp. 7. *Statutes, ordinances, and decrees, made by the Governors*, 1748, pp. 8, etc., in-4°, avec une vignette représentant l'école.

L'ouvrage capital de l'imprimerie de Blackwell Grange est celui-ci : *Collection relating (to) Sherburn Hospital, in the County Palatine of Durham: shewing the foundation thereof, by Hugh Pudsey, Bishop of Durham, about the year* 1181, etc. Printed in the year 1771, in-4, 129 pp., y compris le titre, sans pagination, avec trois planches gravées.

DARMSTADIUM [Cell.], *Darmstadt*, ville d'Allemagne, cap. du gr.-duché de Hesse-Darmstadt.

C'est à l'année 1605 que les divers catal. des Foires de Francfort nous permettent de faire remonter l'imprimerie dans cette ville. Henry Leuchter de Darmstadt, prédicateur et théologien protestant, qui avait été obligé de faire imprimer à Francfort, par Joh. Hartmann, en 1602, un recueil de 25 sermons, décida un typographe du nom de Balthasar Hofmann à venir s'établir à Darmstadt à la fin de 1604 ou au commencement de 1605, et, depuis lors jusqu'en 1620, lui fit exécuter un très-grand nombre d'ouvrages, parmi lesquels nous en choisirons deux ou trois : *D. Henrici Leuchters Christliche Predigt, von dem erschröcklichen* CHASMATE, *welches den* 7 *Novemb. an.* 1605, *oben am Himmel geschen worden.* Darmstadt, bei Hofman, in-4. — *D. Henrich Leuchters Trostbrieff an alle der reinen Augspurgischen Confession zugethane in Ober Fürstent thumb Hessen abgeseizte theologen.* Darmstadt, Balthasar Hofman, 1606, in-4.

Voici encore, d'après Vogt, et à cause de sa rareté, un volume postérieur : *Henr. Levchteri. D. Hof. Pred. zu Darmstadt, antiqua Hessorum fides Christiana et vera, das ist, Historiches Bericht vom alten und wahren Christlichen Glauben oder Religion der Hessen.* Darmstadt, durch Balth. Hofmann, 1607, in-4, de 324 pp.

Réimpr. par le même Hofmann en 1620, sous un titre un peu différent ; les deux éditions sont également rares et précieuses, dit Henr. Chrest. Senckenberg (*in præfat. tomi III Selectorum juris et hist.* p. 81).

L'illustre de Thou possédait dans sa splendide bibliothèque un livre imprimé à Darmstadt en 1610 ; cet exempl. passa dans la collection du grand accapareur, Richard Heber; il est aujourd'hui au British Museum : *N. Frischlini operum poëticorum paralipomena, et VIII satyræ adv. Iac. Rabum, ex recens. Val. Clessil.* Darmstadii, B. Hoffmann, 1610, in-8.

Falkenstein ne faisait remonter l'imprimerie dans cette ville qu'à l'année 1611.

DARNASIA [Luen.], DIESENHOFIA, *Diessenhofen,* bourg de Suisse, sur le Rhin (cant. de Thurgovie).

DAROCINIUM, *Draas*, bourg de Transylvanie.

DARTORITUM, voy. DARIORIGUM.

DARVENTUS, DERVENTUS, *Derwent*, riv. d'Angleterre (comté de Derby).

DARVERNUM, voy. CANTUARIA.

DASCON, Δάσκων [Thucyd., Diod.], port de la côte orient. de Sicile, au S. de Syracuse, dont on voit les ruines auprès de la *Punta di Gigante* [Forbiger].

DASENA , *Tetschen*, ville et cercle de Bohême [Graësse].

DATII, Δάτιοι [Ptol.], peuple de la Gaule Aquitaine; occupait le pays situé entre le Tarn et la Garonne.

DATIRA, DELA, *Delle, Dattenried,* bourg de Fr. (Haut-Rhin).

DATUM [Plin.], Δάτον [Strab.], ville du S. de la Thrace, auj. CAVALLA, pet. port dans le pach. d'Andrinople.

DAULIS [Liv., Plin., Ovid.], Δαυλίς [Hom., Thuc.], ville de Phocide, au N.-O. de Chæronée, dont les ruines se voient encore auprès du bourg de *Dhavlia*, dans le dioc. de Phocide.

DAUNIA, Δαυνία [Polyb., Strab.], APULIA DAUNIA [Fest.], APULIA DAUNIORUM [Plin.], partie de l'Apulie ; forme auj. la province napol. de la *Terra di Bari*, avec partie de la Capitanate.

DAUTONIA [Itin. Anton.], localité de la Pannonie, auj., suivant Reichard, Zethan, en Hongrie.

DAVENTRIA [Luen., Bert.], DEVONTURUM [Zeiler], *Deventer*, ville de Hollande (*Over-Yssel*), patrie de Gronovius.

C'est à l'année 1477 que l'on peut faire remonter l'imprimerie à Deventer ; et l'illustre introducteur de cet art est un Allemand de Cologne, sans doute un élève d'Ulrich Zell ou de Ther Hoernen, qui fut appelé, croyons-nous, en Hollande, par les Bénédictins de Deventer ; il s'appelait Richard l'affroet, et soit à cause du nombre, soit à cause de la bonne exécution de ses impressions, on peut hardiment le considérer comme le premier imprimeur de la Hollande au XVe siècle ; sans doute on lui fera un reproche du luxe de signes abréviatifs qu'il se permet, mais les premiers imprimeurs des Pays-Bas, à l'exception de Colard Mansion, sont presque tous tombés dans cet excès. L'atelier typographique de Richard Paffroet était établi à Deventer sur la place de l'évêché.

Voici le titre exact du premier livre avec date qui soit souscrit par lui, d'après Hain et d'après l'exempl. de la Biblioth. de la Haye, décrit avec le plus grand soin par M. Holtrop.

Petri Bertorii Reductorium morale figurarum Bibliorum. Daventriæ, Richardus Paffroet de Colonia, civis Daventriensis, 1477, in-fol. de 468 ff. goth., à 2 col. de 42 l. avec chif., récl. et sign.

Au vo du 467e est imprimée la souscription suivante en lettres rouges : *Explicit Apocalipsis. liber tricesi || musquintus et vltimus reducto || rij moralis figurarum biblie. sup || utrumq; testamentum. a venera || bili domino Petro bertorij pore || sancti eligij parisiensis ordinis sã || cti benedicti sub || de pictauie partib' || oriundo. auinione factus. dauě || trie diligenti correctione emenda || tus pũctuatus et tabulatus atz ||impressus Anno ĩcarnatõnis dñi ||*

Millesimo quadrīgentesimo sep‖tuagesimo septimo per Richardū‖paffroet de Colonia. cïuem dauē‖ triēsez. pro ornatu munitione et ‖ edificatione vnīuersalis eccīe. et‖sponsi eiusdem honore. dīi nīi‖ thesu xp̄i qui est benedictus in se‖ cula. AMEN.

Le f. 468ᵉ est blanc.

C'est *Petrus Berchorius* qu'il faut lire, et non pas *Bertorius*, puisque le nom français du savant Bénédictin, prieur de St. Eloy, s'écrit *Bercheure* ou *Berchoire*, et que ce nom célèbre est celui du traducteur officiel de la cour des rois de France Jean II et Charles V. On trouve également le nom de l'imprimeur écrit de plusieurs manières : *Paffroet* et *Paffroed*, et même *Pafraet*.

Le second imprimeur de Deventer est Jacques de Bréda ; il débute vers l'année 1486. Enfin les dernières années du xvᵉ siècle voient un troisième imprimeur à Deventer : il se nomme Théodore de Borne.

Comme presque toutes les villes des Pays-Bas, Deventer avait sa légende bibliographique ; on fait remonter la typographie, à l'aide de titres ou d'années supposées, à une antiquité reculée ; ainsi un *Prudentius Aurelius* de 1472, plusieurs traités de Cicéron de 1475, etc., sur l'existence desquels on avait échafaudé tout un système, n'ont jamais été imprimés que dans l'imagination trop enthousiaste de quelques bibliographes nationaux; et le judicieux Panzer a fait bonne justice de toutes ces rêveries ; mais lui-même a adopté tout d'abord la date de 1475 pour le livre de P. Bercheure, et cette édition n'existe point; Panzer lui-même en convient un peu plus loin : « *Nam et editio anni 1475, quam ex Maittairio excitavimus, adsit valde dubito.* » (Tom. IV, p. 286.)

DAVIANUM [It. Hier.], localité de la Gaule Narbonn., auj. *Veynes*, bourg du Dauphiné (Hautes-Alpes).

DAVIUM SACELLUM, *Falkirk*, ville d'Écosse, dans le comté de Stirling.

Un recueil de Ballades, intitulé *Robin Hood's Garland*, fut réimprimé dans cette ville en 1779, nous dit M. Cotton, dans son *Supplément*; nous trouvons au Catal. de S. Walter Scott (p. 73) : *Barry's (Margaret) Sweet experiences and Godly exercises.* Falkirk, 1778, in-12. Patrick Mair y souscrivit différents volumes en 1782 et 1787. Nous citerons encore : *D. Macnab's description of the Island and Kingdom of Sicily*, etc. Falkirk, 1784, in-8.

DEA VOCONTIORUM [Itin. Anton., Itin. Hier.], **DEA** [Cluv.], **DEIA, AUGUSTADIA,** Δία περὶ ταῖς Ἄλπεσιν [Steph.], **GERGOVIA VOCONTIORUM** (?), *Die*, ville de Fr. (Drôme).

L'imprimerie paraît dater en cette ville de 1613 : *Epigrammatum Joannis Owen... libri tres... editio ultima, prioribus emendatior.* Deiæ augustæ Vocontiorum, ex officina Johannis Rodolphi Fabri philosophiæ professoris, sumptibus ejusdem, 1613, in-8, en deux parties, dont la première de 71 ff. non chiff., sign. A-Kiij, contient les trois livres ci-dessus énoncés ; la seconde porte un titre particulier : *Epigrammatum Joan. Owen... liber singularis, edit. ultima,* 36 ff. non chiff., sig. A.-Eiij. Quelques exemplaires portent la date de 1614 ; celui de la *Biblioth. Grenvilliana* est du nombre.

Articles de la Paix conclue à Nismes le VII novembre M. D. LXXVIII, arrestez entre les députez du Roy de Navarre et ceux de la Religion Réformée du comté de Venisse et archevêché d'Avignon. — Die, de l'imprimerie de I. R. le Feure, 1613, in-4.

Résolution des doutes, ou sommaire décision des controverses entre l'Église réformée et l'Église romaine, par Fr. Monginot. Traicté contenant les causes et raisons qui ont meu ledit Fr. Monginot, à sortir de l'Eglise romaine... Die, 1617, in-8 (à l'Arsenal).

L'imprimerie n'a sans doute été exercée que pendant le xviiᵉ siècle dans la ville de Die, car les arrêts du conseil de 1704 et de 1739 ne mentionnent même pas son nom.

On trouve sur certains livres GERGOVIA VOCONTIORUM, qui doit désigner cette même localité : *Lud. Carterii expostulatio de P. M. Xantes Mariales, autore bibliothecæ interpretum ad summam sancti Thomæ.* Gergoviæ Vocontiorum, Chapin, in-8. (Cat. de la Cour de cassation).

En 1672, l'imprimeur de Die s'appelait Figuel. (Le Long, I, 175.)

DEANUM, *Dean*, ville d'Angleterre (Glocestershire).

DEBRECINUM, DEBRETTINUM, DOCIDAVA (?), Δεκίδαυα [Ptol.], *Debreczin*, ville de Hongrie.

L'imprimerie date dans cette ville de l'année 1562 ; le premier typographe s'appelait Michael Töröc; après lui nous trouvons Raphael Hoffhalter, que nous avons déjà vu à ALBA CAROLINA; cet imprimeur était Polonais ; on l'appelait aussi Skrzetusky; il avait été apprendre son métier dans les Pays-Bas, de là était allé s'établir à Zurich, puis à Vienne, où il imprima de 1556 à 1562, pour le compte de la société de Jésus; mais, s'étant retourné du côté des réformés, il fut obligé de quitter Vienne et vint se réfugier à Debreczin, où il resta jusqu'en 1565 ; enfin il alla se fixer à Weissembourg, où il termina, en 1567, une existence étrangement errante et tourmentée (*tandem Albæ Juliæ et vitæ et peregrinationis terminum 1567 invenit* (Németh, p. 74). Dès l'année 1568 nous trouvons des livres exécutés dans cette ville par sa veuve. Son fils Rudolph, que nous avons vu à ALSO-LINDUA, vint s'établir à Debreczin, où nous le trouvons de 1584 à 1587. Depuis ces premiers imprimeurs jusqu'à notre siècle la succession des typographes de Debreczin est nettement établie par Németh dans son excellent ouvrage sur l'imprimerie hongroise.

Voici le titre du premier livre exécuté dans cette ville : *Confessio Catholica (Helvetica) de præcipuis fidei articulis exhibita Sacratissimo et Catholico Romanorum Imperatori Ferdinando, et filio suæ Majestatis D. Regi Maximiliano, ab universo exercitu equitum et peditum S. R. M., a nobilibus item et incolis totius Vallis Agriæ, in nomine S. Trinitatis...* (cum præfat. Petri Mellii et Georgii Zegledini). Debrecini, 1562, in-4, de 181 ff. Ce livre extrêmement important fut exécuté par Michael Töröc.

DECADARON, voy. CATTARUS.

DECASTADIUM [Itin. Anton.], ville de la côte S.-O. du Bruttium, auj. *Castidio*, suiv. Cellarius, ou bien *Stellia*, bourg de Calabre.

DECELEA, Δεκέλεια [Hérod., Plut.], **DECELIA** [Corn. N.], ville de l'Attique, à cxx stad. d'Athènes, dans le N.-E., sur l'emplacement de laquelle on voit auj. *Biala Castro.* Forbiger dit que les ruines subsistent auprès d'une localité appelée *Tatoy.*

DECEM PAGI [Itin. Anton., Tab. Peut.], ville des Mediomatrici, dans la Gaule Belgique, auj. *Dieuze,* sur la Seille, ville de Fr. (Meurthe).

DECENTIANUM, *Dezenzano*, bourg d'Italie, dans la délég. de Brescia.

DECETIA [Cæs., Itin. Ant.], **DÆGENA** [Tab.

Peut.], localité de la Gaule Lyonn. I, sur la Loire, auj. *Decize*, ville de Fr., dans une île de la Loire (Nièvre).

DECIA, DIETIA, *Dietz*, *Diez*, sur le Lahn, ville du Nassau; anc. château des comtes de Nassau-Diez.

DECIETÆ, Δεχιῆται [Polyb., Strab.], Δεχιάτιοι [Ptol.], DECIATES [Mela, Plin.], peuple de la Narbonn.; habitait le S.-E. du dép. du Var.

DECIATUM [Mela], Δεχιητῶν πόλις [Strab.], OPPIDUM DECEATUM [Sprüner], ville des Deciatæ, entre Antibes et Nice, auj. *Desitze*, suiv. Bisch. et Möller; mais cette localité nous est inconnue.

DECIDAVA, *Dyeva*, *Diemerich*, bourg et chât. de Transylvanie, sur le Marosch.

DECIMA [Chron. Gottwic.], CURTIS REGIA [Charta Dagob.], *Dezen*, sur la Moselle, près Trèves, anc. villa royale.

DECIMUS, *Diémoz*, commune du Dauphiné (Isère), à 10 m. de Vienne. = *Dizimieu*, dans le même dép., à 10 m. de Crémieu.

DECUMA [Plin.], ville de l'Hisp. Bætica, auj. *Palma del Rio*, suiv. Graësse.

DECUMANORUM COLONIA, voy. NARBO MARTIUS.

DECUMATES AGRI [Tac. *Germ.*], districts sur l'emplacement desquels on n'est pas d'accord; les uns y voient le *Brisgau* dans le gr.-duché de Bade, les autres le pays qui s'étend entre la rive droite du Rhin, le nord du Danube et le Neckar.

DEIENSIS PAGUS, DIENSIS, *le Diois*, pet. prov. du Dauphiné; fait partie du dép. actuel de la Drôme.

DEI LUCUS, *Gadebusch*, ville du gr.-duché de Mecklenburg-Schwerin.

DEI MONS, *der Deuschberg*, *Diestalden*, montagne de Suisse (Wallis, Valais).

DEINSA [Baudrand], *Deinse*, sur la Lys, bourg de Belgique (Flandre orient.).

DELBRUGGIA, *Delbrück*, bourg de Prusse (rég. de Minden).

DELEMONTIUM, TELAMONTIUM [Chron. Basil.], *Delsberg*, *Delmont*, pet. ville de Suisse (cant. de Berne).

DELFI [Voss.], DELFUM [Bert.], DELPHI [Cluv., Cell.], DELPHIUM [Guicciard.], *Delft*, ville de Hollande, au N. et sur le canal de Rotterdam (Hollande mérid.).

Dans la cathédrale reposent Guillaume d'Orange le Taciturne, Hug. Grotius et l'amiral Tromp.

Si la date du volume cité par Maittaire et par Ebert était exacte, Delft aurait l'honneur d'être la première ville des Pays-Bas, après Harlem (?), qui eût vu fonctionner dans son enceinte un matériel typographique. Malheureusement tout le monde est à peu près d'accord sur le peu d'autorité du renseignement fourni par ces deux bibliographes, et Maittaire lui-même ne cite ce volume qu'avec de prudentes restrictions: (*J. de Voragine*). *Dat Winterstuc* (*Pars Hyemalis*) *van den Passionael. Latine, Aurea Legenda*. Voleyndet te Delff in Hollant, anno 1472, den vyfften dach in september, in-fol. « Dubitat tamen Visserus ipse, ajoute Maittaire, an non potius annus sit 1482, eo, quod hoc anno pars Æstivalis, *dat somerstuc*, prodierit. » La Bibliothèque universitaire de Leyde possède un exemplaire de ce volume prodigieusement rare.

C'est la première bible en langue flamande, qui inaugure authentiquement le premier établissement typographique de Delft; en voici le titre exact :

Deese ieghenwoerdighe bible mit ho‖ren boecken. ende etc-boeck mit alle‖sijne capitelen. bi ené notabelen mees‖ter wel ouergheset wt den latine in duijtsche ende wel naerstelic gecorri‖geert ende wel ghespeelt : was gemaect‖te delf in hollant mitter hulpen gods‖ende bij ons jacob Jacobs soen eñ mau‖ricius yemants zoen van ‡ iddelbörch‖. 1477, 10 dach der maent Januarius. 2 vol. in-fol., goth., 302 et 340 ff. à deux col., de 38 l., sans ch., récl. ni sign.; à la fin la marque des imprimeurs composée de deux écussons, tirée en rouge. Ce précieux vol. est décrit par M. Holtrop, dans le *Catal. des Incunables de la Bibl. de la Haye*, sous le no 425 ; et par Dibdin (Bibl. Spenzer, I, 68 et suiv.). L'exempl. de M. Borluut de Noortdonck fut vendu 165 fr. au libraire anglais W. Boone.

Ce livre nous donne les noms des deux premiers imprimeurs de Delft, Jacob Jacobssoen et Mauricius Yemantsoen de Middelburg.

Un *Psalterium* (hollandice), imprimé à Delft en 1480, est décrit au tom. VII, p. 180 de la *Spenceriana*; et un très-grand nombre de livres exécutés avec les caractères de Jacob Jacobssoen sont décrits par Panzer et par M. Holtrop.

L'imprimeur de Delft le plus important après ceux que nous venons de citer est Henrick Eckert van Hombergh, qui débute en 1487; puis Christ. Snellaert, qui imprime en même temps et débute même une année plus tôt, en 1486.

Nous citerons encore Henrycus Petrus Lettersnyder (peintre de lettres), qui imprime vers 1504 ou 1505.

DELFZILIA ARX [Strad. *de Bello Belg.*], *Delfzyl*, place forte de Hollande (prov. Groningue).

DELGOVITIA [Itin. Anton.], ville des Brigantes, dans la Britannia Romana, auj. suiv. Camden, *Godmonham*, bourg d'Angleterre.

DELISBOA, *Dillsboo*, bourg de Suède.

DELITIUM, DELILTSCHIA, *Delitzsch*, ville de Prusse, dans la régence de Merseburg.

Imprimerie en 1711, suiv. Falkenstein; la *Bibliotheca Saxon*. de Struvius nous permet de faire remonter un peu plus haut l'introduction de la typographie dans cette ville : *Georg Sigismund Sittigs, Pastoris Lissensis, sonderbare Lissische Blut-Zeichen-Predigt*. Delitzsch, 1703, in-4, et du même G. S. Sittigs, *Besseres und recht Christliches gegen bedencken*. Delitzsch, 1704, in-4.

DELIUM [Cic., Liv.], Δήλιον [Thuc., Strab.], ville de la côte de Béotie, au S.-E.

d'Aulis, auj. *Dhilessi,* dans le dioc. de Voiotia [Leake].

DELLINA, DELBNA, *Dalcke,* bourg près Paderborn.

DELMENHORSTIUM, *Delmenhorst,* ville du gr.-duché d'Oldenburg.

DELMINIUM, voy. DALMINIUM.

DELOS INS. [Plin., Virg., etc.], Δῆλος [Hom., Thuc., Diod., etc.], ASTERIA [Plin.], CYNTHIA [Plin.], île de la mer Ægée, auj. *Silli, Dili,* l'une des Cyclades.

DELOS, cap. de l'île de ce nom, où se trouvait le temple de Latone et d'Apollon, dont on voit encore les ruines.

DELPHI [Liv., Plin., Ovid.], Δελφοί [Hom., Hérod., etc.], Πυθών [Pind., Paus.], PYTHIA, ville de la Phocide, célèbre par son temple d'Apollon, dont les ruines existent auprès de *Kastri,* bourg de Livadie, près du golfe de Lépante.

DELPHICUM TEMPLUM, les *Trois-Maries,* village de Provence (Bouches-du-Rhône).

DELPHINATUS [Cell.], DELFINATUS [Cluv.], *le Dauphiné,* anc. prov. de Fr.; occupait une partie du territoire des Cavares, des Voconces et des Allobroges ; auj. représente les dép. de l'Isère, de la Drôme et des Hautes-Alpes.

DELPHINI PORTUS [Plin.], DELPHINUM [Itin. Anton.], port de la Ligurie, auj. *Porto Fino,* sur la côte O. du golfo di Rapalo.

DELPHINIUM, Δελφίνιον [Strab.], petit port de l'Attique, auj. *Mancopaldo* [Bisch. et Möll.].

DELPHORUM PORTUS, *Delftshafen,* bourg à l'O. de Rotterdam (Hollande).

DEMETÆ, Δημῆται [Ptol.], peuple de la Britannia Romana ; habitait le S.-O. du pays de Galles.

DEMETRIAS, voy. PAROS.

DEMMINUM, *Demmin,* ville de Prusse, dans la rég. de Stettin.

DEMONESOS, DEMONESI, *l'île des Princes, Prinzeninseln, Demonnesi,* dans la mer de Marmara.

DENATUM, *Denat,* pet. ville du haut Languedoc (Tarn).

DENBIGA, DENBIGHUM, *Denbigh,* ville du pays de Galles, en Angleterre, ch.-lieu du comté du même nom, DENBIGENSIS COMITATUS.

DENEGONTIUM, *Digoin,* bourg de Bourgogne (Saône-et-Loire).

DENIA, voy. ARTEMISIUM.

DENIZUS, Δένιζος [Procop.], ville de Thrace, auj. *Indsigis,* en Roumélie [Reichard].

DENONIUM AD SCALDIM, DYNIACUM, DENAIUM, *Denain,* sur l'Escaut, bourg de Fr. (Nord); anc. abb. d'Augustins fondée en 764.

DENTELINUS DUCATUS [Aimon., Frédég.], *Inter Sequanam et Isaram,* DENTILONIS DUCATUS [Gesta Dagob.], var. DENZELINI, DANZILENI, DENTILENI, *la duché Dentelène* [Gr. Chron.], *duché de Dentelin,* territ. situé aux confins de la Neustrie et de l'Austrasie, et formé probablement d'une portion de la première. (Voy. à ce sujet l'excellent travail de M. Alf. Jacobs, sur la géogr. de Frédégaire.)

DEOBRIGA [Itin. Anton.], Δεόβριγα [Ptol.], ville de l'Espagne Tarrac., auj. *Brinnos,* suiv. Forbiger, ou *Miranda de Ebro* [Bisch. et Möll.], ville d'Espagne, dans la Vieille-Castille.

DEODATUM, THEODATA, S. DEODATI FANUM, *Saint-Dié,* sur la Meurthe, ville de Fr. (Vosges) ; on lit sur quelques monnaies lorraines SAIN-DIEY.

En 1836 M. Gravier a publié l'histoire de Saint-Dié et de son arrondissement; il fait mention d'une impression exécutée dans cette ville qui lui permet de faire remonter l'introduction de la typographie à 1494 ; malheureusement, au lieu d'étayer cette assertion de faits précis et d'indications spéciales, il dit sèchement : « Le chanoine Gauthier Lud, associé par la suite à Mathias Ringmann, connu sous le nom de Philesius des Vosges, signala la fin du XVe siècle par l'introduction de l'imprimerie à St-Dié. Il fonda plusieurs fêtes religieuses, destinées à combattre l'impiété de ses confrères... La plus importante de ces fondations fut celle de la *Présentation au Temple,* instituée par le pape Paul II, et que Lud fit célébrer pour la première fois en 1494. Il consacra les prémices de ses presses à la publication des bulles d'institution et de l'office de cette fête, sur 3 feuilles in-4°, impr. à 2 col., en lettres rondes, sans ch. ni récl. » Et il ajoute : « Cette première impression annonce l'enfance de l'art. Au Vº du dernier feuillet, Lud a écrit ce distique en jouant sur son nom, selon l'esprit du temps :

Post bis quinque sedens alter quem quinque secuntur,
 Et tuba cum ludo (si caret orbe) vocor.
       Walter Vs Lud. »

« M. Gravier, dit avec infiniment de raison le célèbre bibliographe lorrain M. Beaupré, qui possède assez de connaissances spéciales pour parler de *chiffres* et de *réclames,* aurait bien dû nous donner quelques détails plus précis sur cet incunable inconnu, nous dire s'il était exécuté en caract. mobiles, ou seulement le produit de la xylographie ; nous apprendre s'il l'avait décrit *de visu,* ou seulement d'après quelques données plus ou moins spécieuses; enfin nous faire savoir ce que sont devenus ces trois importants feuillets in-4°. Comme il ne nous apprend rien de tout cela, nous devons passer outre, considérer son assertion comme non avenue, et donner à St-Dié le second rang parmi les localités lorraines qui ont possédé une imprimerie, au lieu du premier que cette date lui assurerait.»

Gaulthier Lud, chanoine de la collégiale de St-Dié, de la famille d'un secrétaire du duc René de Lorraine, nommé Johannes Lud (?), s'associe pour établir une imprimerie à St-Dié avec un écrivain, connu sous le nom de Philesius le Vosgien, mais qui s'appelait Mathias Ringmann, né en 1482 dans un village de la vallée d'Orbey, en Alsace, et mort en 1511 à la fleur de l'âge. « Cette imprimerie, dit l'abbé Grandidier, se distingue par le choix des ouvrages et par la netteté des caractères. » Son premier produit est intitulé : *Cosmographiæ introductio cvm qvibvsdam geometriæ ac astronomiæ principiis ad eam rem necessariis. Insuper quattuor Americi Vespvcij naviigationes Vniuersalis Cosmographiæ descriptio tam in solido qj plano, eis etiam insertis quæ Ptholomeo ignota a nuperis reperta sunt.* (Urbi Deodate, 1507), pet. in-4, de 54 ff., titre compris, sans chif. ni récl.; divisé en 2 parties, l'une de 22 ff., y compris la planche représentant une mappemonde, qui occupe 2 ff. réunis; la seconde de 32 ff.; au r° du dernier f. la marque de G. Lud, et la souscription qui se termine ainsi : *Finitū vij. kl'. maij § Anno supra sesqui || millesimum. vij.*

Outre cette édition, il en existe une autre sous la date du *iiii. kl' sepèbris,* qui, bien qu'ayant un même nombre de ff. et une souscription identique, est entièrement différente.

Comme ces deux éditions du célèbre incunable lorrain sont minutieusement et scrupuleusement décrites par M. Brunet (Man., tom. 2, col. 316-19), et par M. Beaupré (impr. en Lorraine, pp. 67 et suiv.), nous croyons qu'il nous est permis de renvoyer le lecteur à ces deux excellents ouvrages; nous ajouterons seulement qu'un exempl. de l'édition du vii *kal. maij* a été adjugé dans la vente de M. Libri, faite à Londres en 1862, au prix de 12 livres sterling ; et qu'un autre de l'édition du iiii *kal. septembris* a été payé 10 liv. 10 sch. C'est dans ce livre qu'on trouve pour la première fois la proposition de baptiser le nouveau continent du nom *d'Amérique* en l'honneur d'Améric Vespuce.

Le second volume imprimé à St-Dié est décrit par Panzer, M. Brunet et M. Beaupré : *Philesii Vosgesigenæ* (Matth. Ringmann) *Grammatica figurata : octo partes orationis secundum Donati editionem et regulam Remigii ita imaginibus expressæ, ut pueri jucundo chartarum ludo faciliora grammaticæ præludia discere et exercere queant.* Deodate, per Gaultherum Lud, MDIX , in-4. grav. sur bois. A la fin du volume sont des vers latins adressés par Ringmann à son associé :

Nunc opus exegi : quod nec Jovis ira, vel ignes ,
Vel poterit ferrum, vel edax abolere vetustas ,
Gualthere insignis : tamen hæc tua jussa peregi,
Atque tuo semper (ni fallor) pectore vivam.
Est locus in Vosego jam notus ubique per orbem
A, Deodate, tuo nomine nomen habens :
Hic Gualtherus Lud necnon Philesius ipse
Presserunt miris hec elementa typis.

Cl. Oberlin, qui avait découvert ce livre et l'avait signalé à Panzer, l'a longuement décrit dans le *Magasin encyclopédique* (tom. V, p. 321 et suiv.).

DEODATUM, *Dotis, Tata,* bourg de Hongrie, dans le comitat de Comorn.

DEOMANT, voy. DINANTIUM.

DEPPA [Cluv., Cell.], DIEPPA [Thuani hist.], DEPPIA, *Dieppe,* ville et port de France (Seine-Inférieure); fut aussi appelée *Bertheville.*

L'abbé Cochet, savant archéologue normand, a consacré une monographie spéciale à l'histoire de la typographie dieppoise (Dieppe, 1848, in-8o de 44 p.); nous lui empruntons les détails qui suivent :

Missionnaire du calvinisme, le colporteur Vénable vint de Genève en Normandie ; il traversa la France déguisé en porte-balle, et arriva à Rouen, puis à Luneray, où il plaça chez les tisserands un nombre infini de brochures réformistes. En 1557 il pénétra jusqu'à Dieppe, où il fut bien accueilli ; la veuve

Hélène Bouchard, riche drapière, hébergea l'apôtre du calvinisme, lui acheta tous ses livres et les répandit par tout le pays.

Le succès de cette propagande fut tel qu'il dut donner à quelques spéculateurs l'idée d'établir une imprimerie à Dieppe même ; mais quel fut le premier typographe ? l'abbé Cochet ne nous le dit pas.

Nous trouvons à cette époque plusieurs volumes publiés sous la rubrique : *Dieppe;* mais il est presque certain qu'il furent imprimés à Rouen : *Discours brief et familier sur le fait de la seule vraye et ancienne religion, par François de St-Paul.* Pour Estienne Martin, libraire, demeurant à Dieppe, 1565, in-8, de iiii p. et 2 f. prél., et encore l'*Vsage de la religion chretienne,* par le même. Dieppe, Est. Martin, 1566, 138 p. plus un f. blanc au r°; au v° duquel sont quelques versets tirés du psaume d'Ezéchiel. — *Discours de l'histoire de la Floride, par M. le Challeux,* imprimé sans nom de lieu, mais daté : *de Dieppe, ce 22 may 1566.*

« Le premier libraire que nous trouvons à Dieppe, dit le docte abbé, est Guillaume Nazot, qui, en 1617, fait quelques fournitures à l'église d'Offranville ; nul doute qu'il n'ait été imprimeur. » — Mais quelle en est la preuve ?

En 1642, le P. Fournier, jésuite, fait imprimer à Dieppe chez P. Dubuc, le chef de cette famille de typographes qui ne s'est éteinte qu'en 1810, un volume intit. : *Prières pour réciter pendant la messe.*

De 1648 à 1668, il fait encore imprimer chez Pierre ou Nicolas Dubuc un assez grand nombre de traités sur la géographie, la cosmographie ou la navigàtion.

Un livre célèbre et que l'on trouve cité dans un très-grand nombre d'anciens catal.: *Instauratæ musarum Deppensium sedes,* Deppiis, 1648, in-4, est attribué par l'abbé Cochet aux prêtres de l'Oratoire : simple hypothèse.

Après le bombardement de 1694, Dieppe fut réduite à emprunter à la ville de Rouen un imprimeur ; et celle-ci lui envoya un des Viret, famille qui donne un grand nombre de typographes à la capitale de la Normandie pendant les xvie et xviie siècles.

Les emprunts que nous venons de faire à l'abbé Cochet ne sont pas de nature, on le voit, à donner une idée bien nette des débuts de la typographie dieppoise; mais le premier des bibliographes normands, M. E. Frère, a bien voulu ajouter au peu que nous savions une de ces notes brèves et substantielles dont il a le secret ; il considère Nicolas Acher comme le premier imprimeur réellement établi à Dieppe, de 1623 à 1649, et voici le titre du premier volume sorti de ses presses : *Anatomie française en forme d'abrégé, recueillie des meilleurs autheurs qui ont escrit de ceste science, par Me Théophile Gelée, médecin ordinaire de la ville de Dieppe.* A Dieppe, par Nicolas Acher, imprimeur demeurant dans la Grand'Rue, vis-à-vis la fontaine du Marché, 1623, pet. in-8°, de 285 p. plus la table en 9 ff. prélim. dont un titre gravé.

Le 1er journal de Dieppe fut publié le 19 février 1815 ; ce n'était qu'une feuille d'annonces, intitulée : *Répertoire des négociants.*

Les arrêts de 1704 et de 1739 autorisent un imprimeur à tenir un établissement typographique dans la ville de Dieppe ; en 1764, cet imprimeur était Jacques-Nicolas Dubuc, pourvu en 1729; sa veuve, à sa mort, continua à exercer pendant la minorité de son fils ; cette imprimerie ne possédait que deux presses.

DERBATUM, DERPATUM, DERPATA, TORPATUM [Zeiler], DORPATUM LIVANORUM [Cluv., Cell.], *Dorpat, Dörpt, Tehrpata* (en lithuanien), ville de Russie, dans le gouv. de Riga.

Université fondée en 1632 ; biblioth. importante. Cette ville possède une imprimerie depuis la fondation de son université : *Fridericus Menius, P. L. C. hist. et antiq. professor Dorpatensis, relatio de inauguratione Universitatis Dorpatensis die* 15 oc-

tobris anno 632 facta. Idiomate Germanico. Edita Dorpati impensis Jacobi Beckern, in-4. Le même auteur donne la même année : *Nuncius Parnassi Livonici Poeticus, seu gratulatio in fundationem dictæ academiæ dorpatensis, sermone partim latino, partim germanico.* Ibid. 1632, in-4 ; et l'année suivante : *Prodromus historicus Reipublicæ Livonicæ, ab ipsis ejudem provinciæ incunabulis ad mortem Gustavi Magni Regis Sueciæ deductus,* serm. german. Dorpati Livonorum, apud Jacob. Beckern, an. 1633, in-4.

La *Biblioth. Septentrion.* de Möller et Scheffer nous donne un nombre considérable de livres imprimés dans cette ville antérieurement à 1642, date adoptée par Falkenstein.

DERBIENSIS, DERBICENSIS COMITATUS, *le comté de Derby, Derbyshire,* en Angleterre.

DERRI, DERRA, ROBERETUM, comté irlandais de *Derry* ou *Londonderry* (prov. Ulster).

DERRUS, ERNUS LACUS, *lac Earne,* en Irlande (comté de Fermanagh).

DERRUS PROM., DERRIS, Δέῤῥις [Strab.], cap de Macédoine, à la pointe S. de la presqu'île de *Sithonia,* auj. *cap Deprano.*

DERTONA [Plin., Cic., Jornand.], Δέρθων [Strab.], Δερτῶνα [Ptol.], JULIA AUGUSTA, COLONIA JULIA AUGUSTA DERTONA, TURDUNA, TARDONNE [Chr. carlov.], ville de Ligurie, auj. *Tortona, Tortone,* ville de Piémont, ch.-l. de la prov. du même nom.

Falkenstein fait remonter l'imprimerie dans cette ville à l'année 1614 ; et Haym (p. 102) nous donne le titre du livre exécuté cette année à Tortone ; mais nous pouvons citer des produits antérieurs, sans cependant pouvoir assigner de date certaine à l'établissement de la typographie : *Decreta promulgata in synodo diœcesana Dertonensi prima,* anno 1595, Dertonæ, 1599, in-4 (Catal. d'Estrées, n° 908). — *Guidoboni* (Wilh.) *Aduocatia civilis,* Dertonæ, 1611, in-4 (Cat. de Tournes, p. 178). Le volume que cite Haym et qu'a voulu désigner Falkenstein est celui-ci : *Luca Probo Blesi. Acqui città antica del Monferrato con additioni del P. Ant. Ruba.* Tortona, pel Viola, 1614, in-4 ; il nous donne un nom d'imprimeur.

DERTOSA [Mela], DERTUSA, JULIA ILLERGAVONIA DERTOSA, Δέρτωσα [Ptol.], ville des Ilercaones, dans l'Espagne Tarrac., auj. *Tortosa,* sur l'Ebro, ville de Catalogne.

Tous les bibliographes sont d'accord pour faire remonter l'imprimerie à Tortosa à l'année 1538 : *Bernardinus de Sorio* (sic), *rector collegii Dertusensis. Mariale.* A la fin : *Impressum est autem presens opus Dertuse : per Arnaldum Guillermi de monte pesato. Septimo idus januarii. Anno salutis millesimo quingentesimo trigesimo octavo.* In-4° de 277 pp. imprim. irrégulièrement en car. goth., avec quelques initiales fleuronnées ; l'imprimeur est protégé par un privilége de dix années, avec pénalité pour le contrefacteur de mille florins d'amende et destruction des exempl. saisis. Nous empruntons cette description à M. Cotton, qui la donne d'après un exempl. de la Biblioth. de *Trinity College,* à Dublin, et nous soumettons au lecteur les réflexions que ce titre nous suggère.

L'auteur de ce livre, et ce livre lui-même, ne sont cités par aucun des bibliographes espagnols, ni par Antonio, Mendez, etc., ni par la *Biblioth. Lusitana :*

son nom semble estropié par le *Typogr. gazetteer,* qui l'appelle *Bernardinus de Sorio,* au lieu de *Soria ;* ne serait-ce point le moine franciscain, de l'ordre des frères mineurs, *Bernardino de Busto,* ou *de Bustis,* dont Hain décrit l'ouvrage intitulé *Mariale de singulis Festivitatibus Beatæ Virginis,* et de ce livre un nombre assez considérable d'éditions du XV° s., pour la plupart publiées à Strasbourg et à Milan ? et ce *Mariale* ne serait-il pas le même livre que celui qu'a voulu décrire le bibliographe d'Oxford, mais peut-être traduit en espagnol, car M. Cotton, qui n'aime pas les superfluités, ne daigne pas nous dire si le livre est espagnol ou latin ? Le nom même de l'imprimeur nous est inconnu ; est-il parent du célèbre Arnaud Guillen de Brocar, le grand imprimeur du XV° siècle, en Espagne, ou de son fils Juan ? Nous ne pouvons éclaircir ce détail, et nous ne saurions non plus dire ce que signifie ce nom de lieu : *Monte Pesato,* à moins qu'il ne faille lire : *Monte Serrato ;* ce qui à la rigueur ne serait pas absolument impossible, et pourrait alors indiquer un certain *Guillen,* compositeur d'imprimerie, que l'abbé de Monserrate fit venir de Barcelone à son couvent en 1518 (Mendez, *Typ. Esp.,* p. 175) ; en un mot tout est pour nous ténèbres dans l'histoire de la typographie de Tortosa, et nous désirons, sans l'espérer, que la lumière nous vienne d'Oxford ou de Dublin.

DERVENTIA, DERVENTIO [Notit. imper., Itin. Anton.], ville des Brigantes, dans la Britannia Romana, auj. *Derby,* en saxon *Deoraby,* ch.-l. du comté du même nom, dans l'Angleterre centrale.

L'imprimerie remonte en cette ville au commencement du XVIII° siècle ; un journal *the Derby Postman* commença à paraître le 1er décembre 1719, et fut remplacé le 11 mai 1726 par *the British spy and Derby Postman ;* le nom du premier imprimeur que connaisse M. Cotton est S. Drewry, qui était établi en 1728.

DESERTINA, DISCENTIUM, DISENTINA, DISSERTINUM, *Disentis,* bourg de Suisse (cant. des Grisons) ; anc. abb.

Nous empruntons à M. Ternaux la note suivante : « Les religieux avaient établi en 1729 une imprimerie dans leur monastère, qui fut, en 1799, consumé par un incendie ; le métal provenant de la fusion des caractères fut recueilli et servit à fabriquer les tuyaux d'orgue de l'église de St-Martin, à Disentis ; le plus anc. produit de cette presse conventuelle, qui soit venu à ma connaissance, est celui-ci : *Flaminio da Sale. Fundamenti principali della lingua Retica o Griggiona, all' uso di due delle principali valle della Rezia, cioè di Soprasclva e di Sorset.* Stampato nel principale monastero di Disentis, da F. Ant. Binn, 1729, in-4. » Ce rare volume est cité au *Manuel* (tom. V, col. 70). M. Cotton ajoute à l'historiette de M. Ternaux un détail bien anglais, c'est que l'incendie de 1799 fut allumé par l'armée française.

DESERTUM, DYSARTUM, *Dysart,* bourg d'Écosse (comté de Fife).

DESIDERII FANUM, DESIDERIOPOLIS, *St-Dizier,* ville de Fr. (Haute-Marne).

Nous ne pouvons faire remonter l'imprimerie dans cette ville qu'à l'année 1791 : *Adresse des administrateurs du directoire et procureur syndic du district de Saint-Dizier aux officiers municipaux et citoyens des paroisses du ressort de ce district.* Saint-Dizier, impr. de Fournier, 1791, in-4° ; cette pièce est à la Bibliothèque impériale.

DESIDERII MONS, *in finibus Ambianorum,*

Montdidier, ville de France (Somme)..

Suivant M. de Beauvillé, ce fut seulement l'an 11 de la République, que Bigot, imprimeur à Breteuil (Oise), transporta son matériel typographique à Montdidier et y imprima : *Tableau du maximum des denrées et marchandises qui se consomment dans l'étendue du district.* Montdidier, impr. de Bigot, an II de la république, une, indivisible et impérissable. Le papier et l'impression laissent à désirer.

M. de Beauvillé nous apprend encore qu'au xviie siècle les professions libérales étaient à Montdidier l'objet d'une protection spéciale, et il cite Pierre Fouquerelle, marchand libraire et relieur, qui, s'étant fixé à Montdidier, fut, par suite d'une délibération de l'échevinage du 7 avril 1672, « exempté du logement des gens de guerre, aydes, fourniture, ustensiles et contributions, soit en deniers ou en nature, attendu que cet établissement va à l'utilité publique. »

DESIDERII MONS, *Mondidier*, bourg d'Espagne, dans la Galice, suiv. Bisch. et Möller.

DESLONARDUM, *Dieulouard*, bourg du pays Messin (Moselle).

DESNA, DESSNA [Cluv.], *Desna*, riv. de Russie, affl. du Dniepr.

DESSAVIA [Zeiler, Topog. sax.] , *Dessau*, ville d'Allemagne, ch.-l. de l'anc. prov. d'Anhalt-Dessau.

Imprimerie en 1696, suiv. Falkenstein ; les Juifs y avaient fondé un établissement typographique.

DESUVIATES, peuple de la Gaule Narbonn.; habitait le pays compris entre Arles et Tarascon.

DETHMOLDA [Cell.], DIETMELLUM, DIETHMELIUM, THEOTMELL [Egin. Chr.], THIETMELLE, DIPPODISWALDA [Müll., Struv.], *Dethmold, Detmold,* ville d'Allemagne, cap. de l'anc. princ. de Lippe-Detmold ; lieu célèbre par la destruction des légions de Varus et par la victoire de Charlemagne sur les Saxons.

Falkenstein ne fait remonter l'imprimerie dans cette ville qu'à 1789.

DETREKÖ ARX, *pagus in comitatu Posoniensi,* chât. et bourg de Hongrie, dans le comitat de Presbourg.

Petrus Bornemisza , pasteur de la confession d'Augsbourg à Galgotzon, à Schintau, à Detrekö et à Rarbok (ces deux derniers châteaux appartenant au comte Etienne Balassa de Gyarmath, qui s'était déclaré son protecteur), traîna partout avec lui une petite imprimerie, avec laquelle il imprima quelques volumes à Detrekö et à Rarbok, de l'année 1582 à 1584. Son premier volume est en hongrois ; nous n'en donnerons pas le titre entier, qui est formidable : *Enekec harom rendbe külömbkülömbfelec,* etc. Detrekö varaba anno MD. LXXXII, in-4. C'est un recueil de prières et de poésies, dont l'auteur de la typographie de la Hongrie, Nemeth, donne intégralement le titre, et il ajoute : « *Auctor hanc suam odarum syllogen magnificatæ ac munificæ Dominæ Annæ Czoron Stephani Balassa de Guyarmath lectissimæ thalami sociæ grat. animi causa dedicavit.* »

DEVA [Cell.], *la Dee*, fl. d'Angleterre ; se jette dans la mer d'Irlande. = *Dee*, fl.

d'Écosse ; se jette dans la mer du Nord.

DEVA, voy. CESTRIA.

DEVA, DIVA, *la Dive*, pet. fl. de Fr. (Calvados), avec un pet. port du même nom à son embouchure dans la Manche, célèbre par l'embarquement de Guillaume le Conquérant.

DEVANA, DEVONA VETUS, Δηούανα [Ptol.]; n'est point *Aberdeen*, suiv. Forbiger, mais aurait existé à 6 ou 7 milles dans l'O. de cette ville.

DEVELTUS COLONIA, Δεούελτος [Ptol.], DEVELTON [Plin.], ville du N.-E. de la Thrace, auj. *Zagora, Develto,* dans la Roumélie (Rum-Ili).

DEVIOTIA, voy. TEVIOTIA..

DEVONA, Δηούονα [Ptol.], ville des Hermunduri, dans la Germanie, sur l'emplacement actuel de laquelle on n'est pas d'accord ; *Schweinfurth,* ville de Bavière, suiv. Wilhelm, et suiv. Reichard, *Detwang*, près Rotenburg, etc.

Comme les partisans de la première attribution sont plus nombreux, nous placerons à ce nom la note typographique. C'est de l'année 1605 que, d'accord avec Falkenstein, nous daterons l'établissement de la première imprimerie de cette ville : *M. Joh. Schröders Biblischen chronologia vermehrt.* Schweinfurt, 1605, in-8 (*Catal. des foires de Francfort,* ann. 1625, p. 67).

DEVONIA, DEVONIENSIS COMITATUS, le *Devonshire*, en saxon *Defnascyre,* comté d'Angleterre.

DIA, voy. DEA VOCONTIORUM.

DIABLINTES, voy. AULERCI.

DIABLINTUM CIVITAS [Baudrand], DIABLINTICUM, NŒODUNUM, Νοιόδουνον [Ptol.], NUDIONNUM [Tab. Peut.], *Jubleins, Jublains,* bourg du Maine (Mayenne).

DIANÆ PORTUS, Ἀρτέμιδος λιμήν [Ptol.], pet. port dans l'Est de l'île de Corse, près d'Aleria, auj. *Stagno di Diana.*

DIANIUM, voy. ARTEMISIUM.

DIANUM [Baudrand], *Diano,* bourg du Napolitain (princip. citér.).

DIBIO, voy. DIVIO.

DICÆA, Δικαία [Herod.], Δικαιόπολις [Suidas], ville de Thrace, suiv. Kruse, auj. *Bauron* ; suiv. Choiseul et Reichard, *Curnu,* localités de la Roumélie.

Freytag (*Anal. Litter.,* pag. 258) nous donne le titre d'un livre imprimé avec la souscription de cette ville, en 1606 : *Philaretis Amyntæ Codomani Apologia pro Georgio Popelio Barone de Lobkowitz, regni Boiohemiæ, quondam suprema aulæ præfecto ; post ab Imperatore Rudolfo II, Hungariæ ac Boiohemiæ Rege, per duodecim annos, contra ius fasque in carcere detento, ad reges, principes, cæterosque christiani nominis mortaleis.* Dicæopoli, apud Theophil. Agathonem, 1606, in-8, de 18 pp. (noms de lieu et d'imprimeur supposés ?).

Volume précieux, imprimé avec le plus grand soin par ordre de la cour impériale d'Autriche, et devenu fort rare ; il en existe un exempl. à la Biblioth. de Dresde, et un autre à Wolfenbuttel.

DICÆARCHIA, voy. PUTEOLI.

DICIACUM, DUZIACUM, DUODECIACUM [Concil., tom. VIII), *Douzy,* bourg de Champagne (Ardennes) ; concile en 874.

DICTAMNUM, Δίκταμνον [Ptol.], DICTYNNA [Mela], ville sur la côte N.-O. de la Crète, auj. *Dictamo,* bourg près de la Canée (Candie).

DICTUM, DIGANVEIA, *Digánwey,* bourg du pays de Galles (Caernarvonshire).

DIDATTIUM, voy. DOLA.

DIDYME INS. [Plin.], Διδύμη [Thucyd., Diod.], l'une des îles Lipari, auj. *Panaria,* sur la côte N. de la Sicile.

DIDYMI, Δίδυμοι [Pausan.], localité du S. de l'Argolide, auj. *Didymo, Didhimo,* bourg de Morée.

DIDYMOTICHOS, localité de la Thrace, auj. *Dimotika,* ville de la presqu'île de Gallipoli.

DIEGILUM, *Deuil,* commune près Montmorency (Seine-et-Oise).

DIEPHOLTA [Zeiler], *Dieptiolz,* bourg d'Allemagne (Hanovre), ch.-l. de comté.

DIEPPA, voy. DEPPA.

DIESTA [Fortunat.], DIESTHEMIUM, *Diest,* ville de Belgique (Brabant mérid.).

Suivant M. de Reiffenberg, l'imprimerie existe dans cette petite ville depuis l'année 1797 ; et le premier typographe s'appelait François-Théodore Pageneers.

DIETMELLUM, voy. DETMOLDA.

DIGMANIACUS, DAGMINIACURÆ, *Damigny,* bourg du Perche (Orne).

DILA, DILIS, VERDONIA, le *Verdon,* pet. riv. de Provence, affl. de la Durance.

DILINGA, DILLINGA [Cell.], *Dillingen,* ville de Bavière, sur le Danube ; université catholique fondée en 1552 ; anc. résid. des évêques d'Augsbourg.

Imprimerie en 1555, auj. Falkenstein ; nous pensons que l'imprimerie a dû suivre de plus près la fondation de l'université ; mais nous n'avons pas de livre plus ancien à citer que le *Missale secundum ritum AugustensisEcclesiæ.* Dillingen, in ædibus Sebaldi Mayer, 1555, in-fol. (Bibl. roy. de Munich).

DILNA, *Bala-Banga,* bourg de Hongrie, dans le comitat de Horn.

DIMOLA [Pertz], *Diemel,* riv. de Westphalie, affl. du Weser.

DINANTIUM [Cell.], DINANNUM, DIONANTIUM, *Dinantes* (tapiss. de Bayeux), *Dinan,* ville de Fr. (Côtes-du-Nord).

Voici la note que nous recevons du savant bibliothécaire de Dinan, M. L. Odorici : Emmanuel de Lorraine, duc de Mercœur, fut le Mécène de l'imprimerie à Dinan ; elle fut établie tout d'abord chez les Franciscains et les Cordeliers. On dirait qu'au milieu des troubles de la Ligue qui désolaient alors la Bretagne, cet art de la paix n'avait pu trouver un asile assuré qu'à l'ombre du cloître, à l'abri sacré du temple. Là elle n'imprime que des brochures pieuses ornées d'images passablement grotesques. Dès l'année 1593 cette typographie met au jour des volumes importants : *Escript de l'evesque de Saint-Brieu, contenant les raisons qui l'ont retenu en l'union des catholiques contre la partialité des hérétiques et schismatiques leurs associez et fauteurs. A Monsieur, Monsieur l'evesque du Mans.* A Dinan, par Julien Aubinière, imprimeur, demeurant en la ruë des Châges, 1593, in-8 de 578 pp.

Traité des brefs et sauf-conduits de la province de Bretagne, par Toisse de Boisgelin; Dinan, Julian Aubinière, 1594, in-8.

Au XVIIe siècle nous citerons : *De la nature et des vertus des eaux minérales de Dinan, par du Hamel.* Dinan, Aubin, 1648, in-12.

En 1614 Jacques Mahé succède à Aubinière ; il est remplacé en 1628 par Jacques Aubin ; la famille de ce dernier exerce cet art de père en fils jusqu'au milieu du XVIIIe siècle. Enfin la famille Huart, qui existe encore, débute en 1739.

Les arrêts du conseil de 1704 et de 1739 conservent un imprimeur dans la ville de Dinan ; l'arrêt du 12 mai 1759, qui supprimait l'imprimerie dans plusieurs villes de Bretagne, avait aussi respecté celui de Dinan ; et le rapport fait à M. de Sartines en 1764 nous donne le nom de cet imprimeur : Jean-Baptiste Huart, reçu en 1739 et possédant deux presses.

DINCKESPUHLA, TRICOLLIS, ZEAPOLIS [Merian. topog.], *Dinkelsbühl,* ville de Bavière, près de Nördlingen.

DINGLIA, *Dingle,* bourg d'Irlande, dans le comté de Kerry.

DINGOLFINGA, *Dingolfing,* ville de Bavière, sur l'Isar (Unterdonaukreise).

DINIA [Plin.], Δινία [Ptol.], CIVITAS DINIENSIUM [Not. prov.], ville des Bodiontii, dans la Gaule Narbonn., auj. *Digne,* ch.-lieu du dép. des Basses-Alpes (France).

Nous ne trouvons pas trace d'imprimerie en cette ville antérieure au XIXe siècle.

DIOCLEA [Aur. Vict.], DOCLEATÆ [Plin.], Δοκλέα [Ptol.], ville d'Illyrie, auj. *Dognidolatz,* suiv. Reichard, sur le golfe de Scutari.

DIODURUM [Itin. Anton.], *Dourdan,* ville de Fr. (Seine-et-Oise), suiv. d'Anville ; voy. DORDANUM.

DIOLINDUM, voy. BIOLINDUM.

DIOMEDEA [Plin.], DIOMEDIA [Mela], TRIMETUS [Tac., Mela], TEUTRIA [Plin.], *Tremiti,* bourg principal des îles de ce nom, dans la mer Adriatique; DIOMEDEÆ INSULÆ.

DIONANTUM, DINANDUM [Thuan.], DEOMANT [Hincm. Rem.], *Dionant, Dinant,* ville de l'anc. pays de Liége ; fait partie auj. de la prov. de Namur (Belgique).

L'imprimerie peut être reportée dans cette ville à l'année 1679, et le nom du premier imprimeur est Jean Morard ; on ne connaît qu'un seul ouvrage sorti de ses presses : *Le Bouclier spirituel contre les dards redoutables de la mort subite, du foudre et de la peste.* Dinant, de l'imprimerie de Jean Morard, 1679, pet. in-8; les approbations sont datées de 1665.

Ce volume est plus que rare, il a totalement disparu ; car on n'en connaît point d'exemplaire ; il est cité seulement dans la *Bibliotheca scriptorum Leodicnsium de Van der Meer*, dont le ms. est conservé par M. X. de Theux ; aussi beaucoup de bibliophiles belges n'admettent-ils pas cette première imprimerie dinantaise, et reportent-ils seulement à l'année 1712 l'introduction de la typographie à Dinant par Philippe Wirkay ; le premier ouvrage publié par ce dernier est intitulé : *Manuductio ad cœlum sanctorum patrum veterumque philosophorum medullam continens, opusculum præstantissimum Emin. Card. Bonæ, adauctum metroque rhythmico concinnatum per P. F. Ev. P. D.* (Pierre-Francois Evrard Prêtre Dinantais). Dionanti, apud Phil. Wirkay typographum, 1712, pet. in-8, de 10 f. lim. et 368 pp. en vers latins rimés. Quelques exemplaires portent la date de 1713.

(Communication de M. Gothier, dé Liége.)

DIONYSII FANUM, MONASTERIUM, voy. CATOLACUM.

Nous ajouterons une note relative à l'imprimerie particulière de l'abbaye, établie en 1571 : elle était installée à Paris, rue de l'Amandier (auj. des Amandiers), près de St-Etienne du Mont, et spécialement réservée aux impressions monacales, dont la première fut : *Carmen de arte rhetorica, a Francisco Picard.* Paris, typ. monasterii S. Dionysii a Prato, via Amygdalina, ad Veritatis insigne.

Plusieurs pièces, dont le titre est donné au *Catal. de l'Histoire de France de la Biblioth. imper.* (tom. I, p. 381 et suiv.), portent comme souscription : S. DENIS EN FRANCE, avec la date de 1593 ; mais nous les croyons exécutées à Paris, et, suivant quelques probabilités, elles sortent de l'imprimerie de la rue de l'*Amandier*.

DIONYSII (S.) IN LEONIBUS PALAT., *S. Denis,* dans la forêt de Lyons, bourg de Fr. (Eure) ; anc. palais construit par Henri Ier, roi d'Angleterre (Charta Phil. Aug. a. 1202).

Un grand nombre de localités en France sont placées sous l'invocation de S. Denis, reconnu comme apôtre des Gaules.

DIONYSOPOLIS [Itin. Anton.], Διονυσούπολις [Arrian.], MATIOPOLIS [Scymn.], ville de la Mœsie, auj. *Baldsjick,* dans la Boulgarie ottomane, suiv. Reichard (Pachal. de Silistrie).

DIORSIUM, *Diors,* bourg du Berri (Indre).

DIOSCORIAS, voy. SEBASTOPOLIS.

DIPO [Itin. Anton.], EVANDRIA, Εὐανδρία [Ptol.], EVANDRIANA [Itin. Anton.], ville de la Tarrac., auj. *Talavera la Vieja* (?), bourg sur le Tage, dans la prov. de Tolède.

DIRIGOTA, DINOGUTRIA, ville de la Mœsie

infér., auj. *Drimago,* sur le Danube, près Kersova (Boulgarie).

DIRSCHAVIA, *Dirschau,* ville de Prusse, sur la Vistule (prov. de Prusse occid.).

DISIBODENGENSÆ CŒNOBIUM, *Diesenberg,* bourg de la Prusse Rhénane (rég. de Coblenz).

DISMUDA, DIXMUDA, *Dixmuyden, Dixmude,* ville de Belgique (Fl. occid.).

DISPARGUM [Chr. Moissiac.], DYSPARGUM CASTRUM [Greg. Tur.], DISBARGUM (*in termino Thuringorum*), HESPARGUM [Hincmar.], ville de la Germanie, auj. *Doesburg, Duysborg,* bourg de Belgique, entre Louvain et Bruxelles (Brabant). D'autres géographes voient dans ce nom de lieu *Diest,* dans le Brabant mérid. ; d'autres *Duisburg,* ville de la rég. de Cleveberg ; enfin *Desenberg,* chât. près Paderborn, anc. palais mérovingien.

DISSERTINUM, voy. DESERTINA.

DISTEMIUM, voy. DIESTA.

DITMARSIA, DITHMARSIA [Zeiler], *Dithmarsen,* sur la mer du Nord, district du Holstein.

DITTATIUM [Itin. Anton.], Διττάτιον [Ptol.], ville des Sequani, dans la Gaule Belgique ; suiv. quelques géogr., cette localité correspond au *Vieux-Seurre,* village près de *Seurre,* ville de Fr. (Côte-d'Or).

DIUM [Liv.], Δῖον [Thuc., Polyb.], ville de Macédoine, auj. *Ketrina,* dans le pach. de Saloniki [Graësse].

DIUM PROMONT., *cap Sossoso,* dans l'île de Candie.

DIUSBURGUM, voy. DUISBURGUM.

DIUZA, voy. DIVICIA.

DIVA, voy. DEVA.

DIVA, *Deva,* fl. d'Espagne, tombe dans le golfe de Biscaye.

DIVETUM, *Diveto,* bourg de Sicile (Val di Demona).

DIVICIA CIVITAS [Frédég.], DIVITIA [Greg. Tur.], DIVITENSE MONUMENTUM, DIUZA [Chr. Reginon.], *Deutz, Duiz,* sur la rive droite du Rhin, pet. ville de la Prusse Rhénane, à l'E. de Cologne.

DIVIO [Cell., Luen.], DIVIONENSE CASTRUM [Greg. Tur.], DIVIODUNUM [Innoc. III Epist.], DIVIONUM [Cluv.], DIBIO [Inscr. Rom.], *Dijon,* ville de France, ch.-lieu du dép. de la Côte-d'Or, anc. cap. et résidence des ducs de Bourgogne ; deux abb. de S. Benoît et de Cîteaux ; patrie de Bossuet, etc.

Le premier livre imprimé dans cette ville est daté de 1491 ; c'est un recueil des priviléges de l'ordre de Cîteaux ; cette compilation fut faite par un abbé de l'ordre nommé Jehan de Cirey, *Johannes de Cyreio* ; un Allemand nommé Pierre Metlinger, appelé de Dôle, où l'année précédente il imprimait un *Recueil des ordonnances royaux*, en fut l'imprimeur. Hain donne de ce livre rare un titre détaillé que nous abrégeons : COLLECTIO PRIVILEGIORUM ORDINIS CISTERCIENSIS. — Au rᵒ du 197ᵉ f. *Opera τĩpēsa Reuerēdissimi in christo pris τ dñi : dñi Io ‖ hānis abbatis cistercij sacre thoologie eximij pfessoris : ad om ‖ nium sui sacratissimi ordinis filiorũ consolationem τ pfectum,‖ hoc opus plurĩũ summorũ pontificum priuilegiorũ, quib* dic‖ tus sacer ordo Cisterciēñ amplissime cõtra omnes injurias τ in‖ sultus : priuilegiatus est τ munitus : emēdatissime τ integerri ‖ me impressum Diuione p magistrũ Petrũ Metlinger Alemã‖ nũ. Anno dñi M. CCCC. nonagesimo primo iiij Nonas Iulias.‖ FINIT FELICITER.* Un vol. in-4, à long. lignes, 35 à la p. entière, en lettres de somme, sans chif. ni récl., avec signat. et capit. gr. en bois ; contenant 197 ff., en tête 1 f. qui contient au rᵒ et vᵒ une fig. gr. s. bois ; le second commence : *Brevis prefatio sub sequenti collecta* ; au rᵒ du dernier f. la souscription ; puis vient une pièce de 34 vers latins de Conradius Leontorius au lecteur ; l'exempl. de la Bibl. impériale, payé 79 liv. 1 s. à la vente La Vallière (nᵒ 1116) ne contient que 196 ff.

Papillon, dans la *Biblioth. de Bourgogne*, à l'art. *Jean de Circy*, cite de cet abbé un *Capitulum generale Cisterciense*, qu'il dit avoir été imprimé à Dijon en 1490 : « Cette date, dit M. Brunet, n'est pas bien constatée ; » l'existence du volume non plus.

Le président Bouhier possédait à Dijon un nombre assez considérable de manuscrits de l'abbé de Cirey ; le *Capitulum generale* était peut-être du nombre.

C'est à l'abbé de Cirey que l'on doit également le *Missale Cisterciense* de 1487, imprimé sans nom de lieu, et dont il peut être intéressant de comparer le caractère avec le recueil des priviléges du même ordre.

Les *Coutumes de Bourgogne*, dont la première édition avait été donnée à Lyon en 1517, sont réimprinées à Dijon d'après une nouvelle rédaction *publiée en l'audience de la court souveraine du Parlement de Dôle*, en date du 16 mai 1539 ; le titre porte : *Imprimé pour Hugues Danoux, marchand libraire demourant à Dijon deuant Notre-Dame*, et la souscription : *Imprime pour Mongeot Danoux : marchand libraire demourant à Dôle*.

Les principaux imprimeurs de Dijon aux XVIᵉ et XVIIᵉ siècles sont : Hugues, Jean des Planches, du Brel, Guy Anne Guyot et Claude Guyot, Philibert Chavance, l'illustre Pierre Palliot, etc.

Les arrêts du conseil en date des 21 juillet 1704 et 31 mars 1739 fixent à quatre le nombre des imprimeurs qui peuvent exercer à Dijon.

En 1764 les quatre imprimeurs sont : la veuve Desaint, Hucherot, pourvu en 1744, Defay, exerçant depuis 1757, et Causse depuis 1753 ; ils possèdent entre eux treize presses.

DIVODURUM [Tac., Itin. Anton., Tab. Peut.], Διουόδ̃ουρον [Ptol.], DIVODURUM MEDIOMATRICORUM [Cluv.], MEDIOMATRICI [Amm. Marcell.], MEDIOMATRICA [Chr. Moissiac.], METI [Not. imper.], METTIS [Fortunat.], METTENSE PALAT. [Chr. Carl. Simpl. a. 912), ville des Mediomatrici, dans la Gaule Belgique, auj. *Metz*, ville de Fr., sur la Moselle et la Seille, ch.-lieu du dép. de la Moselle, anc. cap. du roy. d'Austrasie, anc. ville impériale, appart. à la France dep. 1552.

Le premier livre imprimé à Metz, suiv. M. Tessier

(*Essai philol. sur les commencements de la typogr. à Metz*), est le 1ᵉʳ livre de l'*Imitation* de J.-C. ; il est intitulé : *Incipiũt ammonicõnes ad spiritualẽ uitã utiles. Ca. primũ de imitacõne xpi.* — On lit au rᵒ du dernier f. : *Impresse in cĩtate Metensi‖ per fratrem Johannẽ Colini, or‖dinis fratrum Carmelitarum ‖ , et Gerhardum de noua ciuitate.‖ Anno Domini Millieᵒ. ccccᵒ. LXXXijᵒ. in-4, goth. de 24 ff., sans chif., récl. ni signat., à 29 l. par page.*

Ce rare petit volume a été signalé pour la première fois par M. Brunet dans le beau Catalogue de M. d'Ourches, et l'exempl. décrit fut payé 24 fr. par M. de Bure, probablement pour la Bibl. du Roi, qui en possède deux exemplaires.

L'exempl. décrit par M. Tessier se trouve relié avec un autre pet. volume de même format, exécuté avec les mêmes caractères, mais sans nom d'imprimeur ; en voici le titre : *Opusculũ q̃d speculũ aureũ ãĩe peccatõis ĩscribit : ĩcipit feliciĩ.* et au vᵒ du 35ᵉ fᵗ : *Speculum aureum anime peccatrĩs a quodam Cartusiense editũ: finit feliciter. Impressum anno domini Millesimo. cccc. LXXXij. XIX augusti.* Même disposition typographique que le précédent vol., mais avec 28 lig. à la page ; par ces mots *quodam Cartusiense*, on désigne Denys le Chartreux, alias Rickel.

Un livre d'*Heures à l'usage de Metz*, imprimé en 1498, porte : *Acheuees pour maistre Jehan Magdalene demourant en la dicte ville de Metz* ; mais il paraît démontré que ce livre n'a point été exécuté à Metz.

Nous citerons parmi les imprimeurs de Metz aux XVIᵉ et XVIIᵉ siècles : les deux Jehan Pallier, habiles et célèbres typographes du milieu du XVIᵉ siècle, que MM. Tessier et Beaupré citent avec honneur ; Dominique Faber, ancien directeur de l'imprimerie ducale de Nancy, qui se retire à Metz vers 1572, et son fils Abraham, dont les premiers travaux typographiques à Metz datent de 1587. Citons encore Claude-Félix Domenge, Brocquin et Stan. Antoine, au commencement du XVIIᵉ siècle.

Les arrêts de 1704 et de 1739 autorisent deux maîtres imprimeurs-jurés pour la ville de Metz, et le Rapport Sartines donne les noms de ces deux imprimeurs en 1764 : Joseph Collignon, fils d'imprimeur, reçu en 1742, a reçu en 1755 les provisions d'imprimeur du Roi, possède 3 presses. — Joseph Antoine, qui appartient à une famille d'imprimeurs qui date de plus de 130 ans (nous pouvons citer des livres portant le nom du chef de cette famille, datés de 1624) : reçu en 1756 et nommé imprimeur ordinaire du Roi par lettres patentes de 1758. Cette imprimerie comprend 6 presses ; on y remarque des caractères hébraïques. « Cet imprimeur, dit la note adressée au ministre (note passablement inexacte), est le premier qui se soit occupé en France de ce genre d'impression qui est digne de protection, ne pouvant qu'être utile aux sciences et aux arts, et singulièrement former une nouvelle branche de commerce dans cette ville et y retirer l'argent de l'étranger, par raison de disette où se trouve la nation juive des livres propres à l'exercice de la religion. »

DIVONA, voy. CADURCUM.

DIXMUDA, voy. DISMUDA.

DOADUM, THEODOADUM [Baudrand], THEODWADUM [Charta Pippini R. a. 835], DOVÆUM, *Doé*, anc. palais de Dagobert et des ducs d'Aquitaine, auj. *Doué*, ville de Fr. (Maine-et-Loire).

L'imprimerie exista-t-elle momentanément dans cette petite ville au commencement du XVIIᵉ siècle, ou le nom de lieu est-il supposé ? Nous ne saurions le dire, bien que nous penchions pour la première hypothèse ; mais nous connaissons : le *Rabelais réformé par les ministres et nommé par Pierre Du Moulin, ministre de Charenton, pour réponse aux bouffonneries insérées en son livre de la voca-*

tion des pasteurs. A Dové, de l'imprimerie de Firmin Ruffin, imprimeur et libraire juré, demeurant à la Colombe, 1620, in-8º, de 178 pp. Cette satire, dirigée contre le célèbre Du Moulin, ministre protestant, par le père Garasse, fut imprimée d'abord à Bruxelles en 1619.

DOBERANUM, *Doberan,* bourg du Mecklenburg-Schwerin; anc. abb. de Cîteaux.

DOBERUS [Plin.], Δόϐηρος [Thuc.], Δούϐηρος, Δήϐερος [Ptol.], ville du S. de la Macédoine, auj. *Palæokori,* dans le pachal. de Saloniki.

DOBRINIA, DOBRINUM, DEBRICINIUM, DOBRIZNUM, *Dobrzyn,* ville de Pologne (woiw. de Plock).

DOBROMILUM, DOBROMILIA, *Dobromil,* pet. ville de la Russie rouge (anc. Pologne), près de Premislaw.

Felix Herburtus, surnommé Dobromilski, établit une typographie dans cette ville en 1611, et en confia la direction à Jean Szeliga; les livres sortis de ses presses sont fort bien exécutés; nous citerons : *Stanislai Orichovii Annales.* Dobromili, 1611. « *Liber insignis et magna prudentia scriptus, sed rarissimo inventu,* » dit Vogt (*Cat. libr. rar.,* p. 506). Vendu 1 l. 2 sols, chez Colbert, nº 15173, avec un second ouvrage relié en maroquin; c'étaient les prix de 1728. — *Historia Polonica Vincentii Kadluboconis, episcopi Cracoviensis.* Dobromili, 1612, in-8 (Catalogue Baluze, nº 7829). Après 1615 Szeliga transporta son matériel de Dobromil à Jaroslaw, dans le cercle de Przemysl.

DOBUNNI, Δοϐουννοί [Ptol.], peuple de la Britannia Romana ; occupait le *Glocester-shire* et une partie des comtés de *Warwick* et d'*Oxford.*

DOCCOMIUM [Bert.], **DOCKCETUM, DOCCUMUM** [Zeiler], *Dockum, Dokkum,* ville de Hollande (Frise).

L'imprimerie fut introduite dans cette ville en 1772, dit M. Cotton, qui signale en outre les traductions en dialecte frison de trois pièces de Shakspeare, imprimées à Dokkum, en 1842.

DOCIDAVA, voy. DEBRECINUM; Reichard voit dans ce nom de lieu la ville de *Thorotzko.*

DODONA [Cic.], Δωδώνη [Hom.], ville de l'Épire (Molossis), avec un temple de Jupiter, sur l'emplacement actuel de laquelle les géogr. sont divisés : est-ce *Heloninon,* au S.-E. de Castritza, ou *Castritza* elle-même, dans l'Albanie infér.?

DOESBURGUM [Cell.], **DRUSIANA ARX** [Zeiler], *Doesburg,* ville de Hollande (Gueldre).

M. Cotton, dans son premier travail, applique à cette ville une note que l'origine de la typographie, que nous croyons devoir réserver pour *Duisburg* (voy. *Duysburgum*).

DOLA, *Deal,* ville et port du comté de Kent, en Angleterre.

Imprimerie en 1802.

DOLA [Cluv.], **DOLUM, DOLA BRITONUM,** *Do ,* ville de Fr. (Ille-et-Vilaine); anc. abb. et évêché.

Le premier imprimeur de Dôle est Julien Mesnier; son établissement dut fonctionner depuis le commencement du XVIIIᵉ siècle; son successeur fut Arnault Caperan, qui épousa sa veuve en 1759; il ne possédait qu'une presse.

L'imprimerie avait été supprimée par un arrêt du 12 mai 1759 dans les villes bretonnes de Dôle, Morlaix, Tréguier, Redon, Vitré et Saint-Pol-de-Léon; mais par tolérance on permit aux imprimeurs d'exercer leur vie durant.

DOLA SEQUANORUM [Cell.], anc. **DIDATTIUM,** Διδάττιον [Ptol.], **DOLUM,** ville des Sequani, dans la Gaule Belgique, auj. *Dôle,* ville de Franche-Comté (Jura); anc. université fondée en 1422 par Philippe le Bon; appart. à la France depuis le traité de Nimègue.

Le P. Laire (*Dissert. sur l'imprimerie contoise,* p. 39) cite comme premier livre imprimé à Dôle un volume que nous trouvons décrit par Panzer, et cette opinion a été acceptée par tous les bibliographes sans exception : *Les Ordonnances du Roy Louys XI,* *pour la comté de Bourgongne...* imprimé à Dôle le premier mai 1490, chez Pierre Metlinger ; on adoptant le titre de Panzer : *Ordonnances royaux de Louis constituées ès Parlement de Bourgogne en feburier* 1480. A Dôle, chez Metlinger, 1490, in-4. — Ce livre doit nécessairement exister, puisque un grand nombre de savants bibliographes ont donné le titre; mais, en somme, personne ne l'a décrit *de visu;* l'abbé de St-Léger, dans une lettre qu'il écrit au *Journal des savants,* à propos du *Supplément* qu'il venait d'ajouter à l'*Histoire de l'imprimerie* de Prosper Marchand, dit que le dernier jour de mai 1490 un Allemand du nom de Pierre Metlinger termina l'impression des *Ordonnances de Louis XI publiées au parlement de Salins* en 1482 et 1489; et il ne peut même en indiquer le format d'une façon exacte.

Ce livre peut donc et doit donc exister, mais il nous serait impossible d'en citer une adjudication et d'en signaler un exemplaire.

Pierre Metlinger alla dès l'année suivante à Dijon, ce qui prouve, dit M. Brunet, qu'il ne faisait pas de brillantes affaires à Dôle.

Un autre livre signalé par Maittaire, Pr. Marchand, Panzer, Laire et même Hain, nous laisse encore quelques doutes : ce dernier, dont l'autorité est considérable à cause de son exactitude, ne cite le volume que d'après ses devanciers: *Joannis Heberling Gammundiensis lectio declarativa super epidemiæ morbo.* Dolæ, 1492, in-4. En remontant à la source, il se trouve que Maittaire cite ce volume d'après Van der Linden, *De scriptis medicorum,* pp. 365 et 601. Nous ignorons quel est le degré de foi que l'on peut accorder aux assertions de ce bibliographe spécial, mais presque tout le monde parle de ce livre sous une forme dubitative, à l'exception de Laire, qui soutient bravement qu'il a encore été imprimé par Metlinger, à quoi Panzer répond : « *Petrum Metlingerum ann.* 1492 *impressisse Dolæ apud Sequanos asserit Laire Ind. II, p.* 413. *Quo fundamento? nescio.* »

Nous connaissons au XVIᵉ siècle à Dôle Nicolas Ravel en 1554, Jean Tarlot en 1577, à la fin du siècle Antoine Dominique; et en même temps que celui-ci Jean Poyvre et Ravoillot, qui, dans la préface d'un livre intit. : *Avis du Japon des années 1583 et 1584,* in-8, impr. par eux, se qualifient de *premiers imprimeurs de la ville de Dôle;* prétention que nous ne nous chargeons pas d'expliquer.

L'arrêt du conseil du 31 mars 1739 autorise un seul imprimeur pour la ville de Dôle; l'arrêt du 12 mai 1759 le confirme, et en 1764 le *Rapport* Sartines nous donne le nom de cet imprimeur : P. François Tonnet, possédant seulement deux presses.

DOLA, DOLUM, CASTRUM DOLENSE, *Deols* ou *Bourg-Dieux*, pet. ville du Berri (Indre); anc. abb. de S. Benoît, fondée en 917 et supprimée en 1623.

Ce fut probablement dans cette localité que naquit Alexander de Villa-Dei, et non point à Dol en Bretagne, ainsi que le suppose M. Bernard.

DOLA, la *Deule*, pet. riv. de Flandre, affl. de la Lys.

DOLIANUM, *Dogliani*, bourg piémontais de la prov. de Mondovi.

DOLIUM, *Deuil*; plusieurs localités de ce nom en France.

DOLOPIA, partie S.-O. de la Thessalie limitrophe de l'Étolie ; fait auj. partie de la Thessalie ottomane.

DOMA, *Domme*, bourg du Périgord (Dordogne).

DOMBENSIS PAGUS, OU PRINCIP., *le pays de Dombes*, formant une principauté dont Trévoux était la capitale ; auj. dépend du dép. de l'Ain.

DOMITIACUM, DONZEIUM, *Donzy*, pet. ville du Nivernais ; anc. cap. du *Donziois* (Nièvre).

DOMITIUM, *Dœmitz*, ville du Mecklenburg-Schwerin, sur l'Elbe.

DOMNA MARIA, DAMMARIA, *Dammarie*; plusieurs localités de ce nom en France.

DOMNA MARIA, DOMINA MARIA, *Donnemarie*, pet. ville de Belgique, près Mons (Hainaut).

Le curé de cette paroisse, possesseur d'un matériel d'imprimerie, qu'il exploite dans son presbytère, publie en 1750 ses poésies et quelques ouvrages de peu d'importance, surtout au point de vue littéraire ; il s'appelait Cottereau.

DOMNA MARIA, *Donnemarie*, bourg de Fr. (Seine-et-Marne).

DOMNI FRONS, voy. DONNIFRONS.

DOM(I)NUS APER, *Domévre-en-Haye*, bourg de Fr. (Meurthe).

DOM(I)NUS BASOLUS, *Dombasle*, localité du pays Messin, près Verdun (Meuse).

DOM(I)NUS MARTINUS, DOMUS MARTINI, *Dommartin*; plusieurs localités de ce nom en France, dont une anc. abb. dans le Pas-de-Calais et un bourg dans le dép. de la Marne.

DOMODUSCELLA, *Domo d'Ossola*, ville d'Italie, au pied du Simplon, sur le fl. Tosa (prov. de Novare).

DOMUS PETRI, DOMNUS PETRUS, *Dompierre*, bourg de Fr. (Allier); plusieurs autres localités en France portent ce nom.

DOMUS REMIGII, *Domrémy*, village de Fr., sur la Meuse (Vosges) ; patrie de Jeanne d'Arc (1412).

DONASTIENUM, S. SEBASTIANI FANUM, *S.-Sébastien*, *San Sebastian*, ville d'Espagne, sur le golfe de Biscaye (Guipuscoa).

Mendez cite cette ville parmi celles d'Espagne qui ont possédé une imprimerie ; et Falkenstein donne 1674 comme date de l'introduction de la typographie ; nous n'avons malheureusement aucun titre de livre à citer à l'appui de ces assertions.

DONAVERDA, DONAVERTIA, INSULA DANUBII [Fabri], *Donauwerth*, *Donawert*, ville de Bavière, sur le Danube, dans le cercle de Souabe, jadis ville impériale.

DONCANONIUM, *Duncannon*, bourg d'Irlande, (comté de Wexford).

DONCASTRIA, voy. DANUM.

DONCHERIACUM, DUNCHERIUM, *villa Dominicalis* [Charta Caroli Crassi], *Donchery*, sur la Meuse, ville de Fr. (Ardennes).

DONESCHINGA, *Donaueschingen*, bourg du gr.-duché de Bade (Donaukreis).

Kurze Geschichte des Gotteshaus Reinau. Donaueschingen, J. M. Mreth, 1775, in-fol.

DONINCUM, DONICUM, DULINCUM, DULINGIUM, *Doulens*, *Doullens*, ville de Fr. (Somme) ; anc. abb. de S. Ben.

Le 3 décembre 1794 seulement, la première presse fut inaugurée à Doullens, par M. Maurice Quinquenpoix, imprimeur et directeur de la poste aux lettres. Le 1er livre imprimé est intitulé : *Demande par les habitants de Doullens aux autorités de la ville, pour la réouverture de l'église Saint-Martin.* Imprimerie de Quinquenpoix, 1795. M. F. Pouy, dans ses *Recherches sur l'imprim.* de la Somme, cite plusieurs autres productions de cet imprimeur.

N'oublions pas de mentionner un livre fort rare d'un écrivain doullennais, oublié : *Livre de guerre tant par mer que par terre, et l'opération du feu Grégeois*, composé en 1543, par Jean Bitharne, canonnier ordinaire du Roy. Ce livre, presque inconnu, traite peut-être pour la première fois en France du terrible engin de guerre oriental, car L. Lalanne ne l'a pas mentionné dans ses *Recherches sur le feu Grégeois*. Il est à la Bibl. impériale (F. Colbert).

DONNIFRONS, DOM (I) NI FRONS, DONFRONTIUM, DANFRON, *Domfront*, ville de Fr. (Orne).

DONUM PETRI, DAMPETRA, *Dampierre-sur-Salon*, bourg de Fr. (Haute-Saône).

DORA BALTEA, DURIA MAJOR, la *Dora*, *Doria*, riv. du Piémont, affl. du Pô.

DORATUM, *Dorat*, pet. ville de la Marche (Haute-Vienne).

DORCÆ, voy. DROCÆ.

DORCESTRIA, DUNIUM, Δούνιον [Ptol.], DURNOVARIUM [Itin. Anton.], ville des Durotriges, dans la Britannia Romana, auj. *Dorchester*, ch.-lieu du comté de Dorset (Angleterre).

Will. Churchill y était établi libraire en 1664; mais, suiv. M. Cotton, l'imprimerie n'existe dans cette ville que depuis 1713, et le premier typographe s'appelait R. Gayland.

DORCESTRIENSIS COMITATUS, *Dorsetshire*.

DORCINIÆ CIV. [Cambden], *Dorchester*, bourg d'Angleterre (Oxfordshire).

DORDANUM, DURDANUM, DORDINGUM AD URBIAM, DORDINGA, *Dourdan-sur-Orge, Dourdan*, ville de Fr. (Seine-et-Oise); patrie de la Bruyère.

DORDONIA, voy. DURANIUS.

DORDRACUM [Cluv., Cell.], DORTRACUM [Bert.], DORTERACUM, DORDRECTUM, *Dort, Dordrecht*, ville de Hollande (prov. holl. mérid.).

M. Ternaux cite dans son *Supplément* un livre imprimé dans cette ville en 1518 : *Legatio magni imperatoris Indorum presbyteri Joannis ad Emmanuelem Lusitaniæ regem anno* 1513; *item de Indorum fide, ceremoniis et religione... interprete Damiano de Goes*. Dortraci, 1518, in-8. Il emprunte ce renseignement à David Clément (t. IX), ce qui explique la légère erreur qu'il commet; ce livre de Damiam de Goes, Portugais, né à Alemquer, fut imprimé pour la première fois à Louvain en 1532, pet. in-4, et après nombre de réimpressions, à Dordrecht, en 1618, et non pas 1518 (*Bibl. Lusitana*, I, p. 323).

Le Long, dans la *Bibl. sacra*, signale une édition hollandaise de la Bible, imprimée à Dordrecht, en 1571 : nous pensons encore qu'il y a erreur et que c'est de la Bible de 1581, publiée in-fol. avec cartes et fig. sur bois, qu'il a voulu parler.

En 1595 un imprimeur de Dordrecht, assez estimé, s'appelle Pieter Verhagen.

Du 13 novembre 1618 au 9 mai 1619 fut tenu dans cette ville un célèbre synode, qui fixa définitivement les bases et le rituel de la religion réformée : les livres saints publiés postérieurement sont déclarés pour la plupart conformes aux formules adoptées par le synode de Dordrecht.

En 1665, on peut signaler l'imprimerie particulière de Junius, qui donne la première édition des *Fragments d'Ulphilas : Quatuor Evangeliorum versiones perantiquæ duæ, gothica scilicet et anglo-saxonica, edidit Fr. Junius.* Dordrechi, typis et sumptibus Junianis, 1665, 2 part. en un vol. in-4.

DOREGNAL, lieu d'impression supposé.

Factum pour les religieuses de Ste-Catherine-lès-Provins contre les PP. Cordeliers (par Alexandre Varet). Doregnal, Dierick-Brænen, 1679, in-12. Cette pièce est imprimée avec les caractères elzéviriens d'Amsterdam.

DORIS [Plin., Mela], ἡ Δωρίς [Hérod., Str., Ptol.], anc. DRYOPIS, Δρυοπίς [Hérod.], la *Doride*, prov. de Grèce, entre la Phocide et la Thessalie, habitée par les *Doriens*, DORES, Δωριεῖς [Thucyd.], qui s'emparèrent de la plus grande partie du Péloponnèse ; fait auj. partie du dioc. de Phocide.

DORISCUS [Liv., Plin.], Δορίσκος [Hérod.], chât. de Thrace, auj. *Tusla*, dans la plaine de *Bumigik* (Δορίσκος πεδίον) à l'O. du Maritza, dans la Roumélie orientale.

DORKING, pet. ville d'Angleterre, dans le comté de Surrey.

Un livre imprimé en 1789 est souscrit au nom de cette ville : *Edwards' Tables of distance in the county of Surrey.* Dorking, 1789, in-4. (*Cottons' Suppl.*)

DORMANUM, *Dormans*, pet. ville de Champagne (Marne) ; anc. comté.

DORMUNDA, DORTMUNDA, voy. TREMONIA.

DORNACUM, *Dornach, Dornegg*, village de Suisse (cant. de Soleure).

DORNBURGUM [Fabric.], *Dornburg*, pet. ville de Saxe-Weimar, au N.-E. d'Iéna.

DORNOCUM, DORNOTUNUM, *Dornock*, ch.-lieu du comté de Sutherland, en Écosse.

DOROBERNIA, voy. DUBRIS.

DOROMELLUM [Aimon., Frédég.], *Dormelles-sur-Orvanne*, bourg près Montereau (Seine-et-Marne) ; bâti en 600.

DOROSTOLUM [Itin. Anton.], DUROSTORUM [Tab. Peut.], Δουρόστορον, Δουρόστολον [Ptol.], DOROSTORUS [Ammian.], Δορόστολος [Procop.], Δορύστολον ἡ νῦν Δίστρα [Aposp. Geo.], DOROSTENA [Jornand.], ville de la Mœsie infér., sur le Danube, auj. *Silistrie, Silistri, Dristra*, ville forte de la Boulgarie ottomane, ch.-lieu d'un pachalik.

DOROVERNUM, voy. CANTUARIA.

DORPATUM, voy. DERPATUM.

DORSETIA, DORCESTRIENSIS COMITATUS, *le comté de Dorset*, en Angleterre.

DORSTA, *Dorsten*, ville de la régence de Münster en Westphalie (Prusse).

DORTANUM, *Dortan*, bourg du Bugey (Ain).

DORTICUM [Itin. Anton.], Δορτικόν [Ptol., Procop.], ville de la Mœsie supér., auj. *Deçz*, près Blaska, dans la Boulgarie ottomane.

DORTOSA, voy. DERTOSA.

DOTECUM, *Deutichem*, ville de Hollande (Gueldre).

DOUSIACUM, voy. DICIACUM.

DOVÆUM, voy. DOADUM.

DOVARNENA, *Douarnenez*, ville et port de Fr. (Finistère) ; sur la grande rade du même nom.

DRABESCUS, Δραβῆσκος [Thucyd., Strab.], DARAVESCUS [Tab. Peut.], ville de la Macédoine (Edonis), auj. *Dhrama*, sur le golfe d'Orphano, dans le pach. de Saloniki.

DRACENÆ, DRACENUM, *Draguignan*, ville de Fr., ch.-lieu du Var.

Nous ne pouvons faire remonter l'imprimerie dans cette ville qu'aux premières années du XIXᵉ s.

DRACO, le *Dragone*, riv. du Napolitain, affl. du Sarno.

DRACOMONTIUM, TRACHENBERGA, *Trachenberg*, ch.-l. de la princip. de ce nom, dans la Silésie prussienne (rég. de Breslau).

DRACONERIUM, *Dronero*, ville du Piémont (prov. de Coni).

DRACONIS MONS, *Montdragon*, bourg de Provence, sur le Rhône (Vaucluse).

DRACUS [Cell.], le *Drac*, riv. du Dauphiné, affl. de l'Isère.

DRAGAMUNTINA, TRAVEMUNDA, *Travemunde*, pet. ville située à l'embouchure de la Trave, dans la Baltique, près de Lubeck.

DRAHONUS FL., DRACHONUS [Auson.], *Drone* (*Traen*), affl. de la Moselle, dans la rég. de Trèves.

DRAUDACUM [Liv.], ville des Penestæ, dans l'Illyrie grecque, auj. *Dardasso*, au S.-O d'Ochrida (Reichard).

DRAVOBURGUM [Zeiler], *Ober-Draburg*, bourg d'Illyrie, dans l'Unter-Kärnthen (cercle de Klagenfurt).

DRAVUS [Plin., Jornand.], Δράβος [Strab.], Δάρος [Ptol.], DRAVIS [Geo. Rav.], la *Drave*, *Drau*, riv. des États autrichiens, affl. du Danube.

DRENTIA, DRENTHIA, le *Drenthe*, prov. de Hollande.

DREPANUM [Virg.], τὸ Δρέπανον [Ptol., Polyb.], DREPANA [Liv., Plin.], τὰ Δρέπανα [Polyb.], PORTUS TRAPANUM [Chron. B. Dion.], *Trapani*, ville de Sicile (val di Mazzara).

C'est à l'année 1682 seulement que nous faisons remonter l'imprimerie à Trapani : *Bagnuoli (Giulio Cesare)*, l'*Aragonese, tragedia*. Trapani, 1682, in-4 (cat. Pinelli).

En 1684 nous avons : *Antonio Ansaldi, i Sogni di Euterpe, saggio primo*. Trapani, presso Giuseppe Barbera, 1684, in-12; et en 1685, *Il trionfo della Costanza, spiegato nel Martino dell' invittissimo levita Lorenzo, dialogo...* Trapani, presso il suddeto, 1685, in-4.

Melzi, qui cite ces deux volumes, nous apprend qu'ils ne sont pas d'Antonio Ansaldi, mais de son frère *Gerardo Ansaldi*, de l'ordre des frères Mineurs.

DREPANUM PROM. [Plin.], entre MESSANA et TAUROMENIUM, auj. *Capo di S. Alessio* ou, suiv. Reichard, *Capo Grosso*, sur la côte E. de Sicile. = Δρέπανον Ἄκρον [Strab.]; cap d'Achaïe, auj. *Capo Dhrepano*, en Morée (Leake). = Δρέπανον Ἄκρον [Ptol.],

cap de l'île de Crète, auj. *Punta di Trapani*, sur la côte N.-O. de Candie.

DRESDA [Cluv., Cell.], *Dresden*, *Dresde*, sur l'Elbe, cap. du roy. de Saxe.

Cette ville, qu'on a surnommée l'*Athènes* de l'Allemagne, possède une bibliothèque considérable, l'une des plus précieuses galeries de tableaux du monde, une académie de peinture et de sculpture, etc. : sa manufacture de porcelaine, si célèbre au XVIIIᵉ s., a été transférée à Meissen.

L'imprimerie remonte à Dresde à l'année 1520 environ ; Jérôme Emser, célèbre adversaire de Luther, paraît être le promoteur de la typographie, et Wolffgang Stöckel le premier typographe de cette ville. Nous citerons, d'après Riederer, *Nachrichten*, I, pp. 195-206, Graësse, II, p. 471-72, la *Biblioth. Rebdoriana*, etc. : *Hier. Emsers bedingung auff Luters ersten widerspruch*. Dresden, idibus novembris, 1521, in-4. de 14 ff.

Un pamphlet plus célèbre du même auteur : *De venatione Lutheriana Ægocerotis assertio, cum præfat. ad Martinum Lutherum*, imprimé avec les mêmes caractères, mais sans nom de lieu, doit avoir précédé la pièce que nous venons de citer; il est daté de 1520 ; et peut-être convient-il d'attribuer aux mêmes presses une pièce à la date de 1519 : *Joh. Eccii pro Hieronymo Emser contra malesanam Lutheri venationem responsio*, s. l., 1519, in-4.

Verantwortung auff das Ketzerische buch Andres Carolstats von abthueung der bilder (Dresden, 1522), in-4. 32 ff.

A l'appui d'une lettre de l'abbesse Charitas Pirkheimer, de Nuremberg, qui se lamentait des foudroyants progrès que faisait l'hérésie dans la ville, Emser fait imprimer : *Entschuldigung von wegen der Ehrwürdigen domina der Abtissin zu Nurrnberg* (Dresden, 1523), W. Stöckel, in-4. de 3 ff.

Ce W. Stöckel avait son imprimerie principale à Leipzig et une grande partie des ouvrages qu'il publia à Dresde sont souscrits également au nom de cette ville.

Nous citerons encore deux volumes qui furent longtemps célèbres; d'abord une défense des canons de la Messe contre Ulrick Zwingle. Dresden, 1524, 31 ff. in-4. — Sur le titre, en rouge et noir, le pape, au milieu de ses cardinaux, célèbre la messe ; au second f. la dédicace d'Emser à Albert de Brandebourg, cardinal-archevêque de Mayence ; puis la *defensio Missæ* sous forme de dialogue entre Zwingle et Emser lui-même ; puis ce sont des annotations critiques et satiriques d'Emser sur la nouvelle version du Nouveau Testament de Luther, publiées à Dresde en 1524, in-8 de 37 ff., et réimpr. en 1527 in-fol.

Plusieurs de ces pamphlets, aujourd'hui rarissimes et recherchés en Allemagne (*Omnia Emseri scripta perrara sunt*, Th. Sinceri *neue Nachricht*), sont décrits avec soin dans le catal. de la bibliothèque des chanoines de Rebdorf; les titres sont presque toujours imprimés en rouge et noir, et beaucoup sont entièrement écrits en latin. Sur l'un d'eux on lit :

Tetrastichon Emseri.

Si pro Martino Marium quis dixerit, errat
　　Nomine, re quadrat, seus uterque, minax.
Hostis vterqz patrum vehemens, popularis vterqz
　　Audax, et promptus, seditiosus, atrox.

Voilà comme les défenseurs de la papauté entendaient la polémique en l'an de grâce 1524.

DRESSENIUM, DRIESENA, DRESENA, *Driesen*, ville de Prusse (rég. de Frankfurt).

Nous trouvons dans la *Biblioth. saxon.* de Struve trace d'imprimerie dans cette ville au commencement du XVIIIᵉ siècle : *Jo. Georg. Reinhardi antiquitates marchionatus, ut et origines landgraviatus Thuringici Hermanni I et II ex stemmate comitum Winceburgicorum ante tempora Ludovici III landgravii Thuringiæ adserta et ad ma-*

jorem Thuringicæ historiæ illustrationem expositæ. Dresenæ, 1713, in-4.

DREVUM, *Dreve*, bourg du Nivernais ; anc. chât. (Nièvre).

DRIBURGUM, *Driburg*, ville de Prusse (rég. de Minden).

DRILO [Plin.], Δρίλων [Strab., Ptol.], DRINUS ALBUS ou NIGER [Cluv.], fleuve de l'Illyrie romaine ; tombe dans l'Adriatique ; auj. *Drin, Drino-Bianco*, fl. de Bosnie. = Le *Drino-Negro*, fl. de Roumélie, se perd dans le lac d'Ochrida.

DRINOPOLIS, *Drinovar*, bourg de Servie, dans une île du Drino.

DRINUS [Cluv.], Δρεῖνος [Ptol.], *Drilo Minor*, [Cell.], riv. d'Illyrie, auj. le *Drina*, affl. de la Save.

DROCÆ, DROCUM [Thuan. *Hist.*], DORCÆ, DRUODORUM, DUROCASIS [Itin. Anton.], DUROCASSIUM [Tab. Peut.], FANUM DRUIDUM (?), DORCASINUM CASTRUM, ville de la Gaule Lyonnaise IV, anc. cap. des Durocasses, auj. *Dreux*, ville de Fr. (Eure-et-Loire).

DROCENSIS COMITATUS, DUROCENSIS, le *comté de Dreux* : on trouve aussi *Comes Druidum*.

DROGHDÆA, DROGEDA, PONTANA [Camden], *Drogheda, Tredagh* (en irland.), ville d'Irlande (comté de Louth).

Le récit du siége de cette ville fut écrit en 1641 par sir Henry Tichborn et imprimé à Drogheda même en 1772 ; Charles Evans dirigeait un atelier typographique en 1791 ; nous citerons de cet imprimeur : *Hints for providing residences for the Parochial clergy of Ireland*. Drogheda, 1791, in-4.

DROMARIA, DRUMORIA, *Dromore, Drummore*, ville d'Irande (prov. Ulster).

DROMOS ACHILLEOS [Mela, Plin.], Δρόμος Ἀχιλλῆος ou Ἀχιλλέως [Ptol., Strab.], dans la Sarmatie européenne, auj. *Rossa Dscharigatsch*, dans la steppe des Nogaïs, suiv. Bisch. et Möll., ou *Tendere*, suiv. Forbiger.

DRONTHEMIUM, voy. HIDROSLA.

DRUBETIS [Tab. Peut.], Δρουφηγίς [Ptol.], ville de Dacie, auj. *Krajowa*, en Valachie, suiv. Bisch. et Möll., et *Drivicza*, suiv. Forbiger.

DRUENTIA [Liv., Plin.], ὁ Δρουεντίας [Strab.], ὁ Δρουέντιος [Ptol.], la *Durance*, riv. de Fr., affl. du Rhône.

DRUNA [Auson.], DRUMA, la *Drôme*, riv. de Fr., affl. du Rhône.

DRUODORUM, voy. DROCÆ.

DRUSIANA ARX, voy. DŒSBURGUM.

DRUSIANA URBS, FRAUENBURGUM [Zeiler], *Frauenburg*, pet. ville de Prusse (rég. de Königsberg).

DRUSIPARA, DRUZIPARA [Itin. Anton.], Δρουσιπάρα [Ptol.], DRIZUPARA [Itin. Hier.], Δριζίπαρος [Suid.], ville de Thrace, auj. *Karistran*, dans le pach. d'Andrinople, suiv. Reichard,

DRUSOMAGUS, voy. MEMMINGA.

DRYMACA [Liv., Plin.], Δρυμαία [Paus.], Δρομία [Hérod.], ville de Phocide, dont les ruines se voient encore à *Oglunitza*, près de Klunista, dans le dioc. de Phocide.

DRYOPIS, anc. nom du pays des Doriens, voy. DORIS.

DRYOPIS, voy. CYTHNUS.

DUACA GALLICA [Camden], GALLIVENSIS COMIT., le comté de *Gallway, Galloway*, en Irlande (Connaught).

DUACUM [Cell., Zeiler], CATUACUM [Cell., Cluv.], DUACUM CATUACORUM, ADUATICORUM OPPIDUM, *Douay, Douai*, ville de Fr., sur la Scarpe (Nord).

Cette ville célèbre n'appartient définitivement à la France que depuis le traité d'Utrecht. M. H.-R. Duthilleul s'est fait l'historien de la bibliographie douaisienne : son université, fondée par le roi d'Espagne en 1562, fut nécessairement suivie de l'établissement d'une typographie, indispensable complément des études scolaires. Mais un document que nous fournit le *Catal. des foires de Francfort* (a. 1592, p. 383) nous porte à croire que l'installation de Jean Bogard, ou Jean Boscard, le premier imprimeur de Douai, avait précédé l'établissement de l'université de HUBERTI RUDOLPHI *Cisterciensis ordinis presbyteri oratio ad Alexandrum Farnesium Parmæ et Placentiæ Ducem de rebus ab ipso in Belgio gestis*. Duaci, apud Joannem Bogardum, 1561, in-8. Ce serait là, selon nous, le premier livre imprimé à Douai, et l'établissement dans cette ville de Jean Bogard, imprimeur à Louvain, s'expliquerait par l'appel fait par les moines de l'abbaye de N.-D.-des-Prés, appel à l'obéissance duquel la toute-puissante intervention d'Alexandre Farnèse aurait pu n'être pas restée étrangère.

Le livre cité par M. Duthilleul à la date de 1563 est celui-ci : *Bref recueil et récit de la solennité faicte à l'entrée et consécration de l'université faicte et erigée en la ville de Douai, en Flandre, par le très-catholique et très-vertueux prince Philippe, roy d'Espagne, conte de Flandre... le v d'octobre l'an* M CCCCLXII. Douay, de l'imprimerie de Jean Bogard, 1563, pet. in-4, de 6 ff. non chiffrés, impr. en lettres rondes.

La même année nous avons : *Mémoire lamentable sur le trépas de Françoys de Lorraine, Duc de Guise*, in-8 (*Catal.* Secousse, n° 2020).

Nous devons signaler un imprimeur du même nom établi à Paris en 1541, Jacques Bogard. Nous ignorons quel degré de parenté l'attachait à notre Jean Bogard ; mais il eut aussi un établissement à Douai, et sa veuve lui succéda vers 1588 : nous avons effectivement : *Généalogie et descente de la maison de Croy*, par Jean Scohier. Douay, veuve Jacques Boscard (ou Bogard), 1589, in-fol. blasons (à l'Arsenal).

Presque simultanément un second imprimeur s'établit à Douai ; c'est Loys de Winde, qui donne en 1564 le Προγνωστιχόν de l'archevêque de Tolède, D. Julianus, dont le ms. était conservé à Corbie (D'Ach. *Spicil.*), et dont la première édition avait été donnée à Leipzig, par Michel Blum, 1536, in-4. Celle de Douai fut publiée « *auspiciis et opera Boethii Eponis Belgæ doctissimi qui tamen ignorasse mihi videtur superiores editiones*, » dit Antonio (Hisp. vetus, I, 414).

Puis vient la · famille des Beller ou Bellère, qui rayonne sur toute la Flandre ; Jean et Balthazar à Douai ; le premier souscrivant également des livres imprimés à Bruxelles, à Anvers et à Arras, et dont l'imprimerie est spécialement consacrée à l'exécution des livres espagnols : nous avons encore Gaspard et Pierre Bellère à Anvers ; le second imprime également à Bruxelles; enfin, à la fin du XVIIe siècle, nous trouvons encore un Pierre Beller à Anvers.

Parmi les autres imprimeurs de Douai aux XVIe et XVIIe s., nous citerons : Pierre Auroy, dont le petit-fils Amable Auroy s'établit à Paris à la fin du XVIIe siècle ; Franc. Fabri, Marc Wyon, Pierre Borremans, Guill. Beaulieu, G. Pinchon, Pierre Telu et sa veuve, etc.

Commelin, le célèbre imprimeur d'Heidelberg, était de Douai : il mourut en 1595.

L'arrêt du conseil du 21 juillet 1704 ne parle point de la ville de Douai, bien qu'elle eût été prise par les armées françaises en 1667, et reprise par les alliés seulement en 1710 ; mais celui du 31 mars 1739 fixe à quatre le nombre des imprimeurs qui pouvaient y exercer ; ce chiffre donne une idée exacte de l'importance littéraire de cette ville, puisqu'il n'y avait alors que neuf villes dans le royaume qui eussent le droit de conserver quatre imprimeurs et sept seulement, y compris Paris, qui pussent en avoir un plus grand nombre.

Le *Rapport* fait au ministre de la police Sartines nous donne le nom de ces imprimeurs en 1764 : Jacques-François Witterwald ou Witterval, reçu en 1724 imprimeur de la ville, possédant cinq presses ; Antoine-Séraphin Derbaix, la veuve Leclercq et Lebrun ; ces trois derniers, il est vrai, avaient été supprimés par un arrêt de 1759, avec faculté d'exercer seulement leur vie durant.

Duba, **Dubena** [Zeiler], **Thebæ Saxonicæ** [Ph. Melanchth.], *Düben*, ville de Prusse, dans la rég. de Merseburg.

Dubis [Cæs., Plin.], Δούβις [Strab., Ptol.], **Dova** [Frédég.], le *Doubs*, riv. de Fr., affl. de la Saône.

Dublinensis comitatus, *le comté de Dublin*, en Irlande (Leinster).

Dublinum [Camd., Brit.], **Dublinia**, **Dublinium** [Cell.], **Eblana** [d'Anville], *Atha-Cliath* (sur les livres irlandais), *Ballana-Cleib* (en erse), *Dublin*, cap. de l'Irlande.

Université fondée par la reine Élisabeth en 1591. L'introduction de l'imprimerie a précédé à Dublin la fondation de l'université ; le plus ancien livre connu remonte à 1551, et le premier imprimeur s'appelait Humphrey Powell : THE BOOKE OF COMMON PRAYER... Dubliniæ, in, officina Humphredi Powell, 1551, in-fol. Put forth at the commandment of Sir Anthony St-Leger, Lord Deputy, etc. De beaux exemplaires de ce livre excessivement rare et précieux sont conservés dans la bibliothèque de l'*Emmanuel College* à Cambridge, et dans celle de *Trinity College* à Dublin ; c'est une réimpression de l'édition de Whitchurch, de 1549, et la souscription porte : *Imprinted by Humfrey Powell, printer to the Kynges Maieste, in his Hyghnesse realme of Ireland,*

dwellinge in the citee of Dublin in the great toure by the Crane, cum privilegio ad imprimendum solum, anno Domini M. D. L. I.

Powell, dit M. Cotton, auquel nous empruntons ces détails, continua à exercer à Dublin pendant au moins quinze ans, mais il changea de demeure et vint se fixer dans *St-Nicholas street.*

L'imprimerie en caractères irlandais fut exercée dans cette ville à partir de 1571, par N. Walsh et John Kearney ; celui-ci est l'auteur d'un catéchisme qui fut imprimé en cette même année 1571, et qui passe pour être le premier livre irlandais exécuté en Irlande : un exemplaire de ce rare volume, que ne cite pas Lowndes, est conservé à la Bodléienne, mais il manque au British-Museum.

Dubris [Cluv.], **Dubræ** [Not. imper., Tab. Peut.], **Portus Dubris** [Itin. Ant.], **Dovera**, **Dovoria**, **Dovere**, *Dover*, *Douvres*, · ville d'Angleterre (comté de Kent).

L'imprimerie ne remonte en cette ville qu'à l'année 1801 (*Cotton's Suppl.*).

Dubrovojanina, *Dubrovniku*, pet. ville de Dalmatie.

La bibliographie dalmate nous fournit l'indication suivante : *P. G. Bassich. Besjedde Duhovna oza Bernarda, Zuzzeri Dubrovojanina drucbe Jesus-sove recene prid scrupsctinom dobre smerti u Zerkvi S. Ignazia u Dubrovniku.* — U Dubrovniku, 1793, po Andrii Trevisan, in-4. A ce livre est jointe une traduction italienne : *Breve ragguaglio della vita del P. Bernardino Zuzzeri della Compagnia di Gesù, descritta.*

Bernardino Zuzzeri naquit à Raguse en 1683 et mourut à Rome en 1762. Andrea Trevisano était imprimeur à Raguse.

Ducium, *Ducy*, bourg de Normandie (Calvados).

Duclarum, *Ducler*, bourg de Normandie (Seine-Inférieure).

Dudellivilla, *Doudeauville*, village de Fr. (Pas-de-Calais) ; anc. abb. d'Augustins.

Duderstadium [Zeiler], *Duderstadt*, ville de · Hanovre (prov. de Göttingen).

Imprimerie en 1675 ; le premier typographe s'appelle Johann. Westenhoff; voici le titre du premier volume sorti de ses presses, que nous fournit la *Bibl. saxon.*, et que possédait Colbert (*Cat.* n° 15150) : *Joh. Mauritii Gvdeni (Erfurtensium Jureconsulti et consiliarii Mogvntini) Historia Erfurtensis ab Urbe condita ad reduciam*, *libri* IV. Duderstadii, Joh. Westenhoff, 1675, in-8.

Dudley, ville d'Angleterre, dans le comté de Worcester.

On y voit les ruines pittoresques d'un ancien château, dont une description fut publiée dans la ville même en 1794, par un imprimeur du nom de John Rann.

Duellium, **Duella**, **Tuela**, *Hohentwiel*, chât. de Suisse, près Schaffhausen.

Duerstadium, voy. **Batavodurum**.

Duesma, **Dusma**, *Duesme*, anc. bourg de Bourgogne, qui a donné son nom au *Duesmois*, **Duesmensis pagus** (Côte-d'Or).

Duglasium, *Duglass*, *Douglas*, ville d'Angleterre, sur la côte E. de l'île de Man, dont elle est la capitale.

Cette ville avait deux imprimeries fonctionnant en 1798; on peut faire remonter à 1769 l'introduction de la typographie dans l'île; mais il ne paraît point, d'après les titres des livres exécutés pendant cette période, qu'ils soient sortis des presses de Douglas; dans les premières années du XIXᵉ siècle parut dans cette ville: *the Isle of Man, weekly gazette*.

DUILLIUM (?), *Duilliers, Dulliers*, terre seigneuriale, dans la commune de Prangin, au pays de Vaud (Suisse).

Nous empruntons à l'excellent livre de M. Gaullieux, sur la typographie genevoise, les détails suivants:

En 1668 l'imprimeur Jean Hermann Widerhold fut reçu bourgeois de Genève « moyennant 50 écus, un mousquet assorti pour l'arsenal et un seillot, » dit le Journal des bourgeois.

A la même époque deux frères, natifs de Chiavenna et réfugiés à Bâle pour cause de religion, Jean-Christophe et Nicolas Fatio, s'étaient rendus acquéreurs de la terre de Duillier, dépendant de la paroisse de Prangin, dans le canton de Vaud; ils y appelèrent de Genève Jean Widerhold qui installa une imprimerie laquelle fonctionna à partir de 1675. Le premier volume sorti de ces presses particulières fut un dictionnaire italien-français, français-italien et latin-français-italien, en 3 vol. in-8. Mais le succès littéraire de cette typographie fut la production en 1680 de la célèbre édition originale du *Dictionnaire de Richelet*, en 2 vol. in-4, qui porte: *Genève*, mais fut certainement exécutée au château des frères Fatio. Quant à l'anecdote de 1500 exempl. du dictionnaire saisis et brûlés par la communauté des libraires de Paris, par suite d'introduction clandestine en France, et de la mort de Widerhold, qui aurait été la conséquence du chagrin qu'il aurait éprouvé de ce désastre; enfin du coup de poignard donné au dénonciateur, le libraire Simon Bernard, de Paris, tout cela est un pur roman dont M. Libri a eu le tort de se faire sinon l'éditeur, du moins le reproducteur. On a de Widerhold des éditions bien postérieures à ces événements imaginaires.

L'imprimerie de Duillier contrefaisait les éditions des Elzevirs et reproduisait leur Sphère et quelques-uns de leurs fleurons; il fut même condamné à cent écus d'amende pour ce fait par le conseil, et censuré plusieurs fois pour cause d'impression clandestine de livres de dévotion catholiques.

DUINA, **DUNA** [Baudrand], *la Düna, Dwina, Dvina*, fl. de Russie; se jette dans le golfe de Livonie.

DUISBURGUM, **DUYSBURGUM CLIVORUM**, **DUICZIBURGUM**, *Duisburch, Duisburg*, ville de la Prusse Rhénane (Clèves-Berg).

Nous faisons remonter l'imprimerie à 1585, c'est-à-dire à une date antérieure à celle que citent les bibliographes. Le géographe Gerhard Mercator de Rupelmonde, qui avait fait imprimer ses premiers ouvrages à Anvers, à Cologne et à Bâle, confia à partir de 1585 tous ses ouvrages à un imprimeur qu'il avait déterminé à venir s'établir à Duisbourg, où lui-même résidait à cette époque: *Galliæ tabulæ geographicæ*. Duysburgi Clyuorum, 1585, in-fol. — *Galliæ totius geographica descriptio appositis gradibus longitudinis et latitudinis*, ibid., 1586, in-fol. — *Germaniæ totius descriptio geographica, appos. gradibus long. et lat.* ibid., typis æneis, 1586, in-fol. — *Cosmographi ducis Juliæ, Italiæ, Slauoniæ et Græcæ tabulæ geographicæ*, ibid., 1589.

Du même auteur Le Long cite un ouvrage théologique à la date de 1592 que Falkenstein veut probablement désigner, puisque c'est là la date qu'il assigne à l'introduction de la typographie à Duisburg, et que nous trouvons également au catal. Du-

bois (p. 11, nᵒ 216), *Ger. Mercatoris, harmonia quatuor evangelistarum*. Duisb. Clivorum, 1592 in-4.

DUISBURGUM GUELDRORUM, **TUISCOBURGUM**, *Doesburg, Doesberg*, ville de Hollande, au confluent des deux Yssel (Gueldre).

DUITIUM, voy. DIUZA.

DULCIS VALLIS, *Vadutz*, bourg et château dans la vallée du Rhin, attenant au canton des Grisons.

DULECUM DAMLIAGUM [Camden], *Duelecke, Duleck*, bourg d'Irlande, dans le comté d'Eastmeath (Leinster).

DULGIBINI [Tac.], Δουλγούμνιοι [Ptol.], peuple de la Germanie, habit. le territoire de Paderborn, sur le Weser.

DULICHIUM INS. [Ovid., Virg., Mela], Δουλίχιον [Homer., Strab.], île de la mer Ionienne, l'une des Echinades, au S.-E. d'Ithaque, auj. *Curzolari*, l'une des Ioniennes.

DULINCUM, voy. DONINCUM.

DULMENSIS PAGUS [Ann. Hincm. Rem.], le *Dormois*, pet. prov. de Champagne « *ubi vicus Sindunum ad Axonam, Senuc* » [Pertz].

DULOPOLIS, Δουλόπολις [Steph., Suidas], ville de l'île de Crète, dans le S.-O., auj. *Sklavopula*, suiv. Forbiger.

DUMBÆ, **DUMBENSIS** ou **DUMBARUM PRINCIPATUS**, la *principauté de Dombes*, en Bourgogne, ch.-l. *Trévoux*; fait auj. partie du dép. de l'Ain.

DUMBARUM [Buchan.], *Dunbar*, bourg du S. de l'Écosse, dans le comté de Haddington; célèbre par la victoire de Cromwell, en 1651.

George Miller y avait établi une imprimerie au commencement du siècle; ce fut là que parut pour la première fois en 1812 *The cheap Magazine*.

DUMBLANUM [Buchan.], *Dumblain*, pet. ville d'Écosse, dans le comté de Perth.

DUMBRITONIUM, voy. BRITANNODURUM.

DUMIA, *Dume*, bourg de Portugal, près Braga (Minho).

DUMMERA, *der Dummersee*, lac de Westphalie, entre Munster et Osnabrück.

DUMMA INS., Δούμνα [Ptol.], île de la Britannia Barbara, auj. *Hay-Island*, l'une des Shetland.

DUMNISSUS [Auson.], **DUMNO** [Tab. Peut.], ville des Treveri, dans la Gaule Belgique, auj. *Densen*, près Kirchberg, ville de Prusse (rég. de Coblenz).

DUMNONII, Δουμνόνιοι [Ptol.], voy. DAMNONII.

DUMNONIUM PROM., voy. DAMNONIUM.

DUMNUS, DUMNISSUS, *Daun*, bourg du bas Palatinat.

DUNA, voy. DUINA.

DUNELMENSIS COMITATUS, *the Durhamshire* (Angleterre).

DUNELMUM [Camden], DUNELMIA, DUREMUM, DUREM [Froissard], *Durham*, ville d'Angleterre, sur le Wear, ch.-lieu du comté de ce nom.

Le *Catal. Rich. Heber* (part. II, n° 1809) nous donne le titre d'un livre imprimé dans cette ville en 1733 : *Durham cathedral as it was before the dissolution of the monastry.* Durham, 1733, in-12.
A la fin du siècle une imprimerie particulière fonctionna à Durham (Martin. *Cat. of Broks privat. printed*, p. 90) : *A Catalogue of the library at Bamburgh castle, in the county Northumberland, divided in three alphabet. parts : english, latin, french and other modern languages, published by order of the trustees of the estates of the right Hon. Nathanael, late lord Crewe, and lord Bishop of Durham.* — Durham, printed by L. Pennington, 1799, in-4 de 60 pp.

DUNENSIS COMITATUS, *comté de Down*, en Irlande (Ulster).

DUNENSIS TRACTUS, DUNENSIUM PAGUS, le *Dunois*, anc. comté de France, dont Châteaudun était le chef-lieu (Eure-et-Loir).

DUNESTABULA (?) *Dunstable*, ville d'Angleterre, Bedfordshire. (Voy. MAGIOVINIUM.)

En 1801, J. W. Morris, imprimeur à Clipstone, transporta son matériel typographique à Dunstable et s'y établit définitivement.

DUNESTORIUM CASTRUM, *Dunster*, bourg d'Angleterre dans le comté de Sommerset.

DUNFREJA, DUMFREGA, *Dumfries*, ville d'Écosse, chef-lieu du comté du même nom, DUNFREJENSIS COMITATUS.

Le poëte Robert Burns résidait dans cette ville et y mourut. L'imprimerie peut être reportée à l'année 1718 : *Peter Rae's history of the late rebellion raisen against His Majesty by the Friends of the Popish pretender*, etc. Dumfries, 1718, pet. in-4. (Abbotsford library, cat. p. 18). Cet ouvrage est cité par S. Walt. Scott dans la préface de *Rob-Roy*, et dans les *Tales of a Grandfather*.
Le premier journal de Dumfries apparaît en 1750.

DUNGALENSIS COMITATUS, le *comté de Donegal*, en Irlande (Ulster).

DUNI, Δοῦνοι [Ptol.], peuple de la Germanie, habit. le territoire de *Liegnitz*, en Silésie.

DUNI CASTRUM, voy. DUNUM.

DUNIUM, voy. DORCESTRIA.

DUNKERANUM, *Dundalk*, ville du comté de Louth, en Irlande (Leinster).

L'imprimerie ne date en cette ville que du siècle ; le plus ancien typographe (1808) s'appelait Parks.

DUNKERCA, DUNIKERKA, DUNQUAERCÆ, *Dunkerque*, *Dünkirchen*, *Dunkerk* (église des Dunes), ville de Fr. (Nord) ; c'est le seul port français sur la mer du Nord.

Aussitôt après la réunion de cette ville à la France, en 1662, l'imprimerie y fut introduite par un Flamand nommé Ian Weins, dont la famille partagea, avec celle des Laurenz, le monopole de l'imprimerie pendant plus d'un siècle ; nous ne pouvons citer le nom du premier livre imprimé. Un livre rare imprimé dans cette ville au XVIIe s. est cité au catal. Floncel : *Servitio che l'Infanteria deve fave giornalmente al campo con l'esercitio dell' armi, secondo M. d'Artaignan, messo in italiano per l'uso del regimento straniere di Mouront.* Dunkerque, 1699, in-12.
La typographie dut avoir une certaine importance à Dunkerque, puisque les arrêts du 21 juillet 1704 et du 31 mars 1739 décidèrent que 28 villes de France seulement auraient le droit de conserver leurs imprimeurs et que celle-ci est du nombre ; le rapport fait à M. de Sartines en 1764 donne les noms de ces deux imprimeurs : Nicolas Weins et Emmanuel Laurenz, reçus tous les deux maîtres en 1748 ; il ajoute la note suivante : Le sieur Weins imprime de père en fils depuis un siècle, et les ancêtres maternels du sieur Laurenz depuis 80 ans.

DUNSIUM, DUSIUM, *Duns*, bourg d'Écosse, dans le comté de Haddington ; patrie de John Duns Scotus.

DUNUM, Δοῦνον [Ptol.], ville des Manapii, dans l'Hibernia, auj. *Down*, *Down Patrick*, ch.-l. du comté irlandais du même nom (Ulster).

DUNUM, voy. CASTELLODUNUM.

DUNUM, *Dünberg*, bourg du gr.-duché de Baden (Treisamkreise).

DUNUM AD MOSAM, *Dun-sur-Meuse*, bourg de Fr. (Meuse).

DUNUM ÆSTUARIUM, Δοῦνον κόλπος [Ptol.], golfe de la Britannia Romana, *Robin Hoods-bay*, dans le comté d'York.

DUNUM REGIS, *Dun-le-Roi*, ville de France (Cher).

DUODECIACUM, voy. DICIACUM.

DUPLAVILIS [P. Diac.], ville de la Gaule Transpadane, sur la Piave, auj. *Val-Dobiadeno*, suiv. Reichard ; dans la délég. de Belluno.

DUPLICES AQUÆ, *Zwiefalten*, bourg et anc. abb. de Bénédictins, dans le Wurtemberg, près Ulm (Donaukreise).

DURA, voy. MARCODURUM.

DURACIUM, *Duras*, bourg de Fr., anc. titre de duché-pairie (Lot-et-Garonne).

DURACIUM, TOARCIUM, THUARCIUM, *Thouars*, ville de Fr. (Deux-Sèvres).

DURANIUS FL. [Auson., Sid. Apoll.], DURRANUS, DRONIA, la *Dordogne*, riv. de Fr., affl. de la Garonne, avec laquelle elle forme la Gironde.

DURASTELLUM, DURESTALLUM, DUROSTALLUM, *Durestal*, *Durtal*, bourg de l'Anjou (Maine-et-Loire) ; anc. comté ; château bâti en 1040.

DURBIS, DURBUTUM, *Durbuy*, *Durby*, bourg de Belgique (prov. de Liége), suiv. Bisch. et Möll.

DURDANUM, voy. DORDANUM.

DUREGUM, voy. TIGURUM.

DUREMUM, voy. DUNELMUM.

DURENFURTUM, *Dyrenfurt*, ville de Prusse (Silésie).

Un juif, Sabatheus-ben-Joseph, y établit, dès 1679, une imprimerie hébraïque dont Ungher a donné le catalogue : *Index librorum Rabbinicorum Durenfurti evulgatorum*, 1710, in-8.

DURETIE [Tab. Peut.], *Rieux*, commune de Bretagne, près Redon (Ille-et-Vilaine), suiv. Reichard.

DURIA FL., *Thur*, riv. de Suisse, affl. du Rhin.

DURIA MAJOR [Plin.], Δουρίας [Strab.], DURIA BANTICA [Geo. Rav.], *Dora Baltea*, la *Doire Baltée*, riv. de l'Italie du Nord, affl. du Pô.

DURIA MINOR [Plin,. Geo. Rav.], DURIA RIPARIA, *Dora Ripeira*, la *Doire Ripaire*, autre affl. du Pô.

DURIA PALATIUM, voy. MARCODURUM.

DURIAS FL., voy. TURIA FL.

DURII, ville des Insubres, auj. *Dorna*, bourg du Milanais.

DURINUM, DURIVUM, *Saint-George-de-Montaigu*, bourg de Fr. (Vendée).

DURIUM, DURION, *Donzeré*, bourg du Dauphiné (Drôme).

DURIUS FL. [Plin., Sil. Ital.], Δούριος, Δουρίας [Strab.], Δώριος [Dio. Cass.], Δωρίας [Ptol.], le *Duero*, *Douro*, fl. d'Espagne qui, après avoir traversé le Portugal, se perd dans l'Atlantique.

DURLACUM [Cluv., Luen.], TURRELACUM, TURRIS AD LACUM [Zeiler], *Durlach*, ville du Palatinat (gr.-duché de Bade).

L'imprimerie remonte en cette ville à l'an 1512 ; voici le titre du volume exécuté en cette année que citent Maittaire, Panzer et le *Manuel* : *Passio Christi ab Vdalricho Vannio metrice exarata*. A la fin : *Impressum in Durlach per fratrem Nicolaum Keibs, ordinis sancti Ioanñ anno Jhesu* M DXII, in-4 de 4 ff. : sur le titre un Christ en croix gravé sur bois ; c'est la seule production que l'on puisse citer des presses de ce moine ; mais quelques années après, en 1530, on trouve un nouvel imprimeur du nom de Valentin Kobian, et au XVIIe siècle on peut citer Simon Müller, dont les presses eurent quelque importance.

DURLENDIUM, voy. DONINCUM.

DURNOMAGUS [Itin. Anton.], ville des Ubii, dans la basse Germanie, auj. *Dormagen*, bourg de Prusse, dans l'anc. duché de Juliers.

DURNOVARIA [Itin. Anton.], DURIARNUM [Geo. Rav.], station de la Britannia Romana, auj., suiv. qq. géographes, *Dorchester* (voy. DORCESTRIA), mais suiv. Camden, *More-Critchel*, bourg du comté de Dorset.

Sous la rubrique DURNOVARIA, M. Cotton, d'après Lowndes, cite : *Short meditations on Oliver Cromwell, by J. D.* Durnovariæ (1660), in-4.

DUROBRIVÆ [Itin. Anton.], DUROBRAVÆ [Geo. Rav.], DUROBIUS, BRAMENIUM (?), ROFFA [Cell.], ville des Cantii, dans la Britannia Romana, auj. *Rochester*, ville d'Angleterre (comté de Kent), sur la riv. Medway.

Le cartulaire de l'église de Rochester fut dressé au XIIe s., par Ernulphe, évêque de cette ville.

M. Cotton, dans son premier ouvrage, avait cité comme imprimé à Rochester un livre daté de 1648, qui est en effet souscrit au nom de cette ville : *the Kentish fayre, or the parliament sold to their best worth*. Rochester, 1648, in-4 (cité par Lowndes) ; mais dans son Supplément, publié en 1866, il revient sur sa première allégation , et déclare que si ce livre n'a point été exécuté à Rochester par un typographe ambulant dont l'établissement n'a pas laissé de traces, ce doit être un lieu d'impression supposé, ce qui est assez admissible au milieu des guerres civiles de cette terrible époque ; il semble prouvé que le premier établissement typographique de Rochester ne date que du milieu du XVIIIe siècle, et que le nom du premier imprimeur est Thomas Fischer, qui mourut en 1786.

DUROBRIVÆ, autre station de l'Itin. d'Antonin, chez les Coritavi, dans la Bretagne romaine, auj. *Caster*, sur le Nen [Camden] ; et, suiv. d'autres géogr., *Brigh-Casterton*, bourg d'Angleterre.

DUROBURGUM, *Hartenberg*, bourg de Bavière , entre Kaiserslautern et Frankenthal.

DUROCASSÆ, DUROCASSIUM, voy. DROCÆ.

DUROCATELAUNI, voy. CATELAUNI.

DUROCOBRIVÆ, station de l'Itin. d'Antonin, sur l'emplacement actuel de laquelle les géographes sont loin d'être d'accord ; Mannert et Camden pensent que sur ses ruines s'élève le bourg de *Dunstable*, dans le comté de Bedford.

En 1801, J. W. Morris, imprimeur à Clipstone, transporte son établissement à Dunstable (Cotton's *Suppl.*).

DUROCORNOVIUM, voy. CORINIUM.

DUROCORTORUM, voy. REMORUM CIVITAS.

DURFORTE, *Durfôrt*, bourg du haut Languedoc (Tarn).

DUROICOREGUM [Tab. Peut.], localité de la Gaule Belgique, à XIV M. P. de Samarobriva, auj. *Drucarg, Drucat,* village de Picardie (Somme); et, suiv. d'autres géographes, *Douriers,* village du même département.

DUROLEVUM [Itin. Anton.], DUROLEVO [Tab: Peut.], DUROLENUM, ville des Cantii, dans la Britannia Romana, auj. *Feversham,* ville d'Angleterre, dans le comté de Kent, suiv. Forbiger; et *Lenham,* bourg du même comté, suiv. Camden.

DUROLIPONS [Itin. Anton.], suiv. Reichard *Bury St-Edmunds;* et suiv. Camden, qui nomme aussi cette localité, DUROSIPONS, *Goodmanchester,* sur la riv. Ouse (Suffolkshire).

DUROLITUM [Itin. Anton.], station du pays des Trinobantes, auj. *Leiton,* près Rumford, bourg d'Angleterre, dans le comté d'Essex.

DURONIA [Liv.], ville des Samnites, auj. *Durazzano,* suiv. Reichard, dans la province de Molise.

DURONUM [Itin. Anton.], localité des Veromandui, auj., suiv. Cell., *la Capelle,* bourg de Fr. (Aisne).

DUROSTADIUM, voy. BATAVODURUM.

DUROSTORUM, voy. DOROSTOLUM.

DUROTINCUM, DUROTINGUM [Geo. Rav.], ville des Allobroges, dans la Gaule Narbon., auj., suiv. Reichard, *Dignières,* village du Dauphiné (Isère).

DUROTRIGES, Δουρότριγες [Ptol.], peuple de la Britannia Romana, habit. le *Dorsetshire.*

DUROVERNUM, voy. CANTUARIA.

DUSA, *Douze,* riv. de Fr., affl. de l'Adour.

DUSIACA, *Tousy,* bourg de Fr. (Meurthe), suiv. Pertz.

DUSMA, voy. DUESMA.

DUSSELLA, *Dussel,* riv. de Westphalie; tombe dans le Rhin, près de Düsseldorf.

DUSSELDORPIUM [Luen, Zeiler], *Düsseldorf,* ville de la Prusse rhénane, ch.-l. de la régence du même nom (Westphalie).

Imprimerie en 1561 : *Desiderii Erasmi Roterodami adagiorum Chiliades quatuor.* Dvsseldorpii, M D LXI, in-8. — *M. Cornelii Buschop fünfftzig Psalmen Davids mit 4. Stimmen componiert.* Dusseldorff, 1562, in-4.

En 1566, voici un livre de musique fort rare : *Joan. de Latre vulgari cognomento Petit-Jan, Cantiones sive Mutetæ quinque, sex et septem vocum.* Dusseldorpii, 1566, in-4.

Van-Praët mentionne un livre exécuté dans cette ville en 1575 par un imprimeur du nom de Albertus Dusius.

DUTLINGA, *Tuttlingen,* pet. ville du Wurtemberg.

DUVELANDIA, *Duiveland,* île de Hollande (prov. de Zeeland).

DUXONUM, *Duchs, Dux,* ville de Bohême (cercle de Leutmeritz).

DUZIACUM, *Douzé,* bourg du Périgord (Dordogne); anc. marquisat.

DYLA, la *Dyle,* riv. du Brabant, affl. de l'Escaut.

DYMÆ [Itin. Anton.], DEMÆ [Itin. Hier.], Δύμη [Ptol.], ville de la Thrace, sur la rive orientale de l'Hebrus, auj., suiv. Reichard, *Feredsjick,* sur la *Maritza,* dans le pachal. d'Andrinople (Rumli).

DYME [Cic., Liv.], Δύμη [Herod., Strab.], localité du N.-O. de l'Achaïe, dont auj. quelques ruines subsistent près du couvent de Saint (ἅγιος) Constantinos, à *Karavostasi,* suiv. Reichard et Forbiger; mais d'autres géographes retrouvent cette ville dans *Kaminitza,* en Morée, pet. ville sur la riv. du même nom.

DYRRACHIUM [Mela, Plin., Liv., Cæs.], DURRACHIUM [Catul.], Δυρράχιον [Thuc., Str., Ptol.], anc. EPIDAMNUS, Ἐπίδαμνος [Thuc., Polyb.], ville de l'Illyrie grecque, auj. *Durazzo,* chel-lieu du pachal. du même nom, dans l'Albanie ottomane; port sur l'Adriatique.

DYSPORUM, voy. DISPARGUM.

EAUNA, voy. EPAUNA.

EBA, MARANUS MONS, *Monte Marano*, ville du Napolitain (Princ. Ultér.).

EBELLINUM [Itin. Anton.], *Bailo*, bourg d'Espagne, dans le roy. d'Aragon, suiv. Forbiger.

EBELTOFTIA, POMAGRIUM, *Ebeltud*, *Ebeltoft*, ville du Danemark (Jutland), près Aarhuus.

EBERACUM, EBUACUM, *Eberach*, *Erbach*, bourg de Bavière, près de Schweinfurth; anc. abb. de Cîteaux, du dioc. de Bamberg.

EBERNBURGUM, *Ebernburg*, village et anc. château de la Prusse rhénane, entre Kreuznach et Oberstein.

Le célèbre Ulrich de Hutten, poëte latin, ardent et violent sectateur de Luther, qui avait fait imprimer son premier ouvrage dans le château de Steckelberg, où il était né, fut accueilli par la famille de Sickingen, à laquelle appartenait la forteresse d'Ebernburg, et ce fut là qu'il publia de 1519 à 1522 quelques-uns de ses ouvrages de controverse les plus violents: Panzer et Vogt en citent un assez grand nombre, dont le plus ancien est intitulé : *Ulrichi de Hutten, Equitis Germani, ad Carolum imperatorem, adversus intentatam sibi a Romanistis vim et injuriam, Conquestio. Eiusdem alia ad principes et viros Germaniæ, de eadem re Conquestio. Eiusdem ad Albertum Brandenburgensem et Friderichum Saxonum ducem, principes Electores, aliæque ad alios Epistolæ.* JACTA EST ALEA... Ex Ebernburgo, idib. septemb. anno M. D. XX, in-4, de 23 ff. Tous ces rares traités d'Ulrich de Hutten, que Panzer a décrits *de visu*, sont datés d'Ebernburg, et le bibliographe de Nuremberg n'hésite pas à déclarer qu'ils ont été exécutés dans le château même, sans doute avec le matériel qu'il avait organisé à Steckelberg, et qui l'avait suivi à Ebernburg.

Ainsi, en décrivant la violente diatribe de notre luthérien contre les orateurs de Léon X à la diète de Worms, Panzer dit que cette pièce est sans nom de lieu, mais «*sine dubio in arce Ebernburg impressa.*»

EBERSBERGA, voy. EBUROBERGOMUM.

EBERSDORFIUM [Chron. Misn.], *Ebersdorf*, ville de Saxe, près de Chemnitz.

Une *Bible saxonne*, en 2 vol. in-4, fut imprimée à Ebersdorf en 1727; c'est la première édition très-rare de la Bible de Zinzendorf, chef de la secte des Herrnhutiens (Graësse, I, 379).

EBERSTENIUM, *Eberstein*, bourg et château, chef-lieu du comté de ce nom, dans le Wurtemberg (Schwarzwald).

EBESHAMUM, *Epsham*, *Epsom*, ville d'Angleterre (comté de Surrey).

Un imprimeur du nom de Langham y exerçait en 1746.

EBLANA, ᾿Ἔϐλανα, voy. DUBLINUM.

EBLANI, ᾿Ἐϐλάνοι [Ptol.], peuple de la côte orientale de l'Hibernia; habitait le comté actuel de Dublin.

EBODIA, voy. ARICA.

EBODIÆ FRETUM, *le Raz Blanchard*, détroit entre l'île d'Aurigny et la France.

EBOLUM, EBOLUS, *Eboli*, ville napolitaine de la Principauté Citér.; anc. princip.

M. Ternaux, dans un *Supplément* qu'il donna en 1849 à sa *Notice sur les imprimeries qui existent ou ont existé*, nous donne cette indication : *Mgr Caramuele établit une imprimerie à la campagna di Eboli en 1670* (?).

EBORA [Plin., Mela], ᾿Ἔϐουρα [Strab.], ᾿Ἔϐουρα, EBURA [Ptol.], LIBERALITAS JULIA [Plin.], ville de Lusitanie, au S. du Tage, auj. *Evora*, ville de Portugal, ch.-l. de l'Alentejo; archevêché, bibl. et musée.

Jacques Cromberger, le célèbre imprimeur de Lisbonne, fut appelé dans cette ville en 1519 ou 1520, par les dominicains, pour y monter un établissement typographique; il y donna en 1521 la seconde édition du recueil des ordonnances du royaume : *Ordenações do reino de Portugal*, publiées par les soins de João das Regras, chancelier du royaume, in-fol. (*Bibl. Lusitana. II*, 322).

De 1553 à 1576, l'imprimeur d'Evora s'appelait Andreas de Burgos; on peut encore citer au XVI° siècle Martin de Burgos et Manuel de Lyra.

Au XVII° siècle, une imprimerie particulière fut établie à Evora, dans l'enceinte même du couvent des dominicains : *Joam das santos, varia historia de cousas notaveis do Oriente et da Christandade que os Religiosos da Orden des Pregadores nelle fizerão. Impresso no convento de S. Domingos de Evora*, 1608, pet. in-fol.

Quant à l'*Itinerario da terra santa* de Fr. Pantaliam de Aveiro, franciscain, que M. Cotton cite, d'après Ribeiro, comme imprimé à Evora en 1512, il faut lire 1612, et peut-être 1632. La 1re édition est de Lisboa, 1593, in-4.

EBORA, EBURA CEREALIS [Plin.], ville de l'Espagne Tarraconaise, auj. *Muros*, bourg de Galice; Reichard place cette localité auprès d'*Alcala la Real*.

EBORACENSIS COMITATUS, *Yorkshire*, le *comté d'York*, en Angleterre.

EBORACUM [Itin. Anton.], 'Εβόραχον [Ptol.], **EBURACUM** [Geo. Rav.], **COLONIA EBORACENSIS** [Inscr. ap. Grut.], ville des Brigantes dans la Britannia Romana, auj. *York* (en saxon : *Eofor-wic*), ville d'Angleterre; archevêché, patrie d'Alcuin.

Un Belge du nom de Hughes Goes, ou Van der Goes, y importa l'imprimerie en 1509; nous disons Belge d'après Ames, qui suppose que ce Hughes Goes était le fils de Matthias Goes, l'imprimeur d'Anvers en 1483. Voici le titre du premier livre sorti de ses presses : *In Laudem Sanctissime Trinitatis, totiusque milicie celestis, ad honorem et decorem S. Ecclesie Eboracensis Anglicane, eiusque devotissimi cleri, hoc opus, quod PICA sive directorium sacerdotum nuncupatur, vigilanti studio emendatum et revisum. Impressum Eboraci per me Hugonem Goes, in vico, qui appellatur Steengate, anno Domini M. D. IX. 18 die mensis Februarii*, in-8, avec une préface, par le docteur Thomas Hannibal, chanoine de la cathédrale d'York.

L'année suivante nous voyons Hughes Goes dater de Beverlay une *ballade* que nous avons citée à ce nom de ville.

Plusieurs imprimeurs se succèdent rapidement : John (Joannes) Gachet ou Gaschet (1516-1530), Ursyn Mylner (1516-1536). Du premier, nous citerons un ouvrage fort important : *Missale ad usu celeberrime ecclie eboracēsis optimis caracteribus recēter impressum, cura puigili maximagz lucubratioē mēdis q̄ pluribus emendatum. Sumptibus et expensis Johanis Gachet mercatoris librarii dene meriti iuxta prefatam ecclesiā comorantis. Anno Dñi decimo sexto supra millesimum et quingētessimū. Die vero quinta Februarii, completum atqz perfectum.* — In fol., en gros car. goth. rouges et noirs; avec notes de musique, capitales et ornements gravés sur bois; sans chiffres ni récl., mais avec signatures. Réimprimé par le même Jean Gachet en 1530, pet. in-4, *die vero secunda Julii cōpletū atqz perfectum.* Les mots italiques imprimés en rouge.

Ames (*Typogr. antiq.* III, p. 1437) indique un

breviarium ad usum Ecclesiæ Eboracensis comme imprimé par J. Gachet en 1526; ce bréviaire fut exécuté à Paris, et'y fut même réimprimé en 1533, en très-petit format.

L'imprimerie ne laisse que de faibles traces à York, après la période que nous venons d'embrasser, et, pendant plus d'un siècle, on ne pourrait citer que bien peu de volumes publiés dans cette ville; au milieu du XVII° siècle Samuel Berkeley, Thomas Broad, sont des noms qui méritent d'être conservés; en 1688 nous citeronsaussi celui de J. White, qui eut le courage, dit M. Cotton, de publier et de signer la fameuse proclamation du prince d'Orange, laquelle eut pour effet d'envoyer Jacques II à St-Germain, et qui prenait en 1693 le titre de : « *Their Maiesties printer for the city of York, and the five Northern Counties.* »

EBOREIA, voy. **SPOREDIA**.

EBORESHEMÍUM [Ann. Hincm. Rem.], *Oberenheim, Obernai*, ville de Fr. (Bas-Rhin).

EBREDUNENSE CASTRUM, voy. **EBRODUNUM**.

EBRODUNUM, 'Εβρόδουνος [Strab.], 'Εβρόδουνον [Ptol.], **EBURODUNUM** [Geo. Rav.], **EBORODUNUM** [Itin. Anton.], **EBRUNUM** [Tab. Peut.], **HEBRIDUNUM** [It. de Bordeaux], **CASTRUM EBREDUNENSE** [Not. Civ. Gall.], **EBRÈNE** [Chron. B. Dion.], capit. des Caturiges, dans la Gaule Narbonn., auj. *Ambrun, Embrun*, ville de Fr., sur la Durance (Hautes-Alpes); anc. archevêché; conciles en 1267 et 1290.

Nous connaissons plusieurs vol. imprimés dans cette ville en 1586, et nous citerons : *Missive à la reine mère, sur le faict de l'edict du roy, faict en juillet dernier*, 1585, *pour réunir tous ses sujets à la religion romaine* (15 août). Ambrun, 1586, in-8 (à la Bibl. impér. et à l'Arsenal). — *Moyens d'abus, entreprises et nullitez du rescript et bulle du pape Sixte V° du nom, en date du mois de septembre* 1585. *Contre le serenissime prince Henry de Bourbon, roy de Navarre..... et Henry de Bourbon aussi prince du sang, pair de France, prince de Condé, duc d'Anguien, par un catholique... mais bon François.....* (par P. de Belloy, suiv. Le Long). Ambrun, Pierre Chaubert, 1586, in-8, (à la Bibl. imp., et V° Coste, n° 1951).

L'imprimerie semble avoir pris tout d'abord une extension considérable dans cette ville; car, dès l'année suivante, nous trouvons le nom d'un second imprimeur; il est vrai que le livre que nous allons citer est le fait d'un huguenot renforcé, ce qui peut laisser admettre que les deux camps avaient chacun leurs presses spéciales, et choisissaient leurs typographes parmi leurs coreligionnaires : *Discours des dissensions et confusions de la papauté, nouvellement mis en lumière.* Ambrun, par Jean Gazaud, 1587, in-16 de 406 pp.

L'imprimerie ne dut fournir qu'une carrière limitée dans la ville d'Embrun, et disparaître de bonne heure, car cette localité ne figure pas parmi les villes de France dans lesquelles les arrêts de 1704 et de 1739 réglementent le nombre des imprimeurs, non plus qu'au Rapport fait à M. de Sartines en 1764.

EBRODUNUM [Luen., Zeiler], **EBURODUNUM** [Tab. Peut.], **CASTRUM EBRODUNENSE** [Notit. Prov.], *Ifferten, Yverdun, Yverdon*, ville de Suisse (cant. de Vaud).

Bien que Falkenstein fasse remonter l'imprimerie à Yverdon à l'année 1586, nous ne pouvons accepter cette assertion, à l'appui de laquelle le bibliographe allemand n'apporte aucune preuve. C'est seulement en 1593 que nous trouvons des livres souscrits à ce nom. Nous citerons une des plus anciennes éditions du célèbre lexique de Scapula, *Lexicon Græco-Latinum Io. Scapulæ, ex Stephano*. Yverdun, 1593, in-4.

Si nous acceptions sans contrôle une date fournie par les anciens catal., c'est à 1560 que nous aurions fait remonter la typographie à Yverdon, car nous trouvons au catal. du libraire Robert Scott (Londini, 1674, in-4, p. 85) : *Io Bahhini* (sic. lisez : *Bauhini*) *Universalis plantarum historia*. Ebroduni, 1560, 3 vol. in-fol. L'ordre des chiffres est renversé; ce grand ouvrage fut imprimé à Yverdon, en 1650.

En 1612, un imprimeur de Genève, bien connu par ses démêlés avec les magistrats de Genève, par sa mission auprès du roi de France Henri IV, par ses propres écrits, enfin par la souscription bizarre qu'il adopte pour les nombreux produits de ses imprimeries, Pyramus de Candolle, espérant trouver plus de calme sur les terres de Berne, dans le pays de Vaud, se décide à transférer son mat'riel dans la ville d'Yverdon, sous la protection directe du bailli Nicolas de Diesbach et d'un seigneur de Berne, fort lettré, qui devint auss plus tard bailli d'Yverdon, François-Henri Graffenried de Gerzensee. Cette translation et l'installation du nouvel établissement ne purent être terminées qu'à la fin de 1616, et, dès l'année suivante, nous trouvons des livres imprimés à Yverdon par Pyramus de Candolle, avec cette souscription sur les livres latins : *Ebroduni, typographia Caldoriana*, et sur les français : *De la Société helvétiale Caldoresque*, souscription qu'il avait déjà adoptée à Genève en 1610, et qu'il faisait venir de ses ancêtres, les Caldora de Naples.

Mais il ne trouva pas à Yverdon le repos qu'il espérait, et ses procès avec ses ouvriers Jean Berjon et Jacq. Stoër, et ses longs démêlés avec le conseil de Genève, sont longuement analysés par M. Gaullieur (*Typogr. Genev.*, p. 190 et suiv.).

« Cette imprimerie d'Yverdon, dit ce bibliographe, après avoir eu un moment de faveur et de prospérité au début, finit par échouer devant les mêmes difficultés qui nuisirent aux presses genevoises au milieu du XVIe siècle, savoir : le changement de direction dans les esprits, qui se préoccupaient moins de controverse et malheureusement aussi des fortes études classiques du XVIe s. ; les procédés de basse fabrication, la mauvaise qualité du papier et l'emploi d'un vieux matériel que l'on ne renouvelait jamais. A la fin de leur carrière, les imprimeurs d'Yverdon passaient dans le pays pour être adonnés à la recherche du grand œuvre; et leur nom : *Caldoresque*, disaient les voisins, venait de la grande chaudière où ils faisaient bouillir leurs mixtures de sorciers.

« Un siècle après, vers 1763, un moine, Fortunato Bartolomeo de' Felici, échappé des cachots de l'inquisition napolitaine, releva l'imprimerie d'Yverdon, et lui donna un éclat nouveau par de nombreuses publications, et surtout par une édition de l'*Encyclopédie* (1770-1780).»

EBRODUNENSIS LACUS, *lac d'Yverdon*, auj. *lac de Neufchâtel*, NEOCOMENSIS LACUS, que traverse l'*Aar*, ARULA.

EBROGILUM, EBROLIUM, *Ebreuil*, ville de Fr., sur la Sioule (Allier); anc. abb. de S. Benoît.

EBROICA, EBROICUM [Cæs.], EBROICÆ [Cell.], EBURO, EBURONICUM, CIVITAS EBROICORUM [Notit. Imp.], EBROICENSE OPPIDUM [Ann. Hincm. Rem.], anc. MEDIOLANUM [Itin. Anton.], Μεδιολάνιον [Ptol.], anc. capit. des Aulerci-Eburovices, ch.-l. de comté

au moy. âge, auj. *Évreux*, ville de Fr. (Eure); deux abb. de Bénéd.

C'est avec le XVIIe siècle que débute l'imprimerie à Évreux ; Antoine le Marié (1600-1622) est l'introducteur de la typographie, et l'on peut même dire qu'il appartient au XVIe siècle, puisque l'on connaît plusieurs volumes sortis de ses presses à la date de 1600 : il avait pour marque : Orphée jouant de la lyre, assis sur un dauphin, qui le promène sur la mer, et pour devise : *Je hante larmonie;* devise parlante d'après une note que nous avons sous les yeux, note dont nous ne pouvons absolument retrouver ni contrôler la provenance, mais que nous consignons pour valoir ce que pourra : Ant. le Marié aurait eu pour femme *Jehanne Lermont*, dont il aurait cherché à rappeler le nom dans ces devises, suivant la mode un peu puérile du vieux temps. Voici quelques volumes imprimés par le Marié : *Discours de J. D. du Perron sur le Pseaume* 122. Evreux, Ant. le Marié, 1600, in-8. — *Actes de la Conférence tenue entre le sr évesque d'Eureux* (Jacques Davy du Perron) *et le sr du Plessis* (Mornay), *en présence du roy, à Fontainebleau, le 4 de may* 1600. Évreux, Anth. le Marié, 1601, in-8. Réimprimé l'année suivante; cité au *Catal. des Elzévir* de 1634, in-4. — *Réfutation de l'Ecrit de Me Daniel Tilenus contre le discours de M. l'Euesque d'Evreux, touchant la tradition apostolique, par ledit sr évesque* (cardinal du Perron). — Ibid., éd. 1601, in-8. (Cat. Delassize, n° 110). — *Articles des ministres et autres, appelés par madame, pour la Conférence proposée entr'eux et M. l'evesque d'Eureux*, 1602, in-8.

Le second imprimeur d'Évreux s'appelle Nicolas Hamilton ; il était issu d'une famille d'imprimeurs rouennais ; ses débuts comme imprimeur à Évreux datent de 1631.

L'arrêt de 1704, confirmé par celui de 1739, n'autorise qu'un seul maître imprimeur pour la ville d'Évreux ; en 1764, le *Rapport Sartines* nous donne le nom de cet imprimeur : c'est la dame veuve Jean Malassis, qui a succédé à son mari, décédé en 1758, lequel avait imprimé pendant plus de 40 ans dans la ville d'Evreux : cette dame Malassis possède deux presses.

EBRONIUM, voy. AURIO.

EBUDÆ INS., Ἔβουδαι νῆσαι [Ptol.], HÆBUDES [Plin.], groupe d'îles de la côte O. de la Britannia Barbara, auj. *les Hébrides, Western-Islands*, situées sur la côte d'Écosse, depuis le cap Wrath jusqu'à la presqu'île de Cantyre ; les principales sont : EBUDA ORIENTALIS, l'*île de Sky* ou *Skie*; dépend du comté d'Inverness ; et EBUDA OCCIDENTALIS, ou LEOGUS [Camden], *Lewis Island*, la plus septentrionale du groupe; ch.-l. : *Stornaway*.

EBURA, voy. AUDURA.

EBURA, voy. EBORA.

EBUROBERGOMUM, EBERSPERGA, EBERSBERGA, EBERSBURGUM, *Ebersberg*, bourg de Bavière (Isarkreis).

Nous connaissons une lettre du célèbre Œcolampade, le curé de Bâle converti à la Réforme et l'ami de Froben et d'Erasme, imprimée : *Ebersburgi*, en 1522 ; en voici le titre exact : *Quod expediat epistolæ et evangelii lectionem in missa vernaculo sermone plebi promulgari Œcolampadii ad Hedionem epistola. Legat, expendat, quisquis sacra complectitur. Est quod pectus vere Christianum delectet.* Ebersburgi, mense Junii 1522, in-8.

EBUROBRIGA [Itin. Anton., Tab. Peut.], dans la Gaule Lyonn., auj., suiv. Reichard et d'Anville, *St-Florentin-sur-l'Armançon*, ville de Fr. (Yonne).

EBUROBRITIUM, voy. ALCOBATIA.

EBURODUNUM, voy. EBRODUNUM.

EBUROMAGUS [Tab. Peut.], HEBROMAGUS [Auson.], localité de la Gaule Narbonn., auj. *Branne*, commune du Limousin (Haute-Vienne).

EBURONES [Plin., Cæs.], Ἐϐούρωνες [Strab.], peuple de la Gallia Belgica; habitait le *Limbourg* hollandais.

EBUROVICES, voy. AULERCI.

EBURUM, Ἔϐουρον [Ptol.], voy. OLMUTIUM.

EBUSUS INS. [Plin.], Ἔϐυσος [Strab.], Ἔϐυσσος [Ptol.], EBUSSUS [Liv., Itin. Anton.], PITYUSA MAJOR [P. de Marca], l'une des îles Baléares, *Ibiza*, *Iviça*, au S.-O. de Majorque; appart. à l'Espagne depuis 1294.

ECCLESBRÆ, suiv. Graësse, serait la ville de Falkirk, en Écosse; voy. DAVIUM SACELLUM.

ECCLESIÆ, *Iglesias*, bourg de l'île de Sardaigne (prov. Cagliari).

ECHA, *Eich*, bourg de Hollande (Limbourg).

ECHEDORUS FL., Ἐχείδωρος [Hérod.], Ἐχέδωρος [Ptol.], pet. fleuve de la Macédoine, auj. le *Galliko* [Leake, Pouqueville].

ECHETLA, ἡ Ἐχέτλα [Polyb., Diod.], localité de Sicile, à l'O. de Syracuse, dans la montagne, auj., suiv. Reichard, *Granmichele* (?), et *Ochula*, suiv. Bisch. et Möller.

ECHINADES INSULÆ [Mela, Ovid., Plin., etc.], Ἐχῖναι, Ἐχινάδες νῆσοι [Hom., Hérod., Ptol.], groupe de petites îles de la côte d'Acarnanie, à l'entrée du golfe de Corinthe, auj. *Curzolari*, près du golfe de Lepanto.

ECHINUS [Liv., Mela], Ἐχῖνος [Aristoph., Strab.], ville de la Thessalie, auj., suiv. Leake, *Akhino*, dans le dioc. de la Phthiotide.

ECKESIŒA, EKESIUM [Baudrand], *Ekesjö*, ville de Suède (Smaland).

ECLANUM, voy. ÆCLANUM.

ECNOMOS, Ἐκνόμος [Diod.], bourg du Sud de l'île de Sicile, auj. *Monte di Licata*.

ECOLISMA, voy. ENGOLISMA.

ECTODURUM, LEUTKERKA, LEUTKIRCHA [Zei-

ler, Budrand], *Leutkirch*, ville de Wurtemberg, sur l'Eschach (Danaukreis).

EDELBERGA, voy. HEIDELBERGA.

EDESSA [Liv., Itin. Anton., Tab. Peut.], Ἔδεσσα [Polyb., Strab., Ptol.], Αἴδεσσα [Plut., Steph.], anc. capit. de l'Émathie, en Macédoine, auj. *Vodina*, *Vodhena* [Leake, Cousinery], ville du pach. de Saloniki.

EDETA, LIRIA, Ἤδητα ἡ καὶ Λείρια [Ptol.], ville des Edetani, dans l'Espagne Tarraconaise, auj. *Liria*, ville de l'intendance, et au N.-O. de Valence.

EDETANI [Plin.], Ἠδητανοί [Ptol.], SEDETANI [Plin.], Σιδητανοί [Strab.], peuple de l'Espagne Tarrac., entre les Contestani et les Celtiberi; occupait le Nord du roy. de Valence et une partie de l'Aragon.

EDINUM, EDENBURGUM, voy. ALATA CASTRA.

Nous ajouterons à la note bibliographique que nous avons consacrée à cette ville, l'extrait suivant du *Frazer's Magazine*, mai 1838: La poste ne fut établie en Ecosse qu'en 1635, et son apparition fut bientôt suivie de la création d'un journal, en 1651, le *Mercurius Scoticus*, qui ne réussit pas et disparut l'année suivante. Le *Caledonian Mercury* est fondé le 31 déc. 1661, par Thomas Tydserf, fils de l'Évêque des Orcades; puis l'*Edimburgh Gazette* apparaît en 1680, tombe et se relève en 1699, pour fournir sa longue et brillante carrière.

Nous donnerons aussi le titre du premier livre imprimé avec date certaine à Edimbourg, que nous n'avons fait que mentionner, et seulement d'après Herbert, qui entre à ce sujet dans de longs et curieux détails.

Ce livre, dont le seul exemplaire connu fut cédé par un gentleman du comté d'Ayr à la librairie des avocats d'Édimbourg en 1788, porte sur le dos: *Treatise of nobleness;* c'est un recueil factice de plusieurs pièces de poésie et ballades, dont plusieurs ont été imprimées à Édimbourg, et les autres, particulièrement la dernière: « The gest of Robyn Hode, » à Londres, par Pynson. La première pièce, seule, est en prose.

Après les cinq premières ff. en prose, on lit: *Heir endes the Porteous of nobleness translat't out of ffrenche in Scottis be maister Andro Cadiou. Imprentit in the South Gait of Edimburgh be Walter Chepman and Andrew Millar the* XX *dai of Apile* (sic) *the yhere of God* MCCCCC *and* VIII *Yheris.*— Suit un traité en vers de 20 ff. A la fin: *Heir endis the Knightly tale of golagrass, and Gawane in the south gait of Edimburgh be Walter Chepman and Androw Millar the* VIII *day of April the yhere of god* M. CCCCC *et* VIII *yheris.*

Ce recueil, d'un prix inestimable, contient quatorze pièces, toutes uniques (?), mais dont plusieurs sont malheureusement imparfaites.

Chapman et Myllar cessent d'imprimer vers 1530, et même probablement avant un peu cette époque.

EDONES, Ἠδῶνες [Thuc., Strab.], EDONI [Plin., Liv.], Ἠδωνοί [Herod., Steph.], peuple de la Thrace, puis de la Macédoine, entre le Strymon et le Nestus; habitait les bords du fleuve actuel du Strouma et du golfe d'Orfano.

EDRON [Plin.], EVRON [Tab. Peut.], port

des Veneti, dans la Gallia Transpadana, auj. *Chioggia, Chiozzia,* à la pointe orientale des Lagunes (Vénétie).

EDRUM [Cell.], ville des Euganei, dans la Gallia Transpadana, auj. *Idro,* bourg du Milanais (délég. de Brescia).

EDULUM, *Edulo,* bourg du Milanais (délég. de Brescia).

EGABRA, ÆGABRA, ville de la Bétique, auj. *Cabra,* bourg d'Andalousie, entre Cordoue et Grenade.

EGELASTA [Plin.], EGELESTA [id.], Ἐγελάσται [Strab.], ville des Carpetani, dans la Tarrac., auj. *Yniesta,* dans la Nouvelle-Castille [Morales].

EGESTA [Festus], Ἔγεστα [Thuc.], Αἴγεστα [Strab.], ACESTA [Virg.], Σεγέστα [Ptol.], voy. ACESTA.

EGETA, voy. ÆGETA.

EGHAMUM (?), *Egham,* bourg d'Angleterre (comté de Surrey).

Ce lut là que la Grande Charte fut signé par le roi Jean en 1215; l'imprimerie exista dans ce bourg en 1693. (Cotton's *Suppl.*)

EGIDORA, voy. ÆGIDORA [Tac.].

EGILIUM, *Giglio,* pet. île de la Méditerranée, sur la côte de Toscane.

ÉGINE, voy. ÆGINA.

En 1827, sur la demande que leur en avait faite Capo d'Istria, MM. Didot envoyèrent une imprimerie à Égine, destinée plus spécialement aux impressions du gouvernement. Un des premiers livres qui y furent imprimés est la biographie des héros Marc Botzaris et Karaïskaki, par Garis : Βιογραφία τῶν ἡρώων Μάρκου Μδοτσάρου καὶ Καραϊσκάκη, dédiée au président de la Grèce Αἰγίνη, ἐν τῇ ἐθνικῇ τυπογραφία, διευθυνομένη παρὰ Γ. Ἀποστολίδου, 1828.

M. Cotton cite à la même date une pièce anglaise : *Notes on the schools established in the greek islands.* — Printed at the Gallo-Hellenic press, 1828, 13 p. in-8.

EGITANIA [Inscr. Florez Esp.], ville de la Lusitanie, dont les ruines se voient à *Idaña la Vieja,* près de Coria (Estremadura).

EGLIS [Baudrand], l'*Egly,* pet. fl. du Roussillon; tombe dans le golfe de Lyon.

EGLISAVIA, *Eglisau,* pet. ville de Suisse, sur la rive droite du Rhin (c. de Zurich).

EGNATIA [Plin.], Ἐγνατία [Strab., Ptol.], GNATIA [Hor., Mela], ville de l'Apulia Peucetia, auj. TORRE D'EGNASIA, ou *Agnasio,* dans la Terra d'Otranto.

EGOLESIMA, voy. ENGOLISMA.

EGONUM VICUS, VICOHABENTIA, *Vicovenza,* bourg d'Italie (délég. de Ferrara).

EGORIGIUM [Itin. Anton.], ICORIGIUM [Tab.

Peut.], ville des Condrusi, dans la Gallia Belgica (Germania infer.)

EGOSA, voy. CAMPUS ROTUNDUS.

EGRA [Cell.], AGARA [Chron. Moissiac.], l'*Eger,* riv. de Bohème, affl. de l'Elbe.

EGRA [Cluv.], ŒGRA [Bert.], AGRIA, *Eger* (en tchèque : *Chebbe*), ville de Bohème, dans le cercle d'Elbogen.

Ce fut là que Wallenstein fut assassiné en 1634. Falkenstein fait remonter l'imprimerie dans cette ville à l'année 1687. Nous pensons que ce bibliographe a confondu cette ville avec l'AGRIA de Hongrie, *Eger ou Erlau;* mais dans ce cas il antidaterait l'introduction de la typographie, car c'est seulement en 1756 que, sous les auspices du comte Barkoczy, évêque d'Erlau, Fr. Ant. Royer, imprimeur à Presbourg, transporta son établissement typographique à Erlau, et peu d'années après il suivit son protecteur à Gran, dont celui-ci venait d'être nommé archevêque. Voici le titre du premier volume imprimé à Erlau : *Szegedy Joan. — Opusculum de Hierarchia Eul. et de Primatu S. Petri apostoli ejusque successorum romanorum pontificum.* Agriæ, typis Francisci Antonii Royer, 1756, in-8 de 270 pp. (voy. AGRIA).

EGURRI, GIGURRI, Γιγουρροί [Ptol.], peuple de la Tarrac.; habitait partie de l'intendance des Asturies.

EHRENBERTI SAXUM [Dagob. Chr., Ann. Trever.], *Ehrenbreitstein,* fort qui domine le cours du Rhin, en face de Coblenz; la ville s'appelle *Thal Ehrenbreitstein* (Prusse rhénane).

Imprimerie en 1806 (Cotton's *Supplem.*).

EICHSFELDIA [Zeiler], EICHSFELD, district de la Prusse, divisé entre la rég. d'Erfurt et Göttingen.

EICHSTETIUM, EISTETA, EICHSTADIUM, voy. AICHSTADIUM.

Ajoutons à la note bibliographique que nous avons consacrée à cette ville : Un livre sans date, mais qui passe pour avoir été imprimé à Aichstadt, par M. Reyser, en 1478, est décrit par M. Tross (cat. 1861, IX) : *S. Brunonis episcopi herbipolensis psalterium latinum, cum expositionibus putrum antiquorum ab eodem collectis,* in-fol. S. L. N. D. 280 ff. à 2 col. Tross déclare ce livre imprimé à Wurtzbourg, par Georges Reyser (vers 1475). Voy HERBIPOLIS.

EIDERR, EGIDORE [Chr. Charlemaines], voy. ÆGIDORA.

EIECTA, EJECTA, *Essex,* comté d'Angleterre, sur la mer du Nord ; l'un des roy. de l'Heptarchie saxonne.

EIFFALIA, *Eifel,* distr. de la Prusse rhénane (Niederheim).

EILENBURGUM, voy. ILEBERGUM.

EINDOVIA [Guicciard, Zeiler], *Eindhofen,* ville de Hollande (Brabant septentr.).

EINSESTADIUM, KISMARTONIUM, *Eisenstadt* (en hongr. *Kis-Marton*), ville de Hongrie (comitat d'Œdenburg); palais des Esterhazy.

L'introducteur de la typographie à Kismarton est Joann Léopold Stotz; son imprimerie date de la première année du XIX° siècle : *Fürstenpaar-das-edle. Ein dialogisirtes Original-Gemählde aus dem jetzigen Jahrhundert.* Eisenstad, gedruckt bey Joh. Leop. Stotz, Hochfürstl. Eszterhäzyschen Hofbuchdrucker, 1802, in-8, de 141 p.

EINSILDA, EINSIDLA, EREMITARUM CŒNOBIUM, MONAST. IN SYLVA, MEGINRADI CELLA, *Einsiedeln,* bourg et anc. abb. de Bénéd., en Suisse (cant. de Schwitz); Zwingle était curé d'Einsiedeln en 1517; patrie de Paracelse (Bombast de Hohenheim).

L'imprimerie existe dans ce monastère depuis 1567, si nous pouvons ajouter foi au catalogue du libraire Thorpe de l'année 1836, qui donne le titre d'un volume : *S. Meinrardi Vita,* trad. en allemand et souscrit : « *Eiensydlen,* 1567. » Ne connaissant pas le volume, nous sommes forcé de sauter un siècle, et nous arrivons à la fin du XVII° siècle : *Histoire de l'origine, du progrès et de l'état présent de la ste chapelle de N. D. des hermites, en l'abbaye d'Einsidle, O. de S. Benoît (-D. de Besançon); recueillie et dressée par M. Cl. Jacquet.* Enisidle, 1686, in-8. *Parodoxa thomistico-theologica, id est selectiores difficultates..... quas propugnabunt Rever. et doctiss. P. Haan, S. Stader, etc.,* typis monasterii Einsidlensis, anno 1688, in-8 (cat. de Dinaux).

Enfin, Haym (p. 396) cite un vol. imprimé *Einsildæ nell' Elvetia, per Ebersbach,* qui nous donne le nom du premier imprimeur que nous connaissions.

EION, Ἠϊών [Thuc., Hérod.], ville de Macédoine (Edonia), auj. *Rendina,* ou, suiv. Kruse, *Contessa,* ville située sur le golfe du même nom, qu'on appelle aussi golfe d'Orfano.

EIRCTE MONS, *monte Pellegrino,* près Palerme (Sicile).

EISEOBERGA [Luen.], EISENBERGA, *Eisenberg,* sur la Saale, ville de Saxe Altenburg.

Eisenberg (sur les livres hongrois : *Vas-Var*) possédait une imprimerie en 1730 [Cotton's *supplem.*] *Fridericus Gotthelf Götter, Nachricht von dem Nonnen-Closter zu Eisenberg..* — Eisenbergæ, 1730, in-8. (Voy. *Bibl. saxon. Struvii,* p. 784.) Du même auteur nous citerons : *Programma de Vita D. Christiani ducis Saxo-Eisenbergensis,* s. l. 1725, in-8, que nous croyons provenir des presses de cette même ville.

EITELBURGA (?).

Voici une note du *Supplément* de M. Cotton : « Un traité par L. Pithopœus, daté de 1586, porte : *Eitelburgæ, typis Jo. Mylii.* » (Bodleian) ; est-ce Heidelberg?

Lambertinus Ludolphus Pithopœus, de Deventer, prof. à l'université d'Heidelberg, publia depuis 1565 un très-grand nombre d'ouvrages de philosophie et de littérature, qu'il fit toujours imprimer soit à Heidelberg, soit à Neustadt; à la date de 1586, nous trouvons de lui : *L. L. Pithopœi post reditum in Acad. Heidelberg. de studio poetices oratio, ad ill. principem Fridericum Ludovici VII electoris palatini filium.* Heidelbergæ, 1586, in-4. Nous ne trouvons trace nulle part de L'EITELBURGA de la Bodléienne; de plus, M. Cotton appelle l'imprimeur d'Heidelberg « *Jo. Mylius.* » Il veut sans doute indiquer *Jacobus Mylius.*

ELÆA, Ἐλαία λιμήν [Ptol.], PORTUS DULCIS,

CLYCIS LIMEN [Itin. Anton.], Γλυκὺς λιμήν [Strab.], ville d'Epire (Thesprotia), auj. *Porto Fanari,* dans l'Albanie infér.

ELÆUS [Liv., Plin.], Ἔλαιος [Polyb.], auj. *Missolonghi,* ch.-lieu du dioc. d'Etolie, suiv. Forbiger.

Le comité grec de Londres y envoya une petite imprimerie en 1823, et lord Byron y fit imprimer à ses frais les *Chroniques grecques,* Ἑλληνικὰ χρονικά en 1824. En 1825 parut dans cette imprimerie, dirigée par Mestheneus, l'hymne de Solomos *à la Liberté,* et la même année, Θεωρία, le *Gouvernement représentatif,* par Polyzoïdès, in-8.

ELÆUS [Liv., Plin.], Ἐλαιοῦς [Ptol.], ELEUS [Mela], ville de la côte S.-E. de la Chersonèse de Thrace, auj. *Critia,* dans la presqu'île de Gallipoli; suiv. Boblaye, les ruines d'ELÆUS se verraient près du cap *Griego.*

ELAPHONESOS, ELAPHONNESUS [Plin.], CERVORUM INSULA [Cell.], PROCONNESOS [Mela], Προκόννησος [Ptol.], îles de la Propontide, auj. les *îles de Marmara,* dans la partie occid. de la mer de ce nom.

ELARIS, voy. ELAVER.

ELARONA, voy. ILURO.

ELATEA [Liv.], Ἐλάτεια [Hérod., Strab.], ville de Phocide, auj. *Elefta, Eleftopoli,* dans le dioc. de Phocide [Kruse].

ELAVER [Cæs.], ELARIS [Sidon.], ELAURIS, HELERIUS, l'*Allier,* riv. de Fr., affl. de la Loire.

ELBERFELDIA, *Elberfeld,* ville de Prusse (rég. de Düsseldorf).

Le catal. de la « *library of the British and foreign Bible society,* » nous apprend qu'un *psalterium germanicum,* imprimé en 1515, in-4, est publié sous la rubrique : *Elberfeldæ.*

ELBII VICUS, bourg d'Étrurie, auj. *Vico,* bourg de Toscane (prov. de Pise), près du *lago di Vico.*

ELBINCA, ELBINGA, *Elbing,* ville de Prusse (rég. de Dantzig), sur une rivière du même nom.

Suiv. Falkenstein et Cotton, imprimerie en 1641. On trouve partout un nombre considérable d'indications antérieures ; la plus ancienne nous est fournie par Vogt et Freytag, et remonte à 1563 : *Ordinis Teutonici Chronicon,* hoc titulo : *Kurtze Erzehlung der Hohemeistere deutsches Ordens, welche anfänglich gewesen, und bis zu unsrer Zeit regieret haben.* Elbingæ, 1563, in-8, et iterum ibidem apud Wolg. Dietmarum typographum, 1564, in-4.

Georges Ranis est l'auteur de cette chronique anonyme, la première qui ait raconté les hauts faits des grands maîtres de l'ordre Teutonique (voy. *Selecta historica et litteraria continuata Regiomont.* 1719, p. 100).

Au XVII° siècle, nous trouvons quelques indications de livres antérieurs à 1641, dans le *Catal. des Elzevirs* de 1681, et dans la *Biblioth. septentr.* de J. Möller: *Johannes Bothvidi. Formulæ precationum* XXX, *tempore belli solennium, sermone populari..,* Elbingæ, per Wendel Bodenhausen, anno 1629, in-4.

—*Joh. Scharsit Manuale logicum*, Elbingæ, 1639, i n-12, etc.

ELBOCORIS, ’Ελβοχορίς [Ptol.], ELBOCORII [Plin.], localité de la Lusitanie, au N.-E. de Coimbre, auj. *Celorico*, suiv. Reichard.

ELBORA, Αἰβόρα [Ptol.], voy. TALABRIGA.

ELBOVIUM, ELLEBOVIUM, *Elbeuf*, ville de Fr. (Seine-Infér.); anc. titre de duché-pairie; la première manufacture de drap fut fondée en 1667.

ELBURGUM [Cluv.], *Elburg*, ville de Hollande (Gueldre).

ELCEBUS, ῎Ελκηβος [Ptol.], HELVETUM [Itin. Anton.] (?), HELELLUM [Tab. Peut.] (?), ALAIA [Geo. Rav.], localité des Triboques, dans la Gaule Belgique, sur l’emplacement de laquelle les opinions sont partagées; suiv. Cluvier et Zeiler, c’est auj. *Ell*, bourg de la basse Alsace (Bas-Rhin); suiv. Beat. Rhenanus et Simler, *Schelestadt*; enfin, d’après Kruse, *Zelsenheim*, commune près Strasbourg.

ELCETHIUM, ’Ελκίθιον [Ptol.], ville de la côte O. de Sicile, auj. *Alcala degli Friddi*, suiv. Reichard.

ELDANA, *Saldaña, Saldanha*, bourg d’Espagne (Haute-Castille).

ELDENA, *Eldena*, bourg du Mecklembourg, sur l’Elbe.

ELEA [Cic.], ’Ελέα [Strab., Steph.], ῎Ελη [Strab.], HELIA [Plin.], VELIA [Cic., Mela], Βελέα [Steph.], Οὐέλιαι [Ptol.], ville de la côte de la Lucanie, auj. *Castellamare della Brucca*, bourg de la Princip.-Citérieure, prov. napolitaine du roy. d’Italie.

ELECTA, voy. ALECTA.

ELECTRIA, *Samondraki*, île de l’Archipel [Graësse].

ELECTRIS, île située dans le N. du golfe de Tarente, auj. *Monte Sardo*.

ELEGIUM [Tab. Peut.], localité de la Norique, au S. du Danube, auj. *Erlach*, bourg d’Autriche, suiv. Cellier; et suiv. Reichard, *Achleiten*.

ELEI [Plin., Liv.], οἱ ᾿Ηλεῖοι [Pausan., Str.], habitants de l’*Elis*, qui forme auj. l’un des dioc. de la Grèce, en Morée.

ELENÆ VICUS, voy. LENTIUM.

ELEPHANTIACUM [Merian], ELWANGA, *Ellwangen*, bourg du Wurtemberg.

Quand le docteur Cotton dit avec une concision désolante: « *This little place possessed a press in 1680*, » il devrait bien avoir la charité confraternelle de nous dire sur quels titres il base son assertion.

ELEPTA, *Niebla*, bourg d’Espagne (prov. de Séville).

ELEUSA INS. [Plin.], ἡ Ἐλέουσα [Strab.], île du Sinus Saronicus, entre Égine et Salamine, auj. *Laiusa*, suiv. Boblaye.

ELEUSIS [Cic., Mela, Tac., etc.], ’Ελευσίς [Hérod., Strab.], ville de l’Attique, sur le golfo d’Egina, SARONICUS SINUS, au N.-O. d’Athènes, auj. *Lessina, Elessin*; on y voit les ruines du temple de Cérès.

ELEUTHERI CADURCI, peuple de la Gaule Aquitaine, hab. l’Albigeois.

ELEUTHERNA [Tab. Peut.], ’Ελευθέρνα [Str.], ’Ελευθέρναι [Polyb.], ville du N.-E. de l’île de Crète, auj. *Elevtherna* [Pashley].

ELEUTHEROPOLIS, voy. FREYSTADIUM.

ELEUTHEROPOLIS AD VAGUM, *Freystadt*, sur le Waag, pet. ville de Hongrie (com. de Neitra).

ELEUTHEROPOLIS TESSINENSIS, FREISTADIUM, *Freystadt*, sur l’Œlsa, ville de la Silésie autrichienne.

Nous croyons pouvoir rapporter à cette ville l’impression suivante: *Ludovici Camerarii cancellaria hispanica, seu considerationes et acta publica, ex quibus proscriptionis in electorem palatinum scopus apparet; accesserunt flores Scioppiani, ex Casp. Scioppii classico belli sacri.* Freistadii, 1622, in-4. (Bauer. — Cat. Bulteau, nº 1676.) Falkenstein et Cotton donnent aussi cette date, et veulent sans doute désigner ce livre pour les débuts de l’imprimerie, dans l’une des villes de Freystadt, mais sans désigner à laquelle de ces villes s’applique cette indication.

ELFERTUNUM, *Northallerton*, ville d’Angl., dans le North-Riding du Yorkshire.

L’imprimerie paraît dater en cette ville de la fin du siècle dernier; en 1791, miss Crossfield y publia son *History of Northallerton*, in-8.

ELGINA, ELGIS, *Elgin*, ville et ch.-l. du comté de ce nom, en Écosse.

Ce nom a été rendu tristement célèbre par le saccagement sauvage des marbres du Parthénon et du temple de Thésée par l’ambassadeur anglais, lord Elgin.

M. Cotton signale dans son supplément une curiosité bibliographique, c’est un in-12, publié en 1822, et tiré à DEUX exemplaires: *Russell’s natural history of the Bee.* Elgin, 1822, in-12; imprimé par l’auteur, avec des caractères gravés par lui-même.

ELGOVÆ, SELGOVÆ, peuple du nord de la Bretagne romaine; habitait l’O. du comté de Dumfries et l’E. du Galloway, en Écosse.

ELGOVIA, ELIGOVIA SACER PAGUS, *Ellgöw, Elck, Helligau*, bourg de Suisse (cant. de Zurich).

ELIBANUS MONS, *Monte Fisardo*, montagne de la Calabre ultér.

ELIBERRI [Mela], voy. ILLIBERIS et GRANATA.

ELIBYRGE, voy. GRANATA.

ELIDIS AMNIS [Ovid.], voy. ALPHEUS.

ELII, voy. ELEI.

ELIMBERRUM, CLIMBERRIS [T. Peut.], voy. AUGUSTA AUSCIORUM.

ELIOCROCA [Itin. Ant.], ILORCIS [Plin.] (?), ville du S. de l'Espagne Tarrac., auj. Lorca, bourg du roy. de Murcie.

ELIS [Mela, Liv., Cic.], Ἦλις [Strab.], depuis CALLOSCOPIUM, anc. cap. de l'Élide, auj. Belvedere, Kaloscopi, ville principale du dioc. d'Elide, sur le Pénée.

Wolf (Bibl. Hebraïca) nous apprend que les Juifs avaient installé dans cette ville une imprimerie au commencement du XVIe siècle; un volume imprimé en caractères hébraïques, sous la rubrique: Calloscopi, età la date de 1523, est conservé à la Bodléienne.

ELIS [Mela, Virg., Ovid., etc.], ἡ Ἦλις [Herod., Strab.], ἡ Ἠλεία [Ptol.], ἡ Ἠλείων χώρα [Polyb.], ELIORUM AGER, l'Elide, partie occid. du Péloponnèse, forme aujourd'hui l'un des dioc. de la Grèce.

ELISANA, LUISERNE [Anc. Chr.], Lucena, ville d'Andalousie (intend. de Cordoue).

ELISATIA, voy. ALSATIA.

ELISTER [Cell., Luen.], ELSTERA [Bert.], l'Elster, die Schwarze Elster, riv. d'Allemagne, affl. de l'Elbe.

ELIXOIA, CURONENSIS PENINSULA, die Curische Niederung, district de la Prusse orientale.

ELIZATIUM, SALESIA, SELETIO, SALSA RHENANA, SALUCH [Eginh. Chron.], SALUSIA, SALOISE [Gr. Chr.], Seltz, ville de Fr. (Bas-Rhin).

ELLA [Pertz], ALSA [Zeiler], l'Ill, riv. d'Alsace, affl. du Rhin.

ELLEBOGIUM, voy. MALMOGIA.

ELLEHOLMIA, Elenholm, pet. ville de Danemark.

ELLIBERIS, voy. ILLIBERIS.

ELMATICA, voy. SALMANTICA.

ELNA, voy. ILLIBERIS.

ELNA, la Lianne, pet. fl. de Picardie; tombe dans le Pas-de-Calais à Boulogne-sur-Mer.

ELONE, Ἠλώνη [Hom., Strab.], depuis LIMONE, Λειμώνη [Strab.], ville de Thessalie, auj. Selos, près du mont Lacha.

ELORUS, Ἔλωρος πόλις [Steph.], HELORUS, ville de Sicile, au S.-O. de Syracuse, sur le fl. du même nom, auj. Ceretina, bourg du val di Noto, sur le Telloro.

ELRICUM, Ellrich, ville de Prusse, dans la régence d'Erfurth.

Voici une indication d'imprimerie locale, que nous fournissent les bibliographes allemands, Vogt et Bauer: Gesangbuch (Livre de cantiques) vulgo das Hohentsteinische; seu: Vieler geistreichen Lieder zu Ellrich und Bleicherode. Ellrich, 1707, in-8. Vogt ajoute: Libellus socinismi suspectus, prohibitus et summe rarus.

ELSENORA, HELSINGORA, Elseneur, Helsingœr, ville de Danemark, sur la côte O. du Sund (Seeland).

L'imprimerie remonte en cette ville à l'année 1603, d'après Falkenstein.

ELSINBURGUM, voy. HELSINGA.

ELTENUM, voy. ALTINÆ.

ELTWILLA, voy. ALTAVILLA.

ELTZIA [Valois], Elz, bourg de la rég. de Trèves, sur la riv. du même nom.

ELUI, voy. HELVI.

ELURO [Mela], ILURO [Plin.], Αἰλαιρών [Ptol.], ville de la Tarrac., auj. Mataro, suiv. Ukert, ou Pineda, suiv. Marca.

ELUSA [Amm., Sid. Apoll., Itin. Hier.], ELOSENSIS VILLA [Greg. Tur.], ch.-l. des Elusates, dans la Novempopulanie, anc. évêché au moy. âge, dont le siège fut transporté à Auch; sur les ruines d'ELUSA a été bâtie la petite ville d'Eauze, ch.-l. d'arrond. du dép. du Gers.

ELUSATES, ELUSANI, habitants d'un district de la Novempopulanie, qui s'est appelée depuis l'Eauzan, dans le Bas-Armagnac.

ELUSIUM, ELUSUM [S. Paulin. Ep.], Luz, ville de Fr. (Hautes-Pyrénées).

ELVA INS., voy. ÆTHALIA.

ELVA, ASALPHA, FANUM S. ASAPHI, St-Asalph, St-Asaph, ville du pays de Galles, anc. évêché (Angleterre).

ELVA, voy. ALBA.

ELVANGA, voy. ELEPHANTIACUM.

ELYMA, Ἔλυμα [Ptol.], ELYMIA, ville des Elimæi, dans la Macédoine, auj. Servia (Forbiger), ou Greuno, suiv. Kruse, dans le pachal. de Saloniki.

ELYMIA, Ἐλυμία [Xenoph.], ville d'Arcadie, dont les ruines se voient près de Levidhi, suiv. Boblaye.

ELYSII [Tacit.], peuple de la Germanie, habit. les bords de l'Oder, dans la Silésie prussienne.

EMATHIA [Liv., Justin.], Ἠμαθία [Polyb., Ptol.], partie de la Macédoine, située entre l'Erigon et l'Haliacmon; ce nom a été souvent employé comme désignation de la Macédoine entière; fait auj. partie du pachal. de Saloniki. Voy. EDESSA.

EMBASIS, EMSIA, Ems, ville du Nassau, sur

la rive droite de la Lahn ; célèbre établissement thermal, existant déjà au temps des Romains.

EMBDA, voy. EMDA.

EMBDANUS COMITATUS[Cluv.], FRISIA ORIENTALIS [Cell., Cluv.], la *Frise Orientale*, *Ost-Friesland*, province du Hanovre.

EMBRICA, EMERICA, EMMERICUM, ASCIBURGUM (?), EMBRECHA VILLA, supra Rheni fluenta [Charta Car. Simpl. A. 922], *Emmerich, Emrich*, sur le Rhin, ville de la Prusse rhénane.

Nous pouvons, à l'aide des catalogues des foires de Francfort, faire remonter l'imprimerie en cette ville jusqu'à l'année 1573: *Johannis Reichenii Bewehrnuss der rechten Christlichen Lehr*, *von den zwenen Naturen Jesu Christi, der Göttlichen und Menschlichen*. Emrich. 1573, in-fol. En 1592, nous citerons un vol. au titre assez bizarre: *Petri Bacherii spongia ebriosorum*. Embricæ Clivorum, 1592, in-8. Ce Pierre Bagier ou Bachier était de Gand, et de plus jésuite; il fit imprimer à Douai, en 1580: *Tabula sacrorum carminum piarumque precum Enchiridion*, in-8, et de nombreux ouvrages de théologie dans différentes villes de Belgique et à Cologne.

L'imprimeur d'Emmerich, en cette année 1592, s'appelait Reynder Wylicks Van Deventer.

EMBRODUNUM CATURIGUM, voy. EBRODUNUM.

EMBSIUM AD RHENUM, *Embs, Ems*, bourg du Tyrol entre Coire et Reichenau; on y parle la langue romansche.

L'imprimerie semble avoir existé dans cette localité à une époque assez reculée, car nous pouvons citer d'après Vogt (*Cat. libr. rar.*, p. 719) un livre exécuté sous la rubrique *Embsii ad Rhenum*, en 1646: *Henrici Wagnereckii Standhafte Rettung und Beweisung des Closters contra acta Lindaviensia.* Embsii ad Rhenum, bey B. Schnell, in-fol.

Ce livre est d'une rareté telle, *ut inter libros fere deperditos referri possit*. Le nom de l'auteur n'est pas donné sur le titre, et le format lui-même n'est point indiqué; ce serait un in-fol., d'après le *Catal. Histor. Fresnoio-Mencken*, p. 153; un in-4 suiv. Jo. Petr. de Ludewig. Voici ce qu'en dit Reinh. Wegelinus in *Prærogat. antiquitatis liberæ civitatis Lindaviensis*, p. 32 : « Anno 1646, vel ut vindicator Raslerus vult, 1647, Heidero oppositus est liber, sub titulo : *Standhafte Rettung*..... Autor habetur Wagnereckius e soc. Jesu, veteranus olim juris canonici in universitate Dillengensi professor. » Ce livre est encore cité avec quelques détails dans la *Biblioth. scriptorum de rebus suevicis*, de J.-J. Moser, p. 39.

EMDA [Cell., Cluv.], EMBDA [Cell.], EMETHA (?), anc. AMASIA, AMISIA [Tac.], *Emden, Embden*, ville de Hanovre, près de l'embouchure de l'Ems(Frise-Orientale).

Falkenstein et Cotton portent à l'année 1534 la date de l'introduction de la typographie à Emden, et ce dernier cite même un rare vol. exécuté à cette date, par un imprimeur nommé Jacob Aurik ou Aurick ; nous donnons, d'après Panzer et Lowndes, le titre de cet ouvrage : *The subuersion of Mores faulse foundation; Whereupon he sweleth to set faste and shoue unner his shamles Shoris, to vnderproppe the Popis Chirch, made by George Joye* (depuis imprimeur à Londres en 1541) ; at Emdon (sic), by Jacob Aurik, MDXXXIIIJ, pet. in-8 de 64 p.

M. Cotton cite un long extrait de ce vol., consacré à Thomas Morus ; et il rectifie l'assertion de Herbert, confirmée cependant depuis par Lowndes, qui ne donne à ce livre, lequel fait partie de la Bodléienne, que 41 p.

Mais nous trouvons dans le rare *Florilegium librariorum* de Daniel Gerdes (Groning. 1747, in-8, p. 23), l'indication d'un ouvrage plus ancien : *Georgii Aportani Liber de S. Cœna*, Emden, 1528; le titre en Ost-Frison est celui-ci : *Eine Klare Underrichting van den sacramente des Avendmals unsers Heren Jesu-Christi*.

Ce livre extrêmement rare est cité par plusieurs auteurs ; Ubbo, Emmius, *Histor. Lib.* LIV., et Meinersius, *Hist. Reform. Fris. Orient.* t. I, p. 113, en parlent et font ressortir à la fois le mérite réel de l'ouvrage et son extrême rareté. « Personne, dit Dan. Gerdes, ne peut ignorer le nom de Georgius Aportanus, *primus Frisiæ Orientalis Reformator et Emdanorum Evangelista, vero nomine dictus* Jurjen van Sive, by der daere. » — *Vir sanctissimus et bonis carissimus*, dit Emmius, *etiamnum in memoria grata posterorum et Embdæ et toto in agro vivens.* »

Un grand nombre de Bibles protestantes furent imprimées dans cette ville, au XVIe siècle ; la plus ancienne remonte à 1556; elle fut publiée, in-4, par St. Miedman et Jan Gheylliaert, libraires, sur les bases de la Bible d'Anvers en 1526, si connue sous le nom de *Bible de Liesuelt*, parce qu'elle fut imprimée par Jacob Van Liesuelt.

Une seconde fut donnée en 1560, in-4 ; elle est à l'usage de la secte des Mennonites, traduite de la version luthérienne qui fut imprimée en bas-saxon à Magdebourg en 1554.

Mais la plus célèbre des Bibles d'Emden est celle de 1565, in-fol. C'est la traduction de la version de Luther par Jean Witenhoec; elle est connue sous le nom de « *Vylenspiegels Bibel* », à cause de la traduction de *Jesus Sirach*, 19, 5; on l'appelle aussi : « *Deux Aes Bybel*, la *Bible des deux AA*, » par suite d'une note de Luther, trad. en hollandais de la manière suivante : « *De Armen moeten het Cruyce draghen, de Rijke en gecuen niet*, DEUX AES *en heeft niet, Six cinque en gheeft niet, Quater dry, die helpen vrij.* » ; mais cette note, dit avec raison M. Græsse, est reproduite dans une série d'éditions hollandaises, dont ce bibliographe cite une douzaine.

Nous citerons encore la Bible de 1563, in-4 et in-8, imprimée sans nom de lieu, mais certainement à Emden; elle est très-connue par sa souscription, qui a trompé quelques bibliographes à l'imagination rêveuse, lesquels se sont aventurés à dire que ce livre avait été exécuté sur une imprimerie flottante, en pleine mer du Nord : « *Gedruckt by Lenaert der Kinderen, Scheep op der Nordsee;* » c'est-à-dire à l'enseigne du *Navire de la mer du Nord*.

EMELIA [Camden], *Emely*, bourg d'Irlande, dans le comté de Tipperary (Munster).

EMERICA, voy. EMBRICA.

EMERITA [Isid. Chr., Mela], voy. AUGUSTA EMERITA.

EMLIA, *Emmeli* (?) ville, de Suisse [Graësse].

EMILII CIVITAS, voy. AMILIANUM.

EMMANÆ, AMMÆ VALLIS, l'*Emmenthal*, vallée du canton de Berne (Suisse).

EMMERANI CŒNOBIUM, abb. de Bénédictins, à Ratisbonne.

Nous aurions dû citer à l'art. AUGUSTA TIBERII, une imprimerie conventuelle établie dans ce monastère, avec Michael Engleith comme typographe.

EMPORIÆ [Liv., Sil. Ital., Mela], Ἐμπορίαι [Ptol., Steph.], EMPORIUM, Ἐμπόριον [Scyl.], Ἐμπορεῖον [Strab.], INDIGETUM

URBS, Ἰνδικὴ πόλις Ἰβηρίας [Steph.], ville des Indigetes, dans la Tarracon., colonie des Phocéens de Marseille, auj. *Ampurias*, ville d'Espagne (intend. de Girone).

EMPORIÆ [Liv.], *Castel Aragonese*, bourg de l'île de Sardaigne.

EMPORIUM (Liv.), EMPOLIA, *Empoli*, bourg de Toscane, sur l'Arno.

EMPULUM [Liv.], ville du Latium, auj. *Ampiglione*, dans la campagne de Rome, près de Tivoli.

EMSIA, voy. EMBASIS.

EMULA, voy. FORUM CORNELII.

ENARGINUM, *Orgon*, ville de France (Bouches-du-Rhône).

ENCHUSA [Bert., Guicciard.], ENKHUSA [Cell.], ENCHUSIA, MACUSA, *Enckhuizen*, ville de Hollande, sur le Zuydersee (Norholland).

Imprimerie en 1609, suiv. Falkenstein; le supplément de J.-J. Bauer (*rarer Bucher*) nous fournit une indication antérieure : *Jos. de Acosta, historie naturælen moræl van de Westersche Indien.* Enckhuysen, 1598, in-8, réimpr. à Amsterdam, en 1624: in-4. *Versio rara* (Bibl. Salthen. p. 129). M. Cotton cite les *Evangiles de S. Matthieu et de S. Marc*, en malai-hollandais, imprimés dans cette ville en 1629. Ce livre nous est inconnu. Une édition de quelques poëmes d'Ovide, imprimés séparément, *de Fastis, Tristibus et Ponto*, formant un vol. in-12, y fut donnée en 1653.

ENCOPIA, ENECOPIA, *Enköping*, ville de Suède sur le Mälarsee.

ENDELAVIA, ENDELA, *Endelave*, *Endelau*, île et bourg du Jutland (prov. Aarhuus).

ENDIDÆ [It. Ant.], local. de la Rhætie, auj., suiv. Kruse, *Enn*, *Enga*, près Botzen (Tyrol).

ENESUS, ANESIS, l'*Ens*, riv. d'Autriche, affl. du Danube.

ENFILDA (?), *Enfield*, ville d'Angleterre, dans le comté de Middlesex.

« *The Rules of the Enfield Amicable Society* » furent imprimés dans cette ville en 1794 (Cotton).

ENGADI VALLIS, l'*Engadina*, célèbre vallée du pays des Grisons, en Suisse. Voy. SCUOLA.

ENGOLISMA [Mss. et monn. du XIIIe s.], anc. CONDATE AGESINATUM [Tab. Peut., E. Castaigne], AGESINA [Plin., Valois], AQUESINA, AQUELINA, AQUILESINA, ECOLISINA [monn. mérov.], ECOLISMA [Not. pr. Gall., Greg. Tur., Eginh.], EGOLISSIMA, EQUOLESIMA [Mss.], ENGELEIHEIMA (Xe s.), ANGOLISMA (XIIIe s.), ville des Agesinates, dans la Gaule Aquitaine, auj. *Angoulesme*, *Angoulême*, chef-lieu du dép. de la Charente, entre ce fleuve et la riv. d'Anguienne, ce qui justifie l'ingénieuse traduction du CONDATE de la Tab. de Peutinger (CONDATE, en celtique, voulant dire *confluent*), faite par M. Eus. Castaigne, dans le savant mémoire qu'il vient de publier sur les *Agesinates* de Pline l'Ancien ; mémoire dans lequel le bibliothécaire d'Angoulême écarte rigoureusement les noms d'*Iculisna* [Auson.], et d'*Inculisna* que Danville et plusieurs géographes après lui avaient appliqués à Angoulême.

C'est à l'année 1491 que, d'accord avec tous les bibliographes, nous faisons remonter l'imprimerie à Angoulême : *Auctores octo continẽ*|| *tes libros videlicet* || *Cathonem* || *Facetum* || *Theodolum de contẽptu mundi.* || *Floretum* || *Alanum de parabolis* || *Fabulas esopi* || *Thobiam.* Au v° du dernier f. : *Felix libellorꝝ. finis quos auctores vulgo appellãt correctorꝝ impressorꝝ qꝫ engolisme die* XVIJ. *mensis Maii. Anno dni* MCCCCLXXXXJ. pet. in-4, goth., sans chif. mais avec sign. de A-S, par 8, excepté le dernier cahier de 6, dont le dernier f. blanc, à 26 lig. par page.

Au XVIe siècle, les Minières doivent être cités parmi les principaux imprimeurs d'Angoulême ; Jean de Minières est le chef de cette famille, et son fils Olivier, à la fin du siècle, doit être remarqué entre *tous*.

Au XVIIe siècle, nous citerons Mauclaire et Hélie le Paige qui donne l'édition des *Coutumes d'Angoulesme*, exécutée dans cette ville en 1627, in-4. (La première édition des *Coutumes de l'Angousmoys* avait été donnée à Poitiers, en 1514, ce qui pourrait permettre de supposer que le premier volume cité par nous à la date de 1491 est le produit d'une imprimerie passagère, et que l'on ne doit peut-être faire remonter l'imprimerie qu'au milieu du XVIe siècle.

Les arrêts du Conseil de 1704 et de 1739 donnent à la ville d'Angoulesme le droit de conserver deux imprimeurs ; et en 1764, lors du rapport Sartines, ces deux imprimeurs étaient Jacques Nézé, pourvu en 1731, et Abraham François Robin, établi en 1746.

ENGOLISMENSIS PROVINCIA, ECOLIMENSIS PAGUS [Ann. Prudent. Trecens.], INCULISMENSIS PROVINCIA [Duchesne, *Antiq. de Fr.*], l'*Angoumois*, province de France, répartie auj. entre le dép. de la Charente et de la Dordogne.

ENGYUM [Sil. It.], Ἔγγυον [Diod.], Ἐγγύϊον [Plut.], ENGYNA CIV. [Cic. *Verr.*], ville de Sicile, dont les ruines se rencontrent près de *Gangi Vetere*.

ENHYDRIUM [Liv.], ville de la Thessalie, auj. *Fersaliti*, sur la rive gauche de la riv. du même nom, dans le dioc. d'Elide.

ENINGIA, voy. FENNINGIA.

ENIPEUS fl. [Plin., Virg.], Ἐνίπευς [Hom., Strab.], fleuve de l'Elide, le *Fersaliti*, affl. du Rofeo ou Alfeo.

ENISIS, *Nisi*, petit fl. de Sicile, dans le Val di Demona.

ENJEDINUM, ENYEDINUM, AGNETTINUM, *Enied* (en all. *Strassburg*), bourg de Transylvanie, près du Marosch.

ENNA [Cic., Liv., Plin., etc.], ἡ Ἔννα [Polyb., Strab.], sur la voie de Catane à Agrigente, auj. *Castrogiovanni*, ville de Sicile, dans le Val di Noto.

ENOSIS [Plin.], petite île sur la côte S.-O. de Sardaigne, auj. S. Antioco.

ENSDORFENSE MONASTERIUM, ENSDORPIUM, Ensdorf, bourg de Bavière, près d'Amberg ; anc. abb. de Bénéd.

ENSISHEMIUM, Einsheim, bourg d'Alsace (Haut-Rhin).

ENSIUM CIVITAS, voy. ANASSIANUM.

ENTELLA [Sil.], ἡ Ἐντέλλα [Diod., Ptol.], Ἔντελα [Steph.], ville de Sicile, sur les ruines de laquelle s'élève un village du même nom, dans le Val di Mazzara, à l'E. de Poggio reale.

ENTELLA, fl. de Ligurie, auj. Lavagna, dans la prov. de Gênes ; tombe dans la Méditerranée.

ENUS, voy. ŒNUS.

EORA, l'Yère, riv. de Normandie ; se jette dans la Manche.

EPAMANTADURUM [It. Ant.], EPAMANDUNUM [Tab. Peut.], Mandeure, bourg de Fr. (Doubs).

EPANTERII, peuple des Alpes Maritimæ, habit. les environ de Vintimiglia.

EPAUNA, EPAUNUM, EPAONUM, EPONA, EPONENSIS CIVITAS, EPAONE, localité célèbre par un concile tenu en 517, et sur l'emplacement actuel de laquelle on n'est pas d'accord ; les uns, Menestrier et d'autres savants, appliquent cette dénomination à une ville de Savoie, Yenne, anc. capit. du petit Bugey ; d'autres traduisent par Pamiers ; ceux-ci par Albon, bourg à 5 lieues de Vienne (Dauphiné) ; ceux-là enfin par Mandeure (voy. Chifflet, Diss. de Loco Epaun. Concil.).

EPERIÆ, EPERJESINUM, voy. APERIASCIO.

Nous avons omis une note bibliographique d'une certaine importance quand nous avons cité cette ville à la lettre A. Voici ce que nous apprend J. Németh (Typogr. Hungariæ, p. 83) :

En 1656, un typogr. du nom de Thomas Scholtz s'établit à Eperies ou Eperjesin ; un seul livre exécuté par lui est aujourd'hui connu, et jusqu'à la seconde moitié du siècle suivant l'imprimerie disparaît. Voici le titre de l'unique spécimen de la typogr. de Th. Scholtz, qui soit parvenu jusqu'à nous : Horvath Andr. Veterosoliens. Hung. Trenchin, Dein Eperies. Gymn. Rector. — Disputatio adversus Pontificios de Scripturæ sacræ V. T. Canone, quam sub præsidio Andr. Horvath defendere annitetur Andreas Braxatoris Rosenberga Liptov. Ann. 1656. Eperjenini, excudebat Thomas Scholtz, in-4, 18 ff.

L'imprimeur dédie ce premier produit de ses presses au sénat et aux citoyens d'Eperies.

EPERODIA, EPOREDIA [Cluv., Zeiler], Ἐπορεδία [Ptol.] , EBOREGIA , EBORELA , YVORIE [Chron. B. Dion.], Ivrée, Yvrea, anc. colonie rom. du temps de Marius, auj.

chef-lieu de la province sarde du même nom.

EPETIUM [Plin.], Ἐπέτιον [Polyb., Ptol.], ville et fort de l'Illyrie, auj. Strobez, à l'embouchure du Narenta, en Dalmatie.

EPEUM, Ἤπειον |Xen.], Ἔπιον [Herod.], Αἶπυ [Hom.|, ville d'Élide, dont les ruines se trouvent à Paléokastro, près de Platiana.

EPHYRA, voy. CORINTHUS.

EPHYRA INS., sur la côte de l'Argolide, île de l'Archipel, auj. Hypsili [Boblaye].

EPICARIA [Ptol.], ville de Dalmatie, auj. Papadoras, dans le pachal. de Janina.

EPIDAMNUS [Plin.], Ἐπίδαμνος [Thuc., Polyb., Strab.], puis DYRRACHIUM [Cæs., Cic., Liv.], Δυρράχιον [Thuc., Ptol.], ville de l'Illyrie grecque, auj. Durazzo (en Illyr. Duradsch), ville de la Turquie d'Europe , dans l'Albanie , pachal. d'Elbessan ; évêché cathol., archev. grec.

Cette ville ne figure pas comme lieu d'impression dans la longue liste fournie par Falkenstein, et cependant il nous faut mentionner un ouvrage que nous trouvons au Catal. de G. Willer (Francof., 1592), et au Catal. Maittaire (Lond. 1749) : Apotheosis noui ueteris Copiæcornu nihili Vtopiensis, strenæ loco inter quosdam amicos mutuo missa per internuntium Mercurium Liberalem, Patritium Beneventanum. Epidamni, apud Polydorum Cargium, 1584, in-4.

EPIDAURUM [Plin.], Ἐπίδαυρος [Ptol.], Πίταυρα [Const. Porphyr.], ville de Dalmatie, anc. colonie romaine , sur l'emplac. de laquelle s'élève la ville de Ragusa-Vecchia, sur le Narenta, bourg du cercle de Ragusa, dans la Dalmatie autrichienne.

EPIDAURUS [Cic., Liv., Plin.], ἡ Ἐπίδαυρος [Herod., Thuc.], Ἐπίδαυρος ἱερά [Plut.], ville de l'Argolide, à l'O. d'Ægine , sur le Sinus Saronicus, auj. Pidhavro, suiv. Boblaye.

EPIDAURUS LIMERA [Plin.], Ἐπίδαυρος ἡ Λιμηρά [Thuc., Strab., Ptol.], MALVASIA [Cell.], ville de Laconie, auj. Palea Monemvasia, ou Nonembasia, Napoli di Malvasia, ville de Morée, dans une petite île du golfe de Napoli de Romanie (ARGOLICUS SINUS).

EPIDELIUM, localité de la côte de Laconie, auj. Agio Lindi, en Morée.

EPIDII, peuple de la Calédonie, habitant la côte N.-O. d'Ecosse, partie du comté de Ross.

EPIDIUM INS., l'une des Hébrides.

EPIDIUM PROM., *Mull of Cantyre, le Cap Cantyre*, en Ecosse (comté d'Argyle).

EPILA, *Epila*, pet. ville d'Aragon.

Voici ce que nous dit Antonio (tom. I, p. 609) : « Hieronymus Ximenez, Medicus Cæsaraugustanus, edidit : *Institutionum Medicarum lib. IV*, Toleti, anno 1583, in-fol. — Epilæ, 1596, in-4. — *Quæstiones Medicas*. Epilæ, in-fol. », et il ajoute : « Ex Epila Aragoniæ regni oppido fuisse oriundum docet Andreas Scotus. » Le nom de l'imprimeur de ces deux curiosités médicales est Juan Perès de Valdivieso. M. Ternaux donne la date de 1578 pour la première édition des *Lib. IV Instit. Medic.*; dans ce cas l'édition de Tolède ne serait que la seconde.

EPINABURGUM AD VILSAM, *Biburg, Vilsbiburg*, bourg de Bavière, près Landshut, (Isarkreise).

EPIROTÆ [Cic., ‖ Liv.], ’Ηπειρῶται · [Plut., Str.], PYRRHYDÆ [Justin.], les habitants de l'Épire, les *Epirotes*.

EPIRUS [Cic., Cæs., Liv.], ἡ ″Ηπειρος [Xen., Ptol., etc.], l'*Epire*, anc. royaume de Grèce ; fait partie de l'empire Ottoman depuis 1435, et est compris dans l'Albanie* Inférieure (Pachal. de Janina).

EPISCOPATUS, VESCOVATUM, *Vescovato*, district du Milanais, dans la prov. de Cremona. = *Vescovato*, bourg de l'île de Corse, au S. de Bastia.

EPISCOPI CASTRUM, *Bishopscastle* , bourg d'Angleterre (Shropshire).

EPISCOPI CELLA [Simler, Luen.], *Bischofszell*, ville de Suisse (Thurgovie].

EPISCOPI INSULA [Zeiler], *Bischofswerda*, pet. ville de Saxe (pr. de Meissen).

EPISCOPI MONS, *Evesquemont*; plusieurs localités portent ce nom en France.

EPISCOPI PETRA, *Bischoffstein* ville de Prusse (prov. de Königsberg).

EPISCOPI VILLA, *Bischofswiller, Bischweiler, Bischwiller*, ville de Fr. (Bas-Rhin).

EPITALIUM, ville de l'Elide (Triphylia), auj. *Zunchio*, près Agulenitza (Bisch. et Möller).

EPIUM, voy. EPEUM.

EPOISSUM [It. Ant.], EPUSUM [Not. Imper.], IVODIUM (?), ville* des Treveri, dans la Gaule Belgique, auj. *Yvoix, Yvoix-Carignan* (en flam. Ypschs), bourg de Fr. (Ardennes).

EPONA, voy. EPAUNA.

EPONA, PHŒRINGA [Merian], *Pfœring*, bourg de Bavière, près du Danube (Regenkreise).

EPORA [Plin., Itin. Ant.], AD LUCOS [It. Aq. Apollin.] , ville de la Bétique, sur

° le Guadalquivir, auj. *Montoro* [Florez], en Andalousie, ou, suiv. d'autres géogr. *Aldea del Rio*.

EPOREDIA, voy. EPERODIA.

EPOTIUM [Spon, *Misc.*], local. de la Narbonaise, auj. *Upaix*, bourg du Dauphiné, sur la Durance (Basses-Alpes).

EPTA, ETTA, ITTA, l'*Epte*, riv. du Vexin, affl. de la Seine.

EPTERNACUM, voy. ANDETHANNA.

EPUSUS, *Yvoy*, village de l'Orléanais (Loiret).

EQUABONA (It. Ant.], ÆQUA BONA, ville de Lusitanie, sur le Tage, auj. *Couna, Coyna*, entre Lisbonne et Merida.

EQUILIUM, ÆQUILIUM, *Jesolo*, bourg de la Vénétie.

EQUITANIA [Mariana], *Idanha a Velha*, pet. ville du Portugal (prov. de Beira).

EQUUS TUTICUS [Ant. It.], Tab. Peut.], EQUOTUTICUS [Cic.], TUTICUM, Τούτικον [Ptol.], *Oppidulum quod versu dicere non est* [Horat. *Satir.*], ville des Hirpini, dans le Samnium, auj. probablement *Castelfranco*, suiv. Forbiger ; ou *Ariano*, dans la Princip. Ultér., suiv. Bisch. et Möller.

ERACTUM, ″Ηραχτον [Ptol.], ville des Bastarnes, dans la Sarmatie europ., auj. *Row*, bourg de la Podolie.

ERANA, ″Ερανα [Strab.], ville de la côte O. de la Messénie, auj. *Arene*.

ERASINUS [Ovid., Senec., Plin.], ’Ερασῖνος, ’Αροῖνος [Strab.], fl. d'Argolide, auj. la riv. de *Kalavryta* [Leake] ; un fl. de l'Attique portait le même nom.

ERAVUS, voy. ARAURIS.

ERBESSUS, ’Ερβησσός [Polyb., Diod.], Οὔεσσα [Ptol.], ville du S. de la Sicile, auj. *li Grutti*, suiv. Reichard.

ERCHRECUM, ERCHEREGO VILLA, var. ERCHECO, ERCARIACO, *Achery*, village du dép. de l'Aisne, d'après Valois; même localité que ERCURIACUM (?).

ERCOBRIGA, voy. TALABRIGA.

ERCOJENA, ERIGENA, AERA, *Ayr*, ville d'Ecosse, chef-lieu du comté du même nom, sur le firth of Clyde.

ERCTA [Tac.], Εἰρχτή [Polyb.], Εἰρχταί [Diod.], bourg et forteresse du N.-O. de la Sicile, auj. *Monte Pellegrino*, dans le Val di Mazara, ou *Iraci*, suiv. Reichard, près du Capo di San Vito.

ERCURIACUM [Ann. Hincm. Rem.], nom de

lieu que Pertz traduit par *Ecry*, sur l'Aisne, et D. Bouquet par *Ribemont*, sur l'Isère ; voy. ERCHRECUM.

ERDINI, peuple de l'Hibernia, habit. le comté actuel de *Donegal* (Ulster).

ERDODIUM, *Erdöd*, bourg de la haute Hongrie (cercle au-delà de la Theiss).

EREBANTIUM, cap de la partie orient. de l'île de Sardaigne, auj. *Capo della Testa*.

EREMITARUM COENOBIUM, voy. EINSILDA.

ERENEUM, *Ernée*, ville de France (Mayenne).

ERESBURGUM, ERISBURGUM [Ann. Fuld.], HERESBURG, MERESBURG [Ann. Sangall.], HEREBOURE [Eginh. Chr.], IRMINSUL, ERMENSUL, ville de la Germanie, célèbre au temps de Charlemagne, qui a construit une église dédiée à S. Pierre et S. Paul, auj. *Stadtberg* ou *Marsberg*, ville de la rég. d'Arnsberg, sur la Diemel (Prusse-Rhénane).

ERESUS, [Plin.], Ἐρεσός [Strab.], Ἐρεσσός [Diod., Ptol.], ville de la côte S.-O. de l'île de Lesbos, auj. *Erissi* ou *Heresso*, dans l'île de Mételin.

ERETRIA [Liv.], Ἐρέτρια [Polyb., Str.], Ἐρετρίαι [Ptol.], ville de la Phthiotide (Thessalie), dont les ruines, suiv. Leake, se voient près de Tjangli.

ERETRIA [Cic., Plin., Liv., etc.], Ἐρέτρια [Hom., Herod., Strab.], etc., ville de l'île d'Eubée, auj. *Palæokastro*, dans le S.-O. de Negroponte [Leake].

ERETUM [Ant. It., Liv., Virg., Tab. Peut.], Ἤρητον [Strab., Dion., Ptol.], ville des Sabini, sur l'Allia, auj. *Monte-Rotondo*, bourg de la Sabine ; mais Mannert place cette localité auprès de la *Fiora Osteria*.

ERFORDIA [Cluv., Cell.], ERFHESFURTUM [Ann. Fuld.], ERFESFURDUM, IEROFORDIA, GERFURDIA, ERFURTUM, *Erfurt* (*Erpesforde*) ville des Etats prussiens, chef-lieu de régence, dans la prov. de Saxe.

C'est à l'année 1479 que nous ferons remonter l'imprimerie à Erfurth, d'accord avec le bénédictin Gottfried Reichhart : LECTIONARIUM *de tempore duodecim ac trium lectionum.* Erphordiæ, MCCCCLXXIX, in-fol. de 104 ff.

Ce livre, que nous ne trouvons cité par aucun bibliographe, fut-il exécuté par le premier imprimeur d'Erfurth, Paul Wider de Hornbach ? Nous pouvons le supposer, mais le P. Reichhart ne nous apprend pas s'il est imprimé avec les caractères du livre de 1482 que Panzer, Falkenstein et autres citent comme le premier livre imprimé à Erfurth : *Joh. Lvtrei Quæstiones in libros Aristotelis de Anima.* A la fin : *Exercitiū librorū de anima per Egregiū dōm lutree sacre pa[|]gine licēciatū Erifordēsi in vniuersitate collectū ɟ approbatū. An[|]no ?č?1482. Kt. ⅔.*

7 septēbris p Paulū wider de Hornbach im[|]pressum finit, in-4. Sans ch., récl. ni sign. 71 ff. à 40 l., sans nom de lieu, mais considéré par tous les bibliographes comme imprimé à Erfurth.

Falkenstein attribue deux autres ouvrages au même imprimeur : *Aristeæ tractatus de* LXX *interpretibus*, 1483, in-4, et *Andreæ Hundorn Ars epistolandi*, de même format, mais daté de 1494, ce qui contredit l'assertion de ce bibliographe, qui un peu plus haut soutient que P. Wider de Hornbach n'a imprimé à Erfurth que de 1482 à 1485.

Les principaux imprimeurs d'Erfurth au XVe siècle sont : Heidericus et Marcus Ayrers, 1498 ; et surtout Wolgang Schenck ou Schenken, qui prend aussi quelquefois le pseudonyme de *Lupambulus Ganimedes* ; c'est sous ce nom qu'il imprime en 1501 la grammaire de Priscien, in-4.,'livre fort rare, que Panzer signale comme le premier livre en Allemagne dans lequel on ait fait usage des caractères grecs ; dans la souscription de ce livre, Wolg. Schenck se qualifie de « *typographus in arte sua adhuc novitius* ».

Quelques années plus tard nous trouvons successivement : en 1506 Wolfius Stürmer ; en 1507 Joannes Ru ; en 1508 Joannes Knap ; en 1510 Sebald Striblita ; enfin, en 1511 Mathieu Maler, qui est peut-être le même que Mattheus Pictorius que cite Panzer à la date de 1512 ; ce Mathieu Maler imprime encdre en 1520 ; car à cette date la *Biblioth. Saxonica* cite une « *Cronica Sant Elisabet zu Teutsch besagen ihre heyliges leben* », exécutée à Erfurth « *durch Matthes Maler* », in-4.

ERGAVICA [Plin.] Ἐργαούϊκα [Ptol.], ERGAVIA [Liv.], ERGAVICA CELTIBERUM [Cell.], ville des Celtiberii, dans la Tarraconaise, auj. *Alcaniz*, pet. ville d'Aragon ; ou, suiv. Reichard, *Oreja*.

ERGAVICA VASCONUM [Cell.], *Igualada*, pet. ville de Catalogne, sur la Noya.

ERGETIUM [Plin.], Ἐργέτιον [Steph.], ERGETUM [Sil.], Σεργέντιον [Ptol.], ville de Sicile, auj. *Cittadella*, d'après Cluvier ; Reichard place cette localité à *Monte Artesina* au N. de Castro-Giovanni.

ERGINUS FL. [Plin.], Ἐργῖνος [Apoll.], fleuve de Thrace ; tombe dans la Propontide, auj. l'*Erkene*.

ERGOVIA, voy. BERONA.

ERIBOEA, ville des Parthini, dans l'Illyrie grecque, auj. *Croia*, dans le pachal. de Scutari.

ERICINUM, *Osilo*, bourg de l'île de Sardaigne.

ERICUSA, ÆRICUSA, ERICODES INS., l'une des îles Lipari, auj. *Alicudi*.

ERICUSA INS. [Plin.], ἡ Ἐρικοῦσα [Ptol.], île de la mer Ionienne, auj. *Varcusa*, dans l'Archipel.

ERIDANIUM, nom de lieu d'impression supposé, que l'on trouve sur un grand nombre de livres italiens, et que l'on traduit par *Torino*.

ERIDANUS FL., voy. PADUS.

ERIDANUS, *Rodaun*, riv. de Prusse, affl. de la Vistule.

ERIGENA, voy. ERCOJENA.

ERIGON FL., Ἐρίγων [Strab.], ERIGONUS [Liv.], fl.` de Macédoine, auj. la *Vistritza*.

ERINÆUM, Ἐρινεόν [Thuc.], Ἐρίνεον [Strab.], ville de la Thessalie (Phthiotide), que Krüse dit porter auj. le même nom *Erineo*.

ERLA [Cluv., Cell.], voy. AGRIA.

Nous ajouterons à la courte note bibliographique que nous avons consacrée à la ville d'Erlau, un extrait du livre spécial de J. Németh, sur la typographie hongroise : il ne fait remonter l'imprimerie à Erlau qu'à l'année 1756 : « A la demande de l'évêque d'Erlau, Franc. Barkóczy, dit-il, Fr. Ant. Royer, typographe établi à Presburg, transporta son matériel à Erlau, en 1756, et quelques années après il suivit son protecteur à Gran, dont celui-ci venait d'être nommé archevêque ; le premier livre imprimé par Royer, à Erlau, est intit. : *Szegedy Joan. Opusc. de Hierarchia Eul. et de Primatu S. Petri Apostoli ejusque successorum.* Agriæ, typ. Fr. Ant. Royer, 1756, in-8, de 270 p. »
Étienne Sándor, à la p. 245 du *Magyar Könyvesház*, fait remonter à 1705 l'impr. à Erlau, et donne le titre d'un vol. imprimé : *II-dik Rákótzi Fejedelemneck. etc.*, *Hadi Törvényei*, Agriæ, 1705, in-4, mais Nemeth est fort éloigné d'admettre l'opinion de Sándor.

ERLACUM, *Erlach*, bourg de Suisse sur le lac de Brienne (cant. de Berne).

ERLANGA [Zeiler], *Erlangen*, ville de Bavière [Rezatkreise].

L'imprimerie date en cette ville de 1744, suiv. Falkenstein, et le nom du premier typographe est D. Schultz, ou Schutz.

ERLAPHUS, ARLAPA [Zeiler], l'*Erlaf*, *Erlach*, riv. de Styrie, affl. du Danube.

ERMANDICA, voy. SALMANTICA.

ERMSLEBIA [Lang. Chr., Leibnitz], *Emsleben*, bourg de Prusse, rég. de Merseburg.

ERNAGINUM [It. Ant.], Ἐρνάγινον [Ptol.], ARNAGINE [It. Hier.], ARNAGO [Tab. Peut.], ville des Salyi, dans la Gaule Narbon., auj. *St-Gabriel*, village de Provence, près Tarascon (Bouches-du-Rhône).

ERNODUNUM [It. Ant.], S. *Ambroix-sur-Arnon*, village du Berry (Indre), anc. prieuré de S. Benoît.

ERNOLATIA [Tab. Peut.], local. de la Norique, auj. *Spital am Pyrrn*, suiv. Muchar ; ou *Hall*, bourg et lieu de bains en Autriche (Traunkreise).

ERPACHIUM [Zeiler], *Erbach*, sur le Mümling, ville de Hesse-Darmstadt,

ERPHESFURTUM, voy. ERFORDIA.

ERREBANTIUM PROM.,` cap de l'île de Sardaigne, auj. *Punta Santa Reparata*, suiv. Mannert.

ERUBRUS [Auson.], ERUBRIS [Cell.], le *Ruver*, riv. de Fr., affl. de la Moselle.

ERUCIUM [It. Ant.], Ἐρύκινον [Ptol.], *Castel Sardo*, bourg de l'île de Sardaigne [Reichard].

ERULI [Jornand.], HERULI [Amm. Marc.], peuple du N.-E. de la Germanie, qu'on croit origin. de la Sarmatie Asiatique ; habit. partie de la Pomméranie et du Mecklemburg.

ERVATES, voy. ARNAPHA.

ERYCE, Ἐρύκη [Steph.], ville de Sicile à 90 stades de Gela ; on en voit les ruines à *Catalfano*, près de Calatagirone.

ERYCIS PORTUS [It. Ant.], ERYX [Fr. It. Ant.], sur la côte de la Ligurie, auj. *Lerice*, dans la prov. de Gênes.

ERYMANTHUS FL. [Mela, Ovid.], fl. d'Arcadie, auj. le *Dimitzana*, en Morée.

ERYMANTHUS MONS, ὁ Ἐρύμανθος [Strab., Paus.], montagne d'Arcadie, auj. *Olenos, Olonos*.

ERYTHIA INS. [Mela], île de la côte O. de Lusitanie, auj. *Bertenga*, sur la côte de l'Estremadura.

ERYTHIA INS. [Plin.], Ἐρύθεια [Hesiod., Strab.], île sur la côte de l'Espagne Bétique, auj. la *Carraca*, près de Cadix ; quelques géogr. y ont vu l'*île de Léon*.

ERYTHRÆ [Liv.], Ἐρυθραί [Steph.], ville de la Locride, auj. S. *Nicolo* près Etia, suiv. Pouqueville.

ERYTHRÆ, Ἐρυθραί [Hom., Strab.], sur l'Asopus, ville de la Bœotie, à l'O. de *Katzula* [Leake].

ERYTHRÆA [Flor.], ville de Crète, sur l'ERYTHRÆUM PROM., auj. le *Capo Xacro*, dans le N. de Candie.

ERYTHROPOLIS, *Rodbye*, bourg de Danemark, dans l'île de Laaland.

ERYX, voy. ERYCIS PORTUS.

.ERYX [Cic., Liv., Plin.], ὁ Ἔρυξ [Polyb., Strab.], localité située dans la partie O. de la Sicile, auj. *Monte S. Giuliano*, ou *Trapani del Monte*, dans le Val di Mazzara.

ESCA [Cell., Camden], l'*Esk*, riv. d'Ecosse ; donne son nom au district l'*Eskdale* (ESCIA).

ESCAMUS fl. [Plin.], ANASAMUS [Tab. Peut.], Escus, riv. de la Mœsie Infér., affl. du Danube, auj. l'*Ischa (Ostru)*.

ESCARLEIÆ, *Escharlis,* village près Montargis (Loiret).

Un médecin du nom de Paul Dubé a publié, en 1649, un vol. in-8, sur la vertu des eaux minérales de cette petite localité.

ESCHEDA, ESTA, l'*Este,* riv. de la préf. du Luneburg (Hanovre), affl. de l'Elbe.

ESCHENRIED, village de Suisse (?).

Nous empruntons à Ternaux et donnons (sous toutes réserves) la note ci-après :
Von der Laupenschlacht, ein lied.— Eschenried, 1536, in-8 (?).

ESCO [Tab. Peut.], localité de Vindélicie, auj. *Eschendorf,* sur le Lech, bourg de Bavière.

ESCOVIUM, ESCUINA, *Escouen, Ecouen,* bourg de Fr. (Seine-et-Oise); anc. château construit par le connét. de Montmorency. = *Ecouis,* bourg de Fr. (Eure).

ESCURIALE, SCORIACUM, SCORIALE (Baudrand), *Escorial, Escurial,* ville d'Espagne (Nouv.-Castille), sur le Guadarrama, palais et monastère construits par Philippe II.

La célèbre bibliothèque de l'Escurial, si importante à cause de ses manuscrits arabes, a été en grande partie réunie à la bibliothèque royale à Madrid ; le catal. des Mss. arabes seul a été publié en 2 vol. in-fol. (Madrid, 1760), par les soins d'un savant prêtre maronite, du nom de Michaël Casir.

ESCUS, ISCUS, ŒSCUS [It. Ant.], ŒSCUS TRIBALLORUM, dans la Mœsie Infér., auj. *Ischa,* ville de Boulgarie, sur le fl. du même nom.

ESELINGA, voy. EZELINGA.

ESENA, ESENÆ [Zeiler], *Esens,* ville du Hanovre dans la Frise Orientale.

ESESFELDUM, voy. ITZEHOA.

ESIA, ŒSIA, OISIA [Baudrand], l'*Oise,* riv. de Fr. affl. de la Seine.

ESMANTIA, *Amance,* bourg de Fr. (Haute-Saône).

ESPARGES CASTRUM, voy. DISPARGUM.

ESPERNACUM, voy. SPARNACUM.

ESPINOIUM, voy. SPINETUM.

ESQUILINUS MONS, ESQUILIÆ, *Monte S. Maria Maggiore,* l'une des Sept Collines de la ville éternelle.

ESSECUM, ESSEKIUM, *Mursa, Essek,* pet. ville d'Esclavonie.

ESSELFELDUM, voy. ITZEHOA.

ESSENDIA, voy. ASNIDIA.

Imprimerie en 1730 (Cotton's suppl.).

ESSEXIA [Cluv., Thuan., Camden], TRINOBANTUM REGIO, le *Comté d'Essex,* en Angleterre ; l'un des anc. roy. de l'Heptarchie Saxonne.

ESSIUM, EXIUM, voy. ÆSIS.

ESTELLA, voy. STELLA.

ESTENSIS MARCHIONATUS [Æn. Silvius.], le *Marquisat d'Este,* dans la prov. de Padoue.

ESTEVA, ESTEVÆA, STAVIACUM, *Stæffis, Estevay,* bourg de Suisse (C. de Fribourg).

ESTHONIA, ESTENIA [Cluv.], l'*Esthonie, Esthland, Reval,* gouvernement russe, dans la Russie-Baltique; chef-lieu *Reval* ou *Revel.*

ESTIA PALUS [Mela], *der Dammersee,* lac du Hanôvre.

ESTIONES, οἱ Ἑστίωνες [Strab.], peuple de la Vindélicie, hab. le cercle de Feldkirch, en Tyrol.

ESTIVALE, ESTIVALIUM, STIVALIUM, *Estival en Charnie,* bourg du Maine (Mayenne), anc. abb. de S. Benoît.

ESTOLA FL., l'*Esla,* riv. d'Espagne, affl. du Duero.

ESTRIACUM, *Estrechy,* bourg du Berry (Cher).

ESURIS [It. Ant.], sur la côte O. de la Bétique, auj. *Ayamonte,* suiv. Florez; *Xeres de la Frontera* (voy. ASTA REGIA), ou *Faro,* ville de Portugal (Algarves), suiv. quelques autres géographes.

ETANNA [Tab. Peut.], *Yenne,* ville de Savoie, suiv. Forbiger. (Voy. EPAUNA.)

ETEA [Plin.], Ἤτεια [Steph.], ville de l'île de Crète, auj. *Setia* ou *Settia,* d'après la carte de Pashley.

ETHOPIA, ville des Athamanes dans l'Epire, auj. *Avados-Ru,* dans le pach. de Janina [Bisch. et Möll.].

ETOBEMA, Ἠτόβημα [Ptol.], ETOVISSA [Liv.], Ἠτόβησα, ville des Edetani, dans la Tarrac., auj. vraisemblablement *Oropesa,* près Segorbe, dans le roy. de Valence.

ETOCETUM [Not. Imper.], LICHFILDIA, LICHFELDUM, ville des Cornavii, dans la Britannia Romana, auj. *Lichfield,* dans le Straffordshire, suiv. Camden ; Reichard confond ETOCETUM avec UTOCETUM, et traduit par *Utchester.* (Voy. Forbiger, III, 295.)

ETONA, voy. ÆTONIA.

ETOSCA, voy. ILEOSCA.

ETOVISSA, voy. ETOBEMA.

ETRICULUM, *Lattaraco,* bourg du Napolitain (Calabre-Citér.).

ETRURIA [Liv., Mela, Plin., etc.], TUSCIA [Varro, Amm.], Τυρρηνία [Arist., Polyb.], TYRRHENIA [Ovid.] , ἡ τῶν Τυρρηνῶν χώρα [Strab.], contrée de l'Italie centrale, qui forme auj. la *Toscane, Toscana*, et partie des anc. Etats du Pape.

ETRURIA, c'est le nom d'un village d'Angleterre (Straffordshire).

Ce fut là que M. Wedgewood établit sa célèbre ma-nufacture de poteries, à l'imitation des anciens vases étrusques, et l'agglomération des maisons qui se for-ma autour de la fabrique prit le nom d'*Etruria*. Il y avait également installé une petite imprimerie, d'où sortit, au siècle dernier: *A catalogue of ca-meos, etc., made and sold by Josiah Wedgewood.* Etruria, 1787, in-8.

ETRUSCI [Liv., Catul.], ETRURII [Flacc.], anc. TURSENNÆ, d'où les Grecs ont fait Τυρσηνοί, Τυρρηνοί; les Ombriens TURS-CI, et les Romains TUSCI et ETRUSCI, les *Etrusques*, peuple de la grande famille indogermanique, l'une des trois races primitives qui peuplèrent l'Italie; on les appela aussi RAS-ENNÆ [Mommsen].

ETTERSBURGUM, *Ettersburg*, bourg du gr.-duché de Saxe-Weimar.

ETTLINGA, ETTELINGA, *Ettlingen*, sur l'Alb, petite ville du gr.-duché de Bade.

L'imprimerie remonte en cette ville à l'année 1531; voici le nom du plus ancien volume qui soit venu à la connaissance de Panzer : *Avicenæ arabis medico-rum ob succinctam brevitatis copiam facile princi-pis, quarta FEN, primi de universali ratione me-dendi, nunc primum M. Jacobi Mantini medici hebræi (opera?) Latinitate donata et in studioso-rum utilitatem a Physices studiosis quibusdam ger-manis typis tradita.* M DXXXI. A la fin : Ettelingæ apud Valentinum Kobian, Mense Aprili, 1531, in-8. — L'année suivante, signalons *Joh. Hasfvrti noua medicinæ methodus, ex mathematica ratione mor-bos curandi.* — Ibid. per Valent. Kobian. MDXXXII, in-4, fig. s. b. (Panzer, I, 506; Bauer, II, 82). Ce livre est également porté au catal. des frères de Tournes (p. 244), mais l'auteur est appelé *Johannes* VIRDUNGUS.

EUANTHIA, voy. ŒANTHE.

EUBŒA INS. [Liv., Tac., Plin.], Εὔβοια [Ptol., Strab.], anc. CHALCIS (Airain), MACRIS (Longue), ABANTIS (colonie des *Abantes*), grande île de la Grèce, sur la côte orient., auj. *Négrepont, Negroponte, Egripos*, séparée du continent par l'Euripe et le canal de Négrepont ; forme l'un des 31 dioc. de la Grèce (Dioc. d'*Eubée*, chef-l. *Chalcis*).

EUBŒA, Εὔβοια [Strab.], ville du S.-E. de la Sicile, auj. *Castellazio*, dans le Val di Noto [B. et M.].

EUBOÏCUS SINUS, voy. EURIPUS.

EUDOSES [Tac.], peuple du N.-E. de la Germanie, sur la rive droite de l'Elbe, habit. la Régence de Potsdam.

EUDOXIOPOLIS, voy. SELYMBRIA.

EUDRACINUM (Tab. Peut.], ville des Salassi, dans la Gaule Transpadane, auj. *Eu-tranne*, en Piémont.

EUGANEA VALLIS, AUSUGII VALLIS, *le Val Sugan*, en Tyrol.

EUGANEI [Liv., Mart., Plin.], peuple de la Gaule Transpadane, habit. au nord du golfe Adriatique jusqu'à la partie des Alpes Rhétiques, qui en prenaient le nom d'EUGANEI MONTES, c'est-à-dire en grande partie la délég. de Padoue.

EUGENII INSULA, *Inisowen*, presqu'île ir-landaise de l'Ulster.

EUGUBIUM, IGUVIUM [Cæs., Liv.], Ἰγούιον [Ptol.], AGUVIUM [Tab. Peut.], ville des Iguvini dans l'Ombrie , auj. *Eugubio. Gubbio*, ville de l'anc. duché d'Urbino, auj. faisant partie de la délégation de ce nom.

Ce fut là qu'en 1456 furent découvertes les célèbres *Tabulæ Eugubinæ*.
Au XVIe siècle y fut établie une célèbre fabrique de faïences artistiques.

EULEMBURGUM, voy. ILEBURGUM.

EUMENIA, OMENIA, *Omegna*, bourg sarde de la prov. de Novara.

EUONYMUS [Plin.], Εὐώνυμος [Strab., Ptol.], l'une des îles Lipari, auj. *Salina*.

EUPALIUM, [Liv.] Εὐπάλιον [Strab.], Εὐπόλιον [Steph.], anc. ville de la Locride, dont les ruines se voient auprès du monas-tère de *S. Giovanni*, dans le N.-E. de Lepanto.

EUPATORIUM, Εὐπατόριον [Strab.], Εὐπα-τορία [Ptol.], dans la Chersonèse Tau-rique, auj. *Eupatoria*, port de Crimée ; on l'appelle aussi Kosloff.

Une imprimerie fut fondée à Eupatoria en 1806, suiv. Cotton.

EUPILIS [Plin.], lac de la Gaule Transpa-dane, auj. *Lago di Pusciana*, dans la prov. de Côme.

EUPOLIUM, voy. EUPALIUM.

EURÆ CASTRUM, *Yèvre-le-Château*, bourg de l'Orléanais (Loiret).

EURIPUS [Liv., Mela, Plin., Cic.], Εὔριπος [Herod., Strab.], détroit qui sépare l'Eubée du continent, auj. *Egripos, Euripo*.

EUROPA, ἡ Εὐρώπη [Herod., Strab.], l'*Eu-rope*.

EUROTAS, Εὐρώτας, fleuve de la Laconie, auj. *Vasilipotamo*, en Morée.

EUROTAS, voy. GALAXIUS.

EURYMENÆ, Εὐρυμεναί [Diod.], localité de la Thesprotie, auj. *Tervitziana*, dans le pachal. de Janina.

EUSTADIUM, EISTETA, EYSTET (au XVe s.), voy. AICHSTADIUM.

Nous avons donné comme premier livre imprimé dans cette ville la SUMMA *Hostiensis Henrici de Segusio*, 1478 ; mais il nous faut signaler une attribution que nous trouvons dans le catal. Libri (Lond. 1859, n° 1567), attribution que nous avons contrôlée et qui nous permet de faire remonter sans hésitation à une date antérieure l'introduction de la typographie dans la ville d'Eichstadt.

Mariæ Dei Genitricis castissimæ, inviolatæ perpetuæ que defensorium, pet. in-4 goth. s. l. n. d.

Cet exempl., acheté par Libri 56 fr. seulement à la vente Bearzi, est composé de 30 ff., dont le verso du dernier est b'anc, ornés de 53 curieuses planches xylographiques, avec un texte en vers latins et prose allemande. La 6e p., la seule qui ne soit pas décorée de grav. sur bois, a 32 lignes. L'exemplaire vendu chez Libri. et dont ce bibliophile, d'après Hain, attribue avec raison l'impression aux presses de Reyser, portait cette note d'une écriture très-ancienne : « *Philosophia id est naturalis figuratio de fecunda virgine edita per Egregium Doctorem Franciscum Reiz de Vienna ord. predicat.* »

Hain décrit deux autres éditions de cette pièce rarissime, et donne également la première de ces éditions aux presses d'Eichstadt.

Sans pouvoir assigner une date certaine à ces productions d'un art très-reculé, il est permis de les faire remonter, sinon à l'année 1470, comme le fait hardiment M. Libri, au moins à 1475. Les deux éditions sont incontestablement imprimées par Reyser, et toutes deux sans chiff., récl. ni sign., avec les capit. rubriquées à la main.

M. Renouard, qui décrit une de ces éditions (*Cat. de la bibl.. d'un amateur*, I, p. 21), n'hésite pas à en placer l'impression entre les années 1470 et 1475; le rédacteur du catal. de M. Solar (Clinchamp), non moins hardi, date de 1470 le bel exempl. qui figurait dans cette vente.

EUSTESIUM [Jornand.], voy. NOVÆ.

EVAHONIUM, *Evaux*, anc. chef-lieu de la prov. de Combrailles, auj. pet. ville du dép. de la Creuse.

EVANDRIA, Εὐανδρία [Ptol.], ville de la Tarrac., auj. *Talavera la Vieja*, bourg de la prov. de Tolède, sur le Tage.

EVENUS FL. [Plin., Ovid.], Εὔηνος (Strab.], LYCORMAS, fl. de l'Ætolie, auj. le *Phidari* ; tombe dans le golfe de Patras.

EVESHAMIUM (?), *Evesham*, bourg et anc. abb. d'Angleterre (Worcestershire).

John Agg imprimait dans cette petite localité en 1791 ; voici le titre d'un livre cité dans le catal. Bohn de 1841 (n° 22,192). *IV. Tindal's History and antiquities of the Abbey and Borough of Evesham, Worcestershire, compiled chiefly from Mss. in the British Museum*. Evesham, 1794, in-4. fig.

EVESSIA, *Evrecy*, bourg de Normandie (Calvados).

EVIC, village près de Wilna en Lithuanie.

Henderson (*Biblical Researches*) dit que trois éditions du *Nouveau Testament* de la langue slave furent exécutées et publiées dans ce village, sous les dates de 1611, 1635, 1641. M. Graesse ne les cite pas.

EVODIA, voy. ARICA.

EVONIUM, STEPHANODUNUM, *Dunstafnag*, bourg et château d'Ecosse, dans le comté d'Argyle.

EVORAS MONS, ὁ Εὐόρας, montagne de la Laconie, auj. le *Paximadhi* [Leake, *Morea*].

EVOREA IN EPIRO [Sozom. Pist.], appelée aussi DONATIANA, du nom de S. Donato, son évêque ; ce n'est aujourd'hui qu'un village qui a conservé le nom de *San Donato*, dans l'Albanie Infér.

EVORIACÆ, voy. FAREMONASTERIUM.

EVREMODIUM, *Envermeuil*, bourg de Normandie (Seine-Infér.).

EVROGILUM, voy. EBROGILUM.

EVROICUM, voy. EBROICA.

EVUS, l'*Ay*, pet. riv. d'Ecosse.

EX [Mela], EXITANORUM OPPIDUM, voy. SEX.

EXA, ISCA, l'*Ex*, pet. fl. d'Angleterre; tombe dans le canal de Bristol.

EXANTAPRISTIS, voy. PRISTA.

EXCISUM [It. Ant.], EXIUM, *Villeneuve d'Agen*, ville de Fr. (Lot-et-Garonne), où se trouvait le monast. d'Eyssex, abb. de S. Benoît.

EXELODUNUM [Yvo Carnut.], EXOLIDUNUM, AUXELLODUNUM, EXSOLDUNUM, ESSOLDUNUM [Guill. Armor.], *Yssodun, Issoudun*, ville de Fr. (Indre) ; concile en 1081; abb. de Bénéd.

L'historiographe d'Issoudun est M. Armand Parénié, qui a publié en 1847, à Paris, chez Duprat, un vol. in-8. intit. : *Recherches historiques et archéologiques sur la ville d'Issoudun* ; mais il ne donne malheureusement aucun détail sur la typographie Issoldunoise, que nous ne pouvons faire remonter à une date antérieure au XIXe siècle.

EXIDOLIUM, *Excideuil*, *Exideuil*, pet. ville du Périgord, anc. marquisat (Dordogne).

EXONA, *in agro Parisiensi*, AXONA, SCIONA VICUS (?), ESSONA, *Essonnes*, pet. ville de Fr. (Seine-et-Oise), sur la pet. riv. du même nom.

EXONABA, *Stombar*, bourg de Portugal (Algarves).

EXONIA, EXCESTRIA, anc. ISCA DUMNONIORUM de l'It. d'Ant. (?), en saxon EXAUCEASTER, *Exeter*, chef-lieu du Devonshire (Angleterre).

Le titre du premier livre imprimé à Exeter nous est fourni par Lowndes : *Thomas Fuller* , *D.D. Good thoughts in bad Times*. Exeter, 1645, in-16. « The first fruits of the Exeter press, as Fuller himself informs us. »

Le premier nom d'imprimeur que l'on puisse relever est celui d'Anne Dight en 1668; Samuel Farley exerça en 1704 et Joseph Bliss en 1708.

A partir de l'année 1711, on trouve quelques livres exécutés sous la rubrique latine « ISCÆ », quelques autres portent « EXONIÆ ».

EXSOLDUNUM, voy. EXELODUNUM.

EXTREMA, STREMONTIUM, *Estremoz*, ville forte du Portugal (Alemtejo).

EXTREMA DURII, EXSTREMADURA LUSITANICA [Zeiler, Vasconc.], *Estremadura, Estramadure,* l'une des sept provinces du Portugal.

EXTREMA MINII, PORTUGALLIA INTERAMNENSIS [Resend. Lusit.], *Entre-Duero-et-Minho,* prov. portugaise.

EXTREMADURA [Cluv.], EXTREMADURA LEGIONENSIS, ou CASTELLANA, BETONIA [Zeiler], *Estremadura,* l'*Estramadure,* l'une des 12 capitaineries générales d'Espagne.

EYSACUS, voy. ATAGIS.

EZELINGA, ESLINGA [Zeiler], *Esslingen,* sur le Neckar, anc. ville libre et impér., incorporée au Wurtemberg en 1802.

Essling est encore une de ces villes où les origines typographiques sont enveloppées de ténèbres si épaisses que les efforts les plus consciencieux, les recherches les plus approfondies ne peuvent parvenir à les éclaircir. Sans aucun doute, là comme à Cologne, à Ulm, à Strasbourg, à Augsbourg, le premier livre que nous pouvons citer, portant une date certaine, a dû être précédé de beaucoup d'autres dont les signes extérieurs révèlent une antiquité plus reculée, et dont il n'est pas cependant facile de tirer une induction positive et concluante, rien ne permettant d'assigner à ces productions du premier âge une date certaine, et rien autre chose que les marques du papier et l'assimilation des caractères ne donnant le moyen d'en déterminer la provenance d'une façon absolue et définitive.

Les bibliographes signalent un très-grand nombre d'ouvrages imprimés primitivement à Essling, sans date, sans nom de ville, sans nom de typographe ; mais tous avec ce petit caractère gothique, qui rappelle celui d'Eggesteyn de Strasbourg, et qui est bien celui dont se servit Conradus Fyner de Gerhuszen ou Goarshausen, le premier et le seul imprimeur établi dans cette ville au XVe siècle, depuis 1470 peut-être jusqu'à 1480 environ ; en 1481 nous l'avons vu appelé par les religieux dans la petite ville d'Urach (AURACUM), et depuis lors on perd absolument sa trace. Nous disons le seul imprimeur, bien que nous trouvions un opuscule du Chartreux Jacobus de Clusa, d'Erfurth, intit. : *Quodlibetum statuum humanorum,* exécuté avec les caractères de Fyner, sans aucune espèce d'indication typographique, et sans lieu ni date, mais portant au verso du 69e et dernier f. ces mots : *per Discretū virū Johānem huÿ de Goppingen,* et ce Jean de Goppingen, que Falkenstein donne comme correcteur à Conrad Fyner, pourrait fort bien avoir été son associé, peut-être même son rival; car l'identité ou la quasi-identité des caractères ne peuvent prouver d'une façon péremptoire l'existence d'une imprimerie unique, et tant que le récolement et la collation des nombreux incunables d'Essling n'auront point été faits avec un zèle éclairé et minutieux, il sera bien téméraire de se prononcer sur ce point d'une façon absolue. Il y a en effet deux modes bien distincts de collationner les prototypes des imprimeries ; le

premier est à l'effet de déterminer, par l'assimilation des caractères et des signes, l'origine commune des monuments comparés ; le second, au contraire, est de chercher les dissemblances qui peuvent exister entre des types qui paraissent à première vue tout à fait identiques, et cette manière seule devrait être employée dans le cas exceptionnel que nous signalons.

Le premier livre exécuté avec les caractères de Conrad Fyner et portant une date certaine est de 1472: *Thomas de Aquino. Summæ Theologicæ secundæ Partis Pars secunda.* Les 7 premiers ff. cont. la *tabula quæstionum* et la *tab.* alphab.; le 8e est blanc et le 9e f. recto commence : ( ) *ost ?munē ?sideracōnem* || *de virtutibus et vicijs...* A la fin, au rº du 290e ff. col. 1re : M CCCC LXXIJ. || LAUS DEO. 290 ff. gr. in-f. à 2 col. de 58 lign. sans ch., récl., sign., ni lettres majuscules.

Nous citerons de suite le premier livre auquel l'imprimeur d'Essling se soit décidé à mettre son nom : *Thomas de Aquino. Postilla in Job;* à la fin : *Explicit postilla in Job fratris Thome de Aquino Anno* || *Millesimo quadringentesimo septuagesimoͦrto per di*||*scretum Conradum Fyner d gerhuszen artis impressorie*||*magistrum,* in-fol. de 107 ff. à 42 l., sans ch., récl. ni signat.

Parmi les impressions de 1473, qui ne portent pas de nom d'imprimeur, mais qui sont exécutées avec les caractères de Fyner, nous citerons : *Joannis Gerson collectoriū sup magnificat;* au rº du 167e f : *et sic terminat hec ?pilacio deuota egregii* || *ʒ famosi mgri iohāñs Gerson sacre pagine* || *doctor* (sic) *eximij cancellarij parisiensis Anno*||*dni* M CCCCºLXXIII, in-fol. de 169 ff. à 38 lig., dont les deux derniers contiennent la table des rubriques et le registre.

C'est le premier livre dans lequel on trouve du plain-chant noté, au dire de Panzer et du Père Laire.

Nous citerons encore une très-rare édition des *Commentaires de César,* que n'a pas connue Panzer : *Commentarii de bello Gallico C. Julio Celso de vita et rebus gestis Julii Cæsaris. Explicit liber. Deo gracias.* ?C||*Anno dñi.* M CCCCº LXX. || *Tercio,* in-fol. de 153 ff. non chif. à 38 lig. par p. : « Cette édition, nous dit M. Brunet, reproduit fidèlement le texte fort incorrect d'un manuscrit dont la leçon diffère essentiellement de celle des autres ms.; elle est exécutée par Conrad Fyner d'Essling. »

L'excessive rareté de cette précieuse édition est attestée par ce passage de Jean Goduin, l'éditeur du César *ad usum Delphini : « Ego vero fateor me Celsi editionem, anno* 1473, *factam, quanquam sedulo in celeberrimis bibliothecis perquisitam, non invenisse. »* (Voy. cat. Reviczky. part. II, p. 142 et suiv.). Elle est décrite par Dibdin, qui a eu sous les yeux ce même exempl. du comte Reviczky, dont la bibliothèque fut achetée en bloc par Lord Spencer.

(Voy. aussi, au sujet de ce rare volume, une note intéressante que lui consacre M. Melzi, dans son *Dict. libr. anon.,* t. I, p. 193.)

Nous devons en finissant signaler un volume imprimé en 1475: *Petrus Niger, ordm. Prædicat. Contra perfidos Judæos de conditionibus veri Messiæ.* Au vº du 43e f. : *Impressus* (sic) *est p discretū ac Industriū virū Conra*||*dum Fijner de Gerhuszen, in Esslingen Imperiali*||*villa. ac ?plet Anno ab Incarnacōe dñi Millesimo* || CCCC. LXXV. *Die Sexta Junii ;* pet. in-fol. de 49 ff. dont 6 suivent la souscription.

C'est dans ce livre qu'au 10e f. apparaît pour la première fois le caractère hébraïque, au dire du P. Laire; mais nous donnerons à l'article RHEGIUM le titre d'un livre hébreu imprimé l'année précédente (février 1475, c'est-à-dire fin de 1474).

EZERUS, lac de Macédoine, auj. *Lago di Jenisa,* dans le pachal. de Saloniki.

EZIACUM, *Ezy,* bourg de Normandie (Eure), anc. vicomté.

F

FABARIA, FAVARIUM, AD FAVARIAS, *Pfäfers, Pfeffers,* bourg de Suisse, dans le canton de S. Gall; abb. de Bénéd. fondée en 720 par Charles Martel.

FABARIS [Virg.], FARFARUS [Ovid.], FARFAR [Tab. Peut.], fleuve de la Sabine, auj. le *Farfa,* affl. du Tibre.

FABIA PRISCA SERPENSIS [Insc. ap. Grut.], SERPA [Ant. It.], ville de l'Espagne Bétique, auj. *Serpa,* ville de Portugal (Alemtejo).

FABIRANUM, voy. BREMA.

FABRATERIA [Cic., Juven.], Φαϐρατερία [Strab.], ville des Volsci dans le Latium, auj. *Falvaterra,* dans la Terra di Lavoro.

FABRIANUM [Baudrand], *Fabriano,* ville d'Italie (délég. de Macerata).

Imp. en 1726 : *Il Medico Poeta, ovvero la Medecina esposta in versi e prose Italiane, da Camillo Brunori, medico, con una satira in fine contro quelli, che biasimo la Poesia nel medico.* Fabriano, Mariotti, 1726, in-fol.

FACINIACUM, FOCINIACFNSIS PAGUS, FOSSIGNIACUS TRACTUS, le *Faucigny,* prov. sarde, chef-lieu *Bonneville.*

FÆNIANA, Φαινίανα [Ptol.], localité de la Rhætie, auj. *Finningen,* bourg de Bavière (Oberdonaukreise).

FÆROÆ INS., ULTIMA THULE (?), *les îles Færoë, Færoerne,* groupe d'îles danoises de l'Atlantique, au S.-E. de l'Islande, par les 61° et 62° de lat. N.

FÆSULÆ [Sall., Cic., Liv.] ; Φαισσῦλαι [Ptol.], Φαίσολα [Polyb.], FÆSULA [Sil. Ital.], FESULÆ [Flor.], ville d'Etrurie, auj. *Fiesole,* ville et évêché d'Italie (Toscane), patrie de Fra Angelico.

L'imprimerie n'existe dans cette ville que depuis le XIXe siècle (?).

FAGIFULANUM [Plin.], *Fojana,* dans la princip. de Benevento, suiv. Reichard.

FAGONIA, BUCHONIA [Zeiler], *Buchau, Buchenau,* district du duché de Fulde (Hesse-Cassel).

FAGONIUM, *Feldsperg,* bourg de Suisse (C. des Grisons).

FALACRINE [Suet.], FALACRINUM [It. Ant.], au pied des Apennins, ville des Sabini, dont on trouve les traces près de *Cività Reale,* dans la délég. de Rieti; patrie de Vespasien.

FALARIUM, FALERIUM [Inscr. ap. Grut.], ville du Picenum, auj. *Falerone,* près d'Ascoli [Cellar.].

FALCHENSTENIUM [Ann. Sangall.], *Falkenstein,* bourg de Suisse (C. de Soleure).

FALCOBERGA, *Falkenberg, Valckenborgh,* pet. ville du Danemark (Halland).

FALCOBERGUM, *Fauquembergue,* bourg de Fr. (Pas-de-Calais).

FALCOBURGUM [Mencken.], *Falckenburg,* ville de Prusse (Rég. de Cöslin).

FALCOMONTIUM, *Falckenberg, Niemondin,* ville de Silésie (Rég. d'Oppeln).

FALCONIS MONS, voy. CORIOVALLUM.

FALCONIS PETRA, *Falckenstein*, bourg de la Bavière rhénane (Rheinkreise).

FALCOPIA, *Falköping*, ville de Suède (Gothland).

FALCOSTEINIUM, *Falkenstein*, village et château historique du XIIᵉ siècle, dans la rég. de Magdeburg (Prusse).

FALERIUM, FALISCA, CIVITAS CASTELLANA, voy. ÆQUUM FALISCUM.

Nous avons oublié de mentionner un livre qui nous permet de faire remonter dans cette ville l'imprimerie au XVIIᵉ siècle; c'est une curieuse réunion de lettres et de biographies sous le titre suivant : *Bilancia Politica di tutte le opere e Lettere*. Città Castellana, 1678, 3 vol. in-4.

FALERNUS MONS, voy. MASSICUS MONS.

FALESIA, FALASA, FALOISE, au XIIᵉ s., FALASSE, au XIVᵉ s., *Falaise*, ville de Fr. (Calvados) ; patrie de Guillaume le Conquérant; abb. de Prémontré.

M. Frère fait remonter l'imprimerie à Falaise à 1759, avec Pistel-Préfontaine comme premier typographe ; dans son *Manuel du bibliographe normand*, il signale plusieurs ouvrages exécutés dans cette ville au XVIIIᵉ siècle, et particulièrement des almanachs dont la publication, dit-il, a été longtemps la spécialité de la ville de Falaise : *Almanach historique et géographique du diocèse de Séez, contenant la description et les particularités les plus intéressantes de toutes les villes de ce diocèse.... présenté à Mgr Louis-François Néel de Christot, évêque de Séez*. Falaise, Pitel-Prefontaine, in-24 de 68 ff. *Etrennes universelles, utiles et agréables, pour l'année* 1773, Falaise, chez Pitel-Préfontaine ; à Caen, chez Chalopin ; in-32 de 48 ff. avec cartes géo. Ce Pistel de Préfontaine était fils d'un libraire, déjà établi à Fécamp en 1764, et signalé dans le rapport présenté à M. de Sartines. Sa typographie passa dans les mains de son gendre Bouquet, qui mourut à la fin du XVIIIᵉ siècle, et sa veuve en continua l'exploitation.
D'autres éditeurs d'almanachs, les frères Brée, dirigeaient à Falaise une seconde typographie qui débuta avant le XIXᵉ siècle; cette maison a fondé une petite publication qui subsiste encore et a toujours obtenu un véritable succès, ce sont les *Etrennes Mignonnes*, lancées en 1796, et qui se tirent chaque année à un nombre toujours croissant d'exemplaires.

FALESIA PORTUS [It. Ant.], VILLA FALERIA [Rutil.], localité d'Étrurie, auj. *Forte*, à l'O. de Massa [Reichard].

FALISCA, voy. FALERIUM.

FALISCA, *Gallese*, bourg d'Italie (délég. de Viterbo).

FALISCA, FALISCUM, FLASCIS, *Fläsch*, bourg de Suisse (C. des Grisons).

FALISCI [Ovid., Liv., Jornand.], ÆQUI FALISCI [Virg.], Φαλίσκοι [Strab.], FALERII [Liv., Tab. Peut.], Φαλέριοι [Zonar.], peuple de l'Etrurie, habit. les environs du mont Soracte, près du Tibre.

FALISCORUM MONS, MONS SORACTES [Virg., Plin.], *Monte di S. Oreste*, montagne du Latium, près du Tibre.

FALKIRCHA, voy. DAVIUM SACELLUM.

FALMUTHUM, VOLUBÆ PORTUS, CENIONIS OPPIDUM, *Falmouth*, ville d'Angleterre (Cornwall).

M. Cotton fait remonter à 1753 l'introduction de la typographie à Falmouth ; un sermon par Samuel Walker, de Truro, imp. à Falmouth, en 1753 , in-12, est le plus ancien spécimen de l'imprimerie locale que cite le bibliographe d'Oxford. Un journal, *The Cornwall Gazette*, fut fondé et édité dans cette ville vers 1795.

FALSTRIA [Zeiler], *Falster*, île danoise, dépendant de la prov. Laaland.

FAMA AUGUSTA, AMMOCHOSTUS, Ἀμμόχωστος [Ptol.], AMAGUSTA, *Famagusta, Famagouste*, ville forte de l'île de Chypre, au S.-E. de Nicosie.

FAMIENSIS TRACTUS, *Famine*, district du Luxembourg belge.

FANANUM, *Fanano*, bourg d'Italie (prov. Modena).

FANARUM, PHALERIA [Plin.], PHANARIA, ville de la Thessalie, auj., suiv. Reichard, *Phanari*, ou *Porto Fanari*, dans le pachal. de Jeni-Scheher (voy. ELÆA).

Lieu d'impression supposé, désignant probablement Venise: *Confutazione della Diatriba, pubblicata da Florio; detto Bernardi, sotto nome di Scipione Obez, inglese, dell dott. Giovanni Cesare Manfroncini* (Dott. Francesco Cameroni, da Fanaro). Fanaro (data falsa, circa il 1608), in-4°. (Melzi, *Anon.*, t. II, p. 154).

FANESIORUM INSULA, île sur les côtes de la Sarmatie européenne, auj. *île Wollin, Wollinscher Werder*, sur la côte de la Poméranie (Rég. de Stettin).

FANIA, FANIA SYLVA [Pertz], *la Faigne*, district de la prov. de Liége, dans les Ardennes (Belgique).

FANIOLUM , *Fagnaux*, pet. ville du haut Languedoc (Ariége).

FANIS, *Fains*, village de Normandie (Orne).

FANUM AD TAFFUM, LANDAVA, *Landaff*, bourg d'Angleterre (Glamorganshire).

FANUM AXALITANUM, voy. AXALITA.

FANUM DAVIDIS, MENEVIÆ [Fuller.], *S. Davids*, ville d'Angleterre (comté de Pembrocke) ; anc. évêché.

FANUM DIVI COLUMBANI, *S. Colombano*, bourg du Milanais.

FANUM DRUIDUM, voy. DROCÆ.

FANUM FERONIÆ [Inscr. ap. Grut., Cluv.], PETRA SANCTA, *Pietra Sancta*, bourg de l'Etrurie septentr., près de Lunegiano.

FANUM FORTUNÆ [Cæs., Plin., Tac.], τὸ Ἱερὸν τῆς Τύχης [Strab.], COLONIA JULIA FANESTRIS [Mela, Plin.], FANUM CÆSAris [sur les livres du xvie s.], anc. ville de l'Ombrie, auj. *Fano*, ville forte de la délég. d'Urbino e Pesaro, à l'embouchure du Metauro dans l'Adriatique.

C'est à l'année 1502 que tous les bibliographes font remonter l'introduction de la typographie en cette ville. L'un des petits-fils du rabbi Israel Nathan, de Spire, qui avait en 1484 introduit l'usage des caractères hébraïques dans le bourg de Soncino, dans le Milanais, vint s'établir à Fano : « Ex hoc oppido (Soncino), dit Giulio Bartolocchio, l'auteur de la *Biblioth. Rabbinica*, primo prodierunt in Italia impressores librorum hebræorum ex Judæis, qui quidem etsi traxerint originem ex Mose Spirensi Germano, voluerunt tamen ex Soncino cognominari *Soncinates.* » Nous verrons, à l'art. RHEGIUM, que le premier livre imprimé en hébreu ne fut pas exécuté à Soncino.

Voici le titre, d'après Panzer et Pinelli, du premier vol. exécuté à Fano : *Matthæi Bonfinii Opuscula Grammaticalia*. Fani, per Hieronymum Soncinum, 1502, in-4, réimprimé en 1516.

La même année, 1502, nous trouvons au même catal. Pinelli (III, p. 249) : *Invectiva in grammatistas et ignaros litterarum pædagogos, ac præcipue in Alpheum quemdam omnium fædissimum, in Patricios item illorum fautores, et in discipulorum nostri temporis ignaviam ac mollitiem.* Fani, 1502, in-4; et encore du fabuliste Laurentius Abstemius : *Vita Epaminondæ Thebanorum ducis*, id.. ibid. in-4, dedicata al *Valentine* (sans doute le duc de Valentinois ?).

L'année suivante nous devons signaler l'emploi des charmants caractères cursifs, gravés par Francesco da Bologna, le Francia, dont les Aldes font fait depuis un si fréquent usage; *le Cose volgari di Messer Francesco Petrarcha*, impresso in Fano Cæsaris per Hieronimo Soncino, nel M. D. III, a di VII de Julio, pet. in-8. Dans une épître dédicatoire à Cæsar Borgia, le Soncino s'exprime ainsi (le passage est trop important, au point de vue typographique, pour que nous hésitions à le transcrire *in integro*) :

« Per il che essendo stato da sua *R. S.* benignamēte exaudito, ho voluto obseruare quāto da me era stato promesso. E per mia exhortatione nō solo sonno venuti quiui li compositori tanto notabili, et sufficienti, quanto sia possibile adire : ma anchora in nobilissimo sculptore de littere latine, græce, et hebraice, chiamato M. Fræcesco da Bologna. L'igeno del ꝗle certamēte credo che in tale exercitio nō troue vn altro equale. Perche non solo le visitate stampe perfectamente sa fare : ma etiam ha excogitato vna noua forma de littera dicta CURSIVA, o vero CĀCELLARESCA, de la quale non Aldo Romano, ne altri che astutamente hanno tētato de le altrui pēne adornarse, ma esso M. Francesco è stato primo inuentore et designatore, el quale e tucte le forme de littere che mai habbia stampato Aldo ha intagliato, e la præsente forma, cō tanta gratia e venustate, quanta facilmente in essa se comprende. » Ce passage célèbre prouve sans réplique que les charmants caractères des Aldes ont tous été gravés par le Francia; nous ne relèverons que le mot *astutamente*, qui nous semble bien dur pour le grand imprimeur.

En 1505 nous trouvons la première impression hébraïque de Fano. En 1331 nous signalerons : *Missale Romanum a Simone Cosicih, siue Begna, Madranensi episcopo, quod A. M. D. XXXI. Charactere, quem Hieronymum vocant, excusum fuit Fani S. Viti Flomoniensi, seu flumine, ejusdem episcopi expensis, in-4.* (P. Zaccharia, *Bibl. Ritualis*.)

En 1514 nous trouvons le premier livre exécuté en caractères arabes par des presses établies à Fano par Gregorio de Gregoriis, à la requête et aux frais du Pape Jules II, qui mourut avant la publication du volume ; le titre arabe est : *Kitab Selat el Scouâ'i*. Le titre latin varie, Panzer dit : *Septem Horæ Canonicæ*; Brunet et Schnurrer (Bibl. Arab. p. 23)

traduisent : *Precatio Horarii*; enfin les catal. Quatremère et Libri, de 1859, disent : *Horologium breve, seu preces nocturnæ et diurnæ Græcorum, e græco sermone in arabicum translatum.* Fani, per Gregorium de Gregorio, 12 sept. 1514, pet. in-8, de 120 ff. non chif., à 12 lig. par page, avec encadrement.

FANUM FORTUNÆ, TYCHOPOLIS [Topogr. Sax. Inf.], GLUCKSTADIUM, *Glückstadt*, chef-lieu du Holstein, appartenait au Danemark.

Ternaux cite un *Recueil des Ordonnances de police du roi Christian IV*, imprimé en allemand à Glückstadt en 1636, in-4; il nomme même le nom de l'imprimeur, André Koch. Nous trouvons bien une longue nomenclature de lois, de *Constitutiones Ecclesiasticæ*, de *recessus Juris Danici*, d'*Edicta publica*, d'*articuli Juris Maritimi*, etc., édictés par le grand roi, mais d'*ordonnances de police*, nulle trace, et c'est en vain que nous avons dépouillé l'*Isagog. ad Hist. Cimbriæ*. Alb. Bartholinus *de Scriptis Danorum*, et les *Hypomnemata* de Jean Möller.

Falkenstein ne fait remonter qu'à 1645 le premier établissement typographique de cette ville, et nous ne connaissons même pas de volumes imprimés à cette date.

En 1648 seulement, nous trouvons dans Albertus Bartholinus, *de Scriptis Danorum*, une traduction de l'*Astrée*, en vers danois, faite par Séverin Torchill, receveur des impôts à Glückstad, et imprimée dans cette ville en 1648, in-4 oblong ; le texte dit : *Severinus Torchilli, Telonarius Regius Glückstad, Astræam Danico carmine reddidit.*

FANUM HERCULIS, voy. MASSA.

FANUM JOVIS, *Fanjaux*, bourg de Fr. (Aude).

FANUM LUCIFERI, *San Lucar de Barrameda*, bourg d'Andalousie, sur le Guadalquivir.

L'imprimerie remonte en cette petite ville à l'année 1569, suiv. Antonio; nous citerons : *Pedro de Peramato, medico, opus medicinale*. Luciferi Fano, 1576, in-fol. et un siècle suivant : *Libro de Christoy Maria, por el P. Hernando de Paralta*. En Sanlucar, 1626, in-4.

FANUM MARIÆ LAURETANÆ, LAURETUM, *Loretto*, ville d'Italie, anc. chef-lieu du commissariat du même nom ; magnifique cathédrale dans laquelle on voit la *Santa-Casa*, maison de la Vierge, transportée par les anges à Loretto, et sa statue en bois de cèdre, sculptée par S. Luc !

FANUM MARTIS [Ant. It.], localité des Coriosopiti dans la Gaule Lyonnaise, auj., suiv. Ukert, *le Faouet*, ville de Bretagne (Morbihan).

FANUM MARTIS [It. Ant., Tab. Peut.], ville des Veredi, dans la Gaule Lyonnaise, dont l'emplacement actuel n'est pas suffisamment déterminé ; suiv. d'Anville, *Mont-Martin*, bourg de Normandie (Manche) ; d'après Reichard, *Mortain*, ville du même départ.; ou encore *S.-Pair*, village près Granville (Manche).

FANUM MARTIS [Not. Impér.], ville des

Nervii, dans la Gaule Belgique, auj. *Famars*, village de l'arrond. de Valenciennes (Nord), chef-lieu d'un district que l'on trouve désigné sous le nom de FANMARTINSIS PAGUS, comme dépendant du Hainaut français.

FANUM QUINTINI, voy. QUINTINOPOLIS.

FANUM SANCTÆ AGATHÆ, voy. AGATHOPOLIS.

FANUM S. CATHARINÆ [Cell.], voy. CLUNIUM.

FANUM S. CRUCIS, *Heiligen-Creuz*, bourg d'Autriche (Waldthale).

FANUM S. EULALIÆ, *Santa Olola*, ville d'Espagne (Nouvelle-Castille).

FANUM S. FIDEI (Thuan.), *Ste-Foy la Grande*, ville de Fr. sur la Dordogne (Gironde). = *Santa-Fe*, ville d'Espagne, sur le Xenil (prov. de Grenade).

FANUM S. FLORENTIÆ, voy. CANELATA.

FANUM S. JULIANÆ, *Santillana*, ville d'Espagne (Vieille-Castille).

FANUM S. MARIÆ, S. MARIA IN FODINIS, *Ste Marie aux Mines*, *Markirch*, ville de Fr. (Haut-Rhin).

FANUM S. MENEHILDIS (MENECHILDIS) [Baudrand], SANMANHILDIS, AUXUENNA (?), S. MENOLDIS URBS [Cart. a. 1247], *Ste-Menehould*, ville de Fr. (Marne).

L'imprimerie a certainement existé dans la ville de Ste-Menehould au XVIIe siècle, puisque l'arrêt du conseil du 21 juillet 1704 autorise un maître imprimeur à exercer dans cette ville. L'arrêt du conseil du 31 mars 1739 retire cette autorisation, et on comprendra que cette interdiction fut sans aucun doute provoquée par le fait suivant :

En 1732 ou 1733, une imprimerie clandestine fonctionna à Ste-Menehould sous la direction de Gabriel Deliége. L'Hist. générale de l'église pendant le XVIIIe siècle, de l'abbé Guillon de Montléon (Besançon, 1823, in-8, t. I, p. 514 et suiv.), contient à ce sujet de très-curieux détails que nous analyserons en quelques mots :

L'abbé Phelipeaux, grand vicaire de Bossuet, suivait à Rome l'affaire du Quiétisme avec le neveu de Bossuet ; il en écrivit une relation qu'il soumit à l'évêque de Meaux, qui l'approuva ; cette relation était essentiellement hostile à Fénelon. Phelipeaux ne mourut qu'en 1708, en exigeant de ses héritiers de ne faire imprimer cet écrit que vingt ans après sa mort. En effet ce ne fut qu'en 1732 qu'elle fut imprimée à Ste-Menehould, clandestinement. Le gouvernement fit saisir cette *relation*, et en même temps deux autres ouvrages sortant des mêmes presses, une édition des *Provinciales* et des *Anecdotes sur l'état de la religion en Chine* (voy. Barbier). Ce fut par l'obtention pure et simple d'une lettre de cachet, que le lieutenant de police Hérault poursuivit ces trois ouvrages ; il fit enlever dès cinq heures du matin le libraire Deliége dans la ville de Ste-Menehould, avec son fils, trois ouvriers et tout ce que l'on put saisir des exemplaires des trois ouvrages ; après sept mois de détention préventive à la Bastille, le libraire et ses complices furent jugés, et la sentence fut prononcée le 29 décembre 1733, à l'insu des accusés. La femme Deliége fut mise hors de cour ; un plus ample informé de trois mois fut décrété à l'égard du fils et d'un des ouvriers ; Deliége et ses deux compagnons condamnés à être ex-

posés au carcan sur la place principale de Ste-Menehould, à l'amende et au bannissement pour trois ans, les ouvrages incriminés devaient être saisis et détruits, et les caractères de l'imprimerie confisqués et vendus à Paris.

FANUM SANCTI ÆGIDII, *S.-Gilles-les-Boucheries*, ville de Fr. (Gard); église du IXe s., concile en 1042.

FANUM S. AFFRICANI, *S.-Affrique*, ville de Fr. (Aveyron).

FANUM S. ALBINI, *Vicus qui Cornutus dicitur* [Aimon.], BOURG-CORNU [Chron. B. Dion.], *S.-Aubin-du-Cormier*, ville de Fr. (Ille-et-Vilaine).

FANUM S. AMATORIS, *S.-Amour*, ville de Fr. (Jura).

FANUM S. ANDEOLI, voy. BURGUS ANDEOLI.

Nous recevons de M. Anatole de Gallier, bibliophile du dép. de la Drôme, la note suivante que nous pouvons heureusement donner ici : « *Bourg-St-Andéol*. La typographie a été introduite dans cette ville à une époque antérieure à celle que vous indiquez. Je possède les deux vol. suivants :

1° *Recueil des Ordonnances du diocèse de Viviers renouvelées et confirmées par Monseigneur François Reynaud de Villeneuve, évêque et comte de Viviers, publiées au synode général tenu à Viviers le 20 octobre de l'année 1734*, à Bourg-St-Andéol, chez César Chappuis, imprimeur de Mgr l'évêque de Viviers, in-12, s. d. (le mandement de l'évêque en tête du volume est daté du 20 octobre 1734 ; il fut probablement exécuté à la fin de cette même année) ;

2° *Sanctorale seu officia propria sanctorum diœcesis Vivariensis, recognita et edita jussu Ill. et Rev. in Chr. Patris ac Domini D. Franc. Regin. de Villeneuve, Episc. et Comitis Vivariensis*. Burgi Sancti Andeoli, apud Cæsarem Chappuis Ill. ac Rev. D. D. Episcopi typographum. M.D.CC.XXXVII. Cum permissu, in-12.

A l'époque de la révolution, l'imprimeur que vous citez s'appelait P. Guillet et non *Guillier* ; il transporta depuis son établissement à Privas. »

FANUM S. ANDREÆ [Cell.], *Santander*, bourg d'Espagne, dans la prov. de Burgos.

FANUM S. ANDREÆ AD DANUBIUM, *S. André*, bourg de Hongrie, dans le comitat de Pesth.

FANUM S. ASAPHI, ELWA [Camden], *S. Asaph*, ville d'Angleterre (C. de Flint, pays de Galles).

FANUM S. AUDOMARI, voy. AUDOMAROPOLIS.

FANUM S. BEATI, *S.-Béat*, bourg de Fr. (Haute-Garonne).

FANUM S. BELLINI, *Bellino*, bourg de la Vénétie (prov. Rovigo).

FANUM S. BENEDICTI, *Szent Benedict*, bourg de la Transylvanie.

FANUM S. BERTRANDI, voy. LUGDUNUM CONVENARUM.

FANUM S. BONIFACII, voy. MARIANUM.

FANUM S. BRIOCI, voy. BRIOCENSE OPPIDUM.

FANUM S. CHANEMUNDI, voy. CASTRUM S. ANEMUNDI.

FANUM S. CLAUDII, voy. CLAUDIOPOLIS.

FANUM S. CLODOALDI, voy. NOVIGENTUM.

FANUM S. DEODATI, voy. DEODATUM.

FANUM S. DIONYSII, voy. CATOLACUM.

FANUM S. EUTROPII, FANUM TROPETIS [Baudrand], HERACLEA CACCABARIA (?), S.-Tropez, ville de Fr. (Var).

FANUM S. FACUNDI, San Fangon, bourg d'Espagne (roy. de Léon).

FANUM S. FLORENTINI, S. Florentin, ville de Fr. (Yonne).

FANUM S. FLORI, FLORIOPOLIS [Rob. de Ste-Marthe), INDIACUM (?), St.-Flour, ville de Fr. (Cantal).

Le P. Lelong (Bibl. hist., I, p. 448) nous donne le titre d'un livre imprimé à St-Flour, en 1760 : Ordonnances du diocèse de St-Flour ou statuts synodaux. Saint-Flour, veuve Sardine, 1760, in-8. Le rapport Sartines, en 1764, ne signale pas cette imprimerie.

FANUM S. GALLI [Cluv., Simler], SANGALLENSE CŒNOBIUM, SANCTO-GALLUM [Chron. San-Gall., Simler], Saint-Gall, ville de la Suisse, chef-lieu du canton de ce nom.

Cette ville doit son nom au célèbre mònastère de St-Benoît, fondé en 613, et qui existe encore, avec une partie de sa riche bibliothèque; la collection de manuscrits précieux réunis par les Bénédictins dans cet illustre séminaire des lettres est restée justement renommée. Ce fut là qu'à l'époque du Concile de Constance, trois érudits, trois avides chercheurs des trésors littéraires perdus, le Pogge, Sozomène de Pistoie et leur ami Bartholomeo da Monte Pulciano, déterrèrent un bon nombre des plus précieuses épaves des lettres antiques, entre autres sept des plus importants plaidoyers de Cicéron, les commentaires d'Asconius Pedianus sur l'orateur romain, les manuscrits de Quintilien, etc.

L'imprimerie fut introduite dans ce docte monastère à la fin du XVIe siècle ; un bon imprimeur, Leonhard Staub ou Straub, fut appelé de Constance, et organisa le matériel. Le premier livre sorti des presses conventuelles, qui soit venu à notre connaissance, est intitulé : Davidis Wetteri Sangallensis ecclesiæ ministri Testimonia de præcipuis veræ et christianæ nostræ religionis capitibus, ex S. Scripturæ Veterumq̄ Orthodoxorum libris collecta. Sangalli, 1580, in-8. Citons encore : Joan. Rassii Calendarium romanum Ethnicæ vetustatis.... ex Cuspiniani, Natalis comitum, Manutii, Gyraldi, tabellæ Antverpiensis, Chytræi, etc., Calendariis collectum. Sangalli excudebat Leonhardus Straub, 1584, in-4.

FANUM S. GEORGII, Szent Georgy, bourg de Transylvanie (I　 der Szekler).

FANUM S. G　 　Georgen, ville de Hor　 　esburg).

FANUM　 　 　 ou DE LEDIA, GERMA　 　 　 　 .-Germain-en-Laye , 　 　 　 　 ine-et-Oise). (LAYA, co　 　 ′o bò⸲　 , p. 50).

A la fin de 164.　 　 　 de 　 　 　tant retirée

à S.-Germain, le cardinal Mazarin s'y fait suivre de son imprimeur, Jean Courant, à l'aide duquel il espère foudroyer à distance la Fronde et ses adhérents, suiv. l'expression de M. Frère; plusieurs pièces publiées contre les princes et le parlement sont datées de cette ville pendant l'année 1649; la plus ancienne est intitulée: Lettres du Roy, de S. A. R. et de M. le Prince, au Duc de Montbazon, aux prévôts des marchands et échevins de la ville de Paris (5 et 7 janvier). St-Germain-en-Laye, 1649, in-4.

L'imprimerie cesse d'exister dans cette ville après le départ de la cour.

FANUM S. GISLENI, S. Guislain, bourg de Belgique (Hainaut).

FANUM S. GOARI, S. Goar, ville de la Prusse rhénane (rég. de Coblenz); doit son origine au saint de ce nom, qui en 570 vint y prêcher l'Évangile; anc. abb. de Bénéd. supprimée en 1624

FANUM S. GOTTHARDI, Szent Grot, bourg de Hongrie, dans le comitat de Salader. = S. Gotthard, bourg de Hongrie (com. d'Eisenburg).

FANUM S. HIPPOLYTI [Luen], SAMPOLTANUM OPPIDUM, Pölten, ville d'Autriche (Lande unter der Ens).

FANUM S. HIPPOLYTI, S. Hippolyte, ville de Fr. (Haut-Rhin). = S.-Hippolyte, ville de Fr. (Gard).

FANUM S. JACOBI COMPOSTELLENSIS, voy. FLAVIONIA.

FANUM S. JOANNIS, S. Jean, localité de Prusse, dans la rég. de Trèves.

FANUM S. JOANNIS AD TAVUM, PERTHA, Perth, ville et comté d'Écosse, sur le Tay..

Sur les livres gaëliques on trouve : Peairt ; l'excellente typographie de H. Morrisson and son , dit M. Cotton, florissait dans cette ville en 1774, année où parut: Adamson's Muses threnodie, containing the most remarkable antiquities of Scotland, in-12. En 1788, parut un recueil des anc. poésies écossaises, Scottish Poets, formant 4 vol. in-8, fig.

FANUM S. JOANNIS ANGERIACI, voy. ANGERIACUM.

FANUM S. JOANNIS IN VALLE MAURIANA, voy. BRENNOVICUM.

FANUM S. JOANNIS LAUDONENSIS, LAUDONA, S.-Jean de Losne, ville de Bourgogne (Côte-d'Or).

FANUM S. JOANNIS LUISII, LUISIUM, S.-Jean-de-Luz , ville de Fr. (Basses-Pyrénées).

FANUM S. JOANNIS PEDEPORTUENSIS, S.-Jean-Pied-de-Port, ville de Fr. (Basses-Pyrénées).

FANUM S. JOBI, Szent-Job, bourg de la Haute-Hongrie, près de Gross-Wardein.

FANUM S. LAUDI, voy. BRIOVERA.

Addit. à la note bibliographique ; voici ce que nous écrit M. Frère ; « J'ai dans mes notes l'indication d'un livre imprimé dans cette ville par Thomas Bouchard et Jacques Lebas, en 1565 ; on ne connaît pas d'autre volume exécuté par ces typographes : c'était probablement une de ces imprimeries temporaires, établies pour les besoins de la politique ou de la religion pendant les troubles qui agitèrent la France sous Charles IX et ses successeurs. Après cela il faut arriver à l'imprimerie de Jean Pien, en 1656. »

Nous avions connaissance de ce volume de 1565, mais nous l'avions sommairement signalé comme provenance des presses rouennaises.

FANUM S. LEONIS, LEOPOLIS, *San Leo,* bourg d'Italie (Délég. d'Urbino].

FANUM S. LUCERII, voy. LICERIUM.

FANUM S. MACLOVII, voy. ALETÆ.

FANUM S. MARCELLINI, *S.-Marcellin,* ville de Fr. (Isère).

FANUM S. MARCI [Baudrand], *San Marco,* ville de Sicile (Intend. de Messina).

FANUM S. MARINI, *San Marino, Saint-Marin,* ville d'Italie, chef-lieu de la petite république de ce nom, au N.-O. d'Urbino.

Nous trouvons dans Haym et dans le catal. des Volpi l'indication d'un livre publié en 1635, sous la rubrique (très-probablement supposée) de San Marino : *Discorso sopra la lettera finta de nome del Re Christianissimo, scritta al duca di Montbazon.* S. Marino, 1635, in-4 (à la bibliothèque impériale).

FANUM S. MARTINI, *Szent-Martin,* bourg de la Basse-Hongrie (com. de Thuroz). = S. *Marton,* bourg de Hongrie (com. de OEdenburg).

FANUM S. MAURITII, voy. AGAUNUM.

FANUM S. MAXENTII, *S.-Maixent,* ville de Fr. (Deux-Sèvres); anc. abb. de S. Benoît.

M. Ternaux ne date l'introduction de la typographie à St-Maixent que de la révolution; elle est certainement de beaucoup antérieure, et peut être placée entre les années 1704 et 1739, puisque l'arrêt du conseil de cette première année 1704 ne mentionne pas cette ville parmi celles qui ont le droit de posséder une imprimerie, et que celui du 31 mars 1739 déclare que l'établissement typographique qui fonctionne à cette date en la ville de St-Maixent, sera et demeurera supprimé.

FANUM S. MICHAELIS, SAMIELUM, SAMIELLUM *in Lotharingia, Saint-Mihiel,* ville de Fr. (Meuse).

C'est la patrie de Jean Bérain, qui naquit en 1631.

L'imprimerie remonte en cette ville à l'année 1613, au dire de M. Beaupré, qui cite deux volumes à cette date : le premier d'après la *Bibl. sacrée* de Charles Nodier (p. 137), *Novum Testamentum,* Samieli in Lotharingia, Philippe Dubois, 1613, in-16. M. Beaupré n'accepte le prénom de *Philippe* qu'avec réserves, et nous trouvons en effet dans presque toutes les villes lorraines des imprimeurs de ce nom à cette époque, à St-Nicolas-du-Port, à Toul, à Verdun et à Pont-à-Mousson, mais aucun ne porte le prénom de Philippe.

Le second volume cité par M. Beaupré à la même date est imprimé par François Dubois, qui venait

de Pont-à-Mousson, et bien probablement c'est à lui qu'il faut attribuer également l'exécution de ce *Nouveau Testament,* cité par Nodier ; voici le titre du second volume publié à S.-Mihiel : *Traicté de la tutelle et curatelle, par lequel il est succinctement expliqué et monstré comment les Tuteurs et les Curateurs se doiuent gouverner en ceste charge tutelaire.... composé par M. Jean Gillet,* escuyer; à S. Mihiel, par François dv Bois, imprimeur et libraire de Son Altesse..., 1613, in-8 de 8 ff. lim., texte, p. 2 à 308, plus 8 ff. non chiff. contenant le chapitre *du Douaire,* et 13 autres ff. pour la table et le privilége.

Ce volume fut réimprimé à Toul, en 1618, et il en avait besoin, car il est déplorablement exécuté, et l'avis au lecteur de cette nouvelle édition dit en parlant de l'édition antérieure, *que l'imprimeur a travaillé si négligemment que l'auteur, honteux de sa difformité, est contraint de la désavouer...* Son travail reparaît dans celle-ci, *repoli, agencé* et enrichi de deux tables.

La *Coutume de Saint-Mihiel* fut imprimée pour la première fois à Pont-à-Mousson, en 1599, et réimpr. à S.-Mihiel en 1627, par Jean Dubois (cat. Lancelot, n° 773).

Voici les imprimeurs de S.-Mihiel, cités par M. Beaupré : François du Bois, 1613-1619 ; François et Jean du Bois, 1621-1625 ; Jean Dubois, 1627-1634.

FANUM S. MINIATI AD TEDESCUM, MINIATUM TEUTONIS, *S. Miniato al Tedesco,* ville de Toscane.

FANUM S. NICOLAI, *S. Niklos,* bourg de Transylvanie (gouv. de Kokelburg).

FANUM S. NICOLAI, *S. Niclas,* bourg de Hongrie (com. de Liptau).

FANUM S. NICOLAI A PORTU, NICOLAI PORTUENSIS CIVITAS, *ad Murtam fluvium, St-Nicolas-du-Port,* ville de Fr. (Meurthe).

Cette ville, qui jadis eut une grande importance-fut ruinée dans la guerre de *Trente ans;* c'est le berceau de l'imprimerie dans la province de Lorraine, puisque le fait d'une impression à St-Dié, avec la date de 1494 et le nom de Gauthier Lud comme ty, pographe, est considéré comme apocryphe; et que d'autre part la ville de Metz ne tenait au duché de Lorraine par aucun lieu politique.

Le dépouillement du trésor des chartes de Lorraine a permis à M. Beaupré de retrouver les traces de la proto-typographie de St-Nicolas-du-Port; pendant bien longtemps le *Livre de la Nancéide* a passé pour le premier volume imprimé dans cette ville, puis on a trouvé les *Heures à l'usage de Toul;* enfin, il y a quinze ans environ, M. Beaupré a rencontré la mention suivante, dans un registre des comptes du duc René II, de l'an 1500-1501 : « *Payé par ledit receveur à Messire Pierre Jacobi, imprimeur demourant à Sainct-Nicholas, la somme de xx fr.* (sic?), *pour auoir faict et imprime les ordonnances des or et monnoye nouuellement faictes, et ce par ordonance de Messieurs du Conseil, faicte le* xxe *iour de juin mil Vc ung...* »

Voilà donc une trace certaine d'une imprimerie établie en 1501, et qui peut-être remonte aux derni s années du XVe siècle. Ce Pierre Jacobi était prêtre, et peut-être même curé de S. Nicolas, à ce que prétend D. Calmet.

Voici la description du *livre d'heures* que nous avons mentionné : *Hore Vginis Marie ad Vsum Tullensis Ecclesie,* pet. in-4, goth. sans ch. ni récl., mais avec sign., avec capit. et initiales en rouge ou en bleu ; au v° du dernier f. : *faictes et imprimees a Sainct Nicolas du Port,* le xxviii iour de Iuing lan de grâce Mil cincq cëtz et trois. Pour le Roy dè Sicile, duc de Lorraine et de Bar, etc., nostre tres redoubte et souuerain seigneur. Par Pierre Iacobi p̄bre demourant audict Sainct Nicolas, imprimeur dudict sire Roy.

Dans ces registres des comptes du duc René II, se retrouvent les mentions suivantes : « *A Messire Pierre Jacobi prebstre, demorant à Sainct-Nicolas, la somme de quarante-six francs, monnoye de Lorraine, qui luy ont été tauxés* (taxés) *par Messieurs de la chambre des comptes, pour ses peines et salaires d'avoir faict imprimer les ordonnances des monnoyes d'or et d'argent de Lorraine et Barrois, en plusieurs et diuerses sortes. Appert par sa quittance dattée du ix de mars mil cinq cens et unze.* » — Ces mots *faict imprimer* indiquent que Pierre Jacobi, pendant ses absences (en effet nous le retrouvons à Toul, où il imprime le célèbre *Viator*), se faisait suppléer à St-Nicolas-du-Port; et la souscription de ces *Ordonnances des Monoyes* nous donne le nom de ce nouveau typographe : *faictes et imprimées a Sainct Nicolas du Port le xxij^e iour de Ianuier. Lan de grace mcccccc et unze* (1512), *par Nicolas Symon Diacre demourant aud. S. N.* avec la marque de Pierre Jacobi, telle qu'on la voit à la fin du *Liber Nanceidos* ; seulement le nom de ce vénérable prêtre est remplacé par celui de son digne diacre.

Ce *Liber Nanceidos*, imprimé en 1519 (Nonas Ianuarii mdxviii) , est beaucoup trop connu et a été trop souvent décrit, pour que nous ayons à nous en occuper ; nous renvoyons particulièrement le lecteur au curieux ouvrage de M. Beaupré (*Impr. en Lorraine*, 1845, p. 38 et suiv., et dernier *supplément*, 1853, p. 14 et 15).

Jusqu'à l'année 1525, on ne peut citer, à St-Nicolas-du-Port, d'autre nom d'imprimeur que celui de Jérôme Jacob; de 1525 à 1559, il n'y a pas trace d'imprimerie, fait bizarre qui se reproduit dans toutes les villes de Lorraine; au xviie siècle arrivent François Dubois et Jacob François, et l'imprimerie s'arrête brusquement en 1629 ; c'était l'époque de la lutte inégale que soutenait la Lorraine contre la France, et en 1635 la ville était détruite par les Suédois, et Tallemant des Réaux nous fait un récit accentué des ravages qu'y commirent les Cravattes ou Croates , particulièrement à l'endroit des pauvres religieuses de la ville.

Au moment de mettre sous presse, nous recevons de M. Tross l'indication d'un nouveau livre imprimé à St-Dié, avec la marque de Gautier et Nicolas Lud, que cet habile libraire vient de découvrir ; mais ce livre, s. d., imprimé vers 1520, n'infirme en rien nos assertions relatives à St-Nicolas-du-Port; voy. OPPIDUM S. DEODATI.

Fanum S. Palatii, *S. Palais*, ville de Fr. (Basses-Pyrénées).

Fanum S. Papuli, *S. Papoul*, ville du haut Languedoc; anc. abb. de Bénédictins, érigée en évêché en 1317 par le pape Jean XXII (Aude).

Fanum S. Pauli Leonensis, Leonum, Leona, (anc. Occismor des chron. bretonnes?), Castrum Leonense, anc. château des *Osismii Leonenses*, occupé depuis par les Romains, auj. *St-Pol-de-Léon, Castel-Pol* (en breton).

C'est vers le commencement du xviiie siècle que nous pouvons reporter l'établissement d'une imprimerie à St-Pol-de-Léon; en effet nous avons en 1709 la première édition d'un ouvrage du capucin Grégoire de Rostrenen, et l'arrêt du conseil du 21 juillet 1704 ne fait pas mention de cette ville comme possédant un établissement typographique; ce serait donc dans cet intervalle que cet établissement aurait été fondé; Grégoire de Rostrenen , le grammairien, mourut à Roscoff, au milieu du xviiie siè-

cle ; il avait fait imprimer à St-Pol ses *Exercices spirituels de la vie chrétienne, suivis de pieux cantiques*, en breton, St-Pol de Léon, 1709, in-8.

La première édition de son *Dictionnaire françois-celtique* parut à Rennes, en 1732, chez Julien Vatar, in-4, et celle de la *Grammaire françoise-bretonne*, dans la même ville en 1738.

L'arrêt du conseil du 31 mars 1739 supprime l'imprimerie à la ville de St-Pol-de-Léon ; mais il ne fut pas sans doute exécuté avec rigueur, puisque le 12 mai 1759 fut édicté un nouvel arrêt, qui réglemente spécialement l'imprimerie dans la province de Bretagne, et supprime à nouveau l'établissement de St-Pol-de-Léon.

Ce qui n'empêche pas le rapport Sartines de dire : S. Pol de Léon. J. P. de Crémeur, écuyer, établi en 1753 ; en vertu du privilége que le conseil a accordé à l'évêque de Léon pour l'établissement d'une imprimerie dans la ville épiscopale, et aux fins de l'arrêt du 12 may 1759 ; d'après cet arrêt les presses bretonnes étant réservées aux villes de Rennes, Quimper, S.-Brieuc, Brest, cette imprimerie est fort utile. Le sire de Crémeur ne possédait qu'une presse.

Au commencement du xvie siècle, les livres de liturgie du dioc. de St-Pol furent généralement exécutés à Paris : *Missale secundum verum usum insignis ecclesiæ Leonensis*, Parisiis, 1526, in-4, goth.

Fanum S. Pauli Tricastini, voy. Augusta Tricastinorum.

Fanum S. Pontii Tomeriarum, Pontiopolis Tomeriæ, voy. Civitas Divi Pontii Thomeriarum.

Fanum S. Portiani, *Saint-Pourçain*, sur la Sioulle, ville de Fr. (Allier).

En 1743 un ouvrage paraît avec une souscription, probablement supposée, au nom de cette ville : *l'Avocat du Diable, ou Mémoires historiques sur la vie... du Pape Grégoire XII.:. avec des Mémoires sur la bulle de canonisation de Vincent de Paul*, à Saint-Pourçain, 1743 ; 3 vol. in-12 (Bibl. de la Cour de cassation, Hist. p. 84). Ce livre assez rare est attribué par Barbier à l'abbé Adam, curé de St-Barthélemy, à Paris.

Fanum S. Quintini, voy. Quintinopolis.

Fanum S. Remigii [Cell.], voy. Glanum.

Fanum S. Remogii [Baudrand], S. Remuli Civitas, *San Remo*, ville de la prov. de Gènes (Italie).

Fanum S. Salvatoris, *San-Salvador*, bourg de Fr. (Alpes-Maritimes).

Fanum S. Sebastiani, voy. Donastienum.

Fanum S. Severi, Severopolis [Baudrand, P. de Marca], *S.-Sever*, ville de Fr. (Landes).

Fanum S. Spiritus, Fanum Kedziense, *Szent Kesdy-Lelek*, bourg de Transylvanie.

Fanum S. Stephani, *Launceston*, ville d'Angleterre (Cornwall).

Fanum S. Stephani [Thuan. Hist.], *S.-Etienne*, sur le Furens, ville de Fr. (Loire).

Fanum S. Stephani, voy. Cosanum.

Fanum S. Tropetis, voy. Fanum S. Eutropii.

FANUM S. TRUDONIS, TRUDONOPOLIS [Mabillon], SARCINIUM (?), *S.-Trond, S.-Tron,* bourg de Belgique (Limbourg), anc. abb. de Bénéd. fondée par S. Trudo, du D. de Liége.

FANUM S. URSICINI, *S.-Ursane, Ursitz,* bourg de Suisse (canton de Berne), sur le Doubs.

FANUM S. VALERII, WALARICUM, VIMACENSIS ABBATIA [Mabillon], LEUCONAUS, LEGONAUS [Orderic-Vital.], *S.-Valery-sur-Somme,* ville et port de Fr. (Somme).

FANUM S. VALERII CALETENSIS, *S.-Valery-en-Caux,* ville de Fr. (Seine-Inférieure).

FANUM S. VEDASTI, *S.-Vaast-la-Hougue,* ville de Fr. (Manche).

FANUM S. VENANTII, *S.-Venant,* bourg de Fr., sur la Lys (Pas-de-Calais).

FANUM S. VITI FLUMONIENSIS, FLUMEN S. VITI [Luen.], *Sankt-Veit-am-Flaum, Fiume* (en ital.), ville de l'empire d'Autriche, en Hongrie, dans le cercle de Klagenfurt, sur le golfe de Quarnero.

La *Bibl. Ritualis* (II, p. 169) nous donne : Simon Cosicich, episcopus Madrussensis, edidit Illyrica lingua : *Missale Fani S. Viti Flumoniensis,* M.D.XXXI, in-4. Impr. le 25 mai par les soins de Ferdinand Kratias, Romain, avec fig. sur bois Nous croyons ce livre imprimé à Fano; mais M. Cotton cite deux volumes antérieurs, qui sont conservés à la Vaticane, tous deux imprimés à Fiume, en 1521, et exécutés en caractères glagolitiques; le premier est un *Missale Illyricum,* in-4; nous croyons qu'il y a erreur de date et que le bibl. anglais veut désigner le *Missale* de l'évêque Cosicich de 1531 ; et le second, une *Vie des Papes par Siméon Coreichius,* également in-4; ce dernier volume ne fut, croyons-nous, imprimé qu'en 1551 ; ces deux volumes sont de la plus grande rareté. S. Jérôme, dit Mutio Panza (*Della biblioth. Vaticana ragionam.,* p. 308), fut l'inventeur des caractères glagolitiques, et son portrait est conservé à la Vaticane, avec cette inscription :·S. Hieronymus literarum‖Illyricarum inventor. On sait que S. Cyrille en découvrit un autre qui de son nom s'est appelé Cyrillique. La Vaticane possède aussi le fameux *Missale Illyricum* de 1483, le premier livre imprimé en caract. glagolitiques : « *Liber stupendæ raritatis* » (voy. *Coll. auct. Vaticana,* p. III, 1831]. J. Németh (*Bibl. Hungarica*) ne mentionne pas cette proto-typographie de Fiume, il ne fait remonter l'imprimerie dans cette ville qu'à l'année 1790, avec Laur. Aloysius Karletzky, comme premier typographe ; ce Karletzky s'intitule: « *Regii Gubernii totiusque Litoralis Hungarici Typographus.* »

FANUM SPIRITUS SANCTI, PONS SPIRITUS SANCTI, *Pont-S.-Esprit,* sur le Rhône, ville de Fr. (Gard).

FANUM VACUNÆ [Liv.], *Vocone,* bourg de la Sabine (Etats-Pontif.).

FANUM VOLTUMNÆ, voy. VITERBIUM.

FARA, FERRA [Ann. Vedast.], *La Fère,* ville de Fr. (Aisne); anc. abb. de Bénéd. = *La Fère-en-Tardenois,* ville du même dép.

FARDIUM, PHARDUM, VERDIA [Chr. Brem.], *Verden,* bourg du roy. de Hanovre, sur l'Aller.

FARENIACUM [Aimon.], PHARENI [Chr. B. Dion.], FAURINIACUS VILLA [Fredeg.], FAVERNEYUM, FAVERNIACUM [Ann. Hinc. Rem.], *Favernay,* bourg près Vesoul (Haute-Saône); anc. abb. de S.-Benoît.

FARENSE MONASTERIUM, BRIGENSE MONASTERIUM, FARÆMONASTERIUM, anc. EVORIACÆ, *Faremoustier, Faremontier,* bourg de Brie (Seine-et-Marne).

Célèbre abbaye de Bénédictins, fondée par Ste Fare (Burgundo Fara) en 617: « Madame Sainte Phare florissoit en ce temps en un lieu appelé *Eborie,* et qui ores est dit *Pharemoustier* (Gr. Chron.). »

FARINARIA IN HAINOAVIO, *Moulins,* bourg près de Solesmes (Nord).

FARINGA [Ann. Lauriss.], PFERINGA [Ann. Eginh.], *Pföringen, Phöringen,* bourg de Bavière.

Une indication que nous fournit le catalogue du libraire George Willer d'Augsbourg (Francf. 1592, in-8, p. 567), nous semble de nature à permettre de reporter l'imprimerie dans cette localité au XVIe siècle : *Barthol. Hubneri Medici et Philosophi Erphordiani erotica casta. Quibus adiuncta est nuptialium versuum eidem ab amicis præscriptorum,* Pheringæ, 1587, in-8.

FARISINENSIS SINUS, *Canal de Ferisina,* entre l'Istrie et l'île de Cherso.

FARNESIUM CASTRUM, FARNESIA, *Farnèze,* bourg et château des Etats du Pape (Délég. de Viterbe).

Suivant Falkenstein, et d'après le catal. Pinelli, l'imprimerie remonte en cette petite ville célèbre à la dernière année du XVIe siècle ; et le premier imprimeur s'appelle Niccolo Mariani. Nous citerons sous la date de l'année suivante une pièce rare sortie des presses de cet imprimeur: *Rapresentatione di Santa Colomba Vergine et Martire composta nuovamente (in ottava rima) dal Desioso insipido Sanese,* in Farnese, appresso Nicc. Mariani, 1601, in-4. Ce volume n'est point cité par Allacci.

FAUCENÆ, FAUCENSE OPPIDUM, ABODIACUM, [Tab. Peut.], localité de l'anc. Vindélicie, auj. *Füssen,* ville de Bavière, près du Danube.

FAUCES NORICORUM, SCÆVA VIENNÆ, *Schottwien, Schaidtwien,* bourg d'Autriche.

FAUCES PERTUSÆ, POMPEII TROPHÆA, passage des Pyrénées, entre la Catalogne et le Roussillon, qui s'appelle le *Pertuis.*

FAURATIUM, *Faurat,* bourg de Savoie, auj. à la France.

Impr. en 1679 : *Missale Carthusiani ordinis ex. ordinatione capituli generalis anno 1677.* Faurati in Sabaudia, typis L. Dufour, 1679, in-fol.

FAUSTINI VILLA [It. Ant.], localité des Iceni dans la Britannia Romana, auj. suiv. Camden *Bury Saint-Edmund's,* ville d'Angleterre sur le Larke (Suffolkshire); anc. abb. de Bénéd.

FAVARIUM, AD FAVARIAS, *Pfäfers*, *Pfeffers*, bourg de Suisse (c. de St-Gall); anc. abb. de Bénéd.

FAVENTIA [Cic., Liv., Tab. Peut.], Φαουεν-τία [Strab., Ptol.], Φαβεντία [Steph., Procop.], FAVENTINUM OPPIDUM, [Jornand.], CIVITAS FAVENSIS, ville de la Gaule Cispadane, auj. *Faenza,* ville de la légation de Ravenne, qui faisait partie des Etats du Pape; elle a donné son nom à la faïence.

Nous ne connaissions pas de livre imprimé à Faenza avant 1525, mais M. Cotton, dans son dernier supplément, nous apprend qu'il existe à la Bodléienne un ouvrage portant une date antérieure : *Antonii Cittadini Faventini auscultationes in parvam artem Galeni;* à la fin : impressum Faventiæ per Io. Mariam de Simonettis Cremonensem, anno domini M.D.XXIII, in-fol. de 374 pp.

Voici le volume à la date de 1525, que nous donne Molini dans ses *Aggiunte e correzioni al Brunet* (p. 303) : *Nicolai* (*Petrus*), ad S. D. D. N. *Clementem VII. Opus de immortalitate animorum secundum Platonem et Aristotelem, Petri Nicolai Faventini philosophi ac medici.* Faventiæ, Joan. Maria ex Simonettis, 1525, in-fol. 51 ff. numérotés, en car. romains.

Falkenstein ne date l'imprimerie à Faenza que de 1616; il emprunte le renseignement et la date à Haym ; (p. 50), qui cite : *Breve ristretto della Prouincia di Romagna di Francesco Pera.* Faenza, pel Simbeni, 1616, in-4.

FAVENTIA, *Fayence,* pet. ville de Provence, près de Draguignan (Var).

FAVENTIA COLONIA, voy. BARCINO.

FAVENTIA ILERGETUM, voy. OSCA.

FAVERGA, *Faverges,* bourg de Fr. (Haute-Savoie).

FAVERNIACUM, FAVERNEVUM, voy. FAURINIACUS VILLA.

FAVONII PORTUS [Ant. Itin.], dans le S.-E. de l'île de Corse, auj. *Porto Favone.*

FEARNUM, S. MAIDOCI FANUM, *Fearn,* pet. ville d'Irlande, dont fut évêque S. Moëg (S. Maidocus).

FEBIANÆ [Not. Imper.], FEBIANA CASTRA, BEBENHUSA [Ann. Suev.], *Bebenhausen,* bourg du Wurtemberg au N. de Tübingen.

FEDENTIACUM, FRÉDENCE [Chr. Carlov.], *Fezensac, vic-Fezensac,* ville de Fr. (Gers); anc. chef-lieu du comté de ce nom.

FELDKIRCHA [Munst. *Cosmogr.*], VELDKIRCHIUM, VALCIRCUM, *Feldkirch,* ville du Tyrol, près Bregenz, sur l'Ill.

M. Ternaux cite : *J. L. Bartholome von Glarus. Nachricht von dem Sarganser Land.* Feldkirch, 1734, in-4; et *Bucelinus. Menologium Benedictinum.* Feldkirchiæ, 1755 ; mais ici il y a une légère erreur, et le *Manuel,* d'après Bauer (tom. I, p. 162), cite le volume à une date d'un siècle antérieure : *Gabrielis Bucelini Menologium Benedictinum sancto-*

rum, accessit sacrarium sive reliquarium benedictinum. Veldkirchii, 1655, in-fol., livre rare qui fut réimprimé l'année suivante à Augsbourg.

FELICIA, Φηλικία [Ptol.], ville de la Germanie, auj. suiv. Reichard, *Fulnek,* dans le cercle d'Olmutz, en Moravie.

FELICITAS JULIA OLISIPO, voy. OLISIPO.

FELINUM [Zeiler], *Fellin,* petite ville de Russie (gouv. de Riga).

FELSINA, voy. BONONIA.

FELTRIA [Inscr. ap. Grut., It. Ant.], FELTRIÆ [Inscr. ap. Murat.], FILTRIO [Geo. Rav.], ville des Feltrini dans la Rhætie, auj. *Feltre,* ville de la Vénétie, dans la délég. de Bellune, sur la Piave.

Voici le titre du plus ancien ouvrage souscrit au nom de cette ville, que nous connaissions : *Pujati Josephi Antonii de Morbo Naroniano tractatus.* Feltriæ, typis simonarii, 1747, in-4, de 252 pp. L'auteur était médecin du Fort-Opus, dans le district de Naranta ou Neretva, près de Feltre.

En 1753, Melzi (Anon., t. II, p. 333) nous donne : *Il Petrarca con note (del Canonico Sebastiano Pagello),* date la prima volta in luce ad utilità de' giovani che amano la poesia. Feltre, Foglietta, 1753, 2 vol. in-16 ; une seconde édition fut donnée la même année, sous le titre de : *Rime di Messer Francesco Petrarca.* — Ivi, l'anno istesso, in-4.

FEMERA, FIMBRIA, *île de Femern* (Sleswig).

FENESTRELLÆ, *Fenestrelles,* sur la Clusone, bourg du Piémont (prov. de Pignerol).

FENISIUM, *Fenix,* bourg du Piémont, près d'Aosta.

FENNI [Tac. *Germ.*], PHINNI [P. Diac., Jornand.], Φίννοι [Ptol.], peuple de la Sarmatie europ., les *Finnois,* auj. les *Finlandais;* ce peuple a donné son nom à la *Finlande,* au *Finmark,* à l'île de *Fionie,* etc.

FENNINGIA [Plin., Cluv.], FINNINGIA, ENINGIA [Plin.], FINNONIA [Zeiler], FINNLANDIA [Cluv.], la *Finlande, Finnland, Souomen-Maa* (*Pays des Marais,* en finnois), l'une des grandes divisions de l'empire russe; appartenait à la Suède.

FERA, voy. FARA.

FERDA, FERDI [Eginh. Chr.], FERDIA [Moissac. Chr.], *Verden,* ville de Hanovre, voy. FARDIUM.

FERENTINUM [Suet., Tac., Horat.], Φερεντίνον [Strab.], Φερεντία [Ptol.], FERENTINI [Plin.], *Ferentino,* ville du territ. pontifical (délég. de Viterbo).

FERENTINUM [Liv., Plin., Tac.], Φερεντίνον [Strab.], MUNICIP. FERENTIS [Vitruv.], COLONIA FERENTINENSIS [Frontin.], ville d'Etrurie, auj. *Ferento,* village près Montefiascone, dans la délég. de Viterbo.

FERENTUM, voy. FORENTUM.

FERETRUS MONS, voy. FANUM S. LEONIS.

FERGUSII SCOPULUS, *Carrickfergus, Knockfergus,* bourg d'Irlande (comté d'Antrim).

FERITAS ALESII, FIRMITAS ADELHEIDIS, FIRMITAS ALESIA [Baudrand], FERITAS BALDUINI, la *Ferté Baudouin* (aux XII° et XIII° s.), appelé depuis la *Ferté Aalés* ou *Aalis,* à tort *Aleps,* dit M. P. Paris, enfin la *Ferté Alais,* bourg de Fr. (Seine-et-Marne).

FERITAS AURENI, FIRMITAS AURENIENSIS, la *Ferté-Aurain,* bourg du Blésois (Loir-et-Cher), anc. titre de duché-pairie.

FERITAS BERNHARDI, FIRMITAS BERNARDI, la *Ferté-Bernard,* ville de Fr. (Sarthe); patrie du poëte Robert Garnier.

FERITAS ou FIRMITAS MILONIS, la *Ferté-Milon,* ville de Fr. (Aisne); patrie de Jean Racine.

Un grand nombre de localités en France portent encore ce nom de la Ferté, voy. aussi FIRMITAS.

FERITOR FL. [Plin.], voy. BISAMNIS.

FERMANAGENSIS COMIT., *le comté de Fermanagh,* en Irlande (Ulster).

FERNEIUM, FERNEXIA (?), *Fernex, Ferney,* bourg et château de Fr., au pied du Jura (Ain), célèbre par le séjour de Voltaire.

Malgré l'article du *Scottisch Christian Herald* que cite M. Cotton, nous n'admettons point que Voltaire ait établi une imprimerie particulière ou clandestine à Ferney; ses relations avec les imprimeurs de Genève, les Bousquet, et surtout les frères Cramer, qui publient cette édition des œuvres complètes du grand polygraphe, connue sous le nom d'*Édition encadrée,* sont trop connues pour que nous ayons besoin d'y revenir; mais quant à l'imprimerie de Ferney, bien que certains livres soient souscrits à ce nom, nous ne l'admettons point. Voici la note du *Scottish Christian Herald*: « Voltaire se vantait de pouvoir démolir à lui seul cet édifice de la chrétienté que les mains de douze apôtres avaient eu tant de peine à ériger, et aujourd'hui cette presse, dont il usait à Ferney pour l'impression de ses blasphèmes, sert à Genève à l'impression des Saintes Écritures... Il faut ajouter, comme un fait singulier, que la première assemblée qui prépara la réforme de l'*Auxiliary Bible Society* d'Édimbourg fut tenue dans la chambre même où mourut Hume, à Ferney. »

L'indulgence des Sociétés Bibliques est, on le voit, à la hauteur de la tolérance catholique.

FERNIACUM, *Frenay,* petite ville du Perche (Mayenne); anc. baronnie.

FERONIA, Φηρωνία [Ptol.], ville du S.-E. de la Sardaigne, auj. *Orune,* suiv. Reichard, ou *Orosaï,* suiv. Mannert.

FERRANUS ou PFYRETANUS COMITATUS [Imhof.], SUNDGAVIA, le *Sundgau,* district de la haute Alsace, qui fait partie auj. du dép. du Haut-Rhin.

FERRARA [Cell.], FERRARIA [Cluv., Baron., Æn. Sylv.], FORUM ALIENI (?), *Ferrare, Ferrara,* ville d'Italie, chef-lieu de légation.

Anc. capitale de la maison d'Este. Cette ville, fondée au V° siècle, a fait longtemps partie du domaine de S. Pierre; elle possède une bibliothèque fort importante. L'imprimerie remonte à Ferrare au XV° siècle, et c'est à un Français, André Beaufort, qui signe Andreas Gallicus, Andreas Belforti, ou Andreas de Francia, que l'on en est redevable. Amati donne comme premier livre exécuté par cet imprimeur une édition des commentaires de Servius Honoratus sur Virgile, qui fut publiée à Rome par Udalricus Gallus, en 1471; mais cette même année nous avons une édition de Martial, une autre des Facéties du Poggio et un volume d'Augustin Dathi. Voici la description du Martial: au recto du 1er feuillet: PLINII SECVNDI EPISTOLA AD ‖ CORNELIUM PRISCUM. L'épître occupe la page entière; les dix lignes qui suivent, et qui dans les éditions postérieures sont espacées, font ici corps avec le texte de l'épître; le v° est blanc; au r° du 2e feuillet: M. VALERII MARTIALIS EPIGRAM ‖ MATON LIBER PRIMUS INCIPIT; suit le texte, à la fin (r° du 192e f) : M. VALERII MARTIALIS APOPHO‖RETA EXPLICIT. FELICITER. LIBER XIIII.   FINIS. *Hic terminatur epigramata Valerii‖ quod continentur in quatuordecim libris par‖tialibus Impressum Ferrarie die secūda Iulii.* Anno Domini, M.LXXI (sic).

In-4 de 192 ff. à 29 lignes, en gros caractère lourd et irrégulier, sans ch., récl. ni sign.

Cette édition peut être considérée comme *princeps,* parce qu'elle a été donnée sur un manuscrit absolument différent de celui qui a servi à Vindelin de Spire pour son édition de Venise, sans date; la transposition des épigrammes, l'altération de quelques titres et l'absence du *Libellus de spectaculis* le prouvent surabondamment.

Baruffaldi (*Typog. Ferrar.*) signale au catal. des Mss. de l'université de Leyde un titre ainsi rédigé : « *M. Valerii Martialis epigrammata Ferrariæ,* 1471, *a viro docto conscripta.* » C'est l'édition originale, prise, ce qui s'est vu souvent, pour un manuscrit. (Voy. Jac. Geel. *Catal. Cod. Bibl. Lugduno-Batavæ,* 1852, in-4., et *Catal. Bibl. Lugd. Bat.*: Elz., 1636, in-4.)

Ce volume est infiniment précieux et de la plus grande rareté; nous ne pourrions guère en citer que cinq exemplaires; l'exemplaire de la Bibliothèque impériale a coûté 2,000 fr.

Le comte d'Elci, le comte Rewiczky, ne le possédaient pas; l'exempl. de lord Spencer vient de Pinelli; celui de la Laurentiana a été acquis de la collection Reina de Milan.

Les Facéties de Pogge de la même année suivent de près le *Martial*: *Jo. Franc. Poggii Florentini faceciarum Libri quatuor.* Impresse ferrariæ die quinto Augusti M.CCCC.LXXI. Le nom de l'imprimeur ne s'y trouve pas, mais les caractères d'André Beaufort sont trop particuliers pour qu'on puisse s'y méprendre. C'est un vol. in-4, de 66 ff. à 25 lig. par page.

Enfin paraît le **19 octobre**: *Tractatus Augustini Dathi senensis de variis loquendi figuris,* in-4, de 38 ff. à 25 lig., sans ch., récl. ni sign.; au r° du 38e f. on lit: *explicūt elegātie parue domini Augustini‖ Dathi Senensis. Impresse ferrarie, die deci‖ma nona octobris.‖* M.CCCC.LXXI. ‖ *Impressi Andreas hoc op₂, cui frācia nomē‖Tradidit : at ciuis ferrariensis ego.‖ Herculeo felix ferraria tuta manebat‖Numine : perfectus cum liber iste fuit.*

Ces mêmes mots : *cui Francia nomen* se retrouvent dans la souscription de la plus ancienne édition connue de Catulle. Voyez la note extrêmement sagace et réellement intéressante, que M. Brunet consacre à ce fait bibliographique, au tom. 1er, col. 1681 de la v° édition du *Manuel.* Nous ne pouvons la reproduire, puisque ce grand livre est dans les mains de tous les bibliophiles, et nous ne nous permettrons d'y ajouter qu'une observation de détail : M. Brunet dit que « dans cette édition, nombre de lettres sont mal venues sous la presse, et qu'elle semble être un produit imparfait d'un imprimeur peu exercé, et par conséquent pourrait bien avoir précédé le Martial et les autres ouvrages, publiés à Ferrare en 1471. » Cette observation s'applique également au Martial et au Dati, dont l'irrégularité et les procédés primitifs d'exécution ont frappé tous les bibliographes, même Dibdin, et nous ne pourrions voir dans ce fait la preuve de l'antériorité du Catulle.

Les imprimeurs ferrarais du XVe siècle sont nombreux. Nous citerons: Augustinus Carnerus, qui donne l'*Horace* de 1474, in-4° de 106 ff. On lit au v° du dernier f.:

Ferrarie impressit regnāte sub hercule diuo
Regia quo gaudet nunc Lianora uiro;
Carnerus puer Augustinus, cui dedit almā
Bernardus Lucem bibliopola bonus.
M.CCCC.LXXIIII.

Et de ce même Augustin Carner nous avons un livre encore plus illustre, c'est la célèbre édition de la *Théséide* de Boccace de 1475 ; celui-ci est beaucoup trop connu pour que nous en donnions la description.

Nous en avons vu vendre, à la vente Costabili, un bel exemplaire, incomplet de deux feuillets refaits à la plume, moyennant 4,000 fr., au libraire Boone de Londres ; il est vrai que ce léger défaut n'était pas indiqué au catalogue, et que le fait n'a été signalé qu'après l'adjudication.

Puis viennent Petrus de Aranceyo, Johannes de Tornaco, Severinus Ferrariensis, Laurentius de Rubeis de Valentia, Andreas de Grassis de Castro Novo, etc.

Ferrare est un lieu d'impression cher aux bibliophiles, car les éditions princeps, les raretés, les curiosités bibliographiques y abondent. Au premier rang nous citerons la très-illustre première édition de l'ORLANDO FURIOSO DE MESSER LVDOVICO ARIOSTO DA FERRARA. — Impresso in Ferrara per Maestro Giouañi Mazocco dal Bondeno, a di XXII de Aprile, M.D.XVI, in-4, avec privilége de la république de Venise, du 15 octobre 1515.

Nous connaissons six ou sept exemplaires de ce livre, qui vaut aujourd'hui 5,000 ou 6,000 francs : 1. Celui de la Bibliothèque Impériale, provenant de la collection Soubise et payé 84 francs; 2. Bibl. de Dresde; 3. British-Museum (Grenvilliana); 4. Bibl. de Ferrare; 5. Bibl. de Dublin; 6. Spenceriana; 7. Comte Melzi.

La seconde édition, encore plus rare, puisque l'on n'en connaît que deux exemplaires, celui de la biblioth. Angelica, à Rome, et celui de la bibl. de Dublin, est également exécutée à Ferrare : *Finisse Orlando... Stampato in Ferrara* per Giouanni Battista da la Pigna Milanese, a di XIII di Febraro, M.D.XXI, in-4° de 259 ff. à 2 col. plus 1 f. pour l'errata ; titre rouge dans une bordure. L'exempl. de la vente La Vallière (n° 3664) fut vendu 7 fr. 50 c. à Tilliard pour Crevenna, à la vente duquel (n° 4600) il ne fut payé que 14 florins 10 : c'est celui de Dublin ; l'exempl. Floncel est allé à Rome. Baruffaldi, dans la *Vita dell'Ariosto*, rapporte un document qui nous apprend que l'Arioste céda 100 exempl. de l'édition de 1521 au libraire Jacobo dai Gigli de Ferrare, moyennant 60 lire (marc anc.), à condition que ce libraire ne pourrait pas vendre d'exemplaire au-dessous de « *Solidorum* 16 *march.* », c'est-à-dire à peu près 2 lire italiennes.

Consulter, pour l'histoire de l'imprimerie à Ferrare, Baruffaldi (*Typogr. Ferrarèse*), Gius. Antonelli (*Ricerche bibliogr. sulle Edizioni Ferraresi del Secolo XV*, 1830, in-4) Amati (p. 246 et suiv.), etc.

FERRARIA [It. A.]. à l'E. de Caralis, localité de l'île de Sardaigne, auj. *Verghereto*, bourg près Cagliari [Reichard].

FERRARIA, *Ferrière*, village du Poitou (Vienne), anc. abb. de Bénéd. = Une autre abbaye de Cîteaux, du dioc. de Clermont, et plusieurs autres localités portent ce nom en France.

FERRARIÆ [Ann. Hincmar.], FERRARIARUM MONAST. [Mabillon], *Ferrières*, petite ville du Gâtinais [Loiret]: anc. abb. de Bénéd.

FERRARIÆ, AQUÆ SEGESTÆ, *Ferrières*, bourg de Provence, sur l'étang de Berre (Bouches-du-Rhône).

FERRARIÆ CARNORUM, *Güntring*, bourg de Carinthie.

FERRARIÆ DUCATUS [Cluv., Cell.], le *Duché*, auj. *Délégation de Ferrare*, en Italie.

FERRARIUS PORTUS, *Porto Ferrajo*, capit. de l'île d'Elbe.

FERRATA, FERRETA, PFYRETA [Merian., Imhof.], *Ferrette, Pfrit*, bourg d'Alsace (Haut-Rhin).

FERRATUS MONS, le *Frankènberg*, en Alsace.

FERRERA, *Ferrières*, bourg de Fr. (Lot).

FERREUS MONS [Plin.], *Monte di Cabarga*, près Santander (Espagne).

FERROENSES, voy. FÆROENSES INSULÆ.

FERRUCIUS VILLA AD GARUMNAM [Ch. Caroli C. a. 843), *Castel-Ferrus*, village du Bas-Armagnac, dans le dioc. d'Aire (Landes).

FERSFIELD, village d'Angleterre (comté de Norfolk).

Le rév. Francis Blomefield, recteur de ce village, y fit imprimer ou du moins publia, à la souscription de Fersfield, deux ouvrages que nous allons citer, mais qui peut-être furent exécutés à Norwich : 1. *History of the ancient city and burgh of Thetford.* Fersfield, 1739. Ce vol. de 16-184 pp. fut réuni par l'auteur au grand ouvrage suivant: 2. *Essay towards a topographical history of the County of Norfolk, continued by the Reverend Charles Parkin*, Fersfield, etc., 1739-75, 5 vol. in-fol.; les deux premiers volumes seulement sont souscrits au nom de Fersfield, aux dates de 1739 et 1741. (Lowndes, I. 219.)

FESCAMUM, voy. FISCANNUM.

FESCENNIA [Plin.], FESCENNIUM, Φασκέντον [Dion. Halic.], ville d'Etrurie, sur l'emplacement de laquelle s'élève, suivant Nardini et Müller, *Civita Castellana*, dans la déllég. de Viterbe, que quelques géographes croient être l'antique FALISCA.

FÆSULÆ, voy. FÆSULÆ.

FEVERSHAMIUM, *Feversham, Faversham*, bourg d'Angleterre (comté de Kent).

Nous empruntons au suppl. du Dr Cotton le renseignement suivant : une rarissime pièce de théâtre : *The lamentable and true Tragedie of M. Arden of Feversham in Kent and Black Will*, printed for Edward White, en 1592, in-4, fut réimprimée à Feversham en 1770, in-8, avec une préface ridicule, qui attribue plaisamment la pièce à Shakespeare (Lowndes, I. 62).

FEVOS FL. [Tab. Peut.], le *Belbo*, affl. du Pô.

FIANNA ERINN. C'était le nom d'une milice permanente des tribus d'Irlande ; on appelle aussi FEIANI les *Gaëls* d'Irlande, dans les anciens chants nationaux, d'où est venu le vocable actuel : *Fenians*.

FICARIA [Plin.], Φικαρία [Ptol.], petite île sur la côte N.-O. de Sardaigne, auj. *Cortelazzo*.

FICARIA [Cell.], FICUARIA, *Figueras*, *Figuières*, ville de Catalogne (Intend. de Girone).

FICELLA, VESALIA SUPERIOR, l'*Oberwesel*, province prussienne de la régence de Coblenz.

FICOCLE, *Cervia*, ville d'Italie (déylég. de Ravenne).

FICULEA [Cell.], FICULNEA VETUS [Liv.], ville des Sabini, au pied du Mons Sacer, dont l'emplacement était auprès de *Genzano*, suiv. Marini (Inscr.), dans la délég. de Velletri.

FIDENÆ [Cic., Liv., Tac.], αἱ Φιδῆναι [Strab.], FIDENA [Tac., Plin.], Φιδήνη [Dion.], ville des Sabini, à 40 st. N.-E. de Rome, dont les ruines se voient à *Castro Giubileo*, sur le Tibre.

FIDENTIA [Liv., It. Ant.], FIDENTIOLA VICUS [It. Ant.], FIDENTIA JULIA [Martyr. Rom.], ville de la Gaule Cispadane, auj. *Borgo di San-Donnino*, dans le Parmesan (voy. BURGUS S. DONNINI).

FIDENTIACUM, *Fesensac*, *Fezensac*, *Vic-Fezensac*, ville de Fr. (Gers), anc. titre de comté.

FIGIACUM, *Figeac*, pet. ville du Quercy (Lot) ; anc. abb. de Bénéd.

FIGLINÆ [Tab. Peut.], *St.-Rambert*, bourg de Fr. (Ain).

FIGLINÆ, AD FIGLINAS, *Figino*, *Fegino*, bourg du Piémont, près de la riv. Polcevera.

FILEKIA, Φιλεκία [Ptol.], ville des Quadi, auj. *Fidnek*, bourg du N.-E. de la Moravie.

FILICERIÆ, FILGERIÆ, FULGERIÆ, *Fougères*, ville de Bretagne (Ille-et-Vilaine).

M. Cotton, dans le second volume du *Typogr. Ga-*

---

zetteer (Oxford, 1866), dit que l'imprimerie fut exercée à Fougères en 1783.

FILUM MUSIACUM [Tab. Peut.], FILOMUSIACUM, station de la Gaule Lyonnaise, entre Chantrans et Ornans, est peut-être auj. *Mailley*, village du dép. de la Haute-Saône.

FIMÆ, FISMÆ, voy. AD FINES.

FIMBRIA, voy. CIMBRIA PARVA.

FINARIUM [Alb. *Descr. Ital.*], *Finale*, *Finaro*, bourg de la prov. de Gênes, près de la mer [Bisch. et Möller].

Ces deux noms nous forcent à donner séparément deux faits bibliographiques : sous le nom de *Finale*, nous trouvons trace d'imprimerie existante en 1643, si nous en croyons Melzi (*Dict. Anon. et Pseud.* I. 167) : *Vito Canaldo, Dolcezze amare, opera di cc.* Finale, per Matteo Spinola, 1643, in-12; le nom de l'auteur est supposé, et Melzi nous donne le nom réel : P. F. Donato Calvi, da Bergamo.

D'autre part nous trouvons en 1676 un livre imprimé sous la rubrique Finaro, et les bibliographes croient ce nom supposé, indiquant Florence comme lieu d'impression : *Il Malmantile racquistato, poema di Perlone Zipoli* (*Lorenzo Lippi*). l'inaro, nella Stamperia di Gio. Tommaso Rossi, 1676, in-12, de 16-300 pp., livre rare, auquel Charles Nodier a daigné consacrer un article dans ses *Mélanges*. Le *Manuel* veut que ce livre soit imprimé à Florence ; nous ne partageons pas cet avis ; nous ne voyons guère pourquoi ce recueil de *Florentinismes*, son insolente préface du Cinelli, ne serait pas exécuté dans ce bourg génois, et nous demandons si rien dans ce livre, *imprimé en caractères grossiers sur du papier abominable*, c'est l'expression de Nodier, indique qu'il soit sorti des presses élégantes de l'élégante Florence.

FINES, voy. AD FINES.

FINES [It. Ant., Geo. Rav.], sur la route de Barcelone à Tarragone, auj. *Martorell*, bourg de Catalogne.

FINES, station de l'Itin. d'Ant., indiquée sur la limite du territoire des Petrocorii et des Lemovices, auj. *Firmier*, suiv. Forbiger.

FINES, sur les confins des Bituriges et des Lemovices, auj. *St-Avit-d'Auvergne* (Puy-de-Dôme).

FINES [It. Ant., Tab. Peut.], sur les confins des Bituriges, à l'E. de Limonum (Poitiers), auj., suiv. Forbiger et d'Anville, *S.-Michel-de-Huins*.

FINES [Tab. Peut.], sur les confins des Cadurci, auj. *Bonrepos*, sur le Tescou (Gers).

FINES [Tab. Peut.], sur la route de Sens à Orléans, auj. *Courcy*, commune près de Pithiviers, ou, suiv. Reichard, la ville de *Pithiviers* elle-même.

FINES, AD FINES [It. Hier.], *la Roche-des-Arnauds*, village du Dauphiné (Hautes-Alpes).

FINES, AD FINES [It. Ant.], sur les confins des Osismii, auj. *la Trinité*, près Avranches (Manche).

FINES, AD FINES [It. Ant.], sur les confins des Mediomatrici, auj. *Marcheville*, commune près Verdun (Meuse).

FINIS VALLI [Cell.], FINIS MURI [Cambd.], voy. VINDOBALA.

FINNIA, voy. ENINGIA.

FINNMARCHIA [Cell.], FINNOMARCHIA [Cluv.], le *Finmark, Findmarken*, prov. de Norvége, dans le Nordlanden.

FINSBURGUM (?), *Finsbury*, grand faubourg de Londres, qui jadis formait un bourg séparé de la métropole.

Une imprimerie y fonctionnait au XVIIe siècle ; M. Cotton cite, et nous connaissons : *Kilburne's* (*W.*) *Dangerous errors in several late printed Bibles.* Printed at Finsbury, 1659, in-4.

FIONIA [Luen.], *ile de Fionie, Fünen, Fyen*, au Danemark, entre le grand et le petit Belt.

FIRÆSI, Φιραῖσοι [Ptol.], peuple qui habitait la côte S.-O. de la Scandinavie.

FIRMANORUM CASTRUM [Plin.], FIRMUM CASTELLUM [Mela], ᾿Φίρμον κάστελλον [Strab.], localité du Picénum, auj. *Firmiano*, dans la délég. de Fermo.

FIRMITAS, voy. FERITAS.

FIRMITAS, *Ferté*, petite ville du Luxembourg hollandais.

FIRMITAS AD GRONAM, *la Ferté-sur-Grône*, commune de Fr. (Saône-et-Loire).

FIRMITAS AD JOTRUM, *la Ferté-sous-Jouarre*, ville de Fr. (Seine-et-Marne).

FIRMITAS ALESIA, voy. FERITAS ALESII.

FIRMITAS AUCULPHI, ou QUALQUARU, *la Ferté-Gaucher*, ville de Fr. (Seine-et-Marne).

FIRMITAS NABERTI, *la Ferté-St-Aubin*, bourg de Fr. (Loiret).

FIRMIUM JULIUM, ville du S.-E. de la Bétique, auj. *Motril*, ville et port d'Espagne (roy. de Grenade).

FIRMUM [Cic. *ad Att.*, Mela, Liv.], Φίρμον Πιχηνόν [Strab.], FIRMUM PICENUM [Val. Max.], FIRMUM VICENUM [Tab. Peut.], Φίρμιον [Ptol.], FIRMUS [P. Diac.], FIRMIUM [Jornand.], ville du Picénum, auj. *Fermo*, ville du roy. d'Italie, chef-lieu de la délég. de ce nom.

Les bibliographes ne font remonter l'imprimerie à Fermo qu'à l'année 1586 ; nous avons, à la date de 1577, plusieurs volumes à citer : Haym (p. 153) nous donne : *Vita di San Tommaso d'Aquino scritta in latino dal P. Guglielmo di Tocco dell' ordine de'*

Predicatori, tradotta dal lat. in volgare da Gio. Battista de Lectis. Fermo, 1577, in-8. Le catalogue de la *Libreria de'· Volpi* (Padova, 1756, p. 12) cite : *Augenio, Orazio del preservarsi dalla Peste.* Fermo, 1577, in-8. Enfin nous connaissons : *Joannis Baptistæ Evangelti Apologia.* Firmi, 1577, in-4. Ce rarissime vol. est d'Alde Manuce, le fils de Paul ; il est dédié au prince Buoncompagni ; on y trouve ces vers :

Nonne eadem sentis scribisque Manuti
Alde Pater, doctorque virûm splendorque nepotum.

FISCA [Ann. Sangall. a. 1030], FISKAHA FL., *die Grosse Fischa*, riv. d'Autriche, aftl. du Danube.

FISCANNUM, FISCI CAMPUS, FESCAMUM; *Fescamp, Fécamp*, ville et port de Fr. (Seine-Inférieure) ; anc. abb. de S. Benoît.

L'imprimerie, suivant M. Frère, ne remonte à Fécamp qu'à la révolution ; voici le titre du plus ancien volume que nous ayons rencontré : *Instruction pour la cavalerie nationale de Fécamp, par Leneuf, capitaine.* Fécamp, à l'imprimerie de J.-B. Robert, homme de loi, s. d., in-4e de 6 ff. M. Frère dit cet opuscule exécuté vers 1792.

FISCELLUS MONS [Plin., Silius], dans l'Ombrie, auj. *Monte della Sibilla* [Forbiger].

FISCUS ISIACENSIS, ou ISIACUS, DIZIACUM, *Issy*, commune près Paris (Seine).

FISMÆ, voy. AD FINES.

FISTILIACUM, *Fitillieu*, commune du Dauphiné (Isère).

FITERUM, FITERIUM, *Fitères*, abb. de Cîteaux, dans le roy. de Navarre, du dioc. de Pampelune.

Le P. Lelong (*Hist. de Fr.* I, 801) nous donne une indication qui semblerait indiquer une imprimerie conventuelle particulière : *Exordium ordinis cisterciensis minus, scriptum circa an. 1120, jussu sancti Stephani, tertii abbatis cisterciensis, per Religiosum ejusd. ord. Anonymum, plurimis in locis auctum et notis illustratum ab Ignatio Firmino de Hibero, Fiterensis Cœnobii in Regno Navarræ Abbate.* Fiteri, 1610, in-fol.

FIVIZANUM, *Fivizano*, petite ville de Toscane, nella provincia di Lune, sull'Aulella, presso il golfo della Spezzia (Amati) (town in Etruria, dit Dibdin), sur les confins de la prov. de Gênes.

Deux citoyens érudits et curieux amateurs des lettres, voulant doter leur patrie du nouvel art qui depuis quelques années seulement était si généralement adopté par toute l'Italie, firent venir de Venise un imprimeur, sans doute un ouvrier de l'atelier des frères de Spire, des Jenson ou des Valdarfer, et travaillèrent sous sa direction aux éditions de deux des plus grands poëtes de l'antiquité romaine, qui parurent en 1472. C'était très-probablement une petite presse particulière, et ces publications n'eurent point de suite, car le professeur retourna bientôt à Venise, où nous le retrouvons en 1477, et pendant des siècles on ne rencontre plus de livre souscrit au nom de Fivizano.

1. VIRGILII OPERA, 1472, pet. in-fol. allongé, de 170 ff. à 41 lignes par page, à la fin de l'Énéide : *Publii Maronis Virgilii Æneidos liber.* XII, *fœliciter finit*; puis viennent 8 ff. contenant le 13e livre

ajouté, et au v° du dernier f. on lit ces vers cités par tous les bibliographes :

Sculpserunt docti manibus sed pectore firmo
Carmina uirgilii natis super œthera noti
Iacobus existens primus. baptista sacerdos
Atq͞ Allexander comites in amore benigni
Qui fluizani uiuunt super oppida digni.
                M.CCCC.LXXII.

2. IVNII IVVENALIS AQUINATIS‖*Satyrici Poetæ Dignissimi Liber Incipit*‖ ( ) *emper ego auditor*, au r° du 72e f. : FINIS ‖

Octo bis satyras Iuuenalis perlege aquini
Scripsit quas Iacobus ære notante manu
De Fiuizano: Veneta sed doctus in urbe :
Iam pridem lunæ patria clara tenet,
Solue preces solue quicunque volumina cernis
Maxime qui pauper porrige vota deo.

in-4° de 72 ff. à 27 lignes à la p. entière, sans ch., récl., sign., ni lettres capitales. Cette précieuse édition n'est pas datée, mais la Biblioth. impériale de Paris possède un exempl. sur lequel on lit d'une grande écriture authentiquement du xve siècle ces mots : MEI BARTH. ZEFFII. M.CCCC.LXXIII, et nous croyons que cette date de 1473 est même postérieure à celle de cette édition de *Juvénal*, qui probablement a précédé le *Virgile* que nous avons décrit tout d'abord. D'après les deux souscriptions on doit croire que l'imprimeur vénitien a seul imprimé le *Juvénal*, donnant à ses deux acolytes ou patrons une bonne leçon de typographie, mais que, par suite d'une modestie assez facile à comprendre, ils n'ont pas osé signer ce premier ouvrage ; d'élèves étant passés maîtres lors de l'exécution du *Virgile*, ils ont bravement associé leur nom à celui de leur maître. Que si l'on nous blâme de nous lancer dans ces hypothèses, nous répondrons qu'elles n'ont rien que de fort innocent; ce ne sont pas là des faits historiques assez importants pour que l'on soit tenu de faire acte perpétuel d'humble scribe d'enregistrement, sans pouvoir se permettre quelquefois de donner jour à quelque bouffée fantaisiste.

FIXA, voy. FLEXIA.

FLAGIACUM, *Flagy,* commune de la Brie (Seine-et-Marne).

FLAMINIA [Jornand.], ROMANDIOLA, ROMANIOLA, [Cluv., Cell.], *la Romagna,* prov. italienne formant aujourd'hui la *délég. de Ravenna.*

FLAMONIA [Plin.], localité de la Vénétie, auj., suiv. Reichard, *Flagogna.*

FLANATICUS SINUS [Plin.], Φλανωνικὸς κόλπος [Steph.], *Golfo di Quarnero,* entre l'Istrie et la Dalmatie.

FLANDRIA [Cluv., Cell., etc.], *la Flandre, Flandern, Wlaanderen,* anc. comté des Pays-Bas, qui forme auj. le dép. du Nord, à la France; la Flandre orient. et occid. à la Belgique, et partie de la Zéelande à la Hollande.

FLANONA [Plin.], Φλανῶνα [Ptol.], Φλάνων [Steph.], ville de la Liburnie, auj. *Fianona,* pet. ville illyrienne du cercle de Trieste.

FLAVACURIA, *Flavacourt,* commune de Normandie (Eure).

FLAVIA [Sigeb. Chr.], FLAVIACUM, *Flaix,*

depuis *St-Germer,* village de Picardie (Oise); anc. abb. de Bénéd.

FLAVIA ÆDUORUM, voy. AUGUSTODUNUM.

FLAVIA CÆSARIENSIS [Not. Imper.], partie de la Britannia Romana, qui se trouvait entre le nord de l'Humber et la muraille romaine.

FLAVIA CONSTANTIA, voy. CONSTANTIA (GALL.).

FLAVIA GALLICA, Γαλλικὴ Φλαουΐα [Ptol.], ville des Ilergetes dans la Tarrac., auj. *Fraga,* ville de l'Aragon.

FLAVIA LAMBRIS, Φλαουΐα Λαμβρίς [Ptol.], FLAVIENSIS CIVITAS [Isid. Hisp.], FLAVIUM BRIGANTIUM [Graësse], ville de la Tarrac., auj. *Betanzos,* ville de la Galice, près de la baie de ce nom.

FLAVIA SOLVA, voy. FLAVIUM SOLVENSE.

FLAVIACUM, FLAVINIACUM, *Flavigny,* pet. ville de Bourgogne (Côte-d'Or); anc. abb. de Bénéd. a. 606, D. d'Autun.

FLAVIANA CASTRA, FLAVIANUM, voy. VINDOBONA.

FLAVIANUM, FLAVINIANUM, *Fiano,* bourg des Etats Pontif. (délég. de Viterbo).

FLAVIOBRIGA [Plin.], Φλαουϊόβριγα [Ptol.], AMANES PORTUS, BELLUM VADUM, BILBAUM [Not. Vascon.], ville et port des Autrigones, dans la Tarrac., auj. *Bilbao,* ville forte et grand port d'Espagne dans les provinces Basques; suiv. quelques géographes FLAVIOBRIGA serait *Portugalete,* ville de l'Intend. de *Bilbao.*

C'est à l'année 1583 que l'on fixe l'introduction de la typographie à Bilbao : *Pii IV, Pii V et Gregorii XIII, variæ constitutiones.* Flaviobrigæ, Mathias Paludanus, 1583, in-4. (Cat. Baluze, n° 2786.) — *L. Ariosto. Orlando Furioso, traduzido en romance castellano .* Bilbao, Mathias Mares, 1583, in-4, VIII ff. lim., 302 ff. chiff. et 4 ff. de table (Cat. Dubois, II, 7203) ; on comprend que ce Mathias Mares est le même imprimeur que le Mathias Paludanus, avec un nom latinisé d'une façon cavalière.
Nous citerons encore : *Libro del invencible cauallero*‖ *Primaleon Hijo de Palmerin de Oliva donde se tra*‖ *tan los sus altos hechos en armas y los de Polendos su*‖ *hermano y los de don Duardos principe de Inglater*‖ *ra y de otros preciados caualleros de la corte*‖ *del emperador Palmerin.* Impresso en Bilbao, por Mathias Mares, mercader de libros, año de M.D.LXXXV, in-fol. de 239 ff. à 2 col. (Gallardo, I. 998).
Enfin : *Andrez de Poça, Hydrographia la mas curiosa que hasta aqui ha salido a luz : con la graduacion de los puertos, y la navegacion al Catayo por cinco vias diferentes.* Bilbao, 1585. 2 tom. en un vol. in-4 ; la navigation au Cathay, c'est-à-dire en Chine, est annoncée comme traduite « *da un libro inglese, impresso in Londres,* 1580. »

FLAVIONAVIA, Φλαουϊοναουΐα [Ptol.], ville des Pæsici, dans la Tarrac., qui serait auj., suiv. Cell. et Bisch. et Möll., *S. Andero,* bourg de Biscaye, ou *Fuanes,* petit port près de Santillana, dans la même province.

FLAVIONIA, FLAVIONUM [Merula, Cosmogr.], **COMPOSTELLA** [Mariana], *Santiago de Compostella, Saint Jacques de Compostelle,* ville d'Espagne, dans l'intend. de la Corogne (Galice); archevêché et université.

Imprimerie en 1673. Voici le titre d'un volume cité par Antonio : *Respuesta teologica acerca del abuso de los escotados, hoc est ad interrogationem D. Andreæ Gironis, compostellani archiepiscopi.* Compostellæ, apud Antonium Fraiz Pineiro, 1673, in-4. Par *Escotados,* le respectable théologien entend la mode que les Espagnoles commençaient à introduire, d'échancrer les robes un peu plus bas que les épaules (*ita vocat nostra ætas,* dit-il, *demissas infra humeros feminarum vestes*).

FLAVIUM [Plin.], ville de la Pannomie supér., auj. *S. Andraestadt,* ville d'Illyrie (cercle de Klagenfurth).

FLAVIUM AURGITANUM [Muratori], **GIENNA, GIENNUM** [Cell.], **GIHENNIUM, JÆNA** [Cell.], *Jaen,* ville d'Andalousie, chef-lieu d'une intendance; quelques géographes ont cru qu'elle occupait l'emplacement de l'anc. **ONINGIS.**

La Serna Santander est ici notre autorité, car Mendez, à la p. 389 de sa dernière édition, dit expressément avoir cherché partout quelques renseignements sur la proto-typographie de Jaën, et n'avoir rien trouvé que l'indication passablement dubitative de la Serna ; indication qui, du reste, est appuyée par Hain et par Reichhart. Voici, d'après Hain, le titre du volume mentionné par la Serna, Panzer, Caballero, etc.: *Gui (Petrus de). villæ montis Albani Presbyter, tractatus de differentiis.* A la fin : *Finitus hic liber de differentia editus à Magistro Petro Dagui in urbe Giennensi anno a Nativitate domini,* M.CCCCC. *die vero 20 mensis maii* ; sans indication de format.

Tous les bibliographes que nous venons de citer croient que cette date (1500) doit s'appliquer à la composition et non point à l'exécution typographique du livre ; dans ce dernier cas, il nous faudrait reporter l'imprimerie à Jaen à plus d'un siècle, car c'est seulement dans la première année du XVIIe siècle que nous rencontrons le nom d'un imprimeur, Fernando Diaz y Montoya.

Antonio et Gallardo citent une édition de *la Vida de Roberto del Diablo, despues de su conversion llamado Hombre de Dios,* exécutée à Jaen, en 1628, in-4.

FLAVIUM BRIGANTIUM, voy. **BRIGANTIUM.**

FLAVIUM INTERAMNIUM, PONS FERRATUS (?), ville de la Tarrac., auj. *Ponferrada,* ville du roy. de Léon.

FLAVIUM SOLVENSE [Plin.], **FLAVIA SOLVA** [Inscr. ap. Grut.], ville de la Norique, auj. *Solfeld, Zlolfeld,* dans la Carinthie.

FLAVONIENSIS, FLAMONIENSIS CIRCULUS, *Cercle de Fiume,* en Illyrie (gouv. de Trieste).

FLEMMA, *Flums,* bourg de Suisse (c. de St-Gall).

FLEMUM, FLENIUM, CASTELLUM FLEMUM

[Tac.], Φληούμ [Ptol.], ville des Batavi, auj. *Vlärding, Vlaardingen,* bourg de Hollande, près de Rotterdam.

FLENOPOLIS, FLENSBURGUM [Pontan. *Descr. Dan.*], *Flensburg, Flensborg,* ville du Danemark, sur la Baltique (Sleswig).

L'imprimerie remonte en cette ville à l'année 1675, suivant Falkenstein et Cotton : les *Catalogi librorum in Germania, Gallia et Belgio, etc., novissime impressorum,* publiés à Amsterdam de 1678 à 1685, in-4, chez Jansson-Wæsberg, nous donnent effectivement le titre d'un volume à cette date imprimé à Flensburg : *Francisci Woergeri relationes historico-politicæ.* Flensburgi, 1675, in-4. Bauer et Freytag nous donnent les titres d'autres ouvrages du même auteur, mais ils sont imprimés à Copenhague.

FLESINGA [Zeiler, Guicciard.], **FLESSINGA,** *Flessingue, Vliessingen, Vlissingen,* ville forte de Hollande, dans l'île de Walcheren (Zeeland) ; patrie de l'amiral Ruyter.

Un livre de Jean Taffin, imprimé dans cette ville en 1609, en latin et en français, paraît être le plus ancien spécimen de l'imprimerie de Flessingue qui soit venu jusqu'à nous, du moins avec une date certaine : *Exposition de l'Apocalypse ou Révélation de St-Jean,* par Jean Taffin, Flessingue, 1609, in-8 (Cat. elzev., 1634, *liv. français,* p.4 ; cat. de Tournes, 1670, p. 148, etc.), publié en latin sous le titre de : *Paraphrasis Gallica in Apocalypsin Johannis Taffini,* Flessingæ, 1609. (Voy., au sujet de Jean Taffin et de J. Crespin d'Arras, le titre d'un livre cité au *Manuel,* tom. II, col. 420 : Jean Taffin y est qualifié de « ministre de la Parole de Dieu de l'église françoise à Flessingue »). . .

Un livre sans date, mais que nous croyons exécuté au XVIIIe siècle, nous donne le nom d'un imprimeur à Flessingue : *Dis s de Keure van den lande van Zeland (Geemaneerd* a. 1495). Vlissingen, voor Toussainct le Sage, Boekverkoper, in-4.

Citons encore: *Costumen, Statuten, Priviligien en Ordonnantien der stadt Vlissingen* (a. 1315-1638), Vlissingen, 1763, in-4.

FLETIO [Tab. Peut., Geo. Rav.], localité des Batavi, entre Utrecht et Leyde, auj. *Ysselstein,* suiv. Wilhelm, ou plutôt *Fleuten, Vleuten,* bourg de la prov. d'Utrecht.

FLEVO INSULA [Mela], île du Lacus Flevo, auj. l'*île d'Urk,* dans le Zuydersee.

FLEVO LACUS [Mela], **FLEVUM AUSTRINUM** [Cell.], **LACUS IMMERSUS** [Tac.], lac au N. de l'île des Bataves, qui, par le **FLEVUM OSTIUM,** communiquait avec l'Océan germanique; une irruption de la mer, en 1238, en a fait le *Sudersee, Zuidersee, Zuydersee,* mer intérieure de la Hollande.

FLEVOLANDIA, l'île *Vlieland,* au N.-E. du Texel (prov. de la Hollande).

FLEVUM [Plin., Mela, Tac.], Φληούμ [Ptol.], localité des Frisii, dans le N.-O. de la Germanie, auj., suiv. Kruse, *Wiesfliet,* au N.-O. de Groningue ; et, suiv. Cell., *Fliedorp.*

FLEXIA, FIXA ANDECAVORUM, *la Flèche*, ville de Fr. (Sarthe).

Nous ne pouvons faire remonter l'imprimerie dans cette ville qu'à l'année 1575 : *Discours de l'Origine des Gaulois ; ensemble des Angevins et des Manceaux, par Jean le Masle, Angevin.* La Flèche, René Trois-Mailles, 1575, pet. in-8 de 23 pp. (La Croix du Maine, I, 541. — P. Lelong, II, 6). « Ce Jean le Masle, Angevin, dit La Croix du Maine, estoit enquesteur à Baugé, au pays et duché d'Anjou, homme docte en grec et latin, et poète françois. » Ce petit poème, qui commence par l'exposé des idées singulières des auteurs sur l'origine des Gaulois, finit par la louange du franciscain Jean Porthaise, auquel son ouvrage est dédié ; il figure au catal. Secousse (no 5006), où par erreur il est porté sous la date de 1578.

Les imprimeurs qui ont suivi René Trois-Mailles à La Flèche sont : Jean Rèze, l'imprimeur ordinaire de la congrégation de Jésus, dont le célèbre collège fut fondé en 1603 par Henri IV ; Hébert (1618-1629) ; George Griveau, dont nous rencontrons le nom vers 1625, et dont la veuve continue le commerce. C'est à ce George Griveau que l'on doit l'impression des ouvrages assez recherchés de Mathurin Jousse de la Flèche : *l'Art du Serrurier*, 1627 ; les *Secrets d'Architecture*, 1642 ; enfin *le Théâtre de l'art du Charpentier*, 1650, 3 vol. in-fol.

Les arrêts du conseil de 1704 et de 1739 conservent un imprimeur à la Flèche ; en 1759 un nouvel arrêt supprime l'établissement typographique de Louis Hovius, et le rapport fait à M. de Sartines en 1764 nous donne le nom de l'imprimeur existant dans cette ville : c'est Louis-Eustache-René de la Fosse, qui avait en 1737 succédé à son frère Eustache-François de la Fosse ; il possédait deux presses.

FLEXUM [It. Ant., Tab. Peut.], voy. AD FLEXUM.

FLIEGENSTALL (?), lieu d'impression supposé (?).

Bauer (suppl. t. II, p. 81), s'appuyant sur le *Catal. Christ.* Leipz. 1757, cite : *Joh. Fischarts, aller Practick Grossmutter, diedickgebrockte pantagruelinische Betruqdicke Prockdich oder pruchnastichatz, lasstafel, Baurenregel vnd Wetter Büchlin auff alle Jahr-Gerichnet....* Gedruckt im Fliegenstall... 1598, in-8. Libellus festivus et rarus.

FLORENTIA [Tac., Flor., Plin.], Φλωρεντία [Ptol.], FLORENTIA TUSCORUM [Tab. Peut.], FLORENTINA COLONIA [Frontin.], ville d'Etrurie, sur l'Arnus, auj. *Fiorenza, Firenze, Florence*, anc. capit. du grand-duché de Toscane, auj. capitale provisoire du royaume d'Italie, sur l'Arno ; patrie de Dante, Pétrarque, Boccace, Machiavel, Galilée, Andrea del Sarto, Léon X, Maso Finiguerra, Benvenuto Cellini, et d'une foule de grands hommes, qui ont fait de cette noble ville le plus glorieux foyer littéraire et artistique de l'Italie.

Les grandes bibliothèques de Florence sont extrêmement nombreuses ; nous citerons la *Laurentiana*, à laquelle ont été réunis les précieux incunables du comte d'Elci et les manuscrits du grand-duc Léopold ; les catalogues de toutes ces collections ont été rédigés, savoir : celui des Mss. grecs, latins et italiens, par Bandini (Florentiæ, 1764-78, 8 vol. in-fol.) et ce catalogue, dit avec raison Adrien Balbi, est un chef-d'œuvre de méthode, de critique et de clarté. — Le catalogue des Mss. de la bibl. Leopoldino-Laurentiana, par le même Aug. Mar. Bandini, forme 3 vol. in-fol. imprimés de 1791 à 1793 ; enfin les manuscrits orientaux avaient été antérieurement décrits en un vol. in-fol. (Florentiæ, 1742) par Steph. Evod. Assemani, le neveu du célèbre Joseph Simon auquel on doit le catal. des Mss. orientaux de la Vaticane. Quant aux très-précieux incunables du comte Angiolo d'Elci, ils forment un catal. spécial, publié en 1826 à Florence, in-fol. avec portrait gr. par Raphaël Morghen.

La *Magliabecchiana*, qui possède environ 150,000 imprimés et 10,000 manuscrits. Cette splendide collection provient d'Antonio Magliabecchi, « *vir eruditionis laude toto orbe celebris*, dit Montfaucon ; *is nos consilio, opera, librisque suis, nam bibliotheca gaudet numerosissima, juvit assidue.* » Le catal. de ses manuscrits a été publié par Ferd. Fossi à Florence, de 1783 à 1785, en trois vol. in-fol. ; celui des éditions du XVe siècle forme à lui seul deux vol. in-fol. publiés par le même Fossi en 1793.

La *Riccardiana*, dans laquelle se tiennent les assemblées de la célèbre académie *della Crusca* ; c'est l'ancienne collection du marquis Riccardi, dont le catal. fut publié à Livourne, in-fol., en 1756.

La *Marucelliana*, etc.

L'histoire de la typographie florentine a été l'objet de nombreux travaux estimables, que M. Bernard a résumés avec une grande lucidité dans son excellente histoire de l'imprimerie ; il ne nous est malheureusement pas permis de le suivre dans les détails intéressants qu'il nous donne d'après Federigo Fantozzi (*Not. biogr. di Bernardo Cennini*. Firenze, 1839, in-8), Cambi (*Delizie degli eruditi Toscani*), F. Fossi (*Cat. lib. Sæc. XV. Impr. Magliab. Biblioth.*), Vinc. Fineschi (*Notizie storiche sopra la Stamp. di Ripoli*), Dibdin, Audiffret, Panzer, Amati, etc. Nous nous contenterons d'esquisser les faits acquis à l'histoire.

L'introducteur certain de la typographie à Florence est un orfévre, Bernardo Cennini, né le 2 décembre 1415, fils de « Bartholomeo di Cenni del Fora, Beccajo di professione ». Il eut quatre fils, dont le second, Domineco, né en 1452, et le dernier, Gio. Francisco, né en 1458, suivirent la carrière paternelle.

En 1451, Bernardo Cennini travaillait, sous la direction de l'illustre Lorenzo Ghiberti, aux ornements des portes du Baptistère ; mais, aussitôt que le bruit de l'arrivée en Italie d'ouvriers allemands accueillis dans un couvent des Etats du Pape, et le retentissement de leur invention sublime, furent parvenus jusqu'à lui, il quitta tout, et résolut de faire jouir sa patrie des prodigieux avantages de cette découverte, destinée à renouveler la face du vieux monde. Seul, sans notions typographiques, sans guide, sans autre aide que celle de ses deux fils, il découvrit tous les procédés jusqu'alors employés, et par une sorte de divination prodigieuse, mais qui était bien le fait des artistes florentins de cette époque, il sut se les approprier, et parvint à mettre au jour en 1471 un livre important, qu'il ne put terminer qu'en 1472.

SERVII EXPOSITIO VIRGILII. *Servii Honorati Maur grammatica explanatio in Bucolica, Georgica et Æneidem Maronis*, in-fol. de 237 ff. à 43 lig. par p. Commence au ro du Ier f. par ces mots :

  (B) VCOLICA VT FERVNT DICTA SVNT ACV-
    STODIA BOVMID EST   PRECIPUA
    ENIM SVNT ANIMALIA APVD RVSTICOS BO-
    UES...

Les souscriptions des trois parties sont trop importantes pour que nous ne les donnions pas textuellement :

A la fin des Bucoliques (vo du fo 20), on lit :

Ad lectorem || *florentie.* VII. *idvs novembres* ||. MCCCCLXXI *Bernardus Cennins* (sic) *aurifex omnium iudicio praes*||*tantissimus: et Dominicus eius.* F. *egregiæ indolis ado*||*lescens: expressis ante calibe caracteribus, ac dein* || *de fusis literis uolumen hoc primum impresserunt.* || *Petrus Cen-*

ninus Bernardi eiusdem. F. quanta potuit ‖ cura et diligētia emendauit ut : cernis. Florentinis in ‖ geniis nil ardui est.

« L'opération de la gravure des poinçons sur acier et de la fonte des caractères, dit M. Bernard, est parfaitement décrite par cette première souscription. »

Le commentaire sur les Géorgiques, qui suit, est terminé au v° du f. 55, par cette souscription :

- Servii Honorati grammatici in Geor ‖ gica Maronis explanatio explicit ‖ ad lectorem ‖ Florentiæ. V. idus Januarius ‖. MCCCCLXXI. (C'est-à-dire 9 janvier 1472).

La souscription qui suit est exactement semblable à celle des Bucoliques, sauf les mots : *ut cernis*, qui manquent.

Puis vient l'Enéide, qui contient 180 ff., et au v° du f. 235, commence : *eiusdem ad Aquilinum de natura syllabarum libellus*, 2 ff. au v° du 237° et dernier on lit :

ad Lectorem.

Bernardus Cennini aurifex omnium iudicio præstantissimus : et Dominicus eius. F. optimæ indolis adolescens impresserunt. Petrus eiusdem Bernardi : F. emendauit : cum antiquissimis autem multis exemplaribus contulit : in ‖ primisque illi curæ fuit, ne quid alienum servio adscriberetur, neu quid recideretur aut deesset : quod Honorati esse pervetusta exemplaria demonstrarent. Quoniam vero plerosque iuvat manu propria suoque more græca interponere : eaque in antiquis Codicibus perpauca sunt, et accentus quidem difficillime imprimendo notari possunt : relinquendum ad id spatia duxit. Sed cum apud homines perfectum nihil sit, satis videri cuique debebit : si hi libri (quod vehementer optamus) præ aliis emendati reperiantur. Absolutum opus Nonis Octobribus, MCCCCLXXII. *Florentiæ* (7 octobre 1472).

Nous voyons là intervenir le fils aîné, Pietro Cennini, « homme docte et pieux, dit Mars. Ficin dans ses lettres, qui fut attaché comme secrétaire à l'ambassade que la république de Florence envoya au roi Ferdinand de Naples » ; Apost. Zeno parle aussi en bons termes de ce fils de Bernard Cennini, qui voulut aider son vieux père, en lui servant de correcteur, « et lui paya de cette façon la dette que les excellentes études dont il était redevable à son père lui avaient fait contracter envers lui (Donat. Acciaioli) ». Ce fut lui aussi qui remplit de sa main les mots grecs, que l'absence de caractères et d'accents forçait de laisser en blanc, et son écriture est d'une grande élégance, disent Bandini et Fossi.

Malgré les indications vagues de Panzer, de Maittaire, d'Audiffret, et même de M. Brunet, qui attribue à Cennini l'exécution du traité de Marsile Ficin, *de vera religione*, d'après l'allégation d'Et. Audin, le bibliothécaire du comte de Boutourlin, traité que le judicieux Fossi décrit comme faisant partie de la Magliabecchiana, mais se garde bien d'assigner aux presses de Cennini ; malgré toutes ces problématiques assertions, il paraît aujourd'hui définitivement prouvé que tous les efforts des Cennini se sont bornés à l'exécution d'un seul livre ; satisfaits d'avoir doté leur patrie de l'art divin, craignant de ne pouvoir soutenir la concurrence des ouvriers allemands qui arrivaient de tous côtés, suggère M. Bernard, le vieux Cennini et ses fils revinrent modestement à leur première profession, si honorée à Florence, et on les voit exercer l'état d'orfévres jusqu'à la fin du xve siècle.

Le second imprimeur de Florence est un Allemand, Jean, fils de Pierre, de Mayence ; ce qui l'a fait prendre par quelques bibliographes pour le fils de Pierre Schœffer, lequel succéda à son père en 1502 et n'avait que huit ou neuf ans en 1472. C'est à cet imprimeur que l'on doit la première édition du *Philocolo* de Boccace. A la fin : *Magister Joannes Petri de Magontia scripsit hoc opus Florētiæ die xij. Nouembris* MCCCCLXXII, in-fol. de 266 ff. à 34 longues lignes à la page entière.

Les caractères ont beaucoup de rapport avec ceux de l'imprimerie de S. Jacques de Ripoli dont nous allons parler. Une édition des *Triomfi* de Pétrarque, imprimée sans date par ce Jean de Mayence, porte également cette mention : *scripsit*, qui ne se trouve pas sur les livres sortis à la fin du siècle des presses de cet imprimeur.

Ce fut ce Jean de Mayence qui céda en 1477 aux chefs de l'imprimerie de S. Jacques de Ripoli, des matrices de caractères romains, moyennant 10 florins d'or.

Nous arrivons à l'établissement typographique de ce couvent de sœurs de l'ordre de S. Dominique, dont Vincenzio Fineschi (et non pas *Follini*, comme l'appelle M. Brunet, I, col. 1737) a fait l'historique, et dont F. Fossi publie le catal. au 3e volume de la bibl. Magliabecchiana. Ce catal. pour l'année 1476 jusqu'à 1484 ne comprend pas moins de 86 ouvrages, plus 12 impressions douteuses ou supposées. La typographie conventuelle fut établie par Dominique de Pistoja, directeur du monastère, avec l'aide d'un moine nommé Pierre de Pise ; leur premier ouvrage est un *Donatello* ou *Donatus pro pueris*, dont 400 exempl. furent mis en vente le 14 novembre dans la boutique du libraire Dominique.

Parmi les volumes les plus importants sortis des presses conventuelles, nous citerons : un *Arte del Bene Morire* de 28 ff. qui a peut-être été confondu par Fineschi avec l'édition florentine de 1487 ; la *Legenda della B. Caterina da Siena*, de 1477, laquelle porte les noms des deux imprimeurs, Dominique de Pistoie et Pierre de Pise, et c'est le seul produit des presses de Ripoli qui offre cette particularité. En 1478, trois classiques, *Salluste, Pline* et *Suétone.*

En 1481 un poëme rarissime, le *Morgante Maggiore di Luigi Pulci* ; mais cette édition est au moins douteuse, et nous ne la citons que pour mémoire.

Les *Bellezze de Firenze*, en 1482, et surtout les *Centonovelle* qui ne sont probablement autres que le rarissime *Décaméron* de Boccace, dont Dibdin (*Ædes Althorp.* II, n° 1297) a fait la description. Il est imprimé incontestablement avec les caractères de Ripoli, et forme un vol. pet. in-fol. s. d., à 36 lignes par page, dont M. Brunet donne le détail exact. Ce volume a été mis sous presse le 20 avril 1482 et n'a été publié que le 13 mai de l'année suivante ; il n'en existe plus que deux exemplaires, et, si l'on veut bien se souvenir de l'auto-da-fe que Savonarole fit en 1497, sur la *Piazza de'Signori* à Florence, de tous les livres profanes que contenait la ville, s'acharnant tout particulièrement sur Boccace, Pétrarque et les Pulci, on ne sera étonné que d'une chose, c'est qu'il en ait survécu deux exemplaires.

Un autre Allemand, Nicolas, fils de Laurent, *Nicolaus Laurentii*, de Breslau, donne en 1477 un livre qu'il nous faut citer : c'est le fameux *Monte Santo di Dio d'Antonio* (Bettini) *da Siena*. Florentie, Nicolo di Lorenzo, die x septembris, 1477, gr. in-4. C'est le premier volume connu dans lequel se trouvent des planches gravées en taille-douce ; on cite cependant des calendriers lat. allem., dont les tables astronomiques, commençant en 1477, ont dû être imprimées en 1476, et ces *Kalendarii duo* (voy. au *Manuel*, t. III, c. 639) possèdent trois planches grossièrement gravées sur cuivre ; mais il paraît difficile d'admettre ceci comme raison suffisante, attendu que parmi les centaines de livres d'heures avec calendriers, que nous connaissons tous, il s'en trouve un certain nombre postérieur de plusieurs années à la première date de leur calendrier.

Ces planches du *Monte santo di Dio*, dit Heineken, sont dessinées par Sandro Boticelli, et gravées par Baccio Baldini, orfévre de Florence, deux élèves de Maro Finiguerra.

Nicolas de Breslau se trouva sans doute bien de cette innovation, car il publia derechef en 1481 un *Dante*, in-fol., avec illustrations sur cuivre, des mêmes artistes (voy. au sujet de ce livre célèbre un curieux article de M. Van-Praët, *Catal. des livres sur vélin de la Bibl. du Roi*, IV, p. 118).

Nous ne pouvons citer tous les imprimeurs de Florence aux xv⁰ et xvi⁰ siècles, qui ont bien mérité de la république des lettres, mais il ne nous est pas permis de passer sous silence, l'édition princeps du prince des poëtes, le vieil Homère, donnée en 1488 par les frères Nerli, *Sumptibus Bernardi et Nerii Nerliorum*, 2 vol. gr. in-fol. à 39 lign. par p.; imprimée d'après une copie préparée par un réfugié grec, Démétrius Chalcondyle d'Athènes, et sous la surveillance de Jean Acciajoli et de Démétrius le Candiote, correcteurs. La Biblioth. impér. en possède un exempl. non rogné, mais la *Magliabecchiana*, la biblioth. de Naples et celle de St.-Marc de Venise en conservent toutes trois des exemplaires imprimés sur vélin. Les caractères des frères Nerli devinrent quelques années après la propriété des Juntes.

A la fin du xv⁰ siècle, Antonio Miscomini, le prêtre Giovanpietro de Bonominis de Cremona, ser Francesco Bonaccorsi, ser Lorenzo de Morgiani, et par-dessus tous Philippo Giunta, voilà les noms éclatants de la typographie florentine; le dernier est, avec son frère Luc-Antonio, le chef de cette illustre famille d'imprimeurs qui a partagé avec les Aldes en Italie pendant le siècle suivant le sceptre de la typographie. Le premier livre qu'il ait imprimé à Florence est intitulé : *Zenobii Epitome parœmiorum* (grœce) ; à la fin : Τέλος ἐν τῇ Φλωρεντίᾳ. *Impressum Florentiæ : Impensis ac cura Phylippi de Zunta Florentini. Anno Domini* M.CCCC.LXXXXVII, pet. in-4 de 66 ff. imprimés et 2 ff. blancs ; il est exécuté avec les caractères de l'*Homère* de Nerli ; son frère Luc-Antonio était allé s'établir à Venise dès l'année 1480 ; nous en parlerons en son lieu.

FLORENTIA [It. Ant., It. Hier.], FLORENTIOLA [Geo. Rav.], ville de la Gaule Cispadane, auj. *Fiorenzuola, Firenzuola,* ville du Parmesan, au S.-E. de Piacenza.

FLORENTIACUM, *Florensac,* pet. ville du Bas-Languedoc (Hérault).

FLORENTINUM, voy. FERENTINUM.

FLORIACUM AD LIGERIM [Ann . Hincm. Rem.], *Fleury,* dit S.-*Benoît-sur-Loire,* bourg de l'Orléanais; célèbre abb. de Bénéd.

Ce monastère, fondé en 650, fut brûlé en 883 ; les moines, avant toutes choses, de préférence même aux objets les plus précieux de leur trésor, s'attachèrent à sauver leurs manuscrits; aux xii⁰ et xiii⁰ siècles, leur librairie était extrêmement célèbre.

FLORIACUM AD OSCARUM, FLORENTINUS IN CASTRO [Ann. S. Columb.], *Fleury,* bourg de Bourgogne (Yonne); anc. abb. de Bénéd.

FLORIACUM MONASTERIUM [Luen.], *Fleurus,* bourg de Belgique (Hainaut).

FLORIMONTIUM [Zeiler], *Fleurmont,* en all. *Blumberg,* bourg de la Haute-Alsace (Haut-Rhin).

FLORINIACUM, *villa super Carum* [Dipl. Pippini a. 847], *Flory,* village du Nivernais (Nièvre) ?

FLORINKINGÆ [Ann. Hinc. Rem.], FLORINKENGAS, *Floringues,* auj. *Floringhem,* village près St-Pol (Pas-de-Calais);

l'une des résidences des rois de la seconde race.

FLORINÆ [Bucelin. *Germ. Sacra*] , FLORIANA [It. Ant.], *Florennes,* bourg de Hollande (prov. de Namur).

FLORIOPOLIS, voy. FANUM S. FLORI.

FLORIUS FL. [Plin.], fleuve de la Tarrac., auj. *le Rio de Castro.*

FLORIVALLIS, *Blumenthal,* bourg et château de Suisse (cant. des Grisons).

FLOSIS FL. [Tab. Peut.], fleuve du Picenum, auj. *Potenza.*

FLUETUM, *Flueten, Vlueten,* bourg de Hollande (prov. d'Utrecht).

FLUMEN S. VITI, voy. FANUM S. VITI.

FLUMETUM, *Flumet,* bourg de Savoie (Faucigny).

FLUSOR FL. [Tab. Peut.], FLESOR [Geo. Rav.], fleuve du Picenum, *le Chienti* ; se perd dans le golfe de Venise.

FLUVIUS IN ATINATE CAMPO [Plin.], TANAGER [Virg.], rivière de la Lucanie, auj. *le Negro,* affl. du Sele.

FLUVIUS FŒDERATORUM [Plin.], dans la Bétique, auj. *le Rio Guadalmedina,* dans le roy. de Grenade.

FLUVIUS TELLAS, *la Telles,* auj. *la Béthune,* riv. de Picardie ; a donné son nom au district *Tellau* ou *Talou.*

FOBURGUM, *Woborg,* bourg de Danemark (île de Fionie).

FOCINIACENSIS PAGUS, voy. FACINIACUM.

FOCUNATES [Plin.], peuple de la Rhætie, habit. le *Sondal,* dans la Valteline.

FŒDUS CATHEDRALE, CASÆ DEI FŒDUS, *le Gotteshausbund* en Suisse (Grisons, ligue Caddée).

FŒDUS DECEM JURISDICTIONUM, *le Zehngerichtenbund* en Suisse (Grisons, ligue des Dix Droitures).

FOGARASINUM [Zeiler], *Fogarasch, Fogreschmarkt,* chef-lieu du district de ce nom en Transylvanie.

FOLIA, voy. PISAURUS.

FOLIUM, *le Fœuil,* village de Bretagne (Côtes-du-Nord).

FOLLANEBRAIUM, *Villa regia Franc. I, et Henrici II* [Du Cange], *Follembray,* village et château de Picardie, près Laon (Aisne).

FOLLEYE IN SILVA LEONUM, *la Fouillée,* anc. villa royale dans la forêt de Lyons (Seine-Inférieure).

Fons Aponi, voy. Aponum.

Fons Beatæ Virginis [Stettler. Chr. etc.], *Frauenbrunnen*, bourg de Suisse (cant. de Berne); anc. couvent de Bernardines.

Fons Bellus, *Schönbrunn*, château célèbre d'Autriche, près de Vienne.

Fons Bliaudi [Luen.], Fons Bellaqueus [Id.], Fons Bleaudi, Bellofontanum, *in silva Bieria pagi Vastinensis* [Mabillon], *Fontainebleau*, ville de Fr. (Seineet-Marne); château du xiie siècle, restauré par François Ier et Henry II. C'est de là qu'est datée *la révocation de l'édit de Nantes*, l'une de ces fautes qui flétrissent un roi et un siècle.

Fons Bonus, Fontis boni Eremus.

Il ne faut pas confondre cette abbaye de Camaldules, qu'on appelle *Fontisboni*, avec l'abbaye Cistercienne de *Bonne-Fontaine en Thierasche*, dont nous avons parlé. Gius. Molini (*Operette bibliogr.*, Firenze, 1858, p. 135) consacre à l'imprimerie de ce monastère un long article; voici le premier livre qu'il cite : Regula vitæ eremiticæ. A la fin : *Impressa sunt hæc omnia in monasterio Fontis boni qõ. Sacra Camaldulensis eremi hospitium dicitur et ab ca per unius miliarii spatium distat Camaldulensiã eremita et iussione et impēsis arte et industria Bartholomei de Zanetiis brixiensis Anno dñice incarnatiõis*, mdxx. *Absoluta die xiiij. Augusti.* laus deo, in-4. Il y a deux frontispices, chacun desquels présente les figures en pied de S. Benoît et de S. Romuald, gravées sur bois; l'ouvrage contient une narration de l'origine des ermites et cénobites, et une explication des termes: *Monaco, Cenobita, Eremita* et *Anacoreta*; ce livre est cité par Bandini (*Odeporico del Casentino*, tom. VII); ce manuscrit de l'illustre rédacteur du catalogue de la Laurentiane, formant 12 vol. in-4, est conservé à la bibl. Marucelliana, de Florence.

On cite encore : *Psalterium monasticum sec. ordinem Camaldulensium, noviter impressum.* A la fin: ex typographia sac. erem. Camaldul. Anno dñi, 1543, in-fol. de 134 ff., réimprimé à la même typographie conventuelle en 1587 et 1593, également in-fol.

Enfin Mittarelli (*Annales Camaldulenses*) cite : *Reformatio Camaldulensis ordinis, ex typog. monast. fontis Boni*, anno 1539.

Fons Burgi, *Fontaine-le-Bourg*, commune de Normandie (Seine-Inférieure); anc. baronnie.

Fons Ebraldi, Evraldi, Fons Clarus, Frontevaux (au xiiie s.), *Fontevrault*, bourg de Fr. (Maine-et-Loire); anc. et célèbre abb. de religieuses de l'Ordre de St-Benoît, fondée vers 1100 par Robert d'Arbrissel.

Fons Episcopi, *Fontaine-l'Evêque*, bourg de Belgique (Hainaut).

Fons Francus, *Fontaine-Française*, bourg de Bourgogne (Côte-d'Or); anc. prieuré de Bénéd.; bataille en 1595.

Fons Gombaldi, *Fontgombaud*, bourg du

Berry (Cher); anc. abb. de Bénéd. fondée en 1091.

Fons Guidonis, *Fontaine-la-Guyon*, commune de Fr. (Eure-et-Loir).

Fons Iberi, *Fontebro*, bourg d'Espagne (Nouv. Castille), près des sources de l'Ebre.

Fons Latius, *Latzfafs*, bourg du Tyrol, dans le cercle de Brixen.

Fons Paderæ, voy. Paderborna.

Fons Radulphi, *Fontaine-Raoul*; un grand nombre de localités en France portent ce nom.

Fons Rapidus [Thuan. Hist.], Fontarabia [Cell.], *Fuenterrabia, Fontarabie*, ville d'Espagne (intend. de Guiposcoa), au fond du golfe de Gascogne.

Cette ville n'est citée ni par Falkenstein, ni par Mendez, dans la liste que ces deux bibliographes ont donnée des localités où exista un établissement typographique; ce dernier particulièrement est une autorité presque souveraine pour l'histoire de l'imprimerie espagnole; cependant M. Cotton dit que, vers l'année 1660, une imprimerie fut établie à Fontarabie : nous demandons le titre à l'appui de cette assertion, qui nous paraît problématique.

Fons Sanus, Fossanum, *Fossano*, ville forte de l'Italie septentr. (div. de Coni).

Fons Tungrorum, voy. Aquæ Spadanæ.

Fontanella, *Fontenelles*, bourg de Flandre (Nord); célèbre abb. de Citeaux, du dioc. de Cambrai, fondée en 1212.

Fontanetum [Ann. S. Columb.], Fontaniascum [Chron. Reginon.], Fontanidunum [Ann. Prudent. Trec.]. Fontenacum, Fontenæum, *Fontenay-près-Vezelay*, commune de Fr. (Yonne); c'est dans ce lieu que s'est livrée en 841 la fameuse bataille entre les petits-fils de Charlemagne.

Fontanetum, Fontes, *Fontaneto*, bourg du Milanais, près Arona.

Fontenacum, Fontenæum Comitis, Fontanacum Comitis, *Fontenay-le-Comte* (pend. la révolution : *Fontenay-le-Peuple*), ville de Fr. (Vendée).

Anthoine d'Angicourt, fils de Pierre d'Angicourt, établi libraire à Fontenay, est mentionné comme exerçant aussi la profession d'imprimeur, dans un acte du 1er mars 1550 ; c'est un bail à ferme d'une maison destinée à recevoir le matériel de son imprimerie ; il ne paraît pas que ses presses aient longtemps fonctionné, car on le trouve simple libraire en l'année 1562. (Voy. *Poitou* et *Vendée*, art. *Fontenay*, p. 55.)

Jacques d'Angicourt, petit-fils d'Anthoine, débute comme imprimeur en 1598 ou 1599 ; nous connaissons de lui : *Le catéchisme, c'est-à-dire formulaire de l'instruction des enfants de la doctrine chrestienne, par Etienne Thubin*. A Fontenay, chez Jacques d'Angicourt, 1604, in-8 de 145 pages.

En 1605, Pierre Petit-Jean succède à Jacques d'Angicourt, c'est lui qui imprime en 1612 un livre que nous trouvons cité au catal. d'Estrées (tom. I, n° 2553) : *Réfutation de ce qu'a produit le Cordelier Machau, contre la doctrine des églises réformées, par Balthazar Manceau.* Fontenay-le-Comte, 1612, in-4. Il est encore imprimeur en 1625 ; nous citerons une satire à la fois politique et religieuse : *Amours du cavalier le Fort-Louys, avec la belle Rochelle, ensemble les articles portans les conventions de leur contrat de mariage.* Fontenay, Petit-Jean, 1625, in-8 (à la bibl. de l'Arsenal).

Enfin le catal. de la Biblioth. impér. (*Hist. de France*, tom. I, p. 156) fait foi de la longue carrière qu'a fournie cet imprimeur, puisqu'il donne le titre d'un volume souscrit à son nom et daté de 1643.

L'arrêt du conseil du 31 mars 1739, qui réglemente l'imprimerie du royaume, supprime l'établissement qui existait à Fontenay ; mais, comme dans beaucoup d'autres villes qui se trouvaient dans le même cas, l'arrêt fut exécuté avec assez peu de rigueur, puisque le rapport présenté en 1764 à M. de Sartines sur l'état de la librairie en France dit : FONTENAY-LE-COMTE : «Louise Ripoche, veuve de Jacques Poirier, imprimeur et libraire, native de S.-Martin d'Angers, âgée de 37 ans, mariée avec le sr Poirier en 1753. Il travaillait avant son mariage avec son père, qui exerçait lui la profession d'imprimeur depuis plus de 80 ans, à la suite du sr Petit-Jean, son beau-père, en sorte qu'il y a toujours eu un imprimeur dans la ville. Cette veuve fut conservée par l'arrêt de 1759, l'arrêt de 1739 n'ayant point été sévèrement exécuté ; elle possède deux presses. »

Cette note n'est point parfaitement claire, mais on comprend que les 80 ans d'exercice du sr Poirier le père se confondent avec l'exercice de son beau-père, le dernier des Petit-Jean.

Nous devons une partie de ces renseignements à l'obligeante communication de M. Benjamin Fillon.

FONTENACUM, FONTANEUM, FONTANETUM. Un très-grand nombre de communes françaises portent le nom de *Fontenay* ; nous citerons deux abb. de Bénéd. de ce nom, l'une dans le dioc. de Bayeux, l'autre dans le dioc. d'Autun ; et de plus un bourg de Saintonge, *Fontenay-l'Abbatu*, dans le dép. des Deux-Sèvres, qui fut, en 1714, érigé en duché-pairie, sous le nom de *Rohan*.

FONTENIACUM, *Fontenoy*, village de Belgique (Hainaut) ; bataille en 1745.

FONTES, *Fontaines* ou les *Fontaines* ; plusieurs communes de France portent ce nom.

FONTES BELGÆ, FONTANENSIS ECCLESIA, THEONODUNUM (?), WELLÆ [Camden], *Wells*, ville d'Angleterre (Somersetshire).

FONTES BADERÆ, voy. PADERBORNA.

FONTIA, *île de Ponza*, dans la Méditerranée, sur les côtes de Toscane.

FORA, FŒRA INS., *île Föhr, Föhrde*, sur la côte O. du Sleswig (Danemark).

FORCALQUERIUM, voy. FORUM NERONIS.

FORCHHEMIUM [Zeiler], FORACHHEIM [Charta Lud. Pii], FORAHHEIM [Ann. Rud. Fuld.], FORAHEIM [Ann. Laubac.], *villa seu curtis regia, Forchheim*, ville de Bavière, cercle de la Haute-Franconie, sur la Regnitz ; résidence carlovingienne.

FORDUNIUM [Camd.], *Fordon, Fordun*, bourg d'Ecosse, dans le comté d'Aberdeen.

FORENSIS PAGUS, FOREZIUM, le *Forez*, prov. française, habitée par les Segusii au temps de César ; forme auj. partie du dép. de la Loire et de la Haute-Loire.

FORENTUM [Liv.], FERENTUM [Liv., Horat.], Φερέντη [Diod. Sic.], ville de l'Apulia Peucetia, auj. *Forenza*, bourg d'Italie (Terra d'Otranto).

FOREST (LA) SUR-SAIVRE, ou SÈVRE, bourg et anc. baronnie du Poitou (Deux-Sèvres), qui appartenait à Messire Philippe de Mornay, seigneur du Plessis-Marly, etc.

Ce fut dans ce château que mourut, le samedi 11 novembre 1623, ce grand homme, l'une des gloires les plus pures de sa patrie ; ses premiers mémoires y furent imprimés par les soins du sieur de Villarnoul, l'un de ses gendres, et formèrent deux vol. in-4, publiés le premier, en 1624, et le second, l'année suivante. La devise de Philippe de Mornay était aussi noble que le fut sa longue vie, consacrée tout entière à son Dieu, à son pays, à son roi ; la voici, telle que nous l'avons lue écrite de sa main sur l'édition originale de son livre sur l'Eucharistie offerte à sa fille Marthe de Mornay : VITÆ SOCIA VIRTUS, MORTIS COMES GLORIA.

FORETUM [Plin.], localité de la Liburnie, auj. *Fortino*, en Istrie.

FORGIÆ, *Forges-les-Eaux*, commune de Fr. (Seine-Inférieure).

FORI-JULII DUCATUS [Cluv.], FORO-JULIUM [Ann. Eginh.], FORUM JULII [Cluv., Cell.], FOROJULIENSIS MARCA [Ann. Eginh.], le *Friaul, Frioul, Friuli*, anc. prov. de l'empire d'Autriche ; se divise en *Frioul Vénitien*, chef-lieu *Udine* ; et *Frioul Autrichien*, partagé en deux cercles : *Trieste et Goritz*.

FORLIVIUM, voy. FORUM LIVII.

FORMERIÆ, *Formerie*, bourg de Fr. (Oise).

FORMIÆ [Cic., Plin., Liv., etc.], Φορμίαι [Strab., Ptol.], HORMIÆ [Plin.], MAMURRARUM URBS [Ovid.], ville du Latium, auj. *Mola di Gaeta*, ville du royaume d'Italie (prov. Terra di Lavoro).

FORMINIACUM, *Formigny*, bourg de Normandie (Calvados) ; bataille contre les Anglais en 1450.

FORMIO FL. [Plin.], Φορμίων [Ptol.], fleuve de l'Italie Septentr., auj. le *Risano*, dans l'Istrie ; se jette dans l'Adriatique.

FORNOLIS VILLA, *Fernoel*, commune de Fr., sur les limites des dép. de la Creuse et du Puy-de-Dôme.

FOROJULIENSIS CIVITAS, voy. FORUM JULII.

FOROJULIUM, voy. FORUM JULII.

FORO-SEMPRONIUM, voy. FORUM SEMPRONII.

FORT (THE), château du Gloucester-Shire (Angleterre).

Propriété de James Dallaway, esq., qui installa dans son manoir une imprimerie particulière d'où sortirent plusieurs volumes de poésie, et : *the Romaunte of a Knyght, by Chatterton,* at The Fort. (Martin ne cite point cette imprimerie particulière.)

FORTALITIUM LUDOVICI, LUDOVICI-ARX, *Fort-Louis,* bourg et forteresse française, dans l'île de Giessenheim (Bas-Rhin).

FORTIS MONS, FORTALITIUM, *la Forza,* pét. ville de Sicile, dans le Val di Demona.

FORUM ADRIANI, HADRIANI [Tab. Peut.], dans l'île des Bataves, VORBURGUM [Cell.], auj. *Voorburg,* ville de Hollande, entre Delft et Leyden.

FORUM ALLIENI, voy. FERRARA.

FORUM APPII [Cic., Horat., Plin.], Φόρον Ἀππίου [Acta Apost.], ville des Volscæ à XLIII m. de Rome sur la via Appia, auj. *San Donato,* dans le S.-E. de Rome.

FORUM AURELII [Cic., It. Ant., Tab. Peut.], sur la via Æmilia, localité d'Etrurie, auj. *Castellaccio,* bourg à l'embouch. de l'Arone, ou, suiv. Reichard, *Montalto,* dans les Etats du Pape.

FORUM BIBALORUM, Φόρος Βιϐαλῶν [Ptol.], ville des Bibali, dans l'Esp. Tarracon., auj., suiv. Florez, *Viana di Bollo.*

FORUM CALCARIUM, voy. FORUM NERONIS.

FORUM CALVISII, local. des Cenomani, dans la Gaule Cisalpine, auj. *Calvisano,* bourg milanais de la délég. de Brescia.

FORUM CASSII [It. Ant., Tab. Peut.], FORUM CASI [Geo. Rav.], station d'Etrurie, auj. *Sta Maria Forcassi,* bourg près Sutri, (délég. de Viterbo).

FORUM CLAUDII, FORUM CLODI [Tab. Peut.], FOROCLAUDIUM [Plin.], ville de la côte S.-O. d'Etrurie, auj. *Oriolo,* près de Bracciano.

FORUM CLAUDII, Φόρος Κλαυδίου [Ptol.], ville des Centrones, dans la Tarantaise, auj. *Moutiers, Moustiers,* bourg de Fr. (Basses-Alpes).

FORUM CORNELII [It. Ant., Plin., Martial.], Φόρον Κορνήλιον [Strab.], Φόρος Κορνηλίου [Ptol.], IMOLÆ [P. Warnef.], ÉMULA, ville des Lingones, dans la Gaule Cispadane, auj. *Imola,* ville forte de la délég. de Ravenne (Romagne).

Imprimerie en 1588: *S. Gregorii Nazianzeni tetrasticha spiritualia.* Imolæ, 1588, in-8. (*Cat. des frères de Tournes,* p. 39.)

FORUM DIUGUNTORUM, Φόρος Διουγουντῶν [Ptol.], ville des Insubres, dans la Gaule Transpadane; auj., suiv. Reichard, *Bertonico,* et suiv. Bisch. et Möller, *Pizzighettone,* ville forte du Milanais (délég. de Cremona).

FORUM DOMITII [It. Ant., Tab. Peut.], FORUM DOMITIANUM [Valois], FORUM DOMITI [Itin. Aq. Apoll.], station des Itinéraires, placée chez les Volscæ Tectosages, et sur l'emplacement actuel de laquelle les uns voient *Frontignan,* ville de Fr. [Hérault]; d'autres *Montbazin,* au N. de Cette, d'autres enfin *Fabrégues,* commune près Montpellier.

FORUM DRUENTINORUM [Plin.], ville de la Gaule Cispadane, auj. *Bertinoro,* entre Forlimpopoli et Cesena, bourg de la Romagne.

FORUM ECRI [Tab. Peut.], *Santa Croce,* bourg de la Sabine, au pied des Apennins.

FORUM EGURRORUM, ville des Astures, dans la Tarrac., auj. *Medina del Rioseco,* près Valladolid ; ou, d'après d'autres géographes, *Salas,* dans les Asturies.

FORUM FLAMINII [It. Ant.], Φόρον Φλαμίνιον [Strab.], Φόρος Φλαμινίου [Ptol.], ville de l'Ombrie, suiv. les uns, *Ponte Centesimo,* et suiv. d'autres, *la Vescia,* bourg près Foligno (délég. de Perugia).

FORUM FULVII [Plin.], FORUM SULVI [dénom. erronée des Tab. Peut.], FORUM FULVII cognom. VALENTINUM [Plin.], ville de Ligurie, auj. *Valenza,* ville du Piémont sur le Pô (prov. d'Alexandrie).

FORUM GALLORUM [It. Ant.], ville des Vascones, dans la Tarrac., auj. *Guerrea, Gurrea,* ville d'Aragon (Reichard).

FORUM GALLORUM [Cic., Tab. Peut., Geo. Rav.], ville de la Gaule Cispadane, *Castel-Franco,* voy. CASTRUM FRANCORUM.

FORUM GIGURRORUM [It. Ant.], Φόρος Γιγουρρῶν [Ptol.], ville des Gigurri, dans la Tarrac., auj. suiv. Florez, *St-Estevan de Val de Orres,* dans les Asturies.

FORUM HADRIANI, voy. FORUM ADRIANI.

FORUM JULII [Mela, Plin.], Φόρον Ἰούλιον [Strab.], FORUM JULIUM [Tac.], Φόρος Ἰούλιος [Ptol.], OPPIDUM Forojuliense [Tac.], COLONIA quæ PACENSIS appellatur et CLASSICA [Plin., Cic.], COLONIA CLASSENSIS, ville de la Gaule Narbonaise, auj. *Fréjus,* ville de Fr. (Var); patrie d'Agricola.

Nous ne trouvons pas trace d'imprimerie en cette ville antérieure au XIXe siècle.

FORUM JULII [P. Diac.], voy. CASTRUM FOROJULIENSE.

FORUM JULIUM, voy. ILITURGIS.

FORUM JULIUM TRANSPADANUM, voy. CASTRUM FOROJULIENSE.

FORUM LEPIDI, voy. RHEGIUM.

FORUM LIBRICORUM (LEBUORUM), ville des Insubres, dans la Gaule Cisalpine, auj. *Borgo Lavizara*, bourg du Milanais.

FORUM LICINII [Plin.], ville des Orobii, dans la Gaule Transpadane, auj., suiv. Reich. et Cluv., *Berlasina*, entre Come et Milan.

FORUM LIGNEUM [It. Ant.], *Urdos;* bourg du Béarn (Basses - Pyrénées), suiv. d'Anville.

FORUM LIMICORUM, Φόρος Αιμικῶν [Ptol.], LIMIA [It. Ant., Geo. Rav.], ville des Calaici, dans la Tarracon., auj. *Ponte de Lima*, bourg du Portugal (prov. Entra Duero e Minho).

FORUM LIVII [Plin., It. Ant., Tab. Peut.], FOROLIVIUM, ville de la Gaule Cispadane, entre Cæsena et Faenza, auj. *Forli*, ville d'Italie, au N.-O. de Rome, chef-lieu de la déleg. de ce nom.

Deux imprimeries rivales s'établissent la même année 1495 à Forli; l'une a pour chef un citoyen de la ville qui s'associe à un ouvrier bolonais, la seconde est dirigée par un Parmesan, et, chose digne d'être notée, le premier volume mis au jour dans cette ville est imprimé en même temps par les deux imprimeries rivales, et paraît à huit jours de distance, il y eut probablement concours et lutte solennelle : FERETTVS (*Nicolaus*). *De Elegantia linguæ latinæ in epistolis et orationibus componendis servanda præcepta..... ad illustrissimum principem, et excellentissimum ducem :* || *Octauianum...* au vo du 29e f. FINIS, et au vo du f. 30o, après trois épigrammes, vient la souscription : *Opera et impesa Paulli guarini de guarinis Foroliuiensis et Ioànis Iacobi de Benedictis Bononiensis Impressoris et socii :* || *hoc opus est Impressum Forliuii : emendatum* ||*uero per ipsum auctorem* || *ut apparet in*||*eiusdem epistola, in fine secundi* || *libri . anno fidei christiane* || M.CCCC.LXXXXV. || XVI. *Kledas* ||*Maii*, puis le registre, les mots : LAVS DEO, et sur le même f. la marque des imprimeurs, in-4, de 30 ff. à 40 l. avec ch., récl. et signatures.

L'édition arrivée seconde est certainement plus belle et plus ornée, ce qui explique sa défaite ; en voici la description : c'est également un in-4° de 40 et 41 lignes par page et de 28 ff. ; au r° du 1er f. est le titre : NICOLAVS FERETTVS, et une gravure sur bois, avec la devise : SILENTIVM; au-dessous sont six distiques; au v° on lit : *Ad Illustrissimū Principem, et Excellentissimū Ducē Octauia*||*nū Riariū* etc., au r° du f. 2 : NICOLAI FERETTI *Rauenatis ā structura seu ordīe et lī*||*ctura cōpositionis or-natæ ad cōponendas epistolas liber primus* ||; au r° du 28e f. une autre gravure sur bois, au-dessous de laquelle on lit : *Hoc opus est impressum* FORLIVII *per me Hierony* || *mum Medesanum Parmensem, nouiterqʒ p ipsum*||*Auctorem correptum aditum* (sic) *et emendatum* ||*Anno domini.* M.CCCC.LXXXXV. || *die uero,* XXV. *Mai Regnante Illustris* || *simo Prī-cipe nostro domino Octa*||*uiano de Riaric : ac In-clito do*||*mino Jacobo Pheo guberna*||*tori dignis-simo.*

Le prince de Forli, dont il est ici question, est le duc Riario Sforza; sans doute il était juge du camp et délivra probablement un prix à chacun des concurrents , à l'un prix de vitesse, à l'autre prix de perfection d'exécution.

Cette même année les premiers imprimeurs publient un rarissime petit volume italien, que cite M. Brunet : MANILIO (*Antonio*). *Pronosticon dia-logale de lo excellentissimo et famosissimo Astrologo Antonio Manilio sino all'anno* M.CCCC, *et ultra.* — *Impressum Forliuii hoc excellentissi-mum et uerissimum Prognosticon per Paulum Guarinum Foroliuiensem et Ioannem Iacobum de Benedictis Bononiensem. Anno Salutifere incar-nationis* M.CCCC.LXXXXV. *Die* XII. *Augusti Ascen-den.* XII *Grad. Virginis. Laus Deo,* in-4.

FORUM NERONIS, voy. LUTEVA.

FORUM NERONIS, Φόρος Νέρωνος [Ptol.], FORUM CALCARIUM, FORCALQUERIUM, ville des Me-mini, dans la Gaule Narbon., auj. *For-calquier,* ville de France (Basses-Alpes). Adr. Valois traduit FORUM NERONIS par *Carpentras*, et d'autres par *Bourg-d'Oi-sans*, petite vi.le de Fr. (Isère).

FORUM NOVUM [Cell.], FORONOVANI [Inscr. ap. Grut.], FORONIANUM [P. Diac.], municipium des Boii dans la Gaule Cis-padane, auj. *Fornovo, Fornoue*, bourg du Parmesan (Italie); bataille en 1491.

FORUM NOVUM [It. Hier., Tab. Peut., Geo. Rav.], ville du Picenum ; existait à l'O. et près de Monte-Chiaro, dans la Marche d'Ancône.

FORUM POPILII [Plin., It. Hier.], FORUM POPULI, [Tab. Peut., Geo. Rav.], ville de la Gaule Cispadane, auj. *Forlimpo-poli*, dans la déleg. de Forli.

FORUM POPILII [Tab. Peut.], Φόρος Ποπλίου [Ptol.], Ἀγορὰ Ποπλία [Dion. Hal.], FORO-POPULI [Geo. Rav.], ville de la Campa-nie, sur la via Popilia, à l'E. de Pæs-tum, auj. *Polla*, bourg du Napolitain, et non pas *Palo*, comme le dit Reichard, ni *la Fossa*, comme le veulent Bischoff et Möller.

FORUM SEGUSIANORUM [Insc. ap. Grut.], Φόρος Σεγουσιανῶν [Ptol.], FORO-SEGUSTAVARUM [Tab. Peut.], ville des Segusiani, dans la Gaule Lyonnaise, auj. *Feurs*, ville de Fr. (Loire).

FORUM SEMPRONII [It. Ant., Geo. Rav.], Φόρος Σεμπρωνίου [Ptol.], Φόρον Σεμπρώνιον [Strab.] , FOSSEMPRONIUM, FOROSIMPRE [Chron. Carlov.] , ville de l'Ombrie , auj. *Fossombrone ,* anc. ville papale de la déleg. d'Urbino e Pesaro ; fait auj. partie du royaume d'Italie.

Un imprimeur de Venise, célèbre par une inno-vation importante dans l'art typographique, l'im-pression des notes de musique en caractères mobi-les de fonte, Ottaviano Petrucci, établit à Fossom-brone, sa ville natale, un atelier typographique vers l'année 1512, à la requête de l'évêque de cette ville, Paulus de Middelburgo ; la première suivante paraît le premier ouvrage sorti des presses de Fossombrone ; il est cité par Panzer : *Paulus Germanus de Mid-delburgo.* PAULINA DE RECTA PASCHÆ CELEBRA-TIONE ET DE DIE PASSIONIS DOMINI NOSTRI JESU CHRISTI ; à la fin de la seconde partie : *Impressum Forosempronii per spectabilem virum Octauia* *num petrutium Forosemproniensem, impressoriæ artis peritissimum. Anno Domini,*M.D.XIII, die Octaua Julii, cum privilegio... 2 parties en un vol. in-fol., sans ch., mais avec récl. et sign. La première partie est signée *a-s* par 8, et le cahier *t* par 10 ; la seconde va jusqu'à GGiiij ; puis un dernier f. au v° duquel se trouve la souscription avec la marque de l'imprimeur ; au v° du titre est le privilége de Léon X.

Ce beau livre est extrêmement remarquable au point de vue typographique, à cause du luxe des ornements gravés sur bois, bordures, vignettes, dont il est décoré ; l'impression en est admirable ; le premier catalogue dans lequel nous le rencontrons est celui de Baluze (I, n° 55) ; le dernier est celui de la vente Libri de 1859, où le bel exemplaire du pape Clément XI ne fut payé que £ I, sch. 10. M. Libri en avait un second exempl. incomplet du titre, qui figura au grand catalogue de 1861.

La même année 1513, le catal. des Volpi nous donne l'indication d'un second ouvrage exécuté à Fossombrone : *Castiglione, C. Baldassare, ad Henricum VIII, Angliæ Regem epistola de vita et gestis Guidubaldi Urbini Ducis.* Forosempronii, M.D.XIII, IV Kal. Aug., in-4, « *eximia raritatis libellus,* » dit D. Gaetano Volpi, le rédacteur du catal., *quem nobis dono dedit Vir Cl. Raymundus Missorius* ». Réimprimé par les Volpi dans l'édition collective qu'ils donnèrent des œuvres de Balthazar Castiglione en 1733.

L'année suivante Ottaviano Petrucci donne ses célèbres MOTETTI DE LA CORONA en quatre parties, formant un vol. in-4° oblong : « A la fin de chaque partie, dit M. Brunet, se trouve un privilége, en forme de bulle, du pape Léon X, en date de Rome, *die* XXIJ *Octobris* M.D.XIII, et accordé à Ottaviano Petrucci de Fossombrone ; il est dit dans ce document que Petrucci, précédemment établi à Venise, y avait déjà obtenu du doge et de la seigneurie de cette république un privilége de vingt ans (à partir du 25 mai de l'année 1498, et un autre pour cinq ans en 1511), comme inventeur d'une manière particulière d'exprimer les notes de musique, et qu'ensuite cet imprimeur était venu s'établir à Fossombrone, sa patrie, où il pratiquait heureusement une méthode que d'autres avant lui avaient essayée sans succès, ce que prenant en considération, S. S. accordait audit Petrucci le privilége de pouvoir seul imprimer et vendre dans les Etats pontificaux, pendant 15 ans, les livres de musique exécutés d'après son nouveau procédé. »

M. Ant. Schmidt, l'historiographe de la musique, a consacré à Ottaviano Petrucci, une excellente monographie spéciale : *Ottaviano dei Petrucci,* à laquelle nous renvoyons le lecteur.

FORUM STATIELLORUM, *Villadaso,* bourg du Milanais.

FORUM TIBERII, Φόρος Τιβερίου [Ptol.], CÆSARIS PRÆTORIUM, ville des Helvetii, dans le Pagus Tigurinus, auj. *Kaisersstuhl,* bourg sur le Rhin, dans le comté d'Argovie (Suisse), suiv. Reichard ; ou, suiv. Andern, *Steckborn,* sur le lac de Constance.

FORUM TRAJANI [Ant. Itin.], Φόρον Τραϊανοῦ [Procop. *de Ædib.*], ville de Sardaigne, que l'on croit être auj. *Pordongiano,* ou *Fordongianu* [Reichard].

FORUM VIBII [Plin.], localité des Taurini, dans la Gaule Transpadane, auj. *Bubiena,* bourg du Piémont ; ou suiv. d'autres géogr., *Castel-Fiori.*

FORUM VOCONII [Cic., Plin.], FORUM BOCONI

[Geo. Rav.], localité de la Gaule Narbon., qui est, suiv. quelques géog., *Cunet,* bourg des Pyrénées-Orient. (voy. CANETUM), et que d'autres confondent avec DRACENA, *Draguignan.*

FORUM VULCANI, *la Solfatara,* dans la Terra di Lavoro.

FOSCOLUS MONS, *Monte Foscolo,* petite ville du Napolitain (Princip. Oltra, à 7 m. de Benevento).

Ottavio Beltrano, (et non pas Boltrano), dit M. Cotton, imprima dans cette ville en 1642. Nous avons déjà parlé d'Ottavio Beltrano à l'art. BENEVENTUM, et, à cette date de 1642, il était encore à Naples ; cependant le fait signalé par le bibliogr. d'Oxford n'est point inadmissible.

FOSI [Tac., Germ.], peuple de la Germanie, qui, suiv. Leibnitz, habitait le territoire du comté d'Hildesheim.

FOSSA [Plin.], *Bocca di Bonifacio,* entre la Corse et la Sardaigne.

FOSSA CLAUDIA, CLODIA, *Chioggia, Chiozzia,* ville forte de la Vénétie, à l'extrémité orientale des Lagunes.

FOSSA CORBULONIS, *Vlie, Vliestrom,* fleuve de Hollande [Graësse].

FOSSA MESSANICA, canal de la Gaule Cispadane, auj. *Canale di S. Alberto.*

FOSSA PAPIRIANA [It. Ant.], FOSSÆ PAPIRIANÆ [Tab. Peut.], ville de la côte d'Etrurie, qu'on croit être même chose que VIAREGIUM, *Vareggio, Vorreggio,* bourg d'Italie (prov. de Gênes).

FOSSÆ [Ann. Hincm. Rem.], *Fosse,* bourg de Belgique (prov. de Namur).

FOSSÆ INS., [Plin.], îles de la partie N. du détroit de Bonifacio, auj. *Caprera* et *Sta Madalena.*

FOSSÆ MARIANÆ, Μαριαναὶ Φόσσαι [Ptol.], *les Etangs de Martigues* (Bouches-du-Rhône).

FOSSÆ MARIANÆ, *Foz-lez-Martigues,* village près de l'étang de Berre (Bouches-du-Rhône).

FOSSANUM, voy. FONS SANUS.

FOSSATENSE MONASTERIUM, voy. BAGAUDARUM CASTRUM.

FOSSINIACUM, voy. FALCINIACUM.

FOVEA, *Foggia,* ville forte du Napolitain ; chef-lieu de la Capitanate.

FOVILLA, *Foville,* bourg de Normandie (Seine-Inférieure).

FOXUM, voy. FUXUM.

FRACILLIO, FRANCILIO, *Francillon,* bourg du Berry, près Châteauroux (Indre).

FRANCAVILLA, *Francheville*, bourg de Normandie (Eure).

FRANCI, Φράγχοι, *les Francs*; se divisaient en FRANCI AUSTRALES et FRANCI INFERIORES ou OCCIDENTALES, lesquels comprenaient les peuplades appelées CHATTI, BRUCTERI, CHAMAVI, SICAMBRI, ANSIBARII ou AMPSIVARII, CATTUARII, SALII, TUBANTES, DIVITENSES, etc.

FRANCIA, voy. GALLIA.

FRANCIACUM, FRANCICUM, *Fronsac*, bourg de Fr. (Gironde) ; anc. titre de duché.

FRANCIÆ MARCHIA [Sigebert], voy. LONGOBARDIA.

FRANCISCOPOLIS, PORTUS GRATIÆ [Thuan. *Hist.*], HAVREA, *le Havre-de-Grâce*, ville de Fr. (Seine-Inférieure).

M. Frère fait remonter l'imprimerie au Havre, à l'année 1670, avec Jacques Gruchet, comme premier typographe. Voici les titres des plus anciens ouvrages imprimés dans cette ville, qui soient arrivés jusqu'à nous : *Le véritable art de naviger par le quartier de réduction avec lequel on peut réduire les courses des vaisseaux en mer, et enrichi de plusieurs raretés qui n'ont point encore été découvertes, par G. Blondel (St-Aubin)*. Havre-de-Grâce, Jacques Gruchet, 1671, in-4, réimprimé en 1693 par Jacquet Hubault, en 1713 et 1763. M. Frère ne cite pas cette édition, qui est à l'Arsenal, et qui figure dans le catal. Bulteau (n° 2857), La Vallière-Nyon (n° 6566), etc.

Du même auteur M. Frère cite encore : *les Principes de la navigation, contenant l'usage du nombre d'or, des épactes, des marées*, etc., Havre-de-Grâce, J. Gruchet, 1675, pet. in-12.

Et encore : *Trigonométrie géométrique, astronomique et maritime*, ibid., J. Gruchet, 1680, in-12.

De Guillaume le Vasseur de Beauplan, son ingénieur hydrographe, nous avons : *l'Usage de la sphère plate universelle, œuvre agréable aux curieux, profitable aux doctes, nécessaire aux navigateurs*, Havre-de-Grâce, J. Gruchet, 1673, in-4,

Enfin, à la date de 1676, nous avons encore : *Antiquités de la ville de Harfleur, recherchées par le s^r de la Motte*... échevin en ladite ville, *avec quelques discours qui ont été prononcés à Mgr le duc de St. Aignan*, le Havre-de-Grâce, J. Gruchet, 1676, in-8, réimprimé par le même l'année suivante (à la Bibl. impériale).

Le second imprimeur du Havre, Jacques Hubault, est du même temps que Gruchet; nous avons de lui des impressions depuis 1683 jusqu'à 1702, et sa veuve continua à diriger sa maison.

Le fils de Jacques Gruchet, qui s'appelait Guillaume, succéda également à son père, sa veuve dirigea aussi son imprimerie, après sa mort, qui arriva vers 1747. Dès le commencement du siècle on voit également figurer Pierre Faure, dont la famille devint titulaire de l'office d'imprimeur du Roi.

Les arrêts du conseil de 1704 et de 1739 conservèrent l'un et l'autre un imprimeur dans la ville du Havre, et le rapport fait à M. de Sartines en 1764 nous donne le nom de cet imdrimeur autorisé, Pierre-Joseph-Denys-Guillaume Faure, né au Havre, établi en 1751, en remplacement de feu son père, seul imprimeur au Havre, possède deux presses.

« Cette famille d'imprimeurs est établie au Havre depuis plus de cent ans. » — Nous admettons cette famille exerçant la librairie, plus d'un siècle avant 1764, mais nous ne pouvons accorder qu'elle ait possédé et exploité un établissement typographique antérieurement au XVIIIe siècle.

FRANCODALIA [Freher, *Topogr. Palat.*], FRANKENTHALIUM, *Frankenthal*, ville de Bavière, près Spire (Rhein Kreis).

Nous pouvons faire remonter jusqu'à l'année 1578 l'imprimerie dans cette petite ville, qui, sous l'électeur Palatin, Charles-Théodore, fut célèbre à la fin du XVIIIe siècle , par sa fabrication de porcelaines.

Hermanni pacifici simplex et dilucida expositio, qua ratione côtrouersia de cœna domini orta facile cognosci et componi possit. Franckentaliæ, 1578, in-8, (Cat. G. Willeri, Francf. 1592, p. 39).

En 1608, Roland Pape, que nous trouvons à la même époque dirigeant une imprimerie à Sedan, souscrit des livres de controverse religieuse, au nom de Franckenthal.

FRANCOFURTUM AD MŒNUM [Cluv., Cell., Eginh., etc.], FRANCONOFURTUM [Ann. Hincm. Rem., Ann. Fuld.], FRANCONOFORTUM [Ann. Hincm. Rem.], FRANCONOFURDUM [Prudent. Trec.], FRANCONEFURTUM, FRANCONOVURDUM, FRANCOFURDUM, FRANCHONOFURTUM, FRANCONOVADA [Ann. Div.], FRANCONOFURT PALATIUM [Charta Car. M.], FRANQUOFORCH [Chron. Ludov. Pii], FRANKENE-FURT (le lieu d'où sont partis les Francs), *Frankfurt am Main, Francfort-sur-Main* ou *sur-le-Mein*, l'une des anc. villes libres de la Confédération Germanique, auj. prussienne; concile en 794 ; patrie de Gœthe.

Sur le marché aux grains de cette ville célèbre à tant de titres existait une maison, sur l'entablement de laquelle on pouvait lire l'inscription suivante : AB INVECTA HUIC URBI A SE PRIMO TYPOGRAPHICA A° XIII. DOMUM HANC CHRISTIANUS EGENOLPHUS HADAMARIEN, EXTRUI F. A° DNI, MDXIII.

Christian Egenolph ou Egenolff est donc incontestablement l'introducteur de la typographie en cette ville; ou, pour être plus exact, le chef du premier établissement fixe et stable ; il exerça depuis 1531 jusqu'à sa mort arrivée en 1555 ; son corps repose dans le cimetière de l'église de Saint-Pierre.

Nous trouvons à Strasbourg un imprimeur du même nom au commencement du siècle : *P. Montani Satyræ de Poetis, de Medicis, de principibus, de vita beata*. Argent., ap. Christ. Egenolphum, 1529, in-8. — Est-ce encore le même imprimeur qui aurait établi dans les dernières années de sa vie une typographie à Marburg? car nous trouvons cité par divers auteurs le livre suivant : *Helii Eobani Hessi et amicorum ipsius epistolarum familiarium libri* XII. Marpurgi Hessorum, Christianus Egenolphus, 1543, in-fol. (Vogt, p. 340 ; Bauer, I, p. 252, D. Clément, VIII, p. 63). Nous ne pouvons répondre à cette double question, mais tout doit nous porter à l'affirmative.

L'imprimerie de Christ. Egenolph fut exploitée longtemps après sa mort par son fils Christ. Egenolph II et ses descendants; nous voyons encore, au commencement du XVIIe siècle, des livres souscrits : *Apud hæredes Christiani Egenolphi.*

Quant à l'imprimerie de Marburg, dont nous venons de parler, elle était tenue à la fin du siècle par un autre Egenolph, dont le prénom est Paul, sans doute l'un des fils ou petits-fils de Christian.

Grâce à l'obligeant concours de M. Joseph Baer, l'éminent libraire de Francfort, qui a bien voulu nous communiquer l'ouvrage de M. le sénateur Gwinner (*Kunst und Künstler in Frankfurt am Main*. Frcf., 1862, in-8. Verlag von Joseph Baer), nous pouvons rectifier les erreurs que Falkenstein a commises dans l'histoire des origines typographiques de cette grande ville.

Le premier imprimeur de Francfort, c'est-à-dire le premier qui ait possédé un établissement fixe, nous l'avons dit, est Christian Egenolph, 1531-1555, ceci est un fait; mais, longtemps avant lui, on peut citer des ouvrages exécutés dans cette ville par des imprimeurs nomades ou temporairement appelés pour les besoins de la cité. Ainsi M. Gwinner donne le titre d'un volume qui existait jadis dans la bibliothèque d'Uffenbach à Francfort, mais qui malheureusement a disparu depuis: *Opusculum confessionale quod industria et arte impressoria fieri ordinavit et constituit Venerabilis Vir Magister Joannes Lupi Capellanus capellæ S. Petri in suburbio Francofurtensi per suos manufideles pro parochiis sedum diœcesis Moguntinensis..., quod completum est anno domini M.CCCC.LXXVIII* in-4. Ce livre est cité par Hain (tom. III, p. 303), et ne nous donne pas le nom de l'imprimeur, car ce Joannes Lupus ou Johann Wolff était un prêtre francfurtois, chapelain de la cathédrale de St-Pierre, bien que Hain l'ait confondu avec le Johannes Lupus, ou Lobo, protonotaire apostolique et évêque de Ségovie; dans tous les cas il fit imprimer, mais il ne nomme pas ses *manufideles*.

M. Gwinner attribue l'impression de ce livre à un imprimeur du nom de Hans Pfedersheim, appelé momentanément à Francfort; est-ce à ce même typographe qu'il convient de donner l'impression de quelques pièces importantes que M. Gwinner vient de découvrir dans les archives de Francfort, et dont nous trouvons les titres dans une brochure supplémentaire que nous recevons à l'instant? Ces pièces sont comprises parmi les documents concernant les couronnements des Empereurs d'Allemagne; elles sont imprimées en 1486; l'une, de 8 ff. pet. in-fol., contient: *La liste des Princes et Seigneurs présents au couronnement de Frédéric III, le jeudi après* INVOCAVIT *de l'an* 1486.

Une autre édition de cette même pièce, avec des différences, mais exécutée avec les mêmes caractères.

Une relation de la pompe funèbre tenue le dimanche REMINISCERE 1486 *dans l'église de St-Barthélemy pour les sœurs de l'Empereur, et de la cérémonie funèbre faite le dimanche* JUDICA *de* 1486, *pour les funérailles du Margrave Albrecht de Brandebourg, mort le jour précédent, dans le couvent des frères Prescheurs de Francfort.*

M. Gwinner pense que ces trois pièces, dont l'exécution typographique est fort imparfaite, ont été imprimées à Francfort même, et vraisemblablement par Hans Pfedersheim; les raisons qu'il donne à l'appui de cette présomption paraissent déterminantes.

Trente ans plus tard, nous rencontrons à Francfort, selon l'opinion émise par Panzer et confirmée par M. Gwinner, deux imprimeurs du nom de Nicolas Lamperter et Balthasar Murrer; mais ici, nous nous trouvons en désaccord avec nos autorités; nous avons sous les yeux un petit volume exécuté par eux en 1507, c'est l'édition du *Tableau de Cébès*, citée par tous les bibliographes, et dont un exemplaire nous a été communiqué par M. Tross: *Tabula Cebetis Philosophi so||Cratici cū Iohānis Aesticâpiani Epistola.* In-4 de 18 ff. sign. A-C. iij, sans ch. ni récl.; au r° du 17e f.; on lit: *Impressa Erancphordio* (sic) *per honestos||viros Nicolaū Lamperter et Balthasar Murrer. Anno.* M. D. Vij.

Est-il bien prouvé que ce livre sorte des presses établies à Francfort-sur-Mein? Et n'est-ce pas de Francfort-sur-Oder qu'il s'agit?

En effet ce livre débute par une épître de J. Rhagius Æsticampianus, qui se qualifie de poëte et rhéteur de Lusace, c'est-à-dire d'une province avoisinante cette seconde ville et fort éloignée de la première; bien qu'il ait publié ses ouvrages à Leipzig et à Cracovie, cet Æsticampianus appartenait à l'Académie de Francfort-sur-Oder, et passa une grande partie de sa vie dans cette ville. De plus le volume est terminé par une pièce de vers d'Ulric de Hutten; or, ce célèbre gentilhomme luthérien, que nous voyons, quelques années après, imprimant ses diatribes politiques et religieuses, dans les châteaux d'Ebernburg et de Steckelberg, venait d'être nommé maître-ès-arts à Francfort-sur-Oder, lors de la première promotion de docteurs, faite en 1506, par la nouvelle académie (Bayle, II, 1526). Ainsi voilà un livre édité par deux membres d'une université récente, qui porte les noms notables de plusieurs citoyens d'une ville, et lorsque cette ville possède depuis plus d'un an, une, et nous disons au moins deux typographies, ce livre aurait été porté par les éditeurs dans une ville absolument étrangère, alors que cette ville n'avait point une seule imprimerie régulièrement installée (l'Epitaphe d'Egenolph en fait foi)!

Mais dans ce cas les livres cités par Panzer comme portant le nom de Lamperter et de Murrer auraient également été exécutés à Francfort-sur-Oder! Pourquoi non? Est-il un seul des volumes en question dont le sujet ne cadre à merveille avec les études universitaires, et la *Grammatica Martiani Fœlicis capelle*, avec la préface de notre Æsticampianus, et l'*Oratio Sallustii invectiva in Ciceronem*, ne sont-ils pas des livres d'Académie?

Il resterait à Francfort-sur-Mein un imprimeur d'un nom presque identique; nous parlons de Beatus Murner de Strasbourg, que nous croyons le frère de Thomas Murner Schelmenzunft, l'érudit, dont il imprimait les ouvrages, et qui certainement souscrit au nom de Francfort-sur-Mein plusieurs ouvrages datés de 1511 et de 1512 (Voy. Panzer, VII, 51).

Nous arrivons à Christian Egenolph. Ce grand imprimeur était né à Hadamar, dans le Nassau, en 1502; le grand nombre des ouvrages publiés par lui, et le soin avec lequel ils sont imprimés, donnent une haute idée de l'importance de son établissement. Il avait appris son art à Strasbourg, où l'on trouve sa trace dès l'année 1522, et où il séjourna jusqu'en 1530; ses premières impressions datent de 1531: *Jacob Köbel von Oppenheim, der Stab Jacob, Künstlich und gerecht zu machen und zu gebrauchen, damit an Gebäuen, auch sonst — zu Messen.* Frankfurt, Christ. Egenolph, 1531, im may, in-4, avec pl. gr. sur bois. — *Güldin Bull Caroli des vierden, Weiland Röm. Keyser reformationen, statuten, herligkeiten und ordnungen aller oberkeit des H. Röm. Reichs und teutscher nation belangend, nebst Keyser Friedrichs reformation aller Stände,* etc., zu Frankfurt am meyn, bei Christ. Egenolph, im hewmon des M.DXXXI Jahrs, in-4.

Christ. Egenolph mourut en 1555. Il fut enseveli dans l'église de St-Pierre, et sa veuve et ses enfants lui érigèrent un tombeau avec cette épitaphe:

Hic jaceo Egenolphus Chr. de nomine dictus
  Hacque Chalcographus primus in Urbe fui.
Obii Christianus Egenolphus Hademariefi,
  Anno Dom. 1555. Ætalis suæ 53 ab
Invecta vero a se primo in hanc Urbem
  Typographia Anno 25. Civis defuncti
Memoriæ act. Margaretha Uxor
  Et Liberi superstites M. P. C.

L'inscription citée par Falkenstein et reproduite par beaucoup d'autres bibliographes existait effectivement sur la maison qu'habitait Egenolph, mais cette maison disparut en 1785, et avec elle cette inscription qui n'avait d'autre importance que la répétition des mots de l'épitaphe: *ab invecta huic urbi a se primo typographica* (s. ent. *arte*).

Le fils de Christian Egenolph, portant le même nom, succède à son père; mais déjà nous avons à citer plusieurs imprimeurs: Peter Brubach (1540-1567), Hermann Gülfferich, de la même époque, dont M. Baer conserve plusieurs rares et précieuses impressions, etc.

Wigand Han vers 1540, Cyriacus Jacobus Zum Bart (Cyrille Jacobi), qui donne en 1545 une édition rare du *Reineke fuchs* (*Reineke de Voss*), in-fol., David Zephelius, Johann Wolff, au milieu du siècle; Jean Spies qui possède également un établissement à Heidelberg, Jean Eichorn, Petrus Fabricius, Carolus Pesnot, Petr. Fisher et Henr. Tack, tous imprimeurs à Francfort dans la seconde moitié du XVIe siècle; George et Christophe Corvin de 1566 à 1591, le second imprimant simultanément à Herborn, dans le duché de Nassau; Nicolas et Joannes Bassæus, dont nous voyons fréquemment le nom figurer sur des livres imprimés depuis 1568 jusqu'à la fin du siècle.

Enfin deux familles illustres, celle des Wechel et celle des Feyerabend ou Feierabend.

Le premier imprimeur du nom de Wechel, originaire de Francfort, avait été reçu maitre imprimeur et libraire à Paris, en 1522, et s'y était établi à l'enseigne de Pégase, dans la rue de Beauvais; son fils André, qui lui succéda en 1535, établit une importante imprimerie à Francfort vers 1560; et son petit-fils Jean (1579-1597) continue à diriger l'établissement d'Allemagne, associé tantôt avec Pierre Fischer, tantôt avec l'illustre Théodore de Bry; plus ordinairement on voit son nom figurer seul au bas des livres qui sortent de ses presses.

L'*officina Wecheliana* resta l'une des plus importantes typographies d'Allemagne jusqu'au milieu du XVIIe siècle.

Une seconde famille d'imprimeurs non moins illustres honore la ville de Francfort, c'est celle des Feyerabend.

Les deux Feyrabend ou Feyerabend, Sigismond et Jérôme, figurent comme imprimeurs dès l'année 1565; habiles imprimeurs, non moins remarquables comme graveurs et dessinateurs, ils donnèrent tous leurs soins à la publication de livres splendidement ornementés : « Le caractère du dessin de ces artistes, dit M. Didot (*Essai sur l'hist. de la gravure sur bois*, col. 40), est un mélange du style italien qui s'introduit dans le style allemand, sans en affaiblir la verve et l'exubérance, et qui donne aux gravures exécutées par les Feyrabend un cachet tout particulier. Quant au nombre de leurs publications toutes ornées d'une immense quantité de gravures sur bois, grandes ou petites, il suffira de dire qu'ils ont imprimé dans le format in-f° au moins sept éditions de la *Bible*, et dans le même format cinq éditions des figures *bibliques*; en *Bibles* d'un format moindre, neuf éditions, trois éditions de *figures bibliques* et une *Passion* de J.-C., indépendamment des éditions in-fol. de César, de Tite-Live, de Josèphe, de Plutarque, et autres livres sur la guerre, sur les arts, l'hippologie, les tournois, la chasse, l'agriculture, les travaux d'aiguille; enfin des chroniques, des livres d'apprentissage et jusqu'à des livres de cuisine, le tout orné de gravures multipliées, mais qui cependant sont souvent répétées. »

Les plus illustres des innombrables artistes auxquels on est redevable de l'ornementation des beaux livres publiés à Francfort, sont incontestablement Jost Amman ou Ammon, Virgile Solis et les de Bry; Théodore de Bry, graveur, dessinateur, marchand d'estampes, libraire et sans doute imprimeur, est le chef de cette grande famille, à laquelle on doit l'impression de la collection si recherchée des *Grands et petits voyages* (1590-1634, 23 parties in-fol.). Il mourut au mois de mars 1598, laissant deux fils, Jean-Théodore et Jean-Israël, et un gendre, Math. Mérian, qui continuèrent et menèrent à bonne fin cette immense entreprise, l'une des plus considérables qui ait jamais honoré l'imprimerie (voy. le beau travail que M. Brunet a consacré à cette collection, dans la dernière édition du *Manuel du Libraire*).

Une édition allemande des prophéties de Jean de Lichtemberger figure au catal. des foires de Francfort (Fref.,1625, p. 652), sous la date de 1505; mais le nom de l'imprimeur, Nic. Bassæus, indique une faute d'impression; il faut lire probablement 1585 ou 1595.

Il ne faut point oublier de citer l'imprimerie particulière de J. Ludolphe, établie à Francfort, vers 1680.

Quelques imprimeurs nés à Francfort ont acquis une certaine célébrité à l'étranger; nous citerons Nicolaus von Frankfurt, établi à Venise, en 1472; Johann von Frankfurt, imprimeur à Valladolid en 1493, et Wilhelm Schomberg, à Messine, 1498-1499; quelques historiens, entre autres Heller (*Geschichte der Holzschneidekunst*), ont même soutenu que cette ville était la patrie de l'illustre Conrad Sweynheim, le proto-typographe de l'Italie !!

FRANCOFURTUM AD ODERAM [Cluv., Cell.], FRANCOFURTUM AD VIADRUM, FRANCOFURTUM MARCHIONUM, *Frankfurt an der Oder, Francfort sur l'Oder*, ville de Prusse (prov. de Brandebourg), chef-lieu de régence.

Son université, fondée en 1506, est aujourd'hui transférée à Breslau; l'imprimerie, au dire de Falkenstein, remonte en cette ville à l'année 1504, c'est-à-dire antérieurement à la fondation de l'université, ce qui est au moins improbable. Une édition des quatre premiers livres d'Euclide, donnée en 1506, est le plus ancien produit d'une typographie locale qu'il nous ait été donné de compulser; c'est un in-4° de 46 ff.; on lit au v° du 46° f. :

Et tantum de quatuor libris eléméntorum Euclidis cum familiari Campani in eosdem commentario, qui cum in omnibus universalibus studiis ordinaria institutione prælegentur, sic etiam in hac nostra academia Frankfordiana ab illustrissimis Joachim : principe electore et Alberto germañ: Marchionibus Brandenburg; nuper erecta : per Mgrñ Ambrosium Jocher (ou *Lacher*) *de Merspurg mathematicum ibidemq; Collegiatum accurata diligentia castigati propriisque impensis elaborati sunt atque impressi ut Athenarum more studium philosophiæ a mathematico splendore mirifice inceptum effloresceat.* (Hoffmann, *Lexic. Bibliogr.*, tom. II, p. 176).

Panzer nous donne le titre d'un volume imprimé en 1504, mais rien ne prouve que ce livre soit exécuté à Francfort même; on en jugera par la souscription, que nous croyons devoir citer : *Expositio præclarissima Tractatum Magistri* (Petri) *Hispani secundum viam Doctoris sancti Et Domini Alberti ad unguem emendata Cum textus correctione continens succincte totam Aristotelis principis Philosophorum Dyalecticam... laboriose per Johañem Lintholz de Münchbergk comportata.* A la fin : *Impressum est hoc opus Inpensis* (sic) *ope auxilio Ingenioq; prouidi viri Petri Schwob proconsulis insignis opidi* (sic) *Frankfurdensis Quod Eberhardus Gutthenberger artium et medicine doctor proconsule prouido Stephano Hundermarck rempublicam teneute ad unguem castigavit per me Sebastianum Johannem de Ingelstavia et Conradum Hertzogaurach anno incarnationis Christi M.D.IIII, vigesimo secundo Aprilis, in-fol.*

Il est permis de supposer que ce livre est bien le premier produit des presses locales, mais la preuve matérielle, le nom de la ville, manque; de plus le nom des imprimeurs ne reparait plus sur les livres exécutés postérieurement.

D'après l'opinion que nous avons émise à l'égard de Nicolas Lamperter et de Balthasar Murrer (Voy. *Francfort-sur-Mein*), il nous faut placer ici ces deux noms d'imprimeurs, que nous considérons comme les typographes jurés de la récente université.

En 1507 et années suivantes, les bibliographes allemands nous donnent les titres et descriptions d'un très-grand nombre d'ouvrages exécutés à Francfort-sur-l'Oder; nous ne reproduirons pas cette longue liste, dans laquelle figure plusieurs fois le nom précité d'Ulrich de Hutten. Les imprimeurs, qui paraissent régulièrement fixés dans cette ville à partir de cette époque, sont, avec Ambroise Jocher (dont nous retrouvons le nom, en 1510 et 1511, écrit *Lacher*), Jean de Hanau, et Conrad Baumgardt ou Baumgarten, de Rottenburg ; ce dernier eut une importante typographie ; on lui doit de nombreuses et correctes éditions de poëtes latins : Virgile, Martial, Ennius, et particulièrement Horace, dont Panzer cite jusqu'à neuf éditions.

FRANCOGALLIA, voy. FRANCONIA.

FRANCOHUSA [Struv.], *Frankenhausen*, pet. ville de la principauté de Schwartzburg-Sonderhausen, dans la haute Saxe.

Struvius (*Biblioth. Saxon.*) nous donne la date de 1730 comme celle de l'introduction de la typographie dans cette localité : *Jo. Georgii Brevl, Rectoris Francohusani, programma de illustribus gentis Schwartzburgicæ heroïbus, quorum cura Aug. Cons. in istas prouincias introducta fuit.* Francohusæ, 1730, in-4 ; et encore : *Gedächtniss der evangelischen predigen von Anfang der Reformation biss* 1700, *der stadt Cœlleda*, Franckenhausen, 1730, in-4.

FRANCONIA [Zeiler], FRANCOGALLIA, FRANCIA ORIENTALIS [Chr. Einhard.], FRANCIA SUPERIOR [Ann. Vedast.], FRANCIA [Auson.], AUSTRIA [Ann. Lauriss., Chr. Moissiac.], *Francken, Franconie*, anc. cercle de l'emp. d'Allemagne, dont le chef-lieu était Nuremberg, érigé en duché au xe siècle ; forme auj. trois cercles du roy. de Bavière.

FRANCONIS VILLA, *Franconville*, bourg au N. de Paris (Seine-et-Oise).

FRANCOPOLIS, *Ville-Franche-de-Rouergue*, ville de Fr. (Aveyron) ; anc. capit. de la Basse-Marche.

FRANCOSTEINIUM, *Frankenstein*, ville de la Silésie prussienne, dans la rég. de Reichenbach.

FRANEKERA [Bert.], FRANCHERA, FRANICA, FRANÉQUERA, *Franecker*, ville de Hollande (Frise).

Université fondée en 1587, supprimée en 1816. La *Biblioth. Sacra* du P. Le Long nous donne l'indication d'un livre imprimé à Franecker en 1586, c'est-à-dire dans l'année qui précède la fondation de l'université : *Ruth historia, gr. et lat., a Jo. Drusio.* Franekeræ, apud Ægidium Rhadæum, 1586, in-4.

Charles Nodier, qui cite ce volume d'après le P. Le Long, y joint une notule caractéristique : « Cette rare et singulière édition renferme un traité fort curieux sur les Mandragores découvertes par Reuben ; voyez cette histoire dans la Genèse, xxx, 14 ; la Mandragore, ajoute l'auteur de la *Fée aux Miettes*, était une plante dont les racines, bifurquées par en bas comme des jambes, offraient quelque apparence d'une figure d'homme, et que cette bizarrerie faisait passer pour propre à rendre les femmes fécondes. »

Joannes Drusius était un théologien réformé, et, bien que son édition du livre attribué au prophète Samuel ne nous soit pas connue, nous pouvons citer de lui un volume imprimé dans la même ville l'année suivante : *Miscellanea locutionum sacrarum.* Franekeræ, apud Ægidium Rhadæum, 1587, in-8. Le catal. de George Willer, libraire d'Augsbourg (Francf. 1592), nous donne encore l'indication

d'un certain nombre d'ouvrages du même auteur, imprimés à Franecker au xvie siècle.

A la même date le même catal. nous donne l'indication de beaucoup de livres exécutés par le même imprimeur : *Cellii Snecani Frisii tabula de utili et commoda concionis ratione*, Franckeræ, ap. eumdem, 1587, et *Tabulæ theologicæ tres, de proprietatibus episcopi*, etc., id., ibid.

Nous trouvons quelquefois sur les livres la dénomination de FRANICA : *Godofredi Sopingii apologetica responsio ad bonam fidem Sibrandi Lubberti.* Franicæ, 1616, in-4 (Cat. Elzev., 1681, p. 402).

FRASÇAROLUM, *Frascaruolo*, bourg du Milanais.

FRATUERTIUM [Plin.], *la Terza*, bourg de Calabre (Terra d'Otranto).

FRAUENBURGUM, voy. DRUSIANA URBS.

FRAUENFELDA, voy. GNÆPEDIUM.

FRAUENSTENIUM [Struv.], *Frauenstein*, château de l'ancienne Misnie (Saxe), dans les environs de Meissen.

FRAUSTADIUM, GYNÆCOPOLIS, *Fraustadt* (en polon., *Wschowa*), ville du grand-duché de Posen (Prusse).

Il exista dans cette ville au xviie siècle une imprimerie des réformés, qu'y avait installée Christophe Wilde d'Eisleben, obligé de quitter la ville de Steinau en Silésie, par suite des persécutions auxquelles il était exposé, et Christ. Wilde avait épousé vers 1675 la veuve d'Erasmus Rœsner, imprimeur de Steinau, de Glogau et de Rauden ; mais, n'ayant pas trouvé à Fraustadt la fortune et le repos qu'il y cherchait, il alla se fixer à Schlichtingsheim, dans le même palatinat de Posen ; après sa mort, sa veuve épousa un nouvel imprimeur, Jean Gottfried Haase, comme nous le verrons en son lieu (Nemeth. *Typogr. in Polonia*).

FRAXINETUM, *le Fraxinet*, ancienne forteresse des Sarrasins, qu'on croit être auj. *la Garde-Freinet*, village de l'arrondissement de Toulon (Var).

FRAXINIA, FRAXINUM, voy. FRISINGA.

FREDELATUM, voy. APAMIA.

FREGELLÆ [Liv., Vell., Flor.], Φρεγέλλαι [Strab.], FREGELLANUM [It. Ant.], célèbre ville des Volsques sur le Liris, au N.-O. de Fondi ; après la destruction totale de cette ville l'an 124 av. J.-C., la colonie de FABRATERIA est établie sur une portion de son territoire. Cluvier croit que l'emplacement de Frégelles est occupé auj. par *Pontecorvo*, petite ville de la Terra di Lavoro, sur le Garigliano ; Forbiger et d'autres géographes se déclarent pour *Ceprano*, petite ville de la même province napolitaine.

Nous trouvons au catal. Floncel, et dans Haym, un volume qui porte le nom de cette dernière ville ; mais nous sommes loin de garantir l'authenticité de la souscription : *Gli amanti intromessi, comedia del sign. Antonio Vitagliani.* Ceprano, 1644, in-12.

FREGENÆ [Liv., Plin., etc.], Φρεγήνα [Strab.], ville et colonie romaine d'Etrurie, auj., suiv. Reichard, *Torre Macarese,* bourg de Toscane, sur l'Arone.

FREIBERGA IN MISNIA, FRIBERGA, FREYBERGA, *Freyberg,* ville de la Basse-Saxe, au S.-O. de Dresde, sur la Mulde ; anc. chef-lieu du cercle de l'Erzgebirge.

La bibliothèque de l'école publique de Freiberg, aujourd'hui dispersée, était justement célèbre. L'imprimerie remonte dans cette ville au xv⁰ siècle, ainsi que le prouve la souscription de la réimpression du *Missale Misniense,* donné pour la première fois à Mayence, par Schoiffer, en 1485. On lit à la fin de ce rare volume in-fol. : *Opus librorum missalium juxta rubricam Ecclesiæ Misnensis. Reverendissimus in Christo Pater et Dominus Dominus Johannes de Salhausen, modernus Misnensis Ecclesiæ Episcopus præsens Missalium opus iuxta rubricam iam dictæ suæ Misnensis diœcesis diligenti opera castigatum atque distinctum per industrium Conradum Kachelosen, huius impressorie artis magistrum, oppidique Lipsensis concivem in oppido eodem inchoari, atque grassante pestifero morbo in oppido Freiberg perfici et feliciter finiri procurauit die lunæ m. Nov. nona.* M.CCCC.LXXXXV.

Cette souscription est d'une importance assez considérable ; elle nous donne très-vraisemblablement le nom d'un des premiers imprimeurs de Leipzig, qui n'était pas connu jusqu'ici, et auquel on doit certainement l'impression du *Breviarium misnense* de 1483, que nous citerons à l'article MISNA (*Meissen*). Il est présumable que cet établissement typographique de Conrad Kachelosen, provoqué par la peste de Leipzig, n'exista que temporairement à Freiberg, car il nous faut aller jusqu'à l'année 1582, pour trouver la trace d'une nouvelle imprimerie : *M. Michaelis Hempelii Ausslegung vornehmer schöner Trostspruche Auss dem Psalter und newen Testament.* Freyberg, 1582, in-8.

Falkenstein indique 1648 comme l'introduction de la typographie à Freiberg, d'après Vogt (Libr. rar., p.409).

Il nous faut encore rapporter, d'après Christ. Gottlieb Schwarz (*Primaria quædam documenta de origine typographiæ,* part. II, p. 8), une note intéressante relative à la bibliothèque de Freiberg. Parmi les admirables incunables qui enrichissaient cet établissement (voy. Jo. Muller, *Chron. Freibergense,* P. I, pag. 129 et suiv.), il faut citer en première ligne le célèbre Psautier de Mayence, de 1457, aujourd'hui à Dresde ; voici la note de Schwarz : « *In Freibergensi exempl., plurimis psalmis præponuntur quatuor lineæ, notæque systematis musici, quibus modi cantionis designati sunt ; cuiusmodi notæ musicæ in exemplari Vindobonensi desiderantur, ita tamen, ut earum loco spatium vacuum sit relictum. Præterea. in Vindobonensi exempl., subscriptioni typographorum supra recensitæ subiiciuntur consueta insignia* Favsti *et* Schœfferi ; *quæ uero exempl. Freibergensi non sunt addita. Hæc debeo partim viro perreuerendo,* Christiano Gotthold Wilischio, *Ecclesiastæ Freibergensi, in* Histor. ecclesiast. Freiberg., *pag. 576 ; partim notitiæ huius libri, ex bibliotheca Vindobonensi mihi benigne suppeditatæ.* »

Schelhorn et Heinecken parlent aussi de cet exemplaire.

FREISTADIUM, voy. ELEUTHEROPOLIS.

Il va de soi qu'un très-grand nombre de livres imprimés en Allemagne sous la rubrique FREISTADIUM, *Freystadt,* qui répond à l'italien *Villa Franca* et au français *Villefranche* ou *Villelibre,* sont exécutés dans des villes dont on veut dissimuler le nom réel.

FREMICURIA [Martinière], *Frémincourt,* com-

mune de l'Ile-de-France (Seine-et-Oise).

FRENTANA REGIO [Plin.], ἡ Φρεντανὴ χώρα [Polyb.], pays des Frentani ; auj. l'*Abruzzo Citeriore,* prov. napolitaine du roy. d'Italie.

FRENTANI [Cæs., Liv., Mela], Φρεντανοί [Polyb.], Φρεντανοί [Scyl., Str., Ptol.], habitants de l'AGER FRENTANUS entre le Samnium et l'Adriatique, borné au S. par le FRENTO (auj. le *Fortore*).

FREQUENTUM, FRICENTUM, FRIGENTIUM, *Fricenti, Frigento* (?), bourg de la Princip. ultérieure, prov. napolitaine.

FRESILIA [Liv.], ville des Marses, auj., suiv. Reich., *Risciolo,* bourg près du lac de Celano.

FRESNACUM, *Fresnay-sur-Sarthe,* ville de Fr. (Sarthe).

FRESNES (château de); appartenait à la famille d'Aguesseau.

Voici le titre d'un livre souscrit au nom du château de Fresnes : *Discours sur la vie et la mort, le caractère et les mœurs de M. d'Aguesseau,* conseiller d'État, par *M. d'Aguesseau, chancelier de France, son fils.* Au château de Fresnes, 1720 (1778), in-8. « Cet ouvrage a été composé typographiquement par M. le président et la présidente Saron, dans leur hôtel, à l'aide de caractères que je leur avais procurés ; il n'en a été tiré que 60 exemplaires. » (Extrait d'une note ms. de l'imprimeur Delatour.)

FRETUM BOSPORANUM, voy. BOSPORUS.

FRETUM BRITANNICUM [Cell.], FRETUM GALLICUM, FRETUM MORINORUM, le *Pas-de-Calais,* entre la France et l'Angleterre.

FRETUM EUBOÏCUM, l'*Egripo* ou *Euripo* ; sépare Negroponte du continent.

FRETUM GADITANUM, ou HERCULEUM, le *détroit de Gibraltar.*

FRETUM SICULUM [Mela, Plin.], ὁ Σικελικὸς πορθμός [Strab.], *il faro di Messina,* entre la Sicile et l'Italie.

FREYBERGA, voy. FREIBERGA.

FREYSTADIUM ORIENTALE, voy. ELEUTHEROPOLIS.

FRIBURGENSIS PAGUS, le *Canton de Friburg,* en Suisse.

FRIBURGUM, FREYBURGUM [Cluv., Cell.], FRIBURGUM BRISGOVIÆ [Zeiler], FRIBURGUM BRISGOIÆ, FRIBURGA (sur quelques livres), FRIBURGUM BRISGAUDIÆ (sur quelques livres), BRISACHGOGIÆ (sur quelques livres), *Fribourg en Brisgau, Freiburg in Brisgaw,* ville du grand-duché de Bade (cercle du Haut-Rhin).

Université fondée par l'archiduc Albert en 1456. C'est à l'année 1493 que les bibliographes font remonter l'exercice de la typographie dans la ville de Fribourg-en-Brisgau. Voici la description du premier livre imprimé : PERLUSTRATIO SANCTI BONAUENTURE‖*in Primum librum Sententiarum*. 4 parties en un vol. in-fol.; la première partie commence par une épitre de Joh. Bekenhub, évêque de Mayence, suivie d'une pièce de vers, dans lesquels il faut citer ceux-ci :

> *Quo libri impressor Friburgi kilianus ipe.*
> *Piscator tendat post sua fata precor...*

Au r° du 3ᵉ f. commence le prologue, et le texte qui se termine au!r° du 172ᵉ f.; puis 6 ff. contenant le registre et la table. La seconde partie est terminée au v° du 234ᵉ f. par ces mots : *Finis secunde partis bonaueture cum textu senten‖tiarum;* suivent 6 ff. de registre et de table. La 3ᵉ partie se termine au v° du 198ᵉ f. par une souscription semblable à la précédente ; les 5 ff. qui suivent contiennent également la table et le registre. Enfin la 4ᵉ partie est terminée au r° du 230ᵉ f., suivi de 6 ff.; le tout forme un volume énorme de 857 ff. à deux colonnes, imprimé en gros, moyen et petit caractère, sans désignation spéciale de lieu, de date, ni de nom d'imprimeur ; mais une réponse de Nicolas Tinctoris, docteur en théologie, à l'épitre de l'évêque de Mayence, est datée : *ex Bamberga anno a Christi natiuitate* M.CCCC.XCIII, *Mensis maii die secundo;* voilà pour la date ; le nom de l'imprimeur et le lieu de l'impression sont clairement désignés dans les deux vers que nous avons cités plus haut.

Un livre de Fr. Niger, *Opusculum scribendi epistolas*, 1499, 52 ff. in-4, nous donne un second nom d'imprimeur au XVᵉ siècle ; la souscription est : *Opusculum hoc de scribendi epistolas ratione: q₃ diligen‖ ssime* (sic) *emendatū, arte q̅q₃ impressoria Fœderici Riedrers‖ hegoñ elaboratum est friburgo, anno dominice Incarnati‖ onis Millesimo quadringentesimo nonagesimo nono.* ‖ Laus deo. Panzer cite du même imprimeur un volume daté de 1496.

On rencontre quelques livres avec la souscription FRIBURGA; nous citerons avec Panzer, Hain, etc., l'édition de la *Cité de Dieu*, de St Augustin, (*Friburgæ*, 1494), qui présente cette particularité.

Les principaux imprimeurs qui suivent Kilianus Pescator et Fœder. Riedrers (ou Riedrer), sont Joann. Schott, de Strasbourg, et J. Faber Enneus, de Juliers.

FRIBURGUM [Cell., Cluv.], FRIBURGUM NUITONUM [Simler, Munster *Cosmogr.*], FRIBURGUM AVENTICORUM, FRIBURGUM HELVETIORUM, *Freiburg, Fribourg,* ville et chef-lieu de canton de la Suisse, admise dans la Confédération en 1481.

L'imprimerie ne paraît pas remonter en cette ville beaucoup plus haut que l'année 1583, date à laquelle les catal. Willer et Baluze nous fournissent des titres d'impression : *Statuta Synodalia Jacobi Christophori episcopi Basiliensis.* Friburgi Helvet., 1583, in-8. — *Michaelis Hageri S₂ Theologiæ doctoris et professoris Friburgensis, responsum adversus Heerbrandi de Antichristo Apologiam.* Friburgi, 1583, in-8.

Le premier nom d'imprimeur nous est fourni par les catal. G. Willer et des frères de Tournes : *Psalmi septem pœnitentiales cum litaniis et precibus, ad opem aduersus hæreticos proptis aliis periculis auertendis.* Friburgi Helvet., apud Gemperinum, 1590, in-24 ; et encore : *Notæ in lectiones euangelicas, quæ per totum annum in ecclesia catholica, diebus dominicis recitantur.* Friburgi Heluetiorum, ap. Abraham Gemperlinum, ‖1591, in-4.

Ce serait à cet Abraham Gemperlin de Constance, et peut-être à son associé W. Mäss, qu'il faudrait attribuer l'impression des volumes que nous avons cités à la date de 1583, bien que Falkenstein ne fasse remonter leur établissement à Fribourg qu'à la date approximative de 1585.

FRIBURGUM AD WINDAM, *Freyburg,* ville de Prusse (rég. de Merseburg), dans l'ancienne Thuringe. (*Arx Montana Freyburg, Landgraviorum olim sedes,* Struv., p. 793).

FRICDISLARIA [Ann. Lauriss.], FRIDESLARIA [Ann. Einhard. Fuld.], FRISDILAR, FRIDISLAR [Ann. Eginh.], *Fritzlar,* ville de la Hesse-Electorale près des frontières de la Westphalie.

FRICENTUM, voy. FREQUENTUM.

FRIDERICI COLLIS, *Friedrichshügel,* château près de Germersheim, dans la Bavière Rhénane.

FRIDERICI ODA, *Fridericia,* bourg et forteresse du Jutland, sur le petit Belt.

Imprimerie en 1794 : *Gaarman. Esterretninger om Kiöpstedt Fridericia.* Fridericia, 1794. (Ternaux.)

FRIDERICI PORTUS, *Friedrichshavn,* port de la Finlande, sur le golfe de Fionie (Russie).

FRIDERICIANA VALLIS, *Friedrichsthal,* château de Danemark (Seeland).

FRIDERICOBURGUM [Zeiler., Pontan.], antea EBELHOLTUM, *Friedrichsborg,* forteresse danoise dans l'île de Seeland.

FRIDERICOPOLIS, *Friedrichsstadt,* sur l'Eider, ville du Schleswig, fondée en 1621.

Falkenstein porte à 1624 l'introduction de la typographie dans cette ville, et M. Cotton ajoute que le premier imprimeur s'appelait Hans Gœthal ; nous n'avons pas de titre de livre à citer à l'appui de cette double assertion, que nous ne révoquons point en doute.

FRIDERICOSTADIUM [Baudrand], FRIDRICHSTADIUM, *Friedrichsstadt,* pet. ville forte de Norwége, près Christiania. Charles XII fut tué devant ses murs en 1718.

FRIEDBERGA, *Friedberg,* ville de Hesse-Cassel, anc. ville impériale.

FRIEDLANDIA [Zeiler], *Friedland,* ville de Prusse, rég. de Kœnigsberg. = Ville de Bohême, dans le cercle de Bunzlau.

FRIENWALDA, *Freyenwalde,* sur l'Oder, ville de Prusse (rég. de Potsdam).

FRIESHEMIUM (?), *Friesheim,* bourg de Suisse.

La *Bibliothek der Schweizerisch Geschichte* de Haller (t. III) cite comme ayant été imprimé dans cette localité, vers 1545, et par l'auteur lui-même, le livre suivant : *Gespräch Büchlein wider die Wiedertäufer durch Johann Kinthisius*, s. d., in-4.

FRIGENTIUM, voy. FREQUENTUM.

FRIGIDA, *Frias,* sur l'Ebro, bourg et château de la Haute-Castille.

FRIGIDA VALLIS, *Froideval,* vallée d'Alsace. = *Valle Fredda,* village du Napolitain [Bisch. et Möller].

FRIGIDUS FL. [It. Ant., Tab. Peut.], *le Freddo,* riv. de Toscane, traverse le territoire d'Arezzo.

FRINIA, FRINIUM, ville de Ligurie, auj. *Frignolo,* dans la div. de Coni.

FRISACUM [Zeiler], *Freisach, Friesach,* pet. ville d'Illyrie dans le cercle de Klagenfurt.

FRISDORF, village de la Prusse Rhénane, près Bonn.

M. Cotton cite un livre imprimé en 1694 et souscrit au nom de cette localité, nom qui, suivant toutes les probabilités, serait supposé.

FRISLA [Chron. et Ann.], FRESA [Ann. Guelferb.], FRESIA [Ann. Vedast.], Phrisia [Ann. Sangall., Guicciard.], *Friesland, la Frise,* l'une des divisions territoriales de la Hollande, dont la capit. est Leuwarden.

FRISIÆ MONASTERIUM.

Panzer (tom. IV, p. 105) cite un livre imprimé, dit-il, dans un monastère de la Frise : *Hidde de Camminga commentarius in jus antiquum Frisonum.* (Holl.), ante 1488, in-4 (sine ulla loci, anni nec typogr. indic.). — M. Cotton décrit cet ouvrage, dont la Bodléienne conserve deux exemplaires ; mais, comme rien n'indique le lieu d'impression, nous ne nous y arrêterons pas.

FRISII [Tac., Plin.], Φρίσσοι [Ptol.], Φρίσσονες [Procop.], FRISONES [P. Diac.], FRIGONES [Geo. Rav.], *les Frisons,* peuple de la Germanie, qui habitait d'abord l'île des Bataves, puis s'étendit sur le littoral de l'océan Germanique entre les embouchures de l'Ems et du Rhin.

FRISINGA, FRAXINUM, FRIXINIA, FRUXINIA, FRUXINUM [Zeiler, *Topogr. Bavar.*], *Freising, Freysingen,* ville de Bavière (Isarkreis) ; anc. évêché.

L'évêque de Freysingen, Sixte, fit appel à la ville voisine de Bamberg, pour en obtenir un imprimeur, à l'effet de faire exécuter les livres liturgiques de son diocèse, et le célèbre Jean Sensenschmidt vint à Freysingen en 1487, et y donna un Missel que nous décrivons : *Missale Frisingense.* Les six premiers ff. contiennent un calendrier ; au r° du f. 7 : Sixti episcopi Frisengensis mandatum de imprimendo missali : *Datz in ciuitate nostra Frisengeñ die vltima men ‖ sis Augusti. Anno dñi Millesimo qdringetesimo octuagesimo septo.* Puis vient une planche gravée au bois, accompagnée des armes de l'évêque. Au r° du f. 8., en lettres rouges : *Incipit ordo missalis secũ ‖ dum breuiariũ chori ecclesie‖ Frisengeñ...* L'exemplaire décrit par Hain contient entre les feuillets paginés 141 et 142, 21 ff. contenant les préfaces, et 12 ff. sur vélin, contenant une planche xylographique et le canon. Au v° du 363e f. se lit la souscription suivante en lettres rouges : *Liber missalis per mgrm ‖ Iohanem Sensenschmidt‖ de Babebergu. Anno dñi ‖* M.CCCCLXXXVij, *secũdo vo Kl‖ Septebris impssus.* Finit ‖ feliciter. Le vol. in-fol. contient en tout 7 ff. non paginés, et 323 ff. paginés, à 2 col. de 30 lignes, plus 30 ff. non numérotés.

Comme il n'est pas prouvé d'une façon péremptoire que ce beau livre soit le produit des presses locales, nous donnons le titre du volume qui jusqu'ici a passé pour être le premier produit de l'imprimerie de Freysingen : *Compendiosa materia pro iunenum informatione satis magistraliter compilata. Cuius titulus es tu scolaris* (sic). A la fin: *Impressum Freisingen per Johannem Schæffler Anno domini* M.CCCC.XCV. *Sexto Kalendas Julii,* in-4. Ce Schæffler imprimait à Ulm en 1493, et on l'y retrouve en 1497, 1498 et 1499.

FRITESLARIA, voy. FRICDISLARIA.

FRIULI CIVITAS, voy. CASTRUM FOROJULIENSE.

FRIVALDIA, *Freienwalde,* pet. ville de Prusse, sur l'Oder, près Neustadt (Eberswalde). = *Freywalde,* pet. ville de la Silésie Autrichienne.

Encore probablement un lieu d'impression supposé, étant donné surtout le nom de l'auteur que nous avons à citer: *Ferr. Pallavicini, auserlesene Wercke;* Freywald, bey Gottart Treumann, 1663, in-8 (*Litt. Wochenbl.*, t. II, p. 3).

FROGMORE-LODGE, WINDSOR.

Pavillon dépendant du château de Windsor, où la reine Charlotte d'Angleterre avait fait établir une petite imprimerie, dans laquelle sa lectrice miss Ellis Cornelia Knight fit imprimer le livre suivant : *Translations from the German, in prose and verse.*

« *Make us eternal truths receive And practise all that we believe.* » Dryden.

Printed by E. Harding, Frogmore-Lodge, Windsor, 1812, un vol. in-12 de 112 p°, tiré se ulement à 50 exempl.

La même année parut: *Miscellaneous Poems.* Printed by E. Harding, Frogmore-Lodge, Windsor, 1812, pet. in-4 de 90 pp.

Ce volume contient un choix de poésies tirées de William Robert Spencer, Samuel Rogers, miss Knight, et autres ; il est enrichi d'une vue de Frogmore.

Miss E. C. Knight est auteur d'un grand nombre d'ouvrages, dont l'un : *Lines addressed to Victory, in consequence of the success of Lord Cornwallis against Tippo-Saïb,* fut imprimé avec une traduction italienne, par Bodoni, à Parme, en 1793.

L'imprimerie de Frogmore-Lodge a servi encore à l'impression de cinq jeux de cartes historiques et chronologiques, fort rares aujourd'hui.

FRONTIACUM, FRANCIACUM [Ann. Einhard.], FRONCIACUS [Ann. Lauriss.], FRANCICUM, FRONTENOY [Eginh. Chron.], sur la *Dordonne* (Dordogne), avec un château construit par Charlemagne (Gr. Chron.), auj. *Fronsac,* pet. ville de Guienne, anc. titre de duché-pairie (Gironde).

FRONTINIACUM, FRONTINIANUM [Thuan.], FORUM DOMITII (?) [It. Ant., Tab. Peut.], FORUM DOMITIANUM (?) [Vales.], *Frontignan,* ville de Fr. (Hérault).

FRUMENTARIA, voy. OPHIUSA.

FRUSINO [Liv., Cic., Juv., lt. Ant.], Φρουσίνων [Strab.], ville des Volscæ, sur la via Prænestina, depuis colonie romaine, auj. *Frosinone*, chef-lieu de délégation des anc. Etats Pontificaux, sur la *Cosa* (Fl. Cosas).

FRUXINIA, voy. FRISINGA.

FUCINUS LACUS [Liv., Virg., Plin.], λίμνη Φουσίνας [Strab.], λίμνη Φουχίνη [Dio Cass.], *Lago di Celano* ou *Capistrano*, dans l'anc. pays des Marses, auj. l'Abruzze-Ultérieure II.

FUENGIROLA [Cell.], petit port du roy. de Grenade qui conserve le même nom.

FUENTERRABIA, voy. ŒASO et FONS RAPIDUS.

FULCARDIMONS, *Foucarmont*, bourg de Normandie (Seine-Inférieure) ; anc. abb. de Cîteaux.

FULCHERIA, ADDUA GLAREA, district du Milanais, auj. *la Ghierra d'Adda*.

FULDA [Ann. Fuld., Ann. Lauriss.], FULDENSE CŒNOBIUM [Ann. Fuld., Ann. Einhar.], FULDENSE MONASTERIUM, MONAST. S. BONIFACII, *Fulda*, *Fuld*, ville du gr.-duché de Hesse-Cassel, chef-lieu de province, sur la Fulda.

L'imprimerie paraît avoir existé en cette ville en l'année 1670, car nous trouvons au catal. Heinsius et cité par Ternaux; *Georgii Mentzii concionator extemporalis ex Psalmis*. Fuldæ, 1670, in-4 ; mais sans doute elle cessa pendant un laps assez considérable d'années d'être en exercice, puisqu'en 1723, J. T. Schannot, dans la souscription de ses *Vindemiæ litterariæ*, dit de son « *Specimen renascentis apud Fuldam typographiæ*. » (Cotton's Suppl.)

FULDA [Cluv., Cell.], FULDAHA, *Fulda*, rivière d'Allemagne; se jette dans le Weser près de Minden.

FULFULÆ [Liv.], ville du Samnium, auj., suiv. Reichard, *Monte Fuscone*, au S.-E. de Benevento.

FULGERIÆ, voy. FILICERIÆ.

FULGINIUM [Inscr. ad Orelli], FULGINIA [Sil. Ital.], Φουλχίνιον [Strab., App.], FULGINII [It. Hier.], FULLINIUM [Miræus, Geogr.; Blond. Hist.], ville de l'Ombrie, auj. *Fuligno*, *Foligno*, ville de la délég. de Spoleto (Italie).

Lorsque Gutenberg perdit en 1455 son procès contre son avide commanditaire Jean Fust, et se vit dépouillé de ses presses, de ses instruments de travail, réduit à abandonner son atelier comme un malfaiteur, et sans même pouvoir parvenir à éteindre la dette usuraire qu'il avait contractée, le grand homme qui avait consacré sa longue vie à la poursuite et à la réalisation d'une idée, resta seul et presque sans ressources ; il se retira dans la maison, dont la famille des Gensfleisch avait pris le nom, maison dite *a bono monte* (Gut berg); à l'aide d'un peu d'argent que consentit à lui avancer le docteur Humery ou Homery, il put organiser un très-modeste atelier typographique, et ce fut là qu'avec le concours d'un ouvrier habile, dont il fit son associé, il mit au jour son magnifique *Catholicon de Janua*, en 1460.

Cet ouvrier, dont on a heureusement retrouvé le nom, était un clerc du diocèse de Mayence, qui s'appelait Jean Numeister ou Nummeister.

Sur un livre donné par Gutenberg aux Chartreux de Mayence, on lisait (car ce livre a disparu depuis, mais M. Fischer l'a vu et décrit, *Essai*, etc., p. 78) une souscription manuscrite, dont malheureusement les dernières lettres des lignes, atteintes par le couteau du relieur, rendent le sens un peu obscur, mais que l'on peut néanmoins arriver à traduire :

Carthusia prope Maguntiñ possidet ex ̄lber (ali)
Donacōne ìoañis dicti a Bono monte opuscu (lum)
Mira sua arte sc̄ ē Johannis Nummeister...
Cleric. Confectū. Anno dni M° cccc°
LX. iii. xiii. Kal. Jul.

Tout est clair dans cette souscription, à l'exception des lettres SC̄ E qui ont fortement occupé M. Auguste Bernard, dont la sagacité et la science sont universellement reconnues ; il propose la version : *sc(ientia) e(tiam)*, qui, nous l'avouons, ne nous satisfait point absolument : ne devrait-on pas lire : *S(o)c(ii) (qu)e*, ou *S(o)c(ii) e(tiam)*, et avec ces deux mots la phrase ne serait-elle point parfaitement claire ?

Ce Jean Numeister resta fidèle à son vieux maître jusqu'à la mort de celui-ci, mort dont on ignore la date exacte, mais que l'on sait être antérieure au 28 février 1468 ; délié de son engagement, il suivit le chemin que lui avaient ouvert tous ses compatriotes qui avaient fui Mayence après le siège de 1462, et s'achemina vers l'Italie.

Fut-il demandé à Foligno ? Y arriva-t-il fortuitement ? Le fait n'est point éclairci, et n'a de reste aucune importance. Ce qui est certain, c'est qu'il y était installé en 1470, et probablement même à la fin de 1469, puisque le premier et important ouvrage sorti de ses presses porte cette date de 1470.

ARETINVS (*Leonardus*). *De Bello Italico adversus Gothos* ; au r° du 1ᵉʳ f. LEONARDI ARETINI DE BELLO‖ITALICO ADVERSUS GOTHOS‖... A la fin, r° du 71ᵉ f. : *Hunc libellum Emilianus de Orfinis Eulginas* (sic)‖*et Iohannes Numeister theutunicus*, (sic)‖*eiusq; sotii* (sic) *impresserunt Fulginei in domo eiusde*‖*Emiliani anno domini Millesimoquadringetesi*‖*moseptuagesimo feliciter*, in-fol. de 71 ff. à 29 lignes, sans ch., récl. ni sign.

Au lieu de *Orfinis* ou *Orsinis Eulginas*, lisez *Ursinis Fulginas* : on sait que tel est le nom latin des ORSINI, l'une des appellations les plus fréquentes en Italie.

Plusieurs différences existent sur les exemplaires connus de ce rare volume ; elles sont signalées par tous les bibliographes ; en voici une moins connue : l'avant-dernier mot du corps d'ouvrage est imprimé *Hnius* au lieu de *Huius* ; sur les exemplaires du second tirage la faute est corrigée.

Une édition des *Epistolæ ad Familiares*, donnée par le célèbre Jean André, évêque d'Aléria, est publiée sans date, mais certainement à la même époque ; c'est un vol. in-fol. également sans remarques typographiques ; on lit à la fin :

Emilianus auctor Fulginas : et fratres una
Ingenio prestante uiri. Numeister et Auctor
Johannes Almanus recte qui plura peregit
Tulli ducenta nuper presente uolumina recto
Quæ uiserat probus Episcopus Aleriensis
Fulginei acta uides et Laribus Emiliani.

Mais le livre le plus illustre qui soit sorti des presses de Foligno, l'un des plus nobles spécimens de l'art typographique, c'est l'EDITION PRINCEPS DE DANTE, donnée en 1472. Tout a été dit et redit sur ce livre célèbre ; il a été trop souvent décrit et commenté pour que nous ayons à y revenir.

En 1479 apparaît encore un dernier produit des presses de Numeister, *Johannis de Turrecremata*

Contcmplaciones, in-fol. Ce livre est imprimé sans nom de ville, avec des caractères gothiques, qui rappellent exactement ceux de la Bible de 42 lignes : c'est un dernier et suprême hommage de l'élève respectueux, qui restait fidèle au culte et au souvenir de son glorieux patron, et qui, pour cette dernière fois, se départit du goût italien, et cessa d'employer le beau caractère rond, qui lui avait été imposé jusque-là par ses associés. Il mourut probablement cette même année 1479, ou revint s'éteindre dans sa patrie, car, à partir de cette date, le silence se fait sur son nom glorieux et les presses de Foligno disparaissent pour longtemps.

FULIUM, *Feuillans*, bourg du Languedoc, près Rieux (Haute-Garonne), anc. abb. fondée en 1162; chef-d'ordre des Feuillants.

FULSINUM, ville des Fulsinates [Plin.], en Illyrie, auj. *Fussina*.

FUMACUM, FUMÆUM, *Fumay*, pet. ville de Fr. (Ardennes).

FUMELLUM, *Fumel*, pet. ville de Fr. (Lot-et-Garonne).

FUNDANUS LACUS [Plin., Tac.], *Lago di Fondi*, dans la terra di Lavoro.

FUNDI [Cic., Liv., Mela], οἱ Φοῦνδα [Strab., Ptol.], ville des Volscæ, dans le Latium, auj. *Fondi*, ville de la Terra di Lavoro, province napolitaine du royaume d'Italie.

FUNDKIRCHA, voy. QUINQUE ECCLESIÆ.

FUNDUS REGIUS SAXONICUS, *Land der Sachsen*, prov. de Transylvanie.

FURA, FURA DUCIS, *Fervueren*, bourg de Belgique (Brabant Mérid.).

FURCA, FURCA MONS, voy. BICORNIS.

FURCÆ CAUDINÆ, *les Fourches-Caudines*, défilé étroit du Samnium, situé dans la vallée située entre *Arpaja* et *Montesarchio*, ou peut-être dans celle qui va d'*Arienzo* à *Arpaja*.

FURCONA [P. Warnefr.], FURCONIUM, ville des Sabini, auj. *Forcone*, dans l'Abruzze Ultérieure.

FURNA, FURNÆ [Guicciard.], *Furnes, Veurne, Veuren*, ville de Belgique (Flandre Occid.).

FURNUS CALCARIUS, voy. FORUM NERONIS.

FURONIS [Ann. Hincm. Rem.], *Foron, Fle-*

ron (?), bourg de Belgique (prov. de Liége).

FURSÆI DOMUS, *Frohen, Froheins*, bourg de Picardie (Somme) ; de S. Fursæus, St-Fursy.

FURTUM, FURTHA, FURDA, *Fürth* (*Pferda*), ville de Bavière (cercle de la Franconie-Moyenne), *Furth* (*Gué*) : cette ville doit son nom à un gué établi sur la Rednitz par Charlemagne.

C'était dans cette ville qu'étaient relégués les Juifs, auxquels il n'était point permis de s'établir dans la ville de Nuremberg ; une imprimerie hébraïque y fut installée au XVII⁰ siècle; le plus ancien de ses produits remonterait à l'année 1653. (Oppenheim, *Bibl. Hébr.*)

FUSCULUM, *Montefusco*, ville du Napolitain (Graësse).

FUSNIACUM, FUCIGNIACUM, *Foigny*, bourg de Fr. (Aisne), anc. abb. de Citeaux, du diocèse de Laon.

FUSTENBURGUM, FURSTENBERGA, *Furstenberg*, anc. château, bourg sur le Weser (Hesse-Cassel).

L'imprimerie existe dans cette petite localité en 1634; nous avons un grand nombre de renseignements confirmant ce fait et cette date; *Guil. Camerarii Justa defensio præmonitionis physicæ*. Fustembergii, 1634, in-4. (*Catal. Rob. Scott, bibliopolæ Londin.*, 1674, in-4, p. 98, et *Cat. des Frères de Tournes*) ; l'année suivante nous trouvons au catal. Baluze (4620) la réponse au livre précédent: *Non causa ut causa, subjuncta vera causa, adversus Guillelmum Camerarium, auctore Petro de Pasquier*. Fustemburgi, 1635, in-4 ; et le livre est également cité dans Melzi (*Anon. et Pseud.*, II, 318) qui nous donne le nom réel de l'auteur, Théophile Raynaud, de la compagnie de Jésus.

FUXENSIS COMITATUS OU PAGUS, *le Comté de Foix*, un des anciens gouvernements de la France, dont le territoire est auj. réparti entre le département de l'Ariége et la république d'Andorre.

FUXUM, *Foix*, ville de Fr. (Ariége), anc. capitale du comté de ce nom, au pied des Pyrénées.

Ce n'est qu'à la fin du siècle dernier que nous pouvons faire remonter la typographie dans l'antique capitale des comtes de Foix et de l'illustre Gaston-Phœbus, de cynégétique mémoire : *Ebauche d'une description abrégée de l'Ariège, par le citoyen Mercadier.,.* imprimée et publiée par ordre du citoyen Brun, préfet de Foix, impr. de Pomiès aîné, frimaire an IX, in-8 (Bibl. impér.).

GABALEUM, voy. ULPIANUM.

GABALI [Cæs., Plin.], Γάβαλοι [Ptol.], GA-
BALES [Sidon. Apol.], Γαβαλεῖς [Strab.],
pays du S.-E. de la Gaule, au S.-O. des
Arverni; occupait le *Gévaudan*, district
du Languedoc, GABALENSIS PROVINCIA,
ou GABALITANUS PAGUS [Plin.], compris
auj. dans le département de la Lozère
et de la Haute-Loire; c'était le pays
des Gabali, dont ANDERITUM était la
capitale [Cæs.].

GABALUM, GAVALIS [Aimon.], voy. ANDERI-
DUM.

GABARUS OLERONENSIS, le *Gave d'Oleron*,
cours d'eau des Basses-Pyrénées.

GABARUS PALENSIS, le *Gave de Pau*, affl.
de l'Adour.

GABELLUS FL. [Plin.], rivière de la Gaule
Cispadane, auj. *la Secchia*, affl. du
Pô.

GABIENUM, *Gabiano*, bourg du Montferrat,
près Ferrara.

GABII [Plin., Juv., It. Ant.], Γάβιοι [Strab.],
GABINI [Liv., Tac.], peuple du Latium,
entre Rome et Præneste, dont la capitale, GABINA URBS [Ovid.], *Gabies*, est
auj. *Gallicano*.

GABINUM [Cell.], *Gabin*, bourg de Pologne
(prov. de Masovie).

GABINUS LACUS, chez les Gabii (Volscæ),
auj. *Lago di Castiglione*, dans les Etats
Pontificaux.

GABLONA, JABLONA, *Gabel, Gablon*, ville de
Bohème dans le cercle de Yung-Bunz-
lau.

GABRÆ, GABRIS [Tab. Peut.], *Chabris*, sur
le Cher, bourg de Fr. (Indre).

GABRANTUICI, Γαβραντούϊκοι, peuple de la
Bretagne romaine; occupait partie du
Yorkshire.

GABRANTUICORUM SINUS, Γαβραντούϊκων κόλπος, *Golfe d'Hornsey*, à l'E. du Yorkshire.

GABRETA SILVA, Γάβρητα ὕλη [Ptol., Strab.],
der Böhmerwald, en Bohème.

GABROMAGUS][It. Ant., Tab. Peut.], ville de
la Norique, auj. *Lietzen*, sur l'Inn,
dans le Tyrol [Forbiger].

GABROSENTUM [Geo. Rav.], GABROCENTIUM,
bourg de la Bretagne romaine, auj.
Drumbrough, sur le firth of Solway
[Forbiger].

GABULEUM [Tab. Peut.], GEBULION [Anon.
Rav.], ville de Mœsie, auj. *Gkölhau*,
dans la Boulgarie ottomane.

GADES [Mela, Plin., Horat.], τὰ Γάδειρα
[Eratosth.], ἡ Γάδειρα [Pind., Strab.,
Ptol.], AUGUSTA JULIA GADITANA [Plin.],
GADITANA CIVITAS [Cic.], ACCITANA CIVITAS,
ACCI, SALAM CADIS [Gr. Chron. Carlem.],
ville de l'Hispania Bætica, auj. *Cadix,
Cadiz*, ville d'Andalousie, dans la
presqu'île de Léon, chef-lieu d'inten-
dance.

Imprimerie en 1610 ; *Grandezas y antiguedades*

de la Isla y ciudad de Cadiz, en que se escriuen muchas ceremonias que usaua la Gentilidad ; con estatuas, piedras, y sepulcros antiquos. Gadibus, in-4. L'auteur de ce livre rare et précieux est Jean Battista Suarez y Salazar, natif de Cadix, chanoine, puis vicaire général de cette ville, « *vir totius antiquitatis insigniter eruditus* », dit Antonio.

Nous ne sommes point instruit du nom de l'imprimeur auquel on doit l'exécution de ce livre ; sans doute c'était Juan de Borja, qui imprime en 1617 : *F. Fernando Becerra, la Vida y Muerte de los santos martyres Fr. Fernando de S.-Joseph, y Fr. Nicolas Melo.* Gadibus, ad Joannem de Cuença, ejus urbis præsulem, apud Joannem de Borja, 1617, in-8.

En 1670, 1673, 1678, nous trouvons des livres imprimés par Juan Vejarano.

GADITANUM FRETUM, *détroit de Gibraltar.*

GADIVA [Cambden], *Aberfraw,* ville de l'île d'Anglesey (Angleterre).

GAELUM, *Ghé,* bourg et anc. abbaye de Bretagne (Ille-et-Vilaine).

GAGANA [Tab. Peut.], GAGANIS, GAZANA [Anon. Rav.], localité de la Dacie, placée près de *Flova,* sur le Temesz (comitat de Temeswar).

GAINSBOROUGH, sur le Trent, ville d'Angleterre (Lincolnshire).

Cette ville eut une imprimerie en 1776 ; J. Mozley y exécuta un *Prayer-book* en 1778, et un journal : *the Gainsborough Spectator,* y parut à partir de 1793 (Dr Cotton's *Suppl.*).

GAITIA, *Jaicze, Jaidscha,* bourg de Bosnie, au confluent de la Vilva et du Verbas.

GALABER, *la Galaure,* riv. du Dauphiné, affl. du Rhône.

GALACTOPHAGÆ, peuple de la Scythie, *les Kalmouks.*

GALACUM, [It. Ant.], ville des Brigantes dans la Bretagne romaine, auj. *Kendal,* sur le Ken, ville d'Angleterre (Westmoreland).

Un journal, *the Kendal Courant,* imprimé par Thomas Cotton, parut dans cette ville le 1er janvier 1731. *The Agreable Miscellany,* publication périodique, imprimée par M. Ashburner, parut en 1745, et en 1776 nous trouvons *W. Cockin's occasional Attempts in verse,* printed only for the author's particular acquaintance, in-8 (Cotton's *Suppl.*).

GALÆCIA, voy. GALLICIA.

GALARDO, *Gallardon,* bourg de la Beauce (Eure-et-Loir).

GALARIA, voy. GALERIA.

GALATA [Cic.], ville de Sicile, auj. *Galati,* bourg de la côte septentrionale de l'île.

GALATIA, voy. GALLICA.

GALAVA [It. Ant.], ville des Brigantes dans la Britannia Romana, auj. *Lorton,* sur le Kecker, suiv. Mannert, et *Ouse Bridge,* suiv. Reichard, près Manchester.

GALENA, voy. CALLEVA ATREBATUM.

GALEPSUS [Liv.], Γαληψός [Hérod., Thuc., Str.], ville de la Sithonie (Macédoine), sur la côte O., auj. *Hagio Kirili,* dans le pachal. de Sérès.

GALERIA, Γαλέρια [Diod.], GALARIA [Cell.], GALARINA, Γαλάρινα [Steph. Byz.], ville de Sicile, auj. *Gagliano,* dans le Val di Demona.

GALESIUM, voy. FALISCA.

GALESUS [Virg.], GALÆSUS [Horat.], le *Galaso,* fleuve d'Italie ; se perd dans le golfe d'Otrante.

GALGOCINUM (*in Comitatu Nitriensi*), *Galgotzon,* bourg du Comitat de Neitra, en Hongrie.

En 1584 et 1585 Valentinus Mantskovits exerça la typographie dans cette petite ville, qu'il quitta pour Visoly, où il séjourna dix ans.

Lampe (*Hist. eccles. reform.,* p. 568) donne le titre d'un volume publié par cet imprimeur en 1584 : *Dem. Sibolti. Lelki Hartz-az Bwnoes.embernek felette igen nehez lelki Kesertetekröl való vetekedèse....* Galgotzon, nyomtatta Mantskovit Bálint. 1584, in-12 de 24 f.

L'historien précité nous apprend que ce Démétrius Sibolti était évêque (*superintendens*) du district cis-Danubien.

Németh donne un second volume : *Pauli Kyrmiceri Confessio fidei de æterna Deitate Christi.* Galgocini, typis Valent. Mantskovits, 1585, et il ajoute : « *plura non inveni.* »

GALICIA, *Galitsch, Halicz,* ville de Russie, dans le gouv. et au N.-E. de Kostroma.

GALLÆCI [Plin., Flor.], voy. CALLAICI, Καλλαικοί [Strab., Ptol.].

GALLETI, voy. CALETES.

GALLI [Tac., Cæsar, etc.], Γάλλοι [Ptol.], *les Gaulois.*

GALLIA, ἡ Γαλλία, *la Gaule.*

Les divisions de la Gaule varièrent tant de fois que, pour ne point entrer dans des détails si étendus qu'ils excéderaient les bornes que nous impose le cadre de notre livre, nous ne donnerons que la liste des provinces gauloises au temps des premiers empereurs romains.

GALLIA BELGICA [Plin., Cæs.], Κελτογαλατία Βελγική [Ptol.], Γαλλία Βελγική [Id.], au N.; divisée, après la conquête romaine, en *Belgique première,* capit. TREVERI, et *Belgique seconde,* capit. REMI ou DUROCORTORUM.

GALLIA BRACCATA [Mela, Plin., Tac.], (de *Braccæ, Braies*), appelée depuis la PROVINCIA, comprenait la partie méridionale des Gaules que les Romains possédaient depuis l'an 121 av. J.-C.; correspond auj. à *la Provence,* qui en a tiré son nom ; voy. GALLIA NARBONENSIS.

GALLIA CISALPINA [Cic., Cæs., Flor.], Γαλατία ἡ ἐντὸς τῶν Ἄλπεων [Dio. Cass., Plut.],

Κελτικὴ ἡ ἐντός [Strab.], GALLIA CIRCUMPADANA, GALLIA CITERIOR [Suet., Cæs.], PROVINCIA CITERIOR [Cæs.], Γαλατία [Plut.], GALLIA TOGATA [Cic., Cæs., Plin.], Γαλλία ἡ Τογάτα [Ptol.], habitée par les *Porte-Toges*, par opposition à GALLIA BRACCATA, habitée par les *Porte-Braies*, province formant le Nord de l'Italie; tirait son nom de sa position en-deçà des Alpes, par rapport à Rome; fut divisée en quatre provinces: *la Gaule Cispadane, la Gaule Transpadane, la Vénétie* et *la Gaule Cisalpine* proprement-dite.

GALLIA CISPADANA, province de la Gaule Cisalpine.

GALLIA COMATA ou CELTICA [Cic., Tac., Plin.], ἡ ὑπὲρ τῶν Ἄλπεων Κελτική [Strab.], GALLIA ULTIMA ou ULTERIOR [Cic.], GALLIA PROPRIA [Aur. Vict.], *la Gaule Celtique* ou *Gaule Chevelue*; l'une des trois divisions de la Gaule avant César; les Romains en formèrent les quatre *Lyonnaises, la Séquanaise* et *les Aquitaines* I et II; cette vaste étendue de territoire forme auj. la partie de la France comprise entre la Belgique, le Rhin, les Alpes au N.-E. et à l'E., la Narbonnaise et l'Aquitaine au S. et l'Océan à l'O. et au N.

GALLIA LUGDUNENSIS, voy. GALLIA COMATA; les quatre Lyonnaises comprenaient du S.-E. au N.-O, *le Lyonnais, la Bourgogne, le Nivernais, l'Ile-de-France, l'Orléanais, la Normandie, la Bretagne, le Maine* et *l'Anjou*. Le chef-lieu de la Iʳᵉ Lyonnaise était LUGDUNUM; de la Lyonnaise II, ROTOMAGUS; de la Lyonnaise III, TURONES; enfin de la Lyonnaise IV, SENONES; voy. ces noms.

GALLIA NARBONENSIS [Plin., Mela, Tac.], ἡ Γαλατία ἡ περὶ Νάρβωνα [Ptol., D. Cass.], PROVINCIA [Cæs.], NARBONENSIS PROVINCIA [Plin.], appelée d'abord GALLIA BRACCATA [Mela, Plin.], par opposition à la GALLIA TOGATA, en-deçà des Alpes; l'une des quatre divisions de la Gaule, après la conquête romaine; au S.-E., entre les Alpes, le Rhône, les Cévennes, la Garonne, les Pyrénées et la Méditerranée; elle fut subdivisée en 5 provinces; *les Narbonnaises* I et II, *la Viennaise, les Alpes Graies-et-Pennines, les Alpes-Maritimes*; capit. NARBOMARTIUS.

GALLIA SUBALPINA, TOGATA, TRANSPADANA, TRANSALPINA, voy. GALLIA CISALPINA.

GALLIA ULTERIOR, ULTIMA, voy. GALLIA COMATA.

GALLIA VIENNENSIS, voy. GALLIA NARBONENSIS.

GALLIACUM, *Gaillac*, ville de Fr. (Tarn). = *Gaillac*, village du Languedoc (Tarn-et-Garonne); abb. et prieuré de Bénédictins.

GALLIANUM, *Galliano*, bourg du Milanais.

GALLICÆ PALUDES, VENETÆ PALUDES, *les Lagunes* de l'Adriatique, sur lesquelles est bâtie *Venise*.

GALLICIA [Jornand., Isidor. Chr.], GALLECIA [Ann. Einhard., Ann. Moissiac.], GALATIA [Chron. Moissiac.], GALÆCIA, *la Galice, Galicia*, province espagnole; une des douze capitaineries générales de la Péninsule.

GALLICUM [It. Ant.], BORTINÆ [Id.], voy. BORTINA.

GALLICUM [Tab. Peut.], localité de la Macédoine, auj. *Kilkitj*, sur le fl. Gallico, dans le Pach. de Saloniki [Leake].

GALLICUS FLUVIUS, *le Gallego*, riv. d'Aragon, affl. de l'Èbre.

GALLICUS SINUS, *le Golfe de Lyon*, sur les côtes de Provence.

GALLI FANUM, voy. FANUM S. GALLI.

Nous trouvons au catal. des frères de Tournes (Genevæ, 1670, p. 226) une édition des *Aphorismi Hippocratis, ab Achille P. Gassaro Lindaviensi medico, primum quinque libris distincti, omnia nunc primum opera et studio Caspari Wolfii Tigurini medici in lucem edita*. Sangalli, 1574, in-8. Mais, comme nous retrouvons ce même ouvrage au catal. de G. Willer (*Francf.*, 1592, p. 319), sous la date de 1584, nous ne pouvons enregistrer la mention du *catal.* des frères de Tournes que sous bénéfice de collation.

GALLI FONS, *Gaillefontaine*, bourg de Normandie (Seine-Inférieure).

GALLINARIA INS. [Varron., Colum.], île du Sinus Ligusticus, auj. *Isola d'Albienga*, ou *Gallinara*, dans le golfe de Gênes.

GALLIO, CASTRUM GALLIONIS, GALLAO [Anc. Chr.], GALLAONIS CASTELLUM [Rigordi Chr.], *Gaillon*, ville de Fr. (Eure); anc. Chartreuse et château.

L'archevêque de Rouen, très-grand seigneur ecclésiastique, l'un des plus riches prébendaires de France, et nonobstant très-dévoué aux lettres et à l'art qui nous occupe, François de Harlay, faisait sa résidence habituelle du château de Gaillon, l'une des propriétés dominicales de son archevêché; c'était là qu'il conservait la belle bibliothèque qu'il légua depuis à son chapitre de Rouen. Son vicaire général était le célèbre P.-J. Camus, démissionnaire de l'évêché de Belley; ce fut là enfin que, tracassé par le parlement d'une part, de l'autre entraîné par l'amour des lettres et la passion de la controverse, il se décida à installer une imprimerie particulière, dont il donna la direction au descendant d'une illustre famille, à Henry Estienne, troisième du nom; cette imprimerie fonctionna pendant un laps de temps assez considérable, et nous lui devons quelques pièces curieuses. « Les unes, dit M. Frère, sont l'ouvrage du prélat, les autres sont relatives à son diocèse, à sa juridiction archiépiscopale, à ses démêlés avec des religieux, démêlés assez vifs dont il sortit vainqueur : toutes portent la souscription : *ex typographia Gallionæa*, et sont imprimées dans le format in-4° ; elles ont été réunies en un volume, rare et recherché aujourd'hui, qui porte le titre de *Mercure de Gaillon*. »

La plus ancienne de ces pièces est intit. : *L'œuvre de pacification, ou catéchisme de controverse, en forme de décision*. Au château archiépiscopal de Gaillon, par Henry Estienne, 1639, in-4, réimpr. en 1640. — *Epistola canonica Francisci de Harlay archiep. rothom. ad Carolum a S. Paulo designatum episcopum Abrincensem*. Gallioni 1640, in-4. (Cat. Baluze, n° 5647.) Voy. au même catal., sous le n° 4467, une liste presque complète des pièces qui composent le *Mercure de Gaillon*.

Le total de ces pièces est de 24 ; on y remarque le *Traité d'eschange des villes d'Andely, Louviers, Alliermont et autres, entre Richard Cœur-de-Lyon et l'archevêque de Rouen*, et le *Traité des Rois de France avec les archevesques du même siège*, jusqu'à la fin du XII° siècle ; le *Catéchisme des controverses, par François, archev. de Rouen*. Chez Henry Estienne, à Gaillon, 1640, in-4. (Catal. Maittaire, I, p. 132.)

Nous connaissons aussi quelques pièces in-8, sorties des mêmes presses : *Vœu de la Reine à N.-D. de la Paix, et la prédiction de l'Église, des grâces que S. M. devoit espérer pour l'obtenir*. De l'imprimerie de Gaillon, 1643, in-8 (Bibl. impér., *Hist. de Fr.*, I, p. 600).

L'archevêque de Harlay mourut à Gaillon, le 22 mars 1653, âgé de 68 ans, ayant donné sa démission en 1651. M. Frère a consacré à ce prélat un article intéressant (voy. *Bibl. Norm.*, II, p. 64-65).

Le beau château des archevêques de Rouen a été converti en maison centrale de détention.

GALLIPOLIS, voy. CALLIPOLIS.

GALLIPOLIS CALABRIÆ, voy. ANXA.

GALLITARUM OPPIDUM, *Guillestre*, bourg du Dauphiné (Hautes-Alpes).

GALLIVA [Camden], *Gallway, Galloway*, ville et comté d'Irlande (Connaught).

M. Cotton, dans son *Supplément*, consacre un curieux article à la ville de Gallway ; il relève les assertions de la *Dublin literary Gazette* » de 1830, et donne un démenti formel aux objurgations erronées du *Bibliophile belge* (t. IV, p. 43), .qui s'est permis de jeter aux Anglais le reproche sanglant de chercher à abâtardir l'Irlande, en entretenant dans les comtés l'ignorance et développant l'abrutissement.

GALLUS ou LOPHI, Γάλλος ἤτοι Λόφοι, localité de la Mœsie Infér., auj., suiv. Reichard, *Gablova*, bourg de la Boulgarie, sur le Jantra, près de Nicopoli.

GALTHERA [Ann. Vedast.], DENDERA, TENRA [A. Lebeuf.], riv. de la Flandre Orientale, le *Dender, Dendre*, affl. de l'Escaut.

GALVEJA, GALLOVIDIA [Buchan.], *Galloway*, district d'Écosse, dont le chef-lieu est *New-Galloway*.

GAMACHIUM , GAMAPIUM , *Gamaches-sur-Bresle*, bourg de Fr. (Somme), anc. marquisat.

La famille des Lottin, libraires et bibliographes, est originaire de ce bourg, qui a donné aussi naissance à François Vatable.

GAMANODUNUM, GAMARODURUM [Baudrand], *Grobming*, bourg de Bavière, près Rastadt.

GAMBLATUM, *Gâmbolo*, bourg du Milanais.

GAMBRACIUS SINUS, *le Golfe de St-Tropez* (Var).

GAMBRARIA, *Gambararo*, bourg du Padouan (Vénétie).

GAMBRIVII [Tac. *Germ.*], CAMBRIVII, GAMABRIUNI, peuple de la Germanie Septentr., habitait le territoire d'Hambourg, ou, suiv. Reichard, le pays entre le Weser et le Harz, ramification des Carpathes.

GAMBRIVIUM, voy. HAMBURGUM.

GAMMUNDIA, GEMUNDA [Crus. *Ann. Suev.*], *Gemünd, Schwäbisch-Gemünd*, ville du Wurtemberg, sur le Rems.

GAMUNDIUM, *Castellazzo*, ville d'Italie (div. d'Alessandria).

GANDA [Ann. Einhard.], GANTUM [Ann. Hincm. Rem., Ann. Prudent. Trec.], GANDAVUM [Ann. Vedast.], CLARINEA (?), GESSORIUM (?), ville des anc. *Centrones*, clients des *Nervii*, auj. *Ghendt, Gent, Gand*, ville de Belgique, chef-lieu de la Flandre Orientale, au confluent de la Lys et de l'Escaut, patrie de Charles-Quint et de Daniel Heinsius.

Gand est la septième ville de Belgique dans laquelle ait été exercé l'art de l'imprimerie ; Alost, Louvain, Bruges, Bruxelles, Anvers, Audenaerde l'ont précédé dans cette carrière. M. Aug. Voisin (Bibl. de Belgique, p. 58) recherche les causes qui peuvent expliquer ce retard, et les trouve dans les guerres et les désordres du temps.

Le premier imprimeur de Gand est Arnaud de Keyser ; on l'appelle aussi Arnoud ou Arendt de Keyser ou de Keysere, en latin Arnoldus Cæsaris, et en français Arnaud l'Empereur. Quel est son lieu de naissance ? on l'ignore. On a prétendu qu'il était d'Audenaerde ; c'est dans cette ville en effet qu'il débute comme imprimeur en 1480 (voy. ALDENARDA), mais de nouvelles recherches ont prouvé que son nom ne se trouvait sur aucun des registres de la Porterye ou bourgeoisie de la commune. Appartient-il à la famille du célèbre Pierre de Keysere, l'imprimeur d'Anvers ? Voilà ce que les plus minutieuses recherches ne permettent point aux bibliographes belges de déterminer d'une façon précise.

Les troubles qui avaient agité la ville de Gand, à la suite de l'exécution de Hugonet et d'Ymbercourt, les ministres de Marie de Bourgogne, ayant pris fin, la mort de Louis XI, de France, étant survenue le 30 août 1483, et la grande cité flamande jouissant enfin d'un peu de calme, Arnaud de Keysere s'empressa de quitter Audenaerde et de transporter sur un plus vaste théâtre ses presses et son industrie.

Sa première impression, découverte il y a quelques années (1859) par M. Lempertz (Héberlé) de Cologne, est une pièce française : *Traicté de pais d'Arras du 8 avril 1483*. Gand, Arn. de Keysere,

1483, in-fol. goth. de 12 ff.; cette pièce importante appartient auj. à M. Vanderhæghen, l'auteur de la *Bibliographic Gantoise* ; elle n'a malheureusement pas de date de mois, mais on peut supposer que son impression est rapprochée de la date de la conclusion du traité.

Comme seconde impression d'Arn. de Keysere, nous avons :

Guillermi parisiensis episcopi rethorica (sic) *diuina, quo nullius utilior, dulcior ac deuotior est.* On lit au r° du 5e f. du dernier cahier : *Explicit Rethorica diuina doctoris uncti et ungentis magistri Guillermi Parisiensis de sacra et sanctificatiua oratione aliquiter abbreuiata.* Impressa Gandavi per me Arnoldum Cesaris. Anno Dñi M.CCCC.LXXXIII. xi° Kal. sep. Au dernier f. v°, la marque de l'imprimeur et les mots RETHORICA DIUINA, in-4, de 133 ff. à 29 longues lignes à la page entière, sans ch. ni récl., mais avec signat. A-Q 5 ; le point en étoile, les virgules et les traits d'union en ligne oblique.

L'auteur de ce rare volume est Guillaume d'Auvergne, né à Aurillac, et mort en 1248 ; il occupa le siége épiscopal de Paris pendant 21 ans.

Le second ouvrage encore plus rare, que cite M. Auguste Voisin, comme appartenant aux presses d'Arnaud de Keysere, est conservé à la biblioth. de l'Université de Gand ; il est relié à la suite de la *Rhetorica divina*, et est intitulé : *Dyalogus super libertate ecclesiastica inter Hugonem decanum et Oliuerium burgimagistrum et Cathonem secretarium interlocutores theuen.* Ce dialogue est suivi de sept traités de divers auteurs, Thomas d'Aquin, Gerson, etc. Il forme in-4 de 91 ff. sans aucune désignation de lieu, d'année ni d'impression, mais il est exécuté vers 1483 et avec les caractères dont s'est servi notre imprimeur pour la *Rhetorica divina*, une justification et un papier identiques ; il est également sans ch. ni récl., mais avec sign. qui vont de A ii à M ii.

Arnaud de Keysere eut un fils, Pierre, qui lui succéda et imprima dans cette même ville dès l'année 1516 ; mais entre les deux Keysere viennent se placer deux imprimeurs associés, Simon Cock et Judocus Petrus de Hallis ex Brabancia ; M. Voisin cite à la date de 1513 de ces deux typographes une très-intéressante publication de Lambertus de Ramponibus, suivie d'une souscription curieuse, qui mentionne un privilége de l'archiduc d'Autriche, duc de Bourgogne, de Brabant, etc.

Les Keysere habitaient une maison située *in vertice montis Arenosi*, au lieu dit *le Sablon, den Sand-berg.*

On trouve encore le nom de Pierre de Keysere sur plusieurs ordonnances impériales, en français, dont la dernière est datée du 5 novembre 1547, sans doute l'année de sa mort. Cette dernière pièce est intitulée : *Mandement de temperiale maieste faict lan de nostre seigneur mille cincq cens quarante sept*, in-4 de 4 ff.; au v° du 4e f. le fleuron de l'imprimeur, représentant une presse avec ces mots : *Pretum Cesareum, Petrus Cesar Gandavus*, fleuron qui se reproduit sur plusieurs des impressions de ce typographe.

On trouve également cette expression remarquable, *Pretum Cesareum*, sur des volumes publiés à Paris à la même époque. Cette presse césarienne doit se rapporter à l'imprimerie dirigée au commencement du XVIe siècle par Martin de Keyser, que l'on croit le fils du grand Pierre de Keyser, l'associé de Stol, établi *in vico sancti Jacobi, à l'enseigne du souflet vert* ; mais la coïncidence doit être notée, et indique évidemment entre les imprimeries homonymes de Gand et de Paris une parenté, que les recherches des historiens spéciaux laissent deviner, mais sans en déterminer le degré d'une façon péremptoire.

La ville de Gand, outre la riche bibliothèque de son université, possède un très-grand nombre de cabinets et de collections particulières ; nous avons depuis quelques années assisté à la dispersion de deux des plus importantes : celle de M. de Borluut de Nortdlonck et celle de M. Charles Pieters, notre regretté et savant confrère.

GANDAVENSIS AGGER, CATARACTA GANDAVENSIS, *le Sas de Gand,* territoire de la ville de ce nom.

GANDERSIUM, GANDESIUM, GANDESHEMIUM, *Gandersheim,* dans le district du Harz, ville du Brunswig, Braunschweig ; anc. abbaye fondée en 856, dont fut abbesse au x° siècle la célèbre Hroswitha.

GANETHO-CATHENNA (?) lieu d'impression supposé.

Nous trouvons dans le tom. II du *Suppl.* de Bauer (p. 14) un livre souscrit à ce nom de ville, mais nous croyons ce livre imprimé à Barcelone : *Francesco Diago. Historia del orden de S. Domingo de la provincia de Aragon desde su origen, y principio, hasta al anno* 1600. Ganetho-Cathenna, 1599, in-fol. Francesco Diago fut un dominicain fort lettré qui publia plusieurs livres à la louange et description de l'Aragon ; presque tous ses ouvrages sont imprimés à Barcelone par Sébastien Cormellas, et, à cette même date de 1599, Antonio cite un volume dont le titre se rapproche de celui cité par Bauer : *Historia de la provincia de Aragon de la orden de predicatores : Jussu Vener. Viri Hier. Bapt. de Lanuza, provinciæ per id tempus præfecti.* Barcinone, apud Seb. Cormellas, 1599, in-fol.

GANGÆ, *Ganges,* pet. ville du bas Languedoc (Hérault); anc. marquisat.

GANGANI, Γαγγανοί [Ptol.], peuple de la côte O. d'Irlande.

GANNATUM, GANNAPUM, *Gannat,* ville de Fr. (Allier).

GANNODURUM, LAUFENBURGUM [Zeiler. *Typogr. Alsat.*], *Laufenburg, Gross-Laufenburg,* ville de Suisse (Argovie), sur le Rhin, avec un pont qui la relie au bourg badois de *Klein-Laufenburg.* M. Schmidt voit dans GANNODURUM, *Culm,* bourg du canton de Berne.

GANODURUM, Γανόδουρον [Ptol.], GAUNODURUM, ville des Helvetii, dans le Tigurinus Pagus, auj., suiv. Haller et William, *Burg,* près Stein, sur le Rhin, dans le canton de Zurich. Quelques géographes ont pris GANODURUM pour *Constance.*

GANTUM, voy. GANDA.

GANUS [Mela, Plin.], Γᾶνος [Xen., Scyl.], ville sur la côte de Thrace, sur la Propontide, auj., suiv. Kruse, *Kanos* ou *Ganos,* ville turque de la Rum-Ili, sur la mer de Marmara.

GARACTUM, WARACTUS, GUERETUM, *Guéret,* ville de Fr., chef-lieu du dép. de la Creuse.

Le plus ancien livre imprimé à Guéret, que nous connaissions, ne remonte qu'à l'année 1716; c'est le père Lelong (IV, p. 341) qui nous en fournit le titre, et qui nous donne le nom de l'imprimerie : *La vie et les miracles de saint Pardoux, traduite du latin d'un auteur contemporain, par Joseph Couturier de la Prugne, juge de police.* Guéret, Sorin, 1716, in-16. Ce petit livre fut réimprimé en 1721, deux ans après la mort du traducteur.

Nous trouvons encore aux catal. Secousse et Dubois : l'*Office de St-Pardoux , par Pardoux Aubaisse,* à Guéret, in-12 ; ce petit volume sans date semble avoir été imprimé vers la fin du XVIIe siècle.

Cette imprimerie de Sorin devait être exclusivement réservée aux publications ecclésiastiques, et n'aura eu sans doute qu'une existence temporaire, puisque nous ne trouvons pas la ville de Guéret signalée aux arrêts du conseil de 1704 et 1739, et que le rapport fait à M. de Sartines en 1764 n'en fait pas mention.

GARDA [Geo. Rav.], *Garda,* bourg de la délég. de Verona, sur le LACUS BENACUS, *Lago di Garda.*

GARDA, GUARDA, *Guarda,* ville de Portugal (prov. de Beira).

GARDELEGIA, *Gardeleben, Gardelegen,* pet. ville de Prusse dans la régence de Magdebourg.

M. Ternaux cite : *Journal oder Tagebuch eines evangelischen predigers.* Gardeleben, Kampe, 1722, in-8.

GARDELLACA [Tab. Peut.], localité de Pannonie, au S. du Danube, auj., suiv. Reichard, *Felsö-Galla,* dans la Hongrie (cercle au-delà du Danube).

GARDISTALLUM, GUARDISTALLUM [Guicciard.], *Guastalla,* ville d'Italie (prov. de Parme).

M. Cotton nous apprend qu'un imprimeur du nom de Marcus Erasmus était établi à Guastalla en 1671 ; il est possible que ce soit à lui que l'on doive l'impression du livre suivant : *Consecrazione delle Chiese del Turrino.* Guastalla, 1685, in-4 (*Vulpiorum Bibl.,* append. II, 285) ; cependant il pourrait bien avoir été exécuté par un certain Giavazzi, dont nous trouvons les héritiers établis dans cette ville à la fin du siècle : *La Monarchia consolata nel ristabilirsi in salute il sereniss. Sig. Principe D. Ant. Gonzaga, protettore degli academici Oziosi di Guastalla. Oda (del cherico Teatino P. Nicolò Pegolotti), in occasione della solita academia in onore del B. Luigi Gonzaga.* Guastalla, per gli eredi Giavazzi, 1700, in-4° (Melzi, t. II, p. 204).

GARENNÆ, VARENT (XIIe s.), *Varennes-en-Argonne,* ville de Fr. (Meuse).

GARETIUM, *Garessio,* bourg d'Italie, sur le Tanaro (prov. Mondovi).

GARFINIANUM, CAFERONIANUM, CASTELLUM NOVUM GARFINIANÆ, *Castel Nuovo di Carfagnana,* sur le Serchio, ville d'Italie (prov. Modena).

GARGANUM PROM., GARGANI MONTIS PROM. [Plin.], Ἀκρωτήριον τὸ Γάργανον [Strab.], cap de l'Apulia Daunia, auj. *Promontorio del Monte Gargano* ou *Monte di S.-Angelo,* dans la Capitanate , au S.-E. des Isole di Tremiti.

GARGARIUS LOCUS, localité de la Gaule Narbon., auj. *Garguies,* village de Provence, dans la plaine de la Crau [Papon].

GARGOGILUM, GAVERDOLIUM VILLA, GARGOLIUN AD LIGERIM [Charta Car. C. Ann. 851], *Gergeau, Jargeau,* bourg de France (Loiret).

GARIANONUM [Not. Impér.], JARMUTHUM [Camden], YERMUTHA, ville des Iceni, dans la Britannia Romana, auj. *Yarmouth,* ville d'Angleterre (comté de Norfolk).

L'imprimerie remonte en cette ville à l'année 1757, dit M. Cotton.

GARIENNUS FL., Γαρίεννος [Ptol.], Γαρύενος [Id.], *Yare,* fleuve d'Angleterre ; se jette dans l'Océan près d'Yarmouth.

GARITES [Cæs.], peuple du S.-E. de la Gaule Aquit.; habitait partie du dép. de la Haute-Garonne.

GARMATIA, voy. VORMATIA.

GARNÆ PORTUS [Plin.], port de l'Apulia Daunia, auj., suiv. Forbiger, *Torre di Varano,* sur le lac du même nom, dans la Capitanate.

GARNESEJA, GARNIA, GERNSEJA, *Gernsey, Guernesey,* île anglaise, sur la côte de France, à l'O. de Jersey.

GAROCELI [Cæs.], peuple qui habitait la vallée de Maurienne, en Savoie.

GAROCELIA, MAURIENSIS VALLIS, MAURIANNÆ COMITATUS, MAURIENNA VALLIS [Ann. Lauriss., Ann. Einhard. Fuld.], *la Vallée de Maurienne,* chef-lieu : *St-Jean-de-Maurienne ;* anc. prov. de Savoie, auj. à la France.

GARONNA, voy. GARUMNA.

GARREJENUS, *Cley,* bourg de Norfolk, sur le Thym (England).

GARSA, GARTIA, GARTIUM, *Garz,* ville de Prusse, dans la régence de Stettin (Poméranie).

GARTIA [Cell.], *Garza,* riv. du Milanais passe auprès de Brescia.

GARULI [Liv.], peuple de la Ligurie ; habitait partie de la prov. de Gênes.

GARUMNA FL. [Plin., Cæs., Auson. etc.], GARONNA [Ann. S. Amand., Ann. Einhard., Ann. Lauriss.], GARRONDA, [Ann. Prudent. Trec.], ὁ Γαρουνᾶς [Strab.], ὁ Γαρονᾶς [Ptol.], *la Garonne,* l'un des quatre grands fleuves de France, qui prend au bec d'Ambez, en recevant la Dordogne, le nom de *Gironde.*

GASBECCA, *Gæsbeck*, bourg du Sud-Brabant, près Bruxelles.

GASCOGNA, voy. VASCONIA.

GASSICURIA, *Gassicourt*, commune de Fr. (Seine-et-Oise), anc. prieuré de Cluny, dont Bossuet fut titulaire.

GASTENIUM, *Gastein*, bourg et lieu de bains dans la Basse-Autriche (cercle de Saltzburg).

GASTINENSIS PAGUS, VASTINIUM, WASINENSIS PAGUS [Ann. Prud. Trec.], *le Gastinois, Gâtinais*, anc. province de France; comprenant le *Gâtinais français*, cheflieu; *Nemours* (auj. Seine-et-Marne); et le *Gâtinais orléanais*, chef-lieu : *Montargis* (auj. divisé entre le Loiret, l'Yonne et la Nièvre).

GATIACUM]Ann. Vedast.], GAUZIACUM [de Gest. Norm.], GAZIACUM, Chézy-l'Abbaye, bourg de la Brie; anc. abb. de St-Benoît, du D. de Soissons (Seine-et-Marne).

GATTAPOLIS, voy. PERUSIA.

GAUDIA MUNDI, *Gemünden*, ville de Bavière, au confluent de la Saale et du Main.

GAUDIANUM, *Gozano*, bourg du Milanais.

GAUDIOSA, JOCUNDIACUM, *Joyeuse*, bourg de Fr. (Ardèche); titre d'une très-anc. maison de France, successivement baronnie, vicomté, enfin duché-pairie.

GAULOS INS. [Mela, Plin.], Γαῦλος [Strab.], *Gozzo*, petite île de la Méditerranée, qui dépend de Malte.

GAUNODURUM, voy. GANNODURUM.

GAURUS MONS [Cic., Flor., Stat.]. GAURANI MONTES [Plin.], montagne de la Campanie, auj. *Monte Gauro*, dans la Terra di Lavoro.

GAVANODURUM, voy. JUVAVIA.

GAVARCIACUM FISCUS REGIUS, *Javarçay*, village du Poitou [Vales. in Notit. Gall.].

GAVARRETUM, GABARRETUM, *Gavaret, Gabaret*, ville de Fr. (Gers); anc. capit. du Gavardan.

GAVERDOLIUM, voy. GARGOGILUM.

GAVIODURUM, *Ebenheim, Obernheim*, bourg d'Alsace (Bas-Rhin).

GAVIRATIUM, *Ghivira*, pet. ville du Milanais, sur le lac du même nom.

GAVULDANUS PAGUS, voy. GABALICUS.

GAYA IN CAMPANIA [Charta Phil. Pulc. a.

1310], *Gay, Gaye*, village de Champagne (Aube); prieuré de St-Benoît.

GAZARA CIVITAS, voy. JADERA.

GDANSKU (?)

Nom polonais de Dantzig (voy. DANTISCUM). Bauer (t. IV, p. 172) cite deux éditions du Nouveau Testament souscrites à ce nom: *Nowy Testament Pana Naszego Jezusa, Chrystusa*, etc., W. Gdansku, 1606, in-8, et 1633, in-12.

GEBENNA MONS, voy. CEBENNA.

GEDANUM, voy. DANTISCUM.

Le catal. de la biblioth. particulière de Panzer (n° 2965) nous donne le titre d'un volume imprimé à Dantzig, en 1580 : *Samuel Schelguig, de Statua salaria*. Gedani, 1580, in-4, sans nom d'imprimeur; mais les catalogues des foires de Francfort nous le présentent comme exécuté par Joannes Rhodus. Le British Museum possède un *Nouveau Testament*, en polonais, imprimé à Dantzig en 1606.

GEIDUNI [Cæs.], peuple de la Gaule Belgique; habitait, suiv. Reichard, les environs de Dunkerque.

GEISMARIA, GEISMARA, *Geismar*, bourg du gr.-duché de Hesse-Cassel, près Fritzlar.

L'imprimerie exista dans cette petite localité au XVII° siècle. Falkenstein date de 1629 l'établissement de cette imprimerie, et la *Biblioth. sacra* du père Le Long cite une *Grammaire hébraïque, Radices linguæ hebraicæ*, de Sébast. Curtius, in-4, qui porte cette date et cette souscription; mais le catal. des Elzevirs de 1674 et celui de 1681 nous donnent ce même livre sous la date de 1649, qui nous paraît être la bonne; nous connaissons encore : *Tractatus aliquot chymici singulares*, Geismariæ, 1647, in-12.

GELA [Cic., Virg., Plin.], Γέλα [Hérod., Strab., Ptol.], ville de la côte S. de Sicile, auj. *Terra Nuova*, dans l'Intend. de Caltanisetta, sur le GELAS, auj. *Fiume de Terra Nuova*.

GELBIS FL. [Auson. *Mosel.*], *Kyll*, pet. riv. du Luxembourg, affl. de la Moselle.

GELDRIA [Cluv., Cell.], GELRIA, *Geldern, Gueldre, Welderen*, prov. de Hollande, chef-lieu : Arnheim; comprend en grande partie l'ancien duché de Gueldre.

GELDRIA, GUELDRIA, *Gueldre, Gelder, Welderen*, ville de la Prusse rhénane, dans la rég. de Dusseldorf; anc. capit. du duché de Gueldre.

Imprimerie en 1771, dit M. Cotton.

GELDUBA [Tac., It. Ant.], château [CASTELLUM, suiv. Plin.] des bords du Rhin, chez les Ubii, auj. *Gelb*, village de la Prusse rhénane (rég. de Dusseldorf).

GELLIS, *Jaulx, Jaux*, village de France, près de Compiègne (Oise).

GELOPOLIS.

Lieu d'impression supposé ; Melzi (*Anon. et Pseud.*, II, p. 151) indique : *Mamachiana per chi vuol divertirsi*, Gelopoli, MDCCLXX, in-8. — Satire du P. Mamachi, publiée à Naples par le Dr Carlo Pecchio.

GELURNUM, voy. GLORIUM.

GEMAPIUM, voy. GENAPUM.

GEMBLACUM [Cell., Guicciard.], GEMELAUS, *Gemblours, Gembloux*, pet. ville de Belgique (prov. de Namur); anc. abb. de St-Benoît.

GEMELLA, voy. SALINARUM INS.

GEMELLI COLLES [Plin.], montagne de Sicile, près de Messine, auj. *Monte di Mele*.

GEMENELLUM [Tab. Peut.], Κεμενέλεον [Ptol.], voy. CEMENELUM.

GEMENICIUM, *Jamnitz, Jemicze*, pet. ville de Moravie (cercle de Znaim).

GEMETICUM MON. [Ann. Petav.], GEMEDIUM [Ann. Hincm. Rem.], GEMMETICUM, GIMEGLÆ, *Jumièges*, célèbre monastère de St-Benoît, du dioc. de Rouen (Seine-Inférieure).

GEMINGA, *Gemingen*, ville de Hollande [Graësse].

GEMINUS PONS, voy. BIPONTIUM.

GEMMACUM, GEMMATIUM, *Jametz*, pet. ville du Barrois français (Meuse).

GEMMENIUS MONS, voy. CEBENNA.

GEMUNDA AD NICRUM, *Neckar-Gemünd*, bourg du gr.-duché de Bade (Neckar-Kreis).

GEMUNDA AD TRAUNUM, *Gemünd*, ville d'Autriche, dans le cercle de Traun.

GEMUNDA VILLACENSIS, *Gemünd*, ville d'Autriche, dans le cercle Illyrien de Villach.

GEMUNDANUS LACUS, *Lac de Traun, Gemündnersee*, lac d'Autriche (Lande ob der Ens).

GENA, voy. JENA.

GENABUM, voy. AURELIA.

Quelques géographes, l'abbé Lebeuf entre autres, veulent que GENABUM, qu'ils distinguent de CENABUM, ait été la ville de Gien; Lebeuf traduit CENABUM par *Chenou*, village du Gâtinais (voy. GIANUM).

GENABUM, voy. GENEVA.

GENAPUM, GEMAPIUM, GENAPIUS VICUS, *Génap, Génappes*, ville de Belgique (Brabant mérid.).

GENAUNI [Hor.], GENAUNES [Plin.], Γεναυνοι [Strab.], peuple du S.-E. de la Rhæ-

tie, occup. partie du cercle tyrolien de *Brunnecken*.

GENAVA, voy. GENEVA.

GENAVENSIS COMITATUS [Prud. Trec.], GENEVAS AGER [Cell.], *le canton de Genève, Genf*, en Suisse.

GENEBRA, *Genevray*, bourg du Dauphiné (Isère).

GENEOCASTRUM, voy. BELCASTRUM.

GENESIUM, Γενέσιον [Paus.], ville de l'Argolide, dont les ruines se voient près de *Kiveri*, dans le dioc. d'Argolide.

GENEVA [Cæs.], GENAVA [It. Ant.], GENNAVA [Tab. Peut.], CIVITAS GENAVENSIUM [Not. Imper.], GENUA [Geo. Rav.], AUGUSTA ALLOBROGUM [Cæs.], AURELIA ALLOBROGUM (Genève, détruite sous le règne de l'empereur Aurélien, avait été réédifiée par ordre de ce prince, qui lui avait donné son nom), JANUBA, JENUBA, JANUBENSIS URBS [Greg. Tur.], GENAVA, GENAVENSIS URBS [Frédég.], GENNES *sur le Rhône* [Eginh. Chron.], ville des Allobroges, sur le lac Lémanus, auj. *Genève, Genf, Geneva, Ginevra*, ville de la Confédération suisse, à l'extrémité O. du lac auquel elle donne son nom, chef-lieu de canton, avec une académie fondée par Calvin, et une bibliothèque publique établie en 1551, par François de Bonnivard, l'historien, le jurisconsulte et surtout le grand patriote, martyr de la liberté, qui lui légua ses mss. et ses livres ; patrie de Casaubon, de J.-J. Rousseau et de Saussure.

Les curieux travaux de M. Gaullieur et de M. Favre sont dans les mains de tous les bibliophiles ; nous n'aurons donc pas à entrer dans de trop longs détails sur les origines de la proto-typographie genevoise.

Adam Steinschaber ou Steynschaber, natif de Schweinfurth, jadis ville impériale de la Basse-Franconie, est l'introducteur de l'imprimerie dans la célèbre ville dont nous nous occupons. C'était évidemment un de ces missionnaires de l'art nouveau, qui, comme tant d'autres, partit des bords du Rhin, pour aller chercher fortune et propager le sublime découverte dans les villes étrangères.

Avait-il appris son art dans les ateliers de Bamberg ? Schweinfurth, sa ville natale, est si rapprochée de cette ville qu'on pourrait le supposer, mais rien dans ses caractères irréguliers et bizarres ne rappelle les impressions d'Albrecht Pfister. Les premiers livres que Steinschaber publia à Genève sont tous français ; Genève à cette époque était directement soumise à l'influence de l'esprit français, et subissait l'ascendant intellectuel de ses puissants voisins.

Le premier volume, par rang de date, sorti des presses d'Adam Steinschaber, est intitulé : LE LIVRE DES SAINS ANGES... *Cest le prologue de cest present liure appelle le‖liure des saints anges compile par frere Françoys eximines de lordre des freres mineurs á la re‖queste de Messire Pierre dartes cheualier cham‖bellain et maistre dostel du roy darragon.*

Au vo du dernier feuillet : *Cy fine le liure des*

sains anges, imprime a Genefue Lan ‖ de grâce Mil cccc.lxxviij, le xxiiij^e *iour de mars.*

In-fol. à longues lignes, de 198 ff. à 31 lignes, sans ch., récl. ni sign.

L'imprimeur n'est point nommé dans ce premier ouvrage, mais bien dans le suivant, exécuté avec le même caractère :

LE ROMANT DE MELUSINE (de Jehan d'Arras), à la fin : *Cy finist le liure de Melusine en frâcoys imprime par maistre Adam Steinschaber natif de Suinfurt en la noble cite de Geneue lan de grace mil* cccc.lxxviij, *au mois d'aoust.*

In-fol. de 194 ff. à 32 et 33 longues lignes à la page, sans ch., récl. ni sign., avec gravures en bois de la grandeur des pages (M. G. Favre dit 193 ff., d'après Brunet, mais l'exemplaire de Wolfenbuttel en a bien 194).

Ce livre est le plus rare et le plus précieux de tous les romans de chevalerie ; on n'en connaît qu'un exemplaire complet, qui fait partie de la riche bibliothèque de Wolfenbuttel (Brunswig).

Deux autres ouvrages furent exécutés par Adam Steinschaber en cette même année 1478 ; ce sont e LIVRE DE SAPIENCE, imprimé le 9 octobre, dont un bel exemplaire a été acquis à la vente Solar, pour la Bibliothèque impériale, et le ROMAN DE FIERABRAS LE GEANT, du 28 novembre ; c'est la première édition de ce célèbre roman ; elle est composée de 114 ff. dont les six premiers pour la table et le dernier blanc.

En 1480 nous trouvons encore le nom de Steinschaber sur un ouvrage latin, le *Manipulus Curatorum* de Guy de Montrocher. C'est le livre exécuté par Steinschaber avec le plus de netteté, de régularité et même d'élégance ; son caractère gothique, assez bizarre, est presque partout ailleurs fort inégalement aligné. Nous trouvons encore à cette même date sur une édition latine des *Légendes des Saints* de Jacques de Voragine, publiée le 25 octobre, in-fol. de 184 ff. à 2 col., sans ch., récl. ni sign. Enfin un roman de chevalerie, *le Nouble Roy Ponthus*, sans date, sans aucune désignation, est très-probablement sorti des mêmes presses. Le seul exemplaire que nous connaissions de ce très-précieux volume, acheté par M. Yéméniz de Lyon, à la vente du roi Louis-Philippe, vient d'être revendu à M. Techener moyennant le prix extraordinaire de 3,950 fr.

Nous ne nous expliquons point à quel propos M. G. Favre, qui décrit cette édition, la donne comme imprimée par Garbin, quand un peu plus bas il dit : « Les caractères avec lesquels cette édition est imprimée sont ceux du *Fierabras* de Genève, 1478... »

Les imprimeurs qui suivent Steinschaber à Genève sont, au xve siècle, Louis Guerbin ou Garbin de la Cruse, dont la première impression remonte au 10 septembre 1481 ; on citerait de lui un grand nombre de livres français infiniment recherchés aujourd'hui : *l'Ollivier de Castille* (deux éditions, l'une de 1482 et l'autre sans date, mais qui doit être bien rapprochée de la première) ; *le Doctrinal de Sapience* de la même année, mais imprimé à Promenthoux, village près Nyon, d'où Louis Garbin a daté plusieurs de ses livres ; *les sept Sages de Rome* et le *Fierabras* de 1483, etc.

Puis vient Jacques Arnollet que nous retrouvons à Lyon en 1495 ; il n'imprime à Genève que deux volumes, un *Passionale Christi* en 1490, et une nouvelle édition des *Sept Sages de Rome* à la même date ; *Johannes Fabri* de Langres, le célèbre imprimeur de Turin, qui en 1491 de passage à Genève, sans doute pour retourner dans sa patrie, imprime un *Missale ad usum Gebennensis Dyocœsis*, vol. de 261 ff. in-fol. à 2 col.; Jean Bellot ou Belot, de Rouen, qui venait de Lausanne et de Grenoble et auquel on doit deux *Kalendriers des bergers*, de 1497 et de 1500 ; et peut-être bien aussi un certain Simon du Jardin, auquel on devrait une édition de *Fierabras*, dont le seul exemplaire connu est à la Grenvilliana (catal., t. I, p. 244, acheté 35 liv. st. du libraire Thorpe, de Londres, en 1833).

Enfin viennent au début du xvie siècle Jean Vivien ou Vivian, Wygand Köln (ex Francia orientali), et bien d'autres encore.

Avec la réforme et surtout avec Théodore de Bèze et Calvin, Genève devient la Rome des Huguenots, et la conséquence du puissant mouvement intellectuel et religieux qui bouleverse l'Europe est pour cette ville un redoublement d'activité et de fièvre de propagande, qui se traduit par une innombrable série de publications, de pamphlets, brochures, ouvrages de polémique et de satire. Nous n'avons pas la prétention de suivre les progrès de la typographie génevoise, pendant sa dévorante activité du xvie siècle.

Tous les imprimeurs français persécutés dans leur pays pour fait de religion viennent chercher à Genève un repos qu'ils n'y trouvent guère, car l'intolérance des calvinistes n'est guère moins tracassière que celle de l'inquisition papistique ; la grande famille des Estienne, celle des de Tournes, originaire de Noyon, la patrie de Calvin, Jean Crespin d'Arras, Jean Chouet et Jean Durant de Châtillon-sur-Seine, etc., sont les principaux parmi ces réfugiés. Parmi les autres nous nous contenterons de citer : Gabriel Pomar ou Pomard, que nous avons déjà vu à Annecy, où il s'était retiré en 1536, ayant été banni de Genève, tout simplement pour cause de catholicisme ; Jehan Gérard, l'imprimeur de la *Bible à l'Epée*, Jacques Stoër, les frères Chouet, Michel du Bois, Conrad Badius, Eustache Vignon, le gendre de Jean Crespin, et Gabriel Cartier, et Charles Pesnot, et Antonin Reboul, et enfin Pyramus de Candolle, que nous avons déjà vu à Cologny, et par lequel nous clôturons cette trop longue nomenclature.

GENGIBACUM, *Gengenbach*, bourg du gr.-duché de Bade (Kinzigkreise).

GENLIACUM, *Genlis*, bourg de Picardie (Somme) ; anc. abb. de Prémontré et anc. marquisat.

GENNAVA, voy. GENEVA.

GENOSIA, voy. GESONIA.

GENTIFORUM, VOLMARCHIA, *Völkelmarkt*, pet. ville de l'Illyrie autrichienne (cercle de Klagenfurt).

GENTILIACUM, Agri Parisiensis villa [Ann. Fr. a. 766, Ann. Mettens., Ann. Einhard.], *Gentilly*, bourg de Fr. (Seine) ; anc. château ; concile en 767.

Qu'est-ce qu'un imprimeur appelé Le Natié, qui souscrit des livres au nom de ce village, au début du règne de Louis XIII : *Le Magot genevois, descouvert ès arrets du Synode des Ministres reformez. Tenu à Privas, l'an* 1612. Gentilly, Le Natié, 1613, in-8 ; seconde édition dans laquelle on trouve *le Mémoire de Gauthier* et *l'Epistre aux bons François* (à l'Arsenal). Ce titre sent furieusement sa supposition d'imprimerie ; mais en tout cas ce Le Natié n'était point inscrit au tableau des typographes parisiens.

GENUA [Mela., Liv., Plin.], Γένουα [Strab., Ptol.], GENUA SUPERBA [Cluv., Ann. Einhard.], Ἐμπορεῖον Λιγύων [Strab.], JANUA LIGURUM [Ann. et Hist. Genuen.], ville du S.-E. de la côte de la Ligurie, auj. *Gênes, Genova*, ville d'Italie, chef-lieu de la division et de la province, grand port de guerre et de commerce, sur le golfe de Gênes ; puissante république au moyen âge ; archevêché, université, bibliothèques publiques, patrie de Christophe Colomb et d'André Doria, de trois empereurs romains et de quatre papes.

Le premier livre avec date certaine, imprimé dans cette illustre ville, ne remonte qu'à 1474, mais certainement la typographie avait été introduite plusieurs années auparavant, si l'on peut ajouter foi à ce document important que signale Laire (*Index libr. ab inuenta typ.*, I, p. 326), une supplique présentée par les scribes de l'université au gouvernement suprême de la république, à l'effet d'obtenir un arrêt qui interdise aux nouveaux imprimeurs, non pas de faire séjour ni de travailler, mais seulement de publier les petits livres usuels et courants, tels que *Breviari, Offizi della Madonna, Donati, Salteri, Regole.., Epistole d'Ovidio e le operette di Prospero e di Esopo,* dont la copie est la seule ressource qui fasse vivre les pauvres scribes « quæ volumina pauca sunt et paucis valoris », ne contestant pas le droit qu'ils conservent d'imprimer les autres ouvrages dont le nombre est infini.

Et l'existence du document ne saurait être mise en doute, puisque l'on trouve dans les *Aggiunte* d'Amati, p. 748, la lettre suivante, à lui adressée par le savant bibliothécaire Gazzera, laquelle rétablit la véritable date de la supplique : *In Genova esiste veramente tuttora nella biblioteca privata di un Durazzo la supplica o memoriale diretto alla suprema autorità dello stato dal corpo dei copisti, acciò si cacciassero dalla città gli stampatori nuovamente venuti. Esso è dell' anno 1472... »*

Que cette supplique ait été dirigée contre l'établissement typographique de Mathias Moravus, voilà ce qui est supposable, mais pourtant ce que nous ne pouvons affirmer.

Ce Mathias Morave (d'Olmütz en Moravie), arrivant d'Allemagne, s'était arrêté vers la fin de 1473, et peut-être même auparavant, à Gênes ; y fut-il appelé par l'homme que, dans la souscription du premier livre par lui imprimé, il présente comme son associé, Michaele di Monaco (*forse orefice di Monaco nella Liguria,* dit Mauro Boni) ? ce Michaele di Monaco était-il établi avant son arrivée, et n'était-ce pas contre lui qu'était dirigée la supplique des copistes de l'université ? voilà ce que nous ignorons et ce qui du reste n'a pas grande importance.

NICOLAI DE AVSMO *Supplementum summæ quæ* PISANELLA *uocatur.* Au r° du 1er f. : *in note dñi thesu Xp̄i amē. Incipit liber qui dicitur supplementum,* à la fin : *Bonorum omnuz largitor' volete deo ‖ Expletum feliciter Ianue. X. Kalendas ‖ Iulii, Millesimo quadrigētē L.I.I.° quarto* (sic) *‖ per Mathiam morauum de olomuntz ‖ et Michaelem de Monacho Sotium eius,* petit in-fol. goth. à 2 col. sans ch., récl. ni sign.

Le nom de Michel de Monaco (on pourrait peut-être lire : *Munich*) ne reparaît plus sur un seul livre, et Mathias Morave de son côté quitte Gênes immédiatement, pour aller s'établir à Naples où nous le retrouverons.

Dans la bibliothèque de la cathédrale de Bergame existe un imprimé qui doit appartenir aux premiers temps de la typographie génoise ; c'est un calendrier pour l'année 1474, moitié en dialecte génois, moitié en latin, intit. : *La razone de la Pasca e de la Luna e le feste,* M.CCCC.LXXIV; à la 7e page, on lit : *la oratione che cantava dante oñi ora.* C'est la première édition de ce célèbre *Credo* du grand Alighieri, qui très-probablement n'est pas de lui, mais « *del rozzo Dante Majanese* » :

Io credo in dio : e in uita eterna spero
in sancto spirto : e in Jesu di Maria...

Amati donne la description de ce rare opuscule. « Quest' operetta interessantissima è divisa in due parti, la prima delle quali non risguarda che il calendario di Genova, e la seconda non versa che nul-

la storia politica e geografica dello stato Genovese... non vi può esser dubbio che questo libretto sia stato stampato verso la fine dell' anno 1473, poiche essendo calendario per l'anno 1474, dovea almeno qualche mese prima che incominciasse essere impresso...

« Il formato è di un quarto piccolo, di sole sedici pagine di linee 32 ; il carattere è romano, ma rozzo assai, e le maniere d'esecuzione sono d'inespertissimo tipografo...» Le nom de ce typographe inexpérimenté n'est point arrivé jusqu'à nous.

En 1480 un carme génois du nom de F. Bautista Cavallo imprime le livre suivant : *Johannis de Nannis* (Annii Viterbiensis), *ord. Prædicat. Glossa in Apocalypsim : de statu Ecclesiæ et de futuris christianorum triumphis in Saracenos, ad Sixtum Papam IV et Reges...* A la fin : Impressa Genue per reuerendum magistrum Baptistam Caualum Ord. Carmelitarum in domo sancte Marie cruciferorum... ex Genua 1480 die 31 martii in sabbato sancto completum et impressum Genue eodem anno die VIII decembris, in-4 (à la Bibliothèque impériale de Paris).

Aucun autre livre, que nous sachions, ne fut exécuté à Gênes au XVe siècle, et il nous faut arriver au fameux *Psautier* de 1516, en quatre langues, où se trouve la vie de Christophe Colomb, pour pouvoir signaler la réapparition de la typographie génoise.

GENUA URSORUM [Plin.], RESPUBLICA URSONENSIUM [Insc. ap. Grut.], URSAON [Cæs.], URSO [Plin.], Οὔρσων [Strab.], ville de la Bétique, auj. *Osuna, Ossuna,* ville d'Andalousie (intend. de Séville) ; université supprimée en 1824.

Un imprimeur de Séville, appelé à Ossuna pour le service des études universitaires, Juan de Léon, paraît avoir importé la typographie dans cette ville en 1549 ; voici, d'après Gallardo, le titre exact du premier livre imprimé par lui : *Comiença el libro‖ primero de la claració de instrumētos,‖ dirigido al Clementissimo y muy podero‖so don Joan tercero deste nombre, Rey‖ de Portugal, zc.* A la fin : *Compuso se la pre‖sente obra llamada Libro primero de la declara‖cion de instrumentos en la muy noble y muy leal‖cibdad de Ecija, de adonde el auctor es natural,‖ Año de mil y quinientos y quarenta y ocho de la‖encarnacion de nuestro redemptor Jesu-Christo :‖el qual fue acabado infra octava de todos los‖Sanctos.‖ Fue impressa la pre‖sente obra en la villa de Ossuna por el honrra‖do varon Juan de Leõ impressor de la Vniuer‖sidad del illustrissimo señor don Juan‖ Teliez Giron, Conde de Urueña. zc. Acabo‖ se a diez y siepte dias del mes de Setiembre‖ Año de señor de mil y quinientos y quaren‖ta y nueue. Y fue la primera impression esta,* in-4 de 156 ff., sign. A. S. privilége pour 6 ans, daté de Cigales, du 18 nov. 1549 ; licence du provincial de l'ordre des frères Mineurs, donnée à Fr. Juan Bermudo, l'auteur du livre, et datée d'Osuna, le 1er août 1549.

Ce livre fut réimpr. en 1555, par le même Juan de Léon, in-fol. de 150 ff.; l'auteur se nomme : *Comiença el libro llamado declaració de instrumetos musicales. Compuesto por el muy reuerendo padre fray Juã Bermudo... examinado y aprouadu por los egregios musicos Bernardino de Figueroa, y Christoval de Morales,* avec une lettre de ce dernier rapportée à la p. 120.

GENUSIUM [Cell.], GENUSINI [Plin.], ville de l'Apulia Peucetia, auj. *Ginosa,* dans la Terra d'Otranto.

GENUSUS FL. [Cæs., Liv.], fleuve de l'Illyrie grecque, auj. *le Semno,* ou, suiv. Kruse, l'*Iscumi,* en Albanie.

GEOFANUM, JOVIS FANUM, *Gifani, Gifuni,*

bourg de la Princip. citérieure, prov. napol. du roy. d'Italie.

GEPIDÆ [Sidon., Jornand.], GEPIDI [Jornand., P. Warnef.], peuple de la nation des Goths, établi sur le versant septentr. des Carpathes; furent au VIe siècle presque anéantis par les Lombards et les Avares.

GEPIDIA, voy. DACIA.

GER, S.-Pierre-de-Jars, près Reuilly, commune de France (Indre).

GERA [Cell.], GERA AD ELISTRUM, GERAPOLIS, (sur les livres), Gera, ville du Voigtland, dans la basse Saxe, au S.-O. d'Altenburg; titre de principauté.

C'est à l'année 1591 que nous pouvons faire remonter l'introduction de la typographie dans cette ville; nous trouvons plusieurs ouvrages imprimés sous cette date: Adami Cratonis Northusani admonitio necessaria pro defensione sua, de strena scholasticorum Soteropolitanorum. Gerapoli, 1591, in-4 (Cat. Willer, p. 7); du même auteur un ouvrage allemand: Ad Cratonis Christliche Verantwortung, est cité à cette date dans le Catal. des foires de Francfort de 1625, p. 403.

Melzi (Anon. et Pseud., tom. III, p. 180) cite: Gratianus Turpio, justificationis nostræ per Christum Synopsis, ubi potissimum de ipsius Christi mortis vi et effectis agitur, auctore Gratiano Turpione Gerapolensi (Fausto Socino, senense). Gerapoli, 1591, in-4 de 17 p.

Il nous serait facile de multiplier ces citations; mais il faut nous borner; tous ces livres sont probablement imprimés par Paul Donat, que nous considérons comme l'introducteur de la typographie à Gera.

GERÆSTUS [Mela, Plin.], Γεραιστός [Hom., Strab., Ptol.], Geresto, bourg de l'île de Negroponte (Grèce), près du Capo Mantelo, qui, suiv. Kruse, est l'anc. GERÆSTUM PROM. de Pline.

GERARDI MONS, GERARDI MONTIUM [Zeiler], Geentsberge, Grammont, bourg de la Flandre Orientale (Belgique), où se trouvait une abbaye de Bénéd. fondée en 1068, par Baudouin, comte de Flandre.

GERAUS, Geres, bourg d'Autriche [Graësse].

GERBERACUM, GERBORACUM, GERBOREDUM, Gerberoy, bourg de Fr. (Oise).

GERENA, Gehren, bourg de Thuringe, dans le com. d'Arnstadt.

GERENIA, Γερηνία [Strab.], ville de la Laconie, auj. Zarnata, sur le golfe de Coron, ou Pasava, suivant quelques géographes.

GERGOBIA ou GERGOVIA BOJORUM [Cæs.], Boja Urbs [Cell.], ville des Boji, dans le S.-E. de la Gaule Celtique; serait auj. Bourbon-Lancy (voy. BURBO ANCELLI); suivant d'autres géographes, Moulins, chef-lieu de l'Allier; mais plus

vraisemblablement St-Révérien (Nièvre), à 27 kilom. de Clamecy; la forteresse, ARX IN BOIIS, a donné son nom au village d'Arzemboy.

GERGOBINUM AQUÆ NERÆ, Néry, Néris en Bourbonnais, ville thermale de Fr. (Allier).

GERGOVIA ARVERNORUM [Cæs., Liv.], Γεργοουία [Strab.], Γεργουία [D. Cass.], Γεργοβόη [Polyæn.], ville forte des Arverni, assiégée par César, sur l'emplacement actuel de laquelle les géographes sont d'opinions très-partagées; mais les nouvelles recherches de MM. P.-P. Mathieu, Girard, Vial, Olleris, etc., et surtout les travaux exécutés sur les lieux par ordre de l'Empereur, permettent de déterminer la position occupée par l'antique rempart des Gaules; la ville de Vercingétorix occupait la montagne tout entière de Gergoie ou Gergovie, près de Clermont; c'était la véritable capitale de l'Arvernie, tandis que Clermont, la Νεμωσσός de Strabon, l'Αύγουστονέμετον de Ptolémée, devait n'être qu'une colonie ou une station romaine. (Voy. l'Histoire de César, par l'Empereur.)

GERGOVIA VOCONTIORUM, voy. DEA VOCONTIORUM.

GERIFLUA (?)

Cette désignation de ville, que nous trouvons sur plusieurs pièces, nous est inconnue, mais nous pensons néanmoins que l'on a pu vouloir désigner Giessen: Epithalamium in nuptias Helii Eobani Hessi et Thrynæ Spateranæ a Ricio Cordo editum. = Funebris Threnodia in mortem Hessie principis Glut. Philippi Patris Ricio Cordo Simssusio autore. Eiusdem de Carthusiana religione Panegyricum, in-4. A la fin:

Gerifua pressit ciuis Mattheus in urbe,
　　Qua nitidam signant cornua nigra domum.

GERINESHEMIUM, GERINESHEIM [Ann. Fuld.], Gernsheim, ville de la Hesse-Cassel, sur la riv. droite du Rhin; on a érigé en 1836 une statue de grès à Pierre Schœffer, qui y naquit.

GERLOCURIA, Gerolshofen, pet. ville de Bavière (Untermain Kreise).

GERMANI (S.) CIVITAS, S. GERMANI VERCELLENSIS MONASTERIUM, S. Germano, bourg et anc. abbaye de Cîteaux, près Vercelli (Italie).

L'imprimerie exista dans ce monastère au XVe siècle: BREVIARIUM secundum consuetudinem monachorum Cisterciensium, cum Psalterio Hymnisque et calendario. — In Sancto Germano Vercellensi impressum per Jacobinum Mediolanésem de Suico, 1484, in-16, fig. sur bois. Ce rare petit volume a été découvert par M. Libri, qui le mit en vente dans son catalogue de 1859 (n° 438), en faisant remarquer avec raison que personne avant lui n'avait signalé cette imprimerie conventuelle du XVe siècle.

GERMANI (S.) A PRATIS MONASTERIUM, *St-Germain-des-Prés*, illustre abbaye de St-Benoît à Paris.

Henry Estienne fut l'imprimeur du monastère au commencement du XVIe siècle ; c'est à lui que l'on doit l'impression d'une rare et précieuse édition des épîtres de S. Paul : *S.-Pauli epistolæ XIV, ex vulgata editione, adiecta intelligentia ex græco, cum commentariis Jac. Fabri, Stapulensis*. A la fin : Hoc opus illustratori Christo, qui lucet ubique etsi non capitur : Absolutum fuit in Cœnobio Sancti Germani iuxta Parisios, Anno Christi vitæ authoris Millesimo et duodecimo supra quingentesimum et eodem anno circa natalem dominice de purissima virgine natiuitatis diem ex officina Henrici Stephani emissum, décemb. XV, in-fol. (voy. D. Clément, Bauer, et cat. Rebdorf., II, p. 50). Jacques Lefebvre d'Estaples, l'illustre éditeur de cet ouvrage, naquit à Nérac en 1426 et y mourut en 1527 à l'âge de 101 ans. (Voy., sur la mort touchante de ce grand théologien, *La Croix du Maine*, II, p. 87.)

GERMANI (S.) VICUS, *San Germano*, village d'Italie, au pied du Mont-Cassin.

GERMANI (S.) VICUS IN AMBRONIO, *St-Germain-l'Ambron*, bourg d'Auvergne (Cantal).

GERMANI (S.) FANUM, IN LEDIA SILVA, voy. FANUM.

GERMANI [Cæs., Plin., Tac. etc.], Γερμανοί [Strab.], (HERMANI, ἀδελφοί), grand peuple d'origine caucasique, habitant *la Germanie*.

GERMANIA [Plin., Tac., César, etc.], ἡ Γερμανία [Strab., Ptol.], *la Germanie*, *Deutschland* ; ici, comme pour la Gaule, il ne nous est pas permis d'aborder une longue description géographique non plus qu'ethnographique. La Germanie, comprenant presque entière l'Europe centrale, était bornée au N. par l'Océan et le Sinus Codanus, à l'O. par la Gaule, par la Dacie et la Sarmatie. Ses peuples étaient divisés en trois grandes familles, *les Ingævones* au N., *les Istævones* à l'O. et *les Hermiones* (*Suevi* et *Vandali*) au centre et au N.-E. La Germanie, comme tous les pays frontières, fut divisée par les Romains en deux parties : la *Germanie romaine*, c'est-à-dire tributaire, et la *Germanie barbare*, c'est-à-dire indépendante. Ce ne fut qu'au Xe siècle, que le nom de Germanie céda la place à celui d'Allemagne.

Les principales divisions de ce vaste territoire comprenaient :

GERMANIA ROMANA, divisée en deux provinces : GERMANIA ou GERMANICA PRIMA, GERMANIA SUPERIOR, l'une des provinces de la Gaule Belgique, entre le Rhin et les Vosges, chef-lieu MOGUNTIACUM.

GERMANIA ou GERMANICA SECUNDA, GERMANIA INFERIOR, comprise également dans la Gaule Belgique, entre la Belgique II et l'Océan Germanique, bornée à l'E. par le Rhin et l'île des Bataves, chef-lieu COLONIA AGRIPPINA.

Les deux provinces réunies s'appelaient aussi GERMANIA CISRHENANA, GERMANIA UTRAQUE [Plin.], GERMANIÆ DUÆ.

GERMANIA BARBARA, BARBARICUM SOLUM, GERMANIA MAGNA, GERMANIA TRANSRHENANA ; tels étaient les noms que donnaient les Romains à ces vastes territoires ennemis et inconnus, où ils ne firent jamais que de courtes incursions, et où naquirent Arioviste, et plus tard Arminius.

GERMANIA TRANSVISTULANA ; c'était le pays des Bastarnes, entre la rive gauche du Danube et la Sarmatie.

GERMANICUM MARE [Plin.], ὁ Γερμανικὸς Ὠκεανός [Ptol.], *Nordsee, la Mer du Nord, das deutsche Meer*.

GERMANICUM OPPIDUM, GERMANICUS VICUS [Tab. Peut.], ville de la Vindélicie, place fortifiée que l'on place aux environs de *Kösching*, près d'Ingolstadt (Bavière).

GERMANOPOLIS (?).

Nous trouvons ce nom sur quelques livres allemands du XVIIe siècle ; c'est probablement par *Duisburg* (TEUTOBURGUS) qu'il convient de traduire cette dénomination ; dans ce cas les livres que nous allons citer seraient antérieurs à l'année que nous avons donnée comme celle de l'introduction de la typographie dans cette ville (voy. DUISBURGUM) ; nous trouvons dans Bauer (IV, 255) : *Christiani Vigilis dissertatio de Polygamia simultanea*. Germanopoli, 1673, in-4 ; et dans le *Catal. libr. impr.* (Amsterdam, Janss. Wæsberg, 1678, in-4, l. 17), un livre de Grotius : *Mars Germaniæ perpetuus exhibens modum perpetui militis 20,000 in Germania alendi*. Germanopoli, 1675, in-12. Si ce dernier nom de lieu n'est pas supposé, ce doit être du *Dœsburg* hollandais qu'il s'agirait probablement. (Voy. DUISBURGUM GUELDRORUM.)

GERMANUS (S.) DE FLAVIACO, voy. FLAVIACUM.

GERMINIACUM [Ann. Vedast.], *Germigny*, bourg de Fr. (Loiret) ; concile en 843 et anc. villa carlov. [*Charta Caroli C. a. 854*, Mabill.].

GERNE, lac du Samnium, auj. *Lago di Varana*, dans la Capitanate.

GERNINGERODA, GERNRODA, *Gernrode*, ville de la princip. d'Anhalt-Bernburg.

GERONIUM, GERUNIUM, localité au N. de Luceria, auj. *Dragonara*, dans la Capitanate [Mommsen].

GERPINIS, *Gerpinnes*, bourg de Belgique [Graësse].

GERRHUS FL. [Plin.], Γέρρος [Herod., Ptol.],

rivière de la Sarmatie européenne, affl. du Borysthène, auj. le *Truzkoy*, ou, suivant Dietz, *la Moloschnuia*.

GERSOVIA [Steiner, Simler], *Gersau, Gerisau,* bourg de Suisse (canton de Schwyz).

GERTRUDEBERGA, GERTHRUDIS (S.) MONS [Zeiler, Guicc.], *Gertrudenberg*, ville de Hanovre, près d'Osnabruck.

GERTHRUDIS (S.) MONS, voy. BERGÆ S. GERTRUDIS.

GERULATA [It. Ant.], GERULATIS [Tab. Peut., Not. Imper.], GERULATA CASTRA, localité de la Pannonie supér., auj. *Carlburg* (en hongr. *Oroszvar*), bourg de Hongrie, dans le comit. de Wieselburg, sur la rive droite du Danube.

GERUNDA [Plin., It. Ant., Tab. Peut.], Γερούνδα. [Ptol.], sur la voie de Tarraco à Narbo-Mart., ville des Ausetani, dans la Tarraconaise, auj. *Gerona, Girona,* place forte de la Catalogne, chef-lieu d'intendance.

D. Hidalgo n'a, dans la dernière édition, qu'il vient de donner de la *Typogr. Española* de Mendez, révélé aucun fait nouveau à l'endroit de la typographie de Gerona : c'est toujours à 1483 qu'il fait remonter l'imprimerie dans cette ville, et le livre qu'il cite de nouveau comme le premier produit de ses presses, peut fort bien avoir été exécuté à Barcelone : *Rubrica de la primera part del libro apellat memorial del pecador remut : lo qual tracta contemplativament de la mort y passio del fill de Deu fet home : per dar a home perdut reparacio, compilat per lo reverent mestre Phelip de Malla, mestre en arts y en sacra theologia : Canonge y Ardiaca de penedes en la sancta sen de Barcelona. E es partida aquesta primera part en docens cinquanta capitoli.*

E comença lo prohemi del libre:

A la fin : *Migençant la divina gracia venguda es la fi de esser impressa la primera part del libre apellat : Memorial del pecador remut : impressa a despeses de Matheu Vendrell mercader en la ciutat de Girona, dilluns a XVII. de noembre lany de la salud nostra mil CCCCLXXX, y tres,* in-fol.

Mendez ne cite ce volume, composé, ainsi qu'on vient de le voir, en dialecte catalan, que d'après Meerman, et M. Brunet d'après Mendez; nous espérons que M. Gallardo nous donnera une description exacte d'un livre aussi important que peu connu, et élucidera la question pendante du lieu de son impression.

Nous trouvons en effet ce Matheu Vendrell établi mprimeur à Barcelone (Mendez, p. 50) ; il se qualifie là de *Mercader Ciudadà,* ce qui veut évidemment dire qu'il a dans cette ville le siège de son établissement typographique ; nous ne voyons ici que : *Mercader en la ciutat de Girona,* ce qui semble n'indiquer qu'une librairie détaillant des livres imprimés ailleurs.

GERUNIUM, voy. GERONIUM.

GERUNTHIA, voy. CERENTHIA.

GERVASII (S.) BURGUS, *St-Gervais,* bourg près de Genève, auquel il est maintenant réuni; il forme aujourd'hui le *Quartier St-Gervais ;* c'est le *Transtévère* de la *Rome protestante.*

A la fin du XVIe siècle, les livres imprimés à Genève étaient proscrits dans tous les pays catholiques, comme suspects d'hérésie et *sentant le fagot,* ce qui ne laissait pas de faire un tort considérable au commerce de la ville; il n'est sorte d'expédients, à l'effet de déguiser la marchandise, qui n'ait été mis en œuvre par les libraires en détresse. Simon Goulard de Senlis, réfugié en Suisse, pour cause de religion, imagina un procédé, qui réussit pendant quelque temps : il ne s'agissait que de changer de rubrique, et de déguiser la provenance; on vit tout d'un coup apparaître une foule de livres imprimés à Cologny, à Gex, à Gingins, et surtout à St-Gervais ; mais il est certain qu'une grande partie des imprimeries de la ville étaient réellement établies dans ce faubourg, et nous avons particulièrement la preuve que le gendre de Jean Crespin d'Arras, Eustache Vignon, qui avait succédé à son beau-père, avait ses ateliers à St-Gervais.

Voici quelques livres exécutés « *typis S.-Gervasii* » ou « *typis Gervasianis* » :

Q. Aurelii Symmachi epistolarum lib. X, ex recensione et cum emendationibus Jac. Lectii, nec non Fr. Jureti notis. S.-Gervasii, E. Vignon, 1601, in-16.

L'Histoire des Pays-Bas depuis l'an 1560 jusques à la fin de l'an 1602, contenant tout ce qui s'y est passé de plus mémorable tant sous les gouvernements de la duchesse de Parme, du duc d'Albe, etc., *que sous le gouvernement du prince d'Orange.* St-Gervais, 1604, 2 vol. in-8.

Samuel Crespin, le beau-frère d'Eustache Vignon, employa également le procédé de Simon Goulard : *Christ. Clavii in Sphæram J. de Sacrobosco commentarii.* S.-Gervasii, Sam. Crispinus, 1608, in-4, fig. s. b.

GERVASII (S.) FANUM, *St-Gervais,* ville de France, dép. de l'Hérault. = *St-Gervais,* pet. ville d'Auvergne (Puy-de-Dôme).

GESECENA, *Geiseke; Geseke,* pet. ville de Prusse (rég. de Arnsberg).

GESIA, GESIUM, *Gex,* ville de Fr. (Ain).

C'est l'ancien chef-lieu du pays de Gex, cédé par la Suisse à la France en 1601. L'imprimerie paraît avoir existé dans cette ville à peu près à cette époque ; mais peut-être sous la rubrique de Gex, comme sous celle de *Nyon,* de *Cologny,* de *S-Gervais,* les imprimeurs génevois cherchaient-ils à dissimuler la provenance hérétique de leurs livres, et à franchir la ligne de prohibition établie sur toutes les frontières catholiques. Cependant voici un livre parfaitement orthodoxe, ce qui n'en rend pas la lecture plus attrayante, qui nous paraît réellement exécuté à Gex, et par un imprimeur local : *Paraphrase poétique des proverbes de Salomon, par David du Piotay.* Gex, l'Abbé, 1609, in-8.

L'imprimerie, dans tous les cas, n'a dû faire qu'une courte apparition dans cette ville, car les arrêts du Conseil de 1704 et de 1739, non plus que le rapport présenté à M. de Sartines en 1764, ne font aucune mention de la ville de Gex.

GESIACUM, GEZIACUM, *Juziers,* commune de Fr. (Seine-et-Oise).

GESOBRIVATE, port des Osismii, dans la Gaule Lyonnaise, dont la situation n'est pas déterminée; les uns, d'Anville entre autres, voient dans cette localité, *Brest;* d'autres *Brivain* (voy. BRIVATES).

GESOCRIBATE [Tab. Peut.] ; cette localité

doit sans doute être confondue avec la précédente ; Mannert et Reichard y voient également *Brest*; d'autres géographes *Crozon*, sur la rade de Brest (Finistère).

GESONIA [Flor.], GENOSIA [Mss.], ville des Ubii entre Colon. Agripp. et Bonna, auj. *Geusen,* bourg de la régence de Cologne; ou, suiv. Forbiger, *Zons*, village sur le Rhin, au-dessous de cette ville.

GESORIACUS PORTUS [Plin., Suet.], GESSORIACENSIS PORTUS [It. Ant.], GESSORIACUM, voy. BOLONIA.

GESTESIA, *Göstesch*, château de la basse Hongrie, près Raab.

GESTKOVICIUM, *Gewicz*, bourg de Moravie (cercle de Prérau).

Balbinus fait mention d'un petit recueil de sermons en langue tchèque, par Martinus Philadelphus, lequel recueil aurait été imprimé à Gewicz en 1592. [Ternaux.]

GESTRICIA, *Gœstrikland, Gestrikland*, district de Suède, à l'E. du golfe de Bothnie.

GETÆ [Plin.], Γέται [Strab.], SCYTHÆ [Plin.], peuple de la Mœsie Infér., entre l'Hæmus et le Danube ; comprend les *provinces Danubiennes* orientales.

GETARUM DESERTUM, ἡ τῶν Γετῶν ἔρημος, dans la Sarmatie européenne ; forme auj. la *Bessarabie* (*Buziag*), entre le Dniester, le Pruth, le Danube et la mer Noire.

GEVALIA, *Gefle, Giawle*, ville de Suède (Norland) ; chef-lieu de la province de *Gefleborg*, GEVALIENSIS PROVINCIA.

GEYLA, *Geil*, rivière du Tyrol, affl. du Danube.

GHISLENI MONASTERIUM, voy. FANUM S.-GISLENI.

GIANUM, GIEMUM, GIENUM, GENABUM(?), *Gien-le-Château, Gien*, ville de Fr. (Loiret) ; anc. comté, qui relevait des évèques d'Auxerre.

L'imprimerie ne remonte à Gien qu'au temps de la révolution ; les arrêts du Conseil de 1704 et de 1739, non plus que le rapport à M. de Sartines, ne mentionnent le nom de cette ville.
En 1562 nous trouvons le nom d'un libraire établi à Gien, sur une petite pièce fort rare découverte par Charles Nodier, et qui figure dans son dernier catalogue (n° 40): *La Prophétie des petits enfants : tout est à Dieu.* Imprimé pour Quancien Bruyere, libraire-marchand, demeurant à Gien-sur-Loyre, 1562, pet. in-8. Il est présumable que Quancien Bruyere fit imprimer cet opuscule à Orléans ou à Tours.

GIASTUM AMOMIUM, voy. HISTONIUM.

GIBRALTARIA [Zeiler.], voy. CALPE.

M. Cotton cite un spécimen d'une imprimerie éta-

blie dans l'enceinte de cette place au XVIIIe siècle : *A catalogue of the Garrison library*, avec cette souscription : At the library, 1793. Nous avons eu l'occasion de visiter cette formidable forteresse, et avons pénétré dans la bibliothèque ; mais nous sommes forcé d'avouer que l'on ne nous en a pas communiqué le catalogue, qui, du reste, devait former une mince brochure.

GIENNA, GIENNUM, voy. FLAVIUM AURGITANUM.

GIESSA [Cluv.], GISSA HASSORUM [Top. Saxon.], GHESSA CATTORUM, *Giessen* (*Gyezen*), ville de la Hesse-Darmstadt, chef-lieu de l'Oberhessen ; université luthérienne fondée en 1607.

C'est à l'année 1564 que nous ferons remonter l'imprimerie dans cette ville, c'est-à-dire à une date bien antérieure à la fondation de son académie : *Die collecten : s oman pfleget durch das gantze Jahr in der kirchen zu gebrauchen verteutschet durch Wolffgangen.* Giessen, 1564, in-8.

GIFIL FL. [Jornand.], GILPIT [Geo. Rav.], Ῥαβών [Ptol.], rivière de la Dacie, auj. le *Schyll*, *Schiul*, affl. du bas Danube.

GIGANTEI MONTES, voy. ASCIBURGII.

GIGIA [Baudrand], *Gijon*, ville d'Espagne (Vieille-Castille et Léon).

Cette ville n'est pas citée par Mendez, comme ayant possédé d'imprimerie ; nous n'en trouvons trace qu'à la fin du dernier siècle, et encore il est douteux que le livre que nous allons citer ait été imprimé en Europe : *El Lazarillo di Ciegos caminantes desde Buenos-Ayres hasta Lima, con sus itinerarios y algunas noticias utiles ; por Don Calixto Bustamente Carlos Inca, alias Colóncorvo, natural del Cosco.* Gijon, 1773, in-8.
Ce livre, écrit par un Indien de la race des Incas, est, suivant toute apparence, imprimé à Lima. (Brunet.)

GIGLAVIA, voy. IGLAVIA.

GIGNIACUM, *Gignac*, bourg de Fr. (Hérault).

GIGONIS PROM., Γιγωνὶς ἄκρα, Ἡγωνίς [Ptol.], promontoire de la Macédoine, auj. *Cap Apanomi* [Leake].

GIGURRI, Γιγουρροί [Ptol.], CIGURRI [Plin.], peuple de la Tarracon., client des Astures, dont le chef-lieu était FORUM GIGURRORUM.

GILAVIA BORUSSICA, *Eylau, Preussisch-Eylau*, ville de Prusse (rég. de Königsberg).

GILAVIA GERMANICA, *Ilawa, Deutsch-Eylau*, ville de Prusse (rég. de Marienwerder).

GILDONACUM, JUDONIA [Guicciard.], *Judoigne, Geldenacken*, bourg de Belgique (Brabant).

GILFORDIA, *Guilford, Guildford*, ville d'Angleterre, chef-lieu du comté de Surrey.

L'imprimerie existe dans cette ville à partir du siècle dernier ; en 1772 paraît un livre intitulé : *Dr. Valpy's poetical Blossoms, or a collection of poemes, odes and translations.* Guilford, 1772, in-4;

en 1777, *the Life of Archbishop Abbot* ; enfin en 1801, *the History of Guilfort (Surrey)* Guildford, in-8, livre assez rare, vendu 1 liv. 4 sch. à la vente de Fonthill-Abbey.

GILOVIA, *Gilowey, Eglau,* ville de Bohême (cercle de Kaurzim).

GIMO, GIMONTIUM, GIMUNDUM, *Gimont,* pet. ville d'Armagnac (Gers) ; anc. abb. de Cîteaux, fondée en 1142.

GINÆPEDIUM, GYNÆPEDIUM, FRAUENFELDA, *Frauenfeld,* ville de Suisse, sur la Murg (canton d'Argovie).

L'imprimerie existe dans cette petite ville depuis 1800.

GINGINS, petite localité au-dessus de Nyon, en Suisse (canton de Vaud).

Amé de Gingins, élu évêque de Genève en 1513, vit son élection annulée par Léon X, pour raison d'Etat. Nous trouvons le nom de ce village au bas de quelques livres, imprimés en Suisse, au XVIIe siècle ; était-ce une imprimerie réelle installée là par quelques-uns des imprimeurs de Genève, cherchant à dissimuler l'origine des produits de leurs presses ? N'est-ce pas plutôt un lieu d'impression supposé ? Tout porte à le croire, mais on ne peut l'affirmer avec preuves à l'appui : *Justification du beau sexe, ouvrage très-utile aux hommes pour les désabuser de leurs faux préjugés qu'ils ont sur l'imperfection des femmes, par Mme Hortensia.* A Gingins, chez Jean Guibert, à l'enseigne de la Victoire, imprimée cette année-ci, pet. in-8. Dans ce volume se trouve reproduit, gravé sur bois, le fleuron de Pyramus de Candolle, une Renommée sur le globe terrestre, avec la devise: *Fama per orbem virtute comparatur.*

GINOLDI FOSSA, GIUOLDI FOSSA, GONDOLFOSSE [Chr. Carlov.], GUIEFOSSE [Roman du Rou], *Jeufosse,* commune de France (Seine-et-Oise).

GINSIUM [Zeiler, Örtel.], *Günz, Közeg,* ville de la basse Hongrie, dans le comitat d'Eisenburg.

GIPPESWICUM [Cambden, Zeiler], GIPPEVICUM, *Ipswich* (en saxon : *Gipeswic),* ville d'Angleterre, chef-lieu du comté de Suffolk, patrie du cardinal Wolsey.

Le bibliographe oxonien a consacré un bon article à la typographie d'Ipswich, en réponse à la note de M. Brunet ; ce dernier, en citant l'*Historia evangelica Juvenci Hispani presbyteri,* veneunt Gypsvici per Reginaldum Olivierum, 1534, in-12, avait dit : « Il est à remarquer que Cotton n'a pas connu de livres imprimés à Ipswich avant 1548 », et Lowndes, reproduisant le titre en question, dit aussi : « A Work printed at Ipswich fourteen years prior to any noticed by Cotton. » Voici la réponse de M. Cotton : « Brunet cite un ouvrage de Juvencus comme imprimé à Ipswich en 1534, mais ce volume, qui figurait chez Rich. Héber, porte simplement : *Veneunt Ipswici,* ce qui n'indique pas le lieu d'impression ; de plus il est avéré que le cardinal Wolsey, qui venait de fonder l'école qui porte son nom dans sa ville natale, donnait beaucoup de livres à imprimer à l'étranger. La famille des Olivier était établie à Rouen au commencement du XVIe siècle (pardon ! cette allégation est discutable ; on connaît bien un Pierre Olivier qui imprime à Rouen, en 1501, mais de Reginald ou Regnauld Olivier, point) ; et il est constaté que presque tous les livres de la Liturgie anglaise furent exécutés à cette époque à Rouen et à

Paris. Olivier du reste a pu momentanément imprimer à Ipswich, où il aurait été appelé par le cardinal. » Cette dernière version est infiniment probable, et Regnauld Olivier, que nous ne voyons pas d'inconvénient à reconnaître comme étant d'origine française et peut-être le fils de Pierre Olivier, de Rouen, ou celui de Jean Olivier, de Paris, serait l'introducteur de la typographie à Ipswich.

Les imprimeurs qui le suivent de très-près sont Anthony Scoloker, John Overton et John Oswen; les différents catal. de Richard Héber contiennent un grand nombre d'ouvrages exécutés par ces typographes ; du premier nous citerons un livre fort rare : *Disputation betwene a Christen Shomaker and a Popysshe Parson, within the famous citie of Norembourghe. Translated out of the Germayne.* Ippeswich by A. Scoloker, 1548, in-8.

Du second un ouvrage antérieur et peut-être plus rare encore, car nous ne le trouvons porté qu'au catal. de Maittaire (Libr. of Mich. Maittaire, Lond., tom. II, p. 107): *Joan. Balæi quinque centuriæ illustrium Britanniæ scriptorum.* Gippeswici, per Joan. Overton, 1542, in-4 (John Bale, évêque d'Ossory, mort en 1563). Lowndes (I, p. 103) nous donne le titre d'un volume du même auteur, imprimé à Londres, en 1548, par Anthony Scoloker and Wyllyà Seres; ce qui ne nous paraît pas prouver que cet imprimeur ait possédé un établissement à Londres, en cette année même où il imprimait certainement à Ippswich, mais seulement qu'il avait formé une association avec un libraire londonien.

Enfin de John Oswen, le 2e catal. Rich. Héber et Lowndes (t. I, part. 2, p. 352) cite plusieurs traités de Calvin, en anglais, imprimés à Ipswich en 1548, l'un desquels, *the Mynde of Mr. Jhon Calvine,* est à la Bodléienne et à la bibl. de Cambridge.

Le journal d'Ipswich remonte à l'année 1723.

GIRONIS (S.) CASTRUM, *St-Girons,* pet. ville de Gascogne (Ariège).

GIRUNDIA, GERUNNA, *la Gironde,* fl. de France.

GIRVIUM, *Yarum,* bourg d'Angleterre (Yorkshire).

GISMI, *Koregism,* localité près Constantinople (Rum-Illi.).

GISNÆ, GUISNÆ, *Guines,* ville de Fr. (Pas-de Calais).

GISONIS CASTRA, *Geisenfeld,* bourg de Bavière (Isarkreise).

GISORTIUM, GISO, CÆSAROTIUM, *in Veliocassibus, ad flumen Ittam* [Charta Ph. Aug. A. 1212], *Gisors,* ville de France, sur l'Epte (Eure) ; concile en 1188.

Suivant M. Frère, l'imprimerie fut exercée à Gisors, en 1795, par un typographe du nom de Thubœuf.

GISSINGA, GYSSINGA, *Német-Ujvar,* ville de Hongrie, dans le cercle d'Eisenburg.

Appelé dans cette localité par les comtes Batthyani, un imprimeur, dont nous avons plusieurs fois parlé, Joannes Manlius *(natione Germanus),* y établit une typographie en 1582, qu'il dirigea jusqu'en 1597, époque à laquelle il se porta à Német-Keresztur, dans le même comitat d'Eisemburg; plusieurs de ses impressions pendant cette période portent également le nom de Monyorokerék et de Német-Sitz, localités voisines de Német-Ujvár ; le premier livre imprimé par lui dans cette dernière ville est intit.: *Miképen, à Keresztyen Gyülekezethen, à Keresztséget,*

Ur-Vatsorájat, Házasok esketését, Olnozatot, etc. Német-Ujvárat, an. 1582, in-8.

Németh (*Typ. Hungariœ*, p. 110) cite 9 volumes publiés par cet imprimeur; en voici un dixième que nous donne le catal. de G. Willer d'Augsbourg (1592): '*De ratione instituendi puerum ab anno œtat. VI et VII, ad annum usque XIV, ità ut præter duas aut tres linguas maternas, etiam latinam discat rectè loqui et scribere; græcam verò mediocriter intelligere, insuperque rudimenta dialecticæ et rhetoricæ ad vsum scribendi conferre.* Gyssingæ, excudebat Joannes Manlius, 1584, in-8.

Voilà un livre qui mériterait d'être réimprimé et que pourrait lire avec fruit notre conseil universitaire; des divers préceptes de ce programme, il n'en est qu'un seul observé de nos jours : *« Græcam linguam mediocriter intelligere. »*

GITANÆ [Liv.], ville de la Chaonie (Epire), dépendant des Cassopæi.

GITMIACINUM, GITZINUM [Zeiler], *Gitzchin, Giczin,* ville de Bohême, dans le cercle de Bidschow.

GIURETIS VILLA, *Givrette,* commune près Montluçon (Allier).

GIVETUM , *Givet,* ville forte de Fr. (Ardennes); patrie de Méhul.

GIZÉH (DJYSÉH), ville de la Moyenne-Égypte, sur la rive gauche du Nil, au-dessus du Caire.

Pendant l'expédition d'Égypte et après le départ de Bonaparte pour la France, Kléber fit installer une imprimerie dans cette petite ville ; un assez grand nombre de proclamations, ordres du jour, etc., de l'an VIII et l'an IX, sont datés de Gizéh.

GLACIUM, *Glatz, Glaz* (*Kladsko*) ville de la Silésie prussienne, chef-lieu de l'ancien comté de ce nom (rég. de Breslau).

Imprimerie en 1698, suiv. Falkenstein ; la Bibl. sacrée du P. Le Long, et Ternaux nous donnent une date antérieure : *Arias, Thesaurus bonorum in Christo.* Glatz, 1685, 3 p. in-fol.

GLAMNATEVA CIVITAS, GLANATOVA, GLANDATA, GLANNATINA, GLANNATIVA , GLANDATUM, GLANUM LIVII (?), *Glandéves,* anc. ville épiscopale du département des Basses-Alpes, qui fut détruite par un débordement du Var; l'évêque et ses habitants se réfugièrent à Entrevaux, sur l'autre rive du fleuve.

GLANEATUM, GALLERATUM, *Gallerato,* bourg du Milanais.

GLANIS FL., voy. CLANIS et CLANIUS.

GLANUM [It. Ant., Tab. Peut.], GLANUM LIVII [Plin.], Γλανόν [Ptol.], CALÜM [Geo. Rav.], depuis FANUM STI REMIGII [Cell.], ville des Salyi, dans la Gaule Narbon., auj. *St-Rémi,* ville de Fr. (Bouches-du-Rhône); patrie de Nostradamus.

GLARIARIUM, *le Gravier,* bourg de Fr. (Nièvre); anc. baronnie.

GLARONA [Simler], GLARIZIUM, *Glarus, Glaris,* ville et canton de Suisse ; GLARONENSIS PAGUS.

GLASCONIA, AVALONIA [Sander], *Glastonbury,* ville d'Angleterre (Somersetshire); célèbre abbaye détruite par Henri VIII, mais qui remontait, dit-on, à Joseph d'Arimathie !

GLASCOVIA, GLASCOVIUM [Boet., *Hist. Scot.*], GLASCUM, GLASCUA [Camden], *Glasgow,* ville d'Écosse, dans le comté de Lanark, sur la Clyde; université fondée en 1450, par le roi James II; archevêché; c'est la ville la plus importante de l'Écosse; ce fut là que fut construit le premier bateau à vapeur. Sur les livres gaëliques on trouve *Glaschow, Anclasco, Glaschu, Glaschui, Glassachu, Glasachu, Glasdhow, Glassachadh.*

L'imprimerie remonte à l'année 1638, suivant Falkenstein, et Cotton confirme le fait; le plus ancien livre qu'il cite est intitulé : *The Protestation of the general assemblie of the church of Scotland, and of the noblemen.... subscribers of the Covenant lately renewed, made in the High Kirk, and at the mercate crosse of Glasgow the 28 and 29 of november, 1638. Printed at Glasgow, by George Anderson, in the yeare of Grace, 1638. 13 pp. in-4,* goth.

Le fils de George Anderson, qui s'appelle Andrew, succède à son père ; et lui-même est remplacé en 1668 par Robert Sanders, qui s'intitule pour la première fois : *Typogr. civitatis et universitatis.*

Le premier journal de Glasgow date de la célèbre année de l'invasion du prétendant en Écosse, 1715.

Au XVIIIe siècle, la typographie de Glasgow jette un très-vif éclat par les belles éditions [classiques dues aux grands imprimeurs, les deux frères André et Robert Foulis, les typographes de l'Académie; leur *Homère* de 1750, en 2 vol. in-fol., leur *Cicéron* de 1749, 20 vol. in-12; et surtout leur *Horace* de 1775, qui passe pour être absolument exempt de fautes, sont justement renommés.

Nous devons signaler au milieu du siècle dernier un catalogue rare et fort recherché en Angleterre, produit d'une imprimerie particulière : *Catalogus librorum A. C. D. A.* (*Archibaldi Campbell, Ducis Argathetiæ*). Glasguæ, 1758, in-4 de 304 pp. « Archibald Campbell, Duke of Argyle, died april 15 th, 1751; he had a great trist for books, » dit énergiquement Walpole (*Memoirs of George II*).

GLATOVIA [Zeiler], Brodentia (?), *Klattau,* ville de Bohême, chef-lieu du cercle de ce nom.

GLAUCHA, GLAUCHAVIA, *Suburbium Salinarum Saxonicarum, Glauchau,* faubourg de Halle, ville de la Saxe prussienne, depuis longtemps réuni à cette ville.

Glauchau posséda au XVIe siècle une imprimerie d'une certaine importance, dont on rencontre encore fréquemment les produits ; c'est à l'année 1580 que remonte le plus ancien livre que nous puissions citer : *Johannis Rivii Attendorfiensis locorum communium philosophicorum, quibus veluti Græcæ latinæque linguæ scriptorum, explicationis ratio, via, eiusque usus in antiquissimo laudatissimoque priscæ memoriæ Herodoto retexto, præeundo demonstratur.* Glauchæ suburbio Salinarum Saxonicarum, 1580, in-fol., réimprimé en 1589 au même lieu (Bauer, III, 325). La Bodléienne possède un exemplaire de ce volume, qui porte la date de 1579, au dire de M. Cotton.

En 1712 le baron Von Canstein fonda dans ce faubourg un établissement typographique, spécialement consacré à l'impression des saintes Écritures; on prétend que cette imprimerie produisit près d'un million de Testaments et plus de deux millions de Bibles (*Pietas Hallensis*).

GLAUCUS FL., fl. de l'O. de l'Achaïe, auj. le *Lavka* ou *Lefka*; se jette près de Patras dans le golfe de Lépanto.

GLEMONA [Paul. Diac.], ville du N.-E. de la Gaule Transpadane, auj. *Ghiemona*, au N.-O. d'Aquileja, dans le Frioul.

GLENDELACUM, *Glendelagh*, bourg d'Irlande (comté de Dublin).

GLESSARIA INS. [Plin.], voy. AMELANDIA. Quelques géographes voient dans ce nom l'île de *Nordstrand*, au Danemark, près de Schleswig.

GLEVUM, voy. CLEVUM.

GLICHBERGA, *Glizberg*, pet. ville du Luxembourg (Graësse).

GLISAS, Γλίσας [Herod., Strab.], GLISSAS [Plin.], ville d'Épire, auj. *Sirdschi*, dans l'Albanie Inférieure.

GLOCESTRIA, voy. CLEVUM.

GLOCESTRIENSIS COMITATUS, le *Gloucester-Shire* ou *Glocester*, l'un des comtés de l'O. de l'Angleterre.

GLOGOVIA MAJOR [Topogr. Siles.], *Glogau, Gross Glögau*, ville de la Silésie prussienne; chef-lieu d'un cercle dans la régence de Liegnitz, sur l'Oder.

Nous ne pouvons faire remonter l'imprimerie à Glogau qu'à l'année 1608, c'est-à-dire reculer d'un an seulement la date donnée par Ternaux; quant à Falkenstein, il ne connaissait pas de livres antérieurs à 1621: *Flaminii Gastonis, discurs vom rechten Nutz etlicher Gebrauchlicher Artzeneyen bey wehrenden Sterbensleufften.* Gross Glogau, bey Joachim Funck, 1608, in-8. (*Catal. des foires de Francf.* A. 1610, 1614 et 1625.)

GLOGOVIA MINOR, *Ober-Glogau, Klein-Glogau*, ville de Silésie, dans la régence d'Oppeln.

GLORIUM, GLORIÆ VALLIS, GLURNIUM, *Glurenz*, ville du Tyrol, dans le cercle d'Imst.

GLOTA, voy. CLUDANUS AMNIS.

GLOTÆ ÆSTUARIUM [Tac.], *The Firth of Clyde*, sur la côte S.-O. d'Ecosse.

GLOTANA VALLIS, GLOTIANA, CLIDESDALIA, *Clydesdale*, district d'Écosse, dans le comté de Lanark; Glasgow en était le chef-lieu.

GLUCKSTADIUM, voy. FANUM FORTUNÆ.

GLYCYS LIMEN, Γλυκὺς λιμήν [Strab.], PORTUS DULCIS [It. Ant.], Ἔλαια [Thuc.], port de l'Épire, que Leake croit être auj. *Porto Fanari*, en Albanie (voy. FANARUM).

GLYND, GLYND-PLACE, manoir appartenant à lord Hampden, situé près de Lewes, dans le comté de Sussex.

Une imprimerie particulière, dit M. Cotton, doit avoir été installée dans ce château vers 1770; Martin n'en parle point, mais on connaît: *The Summer's day, a descriptive pastoral.* Glynd, 1770, in-4. Un fragment seulement de cette pièce rarissime est conservé à la Bodléienne; ce fragment, composé de la première feuille du poëme, est orné de deux planches gravées, dont l'une représente le château de Glynd, et l'autre le manoir de Mont-Carbon.

GMUNDA, *Gmunden*, ville de la haute Autriche, entre le mont Traunstein et le lac Traun (Traunsee).

Panzer, à l'*Index Fontium* (XI, p. 620), cite le catalogue de la bibliothèque Hœrner, comme imprimé à Gmunden, mais il n'en donne pas la date.

GNESNA [Cell., Hist. Polon.], GNÆSNA [Cluv.], *Gnesen, Gniezno*, ville du grand-duché de Posen, dans l'anc. Pologne (Prusse).

Staravolscius, non plus que Németh, ne mentionnent cette ville parmi celles qui ont joui antérieurement au XIXe siècle du bénéfice de l'imprimerie.

GNEVUM, *Mewe*, bourg prussien de la rég. de Marienwerder.

GNOSUS, Γνωσός, Κνωσσός [Hom., Str.], voy. CNOSSUS. Suivant Pashley et Forbiger, cette anc. ville de l'île de Crète serait auj. *Makro-Teikho*.

GOARI (S.) FANUM, *St-Goar*, ville des bords du Rhin, dans la Prusse rhénane.

Est-ce à cette localité que se rapporte l'impression suivante, citée par M. Ternaux: « *J.-E. Burggrafen Diolychnium.* Goar, 1629, in-8 » ?

GOBÆUM PROM., Γόβαιον ἄκρον [Ptol.], cap. de la Britannia Minor, auj. *Pointe d'Audierne* ou *Cap S.-Mahé*, à l'O. de Brest.

GOBANNI (S.) VILLA, *St-Gobbains*, auj. *St-Gobain*, ville de Fr. (Aisne); manufacture de glaces. Ce nom vient d'un prêtre irlandais canonisé, St-Gobbain, qui vint prêcher l'Évangile à la Fère, sans doute à la suite de S. Colomban, et mourut; sur sa tombe on éleva une tombe, puis une église, enfin une ville.

GOBANNIUM [Itin. Ant.], GOBANIUM, *Abergavenny*, ville d'Angleterre (comté de Montmouth).

GODERA, *Godern*, bourg et château de l'Oberhessen, dans le grand-duché de Hesse-Cassel.

GODEWICUM, voy. GOTTWICENSE MONAST.

GODONIS VILLA ou LOCUS, *Gonnelieu en Vermandois*, commune de Fr. (Aisne).

GŒMORIA, *Gömör, Sajo-Gömör*, ville de Hongrie, chef-lieu du comitat du même nom.

GŒTTINGA [Zeiler], GOTTINGA, GODDINGA VILLA [Charta Car. M.], *Göttingen, Gœttingue*, sur la Leine, ville de Hanovre, célèbre par son université fondée en 1735 par George-Auguste, électeur de Hanovre, par sa magnifique bibliothèque et ses établissements littéraires et scientifiques.

Göttingue était déjà une ville importante longtemps avant son université, et cependant l'introduction de la typographie ne remonte pas très-haut ; ce n'est qu'à la date de 1687 que nous trouvons trace d'imprimerie : *De recentiorum medicorum studio dissertatio epistolaris ad amicum.* Gottingæ, 1687, in-8. — *Dissertatio epistolaris secunda ad amicum*, ibid. 1693. Melzi (Anon., t. II, p. 415), nous donne le nom de l'auteur de ces épitres scientifiques : il s'appelait Gio. Girolamo Sbaraglia, et était docteur en médecine.

Le catal. de la biblioth. de Panzer et celui de l'observat. de Poulkova nous donnent les titres d'un grand nombre de volumes scientifiques, imprimés à Göttingue dans la première moitié du XVIIIe siècle ; il serait superflu de donner cette stérile nomenclature ; nous citerons seulement : *Mulierum græcarum, quæ oratione prosa usæ sunt, fragmenta et elogia, a Joan. Christ. Wolfio.* Gottingæ, 1739, in-4. gr. lat. C'est la première édition. Nous signalerons de plus l'édition complète de Boerhave en 7 vol. in-12, publiée l'année suivante à Göttingue.

GOLNOVIA, *Gollnow*, ville de Prusse (rég. de Stettin).

GOLOE, Γολόη [Ann. Comn.], ville de Thrace, auj. *Golowitza, Chalil-Ovasi*, sur la Tundscha, dans le pachal. de Saloniki.

GOMARI - VILLA, *Gomerville*, commune de Normandie (Seine-Inférieure).

GOMERIA, *Gomer*, bourg de Hongrie.

GOMPHI [Cæs., Plin., Liv.], Γόμφοι [Ptol., Strab.], ville de l'Hestiæotis (Thessalie), auj. *Kalabaki*, suiv. Kruse, mais plutôt Skumbos (en ruines), dans le pach. de Ieni-Scheher, suiv. Leake.

GONESSIA, *Gonesse*, bourg de l'Ile-de-Fr. (Seine-et-Oise) ; ce fut là que naquit Philippe-Auguste.

GONNUS, Γόννος [Herod., Str., Ptol.], GONNI [Liv.], Γόννοι [Polyb.], ville de la Pélasgiotide (Thessalie), auj. *Lykostemo*, suiv. Leake (pach. de Ieni-Scheher).

GOPPINGA [Zeiler, Moser], *Göppingen*, ville du Wurtemberg (Donaukreise).

Nous avons parlé de l'imprimeur Jean Hug de Goppingen (voy. EZELINGA), et du volume qui porte son nom : JACOBI CARTHUSIENSIS, QUODLIBETUM STATUUM HUMANORUM. Dibdin (Ædes Althorp., II, 158) veut que ce livre soit imprimé à Goppingen , *printed by J. Hug, at Gœppingen* ; ce qui n'est pas ad-

missible ; il fait remarquer la parfaite identité des caractères, surtout du bas-de-casse, de cet imprimeur avec ceux de C. Fyner, et note une simple différence dans l'E capital.

L'imprimerie ne date dans cette ville que du XIXe siècle.

GORCOMIUM, voy. GORICHEMIUM.

GORDENIA, Γορδηνία [Ptol.], GORDYNIA, GORTYNIA [Plin.], ville de l'Emathie, auj., suiv. Kruse, *Gradisca*, ville de la Bosnie.

GORDITANUM PROM., Γορδίτανον [Ptol.], cap de l'île de Sardaigne, auj. *Capo Falcone*, au N.-O.

GORDONIUM, *Gourdon*, bourg du Quercy (Lot) ; anc. abb. de Cîteaux, fondée en 1241.

GORDUNI, peuple de la Gaule Belgique, client des Nervii ; auj. territoire de *Courtrai* (Nord).

GORICHEMIUM [Guicciard.], GORCOMIUM, GORINCHEMIUM, *Gornichem, Gorkum, Gorinchem*, ville forte de Hollande, sur la Merwe [Hollande-Mérid.] ; patrie des peintres Van-der-Heyden et Blömart.

Le plus ancien livre imprimé dans cette ville, que nous sachions, porte la date de 1656 : *Kemps leven der Heeren van Arkel en de beschryvinge der Stadt Gornichem.* Gornichem, 1656, in-4 (Cat. de Heinsius, t. II, p. 251). L'année suivante nous trouvons au catal. du libraire Adr. Moetjens : *Gorinchems verlossinge uyt haere Water-Nood.* Gorinchem, 1657, in-12. Enfin .en 1658 (Bauer, t. IV, p. 132) : *Petri Suavis historiæ concilii Tridentini libri VIII.* Gorinchem, 1658, in-4 ; réimpression de l'édition de Londres, 1620, in-fol.

Le premier nom d'imprimeur que nous rencontrions est celui de *Vinck* (Cat. de la cour de cassation, t. II, p. 44).

Mais, si l'on en croit le supplément du Dr Cotton, l'imprimerie de Gorinchem remonterait à une date antérieure ; il dit formellement qu'en 1624 un typographe du nom d'Ahasverus Jones exerçait dans cette ville ; nous reproduisons cette indication, que nous ne saurions contrôler, sous toutes réserves.

GORITIA, GORIZIA, *Görz, Goritz*, ville de l'Illyrie autrichienne, chef-lieu d'un cercle, sur l'Isonzo.

L'imprimerie ne remonterait, d'après Falkenstein, qu'à l'année 1773 ; ce bibliographe emprunte ce renseignement au catal. Pinelli (Vente de Londres, no 2081) ; voici pourtant un livre qui exhibe une date infiniment plus respectable : *Johannes ab Hammerstedt, Meretrix Babylonica.* Goritiæ, 1664, in-8. Il va de soi que par ces mots : *Meretrix Babylonica*, le pamphlétaire allemand veut désigner la cour de Rome.

GORLITIUM, GORLICIUM, anc. CALANCORUM de Ptol. (?), *Görlitz*, sur la Neisse, ville de la Silésie prussienne (Haute-Lusace) ; belle biblioth. scientifique.

La *Bibl. Saxonica* de G. Struvius nous fournit un document qui nous permet de faire remonter à 1548, c'est-à-dire à une date antérieure à toutes celles qui ont été données jusqu'ici, l'introduction de la typographie à Görlitz : « Nicolaus Mumeranus prodiit: *Kurtzer Bericht Welcher gestalt Keyser Karl Hertzog Moritzen zu Sachsen, etc. Mit dem Ertz marschalk-Ampt, und der Chur zu Sachsen,*

Sampt ellichen andern Herrschafften, etc. in MDXLVIII. *Jar, den* XXIV. *'Februarii aus dem Reichs-Tage zu Augspurg öffentlich unter dem Himmel belehnet hat.* Görlitz, 1548, in-4. Ce livre avait été publié également sous la rubrique *Leipzig ;* et il ne serait pas impossible qu'il eût été exécuté dans cette dernière ville ; mais nous avons dû cependant le citer, puisque sa souscription est la première qui porte le nom de Görlitz.

Dans les *Scriptores rerum Lusaticarum,* on lit qu'Abraham Fritschius établit une imprimerie en 1565 à Gorlitz ; ce qui semble impliquer d'une façon absolue l'impression, à Leipzig, du livre que nous venons de citer. Mais ce renseignement n'est point d'une rigoureuse exactitude, car le nom du proto-typographe lui-même est estropié ; ce n'est point sous le nom d'Abraham, mais bien sous celui d'Ambroise Fritsch, qu'il signe les livres sortis de ses presses : *Petri Lagnerii sententiæ, similia et apo-phthegmata ex M. T. Ciceronis operibus collecta. Item Huberti Susannæi definitiones Ciceronianæ. Præterea Desiderij Jacotij placita philosophorum ; adjunctis fragmentis, ex operibus eius omissis, præterea quæ Carolus Sigonius collegit.* Gorlicii, apud Ambrosium Fritsch, 1567, in-8.

Aux dates de 1568, 1569 et années suivantes jusqu'en 1587, les catal. des foires de Francfort et celui de G. Willer d'Augsbourg citent un très-grand nombre de volumes sortis des presses de cet imprimeur, et qui indiquent l'importance réelle de sa typographie.

GORNACUM, *Gournay-en-Bray,* ville de Fr. (Seine-Inférieure).

Un typographe du nom de Dieudonné de Bailleu introduit l'imprimerie dans cette ville en 1790.

GORTYN, GORTYNA [Plin.], Γόρτυς [Pausan.], ville d'Arcadie, au N.-O. de Mégalopolis, auj. *Atelucolo,* suiv. Kruse, ou plutôt *Atzikolo* [Forbiger].

GORTYNA [Lucan.], Γόρδυνα [Hom.], COR-TYNA [Plin., Liv.], GORTINA [Tab. Peut.], Γόρτυνα [Strab.], dans l'île de Crète, auj. *Novi Castelli,* bourg de la côte S. de Candie.

GORTYNIA, voy. GORDENIA.

GORZIA, GORCIA, *Gorzes,* bourg de Lorraine (Moselle) ; anc. abb. de St-Benoît, qui s'appelait GORGONII (S.) Mo-NASTERIUM. Cette localité est fréquemment citée dans l'*Hist. générale de Metz,* par les Bénédictins.

GOSLARIA, *Civitas Imperialis ad Gosam, Goslar,* ville de Hanovre (comté d'Hildesheim).

L'imprimerie paraît dater dans cette ville des dernières années du XVIe siècle ; voici en effet une indication que nous fournissent plusieurs catalogues, entre autres celui de la vente Maittaire à Londres (tom. II, p. 26) : *Nonni translatio sancti evangelii secundum Joannem, cum verborum indice ; opera Friderici Sylburgii ; typis Johannis Vogdii, sumptibus Alexandri Ulrichs.* Goslariæ, 1595, in-8°. Ce rare volume nous donne le nom du premier imprimeur, Johann Voigt ou Vogt, et ce nom se retrouve sur un très-grand nombre de volumes exécutés en 1603, 1607 et 1608, dont les catalogues des foires de Francfort nous fournissent les titres.

En 1607 particulièrement, nous avons un livre bien connu auquel Vogt (Cat. libr.rar., p. 354) consacre un long travail : c'est l'*Anti-Bellarminus Samuelis Huberi,* imprimé non point in-8, comme le dit Baillet, mais bien in-fol., et en 6 volumes, *Goslariæ, ex officina Johannis Vogdii,* an. 1607-1609.

GOSPORT, ville maritime d'Angleterre (Hampshire), à l'entrée du port de Portsmouth.

Une imprimerie fonctionna dans cette ville, au commencement du XVIIIe siècle, suivant M. Cotton et Lowndes, qui citent : *Churchwarden's Accounts,* 1708, et une farce intitulée : *A Trip to Portsmouth, or the wife's elections,* par Essex Waller, imprimée en 1716.

GOTHA [Fabrit., Bert., Cluv., etc.], *Gotha,* ville d'Allemagne ; à l'O. de Weimar ; chef-lieu du duché de Gotha, et résidence du grand-duc de Saxe-Cobourg-Gotha.

Gotha possède une bibliothèque de près de 200,000 volumes et une riche collection de médailles. Cette ville eut jadis une école célèbre pour laquelle Luther ne dédaigna pas d'écrire un catéchisme spécial : *D. Martini Lutheri catechismus parvus latino-germa-nicus pro Schola Gothana, cum precationibus aliquot.* L'imprimerie n'existait pas encore à Gotha ; le livre fut imprimé à Erfurth, par Jesaias Mechler, en 1585, in-8.

Nous ne connaissons pas de livres imprimés à Gotha avant 1619 : *Cæcilii Cypriani Unumstössliger Beweis das die Evangelische Kirche rechtmässige priester habe.* Gothæ, 1619, in-8, et l'année suivante nous trouvons dans la *Bibl. Saxon.* de Struvius (p. 799) : *Christianus Schlegelius. Weitere Ausführung, dass die Müntze Henrichs, Grafens von Blanckenberg, mehr dem Grafen dieses Nahmens in Thüringen, als dem am Hartze zuzuschreiben sey.* Gotha, 1620, in-4.

GOTHI [Auson., P. Warnef.], GOTTHI, Γοθοί [Zosim.], GOTHONES [Tac.], GOTHUN-NI [Claud.], *les Goths,* peuple de la Sarmatie européenne, qui sont sans doute les Γύθωνες de Ptolémée ; au IIIe siècle occupaient la Scandinavie et le N. de la Germanie ; depuis envahirent l'Europe méridionale ; faisaient partie de cette nation : les OSTROGOTHI, les WESE-GOTHI, les GEPIDÆ, etc.

GOTHIA, voy. DACIA.

GOTHIA [Zeiler, Descr. Suev.], GUTHIA [Cell.], GOTHLANDIA [Cell.], *Gothland, Gœthaland,* île et province de Suède.

GOTHIA [Ann. Metens.], GOTHLÆ MARCHIA, GOTHIGA REGIO, GUTIA, GOZIA [Ann. Sangall.], *le Royaume des Goths* en France ; occupait au Ve siècle partie du Languedoc.

GOTHIA OCCIDENTALIS, voy. WESTRO-GO-THIA.

GOTHIA ORIENTALIS [Luen.], OSTRO-GOTHIA, *Ostgothaland,* district de Suède, dans l'île de Gothland.

GOTHINI [Tac.], peuple de la Germanie, à l'E. des Markomans ; occupait le *cercle de Troppau,* dans la Silésie autrichienne.

GOTHOBURGUM, GOTHEBURGUM, *Gœtteborg*, *Gothemburg*, ville de Suède, chef-lieu de la province de Götheborg et Bohus, sur le Cattégat.

Ville détruite par les Danois et rebâtie par Gustave-Adolphe Quelques années après la mort du grand roi, l'imprimerie fut introduite à Gothembourg, à la requête du Dr Eric Brunn, « *Superintendentis Gothoburgensis* »; le typographe appelé là venait de Nyköping, où nous le trouvons en 1647; il s'appelait Amundus Nicolai Grefwe, Nericius; il arriva à Gothembourg au mois de juillet 1650, « *cum officina, omnique re domestica, in propriæ vitæ curriculo* », ainsi qu'il le raconte lui-même.

Le premier volume que nous ayons de lui est ainsi désigné: *Erasmus Johannis Huss Josuæ Stegmanni promptuarium munusculorum novi anni vertit in sermonem sueticum, ediditque Gothoburgi per Amundum Grefe anno* 1650, in-8.

L'année suivante nous trouvons: *Claudii Klooth synopsis causarum criminalium.* Gothob. anno 1651, in-12. « En 1669, nous apprend Alnander (*Hist. artis typogr. in Suecia*), Am. Grefwe subit un double désastre; un navire qui lui était expédié de Hambourg, chargé de caractères et de papier, périt en mer, et l'incendie du 10 mai, qui détruisit en grande partie Gothembourg, consuma son établissement, et le ruina à ce point qu'on fut obligé de venir officiellement à son secours. » Ceci est fort possible, mais si l'établissement de Grefwe fut détruit de fond en comble, il faut avouer qu'il ne perdit pas de temps à le relever, puisque nous trouvons dès l'année suivante un assez grand nombre d'ouvrages souscrits à son nom: *M. Joh. Vultejus Holmensis, pastor ecclesiæ germanicæ Gothob., de prædestinatione concio sacra, ex Math. XXII. Lingua Germ.* Gothoburgi, ap. Am. Grefwe, 1670, in-4, et du même: *Solatium concionatorum et doctorum ecclesiæ ingenuorum, concio funebris in obitum M. Nicolai Westermann.* Ibid., 1670, in-4.

Am. Nic. Grefwe eut sans doute pour successeur son fils Tiedemann, qui mourut en 1680, car nous connaissons du pasteur Johannes Vultejus, déjà nommé, la pièce suivante: *De statu christianorum in vita præsenti et futura, in obitu Tidemanni Grefwe, typographi Gothoburgensis.* Sermone Suetico. Gothoburgi, anno 1680, in-4.

GOTTINGA, voy. GŒTINGA.

GOTTORPIA, GOTTORPIUM, *Gottorp*, château près du Sleswig, qui donnait son nom à un ancien duché danois, d'où vient la branche de Holstein-Gottorp.

M. Ternaux cite: *Olearius, Gottorfische Kunsthammer.* Gottorf, 1674, in-4. (?)

GOTTWICUM, GOTTWICENSE MONASTERIUM, GODEWICUM, *Gottweig*, monastère de Bénédictins en Autriche.

L'imprimerie existe au commencement du XVIIIe siècle, dans cette abbaye: *Chronicum Gottwicense, seu annales monasterii Gottwicensis, typis monasterii Sti Benedicti,* 1732. 2 vol. in-fol. Excellent traité de paléographie, enrichi de 40 planches, et d'une carte du royaume d'Austrasie, tirée à part, et qui manque au plus grand nombre des exemplaires.

GOTZGAUGIA, *Gützkow*, ville de Prusse [Graesse].

GOUDA, TERGUM, *Tergou, Tergoude, Gouda,* ville de la Hollande méridionale, sur le Petit-Yssel.

« Il est peu de typographes dans la Belgique qui aient été aussi féconds en éditions de livres latins, hollandais, flamands, gaulois, et qui les aient autant enrichis de gravures, que Gerard Leeu. Je le trouve aussi supérieur dans son art à Mathias Goes, que l'était Jean de Westphalie à Martens d'Alost, dans le XVe siècle ». Ainsi s'exprime le vieux bibliographe de la Belgique, Lambinet, et son opinion à ce sujet n'a point trouvé de contradicteurs. Gheraert de Leeuw ou Gerard de Leeu, l'ami d'Erasme, fut l'introducteur de l'imprimerie à Gouda, et c'est à l'année 1477 que remontent les premiers produits de ses presses; voici les titres des ouvrages qu'il exécute pendant cette première année:

1. *Epistelen ende evangelien vanden Ghcheelen Jaere, vander tijt ende vanden Heylighen,* 1477, *op die Pinxter avont.* Sans indication de lieu et sans la signature de l'imprimeur. Un vol. in-fol. de 137 ff. goth. à 2 col. de 35 lig., avec des nos de pagination dans la marge infér., mais sans ch. ni récl. Au rº du 137e f. on lit: *Dit is voleyndet int iaer ons herê* || M.CCCC. *ende* LXXVij *op die pinxter* || *auont: laus deo in altissimo.* Le vº est blanc.

2. *Die vier uterste ofte die leste dingen die ons aanstande ende tœcomende syn.* Ter Goude, 1477. A la fin: *Voleyndet ter Goude int jaer ons heren* 1477. *op den sesten dach in Augusto,* in-4.

3. *Dat Liden ende die passie ons heeren Jesu Christi.* Ter Goude, 1477, 10 septembre. A la fin, rº du 80e f.: Amen || *Dit boec is voleyndet ter Goude in hollant* || *in iaer ons heren* M. CCCC. *ende* LXXVII *opten* || *tienden dach vas september,* in-4, de 80 ff. goth. à 26 longues lig. sans ch. récl. ni sign., et sans nom d'imprimeur.

Ainsi, dans l'intervalle d'un mois, Gérard de Leeu mit au jour trois ouvrages d'une certaine importance, mais sans mettre son nom à aucun d'eux; sur un autre volume publié la même année se trouvent seulement ses initiales G. L.: *Evangelien vanden Gheheelen iaer ende vanden sonnendaghen mitten Glosen.* Ter Goude, 1477, in-4º de 192 ff. goth. à 26 lig. Au vº du 192e f. on lit: AMEN.|| *Dit boec is ghemaeet ter Goude in hollant* || *int tiaer* (sic) *ons herê doemê screef* M.CCCC.LXXVij. ||G. L.|| *Laus deo in altissimo.*

Ce n'est que l'année suivante, 1478, que son nom apparaît tout entier; le premier ouvrage sur lequel nous puissions le relever est la *Légende dorée* de Jacques de Voragine (*Der passionael Winter-ende Somerstuc*), 2 vol. in-fol. de 264 et 268 ff. à 2 col. de 35 lign. Le premier volume est daté du 31 juillet, et le second porte à la fin, vº du 268e f., en rouge: Hier. is Voleyndet bider gracien ||goods dat somer stuc vandê passionael|| bi mi Gheraert Leeu ter Gou|| de in hollant Jnt iaer ons herê M.CCCC. eñ LXXVij. Op die pinxter||auont den tienden dach in meye ||. Puis vient l'écusson célèbre de Gérard de Leeu, évidemment imité de celui de Schoyffer.

Le seul ouvrage français imprimé par Gérard de Leeu est le *Dialogue des Creatures moraligie* de 1482; c'est la traduction faite par Colard Mansion, dont la première édition latine avait été donnée en 1480 par le même imprimeur Gérard de Leeu: *Chy fine ce present liure.... commencie et finy... par Gerart lyon demouran ten la vile de Goowe en Hollande.*

Ce volume offre un certain intérêt; c'est lui dont quelques bibliographes ont voulu la date, 1483; il est possible que le V de la date manquât ou eût été effacé sur l'exempl. vu par Prosper Marchand, par Seiz ou par les auteurs du *Spicilegium;* au reste l'opinion émise par les bibliographes n'a jamais été admise, même par les Néerlandais les plus patriotes. On sait qu'en 1484 Gérard de Leeu transporte son imprimerie à Anvers, où il adopte un nouvel écusson; les derniers ouvrages publiés par lui à Gouda sont: *Un recueil des statuts synodaux et provinciaux d'Utrecht,* in-fol. de 40 ff. à 33 lignes, et un livre sur *les sept Sacrements* (*Van den leven sacramenten*), du 19 juin, in-fol. de 86 ff. avec fig. de bois, lequel est porté par erreur à la date de 1489 dans Panzer, au tom. Ier; erreur rectifiée au tom. IVe.

De 1484 à 1496, nous ne trouvons pas trace certaine d'imprimerie à Gouda, bien que Panzer cite une édition de la *Légende dorée* à la date de 1487, qu'il confond probablement avec l'édition de 1480, et que Maittaire et Meermann annoncent une édition de l'*Exercitium puerorum grammaticale*, imprimée à Gouda en 1486, sur l'édition d'Anvers 1485; mais personne n'a vu cette réimpression.

En 1496, des religieux de l'ordre de St-François, qui se faisaient appeler « fratres collationis », et qui habitaient un monastère attenant à la ville de Gouda, lequel se nommait le *Couvent d'Emmaüs*, établissent dans leur monastère, à l'instar des frères de la Vie commune, une imprimerie à laquelle on doit un certain nombre d'ouvrages, cités par Panzer, Maittaire, M: Holtrop, etc.; le plus important est un *Breviarium Trajectense*, de 1497, qui forme un vol. de 386 ff. in-fol. goth. à 2 col. de 36 lign.

En terminant ce travail, nous croyons devoir citer un livre nouvellement découvert par M. Tross, décrit dans son catal. (V, 1867, n° 1137), à prix marqué. C'est un in-fol. goth. de VIII-50 ff., imprimé sans date, mais vers 1480, et intit.: *T'Boec der Rente van Gouda*|... eñ dat van den Jare..... eñ daer op beta‖ linge gedæn biden tresoriers als. M. Tross ne nous dit pas si ce livre est imprimé avec les caractères de Gérard de Leeu.

GOUPILLÈRES, village de Normandie; il y a *Goupillière*, dans le dép. de la Seine-Inférieure, *Goupillaire*, bourg du départ. de l'Eure, et enfin *Goupillières*, village du dép. de Seine-et-Oise.

La Bibliothèque impériale possède un fragment important d'un livre d'heures souscrit à ce nom; ce fragment, découvert depuis quelques années seulement, servait à doubler la reliure d'un vieux volume; il nous donne le nom d'un nouvel imprimeur, et d'un livre provenant d'une presse inconnue jusqu'alors : *Heures de Goupilleres. Les presetes Heures furent* ipri‖mees a Goupilleres le viii° iour de‖ may lan mil quatre cent quatre‖ vingts 3 onze: par honorable hôme‖ messire Michel ādrieu prestre. 44 ff. in-8 goth. avec sign., sans pagin.; il n'y a en français que les 4 ff. du calendrier (fragments), le *Nostre Père* et la *Salutation Angélique*, qui précèdent la souscription. Ce prêtre Michel Andrieu avait-il installé une petite imprimerie dans son village, ou bien avait-il fait imprimer ce livre à Rouen, en se donnant la petite satisfaction d'amour-propre de signer cette publication de son propre nom ? les deux hypothèses sont admissibles ; en tout cas sa qualification ne permet pas de soulever la troisième supposition d'une imprimerie nomade, laquelle était évidemment la plus probable.

GOYSE VILLA, *proxima fluvio Arnon, Gouers-sur-Arnon*, commune près Issoudun (Indre).

GOZEKA, *Goseck*, bourg de Prusse [Graësse].

GRABOVIA, *Grabow*, ville du gr.-d. de Mecklenburg-Schwerin (c. de Wenden).

GRACA, GRASSA, GRINNICUM [Sammarth.], *Grasse*, ville de Fr. (Var); évêché fondé en 1280.

Les anciens livres de liturgie à l'usage du diocèse de Grasse étaient imprimés à Lyon. Le Bréviaire particulièrement est daté de Lyon, 1528, pet. in-4. Une imprimerie locale ne fut installée qu'à la fin du siècle dernier : *Christ. Isnard, Observations sur les insectes qui se nourrissent des différentes substances de l'olivier.* Grasse, 1772, in-8.

GRACCURIS [It. Ant.], Γρακουρίς [Ptol.], anc.

ILLURCIS, ville des Vascones, dans la Tarracon., auj. *Corella*, sur l'Ebre, ville de la Navarre.

GRADICUM, GRÆUM, GRAJUM, GRADIACUS, *Gray*, ville de Fr. (Haute-Saône).

L'arrêt du conseil du 21 juillet 1704, qui fixe le nombre des imprimeurs tant à Paris que dans les villes de province, en autorise un pour la ville de Gray; le second arrêt du 31 mars 1739 le supprime ; comme presque partout, ce dernier arrêt ne fut point exécuté avec rigueur à Gray, car nous trouvons traces d'imprimerie postérieurement à 1739, et le rapport fait à M. de Sartines en 1764 dit :« A Gray, François Couad, imprimeur-libraire, né en 1698, fils de Louis Couad, aussi imprimeur et libraire, pourvu par lettres patentes de S. M. du 17 janvier 1729. »

Ce rapport nous donne très-probablement le nom du premier imprimeur de Gray, Louis Couad, et l'imprimerie pourrait remonter, dans cette ville à la fin du XVII° siècle ou aux premières années du XVIII° siècle; mais nous ne pouvons citer de livre imprimé antérieur à celui dont suit le titre : *Réfutation des anecdotes, adressée à leur auteur, par Messire Pierre-François Lafitau, évêque de Sisteron, ci-devant chargé des affaires du Roi, auprès du St-Siége.* Gray, Couad, 1734, 3 vol. in-8. Cette réfutation des *Anecdotes* ou *Mémoire secrets* sur la bulle Unigenitus fut supprimée par arrêt du conseil. Le Long (I, 369), qui cite l'ouvrage, estropie le nom de l'imprimeur, qu'il appelle Quouard.

GRADISCIA [Zeiler], GRATIANA [Cluv.], (*Gradczu*) (?), *Gradisca*, ville de l'Illyrie, dans le cercle de Görz, sur l'Isonzo.

Prosper Marchand (I, 83) cite : *Il Testamento di Giorgio Sommariva, Cavalier Veronese, in verso.* Gradisca, 1488, in-12, et il s'appuie sur l'autorité du *Giornale de' letterati d'Ital.* tom. VIII, p. 45. « M'impose dapprima l'autorità dell' accreditato Giornale, dit Ant. Bartolini (*Typogr. del Friuli*). gran parte tessuto, siccome è noto, e parte compilato dal celeberrimo Apostolo Zeno, i di cui scritti fanno scienza. » Mais, en remontant à la source, on rencontre cette phrase textuelle : « Sino il suo (del Sommariva) *testamento fu da lui disteso in verso del 1488, in Gradisca,* » et dans Maffei (*Verona illustrata*, part. II, t. III, p. 134) on lit : *Io vidi già in un manuscritto del Magliabecchi il suo testamento in versi volgari ;* donc ce testament a existé manuscrit, il existe même encore à la Maghiabecchiana ; mais rien ne prouve, rien ne peut même donner lieu de croire qu'il ait été jamais imprimé à Gradisca, et qu'il ait existé dans cette ville au XV° siècle un établissement typographique. Panzer n'a point dû omettre cette prétendue impression, mais il a bien soin d'ajouter : « *Editio ob locum impressionis valde suspecta,* » et, quelques volumes plus loin, il revient sur ses pas, et cite à son tour Bartolini, qui démontre la fausseté de cette allégation.

M. Cotton dit qu'on ne connaît pas de livre imprimé à Gradisca antérieurement à 1536 ; quel est ce livre ? Quant à nous, nous déclarons ne pas trouver de trace d'imprimerie dans cette ville avant la fin du XVIII° siècle, à moins que l'on ne considère l'appellation de *Gradczu* comme synonyme de Gradiska, auquel cas nous trouvons chez Richard Héber un *Vocabularius slavonicus*, imprimé « *Memsken Gradczu* » en 1670.

GRADIUM REGINÆ, GRADECIUM, GRECIUM, REGINO HRADECIUM [Zeiler. *Top. Boh.*], *Königingrätz, Königgrats, Gradecz, Kralowny-Hradecz,* ville de Bohème, chef-lieu du cercle du même nom.

Falkenstein donne 1618 comme date de l'introduction de la typographie dans cette ville, et MM. Ternaux et Cotton nous donnent le titre d'un volume portant cette date : *Victorinus Wrenbsky, Anatome sacræ scripturæ*, Reginohradecii, typis Martini Kleinvechter, 1618, et M. Cotton ajoute que Jo. W. Cælestinus, archidiacre de la ville, imprima (ou fit imprimer), en 1625, une traduction bohémienne d'un ouvrage de Henri Lancelot.

GRADUS [P. Warnef.], *Porto-Grado*, petit port de l'Adriatique, dans l'île de Grado, située dans les lagunes de Murano.

GRÆCI, οἱ Γραικοί, οἱ Ἕλληνες, *les Grecs.*

GRÆCIA [Mela, Plin., Cic., etc.], ἡ Ἑλλάς [Strab., Ptol. etc.], *la Grèce, Hellas , Griechenland ,* royaume de l'Europe Orientale, divisé en 24 *dioicesis* et 7 *hypodioicesis.*

GRÆCIA MAGNA [Plin., Cic.], GRÆCIA MAJOR [Liv., Senec.], Ἑλλὰς ἡ μεγάλη [Polyb.], *la Grande Grèce*, partie mérid. de l'Italie, qui comprenait presque toutes les provinces napolitaines ; tirait son nom des nombreuses colonies grecques éparses sur ses côtes.

GRÆCIUM STYRIÆ, GRÆTIA [Cluv.], GRÆZIUM [Cell.], *Grätz, Grecsz, Niemetzki-Grad,* ville d'Autriche, chef-lieu du gouvern. de Styrie, sur la Muhr.

Bibliothèque et établissements scientifiques fort importants. Nous ne pouvons faire remonter la typographie dans cette ville qu'à l'année 1571 : *Bericht vons Wunderbarlichen Steg* (ou Sig), *den D. Paulus Florentius, Wider Georgen Scherer Jesuiten, die nechst abgelauffene Faisten zu Wien in OEsterreich, mit disputieren erhalten.* Grätz, 1571, in-4. Ce titre, reproduit dans les catal. des Foires de Francfort de 1610 et 1625, offre la légère variante que nous signalons. Il nous serait facile de citer un très-grand nombre de volumes imprimés à Graetz de 1571 à 1580, mais ce n'est qu'en 1588 que nous rencontrons un nom d'imprimeur : *D. Sebastiani Cattanei, dominicani, tractatus brevis de censuris ecclesiasticis, omnibus præsertim clericis perutilis ac necessarius.* Græcii, apud Georgium Widmanstadium, 1588, in-8.

Et un livre rare et assez précieux : *Ferdinandi* (sic) *di Lassi cantiones sacræ viua voce suauissimæ et omnium musicorum instrumentorum harmoniæ perquam accommodatæ aliàs nec visæ, nec vnquam typis subieutæ, sex vocibus.* Græcii, apud eumdem. 1588, in-4.

GRÆCOMONTIUM (?). Est-ce *Grätz* ?

Un livre, imprimé en 1705, porte cette souscription : *P. Ritteri vita et Martyrium B. Vladimeri.* Græcomontii, 1705, in-4.

GRÆUM, voy. GRADICUM.

GRÆVELINGIA, voy. GRAVELINA.

GRAJI, voy. GRÆCI.

GRAJOCELI, voy. GAROCELI.

GRAJUS MONS, voy. ALPES GRAJÆ.

GRAMMATUM, GRAMATUM [It. Ant.], localité de la Grande Séquanaise, sur la voie de Vesontio à Argentoratum, auj. *Charmont*, suiv. Schöpflin, *Grandvillars* ou *Grandweiler*, suiv. d'Anville ; *Girema-*

gny, selon Ukert ; et *la Grange,* d'après Reichard.

GRAMMONTIUM, *Grammont,* bourg et anc. château de la Basse-Navarre (Basses-Pyrénées) ; titre de duché-pairie.

GRAMPIUS MONS [Tac.], *les Monts Grampians,* en Écosse.

GRANADA [Cell.], GRANATA [Cluv.], auj. *Grenade, Granada*, sur le Xenil, ville d'Espagne, chef-lieu de la cap. gén. du royaume de Grenade et de l'intendance du même nom, antique capitale des rois-maures, bâtie sur les ruines de l'anc. ILLIBERIS, Ἰλλιβερίς [Ptol.], conquise sur les Maures en 1492.

Pendant le long siège que subit cette ville illustre, les conquérants espagnols datent plusieurs livres de la *Campagne de Grenade*, et nous croyons que ces impressions furent exécutées dans le camp, ou plutôt dans la ville que les chrétiens avaient élevée devant les murailles de la cité défendue par Boabdil : ALCABALAS. *Leyes del quaderno nueuo de las rentas de las alcana* || *las z franquezas. Fecho en la vega de Granada. Por el qual et Rey z la Reyña nuestros señores reuocan todas las otras leyes de los otros quadernos fechos antes,* in-fol. de 34 ff. à long. lig. sans lieu ni date, mais commence : *Año del nascimiento del nuestro Saluador Jesu Christo de mill e quatrocientos e nouenta años, Yo el Rey. Yo la Reyna.*

Réimprimé l'année suivante, in-fol. de 40 ff. avec : *Dada en el Real de Granada,* 10 *Diciembre* 1491, c'est-à-dire 23 jours avant la prise de la ville.

Le premier livre imprimé à Grenade, après la conquête, est, d'après tous les bibliographes espagnols, le suivant : *Primer volumen* DE VITA XPI *de Fray Francisco Xymenez corregido y añadido por el Arçobispo de Granada : y hisole imprimir porque es muy prouechoso. Contiene quasi todos los euangelios de todo el año.*

Ce titre est imprimé en lettres rouges ; puis viennent XII ff. prélim. pour le prologue et la table, le texte, et à la fin 8 ff. de table, un d'errata et la souscription que voici : *Fue acabado y empresso este primer volumen de vita cristi de fray frácisco ximenez : en la grande e nobrada cibdad de Granada en el postrimero dia del mes de Abril. Año del señor de mill.* CCCC.XCVj. *Por Meynardo Ungut e Jhoánes de Nuréberga alemanes, por mádado y expensas del muy reuerendissimo señor : Don Fray Fernando de Talauera primero arçobispo de la sancta yglesia desta dicha cibdad de Granada,* in-fol.

Ce livre précieux a été décrit par quelques bibliographes sur des exemplaires incomplets du dernier f. où se trouve cette souscription, ce qui explique l'imparfaite description qu'ils en ont donnée. Antonio lui-même déclare qu'elle ne porte pas de lieu d'impression, ni de nom de typographe : « *Pero los dos ejemplares que he manejado,* dit formellement Mendez, *uno de la libreria del* Dr *Velasco, y otro en la real del escorial , no dejan ninguna duda de su legitimidad, y de que se imprimió en Granada en dicho año.* »

Meynard Ungut et Jean de Nuremberg étaient établis à Séville depuis 1490 et 1491 ; le second s'appelait Johann Pegnicer de Nuremberga.

En 1504 Juan Varela de Salamanca est appelé à Grenade, par l'archevêque D. F. de Talauera ; il y imprime les rares et curieux livres de Fr. Pedro de Alcala : *Arte para ligeramête* || *saber la Lingua Arauiga*, et le *Vocabulista Araui* || *go en letra Castellana.* (Voy. Gallardo, tom. I, nᵒˢ 87, 88 et 89.)

GRANATA, GRANATENSE REGNUM, *le Royaume de Grenade*, l'une des capitaineries générales d'Espagne.

GRANCEJUM CASTRUM, *Grancey-le-Château*, ou *sur l'Ource*, bourg de Bourgogne (Côte-d'Or).

GRANDEPRATUM, *Grandpré*, bourg de Fr. (Ardennes).

GRANDIMONTIUM, GRANDIS-MONS, *Grandmont*, bourg du Limousin (Creuse); anc. abb., chef-d'ordre des Bénédictins, fondée en 1076.

GRANDIS, *Grand*, bourg de Champagne (Haute-Marne).

GRANDIS CAMPUS, *Grandchamp*, bourg de Fr. (Eure-et-Loir); anc. abb. de Prémontrés.

GRANDIS CUMBA, *Grand' Combe, Grande Combe*; plusieurs localités portent ce nom.

GRANDIS MONS, GERARDI MONS, *Grammont, Geeraerdsbergen*, ville de Belgique (Flandre Orientale).

GRANDIS SILVA, *Grand-Selve*, commune de la Haute-Garonne; anc. abb. de Cîteaux du dioc. de Toulouse.

GRANDIS VALLIS, *Grandval*; plusieurs localités de ce nom en France.

GRANDIS VILLA, GRANDVILER [Gesta Dagob.], *Grandville, Granville*, ville de Fr. (Manche); suivant Reichard, *Granville* serait le GRANNONUM des Notit. Imper.

GRANDIS VILLA, *Grand'ville, Granville, Granvelle*, noms communs à plusieurs localités en France et en Belgique.

GRANDISONIUM [Luen.], GRANSIA, GRANSONIUM [Stettler], *Granson, Grandsen*, ville de Suisse (canton de Vaud).

GRANDIVALLIS, *Granfelt*, bourg de Suisse (c. de Bâle).

GRANGE, voy. DARLINTONIA.

GRANI PALATIUM, voy. AQUISGRANUM.

GRANNONUM [Not. Imper.], localité de la Gaule Lyonnaise, dans laquelle Valois voit *Guérande* près Nantes; La Barre (Mém. de l'Acad., t. VIII, p. 419), *Loc Renan*, entre Brest et Quimper; d'Anville et Ukert, *Port-en-Bessin* (Calvados); M. de Caylus y voit un anc. camp romain dont il trouve l'emplacement auprès de *Bernières*, village du Calvados; enfin Reichard dit : *Granville* (Manche); c'est à l'opinion de ce dernier que se rangent la plupart des géogr. modernes.

GRANNOPOLIS, voy. GRATIANOPOLIS.

GRANSIA, voy. GRANDISONUM.

GRANTHAM, ville d'Angleterre (Lincolnshire).

J. Isaac Newton reçut les premiers principes de la grammaire à l'école des Frères de cette ville. En 1791, on y imprima the *Trial of William Burder for Murder*.

GRANUA FL. [Ant. It., Cell.], Γρανούα [Ptol.], riv. du S.-E. de la Germanie, auj. *Der Graan*, affl. du Danube.

GRASSA, voy. GRACA.

GRATIÆ MONS, *Gnadenberg*, bourg de Bavière, dans le haut Palatinat (Rezatkreize).

GRATIÆ PORTUS, voy. FRANCISCOPOLIS.

GRATIANOPOLIS [Sidon., P. Diac.], anc. CULARO [Cic., Tab. Peut.], CULARONA, [Notit. Imper.], CURARO [Geo. Rav.], CULARUM *ex finibus Allobrogum* [Cic.], ACCUSIORUM COLONIA, GARNOPOLE [Gr. Chron.], ville des Allobroges, sur l'Isara; *Grenoble*, anc. capit. du Dauphiné, chef-lieu du dép. de l'Isère, sur les deux rives de cette rivière; c'est la patrie de Bayard, Mably, Hugues de Lionne, Condillac et Barnave.

La bibliothèque de cette ville est d'une très-haute importance; son musée et ses collections d'histoire naturelle sont également intéressants. Son ancienne école de droit, fondée par Jean 1er, fut, en 1340, convertie en université par Humbert II, le dernier dauphin; elle produisit un jurisconsulte célèbre, Guy Pape, né à St-Symphorien d'Ozon, mort en 1476; cette université fut transférée à Valence par Louis XI en 1454.

M. Gariel, l'éminent conservateur de la bibliothèque et des musées de Grenoble, a bien voulu nous adresser quelques notes intéressantes et sagaces relativement aux origines de la typographie de cette ville illustre; nous les donnons presque *in extenso*, heureux de pouvoir mettre notre responsabilité à couvert sous un patronage dont personne ne contestera l'autorité.

Un typographe du nom d'Etienne Foret, dont le nom ne figure qu'au bas d'un seul ouvrage, appelé peut-être de Lyon à Grenoble par le parlement dauphinois, publie en 1490 un livre d'une excessive rareté (nous ne l'avons pas à Paris, et l'on n'en a jamais cité que deux exemplaires): DECISIONES GUIDONIS PAPE. Beloë, dans ses *Anecd. of liter.* (tom. V, p. 372), a cité le premier cet incunable important, et Colomb de Batines le décrit dans le 3e fascicule du tome 1er de ses *Mélanges relat. à l'hist. littér.* du Dauphiné (p. 442). C'est un vol. pet. in-fol. goth. de 400 ff. non chiffrés, à 34 longues lignes à la page entière, avec sign. de A à GGiij. Plusieurs des cahiers sont irréguliers, et la signat. VII est signée par erreur VIII. La table des matières n'y porte point de signat.

Le vol. est sans titre ni faux titre; au v° du premier f. dont le r° est blanc, on trouve l'avertissement de l'auteur; au bas du r° du dernier f., on lit: *Hoc opus decisionū excellentissimi parlamēti dalph.* || *fuit Gracianopoli per Stephanū foreti deo fauente.* || *ante ecclesiam sancte clare impressum et finitū* || *die penultima mens' Aprilis: Anno Dñi* MMo || CCCC.LXXXX.

.I. .D. .V.

Ce livre est cité par Nic. Chorier, dans la notice qu'il consacre à Guy Pape, en tête de l'édition amendée des *Décisions* de ce jurisconsulte, qu'il donne à Lyon en 1692; Niceron en parle d'après Chorier, et Chauffepié d'après Niceron.

Suivant l'ordre adopté par Colomb de Batines, nous devons citer : *Statuta synodalia noua||episcopatus Gratianopolis*, pet. in-4 goth. de 60 ff. non chif., à 30 longues lignes à la page entière, avec signatures irrégulières, sans titre ni indication de lieu ou d'année ; l'exemplaire de la biblioth. de Grenoble porte cette note ms. : « *Gratianopoli, per Johannem Belot Rhotomagensem, anno 1495.* »

Jean Belot, né à Rouen, imprimeur nomade du XVᵉ siècle, apparaît à Lausanne en 1493, en 1497 et 1498 à Genève, et en 1508 à Valence en Dauphiné. Grenoble le vit également à la tête d'un établissement typographique de 1495 à 1497. Le nom de cet imprimeur se trouve au bas d'un *Missale ad usum Gratianopolitanum* de 1497, dont voici la description : in-4 à 2 col., car. goth. rouges et noirs, formant 202 ff. paginés de 36 lig. à la col. entière ; Sign. a iiii — 4 iiii.

Au rᵒ du dernier f. on lit, impr. en rouge, la souscription suiv.: *Explicit Missale ad usum ecclie Gratianopolitane ¶pressū Gratianopoli de mādalo reuerēdi in Xp̄o p̄ris dn̄i Laurētii alamādi episcopi 3 principis Gratianopolitani et dn̄or̄4 qz de capitulo dicte ecclesie (per) Iohānē Belot, rᵒthomageñ hūtatorem Gratianopolis. De anno dn̄i millesimo LXXXXVij (sic). Die XX mēsis mayi.*

M. Gariel nous communique, à propos du Xᵉ livre, qui figure sous le nᵒ IV, dans la liste de Colomb de Batines, quelques notes intéressantes et qui nous semblent de nature à modifier l'ordre adopté jusqu'à présent dans la classification des incunables dauphinois ; on en jugera :

Libertates per illustrissimos principes delphinos||viennenses delphinalibus subditis concesse|| statutaq3 et decreta ab eisdem principibus nec non magnificis delphinatis præsidibus quos||gubernatores dicunt 9 excelsum delphinalem||senatū edita... Impensa Francisci Pichati et Bartholomei Bertoleti Grationopolitarum ciuium.

Au bas de la p., en lettres rouges : *Venales habentur huiusmodi libelli Gratianopoli in platea mali consilii apud Franciscum pichatum : et in vico parlamenti apud Bartholomeum Bertoletum.*

In-4 goth, à 2 col. de 45 lig.

Voici ce que dit M. Gariel : « Ce volume se compose de trois parties que je crois imprimées aux trois dates de 1489, 1501 et 1508 ; ces trois dates correspondant à celles des actes les plus récents de chacune des trois parties. Voici sur quoi je fonde ma présomption :

« La première partie est composée de LXXXVij ff. (et non 85, comme le dit Brunet), plus un f. blanc, avec les signatures A-Liiij. La seconde est composée de xxxvij ff. plus un f. blanc, sous les signatures aa-eeiiij. Enfin la troisième ne comprend que deux ff. non chiffrés, signés A.

« Si les deux premières parties avaient été imprimées en même temps, la moitié du rᵒ du f. 87, tout le vᵒ et un feuillet tout entier n'eussent pas été laissés en blanc, et le 1ᵉʳ f. de la seconde partie eût été continué sous la suite des signatures de la première, c'est-à-dire par M, tandis qu'elles recommencent par AA.

« La table qui comprend les 6 pp. liminaires ne contient que les pièces de la première partie ; si tout eût été imprimé en même temps, il me semble évident que la table eût compris l'indication des pièces des trois parties. Quant au titre, il a dû être imprimé après coup, sur un feuillet primitivement laissé en blanc, car il indique les trois parties.

« La deuxième partie, composée de la première, est terminée par un f. blanc ; ce qui me fait croire également que la troisième partie a paru postérieurement ; cette troisième partie manque en un certain nombre des rares exemplaires connus de ces LIBERTATES.

« Quant à Pichat et Bertolet, ce sont deux noms essentiellement dauphinois ; mais étaient-ils tous les deux imprimeurs, ou tous les deux libraires, ou l'un libraire et l'autre imprimeur ? Celui-ci aurait-il imprimé la première partie ? celui-là la seconde

ou la troisième ? Nul, en l'état, ne saurait le déterminer.

« Brunet a commis une erreur grave en attribuant à Pichat et Bertholet l'impression des commentaires de Guy Pape sur les *Statuta* (1496) ; il n'a certainement pas eu simultanément sous les yeux les *Libertates* et les *Commentaria* (ce dernier rarissime), car il n'aurait pas dit avec autorité : *Les caractères de ces commentaires sont les mêmes que ceux de l'ouvrage suivant (les Libertates)*, imprimé à Grenoble (II-1812).

« Lettres initiales, lettres courantes, signes précédant les alinéa, tout est absolument et visiblement dissemblable dans les deux ouvrages ; la justification n'est pas la même ; les *Libertates* ont 45 lignes à la page, les *Commenta* n'en ont que 42 et elles sont beaucoup plus courtes. Mais il y a autre chose que des différences typographiques ; il y a dans la dédicace latine, dont Brunet cite les premières lignes, deux passages significatifs : *Tandem rogatum feci M (agistrum) Heliam Olivellum hujusce nostre universitatis bibliopolam constitutum ut opusculum hoc sua impensa curaret imprimendum..... accipe igitur, vir optime ac prestantissime jurisconsulte, opusculum hoc mee erga te observantie pignus exiguum tui favore impressioni mandatum ac Heliam illum bibliopolam nostrum hoc opus tui gratia imprimendum suscipientem...* Devant une preuve d'une limpidité aussi transparente, réservons donc pour Valence et pour Olivellus les susdits *Commentaires*. »

Nous avons à citer un imprimeur, auquel les bibliophiles doivent l'un des plus précieux joyaux de la curiosité : c'est Ennemond ou Annemond Amabert (1523-1532).

Voici le premier livre sorti de ses presses : *Statutum delphinale si quis.... domini Guidonis Papæ... venundantur Gratianopol' in officina Bonini Balsarin, commorant. prope parlamentum.* A la fin : *Impressū Gratianopol' expēsis hon. viri Anemōdi Amaberti.* Pet. in-4 de IV, 82 ff. chiff., plus le 8ᵉ f. de la signat. P., et le 4ᵉ et dernier f. de la sign. R. qui ne sont pas chiffrés, sans date, mais vraisemblablement de 1523, date d'un acte de François Iᵉʳ, intercalé dans le volume. « Ce volume, dit M. Gariel, est curieux à plus d'un titre ; il est chiffré dans la marge du bas du côté opposé à la signat.; le recto du 1ᵉʳ f. est composé avec les caract. du *Mystère de St-Christofle* ; le reste du vol. est en caract. du même genre, mais beaucoup plus petits. C'est en outre le premier volume dauphinois qui, à ma connaissance, porte simultanément et formellement l'indication distincte d'un libraire et d'un imprimeur.»

Le *Mystère de St Christofle* est beaucoup trop célèbre pour que nous ayons à nous en occuper.

M. Gariel nous donne encore le titre et le détail d'un volume non suite jusqu'ici, imprimé en 1531 par A. Amabert ; c'est un in-4 de 18 ff. intitulé : *Statuta delphinalia novissime facta.... statutz dv Davlphine|| nouuellement faictz par la supreme court du parlement du|| Daulphiné et translatés de latin en frācoys...* Au bas du vᵒ du f. 14, on lit : *Imprimez à Gre || noble lan mil cinq cens || trēte et vng le vingt || et troysiesme du || moys de ||juing.* Au vᵒ du f. 15, la jolie marque d'Amabert, puis deux ff. supplémentaires. L'unique exempl. connu de ce livre appartient à un amateur distingué du Dauphiné, M. Chaper.

Grenoble est comprise, par les arrêts du conseil du 21 juillet 1704 et du 31 mars 1739, parmi les villes qui sont autorisées à conserver quatre imprimeurs, et le rapport fait à M. de Sartines en 1764 nous donne les noms des typographes en exercice à cette époque ; ce sont : André Girond, pourvu en 1745, a succédé à son père et à son aïeul (3 presses) ; André Arnaud, 1745 (3 presses) ; Joseph Cuchet, qui remplace Mathieu Petit en 1748 (3 presses) ; enfin la veuve d'André Faure, imprimeur du Roy, qui succède à son mari en 1753 et exploite 4 presses.

GRATIANOPOLITANUS PAGUS, GRASIVODANUM,

le Graisivaudan, anc. district français, comprenant le bassin de l'Isère; compris auj. dans le dép. de l'Isère.

GRATICULA, LAURENTII (S.) ECCLESIA, *San-Lorenzo,* village des États du Pape (délég. de Viterbe).

GRAUDENCIUM [Cell.,' Zeiler], GRUDENTIA, *Graudenz,* ville de Prusse, dans la rég. de Marienwerder.

GRAVA, *la Grave,* petite ville du Languedoc (Tarn). = *Grave-en-Oysans,* bourg de Fr. (Hautes-Alpes).

GRAVELINA [Zeiler], GRAVENINGAS [Cart.], GRAVELINGA [Guil. Brito], GRÆVELINGIA [Cell.], *Gravelignes, Gravelingen, Gravelines,* ville forte de Fr. (Nord), fondée au XIIᵉ siècle.

GRAVESCENDA, GRAVESENDA, *Gravesend,* ville du comté de Kent, en Angleterre, sur la Tamise.

The *History of the incorporated Town and Parishes of Gravesend and Milton in the County of Kent, bg Robert Pocock,* Gravesend, 1797, in-4, serait, suivant M. Cotton, le premier livre imprimé dans cette ville.

GRAVIA [Zeil.], GRAVITA, *Grave,* ville forte de Hollande (Brabant septentrional).

Voici un livre qui nous permet de faire remonter l'imprimerie dans cette ville à l'année 1645, ce qui confirme l'assertion de Falkenstein : *Malachiæ S. Archiepiscopi Dunensis in Hybernia, prophetia de summis pontificibus futuris temporibus secuturis, Latine et Belgice.* Graviæ, 1645, in-4. (Cat. Heinsius).

GRAVIACÆ [Tab. Peut.], localité de la Norique, auj., suiv. Muchar, *Murau,* et suiv. Mannert, *Predlit,* bourg entre Salzburg et la Styrie, dans la haute Autriche.

GRAVINUM [Tab. Peut.], station de la Gaule, que d'Anville et Reichard placent au village de *Granville-sur-Ry,* commune de Normandie (Seine-Inférieure).

GRAVIONARIUM , Γραυίονάριον [Ptol.], ville des Catti dans la Germanie, que plusieurs géographes placent entre Kissingen et Brückenau, dans la Moyenne-Franconie, et dans laquelle d'autres voient *Bamberg.*

GRAVISCÆ [Liv., Mela], Γραυΐσχαι [Ptol.], GRAVISCA [Frontin.], ville d'Étrurie ; serait auj. *Corneto* (voy. CASTRUM NOVUM AD MARTAM), mais bien plutôt *Eremo di St-Agostino,* bourg près Civita-Vecchia.

GRENBERGIA, *Grimbergen,* bourg de Belgique [Graësse].

GRENOVICUM, voy. GRONAICUM.

GRESTANIUM, GRESTELNUM, *Grestain,* bourg de Normandie (Calvados) ; anc. abb. de St-Benoît.

GRIGNIACUM, GRINNIACUM, *Grignan,* pet. ville de Fr. (Drôme).

Un établissement typographique fonctionnait dans cette localité, en 1756, dit M. Cotton ; il nous faudrait] un titre à l'appui de cette assertion.

GRIMMA [Cell., Zeiler], *Grimma,* ville du cercle de Leipzig, dans la Saxe-Royale.

Nous pouvons faire remonter l'imprimerie dans cette localité à l'année 1680 : *Joannis Frederici Maijeri Chrisostomus Lutheranus , Orthodoxæ veritatis, adversus decreta concilii Tridentini, assessor Georgii Haidelbergeri Loïjolitæ, Chrisostomo papistæ è diametro oppositus.* Grimmæ, 1680, in-4. (*Cat. Libr. novissime impress.,* Amst. apud Ianssonio-Wæsbergios, 1680, in-4.) La *Bibl. Saxonica* de Struvius nous indique un assez grand nombre de livres imprimés dans cette ville au commencement du XVIIIᵉ siècle, mais aucun ne nous donne de nom d'imprimeur.

GRIMUS, *Grimm, Grimmen,* ville de la rég. de Stralsund (Prusse).

GRINARIO [Tab. Peut.], *Grüningen,* sur l'Enz, ou *Nürtingen,* bourg du Wurtemberg (Schwarzwald).

GRINNES [Tac., Tab. Peut.], ville de l'île des Bataves, auj., selon Cell., *Rhenen,* bourg de Hollande (Bommeier-Waard).

GRIPESWOLDA [Cluv.], GRYPHISWALDA [Luen., Fabrit.], GRIPSWALDIA [Cluv.], *Greifswalde, Grypswalde,* ville de la rég. de Stralsund, en Prusse (Poméranie).

Cette ville, qui fut donnée à la Suède par le traité de Westphalie, n'appartient à la Prusse que depuis 1720 ; l'imprimerie paraît remonter à l'année 1581, d'après M. Cotton, qui cite le nom du premier imprimeur, Augustin Ferber ; cette assertion est confirmée par nos recherches dans les vieux catalogues allemands, qui nous donnent comme un des premiers ouvrages sortis de ses presses : *M. Jacobus Finno, pastor ecclesiæ Aboensis. Cantiones piæ episcoporum veterum in inclyto Regno Sveciæ, præsertim Magno Ducatu Finlandiæ usurpatæ, sermone latino cū notis musicalibus, opera et impensis Theod. Petri Rutha, viri nobilis Nylandensis.* Gryphiswaldiæ, typis Ferberianis, an. 1582, in-8, réimpr. à Rostock en 1625.

Et l'année suivante : *Catechesis doctrinæ Christianæ in usum scholarum Pomeraniæ.* Griphyswaldiæ, typis Ferberianis, 1583, in-8. (*J. Schefferi Suecia Literata* et *Cat. Willer.*)

GRISONIA, GRISONUM PAGUS [Simler], GRISONUM LIGÆ TRES, RHÆTIA SUPERIÓR [Cellar.], *le canton suisse des Grisons, Graubünden,* au N. du Tyrol.

GRISSIA [Jornand.], GRESIA [Geo. Rav.], fleuve de Dacie, auj. *le Korösz,* riv. de la Hongrie.

GRISSOVIUM, *Grissau,* bourg de Silésie (rég. de Liegnitz) ; anc. monast. de Cîteaux.

GRODISCUM, *Grodzisko,* ville de Prusse dans le grand-duché de Posen (oppidum majoris Poloniæ in Palatinatu Posnaniensi).

Wengerscius signale la prospérité de l'église évangélique établie dans cette ville au XVIᵉ siècle, et cite l'établissement typographique qu'elle y avait fondé : *Erasmi Gliczneri comment. Polon. in epist. Pauli ad Philemonem.* Grodisci, 1572, in-4. Cet écrivain était de Francfort-sur-l'Oder, et il y faisait antérieurement imprimer ses ouvrages.

Melchior Neringk, imprimeur de Posen, transporta ses presses à Grodzisko en 1580 et 1581 : *Jac. Niemoievti spongia adversus Hieronymum Powodowski pol.*, in-8. — *Erasmi Gliczneri odpor na odpowiedz Kwestyy tektorych*, in-4 ; et du même : *Chronicon vitæ J.-C. ex quatuor evangelistis*, in-4, et *Chronicon Eutropii polonice translatum*, 1581, in-4.

A la fin de cette même année, Neringk transfère son établissement à Thorn.

GRODNA, *Grodno,* ville de Russie, chef-lieu du gouvernement qui en porte le nom, sur le Niémen.

Les Juifs, qui y possédaient une synagogue, y installèrent une imprimerie, où quelques livres hébreux furent publiés de 1756 à 1795.

GRŒNINGA [Cell., Bert.], GRONINGA [Cell.], *Grœningen, Groningue,* ville de Hollande, chef-lieu de la province du même nom ; université fondée en 1614.

L'imprimerie précéda dans cette ville des Provinces-Unies la fondation de l'université ; c'est à l'année 1603 que nous pouvons la faire remonter : *Ubbo Emmius de origine et antiquitatibus Fristorum contra Suffridum Petrum et Bern. Furmerium.* Groningæ, 1603, in-8. (Cat. Colbert, Baluze et Heinsius.) Cette histoire de la Frise, faite à un point de vue érieux, et pour réfuter les contes absurdes de Pierre Syffroet (Petr. Sufridus), fut souvent réimprimée ; la première édition avait été donnée à Franecker, apud Ægidium Radæum, en 1596; et ce Radæus fut, croyons-nous, également le premier imprimeur de Groningue ; en 1607, il donne, dans cette dernière ville, une nouvelle édition de l'histoire de Frise d'Emmius, in-8 (Vogt, *Catal. libr. rar.,* p. 256).

Tous les ouvrages de ce savant hollandais furent exécutés dans sa ville natale; en 1619 son : *Opus chronologicum novum pluribus partibus constans,* est publié « Groningæ, excudebat Jo. Sassius, sumtibus Elzeviriorum », in-fol. Quelques exemplaires ont un « *Appendix Genealogica,* publié avec la même souscription l'année suivante.

Enfin en 1732 on publia in-4, à Groningue : *Ubbonis Emmii, viri olim longe celeberrimi, historia nostri temporis... opus posthumum, diu desideratum ; nunc primum ex Mss. vulgatum.*

GRONAICUM, GRONVICUM [Camden], GRENOVICUM, *Greenwich,* ville du comté de Kent, sur la Tamise (Angleterre); célèbre observatoire, fondé par Charles II, et par lequel les Anglais font passer leur méridien.

Un volume exécuté pendant le règne de Marie la Sanglante est souscrit au nom de cette ville : *A Faithful Admonition of a certain true pastor or prophete, sent into the Germanes at such time as certain great Princes went about to bryng Alicnes into Germany, and to restore the Papacy, the Kingdom of Antichrist, Now translated into English,* with a preface of *M. Philip Melancthon.* A la fin (sign. K. III), on lit : *Imprynted at Greenwych by Conrade Freeman, in the month of may 1554,* in-4. A la fin de ce rarissime et très-curieux traité est une prière : « *To be said of all true Christians against the Pope, and al the Enemies of Christ and hys Gospel,* » qui fut réimprimée dans le « *Morgan's Phœnix Britannicus,* » p. 95.

Dibdin, dans son édition de Jos. Ames, fait mention d'un exemplaire de ce traité, qu'il dit imprimé par R. Kele. M. Cotton dit qu'il porte tous les caractères de la typographie suisse ou allemande, et nous croyons qu'il a dû être exécuté à Witteberg par Nicholas Dorchaster ou Dorcaster, l'imprimeur des protestants anglais, qui avait pu établir des presses libres à l'ombre de la protection du protestantisme allemand, dans la ville de Luther.

Nous ne pensons pas que l'on puisse faire remonter l'imprimerie à Greenwich au-delà du XIXe siècle.

GRONINGENSIS PROVINCIA [Cluv.], GRŒNENGENSIS AGER [Cell.], *la province de Gröningue,* en Hollande.

GROSSUM BOSCUM, *Grosbois* ; plusieurs localités, villages ou monastères, de ce nom en France.

GROTGAVIA, *Grottkau,* ville de la Silésie Prussienne, de la rég. d'Oppeln.

GRUARII PORTUS, *Porto Gruaro,* ville du Frioul Vénitien (prov. d'Udine).

GRUDII [Cæs.], peuple de la Gaule Belgique ; habitait la *Terre de Groude,* dans la Flandre Occidentale.

GRUDIUM, *Groëde, Groude,* seigneurie et château près de Bruges.

GRUERIA, *Griers, Greiers, Gruyère,* pet. ville de Suisse, dans le canton de Fribourg.

GRUMENTUM [Liv., Plin., Tab. Peut.], Γρούμεντον [Strab., Ptol.], GRUMENTION [Geo. Rav.], sur la voie de Beneventum à Heraclea, au confluent du Saùro et de l'Agri, *il Palazzo,* bourg napolitain de la Basilicate.

GRUNUM, *Gron,* bourg de Suisse (cant. des Grisons).

GRUSSIUS, *Greux,* commune de Fr. (Meuse).

GRYPESWALDIA, voy. GRIPESWOLDA.

GRYPHÆUM [Bulling.], *Greifensee,* ville de Suisse, sur le lac du même nom, dans le canton de Zurich.

GRYPHIBERGA, *Greiffenberg,* ville de Prusse, dans la rég. de Stettin.

GRYZELIUM, *Gréouls, Gréoux,* bourg de Provence (Basses-Alpes).

GUADALAXARA, voy. ARRIACA.

Voici, d'après Antonio, le titre exact du livre que nous avons cité : *D. Iñigo Lopez de Mendoza* (Dux IV del Infantado, V. Vero Marchio de Santillana). *Memorial de las cosas notables.* Guadalaxara, editum typis Petri de Robles et Francisci de Cormellas, 1564, in-fol. Le privilége est donné pour 20 ans à l'éditeur, à la condition que le volume ne pourrait être vendu plus de 8 réaux.

GUALACRA [Ann. Prud. Trec.], VALACRIA INS. [Luen.], WALACRA [Guicc.], *île de Walcheren,* à la Hollande (Zeeland).

GUARDISTALLUM, GUADISTALLUM [Guicciard.], *Guastalla,* ville d'Italie (dans l'anc. duché de Parme).

Atlante, tragi-comica allegorica favola, con gli intermedi del signor Giacomo Guidotti. Guastalla, 1626, in-12.

A la fin du XVIIe siècle, l'imprimeur grand-ducal s'appelait *il Giavazzi.*

GUARIACUM, *Guerres,* commune de Normandie (Seine-Inférieure).

GUARMATIA, voy. VORMATIA.

GUATEGISSUM, *Weggis,* bourg de Suisse, sur le lac de Lucerne [Graësse].

GUBENA, *Gůben,* ville de Prusse, en Lusace (rég. de Francf. sur l'Oder).

La *Bibl. Saxon.* de Struvius nous donne l'indication de plusieurs ouvrages imprimés dans cette ville : *Jo. Casparis Crosii, Cantoris Moskauiensis, decus eximium Moskaviæ, sive Beschreibung der Stadt Moskau.* Guben, 1666, in-4.

Un livre antérieur, publié sans nom de lieu, doit avoir été imprimé dans cette ville : *Philippi Jacobi Titti oratio Valedictoria de Laudibus Gubenæ.* (Gubenæ), 1663, in-4.

Citons encore : *Christoph. Petræi Thuribulum precationum; 5, 7 et 8 vocibus.* Gubenæ, 1669, in-4 (Cat. Elzev., 1681, p. 332).

GUBERNI [Plin.], GUGERNI [Tacit.], peuple de la Germanie infér., dépendant de la nation des Sicambri ; occupait partie de la province prussienne de *Clèves-Berg.*

GUBERNULA, *Governolo,* bourg de la Vénétie (Graësse).

GUDIUS, *Gudden-Aa,* riv. du Danemark (Jutland).

GUELDRIA, voy. GELDRIA.

GUELFERBYTUM [Zeiler, Cell.], GUERPHERBYTUM [Luen.], LUPI VADUM, WOLFENBUTTELA, WOLFERBYTUM, WUELFERBITUM, *Wolfenbüttel,* ville du duché de Brunswick.

Cette ville possède l'une des bibliothèques les plus précieuses et les plus riches de l'Europe ; Lessing en fut bibliothécaire, le duc Auguste de Brunswick en avait été fondateur, en 1644, et l'un de ses bibliothécaires, le conseiller aulique Jacq. Burckhard, éleva à la mémoire de ce prince et à la glorification du magnifique établissement qu'il dirigeait un véritable monument en publiant : *Historia biblioth. Augustæ, quæ Wolffenbutteli est, duobus libris comprehensa... accedunt figuræ et indices.* Lipsiæ, typis Breitkopfianis (1744), 2 parties en un vol. in-4 ; ce beau volume fut publié en commémoration du premier centenaire de cette admirable collection.

L'imprimerie remonte à l'année 1541, au dire de Falkenstein et de Cotton. Bien que nous connaissions un assez grand nombre d'ouvrages imprimés dans cette ville au XVIe siècle, il nous est impossible de porter l'imprimerie aussi haut. La polémique entre l'électeur Jean-Frédéric de Saxe, Philippe, landgrave de Hesse, et Henry le Jeune, duc de Brunswick, en 1539, donna effectivement lieu à la publication de nombreuses brochures, dont Struvius donne le détail, dans la *Bibl. Saxonica,* mais sans en indiquer le lieu d'impression ; toutes furent reproduites dans le livre de Frédéric Hortleders (Francf., 1617, in-fol.), mais sans aucun détail bibliographique.

Ce n'est que de l'année 1570 que nous pouvons dater avec certitude l'introduction de la typographie à Wolfenbuttel : *Bericht Gründlicher von Chris-*

tlicher Einigkeit der theologen Augsp. Confession in Ober-und Nieder-Sachsen. Wolfenb., 1570, in-4. (Liber rarus et memorabilis, Vogt.)

GUERANDA, voy. AUBA QUIRIACA.

GUERCHIA, *la Guerche,* ville de Fr. (Ille-et-Vilaine). — *La Guerche,* bourg du Berry (Cher).

GUERETUM, voy. GARACTUM.

GUERICA, *la Guierche, la Guerche,* bourg de Fr. (Indre-et-Loire) ; titre de vicomté et anc. château sur la Creuse.

GUESPIA, *la Guépie,* bourg du Languedoc (Tarn).

GUESTFALIA, WESTPHALIA [Cell.], WESTFALIA [Cluv.], WITEFALE [Eginh. Chr.], *Westphalen, la Westphalie,* province du royaume de Prusse.

GUGERNI, voy. GUBERNI.

GUIERLAICO VILLA, *Givarlais,* commune près Montluçon (Allier).

GUILIELMOSTADIUM, *Wilhelmstadt, Willemstadt,* ville de Hollande (Brabant-Septentr.).

GUIMARANUM, *Guimaranes,* bourg du Portugal (intra Duero e Minho).

GUINÆ, GISNÆ, GUISNÆ, *Guisnes, Guines,* ville de Fr. (Pas-de-Calais).

GUINTONIUM, voy. VINCONIA.

GUISIA, GUISIUM CASTRUM, GUSGIA, *Guise,* petite ville forte de Fr. (Aisne), sur l'Oise ; anc. titre de comté, érigé en duché-pairie, en 1528.

GUISSUNUM, GUICHIA, *la Guiche,* commune de Fr. (Saône-et-Loire) ; anc. château du Mâconnais, d'où sort la famille de la Guiche (1340).

GUISTRIUM, AQUISTRIÆ, *Guîtres,* bourg de Fr. (Gironde) ; anc. abb. de Bénéd.

GUIVIA, *Guiers,* riv. du Dauphiné, affl. de l'Isère ; se divise en *Guiers mort,* et *Guiers vif.*

GULIA, JUGILA, *Geule,* fl. des Pays-Bas ; se jette à la mer près d'Ostende.

GUMMICASTRUM, voy. VINCONIA.

GUNDOVILLA, GODINGOVILLA, GUNDULFI VILLA [Du Cange], *Gondonville, Gondreville,* commune de Lorraine (Meurthe), anc. résidence et palais carlovingiens, (*St-Gundulfus, St-Gondom*).

GUNDULFI CURIA, GUNDULFOCURTIS, GONDRECURTIUM, GONDRICORT, *Gondrecourt,* commune de Fr. (Meuse) ; anc. abb. de Prémontré.

GUNTIA [It. Ant.], GUNTIUM VILLA, GUNTIONIS

CASTELLUM, *Ober-Günzburg*, ville de Bavière, au confluent du Günz (GUNTIA FL.) et du Danube.

GURCA, CORCORAS, *le Gurk*, riv. d'Illyrie ; se jette près de Laybach dans la Save.

GURGOLINUM, voy. GARGOGILUM.

GURTIANA [It. Ant.], voy. CURTA.

GURULIS NOVA, Γουρουλὶς νέα [Ptol.], localité de l'île de Sardaigne entre Caralis et Nora ; auj., suiv. Reichard, *Orroli*.

GUSA, GUSIA [Cluv.], *Gœs, Ter-Gœs*, ville de l'île Südbeveland, dans la prov. hollandaise Zeeland.

GUSSANVILLA, GUNZANÆ VILLA, *Goussainville*, commune de Fr. (Seine-et-Oise) ; (*Petrus Gussanvillœus, commentateur de St Grégoire*).

GUSTROVIUM, GUSTROVIA, *Gustrow*, ville du grand-duché de Mecklembourg-Schwerin, sur le Nebel.

L'imprimerie nous paraît remonter dans cette ville aux environs de l'année 1580 ; voici le plus ancien livre que nous rencontrions ; nous ne connaissons pas ce volume, mais le titre nous en est fourni à la fois par le cat. Willer d'Augsbourg (Francf., 1592, p. 11), et par le *Catal. Librorum quos Hennings Grosius Lipsiæ suis sumptibus imprimi curavit*, p. 2) : *Andreæ Cœlichii doctrina de peccato originali quæstionibus orthodoxis breviter illustrata*, Gustrovii, 1582, in-4. Ce rare volume ne fut pas imprimé par les soins d'Hennings Grosius, « *sed ab alio bibliopola permutavit ; eodem tamen precio cum illis, qui ipsius impensis sunt impressi venditur*. » L'année suivante nous trouvons un ouvrage allemand du même auteur : *Andreæ Celichii hauptartickel Christlicher Lehr, nach ordnung den catechisms*. Gustrow, 1583, in-fol. ; et encore : *Andreæ Richii Postilla, uber die Euangelien durchs gantze Jahr, an sontagen und gewöhnlichen festen, neben dem passional...* Gustrow, 1583, in-8.

GYMNÆPEDIUM, *Frauenfeld*, ville de Suisse, chef-lieu du canton de Thurgovie.

GUTTALUS FL. [Plin.], PREGELA, *le Pregel*, fl. de la Prusse Orientale.

GUTTONES, voy. GOTHI.

GYARUS INS. [Tac., Petr.], GYARA [Juven.], GYAROS [Cic.], Γύαρος [Strab.], île de la mer Ægée, auj. *Chiura* ou *Jura* dans l'Archipel.

GYMNESIÆ INS., voy. BALEARES.

GYRŒSENE, localité des Oretani, dans la Tarracon., auj. *Guisona*, suiv. Reichard (Γυρισσινοί, Plut. *Sertor.*).

GYRTON, GYRTONA [Liv., Plin., Mela], Γυρτών, Γυρτώνη [Hom., Ptol.], ville de la Thessalie (Pelasgiotis), dont les ruines subsistent près de *Tatari*, dans le pachalick de Larissa [Leake].

GYTHANÆ, ville du N.-E. de la Thesprotie, auj. *Delfino, Delonia*, dans la haute Albanie.

GYTHIUM [Mela, Plin., Liv.], Γύθιον [Strab., Ptol., etc.], ville de la côte E. du Sinus Laconicus, auj. *Paléopoli*, dans l'Attique [Leake, Boblaye].

HABALA, HABOLA, *Havel*, riv. de Prusse, affl. de l'Elbe.

HABITACULUM MARIÆ, *Mariboe*, chef-lieu des îles Laaland, au Danemark ; ruines d'un couvent de nonnes placé sous l'invocation de Ste Brigitte.

HABITANUM, *Risingham*, bourg d'Angleterre (Cumberland).

HABSBURGUM [Luen., Zeiler], HABESBURGUM, *Habsburg*, anc. château ou *burg* du canton d'Argovie en Suisse, sur le Walpelsberg ; c'est le berceau de la famille impériale d'Allemagne ; Rodophe de Habsburg fut élu premier empereur en 1273.

HACTARA, ville des Oretani, dans la Tarraconaise, suiv. Reichard ; est auj. *Castril*, dans le roy. de Grenade.

HADELIA [Cluv., Cell.], HADALOHA [Ann. Enhard.], HADULLA, ADALOHA, *Hadeln*, district du Hanovre, compris dans la préfect. de Stade.

HADEMARUM, *Hadamar*, pet. ville du duché de Nassau, sur l'Elz.

Imprimerie en 1800 [Falkenstein].

HADERSLEBIA, *Hadersleven*, pet. ville du Danemark, à 7 milles de Flensburg (Sleswig).

Imprimerie en 1784, suiv. Falkenstein ; M. Ternaux cite : *Gutfeld. Oraison funèbre du roi Frédéric V* (en danois). Hadersleven, 1766, in-4.

HADINA [Buchanan], HADINTONA, *Haddington*, chef-lieu du comté d'East-Lothian, en Ecosse, sur le Tyne.

HADOPOLIS, HÆDOPOLIS, HÆDIOPOLIS, HÆDICOLLIS, *Kitzbichl, Kitzbühel*, ville du Tyrol, dans le cercle du Haut-Innthal.

L'imprimerie existe dans cette ville au début du XVIIe siècle : *Nieuwe tüdinge van den Duyvel.* Hadopoli, 1611, in-8.

HADRANUS FL., Ἄδρανος [Steph.], l'*Adriano*, riv. de Sicile [Mannert].

HADRIA [Sil. Ital., Plin.], ἡ Ἀδριανῶν πόλις [Strab.], ADRIA, *Atri*, ville de l'Abruzze-Ultér. 1, province napolitaine du royaume d'Italie (désignée mal à propos sous le nom d'*Altri*, voy. ADRIA).

HADRIA, voy. ADRIATICUM MARE.

HADRIANI FORUM, voy. FORUM ADRIANI.

HADRIANOPOLIS [Tab. Peut.], Ἀδριανούπολις [Procop.], ville de l'Illyrie grecque, au pied des monts Ceraunii, auj. *Edernéh*, suiv. Reichard, et, suiv. Leake, en ruines auprès de *Libokhovo*, sur le Dhryno.

HADRIANOPOLIS, voy. ADRIANOPOLIS.

HÆBUDES INS., voy. EBUDES.

HÆDICOLLIS, voy. HADOPOLIS.

HÆMI EXTREMA, *Eminéh Boroun*, promontoire de la mer Noire, qui termine la chaine des Balkans.

HÆMIMONS, HÆMIMONTUS, anc. prov. de Thrace, auj. comprise dans la Roumélie.

HÆMONIA, voy. THESSALIA.

HÆMUS MONS [Plin., Tac., Ovid. etc.], ὁ Αἷμος [Herod., Thuc., Strab.], τὸ Αἷμον ἕρος [Steph. B.], la chaîne des *Balkans* ou *Tschengje* (en turc : *Eminéh-Dagh*) ; s'étend dans l'Europe mérid., des Alpes Noriques à la mer Noire.

HAFNIA [Cluv., Cell.], HAVNIA, CODANIA, CODONIA (de l'île CODANONIA), *Seeland), Copenhague, Copenhagen,* capitale du Danemark ; bâtie sur les îles de Seeland et d'Amager ; « primum AXELHUYS, antea STEGELBURGUM, deinde KIOBMANSHAVEN, hodie Danis *Kiobenhaun* et a Germanis *Kopenhaven* appellatum » (*Chorogr. Daniæ Descriptio a Jona Coddingensi*); on trouve encore *Kobenhafnen, Kiobenhafn, Kaupmannahaufn, Copmanhauen, Kiobenhaunme;* son nom en danois signifie : port des Marchands; fondée en 1168 par l'archevêque de Lund, Absalon ; université fondée en 1478 par Christian 1er ; académie et magnifique bibliothèque.

Bien que les premiers incunables de la typographie danoise n'aient point été exécutés à Copenhague, l'imprimerie cependant remonte au xve siècle dans cette ville illustre; et le premier imprimeur est un Allemand du nom de Gottfried de Ghemen ; le premier livre publié avec une date certaine remonte à 1493, mais il fut précédé d'un *Donat,* sans date, qu'il nous faut signaler, parce qu'il est le premier livre sur lequel on puisse relever le nom de l'imprimeur : DONATUS DE OCTO PARTIBUS ORATIONIS; à la fin : *Finit Donatus Hafnye per me Gotfridum de Ghemen.* S. D. in-4. goth. (vers 1490).

Le plus ancien volume daté, avons-nous dit, est de 1493 : REGULÆ *emendate correcteque Hafnye de figuratis Constructionibus grammaticis, ex diversis Passibus Sacre Scripture ac Poetarum.* Impresse Hafnye per *Gothefridum de Ghemen.* Anno 1493, in-4 (à la Biblioth. impériale).

Gottfried de Ghemen imprime encore deux ans après la célèbre chronique danoise, en vers, du moine Nicolas de Soroe, ou Niel, ou Nigels : *Den Danske Riimkronicke.* Kiobenhavn, ved Godfrid af Ghemen, 1495, in-4 de 23 ff. et demi, réimprimée par le même typographie en 1501 et 1508.

Un des livres les plus rares et les plus importants de la proto-typographie de Copenhague est sans contredit le suivant : *Quedam breves expositiões et legum et iuriï concordantie et alligationes circa leges iucie* (justitiæ) *per reverendum in Xꝑo ꝑrem ac dominum Kanuts Epm Vibergeñ.* Et venerabilem *utriusqz iuris doctorem sup iutorum legisterium.* Cõpletum est aũt ꝑñs opus perutile legis Danices impressuz Hafnie ꝑ Gotfridũ de Ghemen, Anno dñi M CCCC viij in profesto. Scti Mathie Apostoli, in-4 goth. sans chiff. mais avec sign. a-y et A-G. Sur le titre le portrait de Kanut (Catal. Tross).

Parmi les principaux libraires de Copenhague au xvie siècle, nous citerons : Ludowich Dietz et André Soffrison Wedel.

Au xviiie le privilège de posséder une imprimerie, qui tout d'abord avait été octroyé à toutes les villes du royaume qui en avaient fait la demande, fut, pour raison d'Etat, restreint à la capitale seule ; le Danemark n'a jamais précisément brillé par ses tendances ultra-libérales.

HAFOD, résidence de Thomas Johnes, esq., située dans le Cardiganshire (Southwales).

M. Johnes établit une petite imprimerie particulière dans un cottage voisin et y donna en 1807 sa traduction de la *Chronique de Joinville,* et en 1809

celle de *Monstrelet ;* M. Johnes avait également traduit Froissart. (Voy. Dibdin, *Bibliogr. Decameron,* Lowndes, Cotton, etc.)

HAGA, *la Hague,* pointe N.-O. du dép. de la Manche, à l'O. de Cherbourg.

HAGA AURELIANENSIS, HAGA TURONICA, *la Haye, la Haye-Descartes,* pet. ville de Fr. (Indre-et-Loire) ; patrie de Descartes (1594).

HAGA COMITIS [Cluv.], HAGA COMITUM [Guicciard.], HAGA [Cell., Bert.], *la Haye, Haag, Gravenhaag, S'Gravenhaag,* ville capitale de la Hollande ; patrie d'Huyghens; magnifique musée et bibliothèque de la plus haute importance.

Du Puy de Montbrun (*Recherches bibliogr. sur quelques impressions néerlandaises, du xve et du xvie siècle.* Leide, 1836, p. 83) nous donne l'indication d'un volume, qui, suivant toutes les probabilités, et jusqu'à preuves contraires, doit être considéré comme le premier qui soit sorti des presses de la Haye; c'est une description hollandaise des *sept églises de Rome:* DIE FIGURE VADE. VIJ. KERCKE VA ROMĒ. A la fin : *In den Haghe, Hugo Jan.z,* (*van Woerden*) , sans date (vers 1500), pet. in-4, orné de sept grandes planches xylographiques. Ce rarissime et très-précieux volume est imprimé avec les caractères de Henri Lettersnyder, à longues lignes, au nombre de 21 sur les pages entières ; il n'a ni chiffres ni réclames, mais la signat. A, et contient en tout 8 ff. ; les initiales I et O des lettres grises sont gravées en bois. Au vo du dernier f. est une prière qui finit au bas de la page par : Amen‖. *Inden Haghe bi mi Hugo Jan.z.* (Catal. de J. Koning).

Falkenstein ne date que de 1593 l'introduction de la typographie à la Haye ; M. Cotton confirme le fait, en ajoutant le nom du premier typographe, Albert Heyndricsz, imprimeur des Etats de Hollande ; nous trouvons déjà ce nom en 1586.

Parmi les imprimeurs de la Haye, nous citerons Hillebrant Jacobz-Wom, et surtout Adrian Moetjens à la fin du xviie siècle et au commencement du xviiie, dont la typographie rivalisa avec celle des Elzevirs, et dont les in-12 français sont encore aujourd'hui recherchés presqu'à l'égal des plus jolies éditions de ces illustres imprimeurs.

En 1717 Pierre le Grand fait exécuter à ses frais une *Bible* en lettres capitales, magnifique ouvrage d'une insigne rareté, dont le Nouveau Testament est imprimé à la Haye et l'Ancien à Amsterdam. En voici la description : *Het Nieuwę Testament gedruckt door last van zyne Czaarske Majesteyt Petrus den Eersten, Keyser van groot en Klein Rusland.* S'Gravenhage, Joh. van Duren, 1717. 2 vol. in-fol. — *Het Oude Testament....* Amsterdam, 1721. 4 vol. in-fol. Ces 6 volumes sont imprimés en lettres capitales. 1er vol. de l'*Ancien Testament,* 3 f. limin., 560 ff. chif. — Vol. II, III-504 ff. — Vol. III, III-398 ff. — Vol. IV, III-376 ff. — *Nouveau Testament,* Vol. I, IV-255. — Vol. II, II-196 ff.

HAGA SCHAUENBURGI, voy. CIVITAS INDAGINIS.

HAGANOA, HAYNA [Zeiler], *Grossenhayn, Hayn,* ville de Saxe, sur le Röder, dans le cercle de Meissen.

Cette ville possédait un établissement typographique au xviie siècle ; Struvius (*Bibl. Saxonica*) nous donne: *Godofr. Meisner, Superintendens Haynensis, Einwey hungs-Predigt 2. Diaconorum daselbst.* Hayn, 1674, in-12. Plusieurs ouvrages ont été consacrés à l'histoire de cette petite ville : *Seb.*

Manns Entwurf der Stadt Hayn in Meissen. Dresden, 1663, in-4. — *Iccanders alt und neues von Grossen Hayn.* Dresden, 1730, in-8, etc.

HAGENOA [Cluv., Merian.], HAGENOIA, *Hagenau, Hagenaw, Haguenau,* ville forte de France (Bas-Rhin), sur la Moder ; anc. ville impériale, avant sa réunion à la France, lors de la paix de Riswick.

L'imprimerie exista au XVe siècle dans cette ville alors impériale, riche et florissante : JOHANNES DE GARLANDIA (ou GALLANDRIA). *Cornutus Magistri Joannis‖ de Garlandria.* An ro du 58e f.: *Expositō disticij seu Cornuthi noui necnō an‖tiqui Magistri Ioannis de Garlādria cū‖sententijs textuū ac lucida terminoruz de‖claratōe ex ꝗꜱ pluribus autoribus breuiter et‖plane collectis Impressa imperiali in oppido‖ Hagenaw, per Heinricū Gran ciue eiusdes‖ opidi. Sub anno salutis Millesimo. Qua‖ dringentesimo. Octuagesimo nono.* Du f. 59 ro, au vo du 64e vient le *Registrū vocabu‖lorū Cornuti,* etc., in-4 goth., sans récl. avec sign., de 1-57 ff. numérotés, et 6 non paginés, à 3 col. de 35 lign.

Ce livre de John Garland est bien certainement le premier produit des presses d'Haguenau ; en effet le : *Pelbarti a Temesuuar ord. fr. min. pomoerium sermonum,* cité par Maittaire à la date de 1475, comme imprimé à Haguenau, est extrêmement douteux, et en tout cas il faudrait lire 1495. Les différents ouvrages mystiques ou ascétiques de ce théologien hongrois, de l'ordre de St-François, furent fréquemment imprimés par Henry Gran, tous aux frais et à la requête de Jean Rynman d'Haguenau, de 1498 à 1500. Hain en cite au moins huit éditions, mais l'existence de l'édition de 1475 n'est pas soutenable.

Ce Johann Rynmann de OEhringen est appelé dans l'*Oratio Rysichei in laudem St-Yvonis : Characterum Venetorum opifex et ingeniosus et exercitatus in Augusta Vindelicorum ;* ailleurs on le qualifie d'*Archibibliopola ;* il semble avoir été à la fois éditeur, libraire et fondeur de caractères.

Le *Vocabularium Teutonico-Latinum et vocabularium prædicantium,* in-4, cité également par Maittaire, d'après le catal. de la *Bibl. Commeliana,* comme exécuté à Hagenau en 1487, est on ne peut plus douteux, attendu que personne ne le connaît et qu'aucun bibliographe ne l'a décrit de *visu.*

Enfin le *Stellarium coronæ Mariæ Virginis* du franciscain Pelbart de Temeswar, déjà nommé, dont certains ont cité une édition publiée par Gran à Haguenau en 1488, est décrit par Hain sous la date réelle de 1498. Panzer cite un très-grand nombre d'éditions de ces divers ouvrages de Pelbart de Temeswar , exécutées après 1500 par le même imprimeur, toujours aux frais de Jean Rynman d'OEhringen, qu'il qualifie de *libraire par excellence, archibibliopolæ.*

Quelques années plus tard, Henry Gran imprime également pour‖un libraire de Strasbourg, Jean Knoblauch ou Knoblouch.

Ce n'est qu'en 1516 que nous trouvons un nouvel imprimeur, Thomas Anselme, de Bade, dont les produits portent parfois : *ex Academia Anshelmiana,* ou *in Ædibus,* ou bien *ex Charisio.* L'établissement principal et antérieur de cet imprimeur était à Pforzheim, puis il s'établit à Tubingen ; ensuite vient Jac. Wimpheling, de Sélestadt, auquel Lichtenberger (p. 87) consacre une longue notice. En 1523 Jean Secer de Laucha et en 1528 Guillaume Selz succèdent, le premier à Henry Gran, et le second à Thomas Anselme, puis viennent, en 1532, Valentin Kobian, et en 1534 Pierre Brubach, que nous voyons en 1536 signer des livres exécutés à Hall, ville du Wurtemberg.

Le rapport fait à M. de Sartines en 1764 dit : « A Haguenau est établi Mathieu Hederich, natif de Troppen en Silésie, reçu imprimeur en 1740 ; il n'a

qu'une seule presse, imprime fort bien en allemand, fort peu en latin, et pas du tout en français. » Voilà l'état où en était réduite l'imprimerie au dix-huitième siècle dans la riche ville libre et impériale d'Haguenau !

HAGINOIA, voy. HANNONIA.

HAGION OROS, MONTE SANTO, voy. ATHOS.

HAGLEY, village d'Angleterre, dans le Worcestershire, à 3 milles de Stourbridge.

A Letter by John Wilkes, imprimée en 1763, est souscrite au nom de cette localité.

HAINON, HANIA, *la Haisne, la Haine,* riv. du Hainaut, affl. de l'Escaut.

HAINOVIA, HAYNOVIA, *Hainau,* ville de Silésie, dans la rég. de Liegnitz, sur le Deichsel.

HALA [Cell., Cluv.], HALA MAGDEBURGICA [Luen.], HALA HERMUNDURORUM, HALA SAXONUM, HALA SORABORUM, HALA VENEDORUM, HALA SALICA, HALA AD SALAM; (suiv. Kruse et Vilhelm), CALÆGIA, Καλαιγία [Ptol.], *Halle an der Saale, Halle in Sachsen,* ville de Prusse, sur la Saale (prov. de Saxe) ; patrie de Haendel et de Struensée.

Nous avons déjà signalé l'existence d'une typographie établie dans un des faubourgs de cette ville (voy. GLAUCHA) ; nous avons à nous occuper maintenant de la ville même.

C'est l'année 1520 que remonte certainement la typographie pour la ville d'Halle an der Saale, bien que le catalogue Reviczky (Berlin, 1784, p. 79 des *Classiques latins*) signale un livre de 1472 à la date évidemment erronée: M. ANNEI LUCANI CORDUBEN ‖ SIS PHARSALIE LIBER PRIMUS. A la fin : HALÆ. M CCCC LXXIJ, in-4. La bibliothèque Reviczky fut achetée en bloc par lord Spencer (moyennant une rente viagère, dont on n'eut à payer que deux termes); aussi trouvons-nous ce livre porté au catal. de la *Spenceriana* (tom. II, p. 143); et Dibdin, après avoir examiné attentivement le volume, reconnut que la date avait été ajoutée après coup, et ne formait pas corps avec l'ouvrage : « Whoever examines the date attentively, may see that it is in all probability introduced separately , and subsequently to the printing of the body of the Work. » Panzer (t. IV, p. 9), parlant de la préface de Petrus Æolicus qui se trouve dans cette édition, rappelle qu'en 1496, ce savant professait publiquement à Leipzig, et qu'il s'occupa spécialement des poèmes de Lucain dans ses cours de cette année ; il pense qu'au lieu de M.CCCC.LXXII, il convient de lire M.CCCC.XXII, ce qui ne demande que le changement d'une seule lettre.

Hain ne mentionne même pas l'édition, et cette exclusion prouve que ce bibliographe ne considère pas le volume comme appartenant au XVe siècle ; du reste le caractère, les ornements, les signes additionnels, tels que chiffres, réclames, signatures, ponctuation, tout révèle une typographie perfectionnée et de beaucoup postérieure à la date supposée.

Panzer dit fort bien : « Je ne connais pas de livre imprimé à Halle avant 1520 ; » seulement il oublie de signaler ce premier produit des presses de cette ville : le voici d'après Vogt, Bauer et le *Catal. Biblioth. Hasæanæ,* p. 325 : LIPSANA, *oder reliquiæ urbis Hallensis, im Bisthum Magdeburg; Welche alle Jahr, des sonntags nach dem fest der Jungfrauen Marien, dem Volcke sind gezeiger*

worden, zum Ablass und Vergebung der Sünden.
A la fin : Gedruckt in der löblichem Stadt Halle,
Nach Christi unsèrs Herrn Geburt, 1520, in-4.

Il serait intéressant de comparer ce rare volume
avec le *Lucain* de la Spenceriana ; il y a tout lieu
de croire que l'on reconnaîtrait les caractères du
même imprimeur.

HALA AD ŒNUM [Luen.], *Hall im Innthale*,
ou *Hall am Inn*, ville du Tyrol (cercle du
Bas-Innthal).

HALA SUEVICA [Luen.], HALLÆ SUEVORUM
[Zeiler., Crus.], HALA-SCHWABICA, *Hall,
Schwäbisch-Hall*, ville de Wurtemberg
(Jaxtkreise).

L'imprimerie, suiv. Falkenstein et Leichius
Typogr. Lipsiens., p. 18), remonte en cette ville à
'année 1536 ; Panzer cite quatre volumes à cette
date ; nous signalerons le plus ancien : *Catechismus
minor puerorum generoso puero Ottoni Furster
dicatus, ab Urbanio Rhegio. Additus est alius Catechismus Joannis Brentii recens scriptus.* Halæ,
ex officina Petri Brubachii anno dñi M.D.XXXVI,
mense Julio, in-8. Ce Pierre Brubach était établi
deux ans avant à Haguenau. Nous citerons encore
cat. Witler et de Tournes) : *D. Frederici Schenck,
Baronis a Tauteuberg, progymnasta fori, seu
de iis qui in judicio versantur de actis civilium
'udiciorum libri II.* Halæ Suevorum, 1537, in-fol.
La bibliothèque de la cour de cassation, qui possède
un grand nombre de traités de ce jurisconsulte, n'a
pas ce rare volume.

HALÆ, Ἁλαί [Paus., Strab.], ville de la
Locride, dont les ruines, suiv. Leake,
se trouvent sur une montagne au N.-E.
de *Proskyna*.

HALÆ ARAPHENIDES, Ἁλαὶ Ἀραφηνίδες
[Strab., Steph.], bourg de l'Attique,
sur le Sinus Saronicus, qui servait de
port à BRAURON (auj. *Vraona* ou *Vrana*);
s'appelle, suiv. Kruse, *Halivres*.

HALANDIA, HALLANDIA, *Halland, Halmstad-
land*, préfecture de Suède (dans la
Gœthaland ou Gothie).

HALBERSTADIUM [Cluv., Baudr.], HALBERS-
TADUM [Pertz], HALBERSTADIA, *Halberstadt*, ville de Prusse, dans la régence
de Magdeburg.

C'est à l'année 1520 que Falkenstein fait remonter l'introduction de la typographie dans cette
ville, et nous ne pouvons le reporter plus haut ; la
Bibliothèque impériale de Paris possède un *Missel*
qui porte cette date, et dont Van-Praet (tom. 1,
p. 233) donne la description : *Missale ad usum
ordinis Sti Benedicti de observantia.* A la fin : *Opus
elegãs ac p̄clarũ summa curiositate ac dili‖gentia
castigatum. Sacratissimo ordini diui‖Benedicti
de obseruãtia p ·Germaniã. Plu‖rima vtilitate
nõ minus q̄z necessitate ‖ multũ accomodatũ.* Feliciter expli‖cit. Impressum Halberstadie.‖Anno
dñi. M.CCCCC.XX; — grand in-fol. goth. avec sign.,
chiff., initiales et titre courant ; sur deux col. de 33
lignes chacune ; deux planches gravées sur bois,
l'une représentant l'écusson de l'évêque d'Halberstadt, l'autre le Christ en croix.
Ce volume ne porte pas de nom d'imprimeur ; un
exemplaire figurait à la vente Libri (1859), sous le
n° 1644 du catalogue.
La *Biblioth. Marsdeniana* cite par erreur, sous
cette même date de 1520, une Bible en dialecte bas-

saxon qui est datée du 8 juillet 1522 (voy. Graësse, I,
375; Vogt, *Cat. Libr. rar.*, p. 89, et Bauer, I, 82);
cependant Jöcher (*Bücher Lexicon*, t. I , p. 152)
décrit également cette Bible , à laquelle il donne
aussi la date de 1520. Cette erreur provient de ce
qu'une partie des planches signées du Maître au
Monogr. C. G. sont datées de 1520 ; il est à remarquer que la plus grande partie de ces gravures
sont copiées d'après celles de la bible saxonne de
Cologne, Henri Quentel, vers 1480.

Sous cette date de 1522, Panzer, Feverlin, Bauer,
Freytag, etc., nous donnent les titres de plusieurs
volumes et le nom du premier imprimeur, auquel,
selon toute apparence, on doit l'exécution du Missel
précité : *Isidori, Hispalensis episcopi, Libri III,
de Summo Bono, et Lib. II, soliloquiorum de an-
gustia et miseria hominis.* Halberstadie, in ædibus
Ludovici Trutebulen, M.D.XXII, in-4. (Reinm.
Bibl. Theol., I, p. 349.)
Au XVIIe siècle, nous signalerons dans cette ville
un imprimeur du nom de Jacq. Arnold Koter.

HALEBUM, *Alebo, Alep*, voy. ALEPUM.

Ajoutons, avec Freytag (*Anal. Litter.*, p. 716),
Psalmi Davidis Arabici. Aleppi, sumtibus Athanasii
Græcorum Antiocheni patriarchæ , 1706, in-4, cité
par Jacq. Le Long, dans la *Bibl. Sacra*.

HALES FL. [Cic.], HALEX, l'*Alento*, fleuve
de la Principauté citérieure [Ptol.,
Strab.].

HALESA, ALÆSA, Ἀλαίσα. *Tusa*, ville de Sicile
(intend. de Palerme).

HALESA , ALÆSA , Ἄλαισα [Ptol. Strab.],
Tusa, etc.

HALEX, HALESUS FL., fl. de Sicile, auj.,
suiv. Reichard, *le Pittineo*.

HALIACMON, voy. ALIACMON; auj. la *Vistriza*,
suiv. Pouqueville.

HALIARTUS, ἡ Ἁλίαρτος [Hom., Thuc., Str.],
ville de la Bœotie, sur le bord mérid.
du lac Copaïs; auj. *Mazi* s'est élevé
sur les ruines de cette ville.

HALICA, Ἁλική [Pausan.], Ἁλιάς [Thuc.],
ville de la côte S.-O. de l'Argolide ;
auj., suiv. Kruse, *Keladia* ou *Cheladia*.

HALICIA, GALICIA, *Halicz, Galitsch*, ville de
Gallicie dans le cercle de Stry (Autriche), sur le Dniester.

HALIFACIUM, HORTONIUM, *Halifax*, sur le
Calder, ville d'Angleterre , dans le
West-riding du Yorkshire.

Imprimerie en 1761 : *Halifax and its Gibbet Law
placed in a true Light.* Halifax (P. Darby, 1761),
in-8, de 97 pp., y compris le frontispice, la dédicace
et la préface. Le véritable auteur de cet ouvrage est
le Dr Samuel Midgley, qui remplaça le rév. James
Bentley comme recteur de l'église de cette ville
(Lowndes, II. 977). *The history of the famous town
and parish of Halifax, in Yorkshire*, fut imprimée dans cette ville en 1789, in-8.

HALIOLA, HALLULA, *Hallein*, ville d'Autriche (cercle de Salzburg).

HALISBURGUM, voy. HELSINGA.

HALMOSTADIUM, HALMSTADIUM [Bert.],

Halmstadt, ville de Suède, chef-lieu de l'île de Halland.

HALMYDESSUS, voy. SALMYDESSUS.

HALMYRIS, Ἅλμυρις [Procop.], SALMORUDIS [It. Ant.], lac de la Mœsie inférieure, auj. *Lac Carusu,* en Boulgarie, au S. du Danube.

HALONESUS INS. [Mela, Plin.], Ἁλόνησος [Sträb.], île du golfe de Thrace, auj. *Isola Dromi* ou *Pelagnisi,* dans l'Archipel.

HALYCIÆ, Ἁλίκυαι [Steph.], CIVITAS HALICYENSIS [Cic.], auj. *Salemi,* ville de Sicile, dans l'intend. de Trapani (Val di Mazzara).

HAMAXOBII [Horat.], Ἁμαξόβιοι [Ptol.], peuple de la Sarmatie, près du Palus-Mæotis; occupait le pays compris entre le Dniéper et le Don.

HAMBURGUM [Cell., Pertz], HAMBURGIUM [Cluv.], HAMMONIA, HOCHBURI CASTELLUM [Chron. Albert. Stad.], AUGUSTA GAMBRIVIORUM, *Hambourg, Hamburg,* ville libre de l'ancienne Confédération Germanique, sur l'Elbe, près de son embouchure dans la mer du Nord.

Précieuse et importante bibliothèque : l'imprimerie remonte dans cette grande et célèbre ville au XVe siècle, et l'on connaît deux ouvrages publiés en 1491 ; le premier, bien décrit par Panzer, qui le possédait, est intit.: LAUDES BEATE MARIE VIRGINIS. A la fin, vo du 152e f., col. 2 : *Finem accipiūt beate virginis‖Marie laudes. Magna cū diligentia‖emedate. Atȝ d verbo at verbū p totū‖attēte reuise In mercuriali oppido‖Hamborgensi loco famatissimo Im‖presse. Per me Ioannē z Thomā‖Borchard. Anno dñi .MCCCC.xcj.‖ Sēda feria p' Martini. De quo dñs‖ds ḡtiosus cū sua benedicta matre sit eternaliter bñdictus.* — Puis vient la table, et au ro du 154e f. *Explicit Tabula,* in-fol. goth. sans chif. ni récl. avec sign., car. goth., 154 ff. à 2 col.

Panzer ajoute : « Primi et unici hujus sec. XV. Hamburgi typis expressi libri exemplum exstat in Bibl. Göting., et in collectione nostra. »

Nous ne voyons pas ce livre rare et précieux figurer au catal. de la biblioth. de Panzer ; mais, en revanche, nous avons à signaler un nouveau volume imprimé sous la même date à Hambourg, et que le bibliographe de Nuremberg n'a pas connu. C'est une édition des *Sermones de Laudibus sanctorum* de Robertus Caracciolus de Licio, ordin. minor., episcopus Aquensis, publiée à Hambourg, 1491, in-fol. Nous empruntons ce renseignement au bénédictin D. Gottfried Reichhart (*Die Druckorte des XV. Jahrhunderts.* Augsb., 1853); mais nous devons déclarer que ce volume n'est ni décrit, ni même mentionné par Hain, qui cependant a consacré à ce théologien du XVe siècle un travail infiniment plus développé que ne le comporte le sujet.

Falkenstein donne une longue liste des principaux imprimeurs de Hambourg, parmi lesquels nous ne citerons que Franciscus Rhodus, qui exerçait tout au commencement du XVIe siècle.

Notons encore l'imprimerie particulière de G. Guthirius, l'orientaliste, établie à Hambourg, vers 1660.

A la fin du XVIIe siècle, un grand nombre de protestants français réfugiés à Hambourg y établirent une publication périodique, qui se continua, et, à la suite de diverses transformations, arriva jusqu'à nos jours. M. F.-L. Hoffmann de Hambourg a consacré à cet intéressant sujet une étude qu'a publiée le *Biblioph. belge* (1854) : 1. *Éphémérides sçavantes,* à Hambourg, chez Baltasar Gaspar Langemack, 1686, in-4, avec une édition latine qui paraissait simultanément : *Ephemerides Litterariæ.* Cette publication, dont chaque numéro formait une feuille in-4, n'a paru que pendant 5 ou 6 semaines. 2. *Journal de Hambourg, contenant divers mémoires curieux et utiles sur toutes sortes de sujets.* A Hambourg, chez Henry Heus, 1694-96, 4 tom. in-8.

Sous divers noms, *Gazette politique et historique de Hambourg, le Journaliste de Hambourg, Esprit des Gazettes ou Messager de la Basse-Saxe,* etc., les publications françaises se continuèrent pendant le XVIIIe siècle.

Pendant la révolution, Hambourg devint un des centres de l'émigration : le mouvement contre-révolutionnaire se traduisit par de nouvelles publications périodiques : le *Bulletin général de la France et de l'Europe,* 1789; le *Spectateur du Nord,* 1797; *Journal littéraire et bibliographique,* 1799-1802, etc.

M. Hoffmann poursuit jusqu'à l'année 1848 la nomenclature et la description de ces rares et intéressantes publications : « Ce serait une notice bien curieuse, dit à ce sujet dans le *Bibliophile belge* M. Poltoratzky de Moscou, que la bibliographie des journaux français qui ont été publiés ou qui se publient dans les différentes contrées du globe. » Nous espérons que l'auteur de la *Bibliographie de la Presse périodique française,* M. Eug. Hatin, se chargera de cet intéressant travail qui compléterait si heureusement sa belle publication.

HAMBURGUM AUSTRIÆ, voy. CARNUNTUM.

HAMELA, HAMELIA [Zeiler], *Hameln,* ville du Hanovre (préf. de Calenberg).

HAMETUM, HAMUM [Baudrand, Mézeray], HAMUS, HAMMUS, *Ham,* ville de Fr. (Somme); patrie du général Foy.

Coutumes du gouvernement, bailliage et prevôsté de Chauny, avec des notes et observations par Asselin. Ham et Noyon, 1780, in-12.

HAMILTONIUM, CORIA (?), *Hamilton,* ville du sud de l'Écosse, sur la Clyde (comté de Lanark).

Le nom de cette localité, antérieurement au XIVe siècle, était *Cadzow* ou *Cadyow.*

HAMMABURGUM, voy. HAMBURGUM.

HAMMARIA, *Hammer,* sur le lac Mioss, pet. ville de Norwége (préf. de Christiania).

HAMMONA [Luen., Cell.], *Hamm,* ville de Prusse, dans la régence d'Arnsberg.

HAMONS, *Hamont,* pet. ville de Hollande (prov. Limbourg).

HAMPTONI CURIA, ANTONÆ CASTELLUM, *Hamptoncourt,* château royal d'Angleterre, dans le comté de Middlesex.

HANAGAVENSIS COMITATUS, HANNONIA, HANNOVIA, HAGINOIA, HAINOAVIUM, le *Hainaut, Hene-Gouwen* en flamand, *der Hennegau* en allemand, province de Belgique, anc. territoire des NERVII ; s'est appelé FANMARTENSIS PAGUS (de FANUM MARTIS), et a pris son nom moderne de la riv. HAINON, *la Haine*, affl. de l'Escaut [d'Achery, *Spicil.*].

HANLEY, ville d'Angleterre (Staffordshire).

Cette ville est située au centre d'un district appelé *les Poteries*, et ses habitants sont tous employés aux travaux des manufactures de céramique ; un livre intitulé *the Directory of Staffordshire Pottery* y fut imprimé en 1802.

HANNEBOTUM, *Hanebout, Hennebon*, ville de Bretagne (Morbihan), sur le Blavet.

HANNIBALIS PORTUS [Mela], *Portimao, Portimaon*, petit port du Portugal (Algarve).

HANNONIA [Guicc., Bert.], **HANONIA** [Cluv.], voy. **HANAGAVENSIS COMITATUS**.

HANNOVERA [Cell., Zeil.], **HANOVERA**, *Hannover, Hanovre*, ville capitale du royaume du même nom, dans l'Allemagne septentrionale ; patrie d'Herschel et des Schlegel.

Si, comme le dit Falkenstein, l'imprimerie ne date dans cette ville que de l'année 1547, nous aurions plusieurs ouvrages à citer sous cette date ; en voici un, que M. Cotton indique, et dont Hennings parle comme d'un *Scriptum rarissimum* (p. 478) : *Jo. Busmanni de Laudibus præstantissimæ civitatis Lubecæ*. Hannoveræ, apud Henningum Rudenum, 1547, in-4.
Nous ne pouvons affirmer ni prouver, mais nous pensons que l'introduction de la typographie à Hanovre est antérieure à cette date.

HANNUVIUM, HANNUTUM, *Hannuye, Hannut*, bourg de Belgique (pr. de Liége).

HANONIA [Cambden], **HAMTONI COMITATUS**, *Hampshire*, comté d'Angleterre.

HANOVIA, HANNOVIA, *Hanau*, ville du grand-duché de Hesse-Cassel, chef-lieu de province, au confluent du Mein et de la Kintzig.

Imprimerie en 1593, dit Falkenstein ; c'est aussi à cette date que remontent les plus anciens livres souscrits au nom de cette ville, que nous ayons rencontrés : *Morieni Romani, quondam eremitæ Hierosolymitani libellus de transfiguratione metallorum, et occulta summaque antiquorum philosophorum medicina. Accessit Chrysorremon, sive de arte Chymica dialogus*. Hanoviæ, apud Guillielmum Antonium, 1593, in-8. (*Elenchus, sive index librorum impressorum*, 1593-1600. Lips., 1600, in-4.) — *D. Joannis Bilstenii Catechesis, seu prima institutio antiquæ catholicæ christianæ religionis in sacra scriptura fundatæ*. Hannoviæ, apud Guillelmum Antonium, 1593, in-8.
André Wechel, imprimeur à Francfort, ou plutôt ses héritiers, fondent presque simultanément un établissement typographique à Hanau ; nous trouvons cette imprimerie fonctionnant en 1596.

HANSEATICÆ URBES, *Die Hansestädte, les Villes Hanséatiques* (c'est-à-dire fédérées) ; ce nom, conservé aux trois villes d'Allemagne *Hambourg, Lubeck* et *Brême*, s'appliquait, au moyen âge, à cette ligue commerciale formée en 1241 entre les deux premières de ces villes, ligue à laquelle accédèrent presque toutes les villes de commerce du Nord, Londres, Novogorod, Brême, Bruges, Dantzig, etc., et plus tard, les avantages de cette fédération ayant été reconnus et appréciés, les villes du Sud, Marseille, Barcelone, Livourne, etc., entrèrent dans la Hanse, qui compta bientôt 80 villes, entre lesquelles s'était centralisé le commerce de l'Europe.

HANTONIA, voy. **ANTONA MERID.** et **SEPTENTR.**

HAPSELIA [Miræus], *Habsal*, ville russe du gouv. de l'Esthonie.

HARALDI VILLA, *Hérouville* ; plusieurs communes de France portent ce nom.

HARBURGUM [Zeiler], **HARTBERGA**, *Harburg, Haarburg*, ville et port du Hanovre, au confluent de la Seeve et de l'Elbe (préf. de Lüneburg).

Cette ville, d'après Freytag, possède une imprimerie depuis 1611. Le nom du premier imprimeur, qui s'est gardé de signer le volume que nous allons citer, était Holofern Kriegseder (ce savant livre : *Gasparis Scioppii ecclesiasticus, auctoritati ser. D. Jacobi, Magnæ Britanniæ regis, oppositus ; in quo disputatur de amplitudine potestatis et jurisdictionis ecclesiasticæ, tam in temporalibus, quam in spiritualibus, de regum ac principum christianorum, erga ecclesiam ejusque antistites seu prælatos officio...* Hartbergæ, 1611, in-4 de 565 p. Ce livre, rare et curieux, fut brûlé à Paris par la main du bourreau, le 24 novembre 1612, à cause (ce sont les termes de l'arrêt) des blasphèmes et diffamations qui y sont contenues contre la mémoire du roy Henry IIIe, et pour plusieurs propositions tendantes à troubler le repos de la chrétienté et contre la vie et Etats des rois et princes souverains. » (Niceron, tom. XXXV, p. 191.)
Voy. aussi P. Bayle, *Dict.* (tom. III, p. 2553), et pour le catal. des ouvrages de G. Scioppius, Bauer (tom. IV, p. 40 et suiv.).

HARCURTIUM, HARÆ CURIA, HARECORTIS, *Harcourt-Thury*, bourg de Fr. (Calvados) ; anc. titre de duché. — *Harcourt*, bourg du département de l'Eure ; anc. titre de comté.

HARDEROVICUM, HARDERVICUM [Zeiler], voy. **ARDEVICUM**.

Une grande partie des ouvrages de J.-Is. Pontanus, l'écrivain danois d'Helsingford, qui fut professeur de physique et de mathématiques à Harderwyck, furent imprimés dans cette ville par Thomas Henrici ou Heinrick ; nous avons cité déjà un volume de 1616 ; en voici un de l'année suivante : *Joh. Isaaci Pontani disceptationum chorographicarum de Rheni divortiis, adversus Ph. Cluverum, partes*. Hardervici, ap. Th. Henrici, 1617, in-8.
Un livre français y est publié en 1624 : *Epistres françoises des personnages illustres et doctes à Monsieur Joseph Juste de la Scala*. A Harderowick, 1624, in-8. Ce livre, rare et curieux, fut édité, après la mort de Scaliger, par Jacq. Revius ; on y trouve de très-intéressantes discussions littéraires soutenues par divers savants de l'Europe, contre le docte, violent et arrogant professeur de l'université de Leyde.

HARFLEVIUM, HARFLORIUM, HAREFLORIUM, *Harfleur*, ville de Fr. (Seine-Inférieure); c'était jadis une ville d'une certaine importance, gouvernement particulier, le siége d'une vicomté, d'une amirauté, d'un bureau des fermes et d'un grenier à sel.

L'imprimerie semble n'avoir point existé dans cette petite ville, et cependant nous trouvons deux éditions des *Antiquitez de la ville de Harflevr, par le s^r de la Motte, Eschevin en ladite ville ;* l'une de 1700 (Bauer, *Bibl. lib. rar.*, tom. I, p. 22), in-8°, souscrite au nom de *Harfleur ;* l'autre de 1720 (Barbier, *Dict. des Anon.* I, 70) également in-8. Mais M. Frère, qui est notre autorité principale en fait d'histoire bibliographique normande, dit n'avoir jamais eu l'occasion de voir cette édition de 1720, et ne cite même pas celle de 1700, ce qui équivaut à un désaveu d'existence.

HARGA [*Sueciæ descr.*, Elzev.], *Harg*, petit port de Suède, à l'entrée du golfe de Bothnie.

Jacob Serenius. Dictionarium anglo-suetico-latinum ; in quo præter cetera, voces anglicanæ, quotquot Gothis debentur, ad origines suas revocantur. Hargæ et Lithoponti Sueciæ, prope Nicopiam. Petrus Mamma impr. 1757, in-4. La première édition fut donnée à Hambourg, en 1734 ; celle-ci est notablement augmentée. Petrus Mamma prenait le titre d'imprimeur du roi.

HARISTALLIUM [Ann. Lauriss.], HERISTALLIUM [ANN. Einhard., Hincm. Rem.], HERISTELLIUM [Chron. Reginon.], ARISTALLIUM [Ann. Vedast.], HERSTALIUM, ARESTALIUM PALATIUM [Præc. Pippini Regis], ARISTALHUM [Charta Caroli M. a. 772], HERDTALLUM, *Palatium publicum* [Diplom. Belgica Mirœi], *Heristall, Heristal*, ville de Belgique, sur la Meuse (prov. de Liége) ; a donné son nom à la maison d'Héristal, souche de la race carlovingienne.

HARISTALLUM, HERSTALIUM, *Herstal*, village à une lieue de Liége (Belgique).

Un ouvrage wallon intitulé : *Première réponse de Cálottin à loigne auteur dè supplèment*, nous apprend que l'imprimeur liégeois Broncart dut se réfugier dans ce village, en 1730, après avoir fait faillite ; et qu'y ayant transporté un matériel typographique, il continua d'y imprimer et d'y contrefaire ; mais on ne connaît aucun produit de ses presses qui soit publié sous la rubrique d'Herstal [J. Gohier, de Liége].

HARISTELLUM, HERISTELLUM, *Herstelle*, bourg de Westphalie, au confluent de la Timella et du Weser.

HARLEMUM [Junius, Guicc., Thuan., etc.], *Harlem, Haarlem*, ville de Hollande, chef-lieu de la province de la Hollande septentr., patrie de Lourens Janszoon Coster (1370-1439)? de Wouvermans et de Schrevelius.

Il faudrait un livre entier pour donner complète la nomenclature des bibliographes qui ont écrit sur la typographie de Haarlem, et consacré à l'élucidation d'un problème insoluble des torrents d'érudition, de sagacité et surtout d'ingéniosité, qui, détournés sagement de leur lit, auraient pu servir utilement à l'élucidation de faits importants obscurcis à dessein par l'ignorance et le fanatisme.

Nous avons dit *ingéniosité*, et ce n'est en effet qu'à l'aide de puissants efforts d'imagination que le patriotisme hollandais a pu échafauder son système de proto-typographie néerlandaise.

Voici ce système : un sacristain ou marguillier (*Koster*) de la ville de Haarlem, nommé Lourens Janszoon, né en 1370, mort en 1439, aurait, dès les premières années du xve siècle, découvert le secret de la mobilisation des caractères ; un de ses serviteurs ou ouvriers, nommé Jean, initié par son patron à tous les procédés de l'art nouveau, ou plutôt étant, à l'aide de ces observations qu'on qualifie d'espionnage, parvenu à les surprendre, aurait été accueilli, après la mort de son patron, par la ville de Mayence, et ce valet plagiaire, faussaire et escroc, aurait eu l'impudeur de s'approprier les procédés et les aurait exploités *ad majorem Germaniæ gloriam.*

Ceci est le point de départ, mais bientôt ce mystérieux Jean devient JEAN GUTENBERG ! Je ne sais trop si l'on n'a point expliqué par le cri d'une conscience ulcérée cette modestie du vieux maître qui lui fit reporter à Dieu seul l'honneur de son invention sublime, et ne lui permit point d'appliquer aux produits de ses presses son nom glorieux ; ces poignants remords lui auraient laissé la faculté de tirer parti de la gloire d'autrui, mais lui auraient ôté l'audace d'en tirer vanité.

En tirer parti ! Le pauvre homme est mort de misère !

L'ardeur d'une polémique passionnée entraîne souvent les esprits les plus calmes au-delà des bornes de l'équité morale ; on en jugera par ce trait : dans un des plus récents ouvrages anti-gutenbergistes que nous ayons lus, livre dont on ne saurait trop louer certaines parties, et qui témoigne de la sérieuse érudition et des patientes investigations de son auteur, nous rencontrons ceci : « M. Köning (*Comptes des trésoriers de Haarlem*) découvre la trace de dépenses extraordinaires occasionnées par une affaire mystérieuse, à la date de 1439-1440... Il y a fréquent échange de correspondances entre le tribunal de Haarlem et celui d'Amsterdam.... Rien ne peut révéler le motif de ce déplacement inusité de courriers, et l'affaire est restée à tout jamais ensevelie dans une nuit profonde »... (Mais l'ingéniosité !) On parvient, après quelques circonlocutions, à vous faire comprendre que ces pressantes négociations doivent avoir eu pour but et pour résultat la poursuite de ce Jean mystérieux, le voleur de procédés ; sans doute on aurait voulu pouvoir appliquer à ce cas réservé cette forme récente de législation internationale, qu'on appelle l'extradition.

J'en appelle aux hommes de bonne foi, comme dit Montaigne, sont-ce là des preuves ? et ces hypothèses rentrent-elles dans les usages de la polémique avouable ?

Les principaux ouvrages, libéralement assignés aux presses costériennes, seraient le célèbre SPECULUM HUMANÆ SALVATIONIS (tout au moins l'édition hollandaise, dont nous venons de voir un exemplaire complet, mais d'une conservation médiocre, porté au prix insensé de 17,000 fr. à la vente Enschedé de Haarlem) ; une série de DONATS (et personne ne conteste, à l'exception de M. Hassler, d'Ulm, l'origine hollandaise de ces précieux fragments, qui auraient, dit-on, servi de modèle immédiat à Gutenberg) ; un ABECEDARIUM ou HORARIUM, découvert par M. Enschedé en 1751, et décrit par M. Hottrop dans son admirable publication des *Monuments typographiques des Pays-Bas au* xve *siècle.*

Le premier document prétendu officiel sur lequel se basent les protagonistes de la doctrine hollandaise, est un passage de la *Chronique de Cologne* (Kölhof, 1499), dont l'auteur anonyme, qui dit tenir ses renseignements d'Ulrich Zell de Hanau, s'exprime ainsi (nous donnons la traduction de M. Paeile de Lille) : « L'art de l'imprimerie a été inventé à Mayence... *cependant sa première ébauche a été réalisée en Hollande, dans les Donats, qui ont été imprimés dans ce pays avant ce temps, et de ces Donats date le commencement du susdit art. »*

C'est ce témoignage anonyme, sans précision, sans consistance, de seconde main, qui sert de pierre fondamentale à la pyramide, que les inventeurs du système proto-Harlémien ont élevée à la gloire de Laurent Coster! C'est sur ces quelques mots que s'appuient les récits de Jan van Zuyren, de Junius, de Dierick Volkeszoon Coornhert, d'Abraham Ortelius, de George Bruin, etc., etc.

Mais ce qui doit frapper tout d'abord un esprit impartial, c'est qu'aucun document contemporain n'ait été découvert par les chercheurs de trésors, c'est qu'aucun monument, soit inscription, souscription, chronique, préface, registre, ordonnance, n'ait mentionné ce précurseur de Gutenberg, auquel on élève des statues, quand on n'a pas son acte de naissance, tandis que chaque jour de nouvelles pièces surgissent qui prouvent irrécusablement la priorité de l'Allemagne.

Un article publié dans le SERAPEUM du 15 août 1866 nous semble avoir porté les derniers coups aux prétentions de Haarlem, prétentions que le bibliographe le plus autorisé de la Hollande, M. Holtrop, ne se soucierait peut-être plus de soutenir aujourd'hui; voici la substance de ce travail intéressant, laissé jusqu'à présent sans réponse.

M. Weigel reconnaît avec franchise que les fragments de *Donats* découverts par M. Jean Enschedé et par lui donnés en 1741 à la bibliothèque de Haarlem, ainsi que les innombrables détritus de ce genre retrouvés depuis, appartiennent à la paléo-typographie hollandaise; mais il demande qu'on lui fasse la preuve que le siège de cet antique établissement typographique ait été la ville même de Haarlem.

Peut-on les faire remonter à une époque aussi reculée que celle des dates qui coïncident avec l'existence de Coster, mort en 1439? Rien ne peut autoriser l'affirmative; nous avons eu nous-même l'occasion de voir plusieurs de ces fragments, découverts par M. Tross ou d'autres, et aucun de ceux qui nous ont passé sous les yeux ne saurait être reporté beaucoup plus haut que 1470.

Ce n'est, ainsi que nous l'avons dit, qu'à l'année 1499 que remonte le premier document sur lequel les Hollandais peuvent appuyer leurs exorbitantes prétentions. Jusque-là rien! Rien dans les archives, rien dans les bibliothèques publiques ou particulières, ne peut laisser soupçonner ce fait si saisissable d'une découverte hollandaise, destinée à renouveler le vieux monde.

En 1561, le nom de la ville de Haarlem est cité pour la première fois par un bourgmestre de la ville, nommé Jan van Zuren ou Zuyren; c'est lui, sans preuve, improvise cette fable, accueillie avec tant d'avidité, du domestique Jean (Gutenberg?), surprenant le secret de son maître, et l'emportant à Mayence, le misérable! la gloire de la Hollande tout entière!

Mais puisque les apologistes les plus orthodoxes n'ont pu fournir même un commencement de preuve à l'appui de ces étranges assertions, ce qu'il nous reste à dire pourra peut-être bien passer pour une preuve..... des excès où peut jeter une imagination vive, quand elle est surexcitée par un patriotisme indiscret.

Dans les archives communales de la ville d'Alckmaar, si rapprochée de Haarlem, existent deux volumes in-4°, manuscrits sur papier du XVe et du commencement du XVIe siècle; ils sont à deux colonnes; l'écriture en est fort belle; le scribe emploie les abréviations usuelles; tout en un dénote la seconde moitié du XVe siècle. Ces deux volumes, écrits en latin, renferment jusqu'au feuillet 292 une chronique locale de Jean Gerbrandsz de Leyde, moine du couvent des carmes de Haarlem. Cette chronique est antérieure à l'année 1417; mais tout ce qui suit le récit 1417 contient le récit de ce qui s'est passé de 1417 à 1514, et c'est l'œuvre d'un continuateur anonyme. Cette chronique est une sorte de *diarium*

ou de journal de petits faits et événements relatifs à Alckmaar, Kennemerland et Haarlem, et présente un *obituaire* assez détaillé, contenant le récit des morts, obsèques et épitaphes des personnages notables de ces localités. Tout porte le caractère des observations minutieuses, parfois vides et insignifiantes, d'un pauvre clerc peu lettré, qui consigne tout ce qu'il apprend, tout ce qui le frappe, qui rapporte tout ce qui peut intéresser l'ordre auquel il appartient ou le pays qu'il habite.

La façon circonstanciée avec laquelle il rapporte un événement qui s'est passé à Haarlem en 1458 (M. Weigel ne juge pas cet événement assez important pour nous l'expliquer), la précision des détails dans lesquels il entre, prouvent qu'il parle *de visu* et qu'à l'époque il habitait la ville même de Haarlem.

Puis tout à coup, au feuillet 299 du manuscrit, surgit, du milieu d'anecdotes et récits insignifiants, la note que voici: ANNO DOMINI 1440. ARS IMPRIMENDI LIBROS IN MAGUNCIA ORTUM HABUIT ET JOHANNES FUST EIUSDEM ARTIS PRIMUS OMNIUM INDUBITATUS INUENTOR FUIT.

Ainsi Laurent Coster aura vécu 70 ans à Haarlem, aura inventé, gravé, fondu, imprimé pendant un demi-siècle, aura réchauffé dans son sein un serpent, je veux dire un domestique qui aura surpris les secrets de son maître et les aura colportés au loin, larcin et fuite qui auront mis toute la Hollande en émoi! Et voici un pauvre moine contemporain, dont les récits naïfs révèlent la véracité la plus ingénue, qui relate les plus minutieux détails, les circonstances les plus futiles des faits insignifiants qu'il a vus ou dont le récit a frappé tous les jours son oreille! Et ce misérable Carme, qui habite la ville même où se sont passés ces grands événements, qui est non-seulement le contemporain, mais aussi le compatriote de Laurent Coster, a l'impudeur de ne pas faire la plus légère allusion à cet homme de génie, ne trouve pas un mot pour annoncer au peuple consterné la mort du plus grand inventeur des temps modernes! Et, bien plus, un bruit est parvenu jusqu'à lui: « *Ars imprimendi libros in Maguncia ortum habuit!* » et il ajoute qu'indubitablement, c'est à un nommé Jean Fust qu'il faut reporter la gloire de la découverte!

Un Hollandais qui signe « CONSTANTER » a communiqué à M. Weigel le détail de tous les faits que nous venons de relater; il demande à ses compatriotes à quelle conclusion logique il doit forcément aboutir: « Est-il exact, dit-il, qu'un habitant de Haarlem ait constaté, au milieu du XVe siècle, le fait de la découverte de l'imprimerie par les Allemands? » Si cette allégation n'est pas controuvée, qu'avez-vous à répondre? Que devient ce prodigieux échafaudage que surmonte la statue de Lourens Janszoon Coster?...Si le fait est faux!... Mais les manuscrits sont conservés à la bibliothèque d'Alckmaar... et les Costériens peuvent contrôler.

Ils ont contrôlé et gardent le silence.

Le premier livre avec date certaine imprimée à Haarlem est intitulé: LYDEN ENDE DIE PASSI (*Hier beghint dat*) ons *Heeren Ihesu Christi, ende die teykenen ende die miraculen die hij dede*, etc. A la fin: *dit bouck is voleyndet tot Haarlem in Hollant anno 1483, den 10 dach in decembri*, in-4 de 86 ff.

Voici la note du catalogue Enschedé:

Premier livre avec date imprimé à Haarlem, dont cet exemplaire est le seul connu. Les caractères sont ceux de Jacob Bellaert, dont la marque typographique se trouve au v° du dernier feuillet; signat. (a) — Liiij. Le 1er feuillet est blanc au r°, et contient au v° une gravure sur bois. Les 32 planches gravées sur bois qui ornent ce livre, proviennent de G. Leeu, qui venait de les faire graver à Gouda, pour sa *Passion* de 1482 (Holtrop, 419); en 1488 Claes Leeu à Anvers a employé ces mêmes planches, ainsi que les 34 autres qui avaient orné la *Passion* de 1482. En 1490 Peter van Os à Zwolle se sert de trois de ces planches, et en 1496 les frères conférenciers (*Colla-*

cie-Brœders) de Gouda emploient les 66 planches de Gouda. « Il est digne de remarque, dit M. Enschedé qui avait signalé tous ces détails, que Gérart Leeu s'est servi depuis 1484 des caractères qu'avait employés le premier Jacob Bellaert ; ils ont donc été probablement gravés et fondus à Haarlem. » M. Holtrop, dans la 9e livraison de ses *Monum. typogr.*, donne un fac-similé de ce rarissime volume, qui a atteint à la vente Enschedé le prix de 655 florins.

HARLINGA [Guicc., Bert.], **HARLINGIS, HARLINGA FRISORUM**, *Harlingen, Haarlingen*, ville de Hollande (Frise), sur le Zuyderzée.

M. Cotton (*Typogr. Gazett.*, 2e série) dit qu'un imprimeur du nom de Peter Van Putte exécuta dans cette ville une *Bible hollandaise* en 1579 ; M. Ternaux avait, avant lui, signalé le même ouvrage sous la date de 1585 ; nous ne connaissons ni l'une ni l'autre édition, et ne les trouvons décrites nulle part. Pour nous l'imprimerie ne remonte à Harlingen qu'à la première moitié du XVIIe siècle ; et encore ne trouvons-nous comme premier livre à citer qu'un ouvrage daté de 1652 : *Holwarda* (*J.-P.*) *Friesche Sterre-Konst ofte een Korte doch Volmaeckte astronomia.* Harlingen, 1652, in-8, avec un portrait de l'auteur par Crispin de Passe, livre rare, non cité par Lalande (*Cat. Bibl. Speculæ Pulcovensis*, p. 64).— L'*Histoire de Henry le Grand* par Hardouin de Perefixe, traduite en hollandais par Johan Dullaert, fut publiée in-8° à Harlingen en 1679.

HARLINGIA, *Harlingerland*, territoire d'Harlingen dans la Frise, sur la mer du Nord.

HARMA [Plin.,Ovid.], Ἅρμα [Strab.], localité de la Bœotie entre Thèbes et Tanagra, auj., suiv. Ross, en ruines près de *Dritza* (Andritza ?).

HARPESSUS FL., fleuve de Thrace, affl. de la Maritza, auj. l'*Arda*.

HARPIS, ville de la Mœsie infér., auj. *Adschud*, dans le N.-E. de la Boulgarie ottomane, ou *Licostomo*, sur le Danube, dans le pach. de Silistrie.

HARPONÆ INSULÆ [Plin.], *îles Formiche*, à l'embouchure de l'Ombrone (Italie).

HARPONIUM, ville du Bruttium, auj. *Cerchiara*, dans la Calabre.

HARSEFELDUM, *Harsefeld*, bourg du Hanovre, près de Brème.

HARTFORD, village d'Angleterre, dans le comté d'Huntingdon.

Un livre intitulé *Emblems of mortality*, imprimé en 1801, est souscrit au nom de ce village.

HARTFORDIENSIS COMITATUS [Camden], *comté d'Hartford* en Angleterre.

HARTIANA SYLVA [Cluv.], **MARTIANA** [Luen.], **SYLVA NIGRA**, *Schwarzwald, la Forêt Noire*, forêts qui couvrent *le Harz* (**HARTICUS MONS**), chaîne de montagnes qui s'étendent dans le Hanovre, le Wurtemberg, le grand-duché de Bade et la Westphalie.

HARUDES, voy. **CHARUDES**.

HARVIACUM, HARVICUM, *Harwich, Hartwich*, ville d'Angleterre (Essexshire).

HASA [Ann. Lauriss.], l'*Hase*, riv. de Hanovre, affl. de l'Ems ; Charlemagne battit les Saxons sur les bords de cette rivière.

HASÆPONS, voy. **ANSIBARIUM**.

HASBANIA, HASBANIENSIS COMITATUS, HASBANIUM [Ann. Hincm.], **HASPANICUS PAGUS** [Ann. Fuld.], *comté d'Hasbain, Haspen-Gau*, dans la province de Namur (Belgique).

HASLACUM [Ann. Vedast.], **ASHLON, ASELOHA** [Ann. Fuld.], localité de la Gaule Belgique, auj. *Elsloo ;* suiv. Struv., même signification que **HASSELETUM**.

HASSELETUM, HASSELETUM TRANSISALANIÆ, HASSELTUM [Cell.], *Hasselt*, ville de Hollande (Over-Yssel).

L'imprimerie paraît remonter dans cette ville à l'année 1480 ; le nom du premier imprimeur n'est désigné sur les premiers ouvrages que par les initiales P. B., et ces initiales, suivant toutes les apparences, désignent Peter Van Os de Breda, établi à Zwol en 1479, et qui serait venu fonder un établissement typographique dans la ville d'Hasselt, qui n'est éloignée que de deux lieues de celle de Zwol.

Le volume à la date de 1480, que nous pouvons citer avec Mercier de St-Léger, Hain et Reichhard, est intit. : *Die Epistelen en Evangelien 't heele jaar door*. Hasselt, 1480, P. B., in-4.

En 1481 nous avons : EX GESTIS ROMANORUM HISTORIÆ notabiles de vitiis virtutibusque tractantes. A la fin, r° du 143e f. : *Presens h' opus ex gestis roma* || *norū qd' sert' recollectoriuz : cū plu* || *rib' applicatis hystorijs : de virtuti* || *b' ?victis mistice ad ītellectū trās* || *sumptis dei dono ī Hasselt finituz* || *anno domini* M.CCCC.LXXXI. || P. B. || Le v° du 143e f. est blanc, in-fol. de 143 ff. goth. à 2 col. de 37 l. sans ch., récl., ni sign.

HASSELETUM AD DEMERAM, *Hasselt*, ville de Belgique sur le Demer, chef-lieu du Limbourg.

L'imprimerie fut introduite dans cette ville par Gilles Monsieur, vers 1670 : *Reverendo admodum et eximio patri P. M. Guilielmo Roeverich ord. Erem. S. P. Augustini sacræ theologiæ doctori, prouinciæ Coloniensis sive inferioris Germaniæ priori provinciali meritissimo, conventum Breanum visitanti.* Hasseleti, apud Ægidium Monsieur, M.DC.LXXI, in-4 de 2 ff.

Nous trouvons encore cet imprimeur en 1682.

M. de Corswarem dit avoir vu un mémoire en faveur des droits de 'Espagne sur les Provinces-Unies des Pays-Bas, publié sous la rubrique : *Tot Hasselt by Franchoys den Hollander in den Regen-Boog*, 1659, pet. in-4 de 20 à 30 pages ; mais M. Gothier, notre correspondant de Liége, considère l'existence de cet opuscule comme douteuse.

HASSENSTENIUM, *Hassenstein*, château de Bohême (?).

Nous citons ce nom, parce que M. Ternaux dit que Boleslas Hassenstein de Lobkowitz, archichancelier de Bohême, y a fait imprimer quelques ouvrages. Nous connaissons quelques-unes des principales productions de cet écrivain grand seigneur, mais elles ne sont point imprimées là ; le plus important de ses ouvrages est : *Bohuslai Hassensteinii poëmatum farrago cum appendice epistolarum ejus, per Thom. Mytem, Nymburgensem.* Pragæ, 1570, in-8. (Voy. à ce sujet : *Dissert. de vita et meritis Bohuslai Hassensteinii;* Vitemb., 1719, ed.)

HASSIA [Cell.]. HASIORUM PAGUS [Eginh. Chr.], HASSORUM REGIO, *Hessen, la Hesse;* trois Etats de l'Allemagne portaient ce nom antérieurement aux derniers envahissements de la Prusse : la *Hesse-Cassel* ou *Hesse-Electorale (Kur-Hessen),* la *Hesse-Darmstadt* et la *Hesse-Hombourg.*

HASTA [Geo. Rav.], dans la Ligurie; auj., suiv. Mannert, *Piano,* bourg du Piémont.

HASTA [Tab. Peut.], ville de la côte d'Etrurie, auj., suiv. Reichard, *Castiglione della Pescaja.*

HASTERIA, *Hastières-Lavaux,* bourg de Belgique [Graësse].

HATERA [Tab. Peut.], localité de Macédoine sur la route de Beröa (*Veria*) à Dium (*Ketrina*), auj. *Katerina,* suiv. Leake.

HATTEMIUM, *Hattem,* ville de Hollande (Geldern).

HATTONIS CASTRUM, ETTENHEMIUM, ETTONIS MONASTERIUM, *Ettenheim, Ethein-Munster,* ville du grand-duché de Bade, au N. de Fribourg-en-Brisgau; anc. couvent de Bénédictins.

HATUANUM, *Hatvan,* bourg et château de la Haute Hongrie (comitat de Szalad).

HAUGASTALDIUM, SANCTA INSULA, *Holy Island,* île d'Angleterre, dépendant du comté de Northumberland.

HAVNIA, voy. HAFNIA.

HAVREA, *Havre,* bourg de Belgique, sur la Haine (Hainaut).

HAWICK, bourg d'Écosse, dans le comté de Roxburghe.

Le poëte Gawin Douglas, le traducteur de Virgile au XVIe siècle, était recteur de ce bourg. *George Caw's poetical Museum* fut imprimé dans cette localité en 1784, in-8. (Lowndes, I, part. II, p. 396).

HEBRIDES INS., voy. EBUDÆ.

HEBROMAGUS, voy. EBUROMAGUS.

HEBRUS FL. [Mela, Plin., Liv.], Ἕϐρος [Herod., Steph.], EBRUS [Jornand.], fleuve de Thrace, auj. *la Maritza;* passe à Philippopoli et Andrinople.

HEBUDES INS., voy. EBUDÆ.

HECATONNESI, Ἑκατόννησοι [Steph.], groupe d'îles de l'Archipel, auj. les îles *Musconisi,* au N.-E. de Métélin.

HEDDERNHEMIUM, *Heddernheim,* petite ville du duché de Nassau.

Wolfius (*Biblioth. Hebræa*) dit que les juifs avaient établi dans cette localité, qu'il qualifie de village, une imprimerie dans le courant du XVIe siècle, vers 1546; il ajoute que tous les ouvrages qui en proviennent sont d'une extrême rareté : l'imprimerie cessa d'exister avant le milieu du siècle suivant.

HEDEMARKIA, *Hedmark,* ville de Norwége.

HEDENA, voy. HESDINUM.

HEDERA, *Yerres* ou *Hierre,* commune de l'Ile-de-France, près Villeneuve-St-George (Seine-et-Oise); anc. abb. de filles Bénédictines.

HEDETANI, voy. EDETANI.

HEDUA, voy. AUGUSTODUNUM.

HEDUI, voy. ÆDUI.

HEDYLIUS MONS, τὸ Ἡδύλιον ὄρος, montagne de Béotie, auj. mont de *Khubavo,* suiv. Leake.

HEGETMATIA, voy. LIGNITIUM.

HEGOVIA [Crus., Ann. Suev.], le *Hegau,* district du grand-duché de Bade, sur les bords du lac de Constance.

HEIDEBA, voy. SLESVICUM.

HEIDELBERGA (Mont des myrtilles), *Heidelberg,* ville du grand-duché de Bade (cercle du Niederrhein), sur le Neckar.

Célèbre université fondée en 1386 (*Ruperta-Carolina*), dont la bibliothèque renferme 130,000 vol., 50,000 thèses ou dissertations, et près de 2,000 manuscrits.

On trouve, à la date de 1485 (1486, nouv. style), un recueil de sermons imprimé qui porte le nom d'Heidelberg, mais ne donne point celui du typographe : HUGO DE PRATO FLORIDO, *ord. Prædic.,* SERMONES DE SANCTIS. A la fin (2e col. r° du 274e f.) : *Sermones perutiles de sanctis p an||ni circulum fratris Hugonis de prato||florido Ordinis sancti Dominici se||ctatoris faustissime finiunt. Impressi|| Heydelberge Anno dominicj natalis||*M.CCCC.LXXXV. xij. *Kalendas februari||as.* Au r° du 275e f. *Incipit Registrum||in sermones Hugonis de prato florido [] de sanctis.* In-fol. de 285 ff. goth. à 2 col. avec ch., récl. et sign.

Ce volume est-il imprimé par Henry Knoblochzer, comme le dit M. Cotton, ou par Friedrich Misch, comme l'affirme Falkenstein ? Henry Knoblochzer était en 1485 établi à Strasbourg, et ce n'est qu'à la fin de 1488 qu'il vient à Heidelberg. Ce Friedrich Misch figure parmi les imprimeurs de cette dernière ville jusqu'en 1497; le premier livre sur lequel on trouve son nom est de 1488 : *Questiones veteris artis perutiles Magistri Johannis de Magistris doctoris Parisiensis.* A la fin : *Finis questionum veteris artis||Heidelberge impressarum per Fridericum Misch. Anno dñice incarnationis* M.CCCC.LXXX viij, *decimo quarto Kalendas Junii fœliciter adest;* in-fol.

Le premier livre sur lequel se trouve le nom de Knoblochzer de Strasbourg, est intitulé : *Baptista Guarinus De modo et ordine docendi ac discendi.* Heydelbergæ, Henr. Knoblochtzer, 1489.15 Kal. Januarias, in-4 goth. 11 ff. à 36 lig. (Panzer, I, 458, Hain, 8131).

Aloys Schreiber (*Heidelberg und seine Umgebungen.* Heidelb., 1811, in-8) cite parmi les premiers typographes de cette ville un certain Hans von Laudenbach.

Bauër (*Bibl. libr. rar.* Supplem. t. II, p. 359) nous donne le titre d'un livre allemand imprimé à Heidelberg en 1494, que n'ont connu ni Panzer ni Hain.

Parmi les imprimeurs du XVIe siècle, il nous faut citer le célèbre Jérôme Commelin, né à Douai ; de 1587 à 1597, ce typographe, l'un des plus parfaits qui aient existé, exerça à Heidelberg, et ses beaux livres, qui pour la plupart ne portent pas de nom de ville, et sont souscrits seulement : APUD COMMELINUM, sont à juste titre estimés et recherchés aujourd'hui.

HEIGERA, *Häger*, sur le Dill, pet. ville du Nassau.

HEILBRONNA, HEILBRUNA, HAILSBRUNNA, HEILSBRUNNA, anc. ALISIUM, *Heilbronn*, ville du royaume de Wurtemberg (Neckarkreise) ; (*Der Heiligen Brunnen*, la Fontaine-Sainte).

Imprimerie en 1633, suivant Le Long et Falkenstein, *Johannes Cunradus Pfeilen. Clavis Theologiæ*. Heilbronn, 1633, in-4. Ce livre rare est porté au Catal. des *Frères de Tournes* (Genève, 1670, p. 65) ; mais nous n'avons pas le nom du premier imprimeur.

Citons un grand ouvrage publié au dernier siècle dans cette petite ville : *J. Jonstoni Theatrum universale omnium, scilicet historia naturalis de quadrupedibus, insectis, piscibus exanguibus aquaticis, serpentibus, arboribus et plantis, cum fig. aeneis.* Heibrunæ, Fr. Jo. Eckebrecht, 1755 et ann. suiv. 7 vol. in-fol.

La ville d'Heilbronn possède auj. les importantes papeteries des frères Rauch et de M. Schœffelein.

HEILIGENSTADIUM, SANCTORUM URBS, *Heiligenstadt*, ville de Prusse (rég. d'Erfurt), sur la Leine.

D. Nic. Selneckeri ungefährliche Kurtze Entwerssung der Christlichem Gegenantwort, so D. Selneccerus auff das famosslibel, welches D. Christophorus Pezelius zu Bremen wider ihn geschrieben, thun kundt, sampt ablegung der lügenhafften Relation, so Pezelius wider die prediger zu Hamburg in Truck gegeben. Heiligenstatt, 1591, in-4.

Ce livre, dont les catal. des foires de Francfort nous donnent le titre, est cité par Draudius ; il a été réimprimé l'année suivante à Tubingen.

HELCIPOLIS, *Commotau*, petite ville de Bohème.

HELELLUM, voy. SELESTADIUM ; suiv. Cluvier, l'HELELLUM des Tab. Peut., l'HELVETUM de l'It. Ant., et peut-être l'ALAIA du Geo. Rav., seraient une seule et même localité, qu'il place auj. au bourg d'*Ell*, sur l'Ill (Bas-Rhin).

HELENA, voy. ILLIBERIS.

HELENA INS. [Plin., Mela], ἡ Ἑλένη [Strab.], νῆσος Μακρά ou Κρανάη [Str., Paus.], île sur la côte E. de l'Attique, auj. *Makronisi*, l'une des Cyclades, suiv. Tournefort et Chandler.

HELENÆ VICUS, voy. LENTIUM.

HELEUTTERI, ELEUTHERI CADURCI [*Heleuteri*

---

sub *Arvernorum imperio*, Cæs.], peuple de la Gaule Aquitaine, habitant le territoire actuel d'Alby.

HELFORDUM, HERFORDIA, *Hereford*, ville d'Angleterre, sur la Wye ; chef-lieu du comté de ce nom ; patrie de David Garrick.

Un *Missale ad usum Helfordensis ecclesiæ*, in-4, fut imprimé à Rouen en 1502, par Pierre Olivier et Jean Mauditier, pour Jean ou plutôt John Richard.

Hereford n'eut d'imprimerie locale qu'en 1722, suiv. M. Cotton ; Thomas Davies, typographe, y était établi à cette époque ; le journal *the Hereford Times* y fut publié à partir de 1739 ; en 1746 y parut *Simon Thomas' history of the Cimbri* : « the author set up the types himself, and distributed a few copies as presents.» (Lowndes' Bibl. Manual).

HELIA, ELIA [Camden], *Ely*, ville d'Angleterre, dans le comté de Cambridge, chef-lieu de l'île d'Ely, sur l'Ouse.

HELICE [It. Ant., Senec.], ILIGA [It. Hier.], ville de la Mœsie Infér. (N.-O. de la Thrace), auj. *Ikliman* ou *Itchiman*, dans le pach. de Monastir (Roumélie).

HELICO, HELICONE, lieu d'impression supposé ; indique probablement Strasbourg.

Andreæ (Jos. Valentini) Turbo, sive moleste frustra per cuncta diuagans ingenium. Helicone, 1619, in-12. (Bibl. Salthen.)

HELICON FL., Ἑλικών [Ptol.], fleuve de Sicile, auj. le *Furnari.*

HELICON MONS, montagne de Bœotie, entre le lac Copaïs et le Sinus Corinthiacus ; s'appelle auj. *Zagora, Zagara Vouni*.

HELISATIA, voy. ALSATIA.

HELISSON FL., riv. d'Arcadie, affl. de l'Alphée, auj. le *Leondari*, riv. de Morée.

HELIUM, localité de l'*Insula Batavorum*, auj. *Briel, Brielle*, ville forte des Pays-Bas (prov. Südholland), à l'embouchure de la Meuse (voy. BRIELA).

HELLA, ville d'Épire, sur le lac Acherusia, auj., suiv. Kruse, *Castritza*, dans le pach. de Janina.

HELLANA [Tab. Peut.], ELEANA [Geo. Rav.], ville d'Etrurie, auj. *Ferruccia*, suiv. Mannert, mais plutôt *Agliana*, suiv. Reichard et Forbiger.

HELLANES, ville de la Bétique, auj. *Linarès*, ville de l'intend. de Jaen, suiv. Béraud et Eyriès.

HELLAS, vòy. GRÆCIA.

HELLESPONTUS [Plin., Mela, Liv., etc.], Ἑλλήσποντος [Ptol.], HELLESPONTICUM FRETUM [Mela, Jornand.], DARDANELLARUM FRETUM, *le détroit des Dardanelles*, en turc *Stambul Denghiz*, en ital. *Stretto di*

Gallipoli, etc., détroit qui réunit la mer de Marmara à l'Archipel et sépare l'Europe de l'Asie.

HELLOMENUM, Ἑλλόμενον [Thuc.], port du N.-E. de l'Acarnanie, auj. *Climeno*, suiv. Kruse, dans le dioc. qui porte encore le nom d'Acarnanie.

HELMANTICA, voy. SALMANTICA.

HELMONTIUM [Guicc.], *Helmont*, pet. ville de Hollande (Brabant Septentr.].

HELMSTADIUM, voy. ATHENÆ AD EHNUM.

Nous avons cité un vol. à la date de 1572, imprimé à Helmstädt, en voici un nouveau; à la date de 1579 : *Dethardi Horstii Frisii Tribonianea jurisprudentia, cum ejusd. disputatione de jure feudali*. Helmstadii, 1579, in-8. La *Biblioth. Saxonica* de Struvius cite un certain nombre de livres exécutés dans cette ville à la fin du XVIᵉ siècle.

HELORUM, Ἕλωρον [Scyl.], Ἕλωρος [Ptol.], ville de la côte S.-E. de Sicile, au S.-O. de Syracuse, auj. *Muri-Ucci*.

HELORUS FL., [Virg.], Ἕλωρος [Steph.], fleuve de Sicile, auj. l'*Atellaro* ou *Acellaro*, dans le Val di Noto.

HELOS, τὸ Ἕλος [Hom., Thuc., Str.], ville de la Laconie, soumise et détruite par les Spartiates (d'où HELOTÆ, ILOTÆ), auj., suiv. Kruse, *Helles*, dans le dioc. de Morée; suiv. d'autres géog., *Tsili*.

HELSINGA, HÉLSINGOBURGUM, ELSINBURGUM, *Helsinborg*, ville de Suède (préf. de Malmœhus).

Cette ville n'est pas citée par Alnander, mais M. Ternaux donne l'indication suivante : *Rohr. Pictor errans in historia Sacra*. Elsinburgi, 1700.

HELSINGFORDIA, HELSINGOFORSA, HELSINGISSA, anc. SUNDHEDE, *Helsingfors*,. ville de Russie (chef-lieu de la Finlande).

L'université d'Abö fut transférée à Helsingfors en 1828, lors de l'incendie qui détruisit la ville; elle possède une bibliothèque d'une certaine importance; un journal en langue finnoise s'y publiait en 1825.

HELSINGIA, *Helsingeland*, anc. prov. de Suède, comprise auj. dans la préf. de Gefleborg.

HELSINGORA, voy. ELSENORA.

HELSTON, bourg d'Angleterre, dans le comté de Cornwall, à 9 milles de Falmouth.

Un imprimeur du nom de Thomas Flindell s'y établit en 1798; et peu après il alla s'installer à Falmouth; il commença dans sa première résidence et termina dans cette dernière ville l'impression d'une Bible, *the Cornwall's Bible*, en langue celtique, la première qui ait été publiée dans ce comté.

HELVATIUM, *Helvaux*, bourg du Limousin (Haute-Vienne).

HELVECONÆ [Tacit.], peuple du N.-E. de la Germanie; habitait les bords de la Vistule, dans le sud de la rég. de Danzig.

HELVETIA [Cæs.], province orientale de la Gaule Lyonnaise, auj. la *Suisse, Schweiz*, glorieuse république fédérative, divisée en 22 cantons.

HELVETII [Cæs., Liv., Tac.], Ἑλουήτιοι [Strab.], Ἑλβήττιοι [Plut.], peuple de la Gaule Belgique, qui occupait le territoire situé entre le Jura et le lac Léman, le Rhône et le Rhin; se divisait en quatre familles : *les Ambrons, les Tigurins, les Urbigènes* et *les Tugènes*.

HELVETUM, voy. HELELLUM.

HELVIA RICCINA, voy ÆLIA.

HELVII [Cæs.], Ἑλούιοι [Strab.], peuple de la Narbonaise I, au N. Sa capitale ALBA HELVIORUM est auj. *Aps* ou *Aulps-en-Vivarais* (Ardèche).

HELVILLUM [It. Ant., Tab. Peut.], HERBELLONUM [It. Hier.], SUILLUM [Plin.] ?, ville de l'Ombrie, auj. *Sigillo, Sigello*, dans la marche d'Ancône.

HELVINUS, *Salinello*, pet. fl. de l'Abruzze Ultérieure.

HELYENSIS INSULA, l'*Ile d'Ely*, district marécageux du Cambridgeshire, dans lequel les patriotes anglo-saxons trouvèrent un refuge assuré, longtemps encore après la conquête de l'Angleterre par les Normands [Aug. Thierry].

HEMEROSCOPIUM, voy. ARTEMISIUM.

HEMIPOLIS, voy. HALBERSTADIUM.

HEMIPYRGUM, *Halb-Thurn*, bourg de Hongrie [Graësse].

HENLEY, *Henley-in-Arden*, ville d'Angleterre (Warwickshire).

Un livre intitulé : *May's extracts from Jurieu*, 1790, est le plus ancien spécimen des presses d'Henley qu'ait rencontré M. Cotton; le bibliographe anglais hésite à donner l'impression de ce livre aux typographes d'Henley-in-Arden; il cite un bourg de l'Oxfordshire, *Henley on the Thames*, qui posséda également une imprimerie: *Ahuott on the improvement of the navigation of the river Thames*. Henley on the Thames, 1805.

HENNA, voy. ENNA.

HENNEPOLIS, HENOPOLIS, voy. ASCALINGIUM.

Sous la rubrique HENOPOLIS on trouve aux catal. Heinsius et de Tournes un volume imprimé en 1609 et intitulé : *Andr. Math. Aquivivi disputationes in Plutarchum de virtute morali*. Henopoli, 1609, in-4.
On trouve dans Duchesne : *Chronicon Hildeshemense* (714-1138).

HENNIACUM LITARDI, HENNINUM [Imhof., Baudrand], *Henin-Liétard*, bourg d'Artois (Pas-de-Calais).

HENRICI HRADECIUM, NOVA DOMUS, NEUHU-SIUM, *Neuhaus,* ville de Bohême (cercle de Tabor).

Est-ce à cette ville qu'il convient de rapporter le renseignement qui suit? Nous trouvons décrits au *Catal. lib. rar.* de Bauer (tom. IV, p. 32) plusieurs volumes souscrits à ce nom : *Nic. Schaten, Carolus M. Roman. Imper. et Francorum rex.* Neuhusii, 1674, in-4 (liber rarus).

Le même auteur, Vogt (p. 609), décrit deux ouvrages posthumes, imprimés dans la même localité, qui nous donnent chacun le nom d'un imprimeur ou du moins d'un libraire différent : *Nic. Schaten, Soc. Jesu, historia Westphaliæ, in qua de prima origine gentis, de priscis hujus regionis populis... opus posthumum.* Neuhusii, sumtibus Jo. Todt, 1690, in-fol. de 659 p. et : *Annalium Paderbornensium Pars I, opus posthumum.* Neuhusii, sumtibus Christoph. Nagel, 1693, in-fol. de 1026 p. Pars II, ibid. 1698, in-fol. de 782 p.

« Opus insigniter rarum, dit Vogt, ac imprimis tomus secundus , qui vix nullibi haberi potest. Bibliopola enim res suas perdidit, unde plurima quoque exemplaria deperdita et suppressa fuere. »

HENRICI PAGUS, *Einrich,* district du duché de Nassau, près de Wiesbaden.

HENRICOMONTIUM, voy. BOSCOBELLUM.

HENRICOPOLIS, HENRICOSTADIUM, *Henrich-stadt, Heinrichstadt,* pet. ville du duché de Brunswick, auj. à la Prusse.

Nous trouvons signalés, dans les divers catalogues des foires de Francfort, un grand nombre de livres imprimés dans cette ville à la fin du XVIᵉ siècle ; les plus anciens remontent à 1571. *Gandersheymensis pedagogii inauguratio, constitutio, classes, leges, cum orationibus Selnecceri, de præcipuis ecclesiæ doctoribus ; M. Adami Byssandri de Scholarum dignitate ; M. Aliæ Preiseri de studio Græcæ linguæ.* Henricopoli, 1571, in-8.

— *Hoffgerichts Ordnung , Julii , Hertzogs zu Braunschweig und Lüneburg, zc., auffs neuw verbessert vnd gemehret. Sampt angehengter Keyserlichen confirmation, auch privilegio, de non appellando intra summam 300 aureorum.* Heinrichstatt, 1571, in-4.

Aucun des nombreux volumes que nous rencontrons souscrits au nom d'Henricopolis ne nous donne de nom d'imprimeur.

HEPHÆSTIA [Plin.], Ἡφαιστία [Steph.], Ἡφαιστάς [Ptol.], ville du N.-E. de l'île de Lemnos, auj.,suiv. Kruse, *Agio Sotiri.*

HEPHÆSTIA, Ἡφαιστία νῆσος, COMINUM,.*Comino,* petite île de la Méditerranée, entre Malte et Gozzo.

HEPHÆSTIADES INSULÆ, αἱ Λιπάραι, voy. ÆOLIÆ INS.

HEPTARCHIA SAXONICA, l'*Heptarchie Saxonne,* dénomination sous laquelle on réunit les sept royaumes fondés en Angleterre du Vᵉ au VIIᵉ siècle par les Angles et les Saxons.

HERACLEA, Ἡράκλεια [Steph.], S. REMIGII FANUM , *St-Rémi,* ville de Fr. (Bouches-du-Rhône).

HERACLEA [Cic., Mela], Ἡράκλεια [Strab.], HERACLIA [Plin.], HERACLEA LUCANIÆ

[Liv., Cic.], ville de la grande Grèce, colonie de Tarente, auj. *Policoro ;* bataille de Pyrrhus, 473 av. J.-C.

HERACLEA [Plin.], HERACLEUM, Ἡράκλειον [Strab.], ville de Crète, au N.-E. de Cnossus, auj., suiv. Pashley, *Kakon Oros;* la dénomination d'HERACLEA a été quelquefois donnée à l'île même, et aussi à la capitale, *La Canée.*

HERACLEA, Ἡράκλεια [Ptol.], HERACLEA THRACIÆ [It. Ant.], ἡ Πέρινθος [Ptol.], HERACLEA PERINTHUS [Plin.]. ville de Thrace, auj. *Erikli, Heraklitza,* sur la Propontide ou mer de Marmara, dans la Roumélie.

HERACLEA CACCABARIA PORBARIA [It. Ant.], ville de la Gaule Narbon., au S.-E. de Forum Julii ; auj. *Plage de Cavalaire,* près St-Tropez, ou, suiv. Reichard, *Camarat,* commune du dép. du Var ; quelques géographes voient dans cette localité la ville de *St-Tropez* elle-même.

HERACLEA LYNCESTIS [Cæs., Liv.], Ἡράκλεια [Ptol., Strab.], HERACLEA LYNCESTARUM, ville de Macédoine, auj. *Bitoglia* ou *Bitolia,* (pach. de Saloniki).

HERACLEA MINOA [Liv., Mela, Cic.], Ἡράκλεια ἡ Μινώα [Polyb., Strab.], ville de la côte S. de Sicile, au N.-O. d'Agrigente, auj. *Torre di Capo Bianco ;* suiv. d'autres géogr., *Bissenza.*

HERACLEA SINTICA, Σιντική [Ptol.], Ἡράκλεια Στρυμόνος [Hier.], ville des Thraces Sinti, sur le Strymon, auj., suiv. Cousinery, *Zervokhori.*

HERACLEUM, voy. HERACLEA.

HERACLEUM [Liv., Plin.], Ἡράκλειον, ville deMacédoine, sur l'Apilas, près du mont Olympe, auj. *Platamona* [Leake].

HERACLIUS FL., pet. riv. de l'E. de la Phocide, auj. la *Bulla* ou l'*Herace,* dans la Livadie.

HERÆA [Plin., Liv.], Ἡραία [Thuc., Str.], ἡ τῶν Ἡραίων πόλις [Polyb.], ville de l'Arcadie, sur l'Alphée, dont les ruines se voient auprès d'*Ajanni* en Morée [Boblaye].

HERÆI MONTES, Ἥραια ὄρη, montagne de Sicile, auj. *Monti Sori.*

HERÆUM, Ἡραῖον [Herod.], HIEREUM [Tab. Peut.], ville de Thrace, auj.*Karauli.*

HERBANUM [Plin.], URBS VETUS [P. Warnef.], URBIBENTUM, Οὐρβίβεντον [Procop.], ORNITUM, ORVIETUM [Cluv.], URBEVETUM, ville du S.-E. de l'Etrurie, auj. *Orvieto,* ville d'Italie, chef-lieu de légation ; anc. capit. de l'Orvietan.

En l'année 1542, les bibliographes italiens citent un livre qui aurait été imprimé à Orvieto, sans nom d'imprimeur, et dont voici le titre : *Orazioni XIX di Temistio, tradotte dal greco in lingua latina.* In Orvieto, 1542, in-8. Cette date est-elle bien exacte ? Nous en doutons véhémentement, bien que l'indication se trouve dans Haym et dans Melzi ; voici la note qu'Hoffmann (*Lexic. Bibliogr. scriptorum Græcorum.* Lips., 1836, III, 660), consacre à ce volume introuvable : « *Hanc versionem Paitoni ipse non in manibus habui, eamque auctoritate commemorat Argelati ; quam deinde etiam secutus est Federici, in :* Degli scrittori greci e delle italiane versioni delle loro opere notizie (Padova, 1828, p. 332) ».

L'auteur de l'excellent article consacré à Themistius dans le tom. LVI de la *Biographia Univ.* de Venise, 1829, avoue également n'avoir point eu le volume entre ses mains, d'où il résulte qu'en somme personne n'a vu cette impression de 1542, à l'exception d'Argelati ;ce dernier a fait un bon livre de bibliographie consacré aux écrivains milanais ; mais à cela près il ne s'est jamais occupé de cette science spéciale, et nous sommes bien loin de vouloir le présenter comme une autorité indiscutable.

Ce n'est que vers l'année 1582 que nous trouvons le nom d'un imprimeur. Nous citerons : *Della Metamorfosi, cioè transformatione del virtuoso, lib. IV, di Lorenzo Selva Marcellino Pistolese.* Orvieto, Tintinarsi (Tantinarsi), 1582, in-4. Ce rare volume fut réimprimé par les Juntes, à Florence, en 1615. — *Stanze sopra la Morte di Rodomonte nelle quali si contiene le prove che fece quell' anima disperata nell' altro mondo.* In Orvieto, appresso Rosati Tantinarsi, 1582, in-8. D'après l'édition de Siena , 1562, il appert que ces stances sont dues à Cristoforo Scanelli, dit *il Cieco di Forli* (Melzi, III, 96).— *Dafni, Egloga di M. Baldo Cathani, nella quale sotto nome di Aritea e di Timilio si ragiona dell' amore, de la virtù e de l'onore.* Orvieto, pel Tintinarsi, 1582, in-4. Sur l'exemplaire d'Haym qui nous fournit ce renseignement, se trouve cette note ms. : « *Queste egloge si trovano in fine dell' Opera e Sonetti e Canzoni di Diomede Burdalotti, è non separate, il vol. é stampato : Bologna, Baralieri, 1564.* »

— *Satire di Ettore Bianchi,* id. , ibid., 1582, in-4, etc.

En 1588, nous trouvons de nouveaux noms d'imprimeurs exerçant à Orvieto : ce sont Ventura Aquilino et Antonio Colaldi.

HERBERIA, RUBERIA, *Rubiera,* château de Lombardie; sur la Secchia, entre Modène et Reggio.

HERBIPOLIS [Cluv.], ARTAUNUM, Ἀρταυνον, Ἀρκταυνον [Ptol.], MACROPOLIS, VURCEBURGUM, WIRCEBURGUM, *Wurzburg , Wurtzbourg,* ville de Bavière, sur le Mein, chef-lieu du cercle de la Basse Franconie ; université catholique, fondée en 1403.

Nous pouvons hardiment faire remonter l'imprimerie à Wurzbourg à l'an 1475, à l'aide du beau PSALTERIUM DAVIDIS, que nous avons vu, il y a quelques années, chez M. Tross ; bien que ce précieux volume soit sans date et sans nom d'imprimeur, son origine n'est pas discutable ; il sort des presses de Georg Reyser , le proto-typographe de Wurzbourg, et l'archaïsme des caractères, l'absence de tous les signes typographiques existant dans les livres datés de 1479 que nous décrirons plus loin, permettent de lui assigner une origine plus ancienne ; quelques bibliographes ont voulu voir dans ce livre une production des presses de Michaël Rey-

ser, l'imprimeur d'Eichstädt ; l'analogie des noms seule a dû faire commettre cette erreur, car les caractères sont parfaitement distincts : PSALTERIUM. (*B*)*eatus vir qui non abiit in consilio impiorū.* S. l. et a., in-fol. goth. à 2 col., sans chif., récl. ni sign., imprimé en rouge et noir ; le texte est en caract. de missel (lettres de forme), et les commentaires latins de S. Bruno, évêque de Wurzbourg, sont imprimés en marge en miniscule gothique ; le vol. commence par 8 ff. préliminaires contenant : *Corrigendi emendandiqz psalterii prologus Beati Brunonis ;* il contient en tout 280 ff., dont le dernier blanc.

Nous trouvons en 1479 le premier livre imprimé avec date certaine : BREVIARIUM DIŒCESIS HERBIPOLENSIS, gr. in-fol. en lettres de somme de deux grandeurs, sans chiffres, réclames, sign. ni initiales; sur 2 col. de 50 l. chacune; contenant 347 ff.; les 6 premiers contiennent le calendrier ; au rº du 7º, on lit: *Privilegium Rudolphi Episcopi Kiliani, de Bibra Præpositi et Gul. de Limperg Decani datum Magistris Stephano Dold, Ieorio Ryser et Johanni Bekenhub dicto Mentzer opus hoc imprimendi, in Civitate Herbipolensi. Anno domini millesimo quadringentesimo septuagesimo nono, die vicesima mensis septembris.* Au-dessous sont gravées sur métal les armes de la ville et celles de l'évêque, Rodolphe de Scherenberg, mort en 1495.

Cinq ou six autres missels à l'usage de Wurzbourg ont encore été imprimés au XVᵉ siècle, par George Reyser ; le premier en 1481. Le privilège est à noter :*... ad iam dicte nostre maioris Herbñ ecclesie ordinarium rubricarum debitā consonantiā per huius artis impressorie opificē peritum videlicet Ieorium Ryser quem vsque ad premorati operis debitum complementum in nostra civitate Herbñ commorari conduximus...* Ceci, dit avec raison Panzer, prouve qu'antérieurement à cette date George Reyser n'avait pas d'établissement fixe à Wurzbourg, et que ce n'est qu'en 1481 qu'il se décida à céder aux instances de l'évêque et à installer définitivement sa typographie.

En 1482 il a donné un *Agenda*, REGISTRUM IN AGENDAM. Au vº, *Datum in civitate ñra Herbñ. Anno dñi* M.CCCC.LXXX secūdo, in-4º de VI,-98 ff. dont le dernier blanc. Le nom de l'imprimeur Iorius Ryser se trouve au rº du 6ᵉ f. prél. Au verso du même f. on voit une belle gravure en taille-douce, attribuée à Martin Schœn (Schongauer) ; M. Tross a possédé un bel exemplaire de ce rare vol. imprimé sur vélin , qu'il a décrit dans son premier catal. de l'année 1860.

Au commencement du XVIᵉ siècle, l'imprimeur qui succède à George Reyser s'appelle Balthassar Müller.

HERBITA [Cic.], ἡ Ἐρβιτα [Ptol.], ville de l'E. de la Sicile, au S. d'Argyrium, auj. *Nicosia,* dans le Val di Demona.

HERBORNA, *Herborn,* ville du duché de Nassau, sur le Dill (Westerwalde).

L'imprimerie remonte en cette ville à l'année 1585, suiv. Falkenstein. Un imprimeur de Francfort, Christophe Corvin, fut l'introducteur de la typographie ; nous connaissons de lui plusieurs volumes, mais les plus anciens notés dans les différents catal. des foires de Francfort, et au catal. Willer, ne remontent qu'à 1587 ; voici quelques titres : *Joan. Piscator Argentinensis. Analysis logica et rhetorica orationis M. T. Ciceronis pro Marco Marcello.* Herbornæ, apud Christ. Corvinum, 1587, in-8. — *Ejusdem in orationem Ciceronis pro Milone eommentarius.* Herbornæ, apud eumdem, 1587, in-8. — *Caspari Oleviani notæ in evangelia, quæ diebus dominicis ac festis populo Christiano in plerisque Germaniæ ecclesiis proponi solent.* Id., ibid., 1587, in-8.

HERCULANEUM [Mela, Flor., Sen.], HERCULANIUM [Plin.], HERCULANENSE OPPIDUM

[Sen.], HERCULEA URBS [Ovid.], Ἡράκλειον [Strab.], ville de la Campanie, entre Naples et Pompeij, ensevelie sous les laves de Vésuve, l'an 79 de J.-C.; sur l'emplacement qu'elle occupait et au centre des vastes fouilles que l'on commença en 1713, et qui ont donné des résultats si précieux, s'élève auj. la petite ville de *Resina*, sur le golfe de Naples.

HERCULEA [It. Ant.], AD HERCULEM [Not. Imp.], suiv. Reichard, serait auj. *Stuhl-Weissemburg*. Voy. ALBANIUM.

HERCULEM (AD) [It. Ant.], station de la côte O. de la Sardaigne, auj. *Sant' Honorato*, près Sassari.

HERCULEM (AD), voy. AD HERCULEM. On nous a fait observer avec raison que nous aurions dû porter au mot propre les localités dont la dénomination est subordonnée à la préposition AD, *ad Fines, ad Pontem, ad Herculem;* nous reconnaissons volontiers notre tort, qui est aussi celui de Bischoff et Möller , Graësse, etc.

HERCULEM (AD) CASTRA, station de la Pannonie au S. du Danube, dont l'emplacement actuel, suiv. Reichard, est marqué par des ruines romaines à l'E. de *Viszegrad*.

HERCULEUM, *Herkelens*, bourg de Prusse, dans la rég. d'Aix-la-Chapelle.

HERCULIS FANUM, ville de la côte N. de l'Etrurie, auj. *Massa,* anc. chef-lieu du duché de Massa-Carrara, puis ville forte du duché de Modène (roy. d'Italie).

L'imprimerie ne remonte guère qu'au milieu du XVIIᵉ siècle, dans la ville de Massa ; le livre le plus ancien que nous connaissions, souscrit à ce nom, est daté de 1642: *Constitutiones synodales Lunensis et Sarzanensis ecclesiæ promulgatæ anno* 1642. Massæ, 1642, in-4 (Catal. d'Estrées, n° 918). M. Cotton cite *la Vita SS. PP. Nicolai V*, en italien, imprimée en 1679. Nous ne connaissons pas de nom d'imprimeur avant 1715: *il Gran Cid, dramma di Logildo Mereo (Jacopo Alborghetti)*. Massa, Frediani, 1715, in-8.

HERCULIS FANUM, *Castillo*, bourg d'Andalousie.

HERCULIS FRETUM, *détroit de Gibraltar*.

HERCULIS INS. [Tab. Peut.], HERCULIS INSULÆ [Plin.], Ἡρακλέους νῆσος [Ptol.], deux îles situées sur la côte N.-O. de Sardaigne, auj. *Isola Asinara* et *Piana Isola*.

HERCULIS LABRONIS PORTUS, voy. AD HERCULEM.

HERCULIS LUCUS, SYLVA HERCULIS SACRA

[Tac.], forêt du N.-O. de la Germanie, auj. *Suntelgebirg*, dans le S.-E. de Minden.

HERCULIS MONŒCI PORTUS [Plin., Itin. Ant.], Μονοίκου λιμήν [Strab., Ptol.], HERCULIS PORTUS, MONŒCUM,' MONAGO [XIVᵉ s.], *Monaco*, ville d'Italie, capit. de la princip. de Monaco, sous la protection du roi d'Italie.

Un assez grand nombre de livres italiens, français et latins, imprimés à la fin du XVIᵉ siècle, sont souscrits au nom de cette localité, ce qui ne nous paraît point cependant une raison suffisante pour affirmer que la typographie a réellement existé à cette époque dans cette ancienne propriété des Grimaldi de Gênes. *Avviso piacevole dato alla bella Italia sopra alla mentita data dal Re di Navarra a Papa Sisto vᵒ, da un nobile Francese.* Monaco, appresso Giovanni Schwartz, anno 1586, pet. in-4° de 64 ff. Voilà un titre qui sent furieusement le lieu d'impression supposé. Hayn et Melzi nous donnent le nom réel de ce gentilhomme français : c'est François Perrot, sʳ de Mézières, le traducteur de Phil. de Mornay ; le même Melzi estropie le nom de l'imprimeur, qu'il appelle *Wartz*, mais ni lui, ni M. Brunet, qui cite ce volume, ne soulèvent le voile qui nous paraît couvrir son lieu d'impression.

Lenglet-Dufresnoy (*Méth. hist.,* IV, 91) parle de *Satyres contre la cour de Rome, en prose et en vers,* imprimées à Monaco ; il est fort probable qu'il veut désigner notre *Avviso piacevole.*

Voici, à la date de 1667, un livre qui nous paraît bien réellement exécuté dans la ville même, et que, jusqu'à preuve contraire, nous considérerons comme le premier livre imprimé à Monaco : *I Trionfi dell' Architettura nella sontuosa residenza di Monaco, descritti dal Marchese Ranuccio Pallavicino.* Monaco, app. Straub, 1667, in-4.

HERCULIS PORTUS [It. Ant., Tab. Peut.], en Etrurie, auj. *Porto d'Ercole*, pet. port de Toscane.

HERCULIS PORTUS [Plin.], ὁ Ἡρακλέους λιμήν [Strab.], *Tropea*, bourg de la Calabre ultér., prov. napolitaine du roy. d'Italie.

HERCULIS PROMONT., Ἡρακλέους ἄκρον [Ptol.], *Cap Hartland*, sur le canal de Bristol (Devonshire).

HERCULIS PROMONT., dans le S. du Bruttium, auj. *Capo di Spartivento* (Calabre ultér.).

HERCYNIA SYLVA [Cæs., Tacit., Plin.], HERCYNIUS SALTUS [Liv., Tac.], HERCYNIUM JUGUM [Plin.], Ἑρκυνία ὕλη [Suid.], Ἑρκύνιον ὄρος [Steph., Byz.], Ἑρκύνιος δρυμός [Strab.], vaste forêt de la Germanie , qui s'étendait entre les MONTES HERCYNII (*Erzgebirge*), et le Rhin ; comprend auj. la *Rauhe Alp*, haut plateau du Wurtemberg, les *Schwarzwalde, Böhmerwald, Steigerwald, le Harz*, etc.

HERDONIA [Liv.], Ἑρδωνία [Ptol.], Κερδονία [Strab.], ERDONIÆ [It. Ant.], *Ordona*, sur la riv. Carapelia, bourg de la Principauté ultér. (Italie).

HEREFORDIA [Camden], voy. ARECONIUM.

Peignot (*Dict. raisonné de bibliologie*, II, p. 427) dit que la première manufacture de papier qui ait existé en Angleterre fut établie à Hereford en 1588, et qu'avant cette époque les Anglais tiraient leur papier de l'étranger.

HERESBURGUM, voy. ERESBURGUM.

HERESFELDA, HERSFELDIA [Ann. Fuld.], HEROCAMPIA, *Hersfeld, Hirschfeld*, ville de la Hesse-Électorale, sur la Fulda; chef-lieu du comté de ce nom.

Imprimerie en 1711 (*Fabricii Lux. S.-E.*) [Cotton's *upplem.*].

HERFORDIA, *Hertford*, ville d'Angleterre, chef-lieu de comté.

Imprimerie en 1777.

HERFORDIA, HERVORDIA, HIERÆFORDIA THURINGIÆ, *Herford, Hervorden*, au confluent du Werre et de l'Aa, ville de Prusse (rég. de Minden).

M. Brunet (tom. III, col. 1582) nous donne le titre d'un rare volume imprimé dans cette ville en 1548 : *Historia de vita et actis Martini Lutheri : adjecta sunt a Jo. Pollicario carmina quædam de beneficiis quæ Deus per Lutherum orbi terrarum contulit : item disticha aliquot de actis Lutheri.* Apud inclitam Thuringiæ Hieræfordiam excudebat Gervasius Sthurmerus, 1548, in-4, réimprimé à Witteberg l'année suivante.

HERIA, voy. ÆRIA.

HERICURIA, *Héricourt*, bourg de Fr. (Haute-Saône).

HERINUM, *Reina*, bourg de la Calabre ultér., prov. napolitaine du royaume d'Italie.

HERISAU, voy. AUGIA DOMINI.

Jacob Redinger, de Zurich, fut appelé dans ce bourg au canton d'Appenzel par le poète J. Grob von Enzenschwyl, et y établit une imprimerie vers l'année 1679.

HERISPICH [Chron. Regin. a. 885], *Heerwen*, bourg de Hollande (Gueldre).

HERISTALLUM, voy. HARISTALIUM.

HERIUS FL., ῍Ηριος [Ptol.], *la Rivière d'Auray*, en Bretagne (Morbihan).

HERMÆA INS., *île Tavolara*, sur la côte de Sardaigne [Graësse].

HERMÆUM PROM., Ἑρμαία ἄκρα [Ptol.], cap du S.-O. de l'île de Candie, auj. *Ponta Trividi*.

HERMANNOPOLIS, HERMANSTADIUM, voy. CIBINIUM.

HERMINIUS MONS [Cæs.], Ἑρμίνιος, montagne du S.-E. du Portugal, auj. *Sierra de la Estrella*, dans la province de Beira.

HERMIONE [Plin., Liv.], Ἑρμιόνη [Herod. Strab.], ville de la côte orient. de l'Argolide, auj. *Kastri*, ville de Morée.

HERMIONES [Plin., Tac.], HERMINONES, peuple de la Germanie, montagnes de Thuringe (*Lansitzer Gebirge*).

HERMONACUM [Tab. Peut.], *Bermerain*, commune de l'arrond. de Cambrai (Nord).

HERMUNDURI [Plin., Tac.], Ἑρμουνδοῦροι [Dio Cass.], Ἑρμόνδυροι [Strab.], peuple de la Germanie, de la nation des Hermiones, dont le territoire était situé entre le Main, le Neckar et le Danube, comprenait une grande partie de la Saxe.

HERNADUS FL., *l'Hernath* (Kundert), riv. de la haute Hongrie, affl. de la Theiss.

HERNDALIA [Zeiler], *Herndal*, district de Norwége.

HERNICI [Liv., Sil. Ital.], Ἕρνικοι, peuple du Latium, au N.-E. des Rutules; occupait en partie la délég. de *Frosinone*.

HERNOSANDIA, *Hernœsand, Hernösand*, ville de Suède (Angermanie).

Imprimerie en 1706 [Falkenstein]; la première édition de la *Biblia Lapponica, tat Ailes tiatog*, etc., fut publiée dans cette ville en 1811, 3 part. in-4, aux frais de la Société biblique d'Angleterre.

Il n'est pas question de cette ville comme lieu d'impression dans l'*Histoire de l'art typogr. en Suède*, publiée par Alnander à Rostoch, en 1725, in-12.

HEROCAMPIA, voy. HERESFELDA.

HERRNHUTUM, CUSTODIA DEI, *Herrnhut*, bourg de la haute Lusace, entre Löbau et Zittau (Saxe); ce fut là qu'exista le premier établissement des frères Moraves, qui s'appelèrent de là *Herrnhutter*.

HERTZBERGA, *Hertzberg*, pet. ville de Saxe (prov. de Dresde).

« Celebre est colloquium Hertzbergense inter Lutheranos atque reformatos Hertzbergæ, a. 1578 celebratum ». (*Bibl. Sax.* Struv., p. 1010.)

HERTZHOLMIA, *Hertzholm*, pet. ville de Danemark.

HERULI [Sidon., Paul. Warnef.], peuple germain, originaire de la Sarmatie, dont le chef, Odoacre, s'empara de l'Italie en 476.

HERVA, *Herve*, ville de l'anc. Limbourg belge; dépend auj. de la province de Liége.

L'imprimerie exista dans cette localité au XVIIIe siècle; le premier livre dont M. Gothier de Liége nous communique l'intitulé, est : *Style et manière de procéder en matière criminelle au pays de Liége par un citoyen praticien.* A Herve, chez H.-J. Urban, imprimeur-libraire, M.DCCLXXIX, in-8 de IX et 200 pp. et 1 f. de table. Ce fut aussi dans cette ville que se publia le *Journal général de l'Europe*, à partir de 1786. Urban quitta Herve en 1787, pour aller établir ses presses à Teignée, village de la province de Liége, mais il revint à Herve dès l'année suivante.

HERVORDIA, voy. HERFORDIA.

HESDINIUM, HISDINUM, HESDINIUM CASTRUM *ad Flumen Quantiœ* [Charta Phil. Aug. a. 1191), HELENÆ VICUS (?), *Hesdin*, ville forte de France, sur la Manche (Pas-de-Calais).

Une imprimerie était établie à Hesdin en 1512, et le premier livre sorti de ses presses porte le titre de AGGRÉGATOIRE DE COUSTUMES, *contenant ce qui s'ensuit : Les Coustumes générales de la Prévosté de Monstreuil avec les usages et style du siége réal dudit lieu de Monstreuil, apostillées des concordances du droit civil et canon. — Boulenois, les coustumes du droit* civil et canon. *— Boulenois, les coustumes de la conté de Boulenois. — Guisnes, les coustumes de la conté de Guisnes. — Sainct-Pol, les coustumes de la conté de Sainct-Pol. — Sainct-Omer, les coustumes du bailliage de Sainct-Omer. — Aire, les coustumes du bailliage d'Aire. — Thérouane, les coustumes de la ville, cité et régale de Théroûe. — Artois, les coustumes générales de toute la coté d'Artois, petit in-4°* goth. de 77 f. Titre imprimé en noir et rouge, sans réclame ni pagination, signature irrégulière.

Ce rare volume, que ne possède pas la Bibliothèque impériale de Paris, se termine ainsi : « Imprimé « à Hesdin par Bauldrain Dacquin, auquel est or- « donnée lettre de privilége pour imprimer icelle « coustume par laquelle lettre on fait défense à tous « imprimeurs, libraires et aultres de non imprimer, « vendre, distribuer les dittes coustumes sans le « consentement du dit Daquin, d'ichy à deux ans, « sous peine de confiscation des dicts livres et d'a- « mende arbitraire. Fait le 15 décembre 1512 ». Cette dernière date fixe l'époque de la publication de l'Agrégatoire.

Bauldrain Dacquin s'est évidemment servi, pour la composition de ce volume, d'un ouvrage publié quelques années auparavant, vers 1509, par Guillaume Eustace, libraire juré en l'université de Paris, et portant à peu près le même titre : *Agrégatoire de coustumes contenant ce qui s'ensuit , les coustumes générales de la prôste de Monstreuil avec les usages et styles du siége réal dudit lieu de Monstreuil, apostilées des concordances du droit civil et canon.* Dans l'édition d'Hesdin comme dans celle de Paris, on remarque en marges les mêmes annotations, que l'on attribue à Nicolas Dubourg (Burseus) et que nous pouvons recommander à la curiosité du lecteur.

Nous connaissons une deuxième édition de l'Agrégatoire d'Hesdin, sous le même titre, et dans laquelle on lit, *in fine*, non plus le privilége qui termine la première édition, mais cette indication : « Nouvellement sont imprimées cettes présentes « coustumes, à Hesdin, par Bauldrain Dacquin, à « lymage Sainct-Jehan levangeliste, en la rue Sainct- « Martin, le x° iour d'octobre, an de grace mil « CCCCCXVII. » L'examen d'un exemplaire apparte- nant à M. Hurbiez (de Béthune) peut faire croire que cette nouvelle édition fut imprimée en partie pour un libraire, « Alexandre Fremyn, demeurant « à Hesdin à l'ymage Sainct-Claude ».

L'année suivante, Bauldrain Dacquin publiait un livre de Jean de Lacu, chanoine de Lille, intitulé : *Dévote contemplation sur le mistere de nostre ré- demption.* A la fin : « Chy fine che present traictié « intitulé Dévote contéplation nouvellement ipresse « à Hesdin, le XVIII° jour de decébre, an de grace « mil cincq cens XVIII, par Bauldrain Dacquin, de- « mourant au dit lieu, à lhymage Sainct-Jehan « levãgelisté, en la rue Sainct-Martin, » petit in-8° goth. 40 ff. signé A-S.

A partir de 1518 nous ne connaissons aucun livre sorti des presses d'Hesdin. Leur extrême rareté excuse les erreurs qui ont été commises par les historiens du pays sur l'origine de l'imprimerie en

Artois. C'est dans les ventes Lever, Dinaux et Chantereau (de Boulogne) qu'ont été livrés aux enchères les exemplaires de l'Agrégatoire que nous indiquons plus haut.

Hesdin est donc la première ville d'Artois qui ait possédé une imprimerie. La prospérité dont elle jouissait alors, le voisinage d'un siége de justice aussi important que Montreuil, le nombre et la richesse des abbayes qui l'entouraient, expliquent comment un typographe, originaire sans doute du pays, a pensé à s'établir dans cette ville et y a exercé son industrie jusqu'en 1518. A partir de cette année il est permis de supposer que l'imprimerie de Bauldrain Dacquin a dû languir, puis s'arrêter. Hesdin, prise et reprise plusieurs fois par les Impériaux et les Français, entre dans cette période de décadence qui la conduit au siège de 1553 et à la ruine.

La nouvelle ville n'a pas eu d'imprimerie. En 1595 Franciscus Moncæius compose en son honneur un poëme portant pour titre *Heden sive Paradisus*, et cet opuscule est imprimé à Arras par G. de la Ri- vière ; en 1753 de La Combe confie aux presses d'Abbeville son pamphlet héroï-comique, intitulé la *Chapitromachie ou les démêlés du chapitre d'Hes- din avec les Magistrats de la même ville*, vol. in-8° de 31 p. Enfin les factums et mémoires révolu- tionnaires, relatifs à cette commune, ont été impri- més à Paris, Lille et Arras.

(Commun. du baron Dard.)

HESPERIA, voy. HISPANIA et ITALIA.

HESSI [Ann. Lauriss.], HESSII [Ann. Ein- hard.], HESSIONES, HASSI, *les Hessois, die Hessen.*

HESTLÆOTIS, Ἑστιαιῶτις [Strab.], province de la Thessalie.

HESYCHIA CAROLINA, voy. CAROLI HESY- CHIUM.

- Nous avons parlé d'un livre imprimé à Paris, sous la rubrique *Carlsruhe*; en voici un réellement exé- cuté dans cette dernière ville : *Fred. Samuelis de Schmidt opuscula quibus res antiquæ præcipue Ægyptiacæ explanantur.* Carolsruhæ, 1765, in-8 (1re vente du Cn de Busscher, de Bruges, n° 1639, Paris, De Bure, an IX).

HETHLANDIA [Sanson], *île Mainland*, la principale de l'archipel des Shetland.

HETHLANDICÆ INS., *les Shetland*, groupe d'îles, au N. de l'Écosse.

HETRICULUM [Liv.], ville du Bruttium, auj., suiv. Reichard, *Lattarico*, au S.-E. de Fognano, dans la Calabre citér.

HETRURIA, voy. ETRURIA.

HEUDENA [Zeiler], *Heusden, Huyden*, ville de Hollande [Brabant sept.].

HEVEZIA, *Heves-Szolnok*, bourg de Hon- grie, dans le comitat du même nom.

HEXAPOLIS, HEXAPOLITANUS AGER, *Sechs- stœdte*, district de la Haute-Lusace (Saxe).

HEXI, voy. SEX.

HIBERNA REGIA, *Königswinter*, ville de la Prusse Rhénane (rég. de Cologne).

HIBERNIA [Cæs., Tacit.], HIBERNIA SCOTORUM INSULA [Ann. Einhard.], IBERNIA [Isid.

Hisp.], JUVERNA [Mela], Ἰουερνία [Ptol.], Ἰέρνη [Strab.], IERNE, IERNIA, IRORUM TERRA, IRIA, ÉRIN (noms celtiques ou erses), *Irland*, l'*Irlande*, l'une des îles Britanniques.

HIBERNICUM MARE, *la mer d'Irlande*, entre l'Angleterre et l'Irlande.

HIENIPA, *Alcala de Guadaira*, bourg d'Andalousie, près Séville (Espagne).

HIERA INS., Ἱερά [Ptol.], HIERONESOS [Plin.], MARITIMA [It. Ant.], *Isola Maretimo*, île de la côte occid. de Sicile.

HIERA INS. [Mela, Plin.], Ἱερὰ Ἡφαίστου [Polyb.], VULCANIA [Virg.], VULCANI INS. [Oros.], *Vulcanello*, l'une des îles de Lipari, sur la côte N.-E. de la Sicile.

HIERACIUM, GIRÆCUM, *Gerace*, *Giraci*, ville de la Calabre ultér. II. (Napolit.).

HIERAPYTNA [Plin.], Ἱεράπυτνα [Strab.], Ἱερὰ Πύτνα [Ptol.], HIERA [Tab. Peut.], ville de Crète, auj. *Gira-Petra* (Candie).

HIERASUS FL., Ἱέρασος [Ptol.], fleuve de Dacie, auj. *le Pruth*, grand affl. du Danube; on trouve aussi Πύρας et Πυρετός [Hérod.].

HIERINGIUM, *Horring*, bourg du Danemark.

HIERMIA, *Grotholm*, ville du Danemark (Jutland).

HIEROPOLIS, voy. AUGUSTA TIBERII.

HIERSPERGA [Zeiler,], *Hirschperg*, *Hirtzperg*, château de Bavière, sur l'Altmühl.

HILARA, *le Kler*, riv. de Bavière, affl. du Danube.

HILARIACUM, *St-Arold*, bourg de France (Moselle), suiv. M. Graësse.

HILARII ECCLESIA *de intra Amnem* (ou *Annam*), *Antran*, bourg du Poitou, sur la Vienne, près Châtellerault.

HILDESIA, HILDESHEMIUM, voy. ASCALINGIUM.

M. Ternaux cite, à la date de 1540, un livre qu'il convient de reporter à 1640.

HILICANUM [It. Ant.], HALICANUM, RACLITANUM [Cell.], localité de la Pannonie supér., auj., suiv. Kruse, *Szerdahely*, bourg de Styrie, près de Radkersburg.

HILLEVIONES [Plin.], peuple de la Scandinavie, habit. la partie mérid. de la Gothie (Göthaland).

HILPERSHUSIA, HILPERUSIA, *Hildburghausen*, princip. allemande du duché de Saxe-Meiningen, avec un chef-lieu du même nom.

En 1685 : *Hildeburghausische Kirchenordnung*, Hildeburghausen, 1685, in-4.

A la vente Delasize, faite par M. Potier en 1867, a figuré un volume imprimé dans cette petite ville en 1743, volume curieux et recherché : *Wilhelmi Seyfridi Norimberg. Comment. de Johannis Hussi martyris vita, fatis et scriptis, cum annot. Mylii.* Hilperhusæ, prostat apud Joh. Gotofr. Hanisch, 1743, in-4°.

HIMERA [Plin., Liv., Mela], Ἱμέρα [Thuc., Str.], ville du N. de l'île de Sicile, à l'O. de l'embouchure du fleuve de ce nom (auj. le *Fiume Salso*, suiv. Mommsen), et près de laquelle s'élevaient les HIMERENSES THERMÆ, Θερμαὶ αἱ Ἱμεραῖαι [Ptol.], ou COLONIA AUGUSTA HIMERÆORUM THERMITARUM [Inscr. ap. Grut.], auj. TERMINI, ville forte de la prov. de Palerme.

La Storia della città di Termini di Vicenzo Solito, fut imprimée à Palerme, en 1669, et à Messine en 1671 ; mais la typographie n'existe dans la ville de Termini que depuis fort peu d'années.

HINCKLEY, bourg d'Angleterre (Leicestershire).

Voici la note de M. Cotton : « The art of printing was introduced about 17.. — by William Ward, who for more than thirty years was master of the Free Grammar School. »

HIONA [Ann. Vedast.], voy. IVAUNA.

HIOVIA, *Hjo*, petite ville de Suède, sur le Wettersee, dans la Gothie occid.

HIPPANA, ἡ Ἵππανα [Polyb.], ville de Sicile, auj., suiv. Reich., *Monte Maggiore*, dans la prov. de Palerme.

HIPPARIS, fl. du S.-E. de la Sicile, auj. *la Carina*, dans le Val di Noto.

HIPPO, voy. HIPPONIUM.

HIPPO, ville des Carpetani, dans la Bétique, auj., suiv. Reichard, *Yepes*, dans le S. de Tolède.

HIPPONIUM, Ἱππώνιον [Strab., Diod.], HIPPO [Mela, Plin.], VIBO VALENTIA [Cic., Plin.], VIBONA [It. Ant.], Οὐιβῶνα Οὐαλεντία [Strab.], ville du Bruttium, à l'extrémité de la Via Popilia, auj. *Bivona*, ville de la Calabre ultér. [Mommsen] ; ou, suiv. d'autres géogr., *Monte Leone*, près du cap Zambrona.

HIPPONUM PROM., capo *Zambrona*, dans la Calabre ultér.

HIPPORUM [It. Ant.], ville de la côte S.-E. du Bruttium, auj. *Spartivento*, suiv. Reich., ou *Felo*, suiv. d'autres géogr.

HIRMINIUS FL., fl. du S.-E. de la Sicile, auj. le *Maulo*, suiv. Cell., fleuve qui traverse le Val di Noto.

HIRPINI, peuple du Samnium, occup. partie de la prov. du *Sannio*.

HIRSAUGIA, HIRSAVIA, HIRSCHAVIA, *Hirschau*,

ville de Bavière près de Sulzbach (Regenkreise).

Imprimerie en 1732; *Sendtschreiben ueber die Charlatanerie der Buchhandlung*. Hirschau, 1732, in-8.

HIRSCHBERGA, voy. CERVIMONTIUM.

M. Cotton dit que la bibliothèque de la « British and Foreign Bible Society » renferme un exemplaire d'une Bible allemande souscrite au nom de Hirschberg, et imprimée en 1765.

Nous trouvons, dans la Biblioth. Saxon. de Struvius, trace antérieure d'impression dans cette ville : Le *Corpus privilegiorum superioris Lusatiæ* fut publié en allemand à Hirschberg, en 1724, par Niklas Sigismund von Redern : *Ober-Lausitzische... Privilegien und andern wichtigen documenten von A. C. 1000 bis 1622*. Hirschberg, 1724, in-4.

Dans le catal. d'une vente anon. faite à Utrecht en 1776, nous trouvons (vol. II, p. 679) : *J. C. Leuschnerus de Procopii testimonio de Columnis Tingitanis*. Hirschbergæ, 1749, in-8, et plusieurs autres brochures archéologiques du même auteur, sortant des mêmes presses et datées de 1750 et 1751.

HISA, HISARA [Ann. Ved.], voy. ESIA.

HISENTIACUM, voy. SENTIACUM.

HISPALENSIS PROVINCIA, *la province de Séville*, dans l'Andalousie.

HISPALIS [Cæs., Plin., It. Ant.], Ἱσπαλις [Strab., Ptol.], HISPAL [Sil. Ital.], COLONIA ROMULEA *Permissu Divi Augusti* [mss.], COLONIA ROMULENSIS [Plin.], ROMULA [Inscr.], ville de l'Hispania Bætica, auj. *Séville, Sevilla,* capit. de la Capit. générale d'Andalousie, sur le Guadalquivir ; sa première dénomination est carthaginoise ; c'est la patrie de Trajan et d'Adrien, de Las Casas et de Murillo, etc.

Séville est la quatrième ville d'Espagne qui ait été honorée par l'établissement de la typographie, et, fait remarquable, ses premiers imprimeurs sont des Espagnols. Le premier livre, avec une date certaine, remonte à 1477, mais antérieurement il nous faut citer un livre, dont l'exemplaire unique est conservé à Tolède par D. Blas Hernandez, libraire, qui possède une riche collection d'incunables espagnols : SACRAMENTAL DE CLEMENTE SANCHEZ DE VERCIAL, *bachiller en Leyes, y arcediano de Valderas en la Iglesia de Leon,* in-fol. goth. de 160 ff. à 2 col., sans ch., récl., ni sign., avec lettres capit. manuscrites ; sans nom d'imprimeur, sans nom de ville et sans date ; le texte finit à la 1re col. du f. 160 :

et sic est finis.
Deo gracias.
Este libro asi ordenado‖de dotrina tan perfecta‖ todo por su via rrecta‖ Dios bendicto es acabado‖ quien desea ser colocado‖ en la gloria eternal‖E libre de todo mal‖sea por el enseñado.

« Cette perle littéraire et bibliographique d'inestimable valeur » (c'est le mot dont se sert Dion. Hidalgo, dans ses *Additions* à Mendez), dont l'existence avait été souvent révoquée en doute, a été décrite *de visu* par ce bibliographe « *que he podido redactar teniendo à la vista el ejemplar»*. Mais cela ne nous donne pas la date précise de son exécution, bien qu'il soit presque impossible de contester son antériorité sur les volumes de 1477 que nous allons décrire. Quel en fut l'imprimeur ? Le licencié D. Melchior de Cabrera dit que l'introducteur de la typographie à Séville fut un certain Juan de

Léon, « eminentissimo en el arte typografico » : est-ce à lui qu'il faut attribuer l'exécution de cet incunable ? Ne serait-ce pas plutôt aux trois imprimeurs associés en 1477 ? Voilà ce qu'il ne nous est pas possible de décider.

Ce *Sacramental* fut réimprimé trois fois ; la seconde édition, sans date, est donnée par les bibliographes espagnols comme exécutée en 1476 ; la troisième est de 1477 ; nous allons la décrire ; la quatrième, de 1478.

C'est donc à cette année 1477 que nous pouvons, avec preuves matérielles à l'appui, faire remonter l'exercice de la typographie à Séville :

1. ALFONSO DIAZ DE MONTALVO. *Reuerendis‖simo patri‖ et domino petro‖ gundisaluo‖de Mendoza‖ dignissimo‖ecclesie sa‖guntine e‖piscopo. Nobilis‖simi generis magnifico domino meo. Alphonsus de mon‖ taluo indign' canonum pphessor serenissimi dñi‖ñri regis castelle auditor referendari' suiq? consilii se ipm cũ pmptitudine seruiendi.* A la fin :'*Explicit. Deo gracias.*
Si petis artifices primos quos ispalis olim
Vidit et ingenio pprio mõstrante peritos.
Tres fuerunt homines Martini Antoni' atq?
De portu Alphons' segura et Bartholome'.
M.CCCC.LXXVII.

In-fol. à 2 col. en petits car. goth., sans récl. ni pagination, mais avec registre et signatures a-y viii.

Née de la Rochelle et M. Auguste Bernard font remarquer justement les mots : *quos vidit olim Ispalis,* lesquels indiquent clairement des impressions antérieures.

2. CLEMENTE SANCHEZ DE VERCIAL. *Sacramental.* Ce volume n'a pas d'intitulé ; il commence par la table des titres de chaque livre : *Titulo primero como debe santiguar....* On lit à la fin la curieuse souscription qui suit : *A gloria e honrra de Dios todo poderoso Patre e Fijo e Spiritu Santo e suplemento de la iñorancia de los presbiteros e curas de ánimas que por imposibilidad non pudieron alcanzar letras. A instancia e mandado del ·Reverendo in Christo Padre D. Pédro Fernandes de Solis, Obispo de las Iglesias de Cadis e Algecira, Provisor e Vicario general por el Rev. in Christo Padre e muy excelente Señor Don Pero Gonzales de Mendoza, Cardenal de España, Arzobispo de Sevilla, Obispo de Ciguenza. En el dicho Arzobispado fue impresa esta obra en la dicha muy noble et muy leal Cibdad de Sevilla por los diligentes e discretos maestros Anton Martines e Bartholome Segura e Alphonso del Puerto. E acabose en primero dia del mes de Agosto. Año del nacimiento del nuestro Salvador Jesu-Christo de M.CCCC.LXXVII. años del pontificado del nuestro muy santo Padre Sixto Papa quarto año sexto. E del presulado del Reverendissimo señor Cardenal'Arzobispo suso dicho año quarto.*

Un vol. gr. in-4º avec lettres capit. rubriquées à la main ; 168 ff., sans ch. ni récl., avec sign.

Nous ne pouvons suivre la typographie de Séville dans ses immenses développements. Ses imprimeurs au XVe siècle sont : Paulus de Colonia, Alemanus, qui signe quelquefois seul les livres qu'il exécute, et parfois y joint les noms de ses associés et compatriotes, Joh. Pegniezer de Nuremberga ; — Thomas Glockner, Magnus de Herbst (1490 et ann. suiv.) ; Meynard Ungut et Stanislao (Lanzalao) Polono, 1491, auxquels on doit *las Ciento Novelas de Juan Boccacio*, 1496 ; Pedro Brun de Savoie et Juan Gentil, 1492 ; Jacobo de Villagusa, 1498, etc.

Née de la Rochelle signale l'imprimerie particulière du S. Office, de laquelle sont sorties les *Ordonnances de Didacus Deca*, évêque de Palencia, grand inquisiteur, publiées en 1500 ; mais nous pensons que cette imprimerie était dirigée par le Polonais Stanislas, qui cette même année publie en gros car. goth. un livre du sacré tribunal : *Suña vtilissima errorũ e he‖resum per Christũ e eius vicarios‖ e per inq̃sitores heretice pra‖ uitatis in diuersis mũdi par‖ tibus dãpnatarum,* in-4º.

Au xviᵉ siècle, la dynastie des Cromberger : Jacobo 1508-1524 ; Juan, 1520-1547 ; Jacomo ou Jacobo II, 1548-1558 ; et tant d'autres, Alonzo de la Barrera, Dominico de Robertis, Anton Alvarez, Andrea Pescioni, Juan Varela de Salamanca, Barth. Pérez, Fernando Diaz, etc.

HISPANIA [Cic., Cæs. etc.], Ἰσπανία [Strab.], Σπανία [Steph. Byz.], HESPERIA [Macrob.], HESPERIA ULTIMA [Horat.], IBERIA, Ἰβηρία [Strab., Thuc., Diod.], l'Espagne, España, l'un des royaumes de la race latine, au S.-O. de l'Europe ; comprenant :

HISPANIA BÆTICA [Mela, Plin.], PROVINCIA BÆTICA [Inscr. ap. Grut.], ἡ Βαιτίκη [Strab., Steph.], entre la Lusitanie, la Tarraconaise et la mer ; comprenant l'Andalousie et le roy. de Grenade.

HISPANIA LUSITANIA [Mela], LUSITANIA [Tacit., Plin. etc.], ἡ Λυσιτανία [Dio C., Strab.], PROVINCIA LUSITANIA [Inscr. ap. Grut.] ; comprenait le Portugal actuel, avec le N.-O. de l'Estramadure, le S. du roy. de Léon et le S.-O. de la Haute-Castille ; mais avait en moins les prov. de Minho et de Tras-os-Montes.

HISPANIA TARRACONENSIS (anc. CITERIOR) [Liv., Plin., Flor.], PROVINCIA HISPANIA CITERIOR [Inscr. ap. Grut.], Ἰβηρία Ταρράκωνα [Dio Cass., Strab.], comprenait toute l'Espagne du centre et du nord.

HISPELLUM [Plin., Sil.], Εἰσπέλλον [Strab.], Ἴσπελον [Ptol.], COLONIA JULIA, URBANA FLAVIA CONSTANS, ville de l'Ombrie, près d'Assisium, auj. Spello, bourg d'Italie, dans la délég. de Pérouse.

HISSA INS., ISSA, île de Lissa, dans l'Adriatique.

HISTLÆA [Mela], Ἰστίαια [Hom., Strab.], OREUS [Liv.], Ὠρεός [Steph.], ville du N.-O. de la côte d'Eubée, auj., suiv. Kruse, Oreo.

HISTONIUM [Mela, Plin.], Ἰστόνιον [Ptol.], ISTONIUM [Tab. Peut.], GIASTUM AMONIUM, VASTONIUM, ville des Frentani, sur la côte du Samnium, auj. Vasto d'Ammone, dans l'Abruzze citér.

HISTRIA, voy. ISTRIA.

HISTRIOPOLIS [Tab. Peut.], ISTROPOLIS [Mela, Plin.], Ἰστρόπολις [Strab.], colonie de Milet dans la Mœsie infér., auj. Proschlovitza ou Istère, près du Danube (Boulgarie).

HITONA, Aitona, bourg de la Catalogne, près Lerida.

HIZGERA, HITZGERA, Hitzacker, pet. ville du Hanovre (préf. de Luneburg).

HLIUNI [Ann. Lauriss.], Luene, bourg du Hanovre, près Hambourg.

HOBROA, HOPONTUM, Hobroë, bourg du Danemark (prov. d'Aarhuus).

HOCSEBURCUM [Ann. Mettens.], HOHSEOBURGUM, HOCSEBURG en Sassoigne (Saxe) [Chr. d'Eginh.], OESIOBURGUM, Hochseeburg, Seeburg, bourg de la rég. de Merseburg (Prusse).

HODINGÆ [Chr. Reginon.], OTTINGA, Curtis Regia, FISCUS GOTTWICI DOMINICUS [Chr. Gottwici], Alt-Œttingen, Altenöttingen, bourg de Bavière (Isarkreise).

Liber apertus, id est materiæ meditationum ex euangeliis ecclesia romana catholica per annum legi solitis. Œttingæ, 1701, 2 tom. en un vol. in-8. (Cat. Dubois, II, 73.)

HŒCHSTA, HŒSTA, TRAJANI MUNIMENTUM [Amm.], lieu fortifié par les Romains sur le Main, auj. Höchst, ville du gr.-duché de Nassau, au N.-E. de Mayence.

HŒCHSTA, Höchstädt, Hochstedt, ville de Bavière (cercle de Souabe et Neuburg).

HOFA, HOFIUM VARISCORUM, voy. CURIA BAVARICA.

Certains livres portent la dénomination de HOFIUM VARISCORUM : Mich. Meisneri syntagma philologicum de adnotamentis criticorum.... Hofii Variscorum, 1622, in-8 (Vogt, p. 451, Bauer, III, p. 48) ; Vogt décrit ce livre sous la date de 1623 et le qualifie de liber valde rarus.

HOFF ZU NEWBURG (?).

Quelle est cette localité ? Nous croyons que c'est à Hoff, ville de Bavière (voy. CURIA BAVARICA) qu'il nous faut rapporter l'indication suivante que nous trouvons dans le Catal. des foires de Francfort : D. Tob. Braun HISTORIA PASSIONIS, die gantze historia bess bittern Leiden und Sterbens unsers einigen Heylands Jesu Christi ; wie dieselbigen von allen vie euangelisten ist fleissig beschrieben worden. Hoff zu Newburg. Anno 1572, in-12.

HOGUM, Huy, commune de Picardie (Aisne) ; anc. comté.

HOGUM, HUUM, HUYUM (?), Huy, pet. ville de Belgique, sur la Meuse (prov. de Liége).

On a toujours pensé, nous écrit M. Gothier de Liége, que le livre dont suit l'intitulé avait été imprimé à Huy : Eburonum Huensium sacrarium eorumque diva Sartensis. Prostat Huy apud Ambrosium de Warem, anno MDCLIX, in-8° de xv-260 et 4 ff. de table. Mais le bibliographe de la prov. de Liége, M. Capitaine, n'est pas de cet avis, et fixe l'introduction de la typographie à Huy seulement à l'année 1816, par un nommé Pierre-Nicolas-Joseph Goffin ; cette assertion est d'autant moins admissible que l'on connaît un assez grand nombre de livres publiés pendant ce long intervalle sous la rubrique : Huy.

HOHENAVIA VETUS, Altenhohenau, bourg de Bavière, entre Rosenheim et Wasserburg.

HOHENLOÏCUS COMIT., *le comté d'Hohenlohe*, en Bavière (Jaxtkreise).

HOHHOLTZ, voy. BOCCHOLTIA.

HOLA [Cell.], *Sedes Episcopalis, Holum, Hoolum*, bourg de la côte N. d'Islande, anc. évêché, auj. transporté à Reikiavik.

M. Cotton a consacré un long travail à l'histoire de l'imprimerie en Islande; nous n'entrerons pas dans les intéressants détails qu'il emprunte au curieux voyage de sir George Mackensie, publié en 1810:

Le d[r] Van Troil, dans ses lettres sur l'Islande, dit que ce fut à la requête de Johann Areson, évêque d'Holum, qu'une imprimerie fut organisée dans cette bourgade en 1530; ce fut là que fut exécuté le fameux BREVIARIUM NIDAROSIENSE, par un imprimeur suédois du nom de Mathieson; ce volume pet. infol. portait la date de 1531; le seul exemplaire connu en était conservé dans la bibliothèque d'Arnas Magnæus, à Copenhague, et il périt dans l'incendie qui détruisit la plus grande partie de cette ville en 1728. L'imprimerie de Holum fut transportée à Breidabolstad, après la mort de l'évêque Areson, puis à Nupufeell, dans la vallée d'Eynfjord; enfin elle revint à Holum, et ce fut là qu'on imprima, en 1584, la célèbre *Biblia Islandica*, revue par l'évêque Gudbrand Thorlackson: *Biblia Pad er, öll heilög ritning vtlögd a Norraenu. Med formälum D. Martini Lutheri.* Prentada Holum af Jone Jons Syne, 1584, in-fol.; elle fut publiée « *auspiciis Friderici*|, *Danorum regis, qui* 3,000. *Joachimicos operi huic impendit, impressa, et e versione Lutheri Germanica non tamen verbo tenus expressa* ». La seconde édition fut donnée à Holum en 1644, in-fol.

Deux ouvrages d'Arngrim Jones, *Crymogæa*, et *Anatome Blefkiniana*, doivent encore être cités; le second, en latin, est imprimé *typis Holensibus in Islandia Boreali*, anno 1612 ('Thomas' *printing in America*, I, 157).

« *We visited in our way the only printing-office now in Iceland* (1810), dit sir G. Mackensie, *which is close to Leira, in a small and miserable wooden building, situated in the midst of a Bog... the state of the press is extremely injurious to the litterature of Iceland* ». Il n'y avait que deux ouvriers, maniant une presse grossière, et fabriquant eux-mêmes leur encre d'huile et de noir de fumée; ils possédaient huit fontes de caractères, six gothiques et deux romains, avec quelques caractères grecs; tout cela est en désordre dans une mesure à moitié ruinée (« *the Building is in a state of wretched repair* »...).

HOLBECA, *Holbeck*, bourg du Danemark (Seeland).

HOLDSTEBROA, HOLZEPONTUM, *Holstebroe*, petite ville du Jutland (province de Ripen).

HOLLANDIA [Cluv., Cell.], voy. BATAVIA.

HOLMIA [Zeiler, Gotofred. *Descr. Sueciæ*), *Stockholm*, capitale de la Suède, sur le lac Méler, près de son confluent avec la Baltique; fondée au XIIIe siècle.

Magnifique biblioth. (400,000 vol.), musées, académies; l'imprimerie remonte en cette ville à l'année 1483 : Joh. O. Alnander (*Historiola artis typograph. in Suecia*. Upsal, 1722, ou Rostock, 1725, in-16), Car. Lengren (*Om. Boktryckeriets Begynnelse och fortgang i gemen.* Stockh., 1740), enfin J. Henr. Schröder (*Incunab. artis typogr. in Suecia*, Upsaliæ, 1842, in-4), nous donnent les détails les plus exacts sur l'introduction de la typographie dans la capitale de la monarchie suédo-norvégienne.

Un maître imprimeur, très-probablement d'origine flamande, nommé Johannes Snell, vint se fixer en 1482 à Odensée, ville du Danemark, où il imprima un livre célèbre, le *Guil. Caorsini de Obsidione et bello Rhodiano*, et l'année suivante nous le trouvons à Stockholm.

DIALOGUS CREATURAR♃ MORALIZATUS. Stockholm, per Johannem Snell, artis impressoriæ magistrum, 1483, pet. in-4° goth., sans chif. ni récl., ni ponctuation, mais avec sign., de 156 fl. à 23 lig., avec capitales rubriquées. A la fin, au-dessous du grand écusson de Suède, portant trois couronnes fermées, avec deux lions pour support, on lit cette souscription:

> Pîis liber. diato   gus creaturar♃
> appellatus tocû   dis fabul[r] plen[r]
> Impressus per   Johanem snell
> artis impssorie   mgrm. in Stock
> holm inceptus et munere dei finitus est. Anno
> dñi M.CCCC.LXXXiij. Mensis decébris In vigilia
> thome.

Dans le blanc que nous conservons se trouve gravée sur bois la marque de l'imprimeur.

Quatre exemplaires de ce livre précieux sont connus, deux sont conservés à la bibliothèque académique d'Upsal; le premier lui fut donné en 1769, le second en 1831; un troisième est à la bibl. roy. de Copenhague; il provient du comte de Thott, qui le tenait d'Arnas Magnæus, le célèbre collectionneur d'antiquités septentrionales, que nous avons cité précédemment à l'art. HOLA.

Enfin le 4e exempl. qui était conservé à l'académie d'Abô, périt en 1827 dans le funeste incendie qui détruisit cet établissement.

Nous ne trouvons pas à noter de livre imprimé par Johann Snell de 1483 à 1495; à cette date nous en avons deux, qui portent son nom latinisé JOHANNES FABRI : *Snell* est en effet le *Smed* danois, légèrement altéré, qui signifie forgeron (*Faber*).

BREVIARIUM STRENGENENSE. Stockholm, per Johannem Fabri, 1495, gr. in-8° de 379 ff. à 2 col. avec capit. tirées en rouge; à la fin : *Ad Laudem z gloriâ sanctissime z indiuidue Trinitatis.... diligëtissime impssum feliciter finit Holmis per Johannê Fabri Anno salutis millesimo quadringentesimo nonagesimo quinto. XV Kl's Augusti.*

La même édition : JOH. GERSON, *Bok af Djäfvulsens frästilse.* Stockh., per Joh. Fabri, 1495, in-4, goth. C'est le premier livre imprimé en suédois.

Jean Snell ou Smed meurt en 1495, car nous avons l'année suivante : *Breviarium secundum ritum ecclesiæ Upsalensis.* Stockholm, apud viduam Johannis Fabri, 1496, gr. in-8°.

Au XVIe siècle, nous avons à citer à Stockholm comme principaux imprimeurs : Amundus Laurentius, Tobernus Tidemann, Andreas Torstan et Andreas Gutterwitz.

Alnander (p. 97) nous apprend que le premier livre imprimé en caractères runiques porte la date de 1611, et fut exécuté à Stockholm. Ce premier livre est un *Alphabet: RUNA ABC BOKEN, literis Runicis cum interlinearibus suethicis.* Holmiæ, 1611, in-8°. Ce fut aux soins d'un savant *antiquaire*, Joh. Thomas Duræus Agrivilliensis, que la Suède dut la gravure et la fonte de ces caractères, dont le Roi fit la dépense; en 1706 de *nouveaux* caractères runiques furent fondus à Lubeck, et les anciens types furent déposés à l'Université d'Upsal.

En 1625 un imprimeur de Stockholm, Petrus von Selou, obtint un privilége pour l'impression des livres en caractères russes.

HOLSATIA [Cluv., Cell., Merian.], HOLSATUM, HOLSTENLANDIA, *le Holstein*, province du Danemark, sur la mer du Nord; auj. à la Prusse.

HOLT, petite ville d'Angleterre, du comté de Norfolk.

L'imprimerie y existe en l'an 1800: *Edmund Bartell (Jun). Cromer considered as a watering place.* Holt, 1800, réimprimé à Londres en 1806, in-8°.

HOLTENA, voy. ALTENACHIUM.

HOLYROOD PALACE, HOLYROOD HOUSE, palais des Rois d'Écosse et anc. abbaye (*Sancta Crux*), détruite en 1544, près d'Edimbourg.

Dans une *Description of the antiquities, etc., of Holyrood House*, 1821, in-8°, il est dit que, pendant le règne de Jacques II, ce roi bigot destina le palais d'Holyrood à devenir l'atelier des superstitions papistiques, « a nursery for superstition ». Il institua un collège catholique dans l'enceinte de l'antique abbaye, et décréta que tous les enfants y recevraient une éducation gratuite (sous-entendez catholique).

Un imprimeur de la religion proscrite en Angleterre, du nom de Watson (son fils, J. Watson), fut plus tard imprimeur de la reine Anne), s'y établit, et obtint même du Parlement d'Écosse le privilége de la publication des almanachs et *Prognostications*. Plusieurs volumes sortis de ses presses sont souscrits au nom d'Holyrood ; nous citerons particulièrement : *The Hind and Panther, a poem by John Dryden.* Holy-Rood House, 1687, in-4. (Catal. Roxburghe, n° 3410).

Outre Watson, il y eut un second imprimeur d'Holyrood, à cette même époque ; il s'appelait Peter Bruce, « enginier », et prenait le titre de : « *Printer to the King's most excellent Majesty, for his Household, Chappel and colledge* ». Si l'indication donnée par M. Cotton est exacte, et cela doit être, le matériel de l'imprimerie royale et sacerdotale ne fut pas dispersé après la chute de Jacques II, puisqu'à la fin du XVIIIᵉ siècle on trouve : *James Fea, surgeon : the present state of the Orkney Islands considered.* Holyrood House, 1775, in-8° de 66 p.

Mais peut-être cette attribution de lieu est-elle supposée ; dans tous les cas, nous n'avons pu trouver ce volume dans le consciencieux travail de Lowndes.

HOLYWELL, bourg du Flintshire, dans le South Wales (Angleterre).

Imprimerie en 1810.

Un livre est cité par Lowndes: *Anatomy of a Hand in a manner of a Dyall, necessary for all People.* Imprinted at Holy Well, by William Follingham for Richarde Bankes, 1544, in-12 goth.; mais Jos. Ames (*Typogr. Antiq.*, I, 613), qui cite ce rarissime ouvrage, croit le lieu d'impression supposé, et dit « *printed probably that in Shoreditch* ».

HOMBURGUM AD CLIVUM, *Hombourg, Homburg-vor-der-Hœhe*, ville d'Allemagne, sur l'Eschbach, capit. de l'électorat de Hesse-Hombourg.

Wolfius dit que les Juifs y possédaient une imprimerie, qui fonctionnait en 1715 ; la collection Oppenheim renfermait un volume publié sous la rubrique « *Homberg* » en 1711.

HOMOLIUM [Plin.], Ὁμόλιον [Strab.], localité du N.-E. de la Phthiotide, auj. *Lamina*, près Fteri, dans la Thessalie Ottomane.

HONFLEVIUS, HONFLORIUM, HONNEFLUM, HONNEFLO [Echiq. de Norm.], HONNEFLENDUM [Cart. Norm.], HONNEFLENETU, HONNEFLUCTU [Pouillé de Lisieux], HUNCFLOT, HUN-

FLEU, *Honnefleur, Honfleur,* ville et port de Fr. (Calvados), à l'embouchure de la Seine.

D'accord avec le bibliographe normand, M. Frère, et M. Delié, membre de la Société des Antiquaires de Normandie, qui a bien voulu nous écrire à ce sujet, nous faisons remonter à l'année 1606 l'introduction de la typographie dans la ville d'Honfleur, avec Jean Petit, comme premier imprimeur: *Traicté du Mariage de Henry IIII, Roy de France et de Navarre, avec la Serenissime Princesse de Florence... Plus la Conspiration, Prison, Iugement et Mort du Duc de Biron, auec un sommaire de sa vie, et pareillement le procez de Iean l'Hoste. Auec la généalogie de la maison de Medicis.* Honnefleur, de l'imprimerie de Jean Petit, 1606, in-8° de 96 pp. (daté par erreur de 1506). Ce rare volume, qui se trouve à la Biblioth. impériale et à celle de l'Arsenal, a-t-il été réellement imprimé à Honfleur ? Voilà ce qu'il nous est difficile de préciser, Jean Petit ayant eu simultanément un établissement typographique à Rouen, et le livre que nous venons de citer étant également publié par le même libraire, sous la rubrique de cette dernière ville. (Voy. *Cat. d'hist. de Fr.*, Bibl. imp., tom. I, p. 405.)

L'imprimerie ne fut point longtemps en exercice dans la ville d'Honfleur, puisque son nom ne figure ni aux arrêts du conseil de 1704 et de 1739, ni au rapport fait à M. de Sartines en 1764.

HONOSCA [Liv.], dans la Tarraconaise, auj. *Joyosa,* bourg du roy. de Valence, près d'Alicante.

HONTENSIS COMITATUS, *le Comitat de Honther,* en Hongrie (cercle en-deçà du Danube).

HONTHEMIUM [Ch. Conradi Trevir.], *Hontheim,* village de la Prusse Rhénane, près de Trèves.

HOPONTUM, voy. HOBROA.

HORADNA, HURADNA, *Horawitz, Horazdiowitz,* petite ville de Bohème, dans le cercle de Prachin.

Les Juifs y établirent une imprimerie au commencement de ce siècle ; la Bodléienne conserve un livre exécuté à Horawitz en 1806.

HORATA INS., *l'île d'Houat,* sur les côtes du Morbihan, près de Belle-Isle.

HORDEANI CASTRUM, HORDEONIS CASTRA, ORDINGA, *Urdingen,* bourg et château de la Prusse Rhénane, près de Clèves.

HORESTI [Tacit.], peuple de la Bretagne barbare, habit. les bords du Firth of Tay.

HORION-HOZÉMONT, commune de la province de Liége.

Un écrivain du nom de Frédéric Rouveroy, auteur de *Fables* et de divers opuscules littéraires, fit transporter dans ce village en 1804 un petit matériel d'imprimerie, qu'il employa à l'exécution de ses propres ouvrages ; ce fut là qu'il fit paraître par feuilles séparées la première édition de son livre intitulé : *Le Petit Bossu ou les voyages de mon oncle.*

HORMUM, dans la Gaule Belgique ; suiv. d'Anville, serait auj. *Marchiennes* (MARCHIANÆ, MARCIANA) sur la Scarpe, ville de Fr. (Nord).

HORNA [Cell., Zeiler, Boxhorn.], HORNÆ WESTFRISIORUM, HOORNA, *Hoorn, Horn*, ville de Hollande (prov. de la Holl. septentr.), avec un port sur le Zuyderzee.

Le catal. de la belle collection formée au XVIIIe siècle, par les célèbres imprimeurs de Haarlem, Isaac, Johannes et le d^r Johannes Enschedé, nous donne au n° 1650 l'indic. d'un livre imprimé en 1604 (*T. Velius*). *Chronyck van de Stadt van Hoorne.* Hoorn, W. Andriesz, 1604, pet. in-8°.

L'imprimerie fut exercée dans la même ville en 1622 par Ægidius Nicolaus : *Hispanus redux, sive exilus Induciarum Belgicarum ad Fœder. Belgas.* Hornæ, apud Ægid. Nicolaum, 1622, in-4. (*Cat. R. Scott, bibliopolæ Londinensis*, Lond., 1674, p. 128) ; Le Long (*Bibl. sacra*) cite un volume imprimé en 1623.

HORONA, *Hornoy*, commune et château de Picardie (Somme).

HORREA [Ann. Hinc. Rem.], *Œren*, localité de la Prusse Rhénane, près Trèves ; anc. couvent de Bénéd. fondé en 639.

HORREA (AD) [It. Ant., Tab. Peut.], ORÉA [Anon. Rav.], station entre Antipolis et Forum Julii, que l'on croit être *Cannes*, port du dép. du Var ; mais plusieurs géographes voient dans cette dénomination, *Napoule*, ville du même départ.

HORREA MARGI [Ant. It., Tab. Peut.], OROMAGO [Itin. Hier.], Ὀρθέμαρχος [Ptol.], localité de la Mœsie septentr., que l'on croit être auj. *Morawa Hissar*, ville de Servie, sur la Morawa.

HORRISANUS MONS, der *Horselberg*, montagne de Saxe, entre Gotha et Eisenach.

HORSNESIA, HOTHERSNESIUM, *Hörsens*, ville du Jutland, sur l'Horsensfiord.

HORTA [Virg., P. Diac.], HORTANUM [Plin.], ORTÆ, ville d'Etrurie, au confluent du Tibre et de la Nera, auj. *Orte*, pet. ville des Etats laissés au Pape, dans la délég. de Viterbo.

HORTHESIUM, voy. ORTHESIUM.

HORTUS DEI, l'*Hort-Dieu*, district des Cévennes, dont la flore est célèbre.

HOSDENCUM, HOUDANC (XIIIe s.), *Houdan*, bourg de Fr. (Seine-et-Oise).

HOSEMUM , *Husum*, ville du Schleswig (Prusse).

HOSPITELLUM, SOSPITELLUM, *Sospello, l'Espel*, bourg du comté de Nice (Alpes-Maritimes).

HOSTA [Pertz], OSTA, l'*Oste*, riv. de Hanovre, affl. de l'Elbe.

HOSTILIA [Tac., Plin., Itin. Ant.], dans la Gaule Transpadane, *Ostiglia*, bourg du

Milanais, sur la rive gauche du Pô.

HOSTUNUM, *Ostuni*, ville du Napolitain (Terra d'Otranto).

HOWDEN, pet. ville d'Angleterre, située dans l'East Riding du Yorkshire.

Charmante église gothique, dont l'*Histoire* fut imprimée dans la ville même par un typographe du nom de J. Savage en 1799 [Cotton].

HOYUM, voy. HOGUM.

HRABA, HRAPA, voy. ARABO.

HRADISCA, HRADISTIA, *Hradisch*, ville d'Autriche, chef-lieu d'un cercle de la prov. de Moravie.

HRASSEYA, *Hrapsey, Hrappsey*, île située sur la côte O. d'Islande dans le Breidafjord.

Une presse fut montée dans le bourg que possède cette île en 1773 : *Utlegging y fer Norsku Laga*. Hrappsey, 1773, in-8° ; des *Annales* en 2 vol. in-4° y furent exécutées en 1775, nous dit M. Cotton; un livre par Bjorno Halderson fut publié en 1783, et le *Catal. de la Société biblique anglaise et étrangère* cite « *Comment on the epistles to the seven Churches* » comme imprimé en 1784.

HUBERTIBURGUM, *Hubersburg*, forteresse de Saxe, dans le cercle de Leipzig.

HUCULBI [Ann. Einhard.], HUCULVI [Ann. Lauriss.], *Petershagen*, pet. ville de Prusse, dans la rég. de Minden, sur le Weser.

HUDDERSFIELD, bourg d'Angleterre, dans le West-Riding du Yorkshire.

L'imprimerie existe dans cette ville à la fin du siècle dernier: *James Bolton, history of Fungusses growing about Halifax*. Huddersfield, 1788-91, 4 vol. in-4°, avec 182 grav. Le prix de l'ouvrage avec les planches coloriées est de L. 4, s. 4. (porté par M. Cotton, par oubli, à la date de 1738).

Au commencement du siècle : *John Booth. Medullæ seu radices insigniores linguæ græcæ, or the principal greek primitives grammatically arranged*. Huddersfield, in-4, s. d. Lowndes n'indique que l'édition de Londres, 1817, in-8° (2° cat. R. Heber, n° 689).

HUDWICSOWALDUM, *Hudickswall*, pet. ville de Suède, dans le N. de la prov. d'Helsingland.

HUENA [Zeiler], *Hween*, pet. île suédoise, du Sund.

HUERIUM, YBREIUM, *Ivry, Ivry-la-Bataille*, commune de Fr. (Eure).

HULLA (?), *Hull, Kingston-on-Hull*, ville d'Angleterre (Yorkshire), près de l'embouchure de l'Humber, patrie de Wilberforce.

Cette grande ville possédait une imprimerie en 1740 ; un *Sermon* par le rév. Robert Whatley y fut imprimé en 1749, plusieurs ouvrages d'une certaine importance furent exécutés dans cette ville ; nous citerons : *Lincolnshire particulars of the carrs and Low Grounds, compiled by W. Hesleben*, Hull, 1790, in-4°.

HULTONIA [Cluv.], ULIDIA, ULTONIA [Camden], l'*Ulster*, l'une des quatre provinces de l'Irlande.

HUMAGO [It. Ant.], pet. île de l'Adriatique, auj. *Omago*, sur la côte d'Istrie.

HUNGARI, UNGARES, UNGARI, UNGRI, AGARENI, les *Hongrois*, *die Ungarn*.

HUNGARIA [Cell., Cluv.], UNGARIA [Ann. Sangall., Æne. Sylv.], pays de l'Europe centrale compris dans l'anc. Pannonie inférieure, auj. *la Hongrie, le royaume de Hongrie, der Ungern, Ungarn, Madjar-Orszag*, div. en 4 cercles et 46 comitats.

HUNGUNVERRUM [It. Hier.], dans la Gaule Narbon., auj. *Giscarot*, commune de Fr. (Landes).

HUNINGA, *Huningue, Hüningen*, ville de Fr. (Haut-Rhin); a soutenu en 1815 un siége devenu célèbre.

HUNNICUS PAGUS, HUNNORUM TRACTUS, *der Hundsrück*, montagne de la Bavière rhénane.

HUNNOBRODA, *Brod, Ungarisch Brod*, ville de Moravie (cercle de Hradisch).

HUNNUM, ONNUM [Geo. Rav.], *Halton Chester*, bourg du Northumberland.

HUNTINGDONIA, HUNTEDONIA, HUNTEDONUM, HUNTEDUN (au XIIIᵉ s.), *Huntingdon*, chef-lieu du comté du même nom (Angleterre).

HUNYADENSIS COMIT., *le Comitat d'Hunyad* en Transylvanie.

HUREPŒSIUM, HUREPOISIUS TRACTUS, l'*Hurepoix*, anc. district de l'Ile-de-France, compris auj. dans le dép. de Seine-et-Oise.

HUUM, voy. HOGUM.

HUXARIA, HUXORI, HUXORIUM, *Höxter*, ville de Westphalie (rég. de Minden).

HUYUM, voy. HOGUM.

HYAMPEA MONS, montagne de la Phocide, auj. *Monte di Nauplia*.

HYAMPOLIS [Plin., Liv.], Ὑάμπολις [Hom., Herod.], ville importante de la Phocide, dont les ruines se voient encore près de *Vogdhani*, dans le dioc. de Phocide.

HYBLA [Mela, Mart.], HYBLA MAJOR, Ὕβλη μεγάλη, ville de Sicile, auj. *Paterno*, bourg du Val di Demona.

HYBLA HERÆA [Cell.], Ὕβλα ἐλάττων ἢ Ἥρα καλεῖται [Steph. Byz.], HYBLA [It. Ant., Tab. Peut.], sur la *Via* d'Agrigente à Syracuse, auj. *Ragusa*, bourg du Val di Noto; ou, suiv. Reich., *Chiaramonte*.

HYCCARA [It. Ant.], τὰ Ὕκκαρα [Diod.], Ὕκκαρον [Steph.], ville de Sicile, auj. *Muro di Carini*, dans le Val di Mazara.

HYCTOPOLIS AD ISTRUM; probablement *Ratisbonne, Regensburg* (voy. AUGUSTA TIBERII).

C'est aux presses de Ratisbonne que M. Hérissant, dans un article cité par Barbier (*Anon. et Pseud.*, III, 522), attribue l'impression d'un livre publié en 1687 : *Discursus de suprematu adversus Cæsarium Furstenerium*. Hyctopoli ad Istrum, 1687, in-8°. Cet opuscule est donné par Leibnitz à Henry Heuniger, envoyé du duché de Magdebourg à la diète. M. Hérissant voit dans *Hyctopolis* la traduction grecque du mot *Imbripolis, la ville de la pluie*, nom que l'on donna souvent à Ratisbonne, car si *Regen* est le nom du fleuve sur lequel est bâti *Regensburg*, en même temps il signifie *Pluie* en allemand.

L'illustre typographe auquel on doit le *Décaméron* de 1471, Christophe Valdarfer, était de Ratisbonne.

HYDRAMUM, Ὕδραμον, Ὑδραμία [Steph.], ville de l'île de Crète, auj. *Dhramia* (Candie).

HYDREA INS., Ὑδρέα [Herod., Steph.], île de l'Archipel, auj. *Hydra*.

Dès que l'imprimerie dont M. A. Firmin Didot avait fait don à la Grèce, en août 1823, mais qui ne parvint à Hydra qu'en 1824, eut été installée, des proclamations y furent imprimées, et le 22 août 1824, la constitution proclamée à Astros, et le journal ὁ Φίλος τοῦ νόμου y furent imprimés : le 1ᵉʳ n° fut interrompu pendant 13 jours, le 23 mars 1825, faute d'ouvriers partis pour combattre. Le premier livre qui y fut imprimé est un catéchisme politique : Κατήχησις πολιτικὴ εἰς χρῆσιν τῆς Ἑλλάδος παρὰ Νικολάου Παγχαλάκη. Ἐκ τῆς ἐν Ὕδρᾳ τυπογραφίας, in-8°, 1826.

HYDROPOLIS, HYGROPOLIS, *Feuchtwangen*, ville de Bavière (Rezatkreise).

HYDRUNTUM [Liv., Plin., It. Ant.], HYDRUS [Mela, Cic.], ὁ Ὑδροῦς [Strab., Ptol.], ODRONTUM [It. Hier.], IDRONTE [Chr. Carlov.], anc. colonie rom., auj. *Otranto, Otrante*, chef-lieu de la prov. napol. Terra d'Otranto, sur l'Adriatique.

HYDRUSSA, voy. ANDROS.

HYDRUSSA, voy. TENOS.

HYELE, voy. ELEA.

HYGRES, Ὑγρεῖς [Ptol.], fl. de la Sarmatie europ., auj. le *Donez*, affl. du Don.

HYLÆTHUS FL., riv. de la Locride, auj. le *Morno*, suiv. Leake.

HYLIAS FL., fl. du Bruttium, auj. l'*Aquanile*; tombe dans le golfe de Tarente.

HYLICA LAC., HYLICE, lac de la Béotie, auj. *Limne-Stiva*.

HYLLIS [Plin.], presqu'île d'Illyrie dans la mer Adriatique, *Sabioncella*, en Dalmatie (cercle de Ragusa).

HYMETTUS MONS [Hor., Plin., Ovid.], Ὑμητ-τός [Str., Ptol.], montagne de l'Atti-que, auj. *Mavrovuni* (Wheler et Leake); *Dely Dagh*, en turc; *Monte Imetto*, en ital.

HYPÆA INS. [Plin.], l'*île du Levant*, l'une des îles d'Hyères.

HYPANIS FL. [Mela, Ovid., Plin.], ὁ Ὕπανις [Herod., Ptol.], HIPANIS [Jornand.], fl. de la Sarmatie europ., auj. le *Bog* ou *Bug*, affl. du Dnieper.

HYPATA [Liv.], ἡ Ὑπάτα, Ὑπάτη [Polyb., Ptol.], ville du S.-E. de la Thessalie, auj. *Hypati* ou *Mopatra*, dans le pach. de Jeni-Scheher.

HYPERGRÆCIA [Zeiler], *Oberkirch*, bourg et château de l'Ortenau, dans le gr.-du-ché de Bade.

HYPSAS FL., [Plin.], Ὕψα; fl. de Sicile, auj. *le Belice*, dans le Val di Mazara.

HYPSUS, ville et montagne de la Laconie, auj. près de *Stremnitza* (Morée).

HYRIA, Ὑρία [Herod.] Ὕριον [Ptol.], URIA [Plin.], ville de l'Apulia Daunia, auj. *Rodia*, dans la Capitanate.

HYRTACINA [Virg.], Ὑρταχίνα, Ἀρταχίνα [Steph.], Ὑρτάχος [Steph.], ville de l'île de Crète, dont les ruines se voient près de *Téménia* [Pashley].

I

IaroSlavia, *urbs Russiæ Rubræ in districtu Premisliensi ad Sanum fluvium* [Németh], *Iaroslav,* chef-lieu du gouvernement de ce nom, au S.-E. de Saint-Pétersbourg (Russie).

Jean Szeliga, imprimeur de Dobromil, vint se fixer dans cette ville en 1622 ; voici le titre du premier vol. sorti de ses presses, tel que le transcrit Németh: *Iana Boianowskiego Naumachia Chocimska do Mikolaia Sieniawkiege Krayczego Koronnego przeciwko Turkom W Wolofzech,* in 4.

IaroSlavia, *Iaroslaw,* ville de Gallicie, dans le cercle de Przemysl.

Iberi [Virg., Tac., Solin.], Ἴβηρες [Strab.], Iberes [Mela], Ἴβηροι [Ptol.], peuple du N.-E. de la Tarraconaise, dont le territoire était arrosé par l'Èbre.

Iberia [Plin., Horat.], Ἰβηρία, voy. Hispania.

Iberiacum, Iberium, voy. Huegium.

Iberus fl. [Mela, Plin., Cæs., Liv.], Ἴβηρος [Polyb., Steph. Byz.], l'*Ebro, Ebre,* gr. fleuve de l'Espagne du Nord ; se jette dans la Méditerranée.

Iberus, *Tinto,* bourg d'Andalousie (prov. de Séville).

Ibes [Liv.], *Ibi,* bourg près Valence [Laborde, *Itin. d'Esp.*].

Ibligo [P. Diac.], ville de la Gaule Transpadane, auj., suiv. Mannert, *Iplis,* près Cividale, et, suiv. Reichard, *Invillens,* bourg du Frioul vénitien.

Ibliodurum [It. Ant.], ville des Mediomatrici, dans la Gaule Belgique, auj.

Beauville, bourg de Lorraine, ou *Conflans-en-Jarnisy,* commune de Fr. (Moselle).

Ibreium, Ybreium, *Ivry,* bourg de Fr., près Sceaux (Seine).

Le catal. de Soleinne (III, n° 3582) et Quérard nous donnent le titre d'une petite pièce, tirée à très-petit nombre, qui porte l'indication, peut-être supposée, d'Ivry comme lieu d'impression : *la Réunion de l'amitié, de la nature et de la reconnoissance, petite pièce en prose, mêlée d'ariettes et de vaudevilles* (par le Prevost d'Exmes), *pour la fête de M... la veille de St-Louis, 1763, à Ivry.* Ivry, Marie-Louise, 1763, in-4, suivie de *l'Amour et l'Amitié,* comédie allégorique proverbe.

Iburinga, *Ueberlingen,* bourg du grand-duché de Bade [Graësse].

Icaria ins. [Mela], Ἰκαρία [Strab., Ptol.], Icarus [Plin.], Ἴκαρος [Thucyd.], Ἰκαριεύς [Harpocr.], île de la mer Ægée, auj. *Ikaria, Nicaria,* l'une des Sporades.

Icarius mons, montagne de l'Attique, auprès de Marathon, auj. *Monte di Vrana.*

Icauna [Cell.], Incaunus [Orelli], Ytumna [G. Brito], l'*Yonne,* riv. de Fr., affl. de la Seine.

Icciodurum Arvernorum, Iciodurum, Issiodurum [Baudrand], *Issoire,* ville de Fr. (Puy-de-Dôme).

Iccius portus [Cæs.], Itius portus [Cæs.], τὸ Ἴκτιον, Ἴτιον [Strab.], port des Morini, dans la Gaule Belgique, au N. de Gessoriacum, sur l'emplacement duquel on a longuement discuté ; les plus fortes présomptions sont en faveur de *Wis-*

sant, village du Pas-de-Calais, dont le petit port, presque ensablé aujourd'hui, a dû voir l'embarquement des légions de César. (Voy. Malbrancq, d'Anville, Mannert, Chifflet, Eckhardt, Frigell d'Upsal, Henry (*Essai hist. sur Boulogne*), Morel de Campenelle (*Recherches sur le port Itius*), etc.

ICENI [Tac., Cæs.], peuple de la Bretagne romaine, au N. des Trinobantes, habit. les comtés de Suffolk et de Norfolk.

ICENORUM OPPIDUM [Camden], *Ixworth,* bourg du comté de Suffolk.

ICHANA [Plin.], Ἴχανα [Steph.], ville de la côte mérid. de Sicile, auj. *Icana,* dans le Val di Noto.

ICHENHUSIUM (?), *Ichenhausen,* sur le Gunz, petite ville de Bavière.

Wolfius (*Biblioth. Hebræa*) cite un *Pentateuque* en hébreu, exécuté dans cette ville en 1544, et publié sous la rubrique : *Ichenhausen* ; ce serait le seul spécimen d'une imprimerie, dont l'existence n'est point suffisamment confirmée ; un exemplaire de ce rare volume est également porté au *Catal. Biblioth. Dav. Oppenheimeri.*

ICHTHYS PROM. [Mela], Ἰχθύς [Ptol.], dans l'Elide, auj. *Capo Zanchi.*

ICIANI [It. Ant.], ville des Iceni, dans la Bretagne romaine, auj. *Icborow, Ichorow,* dans le Norfolkshire.

ICIDMAGUS, *Issengeaux, Yssengeaux,* bourg de Fr. (Haute-Loire).

ICINIACUM [Tab. Peut.], LICINIACUM [Kruse], ville de Vindélicie, auj. *Itzing, Izing,* en Bavière.

ICIODURUM TURONUM, ICCIODURUM, *Iseure,* commune du Berri (Cher).

ICIUM PROM., ICCIUM, Ἴκιον ἄκρον [Ptol.], cap de la Gaule Belgique, au pays des Morini, au S. d'Iccius Portus, auj. *Cap Grisnez.*

ICIUS, voy. ICCIUS.

ICORIGIUM [Tab. Peut.], EGORIGIUM [It. Ant.], ville des Condrusi dans la Gaule Belgique, auj. *Ionkeradt,* dans la Prusse rhénane [Reichard].

ICTIMULI, ICTOMULON, bourg de la Gaule Transpadane, auj. *Victimolo,* dans la prov. de Vercelli.

ICTIUM CASTRUM, l'*Isle-en-Jourdain,* pet. ville de France, sur la Save (Gers).

ICTODURUM [Tab. Peut.], *Avanticorum oppidum,* ville des Avantici, auj. *Avançon,* commune de Fr. (Hautes-Alpes); ou, suiv. quelques géogr., *la Bastie,* village près d'Avançon.

ICULISMA, voy. ENGOLISMA.

IDA MONS [Tac.], Ἴδη [Strab., Ptol.], IDÆUS MONS [Mela, Plin.], montagne de l'île de Crète, auj. *Monte Psiloriti.*

IDÆA, voy. CRETA.

IDALIUM [Plin., Virg.], Ἰδάλιον [Steph.], ISALDA, ville de l'E. de l'île de Cypre, au pied du mont Olympe, auj. *Dalia,* bourg de l'île de Chypre.

IDCINA, EDCINA, *Ezeauville,* commune de Fr., près Ecouen (Seine-et-Oise); M. Paulin Paris traduit IDCINA par *Issy* (Seine).

IDEX [Cell.], ISEX FL. [Tab. Peut.], rivière de la Gaule Cispadane, auj. l'*Idice,* affl. du Pô.

IDIMIUM [Tab. Peut.], IDOMINIUM [Geo. Rav.], ville de la Pannonie, située, suiv. Reichard, près de *Tapovicza,* en Hongrie.

IDIMUS [It. Ant., Tab. Peut.], localité de la Mœsie supérieure, auj., suiv. Mannert, *Voiska,* en Servie.

IDISTAVISUS CAMPUS [Tac.], plaine de la Germanie septentr., appelée auj. *Hastenbeck,* près du Weser.

IDOMENE, Ἰδομένη [Thuc.], ville de l'Acarnanie, auj. *Paleopyrgo,* dans le diocèse d'Acarnanie, au pied d'une montagne du même nom.

IDONIA VINCA, *l'Huisne,* riv. de France, affl. de la Sarthe.

IDRINUM, IDRUS, *Idro,* bourg de la délég. de Brescia.

IDSTENA, IDSTENIUM, *Idstein,* petite ville du gr.-duché de Nassau, sur la route de Francfort à Coblenz.

C'est dans le château de cette ville, anc. résidence des comtes de Nassau, que sont conservées les archives du grand-duché ; la typographie y fut introduite en 1713, dit le *Supplém.* du Dr Cotton.

IDUBEDA MONS, Ἰδούβεδα [Ptol.], mont. de la Tarraconaise, auj. la *Sierra de Oca.*

IDUMANIA, Εἰδουμανία [Ptol.], fl. de la Britannia Romana, auj. le *Stour,* dans l'Essexshire [Mannert].

IDUNUM, Ἰδοῦνον [Ptol.], ville de la Norique, auj. *Judenbourg,* en Styrie, chef-lieu du cercle de ce nom.

IECORA, *le Jecker,* riv. de la province de Liége.

IELGAWA, voy. MITTAVIA.

IEMERII, peuple de la Gaule Cispadane, habit. les environs de *Pignerol.*

IENA, IHENA [Cluv., Cell.], voy. ATHENÆ AD SALAM.

IENA ÆSTUARIUM, Ἰννᾶ εἴσχυσις [Ptol.], *Wigton-Bay*, en Angleterre.

IERABRIGA [It. Ant.], voy. ALANGUERA.

IERNE, IERNIS, voy. HIBERNIA.

IERNIS, Ἴερνις [Ptol.], localité d'Irlande, auj. *Cashell.*

IERNUS FL., Ἴερνος, riv. d'Irlande, auj. le *Kilmare*, dans le Munster.

IESIUM, voy. ÆSIS.

IESNA, *Deszna*, bourg de Hongrie, dans le comitat d'Arad.

IESPUS, Ἰισπός, ville de la Tarraconaise, auj. *Iguadela.*

IESSNITZIUM, *Iessnitz, Jessenitz,* bourg de Bohème, sur la Sarawa, près de Prague.

Une réimpression de la *Relation d'Eldad le Danite* fut faite et publiée en cette localité, en 1722, in-12. Une traduction allemande en fut faite aussitôt et imprimée l'année suivante sous la même rubrique, 1723, in-8°.

IETÆ, Ἰέται [Steph.], IÆTA, dans le S.-E. de la Sicile, auj. *Iuto*, dans le Val di Mazara.

IGENIA, *Tegengill*, bourg d'Angleterre, dans le pays de Galles [Graësse].

IGILIUM INS., voy. ÆGILIUM.

IGLAVIA, IGLOVIA [Zeiler], GIGLAVIA, *Iglau*, ville et cercle de la Moravie, sur l'Igla.

IGLOVIA, NEOCOMIUM, *Iglo, Neudorf,* bourg de la haute Hongrie, dans le comitat de Zipser.

IGUVIUM, voy. EUGUBIUM.

ILARCURIS, Ἰλαρκουρίς [Ptol.], ville des Carpetani dans la Tarracon., auj. *Horcha,* ou *Caros de los Infantes*, dans la Nouv. Castille.

ILARDA, voy. ILERDA.

ILARGUS FL., ILARUS, ILERA [Zeiler], fleuve de la Vindélicie, auj. *l'Iller*, riv. de Bavière, affl. du Danube.

ILDUM [It. Ant.], ville des Ilercaones, dans la Tarrac., auj., suiv. Reïchard, *San Mattheo*, bourg du royaume de Valence.

ILEA FL., dans la Bretagne barbare, *le Wick,* riv. d'Écosse (comté de Caithness).

ILEBURGUM, ILENBURGUM, EILENBURGUM, *Eilenburg,* sur la Mulda, ville de Prusse, dans la prov. de Saxe (rég. de Merseburg).

Le premier livre imprimé dans cette ville qu'il nous ait été possible de rencontrer est daté de l'an 1600 ; en voici le titre : *M. Steph. Schirmeisters. Der Armbrustschützen-Practica, wie sich ein rechter Armbrustschütz in dieser kunst vleen vnd verhalten sollt.* Eilenburgi, bey Brachfeldt, 1600, in-8°. *Liber rarus* (Bauer, IV, p. 42).
Un imprimeur du nom de J.-F. Bergman y était établi en 1724.

ILEFELDA, *Ilefeld,* anc. monastère du Hanovre, converti en collége.

M. Ternaux cite : *Kriegk. Programma in funere Henrici Burckhardi Mecke.* Ilefeld, 1708, in-fol.

ILERCAO, ILLERCO, ILLARCO, ville des *Ilercaones* [Liv.], *Ilergaones* [Plin.], dans l'Espagne Tarrac., auj. *Alarcon,* sur le Xucar, dans la Nouv. Castille.

ILERDA [Cæs., Horat.], Ἰλέρδα [Ptol., Strab.], Εἰλέρδα, HILERDA, ILERDENSIS URBS [Isid. Hispal.], ville de la Tarrac., capit. des Ilergetes, auj. *Lérida,* ville forte de Catalogne, chef-lieu d'intendance, sur la Ségra. On fait remonter sa fondation aux Carthaginois ; au moy. âge elle fut la résidence des rois d'Aragon ; concile en 586 (on trouve dans les Mss. *Concilium Heleroense, Heroense,* pour *Ilerdense*).

L'imprimerie remonte en cette ville à l'année 1479, et non pas à 1478, comme le dit M. Graësse (I, 534), à l'art. *Breviarium Ilerdense.* Un pauvre sonneur de cloches du nom d'Antonio Palares fut l'introducteur de la typographie à Lérida ; Mendez nous donne le titre et la souscription du premier volume, exécuté aux frais de cet humble ecclésiastique ou du moins homme d'église.

BREVIARIO ILLERDENSE. *Breviarium opus secundum Illerdensis ecclesie consuetudinem ex nova regula editum clareque emendatum per dominum Laurentium Fornes virum doctum eiusdem ecclesie presbyterum succentoremque prehabita tamen ab egregio dechano ceterisque canonicis eiusdem ecclesie licencia Antonius Palares campanarum eiusdem ecclesie pulsator propriis expensis fieri fecit. Impressitque Magister Henricⁱ Botel de Saxonia aleman' vir eruditⁱ huic clarissimo opere in urbe Illerde XVI Augusti anno incarnationis dominice M.CCCC.LXXVIIII, in-4°.*

Le seul exemplaire de ce précieux incunable que connût Mendez était conservé dans le couvent des Carmes déchaussés de Barcelone ; D. Dionisio Hidalgo, qui vient de nous donner une nouvelle édition très-augmentée du bibliographe espagnol, ne nous dit pas s'il y est encore. Cet exemplaire était imprimé sur vélin, mais on doit admettre qu'il en fut tiré sur papier, « car, dit Née de la Rochelle, il faut croire que les chanoines et le doyen de l'église de Lérida, qui ont permis à leur sonneur de faire les frais d'un pareil livre, n'ont sûrement pas exigé que tous les exemplaires fussent tirés sur vélin. »
Heinrich Botel de Saxe (Henrique Botel de Saxonia, Aleman) fut le seul imprimeur de Lérida au XVᵉ siècle, car c'est lui qu'on rencontre en 1485 et 1489, sous le nom de Henrique Aleman, ou Enrique Theutonico, tantôt qualifié de *varon erudito*, tantôt de *presbytero.*

ILERGETES [Plin., Liv.], ILERGETÆ [Inscr. ap. Grut.], Ἰλέργητες [Ptol.], peuple du Nord de la Tarraconaise ; occupait l'E.

de l'Aragon et le S.-O. de la Catalogne.

ILFELDA, *Ilfeld,* pet. ville de la Saxe inférieure.

Martini Riedelii comparatio Gymnasii Portensis in superiori Saxonia cum Pædagogio Ilfeldensi in Saxonia inferiori instituto. Ilfeldæ, 1726, in-4°.

ILIGA [Itin. Hier.], localité de la Mœsie supér., auj. *Ikliman, Itchiman,* ville de la Boulgarie (pach. de Sophia).

ILIPA [Plin.], Ἴλιπα [Strab.], Ptol.], ILIPA ILIA [Inscr. ap. Grut.], ville de la Bétique, auj. *Pennaflor,* dans la prov. de Séville [Florez].

ILIPA, ILIPLA [It. Ant.], Ἰλλίπουλα, ville des Turdetani, dans la Bétique, auj. *Niebla,* bourg d'Andalousie.

ILIPULA MAJOR, Ἰλλίπουλα μεγάλη [Ptol.], ILIPULA LAUS [Plin.], ville des Turduli, dans la Bétique, auj., suiv. Reichard, *Loja* ou *Loxa,* dans le royaume de Grenade.

ILIPULA MINOR [Plin.], *Lepe di Ronda,* bourg près de Carmona, dans l'intend. de Séville.

ILIPULA MONS, chaîne *des Alpujarras,* en Andalousie.

ILISSUS FL., Ἴλισσος [Strab., Plat.], Εἴλισσος [Pausan.], fleuve de l'Attique, auj. l'*Ilisse.*

ILISSUS FL., ILSUS, l'*Ilz,* riv. de Bavière; se jette dans le Danube, près de Passau.

ILITURGIS, voy. ILLITURGIS.

ILLARCO, voy. ILERCAO.

ILLERGETUM, voy. OSCA.

ILLIBERIS, voy. GRANADA.

ILLIBERIS FL., Ἰλλίβερις [Polyb.], Ἰλέβερις [Strab.], TICHIS [Mela, Plin.], fleuve de la Tarraconaise, auj. *la Muga,* ou le *Llobregat Menor.*

ILLIBERIS MONS, ELIBERIS, *Sierra d'Elvira,* près de Grenade.

ILLIBERRIS [Mela, Liv., Plin.], Ἰλεβέρις [Strab.], Ἰλλιβερίς [Ptol.], ELIBERRI [Mela], HELENA [Eutrop.], ÉLNA [Cell.], HELENENSIS CIVITAS, ville des Sardones, dans la Gaule Narbonaise, *Elne,* ville de France, sur le Tech (Pyrénées-Orientales); elle fut rebâtie par Hélène, mère de Constantin; son évêché fut transféré en 1604 à Perpignan.

M. Cotton dit que l'imprimerie exista dans cette ville, déchue de son ancienne gloire, en 1748; plusieurs brochures intéressantes de M. Puggiari ont été consacrées à l'histoire de cette ville.

ILLICE [Mela], ILLICI [Plin.], ILICE [Cell.],

COLONIA IMMUNIS, ILLICI [Plin.], Ἰλλικιτανὸς λιμήν [Ptol.], ville des Contestani, dans la Tarrac., auj. *Elche,* ville du roy. de Valence, près du *golfe d'Alicante,* ILLICITANUS SINUS.

ILLITURGIS, ILLITURGI [Liv., Plin.], Ἰλυργία [Appian.], Ἰλούργεια [Polyb.], Ἰλουργίς [Ptol.], ville des Sestini, dans la Bétique, auj. *Andujar del Vejo,* en Andalousie; suiv. d'autres géogr., *Baeza.*

ILLURCO [Plin., Inscr. ap. Grut.], ville de la Bétique, à l'E. de Corduba, auj. *Illora,* près d'Alcala la Real.

ILLYRIA [Propert.], ILLYRICUM [Liv., Cæs., Plin., Tac.], ILLYRIS [Mela], Ἰλλυρίς [Polyb., Ptol.], τὸ Ἰλλυρικόν [Herodian.], région de l'Europe anc., dont les bornes n'ont jamais été bien déterminées; elle était divisée en deux parties, ILLYRIA BARBARA où ROMANA, au N., et ILLYRIS GRÆCA, au S.; la première forme auj. en grande partie le royaume d'*Illyrie,* à l'Autriche, qui comprend les gouvernements de Laybach et de Trieste; l'Illyrie grecque a formé les provinces de Raguse et Cattaro, Spalato, etc., dans la Dalmatie, et une partie de l'Albanie.

ILMA, ILMUS, l'*Ilm,* riv. de Saxe-Weimar, affl. de la Saale.

ILMA, *Ilm, Ilmstadt,* ville de la princip. de Schwartzburg-Rudolstadt.

ILMENAVIA [Zeiler], *Ilmenau,* ville de Saxe-Weimar, sur l'Ilm.

ILORCUM, ILORCI [Plin.], ville de la Tarraconaise, auj. *Lorca,* dans la prov. de Murcie, à l'O. de Carthagène.

ILOSTUM, ILSTA, *Ylst, Drielst,* bourg de Hollande (Frise).

ILURO [It. Ant.], ELARONA, ELORO, LERONENSIUM URBS, OLERONA, ville de la Gaule Aquitaine (Novempopul.), auj. *Oloron, Oléron,* ville de France (Basses-Pyrénées).

ILVA INS., voy. ÆTHALIA.

IMACHARA [Cell.], Ἰμιχάρα, Ἡμιχάρα [Ptol.], ville de la côte orient. de Sicile, auj. *Traina,* dans l'intend. de Catane.

IMBRIA, voy. FIMBRIA.

IMBRUS INS. [Ovid., Plin., Mela], Ἴμβρος [Hérod., Strab., Ptol.], île de la mer Ægée, à l'O. de la Cherson. de Thrace, auj. *Embro, Imbros, Imrouz,* dans l'Archipel (Turquie).

IMOLÆ, voy. FORUM CORNELII.

IMPERIUS FL., l'*Imperiale*, pet. fleuve de la prov. de Gênes.

IMUM CASTRUM, CASTELLAMIUM, *Tiefencastel*, [It. Ant.], château et bourg de Suisse (canton des Grisons).

IMUM PYRENÆUM [It. Ant.], ville des Tarbelli, auj. *St-Jean-Pied-de-Port*, ville de Fr. (Basses-Pyrénées).

INACHIA, voy. ARGOLIS.

INACHUS FL., [Stat., Mela], Ἴναχος [Strab.], fleuve de l'Argolide, qui arrosait Argos, auj. *la Zéria*, et, suiv. d'autres géogr., la *Planiza* ou *Splanissa*.

INACHUS FL., Ἴναχος [Plut.], fleuve d'Acarnanie, auj. *la Vistritza*, suiv. Leake et Forbiger, et le *Voincovo*, suiv. Kruse.

INARIME INS., voy. ÆNARIA.

INATUS, Ἴνατος [Ptol.], Εἴνατος [Steph.], INATA [Tab. Peut.], ville du S.-E. de l'île de Crète, auj., suiv. Kruse, *Eipatos*, et *Kasteliana*, suiv. Pashley.

INCARUM [It. Ant.], *Carris*, commune des Bouches-du-Rhône, sur les étangs de Martigues.

INCAUNUS FL., voy. ICAUNA.

INCIBILI, voy. INTIBILI.

INCULISMA, voy. ENGOLISMA.

INDA, CORNELII MONAST., *Korneliusmünster*, bourg de la Prusse rhénane, près d'Aix-la-Chapelle.

INDAGO MARCHIONIS, voy. HAGANOA.

INDESINA [Tab. Peut.], suiv. Reichard, *Essey*, commune de Fr. (Marne).

INDICETÆ, Ἰνδικῆται [Strab.], Ἐνδιγέται [Ptol.], INDIGETES [Plin.], peuple du Nord de la Tarraconaise, habit. la partie de la Catalogne comprise entre l'Èbre et les Pyrénées.

INDUS, voy. DANUS.

INDUSTRIA, voy. CASALE S. EVASII.

INESSA [It. Ant.], Ἴννσσα, Ἴννήσα [Strab.], voy. ŒTNA URBS. Cette localité est auj. probablement S. *Maria di Licodia*.

INFERUM MARE [Cic., Liv., Cæs.], TUSCUM ÆQUOR [Plin.], TUSCUM MARE [Varr.], TYRRHENUM MARE [Liv.], ἡ Τυρρηνική [Steph.], partie de la Méditerranée, baignant les côtes occid. de l'Italie, comprise entre la Ligurie et la Sicile.

INGÆVONES [Tacit., Plin.], l'un des trois grands peuples de la Germanie, entre les embouchures du Rhin et le Sinus Codanus; les principales nations comprises sous cette dénomination étaient les *Frisons*, les *Angrivarii*, les *Saxons*, les *Finnois*, etc.

INGAUNI, Ἰγγαυνοι [Strab.], peuple de la Ligurie; occupait le territ. d'*Albenga;* voy. ALBA INGAUNORUM.

INGELHEMIUM, INGELHEIM PALATIUM [Præc Ludov. pii, 826], INGELANHEIM [Chron. Moissiac.], INGILENHAM [Eginh. Chr.], INGHILINHAIM [Ann. Lauresham.], INGILIHEIM, INGULEHEM, *Ingelheim, Ober-Ingelheim*, bourg de la Hesse-Rhénane, entre Bingen (Binche) et Mayence.

INGENA, voy. ABRINCÆ.

INGERIS, INGER, ANGERIS, ALERE, YNDRA [Charta Phil. Pulchri], AGNÈRES [Gr. Chron.], AINDRE [Chron. Carl.], l'*Indre,* riv. de France, affl. de la Loire.

INGERMANNIA [Luen.], INGERMANLANDIA, INGRIA, *Ingermannland*, gouvernement russe, dont Saint-Pétersbourg est le chef-lieu.

INGHILENHEIM, voy. INGELHEMIUM.

INGIHOUL, village de la commune d'Eshein, à quatre lieues de Huy, dans la prov. de Liege.

Le baron de Villenfagne, l'historien de la ville de Liège, qui possédait un château dans cette petite localité, y installa une petite imprimerie particulière, à l'aide de laquelle il exécuta lui-même deux ouvrages; le premier est intitulé: *Histoire de Spa, où l'on examine si Pline a voulu désigner la fontaine de ce lieu célèbre, ou bien si ce naturaliste a voulu désigner la fontaine de Tongres, avec des notes historiques sur toutes les sources minérales du pays de Liège.* S. l. n. d., in-24, de 2 ff. 322 pp. et 3 pp. d'errata; tiré à 30 exempl.

M. de Villenfagne a imprimé de plus une notice curieuse sur Leonard Streel, le premier imprimeur des *Almanachs de Mathieu Laensberg.* (Commun. de M. Gothier.)

INGOLSTADIUM, ANGOLSTADIUM, ANGELOSTADIUM, ARIPOLIS, *Ingolstadt,* ville forte de Bavière, sur le Danube (cercle de la Haute-Bavière).

Université fondée en 1472 et supprimée en 1800. C'est à l'année 1487 que les bibliographes font remonter l'imprimerie à Ingolstadt, mais nous devons signaler une pièce d'une incontestable antériorité, qui ne porte malheureusement pas de date d'impression; ce volume, décrit par Hain (I, 226), a figuré à la vente faite par M. Libri, à Londres, en 1861, sous le n° 616 : (A) RS MEMORA ‖ TIUA Ad com ‖ memorandū ‖ *Terminos. . Questiões. Argumē ‖ ta. siue Sermones quotlas.* Au v° du 4° f.: *Impressum in Ingelstat ‖ Laus deo omnipotēti.* 4 ff. in-4°, sans date et sans nom d'imprimeur, sans chiff., récl. ni signat.; seulement les figures de géométrie xylographiques, qui décorent cette pièce rarissime, portent des chiffres arabes, le caractère gothique est rude et grossier, l'impression est rudimentaire. M. Libri porte à 1472 la date de l'exécution de cet incunable, et cette présomption offre d'autant moins d'improbabilité qu'elle coïncide avec la date de la fondation de l'université.

Le premier livre imprimé à la date de 1487 ne porte pas de nom d'imprimeur; Seemiller (III, 71), qui le décrivit le premier, dit seulement qu'il fut composé et corrigé, mais n'ose affirmer qu'il ait été imprimé à Ingolstadt; les bibliographes qui l'ont suivi, entre autres le P. Reichhart, sont moins prudents et tranchent la difficulté: PAULUS LESCHERIUS. RHETORICA PRO CONFICIENDIS EPISTOLIS ACCOMMODATA. Au rº du f. 22 : *Hec rhetorica feliciter finitur diligētissi‖ me cōposita ʒ correcta ē̄ a magistro pau‖lo lescherij nun‖cupetur In almo gimnasio jngoldtstat‖Anno LXXXVI*, in-4º de 22 ff. à 40 lig. imprimés en gros car. goth. sans ch., récl. ni signat.

Le premier imprimeur d'Ingolstadt est, pensons-nous, Jean Kachelofen, et cependant ce nom n'apparaît qu'en 1499 sur deux traités de Jacques Locher, dit *Philomusus*, écrivain auquel M. Brunet consacre un substantiel article, tandis que ceux de Wyrssel ou d'Ayrers sont signalés sur un ouvrage imprimé deux ans auparavant.

L. Hain est le seul qui décrive, *de visu*, les traités en question, et c'est d'après lui que nous donnons le titre qui suit: *Rosarium Celestis Curie: et pa‖ trie Triumphantis: A Iacobo Locher Philomuso poeta‖ʒ Oratore Laureato confectum;* suit une planche xylographique et au bas : *Hexastichon eiusdem ‖ Ad lectorem.* L'épître dédicatoire qui suit est datée: *Ex Ingolstadensi‖Gymnasio super Natalem Cristiani Anno MCCCCLXXXXIX ‖ Dy bene uortant.* Au vº du 7ᵉ f.: *Impressus hic libellus in Ingolstadensi studio per ‖ prouidum dominum Iohañem Kachelofen ʒc. MCCCCIC.‖ Dij bene uortant,* in-4º de 7 ff. en gros car. goth. avec chiff. et sign. Ce caractère est le même que celui du volume de Paulus Lescherius, précité, à la date de 1487; c'est ce qui nous porte à donner à J. Kachelofen l'antériorité sur les autres typographes d'Ingolstadt et à lui attribuer l'exécution du livre de 1487.

Panzer avait à tort porté ce *Rosarium celestis curie* à la date de 1490.

Le second traité de J. Locher à la date de 1499 est un: *Carmen heroicum de partu monstruoso in oppido Rhain ad Rippam,* in-4.

Ce Jean Kachelofen est sans doute le frère ou tout au moins le proche parent de l'imprimeur contemporain de Leipzig, Conrad Kachelofen (1485-1503), mais nous ne pouvons prouver cette assertion, qui réunit toutes les conditions de la probabilité.

Nous trouvons de nouveaux imprimeurs à Ingolstadt à la date de 1497: *Flores Legũ aut congeries ‖ auctoritatum iuris ciuilis..‖.. Impssus Ingolstat p Icorgiũ (sic) Wyrffel.‖ et Marcum Ayrer.* Anno dñi 1.4.9.7., in-8º de 96 ff. à 21 l. Ce Marc Ayrer ou Ayrers était, l'année suivante, à Erfurth.

En 1527 nous devons citer une imprimerie particulière qui est établie à Ingolstadt; c'est celle de Pierre Bienewitz, dit *Apianus,* qui fonctionne dans sa propre maison, sous la direction de son frère George: *Petri Apiani von Leysnick der Astronomei zu Ingolstadt ordinar.* À la fin: *Gedrückt vnd volendt zu Ingolstadt durch Georgium Apianum, im Jar nach der geburt Christi,* 1527, am 9 tag Augusti, in-8. « *Hic liber inter rariores Petri Apiani libros referri meretur,* dit Freytag.... *ex quo apparet, quod typographiæ privatæ, quæ in ædibus Apiani fuit, Georgius, Petri Apiani frater, præfectus fuerit.* »

Un second volume sorti des mêmes presses et portant la date de 1534 est cité par Bauer (tom. I, p. 24).

Lackmann (*Ann. Typogr.,* p. 32 et suiv.) consacre à cette imprimerie un long et curieux article.

INGRANDISSE VICUS, *Ingrande,* commune près Chatellerault (Vienne).

INGRIONES, INCRIONES, Ἰγχρίωνες; [Ptol.], peuple de l'Ouest de la Germanie; occupait une partie de la Hesse Électorale.

INICERUM [It. Ant.], local. de la Pannonie infér., auj. *Czernek,* bourg d'Esclavonie (comitat de Posega).

IN MONTIBUS, ORIS MONS, *Mund, Monti,* bourg de Suisse (C. des Grisons).

INNERNIUM, INVERNIUM [Camden], *Inverness,* sur les livres gaëliques *Inbhirneis, Inbhernis* ou *Innvirnish,* ville et comté d'Écosse, au N.-O. d'Edimbourg, sur la Ness; anc. résidence des rois pictes.

Reid (*Biblioth. Scoto-Celtica*) constate que le plus ancien livre imprimé à Inverness, qu'il lui ait été donné de rencontrer, ne remonte qu'à l'année 1774; *Mac-Farlane's Gaëlic Version of the Psalms ;* ce livre est imprimé à Inverness, par drew Davison. Ce Davison publia en 1778 : *the Assembly's shorter Catechism,* en gaëlique. Le premier recueil périodique, *the Inverness Journal,* parut en 1807.

INOLOCZA, INOLOCZIUM, *Inowolodz,* sur la Pilika, pet. ville de Pologne, dans le Woiewodat de Kalisch.

INSUBRES [Liv., Plin.], Ἴνσουβροι [Strab.], Ἴσομβρες [Polyb.], μέγιστα τῶν Κέλτων ἔθνη [Strab.], *les Insubres,* peuple de la Gaule Lyonnaise, qui passa les Alpes sous la conduite de Bellovèse, et alla s'établir dans la Gaule Transpadane, au N. du Pô; avec *Mediolanum* pour capitale.

INSULA [Camden], *Aye, Eye,* bourg du comté de Suffolk (Angleterre).

INSULA, l'*Ysel,* riv. du Tyrol, affl. de la Drave.

INSULA, l'*Isle,* riv. de France, affl. de la Dordogne.

INSULA [Guicciard.], **INSULÆ** [Cell.], *Lille,* (*Ryssel,* en flam.), ville de Fr. (Nord); fondée par le comte de Flandre, Baudoin IV, en 1007.

Nous recevons du savant bibliothécaire-archiviste de la ville de Lille, M. Ch. Paeile, la communication suivante :

« La typographie n'a été introduite à Lille, ni en 1611, comme le veut M. Duthilloeul, par Christophe Beys, qui imprimait en cette année les *Châtelains de Lille, de Floris van der Haer, trésorier de la Collégiale de St-Pierre ;*

« Ni en 1604, comme l'indique Falkenstein ;

« Ni en 1599, date à laquelle M. Hoffmann, de Hambourg, note, d'après les *Catal. des Foires de Leipzig,* un livre qui serait sorti des presses lilloises, livre dont il ne donne pas le titre, et dont il n'indique ni le format ni le nom d'imprimeur.

« C'est en 1595 qu'une presse a travaillé pour la première fois à Lille, et le premier imprimeur lillois se nomme Antoine Tack.

« Voici les preuves à l'appui de l'assertion :

« Au fº CCCLVI, recto, du *Registre des comptes de la ville,* pour l'année 1595, qui existe encore aux archives de Lille, le comptable, Allard Braem, a inscrit l'article suivant : «A Antoine Taque, imprimeur, que accordé luy at esté sur requeste par luy présenté à Messieurs, pour les vins, de ce qu'il est le premier qu'il at imprimé en ceste ville, comme appert fol. xliiij verso, la somme de XXXVI l. »

« L'année précédente, à la St-Jean-Baptiste, il louait une boutique appartenant à la ville (*même compte,* fol. 73 rᵒ), tenant à la porte de la Halle échevinale (hôtel de Ville), vis-à-vis la chapelle des Ardents, au rendage de 202 livres par année.» — La vieille halle échevinale n'existe plus et l'aspect de ce quartier est entièrement renouvelé, mais la connaissance que possède M. Paeile de l'ancien état de la ville lui permet d'affirmer que l'emplacement de l'atelier de Tack correspond à une maison de la place du théâtre, portant actuellement le n° 14.

« A peine installé, il se met à l'œuvre et publie en 1595 un *Traité des indulgences*, en latin, par Jean Capet ou Capetius, chanoine de St-Pierre (Bibl. de la ville, Théol. n° 661), et c'est probablement après l'avoir achevé qu'il présenta au magistrat (on nommait ainsi l'échevinage de Lille) la requête portée dans l'extrait du compte de 1595, mentionné plus haut, qui lui fit obtenir les vins d'honneur, qu'il était d'usage de présenter à ceux qui introduisaient une industrie nouvelle dans la ville. »

« Voici la description de ce premier produit des presses de Tack : DE INDVLGENTIIS TRACTATVS BREVIS, *clarus et eruditvs, et quæstionibvs qvæ circa eas moveri solent. Avthore joanne capetio theologiæ licenciato, insulensi canonico.* Insvlis, excvdebat Antonius Tack. MDXCV. Un vol. pet. in-8°.

« La marque typogr. d'Antoine Tack est une fleur de lis surmontée d'une couronne et environnée d'épines, avec cette devise : *Sicut lilium inter spinas.* Il y a dans cet emblème une double allusion : la fleur de lis, c'est la ville de Lille, qui a pour armes une fleur de lis, et le rameau épineux est l'emblème de l'imprimeur, car en flamand *tack* signifie *branche, rameau.* Ce traité n'a pas de pagination ; le titre, la dédicace à Mathieu Moulart, évêque d'Arras, le sommaire des chapitres et le *proemium* remplissent une feuille liminaire ; le traité entier, les *errata* et la table méthodique des matières forment dix feuilles d'impression, sign. A. K. La censure du livre a été faite par le doyen de St-Etienne de Lille, qui a donné son approbation en ces termes : Hic libellus Joānis Capetij de indulgentiis nihil continet repugnans fidei aut bonis moribus, quare tuto imprimi posse censeo, pastor ecclesiæ parochialis sancti Stephani Insul. Theologiæ licenciatus, Joannes Reguart. »

Ce petit livre, qui peut être cité pour la correction du texte et la beauté des caractères, est d'une extrême rareté. M. Pacile a fait acheter l'exemplaire de la bibliothèque de Lille, à la vente Verbeist, de Bruxelles, et c'était le seul et unique exemplaire qu'il eût jamais vu figurer dans un catalogue.

Parmi les imprimeurs lillois du XVIIe siècle, nous citerons Christ. Beys, M. et P. de Rache (1615-1667), Balth. le Francq, F. Fiévet et Louis Bricquet.

Un libraire de Lille, Guillaume Hamelin, demeurant sur le marché au blé, figure à la souscription d'un livre important, imprimé en 1539, mais seulement comme libraire chargé de la vente. (Voy. *Manuel*, tom. II, col. 1006.)

L'arrêt du conseil du 21 juillet 1704, qui fixe le nombre des imprimeurs tant à Paris que dans les villes de province, classe Lille parmi les treize villes qui ont le droit de conserver quatre imprimeurs, et ce nombre est porté à 6 par l'arrêt du 31 mars 1739.

Le rapport fait à M. de Sartines nous donne les noms de ces six imprimeurs en 1764 : Joseph Danel, pourvu en 1753, possédant 4 presses ; Pierre Broveille (1758), 4 presses ; P. Simon Lalau (1752), 4 presses ; Marie-Nicole le Noir, veuve de Charles-Louis Prévost (1739), 4 presses ; J.-B.-Joseph Henry (1751), 4 presses ; et Nicolas-Joseph Pétrinck Cramé, portant le titre d'imprimeur du roi, pourvu en 1763 et possédant 5 presses.

INSULA, INSULA VENETIÆ, *Lisle,* l'*Isle,* ville de Fr. (Vaucluse), sur la Sorgue.

INSULA ADÆ, ADAMI, *Lisle-Adam,* bourg de Fr. (Seine-et-Oise).

INSULA AD LACUM ACRONIUM (*lac de Constance, Bodensee*).

Cette appellation se rencontre sur un livre cité par tous les auteurs allemands, et certainement désigne *Lindau: Parœneticorum veterum pars prima, in qua producuntur scriptores VIII , cum notis Melchioris Haiminsfeldii Goldasti.* Insulæ ad Lacum Acronium, ex officina typographica Johannis Ludovici Bremensis, 1604, in-4°. La seconde partie ne fut point publiée. (Voy. J.-H. von Seelen, *Memoria Stadeniana,* p. 188 ; J. Ludolph Bunemann, *Cat. Lib. rar.,* p. 100 ; Fabricius, *Bibl. Latina,* t. II, p. 477 ; Vogt, Bauer, et *Catal.* Maittaire, t. II, p. 119.) Nous trouvons cet imprimeur, Johann Ludwig, de Brême, établi à Lindau dès 1593.

INSULA ALBIGENSIS, *Lisle en Albigeois, Isle d'Albi,* bourg de Fr. (Tarn).

INSULA AMAGRIA, voy. AMAGER.

INSULA ANHOLTIUM, voy. ANHOLTA.

INSULA AQUENSIS, l'*île d'Aix,* dans l'Océan Atlantique, sur les côtes de France ; dépend du dép. de la Charente-Inférieure.

INSULA ARIA, voy. ARIA.

INSULA AVALLONIA, *Afallach,* auj. *Glastonbury* ; voy. GLASCONIA.

INSULA BALEARIS MAJOR, voy. MAJORICA.

INSULA BALEARIS MINOR, voy. MINORCA.

INSULA BRUTTIORUM, *Isola,* pet. ville du Napolitain (Calabre ultér.).

INSULA DEI, INSULA OGIA, l'*Isle-Dieu,* île de l'Atlantique, sur les côtes de Fr. (Vendée).

INSULA FALSTRIA, voy. FALSTRIA.

INSULA FIONENSIS, voy. FIONIA.

INSULA FRANCIÆ, l'*Ile-de-France,* prov. de l'anc. France ; comprenait 5 dép., avec *Paris* comme chef-lieu.

INSULA JONA, l'*île d'Hy,* l'une des Hébrides.

INSULA LOPADUSA, LIPADUSA, *Lampceuse* [Joinv.], *Lampédouse, Lopadusa,* île de la Méditerranée , proche la côte de Tunisie (à l'Italie).

INSULA LESSOA, voy. LESSOA.

INSULA MARIANA, voy. MARIÆ VERDA.

INSULA ŒLANDIA, *île d'Œland,* à la Suède.

INSULA RUGIANA, *île de Rugen,* à la Prusse, dans la Baltique.

INSULA SANCTÆ MARIÆ, *Diesdorf, Distorf,* bourg et anc. abbaye de la rég. de Magdebourg (Prusse).

INSULA SANCTI ANDREÆ [Cell.], *St-Andreas,* île du Danube, dans le comitat de Pilisch (Basse-Bavière).

INSULA SANCTI STEPHANI, *l'île-St-Etienne*, dans la rade de Marseille.

INSULA STRANDIA, *île de Strant*, au Danemark.

INSULA TASSINGA, *île de Tassingh* (Jutland).

INSULA TORNEYA, *Thorneye*, district du Cambridgeshire (Angleterre).

INSULA VECTA, voy. VECTA.

INSULÆ ÆGUSÆ, voy. ÆGATES.

INSULÆ BALEARES, voy. BALEARES; et, pour l'imprimerie, MAJORICA INSULA.

Les Baléares, sous la domination romaine, formaient deux groupes : *Mayorque et Minorque*, qui s'appelaient GYMNESIÆ INSULÆ; et *Iviça, Formentera et Cabrera*, que l'on désignait sous le nom de PITYUSÆ INS.

INSULÆ CUNICULARES, les trois *îles Borromées, Isole Borromee*, dans le Sud du lac Majeur.

INSULÆ FÆROENSES, voy. FÆROÆ.

Le nom de ces îles vient : « Ab ovium multitudine *Fœreyar* vulgò appell. »

INSULÆ PANTELLARIÆ, COSYRA [Plin.], Κοσσύρα [Strab.], PANTANÉLÉE [Joinv.], PANTALARÉE [Du Cange], *îles Pantellaria*, archipel volcanique entre la Sicile et l'Afrique (voy. COSYRA).

INSULÆ STŒCHADES, voy. STŒCHADES.

INSULÆ VENETORUM, groupe d'îles bretonnes, sur les côtes du Morbihan, dont les principales sont *Belle-Ile* et *Groix*.

INTEMELII LIGURES, peuple qui habitait les côtes de la Ligurie (territoire de *Vintimiglia*).

INTEMELIUM, voy. ALBINIMIUM.

INTERAMNA [Varro, Tac., Plin.], INTERAMNIA [It. Ant.], INTERMANANA [Tab. Peut.], INTERAMNIUM [Cluv.], ville de l'Ombrie, auj. *Terni*, sur la Nera, ville du roy. d'Italie (prov. de Spoleto).

Vers l'année 1618, un imprimeur du nom de Guerrieri fonde dans cette ville le premier établissement typographique. Nous trouvons en 1620 un vol. imprimé par lui ; c'est la troisième édition, non citée par Haym, des lettres de Peranda : *Lettere del signor Giovan Francesco Peranda, in questa ultima impressione ampliate*, etc. Terni, Guerrieri, 1620, in-12. Nous trouvons dans Haym, et indiqué dans tous les catalogues : *Scandaglio sopra la libra astronomica e filosofica di Lotario Sarsi, nella controversia delle comete, e particolarmente delle tre ultimamente vedute l'anno 1618, del sign. Batt. Stelluti da Fabriano*. Terni, Guerrieri, 1622, in-4. Il nous serait facile de multiplier ces citations.

INTERAMNA LIRINAS [Cic., Flor., Liv.], Ἰντεράμνιον [Strab.], ville des Volscæ, dans le Latium, au confluent du Liris et du Melpis, auj. *Teramo* à la jonction de la Melfa et du Garigliano, dans la Terra di Lavoro.

INTERAMNA PALÆSTINA PICENI, INTERAMNIUM PRÆTUTIORUM, Ἰντεραμνία [Ptol.], TERAMNE [Front.], ville des Prætutii, dans le Picenum, auj. *Teramo*, chef-lieu de la prov. Napolitaine, Abruzze ultér. I.

Nous ignorons absolument où M. Ternaux, dans son *Supplément*, a pris le renseignement suivant : « *Teramo*. Isidoro Facio et Lepido Facio y imprimaient en 1501. »

INTERAMNIS [Ann. Hincm. Rem.], *Entraisne, Entrasme*, bourg du Maine (Mayenne).

INTERAMNIS, *Antrain*, bourg de Fr. (Ille-et-Vilaine).

INTERAMNIUM, voy. MANHEMIUM.

INTERAMNIUM FLAVIUM [It. Ant.], Ἰντεράμνιον Φλαούϊον [Ptol.], ville des Astures, dans la Tarraconaise, auj. *Villorbana, Villorvane*, suiv. Ukert, bourg de la Vieille-Castille.

INTERAQUAS, *Entraygues*, ville de Fr. (Aveyron).

INTERCATIA [Liv., Plin., Val. Max.], Ἰντερχατία [Strab., Ptol.], ville des Vaccæi, dans la Tarrac., sur la route de Cæsaraugusta à Asturica, placée par Lopez dans le district de *Rioseco*, près de Palencia (Vieille-Castille et Léon).

INTERCISA [It. Ant.], *Rackskeney*, bourg de Hongrie.

INTERCISA [It. Hier., Tab. Peut.], INTERCISSA [Geo. Rav.], PETRA PERTUSA [Aurel. Vict.], ville de l'Ombrie, auj. *Furlo*, près de Fossombrone, suiv. Mannert.

INTERLACUS [Simler], *Interlacken, Unterseen*, bourg de Suisse (canton de Berne).

INTERMONTIUM, INTERMONTES, *Entremont*, bourg de Fr. (Haute-Savoie). = *St-Pierre-d'Entremont*, commune de Normandie (Calvados).

INTEROCREA, Ἰντερόχρεα [Strab.], INTEROCREUM [It. Ant., Tab. Peut.], ville des Sabini, dans le Latium, auj. *Antrodoco*, ville de l'Abruzze ultér. II.

INTERVALLES, INTERVALLIUM, *Entrevaux*, pet. ville de Fr. (Basses-Alpes).

INTIBILI [It. Ant.], INCIBILI [Liv.], localité des Ilercaones dans la Tarracon., que l'on place auj. entre *San-Mattheo* et *Xert*, dans le roy. de Valence.

INTICA, voy. AGUNTUM.

INTINE, *la Troêne*, pet. riv. de France ; se jette dans l'Epte, à Gisors.

INUTRIUM, *Mittenwald*, bourg de Bavière (Isarkreise).

INVERNIUM, voy. INNERNIUM.

INYCUM, Ἴνυκον [Steph., Pausan.], INYX, Ἴνυξ, ville du Sud de l'île de Sicile, auj. *Calta Bellota*, près du Drago.

ION FL., Ἴων [Strab.], fl. de Thessalie, auj. la riv. de *Kratsova*.

IONES [Mela, Cic., Liv.], Ἴωνες [Herod., Strab.], *les Ioniens*, l'une des quatre grandes familles helléniques; allèrent s'établir sur le littoral occidental de l'Asie Mineure, et y fondèrent de nombreuses villes dont la plupart devinrent florissantes; ce fut là que naquirent Homère, Pythagore, Anacréon et Aspasie; leur dialecte était célèbre par sa pureté et leur musique par sa douceur; ils inventèrent le mode mineur et donnèrent leur nom à un ordre d'architecture.

IONIUM MARE [Plin., Mela, Tac.], Ἰόνιον πέλαγος [Ptol.], IONIUM ÆQUOR [Ovid.], IONIUS SINUS [Horat.], *la mer Ionienne*, au S. de l'Adriatique; donne son nom aux *îles Ioniennes*.

IOS INS. [Mela, Plin.], Ἴος]Strab.], l'une des Cyclades, auj. *Nio*, dans l'Archipel; ce fut dans cette île que mourut Homère.

IPAGRO, IPAGRUM [Ant. Itin.], ville de la Bétique, sur la route de Cadix à Cordoue, auj. *Aguilar*, sur la Cabra [Reichard].

IPOREJIA, EPOREDIA, *Ivrée*, voy. EPERODIA.

Nous devons ici réparer une omission; l'imprimerie exista dans la ville d'Ivrée au XVIIᵉ siècle, et c'est en 1642 que nous rencontrons pour la première fois des livres souscrits à ce nom : *El conte Emmanuele Tesauro. La vergine trionfante e il Capricorno scornato, apologia d'Emmanuel Tesauro in difesa di una sua inscrittione contro il libello intitolato il Capricorno.* Ivrea, 1642, in-fol. Melzi, qui cite ce rare volume (III, p. 208), dit n'en avoir jamais pu voir d'exemplaire; il était porté au *Catal.* des frères de Tournes (Genève, 1670), et fig. au *Catal.* Bulteau (II, p.460). Haym cite du même auteur un grand nombre d'ouvrages imprimés soit à Turin, soit à Bologne, et un autre vol., imprimé à Ivrée, nous donne un nom d'imprimeur :
Politica di Esopo Frigio, di Emm. Tesauro. Ivrea, pel San Francesco, 1646, in-fol.
Citons encore : *La Caduta del conte Olivarez l'anno* 1643, Ivrea, 1644, in-4°. Cet ouvrage mordant, qui fit beaucoup de bruit, passa longtemps pour être du célèbre Ferrante Pallavicino; l'abbé Giuseppe Muratori (*Storia di Fossano*, p. 122) en croit auteur notre comte Emm. Tesauro, qu'il qualifie de *prete secolare* ; mais Melzi (*Anon.*, I, p. 160), dont l'autorité est presque irrécusable, l'attribue au dominicain le P. Ippolito Camillo Guidi.
Malgré l'opinion de Melzi, ce qui nous fait pencher du côté de l'abbé Muratori, c'est qu'on ne connaît pas d'autres livres que ceux du comte Tesauro, imprimés à Ivrée à cette époque (nous pourrions en

citer plusieurs autres), et que ceci semble être le fait d'une imprimerie particulière, dirigée selon toutes les apparences par un typographe du nom de San Francesco, mais exclusivement consacrée à l'impression des nombreuses élucubrations du noble *prêtre séculier*.

IPRA [Luen.], IPRÆ, HYPRÆ [Bert.], IPRETUM [Luen., Zeiler], HYPERA, IPERÆ (sur .quelques livres), *Ypres*, *Ypern*, *Yperen*, ville de Belgique (Flandre Orientale). Elle eut en 1559 un évêché, dont fut titulaire Jansénius de 1635 à 1638.

Suivant M. de Reiffemberg, l'imprimerie remonte en cette ville à 1545 ou 1546; nous aurions quelques indications antérieures à fournir, mais ce sont des livres imprimés ailleurs et vendus par un libraire du nom de Gaspard de la Pierre, établi à Ypres. Ainsi : *Forma subventionis pauperum quæ apud Hyperas, Flandrorum urbem, viget.* Hyperis, 1531, in-8° (P. Le Long, I, 340) ; et la même année: *Th. Lineus, Busciumducis, oratio in-laudem belli, habita ab ipso Marte, in postremo Cameracensi concillo.* Iperis, vænit Gaspari a Lapide, 1531, petit in-8°. A la fin du vol., on lit : *Impressum Parisiis a Christiano Wechelo, impensis Gasparis a Lupide, civis Iperensis.*
Nous ne pouvons citer de livre à la date de 1545 ou 1546, mais de Josse Destrée ou Destrez, l'introducteur de la typographie à Ypres, au dire de M. de Reiffemberg, nous connaissons : *Droits, privilèges et usanche de la ville et chastellenie de Cassel.* Ypre, Josse Destrez, 1556, in-8°. — *Le siège et la prise de la ville de Saint-Quentin et du château de Gouy, Ypre.* — Destrez, 1557, in-12.
Au commencement du XVIIᵉ siècle, nous trouvons un imprimeur du nom de François Bellet, auquel on doit le grand ouvrage d'Adr. Schrieck sur les origines belges et celtiques.

IRA, Εἴρα [Paus.], Ἤρά [Steph.], ville et forteresse de la Messénie, que les Lacédémoniens assiégèrent pendant dix ans; l'emplacement qu'elle occupait serait auj. désigné au N.-E. du diocèse de Messénie, entre *Stasimi* et *Kalokreti*.

IRACIA, IRACIENSIS VILLA, IRACENSE MONASTERIUM ou COLLEGIUM, HIRAXENSE MONAST., *Irache*, anc. couvent de Bénédictins, situé à deux lieues d'Estella, en Navarre.

Les religieux établissent dans ce monastère une imprimerie dont les produits rares et recherchés en Espagne datent des premières années du XVIIᵉ siècle : *L'Arte de bien vivir, guia de los caminos del cielo, por Fr. Antonio Alvarado.* Irache, 1608, in-8°. « L'auteur, dit Gallardo, naquit en 1561 à Belhorado, et mourut en 1617. » *Fr. Gaspar de Avilès, maestro en la orden de San Benito. Muerte Cristiana y Avisos para bien morir.* Valladolid, por Franc. Fernandez, 1603, en el colegio de Irache, 1609, in-8°.
Coronica general de la Orden de S. Benito, hasta 1169, *por Fr. Antonio de Yepès.* — En la Vniversidad de Nuestra señora la Real de Yrache, 1609, pars prima, in-fol., et 1610, pars II; l'ouvrage forme 7 vol. in-fol., et les cinq dernières parties furent exécutées à Valladolid de 1613 à 1621. (Gallardo, Antonio et *Catal.* Colbert, n° 1773).

IRANONIA [Tab. Peut.], station de la Dalmatie, dont les ruines, suiv. Reichard, se voient encore en un lieu nommé *Visseck*, près d'Almissa.

IRCIUS, LERIA, LERTIUS [*Topogr*. *Gall*., Zeiler], *le Lers*, riv. du Haut-Languedoc, affl. de la Garonne.

IRENOPOLIS [Nicet.], voy. BERŒA.

On trouve au XVIIe siècle un assez grand nombre de livres souscrits au nom grec de cette ville ; il est plus que présumable que le lieu d'impression est supposé ; cependant nous ne saurions dire en quelle ville ont été exécutés les livres qui suivent, bien qu'il existe de fortes présomptions pour les déclarer d'origine hollandaise : *De officio hominis Christiani in hodiernis istis de religione controversiis... libellus hoc tempore utilissimus ab anon. quodam veritatis patrono scriptus. Cum gratia et privil. Summi Pontificis et regis catholici excusus*. Irenopoli, typis Theophili Adamidis, 1610. (Vogt., p. 500.) — *Bibliotheca fratrum Polonorum, quos Vnitarios vocant, instructa operibus omnibus fausti Socini senensis, Joh. Crellii Franci, Jonæ Schlichtingii a Bucowitz, equitis Poloni, etc*. Irenopoli, post annum 1656, 8 vol. in-fol. (Voy., au sujet de ce très-important ouvrage, une longue et intéressante dissertation de Freytag [*Anal. litter*., p. 123 et suiv.), dans laquelle ce philologue donne *Amsterdam* comme lieu d'impression dissimulé sous le pseudonyme d'*Irenopolis*). — *Catechesis ecclesiarum Polonicarum.... A. C.* 1609 *in lucem primum emissa... iterumque interpositis compluribus annis a J. Schlichtingio a Bucowice recognita, ac dimidia amplius parte aucta*. Irenopoli, 1659, in-8°. (Vogt., p. 183 ; Bauer, *Suppl. I*, p. 328.)

IRIA [Plin., It. Ant., Tab. Peut.], Εἰρία [Ptol.], VIQUERIA, VICUS IRIÆ, ville de la Ligurie, auj. *Voghera*, ville du Piémont (prov. d'Alexandrie), sur la Staffora, qui portait anciennement ce même nom d'IRIA.

Ce fut là qu'en 1430 fut transportée l'université de Pavie, pendant l'épidémie qui désolait cette cité. Une typographie exista dans cette ville au XVe siècle ; un imprimeur du nom de Jacobus de Sancto Nazario y donna en 1486 un livre que signalent le P. Laire, Panzer, Amati et Boni ; ce fut le P. Laire qui le découvrit, mais : *Ubi autem, et in quanam Italiæ portione sita sit Viqueria, penitus ignoro*, » dit-il. Boni le décrit : ALEXANDRI DE IMOLA POSTILLÆ AD BARTHOLUM. A la fin : *Jacobus de Sancto Nazario impensa Domini Augustini Dutheri ; Dominique Andreæ Sillæ impressu diligentissime in lucem edidit Viqueriæ Kal. Junii* M.CCCC.LXXXVI, in-fol. goth. sans ch. ni récl. avec sign. « Io trovo, dit Mauro Boni, che VIGUERICUM, et VICUS IRIÆ si diceva latinamente il Borgo, ora *Voghera*, e credo di non ingannarmi dicendo, che non leggier cambiamento lo stampatore scrisse Vigueriæ, o Viqueriæ, per indicare appunto Voghera. » Trois ans après ce même imprimeur est établi à Milan, et y donne : *Alexandri de Imola apostilla super 2 Infortiati*. A la fin : *Impressa per Magistrum Iacobum de Sancto Nazario de Rippa*, M.CCCC.LXXXVIiij. In-fol. petit car. goth. (Sassi, *Bibl. Mediol.*, t. I, p. 586).

IRIA FLAVIA, Ἰρία Φλαουία [Ptol.], ville des Capori, dans la Tarraconaise, auj., suiv. d'Anville et Ukert, *el Padron*, bourg de la Galice, sur l'Ulla (*Concilium Iriense*).

IRINE INS. [Mela], île du Sinus Argolicus, auj. *Psili*.

IRMENSUL [Gesta Car. Magni], IRMINSUL [Ann. Lauriss.], ERMENSUL [Ann. Petav.],

HIRMINSUUL [Chr. Moissiac.], plaines de la Germanie, qu'ensanglantèrent les victoires d'Arminius sur les Romains, et de Charlemagne sur les Saxons ; se trouvent dans les environs d'ERESBURGUM, *Stadtberg*, ville de la Prusse rhénane.

IRUN, ville d'Espagne, dans l'intend. de Guipuscoa, sur la frontière française.

Falkenstein donne 1739 comme date de l'introduction de la typographie à Irun ; un *Traité de la doctrine chrétienne*, en langue basque, publié dans cette ville à la date précitée est signalé comme existant « *In the library of William Marsden* ».

ISACA FL., Ἰσάκα [Ptol.], ISCA [Cell., Camden], fl. des Dumnonii, dans la Bretagne romaine, auj. l'*Ex*, l'*Exe*, riv. d'Angleterre, qui prend sa source dans le comté de Sommerset et se jette dans la Manche.

ISALA [Cell., Cluv.], SALA BRUCTERORUM, l'*Yssel*, *Ijssel*, fl. de Hollande ; se jette dans le Zuyderzée.

ISALANDIA, *Salland*, district de la province hollandaise Over-Yssel.

ISAMNIUM PROM., cap du N.-E. de l'Irlande, auj. *St-Johns-Point*, dans le comté de Down.

ISANA, *Isen*, bourg de Bavière (Isarkreise).

ISARA FL. [Cic., Plin.], ὁ Ἴσαρ [Strab., Ptol.], ISARA ALLOBROGICUS [Flor., Cell.], ISERA [Greg. Tur.], HYSSERA [Frédég.], ISRA [Gesta Franc.], l'*Isère*, riv. du Dauphiné, affl. du Rhône.

ISARA FL., voy. ŒSIA.

ISARA FL. [Zeiler], ISARUS, Ἴσαρος [Strab.], riv. de la Vindélicie, auj. l'*Isar*, des Alpes Tyroliennes au Danube.

ISARGUS FL. [Cell.], ISARCOS, YSARCHE, fl. de la Vindélicie, affl. de l'Adriatique, que l'on croit être l'ATHESIS, l'*Adige*.

ISARLONIA, *Iserlohn*, ville de Prusse (rég. d'Arnsberg).

ISARUS, voy. ISARA.

ISAURUS FL. [Lucan.], voy. PISAURUS.

ISBURUS, *Calatabellota*, pet. fleuve du Sud de la Sicile, dans le Val di Mazzara.

ISCA DUMNONIORUM [It. Ant.], Ἴσκα [Ptol.], ISCA CUMNORIORUM [Tab. Peut.], ville princip. des Dumnonii, dans la Bretagne Romaine, auj. *Exeter*, voy. EXONIA.

ISCA SILURUM [It. Ant., Geogr. Rav.], ville des Silures dans la Bretagne Romaine, auj. *Caerleon*, ville d'Angleterre (comté de Monmouth) ; du radical celt. *Caer* et du latin *Legio* ; ce fut une des garnisons de la deuxième légion ; les *Romans de la Table-Ronde* en font la capitale du grand roi Arthur et des *Noble Knyghtes of the Round Table.*

ISCALIS [Cell.], ISCHALIS, Ἴσχαλις [Ptol.], ville des Belgæ, dans la Bretagne Romaine, auj. *Ilchester,* bourg du Sommersetshire. C'est la patrie de Roger Bacon.

ISCHAR, voy. SORIA.

ISCIA INS., voy. ÆNARIA.

ISCUINA, voy. ESCOVIUM.

ISEGENIUM [Guicciard.], *Iseghem,* bourg de Belgique (Flandre occidentale).

ISELSTENIUM [Zeiler], *Isselstein, Ysselstein,* ville de Hollande (prov. d'Utrecht).

ISENACUM, ISNACUM [Zeiler, Cluv., Cell.], *Eisenach,* ville du gr.-duché de Saxe-Weymar, chef-lieu d'une principauté du même nom.

M. Cotton, dans son premier volume, nous dit, avec Falkenstein, qu'un traité allemand relatif à la réforme, imprimé à Eisenach en 1524, est conservé à la Bodléienne ; nous déclarons avec humilité ignorer complétement de quel livre il veut parler, et, pour nous, l'introduction de la typographie dans cette petite ville est de plus d'un siècle et demi postérieure à la date donnée par notre confrère d'Oxford : *Philippi Ferrarii novum lexicon geographicum, in quo universi orbis oppida, urbes, regiones, provinciæ, etc., antiquis et recentibus hominibus appellata, suisque distantiis descripta recensentur, nunc vero Michael Ant. Baudrand Parisinus.... hanc ultimam editionem emendavit, illustravitque... Isnaci,* 1677, in-4.
La *Biblioth. Ritualis* (tom. II, p. 360) nous donne : *Joh. Christian. Reimannus. Dissertatio de Campanis.* Isenaci, 1679, in-fol.
Struvius, dans son excellente *Biblioth. Saxon.,* ne cite de livres imprimés à Eisenach que depuis l'année 1706.

ISENBERGA, *Eisenberg,* pet. ville de Thuringe (Saxe).

ISENBURGENSIS COMITATUS [Imhof.], comté d'*Isenburg* ou *Ysemburg,* dans la Hesse-Électorale.

ISENDICUM [Guicc. Belg.], *Ysendyke,* pet. ville de Hollande (Zeeland).

ISERNIA, voy. ÆSERNIA.

Isernia est dans la province de Molise ; elle porte également le nom italien de *Sergna.*

ISES FL. [Tab. Peut.], Isis [Cell.], riv. de Norique, l'*Yps,* affl. du Danube.

ISIACORUM PORTUS, Ἰσιακῶν λιμήν [Arrian.], ISTRIANORUM PORTUS, Ἰστριακῶν λιμήν [Arrian.], port de la Sarmatie européenne, sur l'emplacement duquel quelques géogr. voient *Odessa,* grande ville commerçante de l'Empire russe, sur la mer Noire.

ISINISCA [It. Ant.], ISUNISCA [Tab. Peut.],

ISARCORUM CAPUT [Cell.], localité de la Vindélicie, auj. *Isen,* bourg de Bavière.

ISINISCA, riv. de Bavière, l'*Isen,* affl. de l'Inn.

ISLANDIA [Cluv.], appelée d'abord SNÆLANDIA (id est : NIVOSA TERRA) ; on l'appela aussi, au moyen âge, GARDARSHOLM, TERRA ou INSULA GARDARI, *Terre de Gardar,* du nom de l'aventurier danois que la tempête avait jeté le premier sur ses côtes désertes ; auj. l'*Islande, Iceland,* île de l'Océan glacial arctique.

ISLEBIA, ISLEBIUM, *Eisleben,* ville de Prusse (rég. de Mersebourg).

Imprimerie, suivant Falkenstein, en 1566 ; suivant Ternaux, en 1556. La *Biblioth. Saxon.* de Struvius nous fournit une date un peu antérieure ; le synode protestant réuni dans cette ville au mois de février 1554 donna lieu à un assez grand nombre de publications, parmi lesquelles nous citerons : *Acta des von ungefehr 100 Predigern zu Eisleben gehaltenen Synodo, de necessitate operum ad salutem,* a. 1554. Islebiæ, 1554, in-4°. — *Acta, oder Handlungen der löbl. Synodi in der stadt zu Eisleben den 13 febr. 1554 versammlet, wieder etliche falsche lehren darinnen verdammet.* Eisleben, 1554, in-4°.
La même année Bauer (IV, p. 85) cite : *Joh. Sleidani Kurtze Summa oder inhalt der Platonischen Lehre, durch Georg. Lanterbecken im deudsch gebracht.* Eisleben, 1554, in-fol.
Les catal. des foires de Francfort nous fournissent les titres d'un nombre considérable de livres imprimés dans cette ville à cette même époque.
M. Cotton, dans son *Supplément,* dit qu'un livre allemand de George Wicelius fut imprimé à Eisleben en 1535 ; nous trouvons dans Shelhorn, Bauer, Freytag, Gerdes, les *Catal. des foires de Francfort,* etc., l'indication d'un très-grand nombre d'ouvrages sortis de la plume féconde de ce théologien catholique ; nous en voyons dont l'impression remonte à 1527, mais nous n'avons point su en trouver, à la date de 1535, un seul qui fût souscrit au nom d'Eisleben ; nous regrettons d'autant plus vivement que M. Cotton n'ait pas cru devoir adjoindre le titre du volume à l'appui de son assertion.

ISLINGTON, anc. village populeux et important d'Angleterre (comté de Middlesex), qui forme aujourd'hui l'un des faubourgs du nord de la métropole.

Voici ce que dit le *Supplém.* du Dr Cotton, notre meilleure autorité pour l'histoire de la typographie britannique : *Whitehead's Manners, a Satire,* porte comme souscription : *Islington, printed near the three pumps,* 1743, in-12.
Le traité de Smyth sur les eaux minérales des environs d'Islington est souscrit au nom d' « *Islington-Spa.* »

ISMARUS [Virg.], Ἴσμαρος [Hom., Steph.], ISMARA [Virg., Lucr.], ISMARON [Plin.], ville de la Thrace à l'embouchure de l'Hébrus, auj. *Ismahan,* sur la Maritza (pachal. d'Andrinople).

ISNA [Zeiler, Bucel.], ISNA IN ALGAVIA [Struv.], *Issny, Yssny,* ville du Wurtemberg (Donaukreise).

Panzer (tom. VII), d'après le *Catal. Thott.* (I, 84),

cite un livre exécuté dans cette ville en 1532 : *Sententiæ Morales Ben Syræ cum comment. accedit Tobias* (ebraice et latine) *per Paulum Fagium.* Isnæ, 1532, in-4°. C'est peut-être le même ouvrage, dont nous trouvons une édition exécutée dans la même ville en 1541 : *Pauli Fagii Sententiæ vere elegantes, piæ, mireque tum ad linguam discendam, tum ad animum pietate excolendum utiles, veterum sapientum Hebræorum, quas capitula, aut apophthegmata Patrum nominant.* Isnæ, 1541, in-4° de 151 pp. (*Liber rarus hodie vix comparabilis*, disent Vogt et Bauer). Ce volume, cité dans les *Acta erudit.* de 1702, p. 473, figure au catal. Heinsius, à la p. 26 ; nous possédons un exempl. de ce catal. curieusement annoté par Grævius, et nous y lisons la note suivante : « *Fagius fuit eruditus de quo exstat elogium apud Thuanum in Mssto.* » Si nous pouvions consulter ce manuscrit, nous y trouverions sans doute la confirmation du fait énoncé par Masch, à savoir que ce savant Paul Fage installa et organisa lui-même le premier établissement typographique d'Issny, et « *Sinistra manu caracteribus impressit quos dextra scribebat libros* », et en effet, sur le très-grand nombre d'ouvrages de cet auteur que présentent les *Catal.* de Thou, Willer, Maittaire, et les livres de Bauer, Vogt, etc., jamais le nom d'un typographe n'est signalé.

Freytag, Bauer, etc., indiquent comme sorti des presses de Paul Fage un opuscule dont voici le titre : *Joannis Boeschenstain Eslingensis Suevi, Ermanhung an die ganze Christenheit.* Isny, 1538, in-4°. « *Illud enim opusculum*, dit Freytag, *vix prodierat e Paulli Fagii typographia, cum illico, ab ipso Fagio, supprimeretur.* » (Voy. à cette occasion Brucker, *Ehrentempel*, p. 58.)

ISNACUM, voy. ISENACUM.

ISONTIUS, SONTIUS, l'*Isonzo*, *Liesnitz* (en all.), fleuve de la Vénétie ; des Alpes Juliennes à la mer Adriatique.

ISPALIS, voy. HISPALIS.

ISPINUM, *Yepes*, bourg d'Espagne, prov. de Tolède.

ISSA INS. [Cæs., Liv., Plin.], Ἴσσα [Scyl., Strab., Ptol.], ISIA [G. Rav.], pet. île de la mer Adriatique, sur la côte Illyrienne, auj. *Lissa*, sur la côte de Dalmatie.

ISSIACUM, ISCIACUM AD SEQUANAM, *Issy*, bourg de Fr. (Seine).

ISSIODURUM, ICIODURUM, *Issoire*, ville de Fr. (Puy-de-Dôme) ; patrie du cardinal Duprat ; anc. abb. de Bénédictins.

ISSOLDUNUM, voy. AUXELLODUNUM.

ISSORIA, Ἰσσωρία, ville de la Thesprotie, sur la rive droite de l'Achéron, auj. *Glyky*, dans le pachal. de Janina.

ISTADIUM, USTADIUM, *Ystadt*, *Œjestadt*, ville de Suède, dans l'île de Gothland.

ISTÆVONES [Tacit., Plin.], l'un des trois grands peuples de la Germanie, qui habitait la partie N.-O. et comprenait les *Gugerni*, les *Ubii*, les *Vangiones*, *Nemetes* et *Tribocci*.

ISTER FL. [Plin., Mela], voy. DANUBIUS.

ISTONIUM, voy. HISTONIUM.

ISTRIA, voy. HISTRIA.

ISTRIANORUM PORTUS, *Odessa*, ville de l'empire russe, sur la mer Noire, chef-lieu d'un gouvernement enclavé dans celui de Kherson.

ISTRIANUS FL., fleuve de la Sarmatie européenne, auj. *la Vistule*, *Wisla*, *Weichsel*, dont le cours, depuis les monts Karpathes jusqu'à la Baltique, est d'environ 1000 kilom.

ISTROPOLIS, Ἰστρόπολις, Ἰστρία πόλις, HISTROS, Ἴστρος, ville de la Mœsie Inf., sur le Danube, auj. *Kostendje*, ville du pachal. d'Andrinople [Mannert], ou, suiv. d'autres géogr., *Portitza*, sur la mer Noire.

ISTROPOLIS, voy. POSONIUM.

ISTURGI, localité de la Bétique, sur le territoire d'Iliturgis, est sans doute désignée par Pline sous le nom d'IPASTURGI TRIUMPHALE ; était située dans le voisinage d'*Andujar la Vieja*.

ISURIUM [Ant. It.], Ἰσούριον [Ptol.], ISUBRIGANTUM, ville des Brigantes, dans la Bretagne Romaine, auj. *Aldborough*, bourg d'Angleterre (Suffolkshire).

ITALIA, désignée dans la langue poétique sous les noms d'ITALA TELLUS, d'AUSONIA [Virg.], d'HESPERIA et d'ŒNOTRIA [Virg.], l'*Italie*, royaume de l'Europe méridionale, peuplé par trois races primitives : les Japyges, les Étrusques et les Italiotes ; ceux-ci se divisant en deux branches, l'une se rattachant à l'idiome latin, l'autre au dialecte des Ombriens, des Marses, des Volsques et des Samnites. (Voy. l'admirable exposition de l'*Histoire romaine* de Mommsen.)

ITALICA [Cæs., A. Gell.], Ἰταλική [Appian.], voy. COLONIA ITALICENSIS.

ITANUM PROM. [Plin.], promontoire de l'île de Crète, auj. *Capo Xacro*.

ITARGUS FL., voy. ATAGIS.

ITHACA INS. [Plin., Ovid.], Ἰθάκη [Hom., Ptol.], île de la mer Ionienne, auj. *Theaki*, à la Grèce ; formait le royaume d'Ulysse.

ITHACESLÆ INS. [Plin.], groupe d'îles de la mer Tyrrhénienne, parmi lesquelles était l'île d'Ogygie, séjour de la nymphe Calypso.

ITHOME, Ἰθώμη [Hom., Strab.], ville de Thessalie (Hestiæotide), auj. *Fanari*, dans le pach. d'Ieni-Scheher.

ITHOME MONS, Ἰθώμη [Thuc., Strab.], montagne et forteresse de Messénie, dont la prise par les Lacédémoniens, après un long siége, termina la première guerre de Messénie ; auj. *Monte Vurkano* [Leake], ou *Vulcano* [Kruse].

ITHORIA, Ἰθωρία [Polyb.], point fortifié de l'Ætolie ; auj., suiv. Pouqueville, *Döritza*, près de Missolonghi.

ITICIN, EDCINA [Gesta Dagob.], *Ezan*, commune de l'Ile-de-France (Seine-et-Oise).

ITIUS PORTUS, voy. ICCIUS.

ITRIUM LAMURANUM, *Itri*, bourg napolitain de la Terra di Lavoro.

ITUNA, l'*Eden*, fl. d'Angleterre ; tombe dans le Firth of Solway.

ITUNÆ ÆSTUARIUM, *the Fyrth of Solway*, (*Booness-Wath*), golfe qui sépare l'Angleterre de l'Écosse, du côté de la mer d'Irlande.

ITURISA, TURISSA [It. Ant.], Ἰτούρισα [Ptol.], ville de la Tarracon., sur la route de Pampelune à Bordeaux, auj. *Ituren*, bourg de Navarre.

ITUVIUM, *Étouvy*, commune de Fr. (Calvados).

ITZSTEIN, localité du grand-duché de Nassau (?).

M. Ternaux cite : *Myryke. Reise nach Jerusalem und dem Land Canaan.* Itzstein, 1720, in-8°. Nous ne trouvons ce voyage cité par aucun autre bibliographe.

IVARUS, *Salzach*, riv. du cercle de Salzburg (Autriche).

IVERNIS, Ἰουέρνις, ville d'Irlande, auj. *Banagher*, sur le Shannon.

IVERSKOJ, couvent de Moscou.

M. Ternaux cite : *les Heures, en slavon.* Iverskoi Monasti, 1658. Nous manquons des éléments nécessaires au contrôle de cette assertion, que confirme cependant Bachmeister (*Essai sur la bibl. de St-Pétersb.* p. 104).

IVETOTUM, YVETOTUM [Rob. Gaguin], *Yvetot*, ville de Fr. (Seine-Inférieure) ; anc. chef-lieu d'une petite principauté, dont le seigneur prenait le titre de roi ; ce titre fut reconnu par Louis XI, François Ier et Henri II.

M. Cotton, dans son second volume, donne 1762 comme date de l'introduction de la typographie dans cette ville.

IVONIS, YVONIS ECCLESIA, *St-Yves*, bourg et port d'Angleterre, dans le comté de Cornwall.

Un journal, *the St. Ives' Mercury*, y fut publié en 1720 [*Cotton's Supplem.*].

IXARIUM, ISAURUM (?), *Hijar*, *Ixar*, ville d'Espagne (intend. de Saragosse).

Voy. pour l'imprimerie SORIA.

JACCA, Ἰάκκα [Ptol.], *Jaca, Jacca*, ville d'Espagne, dans l'intend. de Huesca (Aragon).

JACCETANI [Plin.], Ἰακκητανοί [Ptol., Strab.], peuple de la Tarraconaise, dont *Jacca* était la ville principale.

JACEA CASTRUM, *Jauche*, pet. ville de Belgique [Graësse].

JADERA [Plin., Mela, Tab. Peut.], Ἰάδερα [Ptol.], GAZARA CIVITAS, JADER [Plin., Lucan.], JADRA (au XIVᵉ s.), JADRE [Chr. B. Dion.], ville de la Liburnie, auj. *Zara*, capit. du roy. de Dalmatie, avec un port sur l'Adriatique (Autriche).

Nous croyons devoir attribuer à une imprimerie établie à Zara un livre que nous trouvons cité par Haym et qui figure au catal. Floncel sous la rubrique *Dalmazago : Ragioni per le quali si dimostra la temerità e ingiustizia dell' armi venete contro gli Vscocchi.* Stampato in Dalmazagho per Antonio Boron, 1617, in-4º.

La famille Battara, dont le chef s'appelait Anton-Luigi, exploite à Zara depuis près d'un siècle un établissement typographique d'une importance assez considérable.

JÆNA, JÆNUM, voy. FLAVIUM AURGITANUM.

JAGODINA, *Jagodna*, pet. ville de Servie, sur la Morawa.

JAITZA, JAYEZA [Cell.], *Jaleze, Jaycza*, bourg de Bosnie, sur la Verbas.

JALA FL. [Tab. Peut.], la *Malca*, affl. du Pô.

JAMA, *Jamagorod*, pet. ville du gouv. de Saint-Pétersbourg, près de Narwa.

JAMNA, JAMNO [Plin., Mela], Ἰάμνα [Ptol.], ville de l'île de Minorque, sur la côte occid., auj. *Ciudella, Ciudadela*.

JAMPHORINA [Liv.], ALEXANDROPOLIS, ville de Thrace, chef-lieu de la prov. Mædica, près de la Morawa, auj. *Ivorina* ou *Vrania* [Leake]; dans la Roumélie.

JANINA, CASSIOPE (?), *Janina, Yania*, ville de la Turquie d'Europe, chef-lieu de pach., en Albanie.

L'imprimerie n'y est établie que depuis 1862; l'un des premiers livres est le Παροιμιαστήριον, ou *Recueil des proverbes populaires de l'Épire*, par P. Aravantinos, impr. de Dodone, à Janina (τύποις Δοδώνης) in-8º, 1863, sans nom d'imprimeur. Déjà les formalités contre la contrefaçon y sont mentionnées : ἀσυγχώρητος ἡ παρατύπωσις.

JANOBA, voy. GENEVA.

JANUA LIGURUM, voy. GENUA.

JAPODES, Ἰάποδες [Strab.], JAPYDES [Plin., Cic., Virg.], Ἰάπυδες [Ptol.], peuple de l'Illyrie, au Nord de la Dalmatie; occupait partie de la Liburnie, au pied des Alpes Juliennes; son territoire serait aujourd'hui compris dans la Croatie, jusque vers *Fiume* et *Zeng*.

JAPODUM VALLIS, ŒNI CAPUT [Stumpf.], *Engadine, Innthal*, vallée du canton des Grisons, en Suisse.

JAPYGIA [Plin., Virg., It. Ant.], Ἰαπυγία [Herod., Strab.], province de la Grande Grèce, appelée depuis MESSAPIA, Μεσσαπία [Polyb., Strab.], Μεσσαπία [Steph.], et enfin CALABRIA, Καλαβρία [Strab.];

formait la partie Sud-Est de l'Italie, c'est-à-dire la *Péninsule Messapienne ou Calabraise ;* elle fut primitivement occupée par les *Japyges,* l'une des trois races-mères de l'Italie, dont l'idiome, dit M. Mommsen, semble remonter vers la source indo-germanique.

JAPYGIUM PROM. [Plin.], Ἰαπυγα ἄκρα [Strab., Ptol.], SALLENTINUM [Mela], ἡ Σαλεντίνων ἄκρα, auj. *Capo di Leuca,* pointe S. de la Calabre.

JARGOLIUM, *Gergeau, Jargeau,* bourg de Fr. (Loiret).

JARNIACUM, *Jarnac,* ville de Fr. (Charente); bataille en 1569.

JAROMIRIUM, JAROMIERSA, *Jaromierz, Jaromira,* ville de Bohême (cercle de Königingrätz).

JASI [Plin.], JASSII, peuple de la Dacie, habitait les bords de la Moldau, et partie de la Valachie.

JASPIS, voy. ASPIS.

JASSIUM, JASSIORUM DACORUM MUNICIPIUM [Inscr.], *Jassy, Jasch,* chef-lieu de la Moldavie, et auj. capitale des Principautés Danubiennes.

Voici ce que nous trouvons dans la *Biblioth. Ritualis* (II, p. 304) : « Simeon, natione Græcus, ex monacho archiepiscopus Thessalonicensis... Librum de sacerdotio ad monachum quemdam, qui cum operibus hactenus recensis aliisque prodiit græce Jassii, in Moldavia, 1683. » Ce livre de l'archevêque Siméon fut imprimé par Jean Molibdus, natif d'Héraclée, aux frais et par les ordres de Jean Ducas, woyewode de Moldavie; il forme un vol. in-fol. de plus de 400 p. contenant le Περὶ τοῦ θείου ναοῦ et autres ouvrages de l'archevêque Siméon, et de plus quelques traités de Marcus Eugenicus, métropolitain d'Ephèse.

En 1697, nous trouvons au catal. Libri de 1861 (no 1498) un livre, que le rédacteur qualifie de « One of the rarest books in existence » : *Joannis Math. Caryophylli Enchiridion difficultatum et solutionum, græce.* Valachiæ (Jassy), 1697, in-4°. Ce livre est écrit par un auteur qui, suspecté de pencher vers le calvinisme, fut condamné par le patriarche de Constantinople. Ceci doit être une réimpression, car plusieurs ouvrages de l'auteur, cités par les bibliographes, sont publiés de 1626 à 1632.

En 1701 : *Methodus et ratio Georgii Trapezuntii, ad quam reperiri possint anni totius festa, quæ celebrantur in Ecclesia Græcorum.* Editus porro est liber a. 1701, in urbe Jassium, Valachiæ principatu, in-4°. (Catal. de la Bibl. du Roy. Paris, 1739, in-fol. 1re part., p. 212, n° 108.)

JATHRIA, JADRENSIS REGIO, *Jederen,* district de Norvége.

JATINUM, voy. MELDI.

JATRUS FL. [Jornand.], riv. de la Mœsie Inf., auj. l'*Otzuma;* se jette dans le Danube à Nicopoli.

JANUA, voy. GENUA.

JAURAVIA, JAURAVIUM, JAVORIUM, *Jauer,* ville de la Silésie prussienne (cercle de Reichenbach).

M. Ternaux cite: *Michaelis, Myrrenberg und Weihrauch. Hügel.* Jauer, 1718, in-12. Struvius ne fait pas mention de cette localité, et M. Cotton dit qu'elle posséda une imprimerie dès l'année 1666 ; nous manquons de moyens de contrôle.

JAURIENSIS, JAVARIENSIS COMITATUS, *Comitat de Raab,* en Hongrie.

JAURINUM [Luen.], JAVARINUM [Cluv.], *Györben* (sur les livres hongrois), voy. ARABONIA.

Nous trouvons, dans le catal. de la bibliothèque de l'observatoire de Poulkova, une date d'impression antérieure à celle que nous avons citée. Voici un livre indiqué à la p. 239 : *Casparis Bartholini Astrologia.* Raab, 1611, in-8°. Nous trouvons dans Bauer plusieurs ouvrages de ce savant médecin, mais celui-ci n'est cité que dans ce catalogue et sans aucune note explicative. Németh (*Typogr. Hungariæ,* p. 86) ne fait remonter la typographie à Raab qu'à 1727: Joseph-Antoine Streibig de Wildberg vint en Hongrie et s'établit à Œdenburg en 1726 ; l'année suivante, à la requête du comte Phil. Ludw. de Sinzendorf, il transporta son établissement à Raab, « ubi ab a. 1731, die secunda januarii accepit privilegium pro se et successoribus, calendarium titulare ad 10 subseq. annos imprimendi ». Le premier livre imprimé par Streibig que cite Németh est daté de 1728.

JAVENNUM, *Giaveno,* pet. ville d'Italie (prov. de Susa).

JAZYGES [Plin., Tac.], peuples de la Sarmatie Européenne, habitant les bords du Tanaïs et du Palus-Méotide; refoulés par les Goths au IVe siècle, ils s'avancèrent au Sud et se divisèrent en JAZYGES METANASTÆ, Ἰάζυγες οἱ Μετανάσται [Ptol.], qui vinrent occuper un district de la Hongrie entre le Raab et le Danube, appelé encore auj. *Jazygie ;* les autres, JAZYGES BASILEI et MÆOTÆ se fixèrent sur les bords de la mer Noire, près des embouchures du Danube.

JECORA, *Jecker,* riv. de la prov. de Liége, affl. de la Meuse.

JEDBURGUM, *Jedburgh,* ville d'Écosse (Roxburghshire), qui possède les ruines magnifiques d'une anc. abbaye de Bénédictins.

JELGAVA, voy. MITAVIA.

JELIA, JELLEJA, localité de la Gaule Cispadane, auj. *Stradella,* bourg près Pavie.

JENA, voy. ATHENÆ AD SALAM.

Nous aurions dû citer les éditions des œuvres de Luther, imprimées à Jéna, à partir de 1556, par Christ. Rhodius et ses héritiers, ainsi qu'une pièce fort rare : *G. Postelli epistola ad C. Schwenekfeldium, cum præfatione M. Matthei Flacci Illyrici.* Jenæ, Christ. Rhodius, 1556, pet. in-8° de 7 ff.

JENECOPIA [Zeiler], *Jœnköping, Junköping,* ville de Suède [Smaland].

Après la mort de Johannes Kankel, l'imprimeur

de Wisingsoë (voy. VISINGIA INS.), arrivée en 1687, le comte Éric Dahlberg, sénateur, grand maréchal et gouverneur de la prov. de Junköping, donna l'ordre au fils du défunt, pasteur de Weckelsäng, de prendre les mesures nécessaires pour le transfert à Junköping du matériel typographique qui devenait sa propriété. Ce pasteur se conforma aux instructions émanant d'une autorité supérieure, et mit à la tête de l'officine paternelle un ouvrier du pays, Petrus Hultman, qui devint le premier typographe de Junköping ; cet imprimeur, qui avait appris son art à Linköping, mourut en 1708.

Daniel Wald, fils de Jean Wald, l'imprimeur de l'Académie d'Abö, neveu de Pierre Wald, l'introducteur de la typographie dans cette ville, prit la suite des affaires de Pierre Hultman, mais il mourut de la peste en 1711 ; Israel Falck lui succéda en 1713. (Alnander, *Typogr. in Suecia.*)

JENUA, voy. GENEVA.

JENVILLA PALATIUM [*Charta* Ludov. Jun. a. 1141], *Janville,* anc. villa royale, auj. village d'Eure-et-Loir.

JERESLAVIA, *Jaroslow, Jeroslow,* chef-lieu du gouvern. du même nom, sur le Volga (Russie).

JERNE, voy. HIBERNIA.

JESIUM, voy. ÆSIS.

JESNITSIUM, *Jesnits, Jessenitz,* bourg de Bohème, près de Prague (voy. IESSNITZIUM).

Les juifs, obligés de quitter Prague, établirent dans ce bourg une imprimerie à la fin du XVIIe siècle ; le catal. Oppenheim relate des volumes exécutés là de 1702 à 1721. M. Cotton cite un traité de Moïse Maimonides imprimé en 1702 à la souscription de Jesnitz ; une édition de la *Bible* de Buxtorf, avec les *Commentaria Rabbinorum* et le *Commentarius Masoreticus,* y furent publiées en 5502 (1742) in-fol.

JESSENA [Zeiler], *Jessen,* ville de Prusse (rég. de Merseburg).

JOACHIMICA VALLIS [Zeiler], *Joachimsthal,* pet. ville de Prusse (rég. de Potsdam).

JOANNIS GEORGII OPPIDUM, *Johann-Georgenstadt,* pet. ville de Saxe, dans l'Erzgebirge, fondée en 1654, par l'électeur de Saxe ; auprès de cette localité est un établissement d'eaux minérales, connu sous le nom de Johann-Georg-Bad.

JOANNIS PONS, *Hidvegh, Hidvegh-Varos,* bourg de Hongrie (comit. de Schymegh).

JOANVILLA, voy. JOVINII VILLA.

JOBII VILLA, *super Mosam,* JOPILA *villa publica,* JOBVILA [Charta Pippini], anc. résidence des Héristal, auj. *Jupil,* sur la Meuse, village de Belgique (prov. de Liége).

JOCOSA, JOCUNDA VALLIS, *Freudenthal, Brunthal,* pet. ville de la Silésie Autrichienne (cercle de Troppau).

JOCUNDIACUM [Greg. Tur.], anc. domaine dépendant de la cathédrale de Tours,

auj. *Joué,* commune d'Indre-et-Loire.

JOCUNDIACUM PALATIUM [Ludov. Pii Vita], JOGENTIACUM, JOGENNACUM *in Territorio Lemovico,* JOCUNDIACUM *super Vinzennam,* JOQUEGNY [Anc. Chron.], anc. résidence Carlov., que D. Germain croit être *Jouac,* commune du Berry (Indre) ; mais qui doit plutôt, à cause des mots *super Vinzennam,* être traduit par *Jouhaud,* village du Limousin, sur la Vienne (Haute-Vienne).

JODRUM, JOTRUM, JOVARA, JOVIS ARA, *Jouarre,* ville de Fr. (Seine-et-Marne) ; anc. abbaye de filles Bénédictines ; concile en 1130.

JOGALIA, *Youghall,* ville d'Irlande (comté de Cork).

JOINA, *la Jugne* [Frédég.], *la Juisne,* pet. rivière de France, affl. de l'Essonne.

JOIA, *Gioja,* pet. ville du Napolitain (Terra di Bari).

JONOSIA, *Villa Loysa,* pet. ville du roy. de Valence (Espagne).

JOPILA, voy. JOBII VILLA.

JOPPA, JOPPE, ZAPHAS [Greg. Tur.], *Jaffa,* ville et seul port de la Judée, sur la Méditerranée, dans l'Eyalet de S. Jean d'Acre.

JORNACUM [Steiner], *Irnis,* bourg de Suisse, dans le Livinerthal (canton du Tessin).

JOSSELINA, CIVITAS JOSSELINENSIS, *Josselin,* ville de Fr. (Morbihan).

JOVALIA, JOVALLIUM, IVOLIUM, localité de la Pannonie Infér., auj. *Valpo, Walpo,* chef-lieu du cercle du même nom (Esclavonie).

JOVAVUS, IVARO [Tab. Peut.], *le Salzach,* riv. qui se jette dans l'Inn, près de Salzburg.

JOVIACUM [It. Ant., Tab. Peut.], *Jaufenburg,* suiv. Muchar, bourg d'Autriche, ou *Geyersberg,* suiv. Mannert (Land ob der Ens).

JOVINIACUM, JOVIGNIACUM, JOIGNIACUM, JOIGNY, *Joigny,* ville de Fr. (Yonne).

JOVINII VILLA, JOVIS VILLA, JOINGNIVILLA, IUNCIVILLA [Chart.], JOINVILLA [Du Cange], *Joinville,* ville de Fr. (Haute-Marne), anc. chef-lieu du Vallage, baronnie dont fut titulaire, au XIIIe siècle, Jean, sire de Joinville, dont la maison tirait son origine des comtes de Joigny.

L'imprimerie remonte en cette ville à l'année 1720 environ ; le duc d'Orléans, régent, fit venir à cette époque de Lille, où il était né et où il exerçait, Jean-

Baptiste Monnoyer, qui imprima particulièrement pour les villes de Vassy et de St-Dizier ; l'établissement de Monnoyer fut supprimé, en droit, par l'arrêt du conseil du 31 mars 1739, mais en fait, cet arrêt n'ayant point été rigoureusement exécuté, Monnoyer continua à exercer, et son gendre, Jean-Bapt. de Gaulle, lui succéda. Le rapport fait à M. de Sartines en 1764 mentionne ces deux imprimeurs. Degaulle ou de Gaulle exerçait encore à la fin du siècle, et le catal. de l'hist. de France de la Biblioth. imp. signale plusieurs impressions signées par lui à l'époque de la révolution.

JOVIS ARA, voy. JODRUM.

JOVIS FANUM, voy. GEOFANUM.

JOVIS MONS [Ann. Lauriss., Ann. Einhard.], SUMMUS PENNINUS [Pertz], le Grand-St-Bernard, montagne des Alpes Pennines.

JOVIS VILLA, voy. JOVINII VILLA.

JOVIUM, JUCA, Joux, fort de Fr. (Jura):

JOYACUM, Jouy; plusieurs communes de France portent ce nom.

JOYOSA, voy. GAUDIOSA.

JUAN DE LA PENA (SAN), monastère d'Aragon.

Mendez (Lista de las Ciudades y Lugares que han tenido o tienen imprenta) cite ce couvent comme ayant possédé un établissement typographique, sans dire à quelle époque ni quels furent ses produits.

JUBERG [Ann. Lauriss.], JUBURG, auj. Iburg, bourg du Hanovre (rég. d'Osnabruck).

JUDECA, Giudeca, île des Lagunes de Venise.

JUDENBURGUM, voy. IDUNUM.

JUDICIA, Judes, commune près Thionville (Moselle).

JUENNA [Tab. Peut.], localité de la Norique, suiv. Cluv. et Reichard ; est auj. Jaunstein, bourg de Carinthie.

JUERNIS, IVERNIS, ville d'Irlande, auj., suiv. Camden, Dunkerron, et suiv. d'Anville, Cashel, dans le Munster.

JUERNUS, SENUS, fl. de l'Irlande occident., auj. le Shannon.

JUFICUM, JUPHICUM, Sassoferrato, bourg d'Italie (délég. d'Urbino).

JUGO, Jugon, bourg de Fr. (Côtes-du-Nord).

JUHONES, voy. UBII.

JUINIACUM, voy. JOVINIACUM.

JULIA [Baudrand], Gyula, bourg de Hongrie, sur le Schwarzen-Körös.

JULIA AUGUSTA BARCINO, voy. BARCINO.

JULIA CONCORDIA, voy. NERTOBRIGA.

JULIA ILLERGAVONIA, voy. DERTOSA.

JULIA JOZA, 'Ιουλία ''Ιοζα [Strab.], JULIA

TRADUCTA, ville de la Bétique, auj. Tarifa, ville d'Andalousie, sur le détroit de Gibraltar.

JULIA LIBYCA, 'Ιουλία Λίβυκα [Ptol.], ville des Cerretani, dans la Tarraconaise, auj. Puigcerda, Puycerda, ville de Catalogne; ou, suiv. Reichard, Llivia, bourg du Nord de la même province.

JULIA MYRTILIS [Plin.], MIRTYLIS [Mela], 'Ιουλία Μυρτιλίς [Ptol.], ville de Lusitanie, auj. Mertola, ville du Portugal, sur la Guadiana (Alentejo).

JULIA OPTA, ville de la Tarraconaise, auj. Huete, dans la Nouvelle-Castille.

JULIA RESTITUTA, voy. SEGIDA.

JULIA ROMULENSIS, voy. COLONIA ROMULEA.

JULIA SCARABANTIA, voy. SCARABANTIA.

JULIA TRADUCTA, voy. JULIA JOZA.

JULIACENSIS DUCATUS, Duché de Juliers, Hrzth. Jülich, district de la Prusse rhénane (rég. d'Aix-la-Chapelle).

JULIACUM [Ant. It., Tab. Peut.], Juliers, Jülich, chef-lieu du duché de ce nom.

JULINUM, Wollin, ville de Prusse, dans l'île du même nom.

JULIOBONA, voy. FLAVIANA CASTRA.

JULIOBONA [It. Ant., Tab. Peut.], 'Ιουλιόβονα [Ptol.], ville des Calètes, dans la Gaule Belgique, auj. Lillebonne, bourg de Normandie (Seine-Inférieure); conciles en 1066 et 1080.

JULIOBRIGA [Plin.], 'Ιουλιόβριγα [Ptol.], LUGRUNIUM, LUCRONIUM [Mariana], Logroño, ville d'Espagne, sur l'Èbre (prov. de Burgos); quelques géographes ont donné une autre situation à la JULIOBRIGA de Pline; Cell. traduit par Fuente di Ivero, d'autres par Aguilar del Campo.

Les bibliographes ne font remonter l'imprimerie dans la ville de Logroño qu'à l'année 1507, et M. Ternaux dit même n'avoir pu trouver à cette date le livre qu'ont voulu désigner Falkenstein, Cotton, etc.; le beau travail de MM. Z. del Valle et S. Rayon sur la bibliographie espagnole nous permet d'assigner une date antérieure à la typographie de cette ville.

Sacerdotalis instructio circa missam, edita a reuerendo artium ac sacre theologie professore magistro Roderico de Sancta Ella. Lege feliciter. A la fin : Impressum in oppido Lugrunii, industria et expensis magistri Arnaldi guillermo de Brocario, Anno a natiuitate xpi Millesimo ccccc tercio, die vigesima prima mensis martii, in-4°, à long. lig., sans ch. ni récl. avec sign. A-H. Sur le frontispice deux gravures sur bois, et au v° la table. A la fin, après la permission d'imprimer, vient un petit traité de Franc. de Mendoza, archidiacre de Séville, à Roderic de Sancta Ella, daté de Séville, 1499.

Nous avons déjà vu ce célèbre imprimeur à Alcala de Hénarès; nous le retrouverons à Pampelune.

Voici un autre volume sorti de ses presses à cette même date: *Speculum sapientiæ B. Cirili, alias Quadripartitus apologeticus vocatus est.* A la fin : IMPRESSUM LUCRONII PER ARNALDUM GUILLELMUM DE BROCARIO. *Anno* 1503, in-8°.

Le volume à la date de 1507 qu'ont sans doute voulu désigner les bibliographes précités, est celui-ci : *Tratado muy util y muy provechoso contra toda pestilencia y ayre corrupto, fecho por Fores, Licenciado en medicina.* A la fin : *Fue acabado de imprimir año de Mil y quinientos y siete en la muy Noble Cibdad de Logroño por Maestre Arnao Guillen de Brocar, a Honra y Loor de la Virgen immaculada Santa Maria, y del Bienaventurado Señor Sant Roque, defensor de la pestilencia, el cual a nuestras peticiones quiera ser buen Abogado. Laus deo.* In-4° de 18 ff.

Nous pourrions citer un très-grand nombre de beaux livres exécutés à Logroño par Arnauld Guillen de Brocar ; nous nous bornerons à mentionner la *Cronica del Serenissimo Rey Don Juan el secundo* de Perez de Guzman, dont un splendide exempl. sur vélin est décrit par Van-Praët comme propriété de la Bibl. impériale de Paris, et un autre incomplet a figuré dans le second catal. de Salva (n° 3706), où il est annoncé comme unique.

JULIOBURGUM, *Juliusberg,* pet. ville de Prusse (rég. de Breslau).

JULIODUNUM, LOSDUNUM, *Loudun*, ville de Fr. (Vienne); concile en 1109; patrie d'Urbain Grandier, brûlé pour avoir ensorcelé un couvent d'Ursulines.

C'est de la réunion de la célèbre *assemblée* des délégués du protestantisme à Loudun en 1620, que date l'introduction de l'imprimerie dans cette ville ; très-probablement l'établissement ne subsista que pendant la durée de cette conférence, car il faut aller jusqu'à la fin du siècle pour retrouver trace d'imprimerie à Loudun.

Lettre envoyée au Roy par les députés des églises réformées de France et souveraineté de Béarn, assemblés par sa permission en la ville de Loudun (16 *janvier*); *avec la harangue prononcée au Roy, par les députés de ladite assemblée* (25 *janvier*). Loudun, de l'imprimerie de La Barre, 1620, in-8°. Cette pièce est à la Biblioth. impér. (Cat. de l'hist. de France, I, p. 500).

En 1691, M. Cotton, sans désignation de livre, signale l'existence d'une imprimerie à Loudun ; nous trouvons effectivement à cette date (Catal. de Soleinne, III, n° 3970) : *Les Amours de Colas, comédie loudunoise, en beau langage* (en cinq actes et en vers), *par Saint-Long.* Loudun, G. Chachereau, 1691, in-8° de 2 ff. et 36 p. M. Gustave Brunet a donné de cette rareté une réimpression tirée à petit nombre. Cette pièce fut réimprimée dans la même ville en 1732 par R. Billault.

L'arrêt du 31 mars 1739 supprime l'imprimerie, et cette fois l'arrêt est exécuté dans sa teneur, car le rapport fait à M. de Sartines en 1764 ne mentionne même pas le nom de la ville de Loudun.

JULIOLA, Ἰουλίολα [Ptol.], COLONIA JULIA [G. Rav.], colonie romaine du N. de l'île de Sardaigne, dont les ruines se voient à *Torre Vignale*, suiv. Mannert, et suiv. d'autres géogr. à *Castro Doria*.

JULIOMAGUS, voy. ANDEGAVA.

JULIOMAGUS [Tab. Peut.], DUTLINGA, localité du S.-O. de la Germanie, auj. *Dutlingen* ou *Tutlingen*, ville du Wurtemberg sur le Danube, ou PHULENDORFIUM, *Pfullendorf*, en Souabe.

JULIPA, *Zalamea de la Serena*, bourg d'Espagne [Graësse].

JULIUM CARNICUM [P. Diac.], JULIA CARNICUM [It. Ant.] Ἰούλιον Καρνικόν [Ptol.], ville de la Norique, au N.-O. d'Aquilée; auj., suiv. Kruse, *Guildorf*, et, suiv. Forbiger, *Julia*, ces deux localités dans le gouv. de Laybach.

JULIUM PRÆSIDIUM, voy. SCALABIS.

JULIUS VICUS [Not. Imper.], *Germersheim*, ville de Bavière, au confl. de la Queich et du Rhin.

JULLIACUM, *Jully, Juilly*, village de Fr. (Seine-et-Marne); collége d'Oratoriens.

JUNCARIA [Ant. It., Tab. Peut., It. Aq. Apoll.], station de la route de Barcino à la Gaule, auj. *Junchers, Junquera*, bourg de Catalogne, suiv. M. de Laborde.

JUNCARIA, *Jonquières*, bourg de Languedoc (Hérault); conciles 892-909.

JUNECOPIA, voy. JENECOPIA.

JUNIANUM, LUGANUM, *Lugano, Lavis, Lauwerz*, chef-lieu du canton du Tessin (Suisse), sur le lac du même nom.

Imprimerie en 1766 [Falkenstein].

JUNONIA, colonie fondée par Caius Gracchus sur les ruines de Carthage, l'an 115 av. J.-C.

JUNONIS PROM. [Mela], τὸ τῆς Ἥρας ἀκρωτήριον [Ptol.], *cap Trafalgar*, à l'O. du détroit de Gibraltar (Espagne).

JUPILIA, voy. JOBII VILLA.

JURA MONS [Cæs.], Ἰόρας [Strab.] Ἰουρασσὸς ὄρος [Ptol.], MONS JURASSUS, *le Jura, Leberberg*, chaîne de montagnes qui se rattache au réseau alpestre.

JURENSIS URBS, *St-Rambert-le-Jouy*, bourg de Fr. (Ain).

JUSTINGA (?).

Nous ignorons à quelle localité peut se rapporter ce nom latin que nous trouvons sur quelques livres du XVIe siècle : *Testamentum ubiquitatis Brentzandreanæ.* Justingæ, ex officina Valeriana, 1585, in-4°. (Cat. G. Willer, p. 84.)

JUSTINIANA PRIMA, voy. SCOPI.

JUSTINIANA SECUNDA, voy. ULPIANUM.

JUSTINOPOLIS, *Capo d'Istria*, voy. ÆGIDA.

Est-ce à cette ville que peut s'appliquer la souscription JUSTINOPOLI que nous trouvons à la date de 1622 sur un livre que décrivent Feuerlin et Bauer : *Justi Justinopoliani (Justini) mysterium iniquitatis eiusque vera Apocalypsis, sive secreta secretorum turco-papistica secreta, contra libellum famosum, cui ipsa calumnia titulum præfixit, secreta Calvino-Turcica, authore qui se falso Theo-*

nestum Cogmandolum nominat. Justinopoli, 1622, in-4°.

JUTIA [Cell.], JUTLANDIA [Zeiler], voy. CAR-
TRIS.

JUTREBOCUM [Zeiler], JUTERBOCKUM, *Weisen-
felsense* opp. [Struvius], *Jüterbock*, ville
de Prusse (rég. de Potsdam).

L'imprimerie existe dans cette ville au XVIIIe siècle; en voici deux spécimens que cite Struvius: *M.
Tobiæ Eckhardi, rectoris Quedliburgensis, epistola
de rebus nonnullis Iutreboci ad Georgium Carolum Lossium, consulem atque syndicum, scripta.*
Iutreboci, 1730, in-4°; et: *M. Pauli Jacobi Eckhardi
ordo consulum Iutrebocensium cum nonnullis
sub iis gestis.* Iutreboci, 1732, in-8°.

JUVANTIUS FL., dans le Picénum, auj. *le
Tronte*, fleuve qui traverse la délég.
de Ravenne.

JUVAVUM [Tab. Peut., Inscr. ap. Grut.],
IVAVO [It. Ant.], JUVENSE CASTRUM [Not.
Imp.], JUVAVIA [Not. Eccles.], JOPIA, de-
puis SALISBURGUM, SALZBURGUM, SALEBURC
(en franc. du XIIe s.), SALEBRUCE (au
XIVe s.), ville de la Norique, sur le fl.
JOVAVUS, le *Salzach*, auj. *Salzburg,
Salzbourg*, chef-lieu du cercle de ce
nom, dans le gouvern. de la haute
Autriche; c'est la patrie de Mozart.

Falkenstein donne 1620 comme date de l'introduction de la typographie dans cette charmante
ville; nous ne pouvons la reporter qu'à l'année
1594: *D. Joh. Helleni Eugelländische historien,
was sich besonder in Religions sachen, von 60
Jahren, nemblich von dem 2 der Regierung König
Henrichs dess 8 biss auff das 21 jetziger Königin
Elisabethen zugetragen.* Salzburg, 1594, in-4°.

JUVENACIA, JUVENACIUM, *Giovenazzo*, pet.
port du Napolitain (terra di Bari).

JUVENCIACUM PALATIUM [Charta Lud. pii,
a° 832); est-ce *Juvisy*, commune de l'Ile-
de-France (Seine-et-Oise)?

JUVINIACUM PALATIUM, anc. villa Mérovingienne; suiv. l'abbé Lebeuf, *Juvigny*,
village près Soissons (Aisne). Les deux
dénominations précédentes pourraient
n'avoir qu'une signification identique.

KAHREN (?), en Illyrie.

Vogt (*Cat. libr. rar.*, p. 667) et Bauer (*Bibl. libr. rar.* IV, p. 169) indiquent l'un et l'autre un livre publié sous cette rubrique, qui rappelle la forme allemande du mot *Carinthie*: *Novum Testamentum Germanico-Wendicum ; Neues Testament unsers Herrn Jesu-Christi, durch Gotlieb Fabricium, in die Wendische sprache übersetzet.* Kahren, 1709, in-8°.

KAIWAI, ORTA KAIWAI, bourg de Roumélie, voisin de Constantinople.

A diverses reprises, à Constantinople comme dans la plupart des capitales ou des grandes villes d'Europe, à l'exception de Paris et de Londres, les juifs furent persécutés, leur matériel saisi ou détruit, et ils transportèrent dans des localités rapprochées du centre de leurs affaires leurs établissements typographiques; au XVIIIe siècle, ce fut ainsi qu'ils imprimèrent quelques-uns de leurs livres saints sous la rubrique *Kaïwai;* le plus ancien spécimen décrit dans la collection Oppenheim remonte à 1717.

KALA, voy. CALA.

KALIS, voy. CALISIA.

KALMUNDA, *Kalmünz,* bourg de Bavière, sur la Vils (Regenkreise).

KARALANSKA, ville de Russie, sur la Tunguska, dit M. Cotton; nous croyons que ce mot est une dénomination lithuanienne de Königsberg.

La première édition de la Bible lithuanienne fut publiée sous ce nom de lieu, en 1735, par Philippa Krístupa Kanteri, in-8° goth. L'exempl. vendu 12 l. chez Turgot était daté de 1738, un bel exempl. de ce rare volume est conservé à la bibl. royale de Danemark, un autre à celle de l'université de Wilna. (Voy. Graësse, I, p. 398.)

KARALAUCZUJE, autre nom lithuanien de *Königsberg,* voy. REGIOMONTUM.

KARAS, *Karasou-Basar,* ville de Russie, dans le gouv. de Tauride, au N.-E. de Simphéropol.

Une mission évangélique écossaise établie dans le pays en 1802 fit venir d'Europe un matériel typographique, et en 1807 500 exempl. des *Evangiles de St-Matthieu* y furent tirés in-fol. sur papier bleu ; il faut encore citer comme produit de cette imprimerie :
Nouveau Testament en langue des Tartars-Nogaïs. Karas, 1813, in-8° (Catal. Rémusat).

KARISIACUM, voy. CARISIACUM.

KARROFA, voy. CARROFUM.

KAUFBURA, KAUFBYRA [Zeiler], *Kaufbeuern,* ville de Bavière, sur la Wertach (Oberdonaukreis).

Cette ville possédait une imprimerie en 1732, dit M. Cotton.

KAZANUM, *Kasan,* ville et chef-lieu de gouvern. dans la Russie orient., sur la Kazanka, l'un des principaux entrepôts du commerce, entre l'Asie et l'Europe.

Cette ville possède une université depuis 1803 ; l'imprimerie, ce puissant levier des études académiques, y fut introduite en même temps; en fait de classiques ou de livres didactiques, on y donna pendant cette première année 1803 deux éditions du Coran, l'une in-4°, l'autre in-8°. Plusieurs volumes en turc oriental, imprimés à Kazan en 1802, figurent au catal. Silv. de Sacy (nos 1501, 1507, 1514, etc.).

KEHL, anc. forteresse de l'empire d'Allemagne, qui, malheureusement pour elle, s'est trouvée sur le fréquent passage des armées françaises; auj. tête du pont de Strasbourg, au confluent de la Kinzig, de la Shutter et du Rhin ; (gr.-duché de Bade).

Ce fut là qu'un estimable libraire de Lille,. M. Panckoucke, héritier des manuscrits de Voltaire, de concert avec le Sʳ Cáron de Beaumarchais, qui cherchait à faire oublier, par le bruit qui allait se faire à l'entour d'une vaste entreprise littéraire, le scandale qui s'était fait à propos de l'affaire des fusils à fournir aux insurgés d'Amérique ; ce fut dans le fort de Kehl, loué pour 18 ans, que MM. Panckoucke et de Beaumarchais formèrent un important établissement typographique, destiné à donner au monde lettré la première édition collective, réellement digne de ce nom, des œuvres de Voltaire. On sait que Beaumarchais s'était rendu acquéreur des admirables caractères du célèbre imprimeur de Birmingham, Baskerville, et qu'il confia la direction littéraire à MM. de Condorcet et Decroix de Lille ; il ne conserva guère que le rôle de banquier de l'entreprise, cependant il donna quelques notes qu'il signe ainsi : « *Note du correspondant général de la Société littéraire typographique.* » (Voy. au sujet de cette belle publication Beuchot, *Préface des OEuvres de Voltaire*, Paris, Didot, 1829, 34 ; Quérard, *Notice sur les œuvres de Voltaire*, Peignot et *le Manuel.*)

KEITH, ville d'Écosse (Banffshire).

M. Cotton, dans son nouvel ouvrage, cite une édition de l'*Exposition of the New Testament* du dr Gill, comme publiée en 1744, avec le nom de cette localité comme lieu d'impression. Ce livre a échappé aux recherches si consciencieuses de Lowndes, qui en cite plusieurs éditions, et consacre à ce savant hébraïsant un article très-développé.

KELSO, ville du comté de Roxburgh (Écosse), avec les ruines d'une magnifique abbaye.

Cette localité possédait une imprimerie en 1782, et en 1802 James Ballantyne (l'éditeur du « *Kelso Mail* » en 1797, etc.) y donna une charmante édition des « *Minstrelsy of the Scottish Border* » de sir Walter Scott. (Note de M. Cotton.)

KEMBERGA, voy. CAMERACUM AD ALBIM.

KEMNITIUM, voy. CHEMNITIUM.

KEMPTENA, voy. CAMPIDONA (CAMBIDONA ?) ; patrie de Thomas A Kempis.

M. Ternaux dit qu'un ouvrage généalogique par Albizius fut publié à Kempten en 1610 ; ce livre nous est inconnu, mais du même auteur nous pouvons citer : *Ant. Albizii tractatus brevis continens decem principia doctrinæ Christianæ.* Campidoni, 1612-1617, 2 part. in-8° (cité par Windekind avec cette note : *Omnia Albizii admodum rara sunt*) ; ces publications d'Albizii ont été très-probablement imprimées à l'aide d'une presse établie dans le couvent des Bénédictins de Kempten.

Nous trouvons encore le nom de *Kempten* sur un volume imprimé en 1623 : *P. Meidertini kleine Catechismus, das ist, kurtze Warnung, Ermahnung und Trostschrifft, nach Anleitung des h. Catechismi.* Kempten, bey Christoff Krausen, 1623, in-12.

KENDALIA, CONCANGIUM, Kendal, Kiskby-Kendal, ville d'Angleterre (comté de Westmoreland).

Le 1ᵉʳ janvier 1731, parut un journal, « *The Kendat Courant* », imprimé par Thomas Cotton ; un nouveau périodique, « *the agreable Miscellany* », imprimé par M. Ashburner, fit son apparition en 1745 [Cotton's *Supplem.*].

KENILWORTH, ville d'Angleterre (Warwickshire).

On y voit les magnifiques ruines du château que Walter Scott a rendu si célèbre. Le livret explicatif de ces ruines (*History and description*) fut impri-

mé dans la ville même en 1777, dit M. Cotton ; Lowndes ne signale pas ce volume.

KERESDINUM, Kreisch, Kriss, bourg de Transylvanie (pagus in Comitatu Albensi inferiori).

Michael P. Székesi exerça la typographie à Kreisch depuis 1684 jusqu'à 1687 ; le matériel dont il se servait était la propriété du comte Wolfg. Bethlen (J. Németh. *Typogr. Hungar.*, p. 88) ; voici le titre d'un volume publié par cet imprimeur : *Positiones theologicæ ex articulo de ministerio ecclesiastico. Respond. Joanne Kelp.*, 1685, die 26 sept. Keresdini, per Mich. P. Székesi, in-4°.

M. Ternaux (d'après Köhler, *Historich Münz-Belustigungen*, IX, p. 116, et Gundling, *Historie der Gelahrtheit*, p. 187) cite un autre livre et un fait historique que nous devons rapporter : *Bethlen Wolgangi (comitis de), prioribus seculi XVII annis cancellarii aulici Transylvaniæ, historiarum Pannonico-Dacicarum lib. X. a clade Mohaczensi* 1526 *usque ad finem seculi*, in arce Kreusch Transylvaniæ, typis et sumptibus auctoris, in-fol. Quand l'imprimeur fut arrivé à la p. 801, le château fut pris par les Turcs et le comte alla mourir en esclavage. Un siècle après, quand on voulut rebâtir le château, les ouvriers trouvèrent dans un caveau muré un amas de papiers pourris. C'était l'édition entière de l'ouvrage, jetée là au moment du siége ; on ne put en composer que deux exemplaires à peu près intacts, dont l'un fut placé dans la bibliothèque du comte de Schaafgotsch à Hermsdorf, et l'autre dans celle de Breslau. Aussi Bauer dit-il de cet ouvrage : *Liber rarissimis rarior, cujus duo saltem exemplaria integra in orbe litterato exstant.* Vogt raconte également le fait, mais avec des détails tout différents.

KERESZTURINUM, Nénet-Keresztur, Kreutz, ville de Transylvanie, dans le comitat d'OEdenburg (Croatie).

Un imprimeur nomade, nous dit Németh (*Typ. Hungariæ*), exerça la typographie dans cette petite ville de l'année 1597 à 1604, sous la protection de la famille Nádasdi, à laquelle appartenait le château de Kérésztur. Voici la liste de ses étapes : on le trouve à Német-Ujvarini, en 1581 et 1597 ; à Monyorokerckini en 1589 et 1591, à Schützini en 1593, enfin à Sarvarini en 1602.

Ce Joannes Manlius mourut peut-être en 1605, car à partir de cette date on ne voit plus figurer son nom ; de 1610 à 1619 le typographe de Keresztur s'appelle Emeric Farkas.

Németh cite un grand nombre de livres hongrois exécutés par J. Manlius ; l'idiome des Magyares n'étant point familier à nos protes, nous les omettrons et ne citerons que ce volume latin : *Hartliebii Georgii Tubingensis poetæ laureati, carmen heroicum... magnifico D. Francisco de Nadasd... qui pie et placide in Christo 4 Januar. anno 1604 Sarvarini expiravit, sacrum.* Impressum typis Joannis Manlii Keresaturini, 1604, in-4° de 10 ff.

KESDIENSIS SEDES, Kesd, localité de Transylvanie ; siége d'un évêché.

KESMARKINUM, Kaysersmark, petite ville de Hongrie.

Matthias Vitriari exerça l'imprimerie dans cette localité de 1705 à 1708, ou, du moins, un livre imprimé à chacune de ces dates est cité par Németh (*Typog. Hungar.*). Nous reproduisons le titre latin du dernier : *Thessedik Pauli Puchovio-Trentsiniens. Hung. flebiliter gravissima... charitatis querimonia... Hungarico-Christiano data orbi.* Késmarkini, 1708, in-4° de 4 ff. en vers latins.

KEXHOLMIA, Kexhohn, ville de Russie [Finlande] ; elle est aussi appelée Karelogo-

rod, *Korelskigorod*, id. est *Careliæ pro-pugnaculum*.

Kharkovia, *Kharkov*, ville de la Petite-Russie, chef-lieu de gouvern.

Université depuis 1803, l'imprimerie suivit de près ; voici un livre qui date des commencements de cette typographie : *S. Marschall von Bieberstein. Flora Tauricο-Caucasia.* Charkov, typis academi-cis, 1808, in-8°.

Khesrowan, Keshouan (**Mont**), dans le Liban.

Plusieurs monastères et plusieurs imprimeries existent ou ont existé sur cette montagne ; voici le résumé de quelques communications, qu'ont bien voulu nous faire quelques voyageurs érudits, entre autres M. Marius Fontane, qui a résidé longtemps en Syrie.

« Le père Adam, dit Gérard de Nerval (*Voyage en Orient*, t. II), m'apprit que la première imprimerie avait été établie il y a cent ans, à Mar-Hanna (il faut peut-être lire *Mar-Jouana*, c'est-à-dire *St-Jean*), couvent des Grecs-catholiques, par un religieux d'Alep nommé Abdallah Zeker, qui grava lui-même et fondit les caractères ; beaucoup de livres de religion, d'histoire, et même des recueils de contes, sont sortis de ces presses bénies. »

Si Gérard de Nerval avait lu Volney, le père Adam ne lui aurait rien appris ; en effet celui-ci, dans son *État politique de la Syrie* (édit. F. Didot, p. 248), se sert presque identiquement des mêmes termes, et de plus il donne le catal. des ouvrages imprimés dans ce couvent qu'il appelle *Mar-Hannah el Chouaïr.* Le premier livre imprimé est un *Psautier de David* en arabe, de 1733. Abd-Allah meurt en 1755.

Voici maintenant d'autres détails :

« On compte trois imprimeries dans la montagne, dont deux appartiennent aux Maronites et aux Grecs-catholiques. De ces deux premières, l'une, syriaque, que possèdent les moines Libanais dits *Bélédié*, a été importée de l'Europe en 1789, par un des moines nommé Séraphin Chouchani de Beyrout. Elle fut installée en premier lieu dans un des couvents de la communauté nommé *Mar-Mouça el Habachi*, et le premier volume imprimé l'année même de l'installation 1789 fut le *Service de la Messe maronite*, comme le démontre la préface dudit livre. Cette imprimerie fut transférée en 1815 dans un autre couvent du même ordre, nommé St-Antoine Kozhaïa ou du Qouzahaï, situé dans le Gebbeh ; elle fonctionne encore aujourd'hui.

« La même communauté possède une seconde typographie arabe qu'elle fit venir d'Europe en 1855, et qu'on installa dans un des couvents de l'ordre nommé Seydet Jamish, dans le Kesrouan.

« L'imprimerie du culte grec-catholique fut introduite en 1712 environ (nous croyons 1732) par un diacre nommé Abd-Allah Zakher ; elle fut établie dans le couvent de Mar-Hanna-el-Choueïr, c'est-à-dire dépendant du *Choueïr* ou *Chouaïr*, village du district de Kesrouan ; le premier volume imprimé est intitulé : *Mizân el Zemân*, ou la *Balance du Temps.* »

Suivant une autre version *el Chouaïr* serait un village dépendant du district du *Metten ; «* le Met-ten est un district chrétien et non druse ; il est habité par 24,000 Maronites et 8,000 Druses seulement. »

L'un des livres les plus importants qui soient sortis des presses du couvent de Mar-Hannah est une édition des *SS. Evangiles*, en arabe : In Monasterio St-Johannis in Kesrowan Monte, 1776, in-fol. de 315 pp.

Kidderminster, ville du comté de Wor-cester (Angleterre).

Un libraire du nom de Neville Simmons y était établi en 1659 ; en 1791 les imprimeurs de la localité s'appellent Gowett et Pinnell [D. Cotton's *Suppl.*]. Deux vol. imprimés à Kidderminster fig. au 1er cat. Rich. Heber, sous les n°s 7351 et 7352.

Kieidany, pet. ville de Russie, dans le gouvernement de Wilna.

Cette ville fut fondée et presque entièrement peuplée par des émigrants écossais ; elle possédait au XVIe siècle une école importante et une imprimerie ; M. Cotton rapporte le fait d'après Krasinski.

Kijovia, *Kief, Kiew, Kiöw* (en polon.), *Kjobhv* (en russe), ville de la Russie Blanche, chef-lieu du gouvern. de ce nom ; cette ville est formée de trois étages superposés en gradins, surmontant les rives du Dnieper ; c'est l'une des villes saintes des Russes.

Université fondée par l'emp. Nicolas ; mais l'imprimerie religieuse est antérieure ; le monastère Petcherskoï (*monasterium Petzsarskiense Kiovense*), qui renferme dans ses vastes catacombes les restes de 110 martyrs, est connu, dans les annales bibliographiques, sous le nom de *Monastère des Grottes de Kief.* Nous avons eu l'occasion de voir chez M. Tross plusieurs spécimens de ces presses conventuelles, d'une exécution typographique irréprochable. Bach-meister assigne expressément la date de 1618 à l'introduction de l'imprimerie dans ce monastère.

Voici ce que dit Hoffmann (*de Typogr. in Polon. et Lithuan*).

« *Anno* 1635, Πατεριχὸν, *quod Nestor Ruthenorum chronographus Slavonica lingua conscripserat, in quo Patrum, qui in Cryptis Kioviensibus conditi sunt, vitæ recensentur, a Sylvestro Kossovio, episcopo Rutheno-Mscislaviensi, Orszanensi et Mohiloviensi, in compendium redactum ac in linguam polonicam translatum prodiisse testatur Joannes Herbinius. Idem liber lingua Slavonica* 1661 *Kioviæ, typis Slavonicis impressus, extat.* »

Mais nous avons des indications antérieures, quoique moins précises :

L'édition des *Quatuor Evangelia Slavica dialecto veteri ecclesiastica*, imprimée en car. cyrilliques, sans désignation de lieu ni de date, in-fol. de 412 ff. avec fig. sur bois, a très-probablement été exécutée dans le monastère au commencement du XVIIe siècle.

Un Nouveau Testament, en slavon, publié à la date de 1630, est souscrit au nom du : *Monasterium Petzsarskiense Kjovense.*

Voici, imprimé avec les mêmes caractères, un livre très-important que nous avons vu chez M. Tross en 1856 : SYNOPSIS' ILI KRATKOE SOBRANIE... *Synopsis ou Recueil abrégé de diverses annales sur le commencement de la nation slavo-russe et les premiers princes de la ville de Kief ; sur la vie du grand prince de Kief Wladimir, et ses successeurs, jusqu'au tzar Théodore Alexiewitch...* Imprimé dans le Monastère des Grottes de Kief, par autorisation de l'archimandrite... Innocent Iziel, l'an 1680, pet. in-4°, fig. sur bois.

Kilia, voy. Kilonia.

Kilkenia, Kilkena, Fanum ou **Cella Sti Canici, Canicopolis**, *Kilkenny*, ville d'Irlande, sur la Nore, chef-lieu de comté (Leinster).

Lowndes cite un livre imprimé à Kilkenny en 1646 : *A Tragedy of Cola s Jury, or Lirenda's Misery* (for *Irlanda*), by *Henry Burckhead*, 1646, in-4°. Dans la bibliothèque diocésaine de Cashel, dit M. Cotton, sont deux spécimens de l'ancienne typographie de Kilkenny : *Proclamation of the supreme council of the confederate catholics.* Kilkenny,

1648. Et le second: *The declaration of Owen O'Neill, with the answer of the council of the confederate catholics of Ireland*, même date , 16 pp. in-4°; ces pièces sortaient d'une imprimerie qu'avait établie, lors de la révolte de l'Irlande en 1641, le légat du pape Rinuccini, dans le but de faciliter la propagation de pamphlets catholiques destinés à surexciter l'esprit religieux en Irlande contre l'oppression presbytérienne.

L'*Hibernia Dominicana* de De Burgo (Thomas Burke) fut imprimée à Kilkenny, sous la rubrique *Colonia Agripp.;* une note mss. que M. Cotton a lue sur l'exempl. de ce livre rare appartenant à un prêtre catholique, dit que le premier projet de l'auteur était de le publier avec cette souscription : *Canicopoli, typis Jacobi Stokes juxta prætorium*, et que le manuscrit fut livré à l'imprimeur sous cette forme, mais que la terreur qu'inspiraient alors les lois sévères réglementant la presse fit substituer à cette rubrique celle de Cologne.

KILLOCIA, *Kilmalon*, bourg d'Irlande, du comté de Limerick (Munster).

KILMARNOCK, ville d'Ecosse, dans le comté d'Ayr.

L'imprimerie date en cette petite ville de l'an 1783 ; ce fut là que, deux ans après, le célèbre Robert Burns publia ses premières poésies : *Poems chiefly in the Scottish dialect, by Robert Burns*. Kilmarnock, Wilson, 1786, in-8° avec figures, tiré à 600 exempl., et cette première édition est devenue absolument introuvable (Cat. Walt. Scott, p. 199). L'exemplaire de l'illustre compatriote de Robert Burns est décrit : « *With additional poems from Newspapers... and one of Burn's autograph excise reports.* » En 1789, citons: *David Sillars's poems*. Kilmarnock, 1789, in-8°.

KILMORA, voy. CHILMORIA.

KILONIA, **KILONUM**, **CHILOMIUM**, **KILIA HOLSATORUM**, *Kiel*, ville du Holstein; port important sur la Baltique.

Université fondée en 1665 ; musée ; bibliothèque. Adam Heinr. Lackmann de Hambourg consacre, dans son livre sur la typographie (*Annal. typogr. selecta quædam cap.*), un chapitre spécial aux débuts de l'imprimerie à Kiel ; ce travail intéressant est beaucoup trop long pour être même analysé ici. Le premier produit de la typographie locale qui soit venu à la connaissance de ce bibliographe est un volume in-4° qui remonte à l'année 1528, et il est vraiment bizarre que Falkenstein avant tout n'ait point consulté Lackmann, et de plus qu'il n'ait point rencontré ses livres anciens de trace d'impression antérieure à 1667, qui est la date absurde qu'il fixe à l'introduction de l'imprimerie à Kiel.

Voici le titre du volume cité par Lackmann : *Dat erste capittel des evangelisten St-Mattheus, geprediget unde uthgelecht thom Kyll dorch Melchior Hoffmann , Könincklicker majestat tho Dennemarcken gesette prediger. Nege dyne oren vorgytt dynes Volckes, unde dynes Vaters Hus , Psalm. XLV. Gedrückt thom Kyll, ym Jare* M.D.XXVIII, in-4. Lackmann cite plusieurs autres ouvrages imprimés en cette même année 1528 et l'année suivante ; plusieurs catalogues anciens, celui de Maittaire entre autres (Lond. 1748), nous donnent les titres de volumes imprimés à Kiel au XVIe siècle.

La fondation de l'académie ne put que donner une nouvelle impulsion aux travaux typographiques: « *Initio igitur academiæ, typographia Kiliensis novum merito incipit auspicium, primo eius initio longe felicius.* »

Les typographes de l'université sont « *ab epocha conditæ academiæ* » : Joachim Reumann (1665-1698); à cette date il se retire à Hambourg; Barthold Reuther (1698, m. 1721) ; J. Christoph. Rev-

ther (1721, m. 1728) ; Nicol. Lüders (1729, m. 1730) ; Gottfried. Bartsch (1731-1746). [Lackmann, p. 20.]

Parmi les volumes sortis des presses de Joachim Reumann, il ne faut point omettre de mentionner une édition du célèbre traité *de Tribus Impostoribus*, Kilonji, literis et sumptibus Joac. Reumanni, 1680, in-12.

Deux imprimeries particulières sont signalées par Lackmann, comme ayant existé à Kiel, l'une à la fin du XVIIe, l'autre au commencement du XVIIIe siècle ; la première est celle du professeur Matthias Wasmuth, et de son fils le médecin, qui porte le même nom ; elle fonctionna en 1692, sous la direction de Joachim Reumann, typogr. de l'Université ; la seconde est celle de l'orientaliste H. Opitius, et l'imprimeur Barthold Reuther en était le directeur.

KIMPERLACUM, **QUIMPERLACUM**, *Quimperlé*, ville de Fr. (Finistère).

KINGSTON.

Un très-grand nombre de localités portent ce nom en Angleterre; M. Cotton ignore à laquelle on doit rattacher l'indication suivante : *J. Boy's commentary on the 150th Psalm*. Kingston, 1615, in-4° (non cité par Lowndes).

KINGTON, sur l'Arrow, petite ville d'Angleterre (Herefordshire).

Un imprimeur du nom de J. Burril y était établi en 1793 : *Rev. John Lodge. Introductory Sketches towards a typographical history of the county of Hereford*. Kington (J. Burril), 1793, in-8°. Ce volume est décrit au *Manual* de Lowndes.

KIOVIA, voy. KIJOVIA.

KIOVIENSIS PALATINATUS, *le Woiewodat de Kiew* en Russie.

KINGSALIA [Camden], *Kingsale*, bourg du comté irlandais de Cork [Munster].

KIRCHAINA (?), *Kirchayn*, pet. ville de Prusse, dans la province de Brandebourg (?), ou, *Kirchheim*, petite ville de Bavière (Oberdonaukreise); voy. CLARENNA.

L'imprimerie débuta dans cette ville, quelle qu'elle soit, avec le XVIIe siècle : *Henrici Kornmanni liber de miraculis mortuorum*. Kirchaina, 1601, in-8° (Osmont, I, p. 388; Bauer, Suppl., t. II, p. 168); cet Heinrich Kornmann est l'auteur d'un livre plus rare encore et infiniment plus recherché : *Mons Veneris; Fraw Venus Berg*. Franckfurt, 1614, in-8°.

Des impressions souscrites à ce nom, aux dates 1604, 1610 et 1614, figurent à la Bodléienne.

Une seconde édition du livre *de Miraculis mortuorum*, à la date de 1610, figure à la vente de l'abbé Rive, sous le n° 621 ; elle porte le nom d'un imprimeur, Wolffius.

Du même H. Kornmann le traité *de Miraculis vivorum*, imprimé *Kirchainæ*, 1641, est décrit par de Bure (*Bibl. instr.*, n° 1441), et Bayle, qui consacre un article à notre auteur, déclare que tous ses livres sont aussi recherchés que curieux et rares.

KIRCHEMIUM PALATIUM, *Kircheim*, village d'Alsace (Bas-Rhin).

KIRITIUM, *Kiritz*, bourg de Prusse (rég. de Potsdam).

KIRKBRIDE, village du comté de Cumberland (Angleterre).

En 1711, un imprimeur, du nom de Robert Ree, s'établit dans cette localité et y publia: *Spiritual*

Pleadings, by the Rev. John Hunter, minister of Ayr (inconnu à Lowndes). Le second volume cité par M. Cotton, duquel nous traduisons cette note, est également resté parfaitement inconnu au bibliographe anglais Lowndes ; mais, comme les deux ouvrages sont décrits par M. Cotton comme étant en sa possession, nous ne pouvons point en révoquer en doute l'existence ; en 1712 : *Topica sacra, or Spiritual logic of Thomas Harrison,* livre imprimé pour la première fois en 1658 ; ce Thomas Harrison était chapelain de Henry Cromwell, avec lequel il alla en Irlande, où il devint lecteur de la cathédrale de Dublin, *Christ Church ;* l'édition de Kirkbride contient les « *Hunter's spiritual Pleadings* » en supplément, de la p. 155 à la p. 278.

KIRKBY-LONSDALE, ville d'Angleterre, sur la riv. Lane (comté de Westmoreland).

A. Forster imprima dans cette ville en 1801 « *Seward's tour to Yorac's cave* ». The *Kirkby-Lonsdale Magazine,* formant deux vol. in-8°, y fut publié en 1820-21. [Cotton's *Suppl.*]

KISDEMUM, *Kayst,* pet. ville de Transylvanie.

KISMARTONIUM, voy. EINSESTADIUM.

KISSINGA, KIZINGA, CHISSINGA, *Kissingen,* pet. ville de Bavière, sur la Saale, dans la Franconie inférieure ; eaux minérales.

KLAGENFURTUM, voy. CLAUDIA.

M. Ternaux cite: *Amandus Græcensis, Pascua animæ christianæ.* Clagenfurti, 1695, in-4°.

KLINGENBERGA, *Klingenberg,* château de Bohème sur une montagne, dans le cercle de Prachim.

KLITSOVIA, *Klitschow,* bourg de Pologne (palat. de Sandomir).

KNARESBOROUGH, bourg du West-Riding, dans le Yorkshire (Angleterre).

The history of the castle of Knaresborough fut imprimée dans cette localité en 1769.

KŒSFELDUM, voy. COSFELDIA.

KOLOSVARIA, voy. *Claudianopolis.*

KOPINGA, COPINGA, *Köping,* pet. ville de Suède, dans la préf. de Westeras.

KOPYTZ, pet. ville de Russie , dans le gouvern. de Mohilev (Russie occident.).

Les juifs avaient une synagogue dans cette ville, et y établirent une imprimerie en 1799.

KOREGISMA, *Gismi, Koregism,* village près de Constantinople ; auj. l'un de ses faubourgs.

Les Juifs y établirent une imprimerie au XVI° siècle ; Schmidt cite : *Libellus Ruth cum commentario Samuelis de Uzedo.* Gismi, prope Constantinopolim, 1597, in-4° ; Wolfius annonce le livre sous le nom de *Samuel Oseida.* La *Bibl. sacra* de Le Long mentionne deux ouvrages exécutés en 1597 et 1598.

KOVARIENSIS PAGUS, *le district de Köwar,* en Hongrie.

KRALIA, *Kraliew Morawen, Hradcy-Kra-*

lowy, Kralitz, petite ville de Moravie (Autriche).

Nous trouvons dans Bauer (I, p. 103) trace d'impression dans cette ville à la date de 1579, et ce renseignement est confirmé par Graësse (I, p. 371) : *Biblj Ceskê 'djt' prwnj-ssesty,* sans lieu, 1579-93, 6 vol. in-4°. Voici la note intéressante de M. Graësse : Cette Bible, faite sur les textes hébreu et grec, sortit de l'imprimerie particulière que le baron Jean de Zerotjn avait mise à la disposition des frères Moraves à Kralitz près du château de Namust, en Moravie, qui lui appartenait. Les traducteurs furent Albert Nicolaus de Silésie, Lucas Hélitz de Posen, J. Æneas senior, Esaias Cæpolla, et Georg Stregicius (ou Vetter) *conseniores,* J. Ephraïm, Paul Jessenius et Jos. Capito, tous frères Moraves. M. Schaffarik (*Gesch. d. Slav. Sprache,* p. 337) a prouvé que presque toutes les découvertes de prétendue critique et d'exégèse dues à nos savants idéologues et théologues modernes se retrouvent dans les notes de ces érudits arriérés de 200 ans ; le mérite de la traduction n'est point discutable. Cette Bible est d'une excessive rareté, tous les exemplaires ayant été supprimés avec un soin extrême par les jésuites, après la mort du roi Frédéric V, électeur palatin.

Cette Bible a été réimprimée deux fois à Kralitz en 1596, 6 vol. in-8° (un exempl. provenant de M. Libri a figuré à la vente Pseudo-Canazar) ; et en 1613, in-fol.

Une réimpr. de la *Bible* de Kralitz est indiquée par Graësse (p. 371), comme exécutée sous la rubrique: *Hradcy-Kralowy,* 1618, in-fol. de 438 p.

KRALOVELOTHA.

Lieu d'impression supposé ; c'est le château de Bel-Œil où le prince de Ligne avait sa typographie particulière, et ce fut sous ce nom de lieu qu'il fit paraître l'un de ses plus curieux ouvrages : *Préjugés militaires, par un officier autrichien.* A Kralovelotha, 1780, 2 vol. in-8°, fig. grav. par Choffard, d'après les dessins du prince. Nous avons vu chez M. Tross un précieux exemplaire de ces deux volumes, orné des dessins originaux du noble écrivain.

KRASZNENSIS COMITATUS, *le comitat de Kraszn,* en Hongrie.

KREMBS, KREMS, petite ville d'Autriche, sur le Danube.

Près de là s'élevait la riche abbaye de St-Benoît de Gottweig (voy. GOTTWICUM) ; M. Ternaux cite : *Christliche Kirchen Agenda.* Krembs, 1571, in-fol.

KRIZIENSIS COMIT., *le district de Kreutz,* en Transylvanie, dans le comitat d'Œdenburg.

KRUSWICK, nom d'une ville de Lithuanie dans le palatinat de Brzesc.

M. Cotton cite un livre de C. Musitanus, auj. à la Bodléienne, qui est souscrit au nom de Kruswick ; ce bibliographe le croit imprimé à Genève.

KUDACUM [Cell.], *Kudack,* bourg de Russie, dans la prov. de Kiew, sur le Dnieper.

KUKOLIENSIS COMITATUS, *le comitat de Kockelburg,* dans la Transylvanie (Lande der Magyaren).

KUTENSKOJ MONAST., couvent de la Petite-Russie, dans le gouv. de Kharkov.

Bachmeister a signalé le premier l'existence d'un établissement typographique au XVII° siècle, dans ce monastère, dont il ne détermine pas la situation exacte. Henderson (*Biblical researches and Travels in Russia*) mentionne deux éditions du *Nouveau Testament*, en caractères cyrilliques, exécutés par cette presse conventuelle, l'un sous la date de 1632, l'autre de 1652 ; il va de soi que ces deux volumes sont de la plus grande rareté.

KUTTEMBERGA, *Kuttenberg*, ou *Hora-Kuttana* (en tchèque), ville de Bohême (cercle de Czaslau), voy. CUTNA.

C'est l'une des premières villes du royaume de Bohême dans lesquelles ait pénétré l'art de l'imprimerie. Une Bible bohémienne, traduction de la Vulgate, y fut imprimée en 1489 ; elle est décrite par Panzer (I, p. 469), *Biblj Ceská. Na horach Cutnach. Skrze mne Martina z tissnowa*, 1489, in-fol. goth. de 612 ff. à 2 col. de 50 lig. avec fig. en bois, gravées par l'impr. de Tischnowa [Graësse]. On ne connaît qu'un seul exemplaire complet de ce précieux incunable ; il appartient à la bibliothèque de l'université de Prague.

Bauer, en citant cette Bible de Kuttenberg, la date par erreur de 1498 ; c'est une simple transposition de chiffres.

Quelques années après, en 1506, les Vénitiens imprimèrent une magnifique Bible bohémienne, in-fol.; ce fut Pierre de Lichtenstein qui mena à fin cette difficile opération, que les typographies de Prague et de Kuttenberg avaient cependant déjà osé entreprendre; c'est dans une des remarquables planches de cette Bible, gravées par le maître au monogr. L. A., que l'on voit figurer parmi les anges des ténèbres le pape Jules II, un excellent pontife, mais légèrement mondain, et qui peut-être se laissa entraîner un peu loin par le souci des vanités temporelles.

Panzer cite un autre livre sans date exécuté à Kuttenberg par le même Martin de Tischnowa ; c'est une traduction en tchèque des *fables d'Esope*, in-4°. Joh. Korzinck, l'historiographe de Kuttenberg, dit que l'imprimeur, aussitôt après la publication de l'*Esope*, se mit à composer la Bible que nous venons de décrire ; ce serait donc 1488 ou 1487 qu'il faudrait assigner comme date à l'impression de l'Esope.

Le même Panzer (t. IV, p. 341) donne des détails assez complets sur ce premier imprimeur de Kuttenberg, Martin de Tissnow ou de Tischnowa. D'après le règlement des maîtres-ès-arts et doyens des facultés, dont le mss. est conservé à la biblioth. de Prague, ce Martin fut nommé bachelier en 1489, créé maître ou docteur en 1493, enfin en 1497 doyen de la faculté de théologie et examinateur de l'université de Prague ; il abandonna alors son établissement typographique, et se retira dans cette dernière ville.

KUZALÆ VALLIS CLAUSTRUM, *couvent de Mar Antonious du Qouzahié*, au Liban.

L'imprimerie exista dans ce monastère de moines chaldéens réguliers en 1610 : PSALMI (syriace et arabice). *De claustro qui est in valle Kuzala in Monte Libano, perfecit magister Paschalis Eli et humilis Joseph filius Amimah ex Caram Sadde.* 1610, pet. in-fol. de 260 p.

Schnurrer, qui, à la p. 351 de sa *Bibl. Arabica*, décrit ce précieux psautier, en signale un autre, à la date antérieure de 1585, mais pour démontrer que ce livre n'a jamais existé, et a dû probablement être confondu avec celui de 1610.

On ne retrouve plus trace d'impression au monastère de St-Antoine de Qouzahié que 198 ans après ce psautier de 1610 : un *livre de prières* imprimé en syriaque et en arabe karchouni figure au cat. S. sous le de Sacy, n° 1335 ; à la 4° p., on lit en arabe : *Ce livre a été imprimé au couvent de Mar Antonious de Qouzahié par les soins des moines chaldéens réguliers, pendant la vie de notre maître illustre Mar Jousef Taïian el-Batrirk el-Antaki* (Patriarche d'Antioche). *Ce livre a été terminé le 20 de Tichrin premier de l'an... 1808 du Messie.* Pet. in-8° de 11-220 p.

(Voy. au Catal. S. de Sacy, I, 412, la note consacrée à cette imprim.)

KYBURGUM, CHUIGEBURGUM [Ann. Sangall.], *Kyburg*, bourg de Suisse (canton de Zurich).

KYRIOPOLIS, *Herrnstadt*, ville de Silésie (rég. de Breslau).

LABACUM, voy. ÆMONA.

Vogt [*Cat. Libr. rar.*, p. 453] nous donne une indication que notre devoir de compilateur nous oblige à recueillir : une traduction croate des *Loci theologici Phil. Melanchthonis*, 37 ff. in-4°, sans nom de lieu, doit avoir été imprimée à Laybach ; la dédicace allemande à l'électeur de Saxe, adressée par Primus Truber, Antoine le Dalmate et Etienne Consul, natif d'Istrie, est datée de : « Laybach, am 20 July, im Jahr 1562 ». Voy. aussi à cette occasion les *Amænit.* de Schelhorn et le *Florilegium* de Dan. Gerdes.

Ce Primus Truber, né en Carniole, ministre luthé-rien à Aurach, puis à Derendingen, dans le Wur-temberg, mort en 1586, est le premier qui ait fait graver, sur différents *corps*, des caractères *glago-litiques*, ou de St-Jérôme, et les ait mis en œuvre pour l'impression, au XVIᵉ siècle ; on voit par la préface des *Principaux articles de la religion chrétienne*, imprimés avec ces caractères, en cette même année 1562, sous la rubrique Tubingen, in-4°, que c'est le baron Von Ungnad, de Carniole, qui a fait les frais de cette entreprise.

J.-Bapt. Mayr, imprimeur à Laybach à la fin du XVIIᵉ siècle, a également employé le caractère *cyril-lique* ou *servien*, et le *glagolitique*, lequel, au dire de J.-L. Frisch, n'est autre chose que l'alphabet servien, dénaturé par les calligraphes. Jansen (*Essai sur l'orig. de la grav.* II, p. 166) consacre une intéressante notice à ces divers alphabets, et cite comme réunissant les deux types : *Jean Weichard Valvasor, Ehre des Herzogthums Crain*, deux vol. in-fol., imprimés à Laybach en 1689, où les deux caractères servent à l'impression de deux colonnes mises en regard, de façon que l'œil puisse sans effort apprécier les différences et la corrélation des deux alphabets.

Au catal. Thorpe de 1842, sous le n° 418, figure le rare vol. que nous avons inscrit à l'art. ÆMONA. Ce libraire dit également : « *This is the earliest spect-men of printing at Laybach.* »

Sous l'empire, alors que l'Illyrie était province française, Charles Nodier fut appelé aux fonctions de bibliothécaire de Laybach ; un peu plus tard, quand Junot, duc d'Abrantès, fut nommé gouverneur de l'Illyrie, il fit paraître un journal, le *Télégraphe illyrien*, en quatre langues, et la direction en fut confiée à l'illustre auteur de *Jean Sbogar*.

LABADUNUM, LABODUNUM, LABODUNA CIVITAS, LUPODUNUM [Auson.], *Ladenburg, Laden-berg*, petite ville fort ancienne du gr.-duché de Bade, sur le Neckar, entre Heidelberg et Mannheim.

Nous pouvons faire remonter l'imprimerie dans cette petite localité à l'année 1597 : *Lalebuch, wun-derbarlicher seltzamer Zeitung und Geschichten, der Lalten zu Lallburg.* Getruckt zu Ladenburg, 1597, in-8°. — *Rodolphi Hospiniani in epistolas Pauli ad Galatas Homil.* 61. Laboduni, 1598, pet. in-fol.

Nous trouvons au catal. Solger, II, p. 85, un pam-phlet plus récent, mais que nous citons à cause de la façon dont l'imprimeur latinise le lieu de sous-cription : *Galindi, S. I., Anatomia societatis Iesu, una cum aliis opusculis.* Labaduni, 1633, in-4°.

LABANÆ AQUÆ, τὰ Λαϐανὰ ὕδατα [Strab.], localité d'Etrurie, auj. *Grotta Marozza*, près de Mentana (Etats du Pape).

LABEATIS PALUS [Liv.], LABEATÆ [Plin.], lac de l'Illyrie Barbare, dans le terri-toire des Labéates, auj. *Lago di Bo-gana*, près de Scodra en Dalmatie.

LABELLUM, *Lavello*, ville de la Basilicate, prov. napol. du roy. d'Italie.

LABERUS, Λάϐηρος, ville du S.-E. de l'Hiber-nie, auj., suiv. Camden, *Killair*, pet. ville du comté d'East-Meath (Leinster).

LABIAVIA, *Labiau*, pet. ville de Prusse (rég. de Königsberg).

LABICUM, voy. LAVICUM.

LABIENI CASTRA [Cæs.], LAUBIUM [Zeiler, Miræus], *Lobbe*, bourg de Belgique, sur la Sambre (Hainaut) ; anc. abb. de Bénédictins.

LABINIUS FL., voy. LAVINIUS.

LABISCUM [It. Ant.], défilé des Alpes Dauphinoises, près duquel s'élève auj. le bourg *des Echelles* (Savoie).

LABORIS TERRA, LABORINUS CAMPUS, *Terra di Lavoro*, prov. napolit. du roy. d'Italie.

LABRO, voy. AD HERCULEM et LIBURNUM.

LACCIUS PORTUS [Flor.], Λάχχιος [Diod.], port du N.-O. de l'île de Sicile, auj. *Porto Maggiore*.

LACEDÆMON, Λακεδαίμων, SPARTA, ἡ Σπάρτη, au pied du mont Taygète, sur l'Eurotas, capitale de la Laconie, dans le Péloponnèse ; la patrie de Lycurgue et de Léonidas ; n'existe plus, mais de ses ruines a été bâtie, par les Turcs, la petite ville de *Mistra*, et aujourd'hui les Grecs ont élevé une nouvelle *Sparta* sur l'emplacement même de l'antique cité ; c'est le chef-lieu de l'éparkhie de *Lacédémone*, dans la Morée.

LACENSIS ABBATIA, MONAST. AD LACUM, *Lach, Laach*, célèbre abbaye de Bénédictins du diocèse de Cologne, sur le lac du même nom, près de Wassenach.

Cette abbaye, célèbre par sa bibliothèque et sa galerie de tableaux, fut sécularisée en 1802, et vendue à un individu nommé Delius, qui en a fait une ferme ; son admirable église est restée propriété nationale et est entretenue aux frais du gouvernement prussien ; le chanoine de Lille, Jehan de Lacu, célèbre par sa *Quenoille spirituelle*, sortait de cette abbaye.

LACETANI [Liv.], [Plin.], Λακεταvοί [Plut.], IACCETANI, Ἰαxxεταvοί [Strab., Ptol.], LALETANI (?), peuple de l'Espagne Tarrac.; habitait au S. des Pyrénées cette partie de la Catalogne comprise entre la mer et le Ségro.

LACIACA [Tab. Peut.], LACIACUM [It. Ant.], localité de la Norique ; auj. *Frankenmarkt*, bourg de la Haute-Autriche.

LACIBURGIUM, Λακιβούργιον [Ptol.], ville du N. de la Germanie, auj., suiv. Wilhelm, *Wismar*, ville du gr.-duché de Mecklenburg-Schwérin, et, suiv. Reichard, *Lassahn* ; Bischoff et Möller traduisent par *Ratzeburg* (voy. RATZEBURGUM).

LACIDULEMIUM, *Grazalema*, ville d'Espagne (Andalousie).

LACINIA [Plin.], station d'Illyrie, auj. *Laoza*.

LACINIUM PROM. [Plin., Mela], ‛ Λακίνιον [Ptol., Strab.], cap du Bruttium, auj. *Capo delle Colonne* (Calabre ultér.).

LACIPPO [Plin.], Λαχίπτω [Ptol.], ville des Sestini dans l'Hispania Bætica, auj. *Alecippe*, près Malaga.

LACMON MONS, dans le N.-O. de la Thessalie, auj. *Monte Liaca* [Kruse].

LACOBRIGA [Mela], LATOBRIGA, Λαγχόβριγα [Ptol.], LAGIUM, ville des Celtici dans la Lusitanie, auj. *Lagos*, ville de Portugal (Algarves).

LACOCK ABBEY (LOCUS BEATÆ MARIÆ), anc. abbaye d'Angleterre (Wiltshire).

Le Rev. G. Witham, prêtre catholique, aumônier de lady Shrewsbury, qui habitait cette abbaye, y établit une petite presse et un matériel d'imprimerie, à l'aide desquels il exécuta en 1806 : *History of* LACOCK ABBEY, *or* LOCUS BEATÆ MARIÆ, *from Dugdale, Stevens*, etc., *with addit. on the present state of the Abbey.* — Lacock, by the Rev. G. Witham, 1806, in-4° de 53 p.

LACONIA [Liv., Corn. Nep., Mela, etc.], ἡ Λαχωνική [Strab., Thucyd.], partie du S.-E. du Péloponnèse, avec Sparte pour capitale ; auj. forme les deux éparkhies de *Laconie* ou *Tzaconia*, et de *Lacédémone*.

LACONICUS SINUS, *golfo di Kolokythia*, sur la côte S. de la Laconie.

LACONIMURGI [Plin.], peuple de la Tarraconaise ; occupait le territoire de *Colmenar de Oreja*, ville de la Nouvelle-Castille (intend. de Tolède).

LACORITUM, Λακόριτον [Ptol.], ville des Marcomans dans la Germanie, auj., suiv. Reichard, *Löhr*, sur le Mein, près du confluent de la Saale de Franconie, ou *Gemünden*, sur la Saale (Bavière).

LACTARIUS MONS, LACTIS MONS, Γάλακτος ὄρος, *Monte Lattario*, montagne du Napolitain, près de Castellamare.

LACTODURUM [Itin. Ant.], LACTOCETUM [Geo. Rav.] ? ville de la Britannia Romana, auj. *Towcester*, bourg du Northamptonshire ; Camden (p. 334) traduit le nom de cette localité par *Stony Stratford*, ville du Buckinghamshire [Forbiger].

LACTORA [It. Ant., Tab. Peut., Not. Prov. Gall.], LACURA [Geo. Rav.], LECTORA, ville des Lectorates, dans l'Aquitaine III ; auj. *Lectoure*, ville de Fr. (Gers) ; patrie du maréchal Lannes.

Le catal. Baluze (n° 5882) nous donne l'indication suivante : *Proprium sanctorum ecclesiæ Lectorensis*, Lectoræ, 1652, in-8°, et la *Bibliotheca sacra* du P. Le Long confirme ce titre et ce lieu d'impression ; il ne nous paraît cependant pas possible d'arguer de ce fait que l'imprimerie ait existé d'une façon stable à Lectoure au XVII° siècle ; il est probable que le volume exécuté pour les besoins de l'église et de l'évêché fut imprimé soit à Toulouse, soit à la métropole ecclésiastique, Auch, ainsi que tous les livres liturgiques du diocèse, et que le typographe, soit par déférence, soit par suite des ordres précis du chapitre ou de l'évêché, souscrivit au nom de la ville les livres qu'il avait eu mission d'imprimer. Lectoure ne figure ni aux arrêts du conseil de 1704 et de 1739, qui réglementent l'imprimerie des provinces de France, ni au rapport fait à M. de Sartines en 1764.

LACURRIS, Λακουρίς [Ptol.], ville des Oretani dans la Tarraconaise, auj. *Huescar*, bourg près Baeza.

LACUS ALBANUS, *Lago di Castel-Gandolfo*, lac des Etats Pontificaux.

LACUS ALBUNEUS, *Lago di Bagni*, près de Tivoli, dans la Campagne de Rome.

LACUS ANDURIANUS, *Lago Salso* ou *Lago d'Andoria*, dans le Napolitain.

LACUS ARICIUS, LACUS TRIVIÆ, *Lago di Nemi*, dans la Campagne de Rome, près de la Riccia.

LACUS AVENTICENSIS, LACUS MURTENSIS, *der Murtenersee, le lac de Morat*, en Suisse, près d'Avenches.

LACUS BENACUS, voy. BENACUS.

LACUS BIELLENSIS, BIENNENSIS, *le lac de Bienne, Bieler-See*, dans le canton de Berne, près de Bienne (Biel).

LACUS BISTONIS, dans la Thrace mérid., auj. *lac Lagos* (Roumélie).

LACUS BODAMICUS, voy. BODAMICUS.

LACUS CERUSIUS, *Lago di Lugano*, en Suisse (Tessin).

LACUS CIRCONIENSIS, *der Czirknitzer-See*, en Illyrie.

LACUS COMENSIS, voy. LARIUS LACUS.

LACUS EBRODUNENSIS, *le lac d'Yverdon*, en Suisse, auj. *lac de Neufchâtel*.

LACUS FELICIS [It. Ant., Tab. Peut.], dans la Norique, auj. *Niederwallsee*, en Bavière [Muchar].

LACUS FUCINUS, *Lago Celano*, dans les Abruzzes.

LACUS IDRANUS, EDRINUS [Cell.], *Lago Idro*, dans la prov. de Brescia.

LACUS INFERIOR, LACUS VENETUS, *der Zellersee*, en Souabe, au S.-E. du lac de Constance.

LACUS ITALICUS, LACUS VALLENSIS, *Valgensee*, lac de Bavière, au S.-O. de Munich.

LACUS LEMANUS, voy. LEMANUS.

LACUS MURTENSIS, voy. LACUS AVENTICENSIS.

LACUS PEISONIS, *der Neusiedlersee*, en Hongrie [Graësse].

LACUS PLUMARIUS, *der Federsee*, en Souabe [Graësse].

LACUS REGILLIUS, *il Laghetto*, sur la Via Lavicana (Italie).

LACUS RIPANUS, RIVARIUS, RIPENSIS, WALLENSTADIENSIS, *der Wallensee*, lac de Suisse (St-Gall), au pied du mont Kurfürst; sur ses bords est la petite ville de Wallenstädt.

LACUS SABATINUS, *Lago di Bracciano*, dans les Etats Pontificaux.

LACUS S.-CHRISTINÆ, voy. VULSINIENSIS LACUS.

LACUS TABANORUM, *der Mücklenwassersee*, dans le Jutland [Graësse].

LACUS TRASIMENUS [Cic., Liv., Plin., etc.], ἡ Ταρσουμένη λίμνη [Polyb.], Τρασουμένωα λίμνη [Strab.], en Etrurie, auj. *Lago di Perugia*; victoire d'Annibal, l'an 217 av. J.-C.

LACUS TRIVIÆ, *Lago Nemi*, en Italie.

LACUS VALLENSIS, *der Valgensee*, lac de Bavière, près Munich.

LACUS VERBANUS, voy. VERBANUS.

LADANUM, voy. LAUDUNUM.

LADESIA, GLADUSSA, *Lagusta, Lastre*, île de l'Adriatique, sur la côte de Dalmatie.

LADICUS MONS, *Cados de Ladoce*, montagne d'Espagne, dans le royaume de Léon.

LADON FL., Λάδων [Pausan.], fl. d'Elide, auj. *le Lagana* [Boblaye].

LADONA, *Laune*, bourg de Normandie (Manche); anc. marquisat.

LÆLIA, Λαίλια [Ptol.], ville des Sestini, dans la Bætique, auj. *Aracena*, ville de Portugal (Alentejo).

LÆPA [Mela], ville de la Bætique, auj. *Lépe*, en Andalousie, suiv. Florez.

LAERTIA REGNA, voy. ITHACA.

LÆROS FL., LÆRON [Mela], fleuve du N.-O. de l'Espagne Tarrac., auj. *le Ler*, ou *Leriz*; se jette dans le golfe de Biscaye, près de Pontevedra.

LÆSTRYGONES [Plin., Ovid.], Λαιστρυγόνες [Hom., Thucyd.], peuple de la Sicile, qui n'est guère connu que par l'*Odyssée* et par les *Métamorphoses*.

LÆTIÆ, LÆTITIÆ, N. D. DE LÆTITIA, *Liesse, Liesse-sans-Marchais*, bourg de Picardie (Aisne); église possédant une image miraculeuse de la Vierge, qui a, pendant bien des siècles, attiré de nombreux pèlerins.

LÆVEFANUM , LEVEFANUM , LEVÆ VALLIS , *Levendal,* bourg de Hollande.

LÆVI [Liv.], LEVI [Plin.], peuple de la Gaule Transpadane, sur les bords du Tessin.

LAGAHOLMIA, LAHOLMIA, *Laholm,* ville de Suède (Südgothland). .

LAGANA, LAHANA, LANUS [Cell.], LAUGONA [V. Fortun.], *Lahn,* riv. du Nassau ; afflue au Rhin, au S. de Coblentz.

LAGECIUM, voy. LEGEOLIUM.

LAGEDIA (LEGEDIA ?), *S.-Pierre-Langée,* village de Normandie (Manche).

LAGENIA, LANGENIA [Camden], *le Leinster,* l'une des quatre divisions territoriales de l'Irlande.

LAGIUM, voy. LACOBRIGA.

LAGNI, Λάγνι [Diod.], ville des Arevacæ, dans la Tarracon., auj. *Langa,* suiv. Reichard.

LAGUEDONIA, *Lacedogna, la Cedogna,* petite ville du Napolitain (Princip. Ultér.).

LAGURINA VALLIS, *Lagerthal,* vallée du Tyrol.

LAGYRA, Λαγύρα [Ptol.], ville de la Sarmatie européenne, auj. *Belbeck,* dans le gouv. russe de Tauride.

LAHANA, voy. LAGANA.

LAIBNITIA [Æn. Silv., *Hist. Frider. III*), *Leibnitz,* bourg de Styrie, dans le cercle de Marburg.

LAIGNIACUM, *Laigné-les-Bois,* bourg près Châtellerault (Vienne). — *Laigné ,* bourg près Château-Gonthier (Maine-et-Loire).

LALANDIA, *Laaland, Lolland* (Terre-Basse), île du Danemark, à l'O. de celle de Falster; chef-lieu : *Maribœ.*

LALETANI [Plin.], voy. LACETANI.

LALINUM, *Lalain,* bourg de Belgique, sur la Scarpe (Hainaut).

LAMA, LAMACENORUM URBS, LAMECA, ville des Vettones, dans la Lusitanie, auj. *Lamego,* ville de la prov. de Beira (Portugal).

LAMBACUM, *Lambach,* bourg d'Autriche, sur le Traun (Hausruckkreise); anc. abb. de Bénédictins.

LAMBALIUM, *Lamballe,* petite ville de Bretagne (Côtes-du-Nord); anc. chef-lieu du duché de Penthièvre.

François de la Noue, le héros du siége de la Rochelle, qui nous a laissé ses mémoires; fut tué au siége de cette petite ville en 1591. L'imprimerie exista à Lamballe sous le patronage spécial du duc de Penthièvre, quelques années avant la révolution ; nous citerons : *Expériences et observations sur les défrichements, par le Dosseur,* Lamballe, 1775, in-4o (à la bibliothèque de Rennes); ce volume n'est pas cité par Miorcec de Kerdanet. Citons encore : *L'Armorique littéraire, ou notices sur les hommes de la ci-devant province de Bretagne qui se sont fait connaître par quelques écrits, suivies de notices bibliographiques, par Auguste Maréchal.* Lamballe, Bourel, an III (1795) in-12.

LAMBETH, ancien bourg du comté de Surrey, réuni depuis longues années à la ville de Londres, *all absorbing,* dont il forme le faubourg du S.-O; c'est auj. la paroisse la plus peuplée de cette métropole.

C'était là que les archevêques de Canterbury avaient leur palais, et ce fut dans l'enceinte sacrée de ce palais que le célèbre archevêque Mathew Parker fit exécuter sous ses yeux un livre infiniment précieux aujourd'hui, et que les Anglais payeraient au poids de l'or, bien qu'in-folio : DE ANTIQUITATE BRITANNICÆ ECCLESIÆ ET PRIUILEGIIS ECCLESIÆ CANTUARIENSIS, CUM ARCHIEPISCOPIS EIUSDEM. 70. AN. DOM. 1572, in-fol. Martin, qui consacre à ce produit d'une presse particulière un long et intéressant article, décrit les 16 exemplaires connus de ce très-précieux ouvrage (pp. 1 et 517).

LAMBISCUM, *Lambesc,* ville de Fr. (Bouches-du-Rhône); anc. titre de principauté.

LAMBRÆ [Greg. Tur.], LAMBROS, LAMBRUS [Chron. B. Dion.], *Lambres,* village de France, sur la Scarpe (Nord); ce fut là que fut enseveli le roi Sigebert.

LAMBRICA, LAMBRIACA [Mela], ville dans l'O. de l'Espagne Tarracon., qu'on croit auj. être *El Padrone,* village de la Galice.

LAMBRUM, ville de la Gaule Cisalpine, sur le Lambro, citée dans les Itinéraires; auj. *Castel Lambro,* dans le Milanais.

LAMBRUS [Plin.], *le Lambro,* affl. du Pô.

LAMECA, voy. LAMA.

LAMECUS, LAMETUS, LAMATUS, *l'Amato, Lamato,* fl. de la Calabre ultérieure; prend sa source aux Apennins et se jette dans le LAMETICUS SINUS, *Golfo di Sta Eufemia.*

LAMETIA [Steph., Cluv.], LAMETUM, sur le fl. Lametus, *Sta Eufemia,* pet. ville d'Italie (Calabre ultér. I).

LAMIA [Liv.], Λαμία [Strab., Ptol., Diod.], ville de la Phthiotide, dans l'O. du Sinus Maliacus, auj. *Zituni, Zeitun,* dans le pachal. d'Ieni-Scheher [Leake].

LAMIACUS SINUS, voy. MALIACUS, SINUS.

LAMINIUM [It.Ant.], Λαμίνιον [Ptol.], LAMNIUM [Geo. Rav.], ville des Carpetani, dans la Tarracon., auj. *Montiel,* bourg de la Nouvelle-Castille.

LAMPA, Λάμπα, Λάππα [Sçyl., Polyb., Ptol.], Λάμπη [Steph. B.], LAPPA, ville du N. de l'île de Crète, auj. *Kurna, Korna,* sur un petit lac [Pashley].

LAMPAS [Arrian.], ville de la Sarmatie Europ., auj. *Malaia-Lampada,* dans la Crimée, ou, suiv. Mannert, *Jalta.*

LAMPEA, LAMPEUS MONS [Plin.], montagne de l'Arcadie, auj. *Elanda Oro.*

LAMPRA, Λάμπρα ὑπένερθεν ou καθύπερθεν [Strab., Paus.], localité de l'Attique, auj. *Lamvrica.*

LAMUM, *Marino,* bourg de la Campagne de Rome.

LANARIUS FL. [It. Ant.], pet. fl. de Sicile, auj. *Il Madiuni.*

LANATICO VILLA, *Lanage,* commune près Huriel (Allier).

LANCASTRIA [Cell.], LANGINIA [Cluv.], voy. ALIONE.

LANCASTRIENSIS COMITATUS, *Lancastershire,* en Angleterre.

LANCIA [Flor.], Λαγκία [Dio. C.], LANCIA-TUM, Λαγκίατον [Ptol.], LANCA [It. Ant.], ville des Lanciati dans la Tarracon., auj. *Sollanco, Sollancia,* dans les Asturies [Florez].

LANCIA OPPIDANA, Λαγκία 'Οππιδάνα [Ptol.], ville des Lancienses, dans la Lusitanie, auj. *Idaña,* près de Ciudad Rodrigo.

LANCIA TRANSCUDANA, voy. RODERICOPOLIS.

LANCIANA, ANXANI, MOLISINA PROVINCIA, *Molise,* province de l'ancien roy. de Naples.

LANCICIA [Cluv.], LANCICIUM, *Lenczig, Lentschitz,* ville de Pologne, dans le Woyewodat de Masovie.

LANCIOBURGUM, LAMBURGUM, *Lambourg,* bourg de Savoie, au pied du mont Cenis.

LANDÆ, *Landen,* bourg de Belgique (prov. de Liége).

LANDARUM TRACTUS, SABULETA BURDIGALEN-SIA, TESCA AQUITANICA, *les Landes,* vastes lagunes de sable, qui donnent leur nom à un départ. français, situé entre la Gironde et les Basses-Pyrénées.

LANDAVIA, LANDAVUM [Zeiler, *Typogr. Alsat.*], *Landau,* ville de Bavière, sur la Queitch; a appart. à la France.

LANDECCA, *Landeck,* ville de Prusse (rég. de Reichenbach). — *Landeck,* bourg du

Tyrol, dans la vallée de l'Inn, avec une forteresse importante.

LANDERICIACUM, *Landrecies, Landrecy,* ville forte de Fr. (Nord).

M. Cotton, dans son dernier Supplément, fait remonter la typographie dans cette ville à l'année 1713; nous ne savons absolument point sur quelle donnée repose cette assertion; les arrêts du conseil de 1704-1739, le rapport fait à M. de Sartines, en 1764, ne mentionnent en aucune façon cette ville.

LANDISHUTUM, voy. LANDSHUTUM.

LANDRECY, village de Suisse.

C'est probablement de *Landecy,* village situé sur la limite mérid. du canton de Genève [v. l'Atlas du général Dufour], qu'il y est ici question.

Nous citons cette petite localité, parce que plusieurs lettres du général de Montesquiou, du mois de novembre 1792, sont publiées sous la rubrique de *Landreci, près Genève, de l'imprimerie de l'armée des Alpes,* mais elles sont imprimées à Paris.

LANDSBERGA, *Landsberg,* sur la Warthe, ville de Prusse, dans le cercle de Delitz (rég. de Merseburg).

« Osterlandiæ olim pars erat Marchionatus Landsbergensis, de quo Jo. Gottlob Hornius edidit: *Umstaendlichen Bericht von dem alten Marggrafthum Landsberg,* 1728, in-4°. » (Struv., *Biblioth. Saxon.*)

LANDSHUTUM, LANDISHUTUM, *Landshut,* ville de Bavière, sur l'Issar, dans l'anc. pays des Consuanètes (Isarkreis).

Université réunie en 1826 à celle de Munich ; les bibliographes Falkenstein, Cotton, Ternaux, etc., ne font remonter l'introduction de la typographie à Landshut qu'à l'année 1514 ; c'est à l'année 1505 que nous pouvons la reporter : *Christi Fasciculus florido heroici carminis caractere digestus, a Wolfgango Mayero, abbate Alderspacense.* Landshuti, anno millesimo quingentesimo quinto, in-4. Ce rarissime volume a figuré, pour la première fois, à notre connaissance, dans le catalogue Thorpe, de 1842.

M. Libri (catal. de 1861) décrit sous les nᵒˢ 1865 et 1866 deux éditions d'un poëme fort rare sur l'astronomie, auxquelles il attribue la date de 1513 : *Computus novus et ecclesiasticus totius fere astronomiæ fundamentum pulcherrimum continens, cum additionibus quibusdam* (sic) *noviter appressis.* Joannes Weyssenburger impressit Landszhut (1513) in-4°, front. gravé. Dans la seconde édition la faute de *quibusdam* est corrigée, mais le mot précédent est écrit: *addictionibus;* la gravure sur bois a disparu du titre et la souscription est : « *Johann Weyssenburger impressit Landesutense.* »

Ce Jean Weyssemburger que nous trouvons, aux dates de 1504 et de 1512, établi à Nuremberg, où il se donne la qualification de *presbyter,* a publié à Landshut quelques livres importants, parmi lesquels nous signalerons : *Collatiōes quas dicuntur fecisse mutuo rex Salomon sapientissimus et Marcolphus facie deformis et turpissimus.* — A la fin : *Impressus Landesutense per dūm Ioannē Weyssenburger.* Anno decimo quarto (1514) mense maii, in-4° goth. de 10 ff. fig. s. b. (Catal. Ambr. Firmin-Didot, p. xxx) ; et particulièrement un *Ars moriendi,* dont ne parlent ni M. Brunet, qui renvoie à Graësse, ni M. Graësse lui-même : *Ars moriendi ex variis sententiis collecta cum figuris ad resistendum in mortis agone dyabolice suggestioni valens cuilibet Christi fideli utilis ac multum necessaria.* In civitate Landescutensi ducali, apud I. W. 1514, in-4°, avec 60 curieuses planches gravées sur bois.

LAPETHUS [Plin., Tab. Peut.], Λάπηθος [Diod., Ptol.], Λαπηθίς [Strab.], ville du nord de l'île de Chypre, auj. *Lapitho* ou *Lapta* [Pococke].

LAPICINI [Liv.], peuple de la Ligurie.

LAPIDARIA, ville de la Rhætie. auj., suiv. Reichard, *Peiden* ou *Pitasch*, bourg du Tyrol, sur le Glenner.

LAPIDARIA, SEXAMNIENSIS VALLIS, *das Scham-serthal*, vallée du canton des Grisons.

LAPIDEUM LITTUS [Mela], *la Crau-Ferrière*, bourg de Fr. (Bouches-du-Rhône).

LAPIS REGIUS, REGIS SAXUM [Zeiler, Im-hof.], *Königstein*, bourg de Saxe, avec une forteresse célèbre qui commande le cours de l'Elbe.

LAPITHÆ, LAPITHES [Ovid., Virg.], peuple de la Thessalie, célèbre par une discussion avec les Centaures.

LAPPIA [Cluv., Cell.], LAPPONIA [Cell.], LOPPIA, *la Laponie, Lappland* (en lapon *Saméanda*), contrée extrême du nord de l'Europe, que se partagent nominativement la Suède et la Russie.

LAPURDENSIS TRACTUS, *le Labourd*, ou *pays Labourdin*, district des Basses-Pyrénées).

LAPURDUM, voy. BAJONA.

Citons, avec M. Graësse, une traduction basque des *Voyages aventureux du capit. M. de Hoyarsabal*, imprimée à Bayonne en 1677 : *Liburu han da ixo-soco nabigacioneccoa Martin de Hoyarzabalec egiña francezes. Eta Pierres Detchaverry, edo Dorrec, escararat emana, eta cerbait guehiago abança tuba.* Bayonne, Duhart-Fauvet, 1677, in-8° de 164 pp. et 2 ff. non chiffrés.

LAQUEDONIA, voy. LAGUEDONIA.

LARACE [It. Ant.], LARIX, station d'Italie, auj., suiv. Reichard, *Ladra*, sur l'Isonzo.

LAREDUM, *Laredo*, localité de la Haute-Castille, dans la prov. de Burgos.

LARESSE [G. Rav.], JOVIS LARESSE (tem-plum) [Tab. Peut.], dans le pays des Marses, auj., suiv. Mannert, *Valle Scura*, près du lac de Celano (Abruzze ultér. II).

LARGA [It. Ant., Tab. Peut.], sur la route de Besançon à Strasbourg, auj. *Largit-zen*, près Altkirck (Haut-Rhin).

LARINUM [Cic., Mela], chef-lieu des Frentani Larinates, dans le Latium, auj. *Larino*, petite ville de la Capitanate (Napolitain).

LARISSA [Mela, Cæs., Liv. etc.], Λάρισσα [Strab., Diod., Ptol.], ville de Thessalie, sur le Salambria, auj. *Larissa* (en

turc : *Jeni-Scheher*), capitale du pacha-lik de Thessalie, au S.-O. de Constan-tinople.

L'imprimerie ne paraît pas avoir pénétré dans la capitale de Philippe de Macédoine.

LARISSA CREMASTE [Liv.], Λάρισσα ή Κρε-μαστή [Strab.], LARISSA PELASGIA [Mela], ville de la Phthiotide (Thessalie), dont les ruines existent près de *Gardhiki* [Leake].

LARISUS FL., Λάρισος [Strab.], LARISSUS [Liv.], fleuve d Achaïe, auj. *l'Oriolos* [Leake], ou *la Mana* [Boblaye], ou en-core *le Risso* [Bisch. et Möller].

LARIUS LACUS [Virg., Plin.], ή Λάριος λίμνη [Strab.], LACUS COMACENUS [It. Ant.], LACUS COMENSIS [Cluv.], *le lac de Côme, Lago di Como, Comer-See*, en Italie.

LARIX, voy. LARACE.

LARNUM [Plin.], ville du N.-E. de l'Espa-gne Tarracon., auj. *Tordera*, en Cata-logne.

LARUM, *Lahr*, ville du grand-duché de Bade, dans la vallée de la Schutter, sur la route de Strasbourg à Bâle.

Nous trouvons trace d'imprimerie dans cette ville en 1515. Peut-être qu'à la suite de la peste de Stras-bourg de 1510, qui détermina plusieurs imprimeurs de cette ville à transporter leur matériel dans les localités voisines, Wilhelm Schaffnaer alla se fixer momentanément dans la jolie ville de Lahr, ainsi que nous avons vu René Beck à Baden ; toujours est-il qu'il nous faut citer : *Elucidarius carminum et historiarum.* ||*vel vocabularius poeticus continens fabulas historias provincias urbes*||. *Item vocab-ula et interpretationes grecorum et hebraicorum.* A la fin : Wilhelmus Schaffnaer in oppido Lari excus-sit. Anno MDXV, in-4°.

LARUS FL., *l'Arone*, petit fl. des États Pon-tificaux, qui traverse le lac de Brac-ciano, et se perd dans la Méditerra-née.

LARYMNA [Mela, Plin.], Λάρυμνα [Strab., Paus.], ville de la Bœotie, sur la rive droite du Cephissus; auj., suiv. Leake, *Bazaraki* aurait été construit sur son emplacement (dioc. de Voiotia).

LAS [Liv.], Λᾶς [Hom., Strab., Ptol.], ville de Laconie, au S.-O. de Gythium; près de l'emplacement qu'elle occupait, s'élève auj. le bourg de *Passava*, en Morée, suiv. Leake et Boblaye.

LASCARA BEARNENSIUM, LASCURRA, *Lescar*, ville de Fr. (Basses-Pyrénées); voy. BENEHARNUM.

LASIA, voy. LESBOS.

LASIO, Λασίων [Xen., Polyb.], ville d'Élide, près de l'emplacement de laquelle s'élève auj. le village de *Lala*, suiv. Leake et Boblaye.

LASSAY, bourg et château du Maine (Mayenne); anc. titre de marquisat.

Ce fut dans ce château, appartenant à Armand de Modaillon de Lesperne, marquis de Lassay, que ce digne seigneur, quelque peu frondeur, et passablement libertin, fit imprimer à très-petit nombre un livre qu'il destinait à ses amis les plus intimes, et qui est devenu à peu près introuvable aujourd'hui. Ce sont ses MÉMOIRES, c'est-à-dire un amas un peu indigeste des petits faits, anecdotes scandaleuses ou grivoises, bons mots, petits vers, en un mot des *propos de la cour et de la ville*, que le marquis a pu recueillir pendant sa longue et terne existence; ces mémoires embrassent une période de 75 ans (commençant en 1663 et terminés en octobre 1726, avec un supplément qui conduit le lecteur jusqu'à l'année 1738, c'est-à-dire jusqu'à la mort de l'auteur). M. de Lassay a donné à ses mémoires le titre parfaitement justifié, de *Recueil de différentes choses*; il y a en effet de tout, même infiniment de choses insignifiantes ou fastidieuses. L'exemplaire de M. de Pixeré-récourt, plus complet que ceux de la Biblioth. impériale et de l'Arsenal, comprenait 3 vol. in-4°, le premier de 371 pp. et le second de 262; le troisième vol. était composé d'un *Supplément* de 96 p., qui ne doit pas être confondu avec les 16 p. supplém. signalées par Barbier dans l'exempl. de la Biblioth. impér.; ce supplément est intit.: *Voicy des choses qui me sont encore venues dans l'esprit depuis celles qui ont déjà été imprimées.* Il renfermait en outre les *cartons*, les 33 pages de réflexions et les passages écrits à la main par l'auteur. L'exempl. de l'Arsenal possède deux notes manuscrites intéressantes, qui ont été reproduites au catal. Pixeré-court.

LASSIRA, ville des Edetani, dans la Tarracon., auj. *Sarione*, dans le S. de l'Aragon.

LASTIGI, dans la Bétique, auj. *Zahara* (?), localité de la Sierra de Ronda, dans la prov. de Séville.

LASTRINCO, *Lastens*, commune de France, près Lavaur (Tarn).

LASZCZOVIA, LASZOVIA [Wengers.], *Laszczow*, ville de l'anc. Pologne (Russie Rouge), dans le palatinat de Volhynie, et voisine de Lublin.

Wengerscius (p. 139 et 143) parle d'une imprimerie fondée dans cette ville au XVIe siècle par les réformés, dont les produits sont aujourd'hui à peu près introuvables; il cite seulement à la date de 1610 le vol. suivant: *Jacobi Biskupski consenioris reformat. in districtu Novogrod, Rachunek summaryusza prawdy Katolickiey..... Kacerstwy w Laszczowie.* 1610, in-4°.
Hoffmann ne fait que rapporter exactement la note de Wengerscius; Bachmeister ne parle pas de cette typographie.

LATERA [Mela, Geo. Rav.], sur le bord des Stagna Volcarum ou Etang de Tau, auj. *Lattes*, commune du Languedoc (Gard).

LATERA STAGNUM, *Etang de Maguelonne*, dans le dép. du Gard, dont la partie occid. est appelée l'*Etang de Tau*.

LATINI, Λατῖνοι, habitants du Latium; l'une des deux branches de la race italiote [Mommsen]; on nomma *Latins*,

au moy. âge, tous les peuples qui avaient été soumis à l'empire romain occidental.

LATINIACUM, *Lagny*, sur la Marne, ville de Fr. (Seine-et-Marne); anc. abb. de Bénédictins; concile en 1142.

LATINIACUM, LATINIACUS VILLA, *Lagny-le-Sec*, village près Senlis (Oise); résidence royale sous les Carlovingiens.

LATINIACUS, *Lagnieu*, pet. ville de Fr. (Ain); anc. propriété de la famille de Coligny. Dans la légende de S. Domitien, il est dit qu'un homme riche, nommé Latinus, donna son nom à son domaine, d'où LATINIACUS [Quicherat].

LATIUM [Varr., Plin., Mela, etc.], ἡ Λατίνη [Strab.], ἡ Λατίνων γῆ [Dion. Hal.], LATIUM ANTIQUUM ou VETUS [Tac., Plin., Virg.], LATIUM NOVUM ou ADJECTUM [Plin.], antique berceau de la race latine, dans l'Italie centrale, compris entre la mer Tyrrhénienne, le Samnium et la Campanie, arrosé par le Tibre et l'Anio, et dont les villes principales, lors de la fondation de Rome, étaient *Antemnæ, Albe, Crustumerium, Cameria, Collatia, Gabres, Tibur, Prænestum*, etc. Cette partie de l'Italie forme auj. la partie mérid. de la *Comarque de Rome, la délég. de Frosinone*, et partie de l'*Abruzze Ultér. II.*

LATOBRIGA, voy. LACOBRIGA.

LATOBRIGI [Cæs.], LATOBRIGII [Oros.], peuple du S. de la Gaule Belgique; habit. le *Klettgau*, LATOBRIGICUS PAGUS, district du grand-duché de Bade (Donaukreis); quelques géogr. croient que les LATOBRIGI occupaient le *Brisgau*.

LATOFANUM, LATOFAS [Aimon.], LOCOFAO, LUFAO, LUCOFAGO [Frédég. *Gesta Fr.*], localité importante sous la première race, sur l'emplacement de laquelle s'élève auj. le village de *Laffaux*, entre Soissons et Laon (Aisne).

LATOMAGUS [Ant. It.], station de la Gaule Lyonnaise II, à IX m. de Rotomagus; quelques géogr. la placent à *Caudebec*, (voy. CALIDO BECUM).

LATONA, LATHONE [Gr. Chron.], LAONE, LOSNE, *St-Jean-de-Losne*, ville de France, sur la Saône (Côte-d'Or); célèbre par la *belle défense* qu'elle opposa en 1636 à 60,000 Espagnols et Allemands.

LATOVICI [Plin.], peuple de la Pannonie supér.; occupait les bords de la Drave.

LATRIS INS. [Plin.], île du Cylipenus Sinus, auj. *Œsel* (appelée par Zeiler OSILIA), dans la Baltique, à l'entrée du golfe de Livonie; appartenait à l'ordre des chevaliers Teutoniques.

LAUBA LUSATORUM, LAUBANA [Zeiler], *Lauban*, ville de Prusse, sur la Queiss (rég. de Liegnitz).

L'imprimerie existe dans cette vieille ville de usace, à partir du XVIII⁰ siècle. Voici un titre que ous fournissent les *Acta eruditorum*, de 1708, , 90 : *M. Godefr. Hoffmanns, rectoris Lebens-eschichte der evangelischen pastorum primario-∙m zu Lauban*, von a. 1525. — Lauban, 1707, in-8. ∙ Struvius (Biblioth. Saxon., p. 933) : *Encomia bre-a consulum Laubanensium, a Paulo Christiano 'ausdorffs Laubanense* (german.). Lauban, 1719, ∙-4⁰. Nous n'avons pas le nom du premier impri-∙eur.

Falkenstein fait remonter l'imprimerie dans cette ∙lle à l'année 1687, mais nous ignorons sur quels ∙res il se fonde.

AUBIUM, voy. LABIENI CASTRA.

AUCHSTADIUM, *Lauchstädt*, ville de l'anc. Misnie, auj. dans la régence de Merseburg (Prusse).

AUCOSTABULUM, *Lichtstall*, bourg de Suisse (cant. de Bâle).

AUDA, voy. LAUS POMPEII.

AUDANIA, LAUDONIA, LOTHIANIA, *le Lothian*, district d'Ecosse, qui forme auj. trois comtés, l'*East-Lothian*, ou comté d'Haddington, le *Mid-Lothian*, ou comté d'Edimbourg, et le *West-Lothian*, ou comté de Linlithgow.

AUDENSIS AGER, *Lodesano*, district du Milanais (territ. de Lodi).

AUDERA, LUTHRA, *Luders*, bourg d'Alsace et anc. abb. (Bas-Rhin).

AUDI S. CASTELLUM, voy. BRIOVERA.

AUDIACUM, voy. JULIODUNUM.

AUDONA, voy. LATONA.

AUDUM, voy. LAUS POMPEII.

AUDUNUM, LAUDUNENSIS URBS, LUGDUNUM CLAVATUM [Hincm. Rem., Flodoard. Hist. Rem., Charta Lotharii, a. 954], MONS LAUDUNI, MONT-LOON (Eginh. Chr.], LOON [Sigebert.], LUGDUNUM [Gesta R. Fr.], *Laon*, ville de France, chef-lieu du dép. de l'Aisne; quelques géographes croient qu'elle occupe la position de l'antique BIBRAX (voy. ce nom); trois abb., de Prémontré, de S.-Benoît et de Cîteaux.

Cette ville possède une bibliothèque fort riche en ∙nuscrits, provenant du fonds de la cathédrale et ∙ abbayes du voisinage, détruites à l'époque de la ∙olution; ces mss. sont au nombre de près de 500 ; ∙lques-uns sont d'une haute importance ; le catal. ∙a été fait avec beaucoup de soin par M. Félix ∙aisson.

∙ous ne pouvons faire remonter l'imprimerie dans ∙e ville qu'à l'année 1660, environ ; voici le pre-

mier ouvrage dont le père Le Long (Bibl. hist., I, p. 359) nous donne le titre : *Histoire de la sainte face de Notre-Seigneur, qui est en l'abbaye de Monstreuil-les-Dames, du dioc. de Laon.* Laon. A. Rennesson, 1660, in-16. — Un *Processionale Lau-dunense* y est imprimé par le même Rennesson en 1667. — En 1671 nous trouvons aux catal. Secousse, Colbert, etc., et un P. Le Long : *Joannes de Lancy, historia Fusniacensis Cœnobii ord. Cisterc.* Lauduni, 1671, in-4⁰. — En 1682, *Histoire des anciens seigneurs de Coucy*, par Jovet. Laon, 1682, in-12. Cet imprimeur Rennesson resta fort longtemps à la tête de son imprimerie, puisque nous le voyons encore en 1702 : *Missale Eecclesiæ Laudunensis, cum assensu Ludovici de Clermont.* Excudebat Rennesson, 1702. « C'est, nous écrit le bibliothécaire-archiviste de la ville, le livre le plus ancien, imprimé à Laon, que possède la bibliothèque. »

Les imprimeurs qui succèdent à Ant. Rennesson sont Rennefort, à la fin du XVII⁰ siècle, et Meunier en 1720. Puis vient Charles-René Courtois, natif de Compiègne, reçu en 1742, seul imprimeur à Laon depuis le règlement de 1739, dit le rapport fait à M. de Sartines en 1764. Ce Courtois exploitait deux presses ; les arrêts du conseil de 1704 et de 1739 n'avaient autorisé qu'un seul imprimeur pour la ville de Laon.

LAUENBURGICUS COMITATUS [Cell.], ou DUCATUS [Pertz], *le Lauenburg*, duché qui forme une des 5 prov. du Danemark, à l'E. et au S.-E. du Holstein.

LAUENBURGUM [Cell.], LEOBURGUM [Zeiler], *Lauenburg, Lauenbourg*, ville du Danemark, chef-lieu de la province danoise de ce nom, sur l'Elbe.

M. Cotton fait remonter à l'année 1703 l'imprimerie à Lauenburg ; nous manquons de moyens de contrôle, et enregistrons simplement le fait.

LAUGINGA, LAUINGA [Zeiler, Bert.], LAVINGA, *Lavingar, Laugingen, Lauingen*, sur le Danube, ville de Bavière (Oberdonau-kreis).

Patrie d'Albert le Grand, de la famille des comtes de Bollstedt, dominicain, puis évêque de Ratisbonne, que ses découvertes et ses connaissances en chimie et en astronomie popularisèrent comme sorcier, sous le nom du *grand Albert*.

L'imprimerie peut être reportée dans cette ville, comme dans presque toutes celles qui avoisinent le cours des grands fleuves d'Allemagne, à une date très-reculée. Sans doute quelqu'un des apprentis de Pfister, parti de Bamberg, se sera arrêté à Lauingen, et y aura exécuté l'ouvrage suivant, à la requête du clergé ou des monastères : *Liber beati. Augus-tini ypponensis episcopi de Consensu ‖ euangelis-tarum partitus in quatuor libros incipit feliciter. ‖* (I)*Nter omnes diuinas autoritates*, etc. A la fin : *Liber. Beati. Augustini. Ypponensis. Episcopi de Consensu‖euangelistarum, explicit feliciter. In ciuitate. Laugingen. Im‖pressus. Anno a partu virginis salutifero. Millesimo quadrin‖gentesimo septuagesimo tercio. Pridie. Idus. Aprilis*, in-fol. sans chiff., récl. ni caract., en car. goth. de moyenne grandeur, 106 ff. à 37 lig. plus 2 ff. blancs.

Le car. est semi-goth., semi-romain ; les capitales sont d'un style exceptionnel, particulièrement l'N. Panzer pense que ce volume, le seul que l'on connaisse au XV⁰ siècle, rubriqué au nom de Lauingen, a été exécuté par un imprimeur ambulant. Dibdin demande si cet imprimeur portait sur son dos ses presses et son matériel, et l'objection est assez plausible. Il est fâcheux qu'aucun document n'ait pu nous révéler le nom de ce typographe, soit qu'il ait stationné dans la ville, soit qu'il n'ait fait qu'y passer.

Nous avons mis en tête de cette notice le mot *Lavingar*, et nous tenons à justifier cette assertion ; voici une indication fournie par le catal. de Nicolas Reusner, un fécond écrivain allemand de la seconde moitié du XVIe siècle : *Nicol. Reusneri Leorini descriptio oppidi Lavingar ad Danubium, additis in fine aliquot elegiis*. Lavingæ, 1567, in-4°. Nous ne pensons pas que cette dénomination puisse servir à désigner une autre localité que Lauingen.

LAUGONA, voy. LAGANA.

LAUMELLUM [It. Ant., It. Hier.], Λαύμελλον [Ptol.], ville de la Gaule Cisalpine ou Transpadane, auj. *Lomello*, ville d'Italie (Piémont), sur la Gogna.

LAUNCESTON, ville d'Angleterre, chef-lieu du comté de Cornouailles.

L'imprimerie a dû exister dans cette ville en l'année 1700, puisque M. Cotton cite, à cette date, un livre inconnu à Lowndes : *Rev. J. Rossington's Treatise on Infant Baptism*, qui est souscrit au nom de Launceston.

LAURANUM, *Laurana*, pet. ville d'Illyrie, sur l'Adriatique (prov. de Fiume).

LAUREACENSIS PAGUS, *Lauragais*, anc. comté puis duché du Bas-Languedoc, divisé auj. entre les dép. de la Haute-Garonne et de l'Aude.

LAUREACUM [Ammian., Inscr. ap. Grut.], LAURIACUM [It. Ant.], anc. BLABORICIACUM de la Tab. Peut. (?), LAUREACENSE Monast., LAURISSA, LAURESHAM [Ann. Fuld., Ann. Lauriss.], LAURESHAIM [Chr. Einhard.], LORASHAM [Chron. Reginon.], auj. *Lorch, Lorsch*, petite ville du Jaxtkreis, sur la Weschnitz, qu'il ne faut pas confondre avec le bourg de *Lorch*, sur le Rhin.

Anc. et très-célèbre abbaye fondée par Pépin le Bref ; ce fut là que fut renfermé le duc Thassilon de Bavière, déposé par Charlemagne. Le *Chronicon Laurissense* est l'un des monuments historiques les plus importants de l'Allemagne.

LAURENTUM [Mela, Plin., Virg.], LAURENS CASTRUM [Tibull.], τὸ Λαύρεντον [Polyb., Str.], Λωρέντον [Dion. H.], ville du Latium, à XVI M. de Rome, auj. *Torre di Paterno*, dans la Comarque de Rome.

LAURETUM, voy. FANUM MARIÆ LAURETANÆ.

Nous avons omis par mégarde de parler de l'introduction de la typographie dans la ville de Loretto ; Falkenstein et M. Cotton la font remonter à l'année 1637 ; nous ne trouvons pas de livre à citer à cette date, mais deux années plus tard, en 1639, nous trouvons : *Silvestri Petra sancta, vindiciæ in Andreæ Riveti librum, qui inscribitur, JESUITA VAPULANS*. Laureti, 1639, in-4° (Cat. Dubois, II, n° 1011). Bauer (IV, 69) indique : *C. Silvio Serragli, la sancta casa abbellita*. In Loreto, 1644, in-8° (liber admodum rarus). M. Brunet cite : *J. Micaliæ grammatica linguæ Illyricæ*. Laureti, 1649, in-8° ; tout cela ne nous donne pas le nom du premier imprimeur.

LAURETUM, *Lou Rouet*, anc. faubourg de Marseille [Quicherat].

LAURIUM, voy. LORIUM.

LAURIUM, Λαύριον, localité du S. de l'Attiquè, que Krüse désigne auj. sous le nom de *Legrano*.

LAURON [Flor., Liv.], Λαύρων [Appian., Plut.], ville des Contestani, dans la Tarracon., que Reichard croit être auj. *Alhaurin*, près de Monda.

LAURUM, LERDAMUM, *Leerdam*, petite ville de la Hollande méridionale.

Falkenstein donne 1664 comme date de l'introduction de la typogr. à Leerdam, et M. Cotton ajoute que le livre qui porte cette date est conservé à la biblioth. de Trinity College à Dublin ; nous regrettons que le bibliographe anglais ne nous ait pas donné le titre de ce volume que nous déclarons ne pas connaître.

Quelques-unes des pièces relat. à la bulle *Unigenitus* ont été publiées dans cette ville : *Enchaînement des vérités proposées par l'Ecriture*. Leerdam, 1733, in-8°. (Cat. La Vallière-Nyon, n° 689.)

LAUS [Plin.], Λᾶος [Hérod., Strab.], *Laïno*, petite ville de l'Italie mérid., au S. du golfe de Policastro.

LAUS FL. [Plin.], riv. du Bruttium, auj. *le Laïno*.

LAUS POMPEIA NOVA, LAUDUM, *Lodi*, ville d'Italie, sur l'Adda, chef-lieu de la délég. de Lodi et Crema (Milanais) ; construite par l'empereur Frédéric Barberousse.

L'imprimerie ne saurait guère être reportée audelà de l'année 1587, date adoptée par Falkenstein et par Cotton ; le titre du premier livre imprimé nous est fourni par les catal. Pinelli et Rich. Heber : *Fino, Storia di Crema, raccolta dagli annali di Pietro Terni, libro decimo*. Lodi, 1587, in-8°. C'est la première édition de ce dixième livre ; les sept premiers livres avaient été publiés pour la première fois à Venise en 1566, in-4°, puis, avec l'adjonction de deux livres et *d'altre cose*, à Crema, en 1571, in-8°.

LAUS POMPEII [Plin.], LAUS [It. Ant., It. Hier.], LAUDENSIS CIVITAS [P. Diac.], *Lodi-Vecchio*, village à l'O. de la ville neuve de Lodi, dans le Milanais.

LAUSANIUS LACUS, voy. LEMANNUS LAC.

LAUSANNA [Tab. Peut.], LAUSONA [Cell.], LAUSONNA [Ann. Prud. Trec.], LAUSONIUM, ville du Pagus Urbigenus, dans la Gaule Lyonnaise, sur le Lemannus Lac., auj. *Lausanne*, ville de Suisse, chef-lieu du canton de Vaud, sur le lac de Genève.

L'introducteur de la typographie à Lausanne fut très-probablement le chanoine Henri Bolomier, le même qui avait déterminé Steynschaber à donner, à Genève, la première édition du *Roman de Fier à Bras le Géant* ; à son instigation, l'évêque de Lausanne fit venir, peut-être de Lyon, un imprimeur quelque peu nomade, Jean Belot de Rouen, que nous voyons en 1495, ou tout au moins en 1497, à Grenoble, et que nous retrouvons en 1498 à Genève. Le seul livre qu'il ait exécuté pour Lausanne est un *Missale*, dont voici la description d'après une notice de M. X. Kohler, dans la *Revue suisse* d'avril

1848 : MISSALE IN USUM LAUSANNENSEM. Au bas de la seconde et dernière colonne, v° du dernier f. paginé CLXXXV, on lit : *Lausannense Missale in Lausanna civitate impressum de jussu Reverendissimi in Christo patris et Domini. d. Aymonis de Montefalcone Episcopi et Comitis Ecclesie Lausannensis. Ac venerabilium Dominorum Capituli predicte ecclesie Consensu. Et per deputatos per ipsos magna diligentia correctum emendatum atque ordinatum finit feliciter.*

Suivent 18 ff. sans pagin., mais avec signat., contenant des proses. La seconde col. du r° du dernier f. porte :

Impressa Lausanne urbe antiquissima impensa arte et industria solertis et ingeniosi viri Magistri Johannis Belot insigni civitate Rothomag. ortum ducentis.. nulle calami exaratioë scilicet quadam artificiosa characterizandi ac imprimëdi invëtioë Missalia summa cum diligentia feliciter finiunt. Anno salutis nostre M.CCCC. nonagesimo tercio Kalendas decembris.

In-fol. à 2 col. de 36 lig. à la p., car. goth., les initiales et capit. rubriquées en rouge, sans chiff. ni récl. mais avec sign.

Les caractères sont les mêmes que Jean Belot employa pour ses éditions postérieures de Genève ; il serait intéressant de les comparer avec les livres qu'il a exécutés à Grenoble à la même époque. La biblioth. du séminaire de Fribourg possède de ce livre rare deux exemplaires dont un sur vélin.

M. Gaullieur (Essai, p. 53) décrit une édition plus ancienne du *Missel* de Lausanne, qu'il attribue aux presses de Genève.

Il faut arriver à l'année 1556 pour saluer la réapparition de la typographie à Lausanne ; un imprimeur de Genève, Jean Rivery (1556-1563), y fonde un établissement sérieux. Le premier livre imprimé par lui dans cette ville est, croyons-nous : *Les Proverbes de Salomon, mis en musique, par Fr. Gindron, ensemble l'Ecclesiaste, mis en cantique et rime françoise, par A.-D. Duplessis (Acasse d'Albiac),* Lausanne, J. Rivery, 1556, in-12. (A l'Arsenal.)

Le troisième imprimeur de Lausanne s'appelle Jean le Preux (Johannes Probus) ; il arrivait de Paris en 1569, et probablement était fils de Poncet-Lepreux ; en 1579 il va s'établir à Morges.

Il s'intitulait « *imprimeur de leurs excellences de Berne dans la ville de Lausanne* ». Ce fut de l'insupportable tyrannie de ces « excellences », qu'un grand citoyen, le major Darel, voulut délivrer sa patrie ; il paya de sa tête sa généreuse tentative, qui, ayant échoué, fut naturellement qualifiée « d'insensée. »

LAUSDUNUM, voy. JULIODUNUM.

LAUSONIUS LACUS, voy. LEMANNUS.

LAUTERBERGENSE MONAST., MONTIS SERENI MONAST., *Lauterberg,* abb. de Bénéd., du dioc. de Magdeburg, près de Halle, en Saxe.

Plusieurs religieux de cette abbaye ont laissé des chroniques et annales, d'une grande importance ; Struvius consacre à leur analyse un long et consciencieux travail. (Bibl. Saxon., p. 239 et suiv.)

LAUTRICUM, *Lautrec,* petite ville de Fr. (Tarn) ; anc. titre de vicomté.

LAVANIA, LEBONIA [Baudrand], *Lavagna,* bourg d'Italie (prov. de Gènes).

LAVARA, Λαυαρα [Ptol.], station de Lusitanie, que Reichard croit être *Lavadrio,* bourg du Portugal (Minho).

LAVATRÆ [It. Ant.], LAVARIS, ville des Brigantes dans la Bretagne Romaine, auj., suiv. Camden, *Bowes,* sur le Greta (comté de Westmoreland ?).

LAVENTINA, LAVENTI OSTIUM, *Lavemünde,* ville d'Illyrie (cercle de Klagenfurth), au confluent de la riv. *Lavant,* LAVENTUS, avec la *Drave.*

LAVIACUM, LUPHA, *Lauffen, Laufen,* village de la Confédération Suisse, sur le Rhin (cant. de Schaffhouse) ; patrie du célèbre chanoine Helyas de Lauffen (voy. *Berona*).

LAVIACUM, *Lauffen,* petite ville du Wurtemberg [Neckarkreis].

LAVICUM [Sil. Ital.], Λαϐικόν [Strab.], LABICUM [Cic.], ville du Latium, à l'O. de Præneste, au N.-E. de Tusculum, auj. *Colonna,* village de la délég. de Frascati.

LAVINGA, voy. LAUGINGA.

LAVINIUM [Varr., Liv., Virg.], Λαουίνιον [Strab.], Λαϐίνιον [Steph.], ville du Latium, sur la voie Appienne, dans l'O. de Rome ; quelques auteurs croient que sur son emplacement on a élevé le bourg actuel de *Patrica,* que d'autres traduisent par IATRICUM.

LAVINIUM [Tab. Peut.], LAMINIUM [Geo. Rav.], sur les confins du Bruttium, auj. *Lavena,* pet. ville de Calabre.

LAVINIUS FL., Λαϐίνιος [Appian.], riv. de la Gaule Cispadane, auj. *le Lavino,* affl. du Pô.

LAVUS FL., *le Lohe,* riv. de la Silésie, affl. de l'Oder.

LAZARI (S.) INSULA, *l'île San Lazaro,* dans les lagunes de Venise.

Les pères Arméniens possédaient dans cette île un couvent fondé en 1717 par un religieux nommé D. Mikhitar, qui mourut en 1749. Il avait installé une petite imprimerie arménienne, de laquelle on connaît quelques produits, parmi lesquels nous citerons : *Biblia Armenica, juxta edit. anni 1666, jussu Abrahami patriarchæ, et studio Mikhitar edita.* Venetiis (San-Lazaro), Andr. Portoli, 1733, in-fol. fig. s. bois.

Après la mort de D. Mikhitar, les Arméniens continuèrent à faire usage de leurs presses, et parmi les nombreux produits que cite le rapport de la société Méchitaristique impr. à Venise en 1825, in-4°, ou en 1835, in-18, l'on est surpris de trouver l'*Histoire romaine* de *Rollin, Robinson Crusoë, les Nuits d'Young, le Paradis perdu de Milton,* etc.

A l'époque des guerres de la République française en Italie, ils se réfugièrent avec le matériel qu'ils possédaient à Trieste, où ils publièrent en 1800 : *L'Evangile, code du bonheur, ou recueil de préceptes et de conseils, seuls propres à rendre l'homme heureux sur la terre en le conduisant au ciel, par Madame Adélaïde de France* (en armén.). Trieste, 1800, in-8°.

LEA FL., *Lee,* riv. d'Irlande.

LEAMINGTON, ville d'Angleterre (Warwickshire).

Voici la note du D' Cotton: « The earliest Leamington specimen noticed by me is a pamphlet containing *Letters*, etc., *relating to captain Donellan*, the murderer of sir *Theodosius Bougthon*, of which 12 copies only were printed at the private press of John Merridew esq., 1781, in-8º (Martin) ».

Nous n'avons point su trouver dans Martin cette imprimerie particulière de John Merridew, esq.

LEATHERHEAD, LETHERHEAD, village du comté de Surrey (Angleterre).

Une imprimerie particulière y fut organisée à la fin du siècle dernier, par le Rév. James Dallaway. M. Cotton date de 1788 le premier produit de ces presses: Harriet Dallaway, sa femme, publia également: *Etchings of views in the vicarage of Letherhead, Surrey*, 1821, in-8º tiré à 30 exempl. « for presents to friends. »

LEBADEA [Plin., Stat.], Λεϐάδεια [Herod., Strab., Ptol.], LIBADIA [A. Gell.], *Livadia, Livadhia*, ville de Grèce, chef-lieu du dioc. de Béotie; anc. capit. de la Livadie.

LEBEN, Λεϐήν [Strab.], LEBENA [Plin.], Λεϐήνα [Ptol.], port de l'île de Crète, auj. *Leda, Lionda*, entre le Capo Lionda à l'E., et le Kalus-Limenas à l'O.

LEBINTHUS INS. [Mela, Plin.], Λεϐινθος, l'une des Sporades, auj. *Levithi*.

LEBONIA, *Lavagna*, bourg de la prov. de Gènes (Italie).

LEBRETI VICUS, voy. ALBRETUM.

LEBUSIUM, *Lebus*, petite ville de Prusse (rég. de Francfort-sur-Oder).

LECHLINIA, *Leighlinbridge*, ville d'Irlande (comté de Carlow).

LECHUS [Cell.], LICHUS, LICUS [Fortunat.], *le Lech*, riv. du Tyrol, aftl. du Danube.

LECTODURUM, voy. LACTODURUM.

LECTORA, voy. LACTORA.

LEDERATA [Tab. Peut., It. Ant.], Λεδεράτα [Procop.], LÆDENATA [Not. Imp.], localité de la Mœsie sup., près de *Widdin*, dans la Boulgarie ottomane.

LEDESIA, *Leeds*, ville d'Angleterre (Yorkshire).

M. Cotton nous donne le nom de James Bowling, établi en 1710, comme celui du plus ancien imprimeur de Leeds dont il soit fait mention; en mai 1720 parut un journal « the Leeds Mercury », dont l'éditeur et l'imprimeur s'appelait John Hirst, et James Bowling reprit la suite de cette publication. Nous citerons encore James Lister, imprimeur en 1738, auquel nous croyons devoir attribuer l'impression d'un volume cité par Lowndes: *Rev. Thomas Wright. The Antiquities of the Town of Halifax, in Yorkshire*. Leedes, 1738, in-12 de 213 pp. réimprimé l'année suiv. au même lieu (voy. le colossal catal. de H. C. Bohn, de 1841, nº 17345).

LEDI [Ann. Hincm. Rem.], *Lier, Lierre*, bourg de Belgique, sur la gr. Nèthe (prov. d'Anvers).

LEDIA SILVA (LAYA, LAIA), *forêt de St-Germain-en-Laye* (Seine-et-Oise).

Laya, coupe de bois (*silvæ portio cædenda, signatis arboribus designata*).

LEDONIS CURTIS, LEONCOURT, *Liancourt*, bourg de Fr. (Oise); titre d'un duché qui appartenait à la famille de La Rochefoucauld.

LEDUM SALARIUM, LEDO SALINARIUS, LUGDUNUM SALINATORIUM, LONSALINUM, *Lons-le-Saulnier*, ville de France, chef-lieu du dép. du Jura.

C'est en 1762 que l'imprimerie est établie dans cette ville, et le rapport fait à M. de Sartines en 1764, qui signale le fait, nous donne le nom du premier imprimeur: il s'appelait Pierre de l'Homme, natif de Lyon, et fut appelé dans la ville par la municipalité.

LEDUS FL., LEDUM [Mela], *le Lés* ou *Lez*, petit fleuve qui passe près de Montpellier, et se jette dans la Méditerranée.

LEE PRIORY, résidence de T. B. Brydges Barrett, esq., dans la paroisse de *Jekham*, près Canterbury.

Le père de ce gentleman, sir Egerton Brydges, baronnet, établit une imprimerie particulière, dans cette maison de campagne: « My private press, dit sir Egerton, dans une lettre à Dibdin, was established in July 1813, in a vacant room at the extremity of the offices. » Les imprimeurs qu'il employa s'appelaient Johnson et Warwick. Martin et Dibdin nous ont donné la liste exacte des produits de cette imprimerie particulière, aujourd'hui rares et recherchés.

LEGECESTRIA, LEOGARA, LICESTRIA [Camden], LEGRECESTHRIA (XIIᵉ s.), LEDECESTRE (au XIIIᵉ s.), LYGRACEASTER (en saxon), *Leicester*, ville d'Angleterre, chef-lieu de comté; suiv. Camden et Forbiger, c'est l'anc. RATÆ [It. Ant.], Ῥάται [Ptol.], RATECORION [Geog. Rav.], RATÆ CORITANORUM, ville des Coritani dans la Bretagne Romaine.

L'imprimerie, dit M. Cotton, remonte dans cette ville à l'année 1705; en 1744 la condamnation de John Flawn, pour crime de faux, y fut imprimée, et un curieux *Commentaire sur l'Ecclésiaste*, par le Rév. Stephen Greenaway, en trois parties, y fut exécuté en 1781.

LEGEDIA [Tab. Peut.], dans la Gaule Lyonnaise II, auj., suiv. M. de Gerville, *Avranches*, voy. ABRINCÆ; suiv. M. Quicherat, *S.-Pierre-Langée*, commune du dép. de la Manche.

LEGEOLIUM [It. Ant.], LAGECIUM (?), *Castleford*, bourg d'Angleterre (Yorkshire).

LEGIA [Cluv., Cell.], LEZIA, LIEVA, *la Lys* (*Leye*), riv. de Belgique, aftl. de l'Escaut.

LEGIO, voy. FANUM S. PAULI LEONENSIS.

LEGIO SEPTIMA GEMINA [It. Ant.], Λεγίων ζ' Γερμανιχή [Ptol.], (*Legio ad Leucas VII. geminas*), ville de l'Espagne Tarracon., au N.-E. d'Asturica, auj. *Léon*, sur le Toro, ville d'Espagne, chef-lieu d'intendance, dans la capit. génér. de la Vieille-Castille et Léon.

Nous manquons de données exactes pour établir d'une façon positive l'histoire de l'établissement de la typogr. dans cette ville; Falkenstein et M. Cotton font remonter à 1512 la date du premier livre imprimé, dont voici le titre: *Composicion de la arte de la arizmetica y juntamente de la geometria: por Fray Juan de Ortega, de la orden de S. Domingo, de los predicatores.* — Imprimido a Leon en casa de Maistro Nicolau de Benedictis, por Joann Trinxer (ou Trinver) librero de Barcelona, año 1512, pet. in-fol. en car. goth. de deux grandeurs, avec les armes d'Espagne gravées en bois sur le titre.

Ce rarissime vol. est à la Bodléienne ; il ne figure, que nous sachions, dans le catalogue d'aucune des innombrables bibliothèques de France, et nous ne le trouvons décrit par nul bibliographe.

Le nom du savant dominicain, F. Juan de Ortega, est traduit, en français du XVIᵉ siècle, par *Jehan de l'Ortie*, et son livre d'arithmétique, mis en langue française, fut imprimé à Lyon, par Estienne Baland, en 1515. (Voy. 1ᵉʳ catal. Rich. Heber, n° 4276.)

Le nom de Trinxer est porté à la fin du XVIᵉ siècle par un autre libraire de Barcelone, dont le prénom est Francisco: c'est à lui qu'on doit la rare édition des *Siete Sabios de Roma*, de 1583, dont M. Grenville acquit chez Rich. Heber un bel exempl., auj. au British-Museum; mais MM. Zarco del Valle et D. Sancho Rayon, les savants continuateurs de Gallardo, écrivent ce nom *Trinver*, et leur autorité doit décider de l'orthographe.

La suite du grand ouvrage de ces bibliographes sur la typographie espagnole nous permettra sans doute d'ajouter quelques faits plus détaillés à l'histoire de l'imprimerie de Léon.

En dépouillant le vieux catal. anglais de John Bridges (London, 1725), nous avons trouvé (n° 3002) un volume imprimé à Léon, en 1545; c'est une traduction espagnole du traité de la Sphère de l'Anglais Johannes de Sacrobusco, in-4° ; ce volume n'est cité ni par les bibliographes espagnols, ni par Lowndes.

LEGIONENSE REGNUM, LEGIONIS REGNUM [Cluv., Cell.], *royaume de Léon*, en Espagne ; il eut des rois depuis l'an 913, et fut réuni à la Castille en 1230.

LEGIONIACUM, *Lechenich*, bourg de la Prusse Rhénane (rég. de Cologne).

LEGRADINUM, *Legrad*, sur la Drave, ville de Slavonie.

LEGUM, Λῆγον [Ptol.], ville du S.-O. de la Sicile, près d'Halyciæ ; auj., suiv. Reichard, *Luca*.

LEHERICI, LETHERICI MONS, MONS LEHERII [Suger], MONTE LETHERICUM CASTRUM, *in agro Parisino* [Litt. Johannis Reg. a. 1356], *Montlehéry, Montlhéry*, bourg de Fr. (Seine-et-Oise) ; bataille en 1463.

LEICESTRIA, voy. LEGECESTRIA.

LEICESTRIENSIS COMITATUS, *Leicester-Shire*, en Angleterre.

LEINIUS, LYNIUS FL., *Leine*, riv. du Hanovre, affl. de l'Aller.

LEIRA, *Leyrárgördum*, hameau situé sur la côte S.-O. d'Islande.

Nous avons vu, à l'art. HOLA, que les débris des typographies de Hoolum et de Hrappsey étaient abandonnés dans une masure ruinée de ce village: on se servit quelquefois de ce matériel. Un *Psautier*, exécuté sous la direction de l'évêque Vidalin, fut publié en 1801, sous la rubrique : *Leira*.

LEIRIA (*Liria*), voy. EDETA.

LEIRIA [Cell.], COLLIPPUS (?) [Plin.], *Leiria*, ville de Portugal (prov. d'Estremadura), au N.-E. de Lisbonne.

« Les Juifs, si méprisés en Espagne, dit Née de la Rochelle, y ont cependant rendu quelques services ; ils ont fortement contribué à la propagation de l'imprimerie dans les pays les plus récalcitrants aux idées de progrès et de liberté » ; c'est à eux que l'on doit l'établissement d'une typographie à Leiria au XVᵉ siècle.

Proverbia Salomonis, cum Chaldaica paraphrasi et comment. Rabbi Levi Gersonidis et Rabbi Menachem Meiri. — *In domo egregii Don Samuelis Dortas. e regione longinqua, opera intelligentis filii ejus Abrahami, jussu et sumptibus sapientis excellentissimi R. Salomonis Kolodri, absoluta denique I. die mensis av, anno et venient vel Sion in cantico son V.* CCLII. (Christi, 1492), in-fol. de 226 ff.

Ce rare volume est publié sans nom de lieu, mais les caractères du texte sacré et de la paraphrase hébraïque étant identiques à ceux du vol. suivant, on a pu logiquement les attribuer aux presses de Leiria.

Prophetæ priores, seu Josue, Judices et alii Libri Samuelis ac Regum, cum Hebraica Jonathanis paraphrasi, ac comment. Rabbi David Kimchi et Rabbi Levi Gersonidis. Leiriæ. Anno 254 (Christi 1494), in-fol. (Litteris quadr., cum punctis et accent.).

Le 3ᵉ ouvrage imprimé à Leiria, en 1496, nous révèle le nom d'un imprimeur : *Tabulæ tabularum astronomice regis Raby Abraham Zacuti astronomi serenissimi regis Emanuel rex* (sic) *Portugalie...* A la fin : *Expliciunt tabulæ... opera et arte solertis magistri Ortas curaque sua non mediocri impressione complete existunt...* 1496.... etc., in-4°. (Voy. Mendez, p. 165.)

Nous devons croire que l'imprimeur de ce troisième volume est le même D. Samuel Dortas ou d'Orta auquel on doit l'exécution du premier ; ce Samuel d'Orta, « *e regione longinqua* », était sans doute de la famille d'Alfonso d'Orta, que nous voyons à la même époque figurer comme typographe à Valence.

LEISNICIUM [Zeiler], *Leissnig*, ville de Saxe, dans le cercle de Leipzig.

Les *Burggravii Leisnicenses* furent illustres (Struvius, p. 673 et suiv.); ils furent la souche de la noble famille de Rantzau.

LEITÆ PONS, *Brück an der Leithe*, ville de la Basse-Autriche, sur la Leytha.

LEMANNONIUS SINUS, *the Loch Fine*, en Ecosse.

LEMANNUS LACUS [Cæs., Mela, Plin.], Λημέννα λίμνη [Dio. Cass.], Λεμάνη [Strab.]- LAUSONIUS LACUS [It. Ant.], LOSANNENSIS [Tab. Peut.], *le lac Léman, lac de Genève, Genfersee*, en Suisse.

LEMANUS PORTUS [Tab. Peut.], LEMANNIS [Not. Imper.], LEMANIS [Geo. Rav.], port des Cantii, dans la Bretagne Romaine, au S.-O. de Douvres, auj. *Lyme, Lyme-Regis*, dans le comté de Dorset, sur la Manche.

LEMARIACO, LIMARIACO [Monn. Mérov.], LIMARIACUS [Cart. a. 966], *Limeray*, commune de Fr. (Indre-et-Loire).

LEMEGIA VILLA, voy. LIMOLIUM.

LEMGOVIA, *Lemgo*, petite ville de la Princip. de Lippe-Detmold, près Frankfurt.

Falkenstein fait remonter l'imprimerie dans cette ville à 1563; un livre cité par Mencken, Vogt, Bauer, etc., nous donne un nom d'imprimeur : *Hermann Kerssenbrock. Catalogus episcoporum Paderbornensium, eorumque acta, quatenus haberi potuerunt, M. Hermanno a Kerssenbrock consarcinatore*. Lemgoviæ, excudebat Bartholomeus Schlottenius, 1578, in-8°.

LEMINCUM [It. Ant., Tab. Peut.], *Lemens*, village près Chambéry (Savoie).

LEMNOS INSULA [Plin., Liv., Mela], Λῆμνος [Hom., Thuc., Strab., Ptol.], île du N. de la mer Ægée, auj. *Stalimene, Lemno*, dans l'Archipel, près de la côte O. de l'Anatolie (à la Turquie).

LEMOIGA, LEMVICUM, *Lemwig*, bourg du Jutland, près de Ripen.

LEMOVICENSIS PROVINCIA, le *Limosin, Limousin*, anc. prov. de France.

LEMOVICES [Cæs., Plin.], Λεμοουϊκες [Strab.], Λεμουϊκαι [Ptol.], LEMOVICI, LIMODICINI [Frédég.], peuple de la Gaule Aquit. I, à l'O. des Arverni; occupait le dép. actuel de la *Haute-Vienne*.

LEMOVICUM, LEMOVICA AD VIGENNAM, LEMOVICÆ, CASTRUM LEMOVICENSE, anc. AUGUSTORITUM LEMOVICUM [It. Ant.], AUSRITUM [Tab. Peut.], Αὐγουστόριτον [Ptol.], capitale des Pictones, dans la Gaule Aquitaine, auj. *Limoges*, sur la Vienne, chef-lieu du département de la Haute-Vienne; patrie de d'Aguesseau et de Vergniaud.

Ce fut dans cette ville que prit naissance un art essentiellement français, l'émaillerie, qui fut portée à son plus haut point de perfection par les Pénicaud et Léonard Limousin; l'abbé Texier et M. Maurice Ardant la font remonter à la fin du VIe siècle, avec Abbo, orfèvre et monnayeur à Limoges, qui fut le maître de S. Eloi.

Limoges est une des trente-cinq ou trente-six villes de France qui ont possédé une imprimerie au XVe siècle; cette typographie fut établie à la requête de l'évêque et du chapitre de la ville, et les premiers livres imprimés sont tous des livres liturgiques du diocèse.

Nous ne pouvons citer que deux produits de la typographie limosine au XVe siècle : le premier, à la date de 1495, est un BREVIARIUM; le second, à la date de 1500, est un MISSALE.

1. BREVIARIUM AD USUM ECCLESIÆ LEMOVICENSIS. *Impressum in Castro Lemovicensi per Johannem Berton*, 1495, 2 part. en un vol. in-8°. Le seul exemplaire connu de ce livre précieux, étant conservé à la bibliothèque royale de Copenhague, n'a été décrit *de visu* par aucun bibliographe; il provient du comte de Thott, qui l'avait acquis au prix de 1 £ 11 sh. 6 d. chez Weble à Londres, en 1751; notez que cet exempl. est imprimé sur vélin.

Une prétendue édition de 1490 du même bréviaire est indiquée par M. Van-Praët comme imprimée à Paris; Molbech (*Fortegneise over de paa Pergament...... Bibl. Kiöbenhaven*, 1830, in-8°, p. 12) démontre l'erreur de M. Van-Praët, mais nous ne pouvons admettre que M. Graësse (tom. I, p. 534) accuse M. Brunet de soutenir l'opinion erronée de Van-Praët, lorsqu'il dit formellement : « Quant à l'édition de Paris, 1490, il est douteux qu'elle existe; du moins n'est-elle pas à la biblioth. de Copenhague ».

2. MISSALE AD USUM LEMOVICENSEM. Au rº du dernier f. on lit en rouge et en noir : *Missale ad vsum lemoviceǁsis peroptime ordinatû : ac diliǁgenti cura castigatus omnia neǁcessaria de sanctis dicti vsus cõ ǁ tinens officia. — Impressuǁ Leǁmouiceñ. apud ymaginem inteǁmerate gloriosissimeqs viginis ǁMarie. Per iohannem berton.ǁAnno incarnationis dñi. Millesiǁmo. cccc. vicesima pri-ǁma mensis augusti.*

Au vº, en lettres rouges :

Missale ad vsum Lemoniceñ.

Pet. in-4° goth., avec rubriques en rouge, chiffres, sign. et titre courant, sur 2 col. de 35 lignes chacune, de VIII-162 ff. (à la Biblioth. impér.).

En 1510 ce *Missel* est réimprimé par le même Jean Berton, et en 1516, par son fils, Paul.

Un imprimeur du nom de Garnier donne sans date, mais vers 1540, un vol. que nous trouvons à l'Arsenal : *Extraits de plusieurs saints Docteurs, propositions, dicts et sentences contenant les grâces du très-S.-Sacrement de l'autel*. Limoges, in-8° s. d. goth. fig. s. b.

Une illustre famille d'imprimeurs, originaire de Lyon, s'établit dans cette ville vers 1700; c'est celle des Barbou. Hugues, fils de Jean Barbou, qui donne à Lyon, en 1539, une édition bien connue de Marot, après avoir succédé à son père, et exercé quelques années dans cette ville, transporte son industrie à Limoges, où nous le voyons figurer jusqu'en 1589; il fit tige d'imprimeurs, qui exercèrent à Limoges jusqu'à la fin du XVIIIe siècle et à Paris, où ils prirent la suite des affaires de Coustelier; ce fut là qu'ils donnèrent cette charmante collection de classiques latins, imprimés à l'imitation des éditions elzéviriennes (c'est J. Barbou qui s'exprime ainsi, dans le prospectus que nous avons sous les yeux), et ces éditions sont aussi remarquables au point de vue de la correction, que par le mérite de l'exécution typographique.

L'arrêt du conseil du 21 juillet 1704 fixe à 4 le nombre des imprimeurs qui peuvent exercer dans la ville de Limoges; ce nombre est réduit à deux par l'arrêt du 31 mars 1739, mais ce dernier ne fut point rigoureusement exécuté, car le rapport fait à M. de Sartines en 1764 signale cinq imprimeurs : J.-B. Dalesme, pourvu en 1729, 4 presses; — la veuve de Martial Sardine, 1758, 2 presses; son mari avait été reçu imprimeur en 1712; — Martial Barbou, 1758, 4 presses; — Pierre Chapouland, 1758, 5 presses; — et J.-B. Fame, pourvu en 1760, 4 presses. L'imprimerie de J.-B. Voisin, qui existait depuis cent ans, fut supprimée en 1758.

LEMOVII [Tac.], peuple du N.-E. de la Germanie; habitait, suiv. Wilhelm, le territoire compris entre le Wipper et la Vistule.

LEMURIS FL., *le Lemo*, pet. fleuve de la prov. de Gênes.

LENCIA FL., *le Linza*, fl. du Napolitain.

LENDINARIA, *Lendinara*, bourg de la Vénétie (Polesina).

LENGENFELDENSIS ARX, *Burglengenfeld*, petite ville de Bavière (Regenkreise).

LENNA CAS [Monn. Mérov.], *Lenna Castrum*; on propose *Lens* en Artois, qui est désigné comme *Villa* par Eginhard, dans sa 69e lettre ; peut-être, suivant M. Quicherat, serait-ce une forme mérovingienne de l'introuvable HELENA VICUS, de Sidoine Apollinaire.

LENOXIA, *le Lennox*, anc. comté, puis duché d'Écosse, auj. partagé entre les comtés de Stirling et de Dumbarton.

LENTIA, LINTZIUM AD DANUBIUM, voy. AREDATA.

LENTIUM, LENENSE CASTRUM, LENSIS VILLA [Eginh.], HELENÆ ou ELENÆ VICUS (?), LENTIACUM [Guicc., Zeiler], *Lens*, ville de Fr. (Pas-de-Calais) ; bataille en 1648.

LENTUDUM, *Luttenberg*, bourg de Styrie (cercle de Marburg).

LENTULÆ, LENTULIS [It. Ant.], LENTOLÆ [It. Hier.], Λέντουλον [Ptol.], localité de la Pannonie Supérieure, auj., suiv. Reichard, *Lettichany*, bourg de Hongrie.

LEOBERGUM, voy. LAUENBURGUM.

LEOBUSIUM, LUBA, *Lubens*, *Leubus*, bourg de la Silésie Prussienne (rég. d'Oppeln); anc. abbaye.

LEOCATA, *Leucate*, bourg de Fr. (Aude), près de l'étang du même nom.

LEODEGARIUS (SANCTUS), S.-*Léger*; plusieurs localités en France portent ce nom, entre autres *S.-Léger-sous-Beuvray*, bourg de Fr. (Saône-et-Loire).

Sous le nom supposé de St-Léger, ont paru plusieurs livres , dont on ignore le lieu d'impression, mais que cependant nous croyons exécutés à Sedan ; nous citerons : *Les Preuves de l'immortalité de l'âme*, in-8° s. d., volume rare, porté aux catal. de Tournes et des Elzevirs.

LEODICUM [Cell., Cluv.], LEODIUM [Æn. Silv., Ann. Lauriss., Ann. Einh.], LEUTICUS VICUS [Ann. Prud. Trec.]; LEUDICUM [Ann. Hincm. Rem.], LEUDICA, LIUGA, *vicus publicus* [Vita Car. M. a. 769], AUGUSTA EBURONUM (?), LEGIA, *Locus S. Benedicti*, ville des anc. Eburones, dans la Gaule Belgique, auj. *Liége*, *Luttich*, *Luyck* (en flamand), ville de Belgique, chef-lieu de la province de ce nom, au confluent de l'Ourthe et de la Meuse ; évêché fondé par S. Hubert en 708.

C'est à l'année 1556 que M. Gothier, libraire de Liége, d'accord avec tous les bibliographes belges, fait remonter l'introduction de l'imprimerie dans la ville de Liége, et voici le premier volume exécuté, ou du moins celui que l'on s'accorde à citer comme le premier :

PRONOSTICATION *sur le cours du ciel, courant lan de grace* MDLVI, *faite et calculée sur le méridien de la cité de Liége par Maistre Jehan Lescaillier, medicin* (sic) *praticant en la dicte cite, demeurant en la rue S.-Jehan leuangeliste a l'enseygne du bon Gryffon d'or.* Imprimé à Lyége cheuz Henri Rochefort, in-4° de 4 ff. à longues lignes, car. goth.

On ne connaît de cette pièce qu'un seul exemplaire, que conserve la biblioth. royale de Bruxelles.

Comme nous ne pouvons citer de cet imprimeur que cet opuscule, il nous faut mentionner le nom de Gualtier Morberius, qu'il nous est permis de considérer comme le véritable père de la typographie liégeoise ; son établissement eut une certaine importance et sa durée fut considérable, car l'obtention de son brevet d'imprimeur remonte à 1558 et son nom ne disparaît qu'à dater de 1595.

Le premier volume que nous puissions citer de Gautier Morberius est de 1560 ; il est intitulé : *Breviarium in usum venerabilis ecclesiæ collegiatæ Sancti Pauli Leodiensis.* Leodii, typis Gualteri Morberii, anno dñi 1560. 2 vol. pet. in-8°. Le 1er de 332 ff. (*Pars Hyemalis*); le second de 440 ff. (*Pars Æstivalis*) est daté de 1561.

On ne connaît que deux exemplaires de cet ouvrage.

Les livres liturgiques à l'usage de Liége et de son diocèse ont été imprimés à l'étranger jusqu'en 1558 ; le premier *Missel* est de Delft, 1477, et le dernier est un *Bréviaire* d'Anvers, J. Steels, 1558 ; un grand nombre de livres de liturgie ont été publiés pendant ce long intervalle à Louvain, Bruxelles, Paris, Cologne, etc.

Au XVIIe siècle nous ne citerons d'imprimeurs à Liége que.Vossius, qui imprima dès 1598 ; Ouverx, vers 1620-1635 ; Streel, 1650, etc.

Près de la ville était le couvent de Bénédictins, appelé *S. Laurentius in Monte-Publico, S. Laurent Publemont*, dont la riche et précieuse bibliothèque fut dispersée à l'époque de la révolution.

LEODRINCAS, *Ledringhem*, dans le dép. du Nord [Quicherat].

LEOGARA, voy. LEGOCESTRIA.

LEOGUS, *île Lewis*, la plus grande des Hébrides [Camden].

LEOMANIA, *Lomagne*, anc. district de la Gascogne, auj. réparti entre les dép. de la Haute-Garonne et du Gers.

LEOMINSTER, bourg d'Angleterre (Herefordshire).

Le plus ancien spécimen de la typographie de cette petite ville est décrit dans les « *Notes and queries* » du 2 décembre 1865, et dans Lowndes (III, 1375) : *William Llewellyn, minister of the Gospels, at Leominster. — A Treatise on the Sabbath.* Leominster, 1783, in-8°. — *A Version of the Psalms of David, by W. Llewellyn*, ibid., 1786, in-12 de VIII-392 pp. — L'édition collective des œuvres du rév. ministre est publiée audit lieu en 1791, et forme 4 vol. in-8°.

LEÔN PROM., Λέων ἄκρα [Ptol.], *Capo Lionda*, promont. de l'île de Candie.

LEONA, LEONENSIS ECCLESIA, voy. FANUM S. PAULI LEONENSIS.

LEONA, LEONES, *Lyons*, *Lyons-la-Forêt*,

bourg de Fr. (Eure); « *Castrum nostrum de Lyons* » [Charta Phil. Aug. a. 1217).

LEONARDI (S.) FANUM, voy. NOBILIACUM.

LEONARDI S. MONAST. Un grand nombre de localités et d'anc. abbayes en France portent le nom de *St-Léonard*.

LEONIACUM PORTUS, *Legnano*, ville de la Vénétie (prov. Verona).

LEONICA [Ant. It.], Λεονίχα [Ptol.], ville des Edetani dans l'O. de la Tarrac., auj. *Alcaniz*, dans l'Aragon, ou, suiv. Reichard, *Villar Luengo*, bourg de la même province.

LEONICÆ, LONICUS, *Lorgues*, ville de Fr. (Var).

LEONIS CASTRUM [Camden], *Castle Hort*, dans le Denbighshire (Angleterre).

LEONIS MONAST., *Lemster*, bourg du comté d'Hereford (Angleterre).

LEONIS MONS [Cluv.], *Monte Leone*, ville du Napolitain (Calabre Ultér. II) (voy. HIPPONIUM).

LEONTINI [Mela, Plin.], οἱ Λεοντῖνοι [Herod., Thuc., Diod., Strab.], Λεοντίνων πόλις [Polyb.], Λεόντιον [Ptol.], ville de l'E. de la Sicile, au N.-O. de Syracuse, auj. *Lentini, Leontini*, dans le Val di Noto (prov. de Syracuse).

M. Cotton, dans son vol. supplémentaire, signale un livre imprimé dans cette ville en 1616, dont il constate la présence à la Bodléienne; malheureusement pour nous, qui n'avons jamais trouvé de trace d'imprimerie à Lentini, il ne décrit pas ce livre et n'en donne pas le titre.

LEONTIUM, Λεόντιον [Polyb.], ville de l'Achaïe, dont Leake place les ruines aux environs de Tritæa, *Triti*.

LEOPOLDINUM, LEOPOLDOPOLIS, *Leopoldstadt*, ville de Hongrie, dans le comitat de Neitra (cercle en-deçà du Danube).

LEOPOLIS, LEMBERGA, *Lemberg, Lwow* (en polon.), ville d'Autriche, chef-lieu du gouvern. de Gallicie, et du cercle de Lemberg, sur le Peltew; archevêchés catholique, arménien et grecs-unis; anc. capitale de la Russie-Rouge.

Hoffmann (*Typogr. Polon.*) ne fait remonter qu'à 1593 la typographie à Lemberg; mais J. Bachmeister (*Essai sur la Bibl. de St-Pétersb.*, p. 103) reporte à l'année 1586 la création d'un établissement typographique à Lemberg, et cite une *grammaire* (Грамматика) exécutée en 1591.

Le premier imprimeur est Mathias Bernard, qui donna en 1593 : *Vitæ Annibalis Carthaginiensis et Scipionis Africani a Plutarcho gr. descriptæ et a Jeremia Woynowski, polon. conversæ*. Leopoldi, 1593, in-4°.

Paulus Zelazo imprime en 1600 une *Exhortation de l'archevêque de Lemberg, J. Dmitri Solckowski*,

aux *Livoniens de Samosc*, trad. du lat. en polonais, in-4°.

Enfin Jean Szeliga, grand imprimeur nomade, qui débute à Cracovie, passe à Dobromil, puis à Jaroslaw, et vient terminer sa carrière tourmentée à Lemberg, s'intitule «Archiepiscopi Leopoliensis typographus» (1629-1632).

Nous trouvons au XVIIe siècle une imprimerie particulière à l'usage du collège des Jésuites; Bauer (t. III, p. 140) nous en signale un produit important: *Sim. Okolski, Russia florida rosis et liliis. Hoc est, sanguine, prædicatione, religione, vita, antea F. F. Ordinis prædic. peregrinatione inchoata, nunc conuentuum in Russia stabilitate fundata*. Leopoli, typis coll. soc. Jesu, apud Sebast. Nowogorski, 1646, in-4°.

Freytag décrit aussi longuement ce rare volume, d'après Daniel Janozki (*Anal.* p. 640).

Nous ne trouvons pas trace à Lemberg d'imprimerie israélite, bien que cette ville, très-riche en juifs, possédât deux synagogues.

LEORINUM, LEORIS, LEOPOLIS, *Löwemberg*, ville de Silésie, dans la rég. de Liégnitz.

LEORNA (?), localité inconnue.

Le catal. de la Bodléienne (1860) nous donne le titre d'un volume imprimé en 1751 « *Leorna en la prenta de Juan Pablos de Fontuha et Compania* ». [Cotton's suppl.].

Ne serait-ce pas LERMA ?

LEOSTENII COMIT., *comté de Löwenstein*, en Wurtenberg (Neckarkreise).

LEOSTENIUM, *Lœvestein, Löwestein*, bourg de Hollande (Gueldre).

Un établissement typographique exista dans cette localité en 1622 [Falk.], et M. Cotton nous donne le nom du premier imprimeur, Jan Pcterszoon Jonghelinck; le volume sur lequel il relève ce nom et cette date appartient à la Bibl. de *Trinity College*, à Dublin.

LEOVALLIS [Zeiler], *Lœwenthal, Liebenthal*, ville de la Silésie Prussienne (rég. de Liégnitz).

LEOVARDIA, *Leeuwarden, Leeuwarden*, ville de Hollande, chef-lieu de la Frise, au N.-E. d'Amsterdam.

L'imprimerie remonte en cette ville, suiv. Falkenstein, à l'année 1597; voici le vol. qu'a voulu désigner ce bibliographe : CHRONIJK VAN VRIESLANT. Leeuwaerden, 1597, in-fol. (Cat. Heinsius ; II, 249) ; ce volume est devenu fort rare, nous ne le voyons pas figurer dans les récents catal. hollandais, mais au catal. Enschedé, sous le n° 1835, est décrit un manuscrit de cette chronique : CHRONICON PHRISIÆ, dat es : *Warachtige Beschriuinge van Vrieslandt, eerst door Occam Scarlensem seer vliitich by een geteeckent, ende andermaels door Joan. Vleeterp inederom vernyeut ende verbeetert*: als nu oock van getycken ten derden maele door Mm Andream Cornelium Stauriensem geschiedt es, 1590, in-fol. mss. de 431 ff. précédé d'une table de 40 ff.

Un livre rare en français, avec le nom d'un imprimeur, figure au VIe vol. du catal. de la Vallière-Nyon (auj. à l'Arsenal) : *Récit ou brefue description de ce qui s'est passé durant le très-fameux siège de Bois-le-Duc, avec une carte générale du camp entier, recueilly et mis en sa vraye description par Jacques Prempart*. Leeuward-en-Frize, Cl. Fontaine, 1636, in-fol.

Signalons en terminant un incunable que conserve la bibl. de la Haye, et que le savant M. Holtrop désigne comme pouvant appartenir à des presses conventuelles de Leeuwarden : FREESKA LANDBRIUCHT (*recueil d'anciennes lois frisonnes*). s. l.

n. d., in-4° de 90 ff. goth. à 30 lignes à la page entière, sans chif. ni sign.; commence par : ()t *Her era godes synvc liauer moder‖Maria alle des himelsche heerschi‖pes. Ende alre fria fresena fridom.....* etc. Malheureusement on ne connaît qu'un exempl. de ce livre précieux, et le feuillet 90 et dernier, où peut-être se lisait la souscription, manque. M. Holtrop dit simplement, mais son autorité est si grande que nous n'hésitons pas à reproduire son allégation : « *Verisimiliter hic liber impressus in quodam Frisiæ (Leovardiensi ?) monasterio, cura Viri Rev. Hidde van Cammingha,* circa 1480-87. »

LEPONTII [Cæs., Plin.], Ληπόντιοι [Strab., Ptol.], peuple du S. de la Rhætie, dont le territoire correspond au N.-O. du canton du Tessin; d'autres géogr. veulent que cette nation ait occupé le pays actuel des Grisons; « *Rhenus oritur ex Lepontiis, qui Alpes incolunt,* Cæs. »; voy. à ce sujet une longue dissert. de Samson d'Abbeville, dans ses *Remarques sur la carte de l'anc. Gaule,* p. 72 et suiv.

LEPONTINA VALLIS, *Livinerthal,* vallée du canton du Tessin, au S. du St-Gothard.

LEPORACENSIS VALLIS, *das Leberthal,* vallée du dép. du Haut-Rhin.

LEPREUM, Λέπρεον [Herod., Polyb., Strab.], LEPRIUM [Plin.], Λέπριον [Ptol.], ville de l'Elide Mérid., dont les ruines se voient près de *Strovitzi* [Boblaye].

LEPROSIUM, localité des Bituriges, auj. *Levroux,* anc. ville du Berry, auj. petite ville du dép. de l'Indre.

LERATE, *L'Hérat, S.-Félix-de-l'Hérat,* commune de Fr. (Hérault).

LERDAMUM, voy. LAURUM.

LERIA, VOX. EDETA.

LERINÆ INS., *les îles de Lerins,* en face de Cannes (Var), comprenant : LERON INS., Λήρων [Strab.], PLANASIA INS., *l'île Ste-Marguerite;* et LERINA INS. [Plin., It. Marit.], LIRINUS [Sid. Apoll.], *l'île St-Honorat.*

LERMA, *Lerma,* ville d'Espagne, dans l'intendance de Burgos (Vieille-Castille); anc. titre de duché.

L'imprimerie a existé dans cette petite ville, qui est mentionnée par Mendez; M. Ternaux cite comme premier ouvrage un traité de Fr. Luiz da Granada; mais comme Antonio, non plus que la *Biblioth. Luzitana,* ne confirment l'assertion, nous ne la reproduisons qu'avec de prudentes réserves : *Luiz de Granada. Introduccion al Symbolo de la Fe.* Lerma, 1619, in-fol. Antonio ne cite de ce traité que la première édition qui fut donnée à Salamanque en 1582.

LERNA LACUS [Plin., Mela, Virg.], Λέρνη [Strab., Paus.], marais de l'Argolide;

s'appelle auj. *Molini,* suiv. Leake et Boblaye.

LERTIUS, voy. IRTIUS.

LESA, Λήσα, AQUÆ LESITANÆ, localité de l'île de Sardaigne, auj. *Ales,* bourg près duquel sont les *Bagni di Benetutti,* suiv. Mannert.

LESBOS INS. [Plin., Liv., Tac., etc.], Λέσβος [Hom., etc.], île célèbre de la mer Ægée, sur la côte d'Asie, où naquirent Alcée et Sapho, auj. *Metelino, Medelin, Midilli,* à la Turquie.

LESCHERIAS, *Leschières,* village de Franche-Comté, près St-Claude (Jura).

LESCURIA, voy. BENEHARNUM.

LESIA, *Notre-Dame-de-Laise,* commune de Normandie (Calvados).

LESINIACUM, voy. LUSINIANUM.

LESNA, LESNA POLONORUM, anc. LIMIOSALEUM, Λιμιοσάλειον [Ptol.], *Leszno,* en allem. *Lissa Polnisch,* ville de l'anc. Pologne, dans le palat. de Posen, auj. à la Prusse.

Les frères Moraves trouvèrent en cette ville un refuge paisible, et dès l'année 1555 y fondèrent une école et y élevèrent une église; cette école ayant pris en 1624 l'importance d'une académie, de nombreux écoliers de Bohème y affluèrent, et un savant illustre, Joannes Amos Comenius, en fut nommé recteur; de cette organisation à l'appel de la typographie, il n'y avait qu'un pas, et ce pas fut franchi en 1635.

Wigand Funcke, sans doute le fils de cet imprimeur Joachim Funcke, que nous avons vu établi à Glogau en 1621, y établit une imprimerie qui fut plus spécialement consacrée aux partisans de Luther; en 1635, dit Hoffmann, il publia : *M. Melchionis Maronii Gurensis Silesii Pastoris Lesnensis oratio sacra;* ce discours avait été prononcé par l'orateur sacré, lors de l'inauguration du temple luthérien.

L'imprimeur spécial de l'université des frères Moraves fut Daniel Wetter, qui exécuta de nombreux ouvrages scolastiques de Comenius en langue tchèque, polonaise, allemande et latine; nous citerons de lui en 1643 : *Panegyricus a Sebastiano Macro, Bogislao com. de Lesino, generali maj. Pol. dicatus. Lesnæ Polon.,* 1643, in-fol.

Nous trouvons, vers la même époque, un grand nombre d'ouvrages décrits par les bibliographes allemands, ou figurant au catal. des Elzevirs, d'Heinsius, de l'observat. de Poulkova, etc.

En voici un que décrit Vogt (*Cat. Libr. rar.,* p. 704): *Georgii Vechneri de austeritate Christi erga matrem, qua in nuptiis chananæis usus est, tractatus. Lesnæ Polon.,* typ. Wigandi Franckii (Fynckii), 1640, in-8°; ce livre est de la plus grande rareté; il figure au catal. de Gesner (Lipsiæ, 1737, in-8°), et les bibliothèques de Stockholm et d'Upsal le possèdent.

Au XVIIIe siècle, les imprimeurs de Leszno sont Michael Buck, Friedrich Held et Mich. Laur. Presser.

LESORA MONS [Auson.], *Lozère,* un des points culminants de la chaîne des Cévennes; donne son nom à un dép. français.

LESSA, Λῆσσα [Paus.], ville de l'Argolide, dont les ruines se voient auj. près de Lykurió [Leake].

LESSOA INS., *île de Lesson* (Jutland).

« *Lessoa, Nidung atque Anhollium insulæ « sunt causa multi ne senescant navitæ* ».

LESTINÆ, LIPTINÆ PALATIUM, *Lestines-en-Cambraisis, Létines*, bourg et fort de Belgique (Hainaut), près Binche.

LESUA, *Lewes*, bourg d'Angleterre, dans le comté de Sussex [Camden].

L'imprimerie ne remonte en cette petite ville qu'à l'année 1775; vingt ans après on y publie: *Will. Lee's ancient and modern history of Lewes and Brighthelmstone*. Lewes, 1795, in-8° de XI-555 pp.

LESURA FL. [Auson.], *le Leser*, riv. du pays de Trèves, affl. de la Meuse.

LETA PANE (?), localité dont nous ne pouvons déterminer exactement la situation, plusieurs bourgs et villages de Hongrie et de Bohême, portant le nom de *Letà*.

Ce nom tchèque de *Letà Pane* se trouve à partir de 1553 sur un assez grand nombre de livres bohémiens, exécutés particulièrement par les frères Moraves. A la date précitée, nous signalerons un livre fort rare : ZIWOT (ADAMUW), *aneb ginak od Starodawna Solfernus, Ruiiha welmi kratochwiilna a uliessena*, etc. Letà Pane , 1553, in-fol., avec de nombreux bois gravés. (Catal. Thorpe, 1842, porté à 3 £ 3 sh.)

Une bible bohémienne fort rare, que ne cite pas M. Graësse, est décrite par Bauer et Freytag : *Bibli Swata to gest, Khiha wniz se wssecka Pisma Swata stareho y Noweha Zakona Zorzugi : w nowe wytistena a wydana*. Letà Pane, 1596, in-8°. Ce livre est qualifié par Widekind d'*editio rarissima ;* il est à la Spencerienne, et M. Dibdin, qui le dit de format in-4°, ajoute : « It is beautifully printed, in a sharp gothic letter, upon indifferent paper. The title-page is upon wood, with the title in red letters. »

Une vie de J.-C. en tchèque fut également imprimée dans cette localité; en 2 vol. in-4°, 1617.

LETHA, *Leith*, ville d'Écosse, sur le Firth of Forth, à 2 milles d'Edimbourg, dont elle forme auj. l'un des faubourgs (Mid-Lothian).

L'imprimerie fut exercée dans cette ville dès l'année 1652, par Evan Tyler, typographe d'Edimbourg, dit M. Cotton ; un *Pamphlet* publié par lui à cette date est conservé à la Bodléienne. Andrews (*British Journalism*) ajoute à cette note ce qui suit : « Après la défaite de Dunbar, Cromwell envoya un imprimeur à Leith ; le protecteur sentait qu'il fallait opposer une digue morale aux empiétements du *Tron Church*; il expédia à Edimbourg un écrivain-typographe, zélé covenantiste, du nom de Christophe Higgins (?), qui établit ses presses à Leith, et le 26 octobre 1653 parut dans cette ville le premier journal qu'ait vu la vieille terre d'Écosse, *the Mercurius Politicus*. »

LETHÆUS FL., Ληθαῖος [Strab., Ptol.], fl. de l'île de Crète, auj. le *Malogniti* [Forbiger].

LETHES FL, ὁ τῆς Λήθης [Strab.], FLUMEN OBLIVIONIS [Mela, Plin.], LIMIA, LIMÆA, Βέλιον [Strab.], fl. de la Tarracon., auj.

le Lima; se perd dans l'Océan, après avoir traversé l'*Entre Duero e Minho*, du Portugal.

LETOA INS., Λητώα [Ptol.], île du sud de la Crète, auj. *Isola Christina*.

LETRINI, ville de l'Élide (Triphylia), auj., suiv. Kruse, *Pyrgo*.

LETSCHIA VALLIS [Simler], *Leltscherthal*, vallée du canton de Vaud (Suisse).

LETTERANUM, LYCTERÆ, *Lettere*, bourg du Napolitain (Princip. Citér.).

LETUSA, *Leuse, Leuze*, pet. ville de Belgique (Hainaut).

LEUCA [Lucan.], τὰ Λευκά [Strab.], ville d'Italie, auj. *S. Maria di Leuca*, dans la Terra d'Otranto.

LEUCA, voy. TULLUM.

LEUCARISTUS, Λευκάριστος [Ptol.], ville de la Germanie, auj. *Konstadt, Cunstadt*, pet. ville de la Silésie Prussienne, près de Breslau [Kruse].

LEUCAS, LEUCADIA INS. [Mela, Liv.], île de la mer Ægée, sur la côte O. de l'Acarnanie, auj. *Léfkhada* ou *Santa Maura*, l'une des îles Ioniennes; son célèbre promontoire, LEUCATE PROM., Λευκάτη, dans le S.-O. de l'île, s'appelle auj. *Capo Ducato*.

LEUCE ACTE, Λευκή ἀκτή [Scylax], sur la côte mérid. de Thrace; aujourd'hui suiv. Kruse, *Khiflik*, en Roumélie.

LEUCE INS., ACHILLIS INS., Ἀχιλλέως ἡ Λευκή νῆσος [Scyl., Strab.], île de la mer Noire, près de l'embouchure du Dnieper, auj. *Phidonisi*.

LEUCENSES, LEUCERÆ THERMÆ, *Leukerbad*, bourg de Suisse (Valais).

LEUCERA [Tab. Peut.], station d'Italie septentr., auj. *Aizuro*, bourg qui s'élève à l'embouchure de l'Adda dans le lac de Côme.

LEUCI [Cæs., Tac.], LEUCI LIBERI [Plin.], peuple du S.-E. de la Gaule Belgique ; habitait le N.-E. du dép. de la Haute-Marne, et le S. de la Meuse et de la Meurthe, avec *Toul* comme capitale.

LEUCIA, *Leuk*, bourg de Suisse, sur le Rhône (Valais).

LEUCIANA, localité de la Lusitanie, située près d'Augustobriga, auj. *Herrera del Duque*, dans la Nouvelle Castille.

LEUCONAUS, FANUM S. VALARICI, *S.-Valery-sur-Somme*, ville et port de Fr. (Somme).

LEUCONIUM [It. Ant.], LEUTSCHOVIA [Zeiler, Cell.], *Leutschau*, ville de Hongrie, chef-lieu du comitat de Zips (cercle en-deçà de la Theiss).

Jacobus Klös, typographe de Bartfeld, exploita concurremment un établissement de même nature à Leutschau à partir de 1614. Daniel Schultz s'y installa en 1617 et y imprima jusqu'en 1622, époque à laquelle il se retira à Kaschau ; enfin, à peu près à la même époque, un imprimeur célèbre, Laurentius Brewer, y exploita un établissement considérable dont il conserva la direction jusqu'en 1698, c'est-à-dire pendant 74 ans, car il l'avait fondé en 1624. Nous empruntons ces détails à Németh, auquel nous nous permettrons de faire observer que ce long laps d'années comprend probablement deux générations d'imprimeurs ; la veuve de Laurentius Brewer, le fils, dont on latinise le nom, Sophia Breweriana, 'con-serve l'établissement de son mari jusqu'en 1704, et ses héritiers jusqu'en 1708.

Le premier livre imprimé à Leutschau est inti-tulé : *Acta et mutuus consensus Synodi Augusta-nam Confessionem amplectentis in oppido Szepes-Váraltya anno Domini 1614, mense januario cele-bratæ.* Leutschowiæ, typis Jacobi Klös, s. a. (1614), in-4o de 10 ff.

Németh donne une longue suite des produits des presses de Leutschau, qu'il pousse jusqu'à l'année 1806, et que nous nous abstenons de repro-duire.

LEUCOPETRA, WEISSENFELSA [Cell.], *Weis-senfels*, ville de Prusse (rég. de Merse-burg).

C'est à l'année 1565 que nous reportons l'introduc-tion de la typographie dans cette ville, et le titre du premier vol. que nous rencontrions portant cette date nous est fourni par le catal. du libraire Willer de Francfort (1592) : CONRADI MEVSELII *capita doc-trinæ Christianæ.* Leucopetræ, 1565, in-8o.

En 1570, nous trouvons porté au catal. des foires de Francfort de 1625 (p. 388) : ANDREÆ LANGENS *antwort||auff vier fragen von der Seligkeit || als nemlich || Wer die seyn||die da selig werden ? Ob auch die Papisten selig werden.....* Weissen-fels, 1570, in-8o, réimprimé à Francfort, in-fol. en 1576.

Au nom de *Weissenfelsa*, le P. Le Long (Bibl. hist., II, 108) nous donne : *Discursus politicus de Carolo magno, quatenus vitam ejus distribuunt Claudius Fauchet, et Joannes de Serres, Galli, auctore Christ. Weyssio.* Weissenfelsæ, 1647, in-4o, réimprimé dans la même ville en 1674, mais avec la souscription : *Leucopetræ.*

LEUCOPETRA PROM. [Plin., Cic.], BRUTTIUM PROM. [Serv. Æn.], *Apennini finis*, pro-montoire du S.-O. du Bruttium, sur le Fretum Siculum, auj. *Capo dell'Armi.*

LEUCOREA, voy. WITTEBERGA.

LEUCOSIA, Λευκωσία [Sozom.], Λευκουσία [Hier.], capitale de l'île de Chypre, auj. *Nicosia, Kalli Nekesia, Lefkeuschêh*, siége d'un évêché grec (à la Turquie).

LEUCOSTABULUM, *Lichstall, Liestall*, bourg de Suisse (cant. de Bâle).

LEUCTRUM, Λεῦκτρον [Strab., Plut., Ptol.], LEUCTRA [Plin.], τὰ Λεῦκτρα [Paus.], ville de la Laconie, sur le golfe de Messénie, auj. *Maina*, ou, suiv. quelques géogra-phes, *Leondari.*

LEUCTRUM, Λεῦκτρον [Strab.], τὰ Λεῦκτρα [Plut.], ville de la Bœotie, au S.-O. de Thèbes, célèbre par la victoire d'Epaminondasl'an 371 av. J.-C., auj., suiv. quelques géographes, *Leftro* ; et d'autres fixent le lieu de la bataille près d'*Eremo-Castro*, là où surgissent encore quelques ruines.

LEUCUM, *Lecco*, pet. ville du Milanais, au S.-O. du lac de Côme.

LEUDARDI VILLA, *Ouarville*, commune de Fr. (Eure-et-Loir).

LEUPHANA, Λευφάνα [Ptol.], localité du nord de la Germanie, sur l'emplace-ment actuel de laquelle les géographes sont divisés, mais que plusieurs croient être *Lüneburg* (voy. LUNEBURGUM).

LEUTEVA, LUTEVA, LODAVIA ARAMONÆUM, LODOVA, *Lodève*, ville de Fr. (Hérault).

N'est-ce point à la ville de Lodève qu'il convient de reporter une impression de 1634 que nous avons attribuée à la petite ville d'Aramont (voy. ARAMO-NÆUM) ? Le volume de 1641, cité par Ternaux, comme premier produit des presses de Lodève, est du même auteur que celui que nous avons cité à l'art. d'Aramont : *Plantavitius. Florilegium Bibli-cum.* Lutevæ, 1641 ; le *Chronicon præsulum Lodo-vensium* de ce Plantavit de la Pause, publié sous la rubrique ARAMONÆI, doit donc bien probablement être reporté à l'actif de Lodève. Du même auteur, D. Gerdes (*Floril.*, p. 227) et Bauer (t. III, p. 212) décrivent un livre important publié à Lodève en 1644 : *Thesaurus synonymicus Hebraico-Chal-daico-Rabbinicus, in quo omnes totius Hebraicæ linguæ voces una cum plerisque Rabbinicis, Tal-mud, chaldaïcis, earumque significationes... de-monstrantur.* Lodovæ, 1644, in-fol. max. (Liber ra-rissimus.)

Le *Florilegium Biblicum, complectens utriusque Testamenti sententias Hebr. Græcas...* cité par Ternaux à la date de 1641, est décrit par tous les bibliographes comme étant de 1645,· gr. in-fol. (Voy. Gerdes, Freytag, Bauer, catal. Elzev., 1681, etc.). Nous croyons devoir distinguer ces deux ouvrages ; le premier, le *Thesaurus*, formant un lexique des vocables hébreux ; le second, *Florile-gium*, comprenant les adages tirés des livres saints.

Ce Jean Plantavit de la Pause était évêque de Lodève au moment où paraissaient ces volumes philologico-théologiques. Il mourut en 1651, et très-probablement il avait fait venir d'une ville voisine un imprimeur et un matériel typographique à son usage, car on ne trouve plus trace d'imprimerie à Lodève après sa mort ; la ville n'est pas mentionnée dans les arrêts du conseil de 1704 et de 1739, non plus qu'au rapport présenté à M. de Sartines en 1764 sur l'état de la librairie en France.

LEUTKERKA, voy. ECTODURUM.

LEUTSCHOVIA, voy. LEUCONIUM.

LEVACI [Cæs.], peuple de la Gaule Belgi-que; habitait le pays de Gand, là où la Lys se perd dans l'Escaut.

LEVEFANUM [Tab. Peut.], *Fanum deæ Lævæ dicatum*, ville de l'île des Bataves ; auj., suiv. d'Anville, *Livendaal*, près Duerstädt (Hollande).

LEVIA [Baudrand], *Lewenz*, bourg du comitat de Bars, en Hongrie (cercle en-deçà du Danube).

LEVIDONA, *Alvidona,* bourg du Napol. (Calabre ultér.].

LEVINIA, ELGOVIA, *le Lennox,* anc. comté d'Ecosse, auj. divisé entre les comtés de Stirling et de Dumbarton.

LEVITANIA, la vallée de *Lavedan,* dans le dép. des Hautes-Pyrénées, avec *Lour-des* comme chef-lieu ; c'était là que se trouvait l'antique abbaye de S.-Savin.

LEXOVII [Cæs., Plin.], Ληξούιοι [Strab.], Ληξούβιοι [Ptol.], peuple de la Gaule Lyonnaise; habitait le *Lieuvin* ou territ. de Lisieux (Eure).

LEXOVIUM [Not. Civ. Gall.], NŒOMAGUS, Νοιόμαγος [Ptol.], NOVIOMAGUS [It. Ant.], CIVITAS LEXOVIORUM, LEXOBIUM, LEXOVIE [Chron. B. Dion.], ville- de la Gaule Lyonn. III, auj. *Lisieux,* sur la Touque, ville de Fr. (Calvados); anc. abb. de filles de S.-Benoît, anc. hôpital géné-ral, anc. évêché, etc.

M. Frère fait remonter à 1608 l'introduction de la typographie dans cette ville : *Enchiridion seu manuale sacerdotum ad usum ecclesiæ et diœcesis Lexoviensis, auctoritate Rouxel de Medavi confec-tum.* Lisieux, impr. de Jean Clémence, 1608, in-8°.
Après Jean Clémence, nous citerons, à Lisieux, Remy le Boullenger (vers 1660) ; les arrêts du con-seil de 1704 et de 1739 conservent un imprimeur dans cette ville, et le rapport fait à M. de Sartines nous donne le nom de cet imprimeur en 1764 : c'est Jacques Aulnay Duronceray, établi en 1708, exploi-tant trois presses.

LEZINIACUM, voy. LUSINIACUM.

LIBA [Baudrand], *Libau, Leveja,* ville de Russie, dans le gouvern. de Mittau.

LIBANUS MONS [Plin., Tacit.], Λίβανος [Ptol., Strab.], LIBANON [Biblia], *le Mont Liban, Djebel,* chaîne de la Syrie, qui s'étend du N. au S., jusqu'à l'Arabie.

Voyez, pour l'imprimerie du monastère du Liban, art. KHESROWAN et KUZALÆ VALLIS MONAST.

LIBARNA [Plin.], Λιβάρνα [Ptol.], LIBARNUS [T. Peut.], LIBANUM [It. Ant.], LEVARNÆ [Géo. Rav.], ville de Ligurie, auj. *Lerma,* bourg de la prov. de Gênes.

LIBERA MANSIO, *Szabad-Szalas,* bourg de Hongrie [Graësse].

LIBERALITAS JULIA, voy. EBORA.

LIBERDUNUM, *Liverdun,* sur la Moselle, bourg de Lorraine (Meurthe).

LIBERIACUM, LIVARIOLÆ, LIVARIÆ, *Livry ;* plusieurs localités portent ce nom en France ; nous trouvons LIVRIACUM. IN ALNETO, *Livry-en-Aunis,* dit Du Cange, mais plutôt *Livry,* bourg de Norman-die, près *Aulnay,* au pays Bessin, anc.

abb. de Cîteaux (Calvados), [Edict. Phil. V, an. 1317].

LIBERITUS, LIDERICUS, *le Loir,* riv. de France, affl. de la Sarthe.

LIBEROVADUM (?).

Encore un de ces noms supposés qui se rattachent à la famille des VILLEFRANCHE, FREISTADIUM, COS-MOPOLIS, et autres localités imaginaires, sous le nom desquelles un auteur, pour dérouter les tracasseries de la censure inquisitoriale, cherche à dissimuler le lieu d'impression de son livre ; en voici un exem-ple : *Opizii Jocoserii dissertatio juridica de eo quod justum est circa spiritus familiares Fœmina-rum... antehac in-folio, nunc portatili forma gratiore edita, recognita, et variis in locis a men-darum maculis repurgata.* Liberovadi, 1684, in-12.

LIBERUM ALLODIUM, *le Franc-Alleu,* district de la Basse-Auvergne; fait auj. partie du dép. de la Creuse; tirait son nom des franchises dont il jouissait.

LIBETHRA [Pausan.], ville de Macédoine (Pieria), auj., suiv. Kruse, *Nesivo,* dans le pach. de Saloniki.

LIBETHRIAS MONS, τὸ Λιβήθριον ὄρος [Paus.], montagne de la Bœotie, près Coronea, auj. probablement le *Monte Granitza.*

LIBIA [It. Ant.], station du pays des Can-tabri, dans l'Espagne Tarrac., auj. *Leyva,* dans les Asturies.

LIBISOSA [It. Ant.], Λιβισώσα [Ptol.], FORUM AUGUSTANUM [Plin.], colonie romaine dans l'Espagne Tarraconaise, auj. *Lezuza,* dans la Nouv. Castille [Rei-chard].

LIBISSONIS TURRIS, colonie sur la côte N. de l'île de Sardaigne, auj. *Porto de Torre.*

LIBISTUS [Plin.], localité de la Mœsie In-fér., auj., suiv. Reich., *Aliben* ou *Oli-ben,* dans la Boulgarie ottomane.

LIBORA, LIBURA, *Talavera de la Reina,* ville du roy. de Tolède, sur le Tajo, voy. ÆBURA.

LIBRIA FL., LIBRIA [Plin.], *le Livron,* affl. de l'Hérault.

LIBURNI [Plin., Cæs., Liv.], Λιβουρνοί [Strab.], Λιβυρνοί [Scylax], peuple de l'Illyrie Romaine ; habitait les côtes dalmates de l'Adriatique.

LIBURNIA [Plin., Tab. Peut.], Λιβουρνία [Ptol.], partie de l'Illyrie Romaine qui comprend auj. le N. de la Dalmatie, et de la Croatie.

LIBURNICUS PORTUS [Cell.], LIBURNUM, voy. AD HERCULEM.

Haym nous donne une indication antérieure à celles que nous avons signalées : *Antonio Cavalleri. Coronazione di Livorno.* Ivi, 1613, in-4°.
Rossi cite un vol. exécuté dans cette ville au

XVIIe siècle: *Salomonis filii Simeonis ben Tzè-mach, Milchèmed mitzva* (*Bellum præcepti*), in-4°. Et il ajoute: « Sed Liburni paucis ab hinc annis una cum patris Simeonis die zertheilte Finsterniss (Gedani, 1681), de quo infra loquemur. » Et encore: *Simeonis ben Tzèmach Kèsced umaghen* (*arcus et clypeus*), in-4°, s. l. n. d. Mais, dit-il, « Liburni, ut ex Judæorum ore accepi, et ex Azulai testimonio ». (Rossi, p. III.)

Licates [Plin.], Λικάττιαι [Strab.], peuple de la Vindélicie, occupait l'*Oberdônau-kreise*, en Bavière.

Licerium Conseranum, Fanum S. Lucerii, Austria, *S.-Lizier,* bourg de Fr. (Ardèche).

Licha, Lycha, Licha ad Veterim, *in comitatu Solmensi, Lych, Lich,* petite ville d'Allemagne, dans le gr.-duché de Hesse-Darmstadt.

Falkenstein et Cotton donnent 1597 comme date de l'apparition de la typographie dans cette localité, et nos recherches ne nous permettent de la faire remonter qu'à l'année précédente. Freytag et Bauer signalent: *D. Herlitz* (médecin, prof. de mathématiques à l'acad. de Greifswalde), *astronomisch Schreiben an Jhro Churfürstl. Gnaden zu Brandenburg von des jerzigen Turkischen Reichs vntergang vnd endlicher Zerstœrung,* etc. Gedruckt zu Lich durch Nicol. Erben, 1596, in-4° de 50 ff. David Herlitz, né à Zeitz en 1557, mourut en 1636 (voy. Bayle, t. II, p. 1456).

Nous pourrions citer un grand nombre de vol. exécutés à Lich en 1597 (voy. la *Bibl. Saxon.* de Struvius, p. 90; *Index Libr. ab anno 1593 ad ann. 1600 excus.; Catal. des foires de Francfort,* a. 1625, etc. Tous ces livres portent également le nom de Nicolas Erben comme premier typographe.

Le *Manuale Biblicum Paracelsi* fut exécuté à Lich, *Cura Toldeni,* en 1605. C'est un vol. in-8° auj. rare et recherché (cat. de Tournes, p. 449).

Lichades Ins., les *îles Ponticonesi,* sur la côte N.-E. de Negroponte.

Lichfildia, *Lichfield,* ville d'Angleterre (comté de Stafford); voy. **Etocetum.**

Nous avons omis à l'art. **Etocetum** la notice bibliographique suivante: M. Cotton signale en 1698 un libraire de Lichfield, Michaël Johnson, le père du grand lexicographe, qui fut peut-être imprimeur en même temps; un ouvrage de sir John Floyer, sur l'utilité du bain froid, non cité par Lowndes, y fut exécuté en 1702; une imprimerie particulière est signalée par Martin (p. 51): *Needwood Forest* (by mr. Mundy). Lichfield, printed by John Jackson, 1776, in-4° de 52 pp.

Lichindus, Λίχινδος [Steph. B.]. *Ligniari,* bourg de Sicile, dans le S. de Trapani [Reich.].

Lichus Fl., Licus, Lycus [P. Diac., Fortunat.], Λικία; [Ptol.], *le Lech,* riv. du Tyrol, affl. du Danube.

Liciniacum, voy. **Lusiniacum.**

Licnicium, voy. **Lignitium.**

Licopia, Lincopia, *Lidköping,* ville de Suède, près de Wenersborg (Gothie), sur le lac Wener.

Lidalia, Liddesdalia, *le Liddelsdale,* district de l'Écosse mérid., qui s'étend sur les frontières anglaises.

Lidcopia, voy. **Licopia.**

Lidericus, voy. **Liberitus.**

Liger Fl. [Cæs., Lucan., Sidon.], Λείγηρ [Strab.], Λίγειρ [Ptol., Steph. B.], Λίγηρος [Dio. Cass.], **Ligera, Ligeris, Ligara** [Ann. et Chron.], *la Loire,* fl. de France.

Ligerula, *le Loiret,* riv. de France, affl. de la Loire; prend sa source dans la Sologne.

Lignacus Portus, voy. **Leoniacum.**

Lignan (?).

Nous connaissons deux villages de ce nom, l'un dans la Gironde, l'autre dans le Gers; mais nous croyons bien fermement que ce n'est ni à l'une ni à l'autre de ces deux localités que peut s'appliquer le renseignement bibliographique suivant: *Sésuyt le testamèt de la guerre qui regne a psent sur la terre.* — On les vend à Lignan près du grant pont de boys, a lenseigne des deux iousteurs. Pet. in-8° goth. de 4 ff. avec une grav. en bois au frontispice.

Cette pièce en vers rarissime est de Jehan Molinet, et fait partie de ses œuvres; elle est décrite par M. Brunet, au mot **Testament.**

Nous avons fait quelques recherches pour découvrir ce lieu d'impression, mais elles ont été inutiles; la vie de Jehan Molinet est enveloppée d'une obscurité telle, que le résultat était prévu d'avance.

Ligniacum, *Ligne,* bourg de Belgique (Hainault).

Lignitium [Zeiler], **Licnicium, Lugidunum,** *Liegnitz,* ville de la Silésie Prussienne, (anc. Lusace Infér.), chef-lieu de régence, sur la Katzbach.

La Caille, et d'après lui Maittaire, ont imaginé un livre imprimé dans cette ville en 1481: *Fr. Hermanni Dialogus.* Lignis, 1481, mais Panzer a fait justice de cette assertion, que, jusqu'à preuve contraire, nous considérons également comme controuvée; nous ne pouvons faire remonter l'imprimerie à Liegnitz qu'à l'année 1595: *Andreæ Calegii Biblides siue miraculorum diuinorum serie biblica descriptorum liber I, capita Genes, 21. complectens, maioris operib. specimen et incrementum.* Lignicii, typis Sartorianis, in-4°. (*Index libr. excus.* ab. an. 1593 ad an. 1600.)

Lignium, Lincyum [Zeiler], *Ligny,* ville de Fr. (Meuse).

Lignum Regis, *Lynn, King's Lynn,* ville d'Angleterre (comté de Norfolk).

L'imprimerie, dit M. Cotton, remonte en cette ville à 1730: *September, a rural poem, by a gentleman,* est le livre que cite le bibliographe d'Oxford, comme premier spécimen de la typographie locale.

Au n° 1323 du catal. Wilbraham, nous trouvons: *Parkin's* (*Rev. Ch.*), *the topography of Freebridge Hundred and half, in the county of Norfolk.* Lynn, 1762, in-fol. Ce volume, qui doit porter la date de 1772, est la continuation du grand ouvrage du Rév. Francis Blomefield sur la topographie du comté de Norfolk, dont le tom. IIIe imprimé à Lynn porte la date de 1769, et les tomes IV et V la même sous-cription et la date de 1775.

Lowndes cite ce vol. du Rév. Ch. Parkin, comme imprimé sous la rubrique de Londres, également avec la fausse date de 1762.

Citons encore: *Burton's description of Leicestershire boards.* Lynn, 1777, in-8°.

Un grand imprimeur anglais, Will. Whittingham, mourut dans la ville de Lynn, en 1797.

LIGOLIUM, *Ligueil*, bourg de Touraine (Indre-et-Loire); anc. baronnie.

LIGURES [Liv., Plin., Tac.], Αἴγουρες [Steph. B.], LIGYES, Λίγυες [Hesiod., Strab., Herod.], LIGYSTINI [Plin.], peuple habitant la Ligurie; comprenant les LIGURES APUANI, sur les bords du golfe de Gênes; les LIGURES COMATI, occupant les Alpes Maritimes; les LIGURES IGAUNI ou INGAUNI, territ. d'*Albienga*; LIGURES INTEMELII, territ. de *Vintimiglia*; enfin LIGURES VAGIENNI ou BAGIENNI, territ. de *Saluzzo*.

LIGURIA [Plin., Suet.], Λιγουρία [Ptol.], ἡ Λιγυστική [Dion. Hal., Strab.], ἡ Λιγυστίνη [Polyb.], LIGURIS [Tac.], *la Ligurie*, province de l'Italie qui occupait la partie S.-O. de la Gaule Cisalpine, entre le Pô au N. et la Méditerranée au S.; séparée de la Gaule par les Alpes Maritimes à l'O., et la Macra à l'E.; forme auj. les divisions de *Coni, Nice, Gênes, Saluzze* et *Alexandrie*.

LIGURICÆ INSULÆ, Λιγύων νῆσοι [Strab.], îles de la Ligurie, voy. STŒCHADES INS., et LERINÆ INS.

LIGUSTICUM MARE, *golfo di Genua*.

LILÆA [Stat.], Λίλαια [Hom., Strab.], ville de la Phocide, à la source du Céphissus, dont les ruines sont appelées auj. *Paleo-Kastro* [Leake].

LILERTIUM, LILLERIUM, *Lillers*, ville de Fr. (Pas-de-Calais).

LILLOA, *Lillo*, bourg et forteresse de Belgique, sur l'Escaut (prov. d'Anvers).

LILYBÆUM [Cic., Liv., It. Ant., T. Peut.], Λιλύβαιον [Strab., Ptol.], LILYBEUM [Jornand.], ville de la côte O. de Sicile, auj. *Marsala*, dans le Val di Mazzara (prov. de Trapani).

Nous ne trouvons pas trace d'imprimerie dans cette ville importante, antérieurement au XIXe siècle. (Voy. cependant MARZARIA.)

LILYBÆUM PROM. [Mela, Plin.], Λιλύβαιον ἄκρον [Polyb. Strab., Ptol.], Λιλυβῆτς ἄκρα, auj. *Capo Boco*, ou *Capo di Marsala*, sur la côte O. de Sicile.

LIMAGA, LIMAGUS, LINDEMAGUS, *la Limmat*, riv. de Suisse, affl. de l'Aar.

LIMANIA, ALIMANIA [Baudrand], ALVERNIA INFERIOR, *la Limagne d'Auvergne*, forme auj. la partie N. du Puy-de-Dôme.

LIMBURGUM [Cluv.], *Limburg, Limbourg*, ville de Belgique, dans la prov. de Liége; anc. capit. du duché de Limbourg.

LIMENIA, Λιμενία [Strab.], ville de la côte occid. de l'île de Cypre, auj. *Limna*.

LIMENICA (VALLIS), *Limorgue*, commune de Fr. (Vaucluse).

LIMERICENSIS COMITATUS, *le comté de Limerick*, en Irlande (Munster).

LIMERICUM, LIMMIVICUM [Baudrand], *Limerick*, chef-lieu de comté en Irlande.

La plus ancienne publication souscrite au nom de Limerick que signale M. Cotton est intit.: *The Magazine of magazines*, et datée de 1752; il cite encore: *Robert's Juvenile Poems*, 1763. — *Ferrar's (John) the history of Limerick, from the earliest records to the year 1787*. Limerick, 1787, in-8°, etc.

LIMIA [It. Ant., Geo. Rav.], voy. FORUM LIMICORUM.

LIMICI [Plin.], peuple de l'Espagne Tarraconaise, dont le territoire arrosé par le LIMIUS FL., auj. *Lima*, avait pour chef-lieu LIMICORUM FORUM.

LIMIOSALEUM, voy. LESNA.

LIMITES, dénomination sous laquelle on désignait toutes les peuplades germaines confédérées, qui successivement étaient venues s'établir entre le Rhin et le Danube, depuis Cologne jusqu'à Ratisbonne; Forbiger a consacré un long et remarquable travail à cette agglomération germanique.

LIMNÆ, Λίμναι [Strab., Paus.], localité de la Messénie, que Leake place auprès de *Nisi*, sur le fl. Pirnatza.

LIMNÆA [Liv.], Λιμναία [Thuc., Polyb.], ville d'Acarnanie, auj., suiv. Kruse, *Loutra*, mais Leake en voit l'emplacement à *Kervasara*.

LIMNUS INS. [Plin.], Λίμνος [Ptol.], île sur la côte orient. de l'Irlande, auj. *île Dalkey*.

LIMOLIUM, *Limeuil*, village de Picardie, suiv. Du Cange, qui cherche à prouver que cette localité est désignée par une charte du roi Eudes de 890, sous le nom de LEMEGIA VILLA.

LIMONE INS., voy. ELONE.

LIMONUM [Cæs., It. Ant.], Λίμονον [Ptol.], LEMUNUM [Tab. Peut.], RATIATUM [It. Ant., Greg. Tur.] (?), Ῥατίατον [Ptol.], VICUS RATIATENSIS [Tab. Peut.], AUGUSTORITUM PICTONUM (?), PICTAVI [Ammian., Cell.], PICTAVIA, *Pictonum Metropolis* [Cluv.], PICTAVIUM [Cluv.], ville capit.

des Pictones dans la Gaule Aquitaine ; auj. *Poictiers*, *Poitiers*, chef-lieu du dép. de la Vienne (France); université, académie, anc. siége-présidial; 23 conciles, batailles en 732 et en 1356.

« Ce fut à la sollicitation du bon roy Charles VII° que le pape Eugène IV créa l'université de Poitiers, par une bulle donnée à Rome, *anno incarnationis Domini* 1431, *quarto Kalendas Junii*. » C'est ainsi, et par la constatation de ce fait, que débute notre érudit correspondant de Poitiers, M. Barbier-Tripart, conseiller à la cour, le digne descendant des plus illustres imprimeurs de la vieille cité ; en effet les Marnef, les Thoreau, les Fleuriau, les Faulcon et les Barbier, sont les ancêtres paternels de ce bibliophile, véritablement digne de ce nom par son amour et sa science des livres.

Son père, imprimeur-libraire à Poitiers, s'était plu à réunir la plupart des plus précieux incunables du Poitou ; sa collection fut dispersée à sa mort, mais la bibliothèque de la ville s'enrichit heureusement de quelques précieuses épaves bibliographiques à cette vente intéressante.

C'est à l'année 1479 que tous les bibliographes font remonter l'introduction de la typographie à Poitiers : Breviarium Historiale (*auct. Landulpho Sagace de Columna*); in-4° goth. de 8 ff. liminaires et de 314 ff. de texte, sans ch. ni récl. mais avec sign. A-t (2° alph.). Les VII premiers ff. contiennent une table à 2 col. Au r° du VIII° on lit : *Deo grās ‖ Explicit tabula ‖ huius libri pictauis ‖ ipressi ppe sanctum ‖ hilariū. in domo cuiusdē viri illustrissi ‖ mi canonici eiusd' ec ‖ clesie beatissimi hila ‖ rii. Vigilia assūptio ‖ nis beate marie An ‖ no dñi* M.CCCC.LXXIX ‖..... Le v° du VIII° f. est blanc. Au r° du IX° signé A, on lit : *Incipit breuiarium históriale et homines bonis preteritis discant viuere*, etc.

Ce livre est bien décrit au *Manuel*; un exempl. est à Paris à la bibliothèque de Ste-Geneviève, et trois autres sont conservés à Poitiers ; nous croyons que le premier bibliographe qui en a fait mention est Hennings (*Io. Chr.*) *Bibliotheca seu notitia libr. rar.* Kiliæ, 1766, in-8°, et d'après lui Bauer (*Suppl.* I, p. 253).

Ce livre important est dépourvu de nom d'imprimeur, mais on voit qu'il a été imprimé dans la maison d'un certain chanoine de St-Hilaire ; la collégiale de St-Hilaire, richement dotée par Clovis, en souvenir de sa victoire sur Alaric, avait un chapitre royal dont le roi de France était abbé (*cujus caput ipse rex Galliæ est*, dit Cluver), et dont le trésorier (son dignitaire principal) était chancelier-né de l'université de Poitiers. Ces faits et l'influence énorme exercée par cette collégiale de St-Hilaire suffisent amplement pour expliquer à la fois et la date reculée à laquelle remonte l'introduction de la typographie, et comment le premier établissement dut être provoqué par le clergé, et subsista sous son patronage immédiat dans une ville où son autorité s'exerçait sans contrôle et sans contre-poids. (Poitiers comptait, avant 89, 5 chapitres, 24 paroisses, 11 monast. d'hommes et 15 communautés de femmes.)

Mais, bien que le nom du proto-typographe poitevin manque à l'incunable que nous venons de décrire, peut-être nous permettra-t-on de soumettre une hypothèse que certains faits d'ailleurs semblent justifier.

Des provisions d'imprimeur et de libraire du roy à Poitiers furent accordées à Jean III de Marnef, par Henry IV, le 17 nov. 1597.

Ces provisions furent confirmées par de nouvelles lettres-patentes du roy Louis XIII, en faveur du même Jean de Marnef, lettres datées du 6 janvier 1611.

En voici la teneur : « Louis, par la grâce de Dieu...... Notre cher et bien amé Jean de Marnef, notre imprimeur en notre ville de Poictiers, nous a

fait remonter qu'en considération de ce que *ses prédécesseurs auroient été les premiers en notre ville de Paris qu'audit Poictiers depuis six-vingts ans et plus*, où ils ont toujours depuis de père en fils continué cette profession d'imprimeur, au contentement et utilité du public et de l'université dudict Poictiers, pour les beaux ouvrages et labeurs d'imprimerie, par lesdicts Marnefs, faicts assez notoires en notre royaume, nos prédécesseurs rois leur auroient concédé et accordé plusieurs priviléges, même le feu roi, notre très-honoré seigneur et père, que Dieu absolve, par les lettres-patentes du 17 nov. 1597, etc.»

Sans vouloir s'arrêter à ce que disent les lettres-patentes du premier établissement des Marnef à Paris, M. Barbier-Tripart, s'appuyant sur ces *six-vingts ans et plus d'exercice*, demande, avec toute sorte de probabilité, s'il ne faut point attribuer au premier des Marnef l'exécution de ce *Breviarium historiale*, et tout au moins celle des *Coustumiers du Poictou*, dont nous allons parler.

Et nous demanderons, nous, sur quelles données s'appuie La Serna Santander pour gratifier de l'honneur de cette impression Jean Bouyer et Guillaume Bouchet ?

Le second livre imprimé à Poitiers serait, selon toutes les probabilités, un *Coustumier* sans date et sans nom d'imprimeur, décrit au *Manuel* (t. II, col. 384), et exécuté vers 1483, in-4° goth. à long. lignes, au nombre de 26 à la page, avec signatures.

Ce très-précieux volume offre cette particularité qu'il porte au v° du dernier f. une marque d'imprimeur, représentant un M capit. gothique, surmonté d'une croix. Est-il imprudent de supposer que cette marque est celle du premier des Marnef, laquelle aurait précédé celles du *Pélican* et de la *Fleur de Lys*, adoptées plus tard par ses descendants, et dans le jambage *medius* de l'M, prolongé en forme de hampe et portant la croix, ne peut-on point voir un J capital : « (J)EHAN DE (M)ARNEF » ? et cette marque ne confirme-t-elle pas d'une façon indiscutable la présomption de notre correspondant ?

Un autre *Coutumier poictevin*, à la date de 1486, in-fol. goth., sans nom d'imprimeur, est décrit au *Manuel* (col. 385 du tom. II); on n'en connaît que deux exemplaires, l'un à Poitiers, l'autre à la bibl. de la Cour de cassation à Paris, et tous deux manquent de titre ; celui de la Cour de cassation est compendieusement décrit au catalogue de cette façon : « *Ancienne coutume de Poitou*, in-fol. »

Nous ne nous arrêterons pas aux nombreuses éditions de ces *Coustumes de Poictiers*, avant ou après révision, aux dates de 1508, 1515, 1530, etc., mais nous mentionnerons celle de 1508, parce que c'est le premier livre sur lequel il nous soit permis de relever un nom d'imprimeur, et ce nom glorieux est celui de Jehan de Marnef, déjà signalé sur quelques livres imprimés à Paris : *Le Coustumier du Poitou, auecques la briefue declaration et concordance de chacun chapitre, et les ordonnances royaux anciennes et nouuelles..... Cy finissent les ordonnances royaux nouuellement imprimees à Poictiers, en la maison de Jehan de Marnef dit Jehan du Liege, imprimeur et libraire iuré de l'université dudit Poictiers... le XIX° iour du moys de janvier l'an mil cinq cens huit.* 2 tom. en un vol. in-8° goth. (*Manuel*, t. II, col. 385.)

Nous trouvons en 1512 d'autres noms d'imprimeurs, et ici nous empruntons à M. Barbier-Tripart la description d'un volume intéressant : « Il s'agit d'un Lucain, imprimé à Poitiers, qui est passé de la bibl. de mon père dans celle de la ville, que j'ai vu souvent et que je viens de revoir encore ; je ne le trouve pas mentionné au *Manuel* : *M. Annei Lucani Cordubésis præstātissimi poëtæ ac historici Bellū Pharsalicū.....* in-4°, sans chif., en caract. romains, avec notes marg. in gothique. A la fin: *Impressus Pictaviis, per Magistrum Iohannem Bouyer ac Guilielmum Bouchet, apud sanctum Hilarium de la Celle commorāt. anno a natali christiano quingêtesimo duodecio supra millesimum, nono calendas februarias.*

« Et nous autres Poitevins, ajoute notre excellent correspondant, nous nous gardons bien de confondre *St-Hilaire de la Celle* avec la grande collégiale, dont j'ai parlé à propos du *Breviarium historiale.* »

Une autre preuve de l'existence et de l'association de ces deux libraires-imprimeurs, c'est une pièce importante nouvellement découverte et qui a donné lieu à deux mémoires lus à la Société des antiquaires de l'Ouest; je veux parler du testament de Jean Bouyer, fait par-devant notaires, en date du 19 juin 1515, lequel contient un legs de 10 écus d'or en faveur de Guillaume Bouchet, qu'il appelle *son compagnon*, et celui-ci, dans la quittance qu'il donne des 10 écus d'or, quittance datée du 10 septembre 1515 et qui fixe la date de la mort du testateur, prend le titre d'*imprimeur et libraire à Poitiers.*

Parlons encore d'un volume important, qui n'est point décrit au *Manuel*; c'est la première édition des célèbres *Annales d'Aquitaine* du fécond Jehan Bouchet, procureur à Poitiers, que nous croyons frère de Guillaume Bouchet, l'imprimeur susmentionné. C'est un in-fol. goth. avec cfi. et sign.; il est Intit.: LES ANNALES D'ACQUITAINE, *faicts et gestes en sommaire des roys de France...* Au bas du titre on lit : *Et sont à vendre à Paris en la rue Sainct-Jacques deuât Sainct-Yues, et à Poitiers à la Celle et deuant les Cordeliers par Jacques Bouchet imprimeur* (c'est le fils de Guillaume). Au v° du dernier f. on lit : *Cy finissent.... par Me Jean Bouchet, procureur à Poictiers et imprimées audit lieu pour maistres Enguilbert de Marnef et Jacques Bouchet, libraires iurez de l'université dudit lieu. Le tiers iour du moys de mars, l'an mil cinq cent* xxv.

En outre des fécondes dynasties des Marnef et des Bouchet, nous citerons comme imprimeurs à Poitiers au xvi° siècle : Jean Coussot, qui imprime quelques livres pour Jacques Bouchet en 1525 et ann. suiv., Blanchet, Nic. Logeroys, Nic. Pelletier, Courtois, P. Boisateau, etc. Au xvii° siècle : Anth. Mesnier, Fr. Lucas, Charles Pignon, Julien Thoreau, Pierre Amassard, Abr. Mounin, etc., etc.

La ville de Poitiers, d'après une délibération municipale de 1522, qui est conservée aux archives de la ville, et contient l'état des marchands de la cité par corps de métiers, avait à cette époque 17 imprimeurs ou libraires.

M. Barbier-Tripart possède aussi sur parchemin l'original des *Statuts et règlements des marchands libraires, imprimeurs et relieurs de la ville de Poitiers* au xvii° siècle; ces statuts sont signés des syndic et adjoints de la communauté, au nombre de 15 ! A quel nombre total pouvait-on porter la communauté entière, si l'on en juge par une chambre syndicale de 15 membres !

Ces statuts, approuvés par M. de Sainte-Marthe, lieut. gén. en la sénéchaussée de Poitou, le 14 octobre 1634, ont été confirmés, autorisés et approuvés par lettres-patentes de Louis XIII, du même mois d'octobre ; ils ont ensuite été enregistrés: 1° par la cour des Grands-Jours assise à Poitiers, le 17 novembre 1634 ; 2° par la cour ordinaire et présidiale de la sénéchaussée de Poitou, à Poitiers, le 21 novembre 1634.

Mais la prospérité de l'université, et par suite de l'imprimerie, décroissent rapidement à partir de cette époque.

« En 1702 et 1703, je ne trouve plus, dit M. Barbier-Tripart, que 11 imprimeurs et libraires dans deux actes authentiques, le premier de création d'une rente de 11 livres 10 sols par lad. communauté, et le second d'un rôle de répartition entre les membres de la communauté d'une somme de 200 livres à elle imposée pour l'entretien des recrues. »

Les arrêts du conseil de 1704 et de 1739 réduisent à deux le nombre des imprimeurs autorisés, et

les arrêts sont confirmés par un nouvel arrêt du 12 mai 1759.

Le rapport fait à M. de Sartines en 1764 signale trois imprimeurs exerçant à Poitiers, mais l'un n'est accepté qu'à titre de surnuméraire ; Jean Faulcon, l'aîné, a succédé à son père Jacques Faulcon, en 1746 ; il possède deux presses ; — Louis Braud succède à son père en 1763 ; a cinq presses, dont une en taille-douce ; enfin Jean-Félix Faulcon, âgé de 50 ans, reçu imprimeur surnuméraire en 1746, quatre presses ; et le rapport ajoute : Nota. Les notaires font tous les jours des ventes sans y appeler les libraires, ce qui fait qu'on y expose de mauvais livres.

Le 25 novembre 1776, un nouvel arrêt, rendu à la sollicitation de l'intendant du Poitou, reporte à trois le nombre des imprimeurs, qui retombe de nouveau à deux en 1792, par suite de la fusion de deux imprimeries, et depuis cette époque jusqu'à l'année 1839, ce nombre n'a point été dépassé.

Poitiers possède aujourd'hui trois imprimeries et plusieurs lithographies.

LIMOSUM, *Limoux,* ville de Fr. (Aude) ; anc. capit. du comté de Razès.

LIMOVICÆ, voy. LEMOVICUM.

LIMUSA [It. Ant.], localité de la Pannonie Infér., auj., suiv. Reichard, *Galosfa,* bourg de Hongrie (cercle au-delà du Danube).

LINARIUM, *Lignières,* petite ville de France, sur l'Arnon (Cher).

LINCIA, LINCIUM AUSTRIÆ, voy. AREDATA.

LINCIUM, *Ligny-le-Châtel,* bourg de Fr. (Yonne).

LINCOLNIA [Cluv.], LINCOLNIENSIS COMIT. [Camden], *le Lincolnshire,* comté d'Angleterre sur la mer du Nord.

LINCOLONIA, LINCOLNIUM [Cell.], voy. LINDUM.

LINCOPIA, *Civitas episcopalis, Linköping,* ville de Suède, chef-lieu de préfecture, au S.-O. de Stockholm.

Un *Breviarium Lincopense* est imprimé à Nuremberg par Georg. Stuchs, en 1493, in-8°, mais l'imprimerie ne pénètre dans cette ville épiscopale qu'en 1635, année où l'évêque Jean Bothvid, avec l'autorisation de la reine Christine, fait venir de Calmar l'imprimeur Christophe Gunther (*Kanuti fil.*) qui y mourut en 1651 ; Daniel Nic. Kempe, mort en 1690 ; Ephraim Petri Kempe, en 1700, etc., sont cités par Alnander, qui nous donne le nom suédois du premier livre imprimé par Chr. Gunther.

Nous préférons citer les titres latins de volumes que nous empruntons à J. Scheffer (*Suecia literata*): *Petrus Eschilli, pastor in Abö. Oratio prolixa de persona Christi.* Lincopiæ, per Guntherum, an. 1636, in-4°. — *M. Jonas Petri Gothus, episcop. Lincop. Concio funebris in obitum Dn. Mariæ de Grunaw,* ex Iob. XIX, 25, 27. Lincopiæ, per eumdem, an. 1636, in-4°, etc.

LINDA, voy. LINDESBERGA.

LINDAUGIA [Ann. Sangall.], LINDAVIA, LINDOA, INSULA AD LACUM ACRONIUM [sur quelques livres], *Lindau,* ville de Bavière, sur trois îles du lac de Constance

(Oberdonaukreise); anc. abb. de chanoinesses nobles, dont la titulaire prenait le titre de princesse de l'empire.

L'imprimerie existe en cette ville depuis 1601,
dit Falkenstein ; nous pouvons la reporter à une
date un peu antérieure. L'*Index generalis libr. ab
an.* 1593 *ad an.* 1600 *excus.*, publié à Leipzig, par
Hennings Grosen, nous fournit les titres de plusieurs
vol., dont nous citerons le plus ancien : *D. Conradi
Wolffgangi Platzii die erste predige vnsers* HERRN
JESU CHRISTI *in seinem offenem Lehrampt auff
erden gehalten, Wess man thun und glauben soll,
das man seelig kôndre werden.* Lindaw am Bodensee, bey H. Ludwig Brem. 1593, in-4°.

Un *Calendrier* de Barth. Külich y est imprimé en
1595 par le même Ludwig de Brême, et nous citerons
encore à la même date : *Tragœdia Teutsch Reimen-
weiss, genannt der Kauffmann oder das gericht,
darinn der Apostolischen vnd Papistischen Lehr
unterscheidt stehet : zuvor Lateinisch durch
Thomam Kirchmair.* Lindaw, 1595, in-8°.

Ce Ludwig de Brême s'appelait Ludwig König ;
il possédait simultanément une autre imprimerie à
Rorschach.

LINDEMAGUS, voy. LIMAGUS.

LINDESBERGA, LINDA, *Lindesberg, Linde,*
ville de Suède (?) [Graesse].

LINDOA, voy. LINDAUGIA.

LINDUA, voy. OLIMACUM.

LINDUM [It. Ant.], Λίνδον [Ptol.], LINDUM
COLONIA, LINCOLONIA [Cluv.], LINCOLINIUM
[Cell.], au XIIIᵉ s. LINCOLIA, (en français du XIIᵉ s.) NICOLE, colonie romaine sur le territ. des Coretani, sur
la route de Londres à York, auj. *Lincoln,* ville d'Angleterre, sur le Witham,
chef-lieu de comté.

M. Cotton constate l'importance politique et ecclésiastique de cette ville à l'époque des invasions
romaine, saxonne et normande, et donne deux noms
d'anciens imprimeurs ou libraires, J. Knight, libraire (and probably a printer), en 1699, et William
Rose, au milieu du dernier siècle. Voici le plus
anc. spécimen de l'imprimerie de Lincoln que nous
ayons rencontré dans un catalogue : *Scheme for
restoring and making perfect the navigation of
the River Witham, from Boston to Lincoln, by
John Grundy.* Lincoln, 1744, in-8°.

LINDUM, Λίνδον [Ptol.], LINDUNUM, LIMNU-
CHUS, ville de la Bretagne Barbare,
dans le N.-O. d'ALAUNA (*Alnwick*), auj.,
suiv. Bischoff et Möller, *Linlithgow,*
ville d'Écosse, chef-lieu de comté.

LINDUS [Mela, Plin.], Λίνδος [Hom., Strab.],
ville du S.-O. de l'île de Rhodes, auj.
Lindo [Kruse].

LINGA, LINGO [Zeiler, Imhof.], *Lingen,*
ville de Westphalie, près de l'Ems ;
chef-lieu de comté.

Imprimerie en 1732 [Falkenstein] ; voici deux
ouvrages bibliographiques, que cite Peignot (*Répert.
bibl.,* p. 391) : *Ferdin. Stochii Appendicula ad
Dan. Gerdesii et Joh. Vogtii, illius Florilegium,
et hujus catal. Libr. rar., potissimum quosdam
ab iis omissos recensens.* Lingæ, 1747, in-8°. Et du
même : *Stochii Schediasma de libris rariortbus
ad emendationem novorum Lipsiensium num.*
XXVI, *anni* 1749. Lingæ, 1750, in-8°.

Michel Truckenbrot, dans l'excellente édition
qu'il a donnée de Vogt en 1793, a tiré bon parti de
ces suppléments.

LINGONÆ, LINGONENSE PALAT. [Dipl. Car.
Simpl. a. 921], LINGONICUM TERRITORIUM
[Frédég.], voy. ANDEMANTUNUM.

LINGONES [Cæs., Plin.], Λίγγονες [Strab.],
Λόγγωνες [Ptol.], peuple de la Gaule
Lyonnaise, occupant le pays situé à
l'E. des Ædui, au S. des Treviri, au
pied du mont Vogesus et aux sources
de la Meuse ; auj. partie des dép. de
la Haute-Marne et de la Meuse, à l'E.
des Vosges.

LINGONES [Liv., Cæs.], peuple de la Gaule
Cispadane ; occupait le territ. de *Faenza,* et d'*Imola.*

LINTERNA PALUS [Stat.], lac de la Campanie, auj. *Lago di Patria,* sur la côte
occid. du Napolitain.

LINTERNUM [Mela, Plin., Silius], LITERNUM,
sepulcrum Scipionis [Liv., Tab. Peut.],
Λίτερνον [Strab.], Λείτερνον [Ptol.], ville
de la Campanie, au S. de Vulturnum,
près du lac du même nom, auj. *Torre
di Patria,* bourg de la *Terra di Lavoro.*

LINTOMAGUS [Tab. Peut.], LUTTOMAGUS,
station des Morini, dans la Gaule Belgique, auj. *Laëres, Laires,* commune
de l'Artois (Pas-de-Calais) ; suiv.
Ukert, ce serait *Lillers,* petite ville du
même dép.

LIONIUM, *Lions, Lyons-la-Forêt,* bourg de
Fr. (Eure).

LIPARA INS., Λιπάρα, *île Lipari,* l'une des
îles volcaniques de la côte N. de
Sicile, voy. ÆOLIÆ INS.; la capitale
porte le même nom.

LIPARENSES INS., voy. ÆOLIÆ INS.

LIPENIUM, Λιπένιον [Anna Comn.], ville
de la Mœsie, sur les confins de l'Illyrie, au N.-O. d'Uskup, auj. *Lipjan.*

LIPPI, AD LIPPOS [It. Ant.], station de la
Tarracon., auj. *Calzada,* bourg de l'A-
ragon [Laborde].

LIPPIA [Ann. Sangall., Ann. Einhard.],
LIPIA, LUPIA [Mela], LUPPIA [Tac.], Λουπίαι [Strab.], LYPPIA, la LIPPIE [anc.
Chron.], *la Lippe,* rivière de Westphalie, affl. du Rhin.

LIPPIÆ FONTES, LIPPUIBRUNNA, LIPPEBRUNE,
Lippspring, Lippspringe, petite ville
de Westphalie, sur la Lippe (rég. de
Minden).

LIPSIA [Zeiler, Cluv.], LEYPTZK (au XVᵉ s.),
Leipzig, Leipsick, ville du roy. de Saxe,
chef-lieu d'un cercle, au confl. de la

Pleiss et de l'Elster ; patrie de Fabricius et de Leibniz.

Célèbre université fondée en 1409, de laquelle dépend une bibliothèque et des collections importantes ; c'est la ville des livres, et c'est là que se tient cette *foire annuelle des libraires*, qui a remplacé celle de Francfort, et où s'opèrent les règlements de compte d'année du commerce des livres fait par les Allemands dans le monde entier.

C'est à l'année 1481 que l'on peut reporter, du moins avec date certaine, l'introduction de la typographie dans cette ville célèbre, car il est possible que l'on puisse faire remonter à une date un peu antérieure l'exécution de quelques DONATS, publiés par Conrad Kachelouen et par Melchior Lotther ou Lotter ; mais, de tous ceux que nous avons vus ou que nous trouvons décrits par les bibliographes, aucun, que nous sachions, ne porte de date, et nous ne devons pas nous y arrêter.

On a voulu reporter à l'année précédente la typographie, avec un livre de Joh. Widmann, qui aurait été exécuté par Conr. Kacheloven, mais : « Hæc editio, dit Panzer, valde dubia, et forte ad annum 1489, referenda est. »

JOANNIS ANNII (de Nannis) VITERBIENSIS *Glosa sup Apocalipsim d statu ecclie Ab āno salu‖tis pñti sez* M.CCCCLXXXI *usq3 ad fiñe mūdi Et de p‖claro 3 glosissio triūpho* χϱιāο4 τ *Turcos 3 Mau‖methos.... A la fin : Ex genua* M.CCCCLXXX. *die.* XXXI. *martij in sa‖bato scō cõpletum. Impressum Lipczk anno sequète‖scilez* M.CCCC.LXXXI *in pfesto Michaelis‖ Explicit opus. Magistri. Iohannis nannis de fu‖turis chrisliano4 triumphis in thurcos et saracenos Ad beatissimū pōtificem maximū. Sixtū quartū‖ Et reges principes ac senatus christianos.* In-4° de 48 ff. à 33 lig. avec ch. et sig. aux deux premiers ff.

Bien que publié sans nom d'imprimeur, ce livre fort rare est certainement exécuté avec les caractères de Marc Brandis, le frère aîné de Lucas Brandis(?), qui fut quelques années auparavant l'introducteur de la typographie à Lubeck et à Merseburg.

Ce n'est qu'en 1484 que ce Marc Brandt ou Brandis met son nom à un livre, et ce livre est un traité philosophique de l'archev. de Prague, *Sig. Albicus, de regimine hominis... impressum in Lipczk per Marcum Brand*, in-4°.

Conrad Kacheloven, que Panzer croit être une seule et même personne avec le *Conradus Gallicus* dont on trouve fréquemment le nom au XVe siècle sur les livres imprimés à Leipzig de 1485 à 1516, paraît être le second imprimeur de cette ville.

Puis viennent Mauritius Brandis ou Brandt, Jacobus Thanner (Abiegnus) de Wurtzbourg, Melchior Lotter ou Lotther, imprimeur de *Donats*, qui peut-être remontent à une époque plus reculée qu'on ne pense, et dont nous voyons le nom figurer sur des impressions de Leipzig jusqu'en 1536 ; Arnold de Cologne (1492-95) ; Martin Laendsberg de Wurtzbourg, appelé Baccalarius Martinus Herbipol.; Gregor. Bœtticher et Wolffgang Stœckel, de Munich, etc.

Les développements de la typographie à Leipzig atteignirent, au XVIe siècle, un degré réellement extraordinaire d'importance et de prospérité, qui s'est maintenu presque sans interruption jusqu'à nos jours.

Au XVIIIe siècle des noms considérables surgissent, noms chers à tous les amis des lettres et à tous les bibliophiles : ce sont ceux de J.-D. Emmanuel Breitkopf, né en 1719, mort en 1794, l'inventeur de l'impression musicale en caractères mobiles ; il s'est occupé toute sa vie de la gravure des caractères, mais on peut lui reprocher d'avoir été pour beaucoup dans le maintien des types gothiques en Allemagne, quand un grand nombre de philologues voulaient revenir aux lettres romaines ; ses héritiers sont encore aujourd'hui à la tête de l'une des plus importantes maisons musicales d'Europe.

C. C. Traugott Tauchnitz, né en 1761, si célèbre par ses excellentes éditions des classiques grecs et latins.

Les Teubner, les Brockhaus, et surtout R. Weigel, l'éditeur du *Serapeum* et du *Kunst catalog*, publications si utiles aux bibliographes, et même si intéressantes pour les bibliophiles, voilà les noms qui sont l'honneur de la typographie, non pas seulement de Leipzig, mais de l'Allemagne tout entière.

LIPSTADIUM, LIPPA, LUPIAS, *Lippe, Lippstadt,* ville de Westphalie (rég. de Minden), sur la Lippe.

LIPTAVIA, LIPTOVIA, *Liptau, Lipese,* bourg de Hongrie, dans le comitat de ce nom, LIPTAVIENSIS COMITATUS.

LIPTINÆ PALATIUM, voy. LESTINÆ.

LIQUENTIA [Plin., Virg.], LIQUETIA [Serv.], fl. de l'E. de la Gaule Transpadane, auj. *le Livenza*, fl. de la Vénétie.

LIRIA, voy. EDETA.

LIRIACUM, *Lirac*, commune de Fr. (Gard).

LIRICANTUS, *S.-Mathurin-de-Larchant*, commune de Fr. (Loiret).

LIRIMIRIS, Λιριμιρίς [Ptol.], ville du N. de la Germanie, que Wilhelm croit être *Oldenfelde*, au N.-E. de Hambourg, et que Kruse place auprès de *Wismar*.

LIRINUS, voy. LERINÆ INS.

LIRIS FL. [Hor., Liv., Plin., Tac.], Λεῖρις [Strab., Ptol.], fl. du Latium, affl. de la mer Tyrrhénienne, auj. le *Garigliano*.

LISBONA, voy. OLISIPO.

LISMEA, *Linsmeau*, village de Belgique [Graësse].

LISSA. Outre la ville de ce nom qui se trouve dans le grand-duché de Posen (voy. LESNA), nous avons encore *Lissa*, bourg de Silésie, entre Liegnitz et Breslau, près de la Weistritz.

M. Ternaux cite : *Andreas Gryphius, feurige Freistadt. Lissa*, 1637, in-12. M. Graësse, qui consacre un article assez détaillé à André Griffs, ne cite pas ce traité, mais sous la même date il donne : *Veber den untergang der stadt Freystadt*, 1637, qu'a sans doute voulu désigner M. Ternaux. Graësse ne donne pas le lieu d'impression, mais comme un peu plus loin il cite du même auteur un autre volume imprimé en 1648 à Lesna (*Lissa Polon.*), il est à supposer que le lieu d'impression qu'a voulu désigner M. Ternaux doit être la ville du grand-duché de Posen.

LISSA, anc. château de Bohème, dans le cercle de Bunzlau.

François-Antoine, comte de Sporck, gouverneur de la Bohème sous Léopold Ier et Joseph Ier, propriétaire du château de Lissa, y avait établi une imprimerie d'où sont sortis, en 1638 etann. suiv., quelques traités ascétiques et polémiques. Après sa mort, ses deux filles, Éléonore et Catherine de Sporck, employèrent le matériel typographique à l'exécution de traductions d'ouvrages français.

LISSA INS., voy. ISSA.

LISSUS [Cæs., Liv., Plin.], Λισσός [Polyb., Str., Ptol.], ville de l'Illyrie Romaine, auj. *Alessio* ou *Lesch,* ville d'Albanie (pach. de Scutari).

LISSUS INS., LISSOS, île de *Pago,* dans la mer Adriatique sur la côte d'Illyrie.

LISTRON, Λιστρῶν [Hier.], Ἀλίστρος [Procop.], sur l'Aoüs, ville de l'Illyrie Grecque, auj. *Klisura,* suiv. Leake.

LITA, LITAUA, *le Leitha,* riv. de Hongrie, affl. du Danube.

LITABRUM [Liv.] (BRITABLUM), localité de la Tarracon., auj. *Buytrago,* bourg près de Simancas.

LITANA SILVA [Liv.], forêt d'Italie, près de Modène, auj. *Silva di Luge.*

LITANÓBRIGA [It. Ant.], station sur la voie d'Amiens à Soissons, que d'Anville place à *Creil* (Oise), Reichard auprès de *Chantilly;* d'autres enfin à *Pont-Ste-Maxence* (voy. PONS).

LITERNUM, voy. LINTERNUM.

LITHOPOLIS, STEIN, pet. ville de Carniole [Graësse].

LITHOPONTUS SUECIÆ, *Stenbrö, Stenbroë,* pet. ville de Suède, près Nyköping, dans la préfecture de ce nom.

Pour l'imprimerie en 1757, voy. HARGA.

LITHUANIA [Cell.], LITUANIA [Cluv.], *la Lithuanie, Lithauen,* pays qui fut jadis indépendant, puis annexé à la Pologne en 1386; auj. divisé entre la Russie et la Prusse, qui en a tiré la rég. de *Gumbinnen.*

LITOMERICIUM [Zeiler], LITOMERIUM, *Leitmeritz, Leutmeritz,* sur l'Elbe, ville de Bohème, chef-lieu du cercle du même nom.

Imprimerie en 1626 [Falkenstein]; M. Cotton ajoute: Johannes Sixtus, prévôt de cette ville (superintendant), y installa une imprimerie, avec des caractères et un matériel qui étaient sa propriété, et ces presses fonctionnèrent à partir de 1626; nous ne connaissons pas de livres souscrits à ce nom de ville, mais il doit certainement en exister.

LITOMISLIUM [Zeiler], *Leutomischl,* ville de Bohème, dans le cercle de Chrudim.

B. Balbinus (*Bohemia docta*) nous donne le nom d'un typographe, Bartholomæus Flaxius, archidiacon. Pilsensis, qui imprima dans cette ville un traité polémique contre la confession d'Augsbourg, en 1585; nous n'avons pas le titre de ce volume.

LITTAMUM [It. Ant.], station de Rhætie, auj., suiv. Cluver, *Lutach,* et qui, d'après Reichard et la carte de Muchar, doit être placée à *St-Lorenzen,* près d'Innichen, en Tyrol.

LITUBIUM, voy. RITOBIUM.

LIVARIOLÆ, LIVARIÆ, voy. LIBERIACUM.

LIVERPOOL (en gallois : *Lle'rpwll*), ville d'Angleterre (comté de Lancaster), sur la Mersey.

Un journal, *the Liverpool courant,* fut publié dans cette ville en 1713 ; mais le plus ancien livre souscrit à son nom, que signale M. Cotton, ne remonte qu'à 1724 : c'est un *Sermon* publié par le Rév. E. Alanson, in-4°.

Citons encore, impr. probablement par A. Sadler : *John Seacome. Memoires of the house of Stanley, as also a full description of the Isle of Man.* Liverpool (1741), in-4° de 203 pp. avec fig. sur bois (*many rude woodcuts*), décrit dans Lowndes et au 1er catal. R. Heber, n° 6399.

Rob. Williamson était imprimeur de la ville en 1751.

Le 28 mai 1756, parut le journal : *The Liverpool advertiser.*

LIVIANA [Tab. Peut., Sid. Apoll.], station de la Gaule Narbon., auj., suiv. Reichard, *la Livinière,* localité inconnue, peut-être *Lavière,* village du dép. de l'Aude ; et par Ukert placée près de *Capendu,* dans le même département.

LIVONIA [Cluv., Cell.], *la Livonie, Liflland,* gouvernement de Russie, dont le chef-lieu est Riga.

LIVONICUS SINUS [Cell., Cluv.], CYLIPENUS SINUS [Plin., Tac.], REGENSIS SINUS [Cluv.], *golfe de Livonie* ou *de Riga,* formé par la Baltique.

LIVRIACUM, voy. LIBERIACUM.

LJECZI (?)

M. Cotton cite, d'après le catal. de la Société biblique, un *Nouveau Testament* en dialecte haut windique (illyrien) exécuté dans cette localité, qui nous est inconnue, en 1773.

LLANYMDDYFRI, *Llandovery,* pet. ville du pays de Galles (comté de Caermarthen), sur la riv. Towy.

Un imprimeur du nom de R. Thomas y exécuta en 1771 un ouvrage de M. Rees Pritchard, vicaire de Llandovery ; ce nom n'est point reproduit par Lowndes, mais le renseignement nous est fourni par M. Cotton, qui indique également plusieurs imprimeries du pays de Galles : à *Llandudno* tout récemment ; à *Llanfyllin* ou *Lanvyllyn* en 1818 ; à *Llanidloes* en 1820 (ces deux bourgs dans le comté de Montgomery) ; enfin à *Llanrwst,* dans le Denbighshire, en 1826.

LOANO (?)

Cette localité nous est inconnue ; nous trouvons plusieurs fois ce nom figurer au bas de livres italiens, aussi jugeons-nous utile de l'indiquer : *L'Arte di maneggiar la spada a piedi e a cavallo di Giambatista Gajani.* Loano, 1619, in-4°. fig.

Nous trouvons un nom d'imprimeur un peu plus tard : *La Belisa, tragedia di D. Antonio Muscettola. Dedicata all' A. R. di Carlo Emmanuel II. Duca di Sauoja, prencipe di Piemonte, Rè di Cipri,* etc. In Loano, per Gio. Tomaso Rossi, 1664, in-12 et in-4. (Voy. Haym, p. 285, et la *Bibl. Aprosiana,* p. 476.)

LOBAVIA [Zeiler], *Liebe, Loëbau, Löbau,* bourg de la Haute-Lusace (Saxe), près de Zoblitz.

Le plus ancien livre imprimé dans cette localité, dont nous puissions relever le titre dans la *Bibl.*

Saxon. de Struvius, remonte à 1651 : *D. Io. Christian Gotthelf Budæus ICTus Budissinus. Grosser Sæchsischer Friedrich und Pohlnischer Augustus, oder das gloriœse leben Friedrichs Augusti.* Lœbau, 1651, in-fol.

LOBDUNUM, LOBODUNA CIVITAS, LEPODUNUM [Auson.], LATINOBURGUM, LADENBURGUM, [Cell.], *Laleburg, Ladenberg, Ladenburg,* sur le Neckar, ville du gr.-duché de Bade.

L'imprimerie exista dans cette petite ville à la fin du XVIe siècle : *Lalebuch , wunderbarlicher seltzamer zeitung und Geschichten, der Lalen zu Lalburg.* Getruckt zu Laleburg, 1597, in-8o. (Cat. des foires de Frcf.,.1625, p. 624.) Falkenstein donne 1603 comme date de l'introduction de la typogr. dans la ville.

LOBETUM, Λώβητον [Ptol.], ville des Lobetani, dans la Tarracon., auj. *Requena,* à l'E. de Cuença, ou, suiv. Reichard, *Villar de Lobos,* dans le N. de cette ville.

LOCATA, LEUCATA, *Leucatte, Leucate,* anc. place forte du bas Languedoc (Aude), près de l'étang du même nom.

LOCHABRIA, *le Lochaber,* district de l'Écosse septentr.

LOCHAVIA, *Lochau* (?). Quatre villages de ce nom nous sont signalés en Allemagne: l'un dans la Haute-Franconie (Bavière) ; le second dans le Haut-Palatinat (Bavière), le troisième en Tyrol , et le dernier dans la Saxe Prussienne.

A laquelle de ces localités peut s'appliquer l'indication typographique suivante que nous empruntons à M. Græsse, indication que n'a point relevée Falkenstein: *D. Erasmus. Das sprichwort: Man muss entweder ein König oder aber ein narr geboren werden ausgelegt. Aus dem latein v. G. Spalatin.* A la fin : Zu Lochau, 1520, in-4o. Cette traduction des *Adages* du polygraphe de Rotterdam figurait dans un catal. du libraire d'Augsbourg, F. Butsch ; ce n'est point une traduction littérale de ce livre, mais une paraphrase de certains proverbes au point de vue de la polémique religieuse.

LOCHENITIUM, *Löcknitz,* bourg de Prusse (rég. de Stettin).

LOCHIA, LOCCÆ [Greg. Tur.], LOCIÆ CASTELLUM, LUCCÆ *in finibus Turonum ad Angerim* [Vales. Not.Gall.], LUCCA CASTRUM, *Loches,* ville de France, sur l'Indre (Indre-et-Loire).

Le plus ancien livre que nous rencontrions souscrit au nom de cette petite ville, est daté de 1608 (cat. la Vallière-Nyon, Ch. Nodier, Salmon, etc.): *Fr. M. A. Durant, Chartreux. La Magdaliade ou esguillon spirituel pour exciter les ames pecheresses à quitter leurs vanitez et faire penitence, à l'exemple de la tres sainte penitente Magdeleine.* Loches, deuant l'église des Cordeliers, M.DC.VIII , pet. in-8o.

« Le plus ancien des trois poëmes composés par des moines sur ce sujet scabreux, dit Ch. Nodier; c'est probablement aussi le plus rare ; mais celui du P. Remi de Beauvais, imprimé à Tournai en 1617, est , à très-juste titre, le plus recherché des amateurs. »

Quoi qu'il en soit de l'intérêt littéraire de ce poëme , il dut se vendre fort peu jusqu'en 1622, nous apprend M. Taschereau, puisque l'éditeur se vit obligé d'en rafraîchir les exemplaires restants, avec un nouveau titre portant : *A Tours, chez Marc Nyon, rue des Cousteliers, près St-Gatian,* M.DC.XXII.

« Ce qui prouve bien, outre l'exacte conformité des caractères et la constance de la page pour page, que ces deux éditions n'en font qu'une, c'est qu'au verso du feuillet 32, 6e vers, et au feuillet du verso 27, 15e vers, on trouve dans l'une et dans l'autre deux mêmes fautes typographiques, corrigées à la main, et par la même main. »

Une pièce historique (à la Bibl. impér.) porte également le nom de Loches ; mais, (bien probablement, c'est là une rubrique plutôt qu'une indication sérieuse de lieu d'impression : *Lettres de la reine-mère à M. le prince de Piedmont et à M*me *'la princesse* (23 février). *Ensemble la réponse dudit sieur prince de Piedmont* (5 mars). Loches, 1619, in-8o.

La riche collection tourangelle de M. Taschereau ne possède aucune impression des presses de Loches, portant le nom d'un typographe, qui soit antérieure à celle dont suit le titre : *Oraison funèbre de Monseigneur le Dauphin, prononcé dans l'église royale et collegiale du château de Loches. Le deuxième juin* M.DCC.XI. *Par messire Louis Retavld, docteur en théologie, doyen du chapitre.* A Loches, chez Maurice de la Jousselinière, imprimeur et marchand libraire. Avec Permission.

L'imprimerie est supprimée dans cette ville par suite de l'arrêt du conseil du 31 mars 1739 ; et le rapport fait à M. de Sartines en 1764 ne mentionne pas son nom.

LOCLE (LE), ville de Suisse (canton de Neufchâtel).

L'art de bien vivre et de bien mourir. Au Locle, chez Samuel Girardet, 1788, in-8o [Ternaux].

LOCOPOLIS, *Bischofslack,* ville de l'empire d'Autriche (Ober-Kärnthen), suiv. Bisch. et Möller.

LOCORITUM, Λοχόριτον [Ptol.], ville de la Germanie Inférieure, auj., suiv. Wilhelm, *Lohr,* pet. ville de Bavière, au confluent de la Saale et du Main, et suiv. Kruse, *Lauringen.*

LOCOVERUS [Echiq. de Norm.], LŒVERS [Charte de Fécamp. et Richard II, 1025-27], LOVIERS [1157-1195-1218], LOVERS [1196], LOVERII [Conc. de Norm., Charte de Guill. le Conq.], LOCUS VERIS [Ch. de 1249], LOVERIARUM OPPIDUM, LOCOVERIÆ [Dibon, Essai sur Louviers], LUPARIA [Thuan.], *Louviers,* ville de Fr. (Eure).

« Depuis le XVIIe siècle, nous dit M. Marcel, auquel nous empruntons les radicaux qui précèdent, on écrivit LUPARIÆ (*ville des Loups*); nous sommes loin du LOCUS VERIS; mais je ne nie plus, depuis que j'ai vu des têtes de loup dans les armes d'un membre de la famille des Louviers. » Dans un livre daté de 1606 que possède ce digne bibliophile, l'auteur se qualifie de *Lovérien ;* le nom populaire est *Louveton* ou *Louveteau.*

L'introduction de la typographie dans la ville de Louviers date de la révolution ; MM. Frère et Marcel sont d'accord sur ce point, mais le premier nous donne 1792, et le second l'an III seulement comme date du premier livre exécuté dans cette ville; voici ce premier livre, suivant M. Marcel : *Mémoires d'un détenu, pour servir à l'histoire de la tyrannie de Robespierre* (avec cette épigraphe) :

> Ce n'est pas l'échafaud qui fait le criminel,
> Quand l'innocent y monte, il devient un autel !
> (Mercier.)

A Louviers, chez Chaidron et Cᵉ, imprimeurs du district, l'an troisième de la république, in-8o de 226 pp., y compris les pièces ci-après qui terminent le vol.: 1° *Lettre circulaire du 1ᵉʳ floréal an III* (20 avril 1795) adressée par la commission exécutive de l'instruction publique aux administrateurs du dép. et des districts de la république, annonçant l'envoi aux départements de 4 exempl., et aux districts, de 2 exempl. des *Mémoires d'un détenu*. 2° *Approbation de l'administration du district de Louviers*, qui décide que les *Mémoires d'un détenu* seront livrés à l'impression, pour en être tiré 300 exempl. qui seront envoyés aux municipalités et aux instituteurs de l'arrondissement, en date du 9 prairial, an III.

Ce vol. est très-convenablement exécuté: « J'ai entendu dire dans ma jeunesse, ajoute M. Marcel, que Chaidron était d'origine belge ; que, soupçonné de royalisme et trouvé détenteur de je ne sais quelle tragédie concernant un personnage de la famille déchue, il avait été contraint de quitter Louviers vers l'an V, qu'il aurait abandonné son matériel d'imprimerie, ou du moins tout ce qu'il possédait de plus mauvais à l'un de ses ouvriers, Jacques-Claude-Germain Boussard, qui n'imprima jamais que des affiches et quelques légendes de saints, et, dit en terminant notre vénérable correspondant, il est impossible de rien voir de plus détestable. » Nous n'avons pu trouver les *Mémoires d'un détenu* dans l'excellente *Bibliographie normande* de M. Frère.

LOCRA FL., Λόκρα [Ptol.], pet. fleuve de Corse, auj. *le Talavo*, qui se perd dans le golfo di Valinco.

LOCRI, Λοκροί, peuple qui donne son nom à la Locride, province grecque, et se divisait en LOCRI EPICNEMIDII, Λοκροί Ἐπικνημίδιοι [Str., Ptol.], au pied du mont Cnemis, le long de la mer d'Eubée; LOCRI OPUNTII, Λ. Ὀπούντιοι [Pind., Str., Ptol.], dans la Phocide, au S.-E. des précédents, LOCRI OZOLÆ, Λ. Ὀζόλαι [Thuc., Str., Ptol.], sur le golfe de Corinthe; ville principale : NAUPACTE, auj. *Lépante*.

LOCRI, Λοκροί [Polyb., Ptol., Mela, Plin., etc.], Ἐπιζεφύριοι [Pind.], EPIZEPHYRII [Plin.], LOCRI NARYCII [Virg., Ovid.], LOCRENSES [Cic., Liv.], peuple du Bruttium, dans la Grande Grèce, au N. du PROM. ZEPHYRIUM, *Capo diBrussano* ; ce peuple descendait des Locri Epicnemidii.

LOCRIS, Λοκρίς, région de la Grèce propre, auj. divisée entre les dioc. de Phocide et de Corinthie.

LOCUS BEATÆ MARIÆ, *Mariensfedt*, village près Cologne (Prusse Rhénane). = *Lacock-Abbey*, anc. abbaye, auj. bourg d'Angleterre.

LOCUS CŒLI, *Himmelstedt*, bailliage de la Neumark (Autriche).

LOCUS DEI, *Lygum*, *Löhmkloster*, bailliage du Danemark.

LOCUS GUDUALI, *Locoal*, village près Redon (Ille-et-Vilaine).

LOCUS MARIÆ, *Locmaria*, un village et deux chapelles du Morbihan gardent ce nom, qui est celui d'une des plus antiques familles de Bretagne.

LOCUS MONACHORUM, *Locminé* (*Loc Menec'h*, cellule des Moines), bourg de Bretagne (Morbihan) ; anc. monastère fondé par S. Colomban, brûlé par les Normands au IXᵉ s., et rétabli par Geoffroi, duc de Bretagne.

LOCUS REGIUS, *Lorroix*, *Loroy*, village de Berri (Cher); anc. abb. de Cîteaux.

LOCUS SANCTUS PALATIUM [Vales., Not. Gall.], *Lieursaint*, village de l'Ile de Fr. (Seine-et-Oise).

LODA, OLDA, OLITIS, *le Lot*, riv. de France, affl. de la Garonne.

LODENA, *Luynes*; ce nom d'une terre de Provence (Bouches-du-Rhône) fut transporté au bourg de *Maillé* en Touraine (MALLIACUM) à l'époque de la disgrâce du maréchal d'Ancre ; Luynes devint alors le chef-lieu d'un duché érigé en faveur de la famille d'Albert [Quicherat].

LODOVA, LEUTEVA, voy. JULIODUNUM.

LŒDUS, voy. LÆDUS.

LOGANA, LAGANA, *le Lahn*, riv. du Nassau, affl. du Rhin.

LOGARICUM [It. Ant.], station de Sicile, que Reichard place à *Valguarnera*, dans le Val di Mazzara.

LOGIA FL., Λογία [Ptol.], fleuve d'Irlande, auj. *le Lagan*, dans l'Ulster, qui tombe dans la baye de Carrickfergus [Camden].

LOJA, *Loye*, bourg de la Bresse (Ain); anc. baronnie.

LOMBARDIA, voy. LANGOBARDIA.

LOMBARIUM, *Lombez*, pet. ville de Gascogne (Gers); anc. évêché suffragant de Toulouse, érigé en 1317 par le pape Jean XXII.

LOMBERIA, *Lombers*, bourg du haut Languedoc, avec titre de baronnie (Tarn).

LOMBERTIACUM, *Lombert*, commune de l'Angoumois (Charente).

LOMELLUM, *Lumello*, bourg du Milanais, sur la Gogna.

LONCIUM [It. Ant.], localité du S. de la Norique, auj. *Lienz*, bourg du Tyrol, au confl. de l'Isel et de la Drave.

LONDINIUM [Tac.], Λονδίνιον [Ptol.], LUNDI-NIUM [Ammian.], Λωδόνιον [Steph. B.], LUNDONIA [Beda], LONDINUM [Geo. Rav.], anc. AUGUSTA TRINOBANTUM [Amm. Marc.], AUGUSTA BASILEA, TRINOVANT [Chron.], en saxon LON-DIN, LLUNDAIN, LUNTAIN (en gaëlique), LUNDENE (la ville des vaisseaux), sur qq. livres : CIVITAS LONDONIARUM, LUNNYNG (en dialecte de l'île de Man), Λονδίνον, Λόνδρα (en grec moderne), anc. ville des Trinobantes, dans la Britannia Romana, auj. *Londres, London*, sur la Tamise, métropole du Royaume-Uni, cap. de l'Angleterre.

Ceci n'est point malheureusement un livre où il nous soit permis d'essayer de faire l'histoire de cette noble ville, la patrie de Chaucer et de Milton ; il faudrait un volume pour parler avec quelques détails de ses instituts, de ses collèges, de ses bibliothèques et de ses musées ; nous ne pouvons que saluer en passant cette splendide agglomération de trésors littéraires et artistiques, si merveilleusement administrés, qu'on appelle le *British-Museum*, et la *National-Gallery*, et ces collections particulières, qui ont, comme la *Spenceriana*, une importance presque égale à celle des plus riches dépôts publics.

Bien que nous ne puissions qu'indirectement rattacher W. Caxton à l'histoire de la typographie londonienne, puisqu'au XVᵉ siècle l'illustre abbaye de Westminster, qui lui servit d'atelier, n'était point encore comprise dans la vaste cité, on nous permettra d'ajouter quelques faits historiques à ce que nous avons dit du PROTOTYPOGRAPHUS ANGLIÆ à l'art. COLONIA.

Dans ce district du comté de Kent, qu'on appelait le *Wealde* (du saxon *wald*, forêts), naquit en 1410, ou peut-être en 1411, William Caxton (« In this work he was engaged on the last of his life the 15 th of june, 1490, when he was about eighty years of age, » dit un de ses biographes); il fut mis en apprentissage chez un riche mercier, nommé Robert Large [Rymer's *Fœdera*, a. 1464], qui eut, en 1439, l'insigne honneur d'être nommé Lord-Mayor de la cité de Londres.

Dibdin donne quelques détails qui précisent ce qu'il nous faut entendre par ce mot « *mercer* », au XVᵉ siècle ; c'était, avec toute l'extension dont il est susceptible, notre mot négociant « *trading in all kinds of goods* » (et aujourd'hui encore *mercer* signifie l'entrepreneur de vastes opérations commerciales, entrepôts, docks, etc.); il s'ensuivit que l'acquisition et l'échange des manuscrits littéraires ou sacrés, et un peu plus tard des imprimés, fut l'une des multiples branches de commerce auxquelles dût se livrer le jeune Caxton, et devint l'une des occupations habituelles, et sans doute favorites, du futur typographe.

Caxton conquit peu à peu une position importante dans le haut commerce de Londres, puisque nous le voyons, en 1464, désigné comme l'un des deux commissaires (l'autre était Rich. Whetehill esq.), accrédités par la couronne et envoyés en Flandre, à l'effet de conclure un traité de commerce entre Edouard IV, le rude vainqueur de Marguerite d'Anjou, et le noble duc de Bourgogne, Philippe le Bon ; et quand, quelques années après, la sœur de son souverain, Margaret Plantagenet, devint la bru de ce puissant vassal du roi de France, Caxton fut désigné pour faire partie de la suite de la duchesse et attaché à sa personne ; cette illustre dame devint sa protectrice la plus zélée, et jusqu'à la fin de sa longue carrière Caxton conserva de sa noble patronne un souvenir reconnaissant et dévoué.

Ce fut alors (1468-1471) qu'il songea à doter sa patrie des bienfaits de cet art merveilleux, accueilli avec transport par tous les pays avoisinant Ma-

yence, et qu'il avait étudié lui-même à Cologne, très-probablement dans les ateliers d'Ulrich Zell.

Un passage intéressant nous apprend comment, d'assidu lecteur des antiques chroniques et des *Romants de Chevalerie*, Caxton fut amené à devenir d'abord le traducteur de ces monuments littéraires des XIIIᵉ et XIVᵉ siècles, puis enfin l'imprimeur de ces traductions. Voici ce qu'il raconte dans la préface de son RECUYEL OF THE HISTORYES OF TROY (vᵒ du 1ᵉʳ f.): « Tous les hommes sont poussés par le sentiment impérieux du devoir à fuir l'oisiveté, la mère et la nourrice du vice. N'ayant momentanément que peu d'occupation et voulant obéir aux conseils de la sagesse, je m'avisai de prendre un livre français et me mis à lire ces étranges et merveilleuses histoires, dans lesquelles je m'absorbai bientôt avec délices, non moins charmé de la noble élégance de cette langue française, que de la précision de cette prose, qui a le mérite d'éclaircir une narration à ce point que le lecteur en saisit et le sens et les nuances les plus délicates. Bientôt il me vint à la pensée de faciliter à mes compatriotes la lecture de ces chevaleresques récits, et de les mettre à même de prendre part à mes jouissances, et tout aussitôt je pris une plume et de l'encre, et me mis courageusement à l'œuvre, me jetant en avant, *comme un Bayard aveugle !*»

« As blynde Bayard », dit Caxton, et cette curieuse locution, restée proverbiale en Angleterre, est une preuve remarquable de la passion qu'apportait l'auteur à ses lectures chevaleresques ; nourri des hauts faits de Regnauld de Montauban et de ses frères, ainsi que des merveilleuses prouesses de leur illustre cheval *Bayard*, Caxton emprunte aux récits des *faits d'armes et de chevalerie* une image qui lui semble colorer sa pensée. Les gentlemen anglais qui emploient aujourd'hui cette locution « *bas Blind Bayard* » savent-ils qu'ils répètent un mot de Caxton, et qu'ils font allusion au noble cheval des quatre fils Aymon ?

Et à la fin du 3ᵉ livre, Caxton, devenu savant en typographie, nous dit, dans son vieil anglais : « Therfor I have practysed and lerned at my grete charge and dispense to ordeyne this said book in prynte after the manner and forme .as ye may here see, and is not writen with penne and ynke as other bokes ben, to thende that euery man may haue them attones ; ffor all the books of this story, named the Recuel of the historyes of Troyes enpryntid as ye here see were begonne in oon day, and also fynishid in one day..... »

William Caxton, suffisamment muni de matériel, de caractères et de science pratique, retourna en Angleterre, quelque temps après Edouard IV, qui, détrôné par le comte de Warwick, était venu demander asile et secours à son puissant beau-frère, et qui, accueilli, mais peu généreusement aidé, n'avait pas craint d'aller affronter les armées du *faiseur de rois*, à la tête d'une petite troupe de 2,000 vaillants compagnons. Caxton ne fut pas du nombre de ces guerriers, car le volume qu'il publie à Cologne, en 1474, prouve qu'il était resté sur le continent ; mais il y a tout lieu de croire qu'à la fin de cette année, il partit pour l'Angleterre, appelé à Londres par le célèbre comte Rivers, le frère d'Elizabeth Woodville, femme d'Edouard IV, qui s'était déclaré son protecteur, son collaborateur et son ami.

Au milieu des terribles commotions qui soulevaient à cette fatale époque la vieille Angleterre, Caxton ne crut pas devoir se fixer à Londres, qui ne lui offrait point un asile suffisamment calme et paisible ; mais la puissante abbaye de Westminster consentit à lui accorder l'inviolable protection de ses murailles, et ce fut dans cette enceinte sacrée que le proto-typographe de l'Angleterre acheva sa laborieuse vieillesse.

M. Aug. Bernard dit que Caxton abandonna l'abbaye vers 1485 et vint s'établir à Londres dans *King's Street*: nous ignorons sur quelle preuve repose cette assertion, qui semble contredite par la souscription de tous les volumes imprimés par lui de 1485 à 1490.

Le premier livre qu'il exécuta à Westminster est intit.: THE DICTES AND SAYINGES OF THE PHILOSOPHERS ; il est daté de 1477 ; nous y reviendrons à l'art. WESTMONASTERIUM.

William Caxton meurt à Westminster, en 1491 ; son corps repose à S. Margaret's Church.

Nous empruntons au livre de M. Walcott sur Westminster, et aux *Typogr. antiquities* de Dibdin les détails suivants:

« Nous voyons en feuilletant les registres obituaires de Margaret's Church à l'année 1491 : — *Item.* quatre flambeaux de cire pour l'enterrement de *Wm Caxton.* 6 sh. 6 d.

« *Item. pour sonner la cloche pendant l'office.* 6 d. »

Une mention d'une antique écriture est relevée par Dibdin sur un *fructus temporum*, appartenant à un de ses amis du Glocestershire: « Of your charitee pray for the soul of Mayster Willyam Caxton that in hys tyme was a man of moche ornate and moche renommed wysdome and connyng , and decessed full crystenly the yere of our Lord M.CCCC.LXXXXI ».

Caxton légua une partie de ses *Books emprynted*, pour être vendus au profit de Margaret's Church.

Les exécuteurs testamentaires, dans les années 1505 à 1508, donnèrent à la corporation de l'Assomption quatre livres imprimés, deux sur la vie de ste Catherine (probabl. de Sienne), et deux sur la naissance de la Vierge.

Pendant les années 1492 et 93 il ne fut point tenu de registre obituaire, ou peut-être il a disparu ; pendant les trois années qui suivent aucune vente de livres n'est mentionnée.

« 1496-98. *Item.* Reçu de Wm. Ryoll, 6 sh. 7 d. pour l'achat de l'un des deux livres imprimés de W. Caxton, reçu par l'église.

« *Item.* Reçu 6 sh. 4 d. du même W. Ryoll, pour une *légende* provenant du legs de W. Caxton.

« *Item.* Reçu 6 sh. 8 d., au nom de la paroisse, pour un autre exempl. de la *Legende d'or*, imprimée en 1483. »

Neuf autres exempl. sont vendus à différents prix, pendant les deux années suivantes....

Nous demandons pardon à nos lecteurs de cette longue digression à propos du grand Caxton, et nos excuses sont d'autant moins recevables que les documents abondent, et qu'indépendamment des biographies de Lewis et d'Oldis, un grand nombre d'écrivains, Dibdin, MM. Bernard et A. F. Didot, entre autres, ont consacré à ce typographe des travaux très-complets, très-intéressants, et qui ont le tort, pour nous, d'être dans les mains de tous les bibliophiles.

Qu'est-ce que ce John Lettou, auquel on attribue l'impression d'un livre exécuté à Londres en 1480 ? Sans doute un de ces ouvriers allemands que Caxton aura raccolés à Cologne ou à Gand, ainsi qu'il a fait pour William Machlinia, ou Wilhelm de Malines, Wynken de Worde, etc. On ne sait rien de positif à cet égard.

ANTONII ANDREÆ (*Ord. Minorum*) QUÆSTIONES *super XII. Libros Metaphysicæ*. A la fin : *Antonii Andreæ ordin. minor. super XII libros metaphysice questionibus per venerabilem virum magistrum Thomam Penketh Ord. Fr. August. emendatis finis impositus est per Johannem Lettou ad impensas Wilhelmi Wilcock impressum.* Anno Christi MCCCCLXXX, in-fol.

Nous croyons, avec tous les bibliographes anglais, que ce livre est le premier qui ait été exécuté à Londres, mais nous ne pouvons le décrire, car nous ne savons s'il en existe un autre exemplaire que celui que Dibdin assure être conservé à la bibliothèque de *Magdalen College* à Oxford, lequel est incomplet de deux feuillets.

Le second volume exécuté par John Lettou porte le nom de la ville où il fut imprimé : *Expositiones super psalterium. By Jacobus de Valencia. viz. Usque ad psalm. XL.* A la fin : *Expliciunt reuerendissimi doctoris Valècii super psalteriū huiusq. expōnes. Impresse in ciuitate Londoniensi ad expensas Wilhelmi Wilcok per me Johannem Lettou. Anno Xpi* M.CCCC.LXXXI, in-fol.

De l'association de John Lettou avec Wilhelm de Malines, Dibdin cite deux ouvrages ; de ce Wilhelm ou Macklyn, comme l'appelle Dibdin, trois,] entre autres une pièce infiniment précieuse : *Statuta apud Westmon. edita anno primo regis Ricardi tertii.* Pet. in-fol. de 15 ff. à la date de 1483 ; mais nous nous hâtons d'arriver à Wynken de Worde.

Wynkyn, Wynken ou Wynandus de Worde, était incontestablement étranger, on le dit Lorrain : « *Licentia W. de Worde, de ducatu Lotharingiæ oriundi fabricatoris impressorum librorum : quod ipse durante vita sua sit indigena et ligeus noster* », ce sont les termes de la patente que le roi Henri VII lui accorda le 20 avril 1496. C'était encore un de ces ouvriers que Caxton avait recrutés à Cologne ou dans la Flandre, et qu'il avait décidés à le suivre en Angleterre.

A la mort du maître, il hérite du matériel, des caractères, et même de l'officine « *Caxton's house* », et continue d'imprimer à Westminster jusqu'en 1501 ou 1502. Il vient alors chabitl à Londres « *at the sun in Fleet-Street* », et le premier volume qu'il exécute est intitulé : MANIPULUS CURATORUM. Sur le titre le monogramme de Caxton en bordure, duquel jaillit une branche fleurie, touchante allusion à la renommée de son illustre maître. A la fin : *Explicit..... Impressus in ciuitate Londoñ per Winandum de worde cōmorantē in vico vulgariter nuncupato de Flete strete. Anno dñi* M.CCCC. II. die vero XXII. mensis aprilis. Pet. in-8° de CXXXV f., chif., non compris la table non chiffrée.

Le dernier livre qu'il semble avoir imprimé est une édition des *Colloques d'Erasme* du 19 janvier 1534 (1535), citée par Maittaire et Panzer.

Wynken de Worde est incontestablement l'un des plus grands imprimeurs de l'Angleterre ; il employa d'abord les vieux caractères rudes de son maître, mais bientôt il les perfectionna, les régularisa et en varia les grandeurs.

Le catalogue de ses impressions fournit plus de 400 ouvrages (408, dit M. Didot) ; tous atteignent aujourd'hui un prix exorbitant.

Il ne peut entrer dans notre cadre de faire l'histoire de tous les grands imprimeurs de Londres ; bornons-nous à citer les noms qui ont le plus marqué au XVIe siècle.

Richard Pinon, ou Pynson, « *in partibus Normandiæ oriund., »* disent les lettres de naturalisation que lui accorda le roi Henri VII, imprime de 1493 à 1531 ; il était de Rouen ; c'est à lui que l'on doit l'introduction en Angleterre du caractère romain.

Julian Notary (1498-1520).

William Faques (1504-1511) ; encore un Normand, apprenti de Jean Bourgeois, de Rouen.

Henry Pepwell (1505-1539).

Puis viennent John Skot ou Scott (1521-1537), Thomas Godfray (1510-1532), John Rastell ou Rastall (1517-1533).

Robert Copland, anc. apprenti de W. de Worde, 1515-1547; son fils William lui succède.

Richard Grafton, qui imprime la *Bible de Cranmer* en 1540, et tant d'autres pour la nomenclature détaillée desquels nous renvoyons aux *Typographical Antiquities* de Dibdin et au remarquable article que notre excellent éditeur M. Firmin Didot a consacré aux imprimeurs anglais dans son *Essai sur la typographie* publié en 1851.

LONDINO-DERIA, *Londonderry, Derry,* ville et port du nord de l'Irlande (Ulster), chef-lieu d'un comté du même nom.

Nous trouvons au 1er cat. Rich. Heber (no 1949) la mention suivante : *Derriana. A Collection of papers relative to the siege of Derry, and illustrative of the revolution of* 1688. London-Derry, 1794, in-8º.

LONDINUM GOTHORUM, SCANORUM, OU SCANDINORUM [Zeiler], LUNDA, LUNDE, *Lund*, ville de Suède (préf. de Malmoë); université fondée par Charles XI en 1666, sous le nom d'ACADEMIA CAROLINA; (*sedes archiepisc.* ab anno 1109] *ad* a. 1559).

Quand l'académie fut instituée, le premier acte de l'administration fut de s'assurer d'une typographie locale ; à cet effet on fit venir de Malmoë Georg. Hantsch (Hantschenius) qui n'y resta que peu de temps, appelé par le roi à Stockholm où il mourut en 1668; il fut remplacé à Lund par Abrah. Habereger, qui y séjourna 8 années, après lesquelles il retourna à Malmoë [Alnander].

Un imprimeur du nom de Junghaus vint s'établir à la même époque à Lund : *Sam. Pufendorfii de jure naturæ et gentium libri VIII.* Londini Scanorum, Junghaus, 1672, in-4º (Cat. Bulteau, nº 1227), réimprimé l'année suiv. in-8º. (*Cat. Libr. novissime impress.* Amstel., 1679, I, p. 10.)

Pierre Winstrup, prof. de théologie, évêque de Lund, y installa une imprimerie particulière, que dirigea pendant 6 ans George Schrœder; le premier vol. de ses *Comment. sur S. Matthieu* parut en 1676, in-fol.; il est souscrit : *Londini Scan., ex offic. Winstrupiana.* Voy. à ce sujet Lackmann (*Annal. Typogr.*, p. 50).

LONGA INSULA, VOY. LANGELANDIA.

LONGALARA, LONGLARE PALATIUM, *in Silva Arduenna* [Charta Lotharii, a. 844), *Glare*, village de la prov. de Liége, près de l'antique abbaye de St-Hubert.

LONGA SALINA, SALODIUM [Baudr.], *Salo*, ville du Milanais (prov. de Brescia), sur le lac de Garda.

Une typographie exista dans cette petite localité au commencement du XVIe siècle ; Panzer cite deux ouvrages sortis de ces presses peu connues: *Fr. Lychetti de Brixia in Duns Scotum... Commentaria.* Impressum Sallodii per Paganinum, 1517, in-fol., et du même auteur : *Comment. super quæstionibus.* Impressum Salodii per Paganinum de Paganinis, 1517, in-fol.

Nous citerons en outre, d'après Lechi (*Typ. Bresc.*, p. 110): ALEXANDRO DA MODENA (Franc. de). *Questo sotto scrito si e tutto el viazzo de andare in Jerusalem et per tutti li loci sancti.* — *Stampato in Salo ad instantia de Alex. Paganino di Paganini brixiano, nel anno* MDXVII *a di* VII *decembris.* In-16 de 8 ff. dont le dernier blanc, avec cinq grav. sur bois ; titre gothique, texte en italique.

Cette excursion du célèbre imprimeur de Venise et de Toscolano à Salo est assez extraordinaire ; mais elle peut s'expliquer par le voisinage de ces deux dernières localités, toutes deux baignées par le lac de Garda.

M. Cotton dit n'avoir point connaissance d'autre livre imprimé à Salo ; en voici deux, l'un de 1612 (au catal. Volpi, p. 291): *Eborensis Andreæ, Sententiæ et Exempla.* Brixiæ et Salodii, 1612, in-12; et l'autre de 1613 (au cat. Floncel, nº 2210): *Scuolaro, Tragi-Comed. di Franc. Bertoldi.* Salo, 1613, in-12.

LONGATICUM [Tab. Peut.], station de la Pannonie sup., auj., suiv. Kruse,

Lohitsch, bourg de l'Illyrie Autrichienne, près de Laybach.

LONGA VILLA, *Longeville*, bourg de l'ancien duché de Bar (Meuse).

M. Beaupré, le consciencieux bibliographe de la Lorraine, dépouillant les anciens comptes de Jehan Gerlet d'Amance, trésorier général du duc de Lorraine, y trouva la mention suivante (16e *compte*, 1506, 6) : « A Messire Martin Mourot, prebstre demourant à Longeville, la somme de quatre florins d'or pour avoir imprimé cent douze *transcripts* et *vidimus* de la Bulle *de Lacticinis*, dont il y en a dix en parchemin et le surplus en papier. Par mandement du roy (René II), donné à Bar le XVIIIe jour d'octobre Mil Vc. et six. »

Une édition du VIAT DE SALUT de Guillaume Petit (voy. au *Manuel*, PARVI) est indiquée au tome 9 *des Mélanges tirés d'une grande biblioth.*, comme souscrite au nom de LONGEVILLE-DEVANT-BAR-LE-DUC, à la date de 1527. Ce livre imprimé, ou plus probablement composé par ordre de l'évêque de Toul, Hector d'Ailly, est important pour l'histoire de la typographie lorraine; malheureusement il est insuffisamment décrit, et le seul exempl. qui ait passé en vente a disparu.

Mais un livre beaucoup plus ancien et qui a le mérite d'être la première production typographique de la Lorraine ducale a été découvert depuis par M. Beaupré, qui en a communiqué à M. Brunet une description détaillée : MISSALE TULLENSE. A la fin : *Que quidè missalia fuere exarata in prelibata Longavilla : Sumptibus et opera memorati dñi Martini. Anno Domini millesimo quingentesimo primo. Die vero Martis quinta decima mensis Martii.* Pet. in-fol. goth. à 2 col. de 26 à 30 lig., sans récl., caractères rouges et noirs, avec 4 grav. sur bois.

Ainsi voilà un livre antérieur de près de deux ans aux célèbres Heures de la Vierge, imprimées à St-Nicolas-du-Port, en 1503.

Au vº du dernier f. de ce véritable *incunable*, on lit un privilége d'Olry de Blamont, évêque de Toul... *Venerabili ac discreto viro dño Martino Mourot presbitero arti impressorie operà dāti in Longauilla prope Barrum mora habenti Dyocesis Tulleñ.*

Voy. une notice spéciale consacrée à ce livre par M. Clesse. Nancy, 1859, in-8º.

LONGOBARDI, voy. LANGOBARDI.

LONGOBARDORUM IDA, *Lombaerdhyde*, bourg de Belgique (Brabant), suiv. M. Graësse.

LONGOFORDIA, *Longford*, ville d'Irlande, chef-lieu de comté du même nom (Leinster).

LONGOLARIUS, *Longlier*, près Neufchâteau, village du Luxembourg belge.

LONGOLATUM, *Lonlay*, bourg de Normandie (Orne); anc. abb. de Bénédictins.

LONGORETUM, *Lonray*, village et chât. de Normandie (Orne); anc. marquisat.

LONGORETUS, S. *Ciran*, commune de Fr. (Indre); le nom primitif a été remplacé par celui du saint patron de l'église [Quicherat].

LONGOSALISSA [Zeiler], *Langensalza*, ville de Prusse, dans la rég. d'Erfurt, sur la Salza.

L'imprimerie date en cette ville du commencement du siècle dernier; nous citerons avec Vogt et

Freytag: *D. Jo. Phil. Treibers, Kunst wieder die in Glaubenslehren zu weit gehende Vernunft, aus der Vernunft zu disputiren, oder die mit der Vernunft gesangen genommne Vernunft. Erster bis vierdter Monat.* Langensalza, 1704, in-fol. de 48 pp. Livre rare, supprimé avec soin à raison de ses attaques contre la religion chrétienne (voy. J. Fr. Reimmann. *Bibl. Theol.*, p. 976).

M. Brunet, à la col. 28 du VIe livre du *Manuel*, cite une autre impression de Langensalza, à la date de 1710.

LONGOVICUM [Camden], LANCASTRIA [Cell.], LANGINIA [Cluv.], *Lancaster, Lancastre,* ville d'Angleterre, sur le Loyne, chef-lieu du comté de ce nom ; a donné son nom à la célèbre maison royale de Lancastre.

L'imprimerie ne remonte dans cette ville qu'à l'année 1784, nous dit M. Cotton.

LONGOVICUS, LONGUS VICUS, LONGIA, *Long-wy,* ville de Fr. (Moselle).

Un livre, qui nous est complétement inconnu, est cité dans le catal. de J. et Sam. de Tournes (Genève, 1670, p. 326), comme imprimé dans cette ville en 1588 ; nous le citons sans garantie aucune : *R. Erytropili Tabulæ generales in dialecticam Rami.* Longowic, 1588, in-8°.
Cette ville n'est mentionnée ni par les arrêts du conseil de 1704 et de 1739, ni au rapport fait à M. de Sartines en 1764.

LONGUM GEMELLUM [Zeiler], *Longjumeau,* bourg de l'île de Fr. (Seine-et-Oise).

LONGUS FL., Λόγγος [Ptol.], fleuve de la Bretagne Barbare, auj. le *Linnhe Loch,* en Écosse.

LONGUS CAMPUS, *Longchamp;* plusieurs villages de France portent ce nom ; nous ne citerons que la riche abbaye de filles de l'ordre de Ste-Claire, fondée en 1260, près Paris.

Nous connaissons une pièce, dont la souscription porte le nom de cette abbaye ; il est peu probable, cependant, qu'elle ait été exécutée dans le monastère : *L'Abrégé de la vie et miracle fait à l'abbaye de Longchamp sur le tombeau de la bienheureuse Isabel de France....* imprimé à Longchamp, s. d. (1657) in-8°.

LONICUS, voy. LEONICÆ.

LONSALINUM, voy. LEDUM SALARIUM.

LOPHI, voy. GALLUS.

LOPINO [Monn. Merov.], LOUIN, commune de Fr. (Deux-Sèvres).

LOPOSAGIUM [Tab. Peut.], *Luxios,* près de Baume-les-Dames, village de Franche-Comté (Doubs).

LOPSICA [Plin.], Λόψικα [Ptol.], OSPELA [Geo. Rav.], ville de la Liburnie, auj., suiv. Reichard, *Gospich,* dans l'Illyrie (prov. de Jadera).

LORDELLUM, *Lordelo,* monastère de Franciscains, en Portugal (Tras-os-Montes).

D. Luiz Correa da Silva, de Lisbonne, abbé de ce monastère, fit imprimer dans l'enceinte même de l'abbaye un livre que citent Antonio et le *Summario da Bibl. Lusitana* (t. III, p. 37) : *De immunitate ecclesiarum ad caput inter olia relectio.* In monasterio Lordelli edit. et impr. Anno 1626, in-4°.

Mendez cite effectivement ce monastère dans la liste des localités « *que han tenido ò tienen imprenta* ».

LORIUM [Tab. Peut., It. Ant.], LORII [Eutrop.], localité d'Etrurie, à 12 m. dans le N.-O. de Rome, auj. *Lori.*

LORIUM, voy. VALLIS COLORUM.

LORRIACUM *in Boscagio,* LORRETUM, *Lorrey,* commune de France, près Nemours (Seine-et-Marne).

LORRIACUM *in pago Vastinensi,* LORY, *Lorris,* ville de Fr. (Loiret); concile en 843; anc. résid. royale [Mabillon].

LOSCANA, *Lösau,* bourg de Prusse (rég. de Merseburg).

LOSCIA, LOSCUM, LOSCI LITHUANORUM, *Losko,* ville de Lithuanie.

Wengerscius signale cette localité comme ayant possédé au XVIe siècle une imprimerie de l'église réformée. Les Unitaires ou Sociniens y transportèrent leur établissement de Zaslaw, qui fonctionna simultanément, et duquel sont sortis un grand nombre de livres dont Hoffmann dit avoir dressé le catalogue; cette imprimerie unitaire avait été établie par Jean Kiszka à Ciechanowic, riche seigneur de Vilna, ou plutôt transférée par lui de Zaslaw à Losko; cette translation eut lieu en 1573, du moins le livre le plus ancien que nous puissions citer remonte à cette date : *Jacobi Palæologi liber de magistratu politico, curante Sim. Budnæo.* Losco Lithuan., Joan. Karcanus (patria Vieliceusis), 1573, in-8°. — L'année suivante nous trouvons un grand nombre d'ouvrages, parmi lesquels nous choisirons: *Novum Testamentum (Polonice).* Losciis, in arce domini Jo. Kiszka., 1574, in-8°. (Vogt, p. 671.)

L'imprimeur J. Karcanus se retira à Vilna en 1578, mais la typographie ne disparut pas de Losko avec lui, et nous pourrions citer plusieurs ouvrages postérieurs, particulièrement en 1586 (voy. Bauer, IV, p. 172 et 269; et Melzi, I, p. 472, et surtout Lackmann (*Ann. Typogr.* p. 97 et suiv.).

LOSDUNUM, voy. JULIODUNUM.

LOSODICA [It. Ant.], OTTINGA, voy. HODINGÆ.

LOSONTIUM, *Loschonz,* bourg de Hongrie, dans le comitat de Neograd.

LOSSA, *Loon,* bourg de Hollande (Limburg).

LOSTCASSTRO ?

Quel est ce nom de ville que nous empruntons à la liste bibliographique donnée par le bénédictin Gottfried Reichhart, et sous la rubrique duquel il cite une PRACTICA PARISIENSIS, à la date de 1483, de 10 ff. in-fol., qui est probablement un ancien almanach de Paris, tel que celui dont Hain donne le titre sous le n° 13,314, sous la date de 1487 ?

LOTHARINGIA [Sigeb. Chr., Cluv., Cell.], LOHEREIGNE (au moy. àge), LOTHARINGIE, *la Lorraine, Lothringen,* anc. royaume, puis province française, qui ne fut réunie à la France qu'en 1766.

LOTODOS, station de l'Itin. Hieros., que Reichard place auprès de *Lemberg*, en Gallicie.

LOTUM, LOLIUM [It. Ant.], LOGIUM, chez les Calètes, auj. *Louvetot*, bourg de Normandie, près Caudebec (Seine-Inférieure).

LOUDEACUM, LODEACUM, *Bréhan-Loudéac, Bréhant-Lodéac,* auj. *Loudéac,* ville de Fr. (Côtes-du-Nord); n'était, au x° siècle, qu'un rendez-vous de chasse appelé *Lousiat.*

Deux associés, Jehan Crez et Robin Foucquet, ayant peut-être appris leur métier à Rennes, mais plus probablement à Rouen, chez Jehan Bourgeois, viennent, à la fin de 1484, établir dans la petite ville de Bréhan-Loudéac, du diocèse de St-Brieuc, une imprimerie dont il nous reste plusieurs spécimens fort curieux et surtout fort recherchés. Chose inexplicable dans une province aussi religieuse que la catholique Bretagne, on ne connaît de ces typographes aucun livre de liturgie ni de dévotion, et, des sept volumes qu'ils nous ont laissés, un seul est historique, les six autres sont des pièces de poésie.

Voici ces sept ouvrages dans l'ordre chronologique :

LE TRESPASSEMENT NOSTRE-DAME. *Cy finist.... imprimé au moys de décembre lan mil* IIII°. IIII *vingts et quatre*, in-4° de 7 ff.

LES LOYS DES TRESPASSEZ. — *Cy sont les loys des trespassez aueccques le pelerinaige de maistre Jehan de Meung.* — *Cy finissent les loys des trespassez... imprimées à Brehant Lodéac par Robin Foucquet et Jehan Crez, le* III° *iour de iuanuier, mil* IIII° *quatre vingtz et quatre.* In-4° de 8 ff. (l'année commençant à Pasques, cette pièce est de 1485).

LA PATIENCE DE GRISELIDIS. — *Cy finist la patience de Griselidis, imprimée.... le* XVIII° *iour de iuanuier lan mil* IIII° *quatre vingts et quatre* (1485). In-4° de 14 ff. sign. A. Biii.

LE BREUIAIRE DES NOBLES. — *Cy finist... imprimé le* XXV° *iour de iuanuier lan mil* IIII° *quatre vingts et quatre* (1485). In-4° de 12 ff. avec le titre à part sur le premier.

L'ORAISON *faicte par maistre Pierre de Nesson* (officier de Jean I°r, duc de Bourgogne, en 1420). *Cy finist l'oraison imprimée .. le* XXVII° *iour de iuanuier l'an mil* IIII° *quatre vingts et quatre* (1485). In-4° de 6 ff., réimprimé sous le titre de *Supplication à Nostre-Dame*, commence par ces vers :

    Ma doulce nourrisse pucelle
    Qui de votre tendre mamelle.....

LE SONGE DE LA PUCELLE (*cy commence le*). — *Cy finist le songe de la Pucelle, imprimé par Robin Foucquet et Jehan Cres, au moys de iuanuier mil* IIII° IIII *vingts et quatre* (1485). In-4° de 8 ff.

Enfin LES COUSTUMES ET CONSTITUTIONS DE BRETAIGUE (sic). *Breant-Lodeac par Robin Foucquet et Jehan Cres lan de grace. mil* IIII° IIII. *vingts s cinq, le* III° *iour de iuillet. Regnant tres hault et tres excellant prince Franczoys par la grace de Dieu duc de Bretaigne.... a esté parachevé d'imprimer ce present volume de coustumes correctes et meurement visitees par maistre Nicolas Dalier, maistre Guille Racine et Thomas Duteltre avocats,..... p lindustrie s oupuraige de Robin Foucquet et Jehan Cres. Maistres en lart dimpressiõ a Brehant-Lodeac ou diocese de Saint-Brieuc. Ce soit à la louange de la trinité. Amen..*

      Robin Foucquet
      Jehan Cres.

In-4° goth. de 236 ff. à 27 lig. à la page, sans ponctuation ni chiffre, avec sign. de A à Z et trois autres cahiers.

Edition tout aussi précieuse que celles de Rennes et de Lantréguer; vendue en 1766 chez M. de Sennicourt, 25 sous, et en 1863 achetée par Tross, à Londres, 43 livres sterling.

La première coutume de Bretagne avait été rédigée en 1330 par « *trois hommes notables d'icelle saison,* COPU *le saige,* TREAL *le fier, et* MAHÉ *le loyal.* »

En 1491 les imprimeurs de Loudéac se séparent : Jehan Crez va se fixer au bourg de Lantenac ; on ne sait ce que devient Robin Foucquet.

LOVANIA, LOVANIUM [Cluv., Cell.], LOVONNIUM [Ann. Fuld.], LUVANIUM [Ann. Vedast.], *Lovon* [Chr. Regin.], *Lowen, Leuven, Louvain,* ville de Belgique (Brabant-Sud), sur la Dyle.

Université fondée en 1426; la bibliothèque et surtout l'hôtel-de-ville sont justement renommés. L'université appela d'Allemagne l'illustre Jean de Westphalie, imprimeur natif de Hæken, bourg situé à deux lieues d'Arensberg, près de Paderborn, lequel dispute à Thierry Martens l'honneur d'avoir importé en Belgique l'art nouveau de la typographie. Lambinet et après lui M. Bernard ont cherché à établir l'antériorité des droits de Jean de Westphalie; la Serna Santander, M. de Gand et M. Van Iseghem se sont constitués les champions de Thierry Martens d'Alost.

N'ayant point de faits nouveaux à apporter au débat, nous nous tiendrons dans une neutralité absolue (ce qui ne satisfera personne, bien entendu), et renverrons le lecteur à l'*Origine de l'imprimerie en Europe,* de M. Bernard (tom. II, p. 401 et suiv.), et à *la Biographie de Thierry Martens,* par M. Van-Iseghem.

Le premier livre imprimé par Jean de Westphalie, à Louvain, est probablement : PETRI DE CRESCENTIIS LIBER RURALIUM COMMODORUM. — *In universitate Lovaniensi, Joannes de Westfalia Paderborneñ. dyoc.* — A la fin, en car. rouges: *Presens opus ruraliũ comodo∥rum Petri de Crescentiis. quodam ∥ industrioso caracterisandi stilo : no∥uissime omnipotentis dei suffragio∥adinuéto, extitit hac littera vera mo∥dernata. abscisa ? formata: impres∥sum. p Ioannem de vuestfalia Pa∥derborneñ dyocesis. In alma ac flo∥rétissima vniversitate Louaniési re∥sidénte. Anno incarnationis domi∥nice. M° CCCC° LXXiiii° mensis De∥cembris die nona. .°.. .°.. .°..*

In-fol. de 196 ff. goth. à 2 col. de 42 lignes, sans ch., récl. ni sign., ce qui doit assurer à cette édition l'antériorité sur deux éditions s. d. que cite Hain, et qui portent des signatures.

Jean de Westphalie, qui signe également Jean de Paderborn, cognominatus de Aken, imprima d'abord dans l'enceinte de l'université, « *in alma universitate Lovan. residens,* » puis il fonde un établissement en ville, et prend sinon des associés, au moins des compagnons et apprentis : « *in domo Johannis de Westfalia.... Lovanii, per J. de Westfalia ejusque sodales* ». De là, nous dit Jansens, il partait pour aller exercer son art et former des élèves, dans les villes voisines, particulièrement à Alost.

Il mourut vers 1493, croyons-nous, bien que Schwartzius, dans ses *Primaria docum. de orig. typogr.,* cite de lui une édition d'une *Legenda Sancte Anne,* avec la date de 1496; mais nous pensons que ce livre, qui nous est inconnu, a été exécuté avec les caractères de Jean de Westphalie, après la mort du célèbre artiste.

Le plus illustre imprimeur de Louvain après Jean de Westphalie est Jean Veldener. Cet artiste arrive de Cologne à la fin de l'année 1476; comme ouvrage de début, à Louvain, il donne une belle édition du FASCICULUS TEMPORUM, du chartreux Werner Rolewinck. A la fin : *Impressa ę hec psens cronica in vniversitate Lovaniensi... per Iohannem Veldener* M.CCCC.LXXVI. (1477). *Quarto Kalendas*

Januarias. Pet. in-fol. goth. de 143 pp. ou 72 ff. sans ch. ni récl., fig. en bois. Cet ouvrage passe pour être le premier dont le frontispice ait été décoré d'une vignette (Bibl. A. F. Didot).

On cite encore au XVe siècle, à Louvain, Egidius ou Gilles Van der Heerstraten, Louis ou Ludwig de Ravescot, Conrard de Paderborn et Conrard Braem, qui peut-être ne font qu'une seule et même personne.

Enfin, en 1512, le célèbre Thierry Martens d'Alost établit à Louvain son atelier et sa demeure permanente : il y donne, le 19 décembre, la première édition des commentaires d'Hugues de S.-Victor sur les épîtres de S. Paul ; il y resta jusqu'à l'année de sa mort, 1534 ; il était, comme chacun sait, revenu à Alost pour y mourir, et ce couronnement d'une noble existence arriva le 28 mai.

Parmi les plus illustres professeurs de l'université de Louvain, il ne nous est pas permis d'oublier le grand Erasme, de Rotterdam.

LOVENTINUM, voy. LUENTIUM.

LOVERUM, *Lovere,* bourg de la proy. de Bergame (Italie).

LOVINCUM, LOVINGUM, *Louhans,* petite ville de Bourgogne (Saône-et-Loire).

LOVITIUM, *Lowicz, Lowitsch,* petite ville de Pologne (Woiew. de Mazovie).

Cette petite ville possédait une imprimerie dès l'année 1566, dit M. Cotton, qui ne nous donne pas le titre du volume à cette date, que renferme la Bodléienne.

LOVOLAUTRIUM, *Vollore,* bourg d'Auvergne (Puy-de-Dôme).

LOXA FL., Λόξα [Ptol.], dans l'E. de la Bretagne Barbare, riv. qui tombe dans le *Dornoch Firth* (Écosse).

LOYSA [Cell.], LYUBASA, *Loisach,* riv. de Bavière, affl. de l'Isar.

LUANUM, *Luano, Lovana,* bourg piémontais de la prov. d'Oneglia.

LUBA, voy. LEOBUSIUM.

LUBECA [Fabri.], LUBECCA [Cluv., Cell.], LUBECUM, LUBACOVIA, URBS LUBICANA, ou LUBICENSIS, *Lübeck,* ville libre de l'Allemagne du Nord, faisant partie de la ligue Hanséatique, au N.-E. de Hamburg ; fondée en 1144, et déclarée ville libre et impériale en 1242.

C'est à l'année 1475 que les bibliographes font remonter l'introduction de la typographie à Lubeck. Voici le livre que l'on peut considérer comme le premier produit des presses de Lucas Brandis de Schass, le prototypographe, qui, deux ans avant, était établi à Merseburg : RUDIMENTUM NOVICIORUM. *Epithoma partes in sex juxta mundi sex œtates divisum, prius alibi non receptum quod placuit rudimentum noviciorum intitulari.* Anno 1475, die 5 Augusti, *in urbe Lubicina* (per Lucam Brandis de Schass), 2 vol. in-fol. goth. de 460 ff. sans ch., récl. ni sign., avec fig. sur bois fort curieuses ; deux méritent particulièrement d'être signalées, qui sont une mappemonde ronde et une carte de la Palestine.

Voy., au sujet de ce rarissime volume, dont on cite un exempl. impr. sur vélin dans la bibl. de Rostock, Panzer (tom. I, p. 524), la note du *Manuel* (tom. IV, col. 1449), Ebert, Vogt, Bauer, Falkenstein et tous les bibliographes allemands ; les catal. Gaignat, La Vallière, R. Heber, Bearzi, etc.

Les imprimeurs du XVe siècle qui suivent Lucas Brandis sont Bartholomæus Ghotan, auquel on doit la belle édit. des *Revelationes dñe Birgitte de Swecia* de 1492, in-fol. de 422 ff. à 2 col. de 46 lig., Stephanus Arndes, Georgius Richolf, et sa veuve Anne, au siècle suivant, et Mattheus Brandis, probablement frère ou fils du prototypographe, auquel on doit un précieux MISSALE LUBICENSE, cité par Hain sous la date de 1486, et par d'autres bibliographes sous celle de 1488.

Quel est le degré de consanguinité qui rattache ces deux typographes au premier typographe de Leipzig, Marc Brandis ou Brand, c'est ce qui nous paraît assez difficile à préciser ; mais nous croyons Lucas Brandis, frère cadet de Marc.

Baillet (*Jug. des Savants*), I, p. 397) nous paraît avoir confondu la ville de Lubeck avec celle de Lubiecz, quand il relate le transfert de l'imprimerie des Sociniens de Zaslaw à Losko, en 1573, puis à Vilna, enfin à Lubeck.

Voy., au sujet de l'imprimerie Lubicane : *Einige Nachrichten von den im XVten Jahrh, zu Lübeck gedruckten medersächsischen Büchern, von Deecke.* Lübeck, 1834, in-4°.

LUBECA AD CHRONUM, *Lubiecz,* ville de Lithuanie, sur le Niemen (Russie).

En 1592, année de la mort de Jean Kiszka, châtelain de Vilna, dont nous avons déjà parlé à l'art. LOSCIA, les Sociniens établirent une imprimerie à l'usage de leur secte dans cette ville, ce que ce seigneur, imbu des doctrines des unitaires, avait empêché de son vivant ; le premier typographe fut Petrus Blastus Kmita, qui, marié à la fille d'un imprimeur de Vilna, nommé Jean Karcan, s'était fixé dans cette ville, qu'il ne quitta que pour venir s'établir à Lubiecz, et transmit en 1630 son imprimerie à son fils Jean Kmita. Le premier livre imprimé à Lubiecz que nous puissions citer, est un ouvrage du Russe Salomon Rysinius : *Proverbiorum polonicorum centuriæ decem et octo.* Lubecæ ad Coronum, in officina Petri Blasti Kmitæ, 1618, in-4°. Ce livre est presque reproduit *in extenso* par Grego. Cnapius dans le troisième vol. de son *Thesaurus Polono-Latino-Græcus,* seulement il a oublié de mentionner le nom de l'écrivain auquel il faisait un si copieux emprunt.

LUBENA, *Lübben,* ville de Prusse, sur la Sprée, dans la rég. de Francfort-sur-Oder.

Falkenstein et M. Cotton font remonter l'imprimerie dans cette ville à l'année 1601 ; nous sommes loin de compte, car ce n'est qu'aux premières années du XVIIIe siècle que nous trouvons trace d'imprimerie dans les bibliographes spéciaux, tels que Struvius, ou dans les anciens catalogues : *J.-G. Stoltze, an concubinatus sit tolerabilior polygamia.* Lubben, 1714, in-8°. Cette thèse, sur un sujet un peu scabreux, est le premier spécimen de la typographie de Lubben, que nous puissions citer.

LUBLAVIA [Zeiler], *Loblau,* bourg de la Haute-Hongrie (comitat de Zips).

LUBLINUM [Cell., Cluv.], LUBLJANUM, *Lublin,* ville de l'anc. Pologne, chef-lieu du gouvern. du même nom, sur la Bistritza (Russie).

Cette ville, dit D. Hoffmann, était célèbre par ses tribunaux et par son commerce ; elle possédait un grand nombre de réformés, de Sociniens et de Juifs, qui surtout y affluaient à l'époque des foires. Ce furent ces derniers qui établirent à Lublin la plus anc. typographie, laquelle, au dire de Wolfius, fonctionnait déjà en 1559 ; il signale à cette date un *Talmud cum commentariis Raschi et Josephoth.*

Les plus célèbres imprimeurs Juifs furent Kalonymus ben Mardechai Japhe, qui, en 1562, donne un ouvrage très-important: *Machser ex ritu Judæo-rum Polonorum, Russorum, Lituanorum, Bohe-morum et Moravorum.* In-fol. (Wolf. II, p. 1336).

Au XVII° siècle R. Josva bar Israel, d'Autriche, doit encore être cité, ainsi qu'Abraham fils de Kalon. Japhe.

Les chrétiens eurent une imprimerie presque simultanément; J. Georg. Eccard cite un *Penta-teuque* (lingua Carniola), imprimé à Lublin en 1578, par les soins et aux frais de George le Dalmate; « sed doctissimus vir hallucinatus est » [Hoffmann], car c'est à Laybach et non à Lublin que ce livre fut exécuté.

Aux premières années du siècle suivant l'imprimeur chrétien s'appelle Paul Conrad, et nous le considérons comme le premier qui ait imprimé à Lublin; sa veuve lui succède en 1645.

A la même époque les jésuites, qui avaient à Lublin un collège important, y adjoignent une typographie particulière, qui fonctionne pendant près d'un siècle.

LUCA [Cic., Liv., Plin.], Λοῦκα [Str., Ptol.], *Lucques, Lucca*, sur le Serchio, au pied des Apennins, ville de l'Italie centrale, chef-lieu de préfecture.

Le marquis Giac. Sardini a publié un volume pour démontrer l'exactitude de son attribution aux premières presses de Lucques d'un opuscule dont la Bibliothèque royale de Paris a fait acquisition à la vente Boutourlin de 1839 moyennant 300 fr. Cette pièce est intitulée: *D. A.*

Divinæ gentis strenvo œquiti et fa‖cvndissimo gravissimoq. philosopho. D.‖Bernardo Ivstiniano Leonardi orato.‖.F. compendiolvm.‖Joannes Iacobvs Canis vtroq. Ivre con‖svltus ex commentariis Ivris interpre‖tum dedicavit.

Après la dédicace: *De Jnivriis Et Damno Dato Rvbrica.‖Gregorivs .X. In Concilio. G....* A la fin: *Explicit opuscvlvm. D. Io. Ia. Can. editvm‖L. anno. domini. nostri.‖.M.CCCC.LXVIII.* Calen. Aprilis. Pet. in-fol. de 16 ff. sans ch. ni sign.; de 40 lignes par page.

Sardini consacre un chapitre à prouver que le verbe latin *edere* se traduit en italien par *stampare*; un autre à démontrer que l'L. de la souscription ne peut signifier autre chose que L(UCÆ); enfin que cette date de 1468 est parfaitement authentique et justifiée. Malheureusement sa très-savante apologie n'a rien prouvé, et il paraît aujourd'hui parfaitement certain que cette date de 1468 s'applique à la rédaction du manuscrit de Giacomo de' Cani, et non point à l'impression du volume. Quant à cette L. mystérieuse, nous ne voyons pas d'inconvénient à admettre qu'elle veuille désigner *Luca*, d'autant plus que les jolis caractères ronds du volume nous paraissent rappeler certaines impressions de Henri de Cologne, qui fut l'un des premiers imprimeurs de Lucques et de Bologne.

La brochure de Sardini est de 1793; elle est imprimée par Molini de Florence, et forme un vol. in-4° de 92 pp., enrichi d'un fac-simile fort exact.

Dans les archives communales de la ville, on trouve un document qui prouve que, dès l'année 1471, les Lucquois, « entusiasti della grande scoperta tipografica », firent venir un prêtre padouan, nommé P. Clemente, qui s'y établit, « rice-« vendo uno stipendio per insegnare la grand' arte, « commendandosi in seguito da lui perma-« nenza ». Il ne reste malheureusement de ce typographe-instructeur aucun monument, aucune trace, et nous ne pouvons que constater le fait, sans preuves à l'appui de cette curieuse mention des archives lucquoises.

Le premier livre imprimé à Lucques devrait être certainement celui-ci: FRANCISCI PETRARCHÆ poetæ clarissimi triumphorum sex (Liber). A la fin: *Impressus Lucæ liber est hic; primus ubi artem*

de Civitali Bartholomeus init. Anno MCCCCLXXVII, die XII maii, in-fol. Malheureusement son existence n'est pas suffisamment prouvée; il figure, il est vrai, au catalogue qui forme le complément de l'excellente édition de Pétrarque donnée par Giuseppe Comino en 1732, Haym, Panzer et Amati le mentionnent d'après Comino, mais on n'en connaît pas un seul exemplaire, et nous ne le trouvons décrit dans aucun catalogue de vente.

En conséquence nous ne pouvons le signaler, malgré l'autorité incontestable du catal. de Comino, qu'avec de très-fortes réserves.

Ce n'est qu'à l'année 1482 que nous trouvons trace certaine d'imprimerie à Lucques, et le livre que nous allons citer nous donne un nouveau nom d'imprimeur, qui peut-être est le premier et nous permet en même temps de rectifier une des nombreuses erreurs qui ont dû se glisser dans l'une de nos précédentes livraisons:

Opera devotissima del Rev. Padre Fra Cherubino da Spoleto della vita spirituale. In fine: *Ad Laudem eternæ Dei genitricis Mariæ hoc opus impressum est in inclita et Libera Civitate divini Vultus per me Michaelem Bagnonum Lucensem die ultimo mensis Julii 1482. Serve Dei Cherubim ora pro me.* In-4°.

Nous avons, à l'art. CIVITAS DIVINI VULTUS, émis l'hypothèse que cette dénomination pouvait vouloir désigner *Vérone*; on voit ici la preuve que c'est de Lucques qu'il s'agit; nous aurions dû nous rappeler le passage du *Museum Italicum* de Mabillon: « *Sub noctem sacrum Christi Domini Vultum, qui pium horrorem spectantibus injicit, jubente cardinale intueri nobis concessum est. Ex cedro efficta est illa imago venerabilis cum vestibus et ornamentis pretiosissimis....* »

Les autres typographes de la ville au XV° siècle sont deux imprimeurs de Bologne, qui viennent s'établir à Lucques vers 1490, Henricus de Colonia et Henricus de Haarlem; on trouve un certain nombre de livres souscrits aux noms collectifs de ces deux artisans.

LUCA AD FLUVIUM DIA, LUCUS AUGUSTI, anc. ville des Voconces, auj. *Luc-en-Diois*, bourg du Dauphiné, dans le diocèse de Die (Drôme).

Est-ce à cette localité que se rapporte une indication que nous donne le P. Le Long, et ne serait-ce point la ville de Die elle-même qui serait désignée par la souscription? *Sigismundi Kohet, vitæ nonnullorum patrum ordinis Præmonstratensis.* Lucæ ad fluvium Dia, 1608, in-4°. (Le Long, I, 832.)

LUCANIA [Flor., Horat., Mela, Tac.], ἡ Λευκανία [Strab.], anc. province de l'Italie Méridionale, entre la Campanie et la mer Tyrrhénienne, qui correspond auj. à *la Basilicata* et à *il Principato Oltra*.

LUCANIACUM, *Loigny*, commune de Fr. (Eure-et-Loir); a vu le martyre de Saint-Lucain en 409 [Quicherat].

LUCANUM, LUGANUM, JUNIANUM, *Lugano, Lanis, Lavis*, ville du canton du Tessin (Suisse), sur le lac du même nom; c'est l'un des trois chefs-lieux alternatifs du canton.

C'est vers le milieu du siècle dernier qu'une typographie commença à fonctionner dans cette ville: *La Fantasima, comedia in prosa* (dell'Abate Vincenzo Rota, padovano). Lugano, nella stamp. della suprema superiorità Elvetica, 1748, in-8°, et sous la même date: *Tiburzio Sanguisuga. A Simone Cosmopolita, utile monitorio di Tiburzio Sanguisuga*

Smirneo. Id., ibid., 1748, in-4°. Écrit satirique attribué à l'abbé del Buono, professeur à Sinigaglia (Mazzuchelli, *Scrit. d'Ital.*, t. II, p. 1140).

LUCANUS LACUS, CERESIUS LACUS, *lac de Lugano,* entre la Suisse et l'Italie, dans le canton du Tessin.

LUCARNUM, *Locarno, Luggarus,* bourg du canton du Tessin (Suisse); l'une des trois capitales alternatives.

LUCCÆ, voy. LOCHIA.

LUCCAVIA, LUCOA, *Luckau,* ville de Prusse, dans la rég. de Francfort-sur-Oder.

Nous faisons remonter l'imprimerie dans cette ville à l'année 1719 à l'aide du renseignement suivant que nous empruntons à la *Bibl. Saxon.* de Struvius (p. 951) : «*Godofredus Hechtius, Luccaviensis Scholæ Rector, duabus dissertationibus de* GERONE *egit,* Luccaviæ, 1719, in-4°. »

LUCCENSIS (LOCUMENSIS) ABBATIA, *Lockum,* bourg et anc. abb. du Tyrol (préf. de Calenberg).

LUCENA (LUZENA), LUCENNACUM, *Lotzin, Lützen,* ville de Prusse (rég. de Merseburg), entre l'Elster et la Saale; victoire et mort de Gustave-Adolphe en 1632.

Imprimerie en 1748, suiv. Falkenstein.

LUCEMBURGUM, voy. LUCILIBURGUM.

LUCENSES CALLAICI, Καλλαϊκοὶ οἱ Λουκήνσιοι [Ptol.], peuple de la Tarraconaise, dont le chef-lieu était LUCUS AUGUSTI, *Lugo.*

LUCENSIS, ZATECENSIS CIRCULUS, *der Saatzer Kreis,* le cercle de Saatz, en Bohème.

LUCENTUM [Plin.], Λουκέντον [Ptol.], voy. ALICANTIUM.

LUCERIA [Cæs., Cic., Plin. etc.], Λουκερία [Polyb., Strab.], NUCERIA [Tab. Peut.], Νουκερία [Ptol.], LUCERIA APULA [Aurel. Vict.], ville de l'O. de l'Apulia Daunia, auj. *Lucera,* ville du Napolitain (Capitanata).

LUCERNA HELVETIORUM (LUCERIA), *Luzern, Lucern, Lucerne,* ville et chef-lieu de canton (Suisse), à l'extrémité O. du lac de ce nom; tire son nom du phare, *Lucerna,* allumé à l'extrémité du lac pour servir de guide aux bateliers.

C'est à l'année 1527 que l'on peut faire remonter l'imprimerie dans cette ville: *Die Disputacion vor den* XII *orten einer löbliche eidt gnoschafft namlich Bern, Lutzern, Vry, Schwuytz, Undtervualden ob vnnd nidi dem Kernwalt Zug mitt be sampt ufferen ampt Glaris, Basel, Friburg, Solathorn, Schaffhusè vnd Appenzell, von wegen der einigkeit in christlichen glauben in iren landè vnd vnderthonè der fier bistumb Costenz, Basel, Losanè vnd Chur beschhè, vnd in dem iar Christi vnsers erlösers* MCCCCC *vnd* XXVI... etc. A la fin : *Gedruckt in der alt Christlichen stat Luzern durch Thomas Murner in dem iar christi tusend funsthundert*

vnnd XXVij *vfz den* XViij *tag may,* in-4°. (Catal. des chanoines de Rebdorf, II, 104.)

Falkenstein donne 1524 comme première date typographique de Lucerne, mais nous ignorons sur quel titre il s'appuie; Panzer, lui, ne fait remonter l'imprimerie qu'à 1528: *Causa Helvetica Orthodoxæ fidei. Disputatio Helvetiorum in Baden superiori, coram duodecim cantonum oratoribus et nuntiis, pro sanctæ fidei catholicæ veritate, contra M. Lutherum, U. Zwinglium et Œcolampadium* (edit. Th. Murnero). A la fin: *Expressum Lucernæ Helvetiorum orthodoxa et catholica civitate. Anno servatoris nostri* J. C. M.D.XXVIII, *vigesima quinta augusti,* in-4°.

Ce volume rare, qui est purement et simplement une traduction latine de l'ouvrage allemand précité, figure aux catal. Baluze, d'Estrées, etc.

LUCERNENSIS PAGUS [Pertz], *canton de Lucerne.*

LUCIACUM, *Luce,* bourg du Maine (Sarthe); anc. baronnie.

LUCIFERI TEMPLUM, FANUM S. LUCIFERI [Baudrand, Samson], LUX DUBIA, *San Lucar de Barrameda,* ville d'Andalousie (prov. de Séville), à l'embouchure du Guadalquivir.

Nous avons déjà parlé de cette petite ville à l'art. FANUM LUCIFERI, en donnant, avec Antonio, 1569, comme date de l'introduction de la typographie ; voici le titre du volume sur lequel le bibliographe espagnol appuie son assertion: *Hieronymus Carranza, de la Filosofia de las Armas, de su destreza, y de la agression y defension christiana.* Luciferi fano (vulgo *Sanlucar*), 1569, in-4°. (Antonio, *Hisp. nova,* I, 571, Bauer, *Suppl.* I, 305.)

LUCILIBURGUM, LUCIBURGUM, LUCEBURGIUM [Cell.], LUTZEMBURGUM, LUXEMBURGUM [A. Duchesne], anc. AUGUSTA ROMANDUORUM (?), *Luxembourg, Lützelburg,* chef-lieu du grand-duché de ce nom, qui faisait partie de la Confédération Germanique et appart. en propre au Roi de Hollande.

L'imprimerie date de 1577, dit M. de Reiffenberg: *Cornelii Callidii Chrysopolitani in orationem Philippi de Marnix D. de S. Aldegonda, pro Archiduce Austriæ Matthia et ordinibus Belgicis ad delegatos septemuirorum cæterorumque principum et ordinum sacri imperii Wormatiano conventui habita mense maio 1577.* — Luxemburgi, apud Martinum Mercatorem, 1578, in-4°. Citons encore : *Vera et simplex narratio eorum quæ ab adventu D. Joannis Austriaci gesta sunt, in qua falsæ generatim Belgii statuum objectiones contra ipsum refelluntur.* Luxemburgi, apud eumd., 1578, in-4°. Pièce fort rare et précieuse pour l'histoire des Pays-Bays.

Au commencement du XVIIe siècle, les moines de l'abbaye de St-Hubert font imprimer beaucoup de livres à Luxembourg : nous citerons seulement un vol.: *Historia S.-Huberti, principis aquitani, Arduennæ apostoli.* Luxemburgi, excud. Hubertus Reulandt, sumtibus monast. S.-Huberti in Arduenna, 1621, in-4° de 600 pp. Ce récit des exploits cynégétiques et des conquêtes apostoliques du grand St Hubert fut réimpr. en un vol. in-12 , dans les murs de l'abb. d'Estival.

N'oublions pas de signaler les deux éditions du BULLARIUM MAGNUM ROMANUM données à Luxembourg, la première en 8 vol. in-fol. avec II vol. de supplément (1727-30-42) ; la seconde en 19 tomes qui se relient en II vol. in-fol. (1747-58.)

LUCIO, LUCIONA, LUCIONUM, *Luçon,* ville de

France (Vendée); Richelieu fut titulaire de son évêché.

L'imprimerie paraît avoir existé dans cette ville depuis les dernières années du XVIIe siècle, bien qu'elle ne figure pas aux arrêts du conseil de 1704 ni de 1739, et que le rapport fait à M. de Sartines en 1764 ne la mentionne que comme possédant un libraire; c'était en tout cas une imprimerie exclusivement consacrée aux besoins liturgiques du diocèse : *Cantiques spirituels et instructifs, par Dupuy*, chanoine de S.-Jacques de Paris. Luçon, Nélain, 1696, in-8. (à la bibl. de l'Arsenal).—*Excerptum ex bulla Joannis Papæ XXII, pro distractione episcopatus et diocœsis Lucionensis et Pictaviensis. Bulla secularisationis insignis ecclesiæ Lucionensis, data a Paulo Papa II. Ejusdem insignis ecclesiæ statuta confirmata a Paulo Papa IV, una cum edicto regio, et excerpto ex registris supremi senatus Parisiensis: quibus additus est catal. episc. Lucionensium*. Lucioni, Nelain, 1700, in-fol.

Cette imprimerie épiscopale eut une certaine durée, puisque nous trouvons au 1er catal. R. Heber (no 6522) un livre imprimé à Luçon en 1741.

LUCLAVICIA, *Luklawice*, bourg de Pologne (palat. de Cracovie).

« *Nidus Socinianorum* », dit Hoffmann, et c'était là qu'était mort « *Faustus Socinus* ». On prétend que, sous le règne du roi Auguste (1548-1572), une imprimerie fut installée dans cette localité, et que quelques livres sociniens y ont été publiés.

LUCOFAO, LUCOFAGO, LUFAO, résid. carlov., sur la situation de laquelle varient les opinions: *Lifou*, au diocèse de Toul, suiv. D. Calmet; *Loisy*, en Lorraine, suiv. D. Ruinart; et enfin *Bois-Fay*, près de Marle (Aisne), d'après Nic. Le Long; cette dernière opinion paraît admissible à M. Paulin Paris.

LUCOMONIS MONS, *le Lukmaner*, montagne de Suisse, entre les cantons des Grisons et du Tessin.

LUCOPIBIA, Λουχοπιβία [Ptol.], ville des Novantæ, dans la Britannia Barbara, auj. *Newton-Steward*, bourg d'Écosse (comté de Wigton).

LUCRINUS LACUS [Mela, Virg., Plin.], LUCRINUM STAGNUM [Martial, Sid. Apol.], lac de la Campanie, qui communiquait au golfe de Naples par un canal, auj. *Lago Lucrina*.

LUCRONIUM, voy. JULIOBRIGA.

LUCUS ANGITIÆ [Virg.], ville des Marsi dans le Latium, auj. *Civita d'Antino*, près du lac de Celano.

LUCUS ASTURUM, Λουχος Ἀστουρῶν [Ptol.], OVETUM [Mariana], ville des Astures dans la Tarracon., auj. *Oviedo*, ville d'Espagne, chef-lieu d'intendance, dans les Asturies (Université).

Oviedo est une des villes d'Espagne dont l'imprimerie, au dire de Mendez, remonte au XVIe siècle; le plus ancien spécimen de cette typographie, que nous puissions citer, est de 1556: *Copia de las reliquias, sacada del* « BREVIARIO ANTIGUO OVE-

TENSE ». Impreso en Oviedo en 13 de mayo de 1556, in-4o. Ce traité a été réimprimé par le soin du chanoine Don Pedro Anastasio de Torres.

Un livre de *Villanelle* à la date de 1614 est donné par le catal. R. Wilbraham (1829), au no 1455: *Prima tramutatione della bella Ortelano*. Ovieto, 1614, in-8o. Citons encore: *Miguel Gonzalez de Caunedo. Los triunfos de San Miguel*. Impreso en Oviedo, 1628, in-8o.

LUCUS AUGUSTI [Plin., It. Ant.], Λουχος Ἀγούστου [Ptol.], *Lugo*, ville d'Espagne (prov. de Galice); chef-lieu d'intendance.

LUCUS AUGUSTI, voy. LUCA *ad fl. Dia*.

LUCUS BORMANI [It. Ant.], *Oneglia, Oneille*; petite ville du Piémont (anc. prov. de Nice); patrie d'André Doria.

LUCUS DEI, *Gadebusch*, ville du grand-duché de Mecklenburg - Schwerin [Graësse].

LUCUS DIANÆ, FORUM LUCIUM (?), *Lugo*, pet. ville d'Italie, sur le Senio (délég. de Ferrara).

Imprimerie en 1637 [Cotton's Suppl.].

LUDA AD AMBRAM, LUGDA, LUSDUM, LUYDA, *Lügde, Lüde*, ville de Westphalie, sur l'Emmer (rég. de Minden).

LUDENSIS COMIT., *comté de Louth*, en Irlande [Leinster].

LUDLOW, ville d'Angleterre (Schropshire).

« *Two Sermons*, » par Samuel Jones, y furent imprimés par William Parks en 1719 et 1720, dit M. Cotton; nous ne trouvons ces deux sermons, ni dans Lowndes, ni dans la *Cyclopædia Bibliographica* de James Darling.

LUDOSIA ANTIQUA, *Gamlalödese*, ville de Suède [Graësse].

LUDOSIA NOVA, *Nylödese*, ville de Suède [Graësse].

LUDOVICI ARX, *Ludwigsburg*, ville de Wurtenberg [Neckarkreis].

LUDOVICI MONS, *Mont-Louis*, ville de France, sur le Tet (Pyrénées-Orientales).

LUDOVICI PORTUS, voy. BLABIA.

LUDUM, LUTHA, *Louth*, ville d'Angleterre (Lincolnshire).

Jackson et Snaggs y introduisirent a typographie au commencement de ce siècle.

LUENTINUM, Λουέντινον [Ptol.], ville des Demetæ, dans la Bretagne Romaine, auj., suiv. Camden, *Lhan-Dhewy-Brewy*, dans le Cardiganshire.

LUGANUM, voy. LUCANUM.

LUGDUNENSIS, voy. GALLIA.

LUGDUNENSIS PAGUS, AGER, COMITATUS [Ann. Prud. Trec.], DUCATUS, LEUDUNENSIS PAGUS [Cart. et Dipl.], *le Lyonnais*.

LUGDUNUM [Tac., Senec.], LUGDUNUS [Ammian.], LUGDONON [Geo. Rav.], τὸ Λούγ-δουνον [Strab., Ptol.], LUGUDUNUM [Dio Cass.], τὸ Λουγούδουνον νῦν δὲ Λούγδουνον καλούμενον [Inscr. ap. Grut.], (a Lugus [Celt.], *Corvus*, et Dunum, *Mons*; sive LUGDUNUM, *Mons Corvi*, Du Cange), AUGUSTA LUGDUNENSIS [Inscr. ap. Grut.], ville de la Gaule, chez les Ségusiaves, anc. capitale de toute la Celtique, qui prit d'elle son nom de *Lyonnaise*, plus tard réduite à n'être que le chef-lieu de la Lyonnaise I, fondée en 43 avant J.-C., par le consul Munatius Plancus; au ve siècle, capitale du royaume de Bourgogne; *Lyon*, ville de France, au confluent de la Saône et du Rhône (Rhône); archevêché, biblioth. et riches établissements publics; 2 conciles œcumén. au XIIIe s., patrie de Spon, de Coustou, de Coysevox, des Jussieu, de Jean Grolier, etc.

Nous avons sous les yeux les importants ouvrages consacrés à la typographie lyonnaise; aucun ne nous éclaircit d'une façon satisfaisante les mystères de l'origine de cet art, qui devait jouer si grand rôle dans l'histoire de la cité, depuis la fin du xve siècle jusqu'au milieu du XVIIe; les bibliographes spéciaux, MM. Péricaut, Bréghot du Lut, Monfalcon, etc., n'apportent malheureusement pas de preuves déterminantes à l'appui des hypothèses plus ou moins ingénieuses qu'ils émettent sur ce fait important de l'introduction de l'imprimerie dans cette grande et illustre ville.

Nous résumerons donc brièvement les faits déjà connus du plus grand nombre de nos lecteurs, et nous nous bornerons strictement aux données précises qui sont acquises à l'histoire.

L'imprimerie remonte à Lyon à l'année 1473; un notable bourgeois, d'une famille qui avait donné un syndic à la ville dès l'an 1290, nommé Barthélemy Buyer (Burius), fils d'un conseiller nommé Pierre Buyer, mort vers la fin de 1459, attire à Lyon et installe dans sa propre maison un habile ouvrier (*artis impressoriæ expertum*), nommé Guillaume Leroy; M. Bernard le croit Français, M. Monfalcon le suppose Allemand; d'où sortait-il? de Paris peut-être, d'Allemagne ou de Suisse? le fait n'est point éclairci. Un contrat lie pour un certain laps de temps le commanditaire au typographe; ce traité subsiste virtuellement jusqu'à la mort du commanditaire, que l'on croit être advenue vers 1483; Guillaume Leroy imprime alors seul jusqu'à la fin de 1488.

On voit combien tous ces détails préliminaires sont hypothétiques et incomplètement déterminés.

Le premier livre imprimé à Lyon remonte, nous l'avons dit, à l'année 1473; nous en donnons le titre d'après Dibdin (*Bibl. Decam.*, II, 115) et le catal. de la *Grenvilliana* (II, 413): *Reverendissimi* LOTHARII *dyaconi cardinalis sanctorum Sergii et Bacchi qui postea Innocencius* (III) *papa appellatus est, Compendium breve feliciter incipit, Quinque continens libros. Secundus de miseria condicionis vite humanæ. Tertius de Antichristo et ejus adventu. Quartus de vicijs fugiendis. Quintus et ultimus de spurissimi Sathanæ litigacione contra genus humanum*. Au v^o du 82^e f. on lit: *Scelestissimi Sathane litigacionis*∥*contra genus humanum: Liber*∥*feliciter explicit. Lugduni p̄ ma*∥*gistrū guillermū regis hujus*∥*artis ı̄pressorie expertū: hono*∥*rabilis viri Bartholomei bu*∥*yerii dicte ciuitatis ciuis*∥*iussu et sūptibus ı̄pressus*∥ *Anno verbi in-*

carnati∥. M.CCCC.LXXIII. *Quitodecio Kal.* ∥ *Octobres.* (17 septembre 1473).

Ce très-précieux incunable est un petit in-4° de 82 ff., « *destitute of signatures, numerals and catchwoords* », de 24 longues lignes à la page entière, en caractères gothiques de quinze points typogr. environ, ayant beaucoup de ressemblance avec celui employé par l'imprimeur de Munster en Argau, dit M. A. Bernard; « angular gothic type, similar to that of the *Légende dorée*, dit Didbin, and very irregulary printed ».

Cet exemplaire à peu près unique (la Bibliothèque impériale ne le possède pas, et les rédacteurs du catal. de la *Grenvilliana* n'en signalent qu'un autre exemplaire acheté par M. Payne à Chambéry, et dont nous ignorons la destination actuelle) cet exemplaire, disons-nous, a appartenu à l'abbé Rive, qui en parle à plusieurs reprises dans la *Chasse aux Bibliographes*; il figure sous le n° 2384 au catalogue des livres de ce célèbre bibliothécaire, vendus à Marseille, en 1793, et le rédacteur de ce dernier catal., C.-F. Achard, en fait l'objet d'une notice spéciale dans son *Cours élémentaire de bibliographie* (I, p. 171).

M. Costanzo Gazzera, dans ses *Osservazioni bibliografiche* (Torino, 1823, in-8°), démontre que ce livre est bien évidemment le plus ancien ouvrage sorti des presses de Guillaume Leroy, dans la maison de B. Buyer. Il signale la marque du papier, essentiellement lyonnais, sur lequel il est imprimé; cette marque est une *roue dentée* et a servi à faire reconnaître la provenance certaine, d'un grand nombre d'incunables, dépourvus de toute indication de nom ou de lieu, entre autres du *Petrarchæ Liber de vita solitaria*, dont les caractères ont au reste, dit M. Monfalcon, une grande analogie avec ceux du livre de Prudentius, *de conflictu virtutum*, qui a été imprimé à Lyon.

« Établi à Lyon vers 1472, Guillaume Leroy eut bientôt des rivaux nombreux; plus de cinquante imprimeurs vinrent lui faire concurrence dans le court espace de 28 années. La plupart de ces imprimeurs étaient Allemands, quelques-uns vinrent plus tard de Venise, très-peu étaient Lyonnais. Dix années après son installation dans la maison de Buyer, la typographie comptait deux fois plus d'imprimeurs à Lyon qu'il n'y en a aujourd'hui, quatre siècles après l'arrivée dans cette ville de Guillaume Leroy. » C'est encore M. Monfalcon qui s'exprime ainsi, et nous ne pouvons faire mieux que de renvoyer le lecteur, désireux d'apprécier les rapides progrès de la typographie lyonnaise, aux savants ouvrages de ce bibliographe, ainsi qu'à ceux de MM. Bréghot du Lut et Péricaud.

La nomenclature seule de tous ces brillants artistes lyonnais des XVe et XVIe siècles nous entraînerait trop loin, et pourtant nous aurions aimé à entrer dans quelques détails sur des hommes tels que Jacques Buyer, le frère cadet de Barthélemy, Mathis Husz, Jean Trechsel et ses fils Melchior et Gaspard, Pierre et Jean Mareschal, Barnabé Chaussart, Jean Fabri, Michel Topie de Pymont, auquel on doit la célèbre édition du *Voyage de Breydenbach* de 1488, où l'on voit pour la première fois en France la gravure en taille-douce appelée à décorer un livre; Jean du Pré, Jean de Vingle, Guillaume Balsarin, etc.

Et au XVIe siècle nous aurions voulu parler de ces contrefaçons Aldines de Benjamin Troth, de la famille des Arnoullet, de Claude Nourry dit le Prince, et surtout de François Juste, l'imprimeur favori des Rabelais et des Marot, de Galliot du Pré, et de Sébastien Gryphe, l'un des plus savants hommes de son temps, qui fut le maître de Jean de Tournes, et sans doute aussi celui d'Estienne Dolet, et d'Antoine Gryphe, son fils et digne successeur.

Ne devrions-nous pas également signaler ce Pierre de Ste-Lucie qui, à l'instar de Claude Nourry, se fait aussi appeler *le Prince*, et les frères Frellon, et Jean Barbou, et par-dessus tous, peut-être, l'illustre Estienne Dolet, auquel le savant M. Boulmier a consacré une si remarquable étude, et les Juntes de Lyon, alliés des célèbres Giunta de Florence, et Jacques Moderne, l'imprimeur spécial de la musique au commencement de ce XVIe siècle, qui était aussi un Florentin, et que nous croyons également appartenir à la famille des Giunta, et l'illustre dynastie des de Tournes qui fuit la France au XVIIe siècle, et va porter à Genève, la ville libre des réformés, son admirable industrie et sa gloire, et Pierre de Tours, dont les produits typographiques sont si rares et si recherchés, et Robert Grandjon (caract. de civilité), et mille autres?

Mais faire l'histoire de chacun de ces grands imprimeurs, et décrire quelques-unes de leurs admirables éditions, exigerait des développements qui ne peuvent convenir qu'à des livres spéciaux, et heureusement ces livres existent; les noms seuls de leurs auteurs témoignent hautement en faveur de l'exactitude des renseignements, et la juste réputation dont ils jouissent nous permet de renvoyer nos lecteurs à ces *Guides* autorisés.

Un arrêt du conseil du mois d'avril 1695 fixe à 18 le nombre des imprimeurs-libraires qui peuvent exercer dans la ville de Lyon; ce nombre est accepté par l'arrêt du 21 juillet 1704, et réduit à 12 par celui du 31 mars 1739. Le rapport présenté à M. de Sartines en 1764 témoigne de l'état de souffrance où se trouve réduite la typographie lyonnaise; il donne le nom des douze imprimeurs de la ville, parmi lesquels l'imprimeur du roi se nomme Valfray; ils possèdent entre tous cinquante presses, desquelles trente à peine sont en exercice.

« Au XVe siècle, dit M. Montfalcon, l'imprimerie lyonnaise alimentait une partie de l'Europe; » l'importance de ses foires, les franchises dont elles jouissaient, assuraient aux éditions sorties de ses presses un immense débit; Lyon était alors ce que fut depuis Francfort et ce qu'est aujourd'hui Leipzig, c'est-à-dire l'entrepositaire du commerce des livres du monde lettré; elle était, trois siècles après, réduite à trente presses, qui chômaient souvent faute de *copie*, et, aujourd'hui! possède-t-elle trente presses?

Lugdunum Batavorum [It. Ant., Tab. Peut.], Λουγόδεινον [Ptol.], Leida, ville des Batavi, auj. *Leiden, Leyden, Leyde,* ville de Hollande, sur le Vieux-Rhin (prov. de la Holl. mérid.); université fondée par Guillaume d'Orange, en 1575, où Boerhaave, Gronovius et Scaliger professèrent; patrie de Dan. Heinsius et de Rembrandt.

La bibliothèque universitaire de cette ville est d'une haute importance; le catal. en avait été dressé dès l'année 1636 et imprimé par les Elzevirs; il forme un vol. in-4o de 216 pp., plus la partie des mss. arabes et orientaux qui comprend 21 pp. Le catal. moderne des précieux manuscrits que cet établissement a acquis depuis 1741, rédigé par J. Geel, a été imprimé en 1852 (un vol. in-4o), il comprend 1015 nos.

L'imprimerie remonte en cette ville à l'année 1483; pendant la domination écrasante des Espagnols et jusqu'à la fondation de l'université, elle n'eut qu'une bien faible importance; mais, à partir de cette époque, elle jette un éclat qui rayonne sur l'Europe entière; trois imprimeurs sont cependant connus, qui ont exercé à Leide au XVe siècle : Heynricus Heynrici, Hugo Jansson Van Voerden, et Jan Severs, pour lequel grave Lucas de Leyde.

Le premier livre qui paraît avoir été publié dans la ville de Leyde est une réimpression de la chronique de Joh. Van Naaldwyck à Gouda, par G. de Leeu, en 1478 : *Die Cronike of die historie van Hollant... Hier begint die Cronike of die historie vā Hollant vā zeelant ende vrieslant ende vandē sticht van vtrecht...* Leyden, sans nom d'imprimeur (Heynricus Heynrici), 1483, in-4o de... ff. à 28 et 29 lignes, goth. L'exemplaire de la bibliothèque de la Haye, sur lequel M. Holtrop a donné la description de ce livre précieux, est incomplet; il n'a que 88 ff.; le f. A manque, ainsi que les derniers ff. Il se termine au vo du 88e par ces mots : *Cē clare wijs mā Doe quam daer hertoch kaerls.*

Sous la même date, la bibliothèque de la Haye possède les deux vol. décrits par Panzer (I, 470). *Die epistelen ende evangelien* (254 ff. in-4o), et *Æneæ Silvii Legatio,* in-4o de 24 ff.; mais ce n'est que l'année suivante que le prototypographe de la Haye met son nom sur un produit de ses presses : Thomas de Aquino. *Incipit Tractatus beati Thome de Aquino || de humanitate Christi.* Au vo du 97e f.: *Explicit tractat' de humanitate Christi beati || Thome de Aquino. Finit' cōpletus et impressus|| Leydis per me Heynricū Heynrici. Anno domini || MCCCCLXXXiiij. In profesto sancti Bonifacij || et sociorum eius. Deo gratias.* Suit un petit traité. Le vol. se termine au vo du 100e f. par la marque du typographe grav. sur métal, et ces mots : *Holla. In Leiden.* In-4o de 100 ff. à 28 lig.

Ce vol. n'est pas à la bibl. de la Haye qui possède sous la même date : *Michaelis de Hungaria sermones tredecim,* à la date du 10 mars 1484, in-4o de 144 ff. à 28 lig., qui porte également le nom de l'imprimeur.

Une édition des évangiles, publiée à Rotterdam en 1671, in-8o, porte au faux titre une mention complètement erronée; il y est dit que le texte est entièrement conforme à celui de l'édition originale, publiée « tot Leyden by Pieter Janson, onder den Toorn van Sinte Pancracius Kerck. Anno 1478. » L'erreur est manifeste : Pieter Janszoon n'ayant imprimé à Leyde que dans les premières années du XVIe siècle, comme successeur de son père Hugo Janszoon van Woerden.

L'illustre Christophe Plantin fut appelé par le curateur de l'université de Leyde à fixer son séjour dans cette ville, comme imprimeur de l'Académie; il y vint en 1583, et l'année suivante il donnait la belle édition de l'histoire d'Adr. Barland : *Hadr. Barlandi Hollandiæ comitum historia et Icones.* Lugd. Bat., ex offic. Chr. Plantini, 1584, in-fol. C'est la meilleure édition de ce livre; elle est enrichie de beaux portraits, gravés sur cuivre par J. Colaert (?). Après la réduction d'Anvers par le prince de Parme en 1585, Plantin retourna dans cette ville, mais il laissa son établissement de Leyde à son gendre Rapheling.

Nous touchons à la plus brillante époque de la typographie de Leyde; tout le monde sait que nous voulons parler des Elzevirs. Quatorze membres de cette illustre famille ont exercé en Hollande, à Leyde, Amsterdam et la Haye, depuis 1580 jusqu'à 1712; les plus parfaits de ces quatorze imprimeurs sont incontestablement Abraham et Daniel; nous demanderons la permission de renvoyer nos lecteurs aux excellents travaux du regrettable M. Pieters.

Deux imprimeries particulières sont signalées à Leyde par Lackmann (*Annal. Typogr., Selecta,* p. 61 et 83); toutes deux sont consacrées aux langues orientales, dont l'étude était en grand renom à l'université; la première fut installée vers 1613, par Thomas Erpen, professeur de langues orientales : *Historia Josephi Patriarchæ ex Alcorano, arabice, cum triplici versione latina, et Scholiis Th. Erpenii, cujus et alphabetum arabicum præmittitur,* Leidæ, ex typogr. Erpeniana linguarum orientalium, 1617, in-4o.

La seconde appartient à un orientaliste non moins distingué, « sed plane non munitus contra pessima vitia, quæ mores depravant et pervertunt ». Ce savant incomplet, nommé Theodorus Petræus, de Flensborg en Sleswig, dirigea une imprimerie orientale, de laquelle sont sortis un assez grand nombre de livres; nous citerons le premier: *Canticum Canticorum, Liber Ruth, Jonas,* etc. *Æthiopice et arabice, cum versione lat. per Theod.*

Petræum, *et Joh. Ge. Nysselium.* Lugd. Batav., 1654, in-4o.

C'est à Leyde que paraissent avoir été faits les premiers essais de stéréotypie, par Jan Müller et par Samuel Luchtmans. Ils sont antérieurs aux travaux de l'orfévre Ged, d'Edimbourg, et peut-être même à ceux de la *Maison des Orphelins* de Halle en Saxe, dont parle *Jordan* (*Voyage littér.*, p. 6).

La première application de ce procédé nouveau paraît avoir été: *Testamentum novum Syriacum, cum versione latina, cura et studio J. Leusden et C. Schaaf.* Lugd. Batav., 1709, in-4o.

(Voy. A.-G. Camus, *Hist. du Polytypage et de la Stéréotypie.* Paris, an X, in-8o.)

LUGDUNUM CLAVATUM, voy. LAUDUNUM.

LUGDUNUM CONVENARUM, voy. CONVENÆ.

LUGDUNUM SEGUSIAVORUM, voy. LUGDUNUM.

LUGEOLUM , PONS FRACTUS , *Pontefract ,* ville d'Angleterre (Yorkshire).

Son ancien château, auj. en ruines, 'fut le théâtre du meurtre de Richard II. L'imprimerie existe dans cette ville depuis 1777; à cette date M. Cotton cite : *Lund's Collection of Poems.* Pontefract, 1777, in-8o.

LUGII, LYGII [Tacit.], Λύγιοι [Dio Cass.], Λούϊοι [Strab.], Λούγιοι [Ptol.], Λογίωνες [Zosim.], peuple de la Germanie Orient., entre la Vistule et l'Oder, habit. les territ. de *Görlitz, Greifenberg, Waldenburg, Neisse,* etc.; leur ville principale était LUGIDUNUM, que quelques géog. traduisent par *Liegnitz,* et d'autres par *Breslau.*

LUGIO [It. Ant., Tab. Peut.], Λουγίωνον [Ptol.], ville du S. de la Pannonie Infér., auj. *Bataszek,* suiv. Muchar, et *Lanesok,* d'après Reichard, dans la Slavonie militaire.

LUGOSIUM, *Lugos,* bourg de Hongrie, dans le comit. de Krassowa.

LUGUIDONIS PORTUS [It. Ant.], port sur la côte S. de Sardaigne, auj. *Loconi.*

LUGUVALLIUM [It. Ant.], LUGUBALUM [Geo. Rav.], CARLEOLUM [Cell.], ville des Brigantes, dans la Britannia Romana, auj. *Carlisle, Caer-Luil* (en celt.), ville d'Angleterre, chef-lieu du comté de Cumberland.

L'imprimerie remonte à l'année 1746: *Genuine Dying Speech of the Rev. Parson Coppock, pretended Bishop of Carlisle,* etc. *Executed there for high Treason and Rebellion, october* 18. Carlisle, 1746, in-8o (Catal. S. W. Scott, p. 93).

En 1786 l'imprimeur se nommait F. Jolly.

LUISIUM, voy. FANUM S. JOAN. LUISII.

LULEA, *Lula,* ville de Suède (Wester-Botten).

LUMBARIA, *Lombers,* commune de France, près Alby (Tarn); un concile contre les Albigeois est tenu dans cette localité en 1165.

LUMBARIUM, *Lombez,* petite ville de Fr.

(Gers), sur la Save ; anc. évêché suffragant de Toulouse, érigé en 1317.

LUMELLUM, LOMELLI *nobile Castrum, Lomello,* ville et château d'Italie près Pavie (Lomellina).

LUMO [It. Ant.], *Lumone,* bourg d'Italie près Vintimiglia.

LUNA [Plin., Liv., Mela], Λεῦνα [Strab., Ptol.], sur la Macra, ville maritime de l'Étrurie Sept., auj. *Lunegiano ,* dans le Modenat, ou *Carrare, Carrara,* suiv. M. Mommsen.

LUNÆ PORTUS [Liv.], Σελήνης λιμήν [Strab.], *la Spezzia, Spezia,* grand port militaire d'Italie, chef-lieu de la province d'il Levanto.

LUNÆ PROMONT., *Cabo Rocco,* en Portugal, à l'embouchure du Tage.

LUNÆ PROM.; *cap Spezzia,* dans le S.-E. de la ville, à l'entrée du golfe.

LUNARIS VILLA , LINIVIL [Monn. Lorr.], *Lunéville,* ville de Fr. (Meurthe); prise par les Français en 1638.

L'imprimerie ne remonte dans cette ville qu'au milieu du siècle dernier ; le premier imprimeur se nomme François Messuy. Voici un vol. à la date de 1758, que cite Quérard (*France litt.*, V, 194) : *Le Prévost d'Exmes. La Nouvelle Réconciliation, comédie en un acte, en prose.* Lunéville, Messuy, 1758, in-8°.

LUNATE, LUNELIUM, LUNELLUM, *Lunel,* ville de Fr. (Hérault), sur la Vidourle.

LUNDA GOTHORUM, voy. LONDINUM GOTHORUM.

LUNDONIA, voy. LONDINUM.

LUNEBURGENSIS PRINCIP. [Cluv., Cell.], préfecture de *Lunebourg, Lüneburg,* dans l'anc. roy. de Hanovre.

LUNEBURGIUM [Cluv.], LUNÆBURGUM [Luen.]. SELENOPOLIS, LEUPHANA (?), LUNEBORCH, *Lunebourg, Lüneburg,* ville du royaume de Hanovre , chef-lieu de préfecture ; jadis ville hanséatique et impériale.

L'imprimerie existe à Lüneburg au XVe siècle. Nous n'avons qu'un seul livre à citer, remontant à l'année 1493, c'est une *Imitation* de J.-C., que nous avons encore vue l'année dernière chez M. Tross: THOMÆ A KEMPIS. *De Imitatione Christi et de contemptu omnium vanitatum mundi. De interna conversatione. De interna locutione Christi ad animam fidelem. Cum quanta reuerentia Christus sit suscipiendus. Item Johannes Gerson de meditatione cordis.* A la fin: *Luneborch impressus per me Iohannem Luce.* Anno dñi M.CCCC.XCIII.XXII. *die mensis maij.* FINIT FELICITER. Pet. in-8o goth. avec chif. et sign. A-X.

LUNELLUM, voy. LUNATE.

LUNERACUS, *Luneray,* commune de Fr. (Seine-Inférieure).

LUNGONES, fraction des Astures, dans le N.-O. de l'Espagne Tarraconaise.

LUNIACUM, LVNICOVICO, *Lugny;* plusieurs communes de France portent ce nom ; nous signalerons un bourg avec château de ce nom en Bourgogne, près Autun (Saône-et-Loire).

Ce fut dans ce château appartenant à la famille des Tavannes, que fut installée une petite imprimerie au XVIIe siècle, dont la direction fut confiée à un imprimeur nommé Fourny ; et en 1653 on y imprime les *Mémoires de Gaspar de Saulx,* maréchal de Tavannes, in-fol. Les soins assidus de Charles de Neufchaise, le neveu du maréchal, menèrent à bonne fin cette entreprise assez difficile de l'exécution d'un volume considérable avec un matériel forcément restreint. M. de Neufchaise, n'ayant pu obtenir de privilège, ne fit point mettre l'ouvrage en vente, et le fit distribuer aux parents et serviteurs du maréchal ; le volume est sans date, et ne porte ni le nom de lieu, ni la signature de l'imprimeur. (Voy. Barbier, *Dict. des Anon.,* II, 380.)

LUNNA [It. Ant.], *Ludna* [Tab. Peut.], LUSNAVICO [Monn. Mérov.], *Belleville-sur-Saône,* pet. ville du Beaujolais (Saône-et-Loire); anc. abb. d'Augustins, fondée en 1160.

LUPA, *la Loue,* riv. de France, affl. du Doubs.

LUPARIA, voy. LOCOVERUS.

LUPATIÆ, LUPETIA, *Altamura,* bourg du Napolitain (Terra di Bari).

LUPELLI MONS, *Montuel,* bourg de Fr. (Ain).

LUPIA FL.., LUPPIA, voy. LIPPIA.

LUPIA, LUPA [Guil. Brito], LUVIA [Ann. Vedast.], LUNA, *le Loing,* riv. de France, affl. de la Seine.

LUPIÆ [Mela, It. Ant.], Λουπίαι [Strab.], Λουππίαι [Ptol.], LUPPIA [Tab. Peut.], ALETIUM, *Lecce,* ville d'Italie, chef-lieu de la province Terra d'Otranto. [Voy. ALETIUM.]

Melzi (*Anon. et pseud.,* I, 365) nous donne le nom du premier imprimeur : *L'Epopeja di Giulio Cesare Grandi, divisa in cinque Libri.* Lecce, per Pietro Michele, 1637, in-8°. — Il Serassi et Ap. Zeno attribuent ce livre à Ascanio Grandi, frère de Giulio Cesare Grandi qui publia à Lecce en 1634 son poème, « il suo *Tancredi* ».

LUPI AMNIS, *Guadalupe,* ville d'Espagne (Estramadure); voy. AQUÆ LUPIÆ.

On voit encore dans cette ville le couvent où mourut Charles-Quint; quand nous avons inscrit le radical latin de *Guadalupe,* le second vol. du beau travail de MM. Zarco del Valle y Sancho Rayon n'était pas paru ; nous y avons depuis trouvé trace d'imprimerie dans cette ville au XVIe siècle : *Abito || y armadura spiritual: compuesta por el maes || tro Diego de Cabranes...* A la fin: *Fue impressa la presente obra... en la nobrada puebla de Guadalupe : || por Francisco Diaz Romano.* Año de mil. D.XXXXV. In-fol. à 2 col. de X, 282 ff.

Et encore: *Fr. Juan Buenaventura. Liber de profectu || religiosorum qui formula || nouiçiorũ*

dicitur: reuerendisstmi || domini J. Bonauentura || ministri ordinis minorũ fratrum. A la fin: *Ad laudem dei... excudebat Franciscus Diaz in celeber || rimo oppido amnis lupi: quinto calẽdas Junij anno nostre reparationis.* M.D.XXXXVI. In-8° de 190 ff.

LUPINUM, MAJÆ VILLA, MAJI CAMPUS, *Mayenfeld,* ville de Suisse (cant. des Grisons).

LUPODUNUM, voy. LABADUNUM.

LUPPIA, voy. LIPPIA et LUPIA.

LUPUS ATER, *Louastre, Louatre,* commune de Picardie (Aisne).

LUQUIDO, *Ogliastro,* bourg de l'île de Corse.

LURA [Tab. Peut.], *Pont-l'Évêque,* près Noyon, commune de Fr. (Oise).

LUSARICAS, LUSARECAS, LUZARCA PALAT. *in agro Parisiensi* [Du Cange], *Luzarches,* pet. ville de Fr. (Seine-et-Oise).

LUSATIA [Zeiler], *Lusace, Lausitz,* anc. margraviat d'Allemagne, auj. divisé entre la Prusse et le roy. de Saxe.

LUSINIANUM PICTONUM, LUSIGNANUM, LEZIGNANUM, LICINIACUM, LEZIGNEM [XIIIe s.], *Luzignan, Lusignan,* ville de France, sur la Vonne (Vienne).

Ruines du célèbre et antique château des Lusignan, bâti, dit la chronique, des mains de la fée Mélusine, et détruit en 1575 par le duc de Montpensier. Nous trouvons une petite imprimerie existant dans cette localité l'année qui précéda le siège : *Epistola Joannis Montucii, Episc. Valentini, regis Gallorum legati ad Poloniæ ordines, de illustrissimo Andium Duce in regnum Polonicum allegendo... etc.* A la fin : *Lusiniani Pictonum, excudebat Ivo Durerius,* 1574, in-8°.

LUSIO [Tab. Peut.], LUSSONIUM [Not. Imp.], Λουσσόνιον [Ptol.], localité de la Pannonie Inf., sur le Danube, auj. *Föld-var,* suiv. Muchar, et *Leanyvor,* d'après Reichard.

LUSITANIA [Plin., Eutrop., Cæs., Cic.], une des trois grandes divisions de l'Hispania, habitée par les LUSITANI, qui occupaient le N.-O., entre le Duero et le Tage ; auj. forme le *Portugal,* moins les deux provinces du Minho et de Tras-os-Montes.

LUSONES, Λούσονες [Strab.], peuple de l'Hispania Tarrac., qui habitait le pays où le Tage prend sa source, dans la *Sierra d'Albaracin.*

LUSSONIUM, voy. LUSIO.

LUSTENA, *Lustenau,* bourg du Tyrol, sur la rive droite du Rhin, près Bregenz.

LUSTLEIGH, petit village d'Angleterre (Devonshire).

Un savant membre de Balliol College, à Oxford,

le Rév. William Davy, se retira dans cette résidence écartée à la fin du siècle dernier, et entreprit d'y mener à bonne fin un vaste travail de recherches et de compilation des meilleurs auteurs, sur les divers « systems of divinity » ; il imprima de ses propres mains ce prodigieux travail, qui ne formait pas moins de 26 vol., pet. in-8°, lesquels ne furent tirés qu'à 14 exempl., nombre total de ses souscripteurs : *A system of divinity, in a Course of Sermons*, etc., vol. I, *by the Reverend William Davy*, A. B., Lustleigh, Devon, *printed by himself* PRO BONO PUBLICO. M.DCC.LXXXV, de XVI, 328 pp. Cette publication ne fut terminée qu'en 1807.

« The Annals of Literature, dit Lowndes, *does not afford a similar example to the present work, it having been compiled, the types set up, worked off page by page, and finally boarded, the whole by the hands of the author.* »

Lisez à ce sujet le remarquable article consacré par M. Cotton à ce patient imprimeur-auteur.

LUTERA [Ann. Hincm. Rem.], LUTHRA, *Lure*, ville de Fr. (Haute-Saône) ; anc. abb. de Bénédictins.

LUTETIA, voy. PARISIUS.

LUTEVA, voy. LEUTEVA.

LUTHA, voy. LUDUM.

LUTIA, Λουτία [Appian.], ville des Arevaci, dans la Tarrac., auj. *Luzon*, près des sources du Duero [Reichard].

LUTITIA, *Loitz*, pet. ville de Prusse (rég. de Stralsund).

LUTOMAGUS [Tab. Peut.], ville des Morini, dans l'O. de la Gaule Belgique, auj. peut-être, *Samer-aux-Bois*, bourg de l'Artois, entre Montreuil et Boulogne (Pas-de-Calais).

LUTRA CÆSAREA, *Kaiserslautern*, ville forte de la Bavière Rhénane, au N.-O. de Spire.

LUTRÆ CASTRUM, LUTRABURGUM, *Lauterburg, Lauterbourg*, ville de Fr. (Bas-Rhin), sur la *Lauter*, LAUDERA.

LUTRIVIANUM (?)

Lieu d'impression supposé, que M. Cotton traduit, on ne sait trop pourquoi, par *Lodève*. C'est à ce nom de lieu que nous trouvons souscrite la troisième ou quatrième édition d'un opuscule satirique de Théodore de Bèze, qu'il conviendrait de ranger parmi ses *Juvenilia* ou péchés de jeunesse : *Epistola magistri benedicti passavantii, responsiva ad commissionem sibi datam a venerabili D. Petro Lyseto, nuper curiæ præsidente Parisiensis, nunc vero Abbate S. Victoris prope muros.* Lutriviani, apud Ulyssem Visc., 1584, pet. in-12. La première édition de cette macaronée a dû précéder 1554, date de la mort du pauvre président Lyset. Quant à celle-ci, dans le cas, infiniment peu probable, où l'on supposerait qu'elle a été donnée sous les yeux de son illustre auteur, ce serait aux presses de Strasbourg qu'il faudrait l'attribuer, puisque Th. de Bèze a passé l'année 1584 dans cette ville ; mais nous ne croyons même pas qu'il ait eu connaissance de cette réimpression, il avait autre] chose à faire. (Voy. Vogt et Freytag, Bayle, etc.) :

LUVERA, LUPARA *in agro Parisiaco*, *Louvres*, bourg de l'Isle-de-Fr. (Seine-et-Oise).

LUVIA, voy. LUPIA.

LUXEMBURGUM, voy. LUCILIBURGUM.

LUXIA, riv. de la Bétique, auj. l'*Odiel*, en Andalousie.

LUXOVIUM [Inscr.], LUSSOVIUM [Frédég.], LUXOVION [Sigeb. Chr.], LUXOIUM [Ann. Hincm. Rem.], LOCUS OVIUM, LIEU-BERBIS [Chron. B. Dion.], LUXEU [langue romane], *Luxeuil*, ville de Franche-Comté (Haute-Saône) ; célèbre monast. de Bénéd. fondé par S. Colomban, en 590 (voy. Mabillon).

Imprimerie en 1766, dit M. Cotton ; nous demandons la preuve de cette assertion, déclarant ignorer absolument sur quels titres elle peut s'appuyer.

LUYERA, *Luyères*, village de Champagne, dans le dioc. de Troyes (Aube).

Ce fut là que se retira l'illustre Pierre Pithou, pour y préparer à loisir la publication du manuscrit de Phèdre, qu'il venait de découvrir : « *Eos libros a Francisco fratre receptos, nondum autem in aperto prolatos, Petrus Pithæus habebat præ manibus, et publica luce parabat illustrare typis Patissonianis. Ac iam sua ipsius manu integros in hunc finem descripserat, cum ingravescens apud Parisios morbus popularis eum coëgit in Tricassium fines se recipere ; quò cum pervenisset, in gentili pago substitit ; Luyeræ pago nomen est. Inde Augustobonensi typographo Phædrum commisit, et ad libri editionem sumptum suggessit.* » (P. Pithœi vita, p. 29.)

LYCÆA, Λυκαία [Paus.], bourg de l'Attique, en ruines, près de *Tragomano*.

LYCÆUS MONS, τὸ Λύκαιον ὄρος [Pind., Strab.], montagne de l'Arcadie, auj. *Monte Tetragi*.

LYCASTUS [Mela, Plin.], dans le S. de l'île de Crète, auj., d'après la carte de Pashley, *Kanurio*.

LYCHA, voy. LICHA.

LYCHNITIS LACUS, ἡ Λυχνιδία λίμνη [Polyb.], lac d'Illyrie, sur les confins de l'Albanie, auj. *Lago d'Ochrida*, près de la ville du même nom, anc. LYCHNIDUS.

LYCKSTAD (?)

Sous ce nom nous trouvons au catal. Borluut de Noortdonck (n° 2182) une traduction que le catal. dit être *finnoise* des 6 parties de l'*Astrée* : *Dend Hyrdinde* ASTREA *ved H. Honoré aff Urfé forst franzoest bestreffuen. Huorudi historiske-vijs*...etc. Prentet I Lyckstad, hos Andreas Koch, 1645. 6 parties en un vol. in-4°, fig. Ce renseignement du catal. Borluut a été reproduit sans contrôle par le *Manuel*.

Nous pensons, nous, que le rédacteur du catal. Borluut a mal lu la souscription de ce *précieux* roman, qui doit être, non pas *Lyckstad*, mais *Glückstadt*, et voici nos raisons : en premier lieu, ce titre en langue finnoise est du bel et bon danois : « *La Bergère Astrée d'Honoré d'Urfé, traduite pour la première fois du français* »... Ensuite, et ceci nous parait bon, *Andreas Koch* est le premier imprimeur de Gluckstadt, ainsi que nous l'avons dit à l'histoire typographique de cette ville.

LYCOREA, Λυκώρεια [Strab.], ville de Phocide, auj. *Liakura* [Leake], au pied du Parnasse.

LYCOSURA, Λυκοσύρα [Paus.], ville d'Arcadie, dont les ruines se voient à *Sidhiro Kastro*, près de Stala [Ross].

LYCTUS, Λύκτος [Hom., Polyb., Ptol., Strab.], ville de la côte N. de l'île de Crète, auj. *Lytto*.

LYCUS FL. [Plin.], Λύκος [Hérod., Ptol.], fleuve de la Sarmatie Europ., auj. le *Berda*, ou le *Kaletz*, affl. du Don [Forbiger].

LYCUS FL., voy. RHYNDACUS.

LYGII, voy. LUGII.

LYGNUM REGIS, voy. LIGNUM REGIS.

LYMINGTON, port d'Angleterre, dans le Hampshire.

L'imprimerie existe dans cette ville depuis les dernières années du siècle dernier : *Regulations of Boldre School in the New-Forest*. Lymington, 1798. — *R. Gilpin. Sermons, preached to a Country congregation*. Lymington, 1799, in-8°. (Cat. Williams, n° 777.)

LYNCESTIS, province de la Macédoine, dans le S.-O., habitée par les LYNCESTÆ, arrosée par le LYNCESTIUS AMNIS [Ovid.],

et dont la capitale était LYNCUS [Liv.], auj. *Vodonica*, dans le pachalick de *Saloniki*, près de la *Vistritza*.

LYNUM REGIS [Camden], voy. LIGNUM REGIS.

LYNUS FL., *Leine*, riv. de Prusse et de Hanovre, affl. de l'Aller.

LYRA, *Lier, Lierre*, ville de Belgique, dans la prov. d'Anvers, au confl. des deux Nèthes.

L'imprimerie remonte en cette ville à l'année 1783, dit M. de Reiffenberg, et le nom du premier typographe est J.-H. le Tellier ; c'est la patrie du fécond Nicolas de Lyre.

LYRCEA, Λύρκεια [Paus.], Λύρκειον [Strab.], ville de l'Argolide, dont les ruines sont près de *Sterna* [Boblaye].

LYSIMACHIA [Plin., Mela, Liv.], Λυσιμαχία [Polyb., Paus.], Λυσιμάχεια [Ptol.], ville de la Thrace, auj. *Eksemil*, en ruines, près du bourg de Baular, sur la Propontide (mer de Marmara).

LYSIMACHIA [Liv.]. Λυσιμάχεια [Strab.], ville de l'Ætolie, auj. *Papadhates* [Leake].

LYUBASA, voy. LOYSA.

Maalinæ, voy. Mechlinia.

Macalla, Μάκαλλα [Arist., Steph.], ville de la côte E. du Bruttium, auj., suiv. Reich., *Melissa*, dans la Calabre Ultér. II.

Macaria, voy. Rhodus Ins.

Macastellum, *Matarello*, bourg et château du Tyrol [Graësse].

Macclesfield, bourg d'Angleterre (Cheshire).

Imprimerie en 1790 [Cotton's *Suppl.*].

Macedonia [Mela, Liv., Tacit., Cæs.], ἡ Μακεδονία [Herod., Thuc., Polyb.], anc. royaume grec, dont les principales provinces étaient l'*Emathie*, la *Mygdonie*, la *Piérie*, la *Péonie*, etc.; forme auj., dans la Roumélie, la majeure partie du *pachalick de Saloniki*.

Macedonicum Mare [Liv.], Thermæus Sinus [Tacit.], Θερμαῖος Κόλπος [Strab.], *golfo di Saloniki*.

Macella [Liv.], Μάκελλα [Ptol., Polyb.], ville de Sicile, auj. *Masellaro*, ou *Mascoli*, suiv. Reichard.

Macerata, *Macerata*, ville d'Italie, chef-lieu de la délégation de ce nom, sur le Chienti (suivant quelques géographes, cette ville est l'anc. Helvia Riccina);

elle possède un évêché et une université.

L'imprimerie remonte à Macerata en 1575, au dire de Falkenstein ; à la date de 1574, nous trouvons : *Discorso della Goleta e del Forte di Tunisi*. Macerata, per Seb. Martellini, 1574, in-4° (Catal. Volpi); deux ans après nous citerons encore : *Cause e Rimedj della peste, ec. Libro composto d'ordine di Monsig. Marco Gonzaga, vescovo di Mantova*. Macerata, per Seb. Martellini, 1576, in-12. Le titre de ce livre nous est fourni par Haym, et le nom du typographe par le catal. de la bibl. des Volpi (p. 151) ; il fut fait à l'occasion de la peste qui désola Padoue en 1576, et réimprimé à Florence, par les Giunti, en 1577. Citons encore : *Esposizione della Canzone del Petrarca: Quel ch'ha nostra natura di più degno; di Vincenzo Carrari*. Macerata, 1577, in-4°.

Maceriæ, Maceria, Maceriacum [Flodoard. Chr.], à tort Mallo Matiriaco, Mallo Matriaco (voy. Matiriacus), *Mézières*, ville de France (Ardennes), sur la Meuse; ne remonte qu'à la fin du ixe siècle.

L'imprimerie ne peut être reportée dans cette ville qu'aux premières années de la révolution ; nous citerons un : *Arrêté des représentants du peuple envoyés près l'armée des Ardennes*. A Mézières, J.-B.-L. Trécourt, 1793, in-4° (Bibl. Imp.).

Maceriæ, *Mazières*, *Mézières*, *Maizières*, nom d'une infinité de communes et d'écarts [Quicherat].

Machas [P. Warnefr.], *Ménerbe*, commune du comtat Venaissin (Vaucluse).

Machera Comitis, *Gravenmachern*, petite ville du grand-duché de Luxembourg.

MACHICOLIUM, MACHEQUOLAC, *Machecou, Machecoul*, ville de Fr. (Loire-Inférieure).

MACIACUM, AGER MACIACENSIS, *Massy*, bourg de Fr. (Saône-et-Loire).

MACISTUS [Plin.], Μάκιστος [Herod., Xen., Strab.], localité de l'Elide, que Boblaye croit être auj. *Mophtitza*.

MACLOPOLIS, MACLOVIUM, voy. ALETÆ.

MACOLICUM, Μακόλικον [Ptol.], ville de l'Irlande, que l'on croit être auj. *Kil-Mallok*, dans le comté de Limerick, ou, suiv. Camden, *Male in Longford*.

MACRA FL. [Plin., Flor.], Μάκρας [Strab.], Μακράλλα [Ptol.], *la Magra*, fleuve d'Italie, afflue à la mer près de Sarzana (prov. de Gênes).

MACRINA, ville du Picenum, auj. *Veteri*, dans la marche d'Ancône [Cluv.].

MACRIS INS., voy. EUBŒA INS.

MACROPOLIS, voy. HERBIPOLIS.

MACRUM [Baudrand], *Mars*, bourg d'Italie (prov. d'Oneglia).

MACTORIUM, Μακτώριον [Herod.], voy. MAZARINUM.

MACUSA, voy. ENCHUSA.

MACYNIA [Plin.], Μακυνία [Strab., Plut.], ville d'Étolie, dont les ruines se voient auprès d'*Ovriokastro*, suiv. Leake, ou près d'*Apanolongos*, suiv. Kruse.

MADALICÆ, *Maillane*, commune de Fr. (Bouches-du-Rhône).

MADASCONA, voy. MATISCO.

MADELEY, MADELEY MARKET, ville d'Angleterre, sur la Severn (Shropshire).

M. Cotton fait remonter à 1774 l'impression dans cette localité de certains *Religious tracts* du rév. J.-W. de la Flechiere; le seul de ces traités que cite Lowndes, comme exécuté à Madeley, ne remonte qu'à 1791.

Une imprimerie particulière existant à Madeley en 1792 est citée par Martin (p. 76), qui raconte à ce sujet une curieuse anecdote relative à William Reynolds et au Dr Beddoes.

MADIA FL., *la Maggia*, riv. de Suisse; tombe, près de Locarno, dans le lac Majeur.

MADIA FL., *la Maie*, pet. riv. du Ponthieu.

MADISCIACUM, *Macé*, commune de Normandie (Manche). — *Macey*, village de Champagne (Marne).

MADRIACENSIS PAGUS, *le Madrie*, district des diocèses d'Evreux et de Chartres, dont M. Guérard a déterminé les limites entre la Seine, l'Eure et un ruisseau qui se jette dans la Seine à Mantes; le chef-lieu en était *Méré* (MARIACUS), près Montfort-l'Amaury.

MADRICUM, *Madré*, bourg du Maine (Sarthe).

MADRIOLÆ, voy. MAROLLÆ.

MADRITUM [Cell.], MATRITUM, MADRITIUM [Cluv., Marian.], MADRITAS [Anc. Chr.], MANTUA CARPETANORUM (?), COLONIA VIRIATA (?), ville des Carpetani dans la Tarracon., auj. *Madrid*, capitale de l'Espagne, sur le Manzanarès.

L'université de Alcala de Henarez a été transportée dans cette ville, dont l'admirable musée, la riche bibliothèque et les établissements littéraires sont si célèbres; c'est la patrie de Lope de Vega. Madrid ne devint capitale de l'Espagne qu'en 1560.

L'histoire de la typographie madrilène est fort obscure et pleine d'incertitudes; un grand nombre d'auteurs la font remonter à l'année 1499; le fait nous paraît excessivement douteux. Madrid était, à cette date, une ville d'une importance fort médiocre, et d'ailleurs le livre, dont nous allons donner le titre, et qui sert de base à l'échafaudage de présomptions que l'on a élevé en l'honneur de la capitale actuelle des Espagnes, est un recueil d'ordonnances qui ont pu être promulguées accidentellement à Madrid, mais que les bibliographes sérieux, tels que Mendez, croient avoir été imprimées à Valladolid.

Leyes hechas por los muy altos e muy poderosos principes e señores el Rey Don Fernando e la Reyna Doña Isabel nuestros soberanos señores por la brevedad e orden de los pleytos. Fechas en la Villa de Madrid año del señor de mil. CCCC.XCIX.

Suit le mandat royal avec 43 ordonnances, et à la fin : *Dada en la noble villa de Madrid a xxj. dias del mes de mayo año de mil e CCCC.XCIX. años. Yo el rey. Yo la reyna. Yo Miguel perez dalmazan secretario del rey e de la reyna nuestros señores la hice escrebir por su mandado registrada. Bacalar' de herena. Joanes ẽps ouetẽ. Joãnes doctor. Francisc' licẽciatus. Petrus doctor. Licenciatus Zapata. Ferdinandus tello licẽciatus.*

Vient l'approbation de la « *Corte et chanceleria del rey* » présidée par l'évêque de Ségovie, et le privilége donné au libraire:

« *Por quanto Fernando de Jahen, librero, quedó e ofreció de dar estas leyes e ordenanzas en precio iusto e razonable, mandaron los señores Presidente e Oidores de la audiencia de sus altezas que residen en la noble villa de Valladolid, que del dia de la publicacion destas leyes fasta dos años cumplidos siguientes ninguno no sea osado de las imprimir ni vender sin su licencia e mandato, so pena*, etc. »

Ce Fernando de Jaen, que nous retrouverons à la typographie de Valladolid, paraît à Mendez, avec toutes sortes de raisons probantes, devoir être considéré, non pas seulement comme le libraire chargé de la vente, mais bien aussi comme l'imprimeur réel de ce rare volume, dont voici la description : « *Cuaderno in-folio, sin numeracion, impreso en letra de Tortis.* » Le premier catalogue où nous le voyons figurer est celui du baron de Hohendorf, ancien capitaine des gardes du prince Eugène de Savoie, lequel acheta en bloc la riche bibliothèque de son défunt serviteur; les admirables collections artistiques et littéraires du prince Eugène ont été léguées aux musées de Vienne, qui paraissent s'en soucier médiocrement; car on voit figurer fréquemment dans les ventes ou chez les libraires les beaux livres reliés aux armes du vainqueur de Malplaquet, échangés ou vendus comme doubles.

Nous n'avons pas à nous occuper de l'assertion de Michel Maittaire, d'Orlandi et de Lacaille, qui donnent comme imprimé à Madrid en 1494 le *Concilium Eliberense;* tout le monde sait qu'il y a là une erreur d'un siècle, et qu'il faut lire 1594.

Faut-il, avec quelques bibliographes, accepter comme premier livre imprimé à Madrid : *Valerio de las historias escolasticas y de España, de D. Diego Rodriguez de Almela,* que Panzer, d'après la *Biblioth. vetus* d'Antonio, cite comme imprimé à Madrid, en 1508, in-8° ? Mais les savants éditeurs et continuateurs de Gallardo ne mentionnent pas ce livre, que nous ne trouvons décrit nulle part, que nous ne connaissons point, et que nous ne prétendons mentionner que sous toutes sortes de prudentes réserves.

Voici encore un volume cité par Panzer, par Née de la Rochelle, etc., et dont pourtant nous nous gardons bien d'affirmer l'authenticité : *C. Juliani Cæsaris in Regem Solem ad Salustium Panegyricus.* Madriti, apud Petrum Tazo, 1528, in-8°.

Bien qu'il y ait là un nom d'imprimeur, ce livre n'étant pas cité par des autorités sérieuses en fait de typographie espagnole, il ne nous est pas possible d'en affirmer la provenance, ni même l'existence, et de plus nous croyons qu'il faut lire 1628, attendu que nous trouvons des livres imprimés à Madrid «*por la Viuda de Pedro Tazo, año de 1644*» (Gall., I, 880).

Nous croyons, jusqu'à preuve contraire, que l'imprimerie n'existe à Madrid qu'à dater de la translation du gouvernement de Tolède en cette ville, c'est-à-dire à partir de 1560. Comme premiers imprimeurs nous citerons Pierre ou Pedro Cosin, Alonzo ou Alfonso Gomès, qui meurt en 1586 ; Francisco Sanchez, le chef d'une dynastie qui imprime jusqu'à la fin du XVII° siècle ; Pedro Madrigal, Guillermo Drouy, Querino Gerardo, el licenciado Castro; etc.

Parmi les imprimeurs subséquents qui nous paraissent dignes de mémoire, nous citerons Juan de la Cuesta, qui, établi d'abord à Baeza, laisse à son frère Pedro la direction de cette typographie et se fixe à Madrid où il a l'honneur de publier en 1605 la première partie de l'immortelle histoire de Don Quichotte : *El ingenioso || hidalgo Don Qui || xote de la Mancha. Compuesto por|| Miguel de Cervantes|| Saauedra.... año 1605. Con priuilegio de Castilla, Aragon y Portugal. || En Madrid, por Iuan de la Cuesta.|| Vendense en casa de Francisco de Robles, librero del Rey nŕo Señor.* In-4° de XII-316 pp. plus 3 ff. de table.

Citons encore Thomas Junti, *impr. del Rey,* en 1621, l'un des derniers imprimeurs de la branche espagnole des célèbres Juntes de Florence.

Nous voyons la rubrique « *Mantua Carpetanorum* » figurer sur quelques livres : *Operum poeticorum Jacobi Falconis, Valentini... Libri V, ab Emman. Sousa Coutigno, Lusitano, amici fame studioso collecti, in vol. que redacti, atque ejusd. cura et impensa typis mandati.* Mantue Carpetanorum, ad Petrum Madrigalem, anno M.DC. In-8° de XXXII-118 pp.

Antérieurement à l'établissement de l'imprimerie, nous trouvons parfois des noms de libraires à Madrid, tel que « *Juan de Medina, librero, a la puerta de Guadalajara, 1553* »; mais il est nettement établi, à la souscription des livres, que ces libraires ne font que tenir et détailler les produits d'imprimeries étrangères.

Il ne nous est pas permis de terminer cet aperçu de la typographie madrilène, sans donner un souvenir et un témoignage d'admiration à l'admirable imprimerie de Joachim Ibarra, né à Saragosse en 1725, qui fut nommé imprimeur de la chambre du roi à Madrid, et porta la typographie espagnole à un degré de perfection parfaitement inconnu jusqu'alors dans la péninsule.

La publication du troisième volume de l'excellent travail de MM. Zarco del Valle et D. Sancho Rayon nous fournira sans doute quelques documents nouveaux, qui nous permettront de rectifier nos assertions peut-être un peu hasardées, et de compléter nos renseignements certainement très-imparfaits.

Madus, Madus Vagniacæ, *Maidstone,* ville d'Angleterre, chef-lieu du comté de Kent, sur la Medway.

H. Wilson fut imprimeur et libraire dans cette ville, en 1701, dit M. Cotton, qui ne cite aucun volume exécuté par lui.

Madytus [Liv., Mela], Μαδυτός [Herod., Xen.], port du S.-E. de la Chersonèse de Thrace, auj., suiv. Kruse et Forbiger, *Maïto,* port de la presqu'île de Gallipoli.

Mædi [Liv., Plin.], Μαιδοί [Thuc., Polyb.], Medi [Justin], peuple de la Chersonèse de Thrace ; habitait les bords du *Vrania,* dans les districts de *Nerocop* et d'*Ivorina.*

Mænaca, Μαινάκη [Strab.], ville du S. de la Bétique, dont les ruines sont auprès de *Rocadillo,* dans l'Andalousie.

Mænalia, Μαιναλία [Paus.], district de l'Arcadie, au pied du Mænalus Mons, et dont la capitale, Mænalus, Μαίναλος [Strab.], était placée dans la plaine où s'élève auj. *Davia* [Ross].

Mænaria Ins. [Plin.], île de la côte d'Étrurie, auj. *Melora,* près de Livorno.

Mænoba [Mela, Plin., It. Ant.], Μαίνοβα [Strab.], ville du S.-E. de la Bétique, auj. *Velez,* dans la prov. de Grenade, sur la rivière du même nom.

Maense Monast., *Mondsee, Mansee,* bourg et abbaye d'Autriche, près du lac du même nom.

Mænus Fl. [Eumen. Paneg. Const.], Menus [Amm. Marc.], Mænis [Mela], Mœnus [Tacit., Plin.], Moyn [Ann. Lauriss.], Moin [Ann. Bertin.], Moinus [Chron. Regin.], *der Main, le Mein,* riv. d'Allemagne ; se jette dans le Rhin, vis-à-vis de Mayence.

Mæonia [Virg.], voy. Etruria.

Mæotis [Plin., Mela], Mæotica Palus [Plin.; Lucan.], ἡ Μαιῶτις λίμνη [Ptol.], *Mer de Zabache* (au moy. âge), *la mer d'Azow* ou *d'Azof,* mer intérieure formant un golfe de la mer Noire, à laquelle elle communique par le détroit d'Ienikalèh.

Mæra, Μαῖρα [Pausan.], ville d'Arcadie, au N.-O. de Mantinée, auj. *Khan Belali,* suiv. Leake et Boblaye.

Magalona, Civitas Magalonensium [Notit. Civ. Gall.], Magdala [Chr. Moissiac.], Insula Megala (XII° s.), *Maguelonne, Maguelone,* anc. ville et évêché de

France, dont le siége fut transféré à Montpellier en 1536; située sur le bord méridional de l'étang de Maguelone, qui fait partie de l'étang de Thau, dans le dép. de l'Hérault.

Philippe Gaultier (de Castillon), l'auteur du poëme latin: *Gesta Alexandri Magni*, tant de fois réimp. au xvi⁰ siècle, était évêque de Maguelone au xv⁰ siècle. C'est dans ce poëme de l'*Alexandréide* que se trouve imprimé pour la première fois ce vers célèbre:

Incidit in Scyllam, cupiens vitare Charybdin.

Philippe Gaultier prend sur les premières éditions de ce poëme le titre de « *Episcopus Insulanus* ».

MAGDALONA, META LEONIS, *Maddaloni*, bourg d'Italie [Graësse].

MAGDEBURGUM [Cluv.], MAGEDEBURGUM, MAGE-DOBURGUM [Chron. Moissiac.], *Magde-borch* (xv⁰ s.), *Magdeburg*, *Magdebourg*, ville de Prusse, sur l'Elbe; chef-lieu de la prov. de Saxe; anc. ville hanséatique; l'archevêque de cette grande ville portait le titre de primat de Germanie.

En 1480 est exécuté et publié à Lubeck par Barth. Ghotan et Luc. Brandis un *Missale ecclesie Magdeburgensis*, in-fol., décrit par Panzer et Hain, et en 1481, apparaît un psautier latin, sous la rubrique *Magdeburgum*, que Brunet, d'après Hain (IV, 167), déclare avoir été imprimé à Lubeck: PSALTERIUM LATINUM. Magdeburgi, Bartholomeus Ghotan, 1481, in-fol. goth. à 25 l. à la p. entière, que possède la biblioth. royale de Dresde. Nous ne nous croyons pas obligé d'accepter aveuglément l'opinion des bibliographes qui veulent absolument attribuer à l'imprimerie de B. Gothan, à Lubeck, le psautier en question. Nous avons vu assez souvent les imprimeurs établis dans une ville appelés dans une autre pour y former des élèves, et y laisser souvent un seul monument portant leur nom et signalant leur passage; et cette façon d'impatroniser la typographie dans une ville, aux débuts de l'art, est tellement naturelle et logique, qu'on ne voit pas trop comment on a pu procéder autrement; attendu qu'envoyer l'enfant d'une ville faire apprentissage d'un métier à l'étranger, et le rappeler quand il est passé maître, ou faire venir un maître, qui forme des apprentis sur place, nous paraît tout un.

Le fait a dû se présenter là, comme dans cent autres villes; Barthélemy Ghotan a dû être appelé de Magdebourg par l'archevêque, y aura organisé un matériel typographique et formé plusieurs élèves que nous voyons lui succéder à bref délai.

Ainsi donc, pour nous, et nous devons ajouter comme pour le P. Reichhart, le premier livre, bien probablement imprimé à Magdebourg, est le *Psalterium Latinum*, que malheureusement nous n'avons point vu et dont nous ne pouvons donner une description minutieuse.

En 1483 nous trouvons les deux élèves de Barthélemy Ghotan en exercice de leurs fonctions à Magdebourg, et les bibliographes nous fournissent les titres d'un grand nombre de livres exécutés par eux; tous sont des livres de liturgie exécutés par Albert Ravenstein et Joachim Westval. *Officium misse... Tractatus de VII sacramentis... Tractatus de modo observandi interdictum...* Ce dernier ouvrage est du jurisconsulte bolonais Jean-André, qu'il faut se garder de confondre avec l'illustre évêque d'Aleria. Voici la description du volume: TRACTATUS DE MODO OBSERVANDI INTERDICTUM. Au 1er f.: (∥ *Incipit tractatus utilissimus de* ∥ *modo observandi interdictum...* A la fin: (∥ *Explicit libellus de interdicto servando, etc. Impressum in inclita ciuitate Magdeburgési per ma*∥*gistrum Albertū Rauenstein* 2

Ioachin Westual Anno ∥ domini. M.CCCC.LXXXiii. i vigilia Barbare Vir∥ginis. In-4⁰ de 11 ff. à 32 et 33 lig.

En 1486 nous trouvons un nouvel imprimeur établi à Magdebourg, il se nomme Simon Koch; puis vient Moritz Brandis, d'une famille célèbre dans les annales de la typographie; enfin nous trouvons, au commencement du siècle suivant, Jacobus Winter et Michael Lotter, frère d'un imprimeur de Leipzig, dont le prénom est Melchior.

Au xvi⁰ siècle, plusieurs des plus rares traités du célèbre hérésiarque Mathias Francowitz (*Flacius Illyricus*) sont publiés à Magdebourg. (Voy. Bauer, Freytag, Vogt, etc.)

MAGDUNUM AD EVRAM, *Mehun-sur-Yèvre*, pet. ville de Fr. (Cher); anc. église collégiale (romane du xi⁰ s.); on y voit encore les restes du château où Charles VII vécut avec Agnès Sorel, et se laissa, dit-on, mourir de faim, pour éviter d'être empoisonné par son fils.

MAGENSIACUM, *Mainsac, Mainsat-Francaleu*, bourg d'Auvergne, avec un prieuré fondé en 912 (Creuse).

MAGETOBRIA [Cæs.], MAGETOBRIGA, ville frontière des Sequani, que nous avons, peut-être à tort, citée sous le vocable: AMAGETOBRICA; Forbiger, Oberlin, etc., disent en effet: « *Amagetobria*, que l'on rencontre dans quelques manuscrits, est une fausse dénomination, et doit être lu: AD MAGETOBRIA. »

MAGIA, voy. LUPINUM.

MAGIOVINIUM [It. Ant.], ville de la Britannia Rom., à xvii m. de Towcester (LACTODURUM), auj. *Fenny Stratford*, dans le Buckinghamshire; Camden place cette localité dans les environs de *Dunstable*.

MAGNA [It. Ant.], ville des Silures, dans la Britannia Rom., auj. *Old Radnor*, dans le pays de Galles, suiv. Camden; Reichard et Mannert placent cette station près de *Kenchester*, à l'O. de Hereford.

MAGNA GRÆCIA, voy. GRÆCIA.

MAGNÆ, lieu de garnison de la *Cohors II Dalmatarum*, que l'on croit être auj. *Carrvoran*, sur le Tippal, et que Camden place à *Chester*, dans le pays de Galles, près de *Busy-Gapp*.

MAGNESIA [Plin.], Μαγνσία [Ptol., Scyl., Str.], province de la Thessalie, à l'E., comprise auj. dans le pachal. d'*Ieni-Scheher*.

MAGNESIA, Μαγνσία [Paus.], ville de la province du même nom, dont les ruines se voient à *Khorto-Kastro*, près Argalasti, sur la côte orient. de la Thessalie Ottomane.

MAGNIACUM, *Mayen*, ville de la Prusse

Rhénane, dans la vallée de la Nette (rég. de Coblentz).

MAGNIACUM, *Magny-en-Vexin*, ville de Fr. (Seine-et-Oise); un très-grand nombre de localités en France portent le nom de *Magny*.

MAGNIMONTIUM, *Mesmont*, *Mémont*, commune de Fr. près Dijon (Côte-d'Or).

MAGNINOVILLA, MAGNOVILLARE, *Grandvil-liers-aux-Bois*, commune de Fr. (Oise).

MAGNO VARADINUM, voy. VARASDINUM.

MAGNUM PODIUM, *Amplepuis*, bourg du Beaujolais, près Villefranche (Rhône).

MAGNUM PROMONT., cap du Portugal, au N.-O. de Lisbonne, auj. *Rocca di Cintra*.

MAGNUS PORTUS, Μέγας λιμήν [Ptol.], PORTS-MUTHIUM [Cell.], ville des Belgæ dans la Britannia Rom., auj. *Portsmouth*, grand port d'Angleterre (Hampshire) « the most important naval station of Great Britain ».

« L'imprimerie fut exercée dans cette ville en 1751, » dit simplement M. Cotton.

MAGO [Mela, Plin.], Μαγώ [Ptol.], MAGONIS PORTUS, ville des îles Baléares, chef-lieu de Minorque; fondée, dit-on, par le Carthaginois Magon, l'an 702 av. J.-C.

MAGONTIA, voy. MOGUNTIA.

MAGRADA FL. [Mela], fleuve du N.-O. de l'Espagne Tarrac., auj. l'*Urumea*; quelques géogr. traduisent par *Bidussou* (voy. BIDOSSA).

MAGYAR-OVARINUM, voy. OVARINUM.

MAHILDIS, voy. FANUM S.-MENEHILDIS.

MAININGA, MINIMINGA, *Meiningen*, *Meinungen*, ville d'Allemagne, sur la Werra, chef-lieu de l'anc. duché de Saxe-Meiningen-Hildburghausen.

Jo. Sebastianus Guthens écrivit et publia l'histoire de cette ville, sous le titre de *Polygraphia Meinungensis*, et la fit imprimer à Gotha, 1676, in-4°. Mais nous n'avons pu consulter ce volume et savoir si l'historien constate l'introduction de la typographie à Meiningen à une date antérieure à celle de la publication de son ouvrage; nous ne pouvons, nous, la reporter qu'aux premières années du XVIIIe siècle, à l'aide des renseignements qui nous sont fournis par Struvius: *Jo. Sebast. Guthens. See-discurs von dem unter Hermannsfeld gelegenen grossen See in Hennebergischen*. Meinungen, 1704, in-12. La première édition avait été donnée à Coburg en 1668, in-12.

Nous croyons cependant qu'à l'occasion de la mort d'Elisabeth Sophie, veuve du duc Ernest de Saxe-Cobourg-Gotha, dont les obsèques furent célébrées le 23 janvier 1681, un grand nombre d'éloges, oraisons funèbres et récits de funérailles furent prononcés tant à Gotha et Cobourg, qu'à Meiningen, et que quelques-uns furent imprimés dans cette dernière ville; mais nous ne pouvons en donner ni les titres exacts.

MAIRA FL. [Cell.], *le Maira*, fl. du canton des Grisons; afflue au lac de Côme.

MAJÆ VILLA, voy. LUPINUM.

MAJOR LACUS, voy. VERBANUS LACUS.

MAJORICA INS. [Ann. Hincm. Rem.], BALEARIS MAJOR, MAJORIA, la plus grande des îles Baléares, auj. *Mayorca*, *Mallorca*, *Majorque* (pour l'*hist. typog.* voy. PALMA).

MAJORIS MONAST. [Ann. Hincm. Rem.], MAJUS MONAST. [Zeiler], MAURIANUM, MAURI MONAST., *Marmoutier*, *Mauermünster*, ville de Fr. (Bas-Rhin), au pied des Vosges; anc. abb. de S.-Benoît, fondée en 590 par Childebert II, rebâtie en 724.

MAJUS MONAST., MARTINI MONAST., *Marmoutier-lès-Tours*, anc. et très-célèbre abbaye de S.-Benoît, de la congr. de St-Maur, qui y tenait les chapitres généraux; elle était bâtie dans l'un des faubourgs de Tours, et fut détruite à la révolution.

MALACA [It. Ant., Geo. Rav.], Μάλαχα [Strab., Ptol.], *urbs fœderata* [Plin.], anc. colonie phénicienne, ville du S.-E. de la Bétique, auj. *Malaga*, ville et port d'Espagne, sur la Méditerranée, chef-lieu d'intendance.

C'est de la fin du XVIe siècle que date l'introduction de la typographie dans cette ville. Luyz de Marmol Caravaja!, natif de Grenade, qui avait publié en 1573 à Grenade les deux premiers vol. in-fol. de sa: *Descripcion general de Affrica, con todos los successos de guerras, que a auido entre los infideles... hasta el anno 1571*, donna en 1599 à Malaga le troisième et dernier volume de ce grand ouvrage, sous ce titre: *Historia del rebellion y castigo de los Moriscos del reino de Granada*. Malacæ, apud Joannem Rene, 1599, in-fol. Quelques exemplaires portent la date de 1600 (Voy. Antonio, II, 49). Citons encore: *Tratado de la Cavalleria del la Gineta, compuesto y ordenado por el Capitan Pedro|| de Aguilar vezino de Malaga, natural de la Ciudad de An || tequera, añadido en esta impression muchas adiciones del|| mesmo Auctor*. — Impresso en Malaga por Iuã Rene, à costa de los herederos de|del Autor. Año de 1600. Vendense en casa de Iuan de Gea. In-4° de 113 ff.

MALACA FL. [Plin.], *le Guadalmedina*, pet. fleuve de la province de Grenade.

MALANS, village de Suisse (canton des Grisons).

De Murr (*Suppl. aux bibl. de Haller*) dit qu'un imprimeur nommé Berthold établit en 1798, dans cette localité, une petite imprimerie qu'il transporta l'année suivante au château de Marschlins; il revint au bout de quelque temps à Malans, et son établissement subsista jusqu'en 1805.

MALATA [Geo. Rav.], MILATA [Tab. Peut.], ACIMINCUM (?), BONONIA [Amm. Marc.] ?, PETRO-VARADINUM, ville de la Pannonie, auj., suiv. Forbiger, *Peterwardein*, *Pe-*

terwaradin, ville d'Autriche, sur le Danube, chef-lieu des Confins militaires slavons ; victoire du prince Eugène, sur les Turcs, en 1716.

MALAVILLA, *Semlin*, ville des Confins militaires slavons, sur le Danube, en face de Belgrade (Autriche).

MALBURIUM MONAST., MALOBODIUM, MELMODIUM, MALMODIUM, *Maubeuge*, ville forte de France, sur la Sambre (Nord) ; acquise à la France par le traité de Nimègue en 1678.

L'imprimerie remonte en cette ville à la fin du xviie siècle, et le premier typographe qui ait exercé est, croyons-nous, Jacques Morard ; l'existence d'une imprimerie à Maubeuge à cette époque est constatée par l'arrêt du conseil du 21 juillet 1704, qui comprend Maubeuge parmi les villes de France qui sont autorisées à conserver un imprimeur, et cette autorisation est confirmée par l'arrêt du 31 mars 1739.

Le rapport fait à M. de Sartines en 1764 nous apprend que Nicolas-Joseph Voilmet, natif de Mons, reçut en 1747 un brevet du roi qui l'autorisait à exercer ce luy à Maubeuge ; ce Voilmet ne possédait que deux presses, la ville n'ayant jamais fourni de grandes ressources aux typographes.

Le premier livre souscrit au nom de cette ville que nous connaissons est celui-ci : *Mémoires de Don Francisco de Teradeil, capitaine d'infanterie, contenant ce qui luy est arrivé de plus remarquable depuis l'an 1654 jusqu'à la paix de Nimègue* (en 1678), *et particulièrement pendant les dix années de son esclavage chez les Turcs, redigez par le sieur B****. Maubeuge, Jacques Morard, 1704, in-12 (à l'Arsenal).

MALCECA [It. Ant.], ville de la Lusitanie, sur la via d'Olisipo à Augusta Emerita, auj. *Marateca*.

MALCHIS, MALCHA, *Machy*, commune du Ponthieu (Somme).

MALCHOVIA, *Malchin*, petite ville du Mecklembourg, siége des Etats des deux grands-duchés.

MALDRA, *la Maudre*, très-petite rivière qui tombe dans la Seine, entre Mantes et Meulan ; a peut-être donné son nom au *pays de Madrie*, qu'elle aurait borné à l'E.

MALDUNENSE CŒNOBIUM [Beda], MALDUNUM [Notit. Imp.], MALMESBURIA, *Malmesbury*, sur l'Avon, bourg d'Angleterre (Wiltshire).

MALEA PROM., Μαλέα [Xenoph.], Μαλία [Strab.], dans l'île de Lesbos, auj., suiv. Kruse, *Capo Santa Maria*, au S.-E.

MALEA PROM. [Mela, Liv., Virg., Plin.], Μαλέα [Scyl., Thuc., Ptol.], Μαλέαι [Herod., Strab.], cap du Péloponnèse, au S.-E. de la Laconie, auj., suiv. Leake, *Malio di S. Angelo*, en Morée.

MALEOS INS., Μαλιός [Ptol.], île de *Mull*, l'une des grandes Hébrides, sur la côte S.-O. du comté d'Argyle.

MALEREDUM, *Malleray*, commune de Fr. (Vienne).

MALEVENTUM, voy. BENEVENTUM.

MALIA, Μαλία [Appian.], ville de la Tarracon., près de Numance, auj., suiv. Reichard, *Mallen*.

MALIACUS SINUS [Mela, Plin., Liv.], Μαλιακὸς κόλπος [Æsch., Thuc., Strab., Ptol.], Μηλιεύς [Scyl.], Μαλεάτης κόλπ. [Steph. B.], *le golfe Maliaque*, golfe de la mer Egée, au S.-E. de la Thessalie, auj. *golfe de Zeitoun, golfo di Zeituni*, près de la ville de *Zeitoun*, anc. LAMIA.

MALIENSES, Μαλιεῖς [Strab.], peuple de la Thessalie, habitant, sur les rives du golfe Maliaque, le district appelé MALIS, Μαλὶς γῆ [Herod.].

MALLEACUM, *Maillezais*, pet. ville de Fr. (Vendée), anc. abb. de S.-Benoît.

L'imprimerie a-t-elle réellement existé dans ce bourg, auj. simple chef-lieu de canton dans l'arrondissement de Fontenay ? Le fait nous paraît infiniment peu probable ; il nous faut pourtant signaler, comme portant ce lieu d'impression, une pièce que possède la Bibl. impériale : *L'adieu de Perot le Sage, ennuyé de l'excès des insolences et concussions de l'assemblée rocheloise*. Maillezay, 1621 in-8o. Nous croyons cette pièce imprimée à Niort ou peut-être à St-Jean-d'Angély.

MALLEVRIUM, MALUM LEPORARIUM, *Maulevrier*, bourg de l'Anjou (Maine-et-Loire) ; anc. titre de marquisat.

MALLIACUM, MARLIACUM, *Marly-le-Roy*, commune de Fr. (Seine-et-Oise).

MALLIACUM, MARLIACUM, MARLY (au xiie s.), *Mailly* ; un grand nombre de localités en France portent ce nom ; nous citerons *Mailly*, commune et anc. château de Picardie, près d'Albert (Somme), d'où sort la famille des marquis, puis ducs de Mailly, qui remonte aux croisades [Villehardouin]. — *Mailly*, appelé d'abord *Montcaurel*, marquisat du Boulonnais (Pas-de-Calais).

MALLIACUM, *Maillé*, bourg de Touraine ; s'appela *Luynes* et devint le titre d'un duché érigé en faveur de la famille d'Albert, à la suite de la catastrophe du maréchal d'Ancre.

MALLIACUM, *Maillé*, village et anc. château du Poitou, près Fontenay-le-Comte (Vendée).

C'était la résidence favorite du célèbre Théodore-Agrippa d'Aubigné, l'ami et le compagnon d'armes du roi Henri ; ce fut là que, retiré après la mort de son maître, il fit imprimer par Jean Mousset, ou Moussat, qui se qualifie d'*imprimeur ordinaire dudit sieur* son *Histoire univer selle* (de l'an 1550 à la fin du XVIe siècle), 3 vol. in-fol., monument aussi précieux au point de vue historique qu'intéressant comme langue et liberté satirique ; tous les célèbres pamphlets, romans ou satires du vieux calviniste furent exécutés dans cette résidence, tantôt sous la rubrique de *Maillé*, tantôt avec l'addition: *sur les ruines du d'Oignon*, tantôt enfin, comme les *Tragiques* et les *Aventures du baron de Fœneste*, AU DEZERT, imprimé aux despens de l'autheur ; c'est-à-dire à *Maillé*, impr. par J. Mousset. (Voy. la préface que Prosper Mérimée a écrite pour l'excellente édition qu'il a donnée chez Jannet, en 1855, du *Baron de Fœneste*.)

MALLEO, MALLEOSOLIUM, MALUS LEO, *Mauléon, Mauléon de Soule*, ville de Fr. (Basses-Pyrénées).

MALLEO, MALEOLIUM, *Mauléon*, pet. ville du Poitou (Charente-Infér.), anc. abb. d'Augustins.

MALLESIUM, *Mals*, bourg du Tyrol [Graësse].

MALLIACUS *in pago Bituriaco*, *Maillet*, commune du Bourbonnais, près Montluçon (Allier).

MALLŒA [Liv.], localité de la Thessalie, que Leake place auj. à *Meloghusta*.

MALMOGIA, ELLEBOGIUM, ELLEBOGE, *Malmö, Malmoë, Malmuyden*, sur le Sund, ville de Suède (Gothie), chef-lieu de la préf. de Malmöhus.

Laurent. Terpager, Danois, s'exprime ainsi : « Viguit etiam Malmogiæ Typographia, quæ primos nobis suppeditavit ordines ecclesiarum, quos aliàs psalmorum libros nuncupant (ut refert Conr. Aslacus Bergensis in chronol. et cum illo Janus Wolf. Encom. regni Dániæ, p. 560). Primus annus, quo libros ibi impressos annotavi, est 1529. Quo inter quamplurimos unus, qui hic instar omnium erit, editus est in-4°. »

Voici, d'après Alnander, J. Moller, etc., le titre danois et latin de ce volume in-4° : *Orsagen oc een Kortt forclaring paa then un Reformats, ordinering oc skick om messzen, predicken.... An. Dom.* M.D.XXIX. A la fin: *Tryckt i Malmö hos mcg Oluf Wlricksen.* XXVII. dag Januarii.

A la même date: *Christianus Scroch, primus Pastor Luth. Asnensis in Fionia, de conjugio Pastorum licito*. Malmogiæ, 1529, in-4°. — *Petrus Laurentii, Past. Luther. Malmog. Brevis responsio ad Agonis Jacobi epistolam ad consules et senatores Malmogienses.* Malmogiæ, 1529, in-4, etc.

Au XVIe siècle nous ne saurions citer d'autre nom d'imprimeur à Malmoë que celui d'Wlricksen; mais, au XVIIe siècle, nous en connaissons plusieurs, entre autres George Hantsch (1660-1663), que nous avons déjà vu à l'œrt. *Londinum Scanorum*, et le Hongrois Vitus Habereger, qui, ayant acquis la typographie de Melchior Matson, se fait nommer « *typographus Gouvernementi* (ut vocare licet) », en 1667, et assigner une subvention fixe de 200 thalers, monn. argent. Quand l'académie de Lund fut établie, il quitta Malmoë, pour aller, ainsi que Hantsch, se fixer dans cette ville, et depuis cette époque nous ne croyons pas qu'il ait existé de typographie locale à Malmoë, au moins jusqu'à la fin du XVIIIe siècle.

MALMUNDARIÆ [Chron. Regin.], MALMUNDARIUM [Ann. Fuld.], *Malmedy*, ville de la Prusse Rhénane, dans la rég. d'Aix-la-Chapelle; anc. abb. de S.-Benoît; a

fait jadis partie de la province de Stavelot (Belgique), et appartint à la France de 1802 à 1815.

Lambert Thonon, après avoir publié à Liége un assez grand nombre de livres, alla s'établir à Malmédy en 1703, et y resta jusqu'en 1713. Sa première publication dans cette ville est intitulée : *Loix, Statuts, Réformation, Ordonnances et Règlemens de la justice du pays et principauté de Stavelot et comté de Loigne, faits et publiez par ordonnance de S. A. Sér. Ferdinand de Bavière, Archevesque et Electeur de Cologne, Prince Evêque de Liége, Administrateur de Stavelot et Comté de Loigne*, etc. A Malmédy, chez L. Thonon, imprimeur, M.DCC.III. In-4° de IV ff. prél., 72 pp. de texte et IV ff. à la fin. (Communic. de M. Gothier.)

MALOBODIUM, voy. MALBURIUM MONAST.

MALOGIA, MONS MOLEJUS, *Mont-Maloyen*, *Berg Melojen*, en Suisse.

MALOPASSUS, *Maupas*, commune de Fr. (Gers). — Un château de ce nom en Angleterre (Chestershire).

MALOPROBATORIUM, *Mauprouvoir*, bourg de Poitou (Vienne).

MALTON, bourg d'Angleterre, sur le Derwent (Yorkshire).

M. Cotton dit qu'une réponse du Dr Thomas Comber au Dr C. Middleton fut imprimée dans cette petite localité en 1750 ; Lowndes ne mentionne pas cette pièce qui est à la Bodléienne. Au commencement de ce siècle un imprimeur du nom de James Gibson était établi à Malton ; il y mourut en 1817.

MALUGINENSES [Liv., Tac.], peuple de l'Ombrie, habit. le territoire de *Magliano*.

MALVÆ, MAUVÆ, *Mauves*, bourg du Perche, près Mortagne (Orne).

MAMACEÆ [Ann. Metens.], MAMMACÆ, MAMACCA, *villa publica in agro Noviomensi*, *Montmacq, Montmaque*, commune de l'arrond. de Noyon (Oise); anc. résid. des rois mérovingiens.

MAMERCLÆ, MAMERTIS CIVITAS, MAVORTIS CIV., *Mamers*, ville de Fr. (Sarthe), sur la Dive.

MAMERTINI [Plin.], peuple du Bruttium, occupant la côte E. du détroit de Messine.

MAMERTIUM [Fest.], Μαμέρτιον [Strab.], MARTIS, MAVORTIS CIV., ville des Mamertini, dans le Bruttium, auj., suiv. Reichard, *Martorano*, ville de la Calabria Citeriore, et, d'après Cluver, *Oppido*, dans la Calabria Ultér. II.

MAMURRARUM URBS, voy. FORMIÆ.

MANAPIA, Μαναπία [Ptol.], ville d'Irlande, auj. *Wexford*, chef-lieu du comté de ce nom, dans le Leinster; considérée comme la plus ancienne ville de l'Hibernie.

Un imprimeur du nom de Taylor s'établit à Wexford, en 1810, dit M. Cotton.

MANARMANIS PORTUS, Μαναρμανὶς λιμήν [Ptol.], port du nord de la Germanie, dans le pays des Frisii, auj. *Marna*, au N.-O. de Groningue, suiv. Wilhelm ; et, d'après Reichard, *Oost-Mahorn*, sur la côte de la Frise Occidentale.

MANCUNIUM [Itin. Ant.], **MANUCIUM** [Id.], ville des Brigantes, dans la Britannia Romana, que l'on croit être auj. *Manchester*, grande ville d'Angleterre, dans le comté de Lancastre.

M. Cotton reporte à l'année 1732 l'introduction de la typographie à Manchester ; mais, dans le vol. supplémentaire qu'il publia à Oxford en 1866, le bibliographe anglais nous apprend d'abord qu'un libraire du nom d'Ephraïm Johnson fut établi dans cette ville dès 1697, puis qu'un journal, the *Manchester Weekly-Journal*, fut édité, en janvier 1729, dans cette ville (l'imprimeur s'appelait Roger Adams) ; il fut suivi l'année d'après d'un autre recueil périodique intit.: *The Manchester Gazette.* En mars 1752, Joseph Harrop imprima le premier numéro du *Manchester Mercury*.

Sous la rubrique MANCUNIUM, nous citerons : *Bibliotheca Chethamensis, sive bibliothecæ publicæ Mancuniensis ab Humfredo Chetam Armigero fundatæ catalogus, exhibens libros in variàs classes pro varietate argumenti distributos. Edita J. Radcliffe.* A. M. Mancunii, 1791, 2 vol. in-8°. Le troisième volume de cet important catalogue fut publié en 1826 dans la même ville par G. P. Greswell.

MANDÉ (ST-), bourg de Fr. (Seine) ; anc. prieuré.

Voici la note de Lottin : « Le célèbre surintendant Fouquet avait une imprimerie dans sa maison de campagne à St-Mandé ; — aucun ouvrage sorti de ses presses n'est venu à ma connaissance. » C'est probablement de cette imprimerie clandestine que parle Guy Patin, dans une lettre du 13 février 1663 ; seulement il la place à *Montreuil-sous-Bois* ; il dit que l'on y imprimait des libelles en faveur de Fouquet, qui était alors à la Bastille, ayant été arrêté à Nantes le 5 septembre 1661. Le plus célèbre de ces pamphlets est celui-ci : *Mémoires pour servir à l'histoire D.M.R., avec quelques réflexions politiques sur ces Mémoires*, s. l., 1668, in-12. On y fait là un portrait de Colbert qui n'est ni flatté ni flatteur.

MANDONIUM, voy. MANDUBIA.

MANDUBII [Cæs.], Μανδούβιοι [Strab., Plut.], peuple de la Gaule Lyonn., au N.-E. des Ædui ; leur capitale était ALESIA.

MANDUESSEDUM [It. Ant.], ville des Cornavii dans la Bretagne Romaine, auj. *Mancaster*, à l'E. d'Atherston, dans le comté de Lancastre.

MANDURIA [Liv., Plin.], **MANDURÆ** [Tab. Peut.], Μανδόνιον [Plut.], ville de l'Apulie, auj. *Andoria*, à 20 m. dans le S.-E. de Tarente (Terra d'Otranto).

MANESCA, **MANUESCA**, **MANUASCA**, *Manosque*, ville de Fr. (Basses-Alpes).

Les consuls et échevins de cette ville, anc. résidence des comtes de Forcalquier, font imprimer à Lyon, conformément à l'ordonnance du 20 août 1559, les franchises et privilèges de leur cité : *Tenor privilegiorum, franquesiarum, et libertatum villæ Manuascæ in comitatu provinciæ et Forcalquierii existentis.* Venundantur Manuascæ, per magistrum Saluatorem Jurami, bibliopolam, 1559, in-8°, avec les armoiries de la ville gravées sur le frontispice. D'après la rédaction du catal. Secousse (n° 5858), on aurait pu croire ce rare vol. imprimé à Manosque, ce qui nous a porté à en donner le titre exact.

MANFREDI CIVITAS, SIPONTUM (?), SIPUS (?), *Manfredonia*, ville de la Capitanata, prov. napolitaine du roy. d'Italie ; bâtie par le roi Manfred en 1251, et brûlée par les Turcs en 1620.

Haym et le catal. Volpi citent : *Pompeo Sarnelli. Cronologia de' Vescovi ed Arcivescovi Sipontini, con le notizie storiche della vecchia e nuova Siponto.* Manfredonia, 1680, in-4°.

MANHEMIUM [Zeiler, Cluv.], **MANNEHEMIUM**, **INTERAMNIUM**, *Manheim*, *Mannheim*, ville du grand-duché de Bade, chef-lieu du cercle du Neckar, au confluent du Neckar et du Rhin ; bâtie en 1606 par l'emp. Frédéric III.

Falkenstein ne fait remonter qu'à 1738 la date de l'introduction de la typographie dans cette ville ; nous croyons qu'on doit la reporter à l'année 1722, c'est-à-dire un an environ après qu'elle fut devenue la résidence des électeurs palatins.

MANIACO VILLA, *Maillet*, commune de Fr. (arrond. de Montluçon, Allier).

MANICA BRISTOLIENSIS, *le canal S.-Georges* ou *canal de Bristol*, entre l'Irlande et l'Angleterre.

MANLIANA [It. Ant.], **MANILIANA** [Tab. Peut.], ville d'Etrurie, auj. *Montioni*, bourg d'Italie (Toscane).

MANNARITIUM [It. Ant.], ville de la Gaule Belgique, dans l'Insula Batavorum, auj. *Maurik*, bourg à 3 m. d'Utrecht ; ou, suiv. Reichard, *Naarden*, sur le Zuyderzée, dans la Hollande Sept.

MANSA [Avien.], **MESSA** [Mela] ?, *Mèze*, ville de Fr., sur l'étang de Thau (Hérault).

MANSFELDA, *Mansfeld*, ville de la Saxe Prussienne (rég. de Mersebourg).

Nous pouvons reporter l'imprimerie dans cette ville à l'année 1572, c'est-à-dire à l'époque d'un congrès de théologiens qui eut lieu à Mansfeld les 1er et 4 septembre : *Enr. Spangenbergs Mansfeldische Chronica, von der Graffschafft Mansfeldt, vnd den alten vnd ersten Teutschen Königen vnd Fürsten der Schwaben vnd Markmanns Cherussken, Francken vnd Sachsen, vnd von politische vnd weltlichen händeln, so sich in Thüringen Sachsen vnd am Hartz zugetragen.* Mansfeldt, 1572, in-fol.

Citons encore : *Censuren vnd Vrtheil der heyligen Propheten Christi vnd Aposteln...* [Mansfeldt, 1574, in-4°.

MANSFIELD, ville d'Angleterre (Nottinghamshire).

William Harrod imprima ou fit imprimer en 1785 : *The history of Mansfield ant its environs, in two parts ;* Mansfield, in-4°, réimprimée dans la même localité en 1801, avec figures ; Lowndes ne cite que cette seconde édition.

MANSIONILE, d'où MASNILIUM, *Masnila*, *Maisnil*, *le Mesnil*, *le Ménil*; nom commun à un nombre infini de localités en France.

MANSIO ODONIS, *Mézidon*, bourg de France (Calvados).

MANSUM AZILIS, MANSUM ASILIUM, *le Mas-d'Azil*, petite ville du comté de Foix, près Pamiers (Ariége), anc. abb. de S.-Benoît fondée av. 814.

MANSUM GARNERII, *Mas-Garnier*, bourg du Bas-Armagnac, sur la Garonne (Tarn-et-Garonne) ; anc. abb. de St-Benoît, fondée av. 817.

MANTALA [It. Ant., Tab. Peut.], station des Itinéraires dans l'E. de la Gaule Narbon., dont l'emplacement est discuté ; auj. *St-Jean-la-Porte*, suiv. Ukert; *Bourg Evescal*, d'après d'Anville; enfin *Montmélian*, *Montemigliano*, ville de Fr. (Savoie), suiv. Reichard ; Mabillon qui cite aussi cette localité sous la désignation de *Palatium in Agro Viennensi*, et l'appelle aussi MANTELUS VILLA, traduit par *Mantaille*, ou *Monteux*, commune du Dauphiné, avec un prieuré de S.-Benoît, près Romans (Drôme).

MANTELANUM, *Mantelan*, *Manthelan*, bourg de Touraine, près Loches (Indre-et-Loire).

MANTILCIUM, *Mantilly*, commune de Fr., près Domfront (Orne).

MANTINEA [Plin.], Μαντίνεια [Hom., Herod., Thuc., Polyb., Xen., Strab., Ptol., Plut.], ville d'Arcadie, sur l'Ophis, appelée depuis ANTIGONIA [Paus., Plut., Ptol.], auj., suiv. Kruse, *Paleopoli*, *Palaiopoli* ; et, suiv. Ross, *Gurtzuli*, dans l'Eparkhie de Mantinée.

MANTINICE, Μαντινική, district de l'Arcadie, formant le territoire de *Mantinée*.

MANTINORUM OPPIDUM, Μαντίνων πόλις [Ptol.], ville de l'île de Corse, sur l'emplacement de laquelle s'élève auj. *Bastia*, sur la côte E. de l'île, dont elle a été la capitale.

Nous ne croyons pas qu'on puisse faire remonter la typographie dans cette ville beaucoup au-delà du milieu du XVIIIe siècle ; et nous ne connaissons pas de plus ancien document à citer qu'un certain *Componimento teatrale per musica*, souscrit au nom, peut-être supposé, de Bastia : *Il Triomfo de' Gigli*. Bastia, 1751, in-12. (Catal. Floncel et Pinelli.)

Falkenstein ne date l'imprimerie à Bastia que de 1785 ; il nous serait facile de citer plusieurs titres antérieurs ; ainsi la Biblioth. impér. conserve : *Règlement pour l'assemblée générale de la nation corse indiquée pour le mois de juillet* (1770), *et la première depuis la soumission de cette île aux armes de S. M.* (16 avril 1770). Bastia, S. F. Batini, in-fol. (franc.-ital.)

MANTOLA, *Maule*, sur la Maudre, bourg de Fr. (Seine-et-Oise).

MANTUA [Virg., Ovid., Stat., Mart.], Μάντουα [Ptol.], MANTOA [Geo. Rav.], ville de la Gaule Transpadane, qui a conservé son nom, *Mantua*, *Mantova*, *Mantoue*, chef-lieu de délégation, au milieu du lac du Mincio, l'une des places les plus fortes de l'Europe. Virgile est né sur son territoire.

C'est le siége de l'*Academia Virgiliana;* sa biblioth., ses musées, le palais du Té, construit par Jules Romain, sont justement célèbres. L'imprimerie remonte dans cette grande ville à une date fort reculée, 1472, et peut-être même peut-on la reporter à 1470.

Ce fut grâce à la puissante intervention d'un patricien d'une des premières familles de la cité, Messer Pietro Adamo de Michaelis, que Mantoue vit se fonder dans ses murs le premier établissement typographique; il appela, ou peut-être arrêta au passage, deux ouvriers allemands, sans doute encore de ces pauvres artisans qui avaient été forcés de quitter Mayence, après le sac de 1462, Georges et Paul, natifs de Putzbach (Puzbach), ou plutôt, dit M. Aug. Bernard, Butzbach, petite ville des environs de Mayence (?), et, sous son patronage immédiat, ces habiles disciples de Gutenberg et de Schoiffer installèrent une imprimerie, qui fonctionna dès l'année 1472, et peut-être à une date un peu antérieure, ainsi que nous allons le voir ; ils laissèrent à leur patron l'honneur d'apposer son nom aux premiers et remarquables produits sortis de ces presses, fait que nous voyons se reproduire dans un grand nombre de villes, et qui sans doute était la conséquence du traité passé entre les ouvriers typographes et leur commanditaire.

L'un des premiers magistrats de la ville (maestro publico dit Volta, *Saggio sulla typogr. Mantovana*), Messer Columbino, de Vérone, fut également l'un de leurs protecteurs, ainsi que nous le prouve la souscription du Dante de 1472, que nous allons rapporter.

Presque aussitôt de nouveaux imprimeurs d'Allemagne s'établissent dans la ville, cette fois à l'instigation du clergé et du monastère ; ils s'appellent en latin : Thomas Septem Castrensis de civitate Hermanni (sans doute *Hermanstadt*), et Johannes Wurster de Campidonia (Kempten).

Enfin, en 1475, nous trouvons un médecin ou physicien d'Hirschfeld, nommé Johannes Schallus, qui se met à la tête d'un nouvel établissement ; et l'année suivante apparaît une typographie hébraïque, qui a longtemps passé pour la première qui ait existé, et qui n'est en réalité que la seconde.

Avant de décrire les premiers livres, avec date certaine, sortis de ces presses, il nous faut parler d'un opuscule, que possède la Biblioth. impér., opuscule dont la date est certainement fausse, mais dont l'archaïsme est incontestable, et que nous n'hésitons pas à croire antérieur à 1472.

FRANCISCI (sic) PLUTARCHI, *de in* || *genvis*, *edvcandis*, *incipit*, *lege* || *fœliciter*. Au vº du dernier f., en capit.: *Explicit*. *fœliciter*. *amen. deo.* || *gracias et gloriosissime*. *virgi* || *ni. matri svc. Mantve*. VIIII. IV || NII.I.CCCCLVIIII. In-4º de 18 ff. à 27 lign. par page, sans chif., sign. ni capit., en caract. romains. M. Brunet, en décrivant cet opuscule, dit : « L'I est mis pour M., c'est-à-dire pour *mille* ; » nous croyons que l'I veut dire *Idibus* ou *Idus*, et que l'M ne figure point dans l'énoncé de la date, ce qui se voit quelquefois.

Ce traité de Plutarque fut traduit en italien par Guarini de Vérone, probablement en 1459 ; il est imprimé avec les mêmes caractères que l'édition des *Regulæ grammaticales* du même auteur, décrite par Hain, sous le nº 8106. L'absence de tout signe, celle des lettres capitales, celle des virgules, remplacées partout par des points, indiquent une grande antiquité ; cette pièce a, sans nul doute, été exécutée au plus tard vers 1470 : l'édition a dû certainement précéder celle d'Ulrich Zell à Cologne; sans autre preuve, nous nous contenterions d'objecter ceci : la 1re édition d'un livre composé à Vérone ou à Venise, à la fin du XVe siècle, n'a-t-elle pas dû être donnée à Mantoue plutôt qu'à Cologne ?

En 1472, nous aurions à citer un très-grand nombre d'ouvrages; l'imprimerie est en pleine activité.

IL DECAMERONE DI MESSER GIOVANNI BOCCACIO. — Au v° du 263e f.: *Joannis Boccacii: Pœte Lepidissimi : Decameron: opus facetum : Mantue impressum: cum eius florentissime urbis principatum fœlicissime ageret divus Lodovicus Gonzaga secundus : Anno ab origine christiana* MCCCCLXXII. *Petrus Adam de Michaelibus eiusdem urbis ciuis imprimendi auctor.* In-fol. de 263 ff. à 41 lign. par page, en car. romain, sans ch., récl., sign. ni capit. gravées.

Cette admirable édition du plus illustre des conteurs italiens est incomparablement plus rare que celle, beaucoup plus célèbre, donnée par Valdarfer l'année précédente, car il ne nous serait pas possible d'en citer un autre exemplaire que celui que conserve la bibl. Vaticane; elle a dû figurer dans une large proportion à l'*auto-da-fé* par lequel le fougueux Savonarole livra au bûcher à Florence, en 1496, les plus admirables productions de la littérature italienne ; qu'un moine brûle les élucubrations d'un autre moine, rien de mieux ; mais un Savonarole toucher à Dante, à Pétrarque, à Boccace! Il est vrai que, deux ans après, le farouche dominicain l'*ha pagato*.

A la même date de 1472 citons encore une édition de Dante (peut-être la première, car rien ne prouve d'une façon déterminante l'antériorité de celle de Foligno) : COMINCIA LA COMEDIA *di Dante Aligherii di Fiorenze*. Au 1er f. une épître en vers du promoteur de cette édition, Maestro Colombino, de Vérone, que cite Volta comme l'un des premiers magistrats de la cité ; à la fin, v° du 91e f. col. 2.: MCCCCLXXII.‖ *Magister Georgius et magister Paulus teu‖tonici hoc opus Mantuæ impresserunt ad‖iuuante Columbino Veronensi.* In-fol. de 91 ff. à 2 col. de 41 l. sans ch., récl. ni sign.

Le premier livre exécuté à l'instigation du clergé est : *Conciliator Differentiarum Philosophorum et Precipue Medicorum Clarissimi Viri Petri De Abano Patavini...* A la fin: *Lodovicus Carmelita Primus hoc Opus ere imprimi iussit Mantue per Thomam Septem Castrensem de Civitate Hermanni et Johannem Burster* (sic) *de Campidona socios. Anno Verbi Incarnati.* M.CCCC.LXXII, in-fol.

Jean Wurster de Kemptem alla peu après s'établir à Modène.

Le premier livre imprimé par Johann Schall est une des innombrables éditions du SCRUTINIUM SCRIPTURARUM du Rév. P. Paulus de Sancta Maria, évêque de Burgos, 1475, in-fol. de 150 ff., à 39 lig.; en caract. goth., dits, en italien, *Caratteri angolari*, sans ch. ni récl., avec sign. (Cat. La Vallière, n° 173, Maccarthy, etc.)

Enfin le premier produit de la typographie hébraïque est de 1476 : *Rabbenu Ascer Orach Chaim. Vita vitæ, seu primus ordo Arba Turim.....)Ergo Mantuæ per Abrahamum Conath anno 5236* (Chr. MCCCCLXXVI), *sub finem mensis mai*, in-fol. à 2 col. en car. dits semi-rabbiniques.

MANTUA CARPETANORUM, voy. MADRITUM.

MANUCIUM, voy. MANCUNIUM.

MANUESCA, voy. MANESCA.

MARABODUI CASTELLUM, *Königswart, Kunczwart*, bourg de Bohème, dans le cercle de Pilsen.

MARANTIUM, *Marans*, ville de Fr., au confl. de la Sèvre Niortaise et de la Vendée (Charente-Infér.).

MARANUM, *Meran*, ville du Tyrol, sur l'Etsch (Kreis Botzen).

MARATHON [Mela, Plin., Ovid.], Μαραθών [Herod., Strab., Ptol.], bourg de l'Attique, au N.-E. d'Athènes, célèbre par la victoire de Miltiade sur les Perses, en 480 av. J.-C.; auj. *Vrana*, et d'après Kruse, *Marathona*.

MARATHUS, Μάραθος [Strab.], ville de la Phocide, dont les ruines, dit Leake, se voient encore près de *Sidhiro-Kafkhio*.

MARBURGUM, voy. MARPURGUM.

MARCA, MARCHIA FAMINA, *Marche-en-Famine*, bourg de la province de Liège (Belgique).

MARCA, *Marke, March*, bourg de l'arrondissement de Boulogne-sur-Mer (Pas-de-Calais); anc. abb. de S.-Benoît, fondée en 1090. — *Marques*, village de l'anc. comté d'Aumale (Seine-Inférieure).

MARCERUM, *Merzig*, ville de Prusse, sur la Saar (rég. de Trèves).

MARCHENIUM, ROSBURGUM [Baudrand], *Roxburghe*, bourg d'Écosse, sur le Teviot, dans le comté du même nom, célèbre par son formidable château, qui défendait ce qu'on appelait le *Border* d'Écosse.

Il n'y a pas de nom plus célèbre dans les annales bibliographiques : l'un des plus illustres bibliophiles du XVIIIe siècle fut John, troisième duc de Roxburghe, né le 5 avril 1740, mort le 19 mars 1804; les Anglais l'ont surnommé *the Book-Duke*, à cause de la noble passion qu'il eut pour les livres ; la vente de sa splendide bibliothèque commença le 18 mai 1812 et dura 42 jours; elle fut surnommée la *bataille de Roxburghe*; ce fut là que fut adjugé au marquis de Blandford (*the White Knight*) le *Decameron* de Valdarfer, moy. £ 2260, et le *Recueil des histoires troyennes* de 1471, au prix de £ 1060 sh. 10. — La vente produisit £ 23,397, sh. 10, d. 6.

C'est en mémoire de cette noble passe de *livres*, et pour glorifier le souvenir du duc-bibliophile, que la fleur de l'aristocratie et de la littérature du Royaume-Uni institua le 17 juin 1812 le *Roxburghe-Club*, la plus célèbre des sociétés de bibliophiles du monde entier. Voy. dans le *Bibliogr. Decameron* de Dibdin, et dans Martin (*Cat. of books privat. printed*), le récit des curieuses circonstances qui accompagnèrent et suivirent l'établissement de ce club; les noms retentissants des membres fondateurs, duc de Devonshire, marquis de Blandford, le vicomte Althorp, sir M. Masterman Sykes, W. Bentham, John Dent, Dibdin, Richard Heber, Roger Wilbraham, etc., sont à jamais célèbres dans les annales de la bibliophilie.

MARCHIA, *la Marche* (Limousine), anc. gouvern. et prov. de France; forme auj. le dép. de la *Creuse*, et partie de la *Haute-Vienne*. = *Mark*, district de la Prusse Rhénane, dans la rég. d'Arnsberg. = *La Marche*; plusieurs communes de France portent ce nom.

MARCHIA ANCONITA, *la Marche d'Ancône*,

anc. province des États Pontificaux, qui comprenait les délég. d'Ancône et de Macerata.

Marchia Brandenburgica [Cluv., Cell.], le *Brandenburg*, *Brandebourg*, province prussienne (anc. marquisat), dont le chef-lieu est Berlin.

Marchia Famina, voy. **Marca**.

Marchia Tarvisina, *la Marche Trévisane*, anc. prov. de la Vénétie, qui correspond à la délég. act. de Trévise.

Marchianæ, voy. **Marciana**.

Marchus, voy. **Marus fl.**

Marci [Not. Imper.], ville de la Gaule Belgique, auj., suiv. Valois et d'Anville, *Marcq*, commune du Pas-de-Calais, entre Calais et Gravelines; suiv. Cluver, *Marquise*, chef-lieu de canton du même dép.; enfin, d'après Malbrancq, *Mardik*, près Dunkerque.

Marcia Colonia [Plin.], **Marcena** [Græv.], *Marchena*, ville d'Andalousie, dans l'intend. de Séville.

Mendez signale cette ville comme ayant possédé une imprimerie; Antonio (Bibl. Nova, II, 298) cite: *Thomas de Aguiar, D. M. Complutensis. Apologia pro consilio medicinali in diminuta visione ab se præscripto, et in lib. de faucium ulceribus.* Marcenæ, 1621, in-4°.

Marciana, Abbatia Marcianas [Chr. Carlov.], **Marchianæ**, *Marchiennes*, ville de France, sur la Scarpe (Nord); anc. abb. de Bénéd. fondée en 643.

Marciana, voy. **Marpurgum**.

Marciana Sylva [Tab. Peut.], **Marcianæ Sylvæ** [Amm. Marc.], **Sylva Nigra** [Cell.], *la Forêt Noire, der Schwarzwald*, dans le grand-duché de Bade, Souabe, Wurtemberg, etc., entre le Neckar et le Rhin.

Marcianopolis [It. Ant., Tab. Peut., Amm.], Μαρκιανούπολις [Procop., Hierocl.], ville de la Mœsie Infér., auj., suiv. Reichard, *Imertje*, et, d'après d'autres géogr., *Preslaw*, en Boulgarie.

Marcilliacum, *Marcillac*, bourg de Fr. (Aveyron); anc. abb. de Bénéd. fondée vers 563.

Marcina, Μάρκινα [Strab.], ville des Picentini, auj., suiv. Cluver, *Veteri* (Princip. Citér.).

Marciniacum, *Marcigny*, ville de Fr. (Saône-et-Loire), anc. abb. de Filles-Bénédictines, appelée *Marcigny-les-Nonnains*, fondée vers l'an 1000.

Marcodava, Μαρκόδαυα, ville de la Dacie, que Sestini (*Viaggio*, p. 105) croit avoir existé au confluent du Marosch et de l'Arasciu, auprès de *Thorda* (Transylvanie).

Marcodurum [Tac.], **Duria**, ville des Ubii, dans la Germanie Infér., auj. *Dueren*, ville de la Prusse Rhénane, sur la Ruhr (rég. d'Aix-la-Chapelle).

Marcomagus [It. Ant.], ville des Ubii, auj. *Markmagen*, pet. ville de Prusse, près Blankenheim, dans la rég. d'Aix-la-Chapelle.

Marcomanni [Cæs., Tac.], Μαρκομάννοι [Dio. Cass.], Μαρκομάνοι [Ptol.], Μαρκομάννοι [Strab.], peuple du S.-E. de la Germanie; habitait d'abord les deux rives de l'Elbe, puis occupa *la Bohême*.

Marcusium (?), *Marcoussis*, bourg près Montlhéry (Seine-et-Oise); anc. château bâti en 1408 par Jean de Montagu; anc. monastère de Célestins.

Mareleia, voy. **Marilegium**.

Marengium, Mareugium, Marologium, *Marvejols*, ville de Fr. (Lozère).

Margaberga, voy. **Cunetio**.

Margarethæ Divæ Ins., *Margaretheinsel*, île du Danube, près Pesth (Hongrie).

Margate, (*Maris Janua?*), ville et port d'Angleterre, à l'embouchure de la Tamise (comté de Kent).

M. Cotton fait remonter l'imprimerie dans ce « fashionable bathing place » à l'année 1785; nous citerons: *Will. Bigland, mechanic's guide.* Margate, 1797, in-8°.

Margidunum [It. Ant.], ville des Coritani, dans la Bretagne Rom., auj., suiv. Camden, *Ost-Bridgefort*, à l'E. de Nottingham, et, suiv. Cellar. et Reichard, *Margedoverton*, dans le Nottinghamshire.

Margum [It. Ant., Jornand.], ville de la Mœsie Supér., que l'on croit être *Passarowitz, Pasarofdscha*, pet. ville de Servie, sur la Morawa.

Margus fl. [It. Ant., Eutrop.], Μάργος [Strab.], **Margis** [Plin.], **Marus** [Tacit., Cell.], **Morus** [Plin.], Μάργος [Ptol.], ?, **Marchus** [Cell.], fleuve de la Mœsie, auj. la *Morawa, March*, affl. du Danube.

Maria ad Nives, *Maria zum Schnee*, ville de Suisse.

Maria Theresianopolis, *Theresiopel, St-Marien-Theresienstadt*, ville de Hongrie (com. de Bacs).

MARIACUM EPISCOPALE, *Mairé-Lévescaut,* commune de Fr. (Vienne); anc. abb. de Bénéd. fondée av. 559, réduite en prieuré.

MARIÆBURGUM, MARIANOPOLIS, *Marienburg,* ville des Etats Prussiens (rég. de Dantzick) ; c'était, au XIIIe siècle, la résidence des grands-maîtres de l'Ordre Teutonique.

L'imprimerie exista dans cette ville à partir du milieu du XVIIe siècle; c'est à la date de 1701 seulement que nous rencontrons un de ses produits: *Irendael (C. ab) Facultatis theologicæ Coloniensis judicium pro doctrina D. H. Denys, adversus F. Martin, vindicatum.* Marianopoli, 1701, in-4o. M. Cotton dit qu'en 1744 un anc. imprimeur de Zurich, nommé J. Henry Miller, qui avait été chercher fortune en Amérique, revint à Marienbourg, et y fonda un journal ; mais qu'après un assez court séjour et de longues pérégrinations, il retourna se fixer en Pensylvanie, où il mourut en 1782. La vie tourmentée de cet homme est trop curieuse, pour que l'on ne complète pas le récit du bibl. anglais.

Johann Henrick Miller naquit dans la principauté de Waldeck, le 12 mars 1702; sa famille était originaire de Suisse; en 1715, ses parents retournant dans leur village natal, situé près de Zurich, il les y suivit, puis s'en alla apprendre la typographie à Bâle ; quand il eut terminé son apprentissage, il revint à Zurich où il trouva du travail, mais bientôt quitta cette ville pour Leipsick et Altona ; puis il alla à Londres, à Amsterdam, en France, et retourna en Allemagne et en Hollande, vivant partout de son métier de typographe ambulant, mais ne pouvant se fixer nulle part. En 1741 il partit pour l'Amérique, et travailla quelques mois dans l'imprimerie de Franklin à Philadelphie. En 1742 il revient en Europe, se marie l'année suivante, et fonde une imprimerie à Marienburg en 1744 ; mais il n'y fait pas long séjour, se remet en route, retourne en Angleterre, revient en Hollande pour la troisième fois, et parcourt encore l'Allemagne. En 1751, il se rembarque pour l'Amérique, et prend un intérêt dans une typographie allemande à Philadelphie, mais bientôt il la quitte et entre chez Will. Bradford. On peut espérer qu'il va enfin prendre quelque repos, pas du tout ; en 1754 il retourne en Europe, y reste jusqu'en 1760, et revient en Amérique pour la troisième fois; mais cette fois il rapporte un matériel typographique, et fonde une imprimerie allemande à Philadelphie.

Cette fois c'est bien fini; le temps a amorti ses passions aventureuses, il se livre tout entier à son art et son établissement prend une grande extension; mais la fatalité le poursuivait: à l'époque de la révolution, quand les troupes anglaises s'emparèrent de Philadelphie, Miller, qui, en sa qualité de Whig et de frère Morave, était un ardent patriote ou *rebelle,* comme on disait, s'enfuit de la ville; les Anglais s'emparent de son matériel qu'ils usent en proclamations ; rentré à Philadelphie, après l'évacuation des troupes royales, Miller réinstalla son imprimerie; mais le moment du repos avait enfin sonné pour cet infatigable *traveller;* le 26 mai 1779, il fait ses adieux aux abonnés du journal républicain qu'il publiait en allemand depuis 1762; cède en 1780 son matériel typographique, et se retire aux environs de Philadelphie, dans un village nommé Bethlehem ; ce fut là que cet homme vraiment extraordinaire, doué de toutes les qualités extérieures, érudit, lettré et de plus excellent typographe, accomplit son dernier voyage le 31 mars 1782, à l'âge de 80 ans. (Thomas, *Printing in America,* II, 59.)

MARIÆCELLA, *Mariazell, Grossmariazel,* bourg de Styrie (cercle de Bruck), sur la Salza.

MARIÆCHELMUM, MARIÆCULMIA, *Culm, Chulm, Marienculm,* bourg de Bohème (cercle de Saatz).

MARIÆ DOMUS [Zeiler], *Mergentheim, Mergenthal,* ville du Wurtemberg (Jaxtkreise), sur la Tauber. Les grands maîtres de l'ordre des chevaliers Teutoniques y ont résidé de 1526 à 1809.

MARIÆSTADIUM, *Mariestad,* ville de Suède, sur la rive orient. du lac Wener, chef-lieu de la préf. de Skaraborg. = *Marienstadt,* anc. abb. de Citeaux, du dioc. de Cologne.

MARIÆ VALLIS, MARIANA VALLIS *in comitatu Posoniensi, Marienthal,* bourg de Hongrie, dans le comitat de Presburg.

Alexis Horányi (*Nova Memoria Hungar.,* t. I, p. 384) signale un ouvrage de Nicolas Benger (*Ordinis S. Prim. Erem.*), intitulé: *Regina martyrum Maria, Crisiensis urbis refugium ; typis Thallensibus ad Posonium an.* 1725 *impressum opus* in-4o. (Németh, *typogr. Hung.,* p. 106.)

MARIÆ VERDA, MARIANA INSULA, *Marienwerder,* ville de Prusse, chef-lieu de régence, au N.-E. de Berlin.

Plusieurs bibliographes ont donné l'année 1781, comme date de l'introduction de la typographie dans cette ville ; voici un vol. que cite M. Cotton et qui existe à la bibl. de Trinity-College à Dublin : *Doctoris Mathei Wolffii Genera et Species plantarum.* Mariæ Verdæ, 1781, in-4o. Mais Ternaux cite un vol. d'un siècle antérieur, et, comme le grand ouvrage de M. Graesse confirme son assertion, c'est à l'année 1694 que nous reporterons l'imprimerie : *Otto F. von der Gröben Orientalische Reisebeschreibung.* Marienwerder, 1694, in-4o fig.

MARIAGER, MARIÆAGER, *Mariaker,* pet. ville du Danemark (Jutland).

MARIANA [It. Ant.], ville des Oretani, dans l'Espagne Tarrac., auj. *Almagro,* dans la Nouvelle Castille.

MARIANA [Plin., Mela, It. Ant., Tab. Peut.]. Μαριανή [Diod., Ptol.], ville de la côte S. de l'île de Corse, colonie de C. Marius, dont les ruines se voient à l'embouchure de la Tavola, auprès du village de *Biguglia.*

MARIANÆ FOSSÆ ; c'est, croyons-nous, ce canal que Marius fit creuser pour occuper et endurcir son armée, pendant qu'il attendait le retour des Cimbres passés en Espagne ; nous croyons que l'étang de *Meyranne,* dans la Crau, en a pris son nom.

MARIANUM [Paul Diac.], MARONEA, *Marano,* pet. ville de la prov. d'Udine (Frioul), dans la Laguna di Marano.

MARIANUM PROM., Μαριανόν [Ptol.], cap de la côte S. de la Corse, auj. *Capo Seucloso* ou *Capo di Casa Barbarica.*

MARICI [Plin.], peuple de la Ligurie, habitait les bords du Tessin.

MARICUS VICUS, *Marengo*, village piémontais du royaume d'Italie, sur le Tanaro.

MARIDUNUM [It. Ant.], Μαρίδουνον [Ptol.], ville des Demetæ, dans la Bretagne Romaine, auj., suiv. Camden, *Caermarthen*, dans le Sud-Wales, sur le Tovy (TOBIUS FL.), chef-lieu du comté du même nom, MARIDUNENSIS COMIT.; appelée en welsh (*gallois*) *Caerfyrddin*.

M. Cotton cite comme premier livre imprimé dans cette ville, ou tout au moins comme le premier qui soit venu à sa connaissance : *W. Gambold, Welsh grammar*. Carmarthen, 1727, in-8° ; l'auteur est appelé *Gambeld* par Lowndes, mais c'est évidemment une faute typographique. *Le Dictionary english and welsh* d'Evans fut aussi imprimé dans cette ville, en 1771, in-8° ; il n'est pas cité par Lowndes.

MARIENBORN, château appartenant aux comtes d'Ysenburg Meerholz, dans la Wetteravie (Hesse, cercle du Bas-Rhin).

Ce château fut, à partir de 1737, la résidence du conseil de l'ordre des frères Moraves; Crantz, dans son *Historie von Grönland*, constate qu'à partir de 1744 une imprimerie fonctionna à Marienborn pour l'exécution des livres liturgiques des frères Moraves, et qu'en 1746, Johann Beck, un de leurs missionnaires, étant revenu du Groënland avec la traduction de quelques livres de religion en patois groënlandais, les fit exécuter sous ses yeux, et retourna à la mission en 1759 pour offrir cet inestimable présent aux pauvres pêcheurs Esquimaux.

MARIESTADIUM, *Mariestadt*, anc. abb. de Citeaux, du dioc. de Trèves, fondée en 1215.

MARILEGIUM [Greg. Tur.], MAROLEGIA VILLA IN ALSATIA [Frédég.], MERLEGIUM PALAT. (Ludov. pii vita], MAUROLEGIA [Aimon.], MARELEIA, MARLEGIA PALAT., MAURELAC [Gr. Chron.], anc. résidence royale de la 1re race, auj. *Marlem, Marlheim, Marlenheim*, commune d'Alsace, près Saverne (Bas-Rhin).

MARINIANA [Itin. Ant., Tab. Peut.], MAURIANA [It. Hier.], Μαγνίανα [Ptol.], ville de la Pannonie Inf., sur les confins de la Haute Pannonie, auj. *Szara*, sur les limites des comitats de Schümeg et de Baranya en Hongrie, suiv. Mannert.

MARIONIS, Μαριωνίς [Ptol.], sur l'Elbe, ville de la Germanie Septentr., que l'on croit être *Hambourg* (voy. HAMBURGUM).

MARIONIS ALTERA, Ἑτέρα Μαριωνίς [Ptol.], sur le Chalusus (*la Trave*), ville du nord de la Germanie, que Reichard croit être auj. *Lübeck* (voy. LUBECA); Kruse penche pour *Marlow*, village voisin de cette ville, et Forbiger pour *Wismar* (voy. WISMARIA).

MARIS STELLA, MARISTELLENSE CŒNOB., *Wettingen Marienstern*, bourg de Suisse (canton d'Argovie); anc. abb. de Bernardins.

L'imprimerie existe-t-elle dans ce monastère, ou, ce qui est plus probable, les livres liturgiques exécutés ailleurs sont-ils, par ordre de l'abbé, souscrits au nom du couvent? Nous ne savons, et le fait a peu d'importance : *Elogia Abbatum Maristellensium*. Maristellæ, 1681, in-fol.

MARISUS FL., Μάρισος [Strab.], Μάρις [Herod.], MARISIA [Jornand.], MARISIUS [Cell.], fleuve de la Dacie, auj. *le Maros* ou *Marosch*, riv. de Transylvanie et de Hongrie, affl. de la Theiss.

MARITIMA COLONIA, voy. ANATILIORUM URBS.

MARIUS, Μαριός [Pausan.], localité de la Laconie, auj., suiv. Leake et Boblaye, *Mari*.

MARLBOROUGH, ville d'Angleterre, sur le Kennet (Wiltshire); titre de duché.

L'imprimerie, dit M. Cotton, peut être reportée dans cette localité à l'année 1736 ; nous citerons à la date de 1776 un sermon du rév. Matthew Frampton, D. D., rector of Bremhill, vicar of Westport, (Wilts) , sur le psaume 55-15, *prononcé pour l'Anniv. of meeting of natives of the county of Wills* (sic), et imprimé à Marlborough, 1776, in-4°. (*Darling-Cyclop., col. 1181.*)

MARLIACUM, MARLACUM *in agro Parisiensi* [D. Bouquet], *Marly*, bourg de l'Ile-de-France (Seine-et-Oise); on trouve aussi MARLIUM : « Georgius de Marlio Miles, Forcalquerii Senescalcus ». [Charta a. 1390.]

MARO MONS [Plin.], montagne de l'E. de la Sicile, auj. *Monte Mandonia*.

MAROBUDUM [Tac.], Μαρόβουδον [Ptol.], ville des Marcomans dans le S. de la Germanie; est, suiv. Wilhelm, la même localité que BUDOVICIUM , BUDVICIUM , *Budweiss*, ville de Bohême, sur la Moldau; suiv. Reichard, les ruines de MAROBUDUM se voient à *Busztiebrad*, dans le N.-O. et près de Prague.

MAROIALENSIS VICUS [Aimon.], MARŒL [Chr. B. Dion.], *Mareuil*, bourg du Berry (Indre).

MAROLEGIA, voy. MARILEGIUM.

MAROLIUM, *Mareil, Marcuil*; plusieurs communes de France portent ce nom, entre autres deux bourgs de la Dordogne et de la Vendée.

MAROLLÆ, MADRIOLÆ [Charta Car. M. ann. 786], MERROLLES-SUR-SEINE [Gr. Chron.], *Marolles*, commune du dép. de Seine-et-Marne; anc. titre de marquisat.

MARONEA [Plin., Liv., Mela], Μαρώνεια [Herod., Ptol., Polyb.], ville de Thrace, sur la rive N. du lac Ismaris, auj.

Marogna, près de la ramification des Balkans appelée Despoto-Dagh, dans la Roumélie.

MAROSIÉNSIS COMIT., *le comitat de Maros, Marosch*, en Transylvanie.

MAROS-VASARHELYINUM *in sede Marosiensi in Transsilvania*, *Maros-Vasarhély, Neumarkt* en all., chef-lieu du comitat de Maros, en Autriche; anc. ville royale et la plus importante du pays des Szeklers.

Le collège des réformés établi dans cette ville depuis l'an 1716 fit, dans les dernières années du XVIIIe siècle, l'acquisition d'un matériel typographique ; nous citerons d'après Németh: *Ne bántsd a' Magyart. Irta Gróf Zrinyi Miklós es most ujonnan ki-batsáttatott Maros-Vásárhelyen*, 1790, in-8° de 94 p.

MARPESSA MONS [Plin., Virg., Ovid.], Μάρπησσα, montagne de l'île de Paros, avec de célèbres marbrières, auj. *Marpeso*.

MARPURGUM [Zeiler, Cluv., Cell.], MARBURGUM, MARPURGUM HESSORUM, AMASIA CATTORUM, *Marburg, Marbourg*, sur la Lahn, ·dans le gr.-duché de Hesse-Cassel, chef-lieu de la prov. de la H. Hesse.

Université; bibliothèque de plus de 100,000 volumes. Cette ville est célèbre par la conférence de 1529 qui eut lieu dans la salle des chevaliers du Bergschloss entre Luther, Mélanchthon, Zwingle, etc. L'imprimerie remonte en cette ville à l'année 1527 environ; du moins c'est à cette date que nous rencontrons pour la première fois des livres souscrits à ce nom: *Ad Invictissimum Imperatorem Carolum V, Cesarem augustum, reliquosque Germaniæ proceres, Enricii Cordi pro agnoscenda vera religione paræneticon, adjecto auctoris de instaurandis et conseruandis literis, et novo Marpurgensi Gymnasio*. Impressum Marpurgi, MDXXVII, per Joannem Loersfeldt, in-4°, titre gravé. Les œuvres du célèbre réformateur anglais, William Tyndale, sont publiées à Marbourg par un imprimeur du nom de Hans Luft: *The obedyence of a Christen man, and how Christen ruled ought to governe...* Prynted at Marlborowe, in the Lande de Hesse, by Hans Luft, 1526, in-4°. (2e cat. Masterman-Sykes, n° 635. — Catal. White-Knight, Rich. Heber, etc.). Voyez, pour la suite des ouvrages du réformateur imprimés dans cette ville, Lowndes, V, 2732 et suiv. Un livre infiniment précieux est la Bible anglaise, imprimée en 1530; en voici le titre: *The Pentateuch translated by Tyndale, Emprented at Malborow, in the Lande of Hesse, by me Hans Luft. the yere of our Lorde* M.D.XXX, in-8°. Ce livre a été porté au prix de 3,250 fr. à la vente Utterson. Divers ouvrages d'Ant. Corvin, de Mahomet Albategnius, etc., imprimés à la même époque à Marburg, sont analysés par Freytag, Bauer et Vogt ; nous ne nousen occuperons point. La typographie est l'objet d'un commerce étendu à Marburg dès ses débuts, puisque nous trouvons simultanément cinq imprimeurs: Jean Loersfeldt, Hans Luft, Franc. Rhodius, Euchar. Cervicornus de Cologne, et le célèbre imprimeur de Francfort-sur-Main, Christ. Egenolph, qui vers 1531 ou 1532 vient fonder un établissement typographique à Marburg, établissement qui existait encore en 1580, époque à laquelle il était dirigé par son petit-fils Paul Egenolph.

MARRUBIUM [Tab. Peut.], MARUBIUM [G. Rav.], MARUVIUM [Sil.], Μαρρούϊον [Strab.],

MARRUVIUM [Inscr. ap. Orelli.], capit. des Marses, sur la riv. orient. du lac Fucin, auj. *San Benedetto*, ville de l'Abruzze-Ultér. II, sur le lac de Celano.

MARRUCINI, voy. MARUCCINI.

MARSACI [Tac., Plin.], peuple de la Gaule Belgique ; occupait le territ. d'*Utrecht*.

MARSELLUM, MARSALLUM, *Marsal*, bourg de Lorraine, anc. ville fortifiée (Meurthe).

MARSI [Tac., Liv.], Μαρσοί [Polyb., Strab.], peuple du Samnium, entre les Eques, les Vestini et les Maruccini ; occupait le territoire compris à l'O. du lac de Celano.

MARSI [Tac.], Μαρσοί [Strab.], peuple du N.-O. de la Germanie, dépendant des Istævones ; occupait le pays compris entre le Rhin, la Lippe et la Ruhr.

MARSIBURGUM, MARTISBURGUM [Zeiler, Cell.], MARSIPOLIS, MARTIOPOLIS, MERSEBURGUM, *Merseburg, Mersebourg*, ville prussienne de la prov. de Saxe, chef-lieu de régence; sur la Saale.

Le premier livre imprimé dans cette ville, que citent les bibliographes, est daté de 1473; il est exécuté par Lucas Brandis, typographe que nous retrouvons quelques années après à Lubeck: LIBER DE QUÆSTIONIBUS OROSII. *Incipiunt questiones Orosii ad beatū Au ‖ gustinū Episcopum yponensem Prologus*. A la fin (v° du 29e f.): *Finit liber beati Augustini ypo ‖ nensis episcopi de questionibus ‖ orosij A luca brandis ex opido‖delezsch pgenito Nūne aūt vrbe‖Marispoli commanenti. Arte imps‖soria in medium feliciter deditus ‖ Anno a partu uirginis salutifero ‖ millesimo quadringentesimo sep ‖ tuagesimo tercio Nonas uero Au‖gusti quinto.* Deo   Gratias. Au 30e f. r°, viennent 8 vers que cite Panzer, et que Dibdin conteste (ce qui veut dire naturellement que l'exemplaire de lord Spencer est incomplet du dernier feuillet). In-4° de 30 ff. sans chif., récl. ni sign., de 23 lignes à la p.; le caractère rappelle beaucoup celui de Koburger. Nous devons citer à la même date un volume fort rare; c'est une traduction latine d'un traité d'Aristote: *Lapidarius Aristotelis de novo e græco translatus... explicit... completum est presens opus in civitate Merssborg*, in-4°. Quelques bibliographes croient ce livre imprimé à Merseburg, mais rien ne le prouve, et le caractère est absolument distinct de celui du précédent volume.

MARSIGNI [Tac.], peuple du S.-E. de la Germanie; occupait, suiv. Kruse, la régence de *Breslau*, dans la prov. prussienne de Silésie.

MARSILINUM, *Marschlins*, bourg de Suisse (Grisons).

A la fin du XVIIIe siècle, un imprimeur du nom de Berthold, que nous avons cité à l'art. MALANS, vient s'établir à Marschlins, et y exerce la typographie pendant un an environ.

MARSNA, MARSANA PALAT., *Mertzen*, commune d'Alsace, près Altkirch (Haut-Rhin).

MARSONIA [Tab. Peut., G. Rav.], Μαρσονία [Ptol.], ville de la Pannonie, au S. du Danube, auj., suiv. Reichard, *Modran*, en Hongrie.

MARTA FL. [It. Ant.], fl. d'Étrurie, affl. du Lago di Bolsena; a conservé son nom.

MARTALUM [Merian.], MARTELLUM, *Marchthal*, bourg de la princip. de la Tour et Taxis (Thurn u. Taxis); anc. abbaye (Würtemberg).

MARTELLI CASTRUM, *Martel*, ville de Fr. (Lot).

MARTIA FAMINA, voy. MARCHIA.

MARTIA VILLA, MARVILLA, *Marville*, petite ville de Lorraine, dans l'anc. duché de Carignan, sur l'Ostein (Meuse).

MARTIÆ PONS, voy. NARTIÆ PONS.

MARTIANUM, *Mont-de-Marsan*, ville de Fr. (Landes).

MARTIGIUM, voy. ANATILIORUM URBS.

MARTINIACUM, voy. OCTODURUS.

MARTINIACUM, *Martigny*; plusieurs communes de France portent ce nom.

MARTINI FANUM, *St-Martin*, ville de Fr., dans l'île de Ré (Charente-Infér.).

Suiv. le Dʳ Cotton, cette ville posséda une imprimerie en 1790; nous n'avons pas de titre à fournir à l'appui de l'assertion.

MARTINI MONASTERIUM, MAJUS MONASTERIUM, *Marmoutier-les-Tours*, célèbre abbaye de bénédictins, fondée vers 712 (Indre-et-Loire).

MARTINI MONASTERIUM, *St-Martinsdyke*, bourg de Hollande, sur l'Escaut, à trois lieues de Tholen (Zeeland).

Une église collégiale et un chapitre existaient dans cette localité; *le Bibliophile belge* assure que l'imprimerie exista dans ce bourg dès l'année 1478; à cette date un imprimeur du nom de Peter Verrecoren aurait exécuté une traduction flamande du traité intitulé: *Consolatio animarum;* une description de ce volume rare et jusque-là inconnu, avec extraits et fac-simile, est insérée au tom. VIII de cet excellent recueil, pp. 113-124.

MARTINOPOLIS, *Szent Marton*, ville de Hongrie, chef-lieu du comitat de Thurocs (cercle en-deçà du Danube).

MARTIS (AD) [Tab. Peut.], localité d'Italie entre Lucques et Florence, que Mannert place au sud de *Pescia*, et dans laquelle Reichard voit *Massa*.

MARTIS (AD) [Tab. Peut.], dans la Campagne Romaine, auj. *Martano*, suiv. Reichard, ou *Arquata*, sur le Tronto, suiv. Mannert.

MARTISBURGUM, voy. MARSIBURGUM.

MARTIS STATIO [Ammian., It. Ant.], ville de la Gaule Transpadane, à l'E. des Alpes Cottiennes, auj. *Oulx, Houlx*, bourg piémontais de la prov. de Susa.

MARTORANUM, *Martorano*, ville de Calabre, prov. napol. du roy. d'Italie.

MARTULA, *Ober Marchthal*, bourg du Wurtemberg [Graësse].

MARUCCINI [Cæs., Liv.], Μαρουχϊνοι [Strab.], MAURUCENI [Tab. Peut.], peuple du Latium, occupant le pays compris entre les Frentani et la Pescara, auj. l'*Abruzzo Ulteriore*.

MARUS FL., voy. MARGUS.

MARUSIUM [It. Hier.], localité d'Illyrie, que la carte de Leake place à *Lusna*, dans la Grèce Septentr.

MARUVIUM, voy. MARRUBIUM.

MASA, voy. MOSA.

MASARIS, MAZARA, *Mazzara*, ville et port de Sicile, prov. et au S. de Trapani; anc. chef-lieu du Val de Mazzara, l'une des trois grandes vallées de la Sicile.

Est-ce à cette ville qu'il faut attribuer l'impression d'un volume que nous a communiqué M. Potier, et qui est souscrit au nom de MARZARIA? Est-ce à *Marsala*? Ne serait-ce pas plutôt à une ville du Nord, Modène ou Venise? Voilà ce que nous laissons à d'autres le soin d'éclaircir: *Opera nova de Mⁱᵒ Andrea Corvo da Carpi, habita a la Mirandola, tratta de la Chiromantia.* — Stampata in Marzaria a la libraria dal Jesus appresso San Zulian et instantia da Nicolo et Domenico Fradeli, 1519, pet. in-8°, fig. s. b. (inconnu à Haym).

Ce rare volume fut traduit en français, et le nom de l'auteur est assez bizarrement francisé ainsi : *Andrieu Corum.* (Voy. du Verdier et le *Manuel*, à ce nom.)

Nous trouvons plusieurs fois le nom de Mazzara figurer sur des livres liturgiques ou autres: *Synodus ecclesiæ Mazariensis, anno* 1641 *celebrata.* Panormi, 1641, in-4°, etc.

MASCIACUM, dans la Rhætie, auj. *Schwaz*, sur l'Inn, bourg du Tyrol.

MASCOTE, Quinta ou maison de campagne sise dans les environs de Alenquer, en Portugal.

Nous empruntons à M. Ternaux la note suivante: «Ce fut là que Vicente Alvarez imprima, en 1612, avec un matériel qu'il avait transporté de Lisbonne, l'*Arte militar de Luis Mendez de Vasconcellos* ». Le *Summario da Bibl. Lusitana*, qui cite ce vol., le décrit ainsi : *Arte Militar... na Quinta de Alenquer por Vicente Alvares, 1612,* in-fol. Antonio (Bibl. Nova, II, p. 50) désigne au contraire ce livre comme souscrit au nom de Lisbonne.

MASCOVIA, *Mascoë, Mascov*, bourg de l'île de Laaland (Danemark).

MASECA, MASEUM [Pertz], MASLARIUM AD MOSAM PALAT. [Charta Pippini, a. 766]?, *Maazeyk*, ville forte de Belgique, prov. du Limbourg; patrie de Van-Eyck, l'un des candidats à la paternité de la peinture à l'huile.

Jean-Joseph Titeux y fonda un établissement typographique en **1818**: *Klein Hemelsch Páradijs*. Mæseyck, J.-J. Titeux, 1818, in-12 de 264 pp.

MASES, Μάσης [Hom., Paus.], ville du S. de l'Argolide, auj., suiv. Kruse, *Pzate*.

MASIACUM, MASCIACUM [It. Ant.], ville de la Rhætie, auj. *Matzen*, près Rattenberg (Süddonauländer).

MASLARIUM, voy. MASECA.

MASOLACUM PALAT., MANSOLACUM (*curtis dominica*), MASSOLACUS VILLA, auj., suiv. Lebeuf, *Maslay-le-Roy*, commune de Fr. près Sens (Yonne), ou *Maslay-le-Vicomte* (AD VENENAM FL., *sur la Vanne ?*), autre commune du même département.

MASONIS MONAST. [Ann. Hincm. Rem.], *Massevaux*, *Masmünster*, ville de Fr. (Haut-Rhin); anc. abb. de S.-Benoît, fondée après 667.

MASOVIA, MAZOVIA, *Mazovie* (en all. *Mazau*), woyewodat de Pologne, dont le chef-lieu est Varsovie.

MASSA, voy. HERCULIS FANUM.

MASSA, ville de la Laconie, sur le détroit de Messénie, auj., suiv. Kruse, le bourg de *Kaina*.

MASSA LUBRENSIS, LUBIENSIS, *Massa di Sorrento*, ou *Massa Lubrense*, petit port du Napolitain.

MASSA VETERNENSIS [Amm. Marc.], ville d'Étrurie, auj. *Massa*, bourg de la délégation de Spoleto.

MASSALIA FL., *Megalo Potamos*, fleuve de l'île de Candie.

MASSAVA [Tab. Peut.], *Mesves*, *Mèves*, commune du canton de la Charité-sur-Loire (Nièvre).

MASSIACUM, MASSAYUM, *Massay*, bourg du Berry (Cher); anc. abb. de S.-Benoît, fondée au viiie siècle; elle avait le privilége de battre monnaie.

MASSICUS MONS, montagne de la Campanie, près de Falerne, célèbre par ses vignobles, auj. *Mondragone*.

MASSILIA [Cæs., Cic., Liv., Plin., Mela], Μασσαλία [Herod., Thuc., Strab., Ptol.], au moy. âge MASSEILLE, colonie phocéenne fondée sur le territoire des Ligures, vers l'an 600 av. J.-C., dans le pays qui depuis fut compris dans la seconde Narbonnaise, auj. *Marseille*, ville de Fr., chef-lieu du département des Bouches-du-Rhône; patrie de Pétrone, de Puget, de Massillon, etc.

Acte du 5 novembre 1594, pardevant Me André Boyer, notaire, entre les consuls de la ville et Pierre Mascaron, libraire (l'aïeul de l'évêque de Tulles).

« Comme soit que MM. les Consuls gouverneurs de cette ville de Marseille, comme cupides et désireux de l'ornement et décoration d'icelle, depuis quelques années, ayant tâché par plusieurs moyens d'établir dans ladicte ville l'imprimerie tant nécessaire et importante à une telle ville qu'est celle-ci, attendu que ENFIN se seroit présenté Me Pierre Mascaron, marchand libraire, habitant audict Marseille, qui, sachant le désir desdicts sieurs Consuls, se seroit offert leur faire avoir en cette ville ladicte imprimerie; à la charge que ladicte ville lui fera quelque honneste parti, ce qui auroit été accepté par lesdicts Consuls.

« Au moyen de quoy ledict Pierre Mascaron promet à honorables personnes noble Charles de Casaulx, etc., consuls et gouverneurs de ladicte ville de dresser et exercer en icelle ville ladicte imprimerie dans un mois prochain, pour la décoration et bénéfice de ladicte ville, ses manans et habitans; ledict Mascaron sera tenu d'imprimer autant de patentes, bulletins et passeports... qui seront nécessaires au secrétaire de la ville, sans rien payer, et lesdicts sieurs consuls promettent de payer annuellement audict Mascaron 360 escus d'or, luy procurer aux despens de la ville une maison propre et commode pour son habitation et pour exercer son état, et qu'il sera exempt de gardes. »

M. Bory, dans ses *Origines de l'imprimerie à Marseille*, donne des détails précis sur l'impression et les transformations successives du premier ouvrage sorti des presses de Pierre Mascaron, les *Poesies de la Bellaudière*, détails que M. Brunet a reproduits en partie au *Manuel* (tom. 1, col. 745) et lesquels nous ne reviendrons pas, nous contentant de donner le titre de cet important ouvrage: *Obros, et Rimos Prouvenssalos, de Loys de la Bellaudiero, gentilhomme prouvenssau. Revioudados per Pierre Paul, escuyer de Marseillo*. Dedicados as vertvozes et generovzes seignours, Lovys d'Aix, et Charles de Casavlx, viguier et premier conssou, capitanis de duos Galeros, et gouvernadours de l'antiquo ciovtat de Marseillo. — A Marseille, par Pierre Mascaron. Auec permission desdits seigneurs, 1595, in-4°, composé de 4 parties, qui ont chacune leur titre particulier.

Ces poésies furent imprimées par ordre des consuls, ainsi que le rapporte l'éditeur, Pierre Paul, escuyer: « *Vous autres Messieurs me commandastes de mettre en lumiere tant les œuvres dudit Bellaud que les miennes* ». Et pendant tout le cours de la publication, il invoque le concours de l'administration municipale, qui, paraît-il, fournissait le papier de l'édition :

A Monsieur Cauuet, baron de Montribou :

M'avez jurat Sant Juan Batisto,
Qu'auriou cent ramos de papier :
Souuenez vous le mettre en listo,
Au conte dau conssou premier.

Au Servitour dudit Cauuet.

Ha! compaire Agoustin, despacho
De faire venir de papie :
Autrament quitaray la tracho
D'anar plus à l'imprimerie.

Pierre Mascaron est obligé d'abandonner ses presses et de fuir, à l'époque de la révolution marseillaise du 17 février 1596, c'est-à-dire quatre mois après la mise en vente de son premier ouvrage; il aurait sans nul doute partagé le sort de son protecteur le consul Casaulx, tué de la main de Pierre Libérat, le chef de la restauration du parti royaliste; mais ses presses, confisquées par les vainqueurs, sont tout aussitôt mises en mouvement: *Vray Discours de la réduction de la ville de Marseille en l'obéissance du Roy, le samedy 17 feurier 1596*. Marseille, par commandement de

Messieurs, 1596, in-8°. Cette pièce n'a point de nom d'imprimeur, mais elle doit être exécutée par Pierre Simonet, auquel nous devons, en 1593, l'impression d'un volume rare et recherché : *les Amours de Filandre et de Marizée, par le sr de Nervèze*. Marseille, par Pierre Symonet, 1598, in-12.

C'est lui qui fait subir à l'œuvre de Pierre Mascaron les changements que signale M. Bory, et qui des deux *vertuouzes et generouzes seigneurs*, les consuls assassinés, fait *lous tirans commandauon Marseille*.

Antoine Arnoux était imprimeur à Marseille en 1600 et 1602, mais la typographie avait peine à prendre racine dans la ville des Phocéens, puisqu'en 1617, Henry Carret, imprimeur résidant en la ville d'Aix « aux fins qu'attendu qu'en ceste ville n'y a aucun imprimeur, desireroit se retirer et fixer son habitation en cette ville pour faire la fonction de son métier d'imprimeur, pourvu que la ville luy donne vne maison pour habiter et y faire quelque honnête condition ».

En 1669 l'Arménien Jean Uscan, évêque d'Erivan, envoyé en Europe par le patriarche des Arméniens pour y faire imprimer les livres liturgiques nécessaires au culte, obtient du roi, par l'entremise d'un orientaliste distingué, le chevalier d'Arvieux, un privilége pour établir une imprimerie à Marseille. Uscan mourut dans cette ville en 1674, mais sa typographie subsista jusqu'en 1684. (Voy. Ant. Henricy, *Notice sur l'origine de l'impr. en Provence*, pp. 33 et suiv.)

A la fin du XVIIe siècle l'imprimerie marseillaise prend une extension considérable, que constate l'arrêt du conseil du 21 juillet 1704, qui attribue à cette grande ville six imprimeurs ; il est vrai que l'arrêt du 31 mars 1739 réduit ce nombre à trois, ce qui la fait passer en 17e ligne parmi les villes du royaume autorisées à *faire gémir la presse*.

Le rapport fait à M. de Sartines en 1764 confirme le fait et nous donne les noms des trois imprimeurs en exercice : Joseph-Antoine Brébion, reçu en 1757 ; fils d'un impr. du même nom ; Antoine Favet, reçu en 1755 ; et Jean-Antoine Libié, fils d'un imprimeur du même nom, reçu en 1758.

MASTRAMELA LAC. [Plin.], Μαστραμέλλη, *l'étang de Caronte*, sorte de canal qui met en communication avec la mer le grand étang de *Berre* (Bouches-du-Rhône).

MASTRAMELUS, MESTENO, *Maintenon*, bourg de Fr., sur l'Eure (Eure-et-Loir) ; anc. titre de marquisat.

MASTUSIA PROM. [Mela, Plin.], Μαστουσία ἄκρα [Ptol.], cap de la Chersonèse de Thrace, auj. *Capo Griego*, sur le Bosphore.

MATALA PROM., Μάταλα ἀκρωτήριον [Ptol.], cap de l'île de Crète, auj. *Ponta Matala*, dans l'île de Candie, au S. du mont Ida.

MATALUM, Μάταλα [Strab.], Ματαλίον [Ptol.], port de l'île de Crète, près du cap du même nom, auj. *Matala*, sur la côte S. de Candie.

MATASCONE, voy. MATISCO.

MATAVONIUM [It. Ant.], **MATAVO** [Tab. Peut.], station de la Gaule Narbon., que Reichard place auprès de *Cabasse*,

près Fréjus, et Forbiger à *Montfort*, commune de France, près Brignoles (Var).

MATEOLA [Plin.], ville de l'Apulia Peucetia, auj., suiv. Reichard, *Matera*, ville du Napolitain (Basilicate) ; archevêché.

MATERNA, voy. MATRONA.

MATERNUM [Tab. Peut., G. Rav.] ; serait, suiv. Mannert, *Farnèse*. Voy. FARNESIUM CASTRUM.

MATER VILLA, MANUFLI VILLA [Polypt. d'Irmin.], *Mère-Ville*, *Marville*, commune de l'arrond. de Dreux (Eure-et-Loir).

MATHA ?

Quelle est cette localité, au nom de laquelle nous trouvons dans Bauer (*Suppl.*, tom. II, p. 12) un rare volume souscrit : *Descriptio Alcahiræ Urbis, quæ Mizir et Mazar dicitur*. Mathæ, 1549, in-8°. L'ALCAHIRA URBS, avec ses formes de *Mizir* et *Mazar*, est incontestablement *le Caire*, appelé encore auj. *El Kahirèh* (*la Victorieuse*) en arabe, et *el Masr* par les Egyptiens.

Quant à MATHA, «si on cherchait cette localité dans l'Occident, nous écrit l'éminent géographe, M. Cortambert, il n'y aurait peut-être pas d'inconvénient à penser que c'est *Matha* en Saintonge ; ce bourg, assez considérable, a un petit séminaire, c'est un ancien titre de comté ; il n'est pas impossible qu'il y ait eu là une typographie passagère au XVIe siècle ; si au contraire on voulait placer MATHA dans le voisinage de l'Egypte, on flotterait entre *Ramatha*, nom que Josèphe et d'autres ont donné à *Arimathie* en Palestine, et *Amath*, un des noms d'*Epiphanie* en Syrie. »

MATIGNONIUM, *Matignon*, bourg de Bretagne (Côtes-du-Nord).

MATILICA [Plin., Frontin.], ville de l'Ombrie, auj. *Matelica*, dans la délég. de Macerata.

MATILO [Tab. Peut.], **MATELLIO** [G. Rav.], ville des Batavi, auj., suiv. Cluver et Ukert, *Koudekerke* ; suiv. Reichard, *Hoogmade*, et, au dire de beaucoup d'autres géogr., *Rhenisburg, Rhynsburg*, bourg de Hollande près Leyde.

MATIRIACUS, MALLO MATIRIACO, MALLO MATRIACO [monn. Mérov.], *Méré*, suiv. M. Quicherat, près de Montfort l'Amaury (Seine-et-Oise), qui fut chef-lieu d'un *pagus* souvent mentionné dans les documents du IXe siècle. (Voy. MADRIACENSIS PAGUS.)

MATISCO [Cæs., It. Ant., Tab. Peut.], **MATISCUM** [G. Rav.], **MATISCONE, MATASCONE** [monn. Mérov.], *Mascon, Mâcon*, sur la Saône, ville de France, chef-lieu du dép. de Saône-et-Loire ; évêché suffragant de Lyon ; deux conciles ; patrie de Sam. Guichenon.

L'imprimeur de Bâle, Michel Wensler, appelé en

France par l'abbé de Cluny, qui lui confia l'impression des livres liturgiques du monastère en 1493 (et non pas 1483, ainsi que nous l'avons dit par inadvertance à l'art. CLUNIACUM), fut, dans le courant de la même année, demandé à Mâcon par le chapitre, qui obtint de lui l'impression d'un DIURNALE que nous allons décrire.

Mais il nous faut d'abord revenir à l'erreur que nous avons commise à propos du *Missale* de Cluny, erreur que nous ne pouvons pallier, mais que nous expliquerons ; n'ayant pas sous les yeux d'exemplaire de ce rare *Missel*, dont nous ne connaissons d'autre exemplaire que celui que conserve la biblioth. de la ville de Cluny, d'après un ·renseignement que nous devons à l'obligeante communication de M. Ragut, l'archiviste du département, nous avons cru pouvoir emprunter à Hain, d'ordinaire si précis, la description de ce volume, et avons onis, ainsi que lui, le mot si important de « *nonagesimo* », lors de l'énoncé de la date d'impression, date qu'il convient de rétablir ainsi : *Michael Vensler*... IMPRESSIT IN CLUNIACO. *Anno donini millesimo quadringintesimo nonagesimo tertio, die nona mensis junii*, et au-dessous de la souscription nous aurions dû ajouter qu'étaient gravées les armes de Bâle, marque modeste du glorieux enfant de cette ville, Michel Wensler.

Ce livre, paru le 9 juin, a précédé de plusieurs mois le *Diurnale* de Mâcon dont nous allons parler, lequel est daté du VI des Ides de Mars, correspondant au 27 de ce mois, et comme l'année commence à Pâques, qui tombe en 1493 le 7 avril, il s'ensuit qu'un livre imprimé le 27 mars doit être reporté aux derniers jours de l'année, et se trouve de plus de huit mois postérieur à un livre imprimé le 9 juin.

DIURNALE MATISCONENSE. Au v° du dernier f. *Explicit compendiũ diurni sed'm ordi‖nem ecclesie sancti Vincētij Matisconē‖ sis. Magna cũ diligētia reuisum. fideliterqȝ‖ emēdatū Z impressum, in ciuitate‖Matisconēsi. per Michaelem Vensler‖de Basilea. Impēsis honesti viri......‖ Mercatoꝝ Matiscoñ.* — Anno‖dñi. M.CCCC.LXXXXiij. Sexto. Idus Marcij, pet. in-8° goth. impr. en rouge et noir, de XV-375 ff. à 27 lignes par page (sur vélin, à la Bibl. impér.).

Est-ce parce que l'honnête et pieux marchand qui devait faire les frais de l'impression n'a pas fait honneur à ses engagements, que Michel Wensler a laissé en blanc le nom du commanditaire ? Nous l'ignorons, mais cette lacune est bizarre, et nous la ·signalons comme un fait qui ne s'est· jamais reproduit, du moins que nous sachions.

Après ce fait purement accidentel de l'impression d'un livre à Mâcon au XVe siècle, l'imprimerie disparaît pendant un laps considérable d'années, et nous ne la retrouvons qu'au XVIIe siècle ; parmi les imprimeurs maconnais nous citerons Simon Bonard et Piget.

Les arrêts du conseil de 1704 et de 1739 accordent un imprimeur à la ville de Mâcon ; à la date de ce dernier l'imprimeur de la ville s'appelait Desaint ; le rapport fait à M. de Sartines en 1764 nous apprend que Jean-Philippe Goery épousa la veuve dudit Desaint et devint titulaire en 1757 ; il n'employait que deux presses, qui suffisaient amplement aux besoins des impressions de l'évêque, du clergé·et de la municipalité.

MATRA FL., *la Motter*, riv. d'Alsace, affl. du Rhin.

MATREIUM [It. Ant., Tab. Peut.], ville de l'E. de la Rhœtie, auj. *Matrey*, bourg du Tyrol, sur le Sil.

MATRICA [It. Ant.], station de la Pannonie, sur le Danube, auj. *Theten*, bourg de Hongrie, suiv. Bisch. et Möller, ou, suiv. Reichard, *Mártonvásar*.

MATRICEM (AD) [Tab. Peut.], *Mostar*, ville de la Turquie d'Europe, dans l'Herzégowine, chef-lieu du pachal. du même nom, sur la Narenta.

MATRINIACUM, MAYRINIIAC, *Mayrinac-le-Francoal*, commune de Fr., près Figeac (Lot).

MATRINUM, ville du Picenum, auj. *Porto d'Atri*, dans l'Abruzze Ultér. I.

MATRIUS, *Méry-sur-Oise*, d'après M. Chazaud ; mais plutôt *Méru*, bourg de Fr. (Oise), d'après M. Jacobs ; *Méru* se dit aussi MERUACUM.

MATRONA FL. [Cæs., Auson.], MATERNA, *la Marne*, riv. de France, affl. de la Seine.

MATRONA MONS, JANUS MONS, *le Mont Genèvre*, dans les Alpes Cottiennes.

MATTHÆI VILLA, *Matzdorf*, ville de Hongrie, dans le comitat de Zips.

MATTIACÆ AQUÆ, voy. AQUÆ.

MATTIACUM, Ματτίαδον, Ματτιακόν [Ptol.], METTELLOBURGUM MATTIACORUM, MARBURGUM, voy. MARPURGUM.

MATTIUM [Tacit.], sur la rive N. de·l'Adrana (*l'Edder*), suiv. Wilhelm, le bourg de *Maden*, près Gudensberg ; et d'après Forbiger, *Metz*, bourg de la Hesse-Électorale entre Niedenstein et Gudensberg.

MATUCAIUM [Tab. Peut.], ville de Pannonie ; suiv. Mannert, *Hohenfeld*, bourg de Hongrie.

MATUSIA, voy. FANUM S. REMOGII.

MAUGUIO, *Melgueil*, *Mauguio*, bourg de Fr. (Hérault) ; anc. comté [P. Le Long, 37840-42].

MAURENTIACUS MONS, MONTMORENCIANUM, *Montmorency*, petite ville de Fr. (Seine-et-Oise) ; anc. titre de Duché-Pairie ; la grande famille des Montmorency remonte·à Bouchard Ier, qui vivait en 955.

MAURIACUM, *Mauriac*, ville de France, chef-lieu d'arrond. (Cantal).

MAURIACUS, MAURIACENSIS CAMPANIA, MAURICII AGER [Jornand.], MERIACUM (XIIe s.), *Méry-sur-Seine ?* bourg de Fr. (Aube) ; l'archiviste de l'Aube propose *Moirey*, localité qui se trouvait entre Dierry, St-Julien et Fontvannes, comme provenant plus rationellement du radical latin ; ce fut dans ces plaines des *Campi Catalauni* que fut détruite l'armée d'Attila en 451.

MAURIANA, voy. MAURINIANA.

MAURIANA CIVITAS, MAVRIENNA, MAVRENNA [monn. Mérov.], S.-Jean-de-Maurienne, ville de Fr. (Savoie); anc. capit. de la Maurienne, et berceau de l'illustre maison de Savoie.

Imprimerie en 1704 suivant Falkenst. et Cotton.

MAURIANNÆ COMIT., voy. GAROCELIA.

MAURIANUM, MAURI MONAST., AQUILENSE MONAST., Mauermünster, Marmoutier, ville de Fr. (Bas-Rhin); anc. monast. de St-Benoît, fondé en 599 par Childebert II, rebâti en 724.

MAURICII FANUM, voy. AGAUNUM.

Nous n'avons pas désigné St-Maurice-en-Chablais comme lieu d'impression, et pourtant il nous faut signaler un livre souscrit à ce nom, bien que nous ne puissions garantir la provenance d'une façon bien absolue : Pierre Launay, de Blois, Paraphrase et exposition sur l'Ecclesiastique de Salomon. Saint-Maurice, 1618, in-8º. [Bauer et Freytag] ; livre protestant réimpr. plusieurs fois au XVIIe siècle sous la rubrique : Charenton.

MAURIER (LE), anc. château dont la situation exacte nous est inconnue.

Louis Aubery, seigneur du Maurier, souscrit à ce nom un livre bien connu, que possèdent la Bibl. impériale, l'Arsenal et la Mazarine : Mémoires de Louis Aubery, seigneur du Maurier, pour servir à l'histoire de Hollande et des autres Provinces-Unies, où l'on voit les causes des divisions qui sont depuis 60 ans en cette république, et qui la menacent de ruine. Au Maurier, Jacques Laboë, 1680, in-8º. « Liber in Belgio prohibitus et fisco addictus, » dit Bauer, I, p. 38.

Ce Louis Aubery, dit M. Debure, dans sa Bibliogr. instructive, livre trop négligé de nos jours, fut l'éditeur d'une relation célèbre : l'Histoire de l'exécution de Cabrières et de Mérindol. Paris, Cramoisy, 1645, in-4º. Le père Le Long dit formellement que cette virulente protestation contre l'une des plus abominables iniquités catholiques du XVIe siècle fut publiée par Louis Aubery, mort en 1687, petit-fils du lieutenant civil en la prévôté de Paris, Jacques Aubery, lequel plaida énergiquement, en septembre 1551, pour la révision du procès de ces malheureuses victimes du fanatisme. Voy. l'Histoire univ. de De Thou, les Opuscules de Loysel, et la Méthode hist. de Lenglet.)

MAURILIACUM, MILLIACUM, Milly, sur l'Ecole, pet. ville de Fr. (Seine-et-Oise).

MAURI MONAST., voy. MAJORIS MON.

MAURIPENSIS PAGUS, HERIPENSIS PAGUS, le Hurepoix, voy. HUREPŒSIUM.

MAURITONNUM, MORITONIUM, Mortain, ville de Fr. (Manche); anc. titre de vicomté et anc. abb. de Cîteaux.

MAUROCASTRUM, Melezgerd, petite ville de Roumélie [Graesse].

MAURONTI VILLA, Merghen, Merville, sur la Lys, pet. ville de Fr. (Nord).

AUSIACUM (Palatium et abbatia), Mauzac, commune de Fr. (Puy-de-Dôme) ; anc. villa royale, et abbaye de Cluny, fon-

déc vers l'an 681 et sécularisée en 1618. [Charta Phil. Aug. a. 1184.]

MAVITANIA [Plin.], voy. MURCIA.

MAVORTIA TELLUS [Virg.], voy. THRACIA.

MAXENTIA (S.) AD ISRAM [Frédég. C.], voy. PONS S. MAXENTIÆ.

MAXENTII FANUM, RACIO SCI MAXC. [Chart.], Saint-Maixent, ville de Fr. (Deux-Sèvres); anc. abb. de Bénéd. fondée v. 507.

L'imprimerie date dans cette ville de la fin du dernier siècle; Dorfeuille (C. L. M.), Dissertation sur l'existence des dragons. S.-Maixent, Lainé, an VII, in-8º.

MAXIMA CÆSARIENSIS, partie de l'Angleterre comprise entre la Tamise et l'Humber.

MAXIMA SEQUANORUM, la grande Séquanaise, province orient. de la Gaule, cap. VESONTIO, forme la Franche-Comté et la plus grande partie de la Suisse.

MAXIMIANOPOLIS [It. Ant.], Μαξιμιανούπολις; [It. Hier.], ville de la Thrace, auj., suiv. Reichard, Gumurdsjina, mais plutôt Tschingane-Kalessi, dans le pachalik d'Andrinople.

MAXIMINI FANUM, S.-Maximin, petite ville de Provence, sur l'Argens (Var); anc. couv. de Dominicains, où l'on conservait le corps de Madeleine, sœur de Lazare.

MAXIMINI (S.) MONASTERIUM, juxta muros Trevirenses, l'abbaye de S.-Maximin, près Trèves; fondée vers 330; abb. au Ve s. de l'ordre de S.-Benoît. (Voy. Second Voy. litt. des Bénéd., p. 278 et suiv.)

A la longue description que donnent Dom Martène et Dom Durand des trésors conservés dans les archives de cette illustre abbaye, il nous faut ajouter la note suivante : Une attaque directe contre les religieux de St-Maximin avait été imprimée à Trèves en 1633, sous ce titre : Archiepiscopatus et electoratus Trevirensis per refractarios Monachos Maximianos aliosque turbati. Augustæ-Trevir., 1633, in-4º. L'abbaye répondit en 1638: Nicolai Zylessi defensio abbatiæ imperialis S.-Maximini, qua respondetur libello contra præfatam abbatiam ab anonymo Treviris edito. Ediderunt religiosi Fratres monast. S.-Maximini juxta muros Trevir., 1638, in-fol. Comme un certain nombre d'exemplaires portent : Colonia Agripp., il est certain que ce livre rare fut imprimé à Cologne; les exempl. des catal. Baluze, d'Estrées, Bulteau, Colbert, etc., sont publiés sous la rubrique du monastère.

MAXIMUS (S.), S.-Mesmin, S.-Mesme, ou S.-Mayme ; plusieurs communes de France portent ce nom; nous citerons : S. MAXIMUS MICIACENSIS, S.-Mesmin de Micy, bourg de l'Orléanais (Loiret); avec une anc. abb. de S.-Benoît, qui passa aux Feuillants.

MAZÆI, Μαζαῖοι [Strab.], MAZANI [Dio. Cass.], peuple de la Pannonie; habitait les frontières de la *Dalmatie*.

MAZARA [Plin.], Μαζάρα [Diod.], Μαζάρη [Steph. B.], MAZARÆ [It. Ant.], ville de l'Ouest de la Sicile, dans la prov. de Trapani, près Lilybæum, auj. *Mazzara*; a donné son nom au *Val di Mazara*, l'une des trois anc. divisions territoriales de l'île, arrosée par le MAZARA FL., qui conserve le même nom.

MAZARÆ VALLIS, le *Val di Mazara*, qui comprenait les provinces de Palerme, de Girgenti et de Trapani.

MAZZARINUM, anc. MACTORIUM, *Mazzarino*, petite ville de Sicile, dans le Val di Noto.

Les bibliographes, Falkenstein, Cotton, etc., citent un livre, l'*Ambasciatore politico Christiano* par le prince Carafa, imprimé sous cette rubrique en l'année 1690 ; en voici un antérieur, et du même auteur : *Carafa, Istruzione Cristiana da principi colle vite de' Sancti Regnanti*. in Mazzarino, 1687, in-8°, qualifié de « *Libro raro* » dans le catal. des Volpi, p. 278.

MEADIA, station de Dacie, auj. *Mehadia*, petite ville des Confins militaires (Esclavonie).

MEARUS FL. [Mela], Μέαρος [Ptol.], fleuve de l'Hispania Tarrac., auj. le *Mero*.

MECHLINIA, MECHLINIUM, MACHLINIA, *Malines*, *Mechelen* (en flam.), *Mecheln* (en allem.), ville de Belgique, sur la Dyle (prov. d'Anvers); résidence de l'archev. primat du roy., fondée au VIᵉ siècle.

L'imprimerie, suivant M. de Reiffenberg et M. Gothier, de Liége, ne remonte dans cette ville qu'à l'année 1581 ; le premier livre sorti des presses de Jacob Hendrickjou Heyndrix, le prototypographe, serait un vol. intit.: *La Perle de Similitude ;* mais nous croyons devoir porter l'imprimerie à une date antérieure ; le célèbre traité d'Henry Corneille Agrippa, *de Occulta Philosophia libri tres*, publié pour la première fois à Anvers par Graphæus en 1531, avec une épître dédicatoire datée de Malines, du mois de janvier 1531, fut réimprimé la même année à Paris ; ces deux éditions ne contiennent que le premier livre; Agrippa publia la troisième édition à Cologne en 1533, in-fol.; elle contient trois livres ; quelques exempl. sont souscrits au nom de MECHLINIA (voy. Bauer, I, p. 8). Ce livre fut-il imprimé à Malines même. Nous ne pouvons l'affirmer ; le privilége de Charles-Quint en français, en date du 12 janvier 1529, est daté de Malines ; est-ce là ce qui a induit certains bibliographes en erreur et les a portés à indiquer cette édition comme imprimée à Malines? Quoi qu'il en soit, elle est certainement différente de celle de Cologne à la même date, et M. Debure, bibliographe en qui l'on peut mettre une confiance assez grande, n'a point hésité à la porter sous la rubrique MECHLINIA dans sa *Bibliogr. Instructive*, et dans plusieurs des nombreux catal. de vente qu'il a rédigés, entre autres dans le 2ᵉ catal. des livres du citoyen de Busscher de Bruges (Paris, 1802), n° 314 ; mais n'ayant pu voir ce volume de nos yeux, nous nous bornons à signaler le fait, comme un de ces innombrables mystères

bibliographiques que nous sommes loin d'avoir la prétention de résoudre.

Nous mentionnerons au commencement du XVIIᵉ siècle un imprimeur de Malines nommé Hendrick Jaye, qui est peut-être de la famille du Jacob Hendrick précité.

MECKELBURGENSIS COMIT. [Cluv.], MECKLENBURGENSIS [Cell.], MEGALOPOLITANUS DUCATUS [Cluv.], le *Mecklenburg*, *Mecklembourg*, États de l'Allemagne du Nord, absorbés par la Prusse.

MECLETUM, voy. MELODUNUM.

MECUSA, voy. MUSSIPONS.

MECYBERNA [Mela, Plin.], Μηκύβερνα [Herod., Strab., Ptol.], ville de Macédoine, sur le Sinus Toronæus, auj. suiv. Leake, *Molivo*, dans le pach. de Saloniki.

MEDAMA [Plin., Mela], Μέδαμα ou Μέδμα [Strab., Steph. B.], colonie des Locriens, dans le Bruttium, auj. dans le voisinage de *Nicotera*, ville de la Calabre Ultérieure.

MEDANTA, voy. MEDUNTA.

MEDANA [Pertz], MEDIANA, MEDUANA [Lucan.], MEDUENA, MÆNE [Chron. Car.], la *Mayenne*, rivière de France, affl. de la Loire.

MEDANTICUM, voy. MELLENTUM.

MEDDEDACUM, *Middlaer*, bourg de Hollande, dans la prov. de Gueldre.

MEDELICA, MEDELICIUM, MEDELIKE, *Melk*, bourg de Styrie, sur la route de Linz à Vienne; anc. abb. de Bénédictins; l'ancien château de Medelike est mentionné dans l'épopée de Niebelungen.

MEDEMELACUM [Cell.], *Medenblick*, port de la Hollande Septentrionale.

Un livre imprimé dans cette ville au XVIIᵉ siècle est cité dans plusieurs catalogues : *Medenblicker Scharre-Zoodtje, ghevangen en ontweydt van Verscheiden Visschers, overgoten met een Sangherssausje door Mr. H. J. Prins*. Medenblick, 1650, in-12 oblong. «C'est un recueil de pièces en musique sacrée, » dit C. Kribber, dans le très-important catal. d'une vente faite à Utrecht en 1776 (1ᵉʳ vol., n° 6540). M. Libri possédait également ce volume qui figure au catal. de sa vente de juillet 1862, sous le n° 662, mais avec la date de 1605, ce qui semble impliquer une transposition de chiffres.

Ce recueil de musique sacrée n'est cité ni par Forkel, ni par Fétis; l'auteur était, croyons-nous, le père de Wolfg. Casp. Prinz, musicien célèbre né à Waldthurn, en 1641.

MEDENA [Ortel.], *Newport*, ville de l'île de Wight (Anglet.).

Imprimerie en 1790, dit M. Cotton qui cite : *Sketches of Description, from Newport to Lymington*, vol. publié en 1792. Nous croyons ce vol. de John Albin, qui a publié en 1795 au même lieu une *History of the Isle of Wight*, in-8°.

MEDEON [Liv.], MEDION [G. Rav.], ville de

Dalmatie, auj. *Medeon*, sur la rive gauche de la Bojana.

MEDEON [Plin.], Μεδεών [Thuc., Polyb.], ville d'Acarnanie, dans le S. du golfe d'Ambracie, auj. près de *Katuna*, à l'O. du Lago di Valto [Leake].

MEDERIACUM [It. Ant.], sur le territ. des Gugerni dans la Germanie Infér., Pagus dont la situation n'est pas exactement déterminée, mais que l'on croit être *Brück, Brüggen*, pet. ville du duché de Clèves (prov. rhénane).

MEDGYESINUM *in sede Mediensi*, MEDYESCHINUM, MEDIESUS [Cluv.], *Medwisch, Mediasch*, ville de Transylvanie (pays des Saxons).

Németh (p. 107) dit qu'un imprimeur d'Hermanstadt établit une typographie dans cette ville en 1764; il y publia, du moins à cette date, une *Petite Doctrine chrétienne*, par Martin Felmer, en allemand, vol. in-8° souscrit aux noms d'Hermanstadt et de Medwisch.

MEDIA, MIDIA, *Meath, Eastmeath*, comté d'Irlande (Leinster).

MEDIA MARCHIA [Cluv.], *die Mittelmark*, district du Brandebourg (Prusse).

MEDIAM (AD) [Tab. Peut.], MEDILAS [G. Rav.], ville de Dacie, célèbre par son temple d'Hercule et d'Esculape; auj. *Mehadia*, dans les Prov. Danubiennes.

MEDIANA, localité de la Vindélicie, auj. *Medingen*, en Bavière.

MEDIANA VILLA (Palatium) [Charta. Car. C. a. 845], *Moyen, Moyenvic*, bourg de France, arrond. de Château-Salins (Meurthe).= *Moyenneville*, commune de Fr. (Somme).

MEDIANOVILLARE, *Moyvilliers, Moyviller*, commune de Fr. (Oise).

MEDIANUM [Ammian.], ville de Mœsie, *Matejevcze*, bourg de Servie, près de Nezza.

MEDICINUM, *Mézin*, ville de Fr. (Lot-et-Garonne).

MEDICONNUS, *Mougon*, commune d'Indre-et-Loire, ou, suiv. M. Jacobs (*Géogr. de Grég. de T.*), *Mosne-sur-Loire*, commune du même dép.

MEDIENSIS SEDES, *le Siège* (Stuhl) *de Medwisch*, en Transylvanie.

MEDIESUS, voy. MEDGYESIMUM.

MEDINA CELIA, voy. METHYMNA.

MEDIOBURGUM, MIDDELBURGUM ZELANDORUM, MIDDELBURGUS, *Middelburg*, ville de Hollande, chef-lieu de l'île de Walcheren.

Falkenstein porte à 1582 la date de l'introduction de la typographie dans cette ville; mais un livre français d'une date antérieure, décrit par D. Clément, Bauer, etc., existe à la Biblioth. impériale: *Mémoires de l'estat de la France, sous Charles Neufiesme, contenant les choses plus notables, faites et publiées tant par les catholiques, que par ceux de la religion, depuis le troisième edit de pacification, jusques au regne de Henry IIIe*. 1er vol., à Meidelbourg par Henrich Wolf, 1575, in-8o. — 2e vol. 1575, in-8o; — 3e vol. 1577, in-8o.

Un grand nombre de livres anglais exécutés dans cette ville au XVIe siècle sont décrits par Lowndes; ils sont imprimés presque tous par H. Schilders; en voici un d'un auteur célèbre, Robert Browne, le fondateur de la secte des Puritains ou Indépendants, qui furent d'abord appelés *Brownists: Booke which sheweth the life and manners of all true Christians*. Middleburgh, 1582, in-4o.

A la date de 1600, nous citerons un rare et précieux chansonnier: *Pierre de Neue (ou de Nève); chansons musicales nouuellement composées par P. de Neue, livre premier à 5 et 6 parties*. Middelburg, 1600, in-4o.

MEDIOLANIUM, Μεδιολάνιον [Strab. Ptol.], MEDIOLANUM [Auson., It. Ant.], Μεδιόλανον [Steph. B.], MEDIOLANUM SANTONUM, SANTONÆ, ville des Santones dans la Gaule Aquitaine, *Xaintes, Saintes*, ville de Fr. (Charente-Infér.), avec de belles ruines romaines.

L'imprimerie paraît remonter dans cette ville à la fin du XVIe siècle; le plus anc. livre que nous puissions citer est daté de 1598; *de Santonum regione et illustribus familiis, brevis nec minus elegans tractatus Nicolai Alani, Santonis, Medici; opera Joannis Alani auctoris filii in lucem editus*. Santonibus, Audeberti, 1598, in-4o. (P. Le Long, III, 37561; Debure, *Bibl. inst.*, hist. II, n° 5400; catal. Baluze, etc.)

A Audebert succèdent Jean Bichon et Nicolas Crespon; un arrêt donné au conseil privé du roi du 16 octobre 1618 termine un procès existant entre ces deux rivaux; cet arrêt est donné au profit de Nicolas Crespon, impr. ord. du roy en la ville de Xaintes, contre Jean Bichon, soi-disant pourvu de l'office d'imprimeur-libraire en lad. ville de Xaintes, en vertu d'une lettre de maîtrise en faveur de l'heureux mariage du roi, dont il fut débouté.

Ce qui n'empêche le sr Bichon de continuer à exercer la typographie, ce que nous pourrions prouver en citant un grand nombre de livres exécutés par lui jusqu'en 1635.

Les arrêts de conseil de 1704 et de 1739 conservent à la ville de Saintes le droit de posséder une imprimerie, et le rapport fait à M. de Sartines nous donne le nom du titulaire en 1764.

MEDIOLANIUM, MEDIOLANUM, voy. EBROICA.

MEDIOLANIUM [It. Ant.], MEDIOLANUM [G. Rav.], ville des Ordovices, dans la Britannia Rom., auj. *Ternhill*, bourg d'Angleterre, à 1 m. à l'O. de Drayton (comté de Shrewsbury).

MEDIOLANIUM, Μεδιολάνιον [Ptol.], ville de Germanie, auj., suiv. Wilhelm, *Meteln* sur la Vecht (Hanovre).

MEDIOLANUM, MEDIOL. CUBORUM, MEDIOLANENSE CASTRUM [Greg. Tur.]; l'abbé Lebeuf a prouvé que ce vocable s'appliquait à *Château-Meillan* (Cher); voy. CASTRUM MELLIANI.

MEDIOLANUM [Tab. Peut.], station des Segusiavi, dans la Gaule Lyonn., entre Feurs et Lyon, que d'Anville croit auj. être *Meys* ou *Meix*, hameau, et Ukert l'*Arbresle*, chef-lieu de canton du dép. du Rhône.

MEDIOLANUM [It. Ant.], ville des Gugerni dans la Brit. Rom., auj., suiv. Cluver et Reichard, *Mayland*, et suiv. d'autres géogr. *Calcar*.

MEDIOLANUM [Tacit., Plin., Justin., Eutrop.], Μεδιόλανον [Polyb.], Μεδιολάνιον [Strab., Ptol.], capitale des Insubres, dans la Gaule Transpadane, auj. *Milano, Milan, Mailand*, sur l'Olona, l'une des plus grandes et des plus célèbres villes d'Italie; archevêché, patrie de Léonard de Vinci, de Beccaria l'économiste, et de quelques papes.

En dehors de ses académies, instituts, musées, etc., Milan possède de riches et nombreuses bibliothèques, entre lesquelles nous devons citer l'*Ambrosienne*, l'une des plus magnifiques collections de manuscrits et d'incunables du monde entier, pour la description de laquelle nous renvoyons le lecteur au curieux travail du Rév. P. Boscha, l'un des bibliothécaires, publié in-4°, à Milan en 1672; nous dirons seulement que l'*Ambrosienne* fut fondée par le cardinal Federico Borromeo, et qu'elle possède plus de 10,000 mss. recueillis par Antonio Oggiati.

M. Auguste Bernard a consacré à l'histoire des débuts de l'imprimerie à Milan un travail très-complet et si explicite (*Orig. de l'impr.*, tom. II, p. 211-234) que nous n'osons entreprendre de rééditier un monument, qui repose sur des bases d'une inébranlable solidité.

« Le fait qui frappe le plus dans les débuts de l'imprimerie à Milan (c'est ainsi que conclut M. Bernard), c'est le grand nombre de savants qui se mirent à la disposition des imprimeurs de cette ville, soit comme patrons, bailleurs de fonds ou correcteurs... Cette circonstance a jeté une certaine obscurité sur les premiers temps de l'imprimerie milanaise, parce que ces savants ont souvent mis leurs noms aux livres publiés par eux, et qu'on les a pris pour des imprimeurs; mais cette confusion est facile à éclaircir à l'aide de l'histoire locale. »

En effet, consultant avec fruit les excellents travaux spéciaux de Sassi (*Historia litterario-typogr. Mediolanensi*), d'Argelati (*Biblioth. Script. Mediol.*), d'Iren. Affo, du marquis Sardini, etc., M. Bernard a pu faire bonne et prompte justice des erreurs brutales de Morel, Fabricius, Saumaise, etc., erreurs qui ne tendaient à rien moins qu'à faire remonter à 1455 la date de l'introduction de la typogr. dans cette ville, date un peu ambitieuse, que des bibliographes plus modestes consentaient à ramener à celle, déjà fort respectable, de 1465.

Selon toutes les probabilités, à Milan, ainsi que dans un grand nombre d'autres villes, Bâle, Rome, Rouen, Lyon, etc., un riche particulier, noble ou bourgeois, fit les frais du premier établissement typographique, et fit venir un imprimeur expérimenté d'une ville voisine, à la gloire duquel il associa son nom; ici le commanditaire s'appelait Filippo de Lavagna, et le prototypographe Antonio Zarotto (*de Zarotis*) ou Zarot, de Parme.

Le premier livre que l'on connaisse, imprimé avec les caractères de cette typographie, mais dépourvu de nom d'imprimeur, est celui-ci : POMPEIUS FESTUS *de verborum significatione liber*. A la fin (v° du 79e f.) : FINIS ‖ *Laudetur Christus per quinque foramina Iesus*. ‖ FESTI POMPEII LIBER EXPLETUS EST ‖ *Mediolani Tertio Nonas Augustas. Mille-*

simo : ‖ *Quadringentessimo : Septuagesimo Primo Ad : ‖ Honorem : et Laudem : Illustrissimi Ac Inuictissimi ‖ Galeaz Mariæ Mediolani Ducis Quinti. ‖ Ac Ducatus Sui Anno Quinto.* In-4° de 80 ff. à long. lig. au nombre de 31 sur les pages entières ; sans ch., récl. ni sign., avec des blancs laissés à la place des capitales, qui sont rubriquées à la main, imprimé en très-beaux caract. ronds, sur papier si fort qu'il n'est pas possible de reconnaître les pontuseaux ; le 80e f. est blanc.

Le premier livre sur lequel on trouve le nom de Zarot est un VIRGILE, dont voici la souscription : MEDIOLANI ‖ *Anno a Natali Christiano millesimo quadringen‖tesimo septuagesimo secundo Kalendis Decembribus.* ‖ *P. Virgilii maronis partheniæ Opera omnia diligenter emendata diligenter impressa ‖ sunt ab : Antonio Zarotho Parmensi : qui quidem ‖ Artifex egregius : propediem multo maiora ‖ de se pollicetur.* Gr. in-4° de 178 ff. à 40 lignes par page, en car. ronds, sans ch., récl., sign. ni initiales.

C'est Ant. Zarot qui publie, le VI décembre 1474, le premier *Missel* qui ait été imprimé.

Zarot reste à la tête de son vaste établissement jusqu'à l'année 1504, date présumable de sa mort.

Le second imprimeur de Milan, non moins illustre que le Parmesan Zarot, est un Allemand, natif de Ratisbonne, nommé Christophe Valdarfer, qui venait de Venise, où il avait imprimé en 1470 et 1471; il est également appelé à Milan par Philippe de Lavagna, que ne satisfont point encore les sept presses de Zarot, et qui fait un nouveau traité avec l'illustre imprimeur du *Décaméron* de 1471.

Le premier livre que nous puissions mentionner souscrit au nom de Valdarfer à Milan est un traité de S. Ambroise : *Sancti Ambrosii Episcopi ‖ Mediolanensis de officiis ‖ liber primus.* Au v° du 98e f. *Finis tertii libri sancti Am ‖ brosii de officiis..* A la fin : *Impressus Mediolani p Chirstofo‖* (sic) *Valdarfer ‖ Ratisponensem.* M.CCCC.LXXIIII die VII Ianuarii. Suivent les vies de S.-Ambroise, de Ste Agnès, etc. En tout 128 ff. in-4° à 28 lignes à la p. entière.

Zarot s'était engagé par son traité avec Phil. de Lavagna à se munir de caract. grecs, mais il ne paraît point avoir exécuté cette clause, car les mots grecs de ses premières impressions sont laissés en blanc et remplis à la main. C'est cependant Milan qui eut l'honneur de produire le premier livre imprimé dans cette noble langue, et l'imprimeur en est ce Dionigi Paravesino, que nous avons déjà signalé comme l'introducteur de la typographie à Côme : CONSTANT. LASCARIS. *Grammatices Græcæ epitome.* A la fin : *Mediolani Impressum per Magistrum Dionysium ‖ Parauisinum.* M.CCCC.LXXVI. ‖ *Die* XXX. *Ianuarii.* In-4° de 72 ff. à 25 l., livre trop célèbre pour que nous le décrivions avec plus de détails.

Les principaux imprimeurs de Milan au XVe siècle sont notre Filippo de Lavagna, qui souscrit un grand nombre de livres en son nom personnel, ce qui permet de croire que, non content d'avoir été le propulseur de l'imprimerie milanaise, il a voulu faire preuve du talent qu'il avait acquis dans la fréquentation des Zarot et des Valdarfer ; Jean Wurster de Campidonia (Kempten, en Bavière); Léonard Pachel, d'Ingolstadt ; Ulrich Scinzenzeler, les frères Bonino et Antonio de Honate, Domenico da Vespolate, Jac. de Marliano, etc., etc.

Il ne nous est pas permis, dans un livre comme celui-ci, de suivre les prodigieux développements de la typographie à Milan à partir de la fin du XVe siècle ; et cependant il nous faut au moins mentionner l'imprimerie particulière des chanoines réguliers de S.-Jean-de-Latran, dont la direction était, du reste, confiée à Antonio Zarot : *Aurelii Augustini retractationum libri II.* A la fin : *Impressum Mediolani opera et studio Canonicorum Regularium Lateranensium commorantium in Monasterio S. Augustini vel S. Mariæ de Passione posito in Suburbio Portæ Tonsæ per Magistrum Antonium Zarotum Parmensem.* M.CCCC.LXXXVI, in-4°.

Et ne nous faut-il pas signaler également la première édition collective des œuvres de CICÉRON,
donnée en 1498-99 par Alessandro Minutiano, en 4
volumes in-fol., un des plus nobles livres que nous
ait donnés cet art sublime, à l'histoire duquel nous
avons voué notre vie ?

MEDIOLARIUM, AD TRES LARES, *Midlaren*, pet.
ville de Hollande (Frise).

MEDIOMATRICA, voy. DIVODURUM.

Depuis la publication de notre notice typographique sur DIVODURUM, nous avons reçu de M. C. Lorrain, bibliothécaire de la ville de Metz, un fascicule
du *Bulletin de la Soc. d'Archéologie de la Moselle*,
dans lequel nous relevons une notice de ce savant
distingué, consacrée à la description de l'un des
premiers produits des presses Messines, tout nouvellement découvert par un libraire de Paris,
M. Claudin.

C'est un pet. in-4° goth; à 1. lig. composé de 6 ff.:
Incipit Exposicio fructuosa symboli Athanasii. [|
*Quicumque vult saluus esse ante omnia opus est ut
teneat catholicam fidem...* A la fin : AMEN. *Explicit.* Cet opuscule appartient incontestablement aux
presses qui produisirent en 1482 les AMMONICIONES
que nous avons décrites d'après M. Teissier, à l'art.
DIVODURUM : c'est le même caractère, le même filigrane, les abrév. et la ponctuation, le mélange
caractéristique des capit. goth. et romaines, tout
est identique. Voici donc un nouveau produit des
presses de F. Jean Colin et de Gerhard de Neufville
qu'il est bon d'enregistrer. M. Lorrain fait remarquer, avec infiniment de raison, que l'on doit traduire par *Colin*, et non pas par *Coligny*, le nom latinisé du Carme qui fut l'introducteur de la typographie dans la ville de Metz, ainsi que le prêtre *Petrus
Jacobi* de Toul est tout simplement Pierre Jacob ;
et nous croyons devoir traduire par *Neuville* ou
Neufville le latin *Gerhardus de Nova Civitate*.

Nous avons omis de citer le nom du plus considérable, peut-être, des premiers imprimeurs de
Metz, Caspard ou Gaspard Hochfeder, qui exerçait à
Nuremberg à la fin du XV° siècle, et vint s'établir à
Metz, où il exerça de 1501 à 1517. C'est à lui qu'on
doit l'exécution en 1516 d'un poème célèbre et infiniment recherché : LE CHEUALIER AUX DAMES. In-4°
goth. de 98 ff. non chiffrés, mais avec signatures,
bien décrit au *Manuel* de M. Brunet. G. Hochfeder, à
la fin de sa carrière, s'intitulait : *Civis Metensis* ; il
avait noblement gagné ses lettres de naturalisation.

MEDIOMATRICI [Tacit., Plin., Cæs.], Μεδιο-
ματρικαὶ [Strab.], Μεδιομάτριχες [Ptol.],
peuple du S.-E. de la Gaule Belgique,
au N. des Sequani, au S des Tribocci ;
occupait le *pays Messin*.

MEDITERRANEAN.

Sous ce titre M. Cotton enregistre les titres de
deux volumes que l'on prétend avoir été imprimés
en pleine mer, à bord de navires appartenant à
S. M. Britannique : *The Bloody Journal Kept by
William Davidson*, on board a Russian pirate,
in the year 1789. — Mediterranean, printed on
board his Majesty's Ship Caledonia, 1812, in-8° de
IV-34 p. Un exempl. de cette rare brochure est à la
bibl. du *Corpus Christi College*, à Oxford. Le second ouvrage sorti de ces presses nautiques est un
vol. de 96 p. pet. in-4° ; ce sont *deux Speeches*,
dont le premier est intit.: *The Tribunal of the inquisition*, et le second : *Bread and Bulls*.

MEDIUM CORONÆ, *Kronmetz*, bourg du Tyrol
[Graësse].

MEDIUM S.-PETRI, *Mezzo Lombardo*, *Walsch-
metz*, bourg du Tyrol (cercle de Botzen).

MEDLENTUM, voy. MELLENTUM.

MEDMA, voy. MEDAMA.

MEDOACUS FL. [Liv., Plin.], Μεδόακος [Strab.],
MEDUACUS [Tab. Peut.], *la Brenta*, fleuve
de la Vénétie ; afflue à l'Adriatique.

MEDOACUS MINOR [Plin.], voy. BACCHILIO.

MEDOBREGA [Cæs.], MEIDOBRIGA, MEIDUBRIGA
[Ant. It.], ville de Lusitanie, auj. *Mar-
vao*, sur les frontières du Portugal.

MEDOBRIGA, MAJOR VETUS MONS, *Montemoru
Velho*, bourg du Portugal sur le Mondego (prov. Beira).

MEDONIA, MEDOINE, voy. MINDONIA.

MEDOSLANIUM, Μεδοσλάνιον [Ptol.], ville du
Sud de la Germanie ; auj., suiv. Kruse,
Meissau, bourg d'Autriche ; suiv. Rei-
.chard, *Laa* sur la Taya.

MEDUANA, voy. MEDANA.

MEDUANTUM [Tab. Peut.], ville des Treveri
dans la Gaule Belgique, depuis MEDIANA
VILLA, auj. *Moyenvic*, voy. MEDIANA
VILLA.

MEDUANUM, MEDUANA, *Mayenne*, ville de
France, sur la rivière dont elle prend
le nom (Mayenne) ; anc. titre de duché-
pairie érigé en 1573.

Nous ne croyons pas que l'imprimerie de cette
ville ait une date antérieure aux premières années
du XIX° siècle.

MEDULI [Auson.], peuple de la Gaule
Aquit., dépendant des Bituriges.

MEDULICUM, *Médoc*, district de l'anc. Guienne, habité par les Meduli ; chef-lieu
Lesparre ; est auj. compris dans le dép.
de la Gironde.

MEDULLI [Plin.], Μέδυλλοι [Strab.], MEDULI
[Vitruv.], peuple de la Gaule, au pied
des Alpes Maritimes, habit. *la Maurienne*.

MEDULLIA [Liv.], Μεδυλλία [Steph. B.],
ville de la Sabine dans le Latium, dont
les ruines existent auprès de *Sant'
Angelo*.

MEDUNTA, MEDENTA CASTELLUM, MEDONTA,
MEDENANTA, MEDANTA, MEDANTE CASTEL-
LVM [Cart. an. 1006, Ch. Phil. Aug. a.
1188], MEDANTEYNE [denier de Phil. Ier],
Mante, *Mantes-sur-Seine*, ville de Fr.
(Seine-et-Oise) ; saccagée par Guil-
laume-le-Conquérant en 1096 ; Philippe
Auguste y mourut en 1223.

L'imprimerie remonte peut-être dans cette petite
ville au XVII° siècle ; le plus ancien ouvrage, souscrit à ce nom, que nous ayons rencontré, est un
poème latin d'un habitant de Poissy : *Nicolai Mer-
cerii Pisciaci de conscribendo epigrammate liber*.
Meduntæ, 1653, in-12 ; citons *les Coustumes de*

Châteauneuf, avec les notes de Charles Dumoulin et les annot. de Du Lorens. Mantes, 1732, in-8°.

L'arrêt du conseil du 21 juillet 1704 ne citant pas cette ville parmi celles qui sont autorisées à posséder une imprimerie, et celui de 1759 supprimant celle qui s'y est introduite, il est permis de croire que c'est à cet intervalle qu'il faut reporter l'établissement de la première imprimerie mantaise; et dans ce cas le poëme de Mercier, de Poissy, aurait été publié sous une fausse rubrique.

MEGALA, voy. MAGALONA.

MEGALOPOLIS [Liv., Plin., Tab. Peut.], ἡ Μεγάλη πόλις [Polyb., Paus., Diod.], Μεγαλόπολις [Strab.], ville d'Arcadie, sur l'Hélisson, dont les ruines se voient près de *Sinano* ou *Sinanu*, suiv. Leake et Boblaye.

MEGALOPOLIS, MEGALOBURGUM, MECKELBURGUM, MEKELOBURGIUM [Cluv.], *Mecklenburg,* bourg et anc. titre de duché; dans l'anc. grand-duché de Mecklenburg-Schwérin.

Un livre à la date de 1688, souscrit au nom de *Mekelbourg,* nous avait paru d'abord le produit d'une imprimerie protestante, se dissimulant sous un nom de fantaisie; mais Cluver (p. 245) nous dit clairement que ce nom est une appellation usitée pour *Mecklembourg,* et nous nous rangeons à son opinion : *Présages de la décadence des Empires, où sont mêlées plusieurs observations curieuses touchant la religion et les affaires du temps.* Mekelbourg, Mekelchauw, 1688, in-12. Rare volume, que Barbier dit être l'une des meilleures productions du ministre Jurieu.

MEGARA [Cic., Mela, Plin.], τὰ Μέγαρα [Polyb., Strab., Diod., Ptol.], chef-lieu de la Mégaride (ἡ Μεγαρίς); sur l'isthme de Corinthe, au S.-O. de l'Attique; un bourg du même nom s'élève auj. sur les ruines de cette ville célèbre.

MEGARA [Liv.], τὰ Μέγαρα [Thuc., Strab., Diod., Ptol.], Ὕβλη [Str.], HYBLA [Ovid., Steph. B.], ville de Sicile, au N. de Syracuse, auj. *Paterno.*

MEGENENSIUM COMIT. [Ann. Hincm. R.], MEGINENSIS PAGUS [Dipl.], *der Meiengau,* district de la Prusse Rhénane, dont *Andernach* est le chef-lieu.

MEGINLANUM, MILANUM, *Mehlen,* petite ville de la Prusse Rhénane, sur le Rhin, sur la route de Coblentz à Bonn; patrie de Jean de Mehlen, de l'école de Cologne.

MEGINRADI CELLA, voy. EINSILDA.

MEIDUNIUM [Insc. ap. Muratori], dans l'Hispania Tarrac., auj. *Cadones,* bourg sur les front. des Asturies.

MEINUNGA, *urbs Hennebergica, sedes Ducalis* [Struv.], MEININGA, *Meiningen, Meinungen,* ville d'Allemagne, chef-lieu de l'anc. duché de Saxe-Meiningen-Hildburghausen, sur la Werra.

L'imprimerie doit remonter dans cette cité ducale

à l'année 1680, puisque Falkenstein et M. Cotton le disent, mais le *Catal. libr. novissime impr. ab an.* 1673 *ad ann.* 1684 est muet à cet égard, et nous ne pouvons la faire remonter qu'aux premières années du XVIIIe siècle. Voici ce que dit Struvius (Bibl. Sax., p. 905) : « Près de la ville de Saltzungen est un lac, sur l'exploitation duquel l'abbaye de Bildhausen voulut prélever une dîme; ces prétentions donnèrent lieu à discussion, et Jo. Seb. Guthens publia à Coburgen en 1668 : *See-Discurs von dem unter Hermannsfeld gelegenen grossen See in Hennebergischen,* et ce livre fut réimprimé textuellement à Meinungen, en 1704, in-12; c'est la plus anc. trace de typographie que nous puissions signaler au nom de *Meiningen.*

MEKELBOURG, voy. MEGALOPOLIS.

MELÆ, MELES [Liv.], ville du Samnium, auj. *Molise,* ville du Sannio, prov. Napol., ou, suiv. quelques géogr., *Melito,* au N.-O. de Benevento.

MELÆNÆ [Stat.], Μέλαιναι [Steph.], ville de l'Attique, sur les front. de la Béotie, sur l'emplacement de laquelle s'élève auj. le couvent d'*Agio Meletios.*

MELANGIA, Μελαγγεῖα [Paus.], ville d'Arcadie; auj., suiv. Leake, *Pikerni,* et suiv. Boblaye, au S.-E. de *Tzipiana* (Eparkhie de Mantinée).

MELANTIAS [It. Ant.], Μελαντίας [Suid.], MELANTIANA [Tab. Peut.], ville de la Thrace, sur l'Athyras, auj. *Bojuck-Tzschekmetsche,* dans la Roumélie.

MELARIA, voy. MELLARIA,

MELAS FL. [Ovid.], cours d'eau de la Sicile, qui passe à Melazzo, auj. le *Mela.*

MELAS FL. [Liv.], Μέλας [Herod.], fleuve de la Phthiotide, auj. *Mavra-Neria* (Thessalie).

MELAS FL. [Stat.], Μέλας [Strab., Plut.], fleuve de la Béotie, auj. le *Mavropotamo.*

MELAS SINUS [Plin.], Μέλας κόλπος [Herod., Scyl.], dans la mer Ægée, entre le N.-O. de la Cherson. de Thrace, et la côte S. de cette province, auj. le *Golfo di Saros,* entre le S. de la Roumélie et le N.-O. de la presqu'île de Gallipoli.

MELBODIUM, voy. MALBODIUM.

MELDENSIS COMIT. [Greg. Tur.], TERRIT. MELDICUM [Gesta Dagob.], MELDEQUUS PAGUS [Cart.], MELTIANUS, MELCIANUS PAGUS [Polypt. d'Irmin., Capit. Caroli M.], *territoire de Meaux-en-Brie* (Seine-et-Marne).

MELDI [Cæs.], Μέλδαι [Strab.], MELDÆ, Μέλδαι [Ptol.], peuple de la Gaule Lyonn. IV; occupait le dioc. de *Meaux.*

MELDORPIUM, MELDORFIA, *Meldorf, Meldorp,* chef-lieu du pays du Ditmarschen, district dépendant du Holstein, compris entre l'Elbe et l'Eider; auj. à la Prusse.

Falkenstein donne 1788 comme année de l'introduction de la typographie dans cette ville; et M. Cotton corrobore l'assertion en disant qu'un vol. à cette date et souscrit à ce nom se trouve à la Bodléienne.

MELDORUM CIVITAS [Notit. Civ. Lugd.], MELDI [Cell.], MELDÆ, MELDUNUM, JATINUM, Ἰάτινον [Ptol.] ? FIXTUINUM [Tab. Peut.] ? ville princip. des *Meldi*, dans la Gaule Lyonn. IVᵉ, auj. *Meaux*, anc. capit. de la Brie, sur la Marne; concile, évêché, abbayes.

Accidentellement l'imprimerie fut exercée dans la ville de Meaux dès l'année 1522; un volume, à la description duquel M. Aug. Bernard a consacré un substantiel article, dans le 76ᵉ numéro du *Bulletin du Bouquiniste* d'Aubry, est le seul produit de cette imprimerie momentanée que le temps ait respecté: JACOBUS FABER STAPULENSIS. *Commentarii initiatorii in quatuor evangelia.*. à la fin: *Meldis, impensis Simonis Colinæi, anno salutis hvmanæ* M.D.XXII. *mense Junio.* In-fol. de VI-377 ff., sign. de A-ddd. La préface de l'auteur est datée: *Meldis,* anno M.D.XXI.

Lefebvre d'Etaples, qui avait suivi à Meaux son ami et protecteur Guillaume Briçonnet, nommé évêque de cette ville en 1518, voulut faire imprimer sous ses yeux l'important ouvrage auquel il avait consacré de longues veilles; mais, ne pouvant quitter Meaux où le retenaient et son grand âge et ses fonctions, il s'adressa à la grande ville voisine; il y avait alors à Paris trois typographies excellentes :

   Inter tot nôrunt libros qui cudere tres sunt
   Insignes; languet cætera turba fame;
   Castigat Stephanus, sculpsit Colinæus, utrumque
   Gryphius edocta mente manuque facit.

Ce fut à Simon de Colines ou de Colinée que s'adressa Lefebvre d'Etaples, puisque c'était lui qui déjà en 1520 avait réimprimé ses *Commentaires sur la logique d'Aristote,* et celui-ci, suivant la supposition parfaitement admissible de M. Bernard, lui adressa un matériel assez suffisant à l'impression de son gros in-folio; M. Bernard prouve de plus que ce matériel était rentré à la typographie de Paris, dès l'année suivante 1523; les caractères, et particulièrement certaines capitales en manière criblée, qui avaient servi aux *Commentaires* de Lefebvre d'Etaples, se retrouvent dans un recueil des *Adages* d'Erasme, publié en 1523 par Jean Bruchier de Troyes.

Ainsi donc les presses roulèrent à Meaux pendant les années 1521 et 1522; mais cela n'encouragea pas l'industrie locale, et ce n'est que bien longtemps après que nous retrouvons trace nouvelle d'imprimerie; et nous croyons que le restaurateur de la typographie dans la ville épiscopale de Bossuet fut le cardinal de Bissy, à la fin du XVIIᵉ siècle, qui donna à un imprimeur, nommé Frédéric Alard, les moyens de fonder un établissement. Les arrêts du conseil de 1704 et de 1739 octroient à Meaux le privilège d'une imprimerie unique ; et le rapport fait à M. de Sartines en 1764 nous donne le nom de l'imprimeur : à cette date, il s'appelle Laurent-Auguste Courtois, fils de l'imprimeur, et gendre de Frédéric Alard; il était établi depuis 1751 et ne possédait que deux presses.

MELDIA [It. Ant., Tab. Peut.], MELDI [G. Rav.], ville de Mésie, auj., suiv. Reichard, *Slibnik*, en Bulgarie.

MELDUNUM, MINNODUNUM, *Milden*, petite ville de Suisse (canton de Berne).

MELFITA, MELFITUM, MELFICTA, *Molfetta,* ville de la Terra di Bari, prov. napol. du roy. d'Italie.

MELIBOCUS MONS [Cluv., Cell.], τὸ Μηλίβοκον ὄρος [Ptol.], montagne près de Darmstadt, appelée *Malchen* ou *Kattemberg.*

MELIBŒA, Μελίβοια [Steph.], ville de Thessalie, auj., suiv. Leake, est auprès de *Voivoda.*

MELIBŒA, MŒLIBŒA, autre localité de la même contrée dans la Magnésie, au ·pied du mont Ossa, sur le golfe qui sépare le Pénée de l'Ossa, auj. *Aghia,* dans le pach. d'Ieni-Scheher.

MELIENSES, MALIENSES, Μηλιεῖς [Herod., Scyl.], peuple de Thessalie ; habitait les bords du Sinus Maliacus ou Meliensis, auj. *Golfo di Zeitoun.*

MELIGUNIS INS., Μελιγουνίς, l'une des îles *Lipari* (voy. ÆOLIÆ INS.).

MELIODUNUM, Μελιόδουνον [Ptol.], ville des Marcomans ; auj., suiv. Reichard, *Moletein,* dans le cercle d'Olmutz (Moravie), et suiv. Wilhelm, *Freudenthal,* à l'O. de Troppau.

MELITA INS. [Mela, Plin., It. Ant.], Μελίτη [Diod., Ptol.], *Malta, Malte,* île de la Méditerranée, entre la Sicile et l'Afrique (à l'Angleterre); les Frères-Hospitaliers, après la prise de Rhodes, s'y établirent, sous le titre de chevaliers de Malte, et donnèrent le nom de leur plus illustre grand-maître, Parisot de la Valette, à leur capitale.

Les bibliographes font tous remonter l'imprimerie à Malte en 1647: *Malta illustrata, ovvero della descrizione di Malta isola nel mare Siciliano con le sue antichità, ed altre notizie, libr. IV. du Gianfrancesco Abela.* Malta, pel Bonacota, 1647, in-fol., con figure e carte. Ce livre rare et curieux a été réimprimé à Malte, en 2 vol. in-fol., 1772-1780 « *Ediz. corretta, accresciutae contin. dal conte Gio. Ant. Ciantar.* »

MELITÆA, Μελίταια {Scyl., Str.], Μελίτεια [Polyb., Diod.], Μελίταρα [Ptol.], ville de Thessalie, sur le versant nord de l'Othrys, auj. *Keuzlar,* suiv. Leake, près du Salaldjè (*Enipœus*), dans le pach. de Larissa.

MELITONUS [It. Hier.], localité de Macédoine, au S.-E. d'Heraclea, auj. *Filorina,* suiv. Leake.

MELLA FL.. [Serv.], MILLA [G. Rav.], MELA [Catul.], dans la Gaule Transpadane, auj. *la Mella,* dans la prov. de Brescia.

MELLARIA [Plin., Mela], Μελλαρία [Strab.], Μενλαρία [Ptol.], ville de la Bétique, que l'on place auj. entre *Tarifa* et *Val di Vacca*, dans l'Andalousie ; quelques géogr. à *Millarez*, près de Val di Vacca, et d'autres à *Fuente Ovejuna*, ville de l'intendance de Cordoue.

MELLARIA [Plin., It. Ant.], autre localité de la Bétique, placée entre Cordoue et Merida, auj. *Fuente Ovejuna*.

MELLENTUM AD SEQUANAM, MEULENDUM, MELLONTA [Chart. S. Nigasii Mell.], MEDANTICUM ?, MELDANTICUM [Ch. Ludov. Jun. a. 1167], *Meulant, Meulan*, ville de France, sur la Seine (Seine-et-Oise).

MELLOSCENIUM, MELLOSEDUM [Tab. Theod.], ville des Medulli dans la Lyonnaise, que Ukert dit être *le Bourg d'Oisans*, chef-lieu de canton du dép. de l'Isère, et que d'Anville croit être *Mizoën*, sur la Romanche, à 14 kil. du Bourg d'Oisans.

MELLOTUM, *Merlou, Mello*, commune de Picardie (Oise); anc. établissements religieux; titre de comté.

MELLUSUM, MELLA, *Melle*, ville de France, chef-lieu d'arrond. (Deux-Sèvres).

MELMODIUM, voy. MALBURIUM MONAST.

MELOCAVUS, Μηλόκαβος, Μηλόκαυος [Ptol.], MELOCABUS, station de Germanie, que Mannert dit devoir être auj. placée aux environs de *Fulde*, et que Reichard nomme *Melchede*, bourg de Westphalie.

MELODUNUM [Cæs.], MECLETUM [It. Ant.], METEGLUM [Tab. Peut.], MECLEDONENSE CASTRUM [Greg. Tur.], MIGLIDÚNUM [Id.], MICLITANUM CASTRUM [Fréd.], MELEDUNUM AD SEQUANAM [Ch. Lud. VII, a. 1139], *Meleun, Melun*, ville de Fr., chef-lieu du dép. de Seine-et-Marne, anc. titre de duché-pairie, et anc. capit. du Hurepoix ; patrie de Jacques Amyot.

L'imprimerie remonte dans cette ville aux dernières années du XVIe siècle ; c'est à la date de 1593 que nous pouvons la reporter avec certitude ; mais un livre sans date, que possède l'Arsenal, nous semble présenter certains caractères qui permettent de lui assigner une exécution antérieure de quelques années ; c'est un recueil de ces vieux noëls, dont les imprimeries d'Angers et de Troyes semblaient à cette époque vouloir accaparer le monopole d'impression : *La grande et grosse Bible des Noëls viels et nouveaux*, Melun, Menissel, in-12 (vers 1590).

A la date de 1593 nous trouvons un certain nombre de ces pièces politiques du temps de la Ligue, imprimées pour la plupart par des imprimeurs de Paris, appelés à suivre le Roi ou le Parlement, quelques-unes publiées sous un nom supposé de lieu d'impression, précaution utile à une époque où les discordes civiles pouvaient amener de si brusques revirements dans les chances diverses des partis ; mais celles qui portent le nom de Melun paraissent être bien et dûment le fait d'une imprimerie locale : *Remonstrance au roy de vouloir embrasser la reli-* *gion catholique* (par M. de M.). Melun, 1593, in-8o ; — *Lettre escrite par les députez des princes, aux députez de l'assemblée qui est de présent à Paris, du 23 juin 1593*. — Melun, 1593, in-8o, etc.

Nous trouvons aussi quelques livres de théologie : *Discours sur la béatitude de l'homme, la résurrection des morts...* Melun, 1593, in-8o. (Cat. Dubois, *La Jarrie*, etc.)

En 1594, nous citerons : *Le Tombeau de la Noue*, par Etienne Cauchoix. Melun, 1594, in-8o. Enfin, en 1598 : *Le Gouvernail d'Ambroise Bachot, capit. ingénieur du Roy, lequel conduira le curieux de géométrie en perspective dedans l'architecture des fortifications...* etc. Imprimé à Melun soubs l'auteur et se trouvera aussi en son logis, rue de Seine, à Paris. M.D.IIC. in-fol. de 91 ff. avec fig. s. b. et eaux-fortes gr. par l'auteur.

L'arrêt du conseil du 31 mars 1739 retire à la ville de Melun son privilége de posséder un imprimeur ; il est exécuté avec rigueur, car son nom ne figure pas au rapport fait à M. de Sartines en 1764, et l'imprimerie ne reparaît qu'aux époques révolutionnaires.

MELOS INS., Μῆλος, île de la mer Ægée, auj. *Milo*, dans les Cyclades mérid.

MELPES FL. [Plin.], fleuve de la Lucanie, auj. *le Mingardo*.

MELPHIA, voy. AMALPHIA.

MELPHICTUM, voy. MELFITUM.

MELPINUM, MERPINUM [Trés. des Chartes, 31e rég.], *Merpin*, commune de l'Angoumois, près Cognac (Charente).

MELPUM [Plin.], ville des Insubres dans la Gaule Transpad., auj. *Melzo*, dans le Milanais.

MELSUS FL., Μέλσος ; [Strab.], fleuve d'Espagne, des montagnes des Asturies à la Méditerranée ; auj. *le Narcea*, suiv. Florez.

MELTA [Tab. P., G. Rav.], localité de la Mœsie Inf., auj., suiv. Reichard, *Lofdscha*, dans le pachal. de Silistrie.

MELUNDA, *Molhomme, Molome*, commune de Fr. (Yonne).

MEMELIA, MEMELIUM, CLUPEDA (?), *Memel*, ville des Etats prussiens (rég. de Königsberg), à l'entrée du Curtsche-Half.

MEMERSIUM, MAMERCÆ, *Mamers*, sur la Dive, ville de Fr. (Sarthe).

MEMINI [Plin.], MIMINI, peuple de la Gaule Narbon., qui habitait les bords de la Romanche, entre Briançon et Grenoble.

MEMLEBIA, *Memleben*, anc. monast. de Bénédictins en Thuringe, près Weissenfels.

MEMMALE, voy. MIMATUM.

MEMMINGA, *Memmingen*, ville de Bavière au S.-O. d'Augsbourg (cercle de Souabe-et-Neubourg).

Deux ouvrages imprimés dans cette ville, à la date

de 1482, sont cités par tous les bibliographes. Le premier est une édition du célèbre FASCICULUS TEMPORUM de Werner Rolewinckl. Au v° du 63e f. on lit : *Impressum p̃ me Albertū Kuñe de Duderstat Magunt̃*. *dyoces.*‖*Et admissum ab alma vn͠iuerlate Colonien̄ Explicit feliciter Sub año* ‖ *d͠ni Millesimo quadringentesimo octuagesimo secundo.* Laus deo. Puis vient la table, et au r° du 71e f.: *Impressus Memmingen.* In-fol. de 71 ff. en car. goth. minusc., avec sign. et fig. gr. sur bois.

Le second : ABS MEMORATIVA *notabilis perrara ad omnes facultates utilissima.* A la fin : *Memmingen per me Albertum Kunne de Duderstat Magunt.Dyoces.* 1482, in-fol.

M. Cotton fait observer justement que cet imprimeur Albrecht Kühn ou Kunne, qui était établi primitivement à Trente, vint se fixer à Memmingen, où il régna sans obstacle et sans compétition pendant près de 40 ans (le dernier livre souscrit à son nom, que l'on connaisse, est daté de 1519); en effet, sur plus de 60 titres de livres que cite Panzer à l'art. MEMMINGA, il n'est pas un seul volume qui ne porte le nom de cet imprimeur ou tout au moins qui soit imprimé avec d'autres caractères que les siens.

MENÆNUM, Μίναινον [Diod.], MENÆ, Μέ-ναι [Ptol.], ville de la côte orient. de la Sicile, auj. *Mineo,* dans le Val di Noto.

MENAJUM FRETUM, *détroit de Menai,* qui sépare l'île d'Anglesey de la côte d'Angleterre; il est traversé par le pont suspendu de Bangor.

MENAPII [Cæs., Tac.], Μενάπιοι [Strab., Ptol.], peuple de la Gaule, dans la Germanie II; occupait le territoire compris entre le Rhin et la Meuse, depuis Juliers jusqu'à la Flandre.

MENAPIORUM CASTELLUM [Tab. Peut.], Μεναπίων Κάστελλον [Ptol.], CASTELLUM OPPIDUM, *quod Mosa fl. præterlambit* [Ammian.], *Kessel,* ville de Hollande, entre Ruremonde (Rœrmonde) et Venloo (Limbourg).

MENARIACUM, MINARIACUM [It. Ant.], ville des Morini, auj. *Merville, Merghem,* sur la Lys, bourg de Flandre, suiv. Reichard; et, d'après d'autres géogr., *Estaires,* ville de Fr. (Nord).

MENAVIA INS., voy. MONA INS.

MENCINGA, *Menzingen,* bourg du Palatinat (Chreichgau).

MENDÆ [Plin.], Μένδαι [Paus.], MENDE [Mela], Μένδη [Herod., Scyl., Thuc.], colonie d'Eretria dans la Macédoine, auj. *Calandra,* sur le golfe de Saloniki.

MENDICULEJA [It. Ant.], ville de la Tarrac., dans les montagnes des Ilergetes, auj. *Monzon,* dans l'intend. de Lerida.

MENDOLARA, *Mendolia,* bourg de Calabre (Italie).

MENDRISIO, MENDRISO, MENDRIUM, *Mendres,* bourg de la Suisse italienne, entre le lac de Côme, et le lac de Lugano.

MENDUESSÊDUM, voy. MANDUESSEDUM.

MENEBRIA, voy. MESEMBRIA.

MENECINA, Μενεκίνη [Strab.], ville des OEnotri, dans l'Italie mérid., auj. *Mendicino,* dans la Calabre, à l'O. de Cosenza.

MENELAIUS MONS [Liv.], τὸ Μενέλαιον ὄρος [Polyb.], montagne de la Laconie, auj., suiv. Pouqueville et Boblaye, le mont *Malevo,* sur l'Eurotas.

MENENA, MENINA, *Menin, Meenen,* ville de Belgique (Flandre Occid.).

L'imprimerie, suivant M. de Reiffenberg, remonte en cette ville à l'année 1676; cette assertion nous paraît difficile à prouver. Menin appartenait à la France lors de l'arrêt du conseil du 21 juillet 1704; aussi est-elle comprise dans la liste des villes autorisées à posséder une imprimerie; mais avant, à la suite de la paix d'Utrecht, fait retour aux Pays-Bas, elle ne peut figurer aux arrêts subséquents.

MENESTHEI PORTUS, Μενεσθέως λιμήν [Strab., Ptol.], port de la Bétique, auj. *Puerto de Santa Maria,* dans la rade de Cadix.

MENEVIA, *Saint-David,* ville d'Angleterre dans le comté de Pembroke; admirable cathédrale qui possède les reliques de l'apôtre du pays de Galles.

MENGERINHOUSA, *Mengerinhausen,* petite ville de la principauté de Waldeck.

Un imprimeur du nom de Christophe Kormart était établi dans cette ville en 1724, dit M. Cotton.

MENITHINNA [Chr. Gottw.], *Menden,* petite ville de Westphalie, dans la rég. d'Arensberg (Prusse).

MENLASCUS FL., Μενλάσκος ποταμός [Ptol.], peut-être la *Bidassoa?*

MENNELANÆ [It. Ant.], localité de la Pannonie, auj., suiv. Mannert, *Pakracz,* bourg de Croatie, et, d'après Reichard, *Sagovina,* bourg près de Neu-Gradiska.

MENOBA FL. [Plin.], MENUBA, riv. de Bétique, auj. le *Guadiamar,* affl. du Guadalquivir.

MENOSCA [Plin.], Μηνόσκα [Ptol.], ville de l'Espagne Tarrac., dans les montagnes des Varduli, près de l'Ebro; auj. *Sumaya,* dans le Guipuscoa, suiv. Ukert; et *San Sebastian,* chef-lieu de la même prov., d'après Mentelle.

MENOSGADA, Μηνοσγάδα [Ptol.], localité de la Germanie, auj., suiv. Reichard, *Maynroth,* près *Culmbach,* sur le Mayn.

MENTESA [Plin., Inscr. ap. Grut.], MENTISA [Liv.], Μεντίσα [Ptol.], MENTESA ORETANORUM [Sprüner], ville des Oretani dans la Tarrac., auj., suiv. Mannert, *la Guardia,* au S. de Jaen (Andalousie).

MENTESA BASTIA [Liv., It. Ant.], Μέντισα [Ptol.], ville des Bastiani, dans la Tarrac., sur la frontière de la Bétique, que Reichard confond avec *Baeza*, et dont la situation est déterminée beaucoup plus au S. dans l'Atlas de Sprüner.

MENTUNIACUM, *Mantenay*, commune de l'arrond. de Belley (Ain); anc. abb. de Bénéd., fondée en 530.

MENTUSCA, *Mantoche*, commune de Fr., près Gray (Haute-Saône).

MEPHITIS [Plin.], MEFANUM [Cell.], MUFITUM, petite ville des Hirpini, auj. *Mufiti, Mufti*, bourgade du Napolitain, près Tricento.

MEPPIA, *Meppen*, sur l'Ems, ville de l'anc. roy. de Hanovre.

MERANIA, *Meran*, sur le Passer, bourg du Tyrol (Etschlande).

MERCATORUM PORTUS, voy. HAFNIA.

MERCIA, MERCIÆ REGNUM, *le royaume de Mercie*, dans l'Angleterre centrale, formait l'un des roy. les plus considérables de l'Heptarchie saxonne.

MERCORI MONS, voy. MONS MARTYRUM.

MERCORIUM, *Mercœur*, chef-lieu de canton de Fr. (Corrèze); anc. titre de duché.

MERCORIUS, *Maugioville, Mauguio*, contraction patoise du primitif *Melguel, Melgueil* [Quicherat], bourg du Languedoc, sur l'étang de Thau (Hérault), anc. titre de comté.

MERCURIALE, *Mercogliano*, bourg du Napolitain, à l'E. de Naples.

MERCURII INS., *Isola Tavolara*, sur la côte N.-E. de Sardaigne.

MERCURII PROM., voy. HERMÆUM PROM.

MERCURII CURTIS, MIRECURTIUM, MIRACURIA, MIRECURIÆ, MERICORT, MURICORT [Monn. Lorr.], *Mirecourt*, sur le Madon, ville de Fr. (Vosges).

Un livre liturgique, imprimé dans cette ville à la date de 1616, est décrit par M. Beaupré dans ses *Nouvelles Recherches de bibl. lorraine* (p. 44 et suiv.), d'après l'exempl. unique appartenant à M. La Prévote, anc. maire de Mirecourt; il provenait de l'abbaye de Poussay: OFFICIVM BEATÆ MENNÆ VIRGINIS. *Ex vetustis membraneis exemplaribus quorum ante-hac vsus fuit excerptum typisque mandatum, opera et industria N. B.* — Impressum Mirecvriæ per Ambrosium Ambrosij Serenissimi Lotharingiæ Dvcis typographum ad vsum Collegiatæ Ecclesiæ loci de Portu Suavj. MDÍ.XVI. Pet. in-fol. de 19 ff. chiffrés, plus un f. blanc; chaque page entourée d'un filet et contient 43 lignes en lettres rouges et noires, avec notes de plain-chant. Au milieu du titre une gravure, médiocrement exécutée au burin, représente Ste Menne à genoux, recevant le voile de deux anges; cette gravure est d'Ambroise, l'imprimeur, qui maniait le burin, ainsi qu'on peut le voir par la dédicace de l'édition des *Roys et Ducs d'Austrasie*, donnée à Epinal en 1617; in-4°; l'exécution typographique de

l'*Office de Ste-Menne* vaut mieux que la gravure. Ce livre fut exécuté pour l'usage des chanoinesses de Poussay, abbaye située à une demi-lieue de Mirecourt. On retrouve ce graveur-imprimeur Ambroise Ambroise à Epinal en 1631. L'imprimerie ne reparaît à Mirecourt qu'au XVIIIe siècle, et nous pensons que le premier typographe, créateur d'un établissement sérieux dans cette ville, est Antoine Beausson.

MERENTIUM, *Merenx, Mérens*, commune de Fr. (Ariège).

MERGABLUM [It. Ant.], station de la Bétique entre Cadix et le cap Trafalgar, auj., suiv. Ukert, *Beger de la Miel*, dans l'intend. de Cadix.

MERGENTHEMIUM, voy. MARIÆ DOMUS.

MERIBRIGA, voy. MEROBRICA.

MERINA (?), MERINIUM, ville des MERINATES [Plin.], sur le Mons Garganus, dans l'Apulie, auj. *Viesti*, sur le monte S.-Angelo.

MERINIANUM, AD NONUM, *Melegnano, Marignan*, ville d'Italie (Milanais); victoire des Français en 1515.

MERIOLACENSE CASTRUM, *Chastel-Marlhac*, commune de France, près Mauriac (Cantal).

MERLAUS VILLA *in pago Camsiacense, sup. Vigeram* [D. Mart., Dipl. a. 878], domaine du fisc, que M. Quicherat, dans une savante dissertation, établit être *Merlaut*, près Changy, sur la Vière (Marne).

MERLIACUM, *Meslay-le-Vidame, Meslay*, commune de Fr. (Eure-et-Loir).

MEROBRICA [Plin.], MERIBRIGA, Μιρόβριγα [Ptol.], ville des Celtici, sur la côte de l'Océan, dans la Lusitanie, auj. *Odemira*, suiv. Reichard, et *Sines*, suiv. Ukert.

MEROPIA INS., voy. SIPUNUS INS.

MERSEBURGUM, voy. MARSIPOLIS.

MERSELLA [It. Hier.], Μουρσέλλα [Ptol.], MURSA MINOR [Tab. Peut.], dans la Pannonie, auj. *Petrowicz*, bourg de Hongrie, sur la rive droite du Danube.

MERUACUM, *Méru*, bourg de Picardie (Oise).

MERULA, *Mesle-sur-Sarthe*, bourg de Fr. (Orne).

MERULA FL., pet. fl. d'Italie, auj. l'*Aroscia*; se perd dans la Méditerranée, près d'Albenga.

MERVINIA, *comté de Merioneth*, en Angleterre (Nord-Wales).

MESAMBRIA [Liv., Plin.], Μεσημβρία [Herod.], port de Thrace, sur les confins de la

Mœsie, auj. *Misevria, Misivri*, sur la mer Noire.

MESERIA, voy. MACERIÆ.

MESE INS. [Plin.], MEDIA POMPONIANA [Cell.], *Porteros, Portecroz*, l'une des îles de la rade d'Hyères.

MESIATES [Tab. Peut.], peuple de la Rhætie; habitait les bords du lac Majeur.

MESOBOA, Μεσόβοα [Paus.], ville d'Arcadie, dont Leake place les ruines près de *Kabatomylo*, en Morée.

MESOGÆA, Μεσόγαια [Strab.], plaine de l'Attique, qui se terminait par le cap Sunium; porte encore le nom de *Mesogea*.

MESSA, Μέσση [Hom., Strab.], ville de Laconie, auj. *Mezapo*, près du cap Tigani.

MESSAGA.

« Su di una collina che guarda Toscolano trovansi alcune rustiche abitazioni che ebbero il nome di *Messaga*, nel qual luogo si pretende essere stampato un libretto di pochi fogli marcato col seguente titolo, ma *sinora sconosciuto*, come dice Mauro Boni : DONATUS pro PUERULIS. — *Impressus in Messaga Lacus Benaci* anno M.CCCC.LXXVIII. in-4° » [Amati].

« verosimile, ajoute Mauro Boni, che questo pure sia uscito da torchi di Gabriele di Pietro, e che siasi piaciuto di porre in un libretto piuttosto il nome di Messaga, che quello di Toscolano, al cui comune essa appartiene. »

MESSANA [Cic., Cæs., Mela, Liv., Plin.], Μεσσάνα [Pind.], Μεσσήνη [Herod., Scyl.], appelée par les Sicules Zancle, Ζάγκλη [Hecat., Herod., Diod.], anc. colonie des Messéniens, auj. *Messina, Messine*, ville forte de Sicile à la pointe N.-E., sur le phare ou détroit du même nom.

On trouve sur quelques livres MÆSSANA et MISINA.

En 1471 un typographe allemand du nom d'Heinrick Alding, dont les Italiens ont fait Mastro Rigo, était à Rome, suivant toutes les probabilités employé par Schweynheym et Pannartz, ou peut-être appartenait à l'atelier d'Ulrich Han (*Schw. et Pann., aut Hahnii prius* συνεργός); il quitta cette ville et alla chercher fortune en Sicile avec des compagnons et un matériel; P. Apulus, à la fin des *Regales Constitutiones Siciliæ*, impr. à Messine en 1497 par André de Bruges, signale le fait : « Jam sunt anni sex et viginti - impressor Henricus nomine cum operariis ab urbe Roma Cathinam venit adlectus magna spe lucri (bene *ratus* si fata iuvissent et vota complessent), Messanam divertit. » La Serna Santander et M. Bernard ont lu à tort: *bene natus*; la première leçon, adoptée par Panzer, est préférable. Ces tentatives d'établissement à Catane n'ayant point abouti, H. Alding quitta cette ville et vint en 1473 essayer une meilleure fortune à Messine.

Bien qu'il n'ait laissé aucune trace typographique de son passage à Catane, et que, selon toutes les probabilités, il n'ait pu réussir à s'y installer, même temporairement, nous aurions dû signaler ce fait intéressant à l'art. *Catane*.

Il existe de cet imprimeur errant une trace unique de son passage à Messine en 1473, mais elle suffit pour prouver qu'il y a établi sa typographie : *La vita del glorioso Sancto Hieronimo doctore excellentissimo*. A la fin : *Finita è questa opera nela magnifica cita Messina di Sicilia per Mastro rigo dalamania con diligentissima emendacione nel anno di la salute* M.CCCC.LXXIII. *a di* XV *d'April* (Pâques tombe le 18) DEO GRACIAS, in-4°, car. rom. sans ch., récl. ni sign., mais avec registre.

Nous voyons encore le nom de H. Alding figurer en 1478-1480, et sans date, sur plusieurs vol., entre autres sur une édition des *Epistolæ Phalaridis*, décrite par Laire (Ind. libr., I, p. 168), mais dans l'intervalle il est retourné sur le continent et a fondé un établissement à Naples en 1476 et 1477.

On ne sait rien autre sur la vie tourmentée de ce typographe errant, et l'histoire n'enregistre même pas la date de sa mort.

A la fin du XVe siècle, on trouve à Messine de nouveaux imprimeurs étrangers, André de Bruges et Wilhelm Schomberg ou Schonberger, de Francfort ; c'est au premier que l'on doit l'impression d'un livre important que nous avons cité, et dont voici le titre : *Capitula et Constitutiones regni Siciliæ, collectore Joanne Petro Apulo Messanensi I. V. Doctore*. A la fin, en 4 lignes: *Impssus est presens Opus in Nobili Ciuitate Messanæ per Mgrus Andreas de Bruges ipressores. Sub bienali cura laboriosaqs diligetia Ju. Petri Apuli correctoris ad hoc Statuti. Sub expensis D. Joanis d'Juenio. Et absolutu est volete deo Anno ab icarnatione dni* M° CCCC° LXXXVIIJ° *Die* X° *octobrie pnte Ind*[i]. Infol. avec ch., reg. et sign., à longues lig. en caract. goth. qui rappelle celui de Ketelaer et de Fyner, « mais, dit, en décrivant l'exempl. du duc de Cassano, notre ami Dibdin, *for a more barbarously printed volume has seldom appeared in the XVth century* ».

En 1522 nous signalerons à Messine : Giorgi et Petrucio Spera patre et figlio Mesinisi Stampat., dont l'établissement eut une certaine importance.

MESSAPIA [Plin.], Μεσσαπία [Polyb., Str.], Μεσσπία [Steph. B.], voy. CALABRIA.

MESSAPIA [Plin.], *Messagna*, ville d'Italie (Terra d'Otranto).

MESSAPIUM MONS, montagne de la côte N.-E. de la Bœotie, auj. *Ktypo-Monte*.

MESSENE [Plin., Mela, Tab. P.], Μεσσήνη [Thuc., Polyb., Strab.], capitale de la Messénie, sur les ruines de laquelle s'élève auj. le bourg de *Mavromati*, en Morée.

MESSENIA, ἡ Μεσσηνία [Herod., Thuc., Polyb.], Μεσσήνη [Hom., Pind.], Μεσσηνὶς γῆ [Thuc., Str., Ptol.], *la Messénie*, pays du Péloponnèse, séparé de la Laconie par la chaine du Taygète; forme auj. l'Éparkhie de *Messénie*, avec *Calamata* comme chef-lieu.

MESSENIACUS SINUS, ASINÆUS SINUS [Plin.], Ἀσιναῖος κόλπος [Strab.], golfe de Messénie, sur la côte S. du Pélop., entre le cap Acritas à l'O. et le cap Ténare, auj. *le golfo di Calamata*.

MESSINA, MISSENIACUM, *Messines*, commune de Belgique près Tournay (Hainaut); anc. abb. de Bénéd. fondée en 1060.

MESSUA COLLIS [Mela], SETIUS MONS, τὸ Σήτιον ὄρος [Strab., Ptol.], PORTUS CETIUS [Bevret], SETIENA, *Cetle*, ville de Fr. (Hérault), sur une presqu'île qui la sépare de l'étang de Thau.

Nous ne croyons pas que l'on puisse faire remonter l'exercice de l'imprimerie dans cette ville à une date antérieure au XIX° siècle.

MESTENO, voy. MASTRAMELUS.

MESTRIANA, MESTRIO [Gruter], dans la Pannonie, que Mannert voit auj. dans le bourg de *Mindsent*, sur la Szala, dans le comit. hongrois d'Eisenburg.

MESTUS FL. [Cell.], voy. NESTUS.

MESUA, voy. MANSA.

MESUIUM, Μεσούιον [Ptol.], ville des Longobardi dans la Germanie Sept., auj., suiv. Wilhelm, *Magdeburg*, et d'après d'autres géogr., *Braunschweig, Brunswick*, ou *Alt-Medingen* [Ukert].

METÆ, METIS, voy. DIVODURUM.

META LEONIS, MAGDALONUM, *Matalone*, bourg du Napolitain, près d'Aversa (Terra di Lavoro).

METALLA [It. Ant.], ville de Sardaigne, auj. *Civita de Glissa*.

METALLINUM [Plin.], METELLINUM [It. Ant.], METALLINENSIS COLONIA [Plin.], colonie romaine près Emerita, en Lusitanie ; auj. *Medellin*, sur la Guadiana, ville d'Espagne (Estramadure) ; patrie de Fernand Cortez.

METAPA [Cell.], Μετάπα [Polyb., Steph. B.], ville de l'Acarnanie, que Polybe place en Ætolie ; auj., d'après Kruse, *Medenico*.

METAPONTUM [Mela, Plin., Justin.], METAPONTIUM [Virg.], Μεταπόντιον [Thuc., Scyl., Str., Ptol.], Μέταβον [Str., Steph.), ville de la Lucanie, sur le golfe de Tarente, dont les ruines se voient auprès de *Torre di Mare*, près de l'embouchure du Bradano (Basilicata).

METARIS ÆSTUARIUM, baie de la côte orient. d'Angleterre entre Norwich et Lincoln, auj. *the Wash*.

METAURUS FL. [Plin.], fleuve du Bruttium, qui se jette dans la mer Tyrrhénienne, auj. le *Marro*.

METELINGA, voy. METULUM.

METELLI CASTRUM, METELLOBURGUM MATTIACORUM, METTALOBURGUM, voy. MARPURGUM.

Sous ces différents noms nous trouvons divers volumes souscrits au commencement du XVII° siècle, lesquels nous croyons devoir porter à l'actif de MARBURG ; l'addition du nom des *Mattiaci* ne nous permettant pas de traduire METELLOBURGUM par *Middelburg*, comme Bisch. et Müller, et d'autres géogr. Voici un volume cité par un grand nombre de bibliogr., Bauer, Freytag, les catal. de Francfort, Willer, Bulteau, etc.: *Peniculus Furiarum, Elenchi Scaligeriani pro societate Jesu, Maldonato*

et Delrio, auctore Liberio Sanga Verino Cantabro (Mart. Ant. Delrio). Metelloburgi Mattiacorum apud hæredes Matthianos, 1609, in-12. « Liber perrarus et convitiis plenus », dit Bauer (Suppl. II, p. 324).

METELLINUM, voy. METALLINUM.

METENACUM, *Maynal*, commune de Fr. (Jura).

METENSIS PAGUS, MEDIOMATRICENSIS TRACTUS, *le Pays Messin*, *Metingow*, en Lorraine ; forme auj. partie du départ. de la Moselle.

METHAMAUCUM, *Malamocco*, anc. bourg et évêché attenant à Venise ; le grand môle, qui abrite l'entrée principale du port, est prolongé jusqu'à cette place.

METHANA, Μέθανα [Scyl., Thuc., Strab.], Μηθώνη [Hom.], Μεθώνη [Ptol.], ville de la côte d'Argolide, auj., suiv. Leake, *Methana*, et d'après Boblaye, *Mitone*.

METHONE [Mela, Plin.], Μεθώνη [Scyl., Thuc., Strab., Ptol.], ville de la Messénie, sur les ruines de laquelle s'élève auj. *Modon*, au S.-O. de Tripolitza.

METHONE, Μεθώνη [Scyl., Thuc., Str., Plut.], ville de la Macédoine, sur la côte de la Piéride, auj., suiv. Leake, *Elefthero-Khori*.

METHYMNA [Virg., Horat., Ovid., Plin., etc.], Μέθυμνα [Herod., Scyl.], Μήθυμνα [Thuc., Strab.], ville de la côte orient. de l'île de Lesbos, auj. *Moliwa*, ou, suiv. Pashley, en ruines près de *Haghios Georghios*, sur le golfe di Khisamo.

METHYMNA ASIDONIA, voy. ASSIDONIA.

METHYMNA CAMPESTRIS, METHYMNA DUELLI, METINA CAMPI, *Medina del Campo*, ville d'Espagne, dans l'intend. de Valladolid (Castille-Vieille).

D. Buenaventura Carlos Aribau, dans une notice bibliogr. consacrée aux différentes édit. de la *Celestina*, insérée au tom. III, p. XII, de la *Biblioteca de autores españoles*, indique sommairement : *Celestina. Tragicomedia de Calisto y Melibea*. Medina del Campo, 1499. Ce renseignement, reproduit purement et simplement dans sa sécheresse par Mendez, est beaucoup trop vague pour que nous puissions y attacher une grande importance. Serait-ce là cette édition de 1499, imprimée par Fadrique Aleman de Basilea, que Brunet décrit d'après un exempl. incomplet qui a figuré aux ventes Rich. Heber et de Soleinne, édition qui ne porte pas de nom de lieu d'impression, mais qui doit avoir été exécutée à Burgos, puisque, à cette date, son imprimeur était certainement établi dans cette ville ? Nous ne nous chargeons pas d'éclaircir ce mystère, mais peut-être les excellents continuateurs de Gallardo, MM. Zarco del Valle et Sancho Rayon, nous fourniront-ils quelques renseignements de nature à dissiper l'obscurité qui enveloppe les origines de la typographie de Medina del Campo.

Le volume cité par Panzer à la date de 1504 nous paraît également fort douteux ; car le renseignement n'est accueilli ni par Antonio, ni par M. Zarco del Valle ; c'est un ouvrage d'un dominicain bien connu, *Fra Diego Deza* ; mais nous ne reproduisons la note de Panzer qu'avec de prudentes réserves : *Fr. Didaci de Deça, Ordin. Prædic. statuta a ministris sacri tribunalis servanda.* Methymnæ, MDIV, in-4o.

Un volume de Perez de Guzman, cité par M. Cotton, d'après un catal. du libraire Thorpe, avec la date de 1511, doit être reporté au siècle suivant, c'est-à-dire à 1611.

La pièce que cite encore Panzer à la date de 1514 : *Joh. Núñez de Villasan. Coronica del muy esclarecido Príncipe y Re don Alonso el Onzeno de este nombre.* En Medina del Campo, 1514, in-fol. enregistrée par M. Brunet (tom. VI, col. 1468), nous est complètement inconnue ; et les bibliographes espagnols ne confirment pas le renseignement donné par Panzer et Brunet.

Il nous paraît difficile de prouver d'une manière officielle l'existence d'une typographie régulière à Medina del Campo avant l'année 1534 et 1535 ; à ces dates nous trouvons un imprimeur nommé Pedro Touans ou Tovans : *Meditacion de la passion para las siete horas canonicas.* A la fin : *Acabose la presente obra a loor de nue‖stro señor en Medina del Capo. En casa del Pedro Thouans impressor q̃ biue en corral‖de bueyes. Año de Mil. D.XXXiiij,* in-8o, sign. A. E.

Nous voyons presque aussitôt apparaître un assez grand nombre d'imprimeurs qui viennent s'établir en cette ville ; ce sont : Joan de Villaquira (venant de Tolède), et Pedro de Castro, en 1545 ; Juan Godines de Millis en 1553 ; enfin Francisco del Canto en 1564 ; ce Juan Godines de Millis ou de Myllis est le typographe auquel on doit, en 1554, le célèbre in-fol.: ANTONIANA MARGARITA GOMETII PEREIRÆ, porté à un prix si élevé aux ventes Gaignat et La Valière.

METHYMNA CELIA, METHYMNA CŒLI ou CELI, MEDINA CELUM [Chr. Carlem.], *Medina Celi,* petite ville d'Espagne (Nouv. Castille) ; titre de duché.

METHYMNA SICCA, MEDINA RIVI SICCI, *Medina del Rio Secco,* ville d'Espagne, dans l'intend. de Valladolid (Castille-Vieille), sur le Secco.

METHYMNA TURRIUM, *Medina de las Torres,* ville d'Espagne (Estramadure).

METIOSEDUM [Cæs.], localité sur l'emplacement de laquelle les géographes sont d'opinions diverses ; dans quelques mss. de César, on lit IOSEDUM et MELIOSEDUM ; l'abbé Lebeuf traduit par *Josai,* d'Anville par *Melun,* d'autres par *Milly-en-Gâtinais, Meudon* ou *Corbeil.*

METROPOLIS, Μητρόπολις [Strab., Ptol., Steph.], ville de Thessalie (Pélasgiotide), auj., suiv. Leake, *Kastri.*

METROPOLIS, Μητρόπολις [Thuc., Polyb.], ville d'Acarnanie, dont les ruines se voient près de *Lygovitzi,* sur l'Aspro Potamo.

METROPOLIS, Μητρόπολις, dans la Sarmatie Europ., auj. probablement *Kudac,* petite ville sur le Dnieper (Borysthène), dans le gouv. de Kiew.

METUBARRIS [Plin., Cell.], dans la haute Pannonie, auj. *Otozecz,* sur la Save (Hongrie).

METULUM, voy. METLINGA.

METULUM, METULLUM, MELLA, *Mesle, Melle,* ville de Fr. (Deux-Sèvres).

MEURSIA, *Mörs, Meurs,* ville de Prusse, dans la rég. de Düsseldorf, près Rheinberg.

MEVANIA [Liv., Plin., Tac.], Μηουανία [Strab., Ptol.], ville de l'Ombrie, sur le Clitunno, auj. *Bevagna,* dans la délég. de Spoleto (patrie de Properce).

Nous connaissons : *Vita del B. Giacomo da Bevagna con la descrizione di Bevagna città antichissima nell' Umbria.* Foligno, 1644, in-4o.

MEZIBUS (?), est-ce *Medjiboj, Mietziboj,* ville de Russie, sur le Bug (Podolie), ou *Medzibor,* bourg de Prusse, dans la régence de Breslau (Silésie) ?

Les juifs possédaient une synagogue dans cette localité, et une imprimerie y fut installée à partir de 1760.

MICHAELIA INS., *Isola di San Michele,* dans l'Adriatique.

MICHAELOPOLIS, voy. ARCHANGELOPOLIS.

MICIACUM, *Micy, St-Mesmin-de-Micy,* commune de Fr. (Loiret) ; anc. abb. de Bénédictins.

MICHILINSTADUM [Pertz], *Michelstadt,* ville du grand-duché de Hesse-Darmstadt, l'une des plus vieilles villes de l'Odenwald.

MICULI MONS, promont. de la Dalmatie près de Zara, auj. *Ponta Micha.*

MIDÆ, *Medhurst,* bourg d'Angleterre [Graësse].

MIDDELFÜRTUM, *Milbar,* ville de Danemark, dans l'île de Fionie.

MIDEA, Μίδεια [Hom.], ville de la Bœotie, à l'extrémité occid. de la province, auj. *Lebadea,* dans l'Eparchie de Voiotia. — Une autre MIDEA, Μίδεια, existait dans l'Argolide, dans les environs de *Nauplie.*

MIDORIUS FL., *le Midon,* affl. de l'Adour.

MIESTECIUM HERMANNI, *Hermann-Miestitsch,* ville de Bohème [Graësse].

MIEZA, voy. STRYMONIUM.

MIGONIUM, Μιγώνιον [Pausan.], ville de la Laconie, auj. *Marathonisi,* suiv. Leake et Boblaye.

MILBORNE-PORT, petite ville d'Angleterre, dans le comté de Somerset.

Martin cite, à la date de 1774, un unique spécimen

d'une typographie privée établie dans cette localité :
*A genealogical Account of the family of Luttrell,
Lotterell or Lutrell.* Milborne Port, 1774, in-4°.

MILEDUNUM, voy. MELODUNUM.

MILESCHEWA, couvent de Dalmatie.

M. Ternaux nous apprend qu'une édition du
Psautier en langue slave, fut exécutée en caract.
cyrilliques dans ce monastère en 1544. Ce livre nous
est totalement inconnu.

MILETUS [Plin.], Μίλητος [Hom.], ville du
N. de l'île de Crète, auj. *Miletoni* ou
Milata [Höck].

MILETUS, MILETUM, *Mileto*, ville du Napolitain, dans l'anc. Bruttium (Calabre).

MILGIACHUM, MILGIACHIS *in pago Bellova-
cense*, *Milly*, bourg de Fr. (Seine-et-
Oise).

MILICIUM, *Militsch*, ville de Silésie [Graës-
se].

MILIONIA [Liv.], MILONIA [Dion. Hal.], Μιλω-
νία [Steph.], ville des Samnites, en
Italie, auj. *Magliano* (Abruzze Ultér.).

MILITELLUM, *Militello* ; deux villes de ce
nom sont en Sicile ; la plus considérable est dans la province de Catane, à
36 kilom. S.-O. de la ville de ce nom ;
l'autre à 90 kil. O.-S.-O. de Messine,
dans la province dont cette ville est le
chef-lieu. M. Cotton avait cru voir
dans MILITELLUM, *Melito*, petite ville de
la Calabre-Ultér. I, près de Reggio,
qui eut, suiv. Baudrand, une certaine
importance au XVIᵉ siècle, mais fut
presque détruite par un tremblement
de terre en 1638.

Un livre cité par le *Manuel*, par Haym, par la
Bibl. Aprosiana, etc., est donné comme imprimé
à Militello en 1617 ; en voici le titre détaillé : *Il
Gioco degli Scacchi di D. Pietro Carrera, diviso in
otto libri, ne' quali s'insegnano i precetti, le uscite,
e i tratti posticci del Gioco, e si discorse della vera
origine di esso. Con due discorsi, l'uno del P. D.
Gio. Bat. Cherubino, l'altro del Dottor Mario
Tortelli, opera non meno utile a professori del
Gioco, che dilettevole a gli studiosi per la varietà
della eruditione cavata dalle tenebre dell' Antichità. All' illust. et eccel. sig. D. Francesco Branciforte principe di Pietra Pertia, e Marchese di
Militello. In Militello, per Giovanni de' Rossi da
Trento, 1617, in-4°.*

MILLÆ, *Millas*, bourg du Roussillon, sur
le Tet (Pyrénées-Orient.).

MILLE SANCTI, *Miossens, Miossens-Carève*,
commune de Fr. (Basses-Pyrénées).

MILLIACUM, MILLIACUS, *Millé, Milly* ; plu-
sieurs communes ou hameaux de
France portent ce nom (voy. MAURI-
LIACUM et MILGIACHUM).

MILMANDRA, *la Malmandre, la Marmande*,
riv. du Berry, affl. du Cher.

MILOLITUM [It. Ant.], MELALICUM [It. Hier.],

MYTOLITON [Geo. R.], ville de Thrace ;
auj. *Milolito*, entre le Mestró et la Maritza (Roumélie).

MIMATUM, MIMATE [Greg. Tur.], MIMATEN-
SIS URBS, *Mende*, ville de France, sur
le Lot, chef-lieu du dép. de la Lozère ;
le radical a été conservé dans la déno-
min. du mont qui dómine la ville,
Lou Mont Mimat.

Nous croyons pouvoir faire remonter la typographie dans cette ville à l'année 1686, mais nous n'avons
pas le nom du premier imprimeur : *Officia propria
sanctorum ecclesiæ S. Flori.* Mimati, 1686, in-8°. Au
commencement du XVIIIᵉ siècle, nous trouvons un
imprimeur du nom de Jacques Roy : *Examen de la
nature et vertu des eaux minérales du Gévaudan,
par Samuel Blanquet.* Mende, Jacques Roy, 1718,
in-8°.

Les arrêts du conseil de 1704 et de 1739 autorisent
l'un et l'autre la ville de Mende à conserver un
imprimeur ; enfin le rapport fait à M. de Sartines en
1764 nous dit : L'imprimerie de Mende est tenue
par la veuve d'un imprimeur décédé en 1756, Marguerite Paulet, veuve de François de Zolmé-Berge-
ron, de la ville du Puy» (il n'avait été pourvu que le
24 septembre 1739 (et cependant nous voyons
son nom figurer sur des impressions dès l'année
1731) ; cette imprimerie ne possède que deux presses, mais elle est importante, à cause de l'éloigne-
ment de toute imprimerie d'au moins de 15 à 20
lieues.

MIMIDA, voy. MINDA.

MIMIGARDUM, voy. MONASTERIUM.

MIMILEVUM, *Memmleben*, bourg et anc. abb.
de Thuringe (Prusse).

MINARIACUM, voy. MENARIACUM.

MINARII MONTES, *Mendiphills*, montagne
d'Angleterre (Sommersetshire).

MINCIUS FL. [Virg., Liv., Plin.], Μίγχιος
[Strab.], MINTIUS [Geo. R.], *le Mincio*,
affl. du Pô.

MINDA [Cluv., Cell., Pertz], MIMIDA, *Minden*, ville de Prusse, sur le Weser
(Westphalie).

Falkenstein fait remonter l'imprimerie dans cette
ville à 1542, et nous ne trouvons point de date antérieure à proposer ; les livres liturgiques du diocèse
étaient imprimés au XVᵉ siècle à Nuremberg, tout
au moins le *Breviarium Myndense*, exécuté en
1491 par Georg Stuchs de Sultzbach. M. Cotton dit
que la pièce qui a porté Falkenstein à faire remonter l'imprimerie à Minden en 1542 est une *Ordonnance* de la margrave Elisabeth de Brandenburg
souscrite à cette date au nom de cette ville, et conservée à la Bodléienne.

Nous n'avons pas le titre exact de cette pièce.

MINDELHEMIUM, voy. ROSTRUM NEMOVIÆ.

MINDONIA, MINDONA, *Mondoñedo*, ville d'Espagne (Galice).

Cette ville est comprise par Mendez dans la liste
des « *Ciudades y Lugares que han tenido imprenta* ». Suivant Antonio, le premier livre exécuté remonte à 1550 ; en voici le titre : *Descripcion del
regno de Galizia, y de las Cosas notables del
Licenciado Molina* (en vers). Mondoñedo, en casa de
Agostino de Paz, 1550, in-4°. (*Catal.* Don J. A.
Conde, 1824 ; 1ᵉʳ *et* VIᵉ *Catal.* R. Heber, n° 4864 et
n° 2368).

MINERVÆ CASTRUM, voy. ARX MINERVÆ.

MINERVÆ PROMONT. [Liv., Plin., Mela], τὸ Ἀθήναιον [Strab.], PROM. SURRENTINUM; Σειρηνουσῶν ἀκρωτήριον [Strab.], cap de la Campanie, dans le pays des Picentins, auj. *Capo della Minerva* ou *Punta di Campanella*, dans le Napolitain.

MINERVIUM [Liv., Vell. Pat.], *Manerbio*, pet. ville du Napolitain.

MINIATUM, MINIATUM TEUTONIS, S. *Miniato al Tedesco*, près Florence, sur l'Arno.

Un typographe du nom d'A. M. Albrizzini était établi à San-Miniato en 1707.

MININGRODA, voy. MONASTERIUM.

MINIO FL. [Virg., Mela], MINDO [Tab. P.], *Il Mignone*, fl. d'Italie; se jette dans la Méditerranée près d'Eremo di S. Augustino.

MINIUS FL. [Mela, Plin.], ὁ Μίνιος [Strab., Ptol.], Bænis, Βαῖνις [Strab.], fleuve de Lusitanie, auj. le Minho ; se jette dans l'Atlantique.

MINNODUNUM [It. Ant.], MINIDUNUM, MINODUM [Tab. P.], *Moudon* (en all. *Milden*), ville du canton de Vaud (Suisse).

MINOA, Μινώα [Strab., Ptol.], port de la Laconie, au pied de la montagne du même nom, (MINOA PROM.), auj. *Monemvasia* [Leake].

MINOA, MINOUNI [Plin.], Μινώα [Ptol.], ville de l'île de Crète, sur la côte E. de la presqu'île d'Akrotheri, auj. *Sternes*, sur le golfe de Suda.

MINOA, Μινώα [Strab., Ptol.], *Mirabella*, bourg de Candie, sur la côte N.

MINOA INS., voy. PAROS.

MINORA, *Minori*, petit port du Napolitain sur le golfe de Salerne (Princip. Citér.).

L'imprimerie fut exercée dans cette ville en 1727 [Cotton].

MINORICA INS., BALEARIS MINOR [Plin.], *Minorque*, *Menorca*, la plus orient. des îles Baléares, dont le chef-lieu est *Mahon*.

MINORISSA, MINORISA, *Manresa*, ville d'Espagne (Catalogne), dans l'intend. de Barcelone.

M. Cotton nous apprend que l'imprimerie fut exercée dans cette ville en 1788; elle ne figure pas au catal. de Mendez, non plus qu'à la liste donnée par Falkenstein.

MINSCA (?), *Minsk*, ville de l'anc. Pologne, auj. chef-lieu de gouvern. dans la Russie occident., appartenant aux Russes depuis 1656.

La typographie ne date dans cette ville que de ce siècle, et ce sont les juifs qui l'y ont introduite, en 1809.

MINSCENSIS PALATINATUS, *le Woiewodat de Minsk* en Pologne.

MINTHE MONS, Μίνθη [Strab., Ptol.], montagne de l'Elide, auj. *Monte Mittena*, en Morée.

MINTURNÆ [Liv., Tac., Cell.], Μιντοῦρναι [Strab., Ptol.], MENTURNÆ [It. Hier.], Μεντύρνα [Steph.], ville du Latium, auj. *Trajetto*, aux bouches de Garigliano (Terra di Lavoro).

MIRABELLUM, *Mirebeau*, ville de Fr. (Vienne); anc. capit. du Mirebalais [Rabel.].

MIRACURIA, MIRECURIÆ, voy. MERCURII CURTIS.

MIRANDA, *la Mirande*, *Mirande*, ville de Fr. (Gers), dans le bas Armagnac.

MIRANDULA, *Mirandola*, *la Mirandola*, ville d'Italie, sur la Burana, dans le Modénat.

L'infortuné Pic de la Mirandole, des comtes de ce nom, neveu du très-célèbre et universel savant, qui offrait de soutenir publiquement 1400 propositions, fut l'introducteur de la typographie dans sa ville natale : *Pici Mirandulæ Domini (Joannis Francisci) Liber de- veris calamitatum causis nostrorum temporum ad Leonem X. Pont. Max.* A la fin : *Hunc librum exscripsit stanneis caracteribus in oppido Mirandulæ Joannes Mazochius Bundenius... anno a virginis partu M.D.XIX. V idus Augusti.* In-4° de 34 ff. sign. A.-H. (Voy., pour la description de cette pièce rare, le *Manuel*, et cat. Libri de 1859, n° 2028; cat. Tross, 1867, n° 1006, etc.).

Ce Joannes Mazochius ou Maciochius était établi à Ferrare depuis l'année 1509 ; il ne séjourna guère à Mirandola, puisqu'à dater de 1520, on ne voit plus figurer son nom comme imprimeur, bien que son protecteur et patron n'ait été assassiné qu'en 1533. Il donna en 1520 un second traité de Pic de la Mirandole ; celui-ci est cité par Panzer : *Examen vanitatis doctrinæ gentium et veritatis christianæ disciplinæ distinctum in libros sex.* A la fin : *Impressit Mirandulæ Joannes Maciochius Budenius, non autoritate modo eorum ad quos pertinet, sed pontificia. Anno a virginis partu millesimo quingentesimo vigesimo qua potuit diligentia.* In-fol.

MIRAPENSIS TRACTUS, *le Mirepoix*, anc. prov. de France ; faisait partie du haut Languedoc.

MIRAPICUM, MIRAPINCUM, MIRAPICIUM, MIRAPEIS (XIIᵉ s.), *Mirepoix*, ville de Fr. (Ariége), sur l'Hers, anc. titre de marquisat.

MIROALTUM, MURATUM ALVERNIÆ, *Murat*, ville de Fr. (Cantal) ; anc. titre de vicomté ; plusieurs communes de France portent aussi ce nom, entre autres un bourg considérable du dép. du Tarn.

MIROBRIGA [It. Ant.], voy. MEROBRICA.

MIROBRIGA [Plin., It. Ant.], Μιρόβριγα [Ptol.], municipe des Turduli, dans la Bétique, auj. *Capilla*, au N. de Fuente Ovejuna, dans l'intend. de Cordoue, ou, suiv. Ukert, près de *Puebla de Alcocer*.

MIRTILIS [It. Ant., Plin.], voy. JULIA MIRTYLIS.

MISA FL., MISUS [Tab. Peut., Cell.], fleuve de l'Ombrie, auj. *la Nigola*, qui se perd dans l'Adriatique près de Sinigaglia.

MISENA, voy. MISNA.

MISENUM [Cic., Mela, Plin., Tac.], Μίσηνον [Diod., Ptol.], MISENUS PORTUS [Flor.], ville et port de la Campanie, qui se trouvait entre le lac Fusaro et le *Castello di Baja*, près du cap de ce nom, MISENUM PROM., auj. *Capo Misene*.

MISENS FL. [Tab. P.], fleuve du Picenum, auj. *il Musone*, affl. de l'Adriatique.

MISNA, MISNIA, MISENA, *Meissen*, ville du roy. de Saxe, au N.-O. de Dresde; patrie de Schlegel.

Un *Breviarium Misnense*, in-fol., fut imprimé en 1483, sans nom de lieu ni de typographe; en voici la description : *Reverendus in Christo Pater—Iohannes Episcopus Misnensis hoc opus choro dicte sue ecclesie Misnensis per omnia conforme — Imprimi curavit. Finitum anno domini* Mᵒᶜᶜᶜᶜᴸˣˣˣᴵᴵᴵᵒ XVII. Kall. Augusti. Les caractères employés à l'exécution de ce livre ressemblent fortement à ceux de Conrad Kacheloven, l'imprimeur de Leipzig, que la peste chassa de cette ville en 1495 et envoya à Freiberg; mais rien n'empêcherait d'émettre l'opinion que, appelé dans le palais épiscopal pour l'exécution des livres liturgiques de ce diocèse, Kacheloven eût transporté un matériel ad hoc et imprimé le *Breviarium* à Meissen même (déplacement qui s'opérait fréquemment alors); si nous ne trouvions la preuve que les autres livres liturgiques à l'usage de cette église furent tous exécutés au loin; ainsi trois éditions du *Missale Misnense* sont données au xvᵉ siècle : la première, en 1485, à Mayence, est imprimée par l'illustre Pierre Schöiffer; la seconde, en 1495, par Kacheloven, à Freiberg; et ce typographe, de retour à Leipzig, donne en 1500 une nouvelle édition de ce Missel, avec son gendre Melchior Lotter.

Le *Breviarium* de 1483 est réimprimé deux ans après à Nuremberg, par Georg Stuchs de Sulzbach, in-8°.

Ce n'est donc qu'en 1520 que, d'accord avec les bibliographes allemands, nous faisons remonter avec confiance la typographie à Meissen : l'évêque (Johannes XII), Jean de Salhausen, fait venir de Leipzig à Meissen ce Melchior Lotter, le gendre de Kacheloven dont nous venons de parler; il installe son matériel et fait rouler ses presses dans le palais épiscopal : BREVIARIUM MISNENSE. *Excusum Misniæ in aula Episcopali per Melchiorem Lotherum*. Anno dni Mᵒᶜᶜᶜᶜᶜˣˣᵒ. In-4°! (Voy l'hist. de la typogr. à Leipzig par J. H. Leich.)

Struvius, dans la *Bibliotheca Saxonica*, nous donne les titres d'un grand nombre d'ouvrages consacrés à la description topographique, à l'histoire, aux droits et coutumes du margraviat et de l'évêché de Meissen, mais aucun, que nous sachions, ne remonte au xvɪᵉ siècle; ce n'est donc que du commencement du xvɪɪᵉ que nous pouvons dater la création d'un établissement typographique sérieux et durable dans la ville de Meissen.

MISNIA, MISNENSIS MARCHIA, *la Misnie, Meissen*, anc. margraviat, depuis cercle du royaume de Saxe; auj. compris dans le cercle circulaire de Dresde.

MISNIÆ OPPIDUM, voy. PIRNA.

MISSOLONGHI, ville de Grèce, chef-lieu de l'Eparkhie d'Etolie, à l'entrée du golfe de Patras.

Du 10 avril 1825 au 26 mars 1826, cette ville, défendue par le Souliote N. Botzaris, soutint un siége mémorable contre les Turcs.

Dès l'année précédente, un journal, Χρονικά Ἑλληνικά, formant une feuille in-4°, avait été imprimé dans cette ville, avec des caractères fournis par lord Byron et envoyés de Londres; le poëte illustre mourut à Missolonghi le 9 avril de cette même année, et l'oraison funèbre qui fut prononcée sur la tombe de l'ardent apôtre de l'indépendance hellénique fut imprimée la même année, mais avec des caractères envoyés de Paris par la maison Didot.

MISTIA, voy. MYSTIA.

MITAVIA, MITHAVIA, *Mittau, Jelgava*, ville de Russie, au S.-O. de St-Pétersbourg, chef-lieu du gouv. de Courlande.

Nous pouvons faire remonter l'imprimerie à Mittau à l'année 1668 : *Somogitiæ Ducatus ornamenta in venerationem amplissimorum decorum illustrissimi ac reverendissimi Domini, Domini Casimiri Pac, Episcopi Somogitiæ, [dum auspicato suam ingreditur diœcesim, obviam producta a Chadkieviciano Crosensi Soc. Jesu Collegio. Anno 1668. Mitaviæ*, in-fol. (Janozki *Nachr*. III, p. 41).

Nous ignorons le nom du premier imprimeur.

MITYLENE [Hor., Tac., Plin.], Μιτυλήνη [Herod., Thuc.], capit. de l'île de Lesbos, sur la côte orient., auj., *Metelin, Medilli* en turc.

MITYS FL. [Liv.], fleuve du N. de la Macédoine, auj. *la Katerina;* afflue au golfe de Saloniki.

MIZIRIACUS, *Mézériat*, commune de Fr. (Ain).

MLESI (?)

Nous croyons que ce nom de lieu signifie simplement *Venise* en dalmate : *Paulovich Lucich Giov. Giuseppe Kratko Izkazagne xivota, Kripostih, i gudesa slughe boxjega Prisviti i Pripost... U' Mlezi*, 1798, su Sebastianù Coleti. 41 pag. in-4° avec portrait (Valentinelli, *Dalmat. Bibl.*, n° 1169).

MLIDAVA, *la Mulde*, riv. de Saxe, affl. de l'Elbe [Graesse].

MOCASURA [Tab. Peut.], MACABORA [Geo. R.], *Mesirkoi*, bourg de la Roumélie (pach. d'Andrinople).

MOCENIA, *Mötzing*, bourg de Bavière sur le Danube, près de Straubingen.

MODANA, voy. MUTINA.

MODICIA [Paul Diac.], MODOETIA, sur le Lambrus, ville des Insubres, auj. *Monza*, sur le Lambro; ville et château royal d'Italie (prov. de Milan); c'est là qu'est conservée la couronne du roi lombard Agilulf, dite couronne de fer.

Nous trouvons dans la première partie de l'admirable collection d'Estienne Baluze, dispersée en 1719, sous le n° 323, un in-fol. à l'aide duquel on pourrait faire remonter la typographie à Monza à une date fort ancienne; mais, comme nous n'avons pu trouver ce volume, et que nous ne le voyons figurer dans aucun traité spécial de bibliographie, non plus que dans le catal. de ventes postérieures, nous le citons à titre de simple renseignement: *Thomæ de Vio Cajetani Cardinalis opuscula omnia.* Modoetiæ, 1529, in-fol. Au tom. III de ses *Miscellanées* (p. 428), Baluze consacre une note intéressante à ce cardinal.

MODONA, voy. MUTINA.

MODONUS FL., Μόδονος [Ptol.], fl. d'Irlande, auj., suiv. Camden, *le Slane, Slaney,* dans le comté de Wexford.

MODUNUM, MOLDUNUM, *Meudon,* bourg et château de Fr. (Seine-et-Oise), dont fut curé Rabelais.

L'imprimerie fut exercée à Meudon à la fin du siècle dernier: *Physiologie morale, ou l'art de connaître les hommes sur leur physionomie, par Lavater, extrait par J.-M. Plane.* Meudon, 1796, 2 vol. in-8°, fig. au trait.

MŒNUS FL. [Mela, Plin.], MŒNIS [Tac.], MÆNUS [Eumen.], MENUS [Amm. Marc.], *le Main, Mein,* riv. d'Allemagne, affl. du Rhin à Mayence.

MŒSIA [Plin., Suet.], Μυσία [Ptol., Steph. B.], Μυσία ἡ ἐν Εὐρώπῃ [Dio C.], *la Mœsie, Mésie,* vaste pays européen compris entre la Dacie au N., la Thrace au S., le Pont-Euxin à l'E. et l'Illyrie à l'O.; forme auj. la majeure partie de la *Boulgarie Ottomane;* elle était divisée en deux prov., *Mésie supér.* (par rapport au cours du Danube), chef-lieu *Sardica Ulpia,* et *Mésie infér.,* chef-lieu, *Marcianopolis.*

MŒTONIUM, ville des Bastarnæ, près du Dniester, dans la Sarmatie Europ., auj. *Rohatyn.*

MOGELINA, MOGILINA, *Mögeln, Mügeln,* ville du roy. de Saxe (cercle de Leipzig).

MOGETIANA [It. Ant.], MOGENTIANÆ [Cell.], ville de la haute Pannonie, auj., suiv. Mannert, *Szalaber* sur le Szala, ville de Hongrie, et suiv. Reichard, *Zzénth-Gróth* (cercle au-delà du Danube).

MOGONTIACUM [Tac., Eutrop., Ammian., Tab. Peut., It. Ant.], MOGUNTIACUM, MAGUNTIA [Geo. Rav., Ann. Germ.], Μαγοντίακον [Pæan.], Μακοντίακον [Ptol.], MAGONTIA [Fredeg.], MAGAUCENSIS AGER [Fred. Cont.], MOGUNTIACUS [Am. Marc.], ville fondée par Drusus, sur le territoire des Vangiones dans la Germanie supér., auj. *Mainz, Mayence,* ville de

l'anc. gr.-duché de Hesse-Darmstadt, au confluent du Rhin et du Main; archevêché en 757, université fondée au xvᵉ siècle; bibliothèque, musée, etc.

Cette ville est à jamais célèbre par la découverte de la typographie, et par le nom de Gutenberg, auquel les Allemands, peu soucieux de leurs gloires nationales, n'élevèrent un tardif monument qu'en 1837.

Que l'on nous permette, à propos de la proto-typographie mayençaise, de soumettre humblement à nos lecteurs quelques considérations préliminaires. Tout d'abord il nous paraîtrait beaucoup moins difficile d'écrire un gros volume sur cette question éternellement controversée, que de résumer en quelques lignes les milliers de volumes consacrés à l'élucidation des ténèbres qui enveloppent les origines de l'imprimerie, et même le berceau du père des typographes, Jean Gutenberg. En second lieu, rentrer dans un débat épuisé, revenir sur des points litigieux, déclarés insolubles par les meilleurs esprits, alors que nous n'avons aucun fait nouveau à présenter au débat, aucune découverte à enregistrer, voilà ce qui n'a jamais pu figurer dans notre programme, et ce qui nous paraîtrait souverainement inutile et insensé.

Nous nous bornerons donc à préciser les faits qui nous paraissent rentrer dans le domaine de l'histoire, ceux dont la constatation repose sur des données sérieuses ou des actes officiels, laissant absolument de côté les rêveries, les hypothèses et les théories nébuleuses ou mensongères.

La date et le lieu de naissance, et le nom lui-même de Jean Gutenberg, ont été de tous temps soumis à contestations, et ne sont point encore suffisamment déterminés.

Jean (*Hans*) Gensfleisch, dit Gutenberg, naquit à Mayence d'une famille noble, dans les dernières années du xivᵉ siècle (?). Le surnom de Guten-Berg (*Bonus Mons, Zum Guten Berg*), venait d'une propriété patrimoniale, une maison à Mayence qui était l'apanage de la branche à laquelle il appartenait; l'autre branche était appelée Gensfleisch de Sulgeloch ou Sorgenloch.

Nous allons succinctement énumérer les actes ou témoignages officiels, à l'aide desquels on est parvenu à constituer, tant bien que mal, une sorte de biographie à cet homme, l'une des plus pures gloires de la vieille Allemagne.

Jean Gensfleisch était le second fils de Friele ou Frielo (*Fritz, Frédéric*) Gensfleisch; l'aîné, portant le prénom du père, fut chanoine du chapitre de Mayence, et mourut vers 1460 (?). Sa mère, Elze de Gutenberg, était fille de Claus (Nicolas) de Gutenberg, grand oncle de Frielo, par conséquent la parente de son mari au 3ᵉ degré.

On ne sait rien de la jeunesse des deux fils de Friele Gensfleisch. En 1420, lors de la révolte des corporations mayençaises, la presque totalité des familles nobles de la ville émigrèrent; la chronique de Mayence (*Joann. Script. rerum mogunt.*) nomme les Furstenberg, les Gensfleisch, les Molsberger, les de Jungen (encore une branche des Gensfleisch), les Humbrecht (ou Homery?), etc. Les uns se retirèrent à Francfort, les autres à Oppenheim, les autres à Eltwill, et *alii aliò.*

Le décret d'amnistie qui fut donné par l'archevêque-électeur Conrad III, en 1430, désigne nominativement la plupart de ces émigrés, entre autres *Henne* (Jean) et Hennehen zum Gutenberg, «*qui en ce moment sont hors du pays*».

Notre Gutenberg était dès lors, suivant de grandes probabilités, établi à Strasbourg, et c'est dans cette ville que sa présence et son action sont constatées par des actes officiels de 1434 à 1443.

En 1434, c'est un acte que nous donne Schœpflin (*Vindic. Typogr.*), par lequel Gutenberg, qui venait de faire arrêter Niclaus ou Nicolas, greffier de la ville de Mayence, qui lui devait pour arrérages de rente 310 florins du Rhin, lequel s'était fourvoyé dans la ville de Strasbourg, Gutenberg, disons-nous, pour ne pas troubler la bonne harmonie qui existe entre les deux villes, consent à le rendre à la liberté ; cet acte commence : « *Ich Johann Gensefleisch der Junge, genant Gutemberg.* »

La même année il charge sa mère de régler ses comptes avec son frère aîné Frielo, le chanoine, se déclarant satisfait de subir une réduction de deux florins sur une rente de quatorze que son aîné doit lui servir.

En 1436, c'est à une revendication plus délicate qu'il a à répondre : une dame de Strasbourg, Ennel genant zur Isernen Thür (Anne dite à la Porte de Fer), fait valoir une promesse de mariage que lui a faite Gutenberg ; on croit qu'il fit droit à la requête, mais sa femme ne le suivit pas à Mayence, et elle dut mourir vers 1443.

En 1439, Gutenberg soutient à Strasbourg un grand procès, dont les pièces authentiques et officielles sont conservées en original à la bibl. de Strasbourg, où elles furent découvertes par Schœpflin.

Ces pièces d'une haute importance ont été souvent reproduites ; M. de Laborde en a donné une traduction fort exacte, à laquelle nous renvoyons le lecteur (voy. *Débuts de l'impr. à Strasbourg*). Voici en deux mots quel était le procès : les frères d'un ancien associé de Gutenberg, nommé André Dritzehen, voulaient, après la mort de celui-ci, exiger de Gutenberg la prorogation du contrat d'association, lequel avait pour but l'exploitation de divers secrets, tels que polissage de pierres et autres industries mystérieuses ; Gutenberg gagne son procès après la formalité requise de la prestation de serment.

M. Aug. Bernard, qui reproduit *in extenso* les dépositions des témoins, et M. de Laborde font remarquer de quelle importance est la brève déclaration du dernier témoin, l'orfèvre Hans Dünne, qui « dépose qu'il avait, il y a trois ans environ, gagné de Gutenberg près de 100 florins seulement pour les choses qui concernent l'imprimerie (*Drücken*) ».

Ainsi dès 1436 Gutenberg fait faire à un orfèvre un bénéfice de 100 florins, pour livraison d'objets qui peuvent rentrer dans ce genre de commerce, c'est-à-dire évidemment de métaux divers, cuivre, plomb, fer, qu'il manipule en secret (pour ces essais il s'était retiré près de Strasbourg, au couvent de St-Arbogaste) ; ses caractères sont en plomb et fondus dans des matrices de même métal ; c'est sans doute là qu'il conçoit l'idée d'un poinçon pour frapper des matrices en cuivre, là qu'il trouve un alliage convenable pour donner de la consistance et de la malléabilité à ses caractères trop peu résistants (voy. Aug. Bernard) ; peut-être la vue d'un Donat hollandais, exécuté en caractères mobiles de bois, lui aurait-elle donné la première idée du procédé ; mais le fait est fort loin d'être prouvé, et il ne repose que sur l'assertion d'Ulrich Zell, de Cologne, fortement suspect de partialité. Plein d'habileté pratique et de dextérité manuelle, il se fait dessinateur, mouleur, graveur et fondeur ; c'est là, dans cette retraite mystérieuse de St-Arbogaste, que le grand homme méconnu pénètre tous les secrets de l'art ; c'est là qu'il parvient sans aucun doute à inventer la Presse typographique d'abord, puis à découvrir, peut-être même à réaliser la mobilisation des caractères d'imprimerie, et leur fonte en métal.

Voilà qui nous semble indiscutable, et, quand les Hollandais sont venus, à l'aide du mot *Spiegel*, qui figure en effet deux fois dans le procès, soutenir que Dritzehen et Gutenberg s'étaient associés pour une fabrication de miroirs, ils se sont attiré de vertes répliques de leurs contradicteurs les plus autorisés (voy. Aug. Bernard, M. de Laborde, etc.).

Paul Lacroix, dans le *Bulletin des Arts* et ailleurs, émit une ingénieuse supposition : *Spiegel*, en latin *Speculum*, pourrait être appliqué au SPECULUM HUMANÆ SALVATIONIS, c'est-à-dire au recueil d'images dessinées ou gravées par les *Figursniders*, et dont tant de copies manuscrites et peut-être déjà xylo-

graphiques circulaient à cette époque. Cette opinion ne nous paraît pas injustifiable le moins du monde, attendu qu'already avons cherché à démontrer la non-existence du Hollandais Laurent Coster, et qui n'avons jamais admis comme irrécusable le fait de l'antériorité des éditions hollandaises sur toutes les éditions latines et germaniques.

Mais passons, et surtout cherchons à nous garer des hypothèses, que nous ne sommes que trop enclin à reprocher aux autres bibliographes.

Gutenberg, qui figure encore sur le rôle des contributions, en 1444, doit être rentré dans sa patrie l'année suivante ; il a chargé son bagage, c'est-à-dire le matériel ébauché dans sa retraite de St-Arbogaste, sur un bateau du Rhin, qui, d'oru, en descendant le cours du fleuve, débarqué à Mayence ; là, il n'a pas trouvé tout d'abord les ressources suffisantes à l'exécution de ses desseins, car nous le voyons trois ans après, en 1448, emprunter 150 florins, et il est obligé, pour obtenir cette somme, de fournir la caution de son parent, Arnulph Gelthus (Schaab, *die Geschichte*, t. II).

Mais ces 150 florins ne peuvent suffire à l'inventeur, qui, maître de ses procédés, mais trop pauvre pour organiser son matériel, avait déjà rêvé et même commencé l'impression d'un immense travail, du livre des livres, de la BIBLE ; aussi en 1450 Gutenberg s'adresse-t-il à un banquier, avide et intéressé, mais entreprenant ; c'est Jean Fust, que les générations ont associé à la gloire de son pauvre débiteur, quand son nom, pour l'honneur de Mayence, aurait dû disparaître à jamais.

Par contrat notarié une association de cinq années est faite entre Jean Fust et Gutenberg ; le premier avance 800 florins, productifs de 6 0/0 d'intérêts, et fait stipuler que tout le matériel de l'imprimerie que va monter Gutenberg lui appartiendra comme garantie, jusqu'à complet remboursement du capital.

En outre, une clause verbale portait que Fust payerait une somme annuelle de 300 florins à Gutenberg, pour le couvrir des frais divers qu'entraîne avec soi l'exploitation d'une imprimerie.

Gutenberg accepte tout, signe tout les yeux fermés, tant il a hâte d'arriver au résultat magnifique qu'il a rêvé ; il s'installe dans la maison *Zum Jungen*, sur la place des Franciscains, maison qui appartient à son oncle, et organise son matériel ; mais deux ans s'écoulent avant qu'il puisse se mettre à l'œuvre et déjà les 800 florins sont dépensés. Fust intervient de nouveau et lui avance pareille somme représentant trois annuités de 300 florins qu'il s'est engagé à payer, c'est-à-dire qu'il prélève 100 florins de commission pour cette seconde opération.

Et ce n'est pas tout ; il veut avoir un homme à lui pour contrôler le travail du maître, et il lui impose une association avec un très-habile calligraphe arrivant de Paris, dont il fait son gendre, nous voulons parler de Pierre Schœffer de Gernsheim. Gutenberg est lié, il lui faut passer sous les fourches caudines de l'usure, parce qu'il veut publier sa BIBLE.

« Que l'on songe à l'immensité de l'œuvre qu'avait entreprise Gutenberg, dit M. Bernard. Sa Bible se compose de 641 feuillets, ou 1282 p. in-folio, chaque page à deux colonnes de 42 lignes chacune. L'ouvrage est généralement divisé en cahiers de 5 feuilles, renfermant 20 pages. Chaque ligne contient environ 32 lettres ; ce nombre multiplié par 42 lignes donne 1344 lettres par colonne, 2688 par page, 10,752 par feuille, 53,760 par cahier, c'est-à-dire 60,000 caractères au moins, car il faut compter les lettres superflues ; il y en avait alors plus qu'aujourd'hui, parce qu'il y avait beaucoup plus de types, à cause des abréviations et des ligatures. Cela suppose une fonte de 120,000 lettres au moins, attendu qu'il fallait avoir de quoi composer un second cahier pendant qu'on tirait le premier. Je ne compte pas le nombre des poinçons, mais il devait être fort grand à cause de la variété des types alors en usage... on peut juger par là des frais immenses de cette première et colossale entreprise ! »

Et les tâtonnements, et les mécomptes, et les déceptions de toute sorte qui ont dû abreuver d'amertume le noble et illustre martyr !

Sans aucun doute Gutenberg avait fait précéder cet admirable livre de plusieurs publications de peu d'importance, telles que DONATS, LETTRES D'INDULGENCES ; nous renvoyons le lecteur, pour cette période des travaux du maître, aux savants ouvrages précités de MM. de Laborde et Auguste Bernard.

Mais déjà le banquier Fust a résolu de s'approprier la gloire et la somme des profits que devait réaliser la nouvelle découverte ; il intente un procès à Gutenberg, lui réclame le capital des sommes par lui avancées, ce qui, avec les intérêts, monte à la somme énorme de 2020 florins ; prête serment que Gutenberg a distrait de ce capital des sommes qu'il n'a pas appliquées aux affaires de l'association, et Gutenberg, se trouvant dans l'impossibilité absolue de faire face au remboursement, est exproprié de son matériel et jeté littéralement sur le pavé. Ceci se passait le 6 novembre 1455, et Pierre Schœffer signait le procès-verbal en qualité de témoin.

On procéda au partage léonin du matériel ; Fust et Schœffer prirent tout ce qui avait une valeur réelle, c'est-à-dire les beaux caractères qui avaient servi à la *Bible* de 42 lignes, et laissèrent à l'inventeur ceux des premiers essais imparfaits qui probablement dataient de Strasbourg, et avaient été depuis laissés bien loin en arrière.

Le vieux maître perdit tout à la fois et son matériel, et sa part de profit dans la vente des exemplaires de *sa Bible*. Il quitta la maison *Zum Jungen*, et alla s'établir dans sa maison patrimoniale *Zum Guten Berg* (*in domo Bonimontis*), pendant que Fust et Schœffer allaient triomphalement installer un établissement considérable dans l'hôtel *Zum Humbreicht*, vaste propriété du riche banquier.

Quelques fidèles ouvriers, Numeister entre autres, accompagnèrent le vieux maître qui se remit sans bruit à la besogne ; mais son cœur était brisé, et, bien qu'il ait publié encore plusieurs ouvrages, entre autres sa Bible de 36 lignes et son admirable *Catholicon* de 1460, il ne pouvait soutenir la concurrence avec le puissant atelier rival, admirablement dirigé, nous devons le reconnaître, par ce Pierre Schœffer, qui, de la calligraphie s'improvisant imprimeur, arriva d'un seul bond à la plus écrasante perfection, et affirma d'année en année sa supériorité irrécusable par d'éclatants chefs-d'œuvre qui s'appellent les deux PSAUTIERS de 1457 et 1459, la BIBLE de 1462, le DURANDI RATIONALE, les CONSTITUTIONES CLEMENTIS PAPÆ.

Survinrent les terribles événements du 23 octobre 1462, le sac et pillage de Mayence par les lansquenets de l'archevêque-électeur Adolphe de Nassau, qui disputait le siège archiépiscopal à son antagoniste Thierry ou Diether d'Isenburg ; ces catastrophes, qui ruinèrent pour longtemps les imprimeries mayençaises, eurent en somme un résultat favorable à la propagation de l'imprimerie, et à la diffusion dans l'Europe entière de l'art nouveau ; les ouvriers des deux ateliers se dispersèrent et allèrent porter jusque dans les pays les plus éloignés les secrets de cette découverte qui devait renouveler la face du vieux monde.

Gutenberg, qui avait à cette date de 1462 imprimé les lettres patentes de Diether d'Isenburg, sous ce titre : *Diethers Churfürsten zu Maynz Schrifft Wider Graf Adolphen zu Nassau* : à la fin : *Geben zū Höchst vnter vnsern vffgedruckten insiegel am Dienstag nach den sonntag lætare. an.* D.M.CCCCLXII, in-fol. de 4 ff. (il en existe, dit Schwartz, une édition latine que ce bibliogr. dit avoir vue), Gutenberg, disons-nous, eut affaire à un vainqueur généreux, qui voulut ne se souvenir que de la vie sublime du grand homme pour oublier un tort involontaire : aussi le voyons-nous, par un décret du 17 janvier 1465, nommé courtisan pensionné de l'archevêque-électeur.

Dès lors, subventionné d'un *habit de cour*, de 20 *mutters de blé*, *de deux foudres de vin*, etc., le vieux maître peut terminer avec calme et quiétude sa longue vie tourmentée.

On ne sait même pas la date de sa mort, mais elle arrive avant le 26 février 1468, ainsi que le prouve un acte cité en allemand par la chronique mayençaise de Joannis, et d'après lui par tous les bibliographes ; c'est une reconnaissance du dr Conrad Homery, qui déclare avoir reçu de S. A. le prince-archevêque Adolphe « quelques formes, caractères, instruments, outils et autres objets relatifs à l'imprimerie, qu'avait laissés après sa mort Jean Gutenberg et qui m'appartenaient et m'appartiennent encore ». Il s'engage à conserver ces reliques à la ville de Mayence et à les vendre qu'à un bourgeois de la ville ; il date de l'an 1468 « *Frytag nach Sant Mathystag* », le vendredi après le jour de St-Mathias, 26 février.

Gutenberg repose au couvent des Franciscains ; de ceci on est sûr au moins ! Hé bien ! pas du tout, ceci même est probable, mais n'est rien moins que prouvé ; son parent Adam Gelthus, sans doute le fils de celui qui lui avait servi de caution pour son premier emprunt de 150 florins, lui fait élever un monument funéraire, et Wimpheling (1499) relève son épitaphe :

D. O. M. S.

JOANNI GENSFLEISCH
ARTIS IMPRESSORIE REPERTORI
de omni natione et lingua optime merito
in nominis
sui memoriam immortalem
Adam Gelthus posuit.
Ossa ejus in ecclesia D. Francisci Moguntina
feliciter cubant.

Il est à croire qu'en suite de sa nomination aux fonctions de gentilhomme de la cour électorale en 1465, Gutenberg céda à Bechtermunceze d'Eltwill une partie de ses caractères, et qu'ainsi que l'a dit M. F. Didot, le démembrement de son atelier typographique précéda sa mort ; c'est ce qui explique et l'imprimerie de Bamberg et celle de Bechtermunceze à Eltwill.

La plus grande partie des caractères de Gutenberg, divisés après sa mort entre ses cousins les Gelthus et le Dr C. Homery, furent vendus depuis, en 1508, à Fridericus Heyman, de Mayence ; nous trouvons souscrit au nom de cet imprimeur un livre imprimé en 1509 : *Gråmatica initialis valde resoluta, etymologie z syntaxis octo partium orationis...* Les sommaires et les commencements de chapitre de ce livre rare sont incontestablement imprimés avec les caractères de la Bible de 36 lignes, à tort attribuée à Pfister ; on pourrait à la rigueur concilier ces singularités en admettant que la cession d'une partie des caractères de Gutenberg, probablement gravés et fondus par lui depuis le procès de 1455, à différents typogr., Pfister, Henry et Nicolas Bechtermunceze, Wygand Spyes, leur associé, etc. ; mais nous ne voulons pas rentrer dans un débat presque épuisé, alors surtout que nous n'avons point d'argument nouveau à produire au procès.

Pour nous Gutenberg a mis au jour *la Bible de 42 lignes*, celle de 36 lignes et *le Catholicon de 1460*, et nous ne voyons aucun motif sérieux de refuser de lui attribuer rationnellement l'impression de quelques-uns des *Donats*, *Lettres d'indulgences*, etc., non xylographiques, qui ont précédé *la Bible*, de même que nous n'hésitons pas à croire de lui la plupart des livres postérieurs à 1455 qui sont exécutés avec le caractère de *la Bible de 42 lignes*, ou avec celui qui a servi à l'exécution du *Catholicon de Janna* de 1460, bien que le procès de 1455 l'ait dépouillé de la meilleure partie de son matériel, et qu'il soit impossible de déterminer exactement ce qu'on lui a pris, ce qu'on lui a laissé.

Nous ne nous arrêterons point à l'imprimerie rivale et triomphante de Schœffer ; ses admirables produits sont connus de tous ; c'est à lui que l'on doit l'impression du premier classique ; sa belle édition des Epistolæ Familiares, de Cicéron, qui donne en outre la première ode d'Horace qui ait eu les honneurs de la presse, et tant d'autres chefs-d'œuvre doivent lui faire pardonner ou tout au moins peuvent servir à atténuer les torts dont il se rendit coupable en s'associant à l'impitoyable ardeur avec laquelle le vieux Fust, son beau-père, persécuta jusqu'à la mort le malheureux Gutenberg.

N'oublions pas de dire qu'il eut aussi l'honneur de graver les premiers caractères grecs, caractères qu'il employa pour la première fois dans cette même édition du chef-d'œuvre de Cicéron, et que ce livre est en même temps le premier pour lequel on se soit servi d'interlignes.

Du vieux Fust, on ne parle plus guère après le sac de Mayence : il mourut en 1467, à l'âge d'au moins 72 ans; son fils Conrad, dit Hanoquin, devint l'associé de son beau-frère et mourut vers 1480.

Le dernier ouvrage donné par Pierre Schœffer est une quatrième ou peut-être cinquième édition de son chef-d'œuvre, le PSALTERIUM de 1457; elle est datée du 20 décembre 1502 et imprimée avec les mêmes caractères, car il est à remarquer que Schœffer, pendant le demi-siècle qu'il consacra aux travaux de l'imprimerie, modifia peut-être, mais ne voulut jamais changer absolument les vieux caractères gothiques dont il s'était servi lors de ses débuts ; on ne connaît pas un seul volume imprimé par lui avec les caractères romains qui devenaient alors d'un usage presque général.

Il dut mourir au commencement de 1503, car son fils Jean Schœffer publie à la date du 8 avril un volume, le *Mercure Trismégiste*, qu'il déclare dans la souscription être son premier ouvrage.

Pour l'indication des documents les plus sérieux que devra consulter tout bibliophile désireux de pénétrer ces impénétrables mystères, nous renvoyons aux beaux travaux spéciaux de MM. de Laborde, Auguste Bernard et Firmin Didot, qui se sont fait un scrupule honorable et prudent d'étayer solidement leurs SYSTÈMES en citant les sources innombrables auxquelles ils ont puisé ; car c'est là le dernier mot de cette note, c'est que l'histoire de la découverte de l'imprimerie, la vie présumable de Gutenberg, l'établissement des premières typographies, toutes ces grandes questions creusées, fouillées avec autant de patience que de perspicacité par les meilleurs esprits, ne reposent en somme que sur des bases légendaires ou hypothétiques, et que tous ces récits sont des SYSTÈMES.

Nous complétons cette notice biographique sur Gutenberg, par la transcription d'une lettre intéressante, qu'à propos de cette question controversée, a bien voulu nous adresser notre savant et respectable éditeur :

Cher monsieur P. Deschamps,

Ce n'est pas sans quelque raison que vous terminez votre résumé en disant « que tout ce qui a été écrit, dans des milliers de volumes, ne repose que sur des bases légendaires ou hypothétiques, et que tous ces récits sont des systèmes ».

L'origine de cet art, ainsi que je l'ai dit dans mon *Essai sur l'imprimerie*, est inconnue. En effet, la reproduction de l'écriture, et même du dessin, exista de tout temps, comme on en peut juger par ce qu'a dit Varron, par les poteries qui portent l'empreinte ou l'impression de marques, de noms et d'indications diverses, par les marques imprimées sur le front des esclaves et aussi par les médailles, où les lettres sont quelquefois retournées, preuve qu'on assemblait des lettres mobiles pour en composer les mots et les imprimer sur diverses matières. L'impression même ou reproduction par la voie humide était connue, comme l'atteste le mot NIKH, *victoire*, qu'Agésilas avait peint et *écrit à rebours* dans le creux de la main, afin que lorsqu'il prendrait sur l'autel le foie encore chaud et humide de la victime, l'application de sa main imprimât ce mot NIKH sur le foie où on le vit retracé *dans son vrai*

sens, et c'est ainsi qu'il opéra ce prodige. L'imprimerie se trouvait donc constituée dans ses divers principes. Mais, tant que manquait la matière sur laquelle on pût facilement imprimer, l'imprimerie ne pouvait se développer que par l'application soit sur tissus, soit sur parchemin, et en effet on a découvert récemment la marque d'un sceau avec légende datée de 1407, imprimé sur parchemin (1).

C'est seulement au milieu du XIVᵉ siècle, quand l'art de fabriquer le papier, cet art connu des Chinois dès l'origine de notre ère, se répandit en Europe et s'y généralisa, que la reproduction par l'impression des textes, des figures, des cartes à jouer, et d'abord par le procédé de la xylographie, puis avec des caractères mobiles, devint facile, et dut par conséquent apparaître simultanément en divers endroits, et dès lors on vit paraître les livres les plus usuels, particulièrement les *Donat*.

Par la multitude d'impressions xylographiques que l'on rencontre en Hollande, et qui sont reconnaissables plus particulièrement à la forme du *T* barré, il semble que c'est probablement à Harlem qu'elles furent primitivement exécutées; on peut même attribuer à ce pays les premiers essais d'impression en caractères mobiles, que l'on remarque au *Speculum humanæ salvationis*.

Mais il y a loin de ces essais de caractères, obtenus dans des moules en terre ou en pâte, soit par la fonte en plomb, soit en autre substance, à l'exécution régulière au moyen du moule où sont fondus les caractères dont l'œil reproduit la gravure du poinçon en acier, frappé dans une matrice adaptée au moule.

On voit en effet l'imprimerie, en Chine, procéder d'abord par la reproduction xylographique des textes dès le VIᵉ siècle de notre ère ; puis, au XIᵉ siècle (1040-1048), un homme ingénieux, dont le nom s'est conservé, donna à toutes les lettres une forme régulière, et inventa un procédé pour imprimer au moyen de types mobiles gravés en glaise et ensuite durcis au feu. Ces caractères, rangés à côté les uns des autres sur une plaque et fixés par un enduit, servaient à l'impression, puis, la plaque étant chauffée, chaque pièce s'en détachait pour servir à composer d'autres textes.

C'est donc d'après un procédé semblable qu'ont dû être exécutées les pages grossières en caractères mobiles qui apparaissent pour la première fois dans le *Speculum humanæ salvationis*.

Toutes ces impressions étaient exécutées au frotton. Telle est la part qu'on peut attribuer à la Hollande.

Quant à Gutenberg et à ses travaux commencés à *Strasbourg* avec ses premiers associés, et continués à Mayence, je crois qu'ils justifient par leur importance la gloire qui se rattache à son nom. En effet, on voit par son procès jugé en 1439 à Strasbourg, que, un an ou deux avant cette époque, il avait fait exécuter la PRESSE typographique dont il recommande que le secret soit soigneusement gardé et qu'il veut dérober à tous les regards. Or, l'impression par la presse typographique est un procédé tout différent de l'impression au frotton, en sorte que, lorsque pour la première fois on vit sortir de la presse de Gutenberg des feuilles tout imprimées d'un seul coup, l'admiration dut rejaillir sur son inventeur.

C'est en 1450, quelques années après son retour à Mayence, qu'on voit Gutenberg se mettre en rapport avec Jean Fust et contracter avec lui une association pour donner plus d'activité à ses travaux. Puis c'est en décembre 1452 que, par un nouvel acte avec Fust, il reçoit un nouveau prêt de 800 florins, mais avec l'obligation de recevoir dans l'association le calligraphe Pierre Schœffer, de retour alors de Paris où il s'occupait de la transcription des manuscrits.

(1) Il représente un guerrier et un moine avec cette inscription : *S. Johannis Plebani ad S. Maricium in Augusta.* Aᵒ MᵒCCCCA (1407,); il se trouve sur deux ouvrages dont l'un appartient à la biblioth. de la Chartreuse de Buxheim.

Or, c'est en 1454 et 1455 que nous voyons paraitre les célèbres lettres d'indulgence imprimées à Mayence, très-certainement par Gutenberg, et dont les petits caractères, de deux grosseurs différentes, très-bien gravés, très-bien fondus, très-bien imprimés, prouvent que l'art typographique était parvenu, on peut dire, à la perfection ; mais ce qui n'est pas moins remarquable, c'est que j'ai reconnu, en les confrontant avec les documents originaux que je possède, que les lignes imprimées en gros caractères dits de *forme* sont composées de ceux-là même avec lesquels furent imprimées la *Bible* de 36 lignes et celle de 42 lignes (1).

Ainsi, puisque l'intervention de Schœffer ne date qu'à partir de décembre 1452, on ne saurait admettre que ce serait dans l'intervalle de moins de deux ans que Pierre Schœffer eût pu graver les deux petits caractères et ceux des deux Bibles, les fondre avec une telle perfection et les imprimer aussi bien. Ils devaient donc exister antérieurement à son arrivée: Mais ce dont on doit lui être redevable, c'est l'exécution d'un moule plus perfectionné, qui aura permis d'obtenir cette régularité qui est un sujet d'admiration, et c'est un mérite qui lui est généralement reconnu : « Faciliorem modum fundendi characteres excogitavit. »

Ainsi donc, quel que soit le partage opéré plus tard de ce qui fut créé en commun, et dont furent formées deux imprimeries distinctes (celle de Gutenberg et celle de Fust et P. Schœffer, son gendre), c'est à Gutenberg qu'appartient l'invention de la presse et la plus grande part dans la gravure des caractères employés dans les lettres d'indulgence, travail qu'il a poursuivi depuis son séjour à St.-Arbogaste, près Strasbourg, antérieurement à 1436, que nous le voyons continuer en 1448, à Mayence, avec les fonds de Geltus, et en 1450 avec ceux de Jean Fust, puis secondé par P. Schœffer, en 1452.

Voilà ce qui me paraît n'être pas un SYSTÈME, mais résulter de faits qui ont tous les caractères réclamés par l'exactitude historique.

Sur votre désir, mon cher ami, je vous transmets ce résumé le plus succinct qu'il m'a été possible, de mes longues études sur les origines si embrouillées de l'imprimerie.   A. F. DIDOT.

MOHILOW, MOHILEV, ville forte de la Russie occident., chef-lieu du gouv. du même nom, près du Dnieper ; archév. russe et archev. catholique.

Bachmeister (*Bibl. de St-Pétersbourg*, p. 104) cite un livre slavon imprimé dans cette ville en 1617; c'est un *Missel* en slavon (Служебникъ), dont un exemplaire est conservé à Saint-Pétersbourg.

MOISSIACUM, *Moussac*, commune de Fr. (Vienne).—*Mousseaux* ; plusieurs localités de ce nom en France.

MOLARIA [It. Ant.], station de l'île de Sardaigne, que Mannert voit dans le bourg de *Mulargia*, mais que Reichard croit, avec plus de raison, être *Bolotana*.

MOLBURIUM, voy. MALBURIUM.

MOLDAVIA, BOGDANIE (au XVᵉ s.), *la Moldavie, Bogdan* (en turc), l'une des pro-

vinces danubiennes, dont le chef-lieu est *Jassy*.

MOLDAVIA FL., MOLDA, *la Moldau*, riv. des Etats Autrichiens, affl. de l'Elbe.

MOLES ADRIANI, voy. CASTELLUM ANGELI.

MOLIBERGA, *Mühlberg*, ville de Prusse, dans la rég. de Merseburg.

MOLIGNUM VILLA [Sugerii Litt. A. 1137]; n'est-ce pas *Moulineaux*, village de Normandie (Seine-Inférieure)? on trouve : *Mémoire de la réfection du Chastel de Moliniaus* [Du Cange].

MOLINÆ, MOLINS (au XIVᵉ s.], *Moulins*, ville de France, chef-lieu du dép. de l'Allier, anc. capit. du Bourbonnais.

Si nous acceptions sans contrôle les renseignements fournis par les catalogues anciens, nous serions exposé à entasser stupidités sur inexactitudes, et le tout formerait la *rudis indigestaque moles* du poëte. Ainsi deux catalogues au XVIIIᵉ siècle, dont celui de M. Varenne de Béost en 1773 (nᵒ 254), nous donnent ce titre: *Dissertation sur le transport des eaux de Vichy, par Tardy.* Moulins, 1555, in-12. Il y a là deux erreurs manifestes : le nom de l'auteur est Tardin, et le livre a certainement été exécuté au XVIIᵉ siècle.

Ce n'est qu'à 1606 que nous pourrions faire remonter l'introduction de la typographie à Moulins : *Le Jardin d'Apollon et de Clémence, divisé en deux livres, par Estienne Bournier, Molinois-Bourbonnois.* Molins, Pierre Vernoy, 1606, in-12. La traduction latine de ces poésies forme la seconde partie du volume : *Hortulus Apollinis et Clementiæ....* Plusieurs de ces pièces détachées sont dédiées à Honoré d'Urfé. Ce livre rare est cité dans les catal. La Vallière, Nyon (nᵒ 15196), Viollet-le-Duc, Cigongne, etc.

Mais ce volume n'est point imprimé à Moulins, puisqu'au 91ᵉ f., il est dit qu'il a été imprimé *à Paris, par Pierre Chevalier.*

Un autre volume à la même date figure également dans plusieurs catalogues et dans le P. Le Long: *La Vie de S.-Menoux, par Fr. Sebast. Marcaille.* Molins, 1606, in-12 (cat. Secousse, nᵒ 5171). Ce religieux était du prieuré de Souvigny, près Moulins, dont la bibliothèque est venue, à la révolution, faire le fonds le plus précieux de la biblioth. de cette ville.

M. Brunet ne croit pas non plus à ce vol. imprimé à Moulins ; nous n'y voyons pourtant rien d'impossible ; mais en tout cas le livre du même auteur, que nous allons citer, est certes le fait d'une typographie locale : *Antiquités du prioré de Souvigny en Bourbonnais, où est montré le pouvoir des saints, et plusieurs choses notables en la royale maison de Bourbon, qui en est fondatrice.* Moulins, s. d. (12 juillet 1610), P. Vernoy, imprimeur et libraire ordinaire du roy, in-8ᵒ, réimprimé également s. d. par P. Vernoy.

Nous trouvons encore un P. Vernoy en exercice à Moulins en 1644 ; et quelquefois son nom est écrit *Vernois.*

L'arrêt du conseil du 21 juillet 1704 autorise la ville de Moulins à conserver deux imprimeurs ; ce nombre est réduit de moitié par l'arrêt de 1739 ; et le rapport fait à M. de Sartines en 1764 constate que ce second arrêt ne fut point mis à exécution. Voici les termes du rapport : Moulins. Deux imprimeurs, Jean Pierre Vernoy, imprimeur du roy par lettrespatentes de 1752, enregistrées au parlement en 1762 ; descend d'une famille d'imprimeurs ; leurs titres détruits par le feu en 1755 ; ils avaient plusieurs priviléges, pensions, exemptions de droits d'entrée, qu'ils ont perdus avec leurs titres ; le nombre de leurs presses est de trois.

(1) La lettre d'indulgence que je possède, 1454, ayant 31 lignes, contient les lignes des gros caractères dits de *forme*; qui ont servi à l'impression de la *Bible* de 36 lignes.
La lettre d'indulgence, de 1455, dont je possède un *fac-simile* d'une exactitude parfaite, a 30 lignes et contient les lignes en caractères dits de *forme* qui ont servi à l'impression de la *Bible* de 42 lignes.

Gilberte Garreau, veuve de J. Faure: son mari, reçu imprimeur en 1724, mort en 1758, natif de Grenoble, était fils de l'imprimeur du roy en cette ville ; trois presses.

Molismus, *Molesme*, commune de Fr. (Côte-d'Or) ; célèbre abbaye de Bénédictins, rebâtie en 1698, du dioc. de Langres ; à 12 kilom. de Châtillon-sur-Seine.

Molossi [Cic., Corn. Nep., Plin.], Μολοσσοί, Μολοττοί [Æsch., Herod., Scyl., Thuc., Strab.], peuple de l'Epire, habitant le territoire limitrophe à la Thesprotie, au N. du golfe d'Arta ; ce district s'appelle auj. la *Pandosia*.

Molshemium, **Moleshemium**, *Molsheim*, *Moltzen*, ville de Fr. (Bas-Rhin), au pied des Vosges, sur la Bruche.

L'imprimerie remonte en cette ville, suivant Falkenstein, à l'année 1618, et nous ne pouvons que confirmer cette assertion, en donnant le titre du volume que probablement a voulu désigner le bibliogr. allemand. Quand les Luthériens devinrent maîtres de Strasbourg, le chapitre de cette ville alla s'établir à Molsheim, et se fit suivre de son imprimeur, nommé Johann Hartmann : *Primitiæ Archiducalis Academiæ Molshemianæ*. Molshemii, 1618, in-4°. C'est l'histoire de l'inauguration de l'université épiscopale de Molsheim. L'année suiv., nous citerons : *Der geistliche Calender, das ist XII. Betrachtungen auff die zwölff Monat dess Jars gerichtet.* Molsheim, bey Johann Hartman, 1619, in-12. Pour d'autres volumes imprimés dans cette ville, voyez le P. Le Long, Bauer, Vogt, etc.

L'imprimerie ne fut exercée que temporairement dans cette petite ville ; bien longtemps avant la fin du XVIIe siècle, elle n'existait plus ; aussi son nom ne figure-t-il pas aux arrêts du conseil qui réglementent l'imprimerie des villes de France au XVIIIe siècle.

Molus fl., voy. **Melas**.

Molycria [Plin.], Μολύκρειον [Thuc.], Μολύκρία [Strab., Ptol.], Μολύκρεια [Steph. B.], ville de l'Ætolie, sur le golfe de Corinthe, que Pouqueville croit être auj. *Kukio Kastro*, au N.-O. et très-près de Lepanto.

Momonia, *le Munster*, l'une des quatre divisions ecclésiastiques d'Irlande, au S.-O.

Mona ins., voy. **Menavia**.

Nous avons déjà parlé de la typographie de l'île de Man à l'art. **Duglasium** ; nous aurons l'occasion d'y revenir, lorsque nous arriverons à **Ramesium**.

Mona ins., voy. **Anglesaga**.

Mona ins., *Moën*, île du Danemark, dans la mer Baltique, près de l'île de Seeland.

Monachium, **Monachum**, *München*, *Munich*, capitale de la Bavière, sur la rive gauche de l'Isar ; université formée de celle de Landshut ; magnifiques établissements littéraires ; sa bibliothèque est l'une des plus importantes de l'Europe ; elle est administrée par l'un des savants illustres de l'Allemagne, le Dr Karl Halm.

Conrad Dinckmut, citoyen d'Ulm, établi dans cette ville de 1484 à 1496, et peut-être même quelques années plus tard, a laissé antérieurement trace de son passage à Munich ; il est vrai que cette trace est xylographique, c'est-à-dire ne rentrant qu'indirectement dans le cadre que nous nous sommes imposé, mais nous devons cependant en faire mention. C'est une LETTRE D'INDULGENCES, donnée en vertu d'une bulle du Pape Sixte IV, *Monachii*, 1482, in-fol. Cette pièce, signalée par Falkenstein, M. de Laborde, M. Bernard, etc., figure au catal. Libri de 1859, avec cette note vaillante : « A xylographic Broadside, in a German semi-gothic type, quite unknown to all bibliographers, and unique. »

Un livre infiniment plus précieux peut-être que ces *Lettres d'indulgences* serait un autre produit de l'imprimerie tabellaire, dont un bel exemplaire est conservé à la bibl. royale de Munich, qui a cédé son second exempl. à lord Spencer. Voyez la description qu'a faite de ce curieux in-4° Dibdin, dans le tom. II des *Ædes Althorp.*, p. 188, MIRABILIA ROMÆ (German.), de 92 ff. imprimés des deux côtés, à 20 lignes à la page entière ; voyez surtout les excellents détails dans lesquels entre M. Brunet, (III, col. 1740), à l'occasion de ce bijou xylographique. Nous croyons avec le P. Reichhart ce précieux volume exécuté à Munich même, et, suivant toutes les probabilités, par Johann Schauer, qui ne serait autre, au dire de Zapf (*Augsburg's Buchdr.*), que Johann Froschauer, célèbre imprimeur d'Augsbourg, et que Falkenstein dit avoir été établi à Munich de 1482 à 1494.

Quant à l'imprimerie en caract. mobiles, nous croyons qu'elle n'a été exercée à Munich que dans les dernières années du XVe siècle.

L'un des plus anciens produits, malheureusement sans date, de la première typographie installée par Johann Schobser ou Schopsser, que l'on peut hardiment considérer comme le premier typographe, est un recueil de sermons de Paul Wann, le théologien et prédicateur de Padoue, dont le titre est détaillé par Hain (tom. IV, p. 505) : *Quadragesimale divi concionatoris Pauli Wañ Doctoris sacre theologie..... impressum per Iohannem Schopsser, in Monaci.* S. d., in-4° de 105 ff. à 2 col. de 33 lig. ; sans chif. ni récl., mais avec sign. a-u.

Ce Schopser ou Schobser venait aussi d'Augsbourg : « Relicta hac urbe demum Monachii artem suam exercuisse, hocque *Quadragesimale* ante exitum sæculi XV, ibidem typis mandasse, verisimile est (Panzer). »

Son fils Andreas Schobser lui succéda de 1520 à 1531 ; cependant son père continue à signer des livres jusqu'en 1524.

Falkenstein nous donne les noms de plusieurs imprimeurs établis à Munich, et les titres d'un certain nombre d'ouvrages allemands exécutés dans cette ville aux premières années du XVIe siècle.

Monachodamum, *Monnikendam*, ville de Hollande.

Monaco, **Monœcum**, voy. **Herculis Monœci portus**.

Monaetia, voy. **Modoetia**.

Monalus fl., Μόναλος [Ptol.], fl. du N. de la Sicile, auj. *la Pollina*.

Monapia ins., **Monarina** [Plin.], Μονάριδα [Ptol.], voy. **Menavia ins.**

Monarvilla, *Monnerville*, commune de Fr. (Seine-et-Oise).

Monasteriolum ; voy. **Montrolium**.

Monasteriolum ad Icaunam, voy. **Condate**.

MONASTERIOLUM IN PAGO PONTIVO, MONSTE-
ROLUM AD MARE, MONTROLIUM, anc. AD-
LULLIA (?), MONSTEREUL (XIIIᵉ s.), MONS-
TRŒL., MONSTRŒIL [Froissart], MONS-
TRŒUL [Coutum. 1517], *Monstreuil,
Montreuil-sur-Mer*, ville de l'anc. Pon-
thieu, auj. chef-lieu d'arrond. du dép.
du Pas-de-Calais.

Claude de Monstreuil ou de Monst'œil, imprimeur
à Paris (1578-1606), à Blois et à Tours, où il suivit le
parlement (1589-91), était origin. de cette ville.

MONASTERIUM.

Les développements peut-être exagérés auxquels
nous nous sommes laissé entraîner par rapport à
l'histoire typographique des villes d'Europe, ne
nous permettront sans doute pas de tenir la promesse que nous avions faite de donner la liste des
abbayes apparl. aux ordres lettrés, et cependant
nous outre-passerons le nombre de 20 livraisons, dans
lequel nous avions espéré pouvoir circonscrire ce
pénible travail ; nous allons du moins, à cette place,
réunir sous le vocable MONASTERIUM, celles de ces
abbayes dans lesquelles nous avons pu relever
l'existence d'un établissement typographique.

MONASTERIUM, *Moutier, Moustiers, Mon-
tiers* ; un grand nombre de localités en
France et dans les pays avoisinant
portent ces différents noms, qui proviennent des établissements conventuels qui jadis y existèrent.

MONASTERIUM, *Monestier, Monastier* ; il en
est de même pour cette appellation ;
on trouvait aux XIIᵉ et XIIIᵉ s., *Mones-
tor* : « le Mui de *Monestor-sur-Cher* vaut
xxx. sextiers de Paris ».

MONASTERIUM, *Monostor, Kolos Monostor*,
abbaye de Bénéd. en Transylvanie.

MONASTERIUM, *Münstercifel*, petite ville de
Prusse [Graesse].

MONASTERIUM, *Münster*, ville de Prusse,
cap. de la prov. de Westphalie, et chef-
lieu de régence, sur l'Aa et le canal de
Münster ; évêché, biblioth. ; son université fut transférée à Bonn en 1818 ;
Jean de Leyde en avait fait la Rome de
ses Anabaptistes, et le traité de Westphalie fut signé dans ses murs en
1648.

Les bibliographes sont tous d'accord pour reporter à l'année 1486 la date de l'introduction de la
typographie dans la ville de Münster ; RUDOLPHUS
LANGIUS (Rudolph de Langhen), *nobilis Westpha-
lus et Monasteriensis Canonicus. Carmina et alia
opera*. A la fin : *Rho. Lan. Ca. Monasteriensis.
Carmina. finiunt. Iohannes Limburgus. Monasterii Westfalie impressit feliciter* Mᵒ CCCCᵒ LXXXVIᵒ
Iulii XXIX. *Regnante gloriosissimo Maximiliano
pio felice Augusto*. In-4ᵒt goth. de 36 ff. avec sign.,
sans ch. ni récl. Cette pièce rare et précieuse se
termine par ces vers : *Eiusdem Rhodolphi Langii
in artem imprimendi et impressoris laudem epi-
gramma*.

*Tinxerat hec formis arte Johannes
Limburgus superans : nec polyclete negas ;
Hoc tibi pellei iuuenis tribuisset Apelles
Pictor : et ex auro qui dedit ora ducis.*

*Laus tibi et gloria Iesu Christe benedicte optime
maxime.*

Panzer cite un assez grand nombre de volumes
imprimés à Münster au début du XVIᵉ siècle, et un
second nom d'imprimeur Gregorius Os de Breda.
Voici une pièce qui a échappé à ses recherches,
ainsi qu'à celles d'Hain, mais que nous avons eue
entre les mains, grâce à l'obligeance de M. Tross :
*Tractatus brevis et utilis de statu cano ‖ nissarum
seu mulierum quarundam almanie‖que vulgariter
appellantur canonice. an sit lici‖tus et a iure ap-
probatus. Vel reprobtus* (sic) ‖ *Feoliciter* (sic) *Incipit*. A la fin : *Editum est hoc opusculum in ciuitate Monastericā*. S. a., pet. in-4ᵒ de 6 ff. à 23
lignes par p., sans chif., récl. ni sign.

Cette pièce est certainement l'un des premiers
ouvrages sortis des presses de Münster ; elle est imprimée en caract. goth., assez difformes, qui ne sont
pas ceux de Jean de Limburg ; nous n'hésitons pas à
la croire antérieure à 1486.

MONASTERIUM, *Marchmünster*, bourg et
anc. abb. près Ratisbonne (Bavière-
Rhénane).

MONAST. S. AFRI, voy. AUGUSTA VINDELICO-
RUM.

MONASTERIUM AD ALMONIUM, ALEMANNI
MONAST., *Altmühl-Münster*, abbaye de
Franconie, sur l'Altmühl (Regenkreise,
Bavière).

L'imprimerie exista-t-elle réellement dans ce
monastère, ou le livre que nous allons citer n'a-t-il
point été plutôt imprimé à Constance ? voilà ce qu'il
ne paraît point facile de préciser : *Christoph. Mariani Conuiuium Euangelicum, in quo diuersarum partium ministri euangelici cum D. Augustini confessione hilariter accumbunt et euangelice
philosophantur*. Monasterii ad Almonium, 1602,
in 4ᵒ. (Bauer, tom. III, p. 28 ; Shelhorn, etc.)

MONASTERIUM AGEDUNI, *le Moustier d'Ahun*,
célèbre abbaye de Cluny, fondée au
Xᵉ siècle (Creuse).

MONAST. ALCOBATIÆ, voy. ALCOBATIA.

MONAST. ALEXANDRI NEVSKI, *couvent de St-
Alexandre Nevski*, en Russie.

On établit, dit Bachmeister (*Bibl. de St-Pétersb.*, p. 106), une imprimerie au couvent de St-
Alexandre Nevski en 1720 ; ce qu'on y vit paraître en
premier fut un Букварь et un *Sermon de Theó-
phanes*.

MONASTERIUM ALTÆ CUMBÆ, *Hautecombe*,
anc. abb. de Cîteaux, près du lac du
Bourget, du diocèse de Genève, fondée
en 1135 par Amédée III, comte de Savoie (dép. de la Savoie).

Nous sommes presque en mesure de prouver
qu'une typographie a fonctionné au XVIᵉ siècle
dans les murs de ce monastère célèbre, que les ducs
de Savoie aimaient tant « qu'ils avaient un palais
tout proche, et qu'ils le choisirent pour leur sépul-
ture » (*Voy. Littér. des Bénéd.*, I, 240). Voici l'un
des livres exécutés dans cette abbaye que nous pouvons citer : *De Principatu Sabaudiæ et vera Ducum origine a Saxoniæ Principibus, simulque
Regum Galliæ stirpe . Hugonis Capeti deducta...
Alphonso d'Elbene auctore*. Altæ Cumbæ, impensis
R. D. Abbatis, 1561, in-4ᵒ.

MONASTERIUM S. AMBROSII, *in Mediolano,
abbaye de S.-Ambroise*, à Milan, de
l'ordre de Cîteaux.

Une imprimerie particulière fonctionnait dans ce monastère à la fin du XVIIIe siècle : *Osservazioni (di Monsig. Paolo Maria Locatelli) sul libro intit.: Cosa contengono li documenti della cristiana antichità sopra la confessione auriculare, di Eybel. Traduzione dal tedesco.* Benevento, 1785. — Parma (Milano, nel monastero di S. Ambrogio), 1786, in-8o. (Melzi, *anon. et pseud.*, II, p. 298).

Citons encore: *Novelle morali ad istruzione dei giovanetti, ec.* Milano, nel monastero di S. Ambrogio, 1795, in-8o. De ces dix *Nouvelles*, quatre appartiennent à Annibal Parea, Milanais, et les six autres à Luigi Bramieri, de Parme (Gamba, *Cat. de' Novellieri*).

MONAST. S. ANDREÆ DE LITTORE, CARTHUSIANA EREMO S. ANDREÆ IN VENETIIS, *la Chartreuse de S.-André du Rivage*, à Venise.

Ancien établissement conventuel dans lequel il nous faut signaler l'existence d'une imprimerie au commencement du XVIe siècle : *Benedicti* (Z.) *elegia in obitum R. P. Antonii Suriano Venetorum Patriarchæ. Exarata in Carthusiana Eremo S. Andreæ de littore Venetiis* XIII. *Kalend. Junias, anno* MDVIII, in-4o. Cette pièce fort rare n'est pas citée par Mazzuchelli.

MONAST. S. AUGUSTINI SAVONENSIS, voy. SABATA.

MONAST. AULÆ REGIÆ, voy. AULA REGIA; on trouve aussi *Königshoven*, comme nom vulgaire de cette abbaye.

MONAST. BELISIÆ, *Monstrebilse, Münster Bilsen*, bourg et abb. de Belgique, près Tongres.

MONAST. CALMILIENSE (Cart. XIe s.), depuis MONAST. S. THEOFREDI (vulgo *St-Chaffre*), *le Monastier-St-Chaffre, le Monastier*, commune de Fr. (Haute-Loire); anc. abb. de St-Benoît, fondée vers 570 (Dioc. du Puy).

MONAST. CANONIC. REGULAR., voy. SCHOENHOVIUM OPPIDUM.

MONAST. CASINENSE, CASINATENSE, voy. CASINUS MONS.

MONAST. CARTHUSIAN. BUXHEMIENSE, célèbre chartreuse située à Buxheim près Memmingen (Bavière), l'un des plus anc. monastères de l'Allemagne.

C'est dans cette chartreuse qu'Heinecken découvrit, collé sur la reliure d'un ms. du XIIIe siècle, le *S. Christophe* de 1423; premier spécimen de la gravure sur bois qui soit connu. Cette pièce in-fol. porte gravé en bas: CRISTOFORI FACIEM DIE QUACUMQUE TUERIS, ILLA NEMPE DIE MORTE MALA NON MORIERIS. MILLESIMO CCCCo XXo TERCIO. Cette pièce illustre a été trop souvent décrite et fac-similée pour que nous ayons à en parler.

MONAST. CARTHUSIANORUM *intra Mœnia Moguntiæ*, la Chartreuse de Mayence.

Gutenberg a fait hommage de quelques-uns des produits de ses presses à la bibliothèque des chartreux de Mayence; Schwartz (*de Typogr. orig.*, pars II, p. 4) dit, en parlant de la *Bible de 42 lignes* qu'il signale comme appartenant à cette librairie : « In vetusto tamen catalogo ms. istius bibliothecæ annotatum legi : Biblia ista monasterio a Johanne Gytembergio, aliisque quibusdam, quorum nomina mihi exciderunt, fuisse donata. » Le bibliothécaire

de la ville de Mayence, à l'époque où cette ville était un des boulevards de la France, M. Bodmann, déclare ce renseignement de Schwartz complétement erroné; mais ne s'est-il pas trompé lui-même, quand il prend le catalogue de la bibl. de l'université, depuis biblioth. publique de Mayence, pour celui de la Chartreuse? Et quand il affirme qu'aucune mention du genre de celle que cite Schwartz n'existe sur ce catalogue, ceci ne prouverait qu'une chose : c'est que celui qu'a pu voir Schwartz au commencement du XVIIIe siècle avait disparu lors de l'administration de Bodmann; on sait déjà que Meerman l'avait cherché inutilement.

M. Bernard s'est occupé aussi de ce fait intéressant (*De l'Orig. de l'impr.*, I, 177 et suiv.).

Nous avons du reste une autre preuve de la générosité de Gutenberg vis-à-vis des Chartreux de Mayence : c'est cette inscription ms. qui se trouvait sur un *Tractatus de celebratione missarum* ayant appartenu à la librairie des Chartreux et depuis réuni à la bibl. publique de Mayence, inscription que nous avons déjà rapportée à propos de Numeister, à l'art. FULGINIUM.

Les Chartreux de Mayence avaient une des plus riches collections d'incunables mayençais que l'on ait jamais réunis; leur *Bible de 42 lignes* passa probablement, dit Schwartz, en Angleterre; ils avaient le *Psalterium de 1459, le Durandi Rationale*, etc.

MONAST. COMPLUTENSE, voy. COMPLUTUM.

MONAST. CUBURIENSE, voy. COBURIA.

MONAST. CUCUFATI (S.), voy. CUCUFATI MON.

MONAST. DELSKOI.

Abbaye de Russie, dans laquelle Bachmeister (*Bibl. de St-Pétersbourg*, p. 104) signale l'établissement d'une imprimerie en 1647; le premier livre est intitulé о подражений христовъ.

MONAST. DE DISENTIS, abb. de Bénéd. au Tyrol.

Imprimerie au XVIIIe siècle; *Fundamenti principali della lingua retica, ò griggiona... all' uso di due delle principali valli della Rezia, cioè di Sopraselva e di Sorset, coll' aggiunta d'un vocabolario italiano e reto di due lingue romancie, fatica del P. Flaminio da Sale.* Stampato nel principale monasterio di Disentis, da Fra-Ant. Binn, 1729, pet. in-4o. Livre très-important pour l'étude de la langue romancie.

MONAST. S. EUSEBII, *urbis Romæ*.

Voy., pour l'impr. de George Lauer, de Wurtzbourg, établie dans ce monastère en 1470 sous les auspices du cardinal Caraffa, l'art. ROMA.

MONAST. FONTIS BONI; voy., pour l'imprim. en 1520, dans ce monastère de Camaldules, l'art. FONS BONUS.

MONAST. FRATRUM VITÆ COMMUNIS *vallis sancte Marie* (dioc. Moguntini) *in Rhingkhavia*, le Val Sainte-Marie, Marienthal, ou *Marihausen*, dans le Rheingau (territ. de Mayence).

Les frères de la vie commune, fondés en 1376, par Gérard de Groot (le Grand) de Deventer, sous l'approbation du pape Grégoire XI, subvenaient, par les travaux manuels, aux frais de leur existence commune et de l'entretien de leurs nombreux établissements. Avant la découverte de l'imprimerie, la calligraphie et la transcription des mss. formaient l'une des branches capitales de leurs revenus; aussitôt après la vulgarisation de la sublime découverte, ils s'emparèrent des procédés nouveaux et les mirent en exercice dans un grand nombre de leurs maisons conventuelles. Le premier de leurs monastères dans lequel on puisse signaler l'existence de l'imprimerie est, croyons-nous, le Val-Ste-Marie, dans le Rheingau, aux portes de Mayence ; ils étaient là à deux pas des premiers ateliers typographiques, et, comme nous allons le voir, ils ne perdirent pas de temps.

Nous avons à la Bibliothèque impériale un mince vol. pet. in-fol. (incomplet) ; c'est la première édition, non citée par Hain, d'une pièce liturgique dont voici le titre : *Copia indulgentiarum de institutione festi præsentationis beatæ Mariæ per Dominum Adolphum, Archiepiscopum Moguntinum, concessarum*. A la fin : *Lecte fuerunt presentes littere in generali sinodo, sancta die Mercurii et ultima mensis Augusti, anno* (1468) ; in-fol. S. l. ni d., de 12 ff. « Cette pièce, dont on ignore la date d'impression, dit M. Aug. Bernard, sort de l'atelier typograph. des frères de la vie commune du Val-Ste-Marie ; la date ne peut pas être de beaucoup postérieure à celle des lettres mêmes. Le livre est imprimé avec un caractère de quatorze points environ et d'un œil semblable au n° 2 de Schoeffer. A la suite de la lettre de l'archevêque de Mayence se trouve l'office de la Vierge, où l'on a réservé des espaces en blanc pour noter le plain-chant. » Dans l'exemplaire de la Bibl. imp. ces blancs ne sont pas remplis.

En 1474 les frères du Val-Ste-Marie publient un *Psalterium-Breviarium*, parfaitement décrit par la Serna Santander, Hain, M. Brunet, M. Bernard, etc. Ce volume offre cette particularité d'une différence dans la souscription de quelques exemplaires ; les uns portent simplement : *Subiectum volumen psalterii breuiariique Maguntie impressoric artis industria*. D'autres : *Hoc volumen breuiarii psalteriique Moguntinensis artis 'impressoriæ industria perfectum, feliciter consummatum est in domo fratrum clericorum communis vite Vallis Sancte Marie eiusdem diœceseos in Ringkauia Anno domini* M.CCCC.LXXIV. *Sabbato post Reminiscere*. In-4° de deux parties, composées, la première de 341 ff., la seconde de 580. Sans chiff., récl. ni sign., en deux caract. de même *corps*, mais d'un œil différent de grosseur, dont l'un a servi à imprimer la pièce précédente, dit M. Bernard, qui attribue encore aux frères de la vie commune l'impression d'un petit vol. de 34 ff., exécuté avec les deux caractères du *Bréviaire de Mayence*, et décrit par Fischer (*Typogr. Seltenheiten*, 6e liv., p. 128) ; c'est une édition d'un opuscule de Gerson, *de præceptis Decalogi*, in-4°.

MONAST. FRATRUM VITÆ COMMUNIS ; pour les autres monastères des frères de la vie commune, dans lesquels l'imprimerie exista, voy. BRUXELLA, et ROSTOCHIUM.

MONAST. IVERSKOI, *monastère d'Iversk*, voy. IVERSKOI.

MONAST. S. JACOBI AD MOGUNTIAM, *les Bénédictins de St-Jacques de Mayence* ; cette abbaye, au temps de Heinecken, était comprise dans l'enceinte de la forteresse.

Ce furent ces religieux qui fournirent à Fust et Schoeffer l'argent nécessaire pour l'exécution du *Psalterium* de 1459 ; du moins ils le prétendaient au siècle dernier et l'affirmèrent à Heinecken ; ce serait en témoignage de ce service que les imprimeurs auraient ajouté à la souscription de ce précieux livre les mots : *Ad laudem Dei ac honorem Sancti Jacobi*, qui ne se trouvent pas dans le *Psalterium* de 1457.

MONAST. S. JACOBI DE RIPOLIS, voy. FLORENTIA.

MONAST. S. JOHANNIS BAPTISTÆ *in Monte Khesroan*, voy. KHESROWAN.

MONAST. B. MARIÆ DE MONTESERRATO, *N.-D. de Montserrat, Monasterio de Nuestra Señora de Monserrate*, abbaye de Bénédictins, en Catalogne.

Mendez consacre à l'histoire de ce monastère et à l'introduction de la typographie un chapitre très-étendu et très-complet auquel nous renvoyons le lecteur ; nous en extrairons seulement les notes suivantes : les Bénédictins avaient, à la fin du XVe siècle, 19 monastères réformés en Espagne, qui s'entendirent et formèrent une association pour l'impression des livres liturgiques de l'ordre ; l'abbaye de Monserrate fut choisie à cet effet, et un Allemand établi à Barcelone, Johann Luschner, fut délégué pour présider à cette typographie spéciale ; voici les principales conditions du traité : « *En el dia 7 de enero de 1499 se hicieron las capitulaciones y pactos entre el prior y monasterio de una parte, y Juan Luxaner* (sic), *maestro de imprenta, ciudadano de Barcelona, de otra* »...

1° L'imprimeur s'oblige à imprimer tous les bréviaires et livres nécessaires, en aussi grand nombre que besoin sera, à fournir le matériel, papier, parchemin, etc., se chargent de l'entretien des ouvriers, etc. ; d'autre part le prieur fournit un logement « en el Castillo de Olea » à Mº Juan, à sa femme et son enfant, et se charge du payement de l'encre d'imprimerie.

2° Mº Juan fournit tout le matériel d'imprimerie nécessaire, caractères, poinçons, matrices, presses, etc., le tout ayant préalablement été estimé par un marchand allemand, Franch Ferber, et un orfèvre de Barcelone, Gabriel de Villamarichs, à ce délégués.

3° Le monastère s'engage à payer à Mº Juan quatre ducats et demi par mois, etc.

La qualité, la marque et le prix du papier à fournir sont réglés d'avance, ainsi que le prix du parchemin ; puis viennent les tarifs de frais d'impression qui sont fort curieux, mais trop détaillés pour pouvoir être reproduits ici ; enfin les salaires des ouvriers, parmi lesquels son correcteur « Udalricho de Ulma » est seul nommé.

Le premier livre imprimé est intitulé : *Libro de las meditaciones de N.-S. J.-C.* « la fin : *Expliciunt meditationes quas sanctus scripsit Bonaventura de vita et passione domini nostri Jesu Christi. Ac permaximam utilitatem in vita spirituali proficere cupientium in Monasterio beate Marie de Monteserrato, ordinis sancti Benedicti de observantia. Impressum per Johannem Luschner alemanum. Sub impensis ejusdem monasterii. Anno Dñi.* M.CCCC°LXXXXVIIIJ. xvj. *mensis Aprilis.— Deo gratias.* In-8°.

Pendant deux ans Johann Luschner exécuta pour le compte du monastère un très-grand nombre d'ouvrages ; puis, par suite de la rupture amiable ou de l'expiration de son traité, il quitta Monserrate et retourna en Allemagne ; probablement il abandonna son matériel. En 1518 le rév. P. abbé Fr. Pedro de Burgos fit encore venir de Barcelone un nouvel imprimeur, maestre Juan Rosembach, avec des ouvriers dont l'histoire nous a conservé les noms, et, du 30 juillet 1518 au 22 mars 1522, ce nouvel établissement typographique fournit à l'ordre : *Misales*; 500 ; — *Breviarios*, 701 ; — *Diurnales*, 800 ; — *Horas de Nuestra Señora*, 1000, sans compter un nombre infini de *Lettres d'indulgence*, et plusieurs milliers d'*images de Notre-Dame*.

MONAST. S. MARIÆ DE RUAH *in agro Patavino*, appelé aussi MON. B. MARIÆ DE PRATALEA, abbaye de Bénédictins, située « *in Collibus Euganeis ad sextum milliare extra mœnia* ».

« Bibliotheca nitidissima, libris antiquo ritu dispositis referta, atque picturis ornata est » (Mabillon, voy. t. I, p. 29). L'imprimerie fut introduite dans ce monastère au XVIᵉ siècle : *Sermones B. Ephræmi, latinè interprete Ambrosio Camaldulensi.* In Eremo S. Mariæ de Ruah in agro patavino, 1585, in-8°.- (Cat. Baluze, H, 623).

MONAST. S. MAXIMINI, voy. MAXIMINI MON.

MONAST. MONTIS ATHONIS.

Parmi les 22 couvents de l'ordre de St-Basile, qui couvraient le mont Athos, et lui avaient valu le nom de *Monte Santo*, nous citerons : M. LAUREÆ S. ATHANASII (*le Laurier de S. Athanase*) ; M. MAGNI NICOLAI, *cognomento* STAURONIATÆ, *in monte Atho* (voy. Montfaucon, *Palæogr. gr.*, lib. VII) ; — CIMA DI MONTE SANTO ; — M. S. DIONYSII, *quod situm est ad radices parvi Athonis, S.-Denys, au pied du petit Athos* ; M. CONSTANTIS *seu Castamoniti in Monte Atho* ; — M. S. THAUMATURGI NICOLAI ; — M. BULGARORUM *in Monte Atho* ; — M. PRECIOSÆ CRUCIS, *cognomine Psocæ* ; — M. SIMENI VEL ESPHIGMENI *in Monte Atho*, etc.

MONAST. MONTIS S. PETRI *in Erphordia*.

C'est dans ce monastère que le P. Reichhart place l'impression du premier livre imprimé à Erfurt (voy. ERPHORDIA).

MONAST. OLIVENSE, voy. OLIVA.

MONAST. PETZSARSKIENSE, voy. KIJOVIA.

MONAST. DI RAYTI DEL MONTE SINAÏ.

De ce monastère fut abbé S. Jean le Scolastique, vulgairement appelé Jean Climaque, si célèbre par son traité de l'*Echelle du Paradis*, dont une traduction espagnole passe pour être le premier livre imprimé à Mexico en 1532.

MONAST. RIVI SICCI, *convento de Rioseco*, à Medina de Rioseco (voy. METHYMNA).

Imprimerie en 1618.

MONAST. RUBRUM, *abbaye de Roth*, ou *Rothen*, du dioc. d'Augsbourg, près de Memmingen, en Bavière ; Prémontré.

Le chœur de l'église de ce couvent possédait au temps de Schelhorn un bel exemplaire du *Psalterium* de 1457, avec le plain-chant écrit à la main, la grande capit. en rouge et les ornements en bleu ; nous pensons que cet exemplaire est auj. conservé à la biblioth. de Munich.

MONAST. S. SALVATORIS *in Pavia*, anc. abbaye de Bénédictins, qui s'élevait dans un des faubourgs de Pavie, « in uno e suburbiis exstat S. Salvatoris monast. e nostris », dit Mabillon (*Voy. d'Ital.*, I, 213).

Nous devons signaler l'imprimerie établie dans ce monastère à la fin du XVIIIᵉ siècle ; *Genesis del diritto penale* (avec l'épigraphe) : *Exercitatus aut petit Syrtes Noto, aut fertur incerto mari.* Horat.). Pavia, nella stamp. del I. R. Monastero di S. Salvatore, 1791, pet. in-4°. C'est la première édition du célèbre ouvrage de Giandomenico Romagnosi, nous dit Melzi (I, p. 442), avec un frontisp. de Felice. Comparetti, graveur de Piacenza.

MONAST. SORTENSE, *ord. Præmonstr.*, voy. SORETUM MONAST.

MONAST. IN TARANTASIA ; voy. CENTRONUM CIV.

MONAST. TAVESTOK ; *Tavistock*, bourg et anc. abb. de Bénédictins, dans le De-

vonshire, qui ne relevait que de la juridiction papale, et dont l'abbé était de droit membre de la chambre des lords.

Les Bénédictins fondèrent un établissement typographique à Tavistock-Abbey, dans les premières années du XVIᵉ siècle ; deux produits de ces presses conventuelles ont survécu : THE BOKE OF COMFORT, *called in laten* BOETIUS *de consolatione philosophie, translated in the Englesse tonge* (c'est la seconde traduction anglaise), *by John Walton* (ou *Wattownem*), *canon of Osney, and Sub-Dean of York, at the request of the lady Elizabeth Berkeley.* A la fin : *Enprented in the exempt monastery of Tavestok in Denshyre. By me Dan. Thomas Rychard, monke of the sayd monastery to the instant desyre of the ryght worshypful esquyer mayster Robert Langdon.* Anno D. M.DXXV. In-4° goth. avec sign. (Voy. *Typogr. antiq.*, p. 1439 ; Bauer, I, 132 ; IVᵉ catal. R. Heber, n° 158, etc.)

Bien que d'une excessive rareté, ce très-précieux incunable est infiniment plus connu que le second produit des presses conventuelles de Tavystock, daté de 1534 ; celui-ci est intit.: *Confirmation of the Charter, perteyninge to all the tynners wythyn the countey of Devonshire.* C'est un in-4° de 16 ff. goth., duquel le dʳ Cotton donne une description minutieuse et intéressante, à laquelle nous demandons la permission de renvoyer le lecteur.

M. Hearne mentionne un troisième ouvrage imprimé à Tavystock ; celui-ci est intit.: *The long Grammar* ; son existence est très-probable, à cause des études et des cours spéciaux « for the study and preservation of the saxon language », auxquels se consacraient les savants Bénédictins de l'abbaye ; malheureusement il a si complétement disparu que l'assertion de Hearne est passée à l'état d'hypothèse.

MONAST. TEGERNSEENSE, *Tegernsea, Tegernsee,* anc. abb. de Bénédictins, du diocèse de Freysingen, en Bavière, fondée au VIIIᵉ siècle, auj. petite ville sur le lac du même nom ; le monastère est devenu château du prince Charles de Bavière.

L'imprimerie exista dans ce couvent à partir de l'année 1572 environ ; la typographie conventuelle mit au jour en quelques années un très-grand nombre d'ouvrages, et subsista sans interruption jusqu'au milieu du XVIIIᵉ siècle. Voici les plus anciens produits de ces presses que nous puissions signaler : *D. Joan. Kekkii Decretorum doctoris monachi Tegernseensis selectiorum sermonum sacrorum sylmula.* Impressa in monasterio Tegernsee. Anno 1574, in-8°. — *Raphaelis Abbatis Althæ superioris Oratio de natiuitate D. N. Jesu-Christi.* Tegernseæ, 1574, in-8°. — *Psalterium B. Virginis Mariæ, in tria Rosaria dispartitum, adiunctis aliis nonnullis de eadem virgine precatiunculis, multo studio ex antiquorum scriptis collectis.* Tegernseæ, 1574, in-16, etc. Un très-grand nombre d'ouvrages imprimés par les Bénédictins de Tegernsee sont cités dans le catal. du libraire Willer de Francfort en 1592, et dans les divers catalogues des grandes foires de cette ville.

MONAST. SS. ULRICI ET AFRI ; voy. AUGUSTA VINDELICORUM.

Citons, à propos de l'imprimerie de ce monastère, une note intéressante de Heinecken : « Quand les premiers imprimeurs commencèrent à ériger une presse à Augsbourg, les cartiers (*Briefmater*) obtinrent défense contre eux, de n'insérer ni vignettes, ni capitales, gravées en bois, dans leurs livres. On veut que l'abbé Melchior de Sthanheim, qui avait succédé à Jean de Hohenstein en 1459, les ait pris sous sa protection et leur ait permis d'établir leurs presses dans son abbaye ; dans une anc. chronique ms. du diocèse, on lit : *Melchior Abbas artem impressoriam nuper a Joanne Gutenbergio inventam, in conventum suum introducit.* »

MONAST. VNEVSKOI, *Vnev,* monastère de Volhynie.

Bachmeister signale l'existence d'une typographie dans ce couvent à la fin du XVIᵉ siècle : зердало Богословословiй, *le Miroir de la Théologie,* en slavon. Vnevskoi Monastir, 1692.

MONAST. URSINENSE, voy. GENUA URSORUUM.

MONAST. UTTIMPURENSE, OTTIMPURRA, UTTEN-BURA, UTTIMPURRHA MONAST., *monastère d'Ottoburn, d'Ottenbeuren* (Bénédictins), en Souabe, du dioc. d'Augsbourg, fondé au VIIIᵉ siècle.

L'abbé de ce monastère, nous apprend Shelhorn (*Amœnit.,* II, p. 602), au début du XVIᵉ siècle, s'appelait Léonard ; sous ses auspices une typographie fut installée dans l'enceinte même de l'abbaye, et les premiers produits de ces presses conventuelles remontent à l'année 1509 : *Alcuini Opus de Sancta Trinitate.* A la fin : Impressum est præsens opusculum in Uttinpurrha monasterio SS. MM. Alexandri et Theodori ord. Sancti Benedicti anno MDIX, in-fol. avec une préface de l'abbé Léonard. L'Alcuin dont il s'agit est plus connu sous le nom de Beatus Flaccus Albinus, Abbas.

Deux ans après : *Passio septem fratrum, filiorum Sanctæ Felicitatis : Translatio Sancti Alexandri : Passio Sancti Theodori.* A la fin : *Edidit ad laudem hunc in Ottinpurra libellum || Martyr Alexander et Theodore tuam || Sexto Idus octobris anno undecimo supra millesimum et quingentesimum || distichon ad Lectorem : || Non habet hic titulus quæ continet omnia biblos || Fautorum precibus addita multa vides. || Vivat Ottinpurra,* in-4°.

MONAST. VALLIS KUZAJENSIS, voy. KUZAJÆ VALLIS CLAUSTRUM.

MONAST. S. VICTORIS *prope Moguntiam, abb. de S.-Victor,* de l'ordre de St-Benoît.

Une typographie fut installée dans les murs de cette abbaye, au milieu du XVIᵉ siècle, à l'instigation de Johann Dobneck, de Wendelstein, près Nuremberg, qui latinise son nom ainsi : *Joannes Cochlæus,* je ne sais pourquoi ; cette imprimerie fut confiée à François Beham, qui n'est autre que le célèbre graveur, Hans Sebald Beham : *Cochlæi* (*Joh.*) *Speculum antiquæ devotionis circa missam, et omnem alium cultum Dei, ex antiquis et antea nunquam evulgatis per typographiam autoribus apud S. Victorem extra muros Moguntiæ ex officina Francisci Beham,* 1549, in-fol. Liber perrarus (Clément, Bauer, etc.).— *Ejusd. Historiæ Hussitarum Libri XII, operose collecti ex variis et antiquis, tum Bohemorum, tum aliorum codicibus, antea nunquam excusis, apud S. Victorem prope Moguntiam, ex off. Fr. Behem,* 1549, in-fol. (Shelhorn, Gerdesii floril., Bauer, etc.). — *Commentaria de actis et scriptis Martini Lutheri,* etc., id., ibid., in-fol.

Ce fut dans ce monastère et la même année que Jean Cochlæus fait imprimer son : *Catalogus brevis eorum quæ contra nouas sectas scripsit Joannes Cochlæus,* 1549, in-4°.

MONAST. VILLARE, MOUSTIER-VILLIERS, *Montivilliers,* petite ville de Normandie (Seine-Inférieure) ; anc. abb. de filles

de l'ordre de S.-Benoît ; anc. titre de vicomté.

Un livre fut imprimé là vers 1792 : *Les Litanies de Ste Clotilde, reine de France, données en latin et en français, en faveur de tant de pieux pèlerins et de toutes les personnes de piété, pour lieu de pratiques de dévotion, lorsqu'ils viennent à son église de Rolleville implorer son intercession.* — A Montivilliers, de l'imprimerie des administrations municipales. S. D. (vers 1792), in-12 de 48 pp.

MONAST. WADSTENENSE, *Wadstena, Wadsten,* abbaye de Suède, placée sous l'invocation de Ste Brigitte.

Une typographie paraît avoir existé dans ce monastère au XVᵉ siècle ; d'après Alnander et le *Catal. de la coll. Spegeliana,* p. 144, le premier volume serait : *Vadstenensium literæ confraternitatis,* in-4°, exécuté en 1491. Malgré l'affirmation de plusieurs bibliographes, entre autres du P. Reichhart, nous ne croyons nullement à l'existence de ce volume, que nous ne cite point J. H. Schröder, dans sa consciencieuse étude sur les incunables de la typographie suédoise. Il est à peu près démontré que le matériel de l'imprimerie de Wadstena fut importé de Lübeck, qui était à cette époque le véritable entrepôt du commerce suédois, et où les moines avaient fait imprimer en 1492 *les Révélations* de la sainte patronne du monastère ; le passage du *Diarium Wadstenense* que nous citons plus bas prouve du reste que c'est à l'année 1495 seulement que l'on doit faire remonter l'exercice de la typographie dans ce monastère. Le seul produit des presses conventuelles de Wadstena qui ait survécu, et dont l'authenticité duquel il n'y ait pas de doute à émettre, porte cette date de 1495 : BREVIARIUM *ad usum cœnobii Wadstenensis, de ordine S. Brigittæ.* Au f. A I, r° AVE MARIA GRA PLENA. — Wadstenis, typis monasterii, anno Domini MCDXCV (1495). Pet. in-8°. De ce très-précieux incunable si peu connu, un seul exempl. subsiste ; il est conservé à l'académie d'Upsal, et imprimé sur vélin, en gros caract. goth., à 12 lig. à la p., sans récl., avec sign. A. T., IV.

L'imprimerie de l'abbaye de Wadstena fut détruite la même année par un incendie ; voici le curieux passage du *Diarium Wadstenense,* qui constate ce fait : « Anno dñi 1495, in nocte proxima post diem S. Calixti (14 octobr.), accendebatur ignis vehemens in infirmitorio novo circa horam primam, consumpsitque et in favillam redegit singula quæ in illa domo servabantur cum tecto et intersticiis. Tunc combusta fuit ibi inter alia una tunna (*singulier corps de bibliothèque !*) plena cum septem voluminibus revelacionum celestium S. Matris nostræ B. Brigitte (*Lubecæ,* 1492, in-fol.), quam deponi hic fecerat quidam civis Lubecensis, pro librorum hujus vendicione. Item conflagraverunt etiam ibidem *diversa instrumenta pro impressura librorum realiter aptata et jam per medium annum in usu habita,* videlicet torcular cum literis stanneis in brevitura et textura, in magnis expensis et laboribus comportata. »

MONAST. ZZENNA, TZENNÆ CLAUSTRUM, *abbaye de Zinna,* de l'Ordre de Cîteaux, du dioc. de Magdebourg, dans la Saxe prussienne, près de Wittemberg.

Imprimerie au XVᵉ siècle. Voici, d'après Hain, qui a eu le volume sous les yeux, la description d'un produit de ces presses conventuelles qui porte la date de 1492 : NITZSCHEWITZ (*Hermannus*). *Nouum beate Marie Virgis* (sic) *psalterium || de dulcissimis noue legis mirabilit' diui amoris refertis nouil' ad ici oterito͂ ofectū.... actum... anno* 1489... et *Anno || Nonagesimosecūdo in mense Septēbri ad Illustrissimas cesarias regiasq͂ mana͂ pñcialit' pre || sentatñ* (sic).... *Nunc et in Tzenna Cistercensi || ordis deuoto claustro.... impressum.* In-4° en deux parties, sign. A.-C. et A.-L., de 26 et 90 ff. orné de planches gravées sur bois ; pour l'absurdité de ces planches, gravées pourtant *Cesareo sumptu*, nous renvoyons à Panzer, IX-306, au *Manuel* IV, col. 943, et à Cotton (*Typogr. Gaz.*, 1831, p. 331).

MONATE [Itin.], station de la Norique, que Muchar place auprès de *Judemburg*, sur la Mur, en Styrie.

MONATIUM, MONETIUM [Cell.], Μονήτιον [Strab.], ville des Japydes en Illyrie, auj. *Monspurg*, en Carinthie.

MONBARRUM, MONS BARRUS, *Montbart*, *Montbard*, ville de Fr. (Côte-d'Or), sur la Brenne ; patrie de Buffon et de Daubenton.

MONCEIUM, MONCIACUS, MONTICELLUM, *Moncé-en-Belinois*, bourg de Fr. (Sarthe).

MONCELLUM, MONTICELLUM [Mabillon], *Monceaux*, bourg et château de la Brie (Seine-et-Marne) ; anc. maison royale bâtie en 1547 par Catherine de Médicis.

MONCIACUM, *Monchy-le-Chastel*, depuis *Mouchy*, commune et château de Picardie (Oise) ; titre de duché qui remonte au commencement du XIVe siècle.

MONCONTURIUM, voy. MONS CONTORIUS.

MONDA FL. [Plin.], MUNDA, Μούνδας [Strab.], fl. de la côte O. d'Espagne, auj. *le Mondego*.

MONEDULÆ PETRA, château de *Csokakă*, en Hongrie [Graësse].

MONEMBASIA, *Napoli di Malvasia*, ville de Grèce, dans une petite île de l'Archipel, nommée *Malvasia* ou *Malvoisie*, sur la côte de Morée.

MONESI, peuple de la Gaule Aquit., dans la Novempopulanie ; on retrouve ce nom dans celui de *Moneins*, petite ville du dép. des Basses-Pyrénées.

MONILIA (AD), [Tab. P., G. Rav.], *Moneglia*, petite ville de la prov. de Gênes, dans l'anc. Ligurie.

MONŒCI PORTUS, voy. HERCULIS MONOECI PORTUS.

MONOPOLIS *in Apulia provincia*, *Monopoli*, petite ville du littoral Napolitain, qu'Alessandro Nardelli prétend avoir été fondée par Minos et qu'il appelle en conséquence *Minopoli* (Terra di Bari).

R. Isaaci Abarbanelis Zevach Pesach seu sacrificium paschalis. Monopoli anno CCLVI. Christi MCCCCXCVI, in-fol. Cette édition que cite J. H. Maius (*Vita Abarban.*, p. 15) est apocryphe. Le lieu et l'année d'impression ont été confondus par le biographe avec le lieu et l'année de la rédaction de l'ouvrage. (Voy. de Rossi, *Annal. Ebr. Typogr.*, P. III, p. 172.)

MONS ACUTUS, *Montaigu*, bourg de Fr. (Vendée). — *Montaigut*, ville de Fr. (Puy-de-Dôme). — *Montaigut*, ville de Fr. (Tarn-et-Garonne). — *Montagu*, *Montagut* ; un grand nombre de communes de France portent encore ce nom.

MONS ACUTUS, *Scherpenhavel*, ville de Hollande.

MONS ADEMARI, *Montélimart*, voy. ACUMUM.

Nous avons cité, au nom de Montélimart, un livre imprimé en 1586 ; en voici un autre sans nom de lieu, mais exécuté avec les mêmes caractères que le volume précité : *La cité de Montélimart, ou les trois prinses d'icelle, composée et rédigée par A. de Pontaymeri, sr de Foucheran*. S. L., 1591, in-4° (à l'Arsenal). Montélimart ne figure ni aux arrêts du conseil de 1704 et de 1739, ni au rapport Sartines ; ce qui laisse supposer que si l'imprimerie y a existé au XVIe siècle, elle n'y a fait qu'une courte apparition.

MONS ÆTHEREUS, *l'Ettersberg*, montagne de Thuringe.

MONS ALBANUS, MONS AUREOLUS *Tarne fluvio*, *Montauban*, sur le Tarn, ville de France, chef-lieu du dép. de Tarn-et-Garonne ; bâtie en 1144 par Alphonse, comte de Toulouse ; évêché fondé en 1317, suffr. de Toulouse.

L'imprimerie peut être reportée dans cette ville jusqu'à l'année 1521, grâce à un volume découvert par M. Claudin, libraire de Paris, et décrit aux *Archives du Bibliophile* (IIe année, n° 21, art. 4988) ; c'est une édition du poëme de Jérôme Valla, de Padoue, intit.: *Passio Domini nostri Jesu Christi, heroicis carminibus ex evangelio Joannis complexa*. L'exemplaire décrit par M. Claudin était malheureusement incomplet des 4 premiers ff., qui contenaient sans doute le titre et les pièces préliminaires ; le texte commence au r° du f. 5 ; le dernier f. chiffré est coté XXXVII. Au v° on lit: *Meminerit lector editum hoc opus excusumque in Monte Albano Tarne fluvio (que ab Aquitanis se iungit) admodum conspicua urbe Anno post nestora partus virginei vigesimo primo. Valete qui Legitis.* Le r° du f. suivant contient la sentence de Ponce Pilate trouvée à Vienne dans une urne de fer en 1509 ; une épître du commentateur : *Joannes Coroneus studiosis* ; enfin une pièce de vers latins de P. Cassanus de Rupe. Le vol. pet. in 4° goth. avec ch. et sign. devait être composé de 38 ff. (*Manuel*. V. 1062).

Avant la découverte de cet incunable précieux, l'introduction de l'imprimerie était datée à Montauban par Falkenstein de 1637, par M. Ternaux de 1620 ; enfin M. Cotton, d'après Struvius, l'avait fait remonter jusqu'en 1568.

La plupart des imprimeurs protestants de l'ouest et du midi de la France eurent un établissement dans cette ville, antérieurement à sa prise par Richelieu en 1629 ; nous citerons particulièrement Louis Rabier en 1580 ; J. Haultin, de la Rochelle, en 1604 ; A. Griboly en 1616 ; il nous faut encore nommer parmi les typographes de cette ville S. Dubois, qui imprime l'*Histoire de la ville de Montauban*, par *Henry Lebret*, en 1668 ; R. Bro et F. Descaussat.

Les arrêts du conseil de 1704 et de 1739 autorisent Montauban à conserver deux imprimeurs ; et le rapport fait à M. de Sartines en 1764 nous donne les noms des imprimeurs titulaires à cette date : c'étaient la veuve Teullières, qui continue l'établissement de son mari, reçu en 1735 ; elle possède trois presses montées ; et Jean-Pierre Fontanel; celui-ci, né à Montauban en 1720, avait travaillé longtemps à l'Imprimerie royale ; il s'établit enfin en 1759, payant 10,000 livres le fonds du sieur Légier, qui, alla s'établir à la Rochelle ; ce fonds n'était composé que de deux presses et d'un matériel en bon état.

Mons Albanus, *Montalvan*, ville d'Espagne [Graësse].

Mons Albanus, *le Mont Albain*, dans le Latium, auj. *Monte Cavo;* c'était au pied de cette montagne qu'était située Alba Longa.

Mons Alcinous, Mons Ilcinus, Mons Lucis ou Lucinus, Mons Umbronis, ville d'Etrurie, auj. *Montalcino*, pet. ville épiscopale d'Italie (Toscane).

Mons Algi, voy. **Mons Argi**.

Mons Almus, *Monte Arpataro*, en Esclavonie (Confins militaires).

Mons Altus, sur le fl. Monocia, dans le Picenum, auj. *Montalto*, évêché de la délég. d'Ascoli, où naquit Sixte-Quint.

Mons Antonii, *le Tonniesberg*, mont. de Westphalie.

Mons Aquilarum, *l'Arlberg*, ramification secondaire du Vorarlberg, qui s'étend en Tyrol.

Mons Argenteus, *Sierra-Segura*, montagnes d'Espagne, sur les front. d'Andalousie.

Mons Argi, Algi [Du C.], **Mons Arginus, Argensis, Montargium**, *Montargis*, ville de Fr. (Loiret), sur le Loing; anc. capit. du Gâtinais.

Vers le milieu du XVIIe siècle, la typographie est exercée dans cette ville par un libraire, nommé Jean-Baptiste Bottier; c'est à 1668 que remontent les premiers produits de ces presses que nous puissions citer : *Recueil des règlements faits au conseil du roy pour les sièges civil et criminel entre Messieurs les officiers du bailliage et siège présidial de la ville de Montargis, ensemble ceux de l'hostel commun de ladite ville*, etc. Montargis, J.-B. Bottier, 1668, pet. in-12. — Sous la même date : *Dipne, infante d'Irlande*. Tragédie (5 a. v., par François d'Avre ou d'Avré). *Dédiée à Madame Eléonor de Roham* (sic), *abbesse de l'abbaye royale de Malnoüe*. Montargis, J.-B. Bottier, 1668, in-12 de XII-95 p.; l'auteur a pris cette épigraphe : « *Virginibus puerisque canto*. » M. Paul Lacroix, qui décrivit le premier avec quelques détails, dans le catal. de Soleinne, cette pièce déjà mentionnée au catal. La Vallière-Nyon (n°17,683), (et l'exempl. de Soleinne provenait de Pont - de - Vesle, catal. n° 498), cite, avec l'esprit qu'on lui connaît, quelques vers d'une naïveté amusante, qu'il extrait de cette curieuse élucubration dramatique, dont l'auteur, nous a-t-on dit, était curé de Minières, en Gatinais ; il fit imprimer deux ans après un nouveau produit « de sa fertile veine » : *Geneviève, ou l'innocence reconnue*, tragédie en 5 actes, id., ibid., 1670, in-12.

Les *Coutumes de Montargis* furent publiées en 1679, par le même imprimeur, sous le format in-24 (cat., Gacon, n° 260).

En 1683, nous trouvons un second imprimeur :

Règles générales de la congrégation de N.-D., Montargis, Prévost, 1683, in-12. (Le Long, IV, n° 5,448).

Les arrêts du conseil de 1704 et de 1739 autorisent Montargis à conserver un imprimeur ; cet établissement, en 1764, lors du rapport fait à M. de Sartines, appartenait à la veuve Jean- Robin, née à Paris, reçue en 1755 par arrêt du conseil. La veuve Robin, non plus que son mari, n'ont jamais vendu de livres, ils se sont tenus strictement renfermés dans la pratique de l'imprimerie ; tous les caractères leur étaient fournis par Cappon, fondeur, cloître S.-Benoit, près les Mathurins, à Paris ; c'était là que le libraire Duchesne, de Paris, si connu par ses *Almanachs de Théâtre*, faisait imprimer une grande partie de ses publications.

Mons Asciburgius, Silensis, Zobtensis, *le Mont Zobten, Zobtenberg*, en Silésie, près de Mettkau, sur la route de Breslau à Freiburg.

Mons Atabyris, *Monte Artemira*, dans l'île de Rhodes.

Mons Athos, dans la Macédoine, *Hagion Oros*, auj. *Monte Santo*, dans la Roumélie, sur la côte O. de l'Archipel.

Mons Aureus, Montorium, *Montoire*, ville de Fr. (Loir-et-Cher). = *Montoire*, ville de Fr. (Loire-Inférieure).

Mons Aureus [It. Ant., Eutrop.], montagne de la Mœsie, qui s'élève auprès de *Groszk* ou *Krozka*.

Mons Barrus, voy. **Monbarrum**.

Mons Basonis, *Montbazon*, bourg de France, sur l'Indre (Indre-et-Loire); anc. titre de duché-pairie.

Mons Beraldi, *Montberou*, commune du Languedoc (Haute-Garonne).

Mons Berulfi, *Montbron*, bourg de Fr. (Charente); anc. titre de comté. = *Montbrun*, plusieurs communes de France portent ce nom.

Mons Biligardus, Mons Belligardus, Monspelgardum, *Montbéliard, Montbelliard*, en allem. *Mümpelgard*, ville de Fr. (Doubs); anc. chef-lieu du comté de Mümpelgard, petit État indépendant de l'Allemagne; n'appartient à la France que depuis 1792; c'est la patrie de George Cuvier.

Cette ville fut, lors des guerres de la réforme, un des plus vastes ateliers de la typographie protestante; ce fut à la suite du célèbre colloque qui eut lieu entre Théod. de Bèze, le prince de Wurtemberg, le dr Jacques André, etc., en mai 1586, à Montbéliard, que l'imprimerie fut introduite dans cette ville. Les *Actes de ce colloque* furent publiés en 1588, en un vol. in-8°; ils étaient imprimés par un typographe qui depuis acquit une juste célébrité: c'était Jacques Foyllet ou Foillet, natif de Tarare, ville du Lyonnais, et frère d'un imprimeur de Paris, nommé Robert; de 1587 à 1618, on pourrait citer une immense quantité de livres de polémique religieuse, de sciences et de belles-lettres sortis de cette importante officine.

Parmi les plus curieux ouvrages imprimés par

J. Foillet, nous donnerons quelques titres. Plusieurs traductions latines de traités de Machiavel, entre autres de la *Vita Aldi Manutii*, impr. *Monspelgardi*, J. Foyllet, 1588, in-12. Un traité latin du célèbre médecin Riolant : *J. Riolani in libros Fernelii commentarii*, 1588, in-8°.

On est assez surpris de voir, dans cette sévère typographie protestante, figurer des livres tels que ceux-ci : une édition des célèbres *Points de dentelles* de Vinciolo : *Nouveaux pourtraicts de point coupé et dentelles en petite et grande forme, nouuellement inuentez et mis en lumiere*. Montbelliard, par Iaques Foillet, 1598, in-4°.

Citons encore une édition à la date de 1606, *de la Disputation de l'asne contre le frère Anselme Turméda*. In-18. Une réimpression in-8°, 1607, de la célèbre *Introduction au traité de la conformité des merveilles anciennes avec les modernes, d'Henry Estienne*.

Des livres de musique et des chansonniers, etc., etc.

Mons Brennus, voy. Pyrenæi Montes.

Mons Brisiacus [It. Ant.], Brececha [G. Rav.], *Breisach*, sur le Rhin, voy. Brisacum.

Mons Brisonis, Mons Brissoni, Mons Brictionis ou Brictii, *Montbrison*, ville de France, anc. chef-lieu du dép. de la Loire.

C'est vers le milieu du XVII° siècle que nous croyons pouvoir faire remonter l'imprimerie dans l'ancienne capit. du Forez ; le premier typographe s'appelait Jean la Bottière. *Les Règles des religieuses Augustines de l'Hôtel-Dieu de Montbrison, avec le formulaire pour recevoir les filles à profession...* Montbrison, J. la Bottière, 1655, in-12 (Bibl. impér.). *Chronique de l'Abbaïe de Sainte-Claire de Montbrison, par M. la Mure*. Montbrison, id., 1656, in-12. (Catal. Secousse, 5,488). Le couvent d'Ursulines de Sainte-Claire avait été fondé en 1496.

Cette imprimerie, presque exclusivement consacrée au service liturgique du diocèse et des congrégations, fut supprimée par arrêt du conseil du 31 mars 1739 ; aussi le nom de Montbrison ne figure-t-il pas au rapport fait à M. de Sartines en 1764.

Il nous faut signaler dans cette ville, à cause du nom du titulaire, l'imprimerie Bernard ; cette famille de typographes à l'honneur de compter parmi ses membres un très excellent bibliographe M. Auguste Bernard, l'auteur du livre célèbre : *De l'origine et des débuts de l'imprimerie en Europe*, auquel nous faisons de fréquents emprunts.

Mons Bructerus, *le Brocken*, point culminant du Hartz, dans la Saxe prussienne.

Mons Brunonis, voy. Brunsberga.

Mons Cæsaris, *Kaysersberg*, sur la Weiss, petite ville d'Alsace (Haut-Rhin).

Mons Calvariæ, *Kalwarya*, bourg de Gallicie [Graësse].

Mons Canigo, *le Mont Canigou*; pic du réseau pyrénéen (Pyrén.-Orient.).

Mons Caprarius, *le Geisberg*, près d'Heidelberg.

Mons Cassinus, Casinas, voy. Casinus Mons.

Mons Catani, *Moncada, Moncade*, bourg

d'Espagne ; anc. titre de marquisat.

Mons Celius [Itin. Ant.], *le Kahlenberg*, en Autriche, près de Grinzing.

Mons Cemmenus, voy. Cebenna.

Mons Christi, *Monte Cristo*, îlot de la Méditerranée, sur les côtes de Toscane, désigné par Pline sous le nom d'Oglasa ins.

Mons Cineris, Cinereus, Cittenius, *Mont Cenis, Monte Cenisio*, montagne qui sépare la France de l'Italie, et qui va bientôt servir à réunir ces deux pays, au moyen d'un tunnel de 13 kilom., que l'on peut considérer, après le percement de l'isthme de Suez, comme le plus formidable travail artistique du XIX° siècle.

Mons Cinisius, *Montcenis*, petite ville de Bourgogne (Saône-et-Loire).

Mons Clarus, *Montechiaro*, ville de Sicile, dans l'intend. de Caltanisetta ; voy. Clarus Mons.

Mons Claudii, *Moszlovina*, district de Croatie [Graësse].

Mons Comianus [Pertz], localité de la Norique, auj. *Königsstadten*, dans le pays au-dessous de l'Ems.

Mons Contorius, voy. Monconturium.

Mons Dei, *Deutschberg*, montagne de Suisse [Graësse].

Mons Desiderii, voy. Desiderii Mons.

Mons Dolorosus, voy. Stirlinga.

Mons Draconis, *Mondragone*, petite ville d'Espagne, dans la prov. de Guipuscoa. = *Mondragon*, commune de Fr. (Vaucluse).

Mons Drusorum, voy. Monast. S. Joannis Bapt.

Mons Edulius, voy. Mons Serratus.

Mons Falconis, *Montfaucon, Montfalcon, Montefulcone*; de nombreuses localités portent ces dénominations en France et en Italie ; nous citerons un bourg de France, dans la Haute-Loire ; *Montfaucon-en-Argonne*, bourg de la Meuse, anc. abb. fondée au VIII° s.; enfin *Montefalcone*, petite ville du Napolitain (Princip. Ultér.).

Mons Faliscorum, Mons Physcon, Mons Fiasconus ou Fiasconis, *Montefiascone*, petite ville d'Italie, dans la délég. de Viterbo, près du lac Bolsena.

Imprimerie en 1727 [Falkenst., Cotton]; Ternaux cite un vol. souscrit à ce nom en 1733 ; nous manquons de renseignements sur cette typographie.

MONS FERETRUS, Μοντεφέρετρον [Procop.], MONS FELETRIS [G. Rav.], suiv. Mannert, auj. S.-Leo, dans le district de Monte Feltro (voy. FANUM S. LEONIS); suiv. Reichard, *Macerata di Monte Feltre.*

MONS FERRANDI, *Montferrand*, pet. ville d'Auvergne (Puy-de-Dôme); anc. place forte; la cour des aides de la province, qui s'y trouvait, fut transférée à Clermont en 1630.

MONS FERRATUS, *Monteferrato*, *Montferrat*, anc. marquisat d'Italie; compris entre le Milanais et le Piémont, avec *Casal* comme chef-lieu; les marquis de Montferrat subsistèrent de 967 à 1533.

MONS FORTIS, *Montfort*; un grand nombre de localités en France portent ce nom; nous citerons *Montfort-le-Rotrou*, anc. titre de marquisat; un bourg du dép. de la Sarthe et un autre des Landes; *Montfort-sur-Meu*, sous-préf. du dép. d'Ille-et-Vilaine, etc.

MONS FORTIS AMALRICI, AMALRIA, *Montfort-l'Amaury*, ville de Fr. (Seine-et-Oise); prit au XIe siècle le nom du puissant seigneur qui fit bâtir son château féodal, Amaury de Montfort; était désigné auparavant, particulièrement dans une charte de 768 [Quicherat], sous le nom de MONS PINCIO (*Pincione Monte*).

MONS FERREUS, voy. ISENBERGA.

MONS FLORÆ (S.), *Florenberg* (St-), ville de la Hesse (prov. de Fulda).

MONS FUSCOLUS, MONS OBSCURUS, *Monte Fuscolo*, anc. couvent de Dominicains, près de Benevento, bourg du Napolitain (Princip. Ultér.).

Imprimerie 1642. Giustiniani (*Bibl. del Regno di Napoli*, p. 101) nous donne le titre suivant: *Eliseo Danza, Cronologia di Montefuscolo, nella quale, oltre alla sua fondazione, si contiene un catalogo di tutti i Re, signori e personaggi illustri, che si sono posati, ed hanno stanziato in essa sin dall' anno 1120, come ancora di tutti i signori, che di quella hanno avuto il dominio.* — Montefuscolo, Ott. Beltrano, 1642, in-4o. Nous avons déjà vu cet imprimeur à Benevento.

MONS GARGANUS, GARGANICUS VICUS, *Monte Gargano* ou *Vico Garganico*, petit port du Napolitain, dans la Capitanata.

MONS S. GEORGII, *Georgenberg*, montagne du Tyrol, au pied de laquelle (s'élevait une abb. de S.-Benoît, nommée *Asolveroth*, dans la vallée de l'Inn.

MONS GERARDI, GHERAUDI, voy. GERARDI MONS.

MONS GERTHRUDIS (S.), voy. GERTRUDE-BERGA.

MONS GOMERI, MONS GOMERICUS, *Montgommery*, bourg de Normandie (Calvados); anc. titre de comté. = *Montgomery*, ville d'Angleterre, chef-lieu de comté (N. Wales).

MONS GONDULFI, MUNT GUNDULFO, *Montgonod*, *Macconod*, commune de Fr. (Ain).

MONS GUISCARDI, *Montgiscard*, bourg du Languedoc (Haute-Garonne).

MONS GUTTNA, KUTTNA, MONTES KUTNÆ, KUTTNA, HORY GUTTNÉ (XVe s.), *Kuttenberg* (au XVe s.), *Gutenberg*, *Guttemberg*, en Bohême *Horach Kutnach*, grande ville minière de Bohême, dont nous avons déjà parlé sous les rubriques CUTNA et KUTTEMBERGA.

Plusieurs bibliographes, entre autres le curé Winaricky, prétendent, et non sans quelques apparences spécieuses de raison, que Jean Gensefleisch von Mentze aurait pris de cette ville, qui lui aurait donné naissance, son surnom de Guttenberger ou Gutenberg; nous devons signaler les *Fabulæ Æsopi*, en tchèque: ŒSOPOWY BASNE, s. d., in-8o, dont la bibl. de l'abbaye de Strahow, à Prague, possède deux feuillets, les seuls qui aient échappé aux dévastations des taborites et des bandes de Jean Ziska. Le jésuite Korinek croit ces *fables* imprimées à Kuttenberg en 1480.

MONS HANNONIÆ, voy. MONTES.

MONS HEINSILIANUS, *l'Heinzenberg*, montagne de Suisse.

MONS HELLÆ, *Monthellan*, commune de Fr. (Aisne).

MONS HERMINIUS, *Sierra de la Estrella*, chaîne de la prov. de Beira (Portugal).

MONS HONORIS, *Ehrenberg*, place forte du Tyrol [Graësse].

MONS INACCESSUS, *Mont de l'Aiguille*, en Dauphiné (Isère).

MONS JOVIS, MONS JOVIA, *Montjouy*, *Monjuich*, montagne et forteresse d'Espagne, au S.-O. et près de Barcelone. = *Montjoux*, commune de Fr. (Drôme). = *Der Donnersberg*, dans le bas Palatinat.

MONS JURA (*altissimus inter Sequanos et Helvetios*), *le Mont-St-Claude*, point culminant de la chaîne du Jura.

MONS JULIUS, *der Julierberg*, en Suisse [Graësse].

MONS LAUDIACUS, *Mont-Louy*, *Montlouis*, bourg de Touraine (Indre-et-Loire), anc. titre de marquisat.

MONS LEHERICI, voy. LEHERICI MONS.

Mons Leonis, voy. Matteo.

Mons Leonis, Hippo (?), Vibo Valentia (?), anc. ville du Bruttium, auj. *Monte Leone*, petite ville de la Calabre-Ultérieure II. «I Greci fondatori di quest antica città le diedero il nome di Hippo; i Romani avendola tolta a' Bruzj, e postavi una loro colonia, la chiamarono Vibo Valentia; i Normanni, *Monteleone* » (Lor. Giustiniani). Voy. Hipponium.

Est-ce dans cette antique cité que fut imprimé un vol. décrit aux catal. Libri de 1847 et de 1859: *Logulbba* (R. Joannis de), *Index Libri Vitæ cui titulus est Jesus Nazarenus Rex Judæorum*. In oppido Villæ Novæ Montis Leonis in prælo R.R.P.P. Servorum B. M. V. sacerensium, per Josephum Centofani. Superiorum licentia, 1736, in-4° front. gr. div. en 7 parties, en latin, espagnol, et surtout dialecte sarde. Ce très-rare vol. est bien décrit au *Manuel* de M. Brunet, à l'art. *Logulbba*.

Mons Lithardi, Montlithard, *Molitard*, commune de la Beauce (Eure-et-Loir).

Mons Lodoïci, *Montlouis*, pet. ville du Roussillon, sur le Tet (Pyrénées-Orient.).

Mons Lucionis, Mons Lucii, *Montluçon*, ville de Fr. (Allier), sur le Cher.

Mons Lupelli, *Montluel*, ville de la Bresse, sur la Seraine (Ain).

Aux xvie et xviie siècles, il y avait dans cette petite ville des presses clandestines au service des réformés de l'est de la France, qui emportaient en Suisse la plus grande partie de leurs produits prohibés : « On voit aussi le consistoire de Genève prendre l'initiative pour faire arrêter l'impression d'une édition de Rabelais, qui se faisait clandestinement à Montluel, et donner les ordres les plus sévères pour la punition de tous ceux qui seraient trouvés détenteurs des ouvrages du curé de Meudon » (Gaullieur, *Typogr. Genev.*, p. 151). Ne serait-ce pas là qu'auraient été exécutées ces éditions d'Anvers de 1573 et 1579, données sous le nom prétendu ou anagrammatisé de François Nierg, et que plusieurs bibliographes ont attribuées aux presses de Genève? C'est une intéressante question à approfondir.

Mons Maledictus, Mons Mediacus, *Montmédy*, ville de Fr. (Meuse); prise par Turenne en 1657, réunie à la France par la paix des Pyrénées.

Mons Maranus, ville des Hirpins, auj. *Monte Marano*, dans le Napolitain (Princip. Oltra).

Mons Mariorum [It. Ant.], ville de la Bétique, auj., suiv. Florez, *Marines*, dans la Sierra Morena, sur la route de Mérida.

Mons Martini, *Martinsberg*, bourg d'Autriche [Graësse].

Mons Martis, *der Magganaberg*, montagne de Suisse [Id.].

Mons Martyrum, *Montmartre-lez-Paris*,

anc. abb. de filles Bénéd. fondée en 1134; auj. réuni à Paris; la tradition veut que S. Denis et ses compagnons aient souffert le martyre sur cette hauteur; mais, bien que la rue qui conduit directement à Montmartre ait conservé le nom de *rue des Martyrs*, cette étymologie de Mons Martyrum est contestée; on propose Mons Martis et Mons Mercurii, Mons Mercori [Frédég.], d'où *Montmercre* (voy. l'abbé Lebeuf, Quicherat, etc.).

Mons Massicus, voy. Massicus Mons.

Mons Maurelli, *Monte Murlo*, bourg de Toscane.

Mons Maurenciacus, voy. Maurentiacus Mons.

Mons Maurilionis, *Montmorillon*, *Monmorillon*, ville de France, sur la Gartempe (Vienne).

Mons Mediacus, voy. Mons Maledictus.

Mons Mediolanus, *Montmeillan*, *Montemigliano*, ville de Fr. (Savoie); plusieurs localités portent ce nom de *Montmeillant, Montméliant*, en France; entre autres une anc. paroisse, auj. hameau de la commune de Mortefontaine (Oise), que cite l'abbé Lebeuf (dioc. de Paris, tom. V, p. 533).

Mons Michaelis (S.) *in periculo Maris*, S. Michael de Monte Tumba, *le Mont-St-Michel*, montagne et village des côtes normandes (Manche); anc. abb. de St-Benoît, du dioc. d'Avranches.

Mons Mirabilis, Mons Mirelli, *Montmirail*, ville de Fr. (Marne); anc. titre de marquisat. = *Montmirail*, bourg du Maine (Sarthe).

Mons Monachorum, Michaelis Monast., anc. abb. de Bénédictins, au N. et près de Bamberg (Bavière); auj. le *Michelsberg*.

Le Bohémien Jean Sensenschmidt, bourgeois de Nuremberg, s'était chargé d'organiser le matériel des premiers imprimeurs de cette ville, et, devenu typographe à son tour, signait aussi les livres exécutés par eux; associé aux principales opérations typographiques de la haute Franconie, on retrouve son nom sur un volume exécuté au xve siècle et souscrit au nom d'un couvent de Bénédictins de Bamberg : Missale Benedictum. A la fin de la 2e col. r^o du f. 257 : *Ad honorem omnipotentis Dei gloriosissime que Virginis Marie et Sācti Michaelis finit feliciter divinū hoc missale sacerrimi ordinis bti Bñdicti p Iohanne Sen- senschmidt ī mõtis monachorū loco penes nobi- llē urbe Babenbergensem Anno a partu virginis salutifero* MCCCCLXXXj. *die* XXX. *Iulii Ecclesie sancte cura gerente dño Sixto papa quarto põtifice maximo Illustrissimoqz nobilissime domus austrie Friderico imperatore Romanorūque Rege gloriosissime regnāte.* In-fol. à 2 col. en car. de Missel, rouges et noirs.

Mons Oliveus, Mons Olivi, *Montoulieu*,

Montolieu, bourg de Fr. (Aude), appelé jusqu'au XIIe s., CASTRUM MALASTI, anc. abb. de S.-Ben. fondée vers 800, appelée d'abord *S.-Jean-de-Val-Séguier*, MON. VALLIS SEGARII.

MONS ORIENS, *Osterberg*, anc. abbaye du dioc. de Munster (Westphalie).

MONS PACERII, MONPENSERIUM, *Montpensier*, pet. ville d'Auvergne (Puy-de-Dôme) ; anc. titre de duché-pairie ; le roi Louis VIII y mourut en 1226.

MONS PELICARDIS, voy. MONS BILIGARDUS.

MONS PELUSIUS, *Monte Peloso*, ville d'Italie (Basilicata).

C'est sous la rubrique *Pelusio* que fut publié en 1757, par les soins de G. Ant. Conti (à Paris, chez Grangé) un livre célèbre : *Il libro del Perche, colla Pastorella del Cavaliere Marino, et la novella dell' Angelo Gabriello*. Pelusio. M.M.M.D.XIV. Pet. in-8° de 91 pp. Cette date énigmatique a induit en erreur le rédacteur du catal. Floncel, l'abbé Rive et M. Hubault, de Marseille, qui ont voulu constater l'existence d'une édition de 1614; tandis que M. Brunet fait remarquer que, prenant la moitié des M.M.M.D.XIV (3514), on trouve bien 1757, date certaine de la publication de ce recueil licencieux.

MONS PENNINUS, voy. ALPES.

MONS PESSULANUS, MONS PESSULUS, MONS PUELLARUM, *Montpellier*, ville de France, sur le Lez, chef-lieu du dép. de l'Hérault; village au Xe siècle, dép. seigneurie dépendant des rois d'Aragon; cédée à la France en 1349.

Cette grande ville possède deux belles et riches bibliothèques, des facultés des sciences, de médecine et des lettres ; une académie universitaire, le musée Fabre, etc. La bibliothèque de la faculté de médecine, où étudia Rabelais, est surtout considérable.

L'imprimerie ne remonte en cette ville qu'à la fin du XVIe siècle ; et c'est seulement à la date de 1597 que nous trouvons trace authentique d'une typographie locale ; un Lyonnais, Jean Gilet (nous l'avions cru de Toulouse, mais le biblioth. adjoint de Montpellier, M. Gaudin, dans une excellente note qu'il a bien voulu nous adresser, rétablit sa nationalité), vient fonder la première typogr. de Montpellier ; sa publication la plus importante est le recueil de Philippi : *Edicts et ordonnances du roy concernant l'authorité et la juridiction de la cour des Aydes de France, sous le nom de celle de Montpelier, par Messire Jean Philippi*. A Montpelier, chez Jean Gilet, 1597, in-fol. C'est la 2e édition de l'ouvrage. M. Gaudin attribue également aux presses de Jean Gilet la suite des pièces de polémique religieuse, imprimées « à Montpellier, chez le Libertin, imprimeur pour de la sainte réformation » (voy. au *Manuel*, à l'art. G. de Reboul et au t. V du *Cat. de l'hist. de France de la Bibliothèque impériale*).

En 1599 Jean Gilet publie : *Les Vies de cinquante personnes illustres, avec l'entredeuz des tans* (sic), *contenant l'histoire universelle depuis Auguste jusqu'à nous, par le sieur P. de Dampmartin*. Montpellier, Jean Gillet, 1599, in-4°. (Cat. La Vallière de 1767, vol. II, n° 4039.)

La Bibl. impér. possède un grand nombre de volumes exécutés par cet imprimeur ; les derniers que nous puissions citer sont de 1617 : *L'Entrée de Mme de Montmorensi à Montpelier*. Montpellier, par J. Gillet, 1617, in-8°. Il doit avoir vécu encore quelques années ; à la différence des impressions de ses successeurs, qui seront pendant de longues années grossières et fautives, celles de Gilet sont correctes et élégantes.

Un recueil de blasons, gravés par Beaudeau, décrit au cat. Secousse (n° 5,658), sous la date de 1586, doit être reporté à 1686.

Au commencement du XVIIe siècle nous devons signaler à Montpellier l'imprimeur Antoine Blanc, autre Lyonnais, duquel nous citerons un livre fort rare : *Sonnets et quatrains d'admiration, ou sonnettes et sornettes dignes de risée*. Montpellier, Blanc, 1611, in-4°.

Vers 1625 un grand imprimeur de Toulouse, Jean Pech, fonde à Montpellier une succursale importante. Sa famille finit en 1723 en la personne de la veuve d'Honoré Pech, son petit-fils ; le fonds passe alors à François Rochard et ne change de nom qu'en 1776, époque où Jean François Picot en devient acquéreur.

En 1698 Jean-Martel vient de Pézénas établir son imprimerie à Montpellier, où sa descendance subsiste encore, « continuant, nous dit M. Gaudin, les traditions honorables de la famille et jouissant de la considération universelle ».

Les arrêts du conseil de 1704 et de 1739 donnent à cette ville le droit de conserver deux imprimeurs ; et le rapport présenté à M. de Sartines en 1764 nous donne les noms des typographes en exercice à cette date : Augustin-Fr. Rochard, né à Paris, établi depuis 1736, deux presses ; et la veuve de Jean Martel, dont le mari exerça depuis le 12 mai 1698, jusqu'en 1755 ; sa veuve continue en vertu d'un arrêt du 23 février 1761 ; deux presses.

MONS PHYSCON, voy. MONS FALISCORUM.

MONS PILEATUS, *le Mont Pilate, Pilatusberg*, montagne de Suisse.

MONS PINIFERUS, *das Fichtelgebirge*, en Bavière.

MONS PINSATUS, *Montpesat, Montpezat*, petite ville de Fr. (Tarn-et-Garonne). = Un bourg du même nom dans l'Ardèche.

MONS POLITIANUS, voy. MONS PULCIANUS.

MONS PRESBYTERI, *Montprevaire*, paroisse et seigneurie de Suisse.

MONS PUELLARUM, voy. MONS PESSULANUS.

MONS PULCIANUS, *Monte Pulciano*, ville de Toscane, au S.-E. de Sienne ; patrie d'Ange Politien (né le 14 juillet 1454) et du card. Bellarmin.

MONS PYRIUS, *der Brenner*, montagne du Tyrol.

MONS REGALIS, MONS REGIUS, voy. REGIOMONTIUM.

MONS REGALIS, *Montréal*, ville de Fr. (Aude). — *Montréal*, ville de Fr. (Gers). = *Monrejau, Montrejau*, petite ville de l'Armagnac, au confl. de la Garonne et de la Neste (Haute-Garonne).

MONS REGALIS, *Monterégale, Monreale*, ville de Sicile, dans la province de Palerme ; est auj. réunie à cette capitale, dont elle forme un des faubourgs.

M. Cotton fait remonter l'imprimerie dans cette ville à l'année 1651. Gio. L. Lello publia en 1596 à

Rome « la Storia della Chiesa di Monreale », in-4°, et l'abbé D. Michele dal Giudice donna de ce livre une nouvelle édition très-augmentée à Palerme en 1702, in-fol.

MONS REGALIS, MONS REGIUS, Monte-Rey, ville d'Espagne (Galice), sur les frontières du Portugal.

L'imprimerie remonte au XVe siècle; Don Francisco de Zuñiga, gouverneur de la ville, en fut le propulseur : MISSALE, on lit à la fin: Hoc opus Misarum, seu liber Misale totius anni, tam Dominicarum, quam sanctorum. explicit ad laudem et gloriam Omnipotentis Dei, et ejus genitricis Marie Virginis, summa cum diligentia correctum et emendatum, impressum arte, et expensis Gundisalvi Roderici de la Passera, et Johannis de Porres sociorum. Cui finis datur Monti Regio D. D. Francisco de Zuñiga dominante in eadem villa, et comitatu anno M.CCCCXCIIII. tertio nonas februarii.

L'évêque d'Orense, D. Juan Muñoz de la Cueba, parlant de ce Missel dans sa Notice historique de l'église d'Orense, imprimée à Madrid en 1727, dit qu'il fut imprimé à la requête de l'évêque d'Orense, quarante-trois ans après que « el arte utilisimo de la Imprenta se inventó ó descubrió en Alemania ».

Le seul exempl. connu de ce Missel appartenait à Don Jose Gomez Sandiaz, abbé de Parada de Onteyro, dans ce même diocèse d'Orense; les imprimeurs en étaient Espagnols (voy. Mendez, p. 162 et 315).

MONS REGIUS, der Königsberg, montagne du Frioul, dans les Alpes Juliennes.

MONS RELAXUS, voy. MORLÆUM OPPIDUM.

MONS REVELLI, Montrevaux, Montrevault, bourg de l'Anjou, sur l'Evre (Maine-et-Loire).

MONS ROMARICI, voy. ROMARICI MONS.

MONS ROSARUM, Montross, Montrose, ville d'Écosse, sur la mer du N. (comté de Forfar).

M. Cotton donne le nom de George Johnston, comme celui du premier typogr. de cette ville, et ne signale pas d'impression antérieure à 1784. Nous trouvons dans la Cyclop. de Darling : Alexander Christie, Provost of Montrose. The Holy Scriptures, the only rule of faith and religious liberty asserted and maintained in sundry letters to the Kirk-Sessions of Montrose. Montrose, 1790, in-8°. Cet Alex. Christie était unitarien; on imprima la même année à Montrose, la seconde édition de ses : Discourses on the divine unity, in-12.

MONS ROTUNDUS, AMANDOPOLIS, Mont-Rond, château dont les ruines dominent la ville de St-Amand (Cher), qui en a conservé le nom : St-Amand-Mont-Rond, au confluent de la Marmande et du Cher ; cette ville fut bâtie en 1410, sur les ruines d'Orval.

MONS ROTUNDUS, Monte Rotondo, ville d'Italie (Etats du Pape).

MONS RUBEUS, Rougemont, Rothenberg, bourg du canton de Vaud (Suisse) ; anc. prieuré de l'ordre de Cluny, qui dépendait de l'anc. comté de Gruyère.

Un moine de ce prieuré, F. Henrick Wirczburg

de Vach, donna en 1481, à Cologne, une édition nouvelle, avec corrections et épuration de texte, du célèbre Fasciculus temporum du chartreux Werner Rolewinck; Prosper Marchand, l'inexactitude personnifiée, donne ce livre (Hist. de l'imp., p. 75), comme une production de l'abbaye même de Rougemont.

MONS SACER [Liv., Plin.], Ἱερὸν ὄρος [Dion. H.], le Monte Sacro, l'une des sept collines.

MONS SACER [Justin], Puerto de Rabañon, bourg d'Espagne (Galice), près de Ponferrada, sur le Sil.

MONS SALIONIS, Montsaujeon, Monsaujon, sur la Vigenne, bourg de Champagne, près de Langres (Haute-Marne).

MONS SALUTIS, le Mont Salomont (Isère).

MONS SCIPIONIS, MONS SEMPRONIUS, le Simplon, dans le Valais; traversé par une route faite par la France et qui réunit la Suisse à l'Italie.

MONS SELEUCI, MONS SELEUCUS [It. Ant., It. Hier.], station des Voconces, dans la Gaule Narbon.], auj. la Bastie-Mont-Salion, commune de Fr. (Hautes-Alpes).

MONS SERRATUS, CŒNOBIUM MONTIS SERRATI, le Mont Serrat, Nuestra Señora de Monserrate, célèbre monastère de Bénédictins, bâti sur le versant de la montagne de ce nom, en Catalogne, dans l'intend. et à l'O. de Barcelone.

Voy. pour l'imprimerie : MONAST. MONTIS SERRATI.

MONS SILICIS [P. Diac., G. Rav.], localité de l'Ager Patavinus, auj. Monselice, sur la Brenta, dans le Padouan (Italie).

MONS SOLIS, MONS BADENICUS, voy. AQUÆ BADENÆ.

MONS SORACTI, voy. SORACTES.

MONS SORELLI, Montsoreau, Monsoreau, bourg de l'Anjou (Maine-et-Loire); anc. titre de comté.

MONSTEROLIUM, voy. MONASTERIOLUM et MONTROLIUM.

MONS THABOR, MONTABORINA, Montabaur, pet. ville du grand-duché de Nassau.

MONS THESAURI, Montrézor, Montrésor, commune de Touraine (Indre-et-Loire).

MONSTRECHERIUS, Monstrechier, commune du Vendômois [P. Paris].

MONS TRICARDI, Montrichard, ville de Fr., sur le Cher (Loir-et-Cher); patrie de Palma Cayet.

MONS UMBRONIS, voy. MONS ALCINOUS.

Mons Vici, Mons Regalis, Mons Regius, ville de Ligurie, auj. *Mondovi*, sur l'Ellero, en Piémont (div. de Coni) ; patrie du physicien Beccaria.

Cette petite ville est la seconde du Piémont dans laquelle ait pénétré l'imprimerie ; on y accueillit dès 1472 un de ces grands artistes voyageurs, arrivant du nord, et apportant avec eux la lumière : celui-ci s'appelait Antonius Mathias, d'Anvers. Quelques bibliographes, la Serna et Peignot entre autres, avaient cru que le Mons Regalis qu'on lit à la souscription des premiers livres imprimés à Mondovi, signifiait *Montreale*, ville de Sicile, près Palerme ; d'autres penchaient pour *Königsberg* ; mais les recherches du baron Vernazza, d'Amati et de M. Van der Meersch ont prouvé que c'était bien à Mondovi que Mathias d'Anvers, associé avec un typographe français du nom de Balthasar Cordier, avait fait rouler ses presses.

M. Van der Meersch a recueilli peu de renseignements sur ce Mathias d'Anvers ; c'était sans doute un de ces ouvriers de Mayence, chassés de la ville en 1462 ; peut-être avait-il passé les Alpes avec l'imprimeur de Savigliano, Johannes Glim, qui le précède dans la carrière ; il s'était appelé Antonius Andreas, ainsi que le prouve la souscription des *Héroïdes d'Ovide de 1473* : *Explicit liber Ovidii epistolarum, in Monteregali... per Antonium Mathiæ, quondam Andreæ: de Antverpia. Et Baldisalem corderiumque suum.*

Voici le titre du premier livre imprimé à Mondovi : *Incipit tractatus venerabilis patris fratris Anthonini archiepiscopi Florentini ordinis predicatorum de institutione confessorum.* A la fin : *Explicit summa confessionum seu interrogatorium pro simplicibus confessoribus editum ab archiepiscopo florentino, videlicet fratre Antonino ordinis predicatorum. Finita in Monte Regali : anno domini. M.CCCC.LXXII. die XXIIII. mensis octobris.*

Puis 8 vers latins que nous donnons :
Quem genuit quondam *germana* Antuuerpia potens
Mathiæ Antonius virtute insignis in arte
Baldasar et socius Corderius omnia supra
Utile opus cunctis finierunt Antonianam
Arte nova formæ : quæ correctissima certe
Ordine cuncta suo nos crimina nostra fateri
Instruit : et lepram inter lepram noscere quanque
Hoc opus, hoc nostram sic continet esse salutem.

In-4° de 128 ff. non chif. à 27 lignes par page, en caract. romains, sauf le D qui est constamment gothique.

Mathias d'Anvers et Balthasar Cordier impriment encore à Mondovi en 1473 : *Juvenalis Satyræ. Ovidii Epistolæ Heroïdes*. In-4° de 136 ff. (voy. cat. Crevenna) ; puis ils quittent la ville, et ce n'est qu'en 1480 que l'on voit apparaître un nouvel imprimeur, Laurentius Dominicus (olim Jacobidis) Vivaldi, ou de Vivaldis, civis Montisregalis, qui fait souche de typographes.

Mons Virginum, *Montevergine*, célèbre monast. de Bénédictins dans le Napolitain, fondé par S. Guillaume.

Lor. Giustiniani donne la liste d'un grand nombre d'ouvrages relatifs à cette abbaye.

Mons Vogetius, *der Botzberg*, montagne de Suisse.

Mons Vulturius, *der Geyerberg*, montagne de Silésie.

Mons Wederindi, Mons Witikindi, *der Wedenberg*, en Westphalie.

Mons Zobtensis, voy. Mons Ascyburgius.

MONTALANT.

Château dont nous ignorons la situation, mais que nous signalons à l'attention des bibliophiles, à cause du fait suivant : au milieu du XVIII⁰ siècle, à l'époque où la passion de la comédie de société faisait rage, plusieurs pièces de circonstance furent imprimées au château de Montalant : *Les Amours imprévus, idylle et ballet héroïque, par Degardein de Ville-Maire*. Montalant, 1753, in-4°. Pièce de réjouissance, faite pour le mariage du prince de Condé et de Mlle de Soubise. — *Le Retour du printemps, idylle et ballet héroïque, en un acte et en vers libres, par le même*. Montalant, 1752, in-4°. — *Le Triomphe d'Astrée, idylle et ballet en un acte, par le même*. Ibid., 1754, in-4°. Ces trois pièces sont portées au cat. Pont-de-Vesle, sous le n° 779 ; cette collection fut acquise en bloc par Mme de Montesson, qui la légua à M. de Valence ; ce dernier la céda, peu de temps avant sa mort, à M. de Soleinne.

Montallia, Montulia, *Montilla*, ville d'Espagne, dans l'Andalousie (intend. de Cordoue) ; patrie de Gonzalve de Cordoue et des Moralès.

L'imprimeur Juan Bautista de Moralès introduisit la typographie à Montilla en 1622, dit M. Cotton ; ce Moralès était le père de Juan Gomez de Moralès, qui fut le premier fondeur de caractères de l'Espagne ; ayant fait venir des matrices de Bruxelles, il s'établit à Madrid en 1669, et, avec la licence de l'honorable inquisition, vécut de cette industrie et y fit fortune.

Le livre que M. Cotton veut sans doute désigner à la date de 1622 (qu'il nous pardonne cette hypothèse) doit être celui-ci : *Jornada de Africa del Rey D. Sebastian de Portugal*, da Juan Bautista de Moralès, 1622, in-8°. Mais le volume fut imprimé à Séville par Gabriel Ramos, et nous ne connaissons pas d'édition donnée dans la patrie même de l'auteur.

Don Emmanuel Ramirez de Carrion, marquis de Priego, fit les frais du premier établissement de J. B. de Moralès à Montilla ; et ce premier établissement doit remonter à 1627 ; jusqu'à cette date Moralès était occupé à la publication à Séville des ouvrages posthumes de son frère Christophe (Anton., *Bibl. Vetus*, I, 247). En 1627 il imprime : *Hernando de Vera. Panegyrico por la poesia*. En Montilla, en la imprenta del Excmo. Sr. Marqués de Priego, in-4°. L'année suivante : *Fiestas que se celebraron en la noble villa de Baena en la canonizacion de los gloriosos mártires del Japon y sus veinte y dos compañeros de la religion de San Francisco.... por Don Gabriel Josef de Arriaga... Año 1628.* A la fin : *En Montilla, en la imprenta del Marqués de Priego, y por mandado de S. E. Año 1628.* In-4° de 15 ff. Il serait facile de multiplier ces citations.

Montanus Ducatus, Bergensis Duc., e *grand-duché de Berg* (anc. comté), à la Prusse ; dépend de la prov. de Clèves-Berg.

Montargium, voy. Mons Argi.

MONTBRILLANT.

Il existe plusieurs châteaux ou résidences de ce nom ; nous citerons particulièrement un château royal en Hanovre et un autre château en Suisse, entre Genève et Saconnex, auquel s'applique la note suivante :

« En 1742, Gauffecourt, entrepreneur de la fourniture des sels du Vallais, avait établi à Montbrillant une imprimerie particulière. Il y donna une édition de l'*Essai sur les sentiments agréables et sur le plaisir attaché à la vertu*, de Lévesque de Pouilly, que Charles Nodier dit à tort n'avoir été tirée qu'à

12 exempl., car on la rencontre assez souvent. Gauffecourt reliait aussi lui-même les opuscules sortis de sa presse, pour des présents. Il avait commencé par être horloger » (Gaullieur, *Hist. litt. de la Suisse*, p. 52). On sait que M. de Gauffecourt fut l'ami de J.-J. Rousseau; ce ne fut pas à Montbrillant qu'il imprima son *Traité de la Reliure des Livres* en 1763; il était alors au château de La Motte, près de Lyon.

MONTEOLUM, Montey, Monthay, bourg de Suisse [Graësse].

MONTES, MONTES HANNONIÆ, Mons, Bergen, ville forte de Belgique (chef-lieu du Hainaut).

L'imprimerie remonte en cette ville à l'année 1580, avec Rutger Velpius ou Vulpius comme premier imprimeur. Nous commençons par quelques rectifications: un livre porté au catal. Colbert (n° 8247) sous la date de 1528 doit être reporté à 1628; c'est *la Vie de S. Ursmer et autres, par Gilles Waulde*.

Les Coutumes de Haynnau, que M. Cotton (d'après le catal. Thorpe) dit avoir été imprimées à Mons par Jehan Pissart (1535-1538), celles de *Valenchiênes*, par le même (1540-1545), sont toutes exécutées à Anvers (par Michel de Hochstrat (?), « *pour Jehan Pissart libraire demourant à Mons en Haynnau, en la rue des Clercs* ».

Rutger ou Rutgher Vulpius était imprimeur à Louvain, qu'il abandonna pour aller porter la typographie à Mons, et, au bout de cinq années d'exercice, il alla s'établir à Bruxelles. Voilà tous les renseignements biographiques qu'a pu recueillir son historiographe, M. R. Chalons (*Bull. du Bibl. belge*, 1845).

Le premier produit des presses Montoises est un pamphlet contre Guillaume le Taciturne, très-probablement inspiré et imprimé par ordre du prince de Parme: *Le Renard découvert*. A Mons en Henaut, chez Rutger Velpius, imprimeur juré, 1580. Sur le nouveau marché. Pet. in-4° de 16 ff., sans pag., mais avec sign. A. D. de 18 ff., suiv. M. de Reiffenberg, qui a compté probablement deux feuillets blancs.

La même année R. Velpius donne: *Le Retour de la concorde aux Pays-Bas par le retour de Madame*. A Mons en Hainault, chez Rutger Velpius, 1580. Pet. in-4° de 20 ff. sign. A. E. *« Madame »*, c'était la bonne Marguerite de Parme, dont le retour était ardemment désiré par le parti des Modérés ou *Conservateurs*, assez généralement doués d'un patriotisme peu exalté.

Enfin, un certain Libert Houthem, régent du collège de Houdain, à Mons, publie, toujours en 1580: KAKOGLITNIA, *Seu mala vicinia, libellus vicinos malos velut catalogo recensens, quid que ab ipsis vel commodi vel incommodi expectari liceat, obiter demonstrans. Per D. Libertum Hovthem Leodium poetam laureatum. Montibus Hannoniæ. Apud Rutgerum Velpium, typogr. Iurat. M.D.LXXX.* In-8° sans pag., sign. A. D.

L'imprimeur qui remplace Velpius à Mons en 1585, s'appelle Michel.

Au XVIIe siècle citons Waudret, Gilles Waulde et Jean Pissart.

Mentionnons la petite imprimerie particulière d'un savant aimable, très-justement regretté en Belgique, M. Ch.-J.-B.-J. Delecourt, qui s'était monté un petit atelier portatif, avec lequel il imprima quelques opuscules devenus introuvables: *Almanach de poche d'un étudiant du collège de Mons.* MCCCCXXI (sic, pour 1821). Très-pet. in-4° de 29 p.... *Journal mordant... pour servir à l'histoire des Pays-Bas, dédié aux ch.....* s. d. (1820), in-4° de 49 p. tiré à 15 ou 20 exemplaires. [Aug. Voisin].

MONTES ACROCERAUNII [Hor., Ovid.], Κεραύνια ὄρη [Strab., Dion.], Ἀκροκεραύνια

[Ptol.], montagne de l'Épire, entre l'Adriatique et la mer Ionienne, auj. *Monti Khimiaroli*.

MONTES ÆRII, τὰ Ἡραῖα ὄρη [Diod.], montagne de Sicile, près de Porto di Palo, auj. *Monti Sori*.

MONTES BRIGANTINI, le *Vorarlberg* (Tyrol).

MONTES GIGANTEI, les *Monts Géants, das Riesengebirge*; séparent la Bohème de la Silésie.

MONTES LENI, Monts Blancs, Monts de Sphakia, sur la côte S. de Candie; dernier asile de l'indépendance candiote.

MONTES MARIANI, la *Sierra Morena*, chaîne espagnole entre le bassin de la Guadiana et celui du Guadalquivir.

MONTES SARMATICI, voy. CARPATES.

MONTIA, voy. MODOETIA.

MONTICELLUM, voy. MONCELLUM.

MONTILARIS, Montella, bourg du Napolitain.

MONTILIUM, Montille, Monteux, ville de Fr. (Vaucluse); concile en 1209.

MONTILIUM ADEMARI, voy. MONS ADHEMARI.

MONTILLÆ, Montils-lez-Tours, anc. abb. de Minimes, comprise dans le parc de Plessis-lez-Tours, où est enseveli S. François de Paule.

MONTINIACUM, Montigny, Montigné, Montignac; un très-grand nombre de communes portent ces noms en France; nous citerons MONTINIACUM REGIUM, *Montigny-le-Roy*, ville du dép. de la Haute-Marne, et *Montignac*, ville du dép. de la Dordogne.

MONTINIACUM AD ALBULAM, Montigny-sur-Aube, bourg de Fr. (Côte-d'Or).

Une imprimerie clandestine fut établie à la fin de 1797 dans cette bourgade; elle fut saisie à la fin de l'année suivante.

MONTIONE, Mousson, commune de Fr. (Meurthe), avec les ruines d'une antique forteresse.

MONTISJOVIUM, Montjoux, communes du Dauphiné, dans les dép. de la Drôme et des Hautes-Alpes. = *Montjoie*, ville de Prusse, entre Aix-la-Chapelle et Trèves (duché de Juliers).

MONTIS OLIVI MONASTERIUM, anc. CASTRUM MALASTI, depuis MONAST. VALLIS SIGARII, *Montoulieu, Montolieu,* bourg de Fr. (Aude), anc. et riche abb. de St-Benoît, fondée vers l'an 800, appelée d'abord *S. Jean-de-Val-Séguier* [Quicherat].

MONTREFUGE ou **MON REFUGE,** maison occupée par le prince de Ligne, à Vienne, à l'époque de la révolution française.

L'illustre maréchal prince Charles de Ligne, dont nous avons déjà vu figurer le nom dans ce vol., à l'occasion de l'imprimerie qu'il avait fondée vers 1780 dans sa magnifique résidence de Belœil, transporta son matériel typographique à Vienne, à l'époque de la révolution française, et là fut donnée l'édition collective des œuvres de cet aimable écrivain : *Mélanges militaires, littéraires et sentimentaires* (du prince Charles-Joseph de Ligne). A Mont-Refuge, sur le Léopoldsberg, près de Vienne, et se vend à Dresde, 1795-1811, 34 vol. pet. in-8°. Dans ce nombre sont compris les 19 vol. d'*Œuvres mêlées en prose et en vers*.

MONTRIEUX, anc. château près de Vendôme (Loir-et-Cher).

On a soutenu que l'impression clandestine du plus célèbre ouvrage de Blaise Pascal, les LETTRES PROVINCIALES, avait été faite dans une cave du château, de la fin de 1655 au 23 janvier 1656; il paraît prouvé qu'au moins la première lettre est sortie de ces presses souterraines. On sait, d'après une lettre de Guy Patin, que lors de l'apparition de ces immortels pamphlets, le libraire Desprez et l'imprimeur Langlois, l'aîné, avaient été mis à la Bastille, par l'influence occulte mais toute-puissante des *Loyolistes furibonds*, « *hominum genus nequissimum* », ou comme les appelle Guy-Patin « *Nigrum agmen Ignatianum* ».

MONTROLIUM, voy. MONASTERIOLUM PAGI PONTHIVI.

MONTROLIUM, MONSTEROLIUM, MONASTERIOLUM, *Montreuil-sous-Bois*, bourg de France, près Vincennes (Seine).

Ce fut dans cette localité, au dire de Guy-Patin, que furent établies les presses clandestines qui produisaient une infinité de libelles et de mémoires, composés vers 1663 pour la justification du surintendant des finances, Fouquet, après sa terrible disgrâce. Lottin (II, p. 91) place tout à côté de Montreuil, à St-Mandé, le siége de cette typographie.

MONTROLIUM, MUSTRELA, *Monstr'œil, Montreuil* ; un très-grand nombre de localités en France portent ce nom, qui provient par contraction de MONASTERIOLUM, MONSTERIOLUM.

MONTR'OULLES, voy. MORLÆUM OPP.

MONUMETHIA, *Monmouth*, ville d'Angleterre, sur la Wye ; chef-lieu de comté, au N.-O. de Londres.

M. Cotton fait remonter l'imprimerie à Monmouth à 1770, et dit que Charles Heath y fut établi pendant 60 ans, de 1770 à 1830 ; il fut auteur de quelques « *Local guides* » imprimés par lui-même ; Lowndes, qui cite ce typographe-auteur, ne fait remonter le plus ancien de ces guides qu'à l'année 1793.

MONYCHIA, voy. MUNYCHIA.

MONYOROKEREKINUM, *pagus in comitatu Castriferrei, Eberau, Monyorokereken*, bourg de Hongrie, dans le com. d'Eysenburg.

Joannes Manlius, que Németh croit être une seule et même personne avec Hans Manuel, eut une imprimerie temporaire à Eberau, en 1589-91 ; son établissement principal était à Német-Ujvár (Gissing), où il subsista de 1582 à 1597; *Evangeliomok és Epistolák*. Monyorokereken, 1589, in-12. — *Hart-*

lieb Johan, Christlicher und Kurtzer Bericht von dem hochwürdigen sacrament des Altars... Gedruckt zu Eberau in Ungern bey Hans Manuel, 1590, in-8°.

Nous avons déjà vu Joan. Manlius à *Német-Keresztur* (voy. KERESZTURINUM).

MOPSIUM [Liv.], Μόψιον [Strab., Steph.], ville de la Thessalie (Pélasgiotide), auj. *Karatjair*, suiv. Leake.

MORA FL., voy. MARGUS.

MORADUNUM [Trith.], ville de la Gaule Belgique, auj. *Werden*, sur le Ruhr, ville de Prusse (rég. de Düsseldorf).

MORANGA, *Moringen*, ville de Hanovre [Graesse].

MORASANI, MORCINI [Chr. Gottw.], peuple de la Germanie ; habitait la rive droite de l'Elbe, dans la régence de Magdebourg, avec *Lauborgk* et *Tuchum* comme villes principales.

MORATUM, *Morat, Murten*, ville de Suisse, du canton de Fribourg ; bataille en 1476.

MORAVIA, *la Moravie, Mähren*, prov. d'Autriche.

MORAVIA SCOTIÆ, *le comté de Murray*, dans l'Écosse méridionale.

MORBIUM, *Moresby*, bourg d'Angleterre, sur la mer d'Irlande (comté de Cumberland).

MORELIUM, *Moreuil*, bourg de Picardie ; anc. abb. de Bénédictins de la congr. de St-Maur (Somme).

MORETUM [Ch. Ludov. VI, a. 1134], MURITUM, *Moret*, pet. ville de Fr. (Seine-et-Marne) ; concile en 850 et au XIII° siècle ; anc. titre de comté.

MORGANTIUM, Μοργάντιον [Str., Diod.], MURGANTIA [Liv.], MORGENTIA [Sil. It.], Μοργαντῖνα [Thucyd.], ville de Sicile, sur le Symæthus, auj. suiv. Mannert, *Mandri Bianchi*, bourg près de Filippo d'Argiro (prov. de Catane).

MORGENTIA, Μοργέντια, Μοργέντιον [Steph. B.], MURGANTIA [Liv.], ville des Bruttii dans le Samnium, auj. S. *Georgio*, au pied des Apennins, ou, suiv. Reichard, *Croce di Morcone*, près de Bojano (Molise).

MORGIA, MORGIACUM, *Morges, Morsee*, ville de Suisse (canton de Vaud).

C'est à l'année 1568 que nous ferons, avec le P. Le Long et Falkenstein, remonter l'imprimerie dans cette ville ; le premier livre que nous ayons à citer est une traduction latine de la *Genèse* : *Genesis cum catholica expositione ecclesiastica ex universis probatis theologis excerpta, à quodam verbi Dei ministro diù multumq in theologia versato*. Morgiis, in-fol. réimpr. au même lieu en 1584 et 1585. Le second est un traité calviniste : *Muscule*

(*Wolffgang*). *Lieux communs de la Sainte Escriture, traduits du latin par Antoine du Pinet.* Morges, 1570, in-fol., réimprimé à Genève en 1577 par Eust. Vignon (*Cat.* de Tournes).

En 1579 un imprimeur établi à Lausanne depuis 1570 ou 1571, Jean Lepreux (Joannes Probus), natif de Paris, quitte Lausanne avec sa famille et vient s'établir à Morges, où il séjourna et imprima de 1579 à 1587; c'était le fils de Poncet-le-Preux, reçu imprimeur et libraire à Paris en 1511 [Lacaille]; lui-même avait exercé dans cette capitale à partir de l'an 1561 [Lottin].

M. Ternaux cite comme premier livre imprimé à Morges un traité du célèbre pasteur Aug. Marlorat, dit Pasquier, pendu à Rouen en 1562 : *Thesaurus Sacræ Scripturæ.* Morgiis, 1568, in-8°. Il veut probablement parler d'un livre bien connu du fougueux ministre : *Thesaurus Locorum communium Sacræ Scripturæ,* mais nous ne connaissons pas d'édition de ce traité qui soit antérieure à 1574.

MORGINNUM [Tab. Peut.], MAUROGENA [Geo. Rav.], station du pays des Allobroges, appelée depuis MORIENCUM, MOIRENC, auj. *Moirans,* bourg du Dauphiné (Isère).

MORGUS FL. [Plin.], fleuve de la haute Italie, auj. l'*Orco.*

MORGYNA [Cell.], Μοργύνα [Steph. B.], ville de Sicile, auj., suiv. Cluver, *Margana,* bourg sur le Fiume-Grande, près Termini.

MORICAMBE ÆSTUARIUM, *Morecambe-Bay,* golfe du comté de Cumberland.

MORIDUNUM, voy. MARIDUNUM.

MORINCUM, *Moirans,* commune de Fr. (Jura).

MORINI [Virg., Tac., Cæs., Mela, Plin.], Μορινοί [Strab.], peuple de la Gaule Belgique II, dont le territoire est réparti auj. entre les dép. du Nord et du Pas-de-Calais.

MORINNA [Char. Car. Calvi], *Morienne,* commune de Normandie (Seine-Inférieure).

MORISANA ECCLESIA, *Csanad,* ville et comitat de Hongrie, l'un des 12 du cercle au-delà de la Theiss.

MORITANIA, MORTANIA, *Mortagne,* ville de France, sur l'Huisne (Orne); patrie de Catinat; c'est l'anc. capit. du Perche. = Plusieurs autres localités portent le même nom.

MORITONIUM, MORITOLIUM, MAURITONNUM, MORTONIUM, MORTUEIL (XIIe s.), *Mortaing-le-Rocher, Mortain,* ville de France, sur la Canche (Manche).

MORLACA, MORLACUM, *la Morlaye,* village de Fr. (Oise), suiv. l'abbé Lebeuf.

MORLACUM, *Morlas, Morlaas,* bourg de Fr. (Basses-Pyrénées); anc. résidence des Princes de Béarn.

MORLÆUM OPPIDUM, MONS RELEXATUS, anc. JULIA, *Morlaix, Montr'oullés* (en breton), ville de Fr. (Finistère) : « *Morlæum oppidum istius Britanniæ, quondam Julia appellatum, ad radices Castri Cæsaris in crepidine Montis situm ad imam Vallem vergens....* » (Conrad, *Descr. des deux Bretagnes,* l. IX), patrie d'Albert le Grand, l'historien de Bretagne.

En l'année 1621 nous trouvons pour la première fois trace d'impression dans cette ville, et le nom du premier typographe, que nous croyons natif de Rouen, où il avait exercé l'imprimerie, est George Allienne; voici le titre du premier produit de ses presses, que nous connaissions: *Tanguy Gueguen, curé de Plouguerneau, Ar Mirouer à confession, composet gant an tat reverant Emery ae Ronis, à compagnunez Jesus; ha translatet vez à Gallec en Brezonnec.... Davantaig un examen à Constianez... È Montr'oullés,* Georges Allienne, 1621, in-12. Miorcec de Kerdanet (*Not. Bret.*) cite plusieurs ouvrages de ce curé, imprimés à la même époque, et pour la plupart à Morlaix; nous mentionnerons encore une *Vie de St-Yves, de Pierre de la Hayede Kerhingan,* imprimée en 1622 par le même typographie.

George Allienne va fonder un établissement typographique à Quimper vers 1632, ce qui ne l'empêche pas de conserver celui de Morlaix; il signe alors ses livres : A MORLAIX, *chez George Allienne, imprimeur et libraire juré à Rouen, au Palmier couronné; et à Quimpercorentin, en sa boutique.*

Des imprimeurs rivaux viennent s'établir à Morlaix : Mathurin Despancier, que nous voyons dès 1634 produire : *Le Pelerinage du Folgoat, du prieur Cyrille Pennec.* Morlaix, M. Despancier, 1634, in-12, avec front. imprimé et une élégie en vers latins ; puis Nicolas de Blavet ou du Blavet, duquel nous citerons un ouvrage du même prieur des carmes d'Hennebon, Cyr. Pennec: *Liste des 54 chapelles dédiées à la Vierge dans l'éveschè de Léon.* Morlaix, Nicolas de Blavet, 1647, in-12 ; Jean Hardouin, à la même époque, etc.

A la fin du XVIIe siècle, nous signalerons un gentilhomme, le sieur de Ploesquellec, dont la veuve exerçait encore en 1759, lors de l'arrêt du conseil d'État.

L'arrêt du conseil de 1704 ne mentionne point Morlaix; celui de 1739 supprime nominativement son imprimerie, mais n'est point exécuté, puisque l'arrêt du 12 mai 1759, qui fixe le nombre des imprimeurs dans la province de Bretagne, dit expressément : « Les imprimeries établies à Dol, Morlaix, Redon, Tréguier, S.-Paul-de-Léon et Vitré, seront et demeureront supprimées. Fait Sa Majesté défense d'en établir à l'avenir dans lesdites villes, et néanmoins a permis par grâce, et sans tirer à conséquence, aux nommés Arnaud Capran (Dol), la veuve Ploesquellec, etc., qui tiennent actuellement lesdites imprimeries, de continuer à imprimer dans lesdites villes leur vie durant..., sans qu'après leur décès lesdites imprimeries puissent être tenues par aucun imprimeur, même par les enfans desd. Capran, veuve Ploesquellec, etc.: à peine de 500 livres d'amende et de confiscation. »

Cet arrêt-là fut exécuté; voici la note du rapport fait à M. de Sartines en 1764 : « Morlaix. Quatre libraires, pas d'imprimeur. Il y avait ci-devant un imprimeur à Morlaix, gentilhomme d'extraction, nommé M. de Ploesquellec ; il est mort et son fils ne veut plus exercer son état, ainsi il n'y a plus d'imprimeur en cette ville. »

Ces expressions sont assez singulières, elles témoignent du peu d'importance qui s'attachait généralement aux arrêts du conseil, au moins dans les provinces éloignées; ainsi voilà un intendant qui fait au lieut. gén. de police un rapport officiel, et qui, en 1764, oublie l'esprit et la teneur d'un arrêt rendu cinq ans auparavant, il dit : « *Le fils de Ploesquellec ne veut plus exercer son état ;* » il aurait dû ajouter : « *A peine de* 500 *livres d'amende, et de confiscation des vis, presses, et autres ustensiles.* »

MORNACIUM, MORNATIUM, *Mornas,* bourg de Fr. (Vaucluse), près d'Orange.

MORON, Μόρων [Strab.], localité de la Lusitanie, sur la rive gauche du Tage, que Reichard croit être auj. *Morão.*

MORONTUM, MONS ROTUNDUS, *Montrond,* anc. bourg du Berry, réuni auj. à la ville de St-Amand (Cher) ; les ruines du magnifique château de Montrond la dominent.

MOROSGI [Plin.], ville des Varduli dans la Tarrac., auj., suiv. Ukert, *San-Sebastian,* chef-lieu du Guipuscoa ; et d'après Reichard, *Motrico,* bourg de la même intendance.

Nous avons à l'art. DONASTIENUM parlé de la typographie de *St-Sébastien ;* nous ajouterons : Le plus important peut-être des ouvrages imprimés à St-Sébastien est probablement le grand dictionnaire de Larramendi : *Diccionario trilingue del Castellano, Bascuence y Latin, por el Padre Manuel de Larramendi, de la comp. de Jesus.* San-Sebastian, Bartholomi Riesgo y Montero, 1745, 2 vol. in-fol. Cette édition est extrêmement recherchée ; elle a été réimprimée dans la même ville en 1854.

MORTINGIA, MORDINAVIA [Chron. Gottw.], **MORTINHAUGA,** sur le Rhin, *die Ortenau,* district du grand-duché de Bade.

MORTONIUM, voy. **MORITONIUM.**

MORTUUM MARE, *Mortemer,* commune de Normandie, et anc. abb. de Cîteaux (Eure).

MORUM (AD) [It. Ant.], station des Sestini, auj. *Velez el Rubio,* ville d'Espagne, dans l'intend. d'Almeria.

MORVINUS PAGUS, MORVINUM, MORVINNUS, *le Morvent, le Morvan,* anc. district montagneux et boisé, sur les confins de la Bourgogne et du Nivernais ; div. auj. entre les dép. de la Côte-d'Or, de l'Yonne et de la Nièvre.

MOSA FL. [It. Ant.], **MUESE** [Anc. Chr.], *la Meuse,* en all. *Maas,* en holl. *Maze,* fleuve d'Europe ; prend sa source dans le dép. de la Haute-Marne, et afflue à la mer du Nord.

MOSA [It. Ant., Tab. P.], s'ation du pays des Leuci, auj., suiv. Ukert, *Menancourt,* village près Ligny-en-Barrois (Meuse).

MOSÆ TRAJECTUM, voy. **TRAJECTUM.**

MOSCHOVIA, *Moscкötz,* bourg de Hongrie [Graesse].

MOSCOVIA, MOSQUA, MOSCUA, *Moscou* (en russe *Moskva,* Москва, en anglais *Moscow,* en hongrois *Muszka, Moskau* en all.), ville de l'empire russe, dans la Grande Russie, seconde capitale du royaume, chef-lieu de gouvernement, siége du métropolitain, des académies et d'une célèbre université, bibliothèque, trésor, Kremlin, etc.; c'est la ville sainte des Russes.

Le *Dictionn. histor. des écrivains de l'Église grecque,* donné à Pétersbourg (1827, 2 vol. in-8°), par *Eugenius,* métropolit. de Kiew ; Bachmeister (Bibl. de St-Pétersbourg), J. P. Kohlius (*Introd. in Hist. Slavorum,* Alton., 1729, in-8°) ; enfin les ouvrages spéciaux du Dr Cotton, nous fournissent les documents les plus complets sur l'introduction de la typographie en Russie, et particulièrement à Moscou. Sous le règne mémorable du Tsar Iwan Wassilovitsch, le fondateur des universités de Plescov et de Novgorod, c'est-à-dire vers le milieu du XVIᵉ siècle, l'imprimerie, le plus puissant levier de la civilisation, fut introduite à Moscou ; les Anglais, alors entrepositaires de tout le commerce du Nord, fournirent le papier ; les caractères et tout le matériel vinrent, croyons-nous, de Hongrie ; le seul spécimen qui ait survécu de cette première période est un APOSTOL (Апостолъ), c'est-à-dire *Acta Apostolorum,* dont le seul exemplaire connu est conservé pieusement à la bibliothèque de Pétersbourg ; il avait été trouvé en 1730 par un soldat, qui le remit à l'Académie ; il est imprimé en beaux caractères cyrilliques, sur d'excellent papier. Nous rapporterons *in extenso* la souscription, en forme d'ordonnance ou de privilège, qui donne d'intéressants détails : « Par la volonté du Père, l'assistance du Fils et la coopération de l'Esprit saint. Par ordre du Tsar orthodoxe et grand-duc de toutes les Russies Ivan Wassilovitsch, et par la bénédiction du très-vénérable métropolitain de toutes les Russies, Macaire (*l'établissement du Patriarcat ne date en Russie que de l'année* 1589), on vient de bâtir plusieurs églises tant dans la résidence de Moscou, dans ses environs et dans toutes les villes de Russie, que principalement dans la ville de Kasan nouvellement éclairée, et dans les pays environnants, lesquelles églises le Tsar orthodoxe a ornées de vénérables images, livres saints, meubles, etc., suivant les traditions et règles des apôtres et les ordonnances des empereurs grecs d'heureuse mémoire.... C'est ainsi que le Tsar orthodoxe a fait acheter aux *marchés publics* des livres saints, tels que *Psaumes, Evangiles, Actes et Épîtres des Apôtres,* etc., pour être distribués aux églises ; mais, parce qu'il n'y en avait qu'un petit nombre de bons, le reste avait été falsifié par l'ignorance ou la maladresse des scribes, il a pensé aux moyens de faire imprimer dans ses États des livres tels qu'on en avait en Grèce, à Venise ou en Phrygie (?) et autres pays, pour qu'on puisse avoir à l'avenir des livres saints plus corrects.... Dès lors, par ordre du Tsar et sous la bénédiction du très-vénérable métropolitain, en l'an du monde 7061 (de J.-C. 1553), et le 30ᵉ de son règne, on a fait des recherches sur la manière d'imprimer des livres ; ensuite le Tsar orthodoxe a fait bâtir à ses frais une maison qu'il a destinée à l'imprimerie, et a fourni sur le trésor public aux ouvriers Ivan Fedor, diacre de l'église du miraculeux Nicolas de Gostun, et Pierre Timotéew Mstislavzov, une somme suffisante tant pour les frais de l'imprimerie que pour leur propre entretien, jusqu'à ce que l'ouvrage ait été achevé. C'est le 19ᵉ avril, et l'an du monde 7071 (1563), que l'on a commencé l'impression du premier livre qui contient les *Actes des Apôtres,* les *Épîtres catholiques avec celles de St-Paul ;* on a fini de l'imprimer le 1ᵉʳ mars de l'an du monde 7072 (1564), qui a été le premier de l'archevêque et métropolitain Athanase, en l'honneur de la toute-puissante et vivifiante

Trinité du Père, du Fils, et du Saint-Esprit. Amen. »

Quelques historiens ont prétendu que cette imprimerie avait été entièrement détruite par les Polonais, dans les troubles qui suivirent la mort du Pseudo-Dmitri, et que le Tsar Michaïle Fedorovitsch en avait établi une nouvelle en 1644. Bachmeister conteste le fait, signale trois ouvrages imprimés de 1564 à 1596, et dit avoir en main des volumes imprimés à Moscou en 1606, 1614, 1616 et années suivantes; il nous serait facile de donner les titres de la plupart de ces livres.

André Thevet (*Vie des hommes illust.*, tom. II), dans la Vie du duc de Moscovie Vasili (Basile), déclare expressément que les caractères et le premier matériel de Moscou furent employés par les Russes, jusqu'à ce qu'ils eussent été détruits par un long usage.

Bachmeister signale au XVIIᵉ siècle une nouvelle typographie, шинографïа вepxная, qu'il suppose avoir été établie au Kremlin (Creml) pour l'usage particulier du Tsar; le premier ouvrage qui en soit sorti est un Букваръ; elle existait encore en 1686.

En 1707 on introduisit en Russie de nouveaux caractères, fondus à Amsterdam, et préférables aux cyrilliques.

En 1709, un particulier nommé Vasili Koupriakow fonde une imprimerie nouvelle, dont on cite un livre intitulé Брюсова Календаръ.

Enfin, en 1711, Pierre le Grand, manquant du matériel nécessaire pour l'impression de ses ukases, fait transporter à St-Pétersbourg une partie des nouveaux caractères de Moscou, alors appartenant à l'imprimerie du St-Synode. Nous continuerons ce récit à l'art. PETROPOLIS.

La plus riche biblioth. de Moscou est celle du St-Synode, dont nous venons de parler; à l'époque où Bachmeister écrivait, elle possédait près de 600 mss. russes, et était très-riche en mss. grecs, dont quelques-uns des VIIᵉ et XIIIᵉ siècles; la plupart de ces derniers provenaient des couvents du Mont Athos, entre autres de celles de S. Athanase, des Batopèdes, de Denis, de Pantocrator, de Xéropotame; et de celui des Ibériens.

Mose [Tab. Peut.], Mosomagus, Mosomum, *Mouzon*, sur la Meuse, ville de Fr. (Ardennes); anc. abb. de Bénédictins; conciles en 948 et 995.

Mosella fl. [Tac., Auson.], Mosula [Flor.], Musella [Fortunat.], *la Moselle, Mosel* (en all.), riv. de France; prend sa source dans les Vosges, et se perd dans le Rhin à Coblentz.

Mostorpitum, Costorpitum [Ant. It.], ville des Oretani dans la Britannia Barbara, auj. *Morpeth*, ville d'Angleterre (Northumberland).

Motenum, Mutenum [Ant. Itin.], Myrtenum, station de la haute Pannonie, dont la situation actuelle est discutée; suiv. Cluver, *Muzon*; suiv. Mannert et Reichard, *Eisenstadt* (Kis-Marton); enfin, d'après Bisch. et Möller, *Bruck an der Leytha*, localités de Hongrie (com. d'OEdenburg).

Motkalia, *Mouchard*, commune de France, près Dôle (Jura).

Motte (la), château près de Lyon.

Ce fut là que M. de Gauffecourt, après un long séjour à Montbrillant, vint se retirer; il y imprima en 1763 son *Traité de la reliure des livres*, et y mourut en mars 1766 à l'âge de 75 ans (voy. Breghot du Lut, *Mélanges*, tom. II).

Motuca [Cic., Plin.], Μότουχα [Ptol.], *Modica*, ville de Sicile (prov. de Syracuse).

Motya, Μοτύη [Diod., Steph. B.], ville et port d'une petite ile, située sur la côte O. de Sicile, appelée *Isola di Mezzo*.

Motychanus fl., *Fiume di Ragusa*, en Sicile.

Motyum, Μότυον [Diod.], forteresse près d'Agrigente, que Graësse voit auj. dans *Naro*.

Mouda, Muda, *Muyden*, village de Hollande, dans le Rynlant, près de la mer d'Haerlem.

Moulsey, ville d'Angleterre, près de Kingston, dans le Surrey.

Une imprimerie clandestine existait dans ce village à l'époque de la reine Elisabeth, et était, croyons-nous, dirigée par un imprimeur du nom de John Rile; elle a produit un nombre relativement considérable de brochures et de pamphlets, religieux ou politiques, pour la plupart disparus auj. Ames (*Typogr. Antiq.*, p. 1464 et suiv.) consacre une curieuse notice à cette typographie et en suit les pérégrinations à Fawsley dans le comté de Northampton, à Norton, à Coventry, etc. (Voy. à ce sujet: D'Israëli, *Quarrels of authors*, III, Cotton, etc.)

A la même époque, une imprimerie clandestine catholique existait aussi en Angleterre, courant les plus grands dangers (danger of life); les imprimeurs changeaient fréquemment de place, et distribuaient leurs publications avec d'excessives précautions (voy. Ribadeneyra, *Scisma d'Inglaterra*); nous croyons que la note de Ribadeneyra doit s'appliquer à l'impr. de John Rile que nous venons de signaler.

Mrkschina Crkwa, anc. monastère du Montenegro, dont nous ignorons la situation exacte.

M. Ternaux dit qu'une édition du Nouveau Testament en slavon fut imprimée dans ce monastère en 1562 par le moine Mardarius (?).

Mucialla [Procop.], *Mugello*, bourg de Toscane, près Florence.

Mudovium (?).

Localité qui nous est inconnue; nous trouvons au catal. des livres du fonds de Daniel Elzevir, rédigé après la mort de ce grand imprimeur, arrivée le 4 août 1681 (p. 303): *Ludovici Morainvillierc Examen philosophiæ platonicæ*. Mudovii, 1655, in-8°.

Mugilones, peuple de la Germanie, qui habitait le territoire de *Mügeln*, dans le roy. de Saxe.

Mugra fl., *le Morin*, affluent de la Marne.

Muhlemium, *Mühlheim*, petite ville de la Prusse Rhénane, sur la rive droite de Rhin, près de Cologne.

C'est aux protestants expulsés de Cologne en 1618 que cette ville doit sa prospérité. L'imprimerie date de 1730, et Caspard Proper fut le premier typographe.

MUICURUM, Μουίκουρον [Ptol.], MUCRU [Geo. R.], ville de l'Illyrie, auj., suiv. Reichard, *Makarska*.

MULCEDUNUM, MULCEDONUM, MUSSIDUNUM, *Mucidan, Mussidan*, bourg de Fr. (Dordogne).

MULHUSIUM SUPERIORIS ELSATIÆ, voy. ARIALBINUM.

Une de ces notes substantielles et développées dont M. Claudin a généreusement enrichi le catalogue Luzarche nous donne l'occasion de rectifier la notice que nous avions consacrée à l'hist. de la typogr. de Mulhouse. Suivant ce savant libraire, le premier imprimeur de cette ville ne serait pas Pierre Fabri, mais l'honneur d'avoir inauguré l'art typographique appartiendrait à Hans Schirenbrandt et Pierre Schmid (ou Schmidt), dont le matériel, à en juger par l'analogie des caractères, proviendrait de la ville de Bâle. M. Claudin, d'après la communication de M. P. Ristelhuber, cite un volume d'hygiène, en allemand, du dr Laurent Friesen, imprimé à Mulhouse par Pierre Schmid seul, en 1559 ; c'est sans doute de Lorenz Fries, dont Graësse (t. II, p. 635) cite plusieurs ouvrages imprimés à Strasbourg de 1514 à 1532, que veut parler M. Claudin, et le fait n'a rien que de parfaitement admissible. Nous avons vainement cherché la trace de ce volume ou du moins de cette édition dans les bibliographies allemands, et nous regrettons de ne pouvoir donner ici la description détaillée de cet ouvrage, qui, jusqu'à nouvel ordre, peut être considéré comme le premier livre imprimé à Mulhouse.

M. Luzarche possédait le livre de Seb. Frank à la date de 1561, que nous avons cité ; M. Claudin en donne la description. C'est un in-8° de 130 p. chiffrées, plus un f. pour le titre, et un autre également non chiffré, cont. la souscription au r°, et la marque de l'imprimeur au v°.

MULHUSIUM, MUHLHUSIUM THURINGORUM, MÜHLHUSA [Struv.], *Muhlhausen*, ville de Prusse, sur l'Unnstrutt, dans la rég. d'Erfurth (Saxe) ; anc. ville libre, fondée en 1135, cédée à la Prusse en 1802.

C'est presque à la même époque que son homonyme d'Alsace que la Mulhouse saxonne a vu l'introduction de la typographie dans ses murs. C'est en l'année 1565 que nous trouvons la première mention de l'imprimerie de George Hantzch, le prototypographe de cette ville : *Chrysostomi Erklärung dess Spruchs; Niemandt wirdt verlesst dann durch sich selbst.* Mülhausen, bey Georg. Hantzch, 1565, in-8°. — *Georg. Webers Teutsche Psalmen Dauids mit 4. 5. und 6. stimmen componiert.* Mülhausen in Thüringen; 1568, in-4o, et un autre recueil des *Psaumes* mis en musique par le même G. Webers, à la date de l'année suivante et dans le même format ; ces deux recueils de musique sacrée sont excessivement rares et non cités par Forkel.

MULIFONTANUM CŒNOBIUM ; *Maulbrunn*, anc. abb. de Cîteaux, dans le Wurtemberg.

MUNDA [Plin.], Μούνδα [Strab.], ville de la Bétique, près d'Ecija (Astygi), que l'on croit être le bourg de *Monda*, au S.-O.

de Malaga, ou celui de *Guadalorje*, dans la même province.

MUNDA, MACHIDAN [Gr. Chron.], *Münden, Hanoverisch-Münden*, ville du Hanovre au confl. de la Werra et de la Fulda.

MUNDA FL. [Plin.], Μούνδα [Ptol.], voy. MONDA.

MUNDA RURÆ, ROERMONDA, *Ruremonde*, ville du Limbourg hollandais, au confl. de la Meuse et de la Roër ; patrie du géogr. Mercator.

MUNDA TENERÆ, TENEREMUNDA, *Dendermonde, Termonde*, ville de Belgique, au confl. de l'Escaut et du Dender (Flandre Orientale) ; a soutenu un siége contre les Français en 1667.

M. de Reiffenberg, dans le *Bibliophile belge*, fait remonter l'établissement de l'imprimerie à Termonde, à 1629, avec Josse Van Langhenhove comme premier typographe.

MUNDA VISTULÆ, WEISSELMUNDA, *Weichselmünde*, sur la Vistule, ville de Prusse (rég. de Danzig).

MUNDOBRIGA [Itin. Ant.], voy. MEDOBRIGA.

MUNICIPIUM [It. Ant., It. Hier., Tab. P.], station et colonie romaine en Mœsie, auj., suiv. Mannert, *Zibet*, sur la Morawa (Servie).

MUNIMENTUM CORBULONIS, voy. GRONINGA.

MUNIMENTUM TRAJANI [Ammian.], forteresse dont les ruines se voient encore près de *Höchst*, sur la rive droite de la Nidda.

MUNITIUM, Μουνίτιον [Ptol.], ville des Ansibarii, dans la Germanie, que Reichard place auprès d'*Osnabrück*, Wilhelm sur le territoire de *Bielefeld*, et Ledebur à *Sternberg*, en Moravie.

MUNYCHIA, Μουνυχία, l'un des trois ports et au S.-O. d'Athènes, entre le Pirée et le cap Sunium ; auj. *Porto-Leone* ou *Stratiotiki*.

MURÆPONTUM, *Bruck, Prugg an der Mur*, ville de Styrie (Autriche).

MURANUM [Lucan.], SUMMURANUM [It. Ant.], ville de Calabre sur les frontières du Bruttium, auj. *Murano*.

MURATUM, *Murato*, bourg de l'arrond. de Bastia (Corse).

MURATUM ALVERNIÆ, *Murat*, ville de Fr. (Cantal) ; anc. titre de vicomté.

MURBACUM, MORBACUM, *Morbach, Murbach*, anc. et célèbre abb. de St-Benoît, fondée en 724, en Alsace ; son abbé était prince de l'Empire.

MURBOGI, voy. TURMODIGI.

MURCIA, *Murcie, Murcia*, sur la Segura ; ville d'Espagne (Cap. gén. de Valence), chef-lieu d'intend., anc. capit. du roy. du même nom.

L'imprimerie remonte en cette ville à l'année 1487 ; le premier typographe est Lope de la Roca, natif d'Allemagne, qui arrivait de Valence, où on le trouve deux ans auparavant. Voici, d'après Mendez, le titre détaillé du premier volume imprimé par ce typographe : *Tratado que se llama* COPILACION DE LAS BATALLAS *campales que son contenidas en las estorias escolasticas e de España dirigido al muy reverendo señor don Fray Johan Ortega de maluenda obispo de coria del consejo del Rey...* etc. A la fin : *A gloria e alabanza de nuestro salvador y redemptor Ihu. Xpo. Fue este libro que es llamado el tractado de las batallas campales acabado con otros dos tractados en la muy noble e leal cibdad de Murcia por manos de maestre Lope de la Roca Aleman Impressor de libros lunes* xxvij *dias de mayo año de mil e* CCCC.LXXXVij. *años.* 2 parties en un vol. in-fol. goth. L'auteur de ce rare vol. est D. Diego Rodriguez de Almela, chanoine de Murcie.

Du même auteur est *el Valerio de las historias,* imprimé, la même année, par le même imprimeur (Mendez, p. 152), à la date du 6 décembre, in-fol. sans ch. ni récl., mais avec sign.

Enfin, nous citerons en dernier lieu un important vol., dont nous donnons le titre exact, grâce au travail de Zarco del Valle et D. Sancho Rayon : *Tractado que se llama el Oracional de Fernand Peres, porque contiene respuesta a algunas Cuestiones que fizo al noble caballero Fernan Peres de Guzman al Reverendo Padre, virtuoso Perlado don Alfonso de Cartagena,* etc. A la fin : *A gloria* || *z alabança de ño Sal*||*uador y redentor jhu Xpo. Fue* || *este libro destos tres tractados* || *acabado en la muy noble z' leal* || *Cibdad de Murcia*||*por ma-nos de*||*los honrados .Gabriel Loys ari*||*nyo no*||*tario* || *z maestre Lope de* || *la Roca .Impressores de libros lu*||*nes a* xxvj. *dias de marzo año.*||*de mil e* CCCC.LXXXVij. *años.* In-fol. à long. lig. sans ch. ni récl. mais avec signat., même caract. que les deux précédents vol.

Nous avons donné ce volume le dernier parce qu'il est daté du 26 mars et que, l'année 1488 commençant à Pâques qui tombe le 6 avril, il se trouve publié tout à fait à la fin de l'année 1487.

MURELLUM, *Muret,* ville de Fr. (Haute-Garonne); bataille en 1213.

MURENSE MONAST., voy. MURUS.

MURGANTIA, voy. MORGENTIA.

MURGIS [Plin., It. Ant.], anc. station de l'Espagne Bétique, qu'Ukert place auprès de *Punta de la Guardia Vieja;* d'autres géogr. traduisent par *Almeria.*

MURIDUNUM [It. Ant.], MORIDUNUM [G. Rav.], RIDUNUM [Tab. Peut.], ville de la Britannia Romana, auj. *Dorchester* (voy. DORCESTRIA).

MURITUM, MURITANUM, voy. MORETUM.

MURIUM, MURUS [It. Ant.], station de la Rhætie, auj. *Mori, Castel-Mur,* bourg du Tyrol, près de l'Adda (cercle de Rovoredo).

Melzi (Dict. anon. et pseud., II, 126) cite ce bourg comme lieu d'impression : *Liber Memorialis de Caleostro* (Cagliostro) *quùm esset Roboreti,* in-8°, S. L. N. D., mais imprimé à Mori, par Stef. Tetoldini, en 1789. « Questo opuscolo, scritto in istile scritturale, è di Clementino Vannetti, e nel t. VII delle sue *Opere italiane e latine* fu ristampato in Venezia nel 1831. »

MURIUS FL. [Plin.], riv. de Pannonie, auj. *la Muhr,* sort des Alpes Noriques et afflue à la Drave.

MURI VETERES, *Murviedro,* ville d'Espagne (intend. de Valence); elle est bâtie sur les ruines de l'antique *Sagonte,* voy. SAGUNTUM.

MURO CINCTUS, MURO CINCTUM, MURCENIT ; un grand nombre de localités prennent leur nom de ce radical : *Morsan* (Eure), *Morsang* (Seine-et-Oise), *Morsans* (Eure-et-Loir), *Morsains* (Marne), *Murchincq* (Dordogne); *Mercin* (Aisne) etc. [Quicherat].

MURSA MAJOR [Inscr. ap. Orelli, G. Rav., T. Peut.], Μοῦρσα [Steph. B.], MURSIA [It. Ant., It. H.], Μουρσία [Ptol.], MURCELLA, MUROELLA, ESSEKINUM *in Slavonia Militari* [J. Nemeth], ville de la Pannonie Infér., auj. *Esseck, Eszek, Ossiku,* sur la Drave, capit. de la Slavonie (Autriche) ; victoire de Constance sur Magnence en 350.

En 1776 apparaît l'imprimerie dans cette ville : *Pavissevich Josephus Posega-Slavon. Ord. S. Franc., Sancto Josepho, utriusque Testamenti Patriarchae, Patri Christi, Mariae sponso, patronoque suo potentissimo has quinque Panegyres offert, consecratque.* Mursae Essekini, literis Diwaltianis, 1776, in-4° de 20 pp.

L'imprimeur s'appelait Jean Martin Diwalt. Brunet (Man. VI, col. 686) cite un second produit de cette typographie à la date de 1778.

MURSA MINOR [Tab. Peut.], MURSELLA [It. Hier.], Μουρσίλα [Ptol.], au N.-O. de Mursa Major, auj. *Petrowicz,* bourg de Slavonie, sur la rive droite du Danube.

MURTA FL., MURTHA, *la Meurte, la Meurthe,* riv. de France, affl. de la Moselle.

MURUS [It. Ant.], ville des Oretani, dans la Tarraconaise, auj. *Morotales.*

MURUS, voy. MURIUM.

MURUS, MURENSE CŒNOBIUM, *Muri, St-Martin-de-Mouri,* abbaye de St-Benoît, du canton de Lucerne, relevant de St-Gall.

Origo et Genealogia gloriosissimorum comitum de Hapsburg. Typis veteribus principalis monasterii Murensis, per Joh. Car. Roos excusum, 1702, in-8°. L'auteur de ce livre est l'abbé Dominique Tschudi (Szecheny). Les *Annales* du monast. de Muri, imprimées en 1627, in-4°, ne donnent aucun renseignement sur cette imprimerie, ce qui prouve que sa fondation est postérieure à la publication des Annales; elle existait en 1645, puisque, à cette date, le frère imprimeur fut appelé au couvent de St-Gall, ce que constate G. E. Haller.

MURUS GRÆCIÆ, *Muro*, bourg du Napolitain.

MURUS PICTICUS, *Pict's Wall*, muraille que Valentinien III fit élever du Firth of Solway à l'embouch. de la Tyne, pour garantir la province romaine des incursions des Pictes.

MUSAGORES INS. [Plin., Mela], trois îles de la Méditerranée, dép. de la Crète, dont la princ. est auj. *Ophiussa*.

MUSCELLA, *Moisselle*, commune de Fr. (Seine-et-Oise).

MUSCIACUM, voy. MUSSIACUM.

MUSDONIUM, *Moudon*, anc. cap. du pays de Vaud, ville de Suisse (c. de Vaud).

MUSEIUM EPISCOPALE, **MUSSIACUM**, *Mussy-l'Évêque*, ou *Mussy-sur-Seine*, bourg de Fr. (Aube).

MUSSIPONS, **MUSSIPONTUM**, **PONS AD MONTIONEM**, **VILLA PONTUS SUB CASTRO MONTIONIS** [D. Calmet], **PONS AD MONTICULUM**, **PONTIMUSSUM** [Acta Lothar.], anc. **MECUSA** [Geo. Rav.], *Pont-à-Mousson*, ville de France, sur la Moselle (Meurthe); anc. titre de marquisat; université érigée en 1572 et transférée à Nancy en 1768.

Les statuts de l'université de Pont-à-Mousson, en date du 28 juillet 1580, signalent un imprimeur et trois libraires, qui étaient à la nomination du recteur; plus tard un second imprimeur fut spécialement attaché aux facultés de droit et de médecine. Le premier typogr. fut appelé de Verdun; il s'appelait Martin Marchand; il fut installé « comme imprimeur-juré en l'université » en l'an 1582, continuant cependant à faire marcher de front son établissement virdunois, et possédant en outre, sinon une imprimerie, au moins une boutique de libraire à Luxembourg (Beaupré, *Suppl.*, p. 76).

Chevrier cite, au tom. III, de son *Hist. de Lorraine*, mais sans indication de format, un *Journal des siège et prise d'Epinal*. Pont-à-Mousson, 1582. Si cette date est exacte, c'est là la première impression de Martin Marchand; un volume beaucoup plus authentique est décrit au cat. Baluze (n° 7531), cat. Lancelot (5792), et par M. Beaupré; c'est la bulle d'érection de l'université : *Erectio et fundatio generalis studii, seu academiæ privilegiatæ civitatis Pontimussi in Lotharingia... additis legibus et statutis, quibus utriusque Juris Pontificii et Civilis Facultatis, earumque scholæ publice reguntur*. Pontinussi excudebat Martinus Mercator, eiusdem academiæ typographus, CIↃ IↃ XXCIII. Pet. in-8° de 28 ff. non chif. sign. â. d iii. Sur le titre la marque de l'imprimeur, reproduite par M. Silvestre, un vaisseau, avec la devise : *Mercator currit ad Indos*.

Nous renvoyons à l'excellente *Bibliographie lorraine* de M. Beaupré le lecteur curieux de suivre les développements de la typographie de Pont-à-Mousson, et l'histoire de son université.

Les imprimeurs du XVIe siècle sont Martin Marchand (1582-87); Etienne Marchand (1588-97); Nicolas Claudet (1596), et Melchior Bernard (1599-1622).

Au XVIIe siècle nous citerons (1620-1627) Jean Dubois, que ne mentionne pas M. Beaupré; c'était le frère de François Dubois, deuxième du nom, et leur établissement principal était à St-Mihiel. Mentionnons encore le célèbre imprimeur de Paris, Sébastien Cramoisy (1622-1625), à propos duquel est émis un arrêt du conseil privé, en date du 18 nov. 1625. « Pour les syndics et adjoints des libraires et impr. de Paris, contre Séb. Cramoisy, qui avoit fait imprimer quelques ouvrages à Pont-à-Mousson, par lequel luy fut fait défense de faire imprimer audit lieu et hors le royaume, tant qu'il seroit libraire à Paris, à peine de confiscation des impressions et d'amende arbitraire. »

Réunie à la France après la mort du roi Stanislas, en 1766, la ville de Pont-à-Mousson ne figure pas aux arrêts du conseil qui réglementent l'imprimerie des villes de France au XVIIIe siècle, non plus qu'au rapport fait à M. de Sartines en 1764.

Pont-à-Mousson possédait une riche abbaye de Prémontrés, appelée Ste-Marie-Majeure ou Ste-Marie-aux-Bois, fondée en 1126. Nous ignorons où M. Peignot a pris le renseignement suivant : « Vers 1620, les Prémontrés établissent au monastère de Ste-Marie, à Pont-à-Mousson, une imprimerie particulière. »

MUSULIACUM, *Muzillac*, commune de Fr. (Morbihan).

MUTARENSIS CIV., **MUTAREM** [Pertz], *Mautern*, ville de la basse Autriche, sur le Danube.

MUTENUM, voy. MOTENUM.

MUTILA [Liv.], ville de l'Istrie, sur le côté sud de la presqu'île, près de l'Adriatique, auj. *Medolino*.

MUTILA, *Motula*, *Mottola*, bourg du Napolitain, dans la Terra d'Otranto. (Voy. Lor. Giustiniani, p. 105.)

MUTINA [Mela, Liv., Tac., Plin., It. Ant. etc.], ἡ Μούτινα [Ptol.], Μουτίνη [Strab.], **MUTENA** [It. Hier.], Μυτίνα [Polyb.], colonie romaine dans la Gallia Togata ou Cisalpine, chez les Boii, auj. *Modène*, *Modona*, *Modena*, ville de l'Italie Septentr. entre la Secchia et le Panaro; académies, université, bibliothèque; patrie de Muratori et de Vignole.

En 1475 un Allemand, Jean Wurster de Kempten, que nous avons vu à Mantoue en 1472, 73 et 74, est l'introducteur de la typographie dans cette ville célèbre; le premier livre sorti de ses presses est un VIRGILE, qui commence : *P. Virgilii Maronis Bucolicon Liber*. || *Ægloga prima dicta Tityrus*. || *Collocutores* || *Melibœus* || *Tityrus*. — Le 12e livre de l'Æneïde finit au r° du f. 190; puis viennent 10 ff. contenant le XIIIe livre, ajouté par Mafeus Vægius, de Lodi; il est précédé de 12 vers en guise de préface; puis viennent les pièces de poésie (*Spuria opera*) atribuées à Virgile, *Moretum*, *Culex*, *Priapeia*, etc., comprenant 21 ff. On lit à la fin : *Mutine impressum per Magistrum Iohannem* || *Vurster de Campidona*. Anno D.M.CCCC.LXXiiii. || die vicesima tertia Mensis Ianuarii. In-fol. de 221 ff. à 35 l. à la p. entière, sans ch., récl., sign. ni capitales.

Cette remarquable et correcte édition fut découverte par le célèbre Morelli; elle est bien décrite par Dibdin au tom. II de la *Spenceriana*; l'exemplaire est, croyons-nous, celui qui fut vendu 500 fr. à Crozet à la vente Boutourlin; sur un catal. annoté de cette vente que nous possédons, on lit : « L'exempl.

laisse beaucoup à désirer, » ce que Dibdin traduit : « *The present copy, upon the whole, is in sound and desirable condition.* »

Deux autres volumes sont imprimés par le même typogr., en cette année 1475 ; le premier, du 25 juin, est intit. : *Libro della consolazione delle medicine semplici, solenni, il quale facia Giovanni figliolo di Mesue.* In-fol. L'exempl. vendu chez M. Libri à Londres, en 1859, était composé de 222 ff. Le second : *De Saliceto Bartholomæi Lectura super nono Codicis,* in-fol., à la date du 15 octobre.

Nous avons cité le Virgile le premier, par respect, et cependant, l'année commençant à Pâques, il faudrait, croyons-nous, le reléguer au 3e rang.

Jean Wurster n'imprime plus après 1476, ou du moins on ne connaît plus d'ouvrage portant son nom.

Les principaux imprimeurs de Modène au xve siècle sont Baldasar de Struciis (1477), Domenico Rhochociola, ou Rochizola (1481-1500), Thomas Septemcastrensis (que nous avons vu à Mantoue en 1472 et 1473), et qui imprime à Modène, en société de Johannes Franciscus (1481) ; Pierre Maufer, de Rouen, et Paulus Mundator, de Modène (1491-92). Nous aurons à nous occuper particulièrement du premier de ces deux typographes, aux art. Padoue, Venise et Vérone. Enfin Dionysius Bertochus, de Bologne (1499-1500), dont nous suivrons l'existence errante de Vicence à Trévise, puis à Venise, puis à Reggio, enfin à Modène.

MYCENÆ [Liv., Mela, Plin., Virg.], Μυκήνη [Hom.], Μυκῆναι [Herod., Thuc., Strab., Ptol.], célèbre ville de l'Argolide, à 50 stades au N.-O. d'Argos, dont on voit encore les ruines près du bourg de *Kharvati,* dans l'Eparkhie d'Argolide.

MYCONOS INS. [Plin., Ovid., Mela], Μύκονος [Herod., Thuc., Ptol., Strab.], l'une des Cyclades au S.-E. de Ténos, à 15 mill. E. de Délos, auj. *Mykono* ou *Myconi.*

MYGDONIA [Hor., Ovid.], Μυγδονία [Herod., Ptol.], province du N.-O. de la Macédoine, limitrophe de la Thrace ; fait auj. partie de la *Roumélie.*

MYLA FL., petit fl. de Sicile, auj. *il Marcellino.*

MYLACUM, MYLŒCIUM, *Mylau,* petite ville du roy. de Saxe (cercle du Voigtland) (?)

Nous ne pouvons donner avec certitude cette traduction du radical latin, que nous avons dû mentionner, parce qu'il est indiqué comme lieu d'impression d'un volume que nous trouvons décrit par Gerdes et Bauer : *Hardenbergii* (*Alb.*) *contrà falsò nominatam corporis Christi ubiquitatem scriptum, unà cum Elardi Segebadii de ubiquitate scripto adv. Hardenbergium, et A. Hardenbergii brevi et aperta controversia de Eucharistiæ explicatione.* Mylœcii, excudebat Petrus Fabricius, 1564, in-8°. Ce volume est tellement rare que Saligius, dans l'*Hist. de la confér. d'Augsbourg,* le considère comme n'ayant jamais existé que manuscrit. Bauer cite du même livre une édition de 1508, et écrit le nom du lieu d'impression : *Mylacum.*

MYLÆ [Plin., Vell. Pat.], Μύλαι [Thuc., Strab., Ptol.], MYLE [Sil.], port de la côte N. de la Sicile, auj. *Melazzo* ou *Milazzo.* « Cervicem peninsulæ occupat, dit Cluver, quæ nunc vulgò dicitur *Capo di Milazzo.* »

MYONIA, Μυονία [Pausan.], Μύων [Steph. B.], localité de la Locride, dont les ruines sont près d'*Agiathymia* (*Athymia* ?), suiv. Leake (II, p. 592).

MYRCINUS, Μύρκινος [Herod., Thuc.], ville de Thrace, sur le Strymon, auj., suiv. Cousinery, *Zighna,* dans le pach. de Saloniki.

MYRINA [Plin.], Μύρινα [Ptol.], ville située sur la côte de l'île de Lemnos, auj. *Palio* ou *Palæo Castro.*

MYRMECIUM, Μυρμήκιον [Scyl.], Μυρμήκιον [Strab.], cap et ville de la Sarmatie, sur le Bosphore Cimmérien, dont Pallas indique l'emplacement au détroit d'Ienikaleh, mais plus près de Kertsch, ce que confirme Mourawiew en plaçant les ruines à 4 werstes de *Kertsch.*

MYRRHINUS, Μύρρινος [Strab., Pausan.], bourg de l'Attique, auj. *Merenda,* suiv. Reichard.

MYRTILIS, voy. JULIA MYRTILIS.

MYSIA, voy. MŒSIA.

MYSTIA [Mela, Plin.], Μυστία [Steph. B.], ville du Bruttium, que Mannert traduit par *Monasterace,* près du Capo di Brussano.

MYTTISTRATUM, voy. AMASTRA.

NABÆUS FL., Ναβαῖος [Ptol.], Ναβάρος, fl. de l'Hibernie, auj., suiv. Mannert, *the Durness*.

NABLIS FL. [Fortun.], NABUS, NAVUS, fl. de Thuringe, auj. *la Näabe* [Reichard].

NABRISSA, Νάβρισσα [Strab., Ptol.], NEBRISSA [Plin.], ville d'Espagne à l'embouchure des Bœtis, auj. *Lebrija*, dans l'intend. de Séville ; patrie de Diaz de Solis et d'Antonio de Lebrija.

NABURGA CLAUSTRALIS, *Klosterneuburg*, petite ville de la basse Autriche (cercle infér. du Wienerwald), sur le Danube.

NABURGA FORENSIS, *Korneuburg*, ville d'Autriche, sur le Danube, en face de Klosterneuburg, chef-lieu du cercle inf. du Manhartsberg.

NADERÆ, NADERE, NAXARA, NAGERAS, *Najera*, petite ville de la Vieille-Castille (Espagne).

Cette ville est citée par Mendez comme ayant possédé une imprimerie ; nous connaissons en effet une édition espagnole des *Emblèmes d'Alciat*, *los Emblemas de Alciato, con la explicacion del Autor ; trad. por Diego Lopez*. Naderæ, Juan Mongaston, 1615, in-4° (Anton., 1, 294); et un poëme d'Estevan Manoel de Villegas, *las Eroticas o Amatorias*, y fut publié en 1617 par le même Juan de Mongaston (2 part. in-4°); réimpr. en 1620 dans la même ville (*Man.* V. 1237).

NADRA FL. [Tab. P.], *la Nara*, riv. d'Italie, affl. du Pô.

NÆBIS FL. [Mela], Νῆβις [Ptol.], riv. de l'Espagne Tarrac., auj. *la Neyva*.

NÆMAUSUS, voy. NEMAUSUS.

NÆOMAGUS, voy. BAJOCÆ.

NAGALDA, *le Nagold*, riv. du Wurtemberg.

NAGNATÆ, Ναγνᾶται [Ptol.], peuple d'Irlande; habitait le comté de *Donegal*.

NAGNIA, voy. NARNIA.

NAGY-ENYEDINUM, *oppidum in comitatu Albensi inf. in Transylvania* [Nemeth], *Nagy-Enyeden*, en allem. *Strasburg*, dans le comitat de Weissembourg, Transylvanie (Pays des Hongrois).

Après la mort d'Abraham Kertész de Szencz, imprimeur transylvain au XVIIe siècle, décédé sans enfants et intestat vers l'an 1672, Michel Apafi, prince de Transylvanie, divisa le matériel de la typographie entre les collèges réformés de Kolosvar Klusch et de Nagy-Enyeden ; l'imprimerie de ce dernier collége resta quelque temps inexploitée ; cependant Etienne Sándor (*Magyar-Könyvesház*) mentionne quelques livres souscrits à ce nom de lieu aux dates de 1695, 1745, 1751, etc. Németh ne cite pas de volumes antérieurs à 1767.

NAGY-ISTVAN, gros bourg de Hongrie, dans le comitat de Pesth.

Une imprimerie fonctionna dans cette localité en 1788, dit M. Cotton ; Németh n'en parle pas.

NAGY-SZOMBATH, voy. TYRNAVIA.

NAHARVALI [Tac. *Germ.*], peuple germain,

établi dans la haute Lusace et la Silésie, suiv. Kruse, et, suiv. Reichard, occupant le territoire compris entre la Wartha et la Vistule.

Naissus [It. Ant.], Ναῖσσος [St. Byz.], **Nayson** [G. Rav.], **Næsus** [Amm. Marc.], Ναισός [Const. Porph.], ville de Dacie, auj. *Nezza, Nissa,* sur la Nissawa, ville du sud de la Servie ; patrie de Constantin.

Nalata [Tab. P.], Ἄλητα [Ptol.] (?), ville de la Dalmatie, auj. *Milati.*

Namare [Tab. P.], ville de la Norique, sur le Danube, auj. *Mölk,* suiv. Muchar, et, suiv. Reichard, *Maur,* entre Traismaur et Erlaph [Forbiger].

Namnetæ [Cæs.], Ναμνῆται [Strab.], **Namnetes**, peuple de la Gaule Lyonnaise III, occupant la *Loire-Inférieure.*

Namnetus portus [Tab. Peut.], **Civitas Namnetica** [Greg. Tur.], **Civ. Namnetum** [Notit. Prov. Lugd.], anc. **Condivincum**, Κονδιούιγκον, Κονδιούιγκον [Ptol.], **Namnetum**, ville des Namnetæ, auj. *Nantes,* sur la Loire, chef-lieu du dép. de la Loire-Inférieure (en breton *Naounet,* [la ville de Noé], *Noenet* ou *Nouenet ;* une tradition bretonne veut que Noé ait abordé là après le déluge). Nantes est la patrie de J. Meschinot,

Nante la Brete en Meschinot se baigne... (Marot).

C'est aussi dans cette ville qu'est née la duchesse Anne, depuis reine de France.

Cette ville possède une riche et très-importante bibliothèque, dont le catalogue, rédigé par le savant conservateur M. Em. Péhant, est en cours de publication.

L'imprimerie remonte à 1493 ; Maittaire, Prosper Marchand, et, d'après eux, Goujet et Guimar (*Annales nantaises*), citent une édition des *Lunettes des princes de Jean Meschinot,* imprimée à Nantes en 1488 par Est. Larcher ; c'est une confusion de chiffres (LXXXVIII au lieu de LXXXXIII) ; mais ce livre célèbre est bien le premier produit des presses nantaises que l'on connaisse. Ce volume rare et précieux est décrit avec une extrême exactitude par M. Brunet, d'après les deux exemplaires de la Bibliothèque impériale (sur vélin), et de la Bibl. Ste-Geneviève (sur papier). Nous n'y reviendrons pas. L'imprimeur et libraire, Estienne Larchier (Larcher), était un Nantais ; il demeurait à Nantes en la rue des Carmes, près les Changes, et, selon quelques probabilités, avait appartenu à l'atelier typographique de Brehan-Loudéac. La bibliothèque de la ville de Nantes ne possède pas cette rare et précieuse édition ; il serait à désirer qu'elle pût au moins acquérir par voie d'échange ou autrement l'exemplaire incomplet appart. à la bibl. de la ville du Mans.

A la suite de l'édition du *Coustumier de Bretagne avec les Coustumes de la mer,* imprimée à Rouen par le célèbre Martin Morin, pet. in-8° goth. à 24 lig. à la page, figure dans quelques exemplaires une *Table des Matières* portant à la fin, à la suite d'un écusson (contenant ces mots inexpliqués : NY DUALB) : *Imprime a Nantes par Estienne Larchier.* 36 ff. non chif., sign. a-c ; le premier f. présente une fig. de St-Christophe, gravée sur bois, et le dernier f. est blanc. Puis vient une partie de

20 ff. sign. a-c, intitulée : *S'ensuiuent les ordonnäces et statuz du||roy faictz ou pays de Bretaigne ou mays* (sic) *de may l'an mil quatre cens quatre vingtz et||quatorze,* avec cette souscription au v° du 20° f. : *Cestz presentes ordonnances et statuz ont este || imprimees a Nantes par Estiene Larchier imprimeur||et libraire demeurāt en lad' ville de Nātes en || la rue de Carmes pres les Chāges* (Cat. Falconet). Si cette table a été imprimée par Etienne Larcher l'année même de l'impression à Rouen du *Coustumier,* ce serait le premier spécimen connu des presses locales ; mais le fait ne peut être prouvé.

M. Em. Péhant signale une autre édition de cet opuscule qui se rattache aux *Coustumes de Bretaigne,* imprimée également à Rouen, mais par Robinet Macé, et vendue à Rennes par son parent Jean Macé, laquelle édition est publiée avec la date du X avril 1494, et également in-8° goth. de 32 lig. à la page ; le supplément d'Estienne Larcher est, comme celui de l'édition de 1492, de 24 lignes à la page, mais il diffère quant aux signatures et au nombre de pages ; il est de 43 ff. sans ch., ni récl., avec sign. A. Fiij. Cette pièce, que décrit aussi M. Cotton, est à la Bibl. Bodléienne.

Parmi les imprimeurs de Nantes au XVI° siècle, nous citerons les Papolins (Anthoyne et Michel), Querro (1540), dont la famille exerçait encore à la fin du XVIII° siècle ; Nicolas Desmarets, Pierre Dorion, etc.

Les arrêts du conseil de 1704 et de 1739 portent à quatre le nombre des imprimeurs qui peuvent exercer dans la ville de Nantes.

Le rapport fait à M. de Sartines en 1764 en signale cinq : Brun, impr.-libraire, reçu en 1719, né en 1699, 3 presses ; il est employé pour les fermes, compagnie des Indes, etc., et même pour les *Heures de la Reine,* dont il partage le privilége avec le s' Hérissant, de Paris ; Querro, impr.-libraire, fils et petit-fils d'imprimeur, reçu en 1720, âgé de 66 ans, 2 presses ; la veuve Marie, dont le mari avait été reçu en 1736, 2 presses ; la veuve Marchal ; son mari, fils et petit-fils des imprimeurs du roi à Nantes, avait été reçu en 1723, 2 presses ; la veuve Vatar, fille de Nicolas Verger, impr., veuve de Joseph Vatar, reçu imprimeur du roy en 1750.

Namon [Geog. Rav.], **Namugo Castrum** [Frédég.], **Namucociva** [Monn. Mérov.], **Namucum, Namurcum,** *Namur, Namen,* ville de Belgique, au confl. de la Meuse et de la Sambre, chef-lieu de la province à laquelle elle donne son nom.

L'imprimerie fut introduite dans cette ville vers 1616, pour les besoins de l'œuvre des Missions étrangères, et ce fut dans l'enceinte du couvent des récollets que fut installé le premier matériel typographique : *Publication des lettres du bienheureux frère Richard de Ste-Anne, profès du couvent des Recollects de Nivelles, respirante son martyre, avec l'histoire de 104 martyrs de divers ordres religieux et de nouveaux chrestiens au Japon.* Imprimée au couvent des Recollects de Namur, in-12 de 47 pp. s. d. et sans nom de typographe, mais probablement imprimée vers 1617 et par Henri Furlet qui s'intitule « *Typographus Juratus* ».

Falkenstein ne fait remonter l'imprimerie à Namur qu'à 1639 ; voici le vol. sur lequel il s'appuie : *Decreta Synodi Diœcesani Namurcensis.* Namurci, 1639, in-4°.

Namptodurum, Nemetodurum, *Palat. Agri Parisiensis,* **Nemptodorum, Nannetodurum,** *Nanterre,* bourg de Fr. (Seine-et-Oise) ; concile en 591.

Namurcum, voy. **Namon.**

NANCEJUM, NANCEI [Monn. Lor.], NANCIUM, NANCEY, NANSEY (NASIUM, fausse dénom. donnée par Cluver), ville qui ne fut fondée qu'au IXᵉ s., sur le territ. des anc. Leuci, *Nancy*, ville de Fr. (Meurthe), anc. capit. du duché de Lorraine; patrie de Callot, de Claude Gellée et de Dom Calmet; ne fut réunie à la France qu'après la mort du roi Stanislas (1766).

M. Beaupré ne fait remonter l'introduction de la typographie à Nancy qu'au milieu du XVIᵉ siècle, malgré l'assertion de Chevrier, qui parle vaguement de vers imprimés au XVᵉ siècle à la louange du duc René, vers que personne n'a jamais vus ni cités.

Deux ouvrages du fécond Symphorien Champier, premier médecin du duc Anthoine de Lorraine, imprimés, l'un en 1510, l'autre en 1512, mais portant l'un et l'autre: *Venundatur apud Nancejum*, ont été, sous une forme dubitative, il est vrai, portés par quelques bibliographes, parmi lesquels nous citerons M. Teissier, à l'actif de la capitale de la Lorraine. M. Beaupré et M. Allut ont fait sommaire justice de ces allégations. Le premier: le *Recueil ou Chroniques des hystoires des royaulmes d'Austrasie*, a été imprimé à Lyon par Vincent de Portunariis, et le second, *Rosa Gallica*, fut exécuté à Paris, *ex officina Ascensiana*, par Josse Bade, qui avait quitté Lyon depuis quelques années pour aller s'établir à Paris.

Du long récit assez peu clair, que M. Beaupré consacre aux débuts de la typographie à Nancy, il résulte que vers 1560 le duc de Lorraine Charles III aurait appelé dans cette ville Dominique Faber, le père du célèbre imprimeur messin, établi avant cette époque à St-Nicolas-du-Port, et l'aurait mis à la tête d'une imprimerie ducale, destinée à la promulgation et à l'affichage de ses ordonnances exécutées sous forme de placards. En 1566 apparaît Nicolas Hierosme ou Jherosme, dont on lit le nom au bas d'un cahier d'ordonnances, imprimé probablement pour servir de complément à la *Déclaration des Monnoies... ayant cours ès pays de Lorraine*, impr. à Verdun en 1566, par Nic. Bacquenois; voici le titre de ce supplément: *Avtres Ordonnances pour le cours d'aucunes especes d'or et d'argent (dont les portraictz et evaluations sont imprimées cy-apres) que Monseigneur le Duc, Nostre Souverain Seigneur, entend et veult estre gardées et observées... Imprimé à Nancy, par Nicolas Hierosme, imprimeur de mondict Seigneur, l'an 1566*; pet. in-8º de 7 ff. non chiffrés, y compris le titre aux armes de Lorraine, sign. A 2—B 2. 18 fig. de monnaies avec les revers.

Désirant venir en aide à son typographe et lui « donner quelque moyen pour l'ayder à supporter la dépense » de son art d'imprimeur, S. A. Monseigneur le Duc lui donne et octroie, par forme de pension, la somme de quarante francs par an, payable au jour de Noël. Cette pension est reversible sur la tête de ses héritiers, et, comme on ne voit pas, dans les comptes de la trésorerie de Lorraine, figurer cette annuité à la date de 1567, il est à croire que cette année est celle de la mort de Nic. Hierosme.

Le premier imprimeur officiellement reconnu, non plus comme typographe particulier du Duc, mais « pour l'utilité et bien public », et portant le titre d' « *Imprimeur juré de Mgr* », avec soixante francs de gage par an, est Jean Janson ou Jenson, qui est reçu à partir du 1er janvier 1571 (vieux style) avant Pasques. De cet imprimeur le premier ouvrage cité par M. Beaupré est le *Parnasse des Portes françois modernes, contenant leurs plus riches et graues sentences... recueillies par feu Gilles Corrozet, Parisien*. A Nancy, par I. Jenson,

imprimeur de Monseigneur le duc de Lorraine, 1572, pet. in-8º de VII-86 ff.

Jenson meurt en 1575, et sa veuve, Jeanne Petit, exerce après lui jusqu'en 1581. Puis vient Jean Janson, sans doute son fils, de 1584 à 1596; citons encore Blaise André, 1589-1614, et Jean Savine que nous avons déjà mentionné à l'article CLARUS LOCUS.

Nancy devient, au XVIIIᵉ siècle, un véritable atelier de contrefaçon; en voici une preuve: le 18 mai 1736 est prononcé un arrêt du conseil qui ordonne la confiscation de 30 ballots du *Dictionnaire universel*, connu sous le nom de *Dictionnaire de Trévoux*, contrefait à Nancy, au profit des libraires de Paris qui en ont obtenu le privilège.

Nancy ne figure nécessairement pas aux arrêts du conseil de 1704 ni de 1739, mais est l'objet d'une note intéressante insérée au rapport fait à M. de Sartines en 1764; deux ans après, la Lorraine est de fait et politiquement réunie à la France; mais déjà, dans les dernières années du bon roi Stanislas, la juridiction française y prédominait.

Nancy avait, en 1764, onze imprimeurs: Nicolas Charlot, exerçant sans privilège; Pierre Antoine, impr. ordinaire du roy (sic), avec cette note marginale: « *hardi contrefacteur* »; — Henri Thomas, impr. de la ville; — Louis Beaurin, « *mauvais imprimeur* »; — Claude Lefebvre, reçu en 1757, « *très-honnête et bon imprimeur, resté imprimeur ord. du roy* »; — Nicolas Charlot, fils; — Hyacinthe Leclerc, reçu en 1761 en remplacement de Fr. Baltazard, « *mauvais imprimeur* »; — Claude Sigisberd Lamort, reçu en 1762; — J.-J. Hoener, imprimeur allemand, en 1750; — les héritiers de Fr. Baltazard, qui continuent, on ne sait pourquoi, et impriment pour le collège; — P. Barbier a obtenu la survivance de son oncle Antoine, et met son nom sur ses impressions sans en avoir le droit.

Nota. — Ce nombre paraît trop considérable.

OBSERVATIONS GÉNÉRALES. « Au temps passé il n'y avait point en Lorraine de règlement pour la librairie ni pour l'imprimerie; les imprimeurs étaient reçus par M. le procureur général de la cour souveraine; les libraires s'y sont établis d'eux-mêmes. En 1754, M. de la Galaizière, chancelier de Lorraine, a commencé à recevoir les imprimeurs, et depuis cinq ans (1759) il exigea les mêmes formalités qu'en France; cependant il tolérait le défaut de latinité. Il y a un livre sur lequel on inscrit les priviléges et permissions d'imprimeur. Il est tenu par le plus ancien qu'ils appellent syndic. »

Nous n'avons pas à nous occuper ici de l'un des plus glorieux enfants de Nancy, l'illustre Jacques Callot. M. Edouard Meaume a consacré une excellente monographie bio-bibliographique à ce grand artiste (Nancy, 1860, 2 vol. in-8º), à laquelle nous renvoyons le lecteur.

NANDRALBA, *Belgard*, ville de Prusse, de la rég. de Köslin (Poméranie).

NANNETODURUM, voy. NAMPTODURUM.

NANTOGILUM HILDUINI, NANTOILUM PALATIUM, [Mabillon], NANETAGO [Monn. Mérov.], *Nanteuil-le-Haudoin*, bourg de Fr. (Oise); anc. prieuré de Cluny.

NANTOLIUM IN VALLE, NANTOGELUM, *Nanteuil-la-Vallée*, bourg du Poitou, anc. abb. de S.-Benoît (Charente); canton de Villefagnan.

NANTUACUM IN BUGEYO, NANTOACUM, *Nantua*, ville de Fr. (Ain), anc. prieuré de Cluny, dans l'église duquel était enterré Charles le Chauve.

NANTUATÆ, Ναντουᾶται [Strab.], NANTUATES [Cæs., Inscr.], *Nantuani* [Tab. Peut.], peuple de la Gaule Narbonaise, qui habitait le territoire compris entre la pointe E. du lac de Genève et le Rhin, sur la rive droite du Rhône ; ce territ. s'appelle le *Vechtland*.

NANTWICH, bourg d'Angleterre, dans le Cheshire, sur la riv. Weaver.

M. Cotton cite : *A Sermon, by J. Smyth*, imprimé dans cette localité en 1780. — *Tunniclift's* (Will.) *a Topogr. Survey of the counties of Stafford, Chester and Lancaster.* Nantwich, 1787, in-8°, avec trois plans, et la même année : *Woodman and Mutlow. A Topogr. Survey of the same counties.* In-8° (Lowndes).
Un libraire du nom de J. A. Thornston était établi à Nantwich en 1684.

NAPARIS FL., Νάπαρις [Herod.], affl. du Danube, auj. l'*Ardschisch*, suiv. Mannert, et *la Proava*, suiv. d'Anville (Boulgarie).

NAPŒA [Tab. P., G. Rav.], NAPOCENSIS COL., Νάπουκα [Ptol.], colonie rom. dans la Dacie, auj., suiv. Reichard, *Szamos-Ujvar*, et d'après qq. géogr. *Nyiaradtö*, sur les bords de la riv. du même nom, affl. du Marosch (pays des Szecklers).

NAPSINIACUS *in pago Bitorico*, NAPSINIACUM, *Nassigny-sur-Cher*, *Nassigné*, sur la rive gauche du Cher, commune de Fr. (Allier).

NAR FL. [Plin.], Νάρ [Strab.], riv. de la Sabine, affl. du Tibre, auj. *la Nera*.

NARABON FL., Ναραβών, voy. ARABO.

NARBO MARTIUS [Cæs., Mela, Plin.], ἡ Ναρβών [Polyb., Strab., Ptol.], NARBONA [Ammian., Frédég.], JULIA PATERNA [Inscr. ap. Grut., Orelli], ATACINORUM CIVIT., ATACIACVS VICVS, ATAGINOS [Monn. Mérov.], le plus ancien municipe transmaritime de la République romaine, capitale de la Gaule Narbonaise I, fondée l'an 118 avant J.-C., auj. *Narbonne, Narbouno* (en langued.], ville de Fr. (Aude).

Ce fut la première colonie que les Romains aient fondée dans les Gaules. « Narbo Martius, dit Cicéron, colonia nostrorum civium, specula populi Romani et propugnaculum istis ipsis nationibus oppositum ac objectum ».
L'imprimerie ne peut être reportée à Narbonne au-delà du milieu du XVII° siècle. Le premier imprimeur s'appelle G. Besse ; mais presque simultanément apparaît un second typographe du nom de Domingo (Dominique) Le Cuirot : *Ludovico XIV, Galliæ et Navarræ regi... panegyricum de compositis Galliæ motibus seu vindiciis secundum libertatem, consecrat ; regiam, Burdigalæ, Clementiam, trophæum immortale, appendit.... subditissimus P. Aliziary...* Narbonæ, G. Besse, 1650, in-4°. Cette pièce rare est à la Bibl. impériale. — *L'Apostre de Narbonne, ou la vie de Serge-Paul, premier evesque de ceste ville, par Hierosme Denes.* Nar-

bonne, G. Besse, 1650 in-12. (P. Le Long, IV, 9103).
De l'imprimeur Le Cuirot nous citerons : *Paraphrase sur les 9 leçons du prophète Jérémie, en vers, par Jacquelin.* Narbonne, Cuirot, 1652, in-8°. — *L'Eneido de Virgilio, libré quatriesme, revestit de naou, et habillait à la brullesco, suivi du Retour de Didon, par le s^r de Bergoing.* Narbonne, Domingo le Cuirot, 1652, in-4°. (Cat. la Val. Nyon, n° 16,204 ; VI° vente R. Heber, n° 3,860.)
Les arrêts de 1704 et de 1739 conservent un imprimeur à Narbonne ; le rapport fait à M. de Sartines en 1764 nous donne le nom de cet imprimeur à cette date : c'est Jean Besse, natif de « Narbouno », exerçant depuis le 30 mars 1744, a succédé à son grand-père, exerçant depuis plus d'un siècle ; il possède deux très-bonnes presses.
Nota. Il ne paraît pas qu'il y ait jamais eu à Narbonne plus d'une place d'imprimeur-libraire.

NARBONENSIS PROVINCIA, voy. GALLIA ; on trouve encore dans les continuateurs de Frédégaire, au VIII° s., *Narbonensis Gallia*, quand depuis deux siècles la *Province* s'appelait GOTHIA et SEPTIMANIA.

NARBONITIS LACUS [Mela], Ναρβωνίτις λίμνη [Strab., Steph. B.], LACUS RUBRESUS [Mela], ou RUBRENSIS [Plin.], l'*Etang de Sigean*, ou *Sijean* (Aude).

NARDINIUM, Ναρδίνιον [Ptol.], ville des Sælini, proche le territ. des Sestini, dans la Tarraconaise, dont on voit les ruines près de *Villalpando*, sur l'Ezla (Asturies).

NARES LUCANIÆ [Tab. Peut.], à l'extrémité N. de la Lucanie, auj., suiv. Reichard, *Monte Nero*.

NARGUM, voy. MARGUM.

NARISCI, voy. VARISCI.

NARNIA [Liv., Tac., Mart., It. A.], Ναρνία [Ptol., Proc.], NARNIENSE OPP. [Aur. Vict.], NEQUINUM, ville de l'Ombrie, sur la via Cassia et le fl. Nar, auj. *Narni*, ville pontificale, dans la Comarque et au N. de Rome; patrie de Nerva.

NARO FL. [Plin.], Νάρων [Scyl., Strab.], fleuve de Dalmatie, affl. de l'Adriatique, auj. *la Narenta*.

NARONA [Cic., Plin., It. A., Tab. P.], appelée à tort par Ptol. Ναρβῶνα, ville d'Illyrie, dont les ruines se voient près du bourg de *Vido*, suiv. Reichard, et, d'après Mannert, à *Struglie*. M. Græsse voit dans NARONA le bourg de *Narensa*, en Bosnie.

NARTHACIUM, Ναρθάκιον [Ptol.], ville de la Thessalie (Phthiotide), auj. *Aaraki* [Reichard].

NARVA, ville de Russie (gouv. et au S.-O. de St-Pétersbourg), sur la riv. du même nom.

L'année qui suivit la victoire de Charles XII sur Pierre le Grand fut marquée par l'introduction de la typogr. dans cette ville; *un Catéchisme luthérien, russo-suédois*, in-8o, est cité comme publié à cette date, c'est-à-dire en 1701.

Narycia [Virg., Ovid.], **Narycium** [Plin.], dep. Hieracium, Hieraca, capit. des Locri Narycii, dépendant des Epizephyrii, dans le Bruttium, auj. *Gerace, Geraci*, dans la Calabre ultér. Il [Reichard].

Naryx, Νάρυξ [Diod.], Ἄρυχα [Steph. B.], Νάρυκον [Strab.], **Narycium** [Plin., Virg.], ville de la Locride Opuntienne, auj., suiv. Leake, à l'O. de *Kalapodhi* (en ruines), et d'après d'autres géogr. près de *Talanti*, à côté de l'Evripo.

Nasium [It. Ant., T. Peut.], Νάσιον [Ptol.], *Castrum ad Ornum fl. situm* [Spicileg.], Nasium Castrum [Frédég.], dans le pays des Leuci, suiv. d'Anville; est auj. *Nas* ou *Naix*, sur l'*Ornez* ou *Ornain* (Meuse), mais plutôt *Nançois-le-Petit*, commune de l'arrond. de Bar-le-Duc, entre Ligny et Longueville; c'est le *Naisil* du *Romant de Garin le Loherain*.

Nassovia, *le Nassau*, anc. duché de la Confédération Germanique, annexé par la Prusse.

Nassovia, *Nassau*, sur la Lahn, bourg qui domine sur la rive opposée les ruines du château bâti en 1101, et qui fut le berceau des familles de Nassau et d'Orange.

Natiolum [Tab. Peut.], ville de l'Apulie, auj., suiv. Cluver, *Giovenazzo*, port du Napolitain.

Luigi Sagarriga a publié en 1646 les *Memorie delle famiglie nobili di Giovenazzo*, dans lesquels il fait remonter la fondation de sa patrie à Persée, fils de Jupiter, d'où il fait dériver *Jovenatium*, quasi *Jove natus* ou *Jovis natio*.

Natiso fl. [Mela, Plin.], Νατίσων [Strab.], fleuve de la Vénétie, auj. *il Natisone*, dans le Padouan.

Naulochus [Suet., Sil.], Ναύλοχα [Appian.], à l'E. de Mylæ, ville de Sicile, auj. *Spadafera*, sur la riv. du même nom.

Naupactus [Mela, Liv., Plin.], Ναύπακτος [Scyl., Thuc., Str., Ptol.], ville de la Locride, sur le golfe de Corinthe, auj. *Lépante, Lepanto, Epakto*, sur le golfe de ce nom, ville de la Grèce propre.

Nauplia, Ναυπλία [Herod., Eurip., Paus., Ptol.], sur le Sinus Argolicus, ville de l'Argolide, auj. *Nauplia, Napoli di Romania*, ville forte de la Grèce, chef-lieu de l'Eparkhie d'Argolide, sur le golfe de Nauplie.

En 1824 l'une des trois petites imprimeries envoyées par le comité de Londres commença l'impression du journal général de la Grèce : Γενική ἐφημερὶς τῆς Ἑλλάδος. Le premier numéro parut le mercredi 7 octobre, sous la rubrique : Imprimerie du gouvernement. Cette petite imprimerie ajouta aux caractères fondus en Angleterre des fontes de caractères Didot, avec lesquels parut en 1826, fort bien imprimé à l'imprimerie du gouvernement, le drame intitulé : Νικήρατος, δρᾶμα, en trois actes, composé par une Hellénide, Ἐν Ναυπλίῳ ἐκ τῆς Τυπογραφίας τῆς Διοικήσεως, 1826. Ce drame, composé par Mlle Evanthie N. Kaïris, est dédié aux femmes grecques qui ont été massacrées, victimes de la sainte cause de la Grèce.

Vers 1829, l'imprimerie envoyée par M. Didot à Capo d'Istria, et transportée à Nauplie, imprime les actes administratifs, les proclamations, constitutions, etc.

L'un des principaux ouvrages qui y aient été imprimés est l'Ellas historique de la société de l'Hétérie, par Jean Philémon : Nauplie, imprimerie de Koutakis et de Loulakis, 1834 : Δοκίμιον ἱστορικὸν περὶ τῆς Φιλικῆς ἑταιρείας.

En 1833 paraît l'histoire des combats soutenus par les trois îles Hydra, Spezzia et Psara, dont l'auteur est Antoine Miaoulis, Ἱστορία συνοπτικὴ τῶν ναυμαχιῶν... Nauplia, 1833.

Nauportus [Tac., Plin., T. Peut.], Ναύπορτος [Strab.], Ναύποντος [Codic.], ville de la Pannonie Infér., auj., suiv. Reichard, *Ober-Laibach*, dans le cercle de Laibach (Carniole).

Naupotamus, Neopotamos, *Schiffbeck*, petit port du Holstein, entre Reinbeck et Hambourg.

M. Cotton cite une *Bible allemande* souscrite à ce nom de *Neopotamos*, à la date de 1707. Graësse, qui cite à cette date la *Jesuitenbibel* de Berlin, ne mentionne pas celle de Schiffbeck.

Naustalo [Avien.], voy. Magalona.

Naustathmus [Plin.], port de Sicile, auj., suiv. Reichard, *Asparanetto*.

Nava [Auson.], *Nahe*, riv. d'Allemagne; se jette dans le Rhin à Bingen.

Navalia, Ναυάλια [Ptol.], Nabalia, sur la Fossa Drusiana (canal de l'Yssel au Rhin), auj. *Campen*, suiv. Wilhelm.

Navalis B. Mariæ Virginis, *Marienrode*, anc. abbaye de Hanovre, dans la principauté de Calenberg.

Navarra Alta, *le royaume de Navarre*, une des xii capit. générales d'Espagne.

Navarra Infer., voy. Beneharnum.

Navarrenses, Hasbanienses, Hasbegnous, (xiiie s.), *les Navarrois, Navarrais*, habitants du royaume de Navarre et du Béarn.

Navarretum, *Navarrète*, bourg d'Espagne (Vieille-Castille); bataille en 1367.

Navilubio fl. [Plin.], dans la Tarraconaise, auj., suiv. Reichard, *le Nalon*.

NAVOÆ, dans la Vindélicie, auj. *Kauf-beuern*, voy. KAUFBURA.

NAXOS INS., NAXUS [Mela, Plin.], Νάξος [Hom., Pind., Herod., Strab., Ptol., etc.], DIA [Ovid., Catul.], l'une des grandes Cyclades, colonie des Cariens, auj. *Naxia*, dans l'Archipel, à l'E. de Paros.

NAXUS, Νάξος [Herod., Thuc.], ville de la côte E. de la Sicile, près Taormina, auj. *Schisso, Castel Schisso*.

NEALFA CASTELLUM, NIMPHÆOLUM [Suger], *Néauphle-le-Château*, commune de Fr. (Seine-et-Oise) ; on trouve : « Lan mil IIIᵉ. IIIIXX. auec XVIII ans de la Raine Blance fu affine le temps à Neaufle-le-Chastel. »

NEALFA VETUS, NIDALFA, NIELFA, NELFA CASTELLUM, *Nauphle, Néauphle-le-Vieux*, commune de Fr. (Seine-et-Oise) ; anc. abb. de Bénédictins.

NEANESOS, voy. SARVARINUM.

NEAPOLIS [Mela, Liv.], Νεάπολις [Scyl., Str., Ptol.], PALÆOPOLIS [Liv.], PARTHE-NOPE, colonie de Cumes dans la Campanie, auj. *Naples, Napoli*, ville de l'Italie mérid., sur le golfe du même nom, « città delle più belle d'Europa, madre sempre feconda di sublimi ingegni in ogni ramo d'industria, di scienza e d'ogni umano sapere » [Amati] ; musées, quatre biblioth., dont la plus importante est celle du *Museo Borbonico*, etc.

Un prêtre allemand, natif de Strasbourg, du nom de Sixtus Riessinger, qui, si l'on en croit Giustiniani, était l'un des ouvriers de Gutenberg, vint en 1470 présenter directement ses offres de service comme typographe au roi Ferdinand 1er « offrendogli d'impiegare i suoi tipi impressorij recati dalla sua patria a lustro del suo regno » ; ce prince éclairé, auquel on peut pardonner quelques crimes et pas mal de cruautés, en faveur de sa passion pour les progrès des lettres et des arts utiles, qui venait déjà d'établir dans son beau royaume de Naples et de Sicile les premières fabriques de soie, de draps et de brocarts, accueillit avec un louable empressement les propositions du digne et modeste imprimeur. « Il saggio monarca accolta con sommo aggradimento la proposta, e conoscendo qual ne risulterebbe il frutto delle dovizie che gli recava, ricolmò tosto di richezze, d'onori e d'ogni favore il perito e saggio Alemanno. » Le roi, dans son enchantement et dans son enthousiasme, voulut revêtir Sixte Riessinger de la dignité épiscopale ; mais celui-ci, par excès de modestie, refusa humblement, se déclarant indigne d'un tel honneur.

Cependant il organisait avec activité son établissement typographique, et dès l'année 1471 publiait : BARTOLVS DE SAXOFERRATO ICTUS. *Lectura super I. et II. parte Codicis.* A la fin de la seconde partie, on lit : *Explicit lectura super Codice edita per Dominum Bartholum de Saxoferrato famosissimum legum doctorem Anno.* M.CCCC.LXXI.

Quas cernis mira Sixtus theotonicus arte
Parthenope impressit composuitque notas :

Ut que uel magnis numerosa volumina haberi
Sumptibus haud poterant, copia larga foret.

SIXTVS RIESSINGER.

Suit une troisième partie : *Eiusdem Lectura in tres reliquos libros codicis X. XI. et XII.* A la fin : *Et sic est finis huius lecture Trium liberorum* (sic) *codicis D. B.*

SIXTVS RIESSINGER.

In-fol. sans ch., récl. ni sign., impr. à deux col., en beaux caractères romains.

Riessinger quitta Naples en 1479 et se retira dans sa patrie où il parvint à un âge avancé ; il avait, avant son départ, associé à ses travaux un certain « Franciscus de Tuppo, regis Ferdinandi scriba infimus ».

L'année 1472, arrive à Naples un digne rival de Riessinger : c'est Arnaud de Bruxelles, que l'imprimeur Van der Meersch a pris comme héros de la troisième des études qu'il a consacrées à l'hist. des impr. belges à l'étranger. Cet imprimeur peut être considéré comme l'un des plus parfaits qui aient existé au XVIᵉ siècle ; le choix de ses publications témoigne en outre d'un esprit élevé et exclusivement consacré aux reproductions des plus nobles produits littéraires de l'antiquité latine.

Le premier livre imprimé par lui, en 1472, serait la *Rhetorica* du grand orateur romain ; mais l'existence de cette édition, dont on ne connaît plus d'exemplaire, ne nous semble pas suffisamment démontrée.

Il n'existe pas d'imprimeur dont les produits soient devenus plus rares que ceux d'Arnaud de Bruxelles ; on sait que de certaines éditions, telles que de l'*Horace* de 1474, il n'existe qu'un exemplaire ; des *Sonetti, canzone et triomfi de Pétrarque*, à la date de 1477, on ne connaît également que celui de lord Spencer, et l'on sait que ce sont ces deux volumes qui ont déterminé ce noble bibliophile à faire l'acquisition en bloc de la bibliothèque du duc de Cassano-Serra.

En 1475 arrivent à Naples deux nouveaux imprimeurs, Bertold Rying, de Strasbourg, et le plus illustre de tous, le Morave Mathias d'Olmutz, que nous avons déjà vu passer à Gênes.

Il débute à Naples par un livre à jamais célèbre ; c'est la première édition d'un des grands philosophes de l'antiquité romaine, l'Espagnol L. Ann. Sénèque : *L. Annæi Senecæ philosophi Opera moralia ac epistolæ.* A la fin des œuvres morales, on lit les vers composés en l'honneur de l'imprimeur par le docteur milanais Gabriel Carchano :

Jam pene abstulerat Senecæ monumenta vetustas
Vixque erat hæc ullus cui nota forent
Tam bona : sed docti Mathiæ scripta Moravi
Artificis non est passa perire munus.
Huic igitur meritas grates, studiosa iuuentus,
Pro tam sublimi munere semper agas.

Et la souscription : *Sub Domino Blasio Romero Monacho Populeti : philosopho ac theologo celebri est impressum hoc opus in civitate Neapolis anno domini MLXXIIIII* (sic). *Divo Ferdinando regnante.*

Suit le registre, puis la partie des *Epistolæ* divisée en xxv liv., et à la fin : *Explicit liber epistolarum Senecæ. Finis Registri.*

In-fol. de 144 et 108 ff. à 46 longues lignes par page, sans ch., récl. ni sign.

Mathias Moravus doit être mort à Naples vers 1498, car à cette date paraissent les *Dialoghi del Pontano, impressi per Giov. Tresser e Martino d'Amsterdam charactere quo utebatur Moravus.*

Citons encore Sigismond Mayr et sa veuve qui signe : « *Impresso in Napoli per Madona Catarina qual fu mogliere di magistro Sigismondo Mayr.* »

NEAPOLIS [It. Ant.], Νεάπολις [Ptol.], AQUÆ NEAPOLITANÆ, ville de l'E. de la Sardaigne, auj., suiv. Reichard, *Oristano*, et, d'après d'autres géogr., *Acqua di Corsari*.

NEAPOLIS [Plin., It. Ant.], Νεάπολις [Strab., Ptol., Proc.], ville de la Macédoine (Mygdonie), sur la via Egnatia, auj., suiv. Leake et Cousinery, *Alt-Kavalla*.

NEAPOLIS DÁNICA, voy. NICOPIA.

NEAPOLIŠ NEMETUM, NEAPOLIS CASIMIRIANA, NEAPOLIS PALATINORUM, NEAPOLIS IN PALATINATU, NOVOSTADIUM, NEOSTADIUM, *Neustadt an der Hardt, Neustadt sur la Haardt*, ville de la Bavière Rhénane, près de Landau.

C'est à l'année 1564 que nous pouvons faire remonter l'introduction de la typographie à Neustadt an der Hardt, avec Matthès Harnisch, comme premier imprimeur ; ce Matthès Harnisch était antérieurement et resta simultanément établi à Heidelberg ; voici le titre du premier volume souscrit à ce nom, que nous fournissent tous les catal. des foires de Francfort : *Johan Willings viertzehen Predigten, von gewisser Bewahrung und Artzney wider allend schreckenden Gefahr und Schaden der Pestilenz.* Neustadt, bey Harnisch, 1564, in-8°. *D. Gasparis Oleviani Hauptursachen alles Irrthumbs im heiligen Abendmal... gepredigt.* Newstatt, bey Harnisch, 1565, in-8°.

Dix ans après nous trouvons établi à Neustadt Johann Meyer, et un peu plus tard Schramm ; on rencontre les noms de ces deux typographes sur un grand nombre d'ouvrages, mais exécutés postérieurement à Harnisch.

Pour justifier l'appellation NEAPOLIS CASIMIRIANA, qui vient de l'académie fondée au XVIe s., par Jean Casimir, fils de l'électeur palatin, nous citerons : *In Epitomen philosophiæ moralis Philippi Melanchthonis* ὑπομνήματα *Victorini Strigelii, nun primum contexta et in lucem edita, opera et studio Christophori Pezelii sacræ theologiæ doctoris.* Neapoli Casimiriana, excudebat Matthæus Harnisch, 1580, in-8°.

N'oublions pas de mentionner *Jac. Christmann. Alphabetum Arabicum cum isagoge scribendi legendique arabice.* Neapoli Nemetum, 1582, in-4°. C'est le premier livre imprimé en Allemagne avec des caractères arabes (voy. Hirt, *Orientalische Bibl.*).

NEAPOLIS SEVERIÆ, NOVOGARDIA, *Novogorod-Severskoj*, ville de Russie, dans le gouv. de Tchernigov.

NEAPOLIS VIENNENSIS, NEOSTADIUM AUSTRIACUM, *Neustadt, Wiener* ou *Wienerisch-Neustadt*, ville de l'archiduché d'Autriche, au S. de Vienne, sur la Fischa et le Kehrbach.

NEAPOLITANUS SINUS, *golfo di Napoli*.

NEBRISSA, voy. NABRISSA.

NEBRODES MONTES, τὰ Νευρώδη ὄρη [Strab.], dans le S.-O. de la Sicile, auj. *Monte Madunia*.

NEDA FL. Νέδα [Paus., Str.], fl. du S. de l'Arcadie, auj. *le Boutzi*.

NEDELISCHA, *Nedelicz*, ville de Hongrie, dans le comitat de Szalad.

Rudolph Hoffhalter, passant de Transylvanie en Hongrie, vers l'an 1570, fixa sa résidence tantôt dans cette ville et tantôt à Alsó-Lindua ; le seul monument qui subsiste de son séjour à Nedelicz est celui-ci : *Tripartitum opus juris consvetudinarii inclyti regni Hungariæ, per Mag. Steph. de Werbötz personalis præscntiæ regiæ Majestatis locum tenentem.* Accur. edit. (Croatice), Nedelischæ, per Rud. Hoßhalter, 1574, in-fol.

NEDINUM, Νήδινον [Ptol.], station de la Liburnie, dont les ruines se voient à *Nadin*, près de Zara.

NEETUM, Νέητον [Ptol.], NETUM [Cic., Sil.], ville de Sicile, auj. *Noto*, dans la prov. de Syracuse, qui donne son nom au *Val di Noto*, l'une des trois grandes vallées qui partagent la Sicile ; celle-ci est arrosée par le *Telloro* (ELORUM FLUMEN).

NEGELLA, voy. NIGELLA.

NEIDINGA, *Neidingen*, bourg du gr.-duché de Bade, près Constance ; anc. abb. de Citeaux, appelée CURIA B. MARIÆ.

NEIVALLUM, *Nieulles, Nieul*, commune de Fr. (Haute-Vienne).

NELIA, Νηλία [Strab.], localité de Thessalie, auj. *Lekhonia*, sur le golfe de Voto.

NELO FL., NELUS [Plin.], fleuve de la Tarracon., auj. *Rio de la Puente*.

NEMALONI (NEMALONUM) [Plin.], *Niolans*, commune de l'arrond. de Barcelonnette (Basses-Alpes).

NEMAS [P. Diac.], localité de la Vénétie, auj. *Nimis*, au S.-E. d'Ossopo.

NEMAUSUS [Mela, Inscr.], Νέμαυσος [Strab., Ptol.], NEMAUSUM [Plin., It. Ant., It. Hier., It. Aq. Apoll.], NEMAUS [G. Rav.], NENNISO [Tab. Peut.] (?), NEMAUSA AUGUSTA COLONIA, anc. ville capit. des Volcæ Arecomici, dans la première Narbonnaise, auj. *Nismes, Nimes*, chef-lieu du dép. du Gard ; admirables antiquités romaines, musée ; quatre conciles ; patrie de Jean Nicot.

Ternaux cite : *Arrestz de reglement du siege auditoire, et cour presidiale de la Seneschaucée* (sic) *de Beaucaire et de Nismes.* Nismes, 1542, in-8°.

Cette pièce est effectivement citée par Dom Vaissette ; mais nous ne l'avons jamais pu voir, et ne pouvons affirmer l'exactitude de la date.

En 1553, nous trouvons cité dans un grand nombre de catalogues, et existant à la Bibl. impér. et à l'Arsenal, le volume suivant, qui nous prouve qu'à cette époque les libraires de Nismes faisaient encore imprimer dans les villes voisines. *Ferrand de Bez : Esiouvssance de Nysmes, du siège présidial établi et du college nouuellement érigé pour la jeunesse.* En Avignon, Barthélemy Bonhomme pour Jean Luquet de Nysmes, 1553, in-8°. Cette pièce est citée par du Verdier, Goujet, le cat. la Vallière-Nyon, etc., sous la rubrique : *Nismes ;* mais M. Brunet a rectifié le véritable lieu d'impression ; ce fait semblerait prouver l'inexactitude du renseignement fourni par Ternaux, ce qui ne doit étonner personne.

Ce n'est guère qu'à la fin du XVIIe siècle que nous pouvons faire remonter avec sécurité l'imprimerie à Nismes, bien que son importance comme place politique des réformés pendant les guerres de religion permette de supposer qu'une typographie protestante a dû exister antérieurement ; et en effet nous trouvons un arrêt du consistoire de Genève, en date du 12 may 1562, qui, après avoir flétri d'un blâme énergique la vie dissipée de l'imprimeur Michel Blanchier, ajoute : « Il convient avertir aussi de la conduite de Molleri, qui boit et chante avec lui et espère le mener à Nismes pour lever là imprimerie, et tromper là les bons aussi bien qu'ici. »

Discours de la vie et de la mort, en vers, par Jean Caze. Nismes, Malignan, 1593, in-4° (à l'Arsenal). M. Crozet de Marseille, qui a communiqué à M. Brunet une note sur les poésies de ce Jean Caze, qu'il qualifie de versificateur des plus médiocres, n'aurait point dû omettre cette pièce qui ne mérite peut-être pas d'être traitée avec un pareil mépris.

Les imprimeurs de Nismes au XVIIe siècle les plus importants furent Gillet et Plasses ou Plesses (on trouve les deux orthographes).

Les arrêts du conseil de 1704 et de 1739 conservent à la ville de Nismes une seule imprimerie ; et le rapport fait à M. de Sartines en 1764 donne le nom du typographe en exercice : c'est Antoine Accurse Belle de Nismes, âgé de 66 ans, établi depuis 36 ans ; possède deux presses et a ses deux fils pour compagnons.

NEMEA [Liv., Stat., T. Peut.], Νέμεα [Pind., Thuc., Str., Ptol.], bourg de l'Argolide, auj. *Tristena,* suiv. Reichard.

NEMEI CASTRUM, NEMECIA, NEMETZI [Ditm. Chr.], *Nimptsch, Niemtsch,* ville de Silésie [Graesse].

NEMENUS FL., voy. CHRONUS.

NEMESA FL. [Auson.], *le Nyms,* cours d'eau, affl. du Sour, riv. d'Alsace.

NEMETACUM, NEMETOCENNA, voy. ATREBATÆ.

NEMETES [Tac., Plin.], NEMETÆ [Ammian.], Νέμητες [Ptol.], peuple de la Gaule Belgique, entre les Vangiones et les Tribocci, dont la ville était *Speyer, Spire,* AUGUSTA NEMETUM.

NEMETOBRIGA [It. Ant., G. Rav.], Νεμετόβριγα [Ptol.], ville des Tiburi dans les Asturies, auj. *Mendoya* [Florez].

NEMETODURUM, voy. NAMPTODURUM.

NÉMET-SCHITZ, *Siezben, Deutsch-Schützen,* pet. ville de Hongrie, dans le comitat d'Eisenburg.

Johannes Manlius, typogr. établi à Német-Ujvarini de 1582 à 1597, exécuta dans cet intervalle deux ouvrages à Német-Schitz : *Hellay Gáspár-Vigasztaló Könyvetske Keresztyén intéssel-és tanitással miképpen kelyen az emberek késrülni Keresztyeni és boldog e' világbol való kimulásához* 1593. A la fin : *Siezben nyomtatta Manlius Janos,* 1593, in-12 de 110 ff.

Le second exécuté la même année est aussi un vol. in-12 de 107 ff.

NÉMET-UJVARINUM, voy. GISSINGA.

NEMORENSIS LAC., [Prop.], *Lago di Nemi,* en Italie.

NEMOROSIUM, NEMOSUM, *Nemours,* ville de Fr. (Seine-et-Marne) ; titre de duché-pairie, érigé en 1404.

NEMOSSUS NEMETUM, voy. ARVERNA.

NENTIDAVA, Νεντίδαυα [Ptol.], ville de Dacie, dont les ruines se voient près de *Galatz* (Moldavie).

NEO-ÆLIA, *Niel,* bourg sur le Rhin, dans le duché de Clèves (Prusse).

NEO-BOLESLAVIA, *Jung-Bunzlau,* ville du roy. de Bohème, chef-lieu du cercle de Bunzlau, sur l'Iser (Autriche).

Cette ville est la Genève des frères Moraves, ou, pour parler plus exactement, ce fut dans ses murs que leur secte prit naissance ; l'imprimerie remonte, au dire de Falkenstein et d'Ébert, à une date reculée, c'est-à-dire presque au commencement du XVIe siècle ; en 1518, un imprimeur du nom de Niculess Knhla (latinisé Nicolaus Claudianus ?) y exécuta une édition de Sénèque, une autre de Lactance et un NOVUM TESTAMENTUM BOHEMICUM ; ce Nouveau Testament, qui porte à la fin de la souscription « *in Monte Carmelo* », fut réimprimé dans la même ville en 1525.

NEO-BRANDENBURGUM, voy. BRANDENB. NOVUM.

M. Ternaux a émis à propos de cette petite ville une de ses plus amusantes erreurs ; voy. *Notice sur les impr. d'Europe,* p. 90. Nous avons fait remonter l'imprimerie dans cette ville à 1594 ; Feverlin (II, p. 54) cite un traité allemand d'Erasmus Alberus exécuté à Neu-Brandenburg en 1556, que ne mentionnent ni M. Graesse qui consacre à ce savant un article développé, ni le catal. des foires de Francfort. On remarquera que le livre dont nous avons donné le titre est de ce même Erasme Alber ou Albert, et nous le citons encore plusieurs fois. (Voy. NEOPYRGUM AD MENIUM.)

NEOBURGENSE CLAUSTRUM, voy. CLAUSTRIBURGUM.

Kloster-Neubourg était une célèbre abbaye de bénédictins sise en Autriche près de Vienne ; ce fut là qu'eut lieu en 1485 la cérémonie de la canonisation de S. Léopold, duc d'Autriche, fondateur du monastère au XIe siècle ; canonisation qui fut ordonnée par Innocent VIII, malgré certains *impedimenta,* entre autres le reproche qu'on faisait au saint duc d'avoir cultivé les sciences occultes (voy. à ce sujet Solar, nos 363 et 584). M. Ternaux veut que l'imprimerie ait existé dans ce monastère en 1591 : *Poltzman, Compendium ritæ et miraculorum Sancti Leopoldi.* Claustro Neoburgense, 1591, in-4°. — Ce livre nous est inconnu.

NEOBURGUM, *Newbury,* ville d'Angleterre, sur la Kennet (Berkshire).

Imprimerie en 1779, dit M. Cotton.

NEOBURGUM, *Bourgneuf-en-Retz,* ville de Fr. (Loire-Inférieure).

NEOBURGUM CATTORUM, NEOBURGUM DANUBII, *Neuburg, Neubourg,* ville de Bavière, sur le Danube ; a donné son nom au cercle de Souabe et Neubourg.

Avec Falkenstein, nous ferons remonter l'imprimerie dans cette ville à l'année 1545 ; une édition allemande du *Psautier* d'après la version luthérienne y est donnée à cette date (Bauer, II, 325) ; mais le livre le plus important que nous ayons à citer est celui-ci : *Bernardi Ochini von Siena, Predigten.*

darinnen die fürnemblichsten Hauptstücke des Christlichen Glaubens, nemblich von der Rechtfertigung durch Christum, und was daran hänget, von ihm beschrieben seyn, inmassen wie ers zuvor ungefehrlich in Welschland geprediget hat.... Neuburgi Danubii, 1545, in-4° [Vogt, Bauer, Freytag]; cette édition fut réimpr. en 1556 dans la même ville, avec addition de VI discours.

Est-ce aux presses de Neuburg qu'il nous faut attribuer l'impression du volume suivant : *Louis Villebois. Rerum in Arvernia gestarum, præcipuè in Amberti et Yssoduri urbium obsidionibus luctuosa narratio.* Neoburgi, 1577, in-8°.

NEOBURGUM FIONIÆ, NYBURGUM, *Nyeborg, Nijborg,* ville de Danemark, dans l'île de Fünen (Fionie), sur le grand Belt.

Imprimerie en 1706 [Falkenst.], 1707 [Cotton]. C'est à l'année 1522 que, d'accord avec les historiens danois, nous faisons remonter l'imprimerie à Nyborg : *Canon secundum usum Ecclesiæ Roeschildensis. Nyburgi Fioniæ, arte et impensis dñi Pauli Raff. Canonici Hafniensis,* XVII. Mensis maii 1522, in-4° [Alb. Bartholini *Lib. de scriptis Danorum,* p. 124].

Nyborg est la seconde ville de Danemark qui ait introduit dans ses murs l'art nouveau de la typographie ; elle précède de plusieurs années dans la carrière Roeskilde, l'ant. capit. du royaume, qui, avant de confier l'impression de ses livres liturgiques à Nyborg, les faisait exécuter à Paris, ainsi que nous le verrons en son lieu.

NEOBURGUM, NEOCOMUM, NOVA CASTELLA, NOVICASTRUM, *Neufchâtel, Neuenburg,* ville de Suisse, sur le lac du même nom, chef-lieu de canton.

Vers l'an 1532 ou 1533 un imprimeur français du nom de Pierre de Wingle, dit Pirot ou Pierrot Picard, est reçu bourgeois de Neufchâtel ; il y exerce son industrie, et nous connaissons dès cette année 1533 des livres sortis de ses presses : *La maniere et fasso quon tiet en baillant le sct baptesme en la sainete côgregation de Dieu.* Neufchastel, Pierre de Vingle, 1533, pet. in-8° à l. lignes goth., avec sign., mais sans chif., cont. 44 ff. Cette pièce, décrite aux catal. Gaignat et la Vallière, est auj. à la Bibl. impér.

L'année suivante, Pierre de Wingle imprime une autre pièce religieuse qui dépendait du même recueil (vente la Vallière, n° 905) ; mais nous citerons plus particulièrement un NOUVEAU TESTAMENT exécuté d'après la version de Lefebvre d'Estaples, et dit à la fin : *Ce Nouveau Testament fut achevé d'imprimer le XXVIIᵉ iour du moys de marș. Lan mil cinq cens XXXIIII.* A Neufchastel, par Pierre de Vingle.

A la louange de Dieu soit.

Pet. in-fol. à 2 col. de 55 lignes, en car. goth. « Il est à remarquer, dit M. Gaullieur (*Typogr. Genev.,* p. 87), que, dans ce *Nouveau Testament* de 1534, Pierre de Wingle écrit son nom avec un V simple, et ne se qualifie pas de *bourgeois de Neufchâtel,* comme dans la Bible de 1535.

La même année 1534, Pierre de Wingle imprime une seconde édition du *Nouveau Testament* ; mais celle-ci, in-8°, est la copie de l'édition d'Anvers, 1530.

L'année suivante, il publie un livre célèbre : c'est la première édition de la BIBLE traduite par les protestants ; cette traduction, revue sur celle de Lefebvre d'Estaples, est de Pierre Robert Olivetan, aidé de J. Calvin, ce qui l'a fait appeler : *la Bible d'Olivetan ;* on lit à la fin : *Acheue dimprimer en la ville et conte de Neufchastel par Pierre de Wingle, dit Pirot Picard, lan* M. D. XXXV. *Le iiije de juing,* in-fol. goth. à 2 col. Nous avons possédé le bel exempl. aux armes du comte d'Hoym de ce livre rare ; il fait auj. partie de la bibl. du prince Napoléon (voy.

au sujet de la *Bible d'Olivetan,* P. Gilles, *Hist. des Églises réformées.* Genève, 1644).

M. Gaullieur signale également comme imprimée par Pierre de Wingle une violente et célèbre satire contre la papauté : *Le livre des marchands fort utile à toutes gens pour cognoistre de quelles marchandises on se doit garder destre trompé.* — Achevé d'imprimer le penultieme iour du mois de decembre 1534, pet. in-8° goth. de 31 ff. non chiffrés.

Cette satire de Gabriel Cartier avait figuré au catal. Dufay (n° 690), et l'excellent rédacteur de ce catal. n'avait point hésité à l'attribuer aux presses de P. de Wingle.

M. Tross, dans son curieux catal. de livres sur la réforme (vendus en nov. 1867), signale quelques livres de Guil. Farel, (n°s 207, 209), non décrits jusqu'à présent, et qu'il attribue aux presses de J. de Wingle ; le fougueux sectateur de Calvin avait été compagnon d'études de celui-ci, au collège du Cardinal Lemoine, à Paris.

NEO-CAROLINA, *Nycarleby,* ville de Finlande, suiv. Graësse.

NEOCASTRUM, NOVOCASTRUM, *Nicastro,* ville du Napolitain (Calabre ultér. II).

NEOCASTRUM, *Neocastro, Navarin,* ville de Grèce, en Morée (dioc. d'Elide) ; bataille navale, le 20 octobre 1827.

NEOCOMIUM, voy. IGLOVIA.

NEOCOMUM, voy. COMUM.

NEOCORCINUM, *Korczyn,* ville de Pologne, sur la Vistule [Graësse].

NEODUNUM, voy. NOVIODUNUM.

NEOFANUM, *Mark-Neukirchen, Neukirchen,* ville de Saxe (Voigtland).

NEOGARDIA, voy. NOVOGARDIA.

NEOGRADIENSIS COMITATUS, le *Comitat de Neograd,* en Hongrie (cercle en-deçà du Danube.

NEOMAGUS, BUKENGUEHEM, voy. BUCKINGHAMIA.

NEOMAGUS, voy. NOVIOMAGUS.

NEON, Νέων [Herod., Paus.], ville de Phocide, dont les ruines sont près de *Palea-Fiva.*

NEONTICHOS [Plin., Mela], Νέον τεῖχος [Scyl., Xen.], anc. fort de Thrace, auj. *Aïnadsjik* en Roumélie.

NEOPLANTA *in Comitatu Bacsiensi, Neusatz,* en hongr. *Ujvidék,* ville de Hongrie, sur le Danube (comitat de Bacs) ; elle est unie à Peterwardein par un pont de bateaux.

Un gymnase royal ayant été institué dans cette ville au mois de septembre 1789, l'imprimerie suivit de près cette création. Le premier imprimeur, nommé Emmanuel Jankovits, date de 1791 ; son fils Johann lui succéda en 1804. (Voy. Németh, *Typ. Hung.,* p. 112.)

NEOPORTUS, *Newport,* ville d'Angleterre (Monmouthshire).

NEOPORTUS, *Newport,* ville d'Angleterre, au centre de l'île de Wight.

Imprimerie en 1790, dit M. Cotton, qui cite : *Sketches of Description, from Newport to Lymington,* imprimé dans cette ville en 1792.

NEOPORTUS, *Newport Pagnell*, bourg d'Angleterre, sur l'Ouse (Buckinghamshire).

Imprimerie en 1801 : *John Hey D. D. Discourses on the malevolent sentiments.* Newport-Pagnel, 1801, in-8°. Quelques poésies de W. Cowper y sont imprimées à la même date.

NEOPORTUS, *Nieuport, Nieeuw-Port*, ville de Belgique, sur l'Yser (Flandre Occid.).

NEOPYRGUM AD MENIUM, NOVA TURRIS (du grec Πύργος).

Lieu d'impression supposé : les catal. des foires de Francfort mentionnent plusieurs livres souscrits à ce nom aux dates de 1590, 1591, etc. Citons : *D. Erasmi Alberi Christlicher und Nothwendiger Bericht von der Kinder auff wider den Irrthumb der Schwermer... etc. Sampt einer Vorrede vnd Bericht D. Nic. Selneckers vom Exorcisme bey der H. Tauff.* Neopyrgi ad Menium, 1591, in-4°. Nous croyons que ce nom de lieu désigne *Neu-Brandenburg.* La vie de l'auteur-imprimeur Erasmus Alberus est rapportée aux *Genealogische Tabellen* de *C. H. Zeibichs* , 1709, in-4°.

NEOSELIUM, ARX NOVA, *Neuhäusel*, bourg de Hongrie.

NEOSOLIUM, « civitas libera regiaque in comit. Zoliensi, » *Neusohl,* en hongr. *Besztertze-Banya* , ville de Hongrie, chef-lieu du comitat de Sohl (cercle en-deçà du Danube).

Un typographe du nom de Christophe Scholtz était établi à Neusohl en 1578 ; on ne connaît qu'un seul volume à cette date qui soit sorti de ses presses : *Confessio fidei montanarum civitatum.* Neopolii, typis Christophori Scholtz an. 1578, in ædibus Gregorii Lindner. Il faut sauter à la fin du XVIIIe siècle pour arriver de nouveau à la trace d'une imprimerie locale ; en 1785 nous trouvons un typographe du nom de J.-Jos. Tumler, et en 1797 Jean Stephan, desquels Németh cite plusieurs volumes.

NEOSTADIUM, NOVOSTADIUM, *Nystadt,* ville de Russie, dans le gouv. de Biarneborg (Finlande).

NEOSTADIUM, voy. VIHELINUM.

NEOSTADIUM AD ORLAM, *Neustadt an der Orla,* pet. ville du Voigtland (Saxe Prussienne).

Imprimerie en 1788, suiv. Cotton.

NEOSTADIUM AD SALAM, *Neustadt,* sur la Saale, bourg de Bavière, près de Kissingen.

NEOT'S (ST.) bourg d'Angleterre, sur l'Ouse (Huntingdonshire).

Imprimerie en 1780 [Cotton's *Suppl.*].

NEOVILLA, NOVA VILLA, *Neuweiler, Neuwiller,* bourg du Bas-Rhin (arrond. de Saverne).

NEOVILLA, *Neuville,* bourg de Fr. (Vienne).

NEOWEDA (?), *Neuwied;* ville de la Prusse Rhénane, dans la rég. de Coblentz, fondée en 1657.

Une imprimerie fut établie dans cette ville, à l'époque de ce grand mouvement intellectuel qui marqua les premiers pas de la Révolution française ; une société typographique fut fondée à l'instar de celle de Kehl ; nous citerons : *J.-M. Moreau le jeune. Monument du costume physique et moral de la fin du XVIIIe siècle, ou Tableaux de la vie représentés en figures.* Neuwied sur le Rhin, 1789, gr. in-fol. de 26 planches remarquablement gravées, et de 36 pp. de texte, que l'on attribue à Rétif de la Bretonne.

NEPE [Vell. Paterc., Tab. P.), NEPET [Liv.], NEPETA, COLONIA NEPENSIS, *Nepi,* ville du territ. pontifical, près du lac de Vico (délég. de Viterbe).

NEPTUNIUM, *Nettuno,* ville d'Italie, dans les anc. prov. pontificales.

NEQUINUM, voy. NARNIA.

NERACUM, *Nérac,* ville de Fr. (Lot-et-Garonne) ; anc. capit. du duché d'Albret.

Cette ville eut une certaine importance au temps des guerres de religion ; ce fut l'une des places fortes des Huguenots, et l'imprimerie y exista momentanément sous Henri III. *Christ. Landre.* L'OEcola-TRIE, *laquelle contient en soy grands secrets, assauoir des remedes qu'on peut tirer des plantes, des vrines, des os, des limaçons, de la carie des bois, des coquilles, des noix, des cornes, des vieilles tuylles et pots cassez,* etc. Imprimé à Nérac par G. Goubert, s. d. (v. 1580) in-8°.

L'imprimerie est supprimée au XVIIe siècle.

NERETUM [Tab. Peut.], Νήρητον [Ptol.], ville des Salentini, auj. *Nardo,* ville du Napolitain (Terra d'Otranto).

NERICIA, NERINGA, *Nerike, Néricie,* district de Suède (préf. d'OErébro).

NERICUS, Νήρικος [Hom., Strab.], ville de l'île de Leucadie, dans la mer Ionienne, auj. *Kaligoni,* dans le S. d'Amaxidhi.

NERIGOS INS., dans la mer Germanique ; Pline se sert de cette appellation pour désigner la partie septentrionale du continent, *Norvége,* etc.

NERII CELLA, voy. NIGELLA.

NERISSANIA, *Neresheim,* ville du Wurtemberg, près de Nordlingen ; anc. abb. de Bénéd. du XIe s., supprimée en 1803.

NERITUS INS., voy. LEUCADIA.

NERIUM PROM., voy. ARTABRUM PR.

NERONIA [Tab. P.], ville de la Gaule Cisalpine, auj. *Codigoro* [Reichard].

NERTEREANES, fraction des Catti, dans la Germanie, habit. le territ. de *Nerdar* (Hesse-Cassel).

NERTOBRIGA, Νερτόβριγα [Ptol.], CONCORDIA JULIA [Plin.], Ἐρκόβρικα [Polyb.], ville de la Bétique, auj. *Valera la Vieja,* près Frejenal.

NERTOBRIGA [Flor., It. Ant.], Νερτόβριγα [Ptol.], Νεργόβριγα [Appian.], ville de la Tarraconaise, auj. *Almunia*, près de Catalayud.

NERULUM [Liv., It. Ant.], NERULI [T. Peut.], ville des Lucani, dans la Calabre, auj. *Castelluccio*, bourg de l'Italie Méridionale.

NERUSII, Νερούσιοι [Ptol.], peuple habitant cette partie des Alpes Infér. qui correspond au territ. de *Vence* (Var).

NERVA FL., Νέρουα, fl. d'Espagne, dans le pays des Cantabres, auj. *l'Orduña*, près de Bilbao, et, suiv. Reichard, *le Nervion* (*Ybai Chalval*).

NERVII [Cæs., Tac., Plin.], Νερούιοι [Strab., Plut.], NERVII LIBERI, peuple de la Gaule-Belgique (Germania II), habitant les rives de la Sambre, partie du dép. du Nord, et partie du Hainaut.

NESACTIUM [Plin.], NESATTIUM [Liv.], Νέσακτον [Ptol.], ville de l'Istrie, que Reichard place à *Refuzi*, bourg au N.-E. de Pola.

NESCANIA [Inscr. ap. Grut.], localité de la Bétique, à l'O. d'Antequera; auj. *el Valle de Abdelaciz*.

NESINIANUM, *Nésignan l'Evêque*, commune de Fr., près d'Agde (Hérault).

NESIS INS. [Cic., Plin.], Νῆσις, île du Sinus Puteolanus, *Nisita*, dans le golfe de Naples.

NESTANE, Νεστάνη [Paus.], ville du S.-E. de l'Arcadie, auj. *Tzipiana*.

NESTUEDA, NESTVEDA, *Nestvede*, bourg de Danemark (Seeland).

NESTUS FL. [Mela, Plin.], Νέστος [Herod., Thuc., Ptol.], fleuve de la Macédoine, auj. *le Mesto*, app. par les Turcs *le Karasou* (Eau Noire), qui se jette dans le golfe d'Orphano.

NETEGA, NITHEGA [Chr. Gottw.], district de la Westphalie, près du confl. de la Nette et du Weser.

NETIUM [Plin., T. Peut.], Νήτιον [Str.], ville d'Apulie, auj. *Noja* (Capitanate).

NETOLICUM, *Netolitz*, ville de Bohême [Graësse].

NEUHUSIUM, voy. HENRICI HRADECIUM.

Nous complétons la note bibliogr. que nous avons consacrée à cette ville ; Neuhaus était la résidence en 1690 de l'évêque de Paderborn, Théodore Furstemberg : aussi l'imprimeur Jean Todt s'intitulait : «*Typographus aulicus suae Celsitudinis Paderonensis.* »

NEURI [Mela, Plin.], Νεῦροι [Herod., Steph.],

Νευρῖται, peuple de la Sarmatie Européenne, habit. les rives du Dnieper, dans le gouv. actuel de Tchernigov.

NEUSIA, NUISA, *Neuss*, *Nuys*, ville de la Prusse Rhénane (rég. de Dusseldorf); ravagée par Attila en 451.

NEUSTRIA, NEUSTRASIA, NEPTRICUS, NEUSTER, [Frédég. et cont.], NEOSTER-RIKE, NORMANDIA, NORTHMANNIA, *la Neustrie*, depuis *la Normandie* (à partir du xe s.), anc. province française, duché en 912; forme auj. cinq départ.

NEVIRNUM [It. Ant.], voy. NOVIODUNUM.

NEWARK-UPON-TRENT, bourg d'Angleterre, dans le Nottinghamshire.

Impr. en 1788 : *John Charlesworth M. A. fellow of Trin. coll. Camb. Practical sermons, selected and abridged from various authors.* Newark, 1788-93, 3 vol. in-8o (Voy. *Cyclop.* by J. Darling, p. 636). Un journal, *the Newark Herald*, y est publié à partir de 1793, et en 1807 ce bourg a l'honneur d'imprimer la première pièce de poésie de lord Byron : *Hours of Idleness, a series of poems, original and translated. By George Gordon, lord Byron, a minor.* Newark, 1807, in-12 de XIV-187 pp. Volume qui fut supprimé avec le plus grand soin et dont il ne reste peut-être pas plus de deux ou trois exempl. (Voy. Lowndes).

NEWRY, petite ville d'Irlande, sur la riv. du même nom, dans une vallée qui sépare le comté d'Armagh de celui de Down.

John Fisher fut établi typographe dans cette localité à la date de 1761 [Cotton].

NICÆA [Mela, Plin., Liv.], Νίκαια [Str., Ptol.], NICIA [It. Ant.], NICENSIS URBS [Aimon.], NICIAS CASTELLUM *in provincia* [Chr. Ludov. a. 894], NICÈSE [Chr. B. Dion.], colonie marseillaise dans la Ligurie, *Nice*, *Nizza*, ville et port de France, sur le Paillon (Alpes-Maritimes); anc. chef-lieu de comté; patrie de Cassini.

L'imprimerie ne remonte en cette ville qu'à l'année 1666, au dire de Falkenstein et de Cotton; mais nous pouvons citer des livres exécutés à des dates antérieures : *Onorato Pastorello; Storia del Monastero di Santa Chiara di Nizza.* In Nizza, 1608, in-4o. Livre important pour l'histoire de la ville (Haym, 101-8). — *Il Geloso di Lorenzo Catanco* (*Novella*). Nizza, 1620, in-8o, etc.
Le livre sur lequel les bibliogr. précités ont basé leur assertion nous donne un nom d'imprimeur, celui de Romero : *Nicea festivo cultu nitens, seu relatio de adventu Regiæ Celsitudinis Caroli Emmanuelis Ducis Sabaudiæ in illam.* Niceæ, apud Romerum, 1666, in-4o. Cette relation est du jésuite il P. Giulio Vasco, de Mondovi [Melzi, II, 229].

NICÆA [Liv.], Νίκαια [Strab., Steph.], ville de la Locride, dont les ruines sont sur le versant N. de la colline de *Pundonitza* [Leake].

NICÆA, Νίκαια [Steph., Ann. Comn.], Νίκη [Procop.], NICÆ [It. Hier.], ville de la Thrace, auj. *Kuleli*, dans le pach. d'Andrinople.

NICEPHORA, *Vallalonga*, ville du Napolitain [Graësse].

NICER FL. [Auson., Sid. Apoll.], NICRUS, NICARUS, NEECAR [Amm. Marc., Cluv.], *le Neckar*, riv. d'Allemagne ; afflue au Rhin à Manheim.

NICIA FL. [Plin.], l'*Enza*, affl. du Pô, et, suiv. Mannert, *il Crostolo*.

NICOLAIEFF, NIKOLAIEW, ville de Russie, dans la Crimée, au confluent du Bug et de l'Ingoul.

Cette ville renferme les vastes chantiers de construction de la marine militaire russe, sur la mer Noire.
L'imprimerie, suiv. M. Cotton, ne remonte à Nikolaiew qu'à l'année 1803.

NICOPIA, NYCOPIA, NEAPOLIS DANICA, *Niköping*, ville de Suède, chef-lieu de préf. au S.-E. de Stockholm.

Eric Bénédict Schröder de Nyköping, interprète et traducteur du roi pour les langues allemande, latine et française, organisa, pour l'impression de ses propres ouvrages et traductions (J. Scheffer nous en donne la liste, qui est de 45 volumes), une typographie particulière dont il usa à partir de 1635 ; il avait choisi parmi les typographes d'Upsal un imprimeur habile pour la diriger, c'était Amund Grefwe. En 1645, « natalis soli dulcedine ductus », il revint à Nyköping et ramena avec lui son matériel et son imprimeur. En 1647, 1648 et 1649 Grefwe imprime trois traductions suédoises de Schröder; la première est : *Nic. Hunnii epitome credendum*, et la souscription : *Nycopiæ per Am. Grefwe, an.* 1647, in-8°. En 1650 Am. Grefwe abandonne Nyköping pour aller se fixer à Gothembourg.

NICOPOLIS [Tac., Plin., It. Ant.], Νικόπολις [Str., Paus., Ptol.], ville d'Épire, dans la Molosside, à l'entrée du golfe d'Ambracie, auj. *Preveza*, dans l'Albanie Mérid., pach. de Janina ; près de là s'est livrée la bataille d'Actium.

NICOPOLIS [Amm., Jorn., T. Peut.], Νικόπολις [Hierocl., Procop.], ville de la Mœsie Infér., auj. *Nikopoli*, sur le Danube, ville forte de la Bulgarie ; victoire de Bajazet en 1396.

NICOPOLIS AD JATRUM [Tab. Peut.], Νικόπολις περὶ Αἵμον, ville de la Mœsie Infér., au confluent de l'Olzuma et du Danube, auj. *Nikub*, près de Ternowa (Bulgarie).

NICOPOLIUM, *Szent Nicolas*, ville de Hongrie [Graësse].

NICOSIA, *Nicosie*, en turc *Lefkeuschéh*, ville capit. de l'île de Chypre.

NICOTERA [It. Ant.], *Nicotera*, ville du Napolitain (Calabre).

NICRUS FL., voy. NICER.

NIDROSIA (*a Nidero fl.*), TRONTHEMIUM, TRONDEMNÆ, *Drontheim*, en norw. *Trondhjem*, ville de Norwége, chef-lieu de préfecture, au N. de Christiania ; académie des sciences et biblioth.

Un *Breviarium Nidarosiense* fut en 1530 imprimé à Hoolum (voy. HOLA). M. Cotton dit qu'un second fut exécuté à Drontheim au milieu du XVI° siècle ; nous ignorons sur quelles bases repose cette assertion, qui nous semble inadmissible ; d'abord elle n'est confirmée ni par Alnander, ni par Schröder, ni par J. Scheffer, ni même par Falkenstein ; en second lieu, ce qui la rend encore moins probable, c'est la jalouse domination qu'exerçait alors la Suède, laquelle retarda le plus qu'elle put l'établissement de la typographie dans le royaume annexé : est-il d'ailleurs admissible que la typographie ait été exercée dans une petite ville de l'extrême Nord, alors que dans la capitale même, à Christiania, elle ne put parvenir à s'introduire que vers le milieu du siècle suivant. M. Ternaux, dont l'opinion, ici, est acceptable, date de 1740 l'introduction de la typographie, et cite le *Speculum geographicum*, de Joan. Möller, un vol. in-8°, comme premier livre imprimé à Drontheim.

NIDUM [It. Ant.], NIDUS, station de la Britannia Romana, auj. *Berrow*, bourg au N. de Bridgewater Bay (Somersetshire).

NIELLA [Pertz], NIVILLA, NIVIGELLA [Gall. Christ.], *Nivelle*, *Nivelles*, ville de Belgique (Brabant-Mérid.); anc. abb. de Bénéd. fondée en 645; concile en l'an 1200.

Suivant M. de Reiffenberg, l'imprimerie remonte à Nivelle à l'année 1774, et le premier typographe est E.-H.-J.-Plon, l'un des ancêtres en ligne directe de l'excellent imprimeur de Paris, Henri Plon.

NIEPER, voy. BORYSTHENES.

NIESWIESIUM, NESVIZINA URBS, *Nieswiez*, *Nesvitz*, ville de la Russie Blanche, dans l'anc. palat. polonais de Novogorod ; appartenait aux princes Radziwill.

« A Nic. Christ. Radzivillio sumtuosissimis monasteriis ac cumprimis collegio Soc. Jes. splendidissime olim exarata erat. » Sous le gouvernement du père de ce prince Radziwill, les réformés avaient établi à Nieswiez une église, une école et le complément indispensable, une typographie ; Daniel Lancicius, qui d'abord exerçait à Zaslau, vint se fixer à Nieswiez vers 1578 ; mais ce ne fut pas le premier typographe, puisque Bachmeister cite comme exécuté en 1562 : *Catechesis* (Кашихисис) *seu doctrina Russorum*, in-4°; c'est de ce livre que le patriarche de Moscou, Adrien, écrit : « D. Martini Lutheri discipuli, postquam invenissent literas Slaveno-Russicas pulchras et puras, et in linguam puram Slavicam transtulissent causas et explicationes fallacium illorum dogmatum, typis ediderunt in lucem veneno plenos libellos, unum in-4° in urbe Nesvizina a. 1562; alterum breviorem et minorem Ilolmiæ, a. 1628, in-4°. »
Lancicius se retira à Vilna, après quelques années d'exercice; le premier livre exécuté par lui à Nieswiez fut : *Gregorii Pauli Antidotum contra articulos fidei novæ*; *a Sarnicio Varsoviæ exhibitos*. Niesviesii, in-4°.

NIGELLA, NEGELLA, *Nesle*, bourg de Fr. (Somme); anc. titre de marquisat;

illustre maison qui avait plus de 80 fiefs dans sa mouvance.

NIGELLA ABSCONDITA, ou REPOSITA, *Neelle-la-Reposte*, *Nesle*, commune de Fr. (Aube); anc. abb. de S.-Benoît, fondée av. 545.

NIGEONIUM MONAST., NYGEONIUM PROPE PARISIOS, PALESTRA NYGEONIANA, NIIGIONE [Monn. Mér.], *Nigion, Nygeon*, anc. village qui renfermait une abbaye de Minimes, vulgairement appelée l'*Abbaye des Bonshommes*; le village et les terrains du couvent sont auj. compris dans l'emplacement de *Passy*, et dépendent de Paris.

Une imprimerie conventuelle fut établie dans ce monastère au XVIᵉ siècle, ou du moins deux volumes concernant la règle et la liturgie de l'ordre furent donnés, en 1528 et 1535, sous cette rubrique : *Regula fratrum ordinis minimorum, Sancti Francisci de Paula ejusdem institutoris et fondatoris* (in palestra Nygeoniana, 1528), in-16, goth., lett. rouges et noires, avec le portrait de François de Paule gravé sur bois; petit vol. fort rare divisé en 5 parties qui ont chacune une pagin. séparée; au f. 25ᵉ de la 2ᵉ partie, on lit : *Explicit correctorium scm ordis minimo⁊ scti Frācisci de Paula, solerti cura frĩs Huginis de Varena ĩ palestra Nygeoniana impressum, anno M.CCCC.XXVIII*.

M. Brunet décrit ce volume d'après l'exemplaire imprimé sur vélin qui a figuré à la vente Salmon de 1857, sous le nᵒ 928, ainsi que le vol. suivant : *Liber vitæ fratrum ordinis minimorum Sancti Francisci de Paula...* in-16, goth. impr. en rouge et noir. Le rᵒ du 184ᵉ f. porte : *Penes conventum Nostre Domine totius gracie vulgariter de Nigion prope Parisios consummatum seu impressum. Anno Dñi millesimo quingentesimo tricesimo quinto, die vero mensis novembris* XXV.

NIGRIACUM, *Neyrac*, commune de Fr. (Aveyron).

NIGROMONS VILLA, *S. Georges de Nigremont*, commune de France, près Chambon (Creuse).

NIGRONIUM, *Negron*, commune de Fr. (Indre-et-Loire).

NIGROPULLUM [Tab. P.], station du pays des Batavi, que Bruining (*Tabl. de Rotterdam*) croit être auj. *Zwarte Knikenbuurt*, près de Worden.

NIGRUM MONAST., *Noirmoutiers*, bourg de Fr. (Vendée).

NIGRUM-PALATIUM, *Négrepelisse*, ville de Fr. (Tarn-et-Garonne), sur l'Aveyron.

NIMAUSUM, voy. NEMAUSUS.

NIMETACUM, voy. ATREBATÆ.

NIMITIUM, voy. NOMISTERIUM.

NIMPHEOLUM, voy. NEALFA.

NINGUM [It. Ant.], ville d'Istrie, auj., suiv. Reichard, *Grisignano*, entre Aquilée et Pola.

NINIA, *Nινία* [Strab.], ville d'Illyrie, auj. *Knin*, suiv. Reichard.

NINITTACUM [T. Peut.], MINATICUM [It. Ant.], dans le pays des Remi, *Nizy-le-Comte*, commune de Picardie, près Laon (Aisne).

NINIVA, *Ninove, Ninoven*, ville de Belgique (Flandre-Orient.).

NIORTUM IN PICTONIBUS [Ch. Ludov. Jun. a. 1141), NYORTUM, NOVIROGUS (?), *Niort*, ville de France, sur la Sèvre Niortaise, chef-lieu du dép. des Deux-Sèvres.

Ce n'est qu'à l'année 1589 que nous croyons pouvoir faire remonter l'introduction de la typographie à Niort, avec un imprimeur, dont l'établissement principal était à Saumur, Thomas Portau, comme premier typographe : *Mémoires que le roy de Navarre eust desiré estre considérez par Messieurs de l'Assemblee n'aguères conuoquée à Bloys, en l'année* 1588. Nyord, 1589, in-8º. Cette pièce ne porte pas de nom d'imprimeur, mais nous pensons qu'elle sort des presses de Th. Portau.

Ce typographe donne en 1594 un *Nouveau Testament* et en 1596 une excellente et célèbre édition de MAROT, mais dans l'intervalle il publie un livre infiniment moins connu : *Ch. Deffrans. Les Histoires des Poëtes, comprises au grand Olympe, et autres histoires poëtiques propres pour la Poësie*. A Niort, chez Th. Portau, 1595, in-4º (*Bibl. Sarraz.*, II, 184; Bauer, Freytag, etc.).

Les imprimeurs qui succèdent sont René Trois-Mailles en 1603; Antoine André en 1611: on doit à ces typographes l'impression des pamphlets et diatribes religieuses de George Pacard; Jean Moussat, l'imprimeur du grand Agrippa d'Aubigné, au château de Maillé, était établi à Niort en 1624; Jean Baillet, 1610; Lambert, 1615; Bureau, 1644; François Mathé, 1647; Faulère, 1675, etc.

La révocation de l'édit de Nantes porta un coup mortel à l'imprimerie de Niort, qui était restée l'une des places importantes du parti des réformés. Les arrêts du conseil de 1704 et de 1739 condamnent la ville à n'avoir plus qu'un seul imprimeur; et le rapport fait à M. de Sartines en 1764 nous donne le nom du typographe en exercice: il se nomme Jacques-Victor Elie, âgé de 61 ans, reçu en 1736 et n'exploitant que deux presses.

NISÆA, *Nίσαια* [Thuc., Ptol., Str.], *Nίσα*, ville de la Mégaride, sur les ruines de laquelle s'élève auj. le bourg de *Dodeka Ekklesiai*.

NISSA, NISSENA, NISSUS, *Nisch*, *Naïsse*, ville et chef-lieu d'un pachalik dans la Boulgarie Ottomane.

NISSA SILESIORUM, *Neisse*, ville forte de Prusse, sur la riv. du même nom (Silésie).

Falkenstein porte à 1612 la date de l'introduction de l'imprimerie dans cette ville, et nous sommes tenté de nous ranger à cette opinion, bien qu'il nous faille mentionner quelques ouvrages publiés au milieu du XVIᵉ siècle, sous cette rubrique, et même, si l'on en croyait Mangetus (*Bibl. Script. med.*), il faudrait la faire remonter au XVᵉ siècle, puisqu'il cite comme imprimé à Neisse, en se trompant d'un siècle, le *Regimen preservatorium de Schilterus*, exécuté par Johannes Cruciger (Kreuzträger), que nous voyons en 1556 imprimer une *Vita Christi* d'Ottomarus Luscinius (Nachtigall), de Strasbourg; et en 1559 : *Constitutiones synodi comit. Glacensis in causa religionis*. Nissæ, 1559, in-8º. [P. Le Long, *Bibl. sacra*].

En 1612 nous avons : *M. Andreas Servius. Præces*

piæ in sermonem Suelicum translatæ, et Sigismundo Regi Pol et Svec. hæreditario dedic. — Nissæ, 1612, in-8°. Cet André Servius était professeur de philosophie au gymnase de Neisse.

F. Joh. Nucius, Abbas Gymielnicensis (né à Gorlitz). *Musices poeticæ sive de compositione cantus præceptiones absolutissimæ nunc primum in lucem editæ.* Neisse, bey Crispinum Scharffenbergium, 1613, in-4°. [Forkel, p. 421.]

NISYROS INS. [Mela, Plin.], Νίσυρος [Hom., Diod., Str.], PORPHYROS [Plin.], l'une des Sporades, dans l'Archipel, entre Telos et Cos; auj. *Nisiro.*

NITASA, *Neete, Nette,* riv. de la Prusse Rhénane.

NITIOBRIGES [Cæs., Sid.], Νιτιόϐριγες, peuple de la Gaule (Aquitaine II), dont la ville était AGINNUM ou NITIOBRIGUM CIV. (voy. AGENNO).

NITRAVA, NITRIA, *Neutra, Nyitra,* ville forte de Hongrie, sur la Neutra, affl. du Danube; chef-lieu de comitat.

NIUSA CASTRUM, voy. NOVESIUM.

NIVEMONS, NIVEMONTUM, *le Schneeberg,* montagne du Tyrol, qui domine l'OEtzthal, près de Sterzing.

NIVERIS FL., NEVERIS, *la Nièvre,* riv. de France, affluent de la Loire.

NIVERNUM, voy. NOVIODUNUM.

NIVIDUNUM, NIVIODUNUM, voy. COLONIA EQUESTRIS.

Nous avons, à l'art. COLONIA EQUESTRIS, traduit le vocable celtique *Dun, Dunum,* par « *lieu bas* »; c'est une faute; *Dunum* (d'où *Duna, Dune*) signifie *colline, élévation de terrain* (Du Cange, *Glossar.,* II, 962).

Vers 1780 l'imprimerie fait son apparition à Nyon; le premier établissement typographique appartient à un nommé Matthey, « mais il n'en sortit rien de considérable; on y publia des brochures politiques et des pamphlets aux approches de la Révolution française ». (Gaullieur, *Hist. litt.,* p. 109.)

NIVIGELLA, voy. NIELLÆ.

NOÆ, Νόαι [Steph. B.], NOÆNI [Plin.], localité de Sicile, sur le Grangotta, auj. *Noara,* sur la côte N. de l'île.

NOAILLIUM, *Noailles,* bourg de Fr. (Corrèze), érigé en duché-pairie en 1663; la généalogie de la famille de Noailles remonte au XIII° siècle.

NOARUS FL., Νόαρος [Strab.], *le Gurck,* affl. de la Save.

NOBILIACUM, *le Noblat,, St-Léonard,* ville de Fr. (Haute-Vienne); concile en 1290.

L'imprimerie paraît avoir existé momentanément à St-Léonard au commencement du XVII° siècle: *la Vie, translation et miracles de S. Léonard,* par *J. C.* (Joseph Chalad). Saint-Léonard, 1624, in-12. (Le Long, I, 824.)

NOCETUM (*Trans Matronam in villam Noce-*

tum nom. Aimoin], NUCETUM, NOSIACUM SICCUM, NOCAY [Chr. B. D.], *Noisy-le-Sec,* commune de Fr. (Seine.).

NOCITUS IN CAMILIACENSI, *Noizy, Noisy-sur-Oise,* commune de France, près Luzarches (Seine-et-Oise.)

NODRIZA.

Nom que quelques bibliographes s'obstinent à prendre pour un nom de ville et qui est un nom d'imprimeur: *Maria Sanchez Nodriza* (Voy. le cat. Salva de 1826, n° 352).

NOEGA [Mela, Plin.], Νοῖγα [Str.], Νοιγαουκεσία [Ptol.], ville des Cantabri, dans la Tarrac., que Reichard pense être auj. *Gijon;* voy. GIGIA.

NOELA [Plin.], ville des Capori dans la Tarrac., auj. *Noya,* sur le Tambre [Florez].

NŒODUNUM, Νοιόδουνον [Ptol.], NUDIONNUM [T. Peut.], depuis CIV. DIABLINTUM [Not. Imp.], opp. DIABLINTIS [Mabil.], JUBLENT [A. Hildeb. a. 1225], cité des Diablintes, dans le pays des Cenomani, auj. *Jubleins, Jublains,* bourg de Fr. (Mayenne).

NŒOMAGUS, Νοιόμαγος [Ptol.], localité du pays des Vadicasses ou Vadicassii, près des Silvanectæ, et que l'on croit être auj. *Vez,* commune près Crépy (Oise).

NOES, Νόης [Hérod.], NOAS FL. [Val. Fl.], riv. de la Mœsie, affl. du Danube, auj. *Kara Lom* [Reich.].

NOGENTUM, voy. NOVIENTUM.

NOIASTRUM, *Nouastre, Nouâtre,* commune de Fr. (Indre-et-Loire); anc. baronnie.

NOIODUNUM, voy. COLONIA EQUESTRIS.

NOLA [Liv., Justin., Tac., Sil.], Νῶλα [Str., Ptol., Polyb.], ville de la Campanie, au S.-E. de Capoue; fondée par les Etrusques, l'an 800 av. J.-C., a conservé ce nom de *Nola,* et est comprise dans la prov. napol. Terra di Lavoro.

NOMENTUM [Liv., Virg., Ovid.] Νώμεντον [Strab., Ptol.], NOMENTO [T. Peut.], ville du Latium, auj. *Mentana,* bourg des Etats Pontif.

NOMISTERIUM, Νομιστήριον [Ptol.], NIMITIUM, ville des Marcomans dans la Germanie, auj., suiv. Reichard, *Nimptsch,* près Schweidnitz en Silésie, et, d'après Wilhelm, *Niemes,* bourg de Bohème, sur le Poltzen.

NONACRIS, Νώνακρις [Hérod., Paus., Str.], ville du Péloponnèse, auj. *Naukria,* en Morée [Reich.].

NONANTULA, *Nonandola,* petite ville de l'anc. marquisat d'Este (Modénat); anc. abb. de Bénédictins.

Ce fut grâce à l'influence éclairée des religieux de St-Benoît, que l'imprimerie fut exercée au xve siècle dans cette petite ville par deux frères, citoyens de Modène. Voici la description du seul volume, qui ait survécu, de cette typographie conventuelle; nous en empruntons la description à Dibdin, d'après le bel exempl. sur vélin de la Spenceriana.

BREVIARIUM ROMANUM. Au v° du 1er f. commence une table de xiii f., sans pagination; au r° du 1er f. de texte : *In Nomie dñi nri Jesu Xpi amē. Ordo breuiarii secūdū morē t consuetudines romāe curie felicil īcipit*, en lettres rouges; les ff. suivants sont régulièrement paginés de 1 à ccccxxviii ; au r° et à la fin de la 2e col. de ce dernier f. on lit la souscription : *Explicit bruiariū ꝫꝫ curiā‖Romanā Impssū Nonā‖tule duō Mutiē p nos Ge‖orgiū ꝫ Antoniū f̃es d'mi‖schmis ciues muti. Anno‖* M.CCCCLXXX. *d'mēse maii*. In-8°, avec ch. et sign. à 2 col. de 34 lignes.

La biblioth. de Modène possède également un exempl. de ce rare volume sur vélin.

NONAS (AD) [Tab. Peut.], *Bracciano*, voy. ARCENNUM.

NONENCURIA , NONANTICURIA , *Nonancourt*, bourg de Normandie, sur l'Avre, près de Dreux (Eure); anc. titre de vicomté.

NONUM (AD), voy. AD NONUM.

NONYMNA, Νώνυμνα [Steph. B.], ville de Sicile, auj. *Nauni*.

NOORDSTRANT, bourg du Holstein.

Ce fut là que la célèbre illuminée Antoinette Bourignon de la Porte, née à Lille en 1616, établit sa première imprimerie, vers 1655 ; elle alla depuis, en 1671, se réfugier à Husum, dans le Sleswig, toujours suivie de son matériel et de son typographe ordinaire J. Conrad Hasius ; plus tard elle vint se fixer à Amsterdam, et mourut à Franecker.

NORA [Cic., Plin.], Νῶρα [Ptol., Steph.], NURA [T. P.], ville de l'île de Corse, auj. *Nurri*, à l'O. du capo della Savora.

NORBA [Liv.], ville du Latium, auj. *Norma*, près Velletri (Etats du Pape).

NORBA CÆSARIANA [Plin.], Νῶρβα Καισάρεια [Ptol.], colonie romaine sur le Tage, auj. *Alcantara*, ville d'Estramadure; on trouve *Altancora*, dans les Chr. Charlem.

NORCOPIA, *Norköping, Norrkœping*, ville et port de Suède (Ostrogothie); dépend de la préf. de Linkœping.

Cette ville n'est pas comprise dans la liste des localités suédoises dont Alnander a donné l'histoire typographique, et cependant M. Cotton donne 1707 comme date de l'introduction de l'imprimerie à Norköping, sous le nom de Gottfried Liebenzeit comme proto-typographe; en 1725 il signale aussi C. F. Brockman, qui aurait donné : *Laurelius, Mare Æneum Salomonis, pede suetico mensuratum.* Norcopiæ, 1727, in-4°.

Le catal. de la bibl. de l'observatoire de Poulkova nous donne *A. Celsius, Huru man efter Solens ojämna röelse bör rätt ställa ett uhrwärk.* Norkiöping, c. 1740, in-8°.

NORDEDI PAGUS [Pertz], *Norden*, ville de la préf. d'Aurich, dans l'Ost-Friesland (Hanovre).

M. Cotton fait remonter l'imprimerie dans cette ville à l'année 1621; nous manquons de titres à citer à l'appui de cette assertion, qui n'est pas confirmée par Falkenstein.

NORDHUSA, NORTHUSA, *Nordhausen*, ville de la Saxe Prussienne, de la rég. d'Erfurth.

Nous trouvons des livres souscrits au nom de cette ville depuis 1629, c'est-à-dire à une date de 40 ans antérieure à celle adoptée par Falkenstein : *Andreæ Bachmanni alias Ravini, Aristoteles cum Platone cōparatus.* Noorthusæ, 1629, in-4°. Ce livre, cité dans le cat. de la bibl. de Leyde, impr. par les Elzevirs (p. 113), est donné également par S. F. G. Hoffmann, dans son admirable *Lexicon bibliogr.*, I, p. 387.

Le plus rare peut-être des nombreux traités du célèbre aumônier des Anglais au service de l'Empereur pendant la guerre de 30 ans, Thomas Carve, a été imprimé à Nordhausen, en 1669, in-8° ; il est intitulé : *Th. Carve. Galateus, sive de morum elegantia* ; c'est probablement ce livre qu'avait en vue Falkenstein, en datant l'imprimerie de cette ville de cette même année 1669.

NORDLINGA, voy. NORLINGIACUM.

NORDOVICUM, NORTVICUS, NORVICUM, *Northwich, Norwich*, ville d'Angleterre, cheflieu du Norfolkshire, sur la Yare; cette ville a été bâtie sur l'emplacement de l'anc. VENTA ICENORUM, ou, suiv. d'autres géogr., sur celui du CONDATE CORNAVIORUM, de l'Itin. d'Antonin.

M. Cotton a consacré à l'hist. de la typographie de Norwich un long et substantiel article. C'est à l'année 1568, sous le règne d'Elisabeth, que le bibliographe d'Oxford fait remonter l'imprimerie dans cette ville, avec un étranger, Anthoine de Solemne ou de Solesmes, comme proto-typographe; cet Anthoine de Solesmes était un Flamand qui n'arrivait pas de l'illustre abbaye bénéd. dont il prenait le nom, mais bien de Solesmes, village du Hainaut, auj. *Solesmes sur la Selle*, commune de France (Nord), son pays natal; il faisait probablement partie de cette colonie de Flamands, attirés en Angleterre en 1565 par le gouvernement de la reine, et qui vinrent se fixer pour la plupart à Norwich, apportant au pays qui les adoptait, en échange de la liberté, la pratique des arts industriels; ils étaient, dit-on, au nombre de 3925, hommes, femmes et enfants. Plusieurs volumes à la date de 1568 ou des années suivantes, conservés au Trinity-College de Dublin ou à la Bodléienne, témoignent de l'importance et de la durée de l'établissement typographique de cet imprimeur; on ne sait point à quelle date il l'abandonna, mais ce qui est certain, c'est qu'il n'eut point de successeur, et, qu'après un intervalle de plus d'un siècle, la typographie ne reparut à Norwich qu'en 1701.

Le premier volume exécuté par l'imprimeur Anthoine est celui-ci : *De CL Psalmen Davids. Wt den Franchoyschen Dichte in Nederlantschen overghesett door Petrum Dathenum. Mitsgaders den Christelicken Catechismo, Ceremonien, eñ Gebeden.* Tot Noorwitz. Gheprint by Anthonium de Solemne anno M.D.LXVIII, in-12°. La préface de l'auteur est datée de Franckenthal, du 25 mars 1566, et l'introduction des psaumes mis en musique de Norwich, le 9 octobre 1568.

Le dernier ouvrage sorti des presses d'Ant. de Solesmes est daté de 1578.

Ces monuments de la typographie de Norwich étaient devenus d'une rareté telle après leur publication, que l'imprimeur Fr. Burges, qui fonde un nouvel établissement dans cette ville au début du XVIIIe siècle, n'en avait aucune connaissance; dans un livre intit. *Some Observations on the use and originall of the noble art of printing;* Norwich, 1701, in-8°, cet imprimeur fait observer que « the first day that ever printing was at Norwich, was Saturday the 27 th. of september 1701 ; and this was the first book that ever was printed and published there ».

Les *Typogr. Antiq.* de Jos. Ames et W. Herbert ne signalent qu'un seul volume exécuté par Anth. de Solesmes à Norwich, et il porte la date de 1570; c'est donc à M. Cotton seul que l'on doit la réelle histoire de l'installation de l'imprimerie dans cette ville, en 1568, et nous renvoyons le lecteur, curieux de détails précis sur ce fait intéressant, à l'édition du *Typogr. Gazetteer* de 1831.

NORÉJA [Cæs., Liv., Plin.], Νωρηία [Strab.], anc. capit. des Taurisques, dans la Norique, dont l'emplacement est fixé par quelques géogr. auprès de *St-Vit*, au N. de Klagenfurt; ce fut là que le consul G. P. Carbo fut défait par les Cimbres [Mommsen].

NORFOLCIA, en saxon *North'folc*, *Norfolk*, comté d'Angleterre, à l'E.; chef-lieu : *Norwich*.

NORICÆ ALPES, voy. ALPES.

NORICI [Plin., Mart.], Νωρικοί [Polyb., Str., Ptol.], peuple de l'Allemagne du Sud, conquis et refoulé par les Boii.

NORICUM [Tac., Plin.], NORICUS AGER [Cæs.], τὸ Νωρικόν [Ptol.], *la Norique*; contrée de la Germanie, comprise entre le Danube au N., l'OEnus à l'O., les Alpes au S., et la Pannonie à l'E.; sillonnée par les Alpes Noriques; forme auj. partie de l'Archid. d'Autriche, de la Styrie et de la Bavière; voy. BAJOARIA et BOII.

NORIMBERGA, NORIBERGA, NORENBERGA, NORICA, NORICORUM MONS, CASTRUM NORICUM, NORA ?, NORES ?, NUREMBERGA, *Nurnberg, Nuremberg,* ville du royaume de Bavière, sur la Pegnitz; chef-lieu du cercle de la moyenne Franconie, anc. ville libre impériale. C'est la patrie du grand Albrecht Dürer, de Hans Sachs et du célèbre bibliographe Panzer. Nuremberg, comme Venise, comme Lubeck, est encore aujourd'hui l'une de ces merveilleuses cités du moyen âge, conservées avec un religieux respect par un gouvernement intelligent, et dont pas un ornement, pas une dentelle, pas une pierre même n'ont été sacrifiés, depuis le xve siècle, au goût barbare des démolisseurs et rebâtisseurs modernes.

Nuremberg est, suivant toutes les apparences, l'une des premières villes d'Allemagne qui aient bénéficié du sac de Mayence en 1462, et de la dislocation des ateliers typographiques qui fut le résultat immédiat de cette catastrophe. Bien que des travaux considérables, et particulièrement une excellente monographie consacrée par Panzer à l'élucidation des origines de l'imprimerie dans sa ville natale, et de sérieuses notices élaborées par Gersen, Lichtenberger, Falkenstein, Auguste Bernard, etc., aient

fouillé cette importante question jusqu'au tuf; bien que les riches archives et les dépôts littéraires de la ville soient admirablement ordonnés et aient été scrupuleusement dépouillés par de nombreux et consciencieux explorateurs, la question n'a point fait un pas depuis un siècle, et il n'a jamais été possible à aucun bibliographe de faire remonter l'imprimerie de Nuremberg à une date certaine antérieure à 1470.

En mainte circonstance, et particulièrement ici, nous avons lieu de déplorer qu'une idée, soumise jadis par nous à la haute appréciation du ministère de l'instruction publique, n'ait point été jugée digne d'être prise en considération; nous demandions la formation d'un musée typographique, que la vaste collection d'incunables ensevelis dans les cryptes de la Biblioth. impér. aurait permis de rendre extrêmement complet, et par cela même essentiellement utile : « Votre musée typographique, nous écrivait l'illustre M. de Laborde, la question si digne pendant du musée paléographique et sigillographique que j'ai fondé aux archives... Je ne m'expliquerais pas que M. Taschereau fût opposé à une création qui fera le plus grand honneur à la Bibliothèque impériale et qui y a fait lacune jusqu'à présent....» En effet, pour la comparaison des types, les bibliographes en sauraient plus en six mois sur l'histoire de l'imprimerie, que par 50 années de recherches arides et de commentaires hypothétiques.

Un simple mais savant bibliophile, M. Culemann, de Hanover, a réalisé cette idée: il a colligé non point un amas de livres décoré du nom de bibliothèque, mais un vrai musée, c'est-à-dire qu'il a réuni des feuillets, des fragments même, qui n'en sont pas moins des monuments, à l'aide desquels il reconstituera un jour l'histoire de l'art, si jamais il se décide à parler.

Revenons à Nuremberg.

Le fait même de l'introduction de la typographie à Nuremberg par un ouvrier des ateliers de Mayence est fortement contesté, bien que nous espérions démontrer qu'il est très-admissible. M. Edw. Tross, dont personne ne s'avisera de récuser la compétence en pareille matière, nous dit formellement: « Les relations de l'Allemagne du Sud avec Strasbourg étaient, au xve siècle, beaucoup plus suivies qu'avec Mayence; aussi les types des premiers imprimeurs de Bavière et du Tyrol se rapprochent-ils beaucoup plus de ceux de Mentelin et d'Eggesteyn, que des caractères si reconnaissables de Gutenberg, Fust et Schoyffer. » M. Tross revient à plusieurs reprises sur cette idée, qu'il affirme énergiquement; et de plus les huit années qui séparent le sac de Mayence, en 1462, de la publication du *Comestorium* de François de Retz, lui paraissent constituer un intervalle trop considérable pour que les formalités relatives au premier établissement typographique à Nuremberg aient pu seules le remplir.

Mais d'abord il nous est permis de supposer que plusieurs volumes, publiés sans nom d'imprimeur, sans désignation de lieu et sans date, ont pu précéder à Nuremberg la publication du *Comestorium Viciorum*, énorme volume par lequel il n'est guère possible d'admettre qu'il ait pu débuter une typographie naissante; et en second lieu, nous ne pensons pas que le disciple de Gutenberg, pour lequel nous revendiquerons l'honneur du premier établissement typographique à Nuremberg, ait quitté Mayence immédiatement après le sac de 1462; nous devons croire que, avec Nummeister et Bechtold de Hanau, il aura aidé son vieux maître à sortir des terribles embarras dans lesquels ont dû le plonger le pillage de son imprimerie et la dispersion de son matériel.

Voici donc notre version :

Dans le procès intenté par Fust à Gutenberg en 1455 figure, comme témoin de ce dernier, un de ses ouvriers nommé Henri Keffer, natif de Mayence, dont le nom est parfois écrit Kefer et Keppfer; ce fut avec Nummeister et Bechtold de Hanau (voy. BASILEA), l'un des seuls disciples du glorieux maître qui lui restèrent fidèles jusqu'à la mort. Le nom de ce Keffer figurait, au temps de M. Van Praet, sur l'un des deux exemplaires du *Tractatus racionis et consciencie* de Mathieu de Cracovie, évêque de Worms, que possédait alors la Biblioth. impériale ; cet exemplaire était enrichi d'une précieuse note manuscrite, malheureusement tronquée par le fait d'un relieur : *Per duos sextenos accommodavit mihi Henricus Keffer de Maguncia, nunquam revenit ut reacapei* (?) *quare....* M. Bernard, qui rapporte cette souscription et la commente avec sagacité, en tire cette conclusion hypothétique, que Keffer avait pu d'abord s'être associé avec Henry Bechtermuntze, auquel il attribue l'impression du livret de Mathieu de Cracovie. Nous admettons volontiers cette supposition, mais en lui demandant la permission de substituer au nom de Bechtermuntze celui de Gutenberg, puisque ce traité est imprimé avec le caractère du *Catholicon* de 1460, qui pour nous sert incontestablement l'un des plus glorieux fleurons de la couronne du vieux maître.

Keffer a-t-il quitté Mayence avant la mort de Gutenberg? Nous ne saurions le prouver, et le contraire même nous paraît probable ; dans les premiers mois de 1468, alors que le Dr Conrad Homery venait d'être mis en possession du matériel du maître, notre ouvrier typographe alla sans doute chercher fortune en Bavière, et se fixa à Nuremberg où il s'associa avec un Bohémien, natif d'Egra, nommé Jean Sensenschmidt, que nous voulons considérer comme ouvrier, fondeur et imprimeur, mais pas du tout comme banquier, ainsi que l'ont soutenu plusieurs bibliographes qui ont voulu faire de cet artisan un second Jean Fust de Mayence, non moins avide, non moins envieux que le triste personnage auquel on n'a pas craint de l'assimiler.

Ce Jean Sensenschmidt (ou *le Taillandier*) fut sans aucun doute l'artisan habitué aux travaux métallurgiques, auquel Keffer fut redevable de la fabrication de la presse, de la gravure et de la fonte de ses caractères, de ses poinçons et de ses matrices, en un mot de la mise en état du matériel nécessaire à son exploitation ; et tout cela fut exécuté d'après des modèles empruntés à l'atelier de Gutenberg.

Il ne fut jamais bourgeois de Nuremberg, qualité qui comportait de considérables priviléges, mais il se qualifie, ainsi que son associé Keffer, de *Civis urbis Nurmberge*, ce qui est bien différent ; il devint en outre incontestablement imprimeur, et même fort habile, puisque nous le voyons figurer comme tel à Bamberg en 1481, et à Ratisbonne, où il importe la typographie en 1485.

Cette association produisit à partir de 1470 plusieurs volumes, auxquels les imprimeurs s'abstinrent de mettre leur nom, à l'instar du glorieux maître de Keffer.

L'ouvrage que les bibliographes s'accordent à reconnaître comme le plus ancien, du moins avec date certaine, et que nous décrivons d'après un bel exempl. qu'a bien voulu nous communiquer M. Aug. Aubry, libraire distingué de Paris, est un livre de théologie de François de Retz, de l'ordre des frères prêcheurs, dont un exempl. sur vélin, provenant de Maccarthy, est conservé à la Bibl. impériale : FRANCISCI DE RETZA COMESTORIUM VITIORUM ; au vº du 281ᵉ f., 2ᵉ col., on lit : *Hic codex egregius Comestorij viciorum‖ Sacre theologie professoris eximij Franci‖ sci de Retza ordinis predicatorum finit fe‖ liciter. Nuremberge Anno p̄c. LXX°. patrona‖ formar̄q̄ꞌ cōcordia et ppor̄cōe īmpssus.* La table des matières est comprise dans les cinq feuillets suivants. In-fol. de 286 ff. à 2 col. de 49 lig. chacune, plus deux ff. blancs ; sans ch., récl., sign. ni capitales gravées ; imprimé avec les caractères qui ont servi à Sensenschmidt à exécuter la *Margarita Poetica* de Albertus de Eyb, en 1472, premier livre auquel il ait mis son nom ; lequel caractère se rapproche extrêmement de celui de la *Bible* de 36 lignes ; il est vrai qu'il rappelle avec une exactitude plus grande encore celui de Creussner, ce qui prouverait que Sensenschmidt, après avoir

fondu et gravé ses caractères d'après les modèles fournis par Keffer, aurait cédé une partie de ses fontes à Creussner, et même à Koberger.

Remarquez combien les expressions « *Patronarum formarumque concordia et proportione* » rappellent celles dont se sert Gutenberg dans la belle souscription de son *Catholicon*, « quæ verba, dit Lichtenberger, nusquam alias quam in *Catholico* Gutenbergii occurrentia, eiusdem discipulum prodere videntur ».

Les correcteurs des deux associés furent le Dr Henri Rumel, et André Frisner ou Friessner, de Wunsidel ; ce dernier va occuper une chaire de théologie à Leipzig en 1479.

Le seul livre sur lequel H. Keffer ait associé son nom à celui de Sensenschmidt est daté de 1473 ; c'est la *Panthéologie* de Régnier de Pise ; voyez la description de ce précieux vol. dans Panzer (II, p. 170), et dans Hain (nº 13015) ; Anth. Koberger, le rival de Sensenschmidt et de Creussner, réimprime cet ouvrage l'année suivante.

Le chef-d'œuvre de Sensenschmidt fut sa belle BIBLE de 1475 ; mais, soit qu'il eût outre-passé ses ressources pour cette publication, soit que la terrible concurrence que lui fit Koberger avec ses trois BIBLES de 1475, 1477 et 1478, l'eût ruiné, il ne publia plus rien d'important à partir de cette époque, et bientôt après se retira à Bamberg.

Presque simultanément apparaissent à Nuremberg deux nouveaux et glorieux noms d'imprimeurs : ce sont ceux de Frédéric Creusner ou Kreussner, et d'Antoine Koberger ou Koburger, ce dernier d'une ancienne et riche famille nurembergeoise.

M. Tross croit Creusner antérieur à Koberger, bien que ces deux typographes aient fréquemment employé les mêmes caractères ; ainsi les éditions de *Poggius*, s. d. et de 1475, qui portent le nom de Creussner, sont imprimées avec le caractère dont s'est servi Koberger pour le *Boetius* de 1473.

Le plus ancien volume peut-être qui soit sorti des presses de Creusner est un *Psautier*, in-fol. goth. de 86 ff. à 26 lignes, sans ch., récl., sign. ni lettres initiales ou capitales ; il est décrit dans le catalogue Bearzi, au nº 28, et est exécuté avec les caractères du *Psautier* qui figure dans le même catal. sous le nº 30 et porte le nom de Fr. Creusner, lequel paraît avoir eu la spécialité de fournir l'Allemagne de Psautiers en gros car. gothiques, car il en existe un nombre relativement considérable et d'éditions différentes, souscrites à son nom ou exécutées avec ses caractères.

Les autres imprimeurs de Nuremberg, au XVᵉ siècle, sont Conrad Zeninger, Johannes Regiomontanus appelé aussi Joh. Müller de Monteregio (Königsberg), qui imprimait avec des caractères ronds fort bien gravés et eut le privilége de l'impression des calendriers, de 1474 à 1506 ; « quant à la reproduction de ces calendriers en xylographie, nous dit M. Tross, il est plus que probable qu'il n'y a pris aucune part. »

Nous citerons encore Pierre Wagner, George Stuchs de Sultzbach, Gaspar Hochfeder, une imprimerie particulière installée dans le couvent des frères Hermites de l'ordre de St-Augustin ; et surtout nous nous garderons d'oublier le grand nom d'Albrecht Dürer, qui figure à partir de 1498, comme imprimeur, à la souscription de plusieurs recueils de planches gravées exécutés à Nuremberg ; les travaux spéciaux consacrés à ce maître illustre étant dans les mains de tous les bibliophiles et iconophiles, nous ne donnerons pas le détail de ces productions, dont la première, l'*Apocalypse*, porte : *Gedrucket zu Nürnbergk, durch Albrecht Dürer Maler !..*) Nous renvoyons le lecteur à la remarquable monographie (Paris, 1861, in-4°), consacrée par M. E. Gallichon au plus grand artiste de l'Allemagne.

Michel Wolgemuth, qui eut la gloire d'être le premier maître d'Albrecht Dürer, ne dédaigna pas d'illustrer un certain nombre des beaux vol. sortis des presses de Koberger. Ce dernier, dont nous n'avons point assez parlé, mourut en 1513 ; il eut un fils qui portait le même nom et qui lui succéda ; [un autre Koberger, du prénom de Jean, fut également établi à Nuremberg ; Panzer n'a pu déterminer le degré de parenté qui pouvait exister entre les Anthoine Koberger et lui.

« Dès le premier tiers du XVIᵉ siècle, Nuremberg devient la première place de l'Allemagne pour l'impression de la musique en caractères mobiles, et, de 1540 à 1600, les noms de Neuber, Job. Montanus, Th. Gerlatz, veuve Gerlach, etc., apparaissent fréquemment comme éditeurs et imprimeurs de musique ; leurs publications sont fort nombreuses. » [Edw. Tross.]

Lackmann (p. 29) signale l'imprimerie particulière du savant Elias Hutter, de laquelle sortit en 1599 une *Bible* polyglotte (*Ebraice, Chaldaice, Græce, Latine, Germanice et Slavonice*).

NORLINGIACUM, NEROLINGA, NORLINGA, *Norlingen, Nordlingue,* anc. ville de Souabe, auj. de Bavière (cercle de Souabe et Neuburg), au S.-O. d'Augsbourg.

Zapf et Lichtenberger signalent une édition allemande xylographique de la *Bible des Pauvres,* publiée sous la date de 1470 et exécutée à Nordlingen per Fridericum Walther, pictorem, et Johannem Hürning ; mais l'imprimerie en caractères mobiles ne peut être reportée dans cette ville qu'à l'année 1525, d'après Feverlin et Panzer : *Renovatio ecclesiæ Nordlingiacensis et ratio omnibus reddita de Quorundam institutione per Diaconos ibidem.* Anno MDXXV, in-8°.

NORMANNI [Pertz], NORDMANNI, NORTMANNI, (*North-Menn, hommes du Nord*), les *Normands,* peuple de l'Europe septentrionale, originaire de la Scandinavie, qui ravagèrent les côtes du nord de l'Allemagne, de la France et de l'Angleterre aux IXᵉ et Xᵉ siècles, s'établirent en 912 dans une province française, *la Neustrie,* à laquelle ils donnèrent son nom, et de là partirent pour conquérir l'Angleterre.

NORMANNIA, NORTMANNIA, anc. *Neustria, la Normandie,* anc. province du roy. de France ; forme auj. cinq départements.

NORTHALLERTON, bourg d'Angleterre, dans le West Riding du comté d'York.

Imprimerie en 1791 : *Miss A. Crosfield. The history of Northallerton, in the county of York ; to which is added, a description of the Castle Hills* (a poem). Northallerton, 1791, in-8°.

NORTHUMBRIA, en saxon *Northanhumbraland* (pays au nord de l'Humber), l'un des sept royaumes de l'Heptarchie saxonne, auj. le *Northumberland,* entre le Forth et l'Humber, comté du N.-E. de l'Angleterre, dont le chef-lieu est *Newcastle.*

NORTHUSA, voy. NORDHUSA.

NORTON FITZWARREN, village près de Taunton (Somersetshire).

Ce fut dans ce village que vint s'établir momentanément l'imprimeur catholique John Rile, sous le règne d'Elisabeth (voy. MOULSEY).

NORVEGIA, NIORTVEIA, NORTWEGIA, anc. NORTH-MANA, la *Norwége, Norvége, Norige,* l'un des deux royaumes qui forment la monarchie Suédo-Norvégienne ; il est divisé en 17 préfectures.

NOTESSA FL., *Netze,* riv. de Prusse [Graësse].

NOTIUM PROM., Νότιον, cap de la côte S. d'Irlande, auj. le *Missen-Head.*

NOTO VILLA, *Nocq,* commune de France, près Huriel (Allier).

NOTTINGHAM, sur le Trent, ville d'Angleterre, chef-lieu du comté du même nom.

M. Cotton fait remonter à 1710 l'introduction de l'imprimerie à Nottingham : *Remarks on Bishop Burnet's Speech (in the house of Lords) on the impeachment of Dr Henry Sacheverel.* Nottingham, 1710, in-4° (Cat. Thorpe, 1842, n° 7667). L'imprimeur de cette pièce, qui n'est pas nommé au catal. Thorpe, est William Ayscough. Un grand nombre de volumes imprimés dans cette ville sont cités au catal. Libri (1862), n° 435 ; au catal. Maittaire, II, p. 144 ; dans Bauer, tom. II, p. 194 ; dans la *Cyclop.* de Dearling, p. 1158 et 1410, etc. Un journal, *the Nottingham Post,* débute en 1715 ; *the Nottingham journal* ne commence qu'en septembre 1741.

NOULIACUM, voy. NULLIACUM.

NOVA ALESIA, *Novalèse, Novalaise,* bourg de l'arrond. de Chambéry (Savoie).

NOVA AUGUSTA, voy. PORTA AUGUSTA.

NOVA CASTELLA, voy. NOVIOMAGUS et NEOBURGUM.

NOVA CASTELLA, *Neufchâteau,* ville du Luxembourg belge, au N.-O. d'Arlon.

NOVA CELLA, *Neustift,* abbaye du Tyrol.

NOVA CIVITAS, voy. NEOSTADIUM.

NOVA CIVITAS ARUCCITANA, voy. ARUCCI.

NOVA CORBEJA, voy. CORBEJA NOVA.

NOVA CURIA, *Naunhof,* bourg de Saxe, près de Grimma. = *Neuhof,* sur la Kinzig, bourg près de Fulda (Hesse-Cassel).

NOVA CURIA NUMBURGENSIS, *Freiburg an der Unstrut,* bourg de Prusse, près de Naumburg (prov. de Saxe).

NOVA DOMUS, voy. HENRICI HRADECIUM.

NOVÆ [It. Ant., Tab. P.], Νοούαι [Ptol.], Νοβαί [Procop., Hierocl.], NOVENSIS CIV. [Geogr. R.], ville de la Mœsie, où était cantonnée la 1ʳᵉ légion italique, auj. *Sistov, Sistova,* ville forte de la Turquie, sur le Danube (Boulgarie).

NOVÆ, voy. AD NOVAS.

Nova Fodina, voy. Regiomontium.

Novalicia, voy. Nova Alesia.

Novana [Plin.], localité du Picenum en Italie, auj. *Monte di Nova*, près d'Ascoli.

Novantæ, Νοουάνται [Ptol.], peuple habitant le S.-O. de la Britannia Barbara; ils occupaient la rive N. du *Firth of Solway*.

Novantarum Chersonesus, Mula, *the Mull of Galloway*, presqu'île d'Écosse qui s'avance au S. dans le firth of Solway, et dont l'extrémité S., Novantarum Prom., Νοουαντῶν ἄκρον, s'appelle auj. *Corsil Point*.

Nova Pelsna, voy. Pilsna.

Novaria [Plin., Tac., Itin. Ant.], Νουαρία [Ptol.], ville des Insubres, sur la route de Vercellæ à Mediolanum, auj. *Novara, Novare*, ville de l'Italie septentr., chef-lieu de préfecture, et anc. capitale d'une des 8 divisions des Etats Sardes.

La biblioth. du séminaire de cette ville renferme un certain nombre d'incunables et des manuscrits fort anciens et précieux, décrits par Andres (G.) : *Lettera sopra alcuni cod. della Bibl. capit. di Novara e di Vercelli.* Parma, 1804, in-8o. Nous ne savons absolument rien de la typographie de cette ville ; Falkenstein date ses débuts de l'année 1533 ; en 1538 tous les bibliophiles connaissent une rare édition des *Ragionamenti* d'Aretino publiée sous cette rubrique ; mais ce renseignement même peut-il être donné comme exact, et le lieu où le *divin* poëte a fait imprimer l'un de ses plus abominables livres n'a-t-il point été déguisé ? Pour nous, le *Ragionamento nel quale P. Aretino figura quattro suoi amici*, bien que portant cette souscription : *Stampato in Novara nel* M.D.XXXVIIJ, pet. in-8o de 78 ff. a été exécuté et publié à Venise.

Novaria fl. [Tab. P.], Agunia [Geo. R.], *la Gogna, l'Agogna*, affl. du Pô ; passe à Novare ; donnait sous le premier empire son nom à un départ.

Novas (ad), voy. Ad Novas.

Novas (ad), [Tab. P., Itin. Ant.], station de Mœsie, dont Mannert voit les ruines près de *Kolumbatz*, en Boulgarie.

Nova Villa; un très-grand nombre de localités en France sont désignées ainsi dans les chroniques, chartes et diplômes, et s'appellent aujourd'hui : *Neuville, la Neufville*, etc. ; nous citerons Nova Villa, *Neuveville, Neustadt*, dans le canton de Berne.

J.-P. Marolf y établit en 1699 une imprimerie avec laquelle il a donné en 1709 une jolie édition des *Psaumes de David.* [Ternaux.]

Novem Crabis [Itin. Hier.], station des Cavari dans la Province, auj. *Pierrelatte*, chef-lieu de canton, non loin du Rhône (Drôme).

Novem Pagi [Plin.], Forum Novem Pagorum [Frag. It. Ant.], probablement auj. *Bracciano* (voy. Arcennum).

Novempopulania, fédération de neuf peuples, une des 17 prov. de la Gaule à l'O. de la Narbonaise; César la désigne comme formant toute l'*Aquitaine* ; plus tard on l'appela l'*Aquitaine III*.

Novesium [Tac., It. Ant., Tab. P.], Nivisium [Greg. Tur.], Nova Castra, Nihusium, Niusum, Niu Monast., Niusa Castrum, *Neuss, Neusse, Nuys*, ville de Prusse, dans la prov. Rhénane (rég. de Dusseldorf).

L'imprimerie existe dans cette ville en 1674 : *Carolus Magnus, Imperator Romanorum, et Francorum Rex Romano-Catholicus, adversùs Nifanium ; auctore Nicolao Schatenio.* Nihusii, 1674, in-4o. Ce Nicolas Schaten était un jésuite ; nous avons de lui un autre ouvrage plus important, qui nous donne un nom de libraire, sinon d'imprimeur : *Nic. Schaten, Soc. Jesu, Annalium Paderbornensium Pars I. Opus posthumum.* Neuhusii, sumtibus Christoph. Nagel, 1693, in-fol. de 1026 p. Pars II, ibid. 1698, in-fol. de 782 pp. Ouvrage fort rare, particulièrement la seconde partie, dont un très-grand nombre d'exempl. ont été détruits par un incendie.

Les bibliographes allemands nous donnent le titre d'un troisième ouvrage de ce savant jésuite : *Historia Westphaliæ, in qua de prima origine gentis, de priscis hujus regionis populis*, etc. *Opus posthumum.* Neuhusii, sumptibus Jo. Todt, 1690, in-fol. de 659 pp.

Novi, Novis, *Novi, Nove*, ville forte d'Italie, dans la division et au N. de Gênes; Joubert y fut battu et tué en 1799.

Nicolao Ghirardengo, natif de Novi, qui avait appris et exercé la typographie à Venise en 1479 et à Pavie en 1481, revint dans sa patrie, et y installa la première typographie vers 1483 ; le premier livre auquel il ait mis son nom avec une date certaine est de 1484 : Summa Baptistiniana *casuum conscientiæ* (da Niccolò Salio). A la fin : Stampata in Nove per Nicholao Girardengo. M.CCCC.LXXXIV, in-4o goth. Nous donnons cette souscription d'après Mauro Boni ; Amati la latinise, ce qui prouve combien cet incunable est rare et peu connu : *Impressum est hoc opus Novis: per Magistrum Nicolaum Girardengo incolam ejusdem terre. Anno vero* MCCCCLXXXIIII.

Cette édition est décrite par Maittaire sans indication de lieu d'impression.

Sous la date de l'année précédente Mauro Boni cite un ouvrage exécuté avec les mêmes caract. par Nicholao Ghirardetigo, sans nom de ville : *Hentisberi Sophistæ probationes.* XXIV. Januarii 1483.

Soprani et Prosper Marchand ont signalé une édition de 1479 de la Summa Baptistiniana, mais Tiraboschi et Mauro Boni prouvent qu'il y a erreur de date.

Un autre Ghirardengo de Novi, dont le prénom était Francesco, exerça la typographie, de 1480 à 1500, alternativement à Venise et à Pavie ; on le croit frère de Nicolao.

Panzer cite en 1508 : *Jo. F. Pici Mirandulæ domini, Liber de Providentia Dei contra Philosophastros*, pet. in-fol. de 36 ff. M. Cotton donne, d'après l'exempl. de la Bodléienne, la description de ce volume, et ajoute la curieuse souscription que voici : *Anno a partu Virginis* M.D VIII. *No. Novembr. In suburbio Novi sub Alberti Pii Carpi domini ditione. Librum hunc de providentia dei contra philosophastros, compositū editūqȝ ab Jo. Frācisco Pico Mirandulæ dominō Benedictus Dulcibellus Māgius Carpēsis exscripsit stamneis usus calamis, usus et diligentia tanta, ne ab autographo decideret exēplari, ut si etiam minuta fortasse quæpiā omissa cōmissave sint, absit tamē ab ea culpa quæ notati ālea quidam artifices, qui in plerisque ipsius authoris operibus excudendis aut clausulam quādoque interceperint, aut verba omiserint, inverterint ve, aut ortographiæ rationem posthabuerint.* Cet imprimeur Dulcibello venait de Carpi où il était établi en 1506.

NOVIBURGUM, voy. NEOBURGUM et NUMBURGUM.

NOVICIANUM [It. Hier.], station de la Pannonie, auj., suiv. Reichard, *Vojka*, bourg de Servie, près de Belgrade.

NOVIENTUM *villa Parisiaci suburbana* [Gesta Franc.], NOVIGENTUM [Mabillon], NOGENT [Chr. B. Dion.], NIOVICENTOVICVM, NOIVIANIS, NOVIINTOVICO [Monn. Mérov.], depuis CLODOALDI VICUS, *Saint-Cloud*, ville de Fr. (Seine-et-Oise); anc. abbaye fondée par S. Clodoald, petit-fils de Clovis, duché-pairie érigé en 1674; Henri III y fut assassiné par J. Clément en 1589.

Pendant la nuit du 14 au 15 janvier 1725, un incendie consuma à St-Cloud la maison et la précieuse bibliothèque de M. de Valincourt, secrétaire général de la marine.

NOVIENTUM, APRI MONASTERIUM, *Ebersmunster*, bourg d'Alsace (Haut-Rhin), où Saint-Dié fonda une abbaye au VIIe s., qui prit le nom du second abbé Eberhard [Quicherat].

NOVIENTUM, NOVIENTO [Monn. Mérov.], *Noni*, commune de Fr. (Indre-et-Loire), anc. villa mérovingienne [*Gesta Dagob.*].

NOVIENTUM ARTALDI, *Nogent l'Artaud*, commune de Fr. (Aisne).

NOVIGENTIUM, *Nouvion-l'Abbesse*, commune de Fr. (Aisne).

NOVIGENTUM AD MATRONAM, *Nogent-sur-Marne*, ville de Fr. (Seine); c'est dans la vieille église de cette petite ville que repose le corps de Watteau.

NOVIGENTUM AD SEQUANAM, NOVIENTUM [Pertz.], NOGENTUM, NIGENTIS, NIVENTIS [Diplom.], *Nogent-sur-Seine*; ville de Fr. (Aube).

NOVIGENTUM REGIS, *Nogent-le-Roi*, bourg de Fr. (Haute-Marne). — Un autre bourg du même nom, dans le dép. d'Eure-et-Loir.

NOVIGENTUM RETRODI, NOGENTUM ERTAUDI, ARTAUDI (XIIIe s.), NOVIGENTUM ROTROCI, RETRUDUM, anc. NOVIODUNUM DIABLINTUM (?), *Nogent-le-Rotrou*, sur l'Huisne,

ville de Fr. (Eure-et-Loir). Patrie de Remy Belleau; tombeau de Sully.

NOVILIACUM, voy. NOBILIACUM et NULLIACUM.

NOVIODUNUM [Cæs., VII, 12], localité des Bituriges, dont la position actuelle n'est pas déterminée. César, marchant d'Orléans à Bourges, prend NOVIODUNUM, *oppidum Biturigum, positum in via;* Lancelot traduit par *Nouan-le-Fuzelier* (Loiret), mais d'Anville fait remarquer que cette localité ne dépendait pas des Bituriges, et propose *Nouan*, village du Berry, près St-Amand (Cher); Scaliger, Ortel, disent: position ignorée; Valois et Montanus penchent pour *Neuvy-sur-Barangeon* (Cher); on objecte que NOVIODUNUM est un nom de lieu purement celtique, et que *Neuvy* (Novus vicus) est absolument latin; vôici ce que nous répondons: César dit avoir reçu cette place à merci, or on sait ce que c'est que la merci de César; il épargne la vie des habitants, mais parfois détruit leur ville; et quand plus tard de nouveaux colons viennent relever les ruines de Noviodunum, le nom latin de « *Novus vicus* » est donné à la localité qui s'était si malencontreusement rencontrée sur le passage du *pacificateur* des Gaules.

NOVIODUNUM [Cæs., B. G. VII, 55.], Νοουϊόδουνϊν [Dio. Cass.], ÆDUNUM, NOVIODUNUM *ad ripas Ligeris*, NEVIRNUM [It. Ant.], EBRINUM [Tab. P.], NIVERNENSIUM Civ. [Not. Gall.], ville de la Gaule Lyonnaise, sur la Loire, auj. *Nevers*, au confl. de la Loire et de la Nièvre; évêché vers la fin du Ve siècle; capit. en 865 d'un comté, érigé en duché-pairie au XVIe siècle.

Les *Coutumes du Nivernais* publiées aux dates de 1494 et 1503, décrites au *Manuel* (II, col. 1845, addit.), d'après les exemplaires du comte de Soultrait, ne portent pas de lieu d'impression. Celles de 1518 sont exécutées à Paris, ainsi que les deux éditions de 1535 et de 1546. Le bibliophile que nous venons de nommer a publié en 1848 dans l'*Annuaire de la Nièvre* la description de ces *Coutumiers*, mais nous n'avons pu nous procurer ce travail, qui pour nous aurait été d'un grand secours.

M. Ternaux fait remonter l'imprimerie dans cette ville à 1590; Cotton et Falkenstein à 1592; nous ne possédons pas d'indication antérieure à celle de Ternaux, et cependant il nous paraît impossible d'admettre que, dans une cité épiscopale et fort religieuse, la typographie ait débuté par des poésies, encore que ces poésies soient latines, et du célèbre jurisconsulte nivernais Guy Coquille, avec le menuisier Adam Billaut l'une des gloires littéraires de la ville : *Guidonis Conchylii Romenæi Nivernensis Poemata.* Niverni, Petrus Roussin, 1590, in-8o. Cet catal. Crevenna, qui décrit ce vol. (no 4320), dit : Ces poésies latines de Guy Coquille, fameux jurisconsulte, sont de la plus grande rareté, et n'ont point été insérées dans l'édition des œuvres complètes de

1665. On n'en connaît à Paris qu'un exempl., qui est conservé à la bibl. Mazarine, mais il est très-défectueux et d'ailleurs daté de Nevers, 1593 ; c'est la même édition renouvelée, avec un titre et les ff. prélim. réimprimés.

En 1592, du même auteur et du même imprimeur on connaît : *Psalmi Davidis CL paraphrastice translati in versus heroïcos, auct. Guid. Conchylio Romenaio Nivernensi.* Pet. in-8° de 152 ff. chif., sign. a. pp.

À la même date et sorti des mêmes presses, citons : *Discours sur l'origine des Fontaines, ensemble quelques histoires de la guérison de plusieurs grandes et difficiles maladies faites par l'usage de l'eau médicinale de Pougues ; par Antoine du Fouilloux, médecin.* Nevers, 1592, in-8° ; réimpr. en 1598, 1603 et 1628.

Nous trouvons de nombreuses traces de cette impr. de Pierre Roussin jusque vers 1612, mais nous ne pouvons multiplier les citations ; parmi les imprimeurs nivernais qui suivent, nous citerons : D. Fourré, au milieu du XVIIe siècle.

Les arrêts du conseil de 1704 et de 1739 autorisent un imprimeur pour Nevers, et le rapport fait à M. de Sartines en 1764 donne le nom du typographe en exercice à cette date ; c'est Louis Lefebvre, natif de l'Aigle en Normandie, établi depuis 1739, avec trois presses.

NOVIODUNUM [Cæs., B. G. II, 12], voy. AUGUSTA SUESSONUM.

NOVIODUNUM [It. Ant.], NOVIODUM [Tab. P.], Νεουίδουνον [Ptol.], NOVINDUM [G. Rav.], station de la Pannonie supér., auj. *Novigrad,* sur la Kulpa, en Illyrie.

NOVIODUNUM, voy. COLONIA EQUESTRIS.

NOVIODUNUM DIABLINTUM, voy. NOVODUNUM.

NOVIOMAGUS [Tab. Peut.], (du vocable gaulois NOVIA, NOIA, qui signifie *eau, marais,* racine du français *noyer, se noyer,* et MAGUS, *ville*), NOVUM CASTRUM AD MOSAM, *Neufchasteau, Neufchâteau,* ville de France, sur le Mouzon, près de son confluent avec la Meuse (Vosges).

Un imprimeur du nom de François Monnoyer est cité par le rapport de police fait à M. de Sartines en 1763, comme exerçant à cette date la typographie à Neufchâteau ; le plus ancien livre sorti de ses presses que nous puissions citer est de 1766 : *Pièces fugitives de François de Neufchâteau en Lorraine, âgé de quatorze ans, associé des académies de Dijon, de Marseille, de Lyon et de Nancy.* Neufchâteau, Monnoyer, 1766, in-8°. Le catal. Luzarche, rédigé par M. Claudin, cite un second ouvrage exécuté par le même imprimeur en 1770. (No 122.)

NOVIOMAGUS NEMETUM, voy. AUGUSTA NEMETUM.

NOVIOMAGUS [It. Ant., Tab. P., Auson.], ville des Treviri, dans la Belgique I, auj. *Neumagen,* sur la Moselle, dans la rég. de Trèves, avec des ruines romaines que l'on a baptisées du nom de *Constantinsburg.*

NOVIOMAGUS [Tab. Peut.], NOVIOMAGUS RHENANUS, NOVIMAGUS BATAVORUM, NOVIOMAGO [Monn. Mér.], NUMAGA [Ortel.], *Nimwegen, Nimègue,* ville de Hollande,

sur le Wahal (prov. de Gueldre) ; célèbre par le traité de 1678, dont Louis XIV dicta les conditions.

L'imprimerie remonte incontestablement dans cette ville à l'année 1479 ; deux volumes à cette date sont connus, mais ils ne portent pas de nom d'imprimeur ; ils sont relatifs aux privilèges et à la liturgie de l'ordre des frères mendiants, dans le couvent desquels ils furent exécutés : ENGELBERT CULTIFEX (MESSMAKER). *Epistola breuis ac putilis. de symonia⁊vitanda in recepcõe nouicio⁊ et nouicia⁊∥ad religiõe. Prologus.∥*A la fin (r° du 7e f.): *Explicit epistola breuis ac putilis de symonia∥vitanda in recepcõe nouicio⁊ et nouicia⁊ ad reli∥gionem. collecta p Reuerendũ mgrm̃ Engelbertũ ∥ cultificis sacre theologie pfessorẽ ordĩs p̃dicato⁊∥Anno dñi.* MoCCCCoLXXIXo. *Alesis Julij. die IX. in No∥uimagio Atq₃ ibidẽ codẽ ãno diligenter impressa∥die XXiij. Mensis Augusti.∥*. In-4° de 8 ff. impr. en gros car. goth., sans ch., récl. ni sign., à 26 lig. à la page, le v° du 7e f. et le 8e sont blancs.

Le second volume imprimé à Nimègue que nous plaçons en seconde ligne, parce qu'il ne porte pas de date de mois, est intitulé : *Epistola declaratoria iuriũ et priuilegio⁊ fratrũ ∥ordinũ mendicanciũ cõtra quosdã articulos erro ∥ neos cõdempnatos quorũdã mgro⁊ et curatoru∥ecciã⁊ parrochialiũ. Prologus.* ∥ Au r° du 78e f.: *Explicit epl'a declaratoria...... Edita et cõpilata∥in cõuetũ Nouimagẽsi ord' p̃dicato⁊ p Reuerẽdũ∥Mgrm Engelbertũ cultificis ord' eiusdẽ ac sacre∥theologie pfessore eximiũ. Anno dñi.* MoCCCCoLXXIXo.∥*Atq₃ eode año in p̃dco opido diligenter et fidelit' impressa Ad honorẽ dei omnipotẽtis cui' nomen∥ sit benedictũ p secula. Amen.* Le v° du 78e f. est blanc. In-4° de 78 ff. à 26 lig., sans ch., récl. ni sign. Ce volume fut réimprimé la même année par Jean de Westphalie à Louvain.

La seule adjudication que nous puissions citer de ce précieux vol., est celle qui figure à la première vente Busscher, de Bruges, faite à Paris par Guil. de Bure l'aîné, le 1er brumaire an IX ; le vol. (no 1323) fut vendu 2 liv. 1 sol.

NOVIOMAGUS VEROMANDUORUM [It. Ant., Not. Imp.], NOVIOMENSE PALAT., NOVIOMIUM [Charta Lud. VII, a. 1143], NOVIOMUM [Charta Phil. Aug. a. 1210], NOIOMAVO, NOVIOMO CI.., NOVIVMV [Monn. Mérov.], NOVIONUM URBS [Frédég.], *Noyon,* ville de Fr. (Oise) ; patrie de Calvin.

C'est en l'année 1686 que nous trouvons pour la première fois trace d'imprimerie dans cette ville : *Les huit Barons ou fiefss de l'abbaye royale Saint-Corneille de Compiègne, leur institution, leur noblesse et leur antiquité, par Louis de Gaya... sieur de Tréville.* Noyon, L. Mauroy, 1686, in-12. La Biblioth. impér. possède deux exempl. de ce livre rare, que cite le P. Le Long et qui figure au catal. Secousse sous le no 4280, et au catal. Baluze (II, 6920).

À la fin du XVIIe siècle, nous trouvons un nouvel imprimeur, nommé Cabut ; nous citerons de lui : *P. de Bassonville. Castra Compendiensia.* Carmen. Noviomi, Cabut, 1699, in-12.

Enfin, en 1739 s'établit dans cette ville Pierre Rocher, né à Nantes en 1703, qui possède deux presses ; cet imprimeur exerçait encore en 1763, lors du rapport fait à M. de Sartines ; voici la note jointe au rapport : « La ville de Noyon est si peu considérable qu'un imprimeur a de la peine à gagner sa vie, tout le monde faisant venir ses livres de Paris. »

NOVIOMAGUS [It. Ant.], Νοιόμαγος [Ptol.], ville des Regni dans la Britannia Romana, auj. *Woodcote* près de Croydon, suiv. Camden et Reichard, dans le comté de Surrey.

NOVIOMAGUS, NEOMAGUS, ville des Vibisci ou des Bituriges, dans l'Aquitaine, auj., suiv. Mannert, *Castillon*, ville de Fr. (Gironde), mais plutôt *Castelnau de Médoc*, bourg du même département.

NOVIOMAGUS, voy. LEXOVIUM.

NOVIOMUM, voy. NOVIOMAGUS.

NOVIONUM *in Pictavense agro, Noysne* , *S.-George-de-Noisne* , commune de France, près St-Maixent (Deux-Sèvres).

NOVIOREGUM [It. Ant.], REGIANUM, suiv. d'Anville et Reichard, *Royan*, ville de France, à l'embouchure de la Gironde (Charente-Inférieure).

NOVIROGUS, voy. NIORTUM.

NOVIUM, Νεούϊον [Ptol.], localité des Callaici Bracarii, dans la Tarraconaise, auj. *Porto Muro*, suiv. Ukert, ou *Noya*, d'après Reichard.

NOVIVILLARIS CELLA, *Neuville*, bourg de Belgique [Graësse].

NOVOBARDUM, NOVUS MERCATUS, *Nowibazar*, *Jénibasar*, ville de Turquie, chef-lieu de pachalik, sur la Gradiska (Bosnie).

NOVOCOMUM , NOVUM COMUM , voy. COMUM.

NOVODUNUM DIABLINTUM [Tab. Peut.], ville capit. des Diablintæ, fraction des Aulerci, dans la Gaule Lyonnaise, au XIIIe s. JUBLENT, auj. *Jublains*, bourg au S.-E. de Mayenne, dans le dép. du même nom, et que l'abbé de la Fosse prétend être la ville de *Mayenne* elle-même.

NOVOGARDIA , NEUGARDIA , NOVOGRADUM, NOVOGRODIA MAGNA, *Novgorod-Veliki*, *Novgorod-la-Grande*, ville de la grande-Russie, sur la Volkhova, chef-lieu du gouvernement, archevêché grec.

Cette ville célèbre fut fondée au ve siècle par les Slaves, devint ville libre et république puissante au IXe, puis capit. des Etats de Rurik ; elle fit partie de la ligne hanséatique ; après la fondation de St-Pétersbourg, elle perdit son importance politique et commerciale, mais elle acquit l'imprimerie, qui paraît avoir débuté vers 1720 (M. Cotton dit 1723). La bibliothèque du couvent de St-Antoine à Novogorod renfermait un nombre considérable de livres russes et grecs, et de livres exécutés en car. glagolitiques ; elle s'était surtout enrichie de la belle collection de l'archevêque Théophanes. Les Russes avaient un proverbe célèbre : *Quis contra Deum valet, et magnam Novogardiam ?*

NOVUM CASTELLUM *Arduennæ proximum* [Dipl. Lotharii, a. 855], voy. NEOBURGUM.

NOVUM CASTELLUM, DRIENCURTUM, anc. *Driencourt*, auj. *Neufchâtel-en-Bray* , ville de Fr. (Seine-Inférieure) ; son nom actuel vient d'un château construit par Henri Ier, roi d'Angleterre, au XIIe siècle.

L'imprimerie date dans cette ville des premières années de la Révolution française, et l'introducteur de la typographie s'appelait Pierre Féray ; il conserva cette typographie pendant un très-grand nombre d'années, et sa veuve lui succéda ; cette maison imprima les feuilles d'annonces judiciaires jusqu'en 1858.

NOVUM CASTRUM, NEOCASTRUM, NEOCASTELLUM, *Newcastle-on-Tyne*, ville d'Angleterre, chef-lieu du comté de Northumberland, à l'embouchure de la Tyne ; fondée par Robert, fils de Guillaume le Conquérant.

Un journal, *the Newcastle Courant*, fut imprimé et publié dans cette ville par John White, à partir de 1711 ; en 1722 un *Sermon*, par l'Archdeacon Sharpe ; en 1725 *H. Bourne's Antiquitates vulgares, or the antiquities of the common people*. Newcastle, 1725, in-8° ; enfin, en 1729 : *Atkinson (James) Horsly, Northumberland. Sermon, I Cor. 1, 17. The necessity of preaching the Gospel in Gospel Language*. Newcastle-upon-Tyne, 1729, in-8°. Voilà les premiers livres imprimés dans cette ville, au dire de M. Cotton, qui cite cependant un imprimeur du roi, en 1639, du nom de Robert Barker, et une pièce fort antérieurement souscrite au nom de Newcastle, mais dont on ne peut garantir la provenance : *The Lamentation of Mr. Page's wife, of Plymouth* (exécuté à Barnstaple comme meurtrier). Newcastle, 1590, in-8° (British-Museum). Une imprimerie particulière est signalée par Martin : *Pedigree of Scott of Stokoe, in the Parish of Symondburn, and county of Northumberland, and late of Toderick, Selkirkshire, North Britain ; compiled by William Scott, M. B.* Newcastle, printed by F. Angus. Anno 1783, in-8° de 27 pp. (a very scarce tract, printed at the expense of the editor).

NOVUM CASTRUM, voy. NEOCASTRUM et CASTRUM NOVUM.

NOVUM FANUM BOLESLAI, voy. BOLESLAI.

La *Bibl. Solger.* et Bauer (II. p. 24) nous donnent une indication qui nous permet de faire remonter l'imprimerie à *Jung-Bunzlau* à une date reculée : GESANGBUCH, *Ein new Geseng-Büchlen... Gedruckt zu Jungen-Buntzel in Böhmen. Durch Georg Wylmschwerer.* 1531. in-4° (editio perrara).

NOVUM FORUM, *Neumarkt*, bourg de Thuringe [Graësse].

NOVUM OPPIDUM, voy. GRAVELINA.

NOVUM OPPIDUM [Plin.], *Nay*, bourg du Béarn, près de Pau (Basses-Pyrénées).

NOVUM VILLARE , *Neuweiler, Neuwiller* , commune d'Alsace (Bas-Rhin), anc. abb. de St-Benoit. = *Neuweiler*, bourg du Wurtemberg [Graësse].

NOVUS BURGUS, *Neufbourg, le Neubourg*, chef-lieu de canton du dép. de l'Eure ; anc. abb. de Bénédictins et anc. titre de marquisat.

Novus Mercatus, voy. Novobardum.

Novus Mercatus ad Ittam [Ch. Phil. Pulchri, a. 1308], *Neufmarché-sur-Epte*, commune de France, entre Gournai et Gisors (Eure).

Novus Mons, *Neuberg, Neyperg,* anc. abbaye de Styrie.

Novus Portus [Ptol.], dans l'O. de Douvres, auj., suiv. Reichard et Camden, *Lime, Lyme Regis,* sur la Manche (Dorsetshire); mais *Lyme Regis* étant certainement Lemanus Portus, le Novus Portus, placé encore plus dans l'O., doit être *New Romsey*.

Nozanum, Nozzanum, *Nozzano,* petite ville d'Italie, à 16 kilom. de Lucques.

Deux célèbres imprimeurs de Lucques datèrent plusieurs ouvrages du nom de cette petite localité, ce qui laisse supposer qu'ils y avaient, momentanément peut-être, installé une imprimerie au xve siècle ; les deux livres que citent Panzer, Amati, Hain, etc., sont tous deux des thèses de droit : *Turretini Pauli disputatio Juris.* A la fin: *Impressa est hec solemnis Disputatio apud Nozanum Lucensis agri Castellum in suburbano Clariss. Jureons.Dom. Nicolai Tegrimi. Anno salutis* M.CCCC.XCI. *Magistro Henrico de Colonia et Henrico de Harem Impressionis auctore. Columba auspice.* In-fol. goth.
Disputatio Clarissimi viri Dñi Benedicti de Plumbino. Quam disputavit Bononie M.CCCC.LXXXVI. — *Laus deo. et clementissime. Virgine* (sic). In-fol. goth. à 2 col., sans aucune remarque ni souscription, mais imprimé avec les caract. du précédent volume ; ce qui pour nous ne prouve pas absolument qu'il ait été exécuté à Nozzano, les deux imprimeurs ayant leur établissement principal à Lucques. Il est même permis de supposer, par ce fait même qu'on ne trouve pas d'autre trace d'imprimerie à Nozano, qu'ils n'ont souscrit le premier ouvrage au nom de cette ville que par complaisance, et qu'ils n'ont pas installé une typographie spéciale dans un bourg sans importance, pour n'y exécuter qu'un ou deux volumes.

Nuæsium, Νουχίσιον [Ptol.], ville des Catti ou Chatti, dont on détermine la situation actuelle près de *Fritzlar* sur l'Eder, et que Reichard place à *Nienhus* en Westphalie.

Nucaria Palliarensis fl. [Cell.], riv. de l'Espagne Tarrac., afll. du Sicoris, auj. *la Noguera Palleresa,* afll. de la Segre.

Nucaria Ripacurtia fl.., *la Noguera Ribagorcana,* autre afll. de la Segre.

Nucariæ, *Noyers,* bourg de Touraine (Indre-et-Loire); anc. abb. de Bénédictins, fondée en 1030.

Nuceria, Νουχερία [Ptol.], localité de la Gaule Cispadane, près de *Brixellum* (Bregella), auj. *Luzzara,* sur le Pô.

Nuceria (Alfaterna) [Liv., Plin., It. Ant.], Νουχερία [Strab., Ptol.], anc. Nubrri, puis Nucria [Giustin.], Nochières [Chron. B. Dion.], ville du S.-E. de la Campanie, sur le Sarnus (*Sarno*), auj. *Nocera, Nocera de' Pagani,* ville de la Princip. Citér., prov. napol. du roy. d'Italie. Narsès y détruisit les Goths en 554.

Haym donne le titre d'un volume imprimé dans cette ville en 1723, c'est le plus anc. spécimen de la typogr. locale que nous ayons rencontré : mais nous hésitons cependant à l'attribuer à la *Nocera* des prov. napolitaines, et nous pensons qu'il convient de réserver l'honneur de cette mention à la *Nocera* des anc. provinces pontificales.

Nuceria [It. Ant.], Νουχερία [Str., Ptol.], Nuceria Camellaria [Tab. P.], ville de l'Ombrie, sur la Via Flaminia, auj. *Nocera,* petite ville de la délég. de Pérouse.

Voici le volume cité par Haym, que nous croyons devoir attribuer à une imprimerie établie dans cette petite localité au commencement du XVIIIe siècle : *Alessandro Borgia. Istoria della chiesa e città di Velletri.* Nocera, pel Mariotti, 1723, in-4º.

Nuceria (iorum), *Noyers,* bourg de Fr. (Basses-Alpes).

Nuceriæ, Nucetum?, *Noyers,* petite ville de Fr. (Yonne), sur le Serin; anc. prieuré de St-Benoît, et anc. titre de comté.

Nucillum, Nozerenum, *Nozeret,* auj. *Nozeroy,* bourg de Fr. (Jura).

Nucium, Nutium, Noya, *Nuys, Nuits,* ville de France, sur le Meuzin (Côte-d'Or).

Une imprimerie s'établit dans cette ville entre 1704 et 1739, c'est-à-dire que l'arrêt du conseil édicté à la première date ne mentionne pas le nom de *Nuits* parmi ceux des villes de France qui ont droit à une imprimerie, et que celui de 1739 déclare que l'imprimerie de Nuits est et demeure supprimée ; le P. Le Long, et plusieurs catal., entre autres celui de l'histoire de France de la Bibl. impériale, nous donnent effectivement le titre d'un volume exécuté dans cette ville en 1736 : *Explication des dessins des tombeaux des ducs de Bourgogne, qui sont à la Chartreuse de Dijon (par J.-B. Michault),* présentez à S. A. S. Mgr. le Duc, le 1er may 1736, par *J.-B. Gilquin, peintre.* Nuys, de l'imprimerie d'Antoine Migneret, 1736, in-4º de 8 ff.

Nueriola [Tab. P.], Nuceruliæ [Geog. de R.], ville des Hirpins, dans l'Ausonie, auj., suiv. Mannert, au confluent du Miscano et du Calore, près de *Mancusi,* bourg de la Princip. ultér. (Italie).

Nugarolium, *Nogaro,* ville dé Fr. (Gers); anc. chef-lieu du Bas-Armagnac ; conciles en 1290 et 1315.

Nuithones [Tac.], peuple de la Germanie, établi, suiv. Wilhelm, dans le S.-E. du Mecklemburg, et, d'après d'autres géogr., occupant un district du Jutland.

Nulliacum, Nouliacum, Nvlliacvs, Noviliacum, Neboliao [Monn. Mérov.],

Neuilly; un grand nombre de localités en France portent ce nom.

NUMAGA, NIUMAGA, voy. NEOMAGUS.

NUMANA [Mela, Plin., It. A.], Νούμανα [Ptol.], ville du Picenum, au S.-E. d'Ancona, dont les ruines s'appellent encore *Umana.*

NUMANTIA [Mela, Plin., Liv.], Νουμαντία [Ptol., Appian.], Νομαντία [Strab., Steph. B.], sur le Durius, capit. des Arevaci, dans la Tarraconaise, détruite par Scipion Emilien en 133 av. J.-C.; ses ruines, au dire d'Ukert et de Florez, se voient près de *Puente de Don Guarray,* à côté des sources du Duero.

NUMANTIA NOVA, *Soria,* ville d'Espagne, sur le Duero, dans la capit. gén. de la Vieille-Castille, non loin des ruines de l'antique *Numance.*

Voyez, pour un livre imprimé en 1489 dans cette ville, par un typographe flamand, du nom de Barthélémy de Lille, notre art. CAURIUM.

NUMBURGUM, NAUMBURGUM, *Naumburg,* ville de Prusse, sur l'Unstrutt et la Saale (prov. de Saxe); anc. évêché.

Cette ville eut en 1554 et 1561 de célèbres synodes protestants; mais l'imprimerie n'y fut introduite qu'un siècle plus tard. C'est à la date de 1655 que nous trouvons pour la première fois trace d'impression : *Die Durchleuchtige Frauen, oder Heroische Reden (Mulieres illustres),* etc. Naumburgi, 1654, in-4°. (Catal. des Fr. de Tournes, p. 459.) En 1665 nous pouvons citer : *Joh. Sebast. Mitternacht. Dissertationes philologico-historico-theologicæ.* Naumburgi, 1665, in-8°. (Catal. Elzevir de 1681, p. 286.) Du même auteur le catal. de Tournes nous donne les titres de plusieurs ouvrages imprimés à Naumburg à la même époque; l'une des dissertations de Mitternach est consacrée à l'importante question que voici : « *An Joannes Evangelista et Judæus quidam in Orbe sint superstites.* »

NUMICIUS FL. [Liv., Ovid., Plin.], NUMICUS [Virg., Sil.]. Νουμίκιος [Dion. Hal.], riv. du Latium, auj. *il Numico,* affl. du Tibre.

NUMISTRO [Liv.], Νουμίστρων [Ptol.], Νουμίστρων [Plut.], ville de la Lucanie, près de laquelle Marcellus livra un combat à

Hannibal, et que Reichard croit être auj. *Nusco,* bourg du Napolitain.

NUPUFEELL, dans la vallée d'Eynfjord, village d'Islande, à 12 milles de Hoolum.

L'imprimerie fondée dans cette dernière ville par l'évêque Areson (voy. HOLA) fut, après sa mort, transportée à Breidabolstad, puis installée au village de Nupufeell par les soins de l'évêque Gudbrand Thorlakson. M. Cotton dit : « It appears that an edition of *the Icelandic Code of Laws* was executed here in the year 1578. » Peu après l'évêque la fit revenir à Hoolum.

NURE, voy. NORA.

NURE FL. [Geogr. Rav.], riv. de la Gaule Cisalpine, auj. *la Nura.*

NUREMBERGA, voy. NORIMBERGA.

NURSIA [Virg., Suet.], Νουρσία [Ptol.], ville des Sabins, auj. *Norcia,* dans la Sabine, au N. et près de l'Apennin ; c'est la patrie de Sertorius.

NUSCA, *Nosca,* bourg près de Benevento (Italie).

NUSSIA, voy. NOVESIUM.

NUTIUM, voy. NUCIUM.

NYKOPIA, voy. NICOPIA.

NYMPHÆUM [Cæs., Liv., Plin.], port de la côte d'Illyrie, près de LISSUS, *Alessio* ou *Lesch.*

NYMPHÆUM PROM. [Ptol., Strab.], à l'extrémité S. du mont Athos, auj., suiv. Leake, *Hagio Ghiorgi.*

NYMPHÆUS FL. [Plin.], petit fl. du Latium, auj. *la Ninfa.*

NYMPHÆUS PORTUS, Νυμφαῖος λιμήν [Ptol.], port de la côte O. de l'île de Sardaigne, que Reichard croit être auj. *Santimbenia,* et que Mannert place près de *Torre di Porticelli.*

NYRAX, voy. NIORTUM.

NYSTADIUM, *Nystädt,* ville de la Russie d'Europe, du gouv. de Bjorneborg (Finlande).

Oanus fl., Ὤανος [Pind.], fl. de la Sicile Mérid., à l'E. de Camarina, auj. *il Frascolari*.

Oaxes fl. [Virg.], Ὀάξης [Steph. B.], fl. de l'île de Crète, qui prend sa source au mont Ida, auj. l'*Arcadi*.

Oaxus, Ὤαξος [Scyl.], Ἄξος [Herod.], sur l'Oaxes, ville de Crète, auj. *Axos*, suiv. Pashley.

Obacer fl., Obacra [Chr. Eginh.], l'*Ocken*, petite riv. de Saxe.

Oberammergau, Ammergau, petite ville du Tyrol, près de Murnau, dans l'Ammerthal.

Un livre à la date de 1746 est souscrit à ce nom de lieu (*Catal. Bibl. S. Emmerani*). Ammergau est célèbre par les anciens « *Théâtres de Passions* » dont les représentations ont encore lieu à certaines époques.

Obernacum, *Oberehenheim*, *Oberhheim*, *Obernai*, ville de Fr. (Bas-Rhin), cédée à la France en 1648, par la paix de Münster.

Oberndorfium, *Oberndorf*, bourg de la Bavière Rhénane, sur la route de Kelheim à Ratisbonne.

Oberpahlen Schloss (?).

Lieu d'impression inconnu ; M. Ternaux dit : « Château de Livonie, appart. au baron de Lauw, où Wilde, médecin du pays, avait établi une imprimerie. » Il y a publié en allemand : *Traité de médecine populaire en esthonien*, 1766, in-4°. — *Trad.* du même en lettonien. Ibid. 1768, in-4°. — *Discours sur l'inoculation, en allemand*. Ibid., 1769, in-4°. — *Traités de médecine*. 1770, in-4°. On y avait commencé l'impression d'un dictionnaire : *Vollständ. Lettische Lexicon*. Schloss-Oberpahlen, 1772, in-4°, mais l'établissement fut détruit par un incendie, avant la fin de la publication. N'y a-t-il pas là faute d'impression, et au lieu d'*Ober Pahlen*, ne convient-il pas de lire *Ober Pohlen Schloss*, ce qui se traduirait par : *Château de la Haute-Pologne ?*

Obila, Ὀβίλα [Ptol.], ville des Vettones dans la Tarracon., auj. *Avila*, dans la Vieille-Castille, suiv. Florez; mais plutôt, suiv. Reichard, *Oliva*, dans l'intend. d'Alicante (voy. ad Statuas).

Oblimum [It. Ant.], Obilonna [T. Peut.], Obelonon [G. Rav.], Obilunum [d'Anville], station de la route qui de la Tarentaise conduisait aux Alpes Graies, et que l'on place à *Albert-Ville*, ville du dép. de la Savoie, au confluent de la Glye et du Doron, ou plutôt à *Conflans*, faubourg de cette ville.

Oblincum, *le Blanc*, ville de Fr. (Indre).

Oblivionis fl. [Liv., Flor.], Belion, Βελιών [Strab.], fleuve de la Tarrac., auj. *la Lima*; se jette dans l'Atlantique près de Viana, dans l'Entre-Duero-e-Minho.

Oboca fl., Ὀβόκα [Ptol.], *la Boyne*, riv. d'Irlande ; célèbre par la victoire décisive des Orangistes sur les Jacobites en 1690.

OBRINGA FL., Ὀβρίγκα [Ptol.], fleuve qui séparait la Germania Superior de la Germania Inferior, auj. l'*Aar*, suiv. Cluver et Cellar., ou le *Haut-Rhin*, *Oberrhein*, d'après Mannert et Wilhelm.

OBULCO [Plin.], ἡ Ὀβούλκων [Strab.], Ὀβόλκων [Steph. B.], Ὀβουλκον [Ptol.], ville de la Bétique, près de Corduba, auj. *Porcuna*, suiv. Ukert, ou *Bujalance*, suiv. Reichard.

OCCITANIA, *l'Occitanie*, depuis le *Languedoc*, anc. prov. de France.

OCEANUS, Ὠκεανός, l'*Océan*.

OCELLODURUM [It. Ant.], ville des Vaccæi dans la Tarracon., que Reichard traduit par *Toro*, mais que tous les bibliographes s'accordent à reconnaître pour *Çamora*, *Zamora*, ville d'Espagne, sur le Duero, chef-lieu d'intendance (Vieille-Castille et Léon).

L'imprimerie remonte à l'année 1482, et l'introducteur de l'art nouveau est un Espagnol nommé Antonio de Centenera ; mais son établissement ne paraît point avoir eu longue durée ; après quelques années le nom de Zamora ne reparaît plus, et ce n'est que vers 1530 que nous voyons renaître l'imprimerie en cette ville. Le livre que nous citerons le premier à la date de 1482 est celui-ci : PROVERBIOS DE SENECA *por el Dr. Pero Diaz.* — A la fin : *Esta obra se acabò en la cibdad de Çamora sabbado a tres dias del mes de Agosto año del señor de mil t quatroçientos t ochenta t dos años. Anton de Centenera.* In-fol. en petit car. goth. à 2 col., sans récl., mais avec sign., 85 ff. Nous avons cité ce volume avant celui que désignent généralement les bibliographes comme premier livre publié à Zamora, parce que le SENECA porte la date certaine du 3 août, tandis que celui, qui suit le titre, présente non point la date de l'impression, mais seulement celle de la composition du livre, et que cette date est celle du 25 janvier (ancien style), c'est-à-dire qu'il n'a pu être exécuté que postérieurement au mois d'août : VITA XPTI. *Fecho por coplas por fray Inigo de Mendoza a peticion de la muy virtuosa Señora Doña Juana 'de Cartagena* (réimpr. à Saragosse en 1592). A la fin : *Fecha en Zamora a veinte y cinco de henero año de* LXXXij. — *Centenera.* In-4º goth. Dans l'exempl. le rare volume qui est conservé à la Biblioth. royale de Madrid, un ouvrage exécuté avec les mêmes caractères et imprimé sur le même papier, mais sans désignation de lieu, d'année ni d'imprimeur, est relié à la suite de la VITA CHRISTI ; en voici le titre : *Regimiento de Principes..... Composicion fecha por Gomez Manrique, enderezada à los serenissimos Señores principes de los reynos de Castilla, de Aragon y de Cecilia.*

D. Dion. Hidalgo, le nouvel éditeur du père Mendez, cite encore un vol. à la date de 1482, mais il n'en donne pas la description : *Æl. Anton. Nebrissensis Grammatica latina-castellana.* Zamora, Ant. de Centenera, 1482, in-fol. goth. (dans la Biblioth. del Marqués de la Romana). C'est cette édition que M. Brunet (IV, 28) désigne comme imprimée vers 1485.

Lors des célèbres *Cortès* de 1480, tenues à Toledo, le recueil des ordonnances (au nombre de 118) fut imprimé, peut-être la même année ; ce recueil forme un vol. pet. in-fol. de 33 f. ; il est exécuté, dit le P. Mendez : « *de letrilla menuda redonda, que puede llamarse de Centenera, por ser la misma*

que usaba en su imprenta algunos años despues un impresor de este nombre en Zamora, y con la que se hallan impresas en Castilla otras muchas piezas de aquel tiempo ».

Nous citerons encore de Centenera un livre infiniment précieux, exécuté l'année suivante : c'est la première édition d'*el Libro de los trabajos de Hercules*, in-fol.

OCELUM [Plin.], Ὤκελον [Ptol.], ville des Lancienses, dans la Lusitanie ; auj., suiv. Florez et Ukert, *Caliabria*, et, suiv. Reichard et Mentelle, *Fermoselle*, au confluent du Duero et du Tormès ; l'atlas de Sprüner confirme cette opinion.

OCELUM [Cæs., Strab.], OCELUS [It. Aq. Apollin.], Ὤκελον, aux limites de la Gaule Cisalpine (Cottiæ terræ finis) ; station du pays de Garoceli, dont on ne détermine pas la situation actuelle, qui est entre Suze et Turin ; Cluver, Sanson, Valois, la placent à *Exilles*, sur la Doria Riparia ; d'Anville à *Uxeau* (en prenant OCELUM comme une corruption d'UXELLUM), dans la vallée de Cluson, près Pignerol ; Mannert à *Avigliana*, sur la Doria Riparia ; il y a encore d'autres attributions, mais il n'y a point encore de détermination scientifiquement constatée.

OCELUM PROM., Ὤκελον ἄκρον [Ptol.], Ὤκελον [Erasm.], the *Spurnhead*, cap d'Angleterre, sur la mer du Nord, à l'embouchure de l'Humber.

OCETIS INS., Ὠκῆτις [Ptol.], *Ocitis*, île de la côte nord d'Ecosse, auj. *South Ronaldsa*.

OCHSENFURTUM AD MŒNUM, voy. BOSPHORUS.

Le vol. imprimé en 1622 à Ochsenfurt, que nous avons décrit comme appartenant à la Bodléienne, figure au catal. La Vallière-Nyon, sous le nº 6291 ; il est donc à la biblioth. de l'Arsenal.

OCILIS, Ὤκιλις [Appian.], station romaine chez les Celtibères dans la Tarrac. ; auj., suiv. Reichard, *Ocaña*, au N.-E. de Tolède (Nouv.-Castille).

OCINARUS FL., fleuve du Bruttium, auj., suiv. Mannert, *gli Bagni*, dans la Calabria Oltra.

OCISMOR [Chron. Bret.], local. des Osismii, auj. *le Folgoët*, village de Bretagne (Finistère), touchant à Lesneven, avec une admirable église du XIVᵉ siècle.

OCOMUOY, en Moravie (?)

Lieu d'impression qui nous est inconnu : *Directorium pro noviter conversis ad fidem Catholicam*, Ocomuoy in Moravia, apud Nic. Ardech, 1633, in-8º.

OCRA MONS, Ὄκρα [Strab., Ptol.], dans les

Alpes Juliennes, auj. *Birnbaumer Wald.*

OCRICULUM [Cic., Liv., Tac., Plin.], 'Οκρί-κολα [Steph. B.], UTRICULUM [It. Ant.], ville du Latium au confluent du Tibre et de la Nera, auj. *Otricoli*, dans la Sabine.

OCRINUM PROM., voy. DAMNONIUM.

OCTAPITARUM PROM., 'Οκταπίταρον άκρον [Ptol.], cap d'Angleterre, sur la côte S.-O. du pays de Galles, auj. *St. David's head.*

OCTASIACUM, OCANIACO [Monn. Mér.] ?, *Thoisy*, commune de Fr. (Côte-d'Or).

OCTODURUS [Plin., Itin. Ant., T. Peut.], OCTODORUS [Geo. Rav.], CIVITAS VALLEN-SIUM, FORUM CLAUDII VALLENSIUM OCTO-DURUS, OCTODURUS VERAGRORUM, capitale des Veragri dans la Gaule Narbon., auj. *Martigny, Martinach,* sur la Dranse, ville de Suisse (Valais).

OCTOGESA [Cæs.], ville des Ilergetes, dans la Tarracon., auj. *Mequinenza,* au confl. de l'Ebro et de la Segre [Atl. de Sprü-ner].

OCTOLOPHUS, OCTOLOPHUM [Liv.], ville de la Thessalie, auj., suiv. Reichard, *Bito-lia,* bourg du sud de la Roumélie.

ODAGRA, ODERA, voy. VIADUS FL.

ODESSUS [Mela, Plin., Ovid.], 'Οδησσός [Str., Ptol., Diod.], 'Οδησόπολις [Scyl.], 'Οδυσσός [Procop., Hierocl.], ODISSUS [It. Ant.], ville de la Mœsie Infér., co-lonie de Milet, auj. *Varna,* ville de la Turquie, avec un excellent port sur la mer Noire (Roumélie); bataille en 1444.

ODESSUS, 'Οδυσσός [Arrian.], 'Ορδησός [Ptol.], ORDESUS [Plin.], port du Sinus Sagarius dans la Sarmatie Européen-ne, auj. *Oczakov, Otchakov,* ville de Rus-sie, à l'embouchure du Dnieper (gouv. de Kherson).

ODOMANTI, ODOMANTES [Plin.], peuple de la Macédoine, habitant le pays situé entre le Strymon et le Pont-Euxin, sur les confins de la Thrace, auj. partie du pachalik de *Sérès,* sur le Kara-Sou (Roumélie).

ODRIACUM, *Oyré,* commune près Châtelle-lerault (Vienne).

ODRYSÆ [Plin.], ODRUSÆ [Tac.], 'Οδρύσαι [Herod., Thuc., Polyb., Strab.], peu-ple puissant de la Thrace, habitant les bords de la Maritza; leur territoire comprenait en grande partie la pro-vince turque *la Roumélie,* ou *Rumili.*

ODRYSIA TELLUS, voy. THRACIA.

ODRYSUS, voy. ADRIANOPOLIS.

ODUBRIA FL. [Tab. Peut.], IRIA, IRA [Jor-nand.], rivière de la Ligurie, affl. du Pô, auj. *la Staffora.*

ODYSSEA, voy. OLISIPPO.

ODYSSEUM PROM., 'Οδυσσεία άκρα [Ptol.], cap de la côte S. de Sicile, auj. *Punta di Circia.*

ŒANTHIA, *Œanthe* [Plin.], Οιανθεία [Paus.], Οιάνθη [Steph.], 'Εανθία [Ptol.], ville de la Locride, sur le Sinus Crissæus, auj. *Galaxidhi.*

ŒASO [Mela], Οιασών [Strab.], Οιασσώ [Ptol.], OLARSO [Plin.], ville des Vas-cones dans la Tarrac., au pied des Py-rénées, sur le Magrada, auj. *Oyarço, Oyarzun,* près Fuente Rabia (Fonta-rabie).

ŒASSO PROM., à l'extrémité N.-O. des Pyrénées, auj. *Cabo del Higuer.*

ŒCHALIA, Οιχαλίη [Hom., Strab.], ville de la Thessalie, en ruines, près de *Tricca* [Leake].

ŒCHALIA, Οιχαλία [Strab.], dans l'Æto-lie, auj. *Carpenitza, Karpenizi,* dans l'Eparkhie d'Etolie [Pouqueville]. — Deux villes du nom d'ŒChalia sont encore citées par Strabon et Pausa-nias, l'une dans la Messénie, l'autre dans l'île d'Eubée.

ŒLSNA SILESIORUM, OLSNA, OLSNIA, ŒLS-NITIUM, *Œls, Œelsnitz,* chef-lieu d'un anc. duché d'Allemagne, dépendant de la Silésie, au N.-E. de Breslau, sur l'Œls, affl. de l'Oder.

Imprimerie, 1530.
PENTATEVCHVS (Hebraïce) *cum V. Megilloth et Haphtharis.* Oelsnæ in Silesia, anno Christi 1530, in-fol. de 90 ff. Livre fort estimé chez les juifs et d'une grande rareté; il est décrit par J. Chr. Wolfius dans sa *Bibl. Hebr.,* t. II, pp. 386 et 387, par Vogt et Bauer; l'exempl. de la biblioth. Oppenheim a coûté 30 impériaux d'or.

ŒNEI [Plin.], peuple de la Dalmatie, habi-tant sur les bords du fl. ŒNEUS, Οι-νεύς [Ptol.], auj. l'*Unna,* qui prend sa source dans l'Herzégovine.

ŒNEON, Οινεών [Thuc.], Οίνιον [Steph.], ville de la Locride, auj. *Magula,* sur la rive gauche du Morno [Leake].

ŒNIA, Οινία [Strab.], localité d'Acarna-nie, sur l'Achélous, auj. en ruines à *Palea Mani* [Leake].

ŒNIADÆ [Liv.], Οινειά [Scyl., Thuc., Polyb., Strab.], ville d'Acarnanie, appelée d'abord ERYSICHE, 'Ερυσίχη dont les habitants s'appelaient ŒTAII, Οἰταῖοι [Herod., Thuc., Strab.].

ŒTYLUS, Οἴτλος [Hom., Str., Paus.], ville et port de la Laconie, auj. *Vitylo* [Leake].

ŒUM, Οἶον [Strab.], lieu fortifié de·la Locride, appelé auj. *Palaio-Chorio.*

OFFENBACHIUM, *Offenbach,* ville de l'anc. gr.-duché de Hesse-Darmstadt, sur le Main (prin. de Starkenburg); auj. à la Prusse.

Falkenstein fait remonter l'imprimerie dans cette petite ville à 1609; un volume de l'*Historia universalis* de de Thou, publié en Allemagne du vivant de son illustre. auteur, est effectivement souscrit : *Offenbachii apud Conradum Nebenium,* 1609, infol. Ce volume unique fait évidemment partie de ce qu'on appelle la vieille édition de Francfort, publiée avec des notes marginales, que M. de Thou a fort désapprouvées [Struvius, P. Le Long]. L'exempl. de ce volume rare, que possédait M. de Thou, ne figure pas à la vente Soubise.
Du même libraire nous donnerons, d'après les catal. des Elzevirs de 1674.(*Jurispr:,* p. 21) : *Decisiones Regni Lusitaniæ, a Georgio de Cabedo collectæ,* Offenbachii, 1610, in·fol., et d'après les cat. Bulteau, Baluze, etc. : *Andr. Dudithii Episc. Quinque-Ecclesiensis, Orationes in concilio Tridentino habitæ.... edente Quirino Reutero.* Offenbachii, Nebenius, 1610, in-4°.

OFFENBURGUM, OFFONIS BURGUM, *Offenburg,* *Offenbourg,* ville du grand-duché de Bade, sur la Kinsing; anc. ville impériale, et capit. de l'Ortenau.

Cette petite ville a l'honneur de pouvoir reporter l'établissement de sa première imprimerie au xvᵉ siècle; un seul livre à la date de 1496 est cité, mais il n'est pas contestable, et tous les bibliographes l'ont décrit avec exactitude ; bien qu'il ne porte pas de nom d'imprimeur, tout porte à croire qu'il est le fait d'un typographe de la grande ville voisine, Strasbourg.
QUADRAGESIMALE ROBERTI‖DE LICIO *De peccatis cū ali‖quib⁹ sermōibus annexis.* Au f. 196 : *Explicit quadragesimale de peccat⁹ ce ‖ ptum in ciuitate Litii lbig⁹ completū‖ad laudē ⁊ gloriam omnipotentis dei ⁊ virgi‖nis gloriose Marie ac beatissimi patris‖ Francisci ⁊ noui sancti Bonauenture‖ Amen. Finitū est anno dñi millesimo q̄‖dringentesimo octuagesimo tertio. die IX.‖mensis octobris hora vespertina Et im‖pressū in Offenburg Anno dñi.* 1496.‖*Ipsa vigilia epyphanie.* Au r° du f. 197 vient la dédicace au cardinal Jean d'Aragon, qui est suivie de la table des chapitres. In-4° avec chif., récl. et sign., en gros car. goth. à 2 col. de 44 l., et 202ff.
Robert de Licio était un Caraccioli, né à Lecce (Terra d'Otranto) en 1426 ; il fut l'une des lumières de l'ordre des frères mineurs, devint évêque d'Aquilée et mourut en 1495; sa grande réputation comme prédicateur et théologien est morte avec lui.

OFFONIS VILLA, *Villefaux, Vellefaux,* commune de Fr. (Haute-Saône).

OGIA INS., voy. INS. DEI.

OGLASA INS., voy. MONS CHRISTI.

OGYGIA INS. [Plin.], l'*île de Calypso,* l'une des ITHACESIÆ INS., sur la côte du Bruttium, dans la mer Ionienne.

OILLIACUM, *Ouilly, Ouilly-le-Basset,* commune de Fr. (Calvados).

OITA FRISICA, *Frisoyta, Oithe,* bourg du grand-duché d'Oldenburg [Graësse].

OITINUM, OTINA, UTINA, *Eutin,* ville d'Allemagne, chef-lieu de la principauté de Lübeck, anc. évêché sécularisé ; patrie de Karl Maria de Weber.

Falkenstein ne cite pas cette ville comme ayant possédé une imprimerie, mais M. Cotton nous apprend qu'une édition du célèbre *Roman du Renard* est souscrite au nom d'Eutin, à la date de 1798 ; elle fut donnée par Gabr. God. Bredow, et en voici le titre : REINEKE DE VOSS *mit eener Verklearing der olden sassischen Worde.* Eutin, Struve, 1798, in-8°.

OLA, *Aalen,* pet. ville de Souabe, près de Gmünd [Graësse].

OLANA, voy. VOLANA.

OLANDIA INS., l'île d'*Œland,* à la Suède, dans la mer Baltique, près de la côte de la préf. de Calmar, dont elle dépend.

OLARION INS. [Sid. Apoll.], ULIARUS INS. [Plin.], OLERONIANA INS., *île d'Oléron,* dans l'Océan, sur la côte du dép. de la Charente-Infér.; au S. de l'île de Rhé. (*Leges Oleronianæ, Leges Maris;* c'était le recueil des lois commerciales et maritimes, au moyen âge; on les appelait par corruption : *les lois de Layron.*)

OLASZIUM, VILLA ITALICA, *Wallendorf,* bourg de Hongrie [Graësse].

OLAVIA, *Ohlau,* bourg de Silésie, près de Brieg.

OLBIA [Mela], Ὀλβία [Strab., Ptol.], localité de la Gaule Narbon., à l'Est de Telo Martius ; ville maritime dépendant de Marseille, que l'on croit être *Hyères* (AREÆ, YÈRES) [Joinv.]; d'autres ont vu là *le Port d'Eoubes,* anse de la rade d'Hyères, en face Portcroz.

OLBIA [Cic., Liv., Flor.], Ὀλβία [Ptol., Paus.], ULBIA [It. Ant.], ville maritime sur la côte E. de Sardaigne, que l'on croit être *Porto di Terra Nuova* [Mommsen], et que Reichard place au *Golfo di Volpe.*

OLBIA [Mela, Jornand.], Ὀλβία [Strab., Ptol.], OLBIOPOLIS [Plin., Herod.], OLBIA BORYSTHENIS, anc. colonie de Milet, non loin de l'embouchure du Dnieper, près d'*Oczahow,* dont on croit retrouver les ruines près d'*Ilinsky;* d'autres géogr. la placent à *Kasi-Kirman.*

OLBRAMI ECCLESIA, *Wolframitz Kirchen,* bourg de Moravie [Graësse].

OLCADES [Liv.], Ὀλκάδες [Polyb.], peuple

de la Bétique, qui occupait le pays au nord de *Carthagène*.

OLCANIA, *Ocaña*, ville de la Nouvelle-Castille (Espagne), suiv. Graësse.

OLCINIUM [Liv.], OLCHINIUM [Plin.], Οὐλκί-νιον [Ptol.], ville de l'Illyrie, sur le Drinus, auj. *Dulcigno*.

OLDENBURGUM, BRANESIA, *Oldenburg, Oldenbourg*, ville de l'anc. Conféd. Germanique, capit. du gr.-duché d'Oldenbourg, à l'O. de Brême (Prusse).

Imprimerie en 1665 suiv. Falkenstein et Cotton; nous pourrions la reporter à un siècle en arrière, si la note que nous fournit le catal. Thorpe de 1842 (n° 8270) était exacte : *Jo. Justi Winckelmanni (consiliarii et historici Hassiaci et Oldenburgici) Notitia historico-politica veteris Saxo-Westphaliæ finitimarumque regionum*, IV *libris absoluta*. Oldenburgi, impressit Jo. Ericus Zimmer, 1567, in-4°. Il faut lire : 1667. Mais nous pouvons cependant la faire remonter au XVI° siècle, avec un beau et précieux livre, qui peut fort bien être le premier qui ait eu les honneurs de l'impression d'Oldenburg, puisque c'est la CHRONIQUE locale : *Hermanni Hamelmanni Oldenburgisch Chronicon, d. i. Beschreibung der löblichen uralten Grafen zu Oldenburg und Delmenhorst, von welchen die jetzige Könige zu Dännemark und Hertzogen zu Holstein entsprossen; samt ihres Stammes erster Ankunft, Thaten, Regierung, Leben, und Ende ; mit künstlichen Brustbildern und Wapen gezieret.* Oldenburg, durch Warner Berendts Erben, 1599, 3 part. en un vol. in-fol. (Nunquam recussus, hinc rarus liber, disent Vogt et Bauer); ce beau livre, bien imprimé, est enrichi de portraits finement gravés sur cuivre et de blasons.

OLEARUS INS. [Mela, It. Ant.], OLIAROS INS. [Virg., Plin.], Ὠλίαρος [Strab.], Ὠλίαρος [Ptol.], l'une des petites Cyclades, auj. *Antiparos, Antiparo*.

OLEASTRUM [It. Ant.], ville des Ilercaones, dans la Tarraconaise, auj. *Balaguer*, sur la Sègre, ville de Catalogne (voy. BALLEGARIUM).

OLENACUM [Not. Prov.], station de la Britannia Romana (MAXIMA CÆSARIENSIS), que Camden (p. 1022) croit être auj. *Linstoë*, et non point *Ellenborough*, comme le disent quelques géogr. allemands.

OLENUS, OLENUM [Plin.], Ὤλενος [Herod., Polyb., Str., Ptol.], ville de l'Achaïe, l'une des 12 de la Ligue Achéenne, auj. *Kato-Akhaia* [Leake].

OLERONA, ELVRONA, voy. ILURO.

OLIAROS INS., voy. OLARION.

OLIBA, voy. OLBIA.

OLICANA, Ὀλίκανα [Ptol.], ville des Brigantes, dans la Britannia Romana, auj. *Ilkley*, à l'O. d'York.

OLIGYRTUM, Ὀλίγυρτον [Polyb., Plut.], ville de l'Arcadie, au pied de la montagne du même nom, auj. *Skipesi* [Leake].

OLIMACUM, Ὀλείμακον [Ptol.], ville de la Haute-Pannonie, auj. *Lembach*, en Hongrie [Reichard].

OLINA FL., Ὀλίνα [Ptol.], OLNA, riv. de la Gaule Lyonnaise, que d'Anville croit être *l'Orne*, et Mannert *la Vire*; mais les géogr. modernes ont donné raison au premier.

OLINO [Not. Imper.], *Holé*, près de Bâle (Suisse), d'après l'opinion de d'Anville, de B. Rhenanus et de Forbiger.

OLINTIGI [Mela], près d'Onoba, ville de la Bétique, que Reichard traduit par *Palos* (Andalousie) et Ukert, par *Moguer*.

OLISIPO [Varro, Plin., It. Ant.], Ὀλυσιπών [Strab.], Ὀλισσείπων, ULYSSIPO [Mart.], ULYSSI PONS, OLISIPONE [Gr. Chr.], OLISIPONNA CIVITAS, Ὤλιος Ἵππων [Ptol.], FELICITAS JULIA OLISIPO [Inscr. ap. Grut.], ULYSSIA, ULYXBONA, *Civ. Regia*, ULYSSIPOLIS, LISSABONA [Cell.], LISBONA [Luen.]. capit. de la Lusitanie, auj. *Lisbonne, Lisboa*, sur la rive droite du Tage, ville capitale du Portugal, avec une admirable rade sur le Tage, académies, musées, bibliothèque; patrie du Camoëns et d'Albuquerque.

Une imprimerie hébraïque est organisée à Lisbonne à la fin du XVe siècle, et le plus ancien produit de ces presses, que nous sachions, remonte à 1485, si l'on en croit Michel Denis, le continuateur de

Maittaire: *Rabbi Jacob ben Ascher* ארה חיים

ספר *sive liber semitæ vitæ: Ordo primus... A* la fin 30 vers et la souscription : *Absolutus est porro anno* CCXLV. *Mense Elul, cui anno quinque adduntur millenaria* (août ou septembre 1485), in-fol. «Character titulorum quadratus, ajoute Michel Denis, textus verò Hispano-Rabbinicus, qualis post annos aliquot Ulyssipone adhibitus est; unde et hoc opus ibidem impressum videtur. » Cette assertion a été contestée par Panzer et plusieurs autres bibliographes, qui ont attribué ce volume aux presses d'Iscar (*Soria* en Espagne), et pourtant, s'ils avaient confronté le caractère du livre de Rabbi ben Ascher avec celui du volume de 1489 que nous allons décrire, ils auraient reconnu une parfaite identité.

Voici le livre de 1489, dont l'authenticité est incontestable et que possède la Biblioth. impér. de Paris : *R. Moses ben Nachman. Commentarius in Pentateuchum* ; in-fol. en car. rabbin. de deux grandeurs, à 2 col. et en deux parties, la première comprenant *la Genèse* et *l'Exode*, de 152 ff.; la seconde contenant les autres livres, de 148 ff.; au v° du 1er f., dans un encadrement gravé sur bois, et représentant divers animaux, est une préface de Nachman; à la fin du Pentateuque le typographe glorifie dans une pièce de vers: « *Nomen Dei excelsi et tremendi, qui multitudine benignitatis suæ adiuvit cum, ut perficeret scriptum hoc pretiosum et inæstimabile Mosis Nachmanidis et quidem perficeret perpulchra impressione, rectaque correctione, Ulyssipone, mense Ab anno Miserebor Iudæ, videlicet* CCXLIX. *iudaico* (Christi 1489), *in ædibus Rabbi Zorba et Raban Eliezer*. »

La Biblioth. impériale de Paris possède imprimées sur vélin deux éditions du *Pentateuque* provenant des presses israélites de Lisbonne : l'une de 1491, imprimée par un nommé Zachæus, fils du Rabbi Eliezer ; l'autre sans date, mais exécutée vers 1494.

Les catholiques ne pouvaient se laisser devancer longtemps par les juifs ; et pourtant, dans une ville et à une époque où le redoutable tribunal de l'inquisition venait d'être établi, l'imprimerie devait être plutôt redoutée comme un fléau, que saluée comme un bienfait ; cependant les ordres lettrés portugais accueillirent avec empressement un typographe allemand, parti de la Saxe, qui venait chercher fortune sur les rives du Tage (il s'appelait Nicolas le Saxon, *Nicolaus de Saxonia*), et lui conférèrent la mission d'exécuter leurs livres liturgiques. Le premier livre sorti des presses de Nicolas de Saxe est une Vita Christi, *escrita en latin por Ludolfo de Saxonia, y traducida al portugues por Bernardo de Alcobaza.* Impresa en Lisboa año de 1495, por Nicolao de Sajonia, y Valentin de Moravia compañeros. 4 vol. in-fol. Le premier achevé d'imprimer le 14 août ; le second le 7 septembre ; le troisième le 20 novembre, et le quatrième le 14 mai. Mendez ajoute : Este quarto tomo debia ser impreso antes do terceiro pelo tempo em que se publicou. »

En 1496 Nicolas de Saxe et son associé donnent un *Breviarium Bracarense*, décrit par Hain (III, 427) ; en 1497 un *Breviarium secundum consuet. Compostellane Ecclesie.*

Le second imprimeur de Lisbonne est un Français, Germain Gaillard, dont on fit en portugais : *Germão Galharde* ou *Galhardo* ; puis vient Jacques Cromberger, dont nous avons salué le nom à l'hist. de la typographie de Séville et d'Ebora ; enfin les Craesbecke, qui tiennent le premier rang parmi les typographes du royaume jusqu'à la fin du XVIIe siècle.

Un des plus précieux volumes imprimés à Lisbonne au XVe siècle est l'*Estoria de muy nobre Vespasiano emperador de Roma.* In-4° goth. Ce rare et beau livre est imprimé par Valentin de Moravie, l'associé de Nicolas le Saxon.

Il nous faut encore mentionner au XVIe siècle l'imprimeur qui eut la gloire de donner la première édition du poëme immortel de Camoens, Os Lusiadas, publié en 1572 « com licença da Sancta Inquisição » ; il s'appelait Antonio Gonçalvez.

Le recueil des poésies diverses du pauvre grand homme fut donné en 1595 ; il fut exécuté par un typographe de renom, qui s'appelait Manoel de Lyra.

OLITA, OLITIS, *Olite,* pet. ville d'Espagne (Aragon), sur la route de Pampelune à Saragosse.

Cette localité est mentionnée par Mendez comme ayant possédé une imprimerie.

OLITA, OLTA, *Olten,* ville de Suisse (canton de Soleure) ; point central des chemins de fer de Suisse.

OLITIS FL., OLTIS [Sid. Apoll.], OLTIS, l'OLT, auj. *le Lot,* riv. de France, affl. de la Garonne.

OLIVA [It. Ant.], ville de Sicile, sur la route de Palerme à Marsala, auj. *Vito* [Reichard].

OLIVA, MONAST. OLIVENSE, *apud Navarros, abbaye d'Oliva,* dans la Navarre, de l'ordes des Cisterciens.

Cette abbaye n'est point mentionnée par Mendez, et cependant l'imprimerie a été exercée dans ses murs : *F. Nicol. Bravo. Tractatus monasticus de Jure ac potestate regul. observantiæ S. Bernardi Hispaniæ ord. Cisterciensis.* Olivæ, 1647, in-4°, et

l'année suivante, du même auteur : *Notæ litterales Regulæ S. Benedicti.* Olivæ, 1648, in-fol.

OLIVA, OLIVENSE MONAST., *abbaye d'Oliva,* près de Dantzig, de l'ordre des Cisterciens, sécularisée en 1829.

Le célèbre traité de paix de 1660, qui rendit le repos au nord de l'Europe après 61 ans de guerre, fut signé dans ce monastère. Un atelier typographique organisé et servi par les moines lettrés de l'ordre de Cîteaux, qui avaient appelé un typogr. de Dantzig, fonctionna dans cette célèbre abbaye à partir de la fin du XVIIe siècle ; on peut citer un très-grand nombre d'ouvrages importants provenant de cette imprimerie conventuelle. Les plus anciens, qui soient venus à notre connaissance, remontent à 1674 :

Adalb. Tylkowski, Soc. Jesu. Disquisitio physica ostenti duorum puerorum quorum unus cum dente aureo, alter cum capite giganteo Vilnæ in Lithuania spectabatur anno 1673. Typis Monasterii Olivensis, 1674, in-12. Le bon jésuite qui signalait cette *dent d'or* miraculeuse aurait dû parler de la première apparue en Silésie en 1593, et qui déjà avait fait l'objet d'une *savante dissertation.* La biblioth. dè l'observatoire de Poulkova possède du P. Tylkowski un autre traité : *Quintuplex temporis exegesis sive tractatus quinque de calendario.* Typ. Monast. Olivensis, 1687, in-4°. Les deux importants ouvrages de Math. Prætorius : *Orbis Gothicus et Mars Gothicus.* 2 vol. in-fol., 1688-91, sont peut-être les livres les plus recherchés qui soient sortis d'Oliva ; le premier donne le nom de l'imprimeur, que nous croyons avoir exercé à Dantzig : «*Typis Mon. Olivensis, Ord. Cisterc., imprimebat Jo. Jac. Textor.* »

OLIVULA PORTUS [It. Marit.], CASTRUM DE MONTE OLIVO [Chorogr. de Prov.], S.-*Hospitio,* petit port près de Villefranche (Alpes-Maritimes) ; Mannert, d'après l'auteur de la relation du voyage de Grégoire XI d'Avignon à Rome en 1376, prend le *Portus Olivæ* pour Villâfranca elle-même ; ce que d'Anville prouve être une erreur.

OLLIUS FL. [Plin.], riv. de la Gaule Cisalpine, auj. l'*Oglio,* affl. du Pô.

OLMEDUM, *Olmedo,* pet. ville d'Espagne (Castille et Léon), près de Valladolid.

L'imprimerie, dit Mendez, exista dans cette localité, qui n'est plus auj. qu'une pauvre bourgade, malgré ses sept églises.

OLMIÆ PROM., αἱ Ὀλμιαί [Strab.], cap de Grèce, sur l'Isthme de Corinthe, auj. cap *Melangavi* [Leake].

OLMIUS FL., Ὄλμιος [Strab.], riv. de la Béotie, affl. au lac Copaïs ; auj., suiv. Leake, *le Kefalari.*

OLMUNCIA, voy. OLMUTIUM.

OLMUTIUM [Cell., Zeiler], OLOMUCENSIS CIV., OLOMUCIUM, OLOMUNTZ, anc. EBURUM, Ἔβουρον [Ptol.]?, ville des Quadi, dans le S.-E. de la Germanie, auj. *Olmütz, Holomauc,* ville forte de l'empire autrichien, dans la Moravie, chef-lieu du cercle d'Olmütz, sur la March.

Archevêché ; son université fut supprimée en 1855, mais sa riche bibliothèque est devenue la bibliothèque de la ville, et a remplacé celle infiniment plus précieuse que les Suédois transportèrent à Stralsund lors de la guerre de Trente ans.

La dernière année du xve siècle a vu l'imprimerie s'introduire à Olmütz : AUGUSTINUS MORAVUS OLOMUCENSIS. *Tractatus contra heresim Valdensium Augustini de Olomucz ad Ioannem Aygrum Physicum Sectarium.* A la fin : *Impressum in regali Ciuitate Olomucensi per ne Conradum Bomgathen* (Baumgarten) *anno Domini* M. quingentesimo. XXIX. die mensis octobris, in-4°. Livre fort rare, dont nous ne trouvons dans aucun bibliographe une description plus détaillée.

Le second livre imprimé à Olmütz est beaucoup plus connu ; nous avons vu chez le libraire Tross le bel exempl. de la vente Béarzi (no 615) : *Sancte Romane ecclesie fidei defensionis clippeum aduersus Waldensium seu pickardorum heresim. Certas Germanie Bohemieque nationes in odium cleri ac enervationem ecclesiastice potestatis virulenta contagione sparsim inficientes. Sanctissimi Alexandri sexti pontificis iussu, nuper per eximium Sacre pagine professorem Fratrem Heinricum institoris heretice pravitatis inquisitorem, ordinis predicatorum. In formam sermonum utilissime redactum.* In Olomucz Marchionatu Morauie per magistrum Conradum Baumgarthen impressum, anno M.D.II°, in-fol. goth. à 2 col. fig. s. b.

C'est l'un des plus rares ouvrages sur les Hussites et les Vaudois.

OLNA, voy. OLINA.

OLNITIUM, OELSNITIUM, *Oelsnitz*, ville de Thuringe, près de Plauen, dans la Saxe Prussienne (Voigtland), sur l'Elster.

Nous trouvons trace d'imprimerie dans cette localité en 1650 : *Mariæ Cunitiæ Urania propitia sive Tabulæ Astronomicæ mire faciles, vim Hypothesium Physicarum a Kepplero proditarum complexæ... Tabulæ prochirarum.* Olsnæ, 1650, 2 parties en un vol. in-fol. « Cette dame astronome, dit M. Libri, était la femme du célèbre médecin Elias de Leuwen, qui assure dans la préface que l'*Urania Propitia* est intégralement l'œuvre de sa docte épouse. » (Catal. Elzevir, 1681, p. 115.)

OLOMUCIUM, voy. OLMUTIUM.

OLONNA [P. Diac.], OLONNA CURTIS [Pertz], bourg du Milanais, auj. *Corta Olona.*

OLONNA FL. [G. Rav.], riv. du Milanais, l'*Olona*, affl. du Pô.

OLOOSSON, Ὀλοοσσών [Hom., Str.], Ἀόσσονος [Procop.], ville de la Thessalie, auj. *Elassona* [Leake].

OLPÆ, Ὄλπαι [Thuc., Steph.], forteresse de l'Acarnanie, près d'Argos Amphilochicum, auj. *Arapi*, suiv. Leake. == Une autre localité de ce nom dans la Locride est placée par le même géogr. auprès de *Pendornia.*

OLTA FL., l'*Aluta*, riv. de Transylvanie.

OLTIS, OLTUS, voy. OLITIS.

OLURIS, OLURUS, Ὄλουρις, Ὄλουρος, ville de la Messénie, que Leake place dans la plaine de *Sulima*, à l'E. de Cyparissia.

OLUS, Ὀλοῦς [Scyl., Ptol.], Ὄλουλις [Steph. B.], port de l'île de Crète, que Mannert et Gail croient être auj. *Mirabello*, ou plutôt *Malia de Mirabello.*

OLYMPIA [Liv.], Ὀλυμπία [Pind., Herod., Polyb., Strab.], ville de l'Elide, sur la rive droite de l'Alphée, célèbre par le temple de Jupiter et les jeux Olympiques ; près de la plaine qu'occupait cette ville illustre s'élève auj. le bourg de *Miraka* (Morée).

OLYMPUS MONS [Mela, Plin.], Ὄλυμπος [Strab., Ptol., Herod.], chaîne de montagnes qui séparait la Thessalie de la Macédoine, auj. Monts *Lacha*, en turc *Semevat Evi.* == Une montagne de l'île de Chypre, qui portait ce nom, s'appelle auj. *Stavros* ou *Santa Croce.*

OLYNTA INS., Ὄλυντα [Scyl.], petite île de la mer Ionienne sur la côte de Dalmatie, auj. *Isola Solta.*

OLYNTHUS [Mela, Varro., Plin.], Ὄλυνθος [Herod., Scyl., Polyb., Diod.], ville de la Macédoine, dont les ruines se voient auj. près d'*Aïo Mamas* [Leake].

OLYSIPPO, voy. OLISIPO.

OMBRONES, peuple de la Sarmatie, qui occupait les bords de la *Vistule.*

OMPHALIUM, Ὀμφάλιον [Ptol.], ville de l'Illyrie Grecque, sur la rive gauche de l'Aoüs, auj. près de *Premedi* [Leake].

ONACRUS FL., l'*Ocker*, riv. du Brunswick, affl. de l'Aller [Graesse].

ONACUM, *Aunay-en-Bazois*, commune de la Nièvre, suiv. Quicherat.

ONASUS FL., voy. ANASUS.

ONCHESTUS, Ὄγχηστος [Hom., Strab.], ville de l'Epire, sur les ruines de laquelle s'est élevé le monast. de *Mazaraki* [Wheler].

ONEUM [Tab. P.], Ὀναῖον [Ptol.], localité de l'Illyrie Barbare ou Romaine, que Reichard place à *Jassenicza*, et Mannert près du bourg de *Primordia.*

ONINGIS [Plin.], ORINGIS [Liv.], ville de la Bétique, chez les Melesses, auj. *Monda* (?) entre Monclovo et Ximena de la Frontera. (Voy. FLAVIUM AURGITANUM.)

ONOBA ÆSTUARIA [Mela, Plin.], ville de la Bétique, à l'embouch. du fl. *Luxia*, chez les Turdetani, auj. *Huelva*, ville d'Espagne, en Andalousie, chef-lieu d'intendance.

ONOBALAS FL., ACESINOS, fleuve de Sicile, sur la côte E., auj. l'*Alcantara.*

ONOBRISATES [Plin.], ONOBUSATES, peuple de l'Aquitaine, que Reichard place dans les environs d'*Albret*, en Gascogne.

ONOLDINIUM, ONOLTZBACHIUM, *Onolzbach,* *Anspach, Ansbach,* ville de Bavière, sur la Rézat (cercle de la Franconie-Moyenne); anc. chef-lieu d'un Margraviat vendu à la Prusse en 1790, par le margrave Charles-Alexandre.

L'imprimerie date dans cette ville des premières années du XVIIᵉ siècle; nous ne pensons pas qu'on puisse la faire remonter plus haut que 1604 : *M. Joh. Mectführers Anleitung, wie auff alte Sontag vnd Fest, je ein Psalm Dauids gegen desselbigen Tags Evangelien zu betrachten sey.* Onoltzbach, 1604, bey Paul Behem, in-8°. Cet imprimeur latinisait son nom : Paulus Bohemus.

Citons encore : *Joh. Giftheil. Theses de Trinitate, Persona Christi et Spiritu Sancto.* Onolzbachii, 1608, in-4°.

Le principal imprimeur d'Anspach au XVIIIᵉ siècle s'appelait J. C. Posch; c'est à lui qu'on doit en 1752 l'impression du catal. très-important de la collection Zocha, rédigé par Th. Henr. Tiezmann ; 3 vol. in-8° (Livres et Estampes).

OPAVIA, OPPAVIA, TROPPAVIA, *Troppau,* chef-lieu du cercle du même nom, dans la Silésie Autrichienne, sur l'Oppa.

M. Cotton ne fait remonter l'imprimerie dans cette ville qu'à 1793, avec George Frazier comme premier typographe.

OPHIUSA INS., Ὀφιοῦσα [Scyl.], Ὀφιοῦσσα [Ptol.], île et bourg de la Scythie Europ., sur la rive gauche du Dniester, auj. *Palanka* (?)

OPHIUSA INS. [Mela, Plin.], voy. COLUBRARIA.

OPIÆ [Tab. P.], *Bopfingen,* sur l'Eger, ville du Wurtemberg.

OPICI, Ὀπικοί [Thuc., Arist., Polyb., Strab.], peuple primitif de l'Italie Centrale, qui comprenait les OSCI et les UMBRI, et fit donner au *Samnium* et au *Latium* le premier nom d'OPICA.

OPINUM [It. Ant.], Ὄπινον [Ptol.], ville de l'île de Corse, auj. *Opino* [Reichard].

OPINUM [It. Ant.], OPPIDUM, ville de la Lucanie au S. de Venusia, auj. *Oppido* (voy. MAMERTIUM).

OPITERGIUM [Plin., Tac,], Ὀπιτέργιον [Ptol.], ville de la Vénétie, auj. *Oderzo,* sur le Montegnana, dans la délég. de Trévise.

OPPAVIA, voy. OPAVIA.

OPPENHEMIUM, voy. BANCONA.

OPPIA [Liv.], localité du N.-O. du Samnium, auj. *Opi* (Abruzze Ult. II).

OPPIDUM ATUATICORUM [Cæs.], BELLUS MONS, BELLOMONTIUM, *Beaumont,* bourg de Belgique, près Mons (Hainaut).

OPPIDUM S. CARILESI, *St-Calais,* ville de Fr. (Sarthe).

OPPIDUM S. FERRIOLI ou FEREOLI, *St-Far-*

geau, ville de Fr. (Yonne), sur le Loing.

OPPIDUM LADISLAVII, QUINTOFORUM, DONNERSMARK, *Stwartek,* ville de Hongrie [Graësse].

OPPIDUM NOVUM [It. Ant.], station sur la route de Tarbes à Toulouse; auj., suiv. Reichard, *Ossun,* chef-lieu de canton des Hautes-Pyrénées; d'Anville propose *Estrade* ou *Strata,* à deux kil. de Lourdes, dans le même dép.

OPPIDUM ou FANUM S. PELAGII, *St-Palais,* ville de la Basse-Navarre (Basses-Pyrénées), près de la Bidouze.

OPPIDUM UBIORUM, voy. AGRIPPINA.

OPPIDUM VELÆ, PONS AD VELAM, *Pont-de-Veyle,* ville de Fr. (Ain).

OPPOLIA, OPPOLIUM, *Oppeln,* ville de la Silésie Prussienne, chef-lieu de Régence, sur l'Oder.

OPSLOA, voy. ANSLOGA.

OPTA, voy. JULIA OPTA.

OPUNTII, voy. LOCRI EPICNEMIDII.

OPUS [Plin., It. Ant.], OPOES [Mela], Ὀπόεις [Hom., Steph.], Ὀποῦς [Thuc., Strab., Ptol.], ville de la Locride, sur les bords du Sinus Opuntiacus, placée par Leake auprès de *Kardhenitza,* et, suiv. Kruse, en ruines près de *Talanta* ou *Talnuti.*

ORAGNIA, ORANGIA, voy. ARAUSIO.

Parmi les typographes d'Orange au XVIIᵉ siècle, dignes d'une mention honorable, nous devons signaler Juann Vuart, l'imprimeur du trop célèbre « *Alcibiade Fanciullo a la Scola di P. A.* (Pietro Aretino). CIↃ IↃ C.LII (1652), pet. in-8° carré, infâme débauche d'esprit que l'on attribue à Ferrante Pallavicino.

ORATORIUM, *Oradour* (Cantal, Haute-Vienne, Charente). = *Auradou* (Lot-et-Garonne). = *Orrouer* (Eure-et-Loir), etc. Ces diverses localités, et plusieurs autres que cite M. Quicherat, dérivent du radical ORATORIUM dont la finale, suiv. le dialecte du pays, est devenue sourde ou sonore.

ORBA, VRBA VICO, ORBACUM, *Orbe, Orben, Orbach,* ville de Suisse, sur l'Orbe, dans le canton de Vaud [Quicherat], patrie du réform. Viret.

ORBACENSIS SEDES, *der Orbaische Stuhl,* en Transylvanie (l'évèché d'Orbach).

ORBACUM, ORBATUM, *Orbais,* bourg de France, près Dormans (Marne); anc. abb. de St-Benoît, du dioc. de Soissons, fondée en 680.

ORBANA VILLA, *Villorbaine,* commune du Charolais (Saône-et-Loire).

ORBECCUM, URBA, *Orbec,* ville de Fr. (Calvados).

ORBELUS MONS [Mela, Plin.], Ὀρβηλός [Herod., Strab., Ptol.], montagne du nord de la Macédoine, sur les frontières de Thrace, auj. *Monte Argentaro,* ou *Egrisou-Dagh,* dans les Balkans.

ORBIO, ORBIONE, l'*Orbieu,* affl. de l'Aude.

ORBIS FL. [Mela], Ὀρβίς [Strab.], Ὀβρις [Ptol.], l'*Orbe,* petit fl. de France, qui se jette dans la Méditerranée (Hérault). = Une riv. du même nom en Suisse afflue au lac de Neufchâtel.

ORBITANIUM [Liv.], ville d'Italie, au N.-O. de Beneventum, auj. *Vitolano* [Reich.], dans la Princ. Ultér.

ORBITELLUM, *Orbitello,* sur le lac du même nom, ville de l'anc. gr.-duché de Toscane (Italie) ; voy. COSA.

Haym et le catal. de Tournes (p. 485) nous donnent le titre d'un livre imprimé dans cette ville en 1667 ; c'est aussi la date adoptée par Falkenstein : *La Doppia impiccata, overo expositione della necessità all' Augustissimo tribunale della sapienza, contro le ragioni della Doppia, trattato politico.* Orbitello, 1667, in-12. Melzi ne cite pas ce volume. Le catal. de la vente Pinelli, faite à Londres en 1789, nous donne une seconde édition du même livre à Orbitello en 1676 ; mais plus probablement c'est une simple transposition de chiffres ; le cat. Floncel classe le vol. parmi les auteurs facétieux.

ORCADES INS. [Mela, Tac., Plin., It. Ant.], Ὀρκάδες νῆσοι [Ptol.], groupe de 30 îles (Ptol. dit 40), au N.-E. de l'Écosse, auj. *les Orcades, Orkney.*

ORCAS PROM., Ὀρκὰς ἄκρα [Ptol.], cap au N.-E. de l'Écosse, auj. *Dunnet Head.*

ORCELIS, ORCILIS, Ὀρκέλις, ORIOLA, anc. BIGASTRUM ou BICASTRUM (?), ville de la Tarrac., aux confins des Bastitani, *Orihuela, Orehuela,* ville d'Espagne, sur la Ségura (cap. gén. de Valence).

Université fondée en 1555 ; évêché, bibliothèque. L'introduction de la typogr. dans cette ville ne suivit pas de près la création de l'université ; car ce n'est qu'en 1602, qu'avec Falkenstein et M. Cotton, nous voyons paraître le premier livre imprimé ; ce vol. que M. Cotton dit être à la Bibl. de Trinity College à Dublin, est intit.: *Synodus Oriolana secunda* ; à la fin, Oriolæ, in palatio episcopali, per Didacum de la Torre. Anno dñi, 1602, in-8°. L'année suivante, l'imprimerie épiscopale, dirigée par Diego de la Torre, donne un second volume : *De Bello sacro religionis causa suscepto, ad libros Machabæorum commentarii, Clementi VIII P. M. nuncupati. Josepho Stephano* (vulgò Esteve) *Valentino auctore.* Oriolæ in palatio episcopali, 1603, quatre parties en un vol. in-4°. En 1612 nous trouvons un nouvel imprimeur : *Fr. Joan de Zaragoza de Heredia* (du couvent des dominicains de Orihuela), *la Vida de Sor Maria Raggi de la tercera orden de Santo Domingo.* Orceli, seu Oriolæ, apud Augustinum Martinez, anno 1612, in-8° ; ce livre fut traduit en français et publié à Douai en 1621. Un nouveau typographe, en 1620, imprime : *F. Ant. Ferrer. Arte de conocer y agradir a Jesus.* En Orihuela, impresso con licentia... por Luiz Beros, 1620, in-4°. Enfin, à la fin du siècle, le meilleur imprimeur d'Orihuela est un Français nommé Jean Vincent.

ORCHESIUM, voy. ORIGIACUM.

ORCHOMENUS [Liv., Mela], Ὀρχομενός [Hom., Herod., Thuc., Xen., Plut., Strab.], ville de l'Arcadie, au N.-O. de Mantinée, dont les ruines subsistent auj. près de *Kalpaki* [Leake, Boblaye].

ORCHOMENUS [Mela, Plin., Cæs.], Ὀρχομενός [Hom., Herod., Thuc., Paus., Strab.], célèbre ville de la Bœotie, sur le lac Copaïs, auj. en ruines près d'un bourg appelé *Skripu* [Dodwell, Leake].

ORCIA, Ὀρκία [Ptol.], localité des Ilergetes dans la Tarracon., auj. *Orgagna* [Ukert].

ORDESSUS, voy. ODESSUS.

ORDESSUS FL., Ὀρδησσός [Ptol.], fleuve de la Dacie, qu'Ukert croit être *le Sereth,* en Valachie, affl. du Danube.

ORDOVICES [Liv., Tac.], Ὀρδούϊκες [Ptol.], peuple de la Britannia ; occupait le N.-O. du pays de Galles entre le Dee et Cardigan Bay.

ORDRUSIUM, ORDROFFIUM, *Ordruff, Ohrdruff,* ville de la Thuringe (Saxe).

OREBROGIA, OAREBROA, *Oerebro, Örebro,* ville du roy. de Suède, chef-lieu de préfecture, sur le lac Hielmar, à l'O. de Stockholm.

M. Ternaux cite comme exécuté et publié dans cette ville par un imprimeur du nom de Lindh, un *Traité* (en suédois) *des plantes les plus remarquables de la province de Néricie.* Œrebro, 1769, in-12.

ORESTHASIUM, Ὀρεσθάσιον, Ὀρέσθειον, ville de l'Arcadie Mérid., que Leake place auprès de *Marmaria,* sur le versant du mont Tzimbaru.

ORESTIS [Liv.], Ὀρεστίς [Ptol.], Ὀρεστιάς [Strab.], district de la Macédoine, dont la ville principale, ORESTIA, Ὀρεστία ἐν ὄρει ὑπερκειμένω τῆς Μακεδονικῆς γῆς [Steph. B.], donna naissance à Ptolémée Lagus ; Sprüner place l'*Orestide* au S. du lac d'Okryda, dans la moyenne Albanie.

ORESTIS PORTUS [Plin.], ville de la Grande-Grèce, dans le Bruttium, auj. *Gioja* (Calabres).

ORESUNDÆ FRETRUM, *le Sund, Oeresund* ; voy. DANICUM FRETUM.

ORETANI, Ὀρητάνοι, *qui et Germani cognominantur* [Plin.], peuple de la Tarraconaise dont la capit. ORIA, Ὀρία [Strab.], ORETUM GERMANORUM, Ὄρητον Γερμανῶν [Ptol.], est auj. *Nuestra Señora de*

Oreto, près d'Almagro (Nouv. Castille), et suiv. d'autres géogr., *Calatrava*, près de la Guadiana, dans l'iutend. de Ciudad-Réal (même prov.), célèbre par l'ordre militaire de ce nom fondé en 1158.

ORGASOIALUM [Monn. Mérov.], *Orziaux* (?) localité du dép. de Seine-et-Oise [Quich.]; nous proposons *Orgeans,* village du dép. du Doubs, près B⸱aumeles-Dames.

ORGATOILO [Monn. Mérov.]; M. Quicherat propose *Orgedeuil,* commune de Fr. (Charente).

ORGELLUM, ORGELLIS CIVITAS [Pertz], VRGELLUM, ORGELLE, ORGALE, LORGALE [Gr. Chron.], SEDES URGELITANA, *la Seu d'Urgel, Urgel,* ville forte d'Espagne, dans la cap. gén. de Catalogne, au pied des Pyrénées; anc. chef-lieu du comté d'Urgel au temps de Charlemagne; évèché duquel dépend le Val d'Andorre.

Une faute d'impression du P. Le Long (III, 517) pourrait faire croire que la typographie a existé dans cette ville au XVIIᵉ siècle ; en effet il cite l'*Histoire du royaume de Navarre* (en allemand), Cologne, 1596, in-fol., et la *Suite de cette Histoire* jusqu'en 1603 ; URGEL, 1613, in-fol. Voici les titres exacts : *Histori von Nauara von* 716. *Jahr Christi biss auff* 1597. *verloffen.* Cölln, 1596, in-fol. *Continuirt biss auff* 1603 *Jahr. Ursel*, 1613, in-fol. On voit que d'Urgel à Ursel il n'y a que la main.

ORGUS FL., voy. MORGUS.

ORGYSUS, Ὄργυσος [Polyb.], ORGESSUS [Liv.], lieu fortifié de l'Illyrie Grecque, auj. *Argova,* au S.-O. de Korina [Reich.].

ORIA, ORISIA [Steph.], voy. ORETANI.

ORICUM [Cæs., Liv., Plin.], Ὠρικόν [Ptol.], ORICUS [Propert.], Ὠρικό; [Herod., Polyb.], dans le pays des ORICI, Ὠρικοί [Scyl.], ville de l'Illyrie Grecque, auj. *Ericho,* avec de belles ruines [Pouqueville].

ORIENS, voy. ARIOLA.

ORIENS, *Lorient,* ville et port de guerre de Fr. (Morbihan); bàtie en 1719 par la Compagnie des Indes, qui la destinait à servir d'entrepôt et de port spécial.

D'après l'arrêt du conseil de 1759 et le rapport fait à M. de Sartines en 1764, ce serait vers 1733, c'est-à-dire 14 ans après la création de la ville, qu'une imprimerie aurait été installée à Lorient; effectivement cette imprimerie existait antérieurement à 1739, puisque l'arrêt du conseil à cette date supprime l'établissement de Lorient; il ne fut pas mis à exécution et l'arrêt du 12 mai 1759 dit: « Art. Iᵉʳ. Le nombre des imprimeurs de la généralité et province de Bretagne sera et demeurera fixé à celui de quinze, sçauoir...... un pour la ville de Lorient, en laquelle S. M. a jugé nécessaire d'établir une imprimerie. » Cette imprimerie existait depuis longtemps

d'après le rapport Sartines : LORIENT. J.-B.-Pierre Durand, 38 ans, né à Nantes; il est venu avec son père s'établir il y a 31 ans; a été confirmé par arrêt du conseil du 1ᵉʳ octobre 1759 (il y a erreur de date, c'est l'arrêt du 12 mai).

Nous ne connaissons pas les premiers livres imprimés par Pierre Durand; mais nous citerons : *Manuel du Marin, par Bourdé de Villehuet;* Lorient, 1773, 2 part. en un vol. in-8º (Bibl. de Rennes). — *Vie militaire de M. Guérin de Fremicourt, commandant pour le roy à l'Orient.* L'Orient, 1780, in-8º, etc.

ORIENTALIS PLAGA, *das Osterland,* district de Saxe [Graësse]..

ORIGIACUM, Ὀργιακόν [Ptol.], ORCHESIUM, *Orchies,* bourg de Fr. (Nord); c'était, dit Ptolémée, une ville des *Atrebates,* ce qui l'a fait prendre par quelques géographes pour ATREBATÆ elle-même.

ORINGIS, voy. ONINGIS.

ORINUS FL., petit fl. de Sicile; *il Gallo* [Mannert].

ORIOLA, voy. ORCELIS.

ORIPPO [Plin., It. Ant.], ORIPPUM, à IX m. d'Hispalis, auj. *Villa de los Hermanos,* bourg d'Andalousie.

ORISIA, voy. ORETANI.

ORLAMUNDA, *Orlamünde,* sur la Saale, petite ville de l'anc. Thuringe, puis du duché de Saxe-Altenbourg, auj. à la Prusse.

ORNIACI, Ὀρνιακοί [Ptol.], peuple de la Tarraconaise ; habitait un district des *Asturies.*

OROBLÆ, Ὀρόβιαι [Thuc., Strab.], bourg de l'Eubée, auj. *Rovies,* dans l'île de Negroponte.

OROBIS FL., voy. ORBIS.

OROLAUNUM, voy. ARLAUNUM.

OROMARSACI [Plin.], peuple de la Gaule Belgique, habitant le territoire compris entre Calais et Boulogne, où se trouve la commune de *Marcq.*

ORONNA, l'*Aronde,* affl. de l'Oise.

OROPUS [Liv., Plin.], Ὠρωπός [Herod., Thuc., Strab., Diod.], ville de la Bœotie, sur les frontières de l'Attique et la rive droite de l'Asopus, auj. *Ropo, Oropo,* bourg de l'Eparkhie de Voiotia.

OROSPEDA MONS, Ὀροσπέδα [Strab.], ORTOSPEDA, montagnes qui séparent la Bétique de la Tarracon., auj. *Sierra d'Alcaraz* et *Sierra de Ronda* [Ukert].

ORREA, Ὀρρέα [Ptol.], localité de la Britannia Barbara, peut-être *Forfar,* ville et chef-lieu de comté en Écosse.

ORSOVA, voy. CLODOVA.

ORTÆ, voy. HORTA.

ORTAGUREA [Plin.], ville de Thrace, auj. *Marogna*; voy. MARONEA.

ORTA-KÖY, ORTHOKÖJ, village de Roumélie, sur le Bosphore, près de Constantinople.

Une imprimerie arménienne fut établie dans cette localité vers 1712; en 1830 elle existait encore, et possédait 3 presses, avec lesquelles elle publiait annuellement quelques volumes imprimés en arménien et en hébreu ; on prétend même que cet établissement possédait une fonderie de caractères, où l'on obtenait des types arméniens, grecs, hébreux, russes, arabes et romains.

ORTHE, Ὀρθη [Strab.], ville de la Magnésie (Thessalie), auj. *Karadjoli* [Leake].

ORTHESIUM, HORTHESIUM, *Orthez*, ville de Fr. (Basses-Pyrénées), près du Gave de Pau ; anc. capit. du Béarn.

L'imprimerie, si nous en croyons le *Manuel*, qui s'appuie sur l'autorité de la *Bibliothèque choisie des livres de droit*, remonterait en cette ville à l'année 1545 : *Fors et Coustumes deu royaume de Navarre, e Stil de la Chancellaria, avec l'Aranzel*. Orthez, 1545, in-8. Nous ne connaissons, pas plus que M. Brunet, ce volume, et nous ne pouvons garantir l'authenticité de la date, que, jusqu'à preuve contraire, nous sommes fortement tenté de croire inexacte.

Pour nous la typographie date à Orthez de 1583 ; alors nous trouvons des livres que nous pouvons décrire *de visu*: *Los Psalmes de David metuts in rima Bernesa, per Arnaud de Saletto*. A Ortes, par Loys Rabier, imprimeur deu Rey, 1583, pet. in-8° de 280 ff. non chif., sign. Aij-Mmiiij. (à la Biblioth. impér. et à l'Arsenal). Ce Louis Rabier alla, au commencement du siècle suivant, diriger une seconde typogr. à Lescar ; il y conserve le titre d'*imprimeur du roy de Navarre*, depuis Henri IV.

En 1585 (date adoptée par Falkenstein): *Déclaration du roy de Navarre sur les calomnies publiées contre luy ès protestations de ceux de la Ligue*. Orthès, Louis Rabier, 1585, in-8°.

Abraham Rouyer (*Rovierius*) succède à L. Rabier ; il s'établit à Orthez vers 1608. Puis vint un Desbarratz, de la famille des imprimeurs de Pau.

L'imprimerie avait cessé d'exister à Orthez avant le XVIIIe siècle, et cette ville ne figure pas aux arrêts du conseil de 1704 et de 1739, non plus qu'au rapport fait à M. de Sartines en 1764.

ORTHONA MARIS, voy. ORTONA.

ORTHOSIA, CARCHUSA [J. de Vitry]; voy. ANTARADUS.

ORTHUNGA, *Wordingbord*, ville de Danemark [Graësse], sur le grand Belt.

ORTIGNANO ou ONTIGNANO (?) Lieu d'impression déguisé.

Une violente diatribe contre les Jésuites fut publiée sous cette rubrique imaginaire en 1760 : *I Lupi smascherati nella confutazione e traduzione del libro intitolato: Monita secreta societatis Jesu, in virtù de' quali giunsero i Gesuiti all' orrido ed esegrabile assassinio di sua sagra maestà Don Giuseppe I, Rè di Portogallo, con un appendice di documenti rari ed inediti*. Ontignano, Fr. Ant. Zaccheri, 1760, in-8° réimpr. l'année suivante «con aggiunte» sous la rubrique «Alctopolis».

Ce pamphlet violent contre les Jésuites, mais plus

spécialement dirigé contre le P. Franc. Anton. Zaccaria, que l'on désigne ici comme l'imprimeur du livre, eut pour auteur un certain abbé Capriata, établi à Rome, qui mourut vers la fin du pontificat de Clément XIII. Melzi ne nous dit pas en quelle ville il fut imprimé.

ORTONA [Plin., It. Ant., Tab. P.}, Ὄρτων [Strab., Ptol.], ORTHONA MARIS, ville des Frentani, dans l'Ausonie, auj. *Ortona, Ortona a Mare*, ville et port du Napolitain, dans l'Abruzze Cit.

On a voulu faire remonter dans cette petite ville l'imprimerie à l'année 1496 : *R. Moysis Kimchi Grammatica Hebrœa cum aliorum tractatibus grammaticam artem spectantibus*. Orthonæ in Sicilia (sic), Karoli regis Siciliæ et Ierusalem anno secundo, id est 1496, in-4°. De Rossi (Ann. Hebr.) et Panzer ont fait justice de cette série d'absurdités, parmi lesquelles la moins étrange n'est pas de faire un roi de Sicile et de Naples du nom de Charles en 1494, quand alors Ferdinand, fils du roi Alphonse, était sur le trône napolitain. A-t-on voulu parler de Charles VIII, roi de France ? Ce n'est pas probable ; mais ce qui est infiniment plus rationnel, c'est que le CHARLES en question n'est autre que Charles-Quint, couronné en 1517, et que l'édition ci-dessus décrite est de 1519, la seconde année de son règne.

L'imprimerie remonte à Ortona à l'année 1518, et son introducteur est le célèbre Jérôme Soncino : *Homeri vatis naturalissimi de Murum Felisque Bello comœdia. Vel alterius ingeniosissimi ab Hieronymo Soncino diligenter grœcanicis latinicisqs literis impressa. Et ab Oliuerio poeta anxianensi fideliter interpretata*. Anno Salutis MDXVIII, impressa Ortone, per Hieronimum Soncinum; gr. et lat. pet. in-4°, sign. A-E par 4 ff. et le cahier F de 2 ff. (Cat. Pinelli, Yéméniz, etc.).

La même année : *Petri Galatini Opus de Arcanis catholicœ veritatis, contra obstinatissimam Iudœorum nostrœ tempestatis perfidiam : ex Talmud aliisque hebraicis libris nuper excerptum et quadruplici linguarum genere eleganter congestum*. Impressum Orthonæ niaris per Hieron. Soncinum, 1518, in-fol. de 312 pp.

Nous citerons encore, et toujours à la même date, une édition fort rare du poème du célèbre Antonio Cornazzano: *Opera bellissima de l'arte militar*, imprimée par le Soncino; pet. vol. in-4° (*Manuel*, II, 276) ; ce poème, dont la première édition est de 1493, avait été déjà imprimé à Pesaro par Jér. Soncino.

ORTONA [Liv.], Ὀρτῶνα [Dion. Hal.], ville des Æqui, dans le Latium, auj. *Oritolo* [Reich.].

ORTOPLA, Ὀρτοπλα [Ptol.], ORTOPULA [Plin.], localité de la Liburnie, sur la côte d'Illyrie , dont les ruines se voient près du petit port dalmate, *Starigrad*.

ORTOSPEDA MONS, voy. OROSPEDA.

ORTYGIA INS., Ὀρτυγία [Thuc.], NASOS [Liv.], (peut-être du grec νῆσος), petite île à l'E. de la Sicile; c'était aussi le nom d'un quartier de Syracuse, et l'un des noms anc. de l'île de Délos.

ORUBICM PROM., ORVIUM, Ὀρούϊον ἄκρον [Ptol.], prom. de la Tarrac , chez les Callaici, suiv. Reichard, *Cabo Corrovedo*, et d'après Ukert, *Cabo de Silleiros*, près Bayonne.

OSÆA, 'Οσαία [Ptol.], ville de la côte O. de Sardaigne, auj. *Torre di Orestano* [Reichard].

OSCA [Cæs., Plin., Vellei.], 'Οσκα [Strab., Ptol., Plut.], OISCE [Chr. B. Dion.], ville des Ilergetes dans la Tarrac., auj. *Huesca*, chef-lieu d'intend., dans la cap. gén. d'Aragon, sur l'Isuela.

Le plus ancien livre, provenant d'une typographie locale, que nous puissions citer, remonte à l'année 1576, et c'est à cette date également que Falkenstein reporte l'imprimerie dans cette ville. Voici ce que dit Antonio (*Bibl. Nova*, I, 699) : Joannes Gascon, artium magister, professorque in schola Oscensis urbis publicus, edidit: *In Logicam Aristotelis Commentaria*. Oscæ, 1576, in-4º.

Nous n'avons pas le nom du premier imprimeur ; mais probablement c'est Joan Perez de Valdivieso ; car, à la date de 1579, nous trouvons son nom au bas d'un poëme de Fr. Joannes de Torrer, ordin. Mercenarium ; ce poëme, composé à l'occasion de la réception de quelques reliques de S.-Laurent dans l'église d'Huesca, sa patrie, est cité par Antonio, I, p. 788.

Voici les noms des principaux typogr. du XVIIe siècle : Juan Perez de Valdivieso, que nous venons de voir en 1579, est encore imprimeur en 1629 ; Pedro Bluson ou Blusson (1603-1631) ; Pedro Blasco, en 1624 ; Juan Franc. de Larumbe, impressor de la universitad, 1644 (Cat. la Vall.-Nyon, nº 6936) ; Juan Noguez (1619-1649), etc.

OSCA [Plin.], ville des Turdetani dans la Bétique, auj. *Huescar* (?) [Bischoff und Möller].

OSCARA, l'*Ouche*, riv. de Bourgogne, affl. de la Saône.

OSCELLA, OSCELA, 'Οσκελλα [Ptol.], anc. cap. des Lepontii, dans la Gaule Cisalpine, auj. *Domo d'Ossola* ou d'*Ossula*, ville de l'Italie Septentr. (div. de Novara), au pied du Simplon.

OSCI [Plin.], 'Οσκοι [Strab.], peuple de l'Ausonie, voy. OPICI.

OSCINEIUM [It, Hier.], sur la route de Vasatæ à Elusa, station romaine, auj. *Esquies* (?), village du dép. de la Gironde [d'Anville].

OSERICTA [Plin.], OSILIA, île de la mer Baltique, auj. *Œsel, Œland, Oland*, à la Russie depuis 1721.

OSI [Tac.], peuple de la Germanie, dépendant des Quadi et tributaire des Sarmates ; occupait le palat. polonais d'*Auschwitz*, près de la Vistule.

OSICERDA, 'Οσικέρδα [Ptol.], OSIGERDA [Plin.], ville des Edetani, dans la Tarrac., auj. *Ossera*, près de Saragosse.

OSISMII [Mela, Plin.], 'Οσίσμιοι [Strab., Ptol.], peuple de la Gaule Lyonnaise, occupant l'Ouest de la Britannia Minor, c'est-à-dire *le Léon* ou partie du *Finistère*, d'où *Ocismor*.

OSMIANA, *Osmianie, Oczmiana*, petite ville de Lithuanie, du palat. de Vilna, sur la riv. du même nom (*ad Osmianam fluvium*).

Wengerscius nous apprend qu'une imprimerie des Réformés fut établie dans cette localité, au commencement du XVIIe siècle ; le pasteur Albertus Salinarius y publia une réfutation du *Catechismus Racoviensis* sous ce titre: *Censura, albo rozsadku na Konfessya ludzi Tych*, etc. W Osmianie, 1615, in-4º.

OSMIDA, 'Οσμίδα [Scyl.], localité de l'île de Crète, placée sur la carte de Höck au S. et près d'*Armiro*.

OSNABRUGA, voy. ANSIBARIUM.

OSONES [It. Ant.], station de la Pannonie Infér., *Oszlop*, bourg de Styrie (cercle de Graetz).

OSOPUS [P. Diac.], dans la Vénétie, auj. *Osopo, fortezza d'Osopo* (délég. d'Udine).

OSQUIDATES [Plin.], peuple de la Novempopulanie, divisé en CAMPESTRES et MONTANI ; occupait partie du dép. du *Gers*, et la vallée d'*Ossau* [d'Anville].

OSSA, 'Οσσα [Ptol.], localité de la Piéride (Macédoine), auj. *Sokho*, suiv. Leake.

OSSA FL., 'Οσσα [Ptol.], riv. de la Haute Italie, auj. l'*Osa* [Reich.].

OSSA MONS [Virg., Ovid., Plin.], 'Οσσα [Hom., Ptol., Strab.], montagne de la Thessalie, auj. *Monte Kissavo* [Leake].

OSSA VILLA, *Beinwell*, anc. abb. de Suisse.

OSSECA, OSSECENSE MONAST., *Ossegg, Osseck*, anc. abbaye et bourg de Bohême, près de Teplitz.

OSSET [Plin.], OSET, ville de la Bétique, près d'Hispalis, auj., suiv. Reich., *Castello de la Cuesta*, et d'après Ukert, *S. Juan de Alfarache*, sur la rive droite du Guadalquivir.

OSSIGERDA [Plin.], 'Οσσικέρδα [Ptol.], ville des Sestini, dans la Tarrac., auj. *Ossera* suiv. Reich., et *Ixar*, suiv. Laborde et Ukert (Aragon).

OSSIGI LACONICUM [Plin.], localité de la Bétique, auj. *Maquiz*, bourg de l'Andalousie, avec de belles ruines romaines.

OSSITIUM, *Oschatz*, ville de Saxe [Graësse], dans le cercle de Misnie.

OSSONA, voy. URSORUM GENUA.

OSSONOBA [Plin., It. Ant.], 'Οσσόνοβα [Strab., Ptol.], dans la Lusitanie, chez les Turdetani, auj. *Estoy*, au N. de Faro (Algarve).

OSTENDE, OOSTEND, ville forte de Belgique, avec un beau port sur la mer du Nord (Flandre-Occid.).

L'imprimerie ne date à Ostende que de 1799 [Reiffenberg].

OSTEODES INS., 'Οστεῶδες, groupe d'îles au N. de la Sicile, auj. *Alicudi, Alicuri*, qui font partie des îles de Lipari.

OSTEROA, OSTEROHA, *Ostero*, ville du gr.-duché d'Autriche, sur la route de Lintz à Regensburg.

OSTERODA, *Osterode*, ville du Hanovre, sur le versant S. du Hartz, sur la Söse.

L'imprimerie remonte à l'année 1668, dit Falkenstein, et Feuerlin (p. 386) cite à cette date une édition du *Catéchisme de Luther*, in-8°; en 1669 nous trouvons: *Schneider. Breviarium Geographicum*, in-4°, et en 1678 : *Hildebrandi Synopsis Historiæ universalis*, Osterodæ, 1678, in-12 ; enfin l'année suivante : *Ahasueri Fritschii Princeps peccans siue tractatus de peccatis Principum...* Osterodæ, 1679, in-8°. Encore un livre à réimprimer.

OSTIA [Liv., Mela, Plin., etc.], τὰ Ὤστια [Strab.], ἡ Ωστία [Dion., Ptol.], ἡ Ὀστία [Proc.], port et cité commandant les bouches du Tibre, sur la rive gauche, fondé par Ancus Martius, auj. *Ostie, Ostia*, dans la Comarque Romaine, au S.-O. de Rome.

OSTIÆI, Ὠστιαία [Strab.], OSTIDAMNII, peuple de la Britannia Minor, voisin des Osismii ; habitait l'extrémité N.-O. du *Finistère*.

OSTIA LICI, *Lechsgemünd*, bourg de Bavière [Graësse].

OSTIOLUM, *Huisseaux*, commune de Fr. près Chambord (Loir-et-Cher).

OSTIPPO [Plin., It. Ant.], station de la Bétique, entre Cordoue et Séville, auj. *Fuentes*, près d'Ecija.

OSTIUM MÆNI, OSTIUM AUREÆ MAGUNTIÆ. Est-ce *Hochheim*, bourg près Mayence, au confluent du Main et du Rhin ? Est-ce la ville de *Mayence* elle-même ?

Voici la note de M. Cotton : Un volume de Christophe de Castro, daté de 1610, porte cette souscription : « *Excusum in Ostio aureæ Maguntiæ quod in altiori Mæni ripa est. Typis Balthasaris Lippii, sumptibus verò Zachariæ Palthenii.* » L'imprimerie de Zacharie Palthen était établie à Francfort.

OSTRA [Plin.], ἡ Ὤστρα [Ptol.], ville de l'Ombrie, dans le pays des Senones, auj. en ruines près d'*Orziano* [Reich.].

OSTRACINA MONS, Ὠστρακίνα [Paus.], montagne d'Arcadie, près Mantinée, auj. *Ai Ilia* ou *Hughio Elias de Levidi* [Boblaye, Ross].

OSTRAWA, *Mährisch-Ostrau*, ville d'Autriche (Moravie), dans une île de la March.

OSTREA, *Istres*, bourg de Fr. de l'arrond. d'Aix (Bouches-du-Rhône); près de l'étang de Berre, jadis producteur d'huîtres auj. disparues.

OSTRHENHOVA, OSTROHOVA [Charta Lud. Pii,

a. 816], anc. résidence carlovingienne auj. *Osterwick*, dans la Basse Saxe (rég. de Magdeburg).

OSTROGOTHÆ, voy. GOTHI.

OSTROGOTHIA, l'*Ostrogothie*, *Oester-Güthland*, prov. de Suède.

OSTROVIA, OSTROBIA URBS, OSTROGIA, OSTROGIUM, *Ostrow, Ostrog*, ville de l'anc. Pologne, prov. de Volhynie (*Wolhynsk* en polon.), à la Russie.

L'imprimerie, dit Bachmeister, existe dans cette ville depuis 1549, et disparaît probablement en 1689 ; mais il n'entre dans aucun détail confirmant le fait et cite seulement une Bible, Бнбліu, de 1581, première édition de la Bible esclavonne, que Kohl, dans son *Historia litteraria Suevorum* (Altona, 1729, in-8°) dit être devenue si rare tout d'abord, que pendant son séjour à Pétersbourg il n'en put voir un seul exemplaire.

Henderson (*Biblical Researches and travels in Russia*, 1826, p. 81-92) entre dans d'intéressants détails sur l'établissement de la typographie à Ostrow.

C'est à Constantin, duc d'Ostrow, palatin de Kiov et de Volhynie, ardent collectionneur de manuscrits esclavons, « *quos summo studio magnisque impensis ex Italia, Candia et Moscovia adferendos curavit* », que l'on doit la fondation d'une imprimerie, spécialement destinée à l'impression des livres saints en esclavon. Elle débuta par l'exécution du *Nouveau Testament* seul en 1580 ; l'imprimeur se nomme ; il s'appelait Jean, fils de Théodore ; la BIBLE, traduite par les évêques Méthodius et Cyrillus d'après les Septante, est publiée « *in urbe Ostrobia, anno domini* 1581, *die* 12 *augusti* ». Kohl, en signalant l'extrême rareté de ce livre, dit qu'il est rempli de passages suspects qui sentent le papisme, et qui furent supprimés dans la réimpr. de Moscou, 1663. Le vol. est un petit in-fol., à 2 col., avec lettres capitales gravées en bois. Un très-bel exemplaire de cette Bible est conservé à la Bodléienne ; un autre est à la Spenceriana, il est décrit par Dibdin ; à Paris, la Bibl. impér. et celle de Ste-Geneviève en possèdent un exemplaire ; en Russie, on n'en signale que deux exemplaires ; l'un, imparfait , est conservé au monastère de Trotzkoë, dit *Monast. S. Trinitatis*, à 15 lieues de Moscou ; le second est à la Biblioth. de l'académie des sciences de Pétersbourg.

OSTUNUM, *Ostuni*, pet. ville du Napolitain (Terra d'Otranto).

OSZLANENSIS PROCESSUS, *der Osslanische District*, en Hongrie.

OSYLI, Ὀσυλοί, peuple de la Sarmatie Europ., sur les bords du Tanaïs, près de la mer d'Azov.

OTADINI, Ὠταδηνοι, OTADENI, peuple de la Britannia ; occupait partie du Northumberland.

OTHANIA, OTHINIA, OTTINIUM, OTTONIA, ODINI VILLA, *Odanse, Ottensche, Odensee*, ville et évêché du Danemark, cap. de l'île de Fünen (Fionie), et chef-lieu de la province du même nom ; on attribue sa fondation à Odin.

C'est la première ville du royaume du Nord qui ait eu l'honneur de voir un livre souscrit à son nom : « *Magister Johannes Snell, artis impressoriæ Magister* », que Schröder croit, avec de fortes apparences de raison, originaire de la Flandre, apportant avec lui un matériel à peu près complet, « more typogr. hujus sæculi minorum-gentium, » fut attiré à Odensée par l'évêque de la ville, et s'y fixa momentanément ; il n'y fit pas long séjour, puisque l'année d'après nous le retrouvons à Stockholm (voy. HOLMIA); mais ce séjour fut marqué par la publication d'un ouvrage important : GUILHELMI CAORSINI DE OBSIDIONE ET BELLO RHODIANO. A la fin : *Per Venerabilem virum Johannem Snel artis impressorie magistrum in Ottonia impressa sub anno Dñi 1482, in-4°.* Un seul exempl. de ce très-précieux incunable subsiste auj., il est pieusement conservé à la Biblioth. de l'académie d'Upsal (voy. Cel. Aurivillius, *Catal. Libr. Bibl. Acad. Upsal.*).

Les incendies ont si fréquemment et si terriblement ravagé les villes du Nord, que l'extrême rareté des incunables de la Suède et du Danemark se trouve facilement expliquée ; il ne faut pas, croyonsnous, chercher ailleurs une raison qui est de toute évidence.

Une imprimerie particulière est signalée par Lackmann (p. 51) ; il dit seulement : Cl. Albert Thura, dans son « *Idea Histor. Litter. Danorum* », mentionne une typographie privée, installée à Odensée par le Dr Thomas Kingov, évêque de Fionie, et réservée pour son usage personnel ; il ne paraît pas que le docte évêque en ait abusé, car J. Möller ne parle pas même de lui dans l'édition qu'il a donnée de l'ouvrage de Bartholini « *de Scriptis Danorum* », 1699, in-12.

OTHELIMA, *comté de Fife*, en Écosse.

OTHOCA [It. Ant.], ville de Sardaigne, que Reichard dit être *Torre di Orfanupuddu*, et Mannert, *Oristano*, dans la prov. de Capo-di-Cagliari.

OTHONA [Not. Imp.], ville de la Britannia, sur la côte S., auj. *Otterton*, près de Newhaven, suiv. Reichard, ou peut-être *Folkstone, Folkestone*, port du comté de Kent; patrie de W. Harvey.

Le catal. Sampson (York, 1855) signale une trèscurieuse réunion d'opuscules de William Blake « The excentric painter and poet », imprimés à Folkestone en 1800 « printed for and sold by the widow Spicer, of Folkestone, for the benefit of her Orphans, october 5, 1800 ». M. Cotton signale le fait et donne la liste de ces poésies [*Typogr. Gaz.*, 1866].

OTHONIANA, voy. VOLATERRÆ.

OTILINGA, voy. ETTLINGA.

OTINA, voy. OITINUM.

OTINGA, OTTINGA, voy. HODINGÆ.

OTMARSUM, OOTHMARSUM, *Ootmorssen, Ootmarsum*, ville de la Hollande (Over-Yssel).

L'imprimerie fut introduite dans cette ville en 1647, et le premier typographe s'appelait Albrecht Caspersz.

OTRICULUM, *Otricoli*. ville du territ. pontifical (délég. de Rieti).

OTTADINI, voy. OTADENI.

OTTENICA, OTTONICA SYLVA, l'*Odenwald*, entre le Rhin et le Neckar.

OTTINPURRA, OTTIMPURRHA, UTTIMPURRHA, *Ottobeuren, Ottobeuern*, bourg de Bavière, avec une anc. abb. de Bénédictins du dioc. d'Augsbourg. (Voy., pour

l'impr. en 1509, MONAST. UTTIMPURRHENSE.)

OUDEWATER, ville de Hollande (prov. de la Holl. Mérid.); patrie d'Arminius.

Imprimerie en 1669 ; le premier typographe s'appelle Aert Van Duin (Trinity-College.)

OVARINUM MAGYAR, *Ovár, Ungarisch-Altenburg*, ville de Hongrie, chef-lieu du comitat de Wieselburg, sur la Leitha.

Anaxius Gallus Huszár, ministre de l'église d'Ovar en 1557, ainsi qu'il se qualifie lui-même dans une épître à Henri Boulanger, le célèbre pasteur de Zurich, que l'on a recueillie, avait installé dans sa ville une typographie particulière, qui le suivit à Pápán, quand il fut appelé dans cette dernière ville (voy. PAPA OPP.).

On lui attribue l'ouvrage suivant : *Az Ur Jesus Kristusnak Sz. Vatsorájárol, Kinszenvedéserol, és ditsöséges feltámadásáról való Prédikátziók.* Irta Anaxius Gál Ovári Evan. Pap. Ovárott, 1558, in-4°. [Németh., *Typogr. Hung.*, p. 100].

OVETUM, voy. LUCUS ASTURUM.

OVILABA ? OVILABIS [It. Ant.], OVILIA [Tab. Peut.], colonie rom. dans la Norique, auj. *Wels*, sur le Traun, en Autriche ; ou suiv. quelques géogr., *Lambach*, sur la même riv., ville du Tyrol. Ce fut à Wels que mourut Maximilien Ier ; et Lambach possède une belle abb. de Bénédictins, avec bibliothèque.

OXELLUM, *Oissel*, pet. ville de Normandie (Seine-Inférieure).

OXIMA, OXIMUS, OXMA, UXIMA [Chart. Mérov.], *Hiesmes, Exmes*, bourg de Fr. (Orne).

OXIMENSIS COMIT., *le comté d'Hiesmes, le pays d'Hyémois*, en Normandie; on a aussi désigné sous ce nom le pays d'Auge.

OXIMUM, voy. AUSIMUM.

OXOMA, OXIMA, OXAMENNI BURGUS, *Burgo de Osma*. ville d'Espagne, près de Soria (Vieille-Castille).

Cette ville est désignée par Mendez comme ayant possédé une imprimerie ; en effet Falkenstein donne 1570 comme date de l'introduction de la typographie, et M. Cotton nous donne le nom du premier imprimeur, Diego Fernandez de Corduba. Ternaux cite (mais nous ignorons sur quelle autorité il se fonde) : *Martin de Osma. Vergel de musica espiritual.* En Burgos de Osma, D. Fernandez de Cordova, 1570, in-4°. Nous n'avons pu trouver trace de ce volume.

Quelques années après nous citerons : *Doctrina Christiana y su declaracion, por D. Sebastian Perez, Obispo de Osma.* In Burgo, ut vocant, Uxamensi, apud Didacum Fernandez, 1586, in-12.

Et du même évêque: *Constituciones Synodales del Obispado de Osma.* Burgo Oxomensi, 1586, in-4°.

Voilà qui confirme jusqu'à un certain point l'assertion de Ternaux, et qui nous donne authentiquement le nom du proto-typographe : Diego Fernandez de Cordoba.

OXONIA, OXONIUM, ISIDIS VADUM (?), OXENE-

FORD (au XIIIe s.), **ville des Dobuni, dans la Britannia Romana,** auj. *Oxford* (*Oxen's ford*, gué des bœufs), en gallois *Rhyd-y-Chen* (même signific.), **ville d'Angleterre, chef-lieu de comté, à l'O. de Londres, entre le Charwell et l'Isis.**

Célèbre université fondée par le roi Alfred en 872 (d'autres historiens moins ambitieux ne font remonter cet établissement qu'à la date déjà respectable de 1206) ; 19 collèges, dont le Christ-Church est le plus renommé. Oxford possède d'admirables établissements littéraires et de splendides bibliothèques, parmi lesquelles la Bodléienne brille d'un éclat *unrivalled* ; elle a droit, ainsi que la bibl. Radcliffe, à un exempl. de tous les livres publiés en Angleterre.

L'excellent bibliographe Oxonien, le Dr Cotton, l'une des illustrations de la Bodléienne, a consacré à l'histoire de la typographie d'Oxford, dans les diverses éditions de son *Typographical Gazetteer*, plusieurs articles substantiels et érudits, que nous allons analyser en très-peu de mots.

Nous ne voulons pas revenir sur le roman de Richard Atkyns, qui voulut dépouiller Caxton de la gloire d'avoir introduit la typogr. en Angleterre, en produisant un opuscule souscrit à la date de 1468 : EXPOSICIO S. IERONIMI IN SYMBOLUM APOSTOLORUM. A la fin, v° du f. c IX, on lit la souscription : *Explicit exposicio sancti Jeronimi in* || *simbolo apostolorum ad papam* *laurē* || *cium Impressa Oxonie Et finita* *Au* || *no domini.* M.CCCC.LXVIII. xvij. *die decembris.* In-4° de 42 ff., dont le dernier blanc, avec sign. *a-c*, par cahiers de 8 ff., sauf le dernier de 10.

M. Singer, M. Bernard, et tous les bibliographes en un mot, ont prouvé surabondamment l'inexactitude de cette date. Un livre de 1468, qui porte des signatures ! Cela seul suffit à la prétention par le ridicule. Convient-il d'ajouter un X à la date énoncée dans la souscription ? Dans ce cas le livre n'en est pas moins le premier produit des presses locales.

Maintenant la fable d'Atkyns, que Meerman n'a pas craint d'accepter, est assez amusante pour que nous en disions un mot : Henri VI aurait envoyé en Hollande son valet de chambre, en lui donnant pour mission de chercher à suborner et d'attirer en Angleterre quelques-uns des ouvriers de l'atelier de Haarlem, *dirigé par Gutenberg* ; après bien des essais infructueux et une longue Odyssée, l'humble plénipotentiaire aurait fini par mettre la main sur un nommé Frédéric Corsellis, et, présenté au roi, celui-ci l'aurait installé à Oxford, où le premier produit de ses presses aurait été l'*Expositio S. Jeronimi.*

Le caractère de l'*Expositio S. Hieronymi* est celui qu'ont employé les premiers imprimeurs des Pays-Bas ; il est infiniment plus net et plus régulier que celui dont se servait Caxton. M. Bernard dit qu'il rappelle assez exactement celui d'Ulrich Zell de Cologne ; ce n'est pas tout à fait notre avis, mais le fait essentiel, c'est qu'il n'est certainement pas le produit d'une industrie aborigène, et qu'il fut importé de l'étranger.

Le premier imprimeur d'Oxford est un Allemand, natif de Cologne ; c'est ce qui probablement a décidé M. Bernard à établir un rapprochement entre ses caractères et ceux d'Ulrich Zell ; il s'appelait Teudoricus ou Teodericus (Théodore ou plutôt Thierry) Rood, et il s'associa un Oxonien, nommé Thomas Hunt (Hunte).

M. Cotton signale et décrit onze vol. qui portent le nom de Thierry Rood, ou qui sont imprimés avec ses caractères ; de ces onze vol., 8 étaient connus et se trouvent décrits partout ; les trois derniers ont été découverts par M. Cotton.

Deux de ces onze volumes portent la date de 1479 : ARISTOTELES. ETHICA. (Lat.). A la fin : *Explicit textus ethicorum* || *Aristotelisper Leonardū*

Arretinū lucidissime transla || *tus correctissimēq*[?] *Impressus Oxoniis* || *anno dūi* M.CCCC.LXXIX, in-4°, avec sign. a-y par huit ; le dernier cah. n'a que 6 ff., 25 lignes à la p.

Le second, à la date de 1479, est intit.: ÆGIDIUS ROMANUS *de Peccato originali,* in-4°.

Un vol. plus intéressant à cause de sa souscription est daté de 1485 : EPISTOLÆ PHALARIDIS. Le f. A-j r° est blanc, au v° : *Carmeliani Brixiensis poe* || *te ad lectorem Carmen.* Au r° du f. 84 (M vj), on lit : *Hoc opusculū in alma vniuersi* || *tate Oxonie. A Natali Christiano* || *Ducelesima* ₃ *nōnagesī* ₃ *septima. Olympiāde fœliciter impressum* ē. (297×5= 1485). Puis ces vers célèbres :

Hoc Teodericus Rood quē collonia misit
Sāguiē ḡmanus nobile pssit opus
Atqᵹ sibi socius Thomas fuit āglicus hunte.
Dij dēt vt Venetos exuperare ḡant
Quā lēson venetos decuit vir gallicus artem
Ingenio didicit terra britāia suo.
Celatos veneti nob⁷ trāsmittē lib os (sic)
Cedite nos alijs vēdimus o veneti
Que fuerat vob⁷ ars pīnū nota latini
Est eadē nob⁷ ipſa reperta prēs. nos
Quāuis scōtos toto canit orbe britā
Virgilius. placᵹ his līgua latiā tamē.

Ce témoignage d'admiration offert d'aussi loin aux imprimeurs vénitiens et particulièrement au Français Nic. Jenson est remarquable à une époque aussi reculée.

Ces *Epistolæ Phalaridis* forment un vol. in-4° de 88 ff. à 21 et 23 lignes à la page. Les signatures sont a-m, par huit, à l'exception des cahiers e, g, i, m, qui n'ont que 6 feuillets.

Thomas Hunte, l'associé de Th. Rood, s'intitule : « *Stationarius Universitatis Oxoniensis.* »

Les imprimeurs oxoniens qui suivent ces premiers typographes sont encore presque tous des Allemands ; ils se nomment John Scolar (1512-1518); et Charles Kyrferth (1519).

Le premier livre grec imprimé à Oxford, à l'usage de l'université, est ou paraît être celui-ci : *D. Joannis Chrysostomi Archiepiscopi Constantinopolitani homiliæ sex, ex manuscriptis codicibus noui collegii, Ioannis Harmari, eiusdem collegii socii, et Græcarum literarum in inclyta Oxoniensi academia professoris regii, opera et industria nunc primum græce in lucem editæ.* Oxoniæ, ex officina Iosephi Barnesii, 1586, in-12.

Quelques volumes imprimés à Oxford sont souscrits : BELLOSITI DOBUNORUM (Beaumont). Le château de Beaumont était un édifice normand bâti par le roi Henri II ; ses ruines étaient encore apparentes il y a quelques années ; et sur son emplacement on a élevé Beaumont Street et St. John's Street ; l'imprimeur, qui signait ses productions ainsi, s'appelait William Turner.

Nous ne pouvons pas quitter Oxford sans rendre hommage à une célèbre imprimerie : « En 1713, dit M. Didot, lord Clarendon fonda à Oxford, avec les bénéfices considérables résultant de la vente de son *Histoire de la Rébellion,* une imprimerie d'où sortit une foule d'excellentes éditions d'auteurs grecs et latins, qui sont souscrites à la *Clarendonian Press.* »

Et gardons-nous d'oublier le *Sheldonian Theatre* ; lors de l'inauguration de cet édifice, en 1669, l'université installa une imprimerie dans les substructions du bâtiment ; pendant cinquante ans ces presses universitaires donnèrent au monde lettré un grand nombre d'excellentes éditions classiques ; suivant toutes les probabilités, dit M. Cotton, le premier produit de cette imprimerie est un « CARMEN PINDARICUM *in Theatrum Sheldonianum* » récité par Corbett Owen de Christ Church. Ce fut là sans doute qu'en 1684 fut imprimé in-12, de 119 p., cité par Martin et Lowndes : *The Mother's Legacy to her unborn Child, by Elizabeth Ioceline.* Oxford, printed at the Theatre, for the satisfaction of the Persons of Quality herein concerned. Ann. Dom. 1684.

Jusqu'en 1750 cette imprimerie fonctionna régulièrement avec un remarquable succès, et ses produits sont encore auj. estimés et recherchés.

OXOVIUM, voy. BOSPHORUS.

OXTHRACÆ, 'Οξθράκαι [Ptol.], peuple de la Lusitanie ; occupait partie de l'*Alemtejo*.

OXYBII [Liv., Plin.], 'Οξύβιοι [Strab., Polyb.], peuple de la Gaule Narbonaise ; occupait la côte méridionale, entre Antibes et l'Argens, avec une ville, OXYBIORUM PORTUS, OXYBIUM [Steph. B.]; ce port, dont on ne trouve plus trace, devait être sur le golfe Juan.

OXYNIA, 'Οξύνεια [Strab.], ville de la Thessalie, auj., suiv. Reichart, *Mokossi*, dans le pach. de Ianina.

OYA INS., OGIA, voy. INSULA DEI.

![P](decorative initial P)

PAALA FL., *la Savena,* riv. d'Italie ; afflue au Pô, près de Bologne.

PACENSIS COLONIA, voy. BEGIA.

PACHYNUS [Ovid., Mart.], PACHYNUM [Mela, Plin.], Πάχυνος [Str., Ptol.], cap de la Sicile, auj. *Capo Passaro,* à la pointe S.-O. de l'île, près de PORTUS PACHYNI [Cic.], auj. *Porto di Palo.*

PACIACUM, PACEIUM PALAT., *ad flumen Aturam* [Ch. Phil. Aug. a. 1203], *Pacy-sur-Eure,* bourg de Fr. (Eure) ; anc. abb. de filles bénédictines.

PADERBORNA, FONTES BADERÆ, PADELBRUNNA CIV., PADELBRONNENSIS CIV., PADREBURNA, *fiscus regius,* PADRABRUNNA [Ch. Car. M. a. 780, alia, 807], PADRABONE [Eginh. Chr.], PATRISBRUNNA [Vita Lud. Reg.]; *Paderborn,* ville de Prusse (Westphalie, rég. de Minden), sur la Pader. Évêché fondé par Charlemagne ; université supprimée en 1819. L'imprimerie remonte en cette ville à la fin du XVIe siècle, avec un premier typographe du nom de Matheus Pontanus ; le catal. général des livres publiés de 1593 à 1600 (Leipz., 1600) ne nous donne pas d'indication de livre imprimé à Paderborn avant l'année 1598 : *Bernardi à Kirchen Basil. Kurtzer Bericht, wie man sich in der epidemischen Rhur halten und præseruiren sol.* Paderborn, 1598, in-8o.
En 1600, date adoptée par Falkenstein, nous trouvons un grand nombre de livres : *Melch. Stahlschmidts, Rythmica Ænigmatologia et Parythmologia, et Logographia.* Paderborn, bey Matthæo Pontano, 1600, in-8o et encore : *Johannis Sostmanni Osterrodensis Indianische Reyse.* Ibid., 1600, in-8o.

PADINUM [Cell.], *Bodeno, Bondeno,* bourg d'Italie, au confl. du Pô et du Panaro.

PADUA, voy. PATAVIUM.

PADUS FL., ὁ Πάδος, fleuve de l'Italie Septentr., appelé par les Grecs ERIDANUS, ὁ Ἠριδανός ; par les Liguriens BODENCUS, BODINCUS [Plin.], Βόδεγχος [Polyb.], auj. le Pô.

PÆANIUM, Παιάνιον [Polyb.], ville de l'Acarnanie, auj. *Papadhates* [Leake].

PÆLONTIUM, Παιλόντιον [Ptol.], ville des Lungones dans la Tarracon., auj. *Aplans,* dans les Asturies, ou, suiv. Reich., *Pola de Leña.*

PÆMANI [Cæs.], peuplade de la Germanie, occupant le district de *Famine,* dans le Luxembourg Belge.

PÆONIA [Liv.], Παιονία [Thuc., Str., Ptol.], partie de la Grèce, comprise entre la Thrace et la Macédoine, et dont le nom a quelquefois été donné à ce pays même ; c'est de là qu'est venu le nom de *Pannonie.*

PÆSICI, Παισίκοι, PESICI [Plin.], peuple de la Tarracon.; occupait la partie nord du pays des Asturies.

PÆSTANUS SINUS [Mela, Plin.], golfe de la Lucanie, dans la mer Tyrrhénienne, auj. *Golfo di Salerno.*

PÆSTUM [Liv., Plin., Cic., Virg.], Παῖστον [Ptol.], anc. col. grecque de la Lucanie, nommée primitivement Ποσειδωνία [Scyl., Str.. Herod.], depuis NEPTUNIA [Vell. Pat.], auj. *Pesto,* sur le Golfo di Salerno (Princip. Citra). Magnifiques ruines.

PÆSULA, Παισύλα, ville des Turdetani, dans la Bétique, auj. *El Pozuelo* [Reich.], ou *Salteras* [Ukert].

PAGÆ, PEGÆ, Πηγαί, localité de la Mégaride, sur la côte S., auj. *Psatho.*

PAGASÆ [Mela, Plin.], Παγασαί [Strab.], ville de la Magnésie (Thessalie), auj. *Volo,* dans le Sandschak de Tricala; ruinée par Morosini en 1685.

PAGASÆUS SINUS, PELASGICUS SINUS, *golfo di Volo.*

PAGUS OCCIDENTALIS, *Westergö,* district de la Frise.

PAGUS ORIENTALIS, *Oostergö,* autre district de la même province.

PAGUS WOLSATORUM, *Bremer Landschaft, le pays de Brême.*

PAISLEY, ville d'Écosse (Renfrewshire); à 7 m. de Glascow.

Cette ville possède les ruines d'une magnifique abbaye ; l'imprimerie existait dans ses murs à la date de 1769. M. Cotton cite : *Ascanius, or the young Adventurer, third edition.* Paisley, printed by Weir and Me Lean, for James Davidson and Cᵒ at Fergusley, near Paisley, 1769, in-12. Un vol. à la date de 1771 est porté au nᵒ 2131 de la *Cyclopædia* de Darling.

PALACIA, voy. PALICIA.

PALACIUM. Παλάκιον, ville de la Sarmatie Europ., auj. *Balaklava,* en Crimée [Forbiger].

PALÆOPOLIS, PALEPOLI, voy. PUTEOLI.

PALÆOPOLIS ADUATICORUM, voy. ATTUATUCA.

PALÆOPYRGUM, voy. ALDENBURGUM.

Le célèbre imprimeur de Leipzig, Melchior Lotter, établit, croyons-nous, une succursale dans la ville d'Altenburg ; ce fut là qu'il imprima en 1524 les *Apologies* et *Manifestes* de Corneille de Sceppers, le secrétaire du roi de Danemark Christian ; ces deux pièces rares, ornées du portrait du roi, gravé par Lucas Cranach, sont décrites au catal. Borluut de Noortdonck (nᵒˢ 4231-32).

PALÆRUS, Πάλαιρος, ville d'Acarnanie, dont Leake détermine la situation entre *Zaverdha* et *Kandili.*

PALANTA, Πάλαντα [Ptol.], ville de l'île de Corse, auj. *Balagna.*

PALANTIA, voy. PALLANTIA.

PALANTIA [It. Ant.], *Valentia de D. Juan,* bourg d'Espagne (Asturies).

PALATINATUS, *Palatinorum comitatus;* PALAT. AD RHENUM, *die Pfalz, Rhein-Pfalz, le Palatinat du Rhin,* qui comprenait : PALAT. BAVARIÆ ou SUPERIOR, *Pfalzbaiern, le haut Palatinat* ; = PALAT. INFERIOR, *Churpfalz, Unterpfalz, le bas Palatinat.* = PALAT. NEOBURGICUS, *Pfalz-Neuburg,* à la Bavière.

PALATINATUS SAXONIÆ, voy. SAXONIA.

PALATIN. SUEVIÆ, voy. SUEVIA.

PALATINUS MONS, *le Mont Palatin,* l'une des sept collines de la Ville éternelle, entre l'Aventin et le Tibre.

PALATIOLUM, *Paloisel, Palaiseau,* bourg de Fr. (Seine-et-Oise), anc. résid. de Childebert Iᵉʳ [Lebeuf]., = *Palazzuolo,* bourg de Sicile (prov. de Syracuse).

PALATIUM (AD) [It. Ant.], localité de la Rhétie, auj. *Palazzo* (Tyrol).

PALATIUM [Varro]. Παλάτιον [D. Hal.], ville du pays des Sabins, à l'O. de Reate (*Rieti*), auj., suiv. Reich., *Polegia;* mais la position actuelle de cette localité est plutôt marquée par les ruines de *Pallanti* près de Torricella [Forbiger].

PALATIUM, *Paltz,* bourg de la Prusse près Trèves. = *Palazzo di Monte-Verde,* bourg et anc. abb. d'Italie (Toscane). = *Le Palais,* bourg et anc. château de Fouquet, à Belle-Isle-en-Mer (Morbihan).

PALATIUM ADRIANI, *Palazzo-Adriano,* pet. ville du Nord de la Sicile (int. de Palerme).

PALATIUM DIOCLETIANI, voy. SPALATUM.

PALES, Παλεῖς [Herod., Str.], Πάλη [Thuc.], ἡ Παλαιέων πόλις, ville de l'île de Céphalenia, *Kephalenia,* dont les ruines se voient à *Lixuri.*

PALESTRINA, voy. PRÆNESTE.

PALFURIANA [It. Ant.], ville des Ilercaones, dans la Tarracon., auj. *Vendreli.*

PALGOCIUM, *Freistadtl* (?) ville de Hongrie [Graesse].

PALICE, Παλίκη [Diod., Steph. B.], ville de Sicile, sur le Lacus Palicorum, auj. *Palagonia,* dans le Val di Noto.

PALICIA, PALACIA, *la Palice, la Palisse,* pet. ville du Bourbonnais (Allier), sur la Bèbre.

PALIDENSIS ABBATIA, *Pöhlde,* abb. de Hanovre.

PALINURUM Prom. [Virg., Liv., Mela, Plin.], Παλίνουρος Ἀκρωτήριον [Strab.], cap. d'Italie, sur la mer Tyrrhénienne, auj. *Capo Spartivento*, à l'O. du golfe de Policastro.

PALLA, Πάλλα [Ptol.], PALÆ [It. Ant.], à la pointe S. de la Corse, près du détroit de Bonifacio, auj. *Porto S. Giulo* [Mannert].

PALLANTIA [Liv., Pl., Mela], Παλλαντία [Str., Pt.], Παλαντία [Steph. B.], ville des Vaccaï dans la Tarracon., auj. *Palencia*, ville d'Espagne, chef-lieu d'intend. (Vieille-Castille et Léon).

L'imprimerie paraît remonter en cette ville à l'année 1572, et l'introducteur est un typographe du nom de Diego Fernandez (voy. OXOMA) : *Domingo de Arteaga, Dominicano. Tesoro de. contemplacion hallada en el Rosario de Nuestra Señora con su exercicio*. Palentiæ, apud Didacum Fernandez, 1572, in-8° [Antonio].

Il nous faut bien parler du roman d'Antonio, accepté par l'abbé Caballero, qui ferait de cette petite ville la première de la Péninsule qui ait vu l'imprimerie s'établir dans ses murs, avec un certain livre imprimé en 1470 ! *Sanctii de Arevalo, Historia Hispanica*, Palentia, 1470, in-fol. Ce Roderic Sanctius, autrement dit Rodericus de Zamora, mourut à Rome en cette année 1470, après avoir fait imprimer cette « *Compendiosa Historia Hispanica* » sous les yeux par Ulrich Han (*Uldaricus Gallus*), in-4°, s. d. (Voy. Hain, IV, n° 13955). L'aberration d'Antonio a été vertement relevée par Née de la Rochelle; mais les derniers bibliogr. espagnols n'ont pas même daigné en faire mention.

PALLANTIAS FL., Παλλαντίας [Ptol.], pet. fleuve qui passait près de Sagonte; auj. le *Pallancia*, dans l'intend. de Valence; passe près de Murviedro.

PALLANTIUM, Παλλάντιον [Paus.], ville d'Arcadie, dont les ruines sont au S.-E. et près de *Tripolitza*.

PALLANUM [Tab. P.], ville des Frentani, dans l'Ausonie, auj. *Pollutro* [Mannert], ou *Paglietta* [Reichard], dans l'Abruzzo Citeriore.

PALLENE [Pl., Mela], Παλλήνη [Herod., Thuc., Str., Pt.], PHLEGRA, Φλέγρα [Herod., Str.], ville de Macédoine, auj. *Kassandhra* (pach. de Saloniki).

PALLIA [Tab. P.], fl. d'Étrurie, auj. *la Paglia*.

PALMA [Mela, Plin.], Πάλμα [Str., Ptol.], PALMA MAJORICORUM, PALMA BALEARIA, colonie romaine dans l'île de Majorque, sur la côte S.-O., auj. *Palma*, chef-lieu de la capit. gén., et de l'intend. des Iles Baléares.

Université, musée, évêché.

Falkenstein, Cotton et la plupart des bibliographes ne font remonter l'imprimerie à Palma qu'à 1540; grâce aux consciencieuses recherches de D. Joaquin Maria Bover, l'érudit historien des Baléares, grâce à la nouvelle édition de Mendez, donnée avec force additions par un excellent bibliographe, D. Dionisio Hidalgo, nous pouvons faire à Palma l'honneur de la classer parmi les 250 villes d'Europe, environ, qui ont joui dès le XVᵉ siècle des bénéfices de cet art, que Massillon appelle une émanation de la divinité.

Incipit tractatus magistri Iohānis de Gersoño Cancellarii parisiensis de regulis mandatorum, qui stringit conclusionum processu : fere totam theologiam et moralem. Prologus. — Au rº du 30ᵉ f.: *Doctissimi Magistri Iohannis de gersonno presens opus : opera et impensis Reuerendi Bartholomei Caldenten sacre theologie proffessoris Impressū est : Arte uero et industria ingeniosi Nicolai Calafati balearici in maiori ex balearibus primentis Anno salutis MCCCCLXXXV die uero XX mensis Iunii.* In-4°, car. semi-goth. de 30 ff. à 29 lignes, avec sign. A-D. Les trois premiers cah. par 8, et le dernier par 6 ; sans ch. ni récl., sans capit. gravées, à la place desquelles est un blanc pour les tourneures enluminées.

Un exempl. de ce rare opuscule est conservé à la bibl. de l'université de Madrid ; un autre dans la collection de D. Franc. Javier de Reidmater y Courten, marques de Campo-Franco.

L'année suivante nous trouvons un second produit des presses de Nic. Calafat, mais celui-ci est daté *de la Casa de Miramar* à Palma, c'est-à-dire du collége fondé par Raymond Lulle en 1276, collége qui dans la pensée du fondateur était spécialement destiné à l'étude des langues orientales, et bientôt après sa mort fut consacré à l'enseignement des belles-lettres en général ; de cet établissement devait sortir l'université.

Deuota contemplaciô y meditacions de la via Sacra. A la fin : *Sstampada en la casa de Trinitat de Miramar de la vila de Val de Musse en la maior illa Balear per Messtre Nicolau Calaffat nadiu dela dita vila. a. i. de Kalendes de fabrer añys de salut MCCCCLXXXVII.* In-4°, mêmes signes typographiques que le précédent.

Le vol. à la date de 1540, qui a passé jusqu'ici pour être le premier produit des presses de Palma, est imprimé par Hernando de Causoles ou Cansoles « *natural de la villa de Hamusco de la diocesis de Palencia* ; il est intit.: *Desconsuelo que Raimundo Lullio, Doctor illuminado, compuso en su senelud... trad. en lengua Castellana por Nicolao de Pachs.* A la fin : *Fue impresso en la ciudad de Mallorca* (*Palma nombra*), *por H. de Causoles. Acabo se a veynte y tres dias del mes d'Agosto. Año de* M.D.XXXX. In-12 de 16 ff. goth. avec titre gravé. (VIᵉ catal. B. Heber, n° 1993; cat. Thorpe, 1842, n° 4284, où le titre de l'opuscule est donné *in extenso*.)

Des volumes à la date de 1541, 1542 et années suiv., sont cités par les nouveaux éditeurs de Gallardo, par Antonio, le cat. Salva, etc.

Signalons au XVIIᵉ siècle une imprim. particulière organisée par les Chartreux de Palma : *D. Juan Valero, de Segorbe. Differentiæ inter utrumque forum, judiciale videlicet et conscientiæ.* In Carthusia Majoricensi laudata, typis Emmanuelis Rodriguez, 1616, in-fol.

PALMARIA INS. [Plin., Varr.], sur les côtes de la Campanie, auj. *Isola Palmaruola*, près de l'embouch. du Tibre.

PALMATIS [T. P.], Πάλματις [Proc.], ville de la Mœsie Infér., auj. *Kutschuk* ou *Kainardsjik* [Reich.], dans la Boulgarie.

PALUDELLUM, *Paluau, Palluau*, bourg du Berry (Indre).

PALUM, PALENZA, *Pau*, ville de Fr. (Basses-Pyrénées).

Un comte de Béarn construisit au Xᵉ siècle un château fort qui dominait le Gave Béarnais, et autour duquel, suiv. l'usage, vinrent s'abriter des maisons de vassaux; ce fut l'origine de la ville; le château fut reconstruit au XIVᵉ siècle par le comte Gaston-Phœbus de Foix, de cynégétique mémoire; il vit naître Henri IV au XVIᵉ.

Nous pouvons reporter l'imprimerie dans cette ville à l'année 1552 : Los ǁ FORS ET ǁ costumas ǁ de Bearn ǁ Imprimidas à Pau, ǁ per Iohan de Vingles ǁ Et Henry Poyure, ǁ AB PRIVILEGI ǁ DEV REY, ǁ .M.D.LII. Pet. in-4º à long. lignes et en lett. rondes; en tête 4 ff. conten. 1º le titre gravé dans une bordure en bois; 2º le privilège de Henri II, roi de France, pour 10 ans, en date du 29 octobre 1552; 3º Joannes Vinglius et Henricus Piper, typographi Regii, Lectori S.; 4º ordonnance de Henri II, pour rédiger les Coustumes de Bearn, puis le texte pp. I-198; enfin la Tavla sur 2 col., pp. 199-220.

La Biblioth. impér. conserve de ce livre précieux le bel exempl. La Vallière, imprimé sur vélin.

Ce Jehan de Vingles, croyons-nous, fut appelé la même année à Lescar (voy. BENEHARNUM).

Les imprimeurs de Pau que nous croyons devoir mentionner sont, au XVIIᵉ siècle, Isaac Desbaratz et Jérôme Dupoux (Dupoun).

Les arrêts du conseil de 1704 et de 1739 autorisent la ville de Pau à conserver deux imprimeurs; en 1764, le rapport fait à M. de Sartines en signale trois : Isaac-Charles Desbarats, né à Dunkerque, âgé de 54 ans, exerce depuis 1737; 2 presses. — La demoiselle Desbarats, petite-fille d'un imprimeur établi à Pau, par lettres-patentes de 1663; son père, imprimeur par lett. pat. de 1687, s'est associé le sieur Dugué; 2 presses. — Enfin Vignancourt, né à Toulouse, a pris à Pau l'imprimerie du sieur Dupoux; 3 presses.

NOTA. — Tout cela a de la peine à vivre.

PALUMBINUM [Liv.], ville du Samnium, auj., suiv. Reichard, Palombaro, dans l'Abruzze Citérieure, au pied de l'Apennin.

PALUS ACHERUSIA, Lago di Coluccio, dans les Abruzzes.

PALUS MÆOTIDES, Mer de Zabache (au moy. âge), Palus de Meode [Chron.], mer d'Azof, voy. MÆOTIS.

PAMBOTIS LAC., Παμβῶτις λίμνη, dans la Molossie près de Dodone, auj. Lago di Joannina [Leake].

PAMISUS FL. [Mela], ὁ Πάμισος, fleuve de la Messénie, auj. le Pirnatza.

PAMPALONA, PAMPELONA, PAMPILONA [Pertz], PAMPELO, POMPELO [Plin., I. A.], Πομπε-λών [Str., Pt.], ὡ; ἀν Πομπηϊόπολις [Athen.], ville des Vascones, dans la Tarracon., auj. Pampelona, Pampelune, ville d'Espagne, chef-lieu de la capit. gén. de la Navarre, sur l'Arga.

L'imprimerie remonte dans la capitale de la Navarre au XVᵉ siècle; si l'on en croit L. Hain, dont l'assertion est acceptée par Reichhart, c'est à 1489 que l'on doit la reporter; mais le livre indiqué par le bibl. de Stuttgard n'est point connu des bibliogr. espagnols, et nous ne pouvons le citer qu'avec de prudentes réserves : Pedri de Castrobel. Ord. Min. Commentarii in Symbolum Apostolicum (sive Athanasianum). Pampilone, 1489, in-4º. Ce Pedro de Castrobel, Mayorquain de l'ordre des frères mineurs, n'est autre que Pedro de Castrovol; mais pourquoi Hain, en citant divers ouvrages de

ce frère, imprimés à Ilerda, le qualifie-t-il de jurisconsultus?

De ce même moine, Zarco del Valle et D. Sancho Rayon citent un traité imprimé à Pampelune au XVᵉ siècle, mais sans nom d'imprimeur et sans désignation d'année : Tractatus vel si mauis exposi ǁ tio in Simbolum Quicûq; vult una ǁ cum textu editus per fratrë petrium ǁ de Castrouol famatissimum sacre ǁ theologie professorem... À la fin : Pāpilone ǁ impressus finit. In-4º de 86 ff., sans pag., avec sign. a-l. Serait-ce le même livre qu'aurait voulu désigner Hain? Cela nous en a tout l'air.

Ce n'est qu'en 1495, année où l'on voit apparaître le célèbre imprimeur Arnaldo Guillermo Brocar (Arnao, Arnaud Guilhem), que l'on trouve trace certaine d'imprimerie dans cette ville.

Comienza el libro llamado Compendio de la humana salud. À la fin : Fue acabada la psente obra por ǁ maestro Arnauld Guillë de Brocar en ǁ Pöplona. a. x. d'octubre. Año, M.CCCC.LXXXXV. In-fol. de 72 ff., à deux colonnes, impr. en goth. L'auteur présumé de ce livre rare est Valasco de Taranta. Mendez, qui décrit le vol., ajoute : « El impresor Arnaldo Guillen suena ahora la primera vez en nuestra tipografia. »

Jusqu'en 1499 on connaît un assez grand nombre de volumes exécutés à Pampelune par ce grand imprimeur (voy. Mendez, édit. de 1861, p. 381 et suiv.); vers 1502 ou 1503, on le voit fonder un établissement typogr. à Logrofio et quelques années après à Alcala de Henarès (voy. COMPLUTUM), où l'on sait qu'il imprima la célèbre Bible polyglotte de Ximenes (1514-1517).

PANACHAICUS MONS, Πανα χαϊκός [Polyb.], montagne d'Achaïe dans le Péloponnèse, auj. Monte Voda en Morée [Pouqueville].

PANCINGA, Penzing, bourg d'Autriche [Graësse], dans le cercle inf. du Wienerwald.

PANDATARIA INSULA [Liv., Plin.], île de la mer Tyrrhénienne, sur la côte du Latium, auj. Isola Vandotina; ce fut là que furent exilées Julie, la fille d'Auguste, et Octavie, la femme de Néron.

PANDOSIA, Πανδοσία, ville du Bruttium, sur l'Achéron, que Forbiger place auj. près de Castel-Franco (Calab. Cit.), et d'autres géogr. à Anglona.

PANDOSIA, ville de la Thesprotie (Épire), dont Leake place les ruines à Kastri, vers la pointe N. du lac Kastritza.

PANGÆUS MONS [Plin., Virg.], τὸ Πάγγαιον ὄρος; ὁ Πάγγαιος [Herod., Thuc., Dio C.], montagne de Macédoine, près du lac Prasias, auj. Kastagnatz-Dagh.

PANIOVICIÆ, Senapaniowce, ville de la Podolie (Russie Occid.).

Les réformés eurent une école et une typographie dans cette ville, alors qu'elle appartenait au comte Jean Potocki, palatin de Braslaw, et à son frère André, châtelain de Kaminiec; un imprimeur de Vilna, nommé Basil Malachiowicz, fut appelé par les comtes Potocki; de 1608 à 1611 ce typographe imprima plusieurs ouvrages de Jean Zygrow, Polonais, dont Vengerscius nous donne les titres latins.

PANISSA [Plin.], PANYSUS, fl. de la Mœsie Inf., auj. le Kamezik, affl. de la Maritza.

PANIUM, Πάνιον [Hierocl.], ville de Thrace, auj. *Banalos* en Roumélie, près de Rodosto (Tejur-Daghi).

PANNISUS [T. P.], Πάνιασα, SOATRÆ [It. A.], SCATRÆ [G. Rav.], ville de la Mœsie Inf., auj. *Pravadi* (Boulgarie).

PANNONIA [Tac., Plin.], ἡ Παννονία [Ptol., Procop.], vaste contrée de l'Europe centrale, à l'E. de la Norique, comprenant les pays situés entre le Danube au N., et la Save au S., c'est-à-dire *la Hongrie*; les villes princip. étaient AQUINCUM (Bude), chef-lieu de la PANNONIA INFERIOR; et SIRMIUM; dans la PANNONIA SUPERIOR, qui comprenait en grande partie l'Autriche actuelle et VINDOBONA (Vienne), les villes princip. étaient SAVARIA et SERVITIUM [Sprüner].

PANOPEUS, Πανοπεύς, PANOPE, Φανοπεύς, ville de Béotie, en ruines près du bourg de *San-Blasios* ou *Aghio-Vlasi* [Leake].

PANORMUS [Cic., Mela, Liv., It. A., T. P.], Πάνορμος [Thuc., Pol., Str.], PANHORMUS [P. Diac.], PANHORMUM [Plin.], COL. AUG. PANORMITANA [Inscr.], ville du N.-O. de la Sicile, *Palermo, Palerme*, dans le Val di Mazzara, capit. de l'île et chef-lieu d'intendance, avec un bon port sur la Méditerranée.

On ne connaît qu'un seul livre imprimé à Palerme au XVe siècle; du moins un seul volume est bien authentiquement décrit par les bibliographes : *Joannis Nasonis Carleonensis consuetudines felicis urbis Panormi.* Panormi, apud Andream de Wormacia, 1477, in-4o. L'impression de ce rare volume, commencée en 1477, ne fut terminée que l'année suivante.

Ce volume n'est guère connu que par la description qu'en a donnée Antonio Mungitore, dans sa *Biblioth. Sicula* (1707-14), 2 vol. in-fol. Panzer, Amati, Hain, etc., le mentionnent sans entrer dans aucun détail bibliographique ; cet André de Worms est-il venu d'Allemagne avec les six ou sept imprimeurs étrangers établis à Naples au XVe siècle? le fait est présumable, mais nous ne pouvons le prouver.

Qu'est-il devenu après l'impression de ces Coutumes de Palerme ? On ne le sait, et nous n'avons même pu retrouver son nom.

Un volume imprimé sans indication de lieu, sans nom d'imprimeur, sans date, mais qu'un libraire de Palerme, Mar. Mira, a prétendu, dans une dissertation spéciale, avoir été imprimé à Palerme antérieurement aux Coutumes, sans qu'aucun argument bien sérieux ait été mis en avant par lui, c'est un poëme du même auteur : *Joannis Nasonis Siculi Panhormis de spectaculis a Panhormitanis in Aragonei regis laudem editis Barchinonia in fidem ejus recepta fœliciter incipit.* In-4o. L'exempl. du duc de Cassano-Serra est fort exactement décrit par Dibdin (Spencer. VII, 77). Ce poëme latin composé en 1472 a-t-il été imprimé à Palerme, comme le dit M. Mira, à Naples par Math. Morave, ou à Venise, comme le croit Dibdin ? Le fait n'est pas déterminé ; et, comme le volume des *Consuetudines* paraît n'avoir été décrit *de visu* par aucun biblio-

graphe, on ne peut même pas savoir si les deux ouvrages sont exécutés avec le même caractère.

Au commencement du XVIe siècle, plusieurs volumes imprimés par Giovanni et Antonio Pasta et par Antonio de Mayda sont décrits par Maittaire et Panzer.

Au XVIIe siècle nous citerons, parmi les typographes palermitains, Maringo, qui imprime en 1614 l'*Antichità di Palermo, da Mariano Valguarena*, in-4o, Piero dell' Isola et le Coppola.

PANORMUS, Πάνορμος [Ptol.], port de l'Epire (Chaonie), auj. *Porto Palermo* [Leake]. = *Tekiéh*, pet. port de l'Achaïe, sur le golfe de Lépante. = *Viskardho* [Leake], port de Céphalonie, *Kefalonia;* plusieurs localités en Grèce, en Crète, etc., portaient encore ce nom.

PANTAGIAS FL. [Virg., It. A.], Πάνταχος [Ptol.], Παντάκιος [Thuc.], petit fl. de Sicile ; afflue à la Méditerranée sur la côte orientale, auj. *la Guaralunga*.

PANTANUS LAC. [Plin.], en Apulie, auj. *Lago di Lesina*.

PANTICAPÆUM [Mela, Plin.], Παντιχάπαιον [Scyl., Diod., Str., Procop.], Παντικαπαία [Ptol.], ville de la Sarmatie (Cherson. Taurique), sur le Bosphore Cimmérien, auj. *Kertch, Vospro* (en turc), ville de Russie (Crimée), avec un port sur le détroit d'Iénikaléh ; ce fut là que mourut Mithridate [Clarke, Murawiew, Blarenberg, etc.].

PANYASUS FL. [Plin.], fl. de l'Illyrie Macédonienne, auj. *la Spirnazza*.

PAPA, *oppidum in Comitatu Vesprimiensi, Papán*, ville de Hongrie, dans le comitat de Weszprim ou Weszprémben.

C'est Fr. Ad. Lampe, dans son Hist. de l'Église réformée en Hongrie, qui mentionne le premier l'imprimerie de Papan; elle remonte à 1577: *Decreta Synodi Hertzeg-Szölösiensis 47 Articulis comprehensa,* Lat. et Hungar. Papæ, typis Galli Húszar Anaxii, 1577.

En 1628 Németh signale un nouvel imprimeur, Bernard Mathé.

PAPALMA, voy. BAPALMA.

PAPEBERGA, voy. BAMBERGA.

PAPENHEMIUM, *Pappenheim*, pet. ville de Bavière, chef-lieu de district, sur l'Altmuhl.

L'imprimerie remonte en cette ville à 1786 [Falkenstein].

PAPHUS [Tac., Ovid., Virg., etc.], Πάφος [Hom., Str., Paus.], ville de l'île de Chypre, sur la côte S.-O., avec un célèbre temple consacré à Vénus; on distinguait l'ancienne Paphos, Παλαίπαφος [Strab.] et Πάφος νέα [Ptol., Plin.]; la première s'appelle auj. *Baffa*, anc. évêché, et la seconde *Kukla* ou *Konuklia* [Pococke].

PAPIA, voy. TICINUM.

PAPIRIANÆ FOSSÆ, voy. FOSSA PAPIR.; cette localité étrusque, située sur la Via Æmilia, aurait existé, dit Reichard, là où s'élève auj. *Bozzoto.*

PAPULUS (S.), *S.-Papoul,* pet. ville de Fr. (Aude); anc. abb. de 752 à 768; évêché en 1317, dont le diocèse comprenait tout le Lauraguais.

PARALIA, Παραλία, Πάραλος [Thuc.], partie des côtes de l'Attique, s'étendant du cap Sunium à Athènes.

PARASOPIA, ἡ Παρασωπία [Strab.], district de la Bœotie, s'étendant sur la rive droite de l'Asopus (Voiotia).

PARCA, ville des Jazyges Metanastæ, dans la Dacie, auj. *Pangkang,* près de Gran (Hongrie).

PARCHIM, pet. ville de Prusse (Mecklemburg-Schwerin), sur l'Elbe.

Un imprimeur du nom de David Uszlaub y était établi en 1706.

M. Ternaux signale : *Jänicken. Veber den Spruch 5 V. 19 an die Ræmer.* Parchim, 1728, in-4o.

PARCIACUM [Gesta Dagob.], anc. villa mérov.; *Parçay,* commune de l'Anjou (Maine-et-Loire).

PARECEYUM, *Parrecey,* village de l'arrond. de Dôle (Jura); Fr. *Hugo de Parreceyo.*

PAREDUM MONIALE, PAREDUM MONACHORUM, *Parois, Paray-le-Monial,* ville de Fr. (Saône-et-Loire), anc. prieuré de S.-Benoît, du dioc. d'Autun; église du xIe siècle.

PARENTIUM [Plin., T. P.], Παρέντιον [Ptol.], port de l'Istrie, près de Pola, auj. *Parenzo* (gouv. de Trieste).

PARENTUM FL. [Pertz], *la Brenta;* voy. MEDOACUS MAJOR.

PARIENNA, Παρίεννα, ville des Quadi dans la Germanie, sur la position de laquelle on n'est pas d'accord; occupait un point entre *Neusohl* sur le Gran et *Schemnitz,* au N. de Pesth (Hongrie).

PARISI, Παρίσοι [Ptol.], peuple de la Britannia qui occupait, au N. de l'Humber, la côte du Yorkshire, entre *Withernsea* et la pointe appelée *Flamborough head.*

PARISII [Cæs., Plin.], Παρίσιοι [Strab., Ptol.], peuple de la Lyonnaise IV, occupant autour d'une île de la Sequana un territoire restreint, qui depuis est devenu

PARISIVS [Cartul.], PARISIVS CIVE, PARISIS, PARISVS, PARIVS [Monn. Mérov.], PARISII [Not. Imp.], Παρίσιον [Zosim.], anc. LUTETIA [Cæs.], LUTICIA, LUTITIA [It. Ant.], Λουχοτοχία [Strab.], Λουχοταχία Παρισίων [Ptol.], LOTITIA PARISIORUM [Ann. Prud. Tr.], LOTICIA [Ann. a. 845], LUTECIA [Amm. Marc.], *Paris,* capitale de la France.

Nous ne ferons pas ici l'histoire de Paris; nous n'entreprendrons pas d'ébaucher une description topographique, religieuse, administrative, scientifique, littéraire ou artistique de cette grande cité; ne confectionnant pas un *Guide,* nous prenons la liberté de renvoyer aux innombrables ouvrages spéciaux, et particulièrement aux récents travaux publiés sous le titre de « *Musée des archives de l'Empire*». Nous n'oublions pas que nous ne nous adressons qu'aux bibliophiles, et à eux seulement nous rappellerons que Paris est la patrie des plus grands imprimeurs français, Antoine Vérard, les Estienne, les Didot; du plus illustre des bibliophiles, l'historien Jacques-Auguste de Thou, et qu'entre tant de grands hommes qui sont nés dans ses murs, nous ne voulons citer que le plus grand homme d'État qu'ait eu la France, Richelieu, et le génie le plus parfait qui ait illustré le théâtre et les lettres françaises, Molière. Nous rappellerons que cette ville était divisée en trois parties : la cité, la ville et l'université; que son siège épiscopal fut érigé en archevêché sous Louis XIII, en 1622; qu'elle possédait 12 églises collégiales, la plus illustre abbaye de l'ordre lettré des Bénédictins, St-Germain-des-Prés, deux grandes abbayes de l'ordre des Augustins, Ste-Geneviève et St-Victor, 8 abb. de filles, 11 prieurés d'hommes et 6 de filles, 42 couvents d'hommes, 44 monastères de filles, 15 communautés de femmes, etc., et que grâce à la sécularisation de tous ces établissements conventuels, et par suite de la confiscation de leurs riches librairies, Paris possède les plus importantes bibliothèques de l'Europe. et un dépôt d'*Archives,* établissement sans rival au monde dont le classement et l'organisation, dus au zèle éclairé de l'illustre M. Léon de Laborde, ne laissent rien à désirer.

Nous résumerons succinctement ce qui a trait à l'introduction de la typographie; le sujet est épuisé, nous dirions presque rebattu, tant il y a surabondance de dissertations, de monographies, de traités spéciaux consacrés à cette question aujourd'hui suffisamment élucidée; après avoir esquissé rapidement les faits relatifs aux débuts de l'imprimerie, nous donnerons la nomenclature des meilleures sources à consulter.

L'imprimerie fut découverte à Mayence pendant qu'en France le roi Charles VII débarrassait péniblement son territoire de ses incommodes voisins, les Anglais; aussitôt après la paix « le 11e octobre M.IIII.LVIII. le roy ayant sceu que messire Guthemberg, chevalier, demeurant à Mayence au païs d'Allemagne, homme adextre en tailles et de caractères de poinçons, avoit mis en lumière l'invention d'imprimer par poinçons et caractères, curieux de tel trésor, le roy avoit mandé aux généraux de ses monnoyes luy nommer personnes bien entendues à la dite taille pour envoyer audit lieu secretement soy informer de la dite forme et invention, entendre, concevoir et apprendre l'art d'icelles; à quoy fut satisfait audit sieur roy, et par Nicolas Jenson fut entreprins ledit voyage..... (Mss. de l'Arsenal, *Hist.* 467, fo 409 vo) ». Ce Nicolas Jenson était un Tourangeau, très-habile graveur des monnaies, certains mss. disent « maître de la monnaie de Tours », d'autres en font un graveur de la monnaie de Paris. Il s'en alla donc à Mayence, et sans doute il s'adressa à Pierre Schœffer qu'il avait pu connaître à Paris, alors qu'il était l'un des plus renommés scribes de l'université. Si Jenson remplit la mission que lui avait confiée le roi Charles VII, en étudiant les mystères et en s'appropriant tous les secrets de l'art nouveau, la glorieuse carrière qui lui était réservée le prouve surabondamment; mais le bon roi vint à mourir le 22 juillet 1461, et

Jenson, n'ignorant pas de quel œil étaient vus par le nouveau roi, Louis XI, les serviteurs et amis de feu son père, ne jugea pas à propos de rentrer en France, pour rendre compte de sa mission, et s'en alla en Italie. La France y perdit un admirable imprimeur, et l'introduction de la typographie fut reculée de plusieurs années.

En 1463 on voit le beau-père de Schœffer, Fust l'usurier, venir à Paris, où il place un assez grand nombre de Bibles de 1462 au prix de 40 à 50 écus d'or. Mayence venait d'être ravagée au mois d'octobre par les lansquenets d'Adolphe de Nassau, et le vieux banquier espérait avec raison écouler facilement les produits de ses presses dans une grande ville où son gendre avait laissé d'excellents souvenirs; il y revint en 1466 après l'impression des deux éditions des Offices de Cicéron et des Décrétales de Boniface VIII, ce qui prouve que son premier voyage avait été fructueux; on sait que le vieil ennemi de Gutenberg y mourut vers les derniers jours de cette année 1466 et qu'il fut enterré probablement chez les Augustins de St-Victor, où ses héritiers fondèrent plus tard un service annuel en son honneur.

Vers 1469 enfin l'université de Paris s'émut des progrès que faisait en Allemagne et en Italie la typographie; deux de ses membres, tous deux étrangers il faut bien le reconnaître, Jean de la Pierre (Johann Heynlin, natif de Stein, près de Constance; et de ce lieu de naissance, en latin Lapis, il prend le nom de Johannes Lapideus, où de Jean de la Pierre), et Guillaume Fichet, de Savoie (né, suiv. M. Gaulieur, au Petit-Bornand, près du lac Leman, mais plutôt dans un village dépendant d'Annecy, en Savoie), le premier, prieur de la Sorbonne et recteur de l'université, le second, docteur en théologie, décident trois ouvriers typographes à venir s'installer à Paris; il est assez présumable que ces premiers imprimeurs furent expédiés par Joost de Sillinen, prévôt du chapitre de l'abbaye de Berone en Argau, qui certainement était l'agent stipendié du roi de France. Dans l'atelier typographique installé dans cette abbaye on trouve Pierre Krantz qui figure comme témoin au procès de Gutenberg en 1455, lequel serait le père ou le frère de Martin Krantz; et M. Didot a nommé Ulrich Gering; cette assertion, si elle était confirmée, serait décisive.

Ces trois ouvriers allemands, qui viennent s'établir à Paris, à la requête de l'université, sont Ulrich Gering (on trouve Guerinch, Guernich, etc.), natif de Constance, compatriote de Johann von Stein ou de la Pierre; Michel Friburger, de Colmar; enfin Martin Crants ou Krantz, dont on ignore le lieu de naissance, mais qui pouvait être Mayençais, son homonyme du procès de 1455, auquel on le rattache, étant qualifié de bourgeois de Mayence.

Ils organisent leur premier atelier dans les bâtiments mêmes de la Sorbonne, et le premier livre qui sort de leurs presses est un recueil des épîtres de Gasparin de Bergame (vulgò Barzizius), édité par Jean de la Pierre; GASPARINUS BARZIZIVS PERGAMENSIS. EPISTOLÆ. C'est un petit in-4° de 118 ff. à 22 lignes, en caract. romains de 14 points 1/2 environ, sans ch., récl. ni sign.; la place des capitales est laissée en blanc pour la rubrication; le papier est fort, bien collé, mais un peu jaune; dans certains exempl. le sommaire servant de titre, en tête du second f., est tiré en rouge, dans presque tous il est imprimé en noir; le vol. commence par une épître de Guil. Fichet, docteur en théologie, à Jean de la Pierre, prieur de Sorbonne; cette épître nous donne la date de l'exécution du livre, Jean de la Pierre ayant été deux fois revêtu de cette dignité, en 1467 et 1470; en 1467 Fichet n'était point encore reçu docteur; c'est donc à la fin de 1470 que ce livre fut imprimé; il se termine par huit vers latins, qui donnent les noms des imprimeurs; ces vers sont cités partout.

La liste des livres imprimés à l'atelier de la Sorbonne est bien connue; ce sont toujours des livres latins, et l'influence éclairée de l'université se fait sentir au choix des auteurs: c'est FLORUS, SALLUSTE, TÉRENCE, VIRGILE, JUVÉNAL; les ÉPISTOLÆ PHALARIDIS, les OPERA PHILOSOPHICA et les TUSCULANES de Cicéron; en outre ils ont contracté une dette de reconnaissance envers leurs protecteurs, et ils impriment les Epistres du cardinal Bessarion à Guil. Fichet, son grand ami; de Fichet lui-même: RHETORICORUM LIBRI TRES, avec cette souscription: In Parisiorum Sorbona conditæ Ficheteæ Rhetoricæ finis.

Ils impriment également une édition du traité de S. Ambroise « de Officiis », corrigée par Jean de la Pierre, grand admirateur du saint évêque de Milan; nous voyons en effet que l'édition originale collective de ce Père de l'Église fut imprimée par le célèbre Amerbach à Bâle en 1492; elle est précédée d'une épître de Jean de la Pierre qui en fut l'éditeur; il s'était retiré dans cette ville, où se termina sa glorieuse carrière.

Cependant deux étudiants de l'université de Paris, le Flamand Pierre de Kaysere (Petrus Cæsaris) et l'Allemand Johann Stoll, que les trois imprimeurs de la Sorbonne avaient employés comme apprentis, et qui avaient été par eux initiés à tous les mystères de l'art nouveau, s'étaient séparés de leurs patrons et venaient de fonder un établissement particulier dans la rue St-Jacques, à l'enseigne du Soufflet vert (in intersignio foliis viridis), près du couvent des Frères Prêcheurs (infra S. Bened etum et prædicatores). Cette première typographie libre date du courant de l'année 1473 et subsiste jusqu'au 25 mai 1476.

Aussitôt les trois Allemands, jaloux de soutenir la lutte que venaient de provoquer leurs apprentis, quittent la Sorbonne, laissant à l'université le matériel et tous les caractères, qui étaient sans aucun doute sa propriété particulière, et fondent dans la même rue, et tout près de l'imprimerie rivale, à l'enseigne du Soleil d'or, prope Sanctum Benedictum. Leur nouveau caractère n'a plus rien de commun avec celui que la Sorbonne avait emprunté à l'épigraphie romaine; il devient purement allemand, c'est-à-dire gothique (lettres de forme).

Les deux imprimeries rivales se firent une concurrence acharnée, chacune réimprimant dans le courant de la même année le livre que l'autre venait de publier.

Cependant Schœffer n'était pas disposé à renoncer au riche débouché qu'offrait à ses impressions la ville de Paris; et non-seulement il écoulait sur cette place ses propres livres, mais il accaparait les éditions des autres typographes allemands, et en inondait la France. Cette lutte, terrible à soutenir pour les premières imprimeries parisiennes, aurait pu sans aucun doute être paralysée par l'intervention du gouvernement; mais Louis XI était un fin politique qui savait que la concurrence développe l'industrie; d'une main il octroya à ses imprimeurs de la Sorbonne, Michel Friburger, Ularic Quering et Martin Grantz (sic) des lettres de naturalisation, gratuites, datées du mois de février 1474 (1475 nouv. style), et de l'autre il concéda aux imprimeurs étrangers Pierre Scheffre et Conrart Hanequis (Conrad Fust, dit Hanequin, son beau-frère et associé), à la requête de l'archevêque de Mayence, des lettres de rémission pour la vente de leurs impressions, avec subvention annuelle de 800 livres tournois, allouant en outre audit Schœffer une somme de 2425 écus et trois sols tournois, pour l'indemniser de la confiscation qu'avait été prononcée des livres et biens délaissés par son représentant à Paris, Herman de Stattboen ou Stattern, qui était passé de vie à trépas quelque temps auparavant; ces lettres, dont le texte officiel vient d'être retrouvé et publié dans la Biblioth. de l'École des chartes, sont datées du XXIe jour d'avril (26 janvier) l'an de grâce 1475.

Vers l'année 1478 Michel Friburger et Martin

Krantz renoncent à soutenir une lutte qui devient presque impossible et disparaissent; très-probablement ils quittent la France et retournent en Allemagne; Gering reste seul et continue; en 1479 il s'associe avec un libraire de Paris nommé Guillaume Maynyal. Vers 1483 il va s'établir dans la rue de Sorbonne, dans une maison qui dépend de l'école et porte l'enseigne du Buis (*ad Buxum*), et prend un nouvel associé, Berthold Rembolt de Strasbourg, avec lequel il reste établi jusqu'à sa mort, arrivée le 23 août 1510; il légua ses grands biens aux collèges de Sorbonne et de Montaigu.

« Gering, dit M. Bernard, avait employé dans le principe des caractères romains; il fit usage ensuite de caractères de transition, dans le goût de ceux de Schœffer et de Mentelin; puis il revint aux caractères romains; ceux dont il se servit en 1478, après la dissolution de la première société, sont d'une grande beauté. Mais à la fin, entraîné par le goût du temps, il fit usage de caractères gothiques ».

Parmi les grands imprimeurs parisiens du XVe siècle, nous citerons Pasquier Bonhomme, fils d'Aspais Bonhomme, l'un des quatre libraires-jurés de l'Université, avant l'introduction de l'imprimerie; c'est à lui que l'on doit l'impression du premier livre français exécuté à Paris, avec date: LES GRANDES CHRONIQUES DE FRANCE, 3 vol. in-fol., 1476 (1477 nouveau style); Pierre Caron; Antoine Vérard, qui débute vers 1484, et non pas en 1480 comme le dit Lottin; c'est l'imprimeur français par excellence, l'éditeur des poëtes et des romans de chevalerie; on lui doit plus de 200 éditions de livres français avec un grand luxe de gravures sur bois et un grand nombre de magnifiques livres d'heures; il demeura *sur le Pont Notre-Dame*, jusqu'à l'écroulement de ce pont en 1499; puis vint temporairement se fixer près du *Carrefour St-Séverin*, et au mois de septembre 1500 dans la *rue St-Jacques*, *près du Petit-Pont*, où il resta 3 ans; enfin en 1503 jusqu'à sa mort, arrivée vers 1513, il alla demeurer *devant la rue Neufve-Notre-Dame*.

Barthélémy Vérard, son fils (?), lui succéda, et, en 1518, on voit apparaître un second Antoine Vérard.

Plusieurs monographies intéressantes ont été consacrées à ce grand typographe; nous citerons particulièrement le beau travail de M. Renouvier: *des Gravures en bois dans les livres d'Ant. Vérard*.

Geoffroi de Marnef est reçu libraire-juré et maître imprimeur en 1481; c'est le chef d'une nombreuse et célèbre famille de typographes, qui possédait deux établissements considérables, l'un à Poitiers, l'autre à Paris; Guy Marchand, Pierre Levet, François Regnault, Philippe Pigouchet, Simon Vostre, Denys Janot, Michel Lenoir, Guillaume Eustace, Jehan Petit, Jehan Trepperel, et enfin l'illustre Josse Bade d'Asch, près de Bruxelles, le gendre de J. Trechsel de Lyon (1498-1535): voilà les grands noms de la typographie parisienne, au XVe siècle, et chacun d'eux mériterait l'honneur d'une biographie spéciale.

Avec le XVIe siècle apparaît le nom glorieux des Estienne, avec Henri, premier du nom, d'une noble famille de Provence, qui vient exercer la typographie à Paris, et dont le premier livre est une édition des ETHIQUES D'ARISTOTE, éditée par Lefebvre d'Estaples: *Absoluta in alma Parisiorum academia, per Wolfgangum Hopilium et Henricum Stephanum, in formularia literarum arte socios... die septima maii* M.D.II. in-fol. Le chef de cette illustre famille d'imprimeurs à laquelle Mich. Maittaire, M. Renouard, MM. Crapelet, Bernard et F. Didot ont consacré d'excellents travaux, mourut en 1520, et sa veuve épousa le célèbre Breton Simon de Collines ou de Collinée, dont le nom paraît pour la première fois l'année précédente: *Clichtovei Tractatus de regis officio*. Parisiis, in offic. Sim. Colinæi, 1519, in-4°.

En 1507 Gilles Gourmont fait graver les premiers caractères grecs et hébreux qui aient été employés en France; le premier livre grec sorti de ses presses est, suiv. M. Renouard, le MUSÆUS, de 1507; et d'après d'autres bibliogr., un ALPHABETUM GRÆCUM (Βίβλος ἢ γνωμαγυρική), de la même année, in-4° de 14 ff.

L'année suiv., 1508, apparaissent les premiers caractères hébreux, dans le livre intit.: *Francisci Tissardi* (d'Amboise) *Grammatica Hebraïca et Græca*, in-4°.

En 1512 surgissent deux grands noms, Galliot du Pré (que nous avons, par suite d'une erreur incompréhensible, porté à l'actif de Lyon), et Geoffroi Tory de Bourges, imprimeur, graveur, poëte et traducteur, auquel M. Aug. Bernard a consacré une consciencieuse monographie, dont la seconde édition est un livre complet. Ce fut le maître de Garamond, dont il nous faut parler.

« Vers 1520, Claude Garamond, dit M. F. Didot, renonçant aux caractères gothiques et semi-gothiques, grava, d'après les belles formes des imprimeurs vénitiens, les caractères romains et italiques, qui furent généralement adoptés; ses élèves Guillaume le Bé et J. Sanlecque suivirent son exemple. » Le succès de ces caractères fut tel que le nom s'en est conservé et qu'on s'en est servi longtemps pour désigner les types dont la grosseur correspond à notre corps de huit points.

Nous voyons arriver successivement Chrestien Wechel, François Gryphe, le frère de Sébastien de Lyon, Thielman Kerver et par-dessus tous, le grand Robert Estienne, dont le beau-père est Simon de Collines, dont la femme était Perrette Bade, la fille de Josse Bade, et dont le fils est Henri Estienne deuxième du nom, *patre excelso filius excelsior*.

Michel Vascosan, second gendre de Josse Bade, et par conséquent beau-frère de Rob. Estienne, fut un imprimeur non moins éminent. Son premier livre, daté de 1532, est un vol. grec: *Dictionum Atticarum Collectio*, pet. in-8°; ce fut l'éditeur d'Amyot; puis les Morel: Guillaume, dont le premier livre impr. est: *Artis Metiendi ex gr. Reischii Margarita Philosophica*, 1549, in-4°; Frédéric Morel (Ier), *Car. Bovilli opus geometricum*, 1557, in-8°. (L'édition française de la *Géométrie de Charles Bouvelle*, impr. par H. Estienne en 1511, est le premier livre de géométrie publié en français); Frédéric Morel (2e), *Hesiodi opera et dies*, 1581, in-4°; enfin Claude Morel, *P. Rami vita per Nicol. Nancelium*, 1599, in-8°.

Le 17 janvier 1538, François Ier, par lettres patentes, donne à Conrad Néobar le titre d'imprimeur royal pour le grec; et en 1539 à Robert Estienne celui d'imprimeur pour l'hébreu et le latin. Néobar étant mort l'année suivante, son titre et le privilège d'employer les caractères de Garamond, dits *typi regii*, sont dévolus au même Robert Estienne.

On comprend quelle extension prendrait ce résumé, si nous étions obligé de suivre les progrès de l'imprimerie à Paris jusqu'au XIXe siècle; bornons-nous à quelques noms.

Au XVIe siècle, nous citerons encore: Pierre Bigr, l'imprimeur spécial des affiches et placards, Hardouin, les Nyverd, Alain Lotrian, Jean St-Denys, Olivier Maillard, Gilles Corrozet, poëte et historien; Robert Grandjon, le fondeur des caractères de civilité, appelés d'abord *lettres françaises de l'art de main* et depuis *lettres cursives*; Yvon Gallois, Jehan Longis, les Roffet, aux caractères ronds et élégants; Guillaume Boulle ou Boullé, les frères Angeliers, Gervais Chevalon, Vincent Sertenas, Jehan Bonfons, et Adr. Turnèbe ou Tournebœuf (voy. Baillet, *Auteurs déguisez*, p. 165), dont le premier livre impr. en 1552 est en même temps la 1re édition du juif Philon; Bernardin Turrisan, Olivier de Harsy, Phil. d'Anfrie ou Danfrie (*Car. de Civilité*), Guil. Bonnemère, la famille des Le Preux, Robert Ballard, pourvu de l'office d'imprimeur royal pour la musique, et cette spécialité se perpétua dans sa famille; Gabriel Buon, Mamert Patisson, etc.

Au XVIIe siècle nous mentionnerons: Jean Camusat, qui fut choisi par l'Académie française, de formation nouvelle, pour son imprimeur; Antoine

Vitré, célèbre par l'impression de la *Polyglotte* de le Jay; il fut nommé imprimeur du roi, pour les langues orientales, et M. Aug. Bernard lui a consacré une monographie; Jean de la Caille, auquel on doit une histoire assez estimée de la typographie parisienne; Denys Thierry, Séb. Cramoisy, Louis Billaine; Jean Anisson, qui devint directeur de l'Imprimerie royale (il était originaire d'une famille d'imprimeurs-libraires établie à Lyon, et qui possédait également une maison en Espagne); enfin Denys Mariette, oncle du célèbre iconophile, libraire et imprimeur, Pierre Jean Mariette.

Au XVIIIe siècle enfin nous ne citerons que les Saugrain, Barbou, Coustelier, Lottin, Anisson Duperron, guillotiné comme aristocrate; *Momoro*, guillotiné comme démagogue; et nous clorons cette trop longue nomenclature par l'un des noms les plus glorieux de la typographie française, celui des Didot, dont l'établissement comme libraires à Paris remonte au règne de Louis XIV; le poids de cette renommée européenne est noblement porté aujourd'hui par notre respectable et savant éditeur, M. Ambroise Firmin Didot, né en 1790, et aussi excellent bibliographe, qu'helléniste érudit et ardent collectionneur de livres et d'estampes.

Parlerons-nous des imprimeries particulières ou clandestines? de l'Imprimerie royale, fondée au Louvre par le cardinal de Richelieu, avec Sébastien Cramoisy (11) comme directeur, et Trichet du Fresne comme premier correcteur (nous renvoyons le lecteur au livre;de M. Bernard)? — de l'imprimerie de la *Gazette de France*, dont le privilège fut accordé le 11 octobre 1631 à Théophraste Renaudot? de l'imprimerie du monastère de St-Denis, qui fonctionnait à Paris, rue de l'Amandier, vers 1571? de l'imprimerie de M. Savary de Brèves, notre ambassadeur à Constantinople, dont la collection de caractères orientaux fut acquise en bloc par Ant. Vitré?

Parlerons-nous encore des jolis caractères cursifs de Pierre Moreau, et de la défense que lui fit le grand conseil de faire le commerce de la librairie? de l'imprimerie du roi Louis XV enfant aux Tuileries; de l'imprimerie des enfants aveugles, imaginée par M. Haüy, interprète du roi? des imprimeries polytype, stéréotype, etc.?

Des imprimeries clandestines? des Pères-Jésuites du collége de Clermont et du Rév. P. Loriot, leur typographe? (1614)? des Jacobins de la rue St-Honoré (1640)? de l'imprimerie des *Nouvelles ecclésiastiques*, si parfaitement dissimulée, que la police ne vint jamais à bout de la découvrir; il est vrai qu'elle la cherchait à Paris, et nous croyons qu'elle était cachée à Laval? de l'imprimerie de la duchesse de Bourbon, établie au Palais Bourbon, vers 1730? des imprimeries clandestines saisies par la police, en 1735? de celle que M. Bochart de Saron avait si parfaitement organisée dans son hôtel, en 1778? de celle du médecin Buc'hoz, en 1780? de Malon de Berci (1791)? des journaux et des journalistes de la révolution, Marat, Martel, etc.? de Quenard (1796)? de Lucien Bonaparte dans sa maison de la rue Verte (1799)?

Mais nous avons réuni et nous avons sous les yeux un amas de notes, à ce relatives, dont nous pourrions tirer plus d'un volume, et nous renvoyons le lecteur, désireux d'en savoir aussi long que nous, à la collection prodigieusement riche et curieuse qu'a laissée un ancien et célèbre directeur de l'Imprimerie royale, collection presque inexplorée, et conservée à la Biblioth. impériale sous le nom de: *Fonds Anisson Duperron*.

Les principales autorités à consulter pour l'histoire de la typographie parisienne, c'est-à-dire les débuts, les progrès qu'elle a fait faire à l'art, son influence politique et littéraire, ses rapports avec l'administration et le clergé, les principales autorités, disons-nous, sont énumérées dans la table du *Manuel*; mais nous recommanderons plus particulièrement les travaux de l'excellent Chevillier, l'ancien bibliothécaire de la Sorbonne (Paris, 1694, in-4°);

le résumé historique de l'introduction de l'imprimerie à Paris, par M. Taillandier (Paris, 1837, in-8°), excellent livre, rempli de faits et de pièces reproduites avec une exactitude scrupuleuse; les diverses monographies de Maittaire, de MM. Auguste Bernard, Crapelet, Le Roux de Lincy, Duprat, etc.; les nouvelles et luxueuses publications du *Musée des Archives de l'Empire*, et spécialement le travail considérable que M. Didot a consacré à la ville de Paris dans son *Essai sur la typographie* de 1851.

PARMA [Cic., Liv., Virg., Pl.], Πάρμα [Str., Pt.], COLONIA JULIA AUGUSTA [Insc. ap. Gr.], ville de la Gaule Cispadane, qui conserve le même nom de *Parma, Parme*, grande ville de l'Italie Centrale, au S. du Pô, sur la Parma, affl. de ce fleuve; patrie de Macrobe et d'Antonio Zarotto, le premier imprimeur de Milan.

La biblioth. de Parme fut fondée en 1760 et rendue publique dix ans après; elle s'augmenta en 1816 de la collection orientale du célèbre hébraïsant de Rossi et de plusieurs bibl. de couvents supprimés. Paolo Ma. Paciaudi a publié en 1815 une intéressante monographie sur ce bel établissement.

Deux volumes chimériques ont été, par certains bibliographes rêveurs, attribués à des presses parmesanes qui n'ont jamais existé. Le premier, imaginé par Van der Linden (*de Scriptis Medicis*), est une certaine édition de l'HISTORIA NATURALIS PLINII, qui aurait été imprimée à Parme en 1470, par un typogr. lyonnais, du nom d'Estienne Coral; l'historien de Parme, le savant P. Iren. Affò, a fait justice de cette assertion et a rendu à l'incunable cité sa véritable date, qui est 1476. Le second est dû à l'improvisation de l'excellent bibliothécaire du cardinal Mazarin, à Gabriel Naudé, qui dans ses *Additions à l'hist. de Louis XI* dit : « Pour ce qui est des autres villes d'Italie, bien que je n'aie point rencontré de livres qui y fussent imprimés auparavant l'année 1472, comme par exemple les œuvres de Barbatias à Boulogne, et celles de Balde à Parme de 1472 et 1473, nous pouvons toutefois conjecturer..... qu'il y en avoit eu beaucoup d'imprimés auparavant l'an 1470. » La Caille et l'Orlandi abondent dans le sens de Gabriel Naudé, Maittaire et Prosper Marchand contestent le fait. Debure donne à cette prétendue édition du jurisconsulte Baldi de Ubaldis la date de 1473; mais le P. Affò détruit une à une les preuves chimériques de ces bibliographes, et l'exact abbé Mercier de St-Léger ajoute : « Je n'en crois pas moins aujourd'hui l'édition de Balde, en 1473, aussi chimérique que celle de 1472; et comme celle de 1475 est incontestable, il est très-probable que la mémoire de Naudé l'a trompé... il avait cru voir une édition de 1473, lorsqu'il n'avait vu que celle de 1475. »

M. Ange Pezzana, savant bibliothécaire de Parme, a publié en 1808 une brochure intéressante, dans laquelle il décrit avec un soin religieux la première impression connue de la typographie parmesane; cette notice de Pezzana a de plus le mérite de sortir des presses de son illustre compatriote G. B. Bodoni.

C'est un recueil d'opuscules, découverts à la fin du siècle dernier par un bénédictin de la ville, D. Ramiro Tonani; ils sont imprimés par Andrea Portilia : PLUTARCHI *Tractatus de liberis educandis, Guarino Veronensi interprete.* — *Hieronymi Presbiteri de officiis liberorum erga parentes.* — *Basilii Magni de legendis gentilium libris oratio ad adolescentes, Leonardo Aretino interprete.* Le premier traité comprend 22 ff., ou plutôt il finit à la 2e ligne du 22e f., et le second opuscule commence immédiatement, qui finit au vo du 24e f. Enfin le traité de S. Basile, qui commence avec la 25e page ro, finit à la 3e ligne du 39e f. également au ro; ensuite on lit :

Eia quibus restat pueri spes unica patrum
Discite : nā facilis nūc uia monstrat iter.
Hoc nā Ipressit opus nobis Portilia Parmæ
Andreas : multus cui datur artis honos.
Nono calendas octobres. M.CCCC.LXXII.

Le dernier f. est blanc. Ce vol. in-4° est donc de
40 ff. à 26 lignes ; il est en caractères ronds semblables à ceux avec lesquels Portilia a exécuté le
PETRARCA de 1473 ; sans chiffres, récl., signat., ni
traits d'union.

Pezzana conclut en disant qu'il ne peut affirmer
que ces trois opuscules forment le premier livre imprimé à Parme, et qu'au contraire les mots de la
souscription ci-dessus « Multus cui datur artis
honos » lui semblent indiquer qu'il était déjà
sorti des presses de ce typogr. quelque autre production auj. inconnue. Il nous semble, à nous, que c'est
là une traduction singulièrement complaisante.

Le PETRARCA de 1473, avec les commentaires de
Francesco Filelfo, est trop connu pour que nous en
donnions la description.

Le Lyonnais Estienne Coral vint s'établir à Parme
pendant que Portilia travaillait encore à son édition de Pétrarque ; le premier livre qu'il ait imprimé dans cette ville est l'ACHILLÉIDE DE STACE.

Pendant que cet imprimeur préparait cette édition, il apprit qu'un de ses compatriotes, établi à
Ferrara, André Beaufort, plus connu sous le nom
d'Andrea Gallo, avait sous presse ce même poëme
classique ; le dépit s'empara de lui, et, précipitant sa
composition, négligeant les corrections, travaillant
jour et nuit, il parvint à arriver le premier ; aussi
dit-il dans la souscription : Si quas, optime Lector,
hoc in opere lituras inveneris, nasum ponito,
nam Stephanus Corallus Lugdunensis invidorum
quorumdam malivolentia lacessitus , qui idem
imprimere tentarunt, citius quam asparagi co-
quantur, id absoluit, ac summo studio emendatum
literarum studiosis legendum tradidit. Parmæ,
M.CCCC.LXXIII. X Cal. Aprilis, in-4°.

Voyez Amati pour la liste des précieuses éditions,
presque toutes des grands classiques, publiées
par ces deux imprimeurs rivaux, Portilia et Estienne
Coral.

Signalons l'imprimerie conventuelle des Char-
treux , qui donne en 1477 : Baptistæ Marchionis
Pallavicini Episcopi Regiensis Historia flendæ
Crucis et funeris Domini nostri Jesu Christi ad
Eugenium IV. S. P. cum multis aliis carminibus.

Impressere fratres opus hoc Cartusie Parme
Quibus Augustinus genne tunc prefuit opus.
M.CCCC.LXXVII. Decembris.

In-4°. Ce volume est bien imprimé à la Chartreuse
de Parme, et par les Chartreux eux-mêmes, et non
point par un certain Augustin de Gênes, ainsi que le
veut Orlandi.

Le meilleur imprimeur parmesan du XVe siècle
que nous puissions citer, après Portilia et Coral ,
est un certain Angelo Ugoleto ; nommons encore
Genexius del Cerro, qui donne un beau Térence en
1481 , et Deiphœbus de Oliveris, dont on connaît
plusieurs ouvrages, entre autres un Lucain de 1483.

Au milieu du siècle dernier parut à Parme un
grand imprimeur, dont le renom fut colossal et
excessif ; nous avons nommé J.-B. Bodoni, né à Saluces en 1740 ; sous sa direction l'imprimerie grand-
ducale acquit une réputation européenne. Il est
certain que le luxe typographique de ces grandes
éditions, luxe auquel l'imprimeur a tout sacrifié,
jusqu'à la correction, a pu justifier, jusqu'à un certain point, le prix élevé auquel parvenaient il y a cinquante ans ces in-folios à marges désordonnées. Mais
on est aujourd'hui, grâce à Dieu, revenu de ce travers, et les Bodoni sont tombés à un prix relativement médiocre, mais parfaitement justifié.

PARMÆ CAMPI, peuple de la Bavière, limitrophe des Marcomans ; occupait les
bords de la riv. Cham, dans l'Unter-
Donaukreis.

PARNASSUS MONS, PARNASUS, Παρνασσός, célèbre montagne de la Phocide, à l'O.
de l'Hélicon ; auj. Monte Liakoura ou
Liakura.

PARNES MONS, Πάρνης [Thuc., Pausan.],
montagne située entre l'Attique et la
Béotie, auj. Nochea.

PARNON MONS, Πάρνων [Pausan.], montagne de l'Arcadie, sur les confins de la
Laconie, auj. Aghio Petros ou Malevo.

PAROLISSON [T. P.], Παρόλισσον]Ptol.],
municipe de Dacie, auj. Nagy-Banja,
dans la Moldavie, sur le Marosch.

PAROPUS, Πάρωπος [Polyb.], ville de la
Sicile, au S.-E. de Termini, auj. Parco
[Reichard].

PAROS INS. [Plin., Cic., It. A.], Πάρος
[Herod., Ptol.], l'une des Cyclades,
auj. Paro ; c'est la patrie de Praxitèle,
et peut-être de Phidias.

PARRADUNUM, PARTHANUM [It. A.], PARRO-
DUNUM [Not. Imp.], localité de la Rhætie, auj. Partenkirch, pet. ville de Bavière, sur la route de Weilheim à Inns-
bruck (Isarkreise).

PARTHENI, PARTHINI, peuple de la Dalmatie, qui habitait les environs de Durazzo.

PARTHENICUM [It. A.], ville de Sicile, sur
la route de Palerme à Trapani, auj.
Palamita [Cluver.].

PARTHENIUM PROM., Παρθένιον ἄκρον [Strab.],
cap de Crimée (Cherson. Taurique),
auj. Felenk-Burun.

PARTHENIUS MONS, dans l'Argolide ; auj.
Barbenia [Kruse].

PARTHENIUS PORTUS [Plin.], sur la côte O.
du Bruttium, auj., suiv. Reichard,
Cetrara.

PARTHENOPE, voy. NEAPOLIS.

PARTHENOPOLIS [Plin.], Παρθενόπολις [Steph.
B.], ville de la Mœsie, auj. Hadsji-
Oglu-Bajardsjik, dans la Boulgarie
[Reichard].

PARTHISCUS FL. [Ammian.], PATHISSUS
[Plin.], TISIANUS [Jornand.], TYSIA
[Geog. R.], riv. de la Dacie, auj. la
Theiss, grand affl. du Danube.

PARTICUS SALTUS, PERTICUM, le Perche, anc.
prov. de France, divis. auj. entre les
dép. de l'Orne, de l'Eure et d'Eure-et-
Loir.

PARTINIACUM, Partenay, Parthenay, ville
de Fr. (Deux-Sèvres).

PARTISCUM, Πάρτισκον [Ptol.], localité de la Dacie, auj. *Racz*, à l'O. de Csongrad, au confl. du Körös et de la Theiss.

PARTPHA, voy. BARTPHA.

Nous n'avons pas donné le titre du premier livre impr. à Bartfeld ; le voici : *Leonardi Stockelii formulæ tractandarum sacrarum concionum, per Euangelia communium feriarum totius anni, in vsum Ecclesiæ Christi collectæ.* Partphæ, 1579, in-8°.

PARVA PETRA, *Lützelstein*, bourg et anc. château d'Alsace (Bas-Rhin).

PASINUS, PASINUM [Plin.], ville de l'Illyrie, auj. *Possidaria* (?).

PASSAGIUM, *le Passage*, pet. port d'Espagne, près S. Sébastien (Guipuscoa). = *Passais*, bourg de Fr. (Orne) ; anc. archidiaconat.

PASSANUM, *Bassano*, ville de la Vénétie, sur la Brenta (délég. de Vicence).

Quelques bibliogr. ont donné cette ville comme étant la patrie du grand Aldus Pius Romanus. Ceci est une erreur : le chef de la noble famille des Aldes naquit à Bassiano, bourg de la délégation de Velletri, de 1447 à 1449.

Falkenstein fait remonter l'imprimerie dans cette ville à l'année 1623 ; nous croyons que l'introducteur de la typographie à cette date est un imprimeur vénitien du nom de Ginammi.

En 1695 nous citerons, de l'imprimeur le plus considérable qui ait exercé dans cette petite ville : *Orazione in rendimento di grazie al M. R. P. Francesco Grandi, della comp. de Gesù, predicatore in S. Giov. Battista di Bassano.* Bassano, per Gio. Antonio Remondini, 1695, in-4°. Ce discours est du P. Luigi Lugo, Somasco.

PASSAVIUM, voy. BACODURUM.

PASSIACUM *ad Sequanam*, *Passy*, anc. bourg de la banlieue de Paris, auj. réuni à cette capitale, voy. NIGEONIUM MONAST.

Les Minimes de Passy avaient une fort belle bibliothèque ; un certain nombre des précieux incunables sur vélin de la Bibliothèque impériale, entre autres le *Catholicon* de 1460, provenaient de cette librairie.

Benjamin Franklin, envoyé par les États-Unis d'Amérique pour obtenir en faveur de la révolution l'intervention de la cour de Versailles, fonda en 1782 un petit établissement typographique à Passy ; l'auteur de la *Science du bonhomme Richard* était, on le sait, fils d'imprimeur et imprimeur lui-même ; de ces presses républicaines sortit en 1782 : *Petit Code de la Raison humaine...* par M. B. d. B. (Barbeu du Bourg, médecin de la Faculté de Paris), in-24 de 118 pp. Cet ouvrage est dédié à M. B. F. (Benjamin Franklin). — *Supplement to the Boston Independent Chronicle ; — Letter from the Pirate Paul Jones,* etc. Franklin quitta Passy en juillet 1785 et retourna mourir dans sa libre et fière patrie.

PASSINUM, *Possenheim*, bourg près de Merseburg, en Prusse (province de Saxe).

PATAIUM, *Pattay*, *Patay*, bourg de Fr. (Loiret) ; bataille en 1429.

PATAVISSA [T. P.], PATABISSA [G. Rav.], Πα-τρούισσα [Ptol.], localité de la Dacie, que l'on croit être auj. le bourg de *Mar-Ujvar*, ou celui de *Bogatz*, dans la Transylvanie.

PATAVIUM [Liv., Mela, Plin., Tac., Virg. etc.], Παταύιον [Ptol.], Πατανύον [Strab.], PATAVUM [It. Hier.], PATAVA [T. P., It. Ant.], PATAVIA, ville de la Vénétie (Gaule Cisalpine), sur la rive gauche du fl. Medoacus, dont on attribue la fondation au Troyen Anténor (voy. B. de Montfaucon, *Diar. Ital.*, p. 79), auj. *Padua, Padova, Padoue*, dans le gouv. et à l'O. de Venise, près du confluent de la Brenta et du Bacchiglione.

Célèbre université, fondée en 1228 ; c'est la patrie de Tite-Live, de Valérius Flaccus et d'Asconius Pedianus.

Les premiers typographes de Padoue furent Bartolommeo de Valdezochio, citoyen de la ville, qui s'était associé à un artisan étranger, Martinus de Septem Arboribus Prutenus, « i quali stabilirono i loro tipi in una officina destinata per l'università, coll' aggiuntivo *in Gymnasio Patavino* ». Sept ouvrages sont cités à la date de 1472 comme les premiers produits de leurs presses. Pâques tombant le 29 mars en cette année, voici l'ordre dans lequel parurent ces sept volumes :

1° *Bagellardi à Flumine, Magistri Pauli, Medici,* DE INFANTIUM ÆGRITUDINIBUS ET REMEDIIS. A la fin : *Opusculū de egritudinibus et remediis ĩfã* || *tium ac totidem capitulis cōpilatū p egregiū* || *ac famosissimū artium et medicine doctorē* || *magistrum Paulum Bagellardum a Flumie* || *fœliciter explicit.* || *Sola miseria caret inuidia.* || M.CCCC.LXXII. *die XXI. Aprilis.* BAR VAL *patauus F. F.* || MAR *de septem arboribus prutenus.* In-4° de 40 ff. chif., à 24 lignes, sans réclames, capit. ni signat.

2° *Turcheti* (Ant.) *jur. cons. Patauini aput Nic. Tronum gratulatoria oratio.* In-4°, daté du 5 mai.

3° *Jac. de Zochis de Ferraria, de pœnit. et remiss. disputatio et repetitio.* In-folio, du 28 juillet.

4° *Franc. Petrarchæ Poetæ excellentissimi Triumphi.* In-fol. du 6 novembre ; édition célèbre faite sur le ms. autographe du grand poëte, et longuement décrite par les bibliographes, Volpi, Marsand, Audin, Amati, Dibdin, Brunet, etc.

5° *Averrois Commentaria in Aristot. de Anima.* In-fol. daté : *Decima Kalendas Decembris.*

6° *Avicennæ Canones.* In-fol. du 23 décembre.

7° Enfin la FIAMMETTA DEL BOCCACIO ; édition princeps d'un livre célèbre, qui, en raison de sa date du 21 mars 1472, a passé jusqu'ici pour être le premier livre imprimé à Padoue.

En 1473 apparaît un nouvel imprimeur, Lorenzo Canozzo de Lendinara (*Laurentius Canozius Lendenariensis*), et l'année suivante vient se fixer dans cette ville un typographe français dont le nom est resté l'une des gloires de la ville de Rouen sa patrie : nous avons nommé Pierre Maufer. Son premier livre est celui-ci : *Petrus de Abano. Liber Compilationis Physionomiæ.* A la fin : *Anno Domini Millesimo Quadringentesimo Septuagesimo quarto hoc de Phisonomia* (sic) *opus Petri Padubanensis per me Petrum Maufer. normanum Rothomagensis dyoces.* In-4°, de 50 ff. chif., sans récl. ni sign.

Maufer quitte Padoue en 1480 et va s'établir à Vérone ; nous le voyons à Venise en 1483 et à Modène en 1491.

En 1475 un célèbre imprimeur allemand, Jean Herbort, de Selingenstadt près Mayence, vient s'établir à Padoue ; en 1480, il est appelé à Venise par Nicolas Jenson et Jean de Cologne, associés, et mis à la tête de leur vaste atelier typographique; il revint un instant à Padoue, mais bientôt retourna à Venise, où il exerça en son nom personnel à dater de 1482, l'année qui suivit la mort de Jenson.

A côté de Padoue, s'élevait le monastère de Ste-Justine, dont la bibliothèque jouissait d'une grande célébrité; elle est auj. dispersée (voy. le *Diar. Ital.* de Montfaucon, et Frederici, *della Biblioth. di Sta-Giustina*, 1815).

Nous ne pouvons quitter Padoue sans accorder tout au moins une mention admirative à la belle typographie dite de *Comino*. Cet établissement fut fondé en 1717 par les frères Gaëtano et J. Ant. Volpi; Giuseppe Comino fut mis à la tête de la typographie, qu'il dirigea avec un soin extrême; le premier livre qui soit sorti de ces presses célèbres est celui-ci : *Joannis Poleni de motu aquæ mixtô libri duo*, cum figuris. In Padova, appresso G. Comino, 1717, in-4°. Depuis 1756, date de la retraite des frères Volpi, cette imprimerie perdit tout son lustre; en se retirant Gaëtano Volpi publia: *La Libreria de Volpi' e la Stamperia Cominiana illustrate*. In Padova, 1756, app. G. Comino, in-8° de 593 p. Ce vol. fort bien exécuté est d'autant plus précieux qu'il n'a été tiré qu'à 200 exemplaires.

PATAKINUM, voy. SARÓS-PATAKINUM.

PATERNÆ, *Pernes*, bourg du comtat Venaissin (Vaucluse); patrie de Fléchier.

PATERNIACUM, *Payerne*, dans le canton de Vaud (Suisse).

PATERNUM [It. Ant.], dans le Bruttium, auj. *Torre di Fiumenica*, en Calabre [Reich.].

PATHISSUS FL., voy. PARTHISSUS.

PATHMOS INS., PATMOS, l'une des Sporades dans l'Archipel, auj. *Patmo, Palmosa*.

PATRÆ [Cic., Ovid., Liv.; Plin.], Πάτραι [Herod., Strab.], anc. AROE [Cell.], ARÆ PATRENSES, ville de l'Achaïe, sur la côte N.-O., auj. *Patras, Patrasso*, en turc *Baliobadra*, ville de la Morée, à l'entrée du golfe de Lépante; chef-lieu de l'Éparkhie d'Achaïe; archevêché.

Pendant la guerre de l'indépendance hellénique, un journal, intit. *le Courrier de l'Orient*, fut publié par les Français philhellènes à la date de 1828. En 1840 une partie de l'imprimerie de Constantin Tompras et de K. Joannidès y fut transférée, et on y publia en juin le 1er n° du journal ὁ Ἀχαϊκὸς Κῆρυξ.

PATRIACUS VILLA, PATRIAGUS *in pago Lemozino*, *Peyrat-la-Nonnière*, commune de France, près Bellac (Haute-Vienne).

PATRICIA COLONIA, voy. CORDUBA.

PATRICIACUS, *Précey*, commune de l'arrond. d'Avranches (Manche).

PATTINGHAM, village d'Angleterre, sur les limites du Staffordshire et du Shropshire.

Une école fort riche existait dans cette petite localité au XVIIIe siècle; elle possédait une imprimerie à son usage personnel, de laquelle on cite une édition d'HORACE, donnée en 1753, dont un exemplaire est conservé à la Bodléienne [Cotton's Suppl.].

PAUCA, Παῦκα, ville de l'île de Corse, *Pocognano*, au S.-E. du Talavo, suiv. Reichard.

PAULI (S.) CIV., S.-*Paul*, S.-*Pol*, ville de Fr. (Pas-de-Calais); c'était le chef-lieu d'un comté indépendant, dont la souveraineté fut cédée à la France en 1659.

PAULIACUM VICUS [Ch. Carolomanni, a. 881], POLLIACUM, *Pauliac, Pauillac*, ville de Fr. (Gironde), suiv. Du Cange; et d'après quelques géogr. *Pavilly*, bourg de Normandie sur l'Austreberte (Seine-Infér.), anc. prieuré de Bénédictins.

PAULINÆ CELLA, *Paulinzell*, bourg du gr.-d. de Schwarzburg-Rudolstadt, anc. abb. de S.-Benoît.

PAULON FL. [Mela], *ex Alpibus delapsum*, le *Paillon, Paglion*, torrent qui passe à Nice.

PAUSILYPPÛM [Plin.], montagne au S.-O. de Naples, auj. *Monte di Posilippo;* c'est là qu'on montre le tombeau de Virgile.

PAUSULÆ [T. P.], PAUSÆ [G. Rav.], ville du Picenum, auj. *Monte Elpare*, ou, suiv. Reich., *Grotta Azzolino*, près de Talentino (marche d'Ancône).

PAUTALIA, Παυταλία [Ptol.], ville de Macédoine, auj. *Gustendil*, sur le Kara-Sou.

PAVONIS MONS, voy. BAMBERGA.

PAX AUGUSTA [Strab.], PAX JULIA [It. Ant.], COLONIA PACENSIS [Plin.], voy. BEGIA.

Nous n'avons pas signalé cette ville du Portugal parmi les localités « *que han tenido imprenta* », il nous faut réparer cette omission. Antonio (*Bibl. Nova*, I, 770) nous donne : *João Rodriguez* (N. de Tavira), *Medico. Reprehensorium de secunda vena in Pleuresi*. Pace Julia, 1550, in-4°. Ce livre est également cité par la Biblioth. Lusitana.

PAX AUGUSTA, BADIA [Val. Max.], Βαθεῖα [Plut.], BAJOXUS, ville des Celtici, dans la Bétique, auj. *Badajoz*, ville d'Espagne, chef-lieu d'intend., sur la Guadiana (Estremadura).

PAXI INS., Πάξοι [Polyb.], PAXÆ [Plin.], *Paxo*, la plus petite des sept îles Ioniennes.

PAX MARIÆ, *Marienfried*, ville de Suède [Graesse].

PEDA, Πῆδα [St. B.], PEDUM [Liv.], ville du Latium, près de Rome, auj. *Gallicano*.

PEDALIUM PROM. [Mela], Πηδάλιον [Strab.], dans le S.-O. de l'île de Chypre, auj. *cap Grega* ou *capo della Grege*.

PEDENA, PETINA, PETINUM, *Biben* ou *Pits-chen*, ville de la Silésie Prussienne [Graësse].

PEDEPONTIUM, *Stadt am Hof*, ville de Bavière [Graësse].

Nous trouvons au catal. Bearzi (n° 301) : *Sancti Francisci Assisatis nec non S. Antonii Paduani opera, studio et labore R. P. Johannis de la Haye*. Pedeponti, prope Ratisbonam, 1739, in-fol.

PEGÆ, PAGÆ [Mela, Plin.], Πηγαί [Thuc., Str., Plut., Ptol.], ville de la côte S. de l'île de Chypre, auj. le port de *Psatho*.

PEGAVIA, *Pegau*, petite ville et anc. abb. de Saxe, dans le cercle de Leipzig.

Struvius, dans sa *Bibl. Saxon.*, nous donne le titre d'un livre souscrit au nom de cette ville, à la date de 1722 : *M. Io. Andreæ Walteri, Superintendentis, Pegavia Augustana confessione clarissima*. Pegaviæ, 1722, in-4°. L'archidiacre de Pegau, D. Andreas Möller, a publié à Freyberg en 1659 un rare vol. relatif à l'histoire de cette ville et de son abbaye (voy. Struv., p. 247 et seq.).

PEGNESUS FL., *la Pegnitz*, riv. de Bavière.

PEISO LAC. [Plin.], PELSO [Jornand.], PELSOIS [G. Rav.], lac de la Pannonie, qui s'appelle auj. *Balaton*, ou, suiv. Muchar, *Platen-See*.

PELAGII (S.) FANUM, *S.-Palais*, ville de Fr. (Basses-Pyrénées) ; nous croyons cette dénom. plus exacte que celle de FANUM S. PALATII, que nous avions adoptée.

PELAGONIA [Plin.], Πελαγονία [Strab.], province de la Macédoine Septentr.; une ville de ce nom existait dans la province, sur la Via Egnatia, c'est auj. *Bitoglia, Bitolia*, suiv. Leake, que Reichard croit être OCTOLOPHUM.

PELASGI, Πελασγοί [Herod.], nom des habitants primitifs de la Grèce (voy. le beau livre de George Grote).

PELASGICUS SINUS [Plin.], voy. PAGASÆUS.

PELASGIOTIS, prov. de la Thessalie, comprend auj. partie du pachalik d'*Ieni-Scheher*.

PELENDONES, fraction des Celtibères qui habitait, dans la Tarracon., le pays où le Duero prend sa source.

PELIGNI [Liv., Tac.], Πελιγνοί [Strab.]; peuple du Samnium ; habitait l'*Abruzzo Citeriore*.

PELINNA [Plin.], PELINNÆUM [Liv.], Πελιννσαΐον [Strab.], dans la Thessalie Phthiotide, en ruines, près de *Gardiki*.

PELION MONS [Mela, Ovid., Plin.], τὸ Πήλιον ὄρος [Hom., Herod., Str., Pt.], PELIOS [Plin.], montagne de la Thessalie, auj. *Monte Plessidhi* ou *Zagora* [Leake].

PELLA [Liv., Plin., It. A.], Πέλλα [Herod., Thuc., Xen., Polyb.], Πέλλη [Hier.], *Pella*, capitale de la Macédoine, dans l'Emathie ; patrie d'Alexandre dit le Grand ; les ruines de cette ville se voient auprès de *Alaklisi* (*Alla Kilissah*) suiv. Leake et Cousinéry; pour nous l'emplacement occupé par Pella répond à la ville d'*Ienidje-Vardar*, dans le pach. d'Ieni-Scheher.

PELLANA, Πελλήνη, dans la Laconie, auj. *Pardali*, sur l'Eurotas (auj. *Vasilipotamo*).

PELONTIUM, Πηλόντιον [Pt.], ville des Lungones, dans la Tarracon., auj. *Aplans*, suiv. Ukert; et, d'après Reich., *Pola de Lena* ou *Concejo de Pilonna*.

PELOPONNESUS [Liv., Tac.], ἡ Πελοπόννησος [Herod., Thuc., Ptol., Strab.], anc. APIA, PELASGIA ARGOLIS, depuis au moy. âge, MOREA, presqu'ile qui forme la partie mérid. de la Grèce, et que l'isthme de Corinthe rattache au continent, auj. *la Morée*; forme sept diocèses de la Grèce.

PELORUS PROM. [Ov., Pl.], Πέλωρος ἄκρα [Ptol.], PELORUM [Plin.], Πελωρίς [Thuc., Cic., Mela], Πελωριάς [Polyb., Strab., Ovid.], cap du N.-E. de la Sicile, auj. *Capo di Faro* ou *Faro di Messina*.

PELTISCUM, POLOTIA, *Polotzk, Polozk*, ville de la Russie, sur la Dvina (gouv. de Vitepsk).

Nous ne pouvons faire remonter l'imprimerie dans cette ville qu'à la fin du siècle dernier, et encore c'est à l'imprimerie particulière du collège des jésuites qu'appartient le volume suivant : *Collectio meditationum pro octiduana collectione in exercitiis S. P. N. Ignatii ad usum Scholarum Soc. Jesu.* Polociæ, typis collegii Soc. Jesu, 1793, in-8°. L'auteur ou plutôt l'éditeur de ce livre est le jésuite Aloys Panisson. (Melzi, I, 220.)

PELTUINUM [Cluv.], ville des Vestini, auj. *Monte Bello*, dans l'Abruzze Ultér. II.

PELVA [It. Ant.], ville d'Illyrie, auj. *Livno* [Reich.].

PEMBROKE, ville et port d'Angleterre, chef-lieu de comté (South Wales).

Martin signale une imprimerie particulière en cette ville, de laquelle il cite : *Sketch of a genealogical and historical account of the Family of Vaux, Vans, or De Vallibus ; now represented in Scotland by Vans Agnew, of Barnbarrow*, etc. In the County of Wilton, Scotland. Pembroke: printed by W. E. Wilmot, 1800, in-4° de 36 p.

PENA.

Sous ce nom de lieu un vol. est porté au catal. Elzevir de 1681 (p. 222) ; c'est une faute d'impression; le vol. d'antiquités de Fr. Hildebrand, qui est cité là, est exécuté à *Jena* (*Cat. Libr. noviss. impr. a.* 1677, p. 17).

PENDINÆ, PENDINAS, *Pendenis*, bourg d'Angleterre (Cornouaille).

PENEUS FL. [Mela, Pl., Ovid.], Πηνειός [Hom., Herod., Str., Ptol.], fleuve de la Thessalie, qui traversait la vallée de Tempé ; auj. *Salambria, Salamvria*. — Un petit fleuve du même nom en Elide s'appelle auj. le *Gastuni* [Leake].

PENNE LOCI [J. A.], PENNOLUCUS [T. P.], *Villeneuve*, petite ville de Suisse, à l'extrémité orient. du lac de Genève (Vaud).

PENNINUS MONS, *le grand St-Bernard* (voy. ALPES).

PENNOCRUCIUM [It. Ant.], localité des Cornavii dans la Britannia Rom., auj. *Penkridge*, sur le Penk [Camden].

PENRITH, pet. ville d'Angleterre, dans le Cumberland.

Imprimerie en 1788 ; en 1798 « *G. Thompson's Sentimental Tour* » y fut imprimé, et l'édition originale du poëme de Coleridge « *Friend* » y fut donnée de 1809 à 1810 en 27 livraisons.

PENTELEUM, Πεντέλειον [Plut.], dans l'Arcadie ; était placé près de *Romeriko Tharsa* [Leake].

PENTELICUS MONS, τὸ Πεντελικὸν ὄρος, montagne de l'Attique, entre Athènes et Marathon, célèbre par ses marbrières, auj. *Penteli*.

PENZANCE, ville et port d'Angleterre, en Cornouailles, sur l'admirable *Mount's bay*.

Un imprimeur du nom de T. Vigurs s'établit dans cette ville en 1800.

PEPARETHUS INS., Πεπάρηθος, l'une des Cyclades, auj. *Chilidromi*, au N.-E. de Negroponte.

PEPHNUS, Πέφνος [Paus.], Πέφνον [St. B.], sur la côte de la Laconie, au S. de Leuctres, auj. le petit port de *Platsa* [Leake].

PEQUICURTIUM, *Péquincourt, Pecquencourt*, bourg de Fr. (Nord).

PEQUINIACUM, PINCINNIACUM, *Pecquegny* [Chron.], *Péquegny*, auj. *Péquigny*, sur la Somme, bourg de Picardie (Somme) ; traité de paix entre la France et l'Angleterre (1475).

PERASTUM, *Perasto*, bourg de Dalmatie, cercle de Cattaro.

PERGAMUM [Pl., Virg.], PERGAMIA, ville de Crète, auj. *Platania ;* ce fut là que mourut Lycurgue.

PERGAMUS, Πέργαμος [Herod.], en Macédoine, auj. *Pravista* (pach. de Sérès).

PERGANTIUM [St. B.], BRIGANCONIA, *Bre-*

gançon, anc. château, construit dans une petite île de la rade d'Hyères (Var).

PERINTHUS, voy. HERACLEA.

PERIOLUM, *Preuille*, sur le Cher, village de Fr. (Allier).

PERISTHLABA, *Brajlov, Braila*, ville des prov. Danubiennes, sur le Danube (Valachie).

PERMESSUS FL., Περμησσός, fl. de la Bœotie, auj. *la Panitza*.

PERMIA, *Perm*, ville et gouv. de l'E. de la Russie, sur la Kama.

PERNÆ, voy. PATERNÆ.

PERNAVIA, *Pernov, Pernau, Parnawa*, ville, et port de Russie, dans la Livonie.

L'université de Dorpat fut transportée momentanément à Pernau en 1698, par Charles XII, et l'établissement de l'imprimerie fut la conséquence de cette mesure. M. Ternaux cite : *Hofwenius, synopsis physica*. Pernau, 1699.

PERNICIACUM [I. A.], PERNACUM [T. P.], station de la Gaule Belgique, entre Tongres et Gembloux, auj. *Pernais* (prov. de Liége).

PERONNA, CYGNOPOLIS (?), *Péronne-la-Pucelle, Péronne*, ville de Picardie, sur la Somme, anc. cap. du Santerre ; anc. abb. de St-Benoît ; ce fut dans le château de Péronne que Charles-le-Simple fut relégué et mourut ; Louis XI y fut gardé à vue par le Téméraire en 1468.

L'établissement de l'imprimerie à Péronne remonte à 1712, mais le plus ancien livre qu'ait pu découvrir M. F. Pouy ne remonte qu'à 1715 : *L'Office qui se chante à la Procession générale du siége de Péronne*. Péronne, de l'imprimerie d'Honoré le Beau, 1715. Le permis d'imprimer est daté du 21 octobre 1714. La même année paraît *la Vie de St Fursy*, pet. in-8° de 264 pp., dont le catal. de l'histoire de France à la Bibl. impér. (tom. IX , p. 580) donne une édition antérieure, c'est-à-dire de 1714 (3e édit. 1714, Péronne, H. le Beau, in-8°). Ce serait donc là le premier liv. impr. à Péronne, jusqu'à nouvel ordre. En 1723, J.-B. Moët est cité comme imprimeur-libraire à Péronne. L'arrêt de 1739 retire à cette ville le droit de posséder une imprimerie ; elle ne figure pas au rapport sur les imprimeries de province fait à M. de Sartines en 1764.

PERPENIANUM, PERPINIANUM, *Perpignan*, sur le Tet, ville de France, chef-lieu du dép. des Pyrénées-Orientales ; anc. capit. du Roussillon ; anc. univ. fondée en 1349, par Pierre d'Aragon, et supprimée depuis ; elle n'appartient à la France que depuis le traité des Pyrénées.

On fait remonter l'impr. dans cette ville à l'an 1500 : BREVIARIUM ELNENSE. Incipit breuiarium secūdū|| vsum Elne. Ad honoiem san || ctis-ime trinitatis. Et beatis || sime virginis marie. sanctis || simarumq; virginū ac mrm || Eulalie et Julie. Au 1re, 2e col. du 218e f., de la 3e partie, on lit cette souscription en rouge : *Ad honorē et gloriā sanctis∥me* (sic) *; indiuidue trīnitatis.. ... Breuiari∥um ad vsum clnēsis ecclesie p∥optimc ordinatū ac diligēti cu∥ ra castigatū :...... impressa sunt felici∥ter ppiniani Per Joānem ro∥sembach Germanū de Handel∥berg Anno incarnationis do∥minice Millesimo.* CCCC. In-8° goth., sans récl., avec sign., de 472 fl. chif., plus 28 ff. non chif., qui contiennent des offices particuliers ; à 2 col. de 35 lignes.

Un bel exemplaire sur vélin de ce précieux bréviaire est conservé à la bibl. Ste-Geneviève, qui l'a reçu de son bienfaiteur, le Tellier, archev. de Rheims.

Jean de Rosembach fut établi à Barcelone de 1493 à 1498 ; à Tarragone en 1499, et l'année suivante il franchit les Pyrénées.

M. Cotton, qui cite ce bréviaire, dit qu'on ne connaît pas d'autre livre impr. à Perpignan au XVIe siècle ; on en connaît au contraire un grand nombre ; citons seulement : un *Vocabularius Catalan y Aleman*, in-8° à 2 col., imprimé en 1502 avec les caractères du *Breviarium*; *Tomas de Perpinia, del Estilo de escribir à cualquier persona* (en catalan). Impr. por Jo. Rosembach, anno 1510, junii, in-4°, etc. (Voy. la nouv. édition de *Gallardo*).

Les arrêts du conseil de 1704 et de 1739 classent la ville de Perpignan parmi celles qui n'ont droit qu'à un imprimeur; en 1764, lors du rapport Sartines, il en existait deux, que l'on disait n'être riches ni l'un ni l'autre, imprimer assez mal, mais suffire amplement aux besoins du public ; l'un s'appelait J.-Bapt. Reynier, de Limoux, âgé de 58 ans, reçu en 1734, 3 presses ; le second, Guillaume Simon le Comte, né à Verdun, âgé de 67 ans, reçu en 1743, 2 presses.

PERTICUM, voy. PARTICUS SALTUS.

PERTISUS PAGUS, *le Pertois,* district de la Champagne ; occupait partie du dép. de la Marne.

PERTUSA [It. Ant.], ville des Ilergètes, dans la Tarracon., auj. *Pertusa,* bourg près de Huesca.

PERTUSIUM, *Pertuis,* ville de Fr. (Vaucluse).

PERUSIA [Plin., Liv.], Περουσία [Str., Ptol.], PIRUSIO [T. P.], (sur qq. livres : GATTA-POLIS), municipe d'Etrurie, auj. *Perugia, Pérouse,* chef-lieu de délég., au N. de Rome ; université ; biblioth., patrie de P. Vanucci, dit *le Pérugin.*

J. B. Vermiglioli, le savant archéologue auquel on doit la traduction de la grande inscription étrusque découverte en 1822, dans ses *Principi della Stampa in Perugia* (Ivi, 1820, in-8°), prouve que l'introduction de la typogr. à Pérouse est antérieure à 1481 (Maittaire), à 1477 (Tiraboschi), enfin à 1476 (Peignot), et cite comme portant la première date certaine d'impression plusieurs volumes à la date de 1475, tout en admettant qu'ils aient été précédés d'ouvrages publiés sans date, « le quali sebbene destituite di ogni data di tempo, seno elleno da alcune circostanze accompagnate, le quali ci danno motivo a crederle bene anteriori al 1475, prima epoca nelle perugine stampe marcata ». Nous dirons, nous, fort peu antérieurs à 1475, puisque le volume que nous allons citer, et qui passe pour être le premier exécuté dans cette ville, ne porte pas de signature, il est vrai, mais des chiffres et réclames, qui ne permettent pas de le faire remonter à une date antérieure à 1473 ; Hain le date de 1477 et en attribue l'impression à l'Allemand Joh. Vydenalt ou Vydenast : BALDVS DE VBALDIS de Perusio. *Lectura super VI. Codicis.* A la fin : *Explicit lectura sexti libri. C. edita p excellentissimā utriusqz iuris∥ doctorem dūm Baldum de Ubaldis∥ de pusio.* In-fol. en car.

rom., de 331 ff. à 2 col. de 50 lig. De la préface il appert que cette première édition est due à l'initiative de Bracchio Baglioni, noble Pérugin, qui fit venir des typographes étrangers à Pérouse, lesquels imprimèrent sous sa direction et à ses frais le présent volume.

Le premier livre avec date est : BARTHOL. DE SALICÉTO. *Lectura super IX. Codicis.* A la fin. v° du 158e f., col. 2 : *Lectura dñi Bartholomei d Saliceto sup no∥no Codicis. Anno dñi* M.CCCC.LXXV. ∥ *Perusie impssa feliciter explicit.* In-fol. de 159 ff. à 2 col. de 51 lign.

L'année suivante apparaît un imprimeur natif de la ville d'Ulm, Heinrich Clayn ; puis vient en 1481 Stephan Arnes, qui se dit tantôt natif d'Aschaffenburg, et parfois natif de Hamburg ; ce Arnes s'associe la même année avec d'autres Allemands, Paul et Thomas Berard de Büren ; enfin en 1500 nous voyons figurer le nom de Damiano de Gorgonzola, natif de Milan ; et au commencement du XVIe siècle, Girolamo Francesco Cartolai ou de Cartholariis ; signalons encore en 1536 « la Stamperia del Conte Jano Bigazini al Colle Landone » (voy. Molini, *Agg. al Panzer,* p. 150).

PERUSINUS LACUS, voy. TRASIMENUS LAC.

PERVIA, *Werfen,* ville de la Haute-Autriche (cercle de Salzburg), sur la Salza.

PESAURIA, voy. PISAURUM.

PESCLAVIUM, POSTCLAVIUM, POSCHIAVUM, *Puschav, Puschlaw, Poschiavo,* pet. ville de Suisse (Grisons) ; dans le S.-E. de la Valteline (Basse-Engadine).

Haller (*Bibl. der Schweizerischen Geschichte,* VI, 2060) signale un Italien du nom de Landolfo comme ayant introduit la typographie et y ayant publié en 1550 *Il Statuti de Puschiavo,* in-4°. Nous avons à citer un ouvrage important exécuté l'année précédente et que n'a pas connu Haller : *Thomas Erastus. Explicatio grauissimæ quæstionis utrum excommunicatio, quatenus religionem intelligentes et amplexantes a sacramentorum usu propter admissum facinus arcet, mandato nitatur divino an excogitata sit ab hominibus. Autore Clariss. viro Th. Er. D. Medico.* Pesclavii, apud Baocium Sultaceterum, in-4°. Nous devons, il est vrai, reconnaître que nous relevons ce titre détaillé dans le grand ouvrage de Graësse, qui indique cette date de 1549 ; tandis que Vogt et Bauer signalent ce volume, mais à la date de 1589, et que Freytag et le cat. Willer en citent une édition de 1591 ; cependant, Eraste étant né en 1524, l'assertion de Graësse n'est point inadmissible.

Melzi (*Anon. et Pseud.,* III, 211) ; le cat. Tross de 1867, n° 571 ; le catal. Baluze, ceux des foires de Francfort, Vogt, Bauer, etc., citent un très-grand nombre d'ouvrages souscrits au nom de cette ville pendant le XVIe siècle.

Au XVIIe, nous citerons comme principaux imprimeurs Peter Landolfo et Bonatto Minghino.

Nous ne devons pas quitter Poschiavo sans mentionner l'assertion de Coxe, qui dans ses « Travels in Switzerland » assigne à cette ville l'honneur d'avoir publié, à la date de 1560, le premier livre imprimé dans la langue romanche (ou dialecte de la basse Engadine) ; il cite un *Alphabet, Credo* et autres prières, édité par J. Tutschet (Biveronius), in-8°. Le Long mentionne un *Novum Testamentum* exécuté dans le même dialecte et impr. à Puschlaw en 1607.

PESSIUM, Πέσσιον, PESTINUM *contra Acincum,* ville des Jazyges Metanastæ dans la Dacie, auj. *Pesth,* la plus grande ville de la Hongrie, chef-lieu de comitat ; l'univ. de Bude a été transférée à Pesth en 1782 ; biblioth. et musée.

L'imprimerie fut introduite à Pesth au milieu du siècle dernier par Frantz Anton Eitzenberger, qui y exerça de 1758 à 1776; sa veuve Anna Eitzenberger lui succéda; un typ. ambulant Frantz Anton Royer (on le trouve à Presburg en 1747, à Erlau en 1756, à Gran de 1762 à 1765, à Colocza en 1766) vint s'établir à Pesth de 1775 à 1782. Citons encore Catharina et Johann Thomas Trattner, le père et le fils, etc. Le premier livre impr. à Pesth est : *Mutz Sebastiani e S. P. — Betrachtungen eines reuenden Sünders über die sieben Busspsalmen Davids.* Pest, bey Fr. Anton Eitzenberger, 1759, in-8° de 378 ff.

PETELIA [Liv., T. P.], Πετηλία [Str., Ptol.], PETILIA [Plin., Virg.], métropole de la Lucanie, dit Strabon ; auj. *Strongoli,* dans la Calabre Ultér. Il [Mommsen] ; quelques géogr. disent *Policastro.*

PETILIANA [It. A.], station de Sicile, entre Catane et Agrigente, auj. *Cataldo,* à l'O. de Caltanisetta.

PETINESCA [It. A.], PETENISA [T. P.], ville des Helvetii, auj. *Biel, Bienne,* dans le canton de Berne, sur le lac du même nom [Reich.]; Williman (*de Reb. Helvet.*) traduit par *Büren,* sur l'Aar, bourg du même canton.

PETOVIO [Tac.], PETOBIO [A. Marc.], PETAVIO [Prisc.], ville de la Haute Pannonie, auj. *Petau,* en Styrie.

PETRA, Πέτρα [Pt.], PETRINE [It. A.], station de Sicile, sur la route d'Agrigente à Panormus, auj. *Casal della Pietra.*

PETRA [Liv.], localité de la Mædica, en Macédoine, auj. *Petrik, Petritzi* [Reich.].

PETRA BUFFERIA, anc. villa rom. [Mabill.], *Peyre-Bufiero, Pierre-Buffiére.* chef-lieu de canton de la Haute-Vienne (voy. Peignot, *Predicat.*, p. 164).

PETRA FICTA, *Pierrefitte, Peyrefitte, Peyrehitte;* plusieurs communes portent ces divers noms en France ; on trouve aussi PETRA FRICTA.

PETRA FONS, PETRÆ FONS *domus regia* [Mabill.], *Pierrefonds,* bourg de Fr. [Oise] ; antique château splendidement restauré.

PETRAFORATA, *Peyrehourade, Peyrehorade,* pet. ville de Fr. (Landes).

PETRAGORICUM, voy. PETRICORDIUM.

PETRA HONORII, *Bertinoro,* ville d'Italie (légat. de Forli).

PETRALATA, *Pierrelatte,* sur la Berre, pet. ville du Dauphiné (Drôme).

PETRA PERTUSA, voy. INTERCISA.

PETRENSE OPPIDUM, voy. AUSTRAVIA.

PETRI (S.) MONAST., *St-Pierre-le-Moustier,* bourg de Fr. (Nièvre) ; avec une anc. église collégiale et un prieuré de St-Benoît.

PETRI (S.) MON. *super Divam, St-Pierre-sur-Dives,* bourg de Fr. (Calvados) ; anc. abb. de Bénédictins de la congr. de St-Maur.

PETRIANA [Not. Imp.], ALA PETRIANA, ville de la Britannia Romana, auj. *Castlesteeds,* suiv. Camden, ou *Old-Penreth* [Reichard].

PETRICORDIUM, PETRICORIUM [Aimon.], PETRAGORICUM, PETROGORICA URBS [Grég. Tur.], PETROCORÆ, anc. VESUNNA [It. A., Sid. Apol.], Οὐέσουνα [Ptol.], *Périgueux,* ville de Fr. (Dordogne), construite sur l'emplacement de l'antique Vesone, détruite par les Barbares, sous le règne d'Honorius.

On fait remonter l'imprimerie dans cette ville à l'année 1503, avec un proto-typographe du nom de Jean Carant : *Constitutiones Synodales Caturcenses, editæ et renovatæ per Antonium de Luselgio* (Luzech) *episcopum Caturcensem anno* 1502. Petracoræ per Joannem Carant MDIII, in-fol. (Panzer, P. Le Long). Il ne nous est malheureusement pas possible de prouver que ce livre soit le produit authentique de presses locales ; et si le fait est réel, si l'évêque de Périgueux a bien et dûment provoqué l'établissement d'une typographie *ad usum proprium,* on ne peut voir là qu'un accident, puisque l'imprimerie disparaît ensuite pendant plus d'un siècle.

Au XVII° siècle une famille d'imprimeurs, qui existe encore à la fin du XVIII°, vient s'établir à Périgueux, ce sont les Daluy : nous citerons : *L'Estat de l'église de Perigord depuis le Christianisme,* par le R. P. Jean Dupuy, Recollect. A Perigueux, par Pierre et Jean Dalvy, 1629, in-4°, dédié au très-digne et vigilant pasteur, François de Laberaudière, évesque de Périgueux, réimpr. en 1716.

Les arrêts du conseil de 1704 et de 1739 conservent une imprimerie à Périgueux, et le rapport fait à M. de Sartines donne le nom du typographe en exercice en 1764 : c'est Arnauld Daluy, né à Périgueux, succédant à son père, qui avait été reçu en 1732, et descendait des premiers imprimeurs de la ville : 2 presses.

PETRICOVIA, *Petrikau, Peterkau,* ville de l'anc. Pologne (Woiew. de Kalisch).

Deux imprimeurs natifs de cette ville, Andreas Petricovius, le père et le fils, exercèrent la typographie à Cracovie, depuis 1578 jusqu'à 1645. L'imprimerie existait dans la ville de Peterkau au XVI° siècle : *Prosperi Dysidæi* (Fausti Socini), *de loco Pauli Apostoli in Epistola ad Rom. cap. VII,* etc., *disputatio et alia opuscula.* Petricoviæ, typis Sebast. Sternacii, 1582, in-8°. Quelques exempl. portent : *Cracoviæ,* mais cet imprimeur n'exerça point à Cracovie et séjourna à Peterkau.

PETRI DOMUS, *Petershausen,* anc. abb. de Bénéd. du dioc. de Constance (Souabe) ; fondée en 983.

PETRISCUM, *Peyresq,* commune de Provence (Basses-Alpes).

PETROBURGUM, *Peterborough*, ville d'Angleterre (Northamptonshire).

Cette ville possédait une imprimerie en 1759; une histoire de la magnifique cathédrale de Peterborough, depuis sa fondation, fut imprimée dans cette ville en 1782, dit M. Cotton; Lowndes ne signale qu'une édition de 1790, in-8° de 110 p.

PETROCIA, voy. PETRUCIA.

PETROCORII [Cæs., Plin.], Πετροκόριοι [Str., Pt.], PETROCORÆ, *les Périgourdins*.

PETROCORIUS PAGUS, PETRICORIUS, PETROCOREUS [Frédég.], PIERREGORTOIS [anc. Chron.], PIERREGORT [Chr. B. Dion.], *le Périgord*, anc. province et anc. comté partic., apporté à la couronne par Henri IV; forme auj. le dép. de la Dordogne et partie du Lot-et-Garonne.

PETROMANTALUM, stat. de l'It. d'Ant., à XVIII m. de Paris, XIV m. de Pontoise et XVII m. de Beauvais; on a voulu prouver que cette localité correspondait à la situation de *Magny-en-Vexin*, pet. ville du dép. de Seine-et-Oise; nous pensons devoir traduire par *Banthélu*, commune du canton de Magny.

PETRONII VICUS *ad ripam Druentiæ*, PERTUSIUM, *Pertuis*, ville de Fr. (Vaucluse), près de la Durance [d'Anville].

PETROPOLIS, *St-Pétersbourg*, en russe Петербургъ, en finnois, *Pietarporisa*, capitale de l'empire russe, sur la Newa, dans la Russie Baltique; fondée en 1703 par Pierre le Grand sur l'emplacement d'Ivangorod.

Archevêché russe métropolitain; archevêché catholique; université établie en 1819; sa riche bibliothèque fut fondée par Pierre le Grand en 1714 et ouverte au public, à l'occasion de l'établissement de l'Académie des sciences, en août 1726. Bachmeister, l'un des sous-bibliothécaires de l'Académie des sciences, publia en 1776 un *Essai sur la bibliothèque et le cabinet de curiosités* qu'il dirigeait, essai fort curieux et fort complet auquel nous renvoyons le lecteur.

L'imprimerie est un peu antérieure à la fondation de la bibliothèque; voici ce que dit Bachmeister à ce sujet : « 1711, Pierre le Grand fit transporter de Moscou une partie de la nouvelle imprimerie (elle dépendait dès lors de la Оружейная Канцеларiя et après du St-Synode) à Pétersbourg, pour y faire publier les ukases. Le premier livre que j'aie vu de cette imprimerie est Марсова Книга de l'an 1713, et *les Gazettes* de 1714. » Cette date de 1711 ayant été acceptée par tous les bibliographes, nous serions mal venus de vouloir la contester; aussi dirons-nous que Bauer a dû commettre une erreur de date en citant au t. II de son *Suppl.*, p. 313, le volume suivant : *De Russiæ ordinibus militaribus liber lingua Russica scriptus*. Petropoli, 1710, in-8° cum figuris.

Voy. pour les livres imprimés dans les premières années de la fondation de l'imprim. impériale Bauer et Freytag; cat. Bibl. Poulkovensis, p. 174-175;

cat. Major, II, n° 4395; 1er cat. Busscher, n° 623, etc., etc.

La date de l'établissement des diverses imprimeries de St-Pétersbourg est relatée par Bachmeister; le sénat eut la sienne en 1719, et le premier volume publié est le *Recueil des Ukases* édictés de 1714 à 1719. L'année suivante voit la typographie installée au couvent de St-Alexandre Nevski. En 1724, le collège de l'amirauté obtient le privilège de monter un établissement spécial dont le premier produit est intitulé : Шрiогономеmрiа лоаска; ce livre de mathématiques spéciales manque à la riche collection scientifique de Poulkova.

En 1727 l'Académie des sciences vient à bout d'avoir sa typographie propre (c'est l'expression de Bachmeister); le premier vol. est le recueil des dissertations savantes de l'académie : *Commentarii Academiæ Scientiarum Petropolitanæ*, in-4°. La première série de cette précieuse collection, qui se continue entre les années 1726 à 1746 et forme 14 vol. in-4°. Les discours lus aux premières assemblées de l'académie en 1725, quoique portant le nom de St-Pétersbourg sur le titre, avaient été imprimés à Revel.

Deux catal. relatifs aux publications de cette Acad. des sciences ont été publiés à St-Pétersbourg; l'un en 1854 (de 66 p. in-8°) comprend les livres imprimés en langues étrangères; il faut y joindre un suppl. de 10 p. exécuté en 1856; le second, en 1857, donne la liste des ouvrages publiés en langue russe; il est de 72 p. in-8°.

PETRULLA [Ann. Comn.], au S.-O. de Clodiana, en Illyrie, auj. *Petrella* (Albanie).

PETRUCIA, PETROCIA, *Peyrusse*, anc. ville du Rouergue, auj. commune de l'arr. de Villefranche (Aveyron).

PETTINGEHEM *villa regalis* [Præc. Car. C. a. 864], *Petinghem*, sur l'Escant, commune de la Flandre Orient.; près Audenarde (Belgique).

PETUARIA, Πετουάρια [Ptol.], ville des Parisi, dans la Bretagne Romaine, auj. *Beverley* (Yorkshire), suiv. Camden, ou *Preston*, d'après Reichard (Lancashire).

Cette dernière ville a possédé une imprimerie à partir du milieu du XVIIIe siècle; un journal, le *British Courant, or Preston Advertiser*, fut publié en 1745; il était imprimé par James Stanley et John Mion. Le plus ancien livre que M. Cotton ait rencontré avec la souscription de Preston, est intit.: *A Sermon by the Rev. George White*, 1748.

PEUCE INS. [Mela, Pl.], Πεύκη [Str., Ptol.], grande île à l'embouchure du Danube, dép. des PEUCINI, Πευκῖνοι, auj. *Piczina* ou l'*Ile-St-George*; les Peucini faisaient partie de la conféd. S.-E. des Bastarnæ.

PEUCETIA [Plin.], Πευκετία, province de l'Italie, au S. de la Iapygie; forme auj. la *Terra di Bari*.

PFERINGA, PHŒRINGA, PFARINGEN [Eginh. Chr.], *Pföringen, Pföring*, sur le Danube (Bavière); on y voit encore les ruines d'une forteresse romaine, nommée EPONA.

PFORTA, *Pfoerten*, *Pförten*, petite ville de Prusse, dans la Basse Lusace (rég. de Francfurt) ; anc. seigneurie.

Impr. en 1785 [Falkenstein].

PHABIRANUM, Φαβίρανον [Ptol.], voy. BREMA.

PHÆACIA, voy. CORCYRA.

PHÆSTUS [Plin.], dans la Locride, dont les ruines se voient à *Vithari*, à l'O. du cap *Andhromaki*.

PHAGRES, Φάγρης [Herod., Thuc.], Φάγρη, point fortifié de la Macédoine, auj., suiv. Reichard, *Orfan*.

PHALACRUM PROM. [Plin., I. A.], cap *Sidavi*, au N.-O. de Corfou.

PHALARA [Liv., Plin.], τὰ Φάλαρα [Str.], FALERA [T. P.], ville de la Phthiotide (Thessalie), auj. *Stylidha* [Leake].

PHALASARNA, ή Φαλασάρνη [Str.], ville de l'O. de la Crète, auj. *Kutri*.

PHALERUM, Φάληρον, Φάληρος [Str.], l'un des trois ports d'Athènes, sur le golfe Saronique, auj. *Porto Fanari*.

PHALSEBURGUM, *Phalsburg*, *Phalsbourg*, ville forte de France (Meurthe) ; bâtie par les ducs de Lorraine, et cédée à la France en 1661.

PHARÆ, Φαραί [Her., Pol., Strab.], PHERÆ [Plin.], ville d'Achaïe, sur le Pyrus, en ruines, près de *Preveso* ou *Prevetos*.

PHARCADON, Φαρκαδών, Φάρκιδον [Str., St. B.], ville de Thessalie, auj. *Zarco*.

PHARODINI, Φαροδεινοί [Ptol.], VARINI [Tac.], peuple de la race des Suèves, habitant les côtes de la mer Baltique (partie de la *Poméranie* et du *Mecklembourg*).

PHARSALUS [Plin., Liv.], Φάρσαλος [Pol., Str.], PHARSALIA [Lucan.], ville bâtie dans une plaine de la Thessalie ; auj. *Fersala*, dans le pach. d'Ieni-Scheher ; bataille en 48 av. J.-C.

PHARUS INS. [Pl.], Φάρος [Diod.], Πάρος [Str.], île sur la côte de la Dalmatie, auj. *Lesina*.

PHEA, Φειά [Hom., Thuc.], Φεά [Strab.], Φία [St. B.], ville de l'Élide, auj. *Katakolo* [Leake].

PHELLIA, Φελλία [Paus.], riv. de la Laconie, affl. du Taygète, auj. *Takhurti*.

PHENEUS, Φενεός [Hom., Her., Diod., Str.], ville de l'Arcadie (Pheneatis), auj. en ruines près de *Fonia* [Leake, Boblaye].

PHERÆ [Plin.], Φῆραι [Str.], ville de la Bœotie, auj. *Andritza* [Leake].

PHERÆ [Liv.], Φηραί, Φαραί [Hom., Str.], Ptol.], ville de la Messénie, auj. *Kalamata* [Leake, Bobl.].

PHERÆ [Pl., Liv.], Φεραί [Str., Pol., Pt.], ville de la Thessalie (Pélasgiotide), auj. *Valestino* [Leake].

PHEUGARUM, Φεύγαρον [Pt.], ville des Dulgibini, dans la Germanie, auj. *Freckenhorst*, près de Warendorf (Westphalie).

PHIGALIA, Φιγαλία [Str., Pol.], Φιάλεια [Ptol.], chef-lieu de la Phégalice, en Arcadie, auj. *Pavlitza*.

PHILA INS. [Plin.], *Pomègue*, île de la Méditerranée, dans la rade de Marseille.

PHILIA, Φιλία [Ptol.], en Thrace, auj. *Fillea*, sur le cap du même nom (*Kara Burun*).

PHILIPPI [Liv., Mela, Pl., Tac.], Φίλιπποι [Di d., Ptol.], COL. AUG. PHILIPPENSIS [Inscr.], anc. Κρηνίδες [Strab.. Diod.], ville de Macédoine ; auj. en ruines près de *Filibah* ou *Felibejik* [Leake] ; l'an 42 av. J.-C., dans les plaines de *Philippes*, le sort de la Républ. Rom. fut décidé par la défaite de Brutus et de Cassius.

PHILIPPI MANSIO, *Felep-Zzalas*, bourg de Hongrie.

PHILIPPOBURGUM, *Philippsburg*, anc. forteresse impér., sous les murs de laquelle fut tué le mar. de Berwick en 1734 ; auj. bourg du grand-duché de Bade.

PHILIPPOPOLIS [Liv., Tac.], Φιλιππόπολις [Pt., Pol.], PONEROPOLIS [Pl.], TRIMONTIUM [Pl., Ptol.], ville de Thrace, sur la rive droite de l'Hebrus, auj. *Philippopoli*, sur la Maritza, chef-lieu de district dans la Roumélie (pach. d'Andrinople).

PHILIPPOPOLIS, PHILIPPI VILLA, *Philippeville*, pet. ville de Belgique (prov. de Namur).

PHILONII PORTUS, Φιλωνίου λιμήν [Pt.], port de l'île de Corse, auj. *Porto Siloni*.

PHILYREJA URBS, voy. LIPSIA.

PHINOPOLIS, Φινόπολις [Str., Pt.], ville de Thrace, à la jonction du Bosphore et de la mer Noire, auj. *Derkus*, ou, suiv. Reich., *Inimahale*.

PHINTONIS INS. [Pl.], Φίντωνος νῆσος [Pt.], île de la Méditerr., dans le détroit de Bonifacio, auj. *Isola di S. Madalena*.

PHLEGRA, voy. PALLENE.

PHLIASIA, Φλιασία [Str., Paus.], PHLIASIUS AGER [Liv.], district de l'Achaïe, dont la capit. était

Phlius [Liv., Pl.], Φλιοῦς [Herod., Pol., Str., Pt.], sur la rive gauche de l'Asopus, *Phlionte*, dont les ruines se voient en Morée, près des sources de l'*Asopo*.

Phocenses [Pl., Liv.], Φωχῆς [Hom.], Φωχίς [Herod.], Φωχεῖς [Th., Pol., Str.], peuple de la Grèce, habitant la *Phocide*, ἡ Φωχίς, qui forme encore auj. une Éparkhie du même nom, dont la cap. est *Amphissa*, près du golfe de Lepanto.

Phœnice [Liv., l. A.], Φοινίχη [Pol., Str., Ptol.], ville de l'Epire, auj. *Finiki*, dans le pach. de Janina.

Phœnice ins. [Plin.], *Ratoneau*, l'une des petites îles de la rade de Marseille.

Phœnicus portus, Φοινιχοῦς λιμήν, dans l'île de Cythère (Cerigo), auj. *Avlemona* [Leake].

Phœnicus portus, Phœnix, Φοῖνιξ [Ptol.], dans l'île de Crète, auj. *Anopolis*, près d'Aradhena.

Phœnicusa ins. [Mela, Pl.], Φοινιχοῦσα, Φοινιχώδης νῆσος [Str., Diod., Ptol.], *Dattolo*, l'une des îles Lipariennes.

Pholegandros ins., *Policandro*, l'une des Cyclades, entre Paros et Milo.

Phorbantia ins., voy. Buccina.

Phorca, Phorcenum, Porta Hercyniæ, *Phorczen*, *Pforzheim*, ville du grand-duché de Bade, sur l'Enz, à son confluent avec la Nagold; patrie du réformateur Reuchlin.

Un maître imprimeur, Magister Jacobus de Phorczen, établi à Bâle en 1492, était natif de cette ville, qui elle-même posséda une typographie à dater de la dernière année du xvᵉ siècle; un ouvrier, qui acquit depuis, lors de son séjour à Haguenau et à Tubingen, une grande réputation justifiée, Thomas Anselme, de Bade, fit ses débuts en typographie, et en même temps fut l'introducteur de l'art nouveau à Pforzheim en l'an 1500.

JOHANNES ALTENSTAIG. *Vocabularius.* Phorce impressit Thomas Anselmus Badensis. M.D. in-4°.

Le plus curieux des premiers livres imprimés à Pforzheim est un ARS MEMORANDI, copié d'après l'un des plus précieux *Block-Books* connus (Heinecken, p. 394; Sotheby, II, p. 1 à 9), et portant la date de 1502; ce livre précieux est parfaitement décrit par Brunet; nous nous contenterons d'en rapporter la souscription: *Habes ingenue lector : quibus viis ac argumentis quæ sunt textus evangelicorum distincte queas appositeque reminisci. Ista tibi Thomas Phorcensis cognomento Anshelmi tradidit : vir Magisterio præditus insolente : studii vero quod reliquum erat exercitationisve donare non potuit : adipisceris autem si rationes præceptionis diligentia imitaberis usus frequentioris. Vale.*

Phrixa, ἡ Φρίξα [Pol., Strab., Paus.], Φρίξαι [Herod.], ville de l'Elide, sur l'Alphée, auj. *Paleo fanaro*.

Phrudis fl., Φρυῦδες, *la Bresle*, pet. fl. de Normandie, qui se jette au Tréport dans la Manche.

Phthiotis [Mela], Φθιῶτις [Herod., Str., Ptol.], Phthia, Φθίη [Hom.], prov. de la Thessalie; un dioc. de Grèce porte auj. ce nom de *Phthiotide*, il a pour chef-lieu *Zeitoun* (Lamia).

Phundusi, Φουνδοῦσοι [Pt.], peuple de la Germanie, habitant *la Fionie* [Reich.].

Phurgisatis, Φουργισατίς [Pt.], ville de la Germanie, que Reich. dit être *Bürglitz*, dans le cercle de Rakonitz, et que Wilhelm place près de *Znaim* en Moravie.

Phylace, Φυλάχη [Hom., Str.], ville de Thessalie, auj. *Gnidek*, dans le pach. d'Ieni-Scheher.

Phyle, Φυλή [Xen., Str., Plut.], bourg de l'Attique, auj. *Fili* ou *Argivo Castro*.

Physca, Φύσχα [Thuc.], Φύσχαι [Ptol.], Φύσχος [St. B.], ville de la Macédoine, auj. *Katranitza*.

Piacus, Πίαχος [St. B.], localité de Sicile, auj. *Piazza*, jolie ville de la prov. de Caltanisetta.

Pialia, Πιαλία [St. B.], en Thessalie, auj. *Sklatina* [Leake].

Piazzola, dit M. Cotton; Piazzolo, dit Falkenstein; est-ce *Piazzola*, gros bourg de la Vénétie, près de la Brenta, dans la délég. de Padoue ?

M. Cotton dit que Piazzola est une ville (town) de Corse; nous ne connaissons en Corse de localité de ce nom, ou tout au moins de nom équivalent, que *Piazzole*, village ou hameau de 300 habitants dans l'arrond. de Corte; et nous n'osons vraiment pas attribuer à cette *ville de Corse* le bénéfice de la note typogr. suivante: Haym (p. 163), le cat. Floncel (n° 7942), etc., nous donnent le titre d'un volume souscrit à ce nom, à la date de 1684 : *Istoria delle Crociate per la liberatione di Terra Santa, dal R. P. Luigi Maimbourg, trasportata dal Francese nell' Italiano da D. Gabriello d'Emiliane.* Piazzola, 1684, 4 tom. en un vol. in-12.

Picardia, *la Picardie*, anc. prov. septentr. française, forme auj. le dép. de la Somme, et partie de ceux de l'Oise, de l'Aisne et du Pas-de-Calais.

Picentes [Cic., Pl., Mela, etc.], Πίχεντες [Pol., Str.], Picentini [Tac.], Piceni [Pl.], Πιχηνοί [Ptol.], peuple d'Italie, occupant le Picenum.

Picentia, Picensia [Mela], Πιχεντία [Strab.], ville de la Campanie, auj. *Vicenza*, sur le Vicentino, près d'Amalfi, dans la Princip. Citérieure [Mommsen].

Picentinum [I. A.], ville de Germanie, auj., suiv. Mannert, le bourg d'*Orhovicz* en Esclavonie.

PICENUM [Cæs., Cic., Liv., Plin., Tac.], ἡ Πικεντίνη [Pol., Str.], Πικηνίς [App.], Πικηνῶν χώρα [Proc.], grande prov. d'Italie, entre l'Ombrie et l'Adriatique; forme auj. la *Marche d'Ancône*, et partie des *Abruzzes*.

PICINIANA (CASTRA) [It. A.], localité de Sicile que Reichard voit auj. dans *Castel Bilici*.

PICTAVI, PICTONES, peuple de l'Aquitaine II, dont le territoire a formé le *Poitou*.

PICTAVIA, voy. LIMONUM.

PICTI [Amm. Marc.], *Pictioch* (en gaël. Pillards) *les Pictes*, peuple primitif de la libre Écosse, qui se défendit victorieusement contre les Romains.

PICTONUM PROM., Πικτόνιον ἄκρον [Ptol.], cap du golfe d'Aquitaine, que· d'Anville croit être *le Pic de l'Aiguillon*, dans la Vendée, et qui pourrait être *la Pointe du Perray*.

PIERIS [Plin.], Πιερίς, Πιερία [Hom., Str., Pt.], PIERES, Πιέρες [Her., St. B.], province de la Macédoine, qui bordait la côte O. du golfe Thermaïque, auj. *Pach. de Saloniki*.

PIETAS JULIA [Plin.], POLA [Mela, Pl.], Πόλα [Str.], ville d'Istrie sur le Sinus Polaticus, auj. *Pola*, grand port militaire de l'Autriche sur l'Adriatique.

Est-ce à cette ville que se rapporte l'indication suivante signalée par M. Cotton : MONAST. POLAN. O. *Truckl. Contemplationes ad Horas Canonicas?*

PIGNEIUM, *Pigney*, *Piney*, bourg de Champagne (Aube); anc. titre de duché-pairie depuis le XVIe siècle.

PIGUNTIA, voy. ALMINIUM.

PILAVIA, PILLAVIENSIS PORTUS, *Pillau*, port de Prusse, sur la Baltique, au S.-O. de Kœnigsberg.

PILEATUS MONS, *der Pilatusberg*, *le Mont Pilate*, en Suisse (canton de Lucerne).

PILONA, PILONUM, PILSNA, *Pilsen*, *Plzen*, (en Bohême) *Plzna*, *nova Plzna*, ville de Bohême, chef-lieu du cercle, près de la Beraun.

L'imprimerie remonte dans cette ville à une date reculée, et Pilsen est la première du royaume de Bohème qui ait vu s'établir, à l'abri de ses fortes murailles, l'art révolutionnaire, assez mal accueilli dans ce pays fanatique et déchiré par les guerres de religion.

Ce serait, si l'on pouvait s'en rapporter à l'art. de M. Hanka publié dans le *Journal* (Bohême) *du Musée* en 1840, à l'année 1468 que l'on devrait la reporter ; c'est en effet à cette date qu'il fait remonter la célèbre édition des TROJANSKÁ HISTORIE (en bohème) : *Tuto se počíná předmluwa dospělého Gwidona z Columny Mezanské na kroniku Trojanskú*. A la fin : *Skonáwá se tuto kronika Trojanská o tom slawném městě Trojanském o b·jech,*

*kteréž jsu se staly i o jeho dobyti I. 1469 pred prowodem welikonočnim per me Laurentium de Tyn Horšt. W Plzni, 1468, in-4o de 196 ff. à 27 l. en très-beaux caract., mais le texte est fort incorrect (voy. Hain, II, 179). Une polémique s'est engagée à ce sujet. Dobrowsky (Hist. de la langue et de l'anc. littérat. Bohème. Prague, 1818) soutient que 1468 est la date de la composition du volume et non celle de l'impression ; il porte la date de cette impression à 1475 ou 1476. Hanka, Jean de Carro, Jungmann et d'autres savants, au contraire, maintiennent avec opiniâtreté la thèse opposée; nous ne trancherons pas du juge en pareille matière, mais nous devons reconnaître que tous nos instincts bibliographiques nous portent invinciblement à nous ranger du côté de l'abbé Dobrowsky.

En 1475 on trouve une trace authentique de la proto-typographie tchèque, au nom de Pilsen; c'est un Nouveau Testament, NOWY ZAKON, 1475, in-fol., décrit dans le Catalogue de la biblioth. de l'université de Prague par M. J. A. Hanlik (Prag., 1851, in-8o). Ce Nouveau Testament est exécuté avec des caract. du même corps que ceux des Hist. Troyennes, mais plus grossiers et plus primitifs. Un PASSIONALE, s. d., imprimé avec les mêmes caract.; on veut le faire remonter à la date présomptueuse ou présumée des Hist. Troyennes, etc., mais ce Passionale n'est autre que la Légenda aurea de J. de Voragine, et ne peut être reporté qu'à 1475 (voy. Brunet et Hain).

·Les Statuta synodalia Pragensia (ab Arnesto Archiep. Pragense edita), qu'Ebert a considérés comme étant le premier livre imprimé à Pilsen, sont souscrits à la date de 1476 et «in nova Plzna, de impressione nova», ce qui semble indiquer une édition antérieure disparue.

Le seul imprimeur dont nous rencontrions le nom à Pilsen au XVe siècle, s'appelle Mikulas ou Nicolas Bakalar.

Outre les travaux sérieux des historiens bohèmes Safarik, Palacky, Pelzel ou Dobrowsky, nous citerons comme très-intéressante à l'endroit des premières impressions de la patrie de Jean Huss et de Jérôme de Prague, la curieuse brochure du dr Jean de Carro, publiée à Bruxelles en 1847, sous le pseudonyme de Ch. Winaricky, et intitulée Jean Gutenberg, né en 1412 à Kuttenberg en Bohême ! In-12 de 164 pp.

PILONENSIS CIRCULUS, *der Pilsner Kreis, le cercle de Pilsen*, en Bohême.

PINAROLIUM, *Pignerol*, *Pinerolo*, ville forte de l'Italie Septentr., près du Clusone, « alle radici delle Alpi nel Piemonte », chef-lieu de province, dans la div. de Turin.

Un imprimeur français, établi depuis plusieurs années à Venise, Jacques le Roux (Giacomo de Rossi,lat. Jacobus de Rubeis) se transporta dans cette ville en 1479, avec ses presses et son matériel ; le premier livre qu'il y ait imprimé est la Consolation de Boèce : BOETII DE CONSOLATIONE PHILOSOPHIÆ libri V. A la fin : Pinarolii per Jacobum de Rubeis Gallicum. M.CCCC.LXX. Nono. Octavo Kalend. Novembr. in-fol. goth. (Cat. d'Elci, cat. Maccarthy); c'est la première édition du texte publié sans commentaires.

Haym cite une Bible italienne exécutée par Jacques le Roux à Pignerol, en 1475, in-fol.; ce serait d'après lui, la seconde édition du texte de Nicolas de Malermi, et en même temps le premier livre imprimé à Pignerol; mais Amati et les autres bibliographes italiens déclarent cette assertion purement et simplement imaginaire : «Biblia ergo Italica relata a pluribus bibliogr. fabula est.»

Outre le Boèce, Jacques le Roux exécute encore, à Pignerol, une édition des Satyres de Juvénal, de 1479, in-fol.; Les Métamorphoses d'Ovide, 1480, et, dit Gazzera, une édition des *Héroïdes* du même poëte, dont il ne donne pas la date.

PINCHONIUM, PINCONIUM, PINCINNIACUM, *Piquigny* [Duc.], *Péquigny*, bourg de Fr. (Somme) ; anc. titre de baronnie.

PINCIACENSIS PAGUS, *le Pinserais*, district et archidiac. du dioc. de Chartres, dont *Poissy* était chef-lieu.

PINCIACUM, PINCIANUM, PISCIACENSE PALAT. [Ch. Rob. Reg. a. 1030], PISSIACUM *ad Sequanam, in extremis Carnot. finibus diœces.* [Ph. Labb. t. II], *Poissy*, ville de France, sur la Seine (Seine-et-Oise), célèbre par la naissance du roi Louis IX, et par l'assemblée ou *colloque* des théologiens catholiques et réformés en 1561.

Un typographe natif de Poissy devint un des bons imprimeurs de Lyon, à la fin du XVIᵉ siècle.

L'imprimerie a-t-elle existé dans cette petite ville ? Nous ne saurions le prouver ; cependant il ne serait pas improbable qu'à l'occasion du célèbre *Colloque*, un matériel typographique eût été installé provisoirement à Poissy, et qu'il en fût sorti quelques pièces spéciales : *Harangue des ministres de la Parole de Dieu, faite en l'assemblée de Poissi, le neufième* (sic) *tour de septembre 1561*. Poissi, s. d., in-8° (Bibl. impériale).

PINCIONE MONTE, voy. MONS FORTIS AMALRICI.

PINCZOVIA, *Pinczow*, petite ville de la petite Pologne, dans le palat. de Cracovie, près de Wielicka.

Ce fut là que se fit, sous le patronage du prince Radziwill, la traduction de la célèbre *Bible polonaise* imprimée à Brzesc en 1563 ; Nicolas Olesnitz y fonda une école au XVIᵉ siècle, école que Wengercius, « ob multitudinem et frequentiam discentium », appelle Gymnasium ; cette école produisit quelques hommes justement célèbres, qui valurent à la petite ville de Pinczow le nom d'*Athenæ Sarmaticæ*. L'imprimerie suivit de près la fondation de l'académie ; une typographie y fut organisée par les frères Bohèmes dissidents, et divers traités de Daniel Lancicius y furent publiés à partir de 1559 ; le premier est intit. : *Epistolæ Ecclesiæ Tigurinæ ad Ecclesias Polonicas*. In-8°. A la fin du siècle cette typographie fut transportée à Laszczow (Laszczowie) ; voy. Németh, p. 30 et 48, et Lackmann (*Ann. Typ. selecta*, p. 67).

Après la conquête, la biblioth. et le musée de Pinczow furent transportés en Russie.

PINDUS [Mela, Pl.], Πίνδος, localité de Thessalie, sur le fl. du même nom, auj. *Mezzovo* (?).

PINDUS MONS, Πίνδος [Herod., Str., Ptol.], chaîne de montagnes, séparant l'Épire de la Thessalie, auj. *Monte Mezzovo* ou *Agrapha*.

PINETA [Jorn.], lieu fortifié de l'Italie, à l'O. de Ravenne, auj. *Piangi-Pane* [Forbig.].

PINETUS [I. A.], dans la Lusitanie, auj. *Pinhel*, sur la riv. du même nom, dans la prov. de Beira (Portugal).

PINGA, PINGNIA, BINGIUM, *Bingen*, ville de la Prusse Rhénane, au confl. du Rhin et de la Nahe ; son pont sur la Nahe s'appelle encore *Pont de Drusus* (voy. BINGIUM).

PINGUS FL. [Pl.], dans la Mœsie, l'*Ipek*.

PINNA, PINNA VESTINA, *Città di Penna*, pet. ville du Napolitain (Abruzzes).

PINO, sous cette dénomination on doit réunir toutes les communes qui portent le nom de *Pin* ou le *Pin*.

Nous citerons seulement *Pin-lez-Magny*, commune de Franche-Comté, près Vesoul (Haute-Saône). Vers 1630 une imprimerie particulière fut installée à la cure de la commune, par le curé du village nommé J. Vernier. Le plus ancien volume exécuté par ce digne desservant, que nous puissions citer, est intitulé : *Portraits des saintes vertus de la Vierge, contemplées par Isabelle-Claire-Eugénie, Infante d'Espagne, dressées par J. Terrier de Vesoul*. Pin, Vernier, 1635, in-4° fig. (à l'Arsenal). On connaît encore une édition du *Grand Routier de la mer*, souscrite à ce nom, à la date de 1650, in-4° ; cette imprimerie a précédé celle de Vesoul.

PINTIA [It. A.], Πιντία [Pt.], anc. ville des Vaccaï, dans la Tarrac., depuis VALDOLETUM, VALLIS OLETUM, auj. *Valladolid*, ville d'Espagne, chef-lieu d'intend., archevêché (Vieille-Castille et Léon) ; université fondée en 1346.

L'imprimerie remonte à Valladolid au XVᵉ siècle ; le premier typographe est Juan de Froncourt, que l'on dit Allemand, mais que nous croyons Français et devoir nommer Jean Francœur ; Zarco del Valle et D. Sancho Rayon, dans leur intéressant *Ensayo de una bibl. española*, nous donnent, à partir de 1492 une suite de livres exécutés dans cette ville, et dont nous ne citerons que le premier : *Tractado breve de Confession*. A la fin : *Esta obra se fizo en Valladolid a loor z alaban*|| *ça de nuestro señor Iesu Christo z de la gloriosa vir*||*gen maria su madre. Año de mil z quatrocietos*||*z xcii.Años. A. III. de febrero*. In-4° à long. lignes en petits car. goth., sans ch. ni récl. mais avec sign. A-B: viii.

Le premier livre avec le nom de l'imprimeur est de l'année suivante, 1493 : *Hordenanças fechas para la reformaçion de la audi*||*encia z chancelleria en Medina del cãpo Año de mill z qua*||*trocientos. LXXXIX. años*. A la fin : *Esta obra fue empressa por maestre Johan de Froncourt.*||*Em la muy noble z leal villa de Valladolid. a xxvij. dias*|| *del mes de Junio. Año del naçimiento del nᵒ señor Jesu*||*Cristo de mil z quatrocientos z nouenta z tres años*. In-fol. goth. à l. lig., sans ch. ni récl. avec sign. A. B., le cahier A. de 8 et le cahier B. de 10 ff., front. gravé, avec l'écusson royal sur le titre.

Les autres imprimeurs de Valladolid que nous citerons sont, au XVIᵉ siècle : le grand Arn. Guil. Brocar, dont nous voyons le nom figurer à Alcala de Henarès et à Logroño ; *Micer* Lazaro Salvago de Gênes, typographe spécial du couvent de Nuestra Señora de Prado, en 1527 ; Nicolas Thierry, Juan de Villaquiran, Diego Fernandez de Cordova, etc.

PINUM, Πινόν [Pl.], station de Dacie, dont la position est déterminée aux environs de *Bucharest*, *Boukouresti*, capit. de la Valachie.

Nous compléterons ici la note typogr. que nous avons consacrée à cette ville (voy. BUCARESTA). En 1704 fut imprimée à Bucharest la traduction en grec moderne des *Vies de Plutarque*, παρὰ Ἀνθίμω

Ἱερομονάχῳ τῷ ἐξ Ἰβερίας, et en 1719 le *Traité des Devoirs*, Περὶ τῶν Καθηκόντων, traduit de Cicéron, en langue grecque, par le prince Mavrocordato, ἐν τῇ σεβασμίᾳ μονῇ τῶν ἁγίων πάντων, *dans le couvent de tous les Saints.*

PIPERACUM, *Pébrac*, commune d'Auvergne (Cantal); anc. abb. d'Augustins du dioc. de St-Flour. — *Pibrac*, commune de Fr. (Haute-Garonne).

PIRÆEUS [Liv., Mela], Πειραιεύς [Diod., Pol., Thuc.], *le Pirée*, port d'Athènes, formé des trois bassins appelés CANTHAROS, Κάνθαρος, APHRODISIUM, Ἀφροδίσιον, et ZEA, Ζέα, à l'embouchure du Céphise, et à cinq mille pas de la ville; auj. *Porto Leone*, ville et principal port de la Grèce.
Une imprimerie y fut établie en 1838, et la typographie de Hélias Christofidès y publia avec des types de Didot : le *Recueil des constitutions établies par les diverses Assemblées nationales* (le congrès d'Epidaure en 1822; l'assemblée d'Astros; le congrès de Trœzène ou congrès d'Argos); ce recueil forme un vol. in-8° fort bien exécuté.

PIRÆEUS, Πειραιεύς [Thuc.], port de la Corinthie, auj. *Porto Franco* [Leake, Boblaye].

PIRANON [Geo. R.], petite ville de l'Istrie, auj. *Pirano*, pet. ville proche de Capo d'Istria (cercle de Trieste).

PIRATORTUM [T. P.], dans la Norique; auj., d'après la carte de Muchar, *Schönbüchel*, sur le Danube.

PIRESIÆ, Πειρεσιαί, Πειρεσίη, ville de la Thessaliotide, que Leake place auprès de *Petrino*, dans le pach. d'Ieni-Sheher.

PIRISEUM, PRUSSA, *Petris, Pyritz*, ville de Poméranie (Reg. de Stettin).

PIRNA, PIRNENSIS CIVITAS, *Misnix oppidum* [Struv.], *Pirna*, ville du roy. de Saxe, sur l'Elbe (district et au S.-E. de Dresde).
L'imprimerie existe dans cette ville à la fin du XVII° siècle : *Henrici Spilneri Ursprung Alt- und Neu-Dresden*. Pirna, 1695, in-8°. Ce livre sur l'histoire de Dresde eut un grand succès, puisque l'on compte onze éditions entre cette édition de Pirna et la première donnée à Dresde en 1661. Citons encore : *Pastoris Car. Senffii, Historie z Befehdungen, die dem Bischoffthum Meissen angethan worden*. Pirna, 1717, in-8°.

PIRUM (AD) *summas Alpes* [It. Hier.], district alpestre compris dans le *Birnbaumer Walde*.

PIRUS FL., Πεῖρος [Her., Str.], fl. de l'Achaïe, auj. le *Kamenitza*.

PIRUS MONS, *der Heiligenberg*, montagne de la rive droite du Neckar, qui domine Heidelberg.

PISÆ [Liv., Pl.], Πῖσαι [Pol., Str.], Πίσσαι [Ptol.], Πίσα [Pol.], COLONIA JULIA PISANA, PISANUS PORTUS, ville d'Etrurie, auj. *Pise, Pisa*, sur l'Arno, célèbre ville du roy. d'Italie (Toscane).
Archevêché; université fondée en 1343; concile

en 1409; collections littéraires et scientifiques; c'est la patrie de l'illustre Galileo Galilei.
Déchirée par les guerres intestines, cette ville ne put accueillir tout d'abord la typographie qui s'était victorieusement implantée dans des villes italiennes infiniment moins importantes, surtout au point de vue littéraire; ce n'est qu'en 1482 qu'un Pisan du nom de Fr. Bartholomeo de *Sancto Concordio* (?) se fit l'introducteur de l'art nouveau ; et, bien que les premiers livres publiés ne portent pas de nom d'imprimeur, on peut admettre que les proto-typographes furent deux Florentins du nom de Ser Lorenzo et Ser Agnolo : le premier doit être le même que l'imprimeur Nicolò di Lorenzo della Magna.
FRANCISCUS DE ACCOLTIS DE ARETIO. *Consilia seu responsa juris*. Au v° du f. 206 : *Expliciunt elegantissima consilia Magnifici equi‖ tis Romani: Ac iurisconsulto* etate nostra principis‖ *Domini Francisci de accoltis d Aretio. Pisis impres‖sa. Anno Do.* M°CCCC°LXXXiiij° *die vero* xxiij. *men‖sis Martii. Laus deo.* Au r° du f. 207 : *Incipit Registrum huius libri.* In-fol. de 207 ff. à 2 col. de 69 lignes.
En 1484 paraît le premier livre portant un nom d'imprimeur ; il est décrit par Molini, dans ses « *Aggiunte al Brunet* » : FICINUS DELLA CRISTIANA RELIGIONE. A la fin : *Impresso in pisa p* SER *lorenzo e* SER *agnolo fiorentini del mese di giugno a di 11.*

M.CCCC.LXXXIIII.

In-fol. sans ch., ni récl., de 112 ff. et 2 f. de table, avec sign. a-oiiii, piii. qi. A la fin du vol. une lettre de Marsile Ficin de 4 p., qui ne se trouve pas dans les éditions précédentes.
En 1485 on trouve à Pise un imprimeur du nom de Gregorio de Gente ; en 1494 Ugo de Rugeriis de Reggio, enfin en 1499 Hieron. Ancharanus Reginus de Cruce, dont la marque typographique est une croix.

PISÆ, *Poix*, bourg de Fr. (Somme); avait été érigé en duché-pairie, sous le nom de Créqui, en 1652.

PISAURUM [Liv., Cæs.; Mela, Pl., I. A.], COL. JULIA FELIX [Liv.], ville des Umbri, détruite par Totila, relevée par Bélisaire, auj. *Pesaro*, ville d'Italie, sur l'Adriatique, chef-lieu de la délég. d'Urbino e Pesaro ; patrie de G. Rossini.
Un assez grand nombre de livres hébraïques ont été donnés par plusieurs bibliographes comme ayant été exécutés à Pesaro au XV° siècle, par les typographes juifs de Soncino ; de Rossi (*Ann. Hebr. Typ.*, P. III, n° XLIV et suiv.) a démontré l'inexactitude ou l'absurdité de ces allégations ; ces éditions sont pour la plupart apocryphes ; d'autres portent de fausses dates, d'autres de faux noms de ville ; nous n'avons pas à nous y arrêter.
Nous profiterons également de la circonstance pour rectifier une erreur d'Haym (p. 631), qui donne aux presses de Pesaro une édition de S. Bernardino de Sienne, qu'il faut reporter à l'actif de Pescia.
Il est incontestable que le célèbre imprimeur Jérôme de Soncino établit une importante succursale typographique à Pesaro ; mais c'est à l'année 1504 seulement que nous pouvons, avec Panzer, signaler les premiers produits de ses presses ; car nous ne pouvons accepter l'allégation d'Haym qui donne aux presses de Pesaro et cite avec la date de 1500 une édition de la trad. d'un ouvrage de Raban Maur dont le texte latin ne fut publié qu'en 1503 à Pforzheim (voy. Haym, p. 612, 7).
Voici le titre du vol. publié en 1504 : *Pomponii Gaurici Neapolitani, de sculptura, ubi agitur de Simetriis, de lineamentis. De Physiognomia. De Perspectiva. De Chimice. De Ectyposi. De Celatura, eiusque speciebus. Præterea de cæteris spe-*

ciebus Statuariæ. De Plastice. De Proplastice. De Paradigmaticc. De Tomice. De Colaptice. De Claris sculptoribus, ac plerisque aliis rebus scitu dignissimis. Pisauri penes Hieronymum Soncinum, 1504, in-8°. (D. Clément, IX, p. 90, Panzer, VIII, p. 236).

Parmi le très-grand nombre d'ouvrages exécutés à Pesaro pendant 30 ans par le célèbre Girolamo Soncino, il nous convient de passer sous silence l'interminable nomenclature des livres hébraïques et par contre de signaler l'*Opera dell' arte militare di Ant. Cornazzano, Poeta Piacentino, in terza rima,* 1507, in-8°, et les *Stanze bellissime e ornatissime di Lorenzo del' Medici, intit. le Selve d'Amore,* 1513, in-8°, rarissime et charmant volume, très-recherché des amateurs.

PISAURUS FL., ISAURUS [Lucan.], petit fleuve d'Italie, auj. *la Foglia.*

PISAVÆ, PISANÆ [T. P.], *Pelissanne,* près d'Alenson, commune de l'arr. d'Aix, Bouches-du-Rhône [d'Anville].

PISCARIA, anc. ARDELICA OU ARTELICA, PISCARIÆ, auj. *Peschiera,* ville de la Vénétie, sur le Mincio, au S. du lac de Garde (prov. de Mantoue).

PISCARIUS FL., voy. ATERNUS.

PISCENÆ [Pl.], PESENATIUM, PESENACUM, ville de la Narbon. l, auj. *Pézénas,* ville de Fr. (Hérault), au confl. de la Peine et de l'Hérault.

L'imprimerie paraît remonter à Pézénas au milieu du XVII° siècle, et c'est à 1656 que nous pouvons la reporter : *Abrégé de l'histoire des frères Hospitaliers de l'ordre du St-Esprit, par frère Nicolas Gaultier, commandeur du même ordre.* Pézénas, J. Boude, 1656, in-8°. La première édition de ce livre rare avait été donnée à Paris en 1653, in-12.

En 1663 et 1666 nous trouvons des volumes indiqués au catal. Secousse (n° 5693) et par le P. Le Long (I, 402).

Enfin, en 1676, est publié un volume important ; c'est le *Catal. général des Gentilshommes de la province de Languedoc, dont les titres ont été remis devant M. de Bezons, mis en ordre par M. de Caux.* Pézénas, J. Martel, 1676, in-fol., désigné à tort au catal. La Roche la Carelle de 1867 (n°1057), sous la date de 1626.

Les arrêts du conseil en date de 1704 et de 1739 conservent un imprimeur à Pézénas, et le rapport fait à M. de Sartines nous donne le nom du titulaire en 1764 ; il s'appelle Joseph Funier, âgé de 45 ans, et possède deux presses ; il est établi par arrêt du 12 mai 1759 (cet arrêt avait fixé à 20 le nombre des typogr. de la province de Languedoc).

PISCIA, *Pescia,* ville épiscop. de l'Italie (Toscane).

L'imprimerie fut introduite dans cette petite ville au XV° siècle par un prêtre florentin, qui porte un nom glorieux : c'est Francesco Cenni ; mais ce ne peut être le fils du grand orfèvre Bernardo Cenni, le père de la typographie florentine, car il s'intitule fils du Florentin Jacobo Cenni. Il nous est bien permis au moins d'accorder à ce Cenni l'honneur d'appartenir à la famille du typographe auquel on doit le VIRGILE de 1472.

La Confessione di S. Bernardino da Siena volgare divisa in dodici regole. A la fin : *In Pescia per M. Francesco Cenni Fiorentino 1485 a di ultimo di Febbrajo,* in-4°. (Pâques tombe le 3 avril.)

Quelques jours après il publie, mais en associant le nom de son frère : *Preclarus et solennis trac-*

tatus de insinuationibus excell. Doct. Antonii de Canaro. A la fin : *Impressum Piscie impensis nobilis iuuenis Bastiani filii scr Jacobi Gherardi de Orlandis de Piscia : opera presbyteri Laurentii et Franchi fratrum et filiorum Jacobi Cennis Florentinorum opificum. Sub annis incarnationis* M.CCCC.LXXXV. *et die* VII *Mensis Martii.* In-fol. à 2 col. impr. en gr. car. romains.

Un nouvel imprimeur apparaît en 1488, qui donne une rare et précieuse édition de Végèce ; celui-ci est Allemand et il signe : *Sigismundus Rodt de Bitsche, operis architectus* (ou plutôt *architecta*).

Qu'on nous permette de relater ici une singulière assertion de Molini, dans ses *Aggiunte al Panzer,* qui ne tendrait à rien moins qu'à faire de Pescia la première ville d'Italie qui ait possédé l'imprimerie. Il cite une pièce in-4° goth. (avec sign. a. d.) : *Incipit Tractatus de Balneis lucensibus et primo de Balneo Ville dicendū. est.* A la fin : *Explicit tractatus de Balneis lucensibus : quem artium et medicine doctor eximius magister Matheus de bendinellis de burgho mozano lucensis districtus cōposuit. Anno salutis* M.CCCC.LVIIIJ. *Impressum Piscie Anno Salutis* M.CCCC.LVIIIJ *die* XX *iunii.* C'est très-probablement 1489 qu'il faut lire ; mais cette omission de 30 années est-elle involontaire ? Il faut l'espérer pour la gloire du célèbre libraire et bibliographe florentin ; cette pièce n'est point citée par Amati ; quant à Orlandi, l'inexactitude personnifiée, il ne parle même point de l'imprimerie de Pescia.

PISCIACUM, voy. PINCIACUM.

PISCIACUM, *Pissy,* comm. de Fr. (Somme).

PISCINA, FISCHINGA, *Fischingen,* abb. de Bénéd. en Suisse, du dioc. de Constance, fondée av. 972.

PISINUM, *Mitterburg, Pisino,* ville de l'anc. Carniole, dans le cercle de Laybach (Illyrie Autrichienne).

Est-ce à cette localité que se rapporte la note bibliographique suivante, que nous fournit l'*Index général des livres imprimés de 1593 à 1600* (Leipz., ex off. Grosiana, 1600, in-4°) ? nous ne pouvons l'affirmer : *Christliche abgenötigte* (sic) *vnnd abgetrungene Verantwortung Christianæ concordiæ, auff das grewlich Schmachbild vnd Schmachbuch der Caluinisten, so sie Bergisch monstrum genant, durch Böamicum Althirenium,* etc. Mittelburg, bey Jona Schöner, 1593, in-4°.

PISONIUM, voy. POSONIUM.

PISORACA FL., *la Pisuerga,* affl. du Duero, riv. de la Vieille-Castille.

PISTÆ, PISTUS, *Pistres, Pitres,* commune de Normandie (Eure); dans l'anc. Tellau, au confl. de l'Andelle et de la Seine; célèbre au temps des Carlovingiens ; conciles en 862 et 869.

PISTORIA [Plin.], Πιστωρία [Ptol.], PISTORÆ [I. A.], PISTORIA [T. P.], PISTURIÆ [G. R.], ville d'Etrurie, auj. *Pistoja, Pistoie,* sur la Brenta, dans la prov. de Florence (Italie) ; Catilina y périt les armes à la main.

Falkenstein, et Cotton d'après lui, donnent 1643 comme date de l'introduction de l'imprimerie à Pistoja ; voici le titre du vol., exécuté à cette date : *Lettera di Vincenzo Comandi a Desiderio Montemagno sopra il tentativo di guerra contro Pistoja.* Ivi pel Fortunati, 1643, in-4° (Haym. 110).

Mais nous trouvons dans la bibliogr. allemande une trace d'imprimerie antérieure : *Alessandro Gilli, Istoria delle attioni heroiche e memorabili imprese fatte in Moscovia del Rè Sigismundo III.* Pistoja, 1627, in-4°.

Haym ne cite de cet auteur que son *Histoire des soulèvements de Pologne.*

M. Cotton dit que le premier imprimeur de cette ville, *Silviano di A. Felice,* s'y établit en 1614 (?).

PISTUS [T. P.], PLISTUS [G. R.], localité de l'Illyrie Grecque, auj. *Iszmit.*

PITANUS FL., Πιτανός, en Corse, auj. *il Canale.*

PITHECUSA INS. [Pl., Mela], Πιθηκοῦσα [Str.], Πιθηκοῦσσα [Ptol.], voy. ÆNARIA INS.

PITINUM, Πίτινον [Pt.], municipe de l'Ombrie, auj. *Pitino,* en Toscane, sur la Foglia.

PITOVIA, *Piteå,* ville de Suède, à l'embouchure du golfe de Bothnie.

PITVERIS (PITUERIS) CASTRUM, *Pithiviers,* ville de Fr. (Loiret).

M. Cotton fait remonter à 1771, et M. Ternaux à 1776, l'imprimerie à Pithiviers : *Genet. Analyse des eaux minérales de Segray.* Pithiviers, 1776, in-8°. Pendant la révolution l'imprimeur de cette ville s'appelait Guillot-Videlle.

PITYONESUS [Plin.], Πιτυόνησος [Plat.], île de l'Archipel, sur la côte de l'Argolide, auj. *Anghistri.*

PITYUSÆ INSULÆ [Pl., It. Ant.], Πιτυοῦσαι, Πιτύουσσαι [Str., Ptol.], *les petites Baléares (Formentera, Iviça et Cabrera).*

PLACENTIA, Πλακεντία, ville des Anamari, sur le Padus, dans la Gallia Togata, auj. *Piacenza (Plaisance),* ville d'Italie, au N.-O. de Parme, près du confluent de la Trebbia et du Pô; évêché, biblioth. Patrie de Ferrante Pallavicino et de Lorenzo Valla.

L'imprimerie remonte à Plaisance au XVe siècle ; un typographe italien, natif de Crémone, en est l'introducteur : BIBLIA LATINA. A la fin du Vieux Testament : *Uet' testametū a religiosis uiris ac prudenꞇ tissimis correctū atqꞁ p̄ me Iohañe petrū d'ꞁꞁ ferratis cremonēse placētie imp̄ssuꞁ. Anno ꞁꞁ dñi.* M.CCCC.LXX. *quinto felici̇ explicit.* Puis vient le Nouveau Testament, dont la souscription ne répète ni la date, ni le nom de l'imprimeur ; le vol. se termine par la traduction des noms hébreux, à la fin desquels on lit : *Biblie vocabuloᷓ interpretationes expliciunt.* In-4° sans ch., récl. ni sign., de 358 ff. à 2 col. de 60 lig. en caract. gothiques très-petits et très-nets ; l'index des noms hébreux comprend de plus 34 ff. Cette Bible est remarquable par l'exiguïté et la netteté des caractères qui ont servi à l'impression ; l'exempl. de la vente La Vallière, acquis par le libraire Strattman pour la bibl. impér. de Vienne, était parfaitement complet, et comptait 392 ff., ainsi que le déclare Van-Praët dans le précieux catalogue annoté avec tant de soin par cet excellent bibliographe, catalogue conservé religieusement à la Bibl. impér. de Paris.

Dibdin décrit longuement cette Bible au tom. I, p. 27 de la *Spenceriana.*

Un Allemand du nom de Jacques de Tyela apparaît à Plaisance en 1483 ; il y exécute un vol. in-fol. goth. fort rare : *De Hybernia Thomæ Tabula originalium sive Manipulus Florum sec. ordinem alpha, beti extracta ex libris XXXVI auctorum.* Placentiæ, per me Jacobum de Tyela Alemanum, anno 1483.

PLADELLA VILLA [Charta Car. Simpl. a. 913], *Bladel,* commune de Belgique (Brabant).

PLAGENSE CŒNOB., *Schlögl,* abb. d'Autriche.

PLANA, *la Plaine,* bourg de l'Anjou, près Cholet (Maine-et-Loire).

PLANASIA INS. [Pl., Tac.], île de la Méditerranée au S. de l'île d'Elbe, auj. *Pianosa.*

PLANTEDIUM, *Piantedo,* commune de Suisse (Tessin).

PLATÆA [Pl., Cic.], Πλάταια [Hom., Herod., Paus.], Πλαταιαί [Thuc., Str., Pt.], ville de Bœotie, célèbre par la victoire des Grecs en 479 av. J.-C.; ses ruines se voient auj. près de *Kokhla.*

PLATENA, *Pindena,* bourg d'Italie, dans la délég. de Crémone.

PLAVIA, PLAVIA VARISCORUM, *Plauen,* ville du roy. de Saxe, sur l'Elster (distr. de Zwickau).

Falkenstein fait remonter à 1670 l'impr. dans cette ville avec un *Traité de l'accentuation hébraïque* de G. S. Dorfellius, en allemand, cité par Le Long. Voici un livre de théologie à la date de 1679, qui n'est pas sans importance : *Balthas. Meisner. Quæstiones vexatæ an semper in forma syllogistica de rebus theologicis disputandum sit ; an Christus tempore mortis verus homo fuerit,* etc. Plaviæ, 1679, in-4°. Ce livre a servi aux célèbres écrivains Strauss et Nicolas.

PLAVIS FL. [P. Diac.], dans la Vénétie, auj. *la Piave.*

PLEBS ARMAGILI (d'*Armagilus,* S.-Ermel, confesseur), *Plouermel, Ploërmel,* ville de Fr. (Morbihan).

PLEBS DESIDERII, *Ploudiry,* comm. de l'arrond. de Morlaix (Finistère).

PLEBS ERDEGATI (S.-*Ergat*), *Plouégat,* commune de Bretagne (Finistère).

PLEIS (TERRA DE), *cum ecclesia S. Sylvestris, Plaix,* commune près de Ste-Maure (Indre-et-Loire) (?).

PLEMMYRIUM PROM., *Punta di Gigante,* cap à l'E. de la Sicile.

PLESTINA [Liv.], ville des Marsi, auj. *Peschiolo,* suiv. Reichard.

PLEVISACIUM, PLEBISACUM, PLEBISAVIA, *Piova di Sacca, Pieve di Sacco,* bourg de la Vénétie, dans le Padouan.

Les juifs fondèrent dans cette petite localité, au XVe siècle, une de leurs premières officines typographiques ; en 1475, il en sortit un ouvrage impor-

tant, que décrit fort exactement l'abbé de Rossi :·
R. Jacobi ben Ascer Arbà turim, sive IV *ordines.*
Plebisacii, anno V.CCXXXV. Christi MCCCCLXXV. Pet.
in-fol. en beaux car. hébreux de trois grandeurs,
sans ch., récl. ni sign., de 464 ff. à 2 col. de 54 lig.
(sur papier, à la Bibl. impér.). C'est le second ouvrage entièrement impr. en hébreu.

Au v° du dernier f. on lit une souscription en
vers, dont voici la traduction : *Absolutum porro est*
artificium ope‖*ris sancti, vel divini cultus,*‖
Feria II. die XXVIII *mensis*‖ *Tamuz, qui est men-*
sis quartus,‖ *Anno* V.CCXXXV. *æreæ præfixæ*‖
Plebisacii in domo R. Mescultâm‖*cognomine*
Kosi, qui benedictus sit‖ *ex nunc et usque in secu-*
lum.

Cette édition a été souvent annoncée sous la
fausse date de 1478 (voy. les *Ann. Hébr.* de de
Rossi), et Pasini (*Cod. Bibl. Taur.*) décrivant le bel
exempl. sur vélin de la Bibl. de Turin, l'a bravement mis au rang des manuscrits.

PLEXITIUM (mur de clôture), PLESSEIUM
PALAT. *prope Turones, Plessis du parc lez*
Tours, Plessis-lez-Tours, anc. chât. roy.,
où mourut Louis XI en 1483 ; auj. commune de Fr. (Indre-et-Loire); Du Cange
pense que cette localité est la même
que *les Montilz juxta Turones.*

PLIMUTUM, voy. TAMARÆ OSTIUM.

PLISSA, *la Pleisse,* riv. de Saxe, affl. de
l'Elster.

PLISTIA [Liv.], ville des Sabini, auj. *Pres-*
tia, dans la Sabine.

PLŒNA, *Ploen, Plön,* petite ville du Holstein,
anc. résid. des ducs de Holstein-Plön.

Impr. en 1670 ; *Frid. Cogelius. Uthinische Stadt*
Gedächtniss. Ploen, 1670, in-12. C'est de cette
petite ville que l'imprimeur distingué de Paris,
M. Plon, tire son origine.

PLOTÆ INS., voy. STROPHADES.

PLOTINOPOLIS [I. A., · T. P.], Πλωτινόπολις
[Ptol.], ville de Thrace, auj. *Dsjisr-*
Erkene, au S. et dans le pach. d'An-
drinople.

PLUMBARIA INS., petite île de la côte d'Espagne, à la hauteur du cap S.-Martin.

PLUMBATA ECCLESIA *super Vigennam,* localité du dép. de la Vienne, qui a perdu
son ancien nom, et s'est appelée postérieurement S. DIONYSIUS DE VALLETA,
puis VALLETA, auj. *Vaux,* près Châtellerault (Doublet, p. 728).

PLUMBINUM, *Piombino,* ville de l'anc. Toscane, chef-lieu de princip., en face de
l'île d'Elbe (Italie) ; a pris son nom de
ses mines de plomb argentifère.

Ce n'est qu'à partir de 1731 que nous trouvons
trace d'imprimerie dans cette ville : *Ser Lapo,*
ovvero la Moglie Giudice e Parte, ed il Marito
più onorato del suo bisogno, Commedia di Giro-
lamo Gigli, tirata del Francese. Piombino, 1731,
in-8°.

PLUTIUM, *Monte Pulciano,* voy. MONS PUL-
CIANUS.

POBINGA, *Bopfingen,* pet. ville du Wurtemberg, près de la frontière de Bavière.

POCRINIUM [T. Peut.], *Perrigny,* commune de France, près Bourbon-Lancy
(Saône-et-Loire), suiv. d'Anville.

·POCZATEC, pet. ville de Bohême, à 66 milles S.-E. de Prague, dit M. Cotton.

Balbinus (*Boh. docta*) dit que l'archidiacre de
Pilsen, Thomas Baworowski, fit imprimer dans cette
petite localité, à la date de 1552, ses *Sermones de*
Pœnitentia.

PODEMNIACUM, PODEMPNIACUM, *Polignac,*
commune de Fr. (Haute-Loire); anc.
vicomté, puis marquisat, enfin duché ;
ruines d'un château célèbre, construit
sur l'emplac. d'un temple d'Apollon.

PODIOLUM, *Poujols,* commune du Languedoc (Hérault).

PODIUM, voy. ANICIUM.

PODIUM ALBARII, *Puylavier, Puilobier,* commune de Fr. (Bouches-du-Rhône).

PODIUM ANDEGAVENSE, *le Puy-Notre-Dame,*
bourg de l'arrondissement de Saumur
(Maine-et-Loire).

PODIUM CELSUM, *Puycelet, Puicelcy,* bourg
de Fr. (Tarn).

PODIUM CERETANUM, voy. JULIA LIBYCA.

PODIUM EPISCOPI, *Puy-l'Évêque,* bourg du
Quercy (Lot).

PODIUM LAURENTII, *Puilaurens,* pet. ville
du Languedoc sur les front. du Roussillon (Tarn) ; anc. titre de duché; les
réformés y avaient érigé une académie
au XVIe siècle.

PODLACHIA, *Podlachien, Podlaquie,* woiewodat de l'anc. Pologne; auj. gouv.
russe, entre le Bug et la Vistule.

PODOLIÆ PALATINATUS, *Podolie, Kamenetz-*
Podolsk, anc. woiewodat de Lithuanie,
puis de Pologne; appart. à la Russie
depuis le premier démembrement de
1772.

PŒDICUM, Παίδικον [Ptol.], *Adelsberg,* en
esclavon *Postoina,* ville de l'Illyrie
Autrichienne, chef-lieu d'un cercle dans
le gouv. de Laybach.

POISDORF, POISTORF ; bourg de la Basse
Autriche (Mannhartsbergkreise).

Nous trouvons, sous différentes formes, traces
d'imprimerie à Poistorf, que nous analysons à titre
de renseignement : un ouvrage historique est indiqué
dans Haym, aux catal. Floncel et Pinelli, avec trois
souscriptions diverses : *Guerre d'Italia trà la*
Seren. Rep. di Venezia e gli Arciducali di Casa
d'Austria, e tra Filippo III Re di Spagna, e Carlo
Emmanuele Duca di Savoja, seguite dall' anno
1615, *sino alla capitulazione di Pace ; descritte da*
Pomponio Emiliani Milanese, in-4° de 91 pp.
Haym dit : « *Senza nota di stampa* »; le cat. Pinelli

dit « *Poistorf,* 1615 » ; ce qui doit être une erreur de date, la paix n'ayant été conclue qu'en 1617; et le cat. Floncel : « *in Poistorf, per Peter gat, senza anno* » ; ce que répète Libri (1861, n° 3757), qui dit seulement : « *circa* 1617 ».

Vogt signale une édition latine imprimée à Milan de ce rare volume. auquel Melzi consacre une longue notice; Freytag et Bauer le mentionnent également.

POLA, voy. PIETAS JULIA.

POLEMNIACUM, *Pouligny,* bourg de l'arrond. du Blanc (Indre).

POLIAGO VILLA, POLIAGUM, POLLIACUM *super Ligerim* [Chart. Clun.], *Pouilly,* ville de Fr. (Nièvre), sur la Loire. = *Pouilley,* commune du dép. du Doubs.

POLICHNA, Πολίχνα [Polyb.], dans la Laconie, auj. *Κυπυρία* [Leake].

POLIMARTIUM [Paul. Diac.], en Etrurie, auj. *Bomarzo,* sur le Tibre (com. de Rome).

POLINIACUM, *Poligny,* petite ville de Franche-Comté (Jura). Ce fut là que naquit le médecin de Louis XI, Jacques Coictier.

POLINIANUM, voy. TURRES AURELIANÆ.

POLLENTIA [Mela, Pl.], Πολλεντία [Pt., Str.], ville de l'île Balearis Major, auj. *Pollenza,* à la pointe N.-E. de Majorque.

POLLENTIA [Cic., Pl.], Πολεντία [Pt.], ville de la Ligurie, auj. *Pollenzo,* sur le Tanaro.

POLLIACUM, voy. POLIAGO.

POLLIANUM RUS, *Polliano, Pogliano,* village d'Italie, dans la prov. et à deux lieues de Vérone.

L'imprimerie exista dans cette localité infime à une date extrêmement reculée ; voici, à la date de 1476, le seul spécimen connu de cette typographie : PETRARCHA : *Il: Libro: degli: Huomini: Famosi: Compillato : per : Miser: Francisco: Petrarca :* *ad istancia di miser Francisco da Carrara Signore di Padua. Cominciando da Romolo primo Re di Roma.* A la fin des quatre premiers ff. liminaires, qui contiennent la table, se lit cette souscription :

Illustres opere hoc viros perire
Francisci ingenium vetat Petrarchæ.
Non scripto calamo anserisve penna
ANTIQUARIUS istud ære FELIX
Impressit : Fuit INNOCENS ZILETUS
Adiutor sociusque RUBE POLLIANO.
.:.M.C:C:C:C:LXXVI.:.
Verona ad lapidem iacente quartum.
KL:.OCTOBRIS

Puis viennent des poésies *in terza rima* comprises en 5 pages ; et le texte de 236 ff. à 40 l. avec sign. CII-ZIIIII. Les deux premiers cahiers sont sans signature ; le dernier f. se termine par ces mots :

Soli : deo : honor : et : gloria.

En tête de chaque notice biographique sont disposés des cartouches en blanc, qui paraissent avoir été gravés sur métal ; ils étaient probablement destinés à recevoir des portraits enluminés, ainsi que l'a fait remarquer M. Debure (*Bibl. instr.,* n° 6101); l'exempl. avec ces portraits dessinés et enluminés

dont il parle, a passé en vente. lors de la première vente Busscher en l'an IX (n° 1736).

Ce rare vol. est de format in-folio ; Dibdin, d'après l'exempl. du duc de Cassano, acquis par lord Spencer, et Debure, dans la *Bibl. instr.* en ont donné une description minutieuse.

POLMARCUM, POMMARC, *Pommard,* bourg de l'arrond. de Beaune (Côte-d'Or).

POLNOH, bourg de Prusse, dans la rég. de Cösslin.

Les juifs y montèrent une imprimerie en 1791.

POLOCENSIS PALATINATUS, *le woiewodat de Polozk* ou *Polotsk,* dans l'anc. Pologne (Russie).

POLONIA, *la Pologne, Polsk, Polen,* anc. roy. d'Europe, que la Russie, la Prusse et l'Autriche se sont iniquement partagé ; dont les oppresseurs cherchent à détruire la nationalité, la langue et jusqu'au souvenir, mais qui, nous l'espérons fermement, reprendra un jour sa place au soleil et son rang dans le monde.

POLOSUM, Πολοσόν [Pt.], dans la Bœotie, auj. *Secamino,* bourg près de Tanagra.

POLOTIA, voy. PELTISCUM.

POLTEN (ST.), pet. ville d'Autriche, sur la Traisenfluts (entre Vienne et Linz).

On cite : *Raphael Morgenstern; Œstreichische Helden des XVII und XVIII Jahrhundert.* St-Polten, 1783, in-8°.

POLYÆGOS INS., île de la mer Ægée, auj. *Polino,* l'une des Cyclades.

POLYGIUM, *Bourigues,* sur l'étang de Thau (Hérault).

POLYMNIACUM, POLINIANUM, *Polignano,* ville du Napolitain, dans la Terra di Bari.

POLYRRHENIA, Πολυρρενία [Str.], Πολύρρηνα [Ptol.], Πολύρην [St. B.], ville de l'île de Crète, auj. *Palæokastron,* au S. de Kisamo Kasteli.

POMARII MONS, *Baumgartenberg,* abb. d'Autriche.

POMARIUM, POMERIUM (le Verger), *Baumgart, Baumgarden,* abb. de Cîteaux, du dioc. de Strasbourg (Bas-Rhin).

Le célèbre MISSALE de la réforme de Cîteaux, imprimé à Strasbourg en 1487 par Grüninger, fut exécuté par l'ordre et peut-être sous la direction de l'abbé et du chapitre de ce monastère.

POMERANIA, POMERELLIA, *la Poméranie, Pommern,* province prussienne, divisée en 3 régences ; chef-lieu *Stettin.*

POMONIA INS., *Mainland,* la plus grande des Orcades.

POMPEIANUM, *Panigliano d'Arco,* pet. ville du Napolitain [Graësse].

POMPEII [Mela, Tac., Pl., Sen.], Πομπηΐα [D. Cas.], Πομπαία [Str.], Πομπηΐα [D. Hal.], anc. ville de la Campanie, ensevelie sous les laves du Vésuve, l'an 79 de J.-C.; retrouvée en 1755, elle est en partie déblayée auj., et près de son emplacement s'élève le bourg de *Torre dell' Annonciata*.

POMPELO, Πομπελών, voy. PAMPALONA.

POMPONIANA INS., voy. MESE.

POMPTINÆ PALUDES [Pl.], Ποντίναι λίμναι [D. Cass.], *les Marais Pontins, Palude Pontine,* dans la délég. de Frosinone.

PONEROPOLIS, voy. PHILIPPOPOLIS.

PONS, AD PONTEM.

Ce nom est employé au XVIIᵉ siècle par les publicistes réformés pour désigner *Charenton* (voy. CARANTONUM). Ainsi nous trouvons : *Bonald, de la comp. de Jésus. Response apologétique à l'Anticoton et à ceux de sa suite...* Au Pont, 1611, in-8". Le catal. des livres imprimés à Charenton, ou du moins souscrits « *ad usum Ecclesiæ Carentoniensis* », a été publié à La Haye, le 8 mai 1722 ; il est important en ce qu'il est terminé par une «*Bibliotheca Anonymiana*».

PONS ABBATIS, *Pont-l'Abbé,* bourg de Normandie de l'arrond. de Valognes (Manche) ; ⚏ ville de Bretagne, de l'arrond. de Quimper (Finistère).

PONS AD ICAUNAM, *Pont-sur-Yonne,* bourg de Fr. (Yonne).

PONS AD LIGERIM, voy. PONS SABII.

PONS AD MONTIONEM, voy. MUSSIPONS.

PONS AD RHENUM IN TREVERIS, voy. ANDERNACUM.

PONS AD SEQUANAM, DUODECIM PONTES [Greg. Tur., Fréd.], *Pont-sur-Seine,* commune de l'arrond. de Nogent-sur-Seine (Aube).

PONS ÆLII, PONS ARLIÆ, voy. ARIORICA.

PONS ÆNI [It. A.], AD ÆNUM [T. P.], station de la Rhaetie, auj. *Pfünzen,* bourg du Tyrol, près de Rosenheim ; la carte de Muchar place cette station à *Ennsdorf,* près de Kraiburg, et quelques géogr. l'ont confondu avec ŒNIPONS.

PONS ÆRARIUS [It. Hier.], station de la Gaule Narbon., entre Arelate et Nemausus, qui devait être un pont à péage, et que d'Anville traduit par *Bellegarde,* anc. baronnie, auj. commune du dép. du Gard.

PONS ALVEMARI, PONS AUDOMARI, PONTIAU DE MER, *Pont-Audemer,* ville de France, chef-lieu d'arrond. (Eure) ; cinq conciles de 1257 à 1305.

⚫ Un PSAUTIER à la date de 1533 est cité par M. Frère (II, p. 425) comme publié sous la rubrique de Pont-Audemer : *Psalteriū secundū usū Lexouieñ venale habetur apud Guillermū du Val. In pōteaudomari cōmorañ,* 1533, pet. in-fol. goth. de 128 ff. à 2 col. avec rubriques en rouges, plainchant et lettres ornées : au vᵒ du 88ᵉ f. on lit : Finis psalterii, sēdm usum Lexō, cum cantu et notta ad verum exemplar nuper impressū sumptibus honesti viri Guillermi du Val. In ponteaudomaro moram tenentis. Anno domini M.cccc.xxxiij. die vero xij mensis nouembris. « Ce livre a-t-il été impr. à Pont-Audemer ? » demande M. Frère, qui penche pour la négative, tout en admettant qu'il pourrait être le fait d'un de ces typographes ambulants, exerçant leur art de ville en ville, ainsi que nous l'avons vu souvent ; mais le fait même d'un libraire établi dans cette petite ville, sous François Iᵉʳ, est bon à noter.

Au commencement du siècle suivant nous trouvons une pièce politique publiée sous la rubrique de Pont-Audemer, et avec le nom de l'imprimeur Jean Petit ; le fait de son impression dans la ville dont elle emprunte le nom nous paraît fort improbable ; *Ordonnances et règlements généraux de Messieurs de la religion prétendue réformée tenus à la Rochelle ; ensemble ce qu'ils avaient envie de faire contre S. M.* Pont-Audemer, J. Petit, s. d. in-8°.

Pont-Audemer ne figure point aux arrêts du conseil de 1704 et de 1739, non plus qu'au rapport présenté à M. de Sartines en 1761.

PONS ARCÆ EBUROVICUM, PONS ARCHIÆ [Ch. Abb. Boni Portus], PONS ARCARUM [Ch. Phil. Aug. 1217], PONS ARCUS [Vales., *Not. Gall.*], PONS ARCUATUS, *Pont de l'Arche,*-ville de Fr. (Eure), sur la Seine, concile en 1310.

PONS ARULÆ, voy. BRUGA.

PONS AUREOLI, voy. AUREOLUS PONS.

PONS AVENI, *Pont Aven,* bourg et petit port de France, sur l'Aven (Finistère).

PONS CORVI, voy. FREGELLÆ.

PONS DRUSI, sur l'Eisach, dans la Rhaetie ; on place ce pont à *Botzen,* en ital. *Bolzano,* ville du Tyrol, placée sur l'Eisach, un peu avant sa jonction avec l'Adige.

PONS DUBIS [T. P.], station sur la voie de Châlons à Besançon, auj. *Pontoux,* localité du dép. de la Côte-d'Or, en remontant le Doubs, un peu au-dessus de Verdun-sur-le-Doubs [d'Anville].

PONS EPISCOPI, *Pont-l'Évêque,* ville de Fr. (Calvados).

Impr. en 1808 [Frère, tom. II, p. II] : *Projet d'un port de refuge à établir sur le banc de l'Éclat, proche le Havre.* Pont-l'Evesque, d'Auge, 1808, in-4°.

PONS FELLÆ, *Ponteleba, Pontafel,* bourg de Carniole, sur la front. de l'Illyrie et de la Vénétie.

PONS FRACTUS, voy. LUGEOLUM.

PONS ISARÆ, PONS ŒSIÆ, voy. BRIVA ISARÆ.

PONS ISES, voy. AD PONTEM ISIS.

PONS LONGUS [I. A.], sur la via Flaminia, auj. *Ponte del Candelaro*, en Lombardie.

PONS MANSUETINA [I. A.], PONS SOCIORUM [I. A.], station de Pannonie, placée, suiv. Mannert, près de *Dombovar*, sur le Kapos (Hongrie).

PONS MAXENTIÆ (SANCTÆ), *ad Isaram* [Ch. Rob. R. a. 1016], PONS MEXENTII, PONT-ST. MAIXENT, PONT ST-MEXANCE, anc. LITANOBRIGA (?), auj. *Pont-Sainte-Maxence*, ville de Fr. (Oise).

PONS MOSÆ, voy. TRAJECTUM.

PONS MURÆ, PRUKKA, *Bruck an der Mur*, ville d'Autriche (Styrie), chef-lieu du cercle du même nom.

PONS NARTIÆ [G. Rav.], BREVIS MARTIÆ [I. A.], ville des Callaïci, dans la Tarrac., auj. *Narla*, sur la riv. du même nom, sur la route de Braga à Lugo.

PONS NEVIÆ, TIMALINUM (?), local. des Callaïci Lucenses, auj. *Puebla de Navia*. [Reichard].

PONS OENI, voy. OENI PONS.

PONS PERROUS [Chr. B. Dion.], PONS QUEM PETREUM DICUNT, *Pontpierre*, commune de Franche-Comté (Doubs); ou, suiv. D. Bouquet, *Pierrepont*, commune de Picardie (Somme).

PONS SABII, (DE SABIACUM, *Cé*), PONS AD LIGERIM, PONS SAII, *les Ponts de Cé*, ou de *Sé*, ville de Fr. (Maine-et-Loire), sur la Loire.

PONS SARAVI [T. P.], PONS SARVIX [I. A.], voy. SARÆ CASTRUM.

PONS SCALDIS [I. A., T. P.], station marquée par les itin., entre Turnacum et Bagacum, auj. *Escaut-Pont, Escaupont*, village près de Condé (Nord), et, suiv. Reichard, c'est .la ville de *Condé* elle-même.

PONS SECIES [I. Hier.], sur la Secchia, auj. *Rubiera*, près de Modène.

PONS SICULUS, *Szekely-Hid*, forteresse de Hongrie.

PONS SORGIÆ, PONS SULGÆ, *Sorgues, le Pont-de-Sorgues*, bourg de Fr. (Vaucluse).

PONS SPIRITUS (S.), *le Pont-St-Esprit*, ville de France, sur le Rhône (Gard); son pont de 840 m. de long a été bâti de 1255 à 1309.

PONS TILURI, voy. TILURIUM.

PONS TREMULUS, voy. APUA.

PONS URSONIS, dans le pays des Ambibarii? *Pontorson*, anc. place de guerre, qui marquait la limite de la Bretagne et de la Normandie, auj. bourg du dép. de la Manche, à l'embouch. du Couesnon.

M. Frère cite un petit volume, souscrit au nom de Pontorson, et qui, bien que sans date, peut être reporté à l'année 1600 ; ce livre a-t-il été imprimé à Pontorson par Jean Le Fèvre ? Voilà ce qui aurait dû être prouvé par M. Frère, mais ce qui ne le sera pas par nous : *Jean Brouaut. Réplique aux illusions et fumées de F. François Feu-Ardent contre la proposition orthodoxe de la vérité du corps du Christ.* Pontorson, Jean le Fèvre (1600), pet. in-8° de 115 p. (voy. Frère, I, p. 157).

M. Cotton (*Typ. Gaz.*, 1866) cite un second volume imprimé à Pontorson par ce Jean le Fèvre en 1604.

PONS USCÆ [T. P.], station de la Pannonie, auj. *Bobota*, près de Vukovar, dans la Slavonie Civile (Hongrie).

PONS VALENSIS, *Pont-de-Vaux*, ville de France, sur la Reyssouse (Ain).

L'imprimerie à Pont-de-Vaux, suiv. M. Al. Sirand (*Bibl. de l'Ain*), ne peut être reportée qu'à l'année 1785 ; la première typographie a été montée par le gouverneur de la ville, Charles-Emmanuel Borjon de cellery, qui écrivait et s'imprimait lui-même. mais *ad usum amicorum* seulement ; la plupart de ses opuscules ne sont tirés qu'à 25 exemplaires ; il a réimprimé les *Noëls* de Borjon, son aïeul, imprimés en 1738 pour la première fois, et peut-être bien à Pont-de-Vaux même. Ch. Emm. Borjon datait ses productions des localités voisines, Genève, Mâcon, etc. Son premier ouvrage, *Promenade d'un Bressan*, 1785, in-12, est daté de Genève. Un chef-d'œuvre de patience, c'est un *Office des Pénitens de Pont-de-Vaux*, imprimé lettre par lettre avec de l'encre de diverses couleurs ; typogr. parlant, ce chef-d'œuvre doit être fort laid.

Le second imprimeur de la ville est Jean-Pierre Moiroud, dont on a en 1797 les *Noëls mâconnais* et les *Noëls bressans* (voy. Nodier, *Descrip. rais.* n° 642).

PONS VETUS, *Pontevedra*, ville d'Espagne, chef-lieu d'intendance (Galice).

PONTEGUNI PALAT., PONTIGO, *Ponthyon*, commune près de Vitry-le-Français ; l'une des résidences des rois Mérovingiens ; concile en 876.

PONTEM (AD), voy. AD PONTEM.

PONTES [It. A.], entre Amiens et Boulogne, auj. *Ponches*, village de Picardie, sur l'Authie (Somme).

PONTES, PONTES SANTONUM, *Pons*, en Saintonge, ville de France, sur la Seugne (Charente-Inférieure).

L'imprimeur de Niort et de Saumur, Thomas Portau, exploita simultanément un établissement typographique à Pons ; le premier livre qui soit sorti, à notre connaissance, de ces presses saintongeoises, est celui-ci : *Les fleurs du grand Guidon de Maistre Guy de Cauliac, trad. par Jehan Canappe, plus le livre des présages du divin Hippocrate.* A Pons, par Thomas Portau, 1591, pet. in-8° sign. a-n, sans chiffres.

En 1593 il donne encore dans cette ville : *Quatrains spirituelz de l'honneste amour, par Yves Rouspeau*, ministre en l'église de Pons. Pet. in-4°.

L'année suivante : *Les Sonetz de l'honneste amour*, pet. in-8° de 88 ff. Enfin en 1596 *les Stances de l'honneste amour*, pet. in-8° de 16 ff. Ces deux volumes sont du même ministre saintongeois (Man. IV, col. 1419).

Pons ne figure pas aux arrêts du conseil de 1704 et de 1739, non plus qu'au rapport fait à M. de Sartines en 1764.

PONTES [It. A.], station sur la Tamise, que l'on croit être auj. *Windsor*, ville du Berkshire ; célèbre par son admirable château normand et son parc immense ; près de cette ville, au S.-E., se trouve l'antique résidence des rois saxons, *le Vieux Windsor*, *Old-Windsor*.

The Windsor Guide est le premier livre que signale M. Cotton comme sorti des presses locales ; les élèves du collège d'Eton y publient un périodique int.: *The Microcosm*, 1788, in-8°. L'un des écoliers-rédacteurs s'appelle George Canning.

M. Martin indique une impr. particulière : *Cours élémentaire d'histoire ancienne, à l'usage de LL. AA. Royales Mesdames les Princesses d'Angleterre, par Ch. de Guiffardien, ministre de la Chapelle françoise du Roi et prébendier de Salisbury.* Imprimé à Windsor, chez C. Knight, imprimeur et libraire, 1798, 2 vol. in-8°.

PONTES DESSENII, AD **PONTES TESSENIOS,** [It. A.], *Diessen,* bourg de Bavière [Graësse].

PONTIA INS. [Pl., Suet.], Ποντία [Str., Pt.], *Isola di Ponza,* sur les côtes du Napolitain ; c'est la plus grande de l'archipel de ce nom, app. PONTIÆ INS. [Varr., Pl., Suet.].

PONTIFICENSE MUNICIP., *Porcunna,* ville d'Espagne [Graësse].

PONTIGNIACUM, PODENTINIACUM [Gesta Dagob.], *Pontigny,* bourg de Champagne, sur le Serin (Yonne) ; anc. ville mérov. et abb. de Cîteaux fondée en 1144.

PONTII THOMER. CIV., PONTIOPOLIS THOMERIÆ, voy. CIV. D. PONTII.

PONTILEVIUM , PONSLEVIUS, PONSLEVIATUS, *Pontlevoy,* bourg de Fr. (Loir-et-Cher); anc. abb. de Bénéd. fondée en 1034.

PONTILIACUM PALAT., PONTILIACUS AD SAGONAM, *Pontaillier-sur-Saône,* bourg de France, sur deux îles de la Saône (Côte-d'Or).

PONTISARA, voy. BRIVA.

PONTIVUS PAGUS, PONTIUM, partie de l'anc. Tractus Nervicanus, *le Ponthieu,* prov. de France, dépend. de la Picardie ; Abbeville en était la capitale.

PONTUS FL., *le Bregenz,* Bregenzen Ach, riv. du Tyrol.

PONTUS EUXINUS, Πόντος Εὔξεινος, AXENUS [Ovid.], Ἄξενος (Inhospitalière), SCYTHICUS SINUS, MARE CIMMERICUM, Πέλαγος τὸ Ποντικόν [Str., Pt.], *la mer Noire,* partie

de la Méditerranée, comprise entre la Russie et la Turquie d'Europe et d'Asie.

POPINIAGAS, *Poigny,* dans l'arrond. de Rambouillet (Seine-et-Oise).

POPULONIUM [Liv., I. A., T. P.], Ποπλώνιον [Str., Pt.], **POPULONIA** [Mela, Virg.], colonie rom. sur les côtes étrusques, près *Piombino,* auj. *Porto Baratto,* en Toscane.

PORAS FL., Πόρας, Πυρετός [Herod.], *le Pruth,* grand afft. du Danube, voy. HIERASUS.

PORCA [G. Rav.], sur le Rhin, *Pforz. Alt-Pforz,* ou, suiv. Reich., *Borgen.*

PORCARIOLA, voy. PROTE INS.

PORCETUM, *Burtscheid (Borcoitte),* pet. ville de la Prusse Rhénane entre Cologne et Aix-la-Chapelle.

PORCIFERA FL. [Pl.], fleuve de Ligurie, auj. *le Polcevera,* à l'O. de Gênes.

PORPAX FL. [Arr., Varr.], fl. de Sicile près Ségeste, auj. *le Birgi.*

PORTA ANGELICA, *Engelport,* abb. de S.-Ben., dans les environs de Trèves.

PORTA AUGUSTA, AUGUSTA NOVA, dep. TURRIS CREMATA, *Torquemada,* ville d'Espagne de l'intend. de Palencia (Vieille-Castille).

PORTA CLAUDIA, *Schärnitz,* défilé du Tyrol, dans le cercle du Haut-Innthal.

PORTA CŒLI, *Teunenbach,* abb. de Cîteaux du dioc. de Constance, fondée en 1157.

PORTA HERCYNIÆ, voy. PIORCA.

PORTA TRAJANI, *Kapouli Derbent,* passage étroit des monts Krapacks, en Boulgarie.

PORTESIUM, *Portesio,* village de la province de Brescia, « poco distante da Toscolano nella Quadra di Voltense e di Campagna ».

Appelé par le syndic de ce village, un imprimeur de Venise vint momentanément s'établir à Portesio au XV° siècle, et y donna un seul et unique volume : STATUTA CIVILIA *Communitatis ripperiæ Benacensis.* A la fin : *Actum Portesii opera Bartholomei Zanni impressoris : et impensa Angeli cozalii dictæ communitatis riperiæ Syndici : Serenissimo Venetorū Duce Augustino barbadico: ac præfectis Salonis et riperiæ clarissimis : Petro triuisano: ac Dominico paruta. Cœptum vero fuit anno a natali Christiano millesimo quadringentesimo octuagesimo nono : idibus octobris : et perfectum anno proxime sequenti* XIII. *Kalendas Septembris. Laus Deo.*

Ce volume est divisé en 3 parties ; la première de 30 ff. contient *gli Statuti civili* ; au f. 32 commence la seconde partie : *Rubricæ statuto̸ criminalium,* enfin au 70° f. la 3° partie : *In Nomine Sanctæ et Idiuiduæ trinitatis... infrascripta sunt pacta da-*

tio⁊ comunitatis riperiæ lacus benaci brixiensis. In-fol. de 88 ff. en lettres rondes.

➤ L'imprimeur de ce livre rare, Bartolommeo de Zanis de Giovanni publia à Venise un grand nombre d'ouvrages de 1486 à 1500 ; et il en signe plusieurs en ajoutant à son nom les mots : « *Nativo di Portesio* ».

PORTHMUS [Plin.], Πορθμός ¡Hierocl.], *Porto Bufalo*, petite ville et port de l'île de Negroponte.

PORTIANI CASTRUM, *St-Pourçain*, ville de France, sur la Sioule (Allier), anc. abb. de St-Benoît.

On trouve en 1743 un livre publié sous la rubrique de St-Pourçain, mais il est presque certain que le lieu d'impression est dissimulé : *L'Avocat du Diable, ou mémoire historique sur la vie... du Pape Grégoire XII., avec des mémoires sur la bulle de canonisation de Vincent de Paul.* A Saint-Pourçain, 1743, 3 vol. in-12. Attribué par Barbier au curé de la paroisse de St.-Barthélémi, à Paris, l'abbé Adam.

PORTICENSES [I. A.], **PORTUS SULPICIUS**, *Meana*, bourg de l'île de Sardaigne, près du Monte Sarchidano.

PORTSEA, dans l'île du même nom sur la côte du Hampshire ; dépend de Portsmouth, dont on peut la considérer comme un faubourg.

L'imprimerie fut introduite à Portsea en 1797 [Cotton].

PORTSMUTHUM, voy. **MAGNUS PORTUS**.

PORTUA, *Port* ou *Porta* (?), dans le dioc. de Nîmes ; deux conciles en 886 et 897 [P. Le Long].

Nous citons ce nom parce que nous trouvons trace d'imprimerie dans cette localité en 1640 et 1641 : *Liberti Aliquoti* (sic), Ποιημάτων *lib.* XL. Portuæ, 1640, in-8º, et *Interludia et Diatribæ ejusdem.* Ibid., 1641, in-8º. *Aliquotus* est ici pour *Aquilonus*, dans le catal. des Elzevirs publié en 1681 dont nous extrayons ces deux volumes, et Libertus Aquilonus sont des pseudonymes, que Baillet, dans ses *Auteurs déguisés*, traduit par *Bertilus Canuti.*

Mais le titre exact de ce vol. nous est donné par le cat. Bulteau (nº 3323), et il nous fournit le nom de l'imprimeur : *De Danicæ linguæ, cum Gr. et Lat. mixtione, diatribæ duo, seu dict. Danao-Danicum et Latino-Danicum.* Portuæ, Martzanius, 1640 et 1641, 2 part. en 1 vol. in-8º.

PORTUS ABUCINI, *in provincia maxima Sequanorum*, *Port-sur-Saône*, chef-lieu de canton, de l'arrond. de Vesoul, dans la Haute-Saône [Dunod, Lebeuf, d'Anville].

PORTUS ADURNUS, voy. **ADURNI PORTUS**.

PORTUS ÆPATIACI [Not. Imp.], *Aldburg, Oudenborg*, à l'embouch. de l'Escaut [D'Anville].

PORT. ALACER, AMÆA, *Porto Alegre, Portalegre*, ville de Portugal (Alentejo), au N.-E. d'Evora.

PORT. ALBUS, *Whitehaven*, ville d'Angle-terre, dans le comté de Cumberland, au S.-O. de Carlisle.

L'imprimerie fut introduite dans cette ville en 1752 ; et à cette date parut : *Week's Prospect of Workington and Whitchaven* [Cotton]. Nous citerons aussi : *Elements of natural philosophy, to which is added some thoughts concerning reading and study for a gentleman.* Whitehaven, 1760, VII-72 p. Un journal, *the Cumberland Paquet*, y fut publié par John Ware, à partir d'octobre 1774.

PORT. ANAO [I. A.], sur les côtes de la Ligurie, auj., suiv. Mannert, *S. Hospicio*, dans le dép. des Alpes-Maritimes.

PORT. BALLIÆ, **PORTUS BALDUS**, *Port-Bail*, pet. port de Normandie (Manche).

PORT. BRUNDULUS, voy. **BRONDULUM**.

PORT. CALENSIS, **URBS PORTUENSIS**, voy. **CALE**.

Le nom portugais du premier impr. de Porto, est : *Vasco Dias do Frexenal.*

PORT. COSANUS, voy. **COSA**.

PORT. DAVERNUS, voy. **DUBRIS**.

PORT. DUBIS, voy. **PONS DUBIS**.

PORT. ERICUS, voy. **ERYCIS PORT**.

PORT. FERRARIUS, FERRATUS, voy. **ARGOUS PORT**.

L'imprimerie remonterait dans la capitale de l'île d'Elbe jusqu'aux premières années du siècle dernier, si l'on admettait l'assertion de Fabricius, qui cite comme imprimés dans cette ville en 1711 les « *Lettere apologetiche storico-legali, de Fabricio Pignatelli*, » in-4º. Nous croyons ce livre, qui est sans nom d'auteur, sans désignation de lieu, et sans date, imprimé à Naples à peu près vers 1710.

PORT. GRATIANUS, voy. **FRANCISCOPOLIS**.

PORT. GRUARII, PORT. ROMANTINUM [Plin.], *Porto Gruaro*, pet. ville de la Vénétie, sur le Leone, à 32 kil. S.-Q. d'Udine.

PORT. HERCULIS, (COSANI) [It. A., T. P.], *Porto d'Ercole*, port de Toscane, sur la Méditerranée.

PORT. HERCULIS, ὁ Ἡρακλέους λιμήν [Str.], voy. **NICOTERA**.

PORT. ICCIUS, voy. **ICCIUS PORTUS**.

PORT. JULIUS, voy. **BAÏA**.

PORT. LONGUS, *Porto Longone*, ville de l'île d'Elbe, au S.-E. de Porto-Ferrajo.

PORT. LUNÆ, *il Golfo della Spezzia*, suiv. Graësse.

PORT. MAGNUS, voy. **ALMERIA**.

PORT. MONŒCI, voy. **HERCULIS MON. PORT**.

PORT. NAMNETUM, voy. **NAMNETUS PORT**.

PORT. NAONIS, *Pordenone*, ville d'Italie, sur le Roncello (délég. d'Udine).

Nous trouvons trace d'impr. dans cette petite ville, en 1714 : *Meditazioni sopra l'uomo, di S. A. Franc. Serafino, Principe di Porcia, e Mitterburg traduz. libera dall' originale Tedesco del Sig. Pietro Buratti.* Pordenone, presso il Gatti, MDCCXIV, in-8°. Réimpr. à Udine en 1825. « Ce sont, dit Cicognara, les pensées originales du Buratti et pas du tout une traduction. »

PORTUS REGIUS, *Port-Royal-des-Champs*, célèbre abb. de Cîteaux, fondée en 1204, détruite en 1709; dans l'arrond. de Versailles (Seine-et-Oise).

Nous ne pensons pas que les Jansénistes aient jamais songé à établir une typographie particulière ou clandestine à Port-Royal-des-Champs; ils avaient leurs imprimeurs, mais au dehors; témoin ce que dit Guy Patin: « Le libraire nommé Desprez, et l'imprimeur nommé Langlois l'aîné, qui imprimaient *les Lettres* (provinciales) pour le Port-Royal, ont été découverts et sont prisonniers dans la Bastille. »

Nous avons voulu creuser un peu la question, et, dans l'espoir d'obtenir la lumière, avons osé prendre l'avis des deux hommes qui connaissent le mieux et Port-Royal et le Jansénisme. Nous leur faisons ici nos remercîments de la grâce affectueuse avec laquelle ils ont daigné nous répondre : « Je ne puis croire à l'existence d'une imprimerie clandestine à Port-Royal, nous écrit M. Sylv. de Sacy, parce que les honnêtes gens, les gens consciencieux, à plus forte raison les gens religieux, ne doivent pas faire clandestinement ce que les lois et l'autorité établie leur défendent de faire publiquement. L'esprit de secte et de parti aurait-il poussé Port-Royal à oublier cette grande règle de morale et de religion? J'espère que non, mais je ne vois que M. Ste-Beuve qui puisse résoudre catégoriquement la question. » M. Ste-Beuve a-t-il résolu la difficulté? le lecteur en jugera. C'est une véritable bonne fortune de pouvoir donner une page entière de ce grand et charmant esprit; on nous saura gré de ne pas en retrancher une syllabe : « La question que vous m'adressez sur Port-Royal, nous dit M. Ste-Beuve, demanderait pour être traitée tout un petit chapitre ou appendice. Il est parfaitement certain qu'il a fallu que Port-Royal eût des imprimeries pour imprimer bien des feuilles qui couraient, et ne fût-ce que les *Lettres Provinciales.* Une tradition disait que partie de cette impression aurait été faite dans des bateaux de blanchisseuses sur la Seine. A la fin du XVII° siècle, cela était moins nécessaire; mais je ne doute pas qu'il n'y eût pour les Messieurs des moyens d'impression secrète, quand ils en avaient besoin. Ils avaient leurs libraires attitrés, Savreux ou Desprez; mais quand on voulait imprimer en dehors de l'autorité, sous le couvert d'*Utrecht*, on trouvait bien moyen de le faire à Paris ou aux environs. Quand les *Nouvelles Ecclésiastiques*, ce journal janséniste, commença à paraître, ce fut une lutte continuelle avec l'autorité, et les adresses, les supercheries des Jansénistes dans cette lutte contre le lieutenant de police, pour se faire imprimer clandestinement à son nez et à sa barbe, étaient devenues proverbiales. Mais qu'étaient-ce que ces imprimeries clandestines? Où étaient-elles? Cela nous échappe, par cela même qu'elles étaient clandestines. »

Entre l'affirmation un peu... janséniste de M. de Sacy, le doute un peu... voltairien de M. Ste-Beuve, le lecteur sera sans doute un peu... plus perplexe que devant, et pourtant, déclarant notre incompétence, nous lui laisserons le soin de trancher la question comme il l'entendra.

PORT. REGIUS, *Puerto Real*, ville d'Espagne, sur le Guadalete (Int. de Cadix).

PORT. ROMANTINUM, voy. PORT. GRUARII.

PORT. SANCTÆ MARIÆ, voy. MENESTHEI PORT.

Nous aurions dû mentionner, à propos de *Puerto de Santa Maria*, que cette ville eut une imprimerie en 1757.

PORT. S. MARIÆ, *Port-Ste-Marie*, ville de Fr. (Lot-et-Garonne).

PORT. SANTONUM, voy. RUPELLA.

PORT. SYMBOLON, Συμβόλων λιμήν [Str.], dans la Cherson. Taurique, auj. *Balaklava* en Crimée, ou *Cembalo.*

PORT. VENERIS, CASTRA MINERVÆ, *Port-Vendres*, ville de France, sur la Méditerranée (Pyrénées-Orient.).

PORT. VENERIS, Ἀφροδίτης λιμήν [Dion.], dans le pays des Salentini en Apulie, auj. *Castro*, près de Porto Badisco (Calabre).

PORT. VOLUBÆ, voy. FALMUTHUM.

Un livre imprimé en 1758 à Falmouth est cité dans la *Cyclop.* de Darling, à la col. 2094.

POSCHIAVUM, voy. PESCLAVIUM.

POSIDIUM PROM., Ποσείδιον [Pt.], cap de la Thessalie, auj. *Stavros.*

POSIDONIA, voy. PÆSTUM.

POSNANIA, POSNA, *Posen, Posnan*, ville forte de l'anc. Pologne (*Minoris Poloniæ Metropolis*), auj. chef-lieu du grand-duché et de la régence de Posen, à la Prusse, sur la Wartha; université fondée en 1510 par l'évêque Jean Lubrancki.

Les jésuites établirent un collége à Posen en 1570; mais ce n'est point à eux qu'est due l'introduction de la typographie, et les deux premières imprimeries sont privées; Melchior Neringk fonde la première vers 1575; le plus ancien monument que l'on puisse en citer est celui-ci : *Joh. Lasitii* (Lasitzky) *Clades Dantiscanorum, anno D.* 1577, 17 *aprilis; in qua causæ belli a Seren. Rege Poloniæ Stephano contra Gedanenses suscepti referuntur*, etc. Posnaniæ, typ. privat. Melchioris Neringkii, 1577, in-8°.

Tracassé par les jésuites et par l'évêque de Posen, Lucas Koscielewcky, Melch. Neringk se retira à Grodsiskô en 1579.

Le second typogr. de Posen est Jean Wolrab; il imprime depuis 1579 jusqu'en 1593, date de sa mort; plusieurs de ses impressions sont revêtues de la formule : *« Cum gratia et privilegio S. R. Majestatis »*, ce qui se présente bien rarement sur les livres polonais.

Son fils et son petit-fils conservent cet établissement.

Une typographie hébraïque est fondée à Posen à la fin du XVI° siècle; nous ne connaissons pas d'ouvrage portant une date plus ancienne que 1604.

L'imprimerie de l'académie de Posen et celle du collége des jésuites ne sont établies qu'au XVII° s.; voy. le curieux privilège qu'accorde à ces derniers le roi de Pologne Auguste III, en 1739 (Németh, *de Typ. in Pol. et Lithuan.*, p. 35).

POSONIUM, BOZONIUM, BISONIUM, BRECISLABURGUM, PRESBURGUM, *Presburg, Posonyban, Posombian*, ville de Hongrie, sur le Danube, chef-lieu de comitat; archevêché, académie, biblioth.

La précieuse bibliothèque des comtes d'Appony, fondée à Vienne, fut transportée à Presbourg, et rendue publique en 1825 ; cette noble institution fut consacrée par cette inscription :

COMES. ANTONIVS. APPONYI. ‖ BIBLIOTHECAM ‖ A. PATRE. VINDOBONÆ. CONDITAM. ‖ HVC TRANS-TVLIT ‖ PVBLICO. VSVI. CONCESSIT ‖ LAPIDEMQVE. AVSPICALEM. STATVIT ‖ III. NONARVM. JVNII. ‖ MDCCCXXV.

L'imprimerie remonte à Presbourg, à l'année 1610 ; elle fut établie par Franc. Forgách, cardinal-archevêque de Gran, qui confia à un jésuite du nom de Pierre Pázmány la mission de défendre les immunités de l'Église catholique romaine, et lui donna en même temps et les subventions nécessaires et une typographie toute montée ; cette imprimerie, pourvue d'admirables caractères, fut installée dans la cour même du palais archiépiscopal, et considérée comme une propriété particulière de l'archevêché, devant faire retour aux successeurs du fondateur. Le premier livre qui soit sorti de ces presses sacrées est intit.: *Pázmány Petri Varad. Hung. Cardinal., et A. Ep. Strigon.* — *Keresztyen Imadsagos Keonyv, mellyben szeep ajtatos Keonyeorgesek es tanusaagok foglaltatnak, irattatott Pazmany Peterteul es most uyonnan másodszor nyomtattatott Posonyban*, 1610, in-8° de 732 p., en outre des ff. prélim. cont. la préface, la dédicace et le calendrier.

Les imprimeurs laïques à Presbourg s'établissent aussitôt après le transfert de la typographie ecclésiastique à Tyrnau, vers 1644 ; nous citerons les principaux : Zacharias Aksamitek (1648), Godefr. Gründer, de la confession d'Augsbourg (1669-71) ; Jean-Paul Royer, sa veuve et ses fils, etc.

POSSEGANUS COMIT., *le comitat de Poséga, die Poscheger Gespannschaft*, en Slavonie.

POSSEGA, *Poschaev, Poséga, Poschega*, chef-lieu du comitat de ce nom, dans la Slavonie civile.

Bachmeister signale à la date de 1618 l'impression dans cette ville du livre intit. : Максима Грека СЛОВО.

POSTCLAVIUM, voy. PESCLAVIUM.

POSTUMIA CASTRA, voy. ASPAVIA.

POTAMICUS LACUS, voy. BODAMICUS.

POTAMUS, POTAMI, Ποταμός, Ποταμοί [Str., Paus.], bourg de l'Attique, auj. *Keratia*, près de Dhaskalio.

POTENTIA [Cic., Liv., Pl.], ville du Picenum, *Monte Santo*, sur la rive droite de la Potenza.

POTENTIA [It. A.]; Ποτεντία [Pt.], ville de la Lucanie, auj. *Potenza*, chef-lieu de la Basilicate.

POTENTUM, POTENTO VILLA, *Pouan*, commune de Fr. (Aube). = POUANT, commune de la Vienne.

POTESTAMPIUM, voy. BOSTAMPIUM.

POTIDÆA, voy. CASSANDRÆA.

POTIDANIA [Thuc.], dans la haute Ætolie ; auj. *Lykokhori* [Leake].

POUGHNILL, village d'Angleterre, près de Ludlow (Shropshire).

M. Cotton signale un imprimeur du nom de J. Nicholson qui exerça dans cette localité de 1799 à 1807 ; l'année suivante, il alla s'établir à Stourport.

PRACHENSIS CIRCULUS, *le cercle de Prague*, en Bohême.

PRÆCOMA, TAPHRUS, Τάφρος (?), ville de la Cherson. Taur., auj. *Perekop* (*Or-Kapy*), en Crimée, sur l'isthme qui joint cette presqu'île au continent.

PRÆGANTIUM, voy. BRIGANTIUM.

PRAELLUM, *Presles*, bourg de l'Ile-de-France (Seine-et-Oise).

PRÆMONSTRATUM, PRATUM MONSTRATUM, *Prémonstré, Prémontré*, bourg de Fr. (Aisne) ; anc. et célèbre abbaye, chef-d'ordre, fondée en 1119 par S. Norbert.

PRÆNESTE [Cic., Liv., Tac., etc.], ἡ Πραίνεστος]Str.|, τὸ Πραίνεστον [Pt.], Πραινεστινῶν πόλις [Polyb.], ville du Latium ; sur ses ruines fut bâtie par Boniface VIII la ville de *Palestrina*, dans la Comarque de Rome ; patrie d'Elien.

M. Cotton donne comme portant le nom de Præneste et la date de 1708 un ouvrage d'Aug. Ricci, dont il n'indique pas le titre ; nous ne trouvons trace d'imprimerie dans cette ville que postérieurement : *Vita del gloriosissimo P. S. Agostino, vescovo et doctore di S. Chiesa, divisa in 8 libri dal P. Abbate D. Cesare Benvenuti, canon. regol. Lateranense*. Palestrina, per Giandomenico Masci, 1723, in-4°.

PRÆSIDIUM [It. A.], ville de la Bétique, auj. S. *Lucar di Guardiana* [Reich.] : une autre localité du même nom, portée dans les itin., est, par plusieurs géogr., confondue avec FORUM LIMICORUM, *Lamego*.

PRÆSIDIUM [Not. Imp.], VEROVIOUM, ville des Cornavii dans la Britannia Rom., auj. *Warwick*, sur l'Avon, chef-lieu du comté du même nom, avec un magnifique château, antique résidence des célèbres comtes de Warwick.

Le n° du 24 décembre 1864 de l'excellente publication intit. « *Notes and Querics* » décrit un spécimen unique d'une imprimerie fonctionnant à Warwick au XVIIe siècle, qui jusque-là était resté inconnu : *A Sermon on the death of Lady Alice Lucie, by Thos. Du Gard, Rector of Barford* ; imprimé à Warwick par William Dugard en 1649 ; in-4° de VII-54 pp.

Un libraire du nom de George Teonge est fixé dans cette ville en 1683 ; mais il faut arriver aux dernières années du siècle dernier pour retrouver une trace d'imprimerie locale à Warwick.

PRÆSIDIUM [It. A.], dans l'île de Corse ; auj. *Basiellica* [Reich.].

PRÆSIDIUM CREMERÆ [Liv.], dans l'Étrurie,

sur la Varca (affl. du Tibre), auj. *Bacano*, près du lac de ce nom (Toscane).

PRÆSIDIUM JULIANUM, voy. SCALABIS.

PRÆSIDIUM POMPEII [T. P.], IPOMPEIS [It. Hier.], ville de la Mœsie, auj. *Ruschina*, ou *Raschna*, dans la Roumélie.

PRÆTORIA AUGUSTA, Πραιτωρία Αὐγούστα [Ptol.], ville de la Dacie, auj. *Kessdi Vasarhély*, dans le pays des Zeklers (Transylvanie).

PRÆTORIUM, station de l'It. Ant. dans le pays des Coritani (Britannia), dont la position est contestée; c'est auj. dans l'Yorkshire, *Beverley* [Camden], *Preston*, dans le Lancashire [Reich.], *Kingston* [Mannert], enfin *Patrington*, suiv. d'autres géogr.

A Preston l'imprimerie est reportée à 1678 avec « *A Funeral Sermon, by S. Bushell* », imprimé « *for Philip. Burton, a Bookseller* », en 1678 [Hotten.]. En 1745, année célèbre en Angleterre, un journal : « *the British Courant, or Preston Advertiser* », fit son apparition dans cette ville, sous la direction de James Stanley et John Mion, imprimeurs.

PRÆTORIUM [It. A., T. P.], ville de la Dalmatie, auj. *Petrinczi* [Reich.], ou *Trau Vecchio* [Mannert].

PRÆTORIUM, voy. CIBINIUM.

PRÆTORIUM AGRIPPINÆ [T. P.], localité des Batavi, sur le Rhin, auj. *Roomburg*, à 2 milles de Leyde.

PRÆTORIUM LATOVICORUM [It. A.], ville des Latovici, dans la Pannonie (Süddonauländer), auj., suiv. Reich., *Neustädtl an der Gurk*.

PRÆTUTIANUS AGER [Pl.], Πραιτεττιάνη [Pol.], pays des Prætutii, dans le Picenum, c'est auj. l'Abruzze Ultér. I, chef-lieu *Teramo*.

PRAGA, VETUS PRAGA, *Prag*, *Prah*, *Praha*, *Prague*, sur les deux rives de la Moldau, capitale de la Bohême, fondée, dit-on, au VIIIe siècle, au temps de la reine Libussa.

Cette ville, illustrée par le souvenir des Podiebrad, de Jean Huss et de Jérôme, renferme la plus vieille université de l'Allemagne; elle fut fondée en 1348 sur le modèle de l'univ. de Paris par l'emp. Charles IV; quand, en 1409, Jean Huss voulut toucher à ses privilèges, 30,000 étudiants quittèrent la ville, ce qui amena l'établissement des universités d'Heidelberg, de Leipzig et de Cracovie. La bibliothèque de cette université est renfermée dans l'anc. collège des jésuites (*Coll. Clementinum*) ; elle est considérable et bien administrée.

Cette ville est riche en souvenirs typogr.; un de ses enfants, l'historien Paul de Prague, maître ès arts des univ. de Padoue, de Bologne et de Vienne, reçu en 1442 membre de la faculté philosophique de sa ville natale, est le premier écrivain qui ait parlé de l'art nouveau de l'imprimerie, et ceux qui ont voulu faire de Gutenberg un Bohémien ont fait de Paul de Prague l'initiateur de l'art nouveau, et de Gutenberg son adepte. On a voulu également donner Prague comme la patrie de Arnold Pannartz (*Pannasz*, en tchèque, tailleur de poupée, de *Panna*, vierge et poupée), l'illustre introducteur de la typographie en Italie.

C'est à l'année 1478 qu'on peut faire remonter l'introduction de l'imprimerie dans la ville capitale de la Bohême, bien que Balbinus, dans sa *Bohemia docta* (p. 231), à l'aide d'une édition apocryphe du DARES PHRYGIUS, ait cherché à la reporter à l'année 1468, date présumée de l'introduction de la typogr. à Pilsen. Le volume imprimé à Prague, en 1478, est un in-fol.: STATUUM UTRAQUISTICORUM ARTICULI *in Comitiis Nimburgensibus conclusi*. Pragæ, 1478, in-fol. lat. Bohem. (J. de Carro dit : in-4°), conservé à la bibl. de l'université de Prague.

En 1480 on cite plusieurs vol.: OEsopowy básne, in-4°. On ne connaît que deux ff. de cette traduction tchèque d'Æsope; M. Hanka la dit imprimée en 1480; mais peut-être est-elle un peu postérieure.

Une Bible bohême, BIBLJ CESKA, que M. Hanka cite à la date de 1480, mais nous ne connaissons que celle de 1488; le bibliographe national donne le nom des quatre imprimeurs auxquels on doit ces livres de 1480, et ces noms nous sont peu connus; ils s'appellent: *Jan Pyttik, Seweryn Kramar, Jan od Capu et Matej od bíleho Iwa*.

En 1487 un *Psautier*, ZALTAR (Bohemice), in-4° (bibl. de Prague).

Nous citerons en 1488 : *Beness von Horzowitz. Martynicany aneb Zzimská kronyka* (chron. en langue tchèque). Alstadt Prag., 1488, in-fol. de 101 ff.; et la BIBLE : *Biblj Cèskà. W Praze prácj Pána Pytljka, Seweryna Kramáŕc, Jána od Capuow a Matége od bjlého Lwa*, 1488, in-fol. de 610 ff. à 2 col. de 46 et 47 lig., y compris 8 ff. de table, car. goth. (voy. cat. Bearzi, n° 19). La similitude du nom des imprimeurs permet de révoquer en doute l'existence de la Bible de 1480 citée par M. Hanka.

Quelques-uns des premiers livres de la liturgie russe furent exécutés à Prague en caract. esclavons au commencement du XVIe siècle; Bachmeister cite un *Pentateuque*, in-4°, НАШЬ КНИГЬ МОЙСЕВВЫХЪ, 1519 ; ce *Pentateuque* fut publié « à l'aide de Dieu, par ordre et par les soins du Dr François Scorino de Polotzk, homme savant dans les sciences de la médecine, dans la grande ville de Prague (W Mieste Praszkem), après l'incarnation du Verbe de Dieu par la Ste-Vierge en 1519 ». Ce précieux volume est imprimé sur bon papier, en beaux car. cyrilliques, avec peu ou point d'abréviations, et de nombreuses figures gr. sur bois; ce *Pentateuque* n'est pas le premier livre impr. en car. cyrilliques; on en connaît qui furent exécutés à Vilna en 1517.

N'oublions pas de mentionner l'imprimerie particulière que l'on permit aux jésuites d'organiser dans leur maison de Prague, vers 1712.

On trouve sur les livres exécutés à Prague diverses souscriptions : *Micro-Praga, Neo-Praga, Vetero-Praga, Alt-Praga, Al-Stadt-Prag, Praze* en polonais, etc.

PRASIA, Πρασία [Ptol.], Πρασιαί [Str.], Βρασιαί [Paus., St. B.], ville de la Laconie, auj. *Hagio Andhrea*.

PRASIA ELYSIORUM, THALLORIS, *Grünberg*, ville de Prusse (Silésie).

PRATUM ALBUINI, PRÉ-ALBUIN, *Préalboin, Prato*, ville de l'anc. Toscane, au N.-O. de Florence.

Impr. en 1535 : *Nizolii (Marii) Observationes in Ciceronem.* Ad Pratum Albuini (in Brixiana diœcesi, vulgò *Prealboin*), in ædibus illustrissimi viri Jo. Francisci Gambaræ comitis pontificii, ab ortu Christi 1535. Mense Januario. 2 vol. in-fol. Première édit. souvent réimpr. d'un ouvrage important ; elle est fort bien exécutée et porte les armes des familles Avogador et Gambara ; nous en connaissons un splendide exempl. relié en veau, provenant de la biblioth. de J. Grolier.

PRATUM DONZIACI , *Donzy-le-Pré,* comm. de Fr. (Yonne).

PRATUM MOLLE, *Prémol,* comm. de Fr. (Isère).

PRECIACUM, *Précy-sous-Thil,* bourg de Fr. (Côte-d'Or).

PRECIANI [Cæs.], peuple de la Gaule Aquitaine, au pied des Pyrénées, occupait le *Nébousan* (Nebusanus Ager), anc. district réparti auj. entre les dép. de la Haute-Garonne et des Hautes-Pyrénées.

PREGELLA FL., *le Pregel,* fl. de Prusse, qui passe à Kœnigsberg et se jette dans la Baltique.

PREMERIACUM, *Premery,* bourg de Fr. (Nièvre).

PREMISLAVIA, PRIMISLAVIA, *Prenzlau,* ville de Prusse (Brandeburg), sur le lac d'Ucker.

Falkenstein porte à 1747 l'imprimerie dans cette petite ville ; voici un vol. sans date, mais qui est certainement d'une exécution antérieure : *C. S. Jordani Disquisitio historico-litteraria de Jordano Bruno.* Primislaviæ, s. a. in-8°.

PREMISLIA, *Przemysl,* ville de Gallicie.

PREPESINTHIUS INS. [Pl.], l'une des Cyclades, dans l'Archipel, auj. *Strongyla* [Reich.].

PRESBURGUM, voy. POSONIUM.

PRIA [It. A.], voy. IRIA FLAVIA.

PRIANTÆ, peuple de Thrace, sur les bords de la Maritza, dans le pach. d'Andrinople.

PRINDA, *Frauenberg,* forteresse de Bohème [Graësse].

PRISCINIACUM, *Brignais,* bourg du Lyonnais (Rhône). M. Quicherat dit : *Prissac,* commune du dép. de la Vienne ; il y a aussi *Prissac* dans l'Indre.

PRISPERIACA, *Pipriac,* commune de Bretagne (Ille-et-Vilaine).

PRISTA [T. P.], Πρίστη [Pt.], SEXANTA PRISTA [I. A.], Ἐξεντάπριστα [Proc.], ville de la Mœsie, auj. *Rutschuck,* chef-lieu de pach. dans la Boulgarie.

PRIUNCLÆ MONAST. [Ch. Theodorici Regis, a. 722], PRUMIENSIS ABBAT., *Prum,* bourg de la Prusse Rhénane ; anc. abb. de Bénéd. fondée en 597.

PRIVATUM, *Privas,* ville de France, chef-lieu du dép. de l'Ardèche.

Nous ne croyons pas que l'on puisse reporter l'imprimerie dans cette ville à une date antérieure à 1790.

Nous devons à l'obligeance de M. Anatole de Gallier l'indication suivante : Pierre Guillet , imprimeur particulier du Vivarais, de Monseig. l'évêque de Viviers et du clergé, quitte Bourg-Saint-Andéol pour aller s'établir à Privas ; il y imprime en 1792 : « *la Conspiration de Saillans avec les pièces authentiques rédigées et imprimées par ordre du département de l'Ardèche.* » Privas, 1792, in-8° de 124 pages:

PRIVERNUM [Liv., Virg.], Πριούερνον [S. B.], ville du Latium, dont les ruines sont au N. de *Piperno Vecchio,* dans la délég. de Velletri.

PRIVIDIA, *Priwitz,* bourg de Hongrie.

PROBATOPOLIS, SCAFUSIA, SCHAFFHUSIUM, SCHAFFOUSE, *Schaffhausen, Schaffhouse,* ville et chef-lieu de canton suisse, sur le Rhin ; anc. ville impériale admise dans la confédération en 1501.

Imprimerie en 1577 [Falkenstein] ; en 1592 [Cotton] ; un grand nombre de bibliographes allemands signalent l'existence d'un livre exécuté dans cette ville à une date fort antérieure : *Johann Adelfens (Arzt zu Schaffhausen). Barbarossa, oder eine wahrhaftige Beschreibung des Lebens und der Geschichten Kaysers Friederich des Ersten, genannt Barbarossa, erstmals in Latein versammlet aus glaubwürdigen Geschriften und Historien der alten Chroniken, und aber jetzo in deutscher Zungen getreulich bracht.* Strassburg, 1530 , in-fol. ; Struvius, le comte de Bünau, Bauer, Vogt, etc. ajoutent à ce titre : « et primum latine *Schaffhausen* », 1530, in-8°.

PROCHYTA INS., Προχύτη, *Procida,* île de la Médit. dans la baie de Naples, près du Capo Miseno.

PROCONNESOS, voy. ELAPHONESOS.

PROCRINIUM, *Périgny-sur-Loire,* commune de France, près Bourbon-Lancy (Saône-et-Loire).

PROERNA, Πρόερνα [Strab.], Πρόαρνα [St. B.], ville de la Thessalie Phtiotide, auj., suiv. Leake, *Ghyneko-Kastro.*

PROLAQUE [It. A.], dans le Picenum, auj. le bourg de *Pioraca,* dans la Basilicate.

PROMONA, Πρωμόνα, en Illyrie ; auj. *Petrovacz,* au pied du mont Promina.

PROMONTORIUM, *Promentour, Permontouz* (1344), *Promonthoux,* enfin auj. *Promenthoux,* village du canton de Vaud, entre Nyon et Prangins (Suisse).

Un célèbre imprimeur de Genève, Louis Cruse, surnommé Guerbin ou Garbin, donna plusieurs éditions du DOCTRINAL DE SAPIENCE de Guy de Roye, l'une d'elles est datée de *Promentour* ; la raison probable du transfert momentané d'une partie du matériel typographique de cet imprimeur dans cette petite localité, du ressort de l'évêque de Genève, a été cherchée vainement par les bibliogr. suisses. « La cause de l'établissement momentané de Louis Garbin à Promenthoux pourrait être attribuée à la protection de l'évêque de Genève, comme aussi à l'économie, à la crainte d'une maladie contagieuse, qui lui faisait quitter Genève, et à d'autres motifs particuliers que nous ignorons » [Gaullieur]. « Guerbin était peut-être de Promenthoux, dit M. G. Favre : il y avait peut-être une propriété, peut-être une presse... » ; il est probable qu'il y avait une presse, puisqu'il y a imprimé, mais rien de tout cela ne nous dit pourquoi il y établit cette presse.

Le Doctrinal de Sapience. Au v° du dernier f.: Cy finist, le Doctrinal de Sapience imprime à Promentour par ‖ Maistre Loys Guerbin. Lan de grace MIL.CCCC.LXXXIJ. *le*‖*ij. iour daoust. Deo gracias*   *Amen*

In-fol. en car. goth. plus carré que celui qu'employait Steinschaber ; il rappelle celui de la *Bible* de 42 lignes ; le tirage est médiocre, et laisse à croire qu'il n'a pas été fait sous les yeux de Guerbin lui-même, mais confié à un ouvrier novice. M. Brunet compte seulement 94 ff., à longues lignes au nombre de 31 sur les p. entières. M. Gaullieur affirme que l'exempl. qu'il possède (et qu'il considère comme unique) en a 104, y compris le 1er qui est blanc, avec des signatures de a ij à m iiij. Les grandes initiales sont toutes rubriquées au pinceau, à l'exception du premier C de la préface, qui est gravé sur bois, avec les initiales L. G., et du grand C majuscule qui commence l'ouvrage au f. a iiij, lequel contient le portrait de l'auteur du Doctrinal, l'archevêque de Sens, Guy de Roye ou de Mont-Rocher.

PRONÆA FL. [Aus.], *le Prum, Pruym,* riv. de Belgique, qui se jette dans la Sure.

PROPONTIS, Προποντίς, *la mer de Marmara.*

PROSTANNA, *oppidum Moraviæ*, *Prostegowe* (en tchèque), *Prosznitz*, ville du cercle d'Olmütz (Moravie).

L'imprimerie a certainement existé dans cette ville au milieu du XVIe siècle ; le VIe cat. de M. Tross (année 1868) nous donne : *Paulus Hradecenus Aquilinas. elegantissimæ colloquiorum formulæ, ex P. Terentii comœdiis selectæ ac in Bohemicam et Germanicam linguam versæ....* Prostannæ, Joa. Guntherus, 1550, 2 part. en un vol. pet. in-8° de 168 ff. non chiffrés (dont le 8e et les deux derniers blancs) pour la 1re partie ; et 40 ff. non chiff. pour la seconde. Nous citerons encore : *Joannis Dubravii, olmuc. episc., historiæ Bohemicæ editio prima, sumptibus Autoris in oppido Moraviæ, Prostanna, anno 1551, typis exscripta.* In-fol. (Vogt, p. 246) ; la seconde édition de ce rare volume est longuement décrite par Graësse (t. II, p. 454) ; elle est exécutée dans la même ville le 26 mars 1552, « *in offi. Jôh. Guntheri* ».

Sous la dénomination de *Prostĕgowe* citons : *Jo. Hofmeister. Postylla Czeská, přeloz. od Jana Stranského.* W Prostĕgowe, Ján Günther, 1551, in-fol. (Voy. *Balbin. Boh. Docta.* Tom. II, p. 242).

Les juifs y établirent une imprimerie en 1601 ; un grand nombre de produits de ces presses sont signalés au catal. Oppenheim, sous les dates de 1603, 1607, 1618, etc.

PROSYMNA, Πρόσυμνα [Str., Paus.], ville d'Argolide, auj. *Berbati* [Boblaye].

PROTE INS., la première des îles Stœchades, auj. *Porquerolles,* dans la rade d'Hyères.

PROVINCIA, *la Provence,* voy. GALLIA.

PROVINCIA TRAŃSTAGANA, *l'Alemtejo,* Alen-tejo, l'une des sept prov. du Portugal.

PROVINUM, PRUVINUM, *Provins,* ville de Fr. (Seine-et-Marne), sur la Voulzie ; un grand nombre de savants, Achaintre, André Duchesne, Tassin, Malingre, Baudrand, etc., ont soutenu que cette ville était l'AGENDICUM de César ; le Dr Barrau a consacré une *dissertation* spéciale à l'éclaircissement de cette question controversée ; nous nous sommes rangé à l'opinion de l'historiographe de Provins, le savant et regrettable Félix Bourquelot, qui traduit AGENDICUM par *Sens.*

Un imprimeur du nom de Guillaume Tavernier, dont on ne sait absolument rien, était certainement établi dans la petite ville de Provins à la fin du XVe siècle ; il y exécuta plusieurs ouvrages, dont un seul porte une date : *S'ensuit la reigle des mar* ‖ *chans nouuellement transla*‖*tee de latin en francoys.* — *Cy finist la Regle des marchans Imprimee a Prouins, par Guillaume Tauernier A la requeste de Jaquette Lebee, veufue de feu Jehan Herault. Le premier iour Doctobre. lan. Mil. CCCC quatre vingtz et seize.* In-4° goth. de 52 ff. avec sign. a-g par huit et six feuillets. Ce traité est de Jean le Liseur [*Johannes Lector* ou *Joannes de Friburgo*] ; c'était un moine des frères Prêcheurs de Fribourg en Brisgau ; il vivait au XIVe siècle ; la *Regle des Marchans* est un extrait en français de la *Summa Rudium* imprimée pour la première fois à Reutlingen (voy. La Croix-du-Maine et la Monnoye).

M. Th. Luillier a publié dans le Bulletin de la Soc. archéol. de Seine-et-Marne de 1865, p. 128, une note dans laquelle il attribue à Tavernier l'impression d'une édition de la *Coustume de Meaux,* sans date, qu'il croit devoir être reportée à l'année 1509 et dont nous parlons plus bas.

M. Brunet cite encore comme imprimé à Provins le *Débat du vin et de l'eau,* qui porte aussi le nom de Guillaume Tavernier, qualifié de « *libraire demourât à Prouins* » ; mais cette édition est imprimée par Macé Panthoul, dont elle porte la marque.

Du Verdier cite également une pièce de poésie, « *le Piteux parlement de la Croix, entre Jésus-Christ et Nostre-Dame, en forme de Dialogue* », imprimé à Provins, s. d. in-8°.

Au XVIe siècle nous avons à Provins l'imprimerie de Pierre Bondis, « *imprimeur et libraire demourant en la rue Hue le grand près la queue de Regnard* », auquel on doit l'impression des COUSTUMES *generalles gardees et*‖*obseruees au bailla*‖*ge de Meaulx,* in-8° goth.

Les arrêts du conseil de 1704 et de 1739 conservent un imprimeur à la ville de Provins, et le rapport fait à M. de Sartines en 1764 nous donne le nom du typographe en exercice à cette date ; nous copions la note *in extenso* : « J'ai toujours vu une imprimerie établie à Provins ; le nommé Menisel y étoit établi depuis très-longtemps, lorsque je me suis établi en 1711 ; le nommé Vé lui a succédé ; après sa mort Louis Michelin, et ensuite Michelin, son fils, qui, ayant en 1760 imprimé plusieurs ouvrages, fut déchu de l'imprimerie ; supprimée par arrêt du 12 mars 1761. Nota. On réclame de toutes parts le rétablissement de l'imprimerie à Provins. »

PRURKA, voy. PONS MURÆ.

PRULCIACUM, PRULLIACUM, *Preuilly,* pet. ville de Touraine, anc. abb. de St-Be-

noît et anc. baronnie (Indre-et-Loire).
= Commune de la Brie, avec une anc.
abb. de Cîteaux (Seine-et-Marne).

PRUMIA VILLA, voy. PRIUNCIÆ MON.

PRUMIUM, *Prom-le-Roy*, commune de Picardie (Oise).

PRUSSIA, voy. BORUSSIA.

PSACUM PROM., sur la côte O. de la Crète,
auj. *Capo Spada*.

PSAMATHUS [Plin.], Ψαμαθοῦς [Scyl., Paus.],
Ἀμαθοῦς [Ptol.], dans la Laconie, auj.
Porto Kaio [Leake].

PSAPHIS, Ψαφίς [Str., Paus.], bourg de
l'Attique, auj. *Kalamo*, sur l'Egripo.

PSCOVIA, *Pskov*, sur la Pskova, ville de
Russie, archevêché; chef-lieu d'un
gouvern., au S.-O. de St-Pétersbourg.

PSEUDUNUM, *Semont, Semond*, commune
de Fr. (Marne); martyre de S.-Hilier
au IIIe s.

PTANIAS [It. H.], TADINÆ [Pl.], ville de
l'Umbrie, auj. *Gualdo*.

PTELEUM, Πτελέον [Hom., Str.], ville de la
Thessalie-Phtiotide, auj. *Ftelia* [Leake].

PTYCHIA INS., *Scoglio di Vido*, île de la mer
Ionienne.

PUCHOVIUM, *oppidum in Comitatu Tren-
chiniensi*, PULTOVIA ? [J. Hier.], *Pukhó*,
ville de Hongrie, dans le comitat de
Trentschin.
Un imprimeur du nom de Daniel Chrastina fut
établi dans cette ville de 1725 à 1728 : *Thurzo
Joan. Iloza-Trenchiniens. Hung. Regulæ de
formatione Verborum, puta Præteritorum atque
Supinorum (Hungarica Slavicaque interpret.).*
Puchoviæ, typis Danielis Chrastina, 1725, in-8° de
78 ff.

PUCINUM [Plin.], Πούκινον [Ptol.], PONTIUM
[P. Diac.], ville de l'Istrie, sur les côtes
de l'Adriatique, auj. *Duino*, en Carniole.

PUCIOLI, voy. PUTEOLI.

PUDENTIACUM, *Pouancé, S.-Aubin-de-
Pouancé*, bourg de l'Anjou (Maine-et-
Loire).

PUERINUM, *le Pouget*, bourg de Fr. (Hérault).

PULCHRA INS., voy. COLONESUS.

PULCOVA, *Poulkova*, près St-Pétersbourg.
Observatoire et bibliothèque, dont le catalogue a
été publié à St-Pétersbourg en 1845 (in-8° de 437 p.).

PULKA, *Pulkau*, ville d'Autriche [Graës-
se].

PULLARIÆ INS., *les îles Brioni*, dans le golfe
de Venise, dép. du gouv. de Trieste.

PULLOPEX [I. A.], pet. station de la Ligurie, que Reichard voit auj. dans *la
Pietra*, village près Loano.

PULTOVIA, voy. PUCHOVIUM.

PULTUSK, ville de Russie, dans l'anc. Pologne (gouv. de Plock); célèbre par la
victoire de Charles XII sur les Saxons
en 1703.
M. Cotton prétend que cette ville possédait une
imprimerie en 1650 ; nous ne pouvons accepter cette
assertion que rien ne prouve.

PUPLISCA [G. R.], ville de la Liburnie,
auj. *Poliska* [Forbiger], en Illyrie.

PUPULLUM, Πούπουλλον [Ptol.], sur la côte
O. du golfe de Cagliari, auj., suiv.
Mannert, *Porto Paglia*, petit port de
l'île de Sardaigne.

PUTEOLI [Varr., Cic., Mela, Liv., Tac.,
etc.], Ποτίολοι [Str.], Ποιτέολοι [Dion. H.],
anc. DICÆARCHIA, Δικαιαρχία [Str.], ville
et port de la Campanie, sur la mer
Tyrrhénienne, le grand *emporium* du
commerce de l'Orient avec la rép.
romaine, auj. *Pozzuoli, Puzzolo, Pouzzoles*, ville et port du Napolitain, au
N.-O. et sur le golfe de Naples, près
du mont Pausilippe.
C'est à 1663 que l'on fait remonter la typographie
dans cette ville célèbre : Hélyot, dans l'introduction
de son *Hist. des Ordres monastiques*, fait mention
d'un ouvrage du Rév. P. Lodovico Marucci, de Lucques, de la congrég. della Madre di Dio, qui aurait
été imprimé à Pouzzoles en 1663 ; et 1685 nous
avons les *Lettere memorabili... racc. da Ant. Buli-
fon*. Pozzuoli, 1685, 4 vol. in-12; ces lettres furent
réimpr. au même lieu en 1693; l'édit. forme
2 vol. in-12, ornés de portraits et fig.; ce recueil est
recherché parce qu'il contient deux des plus curieuses lettres de l'illustre Galilée.

PUTEOLUM, *le Puisat*, auj. *le Puiset*, commune du Gâtinais (Loiret).

PUTEOLUS, *Puiseaux*, bourg de Fr. (Loiret).

PUTRIDI CAMPI, *Pourrières*, village près d'Aix
(Bouches-du-Rhône); c'est le nom significatif du champ de bataille où Marius
anéantit les Teutons, l'an 104' avant
J.-C.

PYDNA [Liv., Pl.], Πύδνα [Thuc., Str.,
Diod., Pt.], ville de Macédoine (Piéride), auj. *Kitros, Kidros*; Paul Emile y
battit Persée, l'an 168 av. J.-C., et le
résultat de la victoire fut la réduction
de la Macédoine en prov. romaine.

PYLÆ ALBANICÆ, *le défilé de Derbent* (*Eiser-
ne Thor*), en Albanie.

PYLUS ELIACUS, Πύλος Ἠλιακός [Xen., Paus.];
ville de l'Elide, dont on place les ruines auprès de *Kulugli*, sur la rive gauche du Lagana.

PYLUS MESSENIACUS [T. ·P.], Πύλος [Herod., Pol.], ville de la Messénie, auj. *Paleo-kastro*, près de Navarin, en Morée.

PYRANTHUS, Πύρανθος [St. B.], ville de la Crète, auj. *Pyrathi* [Pashley].

PYRASTARUM VALLIS, *le Pusterthal*, vallée du Tyrol.

PYRENÆI MONTES, Πυρηναῖα ὄρη, *les Pyrénées*, chaîne qui sépare la France de l'Espagne.

PYRENES PROM., voy. APHRODISIUM.

PYRGI [Cic., Liv., Mela], PURGI [G. Rav.], PYRGANUM [I. A.], Πύργοι [Str., Diod.], Πύργησσα [S. Byz.], port de Cære, dans l'Etrurie, auj. *S.-Severo*.

PYRGI, Πύργοι [Str.], PYRGUS, Πύργος [Her., Pol.], ville de l'Élide, auj. *Pyrgo*.

PYRMONTIUM, *Pyrmont*, ville d'eaux, et château, dans le comté de Waldeck (Hanovre).

Imprimerie en 1805.

PYTHIUM, Πύθιον [Ptol.], ville de la Thessalie (Tripolitis), dont l'emplacement est fixé par Leake entre *Livadhi* et *Kokkinoplo*.

PYXUS, voy. BUXENTUM.

QUADI [Tac., Eutrop.], Κουάδοι [Ptol.], Κόλδονοι [Strab.], peuple du S.-E. de la Germanie, habitait le pays à l'E. des Marcomans; le terrir. occupé par ce peuple correspond à la *Moravie*.

QUADRATA (CASTRA) [I. A., Geog. R.], camp fortifié de la Pannonie, auj. *Voinich*, sur la Kulpa. = Dans la Haute Pannonie, un autre camp du même nom répond à *Maierhof*, dans le com. de Zitsi. = Enfin une station de l'Itin. des *Aquæ Apollin.* porte aussi le nom de QUADRATA, entre Taurinum et Rigomagus, auj. *Crescentino* (?), bourg du Piémont.

QUADRIBURGIUM [I. A.], localité de la Gaule Belgique (Germanie II), qu'Ukert place à *Qualburg*, près de Clèves.

QUADRIGELLÆ, *Charolles*, ville de Fr. (Saône-et-Loire).

QUADRIGELLENSIS AGER, *le Charolais*, anc. prov. de France, avec le titre de comté; son territoire est compris dans le dép. de Saône-et-Loire.

QUARADAVES, *Grabs*, bourg du canton de St-Gall (Suisse).

QUARIATES [Plin.], peuple de la Gaule Narbon., au pied des Alpes Cottiennes, occupait la *Vallée de Queiras*, sur la gauche de la Durance, entre Briançon et Embrun [d'Anville].

QUARTENSIS LOCUS [Not. Imp.], QUARTA super *Sambram*, localité de la Gaule Belgique, que d'Anville dit être *Quarte*, près de Bavay, sur la Sambre (Nord).

QUEDLINBURGUM, *ad altam arborem*, *Quedlinburg*, ville de Prusse (Saxe), dans la rég. de Magdeburg, patrie de Klopstock; deux anc. abbayes.

Falkenstein fait remonter la typographie dans cette ville à 1632; nous n'avons pu découvrir sur quel titre reposait cette assertion; nous connaissons, à partir de 1665, un grand nombre de livres souscrits à ce nom; citons: *Possevitz* (Joh. Heur.): *Ars nova Syllogizandi*. Quedlinburgi, 1665, in-12. [Cat. de Tournes, p. 376]. Et: *Joann. Henningii Chriologia sive doctrina de Chriis feliciter componendis*. Quedlinburgi, 1676, in-8°.

QUENTIA, QUENTA, voy. CANTIA.

QUERCETUM, *le Quesnoy*, pet. ville du Hainaut, dans l'arrond. d'Avesnes (Nord); anc. abb. de filles de l'ordre de S.-Augustin, fondée vers 1262; cette place forte fut cédée à la France par la paix des Pyrénées.

QUERCUUM PENINSULA, *Ekenäs*, ville de Finlande [Graesse].

QUERCUS POPULOSA, *le Chêne Pouilleux*, commune de France, près Sedan (Ardennes).

QUERNOFURTUM, *Querfurt*, ville de Thuringe (Saxe); (voy. Struv., *Bibl. Sax.*, p. 1121).

Imprimerie en 1794 [Cotton].

QUESADA, QUEXADA, ville d'Espagne, dans l'intend. de Jaen (Andalousie).

Mendez signale cette ville parmi « las ciudades y lugares que han tenido ó tienen imprenta ».

QUEVILLIACUM, QUEVILLIUM, *Quévilly, Petit-Quévilly*, bourg de Normandie, avec titre de marquisat (Seine-Inférieure).

Au commencement du XVIIe siècle, un libraire-imprimeur de Rouen, ayant embrassé la réforme, établit une typographie protestante au bourg de Quévilly, où les réformés avaient un temple et un collège; ce libraire s'appelait Jacques Cailloué (on trouve aussi Caillove et Caillové); voyez le curieux article que M. Frère (d'après des renseignements fournis par le pasteur Paumier) a consacré à cette famille des Cailloué et à l'imprimerie de Quévilly. Nous donnons le titre du plus ancien spécimen de cette typographie réformée qui soit venu à notre connaissance; on verra que Cailloué ne fut pas le premier typographe qui ait souscrit des livres au nom de Quévilly : *Calendrier Historial, où l'on peut congnoistre d'ici à seize ans quand il sera Pasques,* etc., *avec ses foires.* Quevilly, par David Geoffroy, 1611, in-18.

Du reste on peut affirmer avec sécurité que presque tous les livres qui sont souscrits au nom de Quévilly ont été exécutés à Rouen.

QUID MIHI QUÆRIS (*Quoi-me-Quiers*), *Commequiers*, bourgade du Poitou dans l'arrond. des Sables (Vendée); M. Quicherat, dans sa savante brochure sur la formation des noms de lieux en France, cite cette appellation, comme un exemple singulier de noms vulgaires latinisés sur une fausse étymologie.

QUILEBOVIUM, QUILLEBODUM, *Quillebeuf*, ville et port de Normandie (Seine-Inférieure); Louis XIII fit démanteler ses fortifications.

QUIMPERLACUM, QUIMPERLEGIUM, *Quimperlay, Quimperlé*, ville de Bretagne (Finistère); anc. abb. de St-Benoit; on connait un *Chronicon Quimperlegiense*.

QUINQUE ECCLESIÆ, *Fünfkirchen*, ville de Hongrie, chef-lieu de comitat de Baranya; anc. évêché; elle s'appelle en hongrois *Pecs et Petzeth,* et posséda une université de 1364 à 1526.

Les Jésuites y fondèrent en 1694 un collège qui eut une grande réputation; mais ils n'importèrent pas l'imprimerie, que l'on ne peut reporter qu'à la fin du siècle dernier. Voici ce que dit Németh (*Typ. Hung.*, p. 126): Georg Klimo, évêque de Fünfkirchen, studieux ami des lettres, appela dans la ville épiscopale un imprimeur du nom de J. Jos. Engel, lequel en 1772 : celui-ci mourut vers 1795, et sa veuve Christine Engel continua à diriger l'établissement de son mari : voici le premier livre imprimé : *Bachich Antonii Ord. S. Franc. Provinciæ Capistranæ opus ex Italico in Illyricum traductum.* Quinque Ecclesiis, apud Joannem Josephum Engel, 1773, in-40 de 404 pp.

QUINQUE MARTES, *Cinq-Mars*, près de Langeais (Indre-et-Loire); on devrait écrire *St-Mard* ou *St-Médard*, nom du patron de cette localité; quelque moine, par suite d'une belle réminiscense mythologique, est l'auteur de cette absurde métamorphose, qui remonte au XIIIe s. [Quicherat].

QUINTANAS (AD) [It. A.], station du Latium, auj. *Ostaria* [Bisch. et Möller].

QUINTIACUM, *Quinçay*, commune du Poitou (Vienne); anc. abb. de St-Benoît, fondée en 654. = *Quincieux*, commune de Fr. (Isère).

QUINTIANA CASTRA [It. A.], QUINTANA CASTRA [N. Imp.], localité de la Norique, auj. *Künzen,* et, suiv. Mannert, *Osterhofen,* en Bavière.

QUINTINOPOLIS, SANQUINTINUM, VIRMANDENSE opp. [Gr. Tur.], FANUM S. QUINTINI [Valois], anc. AUGUSTA VEROMANDUORUM [I. A., T. P.], Αὐγούστα Οὐερομανδύων [Ptol.], CIV. VEROMANDUORUM [Not. Imp.], chef-lieu des Veromandui, sur la route de Thérouanne à Reims, auj. *St-Quentin,* sur la Somme, ville de Fr. (Aisne).

St-Quentin était d'abord le siège de l'évêché du Vermandois, transféré depuis à Noyon; il y avait deux abb. de St-Benoît. Le roi de France était premier chanoine de l'église collégiale et royale, qui avait rang de cathédrale.

L'imprimerie remonte dans cette ville à 1629 seulement, ou du moins c'est à cette date seulement que nous pouvons la reporter; le premier imprimeur s'appelait Claude le Queux : *Histoire de Saint-Quentin, apôtre, martyr et patron du Vermandois; enrichie des recherches de ses compagnons, des rois, évesques, comtes et seigneurs dévots envers luy, et des lieux marquez de son nom, et de plusieurs raretés de la ville et églises et du pays, par Claude de la Fons, avocat.* Saint-Quentin, Claude le Queux, 1629, in-8°. L'auteur s'appelait, croyons-nous, Quentin de la Fons, et le livre est publié sous la date fausse de 1627 (P. Le Long, I, 305 et 359).

Ce Claude le Queux fit souche d'imprimeurs, car pendant tout le XVIIe siècle on ne voit figurer que ce nom.

En 1733 un imprimeur-libraire de cette ville, nommé Pierre Boscher, soutient et gagne un curieux procès contre les marchands merciers, grossiers et joailliers de St-Quentin, qui vendent des livres imprimés, ainsi que contre les brocanteurs et revendeuses, qui colportent lesdits livres, et aussi contre les sœurs de la Croix qui en distribuent dans leur école; l'arrêt des mayeurs et échevins de la ville dit que lesdits marchands, brocanteurs, etc., n'auront droit de tenir et distribuer que des livres d'heures ou d'éducation ayant moins de deux fl. d'impression, en caract. *cicero,* condamne et saisit, etc., lequel arrêt est confirmé par un arrêt du conseil du 10 septembre 1735 (voy. *Code de la Librairie,* p. 67 et suiv.).

Les arrêts du conseil de 1704 et de 1739 concèdent à la ville de St-Quentin le droit de conserver un imprimeur; et le rapport fait à M. de Sartines en 1764 nous donne le nom du titulaire à cette époque : c'était la veuve Osmont, dont le mari avait été reçu imprimeur en 1751 ; elle n'employait que deux presses.

QUINTOFORUM, *Donnersmark*, ville de Hongrie [Graësse].

QUIRINALIS MONS, voy. ROMA.

QUIRITÉS, voy. ROMANI.

QUISSUS, *la Queis* ou *Queiss*, riv. de Silésie.

QUOENQUE DE GUETE. Désignation inconnue ; est-ce *Gueytes*, commune du Haut Languedoc (Ariége) ?

Nous trouvons souscrit à ce nom : *Discours d'un Béarnais, très-fidèle sujet du roi, sur l'édit du rétablissement de l'exercice de la religion catholique, apostolique, romaine, par tout le Béarn, et de la main-levée des biens ecclésiastiques.* Quœnque de Guete, par P. Cabart et M. de Bericu, 1618, in-4°.

Raba, voy. **Arabo**.

Rabæ ins., *Rabaköz*, grande île du Danube, en Hongrie.

Rabariæ, *Raviéres*, bourg de Fr. (Yonne), sur l'Armançon.

Raboldi Rupes, *Rappolstein*, château en ruines, qui domine la petite ville de *Ribeauvillé*, qui s'est aussi appelée *Ribeaupierre* (Haut-Rhin); les violons de l'Alsace relevaient du baron de Rappolstein, auquel ils payaient une redevance de 5 livres par bande.

Racceurgium ?

Lieu d'impression, que nous croyons supposé, à moins que par suite d'une faute d'impression on n'ait voulu désigner **Ratzeburgum**; nous trouvons au cat. des Elzevirs de 1681 : *Pauli Ludov. Sachsii Monocetologia, seu genuina de unicornibus dissertatio*. Racceurgii, 1676, in-8°.

Raceburgum, voy. **Ratzeburgum**.

Raciatum, **Raciate Vico**, **Raciate** [Monn. Mér.], *Rezé*, ville de Fr. (Loire-Infér.). = *Rezay*, comm. de Fr. (Cher), voy. **Ratiatum**.

Racospurgum, *Rackelsburg*, ville de la Basse Styrie.

Racovia, *Rakow*, ville de la Petite Pologne, dans le palatinat de Sendomir, fondée en 1569, par Jean Sieninski, le palatin de Podolie.

« *Nidus Unitariorum* », dit Hoffmann (*Typ. Polon.*), qui consacre à la typographie de cette petite ville un long et substantiel travail ; c'est à l'année 1577 qu'il fait remonter l'introduction de l'imprimerie, avec Alexis Rodecki comme proto-typographe : *Martini Czecnovicii Novum Testamentum e Græco in Polonicum translatum cum annotationibus*. Racoviæ, 1577, in-4°.

Lackmann a consacré également un long article à la typographie des Antitrinitaires en Pologne et en Lithuanie; nous en publions un extrait, emprunté à la *Biblioth. Antitrinit.* de Christ. Sandius. Il donne comme premier produit des presses de Rodecki : *Martini Czechovicii Rozmowy Christiankil*, etc. (*Dialogi XIII, de variis religionis articulis, et imprimis contra Iudaicas fabulas, quibus Christum et eius Euangelium calumniantur*)... Rakoviæ, 1575, in-4°.

Le Palatin Jac. Sieninski, fils du fondateur de la ville, embrassa en l'an 1600 les doctrines des Sociniens, fonda une école et un temple unitaires, et donna une nouvelle et considérable impulsion à la typographie locale ; Sebastian Sternach épousa la fille unique d'Alexis Rodecki, et dirigea l'imprimerie jusqu'en 1638.

Un grand nombre de livres sortis de ces presses sont cités par Freytag, Vogt, Bauer, etc., mais les plus utiles documents sont donnés *in extenso* par Sandius, Zeltner, Hoffmann et surtout Lackmann (*Ann. Typogr.*, p. 97 et seq.).

Racownicensis Provincia, *le cercle de Rakownitz*, en Bohême.

Radantia, **Ratanza** [Pertz], la *Rednitz* ou *Regnitz*, affl. du Main, en Bavière.

Radeverum, *Reviers*, commune de Fr. (Calvados).

Radinga, **Ridinga**, *Reading*, sur la Tamise,

ville d'Angleterre, chef-lieu du Berkshire.

On voit dans cette ville les ruines d'une magnifique abbaye, qui renferme le tombeau de son fondateur, le roi Henri Ier.

C'est à l'année 1696 que M. Cotton fait remonter l'imprimerie avec un traité ascétique de Mary Sandilands, quakeresse, dont il ne donne pas le titre. A la date de 1723, il mentionne : *The Devonshire Woman, or a Wonderful Narrative of Frances Flood.* Printed for Frances Flood, and sold by nobody for herself, 1723, in-12. Deux ans après, nous trouvons : *Heliocrene, a Poem in English and Latin, on the Chalybeate Well, at Sunning Hill, in Windsor Forest.* Reading, 1725, in-4o. En 1762 Reading possédait deux imprimeurs, Newbury et Micklewright.

Divers livres imprimés à des dates postérieures se trouvent décrits aux catal. S. W. Scott (p. 310), Williams (n° 1024), etc.

Un journal, *The Reading Mercury*, y fut publié dès les premiers temps de l'imprimerie locale, c'est-à-dire au mois de février (ou juillet) 1723.

RADIS INS., REA, CRACINA INS. (?), l'*Ile de Rhé*, ou *de Ré*, sur la côte du dép. de la Charente-Inférieure, avec *St-Martin-de-Ré* comme chef-lieu.

RADO, *Raon-l'Etape*, bourg de Fr. (Vosges), sur la Meurthe.

RADOMIA, *Radomir*, ville de l'anc. Gallicie polonaise, auj. à l'Autriche.

RADSTADIUM, *Radstadt*, sur l'Enns, ville de la Haute-Autriche (cercle de Salzburg).

RAGLAND, bourg du Monmouthshire, avec un anc. château fortifié qui fut ruiné par les Covenantaires au temps des guerres d'Olivier Cromwell.

M. Cotton suppose qu'une imprimerie a pu exister à Ragland Castle, et cite : *A Collection of Loyal Songs, Poems*, etc. « privately printed at Ragland Castle » à la date de 1750. Cette imprimerie n'est point mentionnée par Martin, et Lowndes cite en effet « *A Collection of Loyal Songs, Poems*, » etc. (Jacobite), in-12, à cette date, mais il dit : « privately printed at London » ; ce livre a figuré dans une vente de Puttick en 1862 où il atteignit le prix de 9 sh.

RAINHAM, RAYNHAM, village d'Angleterre (comté de Norfolk).

Raynham Hall était la résidence d'Anne, marquise Townshend. Une imprimerie fut montée à la fin du siècle dernier, et donna : *Townshend (George, Marquis of) Miscellaneous Poetry upon various subjects and occasions.* Rainham, 1791-1807, in-8o (Lowndes, 1er cat. Rich. Heber, n° 6810).

RAMA, RAME [It. A., It. Hier., It. Aq. Apol.], station de la Gaule Narbon., sur la Durance, entre Embrun et Briançon, auj. *Rame*, village situé près de l'Argentière, dans le dép. des Hautes-Alpes [D'Anville].

RAMBOLITUM, RAMBOLETUM, *Rambouillet*, ville de Fr. (Seine-et-Oise) ; anc. titre de duché-pairie ; François Ier y mourut en 1547.

RAMERTIUM, voy. MARTORANUM.

RAMERUS (UDIS), *Raméru*, bourg et anc. abb. de Champagne (Aube).

RAMESIA, RAMESIUM, RIMNUS, *Ramsey*, petit port sur la côte E. de l'île de Man ; anc. abbaye.

L'imprimerie paraît avoir existé dans cette localité au milieu du siècle dernier : *The Epistles and Apocalypse* en dialecte de l'île de Man, y furent imprimés en 1767, par un typographe de Whitehaven, nommé Shepherd ; et l'année suivante on connaît du même : *The Book of Common Prayer and Lewis' Catechism*. M. Cotton affirme qu'une traduction du *Paradise Lost* de J. Milton, fut également publiée à Ramsey.

RAMSGATE, ville et port d'Angleterre, sur la Tamise, dans le comté de Kent.

Lowndes cite quelques *Poëmes* anonymes publiés sous la rubrique de Ramsgate, en 1785 et années suivantes.

RANCO, voy. ANDECAMULUM.

RANDANUM, *Randan*, ville de Fr. (Puy-de-Dôme).

RANDRUSIA, *Randers*, ville de Danemark, à l'embouchure du Guben (préf. d'Aarhuus).

RANISIUM, *Camporanice*, localité d'Italie [Graesse].

RAPARIA [It. A.], station de la Lusitanie, sur la route d'Ossonoba à Ebora, dans le pays des Celtici, auj. *Ferreira-de-Ares*, port de la prov. de Beira.

RAPINIUM [It. A.], dans l'Etrurie, auj. *Torre di Bertaldo*, bourg de la déllég. d'Urbino [Reich.].

RAPISTAGNUM, *Rabastens, Rabasteins*, sur le Tarn, ville du Haut-Languedoc, dans l'Albigeois (Tarn).

RAPPOLTI PETRA, voy. RABOLDI RUPES.

RARA, *Gross-Rohrheim*, bourg de Hesse-Darmstadt.

RARBOK, *Rhorbach*, bourg du comitat de Presburg [Hongrie].

Németh nous apprend que l'impression des *Conciones Petri Bornemiszsza*, commencée à Detrekö, fut terminée à Rarbok, qui dépendait alors de Detrekö.

RARSCHACH *am Bodensee*, auj. *Rorschach*, bourg et port sur le lac de Constance, dans le canton suisse de St-Gall.

L'imprimerie exista au XVIe siècle dans cette localité, comme dans presque toutes les villes avoisinant le Bodensee ; à la date de 1591 nous trouvons au catal. des foires de Francfort de 1625, sous la rubrique « Anatomia », le volume suivant : Ἐργαλεῖον, *das ist : ein Instrument oder füglisches Werckzeug, mit dem, neben gnugsamer Erkandtnuss, fürgebüdter Gebein vnd Geädern, sampt andern in Patenten angezeigten Theilen dess menschlichen Leibs; wie ein medicus ein rechte Anatomiam anstellen soll.* Rarschach am Bodensee, 1591, in forma patenti.

Un livre rare, orné de belles fig. sur bois, y fut

xécuté en 1596 : *Sal. Trismosini Aureum Vellus, der guldin Schatz und Kunstkamer in das teutsch gebracht.* Rorsch. am Bod., 1596-1599, in-4° Le *Tract.* I, en 1596 ; le *Tract.* II, en 1599).

RASBACIS, RESBACUM, REBACUM, *Rebetz, Rebais,* bourg de la Brie (Seine-et-Marne) ; possédait un abb. de St-Benoît, fondée en 640, qui s'appelait *Jérusalem.*

RASENÆ, voy. TUSCIA.

RASINA, *Rasne,* commune de Normandie (Orne).

RATÆ CORITANORUM, RATE, voy. LEGECESTRIA.

RATANEUM, Ῥαττινον [Dio C.], château de l'Illyrie romaine, auj. *Rudunich* (?)

RATIARIA [It. A.], Ῥατιαρία [Proc.], Ῥατιαρία Μυσῶν [Ptol.], lieu de garnison des légions et station de la flotte romaine sur le Danube, auj. *Arzer Palanka,* ville de Bosnie.

RATIATENSIS PAGUS, RATINSIS, *le pays de Raiz* ou *de Retz,* dans la Bretagne mérid. (Loire-Inférieure) ; anc. titre de duché-pairie.

RATIATUM [It. A.], Ῥατίατον [Pt.], VICUS RATIATENSIS [Greg. Tur.], RACIACI [Chr. a. 1123], ville de l'Aquitaine II, auj., d'après la plupart des géogr., *Machecoul,* ville de Fr. (Loire-Inférieure); M. Max. Deloche traduit par *Rezay,* auj. *Rezé,* comm. importante de l'arrond. de Nantes, près de la Loire, ce qui se rapporte à la phrase de Grég. de Tours : *Infrà Pictavorum terminum, qui adjacet civitati Namneticæ;* on trouve aussi dans les preuves de la Chr. de Bretagne, de D. Lobineau : RAZEZIUM et RADESIUM.

RATIBOR, ville de Prusse, sur l'Oder, dans la rég. d'Oppeln (Silésie).
Les juifs y bâtirent une synagogue et y introduisirent la typographie en 1803.

RATISBONA, voy. AUGUSTA TIBERII.

RATOMAGUS, voy. ROTOMAGUS.

RATOMAGUS, voy. AUGUSTOMAGUS.

RATZEBURGUM, *Raseborg, Ratzeburg,* chef-lieu du Lauenburg, auj. à la Prusse (voy. LACIBURGIUM).
Falkenstein indique 1670 comme date de l'introduction de l'imprimerie dans cette ville ; nous pouvons la reporter à 1668 : *Joh. Frid. Popping. Orbis illustratus.* Razeburg, Nic. Nissen., 1668. in-12 (Cat. de Tournes, p. 376). Nous trouvons en 1672 un livre important : *Buno. Memoriale juris utriusque, quod librorum titulos et singulos eorum paragraphos... emblematibus et imaginibus ita effecta continet, ut... facili negotio memoriæ imprimantur.* Ratzeburgi, Nic. Nissen, 1672, in-4°, avec de gr. pl. pliées, gravées à l'eau-forte, et destinées à

l'enseignement du droit, sous forme d'*Ars memorandi,* en rébus ; le vol. est imprimé en rouge et noir.
Nous citerons encore sous la même date, un poëme de Frid. Cogel : *Der reisende Fürst Æneas,* in-8o.

RAUCIACUS [Frodoard.], RAUZIACUS [Chr. Fontan.], RAUSIACUM VILLA [Præc. Car. C. a. 845], RAUGIO PALATIO [Monn. Mer.], *Roucy,* anc. petite ville, et titre de comté-pairie de Champagne (Aisne); voy. Lebeuf, *Hist. diœc. Paris.,* t. XIV).

RAUDA [I. A.], Ῥαύδα [Ptol.], station des Vaccai dans la Tarrac., auj. *Roa,* près d'Aranda de Duero (Castille-Vieille).

RAUDA, *Ruda, Rauden,* petite ville de Silésie, près de Glogau (rég. d'Oppeln).
Après l'incendie qui dévora la typographie d'Erasme Roesner vers 1680 à Glogau, sa veuve en transporta les débris dans la petite ville de Rauden ; et ce fut là qu'elle épousa Christophe Wilde : depuis nous la trouvons établie avec celui-ci à Fraustadt en Pologne (Hoffmann, *Typ. Polon.*).

RAUDII CAMPI [V. Pat.], RAUDIUS CAMPUS, *les Champs Raudiques* ; plaine des environs de Verceil, au confluent de la Sezia et de l'Adige ; Marius y détruisit les Cimbres, l'an 101 av. J.-C.

RAUGA, RHODIUM, RODRINA, *Roye,* anc. ville forte du Santerre en Picardie, avec titre de comté (arr. de Montdidier, Somme).

RAURACENSE CASTRUM, *Augst,* voy. AUGUSTA RAURACORUM.
M. Guérard (*Div. Territ. de la Gaule*) cite plus de vingt appellations synonymiques, tirées du *Recueil des Historiens de France,* des *Historiens d'Allemagne,* des *Diplomata* de Bréquigny, etc.

RAURACI [Cæs., It. A., T. P.], Ῥαυρικοί [Ptol.], peuple de la Gaule Belgique, ou Germanie I, voisin des Triboques, habitaient le dép. du Haut-Rhin et partie du canton de Bâle.

RAURANUM [It. A.], RARAUNA [T. P.], station de la Gaule Aquit., entre Limonum et Mediolanum Santonum, que d'Anville place à *Rom,* bourg du Poitou, sur la Dive (Deux-Sèvres).

RAUSA, voy. RHAUSIUM.

RAUZIACUM, voy. RAUCIACUS.

RAVELLUM, *Ravello,* bourg du Napolitain (princip. Citra).

RAVENNA [Cæs., Pl., Tac., etc.], Ῥαούεννα [Str.], Ῥάβεννα, sur le fl. Bedesis, dans la Gaule Cispadane, près de l'Adriatique, auj. *Ravenne,* chef-lieu de légation du roy. d'Italie; archevêché.
Anc. résidence des derniers empereurs romains d'Occident, puis des rois Goths ; les cendres du plus grand poète de l'Italie, de Dante, reposent dans l'église des Franciscains ; en 1512, la bataille où fut tué Gaston de Foix a donné lieu à un récit

en *octaves* que Molini (*Aggiunte al Panzer*, 151) donne comme imprimé à Ravenne, mais sans fournir aucune preuve à l'appui d'une assertion qui nous paraît bien hasardée. Voici la note de ce libraire : *El fatto d'arme fatto a Rauena nel* MDXII. *A di XI de Aprile* (Ravenna, 1512); in-4° de 4 ff., sans sign., car. goth. avec un front. gr. sur b., à 2 col. de *b* octaves chacune. D'un autre côté la *Biblioth. curiosa*, de J. Hallervord, nous donne un renseignement qui nous permettrait de reporter l'imprimerie à une date encore fort respectable dans cette ville célèbre, s'il était confirmé, mais nous ne pouvons le reproduire qu'avec réserve : *Julius Ferretus, Ravennas, J. U. D., Eques Comesque Lateranensis Palatii, de antiqua instauranda et illustranda militia*. Ravennæ, 1538, in-fol. Nous ne trouvons cette édition citée par aucun bibliogr., mais la plupart des Allemands donnent celle de Venise, ap. Bol. Zalterium, 1575, in-fol., qu'ils qualifient de « *opus rarissimum* ».

Falkenstein donne 1580 comme date de l'introduction de la typographie; il s'appuie sur le volume suivant : *Tomaso Tomai* (*Tomasi*). *Storia di Ravenna*. Ravenna, 1580, in-4° [Haym, p. 57]. L'imprimeur de Ravenne à cette époque s'appelait Tebaldini : *Delle Disaventure di Ovidio Libri V*, ridotti (in verso sciolto) *nella volgar Lingua da Giulio Morigi*. Ravenna, pel Tebaldini, 1581, in-12.

RAVENSBURGUM, *Ravensburg*, ville du Würtemberg, près du lac de Constance; non loin de cette ville se trouve la vieille abbaye de *Weingarten*.

Falkenstein donne 1626 comme date de l'établissement d'une imprimerie dans cette ville; nos recherches ne nous fournissent aucun titre à l'appui.

RAVENSIS PALAT., *le woyewodat de Rawa*, en Pologne.

RAVENSTENIUM, *Ravenstein*, pet. ville et comté de Hollande, sur la Meuse (Brabant Septentr.).

RAVICIUM, *Rawicz*, ville de Prusse (rég. de Posen).

M. Cotton dit, malheureusement sans fournir de titres à l'appui de cette assertion, que Rawicz possédait une imprimerie antérieurement à 1650; Falkenstein ne la mentionne pas comme lieu d'impression.

RAVIUS FL., fleuve d'Irlande, auj. *Thè Door*.

REA INS., voy. RADIS.

REATE [Liv., Varr., Pl., It. A.], ὁ ʿΡέατος Str.], τὸ ʿΡεάτιον [Step. B.], ville princip. des Reatini, dans l'*Ager Reatinus*, sur la Via Salaria, auj. *Rieti*, sur le Velino, chef-lieu d'une délég. du roy. d'Italie, au N.-E. de Rome.

On ne fait remonter l'imprimerie dans cette ville qu'à 1679, avec le vol. suivant : *Metamorfosi lirica d'Orazio, parafrasato e moralizzato da Loreto Mattei, ec.* — Rieti pel Pittoni, 1679, in-8°. (Cat. Thorpe, 1842, n° 3506).

REBACUM, voy. RESBACUM.

REBDORFIUM, *Rebdorf*, bourg de Bavière, avec une église collégiale, près d'Eichstädt.

La biblioth. des chanoines réguliers de Rebdorf est célèbre dans les annales de la bibliographie; en 1787-1790, le catal. en fut imprimé à Eichstädt, en 2 vol. in-4°. Les principaux incunables de l'art typographique sont décrits avec le plus grand soin dans ce catalogue, qui est devenu un livre classique pour les bibliographes.

REBELLUM, *Revel*, ville de Fr. (Haute-Garonne); anc. forteresse calviniste, dont les murs furent rasés en 1629.

RECENS LACUS, *das Frische Haff*, lac de la Prusse Orientale.

RECHIUS FL., ʿΡήχιος [Proc.], fl. de la Macédoine, auj. *le Beschik* [Leake, Cousinéry].

RECINETUM, *Recanati*, ville épiscopale d'Italie, à l'embouch. de la Potenza (délég. de Macerata).

Falkenstein et Cotton font remonter l'imprimerie dans cette ville à l'année 1606; le premier typographe s'appelle Braida; nous connaissons : *Giov. Franc. Angelita. I Pomi d'Oro, due Lezioni, de' Fichi l'una, altra de' Meloni; aggiuntavi la Lezione della Lumaca*. Recanati, pel Braida, 1607, in-4°. Col ritratto dell' autore, qui avait donné en 1601 à Venise, un livre sur *l'Origine e Storia della Città di Recanati*, in-4°.

RECUPERATA TERRA, *le Pays reconquis*, anc. district du Calaisis, dont les Anglais avaient joui deux siècles (de 1347 à 1556), et qui comprenait les comtés de Guines et d'Oye (Pas-de-Calais).

RECUSA, lieu d'impression supposé ?

Actiones duæ secretarii Pontificii, quarum altera disputat: an Papa Paulus IV debeat cogitare de instaurando concilio Tridentino ; magna est enim spes de pace. Altera vero, an vi et armis possit deinde imperare Protestantibus ipsius concilii decreta. Recusæ, anno MDCVII (1607), de 142 p. in-8°.

Ce livre rare est du célèbre hétérodoxe Petro Paulo Vergerio, auquel Freytag (Apparat. III, 532) et Bayle (Dict. IV, 2803) consacrent de longs et curieux articles; mais la souscription « : *Recusæ anno 1607* », n'indiquerait-elle pas, au lieu d'un nom de ville imaginaire, le fait même de l'impression, *recusæ* étant mis là comme synonyme d'*excusæ* ? Et dans ce cas pouvant indiquer le fait de la réimpression : *re* ou *rursus excusæ;* ce ne serait pas la première fois que nous aurions pris le Pirée pour un homme.

REDDENSIS PAGUS, *le Razez*, district du Languedoc, dont *Limoux* était le chef-lieu, anc. titre de comté.

REDINTUINUM, ʿΡεδιντοῦινον [Ptol.], dans le pays des Marcomans, auj., suiv. Wilhelm, *Niemes*, sur le Poltzen; Reichard indique l'emplacement de cette localité près de *Nimptsch*, bourg de Silésie (rég. de Breslau).

REDLINGA, *Riedlingen*, pet. et anc. ville du Wurtemberg (Donaukreise).

Impr. en 1729, dit Falkenstein, mais M. Ternaux cite : *Contelorius*, *de contemptu mundi*. Redlingæ, 1712, in-12.

REDONES [Cæs., Pl.], RHEDONES, ʿΡήδονες [Ptol.], peuple de la Gaule Lyonn. III, habitait la partie du dép. d'Ille-et-Vilaine qui s'étend de Rennes à St-Malo ; Cæsar le place en effet « *inter civitates quæ Oceanum attingunt* » ; ce pays s'appelait encore REDONICA REGIO, *le Rodais* [Chr. B. Dion.].

REDONES, REDONUM CIV. [Not. Imp.], REDONAS CIVI, REDONIS [Monn. Mérov.], anc. CONDATE [It. A., T. P.], Κόνδατε, ville capit. des Redones, auj. *Rennes*, ville de Fr. (Ille-et-Vilaine), au confl. de ces deux rivières ; anc. capit. du duché de Bretagne, et siége d'un parlement illustré par sa noble indépendance ; archevêché, académie ; c'est la patrie de D. Lobineau, l'historien de la Bretagne, de l'avocat Gerbier, de Vauban et du bibliographe Quérard. La bibliothèque de la ville a quelque importance.

Le terrible incendie de 1720 détruisit sans aucun doute les archives municipales et ecclésiastiques de la capitale de la Bretagne, car il nous a été impossible d'obtenir un renseignement de quelque utilité concernant l'établissement de la typographie dans cette grande ville ; il nous semblait cependant que l'hôtel de ville et le palais de justice avaient été préservés, et nous espérions que quelque registre ignoré aurait conservé la copie ou la trace des lettres patentes ducales, en vertu desquelles avait pu s'établir la première imprimerie ; il n'en est rien malheureusement, et, à l'exception du nom des premiers typographes et de quelques-uns des premiers livres exécutés, nous ne savons rien. Les noms de ces imprimeurs sont bretons ; mais qui les a initiés à l'art nouveau ? qui les a appelés à Rennes ? qui leur a fourni les fonds nécessaires au premier établissement ? etc. Voilà ce qu'il ne nous est pas possible de préciser.

C'est en 1484, sous le gouvernement du dernier duc de Bretagne, le faible et valétudinaire François II, père de la bonne duchesse Anne, qu'apparaît pour la première fois l'imprimerie dans la ville de Rennes, et les premiers typographes se nomment : Pierre Bellesculée et Josses. Venaient-ils d'Angers, venaient-ils de Rouen ? Les relations littéraires et cléricales de Rennes avec ces deux villes rendent l'une et l'autre des deux hypothèses admissibles.

COUSTUMES DE BRETAGNE. A la fin du texte de la coutume se lit la souscription suiv.: *Lan de grace mil iiii. cccc. quattre vingtz et quattre le xxvi* iour de mars deudt pasqz Regnant treshault et tresexcellant prince Franczois par la grace de dieu duc de bretaigne conte de montfort de richemont destampes et de vortuz. A estoy paracheue dimprimer ce present volume de coustumes correctes et meurement visitees, par maystre nicolas dalier, maistre guillaume racine et thoas du tertre aduooat. Auecques les constitutions establissemens et crdonnances faictes en parlement de bretaigne es temps passes et iucques a ce iour pareillement visitees et correctees par Jacques bouchart greffier de parlement et par maistre allain bouchart, par lindustrie τ ouuraige de maistre pierres bellesculee et Josses. Et fut en la ville de Rênes pres leglise de saint-germain. Ce soit a la louenge de la Trinité.* Pet. in-8o goth. de 252 ff. non chiffrés à 26 lig. à la page ; après la souscription doivent se trouver, 1o un f. blanc ; 2o 14 ff. cont. le préambule et la table.

Au bas de la souscription se voit la marque des imprimeurs, une double croix blanche surmontant le globe du monde ; cette même marque, que nous voyons sur le *Floret en franczoys*, apparaît encore

sur une édition des *Coustumes d'Anjou*, sans lieu ni date, mais probablement imprimée à Rennes, vers 1490.

Cette *très-ancienne coustume* fut rédigée en 1330 par trois hommes notables d'icelle saison : *Copu le Saige, Treal le Fier et Mahé le Loyal* [voy. Hevin, *Coust. génér. de Bretagne*, 1659] ; elle fut réformée en 1539.

Zaccaria, dans sa *Bibl. ritualis*, nous donne le titre d'une pièce que nous reproduisons, bien que nous ne la trouvions citée par aucun bibliographe : *La grant Absoulte de Pasques.* Rênes, P. Bellesculée et Josses, 1484, in-4o de 4 ff. goth.

En 1485 apparaît le FLORET EN FRANCZOYS. A la fin : *Cy finist floret en Franczoys*||*imprime a Rennes. lan de grace*||*mil quatre cens quatre vingts et v.* In-4o impr. avec le car. goth. très-petit mais très-net. de la *très-ancienne coustume* ; sans ch., récl. ni capit., avec sign. A i — viij. (ainsi disposés: 1er f. A i ; 2e f. blanc ; 3e f. A ii, les 5 autres blancs, et ainsi pour les 5 cahiers). L'écusson de Bretagne est au vo du titre, lequel forme un 41e feuillet non cité par M. Brunet. L'admirable exemplaire de la Bibl. impér. (Y, 369,3.) vient de La Vallière (no du cat. 1036), lequel l'avait obtenu de l'abbaye de St-Germain-des-Prés.

Un Normand, Jehan Macé, le frère ou tout au moins le proche parent du chef de cette grande famille de typogr., Robinet Macé, imprimeur à Caen et libraire à Rouen, à la fin du xve siècle, établit à Rennes, de 1500 à 1532 environ, une librairie considérable, auprès de la porte St-Michel, en la paroisse St-Sauveur, à l'image de St-Jehan l'évangéliste ; les Macé de Caen et de Rouen, Richard Goupil de Rouen, Laurens Hostingue de Caen, Philippe Pigouchet de Paris, etc., imprimèrent un grand nombre de volumes pour ce libraire, qui était en quelque sorte représentant, en Bretagne, de la librairie normande, et se chargeait du placement des excellentes et nombreuses impressions de Rouen et de Caen. Son nom figure encore vers 1530 sur une édition de la *belle Maguelonne et de Pierre de Provence* « *imprimée à Rouen, par Richard Goupil, pour Michel Augier libr. de l'univ. de Caen, pour Jean Macé à Rennes, et pour Rich. Macé, demourant à Rouen.* »

Les principaux imprimeurs de Rennes, au xvie siècle, sont Jehan Georget, Thomas Mestrard, Bertrand Jochault, Pierre le Bret, Julien du Clos, etc.

Au xviie nous mentionnerons, avec Logeroys, Haran et Julien Ferré, l'imprimeur François Vatar, qui devient le premier typographe breton, fonde une importante maison à Nantes, et fait souche d'excellents imprimeurs. Cette famille est encore représentée de nos jours à Rennes par un homme qui soutient dignement avec son talent et son érudition le poids de cinq ou six quartiers de vraie noblesse.

L'arrêt du Conseil du 21 juillet 1704 porte à quatre le nombre des imprimeurs concédés à la ville de Rennes ; cet arrêt est confirmé par ceux du 31 mars 1739 et du 24 mai 1759. Ce dernier supprime l'imprimerie du sr Nicolas Audran, conformément à un arrêt particulier du Conseil en date du 5 août 1758. Cet arrêt, qui recevait en même temps Nic.-Paul Vatar, pour l'imprimerie de Nic. Audran, qui a succédé à sa mère, la veuve Audran, sera supprimée après sa mort ; ainsi que nous l'avons dit, cette disposition sera répétée l'année suivante.

Le rapport fait à M. de Sartines en 1764 donne les noms des quatre imprimeurs en exercice à Rennes : Pierre Garnier, 2 presses ; a succédé à sa mère en 1758. — Julien-Charles Vatar, 3 presses ; a succédé à son père, Julien Vatar, en 1758. — Nicolas-Paul Vatar, 3 presses ; a succédé à son père en 1758. — Enfin François-Pierre Vatar, 3 presses ; a succédé à son père Guillaume Vatar en 1759 ; avait la survivance de cette place depuis 1750.

REFUGIUM APOLLINIS [It. A.], APOLLINIS LIBYSTINI FANUM [Macrob.], localité de la côte S. de Sicile, près du Capo Passaro, auj. *Fano* [Reich.].

REGALIS LOCUS [Mabillon], *Royal-Lieu, Royaulieu,* commune de Picardie, près Compiègne (Oise); anc. abb. de St-Benoît, fondée en 1150.

REGALIS MONS, VILLA [Ch. Phil. Aug. a. 1275], *Royaumont,* commune de Fr. (Seine-et-Oise); anc. et célèbre abb. de l'ordre de Citeaux, fondée par S. Louis en 1228, du dioc. de Beauvais.

REGALIS MONS, *Réaumont,* commune du Dauphiné (Isère).

REGALIS VILLA, *Réalville,* petite ville de Fr. (Tarn-et-Garonne).

REGANASBURCH, RANASBONA, RAINESBURGUM, voy. AUGUSTA TIBERII.

REGANUM FL. [Geogr. Rav.], REZNA, *le Regen,* riv. de Bavière, qui sort du Böhmerwald et afflue au Danube.

REGENNES.

Encore une de ces imprimeries clandestines du XVIIIe siècle, desquelles sortaient ces fameuses *Nouvelles ecclésiastiques,* avec tous leurs suppléments, attenants et aboutissants, que les lieutenants de police n'ont jamais pu découvrir. Sous la rubrique « *Regennes* », nous trouvons : « *Extrait de la lettre sur l'art de vérifier les dates, par le Journaliste de Trévoux*». Regennes, 1750, in-12. Cette pièce, croyons-nous, a été exécutée à l'imprimerie d'Arcueil, qui fut saisie en 1756 et dont les pauvres ouvriers furent rudement condamnés; mais tout naturellement on ne sut rien ou on ne dit rien des invisibles moteurs de l'affaire, qui se proclamaient, et de fait étaient indépendants de toute juridiction civile ou ecclésiastique. [Voy. à la Bibl. imp. le fonds Anisson-Duperron.]

REGIA, 'Ρηγία [Ptol.], ville des Vennicnii, dans le N. de l'Irlande, sur le fl. Culmore, que l'on place près d'*Omagh* (Ulster).

REGIA, ἑτέρα 'Ρηγία [Pt.], seconde ville du même nom, sur le même territoire, que Mannert place au S.-E. de *Kilalla-Bay* (Ulster).

REGIANA [It. A.], REGINA [G. Rav.], ville de la Bétique, auj. *Villa de Reyna,* en Andalousie, et, suiv. d'autres géogr., *Llerena ?*

REGIANUM, voy. NOVIO REGUM.

REGIANUM, 'Ρηγίανον [Ptol.], Βιγραναή [Proc.]?, ville de la Mœsie Infér., auj. *Kotoszlin,* au confl. de l'Ogustul et du Danube (Boulgarie).

REGILLUM [Liv., Dion. H.], ville du Latium, sur les bords du *lac Régille,* LACUS REGILLUS [Liv., Cic.], ἡ Ρηγίλλη λίμνη, auj. *Il Laghetto,* sur la Via Lavicana; bataille un peu légendaire où la confédération latine fut détruite par

Aulus Postumius, l'an de Rome 255 ou 258.

REGINEA [Tab. P.], à l'extrémité d'une voie romaine, qui, partant de CONDATE, (Rennes) vient aboutir à la mer, et que d'Anville dit être *Erquies,* bourg et petit port de Bretagne entre St-Brieuc et le cap Fréhel (Côtes-du-Nord).

REGINOBURGUM, REGINA CASTRA, voy. AUGUSTA TIBERII.

RIGINOHRADECIUM, voy. GRADIUM REGINÆ.

REGIO [It, H., T. P.], ville de Thrace, auj. *Koutschuk-Tzschekmetsche,* dans le pach. d'Andrinople.

REGIODUNUM, voy. DUNUM REGIS.

REGIO FLAMINIA, *la Romagne,* anc. province d'Italie; forme auj. les rég. de Ravenne et de Forli.

REGIO METALLIFERA, *Das Erzgebirge,* en Saxe.

REGIOMONTIUM BORUSSIÆ, MONS REGIUS, MONS REGALIS, REGIOMONTUM, *Königsberg* (en lithuan. *Caralianzuie, Kalanczuje*; en polon. *Krolewiecz*), ville de Prusse, chef-lieu de la province de la Prusse Orientale, et de la régence de Königsberg, sur la Pregel; université fondée en 1544; bibliothèque importante; c'est la patrie de Kant.

La typographie a précédé en cette ville la fondation de l'université; une imprimerie considérable y exista de 1520 à 1555, elle était dirigée par un excellent typographe du nom de Weivreich; M. Reicke, conservateur de la bibliothèque de Königsberg, vient de publier le catalogue raisonné des ouvrages sortis de cette imprimerie. Le plus rare peut-être des livres publiés par Weivreich est celui-ci : *Episcoporum Prussiæ Constitutiones synodales,* imprimé vers 1530; ce livre est devenu si complétement introuvable, que nous ne connaissons pas de bibliothèque en Allemagne, qui le possède.

Un imprimeur du nom de Joh. Daubmann succède à Weivreich; nous citerons de lui : *P. P. Vergerii catalogus hæreticorum. Æditus Venetiis de commissione tribunalis sanctissimæ inquisitionis. Apud Gabrielem Julitum* (Giolito) *et fratres de Ferraris. Cum annotationibus Athonasii. Act. XVIII. Itaque Ecclesia confirmabantur fide et abundabant numero quotidie.* In Regio Monte Borussiæ imprimebat Joh. Daubmannus, 1556, in-8º [Ianozki *Nachr.* II, p. 72, Bauer, Freytag, etc.]. Un autre livre du même auteur, P. P. Vergerio, est cité par Melzi (*Anon.* I, 473); peut-être est-ce le même livre : *De Gregorio Papa, huius nominis primo, quem cognomento Magnum appellant,* etc. Regiomonti Borussiæ, excudebat J. Daubmannus anno 1556, mense octobr. in-8º. A la fin une gravure sur bois avec ce vers de Catulle : « O sæclum insipiens et inficetum ! »

Sous la rubrique lithuanienne « *Karalauczuje* », nous trouvons plusieurs livres imprimés, parmi lesquels nous citerons une célèbre « *Biblia Lithuanica* » de 1735, in-8º, portée au catal. des *Ædes Allthorpianæ* (I, p. 90) et décrite par Graësse (I, p. 398); elle est imprimée par Pilippa Kristupa Kanteri;

REGIOMONTUM, *Königsberg*, ville de Hongrie [Graësse].

REGIOPOLIS, *Kingston*, ville du comté de Surrey, sur la Tamise (Angleterre).

REGIS CURIA IN ARVIS, *Königshofen im Grabfelde*, ville de la Basse-Franconie, près de Würzburg (Bavière).

REGIS SAXUM, *Königstein*, célèbre forteresse de Saxe, sur l'Elbe; — une autre petite ville du même nom est dans les montagnes du Taunus, près des ruines du château de *Falkenstein*.

REGISTUS, RHŒDESTUM, voy. BISANTHE.

REGITESTENSIS, RETELENSIS AGER, *le Rethelois*.

REGITESTUM, REGITESTE, REITESTE, RUGITUSIT [Monn. Mérov.], RETHELIUM, RETELLUM, *Rethel*, ville de France, anc. cap. du Rethelois (Ardennes), sur l'Aisne; anc. duché-pairie érigé en 1663, sous le nom de Mazarin.

Rethel figure au rapport fait à M. de Sartines, mais seulement comme possédant deux libraires et pas d'imprimerie; et pourtant il nous semble que le vol. suivant, cité par le P. Le Long, a dû être imprimé à Rethel plutôt qu'à Rinteln : *Periodus regni Austrasiæ seu Lotharingiæ, per dissertationem historicam, ab Henrico Vagedes.* Rinthelii, 1682, in-4°.

REGIUM, REGA, REII, *Riez*, ville de Fr. (Basses-Alpes); voy. ALBECE.

Une indication fournie par le P. Le Long (I, 443) nous semble indiquer l'existence d'une imprimerie dans cette ville épiscopale au XVIIe siècle : *Ordonnances du diocèse de Riez, publiées en 1675, par Nicolas de Valavoire.* Riez, David, 1675, in-4°. Cette ville ne figure ni aux arrêts du conseil, ni au rapport Sartines.

REGIUM CALABRIÆ, REGIUM JULII, voy. RHEGIUM.

REGIUM LEPIDI [Cic.], Ῥήγιον Λεπίδου [Ptol.], REGIUM LEPIDUM [Tac.], Ῥήγιον Λέπιδον [Strab.], REGIUM [It. A., Amm. M.], FORUM LEPIDI [Fest.], ville de la Gaule Cisalpine, sur la Via Æmilia, auj. *Reggio*, ville du Modénat, *negli Stati Estensi*, sur le Tessone (Italie); évêché, biblioth.; c'est la patrie de l'Arioste et de Spallanzani; on trouve sur qq. livres anciens RHEGIUM LINGOBARDIÆ ou LONGOBARDIÆ, REGIUM LIGUSTICUM, REGIUM ÆMILIÆ et REGIUM GALLIÆ TOGATÆ.

Certains bibliographes ont paru confondre l'histoire de la typographie de cette ville avec celle de Reggio des Calabres; il faut la distinguer nettement. C'est en 1480 que remonte l'établissement de l'imprimerie dans la patrie de l'immortel Arioste :
PEROTI NICOLAI *Rudimenta Grammaticæ.* A la fin : *Nicolai Perotti Sypontini Ad Pyrrhum pereltum nepotem Ex Fratre suauissimum rudimentorum grammatice finis. Impressum Regii opera et impensis Bartholomæi et Laurentii de*

Bruschis fratrum (cognomento Bottoni). *Anno Domini M.CCCCLXXX.* Pet. in-4°.

Ces frères Bottoni ou de Bruschis contractèrent l'année suivante, en date du 5 juin, une association avec divers citoyens de Modène, Paolo de Sasso, Pierro di Nigoni, Prospero di Zanotto dal Bombace, etc., et donnèrent un grand nombre de belles et bonnes éditions classiques, parmi lesquelles nous citerons : *Tibulle, Catulle et Properce* (1481), in-fol.; *la Généalogie des Dieux de Boccace*, sous la même date et le même format; *les Scriptores Rei rusticæ*, Cato, Varro, etc. (1482), in-fol.; — *Æsope* (1483), in-4°, etc.
La seconde imprimerie de Reggio est montée par Alberto de Mazalibus de Reggio en 1482, et le premier livre sorti de ses presses est un VIRGILE, in-4°; puis vient le célèbre Andrea Portilia, que nous avons déjà vu à Parme; Angelo de Rugeriis, Bazalerio de Bazaleriis, Dionigi Bertochi, etc.
Nous trouvons la rubrique « *Rhegium Lingobardiæ* » sur la première édit. du : *Dem. Moschi Laconis hoc ad Helenā et Alexandrū. Pontico Virunio interprete* (gr. lat.). Rhegii Lingobardiæ, psb. Dionysius (Bertochus), impressit, in-4°. Cette rarissime plaquette est décrite par M. Brunet; nous ajouterons une note à cette description : des six exempl. connus du livre, celui de Rich. Heber a été payé £ 25 par M. Grenville; il ne provenait pas de M. Renouard, mais bien de la bibl. Guilford; celui de lord Spencer provient de la collection Reina, enfin celui de M. Standish (auj. chez le duc d'Aumale) venait de Melzi. L'exempl. de la Bibl. impér. de Paris est incomplet; le plus parfait, le plus beau de tous, est celui de la bibl. Brera, à Milan.
Sous la rubrique : « *Regium Ligusticum* » on trouve : *Lud. Pontici Virunii historiæ Britannicæ Lib. sex.* A la fin : *Ex Rhegio Ligustico Ponticus Virunius impensa et torcularibus suis.* MDVIII. VI Cal. Apryllis, in-4°. Ce rare volume de 20 ff., qui commence par un feuillet blanc à la signat. B., a été parfaitement décrit par M. Potier au cat. Costa de Beauregard (n° 216), et cet excellent libraire a rectifié diverses erreurs de M. Brunet. Cet opuscule semble être le complément d'une autre pièce qui formerait le cahier A; voy. le catal. des œuvres de Pont. Virunio, que donne le P. Domin. Maria Federici dans ses *Memorie Trevigiane* (pp. 155 à 181).

REGIUS MONS, REGINA, *der Rigi, le Righi*, montagne de Suisse.

REGNA, *Regen*, bourg de Transilvanie [Graësse].

REGNI, voy. RHEGNI.

REGNUM [It. Ant.], ville de la côte S. de la Britannia, auj. *Ringwood*, sur l'Avon, dans le Hampshire [Camden].

REGULA, REOLA, *la Réole*, ville de France, sur la Garonne (Gironde); anc. abb. de St-Benoît.

Jean le More, de Constance ou de Coutances (c'est du Verdier qui traduit ainsi « Joannes Maurus), grammairien, traducteur et imprimeur, est l'introducteur de la typographie à la Réole, et, si l'indication fournie par le P. Le Long (I, 454) est exacte, c'est à l'année 1500 qu'il convient de faire remonter l'existence de cette typographie, qui du reste lui appartient exclusivement et doit rentrer dans la classe des imprimeries particulières : *Antiqua Decreta synodalia Vasatensis Diœcesis, de mandato illustrissimi ac reverendissimi D. D. Cardinalis de Albreto, Episcopi Vasatensis, redacta et promulgata.* Reguläe, Johannes Maurus, 1500, in-4°. Mais, comme nous n'avons pu nous procurer ce volume, et parce que l'autorité bibliographique du père Le Long nous semble insuffisante, nous ne donnons ce renseignement que pour mémoire et reportons, avec le savant bibliographe bordelais, M. Gustave Brunet, à l'an 1517 seulement l'introduction de la typographie à la Réole, ce qui est déjà une noblesse assez respectable pour une ville de cette importance.

Joannis Mauri Constantiani in cōmentarios compositionū ac deriuationū lingue latine. A la fin : Reole impress. in ædibus Joannis Mauri Constantini, anno dñi millesimo quingentesimo XVII, XV iunii, in-4o goth. de Lij ff. chiffrés, sign. a.-nii. Nous ne connaissons de ce livre qu'un seul exempl., c'est celui que M. Gustave Brunet a découvert à la bibl. de Bordeaux.

L'imprimerie disparaît de la Réole avec J. le Maure; cette ville n'est mentionnée par aucun des arrêts du conseil qui réglementent l'imprimerie en France, et le rapport fait à M. de Sartines ne la cite point.

REGULÆ, *Regoli* (?).

Haym nous donne (p. 113. 9) : *Agostino Franzone. Nobilità di Genova.* Regoli, 1636.

REGULBIUM [Not. Imp.], ville des Cantii, dans la Britannia Rom., auj. *Reculver*, dans le comté de Kent.

REGULI FANUM, voy. ANDREOPOLIS IN SCOTIA.

REICHSTADIUM, *Reichstädt*, ville de Bohême, dans le cercle de Bunzlau (Autriche).

Aucun bibliographe ne mentionne cette ville comme ayant possédé une imprimerie ; cependant nous trouvons (cat. Gariel, n° 2842) : *Kleine Fragmente für Dunkerinnen.* Reichstadt, Isay, 1788, in-12 portr.

REIENSIUM CIV., REII APOLLINARES, voy. ALBECE.

REINSPERG, voy. RENDESBURGUM.

REITESTE, voy. REGITESTE.

RELIGD, voy. RIGA.

REMESIANA [It. A.], 'Ρεμεσίανα [Hier.], ROMESIANA [T. P., Geog. R.], ville de la Mœsie Supérieure, auj. *Mustapha Palanka*, ville de Servie.

REMI [Cæs., Tac., Plin.], RHEMI, peuple de la Gaule Belgique II, occupait partie des dép. de la Marne et de l'Aisne.

REMLINGA. *Remlingen*, bourg de Bavière (cercle du Main-Infér.).

George Engelhardt de Löhneyss, dit M. Ternaux, seigneur du château de Remlingen, y organisa une petite imprim., dont sortirent en 1622 les vol. suiv.: *Aulica politica, oder Hof, Staats und Regierkunst,* in-fol. et : *Della Cavaleria. Gründlicher Bericht von allem was zu der löblichen Reuterey gehört und einem Cavalier zu wissen von Nöthen ist,* in-fol.

Ces livres nous sont inconnus.

M. Cotton fait remonter l'imprimerie à 1609 ; on demande un titre à l'appui de l'assertion.

REMORUM CIVITAS, REMIS, REMVS CIVET, RIMVS [Monn. Mérov.], anc. DUROCORTORUM [Cæs., It. A., Tab. Peut.], Δουροκόρτορα [Str.], Δουροκόττορον [Ptol.], Δοροκόττορος [Steph. B.], capit. des Remi, auj. *Rheims, Reims,* ville de Fr.,

sur la Vesle (Marne); c'est la patrie de Colbert et de Nanteuil.

Célèbre archevêché, dont les titulaires étaient premiers ducs et pairs de France ; sa cathédrale du XIIIᵉ siècle est l'un des plus admirables spécimens de l'art gothique qui soit en Europe ; 3 églises collégiales et cinq abb.; sa bibliothèque est importante ; elle provient en partie du cardinal Le Tellier, qui divisa son immense collection entre les Génovéfains de Paris et sa ville archiépiscopale.

L'imprimerie remonte au milieu du XVIᵉ siècle dans cette ville illustre, et c'est en 1551 que nous voyons pour la première fois figurer sur un livre le nom de Nicolas Bacquenois (en latin : N. Bacnetius), son premier typographe. A cette date nous citerons un volume, dont le titre prouve que Bacquenois n'était pas seulement un imprimeur, mais encore un érudit : *Jean. Feré* (ou *Fere*), *Précations et forme de prier Dieu, traduict du latin de Jean Fere, docteur en théologie, par Nicolas Bacquenois.* A Reims, chez ledict Bacquenois, 1551, in-16. Ce livre, cité par M. Brunet d'après Duverdier, ne nous est point autrement connu, mais il figure à tous les catalogues des foires de Francfort, sans exception, qui sont sous nos yeux.

Ce Nicolas Bacquenois, dont nous reparlerons à l'art. VERODUNUM, a-t-il, comme le dit M. Brunet, porté la typographie à Verdun (en 1560), postérieurement à son établissement à Reims ? ou, comme le dit M. Beaupré, était-il déjà établi dans la première de ces villes vers 1542 ? Voilà une difficulté qui n'est pas facile à résoudre, et nous y reviendrons à l'art. de Verdun ; mais d'abord il nous paraît admissible que cet imprimeur soit originaire de Lyon, puisque, à une date antérieure à son établissement en Champagne, nous voyons son nom figurer sur plusieurs volumes exécutés dans cette ville, ce que reconnaît M. Monfalcon ; nous citerons: *Isocrates. Oraisons panégyriques de la République : A Demonic : Au nommé de Nicoclès, etc., traduictes du grec par Pierre Adam.* — A Lyon, Nicolas Bacquenois, 1549, in-8°.

Cet imprimeur exécute à Reims un nombre considérable d'ouvrages, parmi lesquels nous citerons: un *Missale Rhemense,* 1553, in-fol. [Zaccaria, Bibl. Ritualis]; une édition peu connue de la *Dialéctique* de Pierre Ramus, sous la même date; plusieurs traités du célèbre Pierre Doré : *l'Observance de Religion Chrestienne,* 1554, in-16; *la Vie et Mort Chrestienne,* 1556, in-8° ; *la Tourterelle de Viduité,* 1557, in-16, etc.; un volume de médecine : *Hippocrates. De la nature de l'enfant au ventre de la mère, traduict du grec par Guillaume Chrestian.* A Rheims, chez Nic. Bacquenois, 1553, in-8° ; *les Coutumes du Bailliage de Vermandois,* 1557, in-fol. etc.

L'établissement de Jehan de Foigny, le second imprimeur rémois, ne paraît pas remonter au-delà de 1561 ou 1562, et il ne figure sur les livres publiés à cette date que comme associé de Nic. Bacquenois; c'était sans doute lorsque celui-ci comprit qu'il ne pourrait diriger utilement ses deux typogr. de Reims et de Verdun, qu'il sentit la nécessité de s'adjoindre un homme recommandable et habile, et cet homme fut J. de Foigny, lequel fit souche d'imprimeurs à Reims : *Gent. Hervet. Les Ruses et Finesses du Diable pour tascher à abolir le sainct sacrifice de J.-C.* — A Rheims, chez Nicolas Bacquenois et Jean de Foigny, 1562, in-8°.

L'année suivante le nom de ce dernier figure seul: *Bern. Dominici. Sermon funèbre aux Exsèques et funérailles d'illustre Prince François de Lorraine, duc de Guise.* A Rheims, Jean de Foigny, 1563, in-8°.

C'est lui qui, sous le nom britannisé de John Fogny, apparaît comme l'imprimeur ordinaire du collège catholique fondé à Reims par les Anglais réfugiés. (Voy. *Grenvilliana,* t. I, p. 723; et *Abbotsford's Libr.,* p. 178.)

Au XVIᵉ siècle, nous trouvons encore quelques

noms d'imprimeurs rémois : Chesneau, qui fonde une imprimerie presque simultanément avec J. de Foigny ; Jean Mouchard et Martin ; puis au XVIIe s., Nicolas Constant (1618-1650), Simon de Foigny, Frédéric Bernard, Nic. Hécart, etc.

L'arrêt du conseil de 1704 fixe à quatre le nombre des imprimeurs autorisés pour la ville de Reims ; ce chiffre est réduit de moitié par l'arrêt de 1739 ; celui-ci n'ayant point été exécuté, un nouvel arrêt intervint en 1760, qui supprima définitivement les charges considérées comme inutiles. Voici ce que dit le rapport fait à M. de Sartines en 1764 : A Rheims, antérieurement à l'arrêt du 15 août 1760, on comptait quatre imprimeurs : Multeau, âgé de 60 ans, établi en 1729 ; sa place est supprimée par l'arrêt précédent. — Jeune Homme (28 ans), établi en 1761 ; sa charge avait été continuée par l'arrêt ci-dessus. — Veuve Florentin ; son mari, mort depuis 15 mois, était établi depuis 1724 ; sa place est continuée. — Enfin la veuve Pierrard ; son mari était établi depuis 1728 ; sa place est supprimée.

RENDESBURGUM, RENDSBURGUS, RENSBERGA, *Rendsburg*, *Rendsbourg*, sur l'Eyder, ville forte du Holstein (auj. à la Prusse).

Une réimpression de la BIBLIA LETTICA de Riga (1689) a été donnée à Rendsburg en 1739, sous ce titre : *Biblia*, *tas irr : ta Swehta Grahmata jeb Deewa Swehti Wahrdi*. Rensbergå, 1739, in-8o. C'est là peut-être le premier livre imprimé dans cette ville.

RENFROANA, *Renfrew*, ville et comté d'Écosse, près de l'embouchure de la Clyde.

RENTICA, *Renty*, bourg de Fr. (Pas-de-Calais) ; anc. marquisat ; bataille en 1554.

RENUS, voy. RHENUS.

REONTIUM, *Rions* (*Serion*), pet. ville de la Guienne (Gironde).

REPANDUNUM [Not. Imp.], ville des Coritani dans la Britannia Rom., auj. *Ripton*, ou *Rippon* (?), pet. ville du comté d'York.

RERIGONIUS SINUS, Ῥεριγόνιος κόλπος [Ptol.], *le Loch Ryan*, en Écosse.

RESETUM, ROSETUM, *Rozoy-en-Brie*, ville de Fr. (Seine-et-Marne).

RESINUM, RETINA, ville de la Campanie, qui formait le port d'Herculanum, auj. *Resina*.

RESPAX, dep. RESBACUM, *Rebais*, pet. ville de la Brie (Seine-et-Marne) ; anc. abb. de St-Benoît, fondée en 610.

RESSE, *Reesz*, *Rees*, pet. ville de la Prusse Rhénane, chef-lieu de cercle, dans la rég. de Dusseldorf, sur la rive droite du Rhin.

Nous trouvons trace d'imprimerie dans cette localité au XVIe siècle ; le livre que nous citons est-il le fait d'une typographie temporaire ou fixe, voilà ce que nous ne pouvons déterminer : EVANGELIUM NICODEM. *In den Namen des Heeren begint dat Euangelie, welck beschreven heeft Nicodemus...* A la fin : Gedruckt tœ Reesz, by my Derick Wylicks van Santen, 1584, pet. in-8o.

RESSONIA , *Ressons-sur-Matz*, bourg de Picardie (Oise).

RETELLUM, RETHELIUM, voy. REGITESTE.

RETHIA, RODIUM, *Roeulx*, *Roulx*, bourg de Belgique (Hainaut).

RETHYMNA, voy. RHITYMNA.

RETLINGA, voy. RUOTLINGIA.

RETOVINUM [Pl.], RETOVIUM, localité de la Ligurie, auj. *Retorbio* (?) [Forbiger].

RETZIUM (?). Est-ce *Roetz*, pet. ville et forteresse d'Autriche, dans le cercle de Mannhartsberg ?

Ce nom de lieu apparaît sur un livre souscrit à la date de 1747 [Szecheny Biblioth.].

REUDIGNI [Tac.], REUDINGI, peuple de la Germanie, habit. le territ. de *Rendsburg*, sur les bords de l'Eyder.

REUNIA [P. Diac.], localité de la Vénétie, auj. *Ragogna* (?). [Forbiger.]

REUSSIA, RUSA, URSA, *le Reuss*, affl. de l'Aar, riv. de Suisse, qui traverse le lac des Quatre-Cantons.

REUVISIUM, REUNVISIUS, *la presqu'île de Ruys*, en Bretagne (Morbihan), sur laquelle existait une abb. de St-Benoît.

REVALIA, *Revel*, *Reval* (*Kolyvan* en russe, *Tallinas*, *Tullianas*, en esthonien), ville forte de Russie, chef-lieu du gouv. d'Esthonie, sur le golfe de Finlande ; anc. ville impér., réunie à la Russie en 1710.

Cette ville n'est pas comprise dans la liste des imprimeries suédoises, donnée par Alnander ; mais nous trouvons ailleurs la preuve qu'une ou plusieurs typographies y ont fonctionné au XVIIe siècle. M. Ternaux cite un volume imprimé en 1635, que nous ne connaissons pas : *Vulpius. Methodica pædias Isagoge*. Reval, 1635, in-4o. Mais presque simultanément nous trouvons la preuve de l'existence d'une typographie qui suivit probablement de très-près l'érection de la ville en évêché : *Joachimus Iheringius*. Ἐκζάτησις *theologica de Ordine et Regimine Ecclesiastico habita in Synodo Reval. Anno* 1639. Revaliæ, s. d., in-4o. Cet orateur fut le premier évêque de Revel, il mourut à Stockholm le 18 juillet 1657, après avoir occupé pendant 18 ans le siège épiscopal. Un ouvrage de droit de Corn. Pynacker est donné par le catal. des Elzevirs de 1681 (p. 340), comme imprimé à Revel en 1650. Le premier d'imprimeur que nous voyons figurer sur un livre nous est donné par J. Scheffer (*Suecia Litt.*, p. 214) : *J. J. Rudbeck. Disputationes aliquot, quarum prima de Deo uno et trino*. Revaliæ, typis Adolphi Simonis, gymnasii typogr., anno 1661, in-4o. Sous le nom de TALINNAS, nous trouvons de nombreux vol. souscrits ; voy. particulièrement le cat. Dubois.

REVESSIO, *St-Paulien*, ville de Fr. (Haute-Loire) ; église du XIe siècle.

REVIGNUM, RUVIGNIUM [Geo. R.], RIVONIUM, ville de l'Istrie, sur la route d'Aquileja à Pola, auj. *Rovigno* ou *Trevigno*, pet. ville maritime du gouv. de Trieste.

REVILLIACUM, *Reuilly*, pet. ville du Berry (Indre).

REVINUM, *Revin*, bourg de Fr. (Ardennes), près Rocroy.

REYKRANES, *Reikiavik*, *Reikevik*, capit. de l'Islande; elle a un lycée, une bibl.; trois sociétés savantes, deux journaux et 800 hab.

REZNA, voy. REGANUM FL.

RHA FL. [Mela] 'Ρᾶ [Ptol.], gr. fl. de la Sarmatie Asiat., *le Volga*, afflue à la mer Caspienne.

RHABON FL., 'Ράβων, *der Sylfluss*, *le Syl*, en Valachie.

RHÆBA, 'Ραΐβα [Pt], ville d'Irlande, à l'O. d'*Eblana*, dont Camden fixe la position sur les bords du Lough Erne, et près d'*Enniskillen* (comté de Fermanagh).

RHÆDESTUS, voy. BISANTHE.

RHÆTI [Liv., Pl.], 'Ραιτοί [Polyb., Str.], RHETI, peuple de l'Italie Septentr., occupant le territoire sillonné par les ramifications des ALPES RHÆTICÆ, arrosé par l'Inn, l'Adige, la Brenta, la Drave, etc.; ce pays, la RHÆTIA, 'Ραιτία, forme auj. *le Tyrol*, *le canton des Grisons*, et le cercle bavarois de *Souabe et Neubourg*.

RHÆTICA VALLIS, RHETICO, *le Brattigau*, vallée des Grisons.

RHÆTICÆ ALPES, voy. ALPES.

RHÆTORUM CIVITAS, voy. RIVA VILLA.

RHÆTORUM CURIA, voy. CURIA.

RHAMIDAVA, 'Ραμίδαυα [Pt.], ville de Dacie, auj. *Roman*, au confluent du Sereth et de la Moldau, dans la Basse-Moldavie.

RHAMNUS [Mela, Pl.], 'Ραμνοῦς [Str., Paus., Suid.], bourg de l'Attique, sur les bords de l'Euripus, auj. *Ovrio Kastro* (en ruines).=Une ville du même nom, en Crète, porte auj. le nom de *Romno* ou *Ramne*, suiv. Pashley.

RHAUCUS, 'Ραῦκος [Pol., Elian.], 'Ραῦκος [Scyl.], ville de Crète, à l'E. du Mont Ida, auj. *Haghio Miro*.

RHAUGIA, RHAUGIUM, RHAUSIUM, 'Ραούσιον, 'Ρίσινον [Ptol.], RAGUSIUM [G. Rav.], *Raguse*, *Ragusa*, ville forte de Dalmatie, chef-lieu du cercle du même nom, sur l'Adriatique (Autriche).

Archevêché; biblioth.; patrie du jésuite mathématicien Boscovich. La « *Storia di Ragusa* » a été

imprimée à Lucca, par Vinc. Busdraghi, 1595, in-8°. La typographie remonte dans cette ville au milieu du XVII° siècle environ, bien que M. Cotton signale un pamphlet de Michael Bocignolius, publié à l'occasion de la guerre contre les Turcs, en 1524, sous la rubrique: *Ragusi*; du reste M. Cotton ne mentionne cette pièce que d'après un catal. Londonien, et sans l'avoir vue. Falkenstein accepte également cette donnée, qui nous paraît invraisemblable. Haym nous donne les titres de deux volumes publiés sous la rubrique « *Ragusa* » à la date plus modeste de 1666 et 1667; malheureusement il est évident que les pamphlets en question sont désignés sous un nom de lieu imaginaire: *Gli Amori di Carlo Gonzaga Duca di Mantova, e della Contessa Margherita della Rovere di Giuto Capocoda* (Gregorio Leti). Ragusa, pel Fabj, 1666, in-12 ; et l'année suivante : *Vita di Donna Olimpia Maldacchini dell' Abate Gualdi* (Greg. Leti) *nuovamente ristampata con aggiunte*. Ragusa, pel Giuglj, 1667, in-8°. Melzi nous donne le véritable lieu d'impression de ces écrits satiriques du célèbre pamphlétaire ; ce lieu est Genève, et ces imprimeurs de fantaisie, les Jules et les Fabius, sont probablement Widerhold.

L'imprimerie, croyons-nous, n'a commencé à Raguse qu'à la fin du siècle dernier, vers 1780, et le premier typographe serait Carlo Antonio Occhi.

RHEDONES, voy. REDONES.

RHEGIUM [Liv., Mela, Plin., Cic., It. A.], 'Ρήγιον [Herod., Thuc., Str., Diod.], 'Ρήγιον Ἰούλιον [Ptol.], REGIUM JULII, REGIUM CALABRIÆ, ville du Bruttium, auj. *Reggio*, chef-lieu de la prov. napol. de la Calabre-Ultér. I, sur le détroit de Messine ; Ferdinand IV, qui l'avait relevée de ses ruines, lui donna le nom de *Sant' Agata delle Galline*, qui n'a pas prévalu.

Archevêché, biblioth.; ce fut dans cette ville, au dire de Rossi, que fut imprimé le premier livre exécuté en car. hébreux : R. SALOMONIS JARCHI *Commentarius in Pentateuchum*. A la fin : *Ego filius Garton filius Isaac Abrahamus in Regio urbe quæ secus mare est sita in fine Calabriæ ubi peregrinatur Abraham anno O. C. quinque millesimo ducentesimo trigesimo quinto* (5235, Christi MCCCCLXXV), *die x adar* (12° mois juif) *postremi mensis juxta supputationem Abrahami*. In-fol. en pet. car. rabbin., rude et singulier, 37 lignes à la page, sans ch., récl. ni sign.

Ce livre est si rare et si peu connu, que de Rossi (vide *Ann. Hebr.* part. I, p. 3, n° 1), qui le décrit d'après un exemplaire qui n'avait que 113 feuillets, pense qu'un exemplaire parfait aurait 115 ou 116 feuillets ; mais il ne peut l'affirmer, et depuis ce bibliographe nous ne voyons pas que la difficulté ait été éclaircie.

L'imprimerie n'a pu avoir une bien longue existence à Reggio, car en 1544 Barberousse, en 1558 Mustapha Pacha, la ruinèrent de fond en comble, et les tremblements de terre se chargèrent d'achever ce que les pirates de la Méditerranée avaient déjà si largement commencé.

RHEGIUM LEPIDUM, voy. REGIUM.

RHEGNI, 'Ρῆγνοι [Ptol.], peuple de la Britannia Rom., que Camden dit avoir occupé le territoire compris entre Londres et Northfleed.

RHEGUSIA, *le Rheinthal*, dans la Prusse Rhénane.

RHENA (?), *Reenen*, *Rheenen*, pet. ville du

roy. de Hollande, dans la prov. d'Utrecht, sur la rive droite du Rhin.

L'imprimerie paraît avoir existé dans cette petite localité à la fin du xv siècle ; les bibliographes ne citent qu'un seul volume souscrit à ce nom, mais il est authentique : KUNERA (S.) *Dat leeven ende die passie ende verhessinge der H. Maget Sinte Kunera, die in die Stadt van Reenen is kustende mit haer Sekenen ende Mirakelen, die geschiet zyn ende noch dagelick geschieden. De God gedaen heft door de Heilighe Maghet sinte Kunera.* Te koop in de stad van Rheenen (ou, suiv. qq. bibliographes : Gheprent in die Stadt Reenen). Sans date (vers 1500), in-4° goth. fig. sur b., sans ch. ni sign. Ce livre rarissime est sans aucun doute le fait d'une de ces imprimeries ambulantes, comme nous en avons déjà signalé plusieurs, destinées presque 'toujours à répandre les livrets religieux ou populaires, *Alphabets, Donats, Figures de la Bible,* etc., à l'usage des classes pauvres ; depuis 368 ans l'imprimerie n'a point reparu à Rheenen, que nous sachions.

RHENEA INS. [Mela], Ῥηνεία [Thuc., Str.], Ῥηναία [Hom.], Ῥηνία [Plut.], *Dhiles,* l'une des petites Cyclades, dans l'Archipel.

RHENI AUGIA, l'île et le bourg de *Rheinau,* dans le canton de Zurich ; anc. abbaye de Bénéd., fondée en 778 ; la biblioth. de l'église actuelle possède quelques beaux mss. du ix° s., et de précieux objets d'art.

RHENIBURGUS, *Rheinsberg (Reinsperg),* pet. ville de Prusse (Brandebourg), sur le lac du même nom, dans la rég. de Potsdam. = *Rheinberg,* petite ville prussienne, de la rég. de Dusseldorf, sur le vieux Rhin et la Lub.

Nous trouvons un nom de Reinsperg en 1608 ; mais il ne nous est pas possible de déterminer à laquelle de ces villes doit être attribuée l'impression : *Warnung D. Luthern an seine liebe Evangelischen, sich für den Sacramentschwermern, das ist : Zwinglianern und Caluinisten, fleissig zu hüten,* etc. Reinsperg, bey Johann Hertstroit, 1608, in-4°.

RHENUM (AD), *Rheineck,* pet. ville du canton de St-Gall, à l'embouchure du Rhin dans le lac de Constance.

RHENUS FL., ὁ Ῥῆνος, *le Rhin, der Rhein,* l'un des plus grands fl. de l'Europe centrale.

RHENUS FL. [Plin., Sil.], BONONIENSIS AMNIS, *le Reno,* riv. d'Italie, affl. à la branche S. du Pô, appelée Pô di Primaro.

RHETIA, voy. RHÆTIA.

RHETICO MONS [Mela], *das Siebengebirge,* dans la Prusse Rhénane.

RHEZANIA, *Riazan, Rixsan,* ville de Russie, chef-lieu de gouvernement ; au confl. du Trubesh et de la Lebeda.

RHIGODUNUM, Ῥιγώδουνον [Ptol.], ville des Brigantes, dans la Britannia Rom., auj. *Ribble-Chester, Ribchester,* dans le

Lancashire, suiv. Mannert ; et *Richmond,* dans le comté de Surrey, suiv. Reichard.

RHIPÆI MONTES, τὰ Ῥιπαῖα ὄρη, *les Monts Ourals, Poyas-Daghs,* vaste chaîne qui s'étend de l'Océan glacial Arctique à la mer Caspienne, séparant l'Europe de l'Asie.

RHITYMNA, Ῥίθυμνα [Pt.], RHYTHYMNA [Plin.], ville de la Crète, auj. *Retimo,* chef-lieu du Sandschak du même nom (Candie).

RHIUM PROM., *Capo di Feno,* sur la côte E. de l'île de Corse, ou, suiv. Reich., *Capo Muro.*

RHIUSIAVA, Ῥιουσιαούα [Pt.], *le Riesgau, das Ries,* district du Wurtemberg.

RHIZINIUM [Plin.], RHIZON [Liv.], Ῥιζοῦς [Scyl.], Ῥίζων [Pol., Str.], Ῥιζάνα [Pt.], ville de l'Illyrie, auj. *Rizano,* bourg de Dalmatie, anc. évêché ; dépend, dep. 1540, du dioc. de Cattaro.

RHOBODUNUM, Ῥοβόδουνον [Ptol.], *Hradisch,* ville de la Moravie, chef-lieu du cercle du même nom (Autriche).

RHODA [Mela], Ῥόδη [St. B.], RHODUS, Ῥόδος [Str.], Ῥοδίπολις [Pt.], ville des Indigetes, dans la Tarrac., auj. *Rosas,* ville forte de Catalogne, distr. de Gerone ; c'est une anc. colonie sicilienne, dep. station maritime romaine.

RHODANUS FL., *Galliarum fertilissimus amnis, ex Alpibus se rapiens per Lemannum Lacum* [Pl.], ὁ Ῥοδανός [Pol., Str.], *le Rhône,* grand fleuve qui arrose le midi de la France, du Mont Furca, en Suisse, à la Méditerranée, dans laquelle il se jette par trois embouchures ; voy. au sujet de ces OSTIA RHODANI l'excellente dissertation de d'Anville.

RHODANUSIA, RHODA [Plin.], colonie des Massiliens sur le Rhône, dont la situation actuelle n'est point déterminée (voy. d'Anville).

Nous avons cité cette place, parce que plusieurs livres ont été publiés sous la rubrique évidemment supposée de *Rhodanusia* ; mentionnons : *Antonio Perez. Retrato al vivo del natural de la fortuna.* En Rhodanusia, 1625, in-8° [Bauer, III, p. 182].

RHODIA DUCIS, *Herzogenraid,* ville et château du Limbourg.

RHODIGIUM, *Rovigo,* ville forte de la Vénétie, sur l'Adigetto ; anc. cap. de la Polesina ; acad. des Concordi ; Bibl.

L'imprimerie date en cette ville du commencement du xviiᵉ siècle, et c'est en l'année 1624 que nous voyons pour la première fois cités par les bibliogr. spéciaux des vol. souscrits à ce nom avec un certain Bissuccio ou Besuccio comme premier typographe ; Haym en cite un grand nombre : *Il Frachetta di G. Bonifacio; dialogo della dedicazione delle litterarie composizioni.* Rovigo, pel Bissuccio, 1624, in-4° ; du même : *l'Ercole, Dialogo de' nomi che a figliuoli si deono imporre.* Id. ibid., in-4°. *Orazione di G. Bonifacio al consiglio di Rovigo per dirizzare una statua a Celio Ricchiero Rodigino.* Id. ibid., in-4° etc.

Sous le nom latin, nous trouvons plusieurs vol. décrits par le cat. des Volpi, etc.: *Pappasavæ, Ubertini, Episc. Adriensis, Constit. et decreta in I. Diœces. synodo Rhodigii celebrata.* Rhodigii, 1628, in-4°. Il serait facile de multiplier ces citations.

RHODIUM, voy. RAUGA.

RHODOPE Mons [Mela, Pl.], Ῥοδόπη [Her., Ptol., Str.], montagne de la Thrace, rameau de la chaîne de l'Hæmus, auj. *Despoto-Dagh.*

RHODOPOLIS, voy. RHODA.

RHODUS INS., Ῥόδος, *l'île de Rhodes,* sur la côte d'Anatolie, dont la capitale porte le même nom.

RHŒTIUS Mons, τὸ Ῥοίτιον ὄρος, sur la côte O. de la Corse, auj. *Punta del Pinsolo.*

RHOTANUS FL., Ῥότανος, pet. fl. de l'île de Corse, auj. *le Dalesani.*

RHUBON FL., Ῥούβων, fleuve de la Sarmatie, auj. *le Windau* ou *Wiedau,* dans la Prusse Orientale.

RHUGIUM, *Regenwalde,* pet. ville de Prusse, dans la rég. de Stettin, sur la rive droite de la Rega.

RHYBDUS, *Riesi,* pet. ville de l'intend. de Caltanisetta (Sicile).

RHYDYCHEN, voy. OXONIA.

RHYMMUS FL., Ῥύμμος [Pt.], *l'Oural, Ural,* fleuve d'Asie, qui vient se perdre dans la mer Caspienne, et dont la partie infér. a été adoptée comme limite entre l'Asie et l'Europe.

RIBNITIUM, *Ribnitz,* pet. ville du gr.-duché de Mecklembourg-Schwerin (cercle Wendique).

Un livre illyrien est souscrit à ce nom en 1733; (voy. Szecheny-*Bibl.* et Cotton].

RIBODI Mons, RIBURGIS Mons, *Riblemont, Ribemont,* bourg de Fr. (Aisne); anc. abb. de St-Benoît, fondée en 1083; anc. prévôté royale.

RICCIACUM [T. Peut.], station entre Metz et Trèves, que d'Anville place avec raison, croyons-nous, à *Remich,* pet. ville du gr.-duché de Luxembourg, sur la rive gauche de la Moselle.

RICHENAVIA, *Reichenau,* île de l'Untersee, au grand-duché de Bade (voy. AUGIA DIVES).

Cette île possédait une abb. de St-Benoît, qui por-

tait le nom d'*Augia Dives* (auj. détruite), et dont l'église subsiste encore et renferme le tombeau de Charles le Gros ; les religieux y accueillirent à la fin du XVIIe siècle un imprimeur errant, persécuté à cause de ses principes catholiques; il s'appelait Barbisch, et y publia plusieurs opuscules. Nous avons déjà parlé de lui aux art. CHILTJADIRA et CUMBELS; on croit qu'après un assez long séjour à Reichenau, ce Barbisch alla se réfugier à Disentis vers le commencement du XVIIIe siècle; il y trouva enfin le repos, c'est-à-dire une tombe, mais son matériel fut conservé par les religieux qui l'utilisèrent (voy. DESERTINA).

RICHENSTENIUM, *Reichenstein,* pet. ville de la régence de Breslau (Prusse).

Nous ne pouvons que signaler l'existence d'une imprimerie au XVe siècle dans cette petite localité, sans vouloir entreprendre d'expliquer ce fait bizarre, qui ne nous paraît même point démontré jusqu'à l'évidence; mais enfin il existe un livre, ou plutôt une pièce souscrite à ce nom, et en voici le titre exact : *Incipit Dyalog' sup libertate ecclesiastica inter hugonem || decanū et oliuerium burgimagistrum et catonem secretariu [] interlocutores thenēn.* A la fin : *Explicit dyalogus super libertate ecclesiastica nouiter oppositus || et supra Rychensteyn impressus. Anno a natiuitate domini || Millesimo quadringentesimo septuagesimo septimo mensis Iu || nij die vero decimaquarta. || Omnia consilio prius [experire q̄z armis || Vti nequit* (sic) *Nimis.* In-fol. goth. de 14 ff. à 38 lig., sans ch., récl. ni sign. Cette pièce fort rare, que nous trouvons décrite par Hain et Brunet, est acceptée par le P. Reichhart comme le produit d'une typographie existant à Reichenstein ; M. Graësse ne fait que reproduire la note de M. Brunet, non pas, toutefois, sans l'estropier quelque peu.

RICHOVILLA, RICOMUM, *Reichenweiler, Riquewihr, Rikewir,* pet. ville de Fr. (Haut-Rhin).

RICINA [T. P., G. Rav.], dans la Ligurie, *Recco,* bourg de la prov. de Gênes (Riviera di Levante).

RICINA [T. P.], RICINENSIS AGER [Plin.], dans le Picenum ; ville dont les ruines sont aux environs de *Macerata,* sur la Potenza.

RICINA INS., *Jura Island,* l'une des Hébrides.

RICOLOCUS, *Richelieu,* petite ville de Fr., de l'arrond. de Chinon (Indre-et-Loire); anc. titre de duché-pairie.

Le cardinal de Richelieu fit les frais de l'établissement d'une imprimerie qu'il installa, dit-on, au château de Richelieu et à la tête de laquelle il mit Estienne Migeon, ou plutôt Michon, reçu imprimeur le 28 avril 1633. Les caractères employés dans cette typographie princière sont d'une netteté et d'une délicatesse si extraordinaires qu'ils ont été longtemps connus sous le nom de « *caractères d'argent* »; on croit aujourd'hui qu'ils provenaient de Jeannon, le célèbre fondeur et imprimeur de Sedan, sur lequel le cardinal, très-entendu en typographie, n'avait pas dédaigné d'étendre sa main victorieuse, en 1642.

Outre la BIBLE dite *de Richelieu* (1656), le livre le plus célèbre et le plus connu provenant de l'imprimerie du cardinal est celui-ci : *les Morales d'Épictète, de Socrate, de Plutarque et de Sénèque* (trad. par Desmarets de St-Sorlin, lequel, au dire de Moréri, était l'intendant du duc de Richelieu, l'héritier de Son Éminence, chez lequel il mourut en 1678). Au chasteau de Richelieu, de l'imprimerie d'Estienne Mignon (sic), professeur en mathématique, etc., imprimeur ordinaire du roy, pour le faict de la milice, 1653, pet. in-8°.

« Il existe, dit Ch. Nodier, un certain nombre de ces petits livres, bienfaits posthumes du cardinal de Richelieu..... et on ne sauroit penser sans regrets qu'une semblable imprimerie, placée sous une direction intelligente, auroit probablement opposé une brillante concurrence aux presses des Elzeviers. » Nodier croit, et nous sommes de son avis, que les matrices de ces types charmants passèrent aux protestants de Charenton. Il est en effet assez facile de les reconnaître dans plusieurs des volumes de polémique et de catéchèse qui portent le nom de Cellier, l'un des principaux imprimeurs des réformés au XVIIe siècle. (Voy. Ch. Nodier, *Mélanges*, art. 20, et du Roure II, 255.)

RICOMAGUS [Cart.], RICOMAGO VICO [Monn. Mérov.], RIOMUM, RIOMO [Monn.], RIOMAGUM ?, *Riom*, ville de France, anc. cap. de l'Auvergne (Puy-de-Dôme); patrie d'Anne du Bourg, du P. Sirmond, de l'évêque Soanen, etc.

Nous faisons remonter l'imprimerie dans cette ville à la fin du XVIe siècle, avec Pierre Costerauste comme premier typographe; un vol. sans date, mais exécuté en 1589, est porté au cat. de l'hist. de France à la Bibliothèque imp. (tom. IX) : *Déclaration des trois Estats du bas Pays d'Auvergne, assemblés en la ville de Billom, par M. le Comte de Randan, gouverneur général dudit bas et hault Pays, le 20e iour du moys d'Apuril 1589.* Riom, de l'impr. de P. Costerauste, s. d., in-4°.

En 1593 du même imprimeur, nous trouvons : *La Prolongation de la trève géneralle de France, ensemble les articles traitez et accordez en la conférence des deputez de l'un et l'autre party, tenuë à Milly....* Riom, Pierre Costerauste, 1593, petit in-8°.

Cet imprimeur est encore en exercice en 1614 : *Arrest de la cour de parlement de Paris, portant règlement entre les officiers de la Sénêchaussée d'Auuergne et ceux du Bailliage de Montpensier.* Id., ibid., 1614, pet. in-8°.

Les arrêts du conseil de 1704 et de 1739 conservent à la ville de Riom le droit de posséder une imprimerie, et le titulaire en 1764, lors du rapport fait à M. de Sartines, est René Caudeze, âgé de 37 ans, établi en 1763, avec deux presses; sa veuve lui succéda.

RICOMONS, RICHMONDIA EBORACENSIUM, *Richmond*, ville d'Angleterre, dans le North-Riding du Yorkshire. = *Richmond*, bourg et château royal, dans le comté de Surrey.

RICOMONS, *Richemont*; plusieurs communes de France portent ce nom.

RICONORUS : voici la succession des noms que donne M. Quicherat : *Requeneul, Requegneux*, puis par la prosthèse de l'A, *A Requegneux, Arquegneux*, enfin *Arqueneuf*, commune du département de l'Yonne.

RIDINGA, voy. RADINGA.

RIDUNA INS. [It. A.], *Aurigny, Alderney*; île anglaise de la Manche, à l'O. du cap de la Hague, au N.-E. de Guernesey.

RIEDENSIS PAGUS, *Roppenheim*, comm. de Fr. (Bas-Rhin).

RIGA, *Riga*, (*Riolin, Righa*), ville forte de Russie, chef-lieu de la Livonie, sur la rive droite de la Dwina, près de l'emb. de ce fleuve dans la Baltique ; anc. résid. du gr. maître de l'ordre Teutonique ; établiss. littéraires, musée, biblioth.

L'imprimerie fut introduite à Riga pendant les dernières années du XVIe siècle ; et le titre du plus ancien vol. souscrit à ce nom, que nous connaissions, nous est fourni par l'*Index generalis* publié à Leipzig en 1600, qui comprend les livres qui, de 1593 à 1600, « in S. Romano imperio, et vicinis regionibus, prodierunt ». Voici le titre de ce livre que reproduisent exactement les divers catal. des foires de Francfort : *M. Georgii Zieglcri Weltspiegel, menniglich in diesen legten zeiten für die Augen gestelt, auss H. Schrifft vnd bewehrten historien.* Rigæ in Liessland, 1599, in-4°.

En 1622 un vol. cité par la *Suecia Litt.* de Scheffer nous donne un nom d'imprimeur ; c'est un ouvrage anonyme sur la prise de Riga par Gustave Adolphe « *idiomate latino-germanico* », et imprimé « *Rigæ per Nic. Mollinum. An.* 1622, in-4°.

Quelques années après nous avons Gerhard Schröder, et, à la fin du XVIIe s., Johann Georg Wilcken.

M. Cotton signale sous la rubrique « RELIGD », une édition de la *Biblia Lettica* à la date de 1794; nous ne pouvons affirmer que ce nom de RELIGD soit sa forme livonienne du nom de *Riga*, mais nous connaissons et M. Graësse cite cette édition de la *Bible* sous la rubrique « *Rhiga* ».

RIGIACUM ATREBATUM, voy. ATREBATÆ.

On trouve quelquefois cette souscription sur les livres : *Fr. Monœci apparitionum divinarum duarum historia.* Rigiaci Atrebatum, 1597, in-4° (Cat. Heinsius, n° 495).

RIGNAVIA, RICNAVIA. Très-probablement un nom de lieu d'impression supposé ; mais peut-être désigne l'abb. de *Rheinau*, du dioc. de Constance (voy. RHENI AUGIA).

Nous trouvons dans les catal. des foires de Francfort et dans plusieurs bibliogr. allemands un ouvrage souscrit à ce nom, dont nous ne pouvons déterminer la signification actuelle : *Blesensis conventus. Commentarius de iis omnibus, quæ in tertii ordinis conuentu acta sunt, generali trium ordinum concilio Blesis a rege indicta ad 15 nouemb. 1576.* Rignaviæ, ap. Jacobum Stephen, 1577, in-8°. La Biblioth. impériale possède ce volume assez rare (*Cat. de l'hist. de France*, VI, p. 31), et l'exemplaire porte RICNAVIÆ; cette variante ne nous apprend rien.

RIGODULUM [Tac.], localité de la Gaule Belgique, dans le pays des Treviri, auj. *Riol*, bourg près de la Moselle, dans le N. de Trèves.

RIGODUNUM, voy. RHIGODUNUM.

RIGOIALENSIS VILLA, ROTOIALENSIS [Greg. Tur.], ROIOLUM [Fredeg.], RIOVIUM PALAT. [*Invent. Chart.* a. 1482], ROTOIALUM [Mabillon], RODOLIUM, RIOILUM, *Rueil*, près Paris, bourg de Fr. (Seine-et-Oise).

RIGOMAGUS [T. P., Amm. Marc.], station

de la Germanie I, entre Confluentes et Bonna, *Rheinmagen, Remagen,* sur la rive gauche du Rhin, pet. ville de la Prusse Rhénane (rég. de Coblentz).

RIGOMAGUS, RIGOMAGO; on trouve cette station de la Gaule Transpadane, indiquée par les Itin. des *Aquæ Apollinares,* et dans l'Itin. d'Antonin, entre CUTTIÆ (*Cozzo*), et QUADRATA? C'est un point indéterminé de la prov. d'Asti, dans les environs de *Verrua,* au S. de Trino.

RIGONUM FL. [T. P.], *le Rigozo,* affl. du Pô.

RILHANA, *Reillane, Reillanne,* pet. ville de Fr. (Basses-Alpes); anc. titre de vicomté; ruines d'un anc. château fort.

RINCOPIA, RINGCOPIA, *Ringköping, Ringkiöbing,* pet. ville du Danemark, sur le golfe du même nom.

RINGESTADIUM, RINGSTADIUM, *Ringstett, Ringstede,* très-anc. ville du Danemark, de la préf. de Soroe (Seeland).

RINTELIA, RINTELIA (sur qq. livres RINSHELIUM), *Rinteln,* ville de l'anc. élect. de Hesse-Cassel, sur le Weser, auj. à la Prusse.

Cette ville avait reçu en 1621 l'univ. de Stadthagen, mais elle a été supprimée sous la domination westphalienne. L'imprimerie avait précédé à Rinteln l'installation de l'université ; nous trouvons en effet au cat. de Tournes : *Joh. Gesenii via salutis, seu meditationes.* Rintelii, 1619, in-8°.

Falkenstein portait à 1622 l'imprimerie dans cette ville; en effet, on y publia à cette date la seconde édition du *Codex Criticus Joh. Reinhardi Robbigii sive Robbigalia.* In-4°. La première édition avait été donnée, savoir : le tom. 1er à Lemgo en 1617, et le tom. II à Stadthagen en 1619. L'édition de Rinteln est souscrite : *Nov. Acad. Ernest.,* en l'honneur du prince Ernest de Holstein, qui avait transféré l'université de Stadthagen à Rinteln. Les deux premiers typographes de Rinteln sont : Peter Lucius, qui prend le titre d'*imprimeur de l'université :* et Ernest Rinöking ou Reinoking, qui débute en 1623.

RIOBE [T. P.], dans la Gaule Lyon. I, station du pays des Meldi, au S. de CALAGUM (*Chailly*), suiv. d'Anville, *Orbi ?*; nous croyons que cette station correspond au village de *Jouy-le-Château,* commune de l'arr. de Coulommiers (Seine-et-Marne).

RIOMAGUM, voy. RICOMAGUS.

RIONAVA VICUS *super fluvio Vincenna,* RIONNA [Aimon.], RIONAVA [Frédég.], *Renéve,* commune de Fr. (Côte-d'Or), sur la Vingeanne.

RIPA [Plin.], ville de la Bétique, auj. *Castel de Rio* [Forbiger].

RIPA, RIPÆ CIMBRICÆ, *Riven, Riben,* ville de Danemark (Jutland), près de la mer du Nord.

On avait jusqu'ici fait remonter à 1508 l'introduction de la typogr. dans cette ville épiscopale ; mais M. Libri a retrouvé un précieux vol. imprimé en 1504 : *Kanuti, Episcopi Niburgensis, quædam breves Expositiones et Legum et Jurium Concordantiæ et alligationes circa Leges Juciæ Latine et Danice.* Ripis, opera Mathei Brand. MDIV, in-4° goth. grav. s. bois. Alb. Bartholini dans son livre « *de Scriptis Danorum* » n'avait signalé de cet important et précieux ouvrage que l'édition de 1508 impr. à Copenhague, in-4°. L'exempl. de M. Libri a été vendu quatre guinées en 1859; il a été acquis par la bibl. d'Upsal.

Lackmann (p. 46) signale à Riben une impr. particulière qu'Andreas Welleius, savant disciple de Tycho-Brahé, conseiller aulique et historiographe du roi de Danemark, organisa dans cette ville à la date de 1590 environ. Petr. Terpager (sect. V, *Rip. Cimbric.,* p. 705) a consacré une intéressante notice à cette typographie qu'on appela « *Officina Liliobergensis* ou *Liliebierget* ».

RIPA ALTA, voy. ALTA RIPA.

RIPÆ ALTÆ, *Rivesaltes,* pet. ville de Fr. (Pyrénées-Orient.).

RIPARIA, *Stadt am Hof,* ville de Bavière (voy. CURIA).

RIPARIA, *Rivière,* district de Gascogne, qui faisait partie de l'Armagnac (auj. dépend des dép. du Gers et de Tarn-et-Garonne).

RIPATORIUM, *l'Arivour, la Rivoure,* monastère de Cîteaux, du dioc. de Troyes, fondé en 1140 ; ce n'est plus qu'un chétif village de l'arrondissem. de Troyes (Aube).

Vers 1545 Jean de Luxembourg, abbé d'Ivry, de l'Arrivour, etc., protonotaire du St-Siège apostolique, évêque de Pamiers, etc., l'un des plus grands seigneurs ecclésiastiques du siècle, fit venir de Troyes un fort bon imprimeur nommé Nicole Paris, lequel organisa, en son abbaye de l'Arivour, un matériel typographique, à l'aide duquel furent imprimés plusieurs vol. aussi rares que recherchés aujourd'hui : l'*Oraison funèbre de Marie de Clèves,* in-4°, s. d., l'*Institution du prince de G. Budé,* 1547, in-fol., édition citée dans les divers catal. des foires de Francfort, etc.; mais nous renverrons pour le détail de ces pièces à la Croix-du-Maine, à la Monnoye, à l'abbé de St-Léger, enfin au *Manuel* (tom. I, col. 1375, et tom. III, col. 1244).

RIPA TRANSONIS, *Ripatransone,* petite ville épiscopale d'Italie (délég. d'Ascoli).

Imprimerie en 1775 : *Eteode Mirsinio* P. A. (Pier Camillo Carlini de Carolis, da Montalto). *Dic. i canzoni di ec.* (sullo sule del Savioli) *per gli sponsali del Signor Marc° Pietro Sgariglia colla sig° Marc° Adelaide Onorati.* Ripatransone, per il Valenti, 1775, in-8°. Melzi (*Dict. des Anon.*), qui nous donne cette indication, cite plusieurs autres vol. postérieurement exécutés à Ripatransone.

RIPA TRIDENTI, RIVA TRIDENTI, *Ripa de Trento, Rieff, Riva,* sur le lac de Garda, petite ville du Tyrol (cer. de Roveredo).

Une imprimerie hébraïque fonctionna dans cette petite ville à partir de 1558; du moins, le plus ancien livre, souscrit à ce nom, que donne de Rossi (*Ann. Hebr.*) porte cette date : *Sepher Rau Alphesi, id est commentatio codicum Thalmudicorum, Hebraice.* Rivæ Tridenti, 1558, 3 vol. in-fol. Nous ne pouvons citer de ce livre rare d'autre adjudication que celle de la vente du maréchal César d'Estrées, illustre bibliophile qui avouait n'avoir jamais ouvert un seul de ses livres; il figure au catal. sous le n° 251, et atteignit le prix de 3 livres 13 sols.

Plusieurs ouvrages du R. Levi F. Gersom, etc., sortis des mêmes presses, figurent au même catalogue.

RIPOLI (*Monast. S. Jacobi de*), voy. FLO-RENTIA.

Les « *Notizie Storiche sopra la stamperia di Ripoli* » du P. Vinc. Fineschi, forment un pet. in-8° carré de VIII-59 p., impr. « in Firenze », 1781, par Fr. Moücke. Ce curieux petit vol. contient la liste de 41 ouvrages sortis des presses des bonnes religieuses; on est surpris d'y rencontrer: *Salteri per i piccoli Fanciulli, ed altre cose per i Saltimbanchi;* on y trouve le DÉCAMÉRON, à la date de 1482; et cette date est exacte, d'après ce que nous dit Molini, dans ses « *Aggiunte al Brunet* ».

Un journal ms. autographe de l'une des religieuses de Ripoli, qui sans doute présidait à la typographie, journal précieusement conservé à la Magliabecchiana de Florence, contient ces deux notes :

« *Ricordo che adi 20 aprile 1482 si cominciò il centonovelle a stampare.* »

Et sous la date de 1483 : « *Ricordo che martidi adi 13 di maggio fu finito di stampare il cento, a petizione di Giovanni di nato, disse per ser pier* (Pacini) *da pescia.* »

RIPON, *Rippon*, ville située dans le West-Riding du Yorskhire.

William Farrer y imprima « *the History of Ripon* » en 1801, in-12 de 283 p.

RIPUARII, RIBUARII [Aimon.], *contrée de* RIBUAIRIE [Chr. B. Dion.], habitants des bords du *Rhin*.

RIPULÆ, RIPULA, *Rivoli*, voy. AD OCTAVUM ; outre la ville piémontaise de *Rivoli*, que nous avons signalée, il nous aurait fallu citer la cité lombarde, de la délég. de Trévise, sur l'Adige, *Rivoli*, célèbre par la bataille de 1797.

RIRA FL. [Plin.], fleuve de Thrace, le *Kamozik* [Reich.].

RISBENHAVN.

Sous ce nom nous trouvons porté au VIe cat. Rich. Heber (no 913), sous la date d'impression de 1780-1784, un recueil d'anc. *Ballades danoises,* sur lesquelles nous ne pouvons donner aucun détail ; ce nom de RISBENHAVN nous parait vouloir signifier KIOBENHAVN ; il n'y a là qu'une très-légère incorrection, et les imprimeurs anglais n'y regardent pas de si près dans leurs catalogues.

RITTIUM [It. A., T. P.], 'Ρίττιον [Pt.], RICTIUM [Not. Imp.], dans la Basse-Pannonie, auj. *Szurduk*, près de Bellegisch (Slavonie Milit.).

RITUMAGUS [It. A.], *Radepont*, commune de Normandie (Eure).

RITUPÆ, RUTUPIÆ, RUTUPINA LITTORA [Auson.], RUTUPINUS FUNDUS [Juven.], AD RITUPIS PORTUM [It. A.], port sur la côte S.-E. de la Britannia Rom., que Bischoff et Möller disent être auj. *Richborough ?* et que d'autres géogr. croient

être *Sandwich,* dans le comté de Kent.

RIVA VILLA, STATIO RHÆTORUM, *Vallenstadt,* pet. ville de Suisse, dans le canton de St-Gall, près du lac du même nom.

RIVENÆ, *Rieux,* commune de Fr. (Aude) ; anc. titre de comté.

RIVI, *Rieux,* pet. ville du Haut-Languedoc (Haute-Garonne), au confl. de la Rise et de la Garonne ; anc. évêché.

RIVONIUM, voy. REVIGNUM.

RIVULUS DOMINORUM, *Nagy-Banya,* ville de Hongrie, du comitat de Szathmar (cercle au-delà de la Theiss).

RIVUS [P. Diac.], bourg de la Vénétie, *Ponte della Riva,* près d'Este (délég. de Padova).

RIVUS FERRARIUS, *St-Martin-en-Vallespir,* anc. abb., commune de Fr. (Pyrénées-Orient.).

RIVUS MORENTINI, MORANTINUS, ROMORANTINUM, *Romorantin,* ville de Fr. (Loir-et-Cher) ; anc. capit. de la Sologne, sur la Saudre, au confl. du Morantin.

Ancienne seigneurie qui passa des comtes de Champagne aux princes de la maison d'Angoulesme ; la reine Claude de France y naquit: Romorantin eut l'honneur de voir souscrit à son nom le célèbre édit du chancelier de l'Hôpital, qui préserva la France de la *Peste noire.*

M. Ternaux porte à 1801 l'établissement d'une imprimerie dans cette ville: *Dupain. Les départements de la France en vers artificiels.* Romorantin, 1801, in-8°. Nous ne connaissons pas cette édition; la Bibl. impér. en possède une de 1805, dont voici le titre : *La France départementale mise en vers... par Sylv. Dupain.* Bourges, impr. d'A. Manceron, 1805, in-8°.

RIVUS SICCUS, voy. METHYMNA SICCA.

Medina de Rio-Seco n'est point comprise par Mendez dans la liste des villes d'Espagne qui ont possédé une imprimerie; l'autorité de ce bibliographe est assez grande pour que nous n'ayons point cru devoir mentionner un ouvrage qu'Antonio cite comme [souscrit au nom de cette ville en 1618. Cependant les bibliogr. allemands confirment le dire d'Antonio; ils nous obligent nous abstenir plus longtemps : *Pedro Nuñez de Castro, Santoral serafico de las festividades, y santos que se celebran en la serafica religion de N. P. S. Francesco, compuesto por el P. Fr. Pedro N. de Castro.* Impresso en convento de San Francesco de Rio Seco. 1618, in-f°.

ROANIUM, ROHANIUM, *Rohan,* pet. ville de Fr. (Morbihan) ; anc. titre de vicomté, érigé en duché-pairie par Henri IV.

ROBOGDII, 'Ροβόγδιοι [Pt.], peuple de l'Irlande du Nord, dont le nom se retrouve dans le bourg de *Robogh* (comté de Donegall, Ulster), et sur le territoire duquel se trouvait le 'Ροβόγδιον ἄκρον, auj. *Fair Head.*

ROBORETUM [It. A.], ville des Callaici dans la Tarracon., auj. *Roveredo,* bourg près de Torre di Moncorvo, sur le Duero.

ROBORETUM, *Roveredo*, *Rovereitse*, pet. ville du Tyrol, chef-lieu du cercle du même nom, sur l'Adige (voy. ROVERE).

L'imprimerie peut être reportée en cette ville à l'année 1728, et nous pensons que l'introducteur de la typographie s'appelle Pier Antonio Berno ; le second imprimeur, Marchesani, s'établit vers 1747 ; le premier livre imprimé que nous rencontrions est intit.: *Trattenimenti sopra la scienza, tradotti dal Francese da Lidio Partenio*. Rovered, 1728, in-8°. Citons encore : *Gilasco Dodoneo* (lisez *Eutelidense*). *Della Biblioteca volante di Giovanni Cinelli Calvoli, continuata da Dionigi Sancassani, Scanzia XXI aggiunta da ec., con una lettera*, etc. Roveret, presso Pier Antonio Berno, 1733, in-8°.

Un grand nombre d'ouvrages publiés à cette époque sont indiqués par les bibliogr. et les catal. italiens, par la *Bibl. Ritualis*, etc., tous antérieurs à la date de 1749 adoptée par Falkenstein.

ROBRICA [T. P.], station de la Gaule Lyonn. III, entre Tours et Angers, que d'Anville place aux *Ponts-de-Longué*, auj. *Longué*, pet. ville du dép. de Maine-et-Loire.

ROBUS, ROBUR [Amm. Marc.], forteresse du pays des Rauraci, près de Basle ; auj., suiv. Reichard, *Hörburg* ; mais des inscriptions et des ant. romaines découvertes en 1786 et 1838 font supposer que la cathédrale même de la ville a été construite sur l'emplacement de cette forteresse ; d'Anville est aussi de cette opinion.

ROBYA, *Roobuy*, bourg de l'île de Laland (Danemark).

ROCCA, voy. RUPES.

ROCCA CAVARDI, *Rochechouart*, pet. ville de Fr. (Haute-Vienne), anc. titre de duché.

ROCCA FORTIS, *Rocca Forte*, bourg du Piémont (prov. de Mondovi).

Est-ce à cette petite localité que s'applique le renseignement qui suit ? Au catal. Colbert, sous le n° 1885, nous trouvons un vol. qui semble déterminer nettement un lieu d'impression : *Statuti, Ordinationi, e Privilegii della Santa Religione di S. Giovanni Gerosolimitano*. Borgo Nuovo del Marchesato di Rocca Forte, 1674, in-fol.

ROCHDALE, ville d'Angleterre, sur le Roch (Lancashire).

Cette ville avait un libraire, sinon un imprimeur, en 1713 ; mais on ne peut dater avec sécurité l'apparition de la typogr. que de l'année 1807 [Cotton].

ROCHESTER, voy. DUROBRIVÆ.

Des livres imprimés à Rochester aux dates de 1772 et 1776 figurent au 1er cat. R. Héber (n° 313) et au cat. Williams (n° 1619).

ROCHMANOW, sans doute *Romanov-Borisoglebsky*, auj. *Borisov*, ville de Russie, du gouv. de Minsk.

Bachmeister (*Essai sur la bibl. de St-Pétersbourg*, p. 104) fait remonter l'imprimerie dans cette ville, berceau de la famille impériale de Russie, à

l'année 1619, avec un *Évangéliaire*, en slavon, Евангеліе.

RODA, RODANUSIA, voy. RHODA.

RODELHEMIUM, *Rödelheim*, bourg de la Prusse (Hesse-Darmstadt) à 12 kil. de Francfort-sur-Mein.

Les juifs de Francfort avaient établi dans ce bourg une typographie hébraïque au milieu du XVIIIe siècle.

RODENICUS PAGUS, voy. RUTENENSIS PROV.

RODERICOPOLIS, voy. CIVITAS RODERICI.

RODIGIUM, voy. RHODIGIUM.

RODIUM [T. P.], dans la Lyonnaise II, station que d'Anville croit être auj. *Roya Eglise*, *Roiglise*, village de Fr. (Somme), du canton de *Roye*; mais cette petite ville elle-même est, au dire de la plupart des géogr., élevée sur l'emplacement de RODIUM (voy. RAUGA).

RODNA, *Roden*, bourg de Transylvanie (pays des Saxons).

RODOMUS, voy. ROTHOMAGUS.

RODOSTUM, voy. BISANTHE.

RODUMNA, 'Ροδοῦμνα [Pt.], ROIDOMNA [T. P.], ville des Segusiavi, auj. *Rouanne*, *Roanne*, ville de Fr. (Loire), sur la rive gauche de la Loire.

Roë FONTES, ROESKILDIA, ROSKYLDA, *Röskilde*, *Roeskylde*, petite ville du Danemark, près de Copenhague (Seeland).

Cette ville fut la capitale du royaume depuis le Xe siècle jusqu'à la moitié du XVe ; sa cathédrale, le plus beau monument gothique du Danemark, renferme les tombeaux des anc. rois. Cette ville est l'une des premières qui ait vu la typographie fleurir dans ses murs ; c'est à l'année 1534 que l'on peut la faire remonter avec certitude ; nous citerons deux vol. à cette date : *Erasmi Roterodamensis Principis Christiani Institutio, Danice versa*. Roëskildiæ, 1534, in-12. Et : *Textus omnium Epistolarum Pauli ad castigationem emendatiorem codicum versionis Erasmi Roterod*. Roeschildiæ, 1534, in-fol. Ces deux livres rares sont imprimés par un typographe du nom de Hans Barth ou Bardt ; le premier est cité par Bartholini dans sa *Bibl. Danica*, le second par Panzer.

Les livres liturgiques du diocèse de Röschilde, qui possédait un évêché, furent imprimés à la plupart à Paris : le *Diurnale* en 1511, in-16 ; le *Breviarium*, en 1517, in-4° et en 1519, in-8° ; le *Canon sec. usum eccl. Roesch*. est souscrit : *Nyburgi Fion*. 1522, in-4°.

Plusieurs volumes à la date de 1538, 39, 40, sont décrits par Vogt, Bauer, Freitag et même par M. Brunet.

ROEMHILDA, RÖMHILDA, *Röhmild*, ville du duché de Saxe-Meiningen-Hildburghausen, avec un château appelé *Glucksbourg*.

L'imprimerie remonte en cette ville aux dernières années du XVIIe siècle, et c'est à l'année 1700 que nous trouvons, fourni par la *Bibl. Saxon*. de Struvius, le titre du premier livre souscrit au nom de Römhild : *Wilhelm Ernst Tentzels erste Hen-*

nebergische Zehenden. Römhild, 1700, in-fol. Du même auteur : *Andere Hennebergische Zehenden.* Römhild, 1701.

La *Bibl. Saxonica* nous donne les titres d'un grand nombre d'ouvrages exécutés dans cette ville antérieurement à la date adoptée par Falkenstein.

ROETZ, ville et forteresse de la Haute-Autriche (Mannhartsberg), sur la frontière de la Moravie.

M. Cotton nous apprend que l'imprimerie existait dans cette petite localité en 1717.

ROFFA, voy. DUROBRIVÆ.

ROFFINIACUM, *Rouffignac,* bourg de Fr. (Dordogne).

ROFIACUM, RUFIACUM [Mabillon], RUFLACOVILLA [Ch. Car. C. a. 867], *Rouffach,* pet. ville de Fr. (Haut-Rhin); patrie du maréchal Lefebvre.

ROFIACUM, RUFIACUM, *Rouffiac,* plusieurs communes de France portent ce nom.

ROGENSBURGUM, voy. RAVENSBURGUM.

ROHRBACUM, *Rárbók, Rohrbach,* bourg du comitat de Presburg (Hongrie).

« *Concionum Petri Bornemiszsza* impressio in *Detrekö* inchoata, finita est in *Rárbók,* qui pagus tunc (1584) ad Detrekö pertinebat ». [Németh, *Typ. Hung.*].

ROLLARIUM, ROLLARIA, *Roulers, Rosselaer, Rousselaere,* ville de Belgique, sur la Mandelbeke (Flandre Occidentale).

ROLLIACUM, ROLLIACO VICO [Monn. Mérov.], *Rouillé,* bourg de Fr. (Vienne).

ROMA, Ῥώμη, *Rome,* la ville sainte des chrétiens, capitale naturelle de l'Italie, sur les deux rives du Tibre; fondée vers l'an 753 av. J.-C.; fut primitivement élevée sur sept collines, mais ensuite en comprit douze; Auguste la divisa en 14 quartiers (voy. Ampère, l'*Hist. rom. à Rome*; voy. surtout le prodigieux travail de Théod. Mommsen).

Nous n'avons point à nous occuper ici des admirables monuments, des splendides reliques de l'antiquité païenne, non plus que des sublimes conceptions de l'art chrétien, qui font de la *Ville éternelle* un éternel sujet d'admiration et d'étonnement pour ceux qui savent, qui pensent ou qui se souviennent.

Aux bibliophiles, nous rappellerons seulement que la bibliothèque du Vatican est, non point la plus considérable, mais certes la plus illustre et peut-être la plus précieuse du monde civilisé; elle renferme une immense collection des plus remarquables *Codices* de l'antiquité grecque et latine, et quelques-uns des plus importants parmi les mss., des Virgile, des Térence, des Cicéron, etc., remontent au VIe et même au Ve siècle (voy. Mut. Pansa, *Bibl. Vatic.* Roma, 1590, in-4°).

Les bibliothèques des établissements religieux, particulièrement celles des Jésuites, du collège de la Sapienza, des Oratoriens, de l'église S. Maria *in ara Cœli,* de la Minerva, etc., les *librairies* des splendides palais des patriciens, des Barberini, des Borghèse, des Colonna, représentent un nombre incalculable de trésors littéraires, manuscrits ou imprimés; plusieurs de ces établissements sont livrés au public; il est pénible d'avoir à dire que les prodigieuses richesses de la Vaticane sont au contraire sévèrement célées aux yeux du *profanum vulgus,* et que le savant bibliothécaire, un Français cependant, Dom Pitra, n'en autorise l'accès et surtout l'étude qu'à un bien petit nombre d'élus; ce mode de *conservation* est du reste fort en vigueur en Italie.

Les meilleures sources à consulter pour l'histoire de l'imprimerie romaine sont les ouvrages classiques du docte cardinal Quirini, d'Audiffredi, de Laire, etc.; nous devons mentionner également la série de catalogues des innombrables volumes sortis de l'imprimerie particulière de *la Propagande.*

Tous ces ouvrages spéciaux sont entre les mains de la plupart des bibliophiles; nous ne ferons donc que résumer brièvement les faits acquis à l'histoire.

Le grand Æneas Sylvius Piccolomini venait de mourir (14 août 1464), et il n'avait point été donné à cet ardent et savant philologue, qui avait fourni personnellement tant de *copie* aux premières typographies d'Allemagne, de voir sa patrie dotée des prodigieux bénéfices littéraires et moraux qu'entraînait avec elle la sublime découverte de Gutenberg. Cet honneur était destiné à son successeur Paul II, grand ennemi des gens de lettres (voy. la vie de ce pontife, par le card. Quirini, que l'on ne suspectera pas de partialité); c'est que l'esprit clairvoyant et froid de Paul II avait accueilli tout d'abord avec méfiance cette innovation dont il voyait les dangers, et qu'il jugeait sainement devoir être peu profitable aux intérêts, sinon de la religion, tout au moins de la papauté.

Le célèbre monastère bénédictin de Subiaco, situé à quelques lieues de Rome, dans les montagnes de la Sabine, était au XVe siècle, en grande partie peuplé de religieux allemands (voy. Quirini, *Lib. sing. de primis Edit. Rom.*); ce furent ces moines qui, aux premiers récits que firent les voyageurs des merveilles de l'art nouveau, s'empressèrent d'appeler à eux quelques-uns de leurs compatriotes, initiés à tous les secrets de la gravure et de la fonte des caractères, comme aussi aux mystères de la composition et du tirage typographique.

Les premiers qui répondirent à l'appel s'appelaient Conrad Sweynheym et Arnold Pannartz; nous nous occuperons de leur séjour à l'abbaye, quand nous arriverons à SUBIACUM.

Cependant un autre typographe étranger était directement venu tenter la fortune à Rome; on le nommait Ulrich Hahn (*Udalrichus Gallus,* en français *Ulrich le Coq*) ; il était né à Ingolstadt et certainement avait séjourné à Vienne, puisqu'il s'intitule « *civis Viennensis* » ; il fut, à son arrivée à Rome, accueilli et patronné par un grand personnage, le célèbre cardinal Turrecremata (*vulgò Torquemada*).

Mais, obligé d'organiser son matériel, de faire face aux difficultés de l'installation, il ne put arriver à la publication de son premier ouvrage, les MÉDITATIONS de son protecteur, qu'à la date du 31 décembre 1467, et Sweynheym et Pannartz l'avaient gagné de vitesse.

En effet, à la nouvelle de l'accueil fait à cet étranger par le cardinal de Torquemada, les imprimeurs de Subiaco avaient quitté le monastère en toute hâte, et s'étaient transportés à Rome, où ils trouvèrent une noble et généreuse hospitalité. Deux frères d'une illustre famille, les princes Pietro et Francesco Massimi (ils prétendent descendre en droite ligne du grand Fabius Maximus, *le Cunctator*) les reçurent dans leur palais, et l'un des savants illustres de cette grande époque de la renaissance des lettres en Italie, Giovanni Andrea, l'évêque d'Aleria, se fit un honneur de se déclarer leur éditeur, et ne dédaigna pas de leur servir de prote et de correcteur.

N'ayant donc à s'occuper que du transport de leur matériel (ce qui, vu la proximité de l'abbaye, ne dut leur prendre que quelques jours), de la gravure et de la fonte d'un caractère nouveau, frappé hâtivement et moins pur que celui qu'ils avaient employé et abandonné à Subiaco, on ne trouvera pas étonnant qu'ils aient publié à la date du 12 juin 1467 leur dernier ouvrage à l'abbaye, et, dans le cours de la même année, leur premier volume à Rome.

M. TVLLII CICERONIS EPISTOLARUM AD FAMILIA-
RES *Libri XVI*. A la fin :

Hoc Conraduſ opuſ ſuueynheym ordine miro
Arnoldusque ſimul pannartſ una aede colendi
Gente theotonica : romae expediere ſodaleſ

In domo petri de Maximo. M.CCCC.LXVII. gr. in-4° de 246 ff. à 31 lig., sans ch., récl. ni sign.

Ce livre est le premier sur lequel les prototypographes d'Italie aient imposé leur nom glorieux ; le nouveau caractère qu'ils emploient est un peu moins fort que celui de Subiaco, il est d'une forme plus romaine, mais offre des imperfections frappantes dans les proportions et dans l'alignement des lettres... il y a des lettres disgracieuses, l'a cursif par exemple ; les capitales seules, gravées sur les modèles de l'épigraphie romaine, sont fort belles [Aug. Bernard]. « Mihi certe magis arridet sublacensis character, dit le P. Audiffredi ; speciale hoc habet hic character, quod litera I punctulo superne posito perpetuo destituitur, ac litera S semper est oblonga. »

Après la mort du pape Paul II, qui n'avait en aucune façon favorisé l'établissement de la typographie à Rome, les pauvres Sweynheym et Pannartz, qui avaient courageusement épuisé leurs dernières ressources, furent réduits à adresser une supplique au pape Sixte IV, qui paraissait plus favorablement disposé ; ce fut l'évêque d'Aleria qui se chargea d'être leur éloquent interprète ; une lettre imprimée sur un f. in-fol., qui se trouve habituellement joint au IVᵉ vol. de la Glose de Nicolas de Lyre sur la Bible, contient le récit douloureux de leurs travaux et de leurs misères, et en même temps le catalogue de leurs impressions, avec les chiffres de tirage. Nous ne reproduirons pas ce document qui a été publié par un grand nombre de bibliographes ; Sweynheym et Pannartz tiraient habituellement à 275 exempl. chacun de leurs livres ; 4 ouvrages seulement sont publiés à 300, et parmi eux figure le *Donat* de Subiaco, le premier livre imprimé en Italie, livre dont on ne connaît plus d'exempl., bien que Dibdin prétende qu'il s'en conserve un dans une bibliothèque particulière d'Italie.

Malgré ce chiffre restreint ils n'en avaient pas pas moins imprimé, en 1472, 12,475 volumes tous de format in-fol. ou in-4° ; et ce chiffre ne donne qu'une faible idée du prodigieux mouvement littéraire qui se développa à Rome à cette époque, si l'on veut bien remarquer surtout qu'à cette date de 1472, il existait au moins quatre ou cinq typographies en exercice, en dehors de celles que nous avons déjà mentionnées.

Tout porte à croire que la requête de l'évêque d'Aleria ne fut accueillie que par un dédaigneux silence, sinon par un refus formel, car, à partir de cette date, les publications des deux imprimeurs deviennent et plus rares et moins soignées ; leur matériel usé ne peut être renouvelé ; la concurrence les tue ; bientôt Sweynheym abandonne la lutte et se fait graveur en taille douce, art absolument nouveau à Rome alors, et ce talent, qu'on ne lui connaissait pas, nous montre bien que c'est à lui seul que l'on dut la gravure des beaux caractères qui avaient servi à Subiaco et à Rome.

Pannartz à son tour cessa d'imprimer en 1486 et mourut sans doute à la fin de cette année, car un silence absolu se fait autour de ce nom glorieux à partir de cette date. Quant à Sweynheym, il dut mourir avant 1478, ou tout au commencement de l'année, sans avoir pu terminer, en trois ans de labeur, ce grand travail qu'il avait entrepris, la gravure des cartes destinées à une traduction latine de la *Géographie* de Ptolémée.

Ainsi que nous l'avons dit, Ulrich Hahn était arrivé à Rome en 1467 ; suivant une tradition assez accréditée, ce typographe aurait d'abord porté l'impri-

merie à Vienne, et établi dans cette capitale un atelier dès l'année 1462, mais l'impression d'un pamphlet contre le bourgmestre (?) lui aurait attiré de nombreux ennemis, et il aurait dû quitter Vienne. L'empereur Frédéric IV, pauvre prince s'il en fut, mais qui avait pris en Italie le goût et le sentiment des arts, protégea Ulrich Hahn, et l'emmena à sa suite en Hongrie. Sur ces entrefaites, Torquemada, qui avait connu Frédéric IV à Rome, et assisté à son couronnement, s'adressa au dernier *roi des Romains* pour en obtenir un typographe, et Frédéric lui envoya son serviteur Ulrich, ce qui mit fin à la longue odyssée du pauvre homme. Ce récit un peu romanesque est traditionnel, mais ne repose sur aucun document bien authentique.

Ainsi que nous l'avons dit, Ulrich Hahn débute à Rome par un ouvrage mystique du cardinal de Torquemada : *Meditatiōnes Reuerēdissimi patris dñi Johannis de || Turrecremata Sacrosce Romane eccl'ie Cardinalis po || site z depicte de ipsius mādato ī ecclie ambitu sce ma ||rie de Minerua. Roma.* In-fol. de 34 ff. avec 33 fig. s. bois, assez grossièrement taillées ; impr. avec de gros car. goth. (d'environ 20 points typ.). Au rº du 34ᵉ f. on lit : *Finite sunt contemplationes supradicte z con || ti-nuate Rome p Ulricum Han Anno domi || ni Mille-simo quadringentesimo sexagesimo sep || timo die ultima Mensis decembris.*   J. R.

Il convient de rétablir ainsi le titre : *Meditationes supra figuras depictas....* Ce livre est fort rare, puisqu'on n'en connaît que trois exemplaires, l'un à Nuremberg, l'autre chez lord Spencer et le troisième à Vienne.

Giov. Ant. Campano, le savant évêque de Teramo, fut le correcteur d'Ulrich Han ; quand ce prélat fut appelé à la diète de Ratisbonne en 1471, notre imprimeur fut forcé de s'associer un marchand lucquois du nom de Simone Nicholai Chardella, qui lui servit de commanditaire et d'éditeur.

Mais déjà l'imprimerie avait pris une grande extension dans la Ville éternelle ; il ne nous est pas permis d'en suivre pas à pas les développements, mais nous signalerons brièvement les premières typographies. En 1470, un Allemand de Wurzbourg, nommé George Laver, s'installe sous la protection du cardinal Caraffa au monastère de S.-Eusèbe ; il publie son premier ouvrage à la date du 29 octobre : c'est une édition latine des *Homélies* de S. Jean Chrysostome. La même année l'illustre Giov. Filippo de Lignamine, médecin sicilien, vient à Rome, y achète une maison « *in pinea regione, via Pape, prope sanctum Marcum* » et y installe une typographie excellente (1470-1471), d'où sont sortis plusieurs ouvrages célèbres ; nous citerons sa fameuse CHRONIQUE PONTIFICALE, si souvent mentionnée comme renfermant les plus curieux détails sur la naissance de l'art typographique à Mayence, à Strasbourg et à Rome.

Un clerc du dioc. de Metz, Adam Rot, fonde une imprimerie non moins illustre ; nous citerons encore Leonardus Pflug, un Saxon (1472) ; Georgius Saschel de Reichenhal (1474) ; Est. Planck, de Passau, Martin d'Amsterdam, Eucharius Franck ou Silber, de Wurzbourg, auquel on doit le premier livre impr. avec des car. éthiopiens (1513), etc. ; Hugo de Gengenbach, auquel on doit une édition de *Térence*, à la suite de laquelle se trouve un registre avec ce titre détaillé : *Tabula qua invenire valea-mus quomodo unum folium sequitur aliud...;* mais c'est à Ulrich Hahn ou plutôt à Campanus que revient le premier honneur de ce perfectionnement typographique ; en effet, dit avec raison M. de Marolles, on voit déjà le registre dans deux éditions d'Ulrich Hahn non datées, mais que l'on sait être de 1469 ou 1470 au plus tard savoir : *les Philippiques de Cicéron* et le *Tite-Live.*

Le *César* et le *Lucain* imprimés par Sweynheym et Pannartz en 1469 contiennent une petite table sans intitulé qui rappelle les premiers mots de chaque chapitre, mais, quoi qu'en disent de Bure et autres bibliogr., cela ne peut en aucune façon s'appeler un *registre pour l'assemblage du livre*.

Plusieurs perfectionnements typog. sont encore dus aux premiers impr. romains : l'emploi de la diphtongue Æ pour remplacer la lettre E ; les *Notes marginales* (dans la 1re édit. d'Apulée) ; la *Préface* (1re édit. d'Aulu-Gelle), etc.

Nous ne voulons pas donner la sèche nomenclature des 25 ou 30 imprimeurs de Rome au XVe siècle, mais il nous faut absolument revenir sur un magnifique spécimen de la typographie romaine de cette époque ; nous voulons parler du célèbre PTOLÉMÉE de 1478. Sweynheym avait commencé la gravure sur métal des 27 cartes qui ornent ce très-précieux ouvrage ; il était mort à la peine, mais un de ses compatriotes, Arnold Buckinck, fut chargé de terminer le travail et s'en acquitta fort bien, nous dit la préface de l'éditeur : *in cujus vigiliarum laborumque partem non inferiori ingenio ac studio Arn. Buckinck, e Germania, vir apprime eruditus, ad imperfectum opus succe·lens... et unum perfecit... ».*

M. Bernard nous donne une description minutieuse et excellente de ce chef-d'œuvre de la typographie ; nous demandons la permission de contester simplement une assertion de détail : « Le caractère dont on s'est servi dans ce Ptolémée, dit-il, est de la même force que celui du *Cicéron* de 1467, mais plus beau de forme, ce qui prouve qu'il n'a pas été imprimé dans l'atelier de Pannartz. » Nous demandons pardon au célèbre bibliographe, mais cela ne nous paraît point décisif ; si l'on pouvait assimiler le caractère à celui d'une des imprimeries en exercice à Rome à cette date, la difficulté serait tranchée, mais non ; le caractère est de même corps, de même forme, seulement il est plus beau : donc, etc. Eh bien ! pour nous cela prouve que Pannartz et Sweynheym, voulant publier leur *chef-d'œuvre*, s'étaient partagé le travail : que le premier avait profité des longs essais et tâtonnements du graveur, pour améliorer son matériel, et le rendre digne des merveilleuses *illustrations* que préparait son associé ; malheureusement ni l'un ni l'autre ne devait voir l'admirable résultat de ces efforts combinés ; la mort les frappait tour à tour, et nous pensons que le soin pieux de terminer ce grand travail fut dévolu à George Laver pour la partie typographique, pendant que l'Allemand Buckinck terminait la gravure des cartes.

Parlerons-nous du XVIe siècle, de Zacharias Calliergi, le savant Crétois, qui vient en 1512, sur l'invitation de Léon X, fonder une typographie grecque au palais Chigi ?

De la *Typographia Vaticana*, qui s'appela depuis « *Apostolica* » et « *Cameralis* », pour devenir la propriété et l'instrument de la célèbre congrégation de *la Propagande* (de *Propaganda Fide*) ? De Paul Manuce, l'un des fils du grand Aldus Pius Romanus, qui sous Pie IV, en 1561, devient le directeur de cette typographie ; puis de cet autre directeur, Domenico de Baza, auquel il fut donné d'employer près de 40,00 0 *scudi romani* en caractères grecs et orientaux ! Aussi la plupart des premiers livres exécutés en caract. arabes, assyriens, arméniens, sortent-ils de là ; mais on trouve ces détails partout.

Dirons-nous un mot de ces imprimeurs étrangers qu'un zèle ardent pour la foi, et plus souvent les brutales persécutions des réformés (l'histoire nous prouve que les catholiques n'exerçaient point seuls le monopole de l'intolérance), amenaient à Rome ? Robert Grandjon, par exemple, l'imprimeur lyonnais en *caract. de civilité*, qui y meurt en 1586 ? Mais l'ensemble de tous ces faits nous entraînerait au-delà des bornes, que peut-être nous avons déjà outre-passées.

Ajoutons seulement que l'on trouve sur un grand nombre de livres des XVIe et XVIIe siècles le nom de ROME dissimulé sous les rubriques les plus variées : pour les catholiques, c'est *Hagiopolis, Palæopolis, Pantopolis, Cosmopolis*, etc. (ce dernier nom s'applique, il est vrai, à toutes les villes possibles) : pour les protestants, *horresco referens !* c'est la *grande Prostituée !* c'est la *grande Paillarde*

babylonienne ! et toutes sortes d'aménités qu'autorisaient les mœurs du temps et les usages de la polémique chez nos bons aïeux.

ROMANI, ʿΡωμαῖοι, QUIRITES, Κυρῖτες [D. Hal., Plut.], *les Romains* ; peuple formé de la fusion de trois tribus : *les Ramniens* (RAMNES), *les Titiens* et les *Luceres* ; « cette triple division de la cité romaine, dit M. Mommsen, remonte si haut qu'elle est passée dans la langue politique » ; le mot *tribut* vient de là, ainsi que celui de *partager* (*tribuere*).

ROMANI MONAST., *Romain-Moutiers*, bourg et anc. abbaye de Suisse (Vaud).

ROMANIOLA, ROMANDIOLA, *la Romagne*, anc. appellation des provinces pontificales, les lég. de Ravenne et de Forli, qui faisaient partie de l'exarchat de Ravenne.

ROMANOVILLA, *Romanswiller*, commune de Fr. (Bas-Rhin).

ROMANUM, ROMANIS, *St-Romans*, sur l'Isère, commune de Fr. (Isère) ; anc. abb.

ROMANUM, *Romans*, ville de France, sur l'Isère (Drôme).

ROMARICI MONS, ROMERICUS MONS, AVENDI CASTRUM, *Remiremont*, sur la Moselle, ville de Fr. (Vosges).

Cette ville doit son nom à une anc. et célèbre abbaye de filles bénédictines, fondée en 620, par un des leudes de Théodebert, roi d'Austrasie, nommé S. Romaric, ou S. Rombert ; les dames chanoinesses de Remiremont étaient princesses de l'Empire et immédiatement soumises au St-Siége apostolique (voy. Amelot de la Houssaye, *Mém. histor.*). La précieuse bibliothèque du monastère est allée, en grande partie, enrichir la bibliothèque d'Épinal ; c'est-là qu'est conservé le plus ancien ms. anglo-saxon qui soit en France, un Glossaire du IXe siècle, que nous avons vainement cherché, par voie d'échange, à acquérir pour la Bibliothèque impériale.

M. Beaupré ne parle pas de l'imprimerie de Remiremont, non plus que M. Sabourin de Nanton ; il nous faut tâcher de suppléer à cette lacune. C'est à l'année 1735 que nous croyons devoir reporter l'introduction ; en effet nous trouvons à la Bibl. impér.: *Recueil des règlements et usages de l'insigne église collégiale et séculière de St-Pierre de Remiremont, immédiatement sujette au St-Siége.* Remiremont, Jean Charlot, 1735, in-fol. C'est, croyons-nous, le plus ancien produit connu des presses de ce typographe en cette ville ; il était de la famille des imprimeurs de Nancy.

Nous citerons encore : *Essai sur la manière de prendre les eaux de Plombières, par J. le Maire.* Remiremont, chez Cl.-Nic.-Emm. Laurent, 1748, in-8° ; du même auteur : *Essai analytique sur les eaux de Bussang.* Id., ibid., 1750, in-12 (ces deux volumes sont à l'Arsenal). Cet imprimeur était encore à Remiremont en 1773 (voy. cat. Ch. Nodier, n° 531, et cat. Luzarches, n° 145).

L'imprimeur ordinaire du roi, en 1764, c'est-à-dire lors du rapport fait à M. de Sartines, s'appelait Nicolas Laurent.

ROMATINUM FL. [Plin.], dans la Vénétie, auj. *le Lemene*.

ROMHILDA, voy. ROEMHILDA.

ROMILIACUM VILLA [Mabillon], ROMILIACUS VILLA, *prope Parisius*, ROMILII [Gr. Chron.], anc. résidence du roi Dagobert, *Reuilly*; fait auj. partie intégrante de la ville de Paris.

ROMILIACUM, RUMILIACUM, *Rumilly*, pet. ville de Fr. (Savoie). — *Romillé*, bourg de Bretagne (Ille-et-Vilaine). — *Romilly*, plusieurs com. de France portent ce nom.

M. Ternaux prétend que l'imprimerie exista dans la jolie ville de Rumilly en Savoie, au XVIIe siècle, et cite à l'appui un *Missel de Genève*, imprimé en 1674; ce livre nous est inconnu.

ROMORANTINUM, voy. RIVUS MORENTINI.

ROMSEY, petite ville d'Angleterre (Hampshire).

Anc. abbaye. Martin cite d'après un catal. de libraire et sans avoir vu le vol., qui est resté inconnu à Upcott et à Lowndes: *Nomina Villarum of the County of Southampton, or a List of Divisions, Boroughs, Parishes*, etc. Romsey, 1791.

ROMULA. Cette station de l'It. d'Ant. et de la table de Peut. est, suiv. Mannert, *Karlstadt*, en Croatie (voy. CAROLOSTADIUM).

ROMULA (SUB) [It. A., T. P.], ROMULEA [Liv.], ʿΡωμύλία [Steph. B.], SUBMURULA [G. Rav.], au chef-lieu du Samnium chez les Hirpins, auj. *Morro*, bourg de la Princ. Ulter., à l'E. et au pied de l'Apennin.

RONASCUM, ROSNACVM, *Rosnay*, commune de France, de l'arrond. du Blanc (Indre). Plusieurs villages de France portent encore ce nom.

RONCHUM, *Ronco*, bourg de la prov. de Gênes (Italie), à quelques lieues de Gênes.

Une imprimerie paraît avoir existé dans cette localité au XVIIe siècle, puisque nous trouvons plusieurs vol. souscrits à ce nom; les I et II des « *Memorie recondite di Vittorio Siri dall' anno 1601 al 1640* » portent « Ronco, 1676, » in-4o. On dit que ces curieux mémoires ont été écrits sous la dictée ou tout au moins d'après des documents fournis par Hugues de Lionne, le célèbre ministre du Roi-Soleil. L'année suivante nous trouvons encore: *Thomæ Massæ Apologia pro Joanne Annio Viterbiensi.* Ronchi, 1677, in-4o. Mais tout cela ne prouve pas d'une façon bien absolue l'existence d'une imprimerie à Ronco, et nous ne serions pas surpris d'apprendre que ces livres proviennent des presses vénitiennes, alors spécialement au service des pamphlétaires de tous les pays, comme plus tard Amsterdam et auj. Bruxelles.

RONCILIO, *Ronciglione*, pet. ville épiscopale des États de l'Église (déllég. de Viterbe); anc. comté réuni aux terres papales en 1661.

Nous trouvons trace d'imprimerie dans cette ville à partir du commencement du XVIIe siècle: *Cecchina, comedia del Sig. Fortunio Ralli.* Ronciglione, 1616, in-12 (Cat. Floncel, no 2348). *La Tabernaria, com. del Sig. Giov. Bat. della Porta.* Ibid., 1616, in-12. J. B. Porta est, on le sait, le célèbre physicien, auteur de la *Magia naturalis*. Un vol. à la date de 1619 figure au catal. Libri de 1861 sous le no 4114; celui que Falkenstein donne comme le premier produit des presses locales, et que Cotton décrit à la date de 1620, est porté dans Haym à la p. 315, et au cat. Floncel sous le no 1867. Nous croyons que le premier typographe de Ronciglione venait de Viterbe et qu'il s'appelait il Discopolo.

RONNEBURGUM, *Ronneburg*, pet. ville du gr.-duché de Saxe-Altenburg (Prusse).

Imprimerie en 1807 [Falkenstein]; mais Ternaux donne une date antérieure: *Foersteri, de veneranda senectute.* Ronneburgi, 1728, in-8o.

ROSACUM, RORSCHACHIUM, *Rorschach am Bodensee*, petite ville du canton de St-Gall, avec un port sur le lac de Constance (Suisse).

Comme la plupart des points attenant au Bodensee, Rorschach a eu son imprimerie à la fin du XVIe siècle; ce fait s'explique par la multiplicité des couvents et par l'âcreté des discussions religieuses, alors que des deux côtés l'ardeur de la polémique entraînait parfois jusqu'au bûcher. C'est en 1591 que nous trouvons la première trace de cette typographie, et le premier livre que nous puissions citer est un traité d'anatomie: Ἐργαλεῖον, *D. I. ein Instrument oder fügliches Werckzeug, mit dem, neben gnugsamer erkandtnuss, fürgebildter Gebein vnd Geädern, sampt andern in Patenten angezeigten theilen dess Menschlichen Leibs, wie ein Medicus ein rechte anatomiam anstellen soll.* Rorschach am Bodensee, 1591, in forma patenti. Le premier imprimeur de Rorschach s'appelait Ludwig Köning; nous trouvons son nom cité sur plusieurs vol. à la date de 1593 et 1596 (voy. *Index der deutschen Bücher*. Leipz., 1600).

ROSALIE (S.) CŒNOBIUM, *Santa-Rosalia*, pet. ville de Sicile (Int. de Girgenti); c'est le lieu de naissance de la patronne de l'île.

ROSARIÆ, ROSARIÆ SALINARUM, *Rosières-aux-Salines*, pet. ville de Fr. (Meurthe).

ROSARIAS, *Rosiers*, commune de Fr. (Corrèze).

ROSARUM CIV., voy. ROSTOCHIUM.

ROSARUM VALLIS, *Rosenthal*, bourg de la Hesse Électorale (prov. de la Haute-Hesse); — bourg de Bohême (cercle de Prachin).

ROSBACIO, ROSBACIUM, *Rolleboise*, sur la Seine, commune de Fr. (Seine-et-Oise), suiv. Guérard.

ROSBACUM, *Rossbach, Rosbach*, village de la rég. de Merseburg, dans la Saxe Prussienne; en 1757, défaite des Français, qui repassèrent sur le champ de bataille, après Iéna, et abattirent la colonne commémorative élevée par les Prussiens.

ROSCHYLDA, ROSCHILDIA, voy. Roë FONTES.

ROSCIANUM [It. A.], 'Ρουσκία [Procop.], ville et port du Bruttium, *Rossano*, sur la mer Ionienne (Calabre Citér.).

ROSCOVIA, *Roscoff*, petit port de Bretagne (Finistère).

ROSCREA, bourg d'Irlande « in the North-Riding of the county of Tipperary ».

Thomas Lord, imprimeur de Youghal, nous apprend M. Cotton, s'établit à Roscrea en 1786, et on rapporte que son matériel typographique fut entièrement détruit lors de la rébellion de 1798.

ROSEA RURA [Varr., Cic., Pl.], AGER REATINUS, *territ. de Rieti,* dans la Sabine.

ROSETUM, ROSEIUM (XIIᵉ s.), RAUSEDUM, *Rosay, Rosoy,* plusieurs localités portent ce nom en France ; nous citerons *Rosoy, Rozoy-en-Brie*, pet. ville du dép. de Seine-et-Marne.

ROSETUM [Frag. I. A.], *Monte Rosino,* bourg de Toscane.

ROSFARIENSIS VILLA, voy. ROLLARIUM.

ROS INSULA, *Andreas Insel,* île du Danube.

ROSNACUM, voy. RONASCUM.

ROSNYA, ROSNYO, *Rosenau*, pet. ville de Hongrie (cercle en-deçà de la Theiss). = *Rosenau*, ville de Transylvanie (dist. de Kronstadt).

ROSTOCHIUM, RHODOPOLIS, ROSARUM CIV., *Rostock*, ville du gr.-duché de Mecklembourg-Schwerin, sur la Warnow, près de son embouch. dans la mer Baltique.

Université fondée en 1419, à laquelle a été réunie celle de Butzow en 1760 : riche bibliothèque ; musée, etc. C'est là qu'est enterré Grotius.
Les Frères de la vie commune (voy. BRUXELLA), de l'ordre des Hiéronymites, établirent dans leur couvent de Rostock une imprimerie en 1476, c'est-à-dire la même année que celle de Bruxelles, et celle de Rostock paraît même avoir précédé l'imprimerie belge, puisque le premier livre imprimé est daté du 5 des Ides d'avril 1476 ; or le 5ᵉ jour des Ides d'avril correspond au 27 avril de notre calendrier ; mais l'année commençant à Pâques, qui tombe en 1476 le 14 avril, il s'ensuit que le livre que nous allons citer a été publié tout-à-fait au début de cette année, et, comme c'est un assez gros in-folio, le temps d'organiser le matériel, de faire les essais obligés, de composer, corriger, enfin mettre sous presse et tirer, a dû certainement demander largement une année ; ce serait donc, selon nous, tout-à-fait au commencement de l'année 1475 qu'il conviendrait de faire remonter l'établissement typographique des Frères de la vie commune à Rostock : *Lactancij Firmiani de diuinis institutionibus ‖ aduersus gentes rubrice primi libri incipiunt.* Au rº du f. 203, on lit en lettres rouges : *Firmiani Lactancij viri ẽcellentis ingenij... diuina⁊ institutionũ aduersus gentes... ‖ Per fratres presbiteros et clericos cõgregationis domus viridis orti ‖ ad sẽm Michaelem in opido Rostockcẽ ptium inferioris Sclauie. ‖ put facultas et industria tulit emendate satis et accurate ɔsummati. ‖ Anno incarnationis dominice millesimo quadringẽtesimo septua‖gesimo sexto.*

Quinto Idus Aprilis. Deo Gratias. In-fol. avec ch., récl. et sign., de 203 ff. à 39 longues lignes.
Les Frères de la Vie commune donnent la même année deux autres ouvrages : *Johannes Herolt* (*alias discipulus*). *Sermones Discipuli de Tempore.* In-fol. daté : « *Tercio Kalendas Nouembris* ». Et : *Augustinus* (S. Aur.). *Homiliæ VII.* In-fol. Une de ces homélies est consacrée, on le sait, au sujet suivant : « *De Communi vita Clericorum* ».
Nous signalerons à Rostock une imprimerie particulière, à laquelle D. Ern. Joach. de Westphalen a consacré une mention spéciale dans la préface de ses « *Monumenta inedita Rerum Germanicarum* ». Cette imprimerie fut organisée par un savant professeur de l'université de Rostock, le Dʳ Nicolas Mareschalkus : *Nicolai Marescalci Thurii Mons Stellarum.* A la fin : Editum Rostochii : et ibi a Ludovico Dytze calchographo solerti expressum. Pridie Calendas Augustas anno a Natali Christiano M.D.XII. In-4º fig. s. bois. Lackmann cite ce vol., mais à la date de 1510. Panzer décrit sept ouvrages de ce savant historien ; presque tous sont souscrits « *in œdibus Thuriis* », et imprimés par Gunther Hyems (Winter), d'Erfurth (Voy. Lackmann, *Ann. Typ.*, p. 36).

ROSTRENUM, *Rostrenen*, bourg de Bretagne (Côtes-du-Nord).

ROSTRUM NEMAVIÆ [It. Ant.], dans la Vindélicie, *Dillishausen*, bourg au N. de Buchloe [Forbiger], et, suiv. d'autres géogr., *Mindelheim*, ville de Bavière (Souabe et Neuburg).

Les bibliogr. allemands nous donnent 1518 comme date de l'introduction de la typogr. dans cette dernière ville, et Panzer décrit le volume imprimé à cette date : *Joannis Altenstaig* (Altestaig) *Vicarii Augusti de felicitate triplici, humana, christiana et cælesti, seu erronea, dispositiva et fruitiva.* Mindelhemii, 1518, in-8º. Réimpr. l'année suiv. à Haguenau. Nous ne connaissons pas cette édition ; et Panzer lui-même, en la citant, ne s'appuie que sur l'autorité contestable de la *Biographie* de Hennings.

ROTALIUM, voy. RIGOIALENSIS VILLA.

ROTEGIACUM, *Rouy*, bourg de France, de l'arr. de Nevers (Nièvre).

ROTENA URBS, voy. SEGODUNUM.

ROTENBURGUM, ROTTENBURGUM, AD TUBARIM (?), *Rottenburg, Rothenburg*, ville du Wurtemberg, dans le Schwarzwald, sur le Neckar. — Il y a une ville du même nom en Bavière, dans le cercle de la Franconie-Moyenne, sur le Tauber.

L'imprimerie a-t-elle existé dans chacune de ces deux villes ? nous ne le pensons point ; et nous croyons devoir appliquer à la cité wurtembergeoise les renseignements qui suivent : Falkenstein ne fait remonter qu'à 1627 l'imprimerie à Rothenburg, et nous la reporterons à plus d'un siècle en arrière. Un sermon de Luther fut prêché dans cette ville en 1524 par le grand hérésiarque, et imprimé la même année : *Ein Sermon auff dẽ tag der Verkundigung Marie gepredigt zu Rottẽburg durch Andream Keller.* l. 5. 3. 4. In-4º de 12 ff. et l'exécution typographique de cette pièce n'est point un fait accidentel et dénote une imprimerie sérieuse, puisque nous pouvons citer plusieurs vol. exécutés à Rothenburg dans le courant de ce siècle : *M. Johan. Episcopi Keyserbüchlein, darinn aller Keyser, biss auss Maximilian. z. fürnembste historien beschrieben worden, reimenweis gestellet.* Rotenburg, 1569, in-8°.

Au commencement du XVII° siècle, l'imprimeur de la ville s'appelle Hieron. Körnlein.

ROTERODAMUM, *Rotterdam*, ville de Hollande, chef-lieu de district, dans la prov. de la Hollande Mérid., sur la Meuse et la Rotter; musée, bibliothèque, etc.

La maison où naquit le grand Erasme en 1467 existe encore; elle est située dans la Breede Kerkstraat, et occupée par un débitant de boissons.

On ne fait ordinairement remonter l'imprimerie à Rotterdam qu'à l'année 1589, avec Dierck Mullem comme premier typographe; et pourtant nous pouvons citer un livre français souscrit au nom de cette ville, à la date de 1580, et exécuté par un imprimeur du nom de Jean Waesberghe, qui venait d'Anvers; ce fut probablement l'ancêtre des imprimeurs d'Amsterdam Johann Jansson et Wolffgang à Waesberghe, dont les noms se présentent si souvent au siècle suivant.

Au XVIIe siècle nous mentionnerons un bon imprimeur du nom de Van Slaart.

Mais, au commencement du siècle suivant, nous devons tout particulièrement citer un excellent typographe du nom de Reinier Leers, qui, à partir de 1680 environ, exploita à Rotterdam un des plus importants établissements typographiques de la Hollande; en 1691, 92 et 93 il publia trois catalogues des livres de son *officine*.

ROTEVILLA, ROTOVILLA, ROTWILA, *Rottweil, Rottwill*, pet. ville appart. au Wurtemberg depuis 1802, dans le cercle du Schwarzwalde, sur la rive gauche du Neckar (voy. ARÆ FLAVIÆ).

Imprimerie en 1605; premier typogr. Maximilian Helmlin. *F. Mart. Digasseri geistliche Kästlein: Ordnung der lötichen Brüderschafft S. Sebastiani.* Rotweil, bey Max. Helmlin, 1605, in-8°. Du même auteur citons encore: *Zwo Predigten. I. Vom Sieg vnd Triumph dess Creutzes Christ. II. Von den sieben Worten Christi am Creutz.* Ib., ibid., 1605, in-4°. Mais à la même date nous trouvons un second typographe: *Paradisus Precum. Lustgarten Catholischer Gebet, durch andächtige vnd geistliche Personen zusammen getragen.* Rotweil, bey Johann Strassern, 1605, in-8°. Ce dernier imprimeur était de Fribourg en Brisgau. Nous pourrions multiplier ces citations, à l'aide des divers cat. des foires de Francfort.

ROTHOMAGUS, voy. ROTOMAGUS.

ROTINICUM, voy. RUTHENENSIS PROV.

ROTO, *Redon*, pet. ville de Bretagne, sur la Vilaine (Ille-et-Vilaine); anc. abb. de St-Benoît fondée en 818.

Le premier imprimeur de Redon s'appelait Pierre Garlavois; il s'établit dans cette ville vers 1708. L'arrêt du conseil, en date du 31 mars 1739, supprime cette imprimerie, mais il ne fut point mis à exécution. A Pierre Garlavois succéda paisiblement son fils du même nom, lequel cède son établissement, vers 1755, à Joachim Guéméné. L'arrêt du conseil du 12 mai 1759, exclusivement consacré à la réglementation des imprimeries de la province de Bretagne, dit expressément: « Les imprimeries établies à Dol, Morlaix, Redon, etc., seront et demeureront supprimées; fait S. M. défense d'en établir à l'avenir dans lesdites villes, et néanmoins a perm's par grâce, et sans tirer à conséquence, aux nommés X... X..., Joachim Guéméné, etc., de continuer à imprimer dans lesdites villes leur vie durant, » etc. Le rapport fait à M. de Sartines complète ces ren-

seignements; voici la note consacrée à Redon Un seul imprimeur-libraire, Joachim Guéméné, âgé de 36 ans, établi par l'acquisition de l'imprimerie de Pierre Garlavois, qui le précédait, lequel avait succédé à son père, du même nom. Le sr Guéméné a été conservé sa vie durant par l'arrêt de 1759. Il ne possède qu'une presse. *Nota.* On demande la conservation d'une imprimerie dans cette ville.

ROTOÏALUM [Greg. Tur.], *le Val de Reuil,* village de Normandie, au confluent de l'Eure et de la Seine (Eure).

ROTOMAGUS [I. A., Amm., Greg. Tur.], ʿΡατομαγος [Ptol.], METROPOLIS CIV. ROTOMAGENSIUM, RATUMAGUS [T. P.], ROTHOMUS, ROTOMUS [Fréd.], ROTOMOCIVITATI, ROTOMOCIV, ROTOOM [Monn. Mérov.], anc. capit. des Vélocasses, dans la IIe Lyonnaise; en 497, capit. de la Neustrie; en 912, capit. du duché de Normandie; *Rouen,* ville de France, sur la Seine; chef-lieu du dép. de la Seine-Inférieure; archevêché, musée, bibliothèque; c'est la patrie des Corneille, de Fontenelle et de Mézeray.

M. Frère, le bibliogr. normand, a consacré à l'histoire typographique de cette illustre ville une curieuse et intéressante monographie (Rouen, 1843), que nous analyserons en quelques mots.

Une délibération des notables de la ville de Rouen, en date du 16 juillet 1494 (publiée et annotée par M. André Pottier, le regrettable conservateur de la bibl. de la ville), établit que l'imprimerie fut introduite à Rouen par une noble famille du nom de Lallemant; cette famille, composée de cinq frères, Pierre, Jean, Guillaume, Robert et Richard, descendait du chev. Henry de Conterey, surnommé Lallemant probablement à cause de son extraction, et ce surnom était devenu le nom de famille de ses descendants. Les frères Lallemant, voulant faire jouir leur patrie adoptive des bienfaits de l'art nouvellement découvert et mis en pratique par les compatriotes de leur père, choisirent des jeunes hommes industrieux, parmi lesquels on cite particulièrement Martin Morin, « homme loyal et inventif en la recherche dudit œuvre, qui a cueilli ès pays d'Allemagne », et Pierre Maufer, son compagnon; ces jeunes apprentis typographes reçurent de leurs protecteurs les moyens sonnants d'aller tirer les procédés de l'imprimerie, soit à Paris, soit au berceau même de l'art nouveau, sur les bords du Rhin. A leur retour, les frères Lallemant installèrent dans leur hôtel, paroisse St-Herbland, et dans d'autres maisons situées sur la paroisse St-Nicolas, les presses et tout le matériel nécessaire à la typographie, et confièrent l'exploitation de ces établissements aux jeunes apprentis, devenus maîtres.

Martin Morin, après avoir imprimé pour le compte des frères Lallemant, fonda un établissement personnel qu'il installa dans une maison de la rue St-Lô, devant le prieuré de ce nom, à l'enseigne de l'image St-Eustache. Sa renommée s'étendait au loin, et il imprima un grand nombre de livres pour l'Angleterre et pour les provinces de France, entre autres la Bretagne (sa marque se trouve sur une réimpression des *Coutumes* données à Rennes en 1484 par P. Bellescuille et Josses), la Picardie (*Brév.* de Noyon), l'Artois (*Missale et Brev.* d'Arras), la Tourraine (*Coutumes*), le Maine, l'Anjou, etc. Sa marque bien connue représentait un globe surmonté d'une croix; dans la partie supérieure du globe sont les lettres MM, et dans la partie inférieure une tête de *More,* sorte d'armoirie parlante.

Son chef-d'œuvre est certainement le beau et célèbre MISSEL de 1499, parfaitement décrit au *Manuel* et par M. Frère.

Pierre Maufer, au lieu de revenir à Rouen avec son compagnon Morin, s'en alla chercher fortune en Italie ; nous avons signalé son imprimerie à Modène et à Padoue ; nous aurons occasion d'en reparler à Vérone et à Venise.

Les archives rouennaises ne font malheureusement mention que de ces deux hommes, et Rouen possédait à cette époque un nombre considérable d'imprimeurs éminents, ce qui prouve l'extension qu'avaient prise dans la capitale de la province et le commerce et l'impression des livres. Ce sont : Noël de Harsy, et Guillaume le Tanneur, qui tous deux impriment une édition parfaitement distincte des CHRONIQUES DE NORMANDIE, sous la même date de mois et d'année ; c'est Jean le Bourgeois ou le Bourgois, l'associé et peut-être le commis de Jehan Petit, de Paris, auquel on doit de magnifiques romans de chevalerie, qui remontent à l'année 1488 ; c'est l'illustre Richard Pinson ou Pynson, l'ami et le correspondant de Le Talleur, qui va en 1493 fonder en Angleterre un établissement important (voy. LONDINIUM) ; et Jacques le Forestier, Pierre Olivier, Jean de Lorraine, Jean Dumoulin, etc. « Qui nous dit (ajoute M. Ed. Frère) que Jacques Durandas et Gilles Quijoue, les typographes ambulants (Caen, 1480), que Laurent Hostingue, également imprimeur à Caen, que Jean Belot, le célèbre imprimeur de Grenoble, de Valence et de Genève, enfin que les frères le Signerre, les typographes milanais, ne sortirent pas de cette école de typographie rouennaise fondée par les frères Lallemant. » Et le fait n'a rien d'improbable.

Quel est maintenant le premier livre exécuté et publié dans la ville de Rouen ? Serait-ce la fameuse COUTUME DE NORMANDIE, à la date présumée de 1483 ? Mais le bibliographe le plus exact que l'on connaisse, l'abbé Mercier de St-Léger, a prouvé jusqu'à l'évidence, que cette date est celle de la rédaction et pas du livre et de l'impression des *Coutumes*, et M. Brunet démontre que l'exécution typographique a dû en être confiée aux presses parisiennes de Jehan du Pré. Ce J. du Pré était à la fois et libraire et typographe, et par-dessus tout fondeur de caractères ; il entreprenait, sans nul doute, pour le compte des municipalités qui aspiraient à doter leurs villes de l'art nouveau, l'installation du matériel, presses, types, etc., et fournissait jusqu'aux typographes. C'est ainsi que nous pouvons expliquer son nom figurant (sur les premiers livres d'Abbeville ; c'est ainsi que nous le voyons à Rouen exécuter les *Coutumes* et s'associer avec Gaillard et Jehan le Bourgeois pour la publication d'un important roman de chevalerie, le *Lancelot du Lac*, en deux vol. in-fol., sur l'un desquels chacun des typographes associés impose son nom distinct, alors qu'ils sont tous deux exécutés avec le même caractère ; c'est encore à ce typographe parisien que les Normands doivent l'impression de leurs premiers livres de liturgie. Et à ce propos devons-nous admettre l'existence affirmée par Maittaire, d'un certain *Bréviaire* à l'usage de Rouen, exécuté en 1480 ? Mais personne ne le connaît, personne ne l'a décrit *de visu*, et l'autorité de ce bibliographe est trop généralement discutée pour que son assertion soit admise comme preuve.

En définitive c'est à l'année 1487 seulement que l'on peut avec sécurité faire remonter l'introduction de la typographie à Rouen ; et à cette date nous trouvons, ainsi que nous l'avons dit, les deux éditions des CHRONIQUES DE NORMANDIE, exécutées l'une par Noël ou Natalis de Harsy (c'est le même nom), celle-là est datée du « *quatorzieme iour de may* » ; l'autre de Guillaume le Talleur « *natif et demeurant a la paroisse Saint Lo a Rouen* », du même mois de mai, mais sans désignation de quantième. (Voy. l'excellente description qu'a faite de ces précieux incunables M. Brunet, *Man.* I, col. 1871.)

Les travaux spéciaux consacrés par divers biblio-graphes aux imprimeries normandes nous dispensent de prolonger cette dissertation ; nous demandons la permission de renvoyer le lecteur aux ouvrages de M. André Pottier, Ed. Frère, etc.

L'imprimerie avait pris à Rouen un développement excessif aux XVIᵉ et XVIIᵉ siècles : les arrêts du conseil y mettent ordre ; celui du 21 juillet 1704 fixe le nombre des imprimeurs autorisés à 18. Il n'y avait en France qu'une seule ville après Paris qui eût droit à pareil nombre, c'était Lyon ; mais 35 ans après le chiffre paraît trop fort, et l'arrêt du 31 mars 1739 ramène ces deux villes de Lyon et de Rouen au chiffre de douze, qui est encore exagéré, puisque un nouvel arrêt du 12 mai 1759 le réduit à dix. Le rapport fait à M. de Sartines en 1764 dit qu'à Rouen il existe 18 librairies et 10 imprimeries, ayant en tout 39 presses, et on ajoute : Le sr Lallemant est celui des imprimeurs de Rouen dont la réputation est le mieux établie.

Ce Lallemant de 1764 descend-il des cinq frères de 1480 ?

ROTOMOVICUS, ROTOMOVIC [Monn. Mér.], *Pont-de-Ruan*, village de Fr. (Indre-et-Loire), suiv. M. d'Amécourt.

ROTTOVILLA, voy. ROTEVILLA.

ROTUNDUS MONS, *Romont*, bourg de Suisse (canton de Fribourg), avec château et couvents.

ROUCEIUM, ROUCIACUM, RUCCI CASTRUM, *Roucy*, commune de Fr. (Aisne) ; c'est le titre d'un des anciens comtés-pairies de Champagne.

ROUVRA CASTRUM, ROURO, *Rouvres*, commune de Fr. (Eure-et-Loir) ; plusieurs localités en France portent encore ce nom.

ROVERE (?). C'est le titre d'une illustre maison d'Italie qui a donné Jules II à la papauté ; mais n'est-ce pas de *Roveredo*, en Tyrol, qu'il s'agit ici ? (Voy. ROBORETUM.)

Nous trouvons trace d'imprimerie dans cette localité à la fin du XVIIᵉ s.: *P. Clemente Maria da Salo : Specchio del Tempo. Historia sincera consecrata nella Maestà della Christianissima e serenissima republica di Venezia...* Rovere, per Antonio Gojo, 1692, in-4°. L'auteur, Clemente Maria Rizzi, était dominicain et natif de Salo en Lombardie [Valentinelli, *Bibl. della Dalmazia*].

ROVERITUM FORESTIS IN PAGO PARISIACO, *la forêt de Rouvray*, près Paris ; auj. *le Bois de Boulogne*.

ROVINIUM, voy. RHODIGIUM.

ROXOLANI, ʿΡοξόλανοι [Ptol.], peuple de la Sarmatie Europ., habitait le pays compris entre le Don et le Dniéper.

ROYSTON, bourg d'Angleterre aux confins des comtés de Cambridge et d'Hertford. — Village du West-Riding du Yorkshire, près de Barnesley.

M. Cotton dit que l'imprimerie a existé dans l'une ou l'autre de ces petites localités en 1669 ; le renseignement est quelque peu vague.

RUAH, voy. MONAST. S. MARIÆ.

RUBEACUM, RUBAC VILLA [Ch. Caroli Simp. 912], anc. RUFIANA, *Rouffach, Ruffach,* pet. ville de Fr. (Haut-Rhin); patrie du maréchal Lefebvre.

RUBEA VALLIS, *Rougeval,* commune de Belgique (Brabant).

RUBEUS MONS, *Rougemont.* Un grand nombre de localités portent ce nom; nous citerons : *Rougemont,* commune de Fr. (Côte-d'Or); anc. titre de marquisat, anc. abb. de filles de l'ordre de St-Benoît, fondée av. 1127. — *Rougemont,* bourg de Fr. (Doubs), chef-lieu de canton, avec des ruines romaines. — *Rougemont* ou *Rothenberg,* commune de Fr. (Haut-Rhin). Voy. RUBRUM MONAST.

Quant à l'imprimerie de *Rougemont,* à la date de 1536, que signale Falkenstein, nous avouons ignorer absolument ce qu'il veut dire.

RUBI [Hor., It. A.], en Apulie, auj. *Ruvo,* pet. ville du Napolitain (Basilicate).

RUBICO FL., ὁ Ῥουβίκων, pet. fleuve affl. de l'Adriatique, qui séparait l'Italie de la Gaule Cisalpine, auj. *le Pisatello,* ou *Fiumicino di Savignano.*

RUBLANUM, *Rogliano,* pet. ville de l'Italie Mérid. (Calabre Citérieure).

RUBRA (G. Rav.], dans la Ligurie, auj. *Terra Rossa.*

RUBRÆ, voy. AD RUBRAS.

RUBRESUS LAC. [Mela], RUBRENSIS [Pl.], dans la Gaule Narbon., auj. l'*Etang de Sigean* (Aude).

RUBRICATA, Ῥουβρίκατα [Pt.], ville des Lætani, dans l'Espagne Tarrac., auj., suiv. Reichard, *Olesa.*

RUBRICATUS FL., *le Llobregat,* pet. fl. de la Catalogne, qui passe à Barcelone.

RUBRIDUS [Dipl. Dagoberti, a. 635], *Rouvray-s.-Denis,* commune de Fr. (Eure-et-Loir).

RUBRUM MONAST., RUBEUS MONS, *Rothen-Munster,* abbaye de Cluny, du dioc. de Constance, fondée av. 1221.

C'est à ce monastère, et non point à l'abbaye bénédictine de Rougemont, que s'applique la note bibliographique qui suit : Peignot (*Dict. de Bibliol.,* II, p. 442), trompé par le titre d'un ouvrage qu'il n'avait pas sous les yeux, donne comme imprimée à Rougemont une édition de la célèbre chronique appelée FASCICULUS TEMPORUM, et cette allégation malheureuse a été accueillie par quelques bibliographes, qui ont pris pour un nom d'imprimeur celui du *Moine de Cluny,* qui donna cette édition, en rétablit le texte, l'enrichit de notes savantes, enfin la fit imprimer peut-être à Strasbourg : FASCICULUS TEMPORUM. A la fin: *Chronica que dicitur* `asciculus temporum edita in alma Vniuersitate Colonie Agrippinæ super Renum. A quodam deuoto Cartusiensi* (Wernero Rolewinck) *finit felici-*

ter. Sepius quidem iam impressa sed negligentia Correctorum in diuersis locis a vero originali minus iuste emendata. Nunc vero non sine magno labore ad pristinum statum reducta. Cum quibusdam additionibus per humilem virum fem Heinricum Virczburg de Vách monachum in prioratu rubei montis, ordinis cluniacen. Sub lodovico gruerie comite magnifico anno dñi MCCCCLXXXI. Et anno precedenti fuerunt aquar. inundationes maxime, ventusque horribiles, multa edificia subvertentes. In-fol. goth. fig. s. b. sans chif. ni sign. Cette édition est précieuse parce qu'elle contient d'importantes additions du moine de Cluny, entre autres, sous la date de 1457, un passage (interpolatum, dit Meerman) relatif à la découverte de l'imprimerie, qui débute ainsi : « *Librorum impressionis scientia subtilissima, omnibus seculis inaudita, circa hæc tempora, reperitur in urbe Maguntina.* » Dans les éditions précédentes le nom de MAYENCE n'était point mentionné.

RUCCI CASTRUM, voy. ROUCEIUM.

RUCCONIUM, Ῥουκκόνιον [Pt.], dans la Dacie, auj. *Erlau* (voy. AGRIA).

RUDA, voy. RAUTENA.

RUDLÆ [Mela], RHUDIÆ [Pl.], Ῥουδία [Ptol.], ἡ Ῥωδαίων πόλις [Strab.], *Rotigliano, Rugge,* pet. ville du Napolitain (Calabre).

RUDOLPHOPOLIS, RUDOLSTADIUM, *Rudolstadt,* ville de l'anc. Conféd. Germanique, chef-lieu de la princip. de Schwarzburg-Rudolstadt.

Imprimerie en 1664 [Falkenstein] ; en effet, à cette date nous trouvons au cat. des frères de Tournes : *Joh. Schilteri, de Jure et Statu Obsidum.* Rudolstadii, 1664, in-8°. Et au cat. des Elzevirs de 1681 : *Georg. Crauseri scintillæ Tullianæ, hoc est, elegantiarum latinarum promptuarium ex Cicerone.* Rudolsstadii, 1664, in-8°. Le premier imprimeur s'appelle : *Christophorus Eusebius Talisch* ou *Talitsch.*

RUEIUM, RUYENSE MONAST., S. GILDASIUS RUYENSIS, *St-Gildas-de-Ruys,* mon. de St-Benoît, fondé en 630, sur la presqu'île de *Ruys* (Morbihan).

RUESIUM, Ῥούσιον [Pt.], RUESIUM VELLAVORUM [Not. prov. Gall.], RUIUM, *St-Paulien,* pet. ville de Fr. (Haute-Loire); quelques géogr. ont traduit par *Rieux* (voy. RIVI).

RUFACUM, voy. RUBEACUM.

RUFFACUM, RUFFINIACUM, *Ruffecq, Ruffec,* pet. ville de Fr. (Charente); conciles en 1258-1327; titre d'une baronnie, qui devint successivement vicomté et marquisat, et appartenait à la maison de Broglie.

RUFFA ECCLESIA, *Rotkirch,* bourg de Silésie.

RUFIACUS VILLA, RVFIACV [Monn. Mérov.]; *Rouffiac,* commune de Fr. (Cantal), suiv. M. Deloche.

RUFIANA, voy. RUBEACUM. Quelques géogr.

désignent sous ce nom la ville d'*Oppenheim,* voy. BANCONA.

RUFITOTUM, *Routot,* bourg de Normandie (Eure).

RUFRÆ [Virg.], ville de la Campanie, auj. *la Costa Rufaria,* dans le Napolitain.

RUFRIUM [Liv.], ville des Hirpins, auj. *Ruvo,* pet. ville épiscopale de la Terra di Bari. — Une autre localité du même nom est dans la Basilicate.

RUGA, RUGA AD MADIAM IN PONTIVO, *Rue-sur-Maie,* en Ponthieu, pet. ville de Picardie (Somme).

RUGA, *la Rue,* pet. riv. d'Auvergne, afflue à la Dordogne.

RUGBY, ville d'Angleterre (Warwickshire), sur l'Avon.

Cette ville est renommée par son anc. collège fondé en 1567; l'imprimerie y fut introduite au commencement du siècle et le premier typographe s'appelait Rowell and Son.

RUGIA INS., *l'île de Rügen,* dans la Baltique, dépend de la rég. de Stralsund, à la Prusse.

RUGII [Tac.], **RUTICLEI,** 'Ρουτίκλειοι [Pt.], 'Ρόγοι [Proc.], peuple de la Germanie, occupait les bords de la mer du Nord compris entre l'Oder et la Vistule.

RUGIUM, 'Ρούγιον [Ptol.], ville des Rugii, que l'on croit être auj. *Regenwalde,* sur la Rega, dans la Poméranie (rég. de Stettin).

RUGULÆ, *Rugles,* bourg de Normandie (Eure).

RUÏEN, village de Livonie.

Voici la note bibliographique relat. à cette localité presque inconnue, qu'a fournie à M. Brunet l'érudit bibliophile russe, M. Serge Poltoratsky : *La Henriade, poëme en dix chants,* impr. à Ruïen, en Livonie, 1788-89, 2 vol. in-8° de 125 et 138 pp. Édition sortie de l'atelier typogr. particulier établi par Gustave de Bergman, à Ruïen, près de Riga, en 1785, et où fut également donnée en 1789 une édition du célèbre roman de *Zadig,* in-16, qui est intitulé : *Histoire orientale, petit roman refondu à la portée des enfants.* M. Quérard n'a pas connu ces éditions.

RUILLIACUS, *Reuilly-sur-Arnon,* bourg de Fr. (Indre).

RUINES DU D'OIGNON.

Le Dognon était un château fortifié, construit vis-à-vis de Maillé, et appartenait à Théodore-Agrippa d'Aubigné; un opuscule que l'on attribue à tort au célèbre historien protestant est souscrit à ce nom : *Histoire du siège de la Rochelle où est emplement traité du plan et assiette de cette ville.* Maillé sur les ruines du d'Oignon, 1621, in-12. Quelques caractères d'imprimerie du XVIIᵉ siècle, trouvés il y a quelques années dans les ruines mêmes du Dognon par M. Pocy d'Avant, fait penser à M. Claudin, libraire parisien, chercheur et instruit, que la fameuse imprimerie d'Agrippa d'Aubigné, dirigée

par Jean Moussat, devait avoir été installée dans ce fort en ruines, plutôt que dans le bourg même de Maillé (voy. *Catal. Luzarche,* n° 510).

RUMBELITO, voy. RAMBOLETUM.

RUMILIACUM, voy. ROMILIACUM.

RUNA, RUNENSE CŒNOBIUM, *Rein,* abb. de Citeaux, dans la Basse Styrie.

RUOTLINGA, RUTLINGA, *Reutlingen,* ville du Wurtemberg, chef-lieu du cercle du Schwarzwald.

Biblioth. et archives importantes; c'est la patrie du célèbre imprimeur d'Ulm Joh. Zainer, et de Gunther Zainer, le prototypographe d'Augsbourg.

Quelques bibliographes, induits en erreur par ces noms, et surnoms ont donné comme imprimés dans cette ville plusieurs vol. qu'il convient de porter à l'actif de Ulm ou d'Augsbourg; nous citerons quelques exemples :

Bauer (*Suppl.* I, 213) indique une *Bible latine* de 1469, in-fol., exécutée à Reutlingen.

Maittaire donne cette même Bible sous le nom de Joannes de Averbach et s'appuie de l'autorité de Chevillier, La Caille, J. Le Long.

Bohn (*Catal. de* 1841, p. 1128) décrit une rare édition du *Belial* de Jac. de Theramo, à la date de 1472.

La *Biblioth. Ritualis* (t. II, p. 177) donne le titre du *Rationale* de G. Durand, exécuté en 1473, également à Reutlingen ; lisez, pour tous ces livres « à Ulm par Joh. Zainer de Reutlingen », et pour quelques autres qu'il est inutile de mentionner : « à Augsbourg, par Gunther Zainer ».

C'est à l'année 1482 que l'on doit faire remonter la typographie dans cette ville de Reutlingen, avec un premier imprimeur du nom de Johann Otmar; plusieurs vol. à cette date sont décrits par les bibliographes : *Nicol. de Ausmo (vel Auxmo). Summa Pisani, que alias Magistratia seu Pisanella appellatur... anno dñi M. CCCC. LXXXIJ. Sabbato ante Ephie.* In Rutlingen de auxiliante opus terminatum insigne. In-fol. de 417 ff. à 2 col. de 45 l. [Hain, n° 2163]. — *Breviarium secundum consuetudinem et modum Constantiensis diœcesis....* feliciter elaborati in Rutlingen expensis Ioannis Otmar anno 1482, in-4° (Hain, 3828).

Le troisième vol. cité par Panzer à la date de 1482 et intit.: *Caroli Virvli Epistola,* est décrit par Hain (n° 10665), au nom de Maneken; c'est un in-4° de 110 ff. à 31 lig., imprimé « *in Rutlingen per Johañem Otmar Arciū liberaliū magistrū* ».

Joh. Othmar ou Otmar disparaît en 1495 ; un second imprimeur s'établit à Reutlingen au XVᵉ siècle (1486-1496); il s'appelle Michael Greyff.

RUPELLA, RUPECULA, anc. **PORTUS SANTONUM,** *la Rochelle,* anc. capit. du pays d'Aunis, sur l'Océan, auj. chef-lieu du dép. de la Charente-Inférieure; patrie de Réaumur.

Le calvinisme s'introduisit dans cette ville en 1557 et jusqu'en 1628 ce fut le port de guerre et le boulevard des réformés. Depuis, en 1649, l'évêché de Maillezais y fut transféré, probablement dans un but de purification.

L'imprimerie suivit de près à la Rochelle l'envahissement du protestantisme; vers 1558 un typographe du nom de Barthélemy Breton (*vulgò* Berton) s'y établit; en 1560 il y donne une édition in-4° du *Grand Routier & pilotage de la mer,* de *Pierre Garcie* (ou Gracie), « fort altérée quant au style, dit M. Brunet, mais pour laquelle l'imprimeur s'est servi des grossières fig. sur bois des premières éditions ».

En 1563 il publie un livre célèbre; c'est l'édition originale du traité de Bernard Palissy : *Recepte véritable par laquelle tous les hommes de*

*France pourront apprendre à multiplier et aug-
menter leurs trésors.... composé par Maistre Bernard Palissy, ouvrier de terre, et inventeur des
rustiques figulines du Roy... demourant en la ville
de Xaintes.* A la Rochelle, de l'imprimerie de Barthélemy Berton, 1563, pet. in-4°. Quelques exempl.
portent la date de 1564 (voy. le *Manuel* le titre détaillé de ce vol. précieux). Le succès du livre fut
tel, que les plus anciens catalogues des foires de
Francfort le mentionnent tous sans exception et en
donnent le long titre *in extenso*, honneur qu'ils ne
font qu'à un bien petit nombre d'ouvrages français.

Barthélemy Berton mourut en 1573, mais son
imprimerie continua à être exploitée par sa veuve.

Le développement imprimé à la typographie par
le protestantisme ne fit que s'accroître pendant les
guerres de religion, et, lors du célèbre siége de 1628,
il était arrivé à son apogée. Nous donnerons la liste
des principaux imprimeurs qui exercèrent dans cette
ville pendant ces trois quarts de siècle. En première
ligne nous devons citer Pierre et Hierosme Haultin
(ou Hautin) ; le premier, qui avait été reçu imprimeur à Paris en 1549, débute à la Rochelle en
1568, et le second, qui meurt en 1612, est remplacé
par ses fils qui exercent jusqu'à l'époque du siége.
On doit au premier l'impression d'un livre célèbre ;
c'est un *Nouveau Testament* traduit en langue basque par Jean de Liçarrague de Briscous ; voici le titre
exact : *Iesus christen gure iav[]narem Testamentv
Ber[]rico, ioannes Leiçarraga[]berascoixcoac.* Ro-
chellan, Pierre Havtin, 1571, pet. in-8°, lett. rondes, à long. lignes ; en tête 20 ff. non chif.; corps
d'ouvrage paginé 1 à 459 ; suiv. 32 ff. non chiffrés ; sur le titre un écusson aux armes de Jeanne
d'Albret et de son mari Antoine de Bourbon. Ce
rare vol. est décrit par Dom Gerdes, Bauer, etc.

Antoine Chuppin, qui publie en 1578 la première
et précieuse édition du *Voyage de Jean de Léry en
la terre du Brésil dite Amérique*, pet. in-8°, fig.
sur bois ; Théophile le Roy ; Abraham, qui imprime
en 1581 l'hist. de France en 2 vol. in-fol., que
M. Brunet attribue à la Popelinière. Cet ouvrage est
souscrit «*à la Rochelle, de l'impr. d'Abraham H* ».
Que veut dire cette initiale ? Ne serait-ce point encore un membre de la famille des Haultin, qui aurait
dissimulé son nom ?

Citons encore : Pierre Davantes, qui venait de
Bâle ; Bruyn Schinckel ; Pié de Dieu ; Barthélemy
Blanchet, etc.

Après la prise de la Rochelle et la dispersion des
ateliers réformés, la typographie tombe instantané-
ment, et ce n'est qu'à l'époque de l'établissement du
nouvel évêché qu'elle reprend un peu ; mais pendant
la seconde moitié du XVIIe siècle, les deux imprimeurs, qui pourtant ont à imprimer la propagande
antiréformiste des nouveaux évêques, et travaillent
en même temps pour la marine et pour la municipalité, ont bien de la peine à vivre. Nous ne mentionnerons qu'un seul des typographes de cette époque ;
c'est Mesnier, dont les héritiers conservent et ex-
ploitent l'imprimerie pendant plus d'un siècle.

L'arrêt du conseil de 1704, celui de 1739, accordent
et confirment à la ville de la Rochelle le droit de posséder deux imprimeurs ; et le rapport, fait à M. de
Sartines en 1764, donne le nom des titulaires en
exercice à cette date ; ce sont : Pierre-Nicolas Mesnier, de la Rochelle, fils et petit-fils d'imprimeur,
âgé de 51 ans, reçu imprimeur en 1735 : trois presses. — Jérôme Légier, d'Amboise, âgé de 58 ans ;
exerce par arrêt du conseil du 19 février 1759 ; trois
presses.

RUPELMUNDA, *Rupelmonde*, bourg de Belgique (Flandre Orient.).

RUPEMAURUS, *Rochemaure*, bourg de Fr.
(Ardèche), avec les ruines d'un anc.
château.

RUPERTI AUGIA, *Ruprechtsau, Robertsau*,

bourg d'Alsace, attenant presque à
Strasbourg (Bas-Rhin).

RUPERTI VILLA, *Rappersvyl, Rapperschweil*,
bourg de Suisse, dans le canton de St-
Gall.

RUPES, *Roche, la Roche* ; un grand nombre
de localités franç., belges, suisses, etc.,
portent ce nom.

RUPES ALBA, voy. ALBA HELVIORUM.

RUPES ALLOBROGUM, *la Roche*, pet. ville de
Fr. (Haute-Savoie).

RUPES BERNARDI, *la Roche-Bernard*, pet.
ville de Bretagne (Morbihan).

RUPES CAVARDI, ROCCA CAVARDI, *Rochechouart*, ville de Fr. (Haute-Vienne), au
pied d'un anc. château, berceau d'une
des plus vieilles familles de la féoda-
lité.

RUPES DERIANI, *la Roche-Derrien*, bourg de
Bretagne (Côtes-du-Nord).

RUPES FERGUSII, *Knockfergus*, ville d'Irlande [Graësse].

RUPES FORTIS, RUPIFORTIUM, *Rochefort* et
Roquefort ; nom commun à un grand
nombre de lieux ; nous ne citerons que
Rochefort, ville forte et port de guerre
sur la Charente (Charente-Inférieure);
fondée par Louis XIV en 1664 et fortifiée par Vauban.

L'imprimerie remonte à Rochefort à la fin du
XVIIe siècle ; l'arrêt du conseil du 21 juillet 1704
classe cette ville parmi celles qui ont droit à un
typographe, et cet arrêt est confirmé par celui de
1739. Le rapport fait à M. de Sartines en 1764 donne
le nom du titulaire en exercice à cette date ; c'est
un membre de la famille des Ménier de la Rochelle,
nommé Charles, âgé de 50 ans et exploitant deux
presses.

M. Cotton signale une édition de l'ouvrage de Des-
landes, *Réflexions sur les grands hommes qui sont
morts en plaisantant*, exécutée à Rochefort en 1714.

RUPES FUCALDI, *la Rochefoucault*, ou *Roche-
Foucauld*, pet. ville de l'Angoumois, avec
titre de duché-pairie, sur la Tardouère
(Charente). Ce fut là que naquit en 1613
le duc François de la Rochefoucauld,
l'auteur d'un livre trop vanté, les *Maximes*, dont le manuscrit autographe est
conservé au château de la Roche-
Guyon.

RUPES GUIDONIS, RUPES AD GUIDONEM, *la
Roche-sur-Oyen, la Roche-sur-Yon*, depuis *Bourbon-Vendée*, enfin *Napoléon-
Vendée*, ville de France, chef-lieu du
dép. de la Vendée.

RUPES GUIDONIS, *la Roche-Guyon*, bourg de
Fr. (Seine-et-Oise), sur la Seine ; avec
un magnifique château, autrefois siège
d'un duché-pairie, appartenant auj.
aux La Rochefoucauld.

RUPES MAURA, ROQUEMORETUM, *Roquemaure,* pet. ville de Fr. (Gard).

RUPES RADULFI, RUPES REGIA, *Rocroy,* pet. ville de Fr. (Ardennes) ; bataille en 1643.

RUPES VARIA, *Roquevaire,* pet. ville de Fr. (Bouches-du-Rhône), sur la Veaune.

RUPIFORTIUM, voy. RUPES FORTIS.

RUPPINUM NOVUM, *Ruppin,* ville de Prusse (Brandebourg), rég. de Potsdam ; sur le lac qui porte son nom.

L'imprimerie existe dans cette ville au début du XVIIIe siècle ; *Luderwald. Evangelische Gedanksprüche.* Ruppin, 1715, in-8°.

RURA FL. [G. Rav.], *la Roer* ou la *Ruhr,* riv. de la Prusse Rhénane, afflue à la Meuse.

RUREMUNDA, *Roermonde, Ruremonde,* ville de Belgique (Limbourg), sur un confluent de la Meuse et de la Ruhr ; patrie du géogr. Mercator.

Imprimerie en 1620 [Falkenstein] ; et en effet nous trouvons : *Geldrische Landt ende stadts Regten in't oberquartier van Ruremundt.* Ruremundt, 1620, in-fol. (Cat. Dubois, 2287).

RUS REGIS, *Rye,* pet. ville du comté de Sussex (Angleterre).

RUSCHIBURGUM, *Rauschenburg, Rauschenberg,* pet. ville de la Hesse Électorale, auj. à la Prusse.

Une tradition dit que ce fut dans le château de cette petite ville que fut inventé l'art typographique (voy. Irenicus, *Exeges. Germ.,* l. II, cap. XLVII). Adolphe Rausch (Ruschius), gendre et associé de Mentelin à Strasbourg, était originaire de Rauschenburg (voy Lichtenberger, *Init. Typogr.,* p. 74).

RUSCIA [Proc.], RUSCIANA [It. A.], ville du Bruttium, auj. *Rossano,* dans la Calabre Citérieure.

RUSCINO [It. A.], Ῥουσκίνων [Str., Pol.], Ῥούσκινον [Pt.], RUSCIO [T. P.], COLONIA RUSCINO [Mela], RUSCINO LATINORUM [Plin.], RVSCINNE [It. Aq. Apoll.], ville de la Gaule Narbon., détruite par les Normands ; elle existait encore au temps de Louis le Débonnaire, et s'appelait alors ROSCILIONA ; son nom s'étendit à la province, et sur ses ruines s'éleva, au XIIe siècle, *Perpignan.*

RUSCINO FL., *le Tet,* petit fleuve des Pyrénées Orient., passe à Perpignan.

RUSELLÆ [Liv.], Ῥουσέλλαι [D. Hal., Ptol.], l'une des douze cités étrusques, auj. *Rosello,* en Toscane.

RUSIDAVA [T. P.], dans la Dacie, auj. *Ostrova, Ostrowa,* bourg de la Valachie, au nord de Rimnik.

RUSSIA, *la Russie, Russland,* vaste empire d'Europe, peu civilisé.

RUSTICIANA [It. Ant.], localité des Vettones, dans la Tarragonaise, auj. *Corchuela,* ou plutôt *Corchuela,* suiv. Mentelle.

RUTCOPIA, *Rutköping,* bourg du Danemark.

RUTENENSIS PROVINCIA, RODENICUS, RUTHENICUS PAGUS, *le Rouergue,* anc. prov. française, qui formait l'extrémité N.-O. du gouvern. de Guyenne et Gascogne ; forme auj. l'*Aveyron.*

RUTENI [Cæs., Plin.], Ῥούτηνοι [Strab.], Ῥούτανοι [Pt.], peuple de la Gaule Narbonnaise, occupant le *Rouergue.*

RUTENORUM CIV., RUTENA, voy. SEGODUNUM.

RUTICLEI, voy. RUGII.

RUTUBA FL. [Plin.], fl. de Ligurie, auj. *la Rova,* pet. fl. de la prov. de Gênes.

RUTULI [Liv. Plin.], Ῥούτουλοί [Strab.], peuple du Latium, dont la capit. était *Ardea,* au S.-E. de Rome.

RUTUNIUM [It. A.], dans la Britannia Romana, auj. *Roudon,* bourg près d'High-Ercoll, suiv. Camden.

RUTUPIÆ, RUTUPINA LITTORA [Auson.] RUTUPINUS FUNDUS [Juven.], voy. RITUPÆ.

SAARDAM, ZAANDAM, ville de la Hollande septentr., district de Haarlem, sur la Zaan, célèbre par le séjour de Pierre le Grand, en 1696.

M. Cotton dit que l'imprimerie fut exercée dans cette ville en 1648, par Henry Jacobsz; il appuie cette assertion du catal. de Trinity College à Dublin.

SABALINGII, Σαϐαλίγγιοι [Pt.], peuple germain habitant le Schleswig.

SABANA, SABIONA, Säben, pet. ville d'Autriche.

SABARIA [Pl., I. A., T. P.], SAVARIA, Σαουαρία [Pt.], ville de la Pannonie, auj. Szombathely, pet. ville de Hongrie (cercle au-delà du Danube); le nom allemand est Stein-am-Anger.

Cette ville épiscop. conserve de belles antiquités romaines; l'imprimerie y fut introduite à la fin du dernier siècle. Jos.-Ant. Siess, fils de l'imprimeur d'Œdenburg, Jean-Jos. Siess, mort en 1787, fut attiré à Szombathely par l'évêque de cette ville; il laissa à sa mère la plus grande partie du matériel, et vint avec le reste s'établir à Szombathely (1789-1806) : *Kultsár Istvan-Báró Laudonnak Nandorfejèrvari Gyŏzedelme* (Versekben). Szombathelyen, 1790, in-8° de 48 pp.

SABARIA FL., *la Mur*, affl. de la Drave.

SABATE [Tab., P.], SABATIS, [G. Rav.], Σάϐϐατα]Pt.], SABBATIA [Mela], VADA [Cic.], VADA SABBATORUM, Σαϐϐάτων ȏύαδα, ville de la Ligurie, auj. SAVONA;

pet. ville épisc. de la prov. de Gênes, chef-lieu du district de la riv. di Ponente; patrie de deux papes; un troisième y fut interné de 1809 à 1814.

L'imprimerie fut introduite dans la patrie de Sixte IV et de Jules II par les religieux Augustins de la ville; le premier livre parut en 1474 : BOETHII CONSOLATIO PHILOSOPHIÆ. A la fin : *Impressum in Sauona in conuentu Sancti Augusti‖ni per Fratrem Bonum Iohannem : Emendante‖Venturino Priore. Anno* M.CCCC.LXXIV. In-4° di carattere rotondo elegante.

Le nom du correcteur précité semble devoir indiquer le lieu d'impression d'une édition précieuse et rare du DOCTRINALE d'Alexandre de Ville-Dieu, dont la souscription mérite d'être reproduite; Mauro Boni consacre à ce livre important une de ses lettres les plus intéressantes; voici cette souscription : *Alexandri de Villa Dei Doctri.* DEO LAUDES: *Feliciter explicit. Impressum sat incommode; cum aliquarum rerum quæ ad hanc artem pertinent impressori copia fieri non potuerit in huius artis initio : Peste Genue: ast : alibique militante. Emendauit autem hoc ipsum opus Venturinus Prior grammaticus eximius diligenter.... Amen.* In-fol. sans lieu ni date et sans nom d'impr.

Mauro Boni démontre encore que l'imprimeur de Savona, Fra Bono Giovanne, chassé par la peste ou tout autre motif, alla s'établir à Milan, et y produisit une édition des *Confessions de S. Augustin*, 1475, in-4°, sur laquelle Sassi, Jac. Morelli et autres bibliogr. ont longuement discuté, l'attribuant à Giovanni Wurster de Kempten; aussi dans le cat. Pinelli figure-t-elle simplement avec cette désignation : *S. Augustini Confes. Mediolani : Iohannes Teutonicus*, 1475, in-4°.

SABATINCA [It. A.], dans la Norique, auj.:;

suiv. Reichard, *S. Johann im Taurn*, bourg d'Autriche (Land unter der Ens).

SABATINUS LACUS (Colum.), SABATINA STAGNA [Sil. Ital.], *Lago di Bracciano*, dans la Comarque de Rome.

SABATUS, FL. [Liv.], *il Sabbato*, riv. de la princ. de Bénévent.

SABAUDIA, SABOGIA, *la Savoie*, célèbre duché d'Italie, dont trois provinces ont été cédées à la France.

SABBATUS FL. [It. A.], *il Savuto*, pet. fl. du Napolitain (Calabria Citra).

SABELLI, voy. SAMNITES.

SABESUS, *Müllembach*, ville de Transylvanie.

SABIACUM, *Cé*, dont le nom subsiste dans *Ponts-de-Cé* [Quicherat], voy. PONS SABII.

SABINA, pays des Sabbins dans le Latium, correspond auj. à la délég. de *Rieti*, et conserve son nom, *la Sabine*.

SABINI [Varro, Cic., Liv., Plin., etc.], Σαβῖνοι |Pt., Str.], peuple du Latium, au N.-O. de Rome (voy. MOMMSEN).

SABIONETTA, SABULONETTA, *Sabionetta*, ville d'Italie, dans la délég. de Mantoue.

Là fut établie l'une des plus importantes imprimeries hébraïques du XVIe siècle ; de Rossi lui a consacré une monographie spéciale : *Annali Ebreo-Typ. di Sabioneta;* la première typographie fut installée dans la maison du juif Tobias Foa, qui se fit assister de Jacobus Tedesco, savant Padouan, comme correcteur ou prote, et de Jacob ben Nephtali Cohen, comme imprimeur ; en 1553 il fit venir de Venise Adel-Kind qui porta cette typographie à son plus haut point de perfection. De 1551 à 1590 l'imprimerie fonctionna sans interruption à Sabionetta ; on retrouve plus tard, en 1615 et 1616, les beaux types hébreux de cette ville dans des livres exécutés à Venise.
Le plus ancien livre sorti de ces presses paraît être un traité du célèbre Isaac Abarbanel, Juif de Lisbonne, « uno degli uomini più grandi che per ingegno, per dottrina, e per politica abbia avuto l'ebraismo ». Il naquit à Lisbonne en 1437 et mourut à Venise en 1508 : *Abrabanele* (R. Isaac), *Marchéved amiscné (il Carro doppio), seu comment. in Deuteronomium.* Sabionetæ, an. 311, chr. 1551, in-fol. de 140 pp. « Questa edizione, dit de Rossi, è molto rara e conserva alcuni passi originali contro la religione cristiana e i principi, che sono stati soppressi nelle altre. »
Nous citerons encore : *Pentateuchus Hebr. et Chaldaïcus, cum Chald. Onkelosi paraphrasi et cum V Megillôth et Haptarôth.* Sabionettæ, Tobias Foa, 317 (1557), in-12 de 356 ff. à 28 lignes. Un exempl. sur vélin est à la Bibl. impér.; un autre a été adjugé au prix de 14 guinées à la vente Williams.

SABIS FL. [Cæs.], SAMBRA [Not. Imp.]; la *Sambre*, rivière, affl. de la Meuse.

SABIS FL. |T. P.], SAPIS, *il Savio*, pet. fl. d'Italie, de l'Apennin à l'Adriatique.

SABLIOLUM, SABOLETUM, *Sablé*, anc. ville du Maine, sur la Sarthe, avec titre de marquisat; auj. chef-lieu de canton (Sarthe).

SABLONCELLÆ, *Sablonceaux*, bourg de Saintonge (Charente-Infér.), anc. abb. d'Augustins.

SABLONES [J. A.], dans la Gaule Belgique, auj., suiv. Reichard, *Venloo*, ville forte de Belgique (Limbourg).

SABRIANÆ ÆSTUARIUM [Tac.], Σαβριάνα εἴσχ. [Ptol.], l'embouchure de la *Severn*, dans le canal de Bristol.

SABRINA [Tac.], SABRIANA, *the Severn*, le plus grand fleuve d'Angleterre.

SABULETA BURDIGALENSIA, *les Landes*, vastes plaines de sable, entrecoupées de lagunes et de marais, bordent l'Océan de Bordeaux à Bayonne, et donnent leur nom à un département.

SABULONETTA, voy. SABIONETTA.

SACÆ [T. P.], *Lagevento*, bourg d'Italie, à l'embouch. du Pô [Reichard].

SACER MONS, voy. MONS SACER.

SACER PAGUS, voy. ELGOVIA.

SACER PORTUS, BARBELLUM, *St-Port-sur-Seine*, commune de France (Seine-et-Marne), avec un anc. abb. cistercienne, nommée *Barbeaux*.

SACHSENHUSA, *Sachsenhausen*, petite ville de la prov. de Waldeck (distr. de la Werbe).

Nous trouvons au Ier cat. R. Heber (n° 1429) : *Charlatanerie der Buchhandlung.* Sachsenhausen, 1732, in-8°.

SACIACUM, *Sacy*, commune de France, près Clermont (Oise); on distingue *Sacy-le-Grand* et *Sacy-le-Petit*.

SACILI [Pl.], Σαχιλίς [Pt.], SACILI MARTIALIUM, ville des Turduli dans la Bétique, auj., suiv. Reichard, *Chiclana*, à 20 kil. de Cadix, et, d'après Bischoff et Möller, *Alcorrucen*.

SACILINIUM, *Séclin*, pet. ville de la Flandre Wallonne, auj. chef-lieu de canton du dép. du Nord.

SACILLUM, *Sacile*, bourg de Lombardie (délég. d'Udine); sur la Livenza.

SACLITUS, voy. SALIOCLITA.

SACONIUM, *Säckingen*, ville du grand-duché de Bade (cercle du Haut-Rhin).

SACRA INSULA, *Heligoland, Helgoland*, île anglaise de la mer du Nord, vis-à-vis des emb. de l'Elbe et du Weser; c'est un de ces ports de ravitaillement et d'abri que l'Angleterre a su créer à sa marine dans toutes les mers du globe, à Gibraltar, Malte, Aden, Périm, etc.; celui-ci a de plus une grande importance stratégique.

SACRARIA, stat. de l'It. Hieros., entre Trevi et Spoleto, auj. *le Vene*, dans la délég. de Spoleto.

SACRUM CÆSARIS, SANCERRA, *Sancerre*, ville de France (Cher), près de la rive gauche de la Loire; anc. titre de comté; devint l'un des principaux boulevards des protestants pendant les guerres de religion.

SACRUM FL., Ὁ ἱερὸς Ποταμός [Ptol.], fleuve de Sardaigne, auj. l'*Uras*; — un petit cours d'eau du même nom en Corse, s'appelle auj. l'*Orbo* [Reich].

SACRUM PROM., Τὸ ἱερὸν ἄκρον : plusieurs caps ont porté ce nom chez les anciens, entre autres le *cap Saint-Vincent*, à l'extrémité S.-O. du Portugal; *Carnsore Point*, au S.-E. de l'Irlande; *le cap Corse*, au N.-E. de l'île de ce nom, etc.

SÆBOIUM, *Säbye* (anc. *Mariestaedt*), ville et port du Danemark, sur le Cattégat.

SÆPINUM, *Sepinum* [Liv.], Σαίπινον [Pt.], ville du Samnium, auj. *Sepino*, ville épisc. du Napolitain (Molise).

SÆTABICULA, Σαιταβίκουλα [Ptol.], ville des Edetani, dans la Tarraconaise, fondée par les Carthaginois, dans une île du Xucar, citée dans l'*It.* des *Aquæ Apoll.*, auj. *Alcira*, ville d'Espagne de l'intend. et au S.-O. de Valence; les Arabes l'appelèrent *Al Gesirah*, ou *Al Djézyréh* (*l'Île*).

SÆTABIS, SATIVES, SATHIVE (anc. Mss.), connue par les Romains sous le nom d'AUGUSTA VALERIA, ville de la Tarracon., auj. *Xativa*, ou *San-Felipe*, ville forte d'Espagne, au confl. de l'Abayda et de la Montesa (intend. de Valence).

SAGADAVA [T. P.], SANADAPA [G. Rav.], ville de la Mœsie, auj. *Danjankoï* ou *Dajakoï*, bourg du Pachalick de Silistrie.

SAGANUM SILESIÆ, *Sagan*, ville de Prusse et chef-lieu de cercle, dans la Silésie, anc. titre de duché.

C'est à 1629 que Falkenstein et Cotton font remonter l'imprimerie à Sagan, et nos recherches, pour arriver à la reporter plus haut, sont restées sans résultat. A cette date nous trouvons plusieurs volumes; la plupart des ouvrages de l'illustre astronome Kepler à partir de 1628, époque où il fut attiré par le duc de Sagan et vint se fixer dans cette ville, ont été publiés là. Il est donc permis de croire que c'est à ce grand homme que la ville de Sagan est redevable de l'établissement d'une imprimerie: *J. Keppleri ad Epistolam J. Bartschii responsio;*

de computatione et editione Ephemeridum. Sagani, 1629, in-8°; et l'année suivante : *J. Keppleri Ephemerides novæ motuum cœlestium ab anno* 1617 ad 1636, tom. I, partes I-III, in-4°. La première partie est publiée à Lintz en 1617, et les deux autres à Sagan, en 1630.

SAGITTA [Alb. d'Aix], LA SAGETTE, SETTE [Joinville], *Sidon*, auj. *Seid, Seyde*, ville de l'antique Phénicie, sur la Méditerranée (pach. d'Acre); à côté, se trouve le couvent de Mar-Helya, qui fut la résidence de L. Esther Stanhope.

SAGIUM, SAGIORUM CIV., SAIVS CIVITAS [Monn. Mérov.], CIV. SALARUM SAIVS, CIV. SAGONENSIS, ville des Saii ou Sagii, dans la IIIᵉ Lyonnaise, auj. *Séez, Sées*, ville épisc. de France (Orne). D'Anville consacre aux *Saii* un important travail (voy. aussi M. de Gerville).

Séez, siège d'un évêché, ne pouvait pas rester sans imprimerie ; c'est, croyons-nous, aux premières années du XVIIIᵉ siècle qu'il convient de la reporter avec un typogr. du nom de J.-B. Briard, comme introducteur. Le premier livre que nous connaissons est un *Eloge* du célèbre réformateur de la Trappe, Armand-Jean le Bouthillier de Rancé, composé en latin et en français par Louis d'Acquin, évêque de Séez. Séez, 1701, in-4° (P. Le Long, I, 13149). M. Frère, qui cite ce volume, n'accueille pas la souscription donnée par le P. Le Long, et ne fait remonter l'imprimerie à Séez qu'à 1708, avec une *Lettre pastorale de Mgr l'Evesque de Sées au clergé de son diocèse, sur le rétablissement des conférences ecclésiastiques.* Sées, Jean Briard, in-8° de 127 pp.

En 1731 Briard était mort et sa veuve lui avait succédé : *la Doctrine chrétienne rédigée en forme de catéchisme par l'evesque de Sées...* Séez, veuve J.-B. Briard, 1731, in-8°.

On voit que cette imprimerie était exclusivement consacrée au service du clergé ; il n'est donc pas extraordinaire que l'arrêt du conseil en date du 31 mars 1759 supprime purement et simplement la typographie dans la ville de Séez.

SAGONNA, SAOGONNA, voy. ARAR.

SAGRA FL. [Plin., Cic.], Ὁ Σάγρας, petit fleuve du Bruttium, auj. *il Sagriano*.

SAGRUS FL., Σάγρος [Str., Pt.], fl. du Samnium, auj. *il Sagro* ou *Sangro*.

SAGUNTIA [Liv., Pl.], Σαγούντια [Pt.], ville de la Bétique, auj. *Xigonza*, près de Medina Sidonia.

SAGUNTUM [Plin., Liv.], Σάγουντον [Pt., Str., Pol.], SAGUNTUS [Mela], célèbre ville des Edetani, dans la Tarrac., sur l'emplacement de laquelle s'est élevée *Murviedro* (MURI VETERES), dans le roy. de Valence.

SAII, voy. SAGIUM.

SAILENTES, *Saillans*, bourg de France (Drôme).

SALA, SALÆ PALAT., *Salz*, bourg de Bavière, près de Neustadt; on y voit les ruines de l'ancien palais de Salzburg, résidence des rois francs.

Est-ce à cette petite localité, est-ce à la petite ville de Seltz (SALETIO), que s'applique le renseignement bibliographique suivant? Nous trouvons au catal. des Elzevirs de 1634 : *Schröderi defensio Laurenbergii in Aphorism.* Salæ, 1624, in-4°.

SALA, Σάλα [Pt.], SALLE [It. A.], ville de Pannonie, auj. *Szala Egerssek*, bourg de Hongrie sur la Szala.

SALA FL., Σάλας [Str.], *la Saale*, riv. de Saxe, affl. de l'Elbe.

SALA FL., plusieurs riv. portent encore ce nom : la *Selle*, pet. riv. du Hainaut français ; — la *Saale*, affl. du Main; — la *Sétida*, près de Malaga (Espagne).

SALACIA [Mela, Pl., I. A.], Σαλάκεια [Pt.], URBS IMPERATORIA [Grut.], municipe des Turdetani, dans la Lusitanie, auj. *Alcacer do Sal* (ou *Alcaçar*), ville de Portugal (Estremadura).

SALADIENSIS COMIT., *le Comitat de Szalad*, en Hongrie (cercle au-delà du Danube).

SALAMANTICA, voy. SALMANTICA.

SALAMIS INS., Σαλαμίς, île de la mer Egée, dans le golfe Saronique, sur la côte E. de la Mégaride, auj. *Kolouri, Colouri* (en turc), *Salamin* (en grec); victoire de Thémistocle sur les Perses, l'an 480 av. J.-C.

SALAMIS, Σαλαμίς, ville principale de l'île de Chypre, fondée par Teucer; rebâtie par Constantin à la suite d'un tremblement de terre, et appelée *Constantia*; auj. *Porto-Constanza*.

SALANCIA SABAUDORUM, *Sallanches*, bourg de Savoie, dans le Faucigny, au pied du Mont-Blanc ; auj. à la France (Haute-Savoie).

SALANIANA [I. A.], ville de Lusitanie, au N. de Bracara Augusta, auj. *S. Jaime de Villela.*

SALAPIA, Σαλαπία, en Apulie, *Salpi*, au N. de l'Ofanto, dans le Napolitain ; c'est l'anc. port d'Arpi, sur le SALAPINA PALUS, *Lago di Salpi.*

SALARIA, COL. SALARIENSIS [Plin.], ville des Bastitani, dans la Tarracon., auj. *Sabiste?* entre Baeza et Ubeda (intend. de Jaën), ou peut-être *Chincilla*, ville d'Espagne, dans l'intend. d'Albacète.

SALASSI, Σαλασσοί, peuple de la Ligurie (Gaule cisalpine), occupait la vallée de la Doria et le territ. d'Aoste.

SALAURIS, dans la Tarracon., auj. *Puerto de Salon?*

SALAVII, voy. SALYES.

SALCA, voy. LONGOSALISSA.

SALDA [T. P.], SALDUM [G. Rav.], dans la

basse Pannonie, auj. *Szlatina*, bourg de Hongrie [Reich].

SALDUBA, voy. CÆSARAUGUSTA.

SALDUBA FL., *le Rio Verde*, pet. fl. d'Espagne.

SALEBIA, *Selby*, bourg d'Angleterre (Yorkshire); patrie du roi Henri Ier.

SALEBRO [I. A.], SALEMBRO [G. Rav.], dans l'Etrurie, sur le fl. Pecora, auj. *Scarlino*, bourg de Toscane.

SALEMBRUCCA, voy. SARÆ PONS.

SALENTINI [Liv., Plin.], Σαλεντĩνοι [Ptol.], SALLENTINI [Mela], peuple du S. de l'Italie, occupait les rivages du golfe de Tarente.

SALENTINUM PROM., voy. JAPYGIUM.

SALERA, *la Sauldre*, affl. du Cher.

SALERNUM [Liv., Vell.], Σάλερνον [Strab.], anc. col. grecque, appartint aux Romains, aux Goths, aux Lombards, aux Normands; auj. *Salerno*, chef-lieu de la Princip. Citérieure, sur le golfe qui porte son nom, au S.-E. de Naples.

L'université de Salerne, illustrée par une école de médecine, fut fondée par l'aventurier Robert Guiscard au XIe siècle.

Nous avions relevé dans les vieux catal. de la Bodléienne qui sont sous nos yeux (Oxford, 1620, in-4°, et ibid., 1674, in-fol.), l'indication d'un livre imprimé à Salerne en 1543 ; mais la description en est tellement sommaire que nous sommes heureux que M. Cotton, dans son *Typogr. Gaz.* de 1866, nous permette de suppléer au laconisme des susdits catalogues : *Paulus Grysignanus (de Salerno). Libellus de Pulsibus et Vrinis.* A la fin : *Impressum Salerni per C. Altifanum, anno salutiferæ incarnationis* MDXLIII, *die vero 25 mensis Junii. Teucrorum* (Turcarum) *magna classe molestante regnum Neapolitanum.* In-12, dit M. Cotton ; in-8°, disent les deux catal. de la Bodléienne.

SALERTIUM, *Salers*, bourg d'Auvergne (Cantal).

SALESIA, SALETIO [It. A.], SALISO [Amm. M.], SALOISSA CASTRUM [Frédég.], voy. ELIZATIUM.

SALFELDA [Struv.], *Saalfeld*, ville du duché de Saxe-Meiningen-Hildburghausen, sur la Saale.

Imprimerie en 1710: *Rosen. Der mit Gott redender Jacob.* Saalfeld, 1710, in-12.

SALGANEA [Liv.], Σαλγάνευς [Str.], bourg de Bœotie, sur les ruines duquel s'élève auj. le *Monast. de St-Georges, Haghio Giorgio* (Voiotia).

SALHUSIUM [Struv.], *Salhausen*, bourg et anc. titre de seigneurie, en Thuringe.

SALIA FL., *la Seille*, riv. de France, affl. de la Moselle. — *La Sella*, riv. d'Espagne dans les Asturies.

SALIA VETUS, *Oldensael, Oldenzaal*, ville de Hollande (Overyssel).

SALICE IN PAGO PARISIACO [Gesta Dagob.], *Saulæ les Chartreux*, commune de France (Seine-et-Oise), près Corbeil [Lebeuf, IX, 305).

SALICETANUM, *Saulçay*, *Saulzay-le-Potier*, commune de France (Cher).

SALICETUM, *Sauzet*, commune de France (Allier).

SALICETUM (?), *Salicetto*, bourg du Piémont, sur la Bormida (prov. de Mondovi).

N'est-ce point là un nom de lieu d'impression imaginaire ? On peut l'admettre d'autant mieux que le livre souscrit à cette rubrique, que nous avons à citer, est un de ces pamphlets qui de tout temps ont aimé à dissimuler leur provenance : *Leosthenis (Gratiani) Elixir Jesuiticum, sive Quintessentia Jesuitarum*. Saliceto, 1645, in-12. [Bauer, *Suppl*. II, 175] ; ce livre doit être fort rare, puisque Melzi ne l'a point connu.

M. Cotton traduit SALICETUM par *la Saussaye*, ville de France (inconnue) ; et signale une imprimerie existant en 1646 « *in collegio Salicetano* ».

SALICI, voy. SALYES.

SALINA, *Hallein*, ville de la Haute-Autriche (cercle et au S. de Salzburg).

SALINÆ, Σαλῖναι [Ptol.], CIVITAS SALINARUM, CASTELLONA, *Castellane*, ville de France (Basses-Alpes), sur le Verdon [Bouche, *Hist. de Prov.*, III. 2]. D'Anville conteste cette attribution, et traduit SALINÆ par *Seillans*, bourg de France (Var).

La ville de Castellane a appartenu jadis en toute souveraineté à l'illustre maison de ce nom; l'imprimerie paraît y avoir existé à la fin du XVIIIᵉ siècle, car nous connaissons l'*Histoire de la ville et du comté de Castellane*. Castellane, 1775, in-12.

SALINÆ [It. A., T. P.], en Apulie, auj. *Torre delle Saline*, dans le Napolitain.

SALINÆ, Σαλῖναι [Pt.], dans la Dacie, auj. *Torda Thorenburg*, ville de Transylvanie, chef-lieu du comitat de ce nom.

SALINÆ, voy. AD SALINÁS.

SALINGIACUM, *Solingen*, ville de Prusse, chef-lieu de cercle (prov. du Rhin), sur la Wipper ; célèbre par ses fabriques de coutellerie et d'armes blanches.

L'imprimerie remonte à Solingen à une date assez reculée ; Panzer, Falkenstein, etc., la reportent à 1558 ; mais nous trouvons dès 1557 une trace de l'établissement de Johann Soter l'année précédente : *Johannis Rivii Castigationes locorum quorumdam, ex M. T. Ciceronis Bruto, Oratore, Epistolis familiaribus, adiecta explicatione*. Solingiaci, 1537, in-8° [Bunemann, p. 102 ; Bauer, III, p. 325, etc.].

M. Cotton signale également un vol. à cette date : *Origenis Tropologia Salingiaci. apud Molam Chartaceam, cis Viperam, Joannes Soter excudebat, anno* 1537; mense *Junio*. Cette souscription a le mérite de nous apprendre que J. Soter était, en même temps qu'imprimeur, fabricant de papier.

Le vol. que cite Panzer : « *Super Aggæo Propheta Joannis Eckii Commentarius*. Salingiaci, typis Joh. Soteris, in-8° », figure au cat. Le Tellier, p. 15, sous la date de 1536, mais cette date est erronée, et Panzer rétablit la véritable qui est 1538. A

cette même date nous citerons : *Agrippa (H. C.) in artem brevem Raymundi Lullii Commentaria*. Salingiaci, J. Soter, 1538, in-8° de 143 ff. dont les 2 derniers bl., fig. gr. sur b. dans le texte ; et encore : *Æneæ Sylvii Barth. Piccolomini de Bohemorum origine ac gestis historia ad Georgium Poggiebracium Regem electum anno* 1458. Salingiaci, Soter, 1538, in-8°. Nous pourrions multiplier ces citations.

SALINIS (DE), SAUMES EN SAUMOIS [Froissart], *Salm*, anc. princip. d'Allemagne, divisée auj. entre la Prusse et le Luxembourg.

SALINIS, SALINENSE OPPIDUM, SALINÆ, SCOTINCORUM VICUS (*Vallis Scodinga in Sequanis ubi nunc Salinarum Locus*, Vita S. Anatolii), *Salins*, ville de France (Jura), au pied du mont Poupet, sur la Furieuse.

Les Romains exploitaient déjà les sources salines qui donnèrent leur nom à cette ville ; on a fréquemment découvert, aux environs de Salins, de précieux antiques grecs et romains ; ce fut là que M. Pourtalès trouva les quatre petits bronzes grecs, les plus précieux de sa riche collection.

L'imprimerie exista à Salins au XVᵉ siècle ; un imprimeur du nom de Jean Després, qu'il faut bien se garder de confondre avec le célèbre typographe parisien, Jean Dupré, y exécuta dès 1485 un livre important : *Missale secundum usum ecclesiæ Bisuntinæ*. A la fin : *Divinis exactum auspiciis claro Salinensi oppido, secundum Bisuntinæ metropolitanæ ecclesiæ missarum annualium usum : opus clarissimum caracteribus impensa Joannis de Pratis diligenter correctis. Olympiadibus Domini millesimo* CCCC LXXXV, in-fol. en gros car. rouges et noirs, fort bien imprimé ; « un véritable chef-d'œuvre d'impression », dit le P. Laire, dans sa *Dissertation sur l'origine de l'imprimerie en Franche-Comté*. Ce beau livre est le résultat d'un contrat d'association passé entre Jean Després (ou Despreis), Benoît Bigot et Claude Baudrand, dont les noms sont rapportés dans l'avertissement qui précède le volume. Ce rare volume manque à la Bibliothèque impériale ; M. Claudin, libraire de Paris, dit en avoir découvert un exemplaire ; mais, comme nous n'avons point eu la bonne fortune d'examiner ce précieux incunable, nous sommes, à notre grand regret, forcé de nous en tenir à la description qu'en a donnée le P. Laire.

Les arrêts du conseil de 1704 et de 1739 comprennent Salins parmi les villes qui ont droit à un imprimeur ; le rapport fait à M. de Sartines en 1764 dit qu'à cette date le titulaire se nommait Antoine Besson, établi en 1741, confirmé par l'arrêt de 1759 ; ce typographe était né à Lyon en 1705, il possédait deux presses.

SALIOCANUS PORTUS, Σαλιόχανος (Σταλιόχανος) λιμήν [Ptol.], au N. du prom. Gobæum, cap St-Matthieu, petit port que d'Anville croit avoir existé dans l'*Anse du Conquet*, mais que Sprüner place positivement à *Plouescat*, chef-lieu de canton du Finistère, entre St-Pol et Lesneven, au fond de la baie de Kernic.

SALIOCLITA [It. A.], SARCLITÆ VILLA, *super fl. Joina in pago Stampensi* [Dipl. Dagob.], *Saclas*, commune de Fr., sur la Juisne, arr. d'Etampes (Seine-et-Oise).

SALIS AQUA, SALSÆ AQUÆ, *Selzach*, bourg de Suisse (canton de Soleure).

SALISBURGIUM, SALISBURGUM, voy. JUVAVUM.

SALISSO [It. Ant.], *Salzig*, bourg des bords du Rhin, entre Bingen et Coblentz; ou, d'après d'Anville, *Sultzbach*, dans la Bavière Rhénane.

SALLINGICUM, *Sallingsundt*, bourg du Jutland, près Viborg (Danemark).

SALLODIUM, voy. LONGA SALINA.

SALLUNTUM [It. A.], dans la Dalmatie, auj. *Eski-Slana* [Reichard].

SALMANCIACUM [Aimon.], SALMUNCIACUM VILLA, résidence des rois des deux premières races, dans laquelle mourut Carloman, frère de Charlemagne, auj., suiv. Doublet, Pithou, etc., *Samoucy*, village de Picardie, près de Laon; et, d'après d'autres géogr., *Mont-Saujon*, près Langres; M. Quicherat dit *Saumoussay* (Maine-et-Loire) (?).

SALMANTICA [Flor., It. A.], Σαλμάντικα [Ptol., Plut.], Σαλματική [Polyæn.], Σαλματίς [Polyb.], Ἑλμαντική [St. B.], HELMANTICA [Liv.], ville des Vettones, dans la Tarracon., auj. *Salamanca, Salamanque*, chef-lieu de la prov. de ce nom en Espagne, sur le Tormès, célèbre université fondée en 1200.

C'est à l'an 1480 que l'on fait remonter l'introduction de la typographie à Salamanque. Le lic. Cabrera dit que « *los Arnaos llevaron la imprenta* » dans cette ville ; il entend évidemment par « los Arnaos », Arnaldo ou Arnao Guillen de Brocar, et son fils Juan de Brocar, les célèbres typogr. dont nous avons eu souvent l'occasion de parler. Le premier livre connu est intit.: INTRODUCTIONES LATINÆ A. ANTONII NEBRISSENSIS. A la fin: *Ælii Antonii Nebrissensis grâmatici Introductiones latinæ explicatæ Salmanticæ anno natali christiano* M. CCCC. LXXXj. *ad* xvij. K. *Februarii. Deo gratias*, In-fol. à 2 col. goth., sans chif., avec une dédicace de l'auteur à D. Pedro Mendoza (voy. Mendez, p. 113-114). Cette rare édition, dont un bel exempl. est conservé à la bibl. roy. de Madrid, fut commencée en 1480 et eut un succès tel, qu'on dut la réimpr. l'année suivante.

D. Dion. Hidalgo, dans la nouvelle édition qu'il donne de Mendez, consacre deux articles nouveaux relatifs à la typographie de Salamanque au XVe siècle, et décrit un nombre considérable d'éditions dues aux presses de cette ville ; nous renverrons le lecteur à cet excellent travail, ainsi qu'à la *Bibliogr. Españ.* de Sancho Rayon et de Zarco del Valle.

Presque tous les volumes imprimés dans cette université, la plus importante de l'Espagne à cette époque, sont des livres de grammaire, de philosophie, d'histoire, et quelques romans ou *Cancioneros*, entre autres le célèbre et précieux *Cancionero de Juan de la Encina* de 1496.

Les imprimeurs de cette ville, outre les Brocar, sont, pendant ce XVe siècle : Leonardo Aleman, y Lupo Sanz de Nanarra, compañeros ; Juan ou Hans Gysser Aleman de Silgenstal (Seligenstadt), et Juan Porres ou de Porras ; enfin, en 1500, nous trouvons cité par D. Sancho Rayon et Zarco del Valle un imprimeur que ne signalent ni Mendez ni D. Dion. Hidalgo ; il se nomme Christoforo de Alemania (*Ensayo de una Bibl. Españ.*, t. 1er, n° 288).

Au XVIe siècle les principaux typogr. de Salamanca sont : Lorenço de Lions (Lyon), mercador y impressor (1519) ; Juan de Canoua, Andrea de Portonariis, de la famille des imprimeurs de Venise ; Pedro de Castro, enfin deux membres de l'illustre famille des Juntes, que M. Renouard ne signale pas : Joannes Junta que nous trouvons établi à Salamanque, de 1543 à 1561, et son fils Lucas de Junta, qui lui succède et qui exerçait encore en 1575.

SALMENHEMIUM.

Lieu d'impression supposé : *Cancellariæ Anhattinæ pars secunda in qua non ita pridem a quibusdam edita Cancellaria Hispanica nervose simul ac lepide refutatur... auctore Fabio Hercyniano* J. C. Salmenhemii typis Germani Rheinfeldii, 1624, in-4°; le célèbre jésuite Jacques Keller avait adopté ce pseudonyme (voy. Bayle II, 1608). Nous pensons que cette réponse de Keller à Camerarius fut imprimée à Munich.

SALMONA FL., *la Salm*, affl. de la Moselle, dans la Prusse Rhénane.

SALMORADIS, Voy. HALMYRIS.

SALMORIACUS PAGUS, *le Saumurois*, anc. gouvern. et district de l'Anjou.

SALMOVINCUM, voy. CASTRUM SINEMURUM.

SALMURIUM, SALMURUS, *Saumur*, ville de l'Anjou, du dioc. d'Angers, de la génér. de Tours, auj. chef-lieu d'arr. du dép. de Maine-et-Loire, sur la Loire.

Cette ville fut l'une des places les plus fortes des Réformés et eut une grande importance à l'époque des guerres de religion ; elle possédait une abb. de Bénédictins de la congr. de St-Maur.

Les ordres sanguinaires des misérables conseillers du roi Charles IX ne furent que trop scrupuleusement suivis à Saumur, au mois d'août 1572; et les réformés furent bravement surpris et égorgés au nom de Dieu et du roi ; la religion fut longue à cicatriser ces blessures, même après que Saumur eut été mise entre les mains du roi de Navarre.

L'imprimerie remonte en cette ville à l'année 1582, dit Falkenstein ; 1605, dit Ternaux ; nous ne connaissons pas de livre à cette date de 1582, mais un grand nombre avant 1605 ; voy. pour une pièce exécutée en 1589, *Catal. de la Bibl. imp.* (t. I, p. 339), voy. aussi au *Manuel*, l'art. consacré à Ph. de Mornay.

C'est à Thomas Porteau, l'imprimeur bien connu de Niort, la Rochelle, Pons-en-Saintonge, que l'on est encore redevable de la proto-typogr. de Saumur. Les principaux imprimeurs qui lui succèdent sont, au XVIIe siècle : René Hernault, D. Lerpinière, Jean Lesnier, Rousselet, Ribotteau, Pean, Fr. Ernou, etc.

Les arrêts du conseil de 1704 et 1739 concèdent à Saumur le droit de posséder une imprimerie ; et le rapport fait à M. de Sartine, en 1764, nous donne le nom du titulaire à cette date : c'est Anne Lamiche, veuve de Franc. Degouy, imprimeur, reçu en 1726, avec deux presses ; elle a deux fils qui doivent lui succéder et exercent avec elle.

SALMYDESSUS [Mela, Pl.], Σαλμυδησσός [Her., Xen., Str., Pt.], HALMYDESSUS, ville de la Thrace, sur le Pont-Euxin, auj. *Midiah, Midja*, sur la mer Noire (Pach. de Silistrie).

SALO, voy. LONGA SALINA.

SALO FL. [Martial], voy. BILBILIS.

SALODURUM, voy. SOLODURUM.

SALOMACUS [I. A.], sur la voie d'Aquæ

Tarbellicæ à Burdigala , auj. *Salles*, bourg de Fr., de l'arr. de Bordeaux (Gironde).

SALOMONIS VILLA, SALOMONIUM, *Salmansweiler*, anc. abb. de Cîteaux, en Souabe, s'appelle auj. *Salem*, palais gr.-ducal du gr.-duché de Bade.

SALONA [Mela, Pl.], Σαλῶνα [App.], Σάλων [Str., Dio C.], SALONÆ [Mart., Pl., Cæs., It. A.], Σαλῶναι [Ptol., Proc.], COLONIA JULIA MARTIA , COLONIA JULIA SALONA, depuis SPOLATUM [T. P.], ville des Scordisci, en Dalmatie, sur la côte de l'Adriat., anc. col. romaine, auj. *Spalatro, Spalato*, ville fortifiée de Dalmatie, chef-lieu du cercle du même nom ; l'enceinte actuelle de la ville correspond aux murailles du palais que Dioclétien s'était fait bâtir ; on voit dans le voisinage les ruines de l'antique ASPALATOS (SALONA VETUS) ; c'était de cette ville que partait la Via Gabiniana, qui se dirigeait vers l'Est, en passant par Andetrium.

L'imprimeur de Zara, Giov. Demarchi, fonde à Spalato un établissement typogr. dans les premières années du XIXe siècle, et un peu plus tard, vers 1820, Giov. Ant. Piperata et son fils Bernardo acquièrent la propriété de cette maison ; la veuve de Bernardo exerçait encore en 1855.

SALONA, *la Seille*, affl. de la Moselle.

SALOPIA [Not. Imp.], SCIROPESBERIA (au XIIIe siècle), *Salop, Shrewsbury* (en saxon : *Scrobbesbyrig* ; sur les livres welshes : *Mythig, Mwythig*), ville d'Angleterre, sur la Severn (Schropshire).

Cette ville possédait une antique et fort belle abb. de Bénédictins ; sa position sur les frontières du pays de Galles en fit une place importante à l'époque des guerres des Gallois. M. Cotton nous donne la liste des imprimeurs de Shrewsbury : le plus ancien est Thomas Jones, qui paraît s'être établi en 1704 ; l'année suivante, Thomas Gittens fonde n seconde typographie.

Martin signale une imprimerie particulière en 1717 : *Copy of a Decree of Chancery, between the lord and tenants of the Mannour of Ford, alias Fordshome, in the County of Salop.* Shrewsbury, 1717.

Cotton signale : *A Sermon by William Powell, Dean of St-Asaph*, 1716, in-8° ; *J. Davies' Display of Heraldry*, 1719, etc.; nous ajouterons : *Jones (J.) Vindication of St Mathew's Gospel, from Whiston's charge of dislocations.* Salop, 1721, in-8°.

SALOPIENSIS COMITATUS, *le comté de Salop, Shropshire* (en saxon: *Scrobscyre*), sur les frontières du pays de Galles.

SALPESA [Inscr.], municipe de la Bétique, au S.-E. d'Hispalis, auj., suiv. Florez; *Facialcazar*, bourg d'Andalousie entre Utrera y Coronil.

SALSA FL., *la Salza*, riv. d'Autriche, affl. de l'Inn.

SALSA RHENANA, voy. ELIZATIUM

SALSÆ AQUÆ, voy. SALIS AQUA.

SALSOVIA [It. A.], dans la Mœsie Inf., auj. *Tulcze, Toultcha*, sur le Danube, dans la Dobroutschah.

SALSULÆ [Mela, It. A.], station de la Gaule narbon., auj. *Salces*, bourg et fort des Pyrénées-Orient., près de l'*Etang de Leucate* (SALSULÆ FONS).

SALSUM FL., *le Guadajoz*, affl. du Xenil (Andalousie).

SALSUM MARE, *der Salzsee*, en Thuringe (Mannsfeld).

SALTO, SALTUS, *Sault*, bourg de Fr. (Vaucluse), au pied du mont Ventoux, anc. titre de comté.

SALTUS ALGIÆ, *la Vallée d'Auge, le Pays d'Auge*, en Normandie.

SALTUS CLEVENCIS, *le Bailliage de Cleverham*, dans la Westphalie.

SALTUS TAGIENSIS, *la Sierra d'Alcaraz*, chaîne de montagnes en Espagne.

SALTUS VENATORIUS, *Harzgerode*, ville de la princip. d'Anhalt-Bernburg.

SALUCIA, SALUTIUM, voy. AUGUSTA VAGIENNORUM.

SALUGRI, *Saluggia*, bourg de la province de Vercelli (Piémont).

SALUM, SALIONNO [Monn. Mérov.], *Salon*, ville de France (Bouches-du-Rhône), patrie de Nostradamus et de d'Hozier.

SALUMBRONA, voy. TUSCIA.

SALURNIS [P. Diac.], dans la Gaule Cisalp., auj. *Salurn*, bourg et station du chemin de fer de Botzen à Vérone, au N. de Trente.

SALVA, Σαλούα [Ptol.], en Pannonie, lieu de garnison d'une cohorte, auj., suiv. Reichard, *Nyerges-uj-Falu* (en all. *Neudorf*), bourg de Hongrie.

SALVA, SALVIA, *Sauve*, pet. ville de Fr. (Gard), sur la Vidourle ; anc. abb. de St-Benoît, fondée en 1020.

SALVA TERRA, *Sauveterre*, pet. ville de Fr. (Aveyron); plusieurs bourgs et communes importantes de ce nom existent dans le midi de la France.

SALVATOR VICECOMES (S.), *St-Sauveur-le-Vicomte*, bourg et chef-lieu de canton du dép. de la Manche, sur la Douves : sur la rive gauche, on voit les ruines d'un château du Xe siècle; sur la droite, celle d'une abb. de Bénédictins, fondée en 1040 et détruite en 1792.

SALVIACUM, SALVIACO [Monn. Mérov.], *Sauviat*, bourg de la Marche (Hte-Vienne).

SALVITAS, *la Sauvetat*, bourg d'Auvergne (Puy-de-Dôme). — Une autre localité du même nom dans le Gers.

SALYES, Σάλυες [Str., Pl.], SALYI [Liv.], SAL-LYI [Pl.], SALLUVII [Liv.], peuple de la Gaule Narbon. (Prov. Rom.), occupait la vallée de la Durance et les environs d'*Aix*; ils étaient d'origine ligurienne.

SALZWITA, *Salzwedel*, ville de Prusse, chef-lieu de cercle, dans la prov. de Saxe.

L'imprimerie pénétra dans cette ville au commencement du XVIIIe siècle : *Proben der Allgemeinen Schrift nebst den Schlüssel von 19 Sprachen*. Saltzwedel, 1725, in-8°. Citons encore : *Julii Conradi Rüdemanni historicorum Palæo-Marchicorum Collectiones III, das ist der Altmärkischen Historischen Sachen Sammlungen*. Saltzwedel, 1726-1728 [Vogt Bauer, etc.]. Struvius ne signale pas cette collection rare (elle ne fut tirée qu'à 300 exempl.), dans sa *Biblioth. Saxonica*.

SAMARA FL. [Ven. Fort.], SOMENA, SUMENA, [G. Rav.], la *Somme*, pet. fl. de Fr. affl. de la Manche.

SAMARCOLIUM (SANCTUS MARTIALIS), *Sammarçoles*, comm. de Fr. (Vienne).

SAMARIA FANUM S. MARIÆ, *Somorja*, *Sommerein*, *Samoja*, ville du comitat de Presburg, dans l'île de Tsalókôz (Hongrie).

Paul Ember, dans son *Hist. eccl. reform. en Hongrie* (p. 127), commet une erreur grave en affirmant que la *Confession helvétique* de l'an 1566, trad. en hongrois en 1615, par P. Tsene Szentzienez, fut imprimée à Somorja; cette impression eut lieu en 1616 à Oppenheim. Németh signale au milieu du XVIIe siècle la présence, à Somorja, d'un typographe du nom de André Weghel ou Wechel, qu'il rattache à l'illustre famille des Wéchel de Paris, de Francfort et de Hanau : *Ageuda, az az : Szent-Egyházi Cselekedeteknek, a' vagy Szentségeknek, és egyéb egyházi Szolgálatok ki-szolgáltatásának módja. Egyházi Canoninkal eggyütt*. Samariában Nyomtattatott Wechelius András által, 1650, in-12 de 80 ff.

SAMAROBRIVA, SAMAROBRIGA, voy. AMBIANUM.

SAMBRA FL., voy. SABIS.

SAMBRACIA, voy. ATHENOPOLIS.

SAMBROCA, Σάμβροχα [Pt.], *le Ter*, pet. fl. de la Catalogne.

SAMBUTINUM JUGUM, *der Säntis*, montagne de la Suisse.

SAME, SAMOS INS., voy. CEPHALLENIA.

SAMERIUM, *Samer-aux-Bois*, commune de Picardie (Pas-de-Calais), anc. abb. de Bénédictins de la congr. de St-Maur.

SAMESIUM, *Samois*, commune de Fr. (Seine-et-Marne).

SAMICUM, Σαμικόν [Ptol., Str.], SAMAGUM [T. P.], ville de la Triphylie (Elide), dont les ruines se voient près de *Khaiaffa*.

SAMIELUM, SAMIELLUM, voy. FANUM S. MICHAELIS.

Nous avons cité deux volumes impr. en 1613, à St-Mihiel, par Fr. Dubois; en voici un autre à la date de l'année suiv. que ne paraît point avoir connu M. Beaupré : *Phrases poeticæ, per M. Fundanum et A. S. I. T.* apud Franciscum Dubois. Samielli 1614, in-12 (Cat. Maittaire II, p. 256).

SAMINTHUS, Σάμινθος, dans l'Argolide, auj. *Kutzopodhi* [Leake].

SAMMONIUM PROM. [Mela, Pl.], Σαμώνιον [Str.], cap. de l'île de Crète, auj. *Capo Sidero*.

SAMNITÆ, SAMNITES [Varro, Liv., Pl.], Σαυνῖται, Σαμνῖται, Σαννῖται, *les Samnites* ou *Safines*, peuple de race sabellique, l'un des plus énergiques de l'Italie centrale; occupait le

SAMNIUM, pays comprenant *les Abruzzes*, à l'Est de la Sabine, les bords du *Sangro* et les plaines situées à l'Est du mont *Matese* et aux sources du *Biferno* (Abruzze citér., Molise, partie de l'Abruzze ult., etc.).

SAMOGITIÆ DUCATUS, *la Samogitie*, *Smazaït*, anc. prov. lithuanienne, dépend auj. du gouv. de Vilna.

SAMOSCIUM, voy. ZAMOSCIUM.

SAMOSIUS FL., le *Szamos*, riv. de Transylvanie, affl. de la Theiss.

SAMOTHRACE INS., Σαμοθράκη, SAMOTHRACIA, Σαμοθρήίκη, île de la mer Ægée, appelée aussi DARDANIA [Pt.], LEUCOSIA [Apoll. Rh.], auj. *Samothraki, Semendraki, Semenderek* (en turc), île turque au S.-O. du golfe de Saros.

SAMPOLITANUM OPPIDUM, FANUM S. HIPPOLYTI, *St-Pôlten*, ville d'Autriche, sur le Traisen (Lande unter der Ens).

SAMSOA INS., SAMOS DANICA, *Samsoë*, petite île danoise, dans le Cattégat.

SAMULOCENÆ [T. P.], SUMLOCENNE [Inscr.], ville de la Rhætie, au S. du Danube, dont la situation actuelle est discutée : *Dutlingen* [Mannert]; *Salmendingen* [Reich.]; *Mühlen* [Wilh.]; etc., Sprüner n'indique point cette localité.

SANBONENUM, S. BONETUS, *St-Bonnet*, bourg du Dauphiné (Hautes-Alpes); patrie du connétable de Lesdiguières. — *St-Bonnet-le-Château*, ville de Fr. (Loire).

SANCERRA, voy. SACRUM CÆSARIS.

SANCLAUDIANUM, *S. Claude* (Jura), voy. CLAUDIOPOLIS.

Le premier imprimeur de St-Claude s'appelle Antoine Dumoulin : *Règlement de la Société populaire de Nantua arrêté dans la séance du 30 niv. An III*. S. Claude, Ant. Dumoulin, 1793, in-12, de 23 p.

SANCTA CIVITAS, voy. HEILIGENSTADIUM.

SANCTA CRUX, *Szveti Kris*, ville de Croatie.

SANCTA MARIA, *Szabadka*, *Szent Maria* (*Szveti Maria*), bourg de Hongrie.

SANCTA MARIA IN FODINIS, voy. FANUM S. MARIÆ.

SANCTA MAXENTIA AD ISRAM, voy. PONS MAXENTIÆ.

SANCTÆ FIDEI FANUM, *Ste-Foy-la-Grande*, ville de France (Gironde).

SANCTI ÆGIDII VILLA, S. *Gilles-les-Boucheries*, ville de France, sur le canal de Beaucaire (Gard); concile en 1042.

S. ALBANI FANUM, voy. ALBANI VILLA.

S. ALBINI DE BOSCO MON., S.-*Aubin-des-Bois*, bourg et anc. abb. de Cîteaux, fondée en 1137, près de Lamballe (Côtes-du-Nord).

S. AMANDI ECCLESIA, voy. AMANDOPOLIS.

Un imprimeur du nom de Gilles était, au commencement du siècle dernier, dans la pet. ville de St-Amand, si connue par ses eaux minérales: M. Ternaux cite: *Considérations sur les maladies contagieuses.* St-Amand, Gilles, 1738, in-12.

S. ANDREÆ FANUM, *in Scotia*, voy. ANDREOPOLIS.

On trouve sur quelques vieux livres *Sanctandrois*; voici un vol. à date certaine, imprimé à St-Andrews: *Coilzear, Rauf, The Taill of Rauf Coilzear, how he harbreit King Charlis.* — Sanctandrois, be Robert Lekpreuik, 1572, in-4°, goth. de 8 ff.

S. ANTONINI VILLA, *St-Antonin*, pet. ville de Fr. (Tarn-et-Garonne).

S. AUDOENI FANUM, voy. AUDOENI VILLA.

S. AURELII MONAST. voy. HIRSAUGIA.

S. BLASIANI CŒNOB., voy. BLASII.

S. CARILÆI OPPIDUM, CARILESUS, ANNINSULA, *St-Calais*, ville de Fr. (Sarthe), sur la petite riv. l'*Anille* (ANISOLA); anc. abb. de St-Benoît de la congr. de St-Maur.

S. DONATI FORUM, voy. FORUM APPII.

S. EDMUNDI BURGUS, *St-Edmunds, Bury-s.-Edmunds*; voy. BURGUS STI-EDMUNDI; les terres de l'abb. s'appelaient: *Beria Sti Edmundi.*

S. ELERII FANUM, *St-Hélier* (S. *Hillier*), capit. de l'île de Jersey, à l'Angleterre.

M. Cotton nous apprend que le livre intitulé: *Stead's Cæsarea, or History of Jersey*, bien que ne portant pas de nom de lieu, fut imprimé à Jersey en 1798; mais, d'un autre côté, Lowndes cite à la date de 1771, un autre vol. qu'il attribue également aux presses locales: *Code of Laws for the Island of Jersey* — (Jersey), 1771, in-8°.

S. FACUNDI CŒNOBIUM, *Sahagun*, ville d'Espagne (roy. de Léon); anc. abb. de Bénédictins.

S. FEREOLI OPPIDUM, S. *Fargeau*, anc. ville du Gâtinais, avec titre de duché; auj.

dans le dép. de l'Yonne; la magnifique terre de St-Fargeau fut donnée à titre de récompense nationale aux héritiers du député Lepelletier.

S. FIDELIS VILLA, S. *Fal*, S. *Phal*, commune de Champagne (Aube), avec titre de marquisat.

S. FLORENTINI CASTRUM, voy. EBUROBRICA.

S. GAUDENTII VILLA, S. *Gaudens*, ville de Fr. (Haute-Garonne).

S. GENGULFI OPP., GENGULFINUM, S. *Gengoux-le-Royal*, pet. ville de Bourgogne (Saône-et-Loire).

S. GENULFI MON., S. *Genou*, bourgade de Berry; anc. abb. de St-Benoît, fondée en 828 (Indre).

S. JACOBI FANUM, voy. FLAVIONIA.

S. LICERII CONSERANENSIS CIV., voy. LICERIUM.

S. MAGNI CŒNOBIUM, FAUCES ALPIUM, *Füssen*, ville de Bavière, sur le Lech, avec une anc. abb. de Bénédictins, fondée au VIIIe siècle, et qui porte le nom de St-Mang; voy. FAUCENÆ.

S. MARTINI FANUM, *Szent Marton*, ville de Hongrie, chef-lieu du comitat de Thurotsch.

S. PETRI DE CALAMIS ECCLESIA, *Chaumes*, voy. CALAMI.

S. REMIGII FANUM, SANTIREMI, SANTIREMIDI VICO [Monn. Mérov.], *St-Rémy*, pet. ville de Provence (Bouches-du-Rhône).

S. SECUNDI INSULA, *Isola e Monasterio di San Secondo di Venezia.*

S. SPIRITUS VASCONIÆ FANUM, *St-Esprit*, ville de France (Landes).

S. TRUDONIS FANUM, TRUDONOPOLIS, *St-Trond*, ville de l'anc. prov. de Liége (Limbourg Belge): voy FANUM TRUDONIS.

L'imprimerie paraît remonter dans cette petite ville à 1788; à cette époque paraissent: *Versameling der Brieven van de Heere Keuremenne aen de Heeren theologanten van de Seminarien van Gend, Brugge, Ipren*, etc. *Tot Trier, by Pluckaen Van Lier, L... M... en boeckverkooper.* La collection de ces lettres publiées en 1788 et 1789, dit M. U. Capitaine, forme 2 vol. in-8°, ornés de caricatures: l'abbé J. J. Van den Elsken, chanoine de Louvain, en était le principal collaborateur.

Ces lettres parurent à St-Trond, chez le libraire Michel, ainsi que le prouve une note du n° du 13 juin 1789 des *Annonces* de Herve: « La presse de St-Trond vient de donner une jolie infamie en flamand, intitulée: *Huitième lettre de Keuremenne.*»

Le 20 janvier 1790 parut un journal sorti « de l'Imprimerie patriotique » de St-Trond, avec le titre de: *Postilion extraordinaire de tous les Pays-Bas et autres*, in-4° de 4 p.; ce journal périodique continua jusqu'au 12 février 1792, mais avec interruption du 2 mai 1790 au 18 février suivant ; il était bis-hebdomadaire.

L'*Imprimerie patriotique* était, croyons-nous, dirigée par un typogr. du nom de Jean-Bernard Smits, qui alla quelques années après s'établir à Louvain.

SANCTIO [A. Marc.], dans la Germanie Iʳᵉ, *Säckingen*, bourg sur le Rhin (gr.-duché de Bade) ; anc. abb. princière.

SANCTUS AREDIUS, SCO AREDIO, SCOAREDI [Monn. Mér.], *Saint-Yrieix-sous-Aixe*, *St-Yrier-de-la-Perche*, pet. ville du Limousin (Hte-Vienne).

SANCTUS CLERICUS, *San Quirico*, bourg d'Italie (prov. de Siena).

SANCTUS MAURITIUS, voy. AGAUNUM.

SANCTUS URSINUS, SANT'ORSINUM, *Sant'Orso*, *Sant'Ursino*, pet. bourg italien, au N. de Vicence « nel territorio Vicentino, lontano da quella città circa miglia XII. »

Sant'Orso fut, au XIIᵉ siècle, un château très-fortifié dont s'était emparé Ezzelin, le célèbre tyran de Padoue ; au XVᵉ siècle, un imprimeur bâlois du nom de Léonard Achates (ou Léonard de Bâle), que nous voyons fonder des établissements typographiques à Padoue et à Vicence, vient dès 1472, plus pacifiquement qu'Ezzelin, s'installer dans le bourg de Sant'Orso, et y fonde un établissement typogr. qui précède celui de Vicence.

Voyez au sujet de cet imprimeur un excellent travail dans lequel M. Brunet résume les diverses opinions des bibliographes, et les fables qui ont accueilli le premier établissement typogr. de Léon. Achates (*Man.*, IV, col. 537).

Le premier livre sur lequel se rencontre ce nom est une célèbre édition de VIRGILE, publiée sans nom de lieu d'impression, à la date de 1472, et décrite par Dibdin (*Bibl. Spencer.* II, 471). Nous aurions été fortement tenté de confondre cette édition de 1472 avec celle de l'année suivante, car c'est le même nombre de ff., de lignes à la page, la même disposition typographique, etc. (M. Brunet dit que la première a 196 ff. et que la seconde n'en a que 176 ; il oublie les 20 ff. qui contiennent les *Catalecta*) ; mais la souscription offre certainement une différence, c'est celle du nom du Doge de Venise :

Vrbs basilea mihi nomen est Leonardus Achates.
Qvi tua compressi Carmina diue Maro :
Anno Christi humanati : M.CCCC.LXXij.
Venet. Ducε Nicol. Trono.

l'édition de 1473 porte :

Venet. Ducε. Nicol. Marcel.

et en effet, c'est au commencement de 1473, que Nicolas Marcello succède à Nic. Throno ou Truno.

Panzer, Maittaire, Amati, etc., nous donnent la liste d'un grand nombre de livres exécutés par ce célèbre imprimeur, tant à Sant'Orso qu'à Vicence et à Venise ; mais le plus important est sans contredit une édition d'IL CANZONIERE DI FRANCESCO PETRARCA, de 1474, in-fol., fort bien décrite par M. Brunet ; nous citerons encore à la même date, une édition *delle Vite de' Sancti Padri*.

Mais Léonard le Bâlois n'exerça pas seul la typographie au bourg de Sant'Orso, car presque simultanément un second imprimeur de Vicence venait s'y établir : c'était un Allemand des bords du Rhin, qui se fait appeler simplement Jean du Rhin (Joannes de Reno), et qui pourrait bien ne faire qu'une seule et même personne avec Jean de Cologne, l'un des premiers typogr. vénitiens de cette époque.

Le premier livre imprimé par Jean du Rhin à

Sant'Orso paraît être [: IHESVS. *Francisci Aretini in Phalaridis Tyranni Agrigenti Epistolas Proemium* ; à la fin : *In Sancto Vrsio Vicentiæ districtu Johannes de Rheno impressit anno domini* M.CCCC.LXXV. Finis. In-4°.

Quant à l'édition de Duns Scott de 1473, « *super tertium Sententiarum*, » que Panzer donne à Jean du Rhin, et d'autres à Léonard de Bâle, le Federici, dans ses *Memorie Trevigiane*, p. 20-21, prouve que ce volume, qui ne porte pas de nom de lieu, est bien et dûment imprimé à Bologne.

Nous retrouverons à Vicence nos deux imprimeurs de Sant'Orso.

SANCTUS VEDASTUS, *St-Waast de la Hougue*, port de France (Manche).

SANCTUS VICTORINUS. voy. AMITERNUM.

SANDA FL. [Pl.], dans la Tarracon., auj. *la Miera*.

SANDALIOTIS INS., voy. SARDINIA.

SANDAVA, Σάνδαυα [Pt.], ville de la Dacie, auj. *Piatra?* dans la haute Moldavie, sur la Bistritza.

SANDESIDERIUM, voy. FANUM S. DESIDERII.

SANDOMIRIA, SENDOMIRIA, *Sendomirz*, *Sandomir*, « urbs Minoris Poloniæ nobilis », sur la Vistule.

J. D. Hoffmann, dans sa brochure sur les débuts de l'imprimerie en Pologne, nous apprend seulement que la typographie qui florissait en cette ville, à l'époque où il écrivait (1740), paraît avoir été fondée pour le service de quelques-uns des collèges de la ville et probablement à l'usage de celui des Jésuites ; mais il ne possède aucun renseignement à ce sujet.

Le plus anc. ouvrage que nous connaissions, souscrit au nom de cette ville, remonte à 1690 : *Marii Kwiatkiewitz Historia miraculosa crucis quæ a Liesiez in Sandomiri provincia apud patres de S. Bened. ordine, custoditur*. Sandomir, 1690, in-4° (Cat. Dubois II, n° 6806). Nous citerons encore : *Gabr. Szczzynski Historia naturalis curiosa regni Poloniæ, magni ducatus Lithuaniæ*, etc. Sandomiriæ, 1721, in-4°.

SANDON, Σάνδων [St. B.], *Santhia*, pet. ville du Piémont, dans la prov. de Vercelli. Patrie de J. Durandi, poëte et géographe.

SANDOVICUS, *Sandwich*, pet. ville d'Angleterre (comté de Kent). — *Sandvig*, bourg de Danemark (île de Bornholm).

SANFLORUM, voy. FANUM S. FLORI.

SANGALLUM, voy. FANUM S. GALLI.

SANGERHUSA, *Sangerhausen*, ville de Prusse, chef-lieu de cercle dans la prov. de Saxe.

L'imprimerie exista dans cette localité au début du XVIIIᵉ siècle ; le plus anc. des livres souscrits à ce nom que nous connaissions porte la date de 1714 : *Oratio Christiani Volckelii de urbe Sangerhausen, habita 1678. Shloss-Capelle zur Heil. Dreyfaltigkeit*. Sangerhausen, 1714, in-4° [Struv. *Bibl. Saxon.* p. 793].

SAN GERMANUM, voy. FANUM S. GERMANI.

SANGONA, voy. SARAVUS FL.

Sangossa, *Sanguesa, Sanguessa,* ville d'Espagne (roy. de Navarre), sur l'Aragon.

Sanguineta, *Sanguinetto?* bourg lombard, de la délég. de Verona.

Est-ce à cette localité que se rapporte un renseignement donné par Haym (p. 375)? N'est-ce point plutôt le fait d'une typographie dissimulée, ou tout au moins imaginaire? Ceci est beaucoup plus probable : *Lamentevol Cicaleccio di Ruirico dal Pian di Giullari sopra le doglianza de Bobi di Bettuccio per essergli stato menato via il suo bell'Asino bigio, che con molta comodità ed asinesca cerimonia il portava a pancia rasa, dove più gli piaceva... etc.* In Sanguineta, per Policronio Arrivabene. 1584, in-12.

Sanguitersa, Sanguis Tersus, le *Saintais* (du verbe *terdre,* essuyer), district divisé auj. entre les dép. de la Somme et de l'Oise.

On connaît : *Li-Huns en Sang-Ters, ou discours .... du Monastère de Li-Huns, par Séb. Rouillard.* Paris, 1626, in-4o de 152 pp.

Sanitia; Σανίτιον [Ptol.], Sanitiensium Civ. [Not. Civ. Imp.], Senencæ, Senassio, Sanesio, ville de la Gaule narb., auj. *Senez,* ville de Fr. (Basses-Alpes) ; anc. év. supprimé à la Révolution.

Dans la plupart des villes de France où exista un évêché, les besoins du culte nécessitèrent l'établissement d'une imprimerie ; mais nous croyons que, généralement, on s'adressait au typogr. le plus voisin, ou le mieux pensant, lequel, par déférence, souscrivait au nom de la ville épiscopale les livres qu'il exécutait dans une localité parfois éloignée. C'est ainsi que nous trouvons des livres publiés sous le nom de Senez comme lieu d'impresion, qui très-probablement sont exécutés à Aix ou à Marseille : *Reglemens de la confrairie de S. François de Sales, érigée par l'évêque de Senez, dans la chapelle de la Visitation de Castellane, et en toutes les paroisses de son diocèse.* Senez, Cl. Marchy, 1680, in-12.

M. Cotton cite des *Instructions pastorales* de l'archevêque d'Embrun, impr. à Senez par le même typogr., en 1678 ; nous n'avons point su trouver ce livre dans le P. Lelong.

Il est bien entendu que cette ville ne figure ni aux arrêts du Conseil du XVIIIe siècle, ni au rapport de M. de Sartines.

Sanisera [Plin.], *Alajor,* bourg de l'île de Minorque.

San-Maclovium, voy. Aletæ.

Sannum [T. P.], *Salino,* bourg d'Italie (délég. d'Ancône).

San-Saphorinum, *S. Saphorin,* bourg de Suisse (canton de Vaud).

Santæ, voy. Mediolanium.

Santangeliacum, voy. Angeriacum.

Santangellium (?), *locus Campaniæ Diœc.,* probablement *Sant'Angelo de' Lombardi,* ville épiscop. du Napolitain, dans la Princip. Ultra.

Voyez, pour l'imprim. à Sant' Angelo, Antonio (Hisp. nova, I, p. 668 et suiv.) : *F. Joannes Caramuel Lobkowitz.* Calami *secundus tomus,* Rhythmica *appellatus.* Sanctangelii (qui locus est Campaniensis diœc.), e domo auctoris prodiit, 1665, in-

fol. Le bibl. espagnol cite encore : *Encyclopædia concionatoria, conceptus scilicet morales..* Pragæ, anno 1647, in-4o, et. Sanctangelii, anno 1664, in-fol. — *Maria, liber de laudibus Virginis Matris.* Pragæ, apud Scyparzium, anno 1647, in-4o, et Sanctangelii, typis episcopalibus, anno 1664, in-fol. etc. Peut-être cette dernière imprimerie épiscopale s'applique-t-elle à la ville de *Sant'Angelo in Vado,* ville de la délég. d'Urbino ; les deux *Sant'Angelo* sont villes épiscopales ; mais peut-être aussi toutes ces hypothèses sont-elles erronées ; et le « *Diœc. Campaniensis* » pourrait fort bien être *Kempten* ou *Kempen,* ce qui nous rejetterait en Allemagne.

Santena, *Xanten, Santen,* pet. ville de Prusse (prov. rhénane), de la rég. de Dusseldorf.

Santicum [It. A.], Σαντικόν [Pt.], ville de la Norique, auj. *Krainburg,* suiv. Müchar, ou *Wasserleonburg,* près de Sack, d'après Reichard.

Santinium, *St-Eny,* bourg de Normandie (Manche).

Santones [Pl.], Σάντονες [Ptol.], Xantones [Cæs.], Santoni [Mela], Σάντονοι [Str.], peuple de la Gaule Aquitaine, dont la cap. était Mediolanium.

Santonia, la *Saintonge,* anc. prov. et gouvern. de Fr.; partie du dép. de la Charente et de la Charente-Inférieure.

Santonum Portus, Σαντόνων λιμήν [Pt.], au N.-O. de Mediolanum, probablement *Marennes,* sur la Seudre ; d'autres veulent *Tonnay-Charente,* bourg de la Charente-Infér. sur la rive droite de la Charente ; Marennes est plus probable.

San-Valerium, *St-Vallier,* pet. ville du Dauphiné (Drôme).

Sapaïca, Σαπαϊκή, partie de la Chersonèse de Thrace, habitée par les Sapæi, Σαπαῖοι, occupait une partie du pach. de Saloniki, sur les bords du Kara-sou.

Sapaudia [Amm. M.], voy. Sabaudia.

Sapis fl., Savis, Σάπις, fl. d'Italie, le *Savio,* des Apennins à l'Adriatique.

Saponaria, *Saponara,* pet. ville du Napolitain (Princip. citra), sur les ruines de l'ant. Grumentum, patrie d'Ocellus Lucanus [Giustianini, *Regno di Napoli,* 173].

Saponariæ Palat., *Savonnières,* bourg de Fr. (Indre-et-Loire); concile en 859, mais ce concile s'est tenu, croyons-nous, dans la petite localité de *Savonières,* à une lieue de Toul (Meuse).

Saporosa amnis, la *Savoureuse,* riv. de Fr., affl. de l'Allaine (Haut-Rhin).

Sarabris, voy. Taurum.

Saræ Castrum, Pons Saravi [T. P.], Pons Sarvix [I. A.], Saravi Castra, Sareburgo

[Monn. Mérov.], anc. CARANUSCA (?), SAR-
BRUCHE au XIIIᵉ siècle (on disait encore
Sarebruche au XVIᵉ), *Saareburg, Saar-
burg, Sarrebourg*, pet. ville de France
(Meurthe), sur la Sarre, réunie à la
France par le traité de Vincennes, en
1661.

SARÆ PONS, SARAVI PONS, *Saarbrücken, Sar-
rebruck*, ville de Prusse, chef-lieu de
cercle, dans la prov. du Rhin, sur la
Saar.

SARAGEMUNDA, *Saargemünd, Sarreguemines*,
ville de Fr. (Moselle), au confl. de la
Sarre et de la Blise.

Nous trouvons : *Fête donnée à M. s**** E. s. d.
R. : S. d. s. : P. S. d. c. d. R. d. J. d.* P., etc., *le
16 janvier 1779, veille de la fête de S. Antoine, son
patron*. Sarguemines, *s. n. n. d.* Cette pièce de circonstance fig. au cat. de Soleinne ; mais M. Barbier
ne nous a pas donné la traduction des initiales.

SARAM (AD), voy. ARX LUDOVICI.

SARAVUS FL. [Auson., It. Ant.], SARA,
SARRA, SAROA (VIIᵉ siècle), SARUBA [G.
Rav.], la *Saar*, en Fr. *Sarre*, riv. qui
arrose la Lorraine et la Prusse Rhénane, affl. à la Moselle.

SARCELLÆ, CERSILLA (*fiscus regius*), *Sarcelles*,
comm. de Fr. (Seine-et-Oise).

SARCLIDÆ VILLA [Dipl. Dagob. 635], *Saclas*, sur la *Juisne* (JOINA FL.), près
d'Étampes (Seine-et-Oise).

SARCOPI [It. A.], S. *Vitto de Sarabus*,
bourg de l'île de Sardaigne, sur la
côte E.

SARDENICUS.

Lieu d'impression supposé, ou plutôt faute d'impression ; dans ce dernier cas SARDENICUS signifierait
« HARDERVICUS ».
Nous trouvons sous la rubrique « *Sardenici*, »
figurant au cat. Elzevir de 1681 (p. 272), une édit.
des *Epistolæ Justi Lipsii*, 1621, in-8º. Mais cette
même édition est décrite dans la bibl. Salthen., et
dans Bauer (II, p. 295) et souscrite au nom
de « *Hardervici* ».

SARDI, SARDONII, les *Sardes*.

SARDICA, Σαρδική [Ptol.], ULPIA SARDICA
[It. A., Amm., Priscus], SERTICA [G.
Rav.], depuis TRIADITZA, Τριάδιτζα, ca-
pitale de la Dacie inférieure, sur les
ruines de laquelle s'est élevée *Sophia,
Sofia*, ville de la Turquie, chef-lieu du
pachalick du même nom, dans la
Boulgarie ; archevêché grec.

SARDINIA [Liv., Tac., Pl.], Σάρδω [Herod.,
Diod., Str., Ptol.), Σάρδων [St. B.],
ICHNUSA INS., SANDALIOTIS [Plin.], grande
île méditerranéenne, la *Sardaigne, Sar-
degna*, au S. de la Corse.

SARDONES [Plin.], peuple de la Gaule Narbon., occupant la prov. appelée depuis *Roussillon*.

SARDOPATRIS FANUM, *San Honorato*, bourg
de l'île de Sardaigne.

SAREPTA, ville de la Russie europ., gouv.
de Saratov, au confl. de la Sarpa et du
Volga.

Cette ville est le chef-lieu des colonies alle-
mandes des frères Moraves, établies dans ce gouvernement, au nombre de 102 ; la colonie de Sarepta
fut établie en 1765, et la Société biblique de Londres (*British and Foreign Bible-Society*), lui expédia en 1808 un matériel typogr. complet.

SARGEIUM (CERVIACUS, CERVIÆ, CERGIACUS,
CERGEIUM), *Sargé*, bourg de Fr. (Sarthe),
près du Mans.

SARGIA INS., *Sark, Cers*, groupe d'îles
entre Jersey et Guernesey (à l'Angleterre).

SARISBERIA, SARUS, en franc. du XIIᵉ siècle,
Salebière, au XIVᵉ *Salesburg* et *Salebruce, Salisbury*, en saxon, *Searbyrig*,
ville épisc. d'Angleterre, sur l'Avon,
chef-lieu de Wiltshire ; concile en 1217,
magnifique cathédrale.

Tous les bibliophiles connaissent les beaux livres
liturgiques, *Ad usum Sarum*, exécutés pour la
plupart à Rouen, à Paris et à Londres ; nous citerons tout particulièrement le MISSALE et le BRE-
VIARIUM dont l'*Ecclesiologist*, journal anglais (fe-
bruary 1850), cite plus de 80 éditions de 1483 à
1557. Quant aux *Horæ*, Lowndes en donne une
liste d'environ 88 ; à partir de la célèbre édition
donnée par Caxton, in-12, dont on ne conserve qu'un
fragment de 8 pages, jusqu'à celle de J. Waylande
en 1558 ; et M. Brunet, de son côté, en signale quelques-unes qui ont échappé aux recherches du bibliogr. anglais.
L'imprimerie ne remonte en cette ville qu'au
commencement du XVIIIᵉ siècle ; un journal, *the
Salisbury Postman*, imprimé par Samuel Farley,
est publié à partir du 27 sept. 1715. Charles Honton
y imprime en 1730 et Benjamin Collin en 1741.
Mais Lowndes cite un ouvrage qui remonte à une
date plus respectable ; malheureusement M. Cotton
ne paraît point accorder une confiance absolue à
l'authenticité de cette date : *Ez. Culverwell. Time
well spent in sacred Meditations, divine Observations and heavenly Exhortations*. Sarum, 1635.
in-18, titre gravé par T. Clarke.
D'autre part, le bibl. oxonien signale également
un livre à la date de 1705 : *Du Moulin on Peace
and Contentment*, avec notes par le Dʳ Scrope,
3 vol. in-8º. Lowndes ne mentionne pas cette production des presses de Salisbury.

SARLATUM, *Sorlat, Sarlat*, ville de Fr. (Dordogne) ; patrie d'Etienne de la Boëtie.

L'imprimerie nous paraît devoir être repórtée
dans cette ville à la fin du XVIIᵉ siècle, avec un
nommé Coulombet, comme premier typographe ; à
la date de 1694, la bibliothèque de l'Arsenal possède :
*Grizoulet, lou joloux otrapat, et los Omours de
Floridor et Olimpo, de Rosilas et d'Omelito, et de
Grizoulet et lo Morgui, Coumédio, V actes en vers,
del R. Rousset*. Sorlat, Coulombet, 1694, in-8. Cette
pièce rare fut réimpr. à Sarlat, chez Bapt. Robin,
en 1751, in-8º de 87 pp.
Citons encore : *lo Disputo de Bacus et de Priapus,*

compousado per Rousset. Sorlat, Coulombet, 1694, in-8°.

L'arrêt du Conseil du 21 juillet 1704 ne mentionne pas Sarlat; et celui de 1739 ne la signale que pour ordonner la suppression de son imprimerie. Cet arrêt fut mis à exécution plus tard, ainsi que le constate le rapport fait à M. de Sartines, en 1764; voici la note : SARLAT. Il n'y a pas d'imprimeur, mais il y en a eu autrefois. Après la mort du dernier, nommé Ferrand, arrivée en 1742,| il vint s'établir un typogr. du nom de Robin, qui acheta son matériel; mais, quelques années après, sur la dénonciation d'un imprimeur de Tulle, il y eut saisie faite au préjudice du sieur Robin, et défense lui fut faite d'imprimer. Son fils, François Robin, serait en âge d'imprimer, et il serait à souhaiter que le privilége de son père lui fût rendu.

SARMASIACUS, *Sarmazes* (?), commune du bas Languedoc, près d'Alby (Tarn).

SARMATÆ, SAUROMATÆ, Σαυρομάται, Σαρμάται, peuple habitant entre les embouchures du Don et celles du Volga; les Sarmates furent confinés depuis sur les bords du bas Danube, où ils se confondirent avec les Goths.

SARMATIA EUROPÆA; c'est cette vaste contrée qui s'étend du Don à l'E., à la Vistule à l'O.

SARMATIA, *Sarmaice, Sermaize, Sermoise;* plusieurs communes de Fr. portent ce nom; nous citerons *Sermaize,* bourg du dép. de la Marne, que M. Quicherat pense avoir été une station de Lètes ou de colons sarmates, transplantés là par les Romains.

SARMESIÆ *in Belsia* [Ch. Phil. Audacis, 1281], *Sermaise,* bourg de la Beauce, près Rambouillet (Seine-et-Oise).

SARMIZEGETHUSA, voy. AUG. DACICA.

SARNACHE DOS ALHOS, village de Portugal, à deux lieues de Coïmbre.

M. Ternaux affirme, nous ignorons sur quelle autorité, que pendant la peste qui désola Coimbre, en 1597, Antonio Mariz, imprimeur de l'université, se transporta avec son matériel de sa typogr. à Sarnache, et y termina l'impression de l'ouvrage de son fils Pedro Mariz, intit. : *Dialogo de varia Historia, em que summariamente se referem multas cousas antigas de Espanha,* in-4°. Antonio et la Bibl. Lusitana signalent ce volume, mais le pointfa la souscription : CONIMBRICÆ, 1594-1597, réimpr. à Lisboa, en 1674.

SARNIA INS. [It. Ant.], *Guernsey, Guernesay,* l'une des îles anglo-normandes de la Manche, au N.-O. de Jersey; cap. *Peter's Port,* ou *S.-Peter-du-Bois.*

Une imprimerie fut établie dans cette île, dit M. Cotton, sans nul doute, à Port-St-Pierre, un peu avant 1791.

SARNUM, *Sarno,* ville épisc. du Napolitain (Princ. citra).

M. Ternaux cite comme imprimé à Sarno : *Multa vocabula barbara a latinæ linguæ vero ac germanæ usu remota, per Bened. de Falco.* Sarni, per Fr. Fabrum, 1548, in-4°. Haym, qui cite plu-

sieurs ouvrages de ce savant napolitain, ne mentionne pas celui-ci.

SARNUS FL., Σάρνος [Str., Pt.], fl. de la Campanie, auj. le *Sarno,* arrose la ville du même nom, et se jette dans le golfe de Pozzuoli.

SARONICUS SINUS, Σαρωνικὸς κόλπος, le *golfe d'Ægine.*

SAROSIENSIS COMIT., le *Comitat de Saros* ou *Sarosch,* en Hongrie (cercle en-deçà de la Theiss).

SAROS-PATAKINUM, *Saros Patakon,* gros bourg du comitat de Zemplin (cercle en-deçà de la Theiss).

Susanna Lórándfi, veuve du prince George Rákóczi de Felsö-Vadász, organisa une imprimerie spécialement à l'usage du collége de Saros-Patakon, en 1650; de 1650 à 1658, l'imprimeur se nomma György Renius; son successeur Johann (János) Rosnyái. Németh (typ. Hungar., p. 128) consacre à cette typographie un long et substantiel article, et cite comme premier livre imprimé; *Joan. Amos Comenii eruditionis scholasticæ Pars II. Janua rerum et linguarum structuram externam exhibens, in usum scholæ Patakinæ edita, typisque Celsiss. Principis exscripta.* 1652, in-8°.

SARRÆPONTUM, voy. SARÆ PONS.

SARRUM [T. P.], localité des Santones, dans la Gaule ¡Aquit., auj. *Charmans,* commune de l'Angoumois (Charente).

SARSINA, voy. BOBIUM UMBRIÆ.

SARTA, Σάρτη, ville de la côte S. de la Macédoine, auj. *Kartali* [Leake].

SARTHA FL., la *Sarthe,* riv. de Fr., affl. de la Mayenne, donne son nom à un dép.

SARUNEGAUNUM, *Sargans,* bourg de Suisse (cant. de St-Gall).

SARUNETES [Pl.], peuple de la Rhætie, occupait les environs de *Sargans.*

SARVARINUM (anc. *Neanesos*), *Ujszigette Sárvár,* ville de Hongrie, dans le comitat d'Eisenbourg (cercle au-delà du Danube).

Németh consacre un long article à l'histoire typographique de cette petite ville; nous en extrayons ce qui suit : La typographie d'Andréas Hess, qui florissait à Bade, sous le grand roi Mathias Corvin, vers l'an 1473 environ, ayant cessé d'exister, la Hongrie ne possédait plus d'imprimerie, quand, vers 1536, le comte Thomas a Nadasd, en fonda une dans la ville de Sárvár; on ne connaît que deux produits de ces presses : une *grammaire Hungaro-Latina,* à la date de 1539, et un *Nouveau Testament* en hongrois; voici le titre détaillé du premier de ces deux ouvrages : *Gramatica Húgaro Latina in usum puerorû recès scripta Joanne Sylvestro Pannonio autore. De noua apud firos beneficio Principis firi imprimendi arte ad Juvenes Hexastichon :*

> *Quisquis in hoc ludo studiis incûbis honestis,*
> *Hæc noua quæ cernis jam cape dona libês;*
> *Progressum spondet studiorû namque tuorû,*
> *Diues quæ nunquam Pannonis ora tulit.*
> *Atque tuo meritas noctesque diesque referre*
> *Ne cesses grates, qui exhibet ista, Duci.*

Neanesi, an. 1539, die 14 Junii, pet. in-8° de 48 ff. sans chiffres (cité par Bauer, IV, p. 139).

Le premier imprimeur de Sárvár est ce Joannes Sylvester, de Megygyesally, l'auteur de cette grammaire ; vient ensuite vient Benedictus Abádi. En 1602, on voit apparaître un de ces typographes ambulants, dont nous avons souvent eu l'occasion de parler, Joannes Manlius ; on ne connaît qu'un seul vol. souscrit par ce typogr. au nom de Sárvár.

SASINA PORTUS [Plin.], pet. ville de l'Iapygie, auj. *Porto Cesareo*, dans la Calabre Ultér. II, sur le golfo di Tarento.

SASO INS. [Mela], Σάσων [Str., Pol.], île de l'Adriatique, auj. *Saseno*.

SASSARIS, voy. TURRIS LIBYSONIS.

SASSEGÑIACAS (SAXONIACAS), *Sassegnies*, village de Fr., de l'arr. d'Avesnes (Nord).

· SASTIVALE, STIVALE, ÆSTIVALE [Dipl.], *Etival-lez-Mans*, à 9 kil. du Mans, anc. abb. de filles de l'ordre de St-Benoît, fondée en 1109 (Sarthe). — Il y a encore *Etival-en-Charnie* (commune de Chemiré), dans le même dép., avec un monastère fondé au XIIIe siècle.

SATANACUM VILLA, STANACUM PALAT. *trans Mosam* [Mabillon], STENACUM, SATENAI (Chr. Carlov.), *Stenay*, ville de l'anc. duché de Bar, dans le dioc. de Trèves, sur la rive droite de la Meuse, auj. ville de France (Meuse).

Nous ignorons à quelle époque on peut faire remonter l'imprimerie dans cette ville, qui n'est mentionnée ni dans les arrêts du Conseil de 1704 et de 1739, ni au rapport fait à M. de Sartines, en 1764, mais à coup sûr elle a existé au XVIIIe siècle ; nous citerons : *Amusemens rapsodi-poëtiques, contenans le Galetas, mon feu, les Porcherons et autres pièces.* Stenay, Meurant, 1773, in-12.

SATERNUS FL., VADRENUS, le *Santerno*, affl. du Pô.

SATICULA [Liv., Vell.], SATICOLA, Σατικόλα [St. B.], SATICULUS [Virg.], ville de la Campanie, auj. *Sant'Agata de' Goti*, dans la délég. de Forli.

SATRICUM [Cic., Liv., Plin.], ville du Latium, auj. *Casale di Conca*, dans la délég. de Velletri.

SATURÆ PALUS [Virg.], STURA, auj. *Lago di Paloa*, lac qui touche aux marais Pontins.

SATURNI PROM., près de Carthagène, auj. *Cabo de Palos*.

SATURNIA, voy. ITALIA.

SAUCONNA FL., voy. ARAR.

SAURGIUM, *Saorgio*, bourg de l'anc. comté de Nice (auj. Alpes-Maritimes).

SAURICIACUS, SAURICIAGORE [Chron.], depuis MONS S. MARIÆ *in Pago Tardanensi, Mont-*

Notre-Dame, commune du dép. de l'Aisne ; concile en 589 ; anc. titre de vicomté, appartenant à la famille d'Aumale ; suiv. M. Cartier, SAVRICIACUS, SAVRICIACO [Monn. Mérov.], serait *Saucourt*, commune de Picardie (Somme).

SAVARIA, voy. SABARIA.

SAVEIÆ PALAT., *Belleville*, dépend auj. de Paris [A. Lebeuf].

SAVERDUNUM, *Saverdun*, pet. ville de l'anc. comté de Foix (Ariége); patrie du pape Benoît XII.

SAVILIANUM, *Savigliano*, ville du Piémont, dans la prov. de Saluzzo.

L'imprimerie de Savigliano, au XVe siècle, a donné lieu à une savante dissertation du baron Vernazza insérée dans [ses « *Osservazioni tipogr. sopra i libri impr. in Piemonte nel sec. XV.* » Voici le récit du bibliogr. piémontais :

Un jeune Allemand nommé Hans Glim (ou *Glein*), apprenti de Swheynheym et Pannartz à Rome, aurait obtenu de ses patrons, non point un matériel complet, mais les poinçons et les matrices nécessaires à la fonte des caractères, se serait dirigé vers le Piémont, emportant avec lui un des trois cents exempl. du SPECULUM VITE HUMANE, imprimé à Rome, en 1468, qui devait lui servir de modèle ; il se serait arrêté à Savigliano et y aurait publié seul le BOECII DE CONSOLATIONE *lib. primus* (Hain, n° 3356). Un bourgeois du pays, nommé *Beggiano*, « uomo nobile e di agiatissima famiglia », touché des efforts du jeune typogr. allemand, et désireux lui-même de s'appliquer à l'exercice du grand art, aurait offert à Hans Glim sa maison et sa fortune, et se serait associé à lui pour la publication du second volume de Savigliano, le MANIPULUS CURATORUM (Hain, n° 8170), dont la souscription doit être citée :

Hoc Beyamus opus pressit Christophorus altum
Immensis titulis estat origo sua.
Cui Glim conscius clara fuit arte Iohannes.
Germanam gentem non negat esse suam.

Le troisième vol. exécuté à Savigliano, SPECULUM VITE HUMANE (Hain, n° 13937), ne portant que le nom de Beggiano, il est permis de croire que cet honorable bourgeois, ayant achevé son noviciat, aurait imprimé seul ce traité de l'év. de Zamora, et que le typogr. allemand aurait été chercher fortune ailleurs.

Depuis, le professeur C. Gazzera a découvert deux nouvelles éditions imprimées avec les mêmes caractères, et dont l'une porte le nom de Glim : EPISTOLE OVIDII, sans aucune marque typogr., sans nom de lieu, d'année, ni d'imprimeur (inconnu à Panzer, Hain, etc.), et LIBER PROSPERI, sans lieu ni date, mais avec la souscription : HANS GLEIN (sic).

D'où vient cet Allemand Joh. Glim? nous avons dit avec le baron Vernazza, de Rome, mais sans pouvoir l'affirmer : où va-t-il en quittant Savigliano ? nul ne pourrait le dire : on trouve en 1501, à Lyon, un imp. du nom de *Joannes Cleyn, Alemannus* : est-ce lui? D'autre part, en 1504, à Cracovie, nous rencontrons *Joannes Clymes* : on se perd dans ces recherches.

Tous les livres de Savigliano ont dû être exécutés vers 1470, et en voici la preuve, ou tout au moins une conclusion que l'on peut tirer, hypothétiquement peut-être, de la souscription du SPECULUM VITE HUMANE.

Cette souscription commence ainsi :

Edidit hoc lingue clarissima norma latine
Eccelsi ingenii vir Rodoricus opus.
Qui Rome angelica est custos bene fidus in arce

Sub Pauli Veneti nomine Pontificis.
Claret in Italici Zamorensis episcopus Ausis
Eloquii.....

L'emploi du verbe au présent indique l'existence des personnes que l'on met en scène ; or l'év. de Zamora mourut à Rome au mois d'octobre 1470, et Paul II au mois de juillet 1471; si l'impression du Beggiano avait été postérieure à la mort de ces deux personnages, il aurait dit tout aussi bien « *qui fuit* angelica custos bene fidus in arce ».

Un bon imprimeur de Venise, au xvᵉ siècle, était de cette ville ; il se nommait Lazaro de Isoardis de Savigliano.

L'assertion de M. Cotton, relativement à la disparition de la typographie de Savigliano après Hans Glim et le Beggiano, n'est point précisément exacte, car nous trouvons plusieurs volumes souscrits à ce nom au xviiᵉ siècle. Ainsi le cat. Bulteau (nᵒ 2687) cite trois ouvrages de chimie du Dʳ Jac. Caranta, in-4ᵒ, imprimés tous trois à Savigliano, à la date de 1623, par un typogr. du nom de Strabella.

SAVINIACUM, SABINIACUM, *Sefiniaco* [Monn. Mérov.], *Savignac-les-Églises*, bourg de Fr. (Dordogne); de ces radicaux viennent également *Savigny, Sévigny, Sévigné.*

SAVUS FL. [Plin., T. P.], Σάος [Str.], Σάονος [Ptol.], riv. de Pannonie, des Alpes Carniques au Danube, la *Save* (*Sau*).

SAXA RUBRA [Cic., Liv., Tac.], RUBRÆ, AD RUBRAS, ville des Sabins, sur le Tibre, au S. de Fidenæ, auj. *Grotta Rossa.*

SAXCOPIA, SAXICOPIA, *Saxköping, Sascöping*, ville de l'île de Laaland (Danemark).

SAXFELN, village de Suisse (canton d'Unterwald).

Lieu de naissance de S. Nicolas de Flühe, dont un descendant, Melchior de Flühe, imprimait, vers 1730, des cantiques et légendes qu'il vendait aux pèlerins [Ternaux].

SAXILIS, *Seyssel*, bourg de Fr. (Ain).

SAXINA, voy. BOBIUM UMBRLÆ.

SAXO-FERRATUM, *Sassoferrato*, voy. JUFICUM ; Sassoferrato est la patrie de Barthole.

SAXONES [Eutrop., Amm. M.], Σάξονες [Ptol.], peuple de la Chersonèse Cimbrique, qui habitait le *Holstein* d'auj.; ils n'apparaissent qu'au ivᵉ siècle; au vᵉ s'emparent de l'Angleterre, etc.

SAXONIA, *Sassoingne* [Anc. Chron.], la *Saxe*, province prussienne ; tous les territoires de la maison royale saxonne, appart. aux branches Ernestine et Albertine, étant fatalement destinés à l'annexion prussienne, sont dès à présent compris par nous sous la dénom. générale de *Provinces de Prusse.*

SAXONUM INS., Σαξόνων νῆσοι, auj., suiv. Reichard, les îles danoises de *Föhr, Syll* et *Romöe.*

SAXOPOLIS, *Broos*, bourg de Transylvanie (Pays des Saxons).

SCAIDAVA [I. A.], SCEDABA, Σκέδαβα [Procop.], ville de la Mœsie Inf., auj. *Rutschuck*, ville de la Boulgarie ottomane, sur la rive droite du Danube; archev. grec (pach. de Nikopoli).

SCALABIS [It. A.], PRÆSIDIUM JULIUM COL. [Pl.], SANTARA (on trouve *Santarense plumbum* [Plin.]), ville de la Lusitanie, auj. *Santarem*, ville du Portugal sur le Tage (Estremadura).

SCALÆ DEI CARTHUSIA, *Chartreuse de l'Escale-Dieu*, en Espagne, dans le dioc. de Tarragona (Cataluña); un monast. de Cisterciens du même nom, fut fondé en 1136, dans le dioc. de Tarbes (Hautes-Pyrénées).

L'imprimerie fut exercée par les Chartreux de Catalogne à la fin du xvɪᵉ siècle ; Antonio cite de D. Andrès de Capilla : *In Hieremiam Prophetam Commentaria, quibus latina vulgata editio exponitur, et cum hebraïca origine, septuaginta Seniorum interpretatione* (la version des Septante), *paraphrasique chaldaïca confertur.* Edita sunt in Carthusiana Scalæ Dei domo typis Huberti Gotardi, 1586, in-4ᵒ de 800 pp.

SCALÆ LUCIS MONAST., *Scala de Luz*, abb. de Capucins (roy. de Grenade).

Bernardus de Bononia (*Biblioth. Capucin.*) cite : *Buenaventura de Antequera. Sermo de nuestro padre S. Francisco.* Scala de Luz, 1670, in-4ᵒ.

SCALARUM BURGUS, les *Echelles*, bourg de Fr., sur le Guiers (Savoie).

SCALDIA, *Schouwen*, île du roy. de Hollande, qui comprend le distr. de Zierickzee (Zeeland).

SCALDIS [Cæs., Pl.], SCALTA [Pertz], SCALDA, anc. TABULA, Ταβοῦλα [Pt.], RIV. d'Escaux [Gr. Chron.], grand fl. de la Gaule Belgique II, auj. l'*Escaut, Schelde*, du dép. de l'Aisne à la mer du Nord.

SCAMNIS, *Chammes*, commune de France (Meurthe).

SCAMNUM, dans l'Apulie (Japygie), sur le versant de l'Apennin, auj. le bourg de *Latiano.*

SCAMPA, dans l'Illyrie, sur la Via Egnatia, auj. *Skumbi* ou *Iscampi* (Albanie).

SCANDIA, SCANDINAVIA, BASILIA [Pl.], BALTIA (d'où *Belt, Baltique*), SCHONIA, SCANIA, SCANZIA [Jornand.], Σκάνδεια [Pt.], la *Scandinavie* (Skåne), vaste contrée de l'Europe septentr. qui comprend les royaumes du Nord, *Suède, Norwége, Finmark*, etc.

SCANDIANUM, *Scandiano*, bourg d'Italie (Modénat).

Cette petite ville dépendait de la famille d'Este, mais formait une propriété particulière de l'illustre comte Mathias Maria Bojardo, l'auteur immortel de l'*Orlando innamorato*. C'est à ce poëte qu'on doit ěv demment l'introduction de la typographie au bourg de Scandiano; ce fut lui qui attira un imprimeur du nom de Peregrino Pasquali, qui lui fournit les moyens d'organiser son matériel, lequel, pensonsnous, lui fut fourni par Francesco Mozali (de Mozalibus), le second imprimeur de Reggio (*negli stati Estensi*); il ne lui fut malheureusement pas donné de voir les produits de cette typographie, car il mourut en 1494, et ce fut seulement l'année suivante que P. Pasquali publia APPIANI ALEXANDRINI SOPHISTE HISTORIA (Hain, n° 1309); on lit à la fin : *Diligentis ac ingeniosi calcographi Peregrini Pasquali exactissima tum opera tum cura hæc Candidi ex Appiano historico et sophista traductio Scandiani Camillo Bojardo Comite impressa est anno a Nativitate Christi* M.CCCCLXXV (sic). IIII *Idium Ianuarii*, in-fol. Cette traduction avait déjà été imprimée l'année précédente à Reggio, par Franç. de Mozalibus; celle de Scandiano est exécutée avec le même caractère; la date est évidemment de 1495, Camille Bojardo ayant succédé à son père en 1494, et luimême étant mort en 1499, à l'âge de 18 ans.

Peregrino Pasquali s'associe, en 1500, à un citoyen de Scandiano, nommé Gasparo Crivelli « lequel il avait dressé au métier ». C'est avec lui qu'il exécute le « TIMONE *Comedia del Magnifico conte Matheo Maria Boyardo*, in-4° (voy. Amati, p. 646).

Quant à la célèbre édition de l'*Orlando Innamorato* (la seconde) donnée à Scandiano par les soins du jeune comte Camille, le fils de l'immortel auteur, elle est beaucoup trop connue pour que nous puissions nous y arrêter (voy. Mercier de St-Léger, Panzer, Hain, Brunet, Apostolo Zeno, l'Argelati, etc.).

SCAPHUSUM, voy. PROBATOPOLIS.

SCARA, *Skara*, ville de la Suède mérid. (prov. de Skaraborg), évêché, bibliothèque.

Imprimerie en 1707, dit Alnander : entre tous les bienfaits dont l'évêque Jesper Svedberg a comblé la ville de Skara, il n'en est pas de plus important que la typographie, dont il dirigea l'établissement en cette ville. Le premier imprimeur fut Andreas Kiellbergius, qui avait antérieurement exercé à Upsal; il mourut en 1716, et eut pour successeur Herman A. Myller, qui obtint un privilége du Roi, quand, après l'incendie de Skara, en 1720, il releva de ses propres deniers son imprimerie détruite et lui donna un nouvel éclat.

Alnander ne cite pas de livre imprimé à Skara; en voici deux que nous donne le catal. Dubois : *Sermons et Instructions données aux vieilles et jeunes gens*, par *Jesper Swedberg*. Skara, 1709, in-12. — *Catéchisme en suédois, par le même*. — Même date et même format.

SCARABANTIA [Plin., I. A., T. P.], Σκαρβαντία [Ptol.], FLAVIA AUGUSTA MUNICIP., SOPRONIUM (Hongr.), ville de la Pannonie, auj. Œdenburg ou *Soprony*, ville de Hongrie, chef-lieu du comitat de même nom (cercle au-delà du Danube).

Imprimerie en 1673; mais Németh n'a pu découvrir le nom du premier imprimeur; de 1692 à 1731, le typographe d'Œdenburg s'appela Tardius Sébast. Ferdin. Dobner, sénateur de la ville, appartenant à la confession d'Augsbourg; son oraison funèbre prononcée et imprimée en 1731 donne la date certaine de la mort de cet homme éminent.

En 1673, nous trouvons : *Bet- und Bussandacht, so wegen des an. 1673, den 28 Junii zu Œdenburg enstandenen Erdbebens begangen ist worden*. Œdenburg, in-8° de 8 ff.

Après Séb. Ferd. Dobner, on peut encore citer à

Œdenburg Jos. Ant. Streibig, qui imprime dans cette ville en 1726 le « *Status Regni Hungariæ Schematisma* », et peu après se retire à Györben (voy. JAURINUM); Nic. J. Schmid (1735-1736); Phil. J. Rennauer (1739-1745); J. Jos. Siess (1754-1787); sa veuve, etc.

SCARBIA [T. P.], dans la Norique, auj. *Scharnitz*, défilé du Tyrol (cercle du Bas-Innthal).

SCARBOROUGH (*Cæsaris Burgus* (?)), ville et port d'Angleterre, dans le North Riding du Yorkshire.

M. Cotton fait remonter à 1734 l'imprimerie dans cette ville, à l'aide d'un livre dont Lowndes nous donne le titre : *Gent Thomas. Pattern of Piety, or Tryals of Patience, being the most faithful spiritual songs of the Life and Death of the once afflicted Job*. Scarborough, 1734, in-12 (Cat. Thorpe, 1842, n° 2895).

SCARDONA [Plin.], Σκαρδώνα [Ptol.], Σκάρδων [Str.], SARDONA [T. P.], colonie rom., en Liburnie, sur la rive droite du Titius, auj. *Skardena, Skardin*; pet. ville ruinée de Dalmatie, sur le Kerka (cercle de Zara).

SCARDUS MONS, Σκάρδον ὄρος [Ptol.], montagne d'Épire (frontière de l'Illyrie), auj. l'*Argentaro* (en turc *Tscherdagh*).

SCARNIUNGA FL. [Jorn.], riv. de Pannonie, auj. *la Leitha*.

SCARFONA [Amm. M.], SCARPONNA [It. A., T. P.], *Scarbona* [G. Rav.], localité de la Gaule Belgique, au N. de Toul, sur la Moselle, auj. *Charpeigne, Charpagne*, dépendant de la commune de Dieulouard (Meurthe), entre Metz et Toul [d'Anville]; ce hameau eut l'honneur de soutenir un siége contre Attila [P. Diac.].

SCARPUS FL., la *Scarpe*, riv. de l'Artois et des Pays-Bas, affl. de l'Escaut.

SCELLIÈRES, SELLIÈRES (*abb. de*), de l'Ordre de Cîteaux, près Nogent-sur-Seine (Aube).

Lieu d'impression supposé : Barbier et Quérard citent : *Eloge de Marie-Franç. de Voltaire, suivi de notes instructives et édifiantes, par* MM. *Ecrlinf* (Ruault, anc. libraire). A l'abb. de Scellières, 1788, in-8° de 80 pages.

SCEPUSIENSIS ARX, *Zipser-Haus*, l'un des 16 bourgs du comitat de Zips en Hongrie, appelés depuis *Oppida Scepusiensia*.

SCHADWIENNA, *Schottwien*, bourg d'Autriche.

SCHAFFHUSIUM, SCAPHUSA, voy. PROBATOPOLIS.

SCHAFNABURGUM, voy. ASCIBURGUM.

La *Cyclop.* de Darling nous donne le titre d'un livre dont la date nous rapproche de celle adoptée par Falkenstein, pour l'introduction de l'impr. à Aschaffenburg : *Promptuarium Catholicum ad instructionem concionatorum contra hæreticos nostri temporis* (auct. Thom. Stapleton). Aschaffenburgi, 1622, in-8°.

SCHASBURGUM, SCIBURGUM, *Segesvar, Schäsburg,* ville libre royale de Transylvanie, chef-lieu du siége (Szek) du pays des Saxons, sur le Kokel.

SCHAUFELBERG, anc. château (ruiné auj.) de la paroisse de Kapron, dans le duché de Salzbourg (Autriche).

Nous laissons à Ternaux la responsabilité de l'allégation suiv.: *Gwerb. Bericht vom Vieh-Seegnen.* Schaufelberg, 1646, in-8°.

SCHEDVIA, *Sküfde,* ville de la Suède mérid. (préf. de Skaraborg).

SCHEMNICIUM, SELMICZLAUIA, *Scheimnitz, Schemnitz,* (en hongr. *Simetz-Banya,* et *Stjawnitza*), ville de Hongrie (com. de Honth, cercle en-deçà du Danube); célèbre école de minéralogie.

Bien que Németh (*Typ. Hung.*) ne fasse remonter l'impr. dans cette ville qu'à la fin du siècle dernier, nous devons mentionner un livre dont le titre nous est donné par les cat. des Foires de Francfort, et dont l'impression, qui peut être le fait d'une typogr. ambulante, comme nous en avons souvent rencontré à cette époque, a dû échapper à Németh, malgré son incontestable exactitude : *Danielis Solomonis Tractatus, vom wort « PERSON ».* In Scheimnitz der H. Dreyfaltigkeit. 1591, in-8°. De 1789 à 1804, dit Németh, un typogr. du nom de J.-Franç. Sulzer, fut établi dans cette ville : *Philosophia rationalis, seu Logica usibus juventutis ..... præmissa est J. Severini auct. vita.* Schemnitzii, apud Joan. Fr. Sulzerum, 1789, in-8° de 101 pp.

SCHENCKENDORFIUM, *Schenckendorff,* bourg et anc. château de Saxe (Misnie).

Struvius nous donne : *M. Michael Schirmerus, Rector Freybergensis, Programma de nobilitate gentis Reichbrod.* Schenckendorff, 1665, in-4°,

SCHENCKII MUNIMENTUM, *ubi Rhenus in duo veluti cornua scinditur,* lieu fortifié de l'île des Batavi, auj. *Schencken-Schaus,* bourg de Hollande (Geldern).

SCHERA, Σχήρα [Pt.], ville de l'intérieur de la Sicile, auj., suiv. Reichard, *Calagero.*

SCHERIA INS., voy. CORCYRA.

SCHEVIA, SCHIVA, *Schive,* pet. ville danoise de la préf. de Wiborg.

SCHIDINGA, BURGSCHEIDINGA, *Bürgscheidungen,* ville de Thuringe (Saxe), suiv. Graësse.

SCHIEDAMUM, SCIEDAMMÆ, *Sciedam, Schiedam (Vlaardingen),* ville de la Hollande, près de Rotterdam, au confl. de la Schie et de la Meuse (Holl. mérid.).

C'est à la fin du XVᵉ siècle seulement que nous croyons pouvoir reporter l'introduction de la typogr. à Schiedam, et non point à l'année 1483, ainsi que l'ont dit quelques bibliographes. Le nom du prototypogr. n'est point connu ; mais on sait que c'est au couvent des Frères Mineurs de l'observ. de St-François que l'on est redevable de l'installation

du premier atelier typogr. M. Holtrop signale deux volumes imprimés dans ce couvent, ou tout au moins avec le même caractère, car ils ne portent aucune espèce de désignation : nous donnerons la description du premier : *Johannis Brugman* (Joh. Gerlach ?) *Vita Lydwinæ Sciedammitæ.* Sciedammis, 1498, in-4°, 124 ff. goth., à 28 lignes à la page, fig. xylogr., sans ch., récl. ni sign. Au f. 123 v° : *Hoc opus dei faulte gᵃ expletuz sciedamis Anno* ‖ Mᵒ CCCCᵒ xcviijᵒ. *Ad indiuidue trinitatis honoré* ‖ *nec nō alme Vginis Lijdwīe sciedāmite p̄cipue impssū* ‖ etc. Au f. 124 r°, une ligne entre deux fig. sur bois : « *Ex Schiedā.* Ad Sanctā Annam. » Au v° : *Vita alme virginis Lidwine de Schiedam,* ‖ Suivent deux pl. sur bois, dont la dernière porte, avec les armes de la ville, cette inscription : « SCHIEDAM. ‖ In Hollandia. »

Le nᵒ 549 du *Cat. libr. sæc. XV impr.* de M. Holtrop est int. : *Die jeeste van Julius Cæsar,* in-4° de 58 ff. à 27 lignes. goth. fig. s. b.

Le nᵒ 550 : *Komst van Keyser Frederyck te Trier,* en vers, in-4° de 9 ff. à 27 lig. goth. fig. s. b. Ces deux volumes avaient été attribués, à cause de la conformité des caractères, par M. Holtrop, à l'impr. anon. de Schiedam ; il a, dans ses MONUMENTS TYPOGR., établi qu'ils proviennent des presses de Gotfried de Os à Gouda. Ce Godfried de Os ne serait-il point en même temps l'imprimeur de Schiedam ?

Nous avons dit que certains bibliogr. avaient donné 1483 comme date de l'introduction de l'impr. à Schiedam ; c'est en prenant un peu à la légère la date de la rédaction d'un livre pour celle de son impression : nous voulons parler de la célèbre édition du « *Chevalier délibéré* », d'Olivier de la Marche, parfaitement décrite au *Manuel* (III, 780), au cat. Soubise (nᵒ 4949), et surtout aux *Monuments typogr.* de M. Holtrop. M. Brunet donne à ce rarissime in-f° 34 ff., ce qui est exact ; comment Hain, si précis d'ordinaire, en a-t-il compté 46 ? L'exempl. Gaignat (nᵒ 1789), auj. à l'Arsenal, est donné comme in-4° ; il faut remarquer l'attribution que fait le rédacteur de ce catalogue (Mons. Guillaume, comme l'appelle l'abbé Rive), du *Chevalier délibéré,* à George Chastelain, et, dans sa *Bibliogr. instructive,* il n'a garde de revenir sur cette erreur.

SCHIFBECK (?), ou plutôt *Schiffbeck,* village du duché de Holstein, au S.-E. et près de Hambourg.

M. Ternaux cite comme imprimée dans cette localité, à peu près inconnue, une édition d'un livre de prières protestant, cent fois reproduit en Allemagne : *Joh. Arndt, Vier Bücher vom Wahren Cristenthumb.* Schifbeck, 1725, in-8° ; la première édition est de Luneburg, 1666, in-8°.

SCHLAITZ, mais plutôt *Schleitz,* chef-lieu de principauté en Russie.

Imprimerie en 1685, dit Ternaux, qui cite : *C. Weigel, Entwurf des Italienischen Paradis.* Schlaitz, 1685, in-12 (inconnu).

SCHLESVICUM, voy. SLESVICUM.

SCHLEUSINGA, voy. SILUSIA.

SCHLICHTINGSHEIMIUM , *Schlichtingsheim , Schlichting,* pet. ville de Pologne, dans le Palatinat de Posen ; baronnie héréditaire, près de Fraustadt.

Voici ce que dit Hoffmann (*Typ. Polon.* 60): Christophe Wilde, typogr. dont nous avons parlé plusieurs fois, et dont la veuve épousa d'abord J. Gottfried Haase , puis Gottfried Boerner, monta une impr. à Schlichtingsheim ; son successeur médiat, Gottfried Boerner, donna à cette impr. un certain éclat; Hoffmann cite, à la date de 1728, comme remarquablement exécuté : *Joa. Kamienski Statuta*

Fratrum Minorum observantium S. P. N. Francisci almæ Prov. Maj. Poloniæ, in-4°.
Falkenstein fait remonter l'imprimerie dans cette ville à l'année 1680.

SCHNEEBERGA, NIVEMONTUM, *Schneeberg* (Sneewberg), ville du roy. de Saxe (cercle de l'Erzgebirge), près de la Mulde.

Imprimerie en 1684 (Falkenstein dit seulement 1725). *Christian Melzer, Wolckensteniensis. Berglœufftige Beschreibung der Churfürstl. Sæchs freyen und in Meissnischen Ober-Ertzgeburge loeblicheß Berg-Stadt Schneeberg*. Schneeberg, 1684, in-4°, livre très-important à cause de la description géologique et ethnographique de la contrée, qui est faite par l'auteur avec une grande exactitude.

SCHOENUS [Pl.], SCHOENITAS [Mela], Σχοινοῦς [Str., Pt.], ville de la Corinthie, sur la partie orient. de l'Isthme, auj. *Kalamaki* [Leake].

SCHOONHOVIA, *Scoenhouen, Scoenhoven* (au xv° siècle), *Schœnhoven, Schoonhoven*, pet. ville du roy. de Hollande, au confl. de la Blist et du Leck (Holl. mérid.).

Cette ville possédait dans sa banlieue un couvent de chanoines réguliers de St-Augustin ; on appelait ce couvent *den Hem*, ou *Monast. S. Michaelis* ; grâce à l'initiative de ces religieux éclairés, qui suivirent l'exemple donné par les Frères de la vie commune, elle fut dotée des bienfaits de l'art typogr. à une époque reculée, c'est-à-dire à la fin du xv° siècle ; M. Holtrop (*Monnm. typogr.*) dit que ce fut pour gagner l'argent nécessaire à la réparation des bâtiments de l'abbaye qu'ils se mirent à copier et à imprimer des livres.

C'est à la date du 28 février 1495 que l'on trouve pour la première fois le titre souscrit au nom de ce monastère ; le caractère employé dans l'impr. conventuelle est, au dire de Johannes Enschedé, le célèbre libraire-collectionneur de Haarlem (mort en 1781), le même que celui de l'impr. de Delft et d'Anvers, Heinrick van Rotterdam (*die Lettersnider* ou *Littersnijder*), célèbre artiste qui fut à la fois fondeur et typogr., et qui paraît avoir approvisionné la plupart des imprimeries contemporaines de la province ; l'observation de M. Enschedé est d'autant plus concluante que ce libraire possédait les matrices de ces mêmes caractères.

Le volume que nous allons citer, n'existant pas à la bibl. de la Haye, n'a point été décrit par M. Holtrop, dans le catal. si exact qu'il a donné des incunables de cette bibl.; mais il figure à la vente de la précieuse collection Enschedé, faite en décembre 1867, sous le n° 667 ; il a sans doute été acheté par la bibl. royale de la Haye ; car il a été connu de Visser, Le Long, Panzer, la Serna, Hain, Reichhart, Brunet, etc.

BREUIARIUM TRAIECTENSE, à la fin : *Completum, emendatum et impressum est ..... extra muros Oppidi Scoenhouiensis partium Hollandiæ, Traiectensis diœcesis, anno salutis M°.CCCC.XCv° ult. febr.*, in-f° goth.; dans le calendrier, les noms des saints sont *écrits* en encre rouge, et les initiales rubriquées.

En 1497, nous retrouvons un grand nombre d'impressions ; nous décrivons, d'après M. Holtrop, la plus ancienne :

OEfeninghe van der passien ende van den liden ons heren Jesu-Christi. Buten Schoenhoven (canonici Regulares monasterii S. Michælis), pet. in-8° de 180 ff. à 20 lignes, goth .sans ch. ni sign., avec fig. sur bois. Au v° du 179° f. : « *Deo gracias.* » ‖ *Ghedruct buten Scoenhouen.* ‖ *Int'iaer ons heren* M.CCCC. ‖ *Seuen eñ tnegentich* (1497). Opten

tienden‖dach in nouembri (10 nov.). Le f. 180 manquait à l'exempl. décrit par M. Holtrop.

Cet excellent bibliographe décrit un autre ouvrage « *Dat Leven ons Heren Jesu Christi* » (in-8° de 184 ff.), à la date de février 1499. L'année commençait encore à Pâques (le calendrier grégorien ne fut accepté par la Hollande que le 25 décembre 1582).

M. Cotton nous apprend de plus qu'un produit inconnu à Panzer et à Brunet des presses conventuelles de Schœnhoven était conservé à la bibl. de Cambridge ; ce sont des HORÆ SANCTÆ CRUCIS, in-16, s. d., et portant la souscription conventuelle. Ces heures sont datées de 1498 et décrites par M. Holtrop dans ses *Monuments*.

On ne connaît aucun livre sorti des presses conventuelles en 1496 ; les chanoines continuèrent à imprimer jusqu'en 1528.

SCHQUISCHO (?), nom vulgaire d'un lieu d'impression qui nous est inconnu, dans le pays des Grisons ; peut-être *Coire* (?).

La Bodléienne, dit M. Cotton, renferme un NOUVEAU TESTAMENT *mis en aramansch* (romansche) *très Jackiam Bifrun d'Agredina*, souscrit au nom de « *Schquischo* » 1560.

SCHRATTENTHAL, pet. ville de la Basse-Autriche, sur la Bulka (Mannhartsberg).

Nous trouvons trace d'imprimerie dans cette localité en 1501 ; c'est là très-probablement le fait d'un de ces typogr. ambulants, comme nous en avons vus dans presque tous les pays, mais plus particulièrement en Hongrie, en Transylvanie et dans la Basse-Autriche : *Quodlibetica decisio perpulchra et devota de septem doloribus Xpiferæ virginis Mariæ, ac communi 3 saluberrima confraternitate desuper instituta ac eius honorem 3 gloriam (per fratrem Michaelem Franciscum de Insulis).* Impressum Schratñtal in Austria, 1501, in-4°, goth., gravure en bois sur le titre. Nous avons eu occasion de voir ce rare volume chez M. Tross. Panzer dit qu'il en existe un autre exempl. à la bibl. des Franciscains à Vienne.

SCHULZIUM. — Localité inconnue ; est-ce *Schulpforta*, pet. ville de Prusse (Saxe), anc. abb. de Cîteaux, dans les bâtiments de laquelle le duc Maurice de Saxe établit, en 1543, un célèbre collége?

Nous trouvons au catal. de Varennes de Béost, sous le n° 515 : *Scrutinium Cinnabarinum ..... opera et studio Godofredi*. Schulzii, 1680, in-12.

SCHÜTZINUM, *Sutschau* (?), *Sicz-bin* (?), bourg de Hongrie (com. de Thurocz).

János Manlius, l'imprimeur ambulant, que nous voyons à Német-Ujvár, à Eberau, à Uj-Szigeth, etc., de 1581 à 1605, séjourne également à Sutschau (?) en 1593, et y fait rouler ses presses [Németh].

SCHWABACUM, SWABACUM, *Schwabach*, ville de Bavière (cercle de la Rézat), près de Nuremberg.

Anc. ville impériale dépendant de Nuremberg ; impr. en 1689 : *J. G. Kulpis de Bello Cæsaris et Ariovisti*. Swabaci, 1689, in-8°.

SCHWIDNICIUM, SVIDNITIUM, SUVIDNIA, *Schweidnitz*, ville de Prusse, sur la Weiseritz (Silésie).

Cette ville, célèbre dans l'histoire d'Allemagne et de Pologne au moyen âge, posséda l'imprimerie à la fin du xvii° siècle : M. Cotton cite, à la date de 1683, une pièce intit.: « *Prodigium perfidiæ et*

ignaviæ civitatis Strasburgensis, a C. F. à K. »
in-fol.

Le cat. la Vallière-Nyon (VI, 317) nous donne le
titre détaillé de ce volume; c'est probablement une
autre édition; celle-ci est sans date, in-4°, et souscrite : *Schwidnicii. Christ. Okelius.*

Un vol. à la date de 1734 figure à la table du *Manuel* (VI, col. 375).

SCIATHUS INS., SCYATHOS, Σκίαθος, île de la
mer Ægée, auj. *Skiatho*, au N.-E. de
Negroponte.

SCIDRUS, Σκίδρος, ville d'Italie, au S. du
Bruttium, *Siderno*, pet. ville du Napo-
litain, sur la mer Ionienne (Calabre
Ult. I).

SCILA, peut-être TYLA, *Thiel* (?).

Lieu d'imprimerie déguisé ; nous trouvons au cat.
des Elzevirs de 1681 : *Columnæ (Fabii) Opusculum de Purpura.* Scilæ, 1675, in-4°. Haym et Melzi
mentionnent l'auteur sous le nom de : *Fabio Colonna, Lynceo.*

SCINGOMAGUS [Pl.], Σκιγγόμαγος [Str.], dans
la Gaule Cisalpine, entre Brigantio et
Ocelum, suiv. d'Anville, serait auj. *Chamlat de Siguin*, localité à l'entrée du col
de Cestrières, près de Sézane; d'autres
géogr. ont traduit par *Sézane* même,
bourg de la prov. de Susa; mais M. Alf.
Jacobs (*Mém. sur les It. des aquæ Apoll.*),
vient de prouver que SCINGOMAGUS ne
fait qu'un avec SEGUSIO.

SCIONA VICUS, voy. EXONA.

SCIPIONIS MONS, SEMPRONIUS MONS, le *Simplon.*

SCIRONIA SAXA [Mela, Pl.], Σκιρωνίδες Πέ-
τραι, Σκιράδες, montagne de la Mégaride,
appelée auj. *Derveni Bouno.*

SCIRTIANA [I. A.], station de la Macédoine
Salutaire, auj. *Istirga* ou *Istriga* [Reich.].

SCISSUM [Liv.], CISSA, Κίσσα [Ptol.], localité
des Jacetani, dans la Tarrac., auj. *Guissona* (?).

SCITTIUM, voy. SOTIUM.

SCLESUVIUM, voy. SLESVIGA.

SCLUSA CASTRUM, *Sluys*, bourg de Hollande.

SCOA, ITISCOANA, *Escouen, Écouen*, bourg et
château de Fr. (Seine-et-Oise); voy.
ESCOVIUM.

SCODRA [Liv., I. A.], ἡ Σκόδρα [Pt., Steph.],
Σκόδραι [Hier.], ville d'Illyrie, auj. *Scutari, Iskanderié* (en turc); *Scodrr* (en
alban.), ville et chef-lieu de pachalick,
en Albanie.

Nous ignorons sur quels titres s'appuie M. Ternaux
pour dire : « Camillo Zanetti, à la date de 1563, imprimait à Scutari en langue slave ».

SCOLINARE PALAT., *Schoineck, Schönecken*,
bourg de l'élect. de Trèves, près de la
Nims (Prusse).

SCOLUS, Σκῶλος, ville de la Bœotie, sur
l'Asopus, auj. *Kako Sialesi* [Kruse].

SCOMBRASIA PROM., SATURNI PROM. [Pl.],
dans la Tarracon., auj. *Cabo de Palos*,
près de Carthagène.

SCONGA, SCHONGAVIA, *Schongau*, ville de
Bavière (Isarkreise), sur le Lech.

SCOPELOS INS., Σκόπελος, *Scopelo*, l'une
des Sporades.

SCOPI [T. P.], Σκούπιον [Proc.], SCUPI [G.
Rav.], τὰ Σκόπια [Ann. Comn.], depuis
JUSTINIANA PRIMA [Proc.], ville de la
Mœsie, auj. *Uskub (Scopio)*, ville de la
Roumélie, chef-lieu de Sandschak, sur
le haut Vardar; archevêché grec.

SCORALIA, *Escorailles*, commune d'Auvergne (Cantal).

SCORDISCI [Pl.], Σκορδίσκοι [Pt.], peuple
celtique qui possédait le pays situé de
la basse Save à la Morawa (*Bosnie* et
Dacie).

SCORIALENSE MONAST., voy. ESCURIALE.

SCORIOLÆ, *Escurolles*, bourg de Fr. (Allier).

SCOTI, peuple primitif de l'Irlande, qui
envahit l'île voisine, en conquit la partie septentrionale, et s'y établit.

SCOTIA, nom que prit la Calédonie après
la conquête qu'en firent les Scoti ; d'où
le nom actuel d'*Écosse, Scotland, Schottland.*

SCOTINCORUM VICUS, voy. SALINÆ.

SCUDICI, *Schkeuditz*, pet. ville au N.-O. de
Leipzig (Prusse).

SCULTENNA FL. [Liv., Pl.], SCUTANA, Σκουτάνα
[Str.], fl. de la Gaule Cisalpine, auj. le
Panaro, affl. du Pô.

SCUOLA *in Engadina Bassa, Scuoll, Schuol*,
bourg du canton des Grisons, dans la
vallée de l'Inn, appelée Basse-Engadine
(Suisse).

Imprimerie en 1657 [Falkenstein]; en 1679 [Coxe,
Travels in Switzerland]; nous allons citer les deux
vol. exécutés en dialecte romanche à ces dates :
Falkenstein s'est trompé en attribuant aux presses
de Scuoll le vol. de 1657, il est exécuté à Zurich :
*Ilgrüm cudasch dalg Songk Profeed Moisis ,
miss in lausitada lingua.* Stampad in Tury tras
Heinrich Hamberger, 1657, in-8°. La Bible de 1679
[Graësse I, 400, Bauer I, 110, *Manuel,* etc.] est
bien le premier livre qui soit sorti de cette typogr.
grisonne : LA SACRA BIBLIA : ..... *Tschantada ver-
tida e stampada in lingua romanscha d'Ingadina
Bassa : tras cumün cuost è lavfür da Jacobo Antonio Vulpio Serviaint del pled a Deis in Ftaun.
Et Jacobo Dorta à Vulpera Serviant del pled da
Deis in Scuol.* Stampad in Scuol in Ingadina Bassa :
tras Jacob Dorta a Vulpera juven F. Moderatür dalla
Stamparia. Anno 1679, 3 vol. in-f° de 753, 286, 332
et 140 pp.. plus au premier vol. un titre avec gr.

sur bois, une lettre après le titre et 4 autres ff. prélim.

La seconde édition de cette Bible fut réimpr. à Scuoll en 1743 « tras Jacobo N. Gadina et Jacobo M. Wilhelm Rauch », 3 vol. in-f°.

SCURGUM, Σκούργον [Pt.], auj., suiv. Reichard, Cöslin, Köslin (voy. COSLINUM).

SCUTARIUM, voy. SCODRA.

SCYDRA [Pl.], Σκύδρα [Ptol.], ville de Macédoine (Émathie), auj. Sidero-Kapsa [Reich.].

SCYLLACEUM [Virg.], SCYLACIUM [Mela], SCYLACEA CASTRA, SCOLACIUM, Σκυλάκιον [Ptol., Str.], Σκυλλήτιον [St. B.], ville de l'Italie mérid., près de Crotona, auj. Squillaci, ville épisc. du Napolitain (Calabre Ultér. II).

SCYLLÆ [T. P., G. Rav.], station de Thrace, près de Selymbria, auj. Kaljundsjik.

SCYLLÆUM [Pl.], Seilla, Sciglio, ville du Napolitain (Calabre Ultér. I).

SCYLLÆUM PROM., Σκυλλαῖον ou Σκύλαιον ἄκρον, auj. Capo Sciglio (Scylla), écueil célèbre du détroit de Sicile, vis-à-vis de Charybdis.

Le vers célèbre : « Incidit in Scyllam cupiens vitare Charybdim, » est de Philippe Gaultier, de Châtillon, poëte du XIIIe siècle, év. de Maguelonne.

SCYROS INS., Σκύρος, île de la mer Ægée, auj. Haghio Georgio de Skyra, Ichkiros (des Turcs), l'une des Sporades septentr.

SCYTHÆ, Σκύθαι [Herod.], peuple habitant la Scythie, Scythia Minor, vaste contrée s'étendant du N.-E. du Danube aux limites septentr. du monde connu des anciens; ce peuple nomade, composé de hordes barbares, comprenait les Troglodytes, les Hérules, les Gètes, les Jazyges, etc.; une province de Thrace, entre la Mœsie et la Mysie, portait aussi le nom de SCYTHIE.

SCZUCZIN, SCZUCZIM, village de l'anc. Pologne, près de Cracovie.

Nous devons mentionner d'après Janozki. Nachr. (I, p. 38), et Bauer (IV, 111), l'existence d'une impr. évidemment temporaire, ayant fonctionné dans cette petite localité au XVIe siècle : Statuta ac Priuilegia Regni Poloniæ omnia hactenus, magna ex parte, vaga, confusa et sibi pugnantia; jam autem, in gratiam D. Sigismundi Augusti, Regis Poloniæ, et in usum Reipublicæ, ab Jacobo Prilusto. Castren. Præmislien. et tum terrestri Cracovien. Notario ac Ædili, collecta, digesta et conciliata. Opus labore ac sumptu meo, partim in Sczuczin, partim sub arce Cracoviensi, in ædibus meis, ad Antrum Draconis, scriptum et toto biennio est excusum, absolutum vero ineunte anno 1553, in-f°.

SEBASTIANI FANUM, voy. DONASTIENUM.

Antonio et la Bibliot. Lusitana (t. I, p. 158) nous fournissent la date d'un livre qui nous rapproche de celle adoptée par Falkenstein : Antonio Mariz Carneiro (n. de Lisbonne, cosmographe du roi). Hydrographia curiosa de la Navegacion. En San Sebastian, 1675, in-4o.

M. Desbarreaux-Bernard, de Toulouse, nous apprend que c'est à l'année 1667 que remonte la typographie à S. Sébastien, avec un premier imprimeur du nom de Martin Ugarte.

SEBASTOPOLIS [Pl.], Σεβαστήπολις [Arrian.], Σεβαστόπολις [Proc.], anc. DIOSCURIAS [Pl., Mela], Διοσκούριας [Scyl.], ville de la Cherson. Taurique, auj. Sévastopol, Sébastopol (en tartare Akhtiar), ville de Crimée, sur la mer Noire.

SEBATUM [It. A.], ville de la Rhætie, auj. Seben, Sewen, dans le cercle de Pusterthal (Tyrol).

SEBETHUS FL. [Stat., Colum.], dans la Campanie, auj. Fiume della Madalena, fl. du Napolitain, afflue au golfe de Pouzzoles.

SEBINUS LAC., l'Iseo, lac de la Lombardie, traversé par l'Oglio.

SEBUM, bourg sur la rive S. du Lago Iseo, porte ce même nom d'Iseo, près de Bergame.

SEBUSIANUS AGER, voy. SEGUSIANUS.

SEBUSIUM, voy. ALBA SEBUSIANA. La ville de Weissenburg, sur la Lauter, a été réunie à la France par le traité de Riswick.

SECALAUNIA, SEGALAUNIA, SECOLAUNIA, la Sologne, anc. district de l'Orléanais, dont le chef-lieu était Romorantin; auj. compris dans le dép. de Loir-et-Cher.

SECANENSE CŒNOBIUM, Säckingen, bourg et anc. abb. du gr.-duché de Bade (voy. SANCTIO).

SECERRÆ [I. A.], SETERRÆ [G. Rav.], station de la Tarracon., sur le territ. des Lacetani, auj. S. Pere de Sercada [Ukert], mais plutôt S. Colonia Sajerra [Reich.].

SECIES FL. [It. Hier.], la Secchia, voy. GABELLUS.

SECONIUM, SECOVIUM, Seckau, bourg et château de la basse Styrie (Autriche).

SECOR, Σηκώρ [Pt.], Σικόρ [Marcian.], port au S. de la Loire, dont l'emplacement n'est pas connu; d'Anville penche pour les Sables d'Olonne; mais Sprüner place le PORTUS SECOR au N. des Sables.

SECUNDANORUM ARAUSIO, voy. ARAUSIO.

SECURA, Segura de Leon, ville d'Espagne, dans l'Intend. et au S.-E. de Badajoz (Estramadura).

SECURISTA [I. A.], Σηκούριστα [Ptol.], ville de la Mœsie, auj. Sohegurti, en Roumélie (pach. de Nikopoli).

SECUSIO, voy. SEGUSIO.

SEDANUM, Sedan, ville de Fr. (Ardennes),

sur la rive droite de la Meuse ; appartint successivement aux archev. de Reims, aux maisons de la Mark et de la Tour-d'Auvergne ; elle fut cédée à la Fr. en 1642 ; Turenne y naquit en 1611.

Nous recevons d'un bibliophile distingué, M. Ch. Cunin-Gridaine, quelques notes relatives à l'origine de la· typogr. dans la princip. de Sédan : notre respectable correspondant nous met sur la trace d'une pièce intéressante qui nous permet de la faire remonter à 1565 ; c'est un placard in-fol. (à la Bibl. imp., anc. fonds Gaignières, collection Rasse de Nœux, mss.).

LE ‖ DIEV-GARD ‖ DE NAVYERE‖, A' l'Imprimerie Sedanoise. ‖ I. Dixain ‖ :

Bien venuë tu sois (gentille imprimerie)
Au millieu de Sedan, bien venuë sois-tu.....

Au 2e dizain :

Quiconque t'inuenta (gentille imprimerie)
Fut un celeste esprit, et certe il fut heureux,
Voire mesme heureux est le Prince Valeureux
Qui par la bien-vueillance à luy fort coustumière
Maintenant t'introduit en sa ville première
(ce Prince Valeureux est Robert de la Mark).

Au 3e dixain, l'auteur nous donne la date de sa naissance (15 sept. 1543).

A SEDAN,
IMPRIMÉ PAR GOSUIN GOEBERI
M.D.LXV.
XVII sept.

Ce placard in-fol., encadré, impr. au vᵒ, n'offre pas moins de dix spécimens de caractères divers ; les dizains sont en italique.

Abel Rivery, frère de Jean Rivery, l'imprimeur de Lausanne, vient de Genève s'établir à Sedan, « au Lys Royal », vers 1575.

En 1577, il publie un volume, que M. Cunin-Gridaine considère comme l'un des premiers volumes imprimés à Sedan : Franc. Valleriolæ comment. in librum Galeni de Constitutione artis medicæ. S. L. Apud Abelem Rivery, 1577, in-8ᵒ. Nous demandons bien pardon à notre honorable correspondant d'émettre une opinion contraire à la sienne, mais nous croyons ce livre imprimé à Genève ; plusieurs catal. de la fin du XVIᵉ siècle, entre autres celui du libraire Willer d'Augsbourg (p. 313), indiquent formellement ce lieu d'impression ; d'autre part, plusieurs bibliogr. autorisés, nous citerons Hoffmann (Lexic. bibl., II, 289), confirment l'assertion de M. Cunin-Gridaine : ceci ne prouverait qu'une chose, c'est qu'une partie de l'édition a été publiée sans nom de lieu, et le reste sous la rubrique « Genève ». La première édition, peu connue du comment. de Valleriora sur Gallien, avait été donnée à Turin l'année précédente ; elle est imprimée par Bevilacqua.

En 1589 (date adoptée par Falkenstein), un imprimeur du nom de Matthieu Hilaire, exécute à Sedan : Tres Regis Henrici declarationes ad ordines suos, a Gallico in Latinum conversæ. Sedan, 1589, in-8ᵒ. Cette pièce est de Toussaint Berchet, principal et premier régent du collège de Sedan.

Avec les premières années du XVIIᵉ siècle, nous voyons apparaître un célèbre imprimeur protestant, Roland Pape, que déjà nous avons signalé à Franckenthal.

En 1611, un établissement considérable est enfin fondé à Sedan par un typogr. parisien (1607), de la religion, nommé Jean Janon ou Jannon, anc. ouvrier de Robert Estienne III ; il prend le titre d'imprimeur de l'Académie. Vers 1615, il fit graver un petit caractère qui devint célèbre sous le nom de « petite sédanoise » : il ne l'employa guère avant 1625, lorsqu'il donna son VIRGILE, in-32. On en trouve des exemplaires à la date de 1628, mais c'est la même édit. avec un titre renouvelé.

En 1621, Jean Jannon publia : Espreuves des caractères nouuellement taillez par Jean Jeannon, imprimeur de l'Académie. 1621, 8 p. La préface qui précède cet opuscule est importante, et l'on nous permettra d'en citer une partie : « Or, voyant, dit-il, que depuis quelque temps plusieurs s'en sont meslez qui ont auili cet art... il m'a pris envie d'essayer si, en quelque sorte, je pourrois imiter quelqu'un de ceux qui s'en sont mêlés avec honneur, et que j'entends tous les jours regretter ; comme entr'autres un Conrad à Rome, un Manuce à Venise, un Estienne à Paris, un Froben à Basle, un Gryphius à Lyon, un Plantin à Anvers, un Wechel à Francfort..... Et d'autant que je ne pourrois venir à bout de ce dessein, à cause que ces caractères qui m'estoient nécessaires pour cet effect ; mesmes n'en pouuant tirer commodement des fondeurs dont les uns ne vouloient et les autres ne pouvoient me fournir ce qui me manquoit ; je me résolus, il y a environ six ans, de mettre la main à bon escient à la fabrication des poinsons, matrices et moules pour toutes sortes de caractères, afin d'en accommoder et le public et moi-mesme. J'ay donc achevé trente frappes de lettres, à sçauoir sept frappes de lettres de deux lignes, le gros canon, petit canon, parangon, gros romain, S. Augustin, cicero, petit romain, petit texte, nompareille et leurs italiques ; un gros cicéro, une gaillarde, un moyen hebrieu : ensemble la sédanoise et son italique, de deux cinquièmes plus petits que la nompareille, lesquelles on n'auoit point encore vues auparavant. Entre toutes les frappes susdites, j'en ay enrichies de belles liaisons et abbréuiatures non encore taillées jusques à présent.

« Or toutes ces choses ensemble sont la première partie de mon travail et entreprise, dont j'ay bien voulu vous faire voir ceste espreuve pour vous seruir d'eschantillon, et estre avant-courière d'un ouvrage plus accompli. Je vous fay donc maintenant offre de celles qui vous seront le plus à gré, en attendant que je vous baille l'autre partie, qui consistera ès caractères hébrieux, chaldaïques, syriaques, arabiques, grecs, germaniques, etc., lettres fleuries, nottes de musique, vignettes, fleurons, etc., à quoi je travailleray, Dieu aidant, de tout mon pouuoir, afin de pouvoir accommoder un imprimeur de tout poinct. Mesme je fourniray qui voudra de presses, casses, châssis et garnitures de toutes sortes : de toutes choses lesquelles je feray prix si raisonnable, que quiconque en aura affaire, trouvera secret sujet de contentement, quelque distance de lieu qu'il y ait, etc. »

Nous avons dit, à l'art. Richelieu, que les charmants caractères de l'imprimerie cardinalesque provenaient, pensions-nous, des fontes de Jean Jannon ; on voit par la longue citation ci-dessus que ce fondeur-imprimeur en offrait à tout venant ; notre présomption se trouve donc confirmée.

Jean Jannon cesse d'imprimer en 1641 ; son fils Pierre Jannon lui succède, mais abandonne bientôt la typogr. pour aller prêcher le saint Evangile à Etampes, où on le trouve établi comme ministre en 1662 ; il eut pour successeur, à Sedan, François Chayer.

Ce fut l'époque de la décadence ; à partir de François Chayer, c'est-à-dire depuis le milieu du XVIIᵉ siècle, l'imprimerie décline à Sedan ; la religion réformée, dominante au temps du duc de Bouillon, est comprimée par les nouveaux maîtres ; la plupart des riches bourgeois font comme Pierre Jannon, ils quittent la ville ; et l'imprimerie, cet organe de la libre pensée et de la libre parole, disparaît peu à peu ; l'arrêt du conseil de 1704 ne mentionne même pas Sedan ; celui de 1739 ordonne la suppression de la typogr., et cet arrêt fut exécuté, puisque la ville ne figure point au rapport Sartines, en 1764.

SEDELAUCUM [Am. M.], SIDOLEUCUM [It. A.], SEDELOCOVIC [Monn. Mérov.], SEDELOCUS, *Saulieu, Seaulieu*, ville de Bourgogne (Côte-d'Or) ; patrie de Vauban.

SEDENA, SEZENA, *Seyne*, bourg de France (Basses-Alpes); concile en 1267.

SEDERA, voy. SALERA.

SEDETANI, voy. EDETANI.

SEDIBONIATES [Pl.], peuple de la Gaule Aquitaine, sur le versant N. des Pyrénées.

SEDINUM, *Stettin*, ville de Prusse, chef-lieu de la Poméranie, sur la rive gauche de l'Oder; l'une des places les plus fortes et les plus commerçantes du royaume.

L'introducteur de la typogr. à Stettin fut un ministre protestant, du nom de Georgius Rhete; Lackmann l'appelle « *typographus* αὐτοδίδακτος », et Christ. Zickermann lui consacre une notice toute particulière. Falkenstein ne fait remonter la typogr. qu'à l'année 1579; mais ce fut vers 1568 que Georgius Rhete fonda son premier établissement. En 1570, nous citerons : *M. Joh. Gigantis Zwo predigten von der H. Tauff*. Zu Alten Stettin, 1570, in-4º ; et encore : *Danielis Schütz Christliche betrachtung vnnd erinnerung über die Sieben Worten Vnsers herrn Jesu-Christi am Creutz. Sampt anddächtigen Gebettlein auff ein jedes. Uñ einem Christlichen lied dauon*. Zu Alten Stettin, 1570, in-8º.

SEDUNI [Cæs.], peuple des bords du Rhône, occupait la partie N. du canton de Vaud.

SEDUNUM, SIDONENSE TERRITORIUM [Frédég.], SIDVNIS CIVITATE, SIDVNINSIVM, SEDYNINSIVM CIVITATE [Monn. Mérov.], *Sitten, Sion*, chef-lieu du canton du Valais (Suisse), sur la Sionne.

L'auteur anon. de l'*Hist. de l'Impr. en Suisse*, et Falskenstein d'après lui, font remonter la typogr. eñ cette ville à l'année 1617; nous ne pouvons qu'enregistrer l'assertion; le premier livre exécuté à Sion, que nous connaissons, ne remonte qu'à 1666 : *Histoire du glorieux S. Sigismond, martyr, roy de Bourgogne, par le R. P. Fr. Sigismond de St-Maurice*. Imprimé à Syon (en Suisse), chez Henri Louys, escrivain, 1666, in-4º. Fr. gr.

SEELANDIA , *Seeland , Siaelland ,* la plus grande des îles danoises, et la plus considérable de la Baltique.

SEGA, SEGAHA, *Sieg*, riv. de la Prusse Rhénane.

SEGASAMUNCLUM [It. A.], Σεγισαμόγκουλον [Pt.], ville des Autrigones, dans la Tarracon., auj. *S. Maria de Ribaredonda* (Aragon).

SEGEDA TUGURINA [Pl.], dans la Bétique, auj. *S. Jago de la Higuera*, bourg près de Jaen.

SEGEDUNUM, voy. SZEGEDINUM.

SEGELOCUM, voy. AGELOCUM.

SEGESAMA [Flor.], Σεγέσαμα [Str.], SEGISAMA, Σεγίσαμα Ἰουλία [Pt.], ville des Vaccaï dans la Tarracon., auj. *Sasamo*,

bourg de la Vieille-Castille, à l'O. du Bribiesca.

SEGESSERA [T. P.], dans le pays des Lingones, auj. *Suzannecourt*, village de la Haute-Marne (arr. de Vassy).

SEGESTA, voy. ACESTA.

SEGESTA, Σεγέστα [Appian.], COLONIA SEPTIMIA SISCIA [Insc.], dans la basse Pannonie, auj. *Sissek, Sziszek*, bourg d'Illyrie (gouv. de Trieste), sur la Save.

SEGESTA TIGULIORUM [Pl.], dans la Ligurie, auj. *Sestri di Levante*, bourg de la prov. de Gênes.

SEGESTERO, CIV. SEGESTERORUM, anc. SEGUSTERO [It. A., T. P.], SECUSTERO (on trouve aussi SISTARICUM et SIGESTERICUM), ville des Memini, dans la Gaule Narbon., auj. *Sisteron*, ville de Fr. (Basses-Alpes), sur la Durance.

L'imprimerie paraît avoir existé dans cette ville au XVIIe siècle, bien que les arrêts du Conseil et le rapport Sartines n'en fassent pas mention; car nous avons à la Bibl. impér. de Paris un livre souscrit à ce nom à la date de 1680 : *Histoire des troubles de Provence depuis son retour à la couronne* (1481) *jusqu'à la paix de Vervins* (1598), *par Pierre Louuet, docteur en médecine et historiographe*. Sisteron, J.-P. Louvet, 1680, 2 vol. in-12. Le P. Le Long cite une édition imprimée l'année précédente à Aix, par David; la nôtre serait donc une réimpression, peut-être la même, avec un titre renouvelé.

SEGESTUM, voy. ACESTA.

SEGIDA, Σέγιδα [Str.], SEGEDA [Sprüner], JULIA RESTITUTA [Plin.](?), ville des Arevaci, dans la Tarracon., auj. *Hiniesta*, bourg de la haute Castille.

SEGISAMA, voy. SEGESAMA.

SEGNI [Cæs.], *inter Eburones Trevirosque*, petit peuple de la Gaule Belgique, que l'on place autour de *Sougnez* (Limbourg), et d'autres géogr. à *Salins* (Jura).

SEGNIA, voy. SIGNIA.

SEGOBIA, voy. SEGOVIA.

SEGOBODIUM [T. P.], dans la Maxima Sequan., *Seveux*, commune de Fr. (Haute-Saône).

SEGOBRIGA [Inscr.], ville des Edetani, dans la Tarracon., auj. *Segorbe*, sur la Palencia, ville du roy. de Valence.

L'abbé Caballero a cherché à faire remonter l'introduction de la typogr. au XVe siècle, dans cette ville épiscopale, à l'aide d'une édition prétendue des CONSTITUTIONES SYNODALES *Bartholomæi Marti, Cardinalis et Episcopi Segobricensis*. Segobricæ, 1479. Hain (10794) cite cette édition, mais avec le signe dubitatif qu'il a adopté; aucun des bibliogr. espagnols autorisés n'a cru devoir accepter cette version, et nous considérons l'édition comme purement apocryphe.

Nous ne connaissons pas le livre exécuté à Segorbe, antérieurement à l'année 1613 : OLIVA (*P. Fr. Eugenio de*). *Romance ‖ que contiene la vida, y ‖ muerte del Reverendo Padre Fray ‖ Eugenio de Oliua, Capuchino, Prouincial que fue de la Pro[]uincia de Valencia; el qual murio Sabado à 11 del [] mes de Octubre del Año 1613, en el con[]uento de la Sangre de Christo de[]la Ciudad de Valencia.* à la fin : Impreso en Segorbe por Francisco || Felipe Mey, in-4° de 2 ff. en vers.

SEGOBRIGA [Liv.], Σηγόβριγα [Str., Pt.], ville des Celtiberi dans la Tarracon., sur l'emplacement de laquelle on voit auj. *Priego*, pet. ville d'Espagne (Nouv. Castille), sur l'Escabas.

SEGODUNUM, Σηγόδουνον [Pt.], **SEGODUM** [T. P.], ROTENA URBS, RUTENENSIS CIV. [Aimon.], CIV. RUTENORUM [Not. pr. Gall.], RUTENIS [Gr. Tur.], RODAIS [Chr. B. Dion.], RUTENE CIVE, RVENVS [Monn. Mérov.], ville princip. des Ruteni dans l'Aquitaine, auj. *Rhodez, Rodez*, chef-lieu du dép. de l'Aveyron, anc. cap. du Rouergue.

Nous avons reçu presque en même temps de deux érudits bibliophiles, MM. Paulin Richard et Gustave Brunet, la description d'un volume unique que possède la bibl. de Rodez, à l'aide duquel il nous est permis de faire remonter l'imprimerie dans cette ville à l'année 1556; c'est un traité de Gerson, en patois, dont voici la description exacte : A LA HONOR DE DIEU & PER [] *lo salut de las Armas, Mõsenhor lo Reueren[]dissime cardenal darmanhac, auesque de [] Rodes, & de Vabre, a faict cxtraire, traduire & imprimir le petit tractat que sensiee :* Cõ[]pausal per venerable & scieutificq Persona || *Mestire Iean Iarson*, dals chancelier de Pa[]ris, per l'instruction dels Rictors Vicaris et [] autres ayants charge darmas ausdicts Dioce[] sis.....

15   56.

A Rodes, par Jean Mottier, auec Priuilege.

In-16 ou pet. in-8° de 44 ff. non paginés. Sign. A-E. par 8. et G par 4; le cahier F n'existe pas, bien que le texte se suive et que le volume soit complet. Sur le titre, qui est imprimé en rouge et noir, sont les armes du cardinal d'Armagnac; au v° du titre est une gravure sur bois représentant la Vierge et l'enfant Jésus, adorés par toutes les puissances de la terre.

Nous citerons à Rodez, comme impr. au XVIIᵉ s., les associés Paul Desclaux et Amans Grandsaigne.

L'arrêt du conseil en date du 21 juillet 1704 donne à cette ville le droit de conserver deux imprimeurs; mais celui du 31 mars 1739 en supprime un ; la même année, un arrêt spécial, en date du 29 octobre, reconnaît Armand Devic, reçu en 1735, comme titulaire de cette place d'imprimeur-libraire, conservée par l'arrêt du 31 mars ; cet Armand Devic exerçait en 1764, lors du rapport Sartines; il n'employait que deux presses.

SEGODUNUM, Σηγόδουνον [Pt.], ville de Germanie; auj., suiv. Cluver, *Siegen*, sur la Sieg (voy. SIGENA); suiv. Mannert et Wilhelm, *Würzburg*, en Bavière (voy. HERBIPOLIS).

SEGONTIA, SEGUNTIA [Liv.], *Siguenza*, ville d'Espagne (Nouv. Castille).

Université fondée en 1441, supprimée en 1807. L'imprimerie remonte en cette ville à l'année 1575. Deux typographes établis à Alcala de Henarès paraissent avoir installé, à peu près simultanément, une succursale à Siguenza, qu'ils exploitèrent pendant d'assez longues années, tout en conservant le siège de leur principale imprimerie à Alcala ; peut-

être n'eurent-ils à Siguenza qu'un magasin de librairie destiné à écouler les produits de leur imprimerie d'Alcala ; ils s'appelaient Juan Gracian et Joan Iñiguez de Lequerica. Ce qui semble prouver qu'ils n'imprimaient que dans une des deux villes, c'est que l'on trouve parfois la même édition d'un livre souscrite aux deux noms, ainsi : *Gaspar Cardillo de Villalpando : Catecismo breve para enseñar a los niños.* On trouve la souscription : *Compluti et Seguntiæ* apud Lequericam, 1580, in-12.

SEGORA [T. P.], station de la Gaule Aquit., entre Nantes et Poitiers, que d'Anville place près de *Bressuire* (Deux-Sèvres).

SEGOVIA [Plin., Fl., I. A.], Σεγουβία [Ptol.], SEGUBIA, SEGUVIA, ville des Arevaci dans la Tarracon., auj. *Segovia, Ségovie*, ville d'Espagne, chef-lieu de l'intend. du même nom (Vieille-Castille).

L'imprimerie ne remonte qu'à l'année 1588, disent Falkenstein et Cotton; cependant nous devons signaler un volume que cite Antonio, à une date fort antérieure : *F. Joannes Baptista de Viñones, Hispalensis. Espejo de la conscientia para todos Estados.* Segoviæ, 1525, in-fol.; la première édition aurait été donnée à Logroño, en 1507, et la troisième à Séville, en 1543.

En 1588, le célèbre imprimeur qui, quelques années après, publiait à Madrid les premières éditions de l'immortel chef-d'œuvre de Cervantès, Juan de la Cuesta, était établi à Ségovie : *Tratado de la verdadera y falsa prophecia, por Iuan de Horozio y Couarruuias.* Segovia, por Iuan de la Cuesta, 1588, in-4°.

Presque simultanément un second imprimeur, du nom de Marco de Ortega, s'établissait dans cette ville.

SEGUSIANI [Cæs.], SECUSIANI [Pl.], Σεγουσία-νοι [Str., Pt.], peuple de la Gaule Lyonnaise, occupant le territoire compris entre la haute Loire et le Rhône, forme auj. partie des dép. du *Rhône* et de la *Loire*.

SEGUSIANORUM FORUM, voy. FORUM.

SEGUSIANUS AGER, SECUSIANUS TRACTUS, le *Forez, Forés*, anc. district de la prov. de Fr., le *Lyonnais*.

SEGUSINI, Σεγουσιανοί [Pt.], SEGUSIENSES, peuple de la Gaule Cisalpine, occupait les bords de la Doire, en Piémont.

SEGUSIO [Pl.], SEGUSIUM, Σεγούσιον [Pt.], SEUSYE [Gr. Chron.], SCINGOMAGUS [Alf. Jacobs], *Susa, Suse*, ville épisc. du Piémont, sur la Doria, au pied des Alpes Cottiennes.

SEGUSTERO, voy. SEGESTERO.

SELAMBINA [Pl.], ville de la Bétique, auj. *Salabreña*, en Andalousie [Florez].

SELANIACUM, SELANIACO [Monn. Mérov.], *Salagnac*, commune de Fr. (Corrèze).

SELARICUM, *Selkirk*, ville et chef-lieu de comté, en Écosse, au N. d'Édimbourg.

SELENOPOLIS, voy. LUNEBURGIUM.

SELESTADIUM [Cluv.], SCLADISTATUM PALAT. [Mabil.], SCLADISTADIUM, anc. HELELLUM

HELVETUM (?), *Schlettstadt, Schlestadt* ou *Schelestadt,* ville forte de Fr. (Bas-Rhin); anc. ville libre impériale (1216); patrie de J. Wimpheling et de Beatus Rhenanus.

L'imprimerie fut introduite à Schelestadt en 1518 [Panzer, Falkenstein], et le premier typogr. est Lazare Schurer ; Panzer cite à la date de 1518: *Gravamina Germanicæ Nationis cum remediis et avisamentis ad Cæsaream Maiestatem :* à la fin : *Ad incrementum Germaniæ et Dei gloriam,* Selestadii, impressum in officina Schüreriana (1518), in-4°.Cette édition sans date ne fait probablement qu'un avec une réimpression prétendue de 1520. Un grand nombre de traités de grammaire, de littérature et de philosophie sont exécutés par Schürer, et les noms de Cicéron, de Suétone, et surtout d'Érasme, sont fréquemment répétés. Le dernier ouvrage cité par Panzer nous donne le nom d'une imprimerie clandestine : *Lamentationes Germanicæ Nationis.* A la fin : *Excusus est Libellus iste, sanc utilis omnibus Christi fidelibus, apud inclytam Asiæ civitatem Lactophagam, ubi plures nigent Lutherani. Anno post Christum natum* MDXXVI, in-4°; l'exempl. du bibliogr. de Nuremberg portait une note ms. d'une écriture contemporaine qui déclarait ce livre exécuté à Schelestadt.

Bien que faisant partie du royaume depuis 1673, Schelestadt ne figure point aux arrêts du Conseil qui réglementaient l'impr. en France, aux dates de 1704 et de 1739; mais cette ville est mentionnée au rapport fait à M. de Sartines en 1764 ; une seule typographie existe dans la ville, et le titulaire se nomme Fr. Ulrich Gasser ; il est âgé de 69 ans, établi depuis 1726 et n'exploite qu'une presse.

SELEUCUS MONS [T. P.], *Mont Saléon,* près de Gap (Hautes-Alpes).

SELGOVÆ, voy. ELGOVÆ.

SELINGOSTADIUM, *Seligenstadt,* sur le Main, ville de Hesse-Darmstadt; anc. couvent de Bénédictins qui renfermait le tombeau d'Emma, fille de Charlemagne, et d'Éginhard, son époux.

SELINUS [Virg., Pl.]. Σελινοῦς [Herod., Thuc., Str.], *Sélinonte,* colonie de Mégare, en Sicile, détruite par les Carthaginois; on en voit les ruines à *Torre-di-Polluce.*

SELLEIS FL., dans le Péloponnèse, auj. le *Pachista.*

SELYMBRIA [Liv., Mela., Pl.] Σηλυμβρία, Σηλυϐρία [Her., Xen., Plut., Str., Ptol.], EUDOXIPOLIS, Εὐδοξιούπολις [Proc.], ville de Thrace, sur la côte de la Propontide, auj. *Selivria, Selivri,* dans la Roumélie (pach. d'Andrinople).

SEMANA, SEMANUS SILVA, Σημανοῦς ὕλη, la partie occid. des montagnes de Thuringe, *Harzgebirge* et *Thüringerwaldes.*

SEMENDROVA, dans la Dacie, voy. RHAMIDAVA.

SEMIRUS FL. [Pl.], dans le Bruttium, *Il Simari.*

SEMNONES [Tac.], SENNONES [Vell. Pat.], Σεμνωνες [Ptol.], peuple de la Germanie,

occupait la rive droite de l'Elbe et le territ. oriental (Mecklemburg, Poméranie).

SEMPACUM, *Zempach, Lempach,* bourg de Suisse (Cant. de Lucerne), bataille en 1386.

SEMPRONII FORUM, voy. FORUM.

SEMPRONIUM, voy. SOPRONIUM.

SEMPTAVIA, *Sempthe, Schintau,* ville de Hongrie (comitat de Neutra).

Pierre Bornemisza, ministre de la confession d'Augsbourg, à Schintau, eut une imprimerie particulière qu'il exploita lui-même pendant trois ans (1574-77):*Az Evangyéliomokból, és epistolákból való Tanisagok V. Rész Irta Bornemisza Péter.* Sempten, 1574, in-8°. C'est le titre du premier ouvrage cité par Németh; il est dédié au comte de Salm-Neuburg. Nous avons déjà vu P. Bornemisza à *Detrekö* et à *Rarbok.*

SEMURIUM, voy. CASTRUM SINEMURUM.

SENA INS. [Sil. Ital.], l'*Ile de Sein,* sur la côte de la Bretagne (Finistère).

SENA [Liv., Sil.], Σήνη [Pol., Str.], SENA GALLICA, Σιναγάλλικα [Pt.], Σενογαλλία [Str.], SENOGALLIA [Pl., It. A., T. P.], ville de l'Ombrie, sur le fl. Sena, auj. *Siniyaglia,* sur le Cesâno, ville de la délég. d'Urbino et Pesaro.

Imprimerie en 1694 ; *Agostinq Rossi. Notizie Istoriche di Monte Alboddo.* Sinigalia, 1694, in-4° [Haym. p. 58, 6]. Molini, dans ses *Aggiunte al Brunet,* cite également : *Franc. Dini. Antiquitatum Etruriæ, seu de situ Clanarum, fragmenta historica.....* Senogalliæ, 1696, in-4°, XXIV et 166 pp. plus un f. d'errata.

SENA JULIA [T. P.], Σαῖνα [Ptol.], COLONIA SENENSIS [Pl., Tac.], anc. colonie romaine, en Étrurie, à XXX M.P. dans le S. de Florence, auj. *Siena, Siene, Sienne,* ville archiépisc. d'Italie, chef-lieu de la province du même nom dans l'anc. Toscane.

Université qui fut longtemps la rivale de celle de Pise ; acad.. des sciences ; c'est la patrie du pape Pie II, de Socin, du Guide, etc. L'imprimeur Henry ou Heinrick, de Cologne, fonde à Sienne le premier établissement typogr., à la date de 1484 : *Lectura clarissimi doctoris Pauli de Castro in sextum Codicis suum hic testatur finem. Impressumque — Senis per Magistrum Henricum de colonia et socios Anno salutis,* M.CCCC.LXXXIIII, XII Kl. Augusti, in-fol. en gros car. à 2 colonnes. Quatre ans après, Heinrick de Cologne nomme un de ces compagnons qu'il avait d'abord désignés généralement : c'est Johann Valbeeck, le second imprimeur de Sienne. En 1489, un nouvel établissement se fonde ; il est dirigé par Sigismond Rot (de Bitz); peut-être convient-il de lire *Bitche,* et dans ce cas, ce Sigismond Rot serait sans aucun doute de la famille du grand imprimeur romain, Adam Rot, qui signait : « *Clerc du diocèse de Metz.* »

En 1490, nous avons à Sienne Henry de Harlem, que nous trouvons successivement à Venise, Bologne, Lucques et Nozzano. En 1491, les deux Henry de Cologne et de Harlem s'associent et mettent au jour un traité de Mariano Socin ; nous avons déjà signalé cette association, en cette même année 1491, dans la petite ville de Nozzano (voy. NOZANUM).

SENAPARIÆ, *Senevières*, *Cenevières*, commune de Touraine (Indre-et-Loire).

SENDEROVIA, S. ANDREÆ FANUM, *Semendriah*, *Smedreno*, *Sent-Andrya*, ville des prov. danubiennes (Servie), au confl. de la Jessowa et du Danube ; résidence de l'archev. primat de Servie.

SENDOMIRIA, voy. SANDEMIRIA.

SENENSIS COMIT., *le comté de Sayn*, district de Westphalie (Prusse).

SENIA [It. A., T. P.], Σένια [Pt.], port de la Liburnie, auj. *Zengg*, *Segna*, sur l'Adriatique (Croatie militaire).

SENNA MAVRO [Monn. Mérov.], *Monterol Senar*, commune du Limousin (Haute-Vienne).

SENOMAGUS [T. P.], BONOMAGO (G. Rav.) (?), *la Palude*, *la Palud*, bourg de Fr. (Vaucluse), suiv. Reichard.

SENONA IN VOSAGO, SENONIENSE MONAST., *Senone-en-Vosges* ou *Senones*, bourg de Fr. (Vosges) ; anc. abb. de S. Benoît du dioc. de Toul, fondée vers 661, réformée au XIIIe siècle.

Dom Calmet, abbé de Senones, mourut dans ce célèbre monastère, le 14 octobre 1757. Un imprimeur vint s'établir à Senones vers 1760 ; il s'appelait Joseph Parisot ; ce fut lui qui imprima, en 1762, un volume que cite le P. Lelong (1796). Dom Augustin Fangé, abbé de Senones, neveu de dom Calmet, confia aux presses de Parisot l'exécution d'une bibliographie de cet homme illustre : *La Vie de très Révérend Père dom Augustin Calmet, abbé de Senones, avec un catalogue raisonné de tous ses ouvrages, tant imprimés que manuscrits, auquel on a joint plusieurs pièces qui ont rapport à cette vie*. A Senones, chez Joseph Parisot, imprimeur-libraire, 1762, in-8°, de VIII-518 pp. [S. de Nanton].

SENONAGUS PAGUS, SONEGIA, SENNONEGIA (au moyen âge), partie du Hainaut, dont on retrouve le nom dans la *forêt de Soigne*, et dans la ville de *Soignies*, près de Mons, en Belgique [D. Ruinart].

SENONES [Cæs., Sil., Juven., Pl.], Σένονες [Str., Pt.], voy. AGENDICUM.

On nous a signalé une édition fort ancienne du *Breviarium Ecclesiæ Senonensis*, in-8° (cat. Baluze, n° 5861), que l'on dit avoir été exécutée dans la ville même de Sens, vers 1530 ; malheureusement nous n'avons point vu le vol., et les renseignements que l'on veut bien nous donner sont trop peu développés pour que nous puissions nous y arrêter.

Malgré les arrêts du Conseil de 1704 et de 1739, qui ne donnent à la ville de Sens qu'un seul imprimeur, on peut en signaler deux en exercice pendant la seconde moitié du XVIIIe siècle ; lors du rapport Sartines, en 1764, les deux titulaires étaient : Pierre Hardouin Tarbé, établi depuis 1763 ; exploitait la seule imprimerie réservée par le règlement du conseil de février 1722 ; et Louis Lavigne, celui-ci exerce l'imprimerie par permission des officiers de police, depuis 1757.

SENONES [Plin., Liv., Cæs.], Σήνωνες [Pol., Str.], Σήμνωνες [Pt.], « *Civitas imprimis firma et magnæ inter Gallos auctorit*. [Cæs.] », peuple de la Gaule lyon-naise ; occupait en Gaule le SENONEN-SIS PAGUS, le *Sénonais* ; les *Sénons* allèrent se fixer en Italie, et occupèrent une partie du territoire des Ombriens, sur les rivages de l'Adriatique.

SENONES CELSI, *Senonges*, bourg de Fr. (Eure-et-Loir) ; anc. titre de princip.

SENTIACUM, SENTIACA VILLA [Pertz], *Sinzig*, pet. ville de la Prusse Rhénane (Herzog. Jülich).

SENTIACUM, HISENTIACUM PALAT. [Ann. S. Bert.], SESIACO [Monn. Mér.], anc. villa royale, auj. *Sentzich*, commune du pays Messin (Moselle).

SENTIANUM [I. A.], *Bisaccio*, ville épisc. du Napolitain (Princip. Ultér.).

SENTICE [It. A.], ville des Vettones, dans la Tarracon., que plusieurs géogr. croient être *Zamora* (voy. OCELLODURUM).

SENTINUM, Σεντῖνον [Pol., Str.], SENTINUM JULICUM, ville de l'Ombrie, en ruines, près de *Sassoferrato*, pet. ville de la délég. d'Urbino.

SENUS FL., Σῆνος [Pt.], le *Shannon*, fl. d'Irlande.

SEPARA FL., SEPARIS (NAMNETENSIS et NIOR-TENSIS), la *Sèvre (Nantaise et Niortaise)*; la première se jette dans la Loire à Nantes, la seconde dans l'Océan.

SEPINUM [T. P.], SEPINUSA, station du Samnium, auj. *Sipicciano*, *Sepino*, pet. ville épisc. du Napolitain (Prov. de Molise).

SEPTE GADITANUM, voy. FRETUM GADITANUM.

SEPTEM ARÆ [I. A.], *Aronches*, pet. ville du Portugal (Alemtejo).

SEPTEMBURIUS, *Zepperen*, bourg du pays de Liége (Belgique).

SEPTEM FONTES, un grand nombre de monastères ont porté ce nom, qui se traduit auj. par *Sept-Fonts*, *Sept-Fontaines* ou *Seevenborren*.

SEPTEMIACIS [T. P.], ville de Rhætie, que l'on croit être auj. *Memmingen*, en Bavière (voy. MEMMINGA).

SEPTEMOLÆ, *Septmeules*, sur l'Yères, village près d'Eu (Seine-Infér.); anc. abb. de St-Benoît, fondée au VIIe siècle, et anc. localité importante du PAGUS TELO-GIENSIS (*Talou*).

SEPTEMPEDA [It. A.], Σεπτέμπεδα [Ptol., Str.], sur la voie d'Ancona à Spoleto, *S. Severino*, sur la Potenza (délég. de Macerata).

SEPTEM SALES, *Semsales*, bourg de Suisse (C. de Fribourg).

SEPTEM SALTUS, SILLÆ, *Sevenwolden*, district de Hollande (Friesland).

SEPTEM URBIUM REGIO, TRANSILVANIA, la *Transylvanie, Siebenbürgen* (en all.), *Erdely* (en hong.), prov. qui fait partie de l'empire hérédit. d'Autriche.

SEPTIMANCA [It. A.], ville des Vaccaï dans la Tarracon., auj. *Simancas*, sur la Pisuerga, pet. ville de la prov. de Valladolid.

C'est dans le vieux château de Simancas que sont déposées les archives de Castille, à l'abri de fortes murailles qui n'ont pu les protéger efficacement contre la rapacité des collectionneurs étrangers et les dilapidations des conservateurs indigènes.

SEPTIMANIA, *Gothica regio* [Frédég.], anc. nom de la Gaule méridionale (Narbonnaise 1re des Romains).

SEPTIMUS, *Septème*, commune de Fr. (Isère); *septième* mille de la voie qui part de Vienne.

SEPTIMUS MONS, *Mont Septimer*, dans le canton des Grisons.

SEQUANA FL., [Cæs., Pl., Mela], Σηχοάνας [Str., Pt.], Σηχόανος [St. B.], SECANA [Greg. Tur.], SIGONA [Frédég.], SEGONA [Gesta reg. Fr.], SEGNA, *la Seine*, fl. de Fr.; son cours, du dép. de la Côte-d'Or à l'Océan, est d'environ 800 kil.

SEQUANI [Cæs.], Σηχοανοί [Str.], Σηχοανοί [Ptol.], peuple de la Gaule, habitant la *Grande Séquanaise*, MAXIMA SEQUANORUM, à l'E. de la Saône, qui depuis a formé la Franche-Comté et partie de la Suisse.

SERAGIUM, voy. STIVAGIUM.

SERANICOMAGUS [T. P.], ou plutôt SERMANICOMAGUS, station du pays des Santones, dans l'Aquitaine II, *Chermez, Chermé*, commune de l'Angoumois (Charente).

SERDICA [It. A.], SARDICA [T. P.], Σαρδική, Σερδική [Ptol., Proc.], depuis TRIADITZA, Τριάδιτζα, dans la Dacie ripuaire, auj. *Sofia, Sophia*, ville de la Roumélie, chef-lieu de pachalick, au pied des Balkans.

SEREZANA, SERGIANUM, *Sarzena, Sarzana*, pet. ville d'Italie (prov. de Gênes); patrie du pape Nicolas V.

SERGENTIUM, Σεργέντιον [Pt.], ville de Sicile, auj. *Artesina Monte*.

SERIA [Pl.], Σερία [Pt.], FAMA JULIA, ville des Turdetani, auj. *Xeres de Caballeros*, ville d'Espagne, sur l'Ardila (Estremadura).

SERIPHUS INS. [Cic.], voy. ACIS.

SERMANICOMAGUS, voy. SERANICOMAGUS.

SERMIONNENSE PALAT. [Præc. Car. M. a. 773], *Sermonne*, commune de Fr. (Ardennes) (?).

SERMYGYLA, voy. REVALIA.

SERNACHE ALLIORUM, *Sernache dos Alhos*, bourg du Portugal, près de Coimbre (Duero).

Quand la peste ravagea la ville de Coimbre, en 1597, Antonio de Mariz, imprimeur de l'université, se réfugia dans cette petite localité avec une presse et le matériel indispensable pour y terminer un ouvrage important composé par son fils, et qu'il avait mis sous presse dans son établissement de Coimbre: *Dialogos de varia Historia*, in-4° de 800 pp. Dans la préface de ce livre, Antonio de Mariz fait une peinture effrayante des ravages causés par la peste et déclare qu'il a cherché à s'éloigner « *e molendinis Cupressi in ripâ oppidi Sernache Alliorum* ». Le titre du volume porte simplement « Coimbra, 1577 »; la souscription est à la fin: *Acabouse de imprimer a segunda vez, esta primeyra parte dos* DIALOGOS DE VARIA HISTORIA: *E a Ribeyra de Sernache dos Alhos, em os moinhos do acipreste, a 8 dias do abril de* 1559. *Na officina de Antonio de Mariz, Impressor da Universidade*. Un exempl. de ce rare volume est à la Bodléienne.

SEROTA [I. A.], dans la Pannonie, auj. *Veröcze* ou *Verovito*, bourg de Hongrie.

SEROTENNUM, SEROTENUS [Monn. Mérov.], *Sarroux*, village de Fr. (Corrèze).

SERPA, FABIA PRISCA SERPENSIS, ville de la Lusitanie, auj. *Serpa*, dans l'Alentejo (Portugal).

SERPANE, voy. SCARPONA.

SERRAVALLIS, *Serravalle*, pet. ville de la Vénétie, dans la délég. de Trévise, sur le Maschio. — *Serravalle*, bourg du Piémont (Prov. de Tortona).

C'est à la première de ces deux localités que s'applique la note bibliogr. qui suit: L'imprimerie a existé dans cette ville à partir du XVIIe siècle, sans qu'on puisse déterminer la date du premier établissement typogr.; c'est en 1605 que nous trouvons un premier livre souscrit à ce nom (Falkenstein dit 1604, et M. Cotton ajoute qu'un volume à cette date, imprimé par Marco Chaseri, est à la Bodléienne): *G. Fr. Lottini. Sant'Agnesa, san Giovanni, Giuditta, S. Lorenzo, e S. Cristina, rappres. sacre.* Serravalle, 1605, in-12.

SERRETES, SERRAPILLI, peuple de la Pannonie, occupait les rives de la Drave.

SERVESTA, *Zerbst*, ville du grand-duché d'Anhalt-Dessau; patrie de Catherine II, la protectrice de Diderot.

SERVESTA, *Szervestie*, bourg des Confins militaires, près de Karansebes (Autriche).

Nous ne pouvons déterminer d'une façon absolue à laquelle de ces deux SERVESTA s'applique la note bibliogr. suivante, que Németh (*Typ. Hungar.*) porte à l'actif de la dernière, tandis que nous penchons pour la ville d'Anhalt-Dessau.

C'est à la seconde moitié du XVIe siècle que l'on peut reporter l'imprimerie de Zerbst, et le premier typogr. se nomme Bonaventure Faber. Falkenstein donne 1583 comme première date; nous pouvons citer quelques ouvrages antérieurs: *D. Nicolaus Hemmingius, Professor Hafniensis, Theol., Me-*

thodus apodíctica de Lege naturæ. Servestæ, 1577, in-8º. Les catalogues des foires de Francfort, et surtout celui du libraire Willer d'Augsbourg, nous donnent les titres d'un très-grand nombre de volumes exécutés par ce Bonaventure Faber à des dates postérieures ; ses héritiers lui succèdent en 1598.

Une imprimerie particulière, au commencement du XVIIIᵉ siècle, fut organisée et dirigée à Zerbst par un savant orientaliste et théologien, d'origine hanovrienne, Heinrick Jacob van Bashvysen, recteur du gymnase d'Anhalt (voy. Lackmann, p. 86).

SERVIA, *Servitza*, ville forte de Turquie, du pach. de Monastir (Macédoine), sur le Karasou.

SERVIODURUM, dep. STRAUBINGA, *Straubingen, Straubing*, ville de Bavière ; voy. AUGUSTA ACILIA.

SERVITIUM [I. A.], SERBETIUM [G. Rav.]. dans la Pannonia prima, auj., suiv. Reichard, *Petrinczi*, et, d'après Mannert, *Jessenovitz*, bourg de Hongrie, au confluent de l'Unna et de la Save.

SESEMOVICUS, SESEMOVICO [Monn. Mérov.]' *Souesmes*, village de Fr. (Loir-et-Cher)·

SESSELIUM, SETELLUM, *Seyssel*, bourg de Fr. (Ain).

SESSITES BURGUS, *Borgo di Sesia*, bourg d'Italie, au S. de Varallo, sur la Sesia.

SESSITES FL. [Pl.], la *Sesia*, riv. de l'Italie du Nord, affl. du Pô.

SESTINUM [Pl.], Σίστιον [St. B.], ville d'Italie, auj. *Sestino*, sur les Apennins (Toscane).

SESTUM, *Saracina*, bourg du Napolitain (Calabre Citér.).

SESTUS [Liv., Pl., Mela, Ovid.], Σηστός [Herod., Thuc., Xen., etc.], ville de la Cherson. de Thrace, sur l'Hellespont, auj. *Jalova*, sur les Dardanelles.

SETABIS [Pl.], Σίταβις [Str.], SÆTABIS [Sil.], Σαιταβίς [Pt.], municipe de la Tarracon. (Contestani), auj. *San-Felipe* ou *Jativa*, dans le roy. de Valence, au confl. de la Montesa et de l'Albayda.

SETANTIORUM PORTUS, Σεταντίων λιμήν [Pt.], dans la Britannia Romana ; ce port est placé par Reichard sur la côte S. du *Firth of Solway*, et par Camden, au N. de *Warwick*, dans le Cumberland [Forbiger].

SETELSIS, Σίτηλσις [Pt.], ville des Lacetani, dans la Tarracon., auj. *Solsona*, ville de Catalogne.

SETERRÆ, SITERRÆ, dans la Tarracon., station de l'Itin. des *Aquæ Apollinares*, à XV m. de Vich, auj. *Alcoy* (?), ville d'Espagne (intend. d'Alicante).

SETIA [Liv.], Σητία [Str.], cité du Latium,

près des marais Pontins, auj. *Sezze*, dans la délég. de Frosinone.

SETIDAVA, Σετίδαυα [Pt.], ville de la Germanie, auj. *Zydowo*, au S. de Gnesen, dans la rég. de Posen (Prusse).

SETIUM, voy. MESSUA COLLIS.

SETUCÆ, SETUCIS [T. P.], localité des Ambiani, dans la Gaule Belgique, auj. *Beaucourt*, commune de Picardie (Somme), suiv. M. Rigollot ; *Cayeux*, petit port du même dép., suiv. d'Anville.

SETUIA, SETIVA, SETOVIA, SEVIA, Σετουία [Pt.], ville des Quadi, dans la Germanie, dont la position actuelle est contestée, *Käsmark*, sur le Popper, en Hongrie [Wilhelm]; *Sydzina* [Reichard], ou *Czyche*, en Gallicie [Kruse].

SEVASTOPOLIS, voy. SEBASTOPOLIS.

SEVENBERGEN, bourg du roy. de Hollande (Brabant sept.), à 16 kil. N.-O. de Bréda.

Imprimerie en 1683 [Falk.]; le catal. des livres imprimés en Hollande de 1679 à 1684 ne nous donne pas de titre à fournir à l'appui de cette assertion, que nous enregistrons sans commentaire.

SEVERIACUM, *Civray, Civrai*, pet. ville de Fr. (Vienne); anc. titre de comté.

L'imprimerie fut introduite à Civrai à l'époque révolutionnaire ; la Biblioth. imp. possède : *Scélératesse dévoilée, ou Robespierrisme du district de Civrai, dép. de la Vienne, avec quelques réflexions morales et politiques, par Norbert Pressac, fermier-cultivateur.* Civrai, Morisset, an III de la République, in-8º.

SEVERIANA, *Montescaglioso*, pet. ville du Napolitain.

SEVERINUM, *Szöreny*, bourg de Hongrie [Graësse].

SEVERUS MONS [Virg.], dans l'Apennin, auj. *Monte Vissa*.

SEVO MONS [Pl.], les *monts Kjölen* (partie des *Seve-Ruggen*), entre la Suède et la Norvége.

SEX, Σίξ [Pt.], HEXI [Mela], Ἐξιτανῶν πόλις [Str.], SEXTI FIRMIUM JULIUM [Pl.], dans la Bétique, auj. *Motril*, ville d'Espagne, près de la Méditerranée (roy. de Grenade).

SEXAMNIENSIS VALLIS, *le Schamserthal*, dans le canton des Grisons.

SEXANTA PRISTA, voy. PRISTA.

SEXTANORUM CIVITAS, voy. ARELATE.

SEXTANTIUM, SEXTANTIO, *Soustancion*, anc. cité de la Gaule Narbon., détruite par les Barbares, et dont on voit les ruines à 3 kil. N.-É. de *Montpellier* (Hérault).

SEYNY, ville du roy. de Pologne, dans le

Woyew. d'Augustow, au N.-O. de Grodno.

Imprimerie en 1650 [Bandke]; cette typogr. fut probablement organisée par les soins et à l'usage des religieux dominicains du célèbre monastère de cette ville, et peut-être même exista dans l'enceinte du couvent.

SEZANIA, SEZANNA, *Sézanne*, pet. ville très-anc. de la Champagne (Marne).

SEZENA, voy, SEDENA.

SFINGA, SINOTIUM, *Sign*, bourg de Dalmatie, dominé par un château fortifié (cercle de Spalatro).

Nous laissons à M. Ternaux la responsabilité de la note suivante : « Un certain Magister Gregorius, protégé par l'archidiacre Silvestre Bedritchitch, y fonda dans les premières années du XVIe siècle une imprimerie glagolitique pour la publication d'ouvrages en langue croate ; il en est sorti : 1º *Transitus Hieronymi :* 2º *Manipulus Curatorum ;* 3º *Quadragesimale fratris Roberti*, 1504. J'ignore la date des deux autres. »

SHAKLEWELL, district de la paroisse de Hackney (Middlesex), auj. réuni au faubourg N.-E. de Londres.

T. Rutt y exerçait l'imprimerie en 1805; la *British and Foreign Biblical Society* installa dans ce faubourg une typogr. spéciale, à peu près à la même époque.

SHERBORNA, *Sherborne* (Dorsetshire), voy. CLARUS FONS.

Voici la note que consacre à cette ville M. Cotton dans son dernier Supplément : Un journal, *The Sherborne Mercury*, fut publié à Sherborne en 1736; les « *Fisher's Sermons* » y furent imprimés en 1741. Il est maintenant reconnu, de plus, que les trois premiers vol. de « *Dod's Church history* », in-fol., souscrits au nom de «*Brussells*, 1737 », ont été exécutés à Sherborne ; le nom réel de DOD était « *The Rev. Hugh Tootle* »; Lowndes dit : « Though bearing the imprint of Brussells, it was evidently printed (at Sherborne) in England. » Un volume imprimé dans cette ville en 1790 figure à la deuxième vente Rich. Heber, sous le nº 4901.

SHEFFIELD, ville importante du West-Riding du Yorkshire, au confl. du Sheaf et du Don.

M. Cotton fait remonter l'imprimerie dans « la *ville des Couteliers* », à 1740, avec « *Th. Short's history of mineral water.* Scheffield, 1740, 2 vol. in-4º (Lowndes, IV, 2388). Un imprimeur du nom de Will. Ward y résidait en 1761, et un journal « *The Sheffield Register* », y fut publié à partir de juin 1787.

SHIELDS (NORTH), ville d'Angleterre (Northumberland), sur la rive gauche de la Tyne.

Imprimerie en 1789 [Cotton].

SHIELDS (SOUTH), ville d'Angleterre (Durhamshire), sur la rive droite de la Tyne, en face de North-Shields.

Imprimerie en 1802 : *The Happy Village, by the Rev. R. Wallis.* South-Shields, 1802 [Cotton].

SHOREHAM, port d'Angleterre, dans le comté de Sussex.

Une imprimerie particulière exista dans cette localité. Lowndes, d'après le catal. Hibbert, men-

tionne : *Perronnett's (E.) Mitre, a Satyrical Poem.* Voici la note ms. qui se trouvait sur l'exempl. de la vente Hibbert (nº 6147) : « This book was printed without a title page, in a private press. The autor's name is E. Perronett, son of the Rev. Mr. Perronett, vicar of Shoreham. The satyre was so strong that the autor's friends prevailed upon him to suppress the publication; therefore it is very scarce, and a curiosity. »

SIARUM [Pl.], ville de la Bétique, auj. *Saracatin*, bourg près d'Utrera (Andalousie).

SIATA INS., l'*île d'Houat*, pet. île de la côte de Bretagne, près de Belle-Isle (Morbihan).

SIBARIA [I. A.], station sur la route de Saragosse à Merida, auj. *Santiz* [Ukert].

SIBARIS, *Simmari*, ville du Napolitain (Calabre Ult. II).

SIBERENE, ville des OEnotri, dans le Bruttium, auj. *San-Severina*, pet. ville du Napol. (Calabre Ult. 11).

SIBRIUM [G. Rav.], au N.-O. de Milan, auj. *Castel Sebrio*.

SICAMBRI [Flor.], SIGAMBRI [Cæs.], SUGAMBRI [Tac.], Σούγαμβροι [Str.], peuple de la Germanie, sur le Rhin, occupait les prov. de *Juliers* et de *Clèves-Berg*, dans la Prusse Rhénane.

SICANI, voy. SICULI.

SICHEMIUM, *Sichem*, pet. ville de Belgique (Brabant).

SICILA, localité de la Gaule Belgique qui vit la proclamation à l'empire d'Alexandre Sévère, et que l'on croit être auj. *Bretzenheim*, près de Mayence.

SICILIA [Tac., Mela, Pl.], Σικελία [Pol., Str., Pt.], SICANIA, Σικανία [Herod., Thuc., Str., Diod.], poétiq. anc. TRINACRIA [Virg.], TRINACRIS [Ovid.], Τρινακρίη [Hom.], la plus grande des îles de la Méditerranée, la *Sicile*, *Sicilia*; partagée en trois vallées, *Val di Noto, Val di Mazzara*, et *Val di Demona*, elle forme auj. sept prov. du roy. d'Italie.

SICINUS INS., Σίκινος [Ptol.], Σίκνος [Str.], anc. OENOE [Plin.], île de la mer Égée, auj. *Sikino*.

SICORIS FL. [Cæs., Pl.], le *Segre*, riv. de la Catalogne, affl. de l'Ebre.

SICULI, SICANI, Σικελοί, Σικανοί, premiers habitants (Araméens) de la Sicile, auxquels vinrent se mêler d'innombrables immigrants hellènes (dial. dorien), et plus tard les Phéniciens ou Carthaginois (race sémitique).

SICULI, *die Szeckler*, peuple hongrois, dans

la partie montagneuse de la Transylvanie.

SICULUM FRETUM, *Faro di Messina*.

SICUM, Σίκον [Pt.], sur la côte dalmate, auj. *Sebenico*, ville et port de l'Adriatique, à l'embouchure de la Kerka (cercle de Zara).

SICUSIS, voy. SEGUSIO.

SICYON, Σικύων, *Sicyone*, capit. de la SICYONIA, Σικυωνία, le plus anc. des États de la Grèce; les ruines de cette ville illustre, son admirable théâtre, se voient encore auprès d'un bourg appelé *Vasilika* (Morée).

SIDENI, Σίδενοι, peuple de la Germanie qui habitait les côtes de la Baltique, entre l'Oder et le Warnow, auj. nord du *Brandeburg (Uckermark)*.

SIDICINI [Liv.], peuple de l'Ausonie, occupait une partie de la *Terra di Lavoro*.

SIDICINUM, voy. TEANUM.

SIDILOCUM, voy. SEDELAUCUM.

SIDONES, Σίδωνες [Pt.], peuple de la Germanie, occupait partie de la Gallicie [Sprüner].

SIGEBERTI CASTRUM, *Sierk*, pet. ville de Lorraine, sur la rive gauche de la Moselle.

SIGENA, abb. royale d'Espagne, située près de la ville de Monçon, en Aragon, dont les dames portaient l'habit et la croix de l'ordre de Malte.

SIGENA NASSOVIÆ, SIGA, SEGEDUNUM (?), *Siegen*, pet. ville de Prusse (Westphalie), a longtemps appartenu à la maison de Nassau.

Nous pourrions faire remonter la typogr. dans cette ville à l'année 1576, si nous nous en rapportions à une indication fournie par le bibliogr. Bauer (III, p. 302): *Georg. Remi, Vir pius et sapiens, sive commentarius in Prouerbia Salomonis*. Sigenæ Nassoviorum, 1576, in-8°; mais « G. Remus I. V. D., Reip. Noribergensis Consiliarius et Acad. Altorfinæ Procancellarius secundus,.... diem obiit supremum Norimbergæ, anno 1625, ætatis anno LXIIII; » il n'aurait donc eu que 15 ou 16 ans lors de la publication du livre que mentionnent Bauer et D. Gerdes, ce qui ne nous permet pas d'accepter ce renseignement. Ce n'est qu'à l'année 1596 que nous trouvons trace certaine d'impression à Siegen, et cette date est acceptée par Falkenstein : *D. Conradi Vorstii Idea totius theologiæ duobus libris distincta, et iuxta seriem locorum communium breuibus aphorismis comprehensa*. Sigenæ, Christ. Corvinus, 1596, in-8°.

Nous avons déjà vu ce Christ. Corvin à Herborn en 1585, et antérieurement à Francfort.

SIGNIA [Liv., Sil.], Σίγνια [Str.], Σιγνίνα [St. B.], SEGNIA, ville du Latium, auj. *Segni*, pet. ville épisc. d'Italie (délég. de Frosinone).

SIGRANCIO, SIGRANCIUM, dans l'anc. pays de Madrie, *Serans* (?), commune de Fr. (Orne).

SIGULONES, peuple de la Germanie, occupant partie du *Schleswig* [Reich.].

SILANA [Liv.], ville de l'O. de la Thessalie, auj. *Poliana*, au S. du Pénée.

SILARUM [T. P.], dans la Gaule Cisalpine, auj. *Castel-S.-Pietro*, sur le Silaro.

SILARUS FL., Σίλαρος [Str., Pt.], dans la Lucanie, auj. le *Sele*.

SILARUS FL., dans la Gaule Cisalpine, auj. le *Silaro*.

SILBIUM [G. Rav.], Σίλβιον [Diod.], dans l'Istrie, auj. S. *Servolo* (?), dans le gouv. de Trieste.

SILESIA, *la Silésie*, *Schlesien*, vaste prov. prussienne, chef-lieu : *Breslau*; la partie méridionale appartient à l'Autriche.

SILIACUM, SILIACOS [Dipl. Theod. III], *Silly-le-Long*, commune de Fr. (Oise); un grand nombre de localités portent ce nom de *Silly*.

SILICIACUM, *Sennecy*, commune de Fr. (Côte-d'Or); anc. titre de marquisat.

SILINGÆ, peuple de la Germanie, occupait partie de la Silésie et de la Basse-Lusace.

SILINIACUM, SILIONACO (?) [Monn. Mérov.], *Seignelai*, *Seignelay*, pet. ville de Bourgogne (Yonne); anc. titre de marquisat.

SILIS FL. [Pl.], dans la Vénétie, auj. le *Sil* ou *Sille*.

SILLINÆ INS., voy. CASSITERIDES INS.

SILOENSE MONAST., *Selau*, bourg et anc. abb. de Bohème.

SILURES, Σίλουρες [Pt.], peuple de la Britannia, occup. partie du *Pays de Galles*.

SILURUM INS., voy. ÆMODÆ INS.

SILUSIA, SCHLEUSINGA, *Schleusingen*, ville de Prusse (prov. de Saxe), sur la Schleusse.

Falkenstein date l'introduction de l'imprimerie de 1609 ; le catal. de la biblioth. de Poulkova nous donne une date antérieure, mais dont nous ne prétendons pas endosser la responsabilité : *Astrologia confutata. Das Jeronimi Savonarole Buch wider die Astrologos, übersetzt von Th. E. Helvetius*. Item in Disputation u. s. w. Schleusingen, 1557. La *Biblioth. Saxonica* de Struvius nous donne le titre du livre imprimé en 1609, qu'avait sans doute en vue Falkenstein : *Dan. Crameri Plagium, seu Comœdia de Ernesto et Alberto, Ducibus, astu surreptis, in Germ. Sermonem translata a Io. Sommero, Cygnæo, Pastore ,Osterweddingensi*. Schleusingæ, 1609, in-4°.

SILVA BOCAUNA, *Buchau,* bourg du Wurtemberg.

SILVA COATIA, COTIA [Gr. Tur.], *Forêt de Cuise,* depuis *forêt de Compiègne*; bataille en 715.

SILVA DUCIS, voy. BUSCODUCA.

SILVA GABRETA, *der Böhmer Wald.*

SILVA HERCYNIA, *der Harz* (voy. Hercynia).

SILVA MARTIANA, SILVA NIGRA, *der Schwaz-wald,* voy. MARCIANA SYLVA,

SILVACUS [Hincm. Epist.], SILVAGIUS [Ch. Car. C.], SYLVIARIUS [Dipl. eiusd. a. 846], *Servais,* commune de Picardie, près Laon (Aisne).

SILVANECTES [Not. Pr. Gall.], peuple de la Gaule Belgique II, voisin des Veromandui et des Suessiones, occup. l'arrond. de Senlis.

SILVANECTUM CIV., voy. AUGUSTOMAGUS.

Le catal. Secousse (n° 1339) nous donne le titre d'un volume exécuté antérieurement à la date que nous avions assignée à l'introduction de la typogr. à Senlis : *Nouveau Recueil des Vies des Saints, propre pour servir d'exemple à la campagne.* Senlis, 1607, in-12.

SILVINIACUM, SILVINIACUS, *Sauvigny,* commune de Fr. (Yonne); M. Quicherat traduit par *Ste-Vertu,* hameau du même dép., le nom du patron du village s'étant substitué au nom primitif.

SILVIUM [I. A.], Σιλούιον [Str.], SILUTUM (?) [T. P.], AD SILVIANUM [I. A.], station du territ. des Peucetii, dans la Japygie, auj. *Garagone,* bourg de la terra di Bari.

SIMBRUINA STAGNA [Tac.], voy. SUBIACUM.

SIMEGHIENSIS COMIT., *le Comitat de Schameg,* en Hongrie (cercle au-delà du Danube).

SIMMERA, *Simmern, Siemern,* pet. ville de Prusse, chef-lieu de cercle dans la prov. du Rhin, sur le Simmerbach.

Frédéric, comte-palatin de Simmern, surnommé le Hundsrücker, résida longtemps dans le château de cette ville, qui fut incendié pendant la guerre de la succession ; son fils Jean y installa un atelier typographique quelques années après la réforme. De l'histoire de cette imprimerie nous ne savons que bien peu de chose. A la tête de cette typographie princière fut mis un secrétaire du comte, qui s'appelait Hiérosme Rodier, et les premiers produits de ces presses remontent à 1530. Le nom de ce Rodier figure sur quelques livres jusque vers 1554 ; il prenait alors le titre de « typographe privé du prince Palatin ». Une circonstance particulière qui n'a point été expliquée, c'est que les volumes exécutés à Simmern aient été imprimés avec les mêmes caractères que le célèbre Tewrdanuckh de 1517. Le plus important des livres publiés en 1530, à Simmern, est certainement le *Livre des Tournois* ou THURNIER BUCH, dont l'auteur est Georg Rüxner: c'est un in-fol. goth., avec grav. sur bois, et blasons, dont la description est partout (voy. Ebert, n°

19557; Baüer et Vogt; les cat. Borluut, n° 4364 ; Tross (1861), n° 1387; Didot, Livres avec fig. sur bois, n° 149, etc.); il fut réimprimé deux ans après, et, chose bizarre, les bois sont les mêmes, mais les caractères absolument différents. Pourquoi? Voilà une question que personne encore n'a résolue.

Nous citerons, à la même date de 1530, un livre moins connu, qui est également imprimé avec les beaux et singuliers caractères du Tewrdanuckh : GEMEIN-ORDNUNG *irer gnaden* (*Johensen Pfaltzgrave bei Reine) Houegerichts zu Creutzenach, grafschaft Spanheim,* etc., 1530 (Simmern), Sylvester Sibolt. Hieronymus Rodler, in-fol. goth.

Citons encore un vol. précieux dont nous avons vu un bel exempl. dans la bibliot. de M. Firmin Didot : *Eyn schön Nützlich büchlin... der Kunst des Messens (Perspectiva zu latin genant).* A la fin : Getruckt vnnd volnendet, zu Siemeren vff dem huneszrucke, in verlegüg Hieronimi Rodlers, 1531, in-fol. de 45 ff. non ch., sign. A. H. fig. sur bois ; c'est un abrégé des traités de perspective d'Albrecht Dürer, dont Rodler est en même temps l'auteur et l'imprimeur. Plusieurs romans de chevalerie, traduits en allemand, furent encore imprimés à Simmern par J. Rodler, le *Fierabras* en 1533 [Graësse, II, 577]; *les Quatre Fils Aymon* en 1535 [Cat. Bearzi, n° 2811], etc.

SIMPLICIACVS, *S. Martin de Sargé,* près de Mondoubleau, commune de Fr. (Loir-et-Cher).

SINA INS., voy. SENA.

SINDILISDORFA, *Sindelsdorf,* bourg de Bavière.

SINDUNUM, *Senuc,* commune de Fr. (Ardennes).

SINE MURO [Monn. Mérov.], voy. CASTRUM SINEMURUM ; l'appellation ci-dessus pourrait aussi s'appliquer au bourg de *Semur-en-Brionnais,* dans le dép. de Saône-et-Loire.

SINGIDAVA, Σιγγίδαυα [Pt.], ville de Dacie, auj. *Dowa,* sur le Marosch (Transylvanie); quelques géogr. disent : *Szegedin,* au confl. de la Theiss et du Marosch.

SINGIDUNUM [I. A.], Σιγγίδουνον, vulgô Σιγίνδουνον [Pt.], Σιγγήδων [Proc.], depuis ALBA BULGARICA, au confl. de la Save et du Danube, *Belgrade, Belgrad, Béogradu* (en serbe), *Nander-Fejerwar* (ville blanche), ville forte et célèbre de Servie, sur la frontière d'Autriche, vis-à-vis de Semlin.

SINGILI, SINGILIS [Plin.], dans la Bétique, au nord d'Antequara; ses ruines se voient près d'un bourg nommé *Valsequilla.*

SINGONE, Σιγγανή [Pt.], ville de Germanie, auj. *Trentsin,* sur le Waag, chef-lieu de comitat en Hongrie.

SINGULIS FL. [Pl.], le *Xenil,* affl. du Guadalquivir.

SINONIA INS. [Mela, Pl.), dans la mer d'Étrurie, auj. l'île de *Zannone,* sur les côtes de la Toscane.

SINOTIUM, Σινώτιον [Str.], voy. SFINGA.

SINTICE, SINTICA, voy. HERACLEA, quelques géogr. traduisent par *Serés*, grande ville de la Roumélie, chef-lieu de pachalick, sur le Kara-sou.

SINUESSA [Liv., Tac., Pl., Mela], Σινούεσσα [Pol., Str.], Σινύεσσα [St. B.], ville de la Campanie, près de Minturnes, auj. *Rocca di Mondragone*, mais beaucoup plus probablement *Suessola*, pet. ville du Napolitain, près de Caserte (voy. Lor. Giustiniani, p. 195).

SIPARIS [G. Rav.], en Istrie, auj. *Castello di Sipar*, près de Pola.

SIPHNUS INS., voy. ACIS.

SIPIA, première station de la Table de Peut. entre Rennes et Angers, au passage d'une pet. riv. appelée la *Seiche*, près de *la Guerche* (Ille-et-Vilaine).

SIPONTUM, SIPUNTUM [Pl., Liv., Mela], Σιπεῦς [Str., Pt.], ville d'Apulie, à l'embouch. du Garganus, sur l'Adriatique; on en voit les ruines au bourg de *S. Maria di Siponto*, près et au S. de Manfredonia.

SIRADIA, *Sieradz*, ville de Pologne, près de la Warta.

SIRENUSÆ INS., Σειρηνοῦσαι [Str., Pt.], SIRENUM PETRÆ [Mela], SIRENUM SCOPULI [Virg.], sur la côte S. de la Campanie, groupe de trois rochers dont le plus grand s'appelle *Isola Lunga*.

SIRIO [It. A.], SERIO [T. P.], dans la Gaule Aquitaine, auj. *Rions* ou *Serion*, pet. ville de Fr. (Gironde).

SIRIS FL., Σίρις [Str.], dans la Lucanie, auj. *il Sinno*.

SIRIS [Pl.], Σίρις, port d'Héraclée, dans la Lucanie, auj. *Torre di Senna*, dans la Calabre.

SIRMIO [It. A.], *Sermione*, bourg de la Lombardie, sur une presqu'île du lac de Garda.

SIRMIUM [Pt., It. A.], Σίρμιον [Str., Pt.], chef-lieu de la Basse-Pannonie, sur la rive N. de la Save, auj. *Mitrowitz* ou *Mitrovitz*. C'est la patrie de l'empereur Probus.

SIROIALUM, SIROIALENSE ORATORIUM [Gr. Tur.], SIRALLO [Monn. Mérov.], d'après M. d'Amécourt, *Ciran-la-Latte*, près Liguеil (Indre-et-Loire).

SISAPON [Cic., Pl., Vitr.], Σισάπων [Str.], Σισαπώνη [Ptol.], SISALON [It. A.], ville des Oretani, dans la Bétique, auj. *Almaden de la Plata*, dans la Sierra Mo-

rena; mines de mercure, exploitées déjà au temps des Romains.

SISCIA [Plin.], SYSCIA, Σισκία [Str.], anc. capit. des Scordisci, auj. *Sissek*, ville de Croatie, au confl. de la Culpa et de la Save.

SISTARICA, voy. SEGUSTERO.

SITANSTETENSE CŒNOB. S. MARIÆ, *Seitenstätten*, bourg de la Basse-Autriche (Wienerwald); anc. abb. de St-Benoît.

SITHIVUM, SITHIEU, voy. AUDOMAROPOLIS.

SITHONIA, Σιθωνία [Herod., St. B.], partie de la Thrace qui correspond auj. à la *Roumélie*, *Rom-Ili*.

SITILIJA, SITILLA [T. P.], station de la Gaule Lyonn. I., auj. *Thiel*, commune de Fr. (Allier).

SITOMAGUS [I. A.], SINOMAGUS [T. P.], anc. ville de la Britannia Romana, dont la situation est déterminée par Mannert, aux environs de *Southwold* (Suffolkshire), et par Camden placée à *Thetford*, dans le comté de Norfolk; cette attribution est certainement la bonne.

SITTAVIA CIV., ZITTAVIA, *Zittau*, ville du roy. de Saxe (cercle de la Hte-Lusace).

L'imprimerie remonte dans cette ville à l'année 1586, dit Falkenstein; c'est l'année même où fut établie à Zittau une importante école publique. Comme corollaire de ce gymnase fut installée une imprimerie dont la direction fut confiée à Nicolas Schneider. L'incendie qui détruisit la ville, le 7 juin 1607, n'épargna pas l'imprimerie; mais elle fut rétablie peu de temps après, puisque nous trouvons plusieurs volumes à la date de 1611 et de 1612 (voy. Struvius, *Bibl. Saxonica*).

SITTICIUM, *Sittich*, *Sitizena*, bourg et anc. monastère de la Carinthie.

SKALHOLT, pet. ville d'Islande, siége épisc. de 1057 à 1797.

L'imprimerie de Hoolum, sous l'influence de l'év. Théod. Thorlakson, fut transférée dans ce bourg de 1685 aux premières années du XVIIIe siècle; pendant cet intervalle, 41 volumes furent exécutés à Skalholt. Le Musée britannique conserve quelques-uns de ces précieux produits, dont le plus ancien parait être un PSALTERIUM (ou GRADUALE), imprimé en 1687, in-8o oblong [Cotton).

SKALICIUM HUNGARIÆ, *Szakoltza*, *Skalitz*, ville de la Hongrie, sur la March (cercle en-deçà du Danube).

Németh ne fait remonter l'imprimerie dans cette ville qu'en 1788 avec Joseph Anton' Skarnitzl, comme premier typogr.; nous avons une indication antérieure : J. Kautsch, *Geographia practica*. Skalicii Hungariæ, 1784, in-8o (Cat. bibl. Poulkov. p. 150).

Németh cite : *Tissoti informatio populi de cura valetudinis in Slav. Ling. transl. per Joan. Prokop. medict. doct. Szakolcz.* Szakolczæ, typis Josephi Antonii Skarnitzl, 1788, in-8o de 436 pp.

Franc.-Xavier Skarnitzl succéda à son père Jos. Antoine en 1803.

SKIA INS., voy. ERUDA.

SLAGOSIA, *Slagelse,* pet. ville du Danemark (Seeland).

SLAUKOVIA, *Austerlitz, Slowkow* (en morave), pet. ville de la prov. de Moravie et Silésie (Autriche), bataille en 1805.

SLAVI, SCLAVI, SCLAVENI, SCLAVONES [P. Diac., Proc., Jornand.), peuple de race caucasique, ayant occupé primitivement la Sarmatie, du Dniester au Don; depuis s'est étendu dans une grande partie de l'Europe centrale et septentrionale, *Russie, Pologne, Prusse, Bohême, Moravie, Carinthie,* etc.; de SCLAVI on a fait *Esclaves* [voy. Helmold, *Chr. Slavorum*].

SLAVO-GRÆCIUM, VENDO-GRÆCIUM, *Windisch-Grätz,* ville de Styrie (cercle de Cilly); titre de principauté.

SLEGUM, *Sligo,* ville et comté d'Irlande (Connaught).

SLESIA, voy. SILESIA.

SLESVICENSIS DUCATUS, *Sliesthorp, Schleswig, Sleswig,* prov. danoise; de 931 à 1026, forma un margraviat allemand; devint plus tard l'apanage des princes puînés des rois de Danemark; depuis 1720 jusqu'à nos jours appartint sans contestation à ce royaume; la Prusse vient de s'en emparer.

SLESVICUM, SCHLESVICUM, anc. HEIDEBA [Bert., Luen.), *Schleswig,* cap. du duché de Schleswig, sur un bras de mer appelé Sil ou Schlei.

L'imprimerie remonte en cette ville au XVe siècle; un typogr. que nous avons déjà porté à l'actif de Lubeck, Étienne Arndes, est appelé dans cette ville par le chapitre en 1486, et y donne cette même année : MISSALE SLESWICENSE. *Missale secundum Ordinarium et ritum Ecclesiæ Sleswicensis. Per Jacobum Hortsman formatum, emendatum et correctum, impressumque in Sleswick arte et ingenio Stephani Arndes.* 1486, in-fol.

SLIA, *Sil, Schlei,* bras de mer au fond duquel s'élève la ville de Schleswig.

SLIESTHORP [Pertz], partie nord du Schleswig.

SLOVANKA (?).

Henderson (*Biblical Researches in Russia*) décrit une édition d'une *Biblia Slavonica,* souscrite à ce nom et imprimée en 1766; ne serait-ce pas SMOLANCKA ou SMOLSCA, *Smolensk ?*

SLOVITA, village de Wolhynie, à 40 milles d'Ostrog.

Henderson (*Bibl. Researches in Russia*) décrit une édition d'un *Psalterium Hebraicum,* in-8°, qu'il dit avoir été imprimé dans ce village, mais il n'en donne ni le titre ni la date; Bachmeister ne le mentionne pas, ce qui nous fait supposer qu'elle est postérieure à 1776.

SLUCA, SLUCKUM, *Sloutsk, Slucko,* ville de l'anc. Lithuanie, auj. dans le gouv. de Minsk (à la Russie).

Slucko appartenait jadis aux Radziwill; les réformés y possédèrent un temple et une école qui acquit une certaine célébrité : le corollaire indispensable d'une école est une imprimerie; celle-ci fut organisée vers l'année 1674; à cette époque, Hoffmann nous donne : en 1674, un *Psautier Polonais « Przez Marcina Kuczwarewicza wierszem polskim tlumaczone »,* et l'année suivante : *Andreæ Maximil. Fredro de militia Polona.* Slucko, 1675, in-4°.

SMALCALDIA, SCHMALKALDIA, SMALCALDA, *Schmalkalden,* ville de l'électorat de Hesse-Cassel, dans une vallée du Thuringerwald, célèbre par la ligue de 1531, par laquelle les princes protestants affirmèrent leur indépendance religieuse.

Falkenstein fait remonter l'imprimerie dans cette ville à 1574 avec un livre dont nous donnerons le titre, mais nous devons la reporter à 1565 : *Friderici Dedekindi Metamorphoseon sacrarum libri quinque.* Schmalkaldiæ, 1565, in-8°) à la Bodléienne). — *M. Christoph. Fischers Auszlegung der fünff Hauptstück dess h. Catechismi.* Schmalkalden, 1565, in-8o.

Le livre à la date de 1574, qu'a voulu désigner Falkenstein, est sans doute celui-ci : *Johannis Christophori Fuchii Paraphrasis in omnes Psalmos Davidis.* Schmalcaldiæ, 1574, in-8o; il est cité par Baüer (I, p. 325), et par le P. Lelong. Le premier imprimeur de Schmalkalden s'appelait Michael Schmuck.

SMOLSCA, *Smolensk,* ville forte de Russie, chef-lieu du gouv. de même nom, sur le Dnieper, anc. répubi. indépendante.

SMYRNA [Tac., Liv., Pl.], Σμύρνα [Herod., Scyl., Pol.], *Smyrne,* en turc *Ismir* ou *Izmir,* ville de l'Anatolie, chef-lieu de Pachalick; anc. colonie d'Éphèse, archev. arménien.

Une typographie hébraïque fut installée dans cette grande cité au milieu du XVIIIe siècle, en 1618, disent Falkenstein et Cotton; la ville d'Oxford possède, on le sait, la splendide collection Oppenheimer, où sont accumulés les plus précieux livres de la typogr. Juive; mais la Bodléienne possède en outre un très-grand nombre d'ouvrages imprimés avec les caractères hébreux, et parmi eux nous en relevons à la date de 1654 : *R. Baruch Kelal* כלל *Liber* ספר ברוך, id est *Fons Benedictus : est lib. Quæst. et Respp.* Izmir, 1654. C. 3. 15. Th. Nous avons copié exactement le titre de ce volume, tel que nous le donne le catal. de la Bodléienne de Thom. Hyde, p. 575, afin que M. Cotton puisse redresser l'erreur du célèbre bibliothécaire d'Oxford, si elle existe. Citons encore : *Menassé ben Israel Esperança de Israel* (Hispan.). Smirnæ, 5419 (Chr. 1659), in-8o. De Rossi possédait cette édition d'un audacieux ouvrage qui fut réfuté deux ans après par Theophr. Spizelius : *Elevatio relationis Montezinianæ de repertis in America tribubus Israeliticis, et discussis argum. a Menasse ben Israel.* Basileæ, 1661, in-8o.

SNÆLANDIA, voy. ISLANDIA.

SNAGOF ou SYNAGUPHU, monastère élevé dans une petite île au milieu d'un lac, à très-peu de distance de Bucharest (Valachie).

Une imprimerie fut fondée dans ce monastère par l'archev. grec en Valachie, Anthimos, et pourvue par les soins de ce prélat de caractères grecs, arabes et illyriens ou cyrilliques. Schnurrer, dans son excellente *Bibliotheca Arabica*, mentionne un *Missale Græco-Arabicum*, exécuté dans cette typogr. conventuelle en 1701, aux frais de Jean-Constantin Bessaraba, woïwode de Valachie, et par lui distribué gracieusement aux arabisants. Schnurrer déclare ce livre assez bien imprimé, mais d'une extrême rareté ; il eut cependant la chance d'en rencontrer un exempl., et de l'acquérir pour une somme insigniflante dans une vente de Leipzig.

SOBISÆUM, **SULBISIA**, *Soubize*, *Soubise*, bourg de Fr. (Charente-Infér.); anc. titre de principauté dépendant de la maison de Rohan.

SODALCURTUM, **SATHALCURTIS**, **SODALCOURT** [Pertz], *Saucourt*, hameau de Picardie (Somme); victoire sur les Normands en 881.

SOGIUNTII, peuple de la Gaule, habitant les environs du *Sauze*, village de l'arr. d'Embrun (Hautes-Alpes).

SOGNIACUM, *Soignies*, ville de Belgique (voy. SENONANUS PAGUS).

SOGUNTIENSIS PAGUS, **SUENTENSIS**, le *Sundgaw*, *Sundgau*, anc. comté mérov., auj. district de l'Alsace (part. mérid. du Haut-Rhin).

SOLARIA (AD) [T. P., G. R.], station de la Ligurie, placée près de *Ponte di Sestri* [Mannert].

SOLATIUM, *Solaize*, commune du Dauphiné (Isère).

SOLCOVIA, *Zolkiew*, ville et chef-lieu de cercle dans la Gallicie (Autriche).

Les Juifs établirent en cette ville une imprimerie au XVII° siècle ; le plus anc. produit de ces presses hébraïques connu remonte à 1692 [de Rossi], il est exécuté par un typogr. du nom de *Vri Veibs*. Voy. le *Catal. de la biblioth. Oppenheimer*, à Oxford.

SOLEMIO VILLA, *Solesmes*, pet. ville de Fr., sur la Selle (Nord).

SOLEMNÆ, **SOLEMNIS** [Monn. Mérov.], *Solesmes*, commune de Fr. (Sarthe), suiv. Cartier, anc. et célèbre monastère de Bénédictins.

SOLEMNIACUM, *Solignac*, bourg de Fr. (Haute-Vienne), anc. abb. de St-Benoît, fondée en 631.

SOLETUM [Pl.], ville de la Calabre, auj. *Solito*.

SOLIACUM (*Natione Soliacensis*, Rig. Chr.), SVLIVCVV, SVVLIVCV, SVLIVCO [Monn. Mérov.], SULLIACUM, *Soilly* (au XII° s.), *Sully* (*Suilly*), *Suilly-sur-Loire*, petite ville de Fr. (Loiret).

Ancienne ville avec château, qui avait appart. aux La Trémoille, érigée en duché-pairie, en 1606, par Henri IV, en faveur de Maximilien de Béthune, qui se fit appeler duc de Sully. Ce fut dans cette résidence vraiment royale que le grand-maître de l'artillerie se retira en 1610, après le meurtre de son roi, et ce fut là qu'en 1637 il fit venir d'Angers un imprimeur spécial avec un matériel typogr.; un contrat fut passé entre le duc et l'imprimeur par-devant M° Pichery, notaire royal à Sully, et, sous les yeux de l'illustre homme d'État, les mémoires dictés par lui à ses secrétaires, pendant ses longues années d'exil volontaire, furent imprimés sous le titre de : *Mémoires des sages et royales œconomies d'Estat, domestiques, politiques et militaires de Henry-le-Grand ..... et des servitudes utiles, obéissances convenables et administrations loyales de Maximilian de Béthune.* — A Amstelredam, chez Aléthinosgraphe de Cléaretimelée et Graphexecon de Pistariste, s. d. (1638), 2 vol. in-fol. Édition originale dite aux VVV verts, parce que sur le titre se trouvent ces trois capit. (chiffre de la maison de Béthune), peintes en vert.

SOLIACUM, **SOLLIACUM**, *Sully*, commune de Fr. (Saône-et-Loire, arrond. d'Autun), anc. château appartenant à la maison de Tavannes.

Quelques bibliogr. ont prétendu que ce fut dans ce château que, vers l'année 1616, Jean, vicomte de Lugny, fit imprimer une édition des *Mémoires de Gaspard et de Guillaume de Saulx de Tavannes, son père et son frère aîné*, in-fol.; c'est une double erreur ; en 1653 seulement cette édition fut donnée au château de Lugny.

SOLIÆ, **SOLIENSIS CAMPUS**, *Saal*, village de Bavière, sur la Saale (Main-Inférieur) ; anc. chef-lieu du district appelé *Saalgau*.

SOLICINIUM, *Schwetzingen*, bourg du grand-duché de Bade (cercle du Bas-Rhin); palais grand-ducal.

SOLIMARIACA [I. A.], dans la Gaule Belgique, auj. *Soulosse*, commune de Fr. (Vosges).

SOLINATES [Pl.], peuple de l'Ombrie, occupait les environs de *Sogliano*.

SOLISBACUM, **SULTZBACUM**, **ZULSBACUM**, *Sultzbach*, pet. ville de Bavière (Regenkreis), sur le Rosembach.

La famille des comtes de Sultzbach s'est éteinte en 1799, avec l'électeur Palatin Charles-Théodore, si connu des amateurs de la Céramique. L'imprimerie remonte en cette ville à l'année 1657 [Falkenstein], et une typogr. hébraïque y fut installée en 1685. Nous croyons cependant ne devoir dater la première imprimerie que de 1666, car le vol. qu'a eu certainement en vue Falkenstein, bien que daté de 1657, ne fut très-probablement exécuté qu'en 1667: *Franc. Mercurii B. ab Helmont; Alphabeti vere naturalis breuissima delineatio. Quæ simul methodum suppeditat, iuxta quam qui surdi nati sunt sic informari possunt, ut non alios saltem loquentes intelligant, sed et ipsi ad sermonis usum perveniunt.* Sulzbaci, (1657) 1667, in-12, cum fig. Une traduction allemande fut publiée la même année dans la même ville, in-12 ; le livre est célèbre dans les annales des sourds-muets, et a servi à l'abbé de l'Épée. D'autre part nous devons signaler à la date de 1666 : *Th. Carres, Tipperariensis, Lyra sive anacephalæosis Hibernica, in qua de exordio, nomine, moribus, ritibusque Gentis Hibernicæ succincte tractatur.* Sulzbaci, 1666, in-4°, pl. gr. et portraits (voy. pour ce livre rare, cat. Libri, 1861, n° 1497).

SOLIS URBS, voy. SALZWITA.

SOLLIACUM, voy. SORDILIACUM.

SOLLINENSIS CIV. (Not. Imp.], *Sollies-Pont*, bourg de Fr. (Var).

SOLLIUM, Σόλλιον [Thuc.], port de l'Acarnanie, auj. *Stavro* [Leake].

SOLMA, *Solms*, anc. princip. et district du Wetterau (cercle du Bas-Rhin).

SOLNA, *Zolna*, en all. *Sillein*, ville de Hongrie, dans le comitat de Treutschin, sur le Waag.

Cette ville eut une typographie de 1665 à 1708; voici le nom de l'imprimeur : Joannes Dadan (1665-1698). L'*officina Dadaniana* subsista jusqu'en 1708; pendant les deux dernières années, elle était dirigée par Wilhelmus Kander; le premier livre imprimé est : *Chiliasmus dirutus, id est : Refutatio Opinionis tam veterum nonnullorum, quam recentium, docentium Christum universalem omnium indicem..... Studio et opera Michaelis, institoris rectoris scholæ Moschoviensis, respondente Mich. Alauda Radkov, ejusd. scholæ alumno.* Impressum Solnæ per Johannem Dadan, 1665, in-4°, 10 ff.

SOLODORUM, SALODORUM, SALODURUM, *Solothurn*, *Soleure*, ville et chef-lieu de canton de la Suisse, sur l'Aar, anc. ville impériale.

On lit sur l'autel de l'église principale :
    In Celtis nihil est Saloduro antiquius, unis
      Exceptis Treveris, quarum ego dicta soror.
Et en effet, la tradition fait remonter la fondation de Soleure modestement au temps d'Abraham et des Patriarches.
Le premier livre souscrit au nom de cette ville, que nous puissions citer, est daté de 1568 : *Joh. Cementarii das Leben und Sterben dess elenden Menschen.* Solothurn, 1568, in-8°.
Hafner (*Solothurner Chronick*) dit que ce fut en 1658 que M. Wehrlin établit à Soleure la première typogr.; il y a la simple transposition de chiffres; l'erreur de date qu'a laissé échapper l'historien local est pour nous évidente, le volume que nous venons de citer étant décrit dans cinq catalogues antérieurs à 1625.

SOLORIUS MONS, *Sierra Nevada*, chaîne de montagnes qui séparait la Tarracon. de la Bétique.

SOLUS [Pl.], Σολοῦς [Thuc., Diod.], SOLUNTUM [I. A., T. P.], ville de Sicile, auj. *Castello di Solanto*, sur la côte N.

SOMENA FL. [Fort.], SOMANA [XIIe s.], SOMNA [Pertz], la *Somme*, fl. de Fr., se jette dans la Manche.

SOMNIUM, *Sonnino*, bourg de la délég. de Frosinone (Italie).

SONDERSHUSA, *Sondershausen*, ville d'Allemagne, cap. de la princ. de Schwarzburg-Sondershausen, au confl. du Wipper avec le Beber.

Imprimerie en 1697, suiv. Falkenstein: la *Biblioth. Ritualis* (II, p. 352) nous donne : *Caspar Læscher. Dissertatio de Pericopis Evangelicis et Epistolis.* Sondershusæ, 1668, in-4°.
La Biblioth. Saxonica de Struvius fournit les titres de plusieurs vol. imprimés à Sondershausen, mais postérieurement à 1668.

SONTIUS FL., *l'Isonzo*, fl. de la Vénétie, afft. de l'Adriatique.

SOPIANÆ [A. Marc.], ville de la Basse-Pannonie, auj. *Soppan, Zoppia*, en Hongrie (com. de Baranya).

SOPRONIUM, SEMPRONIUM, *Œdenburg*, *Sopronban*, ville de Hongrie, chef-lieu de comitat (cercle au-delà du Danube).

Németh constate l'existence d'une imprimerie à Œdenburg, en 1673, mais le nom du typogr. lui échappe : *Bet- und Bussandacht, so wegen des an. 1673, den 28 Junii zu Œdenburg enstandenen Erdbebens begangen ist worden.* Œdenburg, in-8° de 8 ff. De 1692 à 1731, Tardius Sebast. Ferdin. Dobner, sénateur d'Œdenburg, de la religion réformée, posséda une imprimerie particulière : *Dobner Seb. Ferd., Priesterliches Ehren Schildlein, welches er Joanni Conrado Barthio Ewang. Predigen zu Œdenburg bey seiner Beerdigung aufgerichtet im Jahr* 1692. S. L. in-4° de 6 ff.
Un imprimeur que nous avons déjà rencontré, Jos.-Ant. Streibig, vint s'établir à Œdenburg, en 1715. Ce fut lui qui imprima le premier le « *Status regni Hungariæ Schematismum* », puis vinrent Ph. Nic. Joh. Schmid, J.-G. Götjen, Joh. Rennauer, etc.

SORA [Liv., Pl.], Σώρα [Pt.], ville des Volscæ, dans le Latium, auj. *Sora*, ville épisc. du Napolitain (terra di Lavoro), sur le Garigliano.

SORA, *Soroe*, pet. ville du Danemark (Seeland), chef-lieu de bailliage; elle possède une université, un lycée, une bibliothèque, un cabinet de physique et 1600 hab.

Imprimerie en 1627 [Falkenstein]; l'université, ayant été fondée en 1623 par le roi Christian IV, fut suivie presque immédiatement de l'établissement de la typogr., et George Hantschen fut le premier imprimeur; on le voit en 1666 prendre le titre de : « *Typogr. regius Daniæ* ».
Voici le titre du premier volume à la date de 1627 : *D. Joh. Cluverus, Prof. Theologiæ Soranus. Harmonia Evangelistarum, id est oratio qua ostenditur Romam Pontificiam esse Jerosolimam Apostaticam.* Soræ, 1627, in-4°.

SORA, SORAVIA, *Sorau*, ville de Prusse, sur le Goldbach, chef-lieu de cercle (Brandebourg).

Nous trouvons trace d'imprimerie dans cette ville à la date de 1589 : *Das zierliche vnd uhralte Wappen dess Stams vnd Hauses in Pommern, illuminirt vnd explicirt durch David Thimeum.* Sora, 1589, in-4°.
La *Biblioth. Saxonica* de Struvius nous fournit les titres d'un assez grand nombre de volumes exécutés au XVIIe siècle.

SORA, *Soria*, ville d'Espagne, sur le Duero, chef-lieu d'intend. (Vieille-Castille); on trouve CORIA, CAURIUM. Voy. CAURIUM.

L'imprimerie hébraïque du XVe siècle que l'on a attribuée aux presses de Soria doit, suiv. M. de Rossi, dont l'autorité fait loi en pareille matière, être reportée à l'actif de *Soure* ou *Soura*, pet. ville du Portugal (voy. SOURA). Quant à la note bibliogr. que nous avons consacrée à l'art. CAURIUM, c'est à *Soria*, dans la Vieille-Castille, qu'il convient de l'appliquer.

SORABIS FL., voy. TADER.

SORACTE MONS [Virg., Pl.], montagne au N. de Rome, dans l'Étrurie, auj. *Monte di S. Oreste*, dans la délég. de Viterbo, sur le versant duquel Carloman, frère de Pépin, fit construire un célèbre monastère, qu'il plaça sous l'invocation de S. Silvestre.

SORBIGA, *Zörbig*, ville de Prusse (rég. de Merseburg, Saxe).

Imprimerie en 1713 [Struvius] : *Christophori Guntheri Encomia Jerichouiensia oder Kirchweyh der kirchen zu Prirau, nebst einen historischen Anhang von Prirau.* Zörbig, 1713, in-4o. Ce petit poème a été réimpr. par Jo. Christian Beckmann dans ses additions à *l'Histoire d'Anhalt.*

SORBIODUNUM [It. A.], station de la Britannia Romana, OLD-SARUM, vieille forteresse romaine, dont les ruines se voient près et au N. de Salisbury.

SORBO, *Sorbon*, village de Fr. (Ardennes), où naquit, en 1201, l'illustre fondateur de la Sorbonne, Robert Sorbon.

Lieu d'impression supposé (1762).

SORDICE LAC., SORDUS, SALSULÆ FONS, *Etang de Leucate* (Aude).

SORDILIACUM, B. MARIA DE SOLLIACO, SORICINIUM MON., SOREGIUM, *Sorèze*, pet. ville de Fr. (Tarn), célèbre par son abb. de Bénédictins, dite *N. D. de la Sousade de Sorèze*, fondée en 754, du dioc. de Lavaur.

M. Ternaux cite : *L'amateur de cavalerie, en six parties, par Colsinet de Murtin.* Sorèze, 1803, in-8o (inconnu à Quérard).

SORETHIUM, SORETANA ABB., SORTENSE MONAST., SCHUSSENRIETUM, *Schussenried*, bourg et anc. abb. de Prémontré, du dioc. de Constance, fondée en 1188, sur les frontières de la Souabe et de la Suisse.

De tous les lieux d'impression que nous avons dû signaler avoisinant le Bodensee, celui-ci serait un des plus remarquables, si la date qui suit était authentique, et la typographie qui fut établie dans ce célèbre monastère dut certainement avoir de l'importance, si nous en jugeons par la perfection typogr. de la pièce que nous avons à citer : LEON. ARETINUS, CALPHURNIA ET GURGULIO COMEDIA. Commence (sans titre) au rº du premier I. : ( )orripio mrès gnatas..... à la fin : *Finit felicite' leonard' Aretin'* (sic) *jn monasterio' Sortèn. Anno* || *dni Mºqdringetesimo septuagesimo octauo* (en vers); in-fol. sans ch., récl. ni sign., de 14 ff. à 19 lig.

L'abbé Mercier de St-Léger, commentant l'attribution faite par Prosper Marchand de cette pièce aux presses monacales de Schussenried, dit avec une grande apparence de raison qu'il faut accueillir avec réserve cette date de 1478, qui serait beaucoup plus probablement celle de l'exécution du manuscrit que celle de l'impression ; de plus, Panzer décrit cette pièce sous le titre de : *Comœdia Graccus et Poliscene*, avec cette liste de personnages : *Graccus*, filius cuiusdam senis Macharij ; *Poliscena*, filia Calphurnie : *Gargulio*, servus Gracci ; il y revient

à plusieurs reprises, et deux fois en attribue l'impression à un typogr. inconnu de Strasbourg, qui donna sans doute une édition de *Térence* (Ann. I, p. 95), exécutée avec les mêmes caractères que la comédie du monastère de Schussenried.

Depuis l'époque des Mercier de St-Léger et des Panzer la question n'a point fait un pas ; Mazzuchelli affirme cependant que la première édition doit porter le titre de : « CALPHURNIA ET GURGULIO », et les suivantes celui de : « COMEDIA POLISCENE ».

SORIANUM, *Soriano*, bourg des États du pape (délég. de Viterbo), anc. abb. de Dominicains.

Nous devons signaler l'existence d'une imprimerie conventuelle omise par Falkenstein : *Cronica del conuento di S. Domenico in Soriano, dal patre Ant. Lembo.* In Soriano, 1664, in-4o (cat. Dubois, II, nº 1780]; Haym ne mentionne point ce volume rare, qui fut imprimé par un typogr. du nom de D. Ferro.

SORRENTUM, voy. SURRENTUM.

SOSPITELLUM, *Sospello, Sospel*, pet. ville de l'anc. comté de Nice (Alpes-Maritimes).

SOSSINATI, Σοσσίνατοι [Str.], l'un des peuples primitifs de l'île de *Sardaigne*.

SOSTOMAGUS [It. A.], ville des Tectosages, dans la Gaule Narbon., que l'on croit avoir existé là où s'élève *Castelnaudary* (voy. CASTELAVIUM).

Le P. Le Long (I, nº 904) nous donne le titre d'une pièce relative à ce grand événement de l'ouverture du canal du Languedoc, qui est imprimée à Castelnaudary, sans date, mais sans doute, suivant toutes les apparences, vers le mois de juin ou juillet 1681.

SOTIATUM OPPIDUM, (SOTIATES [Cæs.], SOTTITES [Pl.]), ville d'Aquitaine, auj. *Sos*, pet. ville de Fr. (Lot-et-Garonne).

SOUGET (LE) (?); est-ce *Sougé-le-Ganelon*, commune de Fr. (Sarthe), ou *Sougé-sur-Braye*, dans le dép. de Loir-et-Cher ?

Ne serait-ce pas plutôt un lieu d'impression supposé ? voilà ce que nous ne pouvons déterminer. Nous connaissons et la Biblioth. imp. possède : *Remonstrance aux estats pour la paix.* Au Souget, par J. Torgue, 1576, in-8o. Cette pièce fut réimpr. à Lyon sous la même date, par J. Ysoret.

SOURA, *Souré, Soura*, pet. ville du Portugal, avec château (Estramadura).

C'est là, suivant M. de Rossi, que fut établie l'une des plus importantes typogr. hébraïques du Portugal ; le nom hébreu de la ville est Iscar ou Iscòr. *Pentateuchus Hebraicus absque punctis, cum chaldaica paraphrasi Onkelosi, et commentario Jarchi in Iscàr vel Iscòr*, ann. 204, Chr. 1490. Pet. in-fol. en caract. hébreux de trois grandeurs, sans chiffres, récl. ni sign., sur 3 col. avec init. gravées sur bois, de 264 ff. M. Van-Praët signale plusieurs exempl. de ce rare et précieux incunable imprimés sur vélin.

De Rossi décrit plusieurs ouvrages provenant des mêmes presses (voy. *Ann. hébr.*).

SOUTHANTONIA, *Southampton*, voy. ANTONIA MERIDIONALIS.

M. Cotton fait remonter à 1768 l'imprimerie à Southampton.

SOUTH MOULTON, bourg d'Angleterre (Devonshire).

L'imprimerie y fut introduite en 1789.

SOUTHWARK, anc. bourg du comté de Surrey, sur la rive droite de la Tamise ; est auj. réuni à Londres, dont il forme le faubourg méridional.

Un Allemand du nom de Peter Treveris (ou de Trèves) paraît avoir établi le premier atelier typogr. qui porte le nom de Southwark ; il imprimait pour les libraires John Reynes et Laurence Andrewe, de 1514 à 1532, année où lui succéda Will. Rastell ; puis viennent James Nicholson, John Redman, Christopher Truthall. Le premier livre imprimé par Petrus Treveris serait, au dire de quelques bibliographes, une édition des « Disticha moralia Cathonis », 1514, in-4°, mais personne n'en peut citer d'exempl.; il nous est donc permis de le traiter comme apocryphe, disons plus poliment comme extrêmement douteuse.

En 1516, il donne : The Grete Herbal, which giueth parfyt knowledge and vnderstanding of all manner of herbes... Imprented at London in Southwarke by ‖ me peter treueris, dwellynge in the sygne ‖ of the wodows, in the yere of our Lorde ‖ god. M.D.XVI. The XX. day of June. In-fol. goth., sur le titre la marque gravée sur bois de l'imprimeur représentant deux femmes sauvages.

Réimprimé fort souvent, et par Pierre Treveris lui-même, en 1526 et 1529.

SOZOPOLIS, voy. APOLLONIA.

SPALATUM [T. P.], dans la Dalmatie, voy. SALONA.

SPALDINGA, Spalding, pet. ville de Lincolnshire (Angleterre), sur le Welland, près de l'île d'Ely (voy. Aug. Thierry).

SPANDAVIA, Spandau, ville et célèbre forteresse de Prusse (Brandeburg).

SPARNACUM, ASPRENACA, ESPERNACUM, Espernay, Epernay, ville de Fr. (Marne); anc. abb. de chanoines réguliers.

Cette ville soutint en 1592 un siége long et meurtrier où le maréchal de Biron eut la tête emportée par un boulet. C'était une des places fortes de la ligue, et, pendant ces temps de troubles, une imprimerie antiroyale put fort bien être organisée et fonctionner à l'abri de ses excellentes murailles ; il en fut ainsi, si l'on doit considérer comme réellement imprimée à Epernay la pièce suivante : La confession et repentance d'Espernon. Des maux qu'il a faict contre les catholiques. Enuoyé par Zuinglius Antonius, gentilhomme lyonnois, a Monsieur son cousin de Linon, gentilhomme natif de la dite ville de Lyon. Imprimé à Espernay, chez Tarabin Tarabat (1588), in-8° (à la Bibl. impér.).

Cette imprimerie fut bien probablement démontée à la suite de la prise de la ville, car on ne trouve pas trace de typographie à Epernay pendant les deux siècles suivants ; elle n'est pas mentionnée aux arrêts du conseil de 1704 et de 1739, et le rapport fait à M. de Sartines en 1764 dit seulement : Epernay, deux libraires, pas d'imprimeur.

L'imprimerie ne date à Epernay que des premières années de la révolution.

SPARNO, SPARNONUM, Espernon, Epernon, sur la Guesle, bourg. de Fr. (Eure-et-Loir); avait été érigée en duché-pairie par Henri III ; ruines d'un château du XIVe siècle.

SPARTA [Liv., Pl.], voy. LACEDÆMON.

SPARTANI, SPARTIATÆ [Cic.], Σπαρτιᾶται [Diod., Paus.], Λακεδαιμόνιοι, Λάκωνες,

les Spartiates, le plus grand peut-être, mais à coup sûr le plus détestable des peuples de la Grèce antique.

SPARTARIA, voy. CARTHAGO NOVA.

SPECULA HALCYONIA, SPECULATIONIS CASTRUM, Schaumburg, château d'Allemagne, sur le Weser ; titre de princ. de Schaumburg-Lippe.

Sous cette appellation de SPECULA HALCYONIA, nous trouvons trace d'impression au XVIe siècle, mais nous croyons qu'il faut ranger cette typogr. dans la catégorie des lieux d'impression supposés : De Rebus Gallicis discursus, quo de totius Europæ statu præsente disseritur, et Reges et Principes orbis ad vivum depinguntur. Ex Specula Halcyonia, 1589, in-8°. Ce rare et précieux volume est suivi trois ans après de Exactissimi discursus de rebus Gallicis anno 1588. Editi continuatio... Ex Specula Halcyonia, 1592, in-8° (catal. G. Willeri. Franc., 1592, p. 373). Nous croyons ces volumes imprimés à Francfort même.

SPEDONUM [Cart.], Éposne, Épône, commune de Fr., près de la Seine (Seine-et-Oise).

M. Cotton prétend qu'une imprimerie a fonctionné dans ce village en 1788 ; nous ignorons sur quel titre il se fonde pour justifier cette assertion.

SPELUCA, quod dicitur DESERTUM, voy. DESERTINA.

SPELUCA MONS, le Splügen, montagne qui offre un des passages à travers les Alpes, entre la Suisse et l'Italie.

SPELUNCÆ [I. A.], station d'Italie, auj. Ostuni, pet. ville épisc. de la terra d'Otranto.

SPERCHEUS FL., Σπερχειός [Hom.], fl. de la Phthiotide, affl. du Sinus Maliacus, auj. l'Elladha.

SPERNACUM, voy. SPARNACUM.

SPHACTERIA INS., Σφακτηρία, pet. île de la mer d'Ionie, en face de Pylos, auj. Sphagia ou Sfagia, à l'entrée du port de Navarin.

SPHÆRIA INS., île de l'archipel, auj. Poros, dans l'Heptarchie de Trézène, avec un port militaire.

SPHECIA, voy. CYPRUS.

SPINA [Pl.], Σπῖνα [Str.], bourg de la Gaule Cisalpine, à l'embouch. la plus mérid. du Pô (SPINETICUM OSTIUM, Pô di Primaro), auj. Spinazzino (?).

SPINÆ [It. A.], station de la Britannia Romana, auj. Speen, bourg près de Newbury.

SPINALIUM, Espinal, Épinal, ville de Fr., chef-lieu du dép. des Vosges, sur la Moselle, fondée en l'an 970 par l'évêque de Metz, qui bâtit l'église St-Maurice et un monast. de Bénédictins, sous la protection de St-Goery.

Grâce aux excellentes recherches de M. Beaupré sur l'imprimerie de l'anc. duché de Lorraine, notre histoire de l'imprimerie à Epinal est rendue facile; c'est à l'année 1616 que l'on peut avec certitude reporter l'établissement du premier typogr., Pierre Houjon ou Houion, qui se qualifie d'*imprimeur de Son Altesse.*

Discovrs de l'amovr de'Dieu envers les hommes, de la pvnition de leur ingratitude : de la récompense des bons et des moyens pour l'obtenir. Extrait des sainctes Escriptures, par Madame de la Rovte, dame d'Essey, vicomtesse de Brugny en partic, & dame de Madame. A Espinal, par Pierre Houion, imprimeur de Son Altesse, 1616, pet. in-8° de 4 ff. lim. pour le titre, au milieu duquel est une gravure en bois représentant l'annonciation, et pour la dédicace *à Madame la Princesse de Lorraine, par Charlotte de St-Blaise* (probablement le nom de famille de l'auteur). Texte, 72 ff. non chiff., sign. A. S.

En 1635, à la suite de l'occupation militaire d'une partie du duché de Lorraine par les Français, l'imprimerie disparaît d'Epinal. De 1616 à cette date, M. Beaupré signale : Pierre Houjon (1616-1626); Ambroise-Ambroise (1631-1634); nous avons déjà vu cet imprimeur à Mirecourt en 1616; en 1633, il s'associe à Epinal avec Claude Cardinet.

L'imprimerie, après un laps d'un demi-siècle, reparaît en 1683, avec François Maret, comme fondateur d'un nouvel établissement.

Epinal ne figure point aux arrêts du conseil de 1704 ni de 1739; mais en 1764, lors du rapport fait à M. de Sartines, la ville possédait trois imprimeries montées appart. à Nicolas Valot, à Louis Vaultrain et à la veuve Dumoulin.

Un peu plus tard, vers 1785, il ne reste plus que l'imprimerie des demoiselles Vaultrain, ou Vautrin : un libraire d'Epinal, Charles Pellerin, obtint l'autorisation d'en établir une seconde.

Ce Pellerin éditait les complaintes à la mode; il imagina de placer en tête de ces complaintes une illustration enluminée d'après les procédés de gravures en couleurs que l'on employait pour les cartes à jouer. Cette industrie prospéra. Plus tard, en 1817, il maria sa fille à un ancien officier de l'empire, Pierre-Germain Vadet, qu'il associa à sa maison. De cette association sortit une grande industrie, l'imagerie d'Epinal. Nous croyons que le vieux soldat de l'empire, le véritable créateur de cette importante branche de commerce, Pierre-Germain Vadet, né en 1787, existe encore.

SPINETUM, SPINOGELUM, *villa super Sigona* [Frédég. C.], SPINOILUM AD SEQUANAM [Gesta Dagob.], ESPINUEL-SUR-SAINE, *Epinay-sur-Seine.* bourg de l'arrond. de St-Denis (Seine); là mourut le roi Dagobert en 638.

SPINSIA *villa publica* [Frédég.], SPISSIA, *Epoisse,* commune de Fr., près Semur (Côte-d'Or).

SPIRA NEMETUM, voy. AUGUSTA NEMETUM.

SPIREMBERGIUM, SPIREMBERGA, *Spiremberg* (?), probablement *Spilimbergo,* sur le Tagliamento, dans la Vénétie, près d'Udine.

Les bibliogr. allemands, Vogt, Bauer, Freytag, etc., citent tous un livre rare que la plupart des catal. importants du siècle dernier, Baluze, Dubois, Colbert, etc., mentionnent également : *Origines Murensis Monasterii in Helvetiis, atque adeo Europa universa celeberrimi, seu Acta Fundationis cum brevi chronico seculi undecimi quo major Scriptorum penuria fuit, atque in primis antiquissima Principum fundatorum Genealogia.....* Spirembergii, Bruckausensius, 1618, in-4°.

Ce monastère bénédictin de Mure ou Muri, du dioc. de Constance, fut fondé en 1027 (Lelong dit vers 1130, ce qui est faux); l'auteur de l'ouvrage était moine de Mure; il fleurissait l'an 1142 ; on trouve dans ce livre la véritable origine de la maison d'Autriche.

SPOLATUM, voy. SALONA.

SPOLETUM [Liv., Pl., Suet., etc.], SPOLETIUM [Liv., T. P.], Σπολήτιον [Str., Pt.], Σπολίτιον [Proc.], ville de l'Umbrie, sur la via Flaminia, auj. *Spoleto, Spoleti,* cheflieu de la délég. de ce nom, sur la Maroggia, au N. de Rome (cette délég. dans les Ann. d'Eginhard est appelée : *Duché de Spolitaine*).

C'est à 1643 seulement que nous pouvons faire remonter l'imprimerie dans cette ville : *Il Cavaliere prodigioso, Panegir. in honore di S. Pontiano martiro, del P. Gioseppe Bonafede.* Spoleto, 1643, in-4°; en 1672, date indiquée par Falkenstein, nous trouvons un nom d'imprimeur : *Bernardino de' Conti di Campello. Dell' Istorie di Spoleti, supplemento di quella del Regno d'Italia, nella parte che tocca al ducato Spoletino...* Spoleti, pel Ricci, 1672, in-4° (prima parte sola pubblicata).

SPONHEMIUM, *Sponheim,* bourg et château de la Prusse Rhénane, sur la route de Saärbrucken; ruines d'un abb. fondée en 1044 et sécularisée lors de la Réforme.

SPORADES INS., Σποράδες, les *Sporades.* Sous cette dénomination on comprend les îles de l'Archipel grec dispersées dans la mer Égée, au S. des Cyclades.

SPREHA FL., *la Sprée,* riv. de Prusse, affl. de la Havel.

SQUIRSINA, SUERINUM, *Schwerin,* capit. du gr.-duché de Mecklembourg-Schwerin, sur le lac du même nom. = Une autre pet. ville du même nom est en Prusse, dans la rég. de Posen, sur la Wartha.

Falkenstein ne fait remonter l'imprimerie dans la première de ces deux villes qu'à l'année 1789.

STABIÆ [Ovid., Pl.], dep. CASTELLUM MARIS, ville de la Campanie, auj. *Castellamare di Stabia,* ville épisc. du Napolitain, et port militaire sur le golfe de Naples.

Imprimerie en 1656, dit Falkenstein ; en 1640, dit Ternaux, avec un typogr. du nom de Cl. Cavallo.

STABNICIA (?); est-ce *Staditz,* pet. ville de Bohême? est-ce *Stavning,* en Danemark, dans le Juttand ?

Lieu d'impression qui nous est inconnu; Bauer (tom. IV, p. 107) et plusieurs bibliogr. allemands citent : *Franc. Stancari Tria Papistarum fundamenta seu asyla præcipua pro ficto sacrificio eorum missifico tuendo destructa.* Stabniciæ, 1571, in-4°. Ce livre, qualifié de rare et précieux par les Allemands, nous est inconnu; mais nous en connaissons une réimpression de 1573, également in-8°, imprimée sans nom de lieu, « *typis Matthiæ Wirtzbietæ* ».

Ce Francesco Stancaro était de Mantoue; il fut médecin du woïwode de Transylvanie, Jean Zapoly, et mourut en 1574.

STABULA [I. A., T. P.], station du pays des Rauraques, auj. *Chalombré*, près de Bantzenheim (Haut-Rhin).

STABULETUM, *Stavelot*, pet. ville de Belgique, de la prov. de Liége, sur l'Amblève; anc. titre de princip.

Imprimerie en 1778; premier imprimeur, V. Gerlache. Le premier journal de Stavelot ne remonte qu'au 1er janvier 1829 [U. Capitaine]; il était imprimé par J. de Sartorius Delaveux.

STABULUM, voy. AD STABULUM.

STADA, STADIUM (STATIO), *Stade*, ville de Hanovre, près du confl. de la Schwinge avec l'Elbe, chef-lieu de préfecture.

Imprimerie en 1661 [Falkenstein]; nous pouvons donner une date antérieure : *Michaelis Hauemann, tractatus de Jure Connubiorum*, Stadæ, 1656, in-4° (cat. de Tournes, p. 178 ; cat. Elzev. 1674); le catal . dressé après la mort de Dan . Elzevir , en 1681, donne le même livre avec la date de 1655.

STAFFORT (*Badischen Schloss*).

Nous n'avons point su retrouver ce château sur la carte du grand-duché de Bade ; il est désigné comme lieu d'impression : *Christliches bedencken vnd erhebliche wolfundirte Motiuen* , etc. *Hertzog Ernst Fridrichen Marggraffen zu Baden, Warumb ir F. G. dem Concordienbuch zu unterscreiben bedenckons gehapt sampt ihrer F. G. Confession von ettlichen streitigen Artickeln, an Marggraff Georg Fridrichen zu Baden*, etc. *uberschrieben*. Gedruckt im Badischen Schloss Staffort, bey Albino von Speyer zu finden. In-4° (*Index libr. impr.* 1593-1600, Lips.).

STAGELLUM, *Estagel*, ville du Roussillon (Pyrénées-Orientales); patrie de Fr. Arago.

STAGIRA, STAGIRUS [Pl.], Στάγειρα, Στάγειρος [Herod., Thuc., Str., Plut.], ville de Macédoine, près du mont Athos, dont les ruines se voient près de *Stavro*; c'est la patrie d'Aristote.

STAMFORD, ville du Lincolnshire (Angleterre), sur le Welland.

Un journal, *The Lincoln, Rutland and Stamford Mercury*, fut publié dans cette dernière ville à partir de 1695 ; le plus anc. livre souscrit à ce nom que connaisse M. Cotton est daté de 1712 : *Charles Kirkham. Philanglus and Astræa, or the loyal Poem*. Stamford, 1712, in-fol. (*Privately printed*, non cité par Martin). — *A Catalogue of the Library of Richard Brocklesby*. Stamford, 1714, in-8°. Le plus important ouvrage imprimé à Stamford est à la date de 1745. *Wm Whiston's Primitive New Testament*, in-4° (Bibl. Spenceriana et cat. Williams, n° 1873).

STAMPÆ, STAMPENSE PALATIUM, STAMPAS [Monn. Mérov.], *Estampes*, *Étampes*, ville de Fr., sur la Juine (Seine-et-Oise); plusieurs conciles provinciaux.

Nous recevons de M. P. Pinson la note suivante : L'imprimerie remonte à Etampes à l'année 1790, avec un premier typogr. du nom de Dupré ; le premier premier produit des presses de ce Dupré, que connaisse M. Pinson, est : *Discours de Pierre Dolivier , curé de Mauchamps* (et non *Manicamp*, comme dit Quérard), *à ses paroissiens, pour leur annoncer son mariage, prononcé le dimanche 21 octobre, l'an premier de la République Fran-

çaise, à l'issue des vépres. A Etampes, chez Dupré, imprimeur du district, in-8° de 22 pp.

STAMPENSIS PAGUS , *l'Etampois* , *le pays d'Etampes* , d'où sort la famille des Srs d'Estampes, Srs de la Ferté-Imbaud et de Valençay.

STAMPFA, *Stampfen*, *Stustompfa*, bourg de Hongrie, du comitat de Presburg.

STANACUM [T. P.], dans la Norique, auj. *Schärding*, sur l'Inn, bourg de Bavière [Reichard].

STANISLAVIA, *Stanislawow*, ville d'Autriche, chef-lieu de cercle en Gallicie, sur la Bistritza.

On cite : *Ruland. De lue Hungarica tractatus*. Stanislaviæ, 1651, in-8°.

STAPHENSE MONAST., *Staffelsee*, anc. abb. de Bavière [Graësse].

STAPULÆ, *Esclappes* [Froissart], *Estaples*, *Étaples*, port de Fr. (Pas-de-Calais); traité en 1492 entre la France et l'Angleterre.

STARGARDIA, *Staargardt*, *Stargard*, ville de Prusse, sur l'Ilma, dans la rég. de Stettin (Poméranie).

Imprimerie en 1777, disent Falkenstein et Cotton; nous pourrions citer plus de 30 volumes à des dates fort antérieures ; le plus ancien remonte à 1637 : *Wolffgang Hildenbrandt, Kriegsprognosticon bis auf 1637*. Stargardt, 1637, in-8° (*Cat. bibl. Pulcovensis*, p. 240). Si cette date est trop ambitieuse, et portée avec un ? au catalogue de l'Observatoire de Pulkova, en voici une qui est exacte : *Henrici Schaevii Mythologia Deorum ac Heroum*. Stargard, 1660, in-12.

STATEFURTUM, *Stafford*, ville et chef-lieu de comté en Angleterre, sur le Trent.

La *Cyclopædia* de Darling nous donne le titre d'un volume souscrit au nom de cette ville au XVIIIe siècle : *Georg. Croft, D. D.* (died 1809). *A Sermon. Prov.* 24, 21. Stafford, 1784, in-4°. John Drury, fils d'un imprimeur de Lincoln, qui portait le même nom, s'établit à Stafford en 1814.

STATIELLI, STATIELLATES [Liv.], peuple de la Ligurie, au N. de l'Apennin, occupait le pays d'*Acqui* (voy. AQUÆ STATIELLÆ).

STATILÆ [G. Rav.], *Stajola*, bourg de l'anc. princ. de Lucques (Italie).

STATONIA, Στατωνία [Str.], en Étrurie, chef-lieu des Statones [Pl.], auj. *Farnése*, suiv. quelques géogr., mais Reichard en place les ruines sur l'Albenga, près du *Lago di Bagni*.

STATUAS (AD), voy. AD STATUAS.

STAUROPOLIS.

Lieu d'impression déguisé : *Catechesis Ecclesiarum Polonicarum primùm anno 1609 in lucem emissa* (Rakoviæ), *et post carumdem ecclesiarum jussu correcta et aucta, per Jo. Crellium Francum, Jonam Schlichtingium à Bukowiec, ut et Martinum Ruarum, ac tandem Andream Wissowatium*. Stauropoli, 1680, in-4°, cité à tort, au cat. d'Estrées, sous la date de 1684. Le cat. de l'abbé Rive (n° 201) le décrit sous le format in-8°, ce qui est également erroné.

STAVENGERA, STAFENGERA, *Stavanger,* ville de Norvége (dist. de Christiansand).

STAVIACUM, *Stäffis,* pet. ville de Suisse, sur le lac de Neufchâtel (cant. de Fribourg).

STEENENSE MONAST., *abb. de Steen?*

M. Z. Boxhorn (*de Typogr.*) prétend que l'imprimerie fut exercée vers la fin du xve siècle, dans ce monastère attenant à Gouda, en Hollande; ce bibliogr. veut évidemment parler de l'établissement des Frères de la vie commune (*De Collatie broeders*) qui fonctionna en cette ville à partir de 1496 (voy. Holtrop, *Biblioth. de la Haye*, p. 158-159-245 ; Du Puy de Montbrun, *Impr. néerl.*, p. 82). Il faudrait savoir si cette abbaye portait au xve siècle le nom de *Steene* ou *Steen;* aucun des volumes cités par ces bibliogr. ne fournit de renseignement spécial. M. Holtrop, qui a bien voulu nous honorer d'importantes communications, sera certainement assez bon pour nous renseigner à cet égard.

STEENWORDIA. *Steenworde,* pet. ville de Fr. (Nord), arr. d'Hazebrouck.

Probablement lieu d'impression supposé : « *Pagenstecher de Barba prognosticon Historico-politico-juridicum.* Steenwordiæ. 1708, in-12.

STEENWYCA, STENOVICUM, *Steenwick,* pet. ville de Hollande, sur l'Aa (Overyssel).

M. Cotton dit qu'une édition du *Nouveau Testament* (en hollandais) fut imprimée dans cette ville par Herman Zanghursz, à la date de 1580; ce livre nous est inconnu.

STEGRA, *Estaires,* ville de Fr. (Nord); voy. MENARIACUM.

STEINAVIA, *Steinau,* deux pet. villes de ce nom en Allemagne, l'une en Prusse (Silésie), sur l'Oder; l'autre dans la Hesse-Cassel, sur la Kinzig.

C'est à la première de ces localités que s'adresse la note bibliogr. suivante : En 1655, la ville polonaise de Leszno fut brûlée par les Suédois ; un typogr. de cette ville, nommé Wigand Funcke, qui possédait une imprimerie, affectée spécialement au soutien des idées réformistes, prévoyant les désastres que devait amener cette guerre sanglante, se réfugia à Steinau, en Silésie, avec tout son matériel ; il y mourut en 1661. En 1662 et 1663, nous trouvons plusieurs « *Orationes sacræ* » exécutées : Steinaviæ, ex officina viduæ Funccii. Le matériel de Wig. Funcke fut acheté à sa veuve par Christophe Wilde d'Eislehen en 1664, ce qui n'empêcha pas cette veuve d'épouser, presque aussitôt un autre typogr. du nom d'Erasmus Koesner, qui exerçait encore à Steinau en 1670, et quitta depuis cette ville pour aller s'établir à Glogau.

STEINBRUGA, *Steinbrück,* bourg de Hanovre, près de Hoheneggelsen; il y a une autre localité de ce nom, mais de moindre importance en Bohême (cercle de Czaslau).

Un sermon de Luther, imprimé sous la rubrique Steinbrück, figure au cat. Buneau, est signalé par Engel, II, p. 24, Bauer, II, p. 325, etc. *Mart. Lutheri, Missio an alle, so Verfolgung leiden.* Steinbrück, 1522, in-4°; une autre pièce par M. Cotton, à la date de 1533, porte cette souscription : « *Steinburg, durch Woff Köpfel* ».

STEINFURTUM, STENEFORTIUM, *Steinfurt,* pet. ville de Prusse, sur l'Aa (rég. de Munster, Westphalie).

Imprimerie en 1601 : *Bertraham Liber, de corpore et sanguine Christi.* Steinfurti, 1601, in-8°; l'année suivante : *Musica nova, newe Singskunst, da so wol Frawen als Mannspersonen in einem Tag können lernen mitsingen.* Steinfurt, 1602, in-4°. Falkenstein donne l'année 1604 comme date de l'introduction de la typogr. à Steinfurt; la biblioth. de l'univ. de Leyde possède : *Conradi Vorstii Index errorum Ecclesiæ Romanæ.* Steinfurt, 1604, in-4°. Le plus grand nombre des ouvrages de ce théologien furent exécutés dans cette ville (voy. Bauer, IV, 277 et suiv.), et ses homélies « *disputationes* », etc., y furent prononcées: Vorstius fut le successeur d'Arminius à l'univ. de Leyde (voy. Freytag, *An. Litt.* 1666).

STEINKIRKA, *Steenkerke, Steinkirque, Steinkerque,* bourg de Belgique (Hainaut); bataille en 1692.

L'imprimerie a-t-elle existé dans cette petite localité au xvie siècle? L'*Index generalis* des livres imprimés de 1593 à 1600 (Lipsiæ, 1600, in-8°), nous donne : *Summarisches Stüklein vom Geheimniss der lieb. Item vom Stand der Ausserwehlten.* Steinkirch, 1590, in-4°,

STEKELBERG ARX, le château de Steckelberg, en Franconie, « *in tractu Hanoviensi sita* ».

Château appartenant à la maison de Hutten, et où naquit, en 1588, le célèbre Ulric de Hutten, aussi renommé par sa violence que par son courage et ses talents ; pour venger la mort de son cousin, Jean de Hutten, assassiné traîtreusement dans la forêt de Beblingen par le prince Ulric de Wurtemberg, il publia une série de pièces aussi mordantes que hardies, qu'il fit imprimer sous ses yeux au château de Steckelberg ; Gessner donne le détail de ces pièces, rares auj. : *Ulrichi Hutteni super interfectione propinqui sui Joannis Hutteni equitis a Wirtenbergiensi Duce Ulrico Deploratio, heroicis versibus.* — Ad *Ludovicum Huttenum super interemptione filii consolatoria Oratio.* — In *Ulrichum Wirtenbergiensem Orationes quinque invectivæ.* — In eundem *Dialogus, cui titulus Phalarismus.* — *Apologia pro Phalarismo, et aliquot ad amicos epistolæ.* — Ad *Franciscum Galliarum Regem Epistola, ne causam Wirtenbergiensem tueatur exhortatoria.* Excusum in arce Stekelberk, anno M. D. XIX, in-4°, sign. A. z. a-c ; au verso du f. xii, on voit le portrait de Hutten, sur bois, et une gravure du genre de Burgkmaier, représentant l'assassinat de Jean de Hutten, doit se trouver au vo du 18e f.

Ulrich de Hutten avait publié, en cette même année, 1519, un livre sur le bois de gaïac et sur la maladie que ce remède énergique est appelé à guérir ; il était sans doute plein de son sujet, car il en mourut en 1523 (voy. Freytag, *Adpar. Litt.*, III, 519 ; Bauer, II, 156 ; — cat. Baluze, n° 5154 ; cat. Heinsius, 326 ; cat. Delasize, 521,; 7e cat. Tross de 1861, n° 1304, etc.).

STELLA NAVARRORUM, STELLA CARNOVIUM, *Estella,* ville d'Espagne, sur l'Ega (intend. de Pampelune, Navarre).

Imprimerie en 1541. L'introducteur de la typogr. est un Flamand appelé Adrian de Amberes ou Adrien d'Anvers. Nous pourrions citer avec Antonio et Gallardo un grand nombre de volumes sortis des presses de cet excellent imprimeur; il exerçait encore en 1564, et donnait à cette date une belle et précieuse édition du roman de chevalerie : *Historia* del valeroso e inuencible principe don Belianis de Grecia. In-fol. à 2 col.

STELLÆ CAMPUS, voy. FLAVIONIA.

STEMBERT, village de Belgique, près de Verviers (prov. de Liége).

Un imprimeur du nom de Q.-F. Lejeune s'établit à Stembert et y installe une imprimerie en 1751; voici le titre du seul volume sorti de ces presses, qui soit à notre connaissance : *Instruction pastorale en forme de petit catéchisme, où l'on apprend ce que l'on doit savoir, croire et pratiquer pour mener une vie chrétienne, réimpr. par les soins de Mr Maigret, très-révérend et zélé pasteur de Verviers pour l'usage de sa paroisse, le tout conformément au catéchisme du diocèse de Liége.* Stembert, Quirin-François Lejeune, 1767, pet. in-8° de 81 pp.

STENACUM, *Steinach,* bourg et anc. abb. du Tyrol.

STENBROA, voy. LITHOPONTUS.

STENDALIA, *Stendael*, *Stendal*, ville de Prusse, rég. de Magdebourg (prov. de Saxe); patrie de Winckelmann.

On trouve un livre imprimé dans cette petite ville au XVe siècle; c'est là un fait bizarre et que l'on doit mettre sur le compte d'un typogr. ambulant, car nous ne croyons pas que l'on puisse signaler une nouvelle trace d'imprimerie à Stendal ni au XVe siècle ni même au XVIe : SACHSENSPIEGEL (in dial. Saxoniæ Infer.). *Der Sassen-Spiegel.* A la fin : *Explicit der Sassen-Spegel den de erwerdige in God Bader vnd derr Theodoricus von Bockstorpe Visschopp tho Nuenberg* (sic) *seliger gecorreget heft. Gedruckt to Stendael dorch Joachim Westfael in deme* CYYYYiij (1488) *Jare.* in-fol. de 218 ff. à 2 col. de 471. (Ebert, n° 19716; Hain, n° 14082; Bauer, Freytag, etc.).

Ce n'est qu'en 1679 que nous voyons renaître l'imprimerie à Stendal : *Fred. Gesenii, Irenæus philalethes, seu disquisitio super communiort argumento unionis ecclesiasticæ...* Stendaliæ, 1679, in-8°.

STENOVICUM, voy. STEENWYCA.

STEPHANI (S.) FANUM, *St-Etienne,* sur le Furens, chef-lieu du dép. de la Loire (France).

Collection complète des œuvres de messire Jean Chapelon, prêtre sociétaire de Saint-Etienne, avec l'abrégé historique de sa vie, recueillies et publiées par E. C. St-Etienne, 1779, in-8°.

STEPHANOPOLIS, voy. BRASSOVIA.

STEREONTIUM, Στερεόντιον [Ptol.], ville de la Germanie, que Wilhem place auprès de *Wahrendorf,* sur l'Ems (Westphalie), et Reichard à *Steinfurt.*

STETINGIA ORIENT., *Osterstedt,* bourg du Holstein.

STETINUM, voy. SEDINUM.

STILIDA, voy. COCINTIA.

STIRA, STYRA CIV., *Steyer,* ville de la Haute-Autriche (Traunkreis), au confl. de la Traun et du Steyer.

L'imprimerie remonte en cette ville à 1694, dit M. Cotton, qui malheureusement émet cette assertion sans l'appuyer d'un titre de livre.

STIRIA, STYRIA, *la Styrie, Styria, Steyermark,*

Steiermark, gouv. de l'emp. d'Autriche, div. en 5 cercles; capit. *Grätz.*

STIRIACUM, STIRPIACUM, STIRIATICORUM CASTRA, *Sterzing,* ville du Tyrol, sur l'Eisack (Pusterthal).

STIRIATIS, STIRIATE [T. P.], dans la Haute-Pannonie, auj. *Rotenhamm,* près Ströchau [Reich.], ou *Lietzen,* près de Bruck an der Mur (Autriche).

STIRLINGA, MONS DOLOROSUS, *Striuiling, Sterling, Stirling,* ville forte et chef-lieu de comté en Ecosse, sur le Forth; anc. résidence des rois d'Ecosse.

L'imprimerie remonte en cette ville à l'année 1571. Un célèbre typogr. d'Edimbourg y installa un atelier à cette date, et, l'année suivante, établit une succursale à St-Andrew's (voy. Herbert's *History of Printing in Scotland,* p. 1493) : *Ane Admonition direct to the trew lordis maintenaris of iustice, and obedience to the kingis grace* M. G. B. (Mr. George Buchanan). Imprintit at Striuilingbe Robert Lekpreuik, 1571, 32 pp. (16 ff.), in-8°. Herbert mentionne deux autres pièces à cette même date, quelques autres en 1573 et 1574.

STIRPIACUS VILLA (*in pago Tullensi*) [Ch. Car. Calvi, A. 885], *Estrepey,* commune de Fr. (Meurthe).

STIRPINIACUM, STERPINIACUM VILLA, *Estrepigni* [Gr. Chr.], *Estrepagny, Etrépagny,* bourg du Vexin Normand (Eure), anc. villa royale mérov.

STIVAGIUM (SERAGIUM), *Estivay*, *Estival, Etival,* commune de Fr., de l'arr. et à 12 kil. de St-Dié (Vosges), anc. abb. de Prémontré, fondée vers 840.

Un imprimeur, nommé Jean Martin Heller, fut appelé dans cette abbaye, en 1725, pour l'exécution des livres liturgiques : *Statuta candidi et canonici ordinis Præmonstratensis, editio secunda, notis ilustrata a Carolo Saulnier.* Stivagii, Heller, 1725, in-4° (Cat. des Jésuites du collège de Clermont, n° 1163); le P. Lelong, qui cite ce volume (13530), nous donne aussi : *P. Hugo, Sacræ antiquitatis Monumenta.* Stivagii, 1725-1731, 2 vol. in-fol. et par erreur date ce grand ouvrage de « *Seragii* » (II. p. 78).

STIVALICULIS VILLA, *Estivareilles,* commune de Fr., près du Cher (Allier).

STOBI [Liv., Pl.], STOPI [T. P.], Στόβοι [Str., Pl.], cap. de la Macédoine Salutaire, auj. *Istib,* dans la Roumélie (Pach. d'Uscup).

STOCKHOLMIA, voy. HOLMIA.

STOCKPORT, ville d'Angleterre, sur la Mersey (Cheshire).

Imprimerie en 1792.

STOCKTON, ville d'Angleterre, sur la rivière Tees, dans le comté de Durham.

Robert Christopher fut imprimeur dans cette ville importante de 1770 à 1819; nous citerons : *Choice, a Poem, by Rev. Mr. Pomfret, to which is added the Deserter, a Poem.* Stockton, 1778, in-8° (cat. Thorpe, 1842, n° 5852, non cité par Lowndes).

STOECHADES INS., Στοιχάδες [Str., Pt.], les *Iles d'Hyères*, dans la Méditerranée, sur la côte de Fr. (Var), érigées en marquisat par François Ier.

STOKE PARK.

Voici la note de M. Cotton : « *Stoke Pogis* est un populeux village d'Angleterre (Buckinghamshire), à 2 milles de Slough ; ce fut là que naquit le poète Gray. Près du village est *Stoke Park*, qui fut la résidence de John Penn, Esq., lequel organisa une imprimerie particulière, et fit exécuter sous ses yeux un certain nombre de volumes, « *ad usum amicorum* », à la date de 1794. Cette imprimerie de Stoke Park n'est pas mentionnée par Martin. »

STOKESLEY, bourg d'Angleterre, dans le Nord Riding du Yorkshire.

Imprimerie en 1808.

STOLPA, *Stolpen*, bourg du roy. de Saxe (anc. Misnie).

Est-ce à ce bourg, est-ce à la ville prussienne de *Stolpe* (Poméranie), que s'applique l'indication d'une imprimerie à la date de 1675 [Falk.], reproduite par Cotton avec l'addition « *Bodl.* », ce qui veut dire que le livre exécuté à cette date est conservé à la Bodléienne ? Nous ne pouvons trancher la question.

STONOR, village d'Angleterre, près d'Henley (Oxforshire).

Imprimerie particulière à *Stonor Park* en 1581 : *Rationes decem quibus fretus certamen Adversariis obtulit in causa fidei Edmundus Campianus* (Soc. Jesu). S. L. 1581, in-8o ; 400 exempl. de ce livre souvent réimprimé furent distribués à l'université d'Oxford (voy. Cotton, Lowndes, *Notes and Queries*, vol. XI, p. 166, etc.).

STOURBRIDGE, bourg d'Angleterre (Worcestershire).

Imprimerie en 1789.

STOURPORT, bourg d'Angleterre, sur la Stour (Worcestershire).

G. Nicholson y imprima « *the Cambrian Traveller's Guide* » en 1808.

STRABANE, bourg d'Irlande (comté de Tyrone, Ulster).

Imprimerie en 1783 : *Will. Crawford, A. M., History of Ireland, from the earliest Period to the present time.* Strabane, 1783, 2 vol. in-8o.

STRABETUM, *Segura*, pet. ville d'Espagne (roy. et à l'O. de Murcie).

STRADA, STRÆDA, SCUOLA, *Scuol*, bourg de Suisse (canton des Grisons), dans la Basse-Engadine.

Nous avons, à l'art. SCUOLA, constaté l'introduction de la typogr. dans ce bourg à la fin du XVIIe siècle ; nous ajouterons la note qui suit :
Un imprimeur du nom de Nnot Janet (Johan Nicolas) exerce pendant près de 40 ans dans cette localité ; nous pourrions citer des produits de ses presses datés de 1696 (cat. Libri, 1362, no 195), jusqu'en 1733 (cat. de livres sur la réforme, Tross, 1867, no 481) ; puis viennent Jac. N. Gadina et Jac. M. Wilhelm Rauch, qui réimpriment à la date de 1743 la *Bible* en dialecte romansche, que nous avons citée à la date de 1679.

STRADA MONTANA, *la Bergstrasse*, pente occid. de l'Odenwald, dans le Nassau.

STRAGONA, Στραγόνα [Str.], ville de la Germanie, que la plupart des géogr. croient être auj. *Striegau*, voy. STREGONUM.

STRALSUNDA, STRALSUNDUM, STRALESUNDA, anc. SUMONIA, SUNNONIA, *Stralsund*, ville forte et grand port de Prusse, sur le détroit de Gellen (Poméranie).

Nous trouvons pour la première fois trace d'imprimerie dans cette ville, si célèbre par le grand rôle qu'elle a joué pendant la guerre de 30 ans, aux dates de 1630 et 1631 : *Causa Belli Germanici, sub Gustavo Adolpho Suecorum Rege.* Stralsundi, 1630, in-4o. — *Acta et Literæ inter Suecos, Polonos et Germanos.* Stralsundæ, 1631, in-4u (cat. Heins, p. 321). — *Scena Europœa Personis suis instructa* (carmin.), Stralsundii, 1631, in-4o (cat. Volpi, p. 356). Le cat. Bulteau (no 1235) nous donne le nom d'un imprimeur : *Davidis Mevii discursus de Amnestia*, Stralsundii, Michaël Mederus, 1643, in-4o. On remarquera que les trois volumes que nous citons portent tous une dénomination latine différente.

STRAMIÀCUM PALAT., STRAMIATIS [Ch. Caroli R. Burg. A. 857], STRENNACUM [Ch. Lud. Pii, A. 835], STRAMAT [Anc. Chr.], *Tramoye*, commune de Fr. (Ain), suiv. le P. Menestrier ; Valois et Mabillon penchent pour *Cremiéu* (voy. CREMIACUM).

STRASBURGUM, STRADIBVRG, STRATOIBVRG [Monn. Mérov.], voy. ARGENTORATUM.

STRASBURGUM *in Culmensi tractu, Strasburg,* (en polon. *Brodnicz*), ville de Prusse, sur la Drewenz (rég. de Marienwerder).

STRATA, *Estrées*, plusieurs localités portent ce nom en Fr. ; nous citerons *Estrées-St-Denis*, bourg du dép. de l'Oise.

STRATFORD-ON-AVON, pet. ville d'Angleterre, sur l'Avon (Warwickshire), qui a la gloire d'avoir donné naissance au plus grand poète dramatique qui ait existé, à William Shakspeare.

M. Cotton fait remonter l'imprimerie dans cette ville à l'année de la Rébellion : *Baylie's Remarks on Dr. Perry's Analysis of the Stratford Mineral Waters.* Stratford on Avon, 1745.

STRATONICE, Στρατονίκη [Pt.], en Macédoine, auj. *Stratoni*, sur le golfe Singitique.

STRAUBINGA, voy. AUGUSTA ACILIA.

STRAWBERRY-HILL, maison de campagne située près de Twickenham, sur les bords de la Tamise (comté de Middlesex).

Ce fut la résidence du célèbre Horace Walpole, qui se plut à l'orner royalement d'admirables trésors artistiques dont la vente fut faite en 1842 (25 avril et 23 jours suivants). L'illustre correspondant de madame du Deffand organisa dans ce « renowned seat » une typogr. réellement remarquable, de laquelle sortirent de fort beaux livres ; le premier imprimeur à la solde du noble lord s'appela William Robinson : « At present my press is at a stop, dit Horace Walpole dans une lettre au R. H. Zouch ; my printer, who was a foolish Irishman, and who took himself for a genius, and who grew angry when

I thought him extremely the former and not the least of the latter, has left me, and I have not yet fixed upon another. » Le premier ouvrage imprimé par cet Irlandais est intitulé : *Odes, by Mr Gray.* — Printed at Strawberry Hill, for R. and J. Dodsley, in Pall Mall. M.DCC.LVII, in-4°, de 21 pp., tiré à 100 exempl. A Will. Robinson succéda Thomas Farmer, dont le nom se trouve au titre des : « *Anecdotes of Painters* », de 1762; livre célèbre que nous n'avons pas à décrire; puis vinrent Prat et Thomas Kirgate, le dernier typogr. de cette aristocratique imprimerie. John Martin (*Cat. of Books privat. printed*) a consacré une longue et intéressante notice à l'imprimerie de Strawberry-Hill : nous demanderons la permission d'y renvoyer le lecteur.

STREGNESIUM, STREGNESIA, *Strengnaees,* ville épisc. de la Suède, sur un golfe du lac Melar (Sudermannie).

La munificence du grand Gustave Adolphe dota cette ville de son premier établissement typogr. L'évêque Laur. Paulin de Gothie, qui faisait imprimer à Stockholm, par Reusner, ses doctes homélies, fatigué du retard continuel que cet imprimeur apportait au service des épreuves et du tirage (je connais ce malheur et j'y sais compatir), supplia le roi qu'il lui plût autoriser un imprimeur à s'établir dans sa ville épiscopale, et lui accorder la patente d'imprimeur royal. Ces lettres patentes furent octroyées en mai 1622; Altander nous en donne le texte suédois.

Nous avons reproduit la version de ce bibliogr.; elle ne paraît point concorder avec le catalogue que donne J. Möller des écrivains suédois. et nous y relevons à la page 59 : *Laur. Paulini Episcopi Praxis generalis de Pænitentia ejusque partibus... Capp. xx.* Stregnesii, per Ol. Olai Enæum anno 1615, typis consistorii, in-4°. Möller a-t-il commis erreur de date? le fait n'a rien d'impossible; mais nous devions signaler cette contradiction. Le livre qui passe généralement pour être le premier imprimé à Strengnaees, à la date de 1623 (adoptée par Falkenstein, Cotton, etc.), est celui-ci : *Laur. Paulini, Loimoscopion, sive speculum pestis, sermone populari.* Stregnesii, per Olaum Enæum, anno 1623, in-4°.

Les caractères de cette première imprimerie conservèrent les noms de « *Typi Pauliniani* ». Les imprimeurs qui succèdent à Olaüs se nomment Johann Barck (Barkenius), Jac. Danielis (1641), Zacharias Brocken (1645-1671), etc.; ce dernier exploitait une typogr. particulière, dont parle Lackmann (p. 66), et après sa mort, on continua à employer ses caractères qui gardèrent le nom de « *Typi Brockeniorum* ». Le même Lackmann nous apprend que l'évêque Laur. Paulin devint en 1636 archev. d'Upsal, et mourut en 1646.

STREGONUM, STREGA SILESIORUM, STRIGOVIA, STRIAGIUM, TRIMONTIUM, *Striegau,* ville de Prusse, chef-lieu de cercle dans la prov. de Silésie.

Imprimerie en 1715 [Falkenstein] : *Amadeus de Benignis (J. G. Myllichii). Variorum intra Italiam monumentorum Inscriptiones.* Strigæ Silesiorum, 1715, in-8°.

On trouve aussi STRIAGIUM : *Car. Lud. Hugonis Sacræ Antiquitatis Monumenta, cum notis.* Striagii, 1715, in-fol. (1er cat. R. Heber, n° 3754); ce livre est imprimé par Amadeus de Benignis.

STRELICIA MAJOR, *Gross Strehlitz,* pet. ville de Prusse (Silésie).

STRELICIA NOVA, *Neu-Strelitz,* ville principale du grand-duché de Mecklembourg-Strélitz, au N. de l'Allemagne, fondée en 1733.

L'imprimerie ne remonte, à Neu-Strélitz, qu'à l'année 1800.

STREMONTIUM EXTREMA, *Estremoz,* ville forte de Portugal (Alemtejo).

STREVINTA, Στρεωυίντα [Pt.], dans la Germanie, auj. *Trebitsch,* sur l'Iglau (Moravie).

STRIATINA, *Stratyn,* pet. ville et anc. couvent de Wolhynie.

Bachmeister dit qu'un MISSEL en caractères slaves (Слγжебникъ) fut imprimé dans ce monastère en 1604; et Bandke dit seulement qu'une imprimerie existait dans cette place en 1650.

STRIDONIUM, anc. ville de Dalmatie, détruite par les Goths; sur ses ruines s'est élevé le bourg hongrois de *Strido,* dans le com. de Szalad; patrie de S. Jérôme.

STRIGONIUM, STREGONIA, STREGON, *Stregan, Stegran, Gran, Esztergom* (en hongr.), ville de Hongrie, sur le Danube, chef-lieu de comitat, résidence de l'archev. primat; patrie du martyr St-Etienne, patron du royaume (voy. AD HERCULEM).

Nous avons donné 1586 comme date de l'introduction de la typogr. dans cette ville; nous devons ajouter que Nèmeth (*Typ. Hungar.*, p. 146) ne la fait remonter qu'à 1762, avec Fr.-Ant. Royer, que nous avons déjà rencontré à Erlau et à Colocza (voy. AGRIA et COLOCIA); nous avons même, à propos de l'imprimerie de cette dernière ville, eu le tort de traduire STRIGONIUM par *Striegau,* ce qui n'a pas de raison d'être. Nèmeth signale en outre l'existence d'un « *Missale Strigonii feliciter excusum anno* MDL *die* IV *Maji* », mais il ajoute qu'il faut lire « *Strigoniense* », l'imprimerie ne pouvant exister à Gran en 1550, alors que depuis 1543 elle gémissait sous le joug des Turcs. Nous pourrions citer un *Breviarium Strigoniense,* imprimé en 1484, par Theobaldus Feger de Kirchem, sur l'ordre de Mathias Corvin, in-fol. sans nom de lieu (voy. Hain, n° 3941).

Mais où fut exécuté ce précieux volume? voilà ce qu'il nous est difficile de préciser.

Nous ne faisons donc remonter l'impr. à Gran qu'à 1762, et le premier livre que nous puissions citer est intitulé : *Chrysostomi Joannis (S.), de sacerdotio Libri VI, a Bernardo de Montfaucon, ord. S. Ben., translati.* Strigonii, typis Fr. A. Royer, archiepisc. typogr., 1763, in-4° de 216 p.

STRONGYLE INS., Στρογγύλη, *Ile Stromboli,* l'une des 13 du groupe de Lipari, au N. de la Sicile.

STROPHADES INS. [Mela, Pl., Virg.], Στροφάδες, PLOTÆ INS., deux îles du Sinus Cyparissius, auj. *Iles Stribali,* dans la mer Ionienne.

STRUMUM, *Estrum, Estrun, Estreu,* commune de Flandre (Nord); anc. abb. de St-Benoît, fondée en 800, réformée en 1085, du dioc. d'Arras.

STRYMON FL., Στρύμων, le *Strouma,* en turc : *Karasou* (eau noire), fl. de la Macédoine, se jette dans le *golfo d'Orphano,* STRYMONICUS SINUS.

STUPLO [Frédég.], *Estoublon,* près Riez (Basses-Alpes).

STURA FL., voy. ASTURA.

STURIUM INS., *l'île de Ratoneau*, dans la rade de Marseille.

STUTGARDIA, *Stutgarten, Stuttgard, Stuttgart*, cap. du roy. de Wurtemberg.

Cette ville fut bâtie au commencement du XIIIe s.; elle possède une magnifique biblioth., célèbre par la plus complète collection de Bibles qui soit au monde, et une université fondée en 1770 et d'où sortirent Schiller et Cuvier. L'imprimerie remonte à Stuttgard à l'année 1483 : MAXIMILIANVS IMP. *Electio et Coronatio* : au 1er f. ro une pl. gr. sur bois ; au f. 2 ro : *In dem Büchlin findt man beschriben die Fürsten, grauen und frühen, die uff den tage zu fräckfurt mit der Kayserlichen majestat vn allerdurchluchstigsten furstē ūn herēñ...* A la fin : *Also wasz die erwelung gescheen vff Donerstag nach Invocavit. Anno Dūi M.CCCC·LXXXVI, iar.* DMDMM *Getruckt vnd volendet zu Stutgarten.* In-fol.

Panzer et Hain citent ce précieux volume, auquel le prof. Schnurrer à consacré une dissertation spéciale impr. à Tubingen en 1784. La gravure du 1er f. représente le roi des Romains dans une cathédrale, au milieu des électeurs et des évêques.

Panzer cite un certain nombre de vol. exécutés à Stuttgard, à partir de 1522, et M. Cotton décrit comme imprimée dans cette ville une édition du plus rare des opuscules d'Aonius Palearius, *de Beneficiis mortis N. S. J. C.*; pamphlet hétérodoxe supprimé avec la plus grande vigueur par la cour papale ; il aurait dû ajouter qu'Aonius Palearius est le pseudonyme du célèbre et malheureux Antonio della Paglia, et que l'Inquisition romaine, non contente de la suppression du pamphlet, condamna l'auteur au bûcher, ce qui fut mis à exécution dans le cours de l'année 1566 dans la ville éternelle « *ad majorem Dei gloriam* ».

STYMPHALIS LAC., lac du nord de l'Arcadie, près de *Zareco*, STYMPHALUS, pet. ville, et d'une montagne du même nom.

STYRA CIV., voy. STIRA.

SUÆDAS VILLA [V. S. Radegundæ], *Saix*, commune de Poitou (Vienne).

SUANA, Σουάνα [Pt.], sur l'Armine, ville d'Etrurie, auj. *Sovanna*, bourg de Toscane.

SUARDONES, peuple de la Germanie, habit. les bords et à l'E. de la *Wartha*.

SUARZANENSE CŒNOB., *Schwarzarch*, bourg et anc. abb. près de Würzburg (Bavière).

SUASA, Σούασα [Pt.], municipe de l'Umbrie, sur la Cesena, auj. *San-Lorenzo*.

SUBALPINA ITALIA, voy. GALLIA.

SUBANECTI, voy. SILVANECTES.

SUBDINUM, voy. CENOMANUM.

SUBIS FL. [Pl.], fl. de la Tarraconaise, auj. le *Francoli*.

SUBLACENSE CŒNOBIUM, SUBLAGUEUM [Tac., Pl.), SUBLACIUM [T. P.], SUBIACUM, SOUBIAC [Chr. B. Dion.], *Subbiaco, Subiaco*, pet. ville des Etats pontificaux, sur le Teverone (Sabine), anc. palais de Néron

et célèbre abb. de St-Benoît ; l'étymologie du nom est : *Sub Lacu* ; au-dessus du bourg, la muraille de Néron, qui barrait l'Anio (*Teverone*), formait un lac d'une grande profondeur.

Nous avons déjà parlé de cette illustre abbaye à l'article ROMA ; nous répétons le mot « ILLUSTRE », et c'est justice, car c'est à l'ardeur enthousiaste des savants Bénédictins de ce monastère que l'Italie doit l'établissement de son premier atelier typogr., et c'est là un vrai titre de gloire.

Ils appelèrent d'Allemagne deux de ces artistes de Mayence qui, après le sac de 1462, avaient été obligés de quitter le pays ; Conrad Sweynheym (né à Schwanheim, *villa territorii Moguntii*, Schwartz), et Arnold Pannartz (natif de Prague, en Bohême ?), qui passèrent les monts dans le courant de l'année 1464, car, ainsi que le dit M. Bernard, il faut bien admettre qu'ils n'ont pas dû consacrer beaucoup moins d'une année aux longs préparatifs indispensables qu'entrainent la fonte des caractères, et l'établissement des presses, et l'organisation du matériel ; or le second volume qu'ils publient est daté du 29 octobre 1465, et l'année commence à Pâques, qui tombe le 14 avril.

Leur premier ouvrage a disparu ; c'est un de ces petits livrets à l'usage des enfants, DONATUS *pro puerulis*, dont les trois cents exemplaires tirés n'ont pas dû résister longtemps à la turbulence « *sans pitié* » des jeunes mains auxquelles ils furent confiés, et cependant Dibdin, d'après un dire du card. Quirini (*De optimorum scriptorium*, p. 233), confirmé par Schelhorn, a prétendu qu'il s'en conservait un exempl. dans une biblioth. d'Italie. Il est extraordinaire que M. R. Chalon, de Mons, n'ait point donné à cette induction l'appui du catal. Fortsas.

Le second livre imprimé à Subiaco est parfaitement connu ; il en existe relativement un assez grand nombre d'exemplaires, ce qui n'empêche pas que ce ne soit un incunable infiniment précieux.

On en conserve, dit Ebert, un exempl. sur vélin à la biblioth. grand-ducale de Carlsruhe, et M. Van-Praët suppose que cet exempl. est le même que possédait avant la révolution le chap. de St-Diez. Le fait est admissible, présumable même ; nous devons dire cependant que nous avons insisté vainement à plusieurs reprises pour en obtenir communication, et que nous n'avons pu réussir à voir ce trésor, que s'annexera, un jour ou l'autre, la biblioth. royale de Berlin.

CÆLII LACTANTII FIRMIANI *Divinarum Institutionum Libri VII.* A la fin : *Lactantii Firmiani de diuinis Institutionibus aduersus gentes libri septem.* || *Necnō ciusdē ad Donatū de ira dei liber unus. Item cū libro de opificio hois* || *ad Demetrianū finiunt. Sub año dñi. M.CCCC.LXV. Pontificatus Pauli* || *pape. II. anno eius secūdo. Indictioē XVIII. die vero āñ penultia mensis Octo*||*bris. In uenerabili monasterio Sublacensi.*

DEO GRATIAS.

In-fol. en beaux caractères ronds, encore un peu gothiques, mais bien gravés (par Sweynheym lui-même, voy. ROMA), sans chif., récl., sign., initiales ni sommaires, à 36 longues lignes à la page entière, contenant 183 ff. ; les passages grecs sont laissés en blanc et remplis à la main, excepté dans les dernières ff. où les imprimeurs font usage des quelques caractères qu'ils avaient fondus, caractères dont la forme est ronde et non penchée. Cette première édition est moins complète que celle de 1468 ; elle a notamment en moins la pièce int. *Elegia de Phœnice* (voy. au sujet de ce précieux vol. Audiffredi, Quirini, Laire, Bernard, etc.).

Sweynheym et Pannartz impriment encore pour les Bénédictins de Subiaco un CICERO DE ORATORE libri III.

In-4o s. l. n. d. (mêmes caract. que le Lactance) ; voy. les cat. la Vallière, d'Elci, Dibdin, etc. Le bel exempl. du duc de la Vallière, vendu 603 livres, venait de Gaignat ; il fut acheté par Mérigot jeune pour le comte Reviczky et poussé à ce prix par M. B. Crevenna ; la biblioth. Reviczky fut achetée en bloc par lord Spencer, moyennant une rente viagère, dont Sa Seigneurie n'eut à payer que deux annuités ; c'est donc l'exemplaire décrit par Dibdin, au tome Ier de la Spenceriana, n° 175.

Le quatrième volume imprimé à Subiaco est à la fois l'édition princeps d'un des plus grands livres connus, la CITÉ DE DIEU de S. Augustin, et l'un des ouvrages les plus parfaits qui soient sortis des presses de Sweynheym et Pannartz ; celui de la Vallière, acheté par Crevenna, fut revendu 220 florins. Ces beaux et précieux incunables n'ont pas aujourd'hui la même valeur qu'à la fin du siècle dernier ; aussi le très-bel exempl. du S. Augustin de Subiaco, qui figurait à la vente Solar, n'a-t-il été vendu que 399 fr. Les deux mots GOD AL. qui terminent la souscription et qui ont donné lieu aux interprétations les plus variées, correspondent au DEO GRATIAS, formule qu'emploient les pieux typographes, et que nous venons de signaler à la fin du *Lactance* de 1465 ; c'est en vieil allemand : *Gott allein die Ehre* (à Dieu seul l'honneur). On voit encore aujourd'hui gravée, en car. goth., sur une vieille pierre attenant à la cathédrale de Strasbourg, cette formule légendaire du moyen âge : « Godt allein die Ehre ».

C'est après la publication de ce beau livre, c'est-à-dire vers la fin de 1466, que les imprimeurs allemands quittent précipitamment l'abbaye et vont s'installer à Rome « *in domo Petri de Maximo* » (voy. ROMA). Que devinrent les beaux caractères abandonnés au couvent, ou peut-être retenus par les moines ? Furent-ils vendus, détruits, ou servirent-ils de nouveau ? voilà ce qu'il n'est peut-être pas impossible de savoir, mais ce que nous ne savons pas.

Mentionnons en finissant, avec D. Clément et Bauer, un livre parfaitement apocryphe, que les bibliogr. sévères ne daignent même point discuter : *Helwici liber de exemplis et similitudinibus rerum ; de cælo et elementis, de lapidibus et metallis, de mineralibus, de vegetabilibus, de plantis, de natalitibus et volatilibus.* A la fin : Impressum in monasterio Sublacensi, 1464. — « *Liber eximiæ rarilatis... sed editio chimærica impostoris cuiusdam.* »

SUBLAVIO [I. A.], station de la Rhætie, auj. *Kloster Seven* ou *Seben*, bourg du Tyrol, près de Clausen.

SUBLUNIACUM, *Souligné*, commune du Maine (Sarthe).

SUBOLA VALLIS, *Vallée de la Soule*, dans les Pyrénées (Basses).

SUBROMULA [T. P.], bourg du Latium, auj. *Morro*.

SUBSILVANIA, *Unterwalden*, canton suisse.

SUBUR [Mela, Pl.], Σούβουρ [Pt.], à l'E. de Tarraco, ville des Lacetani, dans la Tarracon., auj. *Sitges*.

SUBURBIUM HERCULANENSE, *Portici*, petite ville du Napolitain.

SUCCI, **SUCCORUM ANGUSTIÆ**, **PORTA TRAJANI**, sur les frontières de la Thrace et de la Dacie, auj. *Ssulu Derbend*, près de Philippopoli (Roumélie).

SUCIDAVA [It. A., T. P.], Σουχίδαυα [Pt.], dans la basse Mœsie, auj. *Osenik*, près de Galatsch.

SUCRON, Σούχρων [Str.], SUCRO FL. [Liv.], ville des Edetani, dans la Tarracon., SUCRO FL. [Pl., Mela], le *Xucar, Jucar*, fl. du roy. de Valence, se jette à la Méditerranée près d'Alcira.

entre Carthagène et l'Ebro, auj. *Cullera*, ou, suiv. Reich., *Sueca*.

SUDBURY, pet. ville d'Angleterre (comté de Suffolk), sur le Stour.

Nous trouvons trace d'imprimerie dans cette ville au siècle dernier : *Drake's (Dr. Nathan) Literary Hours, or Sketches critical, narrative and poetical.* Sudbury, 1798, Roy, in-8°, 1re édition.

SUDERCOPIA, *Söderköping, Suderköping*, bourg de Suède (Ostro-Gothie, prov. de Linköping).

Voici, d'après Schröder, Alnander et Scheffer, l'histoire de la typogr. dans cette localité, qui eut une certaine importance au XVe siècle, et ne conserve pas 1,000 habitants auj. Alnander fait remonter à 1511 la formation du premier établissement typogr.: *Literæ confraternitatis Hospitalis S. Spiritus; extra oppidum Sudercopense.* « Illas Sudercopiæ, anno 1511 et 1516 quoque impressa sasservavit ante instructissima biblioth. *Normanniana*. » Quel serait le premier typogr. auquel on devrait cet incunable, assez discutable ? Alnander penche pour l'évêque Johann Braske, bien qu'il soit prouvé que ce prélat était encore à Linköping en 1513 ; mais il paraît certain que c'est à son influence éclairée que l'on doit l'introduction de la typogr. dans les deux villes, et en même temps l'établissement de la première fabrique de papier du royaume ; bien que, continuant à résider à Linköping, il aurait installé à Söderköping un prêtre du nom d'Olaüs Ulrich, fort entendu en typographie, qui aurait dirigé les premières presses.

En 1523, Scheffer cite trois ouvrages exécutés à Söderköping, et Jonas Petri, l'historiographe de cette ville, affirme avoir vu ces trois volumes dans la biblioth. *Oernhielmiana;* le premier est un *Chronicon Episcoporum Lincopensium*, d'Olaüs Lorensz, imprimé à Söderköping, « *per Olaum Ulrici Presbyterum* », anno 1523, in-8°.

Le second est décrit par Schröder (*Incun. artis typ. in Suecia*, p. 24) : *Historia S. Nicolai Episcopi Lincopensis.* Sudercopiæ, per Olavum Presbyterum, 1523, in-4°. Enfin le troisième opuscule est anonyme : *De fructu capiendo ex auscultatione Missæ (sermone populari Suecico)*. Editum est Sudercopiæ, an. 1523.

A la date de 1525, voy. *Manuel*, tom. III, col. 1379, et Alnander, p. 68, qui décrivent un livre infiniment plus important : *Manuale sec. titulum Ecclesiæ Lincopensis*, in-4° de 92 ff.

SUDERMANNIA, *Sudermanie, Südermannland*, anc. prov. de Suède, auj. divisée entre la préf. de Niköping et celle de Stockholm.

SUDERNUM, **SUDERTUM** [Liv.], Σουδέρνον [Ptol.], *Sorleano*, bourg de Toscane.

SUDETI MONTES, Σουδῆτα ὄρη, *das Riesengebirge*, en Thuringe.

SUEBISSENA, **SUEBODINUM**, **SUIBUSIUM**, *Schwiebus, Schwiebusen*, ville de Prusse (Brandebourg).

SUECIA, *la Suède, Svealand, Schweden*, roy. scandinave du nord de l'Europe (voy. SCANDIA).

SUECONI [Plin.], peuple de la Gaule Belgique, occupait les environs de *Chauny* (Aisne).

SUEL [Mela, Pl.], SIVEL [I. A.], Σούελ [Pl.], ville de la Bétique, auj. *Fuengirola*.

SUENTENSIS PAGUS, SEGIONTENSIS [Gesta R. Fr.], SOITENSIS [Frédég.], voy. SOGUNTIENSIS PAGUS.

SUERINUM, voy. SQUIRSINA.

SUESSA [Cic., Liv., Sil., Plin.], voy. AURUNCA.

SUESSA POMETIA [Liv., Tac., Virg., Pl.], Σούεσσα Πωμετίων [Str., Dion. H.], ville des Volsques dans les *marais Pontins* (Latium), auj. *Torre Petrara*, suiv. Mannert, ou *Mesa*, d'après Abeken.

SUESSIONIS, SUESSIONO [Monn. Mérov.], voy. AUGUSTA SUESSIONUM.

Le P. Le Long nous donne : *Statuta synodalia sancita per Carolum Rucyensem* (de Roucy, mort en 1585). Suessione, 1561, in-4°. Nous n'avons point su trouver ce document au livre de M. C. Perin, sur la bibl. du dép. de l'Aisne ; aussi ne le portons-nous ici qu'à titre de renseignement.

SUESSULA [Liv., T. P.], SUESULA [G. R.], Σουέσσουλα [Str.], au S.-E. de Capoue, auj. *Torre di Sessola* (voy. Nic. Lettieri, *Istoria dell' antich. città di Suessola*).

SUEVI [Cæs., Tac., Pl.], Σοῆβοι [Str.], Σουῆβοι [Pt.]; on comprenait sous cette dénomination les peuplades germaines de l'Elbe à la Sarmatie ; depuis la SUEVIA a formé la *Souabe, Schwaben,* anc. div. de l'Allemagne, auj. répartie entre le Wurtemberg, Bade et la Bavière.

SUEVICUM MARE, voy. CODANUS SINUS.

SUEVOFORTUM, voy. DEVONA.

SUEVUS FL., voy. VIADRUS.

SUIDNITIUM, voy. SCHWIDNICIUM.

SUINEBURGUM, *Swinborg,* bourg de l'île de Fionie, *Fünen* (Danemark).

SUISSATIUM [I. A.], Σουεστάσιον [Pt.], ville des Caristi, dans la Tarrac., auj. *Vittoria,* ville des prov. basques espagnoles; bataille en 1813.

Mendez mentionne cette ville comme ayant possédé une imprimerie; nous ne pouvons citer de livre plus ancien que : *Provincia de Alava. Quaderno de las Leyes y ordenanzas con que se gobierna,* Vitoria, 1776, pet. in-fol. titre gravé (cat. Salva, 1re part. n° 31).

SULBISIA, voy. SOBISACUM.

SULGAS FL., SULGA, *la Sorgues,* afflue au Rhône à Avignon : elle prend sa source dans la fontaine de Vaucluse, chantée par Pétrarque.

SULLIACUM, voy. SOLIACUM.

SULLIONACÆ [It. A.], station de la Bretagne romaine, entre Londres et Verulam, auj. *Brockley-Hills*.

SULMO [Pl.], pet. ville des Volsques, dans le Latium, auj. *Sermoneta,* village de la délég. de Frosinone.

SULMONA, *Sulmona,* pet. ville du Napolitain (Abruzze Ult. II); patrie d'Ovide.

L'imprimerie paraît avoir existé dans cette petite ville à la fin du XVIe siècle : HALIEUTICON, *sive de Piscibus fragmentum Ovidii, cum observationibus Herculis Ciofani.* Sulmonæ, 1580, in-8°, et Giustiniani (*Bibl. stor. del regno di Napoli,* p. 171) cite : *Marcantonio Lucchiti : Corfinii quondam Pelignorum Metropolis descriptio.* Sulmonæ, 1583, in-4° ; rare volume que n'a point connu Haym.

SULPHUREUS MONS, FORUM VULCANI, CAMPI PHLEGRÆI, *la Solfatare, Solfatara,* terrain des environs de Naples, au milieu duquel s'ouvre un cratère, d'où s'exhalent des vapeurs sulfureuses.

SULPHURINUM, *Solferino,* bourg de Lombardie.

SULTZA OPPIDUM *ditionis Vinariensis, Sulza,* dans la vallée de la Saale, près de Kösen (Saxe-Weimar).

M. Cotton dit qu'une pièce de Thomas Naogeorgus, à la date de 1540, est souscrite à ce nom; ce serait alors probablement un lieu d'imprimerie supposé; le nom vulgaire de ce poëte latin, natif de Straubingen, était Kirchmaier [Bibl. Gesneri]; il mourut vers 1578.

SUMERIÆ, *Sommières,* ville de Fr. (Gard).

SUMMA RIVA SILVÆ, *Sommariva del Bosco,* ville du Piémont (prov. d'Albi).

SUMMONTORIUM [It.], SUBMONTORIUM [Not. Imper.], voy. ALTA SPECULA.

SUMMUM PYRENÆUM, PYRENEUM, le *Col de Pertuis,* dans les Pyrénées-Orient., au pied de Bellegarde.

SUMMURANUM, voy. MURANUM.

SUMONIA, voy. STRALSUNDA.

SUNDERLAND, ville et port d'Angleterre (comté de Durham), à l'embouch. de la riv. Wear.

L'imprimeur R. Wetherald introduisit la typogr. à Sunderland, dans la seconde moitié du dernier siècle: « *A Song-book, entitled the modern Syren,* was printed here in 1781 [Cotton] ». Au cat. de Bohn (1847), nous trouvons un autre vol. exécuté en 1791 (n° 1906).

SUNDUM, *Sund.*

Il y a un bourg de ce nom en Norwége, mais ici ce n'est qu'un lieu d'impression supposé : *Coleri, Historia disputationis inter ipsum et M. Flaccum Illyricum.* Sundi, 1726, in-8°.

SUNIUM PROM., Σούνιον, cap de l'Attique, auj. *Capo Colonna,* au S.-E. d'Athènes; on y voit encore les ruines du temple de Minerve.

SUNNEMOTINGA, *Sulmetingen*, ville du Wurtemberg.

SUNNOVIRA, *Lieusaint*, commune près de Valognes (Manche).

SUPER ÆQUANA COL., SUPER EQUUM [Front.], ville des Superæquani [Pl.], en Italie, auj. *Castel Vecchio Subrequo*, ville du Napolitain, à l'O. de S. Pelino (Abruzze Cit.).

SUPRASLIUM, SUPRASSIUM, *Suprasl*, couvent de Grecs unis, en Lithuanie, entre Grodno et Nowogorod.

Sur la situation, sur le nom même de ce monastère, les historiens ne sont pas d'accord. Fr. de Witt (*Tabl. geogr. R. Poloniæ*) l'appelle *Suprahl* et le place dans la Podlachie ; J. D. Hofmann répète ce nom, qu'il indique dans le palat. de Troki ; mais le prince Radzivill, dans son grand ouvrage sur la Lithuanie, orné de belles planches en cuivre, et publié chez J. Jansson, nous donne le véritable nom de *Suprasl*; il y a encore d'autres interprétations que nous négligeons ; « In Suprasliensi monasterio efflorescere cœpit hoc seculo XVIII typographia, ex qua multi libri in lucem emittuntur » (J. D. Hoffmann).

SURA FL. [Auson.], dans la Gaule Belgique, auj. *la Sauer, la Sure*.

SURGERIÆ, *Surgères*, bourg de Fr. (Charente-Inf.).

SURIA, SURLACUS, SURSUM IN ARGOVIA, *Surzé*, *Sursée*, pet. ville de Suisse, sur les lacs de Sur et de Zempach (canton de Lucerne).

On trouve, à la date de 1500, trace d'imprimerie dans cette petite localité, qui n'est séparée que par le lac de Zempach de l'abbaye de Berone (*Berômunster in Aergau*), à laquelle on doit l'introduction de la typogr. en Suisse : NICOLAVS SCHRADIN, CHRONIC DIESES KRIEGES. *Chronigk diss Kriegs gegen dem Alterdurchlüchtigisten herñ Romischen Konig...* A la fin : Gedrugkt vnd volendet inn der löblichen Statt Surse im Ergow, vff Zinstag vor Sant Anthengen tag, im XC (1500) Jar. in-4° goth. de 56 ff. avec 42 fig. sur bois (Hain, n° 14526).

Panzer et Ebert nous apprennent que dans l'exempl. de ce rare volume conservé à Wolfenbuttel, il se trouve de plus deux feuillets sans sign. imprimés avec les mêmes caract., et commençant ainsi : *Der bischoff von mentz genant Bechtold...* Qu'a fait cet évêque de Mayence, nommé Bechtold ? voilà ce qui peut éveiller la curiosité d'un bibliographe.

SURONTIUM [T. P.], dans la Pannonie ; auj., suiv. Reichard, *Geisshorn*, au pied du Rottenmanner Tauern, dans la Haute-Autriche.

SURRENTUM [Mela, Pl.], Σούρεντον [Pt.], Σύρρεντον [Str.], Συρέντιον [St. B.], ville de la Campanie, auj. *Sorrento*, ville archiép. du Napolitain, sur le golfe de Naples; patrie de Torquato Tasso.

SURRUGIUM, *Seurre*, pet. ville de Fr. (Côte-d'Or), sur la Saône.

SUSATUM, *Soest*, ville de Prusse, chef-lieu de cercle (Westphalie).

Les archives de cette petite ville renferment des documents historiques d'un grand intérêt. Falkenstein date l'introduction de l'imprimerie de 1721 ; nous citerons avec Ternaux : *Mann. Das zu begehende Gericht des Allerhöchsten.* Soest, 1720, in-4°, et en 1731 : *Antiquitatum Clivensium investigationes.* Susati, 1731, in-8°.

SUSCH, *Süss*, bourg du Tyrol.

Falkenstein nous dit : « Coire n'est que la troisième ville du Tyrol qui ait possédé la typographie, car cet art fut exercé, momentanément il est vrai, et en passant, dans le bourg de Susch, en 1562, par un typogr. dont on n'a pas conservé le nom. »

SUSUDATA, Σουσουδάτα [Ptol.], au N.-O. des Riesengebirge, auj. *Zittau* (?), ou, suiv. Reichard, *Suscho*, bourg de Prusse, sur la Sprée.

SUTHRIONA COMIT., *Surry*, comté d'Angleterre.

SUTRIUM, *Sutri*, ville épisc. d'Italie, entre les lacs Vico et Bracciano (délég. de Viterbo).

SWAFFHAM, pet. ville d'Angleterre (Norfolkshire).

Nous trouvons trace d'imprimerie en 1805 (VI° cat. R. Heber, n° 111) : *Avellaneda's* (A. F.) *Continuation of Don Quixote by B. Fountaine.* Swaffham, 1805, 3 vol. in-12. Cette traduction n'est pas citée par Lowndes.

SWANSEA (sur les livres Welsh *Abertawy*, port du pays de Galles, dans le comté de Glamorgan (Angleterre).

Imprimerie en 1802 : *The Swansea Guide*, 1802, in-12 ; un livre plus important y fut donné en 1807 : *Will. Turton,* M.D. *The British Fauna containing a Compendium of the Zoology of the British Islands.* Swansea, 1807, in-12.

SWINFURTUM, SUEVOFURTUM ; voy. DEVONA.

Nous n'avons fait remonter l'imprimerie à Schweinfurt qu'à l'année 1605 ; voici une date antérieure : *M. Herman Henrich Frey,* VOLUPTUARIUS ECCLESIASTÆ. *Vnterricht, wie alle fromme Menschen ihre Wollust von vnd an den cusserlichen Ständten.* Schweinfurt, durch Gaspard Chemlin, 1596, in-8°. Ce Gaspard Chemlin venait de Giessen, où il avait également établi un atelier typogr.

SWYBERTI (S.) CASTRA, *Kaiserswerth*, ville de la Prusse Rhénane, près de Düsseldorf.

SYBARIS [Varr., Ovid.], Σύβαρις [Str., Diod.], ville de l'anc. Lucanie, auj. *Torre di Mare*, dans la partie E. des Calabres, près des Bouches du Bradano.

SYBERONA, *Santa Severina*, ville du Napolitain (Calabre Ult. II).

SYLINA INS., voy. CASSITERIDES.

SYLVA, voy. FOREST (LA).

Nous complétons la note que nous avons consacrée à cette imprimerie particulière ; cette baronnie de la Forest-sur-Sèvre fut léguée par le grand Philippe du Plessis-Mornay à sa fille aînée et très-aimée Marthe de Mornay, dame de Villarnoul, et dans son premier testament il laissait à l'église de Saumur « sa librairie »; mais, dans un codicille fait dix jours avant sa mort, ce legs est révoqué : « Estant en doute si cette esglise subsistera ou non, la fait transporter du lieu de Saumur où elle estoit, en ma maison de la Forest, pour estre par mes héritiers ordonné où elle pourra être conservée en son entier. » L'imprimeur auquel le sieur de Villarnoul confia l'exécution typogr. des MÉMOIRES de son illustre beau-père s'appelait Jean Bureau.

SYLVA DUCIS, voy. BUSCODUCA.

Nous avons dit que « Gérard Leempt fut, avec Nicolas Ketelaer, le premier imprimeur d'Utrecht ». M. Holtrop nous fait observer avec raison que ce n'est pas Gérard Leempt, mais bien Gérard de Leempt, qui fut le compagnon de Nic. Ketelaer.

SYLVA MARTIANA, der Schwarzwald, la Forêt Noire.

SYLVENSE CŒNOBIUM, Selau, abb. de St-Benoît, en Bohème.

SYMBOLON PORTUS [Plin.]. Συμβόλων [Str., Pt.], au moyen âge CEMBALO, port de la Cherson. Taurique, auj. Balaklava, en Crimée.

SYMBRI, Σύμβροι [Pt.], peuplade occupant la partie O. de la Corse.

SYNDERBURGUM, Synderborg, bourg du Danemark, dans l'île d'Also.

SYRACUSÆ, Συρακοῦσαι, Συρακύσση [Diod.], ville principale de la Sicile, fondée par les Doriens de Corinthe, à peu près au même temps que Rome (733 av. J.-C.); siége mémorable en 212; auj. Syracusa, ville de la côte orient. de la Sicile, au S.-E. de Palerme (prov. de Modica), patrie d'Archimède et de Théocrite.

Ni Falkenstein, ni ses émules Cotton et Ternaux, ne mentionnent l'imprimerie de Syracuse, et cependant nous trouvons au Dict. des Anonymes de Melzi (t. 1. p. 8): Academico Estinto (Sac Carlo Musarra). L'Idolatria abbattuta nel trionfo della vergine Santa Lucia, dramma. Siracusa, 1681, in-12. Il est vrai que c'est là parfaitement un lieu d'impression imaginaire, du moins nous en avons la conviction bien arrêtée.

SYRACUSANUS PORTUS, Συρακόσιος λιμήν [Diod.], dans l'île de Corse, auj. Porto Vecchio (arr. de Sartene).

SYROS INS. [Mela, Pt.], Σύρος, Σύρα, l'une des Cyclades, auj. Syra, Chira (en turc), île de la Grèce (Archipel), dont lac apitale, Syra, anc. HERMOPOLIS, Ἑρμούπολις, avec un excellent port, est l'une des places les plus commerçantes du roy. Hellénique.

C'est sous l'indication d'Ἑρμούπολις, nous dit M Didot, que Mlle Evanthia publia en 1835 sa traduction grecque de l'Eloge de Marc-Aurèle, par d'Aguesseau, qu'elle dédia à la mémoire de Coray. C'est à cette époque que l'imprimerie fut établie à Syra.

SZABOLTSENSIS COMIT., le Comitat de Szaboltsch, en Hongrie (cercle au-delà de la Theiss).

SZAKOLTZA, Szakolcza, pet. ville de la Hongrie).

Joseph-Ant. Skarnitzl était établi imprimeur dans cette localité de 1788 à 1791, et Fr.-Xav. Skarnitzl, en 1803 : Tissoti informatio populi de cura valetudinis in Slavicam linguam transl. per Joan. Prokop. medic. doct. Szakolcz. Szakolczæ, typis Josephi Antonii Skarnitzl, 1788, in-8o de 436 pp. [Németh].

SZAMOTULIUM, Szamotl, en allem. Sambor, oppidum Majoris Poloniæ, cercle et ville de la Gallicie, à 8 milles de Posen.

Avec la permission du comte André de Gorka, propriétaire de cette ville, les frères Bohémiens (unitaires) fondèrent une égl se et une typogr. à Sambor, qui furent les premières de la Gallicie tout entière (voy. Wengerscius et Sandius, Bibl. Antitrin.): « Anno 1558, dit Hoffmann, hoc loco impressus est de vero ac fundamentali usu certæ salutis in pacata conscientia hominis dialogus quatuor fratrum legis Christi, » traduit de bohémien en polonais par un pasteur de Nesvitz, nommé Crisovius ; ce livre est dû probablement aux presses d'Alexander Aviczdecki, que l'on sait avoir imprimé à Sámbor, en 1559, c'est-à-dire l'année suivante.

SZATHMARIENSIS COMIT., le Comitat de Szathmar, en Hongrie (cercle au-delà de la Theiss).

SZEGEDINUM, Szegeden, Szegedin, ville forte de Hongrie, chef-lieu du comitat de Csongrad, au confl. de la Theiss et du Marosch.

Lampe, dans l'Hist. des Églises réformées en Hongrie (p. 648), fait mention de l'imprimerie de Szegeden à la date de 1567 : un Nouveau Testament, traduit en hongrois, et impr. dans cette ville à cette date, in-4o, est signalé par plusieurs auteurs, mais le seul exempl. connu périt en 1703 dans l'incendie de la biblioth. de Szathmár. Quoi qu'il en soit, cette typogr. eut une brève existence, et ce n'est qu'au début du siècle actuel qu'on la voit reparaître avec un typogr. du nom d'Urbán Grünn, qui prend le titre de « Regius Typographus privil. »

SZIGETHUM in Comitatu Maramarosiensi, Szigeth, chef-lieu du comitat de Marmarosch (cercle au-delà de la Theiss), au confl. de la Theiss et de l'Itza.

Imprimerie en 1804 ; un imprimeur de Vácz (voy. VACIUM), nommé Antón Gottlieb, établit une succursale dans cette ville, et mit à la tête de ses contremaîtres à la tête de cette typographie : Simonchicz Innocentii e S. P. Oratio de studiis, in regio Scholarum Piarum Gymnasio Szigethiensi per decursum anni scholastici 1804. Szigethi, typis Ant. Gottlieb, 1805, in-8o de 35 pp.

Tabæ |Sil. It.], ville de la partie nord de la Sicile, auj. *Tavi*.

Taberna Frigida [T. P., Geogr. R.], en Étrurie, auj. *Frigido*, bourg de Toscane.

Tabernæ [It. A., T. P.], Tabernæ Triboccorum, Tabernæ Alsatiæ, Ziaberna [G. Rav.], *Elsass-Zabern*, *Saverne*, sur la Zorn, ville de Fr. (Bas-Rhin), appartint successivement aux év. de Metz, puis aux év. de Strasbourg.

L'imprimerie ne remonte dans cette ville si intéressante qu'aux premières années de la révolution, mais il est bien évident que le livre sur lequel plusieurs bibliogr. se sont basés pour fixer 1792 comme date de l'introduction de la typogr. dans cette ville n'a point été exécuté là, mais bien probablement à Paris; nous voulons parler des *Contes et Poésies du C.* (cardinal) *Collier, commandant-général des Croisades du Bas-Rhin.* Saverne, 1792, in-16. Tout le monde sait que ce pseudonyme transparent de *Cardinal Collier* désigne l'infâme cardinal de Rohan, et que ces *Contes et Poésies* sont une violente satire des mœurs dissolues de ce prince d'Église, qui s'en alla mourir à Ettenheim, en 1802, oublié et méprisé.

Tabernæ [Amm. M., T. P., I. A.], cité des Némètes dans la Gaule Belgique, auj. *Rheinzabern*, pet. ville de la Bavière Rhénane, sur l'Erlenbach, près de Landau.

Tabernæ Montanæ [Auson.], *Bergzabern*, commune d'Alsace, près de Wissembourg (Bas-Rhin).

Tabernarum Castellum, *Bernkastel*, bourg sur la Moselle, entre Trèves et Coblentz.

Tablæ [T. P.], localité de l'Insula Batavorum, auj. *Alblas*, suiv. Cluver et d'Anville; Reichard place cette station à *Delft*.

Tabulegium ad Saravum, *Tòley sur la Sare*, en Argonne, commune de Fr. (Meurthe).

Tacina [I. A.], à l'embouch. du fl. de ce nom (anc. Targines), station de l'Italie mérid., auj. *Tacina*, bourg du Napol. (Calabre Ult. II).

Tactschena, *Tetschen, Dieczin*, pet. ville de Bohême, sur l'Elbe (cercle de Leitmeritz).

Tacubis, Τακουβίς [Ptol.], en Lusitanie, auj. *Yanar*, bourg du Portugal [Graësse].

Tader fl. [Pl.], Tereps (?), la *Segura*, fl. d'Espagne, afflue à la Méditerranée.

Tænarum Prom. [Pl.], Ταίναρον [Her., Str.], Ταίναρος [Scyl., St. B.], Tænarus [Mela], Ταιναρία ἄκρα [Ptol.], le *cap Matapan*, à l'extrémité mérid. de la Morée.

Tæzali, Ταιζάλοι, peuple de la Britannia, occup. le *Northumberland*.

Tæzalorum Prom., *Kinnaird's Head*, cap du comté de Northumberland.

Taga (?), Tacha, *Tachau, Drzewnow*, pet. ville de Bohême (cercle de Pilsen). Imprimerie en 1696 [Falkenstein].

Tagonius fl., Ταγώνιος [Plut.], le *Henarés*, riv. d'Espagne, affl. du Xarama.

Tagus fl. [Ovid., Mela, Pl., Liv.], Τάγος [Str.], le *Tage, Tajo* (des Espag.), *Tejo* (des Port.), fl. d'Espagne et de Portugal, se jette dans l'Océan, à 16 kil. O. de Lisbonne.

Talabriga [Pl.], Ταλαβρίγα [Pt.], Talabrica [I. A.], dans la Lusitanie, auj. *Talavera de la Reyna*, sur le Tage, ville d'Espagne (prov. de Tolède); patrie de Mariana; Ukert traduit par *Aveira* (voy. Aveirum).

Talcinum, Ταλκίνον [Ptol.], dans l'île de Córse, auj. *Talcino*.

Talentum, *Talant*, commune de Fr. (Côte-d'Or).

Taliata [Not. Imp.], Talia [I. A.], Taliatis [T. P.], dans la Haute-Mœsie, auj. *Tatalia*, près de Rutschuck (Boulgarie).

Talleburgus, Taillebourc [Chr. Carlem.], *Taillebourg*, bourg de Fr. (Charente-Infér.); victoire de S. Louis contre les Anglais, en 1242.

TALLINÆ, voy. REBELLUM.

TAMARE, Ταμάρη [Ptol.], loc. des Damnonii, dans la Britannia, auj. *Tamerton*, près de Plymouth.

TAMARI OSTIUM, PLYMUTHUM, *Plymouth*, port de guerre et ville forte d'Angleterre (Devonshire), entre le Plym et le Tamar; cette ville est formée de la réunion de trois villes, *Plymouth-Dock, Stonehouse* et *Devon-Port*.

Cette ville eut une imprimerie en 1763; en 1772 « The Plymouth Magazine » y fut publié. Benjamin R. Heydon y exerçait comme typogr. en 1785 [Cotton]. Plymouth-Dock n'eut d'imprimerie particulière qu'en 1796.

TAMARIS FL. [Mela], Ταμάρα [Pt.], fl. de la Tarracon., auj. *le Tambre*, passe près d'Evora.

TAMARUS FL., *le Tamar*, pet. fl. d'Angleterre, se perd dans la rade de Plymouth.

TAMBRACUM, *Tambach*, bourg du gr.-duché de Saxe-Cobourg-Gotha.

M. Ternaux cite à la date de 1630 une édition d'Homère « Homeri Gedichte », qu'il dit imprimée à Tambach, in-4°; elle ne figure pas au répertoire d'Hoffmann.

TAMESA [Tac.], TAMESIS FL. [Cæs.], Τάμησα [Ptol.], sur qq. mss. Ἰάμησα, la *Tamise*, en angl. *the Tames*, en all. *die Themse*, fl. d'Angleterre, formé de l'union du Charwel et du Thames, se jette dans la mer du Nord.

On ne devait s'attendre à voir la Tamise figurer dans ce livre comme lieu d'impression ; mais nous avons déjà parlé d'un navire et de la mer du Nord, de la Seine et du bateau de blanchisseuses où l'on prétend que furent imprimées les *Provinciales*. Nous pouvons bien dire qu'une vieille coutume anglaise était, dans les grands hivers, quand le fleuve était pris par les glaces, d'improviser sur la Tamise, au-dessus du pont de Londres, une imprimerie que la cour et la ville, nobles et écoliers, s'empressaient d'aller visiter, et d'où sortait une foule de feuilles volantes, pamphlets, satires, improvisations de toutes sortes. Dans le grand hiver de 1683-84, Charles II, son frère et toutes les dames de la cour ne dédaignèrent pas de risquer leurs précieuses personnes sur la glace, et se mêlèrent à la foule qui assiégeait l'imprimerie (voy. *Chronicles of London Bridge*, London, 1827, in-8°).

TAMINIUM, *Tamins*, village de Suisse (canton des Grisons).

D. Clément, qui annonce sous la fausse date de 1747 l'édition de la *Bible grisonne* de 1743, mentionne une troisième édition que possède la Biblioth. impér. de Paris (Anc. catal. t. I, p. 14): *Biblia sacra Romanice seu Rhœtice, ex editione Martini Nicolai Anosii, cum præfatione ad Regem Gallиarum Ludov. XV.* Taminii vulgo *Tamins*, 1731, in-fol.

TAMNUM BURGUS [It. A.], LAMNUM [T. P.], station d'Aquitaine, entre Blaye et Royan; suiv. Valois et d'Anville, *Talmont-sur-Gironde*, village de la Charente-Infér.; Reichard place cette localité près de *Mortagne*; nous ignorons à quel titre,

mais nous comprenons encore beaucoup moins sur quelle donnée repose l'opinion qui fait de TAMNUM BURGUS, *Bourg-en-Bresse*.

Nous avons cité à l'article BURGUS BRESSIÆ le premier livre imprimé à Bourg, par Jean Tainturier, en 1626; depuis, nous avons reçu le livre de M. Sirand, sur la bibliogr. du dép. de l'Ain, qui nous donne à la même date, *achevé d'imprimer le 30 octobre* 1626, un nouveau vol. intit. : *Selecta juris Stephani Detuani Consiliarii regii in curia præsidiali Burgensi;* et un second que signale Bauer (t. I, p. 43), sous la rubrique « *Tamnum-Burgi* »; ce qui fait que nous le mentionnons ici : *Virginis Deiparæ ad Christum filium epistola, necnon et alia quædam poemata, auctore Claudio Gaspare Bacheto, Mezeriaco, Sebusiano*, Burgi Sebusianorum, apud Johannem Tainturier, 1626, in-8° de 45 pp. Nous devons ajouter que nous ne trouvons confirmée par aucun bibliogr. cette assertion de Bauer, qui porte ce volume à la souscription ridicule de « *Tamno Burgi* ».

TAMWORTH, ville d'Angleterre [Staffordshire).

Imprimerie en 1783 [Cotton].

TAMYNÆ, Ταμύναι [Str.], Τάμυνα [St. B.], ville de l'île d'Eubée, auj. *Ghymno*.

TANAGER FL. [Virg.], fl. de la Lucanie, auj. *il Negro*, affue au golfe de Salerne.

TANAGRA [Pl.], Τανάγρα, ville de l'E. de la Bœotie, auj. *Scamino* (Voiotia).

TANAÏS [Pl.], Τάναϊς [Str., Pt.], ville des Tanaïtæ, dans la Sarmatie, sur le fl. du même nom, s'appelait encore au moyen âge *Tana*, et faisait un grand commerce avec Gênes; auj. *Azof, Azov*, sur le Don, près de son embouch.

TANAÏS FL. [Pl., Hor., Virg., Ovid.], ὁ Τάναϊς [Herod., Scyl., Str., Ptol.], grand fl. de la Sarmatie Europ., auj. *le Don*, affue à la mer d'Azov.

TANARUS FL. [Pl., I. A.], fl. de la Ligurie, auj. *il Tanaro*, affl. du Pô.

TANATIS INS., île ou plutôt presqu'île de la Britannia, auj. *Thanet*, à l'extrémité N.-E. du comté de Kent.

TANFANÆ LUCUS [Tac.]; cette position, dit Reichard, est auj. occupée par l'abb. de *Corvey* en Saxe (voy. CORBEIA NOVA).

TANNETIS VICUS [Liv.], TANNETUM [I. A.], Τάνντον [Ptol.], bourg des Boji, dans la Gaule Cisalpine, auj. *Taneto*.

TAPHÆ [Pl.], TAPHUS, Τάφος, île de la mer Ægée, auj. *Meganisi*, dans l'Archipel.

TAPHRÆ [Mela], Τάφρος [Ptol.], dans la Cherson. Taurique, auj. *Perekop*, en Crimée.

TAPHROS FRET. [Plin.], FRETUM GALLICUM [It. Mar.], détroit de *Bonifacio*, entre la Corse et la Sardaigne.

TARANTASIA, voy. CENTRONUM CIVITAS.

TARASCON [Plin.], Ταράσκων [Str.], Ταρουσκών [Ptol.], ARASCON [G. Rav.], ville des Salyi, sur la rive gauche du Rhône, auj. *Tarascon*, ville de Fr. (Bouches-du-Rhône), vis-à-vis de Beaucaire.

Imprimerie en 1732 : *Lou Crebe-Cœur d'un Paisant sou la mouert de son ay*. Tarascon, Laurent Elzeas, 1732, in-12 (*Man*., t. VI, col. 816).

Nous trouvons un second imprimeur du nom de Fuzier, en 1746 (date adoptée par Falkenstein) : *Eclaircissemens des Antiquités de la ville de Nismes, par Ch. Caumette, avocat de la mesme ville* (mort en 1747). Tarascon, Fuzier, 1746, in-8° (Le Long, 37857).

TARAVANNA, voy. TARUENNA.

TARBÆ, voy. CASTRUM BIGORRENSE.

TARBELLI, Τάρβελλοι [Str.], TARBELI [Pl.], Τάρβελοι [Ptol.], peuple de la Gaule Aquitaine, occupant les frontières de l'Hispania, au pied des Pyrénées, auj. les dép. des *Hautes et Basses-Pyrénées*

TARBELLICA ARVA [Auson.], le *Pays de Labour*, environs de Bayonne.

TARBELLICÆ AQUÆ, voy. AQUÆ AUGUSTÆ.

TARENTINUS SINUS, Ταραντῖνος κόλπος, *il Golfo di Taranto*.

TARENTUM [Mela, Liv., Pl., Tac., I. A.], ὁ Τάρας (αντος) [Herod., Scyl., Pol., Ptol.], anc. colonie grecque, accrue, vers l'an 700 av. J.-C., d'une colonie spartiate, devint la ville princ. de la Lucanie et de la Messapie; C. Gracchus y envoya une colonie d'Italiens, et ce fut la seule qui fut conservée à la suite de la chute de l'illustre tribun; la ville neuve de *Neptunia* s'accola purement et simplement à la vieille cité grecque; auj. *Taranto, Tarente*, ville forte du Napolitain (terra d'Otranto).

Nous ne croyons pas qu'il ait existé d'imprimerie dans cette ville célèbre antérieurement au XIXᵉ siècle; le livre souscrit à ce nom, que cite Melzi (*Dict. des Anon.*, II, p. 156), est imprimé à Lucca : *Olao Mansuovich, canonico di S. Severo, Ragion. intorno alle opere servili nei di festivi.* Taranto, presso gli eredi di Felice Mosca (ma Lucca, presso il Benedini), 1840. in-4°; l'auteur était un bénédictin du nom de D. Onofrio Stabili.

TARGETIUM, *Stulingen*, bourg du Würtemberg.

TARGOVITZA, *Tergowitz, Tirgovitz*, ville de Valachie, qui fut jusqu'en 1698 la résidence des Hospodars.

TARINÆ AQUÆ, voy. ACULA.

TARNAJA, voy. AGAUNUM.

TARNANTO [T. P.], dans la Norique, auj., suiv. Reichard, *Alten-Thaun*, sur la front. du cercle de Salzburg.

TARNIS FL. [Pl.], riv. de la Gaule Aquit., le *Tarn*, affl. de la Garonne.

TARNOVIA, *Tarnow*, pet. ville de la Gallicie, chef-lieu de cercle (Autriche).

Le bienfaiteur de cette ville, le comte Jean Tarnow-Tarnowcki, dont Krasincki dans son « *Histoire de la réforme en Pologne* » parle avec admiration et reconnaissance, fonda dans sa ville la première typographie qui ait existé dans la contrée; il publia, sous le nom latin de Johannes Tarnovius, plusieurs ouvrages, entre autres un *Traité sur l'art militaire*, en polonais, que M. Cotton dit avoir été imprimé à Tarnow, en 1558; Hoffmann ne signale pas cette imprimerie.

TARODUNUM, Ταρόδουνον [Ptol.], ville de Germanie, auj., suiv. Wilhelm, *Mark Zarten*, près de Fribourg en Brisgau.

TARPE, Τάρπη [Steph. B.], ville des Vestini en Italie, auj. *Tarfa*, bourg de l'Abruzze Ult. II.

TARQUINII [Liv., Just.], Ταρκύνια [Str.], TARCONA, ville d'Etrurie, sur les ruines de laquelle s'élève le bourg de *Corneto*, au N. de Civita-Vecchia.

TARRACINA, Ταρρακίνη, voy. ANXUR.

TARRACO [Mela, Pl., Liv., It. A.], Ταρραχών [Pol., Str., Pt.], COL. VICTRIX TOGATA [Pl., Inscr.], TARRACONENSIS COL. [Tac.], THERACONUS [Anc. Chron.], importante cité espagnole, capit. de l'une des trois grandes divisions territ. de la Péninsule, auj. *Tarragona, Tarragone*, ville forte, chef-lieu d'intend. dans la Catalogne, archevêché, patrie de Paul Orose, concile en 516.

Nicolas Antonio, au t. II, p. 338, de la *Bibl. Hispan. nova*, signale un volume imprimé en 1488, à Tarragona : *Historia del Conde Partenoples*. Tarragona, 1488. in-8°. Conchu, dans sa *Bibl. des Romans*, confirme le fait, qui est une erreur matérielle et évidente; la première édition du « *Libro del Esforçado cauallero conde Partinuples* » fut donnée à Alcala de Hénarès, en 1513, par Arnao Guillen de Brocar, in-4° (Cat. De Bure, n° 944; Zarco del Valle et Sancho Rayon, t. Iᵉʳ, col. 988). Antonio a voulu parler de l'édition donnée à Tarragona, en 1588, par Felip Roberte Estamper, in-8", de 94 ff.

Ceci étant laissé de côté, il nous reste, grâce à une communication du biblioth. de Palma, D. Barth. Muntaner, faite à D. José Hidalgo, le nouvel éditeur et continuateur de Méndez, 1498 comme date de l'introduction de l'imprimerie dans notre ville : LIBER HYMNORUM, au f. E. (L) *iber dicit. liber Hymnoru. Hy*‖*dicitur laus dei cũ cãtico*..... à la fin : *Expliciunt hymni cum suis expositionibus* ‖ *Terracone nouiter impressi. Regnante Fer-*‖*dinando secundo hyspaniarũ rege. per ma-*‖*gistrũ iohannem rosembach Alemanũ. An-*‖*no incarnationis millesimo quadringentesi*‖*mo nonagesimo octano. Die vero decimo oc-*‖*tauo mensis Septembris.* ‖ *Deo gratias.* in-4°, car. goth. de deux grandeurs, avec sign., 48 ff. Un exempl. est conservé dans la bibl. provinciale de Palma.

Jusque-là le MISSALE de 1499, imprimé par le même Juan de Rosembach, passait pour le premier livre imprimé à Tarragona; nous avons déjà signalé ce célèbre typographe à Barcelone, à Perpignan et à Monserrate.

TARRACONENSIS PROV., voy. HISPANIA.

TARRAGA [Plin.[, Τάρραγα [Ptol.], TERRACHA [G. Rav.], ville des Vascones, dans la Tarraconaise, auj. LARRAJA, dans la Navarre.

TARSATICA, Ταρσάτικα [Ptol.], THARSATICUM
.[It. A.]. TARTE [Anc. Chr.], auj. *Fiume*,
en Carniole (voy. FANUM S. VITI): quelques géogr. voient plutôt dans TARSA-
TICA le bourg de *Tersat*, près et à l'E.
de Fiume.

TARSIUM, Τάρσιον [Ptol.], dans la Pannonie
Inf., auj. *Tersacz*, en Hongrie.

TARTAKOW, bourg de la Gallicie, dans le
cercle de Zolkiew.

Bandke prétend qu'une typographie fonctionnait
dans cette petite localité antérieurement à 1650 : il
ne cite pas de titre à l'appui, et Hoffmann n'en fait
pas mention.

TARTARUS FL., voy. ATRIANUS.

TARTESSIS, Ταρτησσίς [Herod., Str.], partie
occid. de la *Bétique* (voy. BÆTICA).

TARTESSUS FL., Ταρτησσός, voy. BÆTES FL.

TARUENNA [It. A.], TARUANNA [T. P.], Τα-
ρουάννα [Ptol.], TARUANNA DUROCARTORUM,
TARUNNUM [Aimon.], TARAVAUNA [Greg.
Tur.], TAROANNA [Monn. Mérov.], TA-
RAVANNA [Fréd.], ville des Morini, dans
la Gaule Belgique, auj. *Thérouenne*,
Thérouanne, bourg de Fr. (Pas-de-
Calais); illustré par la belle défense
qu'il opposa aux Espagnols en 1553.

TARUM (AD), *Castel Guelfo*, sur le Taro,
dans la prov. de Gênes (Italie).

TARUS FL. [Pl.], dans la Gaule Cispadane,
Il Taro, affl. du Pô.

TARUSATES [Cæs.], peuple de la Gaule
Aquit., qui a donné son nom au *Tur-
san*, pet. prov. dont *Aire-sur-l'Adour*
était le chef-lieu.

TARVESEDE [I. A.], TARVESSEDUM [T. P.],
dans la Rhætie, auj. *Tschensch*, sur la
Lira. au pied du Splügen.

TARVISIUM [Paul Diac.], Ταρβίσιον [Proc.],
Ταρβίσιον [id.], TARBISION [G. Rav.], ville
de la Vénétie, sur le Silis, auj. *Triviso*,
Trevigi, *Treviso*, sur le Sile, ville importante de la Vénétie.

Gérard de Flandre était né dans une des nombreuses bourgades flamandes qui bordent le cours
de la Lys, d'où lui vint son nom de Gerardus de
Lisa (Geeraerd van de Leye); dans plusieurs souscriptions des livres qu'il imprime en Italie, il se glorifie de sa patrie :

Gloria debetur Girardo maxima Lisæ
Quem genuit campis Flandria picta suis.

Sans nul doute il avait puisé les éléments de son
art dans les ateliers de Mayence, et le sac de cette
ville en 1462, provoquant la dispersion de ces ateliers, amena la diffusion de l'art divin dans les contrées les plus éloignées. Gérard de Flandre passa
les monts et arriva en Italie ; ce fut à Venise qu'il
se fixa d'abord, et M. Van der Meersch pense qu'il
dut entrer dans l'illustre atelier du Français Nicolas
Jenson, dont il se complut toujours à adopter les
admirables caractères, les spécimens les plus purs
que l'on connaisse de l'élégance typographique.
Vers le milieu de l'année 1471, il vint s'établir à
Trévise (*Mem. Trevigiane sulla typ. del sec. XV*),

et il y débuta par un traité de S. Augustin : BEATI
AUGUSTINI DE SALUTE *sine de aspirat-jione anime
ad Derm liber explicit felicit.* A la fin une souscription en vers due à la plume de Franc. Rholan-
dellus, son correcteur, souscription dont nous ne
répétons pas les deux premiers vers rapportés plus
haut :

> *Hic Taruisina nam primus cœpit in urbe*
> *Artifici raros œre notare libros.*
> *Quoqz magis faueat excelsi numina regis*
> *Aurelii sacrum nāc manuale dedit.*
> :: TARVISII ::
> :: M::CCCC::LXXI ::

in-4° de 20 ff.

Ce traité de S. Augustin est suivi, au mois de no-
vembre, des EPISTOLÆ PHALARIDIS (sur vélin, à la
Bibl. impér. de Paris), du DARES PHRYGIUS *de ex-
cidio Trojæ* (absq. nota), et du MERCVRII TRISME-
GISTI LIBER, in-4° de 56 ff. (cat. Borluut, n° 257).
Enfin, il publie encore la *Novella di Lionora di
Bardi ed Ippolito Buondelmonti*. In Triviso a di
VIII, novem. M.CCCC.LXXI, in-4° (Cat. Borromeo,
n° 146).

Jusqu'à l'année 1476, Gérard de Flandre resta
seul à Trévise, mais à cette date deux concurrents
vinrent s'établir; c'est d'abord un Parmesan, du nom
de Michel Manzolo; puis un Allemand, Johannes de
Hassia; le Flamand leur cède la place et va (vers
juillet ou août) porter son industrie à Vicence, où
nous le retrouverons.

En 1477, trois imprimeurs s'établissent à Trévise :
Hermannus de Lichtenstein (Levilapis) de Cologne,
qui déjà avait imprimé à Vicence, et probablement
ne s'était pas senti de force à soutenir la concurrence de Gérard de Flandre ; Bernardus de Colonia,
qui n'y vient qu'en passant ; et Bartholomæus de
Gonfalonetiis de Salodio Brixiensis ; en 1480, Bernardinus Celerius de Lucre ; Johannes de Rubeis
(1480-1485): Paulus de Ferraria, Dionysius Berto-
chius, etc.

Après de longues pérégrinations à Vicence, à
Friuli, à Udine, etc., Gérard de Flandre revient
à Trévise où il reste jusqu'en 1494 ; il y imprime un
grand nombre de volumes, parmi lesquels nous citerons : *Terminorum Musicæ diffinitorum Joannis Tinctoris*, in-4° de 15 ff., pièce célèbre due à
l'un de ses compatriotes du Brabant, l'un des plus
illustres musiciens du XVe siècle (Hain, n° 15527);
puis il disparaît encore pendant quatre années, qu'il
emploie sans nul doute à l'écoulement et au placement de ses livres, car il était libraire en même
temps qu'imprimeur : « *Libraro et impressore in
Udine* », dit-il dans la souscription d'un livre imprimé à Udine en 1484; enfin, en 1498, on le voit
reparaître à Trévise, et peut-être mourut-il l'année
suivante, car, à partir de 1499, le silence se fait sur
son nom glorieux.

Gérard de Flandre est l'un des plus grands noms
de son époque : c'es peut-être, avec son maître Nicolas Jenson, l'imprimeur d'Italie, au XVe siècle,
qui porta l'art typographique au plus haut point de
perfection.

En 1478, on imprime à Trévise le plus anc. traité
d'arithmétique connu : c'est un ABBACHO, in-4° de
62 pp. à 32 lignes, décrit au cat. Libri de 1861,
sous le n° 470. Federici en attribue l'impression à
ce Michel Manzolo qui vient à Trévise en 1476.

TARVISIUM, *Treviso*, « piccola terra della
riviera di Salò, vicina a Toscolano ».

Mauro Boni, dans ses « *lettere sui primi libri a
stampa dell' Italia superiore* », veut qu'une imprimerie distincte ait existé au XVe siècle, dans cette
infime localité, voisine du lac de Garde ; un imprimeur bressan et vénétien, bien connu, y aurait
momentanément organisé un petit atelier typogr., duquel
serait sorti : *Nicolai Perotti Rudimenta grammaticæ*. A la fin : Impressum quidem est hoc opus per
Magist4 Gabrielem Petri || de Taruisio maxima arte
ac diligētia anno Christi. M.CCCC.LXXVI, tertio nonas

Aug. In-fol. de 110 ff. à 36 lig. (Hain, n° 12654). Une édition de ce grammairien, si souvent réimpr. au XVᵉ siècle, était déjà donnée l'année précédente à Venise par ce même Gabriele, fils de Pierre, et cette même année, 1476, Gérard de Flandre en donnait une autre à Trévise.

Le fait de l'établissement de Gabriel Petri à la Trévise du lac de Garde n'est certes pas officiellement démontré, mais l'origine de cet imprimeur n'est pas discutable; la souscription de la « Somma Orlandina » porte en effet : Optime impressum... per magistrum Gabrielem quondam Petri Tarvisinum Tusculani assurgentis lacus Benaci... Serait-il donc bien extraordinaire que ce typogr., un peu errant, qu'on trouve à Venise, à Brescia, à Toscolano, ait momentanément exercé son art dans sa bourgade natale? Nous renvoyons à Mauro Boni.

TASCIACA, Thézée, commune de Fr., près Romorantin (Loir-et-Cher).

TASTA DATIORUM, Dacqs, Dax, voy. AQUÆ AUGUSTÆ.

TAULANTII [Mela, Pl.], Ταυλάντιοι [Ptol.], peuple de l'Illyrie, occup. le territ. de Durazzo.

TAUNTON, pet. ville d'Angleterre (Somersetshire), avec deux vieux châteaux et deux charmantes églises.

Voici la note de M. Cotton : Henry Chalklin était établi libraire dans cette ville (« perhaps a printer also ») en 1708; et, suivant Hotten, en 1649, il y avait déjà un libraire du nom de George Treugle. La typographie ne remonte à Taunton qu'à l'année 1732.

TAUNUS MONS [Mela, Tac.], le Taunus ou die Höhe, mont. du Nassau.

TAURASIA, voy. AUGUSTA TAURINORUM.

TAUREDUNUM MONS, montagne de la Savoie, qui s'écroula en 562, ensevelissant sous ses débris le CASTRUM TAUREDUNENSE, établi par Cæsar; près de là s'élevait la ville de St-Maurice en Valais.

TAURENTUM [It. A.], TAUROENTA [Cæs.], Ταυρόεντιον [Ptol.], TAUROÏS [Mela], Castellum Massiliensium, station des Itinéraires, à l'E. de Toulon, auj. La Ciotat (?), ou un point inconnu du golfe de la Ciotat; cette dernière ville serait plutôt CITHARISTA.

TAURIACUS. Thoré sur la Briffe, commune de Fr. (Loir-et-Cher). = Thorigné, près Bouloire (Sarthe).

TAURIANUM [Mela], TAURANIA [Pl.], sur la Via Popilia, ville du Bruttium, auj., suiv. Reichard, Toretto, bourg de Calabre; peut-être Torella, dans la Princ. Ultér.; près de ce bourg sont les Campi Taurasini, où Pyrrhus fut défait par les Romains.

TAURICA, voy. CHERSONESUS.

TAURINI [Liv., Pl.], Ταυρῖνοι [Ptol.], Str.], peuple de la Gaule Cisalpine, occup. le territ. de Turin.

TAURINUM, voy. AUG. TAURINORUM.

TAURIS INS., île de l'Adriatique sur la côte illyrienne; auj. Torkola.

TAURISCI, TAURUSCI [Pl.], Ταυρίσκοι [Str.], peuple celtique habitant les bords de la Save, partie du Steyermark (Styrie).

TAUROÏS, voy. TAURENTIUM.

TAUROMENIUM [Cic., Mela, Vell., Pl.], Ταυρομένιον [Scyl., Str., Diod.], COL. AUG. TAUROMENITANA [Inscr.], anc. NAXOS [Pl.], ville de la côte orient. de la Sicile, auj. Taormina, ville pittoresque de l'Int. de Messine.

TAURUM, TAURINUM, anc. SARABRIS, Σαράβρις [Pt.], ville des Vaccaï, dans la Tarracon., auj. Toro, sur le Duero, ville d'Espagne, chef-lieu de province (roy. de Léon.)

Imprimerie en 1630 [Falk.]: F. Rodrigo de Portillo Libro de los Tratados de Christo y de su Santissima Madre y de los beneficios y mercedes que goza el mundo por su medio. Tauri, 1630, in-fol.

M. Cotton dit qu'il croit bien avoir vu un produit des presses de Toro, daté de 1505 : nous soupçonnons une erreur de date, et peut-être cet excellent bibliogr. avait-il en vue un vol. de 1525, dont M. Libri, dans son catal. de 1859 (n° 542), nous donne la description : D. Diego Castillo, alias de Villa-Sante, tractatus de Duello. Latine. — Remedio de Desafios, sacado e vulgarizado del tractato del Duello. — A la fin : Impressum Taurini per Ant. Ranotum anno Domini M.CCCCCXXV, 2 part. en 1 vol. in-4°, goth., sign. a-o; la seconde partie en espagnol, ce qui pourrait expliquer un peu de confusion à l'endroit de l'impression, car nous croyons ce livre exécuté à Turin, et, ce qui semble le prouver, c'est un passage du Proemium, où l'auteur, s'excusant des fautes nombreuses qui se sont glissées dans son livre, les rejette sur l'imprimeur : « por respecto que en estas partes se habla mal castellano, é los imprimidores son mal pláticos é las letras no complidas ».

TAURUNUM [Pl., I. A., T. P.], Ταύρουνον [Ptol.], sur qq. mss. Ταύρουρον, TAURYNUM [G. Rav.], forteresse de la Pannonie, au confl. de la Save et du Danube, auj. Belgrade (voy. ALBA BULGARICA), ou Semlin, ville de la Slavonie militaire, en face de Belgrade.

TAURUS PALUS, Étang de Tau, ou de Thau (Hérault).

TAURYACUS, voy. AD TURRES.

TAVA ÆST., Firth of Tay, en Écosse, sur la côte E.

TAVERNIACUM VILLA [Ch. Phil. V. a. 1317], Taverny, commune de l'Ile-de-France (Seine-et-Oise).

TAVISTOCK, bourg du Devonshire, en Angleterre; patrie de Fr. Drake (voy. MONAST. TAVESTOCK).

TAVUS FL., TAVA, le Tay, fl. d'Écosse; du Loch Tay à la mer du Nord.

TAXANDRIA, Turnhout, bourg de Belgique, dans la prov. d'Anvers.

TAXGÆTIUM, Ταξγαίτιον [Pt.], local. de la Rhætie, que Reichard place à *Daxwong*, *Daswang*, sur la route de Nuremberg à Ratisbonne.

TAXOVIA, *Teissholtz*, bourg de Hongrie [Graësse].

TAYGETUS MONS [Liv.. Mela, Pl.], TAYGETA [Virg.], Ταυγέτον [Hom., Herod., Pol.], AMYCLÆUS MONS, montagne qui séparait la Laconie de la Messénie, auj. *Penta-dactylon*, ou *Taygelete*, en Morée, se dirige au S. vers le cap Matapan.

TCHERNOGAVIA, voy. TZERNOGAVIA.

TEANUM APULUM [Cic., Mela], Τέανον ʼΑπου-λον [Str.], ville des Frentani, dans l'Apulie, près des ruines de laquelle s'élève auj. le bourg de *Ponte Rotto* (Napolitain).

TEANUM SIDICINUM [Liv., Aul. G.], Τέανον Σιδίκινον [Str.], dans la Campanie, auj. *Teano*, ville épisc. du Napolit. (Terra di Lavoro), au N.-O. de Capoue.

TEARI JULIENSES [Plin.], TIARIULIA, Τιαριουλία [Ptol.], ville des Ilercaones, dans la Tarracon., auj. *Trayguera*.

TEATE MARRUCINORUM [It. A.], Τεατία [Pt., Str.], THEATA, THEATE CIVIT. [Chr. B. Dion.], ville du Samnium, capit. des Marrucini, auj. *Chieti*. ville forte du Napol., chef-lieu de l'Abruzzo Citra, au N. de Naples; archevêché.

C'est la fin du XVI⁰ siècle que nous voyons la typographie pénétrer à Chieti, si l'on veut admettre l'appellation « *Thiata* » comme équivalente à « *Teate* » : *Capreolus de successione ab intestato*. Thiatæ, 1596, in-4°. Ce livre, avec ce titre sommaire, fig. à la p. 28 du cat. des Elzevirs de 1634. Nous ne trouvons ce vol. dans aucun autre catal., et nul bibliogr. ne le décrit.
Cependant nous le mentionnons avec d'autant plus de confiance que nous avons à citer sous la même date un traité de G. B. Lanuto « *de Magistratu* », in-8°, celui-ci imprimé par un typogr. du nom d'Isidoro Facio, et bien réellement souscrit au nom de Chieti.
En 1601 (date adoptée par Falk. et Cotton) nous trouvons : *Mutius Pansa de Osculo Ethnicæ et Christianæ Philosophiæ*. Teatæ, 1601, in-4°. Ce Mutio Panza est l'auteur des *Ragionam. della Libraria Vaticana*. Roma, 1590, in-4°, livre que nous avons déjà mentionné.

TECELIA, Τεκελία [Pt.], ville des Tubantes, dans la Germanie, auj. *Oldenbrook*, sur le Weser [Wilhelm].

TECTENSIS PAGUS, *Franchemont*, district de la prov. de Liége (anc. marquisat).

TECTOSAGES [Plin., Liv.], Τεκτόσαγες [Str., Ptol.], peuple de la Gaule Narbonn., dont les villes princip. étaient *Tolosa*, *Narbo-Martius* et *Carcaso*.

TECUM FL. [Pl.], TICHIS [Mela], fl. de la Narbonn., auj. le *Tech* (Pyrén.-Orient.).

TEDOAD [Pertz], *Doué*, voy. DOADUM.

TEGEA [Mela, Pl.], ἡ Τεγέα [Hom., Herod., Thuc., etc.], ville d'Arcadie, dont les ruines se voient au S. de Tripolitza, près d'un bourg nommé *Palæo-Episcopi*.

TEGERNSEA, voy. MONAST. TEGERNSEENSE.

TEGLANUM [T. P.], sur la voie de Nola à Nuceria, auj. *Palma*, bourg du Napolit. (Terra di Lavoro).

TEGNA [T. P.], ville de la Gaule, sur les confins des Allobroges, auj. *Thein*, *Thain*, bourg du Dauphiné.

TEIGNÉE, TIGNÉE, village de Belgique (prov. de Liége), anc. seigneurie dép. de l'Empire et de la cour de Wetzlaer.

Une imprimerie fut établie dans cette localité infime en 1787 : voici ce que dit M. Ulysse Capitaine : « Louis-Joseph Urban, doyen des journalistes et impr. belges, né à Dinant en 1742. mort en 1833, était venu fonder une typogr. à Tignée en 1787, après avoir cédé la plus grande partie du matériel qu'il possédait à Herve ; il publia un journal dont le premier numéro est du 2 juillet 1787, et le septième et dernier, non daté, doit être du 10 au 15 septembre : *Journal de ce qui s'est passé à Liége et à Spa depuis le ..... jusqu'au .....* ». L'année suivante, Urban retourne à Herve.

TELAMON [Mela, Pl.], Τελαμών [Pol., St. B.], port de l'Etrurie, auj. *Porto-Talamone*, en Toscane (pr. de Siène).

TELEMATE, TELEMETE, *Saint-Amand-Tal-lende*, commune de Fr. (Puy-de-Dôme).

TELESIA [Liv., I. A.], Τελεσσία [Ptol.], ville du Samnium, *Telese*, sur le Volturno (Terra di Lavoro), au pied du Monte Pugliano.

TELGA AUSTRALIS, *Södertelge*, ville de Suède, sur le lac Mælar.

TELGA BOREALIS, *Norrtelge*, autre petite ville de Suède.

TELIS FL. [Mela], *le Tet*, pet. fl. du Roussillon (Pyrén. Orient.).

TELLAUS PAGUS OU TELOGIENSIS, le *Tellau* ou *Talou*, anc. district normand, dont le nom apparaît au VIIe siècle et disparaît au XIIe; suiv. l'abbé Cochet, il allait de la Scie à la Bresle, puis à l'Yère ; M. Guérard lui assigne pour chef-lieu *Enver-meu*, localité importante sous les rois de la première race, et l'abbé Cochet pense que son centre principal était *Arques*, ARCAS CASTRUM (Seine-Inf.).

TELLAUS VICUS, TELLAO [Monn. Mér.], *Tilly-sur-Seulles*, commune de Fr. (Calvados).

TELLUS OENOTRIA [Virg.], voy. ITALIA.

TELOBIS, Τήλοβις [Ptol.], ville des Lacetani, dans la Tarrac., auj. *Martorell*, suiv. Ukert.

TELODIUM, *Télu*, comm. d'Artois (Pas-de-Calais).

TELO MARTIUS [It. A.], TELONIS PORTUS,

THOLON (au XIVᵉ et XVᵉ s.), sur les côtes de la Narbon. II, auj. *Toulon*, grand port militaire français (Var); siége épiscopal depuis le vᵉ siècle; *Telo* est, dans la Pharsale de Lucain, le nom d'un marin marseillais qui se couvrit de gloire dans un combat contre la flotte de César.

L'imprimerie remonte, à Toulon,. au milieu du XVIIᵉ siècle avec Benoist Collomb comme premier typogr. M. Bory n'indique pas moins de 6 vol. exécutés par ce Collomb, de 1650 à 1659. En 1667, apparaît un nouveau nom, celui de Claude du Tour, « libraire et imprimeur ordinaire de la ville »; puis, en 1689, apparaît Pierre-Louis Mallard, « imprimeur du roy, de la ville, du collège et de la marine »; c'est ce Mallard que l'arrêt du conseil du 21 juillet 1704 trouve en exercice et confirme comme imprimeur du roi.

Le premier livre cité par M. Bory est intitulé : *Le Bon-Heur du diocèse de Tholon, en l'érection de la confrérie des Agonizans*..... A Tholon, de l'imprimerie de Benoist Collomb, 1650, pet. in-12.

Comme premier produit des presses de Cl. du Tour : *Relation de ce qui s'est passé à Tholon, à la belle et somptueuse cérémonie de la feste de S. François de Sales, le 28 janvier 1667, par mᵗᵉ Jaques Borne*. A Tolon, chez Claude du Tour, libr. et impr. ordinaire de la ville, 1667, in-4" (porté au cat. de la Bibl. imp. avec ce nom d'auteur : Jaques *Borne*).

Voici un livre important dû au troisième impr. toulonnais : *Traité des signaux et évolutions navales, qui contient des règles utiles aux officiers généraux et particuliers d'une armée navale sous la dictée du maréchal de Tourville*. Toulon, chez Pierre-Louis Mallard,1696, in-1º, avec 32 pl. coloriées.

TELONNUM, TELUMNUM [T. P.], localité de la Gaule Lyonn., au S.-O. d'Augustodunum, auj. *Toulon-sur-Arroux*, bourg de Fr. (Saône-et-Loire).

TELOS INS., voy. DELOS.

TELUM FL., *le Théols*, affl. de l'Arnon (Berry).

TEMENA, TEMESVARINUM, voy. TIBISCUM.

TEMESA, TEMESE [Mela, Pl.], Τεμέση [Str.], Τέμψα [Str., Ptol.], *Tempsa* [Cic., Liv.], ville du Bruttium (Ausonie), dont les ruines se voient près de *Torre di Lapi* (Napolit.).

TEMESSUS FL., *le Temesch*, riv. de Hongrie, donne son nom à un comitat.

TEMPE, Τέμπη, vallée charmante de la Thessalie, dont les poëtes avaient fait le séjour des Muses, occupait les rives du Pénée (*Selimbria*) entre les monts Olympe et Ossa.

TENÆ, *Tillemont*, bourg de Belgique (Brabant Mérid.).

TENCHTERI [Cæs.], TENETERI [Tac.], peuple de la Germanie, voisin des Sicambri, occupait également les bords du Rhin, au S. de la prov. de Clèves-Berg.

TENEBRIUM MONS, Τενέβριον [Pt.], montagne de la Tarraconn., auj. *Monte Alfachs*, suiv. de Marca.

TENEDOS INS. [Virg., Mela], anc. LEUCOPHRYS, île de l'Archipel, sur la côte de la Troade, auj. *Bokhtcha-Adassi*, à la Turquie.

TENERA FL., *Dender*, riv. de Belgique.

TENERÆMONDA, TENREMONDA, *Dendermonde, Termonde*, voy. MUNDA TENERÆ.

TENETIACUM, *Tinteniac*, bourg et anc. seigneurie de Bretagne (Ille-et-Vilaine).

TENNSTADA, *Tennstædt*, ville de Prusse (Saxe), sur la Schambach.

TENOS INS., Τῆνος, l'une des Cyclades, au S.-E. d'Andros; auj. *Tino*, dont le chef-lieu est *Haghio Niklo*.

TEODERICIA, TEODERICIACO, .TIDIRICIA (?), [Monn. Mérov.], *Thiré*, commune de Fr. (Vendée).

TEPLICIA, *Teplitz, Töplitz*, pet. ville de Bohème (cercle de Leitmeritz); plusieurs localités de Hongrie, de Styrie et de Croatie portent également ce nom.

TERAMUM, voy. INTERAMNA.

TEREBUS FL., TEREPS, voy. TADER.

TERGESTE [Mela, Pl., It. A.], Τεργέστη [Str.], Τέργεστον [Ptol.], TERGESTON [Cæs.], Τέργεστρα [Steph. B.], colonie romaine sur les côtes de l'Istrie, auj. *Trieste, Triest*, en illyrien *Tarstu*, ville d'Illyrie, à l'extrémité N. de l'Adriatique (TERGESTINUS SINUS), grand port militaire de l'Autriche, établi par Marie-Thérèse, en 1750.

Un volume, à la date de 1629, cité par Haym (p. 71), au cat. Pinelli (Lond. p. 82), et décrit par Valentinelli (*Bibl. della Dalmatia*. Zagrab. 1855), est accepté par tous les bibliogr. comme le premier produit des presses locales : *Rith Biagio di Cotenborg Giureconsulto Gradiscano, Commentari della guerra moderna passata nel Friuli, e ne' confini dell' Istria e di Dalmatia, divisi in otto libri, nel principio de' quali vi s'appresenta un compendio d'alcune memorie antiche precedenti ad essa moderna guerra*. In Trieste, appresso Antonio Turrini, 1629, in-8º de 294 pp.

Au XVIIIᵉ siècle, nous devons signaler l'imprimerie particulière des frères Méchitaristes, et de nos jours celle du Lloyd autrichien (*Typogr. del Lloyd Austriaco*).

TERGOLAPE [T. P.], dans la Norique, auj. *Vögglbruck*, dans la Haute-Autriche (cercle de l'Inn).

TERGOVISTA, TERGOBISTUM, *Tergovist, Tirgowischt*, ville de la Valachie Supér., chef-lieu du district de Dumbrovitza, anc. résid. de l'Hospodar.

Falkenstein donne 1710 comme l'année de l'établissement de la typogr. dans cette ville, et M. Cotton cite un « *Officium Sanctæ Catharinæ* » à cette date, imprimé en car. grecs et conservé à la Bodléienne. Nous donnerons, d'après la *Biblioth. Ritualis* (II, p. 162), le titre d'un livre à la date de 1715 : *Hier. Chrysanthus Patriarcha. Opusculum in quo agitur de officiis, clero et dignitatibus Ecclesiæ Christi cum libellis Gabrielis Philadelphiensis et Iobi pec catoris de VII Sacramentis, et homilia Gennadii patris CPolitani de sacramentali corpore Domini.* Impressum [Græce] cura et correctione Metrophanis humilis Hieromonachi Dodonensis in Sanctissima Hungaro-Valachiæ Metropoli Tergobysto, M.D.CC.XV. in-fol.

TERGUM CANINUM, *der Hundsrück*, montagne de la Prusse Rhénane.

TERINA [Pl.], Τερίνα [Scyl., Str.], localité du Bruttium, auj. *Santa Eufemia* (?), au nord de Reggio (Calabre), sur le SINUS TERINÆUS, *golfo di Eufemia.*

TERIOLA CASTRA, TERIOLIS [Not. Imp.], forteresse de la Rhætie, auj. le château de *Tirol*, à l'O. de Meran, anc. capit. du Tyrol (Passeyrthal).

TERMES [Plin.], Τέρμες; [Ptol.], Τερμησός [App.], Τερμαντία [App.], ville des Arevaci, dans la Tarracon., auj. *N. S. de Tiermes.*

TERMUS FL., Τέρμος [Pt.]. pet. fl. de Sardaigne, auj. l'*Ozieri* ou *Coguinas.*

TERNOBUM, TERNOVIA, TYRNAVIA, *Tyrnau*, en hongr. *Nagy-Szombath*, en slave *Trnawa*, en polon. *Truawe*, ville de Hongrie, du comitat de · Presbourg (cercle en-deçà du Danube).
Németh consacre à l'histoire de la typogr. dans cette ville un long et substantiel travail : les Jésuites s'établirent à Vienne en 1551, appelés par Ferdinand Ier; il y fondèrent une imprimerie particulière en 1559 ; mais, quatre ans après, cet établissement fut fermé et le matériel resta inexploité jusqu'en 1577; à cette date, Nic. Telegdy, vicaire général de l'église métropol. de Gran, fit l'acquisition de tout ce matériel, le fit transporter à Tyrnau, et l'installa dans sa propre maison. Le premier livre qui sortit de ces presses fut, en 1578 : *a Hungar. Concionum ejusd. Nic. Telegdy secunda pars »*; la première partie de ces saintes harangues avait été publiée à Vienne l'année précédente, par Mich. Apffl. Le titre détaillé de cette seconde partie du discours de Telegdy est donné en hongrois par Németh; en voici la souscription : *Nyomtattatot Nagy-Szombatban ugyan azon Telegdi Miklós Házánál*, 1578, Esztendöben, in-4°, pag. 613. La troisième partie fut exécutée dans la même imprimerie, en 1580, et forme un vol. in-4° de 757 pp.
L'imprimerie de Telegdi, devenu évêque, fut spécialement autorisée par un rescrit de l'emp. Rodolphe, en date de Prague, du 15 août 1584; à cette époque elle était dirigée par un typogr. du nom d'Othmar Valentinus. Après la mort de Telegdi (22 avril 1586), sa typogr. vint et la possession du chapitre de Gran, résidant alors à Tyrnau. En 1615, elle retourna en la possession des PP. Jésuites rappelés à Tyrnau par le cardinal Franc. Forgách, archev. de Gran.
En 1775, elle devint la propriété de l'Université de Tyrnau.
Un vol. à la date de 1579, exécuté à Tyrnau et qu'omet de citer Németh, fig. au cat. Colbert (no 15162), ainsi qu'au cat. Heinsius (p. 355).

TERNODORENSE CASTRUM [Greg. Tur.], TORNODONUM PALAT. [Ch. Phil. Aug. a. 1187], TORNODUM, TERNODERO [Monn. Mér.], *Tonnerre*, ville de Fr., sur l'Armançon (Yonne); anc. chef-lieu de comté.

Nous ne pensons pas qu'on puisse faire remonter l'imprimerie à Tonnerre au-delà des premières années de la révolution, et nous croyons que le chef du premier atelier typogr. était un enfant du pays, nommé Roze ; le catal. de la Bibl. impér. cite plusieurs pièces exécutées par cet imprimeur, à l'occasion de violences exercées contre la municipalité par un sr Chérest, et l'arrêt d'expulsion de ce Chérest , par le commissaire de la République, Guillemardet, est daté du 2 nivôse an III.

TERRA ADVOCATORUM, VARISCIA, *der Voigtland, le cercle de Voigtland*, dans le roy. de Saxe.

TERRA CRUDA, *Croydon*, ville d'Angleterre (Surrey), voy. CROYDONA (?).

TERRA IBERIA, *l'Aragon*, anc. roy., prov. d'Espagne.

TERRA LABORIS, voy. CAMPANIA FELIX.

TERRA SICULORUM, *Land der Szekler, pays des Szekler*, en Transylvanie.

TERRA THOSANA [It. A.], *Doesburg*, ville de Hollande, voy. DOESBURGUM.

TERRACINA [Plin.], voy. ANXUR.

TERRACINUM, TERRASSONUM, *Terasson. Terrasson*, pet. ville du Périgord ; anc. abb. de Bénéd., fondée av. 542 (Dordogne).

TERRASCEA SYLVA, THEORASCIA, *Thiesrache, Tiérache*, district de Picardie, réuni à la couronne par Philippe Aug.; forme auj. la partie septentr. du dép. de l'*Aisne.*

TERREMUNDA, voy. TREMONIA.

TERTONA, voy. COL. AUG. DERTONA.

TERUANA, voy. TARUENNA.

TESANA [P. Diac.], dans la Rhætie, auj. *Tesino*, bourg du Tyrol, entre Trente et Feltri.

TESCHENA, TESSINUM, *Teschen, Tiessin*, ville d'Autriche (gouv. de Moravie et Silésie), sur l'Oelsa.

TESTRINA MONS, Τεστρίνα [D. Hal.], dans la Sabine, auj. *Muro del Diavolo.*

TETBURY, pet. ville d'Angleterre (Gloucestershire), près de la source de l'Avon.
Imprimerie en 1805 : *Rev. J. M. Moffatt, the history of the town of Malmesbury and of its ancient abbey.* Tetbury, 1805, in-8°, tiré à 50 ex.

TETINA, *Teyn*, pet. ville de Bohème.

TETRANAULOCHUS, voy. NAULOCHUS.

TETRICUS MONS, TETRICA RUPES, *Monte San-Giovanni*, dans les Apennins.

TETUS FL., *le Trieux*, pet. fl. de la Bretagne, se jette à la mer près de Tréguier.

TEUCERA [T. P.], *Thièvres*, village de Fr. (Pas-de-Calais).

TEUDERIUM, Τευδέριον [Ptol.], *Detern*, sur la Soeste, affl. de l'Ems.

TEUDURUM [I. A.], *Tuddern*, bourg près de Sittard (Belgique).

TEUKESBURIA, *Tewkesbury*, pet. ville d'Angleterre, sur l'Avon (Gloucestershire); anc. abb.; bataille en 1472.

M. Cotton nous apprend qu'un *Sermon by John Geree* (non cité par Lowndes), publié à la date de 1644, est souscrit au nom de cette ville ; mais il confesse n'avoir point vu de livre publié avec date certaine à Tewkesbury, plus ancien que 1790 ; c'est un guide sous le titre de : The History and Antiquities of Tewkesbury, 1790.

TEURIOCHÆMÆ, peuplade germaine qui habitait le cercle saxon du *Voigtland*.

TEURISCI, Τευρίσκοι [Pt.], peuple du Nord de la Dacie, occupait une partie de la Transylvanie.

TEURNIA [Pl.], Τεουρνία [Pt.], ville de la Norique, auj., suiv. Reichard, *Larnfeld*.

TEUTIBURGUM [It. A.], TEUTOBURGIUM [Not. Imp.], Τευτοβούργιον [Pt.], TITTOBURGUM [T. P.], ville de la Basse-Pannonie, suiv. Reich., auj. *Bieloberdo*, sur la Drave (Hongrie), et, d'après Mannert, *Vukovar*, ville de la Slavonie civile.

TEUTOBURGUM, voy. DUISBURGUM.

Nous avons fait remonter l'imprimerie à *Duisburg* à 1585 ; mais le nom de TEUTOBURGUM a plusieurs fois été employé par les typogr. de cette ville : Labronis a Verasio, Satyra Sarckmasiana. Teutoburgi, 1669, in-4º (Bib. Feuerlin, p. 260).

TEUTONES, TEUTONI [Cæs., Liv., Cic., etc.], Τεύτονες [Ptol.], *les Teutons*, peuplade germanique qui habitait les bords de la mer du Nord; mais on a souvent réuni ethnographiquement sous ce nom générique l'ensemble des peuplades germaines.

TEXTRICIUM, TEXTRICUM LOCUS, TERTRICE [Sigeb.], *Tertry*, commune de Picardie (Somme).

TEYNECIUM ROCHI, *Hrochow Teynetsch*, bourg de Bohême.

THALAMÆ, Θαλάμη [Pt.], Θαλάμαι [Paus., Pol.], bourg de la Laconie, auj. *Prastias*.

THALASSIA, voy. THASUS INS.

THALLORIS, *Grünberg*, ville de Prusse, dans la rég. de Liegnitz (Silésie).

TRAMARUS FL. [I. A.], fl. du Samnium, auj. *Il Tamaro*.

THAMESIS, voy. TAMESIS.

THANNÆ PINETUM (?), *Thann*, pet. ville de Fr. (Haut-Rhin); on trouve aussi cette ville industrielle, qui eut son importance à l'époque de la guerre de Trente ans, sous les noms de *Tann* et de *Tham*.

Nous ne pouvons prouver que l'imprimerie a existé à Thann au XVIe siècle, et pourtant il nous faut signaler, et il nous paraît difficile de porter à l'actif d'une autre localité, l'ouvrage suivant que nous voyons figurer à tous les catal. des foires de Francfort : M. Wilhelmi Sarcerii Siegbuch Christi wider den Teuffel vnnd alle Gottlosen, allen gläubigen Christen zu Stärckung ihres Glaubens zusammen gefasset. Zu Thann, 1573, in-8º. Du même auteur et sans éclaircissement d'aucune sorte, M. Ternaux cite un autre ouvrage à la date de 1572.

THAPSUS [Virg., Ovid.], Θάψος [Thuc.], localité du S.-E. de la Sicile, sur la presqu'île du même nom, auj. *Isola degli Magnisi*.

THASUS INS., Θάσος, Θάσσος, THALASSIA, anc. OETHRIA, île de la mer Ægée, près de la côte de Thrace, auj. *Thasso, Thaso*, à la Turquie.

THAUMACIA [Liv.], Θαυμακία [Hom., Str.], Θαυμακίαι [St. Byz.], point fortifié de la Phtiotide, auj. *Dhomoko*, dans le pach. de Larissa [Leake].

THEANUM, voy. TEANUM.

THEATA, voy. TEATA.

THEAVILLA, voy. THEODONIS VILLA.

THEBÆ [Liv., Pl., Mela], Θήβη, Θῆβαι, célèbre ville de la Grèce, capit. de la Bœotie, sur l'Ismène; auj. quelques ruines conservent le nom de *Thiva, Thivé*; c'est tout ce qui reste de la patrie d'Épaminondas et de Pélopidas.

THEBÆ SAXONICÆ, voy. DUBA.

THEDOATUM, THEODOADUM FALAT., THEOTUATUM, voy. DOADUM.

THEIPHALIA [Greg. Tur.], *Tiffauges*, pet. ville de Fr. (Vendée), fondée en 475 par une colonie de Goths-Théiphaliens.

THELPUSA, Θέλπουσα [Paus.], Θέλφουσσα [Pol.. Steph.], ville de l'Arcadie, cheflieu du district appelé THELPUSIA, dont les ruines se voient près de *Vanena* (Épark. de Kynèthe).

THENÆ, Θεναί, dans l'île de Crète, auj. *Kani Kasteli*, au S. de Ginossa (l'anc. CNOSSUS).

THENÆ IN MONTIBUS, TILLÆ MONS, *Tienen, Tienhofen, Tirlemont*, ville de Belgique (Brabant Septr.).

M. de Reiffenberg ne fait remonter l'imprimerie dans cette ville qu'à 1811, avec un proto-typogr. du nom de Fauconnier.

THENGA, *Thengen*, bourg du gr.-duché de Bade, près et au N. de Schaffhouse.

Wolfius signale une typogr. hébraïque comme ayant existé dans cette localité au XVIe siècle, et M. Cotton nous apprend que la riche collection Oppenheimer d'Oxford conserve deux volumes souscrits à ce nom et exécutés en 1560 et 1566.

THEODALCIAGA, *Thézey S.-Martin*, commune de Fr. (Meurthe).

THEODAXIUM, *Thiais*, commune de Fr. (Seine).

THEODEBERCIACO, TEODEBERCIA, THEODEBERCIA [Monn. Mérov.], *Thivernay* (M. Quicherat dit : *Thiberzey*), anc. villa mérovingienne, sur l'emplacement de laquelle s'élève auj. un faubourg de la ville de *Fontenay*, en Vendée.

THEODEGARIO VILLA, *Thury* (?), commune de Fr. (Côte-d'Or).

THEODERICIA, TEODERICIACO [Monn. Mérov.], *Thiré*, commune de Fr. (Vendée).

THEODOMIRENSIS PAGUS, *le Thimerais*, anc. district du gouvernement du Perche, dont *Châteauneuf* était la capit., fait auj. part. du dép. d'Eure-et-Loir.

THEODONIS VILLA, THEODONE [Eginh. Chr.], SCODONIS VILLA [Ch. Ludov. pii, a. 815], THEAVILLA, *Thionville*, *Diedenhofen* (en allem.), ville de Fr. (Moselle); anc. résidence de Pépin d'Héristall; cinq conciles; elle eut autrefois ses comtes particuliers.

L'imprimerie ne remonte en cette ville qu'à la fin du siècle dernier; en 1795 seulement, M. Verronnais, imprimeur à Metz, fonde à Thionville un établissement typographique de peu d'importance, et en confie la direction à son associé, Nicolas Fondeur, qui, dans la suite, en devint seul propriétaire. Cette maison existe encore, et depuis 1819 publie la feuille d'annonces.

THEODOPHORUM, *Dietfurt*, ville de Bavière (Graësse).

THEODORODUNUM, FONTES BELGÆ, *Wells*, ville épisc. d'Angleterre (comté de Somerset); l'évêque réside à Bath.

Un libraire du nom de Brown était établi à Wells, en 1718: mais M. Cotton ne fait remonter l'introduction de la typogr. qu'à 1806.

THEODOSIA [Mela, Pl., Oros.], Θεοδοσία [Scyl., Ptol.], Θεοδοσίη [Codd.], colonie de Milet, dans la Cherson. Taurique, auj. *Feodosia* ou *Kaffa*, ville de Crimée, près du détroit d'Ienikalèh; ancienne résidence du Khan de Crimée, elle était surnommée la Constantinople de la Crimée (*Kyrim-Stambull*).

THEODOSIUM, *Gottesgab*, pet. ville de Bohême.

THEODOTA, *Dotis*, *Tata* (en hongr.), ville de Hongrie (comitat et au S.-E. de Komorn).

THEOLOGIUM, S. MAURITIUS IN VOSAGO, *Tholey*, anc. abb. de Bénédictins, fondée en 623, près de Verdun (Meuse).

THEORASCIA, voy. TERRASCEA SYLVA.

THEOTMALA [Pertz], THEOTMELL, voy. DETHMOLDA.

THERA INS., voy. CALLISTE.

THERANDA [T. P., G. Rav.], ville de Mœsie, auj. *Trenovitza*, *Trenofdsche*, dans la Roumélie.

THERAPNE [Mela], Θεράπνη [Paus.], Θέραμναι [St. B.], THÉRAMNE [Pl.], sur le Menelaius Mons, ville de la Laconie, dont les ruines se voient près du bourg d'*Amphisu* (Morée).

THERMA, voy. THESSALONICA.

THERMÆ ANTONINÆ OPP. BADENSIS, voy. AQUÆ.

Le poëme de Joh. de Motis, que nous avons cité comme exécuté à Bade, par René Beck, à la date du 9 kal. Januarii 1511 (1512, nouveau style), n'est pas le même que l'« *Invectiva cetus feminei* », du même auteur, ainsi que le pense M. Brunet; il est écrit en distiques et l'autre en strophes rimées.

THERMÆ AUSTRIACÆ, voy. AQUÆ PANNONICÆ.

THERMÆ CAROLINÆ, *Carlsbad*, ville de Bohême, sur la Töppel (cercle d'Ellenbogen).

THERMÆ EBESHAMENSES, *Epsom*, ville d'Angleterre (comté de Surrey).

Imprimerie en 1746; avec un typogr. du nom de M. Langham [Cotton].

THERMÆ FERINÆ, *Wildbad*, pet. ville du Wurtemberg (Schwarzwald).

THERMÆ HIMERENSES, Θέρμαι Ἱμέραι [Ptol.], THERMÆ [I. A., T. P.], Θέρμαι αἱ Ἱμεραῖαι [Pol., Diod.], ville de Sicile, sur la rive orient. du fl. Himera, auj. *Termini*, à l'embouch. du fl. du même nom, dans l'intend. de Palerme.

THERMÆ SELINUNTINÆ, AD AQUAS LABODAS, *Sciacca*, ville de Sicile, dans l'intend. de Girgenti.

THERMÆ STYGIANÆ [Frag. I. A.], APOLLINARES AQUÆ [T. P.], auj. au N.-E. du lac de Bracciano, près d'une localité appelée *Vicarello* (VICUS AURELII).

Célèbre par la découverte si importante de trois itinéraires de Gades à Roma, inscrits sur des vases d'argent, trouvés dans les *Aquæ Apollinares*, reproduits et commentés par le P. Marchi, le *Rheinisches Museum*, Henzen, Jacobs, etc.

THERMAICUS SINUS, voy. MACEDONICUM MARE.

THERMIDA, Θερμίδα [Pt.], ville des Carpetani dans la Tarracon., auj. *Sacedon*.

THERMOPOLIS, voy. AQUÆ HELVETICÆ.

THERMOPYLÆ, Θερμοπύλαι, défilé qui conduisait de la Locride à la Thessalie, entre le mont Œta et la mer; immortalisé à jamais par la mort de Léonidas et de ses trois cents Spartiates; s'appelle auj. *Katavothra*.

THESPIA, Θέσπεια [Hom., Her.], THESPLÆ [Liv., Plin.], Θεσπιαί [Str., Ptol., Diod.], ville de la Bœotie, au pied de l'Hélicon; près de ses ruines s'élève auj. le bourg de *Rimokastro*.

THESPROTI, Θεσπρωτοι, peuple de l'Épire, occupait les bords de la mer d'Ionie (golfe d'Ambracie), auj. *Golfe d'Arta*.

THESSALIA, Θεσσαλία, Θετταλία, anc. HÆMONIA, vaste contrée de la Grèce, bornée an N. par la Macédoine, l'Étolie et la Phocide au S., la mer à l'E., et l'Épire à l'O., forme auj. l'une des grandes divisions de l'empire ottoman, le *Pach. d'Ieni-Sheher*, ou *Larissa*.

THESSALONICA [Liv., Pl., It. A., T. P.], Θεσσαλονίκη [Str., Lucian., St. B.], SALONICIA au XIIIe siècle, THESSALONICEA, anc. THERMA, Θέρμη, ville de Macédoine, sur le golfe Thermaïque; c'est auj. *Saloniki*, ville forte de la Roumélie, chef-lieu de Pachalik; résidence d'un mollah et d'un archev. grec.

Quelques bibliographes ont voulu faire remonter jusqu'en 1470 l'établissement de la première imprimerie (hébraïque) à Saloniki, mais M. de Rossi a fait justice de cette allégation aventurée; c'est à 1515, date assurément fort respectable, qu'il convient de la reporter, et le même bibliographe nous donnera le titre du premier produit de ces presses organisées et dirigées par les enfants actifs et laborieux d'une race si longtemps persécutée : PSALMI, PROVERBIA, JOB, DANIEL, *cum comment. R. Salom. Jarchi* (The-salonicæ, an 5275, Christi MDXV). Voici la traduction de la souscription : *Absoluta porro est opera operis sancti horum IV librorum Psal. Prov. Jobi et Dan. in domo don Jehudæ Ghedaliæ hic Thessalonicæ sub Dom. Sultani Selim die IV. mensis Elul an. 5275 a creatione*. Puis vient un poëme en l'honneur du livre, à la fin duquel on donne le nom du typographe, qui s'appelle Joseph Melatron. In-fol. Il n'est pas inutile d'ajouter que l'auteur illustre de ces commentaires sur les livres saints, le célèbre R. Salomon Jarchi, était Français : « Jarchi Salomone, celebre Rabbino, detto anche dal nome del padre *Itzchaki* o Isaccide, et per abbrev. *Rasci*, era Francese di nazione e nativo di Troyes in Sciampagna. » [De Rossi, *Dittion.* 1, 161.] L'imprimerie hébraïque de Saloniki eut plus d'un siècle d'existence.

THETIDIUM, Θετίδιον [Str.], localité de la Thessaliotide, prov. de la Thessalie, dans les environs de Pharsale, sur l'Enipeus, auj. *Magula*, près de Sataldje (Roumélie).

THEUDORIA [Liv.], dans l'Athamanie, prov. de l'Épire, auj. *Thodhoriana* [Leake].

THIAR [It. A.], localité de la Tarracon., que l'on place aux environs d'*Orihuela* (voy. ORCELIS).

THIERHAUPTEN, THIERAUPTEN, abb. de Bénédictins, fondée sous l'invocation de S. Blaise, *San Blasien*, vers 963, dans la Forêt-Noire, et du dioc. de Constance (Bavière).

Comme la plupart des bourgades et monastères avoisinant le Bodensee, cette abbaye posséda une imprimerie au XVIe siècle; nous citerons : *Der Layen*

Kirchen-Spiegel, durch Bartholomæum Wagnerum Augustanum. Getruckt in Gottshauss zu Thierhaupten, im jar 1594, in-4°, un titre et 82 ff. avec 2 grav. sur bois. Une aute.pièce, imprimée en 1597, est intit.: *Von der Martins-Gans, durch Melchiorem de Fabris*. Getruckt in Closter zu Thierhaupten, 1597, in-4° de 2 et 45 ff. Le premier ouvrage porte au 1° et au v° du premier f. deux belles grav. sur bois, qui portent le monogr. de Hans Scheuffelin; elles proviennent de planches exécutées au commencement du siècle, et destinées à d'autres ouvrages; Scheuffelin était mort depuis longtemps à cette époque.

THIERNUM, THIERRIUM, TIGERNUM, sous les Mérov. CASTRUM TRIPERNUM, THIERN, *Tiers, Thiers*, ville de Fr. (Puy-de-Dôme); anc. titre de vicomté; anc. abb. de St-Benoît, appelée *le Moustier*, fondée av. 765.

L'imprimerie exista certainement dans cette petite ville au XVIe siècle; un typogr. du nom de Robert Masselin y fut appelé par les Bénédictins, et exécuta pour eux plusieurs ouvrages; nous citerons le plus ancien dont nous ayons retrouvé le titre : *Doctrine chrestienne, laquelle enseigne ce que doit sçavoir et exercer chascun chrestien, affin que par sa vie et conversation il responde à la profession du nom, traduite de l'italien*. A Tiers, Robert Masselin, 1557, in-16. Sous la même date nous trouvons au cat. Baluze (n° 5865) : *Breviarium secundum usum Ecclesiarum Claromontensis et S. Flori*. Tierni, 1557, in-8°.

THILIA FL., *la Dyle*, riv. de Belgique; se joint à la Nèthe, pour former le Rupel.

THIRSK, bourg du North-Riding du Yorkshire (Angleterre).

Imprimerie en 1797 [Cotton].

THISBE [Pl.], Θίσϐη [Hom., Paus.], ville de la Bœotie, auj. *Kakosia*, suiv. Kruse.

THOARCUM, THOARCIUM, TOARECAS [Monn. Mérov.], *Thouars*, ville de Fr. (Deux-Sèvres); anc. titre de vicomté, érigé en duché-pairie, en faveur de la maison de la Trémouille, en 1599.

L'imprimerie dut exister dans cette petite ville au commencement du XVIIIe siècle, car, ne figurant point à l'arrêt du conseil en date du 21 juillet 1704, qui fixe le nombre des imprimeurs autorisés pour les villes du royaume, elle est comprise, par celui du 31 mars 1739, parmi celles dans lesquelles l'établissement typographique existant sera et demeurera supprimé. L'imprimerie reparut à Thouars à l'époque de la révolution.

THOLOSA, voy. TOLOSA.

THORDENSIS COMIT., *die Torenburger Gespannschaft, le comitat de Thorenburg*, en Transylvanie (pays des Hongrois).

THORICUS, Θορικός; [Her., Thuc., Xen.], ville de l'Attique, auj. *Theriko*, bourg presque ruiné près de Porto-Mandri.

THORINGIA TRANS RHENUM [Frédég.], *la grande Thuringe* [Chr.], anc. prov. d'Allemagne ; peuplée par des Visigoths nommés *Thoringes*, comprise auj. dans les *duchés saxons*.

THORI PORTUS, *Thorshavn,* chef-lieu de l'île de Stromoë, la plus importante des Færoë.

THORNUA, voy. TORNACUM.

THOROLTUM, *Thorout,* bourg de Belgique (Flandre Occid.).

THORUNIUM, TORUNIUM BORUSSORUM, *Thorn,* ville forte de Prusse (rég. de Marienwerder, dans la prov. de Prusse), sur la rive droite de la Vistule ; fondée au XIIIe siècle, par le gr. maître de l'ordre Teutonique ; patrie de Copernic.

Imprimerie en 1568, dit Falkenstein ; en 1566, dit Ternaux, qui cite à l'appui de sa prétention : *Acta seu protocolum inter Palatinatos et Wurtembergenses Theologos.* Thorunii, 1560, in-4°, livre qui nous est absolument inconnu. A partir de 1570, les catal. des foires de Francfort nous donnent les titres d'un grand nombre d'ouvrages imprimés à Thorn, avec le nom du premier imprimeur, qui fut, pensons-nous, Michel Nering.

Simon Staravolscius, l'historien polonais, raconte gravement que le manuscrit original autographe (Tabellæ αὐτόγραφοι) des *Epistolæ familiares* était conservé de son temps « in bibliotheca Thorunensi » ; une assertion de cette force ne peut que gagner à être enregistrée sans commentaire.

THRACIA, THRACE, ἡ Θράκη, vaste contrée de l'Europe orientale, qui porta les noms anciens ou poétiques d'ARIA, Πέρκη, ODRYSE, 'Οδρύση, ODRYSIA TELLUS, TRACHIA, etc. (du mot sémit. *Th'ragh,* Πόρος, passage, porte). forme auj. la partie orient. de la *Roumélie* et le pach. d'*Andrinople.*

THRONI PROM., Θρόνοι, cap. de l'île de Chypre, auj. *Capo Pila.*

THRONIUM [Pl., Liv.], Θρόνιον [Hom., Thuc., Str., Pt.], ville des Epicnemidii dans la Locride, auj. *Puntonitza* ou *Bodonitza.*

THUDINUM, TUDINIUM, *Thuin,* pet. ville de Belgique (Hainaut).

THUETMONIA, *Clare,* bourg d'Irlande (voy. *Clara*).

THULE INS., Θούλη [Tac., Pl., Mela, Mart.], THYLE, ULTIMA THULE, la dernière terre septentr. de l'Europe, sinon connue, du moins soupçonnée par les anciens ; est-ce l'une des îles *Færoë,* l'une des *Shetland,* l'une des *Orcades* ; est-ce *Tiloen* ou *Tiloë,* île du Norrland (Norvége)? nous ne savons, mais à coup sûr ce n'est pas l'*Islande,* ainsi que le croient certains géogr.

THUMUM. *Thum,* bourg du roy. de Saxe (Erzgebirge).

THUNA, THUNUM, *Thun,* pet. ville de Suisse, chef-lieu de l'Oberland (c. de Berne).

Une imprimerie à peu près clandestine s'établit à Thun vers 1796 ; la police la fait fermer en 1803.

THUNA, TUNNA, *Tons,* bourg du Jutland, près d'Aarrhus.

THUREGUM, THURICUM, voy. TIGURUM.

THURGOVIA, *Thurgau, Thurgovie,* canton de Suisse, chef-lieu : *Frauenfeld.*

THURII [Cic., Pl.], Θούριοι, THURIUM, voy. SYBARIS.

THURINGI, THORINGI [Jorn., Geo. R.], peuple détaché de la nation des Visigoths, qui peupla, au ve siècle, les provinces de la Germanie comprises depuis sous le nom de *Thuringe, Thüringen.*

THURIUM NOVUM, *Terra Nova* ou *Torre Brodognato,* bourg du Napolitain qui s'éleva sur les ruines de COPIÆ, bâtie elle-même par les Romains pour remplacer l'antique *Sybaris.*

THURNAVIA, *Thurnau,* bourg de Bavière, près de Culmbach (cercle du Main-Supérieur).

Imprimerie en 1714 : *Georg Christ. Brendeins Wachsthum in Christenthum durch die sonn vnd fest-tags Evangelien erkl iret.* Thurnau, 1714, in-4° (catal. Dubois, II. n° 6596).

THYAMIS FL., fl. d'Épire, au N.-O. de l'Achéron, auj. le *Kallama.*

THYANUS, voy. BUCARESTA.

THYLE *in Alexiensi Pago, Thil-en-Auxois,* commune près d'Autun (Saône-et-Loire).

THYNIA, Θύνια [Str.], THYNIAS [Mela], appelée aussi APOLLONIA [Plin.], 'Απολλωνιάς [Arr.], île du Pont-Euxin, auj. *Kirpeh,* dans la mer Noire.

THYNIAS PROM., cap et bourg de Thrace, sur la mer Noire, auj. *Kiada Burun.*

THYREUM [Cic.], Θύρεον [Pol.], THYRIUM [Liv.], ville de l'Acarnanie, auj. *Zaverdha* [Leake].

THYRIDES PROM., Θυρίδες [Str., Paus.], dans la Laconie, auj. *Capo Grosso,* près du bourg d'Hippola.

THYRSUS FL., dans l'île de Sardaigne, auj. l'*Oristano.*

THYRNAVIA, voy. TERNOBUM.

TIARANTUS FL., dans la Scythie, auj. le *Syl,* affl. du Danube.

TIARIULIA, Τιαριουλία [Ptol.], ville des Ilercaones, dans la Tarrac., auj. *Trayguera.*

TIASA FL., riv. de la Laconie, au S. de Sparte, affl. de l'Eurotas, auj. *la Misitra.*

TIBERIA AUGUSTA, voy. AUG. TIBERII.

TIBERIACUM [It. A.], ville de la Germanie,

entre Juliers et Cologne, auj. *Bergheim, Bergen*, près de Königsdorf.

TIBERII FORUM, voy. FORUM.

TIBERIS FL., ὁ Τίβερις, TIBRIS [Pl., Virg.], THYBRIS [Virg., Ovid.], Θύβρις, anc. ALBULA [Virg., Liv., Pl.], Ἀλβούλας [D. Hal.], Ἄλβας [St. B.], des Apennins à la mer Tyrrhénienne, *le Tibre, Tevere*, fl. de l'Italie centrale, qui baigne Rome et Ostie.

TIBISCUM [Inscr.], TIVISCUM [T. P.], Τίβισκον [Ptol.], TEMENA, TEMESVARINUM, municipe romain, dans la Dacie, sur le FL. TIBISCUS, *la Témetz*, près des ruines duquel s'est élevé *Temeswar, Temesvár*, ville de Hongrie, chef-lieu de comitat (cercle au-delà de la Theiss).

Seivert (*Nachricht von Siebenbürg-Gelehrten*, p. 418) prétend que les Unitaires possédaient une imprimerie dans cette ville vers la fin du XVIe siècle; mais les Turcs possédèrent Temesvár de 1552 à 1716, et les enfants du Prophète ne furent jamais, si l'on excepte peut-être l'époque des Zegris et des Abencerrages, en Espagne, de bien énergiques propagateurs de la lumière ni du progrès. Nous devons donc considérer l'indication de Seivert comme erronée, et ne croyons pouvoir reporter l'introduction de la typogr. à Temesvár que postérieurement à la date de l'expulsion des Turcs.

Németh nous dit en effet que l'établissement de la première impr. à Temesvár ne remonte qu'à 1769, avec Mathias Joséf Heimerl comme premier typogr.: *Instruction wie sich ein Officier bey Führung eines Transports in Geld- und Rechnungssachen zu verhalten hat*. Temesvár, bey Matth. Jos. Heimerl; de 1790 à 1804, l'imprimeur s'appelait Jac. Jos. Jonás.

TIBULA [I. A.], Τίβουλα [Ptol.], ville de l'île de Sardaigne) auj. *Porto Pollo* [Reich.].

TIBUR (*Argæo positum colono*) [Virg., Hor., Liv., Pl.], Τίβουρ [Ptol.], Τίβουρα [Str.], ἡ Τιβουρίνων πόλις [Pol.], Τίβυρις [St. B.], (ALBUNEÆ AQUÆ), ville du Latium, sur l'Anio, auj. *Tivoli*, sur le Teverone, ville épisc. de la Comarque de Rome.

Avec Haym (p. 65) nous pouvons faire remonter l'imprimerie à Tivoli en 1646: *Francesco Martio* (Marzi), *Historie Tiburtine*, Tivoli, 1646, in-8o, figure au catal. Libri de 1861, sous le no 6271.

TICHIS FL. [Mela, Pl.], fl. de la Tarracon., auj. le *Llobregat Menor*.

TICHIS, voy. TECUM.

TICINUM [Liv., Pl., Tac., Cæs., I. A.], Τίκινον [Str., Ptol.], TICENUM [T. P.], Τίκινος [St. B.], PAPIA [P. Diac., G. Rav.], TICINE, PAPIA [Chr. B. Dion.], ville des Insubres, dans la Gaule Cisalpine, anc. résidence des rois lombards, auj. *Papia, Pavia, Pavie*, ville d'Italie, sur le Tessin; évêché; université fondée en 1360; bataille en 1525; patrie de Jérôme Cardan.

L'imprimerie remonte dans cette ville illustre à l'année 1471, malgré les dénégations de Sassi, l'his-torien milanais, trop intéressé dans la question; Mauro Boni et Amati prouvent le fait jusqu'à l'évidence. Voici les titres des deux volumes relevés par le premier de ces bibliographes: ANTONII DE BURGOS *liber super Decretalium III, de emptione et venditione*. Papiæ, M.CCCC.LXXI, in-4o sans nom d'imprimeur: « Al che nulla, dit Mauro Boni, si può da me aggiugnere non trovandone notizia, nè per confermala, nè per escluderla. » Mais cet excellent bibliographe, ayant eu « la sorte » d'acquérir un ex. du second ouvrage imprimé à Pavie, en 1471, le décrit consciencieusement.

MATTHÆI DE FERRARIIS DE GRADI *in nonum Almāsoris* (*opera medica sive practica cum textu noni ad Almansorem*). Ex Papia, M.CCCC.LXXI, infol. max. de 572 pp. à 2 col., en beaux car. ronds, sans ch., récl. ni sign., sans points ni virgules, avec la ligne transversale comme signe de division. Cet ouvrage n'a pas de titre et commence par l'épître dédicatoire à Galeazzo Mario Sforza; cette épître est datée « *ex Papia die 9 mensis octobris 1471* »; à la fin: *Et sic sit iam otium factorum laus et gsta] in infita secula seculorum, amē.* = *Inceptum per magistrum marchum de gatinaria ăno 1562 die 17 octobris ʒ finitum in studio de Mti Iohannis Matthei hui' operis compositoris anno 1471 die 24 septembris* (voy. Mauro Boni, *Lett. sulla Stampa dell'Italia super.* 45 et suiv.).

Les imprimeurs de Pavie, au XVIe siècle, sont Damianus de Conphaloneriis de Binasco (Damian Gonfalonerii), Antonius Carcanus (Ant. de Carcano), dont l'associé s'appelle Zanino Ripa.

Giacomo de S. Petro (1477), et son frère Francesco (1478), Francesco et Nicolao de Ghirardengis; Benigno de Honate, Juliano de Zerbo; Christoforo de Canibus et son associé Stefano de Gregoriis; Leonardo de Gerli, etc.

Sur l'énorme quantité de livres que ces nombreuses typogr. ont produits, il n'en est presque aucun qui ne soit spécial aux sciences, alors florissantes dans la célèbre université, particulièrement à la médecine et à la jurisprudence; c'est avec peine que l'on pourrait en relever trois ou quatre appartenant aux belles-lettres ou à la théologie, une édition de la *Rhétorique de Cicéron*, par exemple, imprimée en 1477, par Jacobus de Sancto Petro, et un *Breviarium Romanum*; s. d., in-fol., exécuté par Franc. Ghirardengo.

TICINUS FL., ὁ Τίκινος, *il Ticino, Tessino, le Tessin*, riv. de Suisse et de Lombardie, traverse le lac Majeur, et afflue au Pô.

TIERNA [T. P.], Δίερνα, [Ptol.], STATIO TSIERNENSIS, COLONIA ZERNENSIUM, colonie romaine sur le Danube, près de l'emplac. de laquelle s'élève auj. la ville d'*Orsowa*, en Servie.

TIFERNUM METAURENSE [Pl.], ville du Latium, auj. S. *Angelo in Vado*, ville de la délég. d'Urbino et Pesaro.

TIFERNUM TIBERINUM [Pl.], Τίφερνον [Pt.], à la source du Tibre, dans l'Apennin, auj. *Città di Castello*, ville épisc. de la délég. de Pérouse.

Suivant M. Cotton, l'imprimerie exista dans l'une ou l'autre des deux villes qui portent le nom de TIFERNUM à partir de 1539. S. Angelo in Vado n'a jamais possédé d'imprimerie, mais effectivement Haym (p. 322) cite un livre souscrit au nom de Cività di Castello à la date précitée: *Il secondo Libro dell' Eneide di Virgilio tradotto in volgare* (in versi sciolti). In Città del Castello pel Mazzochi, 1539, in-4o; on attribue cette traduction à Carlo Innocenzio Frugoni.

Ce livre est-il réellement exécuté à Città di Castello ? nous l'ignorons; est-il le résultat d'une imprimerie de passage, comme il y en a eu tant? nous l'ignorons encore, mais ce que nous savons, c'est que nous ne retrouvons trace d'imprimerie qu'au siècle suivant : *Nuovi ingegni meccanici per gli Stati de' Principi, con altri nuovi e varj secreti ornati per utilità e gusto degli altri*. In Città de Castello, per il Mulinelli, 1628, in-4°. L'auteur de cet opuscule serait, suiv. Nella, Franc. Natti.

TIFERNUS FL. [Mela, Pl.], *il Tiferno*, pet. fl. d'Italie.

TIGERNUM, voy. THIERNUM.

TIGNUM MONAST., *Thin-le-Moutier*, commune de Fr. (Ardennes).

TIGURINA SEDES, *Tegernsee*, voy. MONAST. TEGERNSENSE.

TIGURINI [Liv.], TIGORINI, Τιγύριοι [Str.], peuple occupant le TIGURINUS PAGUS [Cæs.], l'une des quatre grandes divisions territoriales de l'Helvétie, auj. le *Canton de Zurich*.

TIGURUM, TURICUM HELVETIORUM, TURIGUM, THUREGUM, *Tury* (en grison), *Zurich*, *Zuric*, sur la Limmat, ville et chef-lieu de canton de la Conféd. suisse; université, biblioth.; patrie de Conr. Gessner et de Lavater.

Ulrich Zwingle, le grand réformateur, fut curé de cette ville au commencement du XVIe siècle; il fut tué à la tête d'une armée de ses fanatiques coreligionnaires en 1531.

Le premier livre cité par Panzer n'est daté que de 1523; Falkenstein et Cotton reportent la typogr. à 1521; mais un document émané du Panzer allemand (c'est ainsi que M. Brunet désignait les ouvrages allemands du célèbre bibliogr.), *Annalen der ælteren deutschen Litter*. (suppl. 110, n° 629), nous permet de faire remonter la typogr. à Zurich à une date antérieure : *Ein Kalender mitt sinem nüwen un stundë vs des hochgelerten doctor iohannis Kungspergers practic, unnd sunst vil subtiler sache mit vil figuren als mä am nechsten blatt lütrer meldung fündt*. A la fin : *Getruckt in der Keiserlichen statt Zurich durch Hansen am wasen, am sampstag nach sant Lux tag des iars do man zalt tusent fünff hundert vnd acht iar* (1508). In-4° de 19 pp. avec planches gravées par Virgile Solis.

Ainsi ce n'est pas à l'excellent imprimeur Christophe Froschouer qu'est dû l'établissement de la typographie à Zurich, mais bien à un certain Haus am Wasen, ou peut-être *Rasen*, dont on ne pourrait citer aucun autre produit typogr.

Le premier livre imprimé par Christ. Froschouer n'est cité ni par le P. Le Long (*Bibl. Sacra*) ni par Panzer, mais nous le trouvons décrit par Freytag et par Bauer : *Paraphrases zu Tütsch die Episteln Sancti Pauli, I. zu Ephesiern, II. zu den Philippensern*, etc. *In Latyn durch Doctor Erasmum von Roterdam kürtzlich beschriben, vnd klarlich uszgeleget, durch meister Leonem Iud Pfarherren zu Eynsidlen gentzlch dem Latyn nach vertüscht*. Zurich, 1521, in-4° de 300 p.

La plupart des nombreux traités d'Ulrich Zwingle furent imprimés pour la première fois à Zurich, ainsi que ceux d'Œcolampade, son disciple (voy. Panzer, VIII, 307).

En 1528, apparaît un nouvel imprimeur, Jacobus Mazochius.

Un assez grand nombre de livres en français, en anglais, en dialecte romansche, etc., sont publiés à Zurich au XVIe siècle; nous citerons : John Harryson. *Yet a course at the Romyshe Foxe*. Zurich, Oliver Jacobson, 1543, in-16 goth. Cette satire est généralement attribuée à John Bale, évêque d'Ossory; Lowndes en fait la description.

Une BIBLE en anglais est imprimée en 1550, in-4° (P. Le Long, *Bibl. sacra*, I, p. 430).

La première traduction de la BIBLE en grison y est publiée en 1657, in-8°, par H. Hamberger.

Conrad Gessner, nous l'avons dit, était de Zurich, et ses excellents travaux scientifiques et bibliogr. y furent tous imprimés et réimprimés au milieu du XVIe siècle (voy. Bauer, II, p. 25-26).

TILA, TILLUM, THIELA, *Thiel*, pet. ville de Hollande (Gueldre), sur la riv. droite du Waal.

Imprimerie en 1658 [Falk.] : *Aran et Titus, tragædia*. Thila, 1658, in-4°. Bauer et le catal. Jansson-Waesberghe (Amst., 1678), nous donnent les titres de plusieurs vol. exécutés à Thiel, antérieurement à 1678. En 1688, un imprimeur allemand nommé Frédéric Jansz s'y établit.

TILAVENTUM FL., TILAVENTUS [Pl.], TILIABINTE [T. P.], fl. de la Vénétie, auj. *il Tagliamento*.

TILENA, FILENA [T. P.], TILECASTRUM, localité des Lingones, dans la Gaule Lyonn. I, auj. *Til-Chatel*, bourg de Fr. (Côte-d'Or).

TILETUM, *Thielt*, ville de Belgique (Flandre Occid.).

M. de Reiffenberg fait remonter le premier établissement typogr. de Thielt à 1793.

TILIUM, *Tell*, *Teglio*, bourg de Lombardie (Milanais).

TILLUM *prope Senonas*, *Le Theil*, commune de l'arr. de Sens (Yonne); plusieurs communes de Fr. portent encore ce nom.

TILURIUM [T. P., Geo. R.], PONS TILURI [It. A.], sur le fl. TILURUS, station de Dalmatie, auj. *Trigl*, dans le cercle de Spalatro.

TIMACHUS FL., le *Timok*, riv. de Servie, affl. du Danube.

TIMACUM, Τίμαχον [Pt.], TIMACUM MAJUS [T. P.], localité de la Mœsie, sur le fl. Timacus, auj. *Iperik*, *Isperik*, bourg de Servie.

TIMALINUM, PONS NEVIÆ, ville de la Tarracon., auj. *Puebla de Navia* [Reich.], dans les Asturies.

TIMAVUS FL. [Virg., Pl.], Τίμαυος, fl. de la Vénétie, auj. *il Timavo*, se jette dans le golfe de Trieste.

TIMINA, *Demmin*, voy. DEMMINUM.

TIMIUM, THUMIUM, *Thun-l'Évêque*, bourg de l'arr. de Cambrai (Nord).

TINA FL., Τίννα [Ptol.], fl. d'Angleterre, à l'extrémité E. du mur d'Adrien, *la Tyne*, qui sépare le Northumberland du Durhamshire, et afflue à la mer du Nord.

TINÆ OSTIUM, *Tynemouth*, ville d'Angleterre, à l'E. de Newcastle.

TINCONCIUM [I. A.], station de la Gaule Lyonn., sur la route de Bordeaux à Autun, *Sancoins*, pet. ville de France (Cher), suiv. d'Anville.

TINGENTERA, TINGENTERATUM, *Tarifa*, pet. ville d'Andalousie, sur le détroit de Gibraltar à l'O., en face de Tanger.

TINIA FL. [Pl.], Τένεα; [Str.], dans l'Ombrie, auj. *la Timia*, passe au S.-O. de Spoleto.

TININIUM, voy. ARBUDA.

TINITIACUM, *Thenezay*, bourg du Poitou (Deux-Sèvres).

TINURTIUM CASTRUM [I. A.], TORNUSIUM, TERNUSIUM, ville de la Gaule Lyonn., auj. *Tournus*, ville de Fr., sur la Saône (Saône-et-Loire); patrie de Greuze.

TIPARMUS INS. [Pl.], *Spezia, Spetzia, Soulidja* (en Turc), île de l'archipel (Sporades occid.).

TIPHERNUM, voy. TIFERNUM.

TIRANUM, *Sondrio*, pet. ville du Milanais, chef-lieu de la Valteline, sur l'Adda.

TIBISCUM, Τιβίσκον [Pt.], ville de la Dacie, auj. *Tirgusil, Tirguschialui*, bourg de la Valachie Occid., sur le Schiul.

TIRLEMONTIUM, TIRLÆMONS, *Tirlemont*, ville de Belgique (Brabant Mérid.).

Imprimerie en 1811, le premier typogr. s'appelle Fauconnier.

TISIANUS FL., voy. PARTHISCUS.

TISSA, Τίσσα [Ptol.], Τίσσαι [St. B.], ville du Nord de la Sicile, auj. *Randazzo*, ville de l'intend. de Messine.

TITIUS FL., Τίτος [Ptol.], en Dalmatie, auj. *il Kerka*.

TITTUNTUM, STAGNUM, *Stagno*, pet. ville de Dalmatie (cercle de Raguse).

TIVERTON, ville d'Angleterre (Devonshire).

L'imprimerie remonte en cette ville à 1730, dit Davidson; en 1790, le typogr. en exercice s'appelait J. Parkhouse.

TIVISCUM, voy. TIBISCUM.

TIZA FL., voy. PARTHISCUS.

TOARCIUM, voy. THOARCIUM.

TOBINIUM, *Zopfingen*, pet. ville de Suisse, dans le canton d'Argovie; belle bibliothèque.

TOBIUS FL., Τόβιος [Ptol.], TUBIUS, fl. de la côte O. d'Angleterre, auj. le *Towey,*

Towy, fl. du pays de Galles, se jette dans la Manche.

TOBOLIUM, TOBOLSKA, *Tobolsk*, ville de l'Empire russe, en Sibérie.

L'imprimerie remonte à 1789 : *Irtysz's prévraszczajusczijsia v Iporenu* (Der Irtych in die Hippokrene verwandelt : Eine Monatsschrift, herausgegeben von der Tobolsker Obervolksschule). 1er Jahrg, von Sept. 1789. — Aug. 1790. Tobolsk, 12 cah. in 8°. Premier livre imprimé en Sibérie (Ebert, 10547).

TOCIACUM, TOUCIACUM (XIIIe siècle), *Thoucy, Toucy*, bourg de Fr. (Yonne).

TŒSOBIS FL., Τοισοβι; [Ptol.], CONNOVIUS, fl. du pays des Ordovices, dans la Britannia, auj. le *Conway*, dans le pays de Galles [Camden].

TOGGIUM, TOGGENBURGUM, *Toggenburg*, bourg et anc. château de Suisse (canton de St-Gall).

L'imprimerie a-t-elle réellement existé dans cette petite localité ? Nous ne pouvons l'affirmer, mais nous devons signaler une impression que nous trouvons portée au catal. Dubois (II, 6741) : *Von denen Frepheiten* (sic) *vnd Gerechtigkeiten der Graffschafft*. Toggenburg, 1713, in-4o. Ce livre nous est complètement inconnu, et le titre lui-même semble légèrement estropié.

TOGISONUS FL. [Pl.], fl. de la Vénétie, auj. *Fossana Paltana* [Graësse].

TOLBIACUM, TOLPIA [Tac.], TOLPIACUS, *Vicus Supenorum* [Anton.], TULBIACENSIS CIVIT. [Gr. Tur.], TULPIACUM [Ch. Car. Mart. a. 725], TULBIE [Tr. d'Aimoin], *Tolbiac, Zulpich, Zulch*, ville de la Prusse Rhénane (rég. de Cologne); victoire de Clovis sur les Allemands, en 496.

TOLCA FL., *la Touque*, pet. fl. de Normandie.

TOLENTINUM, PAGUS TOLENTINUS, *Tolentino*, sur le Chieti, ville d'Italie (délég. de Macerata).

TOLENUS FL. [Ovid.], fl. du pays des Sabins, dans le Latium, auj. *il Turano*, affl. du Velino.

TOLETUM [Liv., I. A.], Τώλητον [Pt.], THOULÈTE [Chr. de S. Den.], ville des Carpetani, sur le Tage, dans la Tarracon., auj. *Tolède, Toledo*, ville d'Espagne, chef-lieu d'intend. (Nouv. Castille), archevéché, dont le titulaire est primat d'Espagne; admirable cathédrale; université célèbre, bien déchue auj.; concile de 62 évêques en 633, un autre en 683; patrie de Garcilasso de la Vega.

De l'avis unanime des bibliogr., l'imprimerie fut introduite à Tolède en 1486 par l'illustre cardinal Ximenès de Cisneros. D. Dion. Hidalgo, dans l'excellente édition qu'il a donnée de l'ouvrage classique de Mendez, en 1861, signale cependant un incunable à la date de 1480, qu'il attribue aux presses de Tolède; ce volume, conservé à la biblioth. provinciale, est sans titre ; mais voici comment le décrit Cárlos Monroy, conservateur de cette biblioth.: « Este es traslado bien é fielmente sacado de un cuaderno de Leyes que los muy poderosos principes los Reyes nuestros señores fecieron é ordenaron en las cortes de la muy noble cihdad de Toledo escripto en papel..... »

Ce vol. de 28 ff. est bien imprimé en goth., sans ch., récl. ni cap., mais avec signat.; il ne porte pas de lieu d'impression, mais, l'ayant collationné avec le *Confutatorium errorum* de 1486, dont nous allons parler, D. Barth. J. Gallardo a constaté l'identité des caractères qui servirent à l'impression, et sur le premier feuillet blanc du livre, il a consigné le résultat de son contrôle :

1480.

¿ En Zamora
por Anton de Zentevera ?
No :
Toledo : Por J. Vasquez.

Il semble donc acquis à l'histoire de la bibliographie, de par l'autorité amplement suffisante de Gallardo, que l'imprimerie remonte à Tolède à l'année 1480; que le proto-typogr. est Juan Vasquez, et que le premier livre imprimé peut être intitulé : LEYES ORIGINALES *de los Reyes de España registradas por D. Diego Vasquez Chanciller*. S. l. 1480, in-4°(?).

Voici, d'après l'exempl. conservé « en la libreria del convento de San Pablo de la ciudad de Valladolid », le titre exact du *Confutatorio* de 1486 : CONFUTATORIUM ERRORUM *contra claves Ecclesie nuper editoriem* (sic) *explicit feliciter. Fuit autem confectum anno domini* MCCCCLXXVIII *per Reverendum Magistrum Petrum Ximenes~de Prexano, tunc canonicum toletanum ; et fuit impressum Toleti per venerabilem virum Joannem Vasquii anno dñi* M.CCCC 83. *Pridie Kal. Augusti : prefato Magistro Petro jam Episcopo Pacensi, et similiter regnantibus in Regno Castelle et Legionis, Aragonie et Sicilie, Sereniss. ac christianiss. Regib. Fernando* V° *et Elisabeth*. In-fol. et non point in-4°, comme le dit Pr. Marchand.

En 1494, un nouvel imprimeur toléďau apparaît ; il se nomme Juan Tellez, et non Teller, comme le dit Maitlaire.

En 1498, arrive de Valence un typogr. allemand du nom de Pedro Hagembach, lequel imprime, par ordre du grand archev. de Cisneros, le célèbre MISAL MUZARABE en 1500.

En cette même année 1500, on signale de nouveaux typographes, Garcia de la Torre, et Alonso Lorenzo, que l'on a cru d'abord n'avoir été que libraire.

Au XVIe siècle, nous trouvons : Juan de Villaquiran, Gasparðo de Avila, Michaele de Eguia, Joan de Ayala, Fernando de Sancta Catalina, etc.

TOLLEGATÆ [I. Hier.], peuple de la Gaule Cisalpine ; le nom s'en retrouve dans *Telgate*, bourg des environs de Bergame.

TOLNENSIS COMIT., *le Comitat de Tolni*, en Hongrie.

TOLONUM, **TULLONUM**, *Toulon-sur-Arroux*, bourg de Fr. (Saône-et-Loire).

TOLOSA, *Tolosa*, ville d'Espagne, chef-lieu de district, dans la prov. de Guipuscoa, sur l'Oria (Biscaye), fondée au XIIIe s.

L'imprimerie remonte en cette ville au XVe siècle, disent quelques auteurs; mais la simultanéité de l'établissement des premières presses, à quelques années près, et l'identité des noms ont donné lieu à de regrettables confusions, et engagé bien des bibliographes à porter à l'actif de la *Tolosa* d'Es-

pagne ce qui appartient à la *Toulouse* française. Ce qui devait augmenter encore les incertitudes des écrivains spéciaux, c'est qu'un grand nombre de livres espagnols sont dus aux premiers ateliers toulousains; un médecin distingué de Toulouse, le Dr Desbarreaux-Bernard, s'est chargé d'éclaircir ces ténèbres.

C'est à 1488, que certains bibliogr. font remonter la typographie dans la ville de Tolosa, d'autres disent 1489 ; d'autres enfin, et nous sommes du nombre, soutiennent et prouveront au besoin que l'imprimerie n'a jamais existé au XVe siècle dans cette petite cité biscayenne, et que tous les livres cités par Mendez et D. Dion. Hidalgo, par Gallardo et D. Sancho Rayon, et Zarco del Valle, portent le nom de Henry Mayer, l'imprimeur allemand de Toulouse, ou ceux de Juan Parix et d'Estevan Clébat, dont nous reparlerons à l'art. *Tolosa Tectosagum*.

Un bibliogr. accrédité, Jose Felicião de Castillo Barreto y Noronha (sic), auteur d'une *intéressante* dissertation sur la *Biblioteca nacionale* de Lisboa, est exactement de cette opinion, qu'il motive fortement, et conclut que tous les livres, « sans exception », qui portent la souscription de « TOLOSA », au XVe siècle, sont exécutés à « *Toulouse* ».

Mais Heindrick Mayer, mais Parix ou Clebat, n'auraient-ils pu simultanément organiser et diriger un établissement typogr. sur les deux versants des Pyrénées ? L'Allemand Mayer, par exemple, était bien capable d'imprimer, au mois d'octobre 1488, des comment. latins sur la *Cité de Dieu* de S. Augustin, et quelques mois après, au commencement de 1489, il aurait donné à Tolosa de Biscaye « *la Coronica de España* »! Les typogr. du XVe siècle ne nous ont point habitués à ces tours de force; ceux surtout qui, comme Mayer et Parix, missionnaires expatriés d'un art nouveau, arrivent dans un pays dont les mœurs, la langue, les lois leur sont étrangères, ceux-là doivent évidemment rencontrer plus de difficultés dans les transactions, et leur habileté pratique, si extraordinaire qu'elle fût, ne pouvait aller jusqu'à rendre faciles, au XVe siècle, les communications entre Toulouse et Tolosa ; la Biscaye ne pouvait donner la main au Languedoc qu'en passant par-dessus cette barrière infranchissable qui s'appelle les « *Pyrénées* », et le mot absurde de Louis XIV n'était point encore prononcé.

D. Pablo Gorosabel, érudit de Tolosa, a du reste établi : que la ville de Tolosa était de trop mince importance au XVe siècle pour posséder une imprimerie dont les produits n'auraient point trouvé de débouchés; que la typographie ne pénétra dans le Guipuscoa qu'à la fin du XVIIe siècle ; que le premier imprimeur arriva de Santander vers 1650, mais dépourvu de matériel, et que ce fut un certain Martin Ugarte, introducteur de la typogr. à Saint-Sébastien, en 1667, qui obtint le titre et les priviléges d'imprimeur pour toute la province; qu'enfin Tolosa n'a jamais possédé d'imprimerie avant le milieu du XVIIIe siècle, et que le premier typogr. qui s'y établit alors s'appelait D. Francisco de la Lama; nous voilà loin de l'absolutisme des contradicteurs du Dr Desbarreaux-Bernard.

TOLOSA TECTOSAGUM [Cæs., Pl., Mela], Τολῶσα [Strab.], Τολῶσα [Ptol.], THOLOSA [I. A., Gell.], anc. PALLADIA [Mart., Sidon., Auson.], TOLOSATIUM CIV. [Not. Imp.], THOLOSA, TYLVSA [Monn. Mérov.], THOLOSE [Chron.], *Toulouse*, ville de Fr., chef-lieu du dép. de la Haute-Garonne, sur la Garonne, anc. capit. des Tectosages, des Visigoths, puis du roy. d'Aquitaine , enfin, jusqu'au XIIIe siècle chef-lieu d'un comté indépendant; bibliothèque importante, académies, etc.

Le premier livre imprimé à Toulouse, qui porte

une date certaine, remonte à 1476 : *Repetitio solemnis rubrice de fide instrumentorum, edita per excellentissimum virum et juris utriusque monarcham dinum dominum Andream Barbatiam, Siculum Messanensem;* à la fin : *Clarissimi juris utriusque monarce ac serenissimi regis Aragonum, etc. Nobilis consiliarii. Do. Andree Barbatie siculi, de Fide instrumentorum solemnis repeticio Tholose est impressa,* XII *Calendas julii* M.CCCC.LXXVI, *finit feliciter.* Petit in-4° goth., de 110 ff. dont 2 blancs, en tête et en queue, de 27 l. à la page entière, sans ch., récl. ni sign.

Deux ouvrages imprimés sans date, mais avec les mêmes caractères, sur un papier identique et portant les mêmes filigranes, sont donnés par le Dr Desbarreaux-Bernard comme antérieurs au Barbatia; c'est d'abord une *Somme de Joannes Andreas,* le jurisconsulte bolonais : (I)*sta est sûma iohīs Andree breuis et || utilis ordinata, sup. secundo decretaliū || Anteq͂ istud aliquid de processu iudicii.* In-4° goth. de 28 ff., dont deux blancs, à 23, 25 et 26 l., sans ch., récl. ni sign., divisé en deux parties, dont la seconde contient le comment. sur le IVe livre des Décrétales.

Le second vol., sans date, est : *Speculum Sapientie beati Cirilli, Episcopi.* In-4° de 120 ff., dont le premier blanc, de 26 lig. à la page entière, sans aucune marque typogr. Le premier de ces incunables toulousains n'est pas cité par Hain ; le second est donné par lui, sans attribution de lieu d'impression, sous le n° 5906.

L'impression de ces trois volumes est attribuée par M. D.-Bernard à des ouvriers de Schœffer, qui aurait pu fonder à Toulouse une succursale ou même un établissement typogr., à la tête duquel il aurait placé un de ses ouvriers. Nous croyons que Schœffer avait autre chose à faire, mais il est effectivement fort possible qu'un de ces ouvriers typogr. de Mayence, chassé de la ville par les heureux ou terribles événements de 1462 (nous disons *heureux,* puisque la diffusion des bienfaits de l'imprimerie en fut la conséquence), ait fait séjour pendant quelques années dans la grande cité du Midi, et de là soit passé en Espagne; cette hypothèse n'a rien qui choque la vraisemblance.

En 1479, apparaît à Toulouse le premier nom d'imprimeur: c'est Jean l'Allemand, ou plutôt Johann Parix de Alemania, que plus tard nous voyons associé, pour l'exécution de livres célèbres espagnols, avec un Espagnol du nom d'Estevan Clébat; le premier produit de ses presses qui porte son nom est un traité « *de Clericis Concubinariis* », de Jean Alfonse de Bénévent ; il porte à la fin : *Et sic finit presens de Clericis concubinariis tractatulus ab eximio sacrorum canonum Io. de Benevento, doctore, atque unum de quatuor cathedris scole Salamantice actu regente ad profectum fidelium salubriter ordinatus imprimente* Io. *Parix de Almania, Tholose, sub anno Christi* M.CCCC.LXXIX. In-4° goth. de 30 ff., sans ch., récl. ni sign.

Parmi les livres espagnols exécutés par Jean Parix et Estevan Clébat, nous ne devons pas omettre une célèbre et précieuse édition de la MÉLUSINE, à la date de 1489 (voy. D. S. Rayon et Z. del valle, *Ensayo de una Bibl. Esp.,* tom. I, col. 949).

Bientôt arrive à Toulouse un des plus illustres imprimeurs de la cité, Henry Mayer, l'Allemand. Celui-ci paraît débuter, en 1488, par un traité intitulé : *Summula Magistri Ioannis.* A la fin: *Famosissimi bonarum artium ac philosophie monarche Parisiensis magistri Ioannis de magistris summula et Petri Hyspani glosule exactissime ad mentem doctoris subtilis felici sydere finiunt opera et impensa magistri Henrici Mayer almani. Anno salutis nostre* M° CCCC° LXXXVIIJ° *die* XXIJ, *mensis aprilis* (Pâques tombe le 6 avril). Pet. in-fol. goth. à 2 col. sans ch., ni récl., avec sign.

Il donne la même année un livre célèbre, la première traduction française de l'IMITATION : *Cy comance le liure tressalutaire || de la Ymitaciō Jhesu Christ ʒ mes || prisement de ce monde. premiere ||*

mēt compose en latin par sainct || bernard ou par autre denote per||sone. atribue a maistre iehan ger || son chancelier de paris et apres || translate en francoys en la cite || de Tholouse.

A la fin : *Cy finist..... imprime a Tholose || par maistre henric mayer alama||lan de grace* mil. CCCC.LXXXVIII. || *Et le* XXVIII. *iour de May.* In-4° goth. de 152 ff., chiffrés au r° seulement au milieu de la page; les cahiers de 8, a p pour les 3 premiers livres, et A.-D, pour le 4e (cat. Michelin, 1864). M. Desbarreaux-Bernard cite cinq exempl. de ce précieux incunable ; la Bibl. Imp. a le bonheur d'en posséder un.

En 1491, dit M. Desbarreaux-Bernard, arrive à Toulouse un nouvel imprimeur, Jean de Guerlins, ou de Gherline, dont nous avons déjà eu plusieurs fois l'occasion de parler ; sans pouvoir affirmer l'exactitude de la date que donne par hypothèse le bibliogr. toulousain, à l'exécution des *Ordonnances du Roy touchant la justice du pays de Languedoc,* nous dirons qu'elle doit être antérieure à 1494, date à laquelle nous avons vu J. de Gherlinc introduire la typogr. à Braga.

Parmi les principaux imprimeurs toulousains du XVIe et XVIIe siècle, nous signalerons : Jean Grandjean (Joan Gran Joan), Eust. Arn. Guilhem du Boys, J. Damoysel, Nic. Vieillard, Ant. André, Guy-Boudeville, et les Colomiez, grande famille de typogr. qui rayonne pendant deux siècles sur l'imprimerie toulousaine (Jean, Arnaud, Guillaume, Louis, etc.), J. Maffré, Robert, J. Jagou, Pierre Bosc, d'Estey, Jan Boude, enfin J. E. G. Pech et J. Dom. Camusat.

Le roi, par édit du 11 mai 1622, fixe à douze le nombre des imprimeurs autorisés pour la ville de Toulouse; cet édit est confirmé par l'arrêt du conseil de 1704 ; le nombre des imprimeurs est réduit à 10 par l'arrêt de 1739, et le rapport fait à M. de Sartines donne les noms des titulaires en 1764.

Tomi [Pl., Stat., I. A.], Τόμις [Str.], Τόμοι [Ptol.] ville principale de la Scythia Minor, auj. *Tomiswar, Jegni Pangola* ou *Eski-Purgana* (des Turcs), ville de la Roumélie, dans le pach. de Silistri, avec un port sur la mer Noire; lieu d'exil d'Ovide.

Tongarloa Monast., *l'abb. de Tongerloo,* de l'ordre de St-Benoît, dans la petite ville du même nom, située dans la prov. d'Anvers.

Le 53e vol. des ACTA SANCTORUM recueillis par les Bollandistes fut imprimé dans ce monastère; il est classé dans cette immense collection comme sixième vol. d'octobre. Quand « *the extravagancies of the French Revolutionists* », dit assez irrévérencieusement M. Cotton, forcèrent les moines à fuir leur communauté, et à chercher asile et protection à l'étranger, les éditeurs des ACTA SANCTORUM furent accueillis à Tongerloo par un supérieur du nom de Godefroid Hermann, qui leur donna les moyens de poursuivre avec calme leur effrayant travail ; ce 53e vol., publié en 1795, est devenu d'une rareté insigne.

Tongri Civitatis Fons [Pl.], voy. AQUÆ LUVIENSES.

Tonsus fl., Τόνζος [Ptol.], fl. de la Thrace, auj. le *Tundscha, Tuncza,* afflue à la Maritza, près d'Andrinople.

Torciacum, *Torcé,* bourg du Maine (Sarthe) = *Torcé-en-Charnie,* commune du dép. de la Mayenne.

Torgavia [Pertz], ARGELIA, Ἀργελία [Ptol.],

TORGA, TORGÆ, *Torgau*, sur l'Elbe, ville de la rég. de Merseburg, et de la prov. de Saxe (Prusse).

Falkenstein ne fait remonter qu'à 1597 la typogr. dans cette ville, célèbre par la publication qu'y fit Luther, en 1530, des articles qui servirent de base à la confession d'Augsbourg; nous reportons l'imprimerie à 1594 : *Friderici Wilhelmi Saxoniæ Ducis, Administr. Elector. Precationes piæ, congestæ et summa quotidie pietate usurpatæ.* Torganiæ, 1594, in-4o, livre fort rare, réimpr. à Leipsig, en 1605, in-12 (voy. Vogt, p. 554, Bauer, I, p. 320, etc.). Les volumes à la date de 1597, que probablement Falkenstein avait en vue, sont décrits au *Manuel*, tom. III, col. 1241 : *M. Luther. Conciones, in latinum sermonem a M. Johanne Wenckelio traductæ.* Torgæ, 1597, 2 vol. in-fol. (un exempl. sur vélin est conservé à la bibl. gr.-duc. de Gotha).

Le nom D'ARGELIA figure à la souscription de quelques livres : *P. Nagel. Ander Theil des im 1618 Jahre erschienen cometen.* Argeliæ, 1619, in-4o (Bibl. Pulkovensis, p. 293).

TORIALLUM, *Tourlaville*, bourg de France (Manche).

TORINNA, TORENNA, voy. TURENNA.

TORNACUM NERVIORUM, CIV. TURNACENSIUM, THORNUA [Frédég.], anc. BAJANUM, TVRNACO [Monn. Mérov.], *Dornik, Doornik, Tournai,* ville de Belgique, sur l'Escaut, chef-lieu d'arrond. (Hainaut), biblioth. de 27,000 vol.

Tournai, dit M. Van der Meersch, est la première ville de Hainaut qui ait accueilli l'imprimerie. M. Delmotte (*Bibl. belge*, t. I, p. 54) dit que ce fut en 1519 qu'on y dressa la première presse, mais cette allégation n'est point soutenable; en 1532, un libraire de Tournai, Jean de Laforge, fait imprimer à Anvers, chez Martin Lempereur, la *Complaincte de la Terre saincte*; s'il avait eu sous la main une typogr. locale, il n'aurait point eu recours à des presses étrangères : Falkenstein donne 1557 comme date de l'introduction de l'imprimerie, et M. de Reiffenberg la reporte seulement à 1610.

Nous citerons : *Phil. Rovenius de Missionibus. Item Eusebi Pamphili opuscula XIV (edente Sirmundo). Item Joann. Cognati de naturali Dei cognitione et animi immortalitate et de Dei justitia.* Tornaci, 1597, in-8o (Cat. Heinsius, p. 64).

Le livre sur lequel M. de Reiffenberg base sa date de 1610 est probablement celui-ci : *Les Tons, ou discours sur les modes de Musique, et les Tons de l'Eglise*, par Pierre Maillart, Tournay, Nicolas Laurent, 1610, in-4o ; à moins que ce ne soit : *La Vie du bienheureux Jean de Sagahun, de l'ordre des frères Ermites de S. Augustin.* Tournai, 1610, in-12.

Quelques années plus tard, vers 1635, nous trouvons, à Tournai, un imprimeur bien connu de la Belgique, nommé Adrien Quinqué; c'est lui qui donne, en 1639-54, le grand ouvrage de J. Malbrancq, *de Morinis et Morinorum rebus.* 3 vol. in-4o.

Nous citerons encore dans cette ville, au XVIIe siècle, Charles Martin et Lesainct.

Lors de l'arrêt du conseil, en date du 21 juillet 1704, Tournai appartenait momentanément à la France; aussi figure-t-elle parmi les villes qui sont autorisées à conserver deux imprimeurs.

L'un des premiers imprimeurs de Ferrare, Johannes de Tornaco, était un enfant de la ville dont nous venons d'ébaucher l'hist. typogr.

TORNATES [Pl.], peuple de la Gaule Aquitaine, habitant le terroir de *Tournay*

(TORNACUM), bourg du Bas-Armagnac, près de Tarbes (Hautes-Pyrénées).

TORNEHECENSES, *Tournehem*, bourg de l'Artois (Pas-de-Calais).

TORNENSIS COMIT., *le Comitat de Torna*, en Hongrie (cercle en-deçà de la Theiss).

TORNODORUS, voy. TERNODORUM.

TORNOMAGENSIS VICUS [Greg. Tur.], TVRNACO ? [Monn. Mérov.], TURNO, TURNONUM, TURNONIUM, *Tournon*, ville de Fr., sur le Rhône (Ardèche); anc. comté; paraît remonter au VIIe siècle.

Cette ville, disent Falkenstein et Cotton, possède une imprimerie depuis 1564 ; nous croyons ce renseignement erroné, ou du moins nous ignorons absolument sur quel titre ces bibliographes se fondent pour justifier leur allégation ; cependant nous trouvons quelque chose à dire à ce sujet. Le célèbre collége des Jésuites de Tournon fut fondé en 1542 par l'illustre archevêque de Lyon, François, cardinal de Tournon, qui mourut en 1562, à l'âge de 73 ans ; or, dans un livre publié en 1588 : *L'Antimoine aux responses de Th. de Beze faict à 37 demandes de deux cents et six proposées aux ministres d'Escosse par M. Jan Hay, professeur ordinaire en théologie en l'université de Tournon.* Tournon, par Claude Michel, imprimeur de l'université, 1588, in-8o », l'auteur, John Hay, s'exprime ainsi dans la préface : « Je me suis enfin délibéré de mettre ce mien petit labeur soubs la presse : mesme que nous en auions icy maintenant une si belle commodité par le moyen de l'imprimerie que *Monseigneur de Tournon y a faict nouuellement dresser* pour la plus grande décoration de son académie. » Ceci semblerait indiquer textuellement que l'imprimerie a été introduite à Tournon par le cardinal, c'est-à-dire antérieurement à 1562 ; nous livrons cette observation pour ce qu'elle vaut aux réflexions sagaces d'un érudit bibliophile, M. Anatole de Gallier, qui habite le pays, et est, mieux que qui que ce soit, à même de fouiller les archives locales et d'élucider cette question difficile.

M. Anatole de Gallier a bien voulu nous écrire plusieurs lettres au sujet de la typogr. du Vivarais ; nous l'en remercions et nous empressons d'en tirer parti. Suivant lui, le premier livre imprimé avec date certaine à Tournon remonte seulement à 1586 : il est cité par les frères de Backer dans la *Biblioth. des écrivains de la Société de Jésus : Universitatum totius orbis et Collegiorum omnium Societatis libellus, nunc primum in lucem editus, opera Franc. Catinif, artium liberalium in Academia Turnonia Magistri.* Turnoni, apud Thomam Bertrandium, 1586, in-8o de 61 pp. sans l'index ; les frères de Backer ajoutent que John Hay paraît avoir eu part à cet ouvrage.

A la date de 1588, la typogr. prend un grand développement, dû à la concurrence de nombreuses imprimeries. Nous avons déjà vu Claude Michel et Thomas Bertrandi, nous trouvons encore au même temps Guillaume Linocier ; trois imprimeries pour une ville de cette mince importance, c'est un fait remarquable à cette époque, et qui témoigne incontestablement de l'impulsion vigoureuse imprimée par les PP. Jésuites aux études littéraires et surtout à la scholastique.

Citons encore une édition latine des *Confessions de S. Augustin.* Turnoni, apud Cl. Michaëlem, 1588, in-8o ; à la même date et du même imprimeur : *Thesaurus rerum et verborum Virgilii, in Academia Turnonia Soc. Jesu, collectus,* in-8o, etc.

En 1595, nous signalerons Jacques Favre, « libraire en Avignon », qui vient faire imprimer les *OEuvres chrestiennes de feu dame Gabrielle de Coignard*, à Tournon (voy. le *Manuel* et le cat. Cigongne), mais nous ne pensons pas qu'il ait fondé d'établissement typogr. dans la ville ; cependant c'est encore à son nom qu'est souscrit, en 1601, un vol. que citent le P. Le Long et le cat. Secousse : *And. Basset. Institutio, Privil. et Stat. Universitatis Valenciæ.* Turnoni, 1601, in-4°.

Nous trouvons encore trace de l'imprimerie de Claude Michel, en 1618 ; un peu plus tard, nous signalerons un nouvel imprimeur du nom de Laurent Durand.

Tournon ne figure pas aux arrêts du conseil de 1704 et de 1739, non plus qu'au rapport fait à M. de Sartines, en 1764.

TORNUCIUM, TORNUSIUM [Charta Ludov. VII, a. 1176], voy. TINURTIUM CASTRUM.

TORNUCIUM, TORNAY, auj. *Tourny,* commune du Vexin (Eure).

TORONÆUS SINUS, Τορωνιακὸς κόλπος, golfe de la mer Ægée, sur les côtes de Macédoine, auj. *Hagios-Mamos* ou *Golfo di Kassandhra.*

TORPATUM, voy. DERBATUM.

TORSILIA, *Torshella, Torshælla,* ville de Suède (préf. de Niköping).

TORTUUS, *le Tortou,* auj. *Dordou,* pet. rivière du Rouergue, se perd dans le Tarn.

TORUNIUM, voy. THORUNIUM.

TOSIBIA, *Torre-Ximeno,* pet. ville d'Andalousie (roy. de Jaën).

TOSSIACUS VICUS, *Toissei, Thoissey,* pet. ville de la princip. de Dombes, près de la Chalaronne (Ain).

En 1696, un typogr. du nom de Leblanc paraît avoir résidé à Thoissey ; le P. Le Long, le cat. Secousse, celui de la Biblioth. imp., M. Sirand (*Bibliogr. de l'Ain*) citent un volume souscrit à ce nom de lieu et d'imprimeur : *Abrégé de l'histoire de la Principauté de Dombe, dont les propositions seront soutenues par Claude Cachet de Garnerans, dans la salle du collège de Monseigneur prince souverain de Dombe..., à Thoissei, le ... du mois de novembre 1696. M. Charles de Neuvéglise..., y présidera.* Thoissei, de l'imprimerie de J. Leblanc, s. d. (1696), in-fol.

TOXANDRI [Pl.], peuple de la Gaule Belgique, occupait partie de la Zéelande, à l'O. de l'Escaut, et au N. de la Flandre.

TRABUS FL., voy. DRAVUS.

TRACTUS ADJACENS, *Ommelaanden,* district de la prov. de Groningue (Hollande).

THAGURIUM [Pl., Mela], TRAGYRION, Τραγύριον [Polyb.], Τραγούριον [Str.], ville de la Dalmatie, auj. *Trau, Traghu,* ville épiscop. du cercle de Spalatro, sur l'Adriatique.

Ce fut là qu'en 1663 fut trouvé le fragment de Pétrone qui comprend le *Festin de Trimalcion ;* mais l'imprimerie remonterait encore à plus d'un siècle en arrière, si l'on devait prendre à la lettre la souscription d'un livre cité par tous les bibliogr.: NOVUM TESTAMENTUM *Croaticum... der erste halbe Theil des Neuen Testaments, ... jetzt zum erstenmal in die Crobatische Sprach verdolmetscht,*

und mit Glagolischen Buchstaben getruckt, ex interpret. Primi Truberi, Creiner (der Zeit Pfarherr zu Urach), Ant. Dalmatæ, et Stephani Consulis Histriæ, nuncupatum Alberto Marchioni Brandeburgico. Tragurii, 1562-(64), 2 vol in-4°. La première édition de ce livre rare a été donnée à Tubingen, 1562-63. Nous pouvons admettre que le luthérien Primus Truber, « *qui primus excogitavit artem scribendi lingua vandalica* », divisa le tirage de l'édition qu'il donnait de cette traduction en langue croate des livres saints, et en souscrivit une partie au nom de « *Tragurium* » en en changeant la dédicace ; le fait d'un établissement typogr., même temporaire, dans une ville aussi écartée que Trau, à une date aussi reculée, est tellement extraordinaire, que nous préférons admettre l'hypothèse d'une édition exécutée à Tubingen, au collège protestant fondé par le duc de Wurtemberg, pour être, de là, distribuée dans les pays Dalmates et Croates. La dédicace en 29 pp., au roi de Bohème, est fort curieuse : « Il loue Maximilien de sa munificence ; grâce à ses largesses, il a pu organiser une imprimerie bien pourvue de matériel et de caractères glagolitiques et cyrilliques, avec lesquels il portera la connaissance des livres saints non pas seulement dans les pays slaves qui se servent de ces caractères, mais jusqu'aux dernières limites de l'empire des Turcs, etc. »

TRAJANA COLONIA, voy. COLONIA.

TRAJANA LEGIO, voy. CONFLUENTES.

TRAJANI CIVITAS, voy. COLONIA ITALICENSIS.

TRAJANI MUNIMENTUM [Ammian.], CASTELLUM, forteresse bâtie sur la rive droite du Rhin à son confluent avec le Main, auj. *Castel,* pet. ville de la Hesse-Darmstadt, en face de Mayence ; ses fortifications se relient au système de défense de la ville de Gutenberg.

TRAJANOPOLIS [I. A., It. Hier.], Τραϊανόπολις [Ptol., Proc.], sur l'Hebrus, ville de Thrace, auj. *Orikhova,* dans la Roumélie, sur la Maritza (pach. d'Andrinople.

TRAJANUS PORTUS, Τραϊανὸς λιμήν, voy. CENTUM CELLÆ.

TRAJECTUM, *Trajetto,* pet. ville du Napolitain, sur le Garigliano (terra di Lavoro).

TRAJECTUM [Pertz], TRAJECTUS MOSÆ [I. A.], TRAJECTENSIS URBS [Greg. Tur.], TRAJECTUM TUNGRORUM, TRAJECTUM SUPERIUS, DISTRICTUM TRECTIS [Chr. Carlov.], TRIECTO, TRIECTV, TRIECTO FITPA [Monn. Mérov.], LA CITÉ DU TRAET [Sigeb. Chr.], TRAICT-SUR-MEUSE, ville de la Germanie seconde, auj. *Maestricht, Maastricht,* ville forte de la Hollande, sur la Meuse, capit. du duché de Limbourg.

M. Gothier, libraire liégeois, nous adresse la note suivante : Jacobus Bathenius (Jacques Bathen), le premier imprimeur de Maestricht, avait d'abord exercé à Louvain ; en 1552, il transporta son établissement à Maestricht, et s'y fixa définitivement ; le premier livre sorti de ces presses est intitulé *Extraict et Recueil des ordonnances, conclusions et recés* (sic) *du Sainct Empire : touchant la contribution et collecte du commun denier pour la dé-*

fense de la foy et résistance contre les Turqz. Imprimé à Traict-sur-Meuse, au commandement et ordonnance du très-révérend père en Dieu l'évesque de Liége, en la maison de Jacques Bathen, **M.D.Lii**, au moys de Décembre. In-4o goth. de 23 ff. non chiffrés. Le seul exempl. connu de ce précieux incunable est conservé à la Biblioth. royale de Bruxelles.

L'année suivante, Bathen publie un livre plus important, livre pour l'exécution duquel il avait, suivant toutes les probabilités, été mandé par l'évèque de Liége : *Statuta consistorialia, ac reformatio judiciorum spiritualium civitatis et diœcesis Leodiensis*. Trajecti ad Mosam, Jac. Bathenius, 1553, in-4o.

Falkenstein n'a connu ni le premier ni le second de ces produits de l'imprimerie de Maestricht; il ne fait remonter l'introduction de cet art qu'à 1685.

TRAJECTUM AD ODERAM, voy. FRANCOFURTUM.

TRAJECTUM INFERIUS, TRAJECTUM RHENI, ou AD RHENUM, TRAJECTUM [It. A.], TRAJECTUM VETUS [Pertz], ULTRAJECTUM, anc. ANTONINA CIVIT. (?), *Utrecht*, ville de Hollande, sur le Vieux-Rhin, chef-lieu de la province du même nom; université fondée en 1636; archevêché.

L'*Union* d'Utrecht, en 1579, fut la base fondamentale de la glorieuse république des Provinces-Unies, et le traité de 1713 donna le repos à l'Europe et permit à Louis XIV de mourir en paix.

Lorsque nous commençions notre livre, si nous avions eu, comme aujourd'hui, sous les yeux, l'admirable livre de M. Holtrop sur les premiers *Monumenta typographica* des Pays-Bas, il se serait glissé moins d'erreurs dans nos premiers travaux; mais d'un mal parfois il résulte un vrai bien, et nos lecteurs gagneront de trouver au supplément les rectifications que ce célèbre bibliographe a bien voulu prendre la peine de nous adresser, et nous serons heureux de substituer son autorité incontestée à notre incompétence.

Les typographes qui les premiers ont exercé leur art dans la ville d'Utrecht sont Nicolas Ketelaer et Gérard de Leempt; le premier serait peut-être originaire de Harlem; du moins, il se trouvait en cette ville, au XVe siècle, une famille de ce nom; quant au second, s'il est le même que le Gerhard Leempt, qui exerçait à Bois-le-Duc de 1484 à 1487, et M. Holtrop considère le fait comme fort douteux, il serait alors originaire de Nimègue, ainsi qu'il le dit lui-même dans la souscription de ses *Proverbia seriosa* de 1487.

Le nom de Nicolas Ketelaer disparaissant après 1474, cet artiste est sans doute mort en cette année, ou tout au moins le contrat d'association qui le liait à G. de Leempt fut rompu, et Guillaume Hees devint l'acquéreur du matériel de ces deux typographes; le nom de Gérard de Leempt reparaît seul à *Utrecht*, en 1479.

L'illustre imprimeur de Cologne, Jean Veldener, natif de Wurtzbourg, que nous avons déjà signalé à Louvain et à Culembourg, vient s'établir à Utrecht, en 1478.

M. Holtrop cite un grand nombre de volumes (plus de 30) exécutés par Nicolas Ketelaer et Gérard de Leempt; s'ils n'ont pas mis leurs noms à la plus grande partie de ces ouvrages, si même un grand nombre ne portent ni l'indication de la ville, ni la date ou ils furent imprimés, il est certain que l'identité des caractères, l'emploi des mêmes signes typographiques et abréviations, les filigranes du papier, suffisent incontestablement pour faire reconnaître leur origine, et permettent de les attribuer, avec sécurité, à l'atelier de ces deux célèbres imprimeurs. Le premier livre qui porte une date est de 1473; il est à présumer qu'il fut précédé de plusieurs autres ouvrages; ce serait donc entre

1472 environ et 1475 que tous ces rares volumes auraient été exécutés; cela seul donne une haute idée de l'importance de l'atelier typogr. de Ketelaer et de Gérard de Leempt.

M. Holtrop dit que tous ces volumes sont in-fol.; il nous paraît avoir oublié un précieux ouvrage du format petit in-4o, dont certainement il a eu connaissance par les catalogues, mais qu'il n'a peut-être point eu l'occasion de voir, et par suite de décrire: ce volume doit être l'un des derniers qu'aient dû exécuter les deux associés, en l'année 1473, puisqu'il est daté du 6 avril, l'année commençant à Pâques, qui tombe le 18 ; c'est un traité de S. Thomas, *De Corpore Cristi*, de 36 ff. pet. in-4o, décrit au *Manuel* d'après un bel exempl. qu'a possédé M. Tross, qui en donne le titre exact et détaillé au n° 556 de son 2e cat. de 1856.

Voici, d'après les *Monuments typogr.*, le titre exact d'un ouvrage qui porte à la fois le nom des premiers imprimeurs, le nom de la ville et la date de son exécution : (P. COMESTOR) *Scolastica hystoria super nouum testamentum||cū additionib' atq3 incidentiis Incipit felicit'*. A la fin : *Scolastica hystoria sup nouū testamentū cum additionib' || atq2 incidentiis explicit felicit'*. *Impressa ī traiecto inferiori || per magistros Nycolaum ketelaer et Gherardū de Leempt. || M°cccccoLxxiiio°*. In-fol. de 142 ff. goth. à 30 lignes, sans ch., récl. ni sign.

Le caractère gothique de ces deux imprimeurs, dit M. Bernard, ressemble à celui qu'employait Ulric Zell, dont ils étaient probablement élèves; nous ne voyons point d'inconvénient à accepter cette hypothèse, à laquelle ne contredit point M. Holtrop.

Le premier livre exécuté par Veldener à Utrecht paraît être : *Epistelen ende ewangelien mitten sermoenen*. S. l. 1478, den vierden dach in nouember (le 4 nov.). In-4o de 325 ff. goth. à 24 lignes (catal. de la Haye, p. 18).

Nous citerons encore le *Fasciculus temporum*, du même imprimeur, à la date de 1480, in-fol.; c'est le premier livre qui présente, gravées sur bois, des figures d'armoiries dans le texte.

TRAJECTUM SUEVORUM, voy. SUEVOFORTUM et DEVONA.

TRAJECTUS [It. Ant.], auj. *Bergerac*, suiv. Ukert (voy. BERGERACUM).

TRAMONTUM, *Tramonti*, pet. ville du Napolitain (Princip. Citrà).

TRANSALPINA, voy. GALLIA.

TRANSCOLAPJANUS PROCESSUS, *le district audelà de la Kulpa*, en Hongrie.

TRANSDUCTA, Τρανσδοῦκτα [Ptol.], ville des Bastulani, dans la Bétique, auj. *Tarifa*, voy. JULIA JOSA.

TRANSISALANA PROV., *Ober-Yssel, Overyssel*, prov. du roy. de Hollande.

TRANSMARISCA [I. A., T. P.], Τρασμαρισκα [Procop.], STAMARISCA [G. Rav.], garnison de deux cohortes de la XIe légion, au confl. du Danube et de la Maritza, dans la Basse Mœsie, auj. *Totorkan*, pet. ville de la Roumélie (pach. de Nikopoli).

TRANS MOLES, *Tramolé*, commune de Fr. (Isère).

TRANSMONTANA PROV., *Tras-os-Montes*, prov. du roy. de Portugal.

TRANSMONTANI, voy. ASTURES.

TRANSMOSANA PROV., *le Limbourg*, prov.

des Pays-Bas, divisée en deux parties, l'une belge, l'autre hollandaise.

TRANSYLVANIA, *la Transylvanie, Siebenbürgen*, voy. DACIA.

TRANUM, voy. TURENUM.

TRAPEZUS, Τραπεζοῦς, en Arcadie, ville que 'Leake place auprès de *Mavria*.

TRASIMENUS LAC., *Lago di Perugia*, au N. de Rome, dans l'anc. Ombrie ; destruction de l'armée romaine par Hannibal, en avril 217 (av. J.-C.).

TRAUNUS FL., *le Traun*, riv. de Styrie, affl. du Danube.

TREA [It. A.], **TREJA**, municipe du Picenum, auj. *Treja*, dans la marche d'Ancône.

TREBA, Τρήβα [Ptol.], **TREVIUM**, ville du Latium, auj. *Trevi*, ville de la délég. de Perugia.

Un Allemand du nom de Johann Reynard, natif d'Eningen, allant à Rome, se retenu pendant une année dans cette petite localité, et y installe une typogr. temporaire, de laquelle sortirent les deux produits suivants : *Historia quomodo beatus Franciscus petivit a Christo indulgentiam pro ecclesia sanctæ Mariæ de Angelis.* In Trevia (per Joannem Renardi), 1470, in-fol. L'année suivante, il donne : BARTOLVS DE SAXOFERRATO. *Lectura super I. parte Infortiati, cum inserta quadam lectura Baldi.* A la fin : *Explicit lectura Bartholi de Saxoferrato ciuis perusini super prima parte infortiati cum qua reperies lecturam Baldi de Perusio esse insertam aticulo (sic) de excus. tutorum usque ad titulum de testamentis.* Impressa in Treulo per Magistrum Iohannem Reynardi Almanum (sic) sub correctione domini Petri donati. Anno domini M.CCCC.LXXI° die XXIII, mensis Januarii Tempore sanctissimi domini nostri dñi Pauli diuina prouidentia pape secundi. Pontificatus sui Anno VII°, in-fol. A la fin de cette année, 1471, nous trouvons Johann Reynard établi à Rome, et l'imprimerie disparaît de Trevi.

TREBIA FL., ὁ Τρεϐίας [Pol. Str.], *la Trebbia*, riv. d'Italie, afflue au Pô ; seconde victoire d'Hannibal en Italie (218 av. J.-C.).

TREBNITIUM, *Trebnitz*, ville de la Silésie Prussienne (rég. de Breslau).

TREBULA MUTUSCA [Virg. Pl.], **TRIBULA**, Τρίϐολα, Τρηϐούλα [Str.], dans la Sabine, municipe dont les ruines se voient à *Monte-Leone*, près de l'Osteria de Masacci [Forbiger].

TREBULA SUFFENA [Plin.], autre municipe du pays des Sabins, auj. S. *Antimo*, près de Terni.

TREBUNIUM, **TRIBULIA**, *Trebigne*, ville de la Turquie d'Europe, au N.-E. de Raguse (Herzégovine).

TRECÆ, anc. AUGUSTOBONA [I. A.], Ἀυγουστόμανα [Ptol.], CIVIT. TRICASSIUM [Not. Imp.], TRICASSÆ [Amm. Marc.], TRICASSES [Sid. Apoll.], TRECASSIS CIV. [Frédég.],

TRECAS CIVETATE, **TRICAS** [Monn. Mér.], dans la Gaule lyonnaise, auj. *Troyes*, ville de Fr., sur la Seine, anc. capitale des Tricasses, puis municipe romain ; aux premiers siècles de l'Église, ville consacrée par ses saints et ses martyrs ; depuis, résidence des comtes de Champagne et cap. de la province, auj. chef-lieu du dép. de l'Aube ; possède une bibliothèque d'une grande importance : c'est la patrie des deux Pithou, de Mignard, de Girardon, etc.

M. Corrard de Bréban a consacré à l'histoire typogr. de sa ville natale une excellente monographie, tirée d'abord à 125 exempl. en 1839, et réimpr. avec de notables additions en 1851.

Divers ouvrages ont été consacrés, depuis cette époque, par M. Varlot, aux illustrations sur bois de la proto-typogr. troyenne ; par M. Socard, à la *Bibliothèque de Troyes*, c'est-à-dire aux impressions populaires de la maison Oudot, aux XVIIe et XVIIIe siècles. Nous n'avons point à nous occuper de ces travaux bibliographiques, dont nous apprécions l'exactitude et l'intérêt.

Grosley voulut faire remonter l'imprimerie dans la ville de Troyes à l'année 1464 : oui, suivant cet érudit troyen, un *Règlement sur les foires* aurait été exécuté à Troyes, sur le papier des célèbres papeteries de la ville, à cette date insensée, passons. Maittaire et Prosper Marchand citent : *Les Expositions des Epistres et Evangiles dominicales*, Troyes, 1480, in-fol., ce sont les « Postilles et expositions », imprimées par Guillaume Lerouge, en M.CCCC. quatre vigt et XII ; ces derniers chiffres ont été tranquillement laissés de côté.

Nous avons déjà, à l'article CHABLIS (voy. CABELIA), signalé le séjour momentané fait à Troyes, en 1483, par Pierre Lerouge, le premier typogr. de Champagne, qui, en 1478, donnait à Chablis le célèbre « *Livre des bonnes mœurs* ». Le 24 avril 1483, Pierre Lerouge achevait « dans sa maison de Chablis » la publication du *Bréviaire d'Auxerre ;* à la fin de cette année, il fut, suivant d'assez fortes probabilités, appelé à Troyes pour l'exécution du Bréviaire troyen, et c'est là incontestablement le véritable incunable de la typographie troyenne : BREUIARIUM secundum Ecclesie Trecensis vsum. A la fin : *Explicit breuiariũ secundũ‖ecclesie trecẽ vsũ bene vi‖sum necnon correctũ. Im‖pressumq̃ trecis atq̃ com‖plctũ vicesimaq̃nta mẽsis‖septembris. Anno dũi mil‖lesimo quadringentesim›‖octuagesimo tertio.* In-12 de 355 ff. à 2 col. de 35 lig., sans chif., récl., mais avec sign. ; il est imprimé en petits caractères goth., assez irréguliers, et disons-le, assez laids ; certaines lettres sont mal formées, le *t*, par exemple, est fait exactement comme un *c*, les capitales sont rubriquées en rouge et bleu. Pierre Lerouge n'a pas mis son nom à ce rarissime et précieux vol. (un seul exempl. est signalé, il est à Bibl. imp., B. 661) ; le caractère est le même que celui du Bréviaire d'Auxerre, exécuté la même année à Chablis. M. Corrard de Bréban attribue l'exécution du volume à Pierre Lerouge, et il a raison, car, après confrontation minutieuse des deux *Bréviaires*, nous en sommes arrivés à reconnaître l'identité et des mêmes types, des mêmes remarques et des mêmes signes. C'est donc là évidemment le premier livre imprimé à Troyes, accidentellement il est vrai, puisque la typogr. ne reparaît en cette ville qu'en 1492 ; mais enfin la souscription est formelle et dénote l'existence d'un atelier troyen.

Neuf années seulement après la publication du Bréviaire, au mois de mars 1492, l'imprimeur Guillaume Lerouge, que M. Corrard de Bréban croit être le fils de Pierre et le frère de Nicolas, donne un volume que l'on peut considérer comme un véritable incunable, car c'est le produit du premier établissement fixe et durable **organisé** à Troyes : *Les Postilles et expositions des Epistres et Euuangilles domicales auecques celles des festes soleñelles enssemble auxsy celles des cinq festes de la glorieuse et très-sacrée Vierge Marie,* etc. A la fin : *Si finisset les postilles ..... imprimées à Troyes, par Guillaume Lerouge, imprimeur de livres, et furēt acheuées le penultime jour de mars mil cccc quatre vigt et XII.* In-fol. goth. de 233 ff. à 2 col., sans chif. ni récl., fig. sur bois ; le titre est entouré d'arabesques, au milieu desquelles figure le nom de l'imprimeur. Ce Guillaume Lerouge avait appris son état à Chablis, dans l'atelier paternel, et y avait signé de son propre nom les : *Expositions des Evangiles* de l'évêque Maurice de Sully, en 1489. Le dernier ouvrage publié à son nom est daté de 1512. Sa fille, Françoise Lerouge, épousa Martin Lempereur, imprimeur d'Anvers, et à la mort de son mari, vers 1540, continua à diriger l'atelier, et souscrivit un assez grand nombre de volumes de son nom personnel.

Nous signalerons quelques-uns des principaux imprimeurs troyens qui succèdent à Guillaume Lerouge ; et d'abord son frère Nicolas, qui s'intitulait : « *Impressor peritissimus in intersignio venetiarum vico magno pulchræ crucis in celeberrima et famosissima ciuilate Tricassina.*

Les Lecoq, dont Jean Ier, le chef de la famille (1509-1533), appelé de Paris, vient fonder à Troyes un établissement considérable « *rue Nostre-Dame* » et « *devant Nostre-Dame* » ; ce Jean Lecoq exécuta un certain nombre de livres pour un libraire du nom de Macé Panthoul.

Les Trumeau, les Moreau, dont le premier, Macé Moreau, l'un des martyrs de l'imprimerie, fut brûlé le 18 octobre 1549, pour avoir osé publier : *Le Trafic et train de marchandises que les prêtres exercent en l'Eglise ;* Nicolle Paris : « *Artium professor et typographus,* » dont la marque était un enfant nu, suspendu à un palmier, avec les mots : « *Et colligam.* » C'est à lui qu'on doit l'impression d'un livre infiniment précieux, aujourd'hui à peu près disparu : *Le second enfer d'Estienne Dolet,* 1544, in-8°, lettres rondes ; nous ne connaissons de cette édition que deux exemplaires, et encore l'une des deux étant conservé à la Biblioth. impériale, on peut dire que l'exemplaire unique de cette précieuse curiosité est celui que nous avons vu dans l'admirable collection de M. de Lurde.

Citons encore Louys Vivant qui donne, en 1556, cette charmante édition de Rabelais en deux vol. in-12, exécutée en petits caractères ronds d'une grande netteté, et signée : « à Troyes, par *Loys qui ne se meurt point* ». cette édition fut réimprimée en 1613, avec la même souscription, mais cette réimpression est aussi laide que la première est jolie.

Pierre Chevillot (1596-1622), qui porte le titre d'imprimeur du Roy ; une sentence du prévôt de Paris du 24 avril 1598 « pour avoir mis en un livre imprimé, *Parisiis, apud Joannem de Hucqueville* », dit que le premier feuillet sera biffé et déchiré, et par luy refait, et le condamne en deux écus d'amende, et ès dépens, taxez xxx livres.

Nous arrivons enfin à la dynastie des Oudot, « fameuse, dans la typographie troyenne, et par le grand nombre d'imprimeurs qui ont porté ce nom, et par leurs innombrables productions ». M. Corrard de Brébant cite en effet dix imprimeurs de cette famille depuis 1594 jusqu'à 1768 ; c'est à eux que l'on doit cette innombrable série de réimpressions de complaintes, noëls, chansons, farces, romans de chevalerie, etc., si connues sous le nom de *Bibliothèque bleue.*

L'arrêt du conseil, en date du 21 juillet 1704, porte à quatre le nombre des imprimeries autorisées dans la ville de Troyes ; celui du 31 mars 1739 réduit ce nombre à trois.

Trecora, Trecorium, Lantriguerum, *Lantreguet* et *Triguer* (en breton), *Tréguier,* ville de Fr. (Côtes-du-Nord); anc. évê-

ché ; patrie de S. Yves, avocat au XIIIe siècle, l'un des saints populaires de la Bretagne ; on ne connaît pas d'autre avocat qui ait obtenu l'honneur de la canonisation. Tréguier est l'anc. **Lexobia,** en breton, *Coz-Gueaudet,* détruite en 836 par les pirates danois ; son évêché remonte au Ier siècle de l'ère chrétienne, suiv. les chroniques locales.

Un imprimeur, qui signe Ja. P., exerce dès l'année 1485 la typogr. à Tréguier ; sans doute, ce typogr. anonyme était sorti de l'atelier de Jehan Crez et de Robin Fouquet à Loudéac, mais nous n'avons pu découvrir à quel nom correspondaient ces initiales. **Coutumes de Bretagne,** en deux parties, dont la première (*les coustumes*) porte : *Cy finist le texte du corps des cou ‖ stumes de Bretaingne Emprime en ‖ la cite de lantreguer le XVII iour de ‖ may, le mil IIIIc IIIIe et cinq :* et la seconde (*les constitutions*): *Cy finissent les côstumes ô les constitu‖ cions establissemens de Bretaingne corrige ‖ es et adiustees deuers pluseurs leaulx et ‖ bons exemplaires. Imprimees la cite de ‖ Lantreguer par Ja. P. le IIIIe ior de iuing ‖ l'an de grace mil IIIIc IIIIe ꝯ v.*

A l'excellente description que le Manuel donne de ce livre rare, nous ajouterons: le volume se compose de 29 cahiers, contenant 236 ff., sign. A. Z. les sign. R. et s sont suivies chacune d'un cahier signé r et s ; tous les cahiers ont 8 ff. à l'exception de r et 9, qui en ont 10.

En 1499, nous trouvons un nom d'imprimeur, Jean Calvez ; Miorcec de Kerdanet dit : « Jan Auffret Quoatqueveran, chanoine de Tréguier, est auteur d'un **Catholicon,** *lequel contient trois langaiges, sauoir breton, franczoys et latin. Lequel a este côpile et intitule par ..... Maistre Auffret Quoatquevran en son temps chanoine de Treguier ..... et imprime a la cite de Lantreguier par Jehan Caluez le cinquiesme iour de nouembre lan mil cccc IIII vingtz et dix-neuf.* In-fol. de 210 ff. avec sign. depuis A. jusqu'à R iiii. ». Un exempl. de ce rare volume est conservé à la bibl. de Quimper ; on croit généralement que trois auteurs ont pris part à la rédaction de ce glossaire : Dom J. Lagadec, prêtre pour la partie latine, Auffret Quoatqueveran pour le français, et Yves Roperz pour le breton. Du Cange, qui s'en est servi pour son *Glossaire,* en attribue la rédaction au seul Jan Lagadec.

Jan Cozre, de Tréguier, publie à peu près à la même époque un *Lexique breton-franczoys-latin,* in-4° goth. de 100 ff. qui paraît être un abrégé du grand ouvrage précédent.

L'arrêt du conseil du 12 mai 1759, qui fixe le nombre des imprimeurs dans la province de Bretagne, supprime l'imprimerie existant à Tréguier, mais par grâce « et sans tirer à conséquence », permet au st Pierre le Vieil, qui tient actuellement l'imprimerie de cette ville, de continuer à imprimer sa vie durant, avec cette réserve qu'après son décès, ladite imprimerie ne pourra être tenue par aucun imprimeur, même par ses enfants, à peine de 500 livres d'amende et confiscation, etc.

Treja, voy. **Trea.**

Trelleburgum, *Drelborg,* pet. ville de Danemark.

Tremithus [T. P.], Τρεμιθοῦς [Ptol.], Τρίμυθος [Const.], ville de l'île de Cypre, auj. *Tremitugia, Trimitusa.*

Tremolia, Tremulium, Tremeolo, Tremolovic [Monn. Mérov.], *la Trimouille, la Trémouille,* bourg de Fr. (Vienne), avec titre de duché et anc. château.

TREMONA, TREMONIA, TRUTMANIA, THUTTMANNI VILLA [Ch. Caroli M. a. 789], *Dortmund*, sur l'Ems, ville de Prusse (Westphalie); anc. ville libre impériale et hanséatique; université protestante fondée en 1543.

L'imprimerie suivit de près, dans cette ville, l'établissement de l'université; un imprimeur, nommé Melchior Soter, en fut l'introducteur; un recueil de petits poëmes latins, de Cyprianus Vomelius, paraît être le premier livre imprimé dans cette ville; il porte celte souscription : *Ex imperiali atque adeo libera Tremoniensium republ. in gratiam gymnasii literarii jam pridem ibidem efflorescentis; typis suis invulgavit Melchior Soter*, *anno* 1545, pièce in-12 de 2 ff. seulement. Le même imprimeur donne en 1549 : *J. Boccatii compendium Historiæ Romanæ*. Tremoniæ, 1549, in-12.

En 1551, apparaît un nouveau typogr. du nom de Philip Maurer, qui imprime une traduction du *Psalterium Davidis*, par Eobanus Hessus, réimpr. l'année suivante à Leipzig, par Bar. Voigt.

TREMULIVICUS, *Tremblevif en Sologne*, commune de Fr. (Loir-et-Cher).

TREMUNDA, *Dartmouth*, ville d'Angleterre, sur le Dart (Devonshire).

Davidson (John, W. S.) dans son livre « *On some of the Editions of the Acts of the Parliament of Scotland* », dit être fondé à croire que le traité intit.: *A Letter from Sir T. Fairfax to both Houses of Parliament, concerning the Storming of Dartmouth in* 1645/6, in-4°, s. l., aurait été imprimé à Darmouth même en 1646.

TRENCHINIUM, TRENCZINIUM, anc. SINGONE, *Trentschin*, *Trentsin*, ville de Hongrie, sur le Waag, chef-lieu du comitat du même nom (cercle en-deçà du Danube).

L'imprimerie remonte en cette ville à l'année 1640, environ, avec un premier typogr. du nom de Wenceslaus Wocalius; Németh cite : *Illésházy C. Georgii. disputatio de Justitia Originali, ejusque Inessendi modo* XXXII. *Thesibus comprehensa, sub præsidio Davidis Lanii Thuroczensis* 1640. Trenchinii, typis Wenceslai Wocalii, in-4° de 10 ff.

Cet imprimeur paraît mourir cette même année ou l'année suivante, puisqu'en 1642, sa veuve Dorothea exerce en son propre nom; puis viennent Laur. Benjam. ab Hage (1648), Nicod. Zeyssel, etc.

TRENORCHIUM, voy. TINURCIUM CASTRUM.

TRERUS FL , Τρῆρος [Str.], riv. du Latium, auj. *il Sacco*, affl. du Garigliano.

TRES TABERNÆ [T. P.], bourg de la Gaule Cisalpine, auj. *Borghetto*, près de Lodi.

TRES TABERNÆ [Cic., I. A.], localité du Latium, sur la Via Appia; près de cette station s'élève le bourg de *la Cisterna*, titre de princip. romaine.

TREUENBRIETZEN, pet. ville de Prusse, sur la Nieplitz (Brandebourg).

Ternaux cite : *Treuenbritzner gesangbuch*. Treuenbritzen, 1722, in-8°.

TREVÀ, Τρηούα [Ptol.], TREVA SAXONUM, sur les frontières du pays des Saxones, auj. suiv. Reichard, *Travemünde*, près de Lubeck, ou *Travendahl*, bourg du duché de Holstein, suiv. d'autres géogr.

Que ce soit l'une ou l'autre de ces deux localités, nous sommes forcé de nous y arrêter pour consigner l'existence d'une imprimerie au XVIe siècle : *D. Nic. Selnecceri Christliche kurze antwort auff M. Georg. Berszmanni grewliche Lästerung vnd famosschrifft* STRENA *vnnd* PRODROMUS *genandt*.Treuæ Saxonum, 1591, in-4° (catal. des F. de Francf.), et au cat. du libraire Willer de Francfort (p. 573), nous trouvons l'original latin de ce livre ; *Poëmata Strena et vindicantia famam et existimationem D. Nicolai Selnecceri*. Treuæ Saxonum, 1591, in-4°.

Suivant toutes les probabilités, ces productions sont le fait d'une imprimerie passagère, et peut-être même particulière, car on ne retrouve plus trace de cette souscription aux vieux catalogues.

TREVECKA, c'est le nom d'un manoir de la paroisse de *Talgarth*, dans le comté de Brecon (South-Wales).

Une séminaire à l'usage des prêcheurs laïques de la doctrine calviniste fut établi dans cette résidence au milieu du siècle dernier, par la célèbre Selina, comtesse de Huntingdon, l'amie et la protectrice de George Whitfield, l'éloquent et zélé prédicateur, célébré par le poëte Cowper : « Une imprimerie fut adjointe au séminaire, dit M. Cotton, et de cet établissement sortit un vol. in-8° (inconnu à Lowndes et à Martin): *The life of Howel Harris esq. printed at Trevecka*. 1791. »

Dans la 3e édition de son « *Typogr. Gazetteer* », M. Cotton nous donne les titres de plusieurs autres production des presses du « *Lady Huntingdon's College* » : la plus ancienne, citée par Lowndes, remonte à 1766 : *Christ revealed, or Types and Shadows... by Thomas Taylor, D. D*. Trevecka, 1766, in-8°.

TREVENTINUM [Plin.], TREVENTUM, ville du Samnium, auj. *Trivento*, pet. ville épisc. du Napolitain (Molise).

TREVIDON [Sid. Apoll.], *Trèves*, commune de Fr. (Gard).

TREVIRI [Cæs.], Τρηούιροι [Str.], Τρήδιροι [Ptol.], TREVERI [Mela, Pl., Tac.], grand peuple de la Germanie, occupait le territoire compris entre le Rhin et la Meuse.

TREVIRORUM AUGUSTA, voy. AUGUSTA TREV.

Ajoutons à la note que nous avons consacrée à la typogr. de Trèves, que la biblioth. de cette ville conserve un exempl. du *Speculum Sacerdotum* de 1481, qui est bien conforme à la description donnée, mais qu'à la suite se trouvent les deux pièces suivantes imprimées avec les mêmes caractères : *Incipit Expositio fructuosa symboli Athanasii* (5 ff.), et *Sequitur devotus modus dicendi* PATER NOSTER (1 f.).

TREVISIUM, voy. TARVISIUM.

TREVOLTIUM, TRIVURTIUM, *Trévoux*, anc. capit. de la principauté de Dombes, sur la Saône, auj. chef-lieu d'arrond. du dép. de l'Ain.

Voici, sur l'établissement de l'imprimerie à Trévoux, le résultat des recherches faites par M. M.-C. Guigue, et consignées dans une courte notice imprimée à Lyon : Le 28 décembre 1603, un privilége est accordé par Henri de Bourbon-Montpensier à Claude Morillon, imprimeur-libraire à Lyon, natif de Villefranche, en Beaujolais; ce privilége lui donne la faculté de s'établir dans la souveraineté et le titre d'imprimeur des Princes de Dombes, avec le droit de porter leurs armes; il est installé dans son office par arrêt de la cour du Parlement de Dombes du 9 février 1605; il ne paraît point avoir usé de ce privilége dans l'étendue de la souveraineté.

En 1670, Jean Molin, impr. à Lyon, demande à s'établir à Trévoux; à la suite de lettres patentes accordées par Mademoiselle, souveraine de Dombes, en date du 12 mai 1671, et enregistrées le 16 décembre suivant, il donne suite à un projet et fonde, à Trévoux, le premier établissement typogr. qui ait fonctionné dans cette ville : *L'Histoire des Juifs de Flavius Josèphe, de la traduction d'Arnaud d'Andilly*, Trévoux, 1672, 5 vol. in-12, paraît être le premier livre publié par Jean Molin ; M. Guigue cite comme sortie des presses de cet imprimeur l'édition de l'*Abrégé chronologique de l'Histoire de France de Mezeray*, 1674, 9 vol. in-12, publiée sous la rubrique d'Amsterdam. C'est cette édition célèbre que l'on rattache à la collection des elzevirs, et le privilége des Etats de Hollande en tête du premier volume ne nous permet pas d'accepter l'assertion de M. Guigue.

A Jean Molin succède son fils André, qui paraît négliger si complétement l'imprimerie de Trévoux, que le duc du Maine, devenu, en 1682, souverain de Dombes par suite de la donation forcée que lui en fit la grande Mademoiselle, révoque cet imprimeur, et donne un nouveau privilége, en 1697, à Pierre le Rouge, qui établit ses presses dans l'ancien couvent des religieux du tiers-ordre de S. François; mais, fatigué des tracasseries que lui suscitaient les imprimeurs lyonnais, ce Pierre le Rouge se retire et Jean Boudot lui succède, puis à sa mort, arrivée en 1707, vient Etienne Ganeau, qui prend bientôt le titre de « Ganeau et Compagnie », et dont l'établissement acquiert une importance considérable.

Jusqu'à la réunion du pays de Dombes à la France (août 1762) le nombre des volumes exécutés à Trévoux est immense. Les jésuites y fondent un journal célèbre ; ils l'intit.: *Mémoires pour l'histoire des Sciences et des Beaux-Arts, recueillis par l'ordre de S. A. S. Mgr le Prince souverain de Dombes*. Il fut imprimé à Trévoux, de 1701 à 1731 (355 tom.), à Lyon jusqu'en 1734, de cette date à 1781, à Paris, mais il changea plusieurs fois de titre. De 1762 à 1769, ce journal fut rédigé par notre illustre maître, l'abbé Mercier de S.-Léger. Citons encore *le Mercure de Trévoux, le Dictionnaire de Trévoux (Furetière)*, etc., et mentionnons pour mémoire cette innombrable suite de contrefaçons grossièrement exécutées dans ces saints ateliers, et portant une sphère quasi elzévirienne, mais trop brutalement gravée pour être jamais méconnue.

TRIADITZA, Τριάδιτζα, capit. de la Dacie intérieure, dont les ruines sont au S. de *Sophia* (Boulgarie), voy. SARDICA.

TRIBISA FL., *Triebisch*, riv. de Saxe.

TRIBOCCI [Inscr.], TRIBOCI [Cæs.], TRIBUCI [Tac., Pl.], Τρίβοκκοι, Τρίβοκχοι [Str.], peuple de la Gaule, habitant le territ. compris entre le Rhin et les Vosges; cap. ARGENTORATUM.

TRIBULA, voy. TREBULA.

TRIBULIA, voy. TREBUNIUM.

TRIBURIA, TRIBURINUM PALAT. [Ch. Ludov. pii, a. 829], TRIBURIAS VILLA REGIA [Charta a. 870], *Trebur, Tribur*, bourg de la Hesse Rhénane, près de Mayence; anc. palais des rois carlovingiens.

TRIBUTUM CÆSARIS, *Tribbses, Tribsee*, sur la Trebel, pet. ville de Prusse (Poméranie).

TRICALA, voy. TRIOCALA.

TRICASSES- [Pl.], TRICASSINI [Ammian.], Τρικάσιοι [Ptol.], peuple de la Gaule Lyonn. IV, occupait un territoire compris entre la Seine et la Marne, auj. dép. de l'*Aube*.

TRICASTINI [Liv., Pl.], Τριχαστινοί [Ptol.], peuple de la Gaule Narbon., occupait le territ. compris entre Valence et Grenoble, suiv. Mannert.

TRICASTINORUM CIVITAS, voy. AUGUSTA TRICASTINORUM.

TRICCA [Liv., Pl.], Τρίκκα [Hom., Str.], ville de la Thessalie, auj. *Tricala*, dans le pach. de Janina (Albanie).

TRICHONIUM, Τριχώνιον [Str., Polyb.], près du TRICHONIS LACUS, ville d'Ætolie, auj. *Gavala*, près du *Lac de Zygos* ou de *Vrakhori*, dans l'Eparkhie de Missolonghi.

TRICORII [Liv.], Τρικόριοι [Str.], TRICORIUM REGIO [Pl.], peuple de la Gaule Narbon., occupait un district compris entre Marseille et Aix.

TRICORNIUM [T. P.], CASTRA TRICORNIA [It. Hier.], Τρίκορνον [Ptol.], ville de la Mœsie supérieure, auj. *Kolumbazs*, ville de la Servie, sur le Danube.

TRIDENTINÆ ALPES, voy. ALPES.

TRIDENTUM [Pl.], CIVIT. TRIDENTINA, CASTEL. TRIDENTINUM, TRIGENTINA, TRIDENS, *Trient, Trente, Trento*, ville du Tyrol, chef-lieu de cercle, sur l'Adige (Autriche).

Cette ville est célèbre par le dernier concile œcuménique qui s'y tint de 1545 à 1563, concile qui fixa les dogmes de l'Église catholique.

L'imprimerie paraît devoir être reportée dans cette ville illustre à l'année 1475 avec Albrecht Kune de Duderstadt comme premier typographe : *Geschichte des zu Trient ermordeten Christenkindes*. A la fin : *Und das hat ghedruckt Albertus Duderstat von Eiksvelt zu Trient in dem iar als man die iuden hat verprant do man schrieb tausend vier hundert vnd fünf vnd sibuz iar an dem mittwuchen vor unser lieben frauwen tage der purt. Laus Deo.* In-fol. goth. de 14 ff. à 12 lign., avec fig. xylogr.

Cet Albrecht Kune de Duderstadt repassa les monts quelque temps après, et retourna en Allemagne; nous l'avons vu importer la typographie à Memmingen en 1482.

Le prêtre Zuan-Lunardo Longo, « rector de la chiesa de Sancto Paulo de Vincenza », qui avait établi à Vicence une typographie qui fonctionnait à cette même époque, ayant été nommé à Trente (per avervi ottenuto un titolo parrocchiale), y transféra son matériel et rétablit son imprimerie : « *Io. Matthiæ Tiberini Clarensis de passione et obitu Teati pueri Simonis libellus.* » A la fin : *Ecclesiam matris Christi qui rite gubernat‖ Presbiter impressit hoc leonardus opus‖ Gente triuisanus nulli virtutibus impar‖ Quem genuit longa semper honesta domus.* ‖ POST TENEBRAS SPERO LVCEM‖: S :: M :: P :: Z : L :: C: : L :: S : ‖ *Laus Deo Semper Amen :* M:CCCC:LXXXII : DIE : V : SEPTEMBRIS. En majuscules se trouve imprimé en vedette et en travers le nom du lieu d'impression : TRIDENTI, in-4o goth.

Voici la traduction des initiales ci-dessus : *Segnò Messer Prè Zuan Lunardo Curato Longo Stampator*.

La première comédie en prose qui ait été donnée et imprimée en Italie paraît cette même année 1482, et sort des mêmes presses : LA CATINIA *Comedia de Sicco Polentone* (Padovano). In Trento M.CCCC.LXXXII, die XXVIII. Marcii, in-4o, caract. romains. Apostolo Zeno et le Tiraboschi signalent l'extraordinaire rareté de ce précieux incunable. L'auteur, Sicco Polentone, dont on trouve le nom orthographié de plusieurs sortes, fut chancelier de Padoue au xve siècle ; il écrivit un assez grand nombre d'ouvrages, dont Amati nous a conservé les titres dans un travail très-approfondi et très-curieux.

N'oublions pas de relater un opuscule conservé dans la splendide biblioth. Mazzetti (auj. à Milan), exécuté sans nom de lieu, mais probablement à Trente à la date de 1475 : *Deploratio Clarissimi Georgii Summaripa Veronensis. Ob Conversationem nonnullorum cristianorum cum perfidis iudeis non obstante martirio Beati Simonis Tridentini ab ipsis trucidati Anno Cristi* M.CCCC.LXXV, *die Veneris Sancti*, in-4o de 10 ff. avec sign. A-AV Les chrétiens ont fait un saint et un martyr de ce malheureux enfant, égorgé par les Juifs (le fait est plus que douteux) ; à quatre siècles de distance nous avons vu, à Rome, la contre-partie de cet abominable crime.

TRIDINUM, TRINUM, *Trino*, au confl. du Pô et de l'Astura, ville de la prov. de Vercelli (Italie), dépendait de l'anc. marquisat de Montferrat.

Un imprimeur, natif de Ferrare, que nous devons tout particulièrement distinguer, parce qu'il est le chef d'une des plus illustres familles de typogr. italiens au xvie siècle, Giovanni de Ferrara, ou plutôt Giovanni Giolito, installe dans cette ville, à la requête du marquis de Montferrat, un atelier typographique au début du xvie siècle ; son plus ancien produit cité remonte à 1508 : *Opusculum Baldi novelli de dote et dotalis mulieribus et earum priuilegis*. A la fin : *Impressum in opido Tridini dñij Illustrissimi et inuictissimi dñi Gulielmi Marchionis Montisserati Impensis dñi Joannis de ferrariis al's de Jolitis : ac dñi Girardi de Zeys pdicti loci. Anno natiuitatis nostri iesu Xpi* M.CCCC.VIII, *Die XIIII. Mensis Aprilis.* gr. in-fol.

Giolito donne la même année une édition du commentaire de Joannes Andreas sur le vie livre des *Décrétales*, toujours avec le concours de son associé Girardo de Zeys, et conserve jusqu'en 1523 la direction de cette imprimerie.

En 1525, Panzer signale, d'après de Rossi, une imprimerie hébraïque de laquelle on ne connaît qu'un seul produit : TEPHILOTH, *Preces totius anni... cum comment. R. Dauid Kimchi :* ce livre précieux fut exécuté « per manum Nathanaelis fil. R. Perez Chelpan, felicis memoriæ. An. 285 (chr. 1525) », petit in-4o.

TRIELLUM, *Triel*, commune de Fr. (Seine-et-Oise) ; anc. monast. de Filles Ursulines.

Anc. château ; nous connaissons : *Villæ Salubrioris Triellensis descriptio, a Franc. Gueroultio* (poema), in-4o.

TRIGISAMUM [T. P.], TREISMA, dans la Norique, auj. *Traismaur, Traismauer,* bourg d'Autriche, sur le TRIGISAMUS FL., auj. *le Trasen* (unter der Ems).

TRIGUERÆ, *Trigueros*, bourg d'Andalousie (prov. de Séville).

Un P. Jésuite du nom de Fernando de Castrillo

fit venir de Séville un imprimeur vers 1636, et cet imprimeur, nommé Diego Perez de Estupiñan, exécuta dans cette localité plusieurs volumes ; nous citons : *Magia natural, ó Filosofia oculta con nuevas noticias de los mas profundos mysterios, y secretos del universo visible. Primera parte.* In oppido Trigucros ex officina Didaci Perez de Estupiñan, 1649, in-4o. Cette première partie, seule publiée, est consacrée aux éléments terrestres.

TRILENCUM PROM., dans la Tarracon., auj. *Cap Ortegal*, à la pointe N.-O. de la Galice.

TRIMAMMIUM [I. A.], TRIMAMIUM [T. P.], Τριμμάνιον [Ptol.], forteresse de la Mœsie Inf., sur le Danube, en ruines auj. près de *Pirgo*, suiv. Reichard ; Mannert la place au bourg de *Murotin*.

TRIMONTIUM, Τριμόντιον [Pt.], ville de la Britannia Rom., auj. *Longholm*, près du Firth of Solway.

TRINACRIA INS., voy. SICILIA.

TRINASUS, Τρίνασος [Paus.], Τρίνασσος [Pt.], port de la Laconie, auj., suiv. Leake et Boblaye, *Trinisa*.

TRINIUM FL. [Pl.], fl. des Frentani, dans le Samnium, auj. *le Trigno*, dans le Napolitain.

TRINOANTES, Τρινόαντες [Ptol.], TRINOBANTES [Cæs.], peuple de la Britannia Rom., habitait le comté de Middlesex, sur les bords de la Tamise, et partie des comtés d'Essex et d'Hertford.

TRINOBANTUM AUGUSTA, voy. LONDINIUM.

TRINURTIUM, TRENORCHIUM, voy. TINURCIUM CASTRUM.

TRIOCALA [Cic.], Τριοκάλα [Diod.], Τριόκλα [Pt.], Τρίκαλον [Steph. B.], citadelle escarpée de Sicile, en ruines près de *Calata Bellotta* ou *Calta Bellota*, ville de la prov. et au N.-O. de Girgenti ; célèbre dans la guerre des Esclaves.

TRIPHYLIA, TRIPHYLIS, Τριφύλια [Str., Paus.], partie mérid. de l'Elide, arrosée par l'Alphée.

TRIPOLIS, Τρίπολις [Pol., Paus.], dans l'Arcadie, auj. *Tripolitza*, ville de Morée, chef-lieu de l'Eparkhie de Mantinée ; anc. capit. de la Morée sous les Turcs.

En 1857, parut imprimé dans cette ville un *Manuel de Physique, par Pyrla.* In-8o.

TRIPONTIUM [It. A.], dans la Britannia Rom., placée par Reichard près de *Rugby*, pet. ville du comté de Warwick.

TRISSUM, Τρισσόν [Pt.], localité de la Dacie, dans le pays des Jazyges Metanastæ, auj. *Tvrdosin* ou *Trsztenna*, dans le district hongrois qui porte encore le nom de Jazygie.

TRITÆA, TRITEA [Pl.], Τρίταια [Herod.], Τρίταια [St. B.], ville de la Phocide, sur les front. de la Locride, placée près de *Turkokhorio.* = Une autre ville du même nom dans l'Achaïe, près de Patras, auj. *Triti.*

TRITIA, TRITTIA [Inscr.], dans la Province Romaine en Gaule, auj. *Trets,* pet. ville de Provence (Bouches-du-Rhône).

TRITIUM [Pl., It. Ant.], ville des Cantabri, dans la Tarracon., auj. *Monasterio.*

TRITIUM METALLUM [I. A.], Τρίτιον Μέταλλον [Ptol.], ville des Verones, dans la Tarracon., auj. *Tricio,* près de Najera [Florez].

TRITIUM TUBORICUM [Mela], Τρίτιον Τουβόρικον [Pt.], sur la Deva, dans la Tarracon., auj. *Motrico* [Reich.].

TRIVENTUM, voy. TREVENTINUM.

TRIVICUM [Hor.], sur la voie Appienne, dans la Campanie, auj. *Trevico,* petite ville épisc. du Napolitain (Princ. Oltra).

TRIVIUM, TRIVULTIUM, voy. TREVOLTIUM.

TROCENSIS PALATINATUS, *le Woyewodat de Troki,* en Pologne.

TROEZEN [Pl.], Τροιζήν [Herod., Scyl., Pol., Str., Paus.], Τροιζήνη [Ptol.], capit. de la prov. de Trœzenia, dans l'Argolide, auj. *Dhamala,* en Morée [Leake].

TROGLODYTÆ [Plin.], Τρωγλοδύται [Str., Ptol.], (τρηγλώ, caverne), peuple de la Scythia Minor, sur les bords du Danube; un peuple célèbre d'Ethiopie portait aussi ce nom; en Sicile, on trouvait TROGLODYTARUM VALLIS, auj. *Val d'Ypsica.*

TROMSONDA, *Tromsoë,* ville de Suède, chef-lieu de la préf. du Finmark.

TRONTHEMIUM, TRONDEMNÆ, voy. NIDROSIA.

TRONUM [I. A.], ville de Dalmatie, auj. *Budimir.*

TROPÆA AUGUSTI, TROPÆA ALPIUM [Pl.], voy. AUGUSTI TROPÆA.

TROPÆA POMPEII, τὰ Πομπηίου τρόπαια, voy. SUMMUM PYRENÆUM.

TROPPAVIA, *Troppau,* voy. OPAVIA.

C'est à 1785 (et non point à 1795) que M. Cotton signale l'établissement de G. Frazier comme imprimeur à Troppau.

TROSLEIUM PALAT. [Mabil.], *Trosly, Trosly-Breuil,* village de Picardie, près Soissons (Aisne); quatre conciles au Xᵉ s.

TROSSULUM [Pl.], en Etrurie, auj. *Trosso,* en Toscane.

TROTILUM, Τρώτιλον [Thuc.], *Trontello,* bourg de Sicile, près de Syracuse.

TROWBRIDGE, ville d'Angleterre [Wiltshire).

Imprimerie en 1790, nous apprend M. Cotton, qui cite un volume d'*Hymns, by John Clarke,* souscrit à ce nom de ville et à cette date. En 1792, nous connaissons : *Benj. Hobhouse, A reply to the Rev. F. Randolph's Letter to the Rev. D. Priestley.* Trowbridge, 1792, in-8º de XVI-232 pp.

TROYGA, TROGBE, probablement *Trogen,* chef-lieu des Rhodes-Extérieures du Canton d'Appenzell [Suisse].

Nous ne possédons, en quelque sorte, aucun renseignement sur l'imprimerie, qui a certainement existé au XVᵉ siècle, dans cette localité assez peu connue; nous ne connaissons même point le premier volume, que nous signalons d'après le VIIIᵉ catal. R. Heber et d'après Brunet: *Revelationi di Sancta Caterina da Siena.* — Impressum per C. Bonebach de Almania Alta de bassca de terra che chiama in dem gulden Trogbe, 1478, in-fol.

Le second volume ne nous est pas beaucoup plus connu; il n'est cité ni par Hain à son art. « GESTA ROMANORUM », ni par Graesse, ni par Brunet; mais Cotton et le P. Reichhart le mentionnent d'après Mich. Denis (*Suppl. à Maittaire,* p. 709) : *Cronick vnd History uss den Geschichten der Römern.* A la fin : *Hie hat ein end die History von den Ssyben wysen Meysteren die do gedruckt sind vnd geendet zu clein Troyga, in dem jar do man zalt noch Crysty geburt.* M.CCCC.LXXXXVII. in-4º de 63 ff. à 2 col. avec sign. et fig. xylogr.

L'imprimerie disparaît de cette petite ville pendant plusieurs siècles, et ce n'est qu'en 1760 que nous voyons un typographe, nommé J.-N. Sturzenegger fonder un établissement, qui subsiste encore et continue à être dirigé par ses descendants.

TRUCCIA [Ch. Carlom. R. a. 863], TRUPCHIACUM, TRUCCIÆ [Frédég.], TRUCCIAGUS IN PAGO SUESSIONICO [Gesta Fr.], TRUCCIUM, TRUCCIACUM, TRUECUM [Aimon.], TREUC [Chr. B. Dion.], TRVSCIACO [Monn. Mérov.], *Droissy, Droisy,* village du dép. de l'Aisne [A. Lebeuf], ancienne villa royale de la première race.

TRUDONIS VILLA, voy. S. TRUDONIS FANUM.

TRUENTUM [Pl.], CASTELLUM TRUENTINUM [Mela], TERUENTUM, Τρούεντον [Str.], ville du Picenum, sur le TRUENTUS FL., Τρουεντίνος ποταμός, le *Tronto,* auj. *Civitella del Tronto,* suiv. Reichard, et *Torre Segura,* d'après quelques géogr.

TRUMA, *Trim,* ville d'Irlande, chef-lieu du comté d'East-Meath.

TRUNA FL., voy. TRAUNUS.

TRUNCINIUM, *Dronghesse,* bourg de Belgique, près de Gand.

TRUPCHIACUM, *villa regalis,* voy. TRUCCIA.

TRURO, ville d'Angleterre (Cornwall), bibliothèque, société de minéralogie et de géologie.

Un typogr. d'Exeter, nommé Andrew Brice, fut l'introducteur de l'imprimerie à Truro, en 1740; en 1742, il y publie : *Nicholas James, Poems, with*

Epigrams, Epitaphs, etc. Truro, 1742. Lowndes, qui cite ce volume, n'en indique pas le format ; A. Brice resta une dizaine d'années, et voyant tous ses efforts couronnés d'un succès à peu près négatif, retourna à Exeter, où nous le voyons en 1759 publier un grand ouvrage composé par lui-même : *The grand Gazetteer, or Topographical Dictionary,* in-fol.; en 1803, un périodique « *The Royal Cornwall Gazette* » fut publié à Truro.

TRUTINA, *Trautenau, Trutnow,* ville de Bohême (cercle de Kœnigingrætz).

TRUTMANIA, voy. TREMONA.

TSARIGRAD, nom donné par les Boulgares à *Constantinople.*

Apparaît sur quelques livres exécutés en cette langue [*Trübner's Oriental Record*].

TSCHLIN, *in Engadina bassa, Sins,* bourg du canton des Grisons.

La typographie fut exercée temporairement dans cette petite localité au milieu du XVIIe siècle ; nous citerons : *Philomela quai ait canzuns spirituales...* (cantique à quatre voix, composé par Joh. V. Simler da Turi). — Stampad a Tschlin in Engadina bassa, 1684, in-12. Très-rare volume en dialecte romansche, que ne citent ni Fétis ni Forkel.

TSIKIENSE MONAST., *Monastère de Csicki,* de l'ordre des frères mineurs de S. François, en Transylvanie.

Un matériel typographique fut organisé dans cette abbaye, et fonctionna à deux reprises distinctes : la première fois de 1681 à 1685, et la seconde de 1719 à 1760 ; de ces presses claustrales, Németh cite comme premier produit : *Balás Augustini Siculi Transsiltvan. Ordinis S. Francisci Cancionale Catholicum, avagy régi és uj Deák és Magyar ahitatos énekek.* E Typographæo Monasterii Csikiensis, 1681, in-4°.

TUÆSIS ÆST., Τούαισις Εἴσχυσις, *The Murray Firth, le Golfe de Murray,* sur la côte E. d'Ecosse.

TUBANTES [Tac.], TUBANTII, Τούβαντοι [Ptol.], Σουβάττιοι [Str.], peuple de la Germanie, occupant le pays compris entre le Rhin, l'Yssel et la rive mérid. de la Lippe, c'est-à-dire le district appelé *Twenthe,* dans la Hollande.

TUBARIS FL., TUBERUS, *la Tauber,* riv. de Würtemberg.

TUBINGA, TUWINGA, AUGUSTA TUBINGA, TUBNAS [Monn. Mérov.], *Tubingen,* ville du Würtemberg (Schwarzwald), au confl. de l'Ammer et du Neckar; université fondée en 1477 par Eberhard-le-Barbu; patrie d'Uhland.

L'imprimerie remonte dans cette ville universitaire à l'année 1498; l'imprimeur de Reutlingen, Johan Ottmar ou Othmar, en fut l'initiateur. Quatre ouvrages à cette date sont cités par Panzer ; c'est d'abord une oraison funèbre prononcée par un professeur de théologie, nommé Conrad Summenhart de Calw, pour les obsèques du duc de Würtemberg, fondateur de l'Université, Eberhard le Barbu ; puis deux traités de théologie du même auteur ; enfin un livre dont nous allons donner le titre et que Panzer met en première ligne, bien qu'il soit daté du 24 mars, et que l'année ne commence qu'à Pâques, qui tombe le 15 avril : *Lectura fratris pauli || scriptoris ordinis minorū de obseruā || tia quā edidit declarādo subtilissimas || doctoris subtilis sententias circa Ma||gistrum in primo libro;* au r° du 183e f., col. 2 : *Explicit exactas* (sic) *expositio et sub||tilis subtilissima꜀ sententi꜀ quas doctor subtilis || in pmū librum suum circa magistrū Petrum Lum||bardum in vnum ꝺgessit. ordinaria lectura ordina||rie facta in ꝺuentu fratrum minò꜀ in alma vniuer||sitate Tuwingñ. Vbi et impressa est huius per artis||ꝺgnarū Magistrū Iohannē Ottmar. Anno salut' || M.CCCC.XCVIIJ.XXIIIJ. die Martij.* In-fol. de 183 ff. numér. et 15 ff. non numér. à 2 col. de 60 et 59 l. goth., avec *errata,* inventorium punctorum per folia et columnas, récl., sign., etc. (voy. à l'occasion de ce rare vol. le *Floril.* de D. Gerdes, p. 257 ; Freytag, p. 839, etc.).

En 1511, vient s'établir à Tubingen un typogr. que nous avons déjà cité à l'art. Haguenau, et qui quitte Tubingen pour aller résider à Pforsheim, Thomas Anselme de Bade ; il eut l'honneur d'employer comme correcteur d'épreuves l'illustre Phil. Mélanchton.

L'imprimeur Ulrich Morhard lui succède comme typographe de l'Université.

En 1562, le baron Ungnad établit à Tubingen une imprimerie en caractères glagolitiques autrement dite imprimerie cyrillique; son existence, dit Bachmeister, fut de peu de durée, et le petit nombre de livres qui en sortirent fut confisqué par l'Autriche : aussi devinrent-ils d'une rareté extrême, et la biblioth. impér. de Saint-Pétersbourg n'en possède-t-elle que deux.

TUCCI, Τοῦκκα [Ptol.], Τοῦκκις [Str., Appian.], colonie romaine, en Lusitanie, auj. *Martos* (voy. AUG. GEMELLA).

TUCCONIA, *Tuggen,* bourg de Suisse.

TUDE [Plin.], TUDÆ [I. A.], CASTELLUM TYDE, ville des Gruii, dans la Tarracon., auj. *Tuy,* ville d'Espagne, chef-lieu de district, sur le Minho (Galice).

TUDELA NAVARRORUM, voy. TUTHELA.

TUDER [Pl., I. A., Sil.], τὸ Τοῦδερ [Str., Ptol.], TUDERTIUM [P. Diac.], Τουδέρα [Proc.], COL. FIDA TUDER [Front.], ville d'Étrurie, colonie ombrienne, auj. *Todi,* près du Tibre, ville épisc. de la délég. de Spoleto (Italie); concile en 1001.

Nous faisons remonter le premier établissement typographique de cette ville à l'année 1625 environ, et nous trouvons trace d'impression en 1627, avec un premier imprimeur du nom d'Anibale Alvigi; il débute par une de ces puérilités qu'on appelle des tours de force : *Giov. Nicola Ciminelli Cardone, Risbandita sopra la potenza d'Amore.* Todi, Anibale Alvigi, 1627, pet. in-8°; petit poème fort rare, de la composition duquel l'auteur a glorieusement banni tous les R (cat. Libri, 1859, n° 684). Le second imprimeur de Todi s'appelle Guerriero, et le troisième Agost. Faostini.

Voyez, pour quelques livres imprimés à Todi, en 1653, cat. Floncel, n° 2298; en 1655, Ternaux; en 1670, Bauer, III, p. 26, etc.

TUDINIUM, *Thuin,* pet. ville de Belgique (Hainaut), sur la Sambre.

TUEDA FL., *la Tweed,* fl. limitrophe de l'Ecosse et de l'Angleterre.

TUERIA, *Tver,* ville de Russie, sur le Volga, chef-lieu de gouvernement et archevêché.

TUESIS, Τούεσις [Ptol.], ville des Vocomagi, dans la Bretagne Romaine, près du Firth of Murray; quelques géographes confondent cette position avec celle qu'occupe auj. *Berwick* (voy. BARCOVICUM).

TUFICUM [Inscr.], Τούφιχον [Ptol.], TOUFFICUM [Pl.], ville de l'Ombrie, auj. *Ficano*.

TUGENSIS PAGUS, TUGENORUM SALTUS, *le canton de Zug*, en Suisse.

TUGIA [Pl., l. A.], Τουία [Pt.], ville des Arevaci, dans la Tarracon., dont les ruines se voient à *Toya*, près de Quexada, aux sources du Guadalquivir, dans le TUGIENSIS SALTUS [Pl.], auj. *Sierra de Cazorla*.

TUGIUM, *Zug*, ville et chef-lieu de canton en Suisse, sur le lac de ce nom.

L'auteur anonyme de l'*Hist. de la typographie en Suisse*, fait remonter l'imprimerie à Zug à l'année 1640, tandis que Falkenstein ne la porte qu'à 1730 : *A Buchman, Reymenspruch der Eydgenossenschaft zu Ehren*. Zug, 1640, in-4°.

TUGULARIA, *Tillières*, bourg de Normandie (Eure); château célèbre aux x° et xi° siècles.

TULLA ALTA, *Hohentwiel*, château fortifié du Wurtemberg [Graësse].

TUISCOBURGUM, voy. DUISBURGUM.

TUITIUM, voy. DIVICIA CIV.

TULCIS FL. [Mela], dans la Tarracon., auj. le *Francoli*, passe près de Tarragosse.

TULINGUM [Cæs.], TULINGI, DUTTLINGA, *Tuttlingen*, pet. ville de Wurtemberg, près des sources du Danube.

TULIPHURDUM, Τουλιφουρδοῦμ [Ptol.], ville de Germanie, auj. *Verden*, ville du Hanovre, sur l'Aller, suiv. Wilhelm (voy. FARDIUM); Reichard place cette position à *Döhlbergen*, à l'E. du Weser.

TULISURGIUM, Τουλισούργιον [Ptol.], ville des Angrivarii dans la Germanie, auj. *Detmold*? (voy. DETHMOLDA), ou plutôt, avec Wilhelm, près de *Minden*, ville de Westphalie, sur le Weser (voy. Forbiger, 380 et 409).

TULLENSIS PROVINCIA [Frédég.], *le Toullois*, territ. de Toul (Meurthe).

TULLONIUM, voy. TUTHELA.

TULLONUM, voy. TELO MARTIUS.

TULLUM [It. A.], Τοῦλλον [Ptol.], TULLUM LEUCORUM [Not. prov.], TULLA [Geogr. Rav.], LEUCA, capit. des Leuci dans la Belgique I, TVLLO CIVITATE, TVLVSCIVIT [Monn. Mér.], sur la route de Divodurum à Durocortorum, auj. *Toul*, ville forte de France, sur la Moselle (Meurthe); anc. ville impériale, et plus tard l'un des trois-évêchés; bataille en 612.

Un imprimeur que nous avons eu l'occasion de signaler à St-Nicolas-du-Port (voy. FANUM S. NICOLAI), le prêtre Pierre Jacobi, vint, à dater de 1505, exercer momentanément la typographie dans la ville de Toul; il exécuta, à cette date, un livre aussi intéressant que rare, l'un des plus précieux monuments de l'art français qui existe; mais nous prendrons la liberté de ne le décrire que sommairement, renvoyant le lecteur aux travaux spéciaux de MM. Beaupré, Teissier, etc., et surtout à l'excellente notice que M. Anatole de Montaiglon a consacrée au chanoine de Toul, Jean Pelerin, et à son beau livre : DE ARTIFICIALI PŜPECTIVA VIATOR; ici 12 cercles concentriques et au-dessous le mot : VIATOR. A la fin (10° f. de la sign. E) : *Impressum Tulli || Anno Catholice ve || ritatis Quingetesimo quĩto supra || millesimũ : Ad nonũ Calendas ǁ Julias, Solerti opera petri Iacobi || pbri Incole pagi sancti Nicholaï*. In-fol. goth. de 42 ff. sign. A. E.; les 4 premiers cahiers par 8, le cahier E par 10; plus 4 ff. non signés, avec d'admirables figures au trait; les grandes planches ne sont tirées que d'un côté dans cette première édition; en regard de la souscription, dans un encadrement, la marque de Pierre Jacobi, une croix transpercée de trois clous, avec les mots en goth. FIDES FICIT (reprod. par M. Silvestre).

La seconde édition de ce précieux incunable fut donnée par le même imprimeur, à Toul, en 1509; elle est plus complète que la précédente, bien qu'elle ne comprenne que 29 ff.; c'est ce qui a décidé M. Tross à la faire reproduire par le procédé Pilinski de préférence à la première (Paris, 1860, in-fol., tiré à 100 ex., avec une notice de M. Hipp. Destailleur, architecte).

Enfin la 3° est donnée au même lieu en 1521 (in-fol. de 38 ff.); la marque de l'imprimeur est différente dans ces deux dernières éditions; la devise elle-même a varié, c'est ici : SOLA FIDES SUFFICIT.

L'auteur, Jean Pelerin, ne survécut guère à la troisième édition de son livre; il était mort en 1523; il était originaire d'Anjou, et avait été attaché à la personne du roi Louis XI.

L'imprimerie disparaît de Toul comme de toutes les villes lorraines, de 1521 à 1550, pendant la terrib'e période de la guerre des Rustauds; en 1551, elle reparaît à Toul avec Jean Palier, le jeune, qui donne le *Missale ad insignis Eccl. Tullensis consuetudinem*, pet. in-fol.; cet imprimeur venait de Metz. L'impression du missel de Toul paraît être encore une fois un fait accidentel, puisque l'imprimerie disparaît pendant plus d'un demi-siècle, et ce n'est qu'en 1608 que paraît se fonder, à Toul, un établissement typogr. fixe et durable.

C'est à Toul, dit M. Teissier, qu'un imprimeur, instruit dans son art et dans les lettres, M. Joseph Carez, a fait, en 1785, un premier essai d'éditions qu'il appelait *Omotypes*, pour exprimer la réunion de plusieurs types en un seul (voy. A.-G. Camus, *Hist. du Polyt. et du Stéréot.*, Paris, 1802).

TULPETUM, TULPIACUM, voy. TOLBIACUM.

TUMPLINGIA, *Tümpling*, bourg et château de Saxe.

Nous trouvons dans la *Bibl. Saxon.* de Struvius : « Adam Fridrich Glafey habemus *Antiquitates Tumplingianas, oder Ehren-Seule der Hauses Tümpling*. 1716, in-4° ».

TUNBRIDGE, *Tunbridge Weels*, pet. ville d'Angleterre (comté de Kent).

Cette ville possède des eaux minérales renommées, qui en ont fait l'une des plus fashionables « Watering-Places »; en 1780, *The Tunbridge Wells Guide* y est publié.

TUNGRI [Cæs.], peuple des bords du Rhin, dépendant des Aduatuci, dont la capit. était ATTUATUCA, *Tongres, Tongern*.

TUNGRORUM FONS, voy. AQUÆ SPADANÆ.

A la note que nous avons consacrée à l'impr. de Spa, ajoutons : C'est 1789, et non pas 1689, que M. Cotton indique comme date de l'introduction de la typographie ; mais M. Gothier de Liége, dans une communication postérieure, maintient son premier dire, et soutient que bien qu'un grand nombre de livres portent « Spa » comme lieu d'impression, cette désignation est fictive, et que l'imprimerie ne remonte dans cette ville qu'à 1840. Cependant Ul. Capitaine, le bibliogr. autorisé de la prov. de Liége, fait remarquer que le libraire J.-F. Desoer, de Liége, a établi à Spa, dans le courant du siècle dernier, une presse qui a fonctionné pendant plusieurs années.

En 1786, l'imprimeur de Spa s'appelait A.-J. Bollen (voy. Ul. Capitaine, *Introd. de l'impr. dans le pays de Liége*).

Tunnocelum [Not. Imp.], ville de la Britannia Rom., *Boulness*, bourg sur la côte O. du Firth of Solway.

Tunonium, *Thonon*, ville de Fr., anc. chef-lieu de la prov. du Chablais, auj. chef-lieu d'arrond. de la Haute-Savoie.

Cette ville n'est pas comprise par Falkenstein dans la liste des villes ayant possédé une imprimerie, et cependant nous connaissons : *Cantique des Cantiques de Salomon en rime, avec la musique.* Tonon, 1602, in-8° [catal. de Tournes, p. 105].

Turantus fl., *la Narva*, riv. de Finlande (Russie).

Turba [Liv.], dans la Tarracon., auj. *Tuejar*, sur le Guadalaviar [Ukert].

Turba civitas, *ubi castrum Bigorra* (on trouve Tursa, Gurba), voy. Castrum Bigorrense.

Turbula, Τούρδουλα [Ptol.], ville de la Tarracon., dans le pays des Bastitani, auj. *Tovarra, Tobarra*, bourg du roy. de Murcie, ou *Teruel*, ville d'Aragon.

Turcæ [Mela, Pl.], Turci [Suid.], peuple de la Sarmatie asiatique, occupant les bords de la mer Noire (Palus Mæotides), s'est établi en Europe.

Turconium, *Turcoing*, ville de Fr. (Nord), dans l'arrond de Lille.

L'imprimerie parait remonter en cette ville industrieuse et productive, au milieu du siècle dernier ; nous citerons : *Pierre le Lorrain, dit de Vallemont. Dissertation sur les maléfices des sorciers, selon les principes de la théologie et de la physique, où l'on examine en particulier l'état de la fille de Turcoing.* Tourcoing, 1752, pet. in-12 (omis par Quérard).

Turdetani [Liv.], Τουρδετανοί [Pol., Str.], peuple de la Bétique, occupant également la partie S.-O. de la Lusitanie ; leur territoire correspond au S.-O. de l'Andalousie, presqu'île de Cadix, etc.

Turduli [Mela, Pl.], Τούρδουλοι [Pol.], Τουρδοῦλοι [Ptol.], peuple de la Bétique, attenant aux Turdétains ; leur territ. correspond à peu près aux intendances de Séville et de Cordoue.

Turecionnum [T. P.], dans la Gaule, auj., suiv. d'Anville, *Ornacieu*, village du Dauphiné (Isère). Le Guide du dép. de l'Isère accepte cette donnée ; Reichard assigne à la station des Tables de Peutinger la situation de *St-Jean de Bournay*, bourg important du même arr.

Turegum, Turicum, voy. Tigurum.

Turena, Turenna, Torenna, *Turenne*, anc. ville du Limousin, auj. bourg du dép. de la Corrèze ; anc. vicomté fondée au IXe siècle, réunie à la couronne en 1738.

Turenum [T. P.], Tranum, station de l'Apulie, auj. *Trani*, ville archiép. du Napolitain (terra di Bari), port sur l'Adriatique.

Imprimerie en 1617, suiv. Falkenstein et Cotton ; Antonio (*Bibl. Hisp. nova*, I, 266) nous donne en effet : *F. Diego Alvarez, Tranensis Archiep., in Primam Secundæ Partis S. Thomæ.* 2 vol. in-fol., « certe primum volumen Trani etiam excusum fuit per Constantinum Vitalem, 1617, in-fol., ab I. usque ad LXXXIX, hujus partis quæstionem continens », dit Antonio. L'exécution de ce livre est très-médiocre, dit M. Cotton, qui a l'exempl. de la Bodléienne sous les yeux, et nous donne la souscription : « Trani, in archiepiscopali Palatio, per Constantinum Vitalem, 1617 », in-fol. de 600 pp. Citons encore : *Gio. Paolo Morelli, compendio dell' antica e fedelissima città di Taranto, e della conversione del suo popolo alla vera fede cristiana.* Trani, 1623, in-8° [Giustiniani, *Bibl. Napol.*, 196].

Turgea, Turgoviensis pagus, *le canton de Thurgovie, Thurgaw*, en Suisse.

Turia fl. [Mela, Sall.], Turium [Pl.], fl. d'Espagne. auj. le *Guadalaviar*, traverse le roy. de Valence.

Turiaso, Turiasso [I. A., Pl.], Τουριασσώ [Ptol.], Turiasson [G. Rav.], Turiasona, Turrazo, ville des Celtiberi dans la Tarracon., auj. *Tarrazona, Tarazona*, ville d'Espagne (Aragon).

Quelques bibliogr. ont fait remonter l'imprimerie dans cette ville à 1488 ; Panzer, sur l'autorité d'Antonio, cite comme exécutée à Tarazona une édition de « *la General historia del esforçat Cavaller Partinobles côpte de Bles* ». Il y a tout à la fois erreur de lieu et de date ; cette édition fut donnée « a la molt antigua y metropolitana ciutat de *Tarragona*, Any 1588, in-8° » de 94 ff.

C'est en 1613 seulement que nous trouvons trace certaine d'imprimerie à Tarazona : *Pedro Hieronymo Sanchez de Lizarazo, Aragonese : Methodus generalis et admirabilis ad omnes scientias facilius et citius addiscendas, in qua eximii et piissimi Doctoris Raymundi Lulli Ars brevis explicatur.* Turiasone, 1613, in-4° (Ant°. II, 202). M. Cotton pense que Diego de la Torre, le premier imprimeur d'Orihuela, fut appelé par l'évêque de Tarazona, pour établir la typogr. dans sa ville ; nous enregistrons et approuvons ; cependant nous devons dire qu'Antonio décrit les deux vol. du Comment. de F. Joan de Irivarne y Iraburu, franciscain, « *in quartum librum sentiarum Joan. Duns Scoti* », et les dit exécutés, le premier à Sarragosse, en 1614, et le second à Tarazona, en 1616, « apud Petrum de Labarte ».

Turiliacus Villare, *Tourly*, sur la Troëne,

commune de France, près Chaumont (Oise).

TURISSA, voy. ITURISA.

TURONES [Cæs., Amm., Marc.], TURONII [Tac.], TURONI [Cæs., Luc.], peuple de la Gaule Lyonn., occupant le territ. compris entre le pays des Pictones et celui des Aulerci, auj. le dép. d'*Indre-et-Loire* et partie de *Loir-et-Cher*.

TURONIUS FL., le *Turano*, pet. riv. de l'Italie centrale.

TURONI [Amm., Sulp. Sev., Greg. Tur.], METROPOLIS CIVITAS TURONUM [Not. Lug.], TURONORUM, TURONENSIUM, TURENORUM [Guérard, mss. B. Imp.], AUGUSTA TURONUM, TORONUS, THORONUS [Frédég.], TURONICA CIV. [Dipl. Lud. R. a. 878], TVRONVS CIVI [Monn. Mérov.], primitivement *Cœsarodunum* [T. P.], Καισαροδοῦνον [Ptol.], anc. capit. de la Lyonnaise, auj. *Tours*, chef-lieu du dép. d'Indre-et-Loire, entre la Loire et le Cher, archev., biblioth., etc.

Maittaire, le P. Orlandi et quelques bibliogr. de même farine, prenant la date de la composition d'un livre pour celle de son impression, font remonter à 1467 l'introduction de la typogr. à Tours : *Fr. Florii Florentini de amore Camilli et Emilie... Au r°* du 41° f. ... *Liber feliciter expleius est Turonis. Editus in domo domini Guillermi archiepisc. Turon. pridie kal. ianuarii, a.* M.CCCC.LXVII. In-4° de 49 ff. à 42 lig., sans indic. typogr. d'aucune sorte; lisez : « Guillaume Larchevesque à Tours », et « exécuté à Paris vers 1475, par P. de Cesaris et J. Stol. »

Van-Praet et Brunet signalent un MISSALE TURONENSE, *Impressum Turoñ. anno dñi*, 1485, in-fol.; nous avons obtenu de l'obligeance bien connue de M. Taschereau la description de ce précieux incunable, que possède la bibliothèque de Tours : cet exemplaire est imprimé sur vélin, à 2 col. de 34 lignes, enrichi de lettres ornées et rubriquées; il commence par un calendrier à longues lignes de 6 ff., sans pagination ni sign. Le texte du missel commence au fol. 1, écrit entre les deux col. (sign. A. I.): *In nomine domini nostri ie* || *su christi Incipit missale secun* || *dum usū et* ɔ*suetudinem ecclesie* || *metropolitane turonensis...* Le texte se suit sans interruption jusqu'au fol. 179 ; vient ensuite le commun des saints sous une nouvelle pagination, en chiffres romains et avec un nouvel ordre de signat. en capit. : *Incipit cõe sanctorum. In vi* || *gilia unius apostoli introitus.* La pagination continue jusqu'au fol. XXXVIII, sur lequel on voit à la moitié de la 2° colonne : *Impressum est hoc missa* || *le turoñ anno dñi* M. || CCCC LXXXV.

Ce livre a-t-il été imprimé à Tours ? quel en serait l'imprimeur? ces deux questions se présentent tout d'abord. Un libraire de Paris, M. Claudin, qui l'a bien examiné, le croit exécuté par Jean Dupré, le célèbre typogr. parisien, qui semble avoir eu la spécialité d'imprimer la liturgie à l'usage des villes qui ne possédaient point encore d'établissement typographique. A-t-il été exécuté à Tours ou à Paris? les deux hypothèses sont admissibles : dans le premier cas, Dupré aurait transporté à Tours le matériel nécessaire à l'impression du *Missale*, ou plutôt se serait chargé de monter une imprimerie, à laquelle il aurait préposé un de ses apprentis, peut-être Simon Pourcelet; nous avons eu l'occasion de

signaler plusieurs fois un fait analogue à Rouen, à Abbeville, etc.

Mais, pendant l'impression de cette note, M. Taschereau avait eu l'excellente idée de faire venir de Tours une épreuve photographique du premier f. de l'incunable, qu'il avait bien voulu mettre à notre disposition ; à la suite de confrontations minutieuses faites à la Bibl. imp. sur un grand nombre de livres, le *Missel de Rouen* de 1491, le *Missel de Salisbury* de 1492, etc., nous avons reconnu et croyons être fondé à soutenir que le MISSALE TURON. de 1485, a été exécuté par le célèbre typogr. normand, Martin Morin, lequel eut, bien plus encore que J. Dupré, des relations suivies avec les villes de province non encore pourvues d'ateliers (voy. ROTOMAGUS), et qui de plus a mis son nom à plusieurs volumes qu'il exécuta un peu plus tard pour la ville et l'église de Tours, des *Coustumes*, petit in-8°, S. D., un autre *Missel* en 1493, etc.

Mais n'existait-il pas, sinon association, du moins relations intimes entre le fondeur imprimeur parisien, J. Dupré, et le fondeur imprimeur rouennais? nous l'admettons parfaitement, mais ne voyons point en quoi la constatation de ce fait tendrait à infirmer notre hypothèse.

Si donc cette présomption, que nous émettons avec sécurité, est acceptée, il devient de toute évidence que l'imprimerie ne peut être reportée à 1485, puisque le *Missel* portant cette date n'a pu être exécuté qu'à Rouen, et nous sommes forcé de reculer de quelques années la création du premier atelier typographique tourangeau.

M. Brunet, en signalant le *Bréviaire de Tours* de 1522, soupçonnait l'existence d'une édition plus ancienne ; le fait a justifié ses prévisions, cette édition existe. En 1493, parut, sans intitulé, un BRÉVIAIRE in-8°, à l'usage de St Martin de Tours, dont nous donnons la souscription finale : *Ad laudem dei omnipotētis eiusq2 intel* || *merate genitricis* || *totiusq2 curie celestis.* || *Hoc opus ad usum insignis ecclesie patriar* || *chalis Beatissimi martini turonēn. Exara* || *tum elaboratumq3 est ppulchre ac artificio* || *se turonis per Symonem pourcelet eiusde* | *civitatis oriundā. In intersignio pellicani* || *cōmorantem. anno gratie dñi millesimo* || *quadringentesimo nonagesimotercio. Die* || *vero decima mensis Februarii.*

DEO GRATIAS.

Ce volume (malheureusement incomplet) appartient à M. Luzarche, de Tours ; c'est à nos yeux, jusqu'à nouvel ordre, le premier livre imprimé à Tours, et Symon Pourcelet nous semble devoir être considéré comme l'introducteur de la typographie.

En 1496, paraît : *La vie et miracles* || *de Monseigneur* || *Saint Martin translatée* || *de latin en françoys.* Petit in-fol. de 106 ff., à 33 longues lignes sur les pages entières, avec 96 fig. en bois, goth., sans ch. ni récl., avec sign. Nous renvoyons à Van-Praet pour la description de ce précieux incunable, dont la Bibl. Imp. possède un admirable exempl. sur vélin, offert au roi Charles VIII; la souscription finale révèle un nouveau nom d'imprimeur : *Mathieu Lateron, pour Jehan du Liège marchant libraire demourant a tours en la rue de la sellerie a lymage de saint iehan l'euangeliste pres des augustins.*

Ce Jehan du Liège n'est-il point une seule et même personne avec Jehan de Liège, l'impr.-libraire de Valenciennes, à la fin du XV° siècle ? malgré l'altération de la particule, le fait n'est pas improbable, mais ne saurait être prouvé.

Mathieu Lateron ou Latheron a donné plusieurs autres volumes à Tours, un *Manipulus Curatorum* en 1497, qui n'a été cité ni par Hain ni par Brunet ; un *Missel de Marmoutier* (Tours, 1508), etc.

Au XVI° siècle, nous signalerons, à Tours, Mathieu Chercelé, qui imprime, en 1536 et en 1553, deux éditions des *Coustumes de Touraine* ; Jean Rousselet, Guil. Bourgeat, O. Taforeau, Jamet Mettayer et Claude de Monstr'œil, imprimeurs de Paris, qui suivent le parlement à Tours et à Blois en 1589, Bouguereau, etc.

Les arrêts du conseil de 1704 et de 1739 concèdent deux imprimeurs à la ville de Tours.

TUROQUA [I. A.], TURÁGUA [G. Rav.], Τωρ-ρίγα [Ptol.]. ville des Callaici, dans la Tarracon., auj. *Touren* [Reich.].

TURRELACUM, voy. DURLACUM.

TURREM (AD) [I. A.], station de la Gaule Narbon., auj. *Tourvès*, bourg. de Fr. (Var); anc. baronnie.

TURRES [I. A., T. P.], dans la Haute Mœsie, auj. *Scharkiri*, en Servie.

TURRES (AD), voy. AD TURRES.

TURRES AURELIANÆ [It. Hier.], TURRES [I. A.], TURRES CÆSARIS [T. P.], *Polignano*, ville épiscopale du Napolitain (terra di Bari).

TURRES JULIANÆ [It. Hier.], *Mola*, à l'E. de Bari (terra di Bari).

TURRES VETERES, *Torres. Vedras*, voy. ARAN-DIS.

TURRIS AD LACUM, voy. DURLACUM.

TURRIS CREMATA, voy. AUGUSTA NOVA.

TURRIS JULII, *Truxillo*, voy. CASTRA JULIA.

C'est la patrie de Pizarre; Mendez signale cette petite ville comme ayant possédé une imprimerie ; nous mentionnons le fait, sans pouvoir l'appuyer de *titres* probants.

TURRIS LIBYSSONIS [Pl.], Πύργος Λιβίσσωνος [Ptol.], TURRIS LIBRISONIS [G. R.], AD TURREM [I. A.], anc. point fortifié de l'île de Sardaigne, que Forbiger place à *Porto Torre*, près du fl. Gavino, et d'autres géogr. à *Sassari*, la seconde ville de l'île, avec université et arche-vêché.

Falkenstein fait remonter l'imprimerie à l'année 1640 dans cette dernière ville; nous ignorons sur quel titre s'appuie cette assertion, qu'accepte M. Cotton sans commentaire.

TURRIS PELIANA, la *Tour de Peiel*, ou de *Peil*, pet. ville de Suisse (c. de Vaud).

TURRIS PINUS, la *Tour-du-Pin*, bourg de Fr. (Isère), anc. baronnie.

TURRIS SILLÆ, *Tordesillas*, ville d'Espagne, sur le Duero (Vieille-Castille et Léon); célèbre par le traité de 1493.

TURRUS FL. [Pl.], fl. de la Vénétie, auj. *Torre Torrente*.

TURSENUM [It. A.], *Terriciola*, bourg d'Italie [Reich.].

TURSIUM, *Tursi*, ville épiscop. du Napolitain (Basilicate).

TURUBLUM MINUS [I. A.], sur la côte de Sardaigne, auj. *Tonara* [Reich.].

TURUNTUS FL., Τούρουντος [Ptol.], fl. de la

Sarmatic Europ., auj. la *Düna* ou *Dwina*, en Russie.

TURUSA, voy. ABOA.

Nous ajouterons quelques mots à la note bibl. que nous avons consacrée à cette ville. Nous trouvons quelques livres souscrits au nom de TURUSA» : *Bible Finnoise.... Biblia, se on loco pyhä ramattu suomexi, Wastudest ojettu alcuramattuin hebrean ja grecam jälken...* Turusa, 1685, in-4° (portée à 50 fr. au cat. Maisonneuve, n° 3198). Lackmann (p. 67) signale dans cette ville une imprimerie particulière existant au XVIIe siècle; elle appartenait à l'évêque d'Abö, Johann Gezel, anc. prof. de théologie à Dorpat, mort en 1690 à l'âge de 75 ans ; présidèrent à cette officine privée Joh. Car. Winter de Nerike, et Henr. Chr. Merckell, qui en devint propriétaire après la mort de l'évêque (*Aboa litterata*, p. 71).

TUSCANA [T. P.], *Tuscanella*, *Toscanella*, bourg des Etats pontificaux.

TUSCI, voy. ETRUSCI.

TUSCIA, voy. ETHURIA.

TUSCIACUM, *Tulley*, bourg de Belgique [Graesse].

TUSCULANI MONTES [Liv.], dans le Latium, auj. *Monti Tuscolani*.

TUSCULANUM [Cic., Virg., Pl.], TUSCULANUM LACUS BENACI, *Toscolano*, bourg de la délég. de Brescia, sur le lac de Garde, ou plutôt « nella deliziosa Riviera di Salò, che circonda il lago Benaco ».

Cette jolie bourgade, toute rapprochée de la pet. ville de Salo (voy. LONGA SALINA), et sur la rivière qui, passant en cette ville, vient affluer au lac de Garde, vit une imprimerie fonctionner dans son enceinte à une époque reculée ; des typographes [de Venise, de Trévise et de Salo, probablement en villégiature sur les bords du lac de Garde, ou forcés de quitter momentanément leur établissement principal, par suite des épidémies ou des troubles, vinrent s'y fixer au XVe et au commencement du XVIe siècle.

Guarini Veronensis viri peritissimi Grammaticales regulæ incipiunt. Au r° du 29e f.: *Opus Guarini Veronensis viri peritissimi hic fœliciter completum est Troscolani* (sic) *per Magistrum Gabrielem Petri Trivixiani Anno Crysti* M.CCCC.LXXVIIII. *die* XII. *Januarii. Regnante Johanne Mocenigo : Duce Venetiis. Laus Deo*. In-4°, car. rom., avec sign., précieux et fort rare volume, entièrement imprimé en lettres capitales.

Panzer signale, et Amati décrit trois autres ouvrages sortis des mêmes presses à cette date de 1479, et l'année suivante une rare édition d'*Æsope*, trad. en vers élégiaques, in-4°. Nic. Perotti *Rudimenta Ling. Lat. impressa providentia Scalabrini de Agnellis de Tusculano lacus Benaci*, in-fol. Ainsi, jusque dans ce village reculé, les lettres, à cette époque fortunée, trouvaient des promoteurs et des Mécènes; enfin : *Passeggieri Orlandini summa artis Notariorum*, in-fol. Nous demandons, pour la description de ce rare vol., la permission de renvoyer le bibliophile à l'excellent travail de Mauro Boni, sur la typographie de l'Italie supérieure, p. 109 et suiv.

Quarante ans après, un célèbre et nouvel imprimeur de Venise, Alessandro Paganini, qui s'était établi à Salo en 1517, choisit le village de Toscolano pour y fonder un établissement durable (1521-1533) ce fut là qu'il fit usage de ces caractères gothiques bizarres, qui n'appartiennent qu'à lui, et avec lesquels il donna sa curieuse édition, si connue et si recherchée, de Merlin Cocaje, OPUS MACARONICORUM, *Tusculani apud Lacum Benacensem. Alexander Paganinus*, M.D.XXI. *Die V. Januarii*, in-12, et la même année une charmante édition de PÉTRARQUE, non moins recherchée.

TUSCULUM [Cic., Liv., Hor.], Τούσκουλον [Ptol., Dion.], Τοῦσκλον [Str.], Τοῦσκλος [St. B.], ville du Latium, à l'E. de Rome, auj. *Frascati*, dans la Comarque de Rome.

On voit encore les ruines de la villa où Cicéron dicta cet admirable traité de morale, qu'il appela *les Tusculanes*, alors que César, devenu maître de Rome, laissait à l'orateur tous les loisirs nécessaires au culte de la philosophie ; vous voyez que le despotisme est bon à quelque chose.

TUSIS, *Tossena*, bourg de Suisse (cant. des Grisons).

TUSSA, *Illerdissen* ou *Tussen*, bourg de Bavière, sur l'Iller.

TUSSIACUM VILLA, *super Mosam* [Ch. Caroli C. a. 859], *Tusey*, commune de Fr. (Meurthe).

TUTA VALLIS, *Tryggewalde*, château en Danemark.

TUTELA, TUTELA LEMOVICUM, *Tulle, Tulles,* ville de Fr., chef-lieu du dép. de la Corrèze ; évêché érigé en 1318, patrie d'Est. Baluze.

L'imprimerie remonte dans cette ville au commencement du XVIIe siècle, sans que nous puissions déterminer exactement la date de son introduction. Ternaux cite : *Traité de la Dyssenterie par Antoine Meynard*, Tulle, Sol, 1625, in-8°. Ce livre et ce nom d'imprimeur nous sont inconnus. Un peu plus tard, nous rencontrons un typogr. du nom de Jean Daluy, qui arrivait de Cahors ; nous citerons à la date de 1646 : *La vie de S. Calmine, fondateur des Monastères de S. Teophrede en Vellay et de Mosac en Auvergne, par le P. Thomas d'Aquin de S. Joseph*. Tulle, Daluy, 1646, in-12 (cat. Dubois, Baluze, Secousse, etc.). Outre ce Daluy ou Dalvy, on trouve encore un nommé Simon Alvitre, établi comme imprimeur à la fin du même siècle.

Plusieurs des plus rares dissertations d'Etienne Baluze sont imprimées dans sa ville natale, par ce Dalvy, qui souscrivait comme les grands maîtres : « *ex officina Dalvyana* ».

Un office typographique est autorisé dans la ville de Tulle par les arrêts du conseil de 1704 et de **1739**.

TUTELA [Mart.], TUTHELA, TUTELA NAVAR-RORUM, ville des Celtiberi, dans la Tarrac., auj. *Tudela*, chef-lieu de district dans le roy. de Navarre, sur l'Èbre.

Imprimerie en 1572, dit Falkenstein ; nous citerons : *Petri Simonis Aprilis* (P. Sim. Abril), *laminitani, Marci Tullii Ciceronis Epistolarum selectarum libri III, cum interpretationibus et scholiis Hispanica lingua scriptis*. Tudelæ, 1572, in-8°. Un autre ouvrage du même auteur, que citent Zarco del Valle et D. Sancho Rayon, nous donne le nom du premier imprimeur : *P. Sim. Aprilis, de Lingua Latina, vel de Arte Grammatica libri quatuor*. A la fin : *Excussum Tudelæ per Thomam Porralis allobrogem, imprensis* (sic) *ipsiusmet auctoris anno* CIƆIƆLXXIII *decimo quinto kalendas aprilis*. n-8° de XII-356 p.

En 1670, le collége des Jésuites fondé dans cette ville possédait une imprimerie particulière.

TUTILA ARA, dans l'île de Corse, auj. *Torre Pellegrino*, près d'Aleria.

TUTINI [Pl.], peuple occupant partie des *Calabres*.

TWERA, TUERA, *Tver*, ville de Russie, sur la rive droite du Volga, chef-lieu de gouvernement.

TYBERNIO [Dipl. Dagob. a. 635], *Tivernon*, commune de Fr. (Loiret).

TYCHOPOLIS, voy. FANUM FORTUNÆ.

TYDE, voy. TUDE.

TYLA, *Thiel*, voy. THIELA.

TYLE, Τύλη [Polyb.], ville de Thrace, auj., suiv. Reichard, *Kilios*.

TYLISSUS [Pl.], ville du N. de l'île de Crète, auj. *Tylisso* [Pashley].

TYNDARIS [Pl., I. A.], Τυνδαρίς [Pol., Diod.], Τυνδάριον [Ptol.], TYNDARIUM [Liv.], ville de la côte N. de la Sicile, auj. *Santa Maria in Tindaro*, pet. ville proche Milazzo [Mommsen].

TYPANEÆ, Τυπανέαι [Pol.], Τυμπάνεια [Ptol.], ville de la Triphylie (Elide), auj., suiv. Leake, *Paleokastro*, près de Platiana.

TYRAS [Mela, Pl.]. Τύρας [Scym., Ptol.], sur le fl. du même nom (DANASTER, *Dniester*), ville des Tyrangitæ, dans la Sarmatie europ., que quelques géogr. confondent avec OPHIUSA (voy. ce nom), auj. *Ackjermann*, en Bessarabie.

TYRNAVIA, *Tyrnau* (en Hongr.), *Nagy-Szombath*, voy. TERNOBUM.

TYRRHENI, voy. ETRUSCI.

TYRRHENIA, Τυρσηνία [Herod.], Τυῤῥηνία [Polyb.], nom primitif de l'Etrurie, voy. ETRURIA.

TYRRHENUM MARE, Τυῤῥηνικὸν πέλαγος, MARE INFERUM, MARE TUSCUM, MARE LIGUSTICUM ; ces différents noms sont donnés par les anciens à la partie de la Méditerranée qui baigne les côtes O. de l'Italie, depuis la Sicile jusqu'au golfe de Gènes ; c'est encore auj. la *Mer Tyrrhénienne*.

TYRVANDA CIV., voy. TARVENNA.

TYSIA FL., voy. TISIANUS.

TZENNÆ CLAUSTRUM, voy. MONAST. ZZENNA.

Pour compléter la notice bibliogr. que nous avons consacrée à ce monastère, nous renvoyons au VIe catal. Tross, de 1867, n° 2074, et particulièrement à l'intéressant *Catal. des livres avec figures sur bois* de la biblioth. Firmin Didot (n° 191 bis).

TZEPREGINUM, *Csepregh, Tsäpring*, ville de Hongrie, du comitat d'Œdenburg.

Emeric Farkas, que nous avons déjà vu exercer la typogr. à Német-Keresztur, de 1610 à 1619, posséda un établissement à Csepregh, depuis 1628 jusqu'à 1641. Sándor Magyar Könyveshàz (p. 14) avait dit qu'un *Novum Testamentum Hungarice* avait été imprimé dans cette ville au XVIe siècle, mais le fait a été reconnu inexact : *Zvonarits Mihály-Magyar Postilla, az az : Az Szent Háromság Vasárnaptól fogva*, etc. A la fin : *Csepregben Farkas Imre által* 1628, in-4° de 697 pp. Németh cite cinq ouvrages exécutés par Farkas, dont un seul en latin : *Descriptio Thermarum Wolffsensium*, 1631, in-8°.

TZERNOGAVIA, *Tchernigov, Csernigov*, ville de Russie, dans la Grande-Russie, sur la Desna ; archev., gymnase, etc.

Falkenstein (p. 308) avance qu'un établissement typographique fonctionna, dans cette ville, au XVe siècle ; il est fâcheux qu'il n'étaie pas une allégation aussi bizarre de quelques preuves ; mais ce qui n'est pas moins extraordinaire, c'est que Lud. Hain, si exact d'ordinaire, accepte et enregistre cette singulière proposition sans commentaire : *Johannes Damascenus.* OCTOICHOS (lingua literali Slavorum, characteribus cyrillicis), editus a. 1493. Tzernogaviæ per Georgium Tzernœvick, sans indic. de format. En remontant à la source, il se trouve que Panzer a cité ce volume d'après Michel Denis, qui dit tenir l'indication de Cl. Fortun. Durichius (?) qui sans nul doute ne la tenait de personne.

Bachmeister, le bibliogr. russe, ne fait remonter la typographie à Tchernigov, qu'à l'année 1670, avec Чудеса Богородицы Черниговской, *l'Histoire de Notre-Dame de Tschernigow*, en slavon.

En 1708, nous connaissons : *Vo Slavon ... Psaltir'... Pseautier de David en slavon.* Publié à l'imprimerie de l'église de la Sainte-Trinité de Tchernihov, 1708, in-8° (Cat. Maisonneuve, n° 3667).

TZURULUM, Τζουρουλόν [Proc., Ann. C.], SYRALLUM [T. P., G. Rav.], IZIRALLUM [I. A.], ville de la Thrace ; auj. *Tschurlu*, ou *Tschorli*, dans la Roumélie, près de Wisa [Pococke].

UBELCA FL., *l'Huveaune*, pet. cours d'eau, qui sillonne les dép. du Var et des Bouches-du-Rhône.

UBII [Cæs., Fl.], Οὔβιοι [Str.], Ἐούβιοι [D. Cass.], peuple de la Germanie, voisin des Treviri, occupait partie de la *Prusse Rhénane* (territ. de Cologne).

UBIORUM ARA, OPPIDUM, voy. COLONIA.

UBIMUM [T. P.], UBIRNUM, station du pays des Arvernes; auj. *Pont-Gibaud*, bourg de Fr. (Puy-de-Dôme).

UBISCI, voy. VIBISCI.

UCENI [Pl.], dans le pays des Allobroges; ce peuple habitait le *Val d'Oisans* (Isère); UCENI, d'où *Uissan, Uisan, Oisans.*

UCETIA [Insc.], UCETICA, UCECENSIS URBS [Gr. Tur.], CAST. UCECIENSE, CIVIT. UCENSIS, CASTRUM UCIENSE [Not. prov. Gall.], UCETICUM [Chron.], VCECE [Monn. Mér.], pet. ville des Arecomici, dans la prem. Narbonn., sous les Romains n'était qu'un point fortifié, appelé CASTRUM METIÆ, puis fut nommé VICTICUS [Sigeb. Chr.], enfin UCETIA, *Usès; Uzès,* ville de Fr. (Gard), sur l'Auzon ; évêché datant du IVe siècle ; ses seigneurs portèrent successivement les titres de vicomtes et comtes, enfin devinrent ducs et pairs en 1565.

UCIENSE [I. A.], dans la Bétique, auj., suiv. Reichard, *Andujar*, sur le Guadalquivir, dans l'intend. de Jaen, ou, d'après Ukert, *Marmolejo*, dans la même prov.

UCLESIA, UCLESIUM, *Uclès,* bourg d'Espagne (Nouv.-Castille).

Cette ville est comprise par Mendez dans la série des villes de la Péninsule, qui ont eu l'honneur de posséder une imprimerie à une époque indéterminée. Antonio signale en effet : *Fr. José de Jesu Maria. Historia de la vida y virtudes del Venerable Hermano Fr. Francisco del Niño Jesus, de los descalzos de Nuestra Señora del Carmen.* Vclesii, 1624, in-4°.

UCRA, UCKERANA MARCHIA, *l'Uckermark,* district du Brandebourg (Prusse).

UDENÆ, *Weiden,* pet. ville du Palatinat.

UDENHEMIUM, voy. PHILIPPOBURGUM.

UDINA, voy. UTINA.

UDUBA FL. [Pl.], dans la Tarracon., auj. le *Mijares.*

UDURA, Οὔδουρα [Ptol.], ville des Lacetani dans la Tarracon.; auj. *Cardona,* dans la Catalogne, anc. ATHANAGIA.

UDVARHELYINUM (*Areopolis*), *Udvarhély,* bourg et chef-lieu de siége (stuck) en Transylvanie (Pays-des-Szeklers), sur le grand Kokel.

Alexis Horányi (*Memoria Hungarorum*, p, 67), Stephán Sándor (*Magyar Könyvesház*, tom. I, p. 287), citent un livre imprimé dans cette ville : *Lelki Paraditsom. Irta Baranyi Pál.* Udvarhelyen, 1700, in-4o. Németh ne connaît point et le catal. Teleky, que nous avons sous les yeux, ne nous fournit point d'autre spécimen de typographie Udyarhe-lienne.

UFFENS FL. [Plin., Sil. It.], AUFIDUS, Αὐφιδος [Str.], fl. du Latium, auj. l'*Uffente*.

UFFUGUM [Liv.], ville du Bruttium, auj. *Fognano*, près de Reggio (Cal. Ult. I).

UFINGA, *Uffing*, paroisse de Bavière [Graës-se].

UGERNUM, UGUERNUM, *Arelatense Castrum*, voy. BELLICADRUM.

UGGADE [I. A.], suiv. d'Anville, est une station qui correspond à *Pont-de-l'Arche* (voy. PONS ARCUATUS).

UGIA [I. A.], Οὔγια [Ptol.], CASTRUM CÆSA-RIS SALUTARIENSIS [Plin.], ville des Tur-detani dans la Bétique, auj. *las Cabezas*.

UGOTGENSIS COMIT., *le Comitat d'Ugotsch*, en Hongrie (cercle au-delà de la Theiss).

ULBANECTES, voy. SILVANECTES.

ULCACIACUM, *Uchizy*, commune de Fr. (Saône-et-Loire).

ULCINIUM, OLCINIUM [Liv.], OLCHINIUM [Plin.], *Dulcigno*, ville d'Albanie, sur l'Adria-tique (pach. de Scutari).

ULCISIA CASTRA [It. A.], bourg de Panno-nie ; auj., suiv. Reichard, *Szent Endre*, en Hongrie.

ULFRASIAGAS, *Aufargis*, commune de Fr. (Seine-et-Oise).

ULIA [I. A., Geogr. R.], Οὐλία [Str., Ptol.], municipe de la Bétique, entre Cadix et Cordoue ; auj. *Montemayor* [Moralès, Florez].

ULIARUS INS. [Pl.], voy. OLARION INS.

ULIDIA, ULTONIA, *l'Ulster*, l'une des quatre divisions territoriales de l'Irlande, oc-cupe la partie N.-E.

ULISIPPO, voy. OLISIPO.

ULLA FL. [Pl.], Οὔτα [Ptol.], dans la Tarra-con.; auj. l'*Ulla*, affl. du Minho.

ULMA (Pertz], ULMA SUEVORUM [Chron.], ULMA *villa Regalis* [Ch. Caroli M. a. 813], *a Clodoveo Francorum rege con-dita* [Du Cange], *Ulm*, sur le Danube, ville forte du Würtemberg, chef-lieu du cercle du Danube.

Un écrivain de talent, mais dont l'esprit ingénieux et hardi ne recule point devant certaines témérités, initiateur d'une nouvelle école bibliographique, qui veut, à l'aide de formules empruntées aux sciences exactes, substituer à l'ensemble des faits acquis toute une suite d'hypothèses vigoureusement en-

chaînées et déduites avec une logique si serrée qu'elles arrivent au mirage de la réalité, M. J.-P.-A. Madden, mathématicien de Versailles, nous a révélé l'existence d'un nouvel et vaste atelier typographi-que, remontant aux premières années de l'art divin, c'est-à-dire fondé lors de la dispersion des ateliers de Mayence, en 1462.

Nous n'avons vu que la première brochure de M. Madden ; elle nous a vivement intéressé, bien qu'elle nous semble vouloir saper [par la base un assez grand nombre de nos allégations. Le bibliogr. résume ses propositions en quelques mots : Quand, en 1463, plusieurs ouvriers de Gutenberg et de Schoeffer virent se réfugier à Cologne, ils y furent reçus à bras ouverts par les Frères de la Vie Com-mune, occupant une maison dite de *Weidenbach* (voy. ce nom). Ces religieux éclairés avaient com-pris tout d'abord que leur commerce de transcrip-tion des mss. allait être paralysé par une industrie contre laquelle il n'y avait pas de concurrence sou-tenable ; leur parti fut pris résolûment. Ils n'hési-tèrent pas à s'approprier les procédés nouveaux, tournant ainsi au profit de leur ordre ce qui pou-vait amener sa ruine; en conséquence, ils ouvrirent leur maison aux fugitifs de Mayence, parmi lesquels était Ulrich Zell, auquel ils confièrent la direction de leurs presses, et le soin de former un certain nombre d'apprentis, choisis avec intelligence parmi les jeunes membres de l ordre.

Mais, ajoute M. Madden, « c'est au couvent de Weidenbach qu'on a imprimé non-seulement les livres attribués à Ulric Zell, mais encore beaucoup d'autres, ceux, par exemple, où l'on voit la lettre R d'une forme bizarre »; voilà ce que M. Madden prou-vera dans la suite des brochures qu'il nous promet. S'il arrive à démontrer que c'est au couvent de Weidenbach que furent imprimés les livres à la let-tre R (on peut les désigner ainsi), lorsqu'il est pour nous constant que le papier sur lequel ils sont exé-cutés est celui qu'employait Mentelin de Strasbourg, et que les caractères sont ceux dont se servait Adolphe Rausch d'Ingweiler, autre célèbre impri-meur de la même ville, nous reconnaissons qu'il aura accompli un véritable tour de force.

Tenté par la difficulté d'éclaircir les ténèbres qui enveloppent l'origine de la typographie dans cer-taines cités importantes avoisinant le Rhin, comme Ulm, Augsbourg, Nuremberg, etc., M. Madden a dû certainement recueillir quelques faits nouveaux, à l'aide desquels il aura reconstitué sur des bases so-lides une histoire, que les bibliographes qui l'ont précédé n'ont pu qu'ébaucher ; nous regrettons de ne pas avoir son opinion sur ces questions atta-chantes, mais nous espérons, au nom de la solida-rité bibliographique, qu'il ne refusera pas de re-dresser les erreurs dans lesquelles nous avons pu tomber : notre amour-propre n'en souffrira pas, et la science y gagnera.

Le premier imprimeur d'Ulm, dit le Dr Hassler (*Die Buchdrucker-Geschichte Ulms*), est Ludwig Hohenwang, von Thal Eichingen ; c'est à lui qu'on attribue l'exécution de l'édit. allemande de l'ARS MORIENDI, dont la Biblioth. impér. conserve un bel exempl., que nous avons examiné avec soin : DIE KUNST ZU STERBEN, petit in-fol. de 24 ff., imprimés d'un seul côté et contre-collés (haut. 273 mill., larg. 195 mill.) texte imprimé à la presse, planches, ca-pitales et lettres ornées xylographiques ; le papier est marqué de la croix étoilée et de la tête de bœuf, la justification du texte est irrégulière; certaines pages ayant jusqu'à 38 lignes (la 6e et la 8e), la 20e n'en comptant que 20, la 12e 25, la 16e 26, etc. Chaque page (texte ou gravure) est entourée d'un triple filet, dans lequel se trouvent quelquefois in-tercalés quelques mots ou de simples lettres, qui semblent être des signatures ; la 23e page porte au bas de la gravure ces trois mots : LUDWIG ZE VLM; la hauteur des planches xylographiques est depuis le bord intérieur des filets de 222 mill., la largeur de 176 mill.; la planche de l'avarice a quatre ton-neaux, sans pot ni tireur (voy. Sotheby et Heinecken); cet exempl. de la Biblioth. imp. est fort beau, non colorié, et relié en maroquin citron, par Derome jeune.

C'est à ce Ludwig Hohenwang, de la vallée d'Elchingen, que l'on doit la traduction allemande de Végèce (Ebert, 23455, Hain, 15916), et, suivant toutes les vraisemblances, il n'aurait point confié à son confrère d'Ulm, Jean Zainer, le soin de l'impression du volume, mais s'en serait fort bien acquitté lui-même.

Il a mis son nom à quelques rares volumes, mais on retrouve ses caractères sur un certain nombre d'incunables qui remontent incontestablement à une date très-ancienne, peut-être à 1465 ou 1466. Panzer ne signale pas d'ouvrage portant à la fois son nom et une date certaine, avant 1477 : *Summa in libros decretalium* HOSTIENSIS *dicta*, in-fol., au v° du f. 354 : *Ex officina et ductu ludouici Hohenwang ...* etc. C'est encore à cet imprimeur que nous attribuons l'impression de la traduction allemande de Boccace « *Hie hebt sich an das puch rö seinem meister In griechisch genant* DECAMERON, *das ist cento nouelle in welsch* ». In-fol. s. l. n. d. (1471), que Panzer (*Annalen*, t. I. p. 49) donne à Gunther Zainer ou même à Bämler d'Augsbourg. Mais tout cela est bien problématique, et il nous est bien difficile de procéder ici du connu à l'inconnu, quand nous savons si peu de choses.

Le second imprimeur d'Ulm est Johann Zayner de Reutlingen, frère (?) de Conrad, le premier typographe d'Augsbourg. M. Bernard pense que ces deux imprimeurs avaient étudié leur art à Strasbourg ; cette présomption ne nous semble pas fondée. Nous avons sous les yeux un des plus nobles spécimens des presses de Johann Zayner, c'est le *Liber vitarum patrum sancti Hieronimi cardinalis Presbiteri.* In-fol. de X, 375 ff. de 40 lignes (les 10 premiers ff., que ne cite pas M. Brunet, comprennent la table), sans récl., ni sign., ni capitales, mais paginé en gros chiffres romains en tête de chaque feuillet ; le caract. plein d'abréviations, mais très-net et très-ferme, rappelle beaucoup plutôt ceux qu'employait Ulrich Zell de Cologne, que ceux dont usaient les maîtres de Strasbourg, Mentelin, Eggesteyn ou Rausch d'Ingweiler.

Nous croyons donc que les Zayner, et particulièrement l'imprimeur d'Ulm, puisèrent les éléments de l'art typogr. aux ateliers de Cologne ou de Mayence ; mais peut-être il nous sera démontré qu'ils firent leur apprentissage à la maison des Frères de Weidenbach, et, le point de départ de M. Madden étant accepté, le fait en lui-même devient parfaitement rationnel.

Les autres imprimeurs d'Ulm au XV° siècle sont : Leonhard Hol (1482-1485); Conrad Dinckmut (1482-1496), dont on cite plusieurs DONATS, et qui exerça la profession de graveur sur bois avant de se livrer à l'impression en caractères mobiles. Nous avons sous les yeux les fac-similé si exacts et si curieux donnés par le Dr Kloss : les *Donats*, qui portent le nom de Conrad Dinckmut, sont exécutés xylographiquement ; les gros caractères gothiques dont ils sont formés ont une forme archaïque qui dénote à première vue une antiquité beaucoup plus reculée que la date à laquelle on les reporte. En voici la souscription : *Octo parcium oracionis.* || *donatus. per Cũnradum.* || *dinckmũt Ulmẽsis Oppidi* = || *ciuem impressus finit felicit*=. Les fac-similé du Dr Kloss que nous possédons sont annotés par ce docte bibliophile, et le premier Donat porte les deux notules suivantes : « *Hæc tabula methodo lithographica usitata exscripta est* » ; il faut évidemment lire « *xylographica* » ; et la seconde : « *Conradus Dinckmut in numerum civium Ulmensium receptus fuerat anno 1484, ibique claruerat usque post annum 1496.* »

Nous citerons encore, à Ulm, Johann Reger (1486-1499), et Johann Schäffler (1493-1498).

L'importance et le nombre des ateliers typogr. de la ville décrurent sensiblement pendant le XVI° siècle et surtout au XVII°.

ULMANETES, voy. SILVANECTES.

ULMETA, **ULMETUM**, *Ormea*, sur le Tanaro, pet. ville piémontaise, de la prov. de Mondovi.

ULMI [It. A.], **ULMUS** [T. P.], dans la basse Pannonie ; auj. *Sid*, sur le Bosset, bourg de Hongrie, ou, d'après Reichard, *Banovcze*.

ULMIRUS, *Ommoy*, *Omoi*, village de Fr. (Orne).

ULPIA SARDICA, voy. SARDICA.

ULPIA TRAJANA, voy. AUGUSTA DACICA.

ULPIANUM, Οὐλπιανόν [Ptol.], **ULPIANA** [Jorn.], Οὐλπιανά [Hieroc.], depuis JUSTINIANA SECUNDA, ville de la Mœsie, près des portes Trajanes ; auj. *Kostendje*, ville de Roumélie (pach. d'Andrinople), défend les défilés de Soulou-Derbent et de Kis-Derbent ; c'est la patrie de Justinien.

ULRICI FANUM, *St-Ulrich*, pet. ville du Tyrol, chef-lieu du Grödnerthal (langue romansche).

ULRICUM, *Ourique*, ville du Portugal, dans l'Alemtejo.

ULTERIOR PORTUS, *le Tréport*, port de Fr. (Seine-Inférieure).

ULTIACUM *ad Matronam*, *Ussy*, commune de Fr. (Seine-et-Marne).

ULTINA [Inscr.], **ULTINUM**, sur la route d'Aventicum à Vindonissa, *Olten*, sur l'Aar, pet. ville de Suisse (cant. de Soleure).

ULTONIA, voy. ULIDIA.

ULTRAJECTUM, voy. TRAJECTUM AD MOSAM.

ULULEUS FL., *l'Argento*, pet. fl. d'Albanie.

ULVERSTON, bourg d'Angleterre (Lancashire).

Geo. Ashburner imprima dans cette petite localité en 1805 : *Th. West's Antiquities of Furness, or, an account of the Royal abbey of St Mary, in the vale of Nightshade, with additions by Will. Close.* Ulverston, 1805, in-8°.

ULYSIPPO, voy. OLISIPO.

ULYSSÆA, *Ültzen*, *Ülssen*, pet. ville du Hanovre, sur l'Ilmenau (préf. de Luneburg).

L'imprimerie remonte en cette ville aux environs de l'année 1572, avec un premier typogr. du nom de Michel Croner. Nous trouvons un grand nombre de livres souscrits à ce nom et à cette date : *Formulæ quædam cautè et citra scandalum loquendi de præcipuis christianæ doctrinæ locis, pro iuntioribus verbi diuini ministris in ducatu Luneburgensi. Item de præcipuis horum temporum controuersiis.* Vlysseæ, apud Michaelem Croner, 1575, in-8°. — *M. Christoph. Fischer, von falschen Propheten.* Vlssen, 1575, in-8° ; du même auteur : *Einfäl-*

tige Form, wie man im löblichen Fürstenthumb Lüneburg alle Ordinanden.... Vissen, 1575, in-8°, etc.

Ternaux dit qu'un *Traité polémique* de N. Rhegius fut imprimé à Ulssen, en 1574 ; il veut sans doute parler d'Urbain Regius (voy. Bauer, III, 290).

ULYSSINGA, voy. FLESINGA.

ULYSSIS PORTUS [Pl.], sur la côte E. de Sicile ; auj. *Messio*.

UMANA, *Uman*, pet. ville du gouv. de Kiev, en Russie, sur l'Umanka ; château appart. aux comtes Potocki.

Un livre porté au cat. Marsden (Lond., 1827) porte la rubrique : « *Umnetie*, 1685 ». C'est une traduction poétique, en langue et caractères slaves, de la Bible ; M. Cotton attribue cette publication, presque inconnue, à un établ. typogr. qui aurait fonctionné à Uman (?).

UMBER FL., voy. ABUS.

UMBISTA, *Imst*, bourg du Tyrol.

UMBRI [Liv., Pl.], Ὀμβρικοί [Herod., Pol.], *les Ombriens*, peuple de la race italiote, occupant l'UMBRIA, ἡ Ὀμβρική, contrée de l'Italie comprise entre le Pô, le Tibre, l'Apennin et l'Adriatique.

UMBRIA SEPTENTRIONALIS, voy. NORTHUMBRIA.

UMBRIATICUM, *Umbriatico*, bourg du Napolitain (Calabre).

UMBRO FL. [Pl.], dans l'Etrurie, auj. *l'Ombrone*.

UNELLI, voy. VENELI.

UNEVSKOI, *Monast. de S. Alexandre Newsky*, voy. MONASTERIUM.

UNGARIA, UNGRI, voy. HUNGARIA, HUNGARI.

UNGHENSIS COMIT., *le Comitat d'Ungher*, en Hongrie.

UNSINGIS FL. [Tac.], *l'Hunse*, riv. du Hanovre, passe près de Groningue.

UNTERVALDIA, voy. SUBSILVANIA.

UNXNONNIA, *Usedom*, pet. ville de Prusse, dans l'île du même nom, chef-lieu de cercle, port sur la Baltique (Poméranie).

UPELLÆ [T. P.], dans la Norique, auj. S. *Margareth*, sur le Sau, bourg de Styrie (Mannert).

UPSALIA, UPSALA, *Upsal*, ville du roy. de Suède et Norwége, dans la Suède propre, au N.-O. de Stockholm, près du lac Mélar, chef-lieu de préfecture ; archev. et université fondés en 1476 ; riche biblioth., observatoire, etc.

La bibliothèque de l'université d'Upsal est la plus riche des pays scandinaves ; elle ne renferme pas moins de 100,000 volumes imprimés, et plus de 7,000 mss., parmi lesquels le célèbre *Codex Argenteus* de la collection de Prague, et depuis de la reine Christine, autrement dit le *Mss. d'Ulphilas*. Le

meilleur catal. de cette collection a été dressé par Aurivillion (1807-1815), 3 vol. in-4° ; M. A. Geffroy, dans son curieux rapport au ministre sur les mss. français conservés en Suède, Danemark et Norwége (Paris, 1855, p. 397 et suiv.), consacre quelques pages intéressantes à cette splendide bibliothèque.

Schröder, Alnander et J. Scheffer nous fournissent un bon nombre de documents qui nous permettent de faire succinctement, mais exactement, l'histoire de la typogr. d'Upsal.

Dans une lettre sur la littérature suédoise, publiée dans la *Revue de Paris* (15 juin 1838), M. X. Marmier prétend que l'imprimerie remonte à Upsal à l'année 1476 ; c'est là une erreur fort excusable sous la plume d'un écrivain qui a écrit d'excellentes choses sur l'histoire, les mœurs, la littérature et les langues de l'Europe septentrionale, mais qui ne s'est jamais piqué de l'exactitude obligée du bibliographe. Il a cru qu'une université ne pouvait exister sans typographie : « *Typographia*, dit le Dr Winstrup, *adeo necessaria est Academiis ut hac illa non magis, quam carbasis navis, aut alis avis, carere possint*. » Malheureusement il n'en fut point ainsi à Upsal, et ce ne fut que 34 ans après la fondation de l'université que l'imprimerie fut introduite dans cette ville. Stenon Sture, le vieux, roi de Suède, avait favorisé de tout son pouvoir l'établissement de l'académie ; mais il s'écoula encore treize années après la mort de ce prince éclairé, avant que l'archevêque d'Upsal, Jacobus Ulphonis (Jacq. Oernefot), ait pu parvenir à établir sur des bases solides la première imprimerie. Dans l'intervalle il avait fait imprimer les livres liturgiques du diocèse, entre autres le BRÉVIAIRE, à Stockholm, par la veuve de Jean Fabri (1496). Quand enfin il eut triomphé des obstacles qui semblaient renaître à chaque pas, et s'opposer à la mise en activité des premières presses d'Upsal, l'archevêque en confia la direction à un typogr. du nom de Paul ou Pawel Grijs. On ne connaît que trois ouvrages sortis des presses de cet imprimeur, et le premier remonte à 1510 : PSALTERIUM DAUID *bene correctum* ‖*cum antiphonis ; ymnis in debi*‖*tis locis et quibusdam tytulis*‖ ..... *Impressum Upsalie in domo Venerabilis patris dñi doctoris Ranaldi Archidiachoni* ‖ *ibidem per Paulum griis anno dñi* M. D. X. ‖*In octaua visitationis marie : Soli deo* ‖ *Laus et gloria per infinita seculorum* SECULA. Suit l'écusson de l'archevêque d'Upsal, et au dernier f. la souscription. Petit in-4° goth. Ce psautier est en latin. C'est à tort que Scheffer et le P. Le Long le désignent comme traduit « *sermone populari* ». C'est un livre infiniment précieux, dont on ne connaît que cinq exempl.

Le second vol. imprimé par Paul Griis est un ARS MORIENDI de J. Gerson, 1514, in-4° ; et le troisième, un DONAT à la date de 1515. De l'*Ars Moriendi* on ne cite que 3 exempl., et du *Donat*, le seul exempl. connu est conservé à Upsal ; encore est-il incomplet du premier feuillet (voy. Schröder, *Incun. Artis typogr. in Suecia*).

Le second imprimeur d'Upsal est Bartholomæus Fabri, peut-être le fils de l'imprimeur de Stockholm, Jean Fabri ; il donne en 1525 les *Statuta Provincialia et Synodalia provinciæ Upsalensis*. Puis vient Georg. Richolff de Lubeck ; c'est à lui qu'on doit l'impression, en 1541, de la première BIBLE suédoise (voy. Graësse, I, 401).

Nous ne suivrons pas les développements de la typographie d'Upsal aux XVIIe et XVIIIe siècles ; mais nous ne pouvons pas ne pas faire mention d'une célèbre imprimerie particulière, la *Typographia Rudbeckiana*, fondée, en 1686, par l'illustre Olaüs ou Olof Rudbeck, le père. Ce savant, né à Westeras en 1630, recteur de l'université d'Upsal, mourut le 17 septembre 1702. Nous ne parlerons qu'en passant des grands travaux d'Olof Rudbeck, les *Campi Elysii*, l'un des plus vastes ouvrages, et certes, le plus précieux de tous ceux qui ont été consacrés à la botanique ; le 2e vol. avait paru en 1701, le premier devait paraître en 1702, quand il fut détruit avec 11000 planches, au mois d'avril, par un désastreux incendie. On n'en conserva que deux exemplaires d'épreuves, dont un seul existe auj. à Oxford. C'est encore à Rudbeck qu'on doit l'*Atlantica*, 4 vol. petit in-fol. avec atlas, mais ces précieux ouvrages sont décrits par tous les bibliographes.

Une seconde typographie privée à Upsal est mentionnée par Lackmann: c'est celle du médecin Pierre Kirsten, de Breslau, qui mourut en 1640; il avait fait graver des caractères arabes, avec lesquels, tant à Breslau qu'à Upsal, il exécuta quelques volumes; à sa mort, ces caractères devinrent la propriété de l'Académie.

L'université d'Upsal est encore l'une des plus importantes de l'Europe; c'est pour tous les pays du Nord le véritable « *Emporium Scientiarum* ». Plusieurs de ses professeurs jouissent d'une réputation méritée; mérite et renommée qui doivent être bien réels, puisque les Français eux-mêmes, si dédaigneux de ce qui n'est pas la France, ont été forcés de saluer leurs beaux travaux littéraires et scientifiques. Nous citerons tout particulièrement le célèbre savant André Frigell, dont tout le monde connaît les écrits philologiques et les études sur Rome et sur César.

URA, URENSE CLAUSTRUM, *Herrenaurach*, anc. abb. près de Würzburg (Bavière).

URACUM, URACHUM, *Aurach*, *Urach*, petite ville du Wurtemberg, dans le Schwarzwald, voy. AURACUM.

Voici, comme supplément à la notice bibliogr. que nous avons consacrée à l'établissement de Conrad Fyner dans cette ville, les titres de deux ouvrages nouveaux : *Tractatus de Moribus, conditionibus et nequitia Turcarum*. Urachi, Conr. Fijner, circa 1480, in-fol. goth. de 70 ff. à 28 lignes, sans ch., récl. ni sign., avec lettres init. gr. sur bois, et *Plenarium nach Ordnung der Episteln und Evangelien durch d. ganze Jahr*. Urach, 1481, in-fol. de 237 ff.

URANA, AURANA, *Vrana*, *Ivarina*, ville de la Dalmatie, sur une pet. riv. du même nom, affl. de la Morawa.

Valentinelli (*Bibl. Dalmata*, p. 122) nous donne l'indication suivante : *Relazione della Vittoria di Novegradi e Vrana*. — Vrana, 28 aprile 1647, in-8°, réimpr. dans les *Docum. storici sull' Istria e sulla Dalmazia*.

Pray Georg, jésuite de Presburg, publia à Vienne, en 1793, un livre curieux sur l'histoire du prieuré d'Vrana : « *Prioratus Auranæ seu Vranæ, nam ita quoque compellatum lego, magni olim nominis et dignitatis sub Hungariæ Regibus erat ..... nomen illi inditum ab Aurana castro, quod inter Zaderam et Sibenicum, Dalmatiæ urbes, ad cognominem locum situm est.* » Ce fut à Urana que fut établi le premier monastère de Bénédictins qui exista en Dalmatie; le terrain avait été concédé au pape Grégoire VII par le roi de Dalmatie, Zvonimiro, « *perchè venando i legati Pontifici in Dalmazia, n'avessero ospizio* »; au XIIe siècle, il passa aux Templiers; enfin, au XIVe, aux Fr. Hospitaliers.

URANIA, URANA VALLIS, *der Urnerland*, vallée de Suisse, du canton d'Appenzell.

URANIBURGUS, *Uranienburg*, *Uraniborg*, château de l'île de Hœn (Suède mérid.).

C'était dans cette résidence que s'était retiré l'illustre astronome Tycho-Brahé, né en 1546. Après de longs voyages, il obtint du roi de Danemark, Frédéric II, la concession de l'île de Hœn, dépendant de la préfecture de Malmöhus, et fit construire, en 1576, le splendide château d'Uranibourg (ville du Ciel), avec une tour extrêmement haute qu'il baptisa du nom de Stelleburg. C'était là qu'était son

observatoire, et l'on prétend qu'il dépensa plus de 100,000 rixdalers pour le munir des instruments les plus précis et les plus perfectionnés qu'il put trouver. Ce fut là, enfin, qu'il organisa une presse et un matériel d'imprimerie parfaitement complet : « *Quin imo*, dit Lackmann, pour ne point être accusé d'avoir négligé quoi que ce soit, il fit construire sur le bord de la mer une fabrique ou moulin à papier (*moletrinam*), sur l'entrée de laquelle on lisait : « *Hoc vallum et molendinum papyraceum cum omnibus adiunctis artificiis, et superius dispositis piscinis hic vbi nihil tale antea extitit, instinctu, ordinatione, et sumtibus propriis, patriæ, sibi et posteris,*

TYCHO BRAHE O. F. DE KNVDSTRVP

F. F.

incepit anno 1589, compleuit 1590. »

Il mit à la tête de sa typographie un excellent ouvrier du nom de Christophe Weida, et, comme correcteur, choisit Nicolas Raymar Vrso, de Dithmarsen, dont plus tard il eut tant à se plaindre. L'histoire de cette typogr. d'Uraniborg est racontée amplement par plusieurs bibliographes, et, d'ailleurs, nous retrouverons Tycho-Brahé avec ses presses à Wandesburg, près de Hambourg.

Le plus ancien livre sorti de la typogr. particulière de l'illustre astronome remonte à 1586 : *Elias Olai Cymber, Diarium astrologicum et meteorologicum anni a nato Christo 1585, et de Cometa quodam rotundo, omnique cauda destituto, qui anno proxime elapso mensibus Octobri et Novembri conspiciebatur.* Uraniburgi, 1586, in-4° (Bibl. de l'observ. de Poulkova).

La souscription de quelques-uns des volumes sortis des presses de Tycho-Brahé est ainsi conçue : « *Uraniburgi, in insula Hellesponti Danici Huenna, imprimebat authoris typographus Christophorus Weida, anno Domini ..... »*

Un grand nombre de livres exécutés à Uraniborg sont décrits par Lackmann, dans l'*Index librorum* (1593-1600), par Bauer, Freytag, etc.; enfin aux cat. scientifiques de Libri (1857-61).

URANOPOLIS [Athen., Mela, Pl.], Οὐρανίδων πόλις, sur le versant S. du mont Athos, en Macédoine, auj. *Lavra* [Leake].

URBA [I. A.], URBA VILLA [Fréd. C.], URBAVIC [Monn. Mérov.], anc. TABERNÆ [Valois], qui faisait partie du Ducatus Ultrajuranus, *Orbe*, pet. ville de Suisse (c. de Vaud), sur la riv. du même nom et au pied du Jura; patrie du réform. Viret et du card. Du Perron.

URBATE [I. A., T. P.], ville de Pannonie, sur la route de Sirmium à Salone, auj. suiv. Reichard, *Brod*, ville des confins militaires de Slavonie, sur la Save.

URBES ANSEATICÆ, *die Anseestädte*, les villes Hanséatiques, grande ligue commerciale, formée en 1241 par Hambourg et Lubeck, et à laquelle accédèrent bientôt les villes maritimes et commerciales de tout le Nord.

URBIACA [I. A.], URBICUA [Liv.], ville des Celtiberi, dans la Tarracon., auj. suiv. Reichard, *Albaroches*.

URRIBENTUM, voy. HERBANUM.

URBIGENUS PAGUS [Cæs.], VERBIGENUS (sur qq. mss. des *Comment.*), district de la

Séquanaise, compris depuis dans le duché Ultrajurassien, et dont les villes étaient *Aventicum* et *Urba*.

URBINUM [Tac., P. Diac.], Οὐρεῖνον [Proc.], **URVINUM** [Inscr.], **ORBINUM** [G. Rav.], **URBINUM HORTENSE** [Pl.], municipe des Urbinates, dans l'Ombrie, *Urbino*, ville d'Italie, chef-lieu de la délégation d'Urbino e Pesaro, sur une colline au pied de laquelle coule *la Poglia* (PISAURUS); patrie de Raphaël et de Polydore Virgile; cette ville possède la plus anc. académie d'Italie, fondée au xiiie siècle.

Urbino posséda l'imprimerie au xve siècle, et le premier livre qui soit souscrit à ce nom remonte à 1484; mais c'est seulement à 1493 qu'on trouve un nom d'imprimeur, Henry de Cologne. Plusieurs ouvrages de Paul de Middelburg, « physicien », c'est-à-dire médecin du duc d'Urbino, qui le fit évêque de Fossombrone, paraissent être les premiers produits de l'imprimerie ducale anonyme, mais qui, suivant toutes les probabilités, fut organisée par les soins du savant médecin hollandais, qui peut-être ne dédaigna pas de s'occuper lui-même de la typogr.; médecin, astronome, évêque et imprimeur, ce cumul bizarre était admissible à cette époque. Quant au NOVUM EPISTOLARIUM de Joh. Marius Philelphus, donné par Panzer, la Serna, Amati, etc., comme le premier livre exécuté à Urbino, il est avéré que ce livre fut imprimé à Paris avec les beaux caractères de Ulric Gering (voy. Brunet à l'art. PHILELPHUS).

Ces petits traités de Middelburg, PROGNOSTICON, PROTONOTARIOMASTIX, PRACTICA DE PRAVIS CONSTELLATIONIBUS, ont-ils été eux-mêmes imprimés à Urbino? rien ne le prouve; le bibliographe Hain, une autorité sérieuse en fait d'incunables, les croit exécutés à Louvain par Jean de Westphalie (voy. Hain, nos 11146-11151).

Paul de Middelburg est connu des bibliophiles, d'abord parce qu'un de ses livres imprimé avec luxe par Ottaviano de Petrucci, en 1513, est le premier produit des presses de Fossombrone (voy. FORUM SEMPRONII); en second lieu, parce que c'est lui qui, dans un livre imprimé à Rome, en 1518, signale et préconise le premier les Monts de Piété, qui venaient d'être établis dans la capitale du monde chrétien.

Le livre que nous pouvons donner avec sécurité, comme le premier produit des presses d'Urbino, est celui-ci : TANCREDUS DE CORNETO. *Summa quæstionum compendiosa*. A la fin : *Ad honorem 2 laudem gloriam 2 exaltationes dei omnipotentis patris 2 filii 2 spiritus sancti Gloriosissime matris eiusdes Ihesu Christi pontifitie cesarie || q2 legum cultores accipite hoc opus co tidianum vtilissimum q2 maxima cū di ligentia. Impressum Urbini per magi strum Henricum de colonia Imperan te inclito duce Guido Ubaldo cus Illu stri Domino Octauiano Ubaldino in nobili domo gallorus in valle bona an no saluliferi* (sic) *incarnationis,* M.CCCC. || LXXXXIII, *die xv mensis maii*. In-fol. de 75 ff. à 2 col. de 45 à 46 lig., avec registres, chiffres et sign.

URBINUM METAURENSE [Pl.], **VRVINUM** [Inscr.], sur le fl. Metaurus, ville de l'Ombrie, au S.-O. de la précédente; auj. *Urbania*, pet. ville épiscop. de la délégation d'Urbino, sur le Metauro.

URBS, voy. ROMA.

URBS, URBS FL., *l'Orba*, riv. d'Italie, affl. du Tanaro.

URBS IMPERATORIA, voy. SALACIA.

URBS SALVIA [l. A., T. P.], Οὐρέα Σαλουΐα [Ptol.], Οὐρϐισαλία [Proc.], ville du Picenum, auj. *Urbisaglia*, bourg de la délég. de Macerata.

URBS VETUS, voy. HERBANUM.

URCAO, voy. URGAO.

URCI [Pl.], **URGI** [Mela], ville de la Tarracon., aux confins de la Bétique; auj., suiv. Reichard, *Abruceña*.

URCINIUM, Οὐρχίνιον [Pt.], ville de l'île de Corse, auj. *Sari-d'Orcino*, dans l'arrond. d'Ajaccio.

URCITANUS SINUS, *Golfe d'Almeria*, sur la côte orient. d'Espagne.

URGAO [It. A.], **URCAO** [Inscr.], **VIRGAO ALBA** [Pl.], **ALBENSE URGAVONENSE MUNIC.**, dans la Bétique, entre Cordoue et Andujar; auj. *Arjona*, ville d'Espagne, dans l'intend. de Jaen (Andalousie).

URGELE, voy. ORGELUM.

URGENUM, voy. UGERNUM.

URGIA FL., URBIA, *l'Orge*, riv. de Fr., affl. de la Seine.

URGO INS. [Mela, Pl.], **GORGON** [Rutil.], *Gorgona*, île de la Méditerranée, sur les côtes de la Toscane.

URIA [Pl.], Οὐρία [Str.], **URBIUS** [T. P.], dans la Japygie, auj. *Oria*, ville épisc. du Napolitain (Terra d'Otranto).

URIA, URIUM, ville de la Bétique, sur les confins de la Lusitanie, auj. *Uria*, bourg de la Galice.

URIA FL., Οὐρία [Str.], *le Lac de Missolonghi* [Leake].

URIACUM, *Huriel*, commune de Fr. (Allier).

URIAS SINUS [Mela], en Apulie, auj. *Golfo di Manfredonia*.

URIATICUM, *Uriage*, bourg du Dauphiné (Isère); ruines d'un château du xiiie siècle; établissement d'eaux minérales.

URICONIUM, voy. VIROCONIUM.

URISIUM [It. H.], en Thrace, auj. *Alpuli*, bourg de Roumélie.

URIUM FL., dans la Bétique; auj. *le Tinto*, en Andalousie.

URNACUM, URONATUM, *Urnäsch*, bourg de Suisse (cant. d'Appenzell, Rhodes Extérieures).

UROLANIUM, voy. VERULAMIUM.

URONIA, *Uri*, canton de Suisse.

URPANUS FL. [Pl.], **URBAS** [Pl.], le *Verbatz*,

Verbitza, riv. de Bosnie, affl. de la Save [Reichard].

URSAO, voy. GENUA URSORUM.

URSARIA [T. P., G. RAV.], *Orsera,* bourg d'Istrie, près de Pola.

URSELLÆ, URSILLÆ, *Ursel, Ober-Ursel,* pet. ville du duché de Nassau, au pied du Taunus, dans le bailliage de Königstein.

Imprimerie en 1558 [Falkenstein]. Nous connaissons un grand nombre de volumes exécutés à cette date et souscrits à ce nom de ville ; nous citerons : *Joh. Brentii, filii, Pericopæ Euangeliorum.* Ursel, 1558, in-8º (cat. de Tournes, p. 13); plusieurs diatribes de Joachim de Westphalie à l'encontre de Calvin : *Westphali Apologia de cœna domini contra corruptelas et calumnias Calvini.* Ursellis, 1558, in-8º, etc.

Le premier imprimeur d'Ober-Ursel s'appelait Nicolas Heinrick; un des volumes les plus précieux donnés par ce typographe est celui-ci : *Historia von Calecut vnd andern Königreichen, Landen vnnd Insuln in India vnnd dem indianische Meer.* Ursel, 1565, in-8º.

Au début du XVIIᵉ siècle, un imprimeur, du nom de Joh. Bernerus, publie un livre consacré à Jeanne d'Arc : *Sibylla Francica, seu de admirabili puella, Johanna Lotharinga, pastoris filia,* etc. Vrsellis, J. Bernerus, 1606, in-4º.

URSI PROM., Ἄρκτου ἄκρον, à la pointe N.-O. de la Sardaigne, auj. *Capo del Orso.*

URSI SALTUS, *Ours-Sault,* depuis Ossau, vallée du dép. des Basses-Pyrénées.

URSIACUM, *Orset, Orsay,* village de France (Allier).

URSICAMPUS, *Orcamp,* commune de Picardie (Aisne); anc. abb. de Cîteaux, du dioc. de Noyon, f. en 1129.

URSIMONTANUM, *Ormonts,* bourg de Suisse (cant. de Bern).

URSINUM, (URCINIUM?), ADJACIUM, *Ajaccio,* chef-lieu de l'île et du dép. de la Corse, sur la côte O.; Napoléon y naquit le 15 août 1769.

L'imprimerie paraît avoir été introduite à Ajaccio vers la fin du XVIIIᵉ siècle, à l'époque de la révolution. Melzi nous donne le titre d'un volume daté d'Ajaccio, 1787, mais il prévient que le lieu d'impression est supposé; nous le citons pour mémoire : *Lettera d'un Arcivescovo all' Illᵒ e Revᵒ Monsᵉ Scipione Ricci, vescovo di Pistoja e Prato sopra la sua pastorale del 5 ottobre.* Ajaccio, 1787, in-12.

URSINUM, URSINENSE MONAST., *Irsee,* abb. de Bénéd., en Souabe.

URSIUS (S.), *prope Vicentiam, Sant'Orso,* bourg près de Vicense (Italie).

« S. Orso, castello fortissimo al quale andò Ezelino per debellarlo ; ma Guido, conte di Vicentino, il quale teneva allora questo castello, vedendosi assediato, lo restituì ad Ezelino suo zio, e dopo comandò che fosse spianato » [Pagliarino, *Croniche di Vicenza*]. Voy. SANCTUS URSINUS.

Nous ajouterons à l'article bibliogr. que nous avons consacré à cette localité, que le premier livre qui semble avoir été imprimé par l'Allemand Jean du Rhin, à Sant'Orso, paraît être, d'après Panzer, Laire,

Denis, etc.: JOHANNES DUNS SCOTVS, *super libro tertio sententiarum.* Au rº (1re col.) du f. 107 : *Explicit Tertiᵘ liber Scoti.* La table vient ensuite, qui se termine au rº du f. 108, puis : *Expliciũt tituli, q. sup. 3º libro Scoti.||Quē Magister Iohēs de Reno impssit.* MᵒCCCCᵒLXXIII. In-fol. de 108 ff. à 2 col. de 48 lignes. Hain, qui cite le volume sous le nº 6427, le croit imprimé à Vicence.

URSO, Οὔρσων ; voy. GENUA URSORUM.

URSOLÆ [I. A.], station de la Gaule Narbon., que d'Anville place à *St-Vallier,* pet. ville de Fr. (Drôme), au confl. de la Galaure et du Rhône.

URSOPOLIS, voy. ARCTOPOLIS AD SALAM.

URSORUM CASTRUM, voy. ARCTOPOLIS.

URUNCI [I. A.], dans le pays des Rauraci, station dont la situation est discutée ; *Zaunzen,* près de Breisach [Cluv.], *Illzach,* près de Mulhouse [Schöpflin], *Brunnstadt* [Reich.], etc.

URUSA, dans la Vindélicie, *Roth,* sur l'Inn, en Bavière [Reichard].

USBIUM, Οὔσβιον [Ptol.], dans la Germanie, au N. du Danube ; auj. *Ispern,* dans le Wurtemberg.

USCANA [T. Liv.], dans le pays des Penestæ, en Illyrie ; auj. *Voscopoli.*

USCENUM, Οὔσκενον [Pt.], ville des Jazyges Metanastæ, en Dacie ; auj. *Uszoveze,* près de Szeben (Hongrie).

USCOSIUM [I. A.], localité du Samnium dans le pays des Frentani ; auj. *Monte Iscaro.*

USCUDAMA [Amm. Marc., Eutrop.], Οὐσκουδάμα, ville principale des Bessi, en Thrace ; auj. *Statimaka,* dans le pach. d'Andrinople (Roumélie).

USELLIS, Οὔσελλις [Ptol.], colonie romaine en Sardaigne ; auj. *Torre Fontanamar,* à l'E. du *Capo Capumanu.*

USERCHIA, UZARCHIA, USRECA (?), VSERCACAS [Monn. Mérov.], *Uzerche,* pet. ville de Fr. (Corrèze); anc. abb. de St-Benoît, fondée de 958 à 991.

USIPETES [Cæs., Tac.], USIPII [Tac.], Οὔσιπιοι [Ptol.], Οὐσίπεται [D. Cass.], Νουσίπιοι [Str.], Οὔσιπαι [Pl.], USAPII [T. P.], grand peuple de la Germanie, près du Rhin, entre les Bructères et les Marses ; occupait la plus grande partie de la Hollande Septentr., entre autres le pays que couvre auj. le *Zuyderzee,* par suite de l'inondation de 1282.

USIPETUM COLLES.

Nom de lieu d'impression supposé. Nous connaissons : *Westphaalse Oudheden, waarin betoogd wordt dat de genen, door welken Christus gekruist en Joannes de Doper onthoosd is, Westphalingers geweest zyn ; Uit het Oorspronkelyk handschrif van Hilarius Bassus Friso vertaeld door Harmen Gergesenus van Sœst.* Collibus Usipetum, 1734, gr. in-8°.

Uspium, voy. AD PONTEM ISIS.

Ussubium [I. A.], **Vesubium** [T. P.], dans la Gaule Aquitaine, *Urs*, commune de Fr. (Ariége).

Usta, voy. AUSTA.

Ustadium, *Oster, Oester Risoer*, petit port de la Suède (prov. de Christiansand).

Uterina Vallis, *l'Uterstahl*, district du Palatinat.

Uticensis pagus) *le pays d'Ouche*, en Normandie (Orne).

Uticum, **Utica** *in pago Oximensi, Ouche*, depuis S. *Evroul*, S. *Evroult* (S. EBRULFUS), bourg du dép. de l'Orne, au milieu de la forêt d'Ouche; anc. abb. de St-Benoît, fondée en 560.

Utidava, Οὐτίδαυα, dans la Dacie, station romaine, dont les ruines se trouvent près de *Kosmin*, sur le Pruth.

Utina, EUTINENSIS ECCL., *Eutin*, pet. ville du Holstein, sur le lac du même nom, chef-lieu de la princip. de Lubeck, anc. évêché sécularisé; c'est la patrie de Karl Maria de Weber.

Utinum, **Utina**, *Udine*, ville du Frioul vénitien, chef-lieu de délégation, sur la Roja.

Le comte Ant. Bartolini a consacré une curieuse étude bibliographique « *a la tipografia del Friuli nel sec. XV* » (Udine, 1798, in-4°), et, bien qu'un bibliographe ait écrit avec une certaine sécheresse, mais non sans raison, peut-être, « *che mal sono dalle penne forestiere trattati certi punti di storia domestica* », nous allons tâcher d'esquisser aussi scrupuleusement que possible l'histoire des débuts de l'imprimerie à Udine.

Nous devons, tout d'abord, rendre au glorieux gouvernement de la sérénissime république de Venise, et particulièrement aux *Riformatori allo studio di Padova*, cette justice, qu'ils favorisèrent de tout leur pouvoir le développement de la lumière typographique, non pas seulement à Venise, mais dans toutes les villes soumises au despotique empire du *Conseglio dei X*, et Udine fut du nombre des favorisées.

C'est à l'année 1476 que nous ferons remonter, avec Bartolini, l'établissement du premier atelier typogr. au Frioul; mais il nous faut d'abord dire un mot d'un livre, dont la date, mal comprise, a donné lieu à d'ardentes discussions : LEONARDI DI UTINO SERMONES DE SANCTIS. A la fin (f. 360, v°) : *Expliciunt sermones aurei de sanctis p totū annū. quos compila ‖ uit magister Leonard⁹ de utino sacre theologie doctor ordinis fra ‖ trum pdicatorum. Ad instantiā 3 complacentiā magnifice coūunita ‖ tis Utinensis. ac nobiliū viroꝝ eiusdē. Mcccclvj].* In-fol. de 360 ff. de 41 lign., sans ch. ni sign. Ce volume, qui ne porte pas d'indication de lieu d'impression, ni de nom d'imprimeur, fut exécuté vers 1474; à l'époque où Debure le décrivait au tome 1ᵉʳ de la *Bibl. instr.*, on n'était pas fixé sur le lieu d'impression, mais déjà on affirmait énergiquement l'inanité de la présomption qui voulait que cet incunable fût sorti d'une typographie existant à Udine, en 1446 !

Voici le titre du premier volume indiqué par le Tiraboschi et par le comte Bartolini, comme le véritable incunable de la typogr. du Frioul : BARTOLI LVCANI EPISTOLA *ad Saulum Flavium Patricium Venetum : Elegia : Saule decus Venetum,* etc. A la fin : *Utini, XII Kalendas octubris.* M.CCCC.LXXVI. ‖ GABRIEL PETRI. Petit in-4° de 12 ff., sans ch., récl. ni sign., en caractères ronds, plus élégants que les types romains, et se rapprochant, par la grâce et par la netteté, de ceux que venait de perfectionner notre illustre Nicolas Jenson. Gabriel Petri, ou Gabriele di Pietro, originaire de Trévise, était établi à Venise depuis 1472. Apostolo Zeno lui a consacré une note importante dans sa *Storia polemico-tipografica;* nous le retrouverons à l'art. VENETIA. Notez que l'*Elegia Bartoli Lucani* a été comptée par Panzer et par Hain à l'actif de Venise, ce qui est une erreur injustifiable.

En 1484 « *l'errante* » Gérard de Flandre, que nous avons déjà vu à Trévise, à Cividale del Friuli, que nous retrouverons à Venise et à Vicence, vient momentanément se fixer à Udine ; il n'y fit point un long séjour, et en partit l'année suivante, sans qu'on puisse dire où il porta ses pas, car ce n'est qu'en 1489 que nous le retrouvons pour la seconde fois à Trévise. Sans doute, il allait, comme disent les *Transactions philosophiques de la Soc. de Londres*, portant sur l'épaule ses caractères dans un sac (ce qui ne devait pas laisser d'embarrasser quelque peu sa marche), et s'arrêtant dans les bourgs et les châteaux, gagnant de l'argent à imprimer des titres, des épitaphes, des chansons, des prières « *ed altre bagatelle* ».

Gérard de Flandre imprime en 1484 : *Constituzioni de la patria de frivoli Epistola Pre Piero Cavretto de Pordenon saluda,* etc. — *Impressa in Udene. Per maistro‖ Gerardo de flandra. Sotto il regimento‖ del magnifico messier Luca Moro‖ dignissimo logotenente de la patria. ‖ finida a ultimo de Luio. 1484,* in-4° de 107 ff. à 21 lign., en car. goth., sans ch., récl., sign. ni registre; et l'année suivante : *Nicolai Perotti Rudimenta Grammatices.* In-4° goth. de 141 ff. à 32 lign. Voy. pour l'histoire de la typogr. à Udine, Giambat. Natolini, *Discorso int. l'arte della Stampa.* Udine, 1606; Bartolini ; Tiraboschi ; Apostolo Zeno ; *Memorie Trivigiane;* Van der Meersch ; Amati, etc.

Utis fl. [Liv.], **Vitis** [Plin.], dans la Gaule Cisalpine, sur les confins des Senones; auj. *Il Montone*.

Utocetum [Not. Imper.], ville des Coritavi, dans la Bretagne Romaine; auj. *Uttoxeter*, bourg d'Angleterre, sur la Dove (Staffordshire).

Michael Johnson, père de l'illustre Dr Samuel Johnson, qui résidait à Lichfied, et y faisait métier de libraire, avait, paraît-il, établi une succursale à Uttoxeter, en 1687.

Utraria, *Utrera*, ville d'Espagne, du district de Séville (Andalousie).

Portée à la table de Mendez comme ayant possédé une imprimerie; Antonio cite en effet : *Joannes di Aylhon Laynez, additiones ad Antonii Gomezii celeberrimos variarum libros.* Utrariæ, apud Nicolaum Rodriguez, anno 1634, in-fol.

Utrio, *l'Auron*, pet. riv. du Berry, affl. du Cher.

Utsurgas [T. P.]. **Cœnophrurium**, station de la Thrace, entre Selymbria et Apollonia, auj., suiv. Choiseul, *Bivados*.

Uttenbura, voy. MONAST. UTTIMPURENSE.

Utus [I. A., T. P.], Οὖτος [Proc.], station de la haute Mœsie, sur le fl. du même nom, auj. *Hutalidsch*, au confluent du Vid et du Danube [Reichard].

Uxacona [It. A.], dans la Bretagne romaine ; auj. *Oken-Gate*, suiv. Reichard.

Uxama [Plin., I. A.], Uxuma [G. Rav.], Οὔξαμα Ἀργέλλαι [Ptol.], Uxamensis burgus, ville des Arevaci, dans la Tarracon.; auj. *Osma*, dans la vieille Castille, prov. de Soria ; voy. Oxoma.

Uxamabarca [Inscr.], ville des Autrigones, dans la Tarrac.; auj. *Osma*, bourg de Biscaie.

Uxantis Ins. [It. Hier.], Uxisama, Axanta, Axantos, *l'île d'Ouessant*, sur la côte O. de Bretagne (Finistère).

Uxbriga, *Uxbridge*, pet. ville d'Angleterre, sur le Colne (Middlesex).

Imprimerie en 1789.

Uxella, Οὔξελλα [Ptol.], Uxeli [G. Rav.], ville des Damnonii, dans la Britannia Romana, placée par Camden et Reichard, près d'*Exeter*, dans le Devonshire (voy. Exonia).

Uxellodunum [Cæs.], ville des Cadurci, dans la Gaule Aquitaine, célèbre par le siége qu'elle soutint contre César ; sa position est fortement controversée.

Sanson d'Abbeville cherche à prouver par les *Commentaires* que cette ville ne peut être que *Cahors* ; d'autres géogr. ont choisi *Cadenac* (Capdenacum), sur les confins du Rouergue ; d'autres, un bourg à l'O. de Cahors, nommé *Luzech*, sur le Lot ; la situation qui réunit les plus importants suffrages (Valois, d'Anville) est le *Puech-d'Issolu*, ou *le Puy d'Ussolud* (Podium Uxelli), dans la partie N. du Querci, sur un ruisseau qui afflue à la Dordogne.

Uxellum [G. Rav.], Οὔξελλον [Ptol.], ville des Selgovæ, dans la Britannia Barbara, placée par Reichard près de *Drumlanrig*, en Ecosse (comté de Dumfries).

Uxentum, Uxintum [T. P.], Οὔξεντον [Ptol.], ville des Messapii, auj. *Ugento*, petite ville épiscop. du Napolitain (Terra d'Otranto).

Uxima [Ch. Mérov.], voy. Oxma.

Uxona, voy. Oxoma.

Uxus, *Usson*, bourg d'Auvergne, de l'arr. d'Issoire (Puy-de-Dôme), anc. titre de marquisat ; possédait un important château qu'habita longtemps la reine Marguerite, première femme de Henri IV, et que Louis XIII fit raser en 1634 (le château).

Essoudun (cf Bouiller)

V

VABRÆ, VABRENSE CASTRUM [Greg. Tur.], WABRA, VABRINCUM, *Vabres, Vabre,* anc. petite ville du Rouergue, sur le Dourdan ; anc. évêché dont le titulaire portait le nom de comte de Vabres, auj. commune de l'arrond. de Villefranche (Aveyron). = Il y a une petite ville du même nom dans le Tarn.

VACCÆI [Liv., Pl.], VACCAI, Ούακκαΐοι [Ptol., Str., Pol.], peuple de la Tarracon., au S. des Cantabri ; son territ. forme auj. partie de la *Vieille-Castille* et du *Léon.*

VACIA, VACIUM, VACOVIA, *Vácz, Bétsben, Bécsben,* en allem. *Waitzen, Wacowe* (en illyr.), ville de Hongrie, sur le Danube, du comitat de Pesth (cercle endeçà du Danube).

L'imprimerie, dit Németh, remonte à Vácz à l'année 1770 environ ; le premier typogr. dont on connaisse le nom, s'appelle Franc. Ignace Ambro : *Migazzi Christoph. cardin. et arch. Viennensis Homilia habita Vacii die 23 aug. anni* M.DCC.LXXII, *cum in Templum cathedrale ab eodem a fundamentis recens erectum capitulum, clerusque Vaciencis solemni pompa induceretur. Vacii, typis Fr. Ign. Ambro episcopalis typographi,* 4 pp. in-fol. Un grand nombre de volumes, à des dates un peu postérieures, sont portés au catal. Teleki ; ils ne sont pas enregistrés par Németh ; nous citerons : *Zimanii (St. Lud.) carminum libr. IV, Vacii,* 1784, in-8° (tom. II, p. 284).

VACOMAGI, Ούακόμαγοι, peuple de la Bretagne barbare, habitait le *comté de Murray* (Ecosse).

VACONIUM, *Villach, Belak* (en Illyr.), ville d'Illyrie, sur la Drave, chef-lieu du cercle du même nom.

VACONTIUM, Ούακόντιον, dans la basse Pannonie, ville dont les ruines sont signalées par Reichard, près de *Nagy-Vasony* (Hongrie).

VACUA FL., Ούακούα, VACCA [Pl.], le *Vouga,* pet. fl. du Portugal.

VADA [Tac.], gué fortifié de la Gaule Belgique, que Reichard dit être *Gouda,* et Mannert le bourg de *Wamen,* entre Dreumel et Liuwen (Hollande).

VADA SABATIA, voy. SABATE.

VADA VOLATERRANA [I. A.], BADA VOLATIANA [Anon. Rav.], *Torre di Vado,* bourg et port de Toscane.

VADANUS MONS, voy. VALDEMONTIUM.

VADICASSII, Ούαδικάσσιοι, [Pt.], VADICASSES [Pl.], BODIOCASSES [Mss.], peuple de la Gaule Belgique, dont *Crépy* était la capitale ; leur territoire s'est appelé depuis *comté de Crépy,* puis *comté de Valois* (dép. de l'Aisne).

VADICASSIUM CIV., VASSIACAS, *Vassy,* ville de Fr. (Haute-Marne); célèbre par le *massacre* des protestants, en 1562.

VADIMONIS LACUS [Liv., Pl.], Ούαδμόνα

[Pol.], lac d'Etrurie, auj. *Lago di Bassano.*

VADINIACUM *in Veliocassibus*, VADUM NIGA- SII, *Gasny, Gany-en-Vexin*, commune de Fr., sur l'Epte (Eure); martyre de S. Nicaise, en 117.

VADSTENIUM, *Cœnob. S. Brigittæ*; voy. WADS- TENA.

VADUM ALTUM, *Hohenfurt*, pet. ville de Bohème [Graësse].

VADUM LUPI, voy. GUELFERBYTUM.

VAGA, *Wye*, bourg d'Angleterre (comté de Radnor).

VAGARNA FL., la *Wehra*, riv. d'Allemagne, affl. du Weser.

VAGEDRUSA FL. [Sil. It.], en Sicile; auj. la *Manomuzza.*

VAGENUM, *Wageningen*, ville de Hollande (Gueldre).

VAGIENNI [Pl.], BAGIENNI, Βατιεννοί, Βαγιεννοί [Ptol.], BAGITENNI [T. P.], peuple de la Ligurie; occupait la prov. de *Saluzzo* et partie de la div. de *Coni.*

VAGORITUM, Οὐαγόριτον [Pt.], ville des Arvii, dans la Gaule Lyonn., dont l'emplacement est indiqué par d'Anville sous le nom de *Cité d'Erve* ou *d'Arve*, près de Sablé; c'est sans doute *Ervé*, commune de Fr. (Sarthe).

VAHALIS FL. [Cæs.], VACHALIS [Tac.], WA- CHALOS, *le Wahal, Waal*, bras occidental du Rhin, qui se réunit à la Meuse (Hollande).

VAJKENSIS SEDES, *der Vajkische Stuhl, le siége de Vajka*, en Hongrie (cercle en-deçà du Danube).

VALACHIA, *la Valachie, der Wallachei*, province Danubienne, qui comprend la partie N. du bassin du bas Danube.

VALCASSINUS PAGUS, voy. VELIOCASSINUS PA- GUS.

VALCELLÆ, *Vauchelles, Vauchelles-lés-Quesnoy*, commune de Fr. (Somme); plusieurs localités portent ce nom de *Vauchelles* ou *Vaucelles.*

VALCIRCUM, voy. FELDKIRCHA.

VALCUM, station de la Basse-Pannonie, que Reichard place à *Kis-Kómaróm*, en Hongrie.

VALDASUS FL. [Pl.], VALDANUS, BASANTE, [T. P.], riv. de la Pannonie, auj. la *Bosna*, affl. du Danube; suiv. Forbiger.

VALDEMONTIUM, VALLES MONTIUM, VADANUS

MONS, *Vaudemont*, bourg de Fr. (Meurthe); anc. titre de duché.

M. Cotton dit que cette petite localité posséda une imprimerie en 1715; nous n'acceptons pas cette assertion, que n'accueillent ni Falkenstein ni M. Beaupré.

VALDENSIS PAGUS, *le canton de Vaud, das Waadtland*, en Suisse.

VALDENTIA, *Velden*, pet. ville de la Prusse Rhénane, dans la rég. de Trèves.

VALDOLETUM, voy. PINTIA.

VALDOSASSONIA, *Waldsachsen*, bourg du Palatinat.

VALEMUTHIUM, voy. FALMUTHUM.

VALENA, *Valbach*, ville de la haute Hongrie.

VALENTIA [Plin., I. Hier., T. P.], Οὐαλεντία [Pt.], CIV. VALENTINORUM [Not. Imp.], CIV. VALLENCIANORUM [Mss.], VALENTIACIVI VA [Monn. Mér.], ville des Segalauni dans la Gaule Narbon.; auj. *Valence*, chef-lieu du dép. de la Drôme (France), sur le Rhône, anc. capit. du duché de Valentinois; Louis XI y transféra l'université de Grenoble, en 1454.

Un imprimeur, natif de Valence, Jean Belon, que nous avons eu l'occasion de mentionner à Agde (voy. AGATHA), est l'introducteur de la typographie dans sa ville natale, et ses débuts remontent au xve siècle. Il faut se garder de confondre ce Jean Belon avec l'imprimeur de Grenoble, de Genève et de Lausanne, Jean Belot, natif de Rouen; et nous sommes d'autant mieux fondé à appuyer cette recommandation, que nous-mêmes sommes tombé dans cette erreur à notre article : GRENOBLE.

C'est à Valence, et, suivant toutes les probabilités, par Jean Belon, aux frais du libraire de l'Université, Elie Oliveau (Helyas Olivellus), que furent imprimés les Commentaires de Guy Pape sur les *statuta*, en 1496 : *Commentaria et apparatus Guidonis Papæ Iuriscons. super statuta Delphinatus.* Gr. in-4° goth., à 2 col. de 42 lign., sign. A. II., par 8. Dans une épître de J. Albanus, bachelier de Valence, adressée à Antoine de Chaponnay, on lit ce passage significatif : *Tandem rogatum feci M. Heliam Olivellum, hujusce nostri universitatis bibliopolam constitutum, ut opusculum hoc sua impensa curaret imprimendum...* Nous avons déjà cité ce passage intéressant, mais n'y reviendrons pas; la souscription finale au v° du dernier f. est ainsi conçue: *Cōmētaria 2 apparat' egregii 2‖excellentissimi iuris vtriesq₃ cō‖sultissimi dñi. Guidonis pape. su‖per statuto delphi. Si quis per lit‖teras. Anno dñi M.CCCC.XCvj. ‖ et die mensis‖expliciunt ad Laudem 2 gloriam omnipotentis dei...*

M. Collomb de Batines devait consacrer un travail spécial à la typogr. de Valence, ainsi qu'il avait fait pour Grenoble et pour Valence; il n'a point donné suite à cette promesse, et nous tâcherons de suppléer, aussi brièvement que possible, à cette lacune.

Voici chronologiquement la suite des incunables viennois qui sont venus à notre connaissance.

MISSALE *ad usum Eclesie Valentinen.* A la fin : *Missale ad usum Valentinens. eclesie peroptime ordinatus ac completus. explicit. Impressus Valeñ. per Johannes belon impressores. Anno natiuitatis dñi millessimo* (sic) *quingentesimo quarto ix Kl. ianuarii. Deo Gratias.* In-fol. goth. à 2 col.

avec une planche sur bois représentant le Christ. Ce livre est bien décrit au *Manuel* (III, col. 1773), sauf un détail : c'est que M. Brunet attribue la propriété de l'exempl., qu'il décrit *de visu*, à M. de Terrebasse, bibliophile dauphinois fort connu, qui dit ne rien comprendre à cette note et n'avoir jamais vu ce volume précieux. Depuis, M. de Terrebasse a pu voir chez M. Chaper de Grenoble un splendide exemplaire sur vélin de cet incunable, exemplaire que les capucins cédèrent à ce jeune et fervent collectionneur, après l'avoir refusé aux sollicitations répétées de M. Gariel, qui voulait en enrichir la biblioth. de Grenoble.

1508 ou 1509. MISSALE *secundʒ usum‖ Venerabilis abbatie : ‖ Canonicoƴ regularium Sancti Ruphi Valetic.‖* (S. Ruf de Valence). In-fol. goth. à 2 col., en car. rouges et noirs, fig. sur bois. On lit dans la curieuse souscription : *Sumptibus Antoni de sancto Ferrcolo atqʒ ‖ Mundoni britonis pressa trecenta sclas‖inqʒ Valentina presserunt Urbe Johannes‖ Belon Petrusqʒ de mole Calchographi. ‖ Quando Annus dñi per* MDVqʒ *ter Iqʒ‖scriptus et Aprilis ultima lux aderat.* Ces vers nous donnent et la date (1505 plus trois ‖ ‖ = 1508), et les noms des imprimeurs Jean Belon et Pierre de la Mole (voy. *Bulletin du Biblioph.*, 2ᵉ série n° XVI, p. 14). Nous avons dit 1508 ou 1509, et on pourrait en effet traduire ainsi le signe abréviatif relaté plus haut : MDVqʒ *ter I » qʒ ter I* par *quater*; ne serait-ce pas plus logique que « *quinque que* »?

1510. C'est l'année où Jean Belon publie le *Bréviaire* d'Agde que nous avons signalé au vocable : AGATHA. Ce livre est-il imprimé à Agde même? le fait est plus que douteux, et notre attribution nous semble à nous-même fort aventurée. Comme la même année il publie le BRÉVIAIRE de Valence, que les deux vol. sont du même format, pet. in-8°, tous deux goth., en car. rouges et noirs, comme enfin (et ceci est déterminant) tous deux portent la date « *die* XV *mensis Julii* », il nous paraît démontré que ces deux bréviaires ne forment qu'un seul et même volume, dont le titre, la souscription, et peut-être quelques passages spéciaux auraient été renouvelés; du reste, et malgré l'assertion de M. Brunet, nous ne considérons pas l'existence du *Bréviaire* de Valence comme suffisamment justifiée; la Biblioth. impér. ne possède que celui d'Agde : « *ad usum beatissimi protomartyris Agathi diœcesis patroni* ».

1513. *La Fontaine de toutes sciences du grant philosophe Sydrach.* In-4° (*Man.* V, 605).

L'Estoile du môde, ou avertissemens es troiz estats du môde (par Fr. Ymoy, ou plulôt Yvoy), in-4°. Deux édit. sous la même date (*Man.* I, 583).

1515. *Aymari Rivallii* (Aymar du Rivail) *libri de Hist. Juris civilis et Pontifici.* In-8°. Ce livre qu'imprime encore Jean Belon, ainsi que tous ceux qui précèdent, est mis en vente « *in bibliotheca Ludovici Olivelli, bibliopolæ Vniuersitatis jurati* »; c'est le fils du libraire Hélias Olivellus précité.

VALENTIA [Liv., Mela, Pl., I. A.], Οὐαλεντία [Ptol.], colonie romaine, dans le pays des Edetani (Hisp. Tarracon.), auj. *Valencia, Valence*, chef-lieu de l'intend. et de la prov. du même nom, à l'emb. du Guadalaviar; archevêché, université fondée en 1209 et réorganisée en 1786; biblioth. importantes à l'université et à la cathédrale.

Quatre ans après l'établissement d'une université à Valence, et la même année que les rois très-catholiques Fernando V et Doña Isabelle montaient sur le trône de Castille, la typographie entrait en Espagne, où elle fut accueillie et protégée : « *Los cuales (los Reyes) promovieron con ardor indecible el perfecto estudio de las lenguas, de la elocuencia, y de todo genero de erudicion, y la composicion y edicion de muchas obras en lenguas volgares* ». Ce fut dans la célèbre ville de Valencia que s'établit le premier imprimeur de la Péninsule, et tout d'abord il reste anonyme.

D. Bernardo Fenollar (Mosen Bernat Fenollar), natif de Valence, cavalier de haut lignage, dit Fr. José Rodriguez (*Bibl. Valent.*), « clerigo beneficiado y doctoral de aquella santa Iglesia », avait réuni quelques pièces de vers d'environ quarante poëtes contemporains, parmi lesquels il figurait lui-même; un de ces poëtes est Italien, quatre sont Espagnols, tous les autres sont Valencins et leurs poésies sont du dialecte limousin (*lemosin*), qui est également le dialecte valencin; ces petits poëmes, composés en l'honneur de la Conception, furent réunis sous le titre de : CERTAMEN POETICH, *en lohor de la Conccio.* Voici ce que dit Fr. J. Rodriguez : « Le tournoi poétique fut célébré le jour de l'Encarnacion, le 25 mars 1474, dans l'église de la Real Confradia, *y dicho año le hizo imprimir* »; Bernat Fenollar en offrit la dédicace à S. Ex. D. Luis Despuig, *Gran Maestre de Montesa, Virey y Capitan General de este Reyno*, qui avait honoré de sa présence « *el certamen* » et n'avait pas dédaigné d'y prendre part; son nom figure en effet, en tête de la liste des concurrents que nous a donnée Fuster (*Bibl. Valenc.* I, 52).

« *Todas estas circunstancias deciden à favor de la edicion de este libro en este año,* » dit Mendez, qui ne nous donne pas la souscription du livre, mais dit seulement qu'il est imprimé « *en Valencia,* 1474, in-4°, *falta nombre de impresor* », mais suivant toutes les probabilités, par l'Allemand Lambert Palmart, dont nous parlerons tout à l'heure.

L'année suivante, nous avons un livre qui porte le simple titre de : COMPREHENSORIUM; c'est un traité relatif aux origines et à l'orthographe des mots vulgaires, dont l'auteur, que l'on ne désigne que sous le nom de JUAN, pourrait bien être le célèbre auteur du *Catholicon, Juan de Janua de Balbis* : ce vol. se termine ainsi : *Finaliza. Presens huius Comprehensorii. preclarum opus Valentie impssum. Anno* M.CCCC.LXXV. *die vero* XXIII *mensis Februarii* (sic) *finit feliciter* (1474, nouveau style). In-fol., à 2 col., sans chif., sign. ni capit., en beau caractère romain (Bibl. Real de Madrid).

Le 13 juillet de la même année, paraît encore une célèbre édition de SALLUSTE (*Man.* V, 82). A la fin : *Hec Crispi Salustii opera p'optime emendata Valentie impressa. Anno* M.CCCC.LXXV. *die* XIII *Iulii. Finiunt feliciter.* Gr. in-8°. On ne connaît que deux exempl. de ce précieux classique, l'un à Madrid (Bibl. Real), l'autre à Rome, chez les Barberini.

En 1478, enfin, les premiers imprimeurs de Valence se font connaître: le vénérable padre Bonifacio Ferrer avait traduit la *Bible* en dialecte limousin (Hain, n° 3159). Cette « BIBLIA moll vera e catholica » fut imprimée à Valence, in-fol.; on lit à la fin du colophon : *Es stada empremtada en la ciutat de Valencia a despeses del magnifich en philip vizlant mercader de la vila de jsna de alta Alemanya : per mestre Alfonso Fernandez de Cordova del Regne de Castella, e per mestre lambert palomar alamany mestre en arts : començada en lo mes de febrer del any mil quatrecens setanta set : e acabada lo mes de març del any mil* CCCCLXXVIII.

De cette souscription importante, nous concluons qu'en 1473 ou 1474, un ouvrier typographe allemand, nommé Lambert ou Lambrecht Palmart (les Espagnols en ont fait Palomar), arriva, muni très-probablement d'un matériel rudimentaire, qu'il compléta et mit « *en estado de funcion* » avec l'aide d'un de ses compatriotes, nommé Philipp Vizlant d'Issny, en Wurtemberg, établi négociant à Valence, lequel l'avait très-probablement appelé en Espagne; qu'installé à Valence, il s'associa avec un commanditaire bourgeois de la ville (c'est toujours l'histoire de Lyon, de Rouen, etc.), nommé D. Alfonso Fernandez de Cordoue, et que de cette association sortit l'imprimerie espagnole.

Nous ne poursuivrons pas plus loin l'histoire de la typographie de Valence ; les imprimeurs du xve siècle qui suivent Lambrecht Palmart sont, en 1485, Lope de Roca, un Allemand cependant, qui devait s'appeler Wolff Stein ou Von Felsen, ou quelque chose d'approchant. En 1493, Jaime, Jacobo ou Diego de Vila, « que todo es uno », dit Mendez ; Pedro Hagembach et Leonardo Hutum, en 1495 ; nous avons déjà vu cet Hagembach à Tolède ; Nicolas Spindeler, venant de Barcelone (1496); Alphonso de Orta, la même année, Christobal Cofman (Kauffmann), en 1499.

Parmi les très-hautes curiosités de la proto-typographie valenciane, il ne nous est pas permis de passer sous silence le célèbre roman de chevalerie TIRANT lo BLANCH de 1490 (voy. les cat. R. Heber, Grenville, etc.). L'exempl. d'après lequel D. Sancho Rayon et Zarco del Valle ont donné l'excellente description qu'on peut lire à la col. 1191 du 1er vol. de l'*Ensayo*..... était celui du banquier Salamanca, qui l'avait acquis, dit-on, des bibliothécaires de Lisbonne; il y a eu quelques explications assez délicates demandées à cette occasion par les députés de l'opposition aux ministres portugais. Ce beau et précieux incunable est, croyons-nous, passé, avec un splendide exempl. d'un autre roman de chevalerie, le *Claribalte*, volume presque aussi précieux, dans la collection d'un grand accapareur parisien, M. Sellières.

VALENTIA, voy. VALERIA.

VALENTIA PROV. [Amm. Marc.], province d'Ecosse, était comprise entre le Firth of Clyde et le Firth of Forth; c'est auj. le district appelé *Graham's Dike*.

VALENTIANA, VALENTINIANA, VALENTIANÆ PALAT. [Ch. Lotharii, alia Caroli C. a. 843], VALLENCHIENNES au xve siècle, *Valenciennes*, ville forte de Fr. (Nord), au confl. de l'Escaut et de la Rhonelle; patrie de Froissard et de Watteau.

Quatre pièces de vers de Jehan Molinet, un opuscule d'Olivier de la Marche, et les CHANSONS GEORGINES de George Chastelain, se disputent les prémices des presses de Valenciennes ; malheureusement ces pièces ne sont pas datées, et ce n'est que par induction que nous pouvons arriver à les classer. Vers l'an 1500, date de la naissance de Charles-Quint à Gand, Valenciennes, l'une des villes les plus fortes et les plus importantes des Pays-Bas, appartenait à l'Espagne; c'est à cette époque que doit remonter l'introduction de la typographie ; des 6 pièces que nous avons indiquées, celle qui, par l'absence de titre, semble à M. Brunet devoir être considérée comme la plus ancienne, est : LA RESOURCE DU PETIT PEUPLE, c'est le titre qu'elle porte dans les éditions collectives de Molinet. In-4° goth. de 20 ff. à 22 lign. par page, sans ch. ni sign. C'est une moralité où cinq personnages, l'*Acteur*, *Vérité*, *Justice*, *Conseil* et le *Petit peuple*, déplorent les misères du temps. Le texte finit au v° du dernier f. par le mot : VALENCHIENES, mais il ne porte pas de nom d'imprimeur.

La pièce que nous considérons comme le n° 2 est imprimée avec les mêmes caractères; mais celle-ci a un titre, une souscription et une gravure sur bois au r° du premier feuillet: *Sensuiuent les Chanchons georgines faittes par George Chastelain*. Imprimée à Vallanchienne, de par Jehan de Liege. In-4° goth. de 12 ff.; l'abbé Mercier de St-Léger donne 28 pages, soit 14 ff. à ce précieux volume.

Voici les titres succincts des autres pièces imprimées par ce Jehan de Liége à la même époque :

La ters (sic) *desiree et proufitaple naissance de tres illustre enfant Charles d'Austriche* (Charles-Quint), par Jehan Molinet... *Imprimez en Vallen-*

chiennes de par *Jehan de Liege* (1500). In-4° goth. de 4 ff. non ch.

L'Arche de paix (par le même), id. ibid., in-4°, de 6 ff. non ch.

Sensuit la robe de l'Archiduc. In-4° de 4 ff. non ch.

Le débat de Cuidier et de Fortune || compose par Messire Oliuier de la || Marche lui estant prisonnier de la iournee de Nansi. Au v° du dernier f.: *Imprimes a Vallenchiennes par Jehan de Liege demorant deuant le couuent de Saint-Pol*. In-4°, goth., de 10 ff.

Les deux dernières pièces sont imprimées à cette adresse, les autres sont souscrites par Jehan de Liege « entre le pont des Ronneaux et le toucquet du leu (sic) deuant le Soleil ».

Notre imprimeur-libraire Jehan de Liege est-il une seule et même personne avec le libraire de Tours, Jehan du Liege ? Malgré l'altération de la particule, le fait nous parait présumable.

A la fin du xvie siècle, nous trouvons à Valenciennes un impr. du nom de Kellam, et presque simultanément un autre typogr. appelé Jean Vervliet, originaire d'Anvers.

Les arrêts du conseil de 1704 et de 1739 ne concèdent à notre ville qu'une seule imprimerie.

VALENTINA, *Valentine*, bourg du haut Languedoc (Haute-Garonne).

VALENTINUM [Plin.], voy. FORUM FULVII.

VALENTIUM [Mela], BALENTIUM [T. P.], VALENTIA [Pl.], petite cité de la Japygie, près de Brundusium, auj. *Torre San Gennaro*, dans le Napolitain.

VALERIA [Plin.], ville des Celtiberi dans la Tarracon., *Valera la Vieja*, sur le Sucro, près de Carthagène.

L'imprimerie paraît avoir existé dans cette localité au xviie siècle; on connaît : *Atrocidades Francesas executadns por impios Tyranos, da Luiz de Copiaria*. Valeria, 1633, in-8°. Une édition de Valence, 1635, donne comme suit le nom de l'auteur (*Luiz Copiana*). Nous doutons fort de l'existence de cette imprimerie, que n'admet pas Mendez.

VALERIA; sous Auguste, les Romains construisent une forteresse de ce nom sur le point du lac de Constance d'où sort le Rhin pour se jeter dans le lac Inférieur (Untersee); cette forteresse prit, sous le règne de Constance Chore, son nom de CONSTANTIA (voy. ce nom).

VALERIA PROV. [Amm. Marc.], partie de la Pannonie, comprise entre le Danube et la Drave.

VALERIA PROV. [P. Diac.], prov. d'Italie, comprise entre le Picenum, l'Ombrie et la Campanie (*Napolitain*).

VALERIANA [It. A.], *Oreszovitz*, voy. OESCUS.

VALESIA, VALESIENSIS AGER, VADISUS PAGUS, *le Valois*, anc. duché de Picardie, dont *Crépy* était la capit.; réuni à la couronne sous Phil. Auguste; forme auj. la partie S. du dép. de l'*Aisne*, et la partie E. de l'*Oise*.

VALETA, *La Valette*, bourg de l'Angoumois

(Charente); titre de duché-pairie, érigé en 1622.

VALINA, voy. BALINA.

VALIONA? probablement un lieu d'impression supposé.

Antonio (*Bibl. Nova*, II, 168) cite : *Soplos en defensa de la Pura Concepcion de N. Señora contra algunos atomos que se an levantado y opuesto al Sol de la Verdad, autore Petro a Conceptione.* Valionæ, ut præfert, 1661, in-8°. L'auteur déguisé sous ce pseudonyme est un franciscain du Pérou nommé fra Pedro de Alva y Astorga.

VALLARIVIACUS, VALLARIAVICO [Monn. Mér.], *Vallières,* bourg de Fr. (Creuse).

VALLATA [I. A.], ville des Astures, dans la Tarracon.; auj. *Puente de Orvijo* [Reich.].

VALLATUM [Not. Imp., l. A.], dans la Rhætie; auj. *Wahl* sur l'Inn, suiv. Muchar (Tyrol).

VALLES PEDEMONTANÆ, *die Waldenser Thäler,* en Piémont.

VALLIACUM, *Vailly,* bourg de Picardie (Aisne).

VALLIMONS, *Vallemont, Valmont,* bourg de Normandie (Seine-Infér.); anc. abb. de St-Benoît, fondée en 1169.

VALLIS, VALLO VILLA; plusieurs localités de ce nom sont citées dans les diplomes et cart. : *Vaux-sur-Cher,* près Montluçon (Allier). = *Vaux,* bourg de Saintonge, anc. abb. de St-Benoît (Charente-Inf.). = *Vaux,* bourg du Beaujolais, près de Villefranche, etc.

VALLIS ANTUATUM, *Val d'Ansasca,* bourg près de Domo d'Ossola, en Savoie (div. de Novara).

VALLIS AUREA, voy. AUREA.

VALLIS BEATÆ MARIÆ; un grand nombre d'abb. portaient ce nom ; nous citerons : *Marienthal* (voy. MARIÆ VALLIS); = *Frauenthal ,* abb. de Cîteaux (1231), du dioc. de Constance, appelée aussi DOMINARUM VALLIS; = *Sornzig,* abb. de St-Benoît, en Saxe ; = *Rothmunster,* en Souabe, etc.

VALLIS BENEDICTA, *Valbenoite,* bourg de Fr. (Loire); anc. abb. de Cîteaux.

VALLIS BONNA, *Valbonnais,* bourg du Dauphiné (Isère).

VALLIS BOSTHONIÆ, VALLIS GERARDI, *Vauboitron,* depuis *Vaugirard,* ville de la banlieue de Paris.

Plusieurs pièces, satires, facéties, etc., probablement imprimées à Paris, sont déguisées sous la rubrique : *Vaugirard.* Nous citerons : *La Farce de la querelle de Gaultier Garguille et de Perine sa femme, avec la sentence de séparation entre eux rendue.* Vaugirard, chez A. E. I. O. U., pet. in-4° (s. d. mais vers 1630); farce licencieuse réimpr. dans la collection Caron.

VALLIS BRUNNA, *Vallée de Bregel,* en Suisse (Grisons).

VALLIS CAULIUM, *Val-des-Choux,* commune du dép. de la Haute-Marne ; anc. abb. de St-Benoît, du dioc. de Langres (f. 1197).

VALLIS CILAVINA, *das Zellerthal,* dans le Tyrol.

VALLIS CLUSÆ [Pertz], VALLIS CLAUSA, Vallée de *Vaucluse,* dans le dép. du même nom ; elle doit sa célébrité à la fontaine célébrée par Pétrarque, qui donne naissance à la Sorgue.

VALLIS CLUSA, IN SEQUANIS, *Vaucluse,* village de Fr. (Doubs), anc. abb. de Cîteaux, fondée en 870.

VALLIS COLORUM, VALLIS COLOR, LORIUM, *Vauquelour* [Joinville[, *Vaucouleurs,* pet. ville de Fr. (Meuse); anc. propriété du sire de Joinville, fut réunie à la couronne par Charles V; concile; patrie du géogr. Cl. Delisle.

VALLIS COMITUM, *Gräfenthal,* ville de la princ. d'Altenburg.

VALLIS CORVANTIANA, *Churwalden,* district de Suisse.

VALLIS DEMONÆ, *Val di Demona,* l'une des trois grandes divisions de la Sicile.

VALLIS DENTATA, *Lavaldens,* commune du Dauphiné (Isère).

VALLIS DOMITIANA [l. A.], dans la basse Mœsie, auj. *Baba-Dagh,* en Boulgarie [Reich.].

VALLIS DULCIS, *Vadutz,* ou *Lichtenstein,* bourg et château de la Prusse Rhénane (Rheinthale), capit. de l'anc. princip. de Lichstenstein.

VALLIS FLEMARUM, *la vallée de Fleims,* en Autriche.

VALLIS FLORIANA; le nom du patron de l'église s'est substitué au nom primitif: auj. *S. Gilles-les-Boucheries,* pet. ville de Fr. (Gard); église du ixe siècle.

VALLIS FLORIDA, *Blumenthal ,* bourg et château du canton des Grisons; = *Florival, Vaulx-Fleuri,* abb. de Cisterciens du dioc. de Malines (f. 1096).

VALLIS FRIGIDA, *Valle Fredda,* bourg d'Italie.

VALLIS GRATIÆ, *Nädendal,* ville de Suède.

VALLIS GRATIARUM, *Graventhal,* anc. abb. de Cîteaux, du dioc. de Constance (Suisse).

VALLIS GUIDONIS, WIDONIS, MADUALLIS, MA-
TULLÆ [Anc. Chron.], *Laval*, ville du
Maine, sur la Mayenne, auj. chef-lieu
du dép. de la Mayenne; anc. titre de
comté-pairie; concile en 1242; patrie
d'Ambroise Paré.

Un jeune bibliophile, M. Didier Delaunay, professeur à Laval, a bien voulu nous communiquer quelques notes relatives à l'histoire typographique de
cette ville. L'introduction de l'imprimerie à Laval
remonte à une date relativement assez reculée, c'est-
à-dire au milieu du XVIe siècle; l'introducteur de la
typographie fut un nommé Guy Martin, qui se qua-
lifiait d'imprimeur-libraire (Extr. d'anc. registres de
l'état civil); Jean Berthet et Hierosme le Monnier
lui succédèrent. Après eux, nous trouvons la fa-
mile des Ambroise, qui exercèrent jusqu'à la révolution.

Robert Cormier était imprimeur-libraire à Laval
en 1652, et prenait le titre d'*Imprimeur et libraire
ordinaire du Roy et de Monseigneur le duc de la
Trémoille*. Nous citerons de lui un *Règlement
pour le faict de la justice et expédition des arrêts
de la juridiction du Siège ordinaire de Laval*,
*tant de ce qui estoit cy-devant observé que de ce
qui a esté adjousté par le règlement*. Brochure
in-8°. On connaît encore de lui des *Bulles apostoliques sur la règle des Religieuses de Ste-Claire*,
*ladite règle et statuts des dames religieuses de La-
val*, in-4°; il avait pour marque typographique un
Cormier avec la devise : *Sorbus utilis inter ar-
bores*.

Aucun ouvrage de quelque importance n'est sorti
des presses de Laval; quelques livres de piété, de
petits volumes d'éducation religieuse, voilà ce que
produit la typographie dans cette ville pendant de
longues années. Un des Ambroise imprime en 1665 :
l'*Interprète de la nature, ou la science physique,
tirée d'Aristote et de S. Thomas, par Silatan*, in-
4° de plus de 500 p.; c'est peut-être le seul volume
un peu important qui ait été publié à Laval.

L'arrêt du conseil de 1704 supprime l'imprimerie
de Laval; mais, par suite d'une tolérance assez peu
justifiée, Ambroise obtint, le 31 décembre 1718, des
lettres et provisions nouvelles d'imprimeur.

Une tradition veut que les fameuses *Nouvelles
ecclésiastiques*, dont le lieu d'impression, resté impénétrable, fit le désespoir de Voyer d'Argenson et
de tous les argousins du royaume, aient été clandestinement imprimées à Laval; ces presses jansénistes
étaient, dit-on, établies dans une maison située au
pied de la tour Renaise; cette tradition ne semble
pas dénuée de fondement, car, à cette époque, le
vieux chapitre de St-Michel était fortement entaché
de jansénisme. Voy. *Documents relatifs à l'histoire
du comté de Laval... publiés par M. Godbert*, Laval, Godbert, 1860, gr. in-8° tiré à 100 ex. (Biblioth.
imp., réserve).

VALLIS JOACHIMICA, *Joachimsthal*, pet. ville
de Bohème.

VALLIS JUCUNDA, VALLIS JOCOSA, *Freudenthal*, abb. de Cîteaux, en Carniole.

VALLIS LILIORUM, *Dänicken, Tenniken*, abb.
de Cîteaux (f. 1257), du dioc. de Constance (Suisse).

VALLIS MAGNA, *Vallemagne*, bourg de Fr.
(Hérault), anc. abb. de Cisterciens, fondée en 1138.

VALLIS MARIÆ VIRGINIS, voy. MONAST. FRA-
TRUM VITÆ COMMUNIS.

VALLIS MAURIANA, voy. GAROCELIA VALLIS.

VALLIS OLETI, *Valladolid, Pincia otro tiempo llamada*, voy. PINTIA.

VALLIS OMNIUM SANCTORUM, *Allerheiligen*,
pet. ville du gr.-duché de Bade; anc.
abb. fondée en 1196 par Bernhard V
de Zähringen.

VALLIS PARADISI, *Espagnac*, commune du
bas Languedoc, avec une anc. abb.
du dioc. de Cahors, fondée en 1210
(Lozère).

VALLIS PARADISI, *Valparaiso*, anc. monastère de Cisterciens, dans le roy. de
Grenade (Espagne).

L'imprimerie dut exister dans cette abbaye; voici
un titre que nous empruntons à Antonio (*Bib. Nova I*, 799) : *Fr. Joannes Zazo, Vallisparadisi mo-
nachus Cisterc... edidit Hispanice : Historia y vidas de los santos que se celebran por todo el discurso del año en la Congregacion Cisterciense de
España. In ipso Vallisparadisi Cœnobio*, 1603.

VALLIS PENNINA [POENINA, Inscr.], VALLEN-
SIS PAGUS, *le Valais, Wallis*, canton de
Suisse.

VALLIS PUSTERIA, *das Pusterthal*, dans le
Tyrol.

VALLIS RODOLII CASTRUM [Litt. Joh. reg. a.
1351], VALLIS RUOLI, *Vau de Rueil*, depuis S. *Cir de Vaudreuil*, bourg et château de Normandie (Eure).

VALLIS ROMANA, *le Valromei*, anc. district
faisant partie du Bugey; cédé à la France en 1701, en échange du marquisat
de Saluces; compris auj. dans le dép.
de l'Ain.

VALLIS ROSARUM, *Roosendael*, anc. abb. de
Cîteaux, fondée en 1138, du dioc. de
Malines, auj. bourg du Brabant N. (Hollande).= *Rosenthal*, bourgs de Bohème
et de la Hesse Electorale.

VALLIS MASONIS, *Masmunster, Moise-Vaux
en Vosge*, abb. de chanoinesses de S.
Augustin, dans la Haute-Alsace, du
dioc. de Bâle (Haut-Rhin), et non point
de l'ordre de St-Benoît, comme nous
l'avons dit.

VALLIS SARENTINA, *das Sarenthal*, dans le
Tyrol.

VALLIS SOLIS, *Sulzberg*, bourg du Tyrol,
dans le Voralberg.

VALLIS TELLINA, *la Valteline, Veltlin*, anc.
prov. ayant appartenu à la Suisse, et
formant auj. la délég. italienne de *Sondrio*.

VALLIS TORTA, *Vautorte*, bourg d'Espagne,
près de Girone.

VALLIS TROMPIÆ, voy. COLLES VALLIS TRUM-
PIÆ.

VALLIS UMBROSA, *Vall'Ombrosa*, splendide vallée de Toscane, dans l'Apennin, à 12 kil. de Florence, dans laquelle s'élevait un célèbre monastère bénédictin, fondé par Jean Gualbert, en 1038.

Si l'on en croit Panzer, et le fait en lui-même n'a rien d'improbable, des presses furent montées dans ce monastère au commencement du XVIᵉ siècle; deux ouvrages sont signalés par le bibliogr. de Nuremberg : *Angelus Anachorita. Oratio pro Concilio Lateranesi, contra conventiculum Pisanum.* Ex Æremo Vallis Umbrosæ, M.D.XI. In-4º. Le second est décrit par M. Cotton avec soin, c'est un petit traité in-4º de 4 pages, intit.: *Epistolæ Angeli Anachoritæ Vallisumbrosæ Julio Papæ, Cardinali Sanctæ Crucis, Francorumque Regi pro Christiana unitate servanda.* Au-dessous une planche en bois représentant le fondateur de l'abbaye entre deux anges, puis deux écussons avec les mots : S. JOHANNES et GUALBERTUS; la pièce est sans sign., chiffre ni colophon, mais chacune des cinq épîtres est datée : « *Ex Æremo vallis umbrosæ*, M.D.XI. ». M. Cotton ajoute : « The language of the epistles is fulsome and servile to the Pope, but insolent to the Cardinal and the King. »

VALLIS URSARIA, *das Urserenthal*, en Suisse.

VALLIS VENUSTA, *das Münsterthal*, dans le canton des Grisons. = *Der Vinstgau*, en Savoie.

VALLIS VIRIDIS, *le Val-Vert* ou *Grœnendael*, dans la forêt de Soigne, près de Bruxelles (Brabant).

Anc. prieuré de chanoines réguliers de l'ordre de S. Victor de Paris (Augustins), réformé en 1407 (voy. Lambinet, pp. 335 et suiv.).

VALLIS VOSAGICA, *la Vallée des Vosges*.

Quel est le lieu d'impression dissimulé sous cette rubrique ? nous l'ignorons; mais, d'après la date et la désignation, il semblerait que le livre que nous allons citer ne pourrait guère être porté qu'à l'actif de St-Dié, seule ville de la vallée des Vosges qui ait possédé une imprimerie à cette époque (Toul et St-Nicolas du Port ne peuvent être compris dans la vallée des Vosges) : *Joannis Basini Novus conficiendarum Epistolarum, ac de arte dicendi modus et alii tractatus.* In Vosagica valle, MDVII, in-4º (cité par Panzer, d'après le catal. de Nicolas Rossi).

VALLUM, VALLES, *Vals*, bourg de Fr. (Ardèche).

VALONA, voy. AULON.

VALONIÆ, VALONGIA, VALOINGNES, *Valogne, Valognes*, ville de Fr. (Manche); située près de l'emplacement qu'occupait l'anc. ALAUNA [I. A., T. P.], sur les ruines de laquelle s'est élevé le village d'*Alleaume*.

VALBIACUM, *Valreas*, pet. ville de France (Vaucluse).

VALVATA [T. P.], station d'Étrurie, auj. *Fornacette*, sur l'Arno, bourg près de Pise [Mannert].

VANCIANA [I. Hier.], VATIANA [G. Rav.], voy. BATIANA.

VANDA, *Vandes*, commune de Normandie (Orne).

VANDALI [Jornand., Eutr., Proc.], VANDALII [Tac.], VINDILI [Pl.], Οὐάνδαλοι, Βάνδηλοι [D. Cass.], peuple germain, occupant les bords de la Baltique, entre l'Oder et la Vistule; branche de la famille générique des *Wendes*, dont la langue paraît s'être conservée dans une partie de la Lusace prussienne.

VANDALIA, VENDECA, VENSOLIA ; ces noms s'appliquent au district de *Wendsyssel*, dans le Jütland ; à un anc. duché de la Poméranie ducale ; à un autre duché situé dans le Mecklembourg, avec *Gustrow* comme capitale.

VANDALICI MONTES, τὰ Οὐανδαλικὰ ὄρη, *das Riesengebirge, les Monts Géants*, prolongement des Carpathes qui sépare la Bohême de la Silésie.

VANDALITIA, LA TERRE LANDALUF [Chron.], *Andalucia, l'Andalousie*, prov. d'Espagne, l'une des 12 capit. générales; avec *Séville* comme capit.; elle tire son nom des Vandales qui en chassèrent les Romains.

VANDOGARA, VANDUARA, Οὐανδούαρα [Pt.], ville d'Écosse, auj., suiv. Camden, *Paisley*, sur le Whitecart, ville importante du comté de Renfrew (voy. pour l'hist. de l'imprim. PAISLEY).

VANDOPERA, *Vandœuvre, Vendeuvre*, commune de Fr. (Vienne).

VANESIA [It. Hier.], station de la Gaule Aquitaine, entre Elusa et Aug. Ausciorum, probablement *Vic-Fesenzac*, dans le Gers (voy. FIDENTIACUM); suiv. qq. géogr., *St-Jean-Poutge*, commune du même département.

VANGIONES [Pl., Tac.], Οὐαγγίονες [Ptol.], peuple de la Germanie, sur le Rhin, dont la ville principale était *Worms*, AUGUSTA VANGIONUM (voy. VORMATIA).

VANNIA [Pl.], Οὐαννία [Pto.], dans la Gaule transpadane, sur l'Ollius, auj. *Venzone*, bourg de la délég. d'Udine.

VAPANES, Οὐάπανες [Str.], ville de l'île de Corse, auj. *Valpajela* [Reich.].

VAPINCENSIS.TRACTUS, *le Gapençais*, district du Dauphiné (Hautes-Alpes).

VAPINCUM [It. H., I. A., T. P.], VAPINCESIUM, BAPINCO [G. Rav.], VAPPINCUM [It. Aq. Apoll.], VALLIS PINGUIS?, CIV. VAPPINCENSIUM, VAPINCO [Monn. Mérov.], Civ. GUAPINCENSIUM [Mss. Nº s.], GALP [Chr. B. Dion.], *Gap*, ville de Fr., chef-lieu du dép. des Hautes-Alpes ; évêché. L'imprimerie ne remonte en cette ville qu'aux premières années du XIXe siècle, avec un proto-typographe du nom d'Allier.

Le *Breviarium vapincense* fut imprimé en 1499, sans nom de lieu ni d'imprimeur ; il est longuement décrit au 2e catal. Van-Praet, no 99, et au *Manuel* ; nous ne nous en occuperons point, mais nous dirons seulement que nous le croyons exécuté à Lyon.

VARA AEST., 'Ουάρα [Ptol.], VARAR, *the firth of Cromartie*, sur la côte orient. d'Ecosse.

VARACTUM, voy. GARACTUM.

VARADETUM [T. P.], station de la Gaule Aquit. I, dans le pays des Cadurci, auj. *Varaire*, commune de Fr. (Lot).

VARADINUM, MAGNO-VARADINUM, *Nagy-Varad*, en allem. *Gross-Wardein*, ville forte de Hongrie, chef-lieu du comitat de Bihar.

Vers 1585, Rudolph Hoffhalter, fils de Raphaël, imprimeur que nous avons déjà mentionné plusieurs fois, vint établir à Nagy-Varad la première imprimerie ; c'est du moins l'opinion d'un bibliogr. spécial, Jac. Ferd. Miller de Brassó, directeur du musée national hongrois, qui a consacré une monographie aux débuts de l'imprimerie à Nagy-Varad ; il appert cependant, des anciens catal., qu'une typographie fonctionnait en cette ville depuis 1557, mais les dates de ces produits anonymes des premières presses de Nagy-Varad sont contestées par plusieurs bibliogr., entre autres par Peter Melius ; nous devons donc nous ranger à l'opinion raisonnée de Miller de Brassó, et accepter Rud. Hoffhalter comme le prototypogr. de la ville : *Beregszaszti Petri, Ecclesiæ Varadiensis Ministri, Apologia pro Ecclesiis reformatis, actis impiis Synodi Sabariensis opposita : cum præf. ad illust. Transsilvaniæ præsides.* Varadini excudebat Rodolphus Hoffhalterus, 1585, in-8°.

Après la mort de Rudolph Hoffhalter, Nagy-Varad resta sans imprimerie ; mais, en 1640, Abraham Kertész de Szentes vint s'y établir et y travailla jusqu'à la prise de la ville par les Turcs. Le dernier ouvrage exécuté par ce typographe est une édition de la Bible hongroise : *Szent Biblia. az az : Istennec O es Ujj Testamentomában foglaltatott égész Szent irás Magyár nyelvre fordittatott Caroli Gaspar által*, etc. Varadon Kezdettetett nyomtatása (1660), in-fol.; quelques exempl. sont datés de Koloswar, 1661, voici pourquoi : cette édition avait été commencée à Nagy-Varad, sous la direction du comte Etienne Bethlen d'Iktar, mais les Turcs assaillirent la ville pendant l'impression, et une grande partie du tirage fut détruit ; l'imprimeur se sauva en Transylvanie avec tout ce qu'il put sauver d'exemplaires et y termina, en 1661, l'impression qu'il data de Koloswar.

VARAGRI, VERAGRI [Cæs.], Ουάραγροι [Str.], peuple confiné au milieu des Alpes Pennines et Graies, aux sources de la Durance, occupait une partie du *Valais* (Walliserland).

VARALLIUM, *Kirchdorf*, ville de la haute Hongrie [Graësse].

VARALLUM, *Varallo*, ville de l'Italie du Nord, chef-lieu du Val-Sesia, dans la div. de Novara.

Nous trouvons trace d'imprimerie en 1743 : *La nuova Gerusalemme, ossia il Santo Sepolcro di Varallo Sesio. con la descrizione istorica di ciascuna cappella (del Cav. Gio. Batt. Fassola).* Varallo, Draghetti, 1743, in-8° [Melzi, *Anon.* II, 256].

Falkenstein fait remonter l'imprimerie dans cette petite ville à 1604 ; nous n'avons point su découvrir sur quel titre il se fonde.

VARASDINENSIS PROCESSUS , *der Warasdinische district, le comitat de Warasdin*, dans la Croatie civile.

VARASDINUM, *Warasdin, Varasdin*, ville de la Croatie civile, sur la Drave, chef-l. de comitat (Autriche).

Varasdin, dit Németh, n'eut d'imprimerie qu'en 1774 ; un typographe de Vienne, nommé Johann Thomas Trattner, vint s'y fixer et y séjourna jusqu'en 1783 ; le bibliogr. hongrois cite comme premier produit de ces presses un ouvrage croate, dont nous donnerons les premiers mots : *Kratek Navuk Polog kojega..... je Anton Romanj.* Vu Varasdinu Stompara po Ivanu Thomassu Plem. od Trattnern. Czes. Kralj y Ap. Szvetl stamparu letto 1774. In-8° de 86 pp.

VARBURGUM , *Waarborg*, ville de Suède (préf. de Halmstadt).

VARCIANI, Ουαρκιανοί [Ptol.], peuple de la haute Pannonie, occup. le *Comit. de Varasdin*.

VARCILENSES [Inscr.], ville des Carpetani, dans la Tarracon., auj. *Varciles*, suiv. Ukert.

VARDO FL. [Sid. Apoll.], *le Gard*, affl. du Rhône.

VARDULI [Pl., Mela], peuple de la Tarracon., dépendant des Cantabres et occup. partie de la prov. actuelle de *Guipuzcoa*.

VARENNÆ, *Varennes-sur-Allier*, bourg du Bourbonnais (Allier). = *Varennes-en-Argonne*, commune de Fr. (Meuse); arrest. de Louis XVI, le 20 juin 1791.

VARESIUM, BARETIUM, *Varese*, bourg du Milanais, dans la délég. de Come, près du lac de ce nom.

VARIA [Pl.], Ουαρία [Str.], Ουάρεια [Ptol.], VERALA [I. A.], sur l'Ebrus, ville des Verones, dans la Tarrac., auj. *Varea* [Florez].

VARIA [Horat., T. P.], Ουάλερία [Str.], dans le Samnium, auj. *Vicovaro*, bourg de la Sabine, dans la délég. de Rieti.

VARIANA [I. A.]; Βαριάνα [Proc.], VARINA [Not. Imp.], dans la Dacie Ripuaire, auj. *Orcaja?*, dans la partie S.-E. de la Hongrie (Banat).

VARIANUM, VICUS VARIANUS [I. A.], bourg de la Vénétie, auj. *S. Pietro-in-Valle*, sur le Tartaro.

VARILLIUM, *Barilles, Varilles*, l'une des 16 châtel. de l'anc. comté de Foix, auj. bourg du dép. de l'Ariége.

VARINI [Tac., Pl.], peuplade dépendant

des Vandales, occupait partie du *Jutland*.

VARINIA, *Warden, Warda*, pet. ville du Danemark, dans l'évêché de Ripen.

VARISCI, VARISTI, NARISTI [Tac.], Οὐαριστοί [Ptol.], Ναρισταί [D. Cass.], peuple germain, occupant la partie du Haut-Palatinat et du roy. de Saxe, appelée autrefois le cercle du *Voigtland*.

VARMATIA, voy. WORMATIA.

VARMIA, *l'Ermeland*, anc. district. de la Pologne, auj. réuni à la Prusse.

VARSAVIA, VARSOVIA, *Nobilis imprimis et sedes Regum Poloniæ, Warszawa, Warsaw, Warschau, Varsovie*, anc. chef-lieu de la prov. de Mazovie, et capit. du roy. de Pologne, sur la Vistule ; archevêché ; université fondée en 1616, supprimée en 1831 ; biblioth. de plus de 100,000 vol.

L'imprimerie peut être reportée dans cette illustre et malheureuse cité à l'année 1578; le premier ouvrage que l'on soit à même de produire est, croyonsnous: *Litteræ a Serenissimo Rege Poloniæ Stephano civitati Gedanensi datæ Mariæburgi 16 Dec. 1577. post receptionem in gratiam. una cum jurejurando eiusdem.* Varsaviæ, 1578, in-4°, sans nom d'imprimeur, ou du moins il nous est inconnu ; l'opinion qui attribue l'impression de ce livre à Nic. Szarffenberger, typogr. de Cracovie, n'est pas justifiée ; on sait seulement qu'il accompagna à Varsovie le grand chancelier Zamojski, en qualité de typogr. officiel, mais il ne paraît point y avoir organisé d'établissement public.
En 1578, nous citerons encore : *Jana Kochanowskiego odprawa poslow* (le Congé des ambassadeurs grecs, tragédie). W Warszawie, 1578, in-4°, sans nom d'imprimeur.
En 1580, Hoffmann cite d'après la *Korona Polcka*, tom. II, p. 549 : *Casp. Niesiecki Iv. Kochanovii Oden de expugnatione Polociæ*. Varsaviæ, 1580, in-4°, mais toujours sans nom de typographe.
Vers 1620, c'est-à-dire à l'époque où les rois adoptèrent Varsovie comme résidence, Jean Rossowski fonde dans cette ville un établissement typographique important et durable ; il meurt vers 1633, et sa veuve lui succède ; cet imprimeur avait d'abord exercé à Posen.
Puis viennent Joannes Tzelpinski qui épouse la veuve de Rossowski, et prend le titre de *Typographus Regius* (1640); Petrus Elertus, musicien de la cour du roi Vladislas IV, dont l'imprimerie acquiert une grande importance, et qui obtient, le 12 janvier 1643, un privilège royal : « *Typographiam prelo ornatam et instructam esse cupientes, in animum induximus, ut Varsaviæ autoritate nostra offic. typogr. erigatur... ideo Petro Elerto de domo nostra regia bene merito, quo usibus nostris Varsaviæ inserviro possit, typographiam erigere et exercere in civit. nostra Varsaviensi per hoc privilegium concedimus et eumdem in typographiam nostram assumimus.* Ce privilège est confirmé par le roi Jean Casimir, en 1663, et par Jean III en 1675; mais déjà Pierre Elert était mort (1652) et sa veuve lui avait succédé.
Charles-Ferdinand Schreiber, établi à Varsovie depuis 1678, acquiert cette imprimerie en 1685, et la porte à un remarquable degré de perfection.
Nous devons mentionner à la même époque l'établissement d'une imprimerie à l'usage spécial du « *Collegium piarum scholarum* », et au

XVIIIe siècle, celle du collége des Jésuites, à laquelle le roi Auguste III accorda le titre d'imprimerie royale ; après la suppression de cet ordre en Pologne, en 1772, l'imprimerie passa à la commission d'éducation.
En 1756, Laurent Mitzler de Kolof, médecin de Varsovie et historiographe du roi, s'établit imprimeur : ce fut lui qui publia les premiers journaux et revues littéraires du pays.
Nous devons en partie ces renseignements à un jeune Polonais érudit, M. G. Pawlowski, attaché à la maison F. Didot.

VARTEMPA FL., *la Gartempe*, riv. de Fr., affl. de la Creuse.

VARUNUM, voy. IDUNUM.

VARUS FL., Οὐάρος [Str.], VARUM [Mela], dans la Gaule Narbon., auj. *le Var*.

VARUSA FL. [T. P.], affl. du Pô, dans la Cisalpine, auj. *la Stura* ; une riv. du même nom afflue au Tanaro.

VASA, *Wasa*, ville de Russie, sur la Baltique [Finlande]. = Un village qui porte ce nom, en Suède, dans la prov. de Stockholm, est regardé comme le berceau de la famille royale de ce nom.

VASATES [Amm. Marc.], VACATES [Cæs.], BASABOCADES [Pl.], peuple de la Gaule Aquit., occup. le VASATENSIS AGER, le *Bazadois*; district de l'anc. Gascogne.

VASATUM, CIV. VASATICA, VASATECA, VESATECA, VASATIS CIVE [Monn. Mérov.], BASATUM, anc. COSSIO VASATUM [Auson.], Κόσσιον [Ptol.], ville des Vasates, dans la Novempopulanie, *Bazas*, ville de Fr. (Gironde); anc. évêché ; concile en 442.

L'imprimerie peut être reportée dans cette ville à 1530 : *Opus quod baptista saluatoris nū∥cupatur∣in suum ordinem et debitam ∥ formam redactum ∣ suadentibus domi∥nis canonicis et capitulo insignis ecclc∣sie Basateñ. cū rubricis ac fideli emen∥datione∣tum marginali allegationum∥ quotatione∣et aliorum nuper accessio ∥ ne perfectum.*
Impressum Uasati per Claudium∥garnier. Anno dñi M.CCCC.XXX'. Pet. in-4° goth. de IV, 43 ff. plus un f. non chiffré qui contient des vers latins « *ad lectorem* ».
La biblioth. de Ste-Geneviève possède de ce livre rare un bel exempl. sur vélin qui lui a été légué par le cardinal Le Tellier.
Cette typographie de Claude Garnier à Bazas nous semble n'avoir eu qu'une existence temporaire.
Au XVIIe siècle, le grand imprimeur de Bordeaux, Millanges, y établit une succursale : *Essays de Jean Rey, docteur en médecine...* A Bazas, Millanges, 1630, pet. in-8° (cat. la Vall.-Nyon, II, n° 4839. — Maleville, *biblioth. du Périgord*, p. 49).
Nous ne trouvons pas d'autre trace d'imprimerie; la ville ne figure ni aux arrêts du conseil du XVIIIe siècle, ni au rapport fait à M. de Sartines.

VASCONES [Pl.], Οὐάσκωνε;, [Str.], Οὐάσκωνε; [Ptol.{, WASCONI [Greg. Tur.], peuple de la Tarracon., occupait le pays qui forme auj. la *Navarre* et partie de la *Biscaye*, émigrèrent au VIe s. dans la Novempopulanie, et donnèrent au territ. qu'ils occupèrent le nom de. VASCONIA, qui devint *Gascogne*.

VASIO [Mela, Pl.], Οὐασίων [Ptol.], VASIO NOVA VOCONTIORUM, AERIA VOCONT., VASIONUM, CIV. VASIENSIUM, capit. des Voconces, dans la province viennoise, *Vaison*, anc. dépendance du Comtat-Venaissin, auj. pet. ville déchue dans le dép. de Vaucluse.

Le catal. Baluze (I, nº 5652) nous donne l'indication suivante : *Josephi Mariæ Suaresii diatriba de flabellis pontificiis.* Vasioni, 1652, in-4º. Nous ne trouvons pas d'autre trace de cette typographie, qui n'a pu être qu'accidentelle, si le lieu de l'impression même n'est point déguisé.

VASSIACUM, VASSIACAS, voy. VADICASSES.

VASSOBRUNNENSIS ABBAT., *abb. de Wessenbrunn*, en Bavière.

VASTALIA, voy. GUARDISTALLUM.

VASTINENSIS COMIT., voy. GASTINENSIS PAGUS.

VATANIUM, *Vatan*, gros bourg de Berry (Indre).

VATILONNUM, *Vallon*, bourg de Fr. (Sarthe).

VATRENUS FL. [Pl.], voy. BADRINUS.

VATZIA, voy. VACIUM.

VAUDILIGETUM, *Villa regalis*, *Vauloye*, *Vauvoy*, commune de Bourgogne (Saône-et-Loire).

VAURUM, VAVRUM, VAURICUM, VERAL (?), *Lavaur*, ville de Fr. (Tarn), sur l'Agoût, conciles en 1213 et 1368.

Nous trouvons trace d'imprimerie dans cette ville en 1672 seulement : *Statuts synodaux de Michel Amelot, évêque de Lavaur.* Lavaur, 1672, in-4º (cat. Baluze, I, nº 2764); nous n'avons point su trouver ce volume dans le P. Lelong.

VECLÆPONTUM, *Vöklabruck*, ville d'Autriche, sur l'Agger (cercle de l'Inn.).

VECTIS INS. [Pl.], VECTA [Eutrop.], ICTIS [Suet.], Οὐηκτίς [Ptol.], Ἰκτίς [Diod.], l'*Ile de Wight*, sur la côte S. d'Angleterre (comté de Southampton).

Quelques volumes, dont le plus ancien ne paraît pas remonter plus haut que 1782, sont imprimés sous la rubrique : « *Isle of Wight* »; ils sont probablement sortis des imprimeries de Cowes ou deNewport.

VEDASUS FL., *la Bidassoa*, voy. MENLASCUS.

VEDELIA, VEJELLA, *Weile*, *Wedle*, ville du Danemark (Jutland).

VEDIANTII [Pl.], Οὐεσδιάντιοι [Ptol.], peuple de la Ligurie, occupait le *Comté de Nice* (Alpes-Marit.).

VEDRA FL., Ὀυίδρα [Ptol.], dans la Britannia Major., auj. *the Weare*, affl. de la Mersey.

VEGIA, VEGIUM [Pl.], Οὐέγια [Ptol.], ville de la Liburnie, auj. *Vezzo*, dans la Dalmatie.

VEJI [Liv., Cic.], Οὐηία [Dion. H.], *Véies*, antique cité de l'Etrurie, rapprochée du Tibre et du Latium, qui lutta énergiquement contre les envahissements de Rome, et fut si complétement détruite l'an 474 av. J.-C., qu'au temps de Florus il n'en restait aucune trace.

VELACUS, *loci Velacorum*, VELLACO VICO ; le nom fr. de *Velay* est celui qui répond à VELLACO, dit M. Quicherat; on trouve sur le terroir de *Beneuvre*, commune de la Côte-d'Or, l'emplac. d'une ville antique, qu'on désigne sous le nom de *En Velay*.

VELATODURUM [It. A.], station des Sequani, dans la Gaule lyonnaise, auj. *Pontpierre*, commune de Fr. (Moselle). Reichard place cette station près du *Valdahon*, commune du dép. du Doubs.

VELDIDENA [I. A.], VETONINA [T. P.], station de la Rhætie, auj. *Wetten*, bourg du Tyrol, près d'Insbruck ; anc. monastère avec une riche biblioth.

VELDKIRKIUM, VELCURIA, voy. FELDKIRCHA.

VELECASSINO [Monn. Mér.], voy. CALVUS MONS.

VELIA, voy. ELEA.

VELINUS FL. [Virg.], fl. du pays des Sabins, auj. *Il Velino*, des Apennins au VELINUS LACUS [Tac.], auj. *Pie di Luco*.

VELIOCASSES, Οὐελιοκάσιοι [Ptol.], BELLOCASSI [Cæs.], VELOCASSES [Cæs.], VELLOCASSES [Pl.], peuple de la Gaule Belgique, occupant le territ. compris sur la rive droite de la Seine, entre les Bellovaci et les Lexovii, appelé depuis VELIOCASSINUS PAGUS, VILCASSINUS, *Veuguessin* (au XIVe s.), le *Vexin*, qui comprend partie du dép. de l'Eure, de la Seine-Inf. et de Seine-et-Oise.

VELITRÆ [Liv.], Οὐέλιτραι [Str., Dion. H.], ville des Volscæ, dans le Latium. auj. *Velletri*, au S.-E. de Rome, chef-lieu de légation.

C'est en 1638 que nous trouvons trace pour la première fois d'une imprimerie dans cette ville épiscopale : *La Rosalba, comedia del sig. Angel. Scaramucci.* Velletri, 1638, in-12.

En 1644, nous trouvons un nom d'imprimeur : *Theatro historico di Velletri, insigne città e capo de' Volsci, del Rev. P. Bonaventura Theuli, Velletrano; diuiso in tre libri, ne quali si narrano molte cose antiche e moderne di Velletri.* In Velletro per Alfonso dell' Isola, 1644, in-4º (Haym, bibl. Aprosiana, p. 554, etc.); l'auteur devint archevêque de Mira.

VELLAUNODUNUM [Cæs.], VELLAUDUNUM (sur qq. mss.), dans la Gaule Lyonnaise, ville des Senones, dont la position actuelle n'est pas déterminée; *Beaune-la-Rollande*, bourg du Loiret, suiv. d'Anville et l'abbé Belley; *Château-Landon*, ville du dép. de Seine-et-Marne, suiv. Reichard et autres géogr.

VELLAVA [Grég. Tur.], VELLAVORUM CIV., voy. ANICIUM.

VELLAVI [Cæs.], VELLAUNI, Ουέλλαοι [Str.], Ουέλαυνοι [Ptol.], peuple de la Gaule Aquitaine, dont le territ. s'est depuis appelé *Velay*, VELLAVUM, auj. partie du dép. de la Haute-Loire.

VELLEIA, VELLEIATIUM OPPID. [Plin.], ville des Velleiates, près de Placentia, auj., suiv. Antolini, *Villoe*, bourg d'Italie, près du Nura (anc. D. de Piacenza).

VELLICA, Ουέλλικα [Pt.], ville des Cantabres, dans la Tarracon., auj. *Villelba*, bourg au N. d'Aguilar de Campo.

VELLOCASSES, voy. VELIOCASSES.

VELSATUM FISCUS, VEOSATUM [Ann. Bert.], *Viset*, commune près de Liége (Belgique).

VELSBILLICUM, *Welschbillich*, pet. ville de la régence de Trèves, dans la Prusse Rhénane.

VELTELINA, voy. VALLIS TELLINA.

VEMANIA [I. A., T.P.], VIMANIA [Not. Imp.], dans la Vindélicie, auj. *Wangen*, pet. ville du Wurtemberg (Donaukreis).

VENAFRUM [Pl., Cic., It. A.], Ουέναφρον [Str., Pt.], ville pricipale des Hirpins, dans la Campanie, dont on fait remonter l'origine jusqu'à Diomède, auj. *Venafro.* sur le Volturno, ville épisc. du Napolitain (Terra di Lavoro).

VENANTODUNUM [Not. Imp.], ville de la Bretagne Romaine, qu'Andrews dit être auj. *Huntingdon*, ville d'Angleterre, chef-lieu de comté, sur l'Ouse ; patrie d'Olivier Cromwell.

VENARIA INS. [Pl.], île de la mer Tyrrhénienne, près de l'île d'Elbe, auj. *Isola Cervoli.*

VENASCA, voy. VINDANSIA.

VENASSINUS, VINDASCINUS COMITATUS, *le Comté Venaissin*, ou le *Comtat*, anc. prov. française livrée par les rois de France à la domination papale, de 1273 à 1791, - comprise auj. dans le dép. de Vaucluse.

VENDELIA, voy. VINDELEIA.

VENDELINI AUGIA, *Wantzenau*, commune d'Alsace (Bas-Rhin).

VENDEMIS, voy. VIMINIACUM.

VENDERÆ, VENDERIA *villa regia, partim Mettensis, partim Tullensis territ.*, VENDERIÆ, *Vandières*, commune du dép. de la Meurthe, à 7 kil. N. de Pont-à-Mousson, anc. palais mérovingien et carlovingien.

Un typographe de Pont-à-Mousson, Gaspard Bernard, fuyant une épidémie qui sévissait dans cette ville, paraît avoir momentanément imprimé dans ce village : *Vindiciæ Communitatis Norbertinæ antiqui rigoris. Auct. R. D. Joanne Midotio doctore...* Apud S. Stephanum de Venderiis. Per Gasparem Bernardum Vniuersitatis Mussipontanæ typographum, M.DC.XXXII. Petit in-4° composé de IX, 98 et 246 pp., séparées par un feuillet blanc (voy. M. Beaupré, *Impr. lorraine*, p. 420).

VENDOCINUM, voy. VINDOCINUM.

VENDOGRÆCIUM, *Windischgrätz*, ville de Styrie (cercle de Cilly); titre de principauté (Autriche).

VENDONESSA, VINDONISSA, CASTRUM VINDONISSENSE, *Windisch*, village de Suisse (Cant. d'Argovie) ; siége primitif de l'anc. év. de Constance, détruit en 570 par les Allemands.

VENDOPERA *fiscus regius*, VENDOVERA, VINDOVERA [Monn. Mér.], *Vendœuvres, Vendeuvre*, pet. ville de France (Aube); il y a un bourg du même nom dans le dép. de l'Indre.

VENDRARIÆ, *Villa Regia, Verrières*, commune de l'île de France (Seine-et-Oise); un grand nombre de localités portent également ce nom.

VENE, *Amstelveen*, ville de la Hollande Septentr., près et au S.-O. d'Amsterdam.

VENECIUM, voy. VENTIA.

VENEDÆ [Pl.], Ουενίδαι [Pt.], VENEDI [Tac.], *les Wendes*, peuple de la Sarmatie Europ., habitant la rive droite de la Vistule, près du SINUS VENEDICUS, embouchure de ce fleuve.

VENELI, Ουένελοι [Ptol.], VENELLI [Pl.], UNELLI [Cæs.], peuple de la Gaule Lyonnaise, occupant en partie l'arrond. de Valognes (Manche).

VENERIS, *Vendres,* commune de Fr. (Hérault).

VENERIS MONS, Ἀφροδίσιον ὄρος, au N. du Tage, dans la Tarracon., auj. *La Sierra de Avila.*

VENERIS PORTUS, voy. PORTUS.

VENERIS PROM., *Cabo Creuz, cap de Creus,* dans la Catalogne, c'est le cap le plus à l'E. de l'Espagne.

VENETES, VENETI [Cæs.], Ουένετοι [Str.,

Ptol.|, peuple de la Gaule Lyonn. III, occupait partie du dép. du *Morbihan*, avec *Vannes* comme ville principale.

VENETI [Liv., Mela, Pl., Tac.], Οὐένετοι [Plut., Polyb., Str.], *les Vénétes*, peuple de l'Italie Septentr., occupant les côtes N.-O. de l'Adriatique, auj. *la Vénétie* (d'origine slave).

VENETIA, voy. DARIORIGUM.

VENETIA [Liv., Plin., Vell. Pat.], VENETIÆ [P. Diac., Jorn.], Οὐενετία [Ptol., Proc.], PORTUS VENETUS, anc. capit. des Vénètes, *Venise, Venezia, Venedig* (allem.), *Venice* (angl.), ville de l'Italie, chef-lieu de délégation, bâtie au milieu des lagunes et sur 80 îlots de l'Adriatique ; l'une des villes les plus justement célè-bres de l'Europe par les souvenirs histo-riques et artistiques que son nom glo-rieux évoque ; sur les livres des dia-lectes illyrien et esclavon elle est appe-lée *Mleczi, Bnezieh, Mnezik* et *Mljetka*; en vénitien on écrit quelquefois *We-nez* ; en grec moderne Ἐνετία; en turc, Βενετεκίχτε, etc.; archevéché, bibliothè-que célèbre (la Marciana), archives précieuses au couvent des Frari, etc.

Dans l'impossibilité où nous nous voyons de résu-mer avec brièveté, mais en même temps avec une clarté suffisante, l'histoire typogr. de la ville des Doges, d'analyser les innombrables documents im-primés et mss. qui sont entre nos mains, documents dont l'énumération seule nous entraînerait trop loin, nous nous bornerons à enregistrer sous forme de sèche nomenclature les faits acquis à l'histoire d'après leur ordre chronologique, et nous renver-rons le chercheur, pour plus amples détails, aux sources officielles que nous indiquerons avec soin.

Le sénat de Venise (*Pregadi*), sur la proposition des *Riformatori allo studio di Padova*, concède au typogr. Jean de Spire, qui, traînant à sa suite une famille nombreuse, avait quitté les bords du Rhin pour venir chercher fortune par-delà les monts, un privilège dont chaque mot à son prix, comme tous les décrets fortement motivés rendus par cet illustre aréopage républicain ; nous n'en rapporterons que les premières lignes, car ce privilège, publié pour la première fois par Jac. Morelli, le savant biblioth. de la Marciana à la fin du siècle dernier, a été réimpri-mé par tous les bibliogr. modernes : *Inducta est in hanc nostram inclytam civitatem ars impri-mendi libros, in diesque magis celebrior et frequentior fiet, per operam, studium et ingenium Magistri Ioannis de Spira, qui ceteris aliis ur-bibus hanc nostram prælegit, uti cum conjuge, li-beris et familia tota sua inhabitaret exerceretque dictam artem librorum imprimendorum : Jamque summa omnium commendatione impressit* EPISTO-LAS *et nobile opus* PLINII DE NATURALI HISTORIA *in maximo numero, et pulcherrima litterarum forma, pergitque quotidie alia præclara volumi-na imprimere...*

Ce privilège, le plus ancien dont il soit fait men-tion, nous donne les titres des deux premiers livres imprimés à Venise : M. TVLLII CICERONIS EPISTOLÆ AD FAMILIARES. In-fol., en beaux car. romains de 14 points typogr. environ, de 125 ff. de 40 et 41 lign. à la page entière, sans chif., récl. ni signat., avec deux fers de lance comme marque de papier ; à la fin, on lit ces vers célèbres ;

Primus in Adriaca formis impressit aenis
Urbe libros Spira genitus de stirpe Iohannes, etc.
M.CCCC.LXVIIII.

sans date de mois ni de jour.

Cette précieuse édition fut réimprimée la même année, in-fol. de 135 ff. à 41 lign. à la page ; la souscription diffère :

Hesperie quondam Germanus quosque libellos
abstulit, etc.

(voy. A. Bernard, les cat. Renouard, Bearzi, etc.).

Mais faut-il traduire le dernier vers de la sous-cription :

..... *quarto nam mense peregit*
Hoc tercentenum bis Ciceronis opus

par « en quatre mois, il donna deux éditions de ce livre de Cicéron à 300 exempl. », ou littérale-ment ainsi : « le quatrième mois, il termina ce trai-té de Cicéron, tiré à deux fois trois cents exempl. » ? Le fait est d'ailleurs insignifiant.

L'HISTORIA NATURALIS de Pline, qui vient ensuite, est admirablement exécutée ; il est à regretter seu-lement que, faute de caractères grecs, l'imprimeur ait laissé en blanc les mots à composer en cette lan-gue, et les ait fait remplir à la main.

Jean de Spire mit encore sur le chantier une édi-tion de la *Cité de Dieu* de S. Augustin, mais il n'en vit pas la fin : « *Subita sed morte peremtus non po-tuit ceptum Venetis finire volumen ;* » ce fut son frère, non moins illustre, Vindelin, qui la termina ; mais le privilège accordé par le sénat au prototy-pographe était expiré avec lui ; et sur le registre origi-nal, où l'on peut lire encore aujourd'hui cette pièce précieuse, on lit en marge, d'une écriture contem-poraine : « *Nullius est vigoris, quia obiit magister et auctor.* »

Vindelin de Spire, digne héritier du nom, du talent et de la gloire de son frère Jean, dirigea l'atelier jusqu'en 1477 ; Naudé prétend, mais sans preuves à l'appui de cette assertion, qu'après 1477, Vindelin revint se fixer dans sa ville natale, et même qu'il y fonda un établissement typographique. C'est à ce grand imprimeur qu'on doit, entre cent chefs-d'œu-vre, l'impression de la BIBLE DE MALLERMI, en 1471, 2 vol. in-fol., dont un infiniment précieux ex. sur vélin est conservé dans l'admirable biblioth. du duc d'Aumale, à Twickenham.

L'année même où mourut Jean de Spire, arrivè-rent à Venise Christophe Valdarfer de Ratisbonne et le Tourangeau Nicolas Jenson, auquel le bibliogr. Sardini a consacré une longue et consciencieuse monographie, qui ne forme pas moins de trois par-ties en un vol. in-fol. (Lucca, 1796). C'est à ce grand artiste que l'on doit les plus grands perfectionne-ments typographiques. Nous ne pouvons pas ne pas mentionner ici l'une des productions les plus célè-bres, le DECOR PUELLARUM, qui, par sa fausse date de M.CCCC.LXI, a donné lieu au patriotisme italien de soulever d'ardentes polémiques ; il n'y avait qu'un x d'omis, le livre est de 1471.

Le premier volume exécuté par Valdarfer est le CICERO, DE ORATORE, de 1470, in-fol. de 72 ff. non chif. à 40 lig. ; mais le livre le plus célèbre qu'il ait exécuté est incontestablement la première édi-tion du DÉCAMÉRON, en 1471 ; tous les bibliophiles savent par cœur les titres de gloire de ce précieux incunable. Vardarfer quitte Venise en 1474 et va s'établir à Milan.

Parmi les innombrables typogr. qui font de Ve-nise, aux XVe et XVIe siècles, le plus vaste *empo-rium* de livres du monde entier, nous citerons quel-ques noms seulement : en 1471, Jean de Cologne qui, probablement, ne fait qu'un avec Jean du Rhin ; le prêtre Clément de Padoue, le premier Italien, dit-on, *qui typographiam didicerit* ; Leonard Achates, de Bâle, que nous avons déjà signalé à Saint'Orso, et que nous retrouverons à Vicence ; Franck Renner de Hailbrunn (1472), dont le premier livre imprimé est un *Quadragesimale Roberti de Licio*, in-fol. de 270 ff.; Gabriel Petri de Trévise, le prototypogr. d'Udine, qui signe, un peu plus tard , Gabriel quondam Petri ; Jacques le Rouge, Français déjà cité, qui signe en latin Jacobus Rubeus, en italien Jacobo de' Rossi ; en 1477, un certain Guillaume le Franc ou le Coq (Gallus), que Panzer soupçonne être Guillaume le Roy, de Lyon, ce qui matériellement est impossible, ce dernier n'ayant point reçu le don d'ubiquité; Erhardt Ratdolt d'Augsbourg, qui se sert de caractères gravés et fondus par Nicolas Jenson, et que l'on retrouve, en 1488, établi dans sa ville natale ; le célèbre Gérard de Flandre, imprimeur d'humeur errante, que nous avons eu bien des fois l'occasion de mentionner ; Regnauld de Nimègue; Domenico Siliprandi ; Boninus de Boninis; Giov. et Greg. de Gregoriis, de Forli ; Pierre Maufer, le Rouennais ; Octav. Scoto, de Monza ; Bernardino Veneto de Vitalibus; Antonio de Strata, de Crémone ; Andrea Torresano de Asula, le beau-père d'Alde l'ancien ; Johann Manthen de Gernsheim, un compatriote de Schoiffer; Joh. Herbord de Siligenstadt; Bautista de Tortis; Hermann Lichtenstein, de Cologne, qui imprime aussi à Vicence ; Henry de Haarlem ; Jehan de Liège en 1483 (nous avons déjà vu un imprimeur de ce nom à Valenciennes en 1500, et Jehan du Liège à Tours, en 1496; tout cela pourrait ne faire qu'un); Jac. Anton' Giunta, le chef de l'illustre famille des Juntes, qui rayonna sur l'Italie au XVIᵉ siècle, et étendit ses rameaux jusqu'en France en même temps qu'en Espagne ; Jean-Baptiste de Sessa, natif de Milan ; c'est aussi l'ancêtre d'une nombreuse génération d'excellents imprimeurs ; Jacopo, Alessandro et Hieronymo Paganini, de Brescia; Jean Emeric de Udenheim, près de Spire (1487-1494): ce pourrait être le fils ou le neveu du prototypographe vénitien, et c'est à lui que M. Aug. Bernard attribue l'impression du célèbre *Tacite*, s. d., si connu parce qu'il passe pour être le premier livre qui offre des réclames; le grand Aldus Pius Romanus (1493-1515), dont l'illustre Francesco Raibolini, detto il Francia, ne dédaigna pas de graver les charmants caractères italiques, dont usa pour la première fois en 1501, Alde, le chef de la plus illustre famille d'imprimeurs qui ait existé (nous n'exceptons ni les Estienne, ni les Juntes, ni les Elzevirs, ni les Didot); d'innombrables travaux bibliographiques ont été consacrés à ces grands typographes ; Zacharias Caliergi, savant crétois, auquel on doit d'admirables livres grecs, entre autres l'*Etymologicon magnum* de 1499 ; Aloisio et Francesco de Rubeis, ou le Rouge; nous en passons et des meilleurs, et tout cela pour le XVᵉ siècle seulement ; le mouvement est prodigieux ; en 31 ans, en comptant les imprimeries claustrales, on voit rouler les presses dans plus de deux cents établissements typogr.: c'est un exemple unique à enregistrer dans les annales de l'histoire. Paris, pendant le même laps de temps, ne peut guère présenter que 80 à 85 imprimeries; Milan, 60 environ ; Lyon, à peu près autant; quant à Rome, Bologne et Florence, elles ne dépassent guère la quarantaine ; Venise a plus de 200 !

Au XVIᵉ siècle, la grande famille des Aldes et celle des Juntes jettent sur Venise un incomparable éclat; Bomberg, d'Anvers, fonde, en 1515, une admirable imprimerie hébraïque; les Sessa, les Sabio, Franc. Marcolini, soutiennent noblement le renom de la typogr. vénitienne; et l'on peut citer encore Bernardino de' Vitali, Nicol. d'Aristotile detto il Zoppino (ou le Boiteux), Vincenzo Valgrisio (un Français, celui-là, Vaugris), qui prend comme enseigne : « *Il segno d'Erasmo* », et Domenico Zio, et cent autres.

Mais le nombre et la prospérité des imprimeries s'en vont peu à peu diminuer avec la force et le prestige de la noble république, et quand Venise, perdant son importance politique, ne fut plus qu'une ville de plaisirs, sa typographie s'annihile, et ne produit plus que des pamphlets, des ordures et des contrefaçons.

Les imprimeries claustrales de quelque importance à Venise sont d'abord celles du couvent des moines Gris de l'ordre des Frères Mineurs Augustins (*Beretin convento di casa grande*, Berettino, Gris, c'est la couleur de l'habit); voyez au *Manuel* : *Fior di Virtù*, 1474-1477; celles des sœurs converties (*moniale convertite*) au XVIᵉ siècle, qui souscrivaient leurs impressions : « *Moniales pœnitentes vulgò convertitæ nuncupatæ emendebant Venetiis in proprio cœnobio* »; celle des Chartreux de S. Andrea del Rivo, dont nous avons déjà parlé (voy. MONASTERIUM).

Un grand nombre de perfectionnements typogr. fort importants sont dus aux imprimeurs vénitiens ; nous citerons le premier usage des signatures: CALDERINI *Comment. in M. V. Martialem*, impr. Venetiis opā et ꝺpēdio Johannis de Colonia, 1474, in-fol.

VALERIUS MAXIMUS, de la même date et du même imprimeur, qui a des signatures à tous les cahiers, et peut-être faut-il placer en première ligne le *Comment. sur le Code de Guy d'Ubalde*, toujours du même imprimeur, qui offre cette particularité que les signatures ne commencent qu'au milieu du vol. (voy. Marolles et Dr Middleton).

Nous ne devons pas oublier qu'à la même date, à Cologne, le traité *de Restitutionibus de Fr. de Platea*, paraissait imprimé par Jean Kolhoff, avec des signatures; n'y a-t-il pas dans cette simultanéité et dans ce rapprochement de noms un fait curieux à étudier?

Le *Tacite*, imprimé s. d. pour Vindelin de Spire, par J. Emeric d'Udenheim ? en 1468, disent les ambitieux, qui en donnent l'impression à l'aîné, Jean de Spire; en 1470, disent quelques bibliographes raisonnables et raisonnant; vers 1487, dit M. Bernard; porte des réclames, non pas seulement à la fin de chaque cahier, mais au bas de tous les feuillets, ce qui est au moins surabondant; dans le cas plus que probable d'impression par Vindelin de Spire, vers 1470, ce livre serait le premier qui porterait des signatures; n'oublions pas d'ajouter que c'est l'édition princeps du plus mâle et du plus fier des historiens.

Le premier livre qui présente à la fois des chiffres, réclames et signatures, est le *Sancti Hieronymi Epistolæ*, imprimé en 1488, par Andrea Torregiano d'Asula, 2 vol. in-fol.

Citons encore le *Fasciculus medicinæ de J. de Ketham*, Ven. Gr. de Gregoriis, 1491, in-fol., premier livre où se voient des fig. d'anatomie. — *Questa e vna necessaria a totti li nauigāti ... libro chiamado Portolano*. Impr. in la citade de Venexia per Bern. Rizo da Nouaria stampador, 1490, pet. in-4° goth., premier portulan imprimé.

Le 25 mai 1498, le sénat de Venise accorde un privilége à Ottaviano Petrucci pour sa découverte de l'imprimerie musicale en caractères mobiles et fondus; le premier livre mis au jour par ce privilège typographe paraît être : MOTETTI XXXIII. Venetiis per Oct. Petruccium, 9 maji 1502, in-4° obl.

Quelques-uns des premiers livres slaves ont exécutés au commencement du XVIᵉ siècle, à Venise, qui possédait aussi des fontes de caractères cyrilliques ; Bachmeister cite quelques-uns des rares produits de cette imprimerie aux dates de 1527, 1547 et 1583.

Quant aux livres précieux, aux livres curieux, aux éditions princeps des classiques grecs, latins, italiens, *nomen illis Legio*, nous ne parviendrions jamais à tout citer; mais nous avons déjà excédé les bornes d'un article, et nous nous hâtons de finir.

Quelques-uns des livres les plus importants à consulter pour l'histoire de l'imprimerie de Venise, sont: *Raccolta de' parti, prese in diversi tempi, in materia di stampe*. Venise, in-4° s. d.; c'est le recueil des édits et ordonnances du conseil des X, des Pregadi (sénat), etc., de 1517 à 1697. — *Parte presa nell' Eccell. conseglio de' Pregadi*. 1603, a dì 11 maggio (très-intéressant, mais ne peut être analysé et mériterait les honneurs de la réimpression); P. Justiniani, *Hist. Veneta*, 1560, in-fol.; Jac. Morelli, *Operette*, Venegia, 1820, 3 vol, in-8° ; Sardini, Lucca, 1796-98, 3 part. in-fol.; Gamba, *Serie dei Testi*, 1828, in-8°; Paitoni, Venezia, 1772, in-8° (c'est l'un des protagonistes du *Decor Puellarum* de 1461 ; Pellegrini, *della prima Origine della stampa di Venezia*, 1794, in-8°, et les monographies spéciales, Renouard, les *Aldes*; Ant. Schmid, *Ottav. dei Petrucci* ; Zacaria, *Marcolini* ; Panizzi, *Francesco da Bologna;* Apostolo Zeno; Fontanini ; Mazzuchelli ; à tout ceci joignez Panzer, Maittaire, la Serna Santander, Lichtenberger, Amati, Mercier de St-Léger, Orlandi, et *tutti quanti,* et les savants qui ont compulsé et résumé tous ces travaux, Falkenstein, Aug. Bernard, F. Didot, et bien d'autres de moindre importance dont les noms nous échappent, mais dont l'instinct nous a guidé et dont les recherches nous ont servi.

VENETICÆ INS. [Pl.], groupe d'îles sur la côte O. de la Bretagne, *Belle-Isle, Houat, Hœdik,* etc. (Morbihan).

VENETUS LACUS, voy. BODAMICUS.

VENIATIA [I. A.], ville des Callaici, dans la Tarrac., *Vinhaès,* bourg de la Galice.

VENICONES, Οὐενίκοντες [Ptol.], peuple de la Britannia Barbare, occupait le *comté d'Aberdeen* (Ecosse).

VENITTA, *villa regia, Venette,* commune de France, près Compiègne (Oise).

VENLOA, VENLONA, *Venloo,* ville forte de Belgique, sur la Meuse (Limbourg).

VENNICNIUM PROM., Οὐενίκνετον [Pt.], cap. du pays de Vennicnii, en Irlande, sur la côte N., auj. *Malin-Head* [Camden].

VENNONES, Οὐέννωνες [Pt.], VENNONETES [Pl.], peuple de la Vindélicie, occupait partie du *Canton des Grisons.*

VENNUM, dans la Gaule Cisalpine, auj. *Fano,* suiv. Reichard ; voy. FANUM.

VENTA, Οὐέντα [Ptol.], VENTA BELGARUM [I. A., Geo. R.], depuis VINTONIA, VINCONIA, en saxon *Wingaceaster,* au XIIᵉ s. *Vendecestre,* depuis *Wingester,* ville de la Bretagne Romaine, auj. *Winchester,* chef-lieu du comté de Southampton, au S.-O. de Londres; monast. de Bénédictins ; evêché ; anc. capit. de l'Angleterre, au temps de l'heptarchie saxonne.

Si l'on s'en rapportait à la souscription d'un volume qui figure au n° 6376 de la 2ᵉ vente R. Heber, on ferait remonter l'imprimerie dans cette antique cité à 1545 : *The rescuing of the Romische fox, and the seconde course of the hunter at the Romische fox and his advocate,* publié par Will. Turner, sous le nom supposé de Wraugton; à la fin on lit : *Imprented have at Winchester, anno Domini 1545, 4 nonas martii By me Hanse hit prik* (sic, pour Hans Hitpricke). L'opinion de M. Cotton est que ce violent pamphlet, dirigé contre l'évêque de Winchester, n'a pas même été imprimé en Angleterre, mais probablement en Suisse, où Turner était réfugié. Les raisons que le bibliogr. oxonien présente à l'appui de sa thèse nous ont paru déterminantes.

Winchester possédait une librairie en 1682, mais n'eut d'imprimeur qu'en 1724.

VENTA ICENORUM [I. A.], Οὐέντα [Pt.], VENTA CENOMUM [Geo. R.], ville des Iceni,

dans la Bretagne Romaine, auj. *Caster,* sur le Ventsum, au S. de Norwich [Camden].

VENTA SILURUM [I. A.], VENTIDUNUM, ville de la Bretagne Romaine, à l'E. d'Isca, auj. *Caer-wend,* près de Caerleon (comté de Monmouth); on l'a prise aussi pour *Chefstow* dans le même comté.

VENTADORUM, *Ventadour, Moustier-Ventadour,* commune du Limousin (Corrèze); château érigé en duché-pairie en 1589.

VENTIA, VINCIUM, VENCENSIA, VENCENTIA (*Luitardus Vencensiensis eps*),*Vence,* ville de Fr. (Var); anc. évêché datant du IVᵉ siècle et suffr. d'Embrun.

VENUSIA [Liv., Pl., Vell. P., I. A.], Οὐενουσία [Str., Ptol.], sur l'Aufidus, *Venosa,* pet. ville épiscopale du Napolitain, sur un affl. de l'Ofanto (Basilicata); c'est la patrie d'Horace.

VEPITENUM [T.P.], VIPITENUM [I. A.], dans la Rhætie, *Sterzingen,* voy. STIRIACUM.

VERA, VURNIA, *Ter Veere,* ville de Hollande dans l'île de Walcheren (Zeeland).

VERA, voy. VAURUM.

VERBANUS LACUS [Plin.], ἡ Οὐερβανὸς λίμνη [Str.], LACUS MAJOR, *Lac Majeur, Lago Maggiore,* grand lac de l'Italie Septent., traversé par le Tessin ; il touche à la Suisse par la rive N., et renferme les îles Borromées.

VERBERIACUM PALAT. [Ch. Lotharii R. a. 967], VERIMBREA VILLA *super Isara fluvio* [Frédég.], VERMERIA [Capit. Car. M. a. 808 ; Flodoard., Doublet] , VERMERIE [Gr. Chron.], *Verberie,* pet. ville de Picardie (Oise), célèbre résidence roy. de la 2ᵉ race ; quatre conciles.

VERBIGENUS PAGUS, voy. URBIGENUS.

VERBINUM [It. A.], VIRONUM [T. P.], ville des Veromandui, dans la Gaule Belgique, auj. *Vervins,* ville de Fr., chef-lieu d'arrond. (Aisne); traité célèbre du 2 mai 1598, entre la France, l'Espagne et la Savoie.

VERBOVIA, *Wrbau, Wrbowo,* bourg de Hongrie [Graësse].

VERCELLÆ [Cic., Pl., Tac., I. A.], Οὐερκέλλαι [Ptol.], Οὐερκέλλοι [Str.], VERGELLÆ [T. P.], VERSIAU [Chr. B. Dion.], VERZIAUX [Chr. Carlem.], ville de la Gaule Cisalpine, municipe romain, auj. *Vercelli,* ville d'Italie, div. et au S.-O. de Novara, près de la Sésia. Marius y défit les Cimbres, l'an 101 avant J.-C.; archev., biblioth. publique.

Un certain Giacomo ou Giacomino Suigo da S. Germano, natif de Vercelli, ayant appris la typographie dans l'un des innombrables ateliers de Venise, s'en retourna dans sa patrie, « fornito di tutti gli attrezzi necessarj alla bell' arte », et, voulant donner à ses concitoyens un échantillon de son savoir-faire, imprima pour eux le volume suivant : NICOLAI DE AUXMO *Supplementum Summæ Pisanellæ.* A la fin, post canones pœnitentiales : Impressum est hoc opusculum Vercellis per Jacobinum de Suico de Sancto Germano, M.CCCC.LXXXV, die XXVII octob. — Viennent ensuite : *Consilia Alexandri de Nevo.* In-8o goth. à 2 col. de 45 lign., avec ch. et sign. Puis, ce travail achevé, voyant que nul n'est prophète dans son pays, il alla tenter la fortune à Chivazzo, et finalement vint se fixer à Turin.

VERCIOLUM, *Verzuolo,* bourg de Piémont (prov. de Saluzzo).

VERDA, *Verden,* ville de Hanovre, sur l'Aller (préf. de Stade).

VERDUNUM, voy. VIRODUNUM.

VERELA, VERALA [I. A.], VARIA [Pl.], Οὐαρία [Str.], ville des Verones dans la Tarracon., auj. *Varea,* au S.-O. de Calahorra, suiv. Florez ; et *Murillo de Rio Leza,* d'après Reichard.

VERENTANUM [Frag. I. A.], VERENTANI [Pl.], *Valentano,* bourg des États du pape (délég. de Viterbo).

VERETUM [T. P.], Οὐέρητον [Str., Pt.], ville du S. de la Calabre, auj. *Alessano.*

VERETUS, *Verez, Veretz,* commune de Touraine, sur le Cher (Indre-et-Loire).

Le beau château de Véretz avait appartenu au célèbre réformateur de la Trappe, Armand-Jean le Bouthillier de Rancé, qui l'avait vendu 300,000 livres aux Richelieu ; il fit don de cette somme aux hôpitaux de Paris, quand il renonça au monde. Devenu la propriété du trop célèbre duc d'Aiguillon, Véretz devint le théâtre des turpitudes de ce digne émule des Richelieu, des Nocé, des Lauraguais, etc. Il y installa une imprimerie spinthrienne, laquelle a produit ce beau chef-d'œuvre dont il n'a été tiré qu'une douzaine d'exemplaires : *Recueil de pièces choisies, rassemblées par les soins du COSMOPOLITE* (avec épître, dédicace et préface attribuées à Moncrif). Ancone, Uriel B....t, à l'enseigne de la Liberté, 1735, in-4o de 434 pp. On prétend que la duchesse d'Aiguillon daigna prêter à cette publication de poésies légères l'appui de son expérience et de son goût incontestables, et que c'est à elle que l'on doit l'addition des pièces italiennes, *Dubii amorosi, Corona di cazzi,* etc., qui complètent le volume.

VERGÆ [Liv.], dans le Bruttium, *Verbicano,* suiv. Reichard.

VERGENTUM [Pl.], dans la Bétique, auj. *Gelves,* en Andalousie.

VERGILIA, VIRGILIA [Pl.], Οὐεργιλία [Ptol.], ville des Bastitani, dans la Tarracon., auj. *Verchul,* dans le roy. de Grenade, suiv. Reichard ; quelques géogr. traduisent par *Murcie.*

VERGULSTADT, lieu d'impression supposé.

Le bon Bourguignon, ou réponse à un livre injurieux à la maison d'Autriche, intit. : BELLUM SEQUANICUM. Vergulstadt, 1672, in-12 [P. Lelong, III, 575].

VERGOANUM [Plin.], *St-Honorat,* bourg de l'île de ce nom sur la côte de Provence, l'une des LERINÆ INS.

VERGUNNI [Pl.], peuple qui habitait le versant mérid. des Alpes ; on retrouve le nom dans *Vergons,* commune du dép. des Basses-Alpes.

VERIDUNUM, voy. VIRODUNUM.

VERLUCIO [I. A.], dans la Bretagne Rom., auj. *Leckham,* sur l'Avon [Camden].

VERMANDENSE OPP., voy. QUINTINOPOLIS.

VERMANDUM, VEROMANDUS, VEREMVND, VIROMANDIS [Monn. Mérov.], *Vermand,* bourg de Fr. (Aisne) ; anc. chef-lieu du Vermandois ; anc. abb. de Prémontré.

VERMERIA, voy. VERBERIACUM PALAT.

VERMIS LACUS, *der Wurmsee,* en Bavière.

VERNETULUM, *Vernouillet,* commune de Fr. près Meulan (Seine-et-Oise).

VERNIDO VILLA, *Verneix,* commune au N.-E. de Montluçon (Allier).

VERNINSIS TERMINUS, VERNO VILLA, *Ver,* commune au S.-E. de Senlis (Oise).

VERNO, VERNONUM PALAT. [Ch. Phil. A., a. 1195], *Vernon,* ville de Fr., sur la Seine (Eure) ; concile en 759 ; abb. d'Augustins ; cette ville eut ses seigneurs particuliers, qui la cédèrent à la couronne en 1195.

VERNOGILUM [Ch. Ludov. pii, a. 821], VERNUM PALATIUM (*Concilium Vernense,* a. 755), VERNOLIUM, VERNOÏLUM, *Verneuil,* sur l'Oise, en Picardie, bourg de l'arrond. de Senlis (Oise) ; anc. titre de duché-pairie.

VERNOGILUM, VERNOLIUM, *Verneuil,* pet. ville de Normandie (Eure), sur l'Aure, anc. titre de marquisat ; abb. de Bénédictins ; bataille en 1424 ; plusieurs communes de France portent encore le nom de Verneuil.

VERNOSOLE [I. A.], station de la Gaule Aquit., dans le pays des Tectosages, auj., suiv. d'Anville, *Vernose,* mais la station de l'It. d'Ant. étant sur la route de Tarbes à Toulouse, et *Vernose* étant une localité de l'Ardèche, l'hypothèse n'est point acceptable ; d'autres géogr. disent *Ste-Croix-en-Volvestre,* bourg du dép. de l'Ariége.

VERNOTUM, *Vernon,* bourg de la Brie (Seine-et-Marne).

VEROLAMIUM, VERULAMIUM [Tac., I. A.], VI-

ROLANIUM [G. Rav.], Οὐρολάνιον [Ptol.], munic. romain de la Britannia, sur la route de Londres à York, auj. *Verulam*, près de St-Albans, comté de Hertfort; patrie de Fr. Bacon.

VEROMÆI VALLIS, voy. VALLIS ROMANA.

VEROMANDUENSIS AGER, VIROMANDIA, *le Vermandois*, anc. comté de l'île de Fr., réuni à la couronne en 1215.

VEROMANDUI [Cæs.], VIROMANDUI [Pl.], Ῥομάνδυες, Οὐρομάνδυες [Ptol.], peuple de la Gaule Belgique II, occupait la partie E. de la Picardie; auj. l'arrond. de *St-Quentin* (Aisne).

VEROMETUM [I. A.], *Willoughby*, bourg d'Angleterre, sur les confins et au S. du Nottinghamshire.

VERONA [Liv., Pl., Tac., Just., Flor., Catul., Ovid., etc.], Οὐήρωνα [Ptol.], Βήρων [Str.], Βερώνη [Proc.], COLONIA AUGUSTA VERONA, ville fondée par les Gaulois, sur l'Athesis, auj. *Verona*, *Vérone*, *Bern* (en allem.), célèbre ville de la Vénétie, chef-lieu de délégation, sur l'Adige, évêché; Catulle, Cornélius Népos, Pline l'Ancien, Sc. Maffei, Paolo Cagliari detto il Veronese, Canova et cent autres hommes illustres y naquirent.

La première édit. de la trad., en *Terza rima* de la *Batracomyomachia* d'Homère, par Georgio Sommariva de Verone (Hain, 8787), porte : *Verona, die XV. Ianuarii*, M.CCCC.LXX. In-4o de 10 ff. Si cette date était celle de l'impression, ce serait incontestablement le premier spécimen des presses de Vérone; mais le fait est fortement et justement contesté; Dibdin, en décrivant le bel exempl. des *Ædes Althorpianæ* (no 1034), dit avec infiniment de raison que le caractère de cet opuscule, l'impression, le tirage, sont remarquablement beaux, tandis. que le premier livre qui porte le nom d'un imprimeur véronais, deux ans après, est détestablement exécuté : « Non can we conceive, upon the adoption of so beautiful a letter as that of this little tract, that recourse would be had to an inferior found; or that the printer as the earliest Verona typographic artist, would have concealed his name. » Nous nous expliquerions difficilement, en outre, qu'un poëte italien ait été faire une traduction en vers d'un poëme grec sur un manuscrit, alors que les érudits du temps n'étaient point eux-mêmes familiarisés avec la transcription des textes grecs, et appelaient à leur aide tous les philologues, qui, fuyant la barbarie, se réfugiaient en Italie après la prise de Constantinople, en 1463; et le premier texte original de la *Batrachomyomachie* (voy. Dibdin, *Spencer*., II, 53-55) est certainement postérieur à 1470. L'introducteur de la typographie à Vérone est certainement un bourgeois de la ville que l'on ne connaît que sous le nom de Jean; il était fils d'un chirurgien nommé Nicolas, et bien probablement avait été étudier la typographie dans quelqu'un des nombreux ateliers de Venise; la souscription du premier livre imprimé donne tous ces détails : VALTVRIVS (Robertus) ARIMINENSIS, DE RE MILITARI. On lit au ro du 262e f.: *Iohannes ex uerona oriundus : Nicolai cyrugie* (sic) *medici filius : Artis || impressorie magister : hunc de re militari librum elegantissimum : || litteris et figuratis signis sua*

in patria primus impressit. An. M. || CCCCLXXII le vo est blanc; in-fol. de 262 ff. à 37 lig. par p., en car. ronds, sans ch., récl., sign. ni capit.; le livre est dédié à Messer Sig. Pandolfo Malatesta. Ce précieux volume est enrichi de nombreuses planches dessinées et gravées sur bois, par Matteo Pasti, célèbre peintre de Vérone (voy. Maffei, *Verona illustr*.; voy. surtout la lettre de Valturius au sultan Mahomet II, dans laquelle il appelle Mattheo Pasti : « *Plures iam annos contubernalem et comitem meum, mirificum harum rerum artificem* »; Baluzii *Miscel*., IV, 524). Dibdin a fait de ce livre une longue et intéressante description, à laquelle nous demandons la permission de renvoyer le lecteur (*Spencer*., IV, 44 et seq.).

Amati donnait, comme ayant pu être imprimée à Vérone, en cette même année 1472, la célèbre édition de DANTE, que nous avons déjà citée comme étant le premier livre exécuté par Frédéric de Vérone à Jesi (voy. AESIS).

Le Rouennais Pierre Maufer vient en passant s'établir à Vérone, en 1480; il y donne une précieuse édition de la *Guerre des Juifs de Josèphe*, in-fol.

Les imprimeurs de Vérone au XVe siècle sont encore : Bonino de Boninis, natif de Raguse (1481); Ant. Cavalchabove et Giov' Anton' Novelli (1484); Paul Frindenberger de Passau (1486), etc. (voy. Sc. Maffei, Amati, Panzer, etc.).

Il nous faut, au XVIe siècle, signaler une imprimerie particulière: c'est celle qu'organisa dans son palais Giovan' Martino Giberti, l'évêque de Vérone, et à la direction de laquelle il appelle l'un des frères Sabio, qu'il faisait venir de Venise à tour de rôle : *J. Chrysostomi interpretatio in Pauli Epistolas*. Veronæ, typis æreis excusum per Stephanum et fratres a Sabio. 1529, in-fol.

VERONENSIS CIRCULUS, *le cercle de Beraun*, en Bohême.

VERONES, BERONES, Βήρωνες [Ptol.], peuple de l'Espagne Tarracon., dépendant des Celtiberi, occupait le territ. de *Tricio* et de *Calahorra*, dans la Vieille-Castille.

VERONIUS FL., voy. AVARIO.

VERRUCA, VERUA, *Verria*, bourg du Piémont, sur le Pô (prov. d'Asti), avec un château fortifié, anc. titre de comté.

VERRUGO [Liv., Val. Max.], ville des Volscæ, dans le Latium, auj. suiv. Reich., *Gorgo*.

VERSALIÆ, VERSALIUM PALAT. [Mabillon], *Versailles*, ville de Fr., chef-lieu du dép. de Seine-et-Oise; patrie de Lazare Hoche.

Au catal. d'Ormesson, on trouve au no 147 : *Veteres de re militari Scriptores, cum comment. Stewechi et variorum*. Versaliæ, 1670, 2 vol. in-8o (vendu 102 l. en assignats); il faut lire *Vesalia*. M. Cotton fait remonter l'imprimerie à Versailles à 1663; nous ne nions pas qu'il puisse se rencontrer quelque pièce souscrite à ce nom, antérieurement à 1683, mais nous croyons que le nom de lieu est supposé, et que ce n'est réellement que de cette année 1683 qu'on peut avec sécurité dater l'établissement de la première typographie. Lottin dit : « Vers 1683, premier établ. typogr. à Versailles; imprim. de François Muguet, rue de l'Orangerie, hôtel de Seignelay. Cette imprimerie exista au moins jusqu'en 1696; nous voyons le fils reçu imprimeur, le 16 juillet 1691, par arrêt du conseil du 12, pour exercer concurremment avec son père, qui a une imprimerie à Versailles. » En 1684, nous avons :

Rainssant. Dissertation sur douze médailles des Jeux séculaires de l'empereur Domitien. Versailles, par ordre de S. M., Fr. Muguet, 1684, in-4° (Catal. Baluze, Dubois, Colbert, etc.), donné sous un titre latin, par D. Gerdes, Bauer, etc.; le même Rainssant publie en 1687 : *Explication des Tableaux de la Gallerie de Versailles et de ses deux salons.* Versailles, 1687, in-4° (cat. Secousse, Biblioth. impér., etc.).

A la fin de 1767, un établissement typogr. est créé à l'usage particulier des ministères de la guerre, de la marine et des affaires étrangères; le nombre des ouvriers est de 6; l'imprimeur a 3000 livres, un compositeur reçoit 1500 liv., deux pressiers chacun 1200, enfin, deux garçons pour couper, brocher, etc., 550 liv. chacun; cette imprimerie fut supprimée en 1775.

En 1787, lors de la convocation de l'assemblée des notables, le Roi établit une nouvelle imprimerie spécialement consacrée à l'impression des délibérations; cette imprimerie, dite du *Cabinet*, est donnée à M. Pierres, premier imprimeur du Roi, qui avait présenté à S. M. le modèle d'une nouvelle presse de son invention, approuvée par l'Acad. des sciences, en 1780 (Voy. F. Didot, *Essai sur la typogr.*); en 1789, Pierres céda son privilège à l'Imprimerie royale, et l'assemblée des Etats-Généraux confia l'impression de ses procès-verbaux à l'impr. Baudouin, qui prit le titre d'*Imprimeur national*.

Plusieurs imprimeries princières ou particulières furent temporairement établies au château de Versailles; ce fut une mode et presque une fureur : en 1758, Madame la Dauphine, mère de Louis XVI, débute : *Elévations de Cœur à N. S. J. C.... imprimé de la main de Madame la Dauphine.* 1758, in-16. Cet opuscule fut exécuté sous la direction de Ch.-J.-Bapt. Delespine, anc. imprimeur du Roi, lors huissier du cabinet de la Princesse.

Le duc de Bourgogne, frère aîné de Louis XVI, veut avoir son imprimerie à lui; il fait venir de Paris un membre du syndicat des imprimeurs, nommé Philippe Vincent, et donne : *Prières à l'usage des Enfans de France.* Versailles, *de l'impr. de Mgr le duc de Bourgogne.* 1760, in-12.

Madame de Pompadour ne pouvait rester en arrière; elle veut avoir aussi sa petite imprimerie, comme elle avait déjà son atelier de gravure; tout le monde connaît : *Rodogune, princesse des Parthes, tragédie*, au Nord, 1760. In-4°, avec une estampe en tête, gravée par les belles mains de la favorite, sous les yeux de Boucher, et ... avec l'aide de Cars.

Enfin, après la mort de son frère, Louis, devenu dauphin de France, en raison de son goût et de ses singulières aptitudes pour les arts mécaniques, se met également à l'imprimerie, et, en 1766, il imprime et publie : *Maximes morales et politiques tirées de Télémaque, imprimées par Louis-Auguste Dauphin.* A Versailles, de l'impr. de Mgr le Dauphin, dirigée par A.-M. Lottin, 1766, pet. in-8°.

Nous ne pouvons quitter Versailles sans accorder une mention admirative à l'imprimeur Lebel, qui donne, en 1815-19, l'excellente édition collective de *Bossuet*, en 43 volumes in-8°. C'est un des beaux monuments de la typographie française.

VERSENIACUM, voy. VIRZINNIACUM VILLA.

VERSKA, *Verske, Versetz*, ville de Hongrie (cercle au-delà de la Theiss).

L'imprimerie fut introduite dans cette ville au commencement du siècle; le catal. Szecheny nous donne le titre d'un ouvrage polonais, dont la souscription est : *Tissteni u Verske, Franç. Skarnycla.* 1802, in-8°.

VERSOIX, bourg et petit port de Suisse, dans le canton et sur le lac de Genève.

Nous citons cette petite localité, parce qu'au moment de la révolution, un imprimeur de Genève, nommé Moser, s'y établit : *Disonnaz, la Mort de*

Tatio, ou le triomphe de la liberté, tragédie en 3 actes et en vers. Versoix, Moser, 1791, in-8°, pièce rare que ne possédait point M. de Soleinne.

VERTEMIUM, **VERTHEMIUM**, *Wertheim*, petite ville du gr.-duché de Bade, au confl. de la Tauber et du Rhin (cercle du Bas-Rhin), résidence des princes de Löwenstein-Freudenberg.

Nous n'avons point su trouver cette ville dans la liste donnée par Falkenstein. M. Cotton dit que la plus riche bibliothèque du Wurtemberg (il veut évidemment parler de Stuttgard) renferme un livre all. exécuté à Wertheim en 1524, et intit. *Harmonia Evangeliorum.* Ce livre nous est absolument inconnu, et M. Cotton lui-même ne paraît pas bien convaincu de son existence, puisqu'il ne fait remonter définitivement l'imprimerie de Wertheim qu'à l'année 1735.

Nous croyons que Wertheim posséda une atelier typographique depuis 1615 environ; nous citerons : *Gegenberieht wohlgegründeter auff den vor der Zeit durch die Bischofft. Wärtzburgische Räthe wider die Herren Graven zu Löwenstein vnd Wertheimb aussgesprengten Vermeinten Bericht,* etc. Wertheim, 1618, in-fol.

Au XVIIIe siècle, l'imprimerie est florissante; le meilleur typographe de Wertheim est Jo. Georg. Vehr; il s'intitule : « *Hof-und Canzeley Buchdrucker* ».

VERTERÆ [I. A.], *Brough*, bourg du Westmoreland (Angleterre).

VERTIA, voy. DONAVERDA.

VERTILIUM, *Vertault*, commune de France (Côte-d'Or).

VERTINUS IN HAINOAVIO, *Vertaing, Vertain*, commune de France, près de Solesmes (Nord).

VERTUNUM *in Comit. Pontico, Verton*, commune de France (Pas-de-Calais).

VERUCA CAST. [Cassiod.], *dos Trente*, près du pont San-Lorenzo; ce n'est plus auj. qu'une colline de rochers, près de Trente (Tyrol).

VERULÆ [Flor.], **VERULANIUM** [Liv.], dans le Latium, auj. *Veroli*, pet. ville épisc. de la délég. de Frosinone.

VERULAMIUM, voy. VEROLAMIUM.

VERURIUM, Οὐερούριον [Ptol.], ville de Lusitanie, auj., suiv. Reichard, *S. Vicente da Beira*, près de Viseu (Portugal); d'après qq. géographes ce serait la ville de *Viseu* elle-même; Viseu est un évêché, chef-lieu de la prov. du Haut-Beira, au N.-E. de Coïmbre; c'est un anc. titre de duché.

Ribeiro donne 1565 comme date de l'introduction de la typographie dans cette ville, avec Manoël Joäm comme premier imprimeur; il cite un *Catéchisme*, exécuté par ce Man. Joäm, en 1559; peut-être veut-il dire 1659 ? En 1566, une seconde imprimerie est installée dans cette ville par Marco Borge, qui venait de Lisbonne, où il avait son atelier principal; la *Biblioth. Lusitana* nous donne les titres de plusieurs volumes sortis de ses presses; nous citerons : *Fra Rodrigo do Porto, capucho*, *Manual de Confessores e Penitentes.* Viseu por Manoël Joâm, 1569, in-8° (voy. aussi Antonio, t. III, p. 302).

VERVERIÆ, VERVIA, *Verviers*, ville de la prov. de Liége (Belgique).

L'imprimerie paraît remonter dans cette ville à l'année 1782, avec un premier typographe du nom de J.-J. Oger; le dernier n° d'un journal, intitulé : l'*Avant-Coureur* (in-12), dont les 63 premiers numéros avaient été exécutés à Tignée, chez L.-J. Urban, est daté de Verviers, 1789; on connaît de ce même J.-J. Oger plusieurs volumes souscrits au nom de Verviers, mais à des dates postérieures.

Le cat. Cigongne nous donne un autre nom d'imprimeur : *Recueil de Noëls ou cantiques spirituels sur la naissance du Sauveur.* Verviers, A. Remacle, s. d., in-12.

Ce Remacle est-il antérieur ou postérieur à Oger, voilà ce que nous ne pouvons déterminer.

VESALIA, VESALIA INFERIOR, anc. ALISO, ALISUM, auj. *Nieder-Wesel, Wesel,* ville de la Prusse Rhénane, dans la Régence et au N. de Dusseldorf, forteresse importante sur le Rhin, au confluent de la Lippe.

C'est à 1543 que Falkenstein fait remonter l'imprimerie dans cette ville; nous trouvons en effet à cette date une édition de la célèbre CONFESSION D'AUGSBOURG, traduite en hollandais, et imprimée à Wesel, d'abord en 1543, in-4°, puis en 1558, in 8° (Widekind, *Verzeichniss*, p. 251, Feuerlin, Bauer, etc.).

Nous connaissons, au XVIIe siècle, un bon imprimeur à Wesel, du nom de Hogenhuysen; c'est lui qui exécute en 1670 : *Ant. Perezii institut. imperiales Erotematibus distinctæ.* In-12.

En 1706, nous trouvons un nouveau nom d'imprimeur : *Histoire de la vie de Soliman II*, par Ch. Ancillon. Wesel, Jacobus van Wesel, 1706, in-8° (à l'Arsenal).

VESALIA SUPERIOR, anc. VOSAVA [T. P.], BOSAGNIA [Anon. R.], VOSALIA, ville située aux confins des Treveri, auj. *Ober-Wesel,* pet. ville sur la rive gauche du Rhin, entre Bacharach et St-Goar (Prusse Rhénane).

VESCI PORTUS [Pl.], port du pays des Cantabri, dans la Tarracon., auj. *Puerto di S. Martino,* dans le Guipuzcoa.

VESERONTIA [Frédég.], VIRONTIA [Greg. Tur.], *Vézéronces,* commune du Dauphiné (Isère).

VESIDIA FL. [T. P.], *la Versiglia,* pet. fl. de Toscane.

VESOLUM, VESULLUM, VESULUM, VEZOUZ, *Vezoul, Vesoul,* sur le Durgeon, ville de Fr., chef-lieu du dép. de la Haute-Saône.

L'imprimerie remonte en cette ville à la fin du XVIIe siècle, et l'arrêt du conseil, en date du 21 juillet 1704, lui accorde un imprimeur; mais nous ne pouvons pas citer les premiers livres exécutés par ce premier établissement. En 1710, par arrêt du parlement de Dôle, deux hommes furent brûlés à Vesoul, comme « trésoriers et banquiers du Diable ... » après avoir confessé une infinité de maléfices et sor-

celleries ». Sans doute, ce dramatique événement donna lieu à de nombreux récits, nouvelles, complaintes, exécutés à Vesoul, mais nous ne les connaissons pas. Ce n'est qu'en 1722 que nous trouvons un titre de livre à citer : *Discours sur les effets merveilleux des Eaux de Vesoul, en Franche-Comté.* Vesoul, 1722, in-12 [P. Lelong, 3266].

Falkenstein datait de 1779 et Ternaux de 1731, l'introduction de la typogr. à Vesoul : *Dissertations sur les eaux minérales de Répis, près de Vesoul, en Franche-Comté.* Vesoul, Dignot, 1731, in-12.

En 1741, nous avons un nouvel imprimeur du nom de Mareschal ; c'est lui qui donne cette rare édition des *Noels en patois de Vesoul et de son bailliage.* Vesoul, pet. in-12 (1re vte Nodier, n° 436).

VESONTIO [Cæs., I. A., T. P., Frédég.], VESUNTIO [Inscr. ap. Or.], VISONTIO [Auson.], VESUNTII, BESANTIO [Amm.], Οὐεσόντιον [Pt.], Βισόντιον [D. Cass.], METROPOLIS CIV. VESONTIENSIUM, CIV. CRISOPOLINORUM, *hoc est* VESONTIONUM [Mss.], VESONTICORUM CIV. [Greg. Tur.], VESUNCIONE, VESONCIONE [Monn. Mérov.], capitale, sous Auguste, de la Provincia Maxima Sequanorum (Ve Lyonnaise), *Besançon,* sur le Doubs, anc. capit. de la Franche-Comté, auj. chef-lieu du dép. du Doubs; évêché vers 199, arch. au IVe siècle; académie, biblioth. importante; patrie de Ch. Nodier et de V. Hugo.

Nous avons vu l'imprimerie pénétrer en Franche-Comté au XVe siècle, et la ville de Salins, alors résidence du Parlement, en eut les prémices en 1485.

Nous avons signalé l'association ordinaire, à Salins, de deux bourgeois commanditaires et de l'ouvrier en typographie, Benoist Bigot, Claude Baudrand et Jehan Desprels (*de Pratis*); nous disons Jehan Desprels, et non Jehan du Pré, ce qui nous ramènerait au grand fondeur et typogr. parisien de ce nom, Dupré, qui partageait, il est vrai, avec Martin Morin de Rouen, l'entreprise de l'impression des livres liturgiques à l'usage des diocèses dépourvus d'un établissement typogr., mais que nous n'avons jamais vu signer « *de Pratis* », et toujours « *de Prato* » au singulier, et nous traduisons *Desprels,* avec le P. Laire, parce que ce nom est essentiellement comtois, tandis que la forme *Desprez* n'est point ordinaire dans la province.

Appelé l'année suivante à Besançon, par l'archevêque Charles de Neufchastel, anc. évêque de Bayeux, Jehan Desprels transporta son matériel dans cette ville, et y imprima dès 1487; mais ici surgit une difficulté.

Le P. Laire (*Imprim. en Franche-Comté.* Dôle, 1785) dit avoir possédé un exempl. d'un des incunables de Besançon, à la date de 1487, au bas duquel le nom d'imprimeur figure nettement écrit à la main « *Jehan Conlet,* et il y a joint son chiffre à la mode des grands imprimeurs de son temps. » Que vaut cette allégation ? le P. Laire est un bibliographe des plus médiocres, on le sait, et dans l'espèce il n'est pas même sûr de ce qu'il avance, car, un peu plus bas (p. 35), il écrit « *Comlet* », et il ne sait pas si le prénom est bien *Jean;* peut-être est-ce *François!* Si c'est là une signature d'imprimeur, et rien ne le prouve, il faudrait peut-être lire : « *Jehan Desprels Comtois* », et tout serait bien qui finirait.

Voici les titres succincts des incunables vesontins de 1487 et 1488 : *Regimen Sanitatis cum tractatu epidemie seu pestilētie... a magistro Arnaldo de villa nova Cathalano...* au vo du f. 83 ; ... *Finit feliciter. Impressus Bisun‖tii.* Anno dñi millesimo quadringentesimo octua‖gesimo septimo. In-4° de 83 ff., avec sign. A. L.. à 33 lig. par page, plus un f. blanc. L'opuscule *de Pestilentia*, indiqué à part par Maittaire, le cat. Hohendorf, Pr. Marchand et P. Laire, fait partie du vol. et forme 5 ff. à 2 col. avec une souscription particulière ; il ne serait pas impossible cependant que l'édition décrite par le P. Laire (8 pp. in-4°) fût différente, mais le fait nous paraît peu probable ; il serait important de comparer le caractère de ce volume avec celui du MISSALE de Salins, mais ces confrontations offrent une difficulté qui ne sera surmontée que lors de la création d'un musée typogr. à la Bibl. imp.

Codex constitutionum Ecclesie Bisuntinæ, editus a Carolo de Novo-Castro, Archiep. Bisuntino. — A la fin : *Impressum Bisuntii anno dñi millesimo quadringentesimo octuagesimo septimo, prima die Martii* (1488, l'année commençant à Pâques, qui tombe le 15 avril). In-fol. de 36 ff., sans ch.. ni capitale, avec sign. C'est au bas de cette pièce que le P. Laire a lu sa fameuse sign. en encre rouge : *Jehan ou François Contet ou Comtet.*

En 1488 : *(Rodericus de Zamora) Speculū hūane vite‖Speculuz conuer‖sionis peccatorum‖ speculū sacerdotuz...* A la fin : *Impssus Bisuntii, anno dñi milesimo* CCCC°LXXXuiij° (Hain, n° 13947). Petit in-4° goth. de 180 ff., dont le 102e (N i) est blanc. Après ces 180 ff. vient un autre titre : *Speculum artis bene moriēdi*, et les traités suivants : *Ars bene moriendi*, 22 ff., sig. A.CCC.; *Speculum aureum anime peccatricis*, 32 ff., sign. A-D.; *Speculum sacerdotum ; Historia horrenda de Vgone*, etc., 8 ff., sign. Aa. *Speculum conuersionis peccatorum Dyonisii de Leuuis alias Rickel ordinis cartusien.* 28 ff., sign. A. D. iij. A la fin du dernier colophon : *Finit liber feliciter. Speculum cōuersionis peccaton.* *Impssus Bisuntii, Anno dñi* M CCCC.LXXX.viij.

Le vénérable doyen des bibliophiles français, le président Bourgon, de Besançon, qui a bien voulu, malgré ses 90 ans, nous écrire à l'occasion de la typogr. vesontine, et qui possède ce précieux incunable, ainsi que le MISSALE, plus précieux encore, de Salins, 1485, nous dit du *Speculum* de Roderigo de Zamora : « Ce livre est sans nom d'imprimeur, mais je suis convaincu qu'il a été imprimé par ce même J. de Pratis, qui, après l'impression du *Missel* de Salins, vint s'établir à Besançon, qu'il quitta après quelques années d'exercice. »

Parmi les plus précieux vol. impr. à Besançon, nous citerons les *Elegies de la belle fille lamentant sa virginité perdue... de Ferry Julyot.* — Imprimé (par Jacques Estauge) aux despens d'Antoine Ludin, escuier, citoyen de Bezanson, au mois de mars 1557, in-8° (cat. Nodier, 1844, n° 418) ; Nodier certifie que ce J. Estauge, qui promena ses presses de Bâle à Strasbourg et à Besançon, est le typogr. auquel on doit l'impression de la célèbre *Epistre au Tigre de la France*, qui vient d'être achetée par la biblioth. de la ville de Paris, on ne sait à quel propos, au prix énorme de 1540 fr., avec les frais, à la vente de feu M. Brunet.

N'oublions pas l'imprimerie particulière qu'établit dans sa maison de Besançon, vers 1784, M. Thomassin, ancien commissaire des guerres ; imprimerie qui subsistait encore en 1806, car, à cette date, il réimprime à 27 exempl.: *La Polymachie des Marmitons...* (voy. cat. Chateaugiron, n° 31 et 178).

Nous citerons comme imprimeurs à Besançon, Moingesse, à la fin du XVIe et au commencement du XVIIe siècle ; les Chouet de Genève, qui y fondent une succursale ; L. Rigoine, à la fin du XVIIe siècle.

Les arrêts du conseil de 1704 et de 1739 accordent l'un et l'autre quatre offices typogr. à la ville de Besançon ; et en 1764, lors du rapport fait à M. de Sartines, voici quel était l'état de l'imprimerie : Besançon possédait onze libraires, dont quatre, suivant l'ordonnance, étaient imprimeurs. La réception des libraires à Besançon n'était précédée d'aucun apprentissage ni d'aucun examen ; on n'avait besoin que d'une simple autorisation du magistrat pour ouvrir boutique. Voici les noms des quatre impri-

meurs titulaires : Daclin, 4 presses et 9 compagnons ; Cruchez, 2 presses et 7 compagnons ; la veuve Bogillot, 2 presses et 4 compagnons ; enfin Charuet, 3 presses et 10 compagnons.

VESPERIES [Pl.], ville des Varduli, dans la Tarracon., auj. *Bermeo*, bourg du Guipuzcoa, suiv. Mentelle.

VESPIA, *Visp*, bourg de Suisse (Valais).

VESPRIMIA, VEZSPRIMIUM, *Veszprim*, *Veszprémben*, ville épisc. de Hongrie, chef-lieu de comitat, sur le Sed (cercle au-delà du Danube).

Vers 1789, le typographe de Raab, Joseph Streibig, monta une imprimerie dans cette ville, à l'usage du séminaire catholique, du couvent des Piaristes et de l'Evêché ; il fit diriger pendant quelques années cet établissement, qu'acquit, en 1798, Michael Szammer, lequel mourut en 1806, et sa veuve Clara Szammer lui succéda : *Hrabovszky György elôbb Palotai, azutan kis Somlyói Predik. Veszprémben* Streibig Jósef betűivel, 1789, in-8° de 37 pp. (Németh).

VESTINI [Plin.], Οὐηστῖνοι [Ptol., Str.], Οὐέστινοι [Pol.], peuple samnite, sur les front. du Picenum, dont la capit. était AMITERNUM, occupait partie des *Abruzzes*.

VESTROVICUM, *Westerwik*, *Wasterwyk*, ville de Suède.

VESULUS MONS [Mela, Pl.], dans les Alpes Cottiennes, auj. *Monte Viso*.

VESUNNA, voy. PETRICORDIUM.

VESUNTIUM, voy. VESONTIO.

VESUVIUS M. [Mela, Pl., Liv.], VESEVUS [Lucr., Virg., Suet.], Οὐεσούιος [Str.], Οὐέσσουιος [Diod.], VESMUS [Mar., Stat.], Βέσβιος [D. Cass.], *il Monte Vesuvio*, le *Mont Vésuve*, volcan d'Italie qui couronne la baie de Naples ; son éruption de l'an 79 coûta la vie à Pline l'Ancien, et détruisit *Herculanum* et *Pompéi*.

VETERA CASTRA [Tac., I. A., T. P.], Οὐέτερα [Ptol.], dans la Gaule Belgique ; auj. *Forstenberg*, bourg près de Xanten, dans la Prusse Rhénane.

VETERA CASTRA, dans le pays des Viducasses, auj. *Vieux*, commune de Fr. (Calvados).

VETERAQUINUM, *Oudewater*, pet. ville de Hollande, sur l'Yssel (Holl. Mérid.).

VETONIANA [T. P.], station de la Norique, que Muchar place à *Pettenbach*, et Reichard auprès de *Kremsmünster*, en Styrie.

VETTONA, VETUNA, *Bettona*, bourg d'Italie entre Perugia et Todi.

VETTONES [Cæs., Pl.], Οὐέττωνες [Pt., Str.], peuple de la Lusitanie, entre les Vaccaj et les Carpetani, occupait partie de l'*Estremadura* esp., du *roy. de Léon*, et de la prov. portug. de *Tra-os-Montes.*

VETULONIA [Sil.], VETULONIUM, Ούετουλώνιον [Pt.], VELIUIS [T. P.], l'une des douze cités étrusques, auj. *Vetulia* (en ruines), près de Piombino (Toscane).

VETUS DOMUS PALAT., *in pago Rotomagensi;* un anc. village du dioc. de Rouen portait le nom de *le Viel-Manoir*, suiv. l'ab. Lebœuf; on l'appelle auj. le *Vieux-Manoir* (Seine-Inf.).

VETUS SOLIUM, *Altsohl*, bourg de Hongrie [Graesse].

VETUSTA VILLA, *Altdorf*, ville de Bavière [id.].

VEXALLA ÆST., Ούεξάλλα [Ptolem.], dans la Britannia, auj. *Bridgewaterbay.*

VEXFORDIA, voy. MANAPIA.

VEXSIA, WEXIONIA, *Wexioe*, vieille ville épisc. de Suède, n'est plus qu'un bourg de la Gothie.

Ce bourg possède une bibliothèque de quelque importance, et un établissement typographique qui commence avec le siècle (1801).

VEZELIACUM, VERSELIACUM, VISELIACUM, VI-ZELIACUM villa ad Curam [Ch. Phil. Aug. a. 1190], VIRZELIACUM [Ch. Lud. Crassi, a. 1137], VIDELIACUS, VEZELIUM, *Vézelay*, bourg de Fr. (Yonne); anc. abb. de Bénédictins, fondée vers 844, et dans laquelle se tint, en 1146, un célèbre concile où Louis-le-Jeune se croisa; patrie de Théodore de Bèze.

Une imprimerie a-t-elle fonctionné dans cet illustre monastère ? le fait n'est point impossible; quoi qu'il en soit, nous trouvons aux vieux catal. et nous devons signaler : *Alexandri Massariæ disputationes de scopis mittendi sanguinis, et de purgatione principii morborum.* Vezelii, 1583, in-4° (cat. Rob. Scott, Bibliopolæ, 1674, p. 90). Un magistrat distingué et érudit, M. Flandin, a consacré une suite d'intéressantes monographies à l'antique abbaye de Vézelay.

VIÆ ITALICÆ. Les principales voies romaines, qui mettaient en communication directe les colonies et les provinces alliées ou soumises avec la métropole, étaient : la VIA APPIA, de Rome à Capoue; la VIA AURELIA, de Rome à Pise; la VIA CLODIA, conduisant à Arezzo et Lucques; la VIA FLAMINIA, de Rome à Rimini; la VIA OSTIENSIS, de Rome à Ostie; la VIA PRÆNESTINA, de la porte Esquiline à Præneste; la VIA SALARIA, de Rome à Ascoli, dans le Picénum; la VIA TIBURTINA OU GABIANA, qui, à travers le territ. des Sabins, des Æques et des Marses, allait rejoindre celui des Peligni (Abruzzo Citrà); etc.

VIADUS FL., Ούίαδος [Ptol.], VIADRUS, fl.

de la Germanie, appelé depuis ODAGRA, ODERA [Pertz], l'*Oder*, de l'Autriche à la Baltique.

VIALOVICUS, *Volvic*, bourg d'Auvergne (Puy-de-Dôme).

VIANA, *Viana de foz de Lima*, pet. ville de Portugal, sur la Lima (Minho).

Comprise par Mendez dans la liste des villes de la Péninsule ibérique, qui ont possédé une imprimerie; nous trouvons cité par Antonio (II, 64), par les catal. Dubois, Baluze. etc.: *Fra Luiz de Souza* (Emm. de Souza Coutinho) *a historia da Vida de Dom F. Bartholomeo dos Martyres da ordem dos Pregadores Arcevispo et Senhor de Braga, reformada em estilo et ordem et ampliada,* etc. Vianæ, 1619, in-fol.

VIATCIA, *Viatka*, ville et chef-lieu de gouvern. en Russie, sur la Viatka (Russie Orient.); évêché.

VIBERI [Plin.], peuple de la Gaule Cisalpine, occupant le VIBERICUS PAGUS, territ. de *Brug* ou *Brigg*, au pied du Simplon, dans le Valais, et non point dans le canton de Vaud, comme nous l'avons dit à tort.

VIBI FORUM [Pl.], dans la Ligurie, auj., suiv. Harduin, *Castello di Fiora*, mais plutôt d'après Reichard, *Pignerol* (voy. PINAROLIUM); d'autres géogr. traduisent par *Pezzana*, ou par *Revello*, en Piémont.

Quoi qu'il en soit de l'attribution, nous devons signaler avec M. Cotton ce fait, que D. Moreni (*Bibl. della Toscana,* t. I, p. 117), fait mention d'un livre daté de 1684 et portant pour lieu d'inscription : FORI VIBIORUM.

VIBINUM, ville des Vibinates [Pl.], en Apulie, auj. *Bovino*, dans le Napolitain, sur le Cervaro (Capitanata).

VIBISCI, voy. BITURIGES.

VIBISCUM, BIBISCUM, *Vevey*, *Vevay*, ville de Suisse, sur le lac de Genève (cant. de Vaux).

Vevay eut, au dire de Falkenstein, un établissement typogr. en exercice dès l'année 1605; Haller (*Schweizerbibl.*) signale une imprimerie considérable, dirigée par Molasse-Joffaud, de 1756 à 1790; bien que nous ignorions sur quel titre repose la version de Falkenstein, nous pouvons, avec M. Cotton, le croire. Bohn de 1841, Lowndes, etc., citer un volume antérieur à la date adoptée par Haller; *Edmund Ludlow's Memoirs*, with a collection of original Papers. Vevay, canton de Berne, 1698-9, 3 vol. In-8° (Vevay dépendait du canton de Berne). Cet Edmund Ludlow est le célèbre général républicain qui fut obligé de quitter l'Angleterre à la restauration de Charles II; il s'était fixé à Vevay, où il mourut paisiblement en 1693. Il avait été lieutenant-général dans les armées du parlement, commandant en chef de l'armée d'Irlande, membre du *Council of state* et du Long Parlement; ses mémoires originaux sont de la plus haute importance pour l'histoire de la révolution d'Angleterre.

VIBISCUM, *Vivy*, bourg de l'Anjou (Maine-et Loire).

VIBO [Mela, Pl., Cic., Liv., Cæs.], VIBONA

[I. A.], Vibo Valentia [Pl., T. P.], Oὐι-δῶνα Οὐάλεντία [Str.], Οὐιδῶν Οὐάλεντία [Ptol.], à l'extrémité de la Via Popilia, auj. *Bivona*, sur la côte O. de la Calabre Ult. ; voy. Hipponium.

Viburgus, *Viborg*, *Wiborg*, ville forte de Russie, chef-lieu de gouvern. (Finlande).

Viburgus, *Wiborg*, pet. ville du Danemark (Jutland).

Siége épiscopal et chef-lieu du dioc. de Jutland, Wiborg est la quatrième ville du royaume qui ait possédé une imprimerie; c'est à 1528 que les bibliographes en font remonter l'établissement, et le nom du prototypogr. est Hans Wyngarthener : *Her haffve wii bodhæ edt önckelight Klawaemool och edt Wenlight Tilbudh af then Herre Jesus Christus*, etc. *whdsadt af Hans Tawsen i Wiborg* 1528. Prendthet i Wiborg af Hans Wyngarthener in-4º. Ce livre rare est cité par Panzer, qui donne également le titre d'une réponse du même auteur à l'évêque d'Odensée, imprimée à Wiborg l'année suivante, 1529, in-4º ; ces deux volumes ne sont pas cités par Alb. Bartholini (*de Scriptis Danorum*), ni par Joh. Möller, mais ces bibliogr. nous donnent quelques détails sur l'auteur. Cet Hans Tawsen (lat. Joh. Tausanus), né en Fionie, en 1494, professeur de théologie à l'université de Copenhague, embrassa le protestantisme en 1521, et se livra avec ardeur à la propagande des doctrines de la réforme ; il fut nommé à l'évêché de Ripen en 1542, et mourut en 1561.

Le plus ancien livre que cite Bartholini, comme exécuté à Wiborg, est de 1530 : *Introitus brevis ad Scripturam.* Wiburgi, 1530, in-8º.

Vicavedona, Vividona, *Vivone*, *Vivonne*, sur le Clain, bourg du Poitou (Vienne).

Vicenarum Nemus, ad Vicenas, Vicennæ, Vincennæ, *Vincennes*, anc. maison royale de l'Ile de France (Seine); château fortifié dont la chapelle contient les admirables vitraux peints par Jean Cousin, d'après les cartons de Raphaël.

Quelques pièces, pamphlets, satires, ont été publiés sous la rubrique de *Vincennes*, nous citerons tout particulièrement : *Histoire de la détention du cardinal de Retz et de ses suites* (par le Paige et par le Prés. de Ménières). Vincennes, 1755, in-12. Mais nous ne croyons pas qu'il ait été établi d'imprimerie sérieuse dans cette localité antérieurement au XIXe siècle.

Vicentia [I. A., I. Hier., T. P.], Οὐικεντία [Ptol.], Οὐικετία [Str.], Vicetia [Pl., Tac., Just.], municipe romain, dans la. Vénétie, au N.-O. de Padoue, auj. *Vicenza*, sur le Bacchiglione, grande ville épisc. d'Italie; patrie de Trissino et de Palladio.

Nous avons déjà ébauché l'article bibliographique qui concerne Vicence, quand nous avons parlé de *Sant'Orso*, bourg au N. de cette ville et distant de 12 milles [voy. S. Ursinus et Ursis (S.)]; nous compléterons ici ce qui est relatif à l'histoire typogr. de la ville elle-même de Vicence.

Les deux premiers imprimeurs de Sant'Orso, Léonard Achates de Bâle et Jean du Rhin, dirigent, paraît-il, simultanément des ateliers typogr. à Vicence; le matériel et les caractères semblent identiques, la souscription seule paraît différer. Pourquoi se sont-ils d'abord arrêtés au bourg de Sant'-

Orso ? le fait n'est pas facile à expliquer; peut-être avaient-ils adressé aux *Riformatori allo studio di Padova* (magistrats universitaires exerçant, dans les Etats Vénitiens, une autorité qui peut équivaloir à celle de notre ministère de l'instruction publique, avec une nuance de libéralisme en plus), une demande à l'effet d'obtenir la licence d'imprimeur, nécessaire pour exercer dans l'intérieur de la ville, et, en attendant l'obtention de cette autorisation, avaient-ils voulu donner, extrà-muros, les preuves de leur savoir-faire; quoi qu'il en soit, deux ans ne se sont pas écoulés depuis la publication du premier livre imprimé à Sant' Orso, le célèbre VIRGILE de 1472, et nous voyons Leonard Achates, imprimer à Vicence.

Le premier livre que nous trouvons avec une souscription à ce nom, a figuré pour la première fois en vente publique au catal. Floncel (nº 7697); c'est une sorte d'encyclopédie historique, intit.: DITA MUNDI , *Incomenza el libro primo Dita Mundi cumponuto per Fazio di Giuberti da Firenza.* — Vincentia, Maestro Leonardo da Basilia « mille setanta quatro e quatrociento ». In-fol. à 2 col. de 39 lignes, en caract. ronds, dits *cicero*, de 106 ff., sans chiff. ni récl., mais avec signat. A-O, placées tout au-bas des pages. Amati, Brunet, le cat. Floncel, etc., décrivent ce livre avec soin; nous ne nous y arrêterons pas.

La même année et un mois auparavant, ce même Léonard de Bâle publiait à Sant' Orso les *Vite de' Sancti Padri*, in-fol. (voy. Jac. Morelli, *Indice*, tom. IV, p. 126), et très-peu de temps après, le célèbre PÉTRARQUE, de la même date. Les deux établissements étaient donc simultanés, ou peut-être il n'en exista qu'un seul à Sant'Orso, et à Vicence était le magasin et le dépôt de la librairie, et les imprimeurs dataient indifféremment de la ville où étaient les magasins, du bourg où se trouvaient les ateliers.

Jean du Rhin (qui peut-être ne fait qu'un avec Jean de Cologne) public également, en 1475, à Sant'Orso : les *Epîtres de Phalaris*, et à Vicence, au mois d'avril, c'est-à-dire au début de l'année (Pâques tombe le 26 mars), une belle édition du TÉRENCE, in-4º, les *Laude del Exc. Missier Lunardo Justiniano*, in-4º; les *Miracoli della Vergine Maria*, in-4º, un précieux DÉCAMÉRON, in-fol., etc.

Cette même année voit arriver un nouvel imprimeur à Vicence, où il fonde un important établissement; c'est Hermann Liechtenstein (Levilapis) de Cologne, qui, quelques années après, va s'établir à Trévise. Il débute par un ouvrage de la plus haute importance, la première édition de Ptolémée : CLAUDII PTOLEMEI ALEXANDRINI COSMOGRAPHIA *Latino interprete Jac. Angelo*, au vº du 143e f.: *En tibi lector Cosmographia Ptolemæi ab Hermano levilapide Coloniensi || Vicentiæ accuratissime impressa. Benedicto Triuisano & Angelo Micha||ele præsidibus. || M.CCCC.LXXV. IDI. SEPT.* In-fol. de 143 ff. à 39 lign. Cette édition, on le sait, est donnée sans cartes; trois ans après la seconde édition, mais enrichie de 27 *Mappæ æri incisæ*, était donnée à Rome, nous en avons parlé.

Les imprimeurs qui suivent sont Jean de Vienne, qui publie, en 1476, une précieuse édition de VIRGILE, in-fol.; le Hollandais Peter de Harlem, qui s'associe d'abord avec Hermann Liechtenstein : un prêtre vicentin appelé Zuan Lunardo Longo (Piovan de Sancto Paulo de Vicenza); Stephan Koblinger de Vienne ; Gérard de Flandre ?

Ce célèbre typogr. ambulant serait venu s'établir en 1476, si l'on en croit il Federici (*Memorie Trevigiane*, p. 56), corroboré par M. Van der Meersch, et l'on ne connaîtrait de lui qu'une seule publication, les *Commentarii Omnibont Leoniceni in Ciceronis oratorem*, in-fol., que Panzer et Amati donnent à Léonard de Bâle, et que Federici au contraire dit être exécuté avec les caractères de Gérard de Lysa : *Adhuc sub judice lis est.*

N'oublions pas de mentionner l'imprimerie conventuelle des *Fratres S. Zanoti de Placentia*, qui date également des premières années de l'imprimerie à Vicence, c'est-à-dire de 1475.

Pour la suite des imprimeurs, voyez Panzer, V, 494, et pour les meilleures sources à consulter pour l'hist. typogr. de la ville, voy. : G. Th. Faccioli (*Catal. dei libri stamp. in Vicenza e suo territ. nel sec. XV*); Pagliarino, *Croniche di Vicenza*; Jac. Morelli, *Indice*; Frederic, *Memorie Trevigiane*, Amati, etc.

VICEPREVANUM, VICOSOPRANUM, *Vico Soprano, Vespran*, bourg du canton des Grisons, de la ligue Caddée (Suisse).

Falkenstein (p. 275), d'après l'auteur anon. de l'*Histoire de la typogr. en Suisse*, dit que l'imprimerie exista dans ce bourg des Grisons ; mais il n'indique pas l'époque et il ne cite pas de titre à l'appui de l'assertion.

VICHIUM, voy. AQUÆ CALIDÆ.

VICIANUM [T. P.], dans la Mœsie, auj. *Nova Berda* (?), en Servie, ou, suiv. qq. géogr., *Pristina*, ville forte de Roumélie.

VICINONIA FL., WISNONA [Aimon.], WISONE, [Frédég.], VIGELANIA, *la Vilaine*, fl. de France.

VICOIRIA, VIQUERIA, voy. IRIA.

VICOJULIUM, voy. ÆRIA.

VICOPLENO VILLA, *Viplaix*, commune près d'Huriel (Allier).

VICTORIA, voy. SUISSATIUM.

VICTORIA, Οὐικτωρία [Pt.], dans la Bretagne Barbare, au pied des monts Grampians, auj. *Kinross*, dans le Perthshire (Écosse).

VICTORIA, VICTORIACUM, *abb. de Viering*, en Carinthie.

VICTORIACUM, voy. VICTRIACUM.

VICTORIÆ PORTUS, PORTUS VICTORIÆ JULIOBRIGENSIUM [Pl.], ville des Cantabres, dans la Tarracon., auj. *Santonna, Santona*, dans les Asturies.

VICTORIS (S.) *prope Massiliam* MONAST., *Abbaye de S.-Victor* de l'ordre de S.-Benoit, à Marseille, fondée en 413. .

Cette abbaye possédait une bibliothèque et des archives de la plus haute importance, dont une partie fut détruite à la Révolution, et ce qui en fut conservé est auj. déposé à la préfecture des Bouches-du-Rhône ; une intéressante monographie a été consacrée à cette biblioth. par M. J.-A.-B. Mordreuil (Marseille, 1854, in-12, de 64 pp., tiré à 60 ex.).

VICTORIS (S.), *prope Moguntiam, Cœnobium, l'abb. de St-Victor-lez-Mayence* (Cisterciens).

Après 1525, l'imprimerie subit une réforme importante à Francfort : l'archevêque-électeur, s'étant rallié radicalement à la cause papale, proscrivit avec sévérité toute publication entachée d'hérésie. Les moines de S. Victor étaient ardemment dévoués au Saint-Siège ; vers 1540, ils organisèrent une imprimerie particulière et appelèrent pour la diriger un bon typographe de Mayence, nommé François Behem (peut-être Beham ?). C'est en 1541 que nous trou-

vons la première trace de cet établissement conventuel : *J. Arnoldus Bergellanus de Chalcographiæ inventione poema encomiasticum*. Moguntiæ, ad Divum Victorem, excudebat Franciscus Behem, M.D.XLI, in-4° de 12 ff. Nous venons de voir un bel exempl. de ce livre rare chez Tross ; le *Manuel* de M. Brunet ne cite que l'exempl. R. Heber, auquel manquait le dernier f., ce qui explique le vil prix auquel il a été adjugé.

En 1867, les cat. de M. Tross citent deux vol. (nos 96 et 138) sortis de ces presses claustrales, à la date de 1548 ; en 1549, nous trouvons des volumes exécutés à St-Victor, au cat. la Vallière, I, 843 ; Rive, 360 ; Delasize, 171, etc.

VICTRIACUM, VICTORIACUM, VICTORIACV [Monn. Mérov.], *Victry-en-Parthois, Vitry-le-Brûlé*, commune de Fr. (Marne); anc. abb. de filles Bernardines ; c'était autrefois une ville qui fut saccagée par Thibault, comte de Champagne, en 1143, et brûlée par Charles-Quint, en 1544.

VICTRIACUM, VICTORIACUM, *Vitry-aux-Loges*, bourg de Fr. (Loiret), dans la forêt d'Orléans, ce fut là que mourut Henry Ier, le 29 août 1060 [Quicherat].

VICTRIACUM, VICTORIACUM-FRANCISCI, *Vitry-le-François* ou *sur-Marne*, ville de Fr. (Marne); fondée par François Ier pour remplacer l'anc. *Vitry*, brûlé par Charles-Quint, et recueillir ses habitants dispersés.

Une macaronée parut sous ce nom de lieu, évidemment supposé, en 1576 : *Epistolæ duæ elegantissimæ quarum prima est Lampredi Crypti, Odoardo Ebrulfo scripta de libello de conscribendis epistolis librifacientissimi, Epistolizantissimique adolescentis, vigenti non amplius annos nati Claudii Cranci, Benedictini Maioretani, secunda est Odoardi Ebrulfi eidem Cl. Cranco missa qua mandat illi quod sunt aliqui qui dicunt, quod libellus ejus de conscribendis Epistolis, non valet unum cepe, nisi ad tergendas merdosas nates.* — Vitriaci, apud Hubaldum Badidaldum ad insigne Vrsorum, via Molossorum, 1576, in-8°. Satire virulente qui flagelle l'honnête travail d'un jeune bénédictin de Marmoutiers, Claude de Craon, intit.: *Libellus de conscribendis Epistolis....* etc.

C'est en 1660 seulement que nous trouvons trace d'un établissement typogr. sérieux à Vitry-le-François : *Coutumes de Vitry-le-François*, Vitry, 1660, in-8° (*Cat. de la Bibl. de la Cour de Cassation*, II, p. 211). — *Commentaires sur la coutume de Vitry, par Charles de Salligny*, Vitry, 1660, in-8° (cat. Leschassier, 1758, n° 1405, cat. Bourret, n° 1090).

A la fin du XVIIe siècle, les imprimeurs Q. et F. Seneuze, de la famille des typogr. de Châlons-sur-Marne, qui ont trois siècles d'existence et d'exercice dans cette ville, fondent un établissement à Vitry ; nous citerons : *Discours prononcé au bailliage et siége prés.dial de Vitry-le-François, le 12 janvier 1693, par M. Marchant, avocat au Parlement*. Vitry, Q. et F. Seneuze, 1613 (1693), in-4° de 50 pp.

Les arrêts du conseil de 1704 et de 1739 concèdent à la ville de Vitry le privilége de conserver une imprimerie.

VICTRIACUM PALAT. [Aimon.], VICTORIACUM [Greg. Tur.], *Vitry*, sur la Scarpe, bourg de Fr. (Pas-de-Calais). Voy. Mabillon, pour les autres résidences royales de ce nom.

VICTUM VIÆ, voy. VIGLEBANUM.

VICUS, *Vic*, ville de Fr. (Meurthe), sur la Seille.

Claude Félix, imprimeur juré de l'évêque de Metz, fuyant l'épidémie qui désolait cette grande ville, vient établir à Vic, vers 1624, une succursale à son établ. typogr. de Metz ; il y imprime : *Les Actes de S. Livier, par Alphonse de Rambervillers.* A Vic, 1624, in-8° (voy. *Cat. de l'histoire de France à la Bibl. imp.*, t. VIII, p. 585); et deux ans après : *Rolland Marion, chirurgien, le Cadet d'Apollon, né, nourry et élevé sur les remparts de la fameuse citadelle de Metz, pendant la contagion de l'année 1625.* Imprimé à Vic, par Claude Félix, imprimeur juré de Monseigneur l'Evesque, 1626, in-12 de 170 pp. (le titre *in extenso* est porté au *Manuel*).

Claude Félix réimprime encore dans l'intervalle de son séjour à Vic, c'est-à-dire de 1624 à 1628, l'une des éditions Tabarinesques : *Farces, plaisanteries de Tabarin.* A Vic, chez Claude Félix, petit in-8°, s. d. (*Recherches* de Leber, p. 54). M. Leber indique cette pièce sous un titre inacceptable; il a sans doute recueilli ce titre dans un cat. inexact, et n'a point vu la pièce.

VICUS AD CEREM, *Vic-en-Carladez* ou *Vic-sur-Cère*, pet. ville d'Auvergne (Cantal), anc. capit. du comté de Carladez.

VICUS ÆQUENSIS, voy. ÆQUA.

Le premier imprimeur de *Vico Equense*, dont nous n'avons point donné le nom, s'appelait Giuseppe Cacchi.

VICUS ALETI, *Guic-d'Aleth, Guich-Aleth*, voy. ALETUM.

VICUS AMBROSII, *Ambresbury*, bourg d'Angleterre [Graësse].

VICUS AQUARIUS [I. A.], station des Vaccaï, dans la Tarracon., auj. *Carvajales*, suiv. Ukert, ou *Villa de Pera;* d'après Mentelle.

VICUS AQUENSIS, ou ACQUENSIS, voy. AQUÆ BIGERRONUM.

VICUS AUSONENSIS, voy. AUSA.

VICUS BIGORRENSIS, *Vic-en-Bigorre*, bourg de Fr. (Hautes-Pyrénées); anc. résidence des comtes de Bigorre.

VICUS BRAJÆ, *Vibrais*, commune du Maine (Sarthe); anc. titre de marquisat.

VICUS CUMINARIUS [I. A.], dans le pays des Carpetani (Esp. Tarracon.), auj. *Santa Cruz de la Zarza*, bourg du roy. de Tolède.

VICUS FIDENTIACUS, voy. FIDENTIACUM.

VICUS HELENÆ, voy. LENTIUM.

VICUS IRIÆ, VIC. IRIUS, voy. IRIA.

VICUS JULIUS, voy. JULIUS VICUS.

VICUS LUCANIACUS, S. *Chartier*, commune du Berri (Indre).

VICUS LUISIUS, voy. FANUM S. JOANNIS LUISII.

VICUS MATRINI [T. P.], en Étrurie, auj. *Vico, Vico-Pisano*, bourg de Toscane (délég. de Pise).

VICUS MONASTERII, *Vimoustier, Vimoutier*, bourg de Fr. (Orne), anc. prieuré de filles Bénédictines.

VICUS NANENSIS, *Vinantes*, commune de Fr. (Seine-et-Marne).

VICUS NOVUS [I. A., T. P.], AD NOVAS [Geog. .Rav.], station de l'Umbrie, auj. *Osteria Nova*, au S. de la Farfa.

VICUS PORTUS, WICUS QUENTOVICUS, *Vic*, à l'embouch. de la Cambre, petit port du Pas-de-Calais.

VICUS S. JACOBI, *Borgo san Giacomo* (?).

Nous ne possédons aucun renseignement sur l'imprimerie qui exista dans ce bourg au XVe siècle ; on connaît (Hain, I, n° 1570) : *Leonardus Aretinus. Dialogus de moribus ad Galeotum amicum dialogo parvorum moralium Aristotelis ad Eudemium amicum suum respondens.* A la fin : *Impressum anno* M.CCCC.LXXXXVII, *in vico Sancti Jacobi ad intersignium Ursi propre Sanctum Maturinum*, in-4°.

VICUS SERNINUS [I. A.], dans la Gaule Cisalpine, auj. *Vigano*, dans le Modénat.

VICUS SPACORUM [I. A.], station des Vaccaï, dans la Tarracon., auj. *Vigo*, petite ville et port d'Espagne (Galice).

VICUS VARIANUS [I. A.], dans la Gaule Cisalpine, auj. *S. Pietro in Valle*, bourg de la Vénétie, sur le Tartaro.

VICUS VIRGINIS [T. P.], dans la Ligurie, auj. *Legine*, bourg près de Savona.

VIDELIACUS, voy. VEZELIACUM.

VIDENA, *Weida*, bourg du Palatinat.

VIDRIACUM, *Viry-au-Mont* ou *Viry-Noureuil*, commune de Picardie (Aisne). — *Viry*, commune près de Saint-Claude (Jura).

VIDURLUS FL., *la Vidourle*, riv. du Languedoc, qui se perd dans l'étang de Thau.

VIDRUS FL., Οὔιδρος [Pt.], dans la Germanie, le *Vecht*, bras du Rhin, qui afflue au Zuiderzée.

VIDUA FL., Οὐιδούα [Pt.], fl. d'Irlande, le *Culmore*, ou, suiv. Camden, le *Crodagh.*

VIDUBIO [T. P.], station du pays des Ædui, dans la Gaule Lyonnaise I, que l'on croit être auj. *Nuits*, voy. NUCIUM.

VIDUCASSES [Pl.], Οὐιδουκάσσιοι [Ptol.], Βιδουκάσιοι, peuple de la Gaule Lyon. II, occupait partie des dép. du *Calvados* et de l'*Orne*; on retrouve ce nom dans le vocable *Vieux* (VIDUCASSIS, VIDEOCÆ, VEOCÆ), qui passait pour être leur capitale, et n'est plus auj. qu'un village du Calvados (voy. D'Anville).

VIDULA FL., *la Vesle*, affl. de l'Aisne ; passe à Fismes (AD FINES).

VIDULLIACUM, *Vély*, village et anc. châtellenie du bailliage de Soissons (Aisne).

VIENNA [Cæs., Mela, Tac., Pl., Auson.], Οὐίεννα [Str.], Οὐίεννη [D. Cass.], Οὐίεννα [Ptol.], METROPOLIS CIVIT. VIENNENSIUM (VIENINSIUM, mss.), VIENNA CIVITATI, VIEN [Monn. Mérov.], ville des Allobroges, dans la Gaule Transalpine, dep. capit. de la Viennaise première, auj. *Vienne*, sur le Rhône, ville de France (Isère); concile célèbre en 1311 ; ne fut réunie à la France qu'en 1448.

Trente ans seulement après sa réunion à la monarchie, la ville de Vienne voyait un établissement typographique important fonctionner dans ses murs. L'introducteur de l'imprimerie dans cette ville s'appelle Jehan Solidi ; il débute par la réimpression du livre célèbre que nous avons décrit à l'art. LYON, comme la première production des presses de cette ville : *Spurcissimi Sathanæ litigacionis* ‖*fernalisq∫ nequicie ∫pocuratoris, Cõtra ge‖nus humanum Coram dño nostro Jhesü‖cristo Agitate Beata virgine maria eius ‖ matre pro nobis advocata et cõparente.* ‖ *Liber feliciciter incipit.* On lit au r⁰ du 14ᵉ f. : *Vienne, per magistrum Johan‖nem solidi huius artis impressorie exper‖tum, Anno incarnacionis* M.CCCC.LXXViij. In-4⁰ goth. de 14 ff. à 26 lig. à la p. entière, sans ch., récl. ni sign. (Bibl. imp. et Grenvilliana).

La même année, il exécute, à la requête de l'archev. de Vienne, Guy de Posiaco ou de Poisat, les : *Statvta Provincialia Concilii Viennensis.* Petit in-4⁰ de 56 ff., longuement et consciencieusement décrit au *Manuel* (tom. V, 520).

Le second imprimeur de Vienne est le célèbre Pierre Schenck ; il paraît venir de Lyon, où on le retrouve établi en 1495, associé d'un libraire nommé Dyamantier.

Il n'a sans doute séjourné que peu d'années à Vienne, et s'y est établi en 1481 : ses productions sont infiniment plus recherchées des amateurs que celles de Jehan Solidi, et la raison en est bien simple, c'est qu'il n'a imprimé qu'en français ; nous ne décrirons pas les précieux volumes sortis de ses presses, mais nous indiquerons les principaux : L'ABUZE EN COURT (par le bon roi René d'Anjou); à la fin : *Cy finist ce present liure appelle labuze en court,* imprime à Vienne par Pierre Schenck, l'an mil CCCC.LXXXIiij, petit in-fol. goth. à 2 col. de 36 lig., avec fig. sur bois, et sign. a-diij.

LES SEPT PSEAULMES EN FRANÇOYS, s. d. 24 ff. in-4⁰ (Cat. Cigongne, n⁰ 708).

Cy commence le hystoire et pacience de GRISELIDIS, s. d. in-4⁰ de 21 ff., fig. s. bois (*Manuel* et cat. Cigongne, n⁰ 1798).

Cy commence und petit et utile tractic des eaues artificieles. Petit in-4⁰ de 51 ff. non chif., sign. a-f. (*Manuel*).

Ce fut à Vienne que fut imprimé, en 1553, chez Baltasar Arnollet, et aux frais de l'auteur infortuné, le célèbre traité de Michel Servet : CHRISTIANISMI RESTITUTIO, in-8⁰ de 734 pp. et 1 f. d'errata. Ce fut à Vienne également, le 17 juin de la même année, que fut exécuté par la main du bourreau l'arrêt qui condamnait ce livre au feu.

Quatre mois après, le 27 octobre, l'auteur subissait le même sort à Genève.

Au XVIᵉ siècle, nous signalerons à Vienne, un bon imprimeur du nom de P. Poyet.

VIENNA, VIENNA AUSTRIÆ, voy. VINDOBONA.

VIENNAVICUS, VIENNAVICO [Monn. Mérov.], *Vienne-en-Val*, commune du Loiret [Fillon]. — *Vienne-le-Château* (Marne).

VIENNENSIS PROVINCIA, *la Viennoise* ou *Viennaise*, prov. de la Gaule, au temps des Romains, dont les cités princip., après la métropole, étaient Genève, Grenoble, Orange, Avignon, Arles, Marseille, etc.; la Viennoise avait fait partie de la Province romaine.

VIERIUM, *Vihiers*, anc. pet. ville de l'Anjou, avec titre de comté, auj. bourg du dép. de Maine-et-Loire.

VIERRA FL., *la Werra*, riv. d'Allemagne, se réunit à la Fulda, pour former le Weser.

VIGENNA FL. [Greg. Tur.], *la Vienne*, riv. de Fr., affl. de la Loire.

VIGENTIMILLIA, voy. ALBINIMIUM.

VIGERA FL., *la Vègre*, affl. de la Sarthe. — *La Vègre*, affl. de l'Eure.

VIGILIÆ, *Bisceglia*, ville du Napolitain, sur l'Adriatique (terra di Bari).

VIGLEBANUM, VIGEBANUM, VICTUMVIÆ, *Vigevano*, ville d'Italie, près du Tessin, dans la prov. de Vercelli, chef-lieu de district ; patrie de Fr. Sforce, dernier duc de Milan.

L'imprimerie remonte dans cette petite ville aux premières années du XVIIᵉ siècle. Nous citerons : *Firmin Lopez de Mendiccoroz. Observaciones de la vida del Condestabo Juan Fernandez de Velasco, y cifra de sus dictamenes.* Vigebani, in Ducatu Mediolanensi, 1625, in-4⁰.

A la date de 1678, nous trouvons trace d'une imprimerie particulière : *Fr. Juan Caramuele Lobkowitz. Arquitectura civil recta y obliqua considerada y dibuxada en el templo de Gerusalem.* Viglevani, in domo auctoris, 1678, 2 vol. in-folio [Antonio I, p. 669].

VIGNÆ [T. P.], dans le Latium, sur l'Anio, auj. le bourg d'*Agosta*.

VIGORNIA, WIGORNIA, VORCESTRIA, en saxon *Wigreceaster*, au XIIIᵉ s. *Wirecestre, Worcester*, ville d'Angleterre, chef-lieu de comté (voy. BRANGONIA).

Complétons ici la note bibliographique que nous avons consacrée à Worcester. Nous trouvons dans Lowndes la description d'un précieux volume, exécuté au milieu du XVIᵉ siècle sous la rubrique : WIGORNIA.— *The Boke of the Common Prajer's and administration of the Sa-cra-mentes, and other Rytes and ceremonies of the Churche, after the use of the Churche of Englande.* Wigorniæ in officina Joanni Osweni cum privilegio ad imprimendum solum. A la fin : Imprinted the xxiiii day of may anno MDXLIX, at Worcestre, by John Oswen.

Ce John Oswen était imprimeur d'Ipswich (voy. GIPPESVICUM); il s'établit de 1548 à 1553 à Worcester, et y exécuta un grand nombre d'ouvrages, presque tous religieux, dont Ames et Herbert (III, 1459) nous ont donné les titres ; le premier est un *Nouveau Testament* en anglais, à la date de 1548, et le dernier en 1553, est intit. ; *Statutes* 7 Edw. VI, A la fin : *At Worcestre. Printer appointed by the Kinges Maiestie, for the Principalitie of Wales and Marches of the same. Anno Domini M.D.LIII. Cum priuilegio solum.* In-fol.

Un volume à la date de 1651 figure à la IVᵉ vente R. Héber, sous le nº 68 ; mais Lowndes le donne comme imprimé à Londres.

VIHELINUM, NEOSTADIUM, *Neustädt, Novamestu* en illyrien; ville d'Illyrie, chef-lieu de cercle, dans le gouv. de Laibach (Autriche).

VILAGOSVARINUM, *Vilàgos Vàr,* forteresse de Hongrie, dans le comitat d'Arad.

Horányi (*Mem., Hungarorum* I, 162) dit que ce château était célèbre au XVᵉ siècle, comme ayant servi de lieu de détention à l'aïeul de Mathias Corvin, Michael Szilágyi ; il cite une *Doctrine chrétienne* en hongrois (*A' keresztyéni Tudománynak rövid summaja... Irta Beythe István.* Vilàgos-Varini, MDLXXXII, avec une dédicace à Franc. Batthyany le jeune), comme souscrite à ce nom de lieu, mais Németh fait observer qu'en 1582 ce château était tombé au pouvoir des Turcs, dont il était devenu l'une des plus fortes places frontières, et il croit ce livre exécuté à Német-Ujvar ; cette date de 1582 est celle de l'introduction de la typogr. dans cette dernière ville (voy. GISSINGA).

VILCASSINUS PAGUS, *le Vexin,* anc. prov. française, voy. VELIOCASSES.

VILERIUM, *Weiler,* commune de France (Bas-Rhin).

VILICE, *Villich,* bourg de la Prusse Rhénane.

VILLA AMOENITATIS, *Wunstorf,* ville de Hanovre, avec un couvent de filles nobles [Graësse].

VILLA ARDUA, *Villars-de-Lans,* bourg de Fr. (Isère).

VILLA ARDUA EX MONTE, *Villars-Eymont,* commune du dép. de l'Isère (Oisans).

VILLA ARDUA RETRO MONTEM, *Villard-Reymond,* près de la précédente (Isère).

VILLA BRAXIMA, *Villa Brajima,* bourg de la Vieille-Castille (Espagne).

Signalé par Mendez comme ayant possédé une imprimerie; Antonio (I, 503) nous donne en effet : *De Viri et fœminæ comparanda fœcunditate tractatio.* Villæbraximæ apud Franciscum Fernandez de Corduba, 1620, in-4º. Ce sujet scabreux est traité par un médecin nommé Gabriel Alonso, attaché au comte de Benevento, J. Alf. Pimentel.

VILLA BRITANNORUM, VILLA BRETENORO (IXᵉ s.), *Bretenoux,* commune de Fr. (Lot).

VILLA CERERIS, VIULCERS, VUISSEURS, *Wissous,* commune de Fr. (Seine-et-Oise), d'après Quicherat.

VILLA DEI, *Villedieu,* bourg de Normandie (Manche). = *La Villedieu d'Aunay,* commune de Poitou (Vienne).

VILLA DOLUCENSIS [Inscr.], station du pays des Morini, dans la Gaule Belgique, auj. *Halighen,* près de Boulogne (Pas-de-Calais).

VILLA EPISCOPI, *l'Arbresle,* bourg du Lyonnais, sur la Tardine, dont un débordement le détruisit en partie, en septembre 1715 (Rhône).

VILLA FAUSTINI [I. A.], ville des Iceni, dans la Britannia Romana, auj. *Edmundsbury,* dans le comté de Suffolk, suiv. Camden (voy. BURGUS STI EDMUNDI), ou *Faston,* suiv. Reichard.

VILLA FRANCA.

Ce nom de *Ville-Franche* a été si souvent employé par les faiseurs de pamphlets, satires et diatribes, jaloux de dissimuler la provenance de ces produits inavouables, qu'il devient assez difficile de déterminer avec certitude le lieu d'impression des innombrables volumes souscrits à ce nom.

VILLA FRANCA, *Villefranche,* sur la Saône, ville de Fr. (Rhône); anc. capit. du Beaujolais, fondée au commencement du XIIᵉ siècle, par Humbert IV, sire de Beaujeu.

Le premier livre imprimé dans cette ville, nous écrit M. de la Roche-la-Carelle, est celui-ci : *Estat de ceux qui ont été appelez à la charge d'Eschevins de la ville de Villefranche, capitale du Beaujolais, depuis près de trois cents ans.* A Villefranche, chez Antoine Baudrand, imprimeur du Roy et de la ville, M.DC.LXIX, in-4º.

A la même date, nous trouvons dans le P. Lelong (37430) : *Projet de l'histoire du Pays de Beaujolois, par Pierre Louvet, docteur en médecine et historiographe.* Villefranche, 1669, A. Beaudran, in-4º.

On voit que l'orthographe du nom de l'imprimeur varie ; à partir de 1671, nous trouvons fréquemment *Villefranche* apparaître sur les livres consacrés à l'histoire du Beaujolais.

L'imprimerie fut supprimée dans cette ville par l'arrêt du conseil du 31 mars 1739; elle ne reparaît qu'à la révolution.

VILLA FRANCA, *Villa-Franca-de-Panades,* ville d'Espagne, chef-lieu de district dans la Catalogne, avec de nombreux établissements religieux.

Comprise par Mendez dans la liste des « Ciudades y Lugares que han tenido imprenta », mais nous n'avons pas su trouver dans les cat. espagnols de titres à apporter à l'appui de cette assertion.

VILLAFRANCA CONFLUENTIUM, *Villefranche,* anc. ville forte du Roussillon; on l'appelle aussi *Villefranche - de - Conflant* (Pyrénées-Orient.); elle fut fondée en 1092 par Guil. Raymond, comte de Cerdagne; ce n'est plus auj. qu'un village.

VILLAFRANCA IN PAGO LAURIACENSI, *Villefranche de Lauragais,* ville de Fr., sur la Garonne (Haute-Garonne).

VILLA FRANCA in pago Rutenensi, *Villefranche de Rouergue,* sur l'Aveyron, ville de Fr. (Aveyron); anc. cap. de la Basse-Marche.

Nous ne savons rien de l'histoire typogr. de cette ville dans laquelle l'imprimerie doit remonter au XVIIᵉ siècle; les arrêts du conseil de 1704 et de 1739 lui concèdent le droit de conserver un établissement typographique. Ce n'est qu'à partir de

1755 que nous pourrions citer des titres de livres certainement exécutés à Villefranche de Rouergue, par un typogr. du nom de Védeilhé ; il vaut mieux nous abstenir.

VILLA GERLACI, *Gerstdorf, Gersdorf,* commune de la Basse Alsace (Bas-Rhin).

VILLA GRACIA, *Villagarcia,* monastère de Jésuites dans le Guipuscoa.

Cité par Mendez dans sa liste des « *Lugares que han tenido imprenta* » ; nous donnerons : *Opuscula græca ad usum seminarii Villa-Garciensis.* Typis Seminarii, 1761, in-12. Voici à ce propos un passage de Diderot : « La France (en 1768) instruisit le ministère espagnol que les PP. Jésuites avaient à Villagarcia une imprimerie conduite par le P. Idiaquez, d'où sortait une multitude d'ouvrages préjudiciables à la tranquillité du gouvernement français. On arrêta plusieurs libraires de Bayonne ; ils parlèrent à la Bastille où ils furent enfermés, et la cour d'Espagne supprima l'imprimerie sans faire d'éclat. »

VILLA GUALTERIANA, *Walterschwyl,* bourg de Suisse [Graësse].

VILLA HELENÆ, voy. LENTIUM.

VILLA HERMANNI, *Hermannstadt,* voy. CIBINIUM.

VILLA JUDÆA, VILLA JUDÆORUM, *Villejuif,* bourg de Fr. (Seine); on trouve S. JULITTÆ VILLA, au moyen âge *Villejuy ;* au xvie siècle, *Ville Juisve;* sainte Julite est la patronne du lieu.

VILLA MAORIN [Monn. Mérov.], *Marney,* commune de Fr. [Meurthe], suiv. Longpérier ; mais plutôt *Villemorin* ou *Villemorien,* d'après Quicherat.

VILLA MADALLIA, MAGDALIA, MADALLIAGUM, la *Madeleine,* la *Magdeleine ;* un grand nombre de communes portent ce nom en France.

VILLA MARII, voy. BOVILLÆ.

VILLA MAURI, *Villemaur,* commune de Champagne (Aube).

VILLA MEDICORUM, *Medeby,* ville de Suède [Graësse].

VILLA MURI, *Villemur,* pet. ville de Gascogne (Haute-Garonne).

VILLA NOVA, *Villeneuve ;* un nombre infini de localités portent ce nom ; et il n'existe pas de vocable se rencontrant plus fréquemment dans les diplômes et cartulaires.

VILLA NOVA AD OLTEM, *Villeneuve d'Agen, Villeneuve-sur-Lot,* ville de Fr. (Lot-et-Garonne); anc. bourg du nom de *Gayac,* détruit et reconstruit au xiiie siècle.

VILLA NOVA GENESTARUM, *Villeneuve-les-Genets,* commune de Fr. (Yonne).

VILLA NOVA GUIARDI, *Villeneuve-la-Guyard,* bourg de Fr. (Yonne).

VILLA NOVA INFANTUM, *Villa Nueva de los Infantes,* ville d'Espagne, chef-lieu de district, dans la Manche; près de Ciudad-Real.

Comprise par Mendez dans la liste des villes espagnoles qui ont possédé l'imprimerie ; Antonio nous donne en effet : *Bartholomeo Ximenez Paton, d'Almeida, Declaracion magistral de varios epigramas de Marcial.* Villænovæ Infantum, 1628, in-4°.

VILLA NOVA *juxta Andujar, Villa Nueva,* près d'Andujar, ville de la prov. de Jaen (Andalousie); voy. ILLITURGIS.

C'était une maison de campagne, peut-être une maison conventuelle, sise aux environs d'Andujar; elle n'est pas comprise par Mendez dans sa liste des villes d'Espagne qui ont possédé l'imprimerie ; cependant Antonio (*Bibl. Nova,* I. 627) dit que D. Juan de Acuña del Adarve, prieur de Villanueva, publia en 1637 : *Discursos de las efigies y verdaderos retratos non manufactos del Santo Rostro y cuerpo de J. C. Nuestro Señor desde el principio del mundo.....* Domi suæ apud Villamnovam ipse typis committi fecit anno 1637. In-folio.

VILLA NOVA JUXTA AVENIONEM, *Villeneuve-lez-Avignon,* ville de Fr., sur la rive droite du Rhône (Gard).

VILLA NOVA MONTIS LEONIS, localité qui nous est inconnue ; peut-être *Villa Nueva,* petit port d'Espagne, dans le district de Tarragona (Cataluña).

M. Brunet cite : *Index libri vitæ* (Barth. Riccii) *cui titulus est Iesus Nazarenus... per Io. de Loquibba accommodatus.* Villanova Montis Leonis, 1736, in-4°.

VILLA NOVA REGIS *juxta Senonas* [Stabil. Phil. Aug. a. 1209), *Villeneuve-le-Roi, Villeneuve-sur-Yonne,* ville de Fr., sur l'Yonne (Yonne); fondée au xiie siècle par Louis-le-Jeune.

L'imprimerie fut introduite dans cette ville à la suite de la révolution : *Discours de Bonaparte sur le maintien de la religion catholique.* Villeneuve-sur-Yonne, an IX, in-8°.

VILLA NOXIA, *Ville-Nou, Ville Nauxe,* bourg de Champagne (Aube).

VILLA PEDITONIS, *Villepinte,* bourg de Fr. (Aude).

VILLA PIROSA, VILLA PIRORUM, *Villepreux,* commune de Fr. (Seine-et-Oise).

VILLA URBANA, *Villeurbanne,* bourg de Fr., qui a longtemps fait partie du Dauphiné, et est auj. réuni à l'agglomération lyonnaise (Rhône).

Nous ne pensons pas que l'imprimerie ait existé dans cette localité, et nous devons cependant citer un livre souscrit à ce nom (P. Lelong, I, 488); car des *Satires* de François Hotman, alors professeur de droit à l'université de Valence, est publiée sous ce nom de lieu évidemment supposé : *Antichoppinus, imò potius epistola congratulatoria Mag. Nicod. Turlupini... cui accedit* (voy. Baillet, VI, 280). Villierbani, 1593, in-8° (voy. VILLA). L'année suivante : *Lectura super Canone de aqua Benedicta.* Villorbani, 1594, in-8°. Cette dissertation est du même François Hotman.

VILLA VIRIDIS, *Villa Verde*, paroisse du diocèse de Lisbonne, en Portugal, anc. prieuré.

Cette place ne figure pas dans la liste donnée par Mendez des « Ciudades y Lugares que han tenido imprenta », et nous trouvons cependant dans Antonio (II, 162) : *Paulo Palacios de Salazar. In Ecclesiasticum Commentaria.* In Portugallia apud Villam-Viridem edita, 1581, in-fol., et du même auteur : *In XII Prophetas minores Comment.* Apud eamdem Villam-Viridem typis Antonii Riberii, 1581, in-fol. Un peu après, Antonio nous donne la situation géographique de Villa-Verde.

VILLA VITIOSA, *Villaviciosa*, *Villa Viçoza*, ville de Portugal, chef-lieu de district (Alem-Tejo), avec un château royal, anc. résidence des ducs de Bragance.

Imprimerie en 1635 : *Diogo Ferreira de Figueiroa* (né à Arruda, mort en 1674). *Desmavos de Mayo nas sombras do Mondego.* Villa Viçoza, Emmanoel Carvalho, 1635 ; in-8° ; réimprimé au même lieu en 1639. Antonio (I, 283) ne cite que cette réimpression ; la *Bibl. Lusitana* (I, 340) donne la première.

En 1636, les deux autorités citent un livre du médecin du duc de Bragance, Andre Antonio de Castro : *De Febrium curatione, Lib. III ; de simplicium medicamentorum facultate, lib. II ; de qualitatibus alimentorum, Tract. X.* Villæ vitiosæ, 1636, in-fol.

VILLACUM, *Villach*, ville d'Illyrie, chef-lieu du cercle de même nom, sur la Drave.

VILLARE CAUDA RESTI, VILLARE *juxta collum Resti, in pago Vadensi*, VILLARE COL-DE-REST [Charta Phil. Aug. a. 1196], VILLERS COSTE-REZ [Ch. Phil. VI, a. 1328], VILLÉS-COUSTEREST, VILLIERS-COSTERAIZ, *Villers-Cotterets*, ville de Fr. (Aisne) ; anc. château des Valois, construit sous François Ier, auj. dépôt de mendicité ; *sic transit...*

VILLARE IN PAGO CALTINO, *Moustier-Villiers, Montivilliers en Caux*, ville de France (Seine-Inférieure); anc. abb. de Bénédictins fondée en 682, réformée en 1030.

VILLARE; un très-grand nombre de localités en France portent encore le nom de *Villers*.

VILLARIACUM, VERIACO VILLA [Frédég.], *Virey* (?); plusieurs communes de France portent ce nom, entre autres un bourg du dép. de la Manche, mais la dénomination de Frédégaire doit s'appliquer à *Virey-sous-Bar*, village du dép. de l'Aube.

VILLARIUM, *Velaine*, bourg de Belgique. — *Villeret*, commune de Fr. (Aisne).

VILLE-SUR-ILLON, commune de Fr. (Vosges), près de Mirecourt.

Lieu d'impression que M. Beaupré signale, mais qu'il considère comme supposé (*Fr. Guinet*). FACTUM. *Propositions succinctement recueillies, des* questions qui se forment aujourd'hui sur la matière de l'usure... Imprimé à Ville-sur-Illon, s. d., in-4°. Franc. Guinet était professeur de droit à l'université de Pont-à-Mousson, il mourut en 1681. Il n'est pas impossible qu'il eût établi dans sa résidence de Ville-sur-Illon une petite imprimerie portative où il aurait exécuté lui-même ce *Factum* de peu d'importance, puisque la réimpression que cite M. Beaupré, qui porte : *Jouxte la copie imprimée à Ville-sur-Illon* en 1680, ne forme que 8 ff. in-8°, dont le dernier blanc (Biblioth. publique de Nancy).

VILLECUM, *Fillek*, ville de Hongrie [Graësse].

VILLETUM, VILLETA, VILLULA, *Villette, la Villette*, plusieurs localités de ce nom en France (*Gaufridus de Villeta, Custos Balliviæ Turonensis*, XIIIe s.). — *Johannes de Villula, Turonensis arte medicus*, Anglia Sacra, tom. I, p. 560).

VILLIACUM, *Vesly*, auj. *Vailly*, bourg de France (Aisne).

VILNA, *Wilna, Vilna*, anc. capit. du grandduché de Lithuanie, auj. chef-lieu du gouvernement du même nom, dans la Russie occidentale, siège de deux évêchés, l'un catholique, l'autre grec, et d'un consistoire luthérien ; anc. université fondée en 1570, supprimée depuis par le despotisme moscovite.

La majorité des habitants du grand-duché de Lithuanie ayant appartenu au XVIe siècle au culte grec, l'imprimerie de Vilna a débuté par les livres ruthéniens. Bachmeister cite un volume à la date de 1517, Апостоль, *Evangile de S. Luc*, dont la bibliothèque patriarcale de Moscou possède un exemplaire; il est exécuté en caractères cyrilliques.

Hendersen (*Biblical Researches and Travels in Russia*) et le bibliographe russe Sopikoff signalent une édition de 1525 du même volume, sortie des presses de François Skoryna. Ce typographe avait publié d'autres parties de la Bible à Prague, et c'est sans doute de cette ville qu'il avait fait venir ses caractères d'impression.

L'opinion du bibliographe polonais J.-D. Hoffmann, que la première imprimerie de Vilna fut fondée vers 1580 par Daniel Lancicius (de la ville de Lenczyça), sous le patronage du prince Radziwill, tombe devant les résultats des recherches postérieures, consignés par Bandtkie.

Nous connaissons, en effet, en dehors de l'ouvrage cité plus haut, un livre que M. Brunet porte à la date (approximative) de 1570, mais qui doit être plus ancien : c'est un *Nouveau Testament avec, les Psaumes de David, en dialecte russe et servien, à l'usage de l'église*, à Wilna, chez François Skoryna. In-8° de 480 ff. chiffrés, avec fig. et ornements gravés sur bois. Ce livre est décrit dans la dernière édition du *Manuel*, d'après une communication de M. de Brau, de Bruxelles.

En 1573, nous trouvons une pièce certainement exécutée à Wilna : *Illustrium aliquot Germanorum carminum liber... una cum epicediis et epitaphiis quibusdam Casparis Collignii Comitis*. Vilnæ, 1573, in-4o de 39 pp. (vente Coste). C'est peut-être le premier écrit latin imprimé dans cette ville. M. Brunet doute de l'authenticité du lieu de souscription : pourquoi ce livre excellent pour de jeunes et généreux esprits, qui s'élève contre le despotisme de l'Eglise et prêche la haine de la tyrannie, n'aurait-il pas été exécuté à Wilna même, et livré aux élèves trois ans après la fondation de l'académie ? Ce livre a pu, en effet, sortir des presses de l'imprimerie protestante, fondée vers 1570, par le prince Nicolas Radziwill *le Noir.*

Quand l'héritier de ce prince, Nicolas-Christophe Radziwill, dit l'Orphelin, se convertit au catholicisme, il mit son établissement typogr. à la disposition et sous la direction des Jésuites ; cette imprimerie eut successivement pour administrateurs Jean Slecki et Daniel Lancicius (de Lenczyça). Ce dernier, établi d'abord comme imprimeur à Pinczow (1564-1578), puis à Nieswicz, vint à Wilna en 1580 ; Hoffmann cite comme le premier produit de ses presses à cette date : *Christophori Varsevicii Panegyricus, ad Stephanum Regem.* Wilnæ, 1580, in-4°. Son imprimerie protestante fut pillée et détruite en 1581 par les élèves du collège des Jésuites. Jean Chlebowicz, châtelain de Minsk, lui vint en aide, et lui fournit les moyens de reformer un nouvel établissement ; vers 1590 il se convertit au catholicisme, et devint le directeur de l'imprimerie Radziwilienne et Jésuitique, jusqu'en 1600.

En 1592, Jacques Markowicz prend le titre d'imprimeur du prince Radziwill de Bierze et de Dubienka. Cet établissement est tout autre que celui des Jésuites. A la même époque, il y avait aussi les typographies de Laurent Malachiowicz, de Christophe Wolbramczyk, des frères Sulzer, d'André Wolan (en remplacement de l'imprimerie protestante de Lancicius, depuis 1592), et de Jean Karcan ou Kartzan, successeur du précédent, mais qui imprimait déjà depuis 1580, et eut pour successeur Joseph Kartzan.

Tous les cultes, tous les rits, se trouvent à la fois en exercice à Wilna ; tous à l'envi l'un de l'autre veulent avoir leur imprimerie (voy. Lackmann, *Typogr. Unitariorum in Polonia et Lithuania.* — Bandtkie, *Histoire des imprimeries en Pologne et en Lithuanie*, etc.).

VILTONIA, *Wilton,* ville et anc. évêché d'Angleterre, à l'O. de Salisbury (Wiltshire).

Près de là est la splendide résidence des comtes de Pembroke, appelée Wilton House ; la dixième édition du *Guide* intit.: *Ædes Pembrochianæ,* par Mr. Richardson, fut donnée à Wilton, en 1784.

VIMANIA, voy. VEMANIA ; peut-être *Weingarten,* bourg et abb. de Souabe, près de Ravensburg ; l'église de l'abbaye du XIe siècle est conservée.

VIMARINUM, VIMARANUM, WIMARANA, *Guimaraens, Guimaruës,* ville de Portugal, dont elle fut jadis la capit. (Minho).

VIMINACIUM [I. A., I. Hier., Eutrop.], Οὐιμινάκιον [Ptol.], Βιμινάκιον [Proc.], anc. capitale romaine de la Mœsie Inférieure ; auj. *Kostolatz,* au confluent du Danube et de la Mlava (Boulgarie).

VIMNAUS PAGUS, VINEMACUS, *le Vimeu,* petit pays situé sur les confins de la Picardie et de la Normandie, a formé depuis le duché d'*Aumale,* auj. partie de la *Seine-Inférieure* et de la *Somme.*

VIMUTIUM, *Weymouth,* ville et port d'Angleterre, à l'embouchure de la Wey (Dorsetshire).

M. Cotton nous apprend qu'un imprimeur du nom de John Love y était établi en 1790.

VINARIA, *Weimar,* ville d'Allemagne, capit. du gr.-duché de Saxe-Weimar-Ei-

senach, sur l'Ilm ; appelée l'*Athènes germanique,* à cause des illustres écrivains (Göthe, Herder, Schiller, Wieland), qui ont vécu sous la protection éclairée des grands-ducs ; biblioth. importante, musée, etc.

Nous trouvons trace d'imprimerie dans cette ville à la date de 1619, car nous ne pensons pas que la *Disputatio inter M. Flaccium et V. Strigelium Vinariæ* 1560 *habita,* imprimée sans n. de lieu en 1563, in-4o, ait été exécutée à Weimar.

Γνωμολογικὸν SACRUM LATINO-GERMANICUM, *das ist Lateinisch vnnd Teutsches Spruch-Buch, nach den Sontags Evangelien.* Weimar, bey Johan Meischner, 1619, in-8° (cat. des foires de Francford).

Citons encore : *Alb. Graweri prælectiones in August. confessionem, partes octo.* Vinariæ, 1633, in-8° (cat. Elz. 1681).

Nic. Zapfii Catena aurea articul. fidei in Genesin. Vinariæ, 1645, in-8° (cat. de Tournes).

Falkenstein ne reporte l'imprimerie en cette ville qu'à 1701.

Feuerlin (I, p. 155) cite pourtant comme ayant été imprimée à Weymar, en 1553, une traduction allemande des *Articles de Smalcalden,* dont nous n'avons pu nous procurer le titre.

VINCENNA FL., voy. VINGENNA.

VINCENNÆ, voy. VICENARUM NEMUS.

VINCENTIA, voy. VICENTIA.

VINCENTII VILLA, *S. Vincent,* un grand nombre de localités, en France, portent ce nom.

C'est un lieu d'impression supposé. Nous trouvons aux cat. Le Tellier, de Tournes, etc., dans Freytag, Bauer, etc., décrits les volumes qui suivent : *Controversiæ memorabilis inter Paulum V, Pontificem Max., et Venetos de Excommunic. contra eosdem Venetos, Romæ promulgata April.* 1606, *acta et scripta varia... In Villa Sanvincentiana, apud Paull. Marcellum, sumptibus Caldorianæ societatis,* an. 1607, part. I, 242 pp., part. II, 276 pp. in-8o. La traduction française de ces pièces porte la même souscription : *Pièces du memorable procès esmeu l'an 1606, entre le pape Paul V et la Seigneurie de Venise... L'inventaire des pièces encloses au present sac se void au f. suyuant.* A S. Vincent, par Paul Marceau, 1607, in-8o de 690 pp. Ces deux volumes ont été imprimés à Venise même, suiv. toutes les probabilités.

VINCESTRIA, GUINTONIUM, GUMMICASTRUM, *Wincestre, Bicestre, Bicêtre,* bourg et anc. château de l'Ile-de-France (Seine).

Le château fut bâti au XIVe siècle par les Anglais ; il fut démoli sous Charles VI par les Parisiens ; il appartenait alors à Jean, duc de Berri ; avec lui fut détruite en grande partie l'admirable biblioth. du prince, ainsi qu'une précieuse suite de portraits des rois de France.

VINCIACUS, *Vincey,* commune de France (Vosges), suiv. Quicherat.

VINCIACUS LOCUS *in pago Camaracensi* [Frédég.], *Vinchy,* sur l'Escaut, hameau porté sur la carte de Cassini à 9 kil. S. de Cambrai.

VINCIUM, voy. VENCIUM.

VINCONIA, VINTONIA, voy. VENTA.

VINCUM [I. A.], *Bingen,* voy. BINGIUM.

VINDA FL., VINDO [Ven. Fortun.], VIRDE, dans la.Vindélicie, auj. la *Wertach*, en Souabe.

VINDALIUM [Liv.[, Οὐίνδαλον [Str.], station de la Gaule Narbon., sur le VINDALICUS FL., *la Nesque* (afll. de la Sorgue), auj. *Vedènes*, commune de France (Vaucluse); l'attribution de cette localité est fortement discutée; un savant archéologue, M. Th. Générat, voit dans cette ville une forme nouvelle de *Carpentras*, CARPENTORACTE; il a consacré à soutenir cette hypothèse une intéressante brochure, publiée chez Techener, 1860, in-12.

VINDANA PORTUS, Οὐίνδανα λιμήν [Ptol.], port de l'Armorique que la carte de Sprüner place au point exact qu'occupe auj. *Camaret* (Finistère).

VINDANSIA, VINDASCINUM (?), VENASCA, *Vénasques*, bourg de France (Vaucluse). — *Venasca*, bourg d'Italie, dans la prov. de Saluzzo (Piémont).

Lieu d'impression supposé: *Lou Proucez de Carmentran, coméd. en III actes et en vers.* Venasques, Crasseux, s. d., in-12 (à l'Arsenal).

VINDASCINUS COMIT., *le Comtat Venaissin*, voy. VENASCINUS COM.

VINDELICIA [S. Ruf., Inscr.], Οὐινδελκία [Ptol.], Βινδελκία [Ptol.], pays de la Germanie, entre la Norique, la Gaule et la Rhætie, qui forma la Rhætie seconde; ses habitants sont cités par Tacite, Pline, Horace, etc.; forme auj. la partie S. du *Wurtemberg*, et O. de la *Bavière*.

VINDELIS, voy. VINDILIS.

VINDELLOVICUS, VINDELLO VC [Monn. Mér.], *Vendel*, commune de Fr. (Ille-et-Vilaine).

VINDERIS FL., Οὐίνδέριος [Ptol.], sur la côte E. d'Irlande, auj. *Strangford-Bay*.

VINDESORIUM, *Windsor*, ville et célèbre château royal sur la Tamise, à 23 milles S.-O. de Londres (Berkshire).

The Windsor Guide, dit M. Cotton, fut imprimé à Windsor même en 1783 (non cité par Lowndes), et en 1793, *The microcosm*, parut; c'était une publication périodique à l'usage du célèbre collège d'Eton.

En 1798, nous trouvons une imprimerie particulière dirigée par un émigré français: *Cours élémentaire d'Histoire ancienne, à l'usage de LL. AA. RR. Mesdames les Princesses d'Angleterre, par Ch. de Guiffardière, ministre de la chapelle française du Roy* (Louis XVIII), *prébendier de Salisbury*. Imprimé à Windsor, chez C. Knight, imprimeur et libraire, 1798, 2 vol. in-8o. L'exemplaire de ces rares volumes, conservé au British museum, contient une carte de l'*Orbis Vetus* de Strabon, dessinée par S. A. R. la Princesse Sophie.

VINDILI, voy. VANDALI.

VINDILIS INS. [I. A.], île de la côte des Veneti, en Armorique, sans doute *Belle-Isle*; voy. COLONESUS.

VINDINUM, Οὐίνδινον [Ptol.], voy. CEMOMANUM.

VINDORONA [I. A., T. P.], VENDORONA [Aur. Vict.], Οὐινδόβουνα, VINDOMANA [Not. Imp.], VINDOMINA [Jorn.], JULIOBONA, Ἰουλιόβουνα, FLAVIANA CASTRA [Æn. Sylv.], VIANA, VIENNA [Ann. et Cart. German.], municipé romain, sur le Danube, station militaire importante, dans la Pannonie supérieure; auj. *Vienne, Wien*, ville de l'Europe centrale, capitale de l'Empire autrichien; archevêché; université fondée en 1365.

La bibliothèque impériale de Vienne est trop connue pour que nous en parlions; elle tient avec celle de Paris et la Vaticane le premier rang en Europe; on sait qu'aux admirables débris de la collection de Mathias Corvin, elle a joint la biblioth. d'Ambros, celle de l'archiduc François-Sigismond, les collections du Prince Eugène, Hohendorf, etc.

Nous avons déjà mentionné à l'art. ROMA cette légende, qui reporte l'introduction de l'art typographique à Vienne à 1462, avec Ulrich Hahn d'Ingolstadt, comme premier imprimeur; nous ne reviendrons pas sur ce conte qui ne mérite ni d'être approfondi, ni d'être discuté.

Si l'on acceptait comme authentique la souscription d'un incunable, telle que nous allons la rapporter, ce serait à 1472 qu'il faudrait faire remonter l'introduction de la typographie dans cette illustre ville : *F. Ægidius Columna de Roma, ord. Eremit. S. Augustini. Errores philosophorum*. A la fin : *Expliciunt errores philosophorum aristotelis auerrays* (sic) *Auicenne Algazelis. Alkindi Rabi Moysi collecte a fratre Egidio ordinis sancti Augustini.* — Impressum Wienne anno d. M.CCCCLXXII, in-4o, sans chiffres ni récl., mais avec signat. aux deux premiers cahiers. Michel Denis reporte naïvement ce volume à l'année 1482, parce que l'exempl. qu'il avait sous les yeux était relié avec quatre traités particuliers portant cette date « *ut ovum ovo congruit* »; nous avons vu de ce rare volume un exemplaire, mais la souscription portait formellement « MCCCCLXXXII »; sans doute l'exempl. décrit par Denis avait été vieilli par la suppression innocente d'un x.

Quoi qu'il en soit, c'est bien certainement à 1482 que l'on peut reporter le premier établissement typographique viennois; on ignore le nom du premier imprimeur, et l'on attribue l'exécution des premiers livres à ces typographes ambulants qui promenaient leur matériel de ville en ville, et souvent de province en province, ainsi que nous l'avons fait remarquer, et tout spécialement dans les contrées limitrophes, en Bohême et en Hongrie.

Deux ouvrages, portant la date certaine de 1482, sont signalés par tous les bibliographes : TRACTATUS DISTINCTIONUM. A la fin : *Explicit Manipulus distinctionum Lectoris Iohannis Meyger impressum Wienne* anno domini M.CCCC.LXXXII, in-4o, en petits caract. goth., de 11 ff. à 38 et 40 lignes.

Le second : *Doctrina egregii magistri Gersonis cancellarii parisiensis de Confessione et absolutione*. A la fin : Impressum Wienne anno domini M.CCCC.LXXXII, in-4o de 11 ff. à 39 lig.

Ou voit par l'impression de pièces aussi peu importantes pourrait fort bien être le fait d'imprimeurs ambulants, forcés de proportionner à leur matériel les travaux dont ils entreprenaient la composition et le tirage.

En 1492 seulement, on trouve un nom sérieux d'imprimeur, Johann Winterburg; on lui doit, à cette date, une précieuse édition des *Satires de Perse*, in-4°. Ce typogr. latinisait ainsi son nom : *Johannes de Hiberna arce*; il dirigea son établissement typogr. pendant près de 30 ans.

Quel était-il ? où avait-il puisé les éléments de son art ? Ne serait-ce point à Vicence où nous trouvons dès 1470 un Jean de Vienne ? le fait n'a rien d'improbable, si l'on veut bien se rappeler qu'au XVe siècle, au temps du grand roi de Hongrie, Mathias, du faible empereur, Frédéric IV, les relations commerciales et artistiques de l'Autriche et de la Hongrie avec l'Italie, surtout avec l'Italie septentrionale, la Vénétie, étaient extrèmement fréquentes, et ce Jean de Vienne aurait été envoyé en apprentissage à Venise ou à Vicence, d'où il serait retourné maître dans sa patrie. D'un autre côté, nous avons un bibliographe bohémien, M. Hanka, qui soutient que ce Johann Winterburg n'est autre que l'imprimeur de Passau, Johann Alacraw, lequel vient en 1484 fonder un établissement accidentel à Winterberg, en Bohème ; que de là il serait venu à Brunn, et enfin à Vienne en 1492. Toute cette thèse peut être ingénieuse, mais elle est renversée par ce seul fait, qu'en 1485, 1490 et enfin 1492, on connaît des livres imprimés par lui et souscrits à Passau.

Panzer et Maittaire donnent la liste des autres typographes de Vienne aux XVe et XVIe siècles; nous ne répéterons pas cette liste.

Un grand nombre de livres hongrois, bohémiens, illyriens, slaves, hébreux, sont imprimés à Vienne, qui sur les premiers est appelée : « *Bec-ben, Beckben*, ou *Bets-ben* », et sur les livres polonais ou illyriens est désignée sous le nom de « *Bec-su* ou *Pec-su* ».

VINDOCINUM, VENDOCINUM, VINDOCINO, VIDOCINO [Monn. mérov.], *Vendosme, Vendôme*, ville de Fr. (Loir-et-Cher), anc. titre de duché-pairie; abb. de S. Benoît, fondée en 1032; c'est la patrie de Ronsard.

Une épidémie désolant la ville de Blois en 1629, un imprimeur de cette ville se réfugia avec sa famille à Vendôme, et y installa son matériel typographique; le premier livre qui sort des presses vendomoises est un livre de circonstance : ALEXITERE‖CONTRE‖LA PESTE‖*tiré des plus célèbres*‖*médecins, tant anciens grecs et*‖*arabes, que des modernes,*‖*par Florent de la Chassaingne*‖*docteur en médecine de Mont*‖*pellier, résident à Vendosme*. A Vendosme, par Fr. de la Savgere, imprimeur, M.DC.XXIX, in-16 de VII-184 ff. chif.

L'épidémie disparaît; mais la Saugère, qui se trouve bien à Vendôme, y reste. En 1631, il imprime : *Curieuses singularités de la France, par du Foust-au* (voy. P. Lelong, II, p. 35; cat. la Vallière-Nyon; cat. Leber, n° 5606, *Manuel*, etc).

En 1637, nous trouvons un nouvel imprimeur du nom de Sébastien Hyp ; de la Saugère était retourné à Blois, et avait cédé son établissement : *Andreæ Leclercq Sylvarum libri II cum miscellaneorum libro singulari.* Vindocini, Seb. Hyp. 1637, petit in-8°.

Ce dernier typographe imprimait encore à Vendôme en 1667 (cat. Baluze, n° 7500; La Vall.-Nyon, II, 6191).

L'imprimerie est supprimée dans cette ville par l'arrêt du 31 mars 1739; elle reparaît à la révolution.

VINDOGLADIA [I. A.], BINDOGLADIA [Anon. Rav.], dans la Bretagne Romaine, auj. *Pentridge*, au S.-O. de Salisbury; Camden place cette station près de *Winburne.*

VINDO-GRÆCIUM, voy. SLAVO-GRÆCIUM.

VINDOLANA [I. A.], VINDOLANDA [A. Rav.],

garnison de la Cohors IV Gallorum, auj. *Littlechester*, ou, suiv. Camden, *Old-Winchester* (Angleterre).

VINDOMAGUS, Οὐινδόμαγος [Ptol.], dans la Gaule Narbon., *le Vigan*, ville de Fr. (Gard); patrie du chev. d'Assas.

VINDOMIS [I. A.], dans la Bretagne Romaine; auj. *Farnham*, dans le comté de Surrey.

VINDOMORA [I. A.], dans la Bretagne Romaine; auj. *Ebchester*, bourg au N.-O. de Durham, avec d'importantes ruines romaines.

VINDONIA, voy. VENTA BELGARUM.

VINDONISSA, VENDONESSE, VINDONISSE [Monn. Mérov.], CASTRUM VINDONISSENSE, CIV. VINDONENSA, CASTR. WINDONIENSE, ville considérable de la Gaule (Provincia maxima Sequanorum), détruite par les Allemands, vers 570, et sur l'emplacement de laquelle s'élève auj. *Windisch*, sur l'Aar, village du canton d'Argovie; ce fut aussi l'anc. résidence des évèques de Constance.

VINDONISSA. Ce nom correspond encore aux nombreux *Vendenesse, Vandenesse* et *Vendresse* que l'on trouve en France. M. Quicherat fait remarquer une commune du pays de Dombes, anc. appelée *Vendenesse*, qui a pris le nom du patron de l'église, et s'appelle auj. *S. Didier de Formans.*

VINEA, VINEARUM MONAST., un grand nombre de monastères portaient ce nom; nous citerons *Weingarten*, abb. de Bénédictins du dioc. de Constance, fondée vers 1053 (Wurtemberg), voy. VIMANIA.

VINEÆ, VINIÆ, *les Vignes*, plusieurs localités de ce nom sont citées par les dipl. et cartul.

VINEOLÆ, *Vineuil*, bourg de Fr. (Loir-et-Cher).

VINGENNA FL., VINZENNA, *la Vingeanne*, riv. de France, afflue à la Saône, près de Gray.

VINIOLÆ [I. A.], station de l'île de Sardaigne, auj. *Viguale.*

VINISIMA, voy. WINDESHEMIUM.

VINOCIBERGA, *Vinoxbergen*, bourg de Belgique (Flandre Occident.).

VINOGILE, *Vinzelles*, commune de Fr. (Saône-et-Loire).

VINOVIA [I. A.], Οὐιννούιον [Ptol.], VINONIA [G. Rav.], dans la Bretagne Romaine, auj. *Binchester* [Camden].

VINTEMELIUM, voy. ALBIUM INTEMELIUM.

VINTERBERGA, VINTERPERGA, WINDERPERGA, *Winterberg*, pet. ville de Bohème (cercle de Prachin).

Johann Alacraw, imprimeur de Passau, en Bavière, de 1482 à 1492, va porter l'imprimerie, en 1484, dans la petite ville de Winterberg; le fait nous semble assez peu explicable, et cet établissement ne dut être que temporaire et en quelque sorte accidentel, car, depuis cette année 1484, nous ne pensons pas qu'il soit possible de retrouver un seul livre souscrit à ce nom de lieu. Sans doute Alacraw fut attiré par une communauté religieuse; nous ne reviendrons pas ici sur cette plaisante allégation d'un homme grave, M. Hanka, le bibliogr. bohémien, qui veut que Johann Alacraw, après Winterberg, ait été imprimer à Brunn, en Moravie, et de là à Vienne, où son nom de Alacraw serait devenu Johann Winterburg, en passant par Winterberg.

Les deux livres imprimés par Johann Alacraw à Winterberg, sont : ALBERTI MAGNI *summa de Sacrosancte Eucharistie sacramento*, et : B. AUR. AUGUSTINI *liber soliloquiorum*. Du premier, nous rapporterons la souscription imprimée au r° du f. 108, col. 1 : *Tractatus Alberti magni‖diuinissime Eucharistie cōme‖dutorius obiectōnibus quibus‖ dam ₃ solutionibus earum pro‖ cōnunione prefate eucharistie‖insertis. Impressus in Winter‖ perg per Iohannem Alacraw‖ Anno domini Millesimo qua‖dringentesimo octuagesimo qr‖to. Sabbato die Sancti Galli‖Confessoris. Amen.* Petit in-fol. de 108 ff. à 2 col. de 47 lig.

Le traité de S. Augustin susmentionné n'est qu'une pièce in-4° de 29 ff. à 32 lignes.

VINTIUM, voy. VENCIUM.

VIOLVACA (*Violvacensis pagus*, Sid.. Apoll.), *Volvic*, bourg de Fr. (Puy-de-Dôme).

VIPACUM, *Wippach*, bourg d'Illyrie, dans le gouv. de Laibach.

VIRDO FL., voy. VINDA.

VIRDUNUM, voy. VIRODUNUM.

VIREA, VIREVUM, *Voiron*, bourg du Dauphiné, sur la Morge (Isère).

VIREIUM, *Virieu*, . commune du dép. de l'Isère, anc. comté.

VIRENA [Vitr.], *Francolise*, bourg d'Italie [Bisch. et Möller].

VIRGANTIA, voy. BRIGANTIA.

VIRGAO, voy. URCAO.

VIRGEIUM, *Vergy*, village et anc. château près de Nuits (Côte-d'Or).

VIRGINIA DANICA, voy. MONA.

VIRGULÆ, VIRGOLÆ [It. H.], sous l'emp. Byzantin Ἀρκαδιούπολις, voy. BERGULÆ.

VIRIA, CASTRUM VIRIENSE, VVREDOVICO [Monn. Mérov.] (?), *Vire*, ville de Normandie, sur le pet. fl. du même nom; anc. comté; anc. capitale du Bocage (Calvados).

L'imprimerie remonte dans la patrie d'Olivier Basselin au milieu du XVIIe siècle, avec un premier typographe du nom de Jean de Cesne; suiv. M. Frère, le bibliogr. normand. Jean le Houx, dit le Ro-

main, avocat, poète et peintre virois, se fit l'éditeur des poésies de son illustre compatriote, Olivier Basselin; il donna, on ne sait où, la première édition de ces poésies, elle a complétement disparu; on sait seulement qu'elle devait avoir été exécutée avant 1616, date de la mort de son éditeur; la seconde fut imprimée sans date, mais vers 1664, par Jean de Cesne, à Vire, elle est intitulée : *Le livre des Chants nouveaux de Vau-de-Vire, par ordre alphabétique, corrigé et augmenté oultre la précédente impression.* Vire. Jean de Cesne, imprimeur-libraire, in-16 (voy. le *Manuel* et le *Bibliogr. normand* de M. Frère).

Un autre imprimeur du nom de de Cesne fut établi à Vire : JÉSUS MARIA. *Regles et constitutions des religieux hermites de la congrégation de l'hermitage royal de N. D. des Anges, sous l'invocation de S. Romvald, scitue dans la forest de S. Sever, diocese de Coustances.* Vire, Sanson de Cesne, pet. in-8°.

Cette famille des de Cesne existe encore.

VIRIBALLUM PROM., Οὐιρίβαλλον, sur la côte O. de la Corse, auj. *Capo di Calvi*, ou, d'après qq. bibliogr.. *Capo Turglio*.

VIRIDIACUM, *Verdey*, hameau près de Sézanne (Marne).

VIRIDUNUM, voy. VIRODUNUM.

VIRIDUNUM *ad Dubim* , *Verdun-sur-le-Doubs*, commune de Bourgogne (Saône-et-Loire).

VIRIDUNUM *ad Garumnam* , *Verdun-sur-Garonne*, bourg de Fr. (Tarn-et-Garonne).

VIRIMUDUM, *Vermouth*, bourg d'Angleterre.

VIRISONE VICO, voy. VIRSIO.

VIRITIUM, Οὐίρίτιον [Ptol.], *Wrietzen*, ville de Prusse, sur l'Oder (Mittelmark).

VIRIZIACUM, *Versy, Verzy*, bourg de Champagne de l'arrond. de Reims (Marne).

VIRLAÏCUM, *Villy*, commune de Fr. (Calvados); plusieurs villages portent ce même nom.

VIRODUNUM [T. P.], VIRIDUNUM [Pertz], VERODUNUM, VERDUNENSIS URBS [Gr. Tur.], VERDUNUM, VIRODVNO, VIRDVNIS, VEREDVNO, VERDONO, VIRIDVNO, VIRIDVNIS CIVETATE [Monn. Mérov.], *Verdun*, ville de Fr. (Meuse), anc. évêché, suffr. de Trèves : bibl. et musée; trois abb. de S.-Benoît, une d'Augustins, une de Prémontré; cette ville, anc. capitale d'un comté particulier, fut cédée à la Fr. par la paix de Munster.

Le P. Lelong cite à la date de 1540 un livre souscrit au nom de Verdun; mais cette allégation est contestée par Dom Calmet et par M. Beaupré : *Pontà-Mousson décrit en vers par Vaubreuil.* Verdun, 1540, in-4°.

L'imprimeur lyonnais, Nicolas Bacquenois, qui exerçait certainement à Lyon, en 1548 (*Livre de plusieurs pièces*), 1549 et 1550, où il imprimait spécialement pour Thibauld Payan, transporte son établissement à Rheims, en 1551 (voy. REMORUM CIV.).

M. Beaupré, pour expliquer une irrégularité de M. Teissier, avait d'abord cru que ce typographe avait pu fonder son établissement virdunois de 1542 à 1548 ; il aurait été appelé dans cette ville par l'évêque Nicolas de Lorraine ; il est revenu, dans ses suppl. sur cette erreur. Bacquenois n'est venu installer ses presses à Verdun qu'en 1560, sous l'épiscopat de Nicolas Psaume.
Breviarium sec. vsvm insignis Ecclesiæ Virdvnensis. Au milieu du r° du 36° f. on lit : *Virdvni excudebat N. Bacnetius reuerendi in Christo Patris Nicolai Psalmœi, Episcopi et comitis Virdunensis, Typographus. Anno a nato Christo,* 1560, 2 vol. in-8°, décrits avec soin par M. Beaupré.
Nous ne pouvons suivre ce bibliogr. dans les longs détails relatifs à la typogr. virdunoise que son cadre lui permet de donner ; nous citerons seulement, à la date de 1565, un volume qui a échappé à ses conciencieuses recherches : *Joannis Veteris Apologia contra Theodorum Bezam.* Virduni, N. Bacnetius, 1565, in-8°.
Nous trouvons encore Bacquenois en 1568 : *Les Actes de la conférence tenue à Paris ez mois de juillet et aoust 1566, en la présence et en l'hostel de Mons. le duc de Nyuernois.* Verdun, Nicolas Bacquenois, 1568, in-4°. Ce livre, dont certains exempl. sont souscrits au nom de Paris, est de Cl. de Sainctes.
Voici la liste des imprimeurs verdunois d'après M. Beaupré : François Angevin (1504), Martin Marchant (1573-86), Mathurin Marchant (1588), Richard Grégoire (1592), Jean Wapy (1592-1629), etc.
Verdun est désigné par les arrêts du conseil de 1704 et de 1739 comme pouvant conserver un office typographique.
N'oublions pas de mentionner le *Journal de Verdun* (1697-1776), recueil littéraire et historique fort estimé, qui fut imprimé dans cette ville ; il portait le titre de : *La clef du cabinet des Princes de l'Europe.*

VIROMAGUS [T. P.], BROMAGUS [I. A.], station des Helvetii, dans la Gaule Lyonn., au N.-O. du lac Léman, auj. *Promasens,* sur la Broye, suiv. Reichard.

VIROMANDIUM, voy. VERMANDENSIS PAGUS.

VIROMANDUORUM AUG., voy. QUINTINOPOLIS.

VIROSIDUM, garnison de la *Cohors VI Nerviorum,* dans la Bretagne Rom., placée par Mannert près de *Preston,* au S. de Lancaster, par d'autres géogr. à *Old-Carlisle* (Cumberland).

VIROVESCA [Pl., I. A.], [Οὐιρούεσχα [Pt.], ville des Antrigones, dans l'Esp. Tarracon., auj. *Briviesca,* ville de l'intend. de Burgos, dans la Vieille-Castille, sur l'Oja.

VIROVIACUM [I. A.], VIRONINUM [T. P.], dans la Gaule Belgique, auj. *Werwick,* sur la Lys, pet. ville de la Flandre Occid. (Belgique).

VIROVICUM, VEROVICUM, voy. PRÆSIDIUM.

VIRRIACOVICUS, VIRRIACO VICO [Monn. Mér.], *Viry en Charolais,* commune de Fr. (Saône-et-Loire), anc. prieuré de Cluny.

VIRSIO, VIRSO, VIRISONE VICUS, VIRISONDVICO [Monn. Mérov.], *Vierzon,* ville de Fr. (Cher) ; anc. abb. de Bénédictins de la congr. de S. Maur.

VIRTUDUM, VIRTUSICUM CASTR., *Vertus,* ville de Fr. (Marne) ; anc. titre de comté-pairie ; abb. de Bénédictins.

VIRUEDRUM PROM., Οὐιρουεδρούμ [Ptol.], dans la Bretagne Barbare ou Calédonie, *Dungsbay-Head,* sur la côte N.-O. d'Écosse.

VIRUNI, Οὐίρουνοι [Ptol.], fraction des Varini, cantonnée sur les bords de l'Elbe.

VIRUNUM, Οὐίρουνον, *Waren,* sur le Müritz-See, pet. ville du Mecklemburg-Strélitz.

VIRUNUM [Pl., I. A.], Οὐίρουνον [Ptol.], VARUNUM [T. P.], ville de la Norique, où vint s'établir une colonie romaine, nommée CLAUDIA, auj. *Klagenfurt* (voy. CLAUDIA).

VIRZINNIACUM PALAT., *in diœc. Remensi,* WIRCINIACUM, VILLA WIRCINIACO [Eginh. Ch.], *Verzenai,* commune de France (Marne), mais plutôt *Vercignies-Macquigny,* commune de Picardie (Aisne).

VISBADA, voy. AQUÆ MATTIACÆ.

VISBIA, *Wisby,* pet. ville épisc. de Suède, dans l'île de Gothland ; anc. place dépendant de la ligue hanséatique.
Ancien monastère de Bénédictins, dont la bibliothèque était fort importante, « *in qua duo millia codicum duntaxat vetustissimorum numerabantur, et recentium præterea ingens numerus* » [Vastov. *Vit. Aquil. in ded. ad Sigism. regem*].

VISBURGII, Οὐισδούργιοι, peuple de la Germanie, dép. des Quadi, occupait le *cercle de Prérau,* dans la Moravie.

VISCELLÆ [T. P.], ville de la Norique, auj. *St. Georgen an der Muhr,* suiv. Müchar, et près d'*Ober-Wöls,* en Styrie, d'après Reichard.

VISCHA FL., *la Fischa,* riv. d'Autriche.

VISCLA FL., *la Wisloka,* affl. de la Save, en Gallicie.

VISCON, *Fischen,* bourg de Bavière.

VISILIACUM, voy. VESELIUM.

VISINGIA INS., VISINGIANA INS., voy. WISINGSBURGUM.

VISKERIUM PALAT., VISCHERIACUM, *Vichery, Vicherey,* commune de Fr. (Vosges).

VISMARIA, voy. WISMARIA.

VISŒUM, voy. VERURIUM.

VISOLINUM, VISOLYINUM, VISOLBANUS, *Visolban, Wysolyin, Visoly,* bourg du comitat d'Abaujvar (cercle en-deçà de la Theiss).
Valentin Mantskovits, typogr. résidant à Galgotzon, dans le comitat de Neutra, en 1584 et 1585, fut appelé à Visoly l'année suivante par l'illustre Etienne

Báthory, et y exerça jusqu'à la mort de ce grand Hongrois (25 juillet 1605). Németh cite trois ouvrages hongrois exécutés par ce typogr.; le cat. Téléky en contient plusieurs autres; le plus ancien qui soit arrivé jusqu'à nous est une BIBLE à la date de 1590: *Károlyi Gáspár. Szent Biblia. az az : Istennec O és Wy Testamentumanac.....* Visolban Nyomtattatott Mantskovit Balint altal MDXC. In-fol. de 686 ff. (voy., pour la description de ce rare vol., Paul Ember, *Hist. eccl. reform. in Hungaria*, p. 730); Graësse (1, p. 387) et Brunet (I, col. 903) citent également cette bible, et Bauer (I, p. 106) la porte à la date de 1589, ce qui probablement est une erreur.

VISONTIO, voy. VESONTIO.

VISONTIUM, Ούισόντιον [Ptol.], ville des Pelendones dans la Tarracon., auj. *Binoesca* [Reichard].

VISONTIUM, Ούισόντιον, ville de la Haute Pannonie, *Vinnitza*, sur le Bug, ville de la Russie Mérid. (Podolie).

VISSEGRADUM, voy. ALTUM CASTRUM.

VISTULA FL. [Mela, Pl.], Ούιστούλα [Ptol.[, VISTLA [Jornand.], *la Vistule, Weichsel, Wisla* [en polon.], grand fl. d'Europe, des Carpathes à la Baltique.

VISURGIS FL. [Mela, Pl., Tac., Sid. Apoll.], Ούισουργις [Ptol.], Βίσουργις [Str.], Ούισουργος; [D. Cass.], *le Weser*, fl. d'Allemagne, qui sort des montagnes du Harz, se forme à Minden de la Werra et de la Fulda, et se perd dans la mer du Nord. Le haut *Weser* s'appelait ALARA [Sprüner], *Wisaire* [Chr. B. Dion.].

VITEBERGA, voy. WITTEBERGA.

VITEBSKA, *Vitebsk, Witepsk*, ville de la Russie Occid., sur la Dwina, au S. de St-Pétersbourg.

VITELLIA [Liv., Suet., Pl.], ville et colonie romaine dans le Latium, auj. *Civitella*, dans l'Abruzze Citérieure.

VITELLIACUM, *Wittlich*, ville de la rég. de Trèves (Prusse Rhénane).

VITERBIUM [Guic., Zeiler], BITHERVIUM, anc. FANUM VOLTUMNÆ (?) [T. Liv.], ville d'Étrurie, peut-être faisant partie de la Dodécapole (?), auj. *Viterbo, Viterbe*, évêché, chef-lieu de déllég. du territoire dit pontifical, au N. de Rome; elle fit partie de la donation faite aux papes par la reine Mathilde.

Les bibliographes citent un seul produit de la typographie souscrit au nom de cette ville, au XVe siècle, et nous n'en connaissons point d'autre en effet ; on ne sait même pas le nom de l'imprimeur, sans doute ambulant, auquel on doit l'exécution de ce livre, que, de plus, nous citons sans l'avoir vu, sans en avoir la description, et Panzer, Amati, Hain, etc., n'ont pas été plus heureux que nous : *Maurus Servius Honoratus. Libri duo, de ultimarum Syllabarum Natura et de centum Metrorum Generibus.* Viterbii, M.CCCC.LXXXVIII, *Ianuarii* XII, in-8°.

En remontant à la source, Panzer cite le volume

d'après Maittaire ; celui-ci d'après le Tiraboschi, etc.; mais personne n'a décrit *de visu* ce livre problématique.

On n'a que fort peu imprimé à Viterbe, seulement à partir des dernières années du XVIe siècle, et toujours sous la surveillance rigoureuse de l'autorité ecclésiastique.

VITI (S.) CIVITAS, voy. FANUM S. VITI.

VITIANUM, *Vezzano*, bourg de la prov. de Gênes, Riviera di Levante (Italie).

VITILIAGUS, VIDILIACUS, *Villey-S.-Etienne*, commune de Fr. (Meurthe).

VITIRBINENSE CASTRUM, *Burgwerben*, bourg près de Merseburg (Prusse).

VITIS S. MARIÆ MONAST., *Monasterio de la Vid*, du dioc. d'Osma, de l'ordre de Prémontré, sur le Duero (Vieille-Castille).

Ce monastère fut fondé par Alfonse VI, au XIe siècle ; il posséda une imprimerie au XVIIe.; Antonio (I, p. 225) cite : *Fr. Bernard de Leon, Præm. La historia de la Orden de los Premonstratenses* ; et : *De la Conception de Nuestra Señora.* In-Monasterio Vitis diœcesis Oxomensis, 1626, 2 vol. in-4°.

VITLENA, *Villaines*, commune de France (Indre-et-Loire).

VITODURUM [T. P.], *Winterthur*, ville suisse (canton de Zurich). Le VITODURUM des Romains serait plutôt le bourg d'*Ober-Winterthur*, au N.-E. de cette ville.

Coxe (*Travels in Switzerland*) raconte que les autorités de Zurich voulurent en 1778 empêcher l'établissement d'un imprimeur à Winterthur, alléguant le tort que cette industrie allait occasionner à leur ville. Cet obstacle fut, paraît-il, vite écarté, car, peu d'années après, on trouve des livres souscrits à ce nom. La table du *Manuel* (no 25902) nous donne le titre d'un grand ouvrage exécuté à la souscription : « *Zürich vnd Winterthur* », à la date de 1782-94. Nous avons vu chez M. Tross et M. Brunet mentionnés également une *Danse des Morts* imitée d'Holbein : *Freund Heins Erscheinungen in Holbein's manier*. Winterthur, 1785, in-8°, avec texte en vers allemands, et 25 belles eaux-fortes par Schellenberg, réimprimée en 1788 ; le nom du premier imprimeur de Winterthur est Steiner.

VITRACUM, VICTRI [Chr. B. Dion.], *Vitrac*, commune de Fr. (Charente); diverses localités portent encore ce nom, particulièrement en Auvergne.

VITREIACUM, VITRIACUM, voy. VICTORIACUM.

VITREIUM, *Vitré*, ville de Fr. (Ille-et-Vilaine); anc. titre de baronnie.

Madame de Sévigné habitait *les Rochers*, à une lieue de Vitré ; mais à cette époque, bien que les Etats aient été tenus dans cette ville, l'imprimerie n'y avait pas pénétré ; elle n'y fut introduite que vers 1720, et supprimée par l'arrêt du conseil de 1739 ; celui du 24 mai 1759, qui fixe le nombre des imprimeurs dans la province de Bretagne, confirme l'arrêt précédent, fait défense d'établir une nouvelle imprimerie dans l'avenir, et cependant permet à François Morin, alors titulaire de l'office typographique de cette ville, d'y exercer sa vie durant.

A la fin du siècle, il n'y avait plus qu'un libraire à Vitré ; nous voyons une édition des *Cantiques et*

Noëls de Bretagne, publiée vers 1795, in-16, qui porte : « *se vend à Vitré chez le citoyen Boulay* ».

VITRICIUM [I. A.], UTRICIUM [T. P.], BITRICIUM [G. Rav.], dans la Gaule Cisalpine, auj. *Verres*, bourg du Piémont [Reichard].

VIVARIENSIS PROVINCIA, *le Vivarais*, anc. prov. française qui forme auj. le dép. de l'*Ardèche*; il fut réuni au royaume en 1229.

VIVARIUM, VIVARIA, *Viviers*, pet. ville épiscop. de Fr. (Ardèche), sur la rive droite du Rhône, anc. chef-lieu du Vivarais, abb. de Bénédictins, fondée par Frédégonde; elle a été bâtie sur les ruines de l'anc. ALBA AUGUSTA, saccagée par l'Allemand Crocus, au commencement du v⁰ siècle.

L'imprimerie fit son apparition dans cette ville à l'époque de la révolution ; un bibliophile dont nous apprécions toute l'obligeance, et dont nous avons eu plusieurs fois déjà l'occasion de citer les utiles communications, M. Anatole de Gallier, nous donne le titre d'une pièce exécutée à Viviers pendant la période révolutionnaire : *Discours prononcé le 15 avril 1792 par Monsieur l'Evêque de Viviers, à la bénédiction des Drapeaux des deux bataillons de la garde nationale de la ville de Bourg-saint-Andéol*. A Viviers, de l'imprimerie de J.-J.-M. Ignon, 1792, in-8°, de 12 pp. On ne disait pas encore dans les provinces : « *le citoyen évêque* », mais déjà on avait banni le « *Monseigneur* ».

VIVIACUM, voy. VIBISCUM.

VIVIDONA, VICAVEDONA, *Vivonne*, pet. ville de France, sur le Clain (Vienne).

VIVONIUM, *Vivoin*, bourg de Fr. (Sarthe); anc. prieuré.

VIZELIACUM VILLA, *ad Curam*, voy. VESELIUM.

VLIESINGA, voy. FLESINGA.

VOBERNA, dans la Gaule Transpadane, sur le Chiese, auj. *Vobarno*.

VOBRIDUS, VALVRAIUM, *Vouvray*, bourg de Fr. (Indre-et-Loire).

VOCARIUM [T. P.], Ούxxόριον [Pt.], ville de la Norique, auj. *Wagrein*, dans la haute Autriche (cercle de Salzburg).

VOCATES [Cæs.], voy. VASATES.

VOCETIUS MONS [Tac.], montagne du Jura, auj. *Bötz-Berg* [D'Anville].

VOCONTII [Cæs., Liv., Mela, Plin., Tac.], Ούxxόντιοι [Pt., Str.], peuple de la Gaule Narbonn., dans la Prov. romaine, d'origine ibérienne; *les Voconces* occupaient en partie les dép. de la *Drôme* et de *Vaucluse*.

VOCONTIORUM LUCUS AUGUSTI , *Le-Luc-en-Diois*, bourg de Fr. (Drôme).

VODA FL., *la Veude*, riv. de Fr., affl. de la Vienne.

VODGORIACUM [I. A.], VOGO-DORGIACUM [T. P.], ville des Nervii, dans la Belgique Seconde, auj. *Vaudre*, près de Binche (Hainaut).

VOGESUS MONS [Cæs.], VOSEGUS [T. P.], VOSAGUS [Fortun., Frédég.], SALTUS VOSAGUS [Aimoin.], FOREST DE VOSAGUE [Gr. Chr.], *la Vosge, les Vosges, die Vogesen*, chaîne de montagnes qui s'étend dans le N.-E. de la France, le S.-E. de la Belgique, et va jusqu'à la Bavière Rhénane.

VOITLANDIA, *das Voigtland*, anc. province, puis cercle du roy. de Saxe, compris auj. dans le *district de Zwickau*.

VOLANA [Liv.], ville des Samnites, auj. *Pallano*, suiv. Reichard.

VOLATERRÆ [Cic., Liv., Pl.], Ούλατέρραι [Str., Ptol.], FELATHRI [étrusque], l'une des douze villes de l'Étrurie, que les Romains repeuplèrent avec une colonie, auj. *Volterra*, dans l'anc. duché de Toscane, ville épiscop. de la déllég. de Pise ; patrie de Perse et de Maffei.

Falkenstein ne fait remonter l'impr. dans cette ville qu'à 1763.

VOLCÆ [Cæs., Mela], Ούωλxαί [Str.], Ούόλxαι [Ptol.], VULCÆ [Auson.], peuple de la Gaule Narbon., qui comprenait les VOLCÆ TECTOSAGES et les VOLCÆ ARECOMICI; les premiers habitaient le haut Languedoc (dép. de la *Haute-Garonne*), et les seconds le bas Languedoc (dép. du *Gard*).

VOLCARUM STAGNA [Mela], comprenaient les *Etangs de Thau, de Maguelone, de Frontignan*, etc. [D'Anville].

VOLCASSINUS TRACTUS, voy. VELIOCASSES.

VOLCEÆ PALUDES, *der Plattensee, le Lac Balaton*, en Hongrie, communique avec le Danube.

VOLCI, Ούόλxαι [Ptol.], Όλxιοι [St. B.], Όλxιεϊς, dans l'Etrurie, auj. *Piano de Vulci, Piano de Voie*, sur la rive droite de la Fiora (déllég. de Viterbo), et suiv. qq. géogr., *Ponte della Badia*.

VOLCI, VULCEJA, VULCEIANA CIV., Ούλxαι, dans la Lucanie, auj. *Vallo*, bourg du Napolitain [Mannert].

VOLCIANI [Liv.], peuple de la Tarracon., occupait un district de l'*Aragon*.

VOLENES [P. Diac.], dans la Rhætie, auj. *Volano*, sur l'Etsch (Tyrol).

VOLERIUS FL., Ούολέριος, pet. fl. de l'île de Corse, auj. le *Cigno*.

VOLIBA, Οὐόλιβα [Ptol.], ville de la Bretagne Romaine, auj. *Bodmin,* suiv. Camden, et *Falmouth,* d'après Reichard (voy. FALMUTUM).

VOLINIÆ PALATINATUS, *la Volhynie, Wolhyn* ou *Volhynien,* anc. woiewodat de Pologne.

VOLODIMIRIA, VOLODIMERICIUM, *Vladimir*, ville de l'anc. Pologne, auj. chef-lieu de gouvern., dans la Grande Russie, sur le Kliazma; anc. titre de gr.-duché, apanage de la maison de Rurik.

VOLOGATIS [I. A., It. Hier.], dans la Gaule Viennaise, station que d'Anville place à *Léches,* près de Luc-en-Diois (Drôme).

VOLOGRADUM, voy. OLMUTIUM.

VOLOVICUM, *Vialoscensis pagi, Volvic,* bourg de Fr. (Puy-de-Dôme).

VOLSAS SINUS, sur la côte N. de la Bretagne Romaine, auj. *Calva-Bay,* en Ecosse.

VOLSCI [Liv., Tac., Mela, Pl.], les *Volsques,* peuple puissant du Latium, dont le territoire correspond aux délég. de *Frosinone* et de *Velletri,* à la *Terra di Lavoro,* etc.; leur capitale était ANTIUM.

VOLSINIENSIS LAC. [Pl.], VULSINIENSIS [Vitr.], ἡ περὶ Οὐολσινίους λίμνη [Str.], *Lago di Bolsena,* dans la délég. de Viterbo, communique à la Méditerranée par la Marta.

VOLSINIUM, VOLSINII, VULSINII [Liv., Pl., Flor.], Οὐολσίνιον [Str.], *Bolsena,* ville de la délég. de Viterbo, sur le lac du même nom.

VOLTA, *la Voulte, la Voûte,* bourg du Vivarais (Ardèche).

VOLTUMNÆ FANUM [Liv.], anc. capit. des Volsinii; était situé près de *Montefiascone.*

VOLTURNUS, voy. VULTURNUS.

VOLUBÆ PORTUS, voy. FALMUTUM.

VOLUCE [I. A.], Οὐελούκα [Pt.], ville des Pelendones, dans la Tarracon., auj. *Velacha,* non loin de Saragosse.

VOMANUS FL. [Pl.], dans le Picenum, auj. *il Vomano,* dans l'Abruzzo Oltra I.

VORAGO, VORAGINA (*quæ Lombardica nominatur*), *Varagio,* bourg de la prov. de Gènes (Italie); lieu de naissance de Jacopo di Voragine, dominicain, archevèque de Gènes, l'auteur de la *Légende dorée.*

VORAGO ALPIUM, *Voreppe,* bourg du Dauphiné (Isère).

VORDA BREMENSIS, *Bremervörde,* ville du Bremischen (territ. de Brème).

VORDENSES [Inscr.], habitants de *Gordes,* bourg de France (Vaucluse), suiv. d'Anville.

VOREDA [I. A.], ville des Brigantes, dans la Bretagne Romaine, auj. *Old-Penrith,* dans le Cumberland.

VORGANIUM, Οὐοργάνιον [Pt.], VORGINUM [T. P.], anc. capit. des Osismii, *Cozquéoudet* [B. d'Argentré], c'est-à-dire *Ville Neuve, Keraês* (en bret.), *Carhaix,* ville de Fr. (Finistère).

VORGANTIA, voy. BRIGANTIO.

VORMATIA, anc. BORBETOMAGUS [I. A., T. P.], Βορβητόμαγος [Ptol.], AUGUSTA VANGIONUM, CIVITAS VANGIONUM WARMATIA [Not. Imp.], VANGIO, VANGIONA [Amm. Marc.], VANGIONUM WORMATIA [Ann.], VARMACIA [Monn. Mérov.], GARMAISSE [moyen âge], GARMAT, GARMACIE [Eginh. Chr.], capitale des Vangiones, sur la route de Strasbourg à Mayence, dans la Gaule Belgique, auj. *Worms,* sur le Rhin, ville du grand-duché de Hesse-Darmstadt, chef-lieu du cercle de la Hesse-Rhénane.

Cette ville fut célèbre aux IXe, Xe et XIe siècles particulièrement à cause du concile qui, par ordre de l'empereur Henri IV, déposa Grégoire VII; en 1521, une diète présidée par Charles-Quint rendit contre Luther un édit célèbre.

Un bibliographe d'une autorité justement contestée, Prosper Marchand, a voulu, d'après un livre mal indiqué dans la bibl. Mallinkrot (p. 24), faire remonter au XVe siècle l'introduction de la typographie dans cette ville : *Des Heiligben Romischen Reichs Abscheid.* Worms, 1495, in-fol.; l'abbé Mercier de Saint-Léger s'est chargé de relever les absurdités de Prosper Marchand, nous n'avons point à y revenir.

Falkenstein date de 1514 l'imprimerie de Worms; nous n'avons point su trouver, dans les différents ouvrages de Panzer, de livre à cette date, mais nous avons rencontré la date de 1513 : *Der stat Worms Reformation : Statuten. Ordenung Satzung die allen Stetten : Comunen : Regimenten : fürstenthum : Herschafften : Amptleuten : ..... A la fin : Getruckt vnd vollendet in dem Fünffzehenhhundertsten vnnd XIII. iar, auff Frytag nach dem Sontag Exaudi.* In-fol. sans lieu, mais imprimé à Worms.

Rosengarten der Frauen. Worms, 1513, in-4°.

En 1518, nous trouvons pour la première fois un nom d'imprimeur : *Ein Wolgeordnet Buchlein wie man Bergwerk suchen soll.* Wormbs bey Peter Schœffer, 1518, in-8° (Panzer, *Ann. der Alt. Deutschen Litt.,* I, n° 914); quel est ce Pierre Schœffer ? Nous trouvons un imprimeur de ce nom à Mayence en 1512 et 1513 c'est lui qui vint s'établir à Worms; c'était, croyons-nous, le frère cadet de Jean Schœffer, et le second fils du grand imprimeur, le rival de Gutenberg. Jean avait hérité du matériel de son père, et le puiné n'avait point hésité à suivre la même carrière.

Un second atelier typogr. est fondé à la même époque à Worms, par Jean d'Erfurt (sans doute Johann Loerffelt ?); on trouve ce Jean d'Erfurt un peu partout, à Worms en 1520, à Augsbourg l'année précédente : à Stutgard en 1522, et, croyons-nous, il retourne s'établir définitivement à Erfurt, en 1525.

En 1527 et 1529 s'impriment, à Worms, plusieurs livres célèbres, la *Version des XII prophetes*, de Lud. Hetzer et J. Denck, in-fol., les 13 *art. de la foi juive, de Séb. Munster* (lat. hébraïque); la BI-BLIA GERMANICA. Gedruckt in Worms bey Peter Schöffern, 1529, in-fol. (voy. sur ce livre rare et précieux Vogt, *Cat. libr. rar.*, p. 105). Cette bible est plus connue sous le nom de *Bible de Worms*, etc.

VOROGIUM [T. P.], localité du pays des Arverni, auj. *Varennes-sur-Allier*, bourg de Fr. (Allier), ou, suiv. d'Anville, *Vouroux*, village très-proche de ce bourg.

VORONÉGE, VORONETZ, ville de l'Empire russe, chef-lieu de gouvernement, et sur la riv. du même nom, au S. de Moscou ; archevêché grec.

M. Cotton nous apprend qu'une *Histoire de l'Ordre de S. Jean de Jerusalem*, fut imprimée dans cette ville, en 1803.

VOROTUNUM, *Borodino*, bourg de Russie, sur la Kologa, près duquel s'étend le champ de bataille de la Moskowa (sept. 1812).

VOROUX-GOREUX, village de la prov. de Liége, en Belgique, à 8 kil. de Liége.

Pendant l'Empire français, un quidam se faisant appeler duc de Bourgogne, et se prétendant fils aîné du Dauphin, père de l'infortuné Louis XVI, c'est-à-dire le véritable et légitime successeur de Louis XV, mais, en réalité, fou de la plus dangereuse espèce, et répondant au nom de d'Aché, s'était retiré dans ce village, et y avait organisé un petit matériel d'imprimerie, qu'il manœuvrait lui-même ; ce fut de là qu'il lança contre Napoléon, à l'adresse de l'Europe peu attentive, un manifeste dans lequel il faisait valoir fortement ses droits prétendus à la couronne des Bourbons ; cette œuvre à sensation, qui fit long feu, mais qui n'est pas moins devenue pièce rare et curieuse, était intitulée : *Tableau historique des malheurs de la substitution, par d'Aché*. Voroux-Goreux, chez l'auteur, 1809, 1811, 5 vol. petit in-8°, en six tomes plus 2 feuilles du septième. L'ouvrage du Prétendant, tiré à 400 exempl., fut saisi et mis au pilon le 17 février 1812, sauf quatre ou cinq exempl. (Bibl. Impér. de Paris). Cet infortuné publia plus tard, à Paris, le volume suivant : *Réclamations de Louis-Joseph-Xavier contre la spoliation de ses biens*. Paris, Dentu, 1817, in-8° de 58 p.

M. Beuchot (*Journal de la libr.*, n° 21 de 1839) pensait que l'auteur vivait encore dans les environs de Liége. M. Gothier, libraire de cette ville, qui nous donne le détails de cette note, croit avec raison qu'il devait être déjà mort à Charenton.

VOSAVA [T. P.], VOSALIA, BOSAGNIA [Anon., R.], VESALIA SUPERIOR, ville du Rhin, sur les confins des Treviri, auj. *Ober-Wesel*, ville de la Prusse Rhénane, sur la rive gauche du fleuve.

VOZERO, *Vouzeron*, commune de Berri (Cher), avec un anc. prieuré de Saint-Benoît.

VRATISLAVIA, BRESLA, anc. BUDORGIS (?), *Breslau*, ville de Prusse, chef-lieu de la province de Silésie, sur l'Oder.

Évêché catholique au XIe siècle; université fondée en 1702; elle fut réunie à la monarchie prussienne par Frédéric II, en 1741, et l'année suivante y fut conclue la paix qui mit fin à la guerre de Sept ans; c'est auj. la seconde ville du royaume, la bibliothèque est considérable et de la plus haute importance.

C'est à l'année 1475 que l'on fait remonter l'origine de la typogr. dans cette grande ville; et le nom du premier imprimeur est Conrad Elyan : SYNODALIA STATUTA *Epi Conradi*. Wratislaviæ per Cunradum Elyan impressa, 9 oct. 1475, in-4° de 65 ff. à 24 lignes.

Falkenstein cite comme exécuté avec les mêmes caractères un traité de J. Gerson : *Tractatulus bonus de modo vivendi omnium fidelium*. In-4°, s. d. de 8 ff. à 23 lignes.

Une imprimerie polonaise semble avoir été presque simultanément établie dans cette ville : M. Hanka, bibliothécaire de Prague, a publié en 1840, dans le premier cahier du journal (Bohème) du Musée (Prague), des détails bibliographiques sur la première impression polonaise d'un *Pater noster*, d'un *Ave*, et d'un *Credo* à Breslau, en 1478 ; nous ne pouvons que mentionner le fait, n'ayant point eu ce travail sous les yeux.

En 1503 et 1504, nous trouvons à Breslau un imprimeur plus connu : c'est Conrad Baumgarthen, que nous avons, quelques années auparavant, déjà rencontré à Olmutz ; en 1503, il imprime : *Laur. Corvinus, carmen elegiacum de Apolline et novem Musis*. Impressum in festa urbe Wratislaviensi per me Conradum Baumgarthen de Rothemburga, anno dñi 1503, die XX mensis Aphilis (sic), in-4°.

Nous signalerons au XVIe siècle les imprimeurs suivants : Adam Dionysius, 1518-1531 ; Gaspar Lybisch, 1520-1540 ; Andreas Wingler, 1538-1556, etc.

Au commencement du siècle suivant, le savant professeur et médecin, Pierre Kirsten, fonde à Breslau, sa patrie, une imprimerie arabe, de laquelle sortent un assez grand nombre de volumes que citent Bauer, Lackmann, et autres bibliogr.; nous signalerons seulement : *Vitæ Euangelistarum quatuor ; nunc primum ex antiquissimo codice mss. Arabico Cæsarico erutæ, ad Rudolphum II imperatorem cum priuilegio Breslæ, typis Arabicis ac sumtibus Authoris. Anno MeDICI VerI*. In-fol. Les lettres capitales MDCVIII nous donnent la date.

Quelques années après, Kirsten allait, avec son matériel s'établir à Upsal, où il mourut en 1640.

VUADRE LOCUS, *Verclives, Mesnil-Verclives*, commune près Ecouis (Eure).

VUASSONIACUS, WASSINIACUM, *Wassigny* (?), commune de Fr. (Aisne).

VULCANIA, voy. HIERA INS.

VULCANIÆ INS. [Cic., Pl.], ÆOLIÆ INS. [Pl.], Αἰόλιδες [Diod.], Αἰόλου νῆσοι [Str., Thuc., Pt.], Ἡφαιστιάδες νῆσοι, *Iles de Lipari*, voy. ÆOLIÆ INS.

VULCASSINUS PAGUS, voy. VELIOCASSES.

VULCEJA, VULCEJANA CIV., voy. VOLCI.

VULGIENTES [Pl.], peuple de la Gaule Narbon., occupant le versant O. des Alpes, leur ville principale était APTA JULIA.

VULSINIENSIS LACUS, voy. VOLSINIENSIS.

VULTUMNUS FL., *la Boutonne*, riv. de Fr., affl. de la Charente.

VULTUR MONS [Hor., Lucan.], montagne

des Apennins, entre l'Apulie et la Lucanie.

VULTURIUS MONS, *der Geiersberg,* en Silésie.

VULTURNINA [P. Diac.], bourg de la Gaule Cisalpine, auj. *Viadana,* sur la rive N. du Pô, bourg du Milanais.

VULTURNUM (CAST.) [Mela, Pl.], sur le Vulturnus, colonie rom. au temps d'Auguste, auj. *Castello di Volturno,* ou *Castellamare di Volturno,* bourg près de Capoue (terra di Lavoro).

VULTURNUS FL. [Mela, Virg., Liv., Pl.], Οὐλτοῦρνος [Str.], Οὐόλτουρνος [Ptol.], fl. de la Campanie, auj. *il Volturno,* de la prov. de Molise à la Méditerranée; son principal affl. est *il Calore.*

VUNGO VICUS [It. A.], VUNGUS VICUS, VONGISUS, *Voncq,* bourg de Champagne, près de Vouziers (Ardennes).

VURMICUS FL.., *Worm,* pet. riv. qui afflue au Rhin, près d'Aix-la-Chapelle.

VURNIA, voy. VERA.

' WADSTENÆ, voy. MONAST. WADSTENENSE.

Ajoutons à l'article bibliographique que nous avons consacré à ce monastère la note suivante : Le BREVIARIUM de 1495 que conserve l'université d'Upsal était probablement un exemplaire d'épreuves ou de bonnes feuilles qui fut sauvé de l'incendie par un correcteur : « Id enim suadent et notulæ sphalmatum passim in margine obviæ, et litteræ initiales coloribus subinde distinctæ, quæ, rudioris penicilli experimentum indicant, et libellum mancum et usui tantum privatiori destinatum arguunt. »

Cette typographie, ainsi anéantie, fut-elle réorganisée dans l'enceinte même de l'abbaye ? Nous ne le pensons pas ; les auteurs du *Diarium Wadstenense*, qui nous conduisent jusqu'à l'année 1545, n'en font aucune mention ; ce fut un éclair dans les ténèbres : « Adeò ut verum omnino maneat, in herba quasi excisam fuisse Typographiam Wadstenensem ».

WAGENSBERG, en Autriche, dans la Carniole (Illyrie).

M. Ternaux nous donne cette localité comme ayant possédé une imprimerie au XVIIe siècle, et il cite : *Joh. Weich. Valvasor, Typographia Ducatus Carniolæ modernæ.* Wagensberg, in Krayn. 1679, in-fol. obl. Ce livre nous est inconnu, et cependant nous connaissons plusieurs ouvrages de l'auteur, imprimés pour la plupart à Laybach ; l'un d'eux, presque identique : *Topographia Archiducatus Carinthiæ.* In-fol., fig. s. bois, est exécuté à Nuremberg en 1688 (Bauer, IV, p. 230); est-ce la réimpression du même livre ? y a-t-il erreur de l'un des bibliogr. dans la transcription du titre ? Nous ne savons.

WAHALIS FL., WACHALOS, voy. VAHALIS.

WALARIUS LAC., *der Wallersee*, en Bavière.

WALDENBURGUM, *Waldenburg*, ville du roy. de Saxe (Erzgebirge).

M. Ternaux reporte l'imprimerie dans cette ville à 1709 avec : *Walters poetische Betrachtungen der Leiden Christi.* Waldenburg, 1709, in-8°. Le livre nous est inconnu, mais l'auteur est sans doute Joh. Andreas Walters, qui fit imprimer à Zeitz, en 1699, un ouvrage qui fut condamné et sévèrement poursuivi : *Kayserliche Wirthschafft oder Götter-Spiel.* Zeitz, 1699, in-8° de 144 ff.

M. Cotton cite à la date de 1713 une dissertation académique de *H. E. Kestner*, que possède la bibl. Bodléienne, dissertation dont nous ne retrouvons pas le titre dans les divers catal. de cette bibl. que nous avons sous les yeux.

Struvius, dans sa *Bibl. Saxonica*, nous donne : *Georg Christoph Kreysig, Wiesenthalisches Gedächtniss.* Waldenburg, 1719, in-8°, et divers autres volumes exécutés à des dates postérieures.

WALDSTADIUM (?), est-ce *Walstadt*, bourg de Suisse, dans les Rhodes-Extérieures du canton d'Appenzell ? — *Wallstadt*, bourg de Bavière, sur le Mein (cercle de la Basse-Franconie)? — ou *Wallenstadt*, petite ville du canton de St-Gall ? Ne serait-ce pas plutôt *Waldshut*, dans le grand-duché de Bade, à l'entrée du Schwarzwald, l'une des quatre *Waldstädte*, URBES SYLVATICÆ, de la Forêt-Noire ?

Dans l'*Index* des livres publiés de 1593 à 1600 (Leipzig, Henning-Grossen, in-8°), nous trouvons plusieurs fois figurer le nom de *Walstadt* comme lieu d'impression : *Silbenbürgische Chronica vnd Kriegshändel zu Wasser vnd Land.* Wallstadt, 1596, in-4°. — *Relatio historica Nundinarum, drey halbjärige historien mit Rupferstücken, continuatio.* Walstadt, 1597, in-4° (c'est une rare édition d'un des catalogues des célèbres *foires aux livres de Francfort*).

Au nom de *Waldshut,* on trouve : *Landerischer Mars, oder Bericht der Victoria zu Sintz.* Waldshut, 1712, in-fol.

M. Cotton attribue à la ville de *Waltstadt,* en Franconie, l'exécution du volume de 1596, qu'il cite d'après le cat. Szecheny.

WALLONIA, VALLESIA, voy. BRITANNIA SECUNDA.

WALSALL, bourg d'Angleterre (Staffordshire); anc. abb.

Un vol. de *Poésies,* par Mrs. Dorwall, que ne cite point Lowndes, est donné par M. Cotton comme imprimé à Walsall, en 1794.

WANDESBURGUM, WANSBECUM, *Wandsbeck,* pet. ville d'Allemagne, près de Hambourg (Holstein).

Falkenstein porte à 1588 l'introduction de la typographie dans cette place; c'est évidemment une simple erreur de chiffre, il a voulu dire : 1598. En effet, c'est en 1597 que le célèbre astronome danois, Tycho-Brahé, quitta l'île de Huen, et vint installer son imprimerie personnelle à Wandsbeck, où il fut accueilli dans la splendide résidence construite par le comte Heinrick de Rantzau; il appela de Hambourg l'excellent imprimeur, Philipp de Ohr, « cui deucetum Huenna Typographeum in prædio Rantzoviano committeret ». Lackmann donne d'intéressants détails sur l'établissement de Tycho-Brahé à Wandsbeck. Le premier livre qui ait été imprimé par Ph. de Ohr est : *Tychonis Brahe Astronomiæ instauratæ Mechanica, Wandesburgi. Anno* CIƆ.IƆ.IIC. *Cum Cæsaris et Regum quorundam priuilegiis.* A la fin : Impressum Wandesburgi in Arce Rantzouiana prope Hamburgum sita, propria Authoris Typographia, opera Philippi de Ohr Chalcographi Hamburgensis ineunte Anno M.D.IIC. In-fol. de 44 ff. avec pl. gravées sur bois. Après la mort de Tycho-Brahé, ce livre fut réimprimé par Levinus Hulsius, libraire de Nuremberg, qui avait acheté le matériel de l'astronome ; voy. ce que disent de cette imprimerie particulière Lackmann, p. 43 et seq.; Freytag, *Libr. rar.,* p. 151; Bauer, I, 152, qui indique par erreur le vol. précité, sous la date de 1592; le *Manuel,* au mot *Brahé,* le cat. Libri de 1862, n° 94, etc.

WARACTUS, voy. GARACTUM.

WARBURGUM, *Warburg,* pet. ville de Prusse, sur le Diemel (Westphalie).

WARDASTALLUM, voy. GUARDISTALLUM.

WARDHUSIA, *Waardhuus, Wardhuus,* ville de Norwége (Finmark).

WARDO FL., voy. VARDO.

WAREMIA, WARUM, *Waremme,* bourg de Belgique [Graesse].

WARENNA, *la Garenne, la Varenne,* plusieurs localités en France et en Angleterre, aussitôt après la conquête normande, ont porté ce nom.

WARINIACUM, *Wargnies-le-Petit,* commune de Fr. (Nord).

WARMACIA, voy. VORMATIA.

WARMIA, WARMELANDIA, *Ermeland,* district de la rég. de Kœnigsberg, à la Prusse, dépendait autrefois du roy. de Pologne, et s'appelait *Warmie.*

WARMINSTER, ville d'Angleterre (Wiltshire).

Imprimerie en 1803 [Cotton's *suppl.*].

WARNESTONIA, *Warneton,* ville de Belgique (Flandre Occid.), anc. abb. d'Augustins, fondée av. 1126.

WAROVICUM, en saxon : *Weringwic,* voy. PRÆSIDIUM.

WARRINGTON, ville d'Angleterre, sur la Mersey (Lancashire), entre Manchester et Liverpool.

M. Cotton ne fait remonter l'imprimerie dan cette place manufacturière qu'à 1763 ; il cite : *James Richie,* M.D., *the Peculiar doctrines of Revelation in two Essays.* Warrington, 1766, in-4°.

En 1770, nous mentionnerons deux ouvrages importants : *Kalm's* (P.) *Travels into N. America, containing its Natural History, Plantations, and Agriculture,* etc. *Transl. from the Swedish, by I. F. Forster.* Warrington, 1770, 3 vol. in-8°, pl. gr., et du même Forster : *Catalogue of British Insects.*

Ces ouvrages sont exécutés par un excellent typogr. du nom de William Eyres; ce fut lui qui exécuta, en 1776, un vol. qui ne fut tiré qu'à 6 exempl., et que Martin (p. 51) donne comme le produit d'une imprimerie particulière.

WASCONIA, voy. VASCONES.

WASTINIENSIS COMIT., *le Gâtinais,* voy. GASTINENSIS PAGUS.

WATERFORD, voy. AMELLANA.

Complétons, avec M. Cotton, l'histoire de l'imprimerie à Waterford. Nous avons cité à la date de 1644 un imprimeur du nom de Th. Bourkes, c'est *Bourke* qu'il fallait imprimer ; voici un produit des presses de ce Bourke que ne donne pas M. Cotton : *Patrick Darcy. An argument delivered by the expresse order of the House of Commons in the Parliament of Irelande,* 9 Junii 1641. Waterford, Thom. Bourke, printer to the confederate catholics of Ireland, 1643, in-4°.

En 1651, un typogr. du nom de Peter de Pienne y donne un traité de John Cocke, chief justice of Munster (non cité par Lowndes), et en 1652, un *Act for the Settlement of Ireland.* En 1729, paraît le premier journal sous le titre de : *The Waterford flying Post.* En 1765, paraît *The Waterford Journal,* publié par Esther Crawley, et la même année *The Waterford Chronicle,* sous la direction de Ramsay (Price : a halfpenny).

WAVRE, WAWRES, ville de Belgique (Brabant-Mérid.).

M. de Reiffenberg fait remonter l'établissement de l'imprimerie dans cette localité à l'année 1783, et nous donne le nom du premier typographe, qui est Jean Michel.

WEIDA, *Weyda,* ville du grand-duché de Saxe-Weymar, sur la rivière du même nom.

WEIDENBACH, *le Ruisseau des Saules,* monastère des Frères de la Vie Commune à Cologne, en face de l'abb. de St-Pantaléon.

Ce fut dans cette maison qu'Ulrich Zell, après la prise et le sac de Mayence, en 1462, trouva un asile ; ce fut là qu'il installa son premier atelier ; ce fut là qu'il imprima ses trois premiers ouvrages :

La Lettre de l'illustre pape Pie II à Mahomet, la Bulle des rétractations et la Bulle de la Croisade. Voilà ce que M. J.-P.-A. Madden de Versailles cherche à démontrer dans ses *Lettres d'un Bibliographe* (Paris, Tross, 1868). Voici l'ordre et la date d'impression qu'il attribue aux trois pièces précitées : 1° *Lettre à Mahomet*, promulguée dans l'été ou l'automne de 1462 ? imprimée en janvier 1463 ? (M. Madden a découvert trois éditions de ce monument typographique. et en note soigneusement les différences). 2° *Bulle des Rétractations*, promulguée le 26 avril 1463, imprimée le 26 mai de la même année ? 3° enfin la *Bulle de la Croisade* (xi des cal. de Novembre), promulguée le 22 octobre 1463, imprimée le 22 novembre de la même année ?

Ces lettres de M. Madden sont intéressantes au plus haut degré, et d'une très-réelle importance au point de vue des origines de la typographie; elles dénotent chez l'auteur un esprit d'une logique impitoyable, qui ne procède que par déductions rigoureusement enchaînées; c'est le Proudhon de la critique bibliographique.

Nous nous permettrons néanmoins de lui dire, en toute humilité, que la thèse qu'il soutient avec tant d'éclat gagnerait à être présentée avec un peu plus d'indulgence pour le public de lettrés auquel il s'adresse, et qu'il traite véritablement de *Turc à More*.

WEINGARTA, *Weingarten,* anc. abb. de St-Benoît, du dioc. de Constance, fondée vers 1053 ; elle existe près de Niederbingen, dans le Wurtemberg.

WEISSEMBURGUM NORICORUM, WITZENBURGUM, *Weissenburg,* pet. ville de Bavière (Rezatkreis) sur la Rézat; anc. abb. de Bénédictins fondée vers 623, du dioc. de Spire.

L'imprimerie fut établie dans cette ville en **1729** [Falkenstein].

WEISSEMBURGUM, voy. **ALBA BULGARICA** et **ALBA CAROLINA.**

WEISSENFELSA, voy. **LEUCOPETRA.**

C'est à 1565 que nous avons reporté l'introduction de la typogr. dans la ville prussienne de Weissenfels; le cat. d'une *Vente faite à Utrecht*, en 1776, nous donne une indication antérieure : *Vom Preiss der H. Schrifft... etc. wider das unchristliche und verführische Buch, oder newe Interim Ern Julii Pelugs des Bischoffs zur Naumburg, durch M. Jo. Pollicarius.* — Weissenfels, 1562, in-4° (n° 9497).

WELTINOPOLIS, *Weltenburg,* bourg de Bavière, sur le Danube, près de Kelheim, ruines romaines, anc. abb. (cercle de Souabe).

WEMMARIA, *Wimmerby,* ville de Suède.

WENGROVIA, *Wengrow,* *Wegrow,* ville de Pologne, woyewodat de Podlachie, sur le Liwiéç.

Les Sociniens avaient une église, un collége, et tinrent un synode dans cette ville au xvi° siècle; un des ministres dissidents de cette église, Petrus Gomesius (sans doute Pierre de Goniondz), organisa une petite imprimerie, de laquelle sont sortis : *De Filio Dei, quod ante conditum mundum fuerit et quod omnia per ipsum facta sint, adversus falsas depravationes Ebionitarum* (Polon.). Wengroviæ, 1570 , in-8°. Hoffmann (*typogr. Polon.*) cite deux traités du même auteur exécutés à la même date à Wengrow.

WERDA, *Donauwörth,* voy. **DONAVERDA.**

WERMELANDIA, *le Wärmeland,* prov. de Suède, comprise auj. dans la préf. de Carlstadt.

WERNINGRODA, *Wernigerode,* ville de Prusse, sur la Zillich, près du Brocken (Saxe); elle est dominée par un château gothique, résidence des comtes de Stollberg-Wernigerode, avec une riche bibliothèque.

Cette ville n'est pas comprise dans la liste donnée par Falkenstein. M. Cotton dit qu'un typographe du nom de A. Struck y était établi en 1704, et Ternaux cite : *Martini jurisprudentia civilis et criminalis super Instituta.* Werningrodæ, 1715, in-fol.

WERTHEMIUM, voy. **VERTHEMIUM.**

WERTHINA, *Werden,* ville de la Prusse Rhénane, sur la Ruhr.

WESSOFONTANUM CŒNOBIUM, *Weissenbrunn,* monastère de St-Benoît, fondé en 753, dép. du dioc. de Freysingen ou Freising, en Bavière (Isarkreis).

Michel Denis (suppl. à Maittaire, n° 4169) cite un volume souscrit à ce nom de lieu, et exécuté au xv° siècle par un typographe du nom de Lucas Zeiffenmeyer : *Chronik von dem Heyltum uf dem perg Andechs.* Impressa in Cœnobio Wessofontano, durch L. Zeiffenmeyer, s. d., in-4°, fig. s. bois. Nous ne connaissons pas ce livre que ne citent point les bibliographes contemporains.

WESTMANNIA, *Westmannland,* district de Suède.

WESTMONASTERIUM, *Westminster,* ville d'Angleterre (Middlesex), attenant à Londres dont elle forme auj. la partie O. sur la rive droite de la Tamise.

Westminster Abbey, fondée au vii° siècle, est la plus illustre abbaye de la vieille Angleterre, et son église, l'un des plus magnifiques joyaux d'architecture qui existent au monde, renferme à la fois les tombeaux des rois et ceux des grands hommes dont l'Angleterre et l'humanité s'honorent.

Nous avons déjà longuement parlé de l'appui que les religieux de cette puissante abbaye accordèrent au prototypographe anglais, au grand W. Caxton, quand il revint de Hollande pour doter sa patrie des bienfaits de l'art nouveau qu'il venait d'étudier et d'exercer à Cologne ; nous n'ajouterons que quelques mots.

Accueilli dans l'enceinte même du monastère, établi dans l'une des innombrables chapelles de l'antique basilique, Caxton, arrivé en Angleterre vers la fin de 1474, consacra évidemment quelques mois à la préparation de son matériel, à l'organisation de ses presses, et ne mit au jour son premier essai typographique que dans les premiers mois de l'année suivante (1475); nous croyons, avec tous les bibliographes modernes, que ce χετμήλιον, ce véritable *incunabulum,* n'est autre qu'un opuscule in-4°, dont Dibdin donne la description au n° 1317 de ses *Ædes Althorpianæ,* mais plus amplement, et avec un fac-simile de la première page, dans l'édition amplifiée qu'il publie, des *Typogr. antiquities* de Ames (t. I, p. 11-15): *Propositio clarissimi Oratoris Magistri Johannis Russell Decretorum Doctoris et adtunc Ambassiatoris Xpianissimi Regis Edwardi Dei Gracia Regis Anglie et Francie ad illustrissimum Principem Karolum Ducem Burgundie super Susceptione Ordinis Garterii,* etc.

In-4° de 4 ff. à 22 lignes, exécuté sans indication de lieu ni d'année, et sans nom d'imprimeur, mais avec le premier caractère qu'employa Caxton en Angleterre, caractère qu'il avait, suivant toutes les apparences, fait graver et fondre sous ses yeux à Cologne, et rapporté du continent. Il est bon de faire observer que cette *Propositio* de John Russell est un *Discours* prononcé en sa qualité de « *Roi d'armes de la Jarretière* », à Gand, lors de la remise de cet ordre illustre au duc Charles de Bourgogne, au mois de février 1469. Quelques bibliographes ont voulu en tirer cette conséquence, que cet opuscule avait dû être imprimé par Caxton sur le continent, à l'époque même de cette investiture ; M. Bernard a prouvé l'inanité de cette hypothèse.

Le seul exemplaire connu de ce très-précieux incunable est conservé dans la biblioth. d'Althorp ; il fut acquis en 1807, à la vente Brand, par le marquis de Blandford, et à la vente de celui-ci, en 1819, au prix de 126 livres sterling, par le comte Spencer ; c'est incontestablement l'un des ornements les plus remarqués de l'admirable collection « of his Lordship ».

Nous ne donnerons pas ici la longue liste des livres que Caxton exécuta à Westminster, et souscrivit au nom de l'antique abbaye ; nous demanderons la permission de renvoyer aux monographies que les bibliographes anglais n'ont pas manqué de consacrer à l'une de leurs grandes gloires nationales : signalons seulement cette observation que nous devons à Panzer : le monogramme placé au milieu des initiales *W C*, qui forment la marque typographique de l'imprimeur, ressemble à un 7 uni à un 4 ; Panzer lit : « 74 », et considère ce chiffre comme la date du retour de Caxton en Angleterre (1474), et la déclaration faite par lui-même de son premier établissement à Westminster.

WESTRO-BOTNIA, *Wäster-Botten, Westerbothnie*, province ou Loen du Norrland de la Suède, dont le chef-lieu est *Umea*.

WESTRO-GOTHIA, *Wäster-Gothland, Westrogothie*, province de la Suède, dont le chef-lieu est *Gothenbourg* ; une partie de cette province appartient au Danemark, dont il forme la préf. de *Halland*.

WEST-WYCOMBE, village sur la Wick, en Angleterre (Buckinghamshire).

Dibdin et Martin citent : *An Abridgement of the Book of Common Prayer*, 1773, in-8° ; et ajoutent : « *Printed at the expense of the late Lord Despencer, at West Wycombe ; abridged by the late Sir Francis Dashwood, Baronet.* » Ce livre, devenu fort rare, n'est point au British Museum, non plus qu'à la Bodléienne.

WETERUBA, *der Wetterau, Wetteravie*, anc. prov. allemande, comprise dans le cercle du Bas-Rhin ; ce territoire a été divisé entre le Nassau, la Hesse, etc.

WETZLARIA, *Wetzlar*, ville de la Prusse Rhénane, sur la Lahn (rég. de Coblenz).

Falkenstein fait remonter l'imprimerie à l'année 1711, Ternaux à 1700 ; la *Bibl. Saxonica* de Struvius nous donne une date antérieure : *Huldericici ab Eyben Syntagma Historicum de Gunthero Schwartzburgico Romanorum Rege seu Imperatore cognomento, Optimo, adeoque Scipione Germanorum inclyto*. Wetzlariæ, 1695, in-4°, réimpr. dans la même ville, en 1703.

Le cat. de la Bodléienne cite un livre, à nous inconnu : *Gerhardhus Lorichius Hadamarius. Theses Professionis Catholicæ, et de abusibus ac superstitionibus fugiendis*, dont la souscription est :

Westflarii, 1541, in-8° ; est-ce *Wetzlar*, avec faute d'impression ? le fait n'est point impossible ; nous voyons déjà le prénom de l'auteur mal cité ; c'est *Reinhardus*, d'après les bibliogr. allemands.

WEXIONIA, voy. WEXSIA.

WEYMOUTH, ville d'Angleterre (Dorsetshire), à l'embouchure de la Wey.

Un imprimeur du nom de J. Love y était établi en 1790.

WHITBURN, bourg d'Angleterre, à 3 milles de Sunderland.

Un typographe s'y établit en 1797 [C.].

WHITBURN, pet. ville d'Écosse, dans le comté de Linlithgow.

Le Rév. Archibald Bruce, ministre de cette paroisse, qui mourut en 1816, avait établi, dans sa *manse*, une modeste imprimerie particulière, de laquelle sortirent plusieurs traités théologiques (voy. Martin).

WHITBY, pet. ville d'Angleterre, à l'emb. de l'Esk, dans le North Riding du Yorkshire, anc. abb. fondée au VIIe siècle.

M. Cotton fait remonter l'imprimerie à l'année 1792, il cite : *James Shaw's Plans, Elevations and Sections, with Observ. and Explanations of Forcing-Houses in Gardening*. Whitby, 1794, in-fol.

WHITE-HALL, palais des rois d'Angleterre, à Londres, qui vit la catastrophe du 30 janvier 1649.

Nous avons donné place ici à ce nom qui réveille tant de souvenirs, parce qu'il figure comme lieu d'impression sur un certain nombre de livres ; il faut lire presque toujours : LONDRES. Le célèbre traité bibliographique de Richard Atkyns, dont nous avons parlé à l'art. OXONIA, est souscrit au nom de *White-Hall : Rich. Atkyns. Original and Growth of Printing*. Whitehall, 1664, in-4°. C'est dans ce livre que l'on s'efforce d'arracher à Caxton la gloire d'avoir doté sa patrie du premier établissement typographique. Citons encore : *Consultation de l'oracle, par les puissances de la terre, pour savoir si le prince de Galles, Dieu-donné, est supposé ou légitime, tr. de l'anglais*. White-Hall (lisez *Amsterdam*), 1688, in-12.

WICHIA, *Wick*, ville d'Écosse, chef-lieu du comté de Caithness.

WIELKANOÇ, village situé à 42 kil. de Cracovie, sur la route de Varsovie.

Bandtkie (*Hist. de l'impr. en Pologne*) cite cette localité comme ayant possédé une imprimerie antérieurement à 1650. En effet, il est prouvé qu'on y imprima un ouvrage qui obtint momentanément une certaine célébrité locale.

Jean Broscius, grand jésuitophobe, lança contre ses ennemis un pamphlet dialogué, intit.: *Gratis Plebanski* (le *Gratis* du Curé). Cet opuscule est devenu introuvable ; l'auteur y attaque le système qui confiait aux Jésuites l'instruction publique, et démontre que la *Gratuité* de leurs services est fort coûteuse. Le jésuite Frédéric Szembeck y répliqua dans un écrit publié à l'art., en 1627. L'impression du *Gratis* fut exécutée, en 1625, à Wielkanoç, sous la surveillance d'André Hermann, ministre protestant. Les Jésuites étant alors tout-puissants à la cour, l'impression du pamphlet dut se faire secrètement, avec une presse probablement envoyée de Cracovie. L'imprimeur André Piotrkowczyk, de l'église réformée (qu'il ne faut pas confondre avec ses homonymes de Cracovie), se chargea de cette opération assez périlleuse. En effet, les Jésuites parvinrent à le découvrir, et, par suite de ce forfait abominable, le firent fouetter publiquement à Cracovie et bannir de la ville ; les exemplaires saisis furent brûlés par la main du bourreau (Communic. de M. Pawlowski).

WIESBADEN, voy. AQUÆ MATTIACÆ.

M. Cotton ne fait remonter l'imprimerie à Wiesbaden qu'à 1800; mais Ternaux cite *Kremeri, Origines Nassoicæ*. Wisbadæ, 1779, 2 vol. in-4°.

WIGAN, bourg d'Angleterre, sur la riv. Douglas (Lancashire).

M. C. cite un imprimeur du nom de W. Lyon, comme établi dans cette localité en 1800, et en 1809 mentionne : *Martin's petrifactions of Derbyshire*. Wigan, in-4°.

WIGELEVUM, *Wegeleben*, pet. ville de Prusse (Saxe).

WIGORNIUM, voy. VIGORNIUM.

WILA, *Weil*, pet. ville de Souabe (Wurtemberg); patrie de l'astronome Kepler.

WILDBERGA; il y a plusieurs *Wildberg* dans l'empire d'Autriche, entre autres un château ruiné du pays au-dessous de l'Ems (cercle du haut Mannhartsberg).

Le cat. Széchény cite divers volumes aux dates de 1703 et de 1711, exécutés dans cette localité par Joseph-Anton Streibig. Cet imprimeur quitta Wildberg en 1715 et alla s'établir à Œdenburg (voy. SOPRONIUM), puis à Raab (voy. JAURINUM); il mourut vers 1737.

WILHELMERSDORFIUM, WILMERSDORFIUM, *Wilmersdorf*, bourg du Würtemberg (district de Hohenlohe, auj. *Jaxtkreis*).

De Rossi, Wolff et Lelong mentionnent cette localité comme ayant possédé une imprimerie hébraïque aux XVIe et XVIIe siècles ; le cat. Oppenheimer cite plusieurs vol. souscrits à ce nom ; le plus ancien remonte à 1589.

WILKOMERIA, *Wilkomirz*, ville du gouv. de Vilna, dans l'anc. Lithuanie.

WILLEVILLA, *Grossweil*, bourg de Bavière.

WILOA, *Weilheim*, pet. ville de Bavière, sur l'Amper (Isarkreis).

WILTON, bourg d'Angleterre, à 3 milles de Salisbury (Wiltshire).

Près de là s'élève *Wilton House*, la splendide résidence des comtes de Pembroke; la 10e édition des *Ædes Pembrochianæ*, de M. Richardson, fut imprimée à Wilton House, en 1784. Martin ne cite pas cette typographie privée.

WIMIACUM, *Wimy*, commune de Fr., près Laon (Aisne).

WIMPINA, *Wimpffen*, ville de la Souabe, au confluent du Necker et de la Jaxt; bataille en 1622.

WINCESTRIA, voy. VENTA.

WINCIUM, *Winzig*, bourg de Prusse (Silésie).

WINDERPERGUM, voy. VINTERBERGA.

WINDESHEMIUM, voy. VINDESHEMIUM.

WINIDOVA LAC., *der Wurmsee*, ou *Stahrembergersee*, en Bavière (environs de Munich).

WINTER-HARBOUR, dans l'île Melville, située dans la mer Polaire, par 74 de lat. N. et 112 long. O. (mérid. de Greenwich).

Dans le voyage au Pôle Nord fait par les corvettes l'Hécla et le Griper, en 1819 et 1820, sous le commandement de l'illustre Parry, les officiers du bord, pour occuper les tristes loisirs de l'hivernage, utilisèrent un petit matériel d'imprimerie qui avait été embarqué sur l'Hécla et publièrent un journal : *The North Gazette and Winter Chronicle*. Le premier numéro porte la date du 1er novembre 1819, et le dernier celle du 29 mars 1820. Ce curieux et très-intéressant recueil fut réimprimé à Londres au retour de l'expédition [C.].

WINTERTON, bourg d'Angleterre (Lincolnshire).

Imprimerie en 1804.

WIPPERICUM, *Guipry*, commune de France (Ille-et-Vilaine).

WIRBINA CASTRUM, *Werben*, pet. ville de Prusse, près de Merseburg (Saxe).

WIRCEBURGUM, voy. HERBIPOLIS.

WIRCINIACUM, VILLA WIRCINIACO [Eginh. Chr.], voy. VERSENIACUM.

WIRIBENNUM, *Burgwerben*, bourg de Prusse [Graesse].

WISBEACH, WISBICH, ville d'Angleterre, sur les bords de l'Ouse, dans l'île d'Ely (Cambridgeshire).

Un libraire, nommé P. Gibson, y était établi en 1721; en 1770, le Rév. Henry Burrough, vicaire de Wisbeach, avait organisé une imprimerie dans sa maison, et l'utilisait à la publication de ses sermons. M. Cotton décrit ce rare volume qui a échappé aux recherches de Martin et de Lowndes : *Sermons on several subjects and occasions, by Henry Burrough, L. L. D., vicar of Wisbich, Rector of Gransden, and Prebendary of Peterborough*. Wisbich, M.DCC.LXX. In-8° de 564 pp. (voyez la note détaillée que consacre M. Cotton à ce volume).

WISINGIA INS., *Wisingsö*, île suédoise, dans le lac Wetter.

WISINGSBURGUM, *Wisingsborg*, bourg de Suède, chef-lieu de l'île de Wisingsö (Suède Méridionale).

Cette île de Wisingsö avait été donnée par le roi Éric XIV, comme gratification de joyeux avénement, à l'illustre famille des Brahé (1561): un siècle après, grâce au noble amour des lettres qui fut si longtemps l'apanage des Brahé, Wisingsborg jouissait non-seulement d'un gymnase et d'une école, mais aussi de leur complément indispensable, d'un établissement typographique; le comte Pierre Brahé avait fait venir de Poméranie un imprimeur du nom de Johannes Kankel, lequel raconte, dans le premier livre sorti de ses presses, les diverses péripéties par lesquelles passa la création de son imprimerie, et donne la date précise de son établissement, 1667 : *Nicolaus Matthiæ Kiöping; Itinerarium seu descriptio peregrinationis per Regnum Japan, Indiam Orientalem et Chinam sermone Suecico*. Edidit in Wisingsborg Johannes Kankel, anno 1667, in-4°.

Alnander et surtout Schröder (*Suecia Literata*) nous donnent les titres d'un grand nombre d'ouvrages sortis de ces presses pendant les 20 années qu'elles furent en exercice. En 1687, l'île fit retour à la Couronne, et le matériel typographique de Wisingsborg fut transporté à Joenkœping.

WISLA, voy. VISTULA.

WISMARIA, *Wismar*, ville du grand-duché de Mecklemburg-Schwerin, sur la Baltique ; anc. ville anséatique.

Imprimerie en 1698, suiv. Falkenstein et Cotton, en 1696, d'après Ternaux ; nous connaissons : *Christ. Schraderi dispositiones oratoriæ*. Wissmariæ, 1684, in-8° (cat. Dubois, IV, n° 12440).

WITTEBERGA, voy. ALBIORUM.

WITTLIACUM, *Wittlich*, ville de la Prusse Rhénane, sur la Lieser (rég. de Trèves).

WITTOVIA, *Witto*, presqu'île de l'île de Rügen, à la Prusse.

WODEHAMUM, *Woodham*, bourg d'Angleterre (Suffolkshire) : « Adamus Wodehamensis, ord. fr. Min. a. 1358 ».

WOLDEMARIA, *Waldemar*, *Wolmar*, ville de Livonie (Russie).

WOLFERDI AGGER, *Wolfersdyk*, petite ville de la province hollandaise de Seeland ou Zeelande.

WOLVERHAMPTON, bourg d'Angleterre (Staffordshire).

L'imprimerie, dit M. Cotton, fut exercée dans cette localité, si renommée par son industrie métallurgique, dès l'année 1755. « *The Charter of the Corporation of Walsall* » fut imprimée à Wolverhampton, en 1774.

WONCLAVE [Graesse], *Wanzleben*, ville de la Saxe prussienne (rég. de Magdebourg).

WOODBRIDGE, bourg d'Angleterre (Suffolkshire), sur la riv. Deben.

Un typographe du nom de R. Loder y était établi en 1771. En 1782, il publia un volume curieux : *The Journal of W. Dowsing, Parliamentary Visitor for demolishing superstitions, Pictures and Ornaments in Churches within the County of Suffolk*, et quelques pièces relatives à l'histoire locale en 1785, 1787, etc. [C.].

WOODSTOCK, bourg d'Angleterre, dans l'Oxfordshire.

A jamais célèbre par son château royal et par le grand romancier qui plaça sous ses ombrages séculaires le théâtre d'un de ses plus admirables récits, Woodstock (*sic transit gloria*) n'est renommé auj. que par ses manufactures de gants. L'imprimerie y existe à partir de 1789. Dans son voisinage est Blenheim, le château historique des ducs de Marlborough, où se conserve l'une de ces merveilleuses biblioth. que l'on ne voit qu'en Angleterre.

WORCESTRIA, voy. VIGORNIUM.

WORKINGTON, port d'Angleterre, dans le Cumberland, à l'embouch. de la riv. Derwent.

L'imprimerie commence avec le siècle : les œuvres du poëte John Stagg (aveugle comme Milton) y furent imprimées en 1805 ; et une « *History of the Irish Rebellion of 1798* », en 1806 [C.].

WORMATIA, voy. VARMATIA.

WORTHSATI, WURSATORUM TERRA, *Wursterland*, l'un des districts de l'État de Brême [Graesse].

WOTTON-UNDER-EDGE, pet. ville d'Angleterre, dans le comté de Gloucester.

M. Cotton nous apprend qu'un imprimeur du nom de John Exell y exerçait en 1704 ; renseignement quelque peu vague que nous serions heureux de voir appuyer de quelques faits.

WREXHAM (sur les livres *Welsh*, NGWRECSAM), WREXHAM REGIS, jolie ville d'Angleterre, sur un affl. de la Dee (Denbighshire).

Cette ville possède l'imprimerie depuis le milieu du siècle dernier ; les deux plus anciens spécimens que mentionne M. Cotton sont : « *Dr. Powell's Visitation Sermon* », imprimé en 1742, et « *Hossing's Miner's Dictionary* », 1747. B. Marsh était établi comme imprimeur à Wrexham, en 1764.

WULVENA, *Wullfen*, bourg de la princip. d'Anhalt-Köthen.

WURRENA, *Wurzen*, ville de Saxe, près de la Mulda (distr. de Leipzig).

WURTEMBERGA, le *Wurtemberg*, royaume du S.-O. de l'Allemagne, entre la Bavière, Bade et la Suisse, avec Stuttgardt comme capitale.

WYCOMBE (HIGH), bourg d'Angleterre (Buckinghamshire), à 5 milles de West-Wycombe.

Cette localité possédait une imprimerie en 1701 [C.].

XANCONTIUM, SANCONIUM, TINCONTIUM, *Xancoins*, *Sancoins*, pet. ville de Fr. (Cher), anc. prieuré de St-Benoit.

XANTÆ, voy. MEDIOLANIUM et SANTENA.

XANTONÆ, voy. SANTONES.

XERA EQUITUM, *Xerès de los Caballeros, Xerès de Badajoz*, ville d'Espagne, dans l'intend. et au S. de Badajoz (Estramadura).

XERESIUM, voy. ASTA REGIA.

XERICA, *Oppidum nobile in regno Valentino.*

C'est ainsi que Panzer, d'après Caballero, indique une localité du royaume de Valence qui nous est inconnue, que Mendez n'enregistre point parmi les villes de la Péninsule, et que l'on a quelquefois voulu confondre avec *Xerès de la Frontera*, ce qui est inadmissible, cette dernière ville étant en Andalousie, au N. et près de Puerto de Santa Maria. Nous ignorons s'il se trouve un bourg du nom de *Xerica* dans le royaume de Valence, et, lors même que cette localité existerait, nous n'en accepterions pas moins avec infiniment de réserve cette étrange assertion de l'abbé Caballero, qui cite un livre exécuté à Xe-rica, en 1485, sans en indiquer ni l'imprimeur, ni le caractère, ni le format : *Constitutiones synodales urbis vel Ecclesiæ Xericanæ, auctore Bartholomæo Marti. Xericæ, 1485.* Il va de soi que les bibliographes modernes, MM. D. Hidalgo, Zarco del Valle, Sancho Rayon, etc., ne mentionnent même point ce livre..... inacceptable; mais ce qui peut sembler réellement bizarre, c'est que l'abbé Caballero ait cru pouvoir se permettre de porter une première édition de ces *Constitutions* à l'actif de Ségorbe, et à la date respectable de 1479 ; édition non moins inconnue que celle de 1485 (voy. SEGOBRIGA).

XEROGYPSUS FL., Ξηρόγυψος [A. Comm.], fl. de Thrace, qui tombe près d'Erikli, dans la mer de Marmara.

XIPHONIUS PORTUS, Ξιφώνειος λιμήν [Scyl., Str.], port de Sicile, placé sous l'abri du cap XIPHONIA, auj. *Capo di S. Croce*, à l'E. de Trontello.

XUTHIA, Ξουθία [Diod., St. B.], ville des Leontini, en Sicile, auj. *Sutera*, dans l'intend. de Girgenti.

XYNIÆ [Liv.], Ξυνία [Pol., St. B.], ville de Thessalie, auj. *Taukli* [Leake].

YARMUTUM, YERMUTHA, *Great-Yarmouth*, ville d'Angleterre (Norfolkshire), avec un bon port sur la mer du Nord, à l'embouch. de l'Yare.

Cette ville possédait un établissement typographique en 1757, dit M. Cotton. *The history of Great Yarmouth* fut imprimée à Lynn, en 1776, in-4°, fig.

YEOVIL., pet. ville d'Angleterre, dans le comté de Somerset.

R. Goadly and Company exploitaient un établissement typographique dans cette ville en 1748 [Cotton].

YOGHALIA, *Youghal*, bourg et port d'Irlande, dans le comté de Cork, à l'embouch. de la riv. Blackwater.

Le premier imprimeur connu d'Youghal est un nommé Cox, établi dans cette ville vers 1770. Thomas Lord lui succéda ; ce fut lui qui imprima le premier livre *connu « to have been printed in this town »*: *A History of the Town of Youghal*, 1784, in-12. Ce volume est devenu fort rare. Après cette publication, T. Lord alla s'établir à Roscrea, et l'imprimerie ne reparut à Youghal qu'au XIXe siècle.

YPERA, voy. IPRA.

YPINUM [I. A.], station des Peucetii, dans l'Italie mérid. ; auj., *Binetto*, bourg du Napolitain (terra di Bari).

YPOREGIA, voy. EPERODIA.

YPOSA, voy. ISPINUM.

YPPOLITI (S.) MONAST., *S. Pölten*, ville épisc. de la Basse-Autriche, chef-lieu du cercle supérieur de Wienerwald, sur le Trasen ; anc. abb. de Bénédictins.

Voyez, pour l'imprimerie en 1783, PÖLTEN (St.).

YSOLDUNUM, voy. AUXELLODUNUM.

YSSODURUM, voy. ISSIODURUM.

YTUMNA FL., voy. ICAUNA.

YUNGUS VICUS, voy. VUNGO.

YVERDO, voy. EBRODUNUM.

YVETOTUM, voy. IVETOTUM.

Falkenstein et M. Cotton font remonter l'imprimerie dans cette ville à 1762 ; voici ce que nous écrit le bibliographe normand, M. Frère, au sujet d'Yvetot : « Je ne puis vous indiquer d'une manière positive l'époque de l'établissement de l'imprimerie à Yvetot ; mais ce qu'il y a de certain, c'est que, d'après les anciens règlements, il n'y avait pas de typographe dans cette petite ville avant 1789 ; il n'y en avait même point à Caudebec, où était fixé le bailliage, et qui devint le chef-lieu du district duquel dépendait Yvetot.

« L'annuaire statistique de 1803 constate qu'il n'y avait qu'une seule imprimerie à cette date. En 1815, je trouve un imprimeur du nom de Resche, et en 1816, Jourdain fils. »

YVODIUM, EPOSIUM [Greg. Tur.], au XVe s., S. Yvoy, puis Ivois, auj. *Carignan*, bourg de Fr. (Ardennes) ; voy. CARINIACUM. Ce bourg fut élevé en duché-pairie en faveur d'Emmanuel-Philibert de Soissons-Savoie, en 1662, et prit seulement alors le nom de *Carignan* [Quicherat].

Zabesus, *Millenbach*, ville de Transylvanie [Graesse].

Zabludow, Zablutow, pet. ville de Lithuanie (Russie), dans le Palat. de Vilna.

Nous ignorons où M. Ternaux a pris le renseignement suivant : Quelques imprimeurs chassés de Moscou s'établirent dans cette localité, et y publièrent, vers 1562, les *Evangiles du dimanche et des fêtes*, en slavon.

C'est à 1568 que Bandtkie fait seulement remonter l'impression de ce livre, qui nous est inconnu.

Zabotum, Zobtena mons, *le Zobten*, montagne de Silésie, près de Mettkau.

Zacynthus Ins. [Mela, Liv., Pl., Virg., Ovid.], Ζάκυνθος [Hom., Hérod., Scy., Str., Ptol.], île de la mer Ionienne, sur la côte de l'Élide ; auj. *Zante*, l'une des îles Ioniennes, à l'O. et près de la Morée, avec une capit. du même nom.

Zagrabia, Sabbarie [Chr. Carlem.], *Zagram, Zagrebu, Agram*, ville des États Autrichiens, capit. du royaume de Croatie, résidence du Ban, près de la Save ; académie, bibliothèque.

Cette ville possédait l'imprimerie à la fin du XVIIe siècle, mais le nom de son premier typographe n'est pas connu : *Pauli Ritter (alias Vitezovich) Segniensis Dalmatæ Chronica*. Zagrabiæ, 1696. Németh, auquel nous empruntons ces notes, signale plusieurs autres volumes du même auteur, exécutés à Agram en 1700, 1702 et 1703, mais toujours sans nom d'imprimeur.

De 1714 à 1716, l'imprimeur d'Agram s'appelle Jac. Wenceslas Heywel ; les typographes qui suivent sont J. Barth. Pallas (1723-1727); Joh. Bapt. Weitz, qui s'intitule « *Inclyti Regni Croatiæ Typographus* » (1734-1747).

(Voyez Szörenyi, *Vindiciæ Sirmienses*, p. 35 et suiv.)

Zahlburgum, *Zalborg, Sahlbergh*, petite ville de Suède, dans l'anc. Vestmannie (auj. dans la préf. d'Upsal)?

Nous avons cité cette localité parce que le livre du Strasbourgeois Jean Scheffer (*de Scriptis et script. Suecorum*, p. 267) nous donne une trace de typographie, bonne à enregistrer : *M. Olaus Palm, Nericiensis, Philos. Adjunct. Upsaliensis, Meditatio de mutatione, quæ nostris temporibus et postmodum ad finem usque seculi eveniet; sermone succico*. Zahlburgi, anno 1676, in-8°.

Zakliczyn, pet. ville de la Gallicie, dans le cercle de Bochnia, sur le Dunaïec (Autriche).

Lelewel prétend que cette ville possédait une imprimerie au milieu du XVIIe siècle ; Falkenstein et Bandtkie n'ont point admis cette assertion, qui nous semble inacceptable.

Zaladiensis Comit., *le Comitat de Szalad*, en Hongrie, avec *Szala* comme chef-lieu ; anc. abb. (cercle au-delà du Danube).

Zalt-Bommel, voy. Bomelia.

M. Van Even, dans le *Bibliophile belge* (I, p. 61), soutient qu'un des premiers imprimeurs de Louvain, Rodolphe Loeffs, abandonna cette ville en 1490, et alla s'établir à Bommel, en Hollande (Gueldre), où ses presses roulaient dès 1491; il se fonde sur un passage des comptes du couvent de Marienweert, en Gueldre, à cette date, découverts par lui et transcrits; voici le texte de ces notes :

« Item, altera Epiphaniæ, van Rodolpho, te Bommell, I boeck *de Natura animalium et herbarum* ende *Novum Preceptorium* cum quibusdam aliis libris pariter vij rynsguld. J. stuver. »

Item, pro 4or libris impressis a Rodolpho, pro iiij hollandsche guldens v st., facit vi rynsg., vij stuyvers. »

« La brièveté et l'obscurité de la rédaction de cette inscription, dit avec raison M. Holtrop (*Mo-

num. typogr., p. 53), m'empêchent d'en tirer des conséquences indubitables. Il est certain que l'on n'a pas trouvé jusqu'ici un livre de Loeffs publié après 1485. »

ZAMOSCIUM, SAMOSCIUM, ZAMOSEJUM, *Zamosç*, ville de Pologne, dans le Palatinat de Lublin (Russie Rouge); elle fut fondée par Jean Zamoyski, chancelier et général en chef sous Étienne Batory en 1588; université fondée en 1594.

Nous trouvons pour la première fois trace d'imprimerie dans cette ville à la date de 1550 : *Dionysii Halicarnassei liber de structura orationis, græce et latine editus a Sam. Bircovio, Polono.* Samoscii, 1550, in-8°. Hoffmann (*Lexicon. bibliogr.* II, 93), qui cite ce volume, ainsi que Graesse et autres bibliogr., ajoute : « *Inepta et auctore prorsus indigna Bircovii versio esse judicatur.* » Vu la date de la fondation de la ville de Zamosç (1588), il est clair que cette date de 1550 est fausse ; est-ce 1590 qu'il faut lire ?

J.-D. Hoffmann cite à la date de 1557 une édition latine des *Statuta regni Poloniæ* recueillis par J. Herburt de Fulstin et imprimée « *typis academicis* » in-fol.; c'est 1597 qu'il faut lire, et ce livre est le premier sur lequel Martin Lenski ait mis son nom.

Nous ferons remarquer à ce sujet que Freytag, qui, dans ses *Analecta*, consacre une note intéressante à ce livre et en donne une bibliographie complète, ne dit pas un mot de cette édition de 1557 que signale J.-D. Hoffmann.

« Les deux premiers ouvrages exécutés à Zamosç avec date certaine, nous écrit M. Pawlowski, sont : *D. Aurelii Augustini Hippon. Ep. de Grammatica.* Samoscii, 1593, in-4; et *Ælii Donati Grammatica* ibid. 1594, in-8°. Le premier imprimeur de Zamosç est certainement Martinus Lenscius (Martin Lenski), dont l'établissement précéda la fondation de l'Académie. »

Les imprimeurs de l'Académie de Zamosç qui succèdent à Mart. Lenski sont : Christophe Wolbramczyk, de Vilna (1617), Simon Niciolkowic (1620), André Jastrzcbski (1654-1659), et Johann Rutowski, à la fin du xviie siècle.

« On imprimait au siècle dernier à Zamosç les *Almanachs* de l'astronome Dunczewski, très-célèbres alors en Pologne et fort recherchés aujourd'hui. » [Note de M. Pawlowski].

ZANCLE, Σάγκλη [Hérod., Diod., Str.], voy. MESSANA.

ZAPATA (?).

Localité inconnue, peut-être un lieu d'impression supposé; nous trouvons : *Car. Malletus, de Hierarchica et Jure Ecclesiæ militantis.* Zapata, 1660, in-fol.

ZARAX [Pl.], Ζάραξ [Pol., Paus.], Ζάρηξ [Ptol.], ville de la côte de Laconie, en Grèce, auj. *Jeraka*, en Morée [Leake, Boblaye].

ZARINGIA. anc. prov. d'Allemagne, correspond au *Grand-Duché de Bade* (Schoepflin, *Hist. Zaringo-Badensis*).

ZARMIGETHUSA, ZARMIZEGETHUSA, voy. AUGUSTA DACICA.

ZASLAVIUM, *Zaslaw, Zaslav*, ville de Wolhynie, dans l'anc. Pologne (Russie).

Matthias Kawieczynski, gouverneur de Nieswicz, imbu de la doctrine des Unitaires, établit dans cette ville la première typographie au xvie siècle : *Biblia to iest, Ksiegi starego y nowego przymiersa, z nowu z iezyka Ebreiskiego Greckiego y Lacinskiego na Polski przelozone od Simona Budnego* (Simon Budny, célèbre Socinien). w Zaslawiu, 1572, in-4° [Vogt, Bauer, Graesse, etc.].

Mais ce récit, corroboré de l'autorité d'un grand nombre d'écrivains, Bentkowski (*Hist. de Litt. Pol.*), Sandius (*Bibl. antitri.*), Kosięki (*Miscell. Cracov.*), etc., n'est pas accepté par le bibliographe le plus exact de la Pologne, J.-S. Bantkie.

Voici l'opinion de ce savant, telle que nous la transmet M. Pawlowski : « Il paraît certain que la seconde édit. de la Bible trad. en polonais par Simon Budny fut imprimée à Nieswiez, où une première édition en avait été donnée en 1570 par le même imprimeur Daniel de Lenczyça, aux frais du staroste de Nieswiez, Matth. Kawieczynski. L'édition de 1572 porte à la fin un colophon identique à celui de 1570, sauf l'omission du lieu d'impression ; et c'est cette omission qui a donné lieu à la fable de l'imprimerie de Zaslaw, fable qui s'est accréditée d'autant plus vite que la préface de Simon Budny (du 7 mai 1572) est datée de Zaslaw, où ce célèbre Socinien demeurait alors. »

Nous avons déjà vu l'imprimeur Daniel de Lenczyça à Pinczow, à Nieswiez et à Vilna.

ZATHMARIENSIS COMIT., *le Comitat de Szathmar*, en Hongrie (cercle au-delà de la Theiss).

ZEACOLLIS, ZEAPOLIS, *Dinkelspühl*, ville de Bavière [Graesse].

ZEDLICA, *der Elnbogener Kreis, le cercle d'Elnbogen*, en Bohême.

ZEELANDIA, *Zeeland, Zélande*, prov. de la Hollande.

ZELASIUM PROM. [Liv.], dans la Phtiotide (Thessalie), *cap Stavros* [Leake].

ZELDEPA, Ζάλδεπα [Hier.], Ζάλδαπα [Proc.], Σάλδαπα [Theoph.], ville de la Mœsie, auj. *Szelepsa*, au S.-O. d'Imertje, dans la Boulgarie [Reich.].

ZELLIA, *Cilley, Zilli, Zillah*, bourg de Transylvanie, dans le pays des Hongrois.

L'imprimerie a dû exister dans cette localité peu connue; voici un livre dont un des excellents catalogues de la librairie orientale de M. Maisonneuve nous donne le titre : *Sellenko's* (G.). *Slovenska grammatika oder Wendische Sprachlehre in deutsch vnd Wendischen Vortrag.* Zilli, 1791, in-12.

ZELZA, *der Pilsener Kreis, le cercle de Pilsen*, en Bohême [Graesse].

ZEMPLINIENSIS COMIT., *die Sempliner Gesp., le Comitat de Zemplin*, en Hongrie (cercle au-delà de la Theiss).

ZENA, voy. GENUA.

Certains livres, en dialecte génois, portent ce nom de lieu comme souscription ; nous en trouvons plusieurs aux divers catal. R. Héber ; nous citerons : *Micrilbo Termopilatide. Comedie trasportæ da Ro Françeize in Lengua Zeneize.* Zena, 1772, in-12. Melzi nous apprend que ce pseudonyme cache un traducteur de Molière, appelé Stefano de' Franchi.

ZEPHYRIA INS., voy. MELOS.

ZEPHYRIUM PROM., τὸ Ζηφύριον [Str., Pt.], sur la côte E. du Bruttium, en Italie; auj. *Capo di Brussano.*

ZEPHYRIUM PROM., Ζεφύριον ἄκρον [Pt.], près d'Apollonia, en Crète; auj. *Ponta di Tigani.*

ZERNES, Ζέρνης [Proc.], COLONIA ZERNENSIUM, ZIRINÆ, ZERNÆ [Not. Imp.], dans la Dacie, auj. *Czernetz*, dans la Valachie, rive gauche du Danube, près d'Orsowa.

ZEYMÆ, *Zeyny, Seyny*, village (Hoffmann dit : « *Locus ignobilis* ») de Samogitie, sur les confins du Palat. de Vilna (Russie).

L'imprimerie fut exercée dans cette infime localité pendant quelques années au début du XVIIe siècle, probablement sous l'influence et la direction des réformés ; Jacobus Markowicz, imprimeur de Vilna, y fut appelé en 1605 et y donna : *Pauli Gilovii Wyklad Katechismu Kosciola Chrzescianskiego z pism swietych*, S. l. n. d., in-4°, et du même auteur : *Odprawa przeciwko iadowitym Marcina Czechowicza, potwarzom ktore wypuscil na wyklad Katechismu*, in-4°.

ZEZINOIALUM, *Jazeneuil*, commune de Fr. (Vienne).

ZINGARI , *Zigenner* (en all.), *Cinganys* (hongr.), *Gypsies* (angl.), *Caird* (écoss.), *Gitanos* (esp.), *Ciganos* (portug.), *Zingari* (ital.), *Cigani* (serbe), *Roumná-Chal* (en bohém.); voy. CINGARI.

ZINNA, voy. MONAST. ZENNA.

ZIRICHZÆA, ZIERICZEA, *Zirickse, Zierickzee*, ville de Hollande, chef-lieu de district, près de l'Escaut oriental, dans le S. de l'île de Schouwen (Zéelande).

Nous ne trouvons pas trace d'impression dans cette ville antérieurement à 1614 ; le titre de ¦livre que nous donne le cat. des Elzevirs de 1634 (p. 63) n'est pas très-explicite ; le voici tel quel : *Liens pro Lansbergio*. Zirizæe, 1614, in-8°. L'année suivante paraît un livre que tous les bibliogr. ont cité : *Collatio habita Hagæ Comitis anno* 1611, *inter quosdam Ecclesiastas de divina prædestinatione, et ejus appendicibus, latine ex versione Henrici Brandii*. Zirizæe, 1615, in-4°.

ZIRIDAVA, Ζιρίδαυα [Ptol.], ville des Getæ, en Dacie, auj. *Szereka*, sur le Broosch (Transylvanie); Mannert dit : *Muhlenbach*, *Szasz-Sebes*, ville du même État autrichien.

ZIRINÆ, voy. ZERNÆ.

ZITTAVIA, *Lusatiæ super. urbs*, SITTAVIA, *Zittau*, ville du roy. de Saxe, sur l'Altwasser.

Un gymnase fut organisé dans cette ville en 1586 ; il fut immédiatement suivi de l'installation d'une imprimerie, qui fut établie dans l'ancien couvent du Paraclet, et placée sous la direction de Nicolas Schneider ; ces presses fonctionnèrent depuis 1587 jusqu'en 1608, et à cette date, le 16 juin, furent détruites par un incendie qui consuma la ville presque entière ; elles furent rétablies en 1611.

La *Biblioth. saxonica* de Struvius ne nous fournit de titres d'ouvrages exécutés en cette ville qu'à partir de la réinstallation de l'imprimerie : *Veræ Sittaviæ Regiæ sup. Lusatiæ Ἑξαπόλεως urbis effigies pictore Avgvsto Ivsto Miseno versibus heroïcis*. Zittaviæ, 1612, in-8°.

Zittau possède une biblioth. d'une certaine importance, qui fut installée au commencement du siècle dernier par le recteur Hoffmann, lequel publia à cette occasion :¦ *Programma zur Inauguration der Zittauischen Bibliotheck*. Zittau, 1709, in-fol.

ZIZARIA, voy. CICERES.

ZNENA, *Znin*, pet. ville de la Prusse Occidentale.

ZNOIMA, *Znoim, Znaym, Znagmo*, ville et chef-lieu de cercle, en Moravie, sur la Taya.

ZOBTENA, voy. ZABOTHUM.

ZOLIENSIS COMIT., *die Solienser Gespannschaft, le comitat de Sohl*, en Hongrie (cercle en-deçà du Danube).

ZOLKIEW, pet. ville à 5 lieues de Léopol, en Gallicie (Autriche), jadis propriété du roi Jean Sobieski.

Wolf (*biblioth. hébr.*) cite deux ouvrages rabbiniques imprimés dans cette localité : *Vri Veibs*, en 1694, in-fol. et *Schevoth*, en 1702.

ZORBIGA, SORBIGA, *Zörbig*, pet. ville de Prusse, de la rég. de Merseburg (Saxe).

Imprimerie en 1713 ; *Christoph. Gvntheri Encomia Jerichoniensia oder Kirchweyh der Kirchen zu Prirau, nebst einen historischen Anhang von Prirau*. Zörbig, 1713, in-4° (Struv. *Bibl. Saxon.* p. 40).

ZORLANÆ [T. P.], STROLANÆ [G. Rav.], ville de Thrace, auj. *Czernagora*, dans le pach. d'Andrinople.

ZOSTER PROM., Ζωστήρ [Herod., Str.], cap de l'Attique, auj. *Capo di Vari*.

ZUARINA, voy. SQUIRSINA.

ZUENCUA, ZUENKOWA, voy. CYGNEA.

ZULICHIUM, ZULLICHOVIUM, *Zyllichau, Zullichau*, ville de Prusse, chef-lieu de cercle (Brandebourg).

Une édition importante de la Bible fut donnée dans cette ville en 1741 ; elle est décrite au catal. de la Sussexiana (I, n° 63) : *Biblia sacra tam Veteris quam Novi Testamenti, cum Apocryphis, sec. fontes Hebraicos et Græcos, ad optimos codices collata..... Adjectæ sunt Variantes Lectiones selectæ cum præf. de Authentici Textus præ Versionibus prærogativis D. Christiani Benedicti Michaelis, Theol. et Ling. Sacr. Prof. Hal. Zullichau, sumpt. Orphanotrophei, apud Gottlob. Beniam. Frommanum*, 1741, in-4°.

ZULTZBACUM, *Sulzbach*, voy. SOLISBACUM.

Sous la rubrique : ZULTBACUM, nous trouvons : *Casp. Bruschii Chronologia monasteriorum Germaniæ præcipuorum ac minime illustrium*. Zultbaci, 1682, in-4°.

Zumi, *Thum,* ville du roy. de Saxe (Erzgebirge).

Zurziaca, *Zurzach,* voy. Certiacum.

Zusidava, Ζουσίδαυα [Ptol.], station de la Dacie, dont les ruines existent encore à *Tschetatie,* au-dessous de Burlau (Valachie).

Zutphania, *Zutphen,* sur la rive droite de l'Yssel, ville de Hollande, chef-lieu de district dans la prov. de Gueldre, à quelques lieues de Zwolle.

Imprimerie en 1611, dit Falkenstein, et M. Cotton ajoute qu'à cette date, l'imprimeur en exercice s'appelait Andreas Johannis.

Mais les admirables *Monumenta typographica* de M. Holtrop nous permettent de faire remonter à une date infiniment plus respectable l'introduction de la typographie à Zutphen.

En 1497, Tyman Petri de Os, fils de l'imprimeur Peter van Os de Zwoll, imprimait avec son père dans cette dernière ville (voy. Zwolla). Vingt ans après, en 1519, il vient s'établir à Zutphen, et y publie un opuscule sur les indulgences de Robert de Cologne, abbé de Zelwart, près de Groningue, intit.: *Die Costelike scat der geesteliker rijckdom (le Trésor précieux de la richesse spirituelle).* A la fin : *Vũ is geprint toe Zutphen, by my* || *Thiman Peters' os van Breda int* || *iaer ons herē* m.cccc.vii.xviii. (nous copions textuellement cette date ainsi figurée sur le fac-simile donné par M. Holtrop, pl. 85, d-l). La marque typographique adoptée par cet imprimeur, à Zutphen, diffère de celle qu'il avait à Zwolle, et rappelle celle de son père: c'est un écusson offrant au milieu les armes du duché de Gueldre, et en haut, d'un côté les armes de Zutphen, et de l'autre celles de l'imprimeur, formées d'un écu, parti au premier de cinq tampons (marque de son père), et au second d'une fleur de lis.

Tyman Petri de Os, en quittant Zwolle, avait abandonné à son père le matériel dont il se servait dans cette ville; celui-ci l'emploie encore en 1510 pour l'impression des *Epistolœ Hyeronymi.* In-4°.

Au commencement du XVIIe siècle, nous mentionnerons deux livres intéressants exécutés à Zutphen, lesquels offrent cette particularité d'être français : *Jacq. de Geyn ou de Gheyn. Maniement d'armes, d'arquebuzes, mousquetz et picques, représenté par figures* (en français, anglais, hollandais). Zutphen, 1619, in-4°; et en 1621 *Diego Vfano, artillerie ou vraie instruction de l'artillerie et de toutes ses appartenances, trad. de l'espagnol.* Zutphen, 1621, in-fol. (Bauer, *Suppl,* II, p. 379).

Zvinum, voy. Schwidnicium.

Zwetlum, *Zwell,* bourg de la Basse-Autriche (Mannhartsberg).

Zwivaltaha, Zvivalta, Zwifalda, Zwiweldense Cœnobium, *Zwiefalten,* bourg et anc. abb. du Wurtemberg.

L'imprimerie a-t-elle réellement existé dans ce monastère, ou le nom de lieu n'est-il pas supposé ? nous ne savons, mais sommes tenté fortement de pencher pour la dernière hypothèse; Panzer (tom. IX, p. 103) cite : *Opuscula Bebeliana, sive facetiœ Bebelii. Zwifaldœ,* per Leonardum Clementem, 1504, in-4°. Peut-être, Zapf (*Leben Bebel's,* Augsb., 1802, in-4°) a-t-il éclairci cette difficulté; mais nous n'avons pu nous procurer cette monographie.

Zwolla, Swolla, *Zwoll, Zwolle,* ville de Hollande, dans la prov. d'Over-Issel; anc. ville libre impériale, puis hanséatique.

« L'histoire de l'introduction de l'imprimerie à Zwolle, dit M. Holtrop (*Monum. Typogr.,* p. 90), n'est encore que très-imparfaitement connue; il est certain que Petrus van Os de Breda, y imprima de 1480 à 1510; ses types se rencontrent fréquemment.

« Les bibliographes citent, d'après les notes mss. de Prosper Marchand, une édition de : Petri Hyspani Tractatus, imprimée en 1479 ; par un certain Jean de Vollenhoe (Hain, n° 8689); mais jusqu'ici personne n'a vu cette édition, et l'on serait porté à révoquer en doute son existence, si l'on ne connaissait deux livres exécutés à la même date, mais sans nom d'imprimeur, et dont les caractères (du même corps, mais offrant entre eux de grandes dissemblances) diffèrent essentiellement de ceux employés par Peter van Os. »

Le premier de ces livres est une traduction hollandaise du célèbre Vocabularius ex quo de Bechtermuntze (voy. Altavilla): C'est un in-4° de 231 ff. goth. à 25 lign., sans ch., récl., sign. ni capit.; on lit à la fin : *Presens hoc opuscultā non stili aut penne* || *suffragio sʒ noua artifloiosaqʒ inuentione* || *quadā ad eusebiā dei īdustrie zwollis est cōsū* || *matū Sub āno Natinitatis* (sic) m.cccc.lxxix. *Feria quinta ante festū natiuitatis dominici* (sic), etc.

Le second est un Modus Confitendi, 12 pp. in-4° goth. de 25 lig., offrant les mêmes distinctions typ. que le Vocabularius.

A la même date (1479) de nouveaux types nous sont encore présentés par un nouvel ouvrage, et semblent indiquer un second typographe; ces types sont gothiques, mais plus réguliers que ceux des deux ouvrages précédents, et du corps 9, tandis que les autres sont beaucoup plus forts : S. Bonaventuræ Sermones, à la fin : *Ventura bona docetis Seraphici doc* || *toris Bonauenture sacrosancte Rōne* || (sic) *ecclesie Cardinalis dignissimi de* || *pore simul et sanctis perfructuosum* || *opus Zwollis impressum : Feliciter* || *explicit ; Anno domini Millesimo* || *quadringentesimo septuagesimo nono.* In-fol. de 340 ff. à 2 col. de 39 lig., sans ch., récl., sign. ni capit.

« Si P. Marchand ne s'est pas trompé, dit avec raison M. Holtrop, il est à croire que l'un ou l'autre des deux caractères qui ont servi à l'impression des ouvrages précités a appartenu à J. de Vollenhoe ; mais il n'en résulterait pas moins qu'à cette date de 1479-80, Zwolle a vu trois établissements typogr. au moins : J. de Vollenhoe, un inconnu et P. van Os. »

« Si jamais, ajoute-t-il, l'histoire pragmatique de la maison des Frères de la vie commune à Zwolle est écrite, elle donnera, j'en suis convaincu, quelques élucidations au sujet de la question que j'ai posée sans pouvoir la résoudre. »

M. Holtrop est, croyons-nous, dans le vrai absolu; là est la solution de la plupart des problèmes typographiques qui se présentent à propos des origines de l'imprimerie dans un grand nombre de villes du Nord; il se rencontre, dans cette présomption, avec un bibliographe éminent, M. Madden, qui, à propos du couvent de Weidenbach, à Cologne, et de son atelier typographique, est entré dans des considérations d'un ordre identique, et qui sont de nature à confirmer l'hypothèse des bibliographes néerlandais.

M. Holtrop signale encore deux ou trois produits de ces presses mystérieuses (*Cat. Libr. sœc. XV impr.,* La Haye 1856, p. 182), et consacre dans les *Monum. Typogr.* une véritable et intéressante monographie au grand imprimeur de Zwolle, Peter van Os de Breda, à laquelle nous demandons la permission de renvoyer le lecteur. Il débute, en 1480, par un Psalterium Davidis, in-4° de 144 ff. goth., dont voici le colophon : *Explicit psalteriū dauiticū per me petrū de os im* || *pressū zwollis nec nō diligēti cura correctū Anno* || *ab incarnatiōe dūī Milesimo Quadringentesimo* || *Octagesimo sexto die mensis noue. — Deo Laus.*

Peter van Os emploie différentes espèces de types,

dont M. Holtrop donne d'excellents *fac-simile*. Il faut remarquer que les deux premiers caractères adoptés par cet imprimeur sont les mêmes que ceux qu'employait G. Leeu à Gouda, qui fut sans doute son maître ; les trois autres dont se sert P. van Os sont particuliers à cet imprimeur. Il emploie dans plusieurs occasions des initiales et des planches xylographiques très-curieuses et très-extraordinaires ; l'étude des particularités qui les distinguent nous entraînerait trop loin.

Son fils Tymann Van Os (Tymannus Petri Os de Gouda) imprime avec une marque qui diffère de l'écusson paternel, à Zwolle, de 1497 à 1500. En 1507, nous le retrouvons à Zutphen (voy. ZUTPHANIA).

ZYGACTES FL., Ζυγάκτης, pet. riv. de Thrace qui arrose la plaine de *Philippes* ; auj. le *Nevrokopo*.

ZYLIUM CAST., *Chillon*, bourg et anc. château sur le lac de Genève (Suisse).

ZYRINÆ [T. P.], ville de Thrace ; auj. *Czernagora*, dans la Roumélie [Reichard].

SUPPLÉMENT.

———

ADDITIONS ET CORRECTIONS.

SUPPLÉMENT.

ADDITIONS ET CORRECTIONS.

A

Col. 1. AALBURGUM.

L'imprimerie remonte, dans cette ville du Jutland-Septentr., aux premières années du XVIIe siècle; nous trouvons dans J. Moller (*Hypomnemata Hist. Crit.* p. 347): *El. Hasenmülleri Historia Jesuitica, a Nicol. Michaelio, Aalburg., pastore Hafniensi, Danice translata, atque edita.* Aalburgi, 1607, in-8o.

Col. 2. ABALLO.

La Bibliothèque impériale possède une pièce imprimée à Avallon en 1793, qui nous donne, suivant toutes les apparences, le nom du premier typographe : *Adresse à la Convention Nationale par les citoyens de la commune d'Avallon, réunis aux corps administratifs et judiciaires.....* (10 juin). Avallon, de l'impr. d'A. Aubry, in-4o.

Col. 4. ABELLINUM. — *Avellino* est le chef-lieu de la prov. napolit. de la Principauté-Ultérieure.

Col. 5. ABREDONIA. Cette ville possède l'illustre collège *Marischal*, lisez *Mareschal*.

Une autre production des presses d'Edward Raban est citée dans le supplément de M. Cotton : *J. L. Vives, introductio ad Sapientiam.* Aberdoniæ, excud. Ed. Rabanus, impensis Davidis Melvil, 1623, in-16. Ce Raban avait imprimé à Edinburgh et à St-Andrews avant d'être appelé à Aberdeen (voy. *Notes and Queries*).

Le premier catalogue R. Heber (no 7358) cite un autre ouvrage imprimé par Raban, en 1625.

Col. 5. ABOA, voy. TURUSA.

Peignot, dans son *Dict. des livres cond. au feu*, cite, sous l'autorité de de Bure, un livre exécuté à Abö, en 1560, par P. Wald; il y a transposition de chiffres, c'est 1650.

Alnander (*Ars typogr. in Suecia*) nous donne les détails suivants sur l'imprimerie d'Abö. L'académie de cette ville fut établie en 1640 par le glorieux roi Gustave-Adolphe, et tout aussitôt l'évêque Isacus Rothovius fit venir un imprimeur de Westeras, nommé Peter Vald, qui exécute : *Concio sacra solennis in inauguratione Aboensis Acad. An.* 1640.

Aboæ, 1640, in-4o. Ce Peter Wald meurt en 1653, et nous trouvons dans Scheffer : *Concio funebris in obitum Petri Waldi typographi Aboensis.* Aboæ, 1653, in-4o.

Son successeur comme typographe de l'académie fut Peter Hansson.

Le catalogue de la bibliothèque d'Abö fut donné in-fol., en 1655, dans cette ville.

ABRUG-BANYA, bourg du comitat de Weissenburg, en Transylvanie.

Sans pouvoir prouver qu'un établissement typographique stable a fonctionné dans cette localité, on peut citer quelques produits de presses nomades souscrits à ce nom : *Comœdia, Balassi Mennihart arultatasarul, melliel elszakada az Magar Orszagi masodic valasztott János Királytol.* Nyomtattattott Abrugybanyan, 1569, dik Esztendöben.

Col. 6. ABUDIACUM, voy. FAUCENÆ.

Col. 7. ACCUSIARUM COL., lisez ACCUSIORUM.

Col. 8. ACHERUSIA. — *Aggershuus* est, non point une ville, mais une préfecture (Amt), dont *Christiania* est le chef-lieu.

Col. 9. ACRAGAS.

L'imprimerie existe à *Girgenti* à partir de la fin du XVIe siècle; le premier livre que nous puissions citer est daté de 1601. Voici ce que dit Antonio : *Juan de Horozco* (lat. Oroscius), EMBLEMATA MORALIA (Esp.-Lat.). Agrigenti, 1601, in-8o. La première édition en espagnol avait été donnée à Ségovie, en 1591, chez Juan de la Cuesta, in-4o.

Col. 10. ACRONIUS LACUS, voy. BODAMICUS LACUS. — L'ACRONIUS LACUS serait beaucoup plus probablement l'*Untersee* du canton de Berne.

Col. 10. ADAMANTIA... *Amantea.*

AD ANSAM. — *Cambden*, lisez Camden.

Col. 12. AD FLEXUM, voy. OVARINUM-MAGYAR.

AD HERCULEM, voy. LIBURNICUS PORTUS.

Ad Herculem, Carpis, voy. Strigonium.

Adjacium, voy. Ursinum.

Col. 13. Adria, *Altri*, lisez *Atri*.

Col. 14. Ad Statuas. *Oliva* est une ville de l'Intend. d'Alicante, dans le roy. de Valence.

Col. 15. Aduaticorum Oppidum, voy. Namon.

Col. 18. Ægitua, voy. Ægitna.

Col. 19. Æmona.

M. Cotton, dans son Supplément de 1866, cite également ce volume de 1575, et ajoute que l'imprimeur est Johannes Manlius (Hans Manuel). Nous retrouvons cet imprimeur à Német-Ujvar en 1582 et dans plusieurs autres localités hongroises.

Col. 19. Ænona, voy. Valentinelli, *Bibl. Dalmata*, p. 112.

Aepea.

Le mot *solœcismus* était passé dans la langue latine : *Sæpe solœcismum mentula nostra facit* (Martial).

Col. 20. Æqua.

Le premier imprimeur de *Vico Equense*, auquel on doit les volumes de 1585 que nous avons cités, s'appelait Giuseppe Cacchi.

Aeria.

Le *Christian Duty* de B. Bomard, imprimé à Aire, en 1684, figure au VIIIe catal. R. Heber, sous ce nom d'auteur : *Francis Bernard*.

Æsernia. *Isernia* est dans la prov. de Molise.

Col. 21. Æsica. *Netherby* n'est pas une ville, mais une simple paroisse du Cumberland.

Col. 22. Ætonia.

Evelyn (*Diary*, IV, p. 305) déplore avec d'amères lamentations la destruction des « *Silver's types* » de sir II. Saville qui, après sa mort, furent donnés comme jouet aux enfants. M. Cotton rapporte le fait dans son *Typogr. Gaz.* de 1866, et c'était d'après son édition précédente que nous avions déclaré que ces caractères étaient devenus la propriété d'un libraire d'Oxford, nommé Turner.

Col. 22. Agatha.

Il est plus que douteux (nous l'avons répété à l'article VALENTIA) que le *Bréviaire d'Agde* de 1510 ait été exécuté à Agde même. Cependant il ne serait pas impossible que Jean Belon eût été appelé par le chapitre d'Agde, et eût quitté momentanément son imprimerie de Valence ; mais le fait paraît improbable.

Agaunum, voy. Mauricii fanum.

Col. 23. Agendicum, voy. Senones.

Col. 25. Aggerhusia, *Aggerhuus*.

Col. 25. Agranum, voy. Zagrabia.

Col. 25. Agria.

Németh ne confirme pas l'allégation émise par le Dr Cotton, et voici l'histoire de la typographie d'Erlau suivant ce bibliographe spécial : Sous les auspices du comte François Barkóczy, évêque d'Erlau,

Antoine Royer, l'imprimeur de Presburg, fut attiré à Erlau, vers 1756, et, après quelques années d'exercice, suivit son protecteur, promu à l'archevêché de Gran. Voy. Erla.

Col. 27. *Statuta Synod. Eustettensis diœc.*, lisez *Eystettensis*.

Aineda. Supprimez : *en illyrien*, Kreise.

Alanguera, *Alenquer*, en Portugal.

Nous trouvons, à la date de 1512, trace d'une imprimerie particulière établie dans une maison de campagne aux environs de cette petite ville : *Luiz Mendez de Vasconcellos* (N. de Lisboa). *Arte militar*. Na Quinta de Alenquer por Vicente Alvares, 1612, in-fol. Il ne faut pas confondre ce Vasconcellos, l'un des conquérants de l'Inde portugaise, avec le ministre despote dont le peuple de Lisbonne se défit en 1642 [*Bibl. Lusitana*, suppl. II, p. 14].

Col. 28. Alata Castra, *Edinburgh*.

Nous avons donné le titre du premier livre imprimé en gaélique ; le nom de l'imprimeur est *Robert Lekprewik* ; ce typographe célèbre par l'impression « of the *Black Acts* » and other important works » fut établi à Edimbourg de 1561 à 1570 ; le premier livre donné par lui paraît être : *The Confessione of the fayth and doctrin beleued and professed by Protestantes of the Realme of Scotland*... Imprinted at Edinburgh, be Robert Lekprewik, cum privilegio, 1561, in-16° (Lowndes, I, col. 509).

Lekprewik alla, en 1571, s'établir à Stirling et l'année suivante à St-Andrews ; en 1573, nous le voyons de retour à Edimbourg.

Le service de la poste fut organisé dans la capitale de l'Ecosse en 1635, et le premier journal qui parut en cette ville fut le *Mercurius Scoticus*, en 1651. *The Caledonian Mercury* débuta le 31 décembre 1661, sous la direction de Th. Tydserf, fils de l'évêque des Orcades.

Col. 30. Alba Carolina.

Raphaël Hoffhalter mourut au commencement de 1568, et sa veuve lui succéda. Nous avons donné le titre du premier volume connu exécuté à Karlsburg ; en voici un second que n'a pas cité Németh et qui porte la même date : *De Falsa et vera unius Dei P. F. et Sp. S. Cognitione Lib. II, auctoribus Ministris Ecclesiarum consentientium in Sarmatia et Transylvania*. Albæ Juliæ, 1567, in-4°. Ce vol. anonyme est attribué par Bellarmin à Giorgio Biandrata [Melzi. Anon. 1, 393].

Col. 32. Albani (S.) Villa.

Voici le titre du quatrième volume exécuté à St-Albans ; *Johannis Canonici questiones super octo libros phisicorum Aristotelis*. 1481, in-fol. (et non in-4°).

Albanium.

Németh ne fait remonter la typographie en cette ville qu'à 1802, avec Michael Szammer de Vesprim comme premier imprimeur.

Col. 33. Alba Sebusiana, voy. Sebusium.

Col. 34. Albensium Civitas, voy. Vivarium.

Col. 35. Albimontium, *Blankenburg*, lisez *Blankenberg*.

Albingaunum, *Albenga*, dans la division et au S.-O. de Gênes.

Nous trouvons trace d'imprimerie dans cette ville en 1753 : *Lettera seconda di N. N.* (P. Francesc' Ant. Zaccaria, dit Melzi) *al M. R. P. N. N. M. V. in occasione d'un'Apologia del dottissimo P. F. Gianlorenzo Berti*. Stampa in Albenga, M.D.CC.LIII, in-8°. Melzi (*Anon. et Pseud*. II, p. 206) cite un second volume exécuté à la même date.

Col. 36. ALBIONOPOLIS?

Probablement lieu d'impression supposé. Nous trouvons dans Bauer (IV, p. 299): *Disputatio Theologica Rogeri Widringtoni de Juramento Fidelitatis, contrà Bellarmini, etc., argumenta.* Albionopoli, 1614, in-8°. Le cat. Bulteau (I, n° 1002) nous donne le nom de l'imprimeur, qui est *Faber*; est-ce aussi un nom supposé? Tout porte à le croire (voy. pour les ouvrages anglais de Roger Widrington de Preston, Lowndes, vol. V, col. 2915).

Col. 37. ALBURGUM.

Voyez la note relative à la typographie d'*Aalborg*, au vocable AALBURGUM.

Col. 38. ALCMARIA, *Alkmaar, Alckmaer.*

Karel van Mander donne en 1606, à Alkmaar, la première édition de son excellent livre : *Het Schilderboeck.....* (la Vie des Peintres flamands et hollandais), in-4°. A la page 200, on lit un témoignage en faveur des prétentions de Haarlem à la priorité de la découverte de l'imprimerie en caractères mobiles. Ce témoignage est une simple déclaration..... « Sur des preuves suffisantes, dit-il, Haarlem est en droit de s'attribuer la gloire de la première invention de cet art ingénieux. » (Voy. le savant ouvrage de M. Paeile, de Lille, sur l'*Invention de l'Imprimerie*, p. 125).

Col. 39. ALDENARDA.

M. Holtrop nous signale un second exemplaire du livre célèbre : DIJSTORIE VAN SULTAN SALADINE, qui se trouve dans la bibl. de M. le professeur Serrure, à Gand (voy. *Monum. typogr. des Pays-Bas*, p. 94).

Col. 41. ALENUS. Cambden, lisez Camden.

Col. 42. ALETIUM, *Lecce.*

Le nom du premier typographe de Lecce est Pietro Micheli qui imprimait encore en 1666 [Giustiniani, p. 158]. Voici, à la date de 1637, un vol. dont nous empruntons la description à Melzi (I, p. 365): *L'Epopeja di Giulio Cesare Grandi, divisa in cinque Libri, aggiuntovi il sesto di critiche considerazioni.* Lecce, per Pietro Micheli, 1637, in-8° (attribué par Apostolo Zeno à Ascanio Grandi, frère de J. César, l'auteur du poème di *Tancredi*, imprimé dans la même ville en 1634).

Col. 43. ALEXANDROPOLIS, voy. JAMPHORINA.

ALEXNITZ, petite ville de Volhynie (Russie).

M. Cotton nous apprend qu'un *Commentaire sur le Pentateuque* (en hébreu), *par Aaron ben Nathan*, fut imprimé dans cette localité, ou, tout au moins, souscrit à ce nom, en 1768, in-4°.

ALEXODUNUM, ajoutez : Évêché établi vers 675.

Col. 44. ALICANTIUM. Αουχέντοι, lisez Αουχέντον.

Col. 45. ALLECTUM, *Dundee.*

La *Cyclopædia* de Darling nous donne le titre d'un livre exécuté dans cette ville en 1759 : *Isaac Ambrose, B. A.* (Calviniste, né dans le Lancashire, en 1592, mort en 1674). *Complete Works.* Dundee, 1759, in-fol. Darling donne la description complète des traités contenus dans ce volume; Lowndes ne signale pas cette édition.

Alnwick, bourg d'Angleterre (Northumberland), avec un magnifique château, résidence des ducs de Northumberland.

Un établissement typogr. fonctionna à Alnwick en 1800, et quelques années après une imprimerie particulière y fut organisée par John Scarfe, Esq.; M. Cotton cite de cet amateur, qui travaillait « *ad usum amicorum* »: *Poems.* IV parts, 1815, in-12 (à 6 exempl.); — *Poems, the second part.* 1816 (à 2 exempl.), etc.

ALOSTUM.

M. Holtrop, dans le but de réfuter les arguments spécieux présentés par M. Van-Iseghem, avec un talent si remarquable qu'ils arrivent au mirage de la réalité, vient de publier, à son tour, une sérieuse étude sur Thierry Martens, étude qu'il a bien voulu nous adresser.

Dans cette monographie, il s'efforce de prouver, et toujours en s'appuyant sur les *Monuments*, c'est-à-dire par la comparaison raisonnée des incunables, portés par M. Van-Iseghem à l'actif de Th. Martens, avec les produits des presses de Jean de Westphalie, il cherche, disons-nous, à prouver (et nous sommes tenté d'ajouter, *il prouve*): 1° Que Thierry Martens n'a jamais été en Italie; 2° que les premières éditions d'Alost sont imprimées par J. de Westphalie, *cum socio suo* Th. Martens; 3° que le *P. Hispani Thesaurus Pauperum*, avec la date fautive du 22 mai 1476, n'est qu'une édition du 22 mai 1497; 4° que l'édition du *Rud. Agricolæ Opuscula*, du 2 mai 1476, n'a jamais existé; 5° que Th. Martens ne fondit de caractères qu'à partir de 1487; qu'il n'a pas vendu ses caractères à J. de Westphalie; que le contrat passé de cette vente prétendue, et les V (Y à la queue grattée) et les A, que Th. Martens se serait réservés à titre de brevet d'invention, n'existent et n'ont jamais existé « que dans l'imagination de M. Van-Iseghem »; enfin, que les six ouvrages que Martens aurait imprimés de 1477 à 1484 sont sortis des presses de G. Leeu, à Anvers, après 1484, et que les 6 livres de 1484 à 1487 n'ont paru que vers 1487, Thierry Martens n'ayant rien publié de 1474 à 1487.

En 1473 et 1474, cette typographie, que nous avons eu le tort de qualifier d'importante, n'a produit que 220 feuilles in-4°, dont le *P. Hispani Textus Summularum*, qui a été imprimé « *per Joan. de Westfalia Paderb., cum socio suo Theodorico Martini* », comprend à lui seul la moitié, 108 ff.

Nous ne pouvons suivre le savant bibliographe dans les développements extrêmement intéressants qu'il consacre à l'exposé de ses théories, et nous renvoyons le lecteur à cette étude, publiée en 1867, à la Haye, chez Nijhoff (in-8° de IV-118 pp.).

Col. 50. ALSATIA.

M. Ristelhuber, de Strasbourg, dans le précis historique qui précède son *Dictionnaire géographique d'Alsace* (Strasb., Salomon, 1864), dit que les vocables *Alsacia, Alsaciones, Alsacii*, se trouvent pour la première fois dans Frédégaire.

ALSTON, ALSTONE, bourg d'Angleterre (Cumberland).

John Harrop imprima dans cette localité, en 1808, une : *History of the Irish rebellion of* 1798.

Col. 51. ALTA VILLA.

Nous avons écrit : « M. Aug. Bernard répond que Bechtermunexe imprimait en 1466, et que Homery était encore détenteur de l'atelier de Gutenberg en 1468 », lisez : et que Homery *ne fut* détenteur..... *qu'en* 1468 ».

ALTDORFIUM NORICORUM, voy. ALTORPHIUM.

ALTEMBERGA, *Altenberg*, en Bohême (cercle de Czaslau

Falkenstein consacre à cette ville un article intéressant, duquel nous devons extraire ce qui suit : L'auteur du premier livre imprimé dans cette ville, que nous avons cité, est le Dr Caspar Stolshagen, poëte et ministre de l'église St-Jacques, à Iglau, en Moravie. Il publia également, en 1593 : *Colloquium carnis et spiritus*. Altenberg, durch Benedict Frey gedruckt, in-12. Ce livre nous donne le nom du premier typographe.

ALTENACHIUM, *Altena*, ville de Prusse (pr. de Westphalie), sur la Lehna.

ALTENAVAVIA, *Altona*.

Nous n'avons pu découvrir la confirmation du fait allégué par Falkenstein, que l'imprimerie existe à Altona depuis 1673 ; le plus ancien titre de volume souscrit au nom de cette ville que nous aient procuré nos recherches, est dû au catal. de la biblioth. de Poulkova : *Zimmermann*, *Coniglobium nocturnale*. Altona, 1692, sans indication de format, sans autres détails, voilà tout ce qu'enregistre ce compendieux catalogue de la biblioth. du premier observatoire de Russie.

Au commencement du XVIIIe siècle, le premier catal. Busscher (n° 49) nous donne un nom d'imprimeur à Altona, Jonas Korten.

Col. 53. ALTORPHIUM.

Sous la rubrique ALTDORFIUM NORICORUM quelques volumes ont été publiés; nous citerons avec Melzi (*Anon. et Pseud.*, I, p. 258) : *Annibal Corradinus. Thraso, seu miles Macedonicus Plautino sale perfrictus* (*Aut. Corradino Veronense*). Altdorfii Noricorum (forsan Veronæ, circa 1675), typis H. Schennestald, in-4°. Melzi croit devoir attribuer ce livre au cardinal Enrico Noris.

Une imprimerie hébraïque d'une certaine importance est signalée par de Rossi, comme ayant existé à Altdorf au XVIIe siècle.

Col. 54. AMAGETOBRICA ; la meilleure leçon est MAGETOBRIA.

Col. 56. AMBERGA, ligne 9 : *Adam Ambergau*, lisez : *Adam d'Ambergau*.

Col. 56. AMBIANUM.

L'édition des *Coustumes d'Amiens*, de 1546, est gothique ; la Biblioth. impér. en conserve un bel exempl. [F. 3400].

Col. 58. AMBROICUS PAGUS, *district de Plasencia*.

Col. 61. AMSTELODAMUM.

M. Holtrop ne comprend point *Amsterdam* parmi les villes des Pays-Bas ayant possédé l'imprimerie au XVe siècle ; l'autorité de ce bibliographe, en fait d'incunables néerlandais, étant absolue, nous ne pouvons hésiter à retirer la supposition que nous avons émise, relativement à l'antiquité du volume de Denis le Chartreux que nous avons cité.

Voici, d'après les nouveaux documents que nous avons sous les yeux, les titres des deux premiers volumes exécutés à Amsterdam : *Wandelinghe der kersten menschen*. A la fin : *Gheprent tot Æmstelredam Bider heiliger stede. Int iaer O. H.* 1506 den 18 dach V. dec. in-8°. Sans nom d'imprimeur, mais exécuté par Hugo Ianssoen van Woerden. L'exemplaire de ce rare volume qui figurait à la vente Enschedé, sous le n° 540, était incomplet malheureusement des sept premiers feuillets.

Au même catal. (n° 377) figuraient deux opuscules S. D., mais que MM. Muller et Nijhoff considéraient comme antérieurs au vol. précité : *Hier beghint dat Lijden ons liefs heren Jhesu Christi dat der heyligher vrouwen sinte Birgitten was geopenbart*. A la fin..... *Ende is gheprendt tot Æmstelredam. Bi mi Hugo Janssoen van Woerden*, in-8°, fig. sur bois, copiées de la Passion de Gheraerdt Leeu. Le second opuscule, joint à celui-ci, nous donnait l'adresse de H. Janssoen « tot Amstelredam ni die Calverstraet ». En 1505, on trouve encore

Hugo Janssoen van Woerden à Leide (voy. Holtrop, *Monum. typogr.*, 15e livr.); si donc ces ouvrages sans date sont antérieurs à celui de 1506, ce ne peut être que de quelques mois.

ANDELAGUS, *les Andelys*.

M. Frère ne fait remonter qu'à 1791 l'imprimerie avec deux associés, Thubœuf et J.-P.-P. Saillot, que nous avons cités à la date de 1790.

Col. 65. ANDEMANTUNUM, *Langres*.

« Jacques Gillot ... était de Langres »; Jac. Gillot était doyen de la cathédrale de Langres.

Au XVIe siècle nous trouvons encore deux noms d'imprimeurs à Langres, Pierre Pinay (1598) et Jacques Marchi (voy. 2e *descr. raisonnée* de Ch. Nodier, n° 771).

Col. 67. ANDEOLI BURGUS, voy. BURGUS et FANUM S. ANDEOLI.

ANDREOPOLIS *in Scotia*.

M. G. Brunet, de Bordeaux, nous écrit : « Lowndes indique 1552 comme date de l'impression du *Catéchisme de Hamilton;* peut-être aussi comme indice de la valeur de ce rare volume, auriez-vous pu ajouter qu'à un bel exempl. a été payé par R. Heber £ 35, sh. 14, à la vente White-Knight (marquis de Blandfort), et revendu seulement £ 15, chez Heber. »

Nous aurions dû également ajouter qu'en 1621 l'imprimeur Edwart Raban, que nous retrouvons postérieurement à Aberdeen, imprimait à Saint-Andrew's : *R. Bacon, Philosophia Theologiæ ancillans*, in-8° (non cité par Lowndes).

Col. 68. ANEDA, voy. ALATA CASTRA.

Col. 70. ANGRIVARII, ENGARIENSES [Eginh. Chr.].

Col. 71. ANHOLTA, ANHOLTIUM INS.

Col. 72. ANNABERGA.

Le livre sur lequel s'appuient Falkenstein (qui écrit : *Annaburg*) et Cotton, pour faire remonter l'imprimerie en 1597 à Annaberg, figure au VIIIe cat. R. Héber, sous le n° 476 : *Joh. Claii Explicationum Anniversariorum Evangeliorum Pars posterior*. Anneburgæ, 1597, in-4°, fig. s. b.

Nous trouvons, en 1681, au t. II, p. 373, de la *Bibl. ritualis*, l'indication d'un nouveau livre imprimé à Annaberg.

ANNECIUM.

Gabriel Pomar fut banni de Genève pour fait de catholicisme, à la fin de 1535 ou au commencement de 1536 [Gaullieur, *Typ. Genev.*, pp. 92 et suiv.]. Le 20 mars 1536, il était déjà établi à Annecy, et c'est de là qu'il adresse, à cette date, la première lettre au consul de Genève.

Au XVIIe siècle, nous devons mentionner comme imprimeurs à Annecy, A. et P. Delagarde.

Col. 73. ANNONÆUM.

Annonay possédait à l'époque de la révolution un imprimeur du nom d'Agard : *Discours prononcés à Annonay, par J.-J.-H. Kœnig et imprimés par ordre de la Société des Amis de la Constitution*. A Annonay, de l'imprim. d'Agard, s. d. (1791), in-8° de 126 pp. [Comm. de M. de Gallier].

ANSGODI VICUS.

Ingouville fut fondé au Xe siècle par un aventurier danois, du nom d'Ansgod, dont nous voyons le nom conservé en Danemark.

Col. 74. ANTENARA? Peut-être *Antivari*, ville de l'Empire Ottoman, dans l'Al-

banie, près de l'Adriatique; archevêché grec.

Voici une note que nous fournit Valentinelli (*Bibliogr. della Dalmazia*, n° 618) : *Orazione funebre intitolata il Guerriero Encomiato, dell' Academico trà composti d'Antenara* IL SOLITARIO, *nelle pubbliche e sontuose esequie dell' Illustr. ed Eccel. Sig. Conte Simeone Fanfogna, nobile patrizio di Zara.* In Antenara, pel Balena, 1707, sans indic. de format.

ANTIBARUM, *Antivari*, petite ville de Dalmatie, lisez d'Albanie.

Col. 75. ANTIQUARIA.

Le volume que nous avons désigné à la date de 1516 est à la Biblioth. impér. (X, 818).

Nous trouvons au tome Ier, p. 712, de la *Bibl. nova* d'Antonio, le nom d'un imprimeur d'Antequera, Andrea Lobato.

Col. 75. ANTUERPIA.

M. Holtrop nous écrit, au sujet de l'imprimerie d'Anvers, une lettre que nous donnons *in extenso*.

« En avançant, dans la préface de mon *Catal. des Incunables de la Haye*, que l'exemplaire du *P. Hyspani Thesaurus Pauperum*, avec la date de 1476, ne saurait être de cette année, puisqu'il est imprimé avec un tout autre caractère que celui *dont Martens se servit* en 1476, j'ai commis une erreur, puisque l'on pourrait croire, par ce membre de phrase, que je suis d'avis que Martens, en 1476, se serait servi d'un caractère quelconque. Comme Martens, suivant moi, n'a rien imprimé ni publié depuis 1474 jusqu'à 1487, j'aurais dû dire que le *Thesaurus Pauperum* (avec la fausse date de 1476) est exécuté avec des caractères absolument différents de ceux qu'employait Martens en 1473 et 1474.

« Quant aux deux éditions du *Thesaurus Pauperum* et des *Agricolæ Opuscula* de 1476, j'ai démontré dans mon *Etude sur Martens* (pp. 35-47), que, pour la première, la date de l'exemplaire qui se trouve à Utrecht est fautive, puisque cet exemplaire est de tous points conforme, même pour les fautes d'impression, à celui de Liége, sauf la date qui est 1497; et quant à la seconde, qu'elle n'existe pas, la date du 2 mai ayant été improvisée par M. Van-Iseghem. »

Nous n'avons rien à ajouter à cette lettre, et passons la plume à M. Van-Iseghem.

Col. 80. APULIA. — APULIA PEUCETIA, lisez PEUCETIA.

Col. 82. AQUÆ CALIDÆ, *Bath.*

« Vous indiquez comme imprimé à Bath le *Merryland described*, nous écrit M. G. Brunet de Bordeaux ; je crois cette indication supposée; ce volume est un ouvrage libre (*Merry-Land, Pays joyeux*), les *Pays-Bas* allégoriques de certains écrivains français. Il n'a aucun rapport avec la géographie, et il en existe une traduction française (voy. *Bibliogr. des livres sur l'amour, les femmes.* Gay, 1684, col. 560). »

En effet, Lowndes consulté nous dit : « A meretricious piece, attributed to Thomas Stretzer ». Bath, célèbre ville d'eaux et de plaisirs, a pu fort bien être chose arbitrairement comme lieu d'impression d'une pièce ultra-facétieuse.

Col. 83. AQUÆ LUVIENSES, voy. TUNGRORUM FONTES.

M. Cotton fait remonter l'imprimerie à 1689, lisez 1789.

Col. 84. AQUÆ SEXTIÆ.

Le libraire Thomas Maillou, établi à Aix, a-t-il possédé une imprimerie? le fait nous paraît peu probable ; cependant nous trouvons, à la Biblioth. impér. (f. 5777), un livre à la date de 1559 que

décrit également Duverdier (IV, 381) : *Mémorable action judiciaire, faite par Jean Charrier, avocat général du roi, contre un testament fait en faveur des religieux de l'observ. de S. François, du lieu de Pignans, en Provence* (Duverdier dit : Imprimée à Aix, par Thomas Maillou, 1559, in-8o).

Pour l'imprimerie en 1575, voy. au *Manuel* l'art. *Pellicot (Jean)*.

Col. 86. AQUILA IN VESTINIS.

Ligne 7. Adam de Rotuvil, lisez *Adam de Rotuuil* (Rottwill).

Col. 87. AQUILEJA.

Nous n'avons pas donné de date d'impression dans cette ville, et ce n'est qu'au milieu du siècle dernier que nous croyons pouvoir faire remonter la typographie : *Lettera del sig. N. N.* (*P. D. Fedele Soldani, Monaco Vollombrosano*) *in replica al Novellista Fiorentino.* Aquileja, 1751, in-4o de 26 pp. (Melzi, *Anon. et Pseud.*, II, p. 89).

Col. 87. AQUINCUM.

L'imprimerie disparaît de Bude avec Andreas Hesse, et pendant plus de deux siècles cette grande ville ne paraît point avoir possédé d'établissement typographique. Georg Széchény, archev. de Gran, fonde une académie à Bude en 1687 ; mais l'imprimerie ne reparaît qu'en 1725, avec Joannes Landerer comme premier typogr.; Németh (p. 44) donne la liste des imprimeurs depuis 1725 jusqu'à 1817.

Col. 89. ARABONIA, voy. JAURINUM.

ARAMONŒUM, *Aramont*, lisez *Aramon.*

Plantavit de la Pause était évêque de Lodève (voy. LEUTEVA).

Col. 90. ARAUSIO, voy. ORAGNIA.

Orange, chef-lieu d'arrohd. du dép. de Vaucluse.

Divers volumes, imprimés à Orange au XVIIe siècle, figurent aux cat. Secousse (n° 5953), La Vallière (n° 4521); Edouard Raban est l'auteur de : *Antiquités de la ville et cité d'Orange.* Orange, 1656, in-8o.

Col. 91. ARBOSIA, *Arbois.*

L'imprimerie fut exercée dans cette petite ville du Jura pendant la période révolutionnaire; le premier catal. Luzarche (n° 149) nous donne : *Recueil de poësies contenant quatre noëls en patois d'Arbois.* Arbois, an X, in-12.

Col. 92. ARCERNUM, anc. AD NONAS, Bracciano.

La *Bibl. nova* d'Antonio (I, 769) nous donne une date d'imprimerie antérieure à celle que nous avons indiquée : *Joannes Roa de Avila. Apologia pro Immaculata B. Virginis Conceptione.* Bracciani, apud Andream Phœum, 1614, in-4o.

Col. 93. ARCIACUM, *Arcy-Ste-Restitute*; commune de Picardie, dans le dioc. de Soissons (Aisne).

Nous citons cette petite localité, parce que nous trouvons au catal. Dubois (n° 7051): *la Vie de sainte Restitute.* Arcy, 1611, in-8o. Le P. Le Long (I, n° 4643) nous donne aussi le titre : *la Vie de Ste Restitute, dont le corps est élevé en l'église d'Arcy, diocèse de Soissons, trad. du latin.* s. l. n. d., in-12. Il va de soi que nous ne concluons pas de la citation du cat. Dubois que l'imprim. a existé à Arcy au XVIIe siècle, mais c'est probablement là le fait d'une de ces imprimeries ambulantes qui distribuaient à profusion aux fidèles les légendes, cantiques, récits de miracles et vies de saints, comme aussi les chansons, récits chevaleresques, etc.; « *autre temps, mêmes mœurs* »:

Col. 93. ARCTAUNUM.

Le titre latin du volume que nous avons porté, d'après Cotton, à l'actif d'Ortenburg, nous est fourni par le cat. de la VIᵉ vente R. Heber (n° 4339): *Montgomrii (Alex. Scoti) Cerasum et Sylvestre Prunum lat. vers. per T. D. S. P. in gratiam D. Alex. Brussii capit. cohortis peditum Scotorum Domini de Kinkawill.* Arctauni Francorum, 1631, in-12. Lowndes donne la traduction des initiales « per *Thomam Dempsterum, Scotum* », et le nom de l'imprimeur « *typis Fleischmannicis* ».

Col. 96. ARELAS.

Nous disons qu'Hain ne parle pas du *Bréviaire d'Arles* de 1501 ; ce n'est pas étonnant, puisque son excellent travail ne comprend que les éditions du XVᵉ siècle. Ce *Bréviaire* est conservé à la Biblioth. impér. (B. 443).

François Mesnier fut, au dire de M. Bory (*l'Impr. à Marseille*), le véritable introducteur de la typographie à Arles ; il vint s'y établir en 1647 ; les arrêts du conseil de 1704, 1723, 1739 et 1744, avaient fixé à huit le nombre des imprimeurs de Provence : quatre à Aix, trois à Marseille et un à Toulon. L'imprimerie, nonobstant ces divers arrêts, s'est maintenue à Arles, sans interruption, jusqu'à nos jours, les descendants de François Mesnier, son fondateur, ayant successivement obtenu, à titre de tolérance, le droit d'exercer leur vie durant.

Col. 97. ARESDORFIUM.

Voici, d'après Clément et Bauer, le titre du volume que nous avons cité : *Sebast. Castelionis (sive Castalionis), dialogi IIII, de Prædestinatione, de Electione, de Libero arbitrio, de Fide,* etc. Aresdorfii, per Theoph. Philadelph., in-16.

Col. 98. AREVALUM.

Voici le volume cité par Antonio (*Bibl. nova*, I, 778): *Joannes Sedeño, Arevalensis. Suma de Varones ilustres, en que se contienen muchas sentencias y grandes hazañas y cosas memorables de CCXXIV famosos Emperadores, Reyes y Capitanes de todas naciones por el orden de A. B. C.* Arevali, 1551, in-fol.

Col. 101. ARIALBINUM, voy. MULHUSIUM.

« L'attribution du nom d'Arialbinum à Mulhouse est depuis longtemps abandonnée, » nous écrit de Strasbourg le géographe-historien de l'Alsace, M. P. Ristelhuber.

ARIMINUM, *Rimini*.

Un volume imprimé dans cette ville à la date de 1526 est décrit dans Bauer (*Suppl.*, I, p. 501); un autre de 1527 dans Haym (p. 206).

Col. 106. ARRIACA, ville des Carpetani; ajoutez CARACA.

Le nom de l'auteur du livre que nous citons comme le premier qui ait été publié à *Guadalajara*, doit être ainsi rectifié : *Yñigo Lopez de Mendoza*.

ARKOSA, lisez ARKOLA.

Col. 107. ARTENNUM ?

Est-ce un nom d'imprimerie supposé ne convient-il pas de lire plutôt ARCENNUM ? Les bibliogr. allemands Vogt, Freytag, Bauer, etc., citent : *Consilium Gregorio XV exhibitum de adhortando Maximilianum Bavariæ Ducem, ad petendam confirmationem dignitatis electoralis a Sede Apostolica.* Artenni, 1623, in-4° (voy. Melzi, *Anon. et Pseud.*, I, p. 247).

Col. 108. ARVERNA, voy. CLAROMONTIUM.

Col. 109. ARX NOVA, *Neuhäusel*, lisez *Neuhäusel*.

Col. 113. ASTA REGIA, *Xérès de la Frontera.*

Antonio (*Bibl. nova*, I, 709) nous donne le titre d'un volume imprimé dans cette ville en 1619 : *F. Ioannes Henriquez, Augustinianus. Compendio de casos morales ordinarios.* Astæ, apud Ferdinandum Rey, 1619, in-8°.

Col. 114. ASTURICA AUGUSTA, *Astorga.*

Le titre du volume cité par Cotton à la date de 1624 est emprunté à Antonio (*Bibl. nova*, I, 36).

Au lieu de *P. Fr. Carmiento*, lisez *Sarmiento*.

M. Ch. Leclerc (de la libr. Maisonneuve) veut bien nous communiquer le titre d'un livre imprimé à Astorga en 1547 : *Enia (fray Francisco de), de la orden de los flayres (sic) menores de Saní Francisco. Libro llamado THESORO DE ANGELES... en el ql se contiene cosas muy notables y muy prouechosas.....* A la fin : *Fve impressa esta obra de los Angeles en la muy noble et insigne ciudad de Astorga de las mas antiguas de España. E acabose de imprimir a costa et por industria del honrado varon Agostin de paz. Impressor de libros. A cinco dias de Enero, año de* M.D.XLVII (au-dessous la marque de l'imprimeur). In-4° goth. de 11-181 ff. plus un pour l'errata et la souscription. Le titre, imprimé en rouge et noir, est entouré d'une bordure sur bois et orné de vignettes représentant les évangélistes [Antonio, *Bibl. nova*, I, 423].

Col. 116. ATHENÆ AD EHNUM, *Helmstoedt*, lisez : *Helmstädt*.

Col. 117. ATHENÆ AD SALAM.

Ternaux cite à la date de 1556 comme imprimé à Iéna : *Guillelmi Postelli ad Schwenckfeldium Epistola.* Ienæ, 1556, in-8°, que nous déclarons ne pas connaître, et n'être cité par aucun des nombreux bibliogr. qui se sont occupés du célèbre Normand. Nous n'avons malheureusement pas sous les yeux le P. Desbillons, dont les *Nouv. Eclaircissements sur G. Postel* (Liége, 1773, in-8°) donnent un catalogue extrêmement complet des innombrables élucubrations de ce savant orientaliste, presque aussi fou qu'érudit.

Col. 121. AUDOMAROPOLIS.

« Qui s'est vendu, on ne sait pourquoi, 310 francs. » NOTA. A la vente de Nassau (n° 2539), un exempl. de ce rare et très-curieux volume fut vendu £ 12 sh. 5 ; un autre, à la vente Gordonstoun (n° 960), atteignit le prix de £ 16 sh. 16. Les 310 fr. de la vente Dinaux n'ont donc rien d'extraordinaire.

« La municipalité attirait un imprimeur laïque... » NOTE de M. Révillion, de Saint-Omer :

François Bellet avait travaillé sous les ordres de l'illustre Chr. Plantin ; il fut nommé imprimeur à Saint-Omer par lettres patentes d'Albert et d'Isabelle, du 4 septembre 1600 ; ces lettres portaient : « qu'il ne pourra rien imprimer sans l'approbation de censeurs, ne fût-ce que chansons, refrains, ballades, epistres, prognostications, almanak, etc. » Fr. Bellet reçut dù magistrat la somme de 100 florins. « Huit ans après, cet imprimeur, non content de la faveur du magistrat et du commun, et du bon gaignage qu'il avait fait jusqu'alors, nous dit Hendricq, se retira à Ypres, en décembre 1609. » Il eut pour successeur à Saint-Omer Charles Boscard, qui vint s'établir en février 1610.

Col. 124. AUGUSTA MISNENSIUM. Graesse, lisez Graesse.

Col. 127. AUGUSTA TAURINORUM, *Turin.*

« Jean Lefèvre cède son établissement vers 1491; » A cette date, nous le trouvons à Genève où il imprime le *Missale Gebennense.*

AUGUSTA TREVIRORUM, *Trèves.*

Après un contrôle minutieux, nous avons reconnu, avec M. Tross, que ce n'était point à Guldenschoff de Cologne, dont les caractères ont un grand rapport avec ceux de Schœffer, que l'on devait l'impression du SPECULUM, imprimé à Trèves en 1481, mais bien à Nicolas Goetz de Schletzstadt, également imprimeur de Cologne; c'est à lui qu'ont été dérobés, ou, si l'on veut, c'est lui qui a fourni la plus grande partie des caractères qui servirent à l'impression de ce volume curieux.

Col. 128. AUGUSTA TRICASTINORUM.

L'imprimerie ne doit point être reportée à Saint-Paul-Trois-Châteaux, à l'année 1615, ainsi que nous l'avons dit; nous avons signalé l'erreur dans laquelle est tombé Ternaux, et, acceptant sans contrôle un renseignement donné par Falkenstein et Cotton, nous avons dit que le P. Chevillot était l'introducteur de la typographie dans cette ville, à cette date.

Le volume qu'ont eu en vue les bibliogr. précités est celui-ci : *Simonis Vigorii Apologia de suprema Ecclesiæ auctoritate, adversus Andream Duval.* Augustæ Tricassium, Chevillot, 1615, in-8º. AUGUSTA TRICASSIUM n'a jamais signifié que *Troyes en Champagne.* Pierre Chevillot, imprimeur du Roi (1596-1622), n'a jamais imprimé que dans le chef-lieu de l'Aube, et n'a fondé aucun établissement dans une petite ville de 2,000 habitants du département de la Drôme, dans l'arrondissement de Montélimart, ville ou bourgade dans laquelle l'imprimerie n'a jamais dû exister antérieurement au XIXᵉ siècle.

Col. 129. AUGUSTA VINDELICORUM.

Le premier livre à la date de 1468, exécuté à Augsbourg, par G. Zeyner de Rütlingen, est décrit par Hain sous le nº 3557.

Col. 131. AUGUSTODUNUM.

Signalons un livre rare, imprimé à Autun par Blaise Simonnot; c'est : *l'Histoire de l'antique cité d'Autun*, par Edme Thomas (dit Le Long III, 35937), par Jean Aubery, docteur en médecine (disent Phil. de la Mare, Montfaucon, Schelhorn, Vogt, Bauer, etc.). C'est encore Blaise Simonnot qui imprime, en 1662, *le Bouquet printannier*, dont l'unique exempl. a passé de la bibl. de R. Héber dans celle de Ch. Nodier (*Descr. raisonnée*, 1844), nº 1062).

Dans le même catal. de Nodier figure, sous le nº 993, une rarissime plaquette imprimée par Pierre Laymeré : *la Chasse aux Filles.* In-12 de 36 pp.

Col. 132. AUGUSTOMAGUS, voy. SILVANECTUM Civ.

Col. 133. AULA REGIA, *Königssaal*, lisez *Königshoven.*

AURACUM, *Aurach*, dans le Schwarzwald (Würtemberg).

Col. 134. AURELIACUM.

L'imprimeur Ant. Viallanes, que le rapport de M. de Sartines signale, en 1764, comme seul imprimeur d'Aurillac, descend de Louis Viallanes qui, probablement, fonda le premier établissement typogr. de cette ville. En 1697, nous trouvons au premier cat. Luzarche (nº 747) : *Abrégé de la vie de Sœur Marguerite Marie, religieuse de la Visitation.* Aurillac, L. Viallanes, 1697, in-12.

AURIOPOLIS ?

Lieu d'impression supposé : *Corpus Juris Civilis cum notis repetitæ tertiæque lectionis Dion. Gothofredi.* Auriopoli, 1604, in-4º cum fig.

Col. 137. AUSTRIÆ CIVITAS, voy. CASTRUM FOROJULIENSE.

AUTISSIODORUM.

Nous citons parmi les noms des impr. d'Auxerre, au XVIIᵉ siècle, celui de Pierre Vatard; le nom de ce typographe a été écrit *Valard* au cat. de M. Pichon, sans doute par suite d'une faute d'impression, nº 573 : *Discours joyeux en façon de sermon, faict avec notable industrie par deffunct maistre Jean Pinard*, etc. A Aucerre, P. Valard, 1607, pet. in-8º. L'exactitude des catalogues rédigés par M. Potier est si proverbiale, que nous n'enregistrons cette rectification que sous toutes réserves.

Col. 143. AVERSTADIUM, AURISTADIUM.

Nous avons omis de mentionner *Auerstädt* comme lieu d'impression, et Falkenstein fait remonter la typographie dans cette ville à 1648; le volume qu'a voulu désigner le bibl. allemand fig. au cat. Baluze (II, p. 717): *Officium magistratus Christiani.* Auristadii, 1648, in-8º.

Col. 144. AVILIACUM.

Voici le titre du volume exécuté à l'imprimerie particulière d'Avilly en 1748 : *Psalmi Hebraici mendis expurgati (a C. F. Houbigant).* Lugd. Batav., 1748, in-18.

AXIOPOLIS, *Rassova*, lisez *Rassowa.*

B

Col. 151. BAJONA, voy. LAPURDUM.

Nous trouvons à la Bibl. impér. (*Hist. de France*, VIII, 223) une trace d'imprimerie que nous relatons: *Discours très-véritable d'un insigne voleur qui contre-faisoit le diable, lequel fut pris et pendu à Bayonne au mois de décembre dernier*, 1608 (s. l.); jouxte la copie imprimée à Bayonne et à Troyes chez J. Oudot, 1609, in-8º.

BALA, ville du Pays de Galles, sur le lac du même nom (Merionetshire).

Suivant M. Cotton, il paraît que la typographie a pénétré dans cette petite ville au milieu du XVIIIᵉ siècle ; mais ce bibliographe ne connaît point de livre souscrit à ce nom qui soit antérieur à 1808.

Col. 152. BALGENTIACUM, *Beaugency.*

L'imprimerie remonte à la période révolutionnaire, c'est-à-dire à l'émancipation des municipalités: nous citerons : *Pellieux (Jac.-Nic.). Essais historiques sur la ville de Beaugency et ses environs.* Beaugency, P.-P. Jahre. An VII, 2 part. en 1 vol. in-12, plan gravé sur bois.

BALLENSTADIUM, *Ballenstedt*, ville de la Princ. d'Anhalt-Bernburg, sur le Getel, au pied du Hartz.

Nous trouvons dans Graesse (tom. II, p. 501) *Eselkönig. Eine Wunders seltsame Erzæhlung, wie nämlich die Monarchei vnnd Gubernament vber die vierfüssige Thier geändert... Gedruckt zu Ballenstett durch Papyrio Schönschrifft, s. d. (1625), in-8º de v-407 pp.

Col. 157. BARBINUM, *Barby.*

Nous citerons comme imprimé dans cette petite ville : *Spangenberg, Leben des Grafen von Zinzendorf.* Barby, 1772-73. 8 part. in-8º [*Manuel*, nº 22464].

Col. 160. Barium Ducis.

Nous avons dit que l'imprimerie n'avait point existé dans cette ville depuis l'arrêt de 1759 jusqu'à la révolution ; c'est une erreur. En 1764, deux imprimeurs, Nicolas Brifflot et Jacques Christophe, y exerçaient « par suite de la tolérance de l'autorité » ; ce dernier imprimait encore à Bar-le-Duc en 1772.

Col. 161. Barovicum, voy. Tuesis.

Col. 162. Bartenstenum, Bartenstein, pet. ville de Prusse, à 60 kil. de Königsberg.

L'imprimerie fut exercée dans cette localité à partir des premières années du siècle ; un bibliophile, M. Eug. Grellois, veut bien nous signaler : Lexicon Homericum præparatorium in usum studiosæ Juventutis. Edid. Gottl. Ern. Fred. Durr... ;Bartensteni, sumptibus bibliopolarum Fixdorf et Kleisheinz, 1812, in-8°.

Hoffmann (Lexic. Bibl.), dont l'exactitude est incontestée, cite ce volume à la date de 1818.

Barthum.

Le livre le plus important peut-être qui ait été imprimé à Barth, en Poméranie, par ordre du duc Bogislaw, est la Bible de 1588 : Biblia das is die gantze heilige Schrifft, durch D. Mart. Luther. Barth, in der Forstlichen Drückerye durch Hans Witten, 1588, in-4° (voy. Vogt, p. 112).

Bartpha.

Voici, à la date de 1579, le volume qui, sans doute, a permis au bibliogr. Németh de faire remonter la typographie de Bartfeld à cette date : Leonardi Stockelii formulæ tractandarum sacrarum concionum, per Euangelia communium feriarum totius anni, in vsum Ecclesiæ Christi collectæ. Bartphæ, 1579, in-8° [Cat. Willeri. Francof., 1592, in-4°, p. 64].

Baruthum, Bayreuth.

Le titre du volume cité par Ternaux est ainsi donné au cat. d'une vente faite à Utrecht, en 1776 (n° 17478) : C. à Lilien de Lapsorum Pœnitentia. Baruthi, 1666. Un autre volume, à la même date, est cité par Vogt et Bauer : G. Chr. Renschelii Slammbaum des Hauses Brandenburg. Bayreuth, 1666, in-4°. C'est la meilleure édition d'un livre rare, disent ces bibliogr.

Col. 163. Basilea.

« Il est exécuté par un troisième imprimeur, Michel Wensler... » — Nous retrouvons à Cluny, en 1494, ce Michael Wentzler ou Wensler ; voy. Cliniacum.

Col. 165. Bassanum, voy. Passanum.

Basti, Baza.

Nous croyons encore que c'est à Baeza, comme nous l'avions supposé, qu'est imprimé le volume à la date de 1614, porté par plusieurs bibliogr. à l'actif de Baza, qui n'a jamais, que nous sachions, possédé d'imprimerie. Un second ouvrage, à la même date, est indiqué par Antonio (I, p. 298); nous devons cependant reconnaître que Baza figure parmi les villes de la Péninsule qui ont possédé l'imprimerie, au dire de Mendez.

Col. 166. Batia, Baeza.

— Suivant Antonio... (t. II, 334).

— Gallardo (tom. II, n°s 1498 et 2264), lisez : MM. Zarco del valle et D. Sancho Rayon... et ajoutez : (t. II, n° 1098).

En 1590, Juan Bapt. de Montoya était imprimeur dans cette ville... ajoutez : c'était le père de l'imprimeur de Jaen, Fernando Diaz de Montoya (1606) ; Juan Baptista était établi à Baeza en 1568 ; voy. Z. del Valle et D. S. Rayon (tom. II, n° 2251).

En 1614, Pedro Cuesta exerce la typographie à Baeza.

Col. 167. Battica? Battice.

Ligne 5, lisez M. U. Capitaine.

Ligne 12. Viellewye, lisez Viellevoye.

Col. 169. Belfastum? Belfast.

Dibdin (Spenceriana, V, p. 81) cite une Bible in-12, imprimée à Belfast en 1765, par Daniel Blow.

Col. 170. Belica, Belley.

Pendant la révolution (1791-1816), un imprimeur du nom de J.-Bapt. Kindelem organise un établ. typogr. dans cette ville ; nous trouvons dans la Biographie de l'Ain, par M. Sirand (n° 800), le premier livre exécuté par cet imprimeur : Résumé des divers moyens, preuves et autorités en faveur de la constitution civile du clergé, par Peysson, vicaire cathédral du dép. de l'Ain. Belley, Kindelem, 1791, in-8° de 135 p.

Kindelem eut pour successeur J.-B. Verpillon.

Col. 174. Beneharnum, Lescar.

Nous eussions dû enregistrer un volume fort rare exécuté à Lescar, en 1582 : Description du château de Pau et des jardins d'iceluy, et description de Lescar par Augié Gaillard, roudié (charron) de Rabastens. Lescar, 1582 (et 1592), in-8° [Bibl. Albigeoise, p. 7].

Col. 175. Beneschovium, Benschau, lisez Beneschau, près de Tabor.

Col. 175. Beneventum.

La Bibl. ritualis (II, p. 129) nous donne le titre d'un traité de l'archevêque de Bénévent, Vicente Orsini, depuis pape sous le nom de Benoît XIII, imprimé dans la ville archiépiscopale en 1706 : Memoriale rituum majoris Hebdomadæ ad usum ecclesiæ Beneventanæ. Beneventi, 1706, in-8°.

Col. 176. Bercizoma, Berg-op-Zoom.

Voici le titre du volume imprimé à Berg-op-Zoom en 1603, d'après quelques bibliographes : Jac. Baselius, de Obsidione Bergopzomii. In-4°.

Voyez pour la description du volume imprimé en 1605, que nous citons, le Manuel (tom. II, col. 420).

Col. 178. Berlenburgum, Berlenburg, Berleburg, ville de Prusse, dans la régence d'Arnsberg (Westphalie).

M. Graesse (Trésor des livres rares et curieux, (I, 379) signale : Die Heilige Schrift Altes und Neues Testamentes nach dem Grundtext aufs neue übersetzet und übersetzet... Berlenburg, 1730-1742, 8 vol. in-fol., « édition rare d'une Bible protestante recherchée par les fanatiques, mais d'une rareté infiniment moindre que la première, de 1726-35, qui est plus complète. »

Ce lieu d'impression n'est pas signalé par Falkenstein.

Col. 178. Berlenga, Barlanga.

Bien que cette ville ne figure point à la liste donnée par Mendez des villes de la Péninsule qui ont possédé l'imprimerie, nous devons signaler un titre que nous donne la Bibl. ritualis (t. II, p. 236) et Antonio (Bibl. nova, I, 769) : Johannes de Robles. Copia accentuum in Breviarium Romanum et in regulam D. Augustini et officium additum Breviario Romano iuxta Ritum ejusdem Patris Augustini. Berlangæ, M.D.LXIV, in-8°. La première édition de ce livre de liturgie avait été donnée à Tolède, en 1552, in-8°.

Col. 179. Berna, Berne.

Mathias Apiarius est encore à Strasbourg en 1539 ; à la fin de l'année, il est établi à Berne.

Un beau volume, enrichi de précieuses gravures sur bois, imprimé dans cette ville en 1540, fig. au 7e catal. Troes de 1861, n° 1388.

Col. 179. BERNACUM, *Bernay.*

Cette ville n'est pas signalée par M. Frère comme ayant possédé une imprimerie au siècle dernier ; et cependant nous trouvons à la Bibl. impér.: *Coup-d'œil sur le gouvernement pendant la tyrannie décemvirale.* Bernay, impr. de Philippe frères (s. d. 1795 ?), pièce in-8°.

BEROLINUM, *Berlin.*

Le vol. à la date de 1540, que nous avons cité d'après le cat. Libri, est décrit par D. Gerdes (p. 209), par Bauer (t. II, p. 231), etc.

Col. 180. Ligne 14, lisez en un seul mot : *Buchdruckergeschichte.*

Col. 182. BETHULIA, *Betsemes* ?

Lieu d'impression évidemment supposé ; nous croyons que l'éditeur et l'auteur du livre, cité ci-dessous, ont voulu désigner *Bethsean, Bisan,* localité de la Syrie, au N. de Jérusalem, que l'on a cru, jusqu'en 1820, occuper l'emplacement de l'antique *Béthulie* d'Holopherne.
Nous trouvons au cat. Dubois (IV, p. 984): *Erbauliche Theosophische send-schreiben.* Betsemes, 1701, 5 vol. in-8°, et au numéro suivant, le même ouvrage figure comme réimprimé en 1710 sous la rubrique BETHULIA.

Col. 183. BEVEROVICUM.

Voici d'après le cat. Borluut (II, n° 3874) le titre d'un volume impr. à Beverwyck en 1638 : *Jacq. du Clercq, historia van't ghene gheschiet is in't graefschap van Artoys in, de stade Atrecht ende in de stede daer omtrent,.. uyt het Françoys verduytsch, door G. Basson,..* Beverwyck, Frans Pels, 1638, in-12, Le catal. ajoute : « extrait d'un autre ouvrage ».

BIBISCUM, voy. VIBISCUM.

Col. 184. BIDACHE, pet. ville de France, sur la Bidouze (Basses-Pyrénées), anc. titre de princip., dép. de la maison de Sully.

Une édition de la *Henriade de Voltaire* fut donnée en 1769 par la Beaumelle et imprimée à Toulouse par Dalles, sous la rubrique « *Henrichemont et Bidache* », in-12 de 334 pp.

Col. 185. BIDOSSA, VIDOESSA, voy. MAGRADA FL.

Col. 185. BIELLA.

Nous trouvons au cat. Dubois (n° 7048): *Historia della Madonna Santissima d'Oropa.* In Biel, 1684, in-8°.

BIERNEBURGUM, voy. ARCTOPOLIS.

Col. 188. BIRNSTIEL, BIERNSTIEL, château du Würtemberg, à l'E. de Ravensburg (Donaukreis).

Nous trouvons au *Cat. des Foires de Francfort* (1610, p. 160) : *Andr. Henaci Theologia Davidis, der Psalter in die fürnembste Hauptartickel unsers Christlichen Glaubens zusammen getragen.* Birnstiel, 1607, in-4°.
C'est le seul spécimen de cette typographie particulière, non citée jusqu'ici, qu'il nous ait été donné de rencontrer.

Col. 188. BISHOPSTONE, village d'Angleterre, dans le comté de Sussex.

Le Rév. Mr Hurdis, auteur des : *Lectures on the Pleasure derived from Poetry,* établit une typographie privée dans ce village en 1797 (voy. 1er cat. R. Heber, n° 3678).

Col. 190. BLASENDORFIUM. Au lieu de Weissemberg, lisez *Weissenburg.*

Col. 191. BLASII CŒNOBIUM, *Monast. de St-Blasien.*

BLESÆ, *Blois.*

Les grandes et fantastiques batailles..... Bloys, 1556, lisez : 1554.
Voici le titre latin du *Comment. de D. Dupont : Dion. Pontani in consuetudines Blesenses commentarii.* Blesis, ap. Ioan. Langelier, 1556, in-fol. [Bibl. imp. F. 3474].
Le *Nouveau Testament en françois* de 1559 est à la Bibl. impér. [A. 536] ; il a été acquis à la vente de l'abbé Sepher (n° 56).

Col. 192. BORIANUM, ville du Samnium, lisez : anc. capitale.

BOBIUM, anc. EBOBIUM, BOBBION [Frédég.], tombeau de S. Colomban [voy. Mabillon, *Museum Ital.,* I, 213].

Col. 195. 4e ligne, Tyrol, lisez Bavière.

BOLOVERDA.

En 1676, nous trouvons au *Catal. libr. impr.* de 1676 à 1683 (2e semestre, p. 30) : *Simon Oomius, Institutiones Theologiæ practicæ* (en Holl.). Bolswaert, 1676, in-4°. Plusieurs ouvrages souscrits postérieurement au nom de cette ville figurent encore dans ce catalogue ; l'assertion de M. Cotton semble donc justifiée.

BOLTONIUM, *Bolton.*

M. Cotton ne cite pas de livre exécuté dans cette ville ; voici un titre que nous donne le *Catal.* de S. W. Scott (p. 237): *Description of the sieges and battles in the north of England during the civil war... with life of Cromwell.* Bolton, 1786, in-8°.

BONADUTZ, du Roman : *Pan a tof,* à cause de la fertilité de son sol [Comm. d'O. Mündler].

Col. 201. BOSPHORUS.

Voici, d'après l'exempl. de l'Arsenal, le titre du volume que nous avons donné comme impr. à Ochsenfurt, en 1622 : *De naturæ aliquot arcanis, sympathiis et antipathiis, insignibusque medicamentis libelli duo avrei.* Bosphori, Christophorus Justinus, 1622, in-12.

Col. 203. BRANDENBURGUM NOVUM.

Au titre allemand du livre, à la date de 1594, que nous citons, lisez *Haupter,* au lieu de *Laupter.*

BRANESIA, voy. OLDENBURGUM.

BRANGONIA, voy. VIGORNIA.

Col. 204. BRASSOVIA, *Kronstadt.*

Un vol., non cité par Németh, figure au cat. Teleki (part. II, p. 249): *Paul Kyr, Med., de sanitate et alimentorum viribus.* Coronæ in Transilvania, 1551, in-8°.

Col. 205. BREDANA BAROCHIA.

Le titre hollandais du vol. cité par nous comme imprimé à Breda en 1616 est donné par Bauer (*Bibl. Libr. rar.,* IV, p, 296].

BREGENSES THERMÆ. *Briegg* ou *Brigg* est dans le Valais, au-delà de Louesche, sur le chemin du Simplon.

BRENNOVICUM, *S. Jean de Maurienne.*

Nous ne croyons pas que l'imprimerie ait existé dans cette petite ville au XVIIIe siècle; aussi ne citons-nous que comme fait curieux un volume souscrit à ce nom : *Le véritable P. Josef, capucin, nommé au Cardinalat, contenant l'histoire anecdote du Cardinal de Richelieu.* — Imprimé à Saint-Jean-de-Maurienne, 1704. 3 part. en un vol. in-12. Barbier, qui ne cite que l'édition de 1750, en donne la paternité à l'abbé Richard et l'impression aux presses parisiennes.

Col. 207. BRENCIA, *Brzésc.*

Voyez ce que dit Lackmann, à propos de l'impr. fondée par le prince Radziwill à Brzésc (*Annal. typogr.* p. 68).

BRESTIA, BREST.

« Ce G. Camarec a dû imprimer le *traité d'hydrogr.* de Coubait... »

Nous recevons de M. Rousset, libraire à Vienne (Isère), une note à ce sujet : « Je possède un petit vol. in-12, sans nom d'auteur, que je crois être l'ouvrage de Coubait; il est intit. : *Abrégé de Pilotage pour servir aux conférences d'hydrographie que le Roi fait tenir pour ses officiers de marine.* A Brest, de l'imprimerie de Malassis, imprimeur et libraire de la Marine. MDCLXXXV, par ordre de Sa Majesté.

« Sur le titre, les armes de France; le volume est composé de VI-174 pp. et un feuillet blanc, plus XXII ff. non chiffrés. » Ce n'est donc point à Camarec, c'est à Malassis qu'il nous faut attribuer l'impression du volume précité.

Col. 209. *Bridgewater,* ville d'Angleterre, au S.-O. de Bristol (comté de Somerset).

M. Cotton ne fait remonter qu'à 1826 l'imprimerie à Bridgewater. Nous trouvons au cat. Libri de 1861 (n° 1496): *R. Austice on Wheel Carriages.* Bridgewater, 1790, in-4°, fig., non cité par Lowndes.

BRIELA, voy. HELIUM.

Col. 211. BRIOVERA, *St-Lô.*

Voici, d'après le cat. Brunet et le cat. Sépher (n° 46), le titre complet du vol. souscrit au nom de St-Lô, en 1565 : *Calendrier historial et almanach perpétuel pour savoir les nouvelles et pleines lunes,* etc., *avec aucunes tables pour trouver le nombre d'or,* etc. A Sainct-Lô, 1565, in-8°. Ce rare volume n'est point cité dans la bibliographie astronomique de Lalande.

BRISACUM.

Brisach n'est point, que nous sachions, compris par Falkenstein dans la liste qu'il donne des villes ayant possédé l'imprimerie. Voici un livre que cite Bauer (*Bibl. Libr. rarior.* suppl. I, p. 200): *R. Berachia, Hannakdan Mischle Schugalim, sive fabulæ Vulpium, Judæo-Germanice editæ.* Brisaci, 1583, in-8°. Est-ce là une indication erronée? Est-ce le fait d'une imprimerie particulière ou passagère? nous l'ignorons.

Col. 212. BRIVA CURRETIA.

L'Histoire de S. Martin de Brive, de 1635, est in-8°; elle a été réimpr. à Brive, en 1688, *avec la vie de S. Libérat,* également in-8°. Au commencement du siècle actuel, l'imprimeur de Brive s'appelait J. Chauffon.

Col. 214. BRIXINA, BRIXA, *Brixen,* dans le cercle de Pusterthal.

Voici, au n° 698 du cat. Williams, un nouveau livre impr. dans cette ville : *G. Faerni centum Fabulæ; cum fig.* Brixæ, 1622, in-12 ; charmante édition vendue deux guinées.

Col. 215. BROILUM, *Broglio, le Breuil,* dans le val Tournanche (Suisse).

Col. 216. BRUGÆ.

— Le second exécuta. — Bibliothèque impériale.

Aux trois paragraphes compris entre ces mots, M. Holtrop ajoute la note qui suit : « M. Bossaert, archiviste de Bruges, a découvert des fragments de l'ouvrage de *Gerson* et de deux autres ouvrages, inconnus à Van-Praet, exécutés avec les mêmes caractères que le *Gerson,* qui se distinguent essentiellement des produits de la presse de Veldener : 1° par les lettres coulées 𝕯𝕰 (de), 𝕯𝕺 (do); 2° par les signatures et réclames placées dans la marge du fond au v°, et dans un sens perpendiculaire (particularité déjà signalée par M. Bernard); 3° par l'usage du caractère gothique, avec lequel s'est composé le sommaire du livre de Gerson, caractère dont Veldener ne s'est jamais servi. Puisque ces trois livres ne sortent ni des presses de Colard Mansion, ni de celles de Veldener, pourquoi, ajoute avec autorité M. Holtrop, ne pas alors les attribuer à celui qui a dit : *Imprimit hec eivis brugensis brito Johannes ?* » (Voy. *Monuments typogr.*, pp. 61, 69, et planche 61 (129).

La savante notice que, dans l'ouvrage précité, M. Holtrop consacre à ce Jean de Brit, l'imprimeur des deux TABLEAUX conservés à la Biblioth. impér. de Paris, est du plus haut intérêt; malheureusement, les bornes que nous nous sommes imposées ne nous permettent que de renvoyer le lecteur à ce magnifique ouvrage.

Col. 217. BRUGGA, AD PONTEM? *Brugg, Ponte,* bourg de la vallée d'Engadine (cant. des Grisons).

BRUNNA, lisez BRUNA.

Col. 218. BRUNSBERGA, *Brunsberg.*

Nous n'avons point cité de livre souscrit à ce nom ; en voici un à la date de 1612, que décrivent Janotzki (*Nachr.*, III, p. 57), Bauer (suppl., I, 398), le cat. Dubois (n° 6864), etc.: *Constitutiones synodales diœcesis Varmiensis.* Brunshergæ, 1612, in-4°.

BRUNSVIGA (BRUNOVIA), *Brunswig.*

Nous avons fait remonter avec Falkenstein l'imprimerie de *Brunswig* à 1569 ; nous pouvons la reporter à 1506, avec et d'après Panzer (*Annalen der ältern Deutschen Litt.*, I, n° 566): *Dath Boke der hilgen Ewangelien. Profecien, ende Epistelē van der tyd vn allen hylgen ouer dat gancze yare mit schönē glosen...* Vullenbracht vnde ghedruckt dorch erssamen Hans Dorne, tho Brunsswygk, in deme yare, M.D.vj. yn deme daghe der deylynghe der apostelen, in-fol.

BRUXELLA.

M. Holtrop nous écrit, à propos de l'ouvrage de Joh. Gallensis, *Summa collationum ad omne genus hominum,* qu'avec plusieurs bibliographes nous avons attribué aux Frères de la Vie commune, avec la date de 1472 : « Ce volume est sorti des presses d'Arn. Ther Hoernen, à Cologne ; il est difficile de distinguer ses éditions de celles des Frères de la Vie commune à Bruxelles; il y a pourtant un *criterium,* c'est la lettre N capitale dans les éditions de Bruxelles; elle est figurée ainsi : 𝕹.

Les éditions de Ther Hoernen ne possèdent point ce caractère bizarre. »

Nous avons dit que M. Didot faisait remonter à 1474 l'introduction de la typographie à Bruxelles; M. Holtrop nous fait observer : « La Bibliothèque royale de la Haye possède un autre *Gregorii Omelie in Ezechielem* ; Hain (7944) en cite un autre; tous deux sont sans date; quel est donc l'exemplaire avec la date de 1472 ? Si réellement cette date se trouve *inscrite* dans un exemplaire par un possesseur ou par un illuminateur, et *si cette date est authentique,* ce serait une raison d'admettre que l'imprimerie était introduite à Bruxelles en 1474 et non en 1476. »

M. Holtrop a parfaitement raison, mais nous demandons avec lui : Où est cet exemplaire des *Gregorii Omelie* à la date de 1474 ?

Col. 220. BRUYERIÆ, *Bruyères*, ville de Fr. (Vosges), au N.-E. d'Epinal.

L'imprimerie nous semble pouvoir être reportée dans cette petite ville au milieu du XVIIIe siècle environ ; le rapport, fait à M. de Sartines en 1764, signale un imprimeur du nom de Nicolas Vivot comme exerçant à cette date avec autorisation. Nous citerons : *Avis aux personnes qui font usage des eaux de Plombières, ou traité des Eaux minérales*, par *M. Didelot*. Bruyères, 1782, in-8o.

Col. 221. BUCHAVIA, *Buchau*, dans le Würtemberg.

BUDINGA, *Budingen*.

En 1738, nous trouvons établi dans cette ville un imprimeur du nom de Joan. Christophe Stoehr.

BUDISSINA, *Bautzen*.

C'est bien Wolrab (et non *Wolrub*) qui est le premier imprimeur de cette ville.

Col. 222. BUDOVICUM, voy. MAROBUDUM.

BULIUM, *Bulle*.

BULLIO, *Bouillon*.

Nous aurions dû citer à l'art. *Bouillon* le célèbre *Dictionnaire de D. J. François*. Bouillon, 1777, in-4o (*Manuel*, II, 697).

Col. 223. BURDIGALA.

L'architecte de la ville de Bordeaux, M. Ern. Gaullieur, vient de publier une intéressante brochure intit.: *l'Imprimerie à Bordeaux en 1486* (Bord., Forastié, 1869, in-8o de 44 pp).

Nous en extrairons quelques notes : Le 21 juin 1486, Michel Svierler, libraire allemand, associé au Souabe Jehan Waltear (les noms sont évidemment corrompus), passait avec les Jurats un contrat de dix ans pour l'exercice de l'imprimerie à Bordeaux.

Ce Michel Svierler est porté au contrat comme « natif de la ville d'Orme en Alemanhe », c'est évidemment Ulm ; il reçoit de la municipalité une com-

mandite ou subvention de 200 francs bordelais, dont il se déclare satisfait, mais qu'il ne doit toucher que par termes ; un riche bourgeois de la ville se porte sa caution et conclut avec Svierler un contrat d'association dont M. Gaullieur rapproche les termes de ceux de l'acte qui lie Gutenberg au banquier Fust de Mayence.

Mais cette association ne paraît point avoir eu de résultats ; il est fâcheux que M. Gaullieur n'ait point trouvé trace d'une impression quelconque, obtenue à l'aide de ces caractères « d'estaing, que le maistre emprimeur Jehan Waltear », avait apportés d'Allemagne ; par contre, si ces associés n'impriment point à Bordeaux, ils se chargent de faire imprimer ailleurs. En 1487, on commande à Svierler sept cents *Bréviaires d'Aux* (Ausch), et, hors d'état de faire honneur à pareille entreprise, celui-ci transmet la commission aux imprimeurs de Poitiers, Estienne Sauveteau et Guillaume (Bouchet?), moyennant cent francs tournois.

Cet Estienne Sauveteau de Poitiers serait-il cet imprimeur anonyme auquel on doit, en 1479, l'exécution du *Breviarium historiale ?* et peut-être aussi celle de plusieurs *Coutumiers*, qui ne portent pas de nom d'imprimeur ? Le fait, à la rigueur, ne serait point impossible.

Col. 226. BURGUM, *Bury*, ville d'Angleterre, sur l'Irwell (Lancashire).

Imprimerie : *Young's Annals of Agriculture*, Bury, 1784-1793, 20 vol. in-8o, publication importante faite sous l'impulsion du père de sir Robert Peel, auquel la ville de Bury doit toute son importance industrielle.

Col. 227. BURGUS ANDEOLI, voy. FANUM S. ANDEOLI.

BURGUS BRESSIÆ, voy. TAMNUM BURGI.

Col. 229. BUSCODUCA, voy. SYLVA DUCIS.

Col. 230. BUXONIUM, BUTZOVIA, BUTZOVIUM, *Butzow*, petite ville du grand-duché de Mecklembourg-Schwerin, sur la Warnow, jadis siège d'une université.

Nous trouvons assez souvent trace d'imprimerie dans cette ville à partir du milieu du XVIIIe siècle : *A. G. Masch Beyträge zur Geschichte merckwürdiger Bücher*. Butzow, 1769, in-8o.

C

Col. 234. CABELLIO.

Voici le titre d'un livre imprimé à Cavaillon, nous écrit le Dr Martial Millet, d'Orange : *Constitutions tirées des anciens usages de l'abbaye de S. Benoît de Cavaillon*. Cavaillon, chez Esprit-Joseph Rousset, imprimeur de l'évêché et de la ville, 1743, pet. in-8o.

Col. 236. CADILLACUM.

Voyez pour l'imprimerie du duc d'Epernon une seconde pièce que possède la Bibl. impér. (cat. de l'histoire de France, t. II, p. 108).

Col. 237. CADUPPA VILLA, *Chaource*, patrie d'Amadis Jamyn.

Col. 238. CADURCUM, *Cahors*.

« En 1586 nous avons : *Discours des choses mémorables* », ajoutez : à Caors, par J. Rousseau, imprimeur (en patois de Cahors).

Col. 241. CÆTOBRIX, lisez CÆTOBRIS.

Col. 242. CALARIS, *Cagliari*.

Nous recevons de M. Bartholomé Muntaner, sa-

vant bibliothécaire de la ville de Palma de Mallorca, l'intéressante communication qui suit :

« Dans la *Biblioteca provincial* que je suis chargé d'administrer, sous dit M. Muntaner, existe un exempl. du SPECULUM ECCLESIÆ (traduction en langue catalane d'un opuscule de Hugo de St-Victor), imprimé « en Galler, el año de 1493 », lequel paraît absolument inconnu aux bibliographes, et permet de faire remonter au XVe siècle l'introduction de la typographie dans l'île de Sardaigne ; voici la description exacte de cet incunable :

« Le premier feuillet est blanc ; au 2e feuillet, recto, 2e col., on lit : *Comensa la rubriqua* ǁ *de aquest libre apellat* ǁ *speculum ecclesie so es a* ǁ *dir espill ho mirall de la* ǁ *santa hesgleya qui es* ǁ *sobre la missa.* Au 4e feuillet, verso, *Comensa lespill ho mi* ǁ *rall dlā sāta Esgleya hor* ǁ *denat sobre la missa p* ǁ *frare huguo de sāt vic* ǁ *tor.* Au recto du 36e feuillet, ligne 4 de la 2e col.: *Acabada la psēt hobra* ǁ *apelada speculuz eclesie* ǁ *stāpat ē la ciutat y castell* ǁ *de Callar p lo honorable* ǁ *e salvador de bolōya me* ǁ *stre de stāpa a reqsta de* ǁ *mestre nicolau dagreda* ǁ *aragones. al pmer de oct* ǁ *ubre del ãy mil. ccccxciii.*

« In-4° goth. de 36 ff. à 2 col. de 25 à 27 lignes ; 4 ff. limin. dont le premier blanc, et 32 ff. numérotés en bas ; sans sign., à l'exception de la lettre A qui se voit au bas du recto de la feuille 5, en regard du n° 1; les caractères sont forts, l'impression grossière dénote une main inexpérimentée, le filigrane du papier consiste en une main ouverte et une étoile à six pointes réunie directement au doigt médium. »

En 1567, nous avons : *J. Gerson, Cancilier de Paris, de la Imitacion de Christo.* Calari, 1567, in-12 (Ant. *Bibl.*, *nova*, II. 337).

Col. 243. Calcaria, effacez : *près de Francfort.*

Col. 246. Callipolis, c'est l'anc. Κριθώτη.

Col. 247. Calmaria.

L'évêque Jon. Rothovius mourut le 28 février 1644 ; la note de M. Cotton est empruntée à Alnander, p. 74.

Col. 253. Campania ad Isalam, *Campen.*

Cette ville n'est pas comprise dans la liste donnée par Falkenstein, et cependant l'imprimerie y a été introduite dans la première moitié du XVIIᵉ siècle ; nous citerons : *Selecta Colloquiorum Erasmi Fragmenta* (trad. en holland., par Oostrebeeck). Campen, 1644, in-4°. Pour l'impr. au XVIIIᵉ siècle, voy. Hoffmann, *Lexic.*, II, 512.

Col. 254. Campidona, *Kempten.*

L'imprimerie a-t-elle existé dans ce célèbre monastère de Souabe ? Nous ne saurions l'affirmer ; mais nous trouvons, dans le *Trésor* de M. Graesse, l'indication suivante : *Ant. Albicius, Principum Christian. stemmata cum brevibus ejud. Annot., ex archiv. princ. descripta, opera et impensis D. Custodis.* Campidoni, 1609, in-fol.; ouvrage enrichi de 45 tables généal. et de portraits gravés par D. Custos. M. Graesse cite des réimpr. dans la même typographie aux dates de 1610, 1612, 1617; Bauer (suppl., I, 40) cite l'édition de 1612, comme étant in-8°, ce qui doit être une erreur, les portraits du célèbre graveur n'ayant point été réduits.

Campinia, *la Campine, Kampene,* district belge des prov. de Liége et de Brabant.

Col. 257. Cantellupum, *Chanteloup.*

Les *Mémoires du duc de Choiseul* forment 2 vol. in-8°, publiés à l'adresse de Paris, Buisson, libraire, rue Hautefeuille, n° 20, prix 6 l. broché.

Col. 259. Capræ Mons, *Chevremont,* anc. villa royale [Mabill.], sur la Verdre, affl. de la Meuse, à 2 lieues de Liége.

Col. 262. Carantonum, voy. Pons, ad Pontem.

Col. 265. Carricta, *Carrick-Fergus,* ville d'Irlande, sur la baie du même nom, dans le comté d'Antrim.

M. Cotton ne signalant point Carrick-Fergus parmi les villes du Royaume-Uni qui ont possédé l'imprimerie, nous ne pouvons donner que sous toutes réserves l'indication que nous empruntons au premier cat. Heber (n° 1670): *The Conspirators, a Tragi-comic Opera.* Carrickfergus, 1749, in-8° ou infra.

Caritæum.

Née de la Rochelle prétend avoir reçu d'un ancien principal de collège communication du titre détaillé d'un *Missel,* exécuté en 1496, à la Charité-sur-Loire, dans la maison des Bénédictins, in-fol. goth.: *Missale Romanum claris litteris impressum in oppido Caritatensi ad Ligerim, per Joannem de Bosco et Joannem Galli socios in arte impres-*

soria satis pitos. Anno legis novæ millesimo quadringentesimo nonagesimo sexto scda die septembris. Née de la Rochelle avoue n'avoir jamais vu ce volume, et les bibliographes du Nivernais, MM. G. de Soultrait et Prosper Begat repoussent l'assertion, que nous n'enregistrons que par acquit de conscience.

Carinthia, *La Carinthie,* province autrichienne, entre la Styrie et le Tyrol, dépend du royaume d'Illyrie.

Col. 267. Carnotense Monast., *Convento de Carnota,* couvent de Capucins, en Portugal (Réforme de S. François).

Antonio (*Bibl. nova,* I, 261) et la *Bibl. Lusitana* (IV, 86) signalent une imprimerie particulière organisée dans cet établissement religieux au XVIIᵉ siècle : *Fr. Damazo da Prezentaçam. Obrigaçam do frade menor* (Ant. traduit : *Instructio Franciscani sodalis*). Convento de Carnota, typis Antonii Alvarez, 1627, in 8°.

Carnutum, *Chartres.*

Une longue note de M. Claudin, insérée dans le premier cat. Luzarche, à la suite du n° 834, contient, sous forme de hors-d'œuvre bibliographique, quelques détails intéressants que nous reproduisons sans commentaire, comme étant l'expression de l'opinion personnelle d'un libraire instruit et suffisamment autorisé : « Dès 1483, Jean Dupré, à Chartres, avait été appelé à Chartres par Pierre Plumé (?), *riche chanoine de la cathédrale,* et là, aux frais dudit chanoine, il imprima dans la maison canoniale, où il était logé avec sa presse, un magnifique missel à l'usage de Chartres. La même année, et dans le même local, il imprima encore un Bréviaire de Chartres. Ces deux précieux volumes se trouvent à la biblioth. Mazarine. »

Au début du XVIᵉ siècle, nous aurions pu signaler comme imprimée à Chartres, ou du moins comme souscrite à ce nom, une pièce de poésie fort rare du poëte Gringore : *la Complaincte de trop tard marié.* Chartres, s. d., in-16 goth. (cat. Crozet, n° 672).

Col. 268. Caroli Hesychium, *Carlsruhe.*

Voici un livre réellement imprimé dans cette ville en 1765 : *Fred. Sam. de Schmidt opuscula quibus res antiquæ præcipue Ægyptiacæ explanantur.* Carolsruhæ, 1765, in-8° (premier cat. Busscher de Bruges, n° 1619).

Col. 269. Carololesium, *Charleroi.*

L'imprimerie ne fonctionne dans cette ville que depuis les premières années du XIXᵉ siècle.

Carolopolis Campanlæ, *Charleville.*

Un livre imprimé dans cette ville en 1629 figure au cat. Dubois (n° 5654); un autre en 1630, au premier cat. Luzarche (n° 246).

Col. 270. Carouge, ville de Suisse, cant. et au S. de Genève sur l'Arve.

Imprimerie en 1789 [Falkenstein]; pendant les dernières années du XVIIIᵉ siècle, dit M. Gaullieur, on imprime un grand nombre de brochures polémiques non-seulement à Genève, mais à Carouge, à Nyon, à Saint-Claude ; nous citerons : *Proclamation de Boisset, reprès. du peuple. Liberté, Egalité, Mort aux Tyrans. Donné à Gex, le 13 fructidor an II.* Imprimé à Carouge, chez Jean Comberouse.

Carpentoracte.

M. Claudin, libraire à Paris, nous signale : *Traité des fièvres malignes et pourprées,... par M. Francoys Raynaud.* A Carpentras, chez Barth. Ravasi, 1695, avec permission. Pet. in-12 de x-276 pp.

Col. 271. CARPIUM.

Nous retrouvons Dulcibello, le premier imprimeur de Carpi, établi à Novi en 1508; le premier volume que nous avons cité, *Lectura Fr. Pauli scriptoris...*, est longuement décrit par Antonio (*Bibl. nova*, I, p. 746).

Col. 274. CASALE MAJUS.

Antonio (*Bibl. nova*, II, 260) nous donne, en 1582, le nom d'un imprimeur de Casal Maggiore, appelé *Antonio Canaceo*.

Col. 278. CASSELLA, *Cassel*. Au lieu du grand-duché de Hesse-Cassel, lisez l'*Electorat*.

Col. 280. CASTELLANA.

Lieu d'impression dissimulé; Melzi (*Anon. et Pseud.*, I, 139 et II, 135) nous donne les titres de deux ouvrages souscrits à ce nom au XVIIe siècle; ce sont deux pamphlets exécutés à Genève, le premier par J.-H. Winderhold, et le second par un imprimeur nommé Benedetto Marsetti (nom probablement supposé).

CASTELAVIUM AURAVIUM, voy. SOSTOMAGUS.

Col. 281. CASTELLIO AD SEQUANAM.

L'imprimeur Pierre Laymeré, qui exerça le premier la typographie à Châtillon-sur-Seine, alla vers 1680 s'établir à Autun ; nous aurions pu signaler une pièce trop célèbre sortie de ses presses : *les Soupirs de Sifroi, ou l'innocence reconnue, tragédie, par M. de Corneille de Blessebois*. Châtillon-sur-Seine, P. Laymeré, 1675, in-8° (cat. de Soleinne et au *Manuel*).

CASTELLIO INFER., *Bas-Châtillon*, dans le Valais.

CASTELLIO SUPER., *Haut-Châtillon*, dans le Valais.

Col. 282. CASTELLUM EPISCOPI, *Bishops-Castel*.

Col. 284. CASTRA, *Castres*.

Le Dr Mart. Millet d'Orange nous donne le titre d'un livre imprimé à Castres en 1610 : *Liquidation des quartes, légitime, Trébellianique et Falcidie, revue et augmentée, pouvant servir en toutes les provinces de ce royaume, à la décision amiable des différents qui en dérivent.* « *Multum lucratur qui a lite discedit* ». A Castres, par Pierre Fabry, cɪɔ ɪɔc x, in-12 de 67 pp.

Nous avons cité un ouvrage de Pierre Borel; voy. un article bibliographique consacré à ce *curieux*, dans la *Bibl. albigeoise* de M. de Combettes-Labourelie (Gaillac, 1846, in-8°, p. 9).

Col. 285. CASTRA CATULINA, *Tulln*.

CASTRA HORDEANI, *Uerdingen*.

CASTRA JULIA, voy. TURRIS JULII.

Col. 286. CASTRUM ALBUM, *Castralta*, nous croyons devoir lire : *Castralba*. — 3e ligne : Graësse, lisez Graesse.

Col. 288. CASTRUM FOROJULIENSE, *Cividale d'Austria*.

Au titre du premier ouvrage imprimé par Gérard de Flandre, en 1480, dans cette ville, au lieu de : *avec. ch. et reg.*, lisez : *avec ch. et récl.*, et ajoutez : cet ouvrage a 89 ff. de texte, 4 ff. de table et un f. blanc; l'exempl. cité par M. Tross, et que nous avons vu chez lui, est sans ch., récl. ni sign.; l'exempl. Yemeniz n'en avait pas non plus.

Col. 90. CASTRUM GONTERII.

L'auteur du premier livre cité est Pierre Hunauld et non pas Hunaud (voy. Miorcec de Kerd., *Notices bretonnes*, p. 265).

Col. 295. CATANA.

Nous aurions dû signaler, à l'art. *Catane*, l'arrivée dans cette ville d'un typographe allemand du nom d'Heinrick Alding, dont les Italiens ont fait Mastro Rigo, qui vient tenter la fortune en Sicile, s'établit d'abord à Catane en 1471, et, n'ayant pu parvenir à organiser sa typographie, s'en va porter son industrie à Messine (voy. MESSANA).

Col. 297. CAURIUM.

« M. Gallardo, dans le 3e vol. de la *Bibl. Españ.* » lisez : MM. Z. del Valle et D. S. Rayon, continuateurs de Gallardo... (voy. SORA).

Col. 301. CELLERINA.

Voici le titre du volume exécuté en 1765 à *Cellerina*, dans la Haute-Engadine : *Canzuns spirituelas davart Cristo Gesu il bun pastur e diliziusa paschura pel sial nuorsas.* Stampo à Cellerina, 1765, in-8° de plus de 1000 pp.; contenant beaucoup de cantiques à 3 et 4 voix.

Col. 302. CENETA, *Ceneda*.

Rétablissez l'orthogr. du nom de ville dans la note bibliogr.

Col. 303. CENOMANUM.

La Croix du Maine (art. Macé Ogier) cite la *Carte ou description générale de tout le pays du Maine, gravée par J. Androuet du Cerceau*, imprimée au Mans en 1539 et en 1565. Il en parle encore aux art. Jacques Androuet et Mathieu de Vaucelles; il faut certainement lire 1559.

Col. 304. CENTRONES.

Il est à peu près généralement admis aujourd'hui qu'il faut lire CEUTRONES : le Dr Payen a publié diverses inscriptions portant CEVTRONAS ; l'emplacement et la délimitation de la contrée qu'ils habitaient sont encore discutés.

Col. 305. CENTUM, *Cento*.

Le volume à la date de 1543 que nous avons décrit porte à la souscription : *Cento, in casa del' autore*. C'est donc une imprimerie particulière ; il figure aux cat. La Vall., Nyon, de l'abbé Rive (n° 1034), Jackson (p. 12), etc.

Col. 307. CEREATÆ MARIANÆ, près d'Arpinum, auj. *Casamare*, village de la Terra di Lavoro (Napol.); c'est la patrie de Marius.

CERESIUS LACUS. Le *Lac de Lugano* est en Suisse.

Col. 309. CERVIMONTIUM, voy. HIRSCHBERGA.

Col. 312. CHELMSFORD, ville d'Angleterre, dans le comté d'Essex.

M. Cotton (*Suppl.*) dit qu'un journal, the *Chelmsford Chronicle*, commença à paraître dans cette ville en 1730; il cite comme impr. en 1766 the *Elegiæ Tears* du D. Cotter, et en 1769-72 *A History of Essex*, en 6 vol. in-8° (cat. Williams, n° 069).

Col. 313. CHERTSEY.

Nous trouvons cité par Darling (*Cyclop.*, 3181): *Ed. Whitaker. Sermon. Isa. 10, 4.* Chertsey, 1795, in-4°.

Col. 315. CHREMISSÆ MONAST., *Kremsmünster*, sur le Krems.

Col. 317. *Chrudima, Chrudim*, sur le Chru-

dimka, ville et chef-lieu de cercle en Bohème.

CHRYSOPOLIS, *Scutari.*

Voici le titre du volume cité par M. de Hammer, à la date de 1793 : *Diatribe de l'Ingénieur Séid Moustapha, sur l'état actuel de l'art militaire, du génie et des sciences à Constantinople.* De la nouvelle imprimerie de Scutari, in-8° (écrit en français par un Turc).

Col. 324. CISTERCIUM.

Genethliaque, autrement triomphe sur la naissance de Monseigneur le Dauphin, par l'Infanterie dijonnoise, le 26 décembre 1601, dédié à Mgr le Duc de Biron. Cisteaux, pour Pierre Grangier, libraire à Dijon. Au dernier feuillet : à Cisteaux, par Jean Savine, imprimeur, 1602, in-8° de 32 ff. non chiffrés, pièce de vers en patois bourguignon.

Cette pièce rare a été, croyons-nous, imprimée à Sens par Jean Savine, que nous retrouvons, en 1606, à Clairlieu lez Nancy.

Col. 322. CIVITAS DIVINI VULTUS.

Cette dénomination ne s'applique pas à *Vérone,* mais bien à *Lucques* (voy. LUCA).

Col. 327. CLARUS MONS, *Melzy,* lisez *Melzi.*

CLASTIDIUM, *Casteggio,* près du Pò ; lisez près de la Trebbia.

Col. 328. Ligne 21 : *Auderst,* lisez *Anderst. — In,* lisez : *im.*

CLAUDIOPOLIS, voy. SANCLAUDIANUM.

CLAUSTHAL (*Vallis clausa*), dans le Harz.

CLAVASIUM, *Chivas;* lisez *Chivasso.*

Nous avons donné le titre exact du volume imprimé dans cette ville en 1486, mais la description est fautive ; ce rare volume est imprimé en très-petits caractères gothiques, à 2 col. de 55 lig.

Col. 329. CLAVENNA, *Chiavenna,* dans la Valteline, au pied du Splügen.

Col. 330. CLINIACUM, *Cluny.*

« Le Missel de Cluny, impr. en 1483 », lisez 1493. « Anno Dni millesimo quadringentesimo tertio », ajoutez *nonagesimo* (Hain, si exact d'ordinaire, nous avait induit en erreur); au-dessous de la souscription sont gravées les armes de Bâle.

Le nom de Mich. Wensler est, sur le vol. imprimé à Dijon la même année, écrit WENKLER.

CLIPSTONE.

Plusieurs traités d'Andrew Fuller (a Baptist minister) sont imprimés à Clipstone en 1799 et 1800 (voy. Darling, *Cyclop.,* col. 1202).

Col. 332. CLUNIA, *Altstädten,* en Suisse.

CLUVIA, *Campo di Giove.*

Col. 334. CŒLI CORONA, *Himmelkron,* couvent de Bavière.

COLBERGA, *Colberg.*

Le volume imprimé en 1684 figure au cat. Bulteau (n° 6784): *Scriptores varii de Originibus Pomeranicis, necnon aliquota vetusta..., nunc primùm edente Mart. Rangone.* Colbergæ, Bothius, 1684, in-4°. C'est ce Martin Rangon qui a écrit et fait imprimer en 1663, à Magdebourg, un ouvrage rare et curieux *de Capillamentis, vulgò Perruques.*

Col. 336. COLLIS, *Colle.*

Un document cité par M. Bernard (t. II, p. 203) semblerait donner raison à Prosper Marchand, qui date de 1471 l'édition de l'Ἁλιευτικῶν d'Oppien, que

nous avons portée à la date de 1478 : « Un certo maestro bono stampatore ne' 20 aprile 1471, chiese alla comunità di Colle esenzione dalle gabelle, e l'ottenne, promettendo di venirvi ad esercitare la stampa, come fece e continuò per più anni » (*Targioni, Viaggi in diverse parti della Toscana,* t. VII, p. 403). Ce document prouve effectivement qu'une convention a été conclue entre la municipalité de Colle et un typographe; mais rien ne prouve qu'il se soit immédiatement rendu à l'invitation, et Prosper Marchand est trop inexact d'ordinaire pour que son témoignage fasse autorité.

Col. 338. COLOCIA.

Fr. A. Royer transporta son matériel à Strigau.., lisez : à Gran (STRIGONIUM).

COLONIA.

« Nous citerons encore avec M. Bernard »; voyez, pour les célèbres Bulles d'Æneas Sylvius, la *Bulle des Rétractations,* la *Lettre à Mahomet,* et la *Bulle des Croisades,* l'intéressant travail de M. Madden, de Versailles, dont nous parlons longuement à l'art. ULMA.

Col. 341.

« Jean Veldener, célèbre imprimeur hollandais »; cette phrase pourrait donner lieu de croire que Veldener était né en Hollande; sa patrie est Wurzbourg, en Bavière.

Col. 342. COLONIA EQUESTRIS. « De NOIA, NOVIA, *Eau* et DUN, *lieu bas* »; le vocable celtique *dun* veut dire au contraire un monticule, un lieu élevé, d'où vient : *dune.*

Col. 343. COLONIACUM, *Cologny.* Cologny est sur la rive gauche du lac de Genève; le canton de Vaud, sur la rive droite; Genève s'étend entre les deux territoires; Cologny borne du côté de la Savoie le canton de Genève.

« C'est à Cologny, nous écrit le Dr Payen, qu'a été publiée l'édition de Xénophon, qu'on a prise pour texte de tant d'erreurs; on a attribué la traduction à Pyramus de Candolle, tandis qu'il confesse naïvement avoir pris la traduction de *la Cyropédie* à de Vintimille, celle *des Républiques* à L. Le Roy, celle *des Mémoires* à J. Doublet, *la Ménagerie* à la Boëtie, etc. » C'est probablement à Cologny que Simon Goulart de Senlis a imprimé, *pour François Lefebure de Lyon,* en 1595, une édition des ESSAIS, que j'ai dit et que je maintiens être la plus mauvaise de toutes ; c'est d'elle que Scaliger dit : *Il a fait châtrer les œuvres de Montaigne! Quæ audacia in inscripta aliena...* et aussi : *Ceux de Genève ont été bien impudents d'en ôter plus d'un tiers!* En effet, des chapitres entiers sont supprimés, d'autres raccourcis, et mille autres polissonneries. »

Col. 346. COMINENIA.

Antonio (*Bibl. nova,* I, 522) cite un ouvrage de Caspar Cardoso de Siqueira, intit.: *Tesoro de prudentes,* et souscrit : *Cominenia,* 1612. C'est certainement une faute d'impression, et ce livre, que la *Bibl. Lusit.* nous dit être in-4°, a été imprimé à Coimbre.

Col. 347. COMIT. REGIS, *King's county.*

Col. 350. CONCHÆ, voy. CONCA.

Col. 362. CORFINIUM, au bord de l'Aternus, la *Pescara*; s'est appelée ITALICA, à l'époque de la guerre sociale (voy. Mérimée, *Essai*).

Col. 369. COSLINUM, voy. SCURGUM.

COTBUSIUM , *Cottbus*, en wendique : *Cho-schobusu.*

Col. 370. COTHA, *Cöthen.*

Rectifiez ainsi le titre du volume cité : *Ritter-liche...*

COVELIACÆ, *Kochel*, lisez *Kockel.*

Col. 373. CRANBROOK, *Cranbrooke*, bourg du comté de Kent (Angleterre).

Nous trouvons trace d'imprimerie dans cette localité au commencement du XIXᵉ siècle : *George Stonehouse. Fullerism defended; or, faith in Christ asserted to be a requirement of the moral Law.* Cranbrook, 1804, in-8° de 31 pp. (Cyclop. de Darling, col. 2857).

Col. 374. CREMESIA, *Krems.*

Nous ne trouvons trace de livre souscrit à ce nom qu'en 1742 ; voy. catal. Teleki, tom. II, p. 380.

Col. 380. CSANIENDIS COMIT., lisez CSANIEN-SIS.

CUBRUNUM, *Covern*, lisez *Cobern.*

Col. 381. CUFFINSTANIUM, peut-être *Kuf-stein*, place forte du Tyrol, sur la frontière qui touche à la Bavière. .

Col. 382. CULENBURGUM.

Voici une note que nous adresse M. Holtrop à l'occasion de Weldener : « Ce typographe s'est fait immatriculer à l'université de Louvain, en 1473, comme natif du diocèse de Würzbourg ; il était donc Allemand et non originaire de la Hollande, comme certain bibliographe l'a avancé » (ce bibliographe remercie le savant bibliothécaire de la Haye d'avoir bien voulu rectifier cette erreur).

A propos du paragraphe qui commence par ces mots : La même année, Jean Veldener..., M. Holtrop fait observer : « Les deux lettres capitales qui se trouvent à la fin du Colophon de l'*Histoire de la Sainte-Croix* sont un G et un L (*Monum. typogr.*, pl. 115 [34]). »

Notre excuse est dans le fac-similé donné par Dib.

din au 3ᵉ vol. de la *Bibl. Spenceriana ;* nous n'avions pas alors sous les yeux celui des *Monum. typ. des Pays-Bas*, dont nous nous faisons un devoir de proclamer la rigoureuse exactitude.

Enfin, à propos du dernier paragraphe, notre savant correspondant nous dit : « Le livre que j'ai décrit dans mon *Catal.* sous le n° 538, est exécuté avec les mêmes types que le *Speculum* (n° 537); mais le *Herbarius* (n° 539) est imprimé avec des caractères tout à fait différents (voy. *Monum. typ.*, pl. 116 [35] 2 a). »

Col. 383. CULMBACHIUM.

Comme lieu de souscription du vol. dont le titre est donné, lisez : *Culmbach.*

CULMEN URSI, le *Splügen*, lisez *Splügen.*

Col. 384. CUNIGUST, *Königstein*, bourg près de Mayence, dans le district montagneux du Taunus.

Col. 386. CURIA BAVARICA. Il faut se garder de confondre *Hof*, sur la Saale, ville de Bavière, près de la frontière de Saxe, et *Stadt-am-Hof*, au confluent du Regen et du Danube, en face de Ratisbonne (Regensburg).

Col. 387. CURZULA INS.

Rétablissez le titre : *Statuta insulæ.*

Col. 388. CUSSENACUM, *Küssenacht.*

CUSSINGUM, *Kissingen*, sur la Saale (Untermainkreis).

Ce n'est point à la petite ville bavaroise de *Kissingen* que s'applique la note bibliogr., mais à *Gissing*, où fut établi Joan. Manlius (1582-97); voy. NÉMET-UJVARINUM.

CUSTRINUM, voy. pour l'impr. COSTRINUM.

Le volume que, sans doute, Falkenstein avait en vue quand il fait remonter la typogr. à Kustrin à 1709, figure au VIᵉ cat. R. Heber sous le n° 3690.

D

Col. 399. DARMSTADIUM.

Quelques incorrections dans l'impression des titres allemands : *Geschen*, lisez *Gesehen* ; à la fin de la ligne *Fürstent*, lisez *Fürsten-* (thumb); *abgeseizte*, lisez *abgesetzte*; *Historiches*, lisez *Historischer.*

Col. 401. DEA VOCONTIORUM.

Voyez pour l'imprimerie de Figuel (imprimeur de l'Académie), à Die, en 1672, le *Bulletin du Bibliophile*, 2ᵉ série, p. 92. Plusieurs volumes à cette date sont décrits dans cet intéressant périodique.

Col. 402. DECEM PAGI.

Nous trouvons trace d'imprimerie dans cette petite ville en 1781 : *Relation de la fête de la rose, à Réchicourt, en l'année* 1780 (28 pp.). — *Idée de la vertu chrétienne. — Discours prononcé à la cérémonie de Richecourt-le-Château, le 11 Juin 1780, par M. Marquis.* Dieuze, 1781, deux parties en un vol. in-12 de 259 pp.

DECENTIANUM, *Desenzano.*

Col. 403. DECIATUM. Nous citons l'admi-

rable atlas de *Sprüner*, lire partout : *Spruner.*

DELEMONTIUM, *Delsberg*, *Délémont.*

DELFI.

Note de M. Holtrop :

« Dans mes *Monuments typogr.* (pp. 82-88), j'ai soumis les éditions de Delft à un examen minutieux, dont voici le résultat : En 1477, Jacob Jacobszoen (Van der Meer), un associé Maurice Yemantszoen, fondèrent à Delft l'imprimerie qui, à en juger par les écussons, fut continuée par eux jusqu'en 1479, date à laquelle ce dernier retira sa coopération ; Jacob Jacobszoen, d'après sa marque, continua les travaux de l'officine, seul ou avec un associé (Chr. Snellaert, ou un autre qui ne s'est jamais nommé) jusqu'en 1487, année où ses feuilles de Nénuphar paraissent pour la dernière fois. A partir de cette année, les produits des presses delfoises sont signés de la marque *à la Licorne*, anonyme jusqu'en 1494, mais avec le nom de Chr. Snellaert de 1495 à 1497, et avec celui de Henri Eckert de Homberg, de 1498 à 1500. »

Col. 406. DEODATUM.

Sur quelques livres on trouve : *Saint-Diez*.

Voyez, à propos de la proto-typographie de Saint-Dié, un long article de M. Claudin, inséré au premier cat. Luzarche, à la suite du titre d'un opuscule fort rare, porté au n° 369 ; cet opuscule, au dire de ce libraire érudit, serait imprimé avec les caractères et sous la marque de l'association typogr. formée à Saint-Dié, entre le chanoine G. Lud, Math. Ringmann, et Martin Waltzemüller, géographe et imprimeur fribourgeois, dont le nom grécisé, puis latinisé, a été traduit : *Ilacomilus*. Mais M. Claudin pense que ce livret a été publié à Strasbourg, par Schott, qui s'était rendu acquéreur du matériel typographique de Saint-Dié, sans doute après la mort de Math. Ringmann, en 1511, et avait publié en 1513, avec les caractères de l'association vosgienne, une célèbre édition de *Ptolémée*. Ce rarissime livret est une satire dirigée contre un personnage que nous avons eu l'occasion de signaler à l'article FRANCOFORTUM, Thomas Murner, de l'ordre des Frères mineurs, fougueux adversaire de Luther et de la réforme ; il fut imprimé certainement de 1518 à 1524.

Col. 411. DESSAVIA, *Dessau*, chef-lieu du duché d'Anhalt.

Col. 412. DEVONA, TRAJECTUM SUEVORUM, SUEVOFORTUM, *Schweinfurt*, voy. SWINFURTUM.

Col. 413. DIEPHOLTA, *Diepholz*.

Col. 416. DISPARGUM, *Desenberg*, lisez *Diesenberg*.

DIUM.

Graésse, lisez Graesse.

DIVICIA CIVITAS. *Deutz* est un faubourg de Cologne.

Col. 417. DIVODURUM, voy. MEDIOMATRICA.

Col. 419. DOLA, *Dol*.

Col. 422. DONASTIENUM, voy. SEBASTIANI FANUM et MOROSGI.

DONAVERDA, *Donawert*, le nom allemand est *Donauwört*.

Col. 423. DORCINIÆ CIV., *Cambden*, lisez *Camden*.

Col. 425. DRAGAMUNTINA, *Travemünde*.

Col. 426. DRESSENIUM, *Driesen*, sur l'Oder.

Col. 427. DRONTHEMIUM, voy. NIDROSIA.

Col. 428. DUACUM.

Il nous paraît difficile de maintenir 1561 comme date de l'introduction de l'imprimerie à Douai ; le *Discours* du cistercien Hubert Rodolphe au prince de Parme, que nous avons cité comme premier livre imprimé dans cette ville, figure à la page 583 du cat. du libr. G. Willer d'Augsbourg (et non point aux cat. allem. des Foires de Francfort, comme nous l'avions imprimé par erreur) ; il porte certainement la date de 1561, et au colophon « *Duaci, apud Ioan. Bogardum* » ; mais cette date est évidemment fausse ; le livre est la glorification des exploits du duc de Parme ; or ce grand capitaine, né en 1546, n'arriva dans les Provinces-Unies qu'en 1577, croyons-nous ; nous pensons qu'il convient de lire 1581. M. Duthilleul ne mentionne pas ce volume, ce qui nous console de notre erreur.

« Jacques Boscard, nous dit le bibliogr. douaisien, prenait le titre d'imprimeur de l'université (cet établissement ne fut installé que le 5 octobre 1562) ; il avait pour enseigne l'*Escu de Bourgongne ;* sa devise figurait un bûcheron abattant un arbre, avec cette devise : *Ardet, non combur*(it) ; [allusion à son nom : *Boscus ardet*, c'est-à-dire « *ce bois resplendit mais ne brûle pas* ». Il fut de Louvain, où était son établissement, appelé à Douai ; *affin de le induire à venir en ceste ville,* le magistrat *lui avait fait une avance de 300 carolus,* et lui avait donné à bail, moyennant une modique redevance, une maison, *séant et contiguë les salles publiques.*

Voici la liste des imprimeurs de Douai au XVIe siècle, telle que nous la donne M. Duthilleul : Jacques Boscard, 1563-1578 ; — Loys de Winde, 1564-1576 ; — Jacq. Bogard, 1574-1634 ; — Veuve Jacq. Boscard, 1588-1605 ; — Balth. Bellère, père et fils, 1590-1684 ; — Pierre Auroy, 1596-1640.

Col. 429. DUBLINUM.

Voici le titre du *Catéchisme* irlandais que nous avons cité à la fin de la note bibliogr. consacrée à Dublin : *Alphabetum et ratio legendi linguam Hibernicam et Catechismus in eadem lingua, John a Kearnagh.* Dublin, 1571, in-8°.

Col. 430. DUDLEY.

Un livre à la date de 1593 fig. à la p. 368 de la *Cyclop.* de Darling ; c'est un recueil de sermons du Rév. Luke Booker, qui mourut en 1836, après avoir été pendant vingt-quatre ans recteur de cette ville : *Sermons on various subjects, intended to promote Christian knowledge and human happiness.* Dudley, 1793, in-8°.

DUELLIUM, *Hohentwiel* est un château du grand-duché de Bade.

Col. 431. DUILLIUM, commune de Prangin, lisez *Prangins*. — M. Gaullieux ; tous les bibliophiles connaissent M. Gaullieur.

Dol. 432. DULCIS VALLIS. *Vaduz* est dans la princip. de Liechtenstein.

Col. 433. DUNELMUM. Martin (*Catal. of Broks,* lisez *Books*).

Col. 434. DUNKERCA. *Servitio che l'Infanteria deve fave,* lisez *fare.*

Col. 435. DURENFURTUM.

Bauer (*Suppl. I,* p. 343) cite : *R. Chajim anni vitæ, Comment. in Baua Cama, Metzia et Bathra.* Dyrenfurt, 1707, in-fol., et il ajoute qu'un seul ex. de ce livre a survécu à un incendie qui a détruit l'édition.

Col. 436. DUROBRIVÆ.

Un livre imprimé à Rochester, en 1772, figure au premier cat. R. Héber, sous le n° 313 ; un autre, à la date de 1776, au cat. Williams, n° 1019.

Col. 438. DUTENSTENIUM, *Dutenstein.*

Voici une note que nous empruntons à Panzer (*Ann. der Deutschen Litter.,* I, n° 564) : Büsching cite dans le huitième vol. de sa *Géogr.* deux localités de ce nom, l'une dans le district de Fugger, l'autre dans le comté d'Hohengerold ; Panzer ne sait auquel de ces deux points infimes il convient d'attribuer l'honneur de l'impression du volume suivant, non cité par Falkenstein, Graesse, Cotton, etc. : *Hie nach volgent die Ewangeli mitt der gloss vñ ausslegung, auch die Epistlen teutsch gedruckt....*

A la fin : *Ewangelia und Epistel mit der gloss, auch anfang der mess, dar by psalm vnd Collect, durch Wilhelmum Schaffner. Getruckt vñ volen-* *det zu Dutenstein zu mitfast nach Christi vnsers herren geburt tausent fünff hundert vnd sechs iar. In-fol. de 168 ff. à 2 col.*

E

Col. 439. Ebernburgum (voy. le *Dict. de Bayle*, édit. 1720, tom. II, p. 1526).

Col. 440. Eberstenium, *Eberstein* est dans le grand-duché de Bade.

Ebora.

(Voy. pour l'impr. d'*Evora*, la *Bibl. nova* d'Antonio, t. I, p. 776). J. Cromberger, le prototypogr. d'Evora, avait également dirigé une imprimerie à Séville.

Col. 445. Ectodurum. Budrand, lisez Baudrand.

Col. 447. Egorigium, auj., suiv. d'Anville, *Jonkeradt*, localité située près de Trèves, sur la Kill.

Col. 448. Eilenburgum, voy. Ileburgum.

Col. 451. Elephantiacum. *Ellwangen* est une ville du Würtemberg.

Col. 452. Elgovia, *Elgg, Ellgöw* (*Helligau*).

Col. 453. Elricum, *Ellrich*, dans le Harz.

Col. 455. Embsium, *Embs*, bourg du canton des Grisons (Suisse).

Col. 457. Engolisma.

Pour un livre imprimé à Angoulême en 1493, voy. Senemaud, *Bibl. de Charles d'Orléans*, p. 6.

Col. 458. Enjedinum.

Le catal. du comte Teleki (Pars II, p. 308) nous donne une indication de laquelle il résulte que l'imprimerie fut exercée dans la petite ville d'Enied au siècle dernier ; nous reproduisons textuellement le titre trop bref que nous donne ce catal.: *Paul. Borosnyai. Exercitia Miscell.* Enyed, 1764, in-8°.

Col. 459. Epamantadurum. On trouve aussi Epamanduorum, *Mandeure*, dans l'anc. comté de Montbelliard ; a formé primitivement un titre de principauté, puis est devenue ville libre.

Epauna. M. O. Mündler nous adresse la note suivante : « Je trouve *Evionnaz*, dans la vallée du Rhône, entre Saint-Maurice et Montigny, cité comme occupant l'emplacement de la ville d'Epaunum, détruite par un torrent de boue détaché de la montagne, en 1563. »

Col. 461. *Isarkreise, Regenkreise*, lisez partout *Kreis*.

Col. 463. Erfordia. *Lupambulus Ganymedes*, est la traduction littérale du nom de Wolfgang Schenck ; ce n'est donc point un pseudonyme.

Col. 464. Eridanium, sur la plupart des livres imprimés doit être traduit par *Milan*.

Col. 465. Erlanga. Université fondée en 1743 ; vieille bibliothèque.

Mais l'imprimerie doit être reportée plus haut, si nous acceptons comme exacte la date que nous donne le cat. de la bibl. de l'observatoire de Poulkova (p. 89): *Micometria, hoc est de Micometrorum structura et usu, autore Th. Balthasaris.* Erlangæ, 1710, in-8°. Nous devons ajouter que nous avons toujours remarqué l'exactitude de ce catal. scientifique.

Ermslebia, *Ermsleben*.

Col. 467. Escovium, voy. Scoa.

Essecum, voy. Mursa Major.

Col. 468. Esteva, *Estevay*, lisez *Estavayer*.

Col. 470. Euganea Vallis, *le Val Sugana.*

Col. 471. Eustadium, lisez partout *Eichstädt.*

Col. 473. Ezelinga, lisez partout *Esslingen*, et non *Essling*, village autrichien qui ne doit son renom qu'à la campagne de 1809.

F

Col. 475. Fabrianum. Dans le titre d'un vol. que nous citons, au lieu de *biasimo*, lisez *biasimano*.

Col. 476. Fagonia. Au lieu de *duché de Fulde*, lisez *évêché*.

Col. 479. Fanum fortunæ.

Dans le passage du Soncino que nous citons, s'est glissée une faute d'impression, qui rend une phrase inintelligible : « *Ma anchora in nobilissimo sculptore* », lisez *un nobilissimo*.

Col. 480. Fanum Mariæ Lauretanæ. Les Italiens écrivent *Loreto*.

Col. 481. Fanum S. Menehildis.

Le libraire-imprimeur Deliège était déjà établi en 1690, à Ste-Menehould, et y publiait, à cette date, une rare édition de : *Noëls anciens et nouveaux*, in-12.

Col. 483. Fanum S. Facundi, *Sahagun*, ville d'Espagne (Léon).

Fanum S. Flori.

Un bibliophile, M. Georges Garnier, nous adresse le titre exact d'une pièce imprimée à St-Flour, au milieu du XVIIe siècle : *Ordonnance de Mgr l'Illustrissime et Révérendissime Euesque Seigneur de St-Flour, publiée au Synode par luy tenu en son palais épiscopal, le 15e may 1659*. — A St-Flour, par Jean Borie, imprimeur et marchand libraire, 1659, in-12 de 13 ff. y compris le titre.

Col. 484. Fanum S. Hippolyti [Luen.], *St-Pölten* (Land unter der Enns).

Col. 487. Fanum S. Pauli Leonensis, Ossismium.

En 1722, nous trouvons exerçant à *S. Pol-de-Léon* un imprimeur du nom de *Jean-Joseph Lesieur*; en 1753, l'imprimeur s'appelle *Gant Yan Per de Cremeur*.

Col. 489. Fanum S. Trudonis, voy. S. Trudonis Fanum.

Col. 490. Farnesium, Castrum, Maternum ? *Farnèse*.

Faucenæ, *Füssen*, ville de Bavière, sur le Lech.

Col. 493. Feritas Alesii, *la Ferté-Alais* est un bourg du dép. de Seine-et-Oise.

Ferneium, *Ferney*, dans l'arrond. de Gex ; au lieu de *Scottisch*, lisez *Scottish*.

Col. 498. Finarium.

En 1650, un imprimeur du nom de G. T. Zessi est établi à *Finale*.

Col. 499. Finsburgum.

Le titre détaillé du livre de Will. Kilburne, que nous citons, est donné par Lowndes (t. III, p. 1270).

Col. 502. Flaviobriga, *Bilbao*.

Nous avons fixé l'introduction de la typographie dans cette ville à 1583 ; une indication, que nous empruntons à la *Bibl. nova* d'Antonio, nous permet de la reporter à quelques années en arrière : *Hieron. Osorio* (N. de Lisboa) *de Gloria Lib. V.* — In Bilbaonensi oppido Cantabriæ, anno 1578, in-8o. Ce livre est imprimé par Mathias de Mares, dont nous pouvons encore citer plusieurs produits : *Joan Basilio Santoro. Flos Sanctorum, y vidas de los Santos* (III part.). Flaviobrigæ, id est Bilbao in Cantabris, apud Matthiam de Mares, 1580, in-fol. Nous avons dit que quelquefois cet imprimeur latinisait ainsi son nom : *Matth. Paludanus*.

L'Ariosto espagnol, dont nous avons donné le titre, fut traduit : *por Don Geronymo de Urrea*. Ce livre figure au VIe catal. Heber, no 185.

Andrez de Poca, lisez *Poça*.

Col. 503. Flavium Aurgitanum, *Jaen*.

La *Bibl. nova* d'Antonio (I, 247) nous donne le titre d'un livre imprimé dans cette ville en 1553; un médecin de Jaen, nommé Cristoval Mendez, y fit imprimer à cette date : *Del Exercicio y su provecho*. Giennii, 1553, in-4o.

Flavium Solvense, *Zollfeld*.

Col. 511. Fons Bliaudi.

Une pièce imprimée en 1606 est souscrite au nom de *Fontainebleau*; mais elle est certainement imprimée à Paris (*Cat. Bibl. Imp.*, I, 433).

Col. 512. Fons Latius, *Latzfafs*, lisez *Latzfass*.

Col. 514. La Forest, voy. Sylva.

Col. 516. Forum Julii, *Fréjus*.

Une édition du *Discours æconomique non moins vtile que recreatif, monstrant comme de cinq cens liures..... etc.*, par M. *Prudent le Choyselat.....* porte : à Freius, par le bon Mesnager, CIɔ·Iɔ·XCVIII (1598), petit in-8o de 20 ff., « chef-d'œuvre de typographie, dit M. Bory (*impr. de Marseille*), à côté des volumes sortis des presses toulonnaises plus d'un demi-siècle après ». Le lieu d'impression n'est pas plus sérieux que celui de l'imprimeur.

Col. 518. Forum Segusianorum.

Un magistrat bibliophile, M. A Benoît, nous écrit au sujet de *Feurs*, et du Forum Segusianorum, pour nous signaler une observation intéressante : M. Benoît possède le *Silva Distichorum Moralium*, grand in-16 de 36 pp., imprimé : *apud Forum Segusian. typis Brannovic.* M.DCC.XIX. Cette pièce est du P. Oudin. « Au temps des Gaulois, nous dit notre érudit correspondant, existait entre Feurs et Roanne la peuplade des *Aulerci* Brannovici, dont la capitale était *Briennon*; le P. Oudin n'a-t-il pas trouvé plaisant de réunir sur le titre de son petit livre *Feurs* et *Briennon*, en prenant comme nom figuré d'imprimeur le vocable gaulois *Brannovic*.? »

Ce livre doit avoir été imprimé à Bourg-en-Bresse, par Joseph Ravoux; cependant il n'est pas mentionné par M. Sirand.

L'imprimerie a certainement existé à Feurs pendant la période révolutionnaire; M. Benoît cite : *Tableau général du Maximum des denrées et marchandises pour le district de Boën*. A Feurs, de l'impr. de Magnein, impr. du dép. de la Loire, an 2 de la République, in-8o de 186 pp. — *Annuaire du Cultivateur, par Romme, représ. du Peuple*. Imprimé à Feurs, chez les héritiers Magnein, an III de la République, in-8o de 320 pp.

Col. 519. Forum Tiberii, suiv. *Andern*, lisez suiv. d'autres géographes.

Col. 522. Francofurtum ad Mœnum.

M. Gwinner s'est, croyons-nous, trompé en donnant comme imprimées à Francfort-sur-Main, probablement par Hans Pfedersheim, les trois pièces relatives au couronnement de l'empereur Maximilien ; les caractères qui ont servi à ces impressions sont évidemment ceux dont P. Schœffer s'est servi pour l'exécution du Breydenbach de 1486.

Parmi les ouvrages imprimés à Francfort en 1511 et 1512, que cite Panzer, nous devons exceptionnellement signaler le *Ludus Studentum Friburgensium*. Beatus Murner Argentineſi. Frācophordie imprimebat anno Dñi, 1511, petit in-4o goth. fig. s. b., à compartiments mobiles, représentant les jeux à la mode à cette époque parmi les étudiants de la ville.

Col. 526. Francofurtum ad Oderam.

En parcourant avec attention les *Annalen der ältern Deutsch Litteratur* de Panzer, nous découvrons une indication précise qui nous permet de reporter à 1502 l'imprimerie à Francfort-sur-Oder, avec Martin Tretter comme premier typographe.

Das buchten wirt genãt d' bawm der selen heil vnd der Seligkeit. A la fin : *Gedruckt vnd volendet yn der lobliche stat Franckfort an der Oder durch Martinum Tretter Do man kalt nacht Christi vnsers lieben herren geburth. Tausendt. funffhundert swei Jare*. In-8o goth.

Col. 529. FREIBERGA IN MISNIA.

Le nom du premier typographe est, non point *Kachelosen*, mais bien *Kachelofen*.

Col. 530. FRIBURGUM, nom actuel : *Freiburg in Breisgaw*.

Un autre volume imprimé dans cette ville, en 1493, est décrit longuement par Panzer (*Annalen*, n° 355), par Hain (n° 13914) : *Fr. Riederer Spiegel der Wahren Rhetoric. usq. M. Tulio C. vnd andern getutscht... Friburg in Brissgaw*. F. Riederer, 1493, in-fol. de 180 ff. chif. et 8 ff. de table, fig. s. bois ; le titre est entièrement xylographique.

Col. 533. FRISIA, *Vriesland, la Frise*.

FRISINGA.

Les *Statuts synodaux de l'Eglise de Freysingen*, imprimés en 1480 (18 ff. à 31 lig. in-4°), sans indication de lieu, sans nom d'imprimeur, par ordre de l'Évêque Sixte, ont-ils été imprimés dans cette ville même, ou dans quelqu'une des villes voisines, Bamberg ou Nuremberg ? (Voy. Hain, n° 15032.)

Col. 535. FULGINIUM.

A bone monte (*Gut Berg*), lisez *Vom guten Berg*.

Col. 537. FUNDKIRCHA, lisez FUNFKIRCHA.

FURANUM, voy. STEPHANI (S.) FANUM.

G

Col. 540. GADES.

Pour un livre imprimé à Cadix en 1618, voy. Antonio (*Bibl. nova*, I, 321).

Col. 546. GAMANODUNUM. *Rastadt* est dans le grand-duché de Bade.

GAMMUNDIA, *Schwäbisch-Gmünd*.

Col. 549. GARDISTALLUM.

L'imprimeur Joan. de Erasmis (Marco Giov. d'Erasmi) était déjà en exercice à Guastalla en 1669 : *Hieron. Nigrisoli, Ferrariensis medici, Progymnasmata, in quibus novum præsidium medicum, appositio videlicet hirudinum internæ parti uteri in puerperii et mensium suppressione exponitur... Guastallæ, Joan. de Erasmis, 1669, in-4°* (cat. La Vall.-Nyon, n° 6130).

Col. 552. GEISMARIA, *Geismar*, bourg de l'Electorat de Hesse-Cassel.

Voici le titre complet du volume que nous citons; il nous donne le nom de l'imprimeur : *Tractatus aliquot chymici singulares, summum Philosophorum arcanum continens*. Geismariæ, Salomon Schadewik, 1647, in-12.

Col. 553. GEMUNDA AD NICRUM, *Neckar-Gemund*.

GEMUNDA AD TRAUNUM, *Gemund*.

GEMUNDA VILLACENCIS, *Gmund*.

GEMUNDANUS LACUS, *Gemundnersee* (Land ob der Ens).

Col. 554. GENEVA.

En 1529, un libraire de Paris, Didier Rousseau, fuyant les persécutions religieuses, se réfugia à Genève, où, quelques années après, le droit de bourgeoisie lui fut concédé. L'un de ses descendants, Isaac Rousseau, épousa la fille du ministre Bernard ; deux fils naquirent de cette union ; l'un, élevé avec négligence, quitta le foyer paternel et disparut ; l'autre, qu'on appela Jean-Jacques, coûta en naissant la vie à sa mère, fut élevé avec une tendresse infinie par une tante, et devint l'écrivain et le philosophe que vous savez.

Col. 556. GENTIFORUM, *Völkermarkt*.

Col. 557.

Le dernier mot de la colonne est *nulla* qui n'a pas de sens, rétablissez : *Nella*.

Ajoutez de plus l'accent grave aux mots *poichè* et *è* (3° pers. du verbe).

Col. 563. GERUNDA.

« Nous espérons que M. Gallardo nous donnera », lisez : que MM. Zarco del Valle et Sancho Rayon nous donneront...

Col. 564. GESIA.

M. Claudin, libraire parisien, nous signale pour *Gex* un nouveau vocable : GAIUM, et un nouveau produit des presses de Balth. l'Abbé à la date de 1609 : *Diction. histor., geogr., poëticum, auth. Car. Stephano*. Gaii, apud Balth. Abbatem et Joan. Pratensem, 1609, in-4° de IV-452 ff. M. Claudin pense avec raison que ce gros volume à 2 col. a dû être mis sous presse avant *la Paraphrase des Proverbes de Salomon* ; il a, suivant toutes les apparences, été commencé en 1608.

Col. 566. GIESSA. On trouve aussi GESSENIA.

Col. 567. GINÆPEDIUM, GYMNÆPEDIUM. *Frauenfeld* est le chef-lieu du canton de Thurgovie.

Col. 570. GLASCOVIA.

« Hé had a great trist for books », dit énergiquement Walpole; lisez : *thirst* (soif).

Col. 577. GOUDA.

Nous avons avancé que les trois premières productions de Gérard de Leeu avaient été exécutées dans l'intervalle d'un mois ; M. Holtrop nous fait remarquer que « du soir de la Pentecôte, op die Pinxter avont » (25 mai), au 10 septembre, il y a plus d'un mois. — Dont acte.

Nous avons donné comme in-fol. le *Recueil des statuts synodaux d'Utrecht*. Ce volume est in-4°.

Nous avons dit que, de 1484 à 1496, nous ne trouvions pas trace certaine d'imprimerie à Gouda ; M. Holtrop cite un *Opusculum grammaticale, impressum Goude per me Gotfridum de Os. rc. anno 1486, 13 nov.* (*Monum. typogr.* Pl. 72 [III]). Un exemplaire est conservé à la Bibl. royale de Copenhague; un second à la bibl. de l'Université de Cambridge; un troisième (incomplet) à la bibl. du séminaire catholique à Cologne.

« On connaît encore, ajoute M. Holtrop, une *Histoire de Lancelot et Sandriin*, en vers hollandais, publiée sans date par Govert van Ghemen, *ter Goude in Hollant*. L'exemplaire unique est conservé à la bibl. communale de Lubeck. »

Le *Chevalier délibéré*, par Olivier de la Marche

s. l. n. d., et sans nom d'imprimeur, mais exécuté à Gouda par un typogr. inconnu, dont la marque est un éléphant portant une tour avec deux bannières, l'une aux armes de Maximilien, l'autre aux armes de la ville de Gouda (Exempl. unique chez M. de Ganay).

L'*Histoire du duc Godefroid de Bouillon*, sorti des mêmes presses, dont l'unique exempl. est conservé chez le duc d'Arenberg.

Avec ces mêmes types existent encore une *Lettre d'indulgence* conservée à la Bibl. roy. de La Haye; un fragment de l'*Histoire des quatre fils Aymon*, en hollandais.

Deux autres pièces exécutées avec les types de l'*Opusculum grammaticale...*, etc.; les fac-simile de ces précieux spécimens des presses de Gouda sont donnés aux *Monum. typogr. des Pays-Bas*; mais nous n'avions pas alors entre les mains cette admirable publication.

M. Holtrop nous fait encore remarquer que le livre découvert par M. Tross: *T' Bocc der Rente*, est imprimé avec les types du *Lancelot*, c'est-à-dire par Govert van Ghemen; il en a donné un fac-simile à la pl. 79 [126] des *Monuments typogr.*

Col. 581. GRÆCIUM STYRIÆ.

Deux fautes d'impression dans l'énoncé du titre du vol. de 1571: *Sig*, lisez *Sieg*. — *Falsten*, lisez *Fasten*.

Col. 583. GRANGES (LES) *proche Versailles.*

Lieu d'impression supposé: *Almanach pratique pour l'année 1734, ou le calendrier historique des grands personnages de Port-Royal, qui ont éclairé l'Eglise par leurs ouvrages ou qui l'ont édifiée par leur conduite.* Aux Granges-proche-Versailles, 1734, petit in-12, format d'agenda. C'est encore là un de ces livres jansénistes, sorti d'une de ces imprimeries clandestines dont nous avons eu déjà l'occasion de parler.

Col. 588. GRISONIA, *le Canton des Grisons,* à l'O. du Tyrol.

Col. 590. GRUMENTUM, voy. SAPONARIA.

Col. 593. GURIZZA? bien probablement *Goritz*, voy. GORITIA.

Sous cette dénomination de lieu, nous trouvons un livre désigné au premier catalogue R. Heber, n° 7026: VIRGILI, *la Eneide tradotta in Viars Furlans Berneschs dal J. Busiz.* Gurizza, 1775, 2 vol. in-8°.

H

Col. 601. HALBERSTADIUM.

Le *Missel* de S.-Benoît, imprimé à Halberstadt en 1520, figurait à la vente Enschedé sous le n° 662; la description est conforme à la nôtre, plus une observation de détail: le titre est orné d'une bordure par le maître au monogr. C. G. (voy. Bartsch, VII, 472).

Col. 602. HALESA. Répétition de deux articles.

Col. 603. HAMBURGUM, voy. MARIONIS.

Col. 607. HARLEMUM.

Ligne 3, *Élucidation,* lisez *résolution.*

« Un Hollandais qui signe: « CONSTANTER »...., Ce pseudonyme cache un savant distingué, le professeur de Hoop Scheffer, et l'article en question a paru dans le *Navorscher,* journal dont le premier numéro date de 1856.

M. Holtrop, dont l'autorité en matière d'histoire de la typographie hollandaise est indiscutable, mais dont le patriotisme, pour grand qu'il soit, n'est point aveugle, évite de se prononcer sur la question Costérienne, et sur la chronique de Jean Gerbrandsz, si malencontreusement exhumée par le professeur de Hoop Scheffer; la note qu'il nous fait l'honneur de nous adresser à cette occasion est pourtant trop intéressante à plus d'un titre, pour que nous hésitions à la reproduire *in extenso.*

« Je crois, dit M. Holtrop, que la question de l'invention de l'imprimerie est plus difficile à résoudre que celle de Th. Martens et de ses éditions anversoises de 1496 » (M. Holtrop parle ici avec une modestie rare du remarquable travail qu'il a consacré à Thierry Martens, et de l'extrême talent avec lequel il a élucidé l'une des plus obscures questions de la prototypographie hollandaise).

« L'auteur du *Dictionnaire géographique..... à l'usage du libraire,* etc., continue le savant bibliographe, me paraît un rude adversaire de la cause de Harlem; à tel point que dans son article BRUXELLA, où il n'est point question de cette cause, mais en citant un vers de L. Valle, il se plaît à ajouter en forme de parenthèse: « *encore une pierre jetée aux partisans de Coster.* »

« Ce n'est point ici le lieu de traiter cette question, et quoique n'étant pas de l'avis de l'auteur du *Dictionnaire de géographique...*, je respecte son opinion. Je dois seulement faire observer que le passage de la *Chronique de Jean Gerbrandsz de Leide* n'a pas ébranlé ma foi dans les traditions de mon pays. Ce moine, en disant: « *Joh. Fust eiusdem artis primus omnium* INDUBITATUS *inventor fuit* », indique clairement, que de son temps (1514) il existait des doutes à ce sujet.

« Il est peut-être prudent, lorsqu'il s'agit de questions de ce genre, de « *se ranger du côté des gros bataillons* », et, certes, dans la cause entre Mayence et Harlem, le grand nombre décide pour la première ville. Dans la question des éditions anversoises de 1476, les gros bataillons les admettent, mais je puis affirmer que des bibliographes belges, après avoir examiné l'opinion que j'ai émise sur ces éditions, m'ont assuré qu'ils la partageaient entièrement. »

Nous ne savons si nos lecteurs vont partager notre avis; mais il nous semble que M. Holtrop, par cette lettre si pleine de convenance et de prudente réserve, semble indiquer le projet ultérieur de consacrer à l'examen de cette question délicate les forces que lui laissera sa santé malheureusement ébranlée, et les loisirs que lui donne sa démission des fonctions d'administrateur de la Bibl. royale de la Haye. S'il devait en être ainsi, et nul plus que nous ne le désire vivement, nous ne faisons nul doute que la nature sérieuse et réfléchie de son esprit profondément investigateur ne le mette à même de jeter enfin quelque clarté sur cette *difficile* question, la plus controversée, la plus obscure peut-être qui ait agité les temps modernes.

Col. 612. HASSELETUM.

M. Holtrop nous donne le nom de l'imprimeur caché sous les mystérieuses initiales P. B. « Dans le *S. Jheronimusbock* de 1490, se trouve une gravure sur bois représentant S. Étienne, le patron de la ville de Hasselt, tenant un écusson aux armes de cette ville, et portant à droite un second écusson, chargé de deux huchets de sable, virolés, passés en sautoir, les embouchures en bas, sur champ d'argent. Ces armes sont celles de la famille de Barmentloe ou Bermentlo; un imprimeur de ce nom figure à la souscription d'un *Psalterium*, imprimé à Naples en 1476, in-4°. « *Neapoli per Henricum Alding et Peregrinum Bermentlo* ». C'est donc ce Peregrinus Bermentlo qui, de retour dans sa ville natale, y a exercé de 1480 à 1490 environ » (voy. *Monum. typ.*, pp. 94-96, et pl. 96-97-98-99).

Col. 615. HEILBRONNA, *Heilbronn* (Neckar-kreis); *Der Heil-Brunnen*, la Fontaine de salut ?

Col. 618. HELVETII, peuple de la Gaule, occupant la partie orient. de la grande Séquanaise.

Col. 621. HERBIPOLIS, *Würzburg.*

Le PSALTERIUM avec les comment. de S. Bruno, que nous avons décrit comme le premier livre imprimé à Wurzburg, est à l'usage des Chartreux : « Le Prince-Evêque de ce diocèse avait fait venir Reyser pour exécuter ce volume » (voy. VIᵉ cat. Tross de 1868, n° 4152).
Les célèbres impr. G. Lauer et J. Veldener étaient de Wurzbourg.

Col. 623. HERCULEUM, *Erkelenz.*

Col. 625. HERESFELDA, *Hirschfeld.*

Nous trouvons trace d'imprimerie dans cette ville en 1708 ; le cat. Dubois (IV, n° 15937) nous donne : *Conr. Mels Teutsche Ethica.* Herschfeld, 1708, in-8°, et en 1710, nous trouvons encore du même auteur : *Conr. Mel Letzte Reden der sterbenden || oder Predigten uber auserlesene Texte des alten vnd neuen Testam.* Herschfeld, 1710, 2 vol. in-4°.

Col. 626. HERMIONES, peuple de la Germanie, au N.-E., entre l'Elbe et la Vistule, entre les montagnes de Thuringe et la Baltique.

Col. 629. HIERACIUM, voy. NARYCIA.

HILPERSHUSIA.

Pour un livre imprimé en 1690 à *Hildburghausen*, voy. Struvius (*Bibl. Saxon.*, p. 525).

Col. 630. HIPPONIUM, voy. VIBO.

Col. 634. HOFF ZU NEWBURG.

C'est plutôt, nous écrit M. O. Mündler, à la ville de *Neubourg* sur le Danube que s'applique la note bibliogr.; Neubourg était anciennement résidence ducale (*Pfalz-Neuburg*).

Col. 635. HOLA, *Hoolum.*

Un livre imprimé en Islande à la date de 1549 est conservé à la Bibl. imp., sous le n° A-1749.
En 1611, nous trouvons : *Speculum Pœnitentiæ* (Islandico sermone), in-8° [*Bibl. Danica*, p. 338].

Col. 639. HOSEMUM, HUSUMUM, *Husum.*

Antoinette Bourignon, « *virgo Flandra indocta et fanaticis deliriis adeo indulgens, ut cœli se reginam crederet* », quand elle quitta la Flandre en 1671, vint se fixer dans le Schleswig (*Cimbria*), convoyant son matériel typographique ; ce fut à Husum qu'elle élut domicile, et choisit pour directeur de son imprimerie un certain J. Conradus Hasius (voy. Lackmann, *Ann. Typogr.*, 1740, in-4°, p. 47).

Col. 640. HUBENA.

Lieu d'impression qui nous est inconnu.
Le *Catal. libr. novissime impr.* (Amst., J. Waesberghe, 1680, in-4°, 2ᵉ semestre, p. 34) signale un livre souscrit à ce nom ; nous citons textuellement : *Printzs (Danielis a Bucchau) Moscoviæ ortus, et progressus, de ducibus Moscoviæ, eorumque incrementis ; item de initiis belli Livonici, de religione Ruthenorum*, etc. Hubenæ, 1680, in-12. Ce livre nous paraît devoir être d'une excessive rareté ; nous n'avons pu le découvrir dans aucun des bibliographes spéciaux.

HUBERTIBURGUM, *Hubertsburg.*

I

Col. 646. IBURINGA, *Ueberlingen*, anc. ville libre du Saint-Empire, auj. petite ville du grand-duché de Bade.

ICAUNA ; on trouve aussi ICHO, ONIS.

Col. 649. ILEBURGUM.

Nous devons mentionner à la date de 1524 un livre dont nous trouvons le titre au supplément donné en 1864 à Panzer, par Emile Weller (Nördlingen). sous le n° 3,230, on cite : *Vom zutrincken laster vnnd missbranch die schentlichen darauss erfolgen, darmit yetzt die ganze Teutsch Nation befleckt ist.* A la fin : Gedruckt zu Eylenburgk durch Nicolaum Widemar. Anno 1524, in-4° de 4 ff. (vendu à Nördlingen en 1862, 104 thalers).
Dans le titre allemand du livre que nous avons cité, au lieu de *vleen*, lisez *veben.*

Col. 653. IMUM CASTRUM, auj. *Tiefencasten.*

Col. 662. IPRA.

Le P. Lelong nous donne (I, p. 340) : *Forma subventionis pauperum quæ apud Hyperas Flandrorum urbem viget.* Hyperis, 1531, in-8°. Nous pensons qu'il convient de lire : 1631.

IRACIA.

L'Arte di ben vivir fut réimprimé à Irache en 1616, in-4° (Antonio, *Bibl. nova*, I, 95).

Col. 663. IRIA.

Dans la citation d'un passage de Mauro Boni, que nous faisons à propos de *Voghera*, une faute typogr. rend une phrase inintelligible; au lieu de « *non leggier cambiamento,* » lisez : *con leggier....*

Col. 668. ITHACESIÆ INS.; au lieu de mer Tyrrhénienne, lisez : *mer Ionienne.*

Col. 669. ITZSTEIN, localité du duché de Nassau.

J

Col. 673. Jassium.

C'est à un illustre Roumain dont la Moldavie déplore la perte récente, M. Georges Asaky, que Jassy doit le premier établissement typographique qui ait réellement fonctionné dans ses murs ; jusque-là l'imprimerie n'avait été exercée en Moldavie que dans les deux monastères que nous avons signalés. M. Asaky, vers 1824, établit à ses frais une imprimerie, réforma les caractères cyrilliques, et, en 1829, fonda à Jassy le premier journal roumain, l'*Abeille*, qu'il rédigea pendant 35 ans.

Col. 674. Jenecopia.

Nous n'avons cité aucun titre de livre imprimé à *Junköping* ; le catal. Dubois (II, 618) nous donne : *Histoire de l'Eglise de l'Anc. Testament, par Dryselius.* Jonkioping, 1704, in-4º. — Réimpr. dans la même ville en 1708 ; ces deux volumes sont imprimés l'un par Peter Hultman, l'autre par Daniel Wald.

Col. 677. Judeca, *Giudecca*.

K

Col. 684. Kasanum.

Nous trouvons au 2e vol. du catal. Teleki (p. 299) un vol. souscrit au nom de Kassan, en 1790 : *Julia Levelei Ovidiushoz, németböl szabad forditás.* Kassán, 1790, in-8º ; mais le titre en hongrois, les accents, le catal. lui-même, prouvent que ce livre est imprimé en Hongrie, et d'ailleurs l'orthographe du lieu de provenance diffère.

Col. 685. Kemptena. *Kempten* est une ville de Bavière (Schwaben-Neuburg), et *Kempen*, la patrie de l'auteur presumé de l'*Imitation*, est une petite ville de la Prusse rhénane, près de Cologne.

Col. 686. Kereszturinum, *Nemet-Keresztur*

L'imprimeur Joannes *Manlius*, en allem. Hans Manuel, en hongr. *Manlius Janos.* Au lieu de *Monyorokerekini*, lisez : Monyorokereken.

Col. 691. Kralia, *Kralitz*.

La célèbre *Bible* de 1579 ne forme pas 6 vol., mais 6 parties en un vol. in-4º. Nous avons vu le bel exempl. de l'édit. de 1596, que M. Tross porte au 5e cat. de 1868, et au 4e de 1869 ; en voici la description : *Bibli Swatá, to gest kniha-wniz se wssecka. Pisma swatá Starého y Noweho Zákoma Zdrzugj.* S. l. 1596, in-8º goth. à 2 col., parfaitement impr. en petits car. rouges et noirs, contient 1,140 pp. chiffr. plus 10 f. de table non chiffrés.

L

Col. 697. Labadunum, supprimez : *Ladenberg.* Au lieu de *Geschrichten*, lisez : *Geschichten*.

Col. 698. Lactora.

L'imprimerie ne reparaît à Lectoure qu'à l'époque de la Révolution (voy. Am. Tarbouriech, *Bibl. polit. du dép. du Gers.* Paris, A. Aubry, 1867, in-8º).

Col. 699. Lacus Aricius, *Lago di Nemi*, près de l'Ariccia.

Lacus inferior, *der Zellersee*, en Tyrol.
Lacus italicus, *der Walchensee*, en Bavière (voy. lacus vallensis).

Col. 703. Lancioburgum, *Lans-le-Bourg*, sur la rive gauche de l'Arc, chef-lieu de canton (Savoie).

Col. 704. Landshutum, *Landshut*, sur l'Isar, ville de Bavière.

Nous pouvons citer à la date de 1505 un autre vol. imprimé dans cette ville : *Hyrinn Kürzlich begriffen ist||Lazarum den gestorben man||Wie unser heyland Jesus Christ||Gewalttigklich hiess wider aufflan.* A la fin : Gedruckt zu Landshut, 1505, in-4º (voy. Panzers *Ann. der ältern Deutschen Litter.*, I, p. 268, nº 555).

Col. 703 bis. (Par erreur de pagin.)

Langlée.

Le *Bulletin du Bibliophile* (ann. 1863, p. 481) contient un article intéressant sur Léorier de Lisle.

Col. 707. Lassay.

Voir sur l'imprimerie du château de Lassay un art. fort curieux de M. Paulin Paris, au *Bulletin du Bibliophile* (ann. 1848). L'exempl. des *Mémoires de Lassay*, qui appart. à M. de Pixerécourt, fig. au catal. sous le nº 1635.

Col. 709. Laucostabulum, *Liestall*, bourg de Suisse.

Laudunum.

Les *Recherches bibliogr.* de M. C. Perin sur le dép. de l'Aisne nous donnent, à la p. 147, un vol. impr. à Laon en 1669 : *Pestilentiæ urbem laudunensem invadentis vera descriptio*, par Fr. Fondeur, in-4º.

Col. 711. Lauretum.

Antonio (I, 160) nous donne un titre de livre imprimé à *Loreto* en 1647, sans nom d'imprimeur ; mais les excellents catal. Maisonneuve (*Philologie Europ. et Orient.*, 1862, nos 3321 et 3322) nous permettent de réparer cette omission ; le premier (cité au *Manuel*), *Mikaglia. Grammatika Talianska*, est souscrit : *U Loreto*, 1v. Bat. Serafiuv. 1649, in-8º ; le second, du même auteur : *Blago jezika slovinskoga illi Slovnik... Thesaurus linguæ Illyricæ...*

porte: Laureti, apud Paulum et J. Bat. Seraphinum, 1649, in-8°.

Col. 716. LEDUM SALARIUM.

Un imprimeur du nom de Gauthier exerçait à *Lons-le-Saulnier* pendant la période révolutionnaire: *L'arrivée du brave Toulousain et le devoir des compagnons de la petite Manicle.* A Lons-le-Saulnier, Gauthier, s. d. (1791), in-12.

Col. 717. LEHERICI MONS, bataille en 1465.

Col. 718. LEITÆ PONS, *Bruck an der Leitha.*

Col. 719. LEMGOVIA; Lemgo est fort éloigné de Francfort, et beaucoup plus au N.

Col. 721. LEODICUM, *Liége.*

Voyez Van-der-Meersch, *Recherches sur les impr. belges à l'étranger,* p. 174.

Col. 723. LEOPOLIS, *Lemberg.*

Le livre imprimé dans cette ville en 1593 doit être ainsi souscrit : *Leopoli,* 1593, in-4°.

Col. 724. LEORINUM, *Löwenberg.*

Col. 725. LERMA.

Antonio (*Bibl. nova,* I, 725) confirme, contrairement au résultat de nos premières recherches, l'assertion de M. Ternaux : une édition latine des *Dialogues* de Vivès, sous le titre de : *Dialogisticarum linguæ latinæ exercitationes,* fut imprimée sous la rubrique : *Lerma,* en 1619, in-8°. Ce livre, si souvent réimprimé et traduit en toutes les langues, est du célèbre grammairien Juan Luis Vivès, natif de Valence, mais qui étudia et passa presque toute sa vie à Paris.

Col. 727. LETA PANE.

Nous n'avons point su déterminer la situation de *Leta Pane,* par la raison que nous avons pris le *Pirée* pour un homme! Ces mots bohèmes n'ont jamais désigné un lieu d'impression; presque tous les livres tchèques des XVIe et XVIIe siècles portent ces mots au titre, et, souvent avec l'indication du nom de lieu, Prague, Kralitz, Eger, etc., ils signifient simplement : *les années du Seigneur!...* On trouve quelquefois : *Leta posledniko weku,* l'an du présent siècle.

Col. 728. LETSCHIR VALLIS, *Lettscherthal,* lisez : *Lötschenthal.*

Col. 729. LEUCOPETRA, voy. WEISSENFELSA.

Col. 730. LENCUM, *Lecco,* au S.-E. du lac de Côme.

LEUTEVA.

M. Gaudin, biblioth.-adjoint de Montpellier, nous donne le nom de typographie, que l'évêque de Lodève, Jean Plantavit de la Pause, avait fait venir d'une ville voisine ; c'est Arnaud Colomiez de Toulouse, et, quand il eut terminé l'impression des élucubrations de l'évêque, Colomiez retourna à Toulouse.

Col. 733. LIBURNUM, *Libourne,* ville et chef-lieu d'arrond. du dép. de la Gironde, au confl. de l'Isle et de la Dordogne, avec un port de quelque importance.

M. G. Brunet, l'éminent bibliographe bordelais, que nous avons consulté au sujet de l'époque probable de l'introduction de l'imprimerie à Libourne, a bien voulu faire (avec son obligeance accoutumée) toutes les recherches imaginables, et n'a obtenu qu'un résultat à peu près nul : « J'ai consulté, nous écrit-il, les deux historiens de cette ville, Souffrain et Guinodie ; j'ai interrogé nos savants bordelais, j'ai écrit à Libourne même ; tout cela ne m'a rien appris du tout. »

Libourne ne figure point à l'arrêt du conseil du 21 juillet 1704, et, par contre, son nom est compris à l'arrêt du 31 mars 1739, parmi ceux des villes de France où la suppression de l'imprimerie est décrétée :donc une établissement typographique de quelque importance avait fonctionné dans l'intervalle.

Cette suppression est maintenue, car Libourne ne figure point au rapport fait à M. de Sartines en 1764.

L'imprimerie reparaît pendant la période révolutionnaire ; M. Brunet cite une pièce qui fig. au cat. de Soleinne sous le n° 2417 : *la Mort d'Hercule,* trag. en 5 actes et en vers. par le cit. Lafond. Libourne, C. Puynesge, s. d. (1792), in-8°, vendue 7 fr. 75. L'auteur de cette détestable rapsodie abandonna depuis le métier d'auteur et devint célèbre comme acteur tragique.

M. Brunet, de Bordeaux, parle également d'une brochure de M. de Puységur sur *le Magnétisme,* qu'il dit avoir été imprimée antérieurement à Libourne, mais dont il n'a pu se procurer la date exacte.

Col. 733. LICATES. L'Oberdonaukreis est auj. la province de *Schwaben und Neuburg.*

LICHA, *Lych.*

Dans le titre du livre allemand de D. Herlitz, corrigez : au lieu de *ferzigen,* lisez : *fetzigen* ; Gedruckt zu Lich durch Nicol. Erben, c'est-à-dire : *imprimé à Lich chez les héritiers de Nicolas.*

LICHTENBERGA, *Lichtenberg,* chef-lieu de l'anc. princip. (Prusse).

Nous trouvons au cat. Dubois (t. IV, p. 943) un livre souscrit à cet nom à la date de 1710 ; nous n'avons malheureusement pas le nom de l'imprimeur. *Wahrhafftige Erzehlung was zwischen denen so genandten Pietisten vorgegangen ist.* Lichtenberg, 1710, in-8°. Falkenstein ne paraît point avoir connu cette imprimerie.

Col. 736. LIMONUM.

En dépouillant les archives de la ville de Bordeaux, M. Ernest Gaullieur a découvert un contrat passé entre les premiers typographes de cette ville et deux imprimeurs de Poitiers, Estienne Sauveteau et Guillaume..., pour l'impression d'un *Bréviaire* à l'usage de l'église d'Ausch, tiré à 700 ex. ; ce contrat est à la date du 7 juin 1487: le nom du second imprimeur, malheureusement effacé dans l'acte original, pourrait être celui de Guillaume Bouchet? et il n'y aurait rien d'impossible à ce que ces deux associés fussent les créateurs de ce premier établissement typographique, auquel la ville de Poitiers est redevable du *Breviarium Historiale* de 1479.

Notre excellent correspondant poitevin, M. Barbier-Tripart, nous écrit à propos de l'article que nous avons consacré à la ville de Tours, pour nous faire remarquer que nous avons cité, à la date de 1493, un *Bréviaire* à Tours, imprimé *« per Simonem Pourcelet, in intersignio Pellicani commorantem »,* et, en second lieu, que *la Vie de Mgr Saint-Martin,* de 1496, est imprimée par *Jehan du Liége,* marchand libraire à Tours.

Or nous prouverons, à la note additionnelle que nous consacrerons à cette dernière ville, que *Jehan de Marnef* et *Jehan du Liége* ne font qu'un, et il nous sera bien permis d'en tirer cette conclusion que le grand imprimeur de Paris et de Poitiers avait fondé une librairie à Tours et, suivant toutes les probabilités, un établissement typographique, dont il confiait la direction à Simon Pourcelet.

Col. 740. LINDAUGIA.

Au lieu de Oberdonaukreis, lisez : Schwaben vnd Neuburg. Dans le titre allemand du livre que nous portons à l'actif de Lindau, deux fautes typogr. se sont glissées : au lieu de *Predige*, lisez : *Predigt* ; remplacez *Köndre* par *Köndte*.

Col. 742. LIPSIA.

« On a voulu reporter à 1480 la typogr. à Leipsick ; » voyez à ce sujet une longue et savante dissertation de Freytag, dans son *Adparatus Litterarius* (Lips., 1755), 3e vol., p. 486.

Col. 744. LIPSTADIUM.

Nous trouvons trace d'imprimerie à *Lippstadt* en 1711 : *Melancholische neben-stunden über das elende leben dieser welt*. Lippstadt, 1711, in-8° (cat. Dubois, IV, n° 16,216).

Col. 745. LITOMISLIUM.

Le catal. Bearzi (n° 761) nous fournit le titre d'un ouvrage imprimé à *Leutomischl* en 1536, et le nom du typographe : *Prawa Mestská*. A la fin : *Konek wssech Praaw Miestskych*.

Hoc opus juris impssum in Litomyssl. Per Alexādrum plznensem : Mense aprilli (sic) : *anno salutis nostre* 1536, in-fol. goth.

Col. 746. LIVERPOOL.

Au lieu de *Mémoires*, lisez : *Memoirs*.

LOBAVIA, *Löbau, Lœbau*, près de Zöblitz.

Col. 747. LOBDUNUM.

M. G. Brunet, le bibliogr. bordelais, nous écrit : « Je suis tenté de croire que *Laleburg* est une ville imaginaire (*Lallen* en allemand signifie *bégayer*) ; le titre que vous reproduisez ne peut-il pas se traduire par *le Livre des Bègues, histoire curieuse et plaisante des Bègues, imprimée à Bègueville ?* » Nous nous rangeons de tout cœur à l'opinion de notre excellent confrère.

Col. 748. LOCLE (le).

Danse des morts pour servir de miroir à la nature humaine, avec le costume dessiné à la moderne. Au Locle, chez S. Girardet, 1788, 2 part. en un vol. in-8°.

Col. 749. LOCUS B. MARIÆ, *Marienfeld.*

Col. 750. LOERACUM, anc. désignation de *Carlsruhe*, voy. CAROLI HESYCHIUM.

Sous ce nom nous trouvons trace d'impression : *Serenissimi Marchionis et Principis Bada-Durlacensis, Hortus Carolsruhanus in tres ordines digestus, exhibens nomina plantarum exoticarum... Auctore Josua Rislero Pharmacopœo.* Lœraci, Samuel Augustus de la Carriere, 1747, in-8° (à l'Arsenal).

Col. 751. LONDINIUM.

Au milieu de la col. 752, rétablissez la locution proverbiale : *as blind Bayard.*

Col. 756. *Longosalissa.*

A la 4e ligne de la col. 757, au lieu de *gesangen*, lisez : *gefangen.*

Col. 760. LOUHANS, ville de France, sur la Seille, chef-lieu d'arrond. du dép. de Saône-et-Loire.

Nous ne pouvons prouver que l'art typogr. ait été exercé dans cette petite ville antérieurement au XIXe siècle, et cependant nous trouvons : *Recherches pour servir à l'histoire de l'arquebuse de Pont-de-Vaux, par M. C. E. B. D. S.* (Charles-Emmanuel-Borjon de Scellery), *ancien capitaine de la compagnie.* Louhans, 1786, in-8° de 48 p., tiré à 30 exempl.

M. Sirand (*bibliogr. de l'Ain*) nous apprend que M. Borjon de Scellery, gouverneur de Pont-de-Vaux,

imprimait lui-même ses opuscules, empruntant le nom de localités voisines, mais qu'en réalité ses presses roulaient dans la ville même de Pont-de-Vaux (voy. PONS-VALENSIS).

LOVANIA.

Nous avons renvoyé le lecteur pour l'histoire typogr. de Louvain à M. Bernard, et particulièrement à M. Van-Iseghem ; alors n'avait point encore paru l'excellente monographie consacrée par M. Holtrop à Thierry Martens d'Alost.

Voici quelques notes que ce bibliogr. a bien voulu nous adresser :

Nous avions dit que Jean de Westphalie avait d'abord résidé dans l'enceinte de l'université : « J'ai démontré (*Monum. typog.*, p. 50), nous dit M. Holtrop, que les mots « *in alma universitate Lovaniensi residens*, » n'ont pas la signification que Lambinet y attache. J. de Westphalie n'a *pas* imprimé *d'abord* dans l'enceinte de l'université, *puis* en ville. Aussi avait-il des apprentis ou compagnons *dès son début* à Louvain comme imprimeur. Déjà en 1473-74 les comptes de la ville enregistrent une livraison de huit mesures de bière de houblon, faite en réduction de taxe par la brasserie l'*Orgue* à Jean de Westphalie et à ses compagnons (*cum sociis suis*).

« Pendant son établissement à Louvain (1473, juin 1474), Jean de Westphalie a été à Alost, mais depuis ce moment il n'a pas quitté Louvain. Ses départs pour d'autres villes, entre autres pour Nimègue, reposent sur des erreurs. La souscription de sa réimpression des *Epistolæ Engelberti cultificis : in Novimagio. Impressa per me Joannem de Westfalia* (*Monum. typogr.* pl. 87 [17]), y a donné lieu. Les mots : « *in Novimagio* » appartiennent à la réimpression de la souscription de l'édition de Nimègue. »

Nous avions avancé que J. de Westphalie était mort vers 1493 : « Il a publié avec son nom en 1495 un *Augustinus de Trinitate*, in-fol. ; en 1496 une *Legenda S. Annæ*, in-8° min. Ces deux livres sont conservés à la bibl. roy. de la Haye, et portés au *Catal. des Incunables*, sous les nos 127 et 128. Jean de Westphalie vivait encore en 1501. »

Jean Veldener est arrivé de Cologne à la fin de 1470... *Remarque*: Jean Veldener s'est fait inscrire le 30 juillet 1473, sur le registre-matricule de l'université de Louvain. Le *Theramo* de 1474 et l'*Angelus de Gambiglionibus* de 1475 sont imprimés par Veldener à Louvain. » (Voy. *Monum. typogr.*, p. 479.)

Conrard de Paderborn et Conrard Braem, avons-nous dit, qui peut-être ne font qu'un... « Conrad de Westfalia Paderbornensis fut immatriculé à l'université de Louvain, le 27 février 1476. Braem, originaire de Cologne, y fut inscrit le 20 juillet 1474 ; ce sont deux personnages bien distincts. Leurs types n'ont point de rapport » (voy. *Monum. typogr.*, pl. 52 [89]).

Nous avons cité le grand Erasme comme l'un des plus illustres professeurs de l'université de Louvain ! Où avons-nous puisé cette sottise ? Il nous est impossible de le savoir aujourd'hui, et M. Holtrop nous fait remarquer avec autant de raison que de simplicité, qu'Erasme n'a pu professer à Louvain, puisqu'il n'a figuré comme professeur dans aucune université.

Col. 761. LUBECA.

A la fin : *zu Lübeck gedruckten medersächsischen*, lisez : *Niedersächsischen*..

Col. 762. LUBECA AD CHRONUM.

Sociniens et *unitaires* ne font qu'une seule et même secte ; c'est au contraire pendant la vie de Jean Kirzka, châtelain de Vilna, protecteur des Sociniens, que P. B. Kmita établit la première typogr. à *Lublecz*, typogr. dont les premières productions ont totalement disparu.

Col. 767. Lucomonis mons, *le Luckmanier*.

Col. 768. Ludosia.

Au lieu de Graësse, lisez partout : *Graesse;* au lieu de Cambden, *Camden;* au lieu de Sprüner, *Spruner*, etc.

Col. 769. Lugdunum.

Nous avons compris Galliot du Pré parmi les imprimeurs lyonnais ; ce typographe célèbre n'a jamais dirigé, que nous sachions, d'autre établissement que celui de Paris.

Col. 770. Ligne 5. *Catchwoords;* lisez : *Catchwords.*

Col. 771. Lugdunum Batavorum.

Nous avons cité trois imprimeurs ayant exercé dans cette ville au XVe siècle (et nous devons rétablir l'orthographe du nom de l'un d'eux : *Hugo Janssoen van Wœrden);* M. Holtrop nous en signale un quatrième : Cornelis Kers, qui publia à Leide un livre à la date du 12 avril 1494. Ce bibliographe en a donné le *fac-simile* dans les *Monum. typogr. des Pays-Bas* à la pl. 112 [86e²] d'après l'exemplaire unique acquis par la Biblioth. royale de la Haye, depuis la publication du *Catal. des Incunables.*

M. Holtrop ajoute : « Induit en erreur par des bibliographes qui ont affirmé que Jan Severs a publié des livres avant 1500, et comme les livres publiés à la fin du XVe siècle ou au commencement du XVIe, sans date, sont très-difficiles à distinguer, j'ai placé dans mon *Catalogue des Incunables* deux ou trois livres publiés par Jan Severs, *sans date*, parmi les produits du XVe siècle. Comme depuis je n'ai rencontré aucune édition de Jan Severs antérieure à l'an 1500, je n'ai pas dû comprendre cet imprimeur dans mes

Monuments typogr. parmi les typographes du XVe siècle. »

Il nous faut encore ajouter Govert van Ghemen, l'imprimeur de Gouda, qui exerça à Leide et de là partit pour Copenhague. La biblioth. de La Haye vient d'acquérir un opuscule intitulé : *Den Gheestelieken Minnenbrief*, etc. (*Littera amatoria spiritualis*)... Gheprent te Leyden bi mi Gouaert van Ghemen, pet. in-8o s. d., avec une grav. s. bois et les armoiries de la ville de Leide, deux clefs croisées. La majuscule I et les types sont les mêmes que ceux qu'il employait à Gouda.

Col. 772.

Mais ce n'est que l'année suivante que le prototypographe de la Haye, lisez : de Leide.

Le vol. de *Thomas de Aquino de humanitate Christi* n'est pas à la biblioth. de la Haye, mais il est conservé au Museum Meermanno-Westroenianum, et est décrit au no 636 du *Catal. des Incunables.* Le fac-simile de la souscription du livre et la marque de l'imprimeur sont reproduits à la pl. 112 [86b] des *Monum. typogr.*

Col. 775. Lupelli mons, *Monthel*, ville de Fr. (Ain); voy. plus bas Mons Lupelli.

Col. 776. Lustena, *Lustnau*, bourg du Vorarlberg.

Col. 778. Lycium ?

Probablement un lieu d'impression supposé ; Lor. Giustiniani (*Biblioth. del Regno di Napoli*, p. 148) cite : *Niccolò Caputo, de Tarantulæ anatome et morsu, opusculum historico-mechanicum, in quo nonnulla demonstrantur insecti particulæ ab aliis non adhuc inventæ.* Lycii, 1741, in-8o. Melzi non plus que Haym ne citent ce volume.

M

Col. 781. Macerata.

Antonio (*Bibl. nova*, II, 258) cite un volume imprimé à Macerata en 1575 : *Raphael Riera, Barcinonensis, de Miraculis Virginis Lauretanæ.* Maceratæ, apud Seb. Martellini, 1575, in-8o.

Col. 789. Magno-Varadinum, voy. Varadinum.

Maininga, voy. Meinunga.

Col. 791. Malchovia, *Mecklembz.*

Col. 792. Malliacum, *Maillé* (Vendée).

Nous trouvons encore (*Cat. de la Bibl. Imp.*, I, 481) : *Propos dorés sur l'autorité tyrannique de Cocino* (sic), *Florentin, marquis d'Ancre, maréchal de France, et prétendant la royauté...* Maillet (sic), impr. de J. Moussac (sic), 1617, in-8o, pièce vraisemblablement imprimée à Paris.

Col. 793. Malmogia, *Malmö, Malmoe.*

Col. 794. Malopassus ; au lieu de Chestershire, lisez Cheshire.

Col. 795. Mancunium.

A la 4e ligne du second paragr., rétablissez le mot latin *Catalogus.*

Col. 796. Mansfelda. *und von politische,* lisez : *politischen.*

Col. 796. Mansfield.

Rétablissez le titre : The History of Mansfield and its environs.

Col. 798. Mantua.

Thomas Septem Castrensis, natif de Szeben (Hermannstadt).

Col. 802. Margarethæ Ins., *Margarethen-insel.*

Col. 807. Marpurgum, *Marpurg*, dans l'électorat de Hesse-Cassel.

« Un livre infiniment précieux est la *Bible anglaise...* » M. Brunet de Bordeaux nous écrit : « Ce n'est pas *la Bible*, ce n'est que *le Pentateuque;* peut-être auriez-vous pu indiquer Lowndes (p. 1827), qui donne de longs détails sur ce volume ; il cite une adjudication (vente Gardner, en juillet 1854) à 159 livres st., soit 3975 fr., chiffre bien supérieur à celui de la vente Utterson » (voy. Metelli Castrum).

Col. 810. Masaris, Mazara.

« *Stampata in Marzaria a la libraria dal Jesus appresso san Zulian* »... traduisez : *Stampata in Merceria* (rue de Venise qui avoisine la place Saint-Marc), *appresso san Zulian*, église qui se trouve au milieu de la Merceria ; le dialecte seul aurait dû indiquer Venise [Commun. de M. Delacourtie].

Masciacum, *Schwatz*,

Maseca, *Maaseyk*.

Col. 819. MECHLINIA.

M. Polain, archiviste de Liége, cite comme premier produit des presses de Jacob.Heindricx à Malines, un petit livret in-12 de 41 pp., ne portant pas de nom d'imprimeur, et intit.: *Waerachtige historie* (Hist. véridiques).

Le second imprimeur de Malines, dont on connait le nom, s'appelle Gillis van Cronenbroeck (1582).

L'établissement de Heyndric Jaey ou Jaye date de 1611.

Nous avons dit que le cat. de Busscher de Gand avait été rédigé par l'auteur de la *Bibliogr. instructive*; ceci est une erreur; Guil.-Fr. de Bure était mort le 15 janvier 1782; son fils ou neveu, Guillaume de Bure l'aîné, celui que l'abbé Rive appelle M. Guillaume et qui fit la vente du duc de la Vallière, rédigea les trois cat. Busscher.

Col. 820. MEDELICA, *Melk*, bourg d'Autriche; épopée de Niebelungen, lisez: des.

Col. 823. MEDIOLANUM.

Nous avons dit que Léonard de Vinci était Milanais, c'est une erreur: Léonard était Florentin, né au château de Vinci, près d'Empoli, dans le Val d'Arno.

Col. 827. MEGALOPOLIS.

A propos du livre de Jurieu, que nous avons cité sous la rubrique: *Mekelbourg*, M. G. Brunet de Bordeaux nous écrit: « Je serais bien porté à regarder Mekelbourg comme lieu supposé, et Makelchauw (nom bizarre) comme un de ces imprimeurs imaginaires si fréquents, à cette époque, dans la typographie hollandaise. Il paraît singulier que Jurieu, qui se faisait imprimer sans obstacle dans les Pays-Bas, eût été chercher un imprimeur fort loin, au-delà de l'Elbe, dans un pays où personne ne connaissait un mot de français. »

Nous donnons acte à M. Brunet de cette judicieuse observation; malheureusement nous n'avons point sous les yeux le volume en question, et c'est par l'examen attentif des caractères et du papier que l'on peut seulement arriver à résoudre ce genre de difficultés.

MEINUNGA, *Meiningen*, chef-lieu de l'anc. duché..., lisez: du duché. — Plus loin: *Coburgen*, lisez: *Coburg*.

Col. 830. MELIBOCUS MONS, appelé communément: *Melibœus*.

Col. 832. MEMELIA. Curtsche-Haff, lisez: Kurische-Haff.

Col. 834. MENTESA BASTIA. Sprüner, lisez Spruner.

MENENA, *Menin*.

M. de Reiffenberg fait remonter l'impr. dans cette ville à 1676; nous avions contesté cette assertion, il nous faut bien revenir sur ce fait. Nous avons découvert aux curieux catal. publiés par Jansson-Waesberghe, à Amsterdam (1675-1683), un ouvrage exécuté à Menin l'année précédente: *Oarspronck der Jansenisterpe* (origine du Jansénisme), *met eenige regelen en onderwijsingen, in't licht Gebracht, door den Heer Marinde.....* met privilegie gedrucht. Menene, 1675, in-8°.

Col. 835. MERANIA. Etschlande, lisez: Etschland.

Col. 837. MESSAGA.

1ʳᵉ igne: che, lisez: che.

5° ligne: verosimile, lisez: è verosimile.

Col. 843. MILITELLUM.

A la ligne 6 de la note bibl., *Discorse*, lisez: *Discorre*.

Col. 948. NOVUM FANUM BOLESLAI, voy. NEO-BOLESLAVIA.

Col. 849. MOGONTIACUM, *Mayence*, ville de l'anc. gr.-duché, lisez: du gr.-duché.

Col. 854.

Epitaphe de Gutenberg: ARTIS IMPRESSIORE..... lisez: ARTIS IMPRESSORIE.

Col. 862. MONASTERIUM, *Marchmünster*, dans l'Ober-Pfalz, partie de la Bavière qui confine à la Bohême.

MONAST. AD ALMONIUM, *Altmühl-Münster* (Regenkreis).

Col. 864. MONAST. DE DISENTIS. L'article consacré à ce monastère du canton des Grisons (et non pas du Tyrol) fait double emploi; voy. DESERTINUM.

Col. 867. MONAST. RIVI SICCI.

Le volume imprimé à *Medina de Rio seco* en 1618 auquel nous avons fait allusion est celui-ci: *Pedro Nuñez de Castro. Santoral Serafico de las festividales, y santos que se celebran en la Serafica religion de nuestro Padre S. Francisco, compuesto por el padre Fray Pedro Nuñez de Castro.* Impresso en el conuento de San Francisco de Rio-Seco, 1618, in-fol. Bauer (*Suppl.*, I, 321), qui cite ce rare volume, le croit imprimé à Salamanca: c'est une erreur; voy. Antonio (*Bibl. nova*, II, p. 222).

Col. 869. MON. UTTIMPURENSE: près de Memmingen.

MON. S. VICTORIS *prope Moguntiam*.

Il est fort improbable, nous dit O. Mündler, que le François Beham, imprimeur, ne fasse qu'un avec le graveur Hans-Sebald Beham; le nom était commun.

Col. 870. MON. WADSTENENSE, voy. WADSTENÆ.

Col. 872. MONS ALBANUS.

Antonio (*Bibl. nova*, I, 683) nous donne le titre d'un livre souscrit au nom de Montauban, à la date de 1518; nous l'enregistrons sous toutes réserves: *Juan Dolz. Cunabula omnium fere scientiarum, et præcipue Physicalium difficultatum, in proportionibus et proportionalibus.* Montalbani, 1518. Ce Juan Dolz, docteur aragonais, était venu se fixer à Paris, où il devint recteur du collège de Lisieux.

Un livre imprimé à Montauban en 1574 figure au premier volume du *Cat. de l'Hist. de France*, à la Bibl. imp. (p. 294).

Col. 873. MONS AQUILARUM, *l'Arlberg*, principal groupe des montagnes du Vorarlberg, province autrichienne voisine du Tyrol.

Col. 874. MONS ASCIBURGIUS, *Zobtenberg*, près de Schweidnitz, au S.-O. de Breslau.

Col. 876. MONS CINERIS. Que l'on peut considérer après... lisez: avec.

Col. 878. MONS GUTTNA. Abb. de Strashow, lisez: *Strahow*.

Col. 879. MONS LUPELLI.

M. Sirand (*Bibliogr. de l'Ain*) nous donne d'après Brunet le titre d'un volume imprimé à *Mont.*

luel en 1576 : *Le XIIIe livre d'Amadis (Silves de
la Selve)* trad. par *Gohorry*, avec une seule pièce
de vers (réimpr. sur l'édition de Paris, 1571, qui en
a quatre), à Montluel, 1576, in-16 (voy. *Manuel*,
tom. I, col. 216).

En 1793, un assez grand nombre d'arrêtés des
représentants de la Convention, en mission dans les
départements, sont datés : *de Montluel, de l'imprimerie de l'armée ;* cette imprimerie fut dirigée
par M. Legrand, sur la réquisition de l'autorité militaire, lequel était associé à Bourg de P.-Fr. Bottier ; ce M. Legrand, incarcéré en octobre 1793,
périt sur l'échafaud, à Lyon, le 13 février 1794.

Col. 882. Mons Presbyteri, *Montpreveyre,* dans le canton de Vaud.

Col. 889. Montrieux (Mons Ridens).

« On a soutenu.. », lisez : M. de Jouy, dans l'*Her-
mite en Province* (t. XII), a soutenu...

Nous croyons que l'impression des premières
Lettres provinciales est due à la typographe de Vendôme, Sébastien Hyp ou Hip; quant au fait même
un peu romanesque du souterrain de Montrieux,
nous n'avons pu recueillir aucun document sérieux
ou nouveau : « Ces imprimeries clandestines, disait
le regrettable Sainte-Beuve, vous échapperont toujours, par cela même qu'elles sont clandestines. »

Col. 893. Moscovia.

En signalant la bibl. du saint-synode à Moscou,
nous avons parlé des mss. grecs qu'elle possédait ;
rétablissez les chiffres : des VIIe et VIIIe siècles. —
« La plupart provenaient des couvents du mont
Athos, entre autres de celles... », lisez : entre autres
des biblioth. de Saint-Athanase, etc.

Col. 897. Mulhusium Super. Alsatiæ.

M. Ristelhuber de Strasbourg a bien voulu nous
donner le titre détaillé du premier volume imprimé à
Mulhouse : *Von allerlei speysen so dienstlichen
zuor menschlicher narung, durch Doctor Laurentium Friesen, vor dreyssig Jaren beschriben zuor
besserung menschlicher gesundheit. Vnd jetz durch
M. Matthys Erben in truck geben.* Une vignette,
qui occupe plus du tiers de la page, représente une
femme dont les pieds nus reposent sur des instruments à vent; dans sa main droite elle presse deux
cœurs, dans la gauche elle tient une viole ; une
guirlande ovale entoure le tout avec cette inscription : *Ut in Velabro Olearii,* 1558. Au-dessous on
lit : *Getruckt zu Mülhusen in Oberen Elsass,
durch Peter Schmid, Anno* M.D.LIX. Le livre, qui
n'a que 20 pp. in-4°, est dédié au greffier de Mulhouse, Ulrich Wielandt, et se termine par six vers allemands composés aussi par L. Fries.

D'après Graf (*Hist. de Mulhouse*, tom. I, p. 197),
Peter Schmid de Francfort commença à imprimer à
Mulhouse en 1556, et quitta cette ville en 1564,
restant devoir à la municipalité 400 florins. Il y a
des volumes imprimés par Schmid et Schirenbrandt,
ajoute notre savant correspondant, qui ne portent
pas de date.

Col. 900. Murus, Murense Cœnobium.

Le catal. Teleki (II, 381) nous donne : *Vindiciæ
Actorum Murensium, opera Frid. Kopp.* Muræ,
1750, in-4°.

Col. 902. Mutina.

« Jean Wurster, disons-nous, n'imprime plus à
Modène en 1476 », ajoutez : L'année suivante on
le retrouve à Milan.

N

Col. 905. Naderæ.

Le poëme de D. Man. de Villegas est cité par Antonio (*Bibl. nova*, II, 291).

Col. 908. Namon, Namurcum, voy. Aduati-corium opp.

Le premier imprimeur de Namur s'appelle Thierri
Furlet et non point Henri; il obtient de la municipalité les fonds nécessaires à ses premiers frais d'é-
tablissement.

Le second imprimeur qui se fixe dans cette ville
en 1637 obtient 15 écus, et, en outre, l'exemption des
aides-extraordinaires et du logement des gens de
guerre.

Enfin le troisième, établi en 1650, obtient en
outre l'exemption du guet et de la garde.

Col. 910. Nantuacum.

L'imprimerie remonte à Nantua aux premières
années de la Révolution : Deux associés, Dufour et
Josserand, y fondent un établissement typographique au commencement de 1794 : *Règlement de la
société populaire de Nantua, arrêté dans la séance du 30 nivôse an III.* Nantua, Dufour et Josserand, in-8° de 21 p. Ces deux imprimeurs quittent
la ville l'année suivante et vont s'établir à Bourg.
Ce n'est qu'en 1820 qu'un brevet d'impr. est repris
par M. Dufour à la même résidence.

Col. 911. Nantuatæ. *Vechtland,* lisez : *Uechtland.*

Col. 912. Narona. Gräesse, lisez Graesse.

Col. 915. Neapolis.

Un mot oublié au second vers adressé à l'imprimeur de l'édit. *princeps* de Sénèque : *Vixque erat
hæc ullus cui bene nota forent.*

Col. 920. Neoburgense Claustrum.

Ce n'est point au XVIe siècle, mais au XVe, qu'il
convient de reporter l'imprimerie conventuelle de
Klosterneuburg, si nous acceptons le renseignement
donné par notre érudit libraire, M. Edw. Tross
(VIe cat. de 1868, n° 3784, et 4e cat. 1869, n°s 2857-
58): *Bulla Canonizationis San || cti Leopoldi Mar-
chionis : || Innocentius Epūs seruus seruo2/ dei. Ad
ppe||tuam rei memoriā.*., A la fin : *Datū Rome
Apud sanctū petrz.* || *Anno incarnacionis dominice.
Millesimo quadrīgē || tesimo octuagesimo quarto.
Octauo Idus Januarij pō||tificatus nostri. Anno
primo*, s. l., pet. in-4° de 4 ff. à 34 lign. par page.
M. Tross dit formellement que cette pièce rare fut
exécutée au monastère de Klosterneuburg, et signale même un second tirage avec quelques différences; nous avons décrit jadis au catal. Solar une
pièce sortie bien probablement des mêmes presses :
Defensorium Canonizationis S. Leopoldi, s. l. n. d.,
in-4° (*Cat. rais.,* n° 1814).

Col. 921. Neoburgum, *Neuchâtel.*

Col. 923. Neopyrgum ad Menium.

Ligne V. *Kinder,* lisez : *Kindert.*
Ligne VII. *Exorcisme,* lisez : *Exorcismo.*

Col. 927. Niciense Monast., *Nécy, Nicy,* en Savoie, monastère; d'où est venu le nom d'*Annecy.*

Nous trouvons : *Oraison funèbre sur la saincte*

Vie de la B. mère de Chantal, prononcée en trois jours en l'église de son premier monastère à *Nicy*, en *Savoie*, proche son tombeau, par *Mgr Charles Aug. de Sales, Euesque et Prince de Genève.* A Necy, par André Leyat, en la rue du Pasquier, 1646, pet. in-8° de XIII-284 pp. (cat. Luzarche, 6225).

Col. 935. NORIMBERGA, *Nürnberg.*

Nous aurions dû rappeler, quand nous avons mentionné Antoine Koberger, que ce grand typographe fut le parrain d'Albrecht Dürer.

Col. 938.

Michel Wolgemuth qui eut la gloire d'être le *premier* maître d'A. Dürer, supprimez le mot : premier.

Col. 939. NORLINGIACUM, *Nördlingen*, au N.-O. d'Augsbourg.

Col. 940. NOTTINGHAM.

Rétablissez le mot : *impeachment*, dans le premier titre.

NOVA CURIA.

Nous trouvons trace d'imprimerie sous la rubrique Newhofen, en 1596, sans pouvoir déterminer exactement quel est ce lieu d'impression : *Nova Novorum, Newe zeitungen aus || Osten || Westen || von Newen gefundenen Landen*, etc, Newhofen, 1596, in-4° (*Index gener. libr. excusorum* ab a. 1593, ad a. 1600).

Col. 942. NOVI.

Relativement au livre de Pic de la Mirandole imprimé en 1508, nous citerons une note de l'abbé Mercier de St-Léger : « Livre rarissime, dit cet excellent bibliographe, et dont les caractères italiques sont très-remarquables. L'édition ne se trouve pas dans les meilleurs cat., et elle est si rare que Fabricius a cru que l'ouvrage n'avait jamais été imprimé, parce qu'il n'est point entré dans la collection des œuvres de Pic de la Mirandole. On doit cette édition à Benoît Dulcibello, espèce d'imprimeur *forain*, mais très-bon artiste. »

Col. 944. NOVIODUNUM.

Depuis la publication de la note bibliogr. sur *Nevers*, nous avons eu entre les mains une intéressante brochure, spécialement consacrée à l'histoire typogr. de cette ville, par M. Prosper Bégat, imprimeur (1864, in-8° de 87 pp.), de laquelle nous extrairons ce qui suit : Après avoir passé scrupuleusement en revue les assertions de divers auteurs qui se sont occupés de l'établissement de l'imprimerie à Nevers, M. Bégat s'arrête à l'opinion motivée de Parmentier (*Hist. du Nivernois*, 1765, in-4°) : « C'est le 8 nov. 1556, dit cet historien, que la ville accorda à un imprimeur, qui n'est pas nommé, une maison propre à son état, sans qu'il en payât loyer, et l'exempta de tous subsides réputés propres ; mais, comme il était de mauvaise conduite, et qu'il imprimait toutes sortes de livres prohibés, on lui ôta son exemption et ses priviléges le 30 mars 1561. » P. Gillet, autre historien nivernais, parle également, à cette même date de 1556, d'un *imprimeur inconnu.*

M. Bégat déclare donc qu'il lui paraît constant qu'il exista, à Nevers, un imprimeur qui précéda Pierre Roussin, dont nous avons parlé, mais il ne peut citer aucun produit de ces presses anonymes.

M. de Soultrait pense que Pierre Roussin a dû venir se fixer à Nevers vers 1588 ou 1589; est-ce le même Pierre Roussin qui imprimait à Lyon en 1587 l'*Advertissement sur l'édict de Henry III*, et qui aurait été attiré à Nevers par Louis de Gonzague, et y serait resté jusqu'en 1608? le fait paraît assez probable.

Le premier volume que M. Bégat signale comme exécuté par ce typographe, à Nevers, est bien la collection des *Poëmes* de Guy Coquille, que nous avons déjà mentionnée, et le second : *Apologia Argyropeiæ et Chrysopeiæ*, par Gaston Clave, 1592, in-4°, volume d'une rareté exceptionnelle, puisqu'on n'en connaît qu'un seul exemplaire, lequel est conservé à Londres.

Col. 945. NOVIOMAGUS, *Nimègue.*

Observations de M. Holtrop :

1° « dans le courant desquels ils furent exécutés. » REM.: La souscription (*Monum. typogr.*, pl. 87 [17 a ²]), dit : *Epistola... edita et compilata in conventu Noviomagensi ordinis prædicatorum... Anno 1479 atque eodem anno in predicto opido... impressa.* C'est donc bien dans la ville de Nimègue que fut imprimée cette épître, que l'auteur avait *compilée et écrite* dans son couvent.

2° « Ils ne portent pas de nom d'imprimeur... »
REM.: C'est vrai, et même lorsque je publiais le *Cat. des Incunables*, ce nom m'était inconnu ; mais pendant que je m'occupais de publier les *Monum. typogr.*, j'ai confronté les livres impr. à Bois-le-Duc, par Gérard Leempt, qui se dit originaire de Nimègue, avec les éditions anonymes de cette ville, et j'ai trouvé que les types du *Cultifex* étaient identiques à ceux de : *Konste van spreken ende van swyghen* (*Cat. des Incun.*, n° 542, et *Monum. typogr.*, pl. 117 [45°]) et du *Tondalus vysioen* (*Monum. typogr.*, pl. 59 [130°]). La différence qui se présente au premier aspect provient de ce que les livres imprimés à Nimègue sont en latin et fourmillent d'abréviations qui ne se trouvent pas dans le texte hollandais des livres de Bois-le-Duc.

3° « Ce volume fut réimprimé la même année par Jean de Westphalie, à Louvain... » REM.: J. de Westphalie a réimprimé les deux volumes (*Epîtres*), voy. mon *Cat. des Incunables de la Haye*, n° 69. Je doute que ce soit la même année, l'édition de J. de Westphalie étant sans date. Voy. le fac-simile de la souscription à la planche 87 [17 b] des *Monum. typogr.*

Col. 950. NUGAROLIUM, *Nogarol*, auj. *Nogaro*, pet. ville de l'arrond. de Condom (Gers).

Conciles en 1290 et 1313.

L'imprimerie fonctionna dans cette bourgade aux époques révolutionnaires : *Arrêté du représentant du peuple Laurence, en séance à Auch, le 28 messidor an III, portant réorganisation des autorités constituées établies à Nogaro et à Plaisance.* Placard in-fol., à Nogaro, chez Rudelle, impr. du district, s. d. (1795).

Col. 959. OFFENBACHIUM. Nous avons dit qu'Offenbach était auj. à la Prusse ; nous avons été trop vite ; cette ville appartient encore au gr.-duché de Hesse-Darmstadt.

Col. 960. OTTINUM. *Eutin* dépend du Holstein.

O

Col. 964. OLIVA, MONAST. OLIVENSE.

Un second volume à la date de 1674 est cité par le cat. Bearzi (n° 443) comme provenant de l'imprimerie conventuelle d'Oliva : *Mausoleum Joan. Casimiril, Polon. Regis, Augustissimæ Christinæ Alexandræ Gothorum reginæ, oblatum a typographia Monasterii Olivensis*, 1674, in-4°.

Col. 965. OLNITIUM. Oelnitz appartient au royaume de Saxe.

OLONNA, *Corte Olona*.

Col. 967. OPAVIA.

C'est à 1785 que M. Cotton reporte l'imprimerie dans la ville de Troppau.

OPIÆ, *Bopfingen-am-Nipf*, et non pas sur l'Eger.

Col. 968. ORAGNIA.

Nous avons cité parmi les typographes d'Orange au XVIIe siècle *l'honorable* Juann Vuart; voici ce que nous écrit M. G. Brunet de Bordeaux : « Vous regardez, ce semble, ce Jvann Vuart, qui a mis son nom à l'*Alciciate fancivllo* de 1652, comme un typogr. réel ; vous n'avez, sans doute, pas lu la dissertation italienne de Baseggio sur l'*Alcibiade*, dissertation dont il a été publié une traduction française (Paris, J. Gay, 1862, pet. in-8° de 78 pp.).

« Baseggio montre que l'*Alcibiade* est, comme vous le dites, de Ferrante Pallavicino, lequel était alors en Suisse; on reconnaît dans l'impression de 1652 les caractères, le papier d'une imprimerie génevoise, très-probablement celle de J. Stoer, et c'est de la même officine que sort le rarissime recueil des *Poesie di fuoco*, sous la rubrique de LUCERNA, recueil très-vraisemblablement fourni par F. Pallavicino, et dont on ne connaît plus qu'un ou deux exemplaires.

« On n'a jamais, je crois, trouvé d'autre livre que l'*Albiciade* avec le nom de Juan Vuart, et il était difficile qu'un typographe s'avouât hautement comme ayant mis au jour ce livre plus que scandaleux, où les uns ont vu un jeu d'esprit, où d'autres trouvent un ton sérieux et pénétré qui porterait à mettre F. P. parmi les docteurs de l'*Ébugorisme*. »

Col. 970. ORCHFYGOYMA?

Quelle est la localité du pays de Galles qui correspond à ce nom welsh ? MM. Cotton, Payne et Foss, Lowndes et Brunet, qui mentionnent un livre souscrit à Orchfygoyma, en 1567, ne l'ont pu découvrir: *Roberts Griffith, Dosparth Byrr Aryrhann gyntaf i ramadeg cymraeg le cair lavero bynciau anhepcor i un a chuewnychai na docdyd y gymraeg yn dilediaith, nai scrifennu en iaun*. A Orchfygoyma, a goronir fry 1567. Primo Martii, in-12. Ce livre est fort rare et peu connu ; Lowndes en donne la description d'après l'exempl. incomplet de la Grenvilliana ; Wm. Maurice, collectionneur welsh bien connu, en possède un exempl. complet ; il croit ce livre imprimé à Milan, singulière assertion que n'accepte pas Lowndes, et qui, nous devons l'avouer, bien que nous manquions de moyens de contrôle, est faite pour étonner tous les bibliographes (*Cat. Grenville*, II, p. 610 ; Lowndes, IV, 2103).

Col. 971. ORIENS, *Lorient*.

Le premier livre dont nous donnons le titre, à la date de 1773, a été imprimé par Julien le Jeune, fils.

Col. 980. OURMARIÉ (L'), anc. château, près de Venez, commune de l'arrond. de Castres (Tarn).

Nous empruntons à la monographie consacrée par M. Combettes-Labourelie, à la bibliogr. albigeoise (Gaillac, 1846, in-8°, p. 29), le renseignement qui suit : Guillaume de Nautonier, seigneur de Castelfranc (près de Mirande, Gers), naquit au château de l'Ourmarié, le 15 juillet 1560 ; il était de la religion et devint ministre calviniste ; érudit pour son temps et adonné aux plus curieuses recherches de la science, il installa un matériel d'imprimerie dans son manoir de l'Ourmarié, communauté de Venez, et mourut en 1620, à Castres. On a de lui : *La Mécométrie de l'Aimant*, pet. in-fol. très-rare, sorti de son impr. de 1603 à 1604. — *De Artificiosa Memoria liber*, produit des mêmes presses, mais publié sous la rubrique : Castres, Fabre, libraire, 1607, in-4° (voy. au *Manuel*, NAUTONIER (*Guill. de*).

P

Col. 987. PAISLEY.

Nous citons un vol. à la date de 1760, comme imprimé par Weir et Mc Lean, lisez : *Mac Lean*.

Col. 988. PALGOCIUM, *Freistadtl*, près de Galgaz.

Col. 992. PAMPHYLIA.

Lieu d'impression supposé ; bien que nous n'ayons pas tenu un compte bien exact de toutes les rubriques suggérées à l'imagination des écrivains, par le désir de dissimuler la provenance de leurs élucubrations, nous accueillons celle-ci que nous trouvons sur un assez grand nombre de livres exécutés en allemand aux premières années du XVIIIe siècle : *Christ. Hoheburgks Teutsch Evangelisches Judenthum*. Pamphilia, 1705, in-8° (voy. au cat. Dubois, n°s 4786, 15558, 15729, etc.).

Col. 995. PARCHIM appartient au Mecklembourg, qui n'est point encore annexé à la Prusse.

Col. 1004. PARRADUNUM, *Partenkirchen* (Isarkreis).

Col. 1006. PATAVIUM.

Nous aurions dû comprendre parmi les plus célèbres imprimeurs de Padoue, au XVe siècle, Léonard Achates de Bâle, que nous avons déjà signalé à Vicence et à Sant'Orso.

Jean Herbort de Selingenstadt, lisez : *Seligenstadt,*

Col. 1008. PAULINÆ CELLA. Au lieu de gr.-duché, lisez : principauté.

Col. 1009. PEDEPONTIUM, *Stadt am Hof,* faubourg de Ratisbonne, en Bavière.

Col. 1014. PESCLAVIUM, *Puschiavo,* ville de la Haute-Engadine (Grisons).

Voici, à propos du volume cité par Coxe comme imprimé à Puschiavo, en 1560, une note que nous relevons au cat. S. de Sacy (n° 751): La langue *romanche*, qui n'est qu'une division de l'ancien roman, se parle dans une portion du pays des Grisons. Elle se distingue en deux dialectes principaux, celui de la Ligue-Grise et celui de la Vallée d'Inn, dite Engadine (Ligue de Caddée ou de la Maison-Dieu). Ce dernier, plus pur et plus près du latin, est nommé *ladin* par les habitants; il offre deux nuances qui ne diffèrent guère entre elles que par la prononciation et l'orthographe, et le romanche de la Ligue-Grise est plus mêlé de mots allemands; la Bible existe traduite et imprimée dans ces trois dialectes.

W. Coxe avait reçu d'un savant du pays la liste complète des livres imprimés jusqu'alors en langue romanche; elle contenait 82 ouvrages pour les deux dialectes de l'Engadine, et 26 pour la Ligue-Grise. La bibliographie doit regretter qu'il ne l'ait pas publiée. Il cite, comme premier ouvrage imprimé, un alphabet suivi de *prières*, publié en 1560, à Puschiavo, par Jacq. Tutschet de Samada, plus connu sous le nom de Biveronius.

Le *Nouveau Testament* de 1607 (*L'gnouf saench Testament*) est décrit dans le plus récent catal. de M. Tross ; voici la souscription : *Schquitscho... in Puschlaeff, traes Dolfin et Dolfin Landolf,* petit in-8°, XVI-911 pp.

Col. 1020. PHIGALIA. Près de *Phigalie* s'élève le village de *Skleru,* où l'on voyait les ruines de l'admirable temple d'Apollon Epicurius, construit par l'Athénien Ictinus; les fresques de ce monument, le plus beau du Péloponnèse (Centaures et Lapithes, Amazones, etc.), connues sous le nom de *Marbres Phigaliens,* sont, avec les débris du Parthénon, l'un des plus précieux ornements du British Museum, et l'un des plus curieux monuments de la rapacité britannique.

Col. 1024. PINAROLIUM.

A la date de 1479, citons encore comme imprimé à Pignerol, par Jacques le Roux : *Guarini Veronensis Grammatices Regulæ impressæ Pineroli per Jacobinum Rubei.* 1479, in-4°.

Col. 1025. PINCZOVIA.

A la fin : voy. Németh, p. 30 et 48, lisez : voyez Hoffmann, *Typogr. Poloniæ.*

Col. 1027. PIRMASENS, pet. ville de la Bavière Rhénane, chef-lieu d'arrondissement.

L'imprimerie remonte dans cette ville, célèbre à l'époque des guerres de la République, à l'année 1780 environ ; le livre le plus ancien que nous puissions citer est : Dav. Ch. Seybold. *Die Belagerung Iliums, verglichen mit der Belagerung von Ptolemais.* Pirmasenz , 1785 , in-4° [Hoffmann, Lexic. II, 522].

Col. 1029.

Ligne 14. *Lorenzo del' Medici,* lisez : *de' Medici.*

Col. 1032. PLANTEDIUM, *Piantedo,* bourg de la Lombardie (Valteline).

Col. 1034. POCZATEC, POCZATEK.

Falkenstein (p. 297) accepte et corrobore l'assertion de Balbinus, qui fait remonter à 1552 l'imprimerie dans cette petite ville.

Col. 1036. POLTEN (ST.), lisez PÖLTEN (ST.) et voy. FANUM S. HIPPOLYTI.

Col. 1037. PONS ÆNI, *Pfunzen,* bourg de Bavière.

Col. 1041. PONTUS FL., *le Bregenz,* appartient plutôt au Vorarlberg qu'au Tyrol.

Col. 1043. PORTUA.

Si inexact et incorrect que soit le catal. Elzevir de 1681, il n'est pas possible de laisser croire qu'il a forgé le mot Πατηοάτων; lisez : Ποιημάτων.

Col. 1045. PORTUS SANCTÆ MARIÆ.

Ajoutez : et même en 1756 : *B. G. Feyjoo. Nuevo Systhema sobre la causa phisica de los terremotos, explicado por los phenomenos electricos,* etc. Puerto de Santa Maria, 1756, in-4°.

Col. 1046. POSNANIA.

« Le second typographe de Posen est Jean Wolrab », sans doute le fils ou parent du premier imprimeur de Bautzen, Nicolas Wolrab.

A la fin : Németh, *Typogr. Polon.,* lisez : Hoffmann.

Col. 1049. PRÆTORIA AUGUSTA. Pays des Zeklers, lisez *Szeklers.*

Col. 1054. PROVINUM.

Nous avons omis les noms de Jehan Trumeau et de sa veuve, imprimeurs à Provins au début du XVIe siècle (vente Pichon, n° 40).

Col. 1055. PUCHOVIUM, PULTOVIUM? [Itin. Hier.].

Col. 1058. PYRGI, Πύργοι, ville de la Triphylie, entre la Messénie et l'Elide; l'emplacement de *Pyrgi* n'est marqué que par de minces débris helléniques [Leake]; un mille plus loin se trouve *Strovitzi,* village bâti sur l'emplacement de l'antique *Léprée* [Beulé].

PYRMONTIUM, *Pyrmont,* dans la principauté de Waldeck.

Q

Col. 1060. QUEDLINBURGUM.

Un volume imprimé en 1664 est décrit par Bauer (IV, 289): *Christ. Warners. Carnüffel-Spiel des*

Teuffels, dadurch er als ein Tausenkünster vielen Millionen Menschen, bishero Himmel, Seel und Seeligkeit abgewonnen hat. Quedlinburg, 1664, in-4°.

QUEESTENDAM? Localité inconnue. N'est-ce point Westzaandam, village de la Hollande septentr. à 5 milles O. d'Amsterdam, réuni en 1811 au village d'Eastzaandam, pour former la ville de *Saardam*?

Nous trouvons un livre souscrit à ce nom en 1683, il figure aux cat. Jansson-Waesberghe, publiés à Amsterdam, de 1675 à 1683: *Historie der Questers op de Noorder-Eplanden van Holland Gebruykelijk met de voornaemste Practijken en aenkleven van dien...* Queestendam, 1683, in-12.

Col. 1062.

Ligne 6. Réminiscense, lisez : réminiscence.

R

Col. 1070. RAUDII CAMPI. Les *Champs Raudiques* s'étendent au confluent de la Sesia et du Pô.

Col. 1072. REDLINGA. Donaukreise, lisez *Donaukreis*.

Ajoutez : C'est M. Cotton qui fait remonter l'impr. à 1729.

Col. 1079. REICHSTADIUM.

Rétablissez le titre allemand : *Kleine Fragmente für Denkerinnen*.

Col. 1082. RETZIUM, voy. RŒTZ.

Nous croyons qu'il faut lire 1717.

Col. 1083. RHÆTICA VALLIS, le *Prättigau*.

Col. 1084. RHENA.

Le livre de Ste Kunera ne peut avoir été imprimé à Reenen, au XVe siècle, nous dit M. Holtrop, puisqu'on y trouve le récit de miracles arrivés en 1502, 1503, et même 1515; l'argument est péremptoire.

Col. 1086. RHUSIA, le *Riesgau*, district de la Bavière.

Col. 1093. RIPULÆ, *Rivoli*, dans la délég. de Verona.

Col. 1094. RIVA VILLA, *Wallenstadt*.

Col. 1095. ROBORETUM, *Rovereith*.

Col. 1096. RODELHEMIUM, *Rödelheim*, dans le Nassau.

ROEHMILDA, *Römhild*.

Col. 1097. *Roetz*. Double emploi avec RETZIUM.

ROMA.

Italianisant le nom de Joannes Andreas, episcopus Aleriensis, nous devions écrire : *Giovan' Andrea*.

Col. 1102. ROMARICI MONS.

L'imprimeur de Remiremont, signalé au rapport Sartines, est ce même Nicolas Laurent, dont nous parlons au paragr. précédent.

Col. 1104. RONNEBURGUM, *Ronneburg*, appart. au duché de Saxe-Altenburg.

Col. 1107. ROTEVILLA, *Rottweil*, dans le Schwarzwald.

Ligne 3. *Lötichen*, lisez : *löblichen*.

Col. 1111. RUBEACUM, fait double emploi avec ROFIACUM.

Col. 1114. RUOTLINGA.

« Maittaire donne cette Bible sous le nom de Joannes de Averbach », lisez : de Amerbach.

RUPPINUM NOVUM, *Neu-Ruppin*.

Col. 1117. RUSCHBURGUM. Supprimez l'appellation moderne : *Rauschenberg*.

S

Col. 1122. SACER PORTUS. Un anc. abbaye cistercienne, lisez *une*.

Col. 1128. SALINIS.

Le *Missel de Besançon*, nous dit le vénérable doyen des bibliophiles français, le président Bourgon, est in-4o goth. à 2 col. (et non point in-fol., comme le dit Laire). M. Bourgon possède un très-bel exempl. de ce rare et précieux incunable ; il n'est point à la Bibl. impériale, et les biblioth. de la ville et de l'archevêché de Besançon ne le possèdent qu'incomplet.

Nous retrouvons à Besançon même cet imprimeur de Salins, Jehan Despreis (voy. VESONTIO).

Col. 1131. SALONA, SPOLATUM [T. P.], lisez SPALATUM.

Col. 1133. SALZWITA, Ligne 7. Sattzwedel, rétablissez : *Saltzwedel*.

SAMBUTINUM JUGUM, *der Sentis*, montagne du canton d'Appenzell.

SAMPOLITANUM OPP., *St-Pölten*, sur le Traiten (Land unter der Enns).

Col. 1137. S. URSINUS, voy. URSIUS (S.).

Col. 1139. SANGUITERSA, transpos.: l'étymologie du mot *Terdre* doit précéder la traduction française du nom de lieu.

Col. 1140. SANTONUM PORTUS, au N.-O. de Mediolanum, lisez Mediolanium.

Col. 1143. SARNACHE DOS ALHOS, voy. SERNACHE ALLIORUM.

Col. 1144. SAROS-PATAKINUM.

Un volume à la date de 1652 (non cité par Németh) figure au cat. Teleki (II, p. 278): *Joach. Fortus et Des. Erasmus de ratione studii*. Patakini, 1652, in-12.

Col. 1147. Saxfeln, lisez : Sachseln.

Col. 1151. Schidinga.

Supprimez les trémas : *Burgscheidungen* et *Graesse*.

Col. 1152. Schlaitz, *Schleitz,* chef-lieu de la principauté de Reuss-Schleitz.

Col. 1154. Schrattenthal. Mannhartsburg, lisez : cercle inférieur du Manhartsberg.

Col. 1156. Scuola, voy. Strada.

Col. 1166. Sempacum, *Zempach, Sempach.*

Sena Julia. Sienne n'est pas la patrie de Guido Reni.

Col. 1167. Senomagus. M. J. Courtet, dans son *Dict. géogr. du dép. de Vaucluse,* place l'antique Senomagus des Itin., à *Barri,* commune de l'arr. d'Orange ; mais M. Th. Générat (*Étude sur les peuples qui avoisinaient le cours inférieur du Rhône et de la Durance*) prouve que Senomagus doit être placé à *St-Pierre-de-Senos,* où aboutissait la voie romaine.

Col. 1170. Sernache Alliorum.

La note bibliogr., quoique plus développée, fait double emploi avec celle que nous avons donnée à l'art. Sarnache dos Alhos (col. 1143).
Rectifiez les dates : *Coimbra,* 1597.., *a 8 dias do abril de* 1599.

Col. 1172. Seyny, voy. Zeymæ.

Servesta, *Zerbst,* ville du duché d'Anhalt-Dessau.

Col. 1175. Sicyon.

Voy. l'admirable étude consacrée par M. Beulé à cette noble ville dans son livre sur le Péloponnèse (F. Didot, 1855, in-8º).

Sidones. Sprüner, lisez partout Spruner.

Col. 1177. Simmera.

Nous avons laissé passer deux fois le nom de l'imprimeur du château de Simmern avec une faute typogr., au lieu de Hier. Rodier, lisez : Hier. Rodler.

Col. 1193. Staffort (*Badische Schloss*).

Ligne 6. *Unterscreiben,* lisez : *Unterschreiben.*
Ligne 9. *Geörg,* lisez : *Georg.*

Col. 1195. Staviacum, *Stäffis, Estavayer.*

Steinbruga.

Cat. Buneau, lisez : cat. Bulteau.

Col. 1197. Stendalia.

Ligne 10. *Feliger,* lisez : *Seliger.*

Col. 1199. Strada Montana, *la Bergstrasse,* dans le gr.-duché de Hesse-Darmstadt.

Col. 1200. Strasburgum.

La notice bibliographique consacrée à cette grande et importante cité (voy. Argentoratum) a paru à plusieurs de nos honorables correspondants beaucoup trop succincte ; la reprendre en sous-œuvre et la compléter ici nous entraînerait malheureusement beaucoup trop loin ; nous ajouterons seulement que plus nous étudions les origines de la prototypographie, plus l'influence exercée par la métropole d'Alsace nous paraît considérable, nous dirons même prédominante, particulièrement dans la partie méridionale de l'Allemagne.

Col. 1202. Striatina.

« Bandke dit seulement », le nom polonais de cet historien est *Bandkie.*

Col. 1206. Sucron.

Transposition de deux lignes placées à tort après l'art. de Sucro fl.

Col. 1210. Swinfurtum.

Ligne 5. *Cusserlichen,* lisez : *äusserlichen.* Le titre n'étant pas cité *in extenso,* il convient d'ajouter quelques points après le mot *Ständten.*

Sygmundlust.

Lieu d'impression probablement supposé ; en tout cas, il nous est complètement inconnu ; nous trouvons au *Supplément aux Annales de Panzer,* donné en 1864, à Nördlingen, par Emil Weller, sous le titre de *Repertorium bibliogr.,* au nº 2922 : *Hymnarius durch || das ganntz Jar ver || teutsch, nach ge==||wödlicher || weyss vnnd art ziw || Synngen...* à la page 267 : *Gedruckht zw Sygmundslust, durch ||Josephn Piernsyeder :... An Sannd Andreas|| Abent... ym* : 1524 *Jar,* in-8º de 8 ff. limin. dont un blanc, 268 pp. plus 10 ff. non chiffrés.
Se rattachant évidemment aux mêmes presses, se rencontre encore dans le même ouvrage, sous le nº 3204 : *Verstentnuss des || Gebetz Vater|| Vnsers.* à la 12e p. on lit : *Impressum Apricis Sigismundi anno* 24 (bei Joseph Piernsyeder, ajoute Weller), de 18 pp. in-8º.

T

Col. 1215. Tambacum, *Tambach,* bourg de Bavière, près de la frontière de Saxe-Cobourg-Gotha.

Col. 1216. Tarascon.

Le Dr M. Millet d'Orange nous donne la description d'une édition de l'incunable tarasconais que nous avons cité : *Lou crebo-cœur d'un paysan sur la mouert de son ay eme la soufranso et la miseri dei forças que son en galero.* Tarascon, chez Pierre

Tassy, imprimeur et marchand-libraire du roi, 1730, in-12 de 48 pp. avec vign. sur bois.

Col. 1226. Tergolape, auj. *Vöcklabruck.*

Col. 1228. Terra Advocat., *das Voigtland.*

Col. 1233. Thierhaupten, couvent placé sous l'invocation de *Sanct Blasien.*

Nous avons déjà consacré une note bibliogr. à ce couvent; voy. Blasii in Hyrcinia Coenob.

Col. 1239. TIGURUM.

M. Camillo Rudolphi vient de publier (Zürich, 1869, in-8°) le cat. des ouvrages sortis des presses des Froschauer (1521-1595); il donne comme premier produit de la typographie de Christophe Froschauer, de Neuburg en Bavière, qui vint se fixer à Zürich en 1519, l'ouvrage suivant : *Erasmus (Desiderius), ein Klag des Frydens der in allen Nationen vnd landen verworffen, vertriben vnd erlegt, durch Meister Leo Jud lütpriester des gotshuss Einsydlen vertütscht.* 1521, in-4° de 21 pp.

Christophe Froschauer ou Froschouer, était-il de la famille de l'imprimeur d'Augsbourg, Jean Froschauer, qui exerçait vers 1480 ? le fait est infiniment probable.

Col. 1241. TINCONCIUM, voy. XANCONTIUM.

TOBINIUM, *Zofingen.*

Col. 1242. TOGGIUM, *Toggenburg,* anc. comté et château de Suisse.

Col. 1244. TOLOSA TECTOSAGUM.

M. Tross vient de découvrir un nouveau produit des presses anonymes auxquelles on doit le BARBATIUS de 1476, et les deux ouvrages sans date que nous citons ; il en donne une excellente description dans son VIᵉ catal. de 1869 (nᵒ 3708): COMPENDIUM *ad omnes materias In || Jure ciuili inueniendas Margari || ta legum appellatu; In noîe domini Incipit.* finit au vᵒ du 51ᵉ f., suivent 4 autres pièces ; et au vᵒ du 152ᵉ f. on lit : *Finit tractatus domî Bartoli de||testibus et eorus reprobacōnibus,* s. l. n. d. (Tholose, circa 1475). Pet. in-8° goth. de 152 ff., plus 2 ff. blancs en tête et en queue, de 26 lig. à la page, sans ch.,'récl. ni sign., imprimé avec les caract. du Barbatius. Hain ni Brunet ne citent cet incunable; nous renvoyons pour le titre détaillé au catal. de M. Tross, qui doit être dans les mains de tous les amis des livres.

Col. 1246. TONGARLOA MONAST.

Les religieux de l'abbaye de Tongerloo vendent aujourd'hui les manuscrits et objets précieux que les anciens du monastère avaient accumulés... *Sic transit gloria.*

Col. 1248. TORNOMAGENSIS VICUS.

D'après M. Alfred Jacobs (*Géogr. de Gr. de Tours,* p. 401), le *Tornomagensis vicus* de Gr. de Tours serait St-Martin de Tournon (Indre), à 14 kil. du Blanc, en Berry.

M. Anatole de Gallier, président de la Soc. archéologique de la Drôme, notre savant correspondant, déclare ne point accepter l'argument que nous avons tiré d'un passage de la préface de l'*Antimoine,* et soutient que cette qualification de *Monseigneur* ne peut ici s'appliquer au cardinal de Tournon, mais bien au baron de Tournon, sénéchal d'Auvergne, etc.; nous ne pouvons ici prolonger ce débat.

Col. 1261. TRIGISAMUM, *Treisenmauer,* sur le Traysen (unter der Enns).

Col. 1265. Ligne 8. lisez : *The Royal Cornwall Gazette.*

TUBINGA, *Tubingen,* lisez : *Tübingen.*

Col. 1270. TURGEA, *le canton de Thurgovie, Thurgau.*

Col. 1271. TURONI.

« Simon Pourcelet, avons-nous dit, paraît être, jusqu'à preuve contraire, réputé comme l'introducteur de la typogr. dans la ville de Tours », et cet artisan est désigné comme résidant : « *in intersignio Pellicani* »; d'autre part *la Vie et Miracles de S. Martin* sont imprimés par Math. Lateron « *pour Jehan du Liége, marchand-libraire* ».

« Ce Jehan du Liége, ajoutions-nous, pourrait bien n'être autre que le Jehan de Liége, de Valenciennes. »

Or ce Jehan du Liége, marchand-libraire à Tours, c'est Jehan Iᵉʳ de Marnef, illustre imprimeur qui, de Paris où les chefs de sa famille dirigent un établissement considérable, va s'établir à Poitiers, et qui, dans plusieurs actes authentiques, et dans la souscription d'un grand nombre de livres imprimés par lui ou pour lui, a pris (on ignore par quel motif) le surnom de J. du Liége ; rien n'est plus indiscutable, il suffit de citer : les *Coustumes de Poictou* de 1499 sont impr. à Paris, l'an 1500, « *et sont à vendre en la boutique de Jehan de Marnef, dit du Liége* »... les *Coustumiers* de 1506, de 1508, *les ordonnances royaux,* etc., portent tous : « *imprimés à Poitiers par Jehan de Marnef, dict du Liége, demourant devant le Palais, au Pellican* »... Nous pourrions citer dix autres volumes à la même souscription.

Il doit nous être permis, d'accord avec notre excellent correspondant, M. Barbier-Tripart, de tirer de ces faits quelques inductions :

Les chefs de cette grande famille des Marnef, Geoffroi et Enguilbert, s'établissent à Paris, le premier en 1481, le second en 1491 ; le premier est l'un des quatre grands libraires de l'Université ; ces dates s'accordent avec les lettres de patentes de 1611, qui donnent « six-vingts ans et plus d'exercice » à cette famille.

Jéhan Iᵉʳ de Marnef (fils ou neveu de l'un des deux premiers Marnef, nous ignorons), fut envoyé en province y nouer des relations commerciales et sans doute y fonder une maison de librairie, succursale de l'établissement de Paris. Il s'arrêta à Tours, probablement à la requête du haut clergé, y fit venir un matériel typographique qu'il organisa, décora de l'enseigne de la famille, le *Pélican,* et plaça sous la direction d'un apprenti ou d'un associé, détaché de l'imprimerie parisienne.

Simon Pourcelet, qui signe le *Bréviaire de Tours* en 1493, dont le nom, aussitôt après cette publication, disparaît pour toujours, et qui opère avec la marque typogr. des Marnef, ne peut être, à nos yeux, autre chose que le prote, l'employé, l'associé, si l'on veut, des Marnef, et dirige momentanément un atelier qui ne lui appartient pas.

Quant à Math. Lateron, qui imprime en 1490, « *pour Jehan du Liége, marchant libraire* », ce fait seul prouve surabondamment que J. de Marnef, attiré probablement par le renom, considérable à cette époque, de l'université de Poitiers, y aurait transféré ses presses et son matériel typographique, entre les années 1493 et 1496, ne conservant à Tours qu'une simple maison de librairie.

Nous avons donné la date de 1536 comme celle de la première édition des *Coustumes* publiées par Math. Chercelé ; M. Taschereau possède de ces mêmes *Coustumes* une édition antérieure qui porte la date de 1534.

Col. 1273. TURRIS PELIANA, *la tour de Peilz.*

U

Col. 1281. ULMA.

Nous aurions dû citer, à propos du second typogr. de cette ville, Johann Zayner, le vol. suivant : *Legendæ Sanctorum quas compilavit Jacobus (de Voragine).* Impressi (sic) per Johannem Zainer in oppido Ulm, s. d. in-fol. goth. L'exemplaire de la vente Bearzi (nº 476) portait à la fin cette souscription, écrite à l'encre rouge, en caract. arabes (l'écriture était évidemment contemporaine): « FRATER ERASMUS, 1469. PICTOR PHILOCALUS ».

Col. 1287. URANIA, *der Urnerland,* dans le canton d'Uri.

Col. 1288. URBES ANSEATICÆ, *die Hansestädte.*

Col. 1291. URSIMONTANUM, *Ormonts,* dans le canton de Vaud.

V

Col. 1299. VALACHIA, *la Valachie, die Wallachei.*

Col. 1301. VALENTIA, *Valencia,* université fondée en 1470.

Col. 1303. VALENTIANA.

Le rapport hypothétique que nous avions cru trouver entre l'imprimeur de Valenciennes et le *Jehan du Liége* de Tours, qui n'est autre que Jehan de Marnef, se trouve radicalement détruit par le fait de la constatation de l'identité de ce dernier.

Col. 1306. VALLIS CILAVINA, *das Zillerthal.*

VALLIS CORVANTIANA, *Churwalden,* dans le canton des Grisons.

VALLIS DULCIS, *Lichtenstein,* bourg et château du Rheinthal, avant l'entrée du Rhin dans le lac de Constance, capit. de la princip. de Lichtenstein.

Col. 1315. VASIO. M. Th. Générat (*Peuples qui avoisinent le cours inf. du Rhône et de la Durance*) soutient, d'après le passage de Strabon « Ἀερία διὰ τὸ ἐφ' ὕψους ἱδρῦσθαι μεγάλου », etc., que cette ville située sur un point très-élevé... à travers des hauteurs couvertes de forêts... ne peut être Vaison : qu'indiquée comme située au N. d'Orange, elle ne peut exister qu'au pays des Tricastini, et il en détermine l'emplacement à *Barri,* près de Bollène, dans l'extrême N. du dép. de Vaucluse ; son argumentation est excellente.

VAUX-DIEULET, commune du dép. des Ardennes.

Une note du cat. Luzarche semble indiquer qu'une petite imprimerie particulière a existé, à Vaux-Dieulet, au commencement du siècle : *Notice sur Ste Gertrude, vierge et martyre, patronne de la paroisse de Vaux-en-Dieulet, au dép. des Ardennes,* se vend à Vaux-Dieulet, an X, in-12 de 16 pp.; d'après une note manuscrite, l'auteur de cette pieuse brochure serait le curé de cette paroisse, François Defort.

VECLÆPONTUM. Agger, lisez : Ager.

Col. 1316. VELDIDENA, *Wetten,* lisez : *Wilten.*

Col. 1327. VERONA.

Canova n'est point né à Vérone, mais bien à Possagno [O. Mündler].

Col. 1336. VERTEMIUM. Wertheim est au confl. de la Tauber et du Mein.

VERUCA CAST., *Dos Trento.*

Col. 1336. VIBERI, peuple occupant le territ. de Brigg, ou Brieg.

VIBISCUM. Canton de Vaux, lisez : de Vaud.

Col. 1339. VICTORIS (S.) CŒNOB., voy. MONAST. S. VICTORIS.

Col. 1342. VICUS S. JACOBI.

« Ad intersignium Ursi propre »... lisez : *prope.*

Col. 1346. VILLA FRANCA, *Villefranche,* sur la Saône.

Nous avons cité la première production des presses d'A. Baudrand ; dans l'épître du vol. intitulé : *Estat de ceux qui ont esté appelez à la charge d'Eschevins...* Baudrand dit lui-même que ce livre est la première impression faite à Villefranche.

En 1671, ce même imprimeur publie un autre volume : *Mémoires contenans ce qu'il y a de plus remarquable dans Villefranche, capit. du Beaujolais, à Messieurs les Eschevins de Villefranche.* A Villefranche, chez Antoine Baudrand, imprimeur de la ville, 1671; in-4º.

Col. 1367. VRATISLAVIA.

L'université de Breslau ne date que du XIXe siècle; en 1702, ce fut seulement un collège de Jésuites qui y fut établi.

INDEX ALPHABÉTIQUE

FRANÇAIS

DES NOMS LATINS.

A

Aahus, *Aahusium.*
Aalborg, *Aalburgum, Alburgum.*
Aalen, *Ala.*
Aar (l'), *Arola fl.*
Aaraki, *Narthacium.*
Aarau, *Araugia.*
Aarburg, *Arburgum.*
Aarhuus, *Aarhusium.*
Aazy, *Aaziacum.*
Abach, *Abacum.*
Abano, *Aponum.*
Abbans la ville, *Abbatis villa.*
Abbécourt, *Ambricocurte.*
Abbeville, *Abbatis villa.*
Abbeville-S.-Lucien, *Abbatis villa-S.-Luciani.*
Abbotsford, *Abbefortia.*
Abcuden, *Abcudia.*
Abella Vecchia, *Abella Vetus.*
Abensberg, *Abensperga, Abusina.*
Aberavon, *Aberavonium.*
Aberdeen, *Abredonia, Devana.*
Aberfraw, *Gadiva.*
Abergavenny, *Gobannium, Abergonium.*
Abernethy, *Abrenotium.*
Abiat de Montron, *Abiacum.*
Abilly, *Abiliacum.*
Abingdon, *Abintonia.*
Ableiges, *Ablesia.*
Ablon, *Ablonium.*
Abö, *Aboa, Turusa.*
Abrantès, *Abrantium.*
Abruceña, *Urci.*
Abrud-Banya, *Auraria Magna.*

Abruzzes (les), *Abrutium, Samnium.*
Abruzzo Citrà, *Frentana regio.*
Abruzzo Oltrà, *Maruccini.*
Acerenza, *Acherontia, Agerentia.*
Acerno, *Acernum.*
Acerra, *Acerræ.*
Achery, *Erchrecum.*
Achtyrskoj, *Achyrum.*
Aci-Reale, *Acis.*
Acken, *Acona.*
Ackjermann, *Tyras.*
Acle, *Aclea.*
Acous, *Aspaluca.*
Acquapendente, *Aquæ Tarinæ, Acula.*
Acqui, *Aquæ Statiellæ.*
Acre (S.-Jean-d'), *Acco.*
Acs, *Azaum.*
Acy, *Aciacum.*
Adda (l'), *Abdua, Addua fl.*
Adelsberg, *Poedicum.*
Aderborn, *Aderborna.*
Aderno, *Adranum.*
Adige (l'), *Athesis fl.*
Adonco, *Aduncum.*
Adorf, *Atorfium.*
Adour (l'), *Adura, Atur fl.*
Adra, *Abdara.*
Aelen, *Ala, Ola.*
Aelen, *Aquila.*
Aenholm, *Aenholmia.*
Aerding, *Ariodunum.*
Aernen, *Aragnum.*
Aerweiler, *Aerwilra.*

Alicante, *Alicantium.*
Alifi, *Alifa.*
Alise-Ste-Reine, *Alesia.*
Alissan, *Alexianum.*
Alla Kilissah, *Pella.*
Allanche, *Alantia.*
Allemagne, *Allemania, Germania.*
Allendorf, *Allendorfium.*
Allenstein, *Allenstenium.*
Allerheiligen, *Vallis omnium sanctorum.*
Allerton, *Caractonum.*
Alleux (les), *Allodii.*
Allevard, *Allevardum.*
Allier (l'), *Elaver fl.*
Alligny, *Atiniacum.*
Allois, *Allodium.*
Allonne, *Alaona, Avolotium.*
Alluye, *Alodia, Avallocium.*
Almada, *Alsena.*
Almaden de la Plata, *Sisapon.*
Almagro, *Almagrum, Mariana.*
Almandralejo, *Almandralegium.*
Almarez, *Almarazum.*
Almas, *Alisca.*
Almeirim, *Almarinum.*
Almeneshes, *Almaniscæ.*
Almenza, *Almantica.*
Almeria, *Almeria.*
Almissa, *Alminium.*
Almodavar del Campo, *Almodavaria campestris.*
Almundbury, *Almondburium, Cambodunum.*
Almuñecar, *Almunecara.*
Almunia, *Nertobriga.*
Alonne (Moustier d'), *Alauna.*
Alost, *Alostum.*
Alpes (les), *Alpes.*
Alphano, *Alphanum.*
Alphen, *Albinianæ.*
Alpuli, *Urisium.*
Alsace (l'), *Alsatia.*
Also-Kubin, *Arva.*
Also-Lindua, *Also.*
Alstadt, *Alstadium.*
Alstaetten, *Alterpretum.*
Alswangen, *Alvanga.*
Altamura, *Lupatiæ.*
Alt-Bunzlau, *Bolestai fanum vetus.*
Alt-Carleby, *Carolina antiqua.*
Altdorf, *Altdorfium Noricorum, Altorphium.*
Altena, *Altenachium.*
Altenau, *Altenavium.*
Altenberg, *Altenberga.*
Altenburg, *Chrysii auraria.*
Altenburg, *Aldenburgum.*
Altenhofen, *Altenhovia, Arrianæ.*
Altenhohenau, *Hohenavia vetus.*
Altenreif, *Alta ripa.*
Alten-Thaun, *Tarnanto.*
Alteviller, *Alta villa.*
Altheim, *Bragodurum.*
Altino, *Altinum.*
Altinstadt, *Altinstadium.*
Alt-Kavalla, *Neapolis.*
Altkirch, *Altkircum.*
Alt-Medingen, *Mesuium.*
Altmühl (l'), *Alcmona, Alemanus fl.*
Altmühl-Münster, *Monast. ad Almonium.*
Alt-Oettingen, *Hodingæ.*
Alt-Ofen, *Acincum, Aquincum.*

Altona, *Altenavia.*
Altorf, *Altorfium.*
Altrip, *Alta Ripa.*
Altsohl, *Altisolium.*
Alstadt, *Clunia.*
Alverton, *Albertonia.*
Alvidona, *Levidona.*
Alzato, *Alciatum.*
Alzey, *Alceja.*
Alzone, *Alsona.*
Amack (île d'), *Amager.*
Amage, *Amagetobrica, Magetobria.*
Amalfi, *Amalphia.*
Amance, *Esmantia.*
Amand (St-), *Amandopolis, S. Amandi eccl.*
Amantea, *Adamantia, Amantia.*
Amarante, *Amaranthus.*
Amarin (St-), *Amarinum.*
Amaseno, *Amasenus.*
Amatrice, *Amatrica.*
Ambazat, *Ambaciacum.*
Amberg, *Amberga.*
Ambérieux, *Amberiacum.*
Ambernat, *Antebrimacum.*
Ambert, *Ambertum.*
Ambialet, *Ambialetum.*
Amblef, *Amblava.*
Amblesinde, *Amboglana.*
Ambleteuse, *Ambletosa.*
Amblis, *Ameliacum.*
Ambly, *Amblidum.*
Amboise, *Ambacia.*
Ambournay, *Ambroniacum.*
Ambres, *Ambrosium.*
Ambroise (S.), *Monast- S. Ambrosii in Mediolano.*
Ambroix-sur-Arnon (S.), *Ernodunum.*
Amelia, *Ameria.*
Amersbury, *Ambresburia.*
Amersfoordt, *Amorfortia.*
Ameville, *Amavilla.*
Amfreville, *Amfredivilla.*
Amiens, *Ambianum.*
Ammen, *ad Montem.*
Ammer (l'), *Ambra fl.*
Amour (S.), *Fanum S. Amatoris.*
Amphisu, *Therapne.*
Ampiglione, *Empulum.*
Ampilly, *Ampliacum.*
Amplepuis, *Ampliputcum, Magnum Podium.*
Ampugnani, *Ampuniana.*
Ampuis, *Antea.*
Ampurias, *Emporiæ.*
Amstel (l'), *Amstela.*
Amstelveen, *Vene.*
Amsterdam, *Amstelodamum.*
Anagni, *Anagnia.*
Anappe, *Anapium.*
Ancerville, *Ancelli villa.*
Anchin, *Aquiscinctum.*
Ancone, *Acusio Colonia.*
Ancône, *Ancona.*
Ancre, *Ancora.*
Ancy-le-Frauc, *Ancidcum.*
Andainville, *Andani villa.*
Andalousie, *Bætica Prov., Vandalilia.*
Andelot, *Andelaus.*
Andelys (les), *Andelagus.*
Andenne, *Antlennæ.*
Andernach, *Andernacum.*

Andilly, *Andeliacum.*
Andlaw, *Andlavia.*
Andoria, *Mayduria.*
Andover, *Andovera.*
Andraestadt, *Flavium.*
André (St-), *Andreæ fanum.*
André de Cubzac (St-), *Cubiacum.*
Andrews (St-), *Andreopolis, S. Andreæ fanum.*
Andrezy, *Andresiacum.*
Andriez, *Catturus.*
Andrinople, *Adrianopolis, Hadrianopolis.*
Andritza, *Pheræ.*
Andro, *Andria.*
Andujar, *Andusara, Uciense.*
Andujar del Vejo, *Illiturgis.*
Anduze, *Andusia.*
Anet, *Anetum.*
Angeac-Champagne, *Andiacum.*
Angelo (Sant'), *Angulum.*
Angelo (Sant'), *Angelopolis, Castrum S. Angeli, Medullia.*
Angelo de' Lombardi (Sant'), *Angelopolis ad Lombardum, Santangellium.*
Angelo di Vado (S.), *Angelopolis ad Metaurum, Tifernum Metaurense.*
Angély (St-Jean-d'), *Angeriacum.*
Angers, *Andegava.*
Angelokastro, *Conopa.*
Anghiera, *Angleria.*
Anglars, *Anglaria.*
Angle, *Angla.*
Anglers, *Anglariæ.*
Anglesey, *Anglesaga, Mona.*
Angleterre, *Angli, Britannia, Heptarchia.*
Anglona, *Pandosia.*
Anglure, *Angledura.*
Angoulême, *Engolisma.*
Angri, *Angria.*
Angus, *Angusia.*
Anhalt, *Anhaltinum.*
Anholt, *Anholtium.*
Anisi, *Alisincum.*
Anisy-le-Chateau, *Anisiacovicus.*
Anjou (l'), *Andegavensis ager.*
Annaberg, *Annaberga.*
Annandale, *Annandi vallis.*
Annebaut, *Annebaltum.*
Annecy, *Annecium.*
Annonay, *Annonœum.*
Annot, *Anothia.*
Anopolis, *Phœnicus portus.*
Anost, *Anostum.*
Anout, *Anholta.*
Anras, *Anarasum.*
Anse, *Ansa.*
Anseauvillars-en-Chaussée, *Asinovillare.*
Anseauville, *Ausiaca villa.*
Ansedonia, *Cosa.*
Ansgod, *Ansgodi ailla.*
Ansloe, *Ansloa.*
Anspach, *Onoldinium.*
Anstrutter, *Amstruttera.*
Antenay, *Antemnacum.*
Antequera, *Antiquaria.*
Anteuil, *Antolium.*
Anthill, *Antilia.*
Antibes, *Antipolis.*
Antigny, *Atiliacum, Antiniacum.*
Antimo (S.), *Trebula Suffena.*

Antiparo, *Olearus Ins.*
Antivari, *Antibarum.*
Antogné, *Antonnacum.*
Antoing, *Antonia.*
Antonaves, *Antonavis.*
Antonin (S.), *Antonini fanum.*
Antonious du Qouzahié (Mar), *Kusaiæ vallis Claustrum.*
Antrain, *Interamnis.*
Antran, *Hilarii Ecclesia.*
Antrim, *Antrinum.*
Antrodoco, *Interocrea.*
Anvers, *Antuerpia.*
Anzi, *Anxia.*
Aoste, *Augusta Prætoria.*
Aouste, *Augusta Vocontiorum.*
Apennin (l'), *Apenninus.*
Apenrade, *Apenroa.*
Apingadam, *Dammona.*
Aplans, *Pelontium.*
Appenzell, *Abbatis cella.*
Appleby, *Aballaba.*
Aprey, *Apraricia.*
Aprigliano, *Aprilianum.*
Aps en Vivarais, *Alba Helviorum.*
Apt, *Apta Julia.*
Aquigny, *Aquiniacum.*
Aquila, *Aquila in Vestinis.*
Aquileja, *Aquileja.*
Aquino, *Aquinum.*
Aquitaine, *Aquitania.*
Araceña, *Lælia.*
Arachora, *Ambrissus.*
Aragon, *Aragonia, terra Iberia.*
Aramon, *Aramonœum.*
Aranda de Duero, *Aranda Durii.*
Aranda de Ebro, *Aranda Iberi.*
Aranjuez, *Arangvesia.*
Arapi, *Olpæ.*
Araquil, *Ara cœli.*
Aravida, *Arabrica.*
Arberg, *Arberga.*
Arboga, *Arbogia.*
Arbois, *Arbosia* (suppl.).
Arbon, *Arbana.*
Arbresle (l'), *Arborella, Mediolanum.*
Arc-en-Barrois, *Arcica.*
Arc-en-Tille, *Arcica ad Tilam.*
Arcadion, *Arcadia.*
Arcey, *Arcia, Artiacum villa.*
Archambray, *Arcus in Briage.*
Archelles, *Arcellæ.*
Archessa, *Aquæ Calidæ.*
Arches, *Arcæ Castrenses.*
Archignat-sur-la-Magieure, *Archiniaco villa.*
Arcia, *Acra.*
Arcis-sur-Aube, *Arciaca.*
Arco, *Arcum.*
Arcon, *Arconum.*
Arcos, *Aracosia.*
Arcos-de-la-Frontera, *Arcobriga.*
Arcs (les), *Castrum de Arcubus.*
Arcueil, *Arcolium.*
Ardagh, *Ardaca.*
Ardèche (l'), *Ardesca fl.*
Ardée, *Ardea.*
Ardeine (l'), *Ardena.*
Ardenne, *Arduenna.*
Ardennes (forêt des), *Arduenna Sylva.*

Ardes, *Ardea.*
Ardfeart, *Adfartum.*
Ardin, *Aredunovicus.*
Ardon, *Ardiensium burgus.*
Ardona, *Ardoneæ.*
Ardres, *Ardra.*
Ardrosen, *Ardrosa.*
Arene, *Erana.*
Aremberg, *Areburgium.*
Arensberg, *Arensberga.*
Arensdorf, *Aresdorfium.*
Arevalo, *Arevalum.*
Arezzo, *Aretium.*
Argences, *Aræ29genus.*
Argensoles, *Agensoliæ.*
Argenson, *Argensonium.*
Argent, *Argentum.*
Argentan, *Argentonum.*
Argentat, *Argentacum.*
Argenteuil, *Argentolium.*
Argentières, *Argentaria.*
Argentine, *Argentinæ.*
Argenton, *Argento.*
Argenton-sur-Creuse, *Argentomagus Cuborum.*
Argenxière, *Argivernum.*
Argenz (l'), *Argenteus fl.*
Argirone (San Filippo d'), *Aggrena, Agurium.*
Argona, *Alba Virganensis.*
Argonne (l'), *Argonna.*
Argos, *Argos.*
Argova, *Orgysus.*
Argovie, Aargau, *Argoja.*
Argyle, *Argadia.*
Argyro-Castro, *Antigona Psaphara.*
Ariano, *Arianum, Equus Tuticus.*
Ariége (l'), *Aurigera, Alburacis fl.*
Arignano, ad *Vicesimum, Arinianum.*
Arjona, *Argajonense, Urgao.*
Arkhadia, *Cyparissia.*
Arkhangel, *Archangelopolis.*
Arlant, *Arelaunus,*
Arlanzo, *Certima.*
Arles, *Arelas.*
Arles-sur-Tech, *Arulæ.*
Arleux, *Arensium, Arlegio Pal.*
Arlon, *Arlaunum.*
Armagh, *Ardimacha.*
Armagnac (l'), *Armeniacensis comit.*
Armenienstadt, *Armenopolis.*
Armentières, *Armentariæ.*
Armieu, *Armeium.*
Armiro, *Æginium, Osmida.*
Armuyden, *Arnemuda.*
Armyro, *Crenæ.*
Arnay-le-Duc, *Arnæum Ducium.*
Arnaw, *Arnavia.*
Arnburg, *Arnburgum.*
Arnheim, *Arenacum.*
Arno (l'), *Arnus fl.*
Arnoul (S.), *Arnulphi oppidum.*
Arnouville, *Arnoldi villa.*
Arnsborg, *Arnsburgum.*
Arnstadt, *Arnstadium.*
Aroaise, *Aroasia.*
Arolsen, *Arothia.*
Aronches, *Septem Aræ.*
Arpajon, *Arpajonum.*
Arpi, *Argos Hippium.*
Arpino, *Arpinum.*

Arpino (Sant'), *Atella.*
Arqua, *Arquata.*
Arqueneuf, *Riconorus.*
Arques, *Arca, Arcæ palat.*
Arran, *Brandinos Ins., Arania Ins.*
Arras, *Atrebatæ.*
Arreau, *Arreium.*
Arroë, *Aria Ins.*
Arsac l'abbaye, *Aasaci abb.*
Arsago, *Ara Cæsaris.*
Arschot, *Areschottum.*
Arschud, *Harpis.*
Arta, *Ambracia.*
Artas, *Artaium.*
Artel, *Artivia.*
Artenay, *Arthenæum.*
Arthies, *Artegia.*
Artois (l'), *Artesia.*
Arton, *Artonum.*
Artonne, *Artona.*
Artzburg, *Artobriga.*
Arundel, *Aruntina.*
Arzac, *Arsacum.*
Arzat, *Arisitum.*
Arzer-Palanka, *Cibrus, Ratiaria.*
Arzignano, *Arsignanum.*
Asaph (St.), *Elva, fanum S. Asaphi.*
Aschach, *Aschavia.*
Aschaffenburg, *Asciburgum, Schafnaburgum.*
Ascherleben, *Ascania.*
Ascoli, *Asculum Picenum.*
Ascoli di Satriano, *Asculum Apulum.*
Asnes, *Asini.*
Asnières, *Asinarium.*
Asola, *Asula.*
Asolo, *Azelum.*
Asparanetto, *Naustathmus.*
Aspe vieja, *Aspis.*
Asperen, *Aspera, Caspingium.*
Aspra, *Casperia.*
Aspremont, *Asprimontium.*
Aspres, *Aspera.*
Asprospitia, *Anticyra.*
Asprospiti, *Cirrha.*
Assche, *Ascum.*
Assens, *Asnesum.*
Assise, *Asisium.*
Asspo (l'), *Asopus fl.*
Astaco, *Boium.*
Asti, *Asta.*
Astorga, *Asturica Augusta.*
Asturies (les), *Astures.*
Aterno (l'), *Aternus fl.*
Ath, *Atha.*
Athènes, *Athenæ.*
Athenrey, *Athenria.*
Atherdee, *Atherda.*
Athies, *Atelæ Veromand.*
Athlone, *Athlona.*
Athos (mont), *Athos, Monast. montis Athonis.*
Atino, *Atina.*
Atri, *Adria, Hadria.*
Attichy, *Attipiacum.*
Attigny, *Attiniacum.*
Atzikolo, *Gortyn.*
Aubagne, *Albinia.*
Aube, *Albigi.*
Aube (l'), *Albula fl.*
Aubenas, *Albenacium.*

Aubenton, *Abantonia.*
Aubenton, *Alba Antonia.*
Aubepierre, *Alba Petra.*
Auberive, *Alba Ripa.*
Aubeterre, *Alba Terra.*
Aubières, *Avitacum.*
Aubiers (les), *Albariæ.*
Aubigné, Aubigny, *Albiniacum.*
Aubin-des-Bois (S.), *S. Albini de Bosco Mon.*
Aubin-du-Cormier (S.), *Cornutius, fanum S. Albini.*
Aubonne, *Albenno, Aula bonna.*
Aubrac, *Altobracum.*
Aubusson, *Albucio.*
Auch, *Augusta Ausciorum.*
Aude (l'), *Atax fl.*
Audenarde, *Aldenarda.*
Audierne, *Audiernum.*
Auerstädt, *Auerstadium.*
Auesberg, *Arupinum.*
Auge (pays d'), *Algia.*
Augsbourg, *Augusta Vindelicorum.*
Augst, *Augusta, Rauracense cast.*
Augst, *Augusta Rauracorum.*
Augustusburg, *Augusta Misnensium.*
Aufargis, *Ulfrasiagas.*
Aulnay, *Alnealdum.*
Aulnoy, *Alniacum.*
Aulnoy-en-Brie, *Clepiacum in Pago Alnetensi.*
Aulps, *Alpes, Helvii.*
Aumale, *Alba Mala.*
Aunai, *Avedonacum.*
Aunay-en-Bazois, *Onacum.*
Auneau, *Alnealdum, Aunus.*
Aunis (l'), *Alnensis Pagus.*
Aurach, *Auracum.*
Aurach-le-Duc, *Auracum Ducis.*
Auras, *Aurasium.*
Auray, *Auracium.*
Aure (l'), *Arva fl.*
Auriac, *Auriacum.*
Aurich, *Auriacum.*
Aurigny, *Arica Ins., Riduna Ins.*
Aurillac, *Aureliacum,*
Aurilly, *Aurillucum.*
Aussière, *Atacinus vicus.*
Aussig, *Austa.*
Austerlitz, *Slaukovia.*
Austrasie, *Austrasia.*
Auteuil, *Altogilum.*
Autrey, *Autreum.*
Autriche, *Austria.*
Autry, *Altriacum.*
Autun, *Augustodunum.*
Auvergne, *Alvernia.*
Auvers, *Alverni Velocassium.*
Auweghem, *Aldergemum.*
Auxerre, *Autissiodorum.*

Auxonne, *Aussona.*
Auxy, *Alciacum.*
Auxy-le-Château, *Auciacum.*
Avados-Ru, *Ethopia.*
Avallon, *Aballo.*
Avançon, *Ictodurum.*
Avaux, *Auxenna.*
Aveins, *Avincium villa.*
Aveira, *Aveirum.*
Aveld, *Avelda.*
Avella, *Abellæ.*
Avellino, *Abellinum.*
Avenay, *Avenacum.*
Avenches, *Avanticum.*
Avernes, *Avernum.*
Aversa, *Atella, Aversæ.*
Averso, *Adversa.*
Aversberg, *Aversberga.*
Avesnes, *Avennæ.*
Aveurdre, *Averdera.*
Aveyron (l'), *Avario fl.*
Avezzano, *Alba.*
Avigliano, *Aviliana.*
Avigneau, *Abinio.*
Avignon, *Avenio.*
Avignonet, *Avenionetum.*
Avila, *Abula, Obila.*
Avilès, *Argenteola, Avilla.*
Avilly, *Avitiacum.*
Avit-d'Auvergne (St-), *Fines.*
Aviz, *Avisium.*
Avlemona, *Phœnicus portus.*
Avon (l'), *Antona.*
Avranches, *Abrincæ.*
Avrechy, *Averciaco villa.*
Ax, *Aquæ.*
Axbridge, *Axa.*
Axel, *Axella.*
Axos, *Oaxus fl.*
Ay, *Ageium.*
Ayamonte, *Aiamontium, Esuris.*
Ayen, *Ayennum.*
Ayguejuntes, *Aquæ Junctæ.*
Aylesbury, *Aeglesburgus.*
Aymargues, *Armaniæ.*
Aymé, *Axima.*
Aymeries, *Ameria.*
Ayr, *Ercojena.*
Azaro, *Assorus.*
Azay, *Azacum.*
Azelburg, *Augusta castra.*
Azerat, *Azeracum.*
Azincourt, *Azincurtium.*
Azio, *Actium.*
Azof, *Assovium, Tanais.*
Azof (mer d'), *Mæotis.*
Azumas, *Ad VII aras.*

B

Baba-Dagh, *Vallis Domitiana.*
Babassek, *Babina.*
Babenhausen, *Bebiana.*
Babua, *Bavo.*
Baccano, *Baecanæ, Præsidium Cremeræ.*

Bacchiglione, *Bacchilio.*
Bach, *Bachia.*
Bacharach, *Ara Bacchi.*
Bacqueville, *Bacovilla.*
Badajoz, *Pax Augusta.*

Baden, *Aquæ Helveticæ.*
Baden, *Aquæ Pannonicæ.*
Baden-Baden, *Aquæ.*
Badenoch, *Badenacha.*
Badenweiler, *Badenvilla.*
Baeza, *Batia.*
Baffa, *Paphus.*
Baga, *Baganum.*
Bagé-le-Châtel, *Balgiacum.*
Bagna-Cavallo, *Ad Caballos.*
Bagnarea, *Balnea regia.*
Bagnasco, *Baniascum.*
Bagnères de Bigorre, *Aquæ Bigerronum.*
Bagnères de Luchon, *Aquæ Convenarum, Bagneriæ.*
Bagni del Lago, *Anianæ Thermæ.*
Bagni di Ballicano, *Aquæ Calidæ.*
Bagni di S. Cassiano, *Clusini Fontes.*
Bagnolet, *Balneolum.*
Bagnols, *Balnea.*
Bagnols, *Aquæ Calidæ.*
Bagnols-les-Bains, *Balneolum.*
Bagnone, *Bondelia.*
Bahus, *Bahusia.*
Baia, *Bajæ.*
Bailleul, *Balliolum.*
Bailo, *Ebellinum.*
Baindt, *Abbatia Bintensis.*
Baisieux, *Bacium, Basivus.*
Baix, *Batiana.*
Bajon, *Bagyona, Bajonium.*
Bajonne, *Bajonna ad Minium.*
Bala-Banga, *Dilna.*
Balagna, *Palanta.*
Balaguer, *Ballegarium, Oleastrum.*
Balaklava, *Baluclavia, Palatium.*
Balasfalva, *Blasendorfium.*
Balbastro, *Barbastrum.*
Balckhausen, *Belgica.*
Baldenau, *Belginum.*
Badsjik, *Cruni, Dionysopolis.*
Bâle, *Basilea.*
Baléares (les), *Baleares Ins.*
Balme (la), *Balma.*
Balstal, *Balistella.*
Balzac, *Balsacum.*
Bamberg, *Bamberga.*
Banagher, *Ivernis.*
Bafialos, *Panium.*
Banbury, *Bamburia.*
Bangor, *Baugertium, Bovium.*
Bannockburn, *Banacia.*
Bañolas, *Aquæ Calidæ.*
Banon, *Banonum.*
Baños, *Cecilionicum.*
Banovcze, *Ulmi.*
Bapaume, *Bapalma.*
Baranow, *Baranovia.*
Baranya, *Baranivarium.*
Bar, *Barium.*
Bar-le-Duc, *Barium Ducis.*
Bar-sur-Aube, *Barium ad Albulam.*
Bar-sur-Seine, *Barium ad Sequanam.*
Barbançon, *Barbansonium.*
Barbantane, *Bellintum.*
Barbate, *Baela Claudia.*
Barbezieux, *Barbecillum.*
Barby, *Barbium.*
Barcelone, *Barcino.*

Barcelone, *Barcino Vasconiæ.*
Barcelonette, *Barcinona,*
Barcelos, *Barcelum.*
Barchon, *Barchonum.*
Bardewick, *Bardenuvicum.*
Bardi, *Barderate.*
Bardo, *Bardum.*
Barenton, *Barentonium.*
Barfleur, *Barafletum.*
Bargemont, *Bargemontium.*
Bargeny, *Berigonium.*
Bari, *Barium.*
Barjols, *Barjolium.*
Barlanga, *Berlenga.*
Barletta, *Barulum.*
Barlieu, *Barolocus.*
Barneville, *Crociotonorum portus.*
Barny-Rivière, *Bremacum.*
Barraux, *Barrana Arx.*
Barre (la), *Barra.*
Barriana, *Brigiana.*
Barrois (le), *Barrensis Duc.*
Barsac, *Barsacum.*
Barten, *Bartonia.*
Bartfeld, *Bartpha.*
Barth, *Barthum.*
Basiége, *Badera.*
Basilicata, *Acherontia.*
Basilio (S.), *Creusa.*
Bassac, *Bassacum.*
Bassano, *Passanum.*
Bassée (la), *Bassea.*
Basse-Fontaine, *Bassus fons.*
Basselingen, *Bezelinga.*
Bassignana, *Augusta Batiennorum, Vagiennorum.*
Bassigny (le), *Bassinia.*
Bastia, *Mantinorum opp.*
Bastognack, *Bastonacum.*
Basville, *Bassavilla.*
Bataszek, *Lugio.*
Batenburg, *Batavoburgum, arx Batavorum.*
Bath, *Aquæ Calidæ.*
Bathasac, *Bathaseca.*
Batmunster, *Bathmonasterium.*
Battice, *Battica.*
Baugé, *Baugium.*
Baugé-le-Vieux, *Baugeium.*
Baulme, *Balna.*
Baume d'Autun (la), *Balma Augustoduni.*
Baume des Arnauds, *Cambonum.*
Baumgarden, *Pomarium.*
Bauron, *Dicæa.*
Bautzen, *Budissina* (suppl.).
Baux (les), *Baucium.*
Baux de Breteuil (les), *Balcium Bretolii.*
Bavay, *Bagacum.*
Bavière, *Bajoaria, Noricum.*
Bayeux, *Bajocæ.*
Bayone, *Bajonna.*
Bayonne, *Aquæ Augustæ, Bajona, Lapurdum.*
Bayreuth, *Baruthum.*
Baza, *Basti.*
Bazaraki, *Larymna.*
Bazas, *Vasatum.*
Bazoche, *Bazochia.*
Bazoches, *Bibe.*
Bealt, *Bealta.*
Béarn (le), *Bearnia.*

Bevern, *Bevernense Cast.*
Beverwyck, *Beverovicum.*
Bewdley, *Bellilocus.*
Bex, *Baccœ.*
Beyssac, *Beyssacum.*
Béziers, *Biterrœ.*
Bézu-la-Forêt, *Bezua de Bosco.*
Biagrassa, *Albiate.*
Biala Castro, *Decelea.*
Bjalocerkiew, *Bialoquerca.*
Bjalogrod (Ackerman), *Alba Julia, Akermanna.*
Bjalykamen, *Bialikamia.*
Biasio (S.), *Blandona.*
Biberach, *Biberacum.*
Bibola, *Ribola.*
Bibra, *Biberaha.*
Bicestre, *Bicestria.*
Bicêtre, *Vincestria.*
Bichwiller, *Billœvilla.*
Bickenriede, *Bicurdium.*
Bicoque (la), *Bicola.*
Bidassoa (la), *Bidossa fl.*
Bidburg, *Beda.*
Bidizzoli, *ad Flexum.*
Biecz, *Becia.*
Biel, *Biela.*
Bielefelda, *Bilefeldia.*
Bielgorod, *Belogradum.*
Biella, *Riella.*
Bielobordo, *Teutiburgum.*
Bielsk, *Bielca.*
Bienne, *Bienna, Petinesça.*
Bientina, *Bientinum.*
Bièvres, *Bibrax.*
Bigenis, *Abacœna.*
Bigorre (le), *Bigerrensis Com.*
Biguglia, *Mariana.*
Bihacs, *Bihacium.*
Bihar, *Biharium.*
Bilbao, *Flaviobriga* (suppl.).
Bilin, *Bilina.*
Billom, *Bilhomum.*
Billy, *Billiacum.*
Bilolia, *Octolophus.*
Bilsen, *Belisia.*
Binasco, *Bacenœ.*
Biñaros, *Binarusia.*
Binch, Bingen, *Binchium.*
Binchester, *Bimonium, Vinovia.*
Binetto, *Ypinum.*
Bingen, *Biugium, Pinga.*
Binoesca, *Visontium.*
Bjorneborg, *Arctopolis.*
Bipp, *Castrum Pippini.*
Birckhausen, *Augusta Badacum.*
Birkenfeld, *Bircofelda.*
Birmingham, *Birminghamium.*
Bisaccio, *Sentianum.*
Biscaye, *Biscaja, Cantabria.*
Bisceglia, *Vigillœ.*
Bischofszell, *Episcopi Cella.*
Bischoffstein, *Episcopi Petra.*
Bischofslack, *Locopolis.*
Bischofswerda, *Episcopi Ins.*
Bischweiler, *Episcopi Villa.*
Bishoffs-Castel, *Castellum Episcopi.*
Bishopscastle, *Episcopi Castrum.*
Bisignano, *Besidiœ.*
Bistritz, *Bistricia, Bistrovitsium.*

Bitche, *Bicina.*
Bitetto, *Bitectum.*
Bitolia, *Heraclea Lyncestis, Pelagonia.*
Bitonto, *Bidruntum, Budruntum.*
Bivados, *Utsurgas.*
Bivona, *Hipponium, Viba.*
Bizy, *Biziacum.*
Blainville, *Bleonis villa, Beleni villa.*
Bladel, *Pladella villa.*
Blair, *Blara.*
Blamont, *Albimontium, Alba Leucorum.*
Blanc (le), *Oblincum.*
Blanche-Couronne, *Alba Corona.*
Blangy, *Blangiacum.*
Blankenberg, *Albimontium, Blancoberga.*
Blankenburg, *Blancoburgum.*
Blankenhayn, *Blanconis fanum.*
Blaños, *Blanda.*
Blanzac, *Blanziacum.*
Blasien (Monast. de S.), *Blasii in Hyrcinia Cœnob., Thierhaupten.*
Blaye, *Blavia.*
Bleneau, *Blenavium.*
Blenod, *Blenodium.*
Bléré, *Bliriacum.*
Blesle, *Blasilia.*
Bletterans, *Bleterum.*
Blois, *Blesœ.*
Blumenthal, *Florivallis, vallis Florida.*
Bobbio, *Bobium.*
Böblingen, *Bibonium.*
Bobota, *Pons Uscœ.*
Bocchetta del Cencio, *Crixta.*
Bocfeld, *Bucfeldum.*
Bocholt, *Boccholtia.*
Bockenheim, *Boconica, Bauconica.*
Bocking, *Bockinga.*
Bockum an der Lippe, *Bogadium.*
Bodeno, *Padinum.*
Bodensee, *Acronius Lac., Bodamicus Lac.*
Bodmin, *Voliba.*
Boen, *Bœnium.*
Bœuf, *Beuxum.*
Bœuf (le), *Bullium.*
Bogatz, *Patavissa.*
Boglio, *Boleum.*
Bohême (la), *Boemia.*
Böhmisch-Brod, *Broda Bohemica.*
Boïens, *Boii.*
Boinitz, *Balmocium.*
Bois (le), Bosc (le), *Boscus.*
Bois-belle, *Boscobellum.*
Bois-commun, *Comeranum.*
Bois d'Arcy, *Arciaca de Bosco.*
Bois-Fay, *Lucofao.*
Bois-le-Duc, *Buscoduca.*
Boisse (S. Amand de), *Buxium.*
Bojano, *Robianum.*
Bojanowa, *Bojanova.*
Bojuck-Tzschekmetsche, *Melantias.*
Bokhtcha-Adassi, *Tenedos Ins.*
Bokhusia, *Cerynttes fl.*
Bolandwar, *Bolonduarium.*
Bolkenhayn, *Boleonis fanum.*
Bollène, *Bolena.*
Bologna, *Bononia.*
Bolotana, *Molaria.*
Bolsena, *Volsinium.*
Bolton, *Boltonium.*

Bolswaert, *Boloverda.*
Bolzano, *Pons Drusi.*
Bomarzo, *Polimartium.*
Bommeler Waard, *Batavorum Ins.*
Bonaciola, *Bodetta.*
Bondorff, *Bondorfium.*
Bondy, *Bungeia.*
Boneffe, *Bonefa.*
Bonifacio (San), *Albiana.*
Bonifacio (détroit de), *Bonifacii fretum, Taphros.*
Bonn, *Aquæ Bonæ, Bonna.*
Bonne-Espérance, *Bona Spes.*
Bonne-Fontaine, *Bonus Fons.*
Bonnes, *Bonnæ.*
Bonneval, *Bona Vallis.*
Bonœil-sur-Marne, *Bonogilum.*
Bonrepos, *Fines.*
Bonzieden, *Bonazida.*
Bopfingen, *Opiæ, Pobinga.*
Boppard, *Bontobrica, Babardia.*
Boran-sur-Oise, *Baudrino villa.*
Boras, *Bærosia.*
Bordeaux, *Burdigala* (suppl.).
Bordelais (le), *Bituriges.*
Borghetto, *Ad Decimum.*
Borghetto, *Burgetum ad Mincium.*
Borghetto, *Tres Tabernæ.*
Borgia, *Balsio.*
Borgo di san Donnino, *Fidentia, Burgus S. Donnini.*
Borgo di S. Sepolcro, *Biturgia, B. S. Sepulchri.*
Borgo di Lessia, *Burgus Sessites.*
Borgo di val Sugana, *Ausugium.*
Borgo di val de Taro, *Burgus vallis Tari.*
Borgoforte, *Burgus Fortis.*
Borgo Lavizara, *Forum Libricorum.*
Borgomanero, *Burgomanerum.*
Borgo-Novo, *Burgus, Borgus Novus.*
Borgo S. Giacomo, *Vicus S. Jacobi.*
Borgo S. Lorenzo, *Burgus Laurentii.*
Borkum, *Burchana Ins., Byrchanis.*
Bormes, *Borma.*
Bormio, *Bormium Thermæ, Barolum.*
Bornel, *Bordonellus.*
Bornholm, *Boringia Ins.*
Borodino, *Vorotunum.*
Borriano, *Burriana.*
Borromées (Iles), *Ins. Cuniculares.*
Bosna, *Valdasus fl.*
Bosnien, *Bosnia.*
Bosphore (le), *Bosporus Thraciæ.*
Bossut, *Buxudis.*
Bostadt, *Bostadium.*
Bothnie (la), *Bothnia.*
Botna (Santa Maria de), *Budua.*
Botzen, *Bauzanum.*
Bouafles, *Bodalcha.*
Boucarest, *Bucaresta, Pinum.*
Bouchain, *Bochanium.*
Boudry, *Baudria.*
Bougy, *Belca.*
Bouille (la), *Boillanum.*
Bouillon, *Bullio.*
Boulbon, *Bulbonium.*
Boulgarie, *Bulgaria.*
Boulness, *Tunnocelum.*
Boulogne, *Bolonia.*
Boulogne-sur-mer, *Bononia*
Bouloire, *Boloverda.*

Bourbon l'Ancy, *Burbo Ancelli, Gergobia.*
Bourbon-l'Archambault, *Aquæ Borboniæ.*
Bourbonnais (le), *Bojorum Ager, Burbonensis Ager.*
Bourbonne-les-Bains, *Aquæ Borvonis.*
Bourbourg, *Borburgum.*
Bourcheresse, *Brocariacum Palat.*
Bourdeaux, *Burdigala in Delfinatu.*
Bourgachart, *Burgus Aicadri, B. Acadri.*
Bourg-Argental, *Burgus Argentalis.*
Bourg-Baudouin, *Burgus Balduini.*
Bourgdieu, *Burgus Dolensis.*
Bourg d'Oisans, *Forum Neronis, Melloscenium.*
Bourg-en-Bresse, *Burgus Bressiæ, Tamnum-Burgus.*
Bourget (le), *Burgetum.*
Bourges, *Avaricum.*
Bourg Evescal, *Mantala.*
Bourg-l'Abbé, *Burgus Abbatis.*
Bourg-la-Reine, *Burgus Reginæ.*
Bourgneuf, *Burgum Novum.*
Bourgneuf-en-Retz, *Neoburgum.*
Bourgogne, *Burgundia.*
Bourgoin, *Bergusium.*
Bourgon, *Burgonium.*
Bourg-S.-Andéol, *Andeoli Burgus, Fanum Andeoli.*
Bourg-sur-mer, *Burgus.*
Bourgtheroulde, *Burgus Theroaldi.*
Bourgueil, *Burgolium.*
Bourmont, *Brunonis Mons, Burnonis Mons.*
Bourtang, *Burtanga.*
Bouvignies, *Boviniacum.*
Bouvines, *Bovinæ.*
Bouzonville, *Bucconis villa.*
Bovino, *Vibinum.*
Bowes, *Lavatræ.*
Boyne (la), *Boandus fl.*
Bozzolo, *Boaceæ, Bozolum.*
Bozzoto, *Papirianæ fossæ.*
Brabant, *Brabantia.*
Bracciano, *Arcennum, Brygianum.*
Brackley, *Bracleium.*
Braclaw, *Braclavia.*
Braga, *Augusta Bracara.*
Braganza, *Bragantia.*
Brageac, *Brajacum.*
Braila, *Peristhlaba.*
Braine-la-Leud, *Brana Allodiensis.*
Braine-le-Comte, *Brennia Comitis.*
Braine-sur-la-Vesle, *Brennacum.*
Bramant, *Brammovicus.*
Bramasant, *Bramosantum.*
Brampton, *Bramenium.*
Brancaster, *Brannodunum.*
Brancion, *Brancidunum.*
Brandenburg, *Brandeburgum, Marchia Brandenburgica.*
Brandstetten, *Bratananium.*
Branne, *Eburomagus.*
Brantôme, *Brantosomum.*
Braslow, *Braslavia.*
Brassow (Kronstadt), *Brassovia.*
Braubach, *Brubacum.*
Braunau, *Braunodunum.*
Bray, *Brayum.*
Bray-sur-Seine, *Castrum Braium.*
Brazza, *Brattia Ins., Bracchia.*
Brécé, *Briciacus.*
Brechin, *Brechinium.*
Brecknock, *Brechinia.*

Brécourt, *Berancurtum.*
Breda, *Bredana Barochia.*
Bree, *Bræa.*
Breedevoort, *Bredefortia.*
Bregançon, *Briganconia, Pergantium.*
Bregella, *Brixellum.*
Bregenz, *Brigantium.*
Bregnano, *Breniacum.*
Breisach, *Brisacum, mons Brisiacus.*
Brembato di Sotto, *Brembatum Inferius.*
Brême, *Brema.*
Bremerwörde, *Vorda Bremensis.*
Bremgarten, *Bremogartum.*
Breno, *Brennum.*
Brenta (la), *Brentesia fl., Medoacus.*
Brentola, *Brendulum.*
Brentonico, *Brentonicum.*
Brenz, *Brenta.*
Brescia, *Brixia.*
Brescou, *Blascon Ins.*
Breslau, *Vratislavia.*
Bresle (la), *Auscia fl.*
Bresse (la), *Bressia.*
Bressuire, *Bercorium, Segora.*
Brest, *Brestia.*
Bretagne (la), *Armorica.*
Bretenham, *Cambretonium, Combretonium.*
Bretenoux, *Villa Britannorum.*
Breteuil, *Bratuspantium, Bretolium.*
Bretigny, *Bretiniacum.*
Bretzenheim, *Sicila.*
Breuil (le), *Broilum.*
Breunlingen, *Brigabannis.*
Breusch, *Brusca.*
Breval, *Brevallis.*
Brézé, *Brezeum.*
Briançon, *Brigantium.*
Briançonnet, *Brianzonia Arx.*
Briare, *Brivodurum.*
Brie (la), *Briensis pagus.*
Brie-Cte-Robert, *Braia.*
Brieg, *Brega, Altæ Ripæ civ.*
Brieg, *Bregenses Thermæ.*
Brieg-am-Oder, *Budorigum.*
Briel, *Briela, Helium.*
Brienne, *Brena.*
Brieux (St-), *Briocense oppidum.*
Briey, *Bricejum.*
Brignais, *Prisciniacum.*
Brignoles, *Brinolium.*
Brigueil, *Brigolium.*
Brindisi, *Brundusium.*
Bringenheim, *Castrum Valerianum.*
Brinnos, *Deobriga.*
Brionne, *Brionna.*
Brioude, *Brivas.*
Brisgaw (le), *Brisgavia, Decumates agri.*
Brissac, *Brisacum Andegaviæ.*
Bristol, *Bristolia.*
Bristol (canal de), *Manica Bristoliensis.*
Brittenburg, *Arx Britannica.*
Brivain, *Gesobrivate.*
Brives-la-Gaillarde, *Briva Curretia.*
Briviesca, *Virovesca.*
Brivio, *Bripium.*
Brixen, *Brixina.*
Brockley-Hills, *Sullionacæ.*
Brod, *Hunnobroda, Urbate.*

Brod-Nemotzki, *Broda Teutonica.*
Brodnitz, *Brodnica.*
Broglio, *Broilum.*
Bromberg, *Bidgostia.*
Bromfield, *Bravinium.*
Brompton, *Bromptonum.*
Brondolo, *Brondulum.*
Broos, *Saxopolis.*
Brosz, *Ambrosiopolis, Brossa.*
Brou, *Broiacum.*
Brouage, *Broagium.*
Brough, *Bracchium, Verteræ.*
Brougham, *Brocavum.*
Brougton, *Brige.*
Broye-lez-Pesmes, *Amagetobrica, Magetobria.*
Bruchsal, *Brucsalium.*
Bruciano, *Butrotus fl.*
Brück-an-der-Leitha, *Leitæ Pons, Motenum.*
Bruck-an-der-Mur, *Pons Muræ.*
Bruges, *Brugæ* (suppl.).
Bruges, *Brugæ Bearniæ.*
Brugg, *Bruga, Brugga.*
Brüggen, *Mederiacum.*
Brugnato, *Brugnatum.*
Brumpt, *Brocomagus.*
Brunegg, *Branecium,*
Brünn, *Bruna.*
Brunoy-sur-Yères, *Braunatum.*
Brunsberg, *Brunsberga.*
Brunsbüttel, *Brunsbutta.*
Brunswig, *Brunsviga, Mesulum.*
Bruxelles, *Bruxella* (suppl.).
Bruyères, *Brueriæ, Bibrax, Bruyeriæ.*
Brzesc, *Brescia.*
Bubiena, *Forum Vibii.*
Bucellas, *Bucellæ.*
Buch (tête de), *Bojatum.*
Buchan, *Buchania.*
Buchau, *Fagonia.*
Büchenstein, *Andracium.*
Buchsweiler, *Buxovilla.*
Buckau, *Buchavia.*
Buckingham, *Buchinghamia.*
Bucy, *Buciacum.*
Bude, *Aquincum, Buda.*
Büdelich, *Bontobrica.*
Büderich, *Budoris.*
Budimir, *Tronum.*
Budin, *Budina.*
Budingen, *Budinga.*
Budoa, *Batua.*
Budweiss, *Budovicium, Marobudum.*
Bugey (le), *Beugesia.*
Buitrago, *Blitabrum.*
Buix-lez-Aurillac, *Buxum.*
Bulcy, *Bulciacum.*
Bulles, *Bubulæ.*
Bullet (le), *Abiolica.*
Bulness, *Blatobulgium.*
Bunich, *Bononia.*
Bunzlau, *Boleslavia.*
Buquoi, *Buquojum.*
Burcholm, *Burcholmium.*
Burckheim, *Buriciana, Biriciana.*
Büren, *Bura.*
Burg, *Ganodurum.*
Burg, *Burgum.*
Burgau, *Burgavia.*
Burgdorf, *Burgdorflum.*

C

Canina, *Chaonia.*
Canischa, *Canisia ad Bravum.*
Canisy, *Canisium.*
Cannes, *ad Horrea, Ægitna.*
Cannes, *Cannæ.*
Canobio, *Canobium.*
Canosa, *Canusium.*
Canourge (la), *Canorga.*
Cansero, *Castorum.*
Canstadt, *Cana.*
Cantal (le), *Celtorum Mons.*
Cantazaro, *Cantacium.*
Cantecroix, *Cantecrucium.*
Canterbury, *Cantuaria.*
Cantiano (San), *Ad aquas Gradatas.*
Cantyre, *Cantiera.*
Cany, *Canium.*
Capaccio, *Caput aqueum.*
Caparra (las ventas de), *Capara.*
Cap de Buch, *Caput Buccii.*
Capdenac, *Caput Denaci.*
Capelle, *Capella.*
Capelle (la), *Duronum.*
Capendu, *Liviana.*
Capestang, *Caprasium.*
Capilla, *Mirobriga.*
Capizzi, *Capitina Civ.*
Capnay, *Captonacum Palat.*
Capoa Nova, *Casilinum.*
Capo d'Istria, *Ægida, Justinopolis.*
Capoue, *Capua.*
Caposvár, *Caposvarium.*
Capraja, *Ad Capras.*
Capre, *Caprasia.*
Capri, *Capria.*
Capua Nova, *Casilinum.*
Caraglio, *Caralium.*
Carajuel, *Carcuvium.*
Cara-Kaja, *Charax.*
Caravaggio, *Caravacium.*
Carba, *Agabra.*
Carboniano, *Corbio.*
Carcassonne, *Carcaso.*
Cardaillac, *Cardaliacum.*
Cardano, *Cardanum.*
Carden, *Cardonia.*
Cardigan, *Ceretica.*
Cardoña, *Athanagia, Udura.*
Carentan, *Crociatonum, Carento.*
Carenton, *Carantomagus.*
Cares, *Cara.*
Carghese, *Charax.*
Cariati, *Chariatum.*
Carhaix, *Cosediæ, Vorganium.*
Carife, *Callifæ.*
Carignan, *Cariniacum, Yvodium.*
Carin, *Corinium,*
Carinola, *Calenum, Calinula.*
Carinthie, *Carinthia.*
Cariza, *Carissa.*
Carlat, *Carlatum.*
Carlingford, *Buvindum.*
Carlisle, *Luguvallium.*
Carlo Pago, *Campus Carolinus.*
Carlow, *Caterlogum.*
Carlowitz, *Carolovicia.*
Carlsbaden, *Aquæ Carolinæ, Carolinæ Thermæ.*
Carlsberg (Weissenburg), *Alba Carolina.*
Carlshafen, *Caroli Portus ad Visurgim.*

Carlshamm, *Caroli Portus.*
Carlsruhe, *Caroli Hesychium, Hezychia Carolina.*
Carlstad, *Carolostadium Suevicum.*
Carlstadt, *Carlostadium, Carolostadium.*
Carmagnola, *Carmaniola.*
Carmaing, *Carmanum.*
Carmentray, *Carmentuadis villa.*
Carmona, *Carmo.*
Carmoux-les-Cordes, *Carmovium.*
Carnac, *Carnacum.*
Carniole (la), Krain, *Carnia.*
Caromb, *Carumba.*
Caronia, *Calacta.*
Carosio, *Carystus.*
Carouge, *Casa rubra.*
Carpasso, *Carpasia.*
Carpentras, *Carpentoracte, Vindalium.*
Carpi, *Carpium.*
Carpi, *Carpium ad Athesim.*
Carpio, *Calpurniana.*
Carraca (la), *Erythia Ins.*
Carrara, *Carara.*
Carreggio, *Caregius ager.*
Carretto, *Carrectanum.*
Carrick-on-Suir, *Caricta.*
Carrion de los Condes, *Cario Comitum.*
Carris, *Incarum.*
Carru, *Carrea Potentia.*
Carrvoran, *Magnæ.*
Cars (les), *Cadrius Mons.*
Carso, *Caristum.*
Cartagena, *Carthago Nova.*
Carta vieja, *Carthago vetus.*
Carthage, *Carthago.*
Casal, *Casale S. Evasii.*
Casal della Pietra, *Petra.*
Casale, *Casella.*
Casale di Forchia, *Caudium.*
Casal Maggiore, *Casale Majus.*
Casalnuova, *Cæsariana.*
Cascaes, *Cascale.*
Cascante, *Cascantum.*
Caserte, *Caserta.*
Coshell, *Cashilia, Iernis.*
Casigliano, *Carsulæ.*
Casino, *Casinus.*
Casoli, *Casulæ.*
Cassand, *Casandria.*
Cassano, *Casanum.*
Cassano, *Casanum ad Adduam.*
Cassano (San), *ad Casas Cæsarianas.*
Cassaro, *Cacyrum.*
Cassel, *Cassella, Casseletum.*
Cassis, *Carcicis Portus.*
Cassopo, *Cassiope.*
Castel Baldo, *Castellum Baldum.*
Casteggio, *Clastidium.*
Castel, *Trajani Munimentum.*
Castel Bell, *Castrum Bellum.*
Castelberg, *Castellum.*
Castel Bilici, *Piciniana castra.*
Castel Branco, *Albicastrum.*
Castelcorn, *Castrum Cornu.*
Castel d'Asens, *Castellum Asense.*
Castel de Rio, *Ripa.*
Castel Durante, *Castellum Durantium.*
Castel-Ferrus, *Ferrucius villa ad Garumnam.*
Castel-Franco, *Castrum Francorum, Forum Gallorum.*

Castelfranco, *Equus Tuticus.*
Castel-Gandolfo, *Arx Gandulfi.*
Castel-Guelfo, *Tarum* (ad).
Castelholm, *Castellum Holmium.*
Casteljaloux, *Castrum Gelausum.*
Castellaccio, *Collatia, Forum Aurelii.*
Castellamare della Brucca, *Elea.*
Castellamare di Stabia, *Stariæ.*
Castel-Lambro, *Lambrum.*
Castellana, *Æquum Faliscum.*
Castellane, *Salinæ.*
Castellaun, *Castellum Hunnorum.*
Castellazio, *Eubœa.*
Castelluzo, *Gamundium.*
Castel-Leone, *Castrum Leonis.*
Castelli (gli), *Annibalis Castra.*
Castelli di Palma, *Daedalium.*
Castello Aragonese, *Castrum Aragonense.*
Castello de la Cuesta, *Osset.*
Castello della Pietra, *Castellum Petræ.*
Castello di Fiora, *Vibi forum.*
Castello di Sipar, *Siparis.*
Castello di Solanto, *Solus.*
Castello di Volturno, *Volturnum.*
Castelluccio, *Nerulum.*
Castel-Maggiore, *Castellum Majus.*
Castelmoron, *Castellum Moronis.*
Castelnaudary, *Castelavium, Sostomagus.*
Castelnau de Médoc, *Noviomagus.*
Castel-Nuovo, *Castellum Novum.*
Castel-Nuovo, *Castrum Novum ad Adduam.*
Castel-Nuovo di Carfagnana, *Garfinianum.*
Castel-Nuovo Tortonense, *Castrum Novum Dertonense.*
Castel-Ponzone, *Castrum Ponzonis.*
Castel-Rampano, *Cyparissus.*
Castel-Rosso, *Carystus.*
Castel-Sagrat, *Castesertum.*
Castel-S.-Pietro, *Silarum.*
Castel-Sardo, *Erucium.*
Castel-Sarrazin, *Castellum Sarracenorum.*
Castel-Vecchio Subrequo, *Super Æquana Col.*
Castel-Visconte, *Castrum Viccomitum.*
Caster, *Durobrivæ, Venta Icenorum.*
Castidio, *Decastadium.*
Castiglione, *Castellio Piscaria.*
Castiglione della Cosenza, *Castilio Consentina.*
Castiglione della Pescaja, *Hasta.*
Castiglione delle Stiviere, *Castellionum.*
Castiglione Maritimo, *Castilio Calabriæ.*
Castille (la), *Castella.*
Castillo, *Herculis Fanum.*
Castillon, *Castellio Medulci.*
Castione, *Castio.*
Castleford, *Legeolium.*
Castle-Hort, *Leonis Cas.*
Castlesteeds, *Petriana.*
Castralba, *Castrum Album.*
Castres, *Castra.*
Castril, *Hactara.*
Castritza, *Dodona, Hella.*
Castro, *Arx Minervæ.*
Castro, *Castricomium.*
Castro, *Portus Veneris.*
Castro del Rio, *Castra Postumiana.*
Castro Geriz, *Castrum Cæsaris.*
Castrogiovanni, *Enna.*
Castro Giubileo, *Fidenæ.*
Castro Reale, *Castrum Regale.*

Castro Zarvi, *Castra Zarba.*
Catalayud, *Augusta Bilbilis, Bilbilis Nova.*
Cataldo, *Petiliana.*
Catalfano, *Eryce.*
Catalogne (la), *Catalaunia.*
Catane, *Catana.*
Catanzaro, *Carcinus, Catacium.*
Cataract-Bridge, *Cataractonum.*
Catarina (S.), *Clunium.*
Cateau-Cambresis (le), *Castellum Cameracesii.*
Catelet (le), *Castelletum.*
Catignano, *Cutina.*
Cattaro, *Ascrivium, Cattarus.*
Cattegat, *Codanus sinus.*
Cattwyk, *Cattorum vicus.*
Caub, *Cuba.*
Caudebec, *Calido Becum, Latomagus.*
Caudecoste, *Calidi colles.*
Caudrot, *Cadrotium.*
Caumont, *Calvus Mons.*
Caumont, *Calidus Mons.*
Caunes, *Calnæ, Caunæ.*
Caussade, *Calciata.*
Cauterets, *Cauteriæ.*
Cauvisson, *Calvissonium.*
Caux (Pays de), *Caletensis Ager.*
Cava (la), *Cavea.*
Cavaillon, *Cabellio.*
Cavalla, *Datum.*
Cavour, *Cavortium.*
Caxalla, *Calentum.*
Cayeux, *Cadocum.*
Cazalegas, *Casalaqueum.*
Cazals, *Cazalia.*
Cazerès, *Calagorris.*
Cazlona, *Castulo.*
Cazorla, *Castulo.*
Cedogna (la), *Aquilonia, Ardoneæ, Laguedonia.*
Cefalonia, *Cephallenia.*
Cefalu, *Cephalædis.*
Cegli, *Celia.*
Ceglie, *Cœlanium.*
Celano, *Cœlanum.*
Celle, *Cella.*
Celle (la), *Cella.*
Celmo, *Belegra.*
Celorico, *Elbocoris.*
Celtes, *Celtæ.*
Celtibérie, *Celtiberia.*
Cembalo, *Portus Symbolon.*
Ceneda, *Acedes, Ceneta.*
Cenis (mont), *Mons Cineris.*
Cens, *Cedens.*
Cento, *Centum.*
Centorbi, *Centuripa.*
Ceprani, *Ceperanum.*
Ceprano, *Fregellæ.*
Cerboli, *Barpana Ins.*
Cerchiara, *Harponium.*
Cerdagne (la), *Cardania, Ceretani.*
Cerenzia, *Cerenthia.*
Cerera, *Cerea.*
Céret, *Ad Centuriones.*
Ceretana, *Ceretanum.*
Ceretina, *Elorus.*
Cergy, *Cergeium.*
Cerigo, *Cythera Ins.*
Cerisy, *Cerasium.*
Cerreto, *Cenetum.*

Certaldo, *Certaldum.*
Cervera, *Cervaria, Ceresus.*
Cervetri, *Agilla, Cære.*
Cervon, *Cervidunum.*
Cerzun, *Cercunum.*
Césanne, *Cæsao.*
Cesena, *Cæsena.*
Céscrieux, *Casuaria.*
Cesina, *Cecina.*
Cetrara, *Parthenius portus.*
Cetraro, *Clampetia.*
Cette, *Messua collis.*
Cettigne, *Cernagora.*
Ceva, *Ceba.*
Cévennes (les), *Cebennica regio.*
Ceyreste, *Citharista.*
Cezimbra, *Cæpiana.*
Chabanais, *Cabanesium.*
Chabeuil, *Cerebeliaca.*
Chablais (le), *Caballicus Duc.*
Chablis, *Cabelia.*
Chabrignac, *Apriancum.*
Chabris, *Carobriæ, Gabræ.*
Chabrol, *Capreolum.*
Chaillot, *Calloellum.*
Chailly, *Calagum, Clanum.*
Chaingy, *Chaingiacum.*
Chaise-Dieu (la), *Casa Dei.*
Chaisemais, *Casimanci villa.*
Chalais, *Calescum.*
Chalant, *Challandium.*
Châlis, *Cadolaicum.*
Chalivoy, *Chaliveium.*
Chalombré, *Stabula.*
Chalonnes, *Calatonum, Calonna.*
Chalon-sur-Saône, *Cabillonum.*
Châlons-sur-Marne, *Catalaunum.*
Chalus, *Castrum Lucii.*
Chambalud, *Campus Paludis.*
Chambéry, *Camberiacum.*
Chamblis, *Chambliacum.*
Chambly, *Cameliacum.*
Chambon, *Cambonium.*
Chambord, *Camborium.*
Chambry, *Cambriliacum villa.*
Chamesson, *Cambisonum.*
Chameyrac, *Cameracum.*
Chamlat de Siguin, *Scingomagus.*
Chamnes, *Scamnis.*
Chamond (S.), *Castrum S. Anemundi.*
Chamouny, *Campi Montium.*
Champagne (la), *Campania Francica.*
Champagne-sur-Oise, *Campania in pago Camliacense.*
Champaubert, *Campus Alberti.*
Champiers, *Camperium.*
Champs, *Campi.*
Champsaur, *Campi Saurum.*
Champtoceaux, *Castrum Celsum.*
Chanad, *Canadium.*
Chancelade, *Cancellata.*
Changy, *Cangiacum.*
Channery, *Canoricum.*
Chantelle, *Cantilia.*
Chanteloup, *Cantellupum.*
Chantemerle, *Cantus Merulæ.*
Chanteuges, *Condate.*
Chanteuse-sur-Allier, *Cantus Julii ad Elaverim.*
Chantilly, *Chantiliacum.*

Chaource, *Caduppa villa, Catusiacum.*
Chapelle (la), *Capella.*
Charente (la), *Carantonus fl.*
Charenton, *Carantonum.*
Charité-sur-Loire (la), *Caritæum.*
Charki, *Chalce.*
Charlemont, *Carolomontium.*
Charlemount, *Carolomontium Hibernicum.*
Charleroi, *Carololesium.*
Charleville, *Carolopolis Campaniæ.*
Charlieu, *Carilocus.*
Charmans, *Sarrum.*
Charmont, *Grammatum.*
Charnie, *Carnia.*
Charollais (le), *Carolesium, Quadrigellensis ager.*
Charolles, *Caroliæ, Quadrigellæ.*
Charousse, *Carussa.*
Charpaigne, *Scarpona.*
Charrost, *Carophium.*
Charroux, *Carrofum.*
Chartier (S.), *Vicus Lucaniacus.*
Chartres, *Carnutum.*
Chartreuse (la), *Carthusia.*
Chartreuse de Buxheim, *Monast. Carth. Buxhemiense.*
Chartreuse de l'Escale-Dieu, *Scalæ Dei Carth.*
Chartreuse de Mayence, *Monast. Carth. intra Mœnia Moguntiæ.*
Chartreuse de S. André, *Monast. S. Andreæ de Littore.*
Chasseneuil, *Cassinogilum Palat.*
Chassenon, *Cassinomagus.*
Chassignoles, *Cassinoilum.*
Chastelar, *Castellarum.*
Chastel-Challon, *Castellum Carnonis.*
Chastel-Marthiac, *Castrum Meroliacense, Meriolacense Cast.*
Château-Bernard, *Castrum Bernhardi.*
Châteaubourg, *Castri burgus.*
Châteaubriand, *Castrum Brientii.*
Château-Chinon, *Castrum Caninum.*
Château-du-Loir, *Castrum Lydi, ad Lædum.*
Châteaudun, *Castellodunum.*
Château-Gontier, *Castrum Gonterii.*
Château-Landon, *Castrum Laudonis, Vellaunodunum.*
Châteaulin, *Castrum Leonis.*
Châteaumeillant, *Castrum Melliani, Mediolanum.*
Château-Neuf, *Castrum Novum.*
Château-Porcien, *Castrum Porcianum.*
Château-Renard, *Castrum Vulpense.*
Château-Renauld, *Castrum Reginaldi.*
Château-Renault, *Caramentium.*
Châteauroux, *Castrum Radulphi.*
Château-Salins, *Castrum Salinarum.*
Château-Thierry, *Castrum Theodorici.*
Château-Villain, *Castrum Villanum.*
Châtelet, *Casseletum.*
Châtelet (le), *Casteletum.*
Châtellerault, *Castellum Heraldi.*
Châtenois, *Castinacum.*
Châtillon, *Castellio.*
Châtillon-sur-Loing, *Castellio ad Luppiam.*
Châtillon-sur-Marne, *Castellio ad Matronam.*
Châtillon-sur-Seine, *Castellio ad Sequanam.*
Chatou, *Catonacum ad Sequanam.*
Châtre (la), *Castra.*
Chaud, *Calidum.*
Chaudenai, *Chaudenayum.*

Coburg, *Coburgum.*
Coca, *Cauca.*
Cockermouth, *Coccymutium.*
Codigore, *Neronia.*
Codogno, *Catoneum.*
Coesfeld, *Cosfeldia.*
Coevorden, *Covordia.*
Coglionisi, *Collatia.*
Cogna, *Conia.*
Coïmbre, *Conimbrica.*
Coincy, *Conciacum.*
Coire, *Curia.*
Colberg, *Colberga.*
Coldingham, *Coldania, Coluda.*
Colditz, *Colditia.*
Coligny, *Coliniacum.*
Collarmeno, *Cerfennia.*
Colle, *Collis.*
Collerton, *Cilurnum.*
Collin, *Colinum.*
Collinée, *Colinæum.*
Collioure, *Caucoliberum.*
Collochau, *Colancorum.*
Colmar, *Colmaria.*
Colmars, *Collis Martis.*
Colmogrod, *Colmogara.*
Cöln an der Losse, *Coleda.*
Cöln an der Spree, *Colonia ad Spream.*
Colobiano, *Colobianum.*
Colocza, *Colocia.*
Coloez, *Ad Statuas Colossas.*
Cologna, *Colonia Venetarum.*
Cologne, *Colonia.*
Cologny, *Coloniacum* (suppl.).
Colombano (S.), *Fanum D. Columbani.*
Colombiers, *Colombariæ.*
Colonna, *Lavicum.*
Colrane, *Colranq.*
Columba de Keralto, *Ceresus.*
Columbton, *Columbus fl.*
Comachio, *Cimaculum.*
Combeaux, *Combelti villa regia.*
Combrailles, *Convalles.*
Combrées, *Combaristium.*
Comburgos, *Callum.*
Come (lac de), *Larius lac.*
Comesazzo, *Comesatium.*
Commequiers, *Quid mihi Quæris.*
Commercy, *Commerciacum.*
Commines, *Comineum.*
Commotau, *Helcipolis.*
Como, *Comum.*
Compiègne, *Compendium.*
Concarneau, *Concarneum.*
Concordia, *Concordia.*
Concressant, *Concurcaltum.*
Condat, *Condate.*
Condé-sur-Iton, *Condate.*
Condé-sur-Noireau, *Condate.*
Condom, *Condomium.*
Condrieu, *Condriacum.*
Condures, *Condurum.*
Conegliano, *Conelianum.*
Conflans, *Confluentes.*
Conflans-l'Archevêque, *Confluentes.*
Confolens, *Confluentes.*
Congleton, *Congletonium.*
Coni, *Cuneum.*
Connaught (the), *Conactia.*
onneburg, *Conneburgum.*

Conneray, *Conedracium.*
Conneria, *Coronea.*
Conques, Conches, *Concæ.*
Conquet (le), *Conquestus.*
Conserans, *Consuarani.*
Consignano, *Consilinum.*
Constance, *Constantia, Valeria.*
Constantinople, *Byzantium.*
Consuegra, *Consabrum.*
Conte di Sestri, *Solaria* (ad).
Contessa, *Eion.*
Contigliano, *Contittanum.*
Conty, *Contiacum.*
Conversano, *Conversanum.*
Conza, *Compsa.*
Copenhague, *Hafnia.*
Copranitz, *Copranitia.*
Coray, *Coriacum.*
Corbach, *Corbacum.*
Corbeil, *Corabilium.*
Corbeni, *Corbeniacum.*
Corbette, *Curia Beata.*
Corbie, *Corbeja vetus.*
Corbière, *Corbaria Palat.*
Corbigny, *Corbiniacum Nivernense.*
Corbon, *Corbo.*
Corbridge, *Corsopitum.*
Corbul, *Carbula.*
Cordon, *Cordona.*
Cordouan, *Antros Ins.*
Cordoue, *Corduba.*
Corehuela, *Rusticiana.*
Corella, *Gracchuris.*
Corfou, *Corcyra Ins.*
Corfu, *Corcyra.*
Cori, *Cora.*
Coria, *Caura.*
Coria, *Caurium.*
Corigliano, *Coriolanum.*
Corinthe, *Corinthus.*
Cork, *Corcagia.*
Cörlin, *Corlinum.*
Cormeille, *Curmiliaca.*
Cormeilles, *Cormelia.*
Cormery, *Cormaricum.*
Cormicy, *Cormiciacum.*
Cormons, *Cormones.*
Corneillan, *Cornelianum.*
Corneto, *Castrum Novum ad Martam, Graviscæ.*
Corneto, *Cornuetum, Tarquinii.*
Corneto, *Cornus.*
Cornico, *Corycus.*
Cornigliano, *Cornilianum.*
Cornouaille (la), *Cornubium, Cornu Galliæ.*
Cornwall, *Cornubia.*
Corogne (la), *Brigantium.*
Coron, *Colonides.*
Corregio, *Corregium.*
Correrie (la), *Correria.*
Correse, *Curensis amnis.*
Correse, *Cures.*
Corrèze (la), *Curetia fl.*
Corse, *Corsica Ins.*
Corta Olona, *Olonna.*
Corte, *Curia.*
Cortegana, *Corticata.*
Cortelazzo, *Ficaria.*
Corte Maggiore, *Curia Major.*
Cortemiglia, *Curtis Milium.*
Cortone, *Cortona.*

Coruña del Conde, *Clunia.*
Corvey, *Corbeja Nova.*
Cos, *Cosa.*
Cosale di Conca, *Satricum.*
Cosenza, *Consentia.*
Cosnac, *Cusacum.*
Cosne, *Condate.*
Cossé-le-Vivien, *Cossiacum.*
Costa Rufaria (la), *Rufræ.*
Cotentin (le), *Constantinus pagus.*
Côte-St-André (la), *Clivus S. Andreæ.*
Cöthen, *Cotha.*
Cotignac, *Cotignacum.*
Cottbus, *Cotbusium.*
Coublevie, *Copulata via.*
Coucy-le-Château, *Cociacum.*
Coudrain, *Contra Aginnum.*
Coudun, *Cosduno villa.*
Coueron, *Corbilo.*
Coulaines, *Colonia villa.*
Coulange-la-Vineuse, *Collis Angeli.*
Coulogne, *Casinomagus.*
Coulommiers, *Colomeria.*
Couna, *Æqua Bona, Equabona.*
Courbevoie, *Curba via.*
Courbouzon, *Curtis Bosonis.*
Courcelles, Corcelles, *Corcellæ.*
Courcy, *Fines.*
Cour-Dieu (la), *Curia Dei.*
Courlande, *Curlandia.*
Courlay, *Curtis lata.*
Couronne (la), *Corona.*
Courpalais, *Curtipalatium.*
Coursais, *Cursiacum.*
Courtenay, *Cortenacum.*
Courtray, *Corteriacum.*
Coutances, *Constantia.*
Coutras, *Certeratæ.*
Couture (la), *Cultura.*
Couy, *Colvium.*
Covarrubios, *Colenda.*
Coventry, *Conventria.*
Covern, *Cubrunum.*
Covilho, *Collippus.*
Cowbridge, *Bomium.*
Cozzo, *Cottiæ, Cutiæ.*
Cracovie, *Cracovia.*
Cranenburg, *Burcinalium.*
Cransac, *Cransacum.*
Craon, *Cratumnum.*
Crau (la), *Campi Lapidei.*
Crau-Ferrière, *Lapideum Littus.*
Cravant, *Chora.*
Cravant, *Cravennum.*
Crécy, *Creciacum.*
Crediton, *Creditonum.*
Creil, *Credilium, Litanobriga.*
Creisa, *Creusa.*
Crème, *Crema.*
Crémieu, *Cremiacum, Stramiacum.*
Creminieck, *Cremenecum.*
Crémone, *Cremona.*
Cremsmünster, *Chremissæ Mon.*
Crépy, *Crepiacum.*
Créquy, *Crequium.*
Crescentino, *Quadrata.*
Crespy, *Crispeium.*
Crest, *Christa.*
Crest, *Crista Arnaudorum.*
Créteil, *Cretelium.*

Creuse (la), *Crosa fl.*
Creutzburg, *Cruciburgum ad Vierram.*
Crevant, *Crevantium.*
Crèvecœur, *Crepicordium.*
Crevilly, *Crollejum.*
Crieff, *Criva.*
Crillon, *Credulio.*
Crimée (la), *Chersonesus Taurica.*
Critia, *Elæus.*
Croatie (la), *Croatia.*
Croce (Santa), *Forum Ecri.*
Croce di Morcona, *Morgentia.*
Croia, *Erobœa.*
Croisic (le), *Brivates portus, Crociliaca.*
Croissy, *Crossiacum.*
Croix, *Crux Oratorium.*
Croix-en-Volvestre (Ste-), *Vernosole.*
Croizilles, *Crocilliaca.*
Cromarty, *Cromartinus Comit.*
Cropière, *Curtipetra.*
Crossen, *Crosna.*
Crotone, *Croton.*
Crotoy (le), *Carocotinum.*
Crouy-en-Thelle, *Cotiracum.*
Croy, *Croviacum.*
Croydon, *Croydona, Terra cruda.*
Crozon, *Gesocribate.*
Cruas, *Crudasium.*
Cruz-de-la-Zarza (Sa), *Vicus Cuminarius.*
Csepel, *Cepelia Ins.*
Csicki, *Tsikiense Mon.*
Cucufat (S.), *Cucufati (S.) Monast.*
Cucullo, *Cuculum.*
Cuença, *Conca.*
Cuiseaux, *Cuisellus.*
Cuivin, *Covinum.*
Culant, *Culentum.*
Culenburch, *Culenburgum* (suppl.).
Culm, *ulma.*
Culmbach, *Culmbachum.*
Cumbels, *Cumbelia.*
Cumberland (le), *Cumbria.*
Cumes, *Cumæ.*
Cunauld, *Cunaldum.*
Cuningham, *Cunigamia.*
Cupar-Fife, *Cupri Fifanorum.*
Curnu, *Dicæa.*
Cursay, *Cusæum.*
Curzola, *Curzula Ins.*
Curzolari, *Dulichium Ins., Echinades Ins.*
Cusset, *Cussetum.*
Güstrin, *Costrinum.*
Custrin, *Custrinum.*
Cuverville-sur-Yères, *Curborius.*
Cuxhaven, *Cuxhavia.*
Cuzzola, *Corcyra Nigra.*
Cyclades (les), *Cyclades Ins.*
Cydonie, *Cydonia.*
Czakotorn, *Carrodunum.*
Czanad, *Caudanum, Morisana Eccl.*
Czaslau, *Czaslavia.*
Czebrin, *Czebrinum.*
Czelletovcze, *Celena.*
Czenstochau, *Czenstochovia.*
Czerck, *Ciricium.*
Czernagora, *Zorlanæ, Zyrinæ.*
Czernek, *Inicerum.*
Czernetz, *Zernes.*
Czuruk, *Cusum.*
Czyrkassi, *Czyrcassium.*

DES NOMS LATINS.

D

Dachau, *Dachanum.*
Dachstans, *Dachstenium.*
Dacie, *Dacia.*
Dagland, *Daglânium.*
Dagsperg, *Dachsburgum.*
Dagstein, *Dagoberti Saxum.*
Dajakoj, *Sagadava.*
Dalcke, *Dellina.*
Dalécarlie, *Dalecarlia.*
Dalheim, *Dalhemium.*
Dalia, *Idalium.*
Dalkeith, *Dalkethum.*
Dalmanzago, *Dalminium.*
Dalmatie, *Dalmatia.*
Damigny, *Dagminiacuræ, Digmaniacus.*
Dammarie, *Domna Maria.*
Dammartin, *Dammartinum.*
Damme, *Damma.*
Dampierre, *Dampetra.*
Dampierre-sur-Salons, *Donum Petri.*
Damville, *Damovilla.*
Danicken, *Vallis Liliorum.*
Damvillers, *Dampvillerium.*
Danemark, *Dania.*
Danewerk, *Danorum vallum.*
Dangé, *Dangeum.*
Dangeau, *Dangellum.*
Dangilon, *Dangilonium.*
Danneberg, *Danneberga.*
Dannhausen, *Danhusium.*
Danois (les), *Dani.*
Dantzick, *Dantiscum, Gdanskn.*
Danube (le), *Abnobius, Danubius, Ister fl.*
Daoulas, *Daoulasium.*
Dardanelles, *Hellespontus.*
Dardasso, *Draudacum.*
Darlington, *Darlitonia.*
Darmstadt, *Darmstadium.*
Darocca, *Attacum.*
Dartmouth, *Tremunda.*
Dasswang, *Taxgœtium.*
Dattenried, *Dattra.*
Daumeray, *Dalmeriacum.*
Daun, *Dumnus.*
Dauphiné (le), *Delphinatus.*
Daventry, *Bennavenna.*
Davia, *Mœnalia.*
Davids (St-), *Fanum Davidis, Menevia.*
Deal, *Dola.*
Dean, *Deanum.*
Debreczin, *Debrecinum.*
Decz, *Dorticum.*
Dee (la), *Deva fl.*
Dees Dyesch, *Comidava ad Samosium.*
Deinse, *Deinsa.*
Delbrück, *Delbruggia.*
Delebio, *Alebium.*
Delft, *Delfi (suppl.).*
Delfzyl, *Delfzilla arx.*
Delitzsch, *Delitium.*
Delme, *Ad Duodecimum.*
Delmenhorst, *Delmenhorstium.*
Delmino, *Dalminium.*

Delonia, *Gythanæ.*
Delsberg, *Delemontium.*
Demmin, *Demminum.*
Denain, *Denonium ad Scaldim.*
Denat, *Denatum.*
Denbigh, *Denbiga.*
Denia, *Artemisium.*
Denis (St-), *Catolacum, Dionysii fanum.*
Denis (St-), *Dionysii Palat.*
Deusen, *Dumnissus.*
Dentelin (le), *Dentelinus Duc.*
Déols, *Castrum Dolense, Dola.*
Derby, *Derventia.*
Derkus, *Phinopolis.*
Derveni-Bouno, *Scironia Saxa.*
Desenzano, *Decentianum.*
Despotato (il), *Acarnania.*
Dessau, *Dessavia.*
Deszna, *Iesna.*
Detern, *Teuderium.*
Detmold, *Dethmolda, Tulisurgium.*
Detrekö, *Detrekö arx.*
Detwang, *Devona.*
Deuil, *Dolium.*
Deutichem, *Dotecum.*
Deutz, *Divicia Civ.*
Deventer, *Daventria (suppl.).*
Devonshire, *Devonia.*
Dezen, *Decima.*
Dhamala, *Trœzen.*
Dhavlia, *Daulis.*
Dhilessi, *Delium.*
Dhomoko, *Thaumacia.*
Dhramia, *Hydramum.*
Dhrama, *Drabescus.*
Diakovar, *Cirtisa.*
Diano, *Dianum.*
Dictamo, *Dictamnum.*
Didymo, *Didymi.*
Die, *Dea Vocontiorum.*
Dié (St-), *Deodatum.*
Diemerich, *Decidava.*
Diémoz, *Decimus.*
Diepholz, *Diepholta.*
Dieppe, *Deppa.*
Diesdorf, *Insula S. Mariæ.*
Diesenberg, *Disibodengense Cœnob.*
Diessen, *Damasia, Pontes Dessenii.*
Diessenhofen, *Darnasia.*
Diest, *Diesta.*
Dietz, *Decia.*
Dieulouard, *Deslonardum.*
Dieuze, *Decem Pagi (suppl.).*
Diganwey, *Dictum.*
Digne, *Dinia.*
Dignières, *Durotincum.*
Digoin, *Denegontium.*
Dijon, *Divio.*
Dili, *Delos Ins.*
Dillingen, *Dilinga.*
Dillishausen, *Rostrum Nemaviæ.*
Dillsboo, *Delisboa.*
Dinan, *Dinantium.*

Dinant, *Dionantum.*
Dingle, *Dinglia.*
Dingolfing, *Dingolfinga.*
Dinkesbühl, *Dinckespuhla, Zeacollis.*
Dirschau, *Dirschavia.*
Disentis, *Desertina, Monast. de Disentis.*
Dithmarsen, *Ditmarsia.*
Dive (la), *Deva fl.*
Diveto, *Divetum.*
Dixmude, *Dismuda.*
Dizier (St-), *Desiderii fanum.*
Dnieper, *Borysthenes fl.*
Dniester (le), *Danastris fl.*
Doberan, *Doberanum.*
Dobromil, *Dobromilum.*
Dobrzyn, *Dobrinia.*
Dockum, *Doccomium.*
Dodeka Ekklesiai, *Nisæa.*
Doesburg, *Arx Drusiana, Duisburgum Gueldro-rum.*
Doesburg, *Dispargum, Doesburgum, Terra Tho-sana.*
Dognidolatz, *Dioclea.*
Döhlbergen, *Tuliphurdum.*
Dol, *Dola.*
Dôle, *Dola Sequanorum.*
Dombasle, *Domnus Basolus.*
Dombes (pays de), *Dombensis pagus.*
Domèvre-en-Haye, *Domnus Aper.*
Domfront, *Donnifrons.*
Dömitz, *Domitium.*
Dommartin, *Domnus Martinus.*
Domme, *Doma.*
Domo d'Ossola, *Domoduscella, Oscella.*
Dompierre, *Domus Petri.*
Domrémy, *Domus Remigii.*
Don (le), *Tanaïs fl.*
Donato (San), *Forum Appii.*
Donato (San), *Evorea in Epiro.*
Donaueschingen, *Doneschinga.*
Donauwerth, *Donaverda.*
Donchery, *Doncheriacum.*
Donnemarie, *Domna Maria.*
Donnersmark, *Quintoforum.*
Donzeré, *Durium.*
Donzy, *Domitiacum.*
Dorat, *Doratum.*
Dorchester, *Dorcestria, Durnovaria, Muridunum.*
Dorchester, *Dorciniæ Civ.*
Dordogne (la), *Duranius fl.*
Dordrecht, *Dordracum.*
Doria (la), *Dora Baltea, Duria Ripuaria.*
Doride (la), *Doris.*
Doritza, *Ithoria.*
Dormagen, *Durnomagus.*
Dormans, *Dormanum.*
Dormelles, *Doromellum.*
Dorna, *Durii.*
Dornach, *Dornacum.*
Dornburg, *Dornburgum.*
Dornock, *Dornocum.*
Dornstett, *Acanthopolis.*
Dorpat, *Derbatum.*
Dorsten, *Dorsta.*
Dortan, *Dortanum.*
Dortmund, *Tremona.*
Dotis, *Theodota.*
Douai, *Duacum.*
Douarnenez, *Dovarnena.*
Doubs (le), *Dubis fl.*

Doudeauville, *Dudellivilla.*
Doué, *Doadum.*
Douglas, *Buglasium.*
Doullens, *Donincum.*
Dourdan, *Diodurum, Dordanum.*
Douriers, *Adullia, Duroicoregum.*
Douvres, *Dubris.*
Douzé, *Duziacum.*
Douzy, *Diciacum.*
Douzy-le-Pré, *Pratum Donziaci.*
Dowa, *Singidava.*
Down Patrick, *Dunum.*
Draas, *Darocinium.*
Dragonara, *Geronium.*
Draguignan, *Dracenæ.*
Drave (la), *Dravus fl.*
Drelborg, *Trelleburgum.*
Drenthe (le), *Drentia.*
Dresde, *Dresda.*
Dreux, *Drocæ.*
Dreve, *Drevum.*
Driburg, *Driburgum.*
Driesen, *Dressenium.*
Drimago, *Dirigota.*
Drinovar, *Drinopolis.*
Dritza, *Harma.*
Drivicza, *Drubetis.*
Drogheda, *Droghdæa.*
Droissy, *Truccia.*
Drôme (la), *Druna fl.*
Dronero, *Draconerium.*
Dronghesse, *Truncinium.*
Drontheim, *Nidrosia.*
Drumbrough, *Gabrosentum.*
Drumlanrig, *Uxellum.*
Drummore, *Dromaria.*
Djatal-Borgas, *Bergulæ.*
Dsjisr-Erkene, *Plotinopolis.*
Düben, *Duba.*
Dublin, *Dublinum.*
Dubrovniku, *Dubrovojanina.*
Duchs, *Duxonum.*
Ducler, *Duclarum.*
Ducy, *Ductum.*
Duderstadt, *Duderstadium.*
Dueren, *Marcodurum.*
Duero (le), *Durius fl.*
Duesme, *Duesma.*
Duilliers, *Duillium.*
Duino, *Pucinum.*
Duisburg, *Dispargum, Duisburgum.*
Dulcigno, *Olcinium, Ulcinium.*
Duleck, *Dulecum.*
Dumbarton, *Britannodunum.*
Dumblain, *Dumblanum.*
Dumbovar, *Pons Mansuetina.*
Dumfries, *Dumfreja.*
Dun-le-Roi, *Castrum Duni, Dunum Regis.*
Dun-sur-Meuse, *Castrum Duni ad Mosam.*
Dunbar, *Dumbarum.*
Dünberg, *Dunum.*
Duncannon, *Doncanonium.*
Duncaster, *Danum.*
Dundalk, *Dunkeranum.*
Dundee, *Allectum.*
Dunkeld, *Caledonium Castrum.*
Dunkerque, *Dunkerca.*
Dunkerron, *Tuernis.*
Dunois (le), *Dunensis Tractus.*
Duns, *Dunsium.*

DES NOMS LATINS.

Dunstable, *Dunestabula, Durocobrivæ.*
Dunstafnag, *Evonium.*
Dunster, *Dunestorium Castrum.*
Durance (la), *Druentia fl.*
Duras, *Duracium.*
Durazzano, *Duronia.*
Duruzzo, *Dyrrachium, Epidamnus.*
Durby, *Durbis.*
Durfort, *Durforte.*

Durham, *Dunelmum.*
Durlach, *Durlacum.*
Durtal, *Durastellum.*
Düsseldorf, *Dusseldorpium.*
Dwina (la), *Chesinus fl., Duina, Turuntus fl.*
Dutlingen, *Samulocenæ.*
Dysart, *Desertum.*
Dyrenfurt, *Durenfurtum.*

E

Eaubonne, *Aquæ Bonæ.*
Eauze, *Elusa.*
Ebchester, *Vindomora.*
Ebeltud, *Ebeltolfia.*
Eberach, *Eberacum.*
Eberau, *Monyorokerekinum.*
Ebernburg, *Ebernburgum.*
Ebernessdorf, *Alanova.*
Ebernstein, *Eberstenium.*
Ebersberg, *Eburobergomum.*
Ebersdorf, *Aula Nova, Ebersdorfium.*
Ebersheimmünster, *Aprimonasterium.*
Ebersmunster, *Novientum.*
Eboli, *Ebolum.*
Ebre (l'), *Iberus fl.*
Ebreuil, *Ebrogilum.*
Echelles (les), *Scalarum Burgus.*
Echternach, *Andethanna.*
Ecija, *Astigis.*
Ecosse (l'), *Caledonia, Scotia.*
Ecouen, *Escovium, Scoa.*
Ecry, *Ercuriacum.*
Ederington, *Adurni Portus.*
Ederneh, *Hadrianopolis.*
Edimbourg, *Alata Castra, Edinum.*
Edmunsbury, *Villa Faustini.*
Edulo, *Edulum.*
Eger, *Egra.*
Egere, *Aquæ Regiæ.*
Egham, *Eghamum.*
Egina, *Ægina.*
Eglau, *Gilovia.*
Eglisau, *Eglisavia.*
Ehrenbreitstein, *Ehrenberti Saxum.*
Eich, *Echa.*
Eichstädt, *Aichstadium, Eustadium.*
Eilenburg, *Ileburgum* (suppl.).
Eindhofen, *Eindovia.*
Einsheim, *Ensishemium.*
Einsiedeln, *Einsilda.*
Eipatos, *Inatus.*
Eischfeld, *Chamavi, Eichsfeldia.*
Eisenach, *Isenacum.*
Eisenberg, *Eiseoberga, Isoberga.*
Eisenburg, *Castrum Ferreum.*
Eisenstadt, *Einsestadium, Motenum.*
Eisleben, *Islebia.*
Ekesjö, *Eckesiæa.*
Eksemil, *Lysimachia.*
Elassona, *Oloosson.*
Elbe (l'), *Alba, Albis fl.*
Elbe (Ile d'), *Æthalia.*
Elberfeld, *Elberfeldia.*

Elbeuf, *Elbovium.*
Elbing, *Elbinca.*
Elbolo, *Ad Stabulum.*
Elburg, *Elburgum.*
Elche, *Illice.*
Elda, *Adellum.*
Elefta, *Elatea.*
Elefthero Khori, *Methone.*
Elenholm, *Elleholmia.*
Elevtherna, *Eleutherna.*
Elgg, *Augia Sacra.*
Elgin, *Elgina.*
Elide (l'), *Elis.*
Ell, *Elcebus, Helellum.*
Ellgow, *Elgovia.*
Ellrich, *Elricum.*
Ellwangen, *Elephantiacum.*
Elnbogen, *Cubitus.*
Elne, *Illiberis.*
Elseneur, *Elscnora.*
Elsloo, *Haslacum.*
Elster (l'), *Elister fl.*
Elten, *Altinæ.*
Eltvil, *Alta villa.*
Elvas, *Alba.*
Ely, *Aliacum, Helia.*
Ely (Ile d'), *Helyensis Ins.*
Elz, *Eltzia.*
Elze, *Aulica.*
Elzing, *Caranusca.*
Embden, *Emda.*
Emboli, *Amphipolis.*
Embrau, *Ambrovicus.*
Embrun, *Ebrodunum.*
Embs, *Amades, Embsium ad Rhenum.*
Emely, *Emelia.*
Emilion (St-), *Æmiliani Eccl.*
Eminèh-Dagh, *Hæmus mons.*
Emmen (l'), *Amma.*
Emmerich, *Embrica.*
Emoutier, *Acuti Monasterium.*
Empoli, *Emporium.*
Ems, *Embasis.*
Ems (l'), *Amasia fl.*
Enckhuyzen, *Enchusa.*
Endelau, *Endelavia.*
Endre (Szent), *Ulcisia Cast.*
Enfield, *Enfilda.*
Engadine, *Caput OEni, Engadi vallis.*
Engelport, *Porta Angelica.*
Enger, *Angaria.*
Enghien, *Angia.*
Eniskilling, *Arx Kellina.*

F

Fabrègues, *Forum Domitii.*
Fabriano, *Fabrianum.*
Facialcazar, *Salpesa.*
Faenza, *Faventia.*
Fagnaux, *Faniolum.*
Faigne (la), *Fania.*
Fal (S.), *S. Fidelis villa.*
Falaise, *Falesia.*
Falcklenburg, *Falcoburgum.*
Falerone, *Falarium.*
Falkemberg, *Coriovallum.*
Falkenstein, *Falchenstenium, Falconis Petra.*
Falkirk, *Davium Sacellum.*
Falköping, *Falcopia.*
Falmouth, *Falmuthum.*
Falster, *Falstria.*
Falvaterra, *Fabrateria.*
Famagouste, *Ammochostos, Fama Augusta.*
Famars, *Fanum Martis.*
Fanano, *Fananum.*
Fanari, *Ithome.*
Fanjaux, *Fanum Jovis.*
Fano, *Fanum Fortunæ.*
Fano, *Refugium Apollinis.*
Faouet (le), *Fanum Martis.*
Faremoutier, *Farense Monast.*
Fargeau (S.), *Oppidum S. Ferrioli, S. Fereoli Opp.*
Farkas, *Castra Nova.*
Farnèse, *Farnesium Castrum, Maternum, Statonia.*
Farnham, *Vindomis.*
Faro, *Esuris.*
Faro di Messina, *Fretum Siculum.*
Faucigny (le), *Faciniacum.*
Faulquemont, *Coriovallum.*
Fauquembergue, *Falcoberga.*
Faurat, *Fauratium.*
Faverges, *Faverga.*
Favernay, *Fareniacum.*
Fayence, *Faventia.*
Fearn, *Fearnum.*
Fécamp, *Fiscannum.*
Feira, *Langobriga.*
Feldkirch, *Feldkircha.*
Feldsperg, *Fagonium.*
Felep-Zzalas, *Philippi Mansio.*
Felibejik, *Philippi.*
Fellin, *Felinum.*
Felsö-Galla, *Gardellaca.*
Feltre, *Feltria.*
Fenestrelles, *Fenestrellæ.*
Fenix, *Fenisium.*
Fenny Stratfort, *Magiovinium.*
Ferachio, *Camiros.*
Fère (la), *Fara.*
Feredsjick, *Dymæ.*
Ferentino, *Ferentinum.*
Ferento, *Ferentinum.*
Fermo, *Firmum.*
Fermoselle, *Ocelum.*
Ferney, *Ferneium.*
Fernoel, *Fornolis villa.*
Ferrajo (Porto), *Ferrarius Portus.*
Ferrante (S.), *Compulteria.*
Ferrare, *Ferrara.*
Ferreira-de-Ares, *Raparia.*
Ferrette, *Ferrata.*

Ferrière, *Ferraria.*
Ferrières, *Ferrariæ.*
Ferruccia, *Hellana.*
Fersala, *Pharsalus.*
Fersaliti, *Enhydrium.*
Ferté (la), *Firmitas.*
Ferté-Alais (la), *Feritas Alesii.*
Ferté-Aurain (la), *Feritas Aureni.*
Ferté-Bernard (la), *Feritas Bernardi.*
Ferté-Milon (la), *Feritas Milonis.*
Fervueren, *Fura.*
Feuillans, *Fulium.*
Feurs, *Forum Segusianorum* (suppl.).
Feversham, *Durolevum, Fevershamium.*
Fiano, *Flavianum.*
Fianona, *Flanona.*
Ficano, *Tuficum.*
Fidnek, *Filekia.*
Fiesole, *Fæsulæ.*
Figeac, *Figiacum.*
Figueras, *Ficaria.*
Fili, *Phyle.*
Fillea, *Philia.*
Fillek, *Villecum.*
Filorina, *Melitonus.*
Finale, *Finarium.*
Finiana, *Accitum.*
Finiki, *Phœnice.*
Finlande (la), *Fenni, Fenningia.*
Finmark, *Finmarchia.*
Finningen, *Fœniana.*
Finsbury, *Finsburgum.*
Fionie, *Fionia Ins.*
Fiore, *Armenita.*
Fiorenza (S.), *Canelata.*
Firenzuola, *Florentia.*
Firmiano, *Firmanorum Castrum.*
Firmier, *Fines.*
Fischen, *Viscon.*
Fischingen, *Piscina.*
Fismes, *Ad Fines.*
Fitères, *Fiterum.*
Fiume, *Fanum S. Viti Flumoniensis, Tarsatica.*
Fivizano, *Fivizanùm.*
Flagy, *Flagiacum.*
Flandre (la), *Flandria.*
Fläsch, *Falisca.*
Flavacourt, *Flavacuria.*
Flavigny, *Flaviacum.*
Flèche (la), *Flexia.*
Flensborg, *Flenopolis.*
Flers, *Bratuspantium.*
Flessingue, *Flesinga.*
Fleurmont, *Florimontium.*
Fleurus, *Floriacum Monast.*
Fleury, *Floriacum ad Ligerim.*
Fliedorp, *Flevum.*
Floremberg (S.), *Mons S. Floræ.*
Florence, *Florentia.*
Florennes, *Florinæ.*
Florensac, *Florentiacum.*
Florentin (St-), *Eburobriga, Fanum S. Florentini.*
Floringhem, *Florinkingæ.*
Florival, *Vallis Florida.*
Flory, *Floriniacum.*
Flour (St-), *Fanum S. Flori* (suppl.).
Flowa, *Fagana.*

DES NOMS LATINS.

G

Gabaret, *Gavarretum*.
Gabelberg, *Bicornis*.
Gabiano, *Gabienum*.
Gabin, *Gabinum*.
Gablon, *Gablona*.
Gablova, *Gallus*.
Gabriel (St-), *Ernaginu n*.
Gadebusch, *Dei lucus*.
Gaesbeck, *Gasbecca*.
Gaëta, *Cajeta*.
Gagliano, *Galeria*.
Gaillac, *Galliacum*.
Gaillefontaine, *Galli fons*.
Gaillon, *Gallio*.
Gaiss, *Casa*.
Galati, *Galata*.
Galatsch, *Axiopolis*, *Nentidava*.
Galaxidhi, *Œanthia*.
Galazzo (il), *Calatia*.
Galera, *Careiæ*.
Galgotzon, *Galgocinum*.
Galice (la), *Gallicia*.
Galitsch, *Galicia*, *Halicia*.
Gall (S.), *Fanum S. Galli*, *Galli fanum*.
Gallardon, *Galardo*.
Gallese, *Falisca*.
Galles (Pays de), *Britannia secunda*.
Gallicano, *Gabii*.
Galliko, *Crestonia*.
Gallipoli (presqu'île de), *Chersonesus Thracica*.
Gallipoli, *Anxa*, *Callipolis*.
Gallodoro, *Callipolis*.
Galloway, *Galveja*.
Gallway, *Galliva*.
Galmier (St-), *Baldomeri villa*.
Galosfa, *Limusa*.
Galowitza, *Cabyle*.
Gamaches, *Gamachium*.
Gambararo, *Gambraria*.
Gambolo, *Gamblatum*.
Gand, *Ganda*.
Gambs, *Comesianorum Conventus*.
Gamlalödese, *Ludosia Antiqua*.
Gams, *Campsum*.
Gandersheim, *Gandersium*.
Ganges, *Gangæ*.
Gangi vetere, *Engyum*.
Gannat, *Gannatum*.
Gap, *Vapincum*.
Garagone, *Silvium*.
Garches, *Bigargium Pal.*
Gard, *Vardo fl.*
Garda, *Garda*.
Garda (Lago di), *Benacus Lacus*.
Garde (la), *Catorissium*.
Garde-Freinet (la), *Fraxinetum*.
Gardeleben, *Gardelegia*.
Gardhiki, *Larissa Cremaste*, *Pelinna*.
Garessio, *Garetium*.
Garguies, *Gargarius Locus*.
Garigliano (il), *Liris fl.*
Garis, *Carasa*.
Garonne (la), *Garumna fl.*

Garsch, *Obranusca*.
Garz, *Gursa*.
Gascogne, *Vascones*.
Gasny, *Vadiniacum*.
Gassicourt, *Gassicuria*.
Gastein, *Augusta Antonini*, *Gastinum*.
Gâtinais (le), *Gastinensis pagus*.
Gattinara, *Catuli Ara*.
Gaudens (S.), *S. Gaudentii villa*.
Gavala, *Trichonium*.
Gay, *Gaya in Campania*.
Gehren, *Gerena*.
Geisenfeld, *Gisonis Castra*.
Geismar, *Geismaria*.
Geisshorn, *Surontium*.
Gelb, *Gelduba*.
Gefle, *Gevalia*.
Gelves, *Vergentum*.
Gembloux, *Gemblacum*.
Gemund, *Gammundia*, *Gaudia Mundi*, *Gemunda*.
Gemingen, *Geminga*.
Genappes, *Agennapium*, *Genapum*.
Gênes, *Genua*.
Genève, *Geneva*.
Genevray, *Genebra*.
Gengoux-le-Royal (S.), *S. Gengulfi Opp.*
Genou (S.), *S. Genulfi Mon.*
Genlis, *Gentiacum*.
Gennep, *Cembum*.
Gentilly, *Gentiliacum*.
Genzano, *Cyntianum*, *Ficulea*.
Georgen-an-der-Muhr (St-), *Viscellæ*.
Georgen (S.), *Fanum S. Georgii*.
Georgio (S.), *Morgentia*.
Gera, *Gera*.
Gerace, *Hieracium*, *Narycia*.
Gerberoy, *Gerberacum*.
Geres, *Geraus*.
Geresto, *Geræstus*.
Gergoie (Mont), *Gergovia Arvernorum*.
Germain-des-Prés (S.), *Germani a Pratis Mon.*
Germain-en-Laye (S.), *Fanum S. Germani in Ledia*.
Germano (San), *Germani Civ.*
Germano (S.), *Casinum*.
Germer (S.), *Flavia*.
Germersheim, *Julius vicus*.
Germigny, *Germiniacum*.
Gernia, *Ægiros*.
Gernrode, *Gerningeroda*.
Gernsheim, *Gerineshemium*.
Gerolshofen, *Gerlocuria*.
Gerona, *Gerunda*.
Gersau, *Gersovia*.
Gerstdorf, *Villa Gerlaci*.
Gertruydenberg, *Bergæ divæ Gertrudis*, *Gertrudeberga*.
Gervais (S.), *Gervasii Burgus*.
Geseke, *Gesecena*.
Geusen, *Gesonia*.
Gévaudan (le), *Gabali*.
Gewicz, *Gestkovicium*.
Gex, *Gesia*.

Ghé, *Gaelum.*
Ghiemona, *Glemona.*
Ghierra d'Adda (la), *Fulcheria.*
Ghivira, *Gaviratium.*
Ghyfto Kastro, *OEnoe.*
Ghyky, *Issoria.*
Ghymno, *Tamynæ.*
Ghyneko-Kastro, *Procrna.*
Gianoti, *Artemisia Ins.*
Giaveno, *Javennum.*
Gibraltar, *Columnæ Herculis, Calpe, Gibraltaria.*
Giczin, *Gitmiacinum.*
Gien, *Gianum.*
Giessen, *Giessa.*
Gifani, *Geofanum.*
Gignac, *Gigniacum.*
Gijon, *Gigia Noega.*
Gildas-de-Ruys (S.), *Ruelum.*
Gilles (S.), *Anathilia.*
Gilles-les-Boucheries (S.), *Fanum S. Ægidii,* ou
   S. Æg. villa, Vallis Florida.
Gimont, *Gimo.*
Gingenbach, *Gengibacum.*
Ginosa, *Genusium.*
Gioja, *Joja, Orestis portus.*
Giovanni (S.), *Casæ Cæsarianæ.*
Giovanni (S.), *Eupalium.*
Giovanni di Bidini (S.), *Bidis.*
Giovanni in Galdo (S.), *Cominium.*
Giovenazzo, *Juvenacia, Natiolum.*
Gira Petra, *Hierapytna.*
Girgenti, *Acragas.*
Gironde (la), *Girundia fl.*
Girons (S.), *Gironis Castrum.*
Giscarot, *Hungunverrum.*
Gisors, *Gisortium.*
Giulia Nova, *Castrum Novum.*
Givarlais, *Guierlaico villa.*
Givet, *Givetum.*
Givrette, *Giurelis villa.*
Gkölhau, *Gabuleum.*
Glamorgan, *Clamorgania.*
Glandèves, *Glamnateva Civ.*
Glare, *Longalara.*
Glaris, *Glarona.*
Glascow, *Glascovia.*
Glastonbury, *Glasconia.*
Glatz, *Glacium.*
Glauchau, *Glaucha.*
Glendelagh, *Glendelacum.*
Glizberg, *Glichberga.*
Glogau, *Glogovia Major.*
Gloucester, *Clevum.*
Glückstadt, *Fanum Fortunæ.*
Glurenz, *Glorium.*
Gmünd, *Gemunda Villacensis, Gmunda.*
Gnidek, *Phylace.*
Gniezno, *Gnesna.*
Gnoien, *Cænoenum.*
Goar (S.), *Goari fanum, Fanum S. Goari.*
Gobain (S.), *Gobanni villa.*
Godern, *Godera.*
Godmonham, *Delgovitia.*
Goes (ter), *Gusa.*
Goldberg, *Aurimontium.*
Gollnow, *Golnovia.*
Golowitza, *Goloe.*
Golubatz, *Cuppæ.*
Gomaro, *Comarus portus.*
Gömör, *Gœmoria.*

Gomerville, *Gomari villa.*
Gondrecourt, *Gundulfi Curia.*
Gondreville, *Gundovilla.*
Gonesse, *Gonessia.*
Gonnelieu, *Godonis villa.*
Goodmanchester, *Durolipons.*
Göppingen, *Goppinga.*
Gordes, *Vordenses.*
Gorgo, *Verrugo.*
Gorinchem, *Gorichemium.*
Goritz, *Goritia.*
Görlitz, *Gorlitium.*
Gortyna, *Apollonia Cretæ.*
Gorzes, *Gorzia.*
Goseck, *Gozeka.*
Goslar, *Goslaria.*
Gospich, *Lopsica.*
Göstesch, *Gestesia.*
Gotha, *Gotha.*
Gothard (Mont St-), *Arolæ Mons.*
Gothemburg, *Gothoburgum.*
Gothland, *Gothia.*
Gotopoli, *Andriaca.*
Gottesgab, *Theodosium.*
Gotthard (S.), *Fanum S. Gotthardi.*
Göttingen, *Gœttinga.*
Gottorp, *Gottorpia.*
Gottweig, *Gottwicum.*
Gouda, *Gouda* (suppl.).
Gouers-sur-Arnon, *Goyse villa.*
Gourdan, *Crodunum.*
Gourdon, *Gordonium.*
Gournay, *Gornacum.*
Goussainville, *Gussanvilla.*
Governolo, *Ambuletum, Acroventum.*
Governolo, *Castellum Gubernium, Gubernula.*
Gozzo, *Gaulos Ins.*
Grabow, *Grabovia.*
Grabs, *Quaradaves.*
Gradisca, *Gordenia, Gradiscia.*
Gräfenthal, *Vallis Comitum.*
Grammont, *Gerardi Mons.*
Grammont, *Grammontium.*
Gran, *Ad Herculem, Strigonium.*
Grancey, *Grancejum Castrum.*
Grand, *Grandis.*
Grandchamp, *Grandis Campus.*
Grand'Combe, *Grandis Cumba.*
Grandmont, *Grandimontium.*
Grandpré, *Grandepratum.*
Grand-Selve, *Grandis silva.*
Grandval, *Grandis vallis.*
Grandweiler, *Grammatum.*
Grandvilliers-aux-Bois, *Magninovilla.*
Grangia (la), *Ad Medias.*
Granmichele, *Echetla.*
Granson, *Grandisonium.*
Granville, *Grandis villa, Grannonum.*
Granville-sur-Ry, *Gravinum.*
Grasse, *Graca.*
Grätz, *Græcium Styriæ.*
Graubünden, *Campi Canini.*
Graudenz, *Graudencium.*
Grave, *Gravia.*
Grave (la), *Grava.*
Gravesend, *Gravescenda.*
Gravelines, *Gravelina.*
Gravenmachern, *Machera Comitis.*
Graventhal, *Vallis Gratiarum.*
Gravier (le), *Glariarium.*

Graville, *Caracotinum.*
Gray, *Gradicum.*
Grazalema, *Lacidulemium.*
Grèce (la), *Græcia.*
Greenwich, *Gronaicum.*
Greifensee, *Gryphæum.*
Greiffenberg, *Gryphiberga.*
Greifsmühlen, *Comitis Mola.*
Grenade, *Granada.*
Grenoble, *Gratianopolis.*
Grestain, *Grestanium.*
Gretlan, *Cambodunum.*
Gréoux, *Gryzelium.*
Grignan, *Grigniacum.*
Grimaud, *Athenopolis.*
Grimbergen, *Grenbergia.*
Grimm, *Grimus.*
Grimma, *Grimma.*
Grisignano, *Ningum.*
Grisons (les), *Grisonia.*
Grissau, *Grissovium.*
Grobming, *Gamanodunum.*
Grodno, *Grodna.*
Grodzisko, *Grodiscum.*
Groenendael, *Vallis Viridis.*
Gron, *Grunum.*
Gröningue, *Græninga.*
Grosbois, *Grossum Boscum.*
Grossenhayn, *Apud Indaginem Marchionis, Haganoa.*
Gross-Rohrheim, *Rara.*
Gross-Wardein, *Varadinum.*
Grotholm, *Hiernia.*
Grotta, *Crypta.*
Grotta Azzolino, *Pausulæ.*
Grottaglia, *Crypta Aurea.*
Grotta Marozza, *Labanæ Aquæ.*
Grotta Rossa, *Crypta Rosaria, Saxa Rubra.*
Grottkau, *Grotgavia.*
Groude, *Grudium.*
Grünberg, *Prasia Elysiorum, Thalloris.*
Grüningen, *Grinario.*
Grüsch, *Crucium.*
Grutti (gli), *Erbessus.*
Gruyère, *Grueria.*
Grypswalde, *Gripeswolda.*
Guadalajara, *Arriaca, Caraca.*

Guadalaviar, *Turia fl.*
Guadalquivir, *Bætis fl.*
Guadalupe, *Aquæ Lupiæ, Lupi Amnis.*
Guadenberg, *Gratiæ Mons.*
Guadiamar, *Menoba fl.*
Guadiana, *Anas fl.*
Gualdo, *Planias.*
Guarda, *Garda.*
Guarda (la), *Concordia.*
Guardia (la), *Mentesa.*
Guastalla, *Gardistallum, Guardistallum.*
Gubbio, *Eugubium.*
Güben, *Gubena.*
Gudelaf, *Cusum.*
Gueldre, *Geldria.*
Guelfo, *Castrum S. Guelphi.*
Guépie (la), *Guespia.*
Guérande, *Aula Quiriaca, Grannonum.*
Guerche (la), *Guerchia, Guerica, Sipia.*
Guéret, *Garactum.*
Guernesey, *Garneseja Ins., Sarnia Ins.*
Guerres, *Guariacum.*
Guibray, *Album Sutum.*
Guiche (la), *Guissunum.*
Guildford, *Gilfordia.*
Guillestre, *Gallitarum Opp.*
Guimaraens, *Cœliobriga, Guimaranum, Vimarinum.*
Guines, *Gisnæ, Guinæ.*
Guipry, *Wippericum.*
Guise, *Guisia.*
Guislain (S.), *Fanum S. Gisleni.*
Guisona, *Gyræsenc.*
Guissona, *Cissa, Scissum.*
Guitres, *Guistrium.*
Güntring, *Ferrariæ Carnorum.*
Günz, *Ginsium.*
Gurrea, *Forum Gallorum.*
Gurtzuli, *Mantinea.*
Gustendil, *Pautalia.*
Gustrow, *Gustrovium.*
Guteneck, *Boneccia.*
Gutstadt, *Bonoppidum.*
Guttenberg, *Mons Guttna.*
Gutzkow, *Gotzgaugia.*
Gyula, *Julia.*

H

Habsal, *Hapselia.*
Habsburg, *Habsburgum.*
Hadamar, *Hademarum.*
Haddington, *Hadina.*
Hadeln, *Hadelia.*
Hadersleben, *Haderslebia.*
Hadrisch, *Arsicua.*
Hadsji-Oglu-Bajardsjik, *Parthenopolis.*
Häger, *Heigera.*
Hagio Andhrea, *Prasia.*
Hagio Kirili, *Galepsus.*
Haguenau, *Hagenoa.*
Hainau, *Hainovia.*
Hainaut (le), *Hanagavensis Comit.*
Hainburg, *Carnuntum.*

Halberstadt, *Halberstadium.*
Halb-Thurn, *Hemypirgum.*
Halifax, *Halifacium.*
Halighen, *Villa Dolucensis.*
Halivres, *Halæ Araphenides.*
Hall, *Hala Suevica.*
Hall im Innthale, *Hala ad Œnum.*
Halland, *Halandia.*
Halle, *Hala.*
Hallein, *Hatiola, Salina.*
Halmstadt, *Halmostadium.*
Halton Chester, *Hunnum.*
Ham, *Hametum.*
Hambach, *Cantiæbis.*
Hambourg, *Hamburgum, Marionis.*

Hameln, *Hamela.*
Hamilton, *Hamiltonium.*
Hamm, *Hammona.*
Hammer, *Hammaria.*
Hamont, *Hamons.*
Hampshire, *Hanonia.*
Hamptoncourt, *Hamptoni Curia.*
Hanau, *Hanovia.*
Hannuye, *Hœnnuvium.*
Hanovre, *Hannovera.*
Hanséatiques (villes), *Hanseaticæ Urbes.*
Hapsa, *Daphabœ.*
Harburg, *Harburgum.*
Harcourt, *Harcurtium.*
Harderwyck, *Ardevicum, Harderovicum.*
Harfleur, *Arefluctus, Harflevium.*
Harg, *Harga.*
Harlem, *Harlemum.*
Harlingen, *Harlinga.*
Harsefeld, *Harsefeldum.*
Hartenberg, *Duroburgum.*
Harwich, *Harviacum.*
Harz (le), *Hartiana Sylva.*
Harzgerode, *Saltus Venatorius.*
Haslach, *Avellana.*
Hasselt, *Hasseletum ad Demeram.*
Hasselt, *Hasseletum* (suppl.).
Hassenstein, *Hassenstenium.*
Hastières-Lavaux, *Hasteria.*
Hattem, *Hattemium.*
Hatvan, *Hatuanum.*
Haute-Combe, *Alta Cumba, Monast. Altæ Cumbæ.*
Hauterive, *Alta Ripa.*
Havre, *Havrea.*
Havre (le), *Franciscopolis.*
Haye (la), *Haga Comitis.*
Haye-Descartes (la), *Haga Aurelianensis.*
Hébrides (les), *Ebudæ Ins.*
Heddernheim, *Heddernhemium.*
Heerwen, *Herispich.*
Heidelberg, *Heidelberga.*
Hilbronne, *Heilbronna.*
Heiligen-Creuz, *Fanum S. Crucis.*
Heiligenstadt, *Heiligenstadium.*
Heinrichstadt, *Henricopolis.*
Helgoland, *Sacra Ins.*
Hélier (S.), *S. Elerii fanum.*
Hellebrunn, *Clarofontanum Pal.*
Helles, *Helos.*
Helmont, *Helmontium.*
Helmstaedt, *Athenæ ad Ehnum, Helmstadium.*
Helonimon, *Dodona.*
Helsinborg, *Helsinga.*
Helsingsfors, *Helsingfordia.*
Heltaut, *Castra Trajana.*
Helvaux, *Helvatium.*
Hem Ryck, *Cruptum.*
Hendaye, *Andaïa, Cast. Fontarabiæ.*
Hénin-Liétard, *Henniacum Litardi.*
Hennebon, *Hannebotum.*
Henrichemont, *Bosco-Bellum.*
Hérat (l'), *Lerate.*
Hérault (l'), *Arauris fl.*
Herborn, *Herborna.*
Herck, *Archa.*
Hereford, *Areconium, Helfordum.*
Hereford on the Wye, *Acriconium.*
Héricourt, *Hericuria.*
Herisau, *Augia Domini.*
Héristal, *Haristallium.*

Herkelens, *Herculeum.*
Hermannsburg, *Arx Arminii.*
Hermannstadt, *Cibinium.*
Hernösand, *Hernosandia.*
Hérouville, *Haraldi villa.*
Herrenaurach, *Ura.*
Herrera del Duque, *Leuciana.*
Herrnhut, *Custodia Dei, Herrnhutum.*
Herrnstadt, *Kyriopolis.*
Herstal, *Haristallum.*
Herstelle, *Haristellum.*
Hertford, *Herfordia.*
Hertzberg, *Hertzberga.*
Hertzholm, *Hertzholmia.*
Herve, *Herva.*
Hervorden, *Herfordia.*
Herzegowine, *Arcegovina.*
Herzogenraid, *Rhodia Ducis.*
Hesdin, *Hesdinium.*
Hesse (la), *Hassia, Catti.*
Heves-Szolnok, *Hevezia.*
Hexham, *Alexodunum.*
Hidvegh, *Joannis Pons.*
Hierre, *Hedera.*
Hijar, *Ixarium.*
Hildburghausen, *Hilpershusia.*
Hildesheim, *Ascalingium.*
Himmelskron, *Cœli Corona.*
Hiniesta, *Segida.*
Hippolyte (St-), *Combusta.*
Hippolyte (S.), *Fanum S. Hippolyti.*
Hirschau, *Hirsaugia.*
Hirschberg, *Cervimontium, Hirschberga.*
Hirschfeld, *Heresfelda.*
Hita, *Cesada.*
Hitzacker, *Hizgera.*
Iljo, *Hiovia.*
Hobroë, *Hobroa.*
Hochheim, *Ostium Mœni.*
Hochseeburg, *Hocseburgum.*
Höchst, *Hœchsta, Munimentum Trajani.*
Hochstedt, *Hœchsta.*
Hof, *Curia Moravica.*
Hohemauth, *Alta Mauta.*
Hohenfeld, *Matucaium.*
Hohenfurt, *Altovadum.*
Hohenwarth, *Alta Specula.*
Hohentwiel, *Duellium.*
Holbeck, *Holbeca.*
Holé, *Olino.*
Hollande, *Batavia.*
Holme, *Clanoventa.*
Holstebrœ, *Holstebroa.*
Holstein, *Holsatia, Saxones.*
Hombourg, *Homburgum ad Clivum.*
Honfleur, *Honflevius.*
Hongrie, *Chuni, Hungaria.*
Honorat (S.), *Vergoanum.*
Honorato (S.), *Herculem (ad), Sardopatris fanum.*
Hontheim, *Honthemium.*
Hoogmade, *Matilo.*
Hoolum, *Hola.*
Horawitz, *Horadna.*
Hörburg, *Argentaria, Robus.*
Horcha, *Harcuris.*
Horn, *Horna.*
Hornoy, *Horona.*
Hörsens, *Horsnesia.*
Hospitalet (l'), *Alaunium.*
Hospitio (S.), *Olivula Portus, Port. Anao.*

Hoszkzu-Mezö, *Campus longus.*
Haudan, *Hosdencum.*
Houssaye (La), *Aquifolietum.*
Höxter, *Huxaria.*
Hradisch, *Hradisca, Rhobodunum.*
Hrapsey, *Hrasseya.*
Hrockow-Teynetsch, *Teynecium Rochi.*
Hubersburg, *Hubertiburgum.*
Hudickswall, *Hudwicsowaldum.*
Huelma, *Accatuccis.*
Huelva, *Onoba Æstuaria.*
Huesca, *Osca.*
Huescar, *Lacurius.*
Huisseaux, *Ostiolum.*
Huete, *Julia Opta.*
Hull, *Hulla.*

Humber (l'), *Abus fl.*
Hungarische Altenburg, *Ad Flexum, Ovarinum-Magyár.*
Hüningue, *Huninga.*
Huntingdon, *Huntingdonia, Venautodunum.*
Huriel, *Uriacum.*
Husum, *Hosemum.*
Hutalidsch, *Utus.*
Huy, *Hogum.*
Huyden, *Heudena.*
Hyali, *Ægialea.*
Hydra, *Hydrea Ins.*
Hyères, *Areæ, Olbia.*
Hyères (Iles d'), *Stœchades Ins.*
Hypati, *Hypata.*

I

Iago de la Higuera (S.), *Segeda Tugurina.*
Iamboli, *Dampolis.*
Iaroslav, *Iaroslavia.*
Iati, *Bathys.*
Ibi, *Ibes.*
Iburg, *Juberg.*
Icana, *Ichana.*
Ichenhausen, *Ichenhusium.*
Ichorow, *Ictant.*
Idaña, *Lancia Oppidana.*
Idaña la Vieja, *Egitania, Equitania.*
Idro, *Edrum, Idrinum.*
Idstein, *Idstena.*
Iena, *Athenæ ad Salam.*
Iènidje-Vardar, *Pella.*
Ieni-Scheher, *Larissa.*
Ieni-Scheher (Pach. d'), *Thessalia.*
Iesi, *Æsis.*
If (château d'), *Arx Iphia.*
Iffigheim, *Bibiena.*
Iglau, *Iglavia.*
Iglesias, *Ecclesiæ.*
Iguadela, *Iespus.*
Igualada, *Anabis, Ergavica Vasconum.*
Ilanz, *Antium.*
Ilawa, *Gilavia German.*
Ilchester, *Iscalis.*
Ilefeld, *Ilefelda.*
Ilfeld, *Ilfelda.*
Ilkley, *Olicana.*
Illok, *Brononia, Cornacum.*
Illora, *Illurco.*
Illyrie, *Illyria.*
Illzach, *Urunci.*
Ilmenau, *Ilmenavia.*
Ilmstadt, *Ilma.*
Imertje, *Marcianopolis.*
Imola, *Forum Cornelii.*
Imst, *Umbista.*
Indre (l'), *Anger fl., Ingeris.*
Indsigis, *Denizus.*
Ingelheim, *Ingelhemium.*
Ingelmünster, *Angolmonasterium.*
Ingolstadt, *Ingolstadium.*
Ingouville, *Ansgodi vicus.*
Ingrande, *Ingrandisse vicus.*

Inia, *OEnophyla.*
Innichen, *Aguntum.*
Inspruck, *OEnipons.*
Innstadt, *Bojodurum.*
Inowolodz, *Inolocza.*
Instadt, *Ænostadium.*
Interlacken, *Interlacus.*
Inverness, *Innernium.*
Ionkeradt, *Icorigium.*
Iplis, *Ibligo.*
Ips, *Ad Pontem Isis.*
Ipsala, *Cypsela.*
Ipswich, *Gippeswicum.*
Irache, *Iracia.*
Iraci, *Ercta.*
Irlande, *Hibernia.*
Irnis, *Jornacum.*
Irsee, *Ursinum.*
Isar (l'), *Isara fl.*
Ischa, *Escus.*
Iseghem, *Isegenium.*
Isen, *Isana, Isinisca.*
Isère (l'), *Isara fl.*
Iseflohn, *Isarlonia.*
Isernia, *Æsernia.*
Iseure, *Iciodurum Turonum.*
Islande (l'), *Islandia.*
Isle-Bouchard (l'), *Bocardi Ins.*
Isle-en-Jourdain (l'), *Castellum Ictium, Ictium Castrum.*
Ismahan, *Ismarus.*
Isola, *Insula Bruttiorum.*
Isola degli Magnisi, *Thapsus.*
Isonzo (l'), *Isontius fl., Sontius.*
Isperik, *Timacum.*
Ispern, *Usbium.*
Isselstein, *Iselstentum.*
Issny, *Isna.*
Issoire, *Icciodurum, Issiodurum.*
Issoudun, *Anxellodunum, Exelodunum.*
Issy, *Fiscus Isiacensis, Idcina, Issiacum.*
Istib, *Stobi.*
Istirga, *Scirtiana.*
Istres, *Ostrea.*
Iszmit, *Pistus.*
Italie, *Italia.*

J

K

Kaisersmark, *Cæsareopolis.*
Kaisersstuhl, *Forum Tiberii.*
Kakiskala, *Chalcis.*
Kakon Oros, *Heraclea.*
Kakosia, *Thisbe.*
Kalamaki, *Schœnus.*
Kalamaria, *Crusœa.*
Kalamata, *Pherœ.*
Kalami, *Calamœ.*
Kalamo, *Psaphis.*
Kalavothra, *Thermopylæ.*
Kaligoni, *Nericus.*
Kalisch, *Calisia.*
Kallundborg, *Callunda.*
Kalminz, *Celemantia.*
Kalmünz, *Kalmunda.*
Kaloscopi, *Elis.*
Kalpaki, *Orchomenus.*
Kalwarya, *Mons Calvariæ.*
Kamiesch, *Ctenus portus.*
Kamiñiec, *Clepidava, Camenecia.*
Kaminitza, *Dyme.*
Kani Kasteli, *Thenœ.*
Kanilschak, *Carcinites fl.*
Kanina, *Canina.*
Kanos, *Ganus.*
Kanurio, *Lycastus.*
Kapellen, *Caspingium.*
Kapfenstein, *Capedunum.*
Kapouli Derbent, *Porta Trajani.*
Kapraina, *Chœronea.*
Kaproncza, *Coprinitia.*
Karadagh, *Cynos Cephalæ.*
Karadjoli, *Orthe.*
Karasou (le), *Nestus fl.*
Karasou-Basar, *Karas.*
Karatjair, *Mopsium.*
Karauli, *Herœum.*
Karavostasi, *Dyme.*
Kardhenitza, *Opus.*
Karek, *Curactica Ins.*
Kargapol, *Cargapolis.*
Karidia, *Cardia.*
Karistran, *Drusipara.*
Karithene. *Breuthe.*
Karlskrona, *Caroli Corona.*
Karlstadt, *Carolostadium.*
Karnoët, *Carnœtum.*
Karoly, *Carolium.*
Karpathes (monts), *Carpates montes.*
Karpenizi, *OEchalia.*
Karpfen, *Carpona.*
Kartali, *Sarta.*
Karzen, *Casurgis.*
Kasan, *Casana, Kasanum.*
Kasi-Kirman, *Olbia.*
Kasimierz, *Casimiria ad Vistulam.*
Käsmark, *Setuia.*
Kassandhra, *Cassandrea, Pallenei*
Kastau, *Castua.*
Kastelruth, *Castrum Ruptum.*
Kastoria, *Celetrum.*
Kastri, *Delphi, Hermione.*
Kastri, *Pandosia.*
Katakolo, *Phea.*
Katerina, *Hatera.*
Kato-Akhaia, *Olenus.*
Katranitza, *Physca.*
Katuna, *Medeon.*
Katzenelnbogen, *Cattimelibocum.*

Kaufbeuern, *Kaufbura, Navoœ.*
Kaufungen, *Capungum.*
Kaumberg, *Comagenus, Cumeoberga.*
Kaunitz, *Choinitia.*
Kavalla, *Christopolis.*
Kayali, *Cillœ.*
Kaysersberg, *Cæsaris Mons.*
Kaysersmark, *Kesmarkinum.*
Kayserswerth, *Cæsaris Ins., Swiberti Castra.*
Kaysl, *Kisdemum.*
Keidani, *Caiodunum.*
Kekhries, *Cenchreœ.*
Kelberini, *Crania.*
Kelhmünz, *Cælius.*
Kellen, *Castra Ulpia.*
Kelln, *Colonia Trajana.*
Kelvedon, *Canonium.*
Kemberg, *Cameracum ad Albim.*
Kembs, *Cambes.*
Kempten, *Campidona, Kemptena.*
Kendal, *Concangium, Galacum, Kendalia.*
Kendall, *Calatum.*
Kent, *Cantium.*
Keradec, *Caradocus.*
Keratia, *Potamus.*
Kerschowa, *Carsus.*
Kertsch, *Bosporus, Myrmecium, Panticapœum.*
Kervasara, *Limnœa.*
Kesd, *Kesdiensis Sedes.*
Kessdi Vasárhély, *Prætoria Augusta.*
Kessel, *Castellum Menapiorum.*
Kestenholz, *Castinetum.*
Kesteren, *Castra Herculis.*
Keswick, *Causennœ.*
Ketrina, *Dium.*
Keuzlar, *Melitœa.*
Khadros, *Cantanus.*
Khaiaffa, *Samicum.*
Khaliki, *Chalcis.*
Khan Belali, *Mœra.*
Kharkov, *Kharkovia.*
Kharvati, *Mycenœ.*
Kheladia, *Halica.*
Kherson, *Cherso.*
Khiflik, *Leuce Acte.*
Khimara, *Chimœra.*
Khimarola, *Acrocerania.*
Khimiaroli (monti), *Montes Acroceraunii.*
Khorto-Kastro, *Magnesia.*
Kiada-Burun, *Thynias Pr.*
Kiarenza, *Cyllene.*
Kidros, *Pydna.*
Kief, *Kijovia.*
Kiel, *Kilonia.*
Kiensheim, *Cunonis villa.*
Kierteminde, *Cartemunda.*
Kiesselev, *Carcina.*
Kilalla-Bay, *Regia.*
Kilbegs, *Calebachus.*
Kilia, *Achillea Nova.*
Kiliman, *Candidiana.*
Kilkenny, *Kilkenia.*
Kilkitj, *Crestonia, Gallicum.*
Kilidbahr, *Cœla.*
Kilios, *Tyle.*
Killair, *Laberus.*
Killaloe, *Allada, Laona.*
Kil-Mallok, *Macolicum.*
Kilmalon, *Killocia.*
Kilmore, *Chilmoria.*

Kimbolton, *Cinnibantum.*
Kimoli, *Cimolos.*
King's Lynn, *Lignum Regis.*
Kingston, *Prætorium, Regiopolis.*
Kinross, *Victoria.*
Kioege, *Coagia.*
Kirchayn, *Kirchaina.*
Kirchdorf, *Varallium.*
Kircheim, *Kirchemium Palat.*
Kirchheim, *Clarenna, Kirchaina.*
Kiritz, *Kiritium.*
Kirkudbright, *Curia.*
Kirkwal, *Carcoviaca.*
Kirpêh, *Thynia Ins.*
Kisamo-Kasteli, *Cisamus.*
Kissingen, *Cussingum, Kissinga.*
Kis-Kómaróm, *Valcum.*
Kislegg, *Cassiliacum.*
Kis-Szeben, *Cibinium Minus.*
Kitzbichl, *Hadopolis.*
Kiveri, *Genesium.*
Kivisia, *Cephissia.*
Klagenfurt, *Claudia, Virunum.*
Klattau, *Glatovia.*
Klein-Glogau, *Glogovia Minor.*
Klingenberg, *Klingenberga.*
Klisura, *Listron.*
Klitschow, *Klitsovia.*
Klosterneuburg, *Claustriburgum, Naburga clau-tralis, Neoburgense claustrum.*
Klosterseven, *Sublavio.*
Knin, *Arbuda, Ninia.*
Knockfergus, *Fergusii Scopulus.*
Köben, *Cobena.*
Köchersberg, *Concordia.*
Kochheim, *Cochemium.*
Kockel, *Coveliacæ.*
Kœvar, *Covaria.*
Köhren, *Choriani villa.*
Kokhla, *Platæa.*
Koldingen, *Coldinga.*
Kolomyja, *Colomia.*
Kolos Monostor, *Monasterium.*
Kolosvár, *Claudianopolis.*
Kolouri, *Salamis Ins.*
Kolumbasz, *Novas (ad), Tricornium.*
Komorn, *Comara.*
Kondries, *Cirtisa.*
Königingrätz, *Gradium Reginæ.*
Königsberg, *Regiomontium Borussiæ.*
Königshof, *Curia Regis.*
Könihshofen, *Curia Regia.*
Königshofen in Grabfelde, *Regis Curia in Arvis.*
Königssaal, *Aula Regia, Monast. Aulæ Regiæ.*
Königsstadten, *Mons Comianus.*
Königstadt, *Anaxipolis.*
Königstein, *Cunigust, Lapis regius, Regis Saxum.*
Königstuhl, *Ambiatinum.*
Königswart, *Marabodui Cast.*
Königswinter, *Hiberna Regia.*
Köping, *Copinga, Kopinga.*
Koregism, *Koregisma, Gismi.*
Korina, *Corragus.*
Körmond, *Curta.*

Korna, *Corium.*
Korneliusmünster, *Inda.*
Korneuburg, *Naburga Forensis.*
Korom, *Cornicum.*
Korsör, *Crucisora.*
Kösching, *Germanicum Opp.*
Küslin, *Coslinum.*
Kosmin, *Utidava.*
Kostendsje, *Constantiana, Istropolis, Ulpianum.*
Kostheim, *Cuffinstanium.*
Kostolatz, *Viminacium.*
Kotalach, *Colatio.*
Kotoszlin, *Regianum.*
Kötzing, *Cæsarea Bojorum.*
Koutschuk-Tzschekmetsche, *Regio.*
Kozle, *Coselia.*
Kozmin, *Cosminecum.*
Krainburg, *Carnioburgum.*
Krajowa, *Drubetis.*
Kralitz, *Kralia.*
Kralowa-Welika, *Elara.*
Kranyslaw, *Crasnoslavia.*
Krassinize, *Crucium.*
Kreisch, *Keresdinum.*
Kremnitz, *Cremnicium.*
Krems, *Cremesia.*
Kreutz, *Crisium.*
Kreutznach, *Crucenacum.*
Kreuzburg, *Creutzberga.*
Krevata, *Caryæ.*
Kriebenstein, *Crybenstenium.*
Krisso, *Crissa.*
Kroja, *Clodiana.*
Kronenburg, *Coronæburgum.*
Kronmetz, *Medium Coronæ.*
Kronweissenburg, *Alba Sebusiana.*
Krumau, *Cromena.*
Krumlau, *Crumlavia.*
Krupka, *Crupna.*
Kruswich, *Crusvicia.*
Kuchl, *Cucullæ.*
Kudack, *Kudacum, Metropolis.*
Küfnsnacht, *Cussenacum.*
Kufstein, *Albianum.*
Kuilenburg, *Caruo.*
Kukio Kastro, *Molycria.*
Kulakia, *Chalastra.*
Kuleli, *Nicæa.*
Kuljundsjik, *Scyllæ.*
Kulpa, *Colapis.*
Kulugli, *Pylus Eliacus.*
Kunselyseg, *Cunorum sedes.*
Kunupia, *Polichna.*
Künzen, *Quintiana Cas.*
Kupferberg, *Cuprimontium.*
Kurna, *Lampa.*
Kurtesi, *Cleonæ.*
Kutri, *Phalasarna.*
Kutschuk, *Palmatis.*
Kuttemberg, *Cutna, Kuttemberga.*
Kutzopodhi, *Saminthus.*
Kyburg, *Kyburgum.*
Kynèthe, *Cynætha.*
Kyntzen, *Augusta Quintana.*

L

Labiau, *Labiavia.*
Lach, *Lacensis abb.*
Ladenburg, *Labadunum.*
Ladra, *Laredum.*
Laffaux, *Latofanum.*
Lagevento, *Sacæ.*
Laghetto (il), *Regillum.*
Lagnieu, *Latiniacus.*
Lagny, *Latiniacum.*
Lagonegro, *Blanda.*
Lagos, *Lacobriga.*
Laguna di Grao, *Aquæ Gradatæ.*
Laholm, *Lagaholmia.*
Lahr, *Larum.*
Laigné, *Laigniacum.*
Laïno, *Laus.*
Laires, *Lintomagus.*
Laise (Notre-Dame-de-), *Lesia.*
Lala, *Lasio.*
Lalain, *Latinum.*
Laleburg, *Lobdunum.*
Lambach, *Lambacum, Ovilaba.*
Lamballe, *Lambalium.*
Lambesc, *Lambiscum.*
Lambres, *Lambræ.*
Lamego, *Lama.*
Lamina, *Homolium.*
Lamorica, *Lampra.*
Lanage, *Lanatico villa.*
Lanark, *Colania.*
Lancaster, *Alione, Longovicum.*
Lanciano, *Anxanum, Auxanum.*
Landaff, *Fanum ad Taffum.*
Landau, *Landavia.*
Landeck, *Landecca.*
Landelles, *Andelejum.*
Landen, *Landæ.*
Landes (les), *Sabuleta Burdigalensia.*
Landrecies, *Landericiacum.*
Landsberg, *Landsberga.*
Land's end, *Belerium Prom.*
Landshut, *Landshutum.*
Landskrona, *Coronia.*
Lauerk, *Curia.*
Lanesok, *Lugia.*
Langa, *Lagni.*
Lengeac, *Langiacum.*
Langeais, *Alingavia, Langesia.*
Langensalza, *Longosalissa.*
Langenzenn, *Cenna.*
Langon, *Alengonis portus, Alingo.*
Langres, *Andemantunum.*
Languedoc, *Langedocia.*
Lannoy, *Alnetum.*
Lantenac, *Lantenacum.*
Lantosca, *Lantusca.*
Laon, *Laudunum.*
Laoza, *Lacinia.*
Lapta, *Lapethus.*
Laponie (la), *Lappia.*
Laredo, *Larace.*
Largitzen, *Larga.*
Lariccia, *Aricia.*
Larino, *Alarinum, Larinum.*
Larnfeld, *Teurnia.*

Larraja, *Tarraga.*
Lassahn, *Laciburgium.*
Lastens, *Lastigi.*
Laszczow, *Laszczovia.*
Latiano, *Scamnum.*
Lattaraco, *Etriculum, Hetriculum.*
Lattes, *Latera.*
Latzfafs, *Fons Latius.*
Lauban, *Lauba.*
Lauchstädt, *Lauchstadium.*
Lauenbourg, *Lauenburga.*
Laufen, *Artobriga, Laviæcum.*
Laufenburg, *Gannodurum.*
Laugingen, *Lauginga.*
Launceston, *Fanum S. Stephani.*
Laune, *Ladona.*
Lauraguais, *Laureacensis pagus.*
Laurana, *Lauranum.*
Lausanne, *Lausanna.*
Lauterberg, *Lauterbergense Mon.*
Lauterburg, *Lutræ Cast.*
Lautrec, *Lautricum.*
Lavadrio, *Lavara.*
Lavagna, *Lavania, Lebonia.*
Laval, *Vallis Guidonis.*
Lavaldens, *Vallis Dentata.*
Lavaur, *Vaurum.*
Lavello, *Labellum.*
Lavemünde, *Laventina.*
Lavena, *Lavinium.*
Lavière, *Liviana.*
Lavra, *Uranopolis.*
Laybach, *Æmona, Labacum.*
Lazaro (Isola S.), *Lazari Ins.*
Leanyvor, *Lusio.*
Lebadea, *Midea.*
Lebrija, *Nabrissa.*
Lebus, *Lebusium.*
Lecce, *Aletium, Lupiæ.*
Lecco, *Leucum.*
Lech (le), *Lechus fl.*
Lechenich, *Legioniacum.*
Lèches, *Vologatis.*
Lechsgemünd, *Ostia Lici.*
Leckham, *Verlucio.*
Lectoure, *Lactora.*
Ledesma, *Bletisa.*
Ledringhem, *Leodringas.*
Leeds, *Ledesia.*
Leerdam, *Laurum.*
Lefkhada, *Leucas Ins.*
Leftro, *Leuctrum.*
Léger (S.), *Leodegarius (S.).*
Legine, *Vicus Virginis.*
Legnano, *Leoniacum portus.*
Legrad, *Legradinum.*
Legrano, *Laurium.*
Leibnitz, *Laibnitia.*
Leicester, *Legecestria.*
Leighlinbridge, *Lechlinia.*
Leipzig, *Lipsia.*
Leiria, *Leiria.*
Leissnig, *Leisnicium.*
Leith, *Letha.*

Lobbe, *Labieni Castra.*
Loblau, *Lublavia.*
Locarno, *Lucarnum.*
Locat, *Castrum Octavianum.*
Lochaber, *Lochabria.*
Lochau, *Lochavia.*
Loches, *Lochia.*
Löcknitz, *Lochenitium.*
Lockmariaker, *Dariorigum.*
Lockum, *Luccensis abb.*
Loc Maria, *Locus Mariæ.*
Locminé, *Locus Monachorum.*
Locoal, *Locus Guduali.*
Loconi, *Luguidonis portus.*
Lodève, *Leuteva.*
Lodi, *Laus Pompeia.*
Lodi Vecchio, *Laus Pompeii.*
Lofoscha, *Melta.*
Logroño, *Juliobriga.*
Loharre, *Calaguris Fibularensis.*
Lohitsch, *Longaticum.*
Löhr, *Lacoritum, Locoritum.*
Loigny, *Lucaniacum.*
Loing (le), *Lupia fl.*
Loir (le), *Liberitus fl.*
Loire (la), *Liger fl.*
Loitz, *Lutitia.*
Loja, *Ilipula Major.*
Lomagne, *Leomania.*
Lombardie, *Langobardia.*
Lombers, *Lomberia, Lumbaria.*
Lombert, *Lombertiacum.*
Lombez, *Lombarium, Lumbarium.*
Lombez, *Bersinum, Cassinomagus.*
Lomello, *Laumellum.*
Londonderry, *Londino-Deria.*
Londres, *Londinium.*
Longchamp, *Longus Campus.*
Longeville, *Longa Villa.*
Longford, *Longofordia.*
Longholm, *Trimontium.*
Longjumeau, *Longum Gemellum.*
Longué, *Robrica.*
Longwy, *Longovicus.*
Lonlay, *Longolatum.*
Lonray, *Longoretum.*
Lons-le-Saulnier, *Ledum Salarium.*
Loon, *Lossa.*
Lora, *Axalita.*
Lorca, *Eliocroca, Ilorcum.*
Lorch, *Laureacum.*
Lordelo, *Lordellum.*
Lorenzo (San), *Graticula.*
Lorenzo-Guazzone (San), *Bebriacum.*
Loreto, *Fanum Mariæ Lauretanæ, Lauretum.*
Lorgues, *Argenteis, Leontoæ.*
Lori, *Lorium.*
Lorient, *Oriens.*
Lorraine, *Lotharingia.*
Lorrey, *Lorriacum.*
Lorris, *Lorriacum.*
Lorroix, *Locus Regius.*
Lorton, *Galava.*
Loschonz, *Losontium.*
Losko, *Loscia.*
Lot (le), *Clitis fl., Loda, Olitis.*
Lothian (le), *Laudania.*
Louâtre, *Lupus ater.*
Loudéac, *Loudeacum.*
Loudun, *Juliodunum.*

Louhans, *Lovincum* (suppl.).
Louin, *Lopino.*
Louth, *Ludum.*
Loutia, *Limnæa.*
Louvain, *Lovania* (suppl.).
Louvetot, *Lotum.*
Louviers, *Locoverus.*
Louvres, *Luvera.*
Lovere, *Loverum.*
Löwemberg, *Leorinum.*
Löwestein, *Leostenium.*
Lowicz, *Lovitium.*
Loye, *Loja.*
Lozère, *Lesora Mons.*
Lübben, *Lubena.*
Lubeck, *Lubeca, Marionis altera.*
Lubens, *Leobusium.*
Lubiecz, *Lubeca ad Chronum.*
Lublin, *Lublinum.*
Luc-en-Diois, *Luca ad fl. Dia, Vocontiorum Lucus.*
Luca, *Legum.*
Lucar de Barrameda (S.), *Fanum Luciferi, Luciferi templum.*
Lucar di Guardiana, *Præsidium.*
Luce, *Luciacum.*
Lucena, *Elisana.*
Lucera, *Luceria.*
Lucerne, *Lucerna Helvetiorum.*
Lucia (Santa), *Cenestum.*
Luckau, *Luccavia.*
Luçon, *Lucio.*
Lucques, *Luca.*
Lüde, *Luda ad Ambram.*
Luders, *Laudera.*
Luene, *Hliuni.*
Lugano, *Lucanum, Junianum.*
Lugano (Lago di), *Ceresius Lac.*
Lugny, *Luniacum.*
Lugo, *Lucus Dianæ.*
Lugo, *Lucus Augusti.*
Lugos, *Lugosium.*
Luklawiç, *Luclavicia.*
Lula, *Lulea.*
Lumello, *Lomellum, Lumellum.*
Lund, *Londinum Gothorum.*
Lüneburg, *Leuphana, Luneburgum.*
Lunegiano, *Luna.*
Lunel, *Lunate.*
Luneray, *Luneracus.*
Lunéville, *Lunaris villa.*
Lure, *Lutera.*
Lusace (la), *Lusatia.*
Lusna, *Marusium.*
Lustenau, *Lustena.*
Lutach, *Littamum.*
Luttenberg, *Lentudum.*
Lützelstein, *Parva Petra.*
Lutzen, *Lucena.*
Luxeuil, *Luxovium.*
Luxembourg, *Luciliburgum.*
Luxios, *Loposagium.*
Luyères, *Luyera.*
Luynes, *Lodena.*
Luz, *Elusium.*
Luzarches, *Lusaricas.*
Luzignan, *Lusinianum Pictonum.*
Luzon, *Lutia.*
Luzzara, *Nuceria.*
Lybjadha, *Caprus.*

Lygovitzi, *Metropolis*.
Lykokhori, *Potidania*.
Lykosteino, *Gonnus*.
Lykurið, *Lessa*.
Lyme-Regis, *Lemanus portus*.

Lyon, *Lugdunum*.
Lyonnais (le), *Lugdunensis pagus*.
Lyons, *Leona, Lionium*.
Lys (la), *Legia fl.*
Lytto, *Lyctus*.

M

Maazeyk, *Maseca*.
Macaire (S.), *Castrum S. Macarii*.
Macé, *Madisciacum*.
Macédoine, *Macedonia*.
Macerata, *Macerata, Ricina*.
Macerata di Monte Feltre, *Mons Feretrus*.
Machecoul, *Machicolium, Ratiatum*.
Machy, *Malchis*.
Mâcon, *Matisco*.
Maddaloni, *Magdalona*.
Madeleine (la), *Villa Madallia*.
Maden, *Mattium*.
Madré, *Madricum*.
Madrid, *Madritum*.
Maestricht, *Trajectum*.
Magdebourg, *Magdeburgum*.
Magdenau, *Augia Virginum*.
Magliano, *Milionta*.
Magny, *Magniacum*.
Magny-en-Vexin, *Petromantalum*.
Magra (la), *Macra fl.*
Magreda, *Campi Macri*.
Maguelonne, *Magalona*.
Magula, *OEneon, Thetidium*.
Mährisch-Ostrau, *Ostrawa*.
Maidstone, *Madus*.
Maierhof, *Quadrata*.
Maillane, *Madalicæ*.
Maillé, *Lodena, Malliacum*.
Maillet, *Malliacus, Maniaco villa*.
Mailley, *Filum Musiacum*.
Maillezais, *Malleacum*.
Mailly, *Malliacum*.
Maina, *Leuctrum*.
Maine (le), *Aulerci*.
Mainland, *Hethlandia Ins., Pomonia.*
Mainsac, *Magensiacum*.
Maintenon, *Mastrametus*.
Mairé-Lévescaut, *Mariacum Episcopale*.
Maïto, *Madytus*.
Maixent (S.), *Maxentii fanum*.
Majeur (lac), *Verbanus Lac.*
Majorca, *Majorica Ins.*
Makro-Teikho, *Gnosus*.
Malaga, *Malaca*.
Malaia Lampada, *Lampas*.
Malamocco, *Methamaucum*.
Malchin, *Malchovia*.
Maldon, *Camalodunum*.
Malia de Mirabello, *Olus*.
Malines, *Mechlinia*.
Mallen, *Malia*.
Malleray, *Maleredum*.
Malmédy, *Malmundariæ*.
Malmesbury, *Maldunense Cœnob.*
Malmoe, *Malmogia*.
Malo (St.), *Aletæ*.
Malte, *Melita Ins.*

Mamers, *Mamerciæ, Memersium*.
Mancaster, *Manduessedum*.
Manchester, *Mancunium*.
Mancopaldo, *Delphinium*.
Mancusi, *Nueriola*.
Mandeure, *Epamantadurum*.
Mandri Bianchi, *Morgantium*.
Manerbio, *Minervium*.
Manfredonia, *Manfredi civ.*
Manheim, *Manhemium*.
Manosque, *Alaunum, Manesca*.
Manresa, *Minorissa*.
Mans (le), *Cenomanum*.
Mansfeld, *Mansfelda*.
Mantelan, *Mantelanum*.
Mantenay, *Mentuniacum*.
Mantes, *Medunta*.
Mantilly, *Mantilcium*.
Mantoche, *Mentusca*.
Mantoue, *Mantua*.
Maquiz, *Ossigi Laconicum*.
Marais Pontins (les), *Campus Pomptinus*.
Marano, *Marianum*.
Marans, *Marantium*.
Marateca, *Malceca*.
Marathonisi, *Cranæ, Migonium*.
Marbach, *Collis Peregrinorum*.
Marbourg, *Marpurgum*.
Marburg, *Metelli castrum*.
Marcellin (S.), *fanum S. Marcellini*.
Marche (la), *Marchia*.
Marche-en-Famine, *Marca*.
Marchena, *Marcia Colon.*
Marcheville, *Fines*.
Marchiennes, *Hormum, Marchianæ, Marciana*.
Marchmünster, *Monasterium*.
Marchthal, *Martalum*.
Marcigny, *Marciniacum*.
Marcillac, *Marcilliacum*.
Marco (San), *Agathyrsa*.
Marco (San), *fanum S. Marci*.
Marco in Lamis (S.), *Argentanum*.
Marcoussis, *Marcusium*.
Marcq, *Marci, Oromarsaci*.
Marecchia, *Ariminus fl.*
Mareuil, *Marolium*.
Marennes, *Santonum Portus*.
Margana, *Morgyna*.
Margareth (S.), *Upellæ*.
Margaretheninsel, *Margarethæ Divæ Ins.*
Margedoverton, *Margidunum*.
Mari, *Marius*.
Maria delle Grazie (Santa), *Capua*.
Maria delle Pertiche (santa), *ad Perticas*.
Maria de Ribaredonda (S.), *Segasamunclum*.
Maria de Ruahdi (S.), *Mon. S. Mariæ de Ruah.*
Maria di Leuca (S.), *Leuca*.
Maria Vanze (S.), *Bantia*.

Maria Forcassi (S.), *forum Cassii.*
Mariager, *Ager Marianus.*
Maria in Tindaro (S.), *Tyndaris.*
Mariaker, *Mariager.*
Mariazell, *Mariæ cella.*
Mariboe, *Habitaculum Mariæ.*
Marie-aux-Mines (Ste), *fanum S. Mariæ.*
Marienbad, *Balneum Mariæ.*
Marienburg, *Mariæburgum.*
Marienculm, *Mariæchelmum.*
Marienfried, *Pax Mariæ.*
Marienrode, *Navalis B. M. V.*
Mariensfeld, *Locus Beatæ Mariæ.*
Marienthal, *Cœnob. Mariæ Vallense, Vallis B. Mariæ.*
Marienthal, *Mariæ Vallis.*
Marienthal, *Monast. fratrum vitæ communis vallis S. Mariæ.*
Marienwerder, *Mariæ verda.*
Mariestad, *Mariæ stadium.*
Mariestadt, *Mariestadium.*
Marinello (San), *Castrum novum.*
Marines, *mons Mariorum.*
Marino, *Bovillæ.*
Marino (S.), *fanum S. Marini, Lamum.*
Maritza (la), *Hebrus fl.*
Markmagen, *Marcomagus.*
Mark Zarten, *Tarodunum.*
Marlborough, *Cunctio.*
Marlheim, *Marilegium.*
Marly, *Malliacum, Marliacum.*
Marmara (Iles de), *Elaphonesos.*
Marmaria, *Oresthasium.*
Marmolejo, *Uciense.*
Marmoutiers, *Majus monast., Martini Mon.*
Marna, *Manarmanis Port.*
Marne (la), *Matrona fl.*
Marney, *villa Maorin.*
Marogna, *Maronea, Ortagurea.*
Marolles, *Marollæ.*
Marosch (le), *Marisus fl.*
Máros-Vásarhély, *Moras Vasarhelyinum.*
Marques, *Marca.*
Marsala, *Lilybæum.*
Marschlins, *Marsilinum.*
Marseille, *Massilia.*
Marsico Vecchio, *Abellinum Marsicum.*
Martano, *Martis (ad).*
Martel, *Martelli Cast.*
Martigny, *Octodurus.*
Martigny, *Martiniacum.*
Martigues, *Anatiliorum urbs.*
Martigues (Étang de), *Avaticorum stagnum.*
Martin (S.), *Martini fanum.*
Martin (szent), *fanum S. Martini.*
Martin-de-Fontaine (S.), *Ager Fontanensis.*
Martin de Sargé (S.), *Simpliciacus.*
Martin-en-Vallespir (S.), *Rivus Ferrarius.*
Martinsberg, *Mons Martini.*
Martinsdyke (St.), *Martini Monast.*
Marton (szent), *Martinopolis, S. Martini fanum.*
Mártonvásar, *Matrica.*
Martorano, *Mamertium, Martoranum.*
Martorell, *Fines, Telobis.*
Martos, *Augusta Gemella, Tucci.*
Mar-ujvár, *Patavissa.*
Mar\ao, *Medobrega.*
Marveiols, *Marengium.*
Marville, *Martia villa, Mater villa.*
Mascoë, *Mascovia.*

Mascoli, *Macella.*
Mas d'Agénois (le), *Aginnensis Mansus.*
Mas-d'Azil, *Mansum Azilis, Asilum.*
Mas-Garnier, *Mansum Garnerii.*
Maslay, *Masolacum Palat.*
Masmünster, *Masonis Mon., vallis Masonis.*
Massa, *Herculis Fanum.*
Massa, *Martis (ad), Massa Veternensis.*
Massa di Sorrento, *Massa Lubrensis.*
Massay, *Massiacum.*
Massy, *Maciacum.*
Matala, *Matalum.*
Matalone, *Meta Leonis.*
Matapan (cap), *Tænarum Pr.*
Mataranga, *Cierium.*
Matejevcze, *Medianum.*
Matelica, *Matilica.*
Matera, *Mateola.*
Matha, *Matha.*
Mathurin de Larchant (S.), *Liricantus.*
Matignon, *Matignonium.*
Matrey, *Matreium.*
Mätsch, *Arnasia.*
Mattheo (San), *Ildum.*
Matzdorf, *Matthœi villa.*
Matzen, *Masiacum.*
Maubeuge, *Malburium Mon.*
Mauermünster, *Majoris Mon., Maurianum.*
Maukirchen, *ad Maurem.*
Maulbrunn, *Multifontanum Cœnob.*
Mauléon, *Malleo.*
Maulevrier, *Mallevrium.*
Maupas, *Malopassus.*
Mauprouvoir, *Maloprobatorium.*
Maur, *Namare.*
Maur-des-Fossés (St.), *Bagaudarum Castrum.*
Mauriac, *Mauriacum.*
Maurice-en-Valais (St.), *Agaunum.*
Maurienne (la), *Garocelia.*
Maurienne (St-Jean de), *Brennovicum.*
Maurik, *Mannaritium.*
Mautern, *Cetium, Mutarensis civ.*
Mauves, *Malvæ.*
Mavria, *Trapezus.*
Mavromati, *Messene.*
Mavropotamo, *Melas fl.*
Mauzac, *Mausiacum Pal.*
Maximin (S.) *Maximini Monast.*
Maximin (S.), *Maximini fanum.*
Mayen, *Magniacum.*
Mayence, *Mogontiacum.*
Mayenfeld, *Lupinum.*
Mayenne, *Meduanum.*
Mayenne (la), *Medana fl.*
Mayland, *Mediolanum.*
Maynal, *Metenacum.*
Maynroth, *Menosgada.*
Mayrinac-le-Francoal, *Matriniacum.*
Mazi, *Haliartus.*
Mazzara, *Mazara, Masaris.*
Mazzarino, *Mazzarinum.*
Meana, *Porticenses.*
Meaux, *Meldorum civ.*
Mecklenburg, *Megalopolis.*
Meklembourg (le), *Meckelburgensis Comit.*
Medeby, *villa Medicorum.*
Medelin, *Catira Metellina, Metallinum.*
Medelin, *Lesbos ins.*
Medenblick, *Medemelacum.*
Medhurst, *Midæ.*

Medina Celi, *Methymna Celia.*
Medina de los Torres, *Contributa, Methymna Turrium.*
Medina del Campo, *Methymna Campestris.*
Medina del Rioseco, *forum Egurrorum, Methymna Sicca, Rivus siccus.*
Medina Sidonia, *Assidonia.*
Medingen, *Mediana.*
Medjiboj, *Mezibus.*
Médoc, *Medulicum.*
Medolino, *Mutila.*
Medwisch, *Medgyesinum.*
Medzibor, *Mezibus.*
Megali Cameni, *Automate.*
Mégare, *Alcathoe.*
Mehadia, *Mediam (ad), Meadia.*
Mehlen, *Meginlanum*
Mehun-S.-Yèvre, *Magdunum.*
Mein (le), *Mœnus fl.*
Meinungen, *Maininga, Meinunga.*
Meissau, *Medoslanium.*
Meissen, *Misna.*
Melchede, *Melocavus.*
Meldorf, *Meldorpium.*
Melegnano, *Ad Nonum, Merinianum.*
Melgueil, *Mauguio, Mercorius.*
Melissa, *Macalla.*
Melito, *Militellum.*
Melk, *Medelica.*
Melle, *Mellusum, Metulum.*
Mello, *Mellotum.*
Melun, *Melodunum, Metiosedum,*
Melzo, *Melpum.*
Memel, *Memelia.*
Memmingen, *Memminga.*
Memmleben, *Mimilevum, Memlebia.*
Menancourt, *Mosa.*
Mende, *Mimatum.*
Menden, *Menithinna.*
Mendicino, *Menecina.*
Mendolata, *Ad Vicesimum.*
Mendolia, *Mendolara.*
Mendoya, *Nemetobriga.*
Mendres, *Mendrisio.*
Menehould (Ste-), *Fanum S. Menchildis.*
Ménerbe, *Machas.*
Mengerinhausen, *Mengerinhousa.*
Menin, *Menena.*
Mentana, *Nomentum.*
Menzingen, *Mencinga.*
Meppen, *Meppia.*
Mequinenza, *Octogesa.*
Meran, *Merania, Meranum.*
Mercœur, *Mercorium.*
Mercogliano, *Mercuriale.*
Méré, *Matiriacus.*
Merenda, *Myrrhinus.*
Merens, *Merentium.*
Mergenthal, *Aula Magni Mgri ord. Teutonici.*
Merghem, *Menariacum.*
Merghem, *Mauronti villa.*
Mergenthal, *Mariæ Domus.*
Merida, *Augusta Emerida.*
Merlaut, *Merlaus villa.*
Merpin, *Melpinum.*
Mersebourg, *Marsiburgum.*
Mertola, *Julia Myrtilis.*
Mertzen, *Marsna.*
Méru, *Meruacum, Matrius.*
Méry, *Matrius.*

Méry-sur-Seine, *Mauriacus.*
Merzig, *Marcerum.*
Mesirkoj, *Mocasura.*
Meslay, *Merliacum.*
Mesle-sur-Sarthe, *Merula.*
Mesmin (S.), *Maximus (S.).*
Mesnil (le), *Mansionile.*
Messagna, *Messapia.*
Messine, *Messana.*
Messines, *Messina.*
Messio, *Ulyssis Portus.*
Mestre, *Ad Nonum.*
Metelin, *Mitylene.*
Meteln, *Mediolanium.*
Methana, *Methana.*
Metz, *Divodurum, Mediomatrica.*
Metz, *Mattium.*
Meudon, *Modunum.*
Meulan, *Mellentum.*
Meurthe (la), *Murta fl.*
Meuse (la), *Mosa fl.*
Mèves, *Massava.*
Meyronne (étang de), *Marianæ Fossæ.*
Meys, *Mediolanum.*
Mezapo, *Messa.*
Mèze, *Mansa.*
Mézériat, *Miziriacus.*
Mézidon, *Mansio Odonis.*
Mézières, *Maceriæ.*
Mézin, *Medicinum.*
Mezzo Lombardo, *Medium S. Petri.*
Mezzovo, *Pindus.*
Michel-de-Hains (S.), *Fines.*
Michelsberg, *Mons Monachorum.*
Michelstadt, *Michilinstadum.*
Microvathi, *Aulis.*
Micy, *Miciacum.*
Middelburg, *Medioburgum.*
Middlaer, *Meddedacum.*
Midlaren, *Ad tres Lares, Mediolarium.*
Middleby, *Blatobulgium.*
Midjah, *Salmydessus.*
Mihiel (Saint-), *Fanum S. Michaelis.*
Milan, *Mediolanum.*
Milati, *Natata.*
Milazzo, *Mylæ.*
Milbar, *Middelfurtum.*
Milden, *Meldunum.*
Mileto, *Miletus.*
Miletoni, *Miletus.*
Milhau, *Amilianum.*
Milhau, *Æmilianum Ruthenorum.*
Militello, *Militellum.*
Militsch, *Milicium.*
Millarez, *Mellaria.*
Millas, *Millæ.*
Millé, *Milliacum.*
Millenbach, *Zabesus.*
Milly, *Mauriliacum, Milgiacum.*
Milo, *Melos Ins.*
Milolito, *Milolitum.*
Mincio, *Mincius fl.*
Mindelheim, *Rostrum Nemaviæ.*
Minden, *Minda, Tulisurgium.*
Mindsent, *Mestriana.*
Mineo, *Menænum.*
Minho, *Minius fl.*
Miniato al Tedesco (S.), *Fanum S. Miniati.*
Minori, *Minora.*
Minorque, *Minorica Ins.*

Minsk, *Minsca.*
Miossens-Carève, *Mille Sancti.*
Mirabella, *Minoa.*
Mirabello, *Æclanum.*
Miraka, *Olympia.*
Miranda de Ebro, *Deobriga.*
Miranda do Duero, *Continum.*
Mirande, *Miranda.*
Mirandella, *Caladunum.*
Mirandola, *Mirandula.*
Mirebeau, *Mirabellum.*
Mirecourt, *Mercurii Curtis.*
Mirepoix, *Mirapicum.*
Misene (Capo), *Misenum pr.*
Misivri, *Mesambria.*
Missolonghi, *Elæus.*
Mistra, *Lacedæmon.*
Mistretta, *Amastra.*
Mitrowitz, *Sirmium.*
Mittau, *Mitavia.*
Mittenwald, *Inutrium.*
Mizoën, *Melloscentium.*
Modène, *Mutina.*
Modica, *Motuca.*
Modon, *Methone.*
Modran, *Marsonia.*
Moesie (la), *Mœsia.*
Mögeln, *Mogelina.*
Mogena, *Ægeæ Macedoniæ.*
Moirans, *Morginnum, Morincum.*
Moirey, *Mauriacus.*
Moisselle, *Muscella.*
Mokossi, *Oxynia.*
Mola, *Turres Julianæ.*
Mola di Gaeta, *Formiæ.*
Moldau (la), *Moldavia fl.*
Moldavie, *Moldavia.*
Molesme, *Molismus.*
Moletein, *Meliodunum.*
Molfetta, *Melfita.*
Molhomme, *Melunda.*
Molise, *Lanciana, Melæ.*
Molitard, *Mons Lithardi.*
Molivo, *Mecyberna.*
Moliwa, *Methymna.*
Mölk, *Namare.*
Molsheim, *Molshemium.*
Monaco, *Herculis Monoeci portus.*
Monasterace, *Mystia.*
Monasterio, *Tritium.*
Monastier (le), *Monast. Calmiliense.*
Moncade, *Mons Catani.*
Moncajo, *Caunus.*
Moncalvo, *Castrum Montis Caterii,*
Monceaux, *Moncellum.*
Moncé-en-Belinois, *Moncelum.*
Monda, *Munda.*
Mondego (le), *Monda fl.*
Mondeville, *Amondi villa.*
Mondidier, *Desiderii mons.*
Mondoñedo, *Mindonia.*
Mondovi, *Mons vici.*
Mondragone, *Aquæ Suesanæ.*
Mondragone, *Mons Draconis, Massicus Mons.*
Moneglia, *Monilia (ad).*
Moneins, *Monesi.*
Monemvasia, *Minoa.*
Mongiscard, *Mons Guiscardi.*
Monheim, *Budoris.*
Monlioni, *Manliana.*

Monmouth, *Monumethia.*
Monnerville, *Monarvilla.*
Monnikendam, *Monochodamum.*
Monopoli, *Monopolis.*
Monreale, *Mons regalis.*
Mons, *Montes.*
Monselice, *Mons Silicis.*
Monserrate (N. Señ. de), *Monast. B. Mariæ de Monteserrato, Mons Serratus.*
Monspurg, *Monatium.*
Montabaur, *Mons Thabor.*
Montaigu, *Mons Acutus.*
Montaigu (S. George de), *Durinum.*
Montalcino, *Mons Alcinous.*
Montalto, *Babia.*
Montalto, *Mons Altus, Forum Aurelii.*
Montalvan, *Mons Albanus.*
Montargis, *Mons Argi.*
Montauban, *Mons Albanus.*
Montbard, *Monbarrum.*
Montbazon, *Mons Basonis.*
Montbéliard, *Mons Biligardus.*
Montberou, *Mons Beraldi.*
Montbrison, *Mons Brisonis.*
Montbron, *Mons Berulfi.*
Mont-Cassin (le), *Casinus mons.*
Montcenis, *Mons Cinisius.*
Mont-de-Marsan, *Martianum.*
Montdidier, *Desiderii mons.*
Montdragon, *Draconis mons.*
Monte Agnano, *Aneianum.*
Monte Allegro, *Cena.*
Monte Artesina, *Ergetium.*
Montebello, *Pelluinum.*
Montechiaro, *Mons Clarus.*
Monte di Licata, *Ecnomos.*
Monte di Nova, *Novana.*
Monte di S. Oreste, *Soracte mons.*
Montefiascone, *Mons Faliscorum, Voltumnæ fanium.*
Monte Fuscolo, *Mons Fuscolus.*
Monte Fuscono, *Fulfulæ.*
Monte Gargano, *Mons Garganus.*
Monte Iscaro, *Uscosium.*
Monte-Leone, *Trebula Mutusca.*
Monte Leone, *Hipponium, Mons Leonis.*
Montélimart, *Acumum, Mons Adhemari.*
Monte Maggiore, *Hippana.*
Monte Marano, *Eba, Mons Maranus.*
Montemayor, *Ulia.*
Montemigliano, *Mons Mediolanus.*
Montemora Velho, *Medobriga.*
Monte Murlo, *Mons Maurelli.*
Montenegro, *Cernagora.*
Monte Nero, *Nares Lucaniæ.*
Monte Peloso, *Mons Pelusius.*
Monte Pulciano, *Mons Pulcianus.*
Monte Rey, *Mons Regalis.*
Monterol Senar, *Senna Mavro.*
Monte Rosino, *Rosetum.*
Monte-Rotondo, *Eretum.*
Monte Santo, *Potentia.*
Montescaglioso, *Severiana.*
Monte-Sestino, *Ceste.*
Monteux, *Mantala, Montilium.*
Montevergine, *Mons Virginum.*
Montfaucon, *Mons Falconis.*
Montferrand, *Mons Ferrandi.*
Montferrat, *Mons Ferratus.*
Montfort, *Mons fortis.*

N

Naarden, *Mannaritium.*
Nadin, *Nedinum.*
Nagafa Bouroun, *Abydos.*
Nágy-Banja, *Parotisson, Rivulus Dominorum.*
Nágy-Enyeden, *Nágy-Enyedinum.*
Nágy-Várad, *Varadinum.*
Nágy-Vasony, *Vacontium.*
Naillac, *Analiacum.*
Najera, *Naderæ.*
Namur, *Aduaticorum Oppidum, Namon.*
Nançois-le-Petit, *Nasium.*
Nancy, *Nancejum.*
Nantes, *Namnetus portus.*
Nanteuil, *Nantolium.*
Nanteuil-le-Haudouin, *Nantogilum.*
Nantua, *Nantuacum* (suppl.).
Naples, *Neapolis.*
Napoléon-Vendée, *Rupes Guidonis.*
Napoli di Malvasia, *Epidaurus Limera, Monembasia.*
Napoli di Romania, *Nauplia.*
Napoule, *Avenionis Castrum, Horrea* (ad).
Narbonne, *Narbo Martius.*
Nardo, *Neretum.*
Narla, *Pons Nartiæ.*
Narni, *Narnia.*
Naro, *Corconiana, Motyum.*
Narva, *Turantus fl.*
Nassau, *Nassovia.*
Nassigné, *Napsiniacus.*
Naukria, *Nonacris.*
Naumburg, *Numburgum.*
Naunhof, *Nova Curia.*
Nauni, *Nonymma.*
Navarin, *Neocastrum.*
Navarre (la), *Navarra Alta.*
Navarrète, *Navarretum.*
Naxia, *Naxos Ins.*
Nay, *Novum Oppidum.*
Néauphle-le-Château, *Nealfa Cast.*
Néauphle-le-Vieux, *Nealfa Vetus.*
Neckar, *Nicer fl.*
Neckar-Gemund, *Gemunda ad Nicrum.*
Nedelicz, *Nedelischa.*
Négrepelisse, *Nigrum Palat.*
Negrepont, Egripo, *Chalcis, Eubœa Ins.*
Neidingen, *Neidinga.*
Neisse, *Nissa Silesiorum.*
Német-Keresztur, *Kereszturinum.*
Német-Ujvar, *Gissinga.*
Nemours, *Nemorosium.*
Neocastro, *Aliartus.*
Népi, *Nepe.*
Nérac, *Neracum.*
Nerdar, *Nertereanes.*
Neresheim, *Nerissania.*
Néris, *Aquæ Neræ, Gergobinum.*
Nésignan, *Nesinianum.*
Nesivo, *Libethra.*
Nesle, *Nigella.*
Nestvede, *Nestueda.*
Netherby, *Castra Exploratorum, Æsica.*
Netolitz, *Netolicum.*
Nettuno, *Antium, Neptunium.*

Neubourg (le), *Novus Burgus.*
Neu-Brandenburg, *Brandenburgum Novum.*
Neu-Breisach, *Brisacum Novum.*
Neuburg, *Neoburgum Cattorum.*
Neu-Carleby, *Carolina Nova.*
Neudorf, *Iglovia.*
Neufchâteau, *Noviomagus.*
Neufchâteau, *Nova Castella, Castellum Novum.*
Neufchâtel, *Neoburgum.*
Neufchâtel-en-Bray, *Novum Castellum.*
Neufmarché, *Novus Mercatus ad Ittam.*
Neuhaus, *Henrici Hradecium.*
Neuhausel, *Arx Nova, Neoselium.*
Neuilly, *Nulliacum.*
Neukirchen, *Neofanum.*
Neumagen, *Noviomagus.*
Neumarkt, Máros-Vasarhély, *Agropolis, Maros-Vasarhelyinum.*
Neusatz, *Neoplanta.*
Neusohl, *Neosolium.*
Neuss, *Neusia, Novesium.*
Neustadt, *Neostadium ad Salam.*
Neustadt, *Vihelinum.*
Neustadt an der Hardt, *Neapolis Nemetum.*
Neustadt an der Orla, *Neostadium ad Orlam.*
Neustädtl an der Gurk, *Praetorium Latovicorum.*
Neutra, *Nitrava.*
Neuville, Neufville, *Nova villa.*
Neuville-au-Pont, *Axuena.*
Neuvy-sur-Barangeon, *Noviodunum.*
Neuweiler, *Novum Villare.*
Neuwied, *Neoweda.*
Neuwiller, *Neovilla.*
Nevers, *Noviodunum.*
Nevski (S. Alexandre), *Monast. Alexandri Nevski.*
Newbury, *Calcaria.*
Newbury, *Neoburgum.*
Newcastle-on-Tyne, *Novum Castrum.*
Newport, *Medena, Neoportus.*
Newport Pagnell, *Neoportus.*
New Romsey, *Novus portus.*
Newton-Steward, *Lucopibia.*
Neyberg, *Novus mons.*
Neyrac, *Nigriacum.*
Nezza, *Naissus.*
Nicastro, *Neocastrum.*
Nice, *Nicæa.*
Nicolas-du-Port (S.), *Fanum S. Nicolai a Portu.*
Nicolo (S.), *Erythræ.*
Nicolo de Arenis (S.), *Ætna.*
Nicosia, *Herbita, Leucosia, Nicosia.*
Nicotera, *Medama, Nicotera.*
Niebla, *Elepta, Ilipa.*
Nieder-Gestelen, *Castellio Inferior.*
Niel, *Neo-Ælia.*
Niemen (le), *Chronus fl.*
Niemes, *Nomisterium, Redintuinum.*
Niemondin, *Falcomontium.*
Niemtsch, *Nemei Castrum.*
Nienhus, *Nuæsium.*
Nieswicz, *Nieswiesium.*
Nieulles, *Neivallum.*
Nieuport, *Neoportus.*
Nièvre (la), *Niverus fl.*

O

Old-Cumnock, *Corda.*
Oldenbrook, *Tecelia.*
Oldenburg, *Oldenburgum.*
Oldenfelde, *Lirimiris.*
Oldensael, *Salia vetus.*
Old-Penreth, *Petriana, Voreda.*
Old-Radnor, *Magna.*
Old-Winchester, *Vindolana.*
Oléron (île d'), *Olarion Ins.*
Olesa, *Rubricata.*
Olibon, *Libistus.*
Olite, *Olita.*
Oliva, *Ad Statuas, Obila.*
Oliva (abbaye d'), *Oliva.*
Olivera, *Colonia Claritas Julia.*
Olmedo, *Olmedum.*
Olmütz, *Olmutium.*
Oloron, *Iluro.*
Olten, *Olita, Ultina.*
Omagh, *Regia.*
Onrago, *Humago.*
Ombrone (l'), *Umbro fl.*
Omegna, *Eumenia.*
Omer (S.), *Audomaropolis.*
Ommoy, *Ulmirus.*
Oneglia, *Lucus Bormani.*
Oost-Mahorn, *Manarmanis Port.*
Ootmarsum, *Otmarsum.*
Opi, *Oppia.*
Opino, *Opinum.*
Oporto, *Cale.*
Oppedette, *Catuiaca.*
Oppeln, *Oppolia.*
Oppenheim, *Bancona.*
Oppido, *Mamertium.*
Oradour, *Oratorium.*
Orange, *Arausio, Oragnia.*
Orbais, *Orbacum.*
Orbe, *Orba, Urba.*
Orbec, *Orbeccum.*
Orbitello, *Orbitellum, Cosa.*
Orcades, *Orcades Ins.*
Orcaja, *Variana.*
Orcamp, *Ursicampus.*
Orchies, *Origiacum.*
Ordoña, *Herdonia.*
Orduña, *Dardania.*
Oreja, *Ergavica.*
Orense, *Amphiochia, Aquæ Origines.*
Oreo, *Histiæa.*
Oreszovitz, *Oescus.*
Orgaña, *Orcia.*
Orge (l'), *Urgia fl.*
Orfan, *Phagres.*
Orgaz, *Althæa.*
Orgedeuil, *Orgatoilo.*
Orgon, *Enarginum.*
Orhovicz, *Picentinum.*
Oria, *Uria.*
Orianenburg, *Arausionis Castrum.*
Origano, *Aurelianum.*
Origny en Thiesrache, *Auriniacum.*
Orihuela, *Orcelis.*
Orikhova, *Trajanopolis.*
Oriolo, *Forum Claudii.*
Oristagni, *Arborea.*
Oristano, *Neapolis, Othoca.*
Oritolo, *Ortona.*
Orlamünde, *Orlamunda.*
Orléans, *Aurelia.*

Ormea, *Ulmeta.*
Ormonts, *Aurimontanum, Ursimontanum.*
Ornacieu, *Turecionnum.*
Oropesa, *Etobema.*
Oropo, *Oropus.*
Oroszvar, *Gerulata.*
Orreville, *Audriaca villa.*
Orroli, *Gurulis nova.*
Orsay, *Ursiacum.*
Orsera, *Ursaria.*
Orsimarso, *Abystrum.*
Orso (Sant'), *Sanctus Ursinus, Ursius (S.).*
Orsowa, *Clodova, Tierna.*
Orte, *Horta.*
Ortenburg, *Arctaunum Francorum.*
Orthez, *Orthesium.*
Ortona a Mare, *Ortona.*
Orval, *Aurea vallis.*
Orune, *Feronia.*
Orvieto, *Herbanum.*
Orziano, *Ostra.*
Orziaux, *Orgasotalum.*
Oschatz, *Ossitium.*
Osenik, *Sucidava.*
Osero, *Absorus, Apsorus.*
Osilo, *Ericinum.*
Osimo, *Auximum.*
Osma, *Uxama.*
Osnabrück, *Ansibarium, Munitium.*
Osopo, *Osopus.*
Ospitio, *Arx S. Hospitii.*
Ossau, *Ursi Saltus.*
Osseck, *Osseca.*
Ossera, *Osicerda, Ossigerda.*
Ossun, *Oppidum Novum.*
Ossuna, *Genua Ursorum.*
Ostaria, *Quintanas (ad).*
Ost-Bridgefort, *Margidunum.*
Osterberg, *Mons Oriens.*
Ost-Friesland, *Embdanus Comit.*
Osterhofen, *Quinctiana Cast.*
Osterhova, *Austravia.*
Osteria Nova, *Vicus novus.*
Ostero, *Osteroa.*
Osterodo, *Osteroda.*
Osterstedt, *Stetingia Orient.*
Osterwick, *Ostrenhova.*
Ostic, *Ostia.*
Ostiglia, *Hostilia.*
Ostrevand, *Austrebatium.*
Ostrogothie, *Ostrogothia.*
Ostrow, *Ostrovia.*
Ostrowa, *Cellæ, Rusidava.*
Ostuni, *Hostunum, Ostunum, Speluncæ.*
Oswald (S.), *Adrante.*
Oszlop, *Osones.*
Otozecz, *Metubarris.*
Otranto, *Acra, Hydruntum.*
Otricoli, *Ocriculum, Otriculum.*
Otschakow, *Axiacæ.*
Ottenbeuren, *Monast. Uttimpurense, Ottinpura.*
Otterton, *Othona.*
Ouurville, *Leudardi Villa.*
Oudewater, *Aquæ Veteres, Veteraquinum.*
Ouen (S.), *Audoeni Villa, Corobilium.*
Ouessant (île d'), *Uxantis Ins.*
Ouilly-le-Basset, *Oilliacum.*
Oulx, *Ad Malum, Martis Statio.*
Oural (l'), *Rhymmus fl.*
Ourals (monts), *Rhipæi Montes.*

Ourique, *Ulricum.*
Ouse-Bridge, *Galava.*
Ovár, *Ovarinum Magyar.*
Overyssel, *Transisalana prov.*
Oviedo, *Lucus Asturum.*

Ovriokastro, *Macynia, Rhamnus.*
Oxford, *Oxonia.*
Oyarzun, *OEaso.*
Oye, *Anseria.*
Oyré, *Odriacum.*

P

Pacy-sur-Eure, *Paciacum.*
Paderborn, *Paderborna.*
Padoue, *Patavium.*
Padron (el), *Iria Flavia.*
Padrone (el), *Lambrica.*
Paglietta, *Pallanum.*
Pair (St), *Fanum Martis.*
Paisley, *Vandogara.*
Pakracz, *Menneianæ.*
Palæo-castro, *Aptera.*
Palæo-Episcopi, *Tegea.*
Palæokastron, *Polyrrhenia.*
Palæokori, *Doberus.*
Palæopoli, *Mantinea.*
Palagonia, *Palice.*
Palais (S.), *Pelagii (S.) fanum, Opp. S. Pelagii.*
Palaiseau, *Palatiolum.*
Palamita, *Parthenicum.*
Palazzo, *Palatium (ad).*
Palazzo-Adriano, *Palat. Adriani.*
Palazzo (il), *Grumentum (suppl.).*
Palazzolo, *Alba Longa.*
Palazzuolo, *Acræ.*
Palazzuolo, *Butrium Umbriorum.*
Palea-Fiva, *Neon.*
Palea Larissa, *Crannon.*
Palea Mani, *OEnia.*
Palencia, *Pallantia.*
Paleo Fanaro, *Phrixa.*
Paleokastro, *Epeum.*
Paleo-Kastro, *Lilæa.*
Paleokastro, *Pylus Messeniacus.*
Paléopoli, *Gythium.*
Paleopyrgo, *Idomene.*
Palerme, *Panormus.*
Palestrina, *Præneste.*
Palisse (la), *Palicia.*
Pallano, *Volana.*
Pallanti, *Pallatium.*
Palluau, *Paludellum.*
Palma, *Teglanum.*
Palma del Rio, *Decuma.*
Palma de Majorca, *Palma.*
Polo, *Alisium.*
Palombaro, *Palumbinum.*
Palos, *Olintigi.*
Paltz, *Palatium.*
Palud (la), *Senomagus.*
Pamiers, *Apamia.*
Pampelune, *Pampalona.*
Panaria, *Didyme Ins.*
Pandosia (la), *Molossi.*
Pangkang, *Parca.*
Pannonie, *Pæonia, Pannonia.*
Pantellaria (îles), *Ins. Pantallariæ, Cosyra Ins.*
Papadhates, *Lysimachia, Piæantum.*
Papadoras, *Epicaria.*
Papán, *Papa.*
Papoul (S.), *Papulus (S.), Fanum S. Papuli.*

Pappenheim, *Pappenhemium.*
Paray-le-Monial, *Paredum Moniale.*
Parçay, *Parciacum.*
Parco, *Paropus.*
Pardali, *Pellana.*
Parenza, *Parentium.*
Paris, *Parisius.*
Parme, *Parma.*
Paro, *Paros Ins.*
Parrecey, *Pareceyum.*
Partenkirch, *Parradunum.*
Parthenay, *Partinacum.*
Pas-de-Calais (le), *Fretum Britannicum.*
Passage (le), *Passagium.*
Passarowitz, *Margum.*
Passau, *Bacodurum.*
Passava, *Las.*
Passy, *Nigeonium Monast., Passiacum ad Sequanam.*
Patay, *Pataium.*
Paterno, *Hybla, Megara.*
Patmo, *Pathmos Ins.*
Patras, *Patræ.*
Patrica, *Lavinium.*
Pau, *Palum.*
Pauillac, *Pauliacum vicus.*
Paulien (S.), *Revessio, Ruessium.*
Paul-Trois-Châteaux (St-), *Augusta Tricastinorum.*
Paulinzell, *Paulinæ Cella.*
Paunton, *Ad Pontem.*
Pavie, *Ticinum.*
Pavlitza, *Phigalia.*
Payerne, *Paterniacum.*
Pechlarn, *Ara Lapidea, Artape.*
Pecq (Le), *Alficum.*
Pegau, *Pegavia.*
Peiden, *Lapidaria.*
Peina, *Boynum.*
Pelino, *Corfinium.*
Pelissanne, *Pisavæ.*
Peñaflor, *Ilipa.*
Pendenis, *Pendinæ.*
Penkridge, *Pennocrucium.*
Pentadactylon, *Taygetus mons.*
Penteli, *Pentelicus mons.*
Penzing, *Pancinga.*
Péquigny, *Pequiniacum, Pinchonium.*
Péquincourt, *Pequicurtium.*
Perasto, *Perastum.*
Perche (le), *Aulerci, Particus Saltus.*
Pere de Sercada (S.), *Secerræ.*
Perekop, *Præcopia, Taphræ.*
Périgord (le), *Petrocorius pagus.*
Périgueux, *Petricordium.*
Perm, *Permia.*
Pernais, *Perniciacum.*
Pernes, *Paternæ.*
Pernov, *Pernavia.*

Péronne, *Peronna.*
Pérouse, *Perusia.*
Perpignan, *Perpenianum, Ruscino.*
Perrigny, *Pocrinium, Procrinium.*
Perth, *Fanum S. Joannis ad Tavum.*
Pertuis, *Pertusium, Petronii vicus.*
Perugia (Lago di), *Trasimenus Lacus.*
Pesaro, *Pisaurum.*
Pescara, *Aternum.*
Poschiavo, *Pesclavium.*
Pescheria, *Piscaria.*
Peschiolo, *Plestina.*
Pescia, *Piscia.*
Pesth, *Pessium.*
Pesto, *Pæstum.*
Petalidhi, *Corone.*
Petau, *Petovio.*
Peterborough, *Petroburgum.*
Pétersbourg (St-), *Petropolis.*
Petershagen, *Huculbi.*
Petershausen, *Petri Domus.*
Peterwardein, *Acimincum, Malata.*
Petinghem, *Pettingehem villa.*
Petrella, *Petrulla.*
Petrik, *Petra.*
Petrikau, *Petricovia.*
Petrinczi, *Prætorium.*
Petrino, *Piresiæ.*
Petris, *Piriseum.*
Petrovacz, *Promona.*
Petrowicz, *Mersella, Mursa minor.*
Petrucia, *Peyrusse.*
Pettenbach, *Vetoniana.*
Peyrat-la-Nonnière, *Patriacus villa.*
Peyresq, *Petriscum.*
Pézénas, *Piscenæ.*
Pezzana, *Vibi forum.*
Pfäfers, *Fabaria, Favarium.*
Plin, *Ad fines.*
Pföring, *Epona.*
Pföringen, *Faringa, Pferinga.*
Pförten, *Pforta.*
Pforzheim, *Phorca.*
Pfullendorf, *Juliomagus.*
Pfünzen, *Pons Æni.*
Phalsbourg, *Phalseburgum.*
Phidonisi, *Leuce Ins.*
Philippeville, *Philippopolis.*
Philippopoli, *Philippopolis.*
Philippsburg, *Philippoburgum.*
Piangi-Pane, *Pineta.*
Piano, *Hasta.*
Piano de Vulci, *Volci.*
Pianosa, *Planasia Ins.*
Piatra, *Sandava.*
Piave (la), *Plavis fl.*
Piazza, *Piacus.*
Piazzola, *Piazzola.*
Pibrac, *Pébrac, Piperacum.*
Pienza, *Corsilianum.*
Piczina, *Peuce Ins.*
Pidhavro, *Epidaurus.*
Pierre Buffière, *Petra Bufferia.*
Pierre-de-Jars (S.), *Ger.*
Pierrefitte, *Petra ficta.*
Pierrefonds, *Petra fons.*
Pierre-Langée (S.), *Lagedia, Legedia.*
Pierrelattes, *Novem Craris, Petralata.*
Pierrelaye, *Alateum Villare.*
Pierre-le-Moustier (S.), *Petri (S.) monast.*

Pierre-sur-Dives (S.), *Petri monast. sup. Divam.*
Pietra (la), *Pullopex.*
Pietra Sancta, *Fanum Feronic.*
Pietro in Valle (S.), *Vicus Varianus, Varianum.*
Pieve di Sacco, *Plevisacium.*
Pignerol, *Pinarolium.*
Pikerni, *Melangia.*
Pillau, *Pilavia.*
Pilsen, *Pilona.*
Pin (le), *Pino.*
Pinczow, *Pinczovia.*
Pindena, *Platena.*
Piñeda, *Eluro.*
Piney, *Pigncium.*
Pinhel, *Cepiana, Pinetus.*
Piombino, *Plumbinum.*
Pioraca, *Prolaquc.*
Piperno Vecchio, *Privernum.*
Pipriac, *Prisperiaca.*
Pirano, *Piranon.*
Pirgo, *Apollonia ad mare Hadriaticum.*
Pirna, *Pirna.*
Piscopia, *Curium.*
Pise, *Pisæ.*
Pisino, *Pisinum.*
Pissy, *Pisciacum.*
Pistoja, *Pistoria.*
Piteå, *Pitovia.*
Pithiviers, *Aviarium, Pitveris Cast.*
Pitino, *Pitinum.*
Pitres, *Pistæ.*
Pitschen, *Pedena.*
Pizzighettone, *Forum Diuguntorum.*
Plage de Cavalaire, *Heraclea Caccabaria Porbaria.*
Plaine (la), *Plana.*
Plaisance, *Placentia.*
Plaix, *Pleis (terra de).*
Platamona, *Heracleum.*
Platania, *Pergamum.*
Platsa, *Pephnus.*
Plauen, *Plavia.*
Plessiz-lez-Tours, *Plexitium.*
Ploërmel, *Plebs Armagili.*
Plombières, *Aquæ Plumbariæ.*
Plön, *Ploena.*
Ploudiry, *Plebs Desiderii.*
Plouégat, *Plebs Erdegati.*
Plouescat, *Saliocanus port.*
Plymouth, *Tamari ostium.*
Pô (le), *Padus fl.*
Pocognano, *Pauca.*
Podlaquie, *Podlachia.*
Podolie, *Carpi, Podoliæ Palatin.*
Pöhlde, *Patidensis abb.*
Poigny, *Popiniagas.*
Poissy, *Pinciacum.*
Poitiers, *Limonum.*
Poix, *Pisæ.*
Pol (S.), *Pauli (S.) Civ.*
Pol-de-Léon (S.), *Fanum S. Pauli Leonensis.*
Pola, *Pietas Julia.*
Pola de Lena, *Pelontium, Pælontium.*
Polegia, *Palatium.*
Poliana, *Silana.*
Policastro, *Buxentum.*
Policoro, *Heraclea.*
Polignac, *Podemniacum.*
Polignano, *Polymniacum, Turres Aurelianæ.*
Poligny, *Poliniacum.*

Premedi, *Omphalium.*
Premery, *Premeriacum.*
Prémol, *Pratum Molle.*
Prémontré, *Præmonstratum.*
Prenzlau, *Premislavia.*
Presburg, *Posonium.*
Preslaw, *Marcianopolis.*
Presles, *Praellum.*
Pressac, *Prisciniacum.*
Prestia, *Plistia.*
Preston, *Petuaria, Prætorium.*
Preuille, *Periolum.*
Preuilly, *Prulciacum.*
Preveso, *Pharæ.*
Preveza, *Nicopolis.*
Priego, *Segobriga.*
Pristina, *Vicianum.*
Privas, *Privatum.*
Procida, *Prochyta Ins.*
Promasens, *Viromagus.*
Promentour, *Promontorium.*
Prom-le-Roy, *Prumium.*
Proschlovitza, *Histriopolis.*
Prosznitz, *Prostanna.*
Provence (la), *Gallia Braccata, Provincia.*
Provies, *Orobiæ.*
Provins *Provinum.*
Prudhow-Castle, *Borcovicus.*
Prugg an der Mur, *Muræpontum.*
Prum, *Priunciæ Monast.*
Prusse, *Borussia.*

Pruth (le), *Hierasus fl., Poras.*
Psatho, *Pegæ, Pagæ.*
Pskov, *Pscovia.*
Puebla de Navia, *Pons Neviæ, Timalinum.*
Puech d'Usselou, *Caput Denaci, Uxellodunum.*
Puente de D. Guarray, *Numantia.*
Puente del Arçobispo, *Augustobrica.*
Puente de Orvijo, *Vallata.*
Puerto de Salon, *Salauris.*
Puerto di S. Maria, *Menesthei portus.*
Puerto di S. Martino, *Vesci portus.*
Puerto Real, *Portus Regius.*
Puiseaux, *Puteolus.*
Puiset (le), *Puteolum.*
Pukhô, *Puchovium.*
Pundonitza, *Nicæa.*
Punta de la Guardia Vieja, *Murgis,*
Punta di Gigante, *Dascon.*
Puntonitza, *Thronium.*
Puteaux, *Aqua Puta.*
Puycelet, *Podium Celsum.*
Puycerda, *Julia Libyca, Ceretanorum Podium.*
Puy-en-Vélay (le), *Anicium.*
Puy-Laurens, *Podium Laurentii.*
Puylavier, *Podium Albarii.*
Puy-l'Évêque, *Podium Episcopi.*
Puy-Notre-Dame, *Podium Andegavense.*
Pyrathi, *Pyranthus.*
Pyrgo, *Letrini, Pyrgi.*
Pzate, *Mases.*

Q

Qualburg, *Quadriburgium.*
Quarcano, *Arponium.*
Quarte, *Quartensis locus.*
Quedlinbourg, *Quedlinburgum.*
Queiras (Vallée de), *Quariates.*
Queiss (la), *Quissus fl.*
Quentin (S.), *Quintinopolis.*
Quercy (le), *Cadurcensis pagus.*
Querfurt, *Quernofurtum.*
Querre, *Chora.*

Quesnoy (le), *Quercetum.*
Quétigny, *Cugtiniacum.*
Quéyilly, *Quevilliacum.*
Quierzy-sur-Oise, *Cariciacum.*
Quillebeuf, *Quilebovium.*
Quimper, *Coriosopitum.*
Quimperlé, *Kimperlacum, Quimperlacum.*
Quinçay, *Quintiacum.*
Quirico (S.), *S. Clericus.*

R

Raab (la), *Arabo fl.*
Raab (Nágy-Giör), *Arabonia, Jaurinum.*
Rabasteins, *Rapistagnum.*
Rackelsburg, *Racospurgum.*
Racz, *Partiscum.*
Radepont, *Ritumagus.*
Radomir, *Radomia.*
Radstadt, *Radstadium.*
Ragusa, *Hybla Heraea, Rhangia.*
Ragusa Vecchia, *Epidaurum.*
Rakow, *Racovia.*
Ramaceo, *Capitoniana.*
Rambert (S.), *Figlinæ.*
Rambouillet, *Rambolitum.*
Rame, *Rama.*
Rameru, *Ramerus.*

Ramsey, *Ramesia.*
Rancon, *Andecamulum.*
Randan, *Randanum.*
Randazzo, *Tissa.*
Randers, *Randrusia.*
Raon-l'Étape, *Rado.*
Rappolstein, *Raboldi Rupes.*
Bárbók, *Rohrbacum.*
Raschina, *Præsidium Pompeii.*
Rasne, *Rasina.*
Rassowa, *Axiopolis.*
Ratisbonne, *Augusta Tiberii, Emmerani Cœnob., Hyctopolis ad Istrum.*
Ratzeburg, *Ratzeburgum.*
Rauden, *Rauda.*
Rauschenburg, *Ruschiburgum.*

Ravello, *Ravellum.*
Ravenne, *Ravenna.*
Ravensburg, *Ravensburgum.*
Ravenstein, *Ravenstenium.*
Ravières, *Rabariæ.*
Rawicz, *Ravicium.*
Reading, *Radinga.*
Réalmont, *Regalis Mons.*
Réalville, *Regatis Villa.*
Rebais, *Rasbacis, Respax.*
Rebdorf, *Rebdorfium.*
Recanati, *Ælia Riccina, Recinetum.*
Recco, *Ricina.*
Reculver, *Regulbium.*
Redon, *Roto.*
Reesz, *Resse.*
Refuzi, *Nesactium.*
Regen, *Regna.*
Regenwalde, *Rugium, Rhugium.*
Reggio, *Regium Lepidi.*
Reggio, *Rhegium.*
Regoli, *Regulæ.*
Reichenau, *Augia Dives, Richenavia.*
Reichenstein, *Richenstenium.*
Reichstädt, *Reichstadium.*
Reikiavik, *Reykranes.*
Reillanne, *Catuiaca, Rilhana.*
Reims, *Remorum Civ.*
Rein, *Runa.*
Reina, *Herinum.*
Rémi (S.), *Glanum.*
Remich, *Ricciacum.*
Rémiremont, *Romarici Mons.*
Remlingen, *Remlinga.*
Remo (San), *Fanum S. Remogii.*
Rémy (S.), *S. Remigii Fanum.*
Rendsburg, *Rendesburgum.*
Renève, *Rionava Vicus.*
Renfrew, *Renfroana.*
Rennes, *Redones.*
Renty, *Rentica.*
Réole (la), *Regula.*
Requena, *Lobetum.*
Resina, *Herculancum, Resinum.*
Ressons-s.-Matz, *Ressonia.*
Réthel, *Regitestum.*
Retimo, *Rhitymna.*
Retorbio, *Retorvinum.*
Reuilly, *Revilliacum, Romiliacum Villa.*
Reuilly-s.-Arnon, *Ruilliacus.*
Reutlingen, *Ruottinga.*
Revel, *Revalia, Rebellum.*
Révérien (S.), *Gergobia.*
Reviers, *Radeverum.*
Revin, *Revinum.*
Rezé, *Raciatum, Ratiatum.*
Rhé (Ile de), *Cracina Ins., Radis Ins.*
Rheenen, *Rhena (suppl.).*
Rheinau, *Augia Major, Rignavia, Rheni Augia.*
Rheineck, *Rhenum (ad).*
Rheinmagen, *Rigomagus.*
Rheinsberg, *Rheniburgus.*
Rheinzabern, *Tabernæ.*
Rhenen, *Grinnes.*
Rhin (le), *Rhenus fl.*
Rhodes (Ile de), *Rhodus Ins.*
Rhodez, *Segodunum.*
Rhône (le), *Rhodanus fl.*
Rhynsburg, *Matilo.*
Riazan, *Rhezania.*

Ribchester, *Coccium, Rhigodunum.*
Ribemont, *Ercuriacum, Ribodi Mons.*
Riben, *Ripa.*
Ribnitz, *Ribnitium.*
Richborough, *Ritupæ.*
Richelieu, *Ricolocus.*
Richmond, *Ricomons.*
Riedlingen, *Redlinga.*
Riesengebirge, *Asciburgii Montes, Gigantei M.*
Riesi, *Rhybdus.*
Rieti, *Reate.*
Rieux, *Rivenæ, Duretie.*
Rieux, *Rivi, Ruesium.*
Riez, *Albece, Regium.*
Riga, *Riga.*
Rikewir, *Richovilla.*
Rimokastro, *Thespia.*
Ringköping, *Rincopia.*
Ringstede, *Ringestadium.*
Ringwood, *Regnum.*
Rinteln, *Rintelium.*
Rimini, *Ariminium.*
Riol, *Rigodulum.*
Riom, *Ricomagus.*
Rions, *Rcontium, Sirio.*
Ripa de Trento, *Ripa Tridenti.*
Ripa Transone, *Cupra Montana, Ripa Transonis.*
Rippon, *Repandunum.*
Riquier (St-), *Centulum.*
Risciolo, *Fresilia.*
Risingbain, *Habitanum.*
Rivesaltes, *Ripæ Altæ.*
Rivoli, *ad Octavum, Ripulæ.*
Rivoure (la), *Ripatorium.*
Rizano, *Rhizinum.*
Roa, *Rauda.*
Roanne, *Rodumna.*
Robertsau, *Ruperti Augia.*
Robogh, *Robogdii.*
Rocadillo, *Carteja.*
Rocca del Papa, *Algidum.*
Rocca di Fiumesino, *ad Sextias.*
Rocca di Mondragone, *Sinuessa.*
Rocca Forte, *Rocca Fortis.*
Roccalanzone, *Lanzonis Mons.*
Rocella (la), *Amphissia.*
Roche (la), *Rupes.*
Roche-Bernard (la), *Rupes Bernardi.*
Rochechouart, *Rocca, Rupes Cavardi.*
Roche-Derrien (la), *Rupes Deriani.*
Roche-des-Arnauds (La), *Fines.*
Rochefort, *Rupes Fortis.*
Rochefoucauld (la), *Rupes Fucaldi.*
Roche-Guyon (la), *Rupes Guidonis.*
Rochelle (la), *Rupella.*
Rochemaure, *Rupemaurus.*
Rochester, *Bramenium, Durobrivæ.*
Rocroy, *Rupes Radulfi.*
Roda, *Bæcula.*
Rodbye, *Erythropolis.*
Rödelheim, *Rodethemium.*
Roden, *Rodna.*
Rodia, *Hyria.*
Rodosto, *Bisanthe.*
Roetz, *Retzium.*
Rogliano, *Rublanum.*
Rohan, *Roanium.*
Rohatyn, *Moetonium.*
Röhmild, *Roehmilda.*
Rolleboise, *Rosbacia.*

Rom, *Rauranum.*
Romagne (la), *Romaniola, Regio Flaminia.*
Romain-Moutiers, *Romani Monast.*
Roman, *Augustana Prœtoria Daciœ, Rhamidava.*
Romans, *Romanum.*
Romans (St-), *Romanum.*
Romanswiller, *Romanovilla.*
Rome, *Roma.*
Rome (Comarque de), *Latium.*
Romeriko Tharsa, *Penteleum.*
Romont, *Rotundus Mons.*
Romorantin, *Rivus Morentini.*
Roncaglio di Sotto, *Colicaria.*
Ronciglione, *Roncilio.*
Ronco, *Ronchum.*
Ronda, *Arunda.*
Ronda la Vieja, *Acinipum.*
Ronneburg, *Ronneburgum.*
Roobuy, *Robya.*
Roomburg, *Prœtorium Agrippinœ.*
Roosendael, *Vallis Rosarum.*
Roppenheim, *Riedensis Pagus.*
Roquemaure, *Rupes Maura.*
Roquevaire, *Rupes Varia.*
Rorschach am Bodensee, *Rosacum.*
Rosalia (Sᵃ-), *Rosaliœ (S.) Cœnob.*
Rosas, *Rhoda.*
Rosay, *Rosetum.*
Rosbach, *Rosbacum.*
Roscoff, *Roscovia.*
Rosello, *Rusellœ.*
Rosenane, *Aurea Tempe.*
Rosenau, *Rosnya.*
Rosenthal, *Rosarum Vallis.*
Rosesti, *Cius.*
Rosiers, *Rosarias.*
Rosières-aux-Salines, *Rosariœ.*
Röskylde, *Roë Fontes.*
Rosnay, *Ronascum.*
Rossa Dscharigatsch, *Dromos Achilleos.*
Rossano, *Roscia, Roscianum.*
Rosselaere, *Rollarium.*
Rostock, *Rostochium.*
Rostrenen, *Rostrenum.*
Rotenhamm, *Stirialis.*
Roth, *Aurisium, Urusa.*
Rothen (Abbaye de), *Monast. Rubrum.*
Rothenburg, *Rotenburgum.*
Rothenmunster, *Rubrum Monast.*
Rother Thurm, *Burridava.*
Rotigliano, *Rudiœ.*

Rotkirch, *Ruffa Eccl.*
Rotterdam, *Roterodamum.*
Rottweill, *Arœ Flaviœ, Blabira, Rotevilla.*
Roucy, *Rauciacus, Rouceium.*
Roudon, *Rututi.*
Rouen, *Rotomagus.*
Rouergue (Le), *Rutenensis prov.*
Rouffach, *Roflacum, Rubeacum.*
Rouffiac, *Roflacum.*
Rouffignac, *Roffiniacum.*
Rougemont, *Rubeus Mons.*
Rougeval, *Rubea Vallis.*
Rouillé, *Rolliacum.*
Roulx, *Rethia.*
Roumélie, *Thracia.*
Roussillon, *Sardones.*
Routot, *Rufltotum.*
Rouvray, *Rubridus.*
Rouvres, *Rouvra Cast.*
Rouy, *Rotegiacum.*
Roveredo, *Roboretum, Rovere.*
Rovereitse, *Roboretum.*
Rovigo, *Rhodigium.*
Row, *Bractum.*
Roxburghe, *Marchenium.*
Royan, *Novioregum.*
Royaulieu, *Regalis Locus.*
Royaumont, *Regalis Mons.*
Roye, *Rauga.*
Roye Eglise, *Rodium.*
Rozoy-en-Brie, *Resetum.*
Rubiera, *Herberia, Pons Secies.*
Rudolstadt, *Rudolphopolis.*
Rudunich, *Rataneum.*
Rue-s.-Maie, *Ruga.*
Rueil, *Rigoialensis Villa.*
Ruffach, *Aquœ Rubeœ.*
Ruffec, *Ruffacum.*
Rugby, *Tripontium.*
Rügen (île de), *Rugia Ins.*
Rugles, *Rugulœ.*
Rumilly, *Romiliacum.*
Rupelmond, *Rupelmunda.*
Ruppin, *Ruppinum Novum.*
Rüremonde, *Munda Rurœ, Ruremunda.*
Russie (la), *Russia, Sarmatia.*
Rutschuck, *Prista Scaidava.*
Ruvo, *Rubi, Rufrium.*
Rye, *Rus Regis.*
Ryenz (le), *Byrrha fl.*

S

Saal, *Soliœ.*
Saale (la), *Sala fl.*
Saalfeld, *Salfelda.*
Saarbrücken, *Sarœ Pons.*
Säben, *Sabana.*
Sabine (la), *Sabina.*
Sabionetta, *Sabionetta.*
Sabiste, *Salaria.*
Sablé, *Sabliolum.*
Sables d'Olonne (les), *Arenœ Olonenses, Secor.*
Sablonceaux, *Sabloncellœ.*
Sâbve, *Sœboium.*

Sacca, *Aquœ Labodœ.*
Sacedon, *Thespida.*
Sachsenhausen, *Sachsenhusa.*
Sacile, *Sacillum.*
Sackingen, *Sanctio, Secanense Cœnob., Saconium.*
Saclas, *Salioclita, Sarclidœ villa.*
Sacy, *Saciacum.*
Sagan, *Saganum Silesiœ.*
Sahagun, *S. Facundi Cœnob.*
Saillans, *Sailentes.*
Saintais (le), *Sanguitersa.*
Saintes, *Mediolanum.*

Schaumburg, *Specula Halcyonia.*
Schelestadt, *Selestadium.*
Schemnitz, *Schemnicium.*
Schenckendorff, *Schenckendorfium.*
Schenkenschans, *Arx Schenkiana, Schenckii Munim.*
Scherpenheuvel, *Aspricollis.*
Schiedam, *Schiedamum.*
Schiffbeck, *Naupotamus.*
Schintau, *Semptavia.*
Schisso, *Naxus.*
Schive, *Schevia.*
Schkeuditz, *Scudici.*
Schleswig, *Slesvicum.*
Schleusingen, *Silusia.*
Schlichtingsheim, *Schlightinscheimium.*
Schlins, *Clunia.*
Schlögl, *Plagense Cœnob.*
Schmalkalden, *Smalcaldia.*
Schneeberg, *Schneeberga.*
Schoenbrunn, *Fons Bellus.*
Schoenhoven, *Schoonhovia.*
Schönbüchel, *Piratortum.*
Schöngau, *Sconga.*
Schotwien, *Schadwienna.*
Schouwen, *Scaldia.*
Schulpforta, *Schulzium.*
Schuol, *Scuola, Strada.*
Schurschi, *Cherrone.*
Schussenried, *Sorethum.*
Schütt, *Cituatum.*
Schwaan, *Cygnea.*
Schwabach, *Schwabacum.*
Schwaben, *Suevi.*
Schwarzach, *Suarzanense Cœnob.*
Schwarzwald, *Marciana Sylva.*
Schwaz, *Masciacum.*
Schweidnitz, *Schwidnicium.*
Schweinfurth, *Devona.*
Schwerin, *Squirsina.*
Schwetzingen, *Solicinium.*
Schwiebusen, *Suebissena.*
Sciacca, ad *Aquas Labodas, Thermæ Selinuntiæ.*
Sciglio, *Scyllæum.*
Scopello, *Cetaria.*
Scutari, *Chrysopolis, Scodra.*
Seaulieu, *Sedelaucum.*
Sébastien (St-), *Donastienum, Morosgi.*
Sébastopol, *Ctenus Portus, Sebastopolis.*
Seben, *Sebatum.*
Sebenico, *Sicum.*
Secamino, *Polosen.*
Secchia (la), *Gabellus fl.*
Seckau, *Seconium,*
Sechstaedte, *Hexapolis.*
Séclin, *Sacilinium.*
Sedan, *Sedanum.*
Seeland, *Codanonia Ins., Seelandia.*
Séez, *Sagium.*
Segesvár, *Schasburgum.*
Segni, *Signia.*
Segorbe, *Segobriga.*
Ségovie, *Segovia.*
Segre (le), *Sicoris fl.*
Segura, *Strabetum.*
Segura (la), *Tader fl.*
Segura de Leon, *Secura.*
Seignelay, *Siliniacum.*
Seillans, *Salinæ.*
Seine (la), *Sequana.*

Seitenstätten, *Sitanstetense Cœn.*
Seixola, *Ciciliana.*
Selau, *Siloense Mon., Sylvense Mon.*
Selby, *Salebia.*
Seligenstadt, *Selingostadium.*
Selinonte, *Selinus.*
Selivria, *Selymbria.*
Selkirk, *Selaricum.*
Selle, *Aquæ Balissæ.*
Selles, *Cellæ.*
Selos, *Elone.*
Seltz, *Elizatium.*
Selzach, *Salis Aqua.*
Semendriah, *Senderovia.*
Semlin, *Malavilla, Taurunum.*
Semond, *Pseudunum.*
Semsales, *Septem Sales.*
Semur, *Castrum Sinemurum Briennense, Sinemuro.*
Senapaniowçe, *Paniovicia.*
Senevières, *Senapariæ.*
Senez, *Sanitia.*
Senlis, *Augustomagus.*
Sennecé, *Siliciacum.*
Senones, *Senona in Vosago.*
Senonges, *Senones Celsi.*
Sens, *Agendicum, Senones.*
Sentzich, *Sentiacum.*
Senuc, *Sindunum.*
Sepino, *Sæpinum.*
Septême, *Septimus.*
Septmeules, *Septemolæ.*
Sera, *Ceret.*
Serans, *Sigrancio.*
Serchio (il), *Æsar, Anser fl.*
Serès, *Sintice.*
Sereth (le), *Ordessus fl.*
Sermaise, *Sarmesiæ.*
Sermaize, *Sarmatia.*
Sermione, *Sirmio.*
Sermoneta, *Sulmo.*
Sernache dos Alhos, *Sernache Alliórum.*
Serpa, *Fabia Prisca Serpensis, Serpa.*
Serravalle, *Serravallis.*
Servais, *Silvacus.*
Servan (St-), *Aletum Novum.*
Servia, *Elyma.*
Servitza, *Servia.*
Servolo (S.), *Silbium.*
Sesia (la), *Sessites fl.*
Sessa, *Aurunca.*
Sestino, *Sestinum.*
Sestri di Levante, *Segesta Tiguliorum.*
Settenil, *Arx Septenilia.*
Settia, *Cythæum, Etea.*
Sétubal, *Cætobris.*
Seurre, *Subrugium.*
Seurre (Vieux-), *Dittatium.*
Sevenwolden, *Septem Saltus.*
Sever (S.), *Fanum S. Severi.*
Severina (S.), *Siberene, Syberona.*
Severino (S.), *Septempeda.*
Severo (S.), *Pyrgi.*
Severn (the), *Sabrina fl.*
Seveux, *Segobodium.*
Sévigné, *Saviniacum.*
Sevilla la Vieja, *Colonia Italicensis.*
Séville, *Hispalis.*
Sèvre (la), *Separa fl.*
Seyches, *Aquæ Siccæ.*
Seyne, *Sedena.*

Spezia, *Tiparmus Ins.*
Spezzia (la), *Lunæ Portus.*
Sphagia, *Sphacteria Ins.*
Spilimbergo, *Spirembergium.*
Spinazzino, *Spina.*
Spire, *Augusta Nemetum.*
Spital am Pyrrn, *Ernolatia.*
Splügen (le), *Culmen Ursi, Speluca Mons.*
Spoleto, *Spoletum.*
Sponheim, *Sponhemium.*
Sporades, *Sporades Ins.*
Spotana, *ad Salinas.*
Sprée (la), *Spreha fl.*
Squillaci, *Scyllaceum.*
Stade, *Stada.*
Staditz, *Stabnicia.*
Stadt am Hof, *Curia Bavarica, Pedepontium.*
Stadtberg, *Eresburgum, Irmensul.*
Stadthagen, *Civ. Induginis.*
Staffis, *Staviacum.*
Stafford, *Statefurtum.*
Stagno, *Tittuntum.*
Stagno di Diana, *Dianæ Portus.*
Stajola, *Statilæ.*
Stalimene, *Lemnos Ins.*
Stampali, *Astipalæa.*
Stampfen, *Stampha.*
Stanislawow, *Stanislavia.*
Stanwick, *Congavata.*
Stargard, *Stargardia.*
Starigrad, *Ortopla.*
Statimaka, *Uscudama.*
Stavanger, *Stavengera.*
Stavelot, *Stabuletum.*
Stavning, *Stabnicia.*
Stavro, *Sollium, Stagyra.*
Steckelberg, *Stekelberg Arx.*
Steen (Abb. de), *Steenense Mon.*
Steenkerke, *Steinkirka.*
Steenwick, *Steenwyca.*
Steenworde, *Steenwordia.*
Stefano (S.), *Cosanum.*
Stein, *Colatio, Lithopolis.*
Steinach, *Stenacum.*
Steinau, *Steinavia.*
Steinbrück, *Steinbruga.*
Steinfurt, *Steinfurtum, Stereontium.*
Stenay, *Satanacum Villa.*
Stenbrö, *Lithopontus Sueciæ.*
Stendal, *Stendalia.*
Sterna, *Lyrcea.*
Sternberg, *Munitium.*
Sternes, *Minoa.*
Sterzing, *Stiriacum.*
Stettin, *Sedinum.*
Steyer, *Stira.*
Stilo, *Cocintia.*
Stirling, *Stirlinga.*
Stockholm, *Holmia.*
Stolpen, *Stolpa.*
Stombar, *Exanaba.*
Stony Stratford, *Lactodurum.*
Stradella, *Jelia.*
Stralsund, *Stralsunda.*
Strasbourg, *Argentoratum* (suppl.).
Strati, *Chryse.*
Stratoni, *Stratonice.*
Stratyn, *Striatina.*
Straubingen, *Acilia Augusta, Aug. Acilia, Strau-*
binga.

Strehlitz (Gross), *Strelicia Major.*
Strélitz (Neu), *Strelicia Nova.*
Stremnitza, *Hypsus.*
Strengnaees, *Stregnesium.*
Strido, *Stridonium.*
Striegau, *Stragona, Stregonum.*
Strobez, *Epetium.*
Stromboli (Ile), *Strongyle Ins.*
Stronchan, *ad Lapidem.*
Strongoli, *Petelia.*
Strovitzi, *Lepreum.*
Struglie, *Narona.*
Stuhlweissenburg, *Albanium, Herculea.*
Stulingen, *Targetium.*
Stura, *Astura.*
Stura (la), *Varusa fl.*
Stuttgard, *Stutgardia.*
Stwartek, *Oppidum Ladislavii.*
Stylidha, *Phalara.*
Styrie, *Stiria.*
Subiaco, *Sublacense Cœnob.*
Suderköping, *Sudercopia.*
Sueca, *Sucron.*
Suède, *Scandia.*
Suessola, *Sinuessa.*
Suez, *Arsinoe.*
Suisse, *Helvetia.*
Sully, *Soliacum.*
Sulmetingen, *Sunnemotinga.*
Sulmona, *Sulmona.*
Sultzbach, *Solisbacum.*
Sulza, *Sultza Opp.*
Sumaya, *Menosca.*
Sůmerzim, *ad Muros.*
Sund, *Sundum.*
Sund (le), *Oresundæ fret., Danicum fret.*
Sundgau (le), *Ferranus Comit.*
Suprasl, *Supraslium.*
Surgères, *Surgeriæ.*
Sursée, *Suria.*
Suscho, *Susudata.*
Sutera, *Xuthia.*
Sutri, *Sutrium.*
Sulzberg, *Vallis Solis.*
Sutschau, *Schützinum.*
Suzannecourt, *Segessera.*
Swarte-Sluys, *Clausulæ Nigræ.*
Swinborg, *Suineburgum.*
Sydzina, *Setuia.*
Synderborg, *Synderburgum.*
Syra, *Syros Ins.*
Syracuse, *Syracusæ.*
Szabadka, *S. Maria.*
Szabad-Szalas, *Libera Mansio.*
Szakolcza, *Szakoltza.*
Szala Egerssek, *Sala.*
Szamotl, *Szamotulium.*
Szara, *Mariniana.*
Szegedin, *Szegedinum.*
Szelepsa, *Zeldepa.*
Szepervar, *Arx Scepusiensis.*
Szerdahely, *Cedonie, Hilicanum.*
Szereka, *Ziridava.*
Szervestie, *Servesta.*
Szigeth, *Szigethum.*
Szlátina, *Saida.*
Szombáthely, *Sabaria.*
Szöreny, *Severinum.*
Szurduk, *Rittium.*

T

Tachau, *Taga.*
Tacina, *Tacina.*
Tage, *Tagus fl.*
Tagliamento (il), *Tilaventum fl.*
Taillebourg, *Talleburgus.*
Takhurti, *Phellia.*
Talant, *Talentum.*
Talanti, *Naryx.*
Talavera de la Reina, *Libora, Æbura, Talabriga.*
Talavera la Vieja, *Dipo, Evandria.*
Talcino, *Talcinum.*
Tallard, *Alarantes.*
Tallende (St-Amand), *Telemate.*
Talmont-s.-Gironde, *Tamnium Burgus.*
Tambach, *Tambacum.*
Tamerton, *Tamare.*
Tamise (la), *Tamesa fl.*
Tanaro (il), *Tanarus fl.*
Taneto, *Tannetis vicus.*
Tanukhari, *Casthanœa.*
Taormina, *Tauromœnium.*
Tarante, *Tarentum.*
Tarascon, *Tarascon.*
Tarbes, *Castrum Bigorrense.*
Tarfa, *Tarpe.*
Tarifa, *Julia Joza, Transducta, Tingentera.*
Tarn (le), *Tarnis fl.*
Tarnow, *Tarnovia.*
Tarragona, *Tarraco.*
Tarrazona, *Turiaso.*
Tartaro, *Atrianus fl.*
Tasch-Katschik, *Cazeca.*
Tata, *Azaum, Deodatum.*
Tatalia, *Taliata.*
Tatar-Bazardsjik, *Bessapara.*
Tatari, *Gyrton.*
Tatza, *Ægissus.*
Tau (étang de), *Taurus palus.*
Tauber, *Tubaris fl.*
Taukli, *Xyniœ.*
Taunus, *Taunus mons.*
Taverny, *Taverniacum villa.*
Tavetsch, *Ætuaticus vicus.*
Tavi, *Tabœ.*
Tavira, *Balsa.*
Tavistock, *Monast. Tavistock.*
Tay (le), *Tavus fl.*
Tchernigov, *Tzernogavia.*
Teano, *Teanum Sidicinum.*
Tech (le), *Tecum fl.*
Tegernsee, *Monast. Tegernseense.*
Teglio, *Tilium.*
Tekièh, *Panormus.*
Telese, *Telesia.*
Telgate, *Tollegatœ.*
Tellau (le), *Tellaus pagus.*
Télu, *Telodium.*
Temenia, *Hyrtacina.*
Temesch, *Temessus fl.*
Temesvár, *Tibiscum.*
Tempsa, *Temesa.*
Tennenbach, *Porta Cœli.*
Tennstaedt, *Tennstada.*

Teramo, *Interamna Lirinas.*
Tergowitz, *Targovitza, Tergovista.*
Termini, *Himera, Thermœ Himerenses.*
Termoli, *Buca.*
Termonde, *Munda Tenerœ.*
Ternhill, *Mediolanium.*
Terni, *Interamna.*
Terracina, *Anxur.*
Terra di Bari, *Daunia.*
Terra di Lavoro, *Campania.*
Terra Nuova, *Gela.*
Terra Rossa, *Rubra.*
Terrasson, *Terracinum.*
Terriciola, *Tursenum.*
Tersacz, *Tarsium.*
Tersat, *Tarsatica.*
Tertry, *Textricium.*
Teruel, *Turbula.*
Ter Verre, *Vera.*
Tervitziana, *Eurymenœ.*
Teschen, *Teschena.*
Tesino, *Tesana.*
Tessin (le), *Ticinus fl.*
Tetschen, *Dasena, Tactschena.*
Teverone (il), *Anien fl.*
Tewkesbury, *Teukesburia.*
Teyn, *Tetina.*
Thain, *Tegna.*
Thanet, *Tanatis Ins.*
Thann, *Thannœ Pinetum.*
Thasso, *Thasus Ins.*
Theáki, *Ithaca Ins.*
Theil (le), *Tillum.*
Theiss, *Parthiscus fl.*
Thenezay, *Tinitiacum.*
Thengen, *Thenga.*
Theresiopel, *Maria Theresianopolis.*
Theriko, *Thoricus.*
Thermia, *Cythnus Ins.*
Thérouanne, *Taruenna.*
Thétey, *Matrica.*
Thetford, *Sitomagus.*
Thézée, *Tasciaca.*
Thézey-S.-Martin, *Theodalciaca.*
Thiais, *Theodaxium.*
Thiberi (St-), *Araura.*
Thiel, *Sitillia, Tila.*
Thielt, *Tiletum.*
Thiérache, *Terrascea Sylva.*
Thiers, *Thiernum.*
Thièvres, *Teucera.*
Thil-en-Auxois, *Thyle.*
Thimerais, *Theodomirensis pagus.*
Thin-le-Moutier, *Tignum Mon.*
Thionville, *Theodonis villa.*
Thiré, *Theodericia, Theod.*
Thivè, *Thebœ.*
Thivernay, *Theodeberciaco.*
Thodhoriana, *Theudoria.*
Thoissey, *Tossiacus vicus.*
Tholey, *Theologium.*
Thomar, *Concordia.*
Thomasbrück, *Aggeripontum.*

Thorda, *Marcodava*.
Thoré, *Tauriacus*.
Thorn, *Thorunum*.
Thornborough, *Cataractonum*.
Thorotzko, *Docidava*.
Thorout, *Thoroltum*.
Thorshavn, *Thori portus*.
Thouars, *Duracium, Thoarcum*.
Thuin, *Ad Fines, Tudinium, Thudinum*.
Thum, *Thumum, Zumi*.
Thun, *Thuna*.
Thun-l'Evêque, *Timium*.
Thurgovie, *Thurgovia*.
Thuringe, *Thoringia, Thuringi*.
Thurnau, *Thurnavia*.
Thury, *Theodegario villa*.
Thyrso, *Caput Thyrsi*.
Tibre (le), *Tiberis fl.*
Tiefencastel, *Imum Castrum*.
Tiermes (N. S. de), *Termes*.
Tiffauges, *Theiphalia*.
Til-Chatel, *Tilena*.
Tillemont, *Tenæ*.
Tillières, *Tugularia*.
Tilly, *Atiliacum, Tellaus vicus*.
Tilsitt, *Chronopolis*.
Tino, *Tenos Ins.*
Tinteniac, *Tenetiacum*.
Tinto, *Iberus*.
Tirconel, *Conatia*.
Tirguzil, *Tiriscum*.
Tirlemont, *Thenæ in Montibus, Tirlemontium*.
Tirol, *Teriola Castra*.
Tivernon, *Tybernio*.
Tivoli, *Tibur*.
Tjangli, *Eretria*.
Tobolsk, *Tobolium*.
Todi, *Tuder*.
Toggenburg, *Toggium*.
Tolède, *Toletum*.
Tolentino, *Tolentinum*.
Toley sur la Sare, *Tabulegium*.
Tolna, *Alta Ripa*.
Tolosa, *Tolosa*.
Tomiswár, *Tomi*.
Tonara, *Turublum Minus*.
Tönestein, *Antonianæ Acidulæ*.
Tongerloo, *Tongarloa Mon.*
Tongres, *Attuatuca*.
Tonnay-Charente, *Santonum Portus*.
Tonnerre, *Ternodorense Cast.*
Tons, *Thuna*.
Töplitz, *Teplicia*.
Topoglia (Lago di), *Copais Lac.*
Torbia, *Augusti Tropæa*.
Torcé, *Torciacum*.
Torda Thorenburg, *Salinæ*.
Tordera, *Larnum*.
Tordesillas, *Tursenum*.
Torella, *Taurianum*.
Toretto, *Taurianum*.
Torgau, *Argelia, Torgavia*.
Torkola, *Tauris Ins.*
Toro, *Albocala, Taurum*.
Torquemada, *Augusta Nova, Porta Ang.*
Torre Biline, *Blandona*.
Torre Brodognato, *Thurium Novum*.
Torrecilla de Aldea Tejada, *Celticoflavia*.
Torre de Calahonda, *Caviclum*.

Torre dell' Annonciata, *Pompeij*.
Torre delle Saline, *Salinæ*.
Torre di Bertaldo, *Rapinium*.
Torre di Camarana, *Camarina*.
Torre di Capo Bianco, *Heraclea Minoa*.
Torre di Catanzaro, *Castra Hannibalis*.
Torre di Fiumenica, *Paternum*.
Torre di Lapi, *Temesa*.
Torre di Larma, *Costa Balænæ*.
Torre di Mare, *Metapontum, Sybaris*.
Torre di Orestano, *Osca*.
Torre di Orfanupudda, *Othoea*.
Torre di Paterno, *Laurentum*.
Torre di Patria, *Linternum*.
Torre di Polluce, *Selinus*.
Torre di Senna, *Siris*.
Torre di Sessola, *Suessula*.
Torre di Vado, *Vada Volaterrana*.
Torre di Varano, *Garnæ Portus*.
Torre Macarese, *Fregenæ*.
Torre Pellegrino, *Tutila Ara*.
Torre Petrara, *Suessa Pometia*.
Torre S. Gennaro, *Valentium*.
Torre Segura, *Truentum*.
Torre Vignale, *Juliola*.
Torre-Ximeno, *Tosibia*.
Torshaella, *Torsilla*.
Tortona, *Dertona*.
Tortosa, *Dertosa*.
Tosa, *Alesa*.
Toscane (la), *Etruria*.
Toscanella, *Ascania, Tuscana*.
Toscolano, *Tusculanum*.
Tossena, *Tusis*.
Totorkan, *Transmarisca*.
Toucy, *Tociacum*.
Toul, *Tullum*.
Toulon, *Telo Martius*.
Toulon-sur-Arroux, *Telonnum*.
Toulouse, *Tolosa Tectosagum*.
Tour-de-Peiel (la), *Turris Peliana*.
Tour-du-Pin (la), *Turris Pinus*.
Touren, *Turoqua*.
Tourlaville, *Toriallum*.
Tourly, *Turiliacus vill.*
Tournai, *Tornacum Nerviorum*.
Tournehem, *Tornates*.
Tournon, *Tornomagensis vicus*.
Tournus, *Tinurtium Cast.*
Tours, *Turoni* (suppl.).
Tourvès, *Turrem* (ad).
Toury, *Ad Turres, Tornucium*.
Tousy, *Dusiaca*.
Tovarra, *Turbula*.
Towcester, *Lactodurum*.
Toya, *Tugia*.
Trachenberg, *Dracomontium*.
Traina, *Imachara*.
Traismauer, *Trigisamum*.
Trajetto, *Minturnæ, Trajectum*.
Tramolé, *Trans Moles*.
Tramonti, *Tramontum*.
Tramoye, *Stramiacum Pal.*
Trani, *Turenum*.
Transylvanie, *Septem Urbium Regio*.
Trapani, *Drepanum*.
Trapani del Monte, *Eryx*.
Tras-os-Montes, *Transmontana Prov.*
Trau, *Tragurium*.
Traun (le), *Traunus fl.*

Trautenau, *Trutina.*
Travemünde, *Dragamuntina, Treva.*
Travendahl, *Treva.*
Trayguera, *Tiariulia, Teari Julienses.*
Trebbia (la), *Trebia fl.*
Trebigne, *Trebunium.*
Trébitsch, *Strevinta.*
Trebnitz, *Trebnitium.*
Trebur, *Triburia.*
Tréguier, *Trecora.*
Treja, *Trea.*
Tremblevif, *Tremulovicus.*
Tremiti, *Diomedea.*
Trémouille (la), *Tremolia.*
Trenovitza, *Theranda.*
Trente, *Tridentum.*
Trentschin, *Trenchinium, Singone.*
Tréport (le), *Ulterior portus.*
Treuen-Briezen, *Brieza fida.*
Trèves, *Trevidon.*
Trèves, *Augusta Trevirorum, Trevirorum Aug.*
Trevi, *Treba.*
Trevico, *Trivicum.*
Trevigno, *Revignum.*
Trévise, *Tarvisium.*
Treviso, *Tarvisium.*
Trévoux, *Trevoltium.*
Tribsee, *Tributum Cæsaris.*
Tribugena, *Calabona.*
Tricala, *Tricca.*
Tricca, *Œchalia.*
Tricesimo, *Ad Tricesimum.*
Tricio, *Tritium Metallum.*
Triel, *Triellum.*
Trieste, *Tergeste.*
Trieux, *Tetus fl.*
Trigi, *Tilurium.*
Trigueros, *Trigueræ.*
Trikardho, *Œniabæ.*
Trim, *Truma.*
Trimitusa, *Tremithus.*
Trinisa, *Trinasus.*
Trinité (la), *Fines.*
Trino, *Tridinum.*
Tripergola (Lago), *Avernus.*
Tripolitza, *Pallantium, Tripolis.*
Tristena, *Nemea.*
Triti, *Leontium, Tritia.*
Trivento, *Treventinum.*
Trogen, *Troyga.*
Trois Maries (les), *Delphicum Templum.*
Troja, *Æcæ.*
Tromsoë, *Tromsonda.*

Trond (St-), *Centronum Civ., Fanum S. Trudonis, ou S. Trud. fan.*
Trontello, *Trotitum.*
Tropea, *Herculis portus.*
Tropia, *Ad Tropæa.*
Tropez (S.), *Fanum S. Eutropii.*
Troppau, *Opavia.*
Trosly, *Trosleium Pal.*
Trosso, *Trossulum.*
Troyes, *Trecæ.*
Trujillo, *Castra Julia, Turris Julit.*
Trümmer, *Bregætium.*
Tryggewalde, *Tuta vallis.*
Trsztenna, *Trissum.*
Tsäpring, *Tzepreginum.*
Tschensch, *Tarvesede.*
Tscherdin, *Czerdinum.*
Tschernawoda, *Capidava.*
Tschernigow, *Czernichovia.*
Tschetatie, *Zusidava.*
Tschingane-Kalessi, *Maximianopolis.*
Tschuriu, *Tzurulum.*
Tubingen, *Tubinga.*
Tudela, *Tutela.*
Tuddern, *Teudurum.*
Tuejar, *Turba.*
Tuglia, *Artolica.*
Tulcze, *Salsovia.*
Tulles, *Tutela.*
Tuln, *Castra Catulina.*
Tümpling, *Tumplingia.*
Turcoing, *Turcontum.*
Turenne, *Turena.*
Turin, *Augusta Taurinorum.*
Turhokhorio, *Tritæa.*
Turnhout, *Taxandria.*
Tursi, *Tursium.*
Tusa, *Halesa.*
Tusey, *Tussiacum villa.*
Tusla, *Doriscus.*
Tussen, *Tussa.*
Tuttlinga, *Tulingum.*
Tuttlingen, *Duttinga, Juliomagus.*
Tuy, *Tude.*
Tver, *Tueria.*
Tweed, *Tueda fl.*
Twenthe, *Tubantes.*
Tylisso, *Tylissus.*
Tyne (the), *Tina fl.*
Tynemouth, *Tinæ Ostium.*
Tyrnau, *Ternobum.*
Tyrol, *Rhætia.*
Tzipiana, *Nestane.*

U

Uchizy, *Ulçaciacum.*
Uckermark, *Ucra.*
Uclès, *Uclesia.*
Udine, *Utinum.*
Udvarhély, *Udvarhelyinum.*
Uffing, *Ufinga.*
Ugento, *Uxentum.*
Ujszigette-Sárvár, *Sarvarinum.*
Ulm, *Ulma.*
Ulrich (St-), *Ulriel fanum.*

Uissen, *Ulyssæa.*
Ulster, *Hultonia, Ulidia.*
Uman, *Umana.*
Umana, *Numana.*
Umbriatico, *Brystacia, Umbriaticum.*
Upaix, *Epotium.*
Upsal, *Upsalia.*
Uraniborg, *Uraniburgus.*
Urbania, *Urbinum Metaurense.*
Urbino, *Urbinum.*

Urdingen, *Hordeani Castrum.*
Urdos, *Forum Ligneum.*
Ureuil, *Ariola.*
Urgel, *Orgellum.*
Uri, *Uronia.*
Uria, *Uria.*
Uriage, *Uriaticum.*
Ur-Mezö, *Campus Dominorum.*
Urnäsch, *Urnacum.*
Urs, *Ussubium.*
Ursel, *Ursellæ.*
Ursitz, *Fanum S. Ursicini.*

Usedom, *Unxnonnia.*
Usk, *Castrum Oscæ.*
Uskub, *Scopi.*
Usson, *Uxus.*
Ussy, *Uttiacum.*
Uszoveze, *Uscenum.*
Utrecht, *Trajectum Inferius* (suppl.).
Utrera, *Utraria.*
Uttoxeter, *Utocetum.*
Uxbridge, *Uxbriga.*
Uxeau, *Ocetum.*
Uzerche, *Userchia.*
Uzès, *Castrum Ucecense, Ucetia.*

V

Vaast-la-Hougue (S.), *Fanum S. Vedasti, Vedattus.*
Vabres, *Vabræ.*
Vácz, *Vacia.*
Vadutz, *Dulcis Vallis.*
Vailly, *Valliacum, Villiacum.*
Vaison, *Vasio.*
Valachie, *Valachia.*
Valais, *Vallis Pennina.*
Valbach, *Balina, Valena.*
Valbenoite, *Vallis Benedicta.*
Valbonnais, *Vallis bonna.*
Valdahon, *Velatoburgum.*
Val d'Ansasca, *Vallis Antuatum.*
Val de Reuil, *Rotolatum.*
Val-des-Choux, *Vallis Caulium.*
Val di Demona, *Vallis Dentata.*
Val-Dobiadeno, *Duplavilis.*
Valence, *Valentia.*
Valencia, *Valentia.*
Valenciennes, *Valentiana.*
Valentano, *Verentanum.*
Valentia de D. Juan, *Palantia.*
Valentine, *Valentina.*
Valenza, *Forum Fulvii.*
Valera la Vieja, *Complega, Nertobriga, Valeria.*
Valery (S.), *Fanum S. Valerii.*
Valéry-sur-Somme (St.), *Leuconaus.*
Valestino, *Pheræ.*
Valette (la), *Valeta.*
Valguarnera, *Logaricum.*
Valladolid, *Pintia.*
Valle de Abdelaciz, *Nescania.*
Vallemagne, *Vallis Magna.*
Vallenstadt, *Riva villa.*
Valle Scura, *Laresse.*
Vallier (S.), *San-Valerium, Ursolæ.*
Vallières, *Vallariviacus.*
Vallo, *Volci.*
Vallombrosa, *Vallis Umbrosa.*
Vallon, *Vatilonnum.*
Valmont, *Vallimons.*
Valogne, *Crociatonum, Valoniæ.*
Valois (le), *Vadicassii, Valesia.*
Valona, *Aulon.*
Valpajela, *Vapanes.*
Valparaiso, *Vallis Paradisi.*
Valreas, *Valriacum.*
Valromei, *Vallis Romana.*
Vals, *Vallum.*
Valsequilla, *Singili.*
Valteline (la), *Vallis Tellina.*

Val Trompia, *Colles Vallis Trumpiæ.*
Vandes, *Vanda.*
Vandières, *Venderæ.*
Vandœuvre, *Vandopera, Vendopera.*
Vanena, *Thelpusa.*
Vannes, *Dariorigum.*
Var (le), *Varus fl.*
Varagio, *Vorago.*
Varaire, *Varadetum.*
Varallo, *Varallum.*
Varciles, *Varcilenses.*
Varcusa, *Ericusa Ins.*
Vardhari, *Axius fl.*
Varea, *Varia, Verela.*
Vareggio, *Fossa Papiriana.*
Varenne (la), *Warenna.*
Varennes, *Varennæ.*
Varennes-en-Argonne, *Garennæ.*
Varennes-s.-Allier, *Vorogium.*
Varese, *Varesium.*
Varhély, *Augusta Dacica.*
Varignano, *Claterna.*
Varilles, *Varillium.*
Varna, *Odessus.*
Varsovie, *Varsavia.*
Vasilika, *Sicyon.*
Vasilipotamo, *Eurotas fl.*
Vassy, *Vadicassium.*
Vaste, *Basta.*
Vatka, *Boea.*
Vasto d'Ammone, *Histonium.*
Vatan, *Vatanium.*
Vauchelles, *Valcellæ.*
Vaucluse, *Cavari, Clusæ vallis, Vallis Clusa.*
Vaucouleurs, *Vallis Colorum.*
Vaud (cant. de), *Valdensis pagus.*
Vaudemont, *Valdemontium.*
Vaudre, *Vodgoriacum.*
Vaugirard, *Vallis Bostroniæ.*
Vautorte, *Vallis Torta.*
Vauvoy, *Vaudiligetum.*
Vaux, *Plumbata Eccl., Vallis.*
Vecht (le), *Vidrus fl.*
Vechtland, *Nantuatæ.*
Vedènes, *Vindalium.*
Vedon, *Banavenna.*
Veece, *Campiveria.*
Veglia, *Curicta.*
Veillane, *Ad Fines.*
Velacha, *Voluce.*
Velaine, *Villarium.*

Villafranca, *Bergidium flavium.*
Villafranca-de-Panades, *Villa franca.*
Villagarcia, *Villa Graciæ.*
Villaines, *Villena.*
Villalon, *Avella.*
Villa Lòysa, *Jonosia.*
Villalpando, *Nardinium.*
Villanova del Rio, *Canama.*
Villa nova do Portimaon, *Annibalis portus.*
Villa Nueva, *Villa Nova.*
Villa Nueva de Gallejo, *Bortina.*
Villar de Lobos, *Lobetum.*
Villar Luengo, *Leonica.*
Villard-Reymond, *Villa Ardua retro Montem.*
Villars-de-Lans, *Villa Ardua.*
Villa Verde, *Villa Viridis.*
Villaviciosa, *Villa Vitiosa.*
Villedieu, *Villa Dei.*
Villefaux, *Offonis villa.*
Villefranche, *Villa franca.*
Villefranche-de-Rouergue, *Francopolis, Villa franca in pago Ruten.*
Villejuif, *Villa Judæa.*
Villelba, *Vellica.*
Villemaur, *Villa Mauri.*
Villemorien, *Villa Maorin.*
Villemur, *Villa Muri.*
Villena, *Arbacala, Bigerra.*
Villeneuve, *Penne loci, Villa Nova.*
Villeneuve d'Agen, *Excisum.*
Villeneuve-sur-Vanne, *Clanum.*
Ville-Nou, *Villa Noxia.*
Villepinte, *Villa Peditonis.*
Villepreux, *Villa Pirosa.*
Villers, *Villare.*
Villers-Cotterets, *Villare Cauda Resti.*
Villette, *Villetum.*
Villeurbanne, *Villa Urbana.*
Villey-S.-Etienne, *Vitiliagus.*
Villich, *Vilice.*
Villoe, *Vellcia.*
Villorbaine, *Orbana villa.*
Villorbana, *Interamnium Flavium.*
Villy, *Virlaicum.*
Vilna, *Vilna.*
Vilsbiburg, *Epinaburgum ad Vilsam.*
Vimeu (le), *Vimnaus pagus.*
Vimoutier, *Vicus Monasterii.*
Vinantes, *Vicus Nanensis.*
Vincennes, *Vicenarum Nemus.*
Vincent (St-), *Basilica S. Vincentii, Vincentii villa.*
Vincey, *Vinciacus.*
Vinchy, *Vinciacus.*
Vineuil, *Vineolæ.*
Vinhaës, *Veniatia.*
Vinkoveze, *Cibalæ.*
Vinnitza, *Visontium.*
Vinoxbergen, *Vinociberga.*
Vintimiglia, *Albinimium.*
Vinzelles, *Vinogile.*
Viplaix, *Vicopleno villa.*
Vire, *Viria.*
Virey, *Villariacum.*
Virieu, *Vireium.*
Viry, *Vidriacum.*
Viry-en-Charolais, *Virriacovicus.*
Vischmund, *Æquinoctium.*
Viset, *Velsatum fiscus.*
Viseu, *Verurium.*
Viskardho, *Panormus.*

Visoly, *Visolinum.*
Visseck, *Iranonia.*
Vistrizza (la), *Astræus, Erigon fl.*
Vistule (la), *Istrianus fl., Vistula, Wisla.*
Viszegrad, *Herculem Castra (ad).*
Vit (S.), *Noreja.*
Vitebsk, *Vitebska.*
Viterbe, *Viterbium.*
Vithari, *Phæstus.*
Vito, *Oliva.*
Vitolano, *Orbitanium.*
Vitrac, *Vitracum.*
Vitré, *Vitreium.*
Vitry, *Victriacum.*
Vitto de Sarabus (S.), *Sarcopi.*
Vittoria, *Camarica, Suissatium.*
Vittorino (San), *Amiternum.*
Vitylo, *OEtylus.*
Vivarais (le), *Ambivareti, Vivariensis prov.*
Viviers, *Albensium Civitas, Vivarium.*
Vivoin, *Vivonium.*
Vivonne, *Vicavedona, Vividona.*
Vivy, *Vibiscum.*
Vizille, *Catorissium.*
Vizilles, *Castra Vigiliæ.*
Vizya, *Bizya.*
Vlaardingen, *Flemum.*
Vladimir, *Volodiniria.*
Vlasi (Aghio), *Panopeus.*
Vleuten, *Fletio.*
Vlueten, *Fluetum.*
Vnev, *Monast. Vnevskoj.*
Vobarno, *Voberna.*
Vocone, *Fanum Vacunæ.*
Vodhena, *Edessa.*
Vodonica, *Lyncestis.*
Vögglbruck, *Tergolape.*
Voghdani, *Hyampolis.*
Voghera, *Iria.*
Voigtland, *Terra Advocatorum, Varisci.*
Voinich, *Quadrata.*
Voiotia, *Bœotia.*
Voiron, *Virea.*
Voiska, *Idimus.*
Vojka, *Novicianum.*
Vöklabruck, *Veclæpontum.*
Vokovar, *Teutiburgum.*
Volano, *Volenes.*
Volga (le), *Rha fl.*
Völkermarkt, *Gentiforum.*
Vollore, *Lovolantrium.*
Volterra, *Volaterræ.*
Volturno (il), *Athurnus, Vulturnus fl.*
Volvic, *Vialovicus, Volovicum, Violvaca.*
Voncq, *Vungo Vic.*
Vonitza, *Anactorium.*
Vonnaz, *Ager Vuolnacensis.*
Voorburg, *Forum Adriani.*
Voreppes, *Vorago Alpium.*
Voscopoli, *Uscana.*
Vosges, *Vallis Vosagica, Vogesus mons.*
Vostitza, *Ægium.*
Vouroux, *Vorogium.*
Voûte (la), *Volta.*
Vouvray, *Vobridus.*
Vouzeron, *Vozero.*
Vrana, *Marathon, Urana.*
Vraona, *Brauron.*
Vukovar, *Cornacum.*
Vyossa, *Aous fl.*

W

Wollin, *Julinum.*
Wollin (Ile), *Fanesiorum Ins.*
Wolmar, *Woldemaria.*
Woodcote, *Noviomagus.*
Woodham, *Wodehamum.*
Worcester, *Brangonia, Vigornia.*
Wordingborg, *Orthunga.*
Worm, *Vurmicus fl.*
Worms, *Vangiones, Vormatia.*
Wrietzen, *Viritium.*

Wullfen, *Wulvena.*
Wunsiedel, *Bonsidelia.*
Wunstorf, *Villa Amœnitatis.*
Wursterland, *Worthsati Terra.*
Wurtemberg, *Vindelicia, Wurtemberga.*
Wurzburg, *Herbipolis.*
Wurzen, *Wurrena.*
Wyck Duurstede, *Batavodurum.*
Wye, *Vaga.*

X

Xalon (le), *Bilbilis fl.*
Xancoins, *Tinconcium, Xancontium.*
Xanten, *Santena.*
Xativa, *Sœtabis.*
Xenil (le), *Singulis fl.*
Xerès de la Frontera, *Asta Regia.*

Xerès de los Caballeros, *Seria, Xera Equitum.*
Xerica, *Xerica.*
Xigonza, *Saguntia.*
Xucar (le), *Sucro fl.*
Xylocastro, *Ægira.*

Y

Yanar, *Tacubis.*
Yare (the), *Gariennus fl.*
Yarmouth, *Garianonum.*
Yarmouth (Great), *Yarmutum.*
Yarum, *Girvium.*
Yenne, *Epauna, Etanna.*
Yepès, *Hippo, Ispinum.*
Yèvre-le-Château, *Eurœ Castrum.*
Ygnos, *Ænos.*
Ygualada, *Aqualatum.*
Ylst, *Ilostum.*
Yniesta, *Egelasta.*
Yonne (l'), *Icauna fl.*
York, *Eboracum.*
Yorkshire, *Eboracensis Comit.*
Youghall, *Jogalia, Yoghalia.*

Ypres, *Ipra.*
Ypsica, (Val d'), *Troglodytæ.*
Yrier-de-la-Perche (St-), *Athanatum, S. Aredius.*
Ysendyke, *Isendicum.*
Yssel (l'), *Isala fl.*
Ysselstein, *Fletio.*
Yssengeaux, *Icidmagus.*
Ystadt, *Istadium.*
Yverdon, *Ebrodunum.*
Yves (S.), *Ivonis Eccl.*
Yvetot, *Ivetotum, Yvetotum.*
Yvoire, *Aquaria.*
Yvoix-Carignan, *Epoissum.*
Yvoy, *Epusus.*
Yvrea, *Eperodia.*

Z

Zagora, *Codrio.*
Zalathna, *Auraria parva.*
Zalborg, *Zahlburgum.*
Zalongo, *Cassiope.*
Zalt-Bommel, *Bomelia.*
Zamko, *Antiana.*
Zamora, *Ocellodurum, Sentice.*
Zamosç, *Zamoscium.*
Zante, *Zacynthus Ins.*
Zara, *Jadera.*
Zara Vecchia, *Alba Maris.*
Zarco, *Pharcadon.*
Zareco, *Stymphalus.*
Zarnata, *Gerenia.*
Zarnowitz, *Carrhodunum.*
Zashalon, *Centum Colles.*
Zaslaw, *Zaslavium.*
Zaunzen, *Urunci.*
Zaverdha, *Thureum.*

Zea, *Cea Ins.*
Zeiselmaür, *Comagena.*
Zeitz, *Citium.*
Zélande, *Zeelandia.*
Zell, *Cella Franconica.*
Zell am Harmersbach, *Cella Rudolphi.*
Zell im Hamm, *Cella ad Mosellam.*
Zell im Zillerthal, *Cella Tirolensis.*
Zelsenheim, *Elcebus.*
Zempach, *Sempacum.*
Zengg, *Senia.*
Zenta, *Cinna.*
Zepperen, *Septemburius.*
Zerbst, *Servesta.*
Zero, *Cerinthus.*
Zervokhori, *Heraclea Sintica.*
Zethan, *Dantonia.*
Zeyny, *Zeymœ.*
Zibet, *Municipium.*

Ziegenrüch, *Capræ Dorsum.*
Zierichzee, *Zirichzœa.*
Zilli, *Zellia.*
Zinari, *Cinara Ins.*
Zinna (abbaye de), *Monast. Zzenna.*
Zipser-Haus, *Scepuliensis Arx.*
Zirl, *Cireola.*
Zittau, *Sittavia Civ., Zittavia.*
Zituni, *Lamia.*
Zizers, *Ciceres.*
Znaym, *Znoima.*
Znin, *Znena.*
Zollfeld, *Flavium Solvense.*
Zolkiew, *Solcovia.*
Zolna, *Solna.*
Zons, *Gesonia.*
Zopfingen, *Tobinium.*
Zörbig, *Sorbiga, Zorbiga.*
Zsamlek, *Campona.*
Zug, *Tugium.*

Zuid-Beveland, *Bevelandia Australis.*
Zülch, *Cilicia.*
Zullichau, *Zulichium.*
Zulpich, *Tolbiacum.*
Zunchio, *Epitalium.*
Zunra, *Bortina.*
Zurich, *Tigurum.*
Zurzach, *Certiacum.*
Zutphen, *Zutphania.*
Zuydersee (le), *flevo Lacus, Usipetes.*
Zuyd-Schans, *Arx Austrina.*
Zwarte Knikenbuurt, *Nigropullum.*
Zwetl, *Zwellum.*
Zweybrücken, *Bipontium.*
Zwickau, *Cygnca.*
Zwiefalten, *Duplices Aquæ, Swivaltaha.*
Zwolle, *Zwolla.*
Zwornick, *Argentina.*
Zydowo, *Setidava.*
Zzénthgróth, *Mogetiana.*

« *Indulgentia dignus est labor arduus.* »

www.ingramcontent.com/pod-product-compliance
Lightning Source LLC
Chambersburg PA
CBHW060539280326
41932CB00011B/1340